COUNTRIES OF THE WORLD

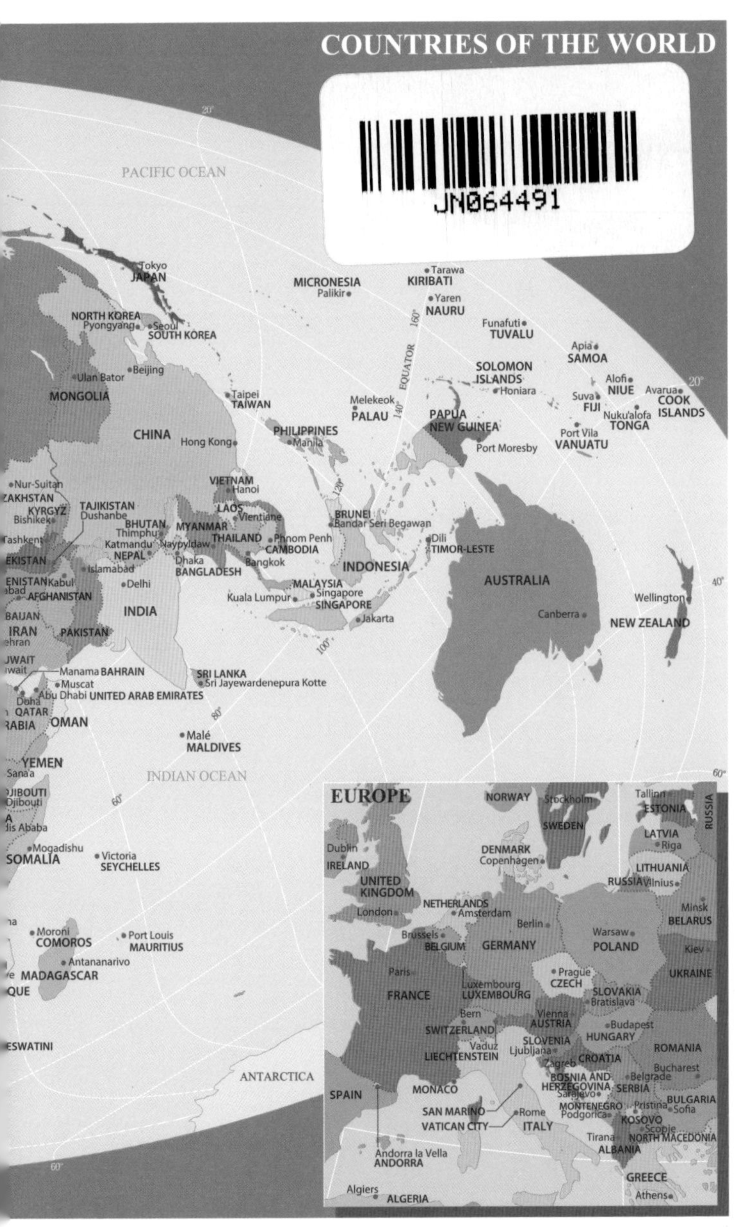

Ace Crown

エースクラウン英和辞典

第3版
小型版

English-Japanese Dictionary
Third Edition

投野由紀夫［編］

三省堂

THE ACE CROWN ENGLISH-JAPANESE DICTIONARY Third Edition

〔編　者〕
投野由紀夫

〔本文執筆〕
投野由紀夫　石井康毅　三省堂編修所

〔コーパス・語彙調査解析〕
投野由紀夫　石井康毅　大羽 良

〔調査協力〕
青木夏希　浅田花梨　櫻井大暉　永野真希子

〔装　丁〕
阿 部 太 一（株式会社 阿部太一デザイン）

◎本文イラストレーション　内藤和美
◎フォーカスページデザイン　九鬼浩子（スタジオプレス）
◎学習ページ編集協力　株式会社童夢
◎学習ページデザイン　大谷孝久（株式会社CAVACH）
◎学習ページイラストレーション　松本奈緒美　宮部珠江　yoti
◎見返し　ジェイ・マップ

《第2版編集体制》

〔編者〕投野由紀夫
〔本文執筆〕投野由紀夫　石井康毅　三省堂編修所
〔コーパス・語彙調査解析〕投野由紀夫　石井康毅　大羽 良
〔調査協力〕浅田花梨　小松泰輔　佐々木憲子　高橋美穂　永野真希子　中村美穂　松尾幸子

《初版編集体制》

〔編者〕投野由紀夫
〔執筆・校閲〕秋山孝信　石井康毅　内田富男　大羽 良　鈴木誠　露木幸雄　本間正己　三浦愛香 ＊ 植場光平　工藤洋路　强田愛子　長沼君主　松井孝志
〔校閲協力〕Susanne Balogh　Paul E. Davenport　Michael S. Hasegawa ＊ 冨重隆之　馬場秀行
〔執筆協力〕乙守秀一　冨重隆之　中村茂樹　野崎佐知　馬場秀行　金田 拓　小林雄一郎 ＊ 宮本彩加　村上 明　渡辺史子

エースクラウン英和辞典 第3版
ピクチャーページ目次

High School Visit 学校案内

英語で学校を案内してみましょう

私**Misaki**はアメリカからの留学生**Brian**に学校を案内することになった！「カッコイイっていうし、気合い入れなきゃね★」

computer lab
コンピュータ室

science room [lab]
理科室

tennis court
テニスコート

library　図書室

nurse's office
保健室

entrance　玄関

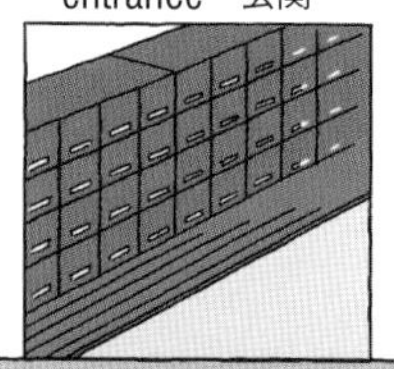

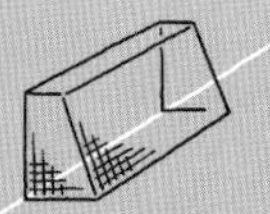

school office　事務室

school ground
校庭

表現してみよう

1. This is the library.
   ここが図書室よ。
2. Why don't we have a tea break in the cafeteria?
   学食でお茶を飲みませんか？

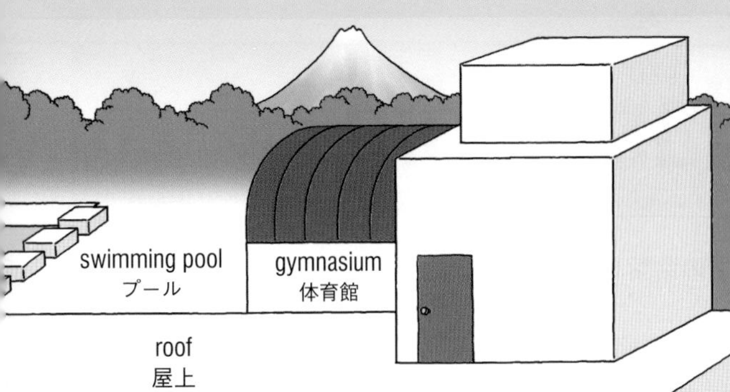

third floor
3階

language lab
ＬＬ教室

music room
音楽室

broadcasting room
放送室

second floor
2階

arts and crafts room
美術室

cooking lab
調理実習室

first floor
1階

teachers' room　職員室

cafeteria / school store
学食 / 購買部

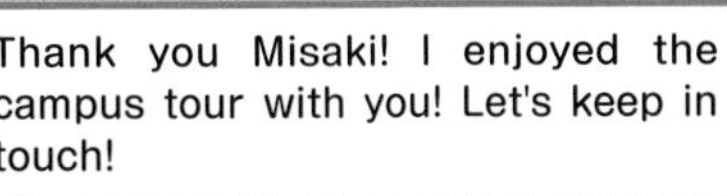

Brian

Classroom 教室

いつもの会話を英語でしてみよう！

月
火
水
木
金
speaker
スピーカー
class schedule
時間割表
daily report
日直日誌
blackboard eraser
黒板消し
School hours are shortened today!
今日は短縮授業だぞ！
I'm late!
遅刻しちゃう！
The starting bell rang!
チャイム鳴ったぞ！
Absolutely!
もちろんさ。
What's the next lesson?
次の時間なんだっけ？
I can't find my gym suit!
体育着がない！
Ah, that's right... Misaki, do you have an atlas today? Yukio didn't return it to me!
そうだった…。ミサキ、地図帳持ってる？　ユキオが返してくれないんだよ。
It's in the locker!
ロッカーの中だよ！
shirt　ワイシャツ
tie　ネクタイ
blazer　ブレザー
pants　ズボン，スラックス
trashcan
ごみ箱

Takumi's Day

タクミの…な1日

今日のタクミの1日を振り返ってみよう

1 朝からさんざんだった…

寝坊した～！！　もう7:30だ。ちゃんと目覚ましをセットしたはずなのに…。

- The alarm clock didn't work.
  目覚ましがならなかった。
- I didn't have enough time to eat breakfast.
  朝ごはんを食べる時間がなかった。

あ～ついていない。外は雨。自転車では登校できなかった。しかも…。

- Due to the rain, the bus was half an hour late.
  雨のために、バスは30分も遅れた。
- Mr. Tono scolded me.
  投野先生におこられた。

2 授業中も…

まっずい、サイドリーダーも持ってきてない！　その上…。

- I forgot to do my homework.
  宿題をやるのを忘れた。
- Suddenly, the teacher called on me.
  先生は突然僕を指した。
- Toru whispered the answer to me.
  トオルが答えを耳打ちしてくれた。
- A friend in need is a friend indeed.
  まさかの時の真の友。

助かった～。トオル、ありがとう。ノートまで見せてくれた。
彼のような友を親友っていうんだね！

3 やった～！ 昼飯。しかし…

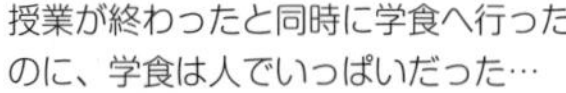
授業が終わったと同時に学食へ行ったのに、学食は人でいっぱいだった…

- There was no room to sit down.
  座れる場所はどこにもなかった。
- I had no choice but to go to the campus store.
  購買に行くしかなかった。

なんとミサキデハナイカ！　いけタクミ！
あたって砕けろだ。

- I happened to meet Misaki today.
  僕は今日、偶然ミサキにであった。
- Why don't you grab a bite with me?
  僕と何か軽く食べませんか？

4 そして放課後…

掃除の時間。あこがれのミサキと二人っきりになった。よし、これをきっかけにデートに誘うぞ！

- The classes were over.
  授業が終わった。
- Let's take this chance!
  このチャンスを利用しよう！
- Shall we go out to see a movie after school?
  放課後に映画見に行かない？
- Sorry, I'm booked tonight.
  ごめんなさい、今夜は先約があるの。

しかし断られてしまった…(泣)

That's the way life goes...
人生ってこんなものかなあ…

Your Future Career
進路ガイダンス

あなたの将来の夢は？

What do you want to do after graduating from high school?
高校を卒業したら何がしたい？

I want to be...
僕は…になりたい

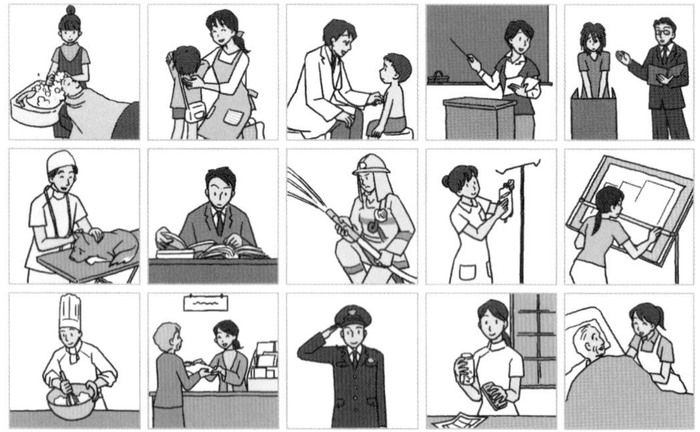

Occupations hairdresser 美容師・nursery staff 保育士・doctor 医師・teacher 教員・lawyer 弁護士・veterinarian 獣医・certified public accountant 公認会計士・fire fighter 消防士・nurse 看護師・architect 建築家・pastry chef パティシエ・public official 公務員・police officer 警察官・pharmacist 薬剤師・care worker 介護福祉士

Timetable 進路カレンダー　スケジュールを立てよう

Spring　Summer　Autumn　Winter

A go on to college 進学する

● choose ... as one's first choice
…を第一志望に決める

● consult with teachers
先生に相談する

● apply for ...
…に出願する

● take a practice exam
模試を受ける

● pass the exam!
合格する！

● take part in a summer seminar
夏期講習を受ける

B get a job 就職する

● visit companies
会社見学に行く

● ask for a company profile brochure
資料請求する

● get an informal offer!
内定をもらう！

● apply for a job
仕事[求人]に応募する

● collect information
情報収集する

● have job interviews
採用面接を受ける

Making Your Own Yearbook 卒業アルバムをつくろう

自分だけのオリジナル卒業アルバムをつくろう

- Entrance Ceremony　入学式

あなたは何派？

A outdoorsy（アウトドア派）	B athletic（肉体派）	C artistic（芸術派）
school excursion 遠足	athletic meet 運動会	school festival 学園祭

ski school スキー教室	endurance run 持久走	chorus festival 合唱祭

school trip 修学旅行	the last game 最後の試合	art festival 芸術祭

- Graduation Ceremony　卒業式
- We will never say "good-bye." Just say, "thank you."

「さよなら」は言わない。ただ、「ありがとう」。

Fashion ファッション

- cute
  かわいい
- cool
  カッコイイ

shirt
シャツ

T-shirt
Tシャツ

dress shirt
Yシャツ

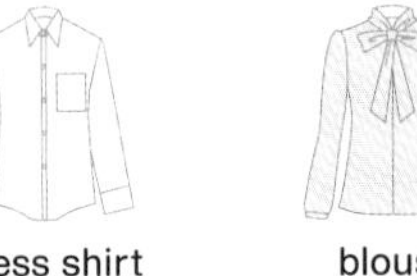

blouse
ブラウス

sweater
セーター

long sleeves
長袖

short sleeves
半袖

sleeveless
ノースリーブ

sweatshirt
トレーナー

track suit
ジャージ

sport coat
ジャケット

business suit
スーツ

tie
ネクタイ

coat
コート

dress
ワンピース

down jacket
ダウンジャケット

look good
似合う

dress well
洋服のセンスがある

loud / colorful　派手

don't look good
似合わない

don't dress well
洋服のセンスがない

plain / subdued　地味

skirt
スカート

jeans
ジーンズ

trousers / pants
ズボン

used clothing
古着

leggings
レギンス

cargo pants
カーゴパンツ

underpants
パンツ

panties
パンティー

bra
ブラ

socks
靴下

belt
ベルト

(stockings) have a run
(ストッキングが)伝線している

mix and match clothes
着まわす

Emi's belongings　エミの持ち物

● smartphone　スマートフォン

● makeup bag　化粧ポーチ

● schoolbag　学生カバン

● eyedrops　目薬

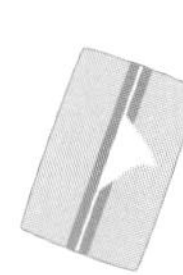

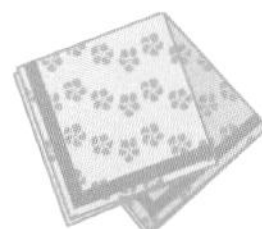

● washcloth　ハンドタオル

● tissues　ティッシュ

● handkerchief　ハンカチ

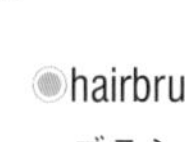

● hairbrush　ブラシ

● datebook　スケジュール手帳

● mechanical pencil　シャープペンシル

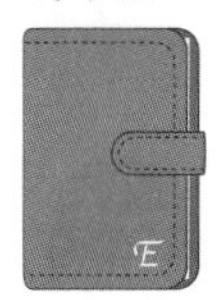

● ballpoint (pen)　ボールペン

● student handbook　生徒手帳

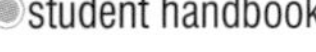

● pass case　定期入れ

● paperback　文庫本

● purse　財布

● gloves　手袋

Morning Routine

朝の日課

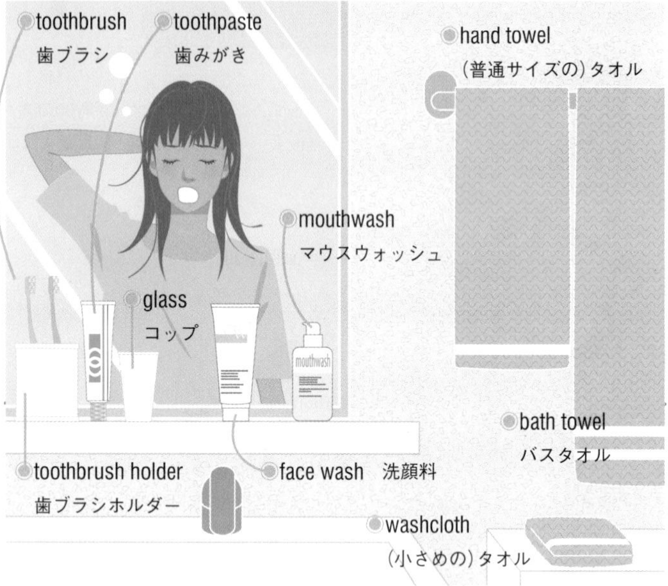

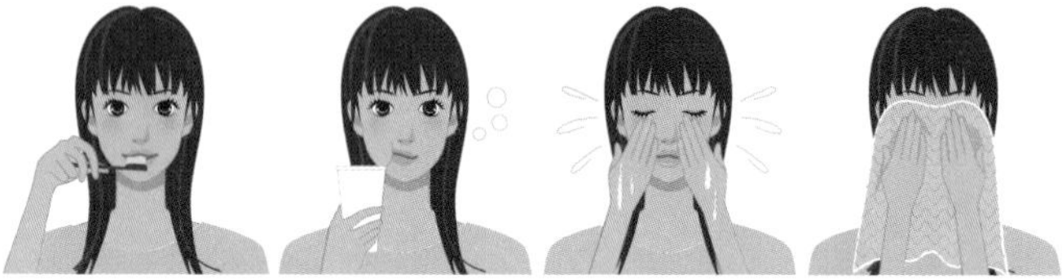

- toothbrush 歯ブラシ
- toothpaste 歯みがき
- hand towel (普通サイズの)タオル
- mouthwash マウスウォッシュ
- glass コップ
- toothbrush holder 歯ブラシホルダー
- face wash 洗顔料
- bath towel バスタオル
- washcloth (小さめの)タオル

I brush my teeth.
歯をみがく

I rinse my mouth.
口をすすぐ

I wash my face.
顔を洗う

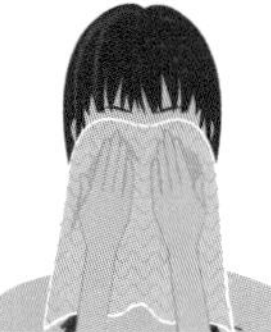

I dry my face (with a towel).
(タオルで)顔をふく

Sports スポーツ

スポーツの実況中継に挑戦しよう！

Baseball 野球

Darn! You're really killing me !
ちっくしょう！ がっかりさせてくれるなぁ！

The ball hits the fence
ボールはフェンスに当たり、
and goes back to the field.
フィールドに戻ってきた。
Unbelievable, he is rounding third base!
信じられない、三塁を回った！
He did it! Inside-the-park homer!
やりました！ ランニングホームラン！

Nine Ks so far today!　ここまで９奪三振だよ！
Meet at the ballpark at 5.　球場で５時待ち合わせね。
Hit by a pitch!　デッドボールだ！
The game ticket will be a rain check.　その試合の券は雨天順延券になる。

Basketball　バスケットボール

Racing the clock... she got the rebound!
もはや時間はない…リバウンドを拾った！
What a dribble!
なんと言うドリブルだ！
She made a layup and scored two more points!
レイアップシュートでもう２点追加！
...Oh! Traveling!
…あ～、トラベリングです！
Basket doesn't count!
得点にはなりません！

Oh no, another brick...!　あ～、またはずした！
She hits the three!　３ポイントシュートだ！
Slam dunk!　ダンクシュートだ！
She bobbled a pass again.　またパスを落とした。

Soccer　サッカー

Denied by the stopper but...
ディフェンスにはばまれているが…
he pushes forward!
前に飛び出す！
Now he is open and he heads the ball...!
フリーになった。そしてヘディング！
He scores an equalizer!
同点弾を決めたー！

He blasted over the bar again!　またバーを越えた…！
Hey, line umpire! He was in an offside position!
線審！　彼、オフサイドポジションにいたよ！
She is a supporter of Urawa Reds.
彼女、浦和レッズのサポーターだね。

Exercise is good
エクササイズは健康にいい！

英語で身体を動かしてみましょう

① Warm-up 準備運動

Stretch your ... …をストレッチしよう

arms うで

legs 足

neck 首

body 体

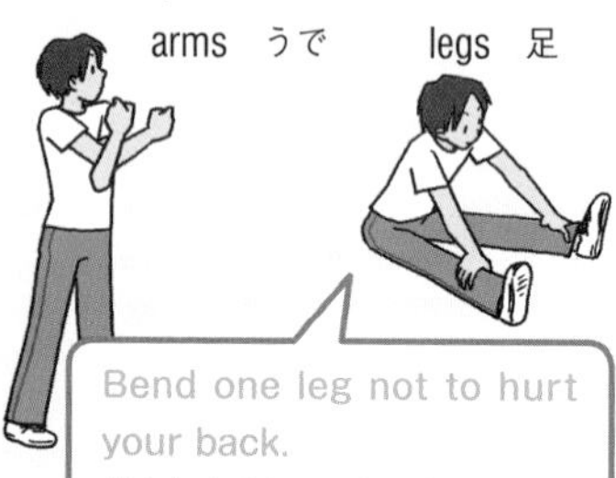

Bend one leg not to hurt your back.
背中を痛めないように片方の足を曲げよう。

Raise your arms above your head.
頭の上までうでを伸ばそう。

② Endurance 耐える

Keep your body in the posture of ...
…の姿勢を保とう

sit-up
腹筋運動

push-up
うで立てふせ

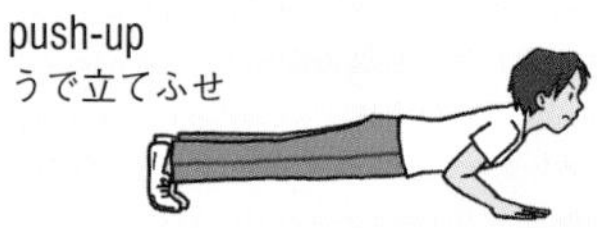

③ Balance バランス

Balance yourself on your ...
…でバランスをとろう

heels or toes
かかとや足の指

one foot
片足

for your health!

Let's try these exercises to keep you healthy!
健康のためにエクササイズをしましょう！

Rotate your ...　…を回そう

wrists　手首

ankles　足首

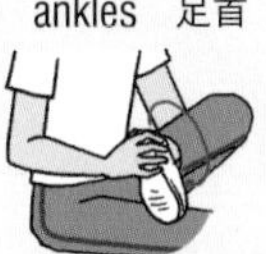

shoulders　肩

hips　腰

eyes　目

This eases your eyestrain!
目の疲れに効くよ！

④ Burn off the calories　カロリーを燃やそう

Do all of these alternately!（1 to 3 minutes each）
1〜3分間交互にエクササイズしよう！

Hop and ...
とんで…

low kick
低めにキック

squat
スクワット

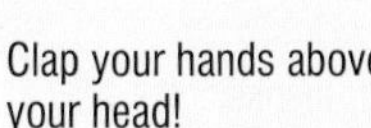

Clap your hands above your head!
頭の上で手をたたこう！

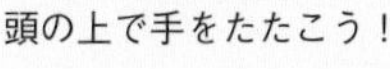

punch
パンチ

Shopping 買い物

enter the shop　お店に入る

ポイント　店員さんにも声をかけましょう。

ポイント　買うつもりがない時は"I'm just looking, thanks."「ちょっと見ているだけです」と伝えます。

try ... on　…を試着する

how to pay　支払い

and more　いろいろな表現

- Can I try it on and walk?　着て歩いてみてもいいですか？
- Could you shorten the length of this skirt?　このスカートの丈をつめてもらえますか？
- Please gift-wrap it.　ギフト用に包装してください。
- Does this include tax?　これは税込ですか？
- Do you accept this card [mobile payment]?　このカード[モバイル決済]は使えますか？
- make a payment in a lump sum / pay in full　一括払い
- make a payment in installments　分割払い
- Can I make the payment in two installments?　２回払いにしていただけますか？
- It was a good buy [good deal].　これはお買い得だったね。

Smartphone スマートフォン

- smartphone
  スマートフォン
- cellphone / mobile phone
  携帯電話
- music ringtone (on my smartphone)
  着メロ
- front / rear camera
  前面／背面カメラ

- charger　充電器
- charge the battery
  電池を充電する
- model　機種
- new [old] model
  新しい[古い]機種

- turn off
  電源を切る
- silent mode
  マナーモード
- standby screen
  待ち受け画面
- LCD
  液晶ディスプレー
- Wi-Fi
  ワイファイ(無線LAN接続)

- the strength of a smartphone signal
  電波状態

Y.ıl	strong	強
Y.ı	medium	中
Y.	weak	弱
Y	very weak	微弱
out	out of service area	圏外

- make a call　電話をかける
- phone number
  電話番号
- end a call
  電話を切る

- answer a call　電話に出る

- message app [messenger / texting app]
  メッセージアプリ
- text message　(携帯電話の)メール、メッセージ
- check new messages　メールをチェックする
- write a message　メッセージを作成する
- receive a message　メッセージを受信する
- reply to a message　メッセージを返信する
- send a message　メッセージを送信する
- forward a message　メッセージを転送する
- delete a message　メッセージを削除する
- spam (mail)　迷惑メール
- pictograph, emoji
  絵文字

- emoticon
  顔文字　＼(^ ▽ ^)／　m(-_-)m

- chat
  チャット、おしゃべり
- busy
  話し中
- voicemail
  音声メッセージ

E : Emi　R : Ryo

R : Hello.　もしもし。

E : Hello. This is Emi.　もしもし、エミです。

R : Oh, hi, Emi.　やあ、エミ。
This is Ryo.　リョウだよ。

E : Hi, Ryo.　こんにちは、リョウ。
Can I talk to you now?　今いいですか。

PC and Tablet PC
パソコンとタブレットPC

Laptop PC　ノートパソコン

機種によって各パーツの有無、位置は異なります。

①webcam, camera　カメラ
②(LCD) screen　（液晶）ディスプレー
③LAN port　LAN端子
④monitor port　モニター端子
⑤USB port　USB端子
⑥HDMI output port　HDMI端子
⑦power key [button]　電源ボタン
⑧DC-in jack [port]　電源ジャック
⑨headset jack　ヘッドセットジャック
⑩touchpad　タッチパッド
⑪keyboard　キーボード 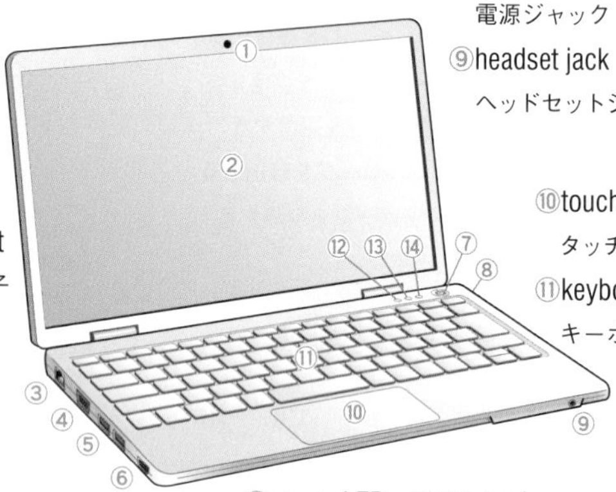
⑫power LED　電源ランプ
⑬battery LED　充電ランプ
⑭disk drive LED　ディスクアクセスランプ

IT関連語句　デスクトップ desktop computer・サーバー server・マウス mouse・ソフトウェア software, application, app・ワープロソフト word processor・表計算ソフト spreadsheet・プレゼンテーションソフト presentation software・外付けハードディスク external hard drive・USBメモリ USB flash drive・プログラミング言語 programming language・オンラインストレージ online storage・ストリーミング streaming

Touch Gestures　タッチスクリーンの操作

Single tap
シングルタップ

Double tap
ダブルタップ

Two-finger tap
２本指でのタップ

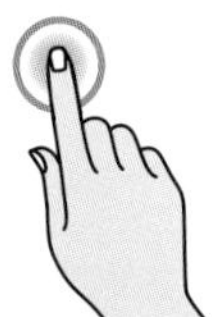

Press and hold
長押し

Rotate
ローテート（回転）

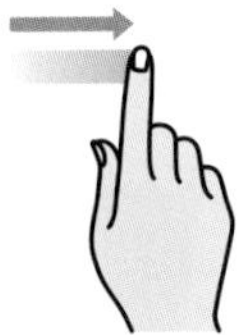

Swipe / Flick
スワイプ／フリック

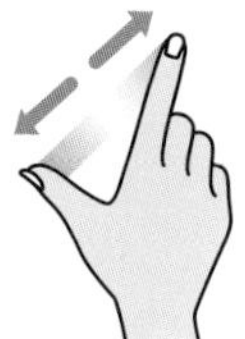

Spread
スプレッド

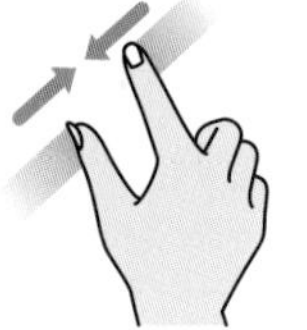

Pinch
ピンチ

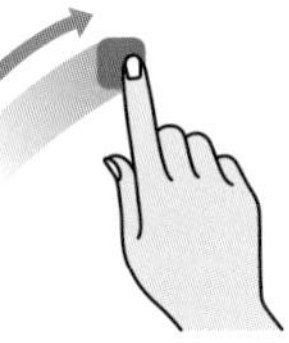

Drag
ドラッグ

Trains, Buses, etc.
列車やバスなど(主な公共交通機関)

● bullet train, Shinkansen　新幹線

● (electric) train　列車(電車)

● street car, tram　路面電車

① Train Information board
行先案内表示器
② ticket machine　切符自動販売機
③ automatic ticket gates　自動改札

鉄道・バス関連語句　【列車関連】limited express 特急・express 急行・rapid 快速・semi express 準急・local [stopping] train 普通(各駅停車)・train driver, engineer, engine driver 運転士・conductor [guard] 車掌・luggage rack 網棚・aisle 通路・vestibule デッキ・priority seating 優先座席
【切符関連】fare 運賃・IC card ICカード・season ticket 定期券・booking, reservation 予約・reserved seat 指定席・non-reserved seat 自由席

◉bus　バス

◉bendy bus　連節バス

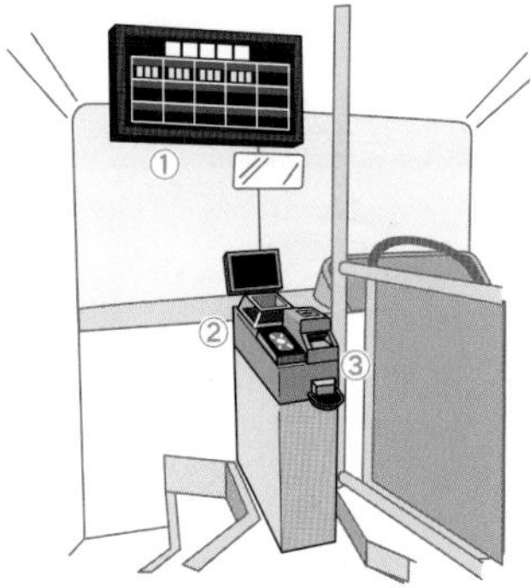

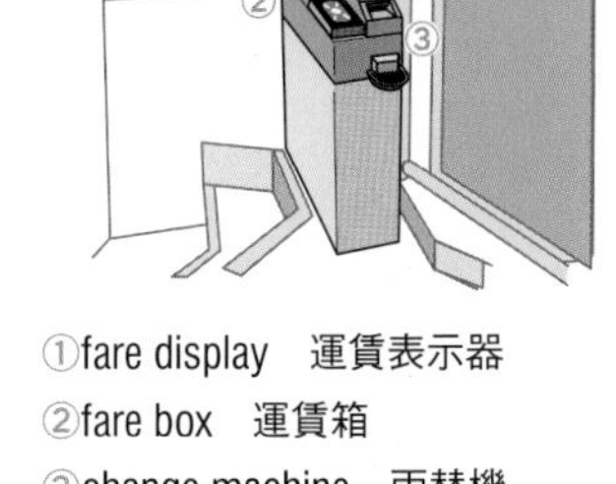

整理券
④
⑤

①fare display　運賃表示器
②fare box　運賃箱
③change machine　両替機

④IC card reader　カード読み取り機
⑤number ticket dispenser　整理券発行機

◉ferry　フェリーボート

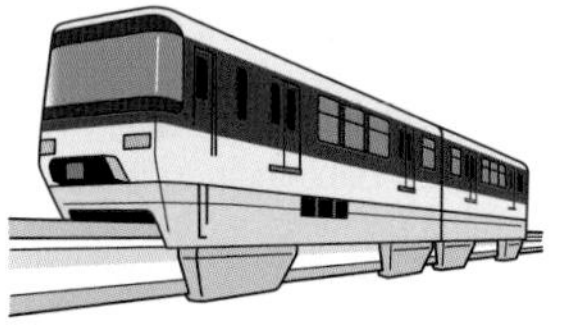

◉monorail　モノレール

〔駅〕track, platform ホーム・tactile paving 点字ブロック・timetable 時刻表・ticket [booking] office 切符売り場・waiting room 待合室・ticket gate [barrier] 改札・connection 接続・change, transfer 乗り換え
〔バス〕long-distance bus, coach 長距離バス・double-decker 二階建てバス・bus stop バス停・bus station バス乗り場・stop request button 降車ボタン
〔その他〕suspension (of service) 運転見合わせ・cancellation 運休

Sports in the Olympics

オリンピックとパラリンピック

以下は必ずしも競技の正式名称ではなく、総称を掲載しているものもあります。種目によっては、男女どちらかのみ実施されるものがあります。◎はオリンピックとパラリンピックで同様の種目があるもの、◈はパラリンピックのみの種目、無印はオリンピックのみの種目。

Summer Games　夏の大会の種目

Aquatics 水上競技: Artistic swimming アーティスティックスイミング・Diving 飛び込み・Marathon swimming マラソンスイミング・Medley メドレー・◎Swimming 水泳・Water polo 水球

◎Archery アーチェリー

Athletics 陸上競技: ◈Club throw こん棒投げ・◎Discus throw 円盤投げ・Hammer throw ハンマー投げ・◎Javelin throw やり投げ・◎Shot put 砲丸投げ・◎High jump 走り高跳び・◎Long jump 走り幅跳び・Pole vault 棒高跳び・◎Triple jump 三段跳び・◎Marathon マラソン・Race walk 競歩・Hurdles ハードル・◎Long distance 長距離・◎Middle distance 中距離・◎Sprint 短距離・Relay リレー・Steeplechase 障害・Decathlon 十種競技・Heptathlon 七種競技

◎Badminton バドミントン

Baseball / Softball 野球・ソフトボール

◎Basketball (Wheelchair ~) バスケットボール

◈Boccia ボッチャ

Beach volleyball ビーチバレー

Boxing ボクシング

◎Canoe カヌー

◎Cycling 自転車競技

◎Equestrian 馬術

◎Fencing (Wheelchair ~) フェンシング

and the Paralympics

なお、すべての大会ですべての競技が実施されるわけではなく、また以下にはない種目が実施されることもあります。またオリンピックとパラリンピックで同じ名前の種目があっても、内容が大きく異なることがあります。

Football サッカー
◈Football 5-a-side ５人制サッカー
◈Goalball ゴールボール
Golf ゴルフ
Gymnastics 体操: Beam 平均台・Floor exercise 床・Horizontal bar 鉄棒・Parallel bars 平行棒・Pommel horse あん馬・Rings 吊り輪・Uneven bars 段違い平行棒・Vault 跳馬・Rhythmic gymnastics 新体操
Trampoline トランポリン
Handball ハンドボール
Hockey ホッケー
◎Judo 柔道
karate 空手
Modern pentathlon 近代五種
◈Para powerlifting パラパワーリフティング
◎Rowing ボート
◎Rugby (Wheelchair ~) ラグビー
Sailing セーリング
◎Shooting 射撃
Skateboarding スケートボード
Sport Climbing スポーツクライミング
Surfing サーフィン
◎Table tennis 卓球
◎Taekwondo テコンドー
◎Tennis (Wheelchair ~) テニス
◎Triathlon トライアスロン
◎Volleyball (Sitting ~) バレーボール
Weightlifting ウエイトリフティング
Wrestling レスリング

Winter Games 冬の大会の種目

Alpine skiing (Para ~) アルペンスキー:
◎Downhill 滑降・◎Giant slalom 大回転・◎Slalom 回転・◎Super G スーパー大回転

◎Biathlon (Para ~) バイアスロン

Bobsleigh ボブスレー

◎Cross country skiing (Para ~) クロスカントリースキー

◎Curling (Wheelchair ~) カーリング

Figure skating フィギュアスケート

Freestyle skating フリースタイルスケート

Freestyle skiing フリースタイルスキー:
Aerials エアリアル・Moguls モーグル・Ski cross スキークロス・Ski halfpipe [superpipe] ハーフパイプ・Ski slopestyle スロープスタイル

◎Ice hockey (Para ~) アイスホッケー

Luge リュージュ

Nordic combined ノルディック複合

Short track speed skating ショートトラックスピードスケート

Skeleton スケルトン

Ski jumping スキージャンプ

◎Snowboard (Para ~) スノーボード:
Parallel Giant Slalom パラレル大回転・◆Giant Slalom 大回転・◆Banked slalom バンクドスラローム・◎Snowboard Cross スノーボードクロス・Halfpipe ハーフパイプ・Slopestyle スロープスタイル・Big Air ビッグエア

Speed skating スピードスケート

まえがき

英語を身につけたいと思いながらも，思うように上達できない．そんなすべての人に『エースクラウン英和辞典 第3版』をお届けします！

英語がなかなか上達しない原因のひとつは，「いちばん重要な基本単語が使えるように訓練されていない」ということです．本辞書はビッグデータ（コーパス）による最重要語の解析を「フォーカスページ」で解説，さらに4技能試験による入試でますます重要になる「発信（話す・書く）力」を意識した「チャンク学習」，新学習指導要領でも中心となる「英語でできること＝CAN-DO」の視点を有機的に連携して，総合的な「4技能のバランス」と「発信力」をつける語彙学習と辞書のあり方を提案します．

初版の刊行以来，英語辞書に新風を吹き込み，多くの方に愛用されてきた『エースクラウン』．第3版でもその特長をさらに強化し，新たな工夫を取り入れています．ポイントを整理してみましょう．

1. そのまま使える用例で発信力をアップする「チャンクでおぼえよう！」

フォーカスページの語のうち，すべての一般動詞にチャンク用例のコラムを新設．重要動詞のよく使うフレーズを「チャンク（かたまり）」でおぼえることで，「話す」「書く」英語の発信力を高めます．

2. 英語で何ができるのかを意識させる「CAN-DO Tips」

ある英単語や表現を学ぶと，「何ができるようになるのか(=CAN-DO)」を具体的に示すことで，ことばを使いながら身につける感覚を磨き，語彙学習を単なる暗記では終わらせません．

3. 和英小辞典に「高校実業科・ICT用語小辞典」「チャンクで英作文」を追加

新指導要領で全体に高度化する高校英語の内容を受けて，和英小辞典に「商業」「工業」「農業」「ICT」といったジャンル別和英を追加，和英小辞典本編と合わせて2万4千項目の充実ぶり．英語の発想力をきたえるコラム「チャンクで英作文」も新設し，4技能入試のライティング対策も万全です．

4. イラスト豊富なピクチャーページに新テーマを追加

巻頭カラーページに新たなテーマ「パソコンとタブレットPC」「列車やバスなど」「オリンピックとパラリンピック」を追加．生活語彙をイラストで楽しく学べます．

5. 最新の英語教科書から重要語を広くカバー

中学・高校ともに内容が増しつつある最新英語教科書を分析し，新たに「中高ロゴ」を拡充．中学・約1200語，高校・約1900語の学習の指針を示しました．CEFR-Jロゴとの併用で，学ぶべき単語の種類や勉強方法をしっかりガイドします．

改訂に当たっては，今回も石井康毅氏と大羽良氏にお世話になりました．三省堂辞書出版部および三省堂印刷，特に編集長の寺本衛氏，編集担当の福本健太郎氏・渡邉佳一氏の献身的なサポートに対して，心から感謝します．

『エースクラウン英和辞典 第3版』は，英語があまり得意ではないというあなたにとって，きっと強力な味方になってくれるでしょう．健闘を祈ります！

2019年8月

投野由紀夫

この辞書のしくみ

案内語 (ハシラ)
左ページの案内語は，このページの最初の見出し語です．単語をさがす時は左右の案内語を見ると便利です

見出し語
⇨この辞書の使い方 (viiページ) **1. 見出し語** 参照

発音
⇨同 (viiページ) **2. 発音** 参照

重要語義・意味マップ
⇨同 (viiiページ) **5. 語義** 参照

用例
⇨同 (ixページ) **7. 用例・文型** 参照

インデックス (ツメ)
アルファベットのインデックスが上下に並び，a だけが白抜き文字となっています(ツメ)．これは a で始まる単語のページを示します．
左ページは小文字，右ページは大文字です

成句
⇨この辞書の使い方 (ixページ) **8. 成句** 参照

用法解説
⇨同 (viiiページ) **6. 用法** 参照

棒見出し・品詞
⇨同 (viiページ) **3. 品詞** 参照

---

above

a b c d e f g h i j k l m n o p q r s t u v w x y z

a·bove A1 高
/əbʌ́v アバヴ/
共通イメージ (ある場所・基準)よりも上

意味マップ
前 ❶ (場所)の上(の方)に[の]
❷ (ある基準)より上で[の]
❸ (人)の(能力の)及ばない
副 ❶ 上(の方)に[の]
❷ 前の部分で
❸ (ある基準を)超えて
形 上記の

━前 ❶ (場所)の上(の方)に[の]，…よりも高く; (川のある地点)より上流に[の] (↔**below**)
- the mountaintop high **above** the clouds 雲のはるか上の山頂
- fly **just above** the water 水面すれすれを飛ぶ
- She has a small beauty mark **just above** her right eye. 彼女は右目のすぐ上に小さなほくろがある
- The mountain is 2,000 meters **above** sea level. その山は海抜2千メートルだ
- a waterfall **above** the bridge その橋の上流の滝 (! 特に基準がない「川の上流に[の]」は up the river)

❷ (数・程度などが)(ある基準)より上で[の]，…を超えて
- He is (a little) **above** fifty. 彼は50歳を(少し)超えています

above all 何よりも(まず)，とりわけ (! 文のあとに，... and above all, ... と続けて使うことが多い)
- He is strong, brave, and **above all**, honest. 彼は強くて，勇敢で，そして何よりも正直です

over and above ... …に加えて

━副 ❶ 上(の方)に[の]; (川のある地点より)上流に[の] (↔**below**)
- the sky **above** 上の方の空，上空
- in the room **above** 上の(階の)部屋に
- Birds are flying **above**. 鳥が上空を飛んでいる

annoy

ab·sence B1 /ǽbsəns アブセンス/ 名 (複 **absences** /ǽbsənsəz/) ❶ U C 欠席, 欠勤; 不在, るす (↔**presence**)
❷ U ない[いない]こと; 不足

in A's absence A(人)がいないときに(は)

in the absence of ... …がいないので, …がないときに(は)

add A1 中
/ǽd アド/ (発音 ad と同音) 動 (三単現 **adds** /ǽdz アヅ/; 過去・過分 **added** /ǽdəd/; 現分 **adding**) ❶ 他 加える, (数値を)足す; 合計する; 自 足し算をする (↔**subtract**); 文型 [**add A to B**] BにAを足す, AをBに加える
- **add** 6 and 4 = **add** 6 **to** 4 6と4[4に6]を足す

❷ 他 (氷・塩・砂糖などを)加える, 足す
- Now, **add** some salt. さてここで塩を少し加えます

❸ 他 言い足す, 書き足す, 〔…と〕付け加える《*that ...*》

add to ... …を増す
add up 合計する
add up to ... 合計…になる
- The figures **added up to** 10,000. 数字を合計すると1万になった

an·gry A1 中
/ǽŋgri アングリ/ 形 (比較級 **angrier**; 最上級 **angriest**) 〔…に〕怒った, 腹をたてた《*about, at, with*》
- He got very **angry about** my attitude. 彼は私の態度にとても腹をたてた
- She was **angry with** him because he was late. 彼が遅刻したので彼女は彼に腹をたてていた

文型 [**be angry that ...**] …ということに怒っている

派生 **anger** 名

an·noy A2
/ənɔ́i アノイ/ 動 (三単現 **annoys** /ənɔ́iz/; 過去・過分 **annoyed** /ənɔ́id/; 現分 **annoy-**

A B C D E F G H I J K L M N O P Q R S T U V W X Y Z

案内語 (ハシラ)
右ページの案内語は, このページの最後の見出し語です

名詞の U C
⇨この辞書の使い方 (viiiページ) **6. 用法** 参照

名詞の複数形
⇨同 (viiページ) **4. 語形変化** 参照

動詞の活用形
⇨同 (viiページ) **4. 語形変化** 参照

動詞の 自 他
⇨同 (viiiページ) **6. 用法** 参照

CEFR-Jロゴと中高ロゴ
⇨**エースクラウン単語ランキング** (viページ) 参照

形容詞・副詞の比較変化
⇨この辞書の使い方 (viiページ) **4. 語形変化** 参照

文型
⇨同 (ixページ) **7. 用例・文型** 参照

インデックス (ツメ)
右ページのインデックスとツメは大文字です (左ページは小文字)

派生関係
⇨この辞書の使い方 (ixページ) **9. 派生関係** 参照

この辞書のしくみ
(フォーカスページ)

フォーカスページでは，コーパス分析（大量の言語データをコンピュータで分析すること）から得られた学習に役立つ情報を，見やすく整理してまとめています．

※フォーカスページの詳しい解説は「この辞書の使い方」（ix ページ）**10. フォーカスページ** を参照してください．

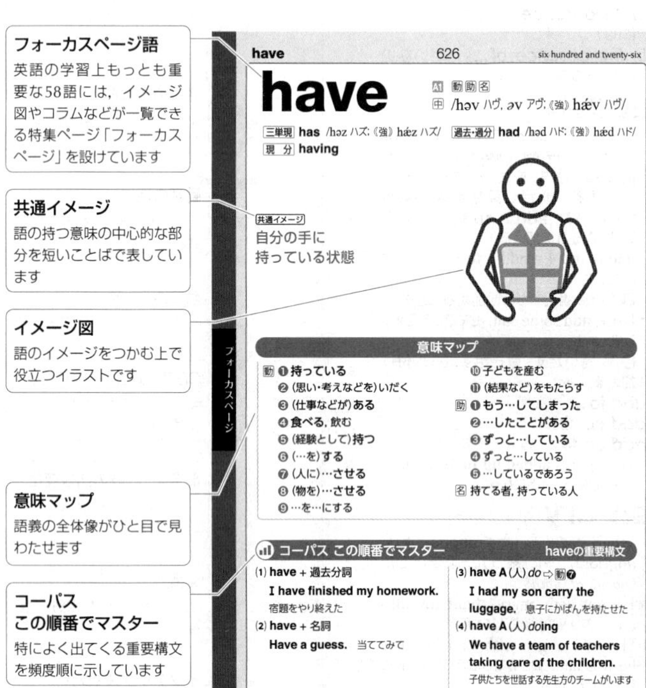

have 626 six hundred and twenty-six

have A1 動 助 名
中 /həv ハヴ, əv アヴ; 《強》 hǽv ハヴ/

三単現 **has** /həz ハズ; 《強》 hǽz ハズ/ 過去・過分 **had** /həd ハド; 《強》 hǽd ハド/
現 分 **having**

共通イメージ
自分の手に
持っている状態

フォーカスページ

意味マップ

動 ❶持っている
❷（思い・考えなどを）いだく
❸（仕事などが）ある
❹食べる，飲む
❺（経験として）持つ
❻（…を）する
❼（人に）…させる
❽（物を）…させる
❾…を…にする
❿子どもを産む
⓫（結果など）をもたらす
助 ❶もう…してしまった
❷…したことがある
❸ずっと…している
❹ずっと…している
❺…しているであろう
名 持てる者，持っている人

コーパス この順番でマスター haveの重要構文

(1) **have + 過去分詞**
I have finished my homework. 宿題をやり終えた
(2) **have + 名詞**
Have a guess. 当ててみて
(3) **have A (人) *do*** ⇨ 動❼
I had my son carry the luggage. 息子にかばんを持たせた
(4) **have A (人) *doing***
We have a team of teachers taking care of the children.
子供たちを世話する先生方のチームがいます

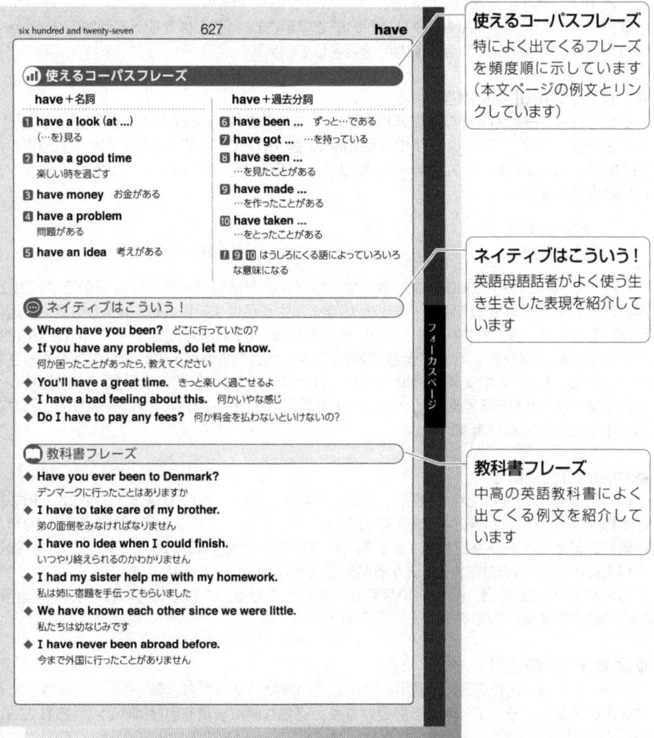

※このほかにも，以下のようなコラムがあります．

ワンポイント・アドバイス……文法・語法など使い方のポイントを解説しています

使いこなしランキング………よく使われる形を頻度順に解説しています

エースクラウン単語ランキング

◆語彙レベル表示にCEFRを導入

CEFR（ヨーロッパ言語共通参照枠）はCommon European Framework of Reference for Languagesの略で，現在ヨーロッパだけでなく世界中に影響力を持つ外国語能力の参照枠です．2001年に公開された原本では，言語使用者（user）のレベルを，Aレベル（基礎レベルのユーザー），Bレベル（自立したユーザー），Cレベル（堪能なユーザー）の3つに分け，それぞれをA1, A2のように2段階ずつに分けた計6レベルの能力段階を設定．またことばのスキルに関しては，理解に関して「聞くこと（listening）」と「読むこと（reading）」，産出に関して「話すこと：やりとり（spoken interaction）」，「話すこと：発表（spoken production）」，「書くこと（writing）」に分かれています．

すべての能力記述はCAN-DOリストの形で提示され，「ことばを使って何ができるか」という新しいコミュニケーション能力の提案をしています．

◆CEFR-J Wordlistに準拠

このCEFRを日本の英語教育に適用するために開発されたのがCEFR-J（研究開発責任者：投野由紀夫）です．『エースクラウン英和辞典 第3版』では，このCEFR-J用に構築されたCEFR-J Wordlistに基づいたA1～B2までのランクを表示しています．以下にそのランクと語数を示します：

A1	1,074	B1	2,135	
A2	1,246	B2	2,314	計　6,769語

A1ランクまでの約1,000語は，小学校～中学校の英語のベースを作る語彙です．2020年実施の新学習指導要領では，小学校～中学1年生くらいまでにA1ランクの語彙や表現はほぼ出てきます．A2は中2～高1くらいまでが標準．B1の自立したユーザーのレベルになるには4,000語強が必要で，学習指導要領の高校英語の語彙が4,000から5,000語とされているので，B1が大学受験の標準レベルと言えます．B2は難関大学受験～大学教養レベルの語彙です．B2を終えるとだいたい7,000語弱の語彙力になり，ほぼ一通りのことが英語で出来るようになります．

◆中高ロゴについて

この辞書では，CEFRランク表示と同時に「中高ロゴ」も設けています．これは，平成28年度版中学校英語教科書，同29年度版高校コミュニケーション英語Ⅰ教科書，同30年度版高校コミュニケーション英語Ⅱ教科書（すべて文科省検定済み）のデータを分析し，複数教科書において一定基準以上出現する高頻度の項目を選出したものです．

およそ中1,200項目，高1,900項目が収められており，これらを合わせた3,100項目は中高での学習語彙の中核を成すと考えられます．

◆語彙ランクの活用

語彙ランクは「発表語彙（発信用に活用したい語彙）」と「受容語彙（受信用に意味がわかればよい語彙）」，そして「覚える必要がなく，必要な時に辞書を引けばいい（＝忘れてもいい）単語」の区別に役立ちます．大きな目標として，Aランクの約2,300語は，使いこなすべき「発表語彙」として身につけましょう．高校卒業時までにあと2,000語程度（B1ランク）を，意味がわかればよい「受容語彙」として知っておきましょう．

もちろん，基本の基本はフォーカスページで紹介している最重要単語です．これらを要に，語彙ランクで区分された単語を系統的に学習すれば，あなたの語彙力は飛躍的に伸び，骨太の英語力を身につけることができるでしょう．

この辞書の使い方

1. 見出し語

[収録項目]　初学者に必要十分な約 51,000 項目(見出し語, 成句など)を収録しました. 重要語(約 4,500 語)は赤い活字, そのうち特に使用頻度や学習上の重要性が高い語(約 2,300 語)は大きな活字です. 見出し語には重要度の高い順に, A1, A2, B1, B2がついています(vi ページも参照).

[配列とつづり]　(1) 配列はアルファベット順です. 同じつづりで大文字と小文字の違いがあるときは, 大文字のものが先です. つづりが同じで語源が違うものは, 語の右肩に小さな数字をつけて別々の見出し語になっています.
例: **lie**[1] (横になる)　**lie**[2] (うそをつく)
(2) 音節の切れ目は中黒(・)で示してあります. 行末で単語を途中で切らなければならないときはここで切り, ハイフン(-)をつけます. この辞書では, 紙面の都合で短い語でも切っていますが, みなさんが書くときには短い語はできるだけ切らないで書きましょう.

[追い込み派生語]　見出し語に -ly, -ness などがついた語のうち, 使用頻度が高くないものは, 親項目の最後に追い込み派生見出しとして発音記号は省略し, アクセントをつけて示しました.

2. 発音

[記号とカナ発音]　国際音声字母 (IPA) を用いた発音記号と簡便なカナ発音を, 見出し語のあとに /　/ の中に入れて示します(xx ページの発音記号表を参照). 品詞や語義によって発音が異なるときは, それぞれに示しました.

[アクセント]　第 1 アクセントは / ´ /, 第 2 アクセントは / ` / で, カナ発音では第 1 アクセントを赤い文字で示しています.

[米音と英音]　米音と英音が異なるときは, 重要語では米音, 英音の順に | で区切って併記しました. その他の語では原則として米音のみを示しました.

[弱形と強形]　弱い発音(弱形)と強い発音(強形)があるときは, 原則として弱形を先に出しています. 例: **a** /ə ア; 《強》 éi エイ/

[記号の省略]　(1) 発音記号の部分省略は原則として行っておりません. ただし, アクセントのみが異なる発音は / ˊ ˋ / のように音節単位で示しました.
(2) 複合語の見出しでは, 原則として発音記号は省略し, 見出し語にアクセントだけを示しています.

[黙字]　発音されない文字を黙字(もくじ silent letter) といいますが, 見出し語中の黙字 (子音字)は薄い色で示しています. 例: **right** /ráit ライト/

3. 品詞

[記号]　名 名詞　代 代名詞　動 動詞　助 助動詞　形 形容詞
副 副詞　前 前置詞　冠 冠詞　間 間投詞　接 接続詞
接頭 接頭辞　接尾 接尾辞

[多品詞語]　1 つの見出し語に 2 つ以上の品詞があるときは, 棒見出し (—) を使って別の品詞を示します.

4. 語形変化

[名詞の複数形]　複 の記号に続けて示します. 重要語の C にはすべてに, その他では不規則変化や注意すべきもの(語尾が -o, -f, -y など)には示しました.

[動詞の活用形] (1) 三単現 は三人称・単数・現在形, 過去 は過去形, 過分 は過去分詞, 過去・過分 は過去形と過去分詞(同じ形のもの), 現分 は現在分詞です.
(2) 重要語はすべてに, その他では不規則変化の語と, 規則変化でも語尾が -y の語や語尾の子音字を重ねる語などには示しました.

[形容詞・副詞の比較変化] 語尾に -er, -est がついて変化する語, 複数の変化形のある語, 不規則変化の語には, (比較級 最上級)の順で示しました. 変化しない語(義)には ! 比較変化なし, と示しました. 表示のない語はすべて more〜, most〜です.

5. 語義

[語義の区分] 語義の大区分は ❶❷❸…… で, 小区分はセミコロン (;) で示します. 成句の区分は ①②③…… で示します. 語義の配列は, 原則として使用頻度の高い順に並んでいます.

[重要語義・意味マップ] 重要な訳語は赤い文字で示しています. 約150語には見出し語のあとに語義をまとめた 意味マップ を設けました.

[補足説明] 語義の補足説明は (　) の中に, 用法指示は (! 　) の中に示します. また, いっしょに用いられることの多い前置詞, 副詞などは《　》の中に示し, これに対応する日本語は〔　〕の中に示します.

[同義, 反意, 参照語] 同意語は (= 　), 反意語は (↔ 　), 参照語は ⇨ で, それぞれ訳語のあとに示しています. コラム 関連語› では, 見出し語と同類の語句や関連した語句を示しています. 語彙(ごい)を増やすのに役立ててください.

[類義語] コラム 似ている単語, どっち では, 類義語の使いわけを解説しています.

6. 用法

[用法解説] 用法の指示や解説は語義のあとに (! 　) で示します. コラム 使い方› ではくわしい用法を, 注意› では特に誤りやすい点を解説しています.

[語形の指示] 語義の前の《　》内に示すものはその語形で使うことを意味します.
例: **net**[1] ... 名 ... ❶《**the Net**》the を前につけて大文字で始める
pain ... 名 ... ❷《**pains**》pains と複数形で使う
an·noy ... 動 ...《**be annoyed**》be annoyed と受け身で使う

[使用域レーベル] 使用地域や使う場面による違いを, 以下のような表示で示しています.
《米》米国用法　《英》英国用法
《口語》会話などのくだけた用法　《文章》正式で改まった用法
《俗語》非常にくだけた用法　《卑語》下品なことば

[名詞の U C] (1) 固有名詞以外には, 不可算名詞に U, 可算名詞に C, 両方の使い方があるときは U C (または C U) と表示しました. 《単数形で》は常に単数の形で用いるものです.
(2) 複数名詞や集合名詞では, 《単数扱い》は単数の動詞・代名詞でうけること, 《複数扱い》は複数の動詞・代名詞でうけることを表します. これらは (! 　) で示すこともあります.

[動詞の 自 他] 自 (自動詞=目的語をとらない動詞), 他 (他動詞=目的語をとる動詞)の表示はそれぞれの語義ごとに示します. 語義番号の ❶ の前にこの表示があるときはすべての語義にかかります.

7. 用例・文型

[用例の示し方] (1) 用例中では，見出し語，見出し語とともによく使われる語句，成句に準じる重要表現は太い文字で示します．*one's*, *do* などの代表語はイタリック体で示します．
(2) 用例がほかの表現で書き換えできるときは = を使って示します．当該見出し語と異なる語を使った言い換え例は，訳文のあとに(=　)で入っています．

[文型] (1) 重要語を中心に，使用頻度が高く，学習上重要な文型については 文型 [**get A C**] のように太字で表示します．
(2) 文型表示のAとBは動詞や前置詞の目的語の名詞など，Cは補語を示します．

[会話と補足説明] (1) 対話文の用例には 会話 をつけました．
(2) 補足説明は，直訳から訳文への成り立ちは(←　)で，他は(!　)などで示します．

[比較] 用法の違いを 比較 で示して，各語の正しい使い方が学習できるようにしました．

[コロケーション] 見出し語がどのような語と結びつくのかを コロケーション で示しました．表現力の向上に活用できます．

8. 成句

アルファベット順に配列し，細い文字の *one*, *one's*, *oneself*, A, A's など代表語は配列上無視します．重要成句は赤い活字で示しています．用例中で成句に相当する語句は太字で示します．

9. 派生関係

形 angry (怒った)に対する 名 anger (怒り)のように，いっしょに覚えておきたい語を 派生 で示します．

10. フォーカスページ

学習上もっとも重要な見出し語は，フォーカスページでイメージ図やコーパスを使ったコラムで特集しています．
フォーカスページに掲載している代表的なコラムは以下の通りです．

[イメージ図] 見出し語のコアとなるイラストを示しています．前置詞ではその語のコアとなる意味をイメージで示したイラストと，その派生を用例に合わせてイラスト化して表示しています．

[共通イメージ] 見出し語の基本となる意味を 共通イメージ で表しています

[意味マップ] 語義が多い見出し語では 意味マップ を設け，意味の全体像を効率的にとらえることができるように表示しました．

[使えるコーパスフレーズ] その見出し語を用いた，よく使うフレーズを頻度順に整理しています．

[ネイティブはこういう！] ネイティブスピーカーが日常会話で使用する，自然な表現を示しました．

[コーパス この順番でマスター] 構文・用法が複雑な単語や重要な成句を，どの順番でマスターしたらいいのか頻度ランキングで示しています．

[教科書フレーズ] 中高の英語教科書によく出てくるパターンを会話・読解の両面で紹介しています．

[使いこなしランキング]	よく使う用法を頻度順に示し，解説しました.
[ワンポイント・アドバイス]	特にその語を理解し，使いこなすためのポイントとなる事項について解説しています.

11. その他のコラム一覧

エースクラウンではさまざまなコラムを用いて，見出し語をいろいろな角度から紹介しています（xiページからのコラム索引も参照）. 特に，語彙(ごい)を増やすのに有効なコラムには **単語力** をつけました.

[チャンクでおぼえよう！]	英語での表現力アップのために，かたまりでおぼえてそのまま使えるチャンク用例を紹介しています. 数字は語義番号とリンクしています.
[CAN-DO Tips]	その表現を身につけると，英語で何ができるようになるのか(言語の働き)を示しています. 発信(話す・書く)を意識した学習に役立ちます.
[コロケーション]	**コロケーション** では，見出し語がどのような語と結びつくのかを示しました. 表現力の向上に活用できます.
[語源]	その語の成り立ち・由来を 語源 で示します.
[日英比較]	日本と英米の文化的な違いなどを 日英比較 で示します.
[覚えよう]	**覚えよう**› は語彙力を高めるのに役立ちます.
[参考，イメージ，出典・由来，文化]	有益な知識や，その語のもつイメージについての解説，百科情報などを **参考**›，**イメージ**›，**出典・由来**›，**文化**› に収めています.
[なぜ]	英語に関して **なぜ？**› と思われる事柄について解説します.
[似ている単語，どっち？]	類義語の使いわけを **似ている単語**，**どっち** で解説しています.
[注意]	文法・語法上などの注意が必要な事柄を **注意**› で示しています.
[関連語]	**関連語**› では，当該見出し語と同類の語句や関連する語句を示しました. 語彙を増やすのに役立ちます.
[まぎらわしい語]	区別のしづらい語を **まぎらわしい語**› で例示しています.
[発音に注意]	発音するときに特に注意が必要な語を **発音に注意**› に示しました.
[使い方]	見出し語の使い方について **使い方**› でくわしい用法を示しています.
[文法]	関連する文法用語を **文法**› で解説しています.

12. 記号類

[記号]

(　)	①省略できること，②語義などの補足説明，を示します.
[　]	前の語句と置き換えられることを示します.
(**!**)	用法上の注意点など
(発音)	発音に関する注意点
《　》	①語形・用法指示，②専門分野・使用域レーベル，③語義の解説，④サインポスト，など
《◆ 》	百科解説
×	まちがった英文を示します.

[代表語]

語形指示，成句，用例，文型で使っている代表語には次のようなものがあります（**7. 用例・文型** も参照).

one	主語と同じ人	*one's*	主語と同じ人の所有格
oneself	主語と同じ人の再帰代名詞	A	主語と違う人
A's	主語と違う人の所有格	*do*	動詞，動詞の原形
to *do*	to 不定詞	*doing*	動名詞または現在分詞
done	過去分詞		

コラム索引

チャンクでおぼえよう！

CAN-DO Tips（太数字はコラム形式のもの）

フォーカスページ

共通イメージ・イメージ図 (フォーカスページに掲載のものを除く, 以下同)

使えるコーパスフレーズ

コーパス この順番でマスター

ワンポイント・アドバイス

ネイティブはこういう!

意味マップ

コロケーション

関連語

参考

使い方〉

注意

どっち

似ている単語

覚えよう〉

文法〉

イメージ〉, 出典・由来〉, 文化〉

発音記号表

母　音 (vowels)		子　音 (consonants)	
/iː イー/	meat /míːt ミート/	/p プ/	pen /pén ペン/
/i イ/	big /bíg ビグ/	/b ブ/	bed /béd ベド/
/e エ/	bed /béd ベド/	/t ト/	ten /tén テン/
/æ ア/	cap /kǽp キャプ/	/d ド/	day /déi デイ/
/æ ア|ɑː アー/	ask /ǽsk アスク|ɑ́ːsk アースク/	/k ク/	keep /kíːp キープ/
/ɑː アー/	father /fɑ́ːðə*r* ファーザ/	/g グ/	get /gét ゲト/
/ɑ ア|ɔ オ/	hot /hɑ́t ハト|hɔ́t ホト/	/ts ツ/	cats /kǽts キャツ/
/ʌ ア/	cut /kʌ́t カト/	/dz ヅ/	cards /kɑ́ː*r*dz カーヅ/
/ɔː オー/	fall /fɔ́ːl フォール/	/f フ/	food /fúːd フード/
/ɔː オー|ɔ オ/	soft /sɔ́ːft ソーフト|sɔ́ft ソフト/	/v ヴ/	visit /vízət ヴィズィト/
/uː ウー/	school /skúːl スクール/	/θ ス/	think /θíŋk スィンク/
/u ウ/	book /búk ブク/	/ð ズ/	this /ðís ズィス/
/əː*r* アー/	hurt /hə́ː*r*t ハート/	/s ス/	see /síː スィー/
/ə*r* ア/	over /óuvə*r* オウヴァ/	/z ズ/	zoo /zúː ズー/
/ə ア/	about /əbáut アバウト/	/ʃ シュ/	show /ʃóu ショウ/
	capital /kǽpətl キャピトル/	/ʒ ジュ/	pleasure /pléʒə*r* プレジャ/
/ei エイ/	take /téik テイク/	/h フ/	hat /hǽt ハト/
/ai アイ/	high /hái ハイ/	/tʃ チ/	chair /tʃéə*r* チェア/
/ɔi オイ/	voice /vɔ́is ヴォイス/	/dʒ ヂ/	just /dʒʌ́st ヂャスト/
/ou オウ/	note /nóut ノウト/	/m ム, ン/	moon /múːn ムーン/
/au アウ/	how /háu ハウ/	/n ヌ, ン/	noon /núːn ヌーン/
/iə*r* イア/	ear /íə*r* イア/	/ŋ ング/	sing /síŋ スィング/
/eə*r* エア/	care /kéə*r* ケア/	/l ル/	leg /lég レグ/
/uə*r* ウア/	sure /ʃúə*r* シュア/	/r ル/	red /réd レド/
/aiə*r* アイア/	fire /fáiə*r* ファイア/	/j イ/	yes /jés イェス/
/auə*r* アウア/	our /áuə*r* アウア/	/w ウ/	way /wéi ウェイ/

＊カナ発音はおおよその目安と考えてください.
＊/ə/ はアクセントのないあいまいな発音で, この部分のカナ発音は, なるべくつづり字に合わせて「アイウエオ」としてあります.
＊イタリック体は, その音を発音する場合と発音しない場合があることを表しています.

A a 𝒜 𝒶

A, a /éi エイ/ 名 (複 **A's, a's** /éiz/)
❶ U C 英語アルファベットの第1番目の文字 ❷ C 《A》(成績の)優, A (♦最高の評価) ❸《音楽》イ音, イ調
from A to Z 初めから終わりまで, すっかり

a A1 中

/ə ア; 《強》éi エイ/ 冠

意味マップ
❶ 1つの, 1人の; ある(1つ[1人]の)
❷ …につき
❸ …というもの
❹《a+固有名詞》…という人
❺ 同一の

❶ **1つの, 1人の; ある(1つ[1人]の)**
- **a** ball 1つのボール, ボール1個 (❗a はふつう数えられる名詞の単数形につく)
- **a** boy 1人の男の子
- **a** cat 1ぴきのネコ
- **a** lemon and **an** apple レモン1個とリンゴ1個 (❗apple /アプル/ のように「アイウエオ」の母音で始まる語には, 発音のつながりをよくするために a は an になる) ⇨**an** 使い方
- **a** glass [**a** bucket] of water コップ[バケツ]1ぱいの水 (❗water (水)は数えられないので ×a water とせず,「1ぱいの水」は入れる容器 (glass, bucket) を使っていう)
- Do you need **a** pencil? あなたは鉛筆が(1本)必要ですか
- Alan is **a** small boy. アランは小さな男の子です (❗このように「1つの, 1人の」は日本語では特に訳さないことが多い)
- Don't say **a** word. 一言もしゃべるなよ
- Lend me **a** hundred [thousand] yen, please. 私に百円[千円]貸してください (❗one hundred などと one を使うとかたくるしい感じになる)

注意› a は不特定のものや人について使うので, this, that, my, your などといっしょに用いない:
this pen このペン (×this a pen)
a friend of mine 私の友人(の1人) (×a my friend)

使い方› **a** [**an**] と **the**
(**1**) 話の中に初めて出てきたときは a [an], 2度目からは the を使う:
I have **a** dog. **The** dog is black. His name is Kuro. 私は犬を(1ぴき)飼っています. その犬は黒いです. 彼の名前はクロです (❗固有名詞には❹のような用法以外は a [an] をつけない. したがって ×a Kuro としない)
(**2**) 不特定のものや人には a [an], 特定のものや人には the を使う:
A woman called you. (ある)女性から君に電話があった
The woman we met yesterday called you. きのう会った女性から君に電話があった

❷ **…につき**
- once **a** week 週1回 (←1週間につき1回)
- one hour **a** day 1日に1時間
- We have three English lessons **a** week. 私たちは1週間に3時間英語の授業がある

❸《その種類全体を示して》**…というもの** (❗日本語に訳さないことが多い)
- **A** cat can see well in the dark. ネコ(という動物)は暗がりの中でもよく目が見える (❗《口語》では Cats can see ... がふつう)
- Do you know **a** whale is a mammal? クジラが哺(ほ)乳類だと知っていますか

❹《**a**+固有名詞》**…という人; …家の人;** 《**a**+有名人の名前で》**…のような人, …の作品[製品]**
- **A** Mr. Smith came to see you yes-

terday. きのうスミスさんという人があなたを訪ねて来ました

● **a** Smith スミス家の人(1人) (❗「スミス家の人々(みんな)」は the Smiths)

● **a** Picasso ピカソのような(偉大な)人; ピカソの作品

❺ 同一の, 同じ (=the same)

● Birds of **a** feather flock together. 《ことわざ》同じ羽の鳥はいっしょに集まる (❗「類は友を呼ぶ」にあたる)

@ 《略》at ❶ …(の単価)で (❗おもに商業上に用いて at /アト/ という)

❷ アットマーク (《♦メールアドレスなどで使われる記号》)

aard·vark /ɑ́ːrdvɑ̀ːrk アードヴァーク/ 名 C 《動物》ツチブタ (《♦シロアリなどを常食とする夜行性の動物》)

ab·a·ci /ǽbəsài アバサイ/ 名 abacus (そろばん)の複数形

a·back /əbǽk アバク/ 副 《次の成句で》

be taken aback びっくりする, 面食らう

ab·a·cus /ǽbəkəs アバカス/ 名 (複 **abacuses** /ǽbəkəsəz/, **abaci** /ǽbəsài/) C そろばん

ab·a·lo·ne /æ̀bəlóuni アバロウニ/ 名 C 《貝》アワビ

a·ban·don B1 高 /əbǽndən アバンドン/ 動 (三単現 **abandons** /əbǽndənz/; 過去・過分 **abandoned** /əbǽndənd/; 現分 **abandoning**) 他

❶ 見捨てる, 捨てる; (沈む船を)離れる

❷ (計画などを)あきらめる, 断念する, やめる (=give up)

● They **abandoned** the project. 彼らはその計画を断念した

— 名 U 気まま

with abandon 気ままに, 思い切り

abándonment 名 U 放棄; 断念

a·ban·doned B2 /əbǽndənd アバンドンド/ 形 見捨てられた, 捨てられた

a·bashed /əbǽʃt アバシュト/ 形 当惑した; 恥ずかしい

a·bate /əbéit アベイト/ 動 自 他 (痛みが)減る, (痛みを)減らす; (暴風が)和らぐ, (暴風を)和らげる

abátement 名 U 緩和, 鎮静

ab·bess /ǽbis アベス/ 名 C 女子修道院長

ab·bey /ǽbi アビ/ 名 (複 **abbeys** /ǽbiz/) C 大修道院; (もともと修道院だった)大寺院; 《**the Abbey**》ウェストミンスター寺院 (= Westminster Abbey)

ab·bre·vi·ate /əbríːvièit アブリーヴィエイト/ 動 他 (語句を)短縮する

派生 **abbreviation** 名

ab·bre·vi·a·tion /əbrìːviéiʃən アブリーヴィエイション/ 名 C 略語, 省略形; U 省略, 短縮 (❗U.K. (the United Kingdom)「連合王国, 英国」や U.S.A. (the United States of America)「アメリカ合衆国」などは略語の例)

派生 **abbreviate** 動

ABC /éibìːsíː エイビースィー/ 名 (複 **ABC's**, **ABCs** /éibìːsíːz/) ❶ 《ふつう **the ABC('s)**》アルファベット (=alphabet)

❷ (物事の)初歩, 基礎, いろは

ab·di·cate /ǽbdikèit アブディケイト/ 動 他 (王位・権利・義務などを)放棄する

ab·di·ca·tion /æ̀bdikéiʃən アブディケイション/ 名 U C (国王などの)退位; (権利・義務などの)放棄

ab·do·men /ǽbdəmən アブドメン/ 名 C 《解剖》腹部

日英比較「腹[おなか]が痛い」は, I have a stomachache. [I have a pain in my stomach.] のように stomach を使う

ab·dom·i·nal /æbdɑ́mənəl アブダミナル/ 形 腹部の

ab·duct /æbdʌ́kt アブダクト/ 動 他 誘拐(ゆうかい)する (=kidnap)

ab·duc·tion /æbdʌ́kʃən アブダクション/ 名 U C 誘拐(ゆうかい)

ab·er·ra·tion /æ̀bəréiʃən アベレイション/ 名 U C 正道[常軌]をはずれること[はずれた行動]

a·bet /əbét アベト/ 動 (三単現 **abets** /əbéts アベツ/; 過去・過分 **abetted** /əbétəd/; 現分 **abetting**) 他 《法律》教唆(きょうさ)する, そそのかす

aid and abet (犯罪などを)教唆する

a·bey·ance /əbéiəns アベイアンス/ 名U (一時的な)中止, 停止

in abeyance (制度などが)中止[停止]されて

ab·hor /əbhɔ́ːr アブホー/ 動 (三単現 **ab·hors** /əbhɔ́ːrz/; 過去·過分 **abhorred** /əbhɔ́ːrd/; 現分 **abhorring**) 他 《文章》ひどく嫌う, 嫌悪(けんお)する

ab·hor·rence /əbhɔ́ːrəns アブホーレンス/ 名U 《文章》ひどく嫌うこと, 嫌悪(けんお)

ab·hor·rent /əbhɔ́ːrənt アブホーレント/ 形 《文章》〔…にとって〕ひどくいやな, いまわしい 《*to*》

a·bide /əbáid アバイド/ 動 (三単現 **abides** /əbáidz アバイヅ/; 過去·過分 **abode** /əbóud/, **abided** /əbáidəd/; 現分 **abiding**)
❶ 他 がまんする (❗ふつう否定文で)
❷ 自 (ある状態に)とどまる

abide by A A(規則など)に従う

a·bid·ing /əbáidiŋ アバイディング/ 形 (感情·記憶などが)いつまでも消えない, 永続的な (❗名詞の前に用いる)

a·bil·i·ty A2 高

/əbíləti アビリティ/
名 (複 **abilities** /əbílətiz/)
❶ U 〔…できる〕能力, 力; …できること 《*to do*》
- Only man has the **ability to** speak. 人間だけが話す能力をもっている (×ability of speaking としない)

❷ UC 《しばしば **abilities**》 才能, 手腕
- a person of many **abilities** いろいろな才能のある人, 多才な人
- She **has great ability**. = She is a person **of great ability**. 彼女には優れた能力がある

コロケーション
形+**ability**
unique *ability* 他の人にはない才能
natural *ability* 生まれつきの才能
remarkable *ability* 並はずれた才能
great *ability* 優れた能力
動+**ability**
increase your *ability* あなたの能力を増す
develop her *ability* 彼女の才能を伸ばす

have the ability to do …できる; …する才能がある
- She **has the ability to** *do* the job. 彼女はその仕事ができる

to the best of one's ability [abilities] …の力の及ぶ限り
- I finished the job **to the best of my ability**. 私はその仕事を一生懸命やりとげました

-ability 接尾 「…されうること, …できること」

ab·ject /ǽbdʒekt アブヂェクト/ 形 みじめな, おちぶれた; 卑劣な, 卑屈な
- **abject** poverty ひどい貧乏

a·blaze /əbléiz アブレイズ/ 形 燃え上がって; 明るく輝いて; (怒りに)燃えて (❗名詞の前には用いない)

set ... ablaze …を燃え上がらせる

a·ble B1 中 /éibl エイブル/ 形
❶ 文型 [**be able to** *do*] …することができる (↔**be unable to** *do*)
- Cats **are able to** *see* in the dark. ネコは暗い所でも見ることができる[目が見える]
- Ken **was able to** *read* at the age of three. ケンは3歳の時から文字を読むことができた
- The baby will **be able to** *walk* soon. 赤ちゃんはすぐ歩けるようになるでしょう

使い方› **be able to** と **can**
(**1**) 現在形では be able to よりも can を用いるのがふつう.
(**2**) be able to と can はともに「…できる」を表すが, can は will や have などの他の助動詞といっしょに使えないので, 未来形や完了形の文では be able to を用いる:
She **will be able to** ski. 彼女はスキーができるようになるだろう (×She will can ski.)
No one **has** ever **been able to** do it. 今までだれにもそれはできていない

❷ 能力のある, 有能な, すぐれた
- an **able** pilot 腕のいいパイロット

A B C D E F G H I J K L M N O P Q R S T U V W X Y Z

a b c d e f g h i j k l m n o p q r s t u v w x y z

- the most **able** young singer もっとも才能豊かな若手歌手

派生 **ability** 名; 派生 **enable** 動

-able 接尾「…されうる, …できる」「…の性質がある」

ab·nor·mal B1 /æbnɔ́ːrməl アブノーマル/ 形 (悪い意味で)普通でない, 異常な (↔ **normal**)

- **abnormal** weather conditions 異常気象

abnórmally B2 副 異常(なまで)に; 変態的に

ab·nor·mal·i·ty /æbnɔːrmǽləti アブノーマリティ/ 名 (複 **abnormalities** /æbnɔːrmǽlətiz/) U 異常, 変則; C 異常なもの[こと]

a·board B1 /əbɔ́ːrd アボード/ 副 飛行機[列車, バス, 船]に乗って, 機内[車内, 船内]に

- **go aboard** (乗り物に)乗り込む
- All the passengers **aboard** were killed in the crash. 乗り合わせた客は全員がその衝突事故で死亡した

All aboard! (乗客に)みなさんお乗りください; 全員乗車[乗船]しました, 発車オーライ

Welcome aboard! ようこそお乗りくださいました, ご搭乗[ご乗車, ご乗船]ありがとうございます

— 前 (飛行機・船など)に乗って, の中に

- The passengers are all **aboard** the ship. 乗客は全員乗船しています

a·bode /əbóud アボウド/ 動 abide の過去形・過去分詞

a·bol·ish B2 高 /əbáliʃ アバリシュ/ 動 他 (制度・法律を)廃止する, 撤廃する

派生 **abolition** 名

ab·o·li·tion /æbəlíʃən アバリション/ 名 U (制度・法律の)廃止, 撤廃

派生 **abolish** 動

ab·o·li·tion·ist /æbəlíʃənist アボリショニスト/ 名 C (制度・法律の)廃止論者

A-bomb /éibàm エイバム/ 名 C 原子爆弾 (=atom(ic) bomb) ⇨**H-bomb**

a·bom·i·na·ble /əbámənəbl アバミナブル/ 形 憎むべき, いまわしい; とてもひどい **abóminably** 副 いまわしいほど; ひどく, いやに

abóminable snówman 名 C 雪男 (=yeti)

ab·o·rig·i·nal B2 /æbərídʒənəl アボリヂナル/ 形 太古からの; 土着の

— 名 C 先住民 (=aborigine)

ab·o·rig·i·ne B1 /æbərídʒiniː アボリヂニー/ (×アボリヂニー) 名 (複 **aborigines** /æbərídʒiniːz/) C

❶ 先住民; 《**Aborigine**》オーストラリア先住民, アボリジニ

❷《**the aborigines**》(ある地域に特有の)土着動物[植物]群

a·bort /əbɔ́ːrt アボート/ 動 他 自 ❶ (計画などを)中止する; 中止になる ❷ 流産させる[する]; 妊娠(にんしん)中絶をする

— 名 C (計画などの)中止; 失敗; (ロケットの)発射中止

a·bor·tion /əbɔ́ːrʃən アボーション/ 名 U C 妊娠中絶(手術), 堕胎(だたい); 流産; (計画などの)失敗

- support [oppose] **abortion** 妊娠中絶を支持する[に反対する]

a·bor·tive /əbɔ́ːrtiv アボーティヴ/ 形 (計画などが)不成功の, 失敗した

a·bound /əbáund アバウンド/ 動 自 (物・生物などが)たくさんある[いる]; (場所が)〔…に〕富む《*in, with*》

a·bout A1 中

/əbáut アバウト/ 前

共通イメージ …のすぐそば

❶ (話題・ことがら)について(の), …に関して(の)

- **talk about** the World Cup ワールドカップについて話す
- Tell me **about** your boyfriend. あなたの彼氏のことを教えてよ
- Well, I don't know **about** that. ⇨ フォーカス 4 ええと, それについては知りません
- Don't **worry about** me. ⇨ フォーカス 3 私のことは心配しないで
- What is the story (all) **about**? それは(いったい)何についての話ですか (! what

a·bout

A1 前 副

中 /əbáut アバウト/

前❸ 副❷
(…の) あたりを

look about

about

共通イメージ
…のすぐそば

話題から離れない

まわりを移動することに注目

ある値の近く

前❶ …について

talk about the World Cup

前❸ 副❷
(…を) あちこち

walk about

前❷ 副❶ およそ

about fifty people

フォーカスページ

意味マップ

前 ❶ (話題・ことがら)について
❷ …ごろに; およそ…で
❸ (場所)のあたりを[に]; …のあちこちを
❹ …に従事している

副 ❶ だいたい, 約…
❷ あたりを[に]; あちこち

使えるコーパスフレーズ

1 **What do you think about ...?** …をどう思いますか
2 **What about ...?** …(して)はどうですか
3 **Don't worry about ...** …のことは気にしないで
4 **I don't know about ...** …については知りません
5 **How about you?** あなたはどうですか

aboutの重要成句

bring about
引き起こす ⇨**bring**

come about
起こる ⇨**come**

はaboutの目的語; allは強調)

- For further **information about** this product, visit our website. この商品についてのもっと詳しい情報は当社ホームページにて

❷ …ごろに[の]; およそ…で[の]

- **about** noon [4 o'clock] 正午[4時]ごろに
- a man **about** sixty (years old) 60歳ぐらいの人

❸ (場所)のあたり[まわり]を[に, の]; …のあちこちを[に] (❗この意味ではふつうaroundを使う)

- He **looked about** him. 彼は自分のまわりを[あたりを]見回した

❹ (仕事など)に従事している

- What are you **about**? 何をしているのですか

How [What] about ...? …(をして)はどうですか; …についてはどう考えますか (❗aboutのあとは名詞か動名詞)

会話 "**How** [**What**] **about** do**ing** the homework together?" ⇨ フォーカス 2 "O.K. Let's meet in front of the library." 「いっしょに宿題しない?」「いいよ. 図書館の前で会おうよ」

- I'm ready to go. **How about** you? ⇨フォーカス 5 私は出かける準備ができました. あなたはどう?

What do you think [How do you feel] about ...? …をどう思いますか

- **What do you think about** this plan? ⇨フォーカス 1 この計画をどう思いますか

— 副 ❶ だいたい, 約…, ほぼ, …ごろ (=approximately)

- **about** fifty people 約50人の人々
- Can I come to your place (**at**) **about** seven o'clock? 7時ごろおじゃましていいですか (❗atを省略するとaboutは前置詞扱いになる ⇨前❷)
- (**at**) **about** the same time ほぼ同じ頃に
- Well, that's **about** all. えーと, それでほぼ全部です
- It is close to seven. It's **about** time they came. もうすぐ7時だ. そろそろ彼らが来るころだ (❗timeのあとは仮定法なので過去形を使う)

❷ あたりを[に], まわりを[に]; あちこち

- walk [run] **about** あたりを歩く[走る], 歩き[走り]回る
- She looked **about**, but there was no one **about**. 彼女はあたりを見回したがまわりにはだれもいなかった

be about to do (ちょうど)…しようとしている, (まさに)…するところである, (まさに)…する直前である (❗be going to *do* よりさらに近い未来を表す)

- The sun **is about to** set. 太陽が今まさに沈もうとしている
- We **were just about to** leave for dinner when the telephone rang. ちょうど食事に出かけようとしているところへ電話が鳴った

a·bove A1 高

/əbʌ́v アバヴ/

共通イメージ (ある場所・基準)よりも上

意味マップ

前 ❶ (場所)の上(の方)に[の]
❷ (ある基準)より上で[の]
❸ (人)の(能力の)及ばない
副 ❶ 上(の方)に[の]
❷ 前の部分で
❸ (ある基準を)超えて
形 上記の

— 前 ❶ (場所)の上(の方)に[の], …よりも高く; (川のある地点)より上流に[の] (↔**below**)

- the mountaintop high **above** the clouds 雲のはるか上の山頂
- fly **just above** the water 水面すれすれを飛ぶ
- She has a small beauty mark **just above** her right eye. 彼女は右目のすぐ上に小さなほくろがある
- The mountain is 2,000 meters **above** sea level. その山は海抜2千メートルだ

- a waterfall **above** the bridge その橋の上流の滝 (❗特に基準がない「川の上流に[の]」は up the river)

似ている単語

…の上に−**above**, **on**, **over**

above は「接触していない真上か上の方」を表す:

A plane was flying **above** the clouds. 飛行機が雲の上を飛んでいた

on は「接触」を示し,「…の上に」とは限らない:

a picture **on** the desk [wall, ceiling] 机の上に置かれた[壁にかかった, 天井に貼られた]絵

Shall I write my address **above** or **on** or **below** the line?

住所は線の上に離して書くのですか, 線上にくっつけてですか, それとも線の下に書くのですか (❗below は「…より下に」で above の反対語)

over は接触していてもいなくてもよく,「上におおいかぶさる」状態または「上の方を超えていく動き」を表す:

a cloth **over** the table 食卓の上にかかったテーブルクロス

a plane flying **over** the town 町の上空を飛んでいる飛行機

❷ (数・程度などが)(**ある基準)より上で[の], …を超えて**

- He is (a little) **above** fifty. 彼は50歳を(少し)超えています
- Her grades are **well above** (the) average. 彼女の成績は平均よりずっと上です

❸ (物事が, 人)の(**能力の)及ばない; …を超越して**; (好ましくない行為など)**をしない**

above all **何よりも(まず), とりわけ** (❗文のあとに, ... and above all, ... と続けて使うことが多い)

- He is strong, brave, and **above all**, honest. 彼は強くて, 勇敢で, そして何よりも正直です

over and above ... **…に加えて**

━副 ❶ **上(の方)に[の]**; (川のある地点より)**上流に[の]** (↔**below**)

- the sky **above** 上の方の空, 上空
- in the room **above** 上の(階の)部屋に
- Birds are flying **above**. 鳥が上空を飛んでいる

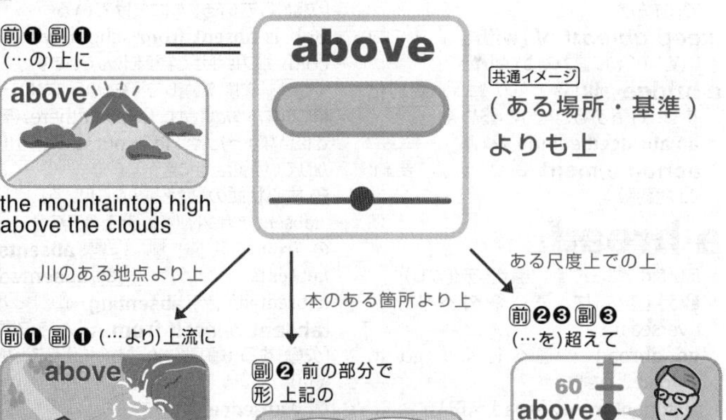

a b c d e f g h i j k l m n o p q r s t u v w x y z

❷ (本などの)前の部分で[の]

● as described [mentioned] **above** 上で述べた[触れた]ように

● See Chapter 6 **above**. 前の第6章を参照せよ

❸ (数・程度などがある基準より)上で[の], (ある基準を)超えて

... and above …以上

● boys ten **and above** 10歳以上の男の子 (❶ 10歳を含む; boys above [over] ten years old だと,「10歳より上の男の子」となり, 10歳は含まれない)

from above 上から

— 形 (本などで)前に述べた, 上記の

● the **above** example 上記の例

a·bove·board /əbʌ́vbɔ̀ːrd アバヴボード/ 形 副 公明正大な[に], 公正な[に] (❶ **above board** ともつづる)

A·bra·ham /éibrəhæ̀m エイブラハム/ 名 アブラハム《◆旧約聖書に出てくるイスラエル民族の先祖》

a·bra·sive /əbréisiv アブレイスィヴ/ 形 ❶すり減らす, すりむく(ような) ❷ (態度などが)気にさわる, 不愉快な

a·breast /əbrést アブレスト/ 副 横に並んで; 並んで

keep abreast of [with] ... …について いく; に遅れないでいる

a·bridge /əbrídʒ アブリヂ/ 動 他 簡約化する; 短縮する; (権力を)弱める

● an **abridged** edition 縮約版

abrídg(e)ment 名 U 短縮, 要約; C 縮約版

a·broad A2 中

/əbrɔ́ːd アブロード/ 副 (❶ 比較変化なし)

❶外国へ[に, で], 海外へ[に] (=overseas)

● **go abroad** 外国へ行く (×go to abroad としない)

● a student **from abroad** 外国人学生

● I've never been **abroad**. 私は外国へ行ったことがない

❷広く, 広まって

ab·rupt /əbrʌ́pt アブラプト/ 形 ❶突然の, 不意の (=sudden) ❷ぶっきらぼうな ❸ (坂などが)急な

abrúptly B2 副 急に, 突然; ぶっきらぼうに

abrúptness 名 U 唐突さ; ぶっきらぼうさ

ab·scess /ǽbses アブセス/ 名 C (うんだ)おでき, はれもの

ab·scond /æbskɑ́nd アブスカンド/ 動 自 《文章》(悪事を働いたりして)ひそかに逃亡する

ab·sence B1 /ǽbsəns アブセンス/ 名 (複 **absences** /ǽbsənsəz/) ❶ U C 欠席, 欠勤; 不在, るす (↔**presence**) ❷ U ない[いない]こと; 不足

in A's absence A(人)がいないときに(は)

in the absence of ... …がいないので, …がないときに(は)

派生 **absent** 形

ab·sent B1 高 /ǽbsənt アブセント/ 形 (❶ 比較変化なし)

❶欠席[欠勤]して(いる), 休んで; 不在で[の]; 欠けて (↔**present**[1])

● **absent** pupils 欠席している生徒たち

文型 [**be absent from A**] Aを欠席[欠勤]している; Aに欠けている

● Bob **is absent from** school with a cold. ボブはかぜで学校を休んでいます

日英比較 「欠席[欠勤]して不在」の意味なので, 単にいなかった場合は, I wasn't there. (そこにいなかった)や He is out now. (今出かけている)のように言う

❷ 放心状態の (❶ 名詞の前に用いる)

— /æbsént アブセント/ (発音 形とのアクセントの違いに注意) 動 (三単現 **absents** /æbsénts アブセンツ/; 過去・過分 **absented** /æbséntəd/; 現分 **absenting**) 他 文型 [**absent** *oneself* **from A**] Aを欠席[欠勤]する (❶ 意図的に休むのに使うことが多い)

派生 **absence** 名

ab·sen·tee B2 /æ̀bsəntíː アブセンティー/ 名 C 不在者; 欠席者, 欠勤者

ábsentee bállot 名 C 《米》不在者投票(用紙)

ábsent-mínded 形 ぼんやりした,

うわの空の
ábsent-míndedly 副 ぼんやりと,うわの空で
ab·so·lute B1 /ǽbsəlùːt アブソルート/ 形 (! 比較変化なし) ❶ 完全な,まったくの (! 感情や状態を強調する)
• They were sitting in **absolute** silence. 彼らはまったくしゃべらずに座っていた
❷ 絶対的な,絶対の (↔**relative**)
ab·so·lute·ly B1 高 /ǽbsəlùːtli アブソルートリ/ 副 絶対に,絶対的に; まったく; 《否定文で》全然
• You are **absolutely** right about that. そのことについては君(の言うこと)はまったく正しい
Absolutely! /æ̀bsəlúːtli アブソルートリ/ 《口語》(返答で) まったくそのとおりです (= Certainly!), もちろん (= Of course!) (! このように副詞を単独で用いる場合には /æ̀bsəlúːtli/ と発音する)
Absolutely not! /ǽbsəlùːtli nɑ́t アブソルートリ ナト/ とんでもない,違うよ
派生 **absolute** 形
ábsolute zéro 名 U 《物理》絶対零(れい)度 (◆約−273℃)
ab·solve /əbzɑ́lv アブザルヴ/ 動 他 《文章》(人を)〔義務・責任などから〕解放する,無罪放免にする 《*from, of*》
ab·sorb B1 高 /əbsɔ́ːrb アブソーブ, əbzɔ́ːrb アブゾーブ/ 動 (三単現 **absorbs** /əbsɔ́ːrbz/; 過去・過分 **absorbed** /əbsɔ́ːrbd/; 現分 **absorbing**) 他
❶ 吸収する,(知識などを)取り入れる
• A sponge **absorbs** water. スポンジは水を吸収する
❷ (注意などを)奪う,夢中にさせる
❸ (会社・領土などを)併合する,吸収する
be absorbed in ... …に夢中である,…に熱中[没頭]している
ab·sorb·ent /əbsɔ́ːrbənt アブソーベント, əbzɔ́ːrbənt アブゾーベント/ 形 (水分を)吸収する,吸収性の
ab·sorb·ing /əbsɔ́ːrbiŋ アブソービング, əbzɔ́ːrbiŋ アブゾービング/ 形 夢中にさせる,とてもおもしろい
ab·sorp·tion /əbsɔ́ːrpʃən アブソープション, əbzɔ́ːrpʃən アブゾープション/ 名 U
❶ 吸収(作用); 合併
❷〔…への〕没頭,夢中 《*in*》
ab·stain /əbstéin アブステイン/ 動 自
❶ 《文章》〔…を〕控える,つつしむ 《*from*》 ❷ (投票を)棄権する
ab·sten·tion /əbsténʃən アブステンション/ 名 U C (投票の)棄権; U つつしむこと
ab·sti·nence /ǽbstənəns アブスティネンス/ 名 U 《文章》節制,禁欲; 禁酒
ab·stract B1 /ǽbstrækt アブストラクト/ 形 ❶ 抽象的な,観念的な (↔**concrete**)
• an **abstract** idea 抽象的観念
❷ 非現実的な (↔**practical**)
— 名 (複 **abstracts** /ǽbstrækts アブストラクツ/) C 抽象; 要約,抜粋; 抽象美術の作品
— /æbstrǽkt アブストラクト/ (発音 形・名 とのアクセントの違いに注意) 動 (三単現 **abstracts** /æbstrǽkts アブストラクツ/; 過去・過分 **abstracted** /æbstrǽktəd/; 現分 **abstracting**) 他 抜粋する; 抽出する
ab·strac·tion /æbstrǽkʃən アブストラクション/ 名 ❶ U 抽象(化); C 抽象概念
❷ U 放心(状態)
ábstract nóun 名 C 《文法》抽象名詞
ab·surd B2 /əbsə́ːrd アブサード, əbzə́ːrd アブザード/ 形 ばかげた; 常識に反した,不合理な **absúrdly** 副 ばかばかしく,不合理に
ab·surd·i·ty /əbsə́ːrdəti アブサーディティ, əbzə́ːrdəti アブザーディティ/ 名 (複 **absurdities** /əbsə́ːrdətiz/) U ばからしさ,不合理; C ばかげたこと
a·bun·dance B1 /əbʌ́ndəns アバンダンス/ 名 U 《文章》豊富; 多量,大量
in abundance あり余るほどに,豊富に
a·bun·dant B1 /əbʌ́ndənt アバンダント/ 形 豊富な,(あり余るほど)たくさんの; 〔…が〕豊富にある 《*in*》
a·bun·dant·ly /əbʌ́ndəntli アバンダント

リ/ 副 豊富に, 多量に
abundantly clear 実に明白な

a·buse B2 /əbjúːs アビュース/ 名 U C 乱用; U 虐待, 酷使
• drug [alcohol] **abuse** 麻薬の乱用[過剰な飲酒, アルコール中毒]
• sexual **abuse** 性的虐待
— /əbjúːz アビューズ/ (発音 名との違いに注意) 動 他 ❶ 虐待する; 酷使する
• He was physically **abused** by his father. 彼は父から肉体的な虐待を受けた
❷ 乱用する

a·bu·sive /əbjúːsiv アビュースィヴ/ 形 口汚い, 悪口を言う; 虐待(ぎゃくたい)する

a·bys·mal /əbízməl アビズマル/ 形 ひどく悪い, 最低の
abýsmally 副 ひどく

a·byss /əbís アビス/ 名 C 《文章》 深いふち, 底知れぬ穴; どん底

AC, ac 《略》 ❶ alternating current 交流 ❷ air conditioning 空調

a·ca·cia /əkéiʃə アケイシャ/ 名 C 《植物》
❶ アカシア, ミモザ
❷ ニセアカシア, ハリエンジュ

ac·a·dem·ic B1 /æ̀kədémik アカデミク/ (発音 academy とのアクセントの違いに注意) 形 ❶ 学問の, 学問的な; 学校の, (特に)大学の; (大学の)教養科目の
• **academic** achievements 学業成績
❷ 理論的な; 非現実的な (↔**practical**)
— 名 (複 **academics** /æ̀kədémiks/) C 大学教員; 研究者
派生 **academy** 名

ac·a·dem·i·cal·ly /æ̀kədémikəli アカデミカリ/ 副 学問上; 学業成績上

a·cad·e·my B1 /əkǽdəmi アキャデミ/ (発音 academic とのアクセントの違いに注意) 名 (複 **academies** /əkǽdəmiz/) C
❶ 学院, 学園, (特殊な科目を教える)高等教育機関; 《米》 私立高等学校
❷ 学士院, 芸術院, アカデミー
派生 **academic** 形

Acádemy Awárd 名 C (映画の)アカデミー賞

ac·cede /æksíːd アクスィード/ 動 自 《文章》 ❶〔要求などに〕応じる, 同意する 《*to*》
❷〔王位などに〕就く 《*to*》

ac·cel·er·ate /æksélərèit アクセラレイト/ 動 他 自 加速する, 速くする[なる]; 早める; 拍車をかける

ac·cel·er·a·tion /æksèləréiʃən アクセラレイション/ 名 U 加速(度); 促進

ac·cel·er·a·tor /æksélərèitər アクセラレイタ/ 名 C 加速装置; (自動車の)アクセル (=《米》 gas pedal)

ac·cent B1 /ǽksent アクセント/ 名 (複 **accents** /ǽksents アクセンツ/)
❶ U C なまり; 《**accents**》 特徴的な発音
❷ C (発音の)アクセント, 強勢; アクセント記号 (◆´, `)
— /æksént アクセント/ (発音 名とのアクセントの違いに注意) 動 他 強く発音する, アクセントを置く

ac·cen·tu·ate /əksénʧuèit アクセンチュエイト/ 動 他 強調する, 目立たせる; (語・音節に)アクセントを置く

ac·cept A2 中

/əksépt アクセプト/ 動 (三単現 **accepts** /əksépts アクセプツ/; 過去・過分 **accepted** /əkséptəd/; 現分 **accepting**)
❶ 他 自 受け入れる, 応じる, (喜んで)受け取る (↔**refuse**[1])
• **accept** an invitation 招待に応じる
• Do you **accept** credit cards? クレジットカードで払えますか? (←クレジットカードに応じてもらえますか?)
❷ 他 自 受け入れる
• I **accepted** her offer [advice]. 私は彼女の申し出[助言]を受け入れた
比較 He **agreed to** do the task. 彼はその仕事をするのを承知した (! ×accept to *do* とはいわない)

コロケーション
accept+副
accept fully 全面的に応じる
accept readily 進んで応じる
accept reluctantly しぶしぶ応じる

❸ 他 (本当だと)信じる, 認める; 文型 [**accept that ...**] …であることを認める; 文型 [**accept A as C**] AをC

であると認める
- The railway company refused to **accept** responsibility for the accident. 鉄道会社は，その事故の責任を認めようとしなかった
- He **accepted that** the statement was true. 彼はその陳述が真実と認めた

派生 **acceptance** 名

ac·cept·a·bil·i·ty /əksèptəbíləti アクセプタビリティ/ 名U 受け入れられること，許容可能性

ac·cept·a·ble A2 /əkséptəbl アクセプタブル/ 形
〔…に〕受け入れられる《*to*》; 許容できる，まあまあの; 好ましい (↔**unacceptable**)
- be at an **acceptable** level [standard] 許容可能なレベル[水準]にある

ac·cept·ance B1 /əkséptəns アクセプタンス/ 名 (複 **acceptances** /əkséptənsəz/) CU
受け入れ，受理; 受諾，容認; 賛成
派生 **accept** 動

ac·cess B1 高 /ǽkses アクセス/ 名U
❶〔人・場所への〕接近，〔場所への〕通路，入り口《*to*》
- There is no **access to** the building from this direction. この方向からでは建物には入れません

❷近づく方法[権利]; (インターネットや施設などを)利用する機会[権利]，アクセス《*to*》
- Each student **has access to** the library. どの生徒も図書館を利用することができる

─動 (三単現 **accesses** /ǽksesəz/; 過去・過分 **accessed** /ǽksest/; 現分 **accessing**)
他《コンピュータ》(データなどに)アクセスする
- We can **access** the Internet on our computer. パソコンからインターネットにアクセスすることができます

ac·ces·si·bil·i·ty B2 /æksèsəbíləti アクセスィビリティ/ 名U 近づきやすさ，入手しやすさ

ac·ces·si·ble B1 /æksésəbl アクセスィブル/ 形 (場所が)近づきやすい，入りやすい; (物が)〔人にとって〕入手しやすい，利用できる《*to*》; 理解しやすい; (人が)気さくな，とっつきやすい (↔**inaccessible**)

ac·ces·so·ry B1 /əksésəri アクセサリ/ (×アクセサリ) 名 (複 **accessories** /əksésəriz/) C
❶付属品，アクセサリー
❷《法律》共犯者
─形 付属の，補助的な

ac·ci·dent A2 高
/ǽksədənt アクスィデント/ 名 (複 **accidents** /ǽksədənts アクスィデンツ/)
❶C 事故
- a motorcycle **accident** バイク事故
- Princess Diana was killed **in** a car **accident**. ダイアナ妃は自動車事故で死んだ

❷UC 偶然; 偶然の出来事，思いがけないこと

by accident 偶然，たまたま
it is no accident that ... …は決して偶然ではない
派生 **accidental** 形

ac·ci·den·tal B1 /æksədéntəl アクスィデンタル/ 形 偶然の，思いがけない (↔**deliberate**, **intentional**); 副次的な (↔**essential**) 派生 **accident** 名

ac·ci·den·tal·ly B1 /æksədéntəli アクスィデンタリ/ 副 偶然に (↔**deliberately**, **intentionally**); 故意でなく; ふとしたことから

ac·claim /əkléim アクレイム/ 動他 (拍手)かっさいを送る，ほめたたえる
─名U かっさい，歓呼，称賛

ac·cla·ma·tion /ækləméiʃən アクラメイション/ 名U かっさい，称賛; (賛成を表す)拍手

ac·cli·mate /ǽkləmèit アクリメイト/ 動 他自《米》〔環境などに〕慣らす，順応させる; 慣れる《*to*》

ac·cli·ma·tize /əkláimətàiz アクライマタイズ/ 動 (=acclimate)

a b c d e f g h i j k l m n o p q r s t u v w x y z

ac·com·mo·date /əkɑ́mədèit アカモデイト/ 動 他 ❶収容する; 宿泊させる ❷《文章》〔…に〕適応させる, 合わせる《*to*》 ❸(人に)便宜をはかる

ac·com·mo·dat·ing /əkɑ́mədèitiŋ アカモデイティング/ 形 進んで人助けする, 好意的な, 親切な

ac·com·mo·da·tion B2 /əkɑ̀mədéiʃən アカモデイション/ 名 ❶U 収容能力; C《**accommodations**》宿泊施設 (❗《英》ではふつう複数形にはならない) ❷U 適応 ❸U 便宜

ac·com·pa·ni·ment /əkʌ́mpənimənt アカンパニメント/ 名 C ❶《文章》添えもの, 付随物 ❷《音楽》伴奏

ac·com·pa·nist /əkʌ́mpənist アカンパニスト/ 名 C 《音楽》伴奏者

ac·com·pa·ny B1 /əkʌ́mpəni アカンパニ/ 動 (三単現 **accompanies** /əkʌ́mpəniz/; 過去·過分 **accompanied** /əkʌ́mpənid/; 現分 **accompanying**) 他
❶《文章》(人が)(人と)いっしょに行く, (人に)ついて行く, 付きそう (❗かたくるしい感じの語で, ふつうは go [come] with を使う) ❷伴う, 付随する
❸(歌·歌手などの)伴奏をする

ac·com·plice /əkɑ́mpləs アカンプリス/ 名 C 共犯者

ac·com·plish B1 高 /əkɑ́mpliʃ アカンプリシュ | əkɔ́mpliʃ アコンプリシュ/ 動 (三単現 **accomplishes** /əkɑ́mpliʃəz/; 過去·過分 **accomplished** /əkɑ́mpliʃt/; 現分 **accomplishing**) 他 成しとげる, やりとげる, (目標などを)達成する
派生 **accomplishment** 名

ac·com·plished /əkɑ́mpliʃt アカンプリシュト/ 形 完成した; (技量に)すぐれた, 熟達した

ac·com·plish·ment /əkɑ́mpliʃmənt アカンプリシュメント/ 名 ❶U 完成, 達成; C 業績 ❷C たしなみ, 技芸
派生 **accomplish** 動

ac·cord /əkɔ́ːrd アコード/ 名 U 一致, 合意 (=agreement); C 〔…間の〕協定《*between*》 • a peace **accord** 和平協定

in accord 〔…と〕一致して《*with*》
• They are **in accord with** us on that issue. その問題については, 彼らは私たちと(意見が)一致している

of one's own accord 自発的に; ひとりでに

━ 動 ❶他《文章》与える (=give); 文型 [**accord A B = accord B to A**] A (人など)にBを与える
❷自 一致する (=agree)

accord with ... …と一致する

ac·cord·ance /əkɔ́ːrdəns アコーダンス/ 名 U 一致; 調和

in accordance with ... …と一致して, 合致して; …と調和して

ac·cord·ing·ly B2 /əkɔ́ːrdiŋli アコーディングリ/ 副 それゆえに, したがって (=therefore); それに応じて

ac·cord·ing to B1 高 /əkɔ́ːrdiŋ tə アコーディング トゥ/ 前 ❶…によれば

CAN-DO Tips› 根拠を示す
according to ... という表現を使うと, 話している内容の**根拠を示すことができる**ようになります

• **According to** the weather report, it will snow tonight. 天気予報によれば今夜は雪になるそうだ
• She's not coming, **according to** him. 彼の話によれば彼女は来ないそうだ (❗ ×according to his opinion とはいわない; また, according to のあとには me, us, you は使えず, 「私の意見では」は in my opinion などという)
❷…にしたがって, …に応じて

ac·cor·di·on /əkɔ́ːrdiən アコーディオン/ 名 《楽器》アコーディオン

ac·count A2 高

/əkáunt アカウント/
名 (複 **accounts** /əkáunts アカウンツ/)
❶U 理由, 根拠 ⇨**on account of** (成句)
❷C (銀行の)預金口座; 預金残高
• **have** [**open**] **an account with** [**at**] the bank その銀行に口座をもっている[開く]
• a bank **account** 銀行(預金)口座

❸ Ⓒ (事件などの)報告(書), 記事, 話; 説明, 弁明
❹ Ⓒ 勘定書き, 計算書, 請求書; (収入・支出の)計算, 会計

on account of ... …のために ⇨ ❶, …の理由で (=because of)
• The baseball game was put off **on account of** rain. 野球の試合は雨のために延期された

take account of A = take A into account Aを考慮に入れる
• We must **take** his experience **into account**. 私たちは彼の経験を考慮しなくてはならない

— 動 (三単現 **accounts** /əkáunts アカウンツ/; 過去・過分 **accounted** /əkáuntəd/; 現分 **accounting**) 自 説明する

account for ...
① (割合・部分)を占める
② …の説明をする, …の理由を言う
• There is no **accounting for** tastes. 《ことわざ》 人の好みは説明できない
③ (出来事などが)…の原因となる

ac·count·a·bil·i·ty /əkàuntəbíləti アカウンタビリティ/ 名 Ⓤ (説明する)責任のあること, 説明義務[責任]

ac·count·a·ble /əkáuntəbl アカウンタブル/ 形 〔…について説明する〕責任がある《*for*》(❗名詞の前には用いない)

ac·count·ant B1 /əkáuntənt アカウンタント/ 名 (複 **accountants** /əkáuntənts アカウンタンツ/) Ⓒ 会計係; 会計[税理]士

ac·count·ing /əkáuntiŋ アカウンティング/ 名 Ⓤ 会計, 経理; 会計学

ac·cred·it·ed /əkrédətəd アクレディテド/ 形 正式の, 認可された

ac·cu·mu·late B2 /əkjú:mjəlèit アキューミュレイト/ 動 他 自 ためる, たまる; 蓄積する

ac·cu·mu·la·tion /əkjù:mjəléiʃən アキューミュレイション/ 名 Ⓤ Ⓒ 蓄積

ac·cu·ra·cy B1 /ǽkjərəsi アキュラスィ/ 名 Ⓤ 正確さ, 的確さ; 精度

with accuracy 正確に, 精密に
派生 **accurate** 形

ac·cu·rate B1 /ǽkjərət アキュレト/ (×アキュレイト) 形 正確な (↔**inaccurate**)
派生 **accuracy** 名

ac·cu·rate·ly B1 /ǽkjərətli アキュレトリ/ 副 正確に, 精密に

ac·cu·sa·tion B2 /æ̀kjəzéiʃən アキュゼイション/ 名 Ⓤ Ⓒ 告訴, 告発; 非難
派生 **accuse** 動

ac·cuse B1 /əkjú:z アキューズ/ 動 (三単現 **accuses** /əkjú:zəz/; 過去・過分 **accused** /əkjú:zd/; 現分 **accusing**) 他 告訴する, 訴える; 非難する, 責める (=blame); 文型 [**accuse A of B**] Bの理由でA(人)を訴える[非難する]
• He was **accused of** murder. 彼は殺人の罪で起訴された (❗**accuse** A **of** Bの受け身)
派生 **accusation** 名

ac·cused /əkjú:zd アキューズド/ 形 告発された; 非難された
— 名 《**the accused**》 被告人 (❗1人をさすときは単数扱い, 複数の人をさすときは複数扱い)

ac·cus·er /əkjú:zər アキューザ/ 名 Ⓒ 非難する人; 告訴人, 原告

ac·cus·tom B1 /əkʌ́stəm アカスタム/ 動 (三単現 **accustoms** /əkʌ́stəmz/; 過去・過分 **accustomed** /əkʌ́stəmd/; 現分 **accustoming**) 他 慣らす; 文型 [**accustom A to B**] AをBに慣れさせる

accustom oneself to ... …に慣れる

ac·cus·tomed /əkʌ́stəmd アカスタムド/ 形 慣れた ⇨成句

be [get, become] accustomed to A Aに慣れている (❗Aは名詞または *doing*)
• **Are** you **accustomed to** the work yet? もうその仕事には慣れましたか

ace /éis エイス/ 名 Ⓒ
❶ (さいころ・トランプの) 1, エース
❷ 《口語》 名手, 第一人者, エース
❸ (テニスなどの)サービスエース
— 形 一流の, エースの

a·cé·tic ácid /əsí:tik アスィーティク/ 名

U 《化学》酢酸(さくさん)

ache B1 /éik エイク/ (×エイチ) 名 (複 **aches** /éiks/) U C
痛み (❗たえまなく続くにぶい痛みをいう; 急にくる鋭い「痛み」は pain)

関連語› 単語力
a tooth*ache* 歯痛
a head*ache* 頭痛
a stomach*ache* 腹痛, 胃痛
a back*ache* 背中の痛み, 腰痛

— 動 (三単現 **aches** /éiks/; 過去・過分 **ached** /éikt/; 現分 **aching**) 自
❶ (たえまなく)痛む; 心が痛む
● My head **aches**. 頭が痛い
❷ (…に)あこがれる《*for*》

be aching to do …したくてうずうずする

a·chiev·a·ble B2 /ətʃíːvəbl アチーヴァブル/ 形 達成できる

a·chieve A2 高

/ətʃíːv アチーヴ/ 動 (三単現 **achieves** /ətʃíːvz/; 過去・過分 **achieved** /ətʃíːvd/; 現分 **achieving**) 他
(地位・名声などを)手に入れる; (努力して)成しとげる, (目的・目標を)達成する
● They **achieved** their goals through hard work. 彼らは一生懸命働いて目標を達成した
派生 **achievement** 名

a·chieve·ment B1 高 /ətʃíːvmənt アチーヴメント/ 名 (複 **achievements** /ətʃíːvmənts アチーヴメンツ/) ❶ C やりとげたこと, (すぐれた)業績, 偉業
● a great **achievement** 偉大な功績
❷ U (目的の)達成, 成功; 成績
派生 **achieve** 動

achíevement tèst 名 C 学力検査[テスト]

A·chil·les /əkíliːz アキリーズ/ 名 アキレス《◆ギリシャの詩人ホメロスがうたったギリシャ軍の英雄》

Achílles' héel 名 C (唯一の)弱点, 泣きどころ, 「アキレス腱(けん)」

Achílles' téndon 名 C 《解剖》アキレス腱(けん)

ach·ing /éikiŋ エイキング/ 形 痛む, うずく; 心が痛む

ac·id B2 /ǽsəd アスィド/ 名 U C 酸 (↔**alkali**)
— 形 ❶ すっぱい, 酸味のある (=sour); 酸(性)の (↔**alkaline**)
❷ 辛らつな, 気難しい

a·cid·i·ty /əsídəti アスィディティ/ 名 U 酸味; 酸性度

ácid ráin 名 U 酸性雨

ácid tést 名 C 《**the** をつけて》厳しい吟味(ぎんみ), 真価を問うもの

ac·knowl·edge B1 /əknálidʒ アクナリヂ | əknɔ́lidʒ アクノリヂ/ 動 (三単現 **acknowledges** /əknálidʒəz/; 過去・過分 **acknowledged** /əknálidʒd/; 現分 **acknowledging**) 他 ❶ (…として)認める《*as*》; 文型 [**acknowledge that ...**] …ということを認める; 文型 [**acknowledge A to be C**] AがCであると認める (❗Cは名詞・形容詞)
● I **acknowledge** that I hurt his feelings. 彼の気持ちを傷つけたのは認めます
❷ (手紙などを)受け取ったことを知らせる ❸ 感謝する, 礼を言う
派生 **acknowledgment** 名

ac·knowl·edg·ment, ac·knowl·edge·ment B1 /əknálidʒmənt アクナリヂメント | əknɔ́lidʒmənt アクノリヂメント/ 名 (複 **acknowledgments** /əknálidʒmənts アクナリヂメンツ/) ❶ U 認めること, 承認, 自認
❷ C 受取通知書; 領収書
❸ U C 感謝, 謝礼

in acknowledgment of ... …を認めて; …のお礼として
派生 **acknowledge** 動

ac·ne /ǽkni アクニ/ 名 U にきび ⇨ **pimple**

a·corn /éikɔːrn エイコーン/ 名 C ドングリ, オーク(oak)の実

a·cous·tic /əkúːstik アクースティク/ (×アコースティク) (発音 -ou- は /uː ウー/ と発音する) 形 音響(学)の; 聴覚の ⇨**visual**; (楽器が)自然音を出す, 生の (↔**electric**)

a·cous·tics /əkú:stiks アクースティクス/ 名 《単数扱い》音響学; 《複数扱い》(劇場などの)音響効果

ac·quaint /əkwéint アクウェイント/ 動 他 (人などに)〔…を〕熟知させる《*with*》; 知り合いにさせる
派生 **acquaintance** 名

ac·quaint·ance B1 /əkwéintəns アクウェインタンス/ 名 (複 **acquaintances** /əkwéintənsəz/)
❶ C 知人, 知り合い
❷ U 〔…を〕知っていること, 面識, 知識《*with*》
派生 **acquaint** 動

ac·quaint·ed /əkwéintəd アクウェインテド/ 形 (人と)知り合いで; 文型 [**be acquainted with A**] Aについて熟知して
become* [*get*] *acquainted 〔人と〕知り合いになる; 〔物事に〕精通する《*with*》

ac·qui·esce /ækwiés アクウィエス/ 動 自 《文章》黙従する; 黙認する

ac·qui·es·cence /ækwiésəns アクウィエセンス/ 名 U 黙認; 黙従

ac·quire B1 高 /əkwáiər アクワイア/ 動 (三単現 **acquires** /əkwáiərz/; 過去·過分 **acquired** /əkwáiərd/; 現分 **acquiring** /əkwáiəriŋ/) 他
❶ 手に入れる, 獲得する (=get)
• **acquire** wealth 富を獲得する
❷ (知識などを努力して)習得する, 自分の物にする; (習慣などを)身につける
派生 **acquisition** 名

ac·quired /əkwáiərd アクワイアド/ 形 (努力して)習得した; (後天的に)獲得した ⇨ AIDS

ac·qui·si·tion B2 /ækwəzíʃən アクウィズィション/ 名 U 習得; 獲得; C 習得[獲得]したもの 派生 **acquire** 動

ac·quis·i·tive /əkwízətiv アクウィズィティヴ/ 形 欲ばりの; 〔…を〕ほしがる《*of*》

ac·quit /əkwít アクウィト/ 動 (三単現 **acquits** /əkwíts アクウィツ/; 過去·過分 **acquitted** /əkwítəd/; 現分 **acquitting**) 他 (人に)〔罪などについて〕無罪を宣告する, 放免する《*of*》

ac·quit·tal /əkwítl アクウィトル/ 名 U C 無罪放免

a·cre /éikər エイカ/ (×エイクル) 名 C
❶ エーカー《◆面積の単位で, 4046.86平方メートル; 略 a》
❷《**acres**》田畑, 地所

a·cre·age /éikəridʒ エイカリヂ/ 名 U (土地の)エーカー数; 面積

ac·rid /ækrəd アクリド/ 形 (におい·味が)きつい, 刺すような, にがい; 辛らつな

ac·ri·mo·ni·ous /ækrəmóuniəs アクリモウニアス/ 形 (ことばなどが)辛らつな, (議論などが)激高(げっこう)した

ac·ro·bat /ækrəbæt アクロバト/ 名 C 軽わざ師, 曲芸師

ac·ro·bat·ic /ækrəbǽtik アクロバティク/ 形 軽わざの(ような), 曲芸的な

ac·ro·bat·ics /ækrəbǽtiks アクロバティクス/ 名《単数·複数扱い》軽わざ, アクロバット; 離れわざ

ac·ro·nym /ǽkrənìm アクロニム/ 名 C 頭字語《◆いくつかの語の最初の1字[数文字]を組み合わせた語》

A·crop·o·lis /əkrápəlis アクラポリス/ 名《**the Acropolis**》(アテネの)アクロポリス《◆古代ギリシャの城砦(じょうさい)で, パルテノン神殿の遺跡がある》

a·cross A2 中

/əkrɔ́:s アクロース|əkrɔ́s アクロス/
共通イメージ 横切って反対側に

意味マップ
前 ❶ …を横切って
❷ …の向こう側に[の]
❸ …のいたる所に
副 ❶ 横切って, 向こう側に
❷ 幅が…, 直径が…

━前 ❶ …を横切って, …を横断して[する]; (こちら側から)…の向こう側へ, (あちら側から)…のこちら側へ; (十文字に)…と交差して
• **swim across** a river 川を泳いで渡る
• a bridge **across** the river その川にかかっている橋
• She **walked across** the road **to** the

supermarket. 彼女は通りを渡ってスーパーマーケットへ行った
- the tourists **from across** the sea 海外からの観光客 (←海の向こうからの)
- A shadow **moved across** her face. 不安の影が彼女の顔をよぎった

❷ …の向こう側に, …の向こう側の
- the house **across** the street 通りの向こう側の家
- Ken lives **right across** the street **from** Ben. ケンはベンの家から通りをはさんだ真向かいに住んでいます

❸ …のいたる所に, …中(じゅう)に; …を覆うように
- in every town **across** the country 国中のすべての町で
- **from across** the country 国中から
- Lay the napkin **across** your lap. ひざの上にナプキンを広げなさい

— 副 ❶ 横切って, 横断して向こう側に
- run **across** 走って渡る, ひょっこり出会う ⇨**run** (成句)
- The bridge is safe; you can drive **across**. 橋は安全です. 車で渡れます
- She **looked across at** me. 彼女はこちらの私を見た (❗ across があると「間にある空間を横切って」という距離感が出る)

❷ 幅が…, 直径が…
- This pond is 30 meters **across**. この池は幅が30メートルある

across from ... …の真向かいに
- My house is just **across from** the bank. 私の家は銀行の真向かいだ

コーパス この順番でマスター
across の重要成句
(**1**) come *across* 思いつく
(**2**) get *across* 分からせる
(**3**) run *across* 偶然出会う

a·cross-the-board /əkrɔ́ːsðəbɔ́ːrd アクロースザボード/ 形 一括した, 一律の, 全面的な

ac·ryl·ic /əkrílik アクリリク/ 形 《化学》アクリルの

act A2 中
/ǽkt アクト/ 名 (複 **acts** /ǽkts アクツ/) C
❶ (一時の)行為, 行い (❗ act が名詞で使われると, あまり良いイメージの結びつきがない. 逆に動詞では良い意味もふつうに出てくる)

前❶ 副❶
(…を) 横切って

swim across a river

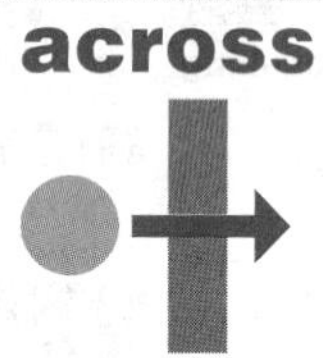

共通イメージ
横切って反対側に

移動後の状態に注目

前❷
…の向こう側に

the house across the street

動作や意識が横切る途中に通る場所に注目

前❸
…のいたる所に

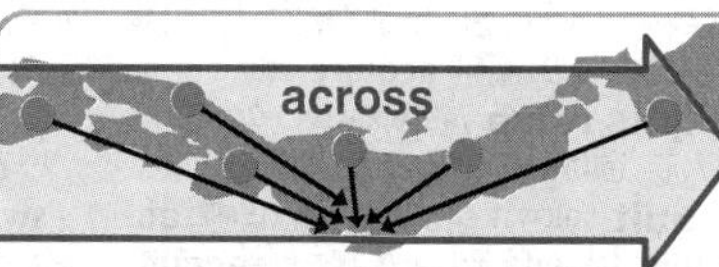

from across the country

• a criminal **act** 犯罪行為

コロケーション

形, 名+act

a foolish *act* ばかばかしい行為

a heroic *act* 英雄的な行為

a noble *act* 立派な行い

a terrorist *act* テロ行為

似ている単語

行為・行動－act と action

(**1**)「1回の行為」を表す場合, **act** と **action** は同じように用いる:

a kind **act** = a kind **action** 親切な行為

(**2**) この意味であとに「of＋名詞または doing」が続く表現では act を用いる:

an **act of** kindness 親切な行為 (×an action of kindness)

in the **act of** stealing 盗みの現行犯で

(**3**) act は常に数えられる名詞だが, action には数えられない名詞の用法がある:

take **action** immediately = take immediate **action** 迅速な行動をとる

❷《しばしば **Act**》法律

❸ (演劇の)第…幕 ⇨**scene** ❶

in the* (*very*) *act of doing (悪い事を)している現場で, …しているところを

━ 動 (三単現 **acts** /ækts アクツ/; 過去・過分 **acted** /ǽktəd/; 現分 **acting**)

❶ 自 行動する

• Think well before you **act**. 行動する前によく考えよ

❷ 自 ふるまう (=behave)

❸ 自 他 (役を)演じる; (映画などに)出演する;「おしばい」をする, 見せかける

• **act** (the part of) Cinderella シンデレラの役をする

act as ... …の役目を果たす, …の役を務める

• **act as** chairman 議長を務める

act on [***upon***] ***...***

① (忠告・主義など)に従って行動する

② …に作用する, 効く

act out 行動に表す; 演じる

派生 **action** 名; 派生 **active** 形

act·ing /ǽktiŋ アクティング/ 形 代理の, 臨時の (❗名詞の前に用いる)

━ 名 U 演技, 演劇(活動); 演出; 行為

ac·tion A1 高

/ǽkʃən アクション/

名 (複 **actions** /ǽkʃənz/)

❶ U 行動, 活動 (❗行為の過程や, 複数の行為全体を表す); C (一時の)行為, 行い;《**actions**》(日常の)ふるまい ⇨**act** 似ている単語

• We need **action** instead of words. 必要なのはことばではなくて行動だ

❷ U C 訴訟

❸ C (俳優などの)動き, 演技, 動作

in action 動いて, 活動中で; 戦闘中で

out of action 活動していない, 故障して

take action 行動を起こす ⇨**act** 似ている単語 (**3**)

派生 **act** 動

áction-pàcked 形 (映画などが)エキサイティングな場面の多い, スリル満点の

áction réplay 名《英》(=instant replay)

ac·ti·vate /ǽktəvèit アクティヴェイト/ 動 他 活動的にする; 作動させる

ac·tive B1 高 /ǽktiv アクティヴ/ 形

❶ 活発な, 行動[活動]的な, 活気のある; 活動している, 活動中の; 積極的な

• She **played an active part** in the conference. 彼女はその会議で積極的な役割を果たした

❷《文法》能動態の (↔**passive**)

派生 **act** 動; 派生 **activity** 名

ac·tive·ly B2 高 /ǽktivli アクティヴリ/ 副 活発に; 活動的に; 積極的に

áctive vóice 名《**the** をつけて》《文法》能動態

ac·tiv·ist 高 /ǽktivəst アクティヴィスト/ 名 C (政治運動などの)活動家; 活動[行動]主義者

ac·tiv·i·ty A1 高

/æktívəti アクティヴィティ/ 名 (複 **activities** /æktívətiz/) ❶ U 行動; 活動; 活発

さ (⇔**inactivity**)
• They are pleased with your **activity**. 彼らはあなたの行動に満足しています
❷ U C 《しばしば **activities**》 活動 (! おもに勉強や仕事以外に楽しみとしてすること)
• club **activities** クラブ活動
• outdoor **activities** 野外活動
• economic **activity** 経済活動
派生 **active** 形

ac·tor A1 中
/ǽktər アクタ/ 名 (複 **actors** /ǽktərz/) C 俳優 (! 男女を問わず用いるが, 特に男性俳優を指すこともある) ⇨**actress**

ac·tress B1 /ǽktrəs アクトレス/ 名 (複 **actresses** /ǽktrəsəz/) 女優; (テレビなどの女性の)声優 ⇨**actor**

ac·tu·al B2 高 /ǽktʃuəl アクチュアル/ 形 現実の, 実際の
• She looks much younger than her **actual** age. 彼女は実際の年齢よりかなり若く見える
• the **actual** cost [number] 実費[実数]

ac·tu·al·i·ty /æ̀ktʃuǽləti アクチュアリティ/ 名 (複 **actualities** /æ̀ktʃuǽlətiz/) U 現実(性), 実在; C 《**actualities**》 現状, 実状

in actuality 実際[本当]は, 実際には

ac·tu·al·ly A2 中
/ǽktʃuəli アクチュアリ/ 副
❶ 実際に(は), 現実に, 実は
• It was not a dream; it **actually** happened. それは夢ではなかった. 実際に起こったことでした
❷ 《口語》 (まさかと思うかもしれないが)本当のところは
• **Actually**, that's not true. 本当はさ, そうじゃないんだ

a·cu·men /əkjúːmən アキューメン/ 名 U 明敏さ, 眼識の鋭さ

ac·u·puncture /ǽkjupʌ̀ŋktʃər アキュパンクチャ/ 名 U 鍼(はり)療法

a·cute B2 /əkjúːt アキュート/ 形 ❶ (感覚などが)鋭い, 鋭敏な ❷ (痛みなどが)鋭い, 激しい; (病気が)急性の ❸ (先の)鋭い, とがった; 《数学》 鋭角(えいかく)の (⇔**obtuse**) ❹ (事態などが)深刻な, 重大な
acútely 副 鋭く; 激しく

ad B1 /ǽd アド/ (発音 add と同音) 名 (複 **ads** /ǽdz アヅ/) C 広告; 宣伝 (! advertisement の略で, ad は口語)
• put an **ad** in the paper 新聞に広告をのせる

ad. 《略》 adverb 副詞

A.D. 高 /éidíː エイディー/ 《略》 西暦, キリスト紀元 (! ラテン語 Anno Domini (わが主の年で)の略)

ad·age /ǽdidʒ アディヂ/ 名 C 格言, ことわざ (=proverb)

Ad·am /ǽdəm アダム/ 名 ❶ 《聖書》 アダム 《♦神が土から造ったという最初の人間》 ⇨**Eve**[1], **Eden** ❷ アダム 《♦男性名》

ad·a·mant /ǽdəmənt アダマント/ 形 《文章》 意志の堅固な, 断固たる態度の

Ádam's àpple 名 C のどぼとけ

a·dapt B1 /ədǽpt アダプト/ 動 (三単現 **adapts** /ədǽpts アダプツ/; 過去・過分 **adapted** /ədǽptəd/; 現分 **adapting**)
❶ 他 (人などを)〔新しい環境などに〕適応させる, 合わせる 《*to*》; 自 〔…に〕適応する 《*to*》
• Ken has **adapted** well **to** college life. ケンは大学生活にすっかりなじんでいる
❷ 他 〔…向きに〕変える, 改造[改作]する, (小説などを)脚色する 《*for*》

adapt oneself to A Aに順応する
派生 **adaptation** 名

覚えよう› 単語力
まぎらわしい語
adapt 適応させる; 適応する
adopt 養子にする; 採用する

a·dapt·a·bil·i·ty /ədæ̀ptəbíləti アダプタビリティ/ 名 U 適合性, 順応性

a·dapt·a·ble B2 /ədǽptəbl アダプタブル/ 形 適応できる, 順応性のある

ad·ap·ta·tion /æ̀dæptéiʃən アダプテイション/ 名 U 適応, 順応; 改作, 脚色; C 改作物, 脚色作品

a·dapt·er, a·dap·tor /ədǽptər アダ

ﾌﾟﾀ/ 名C (電気器具の)調整器, アダプター; 改作者, 脚色者

add A1中

/ǽd アド/ (発音 adと同音) 動 (三単現 **adds** /ǽdz アヅ/; 過去過分 **added** /ǽdəd/; 現分 **adding**) ❶他 加える, (数値を)足す; 合計する; 自 足し算をする (↔**subtract**); 文型 [**add A to B**] BにAを足す, AをBに加える

• **add** 6 and 4 = **add** 6 **to** 4 6と4[4に6]を足す

❷他 (氷・塩・砂糖などを)加える, 足す

• Now, **add** some salt. さてここで塩を少し加えます

❸他 言い足す, 書き足す, 〔…と〕付け加える《*that*...》

add to ... …を増す

add up 合計する

add up to ... 合計…になる

• The figures **added up to** 10,000. 数字を合計すると1万になった

not add up 《否定文で》〔…と〕つじつまが合わない《*to*...》

派生 **addition** 名

ad·dict B2 /ǽdikt アディクト/ 名C 中毒者; 常用者; …狂

— /ədíkt アディクト/ 動他 中毒にさせる; ふけらせる ⇨**addicted**

ad·dict·ed B2 /ədíktəd アディクテド/ 形 〔…に〕中毒の; 病みつきの《*to*》

ad·dic·tion B2 /ədíkʃən アディクション/ 名UC (麻薬などの)常用, 中毒; 〔物事に〕ふけること, 熱中《*to*》

ad·dic·tive /ədíktiv アディクティヴ/ 形 (薬物などが)習慣性の, 中毒性の

ad·di·tion A2中

/ədíʃən アディション/ 名 (複 **additions** /ədíʃənz/) ❶C 付け加わったもの

• We celebrated the new **addition** to the family. 私たちは新しく家族に加わった赤ちゃんの誕生をお祝いした (❗養子やペット, 車などを表すのにも使う)

❷U 付け加えること, 追加; UC 足し算 (↔**subtraction**)

in addition さらに, その上

in addition to ... …に加えて, …のほかに

• **In addition to** English, he speaks French well. 彼は英語のほかにフランス語もじょうずに話す

派生 **add** 動; 派生 **additional** 形

ad·di·tion·al A2高

/ədíʃənəl アディショナル/ 形 追加の; 付加された; 特別な

• an **additional** charge 追加料金

• I asked for **additional** information. 私はさらなる情報を求めた

派生 **addition** 名

ad·di·tion·al·ly B2 /ədíʃənəli アディショナリ/ 副 《文を修飾して》その上; さらに

ad·di·tive /ǽdətiv アディティヴ/ 名C 添加物

ad·dress A1高

/ədrés アドレス, ǽdres アドレス/ 名 (複 **addresses** /ədrésəz/) C ❶住所, 所在地; (手紙の)あて先; 《コンピュータ》(Eメールの)アドレス

• **What's** your **address**? ご住所はどちらですか (×Where is your address? といわない)

• Give me your name and **address**. 名前と住所を教えてください (❗「住所氏名」は日本語と英語で語順が逆になる)

コロケーション

形, 名+**address**

one's home *address* 自宅の住所

a postal *address* 郵送先住所, 宛先

a forwarding *address* 転送先の住所

an e-mail *address* Eメールアドレス

参考〉 住所・番地の数字の言い方

345 East Street を訳すと「イーストストリート345番地」となる. ふつう英語では日本語とは逆に, 番地, 区, 市町村, 州の順序で住所を書く

345 East Street の 345 は “three forty-five” と言う. 340 なら three forty 10の位が0のとき: 305 “three o /ou オウ/ five”

10の位，1の位とも0のとき: 300 “three hundred”
❷《文章》(正式な場での開会などの)あいさつ; 演説 (❗ふつうは speech を使う)
— /ədrés アドレス/ 動 (三単現 **addresses** /ədrésəz/; 過去・過分 **addressed** /ədrést/; 現分 **addressing**) 他
❶(手紙に)あて名を書く; (手紙を)〔人に〕あてて出す《*to*》 ❷演説する
❸《文章》(問題・課題などに)取り組む

ad·dress·ee B1 /ædresí: アドレスィー/ 名 (複 **addressees** /ædresí:z/) C 受取人，受信人

ad·e·noid /ǽdənɔ̀id アディノイド/ 名 《ふつう **adenoids**》《医学》アデノイド《◆へんとう腺(せん)がはれる病気》

ad·ept /ədépt アデプト/ 形 〔…に〕熟達した，じょうずな《*at, in*》

ad·e·qua·cy /ǽdikwəsi アディクワスィ/ 名 U 適切さ，十分さ

ad·e·quate B2 /ǽdikwət アディクワト/ 形
❶〔…に〕十分な; 適当な，ふさわしい《*for, to*》(↔**inadequate**)
❷まあまあの，まずまずの

ad·e·quate·ly B2 /ǽdikwətli アディクワトリ/ 副 十分に; 適切に

ADHD 《略》《医学》attention deficit hyperactivity disorder 注意欠陥多動性障害

ad·here /ædhíər アドヒア/ 動 自
❶〔…に〕くっつく，粘着する《*to*》
❷ 文型 [**adhere to A**] A(規則・主義など)に従う，忠実である

ad·her·ence /ædhíərəns アドヒアレンス/ 名 U 〔主義などへの〕固執，支持，信奉《*to*》

ad·her·ent /ædhíərənt アドヒアレント/ 名 C 支持者，信奉者

ad·he·sion /ædhí:ʒən アドヒージョン/ 名 U 粘着，付着

ad·he·sive /ædhí:siv アドヒースィヴ/ 形 すぐくっつく，粘着(ねんちゃく)性の
— 名 U C (のり，にかわなどの)接着剤; 接着テープ，ばんそうこう

ad hoc /æd hák アドハク/ 形 副 特別の目的の[で]，その場限りの[で]

adj. 《略》adjective 形容詞

ad·ja·cent /ədʒéisənt アヂェイセント/ 形 《文章》〔…に〕隣接した，すぐそばの《*to*》

ad·jec·ti·val /ædʒiktáivəl アヂクタイヴァル/ 形 《文法》形容詞の，形容詞的な

ad·jec·tive A2

/ǽdʒiktiv アヂクティヴ/ (発音 アクセントに注意) 名 (複 **adjectives** /ǽdʒiktivz/) C 《文法》形容詞

文法› 形容詞 (**adjective**)
(**1**) 人・物・事が「どんなふうであるか」その性質を表す語. この辞典では 形 の記号で示している
(**2**) a *blue* sky (青い空)のように名詞を修飾する限定用法と，The sky is *blue*. (空は青い)のように動詞の補語になる叙述用法がある. この辞典では，どちらか一方の用法でしか使わないものには必要に応じて「名詞の前に用いる」または「名詞の前には用いない」と示している
(**3**) 多くの形容詞は比較変化をする
(**4**) 複数の形容詞が名詞を修飾する場合はふつう，特性→大小→形→新旧→色→国籍→材料の順序になる:
a small round Japanese table 小さくて丸い日本(風)のテーブル

ad·join /ədʒɔ́in アヂョイン/ 動 他 自 隣接する，となり合う

ad·join·ing /ədʒɔ́iniŋ アヂョイニング/ 形 となり合った，となりの

ad·journ /ədʒə́:rn アヂャーン/ 動 他 自 (会議などを)(一時)休止[休会，休廷]する; 散会する; 延期する
adjóurnment 名 U C 散会，休会，休会期間

ad·ju·di·cate /ədʒú:dikèit アヂューディケイト/ 動 自 《文章》〔…について〕判決[決定]を下す，〔…の〕審判[裁定者]をつとめる《*on, upon*》; 他 …の判決[決定]を下す

ad·junct /ǽdʒʌŋkt アヂャンクト/ 名 C 付属物; 補佐; 《文法》修飾語(句)

ad·just A2

/ədʒʌ́st アヂャスト/ 動 (三単現 **adjusts** /ədʒʌ́sts アヂャスツ/; 過去・過分 **adjusted**

/ədʒʌ́stəd/; 現分 **adjusting**)
❶ 他 〔…に合うように〕調節する, 調整する《*to*》
❷ 自 〔環境などに〕順応する; 他 適合させる《*to*》
adjust oneself to … …に順応する, 慣れる
派生 **adjustment** 名

ad·just·a·ble /ədʒʌ́stəbl アヂャスタブル/ 形 調節[調整]できる

ad·just·ment B2 /ədʒʌ́stmənt アヂャストメント/ 名 U C 調整; 調節
派生 **adjust** 動

ad-lib /ædlíb アドリブ/ 動 (三単現 **ad-libs** /ædlíbz/; 過去·過分 **ad-libbed** /ædlíbd/; 現分 **ad-libbing**) 他 自 即興で話す[演奏する, 歌う]
— 形 副 即興の[で], アドリブの[で] (❗ **ad lib** ともつづる)

ad·min·is·ter /ədmínəstər アドミニスタ/ 動 他 ❶ 管理する, 運営する
❷《文章》(薬を)投与する
❸ (法律などを)執行する

ad·min·is·tra·tion B1 /ədmìnəstréiʃən アドミニストレイション/ 名 (複 **administrations** /ədmìnəstréiʃənz/)
❶ U (組織の)管理, 運営, 経営; C 管理スタッフ, 経営陣
• the **administration** of a school [a big business] 学校[大企業]の運営
❷ U (国などの)行政; 行政当局[機関]; C《**the** をつけて》《米》政府
• **the** Trump **administration** トランプ政権
派生 **administer** 動
派生 **administrative** 形

ad·min·is·tra·tive B2 /ədmínəstrèitiv アドミニストレイティヴ/ 形 行政の; 管理の, 運営の **admínistràtively** 副 行政上, 管理上

ad·min·is·tra·tor /ədmínəstrèitər アドミニストレイタ/ 名 C 管理者, 理事; 行政官

ad·mi·ra·ble B2 /ǽdmərəbl アドミラブル/ 形 称賛に値する, すばらしい, みごとな, りっぱな

ad·mi·ral /ǽdmərəl アドミラル/ 名 C 海軍大将; 海軍将官《♦中将と少将》⇨**general** 名

ad·mi·ra·tion B1 /ædməréiʃən アドミレイション/ 名 U ❶ 感嘆, 称賛, うっとりした[あこがれの]気持ち
❷ あこがれの的(まと)
派生 **admire** 動

ad·mire A2 高

/ədmáiər アドマイア/ 動 (三単現 **admires** /ədmáiərz/; 過去·過分 **admired** /ədmáiərd/; 現分 **admiring** /ədmáiəriŋ/)
他 感嘆する, 称賛する, とてもすばらしいと思う[言う], ほめる
派生 **admiration** 名

ad·mir·er /ədmáiərər アドマイアラ/ 名 C 賛美者, 崇拝(すうはい)者, ファン

ad·mir·ing /ədmáiəriŋ アドマイアリング/ 形 感嘆する, 称賛する
admíringly B2 副 感嘆[称賛]して

ad·mis·si·ble /ədmísəbl アドミスィブル/ 形《文章》受け入れられる, 承認できる

ad·mis·sion B1 /ədmíʃən アドミション/ 名 (複 **admissions** /ədmíʃənz/)
❶ U C 〔…へ〕入ること(の許可); 入場, 入会, 入学, 入社《*to, into*》
• He applied for **admission to** the university. 彼はその大学へ願書を出した
❷ U 入場料, 入会金
❸ C 認めること, 承認; 自白
派生 **admit** 動

ad·mit A2 高

/ədmít アドミト/ 動 (三単現 **admits** /ədmíts アドミツ/; 過去·過分 **admitted** /ədmítəd/; 現分 **admitting**)
❶ 他 自 (ある事実を本当であると, しぶしぶ)認める
• **admit** defeat 敗北を認める
文型 [**admit** (**that**)…] …ということを認める
• I **admit that** I was wrong and I am sorry. 私は自分がまちがっていたことを認めます. どうもすみません

文型 [admit *do*ing = admit to *do*ing] …する[した]ことを認める
❷ 他 〔会場・会・学校などに〕入れる, 入ることを許可する《*to, into*》
派生 admission 名

ad·mit·tance /ədmítəns アドミタンス/ 名 U 入場, 入場許可《*to*》

ad·mit·ted /ədmítəd アドミテド/ 形 認められた, 公然の

ad·mit·ted·ly B2 /ədmítədli アドミテドリ/ 副《文修飾》一般に認められているように, 明らかに(…だが)

ad·mon·ish /ədmániʃ アドマニシュ/ 動 他《文章》(おだやかに)忠告する, たしなめる

ad·mo·ni·tion /ædmənı́ʃən アドモニション/ 名 U C《文章》忠告

a·do·be /ədóubi アドウビ/ 名 U 日干しれんが; C 日干しれんが造りの家

ad·o·les·cence /ædəlésəns アドレセンス/ 名 U 青春期

ad·o·les·cent /ædəlésənt アドレセント/ 形 青春期の
— 名 C 青春期の人, 10代の若者

A·don·is /ədánis アダニス, ədóunis アドウニス/ 名《ギリシャ神話》アドニス

a·dopt B1 高 /ədápt アダプト | ədɔ́pt アドプト/ 動 (三単現 **adopts** /ədápts アダプツ/; 過去・過分 **adopted** /ədáptəd/; 現分 **adopting**) 他 ❶ (方針・計画・意見などを)採用する; (習慣などを)取り入れる; (提案などを投票で)採択する
• We **adopted** a different approach. 私たちは違うアプローチを採用した ⇨**adapt** 覚えよう
❷ 養子にする
派生 adoption 名

a·dop·tion B2 /ədápʃən アダプション/ 名 U C (計画などの)採用, 採択; 養子縁組
派生 adopt 動

a·dop·tive /ədáptiv アダプティヴ/ 形《文章》養子関係の

a·dor·a·ble B1 /ədɔ́:rəbl アドーラブル/ 形 とても魅力的な; とてもかわいい, 愛くるしい (=charming)

ad·o·ra·tion /ædəréiʃən アドレイション/ 名 U 敬愛, 熱愛; 崇拝

a·dore B2 /ədɔ́:r アドー/ 動 ❶ 他 (両親・恋人などを)心から愛する, あこがれる; 《口語》大好きである ❷ 他 (神・太陽などを)崇拝(すうはい)する (=worship)

a·dorn B2 /ədɔ́:rn アドーン/ 動 他 飾る
adórnment 名 U 飾ること; C 装飾品

a·dren·a·lin, a·dren·a·line /ədrénələn アドレナリン/ 名 U アドレナリン (◆副腎(ふくじん)分泌ホルモン)

a·drift /ədríft アドリフト/ 形 副 (船が)漂流して; (人が)さまよって
come adrift ほどける, はずれる

a·droit /ədrɔ́it アドロイト/ 形《文章》(手先の)器用な; 巧みな, 機敏な
adróitly 副 器用に; 巧みに

a·dult A2 高

/ədʌ́lt アダルト, ǽdʌlt アダルト/ 形 おとなの, 成人の (=grown-up); 成人用の
• an **adult** dog 成犬
• **adult** education 成人向けの教育
— 名 (複 **adults** /ədʌ́lts アダルツ/) C おとな, 成人 (↔**child**)

a·dul·ter·ate /ədʌ́ltərèit アダルテレイト/ 動 他 (飲食物に)混ぜ物をする; …の品質を落とす

a·dul·ter·y /ədʌ́ltəri アダルテリ/ 名 (複 **adulteries** /ədʌ́ltəriz/) U C 不倫, 姦通(かんつう)

a·dult·hood /ədʌ́lthùd アダルトフド/ 名 U 成人であること; 成年期

adv. 《略》adverb 副詞

ad·vance B1 高 /ədvǽns アドヴァンス | ədvá:ns アドヴァーンス/ 動 (三単現 **advances** /ədvǽnsəz/; 過去・過分 **advanced** /ədvǽnst/; 現分 **advancing**)
❶ 自 進む, 前進する (↔**retreat**); 他 進める, 前進させる
• The team **advanced to** the finals. チームは決勝まで進んだ
❷ 自 発展する, 進歩する; 他 進歩させる, 促進する; 提案する
❸ 自 昇進する, (ランクなどが)上がる;

㊀ 昇進させる, 上げる
━ 名 (複 **advances** /ədvǽnsəz/)
❶ U C 発展, 進歩; 前進
• The economy in that country has **made** a rapid **advance**. その国の経済は急成長した
❷ C 前払い金
in advance 前もって, あらかじめ; 前金で
• Thank you **in advance**. よろしくお願いします (←あらかじめありがとうといっておきます) (! Eメールの末尾に書く表現)
in advance of ... …に先立って; …よりも進んで
━ 形 事前の; 前売りの; 先遣の
• **advance** notice 事前通告
派生 **advanced** 形

ad·vanced A2 高

/ədvǽnst アドヴァンスト | ədvɑ́ːnst アドヴァーンスト/ 形 先に進んだ, (思想などが)先進的[進歩的]な; (程度が)上級の, 高等の (↔**elementary**)
• an **advanced** course 上級コース
• **advanced** countries 先進国
派生 **advance** 動

ad·vance·ment B2 /ədvǽnsmənt アドヴァンスメント/ 名 U C 前進; 進歩, 向上; 昇進; 前払い

ad·van·tage A2 高

/ədvǽntidʒ アドヴァンティヂ | ədvɑ́ːntidʒ アドヴァーンティヂ/ (発音 アクセントに注意)
名 (複 **advantages** /ədvǽntidʒəz/)
❶ C 有利な立場, 利点, 強み; U (ためになる)利益
• the **advantages** of movies **over** television 映画がテレビよりすぐれている点
• a great **advantage** 大きな強み
❷ 《テニス》 アドバンテージ (◆デュースのあとの最初の得点)
have an [the] advantage (over ...) (…に対して)有利な立場にある
take advantage of ... …を利用する; …につけ込む
• The bully was always **taking advantage of** smaller kids. そのいじめっ子はいつも自分より小さな子をいいように使っていた
to A's advantage A(人)に有利に[な]
派生 **advantageous** 形

ad·van·ta·geous /ædvəntéidʒəs アドヴァンテイヂャス/ 形 都合のよい; 有利な (↔**disadvantageous**)
派生 **advantage** 名
àdvantágeously 副 有利に; 都合よく

ad·vent B2 /ǽdvent アドヴェント/ 名
❶ 《**the advent**》〔重要な事物の〕出現, 到来 《*of*》
❷ 《**Advent**》 キリストの降臨; 降臨節 (◆クリスマス前の約4週間)

ad·ven·ture A2 中

/ədvéntʃər アドヴェンチャ/
名 (複 **adventures** /ədvéntʃərz/)
❶ U C 冒険; 《**adventures**》 冒険談[物語]
❷ C わくわく[はらはら]するような体験, 楽しい[珍しい]経験
派生 **adventurous** 形

ad·ven·tur·er /ədvéntʃərər アドヴェンチャラ/ 名 C 冒険家

ad·ven·tur·ous B2 /ədvéntʃərəs アドヴェンチャラス/ 形 (人が)冒険好きな, 大胆な; (行為が)冒険的な, 危険な
advénturousness 名 U 冒険好きなこと, 大胆さ

ad·verb B1 /ǽdvəːrb アドヴァーブ/ 名 (複 **adverbs** /ǽdvəːrbz/) C 《文法》 副詞

> 文法› 副詞 (**adverb**)
> (**1**) 副詞は, 動詞, 形容詞, 他の副詞を修飾する:
> run **very fast** とても速く走る (! very も fast も副詞で, very は fast を, fast は run をそれぞれ修飾している)
> a **very** fast runner とても速いランナー (! very は形容詞の fast を修飾する副詞)
> (**2**) 文全体を修飾することもある:
> **Surprisingly**, John won first prize in

the contest. 驚いたことにジョンがコンテストで1等賞をとった
(3) 副詞には比較変化をするものも多い

ad·ver·bi·al B1 /ædvə́ːrbiəl アドヴァービアル/ 形 副詞の, 副詞的な

ad·ver·sar·y /ǽdvərsèri アドヴァセリ/ 名 (複 **adversaries** /ǽdvərsèriz/) C《文章》敵; (競争)相手

ad·verse B2 /ædvə́ːrs アドヴァース, ⌐⌐/ 形 反対の, 逆の, 不利な

advérsely B2 副 反対に, 逆に; 不利に

ad·ver·si·ty B2 /ædvə́ːrsəti アドヴァースィティ/ 名 (複 **adversities** /ædvə́ːrsətiz/) U 逆境, 不幸; C 不幸なできごと, 災難

ad·ver·tise B1 /ǽdvərtàiz アドヴァタイズ/ 動 (三単現 **advertises** /ǽdvərtàizəz/; 過去·過分 **advertised** /ǽdvərtàizd/; 現分 **advertising**) 他自
広告する, 宣伝する
• **advertise** the new car **in** newspapers [**on** television] 新聞[テレビ]で新しい車を広告[宣伝]する
派生 **advertisement** 名

ad·ver·tise·ment

A2 高 /ædvərtáizmənt アドヴァタイズメント, ədvə́ːtəsmənt アドヴァーティスメント/
名 (複 **advertisements** /ædvərtáizmənts アドヴァタイズメンツ/) C
(新聞·テレビなどによる)広告, 宣伝 (❗《口語》では **ad** と短縮していう; ラジオ·テレビの「広告」は commercial ともいう)
派生 **advertise** 動

ad·ver·tis·er /ǽdvərtàizər アドヴァタイザ/ 名 C 広告主 (❗新聞の紙名に多く用いられる)

ad·ver·tis·ing A2

/ǽdvərtàiziŋ アドヴァタイズィング/ 名 U
広告(業), 広告[告知]すること; 《集合的に》広告
• an **advertising** agency 広告代理店
• create an **advertising** campaign 広告キャンペーンを制作する

ad·vice A2 中

/ədváis アドヴァイス/ (×アドヴァイス) 名 U
〔…についての〕忠告, 助言, アドバイス 《*on, about*》
• She asked me for **advice about** that problem. 彼女はその問題について私に助言を求めてきた
• **Follow** the doctor's **advice** and go to bed. 医者の言うことをきいて早く寝なさい
文型 [**advice to** *do*] …するようにという忠告

コロケーション
動+**advice**
give *advice* 助言する
offer *advice* 忠告する
provide *advice* アドバイスする
seek *advice* 助言を求める
take [follow] *advice* 助言を受け入れる
ignore [reject] *advice* 忠告を無視する

注意› advice は数えられない名詞なので, ×an advice, ×some advices などとはならない.「1つの助言」というときは a piece [bit, word] of advice

覚えよう› 単語力
まぎらわしい語
advice /ədváis アドヴァイス/ 名 助言
advise /ədváiz アドヴァイズ/ 動 助言する
(発音 発音の違いにも注意)

advíce còlumn 名 C《米》(新聞の)人生相談欄 (=《英》agony column)

ad·vis·a·bil·i·ty /ədvàizəbíləti アドヴァイザビリティ/ 名 U 勧めてよいこと, 得策; (物事の)妥当性

ad·vis·a·ble /ədváizəbl アドヴァイザブル/ 形 勧められる, 得策の, 賢明な

ad·vise A2 高

/ədváiz アドヴァイズ/ (×アドヴァイズ) (発音 advice の /-ス/ との違いに注意) 動 (三単現 **advises** /ədváizəz/; 過去·過分 **advised** /ədváizd/; 現分 **advising**) 他自
〔…について〕忠告する, 助言する 《*on*》; 勧める
• **advise** him **on** his future 将来のことで

彼にアドバイスをする
文型 [**advise A to** *do*] A(人)に…するように忠告する, 強く勧める
• The teacher **advised** us **to** *read* these books. 先生は私たちにこれらの本をぜひ読むようにと勧めてくれた
文型 [**advise (A) that ...**] (A(人)に)…ということを忠告する
文型 [**advise (A) against** *doing*] (A(人)に)…しないように忠告する
派生 **advice** 名

ad·vis·er B1 /ədváizər アドヴァイザ/ 名 (複 **advisers** /ədváizərz/) C
❶ 忠告者, 助言者, 相談相手; 顧問, アドバイザー
❷《米》(学生の)指導教官

ad·vi·sor /ədváizər アドヴァイザ/ 名 (= adviser)

ad·vi·so·ry /ədváizəri アドヴァイザリ/ 形 助言を与える; 顧問の, 諮問の
— 名 (複 **advisories** /ədváizəriz/) C《ふつう **advisories**》《米》(気象などの)注意情報, 警報

ad·vo·ca·cy /ǽdvəkəsi アドヴォカスィ/ 名 U (意見・行動などの)支持(表明), 擁護

ad·vo·cate /ǽdvəkèit アドヴォケイト/ 動 他 擁護(ようご)する, 唱える; 弁護する
— /ǽdvəkət アドヴォケト/ 名 C 主唱者; 提唱者

Ae·gé·an Séa /i:dʒí:ən イーヂーアン/ 名《**the** をつけて》エーゲ海《♦ギリシャとトルコの間; 地中海の一部》

ae·ri·al /éəriəl エアリアル/ 名 C ❶《英》(ラジオ・テレビの)アンテナ (=《米》antenna) ❷《スキー》エアリアル(競技)
— 形 空気の; 空中の; 航空の

aer·o·bic /eəróubik エアロウビク/ 形 エアロビクスの

aer·o·bics B1 /eəróubiks エアロウビクス/ 名 U《ふつう単数扱い》エアロビクス

aer·o·dy·nam·ics /èəroudainǽmiks エアロウダイナミクス/ 名《単数扱い》空気力学, 航空力学

aer·o·gram, aer·o·gramme /éərəgræ̀m エアログラム/ 名 C 航空書簡, エアログラム (=air letter)

aer·o·nau·tic, aer·o·nau·ti·cal /èərənɔ́:tik エアロノーティク, èərənɔ́:tikəl エアロノーティカル/ 形 航空学の; 航空術の

aer·o·nau·tics /èərənɔ́:tiks エアロノーティクス/ 名《単数扱い》航空学; 航空術

aer·o·plane A1

/éərəplèin エアロプレイン/ 名 (複 **aeroplanes** /éərəplèinz/) C《英》飛行機 (=《米》airplane)

aer·o·sol /éərəsɔ̀:l エアロソール/ 名 U《化学》エーロゾル; C スプレー

áerosol càn 名 C スプレー缶

aer·o·space /éərouspèis エアロウスペイス/ 名 U 航空宇宙《♦大気圏および宇宙空間》;《形容詞的》航空宇宙(用)の

Ae·sop /í:səp イーソプ/ 名 イソップ《♦『イソップ物語』(**Aesop's Fables**)を作ったといわれるギリシャ人》

aes·thet·ic /esθétik エスセティク, i:sθétik イースセティク/ 形 美学の; 審美的な, 審美眼のある

aes·thet·ics /esθétiks エスセティクス, i:sθétiks イースセティクス/ 名《単数扱い》美学

a·far /əfá:r アファー/ 副《詩語》遠くに
from afar 遠方から

af·fa·ble /ǽfəbl アファブル/ 形 愛想のよい; ていねいな
áffably 副 愛想よく; ていねいに

af·fair A2

/əféər アフェア/ 名 (複 **affairs** /əféərz/) C
❶《**affairs**》問題, 情勢, 事情

コロケーション
形+**affairs**
foreign *affairs* 外交問題, 外務
internal *affairs* 国内問題, 内政問題
financial *affairs* 金融業務, 財務
current *affairs* 時事問題
international *affairs* 国際情勢

❷《しばしば **affairs**》事務, 仕事; 関心事
• business **affairs** 業務
• public **affairs** 公務
❸ 情事 (=love affair)

❹ 出来事; 事件, (特に)スキャンダラスな事件

af·fect[1] B1 高 /əfékt アフェクト/ 動 (三単現 **affects** /əfékts アフェクツ/; 過去·過分 **affected** /əféktəd/; 現分 **affecting**) 他
❶ (特に悪い)影響を与える; (健康を)おかす
• Do you know how AIDS **affects** you? エイズがあなたにどのような影響を与えるか知っていますか
❷ 感動させる, …の心を動かす (**!** しばしば受け身で)
派生 **affection** 名

覚えよう› 単語力
まぎらわしい語
affect 動 影響する; 感動させる
effect 名 影響, 効果; 結果

af·fect[2] /əfékt アフェクト/ 動 他 ふりをする

af·fec·ta·tion /æ̀fektéiʃən アフェクテイション/ 名 UC 気取り; 見せかけ

af·fec·ted /əféktəd アフェクテド/ 形 気取った, きざな

af·fec·tion B1 /əfékʃən アフェクション/ 名 (複 **affections** /əfékʃənz/) UC 愛情, 好意 (**!** love より静かで永続的)

af·fec·tion·ate B2 /əfékʃənət アフェクショネト/ 形 愛情のこもった; 愛情深い, やさしい

af·fec·tion·ate·ly B2 /əfékʃənətli アフェクショネトリ/ 副 愛情をこめて, やさしく

Affectionately yours,* = *Yours affectionately, さようなら (**!** 親しい間で使う手紙の結びの文句)

af·fil·i·ate /əfílièit アフィリエイト/ 動 他 自 〔大きな組織に〕加入させる[する]; 合併する, 提携させる《*with, to*》

af·fil·i·a·tion /əfìliéiʃən アフィリエイション/ 名 UC 加入; 提携(関係)

af·fin·i·ty /əfínəti アフィニティ/ 名 (複 **affinities** /əfínətiz/) UC 〔二者間の〕密接な関係, 類似性《*between*》; 《単数形で》〔…に対する〕親近感, 親しみ《*for, with*》

af·firm /əfə́ːrm アファーム/ 動 他 断言する; 肯定する (↔**deny**)

af·fir·ma·tion /æ̀fərméiʃən アファメイション/ 名 UC 断言, 肯定; 確認

af·firm·a·tive /əfə́ːrmətiv アファーマティヴ/ 形 肯定の, 賛成の (↔**negative**)
— 名 UC 肯定(のことば)
in the affirmative 肯定的に
affírmatively 副 賛成[同意]して

affírmative áction 名 U (米国の)差別撤廃措置《♦女性や黒人, 少数民族などへの差別をなくすための措置》

af·fix /əfíks アフィクス/ 動 他 〔…に〕はり付ける, 添付する《*to*》
— /ǽfiks アフィクス/ 名 C 添付物; 《文法》接辞《♦接頭辞, 接尾辞など》

af·flict /əflíkt アフリクト/ 動 他 《文章》苦しめる, 悩ます

af·flic·tion /əflíkʃən アフリクション/ 名 U 苦痛, 苦悩; C 悩みの種

af·flu·ence /ǽfluəns アフルエンス/ 名 U 豊かさ, 富裕; 豊富

af·flu·ent /ǽfluənt アフルエント/ 形 豊かな, 裕福な; 豊富な

af·ford B1 高 /əfɔ́ːrd アフォード/ 動 (三単現 **affords** /əfɔ́ːrds アフォーヅ/; 過去·過分 **afforded** /əfɔ́ːrdəd/; 現分 **affording**) 他
❶ 《ふつう **can afford**》(…に必要な金銭的・時間的)余裕がある, (金・時間などを)都合できる; 文型 [**can afford to** *do*] …する余裕がある; …できる状態にある (**!** 否定文・疑問文で使われることが多い)
• **Can** we **afford** a trip abroad this year? 今年は海外旅行する余裕あるかな
❷ 《文章》与える; もたらす

af·ford·a·ble B2 /əfɔ́ːrdəbl アフォーダブル/ 形 値段が高くない, 手ごろな

af·front /əfrʌ́nt アフラント/ 名 C 〔…に対する〕侮辱《*to*》 — 動 他 《ふつう受け身で》(公然と)侮辱する

Af·ghan /ǽfgæn アフギャン/ 形 アフガニスタンの; アフガニスタン人[語]の
— 名 C アフガニスタン人; U アフガニスタン語

Af·ghan·i·stan /æfgǽnəstæ̀n アフギャニスタン/ (発音 アクセントに注意) 名 アフガニスタン《♦アジア南西部の共和国; 首都カ

ブール(Kabul))

a·field /əfí:ld アフィールド/ 副 遠く離れて, 遠くに

a·float /əflóut アフロウト/ 形 (水上・空中に)浮かんで

keep* [*stay*] *afloat ①浮かんでいる ②借金しないでいる

AFN 《略》American Forces Network 米軍放送網

a·foot /əfút アフト/ 形 進行中で; 計画[準備]中で (■ 名詞の前には用いない)

a·fraid A1 中

/əfréid アフレイド/ 形

恐れて, こわがって; 心配して

• Don't be **afraid**. It won't hurt you. こわがるな. けがをしたりしないから

文型 [**be afraid of A**] Aを恐れる, Aがこわい

• The child **is afraid of** the dark. その子は暗がりがこわい

比較 a **frightened** child おびえている子ども (■ afraid は名詞の前には使わないので, ×an afraid child としない)

文型 [**be afraid of *doing***] …するのを恐れる

• Don't **be afraid of making** mistakes when you speak English. 英語を話す時はミスすることを恐れるな

文型 [**be afraid (that) ...**] …ではないかと恐れて[心配して]いる

be afraid to do こわくて…できない

***I'm* [*I am*] *afraid* (*that*)...** 残念ですが[すみませんが]…ではないかと思います (■ 相手または自分にとって望ましくないことをていねいに言う表現; that はふつう省略する; that 以下を so, not で受けることもある)

• **I'm afraid** you have the wrong number. 電話番号をお間違えのようですが

• **I'm afraid** it's going to rain. = It's going to rain, **I'm afraid**. 雨が降ってくるんじゃないかしら

会話 "Are we late?" "**I'm afraid so.**" (=I'm afraid we are late.) 「ぼくたち遅刻かな」「そうかもね」

a·fresh /əfréʃ アフレシュ/ 副 新たに, 改めて

Af·ri·ca 中 /ǽfrikə アフリカ/ 名 アフリカ

派生 **African** 形

Af·ri·can 高 /ǽfrikən アフリカン/ 形 アフリカの; アフリカ人の

— 名 (複 **Africans** /ǽfrikənz アフリカンズ/) C アフリカ人; 《**the Africans**》アフリカ人(全体); (アフリカ系)黒人

派生 **Africa** 名

Áfrican-Américan 名 C 形 アフリカ系アメリカ人(の) (■ 米国の黒人をさす語で, black より好まれる)

Af·ri·kaans /æfriká:ns アフリカーンス/ 名 U アフリカーンス語 《◆オランダ語から変化したもので, 南アフリカ共和国の公用語の1つ》

Af·ro /ǽfrou アフロウ/ 名 (複 **Afros** /ǽfrouz/) C アフロ(ヘア)

Àfro-Américan 形 名 (= African-American)

aft /ǽft アフト/ 副 形 船尾(の方)に[の]; (航空機の)尾翼(の方)に[の] (↔**fore**)

af·ter A1 中

/ǽftər アフタ | á:ftə アーフタ/ 前

共通イメージ 順序があと

❶ (時間・順序が)…のあとに[の], …以降に; …に次いで, …の次の (↔**before**); (道路や路線などである地点)を過ぎた(ところで) (=past) (■ おもに時間・順序について使い, 場所には一列に並んだものについてのみ使い, それ以外の場合には behind を使う)

• go home (**immediately**) **after school** 放課後(すぐに)家に帰る

• **long after midnight** 真夜中を過ぎてからずいぶん後に

• **soon** [**shortly**] **after** the war 戦後まもなく

• **only after** her death 彼女が亡くなった後でやっと

• (**the**) **day after tomorrow** 明後日, あさって (←あしたのあとの日)

af·ter

A1 前 接 副
中 /ǽftər アフタ | ɑ́:ftə アーフタ/

前❶ 接 副
(…の) あとで

after school

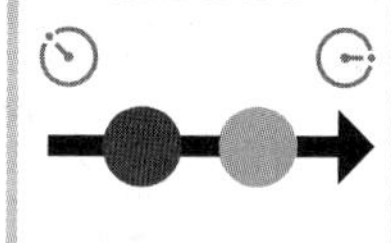

共通イメージ
順序があと

先に移動していたものと同じ道をあとからたどる

できごとのあとに他のできごとが起こるということのくり返し

前❸ …のあとを追って
前❹ …にちなんで (先にいた人・あったものと同じように)

先に進んでいる・まだ手に入れていないものを目標として見る

前❷ 次々に

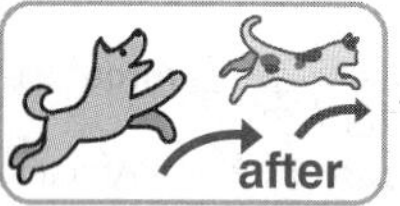

A dog was running after a cat.

前❸ …を求めて

What is he after?

day after day

意味マップ

前 ❶…のあとに[の]
❷次々に
❸…のあとを追って, …を求めて
❹…にちなんで
接 …したあとで
副 のちに, あとで

afterとinの違いに注意しよう!

「今から～後に」という場合は**after**ではなく**in**を使う。

◆ **We'll leave in thirty minutes.**
30分後に出発します

◆ **We left after thirty minutes [thirty minutes after, thirty minutes later].**
私たちは(ある時点を基準としてその) 30分後に出発した

ネイティブはこういう!

◆ **After you.** お先にどうぞ
◆ **after all** 結局
◆ **(then) after that** そのあとで
◆ **after a while** しばらくして
◆ **after a moment** 少し時間がたって

afterの重要成句

one after another 次々に

- **after** a week (過去または未来のある時点から) 1 週間後に (❗「今から 1 週間後に」は in a week)
- **the week** [**month**, **year**] **after next** さらい週[月, 年] (←次の週[月, 年]のあとの週[月, 年])
- Please read **after** me. 私のあとについて読んでください (×after I としない)
- Close the door **after** you. 入った[出た]あとはドアをしめなさい
- It's ten minutes **after** six. 6時10分です (❗《英》では past six という)
- The telephone service returned to normal two hours **after** the earthquake. 電話は地震から2時間たって復旧した (❗two hours は 2 つのできごとの時間差を表す)
- **After thinking** for a while, he said yes. しばらく考えたのちに彼は同意した (❗after+*doing*)
- **After all** the efforts Thomas made, he failed the exam. トーマスはできる限り努力したが試験で落第した (❗after のあとに all, everything などがある場合は「…にもかかわらず」の意味になることがある)
- Our train went into a long tunnel just **after** the second station. 2つめの駅を過ぎると私たちの乗った列車は長いトンネルに入った

❷《前後に同じ語を置いて》**次々に** (❗くり返し・継続を表す)

- **day after day** 毎日毎日
- **Night after night** the same thing happened. 毎夜毎夜同じことが起きた
- **Leaf after leaf** fell to the ground. 木の葉が次々と地面に落ちた

❸ …のあとを追って, …を求めて

- A dog was running **after** a cat. 犬がネコを追いかけていた
- He is **after** a job. 彼は職を求めている (=He is looking for a job.)
- What is he **after**? 彼は何を求めて[ねらって]いるのですか

❹ …にならって, …にちなんで

- He was called [named] Robert **after** his uncle. 彼はおじの名をとってロバートと名づけられた

after all ⇨フォーカス **結局, やはり**; (理由を示して)**なにせ…だから**

- I waited, but he didn't come **after all**. 私は待ったが, 結局彼は来なかった
- She won't come to the party; she doesn't like noisy places, **after all**. 彼女はパーティーには来ないだろう. なにせうるさいところが好きじゃないから

After you! ⇨フォーカス **お先にどうぞ** (❗順番, 道をゆずるときのことば)

one after another (3つ以上のものが)**次々に, 相次いで** ⇨**one** 代 (成句)

one after the other (2つのものが) **1つずつ, 相次いで**

- She lost her parents **one after the other**. 彼女は相次いで両親をなくした

━ 接 **…したあとで[に]** (↔**before**)

- He came **after** you left. 彼は君が去ったあとにやって来た
- **After** I came home, it began to rain. 私が帰宅してから雨が降りだした
- I received a letter from him two weeks **after** he left Japan. 彼が日本をたって2週間後に私は彼から手紙をもらった (❗two weeks は 2 つのできごとの時間差を表す)
- We will have dinner **after** you come home. あなたが帰ってきてから夕食にします (❗after ... の中が未来のことをいう場合でも現在形を使う)
- She took over the business **after** her husband died. = She took over the business **after** the death of her husband. 夫の死後彼女が事業を引き継いだ (❗あとの文の after は前置詞)

━ 副 **のちに, あとで**

- two weeks **after** (=two weeks later) (ある時点から) 2 週間後に
- **soon** [**long**] **after** すぐ[ずっと]あとで
- the day **after** その次の日に

ever after **それ以後ずっと**

- They lived happily **ever after**. 彼らはその後ずっと幸福に暮らしましたとさ (❗童話の最後の文句,「めでたし, めでたし」に相当)

af·ter·care /ǽftərkèər アフタケア/ 名 U アフターケア《♦回復期の患者の看護や世話》

af·ter·ef·fect /ǽftərifèkt アフタリフェクト/ 名 C 〔事件などの〕影響，余波《*of*》; 後遺症

af·ter·glow /ǽftərglòu アフタグロウ/ 名 U 夕焼け，夕映(ば)え

af·ter·im·age /ǽftərìmidʒ アフタリミヂ/ 名 C 《心理》残像

af·ter·life /ǽftərlàif アフタライフ/ 名 《単数形で》死後の生命[生活]，来世

af·ter·math /ǽftərmæ̀θ アフタマス/ 名 《単数形で》(災害などの)余波，影響

af·ter·noon A1 中

/æ̀ftərnúːn アフタヌーン | ɑ̀ːftənúːn アーフタヌーン/ 名 (複 **afternoons** /æ̀ftərnúːnz/) C 午後 (! 正午から日没まで) ⇨**evening**; 《形容詞的》午後の

- early [late] **in the afternoon** 午後早いうちに[遅くなって]
- He came at three **in the afternoon.** 彼は午後3時にやって来た
- **on** Sunday **afternoon** 日曜日の午後に
- **on** the **afternoon** of the 12th 12日の午後に (! 特定の日の「午後に」の前置詞は in ではなく on)
- **tomorrow afternoon** あすの午後(に)
- We are going to play baseball **this afternoon.** ぼくたちはきょうの午後野球をするつもりだ (! this, that, tomorrow, yesterday, one などが前につくときは前置詞はつけない)
- He is always busy on Sunday **afternoons.** 日曜日の午後は彼はいつも忙しい (! afternoon はふつう複数形にしないが，「いつも午後には」のように慣習的な場合は afternoons とする)

Good afternoon! A1 こんにちは (! 午後のあいさつでやや改まった言い方) [CAN-DO Tips あいさつする]

áfternoon téa 名 C 《英》午後のお茶《♦昼食と夕食の間午後4時から5時ごろに紅茶やコーヒーを飲みながらとる軽食; 単に tea ともいう》

af·ter·shave /ǽftərʃèiv アフタシェイヴ/ 形 《限定的》ひげそりあとの
― 名 U C アフターシェーブローション

af·ter·shock /ǽftərʃɑ̀k アフタシャク/ 名 C ❶余震 ❷(=aftermath)

af·ter·thought /ǽftərθɔ̀ːt アフタソート/ 名 C あとからの思いつき，あと思案; つけ足し(の考え)

af·ter·ward B1 /ǽftərwərd アフタワド | ɑ́ːftəwəd アーフタワド/ 副 のちに，そのあとで

- We heard the news long **afterward.** 私たちはずっとあとになってその知らせを聞いた

af·ter·wards /ǽftərwərdz アフタワヅ/ 副 《英》(=afterward)

a·gain A1 中

/əgén アゲン, əgéin アゲイン/ 副

意味マップ
❶ もう一度; 《否定文で》二度と(…ない)
❷ もとの所へ

❶ もう一度，また，再び; 《否定文で》二度と(…ない)

- Try **again.** もう一度やってごらん
- See you **again** on Monday, Bob. ボブ，また月曜日に会おう
- I'll see you **again** soon. すぐにまたお会いするでしょう
- **Again**(**, please**). (どうぞ)もう一度言ってください
- He **never** said it **again.** 彼は二度とそれを言わなかった
- What's her name **again**? 彼女の名前なんだっけ (! 一度聞いたことを聞き返すときに使う)

❷ もとの所へ，もとの状態に，また

- I walked to town and back **again.** 私は町へ歩いて行ってまた歩いて帰って来た[町まで歩いて往復した]

again and again 何度も何度も，再三

- I warned him of that **again and again.** 私は彼にそのことを何度も何度も注意した

(all) over again もう一度, くり返して
- Read your paper **over again** so that you don't miss any errors. まちがいを見過ごさないよう答案をもう一度読み直しなさい

once again もう一度
over and over again 何度もくり返して
then again その反面, …と思いきや

a·gainst A2 中

/əgénst アゲンスト, əgéinst アゲインスト/ 前
共通イメージ 大きなものに向かう

意味マップ
❶《敵対・反抗》…に対抗して; 《禁止》…を禁止する
❷《反対意見》…に反対して; 《違反》…に反して
❸《対抗・衝突》…に逆らって; …にぶつかって
❹《強い接触》…にもたれて
❺《対照》…を背景として
❻《防衛・準備》…を防ぐように

❶《敵対・反抗》…に対抗して, …に反して; 《禁止》…を禁止する; 《非難・怒りなどの対象》…に対する, …に対して
- **fight against** the enemy 敵と戦う
- We **played against** the strongest team and won. 私たちは最強のチームと試合して勝った
- She married **against** her **will**. 彼女は自分の意志に反して[いやいや]結婚した
- She started her training **against** the **advice** of her doctor. 彼女は医者の助言に背いてトレーニングを始めた
- They passed a **law against** hunting endangered animals. 絶滅の危機に瀕(ひん)した動物の狩猟を禁止する法律が可決された

❷《反対意見》…に反対して (↔**for** ⑩); 《違反》…に反して
- Are you **for** or **against** his proposal? 彼の提案に賛成なの, それとも反対?
- Smoking in underground stations is **against** the rules. 地下鉄の駅での喫煙は規則違反だ

❸《対抗・衝突》…に逆らって; …にぶつかって
- **swim against** the current 流れに逆

❶((敵対・反抗))
❷((反対意見))
❸((対抗・衝突))
❻((防衛・準備))
(妨げるものや力を及ぼしてくるもの)に対抗して

fight against the enemy

大きなものを支えにする, 当てる
❹((強い接触))
…にもたれて, 立てかけて

lean against the door

大きなものを背景にして見る
❺((対照))
…を背景として

The earth looks beautiful against dark space.

らって泳ぐ

- He threw the ball **against** the wall. 彼はボールを壁に投げつけた

❹《強い接触》…にもたれて, …に立てかけて, …に当てて

- **lean against** the door ドアによりかかる
- **Stand** your umbrella **against** the wall. かさを壁に立てかけておきなさい
- He **pressed** his ear **against** the wall. 彼は壁に耳を押しあてた

❺《対照》…を背景として, …と対照をなして

- The earth looks really beautiful **against** dark space. (宇宙から見ると)地球は暗い宇宙を背景に実に美しく見える
- The need for alternative energy sources is growing **against** the **background** of global warming. 地球温暖化を背景として代替エネルギー源の必要性が高まっている

❻《防衛・準備》…を防ぐ(ように), …から守る(ように); …に備えて

- This medicine acts **against** headaches. この薬は頭痛にきく

have something against ... …に気に入らないところがある

使えるコーパスフレーズ

名詞＋against

(**1**) (take) action *against* ... …への対抗措置(をとる)
(**2**) the war *against* ... …との戦争
(**3**) protection *against* ... …への防備
(**4**) a campaign *against* ... 反…キャンペーン
(**5**) the fight *against* ... …との闘い[戦い]

age A1 中

/éidʒ エイヂ/ 名 (複 **ages** /éidʒəz/)

❶ U C (人間・動物・物の)年齢; (一生の)一時期; 寿命

- middle **age** 中年
- Einstein died **at the age of** 76. アインシュタインは76歳で亡くなった
- She is just my **age**. 彼女はぼくとちょうど同じ年だ
- We are (**of**) **the same age**. 私たちは同じ年齢です
- people **of all ages** あらゆる年代の人々

❷ C 時代

- the space **age** 宇宙時代

❸ 長い間

come of age 成年に達する

for one's age 年のわりには

— 動 (三単現 **ages** /éidʒəz/; 過去・過分 **aged** /éidʒd/; 現分 **aging, ageing**)

自 年をとる; 熟成する; 他 年をとらせる; 熟成させる

-age 接尾 「行為」「状態」「集合」(❗名詞)

a·ged A2 高

/éidʒd エイヂド/ 形

❶ …歳の (❗数詞の前に置く)

- students **aged** 15 to 18 15歳から18歳の生徒

❷ 年をとった, 熟成した (=old)

áge gròup 名 C 同一年齢層

age·ing /éidʒiŋ エイヂング/ 名 形 (=aging)

age·ism /éidʒizm エイヂズム/ 名 (=agism)

age·less B2 /éidʒləs エイヂレス/ 形 老いを感じさせない; 永遠の

a·gen·cy A2 高

/éidʒənsi エイヂェンスィ/ 名 (複 **agencies** /éidʒənsiz/) ❶ C 代理店, 取次店

- an advertising **agency** 広告代理店
- She works at a travel **agency** in Tokyo. 彼女は東京にある旅行代理店で働いている

❷ C (政府)機関, 庁, 局

- a government **agency** 政府機関

a·gen·da B1 /ədʒéndə アヂェンダ/ 名 (複 **agenda, agendas** /ədʒéndəz/) C (政治などの)重要課題; (会議での)討議事項, 議事日程(表); 政策, 指針

a·gent A2

/éidʒənt エイヂェント/ 名 (複 **agents** /éidʒənts エイヂェンツ/) C

❶ 代理人, 代理業者; 仲介者; 係員
• a travel **agent** 旅行会社社員, 旅行業者
❷ (政府機関の)職員; 捜査官; スパイ, 諜報(ちょうほう)員
❸ 原因; 作用を起こすもの

age-old /èidʒóuld エイヂオウルド/ 形 大昔[古く]からある, 長きにわたる (! ふつう名詞の前に用いる)

ag·gra·vate /ǽgrəvèit アグラヴェイト/ 動 他 悪化させる; 《口語》 怒らせる

ag·gra·va·tion /æ̀grəvéiʃən アグラヴェイション/ 名 U C 悪化; 《口語》 腹の立つこと

ag·gre·gate /ǽgrigət アグリゲト/ 名 U C 形 合計(の), 総計(の)

ag·gres·sion /əgréʃən アグレション/ 名 U 侵略, 攻撃

ag·gres·sive B1 高 /əgrésiv アグレスィヴ/ 形 攻撃的な (↔**defensive**); 積極的な, 押しの強い
aggréssively B2 副 侵略的に, 攻撃的に
aggréssiveness 名 U 攻撃性

ag·gres·sor /əgrésər アグレサ/ 名 C 侵略者, 侵略国

ag·grieved /əgríːvd アグリーヴド/ 形 苦しんで[怒って]いる, 心が傷ついた

a·ghast /əgǽst アギャスト/ 形 びっくりして, 驚きあきれて (! 名詞の前には用いない)

ag·ile /ǽdʒəl アヂル, ǽdʒail アヂャイル/ 形 (動作が)すばやい, 機敏な; (頭の)回転が速い, 鋭敏な

a·gil·i·ty /ədʒíləti アヂリティ/ 名 U 機敏さ; 鋭敏さ

ag·ing /éidʒiŋ エイヂング/ 名 U 年をとること, 老化; 老朽化; 熟成
— 形 老いてきた, 古くなってきた

ag·ism /éidʒizm エイヂズム/ 名 U 年齢差別, 老人差別

ag·i·tate /ǽdʒətèit アヂテイト/ 動 ❶ 自 扇動(せんどう)する ❷ 他 (心を)かき乱す, 不安にさせる; 激しく揺する

ag·i·ta·tion /æ̀dʒətéiʃən アヂテイション/ 名 ❶ U 動揺, 興奮 ❷ U C 扇動(せんどう)

ag·i·ta·tor /ǽdʒətèitər アヂテイタ/ 名 C 扇動家, アジテーター

a·glow /əglóu アグロウ/ 副 形 赤く輝いて; (顔が)赤くほてって

Ag·nes /ǽgnəs アグネス/ 名 アグネス 《♦女性名》

ag·nos·tic /ægnástik アグナスティク/ 名 C 不可知論者 《♦神が存在するかどうかは知りえないという立場をとる人》
— 形 不可知論(者)の

a·go A1 中

/əgóu アゴウ/ 副 (今から)…前に (! 「(過去のある時から)…前に」は before)
• Bill moved to Hawaii several years **ago**. ビルは数年前にハワイに引越した
• a long time [many years] **ago** 昔
• He said, "She left an hour **ago**." 彼女は1時間前に出かけたと, 彼は言った

使い方〉 **ago** の用法
(**1**) ago の前には期間・時間を表す語を置く
(**2**) 過去形の文で使い, 現在完了の文では用いない
私は以前彼女に会ったことがある
×I met her ago.
○I (have) met her **before**.
私は2か月前に彼女に会った ⇨**before**
×I have seen her two months ago.
○I saw her two months **ago**.

long ago ずっと前に
not long ago つい先ごろ, 少し前

ag·o·nize B2 /ǽgənàiz アゴナイズ/ 動 自 〔…のことで〕苦しむ, 苦悩する 《*over, about*》

ag·o·niz·ing /ǽgənàiziŋ アゴナイズィング/ 形 苦しませる, 苦悩[苦痛]を与える

a b c d e f g h i j k l m n o p q r s t u v w x y z

ag·o·ny B2 /ǽgəni アゴニ/ 名 (複 **ago-nies** /ǽgəniz/) U C 非常な苦しみ, 苦悩; 激しい苦痛

ágony còlumn 名 C 《英》(新聞・雑誌の)私事[人生]相談欄 (=《米》advice column)

a·grar·i·an /əgréəriən アグレアリアン/ 形 土地の; 農地の

a·gree A1 中

/əgríː アグリー/ 動 (三単現 **agrees** /əgríːz/; 過去・過分 **agreed** /əgríːd/; 現分 **agree-ing**) ❶ 自 他 〔…について〕(意見が)一致する; 賛成する, 同意する《*on, about*》(↔**disagree**)

- We **agree on** the matter. 私たちはその問題では意見が一致している

文型 [**agree with A**] A(人・考え)と同じ意見である, Aに賛成する

CAN-DO Tips› 賛成する
I agree (with ...) という表現を使うと, 賛成意見を述べることができるようになります

- **I agree with** you [your opinion]. 私は君と同意見だ (×I agree you. としない)

文型 [**agree to A**] A(提案など)に同意する, Aに賛成する

- I don't **agree to** your proposal. 私はあなたの提案には賛成しません

文型 [**agree on A**] Aに意見がまとまる, (一致して)Aを決定する

- They **agreed on** the plan. 彼らはその計画に合意した

文型 [**agree that ...**] …ということに意見がまとまる; 文型 [**agree to** *do*] …することに賛成[同意]する (×agree *doing* としない)

❷ (気候・食べ物などが)〔人の〕体質に合う《*with*》(! ふつう否定文で); 〔人と〕気が合う《*with*》 ❸ 自 (話などが)〔…と〕一致する, つじつまが合う《*with*》

a·gree·a·ble /əgríːəbl アグリーアブル/ 形 ❶《文章》こころよい, 感じのいい (↔ **disagreeable**)

- **agreeable** weather 気持ちのいい天気

❷ 文型 [**be agreeable to A**] (人が) Aに賛成である, 乗り気である

agréeably 副 愉快に, 楽しく

a·gree·ment B1 /əgríːmənt アグリーメント/ 名 (複 **agreements** /əgríːmənts アグリーメンツ/) ❶ C 協定(書), 契約(書)

- We are quite willing to sign the **agreement**. 私たちがその協定に署名するのはまったくかまいません
- **reach** [**come to**] **an agreement with** the company その会社と契約を結ぶ

❷ U (意見などの)一致, 同意, 合意 (↔ **disagreement**)

- come to an **agreement** 合意に達する, 話がまとまる
- We **had an agreement to** keep that secret. そのことを秘密にしておくことで意見が一致した

派生 **agree** 動

ag·ri·cul·tur·al B1 高 /æ̀grikʌ́ltʃərəl アグリカルチュラル/ 形 (! 比較変化なし) 農業の; 農学の (! 名詞の前に用いる)

派生 **agriculture** 名

ag·ri·cul·ture B1 高 /ǽgrikʌ̀ltʃər アグリカルチャ/ (発音 アクセントに注意) 名 U 農業; 農学

派生 **agricultural** 形

関連語› 単語力
farmer 農民, 農場主
crop 農作物
vegetable 野菜
fruit 果物
cereal 穀物
livestock 家畜
stock farming 畜産業
fishery 漁業
forestry 林業

ah /ɑ́ː アー/ 間 ああ!, まあ!《♦驚き・喜び・悲しみ・あわれみなどを表す》

a·ha /ɑːhɑ́ː アーハー/ 間 ははっ!, へーっ!《♦驚き・喜び・満足などを表す》

a·head A2 高

/əhéd アヘド/ 副

共通イメージ (進行方向)の前方に

❶ 前へ, 前方に (↔**behind**); (時間的に) 先に; 前もって

• look **ahead** 前[前方]を見る; 将来のことを考える
• Go straight **ahead** along this road. この道をまっすぐに行きなさい
❷ 先んじて, まさって
ahead of ... …の前方に; …より先に; …にまさって
• **ahead of** time 予定より早く
go ahead 前進する, 進む
Go ahead. さあどうぞ, それから? (❗許可を表したり, 話を先に進めるようにうながす)
会話 "May I borrow your bike?" "**Go ahead.**"「君の自転車を借りてもいいですか」「ええどうぞ」

a·hem /əhém アヘム/ 間 えへん (❗軽いせき払いの音; 注意を引くのに用いる)

AI 高 《略》artificial intelligence 人工知能

aid B1 高 /éid エイド/ 名 (複 **aids** /éidz エイヅ/) U 助け, 援助; C 助けとなるもの[人], 補助器具
• give first **aid** to ... …に応急手当をする
• They **came to our aid** at once. 彼らはすぐ私たちを助けに来てくれた
• a hearing **aid** 補聴器

コロケーション
形, 名+**aid**
economic *aid* 経済援助
financial *aid* 財政援助
foreign *aid* 対外援助
a teaching *aid* 教育用具

in aid of ... …を助けるために[の]
with the aid of ... …の助けを借りて
― 動 (三単現 **aids** /éidz エイヅ/; 過去・過分 **aided** /éidəd/; 現分 **aiding**) 他 助ける, 援助する (❗help のほうがふつう)
• **aid** the earthquake victims 地震の被災者を援助する

aide /éid エイド/ 名 C 補佐官, 側近(そっきん); 助手; (軍の)副官

AIDS /éidz エイヅ/ 名 U エイズ, 後天性免疫(めんえき)不全症候(しょうこう)群 (❗*ac*quired *i*mmuno*d*eficiency [*i*mmune *d*eficiency] *s*yndrome の略) ⇨**HIV**

ail /éil エイル/ 動 自 (病気で)弱る, 衰弱する; 他 苦しめる, 悩ます

ail·ing /éiliŋ エイリング/ 形 病身の, 病んだ • an **ailing** society 病める社会

ail·ment /éilmənt エイルメント/ 名 C (軽い)病気, わずらい

aim B1 高 /éim エイム/ 名 (複 **aims** /éimz/) C ❶ 目的, 目標
• He took the course **with the aim of** improving his English. 彼は英語を上達させる目的でその講座をとった

コロケーション
形+**aim**
a main *aim* おもな目的
the ultimate *aim* 究極の目標
a primary *aim* 最も重要な目標
a long-term *aim* 長期的な目標

❷ ねらい, 照準
― 動 (三単現 **aims** /éimz/; 過去・過分 **aimed** /éimd/; 現分 **aiming**)
❶ 自 他 〔…を〕めざす, 目標にする《*at*, *for*》; (ことばなどを)〔人に〕向ける《*at*》
• What is he **aiming at**? 彼の目的[ねらい]はなんだろう
文型 [**be aimed at A**] A(人など)を対象[目標]としている, A に向けたものである
• This TV show **is aimed at** children. このテレビショーは子ども向けだ
文型 [**aim to** *do*] …しようとする, …するつもりだ
❷ 他 (武器などで)ねらう; 他 文型 [**aim A at B**] A(武器)をB(標的など)に向ける, A で B をねらう; 自 文型 [**aim at A**] A(標的など)をねらう

aim·less /éimləs エイムレス/ 形 目的のない; 当てのない
áimlessly 副 当てもなく

ain't /éint エイント/ 《口語》am [is, are] not の短縮形; 助動詞用法の have [has] not の短縮形 (❗標準的な語形ではなく, 誤りとされることもある)

Ai·nu /áinu: アイヌー/ 名 (複 **Ainu**, **Ainus** /áinu:z/) C アイヌ人; U アイヌ語
― 形 アイヌ(語)の

air A2 中

/éər エア/ (発音 heir と同音) 名 (複 **airs** /éərz/) ❶ U 空気

- I need some fresh **air**. 新鮮な空気が必要だ (×a fresh air, ×fresh airs などとしない)

コロケーション
形+**air**
clean *air* きれいな空気
dirty *air* 汚ない空気
dry *air* 乾燥した空気

❷ U 《ふつう **the air**》 大気; 空 (=sky); 空中; 《形容詞的に》 飛行機の

- **in the** open **air** 野外で
- He threw the ball **into the air**. 彼はボールを空に投げた
- pollute **the air** 大気を汚染する

❸ C 様子, ふう, 態度; 《**airs**》 気取り

a change of air (保養のための)転地

be up in the air 未決定で

by air 飛行機で, 空路で (❗ by land (陸路で), by sea (海路で)との対比で用いる); 航空便で

in the air ① 空中に

- high up **in the air** 空高く

② 広まって ③ いまにも起こりそうで, 機が熟して

off (the) air 放送をやめて, 放送されていない

on (the) air (テレビやラジオで)放送されて, 放送中で

put on airs 気取る, もったいぶる

— 動 (三単現 **airs** /éərz/; 過去・過分 **aired** /éərd/; 現分 **airing** /éəriŋ/) ❶ 他 空気にあてる, 干す, かわかす; (部屋に)風を通す 《*out*》 ❷ 他 放送する; 公表する

air·bag, air bag /éərbæ̀g エアバグ/ 名 C (自動車の)エアバッグ

áir bàse 名 C 空軍基地

air·borne /éərbɔ̀ːrn エアボーン/ 形 飛行中の; 空輸の; (種・細菌などが)風で運ばれる

áir-condìtioned 形 エアコンのきいた, 空気調節された, 冷暖房装置の付いた

áir condìtioner 高 名 C エアコン, 空調装置, 冷暖房装置

áir condìtioning B1 名 U 冷暖房, 空気調節

air·craft B2 /éərkræ̀ft エアクラフト/ 名 (複 **aircraft**) (❗ 単複同形) C 航空機 (❗ 飛行機, ヘリコプター, 飛行船などの総称; ただし1機の航空機を指すこともある)

áircraft càrrier 名 C 航空母艦

air·fare /éərfèər エアフェア/ 名 C 航空運賃

air·field /éərfìːld エアフィールド/ 名 C 《米》 (空港の)離着陸場; (軍用などの小さな)飛行場 (❗ airport より規模が小さい)

áir fòrce B1 名 C 空軍 ⇨**army**, **navy**

áir gùn 名 C 空気銃

áir hòstess 名 C 《英》 客室乗務員 (=flight attendant)

air·i·ly /éərəli エアリリ/ 副 陽気に, 快活に

air·less /éərləs エアレス/ 形 空気の足りない; 風通しの悪い

air·lift /éərlìft エアリフト/ 名 C (緊急時などの)空輸 — 動 他 空輸する

air·line B1 高 /éərlàin エアライン/ 名 (複 **airlines** /éərlàinz/) C 《しばしば **airlines**》 航空会社

- Which **airline** are you flying with this time? 今回はどの航空会社で行かれますか

air·lin·er /éərlàinər エアライナ/ 名 C (大型の)定期旅客機

air·mail /éərmèil エアメイル/ 名 U 航空郵便, エアメール

— 動 他 航空便[エアメール]で送る

air·man /éərmən エアマン/ 名 (複 **airmen** /éərmən/) C 飛行士; 航空兵

air·plane A1 高

/éərplèin エアプレイン/

名 (複 **airplanes** /éərplèinz/) C 《米》 飛行機 (=《英》 aeroplane) (❗ 《口語》 では単に plane という)

- **take an airplane to** Chicago = **go to** Chicago **by airplane** シカゴまで飛

行機で行く (=fly to Chicago)

áir pollùtion 名 U 大気汚染

air·port A1 中 /éərpɔ̀ːrt エアポート/ 名 (複 **airports** /éərpɔ̀ːrts エアポーツ/) C 空港

áir prèssure 名 U 気圧, 空気圧

áir ràid 名 C 空襲

air·ship /éərʃìp エアシプ/ 名 C 飛行船

air·sick /éərsìk エアスィク/ 形 飛行機に酔った

áirsìckness 名 U 飛行機酔い

air·space /éərspèis エアスペイス/ 名 U (国の)領空

áir strìke 名 C 空爆, 空襲

áir strìp 名 C 滑走路

áir tèrminal 名 C エアターミナル, 空港ビル

air·tight /éərtàit エアタイト/ 形 (容器が)空気を通さない, 気密の

áir-to-áir 形 空対空の

áir-tràffic contròl 名 U 航空管制(局)

air·way /éərwèi エアウェイ/ 名 C 航空路線; 《**airways**》 航空会社

air·y /éəri エアリ/ 形 (部屋などが)風通しのよい, 広々とした

aisle A2 /áil アイル/ (×アイスル) (発音 I'll, isle と同音) 名 (複 **aisles** /áilz/) C (座席間の)通路 (! 乗り物・教室・劇場・教会などのもの); (スーパー・コンビニなどの商品陳列棚の間の)通路

• an **aisle** seat (飛行機などの)通路側の座席

a·jar /ədʒáːr アチャー/ 形 (ドア・窓が)少し開いて (! 名詞の前には用いない)

AK 《略》 Alaska アラスカ(州)

aka, a.k.a. /èikèiéi エイケイエイ/ 《略》 also known as 別名

a·kin /əkín アキン/ 形 〔…と〕似ている, 同類の 《*to*》 (! 名詞の前には用いない)

AL 《略》 Alabama アラバマ(州)

-al 接尾 ❶「…の」「…のような」「…の性質の」(! 形容詞)
❷「…すること」(! 名詞)

Al·a·bam·a /æ̀ləbǽmə アラバマ/ 名 アラバマ 《♦米国南東部の州; 略 Ala., (郵便で) AL》

à la carte /àːləkáːrt アーラカート/ 形 副 《フランス語》 メニューから選んだ[で], 一品料理の[で]

A·lad·din /əlǽdin アラディン/ 名 アラジン 《♦民話集『アラビアン・ナイト』の中に登場する少年》

à la mode /àː lə móud アーラモウド/ 形 副 《フランス語》 ❶ 《米》 アイスクリームを添えた[て] (! 名詞の前には用いない)
❷ 《古風》 今風の[で]

Al·an /ǽlən アラン/ 名 アラン 《♦男性名》

a·larm A2 高 /əláːrm アラーム/ 名 (複 **alarms** /əláːrmz/)
❶ U (突然の)驚き, 恐怖, 不安
❷ C 警報; 警報装置; 目覚まし時計 (=alarm clock)

• a fire **alarm** 火災報知器

— 動 (三単現 **alarms** /əláːrmz/; 過去・過分 **alarmed** /əláːrmd/; 現分 **alarming**) 他 不安にさせる; 驚かせる

alárm clòck A2 名 C 目覚まし時計

• I set the **alarm clock** for 6. 私は目覚まし時計を6時にセットした

a·larm·ing /əláːrmiŋ アラーミング/ 形 心配な; 驚くべき

a·las /əlǽs アラス/ 間 《古風》 ああ!, ああ悲しい!, まあ! 《♦悲しみ, 後悔(こうかい), 残念などの気持ちを表す》

A·las·ka /əlǽskə アラスカ/ 名 アラスカ 《♦北アメリカ北西端の大半島で米国最大の州; 略 Alas., (郵便で) AK》

A·las·kan /əlǽskən アラスカン/ 形 アラスカの, アラスカ人の
— 名 C アラスカ人

Al·ba·ni·a /ælbéiniə アルベイニア/ 名 アルバニア 《♦バルカン半島にある共和国; 首都ティラナ (Tirana /tiráːnə/)》

Al·ba·ni·an /ælbéiniən アルベイニアン/ 形 アルバニアの; アルバニア人[語]の
— 名 C アルバニア人; U アルバニア

語

Al·ba·ny /ɔ́:lbəni オールバニ/ 名 オールバニー《◆米国ニューヨーク州の州都》

al·ba·tross /ǽlbətrɔ̀:s アルバトロース/ 名 C ❶《鳥》アホウドリ ❷《英》《ゴルフ》アルバトロス《◆パー(par)より3打少ない打数》

al·be·it /ɔ:lbí:it オールビーイト/ 接《文章》…にもかかわらず(=although)

Al·bert /ǽlbərt アルバト/ 名 アルバート《◆男性名; 愛称は Al, Bert》

al·bi·no /ælbáinou アルバイノウ, ælbí:nou アルビーノウ/ 名(複 **albinos** /ælbáinouz/) C アルビノ, 白子(しらこ)《◆皮膚の色素の欠けた人・動物》

al·bum A1 高

/ǽlbəm アルバム/ 名(複 **albums** /ǽlbəmz/) C ❶(レコード・CDの)アルバム《◆数曲を収めた1枚またはセット》 ❷アルバム(！写真帳, 切手帳, サイン帳など)

al·co·hol B1 /ǽlkəhɔ̀:l アルコホール | ǽlkəhɔ̀l アルコホル/ (×アルコール) 名 U ❶酒, アルコール飲料 ❷アルコール

派生 **alcoholic** 形 名

al·co·hol·ic B1 /æ̀lkəhɔ́:lik アルコホーリク/ 形 アルコールの, アルコール性の

— 名(複 **alcoholics** /æ̀lkəhɔ́:liks/) C アルコール依存症の人

派生 **alcohol** 名

al·co·hol·ism B2 /ǽlkəhɔ̀:lizm アルコホーリズム/ 名 U アルコール依存症

al·cove /ǽlkouv アルコウヴ/ 名 C アルコーブ《◆床の間のように部屋の一部を切り込んで作った小部屋》

al·der·man /ɔ́:ldərmən オールダマン/ 名(複 **aldermen** /ɔ́:ldərmən/) C《米》市会議員

ale /éil エイル/ 名 U エール《◆苦くてアルコール度が高めのビール》

a·lert B2 /əlɔ́:rt アラート/ 動 他〔…に対して〕警報を出す, 警戒させる《*to*》

— 形 ❶〔…に〕油断のない, 用心深い《*to*》(=watchful) ❷機敏(きびん)な, すばしこい

— 名 C 警報; 警戒警報発令期間; U 警戒(けいかい)

on* (*the*) *alert 油断なく見張って, 警戒態勢の

alértness 名 U 用心深いこと; 機敏さ

Á lèvel 名 U C《英》A級(試験)《◆イングランドとウェールズで, 大学入学の資格の認定を得るための試験, または資格》

Al·ex /ǽleks アレクス/ 名 アレックス《◆男性名; Alexander の愛称》; アレックス《◆女性名; Alexandra の愛称》

Al·ex·an·der /æ̀ligzǽndər アレグザンダ/ 名 アレクサンダー《◆男性名》

Alexánder the Gréat 名 アレクサンドロス大王《◆紀元前4世紀のマケドニアの王》

Al·ex·an·dra /æ̀ligzǽndrə アレグザンドラ/ 名 アレクサンドラ《◆女性名》

Al·ex·an·dri·a /æ̀ligzǽndriə アレグザンドリア/ 名 アレキサンドリア《◆エジプト北部の大都市》

al·fal·fa /ælfǽlfə アルファルファ/ 名 U《植物》アルファルファ

Al·fred /ǽlfrid アルフレド/ 名 アルフレッド《◆男性名》

Álfred the Gréat 名 アルフレッド大王(849-899)《◆英国王》

al·gae /ǽldʒi: アルヂー/ 名《集合的》藻(そう)類

al·ge·bra /ǽldʒəbrə アルヂェブラ/ 名 U 代数(学)

al·ge·bra·ic /æ̀ldʒəbréiik アルヂェブレイイク/ 形 代数(学)の

Al·ge·ri·a /ældʒíəriə アルヂアリア/ 名 アルジェリア《◆アフリカ北部の共和国; 首都アルジェ(Algiers)》

Al·ge·ri·an /ældʒíəriən アルヂアリアン/ 形 アルジェリア(人)の

— 名 C アルジェリア人

al·go·rithm /ǽlgərìðm アルゴリズム/ 名 C アルゴリズム《◆問題解決の定型的手法》

a·li·as /éiliəs エイリアス/ 副 別名は

— 名 C 別名; 偽名

A·li Ba·ba /ǽli bá:bə アリ バーバ/ 名 ア

リ・ババ《♦民話集『アラビアン・ナイト』の登場人物》

al·i·bi /ǽləbài アリバイ/ 名C アリバイ, 現場不在証明; 言いわけ

Al·ice /ǽlis アリス/ 名 アリス《♦女性名》

参考》 ルイス・キャロル(Lewis Carroll)作の *Alice's Adventures in Wonderland*『不思議の国のアリス』や *Through the Looking-Glass*『鏡の国のアリス』の主人公の名でもある

al·ien 高 /éiliən エイリアン/ 形

❶外国の(=foreign); 外国人の(❗この意味では比較変化なし)

❷〔…と〕異質の, 相いれない《to》

━名C ❶(公民権のない)外国人, 在留外国人

- an illegal **alien** 不法在留外国人

❷宇宙人, 異星人

al·ien·ate /éiliənèit エイリアネイト/ 動他 (人を)遠ざける, 疎遠(そえん)にする

al·ien·a·tion /èiliənéiʃən エイリアネイション/ 名U 疎遠(そえん)にする[される]こと; 疎外

a·light[1] /əláit アライト/ 動 (三単現 **alights** /əláits アライツ/; 過去・過分 **alighted** /əláitəd/, **alit** /əlít/; 現分 **alighting**) 自〔馬・馬車などから〕降りる《from》; 〔…に〕舞い降りる《on》

a·light[2] /əláit アライト/ 形 燃えて; 輝いて(❗名詞の前には用いない)

a·lign /əláin アライン/ 動他

❶1列に並べる, 整列させる

❷《**align** *one***self** または **be aligned**》〔…と〕提携する, 連合する《with》

alígnment 名UC 整列; 提携

a·like B1 /əláik アライク/ 形

よく似て, 同様で

- The twin sisters are very much **alike**. そのふたごの姉妹はほんとによく似ている(❗動詞+alike の形で使い, 名詞の前には用いない)

━副 同じように, 同様に

al·i·mo·ny /ǽlimòuni アリモウニ/ 名U 離婚[別居]手当

Al·i·son /ǽləsən アリソン/ 名 アリソン《♦女性名》

a·lit /əlít アリト/ 動 alight[1] の過去形・過去分詞

a·live A2 高

/əláiv アライヴ/ (×アリヴ) 形

❶生きている; 現存の(↔**dead**)(❗名詞の前には用いない; この意味では比較変化なし)

- My grandfather is still **alive**. 祖父はまだ生きています

❷生き生きして; 〔…で〕にぎわって《with》

come alive 生き生きしてくる; にぎわってくる

keep A alive A(人など)を生かしておく; A(火・希望)が消えないようにしておく

派生 **life** 名; 派生 **live**[1] 動

al·ka·li /ǽlkəlài アルカライ/ 名 (複 **alkalis**, **alkalies** /ǽlkəlàiz/) UC 《化学》アルカリ(↔**acid**)

al·ka·line /ǽlkəlàin アルカライン/ 形 《化学》アルカリ(性)の(↔**acid**)

all A1 中

/ɔ́:l オール/

意味マップ

形 ❶すべての, 全部の
❷全部の…が…というわけではない

代 すべての人, 全員

副 まったく, すっかり

━形 ❶すべての, 全部の

- **all** boys すべての少年たち, 少年たち(は)みんな(❗1つ1つを個別的に考えて,「全部」というときは each, every などを使う)

- **all my** friends 私のすべての友人たち(×my all friends としない)
- **all the** boys of our school 私たちの学校のすべての少年たち(×the all boys としない)
- **all** my money 私のすべてのお金
- **all** the time いつも
- **all** (the) year 一年中(❗all＋期間を表す名詞の単数形)
- **all** (the) morning 午前中ずっと
- **all** day (long) = **all** the day long 一日中
- **all** night 一晩中
- We spent happy days there **all** the summer. 私たちはそこでその夏中楽しい日々を送った
- Thank you for coming **all** the way from UK. 英国からはるばるいらしてくださりありがとうございます

❷《**not** のある文で》**全部の…が…というわけではない**

- **Not all** books are good books. すべての本が良書だというわけではない[中には悪い本もある](❗一部を否定する言い方)
- I did **not** buy **all** the books. 私は全部の本を買ったわけではない

  比較 I did **not** buy **any** of the books. = I bought **none** of the books. 私はそれらの本を1冊も買わなかった(❗not ... any, none などは「まったく…ない」を表す)

all A but B B以外のAは全部

- I like **all** subjects **but** mathematics. 数学以外はどの教科も好きです

for all ... …にもかかわらず

- **For all** her poverty she is very happy. 彼女は貧しいにもかかわらずとても幸せだ

with all ... …にもかかわらず

— 代 《複数扱い》**すべての人, 全員;**《単数扱い》**すべてのもの[こと], 全部**

- **all of the** pupils 生徒たちのすべて, すべての生徒たち(=all the pupils)(×all of pupils としない)
- **all of** you みなさんのすべて[全員](×all you としない)
- **All are** silent. みんな[全員]だまっている(❗all を all people(すべての人々)の意味に使うときは複数扱い)
- **All is** silent around. あたりはすべてが静かです(❗all を all things(すべてのもの)の意味に使うときは単数扱い)
- **All** I have is this small bag. 私が持っているのはこの小さなバッグだけです(❗All と I の間の関係代名詞 that が省略された形で, I have は all を修飾する)
- We **all** [**All** of us] like him. 私たちはみんな彼が好きです(❗We と all は同格; ×all we としない)
- I hope to meet you **all** again. 私はまたみなさんにお会いしたいと思います(❗代名詞を修飾するときは代名詞のあとに置く)
- **All you have to do is** (**to**) sleep. 君は眠っていさえすればよいのだ
- **All** that glitters is **not** gold. 《ことわざ》きらきら光る物がみな金とは限らない(❗一部を否定する言い方)

  会話 "Are you **all** ready?" "Yes, we are **all** ready." 「君たちみんな用意はできましたか」「はい, 私たちはみんな用意できました」(❗you と all, we と all は同格; all を副詞の意味(すっかり)に用いれば「すっかり用意ができている」の意味になる)

above all 何よりも, とりわけ ⇨ **above** 前(成句)

after all 結局, やはり ⇨**after** 前(成句)

all but ... …のほかは全部[全員]

all in all ①全体的に, 概して; 完全に

- **All in all**, I thought it was a good movie. 全体的に見てそれはよい映画だと思った

②最愛[最高]のもの

at all ①《否定文で》**少しも[全然]**(…ない)

- I did **not** sleep **at all** last night. 私はゆうべはちっとも眠れなかった

  会話 "Thank you." "**Not at all.**" 「どうもありがとう」「どういたしまして」(❗この Not at all. は《英》用法;《米》では You are welcome.)

②《疑問文で》**少しでも, いったい;**《条

件節で》かりにも, いやしくも
- Do you know him **at all**? いったい君は彼を知っているのか
- Why did you do it **at all**? いったいなぜ君はそんなことをしたんだ
- I'll come in the afternoon if I come **at all**. (たぶんうかがえないでしょうが)もしうかがうとすれば午後になります
- It rains here very rarely if **at all**. ここでは雨は降るにしてもとてもまれだ

first of all 何よりもまず, まず第一に ⇨**first** 副 (成句)
in all 全部で, みんなで, 合計で
- There are fifty dollars **in all**. 合計で50ドルあった

once* (*and*) *for all これを最後に
That's all. それで[これで]おしまい; それだけのことだ ⇨ネイティブ
—副 まったく, すっかり
- **all** around まわりじゅう
- **all** together みんないっしょに
- **all** alone まったくひとりぼっちで
- **all** through the night 夜通し
- The sky was **all** dark. 空はまっくらだった

会話 "Are you ready, Bob?" "Yes, I'm **all** ready." 「ボブ, 用意はできた？」「うん, すっかりできたよ」
all at once ① まったく突然 (=suddenly) ② みんな一度に
all but ほとんど (=almost)
all out 全力をあげて; 徹底的に ⇨**all-out**
all over 一面に, すっかり; すべて終わって
- I feel itchy **all over**. 体じゅうがかゆい
- The party is **all over**. パーティーは全部終わった

all over ... …じゅうに[で]
- That small country is known **all over** the world. その小さな国は世界じゅうに知られている
- **all over** the country 国じゅうに[で]

all over again くり返して, 何度も
all right A1 ①《返事で》よろしい (=OK)
会話 "I'm ready." "**All right**. Let's go." 「用意できたよ」「よし, 出かけよう」
② 申し分ない, 結構で
- Everything is **all right** at home. うちでは万事うまくいっています

③ 無事で, 元気で
- Are you **all right**? だいじょうぶですか

④ まちがいなく, きっと
***all the* A *for* [*because*] B** BだけにいっそうA (❗Aは比較級; Bはforのあとでは名詞(句), becauseのあとでは主語＋動詞)
- It was **all the** sadder **because** his performance was terrible. 彼の演技がひどかったからこそいっそう悲しかった

使えるコーパスフレーズ
all the＋名詞
(**1**) *all the* time いつも
(**2**) *all the* way (to ...) (…まで)ずっと
(**3**) *all the* way from ... …からずっと
all over＋名詞
(**1**) *all over* the world [the country] 世界[国]じゅうに
(**2**) *all over* the place その場一面に

ワンポイント・アドバイス
all は water (水)のような数えられない名詞を修飾して, 単数の動詞で受ける. 一方, All my friends are coming. (私の友だちはみな来ます)のように複数形の前にも all が使えて, この場合には動詞の複数形で受けるから注意しよう！

ネイティブはこういう！
All you have to do is ... 君は…さえすればいいんだ
All I can say is ... 私が言えることは…だけ
That's all for today! きょうはこれでおしまい
Listen, all of you! みなさん, 聞いてください

Al·lah /ǽlə アラ/ 名 アラー《◆イスラム教の神》
all-American /ɔ̀ːləmérəkən オーラメリカン/ 形 全米代表の; アメリカ人だけの
—名 C 全米代表選手[チーム]
all-around /ɔ́ːlərὰund オーララウンド/ 形

《米》万能の, 多才な (=《英》all-round)

al·lay /əléi アレイ/ 動 (三単現 **allays** /əléiz/; 過去·過分 **allayed** /əléid/; 現分 **allaying**) 他《文章》(怒り・興奮などを)静める; (痛みを)やわらげる

áll cléar 名 C 警報解除の合図; (計画実行の)許可, ゴーサイン

al·le·ga·tion B2 /æləgéiʃən アレゲイション/ 名 C (証拠のない)主張, 申し立て

al·lege /əlédʒ アレヂ/ 動 他 (証拠なしに)主張する《*that*...》; 文型 [**be alleged to** *do*] …するといわれている

al·leged /əlédʒd アレヂド/ 形 (証拠なしに)申し立てられた, …とされている

al·leged·ly /əlédʒədli アレヂャドリ/ (発音 alleged との違いに注意) 副《文を修飾して》(本当かどうかはわからないが)言われているところでは

al·le·giance /əlí:dʒəns アリーヂャンス/ 名 U C 忠実さ; 忠誠; 献身

al·le·go·ry /æləgɔ̀:ri アレゴーリ/ 名 (複 **allegories** /æləgɔ̀:riz/) C 寓話(ぐうわ), 寓意作品

Al·len /ælən アレン/ 名 アレン《◆男性名》

al·ler·gic B1 /ələ́:rdʒik アラーヂク/ 形 〔…に対して〕アレルギー(体質)の《*to*》; アレルギー性の

al·ler·gy /ælərdʒi アラヂ/ (発音 アクセントに注意) 名 (複 **allergies** /ælərdʒiz/) C 〔…に対する〕アレルギー《*to*》

al·le·vi·ate /əlí:vièit アリーヴィエイト/ 動 他《文章》(痛み・困難などを)緩和する, やわらげる

al·le·vi·a·tion /əlì:viéiʃən アリーヴィエイション/ 名 U 軽減, 緩和

al·ley /æli アリ/ 名 (複 **alleys** /æliz/) C ❶(せまい)裏通り, 路地; (公園などの)遊歩道, 小道 ❷(ボウリングの)レーン

Àll Fóols' Dày 名 万愚節(ばんぐせつ) ⇨**April Fools' Day**

al·li·ance B2 /əláiəns アライアンス/ 名 U C 同盟, 連合; 提携

in alliance with ... …と力を合わせて

派生 **ally** 動

al·lied /əláid アライド, ælaid アライド/ 形 同盟した, 連合した; 〔…と〕関連した, 同類の《*to, with*》

al·li·ga·tor /æləgèitər アリゲイタ/ 名《動物》アリゲーター《◆ワニの一種》

all-in·clu·sive /ɔ́:linklú:siv オーリンクルースィヴ/ 形 すべてを含んだ, 包括的な

al·lo·cate /æləkèit アロケイト/ 動 他 (お金・時間などを)〔ある目的に〕割り当てる《*for, to*》

al·lo·ca·tion /æləkéiʃən アロケイション/ 名 U 割り当て, 配分; C 割り当て量[額]

al·lot /əlάt アラト/ 動 (三単現 **allots** /əlάts アラツ/; 過去·過分 **allotted** /əlάtəd/; 現分 **allotting**) 他 分配する; 〔…に〕割り当てる《*for, to*》(❗しばしば受け身で用いる); 文型 [**allot A B = allot B to A**] AをBに割り当てる

allótment 名 U C 割り当て(量); C《英》市民菜園

áll-óut 形 全力をあげての; 徹底的な

al·low A2 高

/əláu アラウ/ (×アロウ) 動 (三単現 **allows** /əláuz/; 過去·過分 **allowed** /əláud/; 現分 **allowing**) 他

❶ 許す, 認める

• Smoking is not **allowed** here. ここでは喫煙は禁じられています

文型 [**allow A to** *do*] Aに…させておく, Aに…するのを許す

❷ 文型 [**allow A B = allow B to A**] A(人)にBを与える (=give)

allow for ... …を考慮に入れる

allow A for B BにA(時間・経費など)を見越しておく

Allow me. 私がやりましょう (❗ドアのところで「あけましょう」など)

Allow me to *do* …させてください (❗形式ばった表現)

派生 **allowance** 名

al·low·a·ble /əláuəbl アラウアブル/ 形 (法的に)許される; 正当な

al·low·ance B1 /əláuəns アラウアンス/ 名 (複 **allowances** /əláuənsəz/)

❶Ⓒ (定期的な) 手当, 給与; 《米》 こづかい (=《英》 pocket money)
❷Ⓒ 値引き ❸Ⓤ 配慮

make allowances for … …を考慮に入れる; …を見込む

al·loy /ǽlɔi アロイ/ 名 ⓊⒸ 合金

áll-púrpose 形 多目的の, 万能の

áll-róund 形 《英》 (=all-around)

Àll Sáints' Dày 名 万聖節(ばんせいせつ), 諸聖徒日 (◆カトリックの祭日の1つで11月1日; 聖人の霊(れい)を祭る日だが一般家庭では特別な行事はしない)

áll-stár 形 スター総出演の, 花形選手総出場の
- **all-star** game [**All-Star** Game] (野球などの)オールスターゲーム

áll-tìme 形 前代未聞の, 今まででいちばんの

al·lude /əlúːd アルード/ 動 自 〔…のことを〕それとなく言う, ほのめかす 《*to*》

al·lure /əlúər アルア/ 名 Ⓤ 魅力
— 動 他 魅了する; そそのかす

al·lur·ing /əlúəriŋ アルアリング/ 形 気をそそる, 魅力的な

al·lu·sion /əlúːʒən アルージョン/ 名 ⓊⒸ 《文章》 ほのめかし, 言及

al·ly B2 /ǽlai アライ, əlái アライ/ 名 (複 **allies** /ǽlaiz/) Ⓒ 同盟国, 連合国; 味方, 協力者
— /əlái アライ, ǽlai アライ/ 動 (三単現 **allies** /əláiz/; 過去·過分 **allied** /əláid/; 現分 **allying**) 他 文型 [**ally** *one***self with** [**to**] A = **be allied with** [**to**] A] A (国·人)と同盟する, 縁組みする
派生 **alliance** 名

al·ma ma·ter /ǽlmə máːtər アルマ マータ/ 名 Ⓒ 母校; 《米》 校歌

al·ma·nac /ɔ́ːlmənæ̀k オールマナク, ǽlmənæ̀k アルマナク/ 名 Ⓒ ❶ こよみ ❷ 年鑑(ねんかん)

al·might·y /ɔːlmáiti オールマイティ/ 形 ❶ 全能の, 万能の ❷ ひどい; 非常な
— 名 《**the Almighty**》 全能者, 神 (=God)

al·mond /áːmənd アーモンド/ 名 Ⓒ 《植物》 アーモンド(の木, 実)

al·most A1 中

/ɔ́ːlmoust オールモウスト/ 副 ほとんど, おおかた; もう少しで (=nearly but not completely) (❗「(実際には達していないが)ほとんど(もう少しで)達する」という意味で使う)
- I read **almost all** the books on the shelf. 書棚のほとんど全部の本を読んだ
- Your writing is **almost** impossible to read. 君の字はほとんど読めないよ
- **almost** always [everyone] ほとんどいつも[ほとんどみんな]
- It is **almost** ten o'clock. もうそろそろ10時です (❗まだ10時ではない)
  比較 It is **about** ten o'clock. ただ今10時前後です
- I **almost** missed the bus. 私はもう少しでバスに乗り遅れるところだった

almost as … as ほとんど同じくらい…だ

alms /áːmz アームズ/ 名 (複 **alms**) Ⓒ 《古風》 (金や衣服などの貧者への)施し物

al·oe /ǽlou アロウ/ 名 Ⓒ 《植物》 アロエ

a·loft /əlɔ́ːft アローフト/ 副 《文章》 空高く, 上に

a·lo·ha /əlóuhə アロウハ/ 間 こんにちは, ようこそ (=hello); さようなら (=good-by) (❗ハワイ語で「愛」の意味)

a·lone A1 中

/əlóun アロウン/ 副 ひとりで, 単独で
- She lives **alone** in the house. 彼女はひとりでその家に住んでいる

— 形 ❶ ひとりで, 単独で (❗名詞の前には用いない)
- I was **alone** with him in that hall. 私はそのホールに彼とふたりっきりでいた
- We were **alone** in that hall. そのホールには私たちだけだった (❗このように必ずしも「ひとり」とは限らない)

似ている単語

ひとりの－**alone** と **lonely**

alone は「ひとり, 単独である状態」を客観的に表し, **lonely** の「さみしい」感情は意味しない:

a **lonely** child ひとりぼっちの(さみしい)子ども(×an alone child)

❷《(代)名詞+**alone**》…だけ

- Mom **alone** can make this cake. 母だけがこのお菓子を作れます(=**Only** mom can make this cake.)

leave A alone A(人・物)をかまわずにおく, Aをほっておく; Aをひとりにしておく

- **Leave** that **alone**. It's mine. それにさわらないでくれ. それはぼくのだから

会話 "Tell me why you did it." "It's none of your business. **Leave** me **alone**." 「なぜやったのか教えて」「君には関係ないね. ほっといてくれ」

let alone ... …は言うまでもなく, …はもちろん(❗ふつう否定文で)

a·long A1 中

/əlɔ́ːŋ アローング|əlɔ́ŋ アロング/

共通イメージ (長いもの)に沿って

共通イメージ
(長いもの)
に沿って

前 …に沿って 副 ❶ 進んで

walk along the river

▼ 進む時にいっしょにいる人・物も同時に進む

副 ❷ いっしょに

Take your umbrella along.

— 前 (道・川など)に沿って, を通って

- **walk along** the river 川に沿って歩く
- Cherry trees are planted **along** the street. 通り沿いに桜が植えられている

all along the line すべての点で ⇨ **line**[1] 名(成句)

all the way along ... …に沿って(途中)ずっと

along the lines of ... …の方向性[方針, 手法]に沿って[従って]; …のような

along the same lines 同じ方向性[方針, 手法]で, 同じように

along the way 途中で ⇨**way** 名(成句)

somewhere along the line (行程・過程の)途中のどこかで

— 副 ❶(先へずっと)進んで(❗道(など)に沿った「動きの方向」, または話し手のいる場所や話題にしている場所に向かうことを示す; 日本語には訳さないことが多い)

- **ride along** (自転車などに)乗って行く
- **Come along**, children. さあいらっしゃい, みんな
- Don't stop. **Move along**, please. 立ち止まらないで, 前へ進んでください

❷(人と)いっしょに, (物を)持って

- **Take** your umbrella **along**. かさを持って行きなさい

all along ずっと, 最初から

all the way along (途中)ずっと

along with ... …といっしょに; …に加えて ⇨**go along with**

be coming along うまくいっている

come along いっしょに来る ⇨ **come**(成句)

get along (生活・仕事・他人との関係などを)(うまく)やっていく ⇨**get**(成句)

go along with ... …といっしょに行く; …に同調する, 賛成する

a·long·side B2 /əlɔ̀ːŋsáid アローングサイド/

前 …のそばに; …と並んで

— 副 そばに; 並んで; 横づけに

a·loof /əlúːf アルーフ/ 副 〔…から〕遠ざかって, 離れて; 避けて《*from*》

— 形 よそよそしい, 冷淡な

a·loud B1 高 /əláud アラウド/ (発音 al-lowed と同音) 副 声を出して; 大声で

- read **aloud** 音読する

al·pha /ǽlfə アルファ/ 名
❶ C アルファ《◆ギリシャ語のアルファベットの最初の文字（α, A）》
❷《the alpha》最初, 1番目のもの

al·pha·bet B1 高 /ǽlfəbèt アルファベト/ 名（複 **alphabets** /ǽlfəbèts アルファベツ/）C アルファベット

al·pha·bet·i·cal B2 /æ̀lfəbétikəl アルファベティカル/ 形 アルファベットの
àlphabétically 副 アルファベット順に

al·pine /ǽlpain アルパイン/ 形 高山の;《Alpine》アルプス山脈の

Àlpine skíing 名 U《スポーツ》アルペンスキー

Alps /ǽlps アルプス/ 名《the Alps》アルプス山脈 ⇨**Mont Blanc**

al·ready A1 中

/ɔːlrédi オールレディ/ 副
❶ すでに, もう（❗ある時よりも前に起こった状態や行為に対して使う）
- I have **already** done my homework. 宿題はもうすませました
- The bus has **already** gone. バスはもうすでに行ってしまった

❷ すでに, もう（❗予期した時よりも早く起きた行為や状態について使う. 驚きや意外な感じが含まれることもある）
- Are you leaving **already**? 君はもう行ってしまうの
- It's **already** dark. もう暗くなっている

使い方〉 **already**, **yet** と文の種類
ふつう肯定文では already, 疑問文・否定文では yet を使う:
Have you done your homework **yet**? もう宿題は済ませましたか
I haven't done my homework **yet**. 宿題はまだ済んでいない

al·right A2

/ɔːlráit オールライト/ 形 副《口語》⇨**all** 成句 **all right**

al·so A1 中

/ɔ́ːlsou オールソウ/ 副 …もまた; さらに; そのうえ
- In addition to four novels, he **also** wrote a number of biographies. 彼は4つの小説に加え, 伝記も多く書いた
- French is **also** used in Canada. カナダではフランス語も使われています

not only A but (also) B AだけでなくBも
- He is **not only** a singer **but also** an actor. 彼は歌手だけでなく俳優だ

álso-ràn 名 C（競馬で）着外馬; 勝てない[勝てそうもない]人

ALT《略》assistant language teacher 外国語指導補助教員

al·tar B2 /ɔ́ːltər オールタ/（発音 alter と同音）名 C 祭壇(さいだん)

al·ter B2 高 /ɔ́ːltər オールタ/（発音 altar と同音）動 他（部分的に）変える; 自 変わる
- Why don't you **alter** your behavior? 君の態度を変えたらどうだい

al·ter·a·tion /ɔ̀ːltəréiʃən オールタレイション/ 名 U C（部分的な）変更, 改造, 手直し

al·ter·ca·tion /ɔ̀ːltərkéiʃən オールタケイション/ 名 C《文章》口論, 激論

al·ter·nate B2 /ɔ́ːltərnèit オールタネイト/ 動 他 自 交替する; 交互にする
— /ɔ́ːltərnət オールタネト/ 形 交互の; 1つ置きの

al·ter·nate·ly /ɔ́ːltərnətli オールタネトリ/ 副 交互に; 互い違いに

al·ter·nat·ing /ɔ́ːltərnèitiŋ オールタネイティング/ 形 交互の;《電気》交流の

álternating cúrrent 名 C《電気》交流（❗略 AC, ac）（↔**direct current**）

al·ter·na·tion /ɔ̀ːltərnéiʃən オールタネイション/ 名 U C 交替; 交互(にすること)

al·ter·na·tive B1 /ɔːltə́ːrnətiv オールターナティヴ/（発音 アクセントに注意）形
❶ 代わりの; どちらか1つを選ぶべき;（=《米》alternate）
- **alternative** energy 代替エネルギー《◆石油・石炭に代わる太陽エネルギーなど》

❷（従来の価値観や伝統とは違う）まったく別の
— 名（複 **alternatives** /ɔːltə́ːrnətivz/）C

代わりの手段; 二者択一; 選択肢
- We have no **alternatives to** his plan. 彼の計画以外に選択の余地はない

altérnatively B2 副 (2つのうち)どちらか1つを選ぶように; (その)代わりとして

al·though A2 高

/ɔ:lðóu オールゾウ/ 接 …だけれども, …であるが (=though); たとえ…でも; …という事実に関わらず (=despite the fact that)
- **Although** it is snowing, I must go. 雪が降っているが行かなければならない
- **Although** young, he is intelligent. 彼は若いが知的だ (! 主節の主語と同じ場合は, although の節中では主語と be 動詞が省略されることがある)

注意› although は but や however と同じ意味を表すことがあるが, それらといっしょには使えない. また although は**従属接続詞**と呼ばれ**従属節**の始めに置かれる. 一方で, but は2つの文を対等の関係で結ぶ**等位接続詞**である. それぞれの接続詞の位置に注意:
やりたくはなかったが, 彼はやらなければならなかった
×*Although* he didn't want to do it, *but* he had to.
○**Although** he didn't want to do it, he had to.
○He didn't want to do it, **but** he had to.

al·ti·tude B2 /ǽltətjù:d アルティテュード/ 名 U C 高さ, 高度, 標高(ひょうこう)

al·to /ǽltou アルトウ/ 名 (複 **altos** /ǽltouz/) 《音楽》 U アルト; C アルト歌手, アルト音域の楽器

al·to·geth·er B1 /ɔ:ltəgéðər オールトゥゲザ/ 副 ❶ まったく, 全然, すっかり
- The plan was **altogether** spoiled by the rain. 計画は雨ですっかりだめになった

❷ 全体で, 全部で (=in all)
❸ 概して, 全体として 《♦文を修飾する》

al·tru·ism /ǽltru:ìzm アルトルーイズム/ 名 U 利他主義 《♦他者の幸福・利益を優先する》; C 利他的行為 ⇨**egotism**

al·tru·is·tic /æ̀ltru:ístik アルトルーイスティク/ 形 利他的な

al·u·min·i·um /æ̀ljəmíniəm アリュミニアム/ 名 《英》(=aluminum)

a·lu·mi·num B2 /əlú:mənəm アルーミナム/ 名 U 《米》 アルミニウム (=《英》 aluminium) 《♦記号 Al》

a·lum·na /əlʌ́mnə アラムナ/ 名 (複 **alumnae** /əlʌ́mni:/) C 《米》 (女子の)卒業生, 同窓生

a·lum·nus /əlʌ́mnəs アラムナス/ 名 (複 **alumni** /əlʌ́mnai/) C 《米》 (男子の)卒業生, 同窓生 (! 複数形は女子が含まれる場合にも使う)

al·ways A1 中

/ɔ́:lweiz オールウェイズ/ 副

❶ いつも, 常に
- She is **always** cheerful. 彼女はいつも明るい
- He **always** tried his best. 彼はいつも最善を尽くした

❷ 何度もくり返して (! 特に進行形の文で使い, 話し手のいらだちや非難の気持ちを表す)
- This machine is **always** breaking down. この機械は壊れてばかりいる

使い方› **always の位置**
(**1**) always は be 動詞・助動詞のあと, 一般動詞の前が原則. usually, sometimes など頻度を表すほかの副詞の位置もふつう always と同様 ⇨関連語
(**2**) 命令文などで be 動詞を強めるときは always+be 動詞の順になる:
Always be cheerful. いつも明るくふるまいなさい

❸ いつまでも
- I'll **always** remember you. いつまでもあなたのことを忘れません

❹ 《**not** のある文で》 いつも…とは限らない, 常に…するわけではない
- It is **not always** cold in Hokkaido. 北海道がいつも寒いわけではない (! 一部を否定する言い方)

you can* [*could*] *always do い

つでも…していいですよ

関連語› 単語力

ー頻度を表すことばー

always いつも
usually ふつうは
often, frequently しばしば
sometimes ときどき
seldom, rarely めったにない
never 決してない

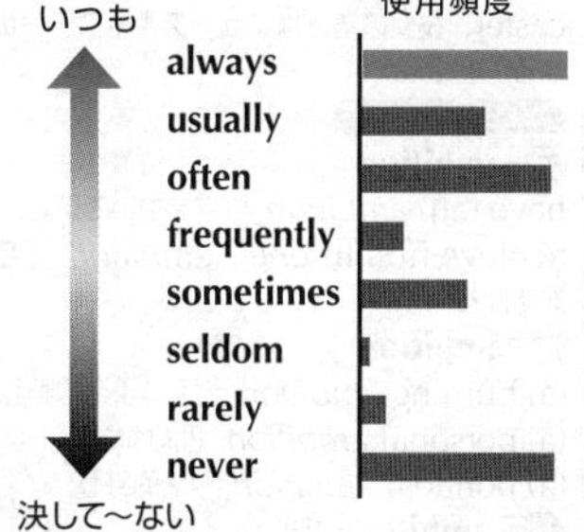

Álz·hei·mer's (diséase) /ǽlts-hàimərz アルツハイマズ/ 名 U 《医学》 アルツハイマー病 《♦認知症の一種》

AM 《略》 amplitude modulation 振幅変調; AM(放送)

am A1 中

/əm アム; 《強》 ǽm アム/

意味マップ
動 ❶(私は…で)ある
　❷(私は…に)いる
助 ❶《am＋現在分詞》(私は)…している
　❷《am＋過去分詞》(私は)…される
　❸《am＋to 不定詞で》…すべきである, …することになっている

— 動 (過去 **was** /wəz/; 過分 **been** /bin/; 現分 **being**) 自

❶(…で)ある (❗am は主語が I (私は[が]) のときの be の現在形)

- I **am** a student. 私は学生です
- I **am** fine. 私は元気です
- I **am** Bob. **I'm** Tom's brother. ぼくはボブです. トムの兄[弟]です (❗自己紹介ではふつう My name is Bob. という)

会話 "Are you really Tom's brother?" "Yes, **I am.**" 「君はほんとうにトムの兄[弟]ですか」「ええ, そうですよ」(❗I am の後ろを省略した形のときは am を強く発音し, ×I'm という短縮形は使わない)

- **Am I** wrong? 私はまちがっていますか
- **I'm not** a teacher. 私は教師ではない (❗I'm not は I am not の短縮形; ×amn't という語形はない)

❷(…に)いる

- I **am** at home. 私は家にいます
- Where **am** I? ここはどこですか (←私はどこにいるのか)

— 助 ❶《am＋現在分詞》…している; (近い将来)…しようとしている (❗現在進行形)

- I **am leaving** next week. 私は来週出発します (❗go (行く), come (来る), leave (出発する), arrive (着く)など「行く・来る」の意味を表す動詞の現在進行形はしばしば「近い未来」を表す)

❷《am＋過去分詞》…される (❗受け身)

❸《am＋to 不定詞》…すべきである, …することになっている

Am. 《略》 America アメリカ; American アメリカの

a.m., A.M. A1 中

/éiém エイエム/ 《略》 午前 ⇨**p.m.**

- at 6:30 **a.m.** 午前6時30分に

注意› (**1**) a.m., A.M. は数字のあとに置く. ×a.m. 6:30 としない
(**2**) o'clock といっしょに用いない: 7:00 **a.m.** 午前7時 (×7:00 a.m. o'clock とはしない)

a·mah /ɑ́:mə アーマ/ 名 C (中国などの)乳母, お手伝い

a·mal·ga·mate /əmǽlgəmèit アマルガメイト/ 動 自 他 〔他の会社などと〕合併する 《*with*》

A·man·da /əmǽndə アマンダ/ 名 アマンダ 《♦女性名》

am·a·ryl·lis /æ̀mərílis アマリリス/ 名 C 《植物》 アマリリス

a·mass /əmǽs アマス/ 動 他 (財産・情報などを)ためる, 蓄える

a b c d e f g h i j k l m n o p q r s t u v w x y z

am·a·teur /ǽmətʃər アマチャ, ǽmətər アマタ/ 名C アマチュア, 素人(しろうと); 愛好家 (⇔professional)
—形 アマチュアの; 未熟な

am·a·teur·ish /æ̀mətʃúəriʃ アマチュアリシュ/ 形 素人くさい; へたな

a·maze B2 /əméiz アメイズ/ 動他 びっくりぎょうてんさせる, 驚嘆(きょうたん)させる; 文型 [**be amazed to** *do*] …してびっくりする; 文型 [**be amazed that ...**] …ということにびっくりする 派生 **amazing** 形

a·mazed B1 高 /əméizd アメイズド/ 形
❶ 《**be amazed**》〔…に; …して; …ということに〕びっくりして, あっけにとられて 《*at, with; to do; that*》
• She **was amazed to** hear the news. 彼女はその知らせを聞いてびっくりした
❷ びっくりした, 驚いた (! 名詞の前に用いて)

a·maze·ment B2 /əméizmənt アメイズメント/ 名U 大きな驚き, びっくりすること

a·maz·ing B1 中 /əméiziŋ アメイズィング/ 形 驚くべき, 驚くほどの, みごとな
• an **amazing** sight 驚くべき光景
派生 **amaze** 動

a·maz·ing·ly B2 高 /əméiziŋli アメイズィングリ/ 副 びっくりするほど, 驚くほど

Am·a·zon /ǽməzɑ̀n アマザン/ 名
❶ 《**the Amazon**》 アマゾン川 《♦南米にある大河(約 6200km)》 ❷ C アマゾン 《♦伝説上の勇猛(ゆうもう)な女族の1人》

am·bas·sa·dor B2 高 /æmbǽsədər アンバサダ/ 名C 大使; 使節

am·ber /ǽmbər アンバ/ 名U こはく; こはく色

am·bi·ance /ǽmbiəns アンビアンス/ 名 (=ambience)

am·bi·ence /ǽmbiəns アンビエンス/ 名U 《文章》 (場所の)ふんい気; 環境

am·bi·gu·i·ty B2 /æ̀mbigjúːəti アンビギューイティ/ 名 (複 **ambiguities** /æ̀mbigjúːətiz/) U (意味の)あいまいさ, 不明瞭さ; C あいまいな表現

am·big·u·ous B2 /æmbígjuəs アンビギュアス/ 形 2つ(以上)の意味にとれる, あいまいな; 不明瞭(ふめいりょう)な
ambíguously 副 あいまいに; どっちつかずに

am·bi·tion A2 高

/æmbíʃən アンビション/
名 (複 **ambitions** /æmbíʃənz/) UC 大望, 強い望み, 野心, 野望
• Her **ambition** was to be a newscaster. 彼女の望みはニュースキャスターになることだった

コロケーション
動+**ambition**
have (an) *ambition* 野望を抱いている
achieve [fulfill] *one's ambition* 野望を遂げる
形+**ambition**
(a) burning *ambition* 燃えるような野心
(a) personal *ambition* 個人的な野心
(a) political *ambition* 政治的野心

派生 **ambitious** 形

am·bi·tious B1 /æmbíʃəs アンビシャス/ 形 ❶ 大望[大志]をいだいた, 野心的な, 意欲的な
• Boys, be **ambitious**! 少年よ, 大志をいだけ
❷ 〔…(すること)を〕熱望している 《*for, to do*》 派生 **ambition** 名

am·biv·a·lence /æmbívələns アンビヴァレンス/ 名U 《心理》 両価性, アンビバレンス 《♦同じものに対して愛と憎しみなど反対の感情をあわせもつこと》

am·biv·a·lent /æmbívələnt アンビヴァレント/ 形 反対の感情をあわせもつ; 《心理》 両価性の

am·ble /ǽmbl アンブル/ 動自 ぶらぶら歩く

am·bu·lance B1 /ǽmbjələns アンビュランス/ 名 (複 **ambulances** /ǽmbjələnsəz/) C 救急車
• Please call an **ambulance** (for me). 救急車を呼んでください

am·bush /ǽmbuʃ アンブシュ/ 名UC 待ち伏せ, 待ち伏せて襲うこと
—動他 待ち伏せて襲う

a·me·ba /əmíːbə アミーバ/ 名 (＝amoeba)

a·men /èimén エイメン, àːmén アーメン/ 間 アーメン《◆キリスト教徒が祈りの最後に言うことば》

a·me·na·ble /əmíːnəbl アミーナブル/ 形 従順な, すなおな; 〔提案などを〕快く受け入れる《*to*》

a·mend /əménd アメンド/ 動 他 (法律などを)修正する, 改正する; (行いなどを)改める

a·mend·ment /əméndmənt アメンドメント/ 名 U 修正, 改正; C (特に法律などの)修正案, 修正条項

a·mends /əméndz アメンヅ/ 名《単数・複数扱い》償い, 賠償, 埋め合わせ

make amends for ... …の埋め合わせをする, …を償う

a·men·i·ty /əménəti アメニティ/ 名 (複 **amenities** /əménətiz/) C《ふつう **amenities**》生活を快適にするもの, 娯楽施設

A·mer·i·ca 中

/əmérəkə アメリカ/ 名

❶アメリカ(合衆国), 米国 (❗米国人は the States を好む)

❷(南・北)アメリカ大陸

派生 **American** 形

A·mer·i·can 中

/əmérəkən アメリカン/ 形

アメリカの, 米国の; アメリカ人の

• He is **American**. 彼はアメリカ人です (❗He is an American. よりふつうの言い方)

― 名 (複 **Americans** /əmérəkənz/)

アメリカ人, 米国人

派生 **America** 名

Américan Dréam 名《**the** をつけて》アメリカの夢《◆アメリカ人の抱いている自由と平等の理想社会像》

Américan Énglish 名 U アメリカ英語, 米語 ⇨**British English**

Américan fóotball 名 U《英》アメリカンフットボール (❗アメリカで最も人気のあるスポーツの1つ;《米》football) ⇨**football**

参考〉

goal post ゴールポスト; 3 yard line 3

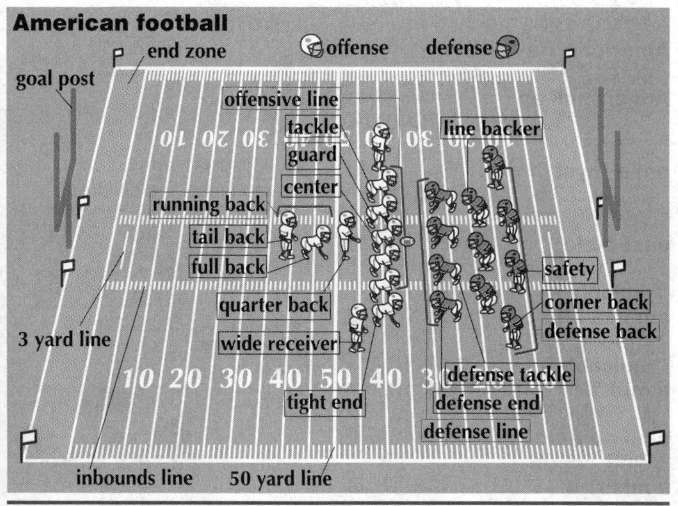

a b c d e f g h i j k l m n o p q r s t u v w x y z

ヤードライン; end zone エンドゾーン; inbounds line インバウンズライン; 50 yard line 50ヤードライン
defense ディフェンス
defense end ディフェンスエンド; defense line ディフェンスライン; defense tackle ディフェンスタックル; line backer ラインバッカー; safety セーフティー; defense back ディフェンスバック; corner back コーナーバック
offense オフェンス
running back ランニングバック; tail back テイルバック; full back フルバック; quarter back クォーターバック; wide receiver ワイドレシーバー; tackle タックル; guard ガード; center センター; tight end タイトエンド; offensive line オフェンシブライン

Américan Índian 名C 北米先住民, アメリカインディアン (! Native American の方がふつうになっている)

A·mer·i·can·ism /əmérəkənìzm アメリカニズム/ 名 ❶C アメリカ語法 ❷U アメリカ人気質(かたぎ); アメリカびいき

Américan Léague 名 《the をつけて》アメリカンリーグ《♦アメリカのプロ野球の大リーグの1つ》

Américan Revolútion 名 《the をつけて》アメリカ独立革命

Am·er·in·di·an /æ̀məríndiən アメリンディアン/ 名C 北米先住民, アメリカインディアン

am·e·thyst /ǽməθəst アメスィスト/ 名U C アメジスト, 紫(むらさき)水晶《♦2月の誕生石》; U 紫色

a·mi·a·ble /éimiəbl エイミアブル/ 形 愛想のいい, 気だてのやさしい
ámiably 副 やさしく; 愛想よく

am·i·ca·ble /ǽməkəbl アミカブル/ 形 友好的な, 平和的な
ámicably 副 友好的に, 平和的に

a·mid /əmíd アミド/ 前 …のまっただ中に[で]; …の最中に

a·mí·no ácid /əmí:nou アミーノウ/ 名C 《化学》アミノ酸

a·miss /əmís アミス/ 形副 《文章》具合悪く(て), 不都合な[で], まちがって
take A amiss A(人の言動)を誤解して気を悪くする, 悪く受けとる

am·i·ty /ǽməti アミティ/ 名U 《文章》親善, 友好関係

am·mo·nia B2 /əmóunjə アモウニャ/ 名U 《化学》アンモニア; アンモニア水

am·mu·ni·tion /æ̀mjəníʃən アミュニション/ 名U ❶弾薬
❷(相手を批判する)攻撃材料

am·ne·si·a /æmní:ʒə アムニージャ/ 名U 《医学》記憶喪失(そうしつ)症

am·nes·ty /ǽmnəsti アムネスティ/ 名 (複 **amnesties** /ǽmnəstiz/) U C 恩赦(おんしゃ), 特赦

Ámnesty Internátional 名 アムネスティ・インターナショナル《♦国際的な人権擁護(ようご)組織》

a·moe·ba /əmí:bə アミーバ/ 名 (複 **amoebas** /əmí:bəz/, **amoebae** /əmí:bi:/) C アメーバ

a·mong A2 中

/əmʌ́ŋ アマング/ 前

共通イメージ 囲まれている

共通イメージ
囲まれている

❶ …の間で ❷ …の中の1つ
sit among the five children

▼ 周囲の全員が同じものを持つ
❸ …の間で平等に
Divide the cake among you three.

❶ …の間に[で, の], …の中に[で, の] (❗3つ[3人]以上の間)
• sit **among** the five children その5人の子どもたちに囲まれてすわる
比較 **between** the two girls 2人の少女の間に (❗「2つ[2人]の間に」は between)
• a tent **among** the trees 林の中のテント (←木々の間)
• Choose one **from among** these. これらの中からどれでも1つ選びなさい
❷ …の中の1人[1つ]で (❗あとに最上級がくることが多い)
• He **is among** the **most popular** players in the league. 彼はリーグで特に人気のある選手の1人です
❸ …の間で(平等に), …の1人1人に
• **Divide** the cake **among** you three. 君たち3人でそのケーキを分けなさい (❗divide, distribute, share などの「分配」を表す動詞とともに使う)

among others* = *among other things (他にもいろいろあるが)とりわけ, (数ある中で)特に

***among ourselves* [*themselves, yourselves*]** 内輪で, お互いに; ないしょで

am·o·rous /ǽmərəs アモラス/ 形 好色の; なまめかしい, 色っぽい

a·mor·phous /əmɔ́ːrfəs アモーファス/ 形 形のない, 無定形の; 非結晶の

a·mount B1 高 /əmáunt アマウント/ 名 (複 **amounts** /əmáunts アマウンツ/) C 量, 額; 総計, 総額
• a large [small] **amount of** money 多額[少額]の金

コロケーション
形+amount
a considerable *amount* かなりの量
an enormous *amount* ばく大な量
a moderate *amount* 適当な量, 適量
(❗「たくさんの量」を ×a big amount といわない)

— 動 (三単現 **amounts** /əmáunts アマウンツ/; 過去・過分 **amounted** /əmáuntəd/; 現分 **amounting**) 自 文型 [**amount to** A] 総計Aになる, Aにのぼる; 結局Aになる; Aに等しい

amp /ǽmp アンプ/ 名 《口語》(=ampere)

am·pere /ǽmpiər アンピア/ 名 C アンペア 《♦電流の強さの単位》

am·per·sand /ǽmpərsæ̀nd アンパサンド/ 名 C アンパサンド 《♦and の意味を表す記号 & の名称》

am·phet·a·mine /æmfétəmìːn アンフェタミーン/ 名 U C アンフェタミン 《♦覚せい剤の一種》

am·phib·i·an /æmfíbiən アンフィビアン/ 形 両生類の; 水陸両用の
— 名 C 両生動物; 水陸両用車[飛行機]

am·phib·i·ous /æ̀mfíbiəs アンフィビアス/ 形 水陸両生の; 水陸両用の

am·phi·the·a·ter, 《英》 **am·phi·the·a·tre** /ǽmfəθìətər アンフィスィアタ/ 名 C (古代ローマの)円形劇場

am·ple B2 /ǽmpəl アンプル/ 形 (比較級 **ampler**; 最上級 **amplest**) 豊富な, 十分な; 広い, 広大な

am·pli·fi·ca·tion /æ̀mpləfəkéiʃən アンプリフィケイション/ 名 U 拡大; 増幅

am·pli·fi·er B2 /ǽmpləfàiər アンプリファイア/ 名 C 《電気》増幅器, アンプ

am·pli·fy B2 /ǽmpləfài アンプリファイ/ 動 (三単現 **amplifies** /ǽmpləfàiz/; 過去・過分 **amplified** /ǽmpləfàid/; 現分 **amplifying**) 他 《文章》(音などを)拡大する, 増幅する; (話などを)詳しく説明する, 敷衍(ふえん)する

am·ply /ǽmpli アンプリ/ 副 たっぷり, 十二分に; 広く

am·pu·tate /ǽmpjətèit アンピュテイト/ 動 他 (手・足などを)手術で切断する

am·pu·ta·tion /æ̀mpjətéiʃən アンピュテイション/ 名 U C (手・足などの)切断(手術)

Am·ster·dam /ǽmstərdæ̀m アムスタダム/ 名 アムステルダム 《♦オランダの首都》 ⇨**Netherlands**

Am·trak /ǽmtræ̀k アムトラク/ 名 アムトラック (❗米国鉄道旅客公社の通称)

am·u·let /ǽmjələt アミュレト/ 名 C (体につける)魔よけ, お守り

A·mund·sen /ɑ́ːmunsən アームンセン/ 名 《**Roald** /ロウアール/ **Amundsen**》アムンゼ

ン(1872–1928)《♦南極点に初到達したノルウェーの探検家》

a·muse B2 /əmjúːz アミューズ/ 動 他 楽しませる，おもしろがらせる，笑わせる；《**be amused**》〔…で〕楽しむ《*at, by*》

amuse oneself 楽しむ

派生 **amusement** 名

a·mused A2

/əmjúːzd アミューズド/ 形

楽しんで，おもしろがって ⇨**amuse**

- I was **amused** by his funny stories. 私は彼のおかしな話を楽しんだ

a·mus·ed·ly /əmjúːzədli アミューゼドリ/ (発音 amused との違いに注意) 副 愉快そうに

a·muse·ment A2

/əmjúːzmənt アミューズメント/

名 (複 **amusements** /əmjúːzmənts アミューズメンツ/) U C

楽しみ，娯楽(ごらく)，楽しみごと；おかしさ

- I watch movies on weekends **for amusement**. 週末には映画を観て楽しみます

派生 **amuse** 動

amúsement pàrk 中 名 C 遊園地

a·mus·ing B1 /əmjúːziŋ アミューズィング/ 形 おもしろい，おかしい，愉快な

- an **amusing** joke おもしろい冗談

A·my /éimi エイミ/ 名 エイミー《♦女性名》

an A1 中

/ən アン; 《強》 ǽn アン/ 冠 1つの，1人の；…につき (**!** an は発音が母音(ア，イ，ウ，エ，オ)で始まる語の前につける；用法は a と同じなので例文・使い方は a を参照)

- **an** orange (1つの)オレンジ
- **an** old man (1人の)おじいさん
- I have **an** idea. いい考えがあります

使い方› **an と a**

(**1**) 子音で始まる語の前には a を，母音で始まる語の前には an を使う：

a boy /アボイ/; **a** house /アハウス/

an apple /アナプル/; **an** egg /アネグ/ (**!** an の n と次の母音はふつう1つの音のように発音する)

(**2**) 母音を表す文字でなくても発音が母音のときは an を用いる：

an MP /アネムピー/

an honest /アナネスト/ person

(**3**) 母音を表す文字でも発音が母音でないときは a を用いる：

a European /アユアロピーアン/

a one-way /アワンウェイ/ street

-an 接尾 「…の(人，もの)」「…に属する(人，もの)」「…に関する(人，もの)」(**!** 形容詞・名詞)

a·nach·ro·nism /ənǽkrənìzm アナクロニズム/ 名 U C 時代錯誤(さくご)

a·nach·ro·nis·tic /ənæ̀krənístik アナクロニスティク/ 形 時代錯誤(さくご)の

a·nae·mi·a /əníːmiə アニーミア/ 名 《英》(=anemia)

a·nae·mic /əníːmik アニーミク/ 形 《英》(=anemic)

an·aes·the·sia /æ̀nəsθíːʒə アナススィージャ/ 名 《英》(=anesthesia)

an·aes·thet·ic /æ̀nəsθétik アナスセティク/ 形 名 《英》(=anesthetic)

an·aes·the·tize /ənésθətàiz アネスセタイズ/ 動 《英》(=anesthetize)

an·a·gram /ǽnəgræ̀m アナグラム/ 名 C アナグラム (**!** ある語句のつづりを換えた語句)

a·nal /éinəl エイナル/ 形 肛門(こうもん)の

an·a·log /ǽnəlɔ̀ːg アナローグ/ (発音 アクセントに注意) 形 アナログ式の (⇔**digital**) ― 名 C 類似物

a·nal·o·gous /ənǽləgəs アナロガス/ 形

〔…に〕類似した, 相似の《*to*》

a·nal·o·gy B2 /ənǽlədʒi アナロヂ/ 名 (複 **analogies** /ənǽlədʒiz/) U C 類似, 類似点; U 類推

an·a·lyse /ǽnəlàiz アナライズ/ 動 《英》(= analyze)

a·nal·y·ses /ənǽləsì:z アナリスィーズ/ 名 analysis の複数形

a·nal·y·sis B1 /ənǽləsəs アナリスィス/ 名 (複 **analyses** /ənǽləsì:z/) C 分析; 分析結果; 検査

- do [make] an **analysis** of ... …を分析する

コロケーション

形+**analysis**

a careful *analysis* 念入りな分析
a detailed *analysis* 詳細な分析
a thorough *analysis* 徹底的な分析
a scientific *analysis* 科学的な分析
a subjective *analysis* 主観的な分析

in the final [***last***] ***analysis*** 要するに, 結局のところ

派生 **analytical** 形; 派生 **analyze** 動

an·a·lyst B2 /ǽnəlist アナリスト/ 名 C 分析者, 分析家, アナリスト; 《米》精神分析医 (=psychoanalyst)

an·a·lyt·i·cal, an·a·lyt·ic /æ̀nəlítikəl アナリティカル, æ̀nəlítik アナリティク/ 形 分析的な

派生 **analysis** 名

analýtically 副 分析的に

an·a·lyze B1 高 /ǽnəlàiz アナライズ/ 動 (三単現 **analyzes** /ǽnəlàizəz/; 過去・過分 **analyzed** /ǽnəlàizd/; 現分 **analyzing**) 他 分析する, 分解する

- **analyze** the present situation 現在の状況を分析する

派生 **analysis** 名

an·ar·chic /ænɑ́:rkik アナーキク/ 形 無政府(状態)の; 無秩序の

an·ar·chism /ǽnərkìzm アナキズム/ 名 U 無政府主義

an·ar·chist /ǽnərkist アナキスト/ 名 C 無政府主義者

an·ar·chy /ǽnərki アナキ/ (発音 アクセントに注意) 名 U 無政府(状態); 無秩序

a·nath·e·ma /ənǽθəmə アナセマ/ 名 ❶ U C 《キリスト教》破門 ❷ U C 〔…にとっての〕きらわれもの《*to*》

an·a·tom·i·cal /æ̀nətɑ́mikəl アナタミカル/ 形 解剖の, 解剖学の

a·nat·o·mist /ənǽtəmist アナトミスト/ 名 C 解剖学者

a·nat·o·my /ənǽtəmi アナトミ/ 名 (複 **anatomies** /ənǽtəmiz/) ❶ U C 解剖; U 解剖学 ❷ U C (生物・組織などの)構造; C 人体

-ance 接尾 「行動」「状態」「性質」(! 名詞)

an·ces·tor A2 高

/ǽnsestər アンセスタ, ǽnsəstər アンセスタ/ (×アンセスタ)

名 (複 **ancestors** /ǽnsestərz/) C 祖先, 先祖 (↔**descendant**); 原型

- These animals share a common **ancestor**. これらの動物は共通の祖先を持つ

an·ces·tral /ænséstrəl アンセストラル/ 形 祖先の; 先祖代々の

an·ces·try /ǽnsestri アンセストリ/ 名 (複 **ancestries** /ǽnsestriz/) U C 《集合的》祖先; 家系

an·chor B2 /ǽŋkər アンカ/ (発音 ch は /k/ と発音する) 名 C ❶ (船の)いかり ❷ 頼りになる人, 大黒柱 ❸ 総合司会者, キャスター ❹ (リレーの)最終走者[泳者], アンカー

at anchor 停泊して, 停泊中で[の]

━ 動 ❶ 他 (船を)停泊させる; 自 (船が)停泊する ❷ 他 (物を)つなぎとめる

An·chor·age /ǽŋkəridʒ アンカリヂ/ 名 アンカレッジ《◆米国アラスカ州 (Alaska) 南部の港市》

an·chor·age B2 /ǽŋkəridʒ アンカリヂ/ 名 C 停泊地

an·chor·man B2 /ǽŋkərmæ̀n アンカマン/ 名 (複 **anchormen** /ǽŋkərmèn/) C (男性の)総合司会者

an·chor·per·son B2 /ǽŋkərpə̀:rsən アンカパーソン/ 名 C (ニュース放送の)総合司会者 (! 性差別を避けた語)

an·chor·wom·an /ǽŋkərwùmən

アンカウマン/ 名 (複 **anchorwomen** /ǽŋkərwìmən/) C (ニュース放送の)女性総合司会者

an·cho·vy /ǽntʃouvi アンチョウヴィ/ 名 (複 **anchovies** /ǽntʃouviz/) C 《魚》アンチョビ《◆カタクチイワシ科の魚》

an·cient A2 高

/éinʃənt エインシェント/ (×アンシャント) 形

古代の, 遠い昔の; 古くからある, 昔からの

- **ancient** civilization 古代文明

áncient hístory 名 U 古代史; 《口語》言い古された話, 周知の事柄

an·cil·lar·y /ǽnsilèri アンスィレリ/ 形 〔…に〕付属する《*to*》; 補助の

-ancy 接尾 「性質」「状態」(❗名詞)

and A1 中

/ənd アン(ド); 《強》 ǽnd アンド/ 接

共通イメージ A と B

❶ …と…, …そして…; …したり…したり

- you **and** I [he **and** I] 君と私[彼と私] (❗「二人称→三人称→一人称」の順になる)
- the sun, the moon(,) **and** the stars 太陽, 月そして星 (❗3つ以上のものを並べるときはふつう A, B, and C あるいは A, B and C)
- three hundred (**and**) ten 310 (❗100の位と10の位の間に and を入れていうのは《英》)
- husband **and** wife 夫婦 (❗「対(つい)」になる語を and で結ぶときは ×a, ×the をつけない)
- day **and** night 昼も夜も
- My weight went **up and down**. (❗副詞+and+副詞) ⇨フォーカス 1 私の体重は上がったり下がったりした
- She was **in and out** of hospital five times. ⇨フォーカス 4 彼女は病院に入退院を5度もくり返した
- a black **and** white cat 黒と白の混ざったネコ, 黒白ぶちのネコ (❗形容詞+and+形容詞; a black and a white cat は「黒いネコと白いネコ」)
- One **and** one is [are] two. 1と1で2になる[1+1=2]
- Try to eat less **and** do more exercise.
食べるのを減らしてもっと運動しなさい (❗句+and+句)
会話 "How are you, Bob?" "Fine, thank you. **And you**?"
「ごきげんいかがですか, ボブ」「ええ, 元気です. あなたは？」
- I am twelve **and** my brother is ten. 私は12歳です. そして弟は10歳です. (❗文+and+文)

❷ 《名詞+**and**+名詞》…つきの… (❗おたがいが密接な関係にあって一体ととらえる)

- a cup **and** saucer /kʌ́pənsɔ́:sər カパンソーサ/ 茶わんとその受け皿 (❗初めの語だけに a をつける)
- a knife **and** fork ナイフとフォーク
- bread **and** butter バターをぬったパン (❗パンとバターを別々でなく, 1つの物として単数扱いし, /brédnbʌ́tər ブレドンバタ/ と and は /ン/ の発音となる)
- bacon **and** eggs /béikənənégz ベイコナンエグズ/ ベーコンエッグ

❸ そして(それから) (=and then) ⇨**and then** (成句)

- I said "Good night" to my parents **and** went to my bedroom.
私は両親に「おやすみなさい」と言って寝室へ行った

❹ 《結果を示して》 それで, だから (=and so) ⇨**and so** (成句)

- He fell down on the ice **and** broke his arm. 彼は氷の上でころんで, それで腕を折った
- It's cold, **and** we can't swim. 寒いので, 私たちは泳げない

❺ 《**come** [**go**, **try**] **and** *do* で》《口語》…するために, …しに

- **Go** (**and**) get the money right now! ⇨フォーカス 3 今すぐ行って金を取ってこい！
- **Come** (**and**) see our new house. 私たちの新居を見にきてください (=Come to see our new house.) (❗《米》では and

and

A1 接

中 /ənd アン(ド); 《強》 ǽnd アンド/

共通イメージ

AとB

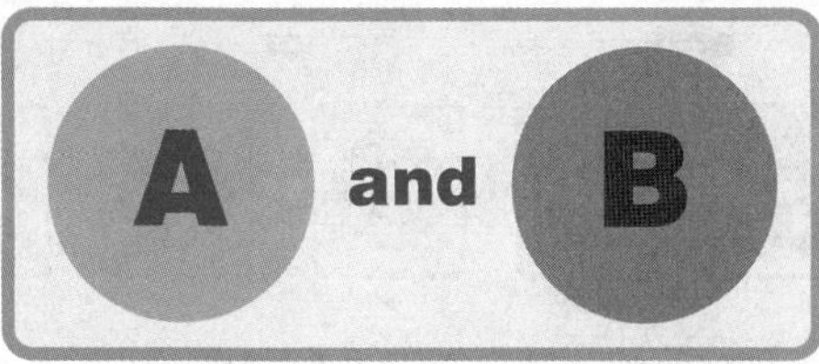

意味マップ

接 ❶ …と…; …したり…したり

❷ …つきの…

❸ そして(それから)

❹《結果を示して》それで, だから

❺ …するために, …しに

❻《命令文の後で》そうすれば

❼ …も…も

使えるコーパスフレーズ

A and B のフレーズ

1 **up and down**
行ったり来たり, 上下に

2 **time and money** 時間と金

3 **go and get [see]**
行って取って[見て]くる

4 **in and out** 出たり入ったり

5 **back and forth**
前後に, 行ったり来たり

6 **nice and warm [clean, easy]**
とても暖かい[きれい, やさしい] (! nice and はveryと同じような意味)

ネイティブはこういう！

◆ **Come in and sit down.**
こちらに入っておすわりなさい

◆ **I'll have a gin and tonic.**
ジントニックをください

◆ **Try to eat less and get more exercise.**
食べる量を減らして運動をもっとするように

◆ **I waited for hours and hours.**
何時間も待ったんだよ

◆ **Shall we go and have a cup of coffee?**
コーヒーでも飲みに行こうか

フォーカスページ

and, or, butの違いに注意しよう!

and **or** **but**

共通イメージ
AとB

共通イメージ
AかB

共通イメージ
AだけどB

ワンポイント・アドバイス

andは接続詞の中でも一番よく使われる.
接続詞というのはことばを「接続する」接着剤の役割を果たす.
andは特に "A and B" = 「AとB」のように, 2つ(以上)の要素を対等な関係でつなぐ役割がある.
andでつなげるものには, 語・句・文がある. これらのうち, 会話では文と文をつなぐ用法が最も多い. これに対して, 少し堅い学術的な文章やニュース記事などになると, and がつなぐものは文よりも語句が多くなる.

教科書フレーズ

- **Let's go and have a cake or something tonight.**
  今夜ケーキか何か食べに行こうよ
- **Read the article and see if you can make sense of it.**
  記事を読んで意味を取れるかどうかやってみてごらんなさい
- **He was in and out of the hospital.**
  彼は入退院をくり返した
- **It was hard to go up and down the stairs yesterday.**
  昨日は階段を上り下りするのが大変だった
- **You must go home and get dressed.**
  君は家に帰って着替えなければならない

を省略することがある)

❻《命令文などのあとで》そうすれば(❗ /アンド/ と強く発音する)

- Come here, **and** you will see better. ここへいらっしゃい, そうすればもっとよく見えます
- One more step, **and** you are a dead man. もう1歩でも動くと殺すぞ
- Hurry up, **and** you will catch the train. 急げばその列車に間に合うよ

比較 Hurry up, **or** you will be late for school. 急がないと学校に遅れますよ (❗命令文のあとの or は「そうしないと」)

❼《**and** の前後に同じ語を置いて》…も…も, どんどん… (❗反復または強意を表す)

- again **and** again 再三再四
- for days **and** days 何日も何日も
- He cried **and** cried. 彼は泣きに泣いた
- It grew larger **and** larger. それはどんどん大きくなった

and so それで, そこで

- He is old, **and so** he can't work so hard. 彼は年をとっています, だからそんなに重労働はできません

and so on = and so forth …などなど

- He asked me my name, my age, my address, **and so on**. 彼は私に名前, 年齢, 住所などを聞いた

and that しかも ⇨**that** 代 (成句)

and then それから, すると

- She usually watches TV for two hours **and then** does her homework. 彼女はたいてい2時間テレビを見て, それから宿題をする

and yet それでも, それなのに

- It was raining hard, **and yet** he went out. 雨がひどく降っていたが, それでも彼は出て行った

An·der·sen /ǽndərsn アンダスン/ 名 《**Hans** /hǽns ハンス/ **Christian Andersen**》(ハンス・クリスチャン・)アンデルセン (1805-75) 《♦デンマークの童話作家・詩人》

An·des /ǽndi:z アンディーズ/ 名 《**the Andes**》アンデス山脈 《♦南米西部の大山脈》

An·dor·ra /ændɔ́:rə アンドーラ/ 名 アンドラ 《♦フランスとスペインの間にある小公国》

An·drew /ǽndru: アンドルー/ 名 アンドルー 《♦男性名》

an·droid 高 /ǽndrɔid アンドロイド/ 名 C アンドロイド, 人造人間

An·dy /ǽndi アンディ/ 名 アンディ 《♦男性名; Andrew の愛称》

an·ec·dot·al /æ̀nikdóutəl アニクドウタル/ 形 逸話(いつわ)風の, 逸話の多い

an·ec·dote /ǽnikdòut アニクドウト/ 名 C 逸話(いつわ)

a·ne·mi·a /əní:miə アニーミア/ 名 U 《医学》貧血(症)

a·ne·mic /əní:mik アニーミク/ 形 《医学》貧血(症)の

a·nem·o·ne /ənéməni アネモニ/ 名 C 《植物》アネモネ

an·es·the·sia /æ̀nəsθí:ʒə アネススィージャ/ 名 U 麻酔(ますい)

an·es·thet·ic /æ̀nəsθétik アネスセティク/ 名 U C 麻酔(ますい)剤, 麻酔薬

an·es·the·tist /ənésθətist アネスセティスト/ 名 C 麻酔(ますい)医

an·es·the·tize /ənésθətàiz アネスセタイズ/ 動 他 麻酔(ますい)をかける

a·new /ənjú: アニュー/ 副 新たに, 再び, 改めて

an·gel A2 高

/éindʒəl エインヂェル/ (×エンヂェル)

名 (複 **angels** /éindʒəlz/) C 天使; 天使のような人

an·gel·ic /ændʒélik アンヂェリク/ 形 天使の, 天使のような; 優しい

an·ger B1 高 /ǽŋgər アンガ/ 名 U 怒り, 立腹

- raise *one's* voice **in anger** 怒って声を張り上げる

コロケーション

動+**anger**

arouse *anger* 怒りをかき立てる

feel *anger* (toward ...) (…に)怒りを覚える

express [show] *anger* 怒りを表に出す
contain (*one's*) *anger* 怒りを抑える

— 動 (三単現 **angers** /ǽŋɡərz/; 過去・過分 **angered** /ǽŋɡərd/; 現分 **angering**) 他 怒らせる
派生 **angry** 形

Ang·kor Wat /æ̀ŋkɔːr wάt アンコー ワト/ 名 アンコールワット《◆カンボジア北西部の石造寺院遺跡》

An·gle /ǽŋɡl アングル/ 名 C アングル人;《**the Angles**》アングル族《◆5世紀にイギリスに移住したゲルマン民族の一派; England は Angle-Land (アングル人の国)がなまったもの》⇨**Anglo-Saxon**

an·gle[1] B1 高 /ǽŋɡəl アングル/ 名 (複 **angles** /ǽŋɡəlz/) C
❶ (2つの線・面のつくる)角(かく), 角度
- a right **angle** 直角
- **at** right **angles** 直角に

❷《口語》(物を見る)角度, 視点, 観点
at an angle 傾いて, 斜めに

an·gle[2] /ǽŋɡəl アングル/ 動 自 釣りをする, 釣る
angle for ... …を釣る; (策をめぐらして)…を得ようとする

an·gler /ǽŋɡlər アングラ/ 名 C 魚を釣る人, 釣り師 (! 趣味で釣りをする人をさす;「漁師」は fisherman)

An·gli·can /ǽŋɡlikən アングリカン/ 形 英国国教会の
— 名 C 英国国教徒

Ánglican Chúrch 名《**the** をつけて》英国国教会系の教会

An·gli·cize /ǽŋɡləsàiz アングリサイズ/ 動 他 英国風にする; 英語化する

an·gling /ǽŋɡliŋ アングリング/ 名 U (魚)釣り

Anglo-《他の語と結びついて》「英国(の)」

An·glo-Sax·on /æ̀ŋɡlousǽksən アングロウサクソン/ 名 ❶ C アングロサクソン人;《**the Anglo-Saxons**》アングロサクソン族《◆5世紀に現在のドイツ北部にあたる地域からイギリスに移住した一族で, 今日の英国人の祖先》❷ U アングロサクソン語, 古期英語 (=Old English)
— 形 アングロサクソン人[族]の; アングロサクソン語の

An·go·la /æŋɡóulə アンゴウラ/ 名 アンゴラ《◆アフリカ南西部の共和国; 首都ルアンダ (Luanda)》

an·go·ra /æŋɡɔ́ːrə アンゴーラ/ 名
❶ C《動物》アンゴラヤギ[ウサギ, ネコ] ❷ U アンゴラウール

an·gri·ly A2 高

/ǽŋɡrəli アングリリ/ 副
怒って, 腹をたてて
- "Of course!" he shouted **angrily**. 「もちろんだ!」と彼は怒って大声をあげた

an·gry A1 中

/ǽŋɡri アングリ/ 形 (比較級 **angrier**; 最上級 **angriest**) 〔…に〕怒った, 腹をたてた《*about, at, with*》
- He got very **angry about** my attitude. 彼は私の態度にとても腹をたてた
- She was **angry with** him because he was late. 彼が遅刻したので彼女は彼に腹をたてていた

文型 [**be angry that ...**] …ということに怒っている
派生 **anger** 名

angst /άːŋkst アーングスト/ 名 U 不安, 苦悩

an·guish B2 /ǽŋɡwiʃ アングウィシュ/ 名 U 苦痛, 苦悩

an·guished /ǽŋɡwiʃt アングウィシュト/ 形 苦渋に満ちた, 悲痛な

an·gu·lar /ǽŋɡjələr アンギュラ/ 形
❶ とがった角(かど)のある
❷ やせこけた, 骨ばった

an·i·mal A1 中

/ǽnəməl アニマル/
名 (複 **animals** /ǽnəməlz/) C
❶ (人間以外の)動物, (特に四つ足の)けもの (=beast)
- wild **animals** 野生の動物, 野獣(やじゅう)
- domestic **animals** 家畜

❷ (植物・鉱物に対して)動物 (! 人間を含む)
- Man is a social [political] **animal**. 人間は社会的[政治的]動物である

❸ けだもののような人
— 形 動物の; 動物的な
• **animal** instinct 動物的本能

関連語》 単語力
mammal 哺乳(ほにゅう)類
fish 魚
bird 鳥
reptile 爬虫(はちゅう)類
insect 昆虫
shellfish 貝; 甲殻(こうかく)類

ánimal ríghts 名《複数扱い》(保護すべき)動物の権利

an·i·mate B2 /ǽnəmèit アニメイト/ 動 他 生気を与える; アニメ化する
— /ǽnəmət アニメト/ (発音 動との違いに注意) 形 生きた; 活気のある (↔**inanimate**)

an·i·mat·ed B1 /ǽnəmèitəd アニメイテド/ 形 生き生きした, 活気に満ちた; アニメの
• **animated** cartoons アニメーション, 動画

an·i·ma·tion B1 高 /æ̀nəméiʃən アニメイション/ 名 (複 **animations** /æ̀nəméiʃənz/) ❶ U アニメ[動画]の製作; C アニメ(映画) ❷ U 生気, 活気

an·i·ma·tor /ǽnəmèitər アニメイタ/ 名 C アニメ作家, アニメーションの製作者

an·i·me 高 /ǽnəmèi アニメイ/ 名 U (日本の)アニメ

an·i·mos·i·ty /æ̀nəmɑ́səti アニマスィティ/ 名 (複 **animosities** /æ̀nəmɑ́sətiz/) U C 〔…への〕強い憎しみ, 敵意《*toward*》; 〔…間の〕対立《*between*》

an·kle A2 /ǽŋkəl アンクル/ 名 (複 **ankles** /ǽŋkəlz/) 足首; くるぶし
• sprain [twist] *one's* **ankle** 足首をねんざする

Ann, Anne /ǽn アン/ 名 アン《♦女性名》

an·nals /ǽnəlz アナルズ/ 名《複数扱い》年代記; 記録, 歴史

an·nex /ənéks アネクス/ 動 他 (武力で領土などを)〔…に〕併合する《*to*》; 付加する《*to*》
— /ǽneks アネクス/ (発音 動とのアクセントの違いに注意) 名 C 〔建物の〕別館《*to*》

an·nex·a·tion /æ̀nekséiʃən アネクセイション/ 名 U 〔…への〕併合, 付加《*to*》

an·ni·hi·late /ənáiəlèit アナイアレイト/ (発音 h は発音しない) 動 他 全滅させる, 絶滅する; 完全に打ち負かす

an·ni·hi·la·tion /ənàiəléiʃən アナイアレイション/ 名 U 全滅, 絶滅

an·ni·ver·sa·ry A2 高 /æ̀nəvə́ːrsəri アニヴァーサリ/ 名 (複 **anniversaries** /æ̀nəvə́ːrsəriz/) C (年ごとの)記念日, 記念祭
• a wedding **anniversary** 結婚記念日

an·no·tate /ǽnətèit アノテイト/ 動 他 (本などに)注釈を付ける

an·no·ta·tion /æ̀nətéiʃən アノテイション/ 名 U C 注釈

an·nounce B1 高 /ənáuns アナウンス/ 動 (三単現 **announces** /ənáunsəz/; 過去・過分 **announced** /ənáunst/; 現分 **announcing**) ❶ 他 (正式に) 発表する, 公表する; 文型 [**announce that ...**] …と発表する
• The actor and actress **announced** their engagement. = The actor and actress **announced that** they were engaged. その俳優と女優は婚約したと発表した
❷ 他 (人の)到着を告げる, (食事の)したくができたことを知らせる
❸ 他 自 (…の)アナウンサーをする
派生 **announcement** 名

an·nounce·ment B1 高 /ənáunsmənt アナウンスメント/ 名 (複 **announcements** /ənáunsmənts アナウンスメンツ/) U C 発表, 公表, 通知; アナウンス
派生 **announce** 動

an·nounc·er /ənáunsər アナウンサ/ (×アナウンサー) 名 C (ラジオ・テレビの)アナウンサー; 発表する人

an·noy A2 /ənɔ́i アノイ/ 動 (三単現 **annoys** /ənɔ́iz/; 過去・過分 **annoyed** /ənɔ́id/; 現分 **annoy-**

a b c d e f g h i j k l m n o p q r s t u v w x y z

ing) ㊀ いらいらさせる, うるさがらせる, むっとさせる;《**be annoyed**》〔…に〕いらいらする《*by, at, about, with*》
● I **was annoyed with** him for keeping me waiting. 私は私を待たせたことで彼にいらいらした
文型 [**be annoyed that ...**] …なのでいらいらする 派生 **annoyance** 名

an·noy·ance B1 /ənɔ́iəns アノイアンス/ 名 (複 **annoyances** /ənɔ́iənsəz/) U いらだち, いらだたしさ; C いらいらの種
to A's annoyance A(人)にとって腹立たしいことに
派生 **annoy** 動

an·noy·ing A2
/ənɔ́iiŋ アノイイング/ 形
しゃくにさわる, うるさい, 迷惑な
● an **annoying** habit 周囲の人をいらいらさせるような習慣[くせ]

an·nu·al B1 高 /ǽnjuəl アニュアル/ 形
1年の, 年間の; 毎年の, 年1回の, 例年の
● an **annual** report 年報, 年次報告書
● *one's* **annual** income 年収
● an **annual** festival 年に一度のお祭り
— 名 (複 **annuals** /ǽnjuəlz/) C
❶ 一年生植物 ❷ 年報, 年鑑

an·nu·al·ly B1 /ǽnjuəli アニュアリ/ 副 毎年; 年1度

an·nu·i·ty /ənjúːəti アニューイティ/ 名 (複 **annuities** /ənjúːətiz/) C 年金

an·nul /ənʌ́l アナル/ 動 (三単現 **annuls** /ənʌ́lz/; 過去・過分 **annulled** /ənʌ́ld/; 現分 **annulling**) ㊀ (契約・法律などを)取り消す, 無効にする
annúlment 名 U C 取り消し, 無効

an·ode /ǽnoud アノウド/ 名 C 《電気》陽極 (⇔**cathode**)

a·noint /ənɔ́int アノイント/ 動 ㊀ ❶ (…に)〔油などを〕塗る, すり込む《*with*》 ❷ (キリスト教の洗礼や聖職者任命などの儀式で)油を注いで清める

a·nom·a·lous /ənɑ́mələs アナマラス/ 形 《文章》変則の; 異例の

a·nom·a·ly /ənɑ́məli アナマリ/ 名 (複 **anomalies** /ənɑ́məliz/) 《文章》U C 変則的なもの[こと]; 不公正なもの[こと]

a·non /ənɑ́n アナン/ 副 《詩語》すぐに; ほどなく

an·o·nym·i·ty /æ̀nəníməti アノニミティ/ 名 U 匿名; 作者[筆者]不明

a·non·y·mous B2 /ənɑ́nəməs アナニマス/ 形 匿名の; 作者[筆者]不明の
anónymously 副 匿名で

an·o·rak /ǽnəræ̀k アノラク/ 名 C アノラック《◆元来イヌイット(エスキモー)が着用していたもの》

an·o·rex·i·a /æ̀nəréksiə アノレクスィア/ 名 U 《医学》拒食症 (❗anorexia nervosa /nəːrvóusə/ ともいう)

an·oth·er A1 中
/ənʌ́ðər アナザ/ 形
❶ もう1つの, もう1人の (❗同じ種類のものをもう1つ追加する意味で)
● Would you like **another** cup of tea? お茶をもう1杯いかがですか
● I'll wait **another** ten minutes. あと10分待とう
❷ 別の, ほかの, もう1つ別の (❗同じ種類のものでそれに代わる別のものという意味で)
● Can I try **another** one? 別のを試着して[試して]もいいですか
● That is **another** problem. それはまた別の問題だ
● I want to go to **another** place. ほかの所へ行きたい

使い方› **another** (形容詞)
(**1**) another は an (1つの)+other (別のもの)で an (1つの)が含まれているから,「another+数えられる名詞の単数形」で使うのが原則
(**2**) another の前に an, the (冠詞)や my, your, this などをつけない:
another pen もう1本のペン (×an another pen, ×the another pen, ×his another pen) ⇨**other** 使い方

―代 もう1つの物, もう1人の人; 別の物[人]

- from **one** person to **another** 1人の人から他の人へ, 人々の間を次々と
- **in one way or another** なんらかの方法で (←1つのあるいは別の方法で)
- I don't like this hat. Please show me **another**.
  この帽子は気に入らない. 別のを見せてください

  比較 Please show me **the other**.
  (2つの帽子のうち)もう1つのほうを見せてください (❗2つ[2人]だけの物[人]の一方のことをいう場合は the other を用いる)

- A week went by and then **another** (went by). 1週間が過ぎた, そしてさらにまた1週間が過ぎた
- Saying is **one thing** and doing (is) **another**. 言うことと行うことは別だ

for one ... or another ある…からか他の…からか

one after another 次々と, 続々と, 相次いで ⇨**one** 代 (成句)

one another お互い ⇨ **each other** (**each** 代 成句)

- All countries must help **one another** to maintain world peace. 世界中の国々は世界平和を維持するためにお互いに助け合わなければならない

an·swer A1 中

/ǽnsər アンサ|ɑ́:nsə アーンサ/

意味マップ
動 (質問・人・手紙などに)答える, (電話などに)出る
名 答え, 返事; 解答

―動 (三単現 **answers** /ǽnsərz/; 過去・過分 **answered** /ǽnsərd/; 現分 **answering**)
他自 (質問・人・手紙などに)答える, 返事をする; (ノック・電話・ベルなどに)出る, 応答する

- **answer** the questions 質問に答える
- **answer** him 彼に答える[返事を出す]
- **answer** the telephone 電話に出る
- Please **answer** in English. 英語で答えてください

  会話 "There goes the bell." "I'll **answer** (the door)." 「ベルが鳴ってるよ」「私が出ます」

文型 [**answer that ...**] …と答える

- I **answered that** I liked the movie very much. 私はその映画がとても気に入ったと答えた

似ている単語
答える－**answer** と **reply**
(**1**) どちらも「(人・質問・手紙などに)答える, 返事をする」という意味で用いるが, 使い方が異なる:
I **answered** his question.
I **replied to** his question.
彼の質問に答えた (×I answered to his question.) (❗「…への答え」は an answer to ... となる) ⇨名
(**2**) **answer** には「(電話・ドア(のノック)に)応答する, 出る」という意味があるが, **reply** にはこの意味はない:
answer the doorbell 玄関のベル(が鳴ったの)に出る (×reply to the doorbell)

answer back 口答えをする

answer for ... …の責任を負う; …の罰を受ける

- The WWF has got **a lot to answer for**.
  世界自然保護基金の責任は重大である

―名 (複 **answers** /ǽnsərz/) C
〔質問・手紙などへの〕答え, 返事, 応答; 〔問題の〕解答 《*to*》

- He **gave** no **answer to** my e-mail. 彼は私のメールに何の返事もくれなかった
- I don't know the **answer to** your question. 私は君の質問に対する答えがわからない

A B C D E F G H I J K L M N O P Q R S T U V W X Y Z

a b c d e f g h i j k l m n o p q r s t u v w x y z

コロケーション

形+**answer**

a correct [right] *answer* 正しい答え

a simple *answer* 簡潔な答え

a short *answer* 短い返事

an easy *answer* 簡単な答え

a straight *answer* 率直な返事

in answer to ... …に答えて，応じて

an·swer·a·ble /ǽnsərəbl アンサラブル/ 形 ❶(問題などが)答えられる ❷〔…に対して; …のことで〕責任がある《*to; for*》

ánswering machìne 名C 留守番電話

ant B1 /ǽnt アント/ 名 (複 **ants** /ǽnts アンツ/) C 《昆虫》アリ

ant·ac·id /æntǽsid アンタスィド/ 名UC 制酸剤《♦胃酸を中和する薬》

an·tag·o·nism /æntǽgənìzm アンタゴニズム/ 名UC 〔…の間の〕敵対《*between*》; 〔…に対する〕敵意《*toward*》

an·tag·o·nist /æntǽgənist アンタゴニスト/ 名C 敵対者，対立する人，(敵対する)相手

an·tag·o·nis·tic /æntæ̀gənístik アンタゴニスティク/ 形 〔…に〕敵対する; 対立している《*to, toward*》

an·tag·o·nize /æntǽgənàiz アンタゴナイズ/ 動他 敵意を持たせる，反感を買う

ant·arc·tic /æntɑ́:rktik アンタークティク/ 形 南極の; 南極地方の ⇨**arctic**

━名 《**the Antarctic**》南極地方 (❗「南極」は the South Pole)

Ant·arc·ti·ca /æntɑ́:rktikə アンタークティカ/ 名 南極大陸 (=the Antarctic Continent)

Antárctic Círcle 名 《**the** をつけて》南極圏

Antárctic Cóntinent 名 《**the** をつけて》南極大陸

Antárctic Ócean 名 《**the** をつけて》南極海，南氷洋

an·te /ǽnti アンティ/ 名C アンティ《♦ポーカーで札が配られる前に各プレーヤーが出す賭(か)け金》; 分担金

ant·eat·er /ǽntì:tər アントイータ/ 名C 《動物》アリクイ

an·te·ced·ent /æ̀ntəsí:dənt アンテスィーデント/ 形 《文章》〔…に〕先立つ，先行する《*to*》

━名C ❶《文章》先行するもの; 前例 ❷《文法》先行詞

an·te·lope /ǽntəlòup アンテロウプ/ 名 (複 **antelopes** /ǽntəlòups/, **antelope**) C 《動物》レイヨウ，アンテロープ《♦シカに似た動物》

an·ten·na /ænténə アンテナ/ (発音 アクセントに注意) 名C

❶ (複 **antennas** /ænténəz/) 《米》(ラジオ・テレビの)アンテナ (=《英》aerial)

❷ (複 **antennae** /ænténi:/) (昆虫などの)触角(しょっかく) (=feeler)

an·te·ri·or /æntíəriər アンティアリア/ 形 《文章》〔…より〕前部の，前方の; (時間・順序が)前の，先行する《*to*》

an·te·room /ǽntirù:m アンティルーム/ 名C 控えの間; 待合室

an·them /ǽnθəm アンセム/ 名C 賛美歌，聖歌; 賛歌

ant·hill /ǽnthìl アントヒル/ 名C アリ塚

an·thol·o·gy /ænθɑ́lədʒi アンサラヂ/ 名 (複 **anthologies** /ænθɑ́lədʒiz/) C 詩文選，選集，アンソロジー

An·tho·ny /ǽntəni アントニ, ǽnθəni アンソニ/ 名 アントニー《♦男性名》

an·thro·poid /ǽnθrəpɔ̀id アンスロポイド/ 形 (動物が)人間に似た

━名C 類人猿

an·thro·po·log·i·cal /æ̀nθrəpəlɑ́dʒikəl アンスロパラヂカル/ 形 人類学(上)の

an·thro·pol·o·gist /æ̀nθrəpɑ́lədʒist アンスロパロヂスト/ 名C 人類学者

an·thro·pol·o·gy /æ̀nθrəpɑ́lədʒi アンスロパロヂ/ 名U 人類学

anti- B1 接頭 「反対」「敵対」「防止」

an·ti-A·mer·i·can /æ̀ntiəmérəkən アンティアメリカン/ 形 反米の

━名C 反米主義者

an·ti·bi·ot·ic /æ̀ntibaiɑ́tik アンティバイアティク/ 名C 抗生物質《♦ペニシリンなど》

━形 抗生(物質)の

an·ti·bod·y /ǽntibɑ̀di アンティバディ/ 名 (複 **antibodies** /ǽntibɑ̀diz/) C 抗体，

免疫体

an·tic·i·pate B2 /æntísəpèit アンティスィペイト/ 動 他 ❶予期する, 予想する ❷先んじる, 先手を打つ

an·tic·i·pa·tion B2 /æntìsəpéiʃən アンティスィペイション/ 名 U 予期, 予想; 先んじること

in anticipation (of...) (…を)予期して, あらかじめ

an·tic·i·pa·to·ry /æntísəpətɔ̀ːri アンティスィパトーリ/ 形 先回りの; 先行の

an·ti·cli·max /æ̀ntikláimæks アンティクライマクス/ 名 U C (前のすばらしいことと比べて)がっかりさせられるようなこと, 拍子抜け, しりすぼみ

an·ti·dote /ǽntidòut アンティドウト/ 名 C ❶〔…に対する〕矯正(きょうせい)方法, 対策《*to*》 ❷解毒剤

an·ti·freeze /ǽntifrìːz アンティフリーズ/ 名 U 不凍剤, 不凍液

an·ti·gen /ǽntidʒən アンティチェン/ 名 C《生物》抗原

An·ti·gua and Bar·bu·da /æntíːɡə ənd bɑːrbúːdə アンティーガ アンド バーブーダ/ 名 アンティグア・バーブーダ《◆カリブ海東部の国; 首都セントジョンズ (St. John's)》

an·ti·gun /æ̀ntiɡʌ́n アンティガン/ 形 銃規制の; 銃所持反対の

an·ti·his·ta·mine /æ̀ntihístəmìːn アンティヒスタミーン/ 名 U C 抗ヒスタミン剤《◆アレルギーに効く薬》

an·ti·ma·te·ri·al·ism /æ̀ntimətíəriəlìzm アンティマティアリアリズム/ 名 U 反物質論

an·tip·a·thy /æntípəθi アンティパスィ/ 名《単数形で》〔…に対する〕反感, 毛嫌い《*to, toward*》(↔**sympathy**)

an·ti·quat·ed /ǽntikwèitəd アンティクウェイテド/ 形 古風な, 古くさい, 時代遅れの

an·tique B1 /æntíːk アンティーク/ 名 (複 **antiques** /æntíːks/) C 古美術品, 骨董(こっとう)品

— 形 骨董品の, アンティークの; 昔風な, 時代を経た

• an **antique** shop 骨董店, アンティークショップ

an·tiq·ui·ty /æntíkwəti アンティクウィティ/ 名 (複 **antiquities** /æntíkwətiz/) U 古さ; 古代, 大昔; C《ふつう **antiquities**》古代の遺物

an·ti-Se·mit·ic /æ̀ntisəmítik アンティセミティク/ 形 反ユダヤ主義の

an·ti-Sem·i·tism /æ̀ntisémətìzm アンティセミティズム/ 名 U 反ユダヤ主義, ユダヤ人迫害[排斥]

an·ti·sep·tic /æ̀ntiséptik アンティセプティク/ 形 防腐の, 消毒の; 殺菌[消毒]済みの — 名 U C 防腐剤, 消毒剤

an·ti·so·cial /æ̀ntisóuʃəl アンティソウシャル/ 形 反社会的な; 社交嫌いの

an·tith·e·ses /æntíθəsìːz アンティセスィーズ/ 名 antithesis の複数形

an·tith·e·sis /æntíθəsəs アンティセスィス/ 名 (複 **antitheses** /æntíθəsìːz/) U C 正反対; アンチテーゼ

an·ti·trust /æ̀ntitrʌ́st アンティトラスト/ 形 トラスト反対の, 独占禁止の

an·ti·vi·rus B2 /æ̀ntiváiərəs アンティヴァイアラス/ 形 抗ウイルスの;《コンピュータ》(ソフトが)アンチウイルスの

ant·ler /ǽntlər アントラ/ 名 C (枝のようになった)シカの角

an·to·nym B1 /ǽntənìm アントニム/ 名 (複 **antonyms** /ǽntənìmz/) C 反意語 (❗high (高い)に対する low (低い)など) ⇨**synonym**

a·nus /éinəs エイナス/ 名 C 肛門

an·vil /ǽnvəl アンヴィル/ 名 C (かじ屋の)鉄床(かなとこ)

anx·i·e·ty B1 /æŋzáiəti アングザイエティ/ (発音 anxious との違いに注意) 名 (複 **anxieties** /æŋzáiətiz/)

❶ U 〔…についての〕心配, 不安《*about, for*》; C 心配事

• She was waiting for her son with great **anxiety**. 彼女はひどく心配して息子を待っていた

❷ U C 〔…(すること)に対する〕念願, 切望《*for, to do*》

派生 **anxious** 形

a b c d e f g h i j k l m n o p q r s t u v w x y z

anx·ious A2 高

/ǽŋkʃəs アン(ク)シャス/ (発音 anxiety との違いに注意) 形

❶ 心配な, 不安な

• His friends **were anxious about** his health. 友だちは彼の健康を心配していた

❷ 文型 [**be anxious for ...**] …を切望している; 文型 [**be anxious to** *do*] …することを切望している, …したがっている

• We **are anxious for** your success. 私たちは君の成功を念願している

派生 **anxiety** 名; 派生 **anxiously** 副

anx·ious·ly B1 /ǽŋkʃəsli アンクシャスリ/ 副 心配して; 切望して

any A1 中

形 /əni エニ; 《強》 éni エニ/ 代 副 /éni エニ/

意味マップ

形 代 ❶ 《疑問文・条件文で》 いくつかの, いくらか(の); 《否定文で》 1つ(の…)も(…ない)

❷ 《肯定文で》 どんな…も, どれでも

副 《疑問文で》 少しは; 《否定文で》 少しも

— 形 ❶ 《疑問文・条件文》 いくつかの, いくらかの, 何人かの; 《否定文で》 1つの…も, 1人の…も, 少しの…も(…ない)

使い方› any は疑問文・否定文・条件文で, some は肯定文で使う.「いくらかの」という意味では, any も some も数えられる名詞の複数形, または数えられない名詞の前につく

• 《疑問文》 "Do you have **any** brothers and sisters?" 《肯定文・否定文》 "I have **some** brothers, but I do**n't** have **any** sisters." 「君は(何人か)兄弟姉妹がいますか」「私は(何人か)兄弟はいますが姉妹は(1人も)いません」

• 《疑問文》 Is there **any** water in that bottle? そのびんの中に(いくらか)水が入っていますか

• 《条件文》 **If** you want **any** money, here's some. お金が(いくらか)いるならここにいくらかあります

使い方› 相手に勧めるときや yes (はい)という答えを期待・予想している疑問文では any ではなく some を使う:

Will you have **some** coffee? コーヒーをいかがですか

使い方› **any** と **not**, **no**

(**1**) not any は no で書き換えられる:

I **don't have any** brothers. = I **have no** brothers. 私には兄弟がいません (❗ただし not any の方が会話ではよく用いる)

(**2**)「any＋名詞」は not などの否定語の前に置けないので, 主語には「no＋名詞」を使う ⇨**anybody**, **anything**

No friend(s) came to see her. 友だちはだれも彼女を訪ねて来なかった (×Any friends didn't come to see her.)

❷ 《肯定文で》 どんな…も, どの…も (❗ふつう単数名詞の前に用いる)

• **Any** child can do this game. どんな子どもでもこのゲームはできる (❗否定文である「どの子もこのゲームをやることができない」は, ×*Any* child *cannot* do ... としないで **No** child can do ... とする)

• You may come (at) **any** time on Friday. 君は金曜日はいつ来てもよい ⇨成句 **any time ...**

• Mt. Fuji is higher than **any other** mountain in Japan. 富士山は日本の他のどの山よりも高い (=Mt. Fuji is the highest mountain in Japan.) (❗同じ日本の山どうしの比較では other (他の)をつけないと比較する山の中に富士山自身も入ってしまうから any other ... とする; 次例のように他国の山との比較では other をつけない)

• Mont Blanc is higher than **any** mountain in Japan. モンブランは日本のどんな山よりも高い

any time ... 《接続詞的》 …のときはいつも

— 代 ❶ 《疑問文・条件文で》 いくらか, だれか, どれか; 《否定文で》 1つも, 少しも, だれも(…ない)

• Are **any** of your friends coming to the party? 君の友達はだれかパーティーにいらっしゃいますか

- I haven't read any of his novels. 彼の小説は1つも読んだことがない

❷《肯定文で》どれでも, だれでも
- "Do you accept credit cards?" "Yes. Any card will do."「クレジットカードで払えますか?」「はい, どんなカードでもいいですよ」
- You may choose any of these cards. このカードからどれでも選んでいいですよ

if any もしあれば; たとえあっても
- There is little, if any, hope of his recovery. 彼が回復する望みはたとえあったとしてもほんの少しだ

― 副《疑問文で》少しは, いくらか;《否定文で》少しも(! おもに比較級の語の前に用いる)
- Are you any better today? きょうはいくらかぐあいがいいですか
- She could not work any longer. 彼女はもうそれ以上長くは働けなかった ⇨ long (成句)

not ... any more これ以上…でない
- I can't eat any more. もうこれ以上は食べられません(=I can eat no more.)

an·y·bod·y A1 高
/énibàdi エニバディ | énibɔ̀di エニボディ/ 代

❶《疑問文・条件文で》だれか;《否定文で》だれも(! 意味・用法とも anyone と同じ; anybody の方が口語的) ⇨ anyone,《肯定文で》somebody, someone
- Is anybody there? だれかいますか
- There wasn't anybody in the hall. ホールにはだれもいなかった(=There was nobody in the hall.)

❷《肯定文で》だれでも
- Anybody can solve this problem. この問題ならだれでも解ける(! 肯定文で「だれか」を表すには somebody を用いる)

an·y·how B1 /énihàu エニハウ/ 副

❶《否定文で》どうしても; いずれにしても(=anyway)
- I can't do it anyhow. 私はどうしてもそれができない

❷いいかげんに

an·y·more A2 高
/ènimɔ́ːr エニモー/ 副《疑問文・否定文で》もはや; これ以上
- I am not young anymore. 私はもう若くない

an·y·one A1 中
/éniwʌ̀n エニワン/ 代

❶《肯定文で》だれでも
- Anyone can answer such an easy question. だれでもそんなやさしい質問には答えられます
- Anyone who lives in this town can swim in the town pool.
この町に住む人はだれでも町のプールで泳いでよい

❷《疑問文・条件文で》だれか;《否定文で》だれも(…ない)(! any one と2語につづることもあるが, その時は状況によって「人」をさすことも「物」をさすこともある)
- Can anyone answer this question? だれかこの質問に答えられますか
- I didn't see anyone there. そこでだれにも会わなかった

使い方〉 **anyone, anybody**
(1) anyone, anybody は単数扱い:
Is **anyone** [**anybody**] absent today? きょうはだれか休んでいますか (×Are anyone [anybody] absent today?)
(2) 肯定文で「だれか」を表すには someone, somebody を使う:
Someone [**Somebody**] called on me while I was out. 外出している間にだれかが訪ねてきた
(3) anyone を主語とした否定文は成り立たず, nobody や no one を使う:
Nobody [**No one**] can answer the question. だれもその質問に答えられない (×Anyone cannot answer the question.)
(4) 単数扱いだが, 特に話しことばでは男女の違いを限定しないで they, their, them で受けることが多い:
If **anyone** calls, please tell **them** I'll be back by three o'clock. だれかから

電話があったら3時までに戻ると伝えてください

an·y·place /énipleìs エニプレイス/ 副 《米》《口語》(=anywhere)

an·y·thing A1 中

/éniθìŋ エニスィング/ 代

❶《疑問文·条件文で》**何か**;《否定文で》**何も(…ない)**

- 《疑問文》Can I do **anything** for you? あなたのために私は何かすることができますか[何かしてあげましょうか]
- 《肯定文》I want **something** to eat.《疑問文》Is there **anything** to eat? 私は何か食べるものがほしい. 何か食べるものがありますか (❗肯定文で「何か」は something を使う)
- 《条件文》**If** there is **anything** wrong with the machine, please let me know. 機械に何か調子の悪いところがあったら, 私に知らせてください (❗anything は単数扱い; ×If there are anything wrong ... としない)
- 《否定文》I do**n't** know **anything** about the accident. その事故のことは何も知りません

❷《肯定文で》**何でも**

- I will do **anything** for you. 君のためなら私は何でもやります
- He likes **anything** sweet. 彼は甘いものなら何でも好きです (×sweet anything としない; anything, something, nothing などに形容詞がつくときはこれらの語の後ろにつく)
- You may have **anything** in the box. 箱の中のものをどれでも(いいから)あげる

  比較 You may have **everything** in the box. 箱の中のものを全部あげる (❗everything はあるグループの中のすべてをさす)
- **Anything** will do. 何でもけっこうです

anything but ...

①…のほかは何でも

- I will give you **anything but** this ring. 私はあなたにこの指輪のほかは何でもあげます[指輪だけはあげられない]

②少しも…でない

anything else …のほかに何か

- Do you want **anything else**? 君は(ほかに)何かほしいですか

anything like ... 《疑問文で》少しは…のような;《否定文で》まったく…でない

- I've never seen **anything like** it before. 私は今までそんなものはみたことがない

if anything どちらかと言えば, むしろ

... or anything …とかなんとか, …のほかにも何か

- Do you have a phone number or e-mail address **or anything**? 電話番号とかメールアドレスとか何か持ってない?

an·y·time 高 /énitàim エニタイム/ 副 《米》《口語》**いつでも** (=any time)

Anytime. どういたしまして (=You're welcome.)

an·y·way A2 中

/éniwèi エニウェイ/ 副

❶**…にもかかわらずとにかく**

- She knew I didn't like that, but she bought it **anyway**. 彼女は私がそれを好きではないことを知っていたのに買ってしまった
- Thanks **anyway**. (せっかくご好意いただいたのにもかかわらず役にたちませんでしたが)でもとにかくありがとう

❷**ところで** (❗急に話題を変える時に使う) [CAN-DO Tips **話題を変える**]

- **Anyway**, I've got to go. ところでもう行かなくちゃ

❸**どうせ, どっちみち** (❗一度述べたことに対して付け加える時に使う)

- Take it with you if you want; I was going to throw it away **anyway**. それ, ほしければ持っていけば, どうせ捨てるつもりだったから

❹**何だかんだ言っても, 最終的には** (❗会話や文の終わりにつける)

- She married him **anyway**. 何だかんだ言って彼女は彼と結婚したよ

❺ どうしても, 意地でも (❗ 自分の意志を強調する時に使う)
• **Anyway**, I'll do it somehow. 何がなんでも, どうにかしてやってみるよ

an·y·where A2 中
/énihwèər エニ(ホ)ウェア/ 副
❶ 《肯定文で》 どこに[へ]でも
• You can live **anywhere** you like. どこでも住みたいところに住んでいいんだよ
❷ 《疑問文・条件文で》 どこかに[へ]; 《否定文で》 どこに[へ]も(…ない)
会話 “Did you go **anywhere** yesterday?” “No, I did**n't** go **anywhere**.” 「君はきのうどこかへ行きましたか」「いや, どこへも行かなかった」
• I left my umbrella **somewhere** in the library yesterday. And I went there today, but I could**n't** find it **anywhere**. 私はきのう図書館のどこかにかさを忘れた. そこできょうそこへ行ったのだが, かさをどこにも見つけることができなかった (❗ 肯定文で「どこか」は somewhere を使う)

a·or·ta /eiɔ́ːrtə エイオータ/ 名 (複 **aortas** /eiɔ́ːrtəz/, **aortae** /eiɔ́ːrtiː/) C 《解剖》 大動脈

A·o·tea·ro·a /àːoutiːəróuə アーオウティーアロウア/ 名 アオテアロア 《♦ニュージーランドのマオリ語名》

AP /éipíː エイピー/ 《略》 Associated Press AP通信社

a·part A2 高
/əpάːrt アパート/ 副
❶ 離れて, 分かれて, 別々に
• The two houses are more than a mile **apart**. その2軒は1マイル以上離れている
• He **lives apart from** his family. 彼は家族と離れてくらしている[別居している]
❷ (分離して)ばらばらに
apart from ... …は別として, …はさておき; …と離れて
• **Apart from** the cost, it will take a lot of time. 費用はさておき, とても時間がかかるだろう
fall [*break*] *apart* ばらばらになる
tear apart ばらばらにする, 引き裂く

a·part·heid 高 /əpάːrtheit アパートヘイト/ 名 U アパルトヘイト 《♦南アフリカ共和国で行われていた人種隔離政策; 1993年に廃止》

a·part·ment A2 高
/əpάːrtmənt アパートメント/ 名 (複 **apartments** /əpάːrtmənts アパートメンツ/) C
❶ 《米》 (アパート内の)1世帯分の部屋 (=《英》 flat)
• a building with 15 **apartments** 15世帯が住むアパート[マンション]
• He lives **in** an **apartment**. 彼はアパートに住んでいます
❷ 《米》 アパート, マンション, 共同住宅 (=apartment building [house])
日英比較 建物としての「アパート」は, an apartment building [house], 一戸分は an apartment

apártment buìlding 名 (=apartment house)

apártment hòuse 名 C 《米》 アパート, マンション(の建物全体) (=《英》 block of flats)

ap·a·thet·ic /æ̀pəθétik アパセティク/ 形 《文章》 無関心な, 冷淡な, 無気力な
àpathétically 副 冷淡に

ap·a·thy /ǽpəθi アパスィ/ 名 U 《文章》 無関心, 冷淡, 無気力

ape B1 高 /éip エイプ/ 名 (複 **apes** /éips/) C 《動物》 類人猿, オナシザル, ヒトニザル 《♦小型で尾の長いものは monkey》
— 動 (三単現 **apes** /éips/; 過去・過分 **aped** /éipt/; 現分 **aping**) 他 (人を)まねる

a·pe·ri·tif /ɑːpèrətíːf アペリティーフ/ 名 (複 **aperitifs** /ɑːpèrətíːfs/) C アペリティフ, 食前酒

ap·er·ture /ǽpərtʃùər アパチュア/ 名 C (レンズの)口径; (カメラの)絞り

a·pex /éipeks エイペクス/ 名 C 頂上, 頂点; 最高潮, 絶頂

a·pha·sia /əféiʒə アフェイジャ/ 名 U 失語

症

aph·o·rism /ǽfərìzm アフォリズム/ 名C 格言, 警句

aph·ro·dis·i·ac /æfrədíziæ̀k アフロディズィアク/ 名C 媚薬(びやく), 催淫剤

Aph·ro·di·te /æ̀frədáiti アフロダイティ/ 名《ギリシャ神話》アフロディテ《◆美と愛の女神》

a·piece /əpíːs アピース/ 副 めいめいに, 個々に; 1人[1個]につき

a·poc·a·lypse /əpákəlìps アパカリプス/ 名《the Apocalypse》《聖書》「ヨハネの黙示録」; 《the Apocalypse》世界の終末; UC 大惨事(さんじ)

a·po·lit·i·cal /èipəlítikəl エイパリティカル/ 形 政治に無関心な, ノンポリの

A·pol·lo /əpálou アパロウ/ 名《ギリシャ神話》《ローマ神話》アポロ《◆太陽神》

a·pol·o·get·ic /əpɑ̀lədʒétik アパロヂェティク/ 形 弁解の, 謝罪の; おずおずした

apòlogétically 副 謝罪して, 弁解して, 申し訳なさそうに

a·pol·o·gise /əpálədʒàiz アパロヂャイズ/ 動《英》(=apologize)

a·pol·o·gize A2 高

/əpálədʒàiz アパロヂャイズ | əpɔ́lədʒàiz アポロヂャイズ/ 動 (三単現 **apologizes** /əpálədʒàizəz/; 過去·過分 **apologized** /əpálədʒàizd/; 現分 **apologizing**) 自〔人に; …のことで〕謝る, おわびする《*to*; *for*》(❗ to+人; for+事柄)

CAN-DO Tips› 謝る
I apologize (for ...) という表現を使うと, **I'm sorry.** よりもかしこまって謝ることができるようになります

• **I apologize for** my mistake. 私の間違いについておわびいたします

• He **apologized to** me **for** his absence. 彼は欠席したことを私にわびた

派生 **apology** 名

a·pol·o·gy B1 /əpálədʒi アパロヂ | əpɔ́lədʒi アポロヂ/ 名 (複 **apologies** /əpálədʒiz/) C おわび, 謝罪

派生 **apologize** 動

a·pos·tle /əpásl アパスル/ 名C《聖書》使徒《◆キリストの12人の弟子の1人》

a·pos·tro·phe B2 /əpástrəfi アパストロフィ/ 名C アポストロフィ《◆don't (=do not), I'm (=I am) のような省略や, John's (ジョンの), boys' (少年たちの)のような所有のしるしに使う「'」》

ap·pall, 《英》**ap·pal** /əpɔ́ːl アポール/ 動 (三単現 **appalls** /əpɔ́ːlz/; 過去·過分 **appalled** /əpɔ́ːld/; 現分 **appalling**) 他 ぞっと[ぎょっと]させる

ap·pal·ling /əpɔ́ːliŋ アポーリング/ 形
❶ ぞっとするような, 恐ろしい
❷《口語》とてもひどい

appállingly 副 ぞっとするほど; ひどく

ap·pa·ra·tus /æ̀pərǽtəs アパラタス/ 名 (複 **apparatus, apparatuses** /æ̀pərǽtəsəz/) UC ❶ (一式の)装置, 器具, 用具 ❷ 機構, 組織 ❸ (体内の)一連の器官

ap·par·el /əpǽrəl アパレル/ 名U《文章》衣服

ap·par·ent B1 /əpǽrənt アパレント/ 形
❶ 明らかな, 明白な

• It is **apparent** that he is sick. (見たところ)彼の具合が悪いのは明らかだ

❷《まれ》外見上の, うわべだけの, 見せかけの

ap·par·ent·ly A2

/əpǽrəntli アパレントリ/ 副 外見上は, 見たところでは(…らしい); 聞くところによると, うわさによると

• **Apparently**, he lost the game. 彼は試合に負けたようだ (=**It appears that** he lost the game.)

派生 **apparent** 形

ap·pa·ri·tion /æ̀pəríʃən アパリション/ 名C 幽霊, 亡霊 (=ghost)

ap·peal B1 高 /əpíːl アピール/ 名 (複 **appeals** /əpíːlz/)
❶ UC 懇願, 訴え

• He **made an appeal** to us for help. 彼は援助を求めて私たちに訴えた

❷ U 魅力, (心に)訴える力

❸ U C 上訴, 控訴
— 動 (三単現 **appeals** /əpíːlz/; 過去・過分 **appealed** /əpíːld/; 現分 **appealing**) 自
❶ 懇願(こんがん)する, 求める; 文型 [**appeal (to A) for B**] A(人)にB(物事)を求める; 〔理性・世論などに〕訴える《*to*》
• He **appealed to** us **for** help. 彼は私たちに援助を求めた (×He appealed us for help. としない)
❷ 文型 [**appeal to A**] A(人)の心に訴える, 興味をひく
❸ 上訴する, 控訴する

ap·peal·ing /əpíːliŋ アピーリング/ 形 訴えるような; 魅力的な
appéalingly 副 訴えるように

ap·pear A2 中

/əpíər アピア/ 動 (三単現 **appears** /əpíərz/; 過去・過分 **appeared** /əpíərd/; 現分 **appearing** /əpíəriŋ/) 自
❶ 文型 [**appear (to be) C**] C(のよう)に見える, Cらしい (! Cは形容詞・名詞)
• He **appears** (**to be**) rich. 彼は(見たところ)金持ちらしい
文型 [**It appears that ...**] …であるように見える, …らしい
• **It appears that** the house is old. = The house **appears** (**to be**) old. その家は古そうに見える
文型 [**appear to** *do*] …するように見える, …するらしい
❷ 現れる (↔**disappear**)
❸ (テレビなどに)出る, 出演する; (新聞などに)載る; (本などが)出版される
派生 **appearance** 名

ap·pear·ance A2 高

/əpíərəns アピアランス/
名 (複 **appearances** /əpíərənsəz/) C
❶ U C 外見, 外観, 見せかけ
• **Appearances** are deceptive. 外見は人を迷わせる (!「人は見かけによらぬもの」に相当)
❷ 現れること, 出現 (↔**disappearance**); 出演, 出席
• He made an **appearance** on TV. 彼はテレビに出演した
keep up appearances 体裁をつくろう, みえをはる
to all appearances 見たところ, どう見ても
派生 **appear** 動

ap·pease /əpíːz アピーズ/ 動 他 (怒りなどを)やわらげる, 静める; (人を)なだめる
appéasement 名 U C なだめること, 静めること

ap·pend /əpénd アペンド/ 動 他 《文章》(書き)足す, 付け加える《*to*》

ap·pend·age /əpéndidʒ アペンディヂ/ 名 C ❶ 付加物 ❷ (腕, 脚など胴体の)付属器官

ap·pen·di·ces /əpéndəsìːz アペンディスィーズ/ 名 appendix の複数形

ap·pen·di·ci·tis /əpèndəsáitis アペンディサイティス/ 名 U 《医学》虫垂(ちゅうすい)炎

ap·pen·dix /əpéndiks アペンディクス/ 名 (複 **appendixes** /əpéndiksəz/, **appendices** /əpéndəsìːz/) C ❶ (本の)付録 ❷ 盲腸(もうちょう)

ap·pe·tite B1 /ǽpətàit アペタイト/ 名 (複 **appetites** /ǽpətàits アペタイツ/) U C
❶ 食欲 ❷ 〔…への〕欲求《*for*》

ap·pe·tiz·er /ǽpətàizər アペタイザ/ 名 C 前菜, 食前酒

ap·pe·tiz·ing /ǽpətàiziŋ アペタイズィング/ 形 食欲をそそる, うまそうな

ap·plaud B1 /əplɔ́ːd アプロード/ 動 (三単現 **applauds** /əplɔ́ːdz アプローヅ/; 過去・過分 **applauded** /əplɔ́ːdəd/; 現分 **applauding**) 他 自 拍手(かっさい)する; 称賛する; 支持する

ap·plause B1 /əplɔ́ːz アプローズ/ 名 U 拍手(かっさい); 称賛; 賛同

Ap·ple /ǽpəl アプル/ 名 アップル社(の製品) (◆米国の IT 企業)

ap·ple A1 中

/ǽpəl アプル/ 名 (複 **apples** /ǽpəlz/) C
リンゴ(の実); リンゴの木 (=apple tree)
• eat an **apple** リンゴを食べる

参考》 リンゴは「アメリカの果物の王様」と呼ばれる. 生で食べるほか, アップルパイ (apple pie), リンゴ酒 (cider) などとして食べる. 英語には An **apple** a day keeps the doctor away.「リンゴ1日1個で医者知らず」ということわざもある

ápple píe 名C アップルパイ (❗最もアメリカ的な食べ物の1つ)

(*as*) ***American as apple pie*** (アップルパイと同じくらい)とてもアメリカ的な

ap·ple-pol·ish·er /ǽplpɑ̀liʃər アプルパリシャ/ 名C 《米》《口語》ご機嫌とり, ごますり《♦人》

ap·ple·sauce /ǽpəlsɔ̀ːs アプルソース/ 名U アップルソース《♦リンゴをつぶして煮たもの》

Ap·ple·seed /ǽpəlsìːd アプルスィード/ 名《**Johnny Appleseed**》(ジョニー・)アップルシード《♦米国の伝説的な人物》

参考》 開拓時代の米国で, 首と手を通すための穴をあけただけのコーヒー袋をまとい, 帽子代わりに大きななべをかぶり, 荒野を放浪し, リンゴの種 (apple seed) をまきながら神のお告げを説いてまわったという

ap·pli·ance /əpláiəns アプライアンス/ 名C 器具, 道具; (家庭用)電気製品

ap·pli·ca·ble /ǽplikəbl アプリカブル/ (発音 apply とのアクセントの違いに注意) 形 適用[応用]できる

ap·pli·cant B2 /ǽplikənt アプリカント/ 名C 志望者, 志願者; 申し込み者, 応募者

ap·pli·ca·tion B1 高 /æ̀plikéiʃən アプリケイション/ 名 (複 **applications** /æ̀plikéiʃənz/) ❶UC 申し込み, 志願; C 申し込み書

• **make** an **application for** a job 就職の申し込みをする

• She filled out the **application for** admission. 彼女は入学願書に必要事項を記入した

コロケーション
動+application
submit [send in] an *application* 申し込み書を提出する
receive an *application* 申し込み書を受け取る
accept an *application* 申し込みを受け入れる
reject [turn down] an *application* 申し込みを断る

❷UC 〔…への〕応用, 適用《*to*》

• This new discovery has many **applications** in industry. この新しい発見は, 産業界に多く応用できる

❸C 《コンピュータ》アプリケーション(ソフト)

派生 **apply** 動

applicátion fòrm 名C 申し込み用紙

ap·plied /əpláid アプライド/ 形 応用の, 実用的な

ap·pli·qué /æ̀pləkéi アプリケイ/ 名U 《フランス語》アップリケ

ap·ply A2 高

/əplái アプライ/ (発音 アクセントに注意)

動 (三単現 **applies** /əpláiz/; 過去・過分 **applied** /əpláid/; 現分 **applying**)

❶自 〔職などを〕申し込む, 応募する, 求める《*for*》; 〔団体などに〕志願する《*to*》

• **apply for** a part-time job at a restaurant レストランのパート[アルバイト]の仕事に応募する

• He **applied to** several colleges. 彼はいくつかの大学に志願した

文型 [**apply to A for B**] A (団体・人)にB(物事)を申し込む, 求める

• He **applied to** the bank **for** a loan. 彼は銀行に融資を求めた

❷自 〔…に〕当てはまる, 適用される; 他 〔…に〕当てはめる, 応用する《*to*》

❸他 (薬などを)つける; (物を)あてる (=put)

派生 **application** 名

ap·point B1 /əpɔ́int アポイント/ 動 (三単現 **appoints** /əpɔ́ints アポインツ/; 過去・過分 **appointed** /əpɔ́intəd/; 現分 **appointing**)

❶他 (日時・場所などを)指定する, 決める

• **appoint** a day for the meeting 会合の日を決める

❷ ㊀ 任命する, 指名する; 文型 [**appoint A (as) C** = **appoint A to be C**] A(人)をC(役職など)に任命する

• He was **appointed (as)** captain. 彼は主将に指名された(❗ただ1人の役職などを表す語が補語のときは冠詞をつけない)

派生 **appointment** 名

ap·point·ed /əpɔ́intəd アポインテド/ 形 指定された, 約束の

ap·point·ment A2 高

/əpɔ́intmənt アポイントメント/ 名 (複 **appointments** /əpɔ́intmənts アポイントメンツ/) C (人と会う)約束; (医者・美容院などの)予約 ⇨**promise** 似ている単語

• **keep** [**break**] an **appointment** 約束(の時間)を守る[破る]

• **make an appointment to** meet him at six 6時に彼と会う約束をする

派生 **appoint** 動

ap·por·tion /əpɔ́ːrʃən アポーション/ 動 ㊀ 分配する, 割り当てる

***apportion blame* [*responsibility*]** 責任の所在を明らかにする

ap·prais·al /əpréizəl アプレイザル/ 名 U C 《文章》(能力などの)評価; 値踏み, 鑑定

ap·praise /əpréiz アプレイズ/ 動 ㊀ 《文章》(資産などを)値踏みする, 鑑定する; (人などを)評価する

ap·pre·ci·a·ble /əpríːʃəbl アプリーシャブル/ 形 感知されるほどの, かなりの

ap·pre·ci·ate A2 高

/əpríːʃièit アプリーシエイト/

動 (三単現 **appreciates** /əpríːʃièits アプリーシエイツ/; 過去・過分 **appreciated** /əpríːʃièitəd/; 現分 **appreciating**)

❶ ㊀ 真価を認める; (芸術作品などを)鑑賞(かんしょう)する, 味わう (❗進行形では用いない)

• Many foreigners can **appreciate** kabuki. 歌舞伎のよさがわかる外国人は多数います

❷ [...を, ...かを] 十分に理解する; 認識する 《*that* ..., *wh* ...》

• I want him to **appreciate that** this is not an easy task for me. これが私にとって易しい仕事でないことを彼にわかってもらいたい

❸ ㊀ 感謝する (❗進行形では用いない)

CAN-DO Tips› 礼を言う
I (really) appreciate ... という表現を使うと, 親切や好意に対する感謝を示して礼を言うことができるようになります

• **I really appreciate** your help. 君の手助けには本当に感謝します

比較 **Thank you** very much **for** your kindness. 親切にしてくれてどうもありがとう (❗appreciate は「親切・好意など」を目的語とし, thank は「人」を目的語とする; ×I appreciate you ... などといわない)

❹ ㊉ 《文章》(価値が)上がる

I would appreciate it if you could* [*would*] *do …していただけるとありがたいのですが (❗ていねいな依頼の表現. it を忘れずにつける)

派生 **appreciation** 名

ap·pre·ci·a·tion B1 /əprìːʃiéiʃən アプリーシエイション/ 名 (複 **appreciations** /əpriːʃiéiʃənz/) ❶ 《単数形で》(真価などの)理解, 認識; (芸術などの)鑑賞(かんしょう), 鑑賞力 ❷ 《単数形で》感謝 ❸ U (価格の)騰貴(とうき), 値上がり

***in appreciation of* [*for*] ...** …を感謝して; …を認めて

派生 **appreciate** 動

ap·pre·cia·tive B2 /əpríːʃətiv アプリーシャティヴ/ 形 [...を] 称賛している; 感謝している 《*of*》 **appréciatively** 副 称賛して; 感謝して

ap·pre·hend /æprihénd アプリヘンド/ 動 ㊀ 《文章》(犯人などを)逮捕する, 捕らえる (=arrest)

ap·pre·hen·sion /æprihénʃən アプリヘンション/ 名 U C 心配, 不安, 気がかり

ap·pre·hen·sive /æprihénsiv アプリヘンスィヴ/ 形 [...を] 心配して, 恐れて

a

《*about, of*》
àpprehénsively 副 心配そうに
ap·pren·tice /əpréntis アプレンティス/ 名 C 見習い, 実習生; 徒弟, 年季奉公人
ap·pren·tice·ship /əpréntisʃìp アプレンティスシプ/ 名 U C 見習い[徒弟]であること; C 見習い[徒弟]期間
ap·proach B1 高 /əpróutʃ アプロウチ/ 名 (複 **approaches** /əpróutʃəz/)
❶ C 〔問題への〕接近法, アプローチの仕方, 扱い方《*to*》
• **take** a new **approach to** English learning 英語学習の新しい方法を採用する
❷ U 近づくこと, 接近; C (人へ)話をもちかけること
❸ C 〔…へ〕近づく道, 道筋《*to*》
— 動 (三単現 **approaches** /əpróutʃəz/; 過去・過分 **approached** /əpróutʃt/; 現分 **approaching**)
❶ 他 自 近づく (=come nearer (to))
• Our boat **approached** the small island. われわれの舟はその小島に近づいた (! approached のあとには to は入れない) • Winter is **approaching**. 冬が近づいて来た
• I heard steps **approaching** us. 私は足音が私たちに近づいてくるのを聞いた
❷ 他 (人に)話を持ちかける
• He was **approached** by a professional football club in England. 彼はイングランドのプロサッカーチームに入団の話を持ちかけられた
❸ 他 (問題などに)取りかかる
• **approach** a problem 問題に取りくむ
ap·proach·a·ble /əpróutʃəbl アプロウチャブル/ 形 近寄れる; 近づきやすい, 親しみやすい
ap·pro·ba·tion /æ̀prəbéiʃən アプロベイション/ 名 U 《文章》(公の)認可

ap·pro·pri·ate A2 高

/əpróupriət アプロウプリエト/ 形
〔…に〕適切な, ふさわしい《*for, to*》(=suitable) (↔**inappropriate**)
• Her dress was not **appropriate to** the occasion. 彼女のドレスはその場にふさわしくなかった
— /əpróuprièit アプロウプリエイト/ 動 (三単現 **appropriates** /əpróuprièits アプロウプリエイツ/; 過去・過分 **appropriated** /əpróuprièitəd/; 現分 **appropriating**) 他 《文章》充当する; 着服する, 私的に使う
ap·pro·pri·ate·ly /əpróupriətli アプロウプリエトリ/ 副 適切に, ふさわしく
ap·pro·pri·a·tion /əpròupriéiʃən アプロウプリエイション/ 名 ❶ U (資金などの)充当; C 充当金 ❷ U C 《米》(議会が承認した)特別支出(金) ❸ U 着服, 横領
ap·prov·al B1 /əprú:vəl アプルーヴァル/ 名 U 承認, 賛成 (↔**disapproval**)
• He refused to give his **approval** for our project. 彼は私たちのプロジェクトを承認しようとしなかった (←賛成することを拒んだ)
• get [win] (*A's*) **approval** (A(人)の)承認を得る
• official [formal, final] **approval** 公式の[正式の, 最終的な]承認
派生 **approve** 動
ap·prove B1 /əprú:v アプルーヴ/ 動 (三単現 **approves** /əprú:vz/; 過去・過分 **approved** /əprú:vd/; 現分 **approving**) 他 自 承認する, 認可する, 賛成する (↔**disapprove**)
• The committee did not **approve** the plan. 委員会は計画を承認しなかった
approve of ... …に賛成する, …をよいと思う
派生 **approval** 名
ap·prov·ing /əprú:viŋ アプルーヴィング/ 形 賛成の; 満足そうな **appróvingly** 副 賛成して; 満足そうに
ap·prox·i·mate B2 /əprɑ́ksəmət アプラクスィメト/ 形 近似の; おおよその
— /əprɑ́ksəmèit アプラクスィメイト/ 動 他 自 近似する, (数値などに)近づく
ap·prox·i·mate·ly B1 /əprɑ́ksəmətli アプラクスィメトリ/ 副 約, おおよそ, ほぼ (=about)
ap·prox·i·ma·tion /əprɑ̀ksiméiʃən アプラクスィメイション/ 名 U 近似; 概算; C 近似値, 概数

Apr. 《略》 April 4月

a·pri·cot /ǽprikɑ̀t アプリカト, éiprikɑ̀t エイプリカト/ 名 C 《植物》 アンズ(の実, 木)

A·pril A1 中

/éiprəl エイプリル/ 名 U C

4月 (❗Apr. と略す; 詳しい用法は June を参照)

- **in April** 4月に
- **on April** 8 4月8日に (❗8 は (the) eighth と読む)

Ápril fóol 名 C 4月ばか 《◆April Fools' Day にかつがれた人》

日英比較 日本でいう「エイプリルフール」は, 4月1日, つまり英語の April Fool's Day のこと

Ápril Fóols' Dày 名 4月ばかの日 《◆罪のないうそなどにだまされた人 (April Fool) も怒らないことになっている4月1日; All Fools' Day ともいう》

a pri·o·ri /èi praiɔ́:rai エイ プライオーライ/ 副 形 演繹(えんえき)的に[な]; 先験的に[な]

a·pron A1

/éiprən エイプロン/ (発音 a- は /ei エイ/ と発音する) 名 (複 **aprons** /éiprənz/) C

❶ エプロン, 前かけ

- She wiped her hands on her **apron**. 彼女はエプロンで両手をふいた

❷ (劇場の)張り出し舞台

apt /ǽpt アプト/ 形 (比較級 **apter**, **more apt**; 最上級 **aptest**, **most apt**)

❶ 文型 [**be apt to** *do*] …しがちである, …する傾向がある

- He **is apt to** *catch* cold. 彼はかぜをひきやすい

❷ 適切な

ap·ti·tude /ǽptətjù:d アプティテュード/ 名 U C 適性, 才能, 資質

áptitude tèst 名 C 適正検査

aq·ua·lung /ǽkwəlʌ̀ŋ アクワラング/ 名 C アクアラング 《◆潜水用の水中呼吸器; スキューバ (scuba) ともいう》

a·quar·i·a /əkwéəriə アクウェアリア/ 名 aquarium の複数形

a·qua·ri·um 高 /əkwéəriəm アクウェアリアム/ 名 (複 **aquaria** /əkwéəriə/, **aquariums** /əkwéəriəmz/) C ❶ (水生動植物を観察する)水そう ❷ 水族館

A·quar·i·us /əkwéəriəs アクウェアリアス/ 名 《天文》 みずがめ座; 《占星》 宝瓶(ほうへい)宮; C みずがめ座生まれの人 《◆1月21日から2月19日生まれ》

a·quat·ic /əkwǽtik アクワティク/ 形 (動植物が)水生[水棲(すいせい)]の; (スポーツなどが)水上[水中]で行われる

aq·ue·duct /ǽkwidʌ̀kt アクウィダクト/ 名 C 送水路; (古代の)水路橋

AR 《略》 Arkansas アーカンソー(州)

Ar·ab /ǽrəb アラブ/ 名 C ❶ アラブ人; アラビア人; 《**the Arabs**》 アラブ民族 《◆アラビア語を話しイスラム教を信仰する民族》 ❷ アラブ種の馬

— 形 アラブ(人)の; アラビア(人)の

A·ra·bi·a /əréibiə アレイビア/ 名 アラビア(半島)

A·ra·bi·an /əréibiən アレイビアン/ 形 アラビアの; アラビア人の, アラブ人の

— 名 C アラビア人; アラブ人

Arábian Níghts 名 《**The** をつけて》 『アラビア夜話』,『千一夜物語』 《◆有名なアラビア民話集; The Thousand and One Nights ともいう》

Ar·a·bic /ǽrəbik アラビク/ 形 アラビアの, アラビア人[語]の; アラブ人の

— 名 U アラビア語

Árabic númerals 名 《複数扱い》 アラビア数字, 算用数字 《◆0, 1, 2, 3 ... 9 など》 ⇨**Roman numeral**

ar·a·ble /ǽrəbl アラブル/ 形 (土地が)耕作に適した

Àrab Repùblic of Égypt 名 《**the** をつけて》 エジプトアラブ共和国 (❗エジプト (Egypt) の正式国名)

ar·bi·trar·y /ɑ́:rbətrèri アービトレリ/ 形 気まぐれな, 勝手な; 独断的な

àrbitráriness 名 U 気まぐれ; 独断 **àrbitrárily** 副 気まぐれに; 独断的に

ar·bi·trate /ɑ́:rbətrèit アービトレイト/ 動 他 自 仲裁する, 調停する

a b c d e f g h i j k l m n o p q r s t u v w x y z

ar·bi·tra·tion /àːrbətréiʃən アービトレイション/ 名 U 仲裁, 調停, 裁定

ar·bi·tra·tor /áːrbətrèitər アービトレイタ/ 名 C 仲裁者, 裁定者

ar·bor, 《英》 **ar·bour** /áːrbər アーバ/ 名 C あずまや

Árbor Dày 名 植樹日 《♦米国・カナダの各州で4, 5月ごろ木を植えるために指定された日》

arc /áːrk アーク/ 名 C 円弧, 弓形; 《電気》アーク, 電弧

— 動 自 アーチを描く; アークを発する

ar·cade /ɑːrkéid アーケイド/ (発音 アクセントに注意) 名 C (両側に商店の並んだ)屋根付き商店街, アーケード; ゲームセンター (=amusement arcade)

arch B2 /áːrtʃ アーチ/ 名 C

❶ (窓や門の上部の弓形にした)アーチ, せり持ち; アーチ門

❷ アーチ形のもの; (足の)土踏(ふ)まず

— 動 他 アーチをかける; アーチ形にする; 自 アーチ形[弓なり]になる

ar·chae·o·log·i·cal /àːrkiəlɑ́dʒikəl アーキオラヂカル/ 形 考古学の

ar·chae·ol·o·gist B2 /àːrkiɑ́lədʒist アーキアロヂスト/ 名 C 考古学者

ar·chae·ol·o·gy /àːrkiɑ́lədʒi アーキアロヂ/ 名 U 考古学

ar·cha·ic /ɑːrkéiik アーケイイク/ 形 (語・語法が)旧式の, 古風な; 時代遅れの

arch·bish·op /àːrtʃbíʃəp アーチビショプ/ 名 C (カトリック教会の)大司教, (英国国教会の)大主教, (新教の)大監督; (仏教の)大僧正(だいそうじょう)

arched /áːrtʃt アーチト/ 形 アーチ形の; アーチのある

arch·er /áːrtʃər アーチャ/ 名 C

❶ 弓を射る人, 弓術家

❷ 《the Archer》 射手座(いてざ)

arch·er·y /áːrtʃəri アーチェリ/ 名 U アーチェリー, 弓術, 弓道

Ar·chi·me·des /àːrkəmíːdiːz アーキミーディーズ/ 名 アルキメデス (287-212 B.C.) 《♦古代ギリシャの物理学者・数学者》

ar·chi·pel·a·go /àːrkəpéləgòu アーキペラゴウ/ 名 (複 **archipelagos, archipelagoes** /àːrkəpéləgòuz/) C 群島

ar·chi·tect B1 高 /áːrkətèkt アーキテクト/ (発音 -ch- は /k/ と発音する) 名 (複 **architects** /áːrkətèkts アーキテクツ/) C 建築家, 建築技師 ⇨**carpenter**

ar·chi·tec·tur·al /àːrkətéktʃərəl アーキテクチュラル/ 形 建築学の, 建築術の; 建築の **àrchitécturally** 副 建築学的に; 建築上

ar·chi·tec·ture A2 高

/áːrkətèktʃər アーキテクチャ/ (発音 -ch- は /k/ と発音する; アクセントにも注意) 名 U 建築学; 建築様式; 《集合的に》 建築物

• She studied **architecture** at Harvard. 彼女はハーバード大学で建築学を学んだ

ar·chive /áːrkaiv アーカイヴ/ 名 C

❶ 《ふつう **archives**》 公文書, 記録文書; 公文書館, 記録保管所

❷ 《コンピュータ》 アーカイブ 《♦ファイルをまとめたもの[場所]》

arch·way /áːrtʃwèi アーチウェイ/ 名 C アーチ道; アーチ形の門[入り口]

arc·tic B2 高 /áːrktik アークティク/ 形

❶ 北極の; 北極地方の ⇨**antarctic**

❷ 極寒の, とても寒い

— 名 《**the Arctic**》 北極地方 (! 「北極」は the North Pole)

Árctic Círcle 名 《**the** をつけて》 北極圏

Árctic Ócean 名 《**the** をつけて》 北極海

ar·dent /áːrdənt アーデント/ 形 熱心な, 熱烈(ねつれつ)な, 情熱的な

árdently 副 熱心に

ar·dor, 《英》 **ar·dour** /áːrdər アーダ/ 名 U 〔…への〕熱情, 熱意 《*for*》

ar·du·ous /áːrdʒuəs アーヂュアス/ 形 《文章》 (仕事などが)骨の折れる, 困難な

are[1] A1 中

/ər ア; 《強》 ɑ́ːr アー/

意味マップ

動 ❶ (…で)ある

❷ (…に)いる, ある

助 ❶《are+現在分詞》…している
❷《are+過去分詞》…される
❸《are to *do*》…することになっている

━動 (過去 **were** /wər/; 過分 **been** /bin/; 現分 **being**) 自
❶ (私たち[あなた(たち), 彼ら]は)(…で)ある (❗主語が you, we, they または複数名詞のときの be の現在形)
• **You are** beautiful. 君(たち)は美しい
• **They are** [**They're**] brothers. 彼らは兄弟です (❗話しことばでは we are, you are, they are はしばしば we're, you're, they're のように縮めていう)
会話 "**Are** you students at this school?" "Yes, we **are**." 「君たちはこの学校の学生ですか」「はい, そうです」(❗ we are (students at this school) の後ろを省略した形のときは are を強く発音し, ×we're という短縮形は使わない)
会話 "I'm sick." "Oh, **are** you?" 「私はぐあいが悪いのです」「おや, そうですか」
❷ (…に)いる, (…に)ある
会話 "Where **are** they?" "They **are** in London now. They **are** not in Paris any more." 「彼らはどこにいますか」「彼らは今ロンドンにいます. もうパリにはいません」
• **There are** 50 comic books on the shelf. そのたなには50冊の漫画の本があります ⇨**there** ❶

━助 ❶《are+現在分詞》…している, (近い未来)…しようとしている (❗現在進行形)
会話 "What **are** you **doing** here?" "I'm waiting for Bob." 「君はここで何をしているのですか」「ボブを待っているところです」
• They [We] **are leaving** next week. 彼ら[私たち]は来週出発します (❗go (行く), come (来る), leave (出発する), arrive (着く)など「行く・来る」の意味を表す動詞の現在進行形はしばしば「近い未来」を表す)
❷《are+過去分詞》…される, …されている (❗受け身)
• We **are loved** by our parents. 私たちは両親に愛されています
❸《are+to *do*》…すべきである; …することになっている; 《**are to be**+過去分詞》…されることができる
• We **are to** go on a picnic tomorrow. 私たちはあすピクニックに行くことになっています

are[2] /ɑ́ːr アー/ 名 C アール (◆面積の単位; 100平方メートル)

ar·e·a A2 中
/éəriə エアリア/ 名 (複 **areas** /éəriəz/)
❶ C (大小さまざまの)**地域, 地方**; (…用の)**場所, 区域**
• a mountain **area** 山岳(さんがく)地方
• the metropolitan **area** 首都圏
• a free parking **area** 無料駐車区域

コロケーション
形+**area**
a residential *area* 住宅地区
a rural *area* 農村部
an urban *area* 都市部

❷ C **領域, 範囲, 分野**
• an important **area** 重要な分野
❸ U C **面積**

área còde 名 C 《米》(電話の)**市外局番** (=《英》dialling code)

a·re·na B2 /əríːnə アリーナ/ 名 C
❶ (円形)**闘技場; 競技場, アリーナ**
❷ **活動の場**

aren't 中
/ɑ́ːrnt アーント/ **are not の短縮形**

Ar·gen·ti·na /àːrdʒəntíːnə アーチェンティーナ/ 名 **アルゼンチン** (◆南米南東部の共和国; 首都ブエノスアイレス (Buenos Aires); 公用語はスペイン語)

Ar·gen·tine /ɑ́ːrdʒəntìːn アーチェンティーン/ 形 **アルゼンチンの; アルゼンチン人の**
━名 C **アルゼンチン人**; 《**the Argentine**》**アルゼンチン**

ar·gu·a·ble /ɑ́ːrgjuəbl アーギュアブル/ 形
❶ **もっともな, 筋が通っている**
❷ **やや疑わしい, 議論の余地がある**

ar·gu·a·bly /ɑ́ːrgjuəbli アーギュアブリ/ 副 おそらく, たぶん (=possibly)

ar·gue A2 高
/ɑ́ːrgjuː アーギュー/ 動 (三単現 **argues** /ɑ́ːrgjuːz/; 過去·過分 **argued** /ɑ́ːrgjuːd/; 現分 **arguing**)
❶ 自 言い合いをする, 口論する
• She **argued with** him **about** money. 彼女はお金のことで彼と言い争いをした
❷ 他 自 議論する, 論じる; 主張する
• **argue for** [**against**] ... …に賛成[反対]論を唱える
文型 [**argue that ...**] …と主張する
• Some people **argue that** cars are not necessary. 自動車は必要ないと主張する者もいる
派生 **argument** 名

ar·gu·ment A2
/ɑ́ːrgjəmənt アーギュメント/ 名 (複 **arguments** /ɑ́ːrgjəmənts アーギュメンツ/)
❶ U C 議論, 論争; 口論, 言い合い
• The boys **had an argument about** who should do the dishes. 男の子たちはだれが皿を洗うかで言い争いをした
• get into an **argument with** him 彼と議論になる

コロケーション
形+**argument**
a reasonable *argument* 筋の通った議論
a heated *argument* 白熱した議論
a powerful *argument* 説得力ある議論

❷ C (賛成·反対の)論, 理由
• several **arguments for** [**against**] the plan その計画に賛成[反対]するいくつかの根拠
派生 **argue** 動

ar·gu·men·ta·tive /ɑ̀ːrgjəméntətiv アーギュメンタティヴ/ 形 議論好きの, 理屈っぽい

a·ri·a /ɑ́ːriə アーリア/ 名 C 《音楽》 アリア, 詠唱(えいしょう) (♦オペラなどの中の独唱曲)

ar·id /ǽrəd アリド/ 形 《文章》 (土地·気候などが)乾燥(かんそう)した

Ar·i·es /éəriːz エアリーズ/ 名 《天文》 おひつじ座; 《占星》 白羊宮; C おひつじ座生まれの人 (♦3月21日から4月20日生まれ)

a·rise B1 /əráiz アライズ/ 動 (三単現 **arises** /əráizəz/; 過去 **arose** /əróuz/; 過分 **arisen** /ərízən/; 現分 **arising**) 自
起こる, 生じる
• Trouble often **arises from** misunderstandings. トラブルはよく誤解から生まれる

覚えよう› 単語力
まぎらわしい語
arise /əráiz アライズ/ 自 生じる
rise /ráiz ライズ/ 自 上がる
raise /réiz レイズ/ 他 上げる

a·ris·en /ərízən アリズン/ 動 arise の過去分詞

ar·is·toc·ra·cy B2 /æ̀ristɑ́krəsi アリスタクラスィ/ (発音 アクセントに注意) 名 (複 **aristocracies** /æ̀ristɑ́krəsiz/) ❶ (**the aristocracy**) 《集合的》 貴族階級; U 貴族政治 ❷ C 一流の人々

a·ris·to·crat /ərístəkræ̀t アリストクラト, ǽrəstəkræ̀t アリストクラト/ 名 C 貴族

a·ris·to·crat·ic /ərìstəkrǽtik アリストクラティク/ 形 貴族の

Ar·is·tot·le /ǽrəstɑ̀tl アリスタトル/ 名 アリストテレス (384-322 B.C.) (♦ギリシャの哲学者)

a·rith·me·tic B1 /əríθmətik アリスメティク/ 名 U 算数, 計算, 計算能力 ⇨ **mathematics**
• be good [poor] at **arithmetic** 計算に強い[弱い]
— /æ̀riθmétik アリスメティク/ (発音 名との違いに注意) 形 算数の

ar·ith·met·i·cal /æ̀riθmétikəl アリスメティカル/ 形 算数の, 算術の
àrithmétically 副 算術で

Ar·i·zo·na /æ̀rəzóunə アリゾウナ/ 名 アリゾナ (♦米国南西部の州; 略 Ariz., (郵便で) AZ)

ark /ɑ́ːrk アーク/ 名 (**the ark**) 《聖書》
❶ (ノアの)箱舟(はこぶね) (=Noah's ark)
❷ 約櫃(やくひつ) (=the Ark of Cove-

nant)《♦モーセ(Moses)の十戒を刻んだ石板を納めた箱》

Ar·kan·sas /ɑ́ːrkənsɔ̀ː アーカンソー/ (発音 -sas は /sɔː ソー/ と発音する) 名 アーカンソー《♦米国中部の州; 略 Ark., (郵便で) AR》

Ar·ling·ton /ɑ́ːrliŋtən アーリントン/ 名 アーリントン《♦米国バージニア州北東部の郡; 国立の墓地がある》

arm[1] A1 中

/ɑ́ːrm アーム/ 名 (複 **arms** /ɑ́ːrmz/) C

❶ 腕《♦肩先から手首または指先まで》

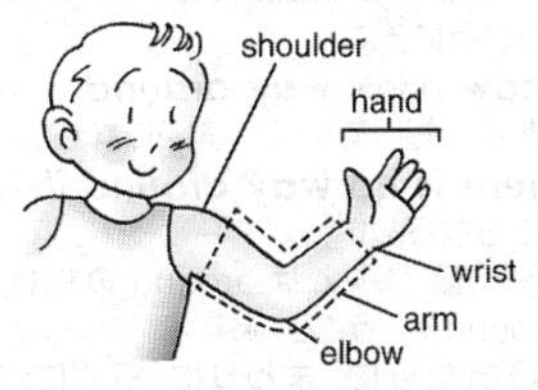

• take him **by the arm** 彼の腕をとる ⇨ **the** ❺
• put *one's* **arms around** ... …を抱く
• a woman with a baby **in** her **arms** 赤ちゃんをだいている女の人

コロケーション
動+**arm**(s)
bend *one's arms* 腕を曲げる
fold [cross] *one's arms* 腕を組む
lower *one's arms* 腕を下げる
open *one's arms* 腕を広げる
raise *one's arms* 腕を上げる
stretch *one's arms* 腕を伸ばす
wave *one's arms* 腕を振る

❷ (洋服の)そで, (いすの)ひじかけ, (レコードプレーヤーなどの)アーム
• the **arm** of a chair いすのひじかけ

arm in arm (たがいに)腕を組んで
with open arms 両腕を広げて; 温かく(迎えて)

arm[2] A1

/ɑ́ːrm アーム/ 名 (複 **arms** /ɑ́ːrmz/) C 《**arms**》武器, 兵器

• **carry** [**take up**] **arms** 武器を携帯する[取る]

— 動 (三単現 **arms** /ɑ́ːrmz/; 過去・過分 **armed** /ɑ́ːrmd/; 現分 **arming**) 他 自 武装する, 戦闘準備をする (↔**disarm**)

ar·ma·da /ɑːrmɑ́ːdə アーマーダ/ 名 ❶ C 艦隊 (=fleet of warships) ❷《**the Armada**》スペインの無敵艦隊《♦the Spanish Armada ともいう》

ar·ma·dil·lo /ɑ̀ːrmədílou アーマディロウ/ 名 (複 **armadillos** /ɑ̀ːrmədílouz/) C《動物》アルマジロ

Ar·ma·ged·don /ɑ̀ːrməgédn アーマゲドン/ 名《聖書》ハルマゲドン《♦この世の終わりの日に起こるとされる善と悪との戦いの場》; U C 破滅的な戦い

ar·ma·ment /ɑ́ːrməmənt アーマメント/ 名 C《ふつう **armaments**》軍備; U 武装化 (↔**disarmament**)

arm·band /ɑ́ːrmbæ̀nd アームバンド/ 名 C 腕章

arm·chair A2

/ɑ́ːrmtʃèər アームチェア/ 名 (複 **armchairs** /ɑ́ːrmtʃèərz/) C ひじかけいす

• sit in an **armchair** ひじかけいすにすわる

— 形 (理論だけで)実際の経験のない; 机上(きじょう)の, 空論的な (! 名詞の前に用いる) • an **armchair** economist 机上の理論ばかり得意な経済学者

armed A2

/ɑ́ːrmd アームド/ 形

武装した; 凶器(きょうき)を持った

• **armed** groups 武装集団[勢力]

ármed fórces 名《複数扱い》《**the** をつけて》軍隊

Ar·me·ni·a /ɑːrmíːniə アーミーニア/ 名 アルメニア《♦西アジアにある共和国; 首都エレバン (Yerevan)》

arm·ful B2 /ɑ́ːrmfùl アームフル/ 名 C 両腕[片腕]に持てる量

• an **armful of** books ひとかかえの本

arm·hole /ɑ́ːrmhòul アームホウル/ 名 C (服の)そでぐり

A B C D E F G H I J K L M N O P Q R S T U V W X Y Z

a b c d e f g h i j k l m n o p q r s t u v w x y z

ar·mi·stice /ɑ́:rməstəs アーミスティス/ 名 C 休戦, 停戦

ar·mor /ɑ́:rmər アーマ/ 名 C ❶よろい かぶと; 甲冑(かっちゅう) ❷装甲(そうこう); 装甲部隊 ❸甲羅(こうら)

— 動 他 甲冑をつけさせる

ar·mored /ɑ́:rmərd アーマド/ 形 (戦車などが)装甲(そうこう)した

ar·mor·y /ɑ́:rməri アーマリ/ 名 (複 **ar·mories** /ɑ́:rməriz/) C 兵器庫

ar·mour /ɑ́:rmər アーマ/ 名 動 《英》(= armor)

arm·pit /ɑ́:rmpìt アームピト/ 名 C わきの下

árms ràce 名 C 軍拡競争

ar·my B1 高 /ɑ́:rmi アーミ/ 名 (複 **ar·mies** /ɑ́:rmiz/) C ❶軍隊; 軍勢, 兵力; 《ふつう **the army**》陸軍 ⇨**navy**, **air force** ❷大群, 大集団

a·ro·ma /əróumə アロウマ/ 名 U C 芳香(ほうこう), 香り

a·ro·ma·ther·a·py /əròuməθérəpi アロウマセラピ/ 名 U アロマセラピー

ar·o·mat·ic /æ̀rəmǽtik アロマティク/ 形 香りの高い, かぐわしい

a·rose /əróuz アロウズ/ 動 arise の過去形

a·round A1 中

/əráund アラウンド/

共通イメージ 周囲をまわる

— 前 (❗《英》では around の代わりに round を使うこともある)

❶…のまわりを[に], …の周囲を[に],…をぐるりと; …を回って, (角)を曲がって, …を曲がったところに[で]

- sit **around** a table テーブルを囲んですわる
- put a rope **around** a tree 木にロープを巻きつける
- She put her arms **around** her daughter. 彼女は娘をだきしめた (←彼女は娘のまわりに両腕を回した)
- go **around** a corner 角を曲がって行く

❷…のあたりに[で], …の近くに[で]

- play **around** the house 家の中か近くで遊ぶ (❗「中」の意味は ⇨❸)
- Is there a post office **around** here? このあたりに郵便局はありますか
- people in and **around** Tokyo 東京とその周辺に住む人々

❸…のあちらこちらを, …の中であちこち; …じゅうで

- travel **around** the world 世界中を旅して回る, 世界1周旅行をする ⇨❶
- (all) **around the world** 世界中で
- I'll show you **around** the city. 市内をぐるっとご案内しましょう

❹…ごろに[の]; およそ…で[の] (= about) ● **around** noon [4 o'clock] 昼[4時]ごろに

know one's way around ... (場所)をよく知っている; (事柄)に詳しい

There is no way around it. どうにもならない

— 副 (❗《英》では around の代わりに round を使うこともある)

❶あたりに, まわりに; 近くに; 存在して

- gather **around** (まわりに)集まる
- I saw nobody **around**. あたりにはだれも見えなかった
- This idea **has been around** for a long time. このアイディアはずっと前からある

❷まわりを[に]; ぐるっと取り囲んで; 反対側を向くように, ぐるりと; (長さなどについて)周囲が

- turn **around** くるりと向きを変える
- look **around** あたりを見回す; ふりかえって見る
- The merry-go-round went **around**. メリーゴーラウンドが回った
- This island is twelve kilometers **around**. この島は周囲が12キロメートルあります

❸あちらこちらを[に], 四方(八方)に; (全員に)行き渡って; ぼうっと, ぶらぶらと, ただやみくもに

- walk **around** 歩き回る, 散歩する
- travel **around** 旅をして回る

❹だいたい, およそ, 約, ほぼ, …ごろ

(=approximately)

- **Around** forty people were there. 40人くらいの人がそこにいた
- at **around** 3 p.m. 午後3時ごろに

❺(ある場所に)向かって，そちらへ，このあたりに[で]

all around まわりじゅう(に); あたり一面に

- There were smiles **all around**. あたりには笑顔が満ちあふれていた

from all around いたるところから

the other way around (向き・関係などが)反対に[の] ⇨**way** 名(成句)

the wrong way around 間違った向きに，反対[逆]に

this time around (過去にも起きたことについて)今回は，今度こそ

コーパス　この順番でマスター

around の重要成句

(**1**) go *around* 広まる
(**2**) get *around* 動き回る
(**3**) come *around* やってくる

aróund-the-clóck 形《米》24時間通しの，夜昼なしの(=《英》round-the-clock)

a·rous·al /əráuzəl アラウザル/ 名U 目ざめ; (性的な)興奮

a·rouse B2 /əráuz アラウズ/ 動 他

❶(興味などを)呼び起こす; 刺激する
❷起こす，目をさまさせる

ar·range B1 /əréindʒ アレインヂ/ 動 (三単現 **arranges** /əréindʒəz/; 過去・過分 **arranged** /əréindʒd/; 現分 **arranging**)

❶他自 手配する，準備する《*for*》; 〔…と〕取り決める，打ち合わせる《*with*》

- **arrange** the meeting **for** Monday 会合を月曜日に決める
- **arrange for** a volunteer ボランティアの人を手配する

文型 [**arrange A with B**] BとAの手はずを整える

- **arrange for** an appointment **with** her 彼女と会う約束を決める

文型 [**arrange** (**for A**) **to** *do*] (Aが)…するように手はずを整える

- I'll **arrange for** you **to** *meet* him. 君が彼に会えるように取り計らいましょう

❷他 並べる，そろえる，整える

- **arrange** the names alphabetically

around

共通イメージ

周囲をまわる

前❶ 副❷ (…の)まわりを

around

sit around a table

まわりを移動することに注目

前❸ 副❸ (…を)あちこち

travel around the world

動きの一部に注目

近さだけに注目

ある値の近く

前❶ 副❷
(…を)回って，曲がって

go around a corner

前❷ 副❶ (…の)近くに

people around Tokyo

前❹ 副❹
…ごろ(に)，およそ

around noon

A B C D E F G H I J K L M N O P Q R S T U V W X Y Z

a b c d e f g h i j k l m n o p q r s t u v w x y z

名前をアルファベット順に並べる
❸ 他 (音楽を)編曲する
派生 **arrangement** 名

ar·range·ment B1 /əréindʒmənt アレインヂメント/ 名 (複 **arrangements** /əréindʒmənts アレインヂメンツ/)
❶《**arrangements**》準備, 手配
• **make arrangements for** a picnic ピクニックの準備をする
• I **made arrangements to** get on the plane. 飛行機に乗るよう手配した
❷ C 取り決め, 協定 ❸ U (きちんと)並べること, 整とん, 配置; C 配置されたもの ❹ U C 編曲
派生 **arrange** 動

ar·ray /əréi アレイ/ 動 (三単現 **arrays** /əréiz/; 過去・過分 **arrayed** /əréid/; 現分 **arraying**) 他《文章》整列させる; きれいに並べる
━ 名《文章》C《ふつう **an array**》きれいに並んだもの, 〔…の〕勢ぞろい《*of*》

ar·rears /əríərz アリアズ/ 名《複数扱い》未払いの借金, 滞納(たいのう)金
be in arrears 支払いが滞っている

ar·rest B1 高 /ərést アレスト/ 動 (三単現 **arrests** /əréstsアレスツ/; 過去・過分 **arrest-ed** /əréstəd/; 現分 **arresting**) 他
逮捕する, とらえる; 文型 [**arrest A for B**] A(人)をBの罪で逮捕する
━ 名 (複 **arrests** /əréstsアレスツ/) U C 逮捕
under arrest 逮捕されて
• You are **under arrest**. お前を逮捕する (❗警察官のことば)

ar·rest·ing /əréstiŋ アレスティング/ 形 人の注意を引く, めざましい

ar·ri·val B1 高 /əráivəl アライヴァル/ 名 (複 **arrivals** /əráivəlz/) ❶ U C 到着, 到達; 出現 ❷ C 到着した人[物]
on (*A's*) ***arrival*** (Aが)到着しだい
派生 **arrive** 動

ar·rive A1 中

/əráiv アライヴ/
動 (三単現 **arrives** /əráivz/; 過去・過分 **arrived** /əráivd/; 現分 **arriving**) 自
❶〔場所に〕到着する, 着く《*at, in, on*》(❗「到着」は arrival)
• **arrive at** school 学校に到着する
• He **arrived** here [home] at six. 彼はここに[家に]6時に着いた (❗here, home は副詞; ×arrive *at* home などとしない)
• I **arrived in** Tokyo. 私は東京に着いた (= I **reached** Tokyo. = I **got to** Tokyo.) (❗前置詞の有無や種類に注意)
• The train will soon **arrive at** Osaka station. この列車はまもなく大阪駅に到着します
• That band will **arrive in** our town next week. あのバンドが来週私たちの町に来ます

参考 **arrive at** と **arrive in**
到着する所が駅・家などのせまい場所の場合は at, 国や都市など広い地域には in を使うのが原則

❷ 文型 [**arrive at A**] A(結論・合意など)に達する
❸ (時期が)来る; 到来する; (子どもが)生まれる 派生 **arrival** 名

ar·ro·gance /ǽrəgəns アロガンス/ 名 U ごう慢さ, おうへいさ

ar·ro·gant B2 /ǽrəgənt アロガント/ 形 (人・態度が)ごう慢な[で], おうへいな[で], 尊大な[で]

ar·row B1 高 /ǽrou アロウ/ 名 (複 **ar-rows** /ǽrouz/) C ❶ 矢
❷ 矢印(のマーク)《♦⇨, ↑, →》

ar·row·head /ǽrouhèd アロウヘド/ 名 C 矢じり

ar·se·nal /á:rsənəl アーセナル/ 名 C 兵器庫;《集合的》兵器

ar·se·nic /á:rsənik アーセニク/ 名 U《化学》ヒ素《♦記号 As》

ar·son /á:rsən アースン/ 名 U 放火(罪)

ar·son·ist /á:rsənist アースニスト/ 名 C 放火犯《♦人》

art A1 中

/á:rt アート/ 名 (複 **arts** /á:rts アーツ/)
❶ U 芸術, 美術;《集合的》芸術作品
• a work of **art** 芸術作品, 美術品
• study **art** at school 学校で美術を勉強す

る (×an art, ×arts としない)
● **Art** is long, life is short. 《ことわざ》芸術は長く, 人生は短し
❷ 《形容詞的》芸術の, 美術の
● an **art** museum 美術館
● an **art** gallery 画廊(がろう), 美術館
❸ 《**arts**》人文科学, (大学の)教養課程
❹ Ⓒ Ⓤ 技術, こつ, 腕前

ar·te·ri·al /ɑːrtíəriəl アーティアリアル/ 形 動脈の; 幹線の

ar·ter·y B2 /ɑ́ːrtəri アーテリ/ 名 (複 **arteries** /ɑ́ːrtəriz/) Ⓒ ❶ 《解剖》動脈 ⇨ **vein** ❷ 《文章》(道路・水路などの)幹線

art·ful /ɑ́ːrtfəl アートフル/ 形 ずるい (= cunning); 技巧的な

ar·thri·tis /ɑːrθráitəs アースライティス/ 名 Ⓤ 《医学》関節炎

Ar·thur /ɑ́ːrθər アーサ/ 名 ❶ アーサー 《♦男性名》 ❷ 《**King Arthur**》アーサー王 《♦5-6 世紀ごろ活躍したとされるイギリスの伝説的な王》

ar·ti·choke /ɑ́ːrtətʃòuk アーティチョウク/ 名 Ⓒ 《植物》アーティチョーク; キクイモ (=Jerusalem artichoke)

ar·ti·cle A1 高

/ɑ́ːrtikəl アーティクル/
名 (複 **articles** /ɑ́ːrtikəlz/) Ⓒ
❶ (新聞や雑誌などの)記事, 論文
● a travel **article** 旅行に関する記事
❷ 品物, (同類の品物の) 1 点
● **an article of** clothing [furniture] 衣服[家具]の 1 点 (❗clothing (衣類)や furniture (家具類)は, 種類全体をさす数えられない名詞で ×*a* clothing, ×*a* furniture としない)
❸ 条項, 項目
● **Article** 9 of the Japanese Constitution 日本国憲法第 9 条
❹ 《文法》冠詞

ar·tic·u·late B2 /ɑːrtíkjəlèit アーティキュレイト/ 動 他 はっきり発音する; はっきり表現する
― /ɑːrtíkjələt アーティキュレト/ 形 (発音・ことばが)はっきりした, 歯切れのよい; (人が)考えをはっきり表現できる

ar·tic·u·la·tion /ɑːrtìkjəléiʃən アーティキュレイション/ 名 Ⓤ (明瞭(めいりょう)な)発音; (考え・感情の)表明

ar·ti·fact /ɑ́ːrtəfæ̀kt アーティファクト/ 名 Ⓒ (特に考古学的価値のある)加工品, 人工遺物

ar·ti·fice /ɑ́ːrtəfəs アーティフィス/ 名 《文章》Ⓒ 工夫, 考案物; Ⓤ 器用さ

ar·ti·fi·cial A2 高

/ɑːrtəfíʃəl アーティフィシャル/ 形
❶ 人工の, 人造の (❗この意味では比較変化なし)
● **artificial** colors 合成着色料
❷ 不自然な, わざとらしい

ártificial intélligence 名 Ⓤ 人工知能 (❗略は AI)

ar·ti·fi·ci·al·i·ty /ɑ̀ːrtəfìʃiǽləti アーティフィシアリティ/ 名 Ⓤ 人工的なこと; 不自然さ, わざとらしさ

ar·ti·fi·cial·ly B2 /ɑ̀ːrtəfíʃəli アーティフィシャリ/ 副 人工的に; 不自然に, わざとらしく

artifícial respirátion 名 Ⓤ 人工呼吸

ar·til·ler·y /ɑːrtíləri アーティレリ/ 名 Ⓤ 《集合的》大砲

ar·ti·san /ɑ́ːrtəzən アーティザン/ 名 Ⓒ 職人 (=craftsman), 熟練工

art·ist B1 中 /ɑ́ːrtist アーティスト/ 名 (複 **artists** /ɑ́ːrtists アーティスツ/) Ⓒ
❶ 芸術家; 画家 ❷ アーティスト 《♦ミュージシャン, ダンサーなど》

ar·tis·tic B1 高 /ɑːrtístik アーティスティク/ 形 芸術の, 芸術的な; 芸術(家)の, 美術(家)の; 芸術のわかる
artístically 副 芸術的に(見れば)

artístic swímming 名 Ⓤ 《スポーツ》アーティスティックスイミング 《♦シンクロナイズドスイミング (synchronized swimming) の新名称》

art·ist·ry B2 /ɑ́ːrtəstri アーティストリ/ 名 Ⓤ 芸術性; 芸術的技量; 高い腕前

art·work /ɑ́ːrtwə̀ːrk アートワーク/ 名 Ⓤ さし絵, 図版; Ⓤ Ⓒ 《米》(絵画などの)芸術品

as

A1 前 接 副 代

中 /əz アズ; 《強》 ǽz アズ/

意味マップ

前 ❶…として; …の時に
❷…のような…

接 ❶《比較》…と同じくらいに…
❷《様態》(…する)ように
❸《時間》(…する)時に; 《比例》(…する)につれて
❹《理由》…なので
❺《譲歩》…だけれども

副 …と同じくらい…

代 ❶…するような…
❷それは…なのだが

使えるコーパスフレーズ

1 **as far as ...** …する限り

2 **as well** (…も)また

3 **as soon as possible** できるだけ早く

4 **as a result** その結果(として)

5 **as a matter of fact** 実は

文法 ❶

as ... as の後の形

「私は彼と同じ身長だ」は

6 **I am as tall as he is.**

7 **I am as tall as he.**

8 **I am as tall as him.**

のいずれでもよい. 8 の形は話しことばで使われる.

文法 ❷

差と倍の言い方

差を言う時は比較級を使うが,「…倍」と言う時には **as ... as** を使う

◆ **That dog is three kilograms heavier than this cat.**
あの犬はこの猫より3キロ重い

◆ **That dog is three times as heavy as this cat.**
あの犬はこの猫の3倍の体重だ

教科書フレーズ

◆ **Our teacher can speak Chinese as well as English.**
先生は英語ばかりか中国語も話せる

◆ **Japan is, as you know, in East Asia.**
ご存知のとおり, 日本は東アジアにあります

◆ **He looked at me as if we had met before.**
まるで以前会ったことがあるかのように, 彼は私を見た

◆ **I enjoy sports, such as swimming, baseball, and golf.**
私は水泳や野球やゴルフといったスポーツを楽しむ

as A1 中

/əz アズ; 《強》 ǽz アズ/ 前

❶ …として; …の時に

- His father is **known as** an artist. 彼の父は画家として知られている
- This disadvantage can also be **seen as** an advantage. この短所は長所として見ることもできる
- A warm climate is good for the body **as a whole**. 温暖な気候は体全体にとってはよい (❗ 個々の部分ではそうではないこともあるというニュアンスが含まれる場合がある)
- I came here **as** a young girl. 私は少女のころここへ来ました

❷ 《しばしば **such ... as** A》 A のような…

- **such** fruits **as** pears and apples = fruits **such as** pears and apples ナシやリンゴのような果物 ⇨**such**

― 接 ❶ 《比較》 《**as ... as** A》 A と同じくらいに… (❗ 前の as は「それと同じだけ…」の意味で副詞, あとの as が「(A が)…である[する]ように」の意味で接続詞) ⇨副

- He plays tennis **as** well **as** a professional. 彼はプロ選手と同じくらいじょうずにテニスをする (❗ professional の後に does [plays] が省略されている)

比較 He plays tennis **like** a professional. 彼はプロ選手のようにテニスをする (❗ He plays tennis **as** a professional. は「彼はプロ選手としてテニスをしている」の意味) ⇨前❶

❷ 《様態》 (…する)ように, (…する)とおりに

- **as** you know 君が[も]知っているように
- Do **as** I say! 私の言うとおりにしなさい!
- Do **as** you like. 好きなようにしなさい
- **As** I said in my last letter, I am taking the exam in March. この前の手紙で言ったように, 私は3月に試験を受けます
- When in Rome, do **as** the Romans do. 《ことわざ》 ローマにいる時はローマの人がするようにしなさい (❗「郷(ごう)に入っては郷に従え」にあたる)
- **as** shown in Figure 2 図2に示されているように (❗ as のあとの it is などは省略されることが多い)
- Leave it **as** it is. それをそのままにしておきなさい (←それをそれがあるままにしておけ)

❸ 《時間》 (…する)時に; …しながら; 《比例》 (…する)につれて

- They were leaving **just as** I arrived. 私が着いた時, 彼らはちょうど出発しようとしていた (❗ as は when よりも, 2つの出来事や動作が接近して起こる時, あるいはほとんど同時に起こる時に使われる; その同時性がさらに強まると,「…しながら」と訳すことになる)
- I forgot about it **as** time went by. 時がたつにつれて私はそれを忘れてしまった
- Our memories grow dimmer **as** we get older. 歳をとるにつれて記憶力がだんだん衰えていく

❹ 《理由》 …なので, …だから (=because, since)

- **As** I was sick, I did not go to school. 私は病気だったので学校へ行かなかった

❺ 《譲歩》 …だけれども (=though) (❗ as の位置に注意; 《米》 では as ... as の形でも用いる)

- Old **as** I am (=Though I am old), I can still fight. 私は年をとってはいるけれど, まだまだ戦えるぞ
- **As** interesting **as** the idea seems, there is no way to prove it. その考えはおもしろそうだが, それを証明する方法がない

― 副 《**as ... as** A》 A と同じくらい… (❗ 前の as が副詞, あとの as は「(A が)…である[する]ように」の意味で接続詞) ⇨接

- I have **as** many books **as** he (has). 私は彼と同じくらいたくさんの本を持っている (❗ 《口語》 では I have as many books as **him**. という)
- I am **not as** tall **as** he (is). 私は彼ほどの身長はない (=I am **not so** tall **as** he (is).)
- The country is **twice** [four **times**] **as**

large **as** Japan. その国は日本の2[4]倍の大きさがある (←その国は日本と同じ大きさの2[4]倍だ)

- These roses smell **just as** sweet (**as** those). これらのバラも(あれらと)ちょうど同じくらいよい香りがします

—代《関係代名詞》❶《**such** A **as** ...》…するようなA;《**the same** A **as** ...》…するのと同じA (❗as 以下を前の名詞(=先行詞)Aに関係づけて説明する働きをする)

- I have **the same** dictionary **as** you (have). 私はあなたが持っているのと同じ辞書を持っている

❷それは…なのだが, …のように (❗前後の節を受ける働きをする)

- The President is not about to resign, **as** is obvious from the tone of recent speeches. 最近の演説の調子からも明らかだが, 大統領は辞職しないようだ

***as ... as any** A* どのAにも劣らず

- Bob can run **as** fast **as any** other student in the class. ボブはクラスのほかのどの生徒より速く走れる (=Bob can run (the) fastest in the class.)

as ... as** one **can** = **as ... as possible できるだけ…

- He ran **as** fast **as** he **could**. = He ran **as** fast **as possible**. 彼はできるだけ速く走った

as ... as ever 相変わらず…

- His condition is **as** good **as ever**. 彼はいつものように好調だ

as far as ... …と同じくらい遠く; …する限り ⇨**far** (成句)

- **As far as** I know, it was not an accident. ⇨フォーカス❶ 私の知る限り, それは事故ではなかった

as for ... 《ふつう文頭で》…はどうかというと, …に関しては

- **As for** me, I prefer tea to coffee. 私はというと, コーヒーより紅茶の方が好きだ

as from …以降 (=as of ②)

as ... go …としては

- He is a good lawyer, **as** lawyers **go**. 彼は世間一般の弁護士と比べれば立派なものだ

as good as ... …も同然で, ほとんど ⇨**good** (成句)

as if [though] ... まるで…かのように (❗as if [though] のあとの節は, ふつう仮定法過去(完了))

- He talks **as if** he knew everything. 彼は何でも知っているみたいに話す
- I feel **as if** I were [《口語》 was, am] dreaming. 私はまるで夢をみているような感じです

as is そのままで, 手入れせずに

as it is 《文の最後で》その(あるが)ままに ⇨接❷(最後の例); 今の時点ですでに;《文頭で》今のところでは, 実のところ

- **As it is**, I cannot pay you. (金があれば払うのだが)今のところ君に払えない

as it were いわば, 言ってみれば (=so to speak)

- She is, **as it were**, a walking dictionary. 彼女はいわば生き字引だ

as long as ... …もの長い間; …である限りは ⇨**long**[1] (成句)

as many as ... …と同数もの; …もの多くの ⇨**many** (成句)

as much as ... …と同量[同程度]の; …もの多くの ⇨**much** (成句)

as of ... ① …の時点[現在]で
② …の時点から, …以降 (=as from)

- **As of** today, I am in charge of this committee. 本日よりこの委員会の責任は私がとります

as soon as ... …するとすぐ ⇨**soon** (成句)

- If you have trouble, let me know **as soon as** possible. ⇨フォーカス❸ 問題があればできるだけ早く知らせてください

as such それとして; それだけで

as though (=as if)

as to ... …について(は); …に応じて

- **As to** his own career, the boss said nothing (about it). 上司は自分の経歴については何も言わなかった

as usual いつものように ⇨**usual** (成句)

as well (…も)また, その上 ⇨**well**[1]

(成句)

- He was very bright, but very naughty **as well**. ⇨フォーカス 2 彼はとても優秀だったが，いたずらっ子でもあった

as well as …と同じようにうまく；…と同様に，…だけでなく ⇨**well**[1] (成句)

as yet 今まで[それまで]のところでは ⇨**yet** (成句)

may as well *do* …するのも悪くない ⇨**may** (成句)

might* (*just*) *as well *do* (***as*** *do*) (…するのは)…するのと同じだ ⇨**might**[1] (成句)

a.s.a.p., asap /eieseipíː エイエスエイピー/ 《略》 as soon as possible できるだけ早く (! /アサプ/ とも発音する)

as·bes·tos /æsbéstəs アスベストス/ 名 U 石綿，アスベスト

as·cend /əsénd アセンド/ 動 自 他 登る；上がる；上昇する

as·cend·an·cy /əséndənsi アセンダンスィ/ 名 U 優勢，主導権

as·cen·sion /əsénʃən アセンション/ 名 U 《文章》 上昇；《**the Ascension**》《キリスト教》 キリストの昇天

as·cent /əsént アセント/ 名 C 登る[上がる]こと，上昇 (↔**descent**)

as·cer·tain /æsərtéin アサテイン/ 動 他 《文章》 確かめる；突き止める

as·cet·ic /əsétik アセティク/ 形 禁欲的な
— 名 C 禁欲主義者；苦行者

ASCII /æski アスキ/ 《略》 American Standard Code for Information Interchange 情報交換用米国標準コード，アスキー

as·cribe /əskráib アスクライブ/ 動 他 文型 [**ascribe A to B**] AをBのせいにする，AがBによるものと考える

ASEAN /eisíːən エイスィーアン, æsiən アスィアン/ 《略》 Association of South East Asian Nations 東南アジア諸国連合，アセアン

a·sex·u·al /eisékʃuəl エイセクシュアル/ 形 《生物》 無性の，性器[性別]のない

ash B2 高 /æʃ アシュ/ 名 U C 《しばしば ashes》 灰，燃えがら；《**ashes**》 遺骨

a·shamed B1 /əʃéimd アシェイムド/ 形 〔…を〕恥じて，気がひけて《*of*, *that*...》 (! 名詞の前には用いない)

- It was my mistake. I **feel ashamed about** it. 私のミスです．恥ずかしく思います
- He **was ashamed of** his lack of knowledge. 彼は自分の知識の不足を恥じた

be ashamed to *do* …するのが恥ずかしい；恥ずかしくて…したくない

注意› ashamed は自分のした過ちや誤りに対して「恥ずかしい」という意味．「人前で話すのが恥ずかしい」のような場合は I am embarrassed [shy] about speaking in public. などと embarrassed (きまりの悪い)や shy (内気な)を使う

ash·en /æʃən アシュン/ 形 (顔色などが)灰色の，青ざめた

a·shore /əʃɔ́ːr アショー/ 副 岸へ[に]；浅瀬に；陸上へ[に]

ash·tray /æʃtrèi アシュトレイ/ 名 (複 **ash-trays** /æʃtrèiz/) C 灰皿

A·sia 高 /éiʒə エイジャ｜éiʃə エイシャ/ 名 アジア(大陸)
派生 **Asian** 形 名

A·sian 高 /éiʒən エイジャン｜éiʃən エイシャン/ 形 アジアの；アジア人の
— 名 (複 **Asians** /éiʒənz/) C アジア人
派生 **Asia** 名

A·si·at·ic /èiʒiǽtik エイジアティク/ 形 名 (=Asian) (! 人について使うと軽べつ的；ふつう Asian を使う)

a·side B1 高 /əsáid アサイド/ 副 わきへ[に]，横に；別にして

- **step aside** 一歩わきへ寄る
- She has been **setting** 10 thousand yen **aside** every month. 彼女は毎月1万円ずつ貯めている
- Let's **leave aside** the issue of expense for a while. 費用の問題は，しばらく考慮しないでおこう

aside from ... 《米》 …は別として，…はさておき (=《英》 apart from ..., except for ...)

ask

A1 動
中 /ǽsk アスク | ɑ́:sk アースク/

三単現 **asks** /ǽsks アスクス/ 過去・過分 **asked** /ǽskt アスクト/
現 分 **asking**

意味マップ

動 ❶たずねる
❷たのむ, 求める
❸招く
❹要求する

ネイティブはこういう！

◆ **Can I ask you a question?** 質問していいですか
◆ **I was going to ask you ...** …を君に聞こうと思ったんだ
◆ **If you ask me ...** 私に聞くなら[私の意見では]…だ
◆ **Don't ask me!** 私が知るわけないでしょ！
◆ **Don't ask!** 聞かないで(! 言いたくない時に使う)

使えるコーパスフレーズ

ask＋名詞 …を求める

1 **ask (...) a question** (…に)質問する
2 **ask ...'s name** …の名前を聞く
3 **ask (...) a favor** (…に)お願いする
4 **ask permission** 許可を願う

ask for＋名詞 …を求める

5 **ask for money [information]** 金[情報]を求める
6 **ask for ...'s permission** …の許可を求める
7 **ask for ...'s advice** …にアドバイスを求める
8 **ask for ...'s help** …の助けを求める

コーパス この順番でマスター askの重要構文

(1) **ask** + 名詞
(2) **ask** + 人 + 名詞
(3) **ask** + (人) + **wh- / if**
(4) **ask** + 人 + **to** *do*

ask A1 中

/ǽsk アスク|ά:sk アースク/

動 (三単現 **asks** /ǽsks/; 過去・過分 **asked** /ǽskt/; 現分 **asking**)

チャンクでおぼえよう！

❶ あなたの名前をたずねる	ask your name
❶ よい質問をする	ask a good question
❷ 彼女の意見を求める	ask her opinion
❷ 助けを求める	ask for help
❷ 彼に証拠を求める	ask him for proof
❷ 君にお願いをする	ask a favor of you
❷ 彼に手伝ってくれとたのむ	ask him to help

❶ 他自 (…について)**たずねる, 問う**

文型 [**ask A**] Aをたずねる, 質問する

• He often **asks** silly **questions**. ⇨ フォーカス 1
彼はしばしばかげた質問をする (❗ask+名詞)

• May I **ask your name**? ⇨ フォーカス 2
お名前をうかがってもよろしいですか

• **ask about** his new school 彼の新しい学校についてたずねる

• He **asked** me **about** my mother.
彼は私に母について(元気かと)たずねた (×asked to me としない) (❗ask+人+about+名詞)

• If you don't know the way, **ask** a policeman.
もし道がわからなかったら警察官に聞きなさい

文型 [**ask A B = ask B of A**] A(人)にB(物事)をたずねる (❗ask B of A は《文章》で, ask A B がふつう)

• May I **ask** you some questions?
いくつか質問をしていいですか

文型 [**ask (A) if ...**] (Aに)…かどうかたずねる

• **Ask if** we may go with them.
私たちが彼らといっしょに行っていいかどうか聞いてくれ

文型 [**ask (A) wh- ...**] (Aに)…かをたずねる

• She **asked** me **where to** sit [**when to** come again].
彼女は私に自分はどこへすわったらよいか[いつまた来たらよいか]とたずねた (❗ask+人+wh節)

• "Where does he live?" she **asked**. = She **asked where** he lived.
「彼はどこに住んでいるのですか」と彼女はたずねた (❗where 以下の語順の違いと動詞の形に注意)

❷ 他自 **たのむ, 求める**

• **Ask** Ken. He will help you. ケンにたのんでごらん, 彼なら助けてくれるよ

• You should **ask** his permission first. ⇨ フォーカス 4 まず彼の許可を得なくてはいけません

文型 [**ask for A**] A(物事)を求める

• She **asked for** something cold to drink. 彼女は冷たい飲み物をたのんだ

文型 [**ask A for B = ask A B**] A(人)にB(物事)をくださいとたのむ, 求める

• **ask** him **for** advice 彼の助言を求める

• Usually boys **ask** girls **for** a date.
たいてい男の子のほうが女の子にデートを申し込む

• May I **ask** you **a favor**? ⇨ フォーカス 3
あなたにお願いしたいことがあるのですが (❗favor は「お願い」; May I ask a favor of you? ともいう)

文型 [**ask A to** *do*] A(人)に…してく

a b c d e f g h i j k l m n o p q r s t u v w x y z

れと言う (🅘 ask+人+to do)
• **ask** him **to** *help* 彼に手伝ってくれとたのむ[言う]
• The children **asked** their mother **to** *read* the book. 子どもたちは母親にその本を読んでとねだった
• I was **asked to** *wait* there. 私はそこで待つように言われた
文型 [**ask that ...**] …ということをたのむ (🅘 少しかたい表現)
• She **asked that** he repair the camera. = She **asked** him **to** *repair* the camera.
彼女はカメラの修理を彼にたのんだ (🅘 that節では仮定法現在(動詞の原形)を用いる; あとの方がふつうの言い方)
❸ 他 招く (=invite)
• They **asked** me **to** tea [**for** dinner]. 彼らは私をお茶[ディナー]に招いてくれた
❹ 他 要求する
• It's a beautiful house, but they're **asking** a lot of money.
すばらしい家だけど, ものすごい吹っかけてきてるよ (=値段が高い)

似ている単語
ask, inquire, request
ask は「たずねる」とき,「たのむ, 求める」ときによく使われる一般的な語. **inquire** は「たずねる」の意味の形式ばった語:
Can I **ask** you a question? 質問してもいいですか
I would like to **inquire** about the matter. その件についておたずねしたいのですが
request は「(正式に)たのむ, 要求する」の意味で ask より改まった場面で使う:
Tom **asked** Ann for a date. トムはアンにデートを申し込んだ
She **requested** permission to leave. 彼女は退出許可を求めた

ask after ... …が無事[元気]であるかどうかたずねる
• The doctor **asked after** my mother when I met him on the street.
道で医者に会ったら, 母の具合を聞いてきた

ask around たずね回る, 聞いて回る
• They usually **ask around** before trying a new Italian restaurant.
彼らは新しいイタリア料理店を試す前にいつも(いろんな人に)聞いて回っている

ask for ... …に面会を求める
• There's a woman at the door **asking for** Mommy. お母さんに会いたいっていう女の人が玄関に来ているよ

ask for it = ask for trouble みずから災難を招く(ようなことをする)
• He **asked for it**. 彼は自業自得だ
• Saying such a thing to her is asking for trouble. 彼女にそんなことを言うとはわざわざ災難を招いているようなものだ

ask A in (Aを)招き入れる

ask A out (Aを)〔食事などに〕誘う《*for, to*》
• I've been **asked out** to a dance by Christopher. クリストファーからダンスパーティーに誘われています

Don't ask (me)! ⇨ フォーカス 《口語》 (そんなこと)**聞かないでよ, 知っているわけないでしょ**
会話 "Do you know the capital of Bosnia and Herzegovina?" "**Don't ask me**!"
「ボスニア・ヘルツェゴビナの首都って知ってる?」「知ってるわけないだろ(そんなこと)」

I ask you. 《口語》 聞いてみたいよ, あきれた, 信じられる? 《♦失望・驚きを表す》

if you ask me ⇨ フォーカス 《口語》 **(私に)言わせてもらうと, 私の意見では**

I'm just asking. 聞いてみただけです

Who asked you? あんたの意見なんか聞いてない 《♦失礼な言い方》
会話 "I think you should break up with Christopher." "**Who asked you**?" 「あなたクリストファーとはきっと別れることになるわよ」「あんたになんか聞いてないわ」

a·skance /əskǽns アスキャンス/ 副 《次の成句で》
look askance at ... …を横目でに

らむ; …を怪しんで見る

asked /ǽskt アスクト/ 動 ask の過去形・過去分詞

a·skew /əskjúː アスキュー/ 副 形 斜めに[で]; 曲がって, ゆがんで

ask·ing /ǽskiŋ アスキング/ 動 ask の現在分詞・動名詞
— 名 U 請求; 依頼

ásking prìce 名 C 売り手の提示価格, 言い値

asks /ǽsks アスクス/ 動 ask の三人称単数現在形

a·sleep A2 高

/əslíːp アスリープ/ 形

❶ 眠って (❗名詞の前には用いない)

• The baby was **asleep**. 赤ちゃんは眠っていた

比較 a **sleeping** baby 眠っている赤ちゃん (❗名詞の前では sleeping を使う; ×an *asleep* baby としない)

• She was **fast** [**sound**] **asleep**. 彼女はぐっすり眠っていた

❷ (手足などが)しびれて

fall asleep 寝入る

• He **fell asleep** as soon as he went to bed. 彼は床につくとすぐに寝入った

派生 **sleep** 動 名

as·par·a·gus /əspǽrəgəs アスパラガス/ 名 U 《植物》アスパラガス

as·pect B1 高 /ǽspekt アスペクト/ 名 (複 **aspects** /ǽspekts アスペクツ/)

❶ C (事件・問題などの)様相, 局面, 側面

• You should consider the problem from a variety of **aspects**. その問題はあらゆる面から考察しなければならない

❷ C 外観; (建物などの)向き

as·pen /ǽspən アスペン/ 名 C 《植物》ハコヤナギ

Ás·per·ger's sỳn·drome /ǽspərgərz アスパガズ/ 名 U 《医学》アスペルガー症候群 (♦発達障害の一種)

as·per·sion /əspə́ːrʒən アスパージョン/ 名 U C 《文章》中傷, 悪口

as·phalt /ǽsfɔːlt アスフォールト/ (発音 アクセントに注意) 名 U アスファルト
— 動 他 アスファルトで舗装する

as·phyx·i·ate /æsfíksièit アスフィクスィエイト/ 動 《文章》他 窒息(ちっそく)(死)させる; 自 窒息(死)する

as·phyx·i·a·tion /æsfìksiéiʃən アスフィクスィエイション/ 名 U 《文章》窒息

as·pir·ant /ǽspərənt アスピラント/ 名 C 熱望する人, 野心家

as·pi·ra·tion B2 /æ̀spəréiʃən アスピレイション/ 名 U C 熱望, 野心, 大望 《*for, after, to do*》

as·pire B2 /əspáiər アスパイア/ 動 自 熱望する, 切望する 《*to, to do*》

as·pi·rin B1 /ǽspərən アスピリン/ 名 (複 **aspirins** /ǽspərənz/) U C アスピリン (♦鎮痛・解熱剤)

ass[1] /ǽs アス/ 名 C ❶ ばか者 ❷ 《古風》ロバ (❗donkey の方がふつう)

ass[2] /ǽs アス/ 名 C 《米》《卑語》尻

as·sail /əséil アセイル/ 動 他 《文章》激しく攻撃する; ひどく悩ませる

as·sail·ant /əséilənt アセイラント/ 名 C 攻撃者; 加害者

as·sas·sin /əsǽsən アサスィン/ 名 C 暗殺者

as·sas·si·nate /əsǽsənèit アサスィネイト/ 動 他 暗殺する

as·sas·si·na·tion /əsæ̀sənéiʃən アサスィネイション/ 名 U C 暗殺

as·sault B2 /əsɔ́ːlt アソールト/ 名 U C 〔…への〕襲撃, 強襲; 暴行 《*on*》
— 動 他 襲撃する; 暴行する

as·say /əséi アセイ/ 動 (三単現 **assays** /əséiz/; 過去・過分 **assayed** /əséid/; 現分 **assaying**) 他 (鉱石などを)試金する, 分析する

as·sem·blage /əsémblidʒ アセンブリヂ/ 名 《文章》C 集まり, 群がり; U 組み立て

as·sem·ble B2 /əsémbl アセンブル/ 動

❶ 他 集める; 自 集まる

• The company **assembled** several unemployed men. その会社は失業中の者を何名か集めた

❷ 他 (部品を集めて)組み立てる

• He **assembled** the machine by

a b c d e f g h i j k l m n o p q r s t u v w x y z

himself. 彼は自分の手でその機械を組み立てた

派生 **assembly** 名

as·sem·bler /əsémblər アセンブラ/ 名 C
❶ 組み立てる人, 組み立て工
❷《コンピュータ》アセンブラー《♦電算機プログラム》

as·sem·bly B2 /əsémbli アセンブリ/ 名 (複 **assemblies** /əsémbliz/)
❶ C (公式の)会合, 集会; 議会
• all-school **assembly** 全校集会
• the General **Assembly** of the United Nations 国連総会
• Every Monday we have morning **assembly** at 8:30. 毎週月曜日は8時半に朝礼があります
❷ U 組み立て
派生 **assemble** 動

assémbly lìne 名 C (工場の)流れ作業のライン

as·sent /əsént アセント/ 動 自 《文章》〔提案などに〕同意する, 賛成する《*to*》
— 名 U 《文章》同意, 賛成

as·sert B2 /əsə́ːrt アサート/ 動 他 〔…と〕断言する《*that* ...》; (権利などを)主張する
• He **asserted that** the theory was right. 彼はその理論が正しいと主張した
assert oneself 自己主張する

as·ser·tion /əsə́ːrʃən アサーション/ 名 U C 主張; 言明

as·ser·tive /əsə́ːrtiv アサーティヴ/ 形 独断的な, 断定的な
assértively 副 断定的に

as·sess B2 /əsés アセス/ 動 他 評価する, 査定する
• The damages were **assessed at** a high figure. 損害賠償金は高額に査定された
派生 **assessment** 名

as·sess·ment B2 /əsésmənt アセスメント/ 名 U 評価, 査定, アセスメント; U 査定額
• environmental **assessment** 環境アセスメント
派生 **assess** 動

as·ses·sor /əsésər アセサ/ 名 C 課税額査定員; 評価する人

as·set /ǽset アセト/ 名 C 〔…にとって〕価値のあるもの《*to*》; 《**assets**》(会社などの)資産; 役に立つもの, 強み
• Good health is a great **asset**. 健康は大きな財産です

as·sid·u·ous /əsídʒuəs アスィヂュアス/ 形 勤勉な, 熱心な
assíduously 副 勤勉に

as·sign B1 /əsáin アサイン/ 動 (三単現 **assigns** /əsáinz/; 過去・過分 **assigned** /əsáind/; 現分 **assigning**) 他
❶ 文型 [**assign A B = assign B to A**] A(人)にB(仕事など)を割り当てる, 課す
• Our teacher **assigned** us some homework. = Our teacher **assigned** some homework **to** us. 先生は私たちに宿題を出した
文型 [**assign A to B**] A(人)をB(仕事・職場など)に就かせる
文型 [**be assigned to A**] Aに配置[派遣]される
• They **assigned** him **to** a new job. 彼らは彼を新しい仕事に就かせた
❷ (期日を)指定する
派生 **assignment** 名

as·sign·ment B1 高 /əsáinmənt アサインメント/ 名 (複 **assignments** /əsáinmənts アサインメンツ/) C (割り当てられた)仕事, 任務; 《米》(学校の)宿題 (=homework)
• He worked very hard on his **assignments**. 彼は宿題を一生懸命やった
派生 **assignment** 名

as·sim·i·late /əsíməlèit アスィミレイト/ 動 他 消化する; 吸収する, 同化する; 自 吸収される

as·sim·i·la·tion /əsìməléiʃən アスィミレイション/ 名 U 消化, 吸収; 同化

as·sist B1 /əsíst アスィスト/ 動 (三単現 **assists** /əsísts アスィスツ/; 過去・過分 **assisted** /əsístəd/; 現分 **assisting**) 他 自
助ける, 手伝う (=help); 文型 [**assist A with B**] A(人)のB(仕事など)を手伝う

• The boss **assisted** the new worker **with** his job. 上司は新入社員が仕事をするのを手伝った

文型 [**assist A in *doing* = assist A to *do***] A(人)が…するのを助ける; 文型 [**assist in A**] A(仕事など)を助ける

— 名 (複 **assists** /əsísts アシスツ/) C 《スポーツ》アシスト

派生 **assistance** 名

as·sis·tance B1 /əsístəns アスィスタンス/ 名 U 助け, 助力, 援助 (=help)

• **give assistance to ...** …を支援する

• Can I **be of** any **assistance**? 何かお役にたてますか (=Can I help you?)

派生 **assist** 動

as·sis·tant A2

/əsístənt アスィスタント/ 形 補助の, 副…, 助…

• an **assistant** principal [《英》 headmaster] 副校長, 教頭

— 名 (複 **assistants** /əsístənts アスィスタンツ/) C 助手, アシスタント; 《英》店員 (=shop assistant)

as·so·ci·ate B1 高 /əsóuʃièit アソウシエイト/ 動 (三単現 **associates** /əsóuʃièits アソウシエイツ/; 過去·過分 **associated** /əsóuʃièitəd/; 現分 **associating**)

❶ 他 文型 [**associate A with B**] AでBを連想する, AとBを結び付けて考える

• New York is **associated with** the Statue of Liberty. ニューヨークといえば自由の女神を連想する

❷ 他 仲間に加える, 連合させる; 文型 [**be associated with A = associate *oneself* with A**] Aの仲間に加わる

— /əsóuʃiət アソウシエト/ (発音 動との違いに注意) 名 (複 **associates** /əsóuʃiəts アソウシエツ/) C (仕事上の)仲間, 同僚

— /əsóuʃiət アソウシエト/ 形 準…, 副…

• an **associate** professor 《米》准教授

派生 **association** 名

as·so·ci·at·ed /əsóuʃièitəd アソウシエイテド/ 形 連合の, 組合の

Assóciated Préss 名 《the をつけて》(米国の)AP通信社 (❗略 AP)

as·so·ci·a·tion A2 高

/əsòuʃiéiʃən アソウシエイション/ 名 (複 **associations** /əsòuʃiéiʃənz/)

❶ C 協会, 組合, 会

• the Young Men's Christian **Association** キリスト教青年会 (❗頭文字をとってY.M.C.A. と略す)

❷ U 連合, 提携; 交際

❸ U 連想; C 連想されるもの

派生 **associate** 動

assóciation fóotball 名 U 《英》サッカー (= soccer) (❗ soccer は as(soc)iation の soc をとってできた語) ⇨**football**

as·sort·ed /əsɔ́ːrtid アソーテド/ 形 詰め合わせの

as·sort·ment /əsɔ́ːrtmənt アソートメント/ 名 C 各種取り合わせたもの

as·sume B1 高 /əsjúːm アスューム/ 動 (三単現 **assumes** /əsjúːmz/; 過去·過分 **assumed** /əsjúːmd/; 現分 **assuming**)

他 ❶仮定する; 文型 [**assume (that) ...**] …と仮定する, …であると見なす

• We **assume** his guilt. = We **assume** him guilty. = We **assume that** he is guilty. 彼が有罪であると頭から決めてかかっている

❷ (任務·責任などを)引き受ける

• **assume** the responsibility of management 経営の責任を負う

❸ (態度などを)とる, 装う

• **assume** an air of innocence 潔白のふりをする

***assuming* (*that*) ...** …と仮定して

派生 **assumption** 名

as·sumed /əsjúːmd アスームド/ 形 推定の; 見せかけの; 偽りの

as·sump·tion B2 高 /əsʌ́mpʃən アサンプション/ 名 U C ❶ 仮定, 想定, 憶測

• on the **assumption** that ... …という前提に基づいて

a b c d e f g h i j k l m n o p q r s t u v w x y z

❷ (任務などを)引き受けること; (実権などを握ること)
派生 **assume** 動

as·sur·ance B2 /əʃúərəns アシュアランス/ 名 ❶ C 保証 ❷ U 確信, 自信; 落ち着き ❸ U 《英》保険 (=insurance)
派生 **assure** 動

as·sure B2 /əʃúər アシュア/ 動 他
❶ (人に)保証する, (確かだと)断言する; 確信させる
• He is innocent, I **assure** you. だいじょうぶ, 彼は確かに潔白です
文型 [**assure A (that)...**] A (人)に…と保証する; …と確信させる
• He **assured** me **that** he had locked all the doors. 彼は戸締まりは確かに全部したと私に断言した (×assure that ... としない)
文型 [**assure A of B**] A に B を保証する
❷ (成功などを)確実にする
派生 **assurance** 名

as·sured /əʃúərd アシュアド/ 形 自信のある; 保証された, 確実な
be* [*feel*] *assured of ... …を確信している

as·sur·ed·ly /əʃúərədli アシュアレドリ/ (発音 assured との違いに注意) 副 自信をもって; 確かに, 疑いなく

as·ter·isk /ǽstərìsk アスタリスク/ 名 C アステリスク, 星印 《✦*》

a·stern /əstə́ːrn アスターン/ 副 船尾に [へ]; 後方へ

as·ter·oid 高 /ǽstərɔ̀id アスタロイド/ 名 C 《天文》小惑星

asth·ma /ǽzmə アズマ/ 名 U 《医学》ぜんそく

asth·mat·ic /æzmǽtik アズマティク/ 形 《医学》ぜんそくの
— 名 C ぜんそく患者

a·stig·ma·tism /əstígmətìzm アスティグマティズム/ 名 U 乱視

as·ton·ish B2 /əstániʃ アスタニシュ/ 動 他 ひどく驚かせる, びっくりさせる;
文型 [**be astonished at** [**by**] **A**] A …にとても驚く; 文型 [**be astonished to** *do* [**that ...**]] …して[…ということに]とても驚く
• My father **was astonished to** *hear* the news. = My father **was astonished at** the news. 父はその知らせを聞いてとても驚いた

as·ton·ished B2 /əstániʃt アスタニシュト/ 形 びっくり(仰天)した

as·ton·ish·ing B2 /əstániʃiŋ アスタニシング/ 形 驚くべき, びっくりするような
astónishingly 副 驚いたことには

as·ton·ish·ment B2 /əstániʃmənt アスタニシュメント/ 名 U 大きな驚き, びっくりすること
• **to** my **astonishment** 私がとてもびっくりしたことには

as·tound /əstáund アスタウンド/ 動 他 びっくりさせる

as·tound·ing /əstáundiŋ アスタウンディング/ 形 びっくりさせるような

a·stray /əstréi アストレイ/ 形 副 (道などに)迷って; 正しい道からそれた
go astray 道に迷う
lead A astray A (人)を非行に走らせる

a·stride /əstráid アストライド/ 前 副 (…に)またがって

as·trin·gent /əstríndʒənt アストリンヂェント/ 名 U C (止血用の)収斂(れん)剤; アストリンゼン
— 形 収斂性の; 手厳しい, 辛らつな

astro- 《他の語と結びついて》「星の」「天体の」「宇宙の」

as·trol·o·ger /əstrálədʒər アストラロヂャ/ 名 C 星占い師, 占星(せんせい)術師

as·tro·log·i·cal /æ̀strəládʒikəl アストロラヂカル/ 形 星占いの, 占星(せんせい)術の

as·trol·o·gy /əstrálədʒi アストラロヂ/ 名 U 占星術, 占星学

as·tro·naut A2 高

/ǽstrənɔ̀ːt アストロノート/ 名 (複 **astronauts** /ǽstrənɔ̀ːts アストロノーツ/) C 宇宙飛行士
• become an **astronaut** 宇宙飛行士になる

as·tron·o·mer B1 /əstránəmər アストラノマ/ 名 (複 **astronomers** /əstránəmərz/) C 天文学者

as·tro·nom·i·cal /æstrənámikəl アストロナミカル/ 形 ❶天文学の
❷《口語》けたはずれな, 天文学的な

as·tron·o·my B2 /əstránəmi アストラノミ/ 名 U 天文学

as·tute /əstjúːt アステュート/ 形 機敏な; 抜け目のない
astútely 副 機敏に; 抜け目なく

a·sun·der /əsʌ́ndər アサンダ/ 副 《文章》ばらばらに; 離れ離れに

a·sy·lum /əsáiləm アサイラム/ 名
❶ U (亡命者などの)保護
❷ C 保護施設; 《古風》精神病院

asýlum sèeker 名 C (政治)亡命希望者

at A1 中

/ət アト; 《強》ǽt アト/ 前

共通イメージ 広い範囲の中の一点

❶《場所》(一点を指して)…に, …で; …の所あたりで; …に所属する, …の; 《米》(電話番号)で, …にかければ

- My father is not **at home**; he is **at work**. ⇨フォーカス 6 8 父はうちにはいません, 仕事に行っています
- the store **at** the corner 角の店 (←角にある)
- stay **at** a hotel ホテルに泊まる
- I am a student **at** this school. 私はこの学校の学生です
- My parents sat **at** each end of the table. 両親はテーブルの両端の席に座った
- The thief entered **at** this back door. どろぼうはこの裏口から入ったのだ (❗入った地点を言う, この at はおもに《英》; 《米》では by または through を使う)

> 使い方› 場所を示すときの **at**, **in**
> **at** は広い場所の中のある地点やせまい場所に使う:
> wait **at** the station 駅で待つ (❗地図上で駅を点としてとらえている)
> We stopped **at** Tokyo on the way to Narita. 成田へ行く途中東京に立ち寄った (❗Tokyo を立ち寄った「地点」としてとらえている)
> **in** はある程度広くて境界がある(と感じられる)場所に使う:
> She lives **in** Tokyo. 彼女は東京に住んでいる (❗Tokyo という領域の中(のどこか)に住んでいる)

❷《時間》(時間の流れの一点, または短い期間を指して)…に

- **at** the start of the year 今年[その年]の始めに(は)
- **at the end of** this month 今月末には
- **at** some point (未来の)いつか(は); (過去の)ある時点で
- School begins **at** eight (o'clock). 学校は8時に[8時から]始まる《◆始まる時点は一瞬なので ×begins from としない. from は一定の長さがある時間の始まりを示す》
- He died **at** (the age of) 80. 彼は80歳で死んだ
- **at** night 夜に

> 使い方› 時間を示すときの **at**, **on**, **in**
> **at** は時刻など時間の流れの中の一点, または短い期間に使う:
> **at** six (o'clock) 6時に
> **at** Christmas クリスマスに
> **on** は曜日, 日付などに使う:
> **on** Monday 月曜日に
> **on** March 3 3月3日に
> 特定の日の午前[午後, 晩, 夜]にも **on** を使う:
> **on** Saturday morning [afternoon, evening, night] 土曜の午前[午後, 晩, 夜]に ⇨**this, last**[1]
> **in** は月, 年, 季節など比較的長い期間に使う. 日にちや曜日を指定しない午前や午後にも使う:
> **in** May [spring] 5月[春]に
> **in** 2014 2014年に
> **in** the morning [afternoon, evening] 午前[午後, 晩]に (❗「夜に」は at night で ×in the night)

❸《ねらい・対象》…に向かって, …をめがけて

- **look at** the moon 月を見る (←月の方を見る)

at

A1 前

中 /ət アト; ((強)) ǽt アト/

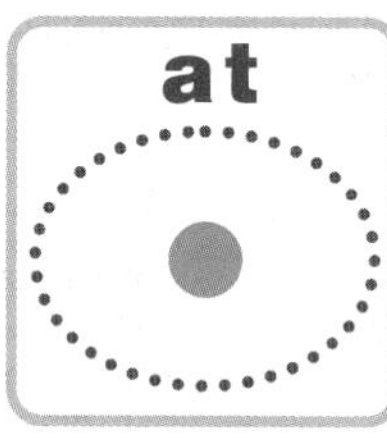

共通イメージ

広い範囲の中の一点

❶((場所)) ❻((活動))
…で

at home

ある場所に向かう

❸((ねらい・対象))
…に向かって

smile at a child

時間の流れの中のある点

❷((時間))…に
❺((感情・行動の理由))
…を聞いて, 見て
(できごとが起きたときに感情・行動が生じたと考える)

at the start of the year

ある尺度上の1点

❹((値段・程度・割合・速度など)) …で

at a low price

いろいろなことがらのうちのどれか

❼ …の点において

be good at tennis

意味マップ

前 ❶ ((場所))…に, …で
❷ ((時間))…に
❸ ((ねらい・対象))…に向かって
❹ ((値段・程度・割合・速度など))…で
❺ ((感情・行動の理由))…を聞いて, …を見て
❻ ((活動))…していて
❼ …の点において

使えるコーパスフレーズ

at＋時間の表現

1 **at the same time** 同時に, 一方で
2 **at the time of ...** …の時に[は, には]
3 **at that [the] time** 当時は
4 **at the moment** 現在
5 **at the end [beginning]** 最後[最初]に[は, には]

at＋場所を表す名詞

6 **at home** 家で
7 **at school** 学校で, 授業中で
8 **at work** 職場で, 仕事中で
9 **at hand** 近くに
10 **at university [college]** 大学で

- laugh **at** him 彼をあざ笑う (←彼の方を見て笑う)
- smile **at** a child 子どもにほほえみかける
- He threw an egg **at** the governor. 彼は知事に卵を投げつけた

❹《値段・程度・割合・速度など》…で

- I bought this digital camera **at** a low price. 私はこのデジカメを安い値段で買った
- She bought two books **at** five dollars each. 彼女は2冊の本をそれぞれ[1冊]5ドルで買った (!「1つにつき…で」のときは at を使い, 単に金額だけのときは for を使う)
- The car took off **at** full speed. その車はフルスピードで逃げ去った

❺《感情・行動の理由》**…を聞いて, …を見て, …に接して**

- We were surprised **at** the news [the sight]. 私たちはその知らせを聞いて[光景を見て]驚いた
- The birds flew away **at** the sound. その音で鳥たちは飛び去った

❻《活動》(ある場所にいて) **…していて, …に従事して, …中で** (! at の次に来る語が場所やものの場合は, その場所で[そのものを使って]通常行う行為・動作をしているという意味になる. この場合は a や the をつけないことが多い)

- be **at** (the) table 食卓についている, 食事中である
- The children were **at school** then. ⇨フォーカス 7 その時子どもたちは学校にいた[授業中だった]

❼ **…の点において, …に関して(は)**

- Ken is **good** [poor] **at** tennis. ケンはテニス(をするの)がうまい[へただ]
- She is a genius **at** finding ways to save time. 彼女は時間を節約する方法を見つける天才です (! at の次に動詞を使う場合は動名詞にする)

at all 少しも(…ない), 少しでも ⇨**all** 代 (成句)

at a time 一度に; 続けて ⇨**time** 名 (成句)

at first 最初は; 初めのうちは ⇨**first** 名 (成句)

at last 最後には; ついに ⇨**last**[1] 名 (成句)

at least 少なくとも ⇨**least** 代 (成句)

at (*one's*) ***best*** 最高の状態で ⇨**best** 名 (成句)

at (***the***) ***most*** 多くとも, せいぜい

at once ただちに, すぐに; 一度に ⇨**once** 名 (成句)

at the same time ⇨フォーカス 1 同時に ⇨❷; しかし一方で ⇨**same** 形 (成句)

at this point この点で ⇨❼; この時点で ⇨❷

a·tchoo /ətʃúː アチュー/ 間 ハクション (◆くしゃみの音)

ate /éit エイト | ét エト/ (発音 《英》でも /エイト/ の発音が多くなってきている) 動 eat の過去形

a·the·ism /éiθiizm エイスィイズム/ 名 U 無神論

a·the·ist /éiθiəst エイスィイスト/ 名 C 無神論者

a·the·is·tic /èiθiístik エイスィイスティク/ 形 無神論の, 無神論者の

Ath·ens /ǽθinz アセンズ/ 名 アテネ (◆ギリシャの首都)

ath·lete A2 中

/ǽθliːt アスリート/ (発音 アクセントに注意)

名 (複 **athletes** /ǽθliːts アスリーツ/) C 運動選手, スポーツマン; 《英》陸上選手

- become a professional **athlete** プロの運動選手になる

派生 **athletic** 形

áthlete's fóot 名 U 水虫

ath·let·ic B1 /æθlétik アスレティク/ 形

❶ **運動選手らしい; 強健な**

- an **athletic** build きたえあげられた身体

❷ **運動競技の** (! この意味では比較変化なし) • an **athletic** meet [meeting] 陸上競技大会

派生 **athlete** 名

ath·let·ics B2 /æθlétiks アスレティクス/ 名

❶《ふつう複数扱い》運動競技, スポーツ

a b c d e f g h i j k l m n o p q r s t u v w x y z

(=sports);《英》陸上競技
❷《ふつう単数扱い》(教科としての)体育

-ation 接尾 「行為」「状態」「結果」(❗名詞)

a·ti·shoo /ətíʃuː アティシュー/ 間 《英》(=atchoo)

At·lan·ta /ətlǽntə アトランタ/ 名 アトランタ《◆米国ジョージア州 (Georgia) の州都》

At·lan·tic B1 高 /ətlǽntik アトランティク/ 名《**the Atlantic**》大西洋 (=the Atlantic Ocean)
— 形 大西洋の; 大西洋岸の

Atlántic Ócean 名《**the** をつけて》大西洋 ⇨**Pacific Ocean**

At·lan·tis /ətlǽntis アトランティス/ 名 アトランティス島[大陸]《◆大昔大西洋にあったとされる伝説上の陸地》

At·las /ǽtləs アトラス/ 名 《ギリシャ神話》アトラス《◆大力無双の巨人》

at·las /ǽtləs アトラス/ 名 C 地図帳《◆1枚1枚の地図 (map) を集めて1冊にしたもの》

ATM /éitìːém エイティーエム/ 名 C 《米》現金自動預払機 (❗automated teller machine の略)

at·mos·phere B1 高 /ǽtməsfìər アトモスフィア/ 名 (複 **atmospheres** /ǽtməsfìərz/) ❶ U C 雰囲気(ふんいき)
• a relaxed [family, tense] **atmosphere** くつろいだ[家庭的な, 張りつめた]雰囲気
• The restaurant had a friendly **atmosphere**. そのレストランは親しみやすい雰囲気だった
❷《**the atmosphere**》大気 (❗地球を取り巻く空気層)
• **The atmosphere** is getting more and more polluted. 大気はますます汚れてきている
❸ C (ある場所の)空気
• the damp **atmosphere** of the cellar 地下室のしめっぽい空気
日英比較 周囲[場所]の「雰囲気(ムード)」で,「人の雰囲気」は air

at·mos·pher·ic /ætməsférik アトモスフェリク/ 形 大気の; 空気の

at·om A2

/ǽtəm アトム/ 名 (複 **atoms** /ǽtəmz/) C 原子
• a hydrogen **atom** 水素原子

átom bómb 名 (=atomic bomb)

a·tom·ic B1 高 /ətámik アタミク | ətɔ́mik アトミク/ 形 (❗比較変化なし) 原子の; 原子力の
• an **atomic** submarine 原子力潜水艦

atómic bómb 名 C 原子爆弾(ばくだん) (=atom bomb, A-bomb)

atómic énergy 名 U 原子力

a·tone /ətóun アトウン/ 動 自 〔罪・過ちなどを〕償(つぐな)う《*for*》

a·tone·ment /ətóunmənt アトウンメント/ 名 U ❶〔罪などの〕償(つぐな)い《*for*》
❷《**the Atonement**》《キリスト教》(キリストの)贖罪(しょくざい)

a·top /ətáp アタプ/ 前 《米》…の上に

at·o·py /ǽtəpi アトピ/ 名 U 《医学》アトピー

a·tro·cious /ətróuʃəs アトロウシャス/ 形 極悪な, 残虐な;《口語》ひどい, とても悪い **atróciously** 副 残虐に;《口語》ひどく

a·troc·i·ty /ətrásiti アトラスィティ/ 名 (複 **atrocities** /ətrásitiz/) U 極悪さ, 残虐さ; C 残虐行為

at·tach B1 高 /ətǽtʃ アタチ/ 動 (三単現 **attaches** /ətǽtʃəz/; 過去・過分 **attached** /ətǽtʃt/; 現分 **attaching**) 他
❶ 付ける, 取り付ける, はり付ける; 文型 [**attach A to B**] AをBに付ける
• **attach** a chain **to** a dog's collar 犬の首輪にくさりを付ける
• **attach** a photograph **to** the application form 申し込み書に写真をはる
❷ Eメールにファイルを添付する; 手紙に文書を添付する
• an **attached** file 添付ファイル
• I don't know how to **attach** files **to** e-mail messages. Eメールにファイルを添付する方法がわかりません

❸ (価値・意味などを)〔…に〕認める《*to*》; 重きを置く • I didn't **attach** so much importance **to** this problem. 私はこの問題には重きを置かなかった

❹ 愛着をもたせる

be attached to ... …に愛着をもつ

• The captain **is** very [deeply] **attached to** his ship. 船長は自分の船にとても強い愛着をもっている

at·ta·ché /ætəʃéi アタシェイ/ 名 C 《フランス語》大使[公使]館員, (大使・公使の)随行員

attaché case /ætəʃéi kèis アタシェイ ケイス/ 名 C 書類かばん, アタッシェケース

at·tach·ment B1 /ətætʃmənt アタチメント/ 名 (複 **attachments** /ətætʃmənts アタチメンツ/) ❶ U C 愛着

❷ U 取り付け; C 付属品

❸ C (Eメールの)添付ファイル

at·tack A2 高

/ətæk アタク/ 動 (三単現 **attacks** /ətæks/; 過去・過分 **attacked** /ətækt/; 現分 **attacking**) ❶ 他 自 攻撃する, おそう (↔ **defend**)

• The army **attacked** the enemy during the night. 軍隊は夜の間に敵を攻撃した

❷ 他 (政策などをことばで)攻撃する, 〔…のことで〕非難する《*for*》

• His speech was severely **attacked** in the newspaper. 彼の演説は新聞で厳しく非難された

❸ 他 (病気が)おそう, おかす

❹ (サッカーの試合などで)相手チームを攻撃する

— 名 (複 **attacks** /ətæks/)

❶ U C (暴力による)攻撃 (↔**defense**)

• We **made an attack on** the enemy during the night. われわれは敵に夜襲をかけた (= We **attacked** the enemy during the night.)

❷ (ことばによる)攻撃, 非難

• He made a vicious **attack** on my policies. 彼は私のやり方について卑劣な攻撃をした

❸ C (病気の)発作(ほっさ), 発病

• He had a heart **attack** at age 45. 彼は45歳で心臓発作をおこした

❹ (球技などの試合における)攻撃

at·tack·er /ətækər アタカ/ 名 C 攻撃者; 《スポーツ》アタッカー

at·tain B1 /ətéin アテイン/ 動 (三単現 **attains** /ətéinz/; 過去・過分 **attained** /ətéind/; 現分 **attaining**) 他 《文章》(努力して)成しとげる, 達成する (= achieve); (年齢などに)達する, 到達する

• **attain** a goal 目標を達成する

at·tain·a·ble B2 /ətéinəbl アテイナブル/ 形 達成できる, やり遂げられる

at·tain·ment B2 /ətéinmənt アテインメント/ 名 U 達成; 到達; C 《ふつう **attainments**》学識, 技芸

at·tempt A2 高

/ətémpt アテンプト/

名 (複 **attempts** /ətémpts アテンプツ/) C 〔…しようとする〕試み, 企て, 努力《*to do, at*》

• the first **attempt** 初めての試み

• a failed [vain] **attempt** 失敗した[むだな]試み

• **make an attempt to** fly 飛ぼうと試みる

in an attempt to do …しようとして

• He lost his property **in an attempt to** maintain his company. 彼は会社を維持しようとして財産を失った

— 動 (三単現 **attempts** /ətémpts アテンプツ/; 過去・過分 **attempted** /ətémptəd/; 現分 **attempting**) 他 試みる, 企てる

• The last question was very difficult and I didn't even **attempt** it. 最後の問題はとても難しくて私はやってみようともしなかった

文型 [**attempt to** *do*] …しようとする, …することを試みる

• My mother **attempted to** *divorce*. 母は離婚しようとした

a b c d e f g h i j k l m n o p q r s t u v w x y z

at·tend B1 高 /əténd アテンド/ 動 (三単現 **attends** /əténdz アテンヅ/; 過去・過分 **attended** /əténdəd/; 現分 **attending**)
❶ 他自 出席する，(会合などに)出る
- **attend** a meeting 集会[会議]に出る
- I couldn't **attend** yesterday's meeting. 私は昨日のミーティングに出席できなかった (❗「…に出席する，出る」というときは「attend＋目的語」で to や at は不要)

❷ 他 (…に)行く，通う (=go (to))
- I **attended** a boarding school. 私は全寮制の学校へ通った

attend to ... …に注意を払う (=pay attention to); …に専念する; …の世話をする，…の看護をする; …を一生懸命する[聞く]
- Since it's difficult for him, I'll **attend to** it. それは彼には難しいでしょうから私が引き受けましょう
- The doctor **attended to** her sick child all night. 医者が一晩中彼女の病気の子どもにつきそった

派生 **attendance, attention** 名
派生 **attendant** 名 形

at·tend·ance B2 /əténdəns アテンダンス/ 名 ❶ U C 出席者数，観客数
❷ U C 出席，(…に)行くこと
❸ U つきそい
派生 **attend** 動

at·tend·ant 高 /əténdənt アテンダント/ 名 C サービス係，係員; 付き添い人，お供 ⇨**flight attendant**
— 形 お供の 派生 **attend** 動

at·ten·tion A2 中
/ətén∫ən アテンション/
名 (複 **attentions** /ətén∫ənz/)
❶ U 注意，注意力; 関心; 気づくこと，注目
- May I have your **attention, please?** お客さまにご案内申しあげます(みなさんご注目願います) (❗空港，駅，デパートや集会，会議で大勢の人の注意を集める時に)
- The magician **had** the children's **attention**. マジシャンは子どもたちの注目を集めていた

❷ U 世話，配慮; 手当て; C《ふつう attentions》思いやり，心づかい
- Thank you for your **attention**. ご配慮いただきありがとうございます (❗商用文などで使われる)

attract [***get***] *A's* ***attention*** A(人)の注意を引く

draw [***bring***] (*A's*) ***attention to*** *B* (A(人)の)注意をBに向ける

give *A one's* (***full***) ***attention*** Aに(細心の)注意を払う

pay attention (***to ...***) (…に)注意を払う
- You should **pay** more **attention to** what he says. 君は彼の言うことにもっと注意を払うべきだ

派生 **attend** 動

atténtion dèficit hyperactìvity disòrder /hàipəræktívəti ハイパラクティヴィティ/ 名 U 《医学》注意欠陥多動性障害 (❗ADHDと略す)

at·ten·tive B2 /əténtiv アテンティヴ/ 形
❶ よく注意を払って(いる)，注意深い，人の話をよく聞く
❷ よく気を使う，思いやりのある
atténtively B2 副 注意深く
atténtiveness 名 注意深さ

at·test /ətést アテスト/ 動 他自 《文章》(真実であると)証明する

at·tic /ǽtik アティク/ 名 C 屋根裏，屋根裏部屋

at·tire /ətáiər アタイア/ 名 U 《文章》衣装，服装

at·ti·tude A2 高
/ǽtətjù:d アティテュード/ 名 (複 **attitudes** /ǽtətjù:dz アティテューヅ/) C
〔…に対する〕態度，心構え; 考え方，見方，見解《*to, toward*》
- You should change your **attitude to** women. 君は女性に対する態度を改めるべきだ

コロケーション
形＋**attitude**
(take, have) a flexible *attitude* 柔軟な態度(をとる)

a negative *attitude* 消極的な態度
a positive *attitude* 積極的な態度

at·tor·ney /ətə́:rni アターニ/ (発音 -tor- は /tə:r ター/ と発音する) 名 (複 **attorneys** /ətə́:rniz/) C 《米》弁護士 (=lawyer); 検事; 《英》法定代理人

attórney géneral 名 (複 **attorneys general**) C 《米》(州などの)法務長官; 《**Attorney General**》(連邦政府の)司法長官

at·tract B1 高 /ətrǽkt アトラクト/ 動 (三単現 **attracts** /ətrǽkts アトラクツ/; 過去・過分 **attracted** /ətrǽktəd/; 現分 **attracting**) 他 ❶ (人・人の注意などを)引きつける, 魅了する
- New York **attracts** millions of tourists every year. ニューヨークは毎年何百万もの観光客を引きつける
- I was **attracted by** her beauty. 私は彼女の美しさに引きこまれてしまった

❷ (物を)引き寄せる (=draw)
- A magnet **attracts** nails. 磁石(じしゃく)はくぎを引きつける

be attracted to *A* Aに引かれている, 魅了される (❗Aは人)
- She was **attracted to** him because he was interesting. 彼女は彼がとてもおもしろいので魅了された

attract *A's* ***attention*** Aの注目, 注意を引く
- I waved my scarf to **attract her attention**. 私は彼女の注意を引くようスカーフを振った

派生 **attraction** 名
派生 **attractive** 形

at·trac·tion B1 高 /ətrǽkʃən アトラクション/ 名 (複 **attractions** /ətrǽkʃənz/) ❶ U 魅力; C (人をひきつける)呼び物, 名物, アトラクション
- a tourist **attraction** 観光名所

❷ U 引きつけること[力]; 引力
派生 **attract** 動; 派生 **attractive** 形

at·trac·tive A2 高

/ətrǽktiv アトラクティヴ/ 形 〔…にとって〕魅力的な; 人を引きつける 《*to*》 (↔**unattractive**)
- Your suggestion sounds **attractive**. 君の案はなかなか魅力的だ
- Kyoto is very **attractive to** foreign tourists. 京都は外国人旅行者をとても引きつける

派生 **attract** 動; 派生 **attraction** 名
attráctively 副 魅力的に; 引きつけるように
attráctiveness B2 名 U 魅力のあること

at·trib·ut·a·ble /ətríbjətəbl アトリビュタブル/ 形 〔…の〕せいと考えられる, 〔…に〕原因があるとする 《*to*》

at·trib·ute B2 /ətríbju:t アトリビュート/ 動 他 文型 [**attribute A to B**] AをBに帰する; AをBのせいにする
be attributed to ... …の作と考えられている
— /ǽtrəbjù:t アトリビュート/ 名 C 特質, 属性

at·tri·tion /ətríʃən アトリション/ 名 U 摩滅; 消耗(しょうもう)

au·burn /ɔ́:bərn オーバン/ 形 (髪が)赤茶色の

Auck·land /ɔ́:klənd オークランド/ 名 オークランド 《◆ニュージーランド北部の都市》

auc·tion /ɔ́:kʃən オークション/ 名 C せり売り, 競売
— 動 他 せりで売り払う 《*off*》

auc·tion·eer /ɔ̀:kʃəníər オークショニア/ 名 C 競売人

au·da·cious /ɔ:déiʃəs オーデイシャス/ 形 大胆な; 厚かましい

au·dac·i·ty /ɔ:dǽsəti オーダスィティ/ 名 U 大胆さ; 厚かましさ

au·di·ble /ɔ́:dəbl オーディブル/ 形 聞こえる, 聞き取れる
áudibly 副 聞こえるように

au·di·ence A2 高

/ɔ́:diəns オーディエンス/ 名 (複 **audiences** /ɔ́:diənsəz/) ❶ C 《集合的》聴衆, 観客; (ラジオ・テレビの)視聴(しちょう)者
- There was a **large** [**small**] **audience** in the theater. 劇場には多数[少数]の観客

a b c d e f g h i j k l m n o p q r s t u v w x y z

がいた (❗観客をひとかたまりと考えて単数扱い) • The **audience** was [were] mostly foreigners. 聴衆はほとんど外国人だった (❗聴衆の個々の人を考えて特に《英》では複数扱い)

似ている単語

観客ーaudience と spectator

audience は演劇, 映画, コンサートなどの「観客, 聴衆」, **spectator** はスポーツの試合などの「観客, 見物人」:

a large **audience** at the concert コンサートの大聴衆

many **spectators** at a football match サッカーの大観衆

(❗audience は集合的に用い, ×many audiences といわないが, spectator は個々の人をさす. なお audiences のように複数形になる場合は複数の場所[場合]の聴衆を表す)

❷ U C (要人との)会見, 謁見(えっけん)

au·di·o A2

/ɔ́:diòu オーディオウ/ 形

音の, オーディオの

• an **audio** book オーディオブック(本の内容を音声にして録音したもの)

ー 名 (複 **audios** /ɔ́:diòuz/) U C

オーディオ; (テレビの)音声部

au·di·o·vis·u·al, au·di·o-vis·u·al /ɔ̀:diouvíʒuəl オーディオウヴィジュアル/ 形 視聴覚の

au·dit B2 /ɔ́:dət オーディト/ 名 C 会計検査 ー 動 他 会計検査をする; 《米》(大学の講義を)聴講する

au·di·tion B2 /ɔ:díʃən オーディション/ 名 U 聴力, 聴覚; C (俳優・歌手などの)オーディション

ー 動 他 オーディションをする; 自 オーディションを受ける

au·dit·or /ɔ́:ditər オーディタ/ 名 C 会計検査官, 監査役; 《米》(大学の)聴講生

au·di·to·ri·um /ɔ̀:dətɔ́:riəm オーディトーリアム/ 名 (複 **auditoriums** /ɔ̀:dətɔ́:riəmz/, **auditoria** /ɔ̀:dətɔ́:riə/) C

❶ 講堂, 公会堂, 大ホール

❷ (劇場などの)観客席

au·di·to·ry /ɔ́:dətɔ̀:ri オーディトーリ/ 形 耳の, 聴覚の

Aug. 《略》 August 8月

aug·ment /ɔ:gmént オーグメント/ 動 《文章》 他 増大[増加]させる

Au·gust A1 中

/ɔ́:gəst オーガスト/ 名 U C

8月 (❗Aug. と略す; 詳しい用法は June を参照)

• I was born **in August** 2003. 私は2003年8月に生まれました

• I was born **on August** 10. 私は8月10日に生まれました (❗on+日付)

au·gust /ɔ:gʌ́st オーガスト/ 形 《文章》 威厳(いげん)のある, 堂々とした

Auld Lang Syne /ɔ́:ld læ̀ŋ sáin オールド ラング サイン/ 名 オールド・ラング・サイン (♦「ほたるの光」の曲)

aunt A1 中

/ǽnt アント | ɑ́:nt アーント/

名 (複 **aunts** /ǽnts アンツ/) C

❶ おば (♦父または母の姉[妹], あるいはおじ (uncle) の妻) (❗Aunt Polly「ポリーおばさん」のように名前の前に付けたり, 「おばさん!」という呼びかけにも使う)

❷ おばさん (❗血縁関係はないが親しい年配の女性に対して使う)

au pair /òu péər オウペア/ 名 (複 **au pairs** /òu pέərz/) C オーペア (♦外国語習得の目的で, 外国の家庭に住み込んで家事を手伝う人)

au·ra /ɔ́:rə オーラ/ 名 C (人・場所から発散する)独特の雰囲気(ふんいき), オーラ

au·ral /ɔ́:rəl オーラル/ 形 聴覚の; 聴力の

au·ro·ra /ɔ:rɔ́:rə オーローラ/ 名 C オーロラ, 極光(きょっこう)

Ausch·witz /áuʃvits アウシュヴィッ/ 名 アウシュビッツ (♦ポーランド南西部の都市; ナチスの強制収容所があった)

aus·pic·es /ɔ́:spəsəz オースピスィズ/ 名 《複数扱い》《文章》 保護

under the auspices of... …の援助[後援]で

aus·pi·cious /ɔ:spíʃəs オースピシャス/ 形

《文章》さい先のよい; 幸運な

Aus·sie /ɔ́:si オースィ/ 名 C 《口語》オーストラリア人 ━形《口語》オーストラリアの (=Australian)

aus·tere /ɔ:stíər オースティア/ 形
❶ (人・態度などが)厳しい, 厳格な
❷ (生活などが)質素な; 耐乏(たいぼう)の; (様式などが)簡素な

aus·ter·i·ty /ɔ:stérəti オーステリティ/ 名 U 耐乏(たいぼう)生活, 厳しさ

Aus·tral·ia 中 /ɔ:stréiljə オーストレイリャ/ 名 オーストラリア (♦イギリス連邦に属する国; 首都キャンベラ (Canberra); 公用語は英語)
語源 ラテン語で「南の土地 (=the Southern Land)」から
派生 Australian 形 名

Aus·tral·ian /ɔ:stréiljən オーストレイリャン/ 形 オーストラリアの, オーストラリア人の
━名 C オーストラリア人
派生 Australia 名

Aus·tri·a /ɔ́:striə オーストリア/ 名 オーストリア (♦ヨーロッパ中部の共和国; 首都ウイーン (Vienna); 公用語はドイツ語)

Aus·tri·an /ɔ́:striən オーストリアン/ 形 オーストリアの, オーストリア人の
━名 C オーストリア人

au·then·tic /ɔ:θéntik オーセンティク/ 形 正真正銘の, 本物の (=genuine); 根拠のある

au·then·ti·ca·tion /ɔ:θèntəkéiʃən オーセンティケイション/ 名 U 認証, (本物であることの)証明

au·then·tic·i·ty /ɔ̀:θəntísəti オーセンティスィティ/ 名 U 本物であること, 確実性

au·thor A2 高

/ɔ́:θər オーサ/ 名 (複 **authors** /ɔ́:θərz/) C
❶ 著者, 作者, 作家
• a best-selling **author** ベストセラー作家
• Who is your favorite **author**? 好きな作家はだれですか
❷ (物事の)創始者

au·thor·i·tar·i·an /ɔ:θɔ̀:rətéəriən オーソーリテアリアン/ 形 権威主義の, 独裁的な
━名 C 権威[独裁]主義者

au·thor·i·ta·tive B2 /əθɔ́:rətèitiv アソーリテイティヴ/ 形 (書物などが)信頼できる, 権威ある; き然とした, 命令的な
authóritàtively 副 権威をもって; 命令的に

au·thor·i·ty B1 /əθɔ́:rəti アソーリティ | ɔ:θɔ́rəti オーソリティ/ 名 (複 **authorities** /əθɔ́:rətiz/) ❶ U 〔…に対する〕権威 《*over, with*》; 〔…する〕権限 《*to do*》
• have **authority over** [**with**] *one's* children わが子に対して権威をもつ
❷ C 《ふつう **the authorities**》 当局(者) (♦事を処理する権限を持っている人[所])
• the city **authorities** 市当局
• the local **authorities** 地方自治体
• the proper **authorities** 関係当局
❸ C 〔…の〕権威者, 大家 《*on*》; (知識などの)よりどころ
• an **authority on** Japanese history 日本史の大家
派生 authorize 動

au·thor·i·za·tion /ɔ̀:θərəzéiʃən オーソリゼイション/ 名 U 委任, 認可; C 委任状

au·thor·ize B2 /ɔ́:θəràiz オーソライズ/ 動 他 〔…する〕権限を与える 《*to do*》; 正式に許可をする 派生 authority 名

au·thor·ized /ɔ́:θəràizd オーソライズド/ 形 権限を与えられた; 許可された, 公認の

Áuthorized Vérsion 名 《**the** をつけて》 欽定(きんてい)訳聖書 (♦1611年に発行された英訳聖書)

au·thor·ship /ɔ́:θərʃip オーサシプ/ 名 U 著者[作者]であること; 著述業

au·tism /ɔ́:tizm オーティズム/ 名 U 《医学》 自閉症

au·to /ɔ́:tou オートウ/ 名 (複 **autos** /ɔ́:touz/) C 《米》《口語》自動車 (! automobile を短くした語)

auto- 《他の語と結びついて》「自身の」「自己の」
• **auto**biography 自叙伝

au·to·bi·o·graph·i·cal /ɔ̀:təbàiəgrǽfikəl オートバイオグラフィカル/ 形 自叙伝の; 自伝風の

A B C D E F G H I J K L M N O P Q R S T U V W X Y Z

au·to·bi·og·ra·phy /ɔ̀:təbaiɑ́grəfi オートバイアグラフィ/ 名 (複 **autobiographies** /ɔ̀:təbaiɑ́grəfiz/) C 自伝, 自叙伝

au·toc·ra·cy /ɔ:tɑ́krəsi オータクラスィ/ 名 (複 **autocracies** /ɔ:tɑ́krəsiz/) U 独裁政治; C 独裁主義国

au·to·crat /ɔ́:təkræ̀t オータクラト/ 名 C 独裁者, 専制君主; 独裁的な人

au·to·crat·ic /ɔ̀:təkrǽtik オートクラティク/ 形 独裁の, 専制の; 独裁的な

au·to·graph 高 /ɔ́:təgræ̀f オートグラフ/ 名 C 自筆の署名; (有名人の)サイン (×sign といわない) ⇨**sign** 注意

— 動 他 サインする

au·to·mat /ɔ́:təmæ̀t オートマト/ 名 C 《米》《商標》自動販売式レストラン

au·to·mate /ɔ́:təmèit オートメイト/ 動 他 (工場・機械などを)自動化する, オートメーション化する

au·to·mat·ed /ɔ́:təmèitəd オートメイテド/ 形 オートメーション化された, 自動の

áutomated téller machìne 名 C 《米》(銀行の)現金自動預払機 (=cash machine) (❗略ATM)

au·to·mat·ic A2 高

/ɔ̀:təmǽtik オートマティク/ 形

❶ 自動(式)の; (処遇などが)自動的に適用されて

• an **automatic** door 自動ドア

❷ (動作などが)無意識の, 機械的な

— 名 (複 **automatics** /ɔ̀:təmǽtiks/) C 自動けん銃[ライフル]; オートマティック車

au·to·mat·i·cal·ly

A2 /ɔ̀:təmǽtikəli オートマティカリ/ 副

❶ 自動的に

• This computer turns off **automatically**. このコンピュータは自動的に電源が切れます

❷ 無意識に, 機械的に

áutomatic pílot 名 C (航空機の)自動操縦装置

áutomatic transmíssion 名 C (自動車の)自動変速装置, オートマ

au·to·ma·tion /ɔ̀:təméiʃən オートメイション/ 名 U 自動化, 自動操作(そうさ), オートメーション

au·to·mo·bile /ɔ̀:təməbí:l オートモビール, ⌐---⌐/ 名 C 《米》自動車 (=《英》motorcar) (❗一般には英米ともに car という); 《形容詞的》自動車の

日英比較 「自動車」を表すが, 通常トラック, バスは含まず, automobiles, trucks, and buses などという

au·to·mo·tive /ɔ̀:təmóutiv オートモウティヴ/ 形 自動車の

au·ton·o·mous /ɔ:tɑ́nəməs オータノマス/ 形 自治の, 自治権のある

au·ton·o·my /ɔ:tɑ́nəmi オータノミ/ 名 (複 **autonomies** /ɔ:tɑ́nəmiz/) U 自治, 自治権; C 自治体

au·top·sy /ɔ́:tɑpsi オータプスィ/ 名 (複 **autopsies** /ɔ́:tɑpsiz/) C 検死, 検死解剖

au·tumn A1 中

/ɔ́:təm オータム/

名 (複 **autumns** /ɔ́:təmz/)

❶ U C 秋 (❗米国ではふつう fall という; 詳しい用法は spring を参照)

• **In** (the) **autumn** leaves turn red and yellow. 秋には木の葉が赤や黄に色づく

❷ 《形容詞的》秋の

au·tum·nal /ɔ:tʌ́mnəl オータムナル/ 形 秋の; 秋のような

autùmnal équinox 名 《**the** をつけて》秋分 (↔**vernal equinox**)

aux·il·ia·ry B1 /ɔ:gzíljəri オーグズィリャリ/ 形 (装置などが)補助の, 予備の; 援助する (❗名詞の前に用いる)

— 名 (複 **auxiliaries** /ɔ:gzíljəriz/) C 補助する人, 助手; 補助装置; 援軍; 《文法》助動詞 (=auxiliary verb)

auxíliary vérb 名 C 《文法》助動詞

> 文法› 助動詞 (**auxiliary verb**)
> 動詞といっしょに使って, 動詞だけでは表せない意味を付け加えたり, 未来時制・完了形などをつくったりする語. 進行形・受け身を表す

be, 疑問文・否定文をつくる do, 完了形をつくる have, 未来を表す will, shall, 可能・許可・義務などの意味を補う can, may, must などがある

AV 《略》 Authorized Version 欽定(きんてい)訳聖書; audiovisual 視聴覚の

a·vail /əvéil アヴェイル/ 動 自 他 《文章》 役だつ, 助けになる (❗ふつう否定文・疑問文で) ━ 名 U 《文章》 利益, 効力

to no avail* = *without avail むだに

a·vail·a·bil·i·ty B2 /əvèiləbíləti アヴェイラビリティ/ 名 U 利用できること; 有効性; 入手可能 派生 **available** 形

a·vail·a·ble B1 高 /əvéiləbl アヴェイラブル/ 形 ❶〔…に〕利用できる, 使える 《*for, to*》; 〔…の種類[場所]で〕入手できる 《*in, at*》

- We have no extra money **available for** a trip. 旅行に使える余分な金はない
- We must make a good education **available to** everyone. 私たちは良い教育をだれでも受けられるようにしなくてはいけない
- Are these shoes **available** in a larger size? この靴はもっと大きいサイズがありますか

❷(人が)手が空いている, 面会できる

- Are you **available** next Saturday? 今度の土曜は空いていますか

派生 **availability** 名

av·a·lanche /ǽvəlæ̀ntʃ アヴァランチ/ 名 C ❶なだれ ❷殺到(さっとう)

a·vant-garde /ævɑːŋɡɑ́ːrd アヴァーンガード/ 形 前衛的な, 前衛派の

av·a·rice /ǽvəris アヴァリス/ 名 U 《文章》 (お金に対する)強欲, どん欲 (=greed)

av·a·ri·cious /æ̀vəríʃəs アヴァリシャス/ 形 《文章》 強欲な, どん欲な

Ave. 《略》 Avenue 大通り

A·ve Ma·ri·a /ɑ́ːvei məríːə アーヴェイマリーア/ 名 《キリスト教》 アベマリア 《◆カトリック教徒が聖母マリアにささげる祈り》

a·venge /əvéndʒ アヴェンヂ/ 動 他 復讐(ふくしゅう)する

***be avenged on* ... = *avenge oneself on* ...** …に復讐する

avénger 名 C 復讐者

av·e·nue B1 高 /ǽvənjùː アヴェニュー/ 名 (複 **avenues** /ǽvənjùːz/) C

❶大通り; 並木道

- Fifth **Avenue** (ニューヨーク市の)五番街

参考› アメリカの大都市では道路の通じる方角で Avenue と Street を使い分けている. ニューヨークでは南北の通りを Avenue, 東西の通りを Street と呼ぶ

❷(ある目的への)手段, 方法

av·er·age A2 高

/ǽvəridʒ アヴェリヂ/ (×アヴェレージ) 名 (複 **averages** /ǽvəridʒəz/) C

平均; 標準

- take [find] an **average** (of ...) (…の)平均を出す
- The crops are not up to **average**. 収穫物はいつもより良くない

above average 平均より上で

below average 平均より下で

on average 平均して

- **On average**, doctors spend 30 minutes with patients. 医者は平均して患者を30分かけて診察します

━ 形 平均の; 標準的な, ふつうの

- I'm of **average** height and weight. 私は中肉中背(ちゅうにくちゅうぜい)です
- She got only **average** grades in school. 彼女の学校の成績はふつうにすぎなかった

━ 動 (三単現 **averages** /ǽvəridʒəz/; 過去・過分 **averaged** /ǽvəridʒd/; 現分 **averaging**)

他 平均する; 自 平均して…になる

- He **averaged** 40 home runs a year. 彼は平均して40本のホームランを毎年打った

average out 平均を出す; 平均して〔…に〕なる 《*at*》

a·verse /əvə́ːrs アヴァース/ 形 《文章》〔…を〕嫌って 《*to*》

a·ver·sion /əvə́ːrʒən アヴァージョン/ 名 U C 嫌悪(けんお), 反感

a·vert /əvə́ːrt アヴァート/ 動 他 ❶防ぐ; 避ける ❷〔…から〕(目・顔・考えなどを)そ

むける《*from*》

a·vi·ar·y /éivièri エイヴィエリ/ 名 (複 **avi·aries** /éivièriz/) C (動物園などの大型の)鳥小屋

a·vi·a·tion /èiviéiʃən エイヴィエイション/ 名 U 飛行, 航空; 飛行術; 航空機産業

a·vi·at·or /éivièitər エイヴィエイタ/ 名 C 《古風》飛行士 (=pilot)

av·id /ǽvəd アヴィド/ 形 どん欲な; とても熱心な

av·o·ca·do /æ̀vəkɑ́:dou アヴォカードウ/ 名 (複 **avocados**, **avocadoes** /æ̀vəkɑ́:douz/) C 《植物》アボカド(の木)

a·void A2 高

/əvɔ́id アヴォイド/ 動 (三単現 **avoids** /əvɔ́idz アヴォイヅ/; 過去·過分 **avoided** /əvɔ́idəd/; 現分 **avoiding**) 他

❶(人や状況, 場所を)避ける; 文型 [**avoid** *doing*] …することを避ける

• **avoid** crowds [the rush hour(s)] 人ごみ[ラッシュアワー]を避ける

• I think she's **avoiding** me. 彼女は私を避けているように思う

❷(良くない事態が起きるのを)避ける

• We can **avoid** a fight by leaving before trouble starts. 面倒が起きる前にいなくなれば争いを避けられるよ

avoid doing …することを避ける

• He **avoided eating** too much fat. 彼は脂肪分をあまりとらないようにした (×avoid to do としない)

a·void·a·ble /əvɔ́idəbl アヴォイダブル/ 形 避けられる (↔**unavoidable**)

a·void·ance /əvɔ́idəns アヴォイダンス/ 名 U 回避, 避けること

a·vow /əváu アヴァウ/ 動 他 《文章》公言する, (公に)認める

a·vow·al /əváuəl アヴァウアル/ 名 UC 公言; 自認

a·vowed /əváud アヴァウド/ 形 《文章》自分から認めた, 公言した

aw /ɔ́: オー/ 間 おい, おや, ばかな《◆抗議·不信·不満などを表す》

a·wait B2 /əwéit アウェイト/ 動 他 《文章》待つ, 待ち受ける (=wait for); (物事が人を)待ち構えている

• There were no jobs **awaiting** those workers. その労働者らにはまったく仕事が来なかった

a·wake A1 高

/əwéik アウェイク/ 形

❶目をさまして, 眠らずに (↔**asleep**) (❗名詞の前には用いない)

• She was already **wide awake**. 彼女はすでにすっかり目をさましていた

❷〔…に〕気づいて《*to*》

— 動 (三単現 **awakes** /əwéiks/; 過去 **awoke** /əwóuk/, **awaked** /əwéikt/; 過分 **awoken** /əwóukən/, **awoke**, **awaked**; 現分 **awaking**)

❶《文章》他 起こす, 目をさまさせる; 自 目をさます (=wake (up))

> どっち
>
> **awake** と **wake** (**up**)
>
> 「目がさめる」「(人を)起こす」という意味では **wake** (**up**) が最もふつうの語:
>
> I usually **wake up** at seven. たいてい7時に目がさめます
>
> 動詞の **awake** は書きことばで, 過去形 awoke で使うことが多い:
>
> I **awoke** one morning to find myself famous. ある朝目がさめたら私は有名になっていた (❗英国の詩人 Byron のことば)

❷ 他 (記憶·感情などを)呼び起こす

❸ 自 〔…に〕気づく《*to*》

a·wak·en /əwéikən アウェイクン/ 動 《文章》 ❶ 他 (記憶·感情などを)〔…の中に〕呼び起こす《*in*》 ❷ 他 文型 [**awaken A to B**] A(人)にB(のこと)を気づかせる ❸ 他 目ざめさせる, 起こす; 自 目ざめる

a·wak·en·ing /əwéikəniŋ アウェイクニング/ 名 《単数形で》目ざめ; 〔…に〕気づくこと《*to*》

a·ward A2 高

/əwɔ́:rd アウォード/

名 (複 **awards** /əwɔ́:rdz アウォーヅ/) C 賞, 賞品 (=prize[1]) (❗審査·検討して受賞者を選ぶような場合に使う)

- He was nominated for an Academy **Award** for best supporting actor. 彼はアカデミー助演男優賞にノミネートされた
- receive [win] an **award** 賞を受ける[獲得する]

― 動 (三単現 **awards** /əwɔ́ːrdz アウォーヅ/; 過去・過分 **awarded** /əwɔ́ːrdəd/; 現分 **awarding**) 他 (賞などを)**与える, 授与する**; 文型 [**award A B = award B to A**] **A(人)にB(賞など)を与える**

- **award** him a scholarship 彼に奨学金を与える
- Mother Teresa was **awarded** the Nobel Peace Prize. マザーテレサはノーベル平和賞を授与された

a·ware B1 高 /əwéər アウェア/ 形

❶ **気づいて, 知って** (=conscious) (! 名詞の前には用いない); 文型 [**be aware of ...**] **…に気づいている**

- He **wasn't aware of** the danger. 彼はその危険に気づいていなかった

❷《副詞をともない》(…のことを)**よく知っている, …意識の高い,** (…に)**目覚めている**

- Jane is a politically **aware** woman. ジェーンは政治的意識のすすんだ女性だ

be aware that ... …ということに気づいている

- The thief **was** not **aware that** I was watching him. そのどろぼうは私が彼をじっと見ていたことに気づいていなかった

become aware of ... …に気づく

- I **became aware of** the problems. 問題に気がつきました

a·ware·ness B1 高 /əwéərnəs アウェアネス/ 名 U **自覚, 気づいていること, 知識; 配慮**

a·wash /əwɑ́ʃ アワシュ/ 形 〔…に〕**満ちている**《*with, in*》; **水浸しで**

a·way A1 中

/əwéi アウェイ/ 副

意味マップ
❶ (距離的に)離れて
❷ (時間的に)先に
❸ (ここに)いない
❹ 別の場所へ; 去って
❺ 別の方向へ, わきへ
❻ 遠征先で

❶ (距離的に)**離れて, 遠くに**

- **far away** 遠く離れて, ずっと向こうに
- The lake **is** two miles **away from** here. その湖はここから2マイル離れた所にある

- How far **away** is your school **from** here? 君の学校はここからどれくらい遠く離れていますか

❷ (時間的に)**先に, 離れて**

- The summer vacation is only a week **away**. 夏休みまであとわずか1週間だ

❸ (遠くに離れていて)(ここに) **いない, るすで, 不在で**

- My father **is away from** home today but he will be back tomorrow. 父はきょうはおりませんが, あすは帰ってきます
- She is **away on** vacation **for** a week. 彼女は休暇で1週間不在です (! 「ちょっとるすにする」は out を使って She's out for lunch. (彼女はお昼を食べにちょっと出ています)のように言う)

❹ (そこから離れて) **別の場所へ, あちらへ;** (遠くへ) **去って; 消えて**

- **go** [**walk**] **away** 去る
- **pass away** (人が)亡くなる (! 遠回しな表現), (時が)過ぎ去る
- The cat **ran away from** the dog. ネコはその犬から逃げた

❺ (わきに離れて) **別の方向へ, わきへ**

- **look away** 目をそらす, よそ見をする
- **put** [**take**] **... away** …をかたづける, 取

A B C D E F G H I J K L M N O P Q R S T U V W X Y Z

り去る
- **throw away** 投げ捨てる
- She **turned** her face **away from** the horrible sight. 彼女はその恐ろしい光景から顔をそむけた

❻遠征先で，アウェーで

Away with ...! 《英》《口語》…を追い払え！

right away すぐに，ただちに ⇨ **right** 副（成句）

― 形（試合が）遠征地での，アウェーの（↔ **home** 形❸）
- play **away** matches 遠征試合をする

awe B2 /ɔ́ː オー/ 名 U 畏(おそ)れ，畏敬(いけい)の念 ― 動 他 畏敬の念を起こさせる；威圧する

派生 **awful** 形

áwe-inspìring 形 畏敬(いけい)の念を起こさせる，おごそかな

awe·some B1 /ɔ́ːsəm オーサム/ 形 《米》《口語》すばらしい，すごい；畏敬(いけい)の念を起こさせる；恐ろしい

awe·struck /ɔ́ːstrʌ̀k オーストラク/ 形 畏敬(いけい)の念に打たれた

aw·ful A2 高

/ɔ́ːfəl オーフル/ 形

❶恐ろしい；《口語》ひどい，とても悪い
- an **awful** pain ひどい痛み

❷《口語》ものすごい

an awful lot (of ...) すごくたくさん(の…)

派生 **awe** 名

aw·ful·ly /ɔ́ːfəli オーフリ/ 副 とても，すごく；ひどく（❗口語的表現）

a·while /əhwáil ア(ホ)ワイル/ 副 しばらく，しばし

awk·ward B1 /ɔ́ːkwərd オークワド/ 形

❶間が悪い，気まずい；落ち着かない
- He **becomes** [**feels**] **awkward** whenever she is around. 彼は彼女がそばにいると必ずどぎまぎしてしまう

❷不器用な，ぎこちない

❸やっかいな，扱いにくい，都合の悪い

áwkwardly 副 不器用に，ぎこちなく；きまり悪そうに，もじもじして

aw·ning /ɔ́ːniŋ オーニング/ 名 C （入り口・窓などの）日よけ，雨よけ

a·woke /əwóuk アウォウク/ 動 awake の過去形・過去分詞

a·wok·en /əwóukən アウォウクン/ 動 awakeの過去分詞

a·wry /ərái アライ/ 形 副 曲がった[て]

go awry 失敗する

ax, axe B2 /ǽks アクス/ 名（複 **axes** /ǽksəz/）（❗《米》では ax がふつう）

❶ C おの ❷《**the ax**》《口語》解雇

have an ax [axe] to grind 《口語》利己的なたくらみがある，下心をもっている

ax·es[1] /ǽksəz アクセズ/ 名 ax, axe の複数形

ax·es[2] /ǽksiːz アクスィーズ/ 名 axis の複数形

ax·i·om /ǽksiəm アクスィオム/ 名 C 明らかな真理，原理；《数学》公理

ax·i·o·mat·ic /æ̀ksiəmǽtik アクスィオマティク/ 形 非常に明らかな；公理の

ax·is B2 /ǽksəs アクスィス/ 名（複 **axes** /ǽksiːz/）❶ C 軸；中心線
- the earth's **axis** 地軸

❷《**the Axis**》枢軸国《◆第二次世界大戦時のドイツ，イタリア，日本》

ax·le /ǽksəl アクスル/ 名 C 車軸，車輪の心棒

aye /ái アイ/ 名 C 賛成；賛成投票(者)

― 副 はい，賛成です（=yes）

Áyers Ròck /éərz エアズ/ エアーズ・ロック《◆オーストラリア北部にある露出巨岩(高さ 348m)；先住民の名前では Uluru》

AZ 《略》Arizona アリゾナ(州)

a·za·lea /əzéiljə アゼイリャ/ 名 C 《植物》アザレア，ツツジ

Az·er·bai·jan /ɑ̀ːzərbaidʒɑ́ːn アーザバイチャーン/ 名 アゼルバイジャン《◆カスピ海に面する共和国；首都バクー（Baku）》

Az·tec /ǽztek アズテク/ 名 C アステカ族の人；《**the Aztec**》アステカ族

az·ure /ǽʒər アジャ/ 形 空色の

― 名 U 空色；《詩語》青空

B b

B, b /bíː ビー/ 名 (複 **B's, b's** /bíːz/)
❶ U C 英語アルファベットの第2番目の文字 ❷ C 《B》(成績の)B ⇨A
❸ U 《音楽》ロ音; ロ調

BA 《略》British Airways 英国航空

B.A., BA /biːéi ビーエイ/ 《略》Bachelor of Arts 文学士

baa /bɑ́ː バー/ 名 C (ヤギ・羊などの)メー(という鳴き声)
━ 動 自 メーと鳴く (=bleat)

bab·ble /bǽbl バブル/ 動
❶ 自 (幼児が)片言(かたこと)を言う; 自 他 ぺちゃくちゃしゃべる
❷ 自 (川が)サラサラ音を立てる
━ 名 U ❶ (幼児の)片言; おしゃべり
❷ せせらぎ

babe /béib ベイブ/ 名 C 《詩語》赤ちゃん (=baby); 《俗語》かわいこちゃん

Ba·bel /béibəl ベイベル/ 名 バベル 《◆古代バビロニアの都市》

Babe Ruth /béib rúːθ ベイブ ルース/ 名 ベーブ・ルース (1895-1948) 《◆米国の偉大なホームラン打者》

ba·boon /bəbúːn バブーン/ 名 C 《動物》ヒヒ

ba·by A1 中

/béibi ベイビ/ 名 (複 **babies** /béibiz/) C
❶ 赤ちゃん, 赤んぼう
• She is going to have a **baby**. 彼女は赤ちゃんが生まれます[お産が近い]

コロケーション
動+**baby**
change a *baby* 赤ちゃんのおむつを替える
calm [hush] a *baby* 赤ちゃんをなだめる
nurse a *baby* 赤ちゃんに乳をあげる
形+**baby**
a newborn *baby* 新生児
a premature *baby* 未熟児

❷ 《形容詞的》赤ちゃんの; 赤ちゃんのような

参考› 動物の子ども
kitten 子ネコ; puppy 子犬; calf 子牛; foal 子馬; lamb 子羊; piglet 子ブタ

❸ ベイビー (❗恋人やパートナーなどに愛情をこめて呼びかける表現)
❹ 未熟な人, 子どもっぽい人
━ 動 (三単現 **babies** /béibiz/; 過去・過分 **babied** /béibid/; 現分 **babying**) 他 大事にする; 甘やかす

báby bòomer 名 C ベビーブーム世代の人 《◆特に, 第二次大戦後の出生率急上昇期に生まれた人》

báby bùggy 名 C 《米》(=baby carriage)

báby càre 名 U 育児

báby càrriage 名 C 《米》ベビーカー (=《英》pram) ⇨**stroller** ❷

ba·by·hood /béibihùd ベイビフド/ 名 U 幼年期; 《集合的に》赤ちゃん

ba·by·ish /béibiiʃ ベイビイシュ/ 形 子どもじみた

Bab·y·lo·nia /bæ̀bəlóunjə バビロウニャ/ 名 バビロニア 《◆アジア南西部の古代王国》

ba·by·sit B1 /béibisìt ベイビスィト/ 動 (三単現 **babysits** /béibisìts ベイビスィツ/; 過去・過分 **babysat** /béibisæ̀t/; 現分 **babysitting**) 自 他 (アルバイトで親のるすの間)子守をする, ベビーシッターをする (❗名詞の babysitter から逆に作られた動詞)

ba·by·sit·ter B1 /béibisìtər ベイビスィタ/ 名 (複 **babysitters** /béibisìtərz/) C ベビーシッター, (両親の不在中・仕事中に雇われて)子守をする人

ba·by·sit·ting /béibisìtiŋ ベイビスィティング/ 名 U 両親の留守中の子守

báby tàlk 名 U 赤ちゃんことば

Bac·chus /bǽkəs バカス/ 名 《ローマ神話》バッカス《◆酒の神; ギリシャ神話のディオニソス (Dionysus) にあたる》

bach·e·lor /bǽtʃələr バチェラ/ 名 C
❶ 独身男性
❷ 学士《◆大学課程修了者の称号》

bach·e·lor·hood /bǽtʃələrhùd バチェラフド/ 名 U 独身; 独身生活

back A1 中

/bǽk バク/

意味マップ
副 ❶ 後ろへ
❷ もとの所に
❸ 返して, 答えて
❹ 昔に(さかのぼって), 以前に
名 ❶ 背中
❷ 後ろ; 裏
❸ (球技の)後衛
形 ❶ 後ろの, 裏の
❷ 未払いの; 過去の
動 ❶ 後退させる
❷ 後援する

— 副 (! 比較変化なし)
❶ 後ろへ, あとへ
- look **back** 後ろを向く, ふり向く
- Stand **back**, please! どうぞ後ろへ下がってください

❷ もとの所に, もどって, 帰って
- go [come] **back** 帰って行く[来る]
- get **back** 帰る, 取り返す
- bring him **back** 彼を連れ帰る
- throw **back** 投げ返す
- on my way **back** 私が帰る途中に[で]
- Go **back** to your seat. 君の席にもどりなさい
- He'll be **back** by five. 彼は5時までには帰るでしょう
- Put the book **back** on the shelf. その本をたなにもどしておきなさい

❸ 返して, 答えて (! 相手や物事に反応を示す)
- You must pay **back** the money soon. すぐにお金を返さないといけないよ

会話 "Hello. Is John there?" "No, can I take a message?" "No thanks. I'll call **back** later." 「ジョンはいますか?」「いまいません. 伝言しましょうか?」「いや, 後でかけ直します」

❹ 昔に(さかのぼって), 以前に
- several years **back** 数年前に
- **back** in the 1870s 1870年代の昔に
- **back** then そのころは

back and forth 前後に, あちこちに, 往復して
- The teacher was pacing **back and forth** in front of the door of the classroom. 先生は教室のドアの前を行ったり来たりしていた

— 名 (複 **backs** /bǽks/)
❶ C (人間・動物の)背中; 背 (! 腰のあたりまで含む)
- He carries a bag **on** his **back**. 彼は袋をしょっている
- He lay **on** his **back**. 彼はあお向けに寝た (←背中の上に寝た)
- I have a bad pain **in** my **back**. 私は背中[腰]がひどく痛い
- pat him on the **back** (だきかかえるような格好で)彼の背中をたたく (! お祝い事などを言うときにするしぐさ)

❷ C 《ふつう **the back**》後ろ (=rear[1]), 後部; 裏 (↔**front**), 奥; (物の)背
- **the back** of the head [hand] 後頭部[手の甲]
- **the back** of a card カードの裏
- Please get in **the back** of the car. 車の後部(座席)に座ってください
- Move to **the back**. 後ろへ行け
- There're some dirty marks on **the back** of your jacket. 上着の背中[後ろ]に汚れがついてますよ

❸ [U][C] (サッカー・アメフトなど球技の)後衛, バック (↔**forward**)

at A's back A(人)を支持して

at the back of ... …の後ろ[奥]に; …を支持して

- **at the back of** a house 家の後ろ[裏]に
- There was a fear **at the back** of my mind. 心の奥に恐怖があった
- I found some cheese **at the back of** the fridge. 冷蔵庫の奥にチーズがあるのを見つけた

(比較) I found some cheese **behind** the fridge. 冷蔵庫の後ろにチーズがあるのを見つけた (❗behind はあるものの一部分としてではなく「(あるものの)後ろ[裏]に」; ただし at the back of で behind の意味を表すこともある)

back to back 背中合わせに; 《米》続けざまに, 相次ぎ

back to front 後ろ前に

behind A's back A(人)のいない所で, A(人)にないしょで

- Don't speak ill of others **behind their backs.** 陰(かげ)で他人の悪口を言うな (❗speak ill of ... は「…の悪口を言う」)

break one's back (to do) (…しようと)懸命(けんめい)にがんばる

get off A's back 《口語》A(人)のじゃまをしない, Aを困らせない

turn one's back on ... …に背を向ける; …を見捨てる

- I don't want to **turn my back on** him now because he is in trouble. 彼は今大変なことになっているから, 見捨てたくないんだ

— [形] (❗比較変化なし)

❶ 後ろの, 裏の; 後戻りの

- a **back** seat 後ろの席
- a **back** garden [street] 裏庭[裏通り]
- The cat got in through the **back** door. ネコは裏口から入った

❷ 未払いの, 未納の; 過去の; 月遅れの

- **back** rent 滞納家賃

— [動] ([三単現] **backs** /bǽks/; [過去・過分] **backed** /bǽkt/; [現分] **backing**)

❶ ㊀ 後退させる, バックさせる; ㊂ 後退する, バックする《*up*》

- He **backed** the car **into** the garage. 彼は車をバックさせて車庫に入れた

❷ ㊀ 後援(こうえん)する, 支持する, バックアップする《*up*》

- Everyone **backed** (**up**) his plan. みんな彼の計画を支持した

back away あとずさりする

back down 非を認める, 主張を撤回する

back off あとずさりする; 手を引く; 《命令文で》《口語》口出しするな

back out 手を引く; (約束を)実行しない

- They **backed out of** the deal. 彼らは取り引きから手を引いた

back up ① ⇨❶, ❷
② (話などを)裏づける

- Can you **back up** your claims? 自分の主張を裏づけることができますか

③ 《コンピュータ》バックアップをとる

- I forgot to **back up** the files. ファイルのバックアップをとり忘れた

back·ache [B1] /bǽkèik バケイク/ [名] ([複] **backaches** /bǽkèiks/) [U][C] 腰痛; 背中の痛み

back·bit·er /bǽkbàitər バクバイタ/ [名] [C] 中傷する人

back·bit·ing /bǽkbàitiŋ バクバイティング/ [名] [U] 陰口

back·board /bǽkbɔ̀ːrd バクボード/ [名] [C] 背板; 《バスケットボール》バックボード

back·bone /bǽkbòun バクボウン/ [名] ❶ [C] 背骨 ❷ [C] 主力, 中堅(ちゅうけん), 大黒柱 ❸ [U] 気骨, バックボーン

back·break·ing /bǽkbrèikiŋ バクブレイキング/ [形] (仕事が)骨の折れる

back·date /bǽkdèit バクデイト/ [動] ㊀ 日付をさかのぼらせる; (文書などの)日付をさかのぼって書く

back·drop /bǽkdrɑ̀p バクドラプ/ [名] [C] (舞台の)背景幕; (場所・物事の)背景

back·er /bǽkər バカ/ [名] [C] 後援者

back·fire /bǽkfàiər バクファイア/ [動] ㊂ (計画などが)期待を裏切る, 裏目に出る

— 名 C バックファイア《♦エンジン不調》

back·gam·mon /bǽkgæ̀mən バクギャモン/ 名 U バックギャモン《♦2人が各15のこまを進めるゲーム》

back·ground A2 高

/bǽkgràund バクグラウンド/ 名 (複 **back-grounds** /bǽkgràundz バクグラウンヅ/)

❶ C (人の)経歴, 素性(すじょう)

• his educational [academic] **background** 彼の学歴

会話 "Do you know what his **background** is?" "He is a Harvard graduate." 「彼の経歴を知っているかい」「彼はハーバード出です」

❷ U C (事件などの)背後関係

• His new book explores the **background** of the incident. 彼の近著はその事件の背景を探っている

❸ C (舞台(ぶたい)・絵などの)背景, バック

• against a dark **background** 暗やみを背景にして

❹ C (織物などの模様の)地(じ)

in the background 背景に, 遠くに; (人が)目立たないようにして

báckground mùsic 名 U バックグラウンドミュージック (❗略してBGMとするのは和製英語)

back·hand /bǽkhæ̀nd バクハンド/ 名 C (テニスなどの)バックハンド

back·hand·ed /bǽkhæ̀ndəd バクハンデド/ 形 ❶ (テニスなどで)バックハンドの ❷ 皮肉な

back·ing /bǽkiŋ バキング/ 名 ❶ U 後援, 支持 ❷ U C (いすなどの)裏打ち, 裏張り; (製本の)背付け

back·lash /bǽklæ̀ʃ バクラシュ/ 名 C 〔…に対する〕強い反発《*against*》

back·log /bǽklɔ̀ːg バクローグ/ 名 C 未処理の仕事の山

báck númber 名 C ❶ (雑誌などの)旧刊号, バックナンバー ❷ 時代遅れの人[物]

back·pack B1 高 /bǽkpæ̀k バクパク/ 名 (複 **backpacks** /bǽkpæ̀ks/) C バックパック, リュックサック

— 動 (三単現 **backpacks** /bǽkpæ̀ks/; 過去·過分 **backpacked** /bǽkpæ̀kt/; 現分 **backpacking**) 自 バックパックをしょって旅行に行く

báckpàcker B1 名 C バックパックをしょって旅行する人

back·pack·ing B1 /bǽkpæ̀kiŋ バクパキング/ 名 U バックパック旅行

back·seat /bǽksíːt バクスィート/ 名 C (車の)後部座席; 目立たない地位

báckseat dríver 名 C 差し出がましく口出しする人

back·side /bǽksàid バクサイド/ 名 C 《口語》おしり

back·space /bǽkspèis バクスペイス/ 名 C 《コンピュータ》(キーボードの)バックスペースキー

back·stage /bǽkstéidʒ バクステイヂ/ 副 舞台裏で[へ]; こっそりと

— 形 舞台裏の; 内密の

back·stop /bǽkstɑ̀p バクスタプ/ 名 C (野球などの)バックネット

日英比較 「バックネット」の英語をbacknetとするのは誤り

back·stroke /bǽkstròuk バクストロウク/ 名 C 背泳(はいえい), 背泳(せおよ)ぎ

back·up B2 /bǽkʌ̀p バカプ/ 名

❶ C 《コンピュータ》(ファイルなどの)バックアップ

❷ U C 支援; 支援する人[もの]

back·ward B2 /bǽkwərd バクワド/ 副 (❗比較変化なし)

❶ 後方へ, 後ろへ; 逆に (↔**forward**)

❷ 過去に(さかのぼって)

backward and forward 前後に, 行ったり来たり

— 形 ❶ 後方[後ろ]への, 後ろ向きの (↔**forward**)

• It would be a **backward** step for us to accept their request. 彼らの要求を受け入れることは, 私たちにとっては一歩後退だ

❷ (進歩などが)遅れた

❸ 気後れする, しりごみする

back·wards B2 /bǽkwərdz バクワヅ/ 副 (=backward)

back·water /bǽkwɔ̀ːtər バクウォータ/ 名 C (川などの)よどみ

back·woods /bǽkwùdz バクウヅ/ 名 《the backwoods》《単数・複数扱い》未開拓森林地, 辺地

back·yard B2 /bǽkjάːrd バクヤード/ 名 C 裏庭, 家の後ろのあき地 ⇨yard[1] ❷

ba·con B1 /béikən ベイコン/ 名 U ベーコン

- a slice of **bacon** 1切れのベーコン (×a bacon, ×bacons としない)

bring home the bacon 生活費をかせぐ; (仕事で)成功する

bac·te·ri·a 高 /bæktíəriə バクティアリア/ 名 《複数扱い》《生物》細菌, ばい菌, バクテリア (❗単数形は bacterium)

bac·te·ri·al /bæktíəriəl バクティアリアル/ 形 《生物》バクテリアの

bad A1 中

/bǽd バド/ 形 (比較級 **worse** /wə́ːrs/; 最上級 **worst** /wə́ːrst/)

意味マップ
❶ 悪い; いやな; 有害な
❷ へたな
❸ ひどい
❹ 病気の; くさった

❶ 悪い (↔**good**); いやな, 不快な; 〔…に〕有害な 《*for*》

- a **bad** boy 悪い子, いたずらっ子; 不良少年
- **bad** marks (試験などの)悪い点
- The weather was **bad**. 天気は悪かった
- Smoking is **bad for** you. たばこを吸うことは(健康に)悪いですよ

似ている単語

bad と wrong

bad は「悪い」ということを広くさし, 反意語は good (よい):

bad news 悪い知らせ, 凶報 (↔**good** news よい知らせ, 吉報)

wrong は bad と同じような使い方もあるが,「(ある基準からみて)誤った」という意味で使うことが多く, 反意語は right (正しい):

You have the **wrong** number. (電話) 番号をお間違えです

❷ へたな (=poor) (↔**good**)

- a **bad** driver へたな運転手

文型 **[be bad at A]** Aがへたである

- I'm **bad at** tennis. = I'm a **bad** tennis player. 私はテニスがへただ

❸ (病気・事故などが)ひどい, 重い, 激しい

- Is the pain very **bad**? 痛みはひどいの

❹ (人が)病気の; (食べ物が)くさった

- I have a **bad** leg [heart, back]. 足[心臓, 腰]が悪いんです

feel bad

① 気分が悪い

- She told me that she **felt bad**. 彼女は私に気分が悪いと言った

② 〔…を〕後悔する, 残念に思う 《*about*》

go bad 悪くなる, くさる

go from bad to worse ますます悪化する

not (so) bad それほど悪くない; 《口語》かなりいい, 非常にいい

会話 "You've read this book, haven't you? How was it?" "Well, **not bad**." 「この本読んだよね. どうだい」「ああ, 悪くないよ」

That's too bad. 《口語》それは残念だ, それはいけませんね, それは困りましたね

会話 "I've had a bad cold." "**That's too bad.**" 「ひどいかぜをひいてしまいました」「それは困りましたね」

— 副 《米》《口語》(=badly)

bade /bǽd バド, béid ベイド/ 動 bid の過去形

badge B2 /bǽdʒ バヂ/ 名 C 記章, バッジ

badg·er /bǽdʒər バヂャ/ 名 C 《動物》アナグマ

— 動 他 困らせる, しつこくせがむ

bad·ly A2 高

/bǽdli バドリ/

副 (比較級 **worse**; 最上級 **worst**)

❶ 悪く; へたに, まずく (↔**well**[1])

- He did **badly** on the English test. 彼は英語の試験で悪い点をとった

❷《口語》とても, 非常に, ひどく
be badly off お金に困っている, 貧乏である, 暮らし向きが悪い (↔**be well off**)

bad·min·ton A2

/bǽdmìntən バドミントン/ 名 U 《スポーツ》バドミントン

bad·mouth /bǽdmàuθ バドマウス/ 動 他 《口語》悪口を言う

bàd-témpered B2 形 怒りっぽい; 不機嫌な

baf·fle /bǽfl バフル/ 動 他 当惑させる; (計画などを)くじく

baf·fling /bǽfliŋ バフリング/ 形 やっかいな, 不可解な

bag A1 中

/bǽg バグ/ 名 (複 **bags** /bǽgz/) C
❶袋; カバン, バッグ
• a paper [plastic] **bag** 紙[ビニール]袋
• I have a sweater in my **bag**. ぼくのカバンの中にセーターが入っている
❷袋1杯分
• a **bag** of flour 小麦1袋
❸《集合的》(狩猟の)獲物
❹(目の下などの)たるんだ所
bag and baggage 所持品全部; 一切合財(いっさいがっさい)
bags of ... 《英》《口語》たくさんの…
pack** one's **bags (住んでいる所を)引き払う, 荷物をまとめて出て行く
— 動 (三単現 **bags** /bǽgz/; 過去・過分 **bagged** /bǽgd/; 現分 **bagging**) 他
❶袋に入れる; 《口語》(獲物を)捕まえる
❷《口語》(席などを)取っておく

Bag·dad /bǽgdæd バグダド/ 名 (= Baghdad)

ba·gel /béigəl ベイグル/ 名 C ベーグル《◆ドーナツ形のパン》

bag·gage B1 高 /bǽgidʒ バギヂ/ 名 U 手荷物(類)《◆スーツケース, トランク, カバンなど》⇨**luggage**
• a piece [two pieces] of **baggage** 手荷物1個[2個] (❗数えるときはこのようにいう; ×a baggage, ×two baggages としない)

bággage clàim 名 C (空港の)手荷物受取所

bag·gy /bǽgi バギ/ 形 (比較級 **baggier**; 最上級 **baggiest**) だぶだぶの

Bagh·dad /bǽgdæd バグダド/ 名 バグダッド《◆イラク (Iraq) の首都》

bag·pipes /bǽgpàips バグパイプス/ 名《複数扱い》《楽器》バグパイプ《◆スコットランドなどでよく使われる民族楽器》

Ba·ha·mas /bəhɑ́:məz バハーマズ/ 名《**the Bahamas**》《単数扱い》バハマ《◆キューバの北東にある島々から成る国; 首都ナッソー (Nassau)》

Bah·rain /bɑ:réin バーレイン/ 名 バーレーン《◆ペルシャ湾にある王国; 首都マナーマ (Manama)》

bail[1] /béil ベイル/ 名 U 保釈; 保釈金
— 動 他 保釈する
bail out 保釈出所させる; (金銭援助で)困難から救う

bail[2] /béil ベイル/ 動 他 自 (船底の水を)かい出す; (船から)水をかい出す《*out*》
bail out 《米》(飛行機から)パラシュートで脱出する

bail·iff /béilif ベイリフ/ 名 C 《米》(法廷内で被告人の監視をする)執行官; 《英》差し押さえ執行官

bait /béit ベイト/ 名 U (魚釣りなどの)えさ; おとり, わな — 動 他 えさをつける

bake A2 高

/béik ベイク/ 動 (三単現 **bakes** /béiks/; 過去・過分 **baked** /béikt/; 現分 **baking**) 他 (オーブンで)焼く; 自 焼ける ⇨**cook** 関連語
• My mother **bakes** bread and cookies on (the) weekends. 母は週末にパンとクッキーを焼く
— 名 (複 **bakes** /béiks/) C (パンの)ひと焼き

bak·er B1 /béikər ベイカ/ 名 (複 **bakers** /béikərz/) C パン屋さん《◆人; パン, ケーキ, クッキーなどを焼いて売る人》

bak·er·y B1 /béikəri ベイカリ/ 名 (複 **bakeries** /béikəriz/) C パン製造所,

パン店，ベーカリー

bake·shop /béikʃɑ̀p ベイクシャプ/ 名 《米》(=bakery)

bak·ing /béikiŋ ベイキング/ 名U (パンなどを)焼くこと

━形副 焼けつくような[に]

báking pòwder 名U ベーキングパウダー，ふくらし粉

bal·ance B1 高 /bǽləns バランス/ 名 (複 **balances** /bǽlənsəz/)

❶《単数形で》つり合い，バランス；(体や心の)安定

• **keep** *one's* **balance** バランスを保つ

❷C てんびん，はかり

❸UC (銀行口座などの)残高；(貸借・収支の)差額，差し引き残高；《**the balance**》《口語》残り

• check *one's* **account balance** 預金残高を確認する

be* [*hang*] *in the balance 不安定な状態である，未定のままである

off balance バランスを失って

on balance すべてを考えると，比較検討すれば

strike a balance 両立させる，〔…の間の〕バランスを取る《*between*》

━動 (三単現 **balances** /bǽlənsəz/; 過去・過分 **balanced** /bǽlənst/; 現分 **balancing**)

❶他 つり合いをとる；自 つり合う

❷他 はかりにかける；比較する

bálance bèam 名UC 《米》《スポーツ》(体操競技の)平均台 ⇨**beam** 名❹

bal·anced B2 /bǽlənst バランスト/ 形 つり合い[調和]のとれた，バランスのよい

bálance shèet 名C 貸借対照表

bal·co·ny A2

/bǽlkəni バルコニ/

名 (複 **balconies** /bǽlkəniz/) C

❶バルコニー《♦2階・3階などの窓や戸口の外に張り出した手すりをめぐらした縁(えん)》 ⇨**veranda**

❷(劇場・映画館の)階上席，2階席

bald B1 /bɔ́:ld ボールド/ 形 (比較級 **balder**; 最上級 **baldest**)

❶(頭の)はげた，毛のない

• go **bald** はげる

❷(山・木などが)はげた，木[草，葉]のない

❸飾りのない；露骨な

báldness 名U はげていること；露骨

báld éagle 名C 《鳥》ハクトウワシ (! 米国の国章にその像が用いられている)

bale[1] /béil ベイル/ 名C (紙・羊毛などの貯蔵用・輸送用の)大きな包み，梱(こり)

bale[2] /béil ベイル/ 動 《英》(=bail[2])

Ba·li /bɑ́:li バーリ/ 名 バリ島《♦ジャワ島東方にあるインドネシア領の島》

balk /bɔ́:k ボーク/ 動自 〔…に〕しりごみする《*at*》；《野球》ボークをする

━名C 《野球》ボーク；障害

ball[1] A1 中

/bɔ́:l ボール/ 名 (複 **balls** /bɔ́:lz/)

❶C ボール，球，玉；球形の物

• a tennis [soccer] **ball** テニス[サッカー]のボール

コロケーション

動＋**ball**

throw a *ball* ボールを投げる

catch a *ball* ボールを捕る

fumble a *ball* ボールをファンブルする

hit a *ball* ボールを打つ

kick a *ball* ボールをける

pass a *ball* ボールをパスする

❷U 球技，(特に)野球 (=baseball) ⇨ **ball game**

❸C 《野球》ボール (↔**strike**)

get* [*start, set*] *the ball rolling (仕事・会話などを)始める

keep the ball rolling (仕事などをだれずに)うまく続けてゆく

on the ball 油断なく，気を配って；有能で

play ball ボール投げ[遊び]をする；野球をする；(球技の)ゲームを開始する；《口語》協力する

ball[2] /bɔ́:l ボール/ 名C (正装して行う)大舞踏(ぶとう)会 (! 略式のものは dance) *have a ball*《口語》おおいに楽しむ

bal·lad B2 /bǽləd バラド/ 名C バラッド《◆物語風の民謡》; バラード

bal·last /bǽləst バラスト/ 名U
❶ バラスト《◆船や気球を安定させるために底に積むもの》
❷ (鉄道・道路に敷く)砂利, バラス

ball·boy /bɔ́:lbɔ̀i ボールボイ/ 名C《スポーツ》ボールボーイ

bal·le·ri·na /bæ̀lərí:nə バレリーナ/ 名C バレリーナ, 女性バレエダンサー

bal·let B2 高 /bǽlei バレイ, bæléi バレイ/ 名(複 **ballets** /bǽleiz/) U バレエ; C バレエ団; C バレエ曲
• a **ballet** dancer バレエの踊り子

báll gàme 名C 野球(の試合); 球技

ball·girl /bɔ́:lgə̀:rl ボールガール/ 名C《スポーツ》ボールガール

bal·lis·tic /bəlístik バリスティク/ 形 弾道(学)の

bal·lis·tics /bəlístiks バリスティクス/ 名《単数扱い》弾道学

bal·loon A2 高

/bəlú:n バルーン/
名(複 **balloons** /bəlú:nz/) C
❶ (ゴム)風船
• blow a **balloon** up (=blow up a **balloon**) 風船を吹いてふくらませる
❷ 気球
• a hot-air **balloon** 熱気球
❸ (漫画の)吹き出し
— 動 (三単現 **balloons** /bəlú:nz/; 過去・過分 **ballooned** /bəlú:nd/; 現分 **ballooning**) 自 ❶ ふくれる; 急増する; 上昇する ❷ 気球に乗る, 気球で飛ぶ

bal·lot B2 /bǽlət バロト/ 名
❶ UC 投票; C 投票数
❷ C (無記名の)投票用紙
— 動 自 投票する

ball·park /bɔ́:lpɑ̀:rk ボールパーク/ 名C《米》野球場; アメリカンフットボール場

báll pén 名C (=ballpoint)

ball·player /bɔ́:lplèiər ボールプレイア/ 名C《米》野球選手

báll·point (pén) /bɔ́:lpɔ̀int ボールポイント/ 名C ボールペン

ball·room /bɔ́:lrù:m ボールルーム/ 名C 舞踏室, ダンス場

balm /bɑ́:m バーム/ 名UC バルサム《◆芳香性樹脂; 鎮痛剤用》; 香油

balm·y /bɑ́:mi バーミ/ 形 (比較級 **balmier**; 最上級 **balmiest**) (天候などが)さわやかな; 芳香のある

ba·lo·ney /bəlóuni バロウニ/ 名U《口語》でたらめ, ナンセンス

Bál·tic Séa /bɔ́:ltik ボールティク/ 名《the をつけて》バルト海

Bal·ti·more /bɔ́:ltəmɔ̀:r ボールティモー/ 名 ボルティモア《◆米国メリーランド州(Maryland)の大都市》

bam·boo 中 /bæmbú: バンブー/ (発音 アクセントに注意) 名(複 **bamboos** /bæmbú:z/) UC 竹; U 竹材;《形容詞的》竹の, 竹製の
• a **bamboo** shoot たけのこ

ban B2 高 /bǽn バン/ 名C (特に, 法律による)禁止
• Japan put a **ban on** beef imports. 日本は牛肉の輸入を禁止した
— 動 (三単現 **bans** /bǽnz/; 過去・過分 **banned** /bǽnd/; 現分 **banning**) 他 禁止する (=forbid); 文型 [**ban A from** *do***ing**] A(人)に…するのを禁じる

ba·nal /bənǽl バナル/ 形 陳腐な

ba·nan·a A1 中

/bənǽnə バナナ | bənɑ́:nə バナーナ/
名(複 **bananas** /bənǽnəz/) C《植物》バナナ; バナナの木
• a bunch of **bananas** バナナ1ふさ

band[1] A1

/bǽnd バンド/
名(複 **bands** /bǽndz バンヅ/) C
❶ (物をくくる)ひも, 帯, なわ, たが
• a rubber **band** 輪ゴム
❷ (色の)しま, 筋
❸ 周波数帯
— 動 (三単現 **bands** /bǽndz バンヅ/; 過去・過分 **banded** /bǽndəd/; 現分 **banding**) 他

ひもでしばる

band[2] A1 中
/bǽnd バンド/
名 (複 **bands** /bǽndz バンヅ/) C
❶ バンド, 楽団 ⇨**orchestra**
❷ 一団, 一隊
— 動 (三単現 **bands** /bǽndz バンヅ/; 過去・過分 **banded** /bǽndəd/; 現分 **banding**) 他 団結させる; 自 団結する
band together 団結する; 結合[団結]させる

band·age B1 /bǽndidʒ バンディヂ/ 名 (複 **bandages** /bǽndidʒəz/) C 包帯
— 動 (三単現 **bandages** /bǽndidʒəz/; 過去・過分 **bandaged** /bǽndidʒd/; 現分 **bandaging**) 他 包帯をする, 包帯を巻く

Band-Aid /bǽndèid バンデイド/ 名 C 《商標》 バンドエイド 《♦ばんそうこう》

ban·dan·na /bændǽnə バンダナ/ 名 C バンダナ 《♦頭などに巻く染め模様のある大判のハンカチ》

B & B, b & b /bí:əndbí: ビーアンドビー/ 名 U 朝食付き宿泊 (❗ bed and breakfast の略) ⇨**bed and breakfast**

ban·dit /bǽndət バンディト/ 名 C 山賊(さんぞく), 追いはぎ; 強盗

band·stand /bǽndstæ̀nd バンドスタンド/ 名 C (公園などの屋根付きの)野外音楽堂

band·wag·on /bǽndwæ̀gən バンドワゴン/ 名 C (パレードの先頭を行く)楽団の乗った車, 楽隊車

ban·dy /bǽndi バンディ/ 動 (三単現 **bandies** /bǽndiz/; 過去・過分 **bandied** /bǽndid/; 現分 **bandying**) 他 (ボールなどを)打ち[投げ]合う; 言い合いをする

bane /béin ベイン/ 名 《**the bane**》 災いのもと

bang B1 /bǽŋ バング/ 動 (三単現 **bangs** /bǽŋz/; 過去・過分 **banged** /bǽŋd/; 現分 **banging**)
❶ 他自 ドンとぶつける[ぶつかる]; バタン[ガチャン]と…する
❷ 他 (ドアなどを)バタンと閉める; 自 (ドアなどが)バタンと閉まる
— 名 (複 **bangs** /bǽŋz/) C
ドン, バタン, ドカン(という音); 強打, 一撃; 《米》《口語》 よろこび
with a bang ドスンと, バタンと

Bang·kok /bǽŋkɑk バンカク/ 名 バンコク 《♦タイの首都》

Ban·gla·desh /bæ̀ŋglədéʃ バングラデシュ/ 名 バングラデシュ 《♦インド東隣の共和国; 首都ダッカ (Dhaka)》

Ban·gla·desh·i /bæ̀ŋglədéʃi バングラデシ/ 名 C バングラデシュ人
— 形 バングラデシュの

bangs /bǽŋz バングズ/ 名 《複数扱い》 (額に垂らした)前髪

ban·ish /bǽniʃ バニシュ/ 動 他
❶ (人を)追放する
❷ (心配などを)追い払う, 払いのける
bánishment 名 U 追放; 追い払うこと

ban·is·ter /bǽnəstər バニスタ/ 名 C 《ふつう複数形》 欄干(らんかん), 手すり

ban·jo /bǽndʒou バンヂョウ/ 名 (複 **banjos, banjoes** /bǽndʒouz/) C 《楽器》 バンジョー 《♦5弦の楽器》
• play the **banjo** バンジョーを演奏する

bank[1] /bǽŋk バンク/ 名 C ❶ 土手, 堤防(ていぼう); (川・湖の)岸 (❗ bank は「(川・湖などの)岸, 土手」, shore は「(海・湖・川の)岸」, coast は「海岸(地方)」をさす)
❷ (砂・雪・雲などの)堆積(たいせき), 層

bank[2] A1 中
/bǽŋk バンク/ 名 (複 **banks** /bǽŋks/) C
❶ 銀行; 《形容詞的》 銀行の
• a **bank** clerk 銀行の事務員, 行員
❷ 貯蔵庫, …バンク (❗ 大切なものを後で使うために貯蔵しておく所)
• a blood [a sperm, an organ] **bank** 血液[精子, 臓器]バンク
• a food **bank** フードバンク, 食糧銀行
— 動 (三単現 **banks** /bǽŋks/; 過去・過分 **banked** /bǽŋkt/; 現分 **banking**) 他 銀行に預ける; 自 銀行と取り引きする
bank on ... …を信用する, 当てにする

bánk accòunt B1 名C
銀行口座
• open a **bank account** 銀行口座を開く

bank·book /bǽŋkbùk バンクブク/ 名C
預金通帳

bank·er B2 /bǽŋkər バンカ/ 名C
❶ 銀行家, 銀行経営者 (! 一般の行員は bank clerk, 窓口は teller)
❷ (とばく・ゲームの)親, 胴元(どうもと)

bánk hóliday 名C 《英》(日曜日以外の)公休日, 銀行休日
参考❯ イングランドでは New Year's Day (元日), Easter Monday (復活祭の翌日の月曜日)などの8日は bank holiday として銀行, 会社, 商店, 学校が休みになる(スコットランドと北アイルランドでは bank holiday の日数はもう少し多い). アメリカでは「法定休日」を legal holiday という

bank·ing A2

/bǽŋkiŋ バンキング/ 名U
銀行業; 銀行業務
• a career in **banking** 銀行業務の経歴

bank·note /bǽŋknòut バンクノウト/ 名C 《英》紙幣 (=《米》bill[1])

bank·rupt B2 /bǽŋkrʌpt バンクラプト/ 形
破産した
go bankrupt 破産する
― 名C 破産者

bank·rupt·cy B2 /bǽŋkrʌptsi バンクラプツィ/ 名 (複 **bankruptcies** /bǽŋkrʌptsiz/) UC 破産, 倒産

ban·ner /bǽnər バナ/ 名C ❶ 旗, 国旗; 横断幕 ❷《コンピュータ》バナー(広告) (♦ウェブ上の帯状広告; banner ad ともいう) ❸ (=banner headline)
― 形 際立った, すばらしい

bánner hèadline 名C (新聞1面の)全段抜きの大見出し

ban·quet /bǽŋkwət バンクウェト/ 名C
宴会; ごちそう ― 動自 宴会に出る; 他 宴会を開いてもてなす

ban·tam /bǽntəm バンタム/ 名C 《鳥》チャボ

ban·ter /bǽntər バンタ/ 名U (悪意のない)冗談(じょうだん), ひやかし
― 動自 軽口をたたく

bao·bab /béiəbæ̀b ベイオバブ/ 名C 《植物》バオバブ (♦アフリカやオーストラリアなどのサバンナ地帯に分布する高木)

bap·tise /bæptáiz バプタイズ/ 動 《英》(=baptize)

bap·tism /bǽptizm バプティズム/ 名UC 《キリスト教》洗礼(の儀式(ぎしき)), バプテスマ
a baptism of fire 初めての試練; 砲火の洗礼

bap·tis·mal /bæptízməl バプティズマル/ 形 《キリスト教》洗礼の

Bap·tist /bǽptist バプティスト/ 名C 《キリスト教》バプテスト派(の人)

bap·tize /bæptáiz バプタイズ/ 動他 《キリスト教》洗礼を施す; 清める

bar A1 高

/bɑ́:r バー/ 名 (複 **bars** /bɑ́:rz/)
❶ C 酒場, バー; (酒場の)カウンター; (カウンター式の)簡易食堂 (! 必ずしも酒類を出すとは限らない)
• a coffee **bar** コーヒースタンド
• a snack [sushi] **bar** 軽食堂[すしバー]
❷ C 棒, 延べ棒; 棒状の物; 手すり, かんぬき
❸ C 《コンピュータ》(PCウィンドウに表示される)バー
• a scroll [tool] **bar** (ソフトの)スクロール[ツール]バー
❹ C 《音楽》(楽譜の)縦線; 小節
❺ C 障害物, じゃま物
❻ U 《**the bar**》《集合的》弁護士; 弁護士業
❼ C 柵, 鉄格子
behind bars 刑務所に入って
― 動 (三単現 **bars** /bɑ́:rz/; 過去・過分 **barred** /bɑ́:rd/; 現分 **barring**) 他
❶ かんぬきをかける
❷ ふさぐ; 妨げる; 文型 [**bar A from** *doing*] A(人)に…するのを禁じる
• He was **barred from seeing** his child. 彼は子どもに会うのを禁じられた
― 前 …を除いて

barb /bɑ́:rb バーブ/ 名C (釣り針などの)あ

ご, かかり

Bar·ba·dos /bɑːrbéidous バーベイドウス/ 名 バルバドス《◆カリブ東端の島国; 首都ブリッジタウン (Bridgetown)》

bar·bar·i·an /bɑːrbéəriən バーベアリアン/ 名C 未開人, 野蛮(やばん)人; 教養のない人
— 形 未開の, 未開人の

bar·bar·ic /bɑːrbǽrik バーバリク/ 形 野蛮(やばん)な; 残酷(ざんこく)な

bar·ba·rism /bɑ́ːrbərìzm バーバリズム/ 名 U 未開状態; C 野蛮(やばん)な行為; 下品なことばづかい

bar·ba·rous /bɑ́ːrbərəs バーバラス/ 形 残酷な; 粗野な (↔**civilized**)

bar·be·cue A2

/bɑ́ːrbikjùː バービキュー/
名 (複 **barbecues** /bɑ́ːrbikjùːz/)
❶ UC バーベキュー; 丸焼き; C バーベキューパーティー
❷ C バーベキュー用の器具(一式)
— 動 (三単現 **barbecues** /bɑ́ːrbikjùːz/; 過去・過分 **barbecued** /bɑ́ːrbikjùːd/; 現分 **barbecuing**) 他 バーベキューにする, あぶって焼く

barbed /bɑ́ːrbd バーブド/ 形 とげのある; (ことばなどが)しんらつな

bárbed wíre 名U 有刺鉄線

bar·bell /bɑ́ːrbèl バーベル/ 名C (重量あげなどの)バーベル

bar·ber A2

/bɑ́ːrbər バーバ/
名 (複 **barbers** /bɑ́ːrbərz/) C
理髪師, 散髪屋さん (❗人をさす; 店は, 《米》 barbershop, 《英》 barber's (shop) という)

bar·ber·shop B2 /bɑ́ːrbərʃɑ̀p バーバシャプ/ 名C 《米》 理髪店 (=《英》 barber's (shop))

Bar·ce·lo·na /bɑ̀ːrsəlóunə バーセロウナ/ 名 バルセロナ《◆スペイン北東部の大都市》

bár còde 名C バーコード《◆コンピュータで読み取り, 商品管理に使う》

bard /bɑ́ːrd バード/ 名C (古代ケルト族の)吟遊(ぎんゆう)詩人; 《詩語》 詩人

bare B1 /béər ベア/ (発音 bear と同音) 形 (比較級 **barer**; 最上級 **barest**)
❶ (おおうものがなく)はだかの, むき出しの
• **bare** feet はだし
❷ からの; 〔…が〕ない 《*of*》
❸ ほんの, ぎりぎりの
❹ ありのままの

bare·back /béərbæ̀k ベアバク/ 副形 くらなしで[の], 裸馬で[の]

bare·foot, bare·foot·ed /béərfút ベアフト, béərfútəd ベアフテド/ 形 はだしの — 副 はだしで

bare·head·ed /béərhédəd ベアヘデド/ 形 帽子(など)をかぶらない
— 副 帽子をかぶらないで

bare·ly B1 /béərli ベアリ/ 副
❶ やっと, かろうじて (=just)
• They **barely** escaped death. 彼らはかろうじて命拾いした
❷ ほとんど…ない (=hardly)
❸ ほとんど同時に; …にすぐ続いて

bar·gain A2

/bɑ́ːrgən バーゲン/
名 (複 **bargains** /bɑ́ːrgənz/) C
❶ お買い得品, 特売品, 掘り出し物
❷ 取り引き; 契約

into the bargain = 《米》 ***in the bargain*** そのうえ, おまけに

That's a bargain. それで決まりだ

— 動 (三単現 **bargains** /bɑ́ːrgənz/; 過去・過分 **bargained** /bɑ́ːrgənd/; 現分 **bargaining**) 自 〔人と; …のことで〕取り引きする, 交渉する 《*with; about, over, for*》

bargain for ... …を期待する, 当てにする

bárgain-bàsement 形 とても安い; 安物の

bar·gain·ing /bɑ́ːrgəniŋ バーゲニング/ 名 U 取り引き, 交渉

barge /bɑ́ːrdʒ バーヂ/ 名C はしけ; 遊覧船 — 動自 のろのろ動く

barge into ... …に口をはさむ

bar·i·tone /bǽrətòun バリトウン/ 名 《音楽》 U C バリトン; C バリトン歌手

bar·i·um /béəriəm ベアリアム/ 名 U 《化学》 バリウム 《♦金属元素; 記号 Ba》

bark[1] B1 高 /bɑ́ːrk バーク/ 名 (複 **barks** /bɑ́ːrks/) C
(犬などの)ほえ声; (人の)どなり声
— 動 (三単現 **barks** /bɑ́ːrks/; 過去・過分 **barked** /bɑ́ːrkt/; 現分 **barking**)
❶ 自 (犬などが)〔…に〕ほえる 《*at*》
❷ 他 自 どなる, どなって言う 《*out*》

bark[2] B1 /bɑ́ːrk バーク/ 名 U 木の皮, 樹皮

bar·ley B2 /bɑ́ːrli バーリ/ 名 U 《植物》 大麦 ⇨**wheat**

barn B2 /bɑ́ːrn バーン/ 名 C (農家の)納屋(なや), 物置; 家畜小屋

bar·na·cle /bɑ́ːrnəkl バーナクル/ 名 C 《動物》 エボシガイ, フジツボ

barn·storm /bɑ́ːrnstɔ̀ːrm バーンストーム/ 動 自 《米》 (政治家が)地方遊説する; (劇団などが)地方巡業をする

barn·yard /bɑ́ːrnjɑ̀ːrd バーンヤード/ 名 C 納屋(なや) (barn) の前の空地[庭], 農家の庭

ba·rom·e·ter B2 /bərɑ́mətər バラメタ/ (発音 アクセントに注意) 名 C 気圧計, 晴雨計; バロメーター

bar·o·met·ric /bæ̀rəmétrik バロメトリク/ 形 気圧の; 気圧計の

bar·on /bǽrən バロン/ 名 C ❶ 男爵 ❷ (産業界などの)大物, 実力者

bar·on·ess /bǽrənès バロネス/ 名 C 男爵(だんしゃく)夫人; 男爵位を持つ女性

ba·roque /bəróuk バロウク/ 形 バロック様式の; バロック風の
— 名 《**the baroque**》 (建築・美術の)バロック様式; バロック音楽

bar·racks /bǽrəks バラクス/ 名 《単数・複数扱い》 兵舎; バラック

bar·ra·cu·da /bæ̀rəkúːdə バラクーダ/ 名 (複 **barracuda**, **barracudas** /bæ̀rə-kúːdəz/) C 《魚》 バラクーダ 《♦カマスの類の海産魚》

bar·rage /bərɑ́ːʒ バラージ/ 名 C 《軍事》 集中砲撃; (質問・批判などの)集中攻撃

barred /bɑ́ːrd バード/ 形 (ドア・窓などが) かんぬきのかかった

bar·rel B1 /bǽrəl バレル/ 名 (複 **barrels** /bǽrəlz/) C
❶ たる; 1たる分の量
• a **barrel** of beer ビール1たる
❷ バレル 《♦容量の単位; 米国では石油の場合約159リットル》
❸ 銃身, 砲身

bar·ren B2 /bǽrən バレン/ 形 (比較級 **more barren**, **barrener**; 最上級 **most barren**, **barrenest**) (土地が)不毛の, (やせて)作物のできない (↔**fertile**); 実を結ばない; 無益な

bar·ri·cade /bǽrəkèid バリケイド, ⌒⌒/ 名 C バリケード; 障害物
— 動 他 バリケードを築く

bar·ri·er B2 高 /bǽriər バリア/ 名 C さく, 障壁(しょうへき), 防壁; 障害

bar·ri·er-free /bǽriərfríː バリアフリー/ 形 (建物などが)バリアフリーの

bar·ring /bɑ́ːriŋ バーリング/ 前 …がなければ, …を除いて

bar·ris·ter /bǽrəstər バリスタ/ 名 C 《英》 法廷弁護士

bar·room /bɑ́ːrrùːm バールーム/ 名 C 《米》 (ホテルなどの)バー, 酒場

bar·row /bǽrou バロウ/ 名 C 手押し車

bar·tend·er B2 /bɑ́ːrtèndər バーテンダ/ 名 C 《米》 バーテンダー

bar·ter /bɑ́ːrtər バータ/ 動 他 自 物々交換する — 名 U 物々交換

base[1] A2 高

/béis ベイス/ 名 (複 **bases** /béisəz/) C
❶ 土台, 基部; ふもと, 根もと
• The boys camped at the **base** of the mountain. 少年たちは山のふもとでキャンプをした
❷ 基礎, 根拠; 基盤
• The company had no financial **base**. その会社は何の財政的基盤もなかった
❸ 基地, 本拠地
• a U.S. military **base** 米軍基地
• an air [army] **base** 空軍[陸軍]基地
❹ 《数学》 底辺, 底面

❺《野球》塁, ベース
• a **base** on balls フォアボールによる出塁(❗ walk ともいう;「フォアボール」は和製英語)
— 動 (三単現 **bases** /béisəz/; 過去･過分 **based** /béist/; 現分 **basing**) 他 基礎[根拠]を置く; 文型 [**base A on B**] BにAの基礎を置く
• The story is **based on** facts. その物語は事実に基づいている
派生 **basic** 形

base[2] /béis ベイス/ 形 (比較級 **baser**; 最上級 **basest**) 卑劣な, 下劣な

base·ball A1 中

/béisbɔ̀ːl ベイスボール/
名 (複 **baseballs** /béisbɔ̀ːlz/)
❶ U 野球; C 野球のボール
❷《形容詞的》野球の
• play **baseball** 野球をする (×play *a* [*the*] baseball としない)

参考〉
left fielder 左翼手; center fielder 中堅手; right fielder 右翼手; third baseman 三塁手; second baseman 二塁手; first baseman 一塁手; shortstop 遊撃手; batter バッター; pitcher ピッチャー; catcher キャッチャー; foul line ファウルライン; batter's box バッターボックス; home plate 本塁; pitcher's plate ピッチャープレート; pitcher's mound ピッチャーマウンド; third base 三塁; second base 二塁; first base 一塁; on-deck circle ウェイティングサークル ⇨図

báse càmp 名 C (登山などの)前進基地, ベースキャンプ

báse hít 名 C《野球》シングルヒット (=single)

base·less /béisləs ベイスレス/ 形 根拠のない, いわれのない

base·line /béislàin ベイスライン/ 名 C (テニスなどの)ベースライン《♦コートの両端の線》;《野球》ベースライン《♦塁(るい)と塁を結ぶ線》; (判断などの)基準線

base·man /béismən ベイスマン/ 名 (複 **basemen** /béismən/) C《野球》内野手

base·ment B1 /béismənt ベイスメント/ 名 (複 **basements** /béismənts ベイスメンツ/) C 地下室, 地階 (❗ 表示の B は

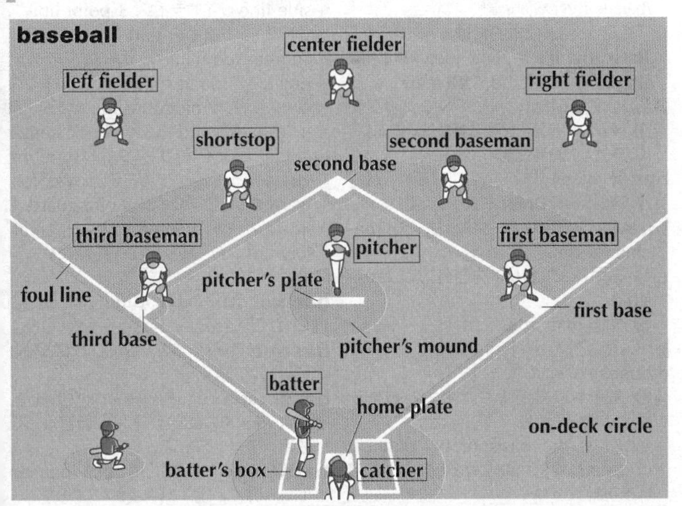

basement の頭文字)

bas·es[1] /béisəz ベイセズ/ 名 base の複数形

bas·es[2] /béisiːz ベイスィーズ/ 名 basis の複数形

bash /bæʃ バシュ/ 動 他 《口語》強くたたく, ぶんなぐる; 激しく非難する, バッシングする

— 名 C 《口語》盛大なパーティー; 強打

bash·ful /bæʃfəl バシュフル/ 形 恥(は)ずかしがりやの, 内気な (=shy)

báshfulness 名 U 内気

bas·ic A2 高

/béisik ベイスィク/ 形

基礎の, 基本の, 根本的な

• a **basic** principle 根本的原則

• Freedom of speech is considered a **basic** human right. 言論の自由は基本的人権であると考えられている

— 名 (複 **basics** /béisiks/) 《**basics**》基礎; 根本原理

派生 **base**[1] 名

ba·si·cal·ly A2 高

/béisikəli ベイスィカリ/ 副

基本的には, 根本的には

• **Basically**, it's a good idea. 基本的にはそれはいい考えだ (! 文全体を修飾)

Básic Énglish 名 U ベーシック英語 《♦850の単語で必要な表現ができるように工夫された簡易英語》

bas·il /bæzəl バズィル/ 名 U 《植物》バジル 《♦シソ科植物; 香料に使うその葉》

ba·sin B1 /béisən ベイスン/ 名 (複 **basins** /béisənz/) C

❶ 洗面器, たらい, 洗面台, 流し台 (=sink)

❷ 盆地; (川の)流域

ba·sis B1 高 /béisəs ベイスィス/ 名 (複 **bases** /béisiːz/) C

❶ (考えや事実・行動などのもととなる) 基礎; 根拠; 土台

• What is the **basis** of his political opinion? 彼の政治的な考えのもとになっているのは何ですか

❷ 基準, 原則, …制

• The meeting is held **on a** weekly [regular, daily] **basis**. 打ち合わせは週1回[定期的に, 日常的に]行っている

❸ (飲食品・薬などの)主成分

on the basis of... …に基づいて

bask /bæsk バスク/ 動 自 〔日光で〕暖まる; 〔愛情・恩恵などに〕浴する, 恵まれる 《*in*》

bas·ket A2 高

/bæskət バスケト|báːskət バースケト/

名 (複 **baskets** /bæskəts バスケツ/) C

❶ かご, バスケット

• a shopping **basket** 買い物かご

❷ 《バスケットボール》ゴールの網, バスケット; 得点

bas·ket·ball A1 中

/bæskətbɔ̀ːl バスケトボール|báːskətbɔ̀ːl バースケトボール/ 名 (複 **basketballs** /bæskətbɔ̀ːlz/) U バスケットボール; C バスケットボール用のボール

• play **basketball** バスケットボールをする (×play *a* [*the*] basketball としない)

参考›

side line サイドライン; 3-point line スリーポイントライン; end line エンドライン; free-throw line フリースローライン; ring リング; lane space mark レーンスペースマーク; midcourt line センターライン; backboard バックボード; center circle センターサークル; shooting guard シューティングガード; power forward パワーフォワード; point guard ポイントガード; center センター; small forward スモールフォワード ⇨次ページ図

bas·ket·ful /bæskətfùl バスケトフル/ 名 C かご1杯分

Basque /bæsk バスク/ 名 C バスク人; U バスク語

bass[1] /béis ベイス/ 名 《音楽》 U C 低音, バス 《♦男声の最低音域》; C 低音[バス]歌手; 《楽器》ベース

bass[2] /bæs バス/ 名 (複 **bass**, **basses** /bæsəz/) C 《魚》バス 《♦スズキの類》

bas·soon /bəsúːn バスーン/ 名C バスーン, ファゴット《♦低音の木管楽器》

bas·tard /bǽstərd バスタド/ 名C ❶《口語》いやなやつ; (…な)やつ ❷《古風》私生児

baste /béist ベイスト/ 動他 (焼きながら)バター[脂]をぬる

—副 すばやく

bas·tion /bǽstʃən バスチョン/ 名C (主義・文化などを)守るもの, 防衛拠点,「とりで」

bat[1] A1 高

/bǽt バト/ 名 (複 **bats** /bǽts バツ/) C

❶ (野球・クリケットなどの)バット

❷ (卓球の)ラケット (! racket はテニスなどのラケットのようにネットが張ってあるもの)

❸ たたくこと, 一撃; 打撃

at bat (野球で)打席について

go to bat for ... 《米》《口語》…のためにひと肌ぬぐ, …を助ける

—動 (三単現 **bats** /bǽts バツ/; 過去・過分 **batted** /bǽtəd/; 現分 **batting**) 他自 バットで打つ; (ある打率を)打つ

bat[2] /bǽt バト/ 名C《動物》コウモリ

(as) blind as a bat まったく目が見えない

bat[3] /bǽt バト/ 動 (三単現 **bats** /bǽts バツ/; 過去・過分 **batted** /bǽtəd/; 現分 **batting**) 他 (目を)まばたきする

not bat an eyelid [***eye***] 平然としている, まったく動じない

batch A2

/bǽtʃ バチ/

名 (複 **batches** /bǽtʃəz/) C

❶ 1回に処理されるもの, 1回分, 1組, 1群

❷《コンピュータ》バッチ《♦一括処理されるデータなどの単位》

bat·ed /béitəd ベイテド/ 形《次の成句で》

with bated breath (期待・不安などで)息を殺して, かたずをのんで

bath A1 中

/bǽθ バス|bɑ́ːθ バース/

名 (複 **baths** /bǽðz, bǽθs|bɑ́ːðz/) C

❶ 浴そう (=bathtub); 浴室 (=bathroom); (公衆)浴場 (=bathhouse); 《ふ

つう **baths**》温泉地
❷入浴; ふろの湯; (日光などを)浴びること (!「入浴する」は bathe)
• **take** [**have**] **a bath** 入浴する (!《米》は take, 《英》は have)
• get into [out of] the **bath** ふろに入る[から出る]
― 動 (三単現 **baths** /bǽθs/; 過去·過分 **bathed** /bǽθt/; 現分 **bathing**) 《英》他 入浴させる; 自 入浴する
派生 **bathe** 動

bathe B1 /béið ベイズ/ (×ベイス) (発音 bath との違いに注意) 動 (三単現 **bathes** /béiðz/; 過去·過分 **bathed** /béiðd/; 現分 **bathing**)
❶自 入浴する; 他 (幼児などを)入浴させる
❷自 水浴びをする, 水泳をする (= swim); (光などを)浴びる
• **bathe** in the sea [the sun] 海水浴[日光浴]をする

参考》 **bathe** と **bath**
「入浴する」は動詞の bathe, 《英》bath でも表せるが, 名詞の bath を使って《米》take a bath, 《英》have a bath とも言う

派生 **bath** 名

bath·house B2 /bǽθhàus バスハウス/ 名 (複 **bathhouses** /bǽθhàuzəz/) C 公衆浴場; 脱衣場

bath·ing /béiðiŋ ベイズィング/ 名 U 水浴び, 水泳

báthing sùit 名 C (とくに女性用の)水着 (=swimsuit)

báth màt 名 C 浴室用マット

bath·robe /bǽθròub バスロウブ/ 名 C (入浴前後に着る)バスローブ

bath·room A1 高

/bǽθrù:m バスルーム | bá:θrù:m バースルーム/ 名 (複 **bathrooms** /bǽθrù:mz/) C
❶浴室
❷《米》(家庭·ホテル·レストランなどで遠回しに)トイレ, 手洗い ⇨ **toilet**, **rest room**, **lavatory**
• go to the **bathroom** 《米》トイレに行く (!米では toilet と言わず遠回しに bathroom という)

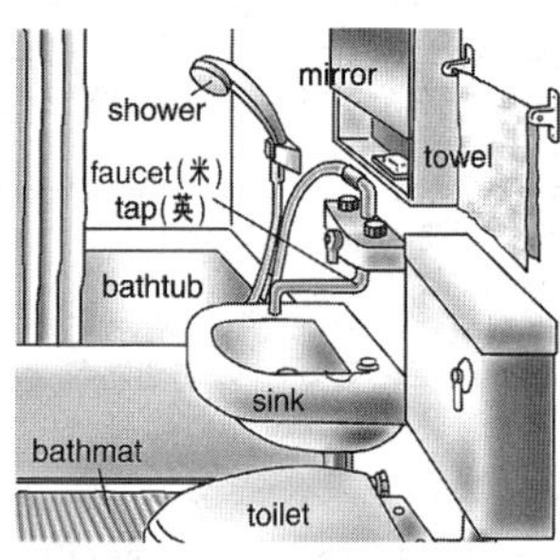

báth tòwel 名 C バスタオル

bath·tub /bǽθtʌ̀b バスタブ/ 名 C 浴そう, 湯ぶね

bath·y·scaphe /bǽθəskèif バスィスケイフ/ 名 C バチスカーフ 《♦深海潜水艇》

Bat·man /bǽtmən バトマン/ 名 バットマン 《♦米国の漫画·映画の主人公》

ba·ton /bətán バタン/ 名 C
❶(リレーの)バトン
❷(音楽の)指揮棒; (バトンガールの)バトン ❸(警察官の)警棒

batón twìrler 名 C バトントワラー (×baton girl とはいわない)

bats·man /bǽtsmən バツマン/ 名 (複 **batsmen** /bǽtsmən/) C 《英》(クリケットの)打者

bat·tal·ion /bətǽljən バタリョン/ 名 C 《軍事》(陸軍の)大隊

bat·ten /bǽtən バテン/ 名 C (板の合わせ目をふさぐ)目板; 当て木
― 動 他 目板[当て木]をはる

bat·ter[1] /bǽtər バタ/ 名 C (野球などの)打者, バッター
日英比較「バッターボックス」は, batter's box となる

bat·ter[2] /bǽtər バタ/ 動 他 自 めった打ちする

bat·ter[3] /bǽtər バタ/ 名 U (ホットケーキなどの)こね物; 練り粉

bat·tered /bǽtərd バタド/ 形 使い古された, ぼろぼろの; (女性が)家庭内暴力を受けた, 虐待(ぎゃくたい)された

bat·ter·y A2 高
/bǽtəri バテリ/
名 (複 **batteries** /bǽtəriz/) C
❶ 電池, バッテリー《♦2つ以上の cell (電池)を組み合わせたもの》
• a solar **battery** 太陽電池
❷《野球》バッテリー《♦投手と捕手の一組》

bat·ting /bǽtiŋ バティング/ 名 U 《野球》バッティング, 打撃

bátting àverage 名 C 《野球》打率;《米》《口語》成功率

bat·tle B1 高 /bǽtl バトル/ 名 (複 **bat-tles** /bǽtlz/)
❶ U C 戦闘, 戦い ⇨**war**
❷ C (困難や病気との)戦い
• a **battle against** poverty [cancer] 貧困[がん]との戦い
❸ 争い, 論争, 競争
— 動 (三単現 **battles** /bǽtlz/; 過去・過分 **bat-tled** /bǽtld/; 現分 **battling**) 自 他
戦う, 闘争する

bat·tle·field B2 /bǽtlfì:ld バトルフィールド/ 名 C 戦場; 闘争の場

bat·tle·ground /bǽtlgràund バトルグラウンド/ 名 (=battlefield)

bat·tle·ment /bǽtlmənt バトルメント/ 名 C 《しばしば **battlements**》(銃眼付きの)胸壁

bat·tle·ship /bǽtlʃìp バトルシプ/ 名 C 戦艦

bau·ble /bɔ́:bl ボーブル/ 名 C 安ぴか物, 安っぽい装飾品

baulk /bɔ́:k ボーク/ 名 動 《英》(=balk)

bawl /bɔ́:l ボール/ 動 自 他 《口語》どなる; しかりとばす《*out*》; 泣きわめく

bay[1] A2 高
/béi ベイ/ 名 (複 **bays** /béiz/) C
(小さい)湾, 入り江 ⇨**gulf**
• Tokyo **Bay** 東京湾

bay[2] /béi ベイ/ 名 U C 犬のほえ声; 窮地
— 動 自 他 ほえる, うなる

bay[3] /béi ベイ/ 名 C 《植物》ゲッケイジュ《♦月桂樹》;《**bays**》月桂冠

báy lèaf 名 C ゲッケイジュの葉, ローリエ《♦料理の香辛料》

bay·o·net /béiənət ベイオネト/ 名 C 銃剣(じゅうけん)

bay·ou /báju: バユー/ 名 C (アメリカ南部の)沼のような入り江

ba·zaar /bəzá:r バザー/ 名 C 慈善市(じぜんいち), バザー

ba·zoo·ka /bəzú:kə バズーカ/ 名 C バズーカ砲

BBC /bí:bì:sí: ビービースィー/ 名《**the BBC**》英国放送協会 (! British Broadcasting Corporation の略)

BBC Énglish 名 U (BBCのアナウンサーが話すような)標準英語

BBQ 《略》barbecue バーベキュー

B.C. 高 /bí:sí: ビースィー/ 《略》Before Christ 紀元前 (!「紀元」は A.D.)

be A1 中
/bi ビ;《強》bí: ビー/ 動
共通イメージ AはBである
❶ 自 (…で)ある; (…に)なる (! be は時・人称などによって形を変える; それらの変化形についてはフォーカスページを参照)
文型 [**be** + 名詞]
• She wants to **be** a **teacher**. ⇨ フォーカス (**a**) 彼女は先生になりたい (! to be ... (…になること)は want (望む)の目的語)
• I want to **be** a **doctor**. 私は医者になりたい
• Don't **be** a bad **boy**. 悪いことをしてはだめですよ (←悪い子であるな)
文型 [**be** + 形容詞]
• It may **be true**. ⇨ フォーカス (**b**) それはほんとう(である)かもしれない
• **Be kind** to others. 他人には親切であれ[親切にしなさい]
文型 [**be** + **to**不定詞]
• Her wish **is to be** a movie star. ⇨ フォーカス (**d**) 彼女の望みは映画スターになることです (! to be ... (…になること)は is の補語)
❷ 自 (…に)いる, (…に)ある

be

A1 動 助
中 /bi ビ;《強》bíː ビー/

共通イメージ A は B である

意味マップ

動 ❶ (…で)ある, (…に)なる
❷ (…に)いる, ある
助 ❶《be ＋現在分詞》…している
❷《be ＋過去分詞》…される
❸《be to *do*》…することになっている

ワンポイント・アドバイス

be動詞は英語の動詞の中で最も頻度が高い. be動詞と呼ぶけれども, 実際は主語の人称(自分・相手・それ以外, といった関係), 時制(現在・過去・未来)によって形が変わり, am, is, are, was, were, been, beingなどはみんなbe動詞の変化したもの.
be動詞の一番重要な役割は「前と後ろの要素をつなぐ」ということ. 文法的には「ある, いる」という意味の本動詞と, 他の動詞を助ける働きの助動詞の役割があるが, 本質的な「つなぐ」機能は変わらない. たいてい, be動詞の前には主語がある. どれが主語かをしっかりチェックすること. それから, be動詞のあとには以下のようないろいろな要素がくる. 何と何とをつないでいるのかをしっかりおさえることが, be動詞の攻略のポイントなのだ！

【be動詞のあとに来るもの】
(a) **名詞**: I am a student.　僕は学生です (I = a student)
(b) **形容詞**: She is cute.　彼女はかわいい (she = cute)
(c) **動名詞**: My hobby is collecting coins.
私の趣味はコイン収集です (hobby = collecting coins)
(d) **to不定詞**: Our aim is to pass the examination.
我々の目的は試験に合格することだ (aim = to pass the examination)

【助動詞用法のbe】
(e) **be＋進行形**: I'm playing a computer game.
ゲームをやっているところです (I = playing a computer game)
(f) **be＋過去分詞**: Smoking is not permitted.
喫煙は禁じられています (smoking = not permitted)

- I'll **be** at your house at eight. 私は8時に君のうちに行きます (←君のうちにいるだろう)
- You cannot **be** in two places at the same time. 君は2つの場所に同時にいることはできない (❗からだが2つないから)
- **There will be** a storm in the afternoon. 午後には嵐(あらし)になるでしょう
- To **be** or not to **be**, that is the question. 生きるべきか死ぬべきか, それが問題だ (❗シェイクスピア作『ハムレット』の中のせりふ)
- Don't touch it. Let it **be**. それにさわるな. それをあるがままにしておけ[ほうっておけ]
- **Be** here by six. 6時までにここにいなさい[来なさい]
- I am glad to **be** with you. あなたとごいっしょできてうれしいです

なぜ?〉 be を「…になる」と訳す
be の基本の意味は「…である」「いる」だが,「…であるだろう」などと未来のことをいうときの be は「…になる」と訳す方が自然な場合がある:
He will **be** fifteen next May. 彼は次の5月で15歳になる (←15歳である (be fifteen) だろう (will))
She wants to **be** a pianist. 彼女はピアニストになりたがっている (←ピアニストであること (to be a pianist) を望んでいる (wants))
ただし, 次のように状態・状況が変化して「…になる」には be は使えない:
She **got** angry. 彼女は怒り出した (❗She was angry. は「彼女は怒っていた」)
He **became** the president in 2010. 彼は2010年に社長になった

—助 ❶《be+現在分詞》《進行形》…している
- They may **be playing** in the park. 彼らは公園で遊んでいるかもしれない
- I'll **be seeing** you. それではまた, さようなら (❗be seeing は see を強調する言い方; I'll see you. ともいう)

使い方〉「…している」以外の be doing
be *doing* はいつも「…している」と訳すとよいとは限らない:
(**1**) 未来を表す副詞(句)とともに用いると近い未来を表す: ● **I'm going** to Kyoto **next Saturday**. 次の土曜に京都に行く(つもりだ)
(**2**) 強調する言い方: ● Now we must **be going**. さてそろそろおいとましなければなりません (❗be going は go の強調)
(**3**) 瞬間的な動作などを表す動詞の be *doing* は「…しつつある」: ● The dog **is dying**. その犬は死にそうだ (❗The dog is dead. は「死んでいる」という状態)

❷《be+過去分詞》《受け身》…される
- That song will **be loved** by everyone. その歌はみんなに愛されるでしょう

使い方〉「…される」以外の be done
(**1**) 感情などを表す動詞: ● I **was surprised** at the news. その知らせに驚いた (←驚かされた)
(**2**) 状態を表す: ● The door **was closed**. ドアは閉まっていた (❗「ドアは閉められた」ともとれる)
(**3**) go, come など自動詞の be done は完了を表す: ● Summer **is gone**. 夏は終わった (←行ってしまった)

❸《be to *do*》…する[になる]ことである; …すべきである; …することになっている; …する予定である; …できる ⇨**am**, **are**[1], **is**

beach A1 中

/bíːtʃ ビーチ/ 名 (複 **beaches** /bíːtʃəz/) Ⓒ 浜, 砂浜, 浜辺, なぎさ
- go to the **beach** for a swim 浜に泳ぎに行く
- They gathered shells **on** [**at**] **the beach**. 彼らは浜で貝拾いをした

似ている単語
浜・海岸—beach, coast, shore
beach は砂や小石の浜辺で, 行楽地としての海辺もさす:
go to the **beach** 海辺へ(海水浴などに)行く
coast は広い範囲の沿岸(地方)をいう:
the Pacific **Coast** (米国の)太平洋沿岸

shore は海や湖の岸辺の意味で用いる一般的な語:
the opposite **shore** 対岸

béach bàll 名C ビーチボール

beach·comb·er /bíːtʃkòumər ビーチコウマ/ 名C 浜辺に打ち寄せた物を拾う人

béach umbrèlla 名C ビーチパラソル (❗「ビーチパラソル」は和製英語)

béach vòlleyball 名U 《スポーツ》ビーチバレー (◆砂浜で行う2対2のバレーボール); C ビーチバレーのボール

bea·con /bíːkən ビーコン/ 名C ❶ (合図・標識としての)かがり火, 信号灯
❷ (濃霧(のうむ)・暴風雨のときに船・飛行機を誘導する)標識, 無線標識

bead /bíːd ビード/ 名C ❶ ビーズ, じゅず玉 ❷ 《**beads**》ビーズのネックレス, 首飾り; じゅず; ロザリオ (◆カトリック教徒が聖母マリアへの祈りのときに用いるじゅず) ❸ (汗などの)玉, しずく
— 動 他 じゅず玉をつける; じゅずつなぎにする

bead·y /bíːdi ビーディ/ 形 (比較級 **beadier**; 最上級 **beadiest**) ビーズのような, (目が)つぶらできらきら輝く

bea·gle B2 /bíːgl ビーグル/ 名C 《動物》ビーグル (◆小型犬; 元来はウサギ狩り用)

beak B2 /bíːk ビーク/ 名C (ワシなどの鋭い)くちばし ⇨**bill**[2]

bea·ker /bíːkər ビーカ/ 名C ❶ (化学実験用の)ビーカー ❷ (広口の)コップ

beam B2 /bíːm ビーム/ 名C
❶ (太陽・月・電灯などの)光線
• A **beam** of light came through the clouds. 雲間から一条の光がもれた
❷ 梁(はり) (◆建物を支える横材)
❸ (顔の)輝き; 《英》笑顔
❹ 《おもに英》《スポーツ》(体操競技の)平均台 (=《米》balance beam)
— 動 ❶ 他 (光線を)発する; (放送・信号などを)送る ❷ 自 光を放つ, 輝く (=shine); 〔…に〕明るく微笑む 《*at*》

bean A1 高

/bíːn ビーン/ 名 (複 **beans** /bíːnz/) C 豆 (◆インゲン, ソラマメ, 大豆など平たくて長めの豆) (❗エンドウマメのように丸い豆は **pea**)
• soya **beans** 大豆

full of beans 元気いっぱいで

spill the beans 《口語》秘密をもらす

béan cùrd 名U 豆腐 (=tofu)

béan spròuts 名 《複数扱い》豆もやし

bean·stalk /bíːnstɔ̀ːk ビーンストーク/ 名C 豆の茎(くき)
• *Jack and the Beanstalk*『ジャックと豆の木』(❗童話の題名)

bear[1] A2

/béər ベア/ (発音 bare と同音) 動 (三単現 **bears** /béərz/; 過去 **bore** /bɔ́ːr/; 過分 **borne, born** /bɔ́ːrn/; 現分 **bearing**) 他

意味マップ
❶ 耐える, がまんする
❷ (特徴などを)もつ
❸ いだく
❹ 産む; 《**be born**》生まれる
❺ (実を)結ぶ
❻ 運ぶ

❶ 《ふつう否定文で》**耐える, がまんする**; (重さを)**支える**
• I cannot **bear** this toothache. 私はこの歯痛をがまんできない
• I can't **bear** his behavior any more. これ以上彼のふるまいに耐えられない
文型 [**bear to** *do* = **bear** *do***ing**] …するのを耐える
• She can't **bear living** [**to** *live*] alone. 彼女はひとり暮らしに耐えられない

似ている単語
耐える−**bear, stand, put up with**
bear は「(苦痛やつらいことに)耐える」の意味の一般的な語:
bear pain [responsibility] 痛み[責務]に耐える
stand は「ひるまずに耐える」ことで, ふつう cannot [can't] stand で使う:
I **can't stand** the noise. その騒音には耐えられない

put up with は「(不快なことに)耐える」ことで口語表現(同じ意味の文章語は tolerate):
Why do you **put up with** such nonsense? どうしてそんなばかげたことに耐えられるんだ

❷ (特徴・関係などを)もつ, 帯びている
• These tests **bear** no relation to what children have learned in class. これらのテストは子ども達が授業で学んだものと全く関係がない

❸ (うらみなどを)いだく

❹ 産む; 《**be born**》 生まれる ⇨**born**
• **bear** a child 子どもを産む
• Our cat **bore** five kittens. うちのネコは子ネコを5ひき産んだ

❺ (実を)結ぶ
• These trees **bear** fine apples. これらの木にはすばらしいリンゴがなる
• His study finally **bore** fruit. 彼の勉強はついに実を結んだ (! この fruit は「成果」の意味)

❻ 《文章》 運ぶ, 持っていく
• In Japan, people are not allowed to **bear** guns. 日本では銃の携帯は許されていない

bear away 《文章》 持ち去る; (賞品などを)勝ち取る; (事態などが人を)押し流す

bear down 上から圧迫する, (敵などを)倒す; がんばる, 努力する

bear down on ぐっと力をかける, 圧迫する; 急に迫る; はげむ

bear ... in mind …を心にとめておく

bear on ... …に関係する; …に影響する; …を押す, 圧迫する

bear out 支持する, 裏付ける
• The evidence **bore out** his claim. その証拠は彼の主張を裏付けた

bear up 耐える, がんばる

bear with ... …をがまんする
• Just **bear with** me, I'm getting to the point. ちょっとがまんして話を聞いて, 今肝心のところになるから

bear witness 証言する

bring A to bear on* [*upon*] *B AをBにかける, 集中する; Bに対処するためにAを生かす, 使う

bear[2] A1 中
/béər ベア/ (発音 bare と同音)
名 (複 **bears** /béərz/) C
❶ 《動物》 クマ 《♦熊》
• a polar **bear** シロクマ, ホッキョクグマ
❷ (株取引で)弱気 (↔**bull**)

bear·a·ble /béərəbl ベアラブル/ 形 がまんできる (↔**unbearable**)

beard B1 /bíərd ビアド/ 名 (複 **beards** /bíərdz ビアヅ/) C あごひげ
• grow [have, wear] a **beard** あごひげをはやす[はやしている]

関連語› 単語力
m(o)ustache 口ひげ
whiskers ほおひげ
sideburns もみあげ

beard·ed /bíərdəd ビアデド/ 形 あごひげのある

bear·er /béərər ベアラ/ 名 C (手紙などの)持参人; 運ぶ人

bear·ing B2 /béəriŋ ベアリング/ 名 ❶ U 態度 ❷ U C 関係 ❸ C 《しばしば **bearings**》 方向 ❹ C 《ふつう **bearings**》 ベアリング, 軸受け

get* [*find*] *one's bearings 自分のいる位置がわかる; 自分の立場を把握(はあく)する

lose one's bearings 方向[自分の位置]を見失う

bear·ish /béəriʃ ベアリシュ/ 形
❶ がさつな, 乱暴な
❷ 《株式》 弱気の (↔**bullish**)

beast B1 /bíːst ビースト/ 名 (複 **beasts**

/bíːsts ビースツ/) Ⓒ ❶《文章》(大きな四つ足の)けもの, 動物 ⇨**animal**
❷《古風》けだもののような人

beast·ly /bíːstli ビーストリ/ 形 (比較級 **beastlier**, **more beastly**; 最上級 **beastliest**, **most beastly**) けもののような; いやな, 不愉快な

beat B1 高 /bíːt ビート/ 動 (三単現 **beats** /bíːts ビーツ/; 過去 **beat**; 過分 **beaten** /bíːtn/, **beat**; 現分 **beating**)
❶ 他自 (連続的に)打つ, たたく; 打ちつける
• **beat** a drum 太鼓(たいこ)をたたく
• He was **beaten** black and blue. 彼はなぐられて青あざができた
• The rain is **beating** on (**against**) the windows. 雨が窓を打ちつけている
❷ 他 (敵を)打ち破る, 負かす, (人に)勝つ (=defeat)
• Bob **beat** John in the election. ボブは選挙でジョンを破った (❗過去形は原形と同じ形)
• You are **beaten**. Give in! 君の負けだ. 降参しろ
• Nobody can **beat** you at chess. チェスであなたを負かせる人はいない
比較 We **won** the game 2 to 1. 私たちは試合に2対1で勝った (❗beat は「(人など相手に)勝つ」, win は「(試合・戦争などに)勝つ」; ×We beat the game ... としない)
❸ 他 (卵などを)かきまぜる, あわ立てる ❹ 自 (心臓が)打つ
• My heart **beat** rapidly. 胸がドキドキした

beat down 打ち倒す; (太陽が)照りつける, (雨が)激しく降る; 《英》値引きさせる
Beat it! 《口語》出て行け!, 逃げろ!, 失せろ!
beat off ... …を撃退する
beat out (リズムなどを)たたいて鳴らす; (火を)たたき消す; 《米》(人を)やっつける
beat time 拍子(ひょうし)をとる
beat A to B A(人)より早くBを手に入れる, Aを出し抜いてBをする
beat up めった打ちにする, ひどくなぐる
It beats me. = ***Beats me.*** 《口語》(私には)わからない
• "Why did he say such a foolish thing?" "**Beats me.**" 「なんで彼はあんなばかなこと言ったの」「さあね」
Nothing beats ... = ***You can't beat ...*** …は最高である (←…には勝てない)
• **Nothing beats** a home-cooked meal. 手料理ほどいいものはない

━ 名 (複 **beats** /bíːts ビーツ/) Ⓒ
❶ 打つこと; 打つ音; 拍子; (心臓の)鼓動
• the **beat** of a drum 太鼓の音
❷ (仕事などの)担当区域

━ 形 《口語》へとへとに疲れて (=tired out)
• I'm **beat**. ああ疲れた

beat·en /bíːtn ビートン/ 動 beat の過去分詞
━ 形 打たれた; 打ち延ばされた; 打ち負かされた; 踏みならされた
off the beaten track [***path***] (場所が)人があまり訪れない, 人里離れた

beat·er /bíːtər ビータ/ 名 Ⓒ 打つ器具; かくはん器, 泡立て器; 打つ人, 打ち破る人

beat·ing /bíːtiŋ ビーティング/ 名 Ⓒ 打つこと; 打ち負かすこと; 打撃; (心臓の)鼓動

Bea·tles /bíːtlz ビートルズ/ 名 《**the Beatles**》ビートルズ (◆1962年に結成され1970年に解散した, イギリス出身の4人組ロックグループ)

Be·a·trice /bíːətris ビーアトリス/ 名 ビアトリス (◆女性名)

beau·ti·cian /bjuːtíʃən ビューティシャン/ 名 Ⓒ 美容師

beau·ti·ful A1 中
/bjúːtəfəl ビューティフル/ 形
❶ 美しい, きれいな (⇔**ugly**)
• a **beautiful** face [voice, picture] 美

しい顔[声, 絵]
- Mt. Fuji is very **beautiful** against the blue sky. 青い空を背景にして富士山がとてもきれいだ
- How **beautiful** this flower is! = What a **beautiful** flower this is! この花のなんと美しいこと
- She is **more beautiful than** her sister. 彼女は彼女の姉[妹]よりも美しい (❗比較級)

似ている単語
美しい・きれいな
人に用いるとき **beautiful** はふつう女性について言い, 美しさの度合いが最も強い. **pretty** は「かわいらしい美しさ」を表し, 若い女性や少女に用いる. **handsome** は男性の「ハンサムな」ことを表す. **good-looking** は「顔立ちのいい」ことで男女の区別なく使う

❷ すばらしい, 見事な
- a **beautiful** dinner [friendship] すばらしい食事[友情]
- **beautiful** weather すばらしい天気

派生 **beautifully** 副; 派生 **beauty** 名
派生 **beautify** 動

beau·ti·ful·ly B1 高 /bjú:təfəli ビューティフリ/ 副 美しく; 見事に

beau·ti·fy B2 /bjú:təfài ビューティファイ/ 動 (三単現 **beautifies** /bjú:təfàiz/; 過去・過分 **beautified** /bjú:təfàid/; 現分 **beautifying**) 他 美しくする; 自 美しくなる
派生 **beautiful** 形

beau·ty A2 高

/bjú:ti ビューティ/
名 (複 **beauties** /bjú:tiz/)
❶ U 美, 美しさ
- He was attracted by her **beauty**. 彼は彼女の美しさに魅了された
- love the **beauty** of nature 自然の美しさを愛する

❷ C 美人; 《口語》見事なもの
❸ C 《**the beauty**》〔…の〕魅力, 美点 《*of*》 ❹ 《形容詞的》美容の
- **beauty** treatment 美容(術)

派生 **beautiful** 形

béauty còntest 名 C 美人コンテスト

béauty pàrlor 名 C 美容院 ⇨ **beautician**

béauty sàlon [**shòp**] 名 (=beauty parlor)

béauty spòt 名 C ❶ ほくろ; つけぼくろ ❷ 《英》景勝地, 名所

bea·ver B1 /bí:vər ビーヴァ/ 名 (複 **beavers** /bí:vərz/) C 《動物》ビーバー

be·came /bikéim ビケイム/ 動 become の過去形

be·cause A1 中

/bikɔ́:z ビコーズ/ 接

意味マップ
❶ (なぜなら)…だから, …なので
❷ …だからといって(…ではない)
❸ (ただ)…という理由(だけ)で

❶ (なぜなら) **…だから, …なので** (❗ある出来事や行為についてのはっきりした理由・原因を述べるのに使う)
- I'm angry **because** you didn't keep a promise. 約束を守らなかったから怒ってるんだ
- We employed him **not because** he had a long career of experience **but because** he was competent. 我々が彼を採用したのは彼が長年のキャリアを持っているからではなく有能であるからだ (❗not A but B「AではなくBである」)

会話 "Why were you late?" "**Because** the traffic was heavy."「どうして遅刻したんだ」「交通が渋滞していたからです」

似ている単語
because, since, as, for
いずれも「…なので, …だから」と理由を表すが, **because** が最も強く直接の原因を表し, **since, as** の順に弱くなる. **for** はおもに文章語で補足的に理由を述べるときに用い, 文の最初には用いない:
Because I was very busy, I didn't go there. = I didn't go there, **because** I was very busy. とても忙しかったのでそこへ行かなかった ⇨❷

a b c d e f g h i j k l m n o p q r s t u v w x y z

He must be sick, **for** he looked so pale. 彼はきっと病気ですよ, 顔色がひどく悪かったですもの

❷《否定文の次で》…だからといって(…ではない)

- You should **not** be proud **because** you are rich. 君は金持ちだからといってうぬぼれてはいけない

❸《**only**, **simply**, **just** などを伴って》(ただ)…という理由(だけ)で; 《**largely**, **mainly**, **mostly** などを伴って》おもに…という理由で

- I'm not angry **only because** he didn't come on time. 彼が時間どおりに来なかったからというだけで怒っているのではない
- She lost the game **largely because** she didn't have enough training. 彼女はおもにトレーニング不足で負けた

because of … B1 …のために, …の理由[原因]で

- He was late for school **because of** a railroad accident. 電車事故のため彼は学校に遅刻した
- He was absent **because of** illness. 彼は病気で欠席した

比較 He was absent **because** he was ill. 彼は病気なので欠席した (❗前の用例と比較の文は同じ内容を表すが,「because of＋句」「because＋文の形」であることに注意; ×He was absent because illness. としない)

just because 《口語》…だからといって, …というだけで

語源 by＋cause(理由)から

使えるコーパスフレーズ

(**1**) *because* of … …の理由で
(**2**) this [that] is *because* … これ[それ]は…だからです
(**3**) not *because* … …だからではなく
(**4**) partly *because* … 一部には…という理由で

ワンポイント・アドバイス

because は原因や理由を表す接続詞. ふつうはメインの文のうしろについて, "文 A because 文 B" (文 B なので, 文 A) とつながる. いきなり Because … で始める文も作れるが, できれば避けた方がいい

原因・理由の接続詞としては because がメインだけど, 他に since, for, as などもあるので辞書の例文や語法解説をよく読もう!

beck /bék ベク/ 名《次の成句で》

at A's beck and call A(人)の言いなりになって

beck·on /békən ベコン/ 動 他自 手招きする, 合図する; 誘う

Beck·y /béki ベキ/ 名 ベッキー《◆女性名; Rebecca の愛称》

be·come A1 中

/bikʌ́m ビカム/ 動 (三単現 **becomes** /bikʌ́mz/; 過去 **became** /bikéim/; 過分 **become**; 現分 **becoming**)

意味マップ
❶ …になる
❷ …に似合う

❶ 自 文型 [**become C**] C になる (❗C は名詞・形容詞)

- **become** a man [a woman] おとなになる
- **become** tired 疲れる
- Tadpoles **become** frogs. オタマジャクシはカエルになる
- He **became** a doctor. 彼は医者になった
- He decided to **become** a lawyer. 彼は弁護士になることを決めた

比較 I **came to** like her. 彼女を好きになってきた (❗become のあとには形容詞や名詞がくる. あとに to *do* を続けて「…するようになる」は come [get] to *do* を使う)

- When he **becomes** a college student, he will look for a part-time job. 大学生になったら, 彼はバイトを探すでしょう
- The sky **became** dark. 空が暗くなった

似ている単語

…になる－**become**, **get**, **go**

いずれもあとに形容詞を伴って「…になる」ということを表す. **become** と **get** は人の感情, 自然, 社会などの変化をいうのに使うが,

get の方が日常よく用いる:
She **became** famous as a singer. 彼女は歌手として有名になった
It's **getting** dark outside. 外は暗くなってきた
go は決まった言い方で, 特に悪い状態への変化をいうのに使うことが多い:
go mad [crazy] 気が変になる; 怒る
go bad (食べ物が)腐る

❷ 他《文章》…に似合う, …にふさわしい (❗かたい表現; ふつう suit を使う)
• That hat really **becomes** you. その帽子は本当によく似合っている

become of ... …は(どう)なる (=happen to)
• **What became of** her? 彼女はどうなりましたか (❗過去の出来事としてたずねているので過去形を用いる)
• **What has become of** your dog? 君の犬はどうなりましたか (❗現在完了で, 現在どうなっているかをたずねている)

使えるコーパスフレーズ

become＋名詞
(1) *become* a member メンバーになる
(2) *become* friends 友達になる
become＋形容詞
(1) *become* involved 係わり合いを持つようになる
(2) *become* clear 明らかになる

ワンポイント・アドバイス
「…するようになる」は begin [start] to do がふつうで become to do は間違い. 「become＝なる」につられないように. come to do は少しかたい表現

be·comes /bikʌ́mz ビカムズ/ 動 become の三人称単数現在形

be·com·ing /bikʌ́miŋ ビカミング/ 動 become の現在分詞・動名詞
━ 形 似合う; ふさわしい

bed A1 中

/béd ベド/ 名 (複 **beds** /bédz ベヅ/)
❶ U C ベッド, 寝床, 寝台
• a single [double] **bed** シングル[ダブル]ベッド
• go to **bed** 寝る
• She has been **sick in bed** for a week. 彼女は1週間病気で寝ている
❷ C 花壇(かだん) (=flowerbed), 苗床(なえどこ)
❸ C (川・湖・海などの)底
• a river **bed** 川底, 川床

a bed of roses 安楽な暮らし
get out of bed 寝床から出る, 起きる
get out of bed on the wrong side = get up on the wrong side of the bed 朝から(1日じゅう)機嫌(きげん)が悪い
go to bed with ... …とセックスする
make a [*one's, the*] ***bed*** ベッド[床]を整える; ふとんを敷(し)く
put [*send*] ***... to bed*** …を寝かしつける
take to one's bed (病気で)床につく

━ 動 (三単現 **beds** /bédz ベヅ/; 過去・過分 **bedded** /bédəd/; 現分 **bedding**) 他 花壇に植える; 固定する; 埋め込む

béd and bréakfast 名 C 朝食つきの宿泊 (◆宿泊 (bed) と朝食 (breakfast) を提供する民宿; B & B, b & b /ビーアンドビー/ と略す)

bed·clothes /bédklòuz ベドクロウズ/ 名《複数扱い》寝具 (❗シーツなど)

bed·ding /bédiŋ ベディング/ 名 U 寝具; 寝わら

bed·lam /bédləm ベドラム/ 名 U 騒々しい場所

bed·pan /bédpæn ベドパン/ 名 C (病人用の)差し込み便器, おまる

be·drag·gled /bidrǽgld ビドラグルド/ 形 (ぬれたりして)きたならしい, だらしない

bed·rid·den /bédrìdən ベドリドン/ 形 寝たきりの

bed·rock /bédràk ベドラク/ 名 U 岩盤; 《文章》基盤となるもの, 根本原理

bed·room A1 高

/bédrù:m ベドルーム/ 名 (複 **bedrooms** /bédrù:mz/) C 寝室

bed·side B1 /bédsàid ベドサイド/ 名 (複 **bedsides** /bédsàidz ベドサイヅ/) C ベッドのそば; (病人などの)まくらもと; 《形容詞的》まくらもと用の
- a **bedside** table ベッドわきの小テーブル

bed·sore /bédsɔ̀ːr ベドソー/ 名 C (病人の)床ずれ

bed·spread /bédsprèd ベドスプレド/ 名 C (使わない時にかけておく)ベッドカバー

bed·time /bédtàim ベドタイム/ 名 U 寝る時刻, 就寝時間
- It's your **bedtime**. 寝る時間ですよ

bee A1

/bíː ビー/ 名 (複 **bees** /bíːz/) C
❶《昆虫》ミツバチ (=honeybee); (一般に)ハチ
- a queen **bee** 女王バチ

❷《米》(仕事・競争などのための)集まり
- a spelling **bee** つづり字コンテスト

(as) busy as a bee とても忙しい

have a bee in *one's* ***bonnet*** おかしな考えにとりつかれている

beech /bíːtʃ ビーチ/ 名 C 《植物》ブナ(の木); U ブナ材

beef A1 中

/bíːf ビーフ/
名 (複 **beeves** /bíːvz/, **beefs** /bíːfs/)
❶ U 牛肉 ⇨**meat** 関連語
- I like **beef** better than pork. 豚肉より牛肉の方が好きだ

❷ C 《口語》不平

一 動 (三単現 **beefs** /bíːfs/; 過去・過分 **beefed** /bíːft/; 現分 **beefing**) 自 《口語》〔…について〕不平を言う 《*about*》

beef up ... …を強化する

Beef·eat·er /bíːfìːtər ビーフィータ/ 名 C ロンドン塔の守衛

beef·steak /bíːfstèik ビーフステイク/ 名 U C ビーフステーキ (❗日常的には steak という); 牛肉の厚い切り身

beef·y /bíːfi ビーフィ/ 形 (比較級 **beefier**; 最上級 **beefiest**) 《口語》たくましい

bee·hive /bíːhàiv ビーハイヴ/ 名 C ミツバチの巣(箱)

bee·keep·er /bíːkìːpər ビーキーパ/ 名 C ミツバチを飼う人, 養蜂家

bee·line /bíːlàin ビーライン/ 名 C 一直線, 最短距離

make a beeline for ... 《口語》…へ一直線に進む

been A2 中

/bin ビン; 《強》bíːn ビーン/
動 自 《be の過去分詞》
❶《**have** [**has**] **been**》《現在完了形》今までずっと…である
- He **has been** sick for a week. 彼はこの1週間ずっと病気です

❷《**have** [**has**] **been** + 場所を示す副詞(句)》《現在完了形》今までずっと…にいた; …にいたことがある; (今までに)…へ行ったことがある; …へ行ってきたところだ
- I **have** never **been to** Britain. 私はイギリスへ行ったことがありません

比較 She **has gone to** London. 彼女はロンドンに行ってしまった(のでここにはいない) (❗have been to は「…へ行ったことがある」, have gone to は「…へ行ってしまった」; ただし《米》では have gone to を「…へ行ったことがある」の意味で使うこともある)

会話 "**Where have** you **been**?" "**I've been in** the library."「君は今までずっとどこにいたのですか」「ずっと図書室にいました」

❸《**had been**》《過去完了形》(その時まで)ずっと…であった; ずっと…にいた, いたことがあった; (その時までに)…へ行ったことがあった; …へ行ってきたところだった (❗「過去のある時」までの完了, 継続, 経験を表す) ⇨**had**

❹《**will** [**shall**] **have been**》《未来完了》(未来のあるときまで)ずっと…であることになる; ずっと…にいることになる

一 助 ❶《**have** [**has**] **been** + 現在分詞》(今まで)…し続けている, …していた (❗現在完了進行形)
- It **has been raining** for a week. 1週

間雨が降り続いています

❷《have [has] been＋過去分詞》…され てしまった，…され(続け)ている，…さ れたことがある（❗現在完了の受け身）

❸《had been＋現在分詞》(その時まで)… し続けていた（❗過去完了進行形）

beep /bíːp ビープ/ 名C （発信音の)ビー [ピー]（という音）

━動自 ビー[ピー]と鳴る; 他 ビー [ピー]と鳴らす

beep·er /bíːpər ビーパ/ 名C ポケット ベル（=pager）

beer A2

/bíər ビア/ (×ビール) 名 (複 **beers** /bíərz/) UC ビール

• a glass [two glasses] of **beer** ビール1杯[2杯]（❗《口語》では単に a beer, two beers のようにもいう）

• a bottle of **beer** (びん)ビール1本

• canned **beer** 缶ビール

• Waiter, four **beers**, please. 店員さん, ビール4つお願いします（❗注文などのくだけた表現では可算名詞扱い）

béer gàrden 名C ビアガーデン

bees·wax /bíːzwæ̀ks ビーズワクス/ 名U 蜜(みつ)ろう《♦ろうそくの原料になる》

beet /bíːt ビート/ (発音 beat (打つ)と同音) 名UC 《植物》ビート, テンサイ, サトウダイコン (=sugar beet)《♦野菜の一種; 砂糖の原料》

Bee·tho·ven /béitouvən ベイトウヴェン/ 名 《**Ludwig van Beethoven**》ベートーベン (1770-1827)《♦ドイツの大音楽家》

bee·tle /bíːtl ビートル/ 名C 甲虫(こうちゅう)《♦カナブン, カブトムシなどの総称》

be·fall /bifɔ́ːl ビフォール/ 動 (三単現 **befalls** /bifɔ́ːlz/; 過去 **befell** /bifél/; 過分 **befallen** /bifɔ́ːlən/; 現分 **befalling**) 他自 《文章》(よくないことが)…にふりかかる, 起こる

be·fit /bifít ビフィト/ 動 (三単現 **befits** /bifíts ビフィツ/; 過去·過分 **befitted** /bifítəd/; 現分 **befitting**) 他 《文章》…にふさわしい

be·fore A1 中

/bifɔ́ːr ビフォー/ 前

共通イメージ 前方

❶《時間》…の前に[の], …より先に (↔**after**); (…分)前 (=to, 《米》of) (↔**past**, 《米》**after**); (順位·優先の順序が)…より先で

• **before** sunrise 夜明け前に

• Why don't we have a party a few days **before Christmas**? ⇨フォーカス1 クリスマスの2, 3日前にパーティーをするのはどう？

• **the day before yesterday** おととい, 一昨日 (←きのうの前の日)

• I woke up **shortly before dawn**. ⇨フォーカス2 夜明けのちょっと前に目が覚めた

• **the night before last** おとといの晩, 一昨夜（❗last は「昨夜」(last night) の意味）

• **before the end of** this year 今年の年末までに

• It's ten minutes **before** closing time. 閉店[閉館]10分前です

• Be sure to be back **before dark**. 必ず暗くなる前に帰ってくるんですよ

• I want to finish this work **before** having lunch. 昼食をとる前にこの仕事を終えたいんだ（❗before＋*doing*）

• The net profit **before tax** will be about $10 million. ⇨フォーカス5 税引き前純利益は約1,000万ドルになるだろう

❷《位置》…の(目の)前に[で] (↔**behind**); …の手前に[で]; (権力や影響力を持つ人やもの)の前で（❗眼前の広がり, 人の目の前, 向かっていく先にある目印となるものの手前, 力の前について使い, 単に建物や物などの前を表す場合には in front of を使う）

• Something has passed **right before** her eyes. 何かが彼女のすぐ目の前を通り過ぎた

• The lavatory is on your left just **before** the end of the corridor. お手洗いは廊下(ろうか)の突き当たり手前左側です

be·fore

A1 前 接 副
中 /bifɔ́ːr ビフォー/

((位置)) (…の)前方に

Something has passed before her eyes.

共通イメージ
前方

背景となる他のものよりも前に

前❷((位置))…の手前に；…の前で

The lavatory is on your left just before the end of the corridor.

他の時点よりも前に

前❶ 接 副❶((時間))
(…の)前に；
以前に(今より前に)

before sunrise

意味マップ

前 ❶《時間》…の前に
❷《位置》…の前に
接 …する前に；…しないうちに

副 ❶《時間》以前に；(過去のある時より)その(…)前に
❷《位置》前方に

使えるコーパスフレーズ

before＋名詞

1 **before Christmas**
クリスマス前に

2 **before dawn**
夜明け前に

3 **before breakfast**
朝食前に

4 **before midnight**
真夜中前に

5 **before tax**
(収入金額が)税引き前で

ネイティブはこういう！

◆ **It was not long before ...**
(それから)すぐに…

◆ **as I said before**
前に(も)言ったように

◆ **better [faster] than (ever) before**
これまででいちばんよい[速い]

◆ **as never before**
かつてなかったほど

◆ **before and after ...**
…の前後に[で]

• **before** the court 法廷で

before everything = ***before anything*** (***else***) 何よりもまず, 何はさておき

before long まもなく, やがて (= soon) • He will come **before long**. 彼はまもなく来るだろう

— 接 …する前に; …しないうちに (↔ **after**)

• I must go home **before** it gets dark. 暗くなる前に[暗くならないうちに]私は家に帰らなければならない

before A knows it 《口語》 すぐに, ほどなく, いつのまにか (←そのことを知る前に)

• Bob went out **before I knew it**. いつのまにかボブは外へ出て行った

It is not long before ... ほどなく…, すぐに…

• **It was not long before** he knew it. まもなく彼はそれを知った (←彼がそれを知る前は長くなかった)

使い方› 「…しないうちに」という時には, 「…する前に」と考えて動詞を否定形にしない. また, 未来のことであっても現在形を使う.
○Do it right now before you forget.
×Do it right now before you won't [don't] forget.
×Do it right now before you will forget.
忘れないうちにすぐそれをしなさい

— 副 ❶《時間》以前に; (過去のある時より) その(…)前に ⇨**ago**

• the day [the night] **before** その前の日[晩] (に)

• two years **before** (現在以外の時点を基準に)その2年前に

• Come here at six, not **before**. 6時(前でなく)きっかりにここへ来なさい

• I've met him **before**. 彼には以前会ったことがある

文法› **before** と **ago**
before は, ばくぜんと「以前に」という場合や, 過去のある時から見て, 「(…)以前に」という場合に使う. **ago** は今や発言の時点から見て「…前に」を表し, ふつう過去形とともに使う ⇨**ago** 使い方
I've seen the movie **before**. その映画は前に見たことがある
She said that she had seen the movie two weeks **before**. = She said, "I saw the movie two weeks **ago**." その映画は2週間前に見たと彼女は言った

❷《位置》前方に (↔**behind**)

as before 以前のように, 以前と変わらず • We met at the park **as before**. 私たちは以前のように公園で会った

be·fore·hand /bifɔ́ːrhæ̀nd ビフォーハンド/ 副 前もって, あらかじめ (=in advance)

be·friend /bifrénd ビフレンド/ 動 他 (人の)味方をする, 手助けをする

be·fud·dled /bifʌ́dld ビファドルド/ 形 混乱した, 取り乱した

beg A2 高

/bég ベグ/ 動 (三単現 **begs** /bégz/; 過去·過分 **begged** /bégd/; 現分 **begging**)

❶ 他 自 お願いする, 〔…を〕求める, 頼む《*for*》(! ask よりもへりくだって頼むという感じが強い)

• She **begged** him **for** help. 彼女は彼に助けを求めた

❷ 自 他 めぐんでくださいと言う, 請(こ)う; 文型 [**beg for A**] Aをめぐんでくださいと言う; 文型 [**beg A for B** = **beg B of** [**from**] **A**] A(人)にB(物など)をほしいと言う

• **beg for** money [food] お金[食べ物]をめぐんでくださいと言う

❸ 自 (犬が)ちんちんをする

I beg your pardon. (失礼をわびるとき)すみません; (聞き返すとき)もう一度おっしゃってください ⇨**pardon** (成句)

be·gan /bigǽn ビギャン/ 動 begin の過去形

be·get /bigét ビゲト/ 動 (三単現 **begets** /bigéts ビゲツ/; 過去 **begot** /bigɑ́t/; 過分 **begotten** /bigɑ́tən/, **begot**; 現分 **be-**

getting) ㊎ 《古語》(子どもを)もうける (❗主語は父親; 母親の場合は bear); 《文章》(よくない事態を)生じさせる, 引き起こす

beg·gar /bégər ベガ/ 名 C こじき, 物もらい, 貧乏人

be·gin A1 中

/bigín ビギン/ 動 (三単現 **begins** /bigínz/; 過去 **began** /bigǽn/; 過分 **begun** /bigʌ́n/; 現分 **beginning**) 自他 始まる, 始める (=start) (↔**end**, **finish**)

- School **begins** at eight. 学校は8時に始まる
- Our club **began** five years ago. Only three people **began** this club. 私たちのクラブは5年前に始まった[発足した]. たった3人でこのクラブを始めたのだ (❗前の began は自動詞, 後の began は他動詞)
- School **begins** in September. 学校は9月から始まる (❗日本語の「…から」につられて from にしない; あとにくる語によって前置詞が決まる; また欧米の新学期は9月から始まる) ⇨**at** 使い方
- Well **begun**, well finished. うまく始められれば, うまく終わるだろう[始めよければすべてよし] (❗If it is well begun, it will be well finished. を短くした表現)

文型 [**begin to** *do* = **begin** *do***ing**] …し始める

- It **began to** *rain*. 雨が降り始めた
- The snow has **begun to** *melt*. 雪が溶(と)け始めた
- He **began working as** an engineer. 彼は技術者として働き始めた

begin by doing …することから始める, まず…する

- I'll **begin by introducing** myself. まず自己紹介をします

begin with ... …で始まる

- The first word in a sentence always **begins with** a capital letter. 文の最初の単語は大文字で始まる

to begin with まず第一に, 最初に

- **To begin with**, I would like to talk about my new plan. まず最初に, 私の新しいプランのことからお話したいと思います

be·gin·ner A2

/bigínər ビギナ/ 名 (複 **beginners** /bigínərz/) C 初心者, 初学者, 初めてする[学ぶ]人; 創始者

- a complete **beginner** at skiing スキーのまったくの初心者

begínner's lúck 名 U 初心者に伴う幸運[つき], ビギナーズラック

be·gin·ning A2 高

/bigíniŋ ビギニング/

名 (複 **beginnings** /bigíniŋz/) C 初め, 最初; 始まり (↔**end**)

- at the **beginning** of June 6月初頭に
- Good **beginnings** lead to good **endings**. よい始まりはよい終わりに至る

from beginning to end 初めから終わりまで

from the beginning 最初から

in the beginning 最初のうちは (=at first)

- **In the beginning**, I didn't like him. 初めのうちは彼が好きではなかった

be·go·nia /bigóunjə ビゴウニャ/ 名 C 《植物》ベゴニア

be·grudge /bigrʌ́dʒ ビグラヂ/ ㊎ 文型 [**begrudge A B**] A(人)のB(成功など)をうらやむ, ねたむ

be·guile /bigáil ビガイル/ 動 ㊎ 《文章》だます, たぶらかす

be·gun /bigʌ́n ビガン/ 動 beginの過去分詞

be·half B1 /bihǽf ビハフ | bihɑ́ːf ビハーフ/ 名 U 利益; (味方をする)側

on* [*in*] *behalf of A* = *on* [*in*] *A's behalf Aに代わって, Aの代理[代表]として; A(人)のために

be·have B1 高 /bihéiv ビヘイヴ/ 動 (三単現 **behaves** /bihéivz/; 過去・過分 **behaved** /bihéivd/; 現分 **behaving**) 自 ❶ ふるまう

- **behave** well [badly] 行儀がよい[悪い]
- He does not know how to **behave**

at the table. 食卓ではどんなふうにふるまうべきか[食事の作法を]彼は知らない

- He **behaved** in a friendly manner toward me. 彼は私に対して友好的にふるまっていた

❷ 行儀(ぎょうぎ)よくする

- Why can't you **behave**? どうしてお行儀よくできないの

behave oneself 行儀よくする

- **Behave yourself**, or you'll be laughed at by everyone. お行儀よくしないと, みんなに笑われますよ

派生 **behavior** 名

be·hav·ior A2 高

/bihéivjər ビヘイヴァ/ 名 U

❶ ふるまい, 態度; 行儀(ぎょうぎ)

- You have a **behavior** problem. 君は態度[行動]に問題があるよ

コロケーション
形+**behavior**
good *behavior* よいふるまい
bad *behavior* 悪いふるまい
violent *behavior* 乱暴なふるまい
strange [odd] *behavior* 変なふるまい
abnormal *behavior* 異常なふるまい

❷ 行動(パターン), 生態; 性質

- She studies the **behavior** of crowds [animals]. 彼女は群集[動物]の行動を研究している

派生 **behave** 動

be·hav·ior·al /bihéivjərəl ビヘイヴァラル/ 形 行動の

be·hav·iour /bihéivjər ビヘイヴァ/ 名 《英》(=behavior)

be·hav·iour·al /bihéivjərəl ビヘイヴァラル/ 形 《英》(=behavioral)

be·head /bihéd ビヘド/ 動 他 首をはねる

be·hind A1 中

/biháind ビハインド/

共通イメージ 後ろ

— 前 ❶ …の後ろに[の]; …の陰に[の] (↔**in front of**); (本当の理由・心理などが)…の背後に(ある)

- hide **behind** the sofa ソファーの陰に隠れる
- the boy **behind** you 君の後ろの少年
- from **behind** the curtain カーテンの陰

前❶ …の後ろに

from behind the curtain

共通イメージ
後ろ

時間の流れの中で他のものの後ろにある

前❷ 副❷ (…に)遅れて; (…に)劣って(先に進んでいるものの方が優れている)

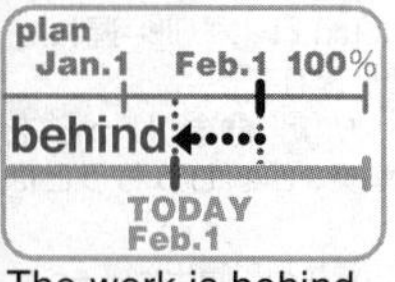

The work is behind schedule.

進んでいく目標が前, これまでに進んできた過去が後ろ

副❶ 後ろに, 残って

look behind

後ろから支えている

前❸ …を支持して

They were behind him.

から
- The moon is **behind** the clouds. 月は雲に隠れている(←雲の後ろにある)
- Don't speak ill of others **behind their backs**. 陰で他人の悪口を言うな
- This is the real reason **behind** our failure. これが私たちの失敗の(背後にある)本当の理由だ
- He went out, closing the door **behind** him with a slam. 彼はドアをバタンと閉めて出て行った

❷ …に遅れて; …に劣って(↔**ahead of**)
- **behind** the times 時代遅れの
- The work is **far behind schedule**. 仕事は予定よりずいぶん遅れている
- The Red Sox are three games **behind** the Yankees. レッドソックスはヤンキースに3ゲーム差で負けている

❸ …の味方をして, …を支持して
- They were solidly **behind** him. 彼らはこぞって彼をあと押しした

behind the scenes 秘密裏に, こっそり舞台裏で

━ 副 ❶ 後ろに[を] (↔**ahead**); 残って, 残されて
- look **behind** 後ろをふり返って見る
- stay **behind** あとに残る
- He has **left** his camera **behind**. 彼はカメラを置き忘れて行った[きた]
- He **was left behind** by the other runners. 彼はほかの走者に置いていかれた

❷ 遅れて; 劣って
- The trains are ten minutes **behind** today. 列車はきょうは10分遅れている
- We are already **behind** by five minutes. 私たちはすでに5分遅れている (❗by five minutes は予定と現実の差が5分あるということ)
- He is always **behind** with his work. 彼はいつも仕事が遅れる

from behind 後ろ[背後]から
- Somebody called me **from behind**. だれかが私を背後から呼んだ

━ 名 (複 **behinds** /biháindz/) C 《口語》おしり

be·hold /bihóuld ビホウルド/ 動 (三単現 **beholds** /bihóuldz ビホウルヅ/; 過去・過分 **beheld** /bihéld/; 現分 **beholding**) 他 自 《文章》見る

be·hold·er /bihóuldər ビホウルダ/ 名 C 見る人
- Beauty is in the eye of the **beholder**. 《ことわざ》美しさは見る人の目の中にある(美しさとは主観的なものである)

beige /béiʒ ベイジ/ 名 U ベージュ色

Bei·jing /bèidʒíŋ ベイヂング/ 名 北京(ペキン) 《♦中華人民共和国の首都》 (❗以前は Peking /ピーキング/ と表記した)

be·ing A2 高

/bíːiŋ ビーイング/ 名 (複 **beings** /bíːiŋz/)

❶ U 存在

❷ C 人間; 生き物 (=creature)
- a human **being** 人間

bring [***call***] ***... into being*** …を生じさせる, 生み出す

come into being 生じる, 生まれ出る, 出現する, 成立する

for the time being さしあたり, 当分の間
- I want to live here **for the time being**. 私は当分の間ここで暮らしたい

━ 動 be の現在分詞・動名詞
- Don't be ashamed of **being** poor. 貧乏(びんぼう)であることを恥(は)じるな

━ 助 be の現在分詞・動名詞
- The house is **being** built. 家は目下建てられつつある[建築中です] (❗受け身の進行形)

Bei·rut /beirúːt ベイルート/ 名 ベイルート 《♦レバノン (Lebanon) の首都》

Bel·a·rus /bjèlərúːs ビェラルース/ 名 ベラルーシ 《♦ウクライナの北にある共和国; 首都ミンスク (Minsk)》

be·lat·ed /biléitəd ビレイテド/ 形 遅れた
belátedly 副 遅れて

belch /béltʃ ベルチ/ 動 ❶ 自 げっぷをする ❷ 他 (煙・炎などを)もうもうとはく, ふき出す

━ 名 C げっぷ; (煙などの)噴出(ふんしゅつ)

Bel·fast /bélfæst ベルファスト/ 名 ベル

ファスト《◆北アイルランドの首都》

bel·fry /bélfri ベルフリ/ 名 (複 **belfries** /bélfriz/) (教会などの)鐘楼(しょうろう), 鐘塔

Bel·gian /béldʒən ベルヂャン/ 形 ベルギーの; ベルギー人の
━名C ベルギー人

Bel·gium /béldʒəm ベルヂャム/ 名 ベルギー《◆ヨーロッパ北西部の王国; 首都はブリュッセル(Brussels)》

Bel·grade /bélgreid ベルグレイド/ 名 ベオグラード《◆セルビアの首都》

be·lie /bilái ビライ/ 動 (三単現 **belies** /biláiz/; 過去·過分 **belied** /biláid/; 現分 **belying**) 他 《文章》まちがって伝える

be·lief B1 高 /bəlí:f ビリーフ/ 名 (複 **beliefs** /bəlí:fs/) UC 〔…を〕信じること, 信念, 確信《*in*》(↔**doubt, disbelief**); 〔…に対する〕信頼; 信仰《*in*》

- **It is my belief that** there is life on Mars. = **My belief is that** there is life on Mars. 私は火星に生命があると信じている (=**I believe** there is life on Mars.)
- I still have my **belief in** him. 私はそれでも彼のことを信頼している

beyond belief 信じられないほどの[に]

派生 **believe** 動

be·liev·a·ble /bəlí:vəbl ビリーヴァブル/ 形 信じられる (↔**unbelievable**)

be·lieve A1 中

/bəlí:v ビリーヴ/ 動 (三単現 **believes** /bəlí:vz/; 過去·過分 **believed** /bəlí:vd/; 現分 **believing**)

❶ 他 自 信じる, ほんとうだと思う, (人の)言うことを信じる (↔**doubt**); 信仰する

- **believe** him 彼の言うことを信じる (! 「彼を信じる」と訳さない) ⇨成句 **believe in ...**
- The policeman didn't **believe** the thief. その警察官はどろぼうの言うことを信じなかった
- He could not **believe** his eyes [ears]. (あまり不思議なので)彼は自分の目[耳]を信じることができなかった
- If you **believe** that, you'll **believe** anything. それを信じたら, 何だってありだよね

文型 [**believe (that) ...**] …と信じる

- She **believes (that)** her son is still alive. 彼女は息子がまだ生きていると信じている

文型 [**believe A to be B**] AがBであると信じる

- I **believe** him **to be** honest. = I **believe that** he is honest. 私は彼は正直者だと信じている (! believe that ... のほうがふつうの言い方)

❷ 他 …と考える, …と思う (=think);
文型 [**believe (that) ...**] …と思う;
文型 [**believe A to be B**] AがBであると思う

- I **believe** he'll be back tomorrow. 彼はあしたもどると思います

会話 "Will it rain tomorrow?" "I **believe** so [not]." 「あしたは雨かな」「そうだろうね[いや違うと思うよ]」

believe in ... ① …の存在を信じる; …を信仰する

- **believe in** God 神(の存在)を信じる

② …のよい[正しい]ことを信じる, の価値を信じる; …を信頼する

- **Believe in** yourself and you can do it. 自分を信じれば(きっと)できるよ

どっち

believe と **believe in**

believe は「(物事や発言が)本当であると信じる[思う]」, **believe in** は「(あるものの)存在を信じる」「(物事·人の)正しさ[価値]を信じる」:

Don't **believe** what he says. 彼の言うことは信用してはいけない

I don't **believe in** ghosts. 私は幽霊の存在を信じない

I **believe** him. 彼の言うことを信じている

I **believe in** him. 彼(の人柄)を信じている, 信頼している

believe it or not 《口語》こんなことを言っても信じられないかもしれない

A B C D E F G H I J K L M N O P Q R S T U V W X Y Z

が(実は)
- **Believe it or not**, I'm a good cook. 信じられないかもしれないが, 私は料理が得意なんだ

believe me 《口語》ほんとうに
- I didn't break the vase. **Believe me**. 私は花びんを割っていないわ. ほんとうよ

I can't believe ... 《口語》…なんて信じられない
- **I can't believe** he didn't say sorry. 彼が謝らなかったなんて信じられない

make believe …のふりをする, …と見せかける, …を装う《(*that*)...》
- The children **made believe** they were cowboys. 子どもたちはカウボーイごっこをした
- Do you think he was only **making believe that** he was sick? あなたは彼が仮病を使っていただけだと思いますか

派生 **belief** 名

be·liev·er /bəlíːvər ビリーヴァ/ 名C 信じる人; 信者

be·lit·tle /bilítl ビリトル/ 動他 《文章》見くびる, けなす

Be·lize /bəlíːz ベリーズ/ 名 ベリーズ《◆中央アメリカにある国; 首都ベルモパン(Belmopan)》

Bell /bél ベル/ 名 《**Alexander Graham** /グレイアム/ **Bell**》アレキサンダー・グレアム・ベル (1847–1922)《◆電話機を発明した米国の科学者》

bell A1 高

/bél ベル/ 名 (複 **bells** /bélz/) C
鐘(かね); 鈴, 呼びりん, ベル
- answer the **bell** (ベルの音を聞いて)玄関に出る
- ring a **bell** 鐘を鳴らす ⇨成句

会話 "There goes the **bell**." "I'll go and see who it is."「ベルが鳴ってるよ」「私が見てきます」

(***as***) ***sound as a bell*** 《口語》とても健康で; いい状態で

ring a bell 《口語》何かを思い起こさせる, 心あたりがある

bell·boy /bélbɔ̀i ベルボイ/ 名 (複 **bellboys** /bélbɔ̀iz/) C 《米》(ホテルなどの)ボーイ (=《英》page)

bell·hop /bélhɑ̀p ベルハプ/ 名 《米》(=bellboy)

bel·li·cose /bélikòus ベリコウス/ 形 《文章》好戦的な, けんか好きな

bel·lig·er·ence /bəlídʒərəns ベリヂェレンス/ 名U 好戦的なこと

bel·lig·er·ent /bəlídʒərənt ベリヂェレント/ 形 好戦的な, 闘争的な

bel·low B2 /bélou ベロウ/ 動自他 どなる, わめく; (牛が)大声で鳴く

— 名C どなり声; 牛の鳴き声

béll pèpper 名C 《米》ピーマン

bel·ly A2

/béli ベリ/ 名 (複 **bellies** /béliz/) C

❶ (人・動物の)腹, 腹部, おなか; 胃 (=stomach)

❷ (楽器などの)ふくらんだ部分; (飛行機の)胴体

go [***turn***] ***belly up*** 《口語》倒産する

— 動 (三単現 **bellies** /béliz/; 過去・過分 **bellied** /bélid/; 現分 **bellying**) 自 ふくらむ; 他 ふくらませる

bel·ly·ache /bélièik ベリエイク/ 名UC 《口語》腹痛

— 動自 《口語》ぐちをこぼす, ぼやく

bélly bùtton 名C 《口語》へそ

be·long A2 高

/bilɔ́ːŋ ビローング | bilɔ́ŋ ビロング/ 動 (三単現 **belongs** /bilɔ́ːŋz/; 過去・過分 **belonged** /bilɔ́ːŋd/; 現分 **belonging**)

❶ 自 あるべき所にある; ある[いる]のがふさわしい
- These books **belong on** the top shelf [**in** the library]. これらの本はいちばん上のたな[図書館]のものです
- Where do these knives and forks **belong**? このナイフやフォークはどこにしまうの

❷ 自 文型 [**belong to A**] Aのものである; Aに所属している
- This racket **belongs to** me. このラケットは私のものです (=This racket is

mine.)

- I **belong to** the tennis club. 私はテニス部の部員です[に所属している] (**!** I am a member of ... (…の一員である)のほうがふつう)

注意〉 belong は「属している」という状態を表す語なので, ×I am belonging ... と進行形にしない

be·long·ings B2 /bilɔ́:ŋiŋz ビローンギングズ/ 名 《複数扱い》**所有物, 持ち物; 財産**

be·lov·ed B1 /bilʌ́vəd ビラヴェド/ 形 **最愛の**

- my **beloved** son 私の最愛の息子

— 名 (複 **beloveds** /bilʌ́vədz ビラヴェヅ/) C 《my, his などをつけて》**最愛の人**

be·low A1 中

/bilóu ビロウ/

共通イメージ (**ある場所・基準)よりも下**

— 前 ❶ (場所) **より下(の方)に[の], …の下に[の], …より低く** ⇨ **under** 似ている単語; (川のある地点) **より下流に[の]** (↔**above**)

- From the airplane we saw the sea **below** us. 飛行機から眼下に海が見えた (←私たちの下の方に海が見えた)
- This area is **below** sea level but not under water because of the seawall. この地域は海面よりも低いが, 堤防のおかげで冠水はしていない (**!** **under** は真下, **below** はある基準の高さよりも低いことを表す)
- a mill **below** the bridge 橋の下流の水車小屋 (**!** 特に基準がない「川の下流に[の]」は down the river)

❷ (数・程度などが)(ある基準) **より下で[の]** (↔**above**)

- 10 degrees **below** zero 零(れい)下10度
- He is a little **below** fifty. 彼は50ちょっと前です
- The turnout was **just below** 50%. 投票率は50%をやや下回った

— 副 **下(の方)に[の]**; (川のある地点より) **下流に[の]**; (本などの) **後の部分で[の]** (↔**above**)

- look down **below** 下の方を見おろす
- the room **below** 階下の部屋
- **from below** 下の方から
- See (the note) **below**. (本などで)下(の注)を見よ

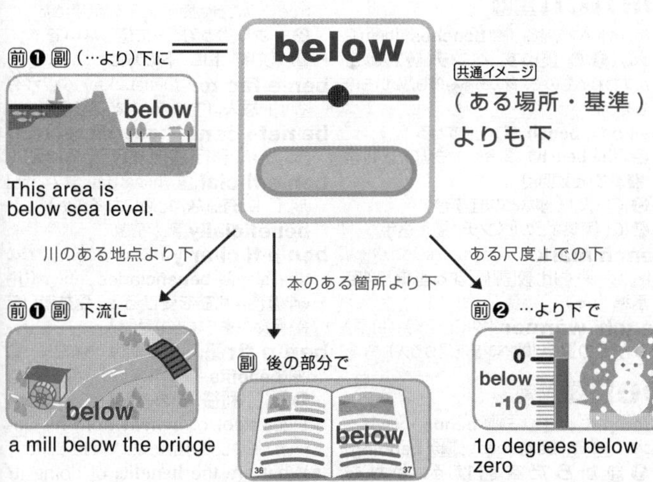

a b c d e f g h i j k l m n o p q r s t u v w x y z

belt A2 中
/bélt ベルト/ 名 (複 **belts** /bélts ベルツ/) C
❶ ベルト, 帯 ⇨**band**[1]
• Fasten your seat **belts**, please. シートベルトをお締めください
❷ …(産出)地帯 《♦ある共通の特色を持った地域》
• the Cotton **Belt** (米国南部の)綿花地帯
hit (*A*) ***below the belt*** 規則違反をする, (Aに)卑怯なことをする (! ボクシングのローブロウから)
tighten *one's* ***belt*** 食べずに済ます, 耐乏生活をする (! ベルトをもっと締めることから)
— 動 (三単現 **belts** /bélts ベルツ/; 過去・過分 **belted**; 現分 **belting**) 他 《口語》 強くなぐる

belt·way /béltwèi ベルトウェイ/ 名 C 環状(迂回)道路

be·moan /bimóun ビモウン/ 動 他 《文章》 悲しむ, なげく

Ben /bén ベン/ 名 ベン 《♦男性名; Benjamin の愛称》

bench A2 高
/béntʃ ベンチ/ 名 (複 **benches** /béntʃəz/) ❶ C 長いす, ベンチ 《♦2人以上がすわれるもので, 背のあるものも, ないものもある》
• sit on a **bench** ベンチにすわる
❷ 《**the bench**》 《集合的》 (法廷の)裁判官 (! 単数・複数扱い)
❸ C (大工仕事などの)仕事台
❹ C (野球などの)ベンチ, 控え選手

bench·mark /béntʃmɑ̀ːrk ベンチマーク/ 名 C 〔…を〕比較[評価]する基準, 判定基準 《*for*》

bénch wàrmer 名 C 《米》 《口語》 ひかえの選手 (! ベンチを温める人)

bend A2 高
/bénd ベンド/ 動 (三単現 **bends** /béndz ベンヅ/; 過去・過分 **bent** /bént/; 現分 **bending**)
❶ 自 からだを曲げる, かがむ 《*down, over*》; 他 (関節などを)曲げる
• He **bent over** the girl and kissed her. 彼は少女の上に身をかがめてキスをした
• He **bent down** and picked up the ball. 彼はかがんでそのボールを拾った
• **bend** *one's* knee ひざを曲げる
❷ 他 (物を)曲げる; 自 曲がる, カーブする; (木などが)たわむ
• He **bent** an iron rod with his hands. 彼は鉄の棒を素手で曲げた
• The road **bends** sharply **to** the right at this point. 道路はこの地点で右に急カーブしている
❸ 他 (視線・心などを)〔…に〕向ける, 集中する 《*to, on*》
bend over backward (無理と思われるほど)努力する
— 名 (複 **bends** /béndz ベンヅ/) C 曲げる[曲がる]こと; 曲がった部分; (道の)カーブ
• a sharp **bend** in the road 道の急カーブ

be·neath B1 /biníːθ ビニース/ 前
❶ …の下に[の]
• We passed **beneath** the cherry trees. 私たちは桜の木の下を通り過ぎた
❷ …より劣って; …に値しないで
— 副 《文章》 下に, 下の方に

ben·e·fac·tor /bénəfæ̀ktər ベネファクタ/ 名 C 恩人; (学校・施設などの)後援者

be·nef·i·cent /bənéfəsənt ベネフィセント/ 形 《文章》 善行[慈善]を行う, 情け深い

ben·e·fi·cial B2 /bènəfíʃəl ベネフィシャル/ 形 〔…に〕有益な, ためになる 《*to*》
bènefícially 副 有益に

ben·e·fi·ci·ar·y /bènəfíʃièri ベネフィシエリ/ 名 (複 **beneficiaries** /bènəfíʃièriz/) C 利益を受ける人, 受益者; (年金・保険金・遺産などの)受取人

ben·e·fit B1 高 /bénəfit ベネフィト/ 名 (複 **benefits** /bénəfits ベネフィツ/)
❶ U C 利益, ため, 恩恵
• I got a lot of **benefit** from his advice. 私は彼の助言から大いに利益を得た
• What are the **benefits** of doing it? それをしたらどんな利益があるのか

❷ U C (社会保険などの)給付金; 手当
❸ C 慈善のための行い
• a **benefit** concert 慈善コンサート
be of benefit to ... …のため[利益]になる
for the benefit of A = for A's benefit A(人)の利益のために
• I did it **for** your **benefit**. 君のためにそれをやったんだ
give A the benefit of the doubt (疑わしいが) A(人)のことばを信じる, Aを証拠不十分で許す
— 動 (三単現 **benefits** /bénəfits ベネフィッツ/; 過去・過分 **benefited** /bénəfitəd/; 現分 **benefiting**)
❶ 自 〔…で〕利益を得る《*from, by*》
• Our company **benefited from** the transaction. わが社はその取り引きで利益を得た
❷ 他 …のためになる, 利益を与える

Ben·e·lux /bénəlʌ̀ks ベネラクス/ 名 ベネルクス《♦ *Be*lgium (ベルギー), the *Ne*therlands (オランダ), *Lux*embourg (ルクセンブルグ)の総称》

be·nev·o·lence B2 /bənévələns ベネヴォレンス/ 名 U 情け深さ, 慈悲心

be·nev·o·lent B2 /bənévələnt ベネヴォレント/ 形 親切な, 情け深い; 慈善のための

Ben·gal /beŋgɔ́:l ベンゴール/ 名 ベンガル《♦インド北東部の州の旧名》

be·nign /bináin ビナイン/ 形
❶《文章》親切な, やさしい
❷《医学》(腫瘍(しゅよう)などが)良性の (↔ **malignant**)

Be·nin /bení:n ベニーン/ 名 ベナン《♦アフリカ西部の共和国; 首都ポルトノボ (Porto Novo)》

Ben·ja·min /béndʒəmin ベンジャミン/ 名 ベンジャミン《♦男性名》

bent B1 /bént ベント/ 形
❶ 曲がった
• a **bent** spoon 曲がったスプーン
❷ 文型 [**be bent on A**] Aを決心している; Aに熱中している
• She **is bent on** working in France. 彼女はフランスで働こうと決心している
— 動 bendの過去形・過去分詞
— 名 (複 **bents** /bénts ベンツ/) C 好み; 傾向

be·queath /bikwí:ð ビクウィーズ/ 動 他 文型 [**bequeath A B = bequeath B to A**]《文章》A(人など)にBを遺言によって贈る, 遺贈する

be·quest /bikwést ビクウェスト/ 名《文章》C 遺贈品, 遺産

be·rate /biréit ビレイト/ 動 他《文章》(人を)〔…のことで〕ひどくしかる《*for*》

be·reaved /bırí:vd ビリーヴド/ 形《文章》肉親[親しい人]に先立たれた
• **the bereaved** 遺族 (! 単数・複数扱い)

be·reave·ment /birí:vmənt ビリーヴメント/ 名 U C (肉親などに)先立たれること, 死別

be·reft /biréft ビレフト/ 形《文章》(孤独で)さびしい
bereft of ... …をまったくなくして, …がなくて

be·ret /bəréi ベレイ/ 名 C ベレー帽

Bér·ing Séa /bíəriŋ ビアリング/ 名《**the**をつけて》ベーリング海

Ber·lin /bə:rlín バーリン/ 名 ベルリン《♦ドイツの首都》

Ber·mu·da /bərmjú:də バミューダ/ 名 バーミューダ《♦北大西洋にある英国領の群島》

Bermúda shórts 名《複数扱い》バーミューダパンツ《♦ひざ丈の半ズボン》

ber·ry B2 /béri ベリ/ (発音 bury と同音) 名 (複 **berries** /bériz/) C ベリー《♦イチゴ, ブルーベリーなどのような食用になるやわらかい小果実》

ber·serk /bə:rsə́:rk バーサーク/ 形 狂暴な
go berserk《口語》怒り狂う

berth /bə́:rθ バース/ (発音 birth と同音) 名 C (列車・船の)寝台, たなベッド; (船舶の)停泊位置

be·seech /bisí:tʃ ビスィーチ/ 動 (三単現 **beseeches** /bisí:tʃəz/; 過去・過分 **besought** /bisɔ́:t/, **beseeched** /bisí:tʃt/; 現分 **beseeching**) 他《文章》懇願する

be·set /bisét ビセト/ 動 (三単現 **besets** /biséts ビセツ/; 過去・過分 **beset**; 現分 **besetting**) 他 《文章》苦しめる, 悩ます

be·side A1 高

/bisáid ビサイド/

共通イメージ そば・近く

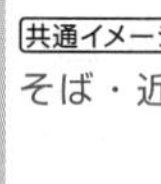

beside

共通イメージ
そば・近く

前 …のそばに

She was standing beside her car.

━前 …のそばに, …のそばの

- **beside** the river 川のそばに
- **Sit** (**down**) **beside** me. 私のそばに座りなさい
- She was **standing beside** her car. 彼女は車の横に立っていた
- I put my bag on the floor **beside** the bed. 私はベッドの脇にかばんを置いた (←ベッドのそばの床の上に)

beside oneself 〔…で〕われを忘れて, 夢中で, 逆上して《*with*》

- He was **beside himself with** joy [grief]. 彼は喜びでわれを忘れていた[悲しみで取り乱していた]

beside the point 的をはずして

- His argument was **beside the point**. 彼の主張は的はずれだった

まぎらわしい語〉 単語力

beside 前 (場所が)…のそばに
besides 副 さらに; 前 …のほかに
Beside the hamburgers there were hot dogs and salad. ハンバーガーと並んでホットドッグとサラダがあった
Besides hamburgers we ate hot dogs and salad. ハンバーガーのほかにホットドッグとサラダを食べた

be·sides A2 高

/bisáidz ビサイヅ/

共通イメージ (すでにあるもの・知っていることに対して)それ以外

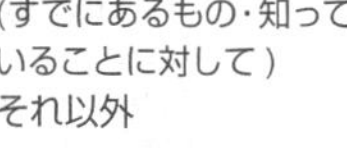

besides

共通イメージ
(すでにあるもの・知っていることに対して)
それ以外

前 …のほかに

I bought some books besides a CD.

━副 さらに; (特に理由を付け加えて)その上, おまけに

- This dress is too small. **Besides**, it's old-fashioned. このドレスは小さすぎる. その上, 流行遅れだ

━前 …のほかに, …に加えて; 《否定文・疑問文で》…を除いて

- I bought some books **besides** a CD. CDのほかに何冊か本を買った
- **Besides** sports, what do you like? スポーツ以外に何が好きですか

be·siege /bisíːdʒ ビスィーヂ/ 動 他 ❶ 包囲する; 文型 [**be besieged by A**] A (大勢の人など)に取り囲まれる ❷ 文型 [**be besieged with A**] A (要求など)で攻めたてられる, 悩まされる

Bess /bés ベス/ 名 ベス 《♦女性名; Elizabeth の愛称》

best A1 中

/bést ベスト/ 形 最もよい, 最高の, 最上の, 最良の (❗good (よい), well (健康である)の最上級) (↔**worst**)

- This is the **best** camera **in** the store. これが店で最もいいカメラです
- Johnny is the **best** swimmer **of** us all. ジョニーが私たちみんなの中で泳ぎがいちばんうまい(人です)

- This is the **best** movie I've seen this year. この映画は今年見た中でいちばんだ
- What is the **best** way to learn English? 英語を学ぶ最もよい方法は何ですか
- Your work is **best**. 君の作品は最高だ(❗best の後ろに名詞がないときはふつう the をつけない)
- I feel **best** in the morning. 私は朝のうちがいちばん気分がいい(❗この best は well の最上級)

━副 **最もよく, いちばん** (❗well (よく, じょうずに)の最上級) (↔**worst**)

- I like jazz **best**. ぼくはジャズがいちばん好きだ
- John swims **the best** of us all. ジョンは私たちみんなの中で泳ぎがいちばんうまい(❗《米》では the best のように the をつける傾向がある)

会話 "Which subject do you like **best**?" "I like English **best** (of all subjects)." 「君はどの教科がいちばん好きですか」「私は(全教科の中で)英語がいちばん好きです」

as best** one **can できるだけ, 精一杯

- I will help you **as best** I **can**. できる限りのお手伝いをします

best of all なによりも(よいことには), いちばん

- As for school subjects, I like math **best of all**. 学校の教科に関しては, なによりも数学が好きです

━名 《**the best**》 **最上(のもの), 最善(のもの), 最優秀(のもの)** (↔**worst**)

- We serve only **the best** in this restaurant. このレストランでは最上のものだけをお出ししております
- Which player do you think is **the best**? どの選手が最もすぐれていると思いますか

All the best (***to ...***)***!*** (…に)健康を祝して; お元気で(❗乾杯のときや手紙の末尾などで用いる)

at** one's **best 最高の状態で

- That boxer doesn't seem **at** his **best** today. そのボクサーは今日は絶好調とはいえないようだ

at (***the***) ***best*** よくても, せいぜい

- My money will last for a week **at best**. 私の金はせいぜい1週間しかもたないだろう

do** one's **best 全力[ベスト, 最善]をつくす

- I **did** my **best** for him. 私は彼のために全力をつくした
- **Do** your **best** on this project. この企画に全力をつくせ

make the best of ... (不利な条件のもとで)…をできるだけうまく使う; …を何とかしのぐ[がまんする], …を最大限に利用する

- She tried to **make the best of** a bad situation. 彼女は悪い状況を最大限に生かそうとした

to the best of ... …の限りでは

- **to the best of** *one's* ability 力のおよぶ限り

bes·tial /béstʃəl ベスチャル/ 形 **けもののような, 残忍な**

bést-knówn 形 **最もよく知られている, 最も有名な** (❗well-known の最上級)

bést mán 名 《**the** をつけて》(結婚式で)**花婿**(むこ)**の付き添い人** ⇨**bridesmaid**

be·stow B2 /bistóu ビストウ/ 動 他 《文章》(名誉などを)**授ける**

best·sell·er B2 /béstsélər ベストセラ/ 名 C (本・楽曲など)**非常によく売れるもの, ベストセラー**

bést-sélling 形 **ベストセラーの**

bet B1 /bét ベト/ 動 (三単現 **bets** /béts ベツ/; 過去・過分 **bet, betted** /bétəd/; 現分 **betting**) 他 自 〔…に〕**賭**(か)**ける** 《*on*》

- He **bet** [**betted**] (a lot of money) **on** that horse. 彼はあの馬に(大金を)賭けた
- What [How much] will you **bet**? 何を[いくら]賭けるかい

文型 [**bet A** (**B**) (**that**) **...**] …であるとA(人)に(B(お金など)を)賭ける

- I **bet** you a dollar **that** he will come. 彼は来るよ, 来なかったら1ドルあげる(←私は彼が来ることに君を相手に1ドル賭

ける)

I bet ... = I'll bet ... 《口語》きっと…だ

- **I bet** he's coming. 彼はきっと来る

You bet* (...)*! 《口語》もちろん(…だ), 絶対(…だ)

会話 "Will you go to the movie with us tonight?" "**You bet!**"「今夜いっしょに映画に行くかい」「もちろんさ」

— 名 (複 **bets** /béts ベッ/) C 賭け; 賭けた金[もの]

- I **made a bet** with her that he would come. 私は彼女と賭けをして彼は来ると言った

be·ta /béitə ベイタ/ 名 C

❶ ベータ《◆B, β》《◆ギリシャ語アルファベットの第2字; 英語の B, b にあたる》

❷ 2番目のもの

Beth /béθ ベス/ 名 ベス《◆女性名; Elizabeth の愛称》

Beth·le·hem /béθləhèm ベスレヘム/ 名 ベツレヘム《◆エルサレムの近くにある都市; キリストが生まれた地》

be·tray B2 /bitréi ビトレイ/ 動 (三単現 **betrays** /bitréiz/; 過去・過分 **betrayed** /bitréid/; 現分 **betraying**) 他

❶ 裏切る, だます; (秘密などを)漏らす

- **betray** *one's* country 祖国を裏切る

❷ (秘密などを)漏らす

be·tray·al /bitréiəl ビトレイアル/ 名 U C 裏切り, 密告

bet·ter[1] A1 中

/bétər ベタ/ 形

❶ (品質・技量などが)もっとよい, よりよい; もっとじょうずな (❗good (よい)の比較級) (↔**worse**)

- This is **better than** that. これはそれよりもよい
- He is much [a lot] **better than** me at skating. スケートでは彼は私よりずっと上手だ
- This one is **better than any other** camera in the store. これは店にあるほかのどのカメラよりもいい[店で一番いいカメラだ] (=This is **the best** camera in the store.)
- Let's try to make our world **better**. 私たちの世界をもっとよいものにするように努めよう

❷ (健康状態が)もっとよい, より元気な (❗well (健康である)の比較級; 名詞の前には用いない)

- I feel much **better** today. きょうは(きのうより)ずっと気分がいい
- She is slowly getting **better**. 彼女は少しずつよくなってきています

no* [*little*] *better than ... …も同然で, …にすぎない (❗... にはよくない物事がくる)

— 副 もっとよく, もっとうまく; もっと (❗well (よく, うまく)の比較級) (↔**worse**)

- You speak English much **better than** we (do). 君は私たちよりもずっとじょうずに英語を話す (❗《口語》では You speak English much better than **us**. という)

会話 "Which do you like **better**, coffee or tea?" "I like coffee **better** (than tea)."「君はコーヒーと紅茶とどちらが好きですか」「私は(紅茶より)コーヒーのほうが好きだ」(❗「より好きだ」を ×I like ... *more* としない)

***all the better* (*for ...*)** (…のために)かえって, それだけますます

- I like him **all the better for** his shyness. 彼はシャイだから, ますます彼が好きです

be better off より裕福[幸せな, 快適な]状態である

- He **is better off** than he used to be. 彼は前より暮らし向きがよくなった

had better do …したほうがよい, …すべきである, …しなさいよ

- You **had better not** go there again. 二度とそこへ行かないほうがいい
- **I'd** (=I had) **better** drive you home. 車でお宅までお送りしましょう

使い方› **had better**

(1) 話しことばでは 'd /d/ better と短縮されることが多い

(**2**)相手に向かって You had [You'd] better *do* ... と言うと「…しなければだめだよ」という「忠告・命令」の意味になるので, 目上の人などには使わない

know better (***than to*** *do*) (…するより)分別がある, (…するほど)ばかではない

• He **knows better than to** buy such a thing. 彼はそんなものを買うほどばかではない

The sooner, the better. 早ければ早いほどよい ⇨**the** 副❶

think better of ... …を考え直してやめる

• I nearly bought a new T-shirt but **thought better of** it. 新しいTシャツを買いそうになったが, 思いとどまった

— 名 (複 **betters** /bétərz/) Ⓒ **よりよい人[もの, こと]**

for better or (***for***) ***worse*** よかれあしかれ

for the better よくなるように, よいほうに

get [***have***] ***the better of ...*** …に勝つ; …を出し抜く

— 動 (三単現 **betters** /bétərz/; 過去・過分 **bettered** /bétərd/; 現分 **bettering**) 他 **よりよくする, 改善する**

bet·ter[2] /bétər ベタ/ 名Ⓒ **賭(か)けをする人, 賭け手**

bétter hálf 名 《my, his などをつけて》《口語》**妻, 夫**

bet·ter·ment /bétərmənt ベタメント/ 名 Ⓤ 《文章》(地位の)**向上**

Bet·ty /béti ベティ/ 名 **ベティー** 《♦女性名; Elizabeth の愛称》

be·tween A1 中

/bitwíːn ビトウィーン/ 前

共通イメージ **2つのものの間にある**

❶ (2つのもの・2人・2つの時刻) **の間に[で, を, の]** ⇨**among**; **…から…まで(の)**

• **The difference between** your idea **and** mine is not actually so big. ⇨ フォーカス❶ あなたと私の考えの違いは実はさほど大きくありません

• **The relationship between** these two trends has been unclear until now. ⇨フォーカス❷ この2つの傾向の間の関係はこれまで明らかになっていない

• Would you come **between** two **and** three (o'clock)? 2時から3時の間においでくださいませんか

• Don't eat **between** meals. 間食してはいけません (←食事と食事の間には物を食べるな)

• The ticket will cost **somewhere between** 100 **and** 120 dollars. そのチケットの値段は100ドルから120ドルの間でしょう (←100ドルと120ドルの間のどこかでしょう)

• The train runs **between** Tokyo **and** Hakata. その列車は東京・博多間を走っている

❷ (2人以上)**で共有して; …で協力して**

• They **shared** [divided] the profit **between** themselves. 彼らは利益を彼らの間で[2人で]分けた

• **between you and me** あなたと私の間だけで[の], ここだけの話だが, ないしょで[だが]

• **Between ourselves**, John's idea doesn't appeal to me very much. ここだけの話だが, ジョンの考えはあまり気に入らない (←私たちの間だけの話だが)

❸ (2つ以上の選択肢)**の中から**

• choose **between** the two 2つから選ぶ

distinguish between ... …を見分ける[区別する]

• Children cannot **distinguish between** right **and** wrong. 子どもたちには正しいことと間違ったことの区別がつかない

in between ... …の間に, …の中間に

— 副 (2つのもの・時刻の)**間に; 間をへだてて**

in between (その)間に, 中間に

be·tween

A1 前 副
中 /bitwíːn ビトウィーン/

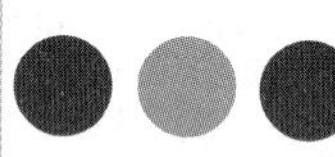

共通イメージ
2つのものの間にある

前❶ 副 (…の) 間に

between two and three

2人が同じものを持つ

前❷ 共有して，協力して

between you and me

2つのものを選択肢と見る

前❸ …の中から

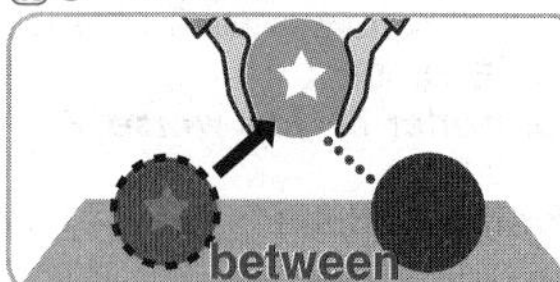

choose between the two

意味マップ

前 ❶ (2つのもの・2人・2つの時刻) **の間に[で, を, の]**
❷ (2人以上) で共有して
❸ (2つ以上の選択肢) の中から
副 (2つのもの・時刻の) 間に

使えるコーパスフレーズ

名詞＋**between**

1. **the difference between ...** …の間の違い
2. **the relation(ship) between ...** …の間の関係
3. **the link [connection] between ...** …の間の結びつき
4. **the gap between ...** …の間のずれ

似ている単語

…の間で **between, among**

(1) betweenは2つ[2人]の間に，amongは3つ[3人]以上の間に使うのが原則

(2) 3つ以上のものでも，どの2つをとっても同じ関係が成り立つときにはbetweenを使うこともある

フォーカスページ

bev·er·age /bévəridʒ ベヴァリヂ/ 名C 飲み物 (! ふつう水以外をさす)

bev·y /bévi ベヴィ/ 名 (複 **bevies** /béviz/) C (人の)集団, 群れ

be·ware /biwéər ビウェア/ 動自 注意する; 用心する (! 命令形と不定詞形で使う)

beware of ... …に用心する, 注意する (=be careful of)

be·wil·der B2 /biwíldər ビウィルダ/ 動他 当惑させる, まごつかせる

bewílderment B2 名U 当惑

be·wil·dered /biwíldərd ビウィルダド/ 形 当惑した, まごついた

be·witch /biwítʃ ビウィチ/ 動他 魔法をかける; 魅了する

be·yond A2 高

/bijánd ビヤンド|bijɔ́nd ビヨンド/ 前

❶《程度》…を(かなり)越えて, …以上に; …が及ばないほど

• **far** [**way**] **beyond** imagination 想像をはるかに越えて, 全く想像もできないほど

• **beyond** comparison 比較できないほど(すぐれて)

• The problem is **beyond** me. その問題は私の理解力をかなり越えている

❷《場所》…の向こうに[の, で]

• live just **beyond** the river 川のすぐ向こう側に住む

• from **beyond** the seas 海の向こうから(の)

• The swamp **goes** [**extends**] **beyond** the border. その湿原は国境の向こうまで広がっている

❸《除外》《疑問文・否定文で》…のほかに (=besides), …以外に (=except)

• She said nothing **beyond** that. 彼女はそれ以外に何も言わなかった

❹《時間》…を越えて, …を過ぎて (! ふつう否定文で使う)

• Don't stay up **beyond** midnight. 真夜中過ぎまで起きていてはいけない

look beyond ... (小さなもの・表面的なもの)を超えて真の[本当の, 大きな]ものを見る

• We need to **look beyond** children's school achievements. 子どもたちを学校の成績だけで判断してはいけない (←子どもたちの成績の向こう側(にある本当の能力や素質)を見なくてはいけない)

— 副 (その)向こうに, かなたに; (それ)以降[以上](に)

Bhu·tan /bu:tǽn ブータン/ 名 ブータン《◆ヒマラヤ山脈中にある王国; 首都ティンプー (Thimphu)》

Bhu·tan·ese /bù:təní:z ブータニーズ/ 名 (複 **Bhutanese**) C ブータン人; U ブータン語 — 形 ブータン(人[語])の

bi- 接頭 「2」「両」「複」

• **bi**cycle 自転車(2輪車)

• **bi**lingual 2か国語の

bi·an·nu·al /baiǽnjuəl バイアニュアル/ 形 年2回の, 半年ごとの

bi·as /báiəs バイアス/ 名UC

❶ かたよった考え; 先入観, 偏見(へんけん) ❷ 斜線 ***on the bias*** 斜めに

— 動 (三単現 **biases** /báiəsəz/; 過去・過分 **biased** /báiəst/, 《英》 **biassed** /báiəst/; 現分 **biasing**, 《英》 **biassing**) 他 偏見をもたせる

bi·ased /báiəst バイアスト/ 形 〔…に好意的な; …に否定的な〕偏見[先入観]をもった, かたよった考えの《*in favor of, toward; against*》

bi·ath·lon /baiǽθlən バイアスロン/ 名C 《スポーツ》バイアスロン《◆二種競技のこと; 一般にはクロスカントリースキーと射撃の複合競技》

bib /bíb ビブ/ 名C よだれかけ

Bi·ble /báibl バイブル/ 名 《**the Bible**》 聖書; C (1冊の)聖書

参考› キリスト教の聖典. 旧約聖書 (the Old Testament) と, 新約聖書 (the New Testament) から成る

派生 **Biblical** 形

Bib·li·cal, bib·li·cal /bíblikəl ビブリカル/ 形 聖書の; 聖書からの

派生 **Bible** 名

bib·li·og·ra·phy /bìbliágrəfi ビブリアグラフィ/ 名 (複 **bibliographies** /bìbliágrəfiz/) ❶ C (ある題目などの)関係書目, 参考文献目録 ❷ U 書誌学《◆書物の著

者, 刊行年月, 版などを研究する》

bi·cen·ten·ni·al /bàisenténiəl バイセンテニアル/ 名 C 200年記念祭(の日[年])

bi·ceps /báiseps バイセプス/ 名 《単数・複数扱い》《解剖》二頭筋

bick·er /bíkər ビカ/ 動 自 〔ささいなことで〕口論する《*over, about*》

bi·cy·cle A1 中

/báisikəl バイスィクル/

名 (複 **bicycles** /báisikəlz/) C

自転車 (❗《口語》では bike という); 《形容詞的》 自転車の

- ride a **bicycle** 自転車に乗る
- I went to the library **by bicycle** [**on a bicycle**]. 自転車で図書館まで行った

関連語› 単語力

monocycle 一輪車

tricycle 三輪車

motorcycle オートバイ

語源 bi-(二つの)+cycle(輪)で19世紀から

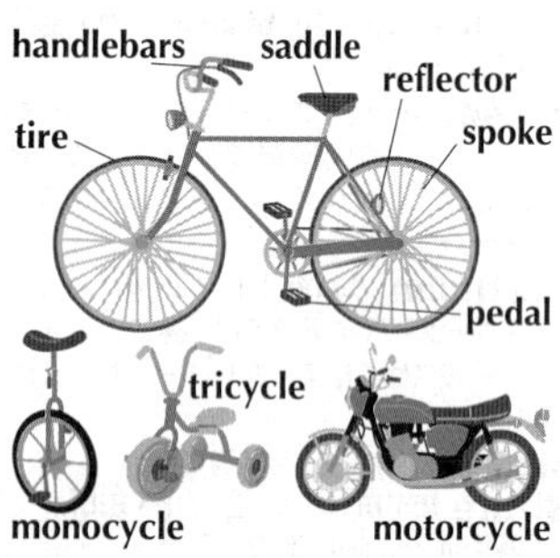

bi·cy·clist /báisiklist バイスィクリスト/ 名 C 自転車に乗る人

bid B2 /bíd ビド/ 動 (三単現 **bids** /bídz ビヅ/; 過去 **bade** /bǽd, béid/, **bid**; 過分 **bidden** /bídn/, **bid**; 現分 **bidding**) (❗ ❶, ❷では過去形・過去分詞は bid)

❶ 他 自 (競売・入札などで)〔…に〕値をつける; 〔…に〕入札する《*for*》

❷ 他 《トランプ》(せり札を)宣言する

❸ 他 文型 [**bid A B = bid B to A**] 《文章》A(人)にB(あいさつ)を述べる

— 名 C (せりの)つけ値; 入札; 《トランプ》(せり札の)宣言, ビッド

bid·den /bídn ビドン/ 動 bid の過去分詞

bid·der /bídər ビダ/ 名 C (せりで)値をつける人, 入札者

bid·ding B2 /bídiŋ ビディング/ 名 U

❶ 入札, せり ❷ 命令; 招待

do A's bidding 《文章》A(人)から言われたとおりにする

bide /báid バイド/ 動 (三単現 **bides** /báidz/; 過去 **bided** /báidəd/, **bode** /bóud/; 過分 **bided**; 現分 **biding**) 他 《次の成句で》 ***bide one's time*** 時期の来るのを待つ

bi·en·ni·al /baiéniəl バイエニアル/ 形 2年に1度の, 隔年の; 《植物》二年生の

— 名 C 《植物》二年生植物

bi·fo·cal /baifóukəl バイフォウカル/ 形 (レンズが)二重焦点の, 遠近両用の

— 名 《**bifocals**》遠近両用めがね

big A1 中

/bíg ビグ/

形 (比較級 **bigger**; 最上級 **biggest**)

❶ 大きい (↔**little**)

- a **big** man (太って強そうな)大男 (❗big は体格に使うと良い意味が多い)
- Canada is about 27 times **bigger than** Japan. カナダは日本の約27倍の大きさです

❷ えらい; 重要な (=important); 重大な (❗ふつう名詞の前に用いる)

- a **big** decision 重要な決定
- a **big** mistake 重大な誤り
- Today is a **big** day for our school. きょうは私たちの学校にとって大事な日です (❗大きな行事のある日をいう)

❸《口語》年上の; 成長した

どっち

big と large

(1) **big** と **large** は「(物の大きさ・規模が)大きい」という意味では同じように使うが, large は書きことばで用いることが多い

(2)「(数量が)多い」ことを表すときは big ではなく large を使う:

a **large** number of people 多数の人々
a **large** amount of work 大量の仕事
(3)「(物事が)重大な」という意味では large ではなく big を使う:
a **big** problem 大問題

— 副 《口語》大きく; えらそうに

big·a·my /bígəmi ビガミ/ 名 U 二重結婚, 重婚

Bíg Ápple 名 《the をつけて》ビッグアップル 《♦ニューヨーク市の愛称》

bíg báng 名 ❶《the をつけて》ビッグバン 《♦宇宙の発生時に起こったとされる大爆発》 ❷ U 大改革

Bíg Bén 名 《the をつけて》ビッグベン 《♦英国国会議事堂の塔の上の大時計の鐘, またはその塔全体》

Bíg Bróther 名 C 独裁者, 独裁主義の政府[組織]

bíg búsiness 名 U C 大企業; 大事業

bíg déal 名 C 《口語》重要なこと, 重要人物

Bíg Dípper 名 《the をつけて》北斗七星

bíg dípper 名 C 《英》ジェットコースター (=roller coaster)

big·ger /bígər ビガ/ 形 big の比較級

big·gest /bígəst ビゲスト/ 形 big の最上級

big·head·ed /bíghédəd ビグヘデド/ 形 《口語》うぬぼれた

bíg móuth 名 C 《口語》秘密を守れない人, おしゃべりな人

bíg náme 名 C 有名人, 重要人物; 大企業

big·ot /bígət ビゴト/ 名 C (人種・宗教・政治などに関して)頑固(がんこ)者

big·ot·ed /bígətəd ビゴテド/ 形 (人種・宗教・政治などに関して)頑固(がんこ)な, 頑迷な

big·ot·ry /bígətri ビゴトリ/ 名 U 頑固(がんこ), 頑迷さ

bíg shòt 名 C 《口語》権力者, お偉方

bíg-tícket 形 《米》《口語》とても高価な

bíg tíme 名 《the をつけて》(スポーツ・芸能などで)一流

bíg tóe 名 C 足の親指

bike A1 中

/báik バイク/ 名 (複 **bikes** /báiks/) C 《口語》 ❶ 自転車 (=bicycle)
❷ オートバイ (=motorcycle)

bi·ki·ni B2 /bikí:ni ビキーニ/ 名 C ビキニ 《♦女性用の水着》

bi·lat·er·al /bailǽtərəl バイラテラル/ 形 2者[2国]間の, 双方の

bilàterally 副 双方で

bile /báil バイル/ 名 U ❶ 胆汁(たんじゅう) ❷ 不きげん, かんしゃく

bi·lin·gual B1 /bailíŋgwəl バイリングワル/ 形 2言語を話す, バイリンガルの; 2言語併用の

— 名 (複 **bilinguals** /bailíŋgwəlz/) C 2言語を話す人

bi·lin·gual·ism /bailíŋgwəlizm バイリングワリズム/ 名 U 2言語使用(能力), 2言語を併用すること

bilk /bílk ビルク/ 動 他 (借金などを)ふみ倒す; だましとる

Bill /bíl ビル/ 名 ビル 《♦男性名; William の愛称》

bill[1] A2 高

/bíl ビル/ 名 (複 **bills** /bílz/) C
❶ 請求書, 勘定書き
- an electricity **bill** 電気料金請求書
- pay the **bill** 勘定を払う
- Excuse me, could I have the **bill**, please? (レストランのウェイターなどに)すみません, お勘定をお願いします

❷ 法案
- introduce a **bill** 法案を提出する
- The **bill** passed the Senate. 法案は上院を通過した

❸ 《米》紙幣 (=《英》note)
- a five-dollar **bill** 5ドル札

❹ チラシ, ビラ
- Post No **Bills**. 《掲示》はり紙お断り

— 動 (三単現 **bills** /bílz/; 過去・過分 **billed** /bíld/; 現分 **billing**) 他
❶《be billed》宣伝される, 発表される ❷ 請求書を送る

bill[2] /bíl ビル/ 名C (平たい)くちばし《◆おもに小鳥やアヒルなどのもの》

bill·board /bílbɔ̀ːrd ビルボード/ 名C 広告板

bill·fold /bílfòuld ビルフォウルド/ 名C 《米》(2つ折りの)札入れ (=wallet)

bil·liards /bíljərdz ビリャヅ/ 名《単数扱い》玉突き，ビリヤード

bil·lion B2 高 /bíljən ビリョン/ 名 (複 **billion, billions** /bíljənz/) C 10億
• ten **billion** 100億

bil·lion·aire /bìljənéər ビリョネア/ 名C 億万長者

bil·lionth /bíljənθ ビリョンス/ 形 10億番目の; 10億分の1の
━名C 10億番目; 10億分の1

bil·low /bílou ビロウ/ 動自 (煙などが)うねるように広がる; (帆のように)ふくれ上がる ━名C 大波; (煙など)うねるように広がるもの

Bil·ly /bíli ビリ/ 名 ビリー《◆男性名; William の愛称》

bílly gòat 名C 《口語》雄ヤギ (! 雌ヤギは nanny goat)

bi·month·ly /baimʌ́nθli バイマンスリ/ 形副 2か月に1回(の); 月2回(の)

bin B1 /bín ビン/ 名 (複 **bins** /bínz/) C (ふたつきの)大箱; 《英》ごみ箱; (商品などの)保管所

bi·na·ry /báinəri バイナリ/ 形 2つから成る; 《数学》2進法の

bínary sỳstem 名《the をつけて》《数学》2進法

bind B2 /báind バインド/ 動 (三単現 **binds** /báindz バインヅ/; 過去・過分 **bound** /báund/; 現分 **binding**)
❶ 他自 しばる，くくる; 巻きつける
• **Bind** the package **with** string. 小包をひもでしばりなさい
❷ 他 (人々を)団結させる《*together*》; (人・国を)結びつける; 自 束縛(そくばく)する，義務づける; 文型 [**bind A to** *do*] A(人)に…するよう義務づける
❸ 他 (本を)とじる，製本する

be bound to do …する義務がある; 確実に[必ず]…するはずだ ⇨ **bound**[3] (成句)

bind·er /báindər バインダ/ 名C
❶ しばる[とじる]人，製本業者; しばる[とじる]もの，ひも; (刈(か)り取り機についている)結束(けっそく)機
❷ (ルーズリーフ用の)バインダー

bind·ing /báindiŋ バインディング/ 形 拘束力をもつ，義務的な; しばる
━名 ❶ U 製本; C (本の)表紙
❷ U しばること; 拘束; C しばる物

binge /bíndʒ ビンヂ/ 名C 大騒ぎ，どんちゃん騒ぎ

bin·go /bíŋgou ビンゴウ/ 名U ビンゴ《◆数字合わせゲーム》

bin·oc·u·lars /binάkjələrz ビナキュラズ/ 名《複数扱い》双眼鏡

bio- 接頭 「生命」「生物」

bi·o·chem·ist /bàioukémist バイオウケミスト/ 名C 生化学者

bi·o·chem·is·try B1 /bàioukémistri バイオウケミストリ/ 名U 生化学

bi·o·de·grad·a·ble /bàioudigréidəbl バイオウディグレイダブル/ 形 (微生物の作用で)無害な物質に分解される，生物分解性の

bi·o·di·ver·si·ty /bàioudəvə́ːrsəti バイオウディヴァースィティ/ 名UC (生物)多様性

bi·o·fu·el /báioufjùːəl バイオウフューエル/ 名CU バイオ燃料《◆生物資源から作られる燃料》

bi·og·ra·pher /baiάgrəfər バイアグラファ/ 名C 伝記作家

bi·o·graph·i·cal /bàiəgrǽfikəl バイオグラフィカル/ 形 伝記の; 伝記体の

bi·og·ra·phy B1 /baiάgrəfi バイアグラフィ | baiɔ́grəfi バイオグラフィ/ 名 (複 **biographies** /baiάgrəfiz/) C 伝記; 《集合的に》伝記文学

bi·o·haz·ard /bàiouhǽzərd バイオウハザド/ 名C バイオハザード《◆微生物などで引き起こされる生物学的災害》

bi·o·log·i·cal B2 /bàiəlάdʒikəl バイオラヂカル/ (発音 biology とのアクセントの違いに注意) 形 生物学(上)の，生物学的な
派生 biology 名

bi·ol·o·gist /baiάlədʒist バイアロヂスト/ 名

C 生物学者

bi·ol·o·gy B1 高 /baiɑ́lədʒi バイアロヂ | baiɔ́lədʒi バイオロヂ/ (発音 biological との アクセントの違いに注意) 名 U 生物学
派生 **biological** 形

bi·o·mass /báioumæ̀s バイオウマス/ 名 U バイオマス (♦燃料源になるとされる生物資源)

bi·op·sy /báiɑpsi バイアプスィ/ 名 U 生検 (♦細胞や皮膚を採取して病気を調べること)

bio·tech·nol·o·gy B2 /bàiouteknɑ́lədʒi バイオウテクナロヂ/ 名 U バイオテクノロジー, 生物工学 (♦遺伝子組み換え技術などを応用した品種改良など)

bi·par·ti·san /baipɑ́ːrtizən バイパーティザン/ 形 2党連立の

bi·plane /báiplèin バイプレイン/ 名 C 複葉飛行機

bi·ra·cial /bairéiʃəl バイレイシャル/ 形 二人種の

birch /bə́ːrtʃ バーチ/ 名 C (植物) カンバ (♦カバノキ科の樹木); U カンバ材

bird A1 中

/bə́ːrd バード/ 名 (複 **birds** /bə́ːrdz バーヅ/)
C 鳥 • a little **bird** 小鳥
• wild **birds** 野鳥
• **Birds** of a feather flock together. 《ことわざ》同じ羽の鳥は群れる (!「類は友を呼ぶ」に相当)

コロケーション
動+**bird**
keep a *bird* 鳥を飼う
feed a *bird* 鳥にえさをあげる
bird+動
a *bird* flies 鳥が飛ぶ
a *bird* migrates 鳥が渡る
a *bird* sings 鳥が鳴く[さえずる]

関連語› 単語力
canary カナリア
chicken ニワトリ
crow カラス
cuckoo カッコー
dove ハト (! pigeon より小型)
duck カモ, アヒル
eagle ワシ
goose ガチョウ
hawk タカ
lark ヒバリ
owl フクロウ
parrot オウム
peacock クジャク
penguin ペンギン
pheasant キジ
pigeon ハト (! おもに灰色)
robin コマドリ
sparrow スズメ
swallow ツバメ
turkey シチメンチョウ

a bird in the hand 手中の鳥; 確実なもの • **A bird in the hand** is worth two in the bush. 《ことわざ》手中の1羽はやぶの中の2羽に値する (!「あすの百よりきょうの五十」に相当)

A little bird told me. うわさで[だれかさんから]聞いたよ

kill two birds with one stone 同時に2つのことをする, 一石二鳥を得る, 一挙両得をする (←1つの石で2羽の鳥を殺す)

bird·cage B2 /bə́ːrdkèidʒ バードケイヂ/ 名 C 鳥かご

bird·ie /bə́ːrdi バーディ/ 名 C ❶ (幼児語) 小鳥ちゃん ❷ (ゴルフ) バーディー

bírd of préy 名 (複 **birds of prey**) C 猛禽(もうきん) (♦ワシなど肉食の鳥)

bird's-eye /bə́ːrdzài バーヅァイ/ 形 上から見下ろした, 鳥瞰(ちょうかん)的な; 概観の

bírd's-eye víew 名 C 高い所から見下ろしたながめ, 鳥瞰(ちょうかん)図; 概観, 概略

bírd-wàtching 名 U 野鳥観察

Bir·ming·ham /bə́ːrmiŋəm バーミンガム/ 名 バーミンガム (♦イングランド中部の大都市)

birth A1 高

/bə́ːrθ バース/ (発音 berth と同音)
名 (複 **births** /bə́ːrθs/)
❶ U C 誕生; 出産
• Please write your **date of birth**

here. ここにあなたの生年月日を書いてください
❷ U 生まれ, 家柄(いえがら)
❸ C 起源; (物事の)発生
at birth 生まれた時は
by birth 生まれは; 生まれながらの
give birth to ... …を産む; …の原因となる

bírth certìficate 名 C 出生証明書

bírth contròl 名 U 産児制限; 避妊(ひにん)

birth·day A1 中
/bə́ːrθdèi バースデイ/
名 (複 **birthdays** /bə́ːrθdèiz/) C
誕生日; 《形容詞的》 誕生日の
• **on** my fifteenth [next] **birthday** 私の15回目[次]の誕生日に
会話 "**Happy birthday** (**to you**), Bob!" "**Thank you**, everybody." 「お誕生日おめでとう, ボブ」「ありがとう, みんな」
会話 "When is your **birthday**?" "It's (on) September 19." 「誕生日はいつですか」「9月19日です」

bírthday càke 名 C バースデーケーキ

bírthday pàrty 名 C 誕生パーティー

birth·mark /bə́ːrθmɑ̀ːrk バースマーク/ 名 C (生まれつきある)あざ, ほくろ

birth·place B2 /bə́ːrθplèis バースプレイス/ 名 C 生まれた土地, 出生地, 生まれ故郷; (物事の)発祥(はっしょう)の地

birth·rate /bə́ːrθrèit バースレイト/ 名 C 出生率

birth·right /bə́ːrθràit バースライト/ 名 U C 生得権

birth·stone /bə́ːrθstòun バースストウン/ 名 C 誕生石

bis·cuit A1
/bískət ビスキト/
名 (複 **biscuits** /bískəts ビスキツ/) C
❶ 《米》 ビスケット (! 小型のパン)
❷ 《英》 ビスケット (=《米》 cookie)

bi·sect /baisékt バイセクト/ 動 他 2分する, 2等分する

bi·sex·u·al /baisékʃuəl バイセクシュアル/ 形 両性愛の; 《生物》 両性の
— 名 C 両性愛の人

bish·op B1 /bíʃəp ビショプ/ 名 (複 **bishops** /bíʃəps/) C (英国国教会の)主教, (カトリック教会の)司教; (仏教の)僧正(そうじょう)

bi·son /báisən バイソン/ 名 (複 **bison**) C 《動物》 (北米産)野牛, バイソン, バッファロー (=buffalo)

bit[1] A2 高
/bít ビト/ 名 (複 **bits** /bíts ビツ/) C
小片; 少し, 少量
• **Bits of** paper scattered on the floor. 床には紙きれが散らばっていた
a bit 少し; しばらく, ちょっと (! 副詞的に使う)
a bit of ... 1片の…, 1つの…; わずかな…
• **a bit of** bread ひとかけらのパン
• Let me give you **a bit of** advice. 一言忠告させてください
a bit of a ... 《口語》 ちょっとした…; やや…
a little bit ほんの少し (! 副詞的に使う)
bit by bit 少しずつ, 次第に
every bit (*as ... as A*) あらゆる点で, なにからなにまで (Aと同じように…な)
not a bit 少しも…ない (=not at all)
quite a bit 《口語》 かなり(の量), たくさん
to bits こなごなに

bit[2] /bít ビト/ 動 biteの過去形・過去分詞

bit[3] /bít ビト/ 名 C 《コンピュータ》 ビット (◆情報量の基本単位)

bitch /bítʃ ビチ/ 名 ❶ C 雌犬
❷ C 《俗語》 ふしだらな女, あばずれ女 (! 軽べつ的な語)
❸ (**a bitch**) 《口語》 めんどうなこと
— 動 自 《口語》 〔…のことを〕ぶつぶつ言う,

悪口を言う《*about*》

bitch·y /bítʃi ビチ/ 形 (比較級 **bitchier**; 最上級 **bitchiest**) 《口語》意地悪な, 悪意に満ちた **bítchily** 副 意地悪に **bítchiness** 名U 意地悪

bite A2 高

/báit バイト/ 名 (複 **bites** /báits バイツ/) C

❶ かむこと; 一口; (魚の)くいつき; 《口語》軽い食事

❷ かみ傷, さされた跡

❸ (ぴりっとくる)刺激; (ことばの)とげ

— 動 (三単現 **bites** /báits バイツ/; 過去 **bit** /bít/; 過分 **bitten** /bítn/, **bit**; 現分 **biting**) ❶ 他自 かむ, かじる; かみつく

• **bite** (**into**) an apple リンゴをかじる

❷ 他自 (蚊(か)などが)さす, 食う (! ハチが「さす」は sting)

❸ 他自 身にしみる, こたえる

What's biting A? 《口語》A(人)は何を悩んでいるんだい

bit·ing /báitiŋ バイティング/ 形 (寒さなどが)身を切るような; (ことばなどが)痛烈な, しんらつな; 《副詞的》身を切るように **bítingly** 副 身を切るように; 痛烈に

bit·ten /bítn ビトン/ 動 bite の過去分詞

bit·ter B1 高 /bítər ビタ/ 形 (比較級 **more bitter**, **bitterer**; 最上級 **most bitter**, **bitterest**)

❶ つらい, 苦しい, ひどい; 厳しい

• a **bitter** experience つらい経験

❷ にがい (↔**sweet**)

• This medicine is **bitter**. この薬はにがい

❸ 痛烈な; 敵意のある

— 名 (複 **bitters** /bítərz/) U C 《英》ビター《◆苦味の強いビール》; 《**bitters**》ビターズ《◆カクテルなどに混ぜる苦い香味液》

bit·ter·ly B2 /bítərli ビタリ/ 副 ひどく; 激しく; つらく

bit·ter·ness /bítərnəs ビタネス/ 名U にがさ; 苦しさ; 痛烈さ

bit·ter·sweet /bítərswìːt ビタスウィート/ 形 にがくて甘い; 苦しくも楽しくもある

bi·week·ly /baiwíːkli バイウィークリ/ 副形 2週間に1回の[で], 隔週の[に]; 1週間に2度の — 名 (複 **biweeklies** /baiwíːkliz/) C 隔週刊行物

bi·zarre B2 /bizáːr ビザー/ 形 異様な, 奇妙な **bizárrely** 副 異様に

blab /blǽb ブラブ/ 動 自他 《口語》べらべら(秘密を)しゃべる

black A1 中

/blǽk ブラク/

意味マップ

形 ❶ 黒い
❷ 黒人の
❸ (コーヒーが)ブラックの
❹ 陰気な
❺ 怒った

名 ❶ 黒
❷ 黒人

動 黒くする

— 形 (比較級 **blacker**; 最上級 **blackest**)

❶ 黒い; まっ暗な (! 目の色の黒いのには dark を使うことが多い ⇨**black eye**)

• a **black** belt 黒いベルト; (柔道・空手などの)黒帯

❷ 黒人の

❸ (コーヒーが)ミルクやクリームを入れない, ブラックの

❹ 陰気な, 暗い; 悲観的な

❺ 怒った (=angry)

— 名 (複 **blacks** /blǽks/)

❶ U 黒, 黒色; 黒い服

❷ C 《しばしば **Black**》黒人 (! 黒人を表すことばはいくつかあるが, 米国では African-American (アフリカ系アメリカ人)が最も好まれて使われる)

be in the black (会社などが)黒字である (↔**be in the red**)

— 動 (三単現 **blacks** /blǽks/; 過去・過分 **blacked** /blǽkt/; 現分 **blacking**) 他 黒くする; 汚す

black out ① 意識を失う ② (検閲などで)黒くぬりつぶす; 報道規制をする ⇨**blackout**

派生 **blacken** 動

black-and-blue /blǽkənblúː ブラカンブルー/ 形 (肌が)あざになった

black-and-white /blǽkənhwáit ブラカン(ホ)ワイト/ 形 白黒の; 白黒まだらの; (判断基準が)はっきりした, 白か黒かの

black·ball /blǽkbɔ̀ːl ブラクボール/ 動 他 反対投票する; 排斥(はいせき)する

black·ber·ry /blǽkbèri ブラクベリ/ 名 (複 **blackberries** /blǽkbèriz/) C 《植物》クロイチゴ《◆キイチゴの一種; ジャムやゼリーにしたり, パイに使う》

black·bird /blǽkbə̀ːrd ブラクバード/ 名 C ❶《鳥》ブラックバード《◆米国産でムクドリの一種》 ❷クロウタドリ《◆ヨーロッパ産でツグミの一種》

black·board A2

/blǽkbɔ̀ːrd ブラクボード/ 名 (複 **blackboards** /blǽkbɔ̀ːrdz ブラクボーヅ/) C 黒板 (! 緑色のものも含む; 単に board, 《米》では chalkboard ともいう)

black·en /blǽkən ブラクン/ 動 ❶ 他 黒くする, 暗くする; 自 黒くなる, 暗くなる ❷ 他 (名前などを)汚す

bláck éye 名 C (なぐられてできた)目のまわりのあざ

Bláck Fórest 《**the** をつけて》黒い森《◆ドイツ南西部の森林地帯》

bláck hóle 名 C 《天文》ブラックホール

bláck húmor 名 U ブラックユーモア《◆ぞっとするような題材を扱う》

black·list /blǽklìst ブラクリスト/ 名 C ブラックリスト

— 動 他 ブラックリストに載せる

bláck mágic 名 U 黒魔術《◆邪悪な目的のため悪魔が使うとされる魔術》

black·mail /blǽkmèil ブラクメイル/ 名 U ゆすり, 恐喝(きょうかつ) — 動 他 ゆする

bláckmàiler 名 C ゆすり屋

bláck márket 名 C やみ市場

black·ness /blǽknəs ブラクネス/ 名 U 黒さ; 陰うつ; 腹黒さ

black·out /blǽkàut ブラカウト/ 名 C ❶失神 ❷停電; (空襲に備えた)灯火管制 ❸報道規制

Bláck Séa 名 《**the** をつけて》黒海《◆東ヨーロッパ南部の海》

bláck shéep 名 C (家族・グループの)やっかい者

black·smith /blǽksmìθ ブラクスミス/ 名 C かじ屋, てい鉄工

bláck téa 名 U 紅茶

日英比較「紅茶」を ×*red* tea とはいわない. green tea (緑茶)などと区別する必要のないときは tea だけで紅茶を表す

black·top /blǽktɑ̀p ブラクタプ/ 名 U 《米》(舗装用の)アスファルト

blad·der /blǽdər ブラダ/ 名 C 《解剖》膀胱(ぼうこう)

blade B2 /bléid ブレイド/ 名 C
❶ (ナイフなどの)刃
❷ (オールの)水かき; (プロペラなどの)羽根; (麦・芝など平べったく細長い)葉

Blair /bléər ブレア/ 名 《**Tony Blair**》ブレア (1953–)《◆英国の首相 (1997–2007)》

blame A2

/bléim ブレイム/ 動 (三単現 **blames** /bléimz/; 過去・過分 **blamed** /bléimd/; 現分 **blaming**) 他

❶ 文型 [**blame A for B** = **blame B on A**] B(事故など)をA(人)の責任[せい]にする

• The policeman **blamed** the taxi driver **for** the accident. = The policeman **blamed** the accident **on** the taxi driver. 警察官はその事故の責任はタクシーの運転手にあると言った

❷ とがめる, 非難する; 文型 [**blame A for B**] A(人)をBのことで非難する

• You can't **blame** him. 彼を非難できない

be to blame 〔…のことで〕責められるべきである, 責任がある《*for*》

• I **am to blame for** this accident. この事故については私が悪いのだ

— 名 U (事故などに対する)責任; 非難

get the blame 非難される, 責められる

put the blame on ... 〔…のことで〕…に責任を負わせる《*for*》

take the blame 〔…のことで〕責任をとる《*for*》 • I'll **take the blame** for this loss. 私がこの損失の責任をとります

blame·less /bléimləs ブレイムレス/ 形 非難すべきところのない, 潔白な

blanch /blǽntʃ ブランチ/ 動 ❶ 自〔…に〕(驚いたり恐れたりして)青ざめる《*at*》 ❷ 他 白くする; (野菜などを)湯通しする

bland /blǽnd ブランド/ 形 (比較級 **blander**; 最上級 **blandest**) (食べ物が)味のない, まずい; つまらない, 味気ない; 当たりさわりのない

blándly 副 味気なく

blándness 名 U 味気なさ

blank A1 高

/blǽŋk ブランク/

形 (比較級 **blanker**; 最上級 **blankest**)

❶ ぼんやりとした, 無表情な

• a **blank** look ぽかんとした顔つき

❷ 白紙の, 何も書いてない; 録音[録画]されていない

❸ からの (=empty)

━ 名 (複 **blanks** /blǽŋks/) C

空白, 余白; 空所, 空欄(くうらん); 書き込み用紙

draw a blank 失敗する, うまくいかない

blánk chéck 名 C 白地式小切手《◆金額は未記入で受取人が記入する》; 自由裁量権

blan·ket A2 高

/blǽŋkət ブランケト/

名 (複 **blankets** /blǽŋkəts ブランケツ/) C

❶ 毛布

❷ (毛布のように)一面をおおう物

━ 形 (! 比較変化なし)全体的な; 一律の, 例外のない (! 名詞の前に用いる)

━ 動 (三単現 **blankets** /blǽŋkəts ブランケツ/; 過去・過分 **blanketed** /blǽŋkətəd/; 現分 **blanketing**) 他 毛布にくるむ; (地面などを)一面におおう; (音などを)さえぎる

blank·ly /blǽŋkli ブランクリ/ 副 ぼんやりと, ぼう然と

blare /bléər ブレア/ 動 自他 やかましく鳴り響く, がなり立てる《*out*》

━ 名 《単数形で》耳ざわりな響き

blas·pheme /blæsfíːm ブラスフィーム/ 動 自他 冒とくする; ののしる

blas·phe·mous /blǽsfəməs ブラスフェマス/ 形 冒とく的な, 不敬な

blas·phe·my /blǽsfəmi ブラスフェミ/ 名 (複 **blasphemies** /blǽsfəmiz/) U 不敬, 冒とく; C 悪態

blast B2 /blǽst ブラスト/ 名 C ❶ 突風 ❷ (らっぱ・警笛などの)ひびき ❸ 爆破

(***at*** [***in***]) ***full blast*** 全力で

━ 動 他 爆破する

bla·tant /bléitənt ブレイタント/ 形

❶ 見えすいた, 露骨な; ずうずうしい

❷ 騒々しい

blátantly 副 露骨に; 騒々しく

blaze B2 /bléiz ブレイズ/ 名 C ❶ (燃え上がる)炎(ほのお), 火炎(かえん); 燃えるような明るく強い光[色] ❷ (怒りなどの)激発

━ 動 自 ❶ 燃え上がる; あかあかと輝く, きらめく ❷ (怒りなどが)激発する

blaz·er /bléizər ブレイザ/ 名 C ブレザー(コート)

blaz·ing /bléiziŋ ブレイズィング/ 形

❶ 焼けつくような, とても暑い

❷ 激怒した

bleach /blíːtʃ ブリーチ/ 動 他 漂白する; 自 白くなる ━ 名 U 漂白剤; 漂白

bleach·ers /blíːtʃərz ブリーチャズ/ 名 《複数扱い》《米》(野球場の外野などの)屋根のない一般観覧席

bleak /blíːk ブリーク/ 形 (比較級 **bleaker**; 最上級 **bleakest**) わびしい; 荒涼(こうりょう)とした; 寒々とした

blear·y /blíəri ブリアリ/ 形 (比較級 **blearier**; 最上級 **bleariest**) 目がかすんだ, 目がうるんだ

bleat /blíːt ブリート/ 動 自 (羊・ヤギなどが)メーと鳴く; メーというような音を出す ━ 名 C 羊・ヤギなどの鳴き声

bled /bléd ブレド/ 動 bleedの過去形・過去分詞

bleed B1 /blíːd ブリード/ 動 (三単現 **bleeds** /blíːdz ブリーヅ/; 過去・過分 **bled** /bléd/; 現分 **bleeding**) ❶ 自 出血す

A B C D E F G H I J K L M N O P Q R S T U V W X Y Z

る, 血が出る; 血を流す ❷ 他 《口語》(人から)〔金などを〕しぼり取る 《of, for》
派生 **blood** 名

bleed·ing /blíːdiŋ ブリーディング/ 名 U 出血

bleep /blíːp ブリープ/ 名 C (電子装置などの)ピーという音
━ 動 自 ピーという音を出す

bleep·er /blíːpər ブリーパ/ 名 C 《英》ポケットベル (=pager)

blem·ish /blémiʃ ブレミシュ/ 名 C 傷, 汚れ; 欠点

blend B1 /blénd ブレンド/ 動 (三単現 **blends** /bléndz ブレンヅ/; 過去・過分 **blend-ed** /bléndəd/; 現分 **blending**)
❶ 他 混ぜ合わせる, 混合する; 自 混ざる
❷ 自 (色がたがいに)溶け込む; 〔…と〕調和する, 合う 《with》
blend in 〔…と〕(溶け込むように)混じり合う, 調和する 《with》
━ 名 (複 **blends** /bléndz ブレンヅ/) C 混合; 混合物; ブレンド

blend·er /bléndər ブレンダ/ 名 C (料理用の)ミキサー

bless B1 /blés ブレス/ 動 (三単現 **blesses** /blésəz/; 過去・過分 **blessed** /blést/, **blest** /blést/; 現分 **blessing**) 他
❶ (神が)恵みを与える, 祝福する
❷ 感謝する; (神を)たたえる
be blessed with ... …に恵まれている
(God) Bless me! おやおや (! 驚き, とまどい, 喜びなどを表す)
(God) Bless you! お大事に (! くしゃみをした人に言う)

bless·ed /blésəd ブレセド/ 形 祝福された **bléssedly** 副 祝福されて
bléssedness 名 U 祝福

Bléssed Vírgin 名 《the をつけて》《キリスト教》聖母マリア

bless·ing B1 /blésiŋ ブレスィング/ 名 (複 **blessings** /blésiŋz/) C
❶ (神の)恵み, 幸せ, ありがたいもの
❷ (食前・食後の)お祈り

blest /blést ブレスト/ 動 bless の過去形・過去分詞

blew /blúː ブルー/ (発音 blue と同音) 動 blow[1] の過去形

blight /bláit ブライト/ 名 C だめにするもの[人], 弊害(へいがい); U (植物の)胴枯れ病 ━ 動 他 だめにする; 枯らす, しおれさせる

blimp /blímp ブリンプ/ 名 C 小型飛行船

blind B1 中 /bláind ブラインド/ 形 (比較級 **blinder**; 最上級 **blindest**)
❶ 目の見えない, 盲目(もうもく)の; 盲人のための
❷ 見る目がない; 盲目的な; (現実などが)分かっていない
turn a blind eye (to ...) (…を)見て見ぬふりをする
━ 名 (複 **blinds** /bláindz ブラインヅ/) C 《ふつう **blinds**》日よけ, ブラインド (=《米》(window) shade)
━ 動 (三単現 **blinds** /bláindz/; 過去・過分 **blinded** /bláindəd/; 現分 **blinding**) 他 目をくらませる

blínd dáte 名 C 《口語》ブラインドデート (《◆面識のない男女のデート》)

blind·ers /bláindərz ブラインダズ/ 名 《複数扱い》《米》(馬の)遮眼(しゃがん)帯, ブリンカー (=《英》blinkers)

blind·fold /bláindfòuld ブラインドフォウルド/ 動 他 目かくしをする; 迷わせる
━ 名 C 目かくし(の布など)

blind·ing /bláindiŋ ブラインディング/ 形 目をくらませる

blind·ly B2 /bláindli ブラインドリ/ 副 盲目的に; むやみに, やみくもに

blind·ness B2 /bláindnis ブラインドネス/ 名 U ❶ 目が見えないこと, 盲目(もうもく) ❷ 無知; 無分別(むふんべつ)

blínd spòt 名 C (運転手に見えない)死角; (自分では気づかない)弱点, 弱み

blink B2 /blíŋk ブリンク/ 動 ❶ 自 他 まばたきする ❷ 自 (星などが)きらきら光る, 明滅する
━ 名 C まばたき
in a [the] blink of an eye またたく間に
on the blink 《口語》(機械などが)調子

がくるって

blink·er /blíŋkər ブリンカ/ 名C《米》(車の)ウインカー (=《英》winker);《**blinkers**》《英》(馬の)ブリンカー (=《米》blinders)

blip /blíp ブリプ/ 名C ❶(レーダーのスクリーンに映る)光点, ブリップ; ピッという音 ❷《口語》一時的な変動

bliss /blís ブリス/ 名U 至福

bliss·ful /blísfəl ブリスフル/ 形 とても幸せな, たいへん楽しい

blíssfully 副 とても幸せで

blis·ter /blístər ブリスタ/ 名C 火ぶくれ, 水ぶくれ

blis·ter·ing /blístəriŋ ブリスタリング/ 形 ❶(ことばなどが)しんらつな, きつい ❷非常に暑い[熱い]

blithe /bláið ブライズ/ 形 (比較級 **blither**; 最上級 **blithest**) 軽率な, 深く考えない; 気楽な; 陽気な

blíthely 副 軽率に; 陽気に

blitz /blíts ブリッツ/ 名C ❶(戦闘機による)急襲 ❷集中的な努力 ❸《アメフト》ブリッツ《♦攻撃側のクォーターバックに対する守備側の奇襲》

bliz·zard /blízərd ブリザド/ 名C 大ふぶき, ブリザード《♦大平原でよく発生する冷たい強風をともなう猛ふぶき》

bloat·ed /blóutəd ブロウテド/ 形 ふくらんだ; (不快なほど)満腹の

blob /blάb ブラブ/ 名C しずく; しみ

bloc /blάk ブラク/ 名C ブロック《♦相互利益のための団体・国家の結合体》

block A1 高

/blάk ブラク|blɔ́k ブロク/

名 (複 **blocks** /blάks/) C

❶(木・石などの四角い)かたまり, ブロック; 積み木; (厚い木の)台

• a **block** of ice 氷のかたまり

❷《米》(都市で四方を街路に囲まれた)1区画, ブロック; 1区画の1辺(の長さ)

❸《英》(住居などの入った)大きな建物

❹障害; (交通の)渋滞(じゅうたい)

━動 (三単現 **blocks** /blάks/; 過去・過分 **blocked** /blάkt/; 現分 **blocking**) 他

❶ふさぐ, 閉鎖する《*up*》

❷妨害(ぼうがい)する

block off ふさぐ, さえぎる

block out …が入らないようにする

block·ade /blakéid ブラケイド/ 名C 封鎖, 包囲; 妨害, 障害

block·age /blάkidʒ ブラキヂ/ 名U 封鎖状態, 包囲状態; C 妨害するもの, 障害物

block·buster /blάkbʌ̀stər ブラクバスタ/ 名C ❶《口語》大ヒット作《♦映画, 本など》 ❷大型爆弾

block·head /blάkhèd ブラクヘド/ 名C《口語》大ばか, うすのろ

blóck lètters [càpitals] 名《複数扱い》(大文字の)ブロック字体《♦線が同じ太さでひげ飾りがない字体》

blog B1 高 /blɔ́ːg ブローグ|blɔ́g ブログ/ 名 (複 **blogs** /blɔ́ːgz/) C《コンピュータ》ブログ (❗*web log* の略)

blógger B1 名C ブロガー

bloke /blóuk ブロウク/ 名C《英》《口語》やつ, 男

blond /blάnd ブランド/ 形 (比較級 **blonder**; 最上級 **blondest**) 金髪の, ブロンドの (❗金髪で, 皮膚の色が白く, ひとみの色がうすい; 男女どちらにも使える) ⇨**blonde**

━名C 金髪の人 (❗男女両方に用いる)

blonde A2

/blάnd ブランド|blɔ́nd ブロンド/

形 (比較級 **blonder**; 最上級 **blondest**) 金髪の, ブロンドの (❗女性に対して使う) ⇨**blond**

━名 (複 **blondes** /blάndz ブランヅ/) C 金髪の女性, ブロンドの女性

blood A2 高

/blʌ́d ブラド/ 名U

❶血, 血液;《形容詞的》血[血液]の

• **blood** pressure 血圧

• **blood** donation 献血

❷血統, 血筋; 血縁(けつえん)

in cold blood 冷酷(れいこく)に

make A's blood boil A(人)をひどく怒らせる

make** A's **blood run cold A(人)をぞっとさせる
派生 **bloody** 形; 派生 **bleed** 動

発音に注意› 単語力
blood /blʌ́d ブラド/
flood /flʌ́d フラド/
oo の発音は /u/ または /u:/ がふつうだが blood や flood は例外的に /ʌ/ の音になる

blóod bànk 名 C 血液銀行

blood·bath /blʌ́dbæ̀θ ブラドバス/ 名 U 大量殺人, 大虐殺(ぎゃくさつ)

blóod-cùrdling 形 血も凍るほどの, ぞっとさせる

blóod dònor 名 C 献血者

blóod gròup 名 《英》(=blood type)

blood·hound /blʌ́dhàund ブラドハウンド/ 名 C 《動物》ブラッドハウンド《◆英国種の猟犬・警察犬》

blood·less /blʌ́dləs ブラドレス/ 形 血の気のない; 無気力な; 冷酷な
blóodlessly 副 冷酷に

blóod prèssure 名 U C 血圧

blóod-réd 形 血のように赤い

blood·shed /blʌ́dʃèd ブラドシェド/ 名 U 流血; 虐殺(ぎゃくさつ)

blood·shot /blʌ́dʃàt ブラドシャト/ 形 充血した; 血走った

blood·stain /blʌ́dstèin ブラドステイン/ 名 C 血痕(けっこん)

blood·stained /blʌ́dstèind ブラドステインド/ 形 血痕のついた, 血まみれの

blood·stream B2 /blʌ́dstrì:m ブラドストリーム/ 名 U 血液循環, 血流

blóod tèst 名 C 血液検査

blood·thirst·y /blʌ́dθə̀:rsti ブラドサースティ/ 形 血に飢えた

blóod transfùsion 名 U C 輸血

blóod tỳpe 名 C 血液型

blóod vèssel 名 C 血管

blood·y B2 /blʌ́di ブラディ/ 形 (比較級 **bloodier**; 最上級 **bloodiest**)
❶ 血まみれの; 血の; 血のような色の
❷ 血なまぐさい, 残忍な
❸ 《英》《口語》ひどい, べらぼうな
━ 副 ひどく
派生 **blood** 名

bloom A2 高

/blú:m ブルーム/
名 (複 **blooms** /blú:mz/)
❶ C (観賞用の)花 (=flower)
❷ U 花が開いている状態[時期], 花盛り
━ 動 (三単現 **blooms** /blú:mz/; 過去・過分 **bloomed** /blú:md/; 現分 **blooming**)
自 花が咲く

bloom·ing B2 /blú:miŋ ブルーミング/ 形
❶ 花盛りの; 全盛の
❷ 《英》《俗語》ひどい, 途方もない

blos·som B2 中 /blásəm ブラソム/ 名 C (特に果樹の)花
in blossom 花が咲いて; 満開で
━ 動 自 ❶ 花が咲く, 開花する
❷ 成長する, 成功[開花]する 《*out*》

blot /blát ブラト/ 名 C ❶ (インクなどの)しみ, 汚れ ❷ (よさ・美しさ・記録などを)そこなうもの, 汚点, 傷
━ 動 (三単現 **blots** /bláts/; 過去・過分 **blotted** /blátəd/; 現分 **blotting**) 他 しみをつける; 汚す
blot out (記憶などを)消す, ぬぐい去る; おおい隠す

blotch /blátʃ ブラチ/ 名 C 吹き出物, おでき; (インクなどの)しみ

blot·ter /blátər ブラタ/ 名 C 吸取器, 吸取紙

blótting pàper 名 U 吸取紙

blouse /bláus ブラウス/ 名 C ブラウス

blow[1] A1 中

/blóu ブロウ/ (×ブロー, ×ブラウ) 動 (三単現 **blows** /blóuz/; 過去 **blew** /blú:/; 過分 **blown** /blóun/; 現分 **blowing**)
❶ 自 (風が)吹く
• It [The wind] is **blowing** hard. 風が強く吹いている (❗It は天候などを表す)
❷ 他 (風が)吹き動かす; 自 風で飛ぶ, 風で揺れる
• The door **blew** open. 風でドアが開いた (❗open は「開いた」の意味の形容詞)
❸ 他 (汽笛・らっぱなどを)吹く, 鳴らす; 自 (汽笛・らっぱなどが)鳴る

❹ 自 他 息を吹く, 吹きかける; 他 (鼻を)かむ
❺ 自 (ヒューズが)飛ぶ; (タイヤが)パンクする; 爆発する; 他 (ヒューズを)飛ばす; パンクさせる; 爆破する
❻ 他 (チャンスを)つぶす, ふいにする
blow away 吹き飛ばす; (風で)飛び散る; 《口語》びっくりさせる, 感心させる
blow out 吹き消す; 消える; (タイヤが)パンクする
blow over (風・嵐が)吹きやむ; (争いなどが)おさまる
blow up 爆破する; 爆発する; (空気で)ふくらませる; (写真を)引き伸ばす
― 名 (複 **blows** /blóuz/) C (風・息の)ひと吹き

blow[2] A2

/blóu ブロウ/ 名 (複 **blows** /blóuz/) C
❶ 精神的打撃(だげき), ショック(な出来事)
❷ 強打, なぐること, なぐられること, 打つこと
● **strike a blow** 一撃を加える
❸ (息の)ひと吹き, 鼻をかむこと
at a [one] blow 一撃で; 一気に
come to blows なぐり合いになる

blów-by-blów 形 (報告など)逐一(ちくいち)経過を述べた, とても詳細な

blown /blóun ブロウン/ 動 blow[1] の過去分詞

blow·out /blóuàut ブロウアウト/ 名 C
❶ (タイヤの)パンク ❷ 《口語》豪華なごちそう, 盛大なパーティー ❸ 《米》《口語》(スポーツで)圧倒的な勝利

blow·up /blóuʌ̀p ブロウアプ/ 名 C 引き伸ばし写真; 爆発; かんしゃく

blub·ber /blʌ́bər ブラバ/ 名 U (クジラなどの)脂肪 ― 動 自 泣きじゃくる

bludg·eon /blʌ́dʒən ブラヂョン/ 動 他 こん棒でなぐる ― 名 C こん棒

blue A1 中

/blú: ブルー/ (発音 blew と同音)
形 (比較級 **bluer**; 最上級 **bluest**)
❶ 青い; 青ざめた
● blue **eyes** 青い目[ひとみ]
❷ 《口語》ゆううつな, 陰気(いんき)な
● feel **blue** ゆううつな気分だ
― 名 (複 **blues** /blú:z/)
❶ U 青, 青色; 青い服
● dark [light] **blue** こい[うすい]青色
❷ 《**the blues**》《音楽》ブルース
❸ 《**the blues**》ゆううつ, 気のふさぎ (❗ふつう複数扱い)
out of the blue 思いがけなく

blue·bell /blú:bèl ブルーベル/ 名 C 《植物》ツリガネズイセン

blue·ber·ry /blú:bèri ブルーベリ/ 名 (複 **blueberries** /blú:bèriz/) C 《植物》ブルーベリー(の実), コケモモ

blue·bird /blú:bə̀:rd ブルーバード/ 名 C 《鳥》ブルーバード

Blúe Bírd 名 《the をつけて》青い鳥 《◆メーテルリンク作の同名の詩劇のなかに出てくる幸福を象徴する鳥》

blue·black /blú:blǽk ブルーブラク/ 形 こいあい色の

blue-blood·ed /blú:blʌ́dəd ブルーブラデド/ 形 名門の出の

blúe bòok 名 C ブルーブック 《◆青表紙の付いた大学の試験答案用の冊子》

blúe chèese 名 U C ブルーチーズ 《◆青かびチーズ》

blúe-chìp 形 (株式・会社などが)優良な, 確実に利益をあげる

blúe-cóllar 形 《米》肉体[工場]労働者の (❗名詞の前に用いる) ⇨ **white-collar**

blúe-éyed 形 目の青い

blue·grass /blú:græ̀s ブルーグラス/ 名 U
❶ 《植物》イチゴツナギ 《◆スズメノカタビラ属の牧草》 ❷ 《音楽》ブルーグラス 《◆米国南部のカントリー音楽》

blue·jay /blú:dʒèi ブルーヂェイ/ 名 C 《鳥》アオカケス 《◆北米の東部に生息》

blúe jèans 名 《複数扱い》ジーンズ

blue·print /blú:prìnt ブループリント/ 名 C 青写真, 設計図; 計画

blúe ríbbon 名 C 1等賞, 最優秀賞

blúe-ríbbon 形 最優秀の; よりすぐ

A B C D E F G H I J K L M N O P Q R S T U V W X Y Z

りの(メンバーから成る)

bluff[1] /blʌ́f ブラフ/ 名 (複 **bluffs** /blʌ́fs/) C 絶壁, 断崖(だんがい)

— 形 (比較級 **bluffer**; 最上級 **bluffest**) ぶっきらぼうな, 率直な; (崖(がけ)などが)切り立った

bluff[2] /blʌ́f ブラフ/ 動 他 はったりでだます, 虚勢(きょせい)でおどす

— 名 (複 **bluffs** /blʌ́fs/) C はったり, 虚勢

call A's bluff A(人)にやれるならやってみろと言う

blu·ish /blúːiʃ ブルーイシュ/ 形 青みがかった

blun·der /blʌ́ndər ブランダ/ 名 C 大失敗, へま — 動 自 へまをする, やりそこなう; ふらふら歩く

blunt /blʌ́nt ブラント/ 形 (比較級 **blunter**; 最上級 **bluntest**) ❶ 刃先のとがっていない, にぶい; (理解が)のろい, 鈍感な (⇔**sharp**) ❷ ぶっきらぼうな; あからさまの, 露骨(ろこつ)な

blunt·ly /blʌ́ntli ブラントリ/ 副 ぶっきらぼうに, 不作法に; 遠慮なく(言えば)

blur B2 /blə́ːr ブラー/ 動 (三単現 **blurs** /blə́ːrz/; 過去・過分 **blurred** /blə́ːrd/; 現分 **blurring**) 他 (記憶・光景などを)ぼんやりさせる, かすませる; 自 ぼんやりする

— 名 C かすんだもの; (記憶などの)ぼんやりしたもの

blurb /blə́ːrb ブラーブ/ 名 C 宣伝文句 《◆新刊書のカバーなどの短い広告文句》

blur·ry /blə́ːri ブラーリ/ 形 ぼんやりした, かすんだ

blurt B2 /blə́ːrt ブラート/ 動 他 口をすべらせて言う, うっかり言う 《*out*》

blush B1 /blʌ́ʃ ブラシュ/ 名 (複 **blushes** /blʌ́ʃəz/) ❶ C 赤面 ❷ U C 《米》 ほお紅

— 動 (三単現 **blushes** /blʌ́ʃəz/; 過去・過分 **blushed** /blʌ́ʃt/; 現分 **blushing**) 自 (恥じらいや当惑で)顔を赤くする

blus·ter /blʌ́stər ブラスタ/ 動 自 他 どなる, いばりちらす

— 名 U からいばり, こけおどし

boa /bóuə ボウア/ 名 C ❶ (=boa constrictor) ❷ 女性用えり巻き

bóa con·stric·tor /kənstrìktər コンストリクタ/ 名 C 《動物》 ボア 《◆南米に住む長さ4メートルもある大へビ》

boar /bɔ́ːr ボー/ 名 C 《動物》 イノシシ; (去勢していない)雄ブタ

board A1 高

/bɔ́ːrd ボード/

意味マップ

名 ❶ 板; …盤, …台
❷ 会議, 委員会
❸ (下宿での)食事

動 ❶ 乗り込む
❷ 下宿する; 下宿させる

— 名 (複 **boards** /bɔ́ːrdz ボーヅ/)

❶ C 板; …盤, …台; 黒板 (=blackboard)

• a bulletin [《英》 notice] **board** 掲示板

❷ C 会議, 委員会; …局 (❗会議のテーブルの意味から)

• a tourist **board** 観光局

❸ U (下宿などでの)食事 (❗食卓の意味から)

above board 公明正大な[に]

across the board 全面的に, 全般的に

on board (...) (…に)乗って, 搭乗して, 乗船して ⇨**aboard**

• go **on board** (a plane [a ship]) (飛行機[船]に)乗る

— 動 (三単現 **boards** /bɔ́ːrdz ボーヅ/; 過去・過分 **boarded** /bɔ́ːrdəd/; 現分 **boarding**)

❶ 他 (飛行機・船・車などに)乗り込む

❷ 自 下宿する; 他 (下宿人に)食事を出す, (食事付きで)下宿させる

board·er /bɔ́ːrdər ボーダ/ 名 C 寮生; (まかない付きの)下宿人

bóard gàme A2

名 C ボードゲーム 《◆チェス, 将棋など盤を使っておこなうゲーム》

board·ing /bɔ́ːrdiŋ ボーディング/ 名 U 乗船; 板張り; まかない

bóarding càrd 名 (= boarding pass)

bóarding hòuse 名C ❶(食事付)下宿屋 ❷(boarding school の)寮

bóarding pàss 名C (飛行機の)搭乗券

bóarding schòol 名C 全寮(りょう)制学校

board·room /bɔ́ːrdrùːm ボードルーム/ 名C 重役会議室

board·walk /bɔ́ːrdwɔ̀ːk ボードウォーク/ 名C《米》(海岸などの)板敷き遊歩道

boast B1 /bóust ボウスト/ 動 (三単現 **boasts** /bóusts ボウスツ/; 過去・過分 **boasted** /bóustəd/; 現分 **boasting**)
❶自他 自慢する; 文型 [**boast that ...**] …と自慢する
❷他 (町・施設などが)…を誇りにする

━名 (複 **boasts** /bóusts ボウスツ/) C 誇り, 自慢(の種)

boast·ful /bóustfəl ボウストフル/ 形 高慢な, 自慢に満ちた; 自慢して
bóastfully 副 自慢そうに

boat A1 中

/bóut ボウト/ (×ボート)
名 (複 **boats** /bóuts ボウツ/) C
ボート, 小舟; (一般に)船, 客船 (=ship); 《形容詞的》ボートの, 船の

注意› 「ボート」と **boat**, **ship**: boat は日本語の「(手こぎの)ボート (rowboat)」だけでなくエンジンで走るものにも使い, ship より小さい船をさすのがふつう. 話しことばでは ship と区別なく大型の船や遠距離航行船にも用いる

• a fishing [fish] **boat** 釣り舟[漁船]

コロケーション
動+**boat**
row a *boat* ボートをこぐ
sail a *boat* 船を(帆で)走らせる
get into [on] a *boat* 船に乗り込む
take a *boat* 船に乗る, 船を利用する
get off a *boat* 船から降りる

be in the same boat 同じ悪い状況にある (←同じ船に乗り合わせている)

rock the boat (問題のないところで)波風を立てる (←ボートを揺する)

━動 (三単現 **boats** /bóuts ボウツ/; 過去・過分 **boated** /bóutəd/; 現分 **boating**) 自 ボートをこぐ; ボートに乗る

go boating ボート遊びに行く, ボートこぎに行く

boat·man /bóutmən ボウトマン/ 名 (複 **boatmen** /bóutmən/) C ボートのこぎ手; 貸しボート屋

bóat pèople 名《複数扱い》難民, ボートピープル

Bob /bɑ́b バブ/ 名 ボブ《♦男性名; Robert の愛称》

bob[1] /bɑ́b バブ/ 動 (三単現 **bobs** /bɑ́bz/; 過去・過分 **bobbed** /bɑ́bd/; 現分 **bobbing**) 自他 ❶ひょいと動く[動かす] ❷口でくわえる

bob[2] /bɑ́b バブ/ 名C 断髪, ボブ(カット)

Bob·by /bɑ́bi バビ/ 名 ボビー《♦男性名; Robert の愛称》

bob·by /bɑ́bi バビ/ 名 (複 **bobbies** /bɑ́biz/) C《英》《口語》おまわりさん, 警察官

bóbby pìn 名C《米》ヘアピン (=《英》hairgrip)

bob·sled /bɑ́bslèd バブスレド/ 名C ボブスレー, 2連ぞり

bob·sleigh /bɑ́bslèi バブスレイ/ 名 (=bobsled)

bob·tail /bɑ́btèil バブテイル/ 名C 切り尾, 短い尾; 切り尾の馬[犬]
━形 切り尾の

bode /bóud ボウド/ 動自他 前兆になる

bod·ice /bɑ́dis バディス/ 名C (婦人服の)胴部, 身ごろ; 女性用のベスト

bod·i·ly /bɑ́dili バディリ/ 形 身体上の, 体の (↔**mental**)
━副 体ごと, 全部; 一斉に; みずから

bod·y A1 中

/bɑ́di バディ|bɔ́di ボディ/
名 (複 **bodies** /bɑ́diz/) C

意味マップ
❶体
❷死体
❸団体

❹ 多数の…
❺ 胴体; 本体

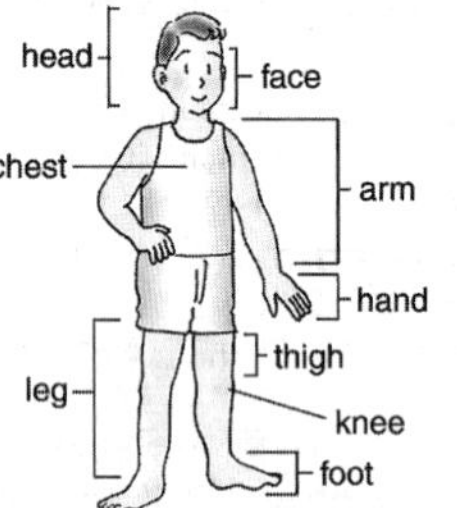

❶ 体, 肉体
• We exercise to keep our **bodies** strong and healthy. われわれは肉体を強く健康にしておくために運動をする
❷ 死体, 遺体
• His **body** was buried at the cemetery. 彼の遺体はその墓地に埋葬された
❸ 団体, 集団
• a legislative **body** 立法機関
• soccer's governing **body** FIFA サッカー運営団体のFIFA(国際サッカー連盟)
❹ 文型 [**a body of ...**] 多数の…, 大量の…, …の固まり[集まり]
• **a body of** knowledge 大量の知識
❺ (人体の頭・脚・腕を除いた)胴体; (物の)中心部, 本体, ボディー
• the **body** of a letter 手紙の本文
body and soul 身も心も
in a body 一団となって, そろって
keep body and soul together やっと生きていく

bódy buìlding 名U ボディービル

bod·y·guard /bádigɑ̀:rd バディガード/ 名 C ボディーガード, 護衛

bódy lànguage 名U ボディーランゲージ, 身体言語

bódy òdor 名U 体臭 (❗ B.O. と略す)

bod·y·work /bádiwə̀:rk バディワーク/ 名 U (車の)車体

bog /bág バグ/ 名C 沼地, 湿地
— 動 (三単現 **bogs** /bágz/; 過去・過分 **bogged** /bágd/; 現分 **bogging**) 他自 沼地に落とす[落ちる]
be [get] bogged down (物事に深入りしすぎて)身動きがとれない[とれなくなる], はまり込んでいる

bo·gey /bóugi ボウギ/ 名 (複 **bogeys** /bóugiz/) C ❶《ゴルフ》ボギー
❷ (=bogy)

bo·gey·man /bóugimæ̀n ボウギマン/ 名 (複 **bogeymen** /bóugimèn/) C お化け

bog·gle /bágl バグル/ 動 自 驚く, 信じられない気になる; 他 驚かせる, ぼう然とさせる

bo·gus /bóugəs ボウガス/ 形 にせの

bo·gy /bóugi ボウギ/ 名 (複 **bogies** /bóugiz/) C お化け, 幽霊; 恐れるもの[人]

bo·he·mi·an /bouhí:miən ボウヒーミアン/ 形 ❶ 因習にとらわれない, 自由奔放(ほんぽう)な
❷《**Bohemian**》(チェコの)ボヘミア地方の
— 名 C ❶ 自由奔放な生活をする人《♦芸術家など》
❷《**Bohemian**》ボヘミア地方の人

boil[1] A2

/bɔ́il ボイル/ 動 (三単現 **boils** /bɔ́ilz/; 過去・過分 **boiled** /bɔ́ild/; 現分 **boiling**)
❶ 他 沸かす; 煮る, ゆでる
• **boil** water 湯を沸かす
• **boil** eggs 卵をゆでる
❷ 自 沸く; 煮える, ゆだる
• The water is **boiling**. お湯が沸いている (←水が沸騰している)
❸ 自 (海や風が)荒れ狂う; 激怒する
boil down 煮つめる; 煮つまる; つまるところ〔…に〕なる《*to*》
boil over 吹きこぼれる; かっとなる
— 名《単数形で》沸騰; 沸点
bring ... to a [the] boil …を沸騰させる

boil[2] /bɔ́il ボイル/ 名C はれもの; できもの

boiled A2 /bɔ́ild ボイルド/ 形
ゆでた, 煮た, 沸かした
• **boiled** eggs ゆで卵

boil·er /bɔ́ilər ボイラ/ 名 C ボイラー, かま, 湯沸かし; 給湯タンク

boil·ing B2 /bɔ́iliŋ ボイリング/ 形 煮えたった, 沸きたった; 《副詞的》沸きたつほど

bóiling pòint 名 《the をつけて》沸点 ⇨**freezing point**

bois·ter·ous /bɔ́istərəs ボイスタラス/ 形
❶ (人・行いが)騒がしい, にぎやかな
❷ (風・海などが)荒れ狂う
bóisterously 副 騒がしく; 荒れ狂って

bold B1 高 /bóuld ボウルド/ 形 (比較級 **bolder**; 最上級 **boldest**)
❶ 大胆な, 勇気のある
• a **bold** plan 大胆な計画
❷ (描いた線などが)くっきりした, 力強い, 太い; (活字が)ボールド体の
❸ 厚かましい, ずうずうしい

bold·ly B1 /bóuldli ボウルドリ/ 副
❶ 大胆に, おもいきって
❷ 厚かましく, ずうずうしく
• She is **boldly** direct. 彼女はずうずうしいくらいはっきりとものを言う
❸ くっきりと

bold·ness /bóuldnəs ボウルドネス/ 名 U 大胆さ; 厚かましさ

bole /bóul ボウル/ 名 C (木の)幹

Bo·liv·i·a /bəlíviə ボリヴィア/ 名 ボリビア《♦南米中西部の多民族国; 首都ラパス(La Paz)》

bo·lo·gna /bəlóunjə ボロウニャ/ 名 C 《料理》ボローニャソーセージ《♦大型のソーセージ》

bol·ster /bóulstər ボウルスタ/ 動 他 支持する, はげます《*up*》
━名 C 長まくら《♦ふつうシーツの下に入れ, その上にまくら(pillow)を置く》

bolt B2 /bóult ボウルト/ (×ボルト) 名 C ❶ (ナット(nut)でしめる)ボルト ❷ (戸・窓などの)さし錠(じょう), かんぬき ❸ 電光, いなずま
a bolt from* [*out of*] *the blue 青天のへきれき, 突然の(悪い)出来事
━動 ❶ 他 ボルトで締める; (戸などを)かんぬきで締める ❷ 自 急にかけ出す, 突然逃げ出す ❸ 他 (食べ物を)大急ぎで食べる, 飲み込む《*down*》

bomb B1 中 /bám バム | bɔ́m ボム/ 名 (複 **bombs** /bámz/) C ❶ 爆弾
• an atomic **bomb** 原子爆弾
• suicide **bomb** attacks 自爆攻撃
• drop a **bomb** 爆弾を落とす
❷ 《口語》大失敗
━動 (三単現 **bombs** /bámz/; 過去・過分 **bombed** /bámd/; 現分 **bombing**)
❶ 他自 爆撃する, 爆弾を投下する
❷ 自 《口語》大失敗する

bom·bard B2 /bambá:rd バンバード/ 動 他 ❶ 砲撃する, 爆撃する
❷ (人を)〔質問などで〕攻め立てる《*with*》

bom·bard·ment /bambá:rdmənt バンバードメント/ 名 U C 爆撃; 集中攻撃

Bom·bay /bambéi バンベイ/ 名 ボンベイ《♦Mumbai の英語名》

bomb·er B2 /bámər バマ/ (×ボンバー) 名 C 爆撃機; 爆弾投下兵

bomb·ing B2 高 /bámiŋ バミング/ 名 U C 爆撃, 爆破

bomb·shell /bámʃèl バムシェル/ 名 C 《口語》人を驚かせる出来事, 突発事件

bo·na fi·de /bóunə fáidi ボウナ ファイディ/ 形 誠実な, 誠意のある; 真実の; 本物の

bo·nan·za /bənǽnzə ボナンザ/ 名 C 大もうけ, 大ヒット

bond B1 高 /bánd バンド | bɔ́nd ボンド/ 名 (複 **bonds** /bándz バンヅ/)
❶ C 《しばしば **bonds**》きずな, 結びつき; 束縛(そくばく)
❷ C 契約; 債務証書; 証券, 債券
❸ U 接着; U C 接着剤
━動 (三単現 **bonds** /bándz バンヅ/; 過去・過分 **bonded** /bándəd/; 現分 **bonding**)
❶ 自 〔人と〕強くきずなで結びつく《*with*》 ❷ 他自 接着する

bond·age /bándidʒ バンディヂ/ 名 U 奴

隷(どれい)の状態; 束縛

bone A1 高

/bóun ボウン/ 名 (複 bones /bóunz/)

❶ C 骨

❷ 《bones》 死体, 死骸(しがい)

a bone of contention 争いの種

chilled [frozen] to the bone 体の芯(しん)まで冷える

feel ... in one's bones …と直感的にわかる

have a bone to pick with A A(人)に言いたいことがある, Aに不平[苦情]がある

make no bones about ... …について隠し立てしない; 平気で…する

― 動 (三単現 **bones** /bóunz/; 過去・過分 **boned** /bóund/; 現分 **boning**) 他 (魚や鳥肉の)骨を抜く

bóne-drý 形 乾ききった

bon·fire /bánfàiər バンファイア/ 名 C (祝祭日などの)大かがり火; たき火

bon·gos, bon·goes /báŋgouz バンゴウズ/ 名 《複数扱い》《楽器》 ボンゴ 《◆ラテン音楽などで用いる小型の太鼓》

bo·ni·to /bəní:tou ボニートウ/ 名 (複 **bonito, bonitos** /bəní:touz/) C 《魚》 カツオ

bon·net /bánət バネト/ 名 C ❶ ボンネット 《◆あごの下でひもをむすぶ婦人や子どもの帽子》 ❷ 《英》 (自動車の前部をおおう)ボンネット (=《米》 hood)

bon·sai /bànsái バンサイ | bɔ́nsai ボンサイ/ 名 (複 **bonsai**) C U 盆栽

bo·nus A2

/bóunəs ボウナス/

名 (複 **bonuses** /bóunəsəz/) C

❶ ボーナス, 特別手当

日英比較 英語の bonus は, 良い仕事の報酬として臨時[特別]に与えられるお金(や物)の意味

❷ 特典, おまけ, 予期せぬ贈り物[出来事]

bon·y B2 /bóuni ボウニ/ 形 (比較級 **bonier**; 最上級 **boniest**) 骨のような; 骨の多い; とてもやせた

boo /bú: ブー/ 間 ブー; ばぁ

― 名 (複 **boos** /bú:z/) C (非難・反対を表す)ブーイング; (人を驚かす)ばぁという声 ― 動 他 ブーイングをする, やじる; 自 ブーと叫ぶ; ばぁといって驚かす

boob /bú:b ブーブ/ 名 C 《口語》 ばかげた間違い, へま; 《ふつう **boobs**》 おっぱい

bóo·by prìze /bú:bi ブービ/ 名 C 最下位賞 日英比較 日本では「ブービー賞」は最下位から2番目

bóoby tràp 名 C 仕掛け爆弾, 偽装爆弾; まぬけだまし 《◆いたずら》

book A1 中

/búk ブク/ 名 (複 **books** /búks/) C

❶ 本, 書物

- read [write] a **book** 本を読む[書く]
- a school **book** 教科書 (=textbook)

コロケーション

動+**book**

edit a *book* 本を編集する
publish a *book* 本を出版する
review a *book* 本を批評する, 書評する
revise a *book* 本を改訂する

❷ (切手・小切手などの)一つづり, …帳

❸ (本の中の大きな区切りとしての)巻

❹ 《the Book》 聖書 (=the Bible)

❺ 帳簿

by the book 規則に従って, 正式に

in my book 私の考えでは

関連語〉 単語力

atlas 地図帳
biography 伝記
dictionary 辞書
encyclopedia 百科事典
guide, guidebook (旅行)案内書
handbook 手引き書
magazine 雑誌
textbook 教科書
workbook ワークブック
yearbook 年鑑
《米》 bookstore, 《英》 bookshop 書店
library 図書館
hardback ハードカバーの本

paperback ペーパーバック
manual 説明書, マニュアル
notebook ノート
━ 動 (三単現 **books** /búks/; 過去・過分 **booked** /búkt/; 現分 **booking**) 他自 《英》(座席やホテルの部屋などを)予約する (=《米》reserve)
• **book** a ticket for the show そのショーの切符を1枚予約する
• Please **book** me a room in the hotel. ホテルの部屋を予約して下さい
book in 《英》チェックインする (=check in)

book·case A2

/búkkèis ブクケイス/ 名 (複 **bookcases** /búkkèisəz/) C 本箱, 本だな

book·end /búkènd ブケンド/ 名 C 《ふつう **bookends**》本立て, ブックエンド

book·ie /búki ブキ/ 名 《口語》(=bookmaker)

book·ing B1 /búkiŋ ブキング/ 名 (複 **bookings** /búkiŋz/) U C 《英》(座席・切符などの)予約

book·ish B2 /búkiʃ ブキシュ/ 形
❶ 本好きな
❷ 机上(きじょう)の, 実際的でない
❸ (ことばづかいが)かた苦しい

book·keep·er /búkkì:pər ブクキーパ/ 名 C 簿記係

book·keep·ing /búkkì:piŋ ブクキーピング/ 名 U 簿記

book·let B2 /búklət ブクレト/ 名 C 小冊子, パンフレット

book·mak·er /búkmèikər ブクメイカ/ 名 C (競馬・スポーツの)賭(か)け屋, ブックメーカー

book·mark B2 /búkmà:rk ブクマーク/ 名 C (本の)しおり; 《コンピュータ》ブックマーク
━ 動 他 (インターネットで)ブックマークをつける; お気に入りに入れる

book·sell·er /búksèlər ブクセラ/ 名 C 本屋さん (❗人をさす), 書籍商

book·shelf A2

/búkʃèlf ブクシェルフ/ 名 (複 **bookshelves** /búkʃèlvz/) C 本だな

book·shop A2

/búkʃàp ブクシャプ | búkʃɔ̀p ブクショプ/ 名 (複 **bookshops** /búkʃàps/) C 《英》書店, 本屋さん; 《米》小さな本屋さん

book·store A1 中

/búkstɔ̀:r ブクストー/ 名 (複 **bookstores** /búkstɔ̀:rz/) C 《米》 書店, 本屋さん

book·worm /búkwə̀:rm ブクワーム/ 名 C 読書好きの人, 「本の虫」

boom[1] B1 /bú:m ブーム/ 名 (複 **booms** /bú:mz/) C ❶ (雪・大砲・波などの)とどろき; (ブーンという)うなり ❷ にわか景気; にわか人気, ブーム (↔**slump**)
日英比較 「一時的なブーム[流行]」の場合, 英語では vogue (be in vogue) や popular (be very popular) などを使う
━ 動 (三単現 **booms** /bú:mz/; 過去・過分 **boomed** /bú:md/; 現分 **booming**) 自 ブーンとうなる, とどろく; 急騰する

boom[2] /bú:m ブーム/ 名 C ❶ (船の)帆の下桁(けた), ブーム; (河口などの)流木止め, 防材 ❷ (マイク・カメラを移動させる)可動式つり下げアーム

boom·er·ang /bú:məræ̀ŋ ブーメラング/ 名 C ❶ ブーメラン
❷ 害が自分にはねかえる計画[考え]

bóom tòwn 名 C 新興都市

boon /bú:n ブーン/ 名 C 恩恵, 利益

boor /búər ブア/ 名 C 無作法者, がさつな人

boor·ish /búəriʃ ブアリシュ/ 形 無作法な, がさつな

boost B2 /bú:st ブースト/ 動 他 押し上げる; 増進させる; (値を)つり上げる; 後援する ━ 名 C 押し上げること; つり上げ; 後援

boost·er /bú:stər ブースタ/ 名 C ❶ (士気・自信などを)高めるもの; 後援者
❷ (宇宙船の)補助推進ロケット
❸ (最初の薬の効きめを高める)効能促進剤

boot B1 高 /búːt ブート/ 名 (複 **boots** /búːts ブーツ/) C
❶《ふつう **boots**》ブーツ, 長靴
• **a pair of boots** 長靴[深靴]1足
• pull on [off] *one's* **boots** ブーツを(ひっぱるようにして)はく[脱ぐ]
❷《英》(自動車の)トランク (=《米》trunk)

get* [*be given*] *the boot 《口語》首になる

— 動 (三単現 **boots** /búːts ブーツ/; 過去・過分 **booted** /búːtəd/; 現分 **booting**) 他《口語》❶ける ❷(コンピュータ・プログラムを)立ち上げる, 起動する《*up*》

bòot cámp 名 C (米軍の)新兵訓練基地

booth B2 /búːθ ブース/ 名 (複 **booths** /búːðz/) C ❶(市場などの)売店, 屋台 ❷小さく仕切られた部屋; 電話ボックス; (LL教室の)ブース; (喫茶店などの)ボックス席

boot·leg /búːtlèg ブートレグ/ 形 密造の, 海賊(かいぞく)版の

— 動 (三単現 **bootlegs** /búːtlègz/; 過去・過分 **bootlegged** /búːtlègd/; 現分 **bootlegging**) 他 密造する, 違法コピーする

boo·ty /búːti ブーティ/ 名 U 戦利品, 略奪品

booze /búːz ブーズ/ 動 自《口語》大酒を飲む

— 名 U《口語》アルコール飲料, 酒

bor·der B1 高 /bɔ́ːrdər ボーダ/ 名 (複 **borders** /bɔ́ːrdərz/) C
❶境, 境界; 国境(地方)
• the **border** between Mexico and the U.S. メキシコと米国との国境
❷ふち, へり; ふち飾り

— 動 (三単現 **borders** /bɔ́ːrdərz/; 過去・過分 **bordered** /bɔ́ːrdərd/; 現分 **bordering**) 他 ❶…と境を接する, …に隣接する ❷…のふち取りをする

***border on* [*upon*] ...** ①…と隣接する ②ほとんど…と言ってよい, …に近い

派生 **borderless** 形

bor·der·less /bɔ́ːrdərləs ボーダレス/ 形 境界[国境]のない; 縁のない

派生 **border** 名

bor·der·line /bɔ́ːrdərlàin ボーダライン/ 名 C 国境[境界]線;《単数形で》どっちつかずの状態

— 形 国境[境界]線上の; どっちつかずの

bore[1] B1 /bɔ́ːr ボー/ 動 (三単現 **bores** /bɔ́ːrz/; 過去・過分 **bored** /bɔ́ːrd/; 現分 **boring**) 他 退屈させる, うんざりさせる ⇨**bored**
• Am I **boring** you? 退屈させてしまっていますか

— 名 (複 **bores** /bɔ́ːrz/) C 退屈な人[こと], うんざりさせる人[こと]

派生 **boredom** 名

bore[2] /bɔ́ːr ボー/ 動 他 自 (ドリルなどで, またモグラなどが)穴をあける

bore[3] /bɔ́ːr ボー/ 動 bear[1] (産む)の過去形

bo·re·al /bɔ́ːriəl ボーリアル/ 形 北の; 北風の

bored A2 高

/bɔ́ːrd ボード/ 形
〔…に〕退屈した, うんざりした《*with*》
• I'm **bored** to death. ほんと退屈だ

bore·dom B1 /bɔ́ːrdəm ボーダム/ 名 U 退屈

bor·ing A1 中

/bɔ́ːriŋ ボーリング/ 形
退屈な, うんざりさせる
• The party was pretty **boring**. そのパーティーは本当におもしろくなかった

born 中 /bɔ́ːrn ボーン/ (発音 borne と同音) 動 bear[1] (産む)の過去分詞

be born 生まれる
• He **was born** in Yokohama in 2007. 彼は2007年に横浜で生まれた

be born of ... …から生まれる; …の結果として生まれる[生じる]

***be born to* [*into*]** *A* A(家庭など)に生まれる

be born to *do* …するために生まれてきた

— 形 生まれた; 生まれながらの, 生まれ

a b c d e f g h i j k l m n o p q r s t u v w x y z

つきの; …生まれの
born and bred 生まれも育ちも, きっすいの

borne /bɔ́ːrn ボーン/ (発音 born と同音) 動 bear[1] の過去分詞

Bor·ne·o /bɔ́ːniòu ボーニオウ/ 名 ボルネオ《◆マレー諸島中にある世界で第3に大きい島; 北部はマレーシア領とブルネイ領, 南部はインドネシア領》

bor·ough /bɔ́ːrou バーロウ/ 名 C 《時に Borough》《米》自治町村; (ニューヨーク市の)区; 《英》自治区

bor·row A1 中

/bárou バロウ | bɔ́rou ボロウ/ 動 (三単現 **borrows** /bárouz/; 過去·過分 **borrowed** /bároud/; 現分 **borrowing**)

❶ 他 借りる (↔**lend**); 自 借りる, 借金する

- **borrow** money **from** the bank 銀行から借金をする
- She **borrowed** a book **from** the library. 彼女は図書館から本を借りた
- **borrow** her pen 彼女のペンを借りる

似ている単語
借りる－**borrow, use, rent**
borrow は移動できるものを, 無料または有料で短期間借りる場合に使う:
Can I **borrow** this book? この本を借りてもいいかな
use は移動できないものを, その場でちょっと使わせてもらう場合に使う:
May I **use** the bathroom? トイレを借りてもいいですか
rent は家や乗り物などを, 有料で借りる場合に使う:
rent an apartment アパートの部屋を借りる

❷ 他 取り入れる, 借用する, 模倣(もほう)する

bórrower 名 C 借り手 (↔**lender**)

bor·row·ing /bárouiŋ バロウイング/ 名 C 借りた物; 借用語(句)

Bos·ni·a /bázniə バズニア/ 名 ボスニア《◆ボスニア・ヘルツェゴビナの北部の地方》

Bos·ni·a and Her·ze·go·vi·na /bázniə ənd hèərtsəgouvíːnə バズニア アンド ヘアツェゴウヴィーナ/ 名 ボスニア・ヘルツェゴビナ《◆東ヨーロッパの共和国; 首都サラエボ (Sarajevo)》

bo·som /búzəm ブザム/ (×ボウサム) 名 C
❶《文章》(女性の)胸, (衣服の)胸部, 胸元; 胸のうち, 心
❷《形容詞的》親しい, 大切な

boss A2 高

/bɔ́ːs ボース | bɔ́s ボス/
名 (複 **bosses** /bɔ́ːsəz/) C 《口語》(職場の) 長, 上司, ボス; 決定を下す人 (❗社長, 部長, 課長, 係長, 親方など)

- Who is the **boss** at that company? あの会社の経営者はだれですか

━ 動 (三単現 **bosses** /bɔ́ːsəz/; 過去·過分 **bossed** /bɔ́ːst/; 現分 **bossing**) 他 指揮する, 支配する; あれこれ指図する《*around, about*》

━ 形 ボスの; 主要な

派生 **bossy** 形

boss·y B2 /bɔ́ːsi ボースィ/ 形 (比較級 **bossier**; 最上級 **bossiest**) 親分風を吹かす, やたらにいばる

Bos·ton /bɔ́ːstən ボーストン/ 名 ボストン《◆米国北東部大西洋岸の都市; アメリカ最古の歴史をもつ町》

Bóston Còmmon 名 ボストン広場《◆ボストンにある米国最古の緑地帯公園で, かつては清教徒が集会に用いた》

bo·tan·ic /bətǽnik ボタニク/ 形 (＝botanical)

bo·tan·i·cal /bətǽnikəl ボタニカル/ 形 植物の; 植物学の

botánical gárden 名 C 《ふつう

botanical gardens》植物園

bot·a·nist /bátənist バタニスト/ 名C 植物学者

bot·a·ny B2 /bátəni バタニ/ 名U 植物学

botch /bátʃ バチ/ 動他《口語》やりそこなう《*up*》

— 名C へたな仕事, やりそこない

both A1 中

/bóuθ ボウス/

意味マップ
形 両方の
代 両方
接《**both** A **and** B》AもBも両方とも

— 形 両方の, …両方とも

- **both** eyes 両目
- on **both** sides of a street 道の両側に
- **Both** my parents are still living. 私の両親は2人ともまだ健在です(❗この文は My parents are **both** living. (このbothは代名詞) とも書き換えられる)
- **Both** (the) brothers are musicians. その兄弟は2人とも音楽家です

使い方› **both** (形容詞)と語順
あとの名詞(複数形)に, the や代名詞の所有格(his, her など), 指示代名詞 (these など)がつくときは both はその前に置く:
both his sons 彼の息子たち2人とも (×his both sons)
both (**the**) houses 両方の家 (×the both houses としない; both のあとの the は省略することがある)

使い方› 否定文
「両方…ない」と否定文で表す時は neither 又は either を使う:
I do**n't** like **either** of them. = I like **neither** of them. 私はそれらのどちらも好きではない
both を否定文で使用すると, どちらか一方[一部]を否定することになる:
I do**n't** like **both** of them. = I like only one of them. 私はそれらの両方が好きなのではない, それらのうちの一つだけが好きだ

— 代 両方, 両方とも (❗複数扱い)

- **both** of the girls 2人の少女の両方
- **Both** of us are fine. 私たちは2人とも元気だ

会話 "I have two kittens. You may have **either** of them." "I want **both** (of them)." 「うちに子ネコが2ひきいるの. どっちかあげるわ」「両方ほしいなあ」

— 接《**both** A **and** B》AもBも両方とも, AだけでなくBも (❗A, B のところには文法的に同じ働きをする語句がくる;「AとBのどちらか」は either A or B) ⇨**either**

- **Both** his father **and** mother are dead. 彼の父親も母親もともに亡くなってしまった (❗A, Bは名詞と名詞; 複数扱いする)

both·er A2 高

/báðər バザ | bɔ́ðə ボザ/ 動 (三単現 **bothers** /báðərz/; 過去・過分 **bothered** /báðərd/; 現分 **bothering**)

❶ 他 悩ます, 困らせる, じゃまをする, めいわくをかける

- The students **bothered** the teacher **with** silly questions. 生徒たちはくだらない質問で先生を困らせた

会話 "Am I **bothering** you?" "No, it's all right." 「おじゃまですか」「いいえ, かまいませんよ」

❷ 自 文型 [**bother to** *do* = **bother** *doing*] わざわざ…する (❗しばしば否定文で)

- Don't **bother to** *call* me back. = Don't **bother calling** me back. 折り返し電話をかけてくださらなくてけっこうです

❸ 自 〔…を〕気にする, くよくよする《*about, with*》

***can't be bothered to** do* 《口語》…する気になれない, …したくない

— 名 (複 **bothers** /báðərz/)

U 面倒, やっかい; C 《ふつう単数形で》悩みの種, 面倒なこと, じゃま者

both·er·some B2 /báðərsəm バザサム/ 形 うるさい; 面倒な

Bot·swa·na /bɑtswá:nə バツワーナ/ 名 ボツワナ《♦アフリカ南部の共和国; 首都ハボローネ (Gaborone)》

bot·tle A1 中

/bátl バトル|bɔ́tl ボトル/

名 (複 **bottles** /bátlz/)

❶ C びん (❗ふつう口が狭く, 取っ手のないもの); 1びんの量

• a glass [plastic] **bottle** ガラス[プラスチック]のびん

❷《**the bottle**》酒, 飲酒

— 動 (三単現 **bottles** /bátlz/; 過去・過分 **bottled** /bátld/; 現分 **bottling**) 他 びんに入れる; (果物などを)びんづめにする

bottle up (怒りなどの感情を)抑える, 押し殺す

bot·tled /bátld バトルド/ 形 びんづめの, びん入りの

bot·tle·neck /bátlnèk バトルネク/ 名 C 狭い通路; (進行などの)障害

bóttle òpener 名 C せんぬき

bot·tom A1 高

/bátəm バトム|bɔ́təm ボトム/

名 (複 **bottoms** /bátəmz/)

意味マップ

❶ 底; 水底
❷ いちばん下の所; ふもと
❸ 最下位
❹ おしり
❺ (野球の回の)裏
❻《形容詞的》底の; いちばん下の
❼ 根本

❶ C《ふつう **the bottom**》底, 底部, 底辺 (↔**top**[1]); 水底

• **the bottom** of a bottle びんの底

• **from the bottom of** my heart 心の底から

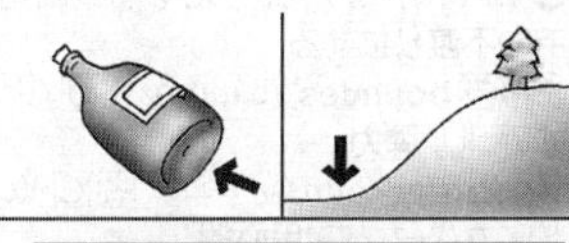

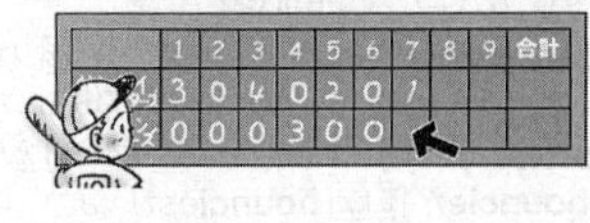

❷ C いちばん下の所, 下部; ふもと, 根元 (↔**top**[1])

• **at the bottom of** a hill [a tree] 丘のふもと[木の根元]に

• She fell from the **top** of the stairs to the **bottom**. 彼女は階段のてっぺんから下までころがり落ちた

❸ U《ふつう **the bottom**》最下位

❹ C《口語》おしり

❺ C (野球の回の)裏 (❗表は top)

❻《形容詞的》底の; いちばん下の; 根本の

❼ U《**the bottom**》根本, 原因; 真相

at* (*the*) *bottom 心の底は, 根は; 実際は; 根本的には

Bottoms up! 《口語》乾杯 (=Cheers!)

get to the bottom of ... 《口語》…の真相を究明する

bot·tom·less /bátəmləs バトムレス/ 形 底なしの; 非常に深い

bough /báu バウ/ (発音 bow[2], bow[3]と同音) 名 C (木の)大枝 ⇨**branch**, **tree**, **trunk**, **twig**

bought /bɔ́:t ボート/ 動 buyの過去形・過去分詞

boul·der /bóuldər ボウルダ/ 名 C 大きな丸石

bou·le·vard /búləvà:rd ブレヴァード/ 名 C (並木のある)大通り

bounce B1 /báuns バウンス/ 動 (三単現 **bounces** /báunsəz/; 過去・過分 **bounced** /báunst/; 現分 **bouncing**)

❶ 自 (ボールなどが)はずむ, とび上がる, はねる; 他 (ボールなどを)はずませる

❷ 自 (人が)飛びはねる, はね回る; はずむように歩く
❸ 自 (小切手が)不渡りになる; 他 (小切手を)不渡りにする
— 名 (複 **bounces** /báunsəz/) U C はずみ; U 弾力

bounc·er /báunsər バウンサ/ 名 C (レストラン・バーなどの)用心棒

bounc·ing /báunsiŋ バウンスィング/ 形 (特に赤ちゃんが)じょうぶな, 元気のいい

bounc·y /báunsi バウンスィ/ 形 (比較級 **bouncier**; 最上級 **bounciest**) よくはずむ; はつらつとした

bound[1] /báund バウンド/ 名 C 《ふつう **bounds**》境界, 境界線; 限界
know no bounds (感情などが)かなり強い, 際限がない
out of bounds 領域外で; 立ち入り禁止区域で; 禁じられて

bound[2] /báund バウンド/ 動 自 とびはねる; とびはねながら行く; (ボールが)はね返る, はずむ, バウンドする
• The ball **bounds** well. そのボールはよくはずむ
— 名 C とび上がり; はずみ, はね返り, バウンド

bound[3] B1 /báund バウンド/ 形
❶ しばられた; 〔…によって〕束縛(そくばく)された, 義務[責任]を負った《*by, to*》
❷ (本が)装丁した
be bound to do ① きっと…する ② …する義務がある
be bound up in A Aに夢中である, Aにはまる
be bound up with A Aと密接なつながりがある, Aにかかっている
— 動 bindの過去形・過去分詞

bound[4] B1 /báund バウンド/ 形 (! 比較変化なし) …行きの, …へ向かう; …へ行くところで《*for*》

bound·a·ry /báundəri バウンダリ/ 名 (複 **boundaries** /báundəriz/) C
❶ 境界, 境界線, 境
❷ 《しばしば **boundaries**》限界, 範囲

bound·less /báundləs バウンドレス/ 形 限りない; 無限の

bóundlessly 副 限りなく

boun·ti·ful /báuntifəl バウンティフル/ 形 《文章》豊富な; 物おしみしない

boun·ty /báunti バウンティ/ 名 (複 **bounties** /báuntiz/) C 報償金; 奨励金; U 《文章》気前よさ, 恵み深さ

bou·quet /bu:kéi ブーケイ/ 名 C 花束, ブーケ

bour·bon B2 /bə́:rbən バーボン/ 名 U C バーボン (♦ウイスキーの一種)

bour·geois /búərʒwɑ: ブアジュワー/ 形 中産階級の
日英比較 日本語の「ブルジョア」の表す「金持ち」という意味はない

bour·geoi·sie /bùərʒwɑ:zí: ブアジュワーズィー/ 名 《**the bourgeoisie**》中産階級

bout /báut バウト/ 名 C
❶ (ボクシング・レスリングの)一試合
❷ (仕事などの)ひとしきり, (病気の)発作

bou·tique /bu:tí:k ブーティーク/ 名 C ブティック

bo·vine /bóuvain ボウヴァイン/ 形 牛の

bow[1] B1 /bóu ボウ/ 名 (複 **bows** /bóuz/) C ❶ 弓 ⇨ **arrow** ❷ ちょう結び; ちょうネクタイ ❸ 弓形のもの, (バイオリンの)弓; にじ (=rainbow)

bow[2] B2 高 /báu バウ/ (発音 bow[1] /ボウ/ と混同しないこと) 動 自 おじぎをする; 他 (頭を)下げる
bow out (***of…***) (…から)身を引く, 退く; (…を)中止する
bow to… …に従う, 屈服する
— 名 C おじぎ
日英比較 日本で「おじぎ」はごく一般的に行われるが, 欧米ではおじぎはかなり格式ばった時に行うもの

bow[3] /báu バウ/ 名 C 船首, へさき (! 「船尾」は stern[2])

bowed /báud バウド/ 形 頭を下げた; 曲がった

bow·el /báuəl バウエル/ 名 C 腸; 《ふつう **bowels**》内臓, はらわた

bówel mòvement 名 C 便通, 排便

bow·er /báuər バウア/ 名 C 《文章》あずまや

bowl[1] A1 高
/bóul ボウル/ 名 (複 **bowls** /bóulz/) C
❶ ボール, どんぶり; (ご飯などをよそう)茶わん, おわん
• a salad **bowl** サラダボール, サラダ用の器
❷ ボール[茶わん]1杯分
• three **bowls of** miso soup 味噌汁3杯
❸ 《米》(すりばち型の)円形競技場, スタジアム; 選抜フットボール試合

bowl[2] B1 /bóul ボウル/ 動 (三単現 **bowls** /bóulz/; 過去・過分 **bowled** /bóuld/; 現分 **bowling**) 自 ボウリングをする; (クリケットで)投球する
━ 名 (複 **bowls** /bóulz/) C (ボウリングの)ボウル

bowl·er /bóulər ボウラ/ 名 C ボウリングをする人; (クリケットの)投手

bówler hàt 名 C 《英》山高帽 (=《米》derby)

bowl·ing /bóuliŋ ボウリング/ 名 U ボウリング

bówling àlley 名 C ボウリングのレーン; ボウリング場

bów tíe 名 C ちょうネクタイ

bow·wow /báuwáu バウワウ/ 名 C 《幼児語》ワンワン, 犬
━ 間 ワンワン (❗犬のほえ声)

box[1] A1 中
/báks バクス | bɔ́ks ボクス/ 名 (複 **boxes** /báksəz/) C
❶ 箱 (❗ふつうふたがあるものをいう)
• a cardboard **box** ダンボール箱
❷ 1箱分
❸ (劇場・競技場などで仕切りをした)ボックス席, 特別席
❹ 《野球》ボックス
❺ 《**the box**》《英》《口語》テレビ
━ 動 (三単現 **boxes** /báksəz/; 過去・過分 **boxed** /bákst/; 現分 **boxing**) 他 箱に入れる 《*up*》
box in 囲む, 閉じこめる

box[2] /báks バクス/ 名 C なぐること, 殴打, 平手打ち, びんた
━ 動 他 自 ボクシングをする; なぐる

bòx cár 名 C 《米》有蓋(ゆうがい)貨車

box·er B2 /báksər バクサ/ 名 C
❶ ボクサー, ボクシングをする人
❷ 《動物》ボクサー犬

bóxer shòrts 名 《複数扱い》(男性用下着の)トランクス

box·fish /báksfìʃ バクスフィシュ/ 名 (複 **boxfish**, **boxfishes** /báksfìʃəz/) C 《魚》ハコフグ

box·ing B1 /báksiŋ バクスィング | bɔ́ksiŋ ボクスィング/ 名 U ボクシング

Bóxing Dày 名 《英》ボクシングデー
出典・由来› クリスマスの翌日, あるいは翌日が日曜日の場合は12月27日でChristmas boxを贈る. 現在では現金を渡すことが多いが, この現金もChristmas boxと呼ばれている. イギリスおよびカナダのいくつかの州で公休日

bóx òffice 名 C (劇場・映画館などの)切符売り場

boy A1 中
/bɔ́i ボイ/ 名 (複 **boys** /bɔ́iz/) C
❶ 男の子, 少年, ぼうや (❗生まれたばかりの男の赤ちゃんから17, 18歳ぐらいまでの男子に使う) ⇨**girl**
• There are only ten **boys** in our class. 私たちのクラスには男の子が10人しかいません
❷ (年齢に関係なく)息子 (=son)
• He is my **boy**. 彼が私の息子です
❸ 《**the boys**》(一家の中の)男たち; 男の友達[仲間]
❹ 男の召使い
❺ 《形容詞的》少年の, 青年の; 男の
my boy = (***my***) ***dear boy*** やあ君 (❗男子への親しい呼びかけ)
That's my [***the***] ***boy!*** よくやった
━ 間 うわぁ, おー (◆驚き, 喜びなどの叫び) 派生 **boyish** 形

boy·cott /bɔ́ikàt ボイカト/ (×ボイコット) 名 C ボイコット, 集団排斥(はいせき), 不買(ふばい)同盟
━ 動 他 ボイコットする, 参加を拒否する, 排斥する, 不売[不買]運動をする

a b c d e f g h i j k l m n o p q r s t u v w x y z

boy·friend A1 高

/bɔ́ifrènd ボイフレンド/ 名 (複 **boyfriends** /bɔ́ifrèndz ボイフレンヅ/) C
男の恋人, 彼氏
● my ex-**boyfriend** 元カレ (! 以前つきあっていた人)

boy·hood /bɔ́ihùd ボイフド/ 名 U 少年時代; 少年たち

boy·ish /bɔ́iiʃ ボイイシュ/ 形 少年らしい

bóy scòut 名 C ボーイスカウト《♦ the Boy Scouts の団員; 単に scout ともいう》

Bóy Scòuts 名《**the** をつけて》《単数・複数扱い》ボーイスカウト団《♦女子のための団体は the Girl Scouts, the Girl Guides》

Br.《略》Britain 英国; British 英国の

bra A2

/brɑ́: ブラー/ 名 (複 **bras** /brɑ́:z/) C
(下着の)ブラ, ブラジャー

brace /bréis ブレイス/ 名 C ❶締め[止め]がね; 支柱 ❷(体の部分の)固定器; 歯列矯正器 ❸《ふつう **braces**》大かっこ, ブレース《♦{ }》
━ 動 他 元気づける; 緊張させる; 補強する

brace·let B1 /bréislit ブレイスリト/ 名 (複 **bracelets** /bréislits ブレイスリッツ/) C
ブレスレット, 腕輪

brac·ing /bréisiŋ ブレイスィング/ 形 (風などが)すがすがしい, さわやかな

brack·et B2 /brǽkət ブラケト/ 名 C
❶腕木
❷《ふつう **brackets**》かっこ (! ふつう角かっこ[ ]をさす)
❸(区分された)グループ, 階層
━ 動 他 かっこで囲む; 同類として区分する

brag B2 /brǽg ブラグ/ 動 (三単現 **brags** /brǽgz/; 過去·過分 **bragged** /brǽgd/; 現分 **bragging**) 自 他 自慢する

braid /bréid ブレイド/ 名 C 《ふつう **braids**》編んだ髪
━ 動 他 編む; 編んで作る

braille, Braille /bréil ブレイル/ 名 U
(ブライユ式)点字(法) (! 考案者の Louis Braille にちなむ)

brain A1 高

/bréin ブレイン/ 名 (複 **brains** /bréinz/)
❶ C 脳, 大脳
❷ U C 《ふつう **brains**》(すぐれた)頭脳, 知能
● Use your **brain**(**s**). 頭を使え
❸ C 《口語》とても頭のいい人, 秀才
❹ C 《ふつう **brains**》(グループの中の)知的指導者, ブレーン

***beat* [*rack*] *one's brains* (*about ...*)** 《口語》(…のことで)知恵をしぼる

have ... on the brain 《口語》…のことばかり考える[話す]

━ 動 (三単現 **brains** /bréinz/; 過去·過分 **brained** /bréind/; 現分 **braining**) 他
《口語》…の頭をぶんなぐる

brain·child /bréintʃàild ブレインチャイルド/ 名《単数形で》《口語》思いつき, 妙案

bráin dèath 名 U C 脳死

brain·less /bréinləs ブレインレス/ 形 頭の悪い, 愚かな

brain·storm A2

/bréinstɔ̀:rm ブレインストーム/
名 (複 **brainstorms** /bréinstɔ̀:rmz/)
C《ふつう **a brainstorm**》
❶《米》《口語》とっさに浮かんだ名案, ひらめき (=《英》brainwave)
❷《英》《口語》(一時的な)精神錯乱(さくらん)
━ 動 (三単現 **brainstorms** /bréinstɔ̀:rmz/; 過去·過分 **brainstormed** /bréinstɔ̀:rmd/; 現分 **brainstorming**)
自 他 集団でアイデアを出し合う, (問題解決のため)意見を出し合う
● We had a meeting to **brainstorm** some ideas. 私たちはアイデアをあれこれ出し合うための打ち合わせをした

brain·storm·ing B1 /bréinstɔ̀:rmiŋ ブレインストーミング/ 名 U
ブレインストーミング《♦集団で意見を出し合ってアイデアを生み出す方法》

bráin tèaser 名C 難問

brain·wash /bréinwɔ̀:ʃ ブレインウォーシュ/ 動他〔…するように〕洗脳する《*into doing*》

bráinwàshing 名U 洗脳

brain·wave /bréinwèiv ブレインウェイヴ/ 名C ❶《ふつう **brainwaves**》脳波 ❷《英》とっさの名案, ひらめき (=《米》brainstorm)

brain·y /bréini ブレイニ/ 形 (比較級 **brainier**; 最上級 **brainiest**)《口語》頭のよい, よくできる

braise /bréiz ブレイズ/ 動他 (肉・野菜をいためたあと)蒸し煮にする

brake[1] A2

/bréik ブレイク/ (発音 break と同音)

名 (複 **brakes** /bréiks/) C

ブレーキ, 制動機; 抑制

• hit [slam] on the **brakes** 急ブレーキを踏む

— 動 (三単現 **brakes** /bréiks/; 過去・過分 **braked** /bréikt/; 現分 **braking**) 他自

ブレーキをかける; 止まる

brake[2] /bréik ブレイク/ 名C ❶(低木の)茂み ❷《植物》シダ, ワラビ

bram·ble /brǽmbl ブランブル/ 名C《植物》イバラ; クロイチゴ

bran /brǽn ブラン/ 名U (穀物の)ふすま, ぬか

branch A2 高

/brǽntʃ ブランチ | brá:ntʃ ブラーンチ/ 名 (複 **branches** /brǽntʃəz/) C

❶(木の)枝

似ている単語

枝－**branch**, **bough**, **twig**

branch は一般に「(木の)枝」, **bough** は「大きな枝」, **twig** は「小枝」⇨**tree** 図

❷支店, 支社, 支局, 支部, 出張所

❸支流; 支線

❹《形容詞的》分かれた; 支線の, 支部の

— 動 (三単現 **branches** /brǽntʃəz/; 過去・過分 **branched** /brǽntʃt/; 現分 **branching**) 自 枝を広げる; 枝分かれする

branch off わきへそれる; (話が)わき道にそれる

branch out 枝を出す; (会社が)手を広げる, 進出する

brand A2

/brǽnd ブランド/

名 (複 **brands** /brǽndz ブランヅ/) C

❶商標, 銘柄(めいがら), ブランド (=trademark)

日英比較 日本語の「ブランド」は, 「(高級な)有名銘柄」の意味だが, 英語の brand は, 単に会社の銘柄[商標]を示すだけである

❷(家畜に押す所有者の)焼き印

— 動 (三単現 **brands** /brǽndz/; 過去・過分 **branded** /brǽndəd/; 現分 **branding**) 他 ❶汚名を着せる; 文型 [**brand A (as) C**] AにCの汚名を着せる

❷(家畜に所有者の)焼き印を押す

bran·dish /brǽndiʃ ブランディシュ/ 動他 (刀剣などを)振りかざす

bránd nàme 名C 商標

brand-new B1 /brǽndnjú: ブランドニュー/ 形 真新しい, 新品の

bran·dy /brǽndi ブランディ/ 名 (複 **brandies** /brǽndiz/) UC ブランデー《♦ふつう食後に飲む蒸留酒》

brash /brǽʃ ブラシュ/ 形 (比較級 **brasher**; 最上級 **brashest**) 生意気な; せっかちな

Bra·sil·ia /brəzíliə ブラズィリア/ 名 ブラジリア《♦ブラジル共和国の首都》

brass B1 /brǽs ブラス | brá:s ブラース/ 名 (複 **brasses** /brǽsəz/)

❶U 真ちゅう《♦銅と亜鉛(あえん)の合金》

❷C 真ちゅう製品《♦装飾品, 食器など》

❸C 金管楽器; 《**the brass**》(楽団の)金管楽器部 (=brass section)

❹U ずうずうしさ

bráss bánd 名C ブラスバンド, 吹奏楽団

bras·siere /brəzíər ブラズィア/ 名C《古風》ブラジャー (❗bra がふつうの語)

brat /brǽt ブラト/ 名C《口語》わんぱく小僧, がき

bra·va·do /brəvá:dou ブラヴァードウ/ 名

A B C D E F G H I J K L M N O P Q R S T U V W X Y Z

a b c d e f g h i j k l m n o p q r s t u v w x y z

Ⓤ 強がり, 虚勢

brave A2 中
/bréiv ブレイヴ/
形 (比較級 **braver**; 最上級 **bravest**)
勇ましい, 勇敢(ゆうかん)な, 勇気のある
- a **brave** firefighter 勇敢な消防士
- It is **brave** of you to say so. そんなことを言うなんて勇気があるね

— 動 (三単現 **braves** /bréivz/; 過去·過分 **braved** /bréivd/; 現分 **braving**) 他
勇敢に立ち向かう; ものともしない
派生 **bravery** 名

brave·ly B1 /bréivli ブレイヴリ/ 副
勇ましく, 勇敢(ゆうかん)に, 雄々(おお)しく

brav·er·y B2 /bréivəri ブレイヴァリ/ 名 Ⓤ
勇敢(ゆうかん)さ, 勇気, 雄々(おお)しさ
派生 **brave** 形

bra·vo /brɑ́ːvou ブラーヴォウ/ 間 ブラボー, うまい, でかした

brawl /brɔ́ːl ブロール/ 名 Ⓒ (人前での)けんか — 動 自 (人前で)けんかする

brawn·y /brɔ́ːni ブローニ/ 形 (比較級 **brawnier**; 最上級 **brawniest**) 筋骨たくましい, 屈強な

bray /bréi ブレイ/ 名 (複 **brays** /bréiz/) Ⓒ ロバの鳴き声; 耳障りな声[音]
— 動 (三単現 **brays** /bréiz/; 過去·過分 **brayed** /bréid/; 現分 **braying**) 自 耳障りな声[音]を出す

bra·zen /bréizən ブレイズン/ 形 ずうずうしい, 厚かましい
— 動 《次の成句で》
brazen out (自分のした悪いことに)しらをきる, 平気でいる (❗ brazen it out の形で使うことが多い)
brázenly 副 ずうずうしく

Bra·zil 中 /brəzíl ブラズィル/ 名 ブラジル 《♦南米の共和国; 首都はブラジリア (Brasilia); 公用語はポルトガル語》

Bra·zil·ian /brəzíljən ブラズィリャン/ 形 ブラジルの; ブラジル人の
— 名 Ⓒ ブラジル人

breach /bríːtʃ ブリーチ/ 名 Ⓤ Ⓒ 違反, 不履行; 仲たがい
— 動 他 (規則·契約などを)破る; 破棄する

bread A1 中
/bréd ブレド/ (×ブリード) (発音 bred と同音)
名 Ⓤ
❶ パン, 食パン ⇨関連語
- a slice [two slices] of **bread** パン1[2]切れ (❗ 1つ, 2つと数えられない名詞なので, ×*a* bread, ×*two* breads としない)

コロケーション
動+**bread**
bake *bread* パンを(生地から)焼く
toast *bread* パンをトーストする
slice *bread* パンをスライスする
形+**bread**
fresh *bread* 焼きたてのパン
whole-wheat *bread* 全粒小麦パン

❷ (日々の)食物; (日々の)暮らし, 生計 (=living)

bread and butter /brédnbʌ́tər ブレドンバタ/ ① バターをぬったパン (❗ この意味では単数扱い; 「パンとバター」の場合は /bréd ənd bʌ́tər ブレドアンドバタ/ と発音し, 複数扱い) ② 《口語》 生計, 生活の糧(かて)

earn [***gain, make***] ***one's bread*** 生計を立てる, 生活費をかせぐ

know (***on***) ***which side one's bread is buttered*** 《口語》 自分の利にさとい, 抜け目がない

関連語 単語力
bun 《米》 (ハンバーガー用などの)丸いパン; 《英》 干しブドウ入りの丸い菓子パン, バンズ
roll ロールパン
French bread フランスパン
white [brown] bread 白[黒]パン

bagel ベーグル
crust パンの皮, (食パンの)みみ
crumb (パンの白い)中身; パンくず
baker パン屋 (❗人)
bakery 製パン所, パン屋 (❗店)

bread·crumb /brédkrʌ̀m ブレドクラム/ 名C 《ふつう **breadcrumbs**》 パン粉, パンくず

breadth /brédθ ブレドス/ 名UC ❶ 幅, 横幅 (=width) ❷ (知識や見解の)広さ
派生 **broad** 形

bread·win·ner /brédwìnər ブレドウィナ/ 名C (一家の)かせぎ手, 大黒柱

break A1 中

/bréik ブレイク/ (発音 brake と同音)

意味マップ

動 ❶ こわす, 割る
❷ こわれる, 割れる
❸ 中断する; 破る
❹ (天候が)変わる
❺ くじく; くじける
❻ (秘密を)もらす; (難問を)解決する
❼ (お金を)くずす

名 ❶ 中断; 休憩
❷ 割れ目
❸ (天候の)急変
❹ 運
❺ 《テニス》 サービスブレイク

— 動 (三単現 **breaks** /bréiks/; 過去 **broke** /bróuk/; 過分 **broken** /bróukən/; 現分 **breaking**)

❶ 他 こわす, 割る, 破る, 折る, 砕く; こわして開ける

- **break** a glass グラスを割る
- **break** a vase to pieces 花びんをこなごなに割る

比較 **tear** a letter to pieces 手紙をずたずたに引き裂く (❗**break** は紙や布のような柔らかい物には使わない; ×break a letter ... としない)

- **break** *one's* arm 腕(の骨)を折る
- The man **broke** the door **open**. その男はドアをこわして開けた
- The cup **was broken** in two. 茶わんは二つに割られた

❷ 自 こわれる, 割れる, 破ける, 折れる, 砕ける; 故障する

- The glass **broke into** pieces when it fell to the floor. グラスは床に落ちてこなごなに割れた
- The waves **broke against** the rocks. 波が岩に当たってくだけ散った

❸ 他自 中断する; 小休止する; 他 (規則・記録・静けさなどを)破る

- **break** a rule 規則を破る
- **break** a record (競技で)記録を破る
- He never **breaks** his promise. 彼は決して約束を破らない

❹ 自 (天候が)変わる; 夜が明ける; (あらしなどが)急に起こる

- The day **is breaking**. 夜が明けてくる (❗主語に注意)

❺ 他 (心を)くじく; (人を)やっつける; 破産させる; 自 (人や心が)くじける; 破産する

❻ 他 (秘密などを)もらす; (難問を)解決する; (暗号を)解く

❼ 他 (お金を)くずす

- Can you **break** a ten-dollar bill? 10ドル札をくずしていただけますか

break away ①〔…から〕逃走する 《*from*》 ②〔思想・習慣などを〕やめる, 捨てる 《*from*》

break down こわす; こわれる, 故障する; 体をこわす; (交渉などが)行き詰まる; 取り乱す ⇨**breakdown**

- His health **broke down**. 彼は健康を害した
- My car **broke down** on the way to the office. 会社に行く途中で車がこわれた

break in 侵入する; 口をはさむ; (戸などを)ぶち抜く ⇨**break-in**

break in on ... …に口をさし挟(はさ)む

break into ...
① …に押し入る[侵入する]

- A burglar **broke into** the house. どろぼうがその家に押し入った

② 急に…しだす
③ (新しい仕事・分野などに)進出する

break off 折れて取れる, ちぎれる;

折って取る, ちぎる; 急にやめる

break out (戦争・火事・伝染病などが)発生する, 急に起こる; 突然…しだす; (発疹(はっしん)などが)吹き出る; 脱走する

- A fire **broke out** in my neighborhood last night. ゆうべうちの近所で火事があった

***break through* (...)** (…を)突破する ⇨**breakthrough**

break up ばらばらにする[なる]; 解散させる[する]; (学校の学期が)終わる, 休みになる; けんか別れする ⇨ **breakup**

- The Beatles **broke up** in 1970. ビートルズは1970年に解散した
- School will soon **break up for** the summer vacation. 学校はもうすぐ夏休みになる

break with ... ①…と絶交する, 手を切る ②〔古い習慣など〕を捨てる

— 名 (複 **breaks** /bréiks/) C

❶ 中断, 断絶; 休憩

- We have ten-minute **breaks** between classes.
  授業と授業の間に10分の休みがある (❗「学校の休み時間」に break を使うのは《英》で, 《米》では recess を使う)

❷ 割れ目, 切れ目, 破れ

❸ (天候などの)急変; 夜明け

- at (the) **break** of day 夜明けに

❹ 《口語》 運, 幸運; チャンス, 機会

❺ 《テニス》 サービスブレイク

Give me a break! もう一度チャンスをくれ; かんべんしてくれ

take a break 一休みする, 一服する

without a break 休まずに; 間断なく

break·a·ble B2 /bréikəbl ブレイカブル/ 形 こわれやすい

break·age /bréikidʒ ブレイキヂ/ 名 C 破損物

break·a·way /bréikəwèi ブレイカウェイ/ 名 (複 **breakaways** /bréikəwèiz/) C 離脱(する人)

break·down B2 /bréikdàun ブレイクダウン/ 名 C ❶ (交渉やコミュニケーションなどの)崩壊, 失敗, 断絶に直面する

- a **breakdown** in negotiations [talks] 交渉[会談]の決裂

❷ (心身の)衰弱; 挫折(ざせつ)

❸ (機械などの)故障 ❹ 分析結果, 明細

break·er /bréikər ブレイカ/ 名 C

❶ 砕く人[もの] ❷ (岸に打ちつけて泡立つ)白波 ❸ 《電気》 ブレーカー

break·fast A1 中

/brékfəst ブレクファスト/ (×ブレイクファスト)

(発音 break との違いに注意)

— 名 (複 **breakfasts** /brékfəsts ブレクファスツ/) U C

朝食, 朝ご飯 ⇨**English breakfast**

- have [eat] (a good) **breakfast** 朝食を(たっぷり)食べる (❗breakfast の前後に形容詞(句)がついて, 朝食の種類などをいうときは a をつける)

関連語〉 単語力

meal 食事(全般)
brunch 昼食をかねた遅い朝食, ブランチ
lunch 昼食
snack, bite 軽食
supper 夕食
dinner ディナー (❗ふつう夕食)

— 動 (三単現 **breakfasts** /brékfəsts/; 過去・過分 **breakfasted** /brékfəstəd/; 現分 **breakfasting**) 自 朝食をとる

break-in /bréikìn ブレイキン/ 名 C (住居などへの)侵入

bréaking pòint 名 U (耐えられる)限界点

break·neck /bréiknèk ブレイクネク/ 形 (速度など)危険きわまる

- at **breakneck** speed 猛スピードで

break·through B1 /bréikθrù: ブレイクスルー/ 名 (複 **breakthroughs** /bréikθrù:z/) C (画期的)躍進, 進歩, 大発見; 突破, 打開, 解決(法)

break·up B2 /bréikʌ̀p ブレイカプ/ 名 C 崩壊; 解体; 解散; (結婚などの)解消

break·wa·ter /bréikwɔ̀:tər ブレイクウォータ/ 名 C 防波堤

breast B1 /brést ブレスト/ 名 (複 **breasts** /brésts ブレスツ/) ❶ C (女性の)

乳房(ちぶさ), 胸; (人体の)胸, 胸部
❷ (鳥の)胸部 ⇨chest; [C][U] 胸肉

breast·bone /bréstbòun ブレストボウン/ [名][C] 《解剖》 胸骨

breast-feed /bréstfìːd ブレストフィード/ [動] ([三単現] **breast-feeds** /bréstfìːdz ブレストフィーヅ/; [過去·過分] **breast-fed** /bréstfèd/; [現分] **breast-feeding**) [他] 母乳で育てる

bréast pòcket [名][C] 胸ポケット

breast·stroke /bréststròuk ブレストストロウク/ [名][U] 《ふつう **the breaststroke**》 《水泳》 平泳ぎ

breath [B1][高] /bréθ ブレス/ (×ブリース) [名] ([複] **breaths** /bréθs/)
❶ [U] 息; 呼吸; [C] ひと息
• take [draw] a deep **breath** 深呼吸をする
❷ [C] 《ふつう単数形で》 風のそよぎ

a breath of fresh air 外の新鮮な空気を吸うこと; 新鮮な人[物], 一服の清涼剤

at a breath 一息に, 一気に

catch** one's **breath 一息つく, 一休みする; (驚いて)息をのむ, はっとする

hold [keep]** one's **breath 息を止める; 息を殺す, 固唾(かたず)をのむ

in the same [next] breath 舌の根も乾かないうちに, ほとんど同時に

lose** one's **breath 息を切らす

out [short] of breath 息切れして, 息を切らして
• He arrived at his house **out of breath.** 彼は息を切らして家へ着いた

take** A's **breath away A(人)をはっとさせる

[派生] **breathe** [動]

breathe [A1][高]

/bríːð ブリーズ/ (×ブレス) [動] ([三単現] **breathes** /bríːðz/; [過去·過分] **breathed** /bríːðd/; [現分] **breathing**)
❶ [自] 呼吸する, 息をする; [他] 呼吸する, 吸い込む
❷ [他] ささやく
❸ [他] (生気·勇気などを)吹き込む

breathe in 吸い込む

breathe** one's **last 息を引き取る, 死ぬ

[派生] **breath** [名]

breath·er /bríːðər ブリーザ/ [名][C] 《口語》 短い休息, ひと休み

breath·ing [高] /bríːðiŋ ブリーズィング/ [名][U] 呼吸; [C] 休息

breath·less [B1] /bréθləs ブレスレス/ [形] (**!** 比較変化なし) 息を切らした; 息をこらした; 息絶えた, 死んだ; 風のない

bréathlessly [副] 息を切らして; 固唾(かたず)を飲んで

breath·tak·ing [B2] /bréθtèikiŋ ブレステイキング/ [形] はらはらさせるような; あっと言わせるような

breath·y /bréθi ブレスィ/ [形] ([比較級] **breathier**; [最上級] **breathiest**) (声·音が)かすれた

bred /bréd ブレド/ [動] breedの過去形·過去分詞

breech /bríːtʃ ブリーチ/ [名][C] 銃尾(じゅうび)

breech·es /brítʃəz ブリチェズ/ (×ブリーチェズ) [名] 《複数扱い》 半ズボン; 《口語》 ズボン

breed [B1] /bríːd ブリード/ [動] ([三単現] **breeds** /bríːdz ブリーヅ/; [過去·過分] **bred** /bréd/; [現分] **breeding**)
❶ [自][他] (動物が子を)産む, 繁殖する
❷ [他] (繁殖のために家畜を)飼育する, 飼う; (品種改良などのために植物を)栽培する
❸ [他] 引き起こす; [自] 生じる, 生む
❹ [他] 《**be bred**》 (人が)仕込まれる, 教育される

— [名] ([複] **breeds** /bríːdz ブリーヅ/) [C] (動植物などの)品種, 血統; (人の)種類, タイプ

breed·er /bríːdər ブリーダ/ [名][C] 飼育家; 栽培者

breed·ing [B1] /bríːdiŋ ブリーディング/ [名][U] ❶ 繁殖; 飼育; 品種改良
• the **breeding** season 繁殖期
❷ 血統; しつけ; 育ちのよさ

bréeding gròund [名][C] 飼育場; (悪の)温床(おんしょう)

a b c d e f g h i j k l m n o p q r s t u v w x y z

breeze A2 高
/bríːz ブリーズ/ 名 (複 **breezes** /bríːzəz/)
❶ U C そよ風, 微風
❷ C 《口語》簡単にできること
shoot the breeze 《米》《口語》むだ話をする, だべる
━ 動 (三単現 **breezes** /bríːzəz/; 過去・過分 **breezed** /bríːzd/; 現分 **breezing**) 自 (微風が)吹く; 《口語》さっと動く (❗副詞(句)を伴う)
派生 **breezy** 形

breez·y B2 /bríːzi ブリーズィ/ 形 (比較級 **breezier**; 最上級 **breeziest**) ❶ そよ風の吹く ❷ 快活な, 明朗な
派生 **breeze** 名

breth·ren /bréðrən ブレズレン/ 名 《複数扱い》《古風》信者仲間; 仲間

brev·i·ty /brévəti ブレヴィティ/ 名 U 《文章》 ❶ 簡潔さ ❷ (時間の)短さ

brew /brúː ブルー/ 動 ❶ 他 自 (ビールなどを)醸造する ❷ 他 (紅茶などを)いれる; 自 (紅茶などが)はいる, 飲める状態にある ❸ 他 (悪事などを)たくらむ; 自 《**be brewing**》(望ましくないことが)起ころうとしている
━ 名 U C ビール; いれた飲み物 (❗紅茶・コーヒーなど)

brew·er /brúːər ブルーア/ 名 C ビール醸造業者

brew·er·y B2 /brúːəri ブルーアリ/ 名 (複 **breweries** /brúːəriz/) C ビール醸造所

bribe /bráib ブライブ/ 名 C 賄賂(わいろ)
━ 動 他 (人に)賄賂を使う, 買収する; 文型 [**bribe A to** *do*] A(人)を買収して…させる
派生 **bribery** 名

brib·er·y /bráibəri ブライバリ/ 名 U 賄賂(わいろ)行為 派生 **bribe** 動

brick B1 /brík ブリク/ 名 (複 **bricks** /bríks/) ❶ U C れんが; れんが状の物; 《形容詞的》れんが(状)の
❷ C 《英》積み木 (=《米》block)
━ 動 (三単現 **bricks** /bríks/; 過去・過分 **bricked** /bríkt/; 現分 **bricking**) 他 れんがで囲う 《*in*》; れんがでふさぐ 《*up*》

brick·lay·er /bríklèiər ブリクレイア/ 名 C れんが積み職人

brid·al /bráidl ブライドル/ 形 花嫁の; 婚礼の 派生 **bride** 名

bride A2
/bráid ブライド/ 名 (複 **brides** /bráidz ブライヅ/) C 花嫁, 新婦
派生 **bridal** 形

bride·groom /bráidgrùːm ブライドグルーム/ 名 C 花婿(はなむこ), 新郎 (❗単に groom ともいう)

brides·maid /bráidzmèid ブライヅメイド/ 名 C (結婚式での)花嫁の付き添い人 ⇨ **best man**

bridge[1] A1 中
/brídʒ ブリヂ/ 名 (複 **bridges** /brídʒəz/) C ❶ 橋
● build an iron **bridge over** [**across**] the river 川に大きな鉄橋をかける
❷ 橋渡しとなるもの, 仲立ち
❸ 橋状のもの; 艦橋, 船橋
━ 動 (三単現 **bridges** /brídʒəz/; 過去・過分 **bridged** /brídʒd/; 現分 **bridging**)
❶ 他 橋をかける, (橋として川などの上に)かかっている
❷ 他 橋渡しをする, 仲立ちをする, (ギャップなどを)うめる

bridge[2] /brídʒ ブリヂ/ 名 U (トランプゲームの)ブリッジ

Bridg·et /brídʒət ブリヂェト/ 名 ブリジット 《◆女性名》

bri·dle /bráidl ブライドル/ 名 C 馬勒(ばろく) 《◆おもがい, くつわ, 手綱の総称》
━ 動 ❶ 他 (馬に)馬勒をつける ❷ 自 […に]怒りを表す, つんとする 《*at*》

brief B1 /bríːf ブリーフ/ 形 (比較級 **briefer**; 最上級 **briefest**)
❶ 短い, 短時間の, 短命な
● a **brief** visit 短い訪問
❷ 簡潔な, 簡単な
to be brief 手短に言えば, 要するに
━ 名 (複 **briefs** /bríːfs/) C 簡潔な説明

[文書], 摘要, 要約; 指示

in brief 要するに, 手短に, 簡単に

— 動 (三単現 **briefs** /bríːfs/; 過去・過分 **briefed** /bríːft/; 現分 **briefing**) 他 (人に)(…について)指示を与える《*on*》

brief·case /bríːfkèis ブリーフケイス/ 名 C 書類かばん, ブリーフケース

brief·ing /bríːfiŋ ブリーフィング/ 名 U C 最終打ち合わせ, 概要説明; 手短な指示

brief·ly B1 高 /bríːfli ブリーフリ/ 副 少しの間, ちょっと; 手短に, 簡潔に; 要するに

briefs /bríːfs ブリーフス/ 名 《複数扱い》パンティー; パンツ, ブリーフ

bri·gade /brigéid ブリゲイド/ 名 C ❶《軍事》旅団 ❷(軍隊式の)隊

brigadíer géneral /brìgədíər ブリガディア/ 名 C (軍の)准将

brig·and /brígənd ブリガンド/ 名 C 《文章》山賊[強盗団]の1人

bright A1 中

/bráit ブライト/

形 (比較級 **brighter**; 最上級 **brightest**)

❶ ぴかぴか[きらきら]光る, 輝く, 明るい

• **bright** sunshine 明るい日光

❷ (色が)鮮やかな, 明るい

❸ 利口な, 頭のいい (=clever) (↔ dull); うまい, すばらしい

❹ 快活な, 明るい (=cheerful); 輝かしい

— 副 明るく, きらきらと (=brightly) (! ふつう shine とともに使う)

派生 **brighten** 動

bright·en /bráitn ブライトン/ 動 他 輝かせる, 明るくする; 自 輝く, 明るくなる

派生 **bright** 形

bright·ly B1 /bráitli ブライトリ/ 副 明るく, きらきらと; 鮮やかに; 快活に

bright·ness /bráitnəs ブライトネス/ 名 U 明るさ; 輝き; 利発; 快活

bril·liance /bríljəns ブリリャンス/ 名 U 輝き; 華麗

bril·liant A2 高

/bríljənt ブリリャント/ 形

❶ 立派な; とても頭のいい, 才能のある, すばらしい

会話 "I passed the exam!" "That's **brilliant**!" 「試験に受かったよ」「すばらしい！」

❷ 光り輝く (! bright よりも明るい)

bril·liant·ly B2 /bríljəntli ブリリャントリ/ 副 きらきらと; 見事に

brim /brím ブリム/ 名 C (茶わんなどの容器の内側の)ふち; (帽子の)つば

— 動 (三単現 **brims** /brímz/; 過去・過分 **brimmed** /brímd/; 現分 **brimming**) 自 ふちまでいっぱいになる

brine /bráin ブライン/ 名 U (漬物用の)塩水

bring A1 中

/bríŋ ブリング/ 動 (三単現 **brings** /bríŋz/; 過去・過分 **brought** /brɔ́ːt/; 現分 **bringing**)

意味マップ
❶ 持って来る; 連れて来る
❷ もたらす
❸ 導く
❹ …する気にさせる

❶ 他 (物を)持って来る; (人を)連れて来る

• **Bring** your sister (with you) next time. 今度は妹さんを(いっしょに)連れていらっしゃい

文型 [**bring A B = bring B to [for] A**] A(人)にB(物)を持って来る

• She **brought** me a cup of tea. = She **brought** a cup of tea **to** me. 彼女はお茶を1杯持って来てくれた

どっち

bring と take

bring は話し手のいる方へ「持って来る」「連れて来る」, **take** は話し手や相手のいる所からどこかへ「持って行く」「連れて行く」:

Bring that chair here and **take** this chair there. あのいすをここに持って来て, このいすをむこうに持って行きなさい

相手の方へ「持って行く」「連れて行く」ときは bring を使う:
I'll **bring** you a bottle of wine. ワインを1本(あなたの所へ)持って行きます(×I'll take you a bottle of wine.)

❷ 他 (知らせ・ある状態・出来事などを)もたらす; (番組などを)提供する; 文型 [**bring A B**] A(人)にBをもたらす
• He **brought** us sad news. 彼は私たちに悲しい知らせをもたらした

❸ 他 (人を場所などへ)導く, 至らせる

❹ 他 文型 [**bring A to** *do*] A(人)を…する気にさせる

bring about 引き起こす, もたらす

bring around 説得して意見を変えさせる; (健康・意識を)回復させる

bring back ① 持ち帰る, 連れて帰る; 返却する, (人を)送る
• Can I borrow your camera? I'll **bring** it **back** next Monday. 君のカメラを貸してくれる? 来週の月曜に持って来るから
② 思い出させる, 呼びもどす; 回復する

bring down (政権などを)打倒する, (手荷物などを)降ろす; 撃ち落とす; (サッカー・ラグビーなどで選手を)転倒させる; (価格を)下げる

bring forward (意見・議案・証拠などを)提出する; (日程などを)繰り上げる

bring in 持ち込む, 中に入れる; (収入を)もたらす; 警察へ連行する; (法律を)導入する

bring off 《口語》成しとげる; 救助する

bring on 引き起こす, …の原因となる; 進歩させる, 向上させる

bring out 持ち出す, 連れ出す; (本・新製品などを)世に出す, (CDなどを)リリースする; (隠れている才能などを)引き出す; (事実などを)明らかにする

bring over 持って来る, (影響などを)もたらす; (家族などを)海外から呼び寄せる

bring together 和解させる; 楽しませる; 呼び集める

bring A under B A(事態)をB(支配・権力など)の下に置く; AをBにまとめる

bring up 育てる, しつける; (警察などが)告発する; (問題・議案などを)持ち出す; 《英》吐く
• I was born and **brought up** in Canada. 私はカナダで生まれ育った

brink /bríŋk ブリンク/ 名 C (川やがけの)ふち; 瀬戸際(せとぎわ)

on the brink of ... (死・絶滅など)に瀕(ひん)して

brisk /brísk ブリスク/ 形 (比較級 **brisker**; 最上級 **briskest**) (動作が)活発な, 元気な; (空気などが)さわやかな, 身の引き締まるような

brískly 副 きびきびと, 活発に

brískness 名 U 活発さ

bris·tle /brísl ブリスル/ 名 U C (動物の)剛毛; (ブラシの)荒毛
— 動 自 (怒りなどで)毛を逆立てる, いらだつ

bristle with ... 《口語》…でいっぱいである

bris·tly /brísli ブリスリ/ 形 (比較級 **bristlier**; 最上級 **bristliest**) 剛毛(質)の

Brit·ain 高 /brítn ブリトン/ 名
❶ 英国, イギリス ⇨**England**
❷ 大ブリテン島 《◆イングランド, ウェールズ, スコットランドを含むイギリスの主島》

Brit·ish 高 /brítiʃ ブリティシュ/ 形
英国(人)の, イギリス(人)の (! English は厳密には「イングランド(人)の」という意) ⇨**English**
— 名 《**the British**》《複数扱い》英国人, イギリス人

Brítish Bróadcasting Corporàtion 名《the をつけて》英国放送協会（! BBCと略す）

Brítish Cómmonwealth of Nátions 名《the をつけて》イギリス連邦，英連邦（! the Commonwealth (of Nations) ともいう）

Brítish Émpire 名《the をつけて》大英帝国（♦かつての英国領全体の総称）

Brítish Énglish 名U イギリス英語（!「アメリカ英語」は American English）

Brítish Ísles 名《the をつけて》イギリス諸島（♦Great Britain（大ブリテン島），Ireland（アイルランド），Isle of Man（マン島）とその付近の島々）

Brítish Muséum 名《the をつけて》大英博物館（♦ロンドンにある）

Brit·on /brítn ブリトン/ 名C 英国人；（古代）ブリトン人

brit·tle /brítl ブリトル/ 形 砕けやすい，もろい；はかない；冷淡な

broach /bróutʃ ブロウチ/ 動 他（ある話題を）切り出す

broad B1 高 /brɔ́:d ブロード/（×ブロウド）形（比較級 **broader**; 最上級 **broadest**）

❶幅の広い（↔**narrow**）；幅が…の；広々とした（! broad は表面の広がりに，wide は2点間の隔たりの広さに重点がある）

- a **broad** river 幅の広い川
- **broad** shoulders 広い肩

❷心の広い

❸だいたいの；広範囲に及ぶ，多様な

❹はっきりした ❺なまりの強い

派生 **breadth** 名；派生 **broaden** 動

bróad bèan 名C《植物》ソラマメ

broad·cast B1 高 /brɔ́:dkæ̀st ブロードキャスト | brɔ́:dkɑ̀:st ブロードカースト/ 名（複 **broadcasts** /brɔ́:dkæ̀sts ブロードキャスツ/）C（テレビ・ラジオの）放送，放映；放送［放映］番組

— 動（三単現 **broadcasts** /brɔ́:dkæ̀sts ブロードキャスツ/；過去・過分 **broadcast**, **broadcasted** /brɔ́:dkæ̀stəd/；現分 **broadcasting**）❶他自（ラジオ・テレビで）放送する，放映する

❷他（うわさなどを）広める，言いふらす

broad·cast·er B2 /brɔ́:dkæ̀stər ブロードキャスタ/ 名C（テレビ・ラジオ番組の）アナウンサー，解説者

broad·cast·ing /brɔ́:dkæ̀stiŋ ブロードキャスティング/ 名U 放送；《形容詞的》放送（用）の

broad·en B2 高 /brɔ́:dn ブロードン/ 動 他 広げる；自 広がる

派生 **broad** 形

bróad jùmp 名《the をつけて》《スポーツ》《米》走り幅跳び（=《英》long jump）

broad·ly B2 /brɔ́:dli ブロードリ/ 副 広く；おおざっぱに；概して；品なく

bróad-mínded 形 心の広い，寛大な

broad·side /brɔ́:dsàid ブロードサイド/ 名C 非難の一斉攻撃

Broad·way /brɔ́:dwèi ブロードウェイ/ 名 ブロードウェー（♦ニューヨーク市の大通りで劇場街として名高い）

bro·cade /broukéid ブロウケイド/ 名U 錦(にしき)，金襴(きんらん)

broc·co·li B1 /brákəli ブラコリ | brɔ́kəli ブロコリ/ 名U《植物》ブロッコリー

bro·chure B2 /brouʃúər ブロウシュア/ 名C 小冊子，パンフレット

日英比較 日本語の「パンフレット」は，pamphlet（小冊子）ではなく，brochure に当たる場合が多い

broil /brɔ́il ブロイル/ 動 他《米》（焼き網・鉄板の上で肉・魚などを）焼く；自（肉・魚などが）焼ける（=《英》grill[1]）

broil·er /brɔ́ilər ブロイラ/ 名C

❶《米》肉焼き器具，グリル（=grill[1]）

❷焼肉用の若どり，ブロイラー

broke /bróuk ブロウク/ 動 breakの過去形

— 形《口語》一文無しの（! 名詞の前には用いない）

bro·ken A1 高

/bróukən ブロウクン/ 形

❶破れた，こわれた，故障した，割れた，折れた，裂けた

● a **broken** window ガラスの割れた窓
❷ 衰弱した; (心などが)傷ついた
● a **broken** heart 失恋
❸ (骨などが)折れた
❹ 破られた, 守られなかった
❺ 崩壊した
❻ (文法などに)誤りのある, ブロークンの
— 動 breakの過去分詞

bróken-dówn 形 こわれた, 故障した; (健康・気力が)衰えた

bróken-héarted 形 悲しみに暮れた; 失恋した

bro·ker /bróukər ブロウカ/ 名 C 仲介業者, ブローカー; 株式仲買人
— 動 他 仲介する, 仲立ちする

bro·ker·age /bróukəridʒ ブロウカリヂ/ 名 U 仲介(手数料)

bron·chi·tis /braŋkáitəs ブランカイティス/ 名 U 《医学》 気管支炎

bron·co /bráŋkou ブランコウ/ 名 (複 **broncos** /bráŋkouz/) C 《動物》 ブロンコ 《◆北米西部産の野生の小馬》

bronze B1 /bránz ブランズ | brɔ́nz ブロンズ/ 名 (複 **bronzes** /bránzəz/)
❶ U 青銅, ブロンズ 《◆銅とスズの合金》; U ブロンズ色
❷ C ブロンズ製品; 銅メダル
— 形 青銅製の; ブロンズ色の

Brónze Àge 名 《**the** をつけて》 青銅器時代 《◆石器時代 (Stone Age) と鉄器時代 (Iron Age) の間》

bronzed /bránzd ブランズド/ 形 日焼けした

brónze médal 名 C 銅メダル

brooch /bróutʃ ブロウチ/ 名 C ブローチ, えり留め

brood /brú:d ブルード/ 名 C 《集合的》 同時に生まれたひな(全体), ひとかえりのひな
— 動 自 ❶ (鳥が)巣につく, 卵を抱く
❷ 〔…のことを〕(じっと・くよくよ)考え込む 《*over, about, on*》

brood·ing /brú:diŋ ブルーディング/ 形 ぶきみな, 恐ろしい

brook /brúk ブルク/ 名 C 小川

Brook·lyn /brúklin ブルクリン/ 名 ブルックリン 《◆米国ニューヨーク市の5つの区の1つ》

broom /brú:m ブルーム/ 名 C ほうき

broom·stick /brú:mstìk ブルームスティク/ 名 C ほうきの柄(え)

Bros. 《略》 Brothers 兄弟会社 (❗ Warner Bros. のように兄弟で経営する会社名につける)

broth /brɔ́:θ ブロース/ 名 U 《料理》 (煮出した)だし汁, 澄んだスープ

broth·el /bráθəl ブラセル/ 名 C 売春宿

broth·er A1 中

/brʌ́ðər ブラザ/
名 (複 **brothers** /brʌ́ðərz/) C
❶ 兄, 弟, (男の)兄弟
会話 [CAN-DO Tips 自分のことを言う] "How many **brothers** do you have?" "I have two **brothers**."
「君は兄弟は何人ですか」「私には2人兄弟がいます[私たちは3人兄弟です]」
日英比較 (**1**) 英語ではふつう兄や弟の区別をせず単に brother というが, 必要があれば, my older [《英》 elder] brother (私の兄), my younger brother (私の弟)などという (**2**) 自分の兄に対する「お兄さん」といった呼びかけに brother は用いず, ふつうは名前を呼ぶ
❷ 同僚, 仲間
❸ 《俗語》 相棒, 君 (❗呼びかけに使う)
派生 **brotherly** 形

broth·er·hood B1 /brʌ́ðərhùd ブラザフド/ 名 (複 **brotherhoods** /brʌ́ðər-hùdz ブラザフヅ/) ❶ U 兄弟関係, 兄弟のよしみ; 兄弟愛; 仲間意識, 友情
❷ C 《集合的に》 (宗教などの)団体, 組合

brother-in-law B2 /brʌ́ðərinlɔ̀: ブラザリンロー/ 名 (複 **brothers-in-law** /brʌ́ðərzinlɔ̀:/) C 義理の兄[弟] 《◆姉[妹]の夫など》

broth·er·ly /brʌ́ðərli ブラザリ/ 形 兄弟の; 親密な 派生 **brother** 名

brought /brɔ́:t ブロート/ 動 bringの過去形・過去分詞

brow /bráu ブラウ/ (×ブロウ) 名 C ❶ 額(ひ

たい) (=forehead) ❷《brows》まゆ, まゆ毛 (=eyebrows) ❸(がけなどの)ふち, 突き出た所

brown A1 中
/bráun ブラウン/ 形 (比較級 **browner**; 最上級 **brownest**)
❶茶色の, 褐色の
❷日焼けした
━名U 茶色, 褐色
━動 (三単現 **browns** /bráunz/; 過去・過分 **browned** /bráund/; 現分 **browning**)
❶他 茶色[褐色]にする; 自 茶色[褐色]になる
❷他 日焼けさせる; 自 日焼けする

brówn bréad 名U 黒パン《♦ふすまを取らない小麦粉で作ったもの》

brown·ie /bráuni ブラウニ/ 名C ❶ブラウニー《♦スコットランド伝説の小妖精(ようせい)》 ❷《米》ピーナッツ入りチョコレートケーキ

brówn stòne 名U 褐色砂岩; C 正面に褐色砂岩を使用した住居

brówn súgar 名U 赤砂糖

browse B2 /bráuz ブラウズ/ 動自 店をひやかす; 〔本・雑誌などを〕拾い読みする《*through*》; 自他 (インターネットで)情報を見て回る

brows·er B2 /bráuzər ブラウザ/ 名C ブラウザ《♦インターネット閲覧ソフト》

bruise B2 /brú:z ブルーズ/ 名C 打撲(だぼく)傷, あざ; (果物の)傷
━動他 打撲傷[あざ]をつける; 傷をつける

brunch /brʌ́ntʃ ブランチ/ 名U (昼食をかねた)遅い朝食, ブランチ
語源 breakfast (朝食)+lunch (昼食)

Bru·nei /brú:nai ブルーナイ/ 名 ブルネイ《♦ボルネオ島 (Borneo) 北西部の王国; 首都バンダルスリブガワン (Bandar Seri Begawan)》

bru·nette /bru:nét ブルーネト/ 名C ブルネット《♦褐色か黒色の髪の女性》

brunt /brʌ́nt ブラント/ 名《次の成句で》
bear [take] the brunt of ... (非難などの)矢面(やおもて)に立つ

brush A1 中
/brʌ́ʃ ブラシュ/ 名 (複 **brushes** /brʌ́ʃəz/) C ❶ブラシ, はけ; 絵筆, 毛筆 (! しばしば合成語で用いる)
● a hair**brush** 頭髪用ブラシ, ヘアブラシ
● a tooth**brush** 歯ブラシ

❷ブラシをかけること
❸小ぜり合い; 〔いやなものとの〕遭遇《*with*》
━動 (三単現 **brushes** /brʌ́ʃəz/; 過去・過分 **brushed** /brʌ́ʃt/; 現分 **brushing**)
❶他自 ブラシをかける, ブラシでみがく
❷他 払いのける, 払い落とす
❸他 軽く触れる, かする; 自 かすめて通る
brush aside [away] 払いのける; (問題・発言などを)無視する
brush off (ブラシなどで)払う, 払いのける; (頼みなどを)すげなく断る, (人に)すげない[冷たい]態度をとる
brush up (on ...) (忘れかけていた勉強や技術を)復習する, みがきをかける

brúsh-òff 名C《口語》すげない[冷たい]拒絶

brush·wood /brʌ́ʃwùd ブラシュウド/ 名U 柴(しば), そだ; C やぶ

brusque /brʌ́sk ブラスク/ 形 ぶっきらぼうな, 無愛想な

Brus·sels /brʌ́səlz ブラセルズ/ 名 ブリュッセル《♦ベルギーの首都》

Brússels spróuts 名《複数扱い》《植物》芽キャベツ

bru·tal /brú:tl ブルートル/ 形 獣のような, 野蛮(やばん)な, 残忍(ざんにん)な (=cruel);

(気候・批評などが)厳しい

bru·tal·i·ty /bru:tǽləti ブルータリティ/ 名 (複 **brutalities** /bru:tǽlətiz/) U 残酷, 野蛮(やばん); C 残酷な行為

bru·tal·ize /brú:təlàiz ブルータライズ/ 動 他 (人を)残忍にする, 非人間的にする; (人に)残忍な仕打ちをする

brute /brú:t ブルート/ 名 C 獣; 残忍な人
— 形 知性のない; 獣のような

brut·ish /brú:tiʃ ブルーティシュ/ 形 獣のような; 粗野な

brútishly 副 獣のように

Bru·tus /brú:təs ブルータス/ 名 《**Marcus Brutus**》 ブルトゥス (85-42 B.C.) 《◆ローマの軍人・政治家; 信頼を受けていた友人のカエサルを暗殺した》

B.S. /bí:és ビーエス/ 《略》《米》 Bachelor of Science 理学士

BSc /bí:èssí: ビーエススィー/ 《略》《英》 Bachelor of Science 理学士

BSE /bí:èsí: ビーエスイー/ 名 U 狂牛病, ウシ海綿状脳症 (❗ bovine spongiform encephalopathy の略)

bub·ble B1 /bʌ́bl バブル/ 名 (複 **bubbles** /bʌ́blz/) C
❶ あわ, あぶく; シャボン玉 ⇨**foam**
❷ あわのような計画
— 動 (三単現 **bubbles** /bʌ́blz/; 過去・過分 **bubbled** /bʌ́bld/; 現分 **bubbling**) 自 あわだつ; ぶくぶく沸(わ)く; 沸き立つ

bubble over 〔興奮・喜びなどで〕沸き立つ, はしゃぐ 《*with*》

búbble ecónomy 名 U バブル経済 《◆特に1980年代後半の日本経済》

búbble gùm 名 U 風船ガム

bub·bly /bʌ́bli バブリ/ 形 (比較級 **bubblier**; 最上級 **bubbliest**) あわの多い, あわ立ちのよい; 快活な

buck[1] /bʌ́k バク/ 名 C
❶ (シカ・カモシカ・ヤギ・ウサギなどの)雄(おす), (特に)牡鹿(おじか) ⇨**doe**
❷ 《米》《口語》 ドル (=dollar)

buck[2] /bʌ́k バク/ 動 自 他
❶ (馬が)背を丸めてはね上がる; (馬がはね上がって)ふり落とす
❷ 《米》 拒絶する

buck·et A1

/bʌ́kət バケト/ 名 (複 **buckets** /bʌ́kəts バケツ/) C ❶ バケツ
❷ バケツ1杯分 (=bucketful)
• **a bucket of** water バケツ1杯の水
❸ 《**buckets**》《口語》 多量

kick the bucket 《俗語》 死ぬ, くたばる

buck·et·ful /bʌ́kətfùl バケトフル/ 名 C バケツ1杯分

Búck·ing·ham Pálace /bʌ́kiŋəm バキンガム/ 名 バッキンガム宮殿 《◆ロンドンにあるイギリス王室の宮殿》

buck·le /bʌ́kl バクル/ 名 C (ベルトの)バックル, しめ金
— 動 他 バックルでしめる

buckle down (*to* ...) (仕事などに)本気でとりかかる

buck·skin /bʌ́kskìn バクスキン/ 名 U シカ[羊]皮 《◆乗馬ズボン・手袋などをつくる》

buck·wheat /bʌ́k*h*wì:t バク(ホ)ウィート/ 名 U 《植物》 ソバ(の実); ソバ粉

bud B2 /bʌ́d バド/ 名 C 芽; つぼみ

nip ... in the bud 《口語》 …をつぼみのうちにつみ取る, (事件などを)早いうちに防ぐ

— 動 (三単現 **buds** /bʌ́dz バヅ/; 過去・過分 **budded** /bʌ́dəd/; 現分 **budding**) 自 芽を出す; つぼみをつける

Bu·da·pest /bjú:dəpèst ビューダペスト/ 名 ブダペスト 《◆ハンガリーの首都》

Bud·dha /búdə ブダ/ 名 ❶ 釈迦(しゃか), 仏陀(ぶっだ) (463-383 B.C.) 《◆仏教の開祖》 ❷ C 仏像; 大仏

Bud·dhism /búdizm ブディズム/ 名 U 仏教

Bud·dhist /búdist ブディスト/ 名 C 仏教徒 — 形 仏教(徒)の; 仏陀の

bud·ding /bʌ́diŋ バディング/ 形 (木が)芽を出しかけた; 将来有望な

bud·dy B1 /bʌ́di バディ/ 名 (複 **buddies** /bʌ́diz/) C ❶ 仲間, 相棒
❷ なあ君, おまえ (❗呼びかけに用いる)

budge /bʌ́dʒ バヂ/ 動 自 他 《口語》 ちょっと動く[動かす]; 意見を変える

[変えさせる]

bud·get A2
/bʌ́dʒət バヂェト/
名 (複 **budgets** /bʌ́dʒəts バヂェツ/) C 予算, 予算案; 経費; 家計
• a government **budget** 政府予算
— 形 割安の
— 動 (三単現 **budgets** /bʌ́dʒəts/; 過去・過分 **budgeted** /bʌ́dʒətəd/; 現分 **budgeting**) 自 〔…の〕予算を立てる《*for*》; 他 予算に組む; (資金などを)割り当てる

budg·et·a·ry /bʌ́dʒətèri バヂェテリ/ 形 予算の, 予算上の

Bue·nos Ai·res /bwéinəs áiəriz ブウェイノスアイアリズ/ 名 ブエノスアイレス《◆アルゼンチンの首都》

buff /bʌ́f バフ/ 名
❶ U もみ革《◆レンズなどをふく》
❷ U 黄褐色;《形容詞的》黄褐色の
❸ C 《口語》ファン, …狂, …通
— 動 他 (もみ革で)磨く

buf·fa·lo /bʌ́fəlou バファロウ/ 名 (複 **buffalos**, **buffaloes** /bʌ́fəlouz/, **buffalo**) C ❶ (米国の)野牛 (=bison), バッファロー ❷ (インド・アジア産の)水牛 (=water buffalo)

buff·er /bʌ́fər バファ/ 名 C ❶ (車両などの)緩衝器 ❷ 〔…の〕衝撃をやわらげるもの[人]《*against*》
— 動 他 (衝撃などを)やわらげる

búffer zòne 名 C 緩衝地帯

buf·fet[1] /bəféi ブフェイ/ 名 C
❶ (パーティーなどの)立食(の料理); 立食パーティー
❷ カウンター式の食堂, ビュッフェ

buf·fet[2] /bʌ́fət バフェト/ 名 C 打撃; (運命などに)翻弄(ほんろう)されること
— 動 他 打つ; 打ちのめす

bug A2
/bʌ́g バグ/ 名 (複 **bugs** /bʌ́gz/)
❶ C 《米》虫, 昆虫 (=insect)
❷ C 《口語》…狂, …マニア; 《**the ... bug**》…熱
• He's bitten by **the** game **bug**. 彼はゲームに完全にはまってる (←ゲームの虫にかみつかれている)
❸ C バグ《◆コンピュータプログラムの欠陥》
❹ C 《口語》病原菌, ばい菌; ウイルス性の病気 ❺ C 盗聴マイク
— 動 (三単現 **bugs** /bʌ́gz/; 過去・過分 **bugged** /bʌ́gd/; 現分 **bugging**) 他 《口語》(人を)悩ませる; 盗聴マイクを取りつける

bug·gy /bʌ́gi バギ/ 名 (複 **buggies** /bʌ́giz/) C 小型のベビーカー (=baby buggy); 一頭立ての軽馬車; (車輪の大きい砂浜用などの)小型自動車, バギー

bu·gle /bjú:gl ビューグル/ 名 C 軍用らっぱ

bu·gler /bjú:glər ビューグラ/ 名 C (軍隊で)らっぱを吹く人

build A1 中
/bíld ビルド/ 動 (三単現 **builds** /bíldz ビルヅ/; 過去・過分 **built** /bílt/; 現分 **building**)
❶ 他 自 建てる, 建設する, 造る; 自 建設業に従事する (❗家, 橋, 空港など大きな建造物を造るときにいう; make は「比較的小さなものを作る」という意味合いをもつ); 文型 [**build A B = build B for A**] A(人)にB(家など)を建ててあげる
• **build** a house 家を建てる (❗「自分の手で建てる」ことも建築業者に注文して「建ててもらう」ことも意味する; 「建ててもらう」ことを強調したいときは have a house built とする)
• Our house **is built of** wood. 我が家は木造だ (❗of は「材料」を示す前置詞)
• Rome **was** not **built** in a day. 《ことわざ》ローマは1日にしてならず
❷ 他 (事業・組織・人格などを)築き上げる; (能力を)高める; (体を)増強する
❸ 他 (火を)おこす

build in (家具などを)作りつけにする

build A into B AをBに作りつける; AをBに組み込む

build on ... …に基づいて進める; …をたよりにする

build A on* [*upon*] *B BにAの基礎

A B C D E F G H I J K L M N O P Q R S T U V W X Y Z

を置く, AをBに基づかせる

build up (健康・知識などを)増進させる, 増す; (富・名声などを)築き上げる; (兵力を)増強する

- Reading helps you **build up** your vocabulary. 読書は語いをふやすのに役だつ

— 名 (複 **builds** /bíldz ビルヅ/) U C 体格, 体つき

build·er B1 /bíldər ビルダ/ 名 (複 **build-ers** /bíldərz/) C 建築業者, 施工者, 大工; 建てる人

build·ing A1 中

/bíldiŋ ビルディング/

名 (複 **buildings** /bíldiŋz/)

❶ C 建物, 建造物

- a school **building** 校舎

日英比較 日本語の「ビル」「ビルディング」は, 一般的に大きな建物を意味するが, 英語では, a low [one-story] **building** (低い[1階建ての]建物)のように, building は建築物全般を広くさす

❷ U 建築

- **building** materials 建築資材

— 動 build の現在分詞・動名詞

buílding blòck 名 C ❶ 積み木; 建築用ブロック ❷ 基礎となるもの

build·up /bíldʌ̀p ビルダプ/ 名 C 強化, 増強

built /bílt ビルト/ 動 build の過去形・過去分詞

buílt-ín 形 作りつけの; 本来備わった

built-up /bíltʌ́p ビルタプ/ 形 (建物が)密集した; 組み立てた

bulb A2

/bʌ́lb バルブ/ 名 (複 **bulbs** /bʌ́lbz/) C

❶ 電球; (温度計の)ふくらんだ球

- an electric [a light] **bulb** 電球

❷ (植物の)球根; 球根状のもの

bul·bous /bʌ́lbəs バルバス/ 形 球根の; 球根状の

Bul·gar·i·a /bʌlgéəriə バルゲアリア/ 名 ブルガリア《◆バルカン半島東部にある共和国; 首都ソフィア (Sofia)》

Bul·gar·i·an /bʌlgéəriən バルゲアリアン/ 形 ブルガリアの, ブルガリア人[語]の

— 名 C ブルガリア人; U ブルガリア語

bulge /bʌ́ldʒ バルヂ/ 名 C ふくらみ; (一時的)急増 — 動 自 ふくらむ《*out*》

bulk /bʌ́lk バルク/ 名 ❶ U (大きな)容積, 容量, かさ, 大きさ; C 巨体

❷ U《**the bulk**》大部分, 大半

in bulk 大量に

bulk·y /bʌ́lki バルキ/ 形 (比較級 **bulkier**; 最上級 **bulkiest**) かさばった, 大きな; (大きくて)扱いにくい

bull B1 /búl ブル/ 名 (複 **bulls** /búlz/) C

❶ (去勢されていない) 雄牛(おうし) (❗「雌牛(めうし)」は cow, 「去勢された雄牛」は ox)

❷ (クジラ・象などの)雄 ❸ 標的, 金的

❹ (株取引で)強気 (↔**bear**[2])

take the bull by the horns 《口語》恐れず困難に立ち向かう

bull·dog /búldɔ̀:g ブルドーグ/ 名 C ブルドッグ (❗勇気・決断を表し, イギリス人の象徴とされることがある)

bull·doze /búldòuz ブルドウズ/ 動 他 (建物などを)ブルドーザーで壊す

bull·doz·er /búldòuzər ブルドウザ/ 名 C ブルドーザー

bul·let B1 /búlət ブレト/ 名 (複 **bullets** /búləts ブレツ/) C 弾丸, (小銃の)銃弾

bul·le·tin B1 /búlətən ブレティン/ 名 (複 **bulletins** /búlətənz/) C 公報; (最新ニュースの)短い公式発表, (テレビ・ラジオ・新聞の)ニュース速報; 会報

búlletin bòard 名 C

❶ 《米》掲示板 (=《英》notice board)

❷ (インターネットなどの)電子掲示板

bul·let·proof /búlətprù:f ブレトプルーフ/ 形 防弾の

bull·fight /búlfàit ブルファイト/ 名 C 闘牛(とうぎゅう)

bull·fight·er /búlfàitər ブルファイタ/ 名 C 闘牛士

bull·finch /búlfìntʃ ブルフィンチ/ 名 C 《鳥》ウソ《◆アトリ科の鳥》

bull·frog /búlfrɔ̀:g ブルフローグ/ 名 C 《動物》ウシガエル, 食用ガエル

bull·horn /búlhɔ̀ːrn ブルホーン/ 名C 《米》メガホン (=megaphone)
bul·lion /búljən ブリョン/ 名U 金塊, 銀塊
bull·ish /búlish ブリシュ/ 形 雄牛のような; (株式が)強気の (↔**bearish**)
bull·pen /búlpèn ブルペン/ 名C ❶《野球》ブルペン ❷牛を入れる囲い
bull·ring /búlrìŋ ブルリング/ 名C 闘牛場
búll's-èye 名C (射撃・ダーツなどの)標的の中心, 金的
bul·ly B2 /búli ブリ/ 動 (三単現 **bullies** /búliz/; 過去・過分 **bullied** /búlid/; 現分 **bullying**) 他 (弱い者を)いじめる, おどす; 自 いばり散らす
— 名 (複 **bullies** /búliz/) C いじめっ子, がき大将
bul·ly·ing /búliiŋ ブリイング/ 名U いじめ
bum B2 /bʌ́m バム/ 名 《米》《口語》浮浪者; なまけ者; ろくでなし
— 動 (三単現 **bums** /bʌ́mz/; 過去・過分 **bummed** /bʌ́md/; 現分 **bumming**) 他 《口語》(金品を)たかる
bum around 《口語》のらくら過ごす; 放浪する
bum·ble·bee /bʌ́mblbìː バンブルビー/ 名C 《昆虫》マルハナバチ
bum·bling /bʌ́mbliŋ バンブリング/ 形 不器用な; 無能な (❗名詞の前に用いる)
bum·mer /bʌ́mər バマ/ 名 《**a bummer**》《俗語》いやなこと, がっかりすること
bump B1 /bʌ́mp バンプ/ 動 (三単現 **bumps** /bʌ́mps/; 過去・過分 **bumped** /bʌ́mpt/; 現分 **bumping**) ❶ 自 ぶつかる, 衝突(しょうとつ)する; 他 ぶつける ❷ 自 (車などが)ガタガタ進む
bump into ... …にドンとぶつかる; …とばったり会う
bump off 《口語》殺す
— 名 (複 **bumps** /bʌ́mps/) C ❶衝突, ぶつかること; バタン, ドスン ❷(ぶつかってできた)こぶ; (地面などの)でこぼこ

bump·er[1] B2 /bʌ́mpər バンパ/ 名C (自動車の前後の)バンパー
bump·er[2] /bʌ́mpər バンパ/ 形 (穀物などが)大量の; 《口語》多数の
búmper stìcker 名C 《自動車》バンパーステッカー
bump·er-to-bump·er /bʌ́mpər-təbʌ́mpər バンパトゥバンパ/ 形 副 (自動車が)数珠(じゅず)つなぎの[で]
bump·y /bʌ́mpi バンピ/ 形 (比較級 **bumpier**; 最上級 **bumpiest**) (道が)でこぼこの; (車が)激しくゆれる
bun B2 /bʌ́n バン/ 名C (ハンバーガーなどに使う)丸パン; 《英》(干しブドウなどの入った甘い)丸パン, 菓子パン
bunch B1 /bʌ́ntʃ バンチ/ 名 (複 **bunches** /bʌ́ntʃəz/) C ❶〔果物などの〕房(ふさ); 〔同じ物の〕束 《*of*》 ❷《**a bunch of**》《米》《口語》多数の…, 大量の…
— 動 (三単現 **bunches** /bʌ́ntʃəz/; 過去・過分 **bunched** /bʌ́ntʃt/; 現分 **bunching**) 他 束にする
bun·dle /bʌ́ndl バンドル/ 名C 束, 包み; かたまり
— 動 ❶ 他 包み[束]にする, くくる; ごちゃごちゃに詰め込む ❷《口語》他 せきたてる; 自 さっさと行く, 急いで立ち去る; さっと入る, 乗り込む
bun·ga·low /bʌ́ŋgəlòu バンガロウ/ 名C バンガロー, 平屋
bun·gle /bʌ́ŋgl バングル/ 動 他 しくじる
búngling 名U しくじり
bun·ion /bʌ́njən バニョン/ 名C 《医学》腱膜瘤(けんまくりゅう) (◆足の親指のはれもの)
bunk /bʌ́ŋk バンク/ 名C (船・列車などの壁に固定された)寝台
búnk bèd 名C 2段ベッド(の1つ)
bunk·er /bʌ́ŋkər バンカ/ 名C ❶《英》《ゴルフ》バンカー ❷(地下の)避難壕(ごう), 掩蔽(えんぺい)壕
bun·ny /bʌ́ni バニ/ 名 (複 **bunnies** /bʌ́niz/) C ウサちゃん (❗rabbit の幼児語; bunny rabbit ともいう)
bunt /bʌ́nt バント/ 動 自 ❶《野球》バントする ❷(ヤギなどが頭や角で)突く

A B C D E F G H I J K L M N O P Q R S T U V W X Y Z

━ 名 C 《野球》バント

bun·ting[1] /bʌ́ntiŋ バンティング/ 名 U たれ幕, 旗, 吹き流し《◆祭りなどで街路に飾るもの》

bun·ting[2] /bʌ́ntiŋ バンティング/ 名 C 《鳥》ホオジロ

bu·oy /búːi ブーイ, bɔ́i ボイ/ 名 C 浮標(ふひょう), ブイ; 救命袋

━ 動 他 ❶ (ブイなどで)浮かす《*up*》 ❷ 勇気づける, はげます《*up*》

buoy·anc·y /bɔ́iənsi ボイアンスィ/ 名 U 浮力; 楽天性, 快活さ

buoy·ant /bɔ́iənt ボイアント/ 形 ❶ 浮く, 浮力がある ❷ 楽天的な, 快活な ❸ (物価などが)上昇傾向の

bur /bə́ːr バー/ 名 C (植物の)イガ

bur·den B1 /bə́ːrdn バードン/ 名 (複 **burdens** /bə́ːrdnz/) C
❶ (心の)重荷, 負担, 悩みの種; 重責
❷ (重い)荷物

the burden of proof 《法律》立証責任

━ 動 (三単現 **burdens** /bə́ːrdnz/; 過去・過分 **burdened** /bə́ːrdnd/; 現分 **burdening**) 他 重荷を負わせる, 〔…で〕苦しめる《*with*》

bur·den·some B2 /bə́ːrdnsəm バードンサム/ 形 《文章》〔…にとって〕重荷となる, やっかいな《*to*》

bur·dock /bə́ːrdɑk バーダク/ 名 C 《植物》ゴボウ《◆burdock root ともいう》

bu·reau B1 /bjúərou ビュアロウ/ 名 (複 **bureaus, bureaux** /bjúərouz/) C (官庁の)局, 庁; 事業所, 案内所

bu·reau·cra·cy B2 /bjuərɑ́krəsi ビュアラクラスィ/ 名 ❶ U 官僚政治; 官僚主義, お役所的な煩雑(はんざつ)さ
❷ 《the bureaucracy》《集合的》官僚

bu·reau·crat /bjúərəkræ̀t ビュアロクラト/ 名 C 官僚

bu·reau·crat·ic /bjùərəkrǽtik ビュアロクラティク/ 形 官僚的な

bu·reaux /bjúərouz ビュアロウズ/ 名 bureau の複数形

bur·geon /bə́ːrdʒən バーヂョン/ 動 自 《文章》急に大きくなる, 急成長する

burg·er A1

/bə́ːrgər バーガ/ 名 (複 **burgers** /bə́ːrgərz/) C 《口語》ハンバーガー; (牛肉以外でできた)…バーガー

bur·glar B1 /bə́ːrglər バーグラ/ 名 (複 **burglars** /bə́ːrglərz/) C (夜間に家に侵入する)どろぼう, 強盗 ⇨**thief**

búrglar alàrm 名 C 盗難警報機

bur·glar·ize B2 /bə́ːrgləràiz バーグラライズ/ 動 他 《米》押し入って盗む

bur·glar·y B2 /bə́ːrgləri バーグラリ/ 名 (複 **burglaries** /bə́ːrgləriz/) U C (夜間の)押し込み窃盗(せっとう)(の罪)

bur·gle /bə́ːrgl バーグル/ 動 《英》(=burglarize)

bur·i·al B2 /bériəl ベリアル/ 名 U C 埋葬; 葬式
派生 bury 動

búrial gròund 名 C 埋葬(まいそう)地

Bur·ki·na Fa·so /bərkíːnə fɑ́ːsou バキーナ ファーソウ/ 名 ブルキナファソ《◆アフリカ西部の共和国; 首都ワガドゥグー(Ouagadougou)》

bur·lap /bə́ːrlæp バーラプ/ 名 U バーラップ《◆目のあらい麻布で袋・おおい用》

bur·lesque /bəːrlésk バーレスク/ 名
❶ C (芸術作品をちゃかした)こっけい劇
❷ U 《米》バーレスク《◆ストリップを含んだコミカルなショー》

bur·ly /bə́ːrli バーリ/ 形 (比較級 **burlier**; 最上級 **burliest**) たくましい, がっしりした

Bur·ma /bə́ːrmə バーマ/ 名 ビルマ《◆ミャンマーの旧称(1989年まで)》

Bur·mese /bəːrmíːz バーミーズ/ 名 (複 **Burmese**) C ビルマ人; U ビルマ語

━ 形 ビルマ(人[語])の

burn A2 中

/bə́ːrn バーン/ 名 (複 **burns** /bə́ːrnz/) C (ふつう熱・火による)やけど ⇨**scald**

━ 動 (三単現 **burns** /bə́ːrnz/; 過去・過分 **burned** /bə́ːrnd/, **burnt** /bə́ːrnt/; 現分 **burning**)
❶ 他 燃やす, 焼く; 自 燃える, 焼け

る;《文章》(灯火が)輝く, ともる
● burn rubbish ごみを燃やす
❷ 他 (料理などを)こがす; やけどさせる; 日焼けさせる; 自 こげる; 日焼けする
● I **burned** my fingers with the boiling water. 私は沸騰している熱湯で指をやけどした
❸ 自 ほてる, (体が)熱くなる; かっとなる
❹ 自 〔…することを〕熱望する《*to do*》
❺ 他 (脂肪・カロリーなどを)焼却させる
❻ 他 (CD・DVDなどに)データを書き込む

burn away ① 焼き払う; 燃やし続ける ② 燃え尽きる; 燃え続ける
burn** one's **bridges 退路を断つ, 背水の陣を敷く
burn down 全焼する; 全焼させる
burn out 焼き尽くす; 燃え尽きる; 消耗(しょうもう)させる[する]
burn up ① 燃え尽きる; パッと燃え上がる; 焼き尽くす ②《米》《俗語》怒らせる; 怒る

burned-out /bə́ːrndáut バーンダウト/ 形 燃え尽きた; 消耗(しょうもう)しきった

burn·er /bə́ːrnər バーナ/ 名 C (ストーブ・こんろなどの)火口, バーナー

burn·ing B1 高 /bə́ːrniŋ バーニング/ 形 (❗比較変化なし) 燃えている; 燃えるように暑い[熱い]; 激烈な, 激しい; 焦点になっている, 緊急の (❗名詞の前に用いる)
● a **burning** hatred 激しい憎しみ

bur·nish /bə́ːrniʃ バーニシュ/ 動 他 磨く; 自 つやが出る

bur·nished /bə́ːrniʃt バーニシュト/ 形 ぴかぴかに磨いた

burn·out /bə́ːrnàut バーナウト/ 名 C (電気器具などの)焼け切れ; (ロケット燃料の)燃えきり; 消耗(しょうもう)

burnt /bə́ːrnt バーント/ 動 burn の過去形・過去分詞
— 形 焼けた, こげた; やけどをした

burnt-out /bə́ːrntáut バーンタウト/ 形 (= burned-out)

burp /bə́ːrp バープ/ 名 C《口語》げっぷ
— 動 自《口語》げっぷが出る

burr /bə́ːr バー/ 名 C (金属のへりなどの)ぎざぎざ

bur·ro /bə́ːrou バーロウ/ 名 C《米》《動物》小型のロバ

bur·row /bə́ːrou バーロウ/ 名 C (ウサギ・キツネなどのすむ)穴
— 動 自 他 (動物が)(穴を)掘る; (穴を)掘って進む

burst B1 高 /bə́ːrst バースト/ 動 (三単現 **bursts** /bə́ːrsts バースツ/; 過去・過分 **burst**; 現分 **bursting**) (❗原形・過去形・過去分詞とも同形) ❶ 自 破裂する, 爆発する, 破れる; 他 破裂させる, 破る; (ダムなどを)決壊させる
❷ 自 (戸・花などが)パッと開く, (つぼみが)ほころびる; 急に現れる; 突然…する
❸ 自 文型 [**be bursting to** *do*]《口語》…したくてたまらない

burst in on ... 〔会話など〕に割り込む; 〔人〕の所に押しかける
burst into ... …におどり込む; 急に…しだす
burst out 飛び出す, わき出る, 突然現れる
***burst out** doing* 急に…しだす

— 名 (複 **bursts** /bə́ːrsts バースツ/) C
❶ 破裂, 爆発; 破裂箇所; 決壊
❷ 急に起こる[現れる]こと

Bu·run·di /bərʌ́ndi バランディ/ 名 ブルンジ《♦アフリカ中央部の共和国; 首都ギテガ(Gitega)》

bur·y A2 高

/béri ベリ/ (発音 berry と同音)
動 (三単現 **buries** /bériz/; 過去・過分 **buried** /bérid/; 現分 **burying**) 他
❶ 埋葬する, 葬(ほうむ)る (❗「埋葬」は burial)
❷ 埋める; 隠す; (顔を)おおう

be buried in ... = bury** oneself **in ... (研究など)に没頭する, (物思いなど)にふける

派生 **burial** 名

a b c d e f g h i j k l m n o p q r s t u v w x y z

bus A1 中

/bʌ́s バス/ 名 (複 **buses** /bʌ́səz/, 《米》 **busses** /bʌ́səz/) C
バス; 《形容詞的》 バスの

- a school **bus** 通学バス, スクールバス
- get **off** [get **on**, 《米》 ride] a **bus** バスを降りる[に乗る] (! 「タクシー」など小型の乗り物「から降りる[に乗る]」は get out of [into] ...)

— 動 (三単現 **buses**, **busses** /bʌ́səz/; 過去・過分 **bused**, **bussed** /bʌ́st/; 現分 **busing**, **bussing**) 他
バスで運ぶ; バス通学する; 《米》 (テーブルから)食器を片付ける

Bush /búʃ ブシュ/ 名 ❶《**George Bush** (, **Jr.**)》 ブッシュ (1946–) 《♦米国第43代大統領 (2001–09)》 ❷《**George Bush**》 ブッシュ (1924–2018) 《♦米国第41代大統領 (1989–93)》

bush A2 高

/búʃ ブシュ/ 名 (複 **bushes** /búʃəz/)
❶ C 低木, かん木 《♦tree (高い木)に対してたけが低く根本のほうから小枝・葉がたくさん生えている植物》

- a rose **bush** バラの木

❷ C やぶ, しげみ
❸ U 《**the bush**》 (アフリカ・オーストラリアなどの)未開地, 森林地帯

beat about [***around***] ***the bush*** 遠まわしに言う

bushed /búʃt ブシュト/ 形 《口語》 疲れきった (! 名詞の前には用いない)

bush·el /búʃəl ブシェル/ 名 C ブッシェル 《♦穀物, 果物などの容積の単位; 約35リットル》

bush·y /búʃi ブシ/ 形 (比較級 **bushier**; 最上級 **bushiest**) かん木の茂った; 茂みのような

bus·i·er /bíziər ビズィア/ 形 busy の比較級

bus·i·est /bíziəst ビズィエスト/ 形 busy の最上級

bus·i·ly /bízili ビズィリ/ 副 忙しく, せっせと

busi·ness A1 高

/bíznəs ビズネス/ (×ビジネス)
名 (複 **businesses** /bíznəsəz/)
❶ U 商売, 取り引き, 事業, ビジネス; 業務 《♦お金をもうけるためのすべての活動・業務》; 《形容詞的》 業務の, 営業の

- show **business** 芸能界
- **business** hours 営業時間

コロケーション
動+**business**
do *business* with ... …と取り引きする
go into *business* 商売[事業]を始める
go out of *business* 商売[事業]をやめる
succeed in *business* 商売[事業]に成功する

❷ U C 仕事, 任務; U 職業; 用事; 《形容詞的》 仕事上の

- What **business** is your uncle in? 君のおじさんの職業は何ですか

❸ C 会社, 商店

コロケーション
動+**business**
run a *business* 会社を経営する
start a *business* 会社をはじめる
set up a *business* 会社を開業する

❹ 《単数形で》 事柄, 事件; やっかいなこと
❺ U (自分だけに)関係のあること

come [***get***] ***to business*** 用件にとりかかる, 仕事につく

do *one's* ***business*** 《口語》 用を足す, 排せつする

get down to business 本気で仕事にかかる

go about *one's* ***business*** 自分のなすべきことをする; 《命令形で》 とっととうせろ

Good business! よくやった

have no business *doing* [***to*** *do*] …する権利[理由]がない

mean business 《口語》 (冗談ではなく)本気である

Mind your own business! 自分の仕事をやりなさい, よけいなお世話だ, 君の知ったことか

none of** A's **business A(人)には関係ないこと, Aが知る必要もないようなこと
- **That's none of your business.** 大きなお世話だ(きつい表現)

on business 仕事で, 商用で, 用事で ● He was away **on business.** 彼は商用でいません

out of business 廃業して, 破産して
- go **out of business** 廃業する

send** A **about** A's **business Aを追い払う, 首にする

búsiness càrd 名 C (業務用)名刺

búsiness còllege 名 C 《米》(簿記(ぼき)などを学ぶ)専門学校, 実務学校

búsiness Ènglish 名 U 商業英語

busi·ness·like /bíznəslàik ビズネスライク/ 形 実務的な, 能率的な; てきぱきした

busi·ness·man A2

/bíznəsmæ̀n ビズネスマン/
名 (複 **businessmen** /bíznəsmèn/) C
❶ 実業家 《♦社長, 重役, 管理職など》
❷ 金もうけのうまい人

日英比較 日本語の「ビジネスマン」(一般の会社員)の意味でも使うが, 英語では, 経営者や管理者を意味するのがふつう

busi·ness·per·son /bíznəspə̀ːrsən ビズネスパーソン/ 名 (複 **businesspeople** /bíznəspìːpl/) C 実業家 (男女の差別を避けた語)

busi·ness·wo·man

A2 /bíznəswùmən ビズネスウマン/
名 (複 **businesswomen** /bíznəswìmən/) C
❶ 女性実業家 《♦女性の社長, 重役, 管理職など》
❷ 金もうけのうまい女性

bus·ses /bʌ́səz バセズ/ 名 busの複数形の1つ

bús stàtion A2

名 C (始発・終着のある)バスターミナル(ビル)

bús stòp A2

名 C バス停留所

bust[1] /bʌ́st バスト/ 名 C ❶ 胸像 ❷ (女性の)胸囲, バスト; 胸

bust[2] B1 /bʌ́st バスト/ 動 (三単現 **busts** /bʌ́sts/; 過去・過分 **busted** /bʌ́stəd/, **bust**; 現分 **busting**) ❶ 自 他 《口語》こわす; こわれる ❷ 他 (人を)なぐる ❸ 他 《俗語》(警察が)逮捕する, 手入れする

— 名 (複 **busts** /bʌ́sts バスツ/) C 《口語》破産; 失敗; 逮捕

— 形 《口語》破産した

bus·tle B2 /bʌ́səl バスル/ 動 自 せわしく[せかせか, あたふた]動き回る, 忙しそうに働く 《*around, about*》

— 名 《単数形で》(せわしない)騒々しさ, ごった返し, 混雑, にぎわい

bus·y A1 中

/bízi ビズィ/ 形 (比較級 **busier**; 最上級 **busiest**) ❶ 忙しい (↔**free**)
- **busy** people 忙しい人たち
- a **busy** schedule 忙しいスケジュール
- She is **busy with** her homework. 彼女は宿題で忙しい

文型 [**be busy** (**in**) *do***ing**] …するのに忙しい
- **I'm busy studying** for my exams. 私は試験勉強で忙しい

❷ (場所が人や車で)にぎやかな[で]
❸ 《米》(電話が) 話し中で (=《英》 engaged)
- The line is **busy**. お話し中です

(***as***) ***busy as a bee*** [***bees***] (ミツバチのように)とても忙しい

get busy 仕事にとりかかる

— 動 (三単現 **busies** /bíziz/; 過去・過分 **busied** /bízid/; 現分 **busying**) 他 忙しくさせる; (**busy** *oneself*) 〔…を〕忙しくやる, せっせとやる 《*with*》

bus·y·bod·y /bízibàdi ビズィバディ/ 名 (複 **busybodies** /bízibàdiz/) C おせっかいな人

búsy sìgnal 名 C (電話の)話し中の信号音

A B C D E F G H I J K L M N O P Q R S T U V W X Y Z

but

A1 接 副 前 代 名
中 /bət バト; 《強》 bʌ́t バト/

共通イメージ
AだけどB

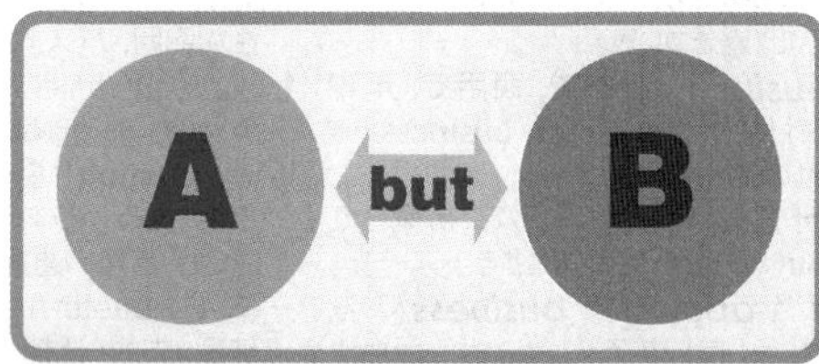

意味マップ

接 ❶ **しかし, (だ)が, けれども**
❷ すみませんが…
❸ 《人のことばに驚いて》いやあ
副 **ほんの**, たった, ただ
前 ❶ **…を除いては**, …以外の
❷ …を除いて, …を含めないで
代 …ないところの
名 「しかし」ということば

ワンポイント・アドバイス

butは「…だが…」という風に訳すが, 文脈を見ると次のような役割がある.
(a) 前の要素と異なる内容やちょっとびっくりするような内容を付け加える
It's an old machine, but it's very reliable.
古い機械ですが, 非常に信頼できます
(b) 前に言ったことが実現できない理由などを付け加える
I'd like to go, but I'm too busy. 行きたいけど, 忙しくてだめなんだ
(c) 否定文に続くと, but のあとの要素で正確な情報を付け加える
We aren't doing this to make money, but to help the children.
金もうけのためでなく, 子どもたちを援助するためにやってるんだ

【but の使い方】
butもandと同様, 対等の語・句・文をつなげるが, 「反対・対立」の関係でつなぐ.
語と語: He's good-looking, but short. 彼はハンサムだが背が低い
句と句: I tried to read the message, but couldn't.
メッセージを読もうとしたが, だめだった
文と文: Mom hated the movie, but I thought it was good.
ママはその映画が大嫌いだったけど, 私はいいと思った

ネイティブはこういう！

◆ **I don't know about you, but I'm going to bed.**
あなたはどうか知らないけど, 私は寝るから

◆ **I would like to thank my teacher, my friends, and, last but not least, my family.** 私の先生, 友だち, そして最後になりましたが, 大切な私の家族に感謝したいと思います

フォーカスページ

but A1 中

/bət バト; 《強》 bʌ́t バト/ 接

共通イメージ Aだけど B

❶ しかし, (だ)が, けれども (❗前の語や文を補足修正したり, 逆の内容をのべたりするときに使う「つなぎ」のことば)

- small **but** powerful engines 小さいが強力なエンジン (❗語+but+語)
- You are young, **but** I am old. 君は若いが, 私は年をとっている (❗文+but+文; but の前にコンマ (,) をつける)
- I love her, **but** she doesn't love me. 私は彼女を愛しているが, 彼女は私を愛していない
- The story is strange, **but** (it is) true. その話は変だが本当だ
- It is raining, **but** I must go. 雨が降っているが私は行かなければならない (=Although it is raining, I must go.)

❷ 《excuse me などのあとにつけて》 すみませんが…

- **Excuse me, but** what time is it now? すみませんが今何時ですか
- **I'm sorry, but** I can't help you. 申し訳ありませんが, お手伝いできません (❗上2例の but はほとんど意味がない)

❸ 《人のことばに驚いて》 いやあ, でも

会話 "I found a new job!" "**But** that's brilliant!" 「新しい仕事を見つけたよ」「いやあ, それすごいね！」

会話 "Stay home and study." "**But** you said you would let me go!" 「家にいて勉強しなさい」「でも行かせてくれるって言ったじゃないか！」

***not** A **but** B* AではなくてB

- He is **not** a police officer **but** a fire fighter. 彼は警察官ではなくて消防士です (=He is a fire fighter, not a police officer.)
- I did**n't** go, **but** stayed at home. 私は行かないで家にいました
- It is **not** that he hates it **but** that he is not interested in it. 彼はそれが嫌いなのではなく, 興味がないのだ

***not only** A **but** (**also**) B* AだけでなくBもまた ⇨**only** (成句)

— 副 《文章》 ほんの, たった, ただ (=only)

- Life is **but** a dream. 人生は単なる夢にすぎない
- She is **but** a child. 彼女はまだほんの子どもだ (=She is **only** a child., She is a **mere** child.) (❗後者の2つの表現のほうがふつう)

— 前 ❶ …を除いては, …以外の, …以外は (=except)

- Everyone **but** Jim was there. ジム以外はみんないた

❷ …を除いて, …を含めないで (❗first, next, last のあとに用いる)

- live **next** door **but** one [two] 1軒[2軒]おいてとなりに住む

all but ... ほとんど… (=almost); …以外は全部

anything but ... …以外は何でも; 少しも…でない

but for ... …がなければ (=without); …を除いて (❗あらたまった表現)

- **But for** her love, I could not live. 彼女の愛がなければ私は生きられないだろう
- **But for** his support, I would not have passed the exam. もし彼の援助がなかったら, 私は試験に合格しなかったでしょう

but then しかし一方では; しかし…なのだから(仕方がない)

cannot* (*help*) *but do …せざるをえない ⇨**help** (成句)

- I **couldn't but** laugh at his story. 彼の話に私は笑わざるを得なかった

nothing but ... …以外は何も(…しない), ただ…だけ (=only); …にすぎない

- I saw **nothing but** snow all around. 周囲には雪以外には何も見えなかった

— 代 《関係代名詞》《文章》 …ないところの (❗否定を表す語を先行詞とする) (=that ... not)

- There is **no** rule **but** has exceptions. 例外のない規則はない

— 名 (複 **buts** /bʌ́ts バツ/) Ⓒ 「しかし」

ということば; 異存

bu·tane /bjúːtein ビューテイン/ 名U 《化学》ブタン

butch·er B1 /bútʃər ブチャ/ 名 (複 **butchers** /bútʃərz/) C 肉屋さん(の主人)

but·ler /bʌ́tlər バトラ/ 名C 執事

butt[1] /bʌ́t バト/ 名C たばこの吸いがら; (銃の)台じり; 《米》《口語》おしり

butt[2] /bʌ́t バト/ 名C 《ふつう **the butt**》非難のまと, 笑いもの

butt[3] /bʌ́t バト/ 動 他自 頭[角]で突く

butt in 話に口をはさむ, 干渉する

but·ter A1 高

/bʌ́tər バタ/ 名U バター

- a pound [a pack] of **butter** バター1ポンド[1箱] (! 数えられない名詞なので ×a butter, ×butters などとしない)

— 動 (三単現 **butters** /bʌ́tərz/; 過去・過分 **buttered** /bʌ́tərd/; 現分 **buttering**) 他 バターをつける

butter up 《口語》おべっかを使う

but·ter·cup /bʌ́tərkʌ̀p バタカプ/ 名C 《植物》キンポウゲ

but·ter·fly A1 高

/bʌ́tərflài バタフライ/ 名 (複 **butterflies** /bʌ́tərflàiz/) ❶C 《昆虫》チョウ
❷U 《しばしば **the butterfly**》《水泳》バタフライ

have butterflies in** one's **stomach 《口語》(何かする前に)そわそわして落ち着かない, 胸がどきどきする

but·ter·milk /bʌ́tərmìlk バタミルク/ 名U バターミルク《♦バターを採ったあとの牛乳》

but·tock /bʌ́tək バトク/ 名C 《ふつう **buttocks**》(人・動物の)尻(しり)

but·ton A1 中

/bʌ́tn バトン/ (×ボタン)

名 (複 **buttons** /bʌ́tnz/) C
❶ (ベルなどの)押しボタン
❷ (服の)ボタン
❸ (円形の)バッジ

— 動 (三単現 **buttons** /bʌ́tnz/; 過去・過分 **buttoned** /bʌ́tnd/; 現分 **buttoning**) 他 ボタンをかける; ボタンをつける《*up*》; 自 ボタンで留まる《*up*》

but·ton·hole /bʌ́tnhòul バトンホウル/ 名C ボタン穴; 《英》(上着のえり穴にさす)飾り花

but·tress /bʌ́trəs バトレス/ 動他 支持する; (議論・組織などを)強固にする, 強化する

— 名C 《建築》控え壁

bux·om /bʌ́ksəm バクソム/ 形 (女性が)豊満な胸をもつ

buy A1 中

/bái バイ/ (発音 by, bye と同音)

動 (三単現 **buys** /báiz/; 過去・過分 **bought** /bɔ́ːt/; 現分 **buying**)

❶ 他自 買う (↔**sell**); 文型 [**buy A B** = **buy B for A**] A(人)にB(物)を買ってあげる, おごる; 文型 [**buy A for B**] A(物)をB(値段)で買う

- **buy** a book 本を買う
- I **bought** her a bag. = I **bought** a bag **for** her. 彼女にバッグを買ってあげた

❷ 他 (人を)買収する《*off*》(=bribe)
❸ 他 手に入れる
❹ 他 《口語》(人の話などを)受け入れる, 信じる; うのみにする

buy back 買い戻す

buy in 買い込む, 仕入れる

buy into ... (会社など)の一部を買い取る; (ある考え)を信じ込む

buy out (株を買い占めて, 会社などを)買い取る, (営業権を)にぎる

buy up 買い占める

— 名 (複 **buys** /báiz/) C 《口語》買い物; 買い得品 (=bargain)

buy·er B1 /báiər バイア/ 名 (複 **buyers** /báiərz/) C 買う人, 買い手; 仕入れ係, バイヤー (↔**seller**)

buzz B2 /bʌ́z バズ/ 名
❶C (ハチなどの)ブンブンいう音
❷C (人声などの)ざわめき, がやがや
❸《**a buzz**》(電話の)呼び出し(音)

— 動 ❶自 ブンブンいう, ざわざわす

る ❷自 忙しく動き回る ❸自他 ブザーで呼ぶ

buz·zard /bʌ́zərd バザド/ 名C《鳥》❶《米》コンドル ❷《英》ノスリ

buzz·er /bʌ́zər バザ/ 名C ブザー; ブザーの音

by A1 中

/bái バイ/ (発音 buy, bye と同音) 前

共通イメージ 他のもののそば

❶《行為をする人・原因》…**によって**, …**による** (! 受け身の文などで行為をする人・物を表す)

- a book (written) **by** Soseki 漱石によって書かれた本
- This picture was painted **by** her. この絵は彼女によって描かれた (×by *she* としない)
- The king was killed **by** his brother with a sword. 王は自分の弟に刀で殺された ⇨❷使い方
- The house was destroyed **by** fire. その家は火事で焼失した

❷《手段・方法》…**によって**, …**で**, …**を使って**; …**(の部分)を持って**

- **by** car 車で
- **by** air [plane] 飛行機で
- **by** hand (機械ではなく)手で
- send a letter **by** airmail 航空便で手紙を出す
- travel **by** sea [land] 海上[陸上]を旅する
- She earns her living **by** working part-time. 彼女はアルバイト[パート]で(働くことによって)生計をたてている (! by+*doing*)
- Do you want to pay **by** cash or card? お支払いは現金ですか, カードですか
- I caught him **by** the arm. 私は彼の腕をつかんだ (! catch+人+by+the+体の部分)

使い方› 手段でも「道具や器具などで[を使って]」というときは by ではなく with を使う
cut paper **with** a knife ナイフで紙を切る (! ×cut paper by a knife としない)

❸《期限》…**までに(は)**, …**ころには**

- **by** now 今ごろまでには
- He must finish this book **by the end of** this month. ⇨フォーカス❶ 彼はこの本を今月末までに書き終えなければならない
- **By this time** tomorrow he will be in London. あすの今ごろまでには彼はロンドンに(着いて)いるでしょう
- I will be here **by** 5 o'clock, so please wait for me till then. 私は5時までにはここに来ますからどうかその時までお待ちください

比較 I'll stay here **till** [**until**] 5 o'clock. 5時まで(ずっと)ここにいます (! by は「…までにある動作・状態が起こる・終わる」こと, till, until は「…までずっとある動作・状態が続く」ことを表す)

- **By the time** we arrive, it will be getting dark. ⇨フォーカス❷ 私たちが着く頃までには暗くなり始めているだろう ⇨ **time** (成句)

❹《場所》…**の(すぐ)そばに**, …**の(すぐ)そばの** (! near よりももっと近くにあることを表す); …**のそば[横, 前]を通り過ぎて**

- sit **by** the fire 暖炉(だんろ)のそばにすわる
- The hotel stands **by** the lake. そのホテルは湖のそばに立っている
- She walked **by** me without noticing. 彼女は(私に)気づかずに私のそばを通り過ぎて歩いていった

❺《差異・程度》…**だけ**, …**の差で**

- We are already late **by** 5 minutes. 私たちはすでに5分遅れている
- The Mets won the game **by** a score of 2 to 1. メッツは2対1でその試合に勝った

❻《単位》…**ごとに**; …**ずつ**

- You can hire a boat **by** the hour. ボートは時間単位で借りられます
- They sell meat **by** the gram at that store. あの店では肉をグラム単位で売っている
- **day by day** 毎日毎日
- **little by little** 少しずつ, 徐々に

❼《観点》…**に関して(は)**

by

A1 前 副

中 /bái バイ/ (発音 buy, bye と同音)

意味マップ

前 ❶《行為をする人・原因》…**によって**

❷《手段・方法》…**によって, …で**

❸《期限》…**までに(は)**

❹《場所》…**の(すぐ)そばに; …のそばを通り過ぎて**

❺《差異・程度》…**だけ, …の差で**

❻《単位》…**ごとに; …ずつ**

❼《観点》…に関して(は)

❽《掛ける・割る》…を掛けて; …で割って

❾《基準》…に従って

副《場所》**そばに; 通り過ぎて;** 《時間》過ぎて

使えるコーパスフレーズ

by＋名詞

1 **by the end of ...**
…の終わりまでに

2 **by the time ...**
…する時までに

3 **by the way** ところで

4 **by virtue of ...** …のおかげで

5 **by this time**
(もう)今頃は, この時には(既に)

byの重要成句

by *one*self
ひとり(ぼっち)で

get by
通りぬける ⇨**get**

drop by
立ち寄る ⇨**drop**

stand by
待機する ⇨**stand**

stop by
立ち寄る ⇨**stop**

文 法

(**1**) byのあとに交通手段や通信方法がくるときはaやthe(冠詞)はつけない:

by train [subway, bicycle, bus] 列車[地下鉄, 自転車, バス]で

by letter [telephone, telegraph, email] 手紙[電話, 電報, Eメール]で

(**2**) 特定の交通手段などをいう場合は冠詞がつく:

leave by the 2:30 p.m. train 午後2時30分発の列車で出発する

フォーカスページ

前❹副((場所))(…の)そばに

sit by the fire

前❶((行為をする人・原因))…によって

a book by Soseki

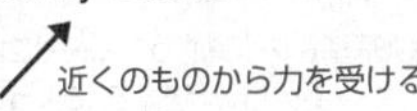

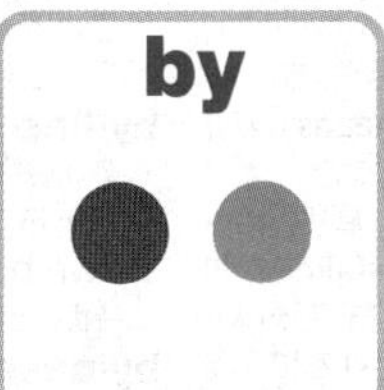

共通イメージ

他のもののそば

そばを通過する

ある基準値
との差に注目

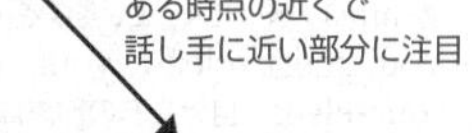

前❹副((場所))
(…の)そばを通り過ぎて

She walked by me without noticing.

前❸((期限))…までには

by the end of this month

手段を経る

前❷((手段・方法))…によって

by car

前❺((差異・程度))…の差で
前❻((単位))…ごとに
(一定の幅を単位とする)

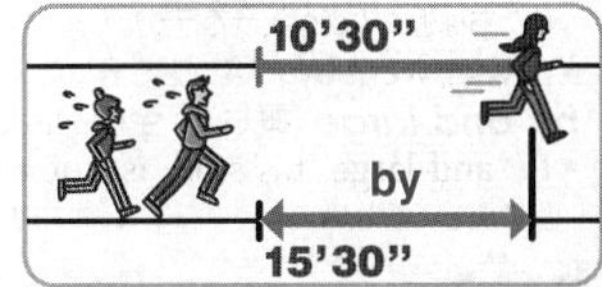

We are already late by 5 minutes.

フォーカスページ

- **by** birth 生まれは; 生まれながらの ⇨ **birth** (成句)
- I know him **by** name. (会ったことはないが)彼の名前は知っています

❽《掛ける・割る》…を掛けて; …で割って ・multiply 3 **by** 7 3に7を掛ける
- divide 15 **by** 3 15を3で割る
- This room is 10 meters **by** 15 meters. この部屋は縦10メートル(掛ける)横15メートルだ

❾《基準》…に従って, …によって, …では ・**by** law 法律で[によって]

by accident 偶然に

by all means ①《返事で》もちろん, どうぞ ②何としても ⇨**means** (成句)

by chance 偶然に, たまたま

by day [***night***] 昼[夜]は, 昼[夜]に

by mistake 誤って ⇨**mistake** (成句)

by oneself ひとり(ぼっち)で; (人の助けを借りずに)独力で; ひとりでに
- He lived in the hut **all by himself**. 彼はたったひとりでその小屋に住んでいた (❗all は「まったく」で, 意味を強める語)
- You must clean your room **by yourselves**. 自分たちの部屋は自分たちでそうじしなければいけない

by the way ついでながら, ところで (❗ふつう話し言葉で使う); 途中で

by virtue of ... …のおかげで ⇨**virtue** (成句)

by way of ... ①…を経由して ②…のつもりで ⇨**way** (成句)

― 副 《場所》そばに; 通り過ぎて; 《時間》過ぎて
- close [near] **by** すぐそばに[の]
- **go by** 行き過ぎる, (時が)過ぎて行く
- pass **by** 通り過ぎる
- We went into the woods near **by**. 私たちは近くの森へ入って行った
- A year went **by**. 1年が過ぎ去った

by and large 概して, 全般的には
- **By and large**, his story is true. 彼の話は概して正しい

bye A1 中

/bái バイ/ (発音 buy, by と同音) 間 《口語》さよなら (=good-bye), じゃあね

会話 "See you later." "**Bye**!" 「さようなら」「じゃあね」

Bye (for) now. 《米》じゃあね, さよなら

bye-bye /báibái バイバイ/ 間 《口語》さよなら (=good-bye), バイバイ, じゃあね

by·gone /báigɔ̀ːn バイゴーン/ 形 《文章》過ぎ去った, 過去の

― 名 《**bygones**》過去の(いやな)こと

let bygones be bygones すんだことを水に流す (←過去のことは過去のことにしておく)

by·line /báilàin バイライン/ 名 (新聞・雑誌記事の冒頭の)筆者名をしるす行

BYO(B), b.y.o.(b.) 《略》bring your own bottle 酒は各自持参のこと 《♦招待状などに用いる》

by·pass /báipæ̀s バイパス/ 名 C

❶ バイパス, 迂回(うかい)路 《♦都市の中心部を避けて造った自動車道路》

❷ 心臓バイパス(手術)

― 動 他 迂回する; 避ける; 無視する

bý-pròduct 名 C 副産物; (思いもかけない)副次的結果

Byr·on /báiərən バイアロン/ 名 《**George Gordon Byron**》バイロン (1788-1824) 《♦英国ロマン派の詩人》

by·stand·er /báistæ̀ndər バイスタンダ/ 名 C 傍観者, 見物人

byte /báit バイト/ 名 C 《コンピュータ》バイト 《♦情報量の単位; ふつう8ビット》⇨ **bit**[3]

by·way /báiwèi バイウェイ/ 名 C わき道, 裏道

by·word /báiwə̀ːrd バイワード/ 名 C 〔…の〕見本, 典型, 代名詞 《*for*》

By·zan·tine /bízəntìːn ビザンティーン/ 形 ビザンチウムの; 東ローマ帝国の; 《建築》ビザンチン様式の

Býzantine Émpire 名 《**the** をつけて》東ローマ帝国

By·zan·ti·um /bizǽnʃiəm ビザンシアム/ 名 ビザンチウム 《♦東ローマ帝国の首都; 現在のイスタンブール (Istanbul)》

C c *C c*

C, c /síː スィー/ 名 (複 **C's, c's** /síːz/)
❶ U C 英語アルファベットの第3番目の文字 ❷ C 《C で》(成績の)C《♦A, B に次ぐ評価》 ❸ U 《音楽》ハ音, ハ調 ❹ U 《C で》(ローマ数字の)100

C 《略》centigrade セ氏の

CA 《略》California カリフォルニア

Ca 《記号》calcium カルシウム

cab A2

/kǽb キャブ/ 名 (複 **cabs** /kǽbz/) C
❶ タクシー (=taxi, taxicab)
• Let's **take** a **cab**. タクシーに乗ろうよ
❷ 運転台; 機関士室

cab·a·ret /kæ̀bəréi キャバレイ/ 名 C キャバレー; U C キャバレーの出し物

cab·bage B1 高 /kǽbidʒ キャビヂ/ 名 (複 **cabbages** /kǽbidʒəz/) U C 《植物》キャベツ
• three **heads of cabbage** キャベツ3個 (=three cabbages)

cab·bie, cab·by /kǽbi キャビ/ 名 (複 **cabbies** /kǽbiz/) 《口語》(=cabdriver)

cab·driv·er /kǽbdràivər キャブドライヴァ/ 名 C タクシーの運転手

cab·in B1 /kǽbən キャビン/ 名 (複 **cabins** /kǽbənz/) C
❶ 小屋 ⇨**hut, shed**[2]
• a log **cabin** 丸太小屋
❷ 船室; (航空機の)客室, 乗務員室
• a **cabin** attendant (飛行機の)客室乗務員

cábin crùiser 名 C (居室・調理室付きの)レジャー用大型モーターボート

cab·i·net B2 /kǽbənət キャビネト/ 名 C
❶ 飾りだな, 食器だな
• a kitchen [medicine, filing] **cabinet** 食器[薬品, 書類整理]だな
❷ キャビネット《♦テレビ台など》
❸ 《ふつう **Cabinet**》内閣, 閣僚 (❗構成メンバー1人1人をさす場合は単数形で複数扱いとすることもある)
• a shadow **cabinet** 影の内閣

ca·ble B2 高 /kéibl ケイブル/ 名 C
❶ ケーブル《♦電報・電話・送電用》
❷ (=cable television)
❸ 外国電報, 海底電信
━ 動 他 自 外国電報を打つ

cáble càr 名 C ケーブルカー

cáble télevision 名 U 有線テレビ, ケーブルテレビ

ca·boose /kəbúːs カブース/ 名 C 《米》(貨物列車の最後尾の)乗務員車

cab·stand /kǽbstæ̀nd キャブスタンド/ 名 C 《米》タクシー乗り場

ca·ca·o 高 /kəkáu カカウ/ 名 (複 **cacaos** /kəkáuz/) C 《植物》カカオの木 (=cacao tree); カカオの実 (=cacao bean)《♦ココア (cocoa) やチョコレート (chocolate) を作る》

cache /kǽʃ キャシュ/ 名 C (食料・武器などの)隠し場所; 隠したもの

cack·le /kǽkl キャクル/ 動 自 (めんどりが)クワックワッと鳴く; キャッキャッと笑う; ぺちゃくちゃしゃべる
━ 名 U C クワックワッと鳴くこと[声]

cac·ti /kǽktai キャクタイ/ 名 cactus の複数形の1つ

cac·tus /kǽktəs キャクタス/ 名 (複 **cactuses** /kǽktəsəz/, **cacti** /kǽktai/) C 《植物》サボテン

CAD /kǽd キャド/ 《略》computer-aided design コンピュータ援用デザイン

ca·dav·er /kədǽvər カダヴァ/ 名 C (特に解剖用の)死体

cad·die /kǽdi キャディ/ 名 C キャディー《♦ゴルフ場でクラブを運んだりしてゴルファーの世話をする人》

cad·dy /kǽdi キャディ/ 名 (複 **caddies** /kǽdiz/) C ❶ (お茶の葉などを入れる)茶筒, 小箱 (=tea caddy) ❷ (=caddie)

ca·dence /kéidəns ケイデンス/ 名 C 声の抑揚; リズム

ca·det /kədét カデト/ 名 C (軍隊・警察の)士官[幹部]候補生

Cad·il·lac /kǽdəlæ̀k キャディラク/ 名 C 《商標》キャデラック《♦アメリカの大型高級乗用車》

Cae·sar /síːzər スィーザ/ 名 《**Julius Caesar**》ユリウス・カエサル, ジュリアス・シーザー (100–44 B.C.) 《♦古代ローマの偉大な将軍・政治家で,『ガリア戦記』を著した》

cae·sar·e·an /sizéəriən スィゼアリアン/ 名 C 《医学》帝王切開 (❗ caesarean section ともいう)

ca·fe, ca·fé A1 高

/kæféi キャフェイ|kǽfei キャフェイ/ 名 (複 **cafes** /kæféiz/) C (軽い食事のできる小さな)レストラン, カフェ; 喫茶店, コーヒー店

café au lait /kǽfei ou léi キャフェイ オウレイ/ 名 U カフェオレ

caf·e·te·ri·a A2 中

/kæ̀fətíəriə キャフェティアリア/ 名 (複 **cafeterias** /kæ̀fətíəriəz/) C カフェテリア《♦セルフサービスの食堂; 欧米では学校・会社などでよく見られる》

caf·feine /kæfíːn キャフィーン/ 名 U カフェイン

caf·fé lat·te /kǽfei lǽtei キャフェイ ラテイ/ 名 C U カフェラテ《♦濃いコーヒーに温めたミルクを入れた飲み物》

cage B1 高 /kéidʒ ケイヂ/ 名 (複 **cages** /kéidʒəz/) C 鳥かご, (けものの)おり

— 動 (三単現 **cages** /kéidʒəz/; 過去・過分 **caged** /kéidʒd/; 現分 **caging**) 他 (鳥)かごに入れる, おりに入れる

caged /kéidʒd ケイヂド/ 形 かご[おり]に入れられた

cag·ey, cag·y /kéidʒi ケイヂ/ 形 (比較級 **cagier**; 最上級 **cagiest**) 用心深い, 隠しだてをする

ca·hoots /kəhúːts カフーツ/ 名 《次の成句で》

in cahoots (with ...) 《口語》(…と)ぐるになって

Cairns /kéərnz ケアンズ/ 名 ケアンズ《♦オーストラリア北東部の都市》

Cai·ro /káiərou カイアロウ/ 名 カイロ《♦エジプトの首都》

ca·jole /kədʒóul カヂョウル/ 動 他 甘言でだます, まるめこむ; おだてて…させる《*into doing*》; おだてて…させない《*out of doing*》

cake A1 中

/kéik ケイク/ 名 (複 **cakes** /kéiks/)

❶ U C ケーキ (❗ 特定のケーキをさす場合以外は不可算)

- a Christmas **cake** クリスマスケーキ (❗ このように1つの形をもったものは a cake, cakes のように数えられる名詞として扱う)
- **a piece** [**two pieces**] **of cake** ケーキ1切れ[2切れ] (❗ ナイフで切り分けたものについていうときの言い方)

❷ C (せっけんなどの)1個, (平たくて固い)かたまり

a piece of cake 《口語》簡単にできること,「朝飯前」

- It's **a piece of cake**. そんなの簡単だよ

You cannot have your cake and eat it (, too). 《ことわざ》菓子は食べたら残らない (❗「同時に2つのうまい事はできない」ということ)

— 動 (三単現 **cakes** /kéiks/; 過去・過分 **caked** /kéikt/; 現分 **caking**) 他 固める; 自 固まる

cáke mìx 名 U C ケーキ用の粉

Cal. 《略》California カリフォルニア州

ca·lam·i·ty /kəlǽməti カラミティ/ 名 (複 **calamities** /kəlǽmətiz/) U C 大災害; 悲惨な出来事

cal·ci·um /kǽlsiəm キャルスィアム/ 名 U 《化学》カルシウム

cal·cu·late B1 /kǽlkjəlèit キャルキュレイト/ 動 (三単現 **calculates** /kǽlkjəlèits キャルキュレイツ/; 過去・過分 **calculated** /kǽl-

kjəlèitəd/; 現分 **calculating**)
❶ 他自 **計算する**
• **calculate** a cost 費用を計算する
• **Calculate** how much you spent on clothes last month. 先月服にいくら使ったか計算してみなさい
❷ 他 文型 [**calculate** (**that**) ...] …と思う; …ということを予想する
❸ 自 〔…を〕当てにする《*on*》
派生 **calculation** 名

cal·cu·lat·ed /kǽlkjəlèitəd キャルキュレイテド/ 形 計画された, 計算ずくの; 故意の
be calculated to do …するように意図されている

cal·cu·lat·ing /kǽlkjəlèitiŋ キャルキュレイティング/ 形 打算的な, 抜け目のない

cálculating machìne 名 C 計算器 (=calculator)

cal·cu·la·tion B1 /kæ̀lkjəléiʃən キャルキュレイション/ 名 (複 **calculations** /kæ̀lkjəlèiʃənz/) U C
計算; 予測; 見積もり
派生 **calculate** 動

cal·cu·la·tor B1 /kǽlkjəlèitər キャルキュレイタ/ 名 (複 **calculators** /kǽlkjəlèitərz/) C 計算器《◆電卓など》

cal·cu·lus /kǽlkjələs キャルキュラス/ 名 U 微積分学

Cal·cut·ta /kælkʌ́tə キャルカタ/ 名 カルカッタ《◆インド北東部の大都市; 現コルカタ (Kolkata)》

cal·en·dar A2 中

/kǽləndər キャレンダ/ (×カレンダー)
名 (複 **calendars** /kǽləndərz/) C
❶ カレンダー; 暦(こよみ) ⇨**almanac**
• the solar **calendar** 太陽暦
❷《米》行事予定表
• a school **calendar** 学校年間行事予定表

cálendar mónth 名 C 暦月《◆1日から月末までの暦上のひと月》

cálendar yéar 名 C 暦年《◆1月1日から12月31日》

calf[1] B1 /kǽf キャフ | kɑ́:f カーフ/ 名 (複 **calves** /kǽvz|kɑ́:vz/) C 子牛 (❗「雌牛」は cow,「(去勢していない)雄牛」は bull); (クジラ・カバなどの)子

calf[2] B1 /kǽf キャフ | kɑ́:f カーフ/ 名 (複 **calves** /kǽvz|kɑ́:vz/) C
ふくらはぎ

cal·i·ber, 《英》 **cal·i·bre** /kǽləbər キャリバ/ 名 ❶ C (砲身・銃身の)口径; (弾丸の)直径 ❷《単数形で》力量, 能力

cal·i·brate /kǽləbrèit キャリブレイト/ 動 他 (計器などに)目盛りを付ける; (管などの)内径を測定する

cal·i·co /kǽlikòu キャリコウ/ 名 U 《米》更紗(さらさ)《◆模様を染めた綿布》; 《英》キャラコ《◆白の綿布》

Cal·i·for·nia 高 /kæ̀ləfɔ́:rnjə キャリフォーニャ/ 名 カリフォルニア《◆米国太平洋岸の州; 日本とほぼ同じ広さがあり, 人口は全米第1位; Calif., Cal.,(郵便で) CAと略す》

cal·is·then·ics /kæ̀lisθéniks キャリスセニクス/ 名《単数・複数扱い》美容体操, 柔軟体操

call A1 中

/kɔ́:l コール/
共通イメージ 大声で呼ぶ

意味マップ
名 ❶ 電話(をすること)
❷ 呼ぶ声; 呼びかけ
❸ 要求; 招集
❹ 審判の判定
動 ❶ AをCと呼ぶ
❷ 電話をかける
❸ (大声で)呼ぶ, 叫ぶ, 声をかける
❹ 呼び集める; 起こす
❺ 命じる; (ゲームを)中止する

─ 名 (複 **calls** /kɔ́:lz/) C

❶電話(をする[がある]こと)

ワンポイント・アドバイス›
「…に電話する」という場合には give ... a call,「電話をかける」は make a call,「電話に出る」は take a call という.「…さんから電話があった」と言う場合には, ... called と動詞で言ってもよいが, I got a call from ... という言い方も会話ではよく出てくる

- a long-distance **call** 長距離電話
- a local **call** 市内電話
- a collect **call** コレクトコール
- make a **call** 電話をする
- take a **call** 電話に出る
- return A's **call** Aに折り返し電話をする
- **make a** (**phone**) **call to** Osaka [**to** my uncle in Osaka] 大阪に[大阪のおじに]電話をする
- Jim, you **had** [**got**] **a** (**phone**) **call from** Mr. White. ジム, ホワイトさんから電話があったよ
- There was a **call for** you while you were out. 外出中に電話がありましたよ
- I'll **give** you a **call** tomorrow. あした電話します

❷呼ぶ声, 叫び; 呼びかけ

- a **call for** help 助けを求める声

❸要求, 需要; 招集, 招き

❹《スポーツ》審判の判定

on call 呼べば(すぐに)応じられる; 待機して; 請求次第で

within call 呼べば聞こえるところに; 待機して

— 動 (三単現 **calls** /kɔ́:lz/; 過去・過分 **called** /kɔ́:ld/; 現分 **calling**)

❶ 他 文型 **[call A C]** **AをCと呼ぶ; AをCとみなす**

- They **call** him the king of music. 彼らは彼を音楽の王様と呼ぶ
- Are you **calling** me a liar? ウソつき呼ばわりするのか?
- He **called** me stupid. 彼はオレを間抜けだといった
- We went to a place **called** kaminarimon. 私たちは雷門と呼ばれる所へ行った (! 過去分詞 called (…と呼ばれる)は place を修飾する)
- His name is Robert, but we **call** him Bob. 彼の名前はロバートだけど, 僕らは彼をボブと呼ぶ

会話 "What do you **call** this flower in English?" "We **call** it a sunflower." 「この花を英語で何といいますか」「(私たちはそれを) sunflower (ヒマワリ)といいます」

❷ 他自 **電話をかける** 《*up*》 ⇨成句 **call up**

- I'll **call** you tonight [tomorrow]. 今晩[あした]電話するよ
- **Call** me at my house. 私の家に電話をください
- Thank you for **calling**. 電話してくれてありがとう
- **Call** me at 9876-5432. 私の番号9876-5432に電話してください (! 9-8-7-6-5-4-3-2と1個1個読む)
- If you have any questions, **call** this number. 何かききたいことがあったらこの番号に電話して

会話 "Hello. I'd like to speak to Mr. Brown." "**Who's calling**, please?" 「もしもし, ブラウンさんをお願いします」「どちら様ですか」(←だれが電話をかけているのですか)

会話 "Hello, is Gerard there?" "There's no one here by that name. **What number are you calling**?" 「もしもし, ジェラードはいますか」「こちらにはそういう者はおりませんが, 何番へおかけですか」

会話 "Well, Gene, it was nice talking to you." "Good talking to you! **Thanks for calling**." 「じゃあジーン, 話ができて楽しかったよ」「お話しできてうれしかったわ. 電話, ありがとう」

❸ 他自 (大声で)**呼ぶ, 叫ぶ, 声をかける; **(来るように)**呼ぶ, 来てもらう**

- **call** the police [the fire department] 警察[消防]を呼ぶ
- **call** his name 彼の名前を呼ぶ
- **call** a dog 犬を(来るように)呼ぶ
- **call** the roll (名前を呼んで)出席をとる

- Tom went to **call** an ambulance. トムは救急車を呼びに行った
- Someone **called to** me. だれかが私に呼びかけた
- Please **call** him **to** the telephone. 彼を電話口へ呼んでいただけませんか
- Mom **is calling** you, Ken. ケン, お母さんが呼んでるよ
- I **called** and **called**, but no one answered. 私は何度も何度も呼んだがだれも答えなかった

[文型] [**call A B = call B for A**] A(人)のためにBを呼ぶ

- **Call** me a taxi. = **Call** a taxi **for** me. 私にタクシーを呼んでくれ

❹ ㊥ **呼び集める, 招集する;** (呼んで)**起こす**

- **call** a meeting 会を招集する
- **call** an election 選挙を行う(と宣言する)
- The teacher **called** her pupils **together**. 先生は生徒たちを呼び集めた
- Please **call** me at 6 tomorrow morning. あすの朝6時に私を起こしてください

❺ ㊥ **命じる, 指令する;** (日没・降雨などのためにゲームを途中で)**中止する**

- The game was **called** because of rain. その試合は雨のために中止された[コールドゲームになった] ⇨**called game**

call at ... (場所)を訪ねる ⇨**call on**; (列車・船などが)…に停まる, 立ち寄る

- This ship does not **call at** Kobe. この船は神戸には寄港しません

call back あとで折り返し電話をかける; 呼び戻す; 再度訪問する

- I'll **call** you **back** later on. のちほどこちらからお電話します

call collect コレクトコールで電話する

call for ... …を強く求める; …を必要とする; …を誘い[迎え, 取り]に行く; (ある天気を)予想する

- **call for** help 大声で助けを求める
- **call for** his resignation 彼の辞任を強く求める
- Our plan **calls for** your help. 私たちの計画には君の助力が必要です
- I'll **call for** you at 6 tomorrow evening. あしたの夜6時に誘いに寄るよ
- The forecast **calls for** partly cloudy skies with scattered showers. 予報では時々くもり, 所によりにわか雨でしょう

call in ①(医者・専門家などに)来てもらう; 呼び入れる

- My computer doesn't work at all. I'll have to **call in** an expert. コンピュータが全然動かない. 専門家にきてもらわなきゃ
- Mr. Jones **called** her **in**. ジョーンズさんは彼女を呼び入れた

②(勤務先・ラジオ・テレビ番組などに)電話をかける

- **call in** sick 病欠の電話を入れる

③ちょっと立ち寄る

call it a day 《口語》(1日の)仕事を切り上げる

- Let's **call it a day**. きょうはこのへんにしておこう (❗夜だったら call it a night という)

call off (予定・計画を)取りやめる, 中止する; 取り消す

- The workers union **called off** their 24-hour strike today. 労働組合は24時間ストを本日中止した

call on ... ①(人に)…**することを求める; …に頼む**

- I **called on** him **to** lend me some money. 私は彼にいくらか金を貸してくれるよう頼んだ

②〔人〕**を訪ねる** ⇨**call at**

- **call on** my parents 両親を訪問する (❗call on のあとは人が来る. 場所の時は call (in) at ...)
- Please **call on** me at my office this afternoon. どうぞきょうの午後私の事務所にいらしてください

call out 大声で叫ぶ; 呼び出す; 招集する • The man **called out** to her. その男は彼女に大声で叫んだ

call up ① **電話をかける, 電話に呼び出す**

- I'll **call** you **up** tomorrow. あす君に電

話するよ

- Stop **calling** me **up** early in the morning. 早朝には電話をかけるのはやめてくれ

②呼び起こす，思い出す；招集する，召喚する；《コンピュータ》(データなどを)呼び出す

- **Call up** the menu and click on "files". メニューを呼び出して「ファイル」をクリック

what is called = what we [you, they] call いわゆる (=so-called)

- Your boss is **what is called** a self-made man. 君の上司はいわゆるたたき上げの人だ

使えるコーパスフレーズ

call＋名詞

(**1**) *call* the police 警察を呼ぶ

(**2**) *call* this number この番号に電話する

(**3**) *call* one's name 名前を呼ぶ

call の句動詞

(**1**) *call* in 呼ぶ，電話を入れる

(**2**) *call* for 強く求める，必要とする

(**3**) *call* on (人に)…するように求める

(**4**) *call* out 大声で言う，叫ぶ

ネイティブはこういう！

Who's calling? どちら様ですか？

Let's call it a day! 今日はここまでにしよう

cáll-bòx 名 C 《英》公衆電話ボックス (=telephone booth)

called /kɔ́:ld コールド/ 動 call の過去形・過去分詞

cálled gáme 名 C 《野球》コールドゲーム ⇨**call** 動❺

call·er B1 /kɔ́:lər コーラ/ 名 (複 **callers** /kɔ́:lərz/) C 電話をかけてきた人；訪問者；招集者

cáll gìrl 名 C 売春婦

cal·lig·ra·phy 高 /kəlígrəfi カリグラフィ/ 名 U 書道，書法 《♦ペンや筆で装飾的に文字を書くこと[技術]》

call-in /kɔ́:lìn コーリン/ 名 C 《米》(テレビ・ラジオの)視聴者電話参加番組

call·ing /kɔ́:liŋ コーリング/ 動 call の現在分詞・動名詞

━ 名 U C 天職；職業；招集；呼ぶこと

cálling càrd 名 C 《米》名刺

cal·lous /kǽləs キャラス/ 形 冷淡な，思いやりのない

cállously 副 冷淡に

cállousness 名 U 冷淡さ

calls /kɔ́:lz コールズ/ 動 call の三人称単数現在形

cal·lus /kǽləs キャラス/ 名 C 《医学》皮膚硬結，たこ，まめ

calm B1 高 /kɑ́:m カーム/ 形 (比較級 **calmer**; 最上級 **calmest**)

❶冷静な，落ち着いた

- Mr. Smith is always **calm**. スミスさんはいつも落ち着いている

❷(天候などが)穏やかな，静かな

━ 名 U 静けさ；平穏，平静

━ 動 (三単現 **calms** /kɑ́:mz/; 過去・過分 **calmed** /kɑ́:md/; 現分 **calming**)

自 静まる；他 静める，なだめる，落ち着かせる《*down*》

calm·ly B2 高 /kɑ́:mli カームリ/ 副 静かに；落ち着いて；穏やかに

calm·ness B1 /kɑ́:mnəs カームネス/ 名 U 静けさ；落ち着き；冷静さ

cal·o·rie, cal·o·ry /kǽləri キャロリ/ 名 (複 **calories** /kǽləriz/) C カロリー 《♦熱量・食物栄養価の単位》

calves /kǽvz キャヴズ/ 名 calf[1]，calf[2]の複数形

Cam·bo·di·a /kæmbóudiə キャンボウディア/ 名 カンボジア 《♦インドシナ半島にある共和国；首都はプノンペン (Phnom Penh)；公用語はカンボジア語》

Cam·bo·di·an /kæmbóudiən キャンボウディアン/ 名 C カンボジア人

━ 形 カンボジアの

Cam·bridge /kéimbridʒ ケインブリヂ/ 名

❶(英国の)ケンブリッジ 《♦英国南東部の都市，ケンブリッジ大学の所在地》

❷(米国の)ケンブリッジ 《♦米国マサチューセッツ州の都市；ハーバード大学・マサチューセッツ工科大学などがある》

Cámbridge Univérsity 名 ケンブリッジ大学 《♦英国でオックスフォード大学と並んで有名な大学》

cam·cord·er /kǽmkɔ̀ːrdər キャムコーダ/ 名C 小型ビデオカメラ

came /kéim ケイム/ 動 comeの過去形

cam·el B1 /kǽməl キャメル/ 名 (複 **camels** /kǽməlz/) C 《動物》ラクダ; U ラクダ色

ca·mel·lia /kəmíːliə カミーリア/ 名C 《植物》ツバキ

cam·e·o /kǽmiòu キャミオウ/ 名 (複 **cameos** /kǽmiòuz/) C ❶カメオ (♦貝殻, めのうなどに浮き彫りを施した装飾品) ❷カメオ(出演) (♦有名な人[俳優]が映画や舞台に一場面だけ顔を出すこと)

cam·er·a A1 中

/kǽmərə キャメラ/

名 (複 **cameras** /kǽmərəz/) C

カメラ, 写真機; (映画などの)撮影機

- a digital [video] **camera** デジタル[ビデオ]カメラ

cam·er·a·man /kǽmərəmæ̀n キャメラマン/ 名 (複 **cameramen** /kǽmərəmèn/) C (映画・テレビなどの)カメラマン (! 写真を撮影する「カメラマン, 写真家」は photographer)

Cam·e·roon /kæ̀mərúːn キャメルーン/ 名 カメルーン (♦アフリカ中部の国; 首都ヤウンデ (Yaoundé))

cam·i·sole /kǽməsòul キャミソウル/ 名 C キャミソール

cam·o·mile /kǽməmàil キャモマイル/ 名 UC 《植物》カモミール

cam·ou·flage /kǽməflɑ̀ːʒ キャモフラージュ/ 名UC 擬装, カモフラージュ; ごまかし ━動他 擬装で隠す; ごまかす

camp A1 中

/kǽmp キャンプ/

名 (複 **camps** /kǽmps/)

❶C (海や山の)キャンプ場, 合宿地; UC キャンプ(生活)

- go to a summer **camp** サマーキャンプに行く

❷C (軍隊や登山隊・遠征隊などの)野営(地) ❸C (捕虜・難民などの)収容所, キャンプ ❹《集合的》仲間, 同志, 陣営

break camp (テントをたたんで)キャンプを引き払う

make camp (テントを張って)キャンプする

set up camp キャンプを設営する

━動 (三単現 **camps** /kǽmps/; 過去・過分 **camped** /kǽmpt/; 現分 **camping**) 自 キャンプをする, 野営する; テントを張る

camp out キャンプ生活をする

cam·paign B2 高 /kæmpéin キャンペイン/ 名C (ある目的のための組織的な)運動, キャンペーン; 軍事行動

- an election **campaign** 選挙運動
- an advertising **campaign** 広告キャンペーン
- a **campaign against** tobacco 禁煙運動 • a political **campaign** 政治運動

━動自 運動に参加する

campáigner 名C (社会)運動に参加する人

cámp bèd 名C 《英》折りたたみ式ベッド (=《米》cot)

camp·er /kǽmpər キャンパ/ 名C ❶キャンプする人, キャンパー ⇨**camp** ❷《米》キャンピングカー (×camping car とはいわない) ⇨**caravan**, **trailer**

camp·fire /kǽmpfàiər キャンプファイア/ 名 C キャンプファイヤー

camp·ground /kǽmpgràund キャンプグラウンド/ 名C 《米》キャンプ場 (=campsite)

camp·ing A2

/kǽmpiŋ キャンピング/ 名U

キャンプすること; キャンプ生活 ⇨camp

- go **camping** キャンプに行く

camp·site B1 /kǽmpsàit キャンプサイト/ 名 (複 **campsites** /kǽmpsàits キャンプサイツ/) C キャンプ場[地]

cam·pus A2

/kǽmpəs キャンパス/ 名 (複 **campuses** /kǽmpəsəz/) UC 《米》 (大学などの)構内, 校庭, キャンパス

can[1]

A1 助

中 /kən カン; 《強》 kǽn キャン/

過去 **could** /kəd クド; 《強》 kúd クド/

助 ❶…することができる
❷《Can you ...?》…してもらえませんか
❸《Can I ...?》…しましょうか
❹…してもよい
❺…でありうる
❻《否定文で》…である[…する]はずがない
❼《疑問文で》…かしら

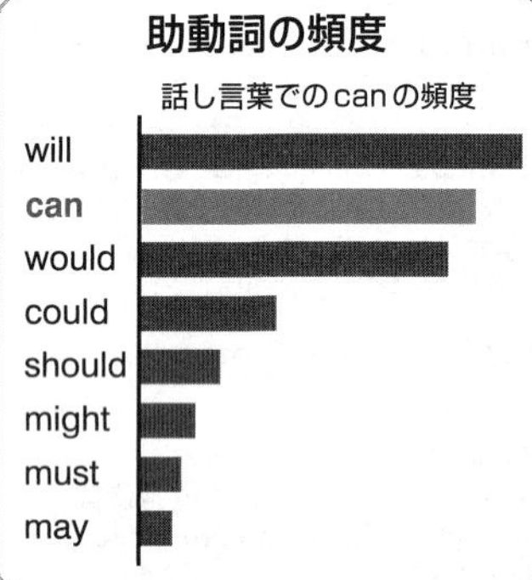

使えるコーパスフレーズ

Can you＋動詞？

1 **Can you see** that?
あれ見える?

2 **Can you remember?**
覚えてる?

3 **Can you tell** the difference?
違いがわかる?

4 **Can you do** that?
それできる?

5 **Can you get** it done?
それを実行してくれる?

Can I＋動詞？

6 **Can I get** a drink?
飲み物もらえる?

7 **Can I use** your pen?
ペンを借りてもいい?

8 **Can I have** a look?
見てもいい?

9 **Can I take** a picture?
写真撮ってもいい?

10 **Can I do** that, too?
私もしてもいい?

教科書フレーズ

(! can be ＋ 過去分詞のパターンが書きことばでは多い. 特にused, seenの組み合わせが多い)

◆ **Certain plants can be used to prevent disease.**
植物の中には病気を防ぐために用いられるものもある

◆ **The great wall can be seen from space.**
万里の長城は宇宙からも見ることができる

ワンポイント・アドバイス

canは willについでよく用いられる助動詞. 基本的用法は次の3つ:

(a) **能力**: I can play the guitar. 私はギターが弾けます
(b) **可能性**: It cannot be true. 本当のはずがない
(c) **許可**: You can do it. やってもいいです

会話では「…できる」という**能力**を表す用法が一番多く, ついで**可能性**, **許可**を表す用法が続く. 文章では「…はありうる」とか「…のはずがない」という**可能性**を表す用法が一番多く, ついで**許可**, **能力**を表す用法が続く.
疑問文で次のようなていねい表現に使えるが, could よりはカジュアルな表現.

(a) Can I …? …してもいいですか(! 許可を求める表現)
(b) Can you …? …していただけますか(! 相手に依頼する表現)

ネイティブはこういう!

◆ **Can I have some?**
(お茶・食べ物などを見て)いただけますか

◆ **You can imagine what it's like.**
どんな感じか想像できるでしょう

◆ **How can I help?**
何かおさがしですか(← どのように助けましょうか)
(! 店員が使う表現)

◆ **I can't help it.**
どうしようもない; やめられない

◆ **You can't be serious!**
冗談でしょ!

◆ **What can I do?**
自分に何ができるの?; (場面によって)何もできない

a b **c** d e f g h i j k l m n o p q r s t u v w x y z

can[1] A1 中

/kən カン; 《強》 kǽn キャン/

助 (過去 **could** /kəd; 《強》 kúd/)

❶《可能》…することができる

• He **can** play the piano. 彼はピアノをひくことができる (❗ can+動詞の原形; He (三人称単数) が主語でも ×He can plays ... としない)

• She **can** speak English and French. 彼女は英語とフランス語が話せる

• This **can** be done in a different way. ⇨フォーカス このことは別のやり方でもできる (←このことは別のやり方でもなされることができる)

• The big bear **can** reach the shelf. The baby bear **cannot** reach it. 大きなクマはたなに手が届きますが，赤ちゃんグマは届きません

• **Can** you see that bridge? ⇨フォーカス 1 あの橋が見える?

会話 "**Can** you hear me?" "Yes, I **can**." 「私の声，聞こえますか」「はい，聞こえます」

参考› **can と知覚動詞**
see (見る)，hear (聞こえる)，smell (においがする) など知覚動詞(感覚を表す動詞)は進行形で用いないが，can といっしょに使うと「…している」状態を表す:
I can smell smoke. けむりのにおいがするよ (×I'm smelling smoke.)

使い方› **can と未来・過去・完了**
(**1**) can はほかの助動詞といっしょに使えない.「…できるだろう」と未来のことを表すときは，×will can とはいえないので will be able to を用いる:
The baby **will be able to** walk soon. その赤ちゃんはすぐ歩けるようになるだろう (×The baby will can ...)
また，完了形でも have been able to のように言う
(**2**) 過去時制では could を用いると仮定法とまぎらわしいので was [were] able to が多く用いられる. ⇨**able** 使い方

❷《**Can you ...?**》《依頼》…してもらえませんか

CAN-DO Tips› 依頼する
Can you ...? という表現を使うと，人に何かをしてもらうよう頼むことができるようになります

• **Can you** tell me the way to the hotel? ⇨フォーカス 5 ホテルへ行く道を教えてくれませんか

❸《**Can I ...?**》《申し出》…しましょうか

CAN-DO Tips› 申し出る
Can I ...? という表現を使うと，「(相手のために)何かをしましょうか」と**申し出ることができる**ようになります

• **Can I** help you? お手伝いしましょうか; (店員が客に)いらっしゃいませ

❹《許可》《口語》…してもよい (= may) (❗「…してはいけない」は cannot, またはより強い意味の must not)

CAN-DO Tips› 許可を求める
Can I ...? という表現を使うと，何かをしたいときに**許可を求めることができる**ようになります

会話 "**Can I** go to the movies with John?" "Yes, you **can**." 「ジョンと映画へ行ってもいいですか」「ええ，いいですよ」

会話 "**Can I** have a look at this?" "I'm afraid not." ⇨フォーカス 8 「これ見てもいい?」「まずいと思うよ」

❺《可能性》…でありうる，よく…である

• Both girls and boys **can** be good cooks. 女の子だって男の子だってじょうずに料理が作れる

• The winds in March **can** be as cold as in February. 3月の風は2月と同じくらい寒いこともある

❻《否定文で》…である[…する]はずがない

• It **cannot** be true. それは本当のはずがない (❗ 肯定(本当であるにちがいない)は It **must** be true.)

• He **can't have** been there. 彼がそこにいたはずがない (❗「…したはずはない」は「cannot have+過去分詞」)

比較 He **couldn't** catch the bird. = He **wasn't able to** catch the bird. 彼

はその鳥を捕れなかった

❼《疑問文で》…かしら, …だろうか (❗強い疑いを示す)

• Can it be true? それはほんとうかしら

as ... as one can できるだけ… ⇨ **as** 代 (成句)

• Get up **as** early **as** you **can**. できるだけ早く起きなさい

cannot help doing = cannot but do …しないではいられない ⇨ **help** (成句)

cannot do [be] too ... どんなに…しても…すぎることはない ⇨**too** (成句)

can[2] A2 中

/kǽn キャン/ 名 (複 **cans** /kǽnz/) C (金属性の)缶; 缶づめ, 缶1杯分

• an empty **can** あき缶

— 動 (三単現 **cans** /kǽnz/; 過去・過分 **canned** /kǽnd/; 現分 **canning**) 他 缶づめにする ⇨**canned**

Can·a·da 中 /kǽnədə キャナダ/ 名 カナダ《♦北米大陸にある国; 首都はオタワ (Ottawa); 公用語は英語とフランス語》

Ca·na·di·an 高 /kənéidiən カネイディアン/ 形 カナダの, カナダ人の

— 名 C カナダ人

ca·nal B1 /kənǽl カナル/ (×カナル) 名 (複 **canals** /kənǽlz/) C 運河; 水路

ca·nar·y /kənéəri カネアリ/ 名 (複 **canaries** /kənéəriz/) C 《鳥》カナリア

Canáry Íslands 名 《**the** をつけて》カナリア諸島《♦アフリカ北西沖のスペイン領の島々; カナリアの原産地》

Can·ber·ra /kǽnbərə キャンベラ/ 名 キャンベラ《♦オーストラリアの首都》

can·cel B1 高 /kǽnsəl キャンセル/ 動 (三単現 **cancels** /kǽnsəlz/; 過去・過分 **canceled** /kǽnsəld/, 《英》**cancelled** /kǽnsəld/; 現分 **canceling**, 《英》**cancelling**)

❶ 他 取り消す, キャンセルする; 無効にする; 取りやめにする, 中止する

❷ 他 (切手に)消印を押す; (線を引いて)消し去る, 抹消(まっしょう)する

can·cel·la·tion /kæ̀nsəléiʃən キャンセレイション/ 名 U C 取り消し, キャンセル

Can·cer /kǽnsər キャンサ/ 名 《天文》かに座; 《占星》巨蟹(きょかい)宮; C かに座生まれの人《♦6月22日から7月22日生まれ》

can·cer B1 高 /kǽnsər キャンサ/ 名 (複 **cancers** /kǽnsərz/) U C (病気の)がん; C (社会などの)害毒

• She died of lung [breast] **cancer**. 彼女は肺[乳]がんで死んだ

can·cer·ous /kǽnsərəs キャンサラス/ 形 がんの, がんにかかった

can·did /kǽndəd キャンディド/ 形 率直な; ありのままの

cándidly 副 率直に, あからさまに

can·di·da·cy /kǽndədəsi キャンディダスィ/ 名 U C 立候補

can·di·date B2 /kǽndədèit キャンディデイト/ 名 C 候補者; (試験・学位などの)受験者, 志願者

• a **candidate** for president = a presidential **candidate** 大統領候補

can·died /kǽndid キャンディド/ 形 砂糖漬けの, 砂糖煮の

can·dle B1 高 /kǽndl キャンドル/ 名 (複 **candles** /kǽndlz/) C ろうそく

burn the candle at both ends 《口語》無理して精力[金銭]を浪費する

can·dle·light /kǽndllàit キャンドルライト/ 名 U ろうそくの明かり, ろうそくの火

can·dle·stick /kǽndlstìk キャンドルスティク/ 名 C ろうそく立て, 燭台(しょくだい)

cán-dó 形 《口語》やる気まんまんの, 熱心な

can·dor, 《英》**can·dour** /kǽndər キャンダ/ 名 U 率直さ; 正直; 公正

can·dy A1 高

/kǽndi キャンディ/ 名 (複 **candies** /kǽndiz/) U C 《米》キャンディー, あめ (=《英》sweets)

cándy bàr 名 C 棒状のキャンディー

cándy càne 名 C つえの形のキャ

ンディー (❗クリスマスツリーに飾る)

can·dy·floss /kǽndiflɑ̀s キャンディフラス/ 名C 《英》綿菓子 (=《米》cotton candy)

cándy stòre 名C お菓子屋さん

cane B2 /kéin ケイン/ 名 ❶C つえ, ステッキ; むち ❷C (竹などの)茎; U (家具の)籐(とう); 《形容詞的》籐の

ca·nine /kéinain ケイナイン/ 形 犬の; イヌ科の 一名C 犬; イヌ科の動物

can·is·ter /kǽnəstər キャニスタ/ 名C (ふた付きの)金属缶, キャニスター (♦コーヒー, 砂糖, 小麦粉などを入れる)

can·ker /kǽŋkər キャンカ/ 名UC (口などの)潰瘍(かいよう); (果樹の)癌腫(がんしゅ)病; (社会などの)害になるもの

can·na·bis /kǽnəbəs キャナビス/ 名U 《植物》インドアサ; 大麻, マリファナ (♦麻薬)

canned B1 /kǽnd キャンド/ 形 缶づめの ⇨can², 缶に入った; (音楽が)録音された (❗ふつう名詞の前に用いる)

can·ner·y /kǽnəri キャナリ/ 名 (複 **can·neries** /kǽnəriz/) C 缶づめ工場

can·ni·bal /kǽnəbəl キャニバル/ 名C 人肉を食う人; 共食いする動物

can·ni·bal·ism /kǽnəbəlizm キャニバリズム/ 名U 人食いの風習; 共食い

can·ning /kǽniŋ キャニング/ 名U 缶づめにすること

can·non /kǽnən キャノン/ 名 (複 **can·nons** /kǽnənz/, **cannon**) C 大砲 (♦城攻めなどに使った旧式のもの)

can·non·ball B2 /kǽnənbɔ̀:l キャノンボール/ 名C (旧式の)砲弾, 砲丸

can·not 中 /kǽnɑt キャナト | kǽnɔt キャノト/ can¹の否定形 (❗can not と2語に書くよりも cannot と1語で書くほうがふつう; 《口語》では can't という短縮形を使う) ⇨can¹

can·ny /kǽni キャニ/ 形 (比較級 **cannier**; 最上級 **canniest**) 利口な; 抜け目のない

ca·noe /kənú: カヌー/ (×カヌー) 名C カヌー 一動自 カヌーに乗る

can·on B2 /kǽnən キャノン/ 名C ❶ (キリスト教会の)法規; (行動などの)基準, 規範 ❷《キリスト教》大聖堂参事会員 ❸《音楽》カノン

can·on·ize /kǽnənàiz キャノナイズ/ 動他 《キリスト教》(死者を)聖者の列に加える

cánon láw 名U 教会法

cán òpener 名C 缶切り (=《英》tin opener)

can·o·py /kǽnəpi キャノピ/ 名 (複 **can·opies** /kǽnəpiz/) C 天蓋(てんがい) (♦寝台などの装飾的なおおい); (建物の入り口など)張り出し部分

cant /kǽnt キャント/ 名U 口先だけのうまいことば; (仲間内だけに通じる)隠語, 仲間ことば

can't 中 /kǽnt キャント | kɑ́:nt カーント/ 《口語》cannot の短縮形

can·ta·loupe /kǽntəlòup キャンタロウプ/ 名C 《植物》カンタロープ (♦マスクメロンの一種)

can·tan·ker·ous /kæntǽŋkərəs キャンタンカラス/ 形 つむじ曲がりの; けんか早い

can·teen B1 /kæntí:n キャンティーン/ 名 (複 **canteens** /kæntí:nz/) C ❶《英》(会社・学校などの)食堂 ❷水筒

can·ter /kǽntər キャンタ/ 名 《単数形で》(馬の)ゆるい駆け足, キャンター 一動自 キャンターで駆ける; 他 キャンターで進ませる

Can·ter·bur·y /kǽntərbèri キャンタベリ/ 名 カンタベリー (♦英国南東部にある都市; カンタベリー大聖堂で有名)

Can·ton·ese /kæ̀ntəní:z キャントニーズ/ 名U 広東(かんとん)人; 広東語

can·vas /kǽnvəs キャンヴァス/ 名 ❶U キャンバス地, ズック, 帆布(はんぷ); 《形容詞的》キャンバス地の ❷C (油絵をかく)カンバス, 画布; 油絵

can·vass /kǽnvəs キャンヴァス/ 動 ❶他自 (党などの)選挙運動をする, (投票を)頼んで回る 《*for*》 ❷他 詳しく調査する; (意見を)聞く

can·yon /kǽnjən キャニョン/ 名C 深い谷, 峡谷(きょうこく)

cap A1 中
/kǽp キャプ/ 名 (複 **caps** /kǽps/) C
❶(ふちのない)帽子 《♦野球帽や水泳帽》(❗全体にふちがついているものは hat)

- **put on a cap** 帽子をかぶる
- **Take off** your **cap**. 帽子をとりなさい
- a baseball **cap** 野球帽

❷(びんなどの) ふた; (万年筆などの) キャップ

━ 動 (三単現 **caps** /kǽps/; 過去・過分 **capped** /kǽpt/; 現分 **capping**) 他 ふたをする, 帽子をかぶせる; 頂上をおおう

ca·pa·bil·i·ty B2 /kèipəbíləti ケイパビリティ/ 名 (複 **capabilities** /kèipəbílətiz/) UC 〔…する〕能力, 才能 《*to do, of doing*》; 力量
派生 **capable** 形

ca·pa·ble B1 高 /kéipəbl ケイパブル/ 形
❶ 文型 [**be capable of A**] Aをする能力がある, Aができる; Aの可能性がある (↔**incapable**) (❗Aは *doing* または名詞;「生物」でも「無生物」でも主語になることができる) ⇨**able** ❶
- He **is capable of** great work. 彼はすばらしい仕事ができるよ

❷有能な
派生 **capability** 名

ca·pa·cious /kəpéiʃəs カペイシャス/ 形 広々とした; 包容力のある

ca·pac·i·ty B1 /kəpǽsəti カパスィティ/ 名 (複 **capacities** /kəpǽsətiz/)
❶ UC 収容能力; 容積, 容量
- The hall has a **capacity** of 1,000. そのホールは1,000人を収容できる

❷ UC 〔…の; …する〕能力, 才能 《*for; to do*》
❸ C 資格
❹ U (工場・機械の)生産力
filled to capacity 満員で[の]

cape[1] /kéip ケイプ/ 名 C 岬(みさき)

cape[2] /kéip ケイプ/ 名 C ケープ 《♦短いそでなしの肩マント》

ca·per /kéipər ケイパ/ 動 自 はね回る; ふざける
━ 名 C はね回り; 悪ふざけ
cut capers [***a caper***] はね回る; 悪ふざけをする

Cápe Tòwn 名 ケープタウン 《♦南アフリカ共和国の立法府所在地》

Càpe Vérde /vɔ́ːrd ヴァード/ 名 カーボベルデ 《♦アフリカ西部にある共和国; 首都プライア (Praia)》

cap·il·lar·y /kǽpəlèri キャピレリ/ 名 (複 **capillaries** /kǽpəlèriz/) C 毛細管, 毛細血管 ⇨**vein**, **artery**

cap·i·tal A2 中
/kǽpətl キャピトル/ (発音 Capitol と同音) 名 (複 **capitals** /kǽpətlz/)
❶ C 首都
- Tokyo is **the capital** of Japan. 東京は日本の首都だ

❷ C 大文字 (=capital letter)

ABC capital letters

abc small letters

❸《単数形で》資本(金); 元金
make capital (***out***) ***of...*** …を利用する, …につけこむ
━ 形 ❶主要な, 重要な; 死刑に値する
❷大文字の
❸資本の

cápital gáins 名 《複数扱い》資本利

得《♦有価証券や不動産の売却による利益》
cápital góods 名《複数扱い》資本財
cap·i·tal·ism /kǽpətəlìzm キャピタリズム/ 名U 資本主義
cap·i·tal·ist /kǽpətəlist キャピタリスト/ 名C 資本家; 富豪; 金持ち
━形 資本主義の
cap·i·tal·is·tic /kæ̀pətəlístik キャピタリスティク/ 形 資本主義の; 資本家の
càpitalístically 副 資本主義的に
cap·i·tal·ize /kǽpətəlàiz キャピタライズ/ 動他 ❶(語を)大文字で始める; 大文字で書く ❷資本化する; 投資する
capitalize on ... …を利用する, …につけこむ

cápital létter A2

名C 大文字(↔**small letter**)
Cap·i·tol /kǽpətl キャピトル/ 名
❶《**the Capitol**》(米国の)国会議事堂
❷(古代ローマの)カピトル神殿
Cápitol Híll 名 ❶キャピトルヒル《♦米国のワシントンの小丘で国会議事堂がある》❷U 米国議会
ca·pit·u·late /kəpítʃəlèit カピチュレイト/ 動自 降伏する; 妥協する
ca·pit·u·la·tion /kəpìtʃəléiʃən カピチュレイション/ 名UC 降伏; 妥協
cap·puc·ci·no /kæ̀pətʃí:nou キャプチーノウ/ 名(複 **cappuccinos** /kæ̀pətʃí:nouz/) UC カプチーノ《♦泡立てたミルクを加えたエスプレッソコーヒー》
ca·price /kəprí:s カプリース/ 名UC 気まぐれ; むら気
ca·pri·cious /kəpríʃəs カプリシャス/ 形 気まぐれな; (天候が)変わりやすい
caprículously 副 気まぐれに
Cap·ri·corn /kǽprikɔ̀:rn キャプリコーン/ 名《天文》やぎ座;《占星》磨羯(まかつ)宮; C やぎ座生まれの人《♦12月23日から1月20日生まれ》
cap·size /kǽpsaiz キャプサイズ/ 動自 転覆(てんぷく)する; 他 転覆させる
cap·sule B1 /kǽpsəl キャプスル/ 名(複 **capsules** /kǽpsəlz/) C ❶(薬の)カプセル ❷(宇宙ロケットの)カプセル

cap·tain A2 中

/kǽptən キャプテン/
名(複 **captains** /kǽptənz/) C
❶船長, 艦長; (飛行機の)機長
❷(チームの)キャプテン, 主将
• He is the **captain** of our team. = He is our team **captain**. 彼はぼくらのチームのキャプテンだ
❸長; 首領; 指導者 ❹陸軍大尉(たいい); 海軍大佐《♦ふつう艦長》
cap·tion B2 /kǽpʃən キャプション/ 名C (写真などの)説明文, キャプション; 字幕 (=subtitle)
cap·ti·vate /kǽptəvèit キャプティヴェイト/ 動他 魅惑する, うっとりさせる
cap·tive B2 /kǽptiv キャプティヴ/ 名C 捕虜 ━形 捕らわれた, 捕虜(ほりょ)の
cap·tiv·i·ty /kæptívəti キャプティヴィティ/ 名U 捕らわれの身; 監禁; 束縛
in captivity 捕らわれて
cap·tor /kǽptər キャプタ/ 名C《文章》捕らえる人
cap·ture B1 高 /kǽptʃər キャプチャ/ 動(三単現 **captures** /kǽptʃərz/; 過去・過分 **captured** /kǽptʃərd/; 現分 **capturing**) 他 ❶捕らえる, 捕獲する; (関心などを)引きつける
❷(ことば・絵・映像などで, 場面・雰囲気などを)うまく表現する, 巧みに捕らえる
❸(敵地などを)攻略する, 攻め落とす
━名(複 **captures** /kǽptʃərz/) U 捕らえること, 捕獲, 逮捕; C 捕らえた物, 獲物

car A1 中

/ká:r カー/ 名(複 **cars** /ká:rz/) C
❶自動車, 車 (=automobile) (❗乗用車をいう; bus (バス)や truck (トラック)は car に含まれない)
• drive a **car** 車を運転する
• **get in** [**into**] a **car** 車に乗る
比較 **get on** a train [bus] 電車[バス]に乗る (❗in, into は「…の中へ」, on は「…にのっかって」ということを表す; car は train や bus より小さく, 内部へ入っていく

感じから in, into を使う)
❷ (鉄道の) 車両; (1両の) 電車 (❗2両以上連結している「列車(全体)」は train)

by car 車で, 自動車で (×by *a* [*the*] car としない) ⇨**by** ❷
- go **by car** 車で行く (=go **in a car**)
- Will you go **by car** or by train? 君は車で行きますか, 電車で行きますか

ca·rafe /kəræf カラフ/ 名 C カラフェ 《♦水やワインを入れる水差し》

car·a·mel /kǽrəməl キャラメル/ 名 U カラメル 《♦食品の味付け・着色用》; U C (菓子の)キャラメル

car·at /kǽrət キャラト/ 名 C カラット 《♦宝石の重量単位》; 《英》 カラット (=《米》 karat) 《♦金の純度を表す単位》

car·a·van B2 /kǽrəvæ̀n キャラヴァン/ 名 C ❶ (砂漠の)キャラバン(隊), 隊商 ❷ (サーカス団などの)ほろ馬車 ❸ 《英》 トレーラーハウス, 移動住宅, キャンピングカー ⇨**camper** ❷

car·bo·hy·drate /kɑ̀ːrbəháidreit カーボハイドレイト/ 名 U C 《化学》 炭水化物

car·bon B2 /kɑ́ːrbən カーボン/ 名 U ❶ 《化学》 炭素 《♦元素記号 C》 ❷ (=carbon copy) ❸ (=carbon paper)

car·bo·nat·ed /kɑ́ːrbənèitəd カーボネイテド/ 形 (飲み物が)炭酸入りの

cárbon cópy 名 C カーボン紙を用いた写し; そっくりの人[もの] ⇨**cc**

cárbon dáting 名 U (古代遺物の)放射性炭素による年代測定

cárbon dióxide B2 高 名 U 《化学》 二酸化炭素

car·bon·ize /kɑ́ːrbənàiz カーボナイズ/ 動 他 炭化する, 炭にする

cárbon monóxide B2 名 U 《化学》 一酸化炭素

cárbon pàper 名 U C (複写用の) カーボン紙

car·bu·re·tor, 《英》 **car·bu·ret·tor** /kɑ́ːrbərèitər カーブレイタ/ 名 C (車のエンジンなどの)気化器, キャブレター

car·cass /kɑ́ːrkəs カーカス/ 名 C (動物の)死体

car·cin·o·gen /kɑːrsínədʒən カースィノヂェン/ 名 C 《化学》 発がん物質

car·cin·o·gen·ic /kɑ̀ːrsənədʒénik カースィノヂェニク/ 形 《化学》 発がん性の

card A1 中

/kɑ́ːrd カード/

名 (複 **cards** /kɑ́ːrdz カーヅ/) C

❶ カード, …券; 名刺
- a credit [membership] **card** クレジット[会員]カード
- a business **card** 名刺

❷ (あいさつ・お祝いなどの) カード; はがき (=postcard); あいさつ状
- a Christmas **card** クリスマスカード

❸ トランプの札; 《**cards**》 《ふつう単数扱い》 トランプ遊び

日英比較 **card**, **trump** とトランプ
「トランプ遊び」は cards, 「(1枚の)トランプ札」は (playing) card という. 英語の trump は「切り札」のこと

❹ (スポーツの)試合, プログラム; 番組

in [《英》 ***on***] ***the cards*** 《口語》 たぶんありそうで; 起こりそうで

keep *one's* ***cards close to*** *one's* [***the***] ***chest*** 秘密にしておく

play *one's* ***cards right*** うまく立ちまわる, 手際よく処理する

put [***lay***] *one's* ***cards on the table*** すっかり手の内を見せる; 計画[企み]をぶちまける

card·board B2 高 /kɑ́ːrdbɔ̀ːrd カードボード/ 名 U ボール紙, 厚紙; 《形容詞的》 ボール紙(製)の

cárd gàme 名C トランプ遊び

car·di·ac /kɑ́ːrdiæ̀k カーディアク/ 形 《医学》心臓(病)の

car·di·gan B2 /kɑ́ːrdigən カーディガン/ 名C カーディガン

car·di·nal /kɑ́ːrdənəl カーディナル/ 形
❶ 主要な; 基本的な
❷ 深紅色の, 緋(ひ)色の
— 名 ❶C 枢機卿(すうきけい) ❷U 深紅色, 緋色 ❸C (=cardinal number)

cárdinal númber 名C 基数《◆1, 2, 3 ... など》⇨**ordinal number**

cárdinal póints 名《複数扱い》《**the** をつけて》基本方位 (! north, south, east, west (北, 南, 東, 西)の順)

cárd ìndex 名C カード式索引

car·di·o·gram /kɑ́ːrdiəgræ̀m カーディオグラム/ 名C 心電図

cárd tàble 名C (小型で折りたたみ式の)トランプ用テーブル

care A1 中

/kéər ケア/ 名 (複 **cares** /kéərz/)
❶U 注意, 用心
• Carry the box **with care**. 気をつけてその箱を運びなさい
❷U 世話, 保護
• I'll leave him **in** your **care**. 彼の世話をあなたにおまかせします
❸U (車・肌などの)手入れ, ケア
❹U 心配, 苦労; C 心配事

care of ... = in care of ... 《あて名に使って》…方(かた), …気付(きづけ) (! 郵便物などでは c/o と略す; ホームステイしている友達に手紙を出す時などに使う)

not have a care in the world 心配事が全くない

take care 気をつける, 注意する

Take care. 《口語》さようなら

take care of ... ①…の世話をする; …に気をつける
• **Take care of** yourself. 自分のことは自分でしなさい; 体に気をつけなさい
②…を処理する, …を引き受ける

— 動 (三単現 **cares** /kéərz/; 過去・過分 **cared** /kéərd/; 現分 **caring**)
❶ 自他《おもに否定文・疑問文で》気にする, かまう; 気にかける, 心配する
• I don't **care if** it rains. (もし)雨が降ってもかまわない[平気だ]
文型 [**care about A**] Aを気にする, 気にかける
• My parents **care** greatly **about** my education. 両親は私の教育をとても気にかけています
文型 [**care wh-...**] …かを気にかける
❷ 他 文型 [**care to** *do*]《おもに否定文・疑問文で》…したい

care for ... …の世話をする; 《おもに否定文・疑問文で》…が好きである, …がほしい
会話 "Would you **care for** a cup of coffee?" "No, thank you." 「コーヒーを1杯どうだい」「いや, いいよ」

couldn't care less まったく気にしない

Who cares? 《口語》(そんなこと)知ったことじゃない, かまうもんか (←だれが気にするのか)

派生 **careful** 形

ca·reer B1 高 /kəríər カリア/ (×キャリア) 名 (複 **careers** /kəríərz/)
❶C (専門的な)職業
• He chose education as his **career**. 彼は教育を職業として選んだ
❷C 経歴; 生涯
❸《形容詞的》専門職の
— 動 (三単現 **careers** /kəríərz/; 過去・過分 **careered** /kəríərd/; 現分 **careering**) 自 疾走する, 暴走する

care·free B2 /kéərfrìː ケアフリー/ 形 のんきな, のんびりした, 心配のない; 無責任な

care·ful A1 中

/kéərfəl ケアフル/ 形 注意深い, 慎重な; 念入りな (↔**careless**)
• a **careful** driver 慎重に運転する人
文型 [**be careful of [about] A**] Aに注意する, Aに気をつける
• You should **be** more **careful of**

[about] your health. 君は健康にもっと注意すべきです

文型 [be careful with A] Aの取り扱いに気をつける

- **Be careful with** the fire. 火の取り扱いに注意しなさい

文型 [be careful to *do*] …するように気をつける; 文型 [be careful that ...] …ということに気をつける

care·ful·ly A1 高 /kéərfəli ケアフリ/ 副 注意深く, 注意して, 慎重に; 念入りに (↔carelessly)

care·giv·er /kéərgìvər ケアギヴァ/ 名 C 《米》世話をする人, 介護者

care·less B1 高 /kéərləs ケアレス/ 形 ❶ (人が)不注意な, ぼんやりした; (物事が)不注意による, ぞんざいな (↔careful)

- a **careless** mistake 不注意なまちがい, ケアレスミス

❷ かまわない, むとんちゃくな
❸ 心配事のない, のんきな

care·less·ly B1 /kéərləsli ケアレスリ/ 副 不注意に, うっかり, 軽率に; いいかげんに, ぞんざいに; むとんちゃくに (↔carefully)

care·less·ness B1 /kéərləsnəs ケアレスネス/ 名 U 不注意, うかつ, 軽率; ぞんざい; 気楽; むとんちゃく

car·er /kéərər ケアラ/ 名 C 《英》(=caregiver)

ca·ress /kərés カレス/ 名 C 愛撫(あいぶ); 抱擁(ほうよう) ━ 動 他 愛撫する

care·tak·er /kéərtèikər ケアテイカ/ 名 C (建物などの)管理人, 番人, 守衛; 世話人; 《米》介護者 (=caregiver)

cáre wòrker 名 C (養護施設などの)介護人, 介護福祉士

care·worn /kéərwɔ̀ːrn ケアウォーン/ 形 (心配・苦労で)やつれた

car·go /kɑ́ːrgou カーゴウ/ 名 (複 **cargoes**, **cargos** /kɑ́ːrgouz/) U C (船・飛行機などの)積み荷

Car·ib·be·an /kæ̀rəbíːən キャリビーアン/ 形 カリブ海の

Caribbéan (Séa) 名 《the をつけて》カリブ海 《◆中米とアンティル諸島の間の海》

car·i·bou /kǽrəbùː キャリブー/ 名 (複 **caribous** /kǽrəbùːz/, **caribou**) C 《動物》カリブー 《◆北米産のトナカイ》

car·i·ca·ture /kǽrikətʃùər キャリカチュア/ 名 U C 風刺漫画, 戯画; 風刺文 ━ 動 他 風刺的に描写する, 戯画化する

car·ing B2 /kéəriŋ ケアリング/ 形 親切な, めんどう見のいい

car·jack·er /kɑ́ːrdʒæ̀kər カーチャカ/ 名 C 車の乗っ取り犯人

car·jack·ing /kɑ́ːrdʒæ̀kiŋ カーチャキング/ 名 U C 車の乗っ取り

Carl /kɑ́ːrl カール/ 名 カール 《◆男性名》

car·nage /kɑ́ːrnidʒ カーニヂ/ 名 U (戦時での)大虐殺

car·nal /kɑ́ːrnəl カーナル/ 形 肉体の; 肉欲の

car·na·tion /kɑːrnéiʃən カーネイション/ 名 C 《植物》カーネーション

car·ni·val B2 /kɑ́ːrnəvəl カーニヴァル/ 名 C お祭り騒ぎ; …祭, …大会

car·ni·vore /kɑ́ːrnəvɔ̀ːr カーニヴォー/ 名 C 肉食動物

car·niv·o·rous /kɑːrnívərəs カーニヴォラス/ 形 肉食性の

Car·ol /kǽrəl キャロル/ 名 キャロル 《◆おもに女性名》

car·ol /kǽrəl キャロル/ 名 C 喜びの歌, クリスマスの祝い歌

Car·o·li·na /kæ̀rəláinə キャロライナ/ 名 カロライナ ⇨**North Carolina**, **South Carolina**

Car·o·line /kǽrəlàin キャロライン/ 名 キャロライン 《◆女性名》

car·o·tene /kǽrətìːn キャロティーン/ 名 U 《化学》カロチン

car·ou·sel /kæ̀rəsél キャルセル/ 名 C ❶ 《米》回転木馬, メリーゴーラウンド ❷ (空港の)円形ベルトコンベヤー

carp /kɑ́ːrp カープ/ 名 (複 **carp**, **carps** /kɑ́ːrps/) (❗種類をいうときは carps となるが, ふつうは単数も複数も同じ形) C 《魚》コイ

cár pàrk A2

名 C 《英》駐車場 (=《米》 parking lot)

car·pen·ter 中 /kάːrpəntər カーペンタ/ 名 C 大工 ⇨**architect**

car·pen·try /kάːrpəntri カーペントリ/ 名 U 大工職, 大工仕事

car·pet B1 高 /kάːrpət カーペト/ 名 (複 **carpets** /kάːrpəts カーペツ/) C じゅうたん, カーペット《♦部屋全体に敷くもの》(❗部分的に敷くものは rug)

— 動 (三単現 **carpets** /kάːrpəts カーペツ/; 過去・過分 **carpeted** /kάːrpətəd/; 現分 **carpeting**) 他 じゅうたんを敷く; 一面に敷きつめる

cár pòol B2 名 C (通勤時などの)車の相乗り; 車の相乗りをするグループ

car·port /kάːrpɔ̀ːrt カーポート/ 名 C (家に隣接した)簡易車庫, カーポート

car·riage B1 /kǽridʒ キャリヂ/ 名 (複 **carriages** /kǽridʒəz/) ❶ C 馬車《♦自家用の4輪馬車》 ❷ C 《英》(鉄道の)客車 (=《米》 car) ❸ C 乳母車 (=baby carriage) ❹ U 運送; 運賃

car·ri·er /kǽriər キャリア/ 名 C
❶ 運ぶ人; 運送業者; 輸送車
❷ (病原菌などの)保菌者, 媒介(ばいかい)物

cárrier bàg 名 C 《英》買い物袋 (=shopping bag)

cárrier pìgeon 名 C 伝書バト

Car·roll /kǽrəl キャロル/ 名 《**Lewis Carroll**》ルイス・キャロル (1832–98)《♦英国の数学者・童話作家; *Alice's Adventures in Wonderland*『不思議の国のアリス』で有名》

car·rot A2 高

/kǽrət キャロト/ 名 (複 **carrots** /kǽrəts キャロツ/) C 《植物》ニンジン

(***the***) ***carrot and*** (***the***) ***stick*** あめとむち, 報酬と罰

car·rou·sel /kæ̀rəsél キャルセル/ 名 (=carousel)

car·ry A1 中

/kǽri キャリ/ 動 (三単現 **carries** /kǽriz/; 過去・過分 **carried** /kǽrid/; 現分 **carrying**)

意味マップ
❶ 運ぶ, 持って行く; 持っている
❷ 伝える
❸ (結果・状態に)至らせる
❹ (議案などを)通過させる
❺ 達する, 届く
❻ 支える
❼ 伴う
❽ 置く, 扱う

❶ 他 運ぶ, 持って行く; 持っている, 携行する, 持ち歩く

- **carry** the desk upstairs 机を2階へ運ぶ ⇨図
- A jumbo jet can **carry** 500 passengers. ジャンボジェット機は500人の乗客を運べる
- I'll **carry** that bag for you, Mother. お母さん, ぼくその袋持ってあげるよ
- The wind **carries** leaves **through** the air. 風に吹かれて木の葉が飛んで行く (←風が空中を通して木の葉を運ぶ)
- I always **carry** my passport with me when I'm in a foreign country. 外国にいるときは常にパスポートを携帯している ⇨図

❷ 他 (ニュースなどを)伝える, 知らせる; (音・水などを)運ぶ; (病気を)伝染する

- He **carried** her message to me. 彼は彼女の伝言を私にくれた

❸ 他 (物事が)〔ある結果・状態に〕至らせる, 行かせる《*to*》

❹ 他 (議案などを)通過させる; 《**be carried**》採択[可決]される

❺ 自 (弾丸・音などが)達する, 届く

❻ 他 (重量を)支える; (ある姿勢を)とる

❼ 他 (責任などを)伴う; (意味を)含む
❽ 他 (店が, 商品を)置く, 扱う

carry away ① 運び去る ② 《**be [get] carried away**》 夢中である[になる], 熱中している[する]

carry back 持ち帰る; 思い出させる

carry off 運び去る; (賞品などを)勝ち取る

carry on 続ける, 続行する; 行う; 営む
• **Carry on** working. = **Carry on with** your work. 仕事を続けろ

carry out 行う, 実行[遂行]する, 成し遂げる, 果たす; 外へ持ち出す
• Without your help, we wouldn't be able to **carry out** our plan. 君の助けがなかったら, 私たちは計画を実行することはできないだろう

carry over 持ち越す; 継続する, (そのまま)残る

carry through 貫徹する; 最後まで持ちこたえる

car·ry·all /kǽriɔ̀ːl キャリオール/ 名 C 《米》 大型手さげかばん (=《英》 holdall)

cárry-òn 名 C 機内持ち込み手荷物

cárry-òut 名 C 持ち帰り用の料理 (=takeout)

cár sèat 名 C (車の)チャイルドシート; 自動車の座席

car·sick /kɑ́ːrsìk カースィク/ 形 乗り物に酔った

cársìckness 名 U 乗り物酔い

cart /kɑ́ːrt カート/ 名 C (2輪の)荷車, 荷馬車; 手押し車, カート

put the cart before the horse 本末を転倒する

carte blanche /kɑ́ːrt blɑ́ːnʃ カート ブラーンシュ/ 名 U 白紙委任, 自由裁量権

car·tel /kɑːrtél カーテル/ 名 C 《経済》 カルテル, 企業連合

car·ti·lage /kɑ́ːrtəlidʒ カーティリヂ/ 名 U C 軟骨

car·ton B1 /kɑ́ːrtn カートン/ 名 (複 **cartons** /kɑ́ːrtnz/) C (卵などの)パック, 紙製容器; 《米》(たばこの)カートン; (運搬用の)段ボール箱

car·toon A1 高

/kɑːrtúːn カートゥーン/
名 (複 **cartoons** /kɑːrtúːnz/) C
❶ 漫画 《◆新聞などの風刺漫画, 続き漫画 (comic strip) のこと; ふつう1こまもの》 (! 「漫画本・雑誌」は a comic book)
❷ アニメ映画, アニメ番組; 動画, アニメ

car·toon·ist /kɑːrtúːnist カートゥーニスト/ 名 C 漫画家

cartóon strìp 名 C (数コマからなる)漫画

car·tridge /kɑ́ːrtridʒ カートリヂ/ 名 C
❶ (万年筆のインクの)カートリッジ; (録音・録画テープの)カセット; パトローネ 《◆写真フィルムの容器》 ❷ 弾薬筒

cart·wheel /kɑ́ːrt*h*wìːl カート(ホ)ウィール/ 名 C (荷馬車の)車輪; (両手・両足を広げての)側転
— 動 自 側転する

carve B2 /kɑ́ːrv カーヴ/ 動 他 自
❶ 彫る, 刻む, 彫刻する
• **carve** a statue **out of** wood = **carve** wood **into** a statue 木で像を刻む
❷ (食卓で大きな肉を)切り分ける

carv·ing /kɑ́ːrviŋ カーヴィング/ 名 U 彫刻, 彫刻術; C 彫り物, 彫刻品

cárving knìfe 名 C 肉の切り分け用の大型ナイフ

cas·cade B2 /kæskéid キャスケイド/ 名 C (段状になって落ちる)滝; 《文章》 滝のように落ちる[たれる]もの (! 長い髪, たれ布など)
— 動 自 滝のように落ちる[たれる]

case[1] A1 中

/kéis ケイス/ 名 (複 **cases** /kéisəz/) C
❶ 場合, 実例, ケース
• **in this case** この場合には
会話 "Salmon is a bit expensive these days." "**Well, in that case**, let's have steak for dinner." 「最近サーモンが高いんだよね」「それならディナーにステーキを食べよう」
❷ (捜査の対象としての)事件

- a murder **case** 殺人事件

❸ 訴訟

❹ (治療の対象としての)病気, 症例; 患者

❺ 論拠, 言い分; (自分の立場の)主張

❻ 《ふつう **the case**》 事情, 事実, 真相 (=fact)

- That is not **the case**, and you know it. それは事実ではない[それは違う], 君だって知ってるくせに
- That is **the case**. それは本当だ

❼ 《文法》 格

***as is* (*often*) *the case* (*with ...*)** (…には)よくあることだが

as the case may be 場合によって, その時々で

in any case どんな場合でも; とにかく, いずれにしても, どうあっても

in case 万一に備えて, もしもの用心に

in case ... 《接続詞的》 もし…である場合には; …するといけないから

- **In case** you want anything, ring this bell. もし何かほしい場合にはこのベルを鳴らしてください

in case of ... …の場合には; …に備えて

- **in** (**the**) **case of** emergency [fire] 非常時[火事の場合]には

in no case どんな場合でも…ない, 決して…でない

such* [*this*] *being the case こういう事情なので

case[2] A1 中

/kéis ケイス/ 名 (複 **cases** /kéisəz/) C ケース, 箱, …入れ; 1箱の分量

- **a case of** beer ビール1ケース

cáse hístory 名 C 身上記録, 事例史; 病歴

cáse stùdy 名 C (特定の個人・集団の)事例研究, ケーススタディー

case·work /kéiswə̀ːrk ケイスワーク/ 名 U ケースワーカーの仕事

case·work·er /kéiswə̀ːrkər ケイスワーカ/ 名 C 社会福祉相談員, ケースワーカー

cash A2

/kǽʃ キャシュ/ 名 U 現金

- pay **in cash** 現金で払う
- Do you want to pay in **cash** or by credit card? 現金でお支払いになりますか, それともクレジットカードで?

cash on delivery 現金引き換え渡し (❗略 COD)

— 動 (三単現 **cashes** /kǽʃəz/; 過去・過分 **cashed** /kǽʃt/; 現分 **cashing**) 他 現金に換える

cash in on ... …をうまく利用する, …につけ込む

cásh càrd 名 C 《英》 キャッシュカード

cásh cròp 名 C 商品作物

cásh dispènser 名 C 現金自動支払機

cash·ew /kǽʃuː キャシュー/ 名 C 《植物》 カシューナッツ, カシューの木

cash·ier /kæʃíər キャシア/ (×キャッシャー) 名 C (店の)レジ係, 会計係; 現金出納(すいとう)係

cásh machìne B1 名 C 現金自動支払機 (=ATM)

cash·mere /kǽʒmiər キャジュミア/ 名 U カシミア (◆カシミアヤギからとれる毛); C カシミア製品

cash·point B1 /kǽʃpɔ̀int キャシュポイント/ 名 C 《英》 (=cash machine)

cásh règister 名 C 金銭登録器, レジ

cas·ing /kéisiŋ ケイスィング/ 名 C 包装, (保護する)覆い

ca·si·no /kəsíːnou カスィーノウ/ (×カジノ) 名 (複 **casinos** /kəsíːnouz/) C カジノ

cask /kǽsk キャスク/ 名 C (アルコール飲料用の)木製のたる

cas·ket /kǽskit キャスキト/ 名 C

❶ 《米》 棺おけ, ひつぎ (=coffin)

❷ (宝飾品を入れる)小箱

Cás·pi·an Séa /kǽspiən カスピアン/ 名 《**the** をつけて》 カスピ海 (◆世界最大の湖)

cas·se·role /kǽsəròul キャセロウル/ 名

C キャセロール (♦ふた付きなべ); U C キャセロール料理, 蒸し焼き料理

cas·sette A2
/kəsét カセト/ 名 (複 **cassettes** /kəséts カセツ/) C (録画・録音用の)カセット, カセットテープ

cassétte (tàpe) recòrder 名 C カセットテープレコーダー

Cas·si·o·pe·ia /kæ̀siəpíːə キャスィオピーア/ 名 《天文》カシオペア座 (♦W 字形の星座)

cast B2 /kǽst キャスト/ 動 (三単現 **casts** /kǽsts キャスツ/; 過去・過分 **cast**; 現分 **cast·ing**) 他 ❶ (劇などの)配役を決める, (俳優に)役をふりあてる
• **cast** Jane **as** Cinderella シンデレラの役をジェーンにふりあてる
❷ 投げる (❗「投げる」の意味ではふつう throw を用いる); 落とす; (つり糸・網などを)投げ入れる ❸ (光・影などを)投げかける ❹ (視線を)向ける ❺ (票を)投じる ❻ (型に)流し込む, 鋳込む

cast aside 捨てる, 見捨てる

cast a spell (on [over] ...) (人に)魔法をかける; (人を)とりこにする, 魅了する

cast doubt on ... (人に)疑いをかける

cast off 捨てる; 脱ぎ去る; (船の)ともづなを解く

— 名 ❶ U C (劇などの)配役, キャスト ❷ C 鋳型; (骨折部を保護する)ギプス (=plaster cast)

cas·ta·net /kæ̀stənét キャスタネト/ 名 《ふつう **castanets**》カスタネット

cast·a·way /kǽstəwèi キャスタウェイ/ 名 (複 **castaways** /kǽstəwèiz/) C 見捨てられた人; 難破して漂流した人

caste /kǽst キャスト/ 名 C (インドの)カースト; U 身分制度

cast·er /kǽstər キャスタ/ 名 C キャスター (♦家具の脚につける小さな車輪)

cas·ti·gate /kǽstəgèit キャスティゲイト/ 動 他 《文章》厳しく非難する; 厳しく罰する

càstigátion 名 U C 非難, 懲戒(ちょうかい)

cast·ing /kǽstiŋ キャスティング/ 名 ❶ C 鋳物 ❷ U 配役(すること)

cásting vóte 名 C (賛成・反対が同数のときに議長が投じる)決定投票

cást íron 名 U 鋳(ちゅう)鉄

cást-íron 形 鋳鉄の; 確実な, 確固たる

cas·tle A2 中
/kǽsl キャスル | kɑ́ːsl カースル/
名 (複 **castles** /kǽslz/) C
❶ 城; 大邸宅
• Edinburgh **Castle** エジンバラ城
❷ 《チェス》ルーク (=rook) (♦将棋の飛車にあたる)

castles in the air (現実離れした)空想

cast·off /kǽstɔ̀ːf キャストーフ/ 名 C 不要品, (特に)古着

cas·trate /kǽstreit キャストレイト/ 動 他 去勢する

cas·tra·tion /kæstréiʃən キャストレイション/ 名 C U 去勢

cas·u·al B1 高 /kǽʒuəl キャジュアル/ 形
❶ 打ち解けた, 略式の, ふだん着の, カジュアルな (↔**formal**)
• **casual** clothes [wear] ふだん着
❷ 思いつきの, 気まぐれな, 何気ない
❸ 臨時の, 不定期の
• **casual** income 臨時収入
❹ 偶然の, 思いがけない

casual·ly B2 /kǽʒuəli キャジュアリ/ 副 偶然に; ふと; 何気なく; ふだん着で

cas·u·al·ty /kǽʒuəlti キャジュアルティ/ 名 (複 **casualties** /kǽʒuəltiz/) C
❶ (戦争・事故などの)死傷者; 〔…の〕犠牲者 《*of*》 ❷ 《英》救急処置室 (=《米》emergency room)

CAT /kǽt キャト/ 名 C 《医学》コンピュータ体軸断層撮影 (❗ computerized axial tomography の略) ⇨**CAT scan**

cat A1 中
/kǽt キャト/ 名 (複 **cats** /kǽts キャツ/) C

a b **c** d e f g h i j k l m n o p q r s t u v w x y z

《動物》ネコ《♦猫》(❗「子ネコ」は kitten); ネコ科の動物

関連語› 単語力
kitten 子ネコ
pussy 子ネコちゃん
tomcat 雄ネコ
meow /ミアウ/ ニャー(と鳴く)

let the cat out of the bag うっかり秘密をもらす

play cat and mouse with ... …をなぶりものにする, もてあそぶ

cat·a·clysm /kǽtəklìzəm キャタクリズム/ 名C 《文章》(大洪水・地震など)自然界の大変動; (社会的・政治的)大変動, 激変

cat·a·clys·mic /kæ̀təklízmik キャタクリズミク/ 形 大変動の, 激変の

cat·a·log B2 /kǽtəlɔ̀ːg キャタローグ/ 名C カタログ, 目録, 一覧

cat·a·logue /kǽtəlɔ̀g キャタログ/ 名 (=catalog)

cat·a·lyst B2 /kǽtəlist キャタリスト/ 名C 《化学》触媒; 〔変化などの〕要因となる人[もの]《*for*》

cat·a·ma·ran /kæ̀təmərǽn キャタマラン/ 名C 双胴船

cat·a·pult /kǽtəpʌ̀lt キャタパルト/ 名C (航空母艦の)飛行機射出装置, カタパルト; 《英》(Y型をしたおもちゃの)ぱちんこ(=《米》slingshot)

— 動 他 ❶勢いよく飛ばす ❷(人を)〔ある状態に〕突然至らせる《*to, into*》

cat·a·ract /kǽtərӕ̀kt キャタラクト/ 名C ❶瀑布(ばくふ), 大滝 ❷《医学》白内障(はくないしょう), しろそこひ《♦眼の病気》

ca·tas·tro·phe B2 /kətǽstrəfi カタストロフィ/ 名C 大異変; 大惨事; 大災害

cat·a·stroph·ic B2 /kæ̀təstráfik キャタストラフィク/ 形 破滅的な; 大惨事の

catch A1 中

/kǽtʃ キャチ/

意味マップ
動 ❶捕まえる
❷間に合う
❸見つける
❹(病気などに)かかる
❺(注意などを)引きつける
❻ひっかける; ひっかかる
❼(あらしなどに)あう
❽わかる
❾(火が)つく; 燃える
名 ❶捕まえること; 捕球
❷捕獲量; 獲物
❸留め金
❹わな

— 動 (三単現 **catches** /kǽtʃəz/; 過去・過分 **caught** /kɔ́ːt/; 現分 **catching**)

❶他 **捕まえる, 捕る, 捕らえる**; 自《野球》**捕手をする**

• **catch** a ball [a fish] ボール[魚]を捕る

• **catch** him **by** the hand = **catch** his hand 彼の手を捕まえる ⇨**by** ❷

• The policeman **caught** the burglar. 警察官はどろぼうを捕まえた

❷他 (バス・列車などに) **間に合う** (↔ **miss**); 追いつく

• **catch** the last bus 最終バスに間に合う

• I couldn't **catch** the 3 o'clock train. I **missed** it by just a minute. 私は3時の列車に乗りそこねた. ほんの1分でその列車に間に合わなかった

• I ran after Ken, but I couldn't **catch** him. 私はケンを追ったが彼に追いつけなかった

❸他 (悪いことをしている人を)**見つける**; 文型 [**catch A** *do***ing**] A(人)が…し

ているところを見つける
- I **caught** them **picking** our apples. 私は彼らがうちのリンゴを取っているところを見つけた

❹ 他 (病気などに)かかる; 自 (病気が)うつる
- **catch** (a) cold かぜをひく

❺ 他 (目・注意などを)引きつける

❻ 他 ひっかける; 自 ひっかかる
- She **caught** her skirt on a nail. 彼女はスカートをくぎにひっかけた

❼ 他 《**be** [**get**] **caught**》(あらし・いやな目などに)あう, 襲われる

❽ 他 わかる, (意味などを)つかむ, 理解する (=understand); 聞き取る
- I don't **catch** his meaning. 私は彼の言う意味がわからない

❾ 他 (火が)つく; 自 燃える, 火がつく

be caught up in ... …に夢中である; …に巻き込まれる

catch at ... …をつかもうとする
- A drowning man will **catch at** a straw. 《ことわざ》おぼれる者はわらをもつかむ

catch *one's* ***breath*** (はっとして)息をのむ

catch hold of ... …を捕まえる

catch on ① 人気を博する
- This song really **caught on** this year. この歌は今年すごくはやった

② 〔…を〕理解する, 〔…に〕気づく《*to*》

catch out (ごまかしなどを)見破る

catch sight of ... …を見つける

catch up 〔…に〕追いつく《*with*》
- I'll soon **catch up with** you. すぐ君に追いつくよ

catch up on ... …の遅れ[不足]を取り戻す
- **catch up on** some sleep 睡眠不足を取り戻す

— 名 (複 **catches** /kǽtʃəz/) C
❶ 捕まえること; (ボールなどを)捕らえること, 捕球, キャッチボール
- **play catch** キャッチボールをして遊ぶ (×play catch *ball* としない)

❷ (魚の)取れた[釣れた]量, 捕獲量; 獲物 ❸ 留め金, 掛け金 ❹ 《口語》(うまい話に隠された)わな, 落とし穴

catch·er /kǽtʃər キャチャ/ 名 C 捕える人[もの]; 《野球》キャッチャー, 捕手 ⇨**pitcher**[1]

catch·ing /kǽtʃiŋ キャチング/ 形 《口語》(病気が)うつりやすい, 伝染性の; (感情などが)広まりやすい (! 名詞の前には用いない)

cátch phràse 名 C キャッチフレーズ《◆人の注意を引く宣伝文句》

日英比較「キャッチフレーズ」に当たる言葉は, slogan, motto などもある

Catch-22 /kǽtʃtwèntitúː キャチトウェンティトゥー/ 名 《単数形で》(二者のうちどちらも選べない)苦境, ジレンマ

catch·up /kétʃəp ケチャプ/ 名 U 《米》ケチャップ (! 《英》では ketchup とつづる)

catch·y B2 /kǽtʃi キャチ/ 形 (比較級 **catchier**; 最上級 **catchiest**) 人の心をひき寄せる, (曲が)覚えやすい

cat·e·chin /kǽtətʃin キャテチン, kǽtəkin キャテキン/ 名 U 《化学》カテキン

cat·e·chism /kǽtəkìzəm キャテキズム/ 名 C 《キリスト教》教義問答集; 問答集

cat·e·gor·i·cal /kætəgɔ́ːrikəl キャテゴーリカル/ 形 (発言などが)明確な, 断言的な

cat·e·go·rize B1 /kǽtəgəràiz キャテゴライズ/ 動 (三単現 **categorizes** /kǽtəgəràizəz/; 過去・過分 **categorized** /kǽtəgəràizd/; 現分 **categorizing**) 他 〔…に〕分類する《*into, as*》(=classify)

categorizátion B2 名 U C 分類

cat·e·go·ry B1 /kǽtəgɔ̀ːri キャテゴーリ/ 名 (複 **categories** /kǽtəgɔ̀ːriz/) C 範疇(はんちゅう), 部門, カテゴリー

ca·ter /kéitər ケイタ/ 動 他 自 (宴会などの)料理をまかなう

cater for ... ① …の料理をまかなう ② (=cater to)

cater to ... …の要求に応じる, …に満足を与える

cáterer 名 C (宴会などの)仕出し店

cátering B2 名 U 仕出し, ケータリング

cat·er·pil·lar /kǽtərpìlər キャタピラ/ (発音 アクセントに注意) 名 C ❶毛虫, イモムシ, 青虫 ❷(戦車などの)キャタピラー; 《Caterpillar》《商標》キャタピラー式トラクター《♦その進み方がイモムシに似ていることから》

cat·fish /kǽtfìʃ キャトフィシュ/ 名 (複 **cat-fishes** /kǽtfìʃəz/, **catfish**) C 《魚》ナマズ《♦ネコのようにひげがある魚》

cat·gut /kǽtgʌ̀t キャトガト/ 名 U 《解剖》腸線, ガット《♦弦楽器の弦, テニスのラケットなどに用いる》

ca·thar·sis /kəθɑ́ːrsis カサースィス/ 名 (複 **catharses** /kəθɑ́ːrsiːz/) U C 《文章》浄化, カタルシス

ca·thar·tic /kəθɑ́ːrtik カサーティク/ 形 《文章》カタルシスの, 浄化作用をもつ

ca·the·dral B2 /kəθíːdrəl カスィードラル/ (×キャスィドラル) 名 C 《キリスト教》大聖堂《♦1つの地区の中心的教会堂; ここには司教(bishop)がいる》

cath·e·ter /kǽθətər キャセタ/ 名 C 《医学》カテーテル

cath·ode /kǽθoud キャソウド/ 名 C 《電気》陰極 (↔**anode**)

cáthode-rày tùbe 名 C 《電気》陰極管, ブラウン管

Cath·o·lic 高 /kǽθəlik キャソリク/ 形 《キリスト教》カトリックの, 旧教の ⇨ **Protestant**

— 名 (複 **Catholics** /kǽθəliks/) C 《キリスト教》カトリック教徒

Cátholic Chúrch 名 《**the** をつけて》《キリスト教》カトリック教会 (=the Roman Catholic Church)

Ca·thol·i·cism /kəθɑ́ləsìzm カサリスィズム/ 名 U 《キリスト教》カトリック教会の教義[信仰]

Cath·y /kǽθi キャスィ/ 名 キャシー《♦女性名; Catherine の愛称》

cat·nap /kǽtnæ̀p キャトナプ/ 名 C 《口語》うたた寝

CÁT scàn 名 C 《医学》CAT スキャン《♦CTスキャン(CAT scanner)によるX線体軸断層写真》

cát's crádle 名 U あや取り(遊び)(=string play); C あや取りでできた形

cát's èye 名 C 《宝石》猫目石; (道路の)夜間反射装置

cat·sup /kétʃəp ケチャプ/ 名 《米》(=catchup)

cat·tle B1 /kǽtl キャトル/ 名 (家畜としての)牛 (❗cattle は集合名詞で複数扱い; ×many cattles, ×*a* cattle とはならない)

cat·ty /kǽti キャティ/ 形 (比較級 **cattier**; 最上級 **cattiest**) 《口語》意地の悪い

cáttiness 名 U 意地の悪さ

cáttily 副 意地悪く

CATV 《略》community antenna television 共同アンテナテレビ; cable television ケーブルテレビ

cat·walk /kǽtwɔ̀ːk キャトウォーク/ 名 C (ファッションショーなどの)客席に突き出たステージ

Cau·ca·sian /kɔːkéiʒən コーケイジャン/ 形 白色人種の, コーカソイドの

— 名 C 白人

cau·cus /kɔ́ːkəs コーカス/ 名 C 《米》(政党の)幹部会

caught /kɔ́ːt コート/ 動 catch の過去形・過去分詞

caul·dron /kɔ́ːldrən コールドロン/ 名 C 《詩語》大釜(がま)

cau·li·flow·er /kɔ́ːləflàuər コーリフラウア/ 名 U C 《植物》カリフラワー

caus·al /kɔ́ːzəl コーザル/ 形 原因となる 派生 **cause** 名 動

cau·sal·i·ty /kɔːzǽləti コーザリティ/ 名 U 因果関係

cause A2 中

/kɔ́ːz コーズ/ (×コウズ) 動 (三単現 **causes** /kɔ́ːzəz/; 過去·過分 **caused** /kɔ́ːzd/; 現分 **causing**) 他

引き起こす, …の原因となる

• The typhoon **caused** a lot of damage. 台風は大きな被害をもたらした

文型 [**cause A B** = **cause B to** [**for**] **A**] AにBをもたらす

• He always **causes** me trouble. = He

always **causes** trouble **for** me. 彼はいつも私に面倒をかける

文型 [**cause A to** *do*] Aに…させる

• A loud noise **caused** Bob **to** *jump*. 大きな物音がボブをとび上がらせた

— 名 (複 **causes** /kɔ́ːzəz/)

❶ U C 原因，…のもと

• **cause** and **effect** 原因と結果

• What was the **cause** of this traffic accident? この交通事故の原因は何だったんですか (=What **caused** this traffic accident?) (! この文の caused は動詞)

コロケーション
形＋**cause**
an immediate *cause* 直接の原因
a major *cause* おもな原因
a common *cause* よくある原因
the primary *cause* 第一の原因
the real *cause* 本当の原因

❷ U 〔…の; …する〕(正当な)理由《*for*; *to do*》 ❸ C 主義; 目標; (目標を達成するための)運動

派生 **causal** 形

cause·way /kɔ́ːzwèi コーズウェイ/ 名 C (低湿地に土を盛った)土手道，歩道

caus·tic /kɔ́ːstik コースティク/ 形 《化学》苛性(かせい)の，腐食性の; 痛烈な，厳しい

• **caustic** soda 苛性ソーダ

cau·tion B1 /kɔ́ːʃən コーション/ 名 (複 **cautions** /kɔ́ːʃənz/) ❶ U 用心，注意 ❷ U C 警告 (=warning)

with caution 用心して，注意して

— 動 (三単現 **cautions** /kɔ́ːʃənz/; 過去·過分 **cautioned** /kɔ́ːʃənd/; 現分 **cautioning**) 他 警告する，注意する (! warn ほどは強くない); 文型 [**caution A to** *do*] A(人)に…するよう警告[注意]する

• The sign **cautions** us **to** *slow down*. あの標識はわれわれにスピードを落とすように注意している

派生 **cautious** 形

cau·tion·a·ry /kɔ́ːʃənèri コーショネリ/ 形 警告の，警告的な

cau·tious B1 /kɔ́ːʃəs コーシャス/ 形 〔…について〕用心深い，慎重な，注意深い《*about*》(=careful)

派生 **caution** 名

cau·tious·ly /kɔ́ːʃəsli コーシャスリ/ 副 用心して; 慎重に

cav·al·cade /kæ̀vəlkéid キャヴァルケイド/ 名 C 騎馬[馬車，自動車]行列; パレード

cav·a·lier /kæ̀vəlíər キャヴァリア/ 形 おうへいな; 他人の気持ちを考えない

cav·al·ry /kǽvəlri キャヴァルリ/ 名 U 騎兵隊 (! 単数にも複数にも扱う)

cave B1 /kéiv ケイヴ/ 名 (複 **caves** /kéivz/) C 洞窟(どうくつ)，ほら穴

— 動 (三単現 **caves** /kéivz/; 過去·過分 **caved** /kéivd/; 現分 **caving**) 《次の成句で》

cave in ① 陥没する ② 〔…に〕屈する，降参する《*to*》

cave-in /kéivìn ケイヴィン/ 名 C (土地の)陥没，落盤; (屋根などの)落下

cave·man /kéivmæ̀n ケイヴマン/ 名 (複 **cavemen** /kéivmen/) C (石器時代の)穴居(けっきょ)人

cav·ern /kǽvərn キャヴァン/ 名 C (地下の)大きなほら穴，洞窟(どうくつ)

cav·i·ar, cav·i·are /kǽviɑ̀ːr キャヴィアー/ 名 U キャビア《◆カスピ海などにすむチョウザメの卵の塩づけで珍味》

cav·i·ty /kǽvəti キャヴィティ/ 名 (複 **cavities** /kǽvətiz/) C くぼみ，空洞; 虫歯の穴

ca·vort /kəvɔ́ːrt カヴォート/ 動 自 《口語》浮かれ騒ぐ，はしゃぎ回る

caw /kɔ́ː コー/ 動 自 (カラスが)カーカーと鳴く

— 名 C カーカー(という鳴き声)

cay·énne pépper /keién ケイエン/ 名 U カイエンペッパー《◆香辛料》

CB 《略》Citizens Band 市民バンド

CBS /síːbìːés スィービーエス/ 名 シービーエス《◆米国の3大放送会社の1つ》

cc 《略》carbon copy カーボンコピー (! 手紙やEメールのコピーをほかの人に送ることを示すのに使う); cubic centimeter

立方センチメートル

CD A1 中 /sìːdíː スィーディー/ 名 (複 **CD's**, **CDs** /sìːdíːz/) C シーディー (❗compact disc (コンパクトディスク)の略)

CD player A1 /síːdìː スィーディー/ 名 C シーディー (CD) プレーヤー

CD-ROM B1 /síːdìːrɑ́m スィーディーラム/ 名 (複 **CD-ROM's**, **CD-ROMs** /síːdìːrɑ́mz/) C シーディーロム (◆読み出し専用メモリー) (❗compact disc read-only memory の略)

cease B2 /síːs スィース/ (×スィーズ) 動 他 《文章》やめる, 中止する; 自 やむ, 〔…を〕やめる《from》(↔continue) (❗ふつう stop を使う)

● The rain **ceased**. 雨はやんだ

文型 [**cease** *doing* = **cease to** *do*] …するのをやめる

— 名 U 《文章》《次の成句で》

without cease 絶え間なく

cease·fire /síːsfàiər スィースファイア/ 名 C 停戦; 停戦協定

cease·less /síːsləs スィースレス/ 形 絶え間ない

céaselessly 副 絶え間なく

ce·dar /síːdər スィーダ/ 名 C 《植物》ヒマラヤスギ; U ヒマラヤスギの木材 (◆マツ科の針葉樹で30-60m の高木)

cede /síːd スィード/ 動 他 《文章》(領土などを)割譲する, 譲渡する

ceil·ing B2 /síːliŋ スィーリング/ (×セイリング) 名 C ❶天井 (↔**floor**) ❷(物事の)最高限度; (飛行機の)上昇限度

ce·leb /səléb セレブ/ 名 C 《口語》有名人, セレブ (=celebrity)

cel·e·brate A1 中 /séləbrèit セレブレイト/ 動 (三単現 **celebrates** /séləbrèits セレブレイツ/; 過去・過分 **celebrated** /séləbrèitəd/; 現分 **celebrating**)

❶ 他 自 (記念すべき日などを) 祝う; 他 (祝いの式を)執り行う, 挙行する

● **celebrate** a wedding 結婚式をあげる (❗celebrate の目的語は「ものごと」)

比較 **congratulate** him on his marriage 彼の結婚を祝う (❗congratulate の目的語は「人」)

❷ 他 ほめたたえる, 賛美する

派生 **celebration** 名

cel·e·brat·ed /séləbrèitəd セレブレイテド/ 形 名高い; 有名な

cel·e·bra·tion A1 /sèləbréiʃən セレブレイション/ 名 (複 **celebrations** /sèləbréiʃənz/) U 祝賀, 祝うこと; C 祝賀会, 祝典; U 称揚(しょうよう)

in celebration of ... …を祝って

派生 **celebrate** 動

ce·leb·ri·ty B1 /səlébrəti セレブリティ/ 名 (複 **celebrities** /səlébrətiz/) C 有名人; 名士; U 名声

cel·e·ry /séləri セラリ/ 名 U 《植物》セロリ

ce·les·tial /səléstʃəl セレスチャル/ 形 《文章》天の, 天空の; 天国の

cel·i·ba·cy /séləbəsi セリバスィ/ 名 U (特に宗教的な理由による)独身生活, 独身主義

cel·i·bate /séləbət セリベト/ 形 独身(主義)の, 禁欲の

cell B1 高 /sél セル/ (発音 sell と同音) 名 (複 **cells** /sélz/) C

❶ 細胞; 《形容詞的》細胞の

● blood [cancer] **cells** 血液[がん]細胞

❷ (刑務所の)独房; (修道院の)個室

❸ 電池 (❗cell を組み合わせたものが battery)

❹ 《コンピュータ》(表計算ソフトの)欄

派生 **cellular** 形

cel·lar B2 /sélər セラ/ (発音 seller と同音) 名 C ❶ 地下貯蔵庫, 地下室, 穴蔵 (◆cellar は「ワイン, 燃料, 食糧」などの物置で, basement は「居住部分」も含む)

❷ ワインのストック

cel·list B2 /tʃélist チェリスト/ 名 C チェロ奏者

cel·lo B2 /tʃélou チェロウ/ (×セロ) 名 (複 **cellos** /tʃélouz/) C 《楽器》チェロ《◆大型の4弦楽器》

Cel·lo·phane /séləfèin セロフェイン/ 名 U 《商標》セロハン

cell·phone, cell phone 高 /sélfòun セルフォウン/ 名 C 《おもに米》携帯電話 (=cellular phone)

cel·lu·lar /séljələr セリュラ/ 形 細胞(状)の; 携帯電話の

派生 **cell** 名

céllular phóne 名 C 携帯電話

cel·lu·loid /séljəlɔ̀id セリュロイド/ 名 U セルロイド (!もと商標名)

cel·lu·lose /séljəlòus セリュロウス/ 名 U 《化学》セルロース, 繊維素

Cel·si·us /sélsiəs セルスィアス/ 形 セ氏の (=centigrade) (!Cと略す; 英米では日常は力氏 (Fahrenheit) を使う)

Celt /kélt ケルト, sélt セルト/ 名 C ケルト人; 《**the Celts**》ケルト族《◆ブリテン島の先住民族; 今はアイルランド, ウェールズ, スコットランドなどに住む》

Cel·tic /kéltik ケルティク, séltik セルティク/ 形 ケルト人[族]の; ケルト語の

― 名 U ケルト語(派)

ce·ment /səmént セメント/ 名 U セメント

― 動 ❶ 他 (友情・きずななどを)強固にする ❷ 他 セメントを塗る, セメントで固める

cemént mìxer 名 C コンクリートミキサー

cem·e·ter·y B2 /sémətèri セメテリ/ 名 (複 **cemeteries** /sémətèriz/) C (教会に属さない)共同墓地 (!「教会に付属の墓地」は churchyard)

cen·sor /sénsər センサ/ 名 C (出版物・映画などの)検閲官

― 動 他 検閲する

cen·sor·ship /sénsərʃìp センサシプ/ 名 U 検閲

cen·sure /sénʃər センシャ/ 名 U C 非難

― 動 他 非難する (=blame)

cen·sus /sénsəs センサス/ 名 C 人口調査, 国勢調査

cent A2

/sént セント/ (発音 scent, sent と同音) 名 (複 **cents** /sénts センツ/) C

❶ セント; 1セント銅貨 (!米国, カナダなどの貨幣(=1/100ドル); 略号は ¢;「1セント銅貨」は penny ともいう)

❷ (単位としての) 100 (!per*cent* はもともと「100につき」の意味)

cent- 《他の語と結びついて》「100」「100分の1」(!子音の前では centi- になる)

• **cent**ury 100年, 世紀

cen·te·nar·i·an /sèntənéəriən センテネアリアン/ 形 100歳(以上)の

― 名 C 100歳(以上)の人

cen·te·nar·y /séntənèri センテネリ/ 形 100年の; 100年に1度の

― 名 (複 **centenaries** /séntənèriz/) 《英》(=centennial)

cen·ten·ni·al /senténiəl センテニアル/ 名 C 《米》100周年記念日, 100年祭 (=《英》centenary)

― 形 100年の; 100年に1度の

cen·ter A2 中

/séntər センタ/ 名 (複 **centers** /séntərz/)

❶ C 中心, 中央

• the **center** of a circle 円の中心
• the **center** of gravity 重心
• There is a tall tower **in the center of** the city. 町の中央に高い塔がある

似ている単語

中央－**center** と **middle**

center は場所の真ん中, 中心をさす. **middle** は両端から同じだけ離れた中央部で, center と違い時間についても使う:

right in the **center** of the room 部屋のちょうど真ん中に

He parts his hair in the **middle**. 彼は真ん中で髪をわけている

in the **middle** of the night 真夜中に

❷ C 中心地; (ある目的のための)中心施設, …センター

• a shopping **center** ショッピングセンター
• a **center** of commerce 商業の中心地

❸ C (興味などの)中心となる人[もの]
• the **center** of attention 注目の的
❹ U 《ふつう, **the center**, **the Center**》(政治の)中道派
❺ C (野球・フットボール・サッカー・バスケットボールなどの)センター ⇨**center field**, **center fielder**
— 動 (三単現 **centers** /séntərz/; 過去・過分 **centered** /séntərd/; 現分 **centering**)
❶ 自〔…に〕集中する《*on*, *around*》; 他〔…に〕集中させる ❷ 他 中央に置く 派生 **central** 形

-centered 《他の語と結びついて》「…中心の」「…がまん中にある」

cénter fíeld 名 U 《野球》中堅, センター

cénter fíelder 名 C 《野球》中堅手, センター(の野手)

cénter fórward 名 C 《サッカー》センターフォワード

cen·ter·piece /séntərpì:s センタピース/ 名 C ❶ 食卓の中央の飾り
❷ 最も目立つ[重要な]部分

centi- 《他の語と結びついて》「100」「100分の1」(❗母音の前では cent-)
• **centi**meter センチメートル

cen·ti·grade B2 /séntəgrèid センティグレイド/ 形 《時に **Centigrade**》(温度計が)セ氏の (❗Celsius の古い用法)

cen·ti·me·ter A2 高

/séntəmì:tər センティミータ/ 名 (複 **centimeters** /séntəmì:tərz/) C
センチメートル (❗cm または cm. と略す)

cen·ti·me·tre /séntəmì:tər センティミータ/ 名 《英》(=centimeter)

cen·ti·pede /séntəpì:d センティピード/ 名 C 《動物》ムカデ

cen·tral B1 高 /séntrəl セントラル/ 形
❶ 中心の, 中央の, (中心地に近くて)便利な
• the **central** part of the city 市の中心部
❷ 主要な, おもな; 中心的な
• play the **central** role 中心的役割を果たす
❸ (組織の)中枢の, 本部の
派生 **center** 名
céntrally 副 中央に; おもに

Céntral Áfrican Repúblic 名 《**the** をつけて》中央アフリカ共和国 《♦アフリカ中部の共和国; 首都バンギ (Bangui)》

Céntral América 名 中央アメリカ, 中米

céntral héating B1 名 U 集中暖房(設備), セントラルヒーティング

Céntral Intélligence Àgency 名 《**the** をつけて》(米国の)中央情報局 (❗CIA と略す)

cen·tral·i·za·tion /sèntrələzéiʃən セントラリゼイション/ 名 U 集中; 中央集権(化)

cen·tral·ize /séntrəlàiz セントラライズ/ 動 他自 集中する; 中央集権化する

Céntral Párk 名 セントラルパーク 《♦ニューヨーク市のマンハッタンの中心部にある大公園》

céntral prócessing ùnit 名 C 《コンピュータ》中央演算処理装置 (❗CPU と略す)

cen·tre /séntər センタ/ 名 動 《英》(=center)

cen·trif·u·gal /sentrífjugəl セントリフュガル/ 形 《物理》遠心性の; 遠心力を利用した • **centrifugal** force 遠心力

cen·trist /séntrist セントリスト/ 形 (政治的に)中道の, 穏健な
— 名 C 中道派の人

cen·tu·ry A2 中

/séntʃəri センチュリ/ 名 (複 **centuries** /séntʃəriz/) C 世紀; 100年
• the twenty-first **century** 21世紀 (❗2001年1月1日から2100年12月31日まで)
• in this **century** 今世紀に

CEO 《略》chief executive officer 最高(経営)責任者

ce·ram·ic /sərǽmik セラミク/ 形 陶磁器の, セラミックの; 製陶(業)の

ce·ram·ics /sərǽmiks セラミクス/ 名 《単数扱い》製陶術, 窯業(ようぎょう); 《複数扱

い》陶磁器類

ce·re·al A2
/síəriəl スィアリアル/ (発音 serial と同音)
名 (複 **cereals** /síəriəlz/) C
❶ 穀物食品, シリアル《◆コーンフレーク・オートミールなど》
❷《ふつう **cereals**》穀物《◆麦・トウモロコシ・米など》

cer·e·bral /sérəbrəl セレブラル/ 形 《解剖》大脳の, 脳の

cer·e·brum /sərí:brəm セリーブラム/ 名 (複 **cerebrums** /sərí:brəmz/, **cerebra** /sərí:brə/) C 《解剖》大脳

cer·e·mo·ni·al /sèrəmóuniəl セレモウニアル/ 形 儀式的な; 公式の
派生 **ceremony** 名

cer·e·mo·ni·ous /sèrəmóuniəs セレモウニアス/ 形 仰々しい; 形式ばった
派生 **ceremony** 名
cèremóniously 副 仰々しく

cer·e·mo·ny B1 高 /sérəmòuni セレモウニ | sérəməni セレモニ/ 名 (複 **ceremonies** /sérəmòuniz/) ❶ C 式, 式典, 儀式 ❷ U 礼儀; (社交上の)儀礼
stand on ceremony 堅苦しくする
without ceremony 形式ばらずに
派生 **ceremonial**, **ceremonious** 形

cer·tain A2 高
/sə́:rtən サートン/ (×サーテイン) 形
❶ (人が) 確信して(いる), 疑わない (↔ **uncertain**) (**!** 名詞の前には用いない) ⇨ **sure**
• I think I'm right, but I'm not **certain**. 私は自分が正しいと思いますが確信はありません
文型 [**be certain of** [**about**] **A**] (人が) Aを確信している; 文型 [**be certain** (**that**)...] …ということを確信している
• I'm **certain of** [**about**] his success. = I'm **certain that** he will succeed. 私は彼の成功を確信する[彼は必ず成功すると思う]
文型 [**be certain wh-...**] …かに確信をもっている
❷ (物事が) 確かな[で], 確実な[で]; 疑う余地のない; 文型 [**be certain to** *do*] (人・物事が) 必ず…する, …するに決まっている
• **It is certain that** the earth is round. 地球が丸いのは確かだ (**!** It = that 以下)

コロケーション
副+**certain**
absolutely *certain* 絶対に確かな
almost *certain* ほぼ確かな
quite *certain* まったく確かな
by no means *certain* 決して確かではない

❸ ある…; 《よく知らない人の名につけて》…とかいう(人)
❹ 確定した, ある一定の, 決まっている; ある程度の (**!** 名詞の前に用いる)
for certain 確実に, 確かに
make certain (***of*** ...) (…を)確かめる; (…を)確実にする
make certain (***that***)... …ということを確かめる; 必ず…するようにとりはからう[手配する] (=make sure)
派生 **certainly** 副

cer·tain·ly A2 高
/sə́:rtənli サートンリ/ 副
❶ 確かに; 必ず, きっと (=surely)
❷《答えで》もちろん, いいとも, ええどうぞ (=surely)
会話 "Don't you think she'll win?" "No, **certainly** not." 「彼女が勝つとは思いませんか」「ええ, そうは思いません」
派生 **certain** 形

cer·tain·ty B1 /sə́:rtənti サートンティ/ 名 (複 **certainties** /sə́:rtəntiz/) C 確実なもの[こと]; U 確かさ, 確信

cer·ti·fi·a·ble /sə́:rtəfàiəbl サーティファイアブル/ 形 (本当であると)保証[証明]できる

cer·tif·i·cate B2 /sərtífikət サティフィケト/ 名 C 証明書; 免許状
— /sərtífikèit サティフィケイト/ 動 他 証明書[免許証]を与える

cer·tif·i·ca·tion B2 /sə̀ːrtəfəkéiʃən サーティフィケイション/ 名U 証明; 認可; 免許

cer·ti·fied /sə́ːrtəfàid サーティファイド/ 形 証明[保証]された; 認定された, 公認の

cértified máil 名U 《米》配達証明付き郵便

cértified públic accóuntant 名C 《米》公認会計士 (❗略CPA)

cer·ti·fy B2 /sə́ːrtəfài サーティファイ/ 動 (三単現 **certifies** /sə́ːrtəfàiz/; 過去・過分 **certified** /sə́ːrtəfàid/; 現分 **certifying**) 他 ❶〔…であると〕証明する, 保証する《*that*...》 ❷ 証明書を与える ❸ 精神病だと認定する

cer·vix /sə́ːrviks サーヴィクス/ 名 (複 **cervixes** /sə́ːrviksəz/, **cervices** /sə́ːrvisìːz/) C 《解剖》子宮頸管(けいかん)

ce·sar·e·an /sizéəriən スィゼアリアン/ 名 (=caesarean)

ces·sa·tion /seséiʃən セセイション/ 名U C 中止, 停止

cess·pool /séspùːl セスプール/ 名C 下水槽

Cey·lon /silɑ́n スィラン/ 名 セイロン《◆スリランカ (Sri Lanka) の旧称》

cf. /síːéf スィーエフ, kəmpéər コンペア/ 《略》…を参照せよ (❗ラテン語の confer (=compare)の略)

CFC /síːèfsíː スィーエフスィー/ 《略》chlorofluorocarbon フロンガス《◆非分解性の気体で, 大気のオゾン層を破壊するといわれている》

Chad /tʃǽd チャド/ 名 チャド《◆アフリカ中北部の共和国; 首都ンジャメナ (N'Djamena)》

chafe /tʃéif チェイフ/ 動 ❶ 他 こすって暖める ❷ 他 すりむく ❸ 自 いらだつ

— 名C 摩擦; すりきず; いらだち

chaff /tʃǽf チャフ/ 名U もみがら; (家畜用)刻みわら, まぐさ; がらくた

chaf·finch /tʃǽfintʃ チャフィンチ/ 名C 《鳥》ズアオアトリ

cha·grin /ʃəgrín シャグリン/ 名U 《文章》残念, 無念, くやしさ

chain A2 高

/tʃéin チェイン/ 名 (複 **chains** /tʃéinz/) C ❶ くさり

- a gold **chain** 金のくさり
- keep a dog **on a chain** 犬をくさりでつないでおく

❷ 束縛

❸ ひと続き, 連なり, 連続, 連鎖

❹ (ホテル・レストランなどの)チェーン

in chains くさりにつながれて; 拘束されて

— 動 (三単現 **chains** /tʃéinz/; 過去・過分 **chained** /tʃéind/; 現分 **chaining**) 他 くさりでつなぐ, …にくさりを付ける; 縛りつける

cháin lètter 名C チェーンレター

cháin reàction 名U 連鎖反応

cháin sàw 名C チェーンソー

cháin-smòke 動 自 他 (たばこを)続けざまに吸う

cháin-smòker 名C たばこを続けざまに吸う人, チェーンスモーカー

cháin stòre 名C チェーンストア

chair A1 中

/tʃéər チェア/ 名 (複 **chairs** /tʃéərz/)

❶ C いす (❗1人用で背のあるもの; 背のないものは stool)

- sit **on a chair** いすにすわる (❗ひじかけいすなどに深々とすわる場合は sit **in** a chair とする)

❷ (**the chair**) 議長席, 議長の地位; 議長 ❸ C 大学教授の地位[職]; (学科の)主任教授; 講座

— 動 (三単現 **chairs** /tʃéərz/; 過去・過分 **chaired** /tʃéərd/; 現分 **chairing**) 他 議長を務める

関連語〉 **単語力**

armchair ひじ掛けいす
bench 長いす, ベンチ
couch 寝いす
rocking chair 揺りいす
sofa ソファー
stool (背のない)腰掛け, スツール
wheelchair 車いす

chair·lift /tʃéərlìft チェアリフト/ 名C (スキー場などの)リフト

chair·man A2

/tʃéərmən チェアマン/
名 (複 **chairmen** /tʃéərmən/) C
❶ **議長; 司会者** (! 議長に呼びかけるときには, 男性には Mr. Chairman, 女性には Madam Chairman という)
参考› chairman は男女ともに用いられる語だが, 性別を感じさせない chair や chairperson が好まれることが多い
❷ (委員会・政党の)**委員長**; (会社の)**会長**

chair·man·ship /tʃéərmənʃìp チェアマンシプ/ 名UC 議長の職[任期]; 委員長[会長]の職[任期]

chair·per·son /tʃéərpə̀:rsn チェアパースン/ 名C 議長; 司会者 (! 男性・女性ともにいる「議長」を表す語が, man (男)からできている chairman しかないのは差別だとして用いられている)

chair·wom·an /tʃéərwùmən チェアウマン/ 名 (複 **chairwomen** /tʃéərwìmən/) C 女性の議長[委員長, 会長]

cha·let /ʃæléi シャレイ/ 名C シャレー《♦スイスアルプス地方などのとがり屋根の山小屋》

chalk /tʃɔ́:k チョーク/ 名 ❶UC チョーク ❷U 白亜
━ 動 他 チョークで書く

chalk·board /tʃɔ́:kbɔ̀:rd チョークボード/ 名C 《米》黒板 (=blackboard)

chalk·y /tʃɔ́:ki チョーキ/ 形 (比較級 **chalkier**; 最上級 **chalkiest**) 白亜質[色]の; チョークのついた

chal·lenge A2 高

/tʃǽləndʒ チャレンヂ/ (×チャレンヂ)
名 (複 **challenges** /tʃǽləndʒəz/)
❶UC **やりがい**; (やりがいのある)**課題, 難問** ❷UC **異議**(の申し立て)
❸C **挑戦**
━ 動 (三単現 **challenges** /tʃǽləndʒəz/; 過去・過分 **challenged** /tʃǽləndʒd/; 現分 **challenging**) 他 ❶ **異議を唱える**
❷ (人)**に挑む, 挑戦する,** 〔試合などを〕(人)に申し込む《*to*》
• They **challenged** us **to** a game of baseball. 彼らは私たちに野球の試合を申し込んだ
日英比較 **challenge と挑戦する**
これは「(人に)試合や戦いなどをいどむ」といった意味なので,「フランス語に挑戦するつもりです」のような場合には, I will try to learn French. などという

chal·lenged /tʃǽləndʒd チャレンヂド/ 形 (心身に)**障がいのある**

chal·leng·er /tʃǽləndʒər チャレンヂャ/ 名C 挑戦者

chal·leng·ing B1 /tʃǽləndʒiŋ チャレンヂング/ 形 **困難だけどやりがいのある, 意欲をそそる; 挑戦的な, 挑発的な**
chállengingly 副 挑戦的に

cham·ber /tʃéimbər チェインバ/ 名C
❶ **会議所, 会館**; 《**the chamber**》**議院** (! Chamber となる場合もある)
❷ **部屋** (=room); **寝室** (=bedroom)

chámber mùsic 名U 室内楽

cha·me·le·on /kəmí:liən カミーリオン/ 名C 《動物》**カメレオン** 《♦周囲の色に合わせ体色を変える》

champ /tʃǽmp チャンプ/ 名C 《口語》**優勝者, チャンピオン** (! champion の短縮形)

cham·pagne A2

/ʃæmpéin シャンペイン/ 名U
シャンパン, シャンパーニュ; シャンパン色 《♦淡い黄褐色》

cham·pi·on B1 高 /tʃǽmpiən チャンピオン/ 名 (複 **champions** /tʃǽmpiənz/)
C ❶ **優勝者, 選手権保持者, チャンピオン(チーム)** (=champ)
❷ (主義などのために戦う)**闘士, 擁護者**
━ 動 他 (主義などを)**擁護する, …のために戦う**

cham·pi·on·ship

A2 高 /tʃǽmpiənʃìp チャンピオンシプ/ 名 (複 **championships** /tʃǽmpiənʃìps/)
❶C **選手権**; 《ふつう **championships**》**選手権試合, 決勝戦**

❷ U (弱者などの)擁護, 支持

chance A2 中

/tʃǽns チャンス | tʃɑ́ːns チャーンス/ 名 (複 **chances** /tʃǽnsəz/)

❶ U C 〔…の; …する〕見込み, 望み, 可能性《of; of doing》

- She **has a good chance of** success. 彼女が成功する可能性は十分ある

❷ C 〔…する〕機会, チャンス《to do》

- miss a **chance** チャンスを逃す

❸ C 危険, 冒険

❹ U C 偶然, 運 (=luck)

as chance would have it 偶然にも

by any chance ひょっとして, 万一

by chance 偶然に, たまたま (=by accident) ⇨❹

- It was entirely **by chance** that I met him yesterday. 昨日彼に会ったのはまったくの偶然だった

***Chances* [*The chances*] *are* (*that*) …** おそらく…だろう

leave … to chance …を運に任す

No chance! = Not a chance! 《口語》(そんなことは)あるはずないよ

on the off chance ひょっとして…かもしれないと思って《of, that …》

stand a chance 〔…する〕見込みがある《of doing》

take a chance いちかばちか[思いきって]やってみる, 危険を冒す ⇨❸

— 形 偶然の, 思いがけない (! 名詞の前に用いる)

— 動 (三単現 **chances** /tʃǽnsəz/; 過去・過分 **chanced** /tʃǽnst/; 現分 **chancing**)

❶ 自 文型 [**chance to** *do*] たまたま…する (=happen to)

❷ 他 《口語》思いきってやってみる

***chance on* [*upon*] …** …に偶然出会う, …をふと見つける

chan·cel·lor B2 /tʃǽnsələr チャンセラ/ 名 C 大学総長; (ドイツ・オーストリアの)首相; 《**the Chancellor**》《英》(=Chancellor of the Exchequer)

Cháncellor of the Exchéquer 名 《**the** をつけて》《英》大蔵大臣

chanc·y /tʃǽnsi チャンスィ/ 形 (比較級 **chancier**; 最上級 **chanciest**) 《口語》あてにならない, 危なっかしい

chan·de·lier /ʃæ̀ndəlíər シャンデリア/ 名 C シャンデリア

change A1 中

/tʃéindʒ チェインヂ/

意味マップ

動 ❶ 変える; 変わる
❷ 取り替える; 乗り換える
❸ 両替する

名 ❶ 変化; 変更
❷ つり銭
❸ 小銭
❹ 取り替え; 乗り換え
❺ 気分転換

— 動 (三単現 **changes** /tʃéindʒəz/; 過去・過分 **changed** /tʃéindʒd/; 現分 **changing**)

❶ 他 変える; 自 変わる, 変化する

- He **changed** his mind. 彼は考えを変えた[気が変わった]
- Would you mind if we **changed** the subject? 話題を替えませんか
- Things have **changed** since then. その時以来さまざまな事が変わってしまった

文型 [**change A into** [**to**] **B**] AをBに変える

• **change** water **into** steam 水を蒸気に変える
• The magician **changed** a stick **into** a snake. 魔法使いは棒をヘビに変えた
❷ 他自 **取り替える,** 〔別のものに; 人と〕**交換する** 《*for; with*》; 〔…に〕**着替える** 《*into*》; **乗り換える**
• **change** *one's* clothes 服を着替える
• Charlotte **changed** the sweater **for** a shirt. シャーロットはセーターをシャツに着替えた
• Will you **change** seats **with** me? 私と席を取り替えてくれますか
• She **changed into** sandals. 彼女はサンダルにはき替えた
• **Change** trains **at** the next station. 次の駅で列車を乗り換えなさい (❗trains と複数形になることに注意)
• **Change to** the Chuo Line at Shinjuku Station. 新宿駅で中央線に乗り換えなさい
❸ 他 **両替する, くずす**
• I **changed** yen **into** dollars. 私は円をドルに両替した

change ... around …を変える; (部屋)の模様替えをする
change over 交代する, 切り替える

— 名 (複 **changes** /tʃéindʒəz/)
❶ C **変化; 変更**
• a **change** of heart 心変わり
• **make** a **change in** the program プログラムを変更する (❗in は「…における, …において」)

コロケーション
形+**change**
a great [major] *change* 大きな変化
a little [minor] *change* 小さな変化
a slight *change* わずかな変化
a dramatic *change* 劇的な変化
a significant *change* 重大な変化
a radical *change* 根本的な変化

❷ U **つり銭**
• **Here's your change**. はい, おつりです
• **Keep the change**. おつりはとっておいてください[いりません]
❸ U **小銭** (❗small change ともいう; 札でなく, 小額の硬貨をさす; ×a change, ×changes としない)
❹ C **取り替え; 着替え; 乗り換え**
• a **change** of government 政権の交替
• a **change** of clothes 着替え(の衣類)
❺ C **気分転換**(になること)

for a change 気分転換に; いつもと変えて

change·a·ble /tʃéindʒəbl チェインヂャブル/ 形 **変わりやすい**

change·o·ver /tʃéindʒòuvər チェインヂョウヴァ/ 名 C (政策・方針などの)**変更, 転換**; (設備などの)**切り替え**

chang·er /tʃéindʒər チェインヂャ/ 名 C **変更[交換]する人[機械]; よく意見の変わる人**

chan·nel B1 /tʃǽnl チャヌル/ 名 (複 **channels** /tʃǽnlz/) C
❶ (テレビ・ラジオの)**チャンネル**
• The program will be screened **on Channel** 4. その番組は4チャンネルで放映される
❷ (情報伝達の)**経路**
• go through the proper **channels** 正当な手続きを踏む
❸ **海峡** (❗strait より大きい) ❹ **水路**

— 動 (三単現 **channels** /tʃǽnlz/; 過去・過分 **channeled**, 《英》**channelled** /tʃǽnld/; 現分 **channeling**, 《英》 **channelling**) 他
❶ 〔…に〕(力・関心・感情を)**注ぐ, 向ける** 《*into*》 ❷ 〔…に〕(資源・資金などを)**提供する** 《*into*》 ❸ **水路を開く; 向ける**

chant /tʃǽnt チャント/ 名 C **詠唱(歌)** 《◆単調なリズムでくり返される旋律》; **くり返し言うことば[スローガン], シュプレヒコール** — 動 他自 **詠唱する**; (スローガンなどを)**くり返して叫ぶ**

cha·os B1 /kéiɑs ケイアス/ (×カオス) 名 U **大混乱, 無秩序, カオス** (↔**cosmos**)
• in **chaos** 大混乱で

cha·ot·ic B2 /keiɑ́tik ケイアティク/ 形 **混沌**(こんとん)**とした; 大混乱の, 無秩序な**

chap[1] /tʃǽp チャプ/ 名 C 《口語》**やつ, 男**

chap[2] /tʃǽp チャプ/ 名 C **あかぎれ**

chap. 《略》chapter 章

chap·el /tʃǽpəl チャペル/ 名 C 《キリスト教》❶(教会・学校・病院に付属した)礼拝堂, チャペル ⇨church ❶
❷《英》(英国国教会以外の)教会堂

chap·er·on(e) /ʃǽpəròun シャペロウン/ 名 C 付き添い《♦行事などで未成年者の監督役をする親や教師など》;《文章》(若い未婚女性の)付き添い婦人

chap·lain /tʃǽplən チャプラン/ 名 C 《キリスト教》(病院・学校などの)礼拝堂付きの司祭[牧師]; 従軍牧師

Chap·lin /tʃǽplin チャプリン/ 名 《Charles Spencer Chaplin》チャップリン(1889–1977)《♦イギリスの喜劇俳優・映画監督; 通称 Charlie Chaplin》

chapped /tʃǽpt チャプト/ 形 (皮膚が)ひびの切れた, あかぎれの

chaps /tʃǽps チャプス/ 名 《複数扱い》(カウボーイのはく尻なしの)革ズボン

chap·ter A2 高

/tʃǽptər チャプタ/ 名 (複 **chapters** /tʃǽptərz/) C ❶(本の)章
• the first **chapter** = **Chapter** 1 [one] 第1章
❷(人生・歴史上の)一時期
❸《米》(クラブ・組合などの)地方支部

char /tʃɑ́ːr チャー/ 動 (三単現 **chars** /tʃɑ́ːrz/; 過去・過分 **charred** /tʃɑ́ːrd/; 現分 **charring**) 他 炭にする; 黒焦げにする

char·ac·ter A1 中

/kǽrəktər キャラクタ/ (×キャラクタ) 名 (複 **characters** /kǽrəktərz/)
❶ U C (人の)性格
• national **character** 国民性

コロケーション
形+**character**
a good *character* よい性格
a bad *character* 悪い性格
a strong [firm] *character* 強い性格
a weak *character* 弱い性格
a unique *character* ユニークな性格

❷特徴, 性質; (物の)特性, 特色
❸人格, 品性
• I was attracted to him for his **character**. 私は彼の人柄にひかれました
❹ C (小説・劇・歴史上の)人物; 登場人物
❺ C (ある性質の)人;《口語》変わり者, 奇人 ❻ C 文字, 記号

in character (その人の性格に)似合った, ふさわしい

out of character (その人)らしくない, ふさわしくない

派生 **characteristic** 形
派生 **characterize** 動

cháracter àctor 名 C 性格俳優

char·ac·ter·is·tic B1 高 /kæ̀rəktərístik キャラクタリスティク/ 名 (複 **characteristics** /kæ̀rəktərístiks/) C 特徴, 特色, 特性

コロケーション
形+**characteristic**
an outstanding *characteristic* 目立った特徴
facial *characteristics* 顔の特徴, 顔立ち
common *characteristics* 共通の特徴

━ 形 〔…に〕特有の, 特徴的な, 独特の《*of*》
• A zebra has **characteristic** stripes on its body. シマウマは体に独特のしまを持っている
派生 **character** 名

chàracterístically 副 特徴として; その人らしいことに

char·ac·ter·i·za·tion /kæ̀rəktərəzéiʃən キャラクタリゼイション/ 名 U 性格を表すこと, 特徴づけ; 性格描写

char·ac·ter·ize B1 /kǽrəktəràiz キャラクタライズ/ (×キャラクタライズ) 動 (三単現 **characterizes** /kǽrəktəràizəz/; 過去・過分 **characterized** /kǽrəktəràizd/; 現分 **characterizing**) 他 特徴づける; 性格づける

cha·rade /ʃəréid シャレイド/ 名
❶《**charades**》シャレード《♦ジェスチャーで示されることばを当てる遊び》(❗単数扱い) ❷ C (見え透いた)うその芝居, 見せかけ

char·coal /tʃɑ́ːrkòul チャーコウル/ 名 U 木炭, 炭(すみ)

charge B1 高 /tʃáːrdʒ チャーヂ/ 名 (複 **charges** /tʃáːrdʒəz/)
❶ C 料金, 使用料; 手数料
• There is a **charge** of 105 yen for using the cash dispenser after 6. 6時以降はATMを使用すると105円の手数料がかかります
• The movie is **free of charge**. その映画は無料だ

似ている単語
料金のいろいろ
fare は乗車料金, 運賃:
a bus **fare** バス運賃
fee は利用料金(入場料など), 複数形 **fees** で授業料や(専門職への)謝礼金:
school **fees** 学費
rent は家や土地の賃貸料金, 家賃:
room **rent** 部屋代

❷ U 受け持ち, 責任; 管理, 監督; 保護, 世話
• Mr. Ito is **in charge of** our class. 伊東先生は私たちのクラスを受け持っている[クラスの担任だ]
❸ C 非難; 告発, 告訴, 容疑
• make a **charge** against ... …を非難[告発]する
❹ C 突撃, 突進; 命令 ❺ U C《電気》電荷; 充電; (弾薬などの)装填(そうてん)
— 動 (三単現 **charges** /tʃáːrdʒəz/; 過去・過分 **charged** /tʃáːrdʒd/; 現分 **charging**)
❶ 他 自〔…に対して〕(料金・代金を) 請求する《*for*》
• How much do you **charge for** this room? この部屋代はいくらですか
文型 [**charge A B**] A(人)にB(料金)を請求する
• He **charged** me twenty dollars **for** the book. 彼はその本の代金として私に20ドル請求した
❷ 他 つけで買う, クレジットカードで払う ❸ 他〔…のことで〕責める, 非難する; 告発する《*with*》(❗しばしば受け身で使う) ❹ 他 充電する; (弾を)詰める
❺ 他 (人に)〔責任などを〕負わせる《*with*》;〔…するよう〕命じる《*to do*》
❻ 他 自 襲う, 攻撃する, 突撃する, 突進する

chárge càrd 名 C クレジットカード

char·i·ot B1 /tʃǽriət チャリオト/ 名 (複 **chariots** /tʃǽriəts チャリオツ/) C (古代の)2輪戦車

cha·ris·ma /kərízmə カリズマ/ 名 U カリスマ《◆人々を引きつけ, 影響を与える教祖的な力》

char·is·mat·ic /kæ̀rəzmǽtik キャリズマティク/ 形 カリスマ的な

char·i·ta·ble /tʃǽrətəbl チャリタブル/ 形 寛大な; 慈悲深い; 慈善のための
cháritably 副 寛大に; 慈悲深く

char·i·ty B1 中 /tʃǽrəti チャリティ/ 名 (複 **charities** /tʃǽrətiz/) ❶ U 慈善, ほどこし, チャリティー; 慈悲心, 思いやり;《形容詞的》慈善のための ❷ C《ふつう **charities**》慈善事業; 慈善施設

chárity shòp 名 C《英》慈善の店(=《米》thrift shop)《◆寄付された古着などを慈善の目的で売る店》

char·la·tan /ʃáːrlətən シャーラタン/ 名 C いかさま師, 食わせ者

Charles /tʃáːrlz チャールズ/ 名 チャールズ《◆男性名》

Char·ley, Char·lie /tʃáːrli チャーリ/ 名 チャーリー《◆男性名; Charles の愛称》

Char·lotte /ʃáːrlət シャーロト/ 名 シャーロット《◆女性名》

charm B1 /tʃáːrm チャーム/ 名 (複 **charms** /tʃáːrmz/)
❶ U 魅力;《**charms**》(女性の)美ぼう, 美しさ, あいきょう; 魔力
❷ C まじない; 魔法; お守り
— 動 (三単現 **charms** /tʃáːrmz/; 過去・過分 **charmed** /tʃáːrmd/; 現分 **charming**)
他 魅惑する, うっとりさせる, 心を奪う; 楽しませる; 魔法をかける

charmed /tʃáːrmd チャームド/ 形 魔法で守られたような, 幸運な

charm·er /tʃáːrmər チャーマ/ 名 C 魅惑する人, 魅力的な人

charm·ing B2 高 /tʃáːrmiŋ チャーミング/ 形 魅力的な, チャーミングな, (とても)

美しい; うっとりさせるような
chármingly 副 うっとりさせるように

charred /tʃá:rd チャード/ 形 黒こげの

chart A2 高
/tʃá:rt チャート/ 名 (複 **charts** /tʃá:rts チャーツ/) C ❶ 図表, グラフ; 海図
❷《the charts》(ポップ音楽の)ヒットチャート
— 動 (三単現 **charts** /tʃá:rts チャーツ/; 過去・過分 **charted** /tʃá:rtəd/; 現分 **charting**) 他 図表にする; 地図[海図]に示す

chart·er /tʃá:rtər チャータ/ 名 C
❶《しばしば Charter》憲章 (◆組織・団体の目的などを述べた宣言(文書))
❷ 特許状 ❸ チャーター, 貸借契約
— 動 他 (乗り物を)借り切る, チャーターする

chase B1 高 /tʃéis チェイス/ 名 (複 **chases** /tʃéisəz/) C 追跡
• a car **chase** カーチェイス
— 動 (三単現 **chases** /tʃéisəz/; 過去・過分 **chased** /tʃéist/; 現分 **chasing**)
❶ 他自 追いかける, 追跡する
❷ 他 追い払う《*away, off*》

chasm /kǽzəm キャズム/ (×チャズム) 名 C (地表・氷河などの)深い裂け目; (意見・感情などの)隔たり, 食い違い

chas·sis /ʃǽsi シャスィ/ 名 (複 **chassis** /ʃǽsiz/) C 車台, シャシー; (飛行機の)主脚 (◆着陸装置の一部)

chaste /tʃéist チェイスト/ 形 純潔な; 貞節な

chas·ten /tʃéisən チェイスン/ 動 他《文章》こらしめる

chas·tise /tʃæstáiz チャスタイズ/ 動 他《文章》強くとがめる, 厳しく罰する

chas·ti·ty /tʃǽstəti チャスティティ/ 名 U 純潔; 貞節

chat A2 高
/tʃǽt チャト/ 動 (三単現 **chats** /tʃǽts チャツ/; 過去・過分 **chatted** /tʃǽtəd/; 現分 **chatting**) 自 雑談する, おしゃべりする; 《コンピュータ》チャットをする
• They **chatted** over coffee for a while. 彼らはコーヒーを飲みながらしばらくのあいだ談笑した
— 名 (複 **chats** /tʃǽts チャツ/) U C 雑談, おしゃべり; 《コンピュータ》チャット
派生 chatty 形

châ·teau, cha·teau /ʃætóu シャトウ/ 名 (複 **châteaus**, **châteaux** /ʃætóuz/) (フランスの)大邸宅; 城

chát ròom 名 C (インターネットの)チャットルーム (◆ウェブサイト上でほかの人たちと話し合えるサイト)

chát shòw B1 名《英》(テレビ・ラジオの)トークショー (=《米》talk show)

chat·ter /tʃǽtər チャタ/ 動 自 (くだらないことを)ペチャクチャしゃべる; ガタガタ音をたてる
— 名 U おしゃべり; ガタガタいう音

chat·ter·box /tʃǽtərbàks チャタバクス/ 名 C 《口語》おしゃべりな人

chat·ty /tʃǽti チャティ/ 形 (比較級 **chattier**; 最上級 **chattiest**) おしゃべりな; 打ち解けた 派生 chat 名

Chau·cer /tʃɔ́:sər チョーサ/ 名《**Geoffrey Chaucer**》チョーサー (1340?–1400) (◆英国の詩人)

chauf·feur /ʃóufər ショウファ, ʃoufə́:r ショウファー/ 名 C (自家用車の)おかかえ運転手
— 動 他 自家用車で送る[案内する]

chau·vin·ism /ʃóuvənìzm ショウヴィニズム/ 名 U 盲目的愛国主義; 男性優越主義; 人種差別主義

chau·vin·ist /ʃóuvənist ショウヴィニスト/ 名 C 盲目的愛国主義者; 男性優越主義者 (=male chauvinist); 人種差別主義者

chau·vin·is·tic /ʃòuvənístik ショウヴィニスティク/ 形 盲目的愛国主義の; 性[人種]差別主義の

cheap A2 中
/tʃí:p チープ/
形 (比較級 **cheaper**; 最上級 **cheapest**)

❶安い (↔**dear**, **expensive**); 安っぽい, 安物の; 粗悪な (❗ cheap には「品質が劣って安っぽい」の意味が含まれるが, inexpensive は単に「値段が安い」という意味)
• This is too **expensive**. Show me a **cheaper** one. これは高すぎる. もっと安いのを出してくれ
❷《米》《口語》けちな, しみったれた (=mean)
❸苦労しないで手に入る, 楽な
━副《口語》安く, 安価に
• buy [sell] bananas **cheap** バナナを安く買う[売る]

cheap·en /tʃíːpən チープン/ 動 他 安くする; 安っぽくする; 自 安くなる

cheap·ly /tʃíːpli チープリ/ 副 安く; 安っぽく; たやすく

cheap·ness /tʃíːpnəs チープネス/ 名 U 安さ; 安っぽさ

chéap shót 名 C 卑劣なことば[行為], 不当なあてつけ; (スポーツで)きたないラフプレー

cheap·skate /tʃíːpskèit チープスケイト/ 名《口語》けちな人

cheat B2 /tʃíːt チート/ 動 ❶他 だます; 文型 [**cheat A** (**out**) **of B**] A(人)からB(金品)をだまし取る ❷自 いかさまをする, ごまかす
• **cheat in** [**on**] an examination 試験でカンニングをする (❗ cunning は「ずるい」の意味;「カンニング」の意味はない)
cheat on ... (浮気をして)…を裏切る
━名 C 不正なことをする人; 不正行為

cheat·er /tʃíːtər チータ/ 名 C ごまかす人; 詐欺師

check A1 中

/tʃék チェク/ 名 (複 **checks** /tʃéks/)
❶C 照合, 検査, 点検; 照合済みの印(✓) ⇨**checklist**
• He gave the list a quick **check**. 彼はそのリストをざっと照合した
❷C 妨害, 阻止; (突然の)停止
❸U C 格子じま, チェック(模様)
❹C《米》小切手 (=《英》cheque)
❺C《米》(食堂などの)伝票, 勘定書き (=《英》bill)
• Can I have the [my] **check**? (レストランなどで)お勘定をお願いします
❻C (手荷物の)預り証[札]
❼U《チェス》チェック, 王手
hold [***keep***] ***... in check*** …を抑え込む, 食い止める
━動 (三単現 **checks** /tʃéks/; 過去・過分 **checked** /tʃékt/; 現分 **checking**)
❶他 自 (項目などを)照合する, 確認する, チェックする, 調べる;《米》照合済みの印(✓)をつける (=《英》tick)
• Please **check that** you have locked the door. ドアのかぎをかけたか調べて下さい
• Did you **check** to see **if** the gas was off ガスが止まっているか確認しましたか
• **Check** the website **for** more information. ウェブサイトでもっと詳しい情報を調べてみなさい
❷他 抑える, 食い止める; 阻止する, 防ぐ
• Henry couldn't **check** his anger. ヘンリーは自分の怒りを抑えられなかった
❸他《米》(持ち物を)預ける
❹他《チェス》(相手のキングに)王手をかける
check in (ホテルなどで)チェックインする; (旅客機の)搭乗手続きをする
check into ① チェックインする ② 調査する
check off 照合済みの印(✓)をつける
check on ... …を調べる; …を確認する
check out (ホテルなどを)勘定を払って出る, チェックアウトする;《米》(スーパーなどで, 買い物の)支払いを済ませる;《米》(図書館で本などを)借り出す
check over 調べる, 検査する
check up on ... …を調べあげる

check·book /tʃékbùk チェクブク/ 名 C 小切手帳

checked /tʃékt チェクト/ 形 格子縞(じま)の, チェックの

check·er /tʃékər チェカ/ 名
❶《checkers》《単数扱い》《米》チェッカー (=《英》draughts)《◆2人が12個ずつのこまを使ってするゲーム》; C チェッカーのこま ❷C チェック模様
❸検査官; レジ係

check·er·board /tʃékərbɔ̀ːrd チェカボード/ 名C チェッカー盤; 格子じま模様のもの

check·ered /tʃékərd チェカド/ 形
❶格子じまの, チェック模様の
❷変化に富んだ, 波乱の多い

check-in B1 /tʃékìn チェキン/ 名CU (ホテルなどの)チェックイン (↔**check-out**); (飛行機の)搭乗手続き

chécking accòunt 名C《米》当座預金 (=《英》current account)

check·list /tʃéklìst チェクリスト/ 名C 照合表, 一覧表, チェックリスト

check·mate /tʃékmèit チェクメイト/ 名U《チェス》チェックメイト《◆将棋でいう王手詰み》; (事業などの)行き詰まり

check·out, check-out B1 /tʃékàut チェカウト/ 名 (複 **checkouts** /tʃékàuts チェカウツ/) CU ❶(ホテルなどでの)チェックアウト (↔**check-in**); (買い物の)合計 ❷(スーパーなどの)レジ, 会計場 (=checkout counter)

check·point B2 /tʃékpɔ̀int チェクポイント/ 名C (道路・国境などの)検問所

check·room /tʃékrùːm チェクルーム/ 名C《米》携帯品[手荷物]預り所

check·up /tʃékʌ̀p チェカプ/ 名C《口語》(総合)健康診断; (機械などの)点検

ched·dar /tʃédər チェダ/ 名U チェダーチーズ

cheek A2 高

/tʃíːk チーク/ 名 (複 **cheeks** /tʃíːks/)
❶C ほお ❷U《英》《口語》ずうずうしさ, ずうずうしい態度[ことば]

cheek·bone /tʃíːkbòun チークボウン/ 名C《解剖》ほお骨

cheek·y B2 /tʃíːki チーキ/ 形 (比較級 **cheekier**; 最上級 **cheekiest**) ずうずうしい; 生意気な

cheep /tʃíːp チープ/ 動自 (ひな鳥が)ピヨピヨと鳴く
━名C ピヨピヨと鳴く声

cheer A2 中

/tʃíər チア/ 動 (三単現 **cheers** /tʃíərz/; 過去・過分 **cheered** /tʃíərd/; 現分 **cheering** /tʃíəriŋ/)
❶他自 声援する, かっさいする
• We all **cheered** our team. 私たちはみんな私たちのチームに声援を送った
❷他 元気づける, 励ます; 自 元気づく

cheer on 声援する, 励ます
cheer up 元気が出る; 元気づける
━名 (複 **cheers** /tʃíərz/)
❶C かっさい, 歓呼, ばんざい; U 励まし, 声援, 激励; 喜び; 活気
❷《**cheers**》《間投詞的》《英》《口語》乾杯! (=Bottoms up!)
派生 **cheerful** 形

cheer·ful B1 高 /tʃíərfəl チアフル/ 形 元気のいい, 機嫌のいい, 陽気な, 明るい (↔**gloomy**); 楽しい
派生 **cheer** 名; 派生 **cheerfully** 副

cheer·ful·ly B2 /tʃíərfəli チアフリ/ 副 元気よく, 楽しそうに

cheer·ful·ness B2 /tʃíərfəlnəs チアフルネス/ 名U 元気のいいこと, 陽気さ, 快活さ

cheer·lead·er /tʃíərlìːdər チアリーダ/ 名C (アメフトなどの試合の)チアリーダー, 応援指揮者 (×cheer girl とはいわない)
⇨**cheer**

cheer·less /tʃíərləs チアレス/ 形 楽しくない; 陰気な

cheer·y /tʃíəri チアリ/ 形 (比較級 **cheerier**; 最上級 **cheeriest**) 元気いっぱいの, 陽気な; 機嫌のいい

cheese A1 高

/tʃíːz チーズ/ 名 (複 **cheeses** /tʃíːzəz/) UC チーズ
• **a slice of cheese** チーズ1切れ (! cheese は数えられない名詞なので, ふつう ×*a* cheese, ×cheese*s* のようにしない

が, 種類の違うチーズをいうときは five cheeses (5種類のチーズ)のように複数形になる)

Say cheese! (写真撮影で)はいチーズ, さあ笑って (❗「チーズ」と言うと口元が笑って見えるから)

cheese·burg·er /tʃíːzbə̀ːrgər チーズバーガ/ 名 C チーズバーガー

cheese·cake /tʃíːzkèik チーズケイク/ 名 U C チーズケーキ

chees·y /tʃíːzi チーズィ/ 形 (比較級 **cheesier**; 最上級 **cheesiest**) 《口語》 安っぽい, かっこ悪い; 偽りの

chee·tah /tʃíːtə チータ/ 名 C 《動物》 チータ 《◆ヒョウに似たネコ科の動物》

chef A2 中

/ʃéf シェフ/ 名 (複 **chefs** /ʃéfs/) C 料理長, コック長, シェフ; 料理人

chef-d'oeu·vre /ʃeidə́ːvrə シェイダーヴル/ 名 (複 **chefs-d'oeuvre** /ʃeidə́ːvrə/) C 《フランス語》 (美術などの)傑作, 名作 (=masterpiece)

chem·i·cal A2 高

/kémikəl ケミカル/ 形

化学の, 化学上の, 化学的な

• a **chemical** company [plant] 化学薬品会社[化学工場]

━ 名 (複 **chemicals** /kémikəlz/) C 《ふつう **chemicals**》 化学製品, 化学薬品, 化学物質

派生 **chemistry** 名

chem·ist B1 /kémist ケミスト/ 名 (複 **chemists** /kémists ケミスツ/) C

❶ 化学者 ❷ 《英》 薬剤師, 薬屋さん (❗人) ⇨**druggist**

chem·is·try B1 /kéməstri ケミストリ/ 名 U ❶ 化学; 化学的性質[反応, 作用] ❷ (人間の)相性; 人間関係

派生 **chemical** 形

chem·o·ther·a·py B2 /kìːmouθérəpi キーモウセラピ/ 名 U 化学療法

cheque A2

/tʃék チェク/ 名 (複 **cheques** /tʃéks/) C 《英》 小切手 (❗《米》 では check とつづる)

cher·ish B1 高 /tʃériʃ チェリシュ/ 動 (三単現 **cherishes** /tʃériʃəz/; 過去・過分 **cherished** /tʃériʃt/; 現分 **cherishing**) 他 ❶ (希望・記憶などを)胸にいだく, なつかしむ ❷ (人・動物などを)大切にする, 大事に育てる

Cher·no·byl /tʃəːrnóubəl チェーノウビル/ 名 チェルノブイリ 《◆ウクライナ北部の都市; 1986年原発で事故が発生》

cher·ry B2 中 /tʃéri チェリ/ 名 (複 **cherries** /tʃériz/) ❶ C サクランボ ❷ C 《植物》 サクラの木 (=cherry tree); U サクラ材 • **cherry** blossoms 桜の花

chérry blòssom 名 C サクラの花

cher·ub /tʃérəb チェラブ/ 名 C ケルビム(の絵, 彫像) 《◆小翼のある幼児の天使》

chess A2

/tʃés チェス/ 名 U

チェス 《◆日本の将棋に似たゲーム》

chess·board /tʃésbɔ̀ːrd チェスボード/ 名 C チェス盤 《◆64のます目がある; checkerboard と同じもの》

chest A2 高

/tʃést チェスト/ 名 (複 **chests** /tʃésts チェスツ/) ❶ C 胸, 胸部 《◆chest は肋骨(ろっこつ)や胸骨に囲まれた部分で, breast は chest の前部をさす》 ⇨**breast**, **bosom**

❷ C (ふた付きの) 大箱 ⇨ **chest of drawers**

get A off one's chest 《口語》 A (悩みなど)を打ち明けて楽になる

chest·nut /tʃésnʌ̀t チェスナト/ 名 C 《植物》 クリの実; クリの木 (=chestnut tree)

chést of dráwers B1 名 (複 **chests of drawers**) C たんす (❗drawer は引出し)

chew B2 /tʃúː チュー/ 動 他 自 かむ, かんで食べる; かみ砕く

chew out 《米》《口語》 しかりとばす

chew over じっくり考える

━ 名 C かむこと, ひとかみ

chéwing gùm B1 名 U C チューインガム

chew·y /tʃúːi チューイ/ 形 (比較級 **chewier**; 最上級 **chewiest**) (食べ物が)よくかまないと飲み込めない, なかなかかみ切れない

Chiang-mai /tʃàːŋ mái チャーングマイ/ 名 チェンマイ《♦タイ北西部の都市》

chic /ʃíːk シーク/ 形 いきな, 趣味のいい, シックな

Chi·ca·go 高 /ʃikáːgou シカーゴウ/ 名 シカゴ《♦イリノイ州にある米国第3の大都市》

chick /tʃík チク/ 名 C ひよこ, ひな鳥; 子ども

chick·en A1 高

/tʃíkən チキン/ 名 (複 **chickens** /tʃíkənz/) ❶ C ニワトリ (❗「雄鶏(おんどり)」は rooster, cock;「雌鶏(めんどり)」は hen で, chicken はその両方を含む)

❷ C ひな鳥, ひよこ

❸ U とり肉, チキン (❗この意味では不可算なので, a piece of chicken (1切れのチキン)のように用いる)

• fried **chicken** フライドチキン

❹ C 弱虫, 臆病者

— 動 (三単現 **chickens** /tʃíkənz/; 過去・過分 **chickened** /tʃíkənd/; 現分 **chickening**) 《次の成句で》

chicken out 《口語》〔…を〕おじけづいてやめる《*of*》

chick·en·pox /tʃíkənpɑ̀ks チキンパクス/ 名 U 水ぼうそう

chícken wìre 名 U (ニワトリ小屋などの)金網

chic·o·ry /tʃíkəri チコリ/ 名 U 《植物》チコリ, キクニガナ

chide /tʃáid チャイド/ 動 他 《文章》(人を)〔…のことで〕たしなめる, しかる《*for*》

chief B1 /tʃíːf チーフ/ 形 主要な, 第一の ⇨**main**; …長 (❗名詞の前に用いる)

• the **chief** engineer 主任技師

— 名 (複 **chiefs** /tʃíːfs/) C

❶ (ある団体の)長, かしら, チーフ

• He is the **chief** of this project. 彼はこのプロジェクトの責任者です

❷ (部族の)族長

in chief 最高位の

Chíef Exécutive 名 《the をつけて》《米》大統領

chíef exécutive ófficer 名 C (企業の)最高経営責任者《♦代表取締役, 社長など; CEOと略す》

chíef jústice 名 C 裁判長; 《the Chief Justice》《米》最高裁判所長官

chief·ly /tʃíːfli チーフリ/ 副 おもに, 主として; まず, 第1に

chief·tain /tʃíːftən チーフテン/ 名 C (盗賊などの)首領; 族長

chi·hua·hua /tʃiwáːwə チワーワ/ 名 C 《動物》チワワ犬《♦メキシコ原産の小型犬》

chil·blain /tʃílblèin チルブレイン/ 名 C 《ふつう **chilblains**》しもやけ

child A1 中

/tʃáild チャイルド/

名 (複 **children** /tʃíldrən/) C

❶ (おとなに対して)子ども (❗男の子にも女の子にも使い, 胎児(たいじ)・幼児から, 12, 13歳ごろまでの子どもをさす;「おとな」は adult)

• when I was a **child** 私が子どものころ

関連語〉 単語力

baby 赤ちゃん

infant 赤んぼう《♦baby のかたい表現》

toddler よちよち歩きの幼児

kid 《口語》子ども (=child)

teenager (13-19歳の)ティーンエイジャー

boy 男の子

girl 女の子

❷ (親に対して)子, 子ども (❗息子 (son), または娘 (daughter) のこと;「親」は parent)

コロケーション

動+**child**

have a *child* 子どもがいる, 子どもができる

be carrying a *child* 子どもを妊娠している

bring up a *child* 子どもを育てる

adopt a *child* 子どもを養子にする

spoil a *child* 子どもをあまやかす

chíld abùse 名U 児童虐待(ぎゃくたい)

child·bear·ing /tʃáildbèəriŋ チャイルドベアリング/ 名U 出産;《形容詞的》出産の, 出産可能な

chíld bénefit 名U《英》(政府が子どものいる家庭に給付する)育児手当

child·birth /tʃáildbə̀:rθ チャイルドバース/ 名U 出産, 分娩(ぶんべん)

child·care /tʃáildkèər チャイルドケア/ 名U 児童保護

child·hood A2高

/tʃáildhùd チャイルドフド/ 名 (複 **child·hoods** /tʃáildhùdz チャイルドフヅ/) UC 子どものころ, 幼年時代

• in my **childhood** 私の子どものころに

child·ish B2 /tʃáildiʃ チャイルディシュ/ 形 子どもじみた, 幼稚な, おとなげない (! 悪い意味で用いる); 子どもの, 子どもらしい ⇨**childlike**

chíldishly 副 子どもっぽく

chíldishness 名U 子どもっぽさ

child·less /tʃáildləs チャイルドレス/ 形 子どものない

child·like /tʃáildlàik チャイルドライク/ 形 子どものような, 純真な, むじゃきな (! よい意味で使う; childish は軽べつ的)

child·mind·er /tʃáildmàindər チャイルドマインダ/ 名C《英》(両親の働いている間)子どもの世話をする人

chil·dren 中 /tʃíldrən チルドレン/ 名 child の複数形

chíld sùpport 名U (子どもの)養育費《♦子どもと同居していない場合に, 別れた妻または夫に払う》

Chil·e /tʃíli チリ/ 名 チリ《♦南米の太平洋岸に長くのびた共和国; 首都はサンティアゴ(Santiago); 公用語はスペイン語》

chil·i A2

/tʃíli チリ/ 名 (複 **chilies** /tʃíliz/) UC チリ《♦トウガラシの一種》; U チリコンカルネ《♦豆, ひき肉などをチリで煮込んだ料理》

chill /tʃíl チル/ 名C《単数形で》(空気の)冷たさ, 冷気; 寒け, 悪寒(おかん) (! かぜなどの, または恐怖によるもの)

— 動 (三単現 **chills** /tʃílz/; 過去·過分 **chilled** /tʃíld/; 現分 **chilling**) 他

❶ 冷やす; 自 冷える; 寒けがする

❷ 他 (恐怖で)ぞっとさせる

❸ 他 (熱意などを)くじく, さます

chill out《口語》頭を冷やす, 落ち着く (! ふつう命令文で使う)

chil·li /tʃíli チリ/ 名《英》(=chili)

chill·ing /tʃíliŋ チリング/ 形 ぞっとするような

chill·y /tʃíli チリ/ 形 (比較級 **chillier**; 最上級 **chilliest**) ❶ ひえびえする, 冷たい ❷ 冷淡な, よそよそしい

chime /tʃáim チャイム/ 名C

❶ (教会の塔(とう)などの調律した1組の)鐘(かね);《**chimes**》鐘の音

❷ (時計や玄関の)チャイム

— 動 (三単現 **chimes** /tʃáimz/; 過去·過分 **chimed** /tʃáimd/; 現分 **chiming**) 他 (鐘を)鳴らす; 自 (鐘が)鳴る

chime in 会話に割り込む; 調和する

chim·ney B2 /tʃímni チムニ/ 名 (複 **chimneys** /tʃímniz/) C 煙突

chímney swèep 名C 煙突そうじ人

chimp /tʃímp チンプ/ 名《口語》(=chimpanzee)

chim·pan·zee A2高

/tʃìmpænzí: チンパンズィー/ (発音 アクセントに注意) 名 (複 **chimpanzees** /tʃìmpænzí:z/) C《動物》チンパンジー ⇨**ape**

chin A2高

/tʃín チン/ 名 (複 **chins** /tʃínz/) C あご先, 下あご (!「あご全体」は jaw)

(***keep*** *one's*) ***chin up*** (困難なときにも)元気を失わない (! 命令形で使うことが多い)

Chi·na 中 /tʃáinə チャイナ/ 名 中国《♦正式名 the People's Republic of China (中華人民共和国); 首都はペキン(Beijing); 公用語は中国語》

派生 **Chinese** 形名

chi·na /tʃáinə チャイナ/ 名 U 磁器; 陶磁器類, 瀬戸物(せともの)

Chi·na·town /tʃáinətàun チャイナタウン/ 名 C (中国以外の都市の)中国人街, チャイナタウン

Chi·nese 中 /tʃàiníːz チャイニーズ/ 形 中国の, 中国人の, 中国語の
• the **Chinese** Wall 万里の長城 (=the Great Wall of China)
— 名 (複 **Chinese**) ❶ C 中国人; 《the Chinese》中国国民 (! 複数扱い)
❷ U 中国語
派生 **China** 名

chink[1] /tʃíŋk チンク/ 名 C 割れ目; すきま

chink[2] /tʃíŋk チンク/ 名 C チリン, チャリン (! ガラスや金属のぶつかる音)

chi·no /tʃíːnou チーノウ/ 名 (複 **chinos** /tʃíːnouz/) U チノ 《♦じょうぶな綿布》; 《chinos》チノのズボン, チノパン

Chi·nook /ʃənúːk シヌーク, tʃinúːk チヌーク/ 名 (複 **Chinooks** /ʃənúːks/, **Chinook**) C チヌーク族 《♦北米の北西部に住むアメリカ先住民の1部族》; U チヌーク語

chintz /tʃínts チンツ/ 名 U さらさ, チンツ 《♦模様入りの厚地の綿布》

chin-up /tʃínʌ̀p チナプ/ 名 C 懸垂(けんすい)

chip B2 高 /tʃíp チプ/ 名 C ❶ 《chips》《米》(薄切りの)ポテトチップス
• a bag of **chips** 1袋のポテトチップス (=《英》crisps)
❷ 《chips》《英》(細長の)フライドポテト
❸ 《電子工学》(=microchip) ❹ 木片, こっぱ; かけら ❺ 切れ端; 欠けた箇所 ❻ (ポーカーなどでの)チップ
— 動 (三単現 **chips** /tʃíps/; 過去・過分 **chipped** /tʃípt/; 現分 **chipping**) 他自 削る; 欠く; 欠ける
chip in ① 会話に割り込む, 口をはさむ ② (お金を)出し合う

chip·munk /tʃípmʌ̀ŋk チプマンク/ 名 C 《動物》シマリス 《♦背に縦じまがある小型のリス》

chip·per /tʃípər チパ/ 形 《米》《口語》元気のよい, 快活な

chi·rop·o·dist /kərɑ́pədist キラポディスト/ 名 C 《英》(まめ・たこなどの)足治療医 (=《米》podiatrist)

chi·ro·prac·tic /kàirəprǽktik カイロプラクティク/ 名 U カイロプラクティック 《♦脊椎(せきつい)徒手(としゅ)療法》

chirp A2

/tʃɑ́ːrp チャープ/ 動 (三単現 **chirps** /tʃɑ́ːrps/; 過去・過分 **chirped** /tʃɑ́ːrpt/; 現分 **chirping**) 自 (小鳥・虫が) 鳴く, チッチッとさえずる[鳴く]
— 名 (複 **chirps** /tʃɑ́ːrps/) C (小鳥・虫の)チッチッ鳴く声

chis·el /tʃízəl チズル/ 名 C (木・石などを彫る)のみ
— 動 (三単現 **chisels** /tʃízəlz/; 過去・過分 **chiseled**, 《英》 **chiselled** /tʃízəld/; 現分 **chiseling**, 《英》**chiselling**) 他 ❶ のみで彫る ❷ だます; だましとる

chit /tʃít チト/ 名 C 伝票; メモ

chit·chat /tʃíttʃæ̀t チトチャト/ 名 U 《口語》おしゃべり, 雑談
— 動 (三単現 **chitchats** /tʃíttʃæ̀tts チトチャツ/; 過去・過分 **chitchatted** /tʃíttʃæ̀təd/; 現分 **chitchatting**) 自 おしゃべり[雑談]する

chiv·al·rous /ʃívəlrəs シヴァルラス/ 形 《文章》騎士道的な, 礼儀正しい; 親切な

chiv·al·ry /ʃívəlri シヴァルリ/ 名 U (中世の)騎士制度; 騎士道(精神); 礼儀正しさ; 親切さ

chive /tʃáiv チャイヴ/ 名 C 《植物》エゾアサツキ, チャイブ; 《ふつう chives》チャイブの葉 《♦サラダ・スープの薬味にする》

chlo·ri·nate /klɔ́ːrənèit クローリネイト/ 動 他 塩素で処理[消毒]する

chlo·rine /klɔ́ːriːn クローリーン/ 名 U 《化学》塩素 《♦元素記号 Cl》

chlo·ro·fluor·o·car·bon /klɔ̀ːrəflùərəkɑ́ːrbən クローロフルアロカーボン/ 名 U 《化学》クロロフルオロカーボン, フロンガス (! CFCと略す) ⇨**CFC**

chlo·ro·form /klɔ́ːrəfɔ̀ːrm クローロフォー

ム/ 名 U 《化学》 クロロホルム

chlo·ro·phyll /klɔ́:rəfil クローロフィル/ 名 U 《生物》 葉緑素

choc·o·late A1 中 /tʃɔ́:klət チョークレト|tʃɔ́klət チョクレト/ (×チョコレート) 名 (複 **chocolates** /tʃɔ́:kləts チョークレツ/)

❶ U C チョコレート ⇨**cacao**; U (飲料の) ココア, チョコレート飲料 (= cocoa)

• **a bar of chocolate** 板チョコ1枚

❷ U チョコレート色

━ 形 チョコレート(色)の

choice A2 中 /tʃɔ́is チョイス/ 名 (複 **choices** /tʃɔ́isəz/)

❶ U C 選ぶこと, 選択

• Be careful in your **choice of** doctors. 医者選びには注意しなさい

• I **made a choice** between studying Chinese and French. 私は中国語かフランス語かどちらを勉強するか決めた

❷ U 選択権, 選ぶ自由; 選択の機会; 《単数形で》 選択の範囲

• You have no **choice**; you must do it. 君には選ぶ自由はない(好き嫌いなど言えない). 君はそれをしなければならない

• The shop offers a wide **choice** of cell phones. その店は携帯を豊富にそろえている

❸ C 選んだ物[人], えりぬき

• **Take** your **choice**. 君の好きなのをとれよ

by* [*for*] *choice 自分で選んで, 好んで

have no choice but to *do* …するより仕方がない

of *one's* **(*own*)** ***choice*** 自分で選んだ

━ 形 (比較級 **choicer**; 最上級 **choicest**) 特選の, えりぬきの, 最上の

派生 **choose** 動

choir B1 /kwáiər クワイア/ (×チョーア, ×コーア) 名 (複 **choirs** /kwáiərz/) C (教会の) 聖歌隊; (一般の) 合唱団; 聖歌隊席

choke B1 /tʃóuk チョウク/ 動 (三単現 **chokes** /tʃóuks/; 過去・過分 **choked** /tʃóukt/; 現分 **choking**)

❶ 他 窒息(ちっそく)させる; 自 息がつまる ❷ 他 つまらす

choke up (感情が高ぶって)ものが言えない; ものを言えなくする; (パイプ・声などを)つまらせる

━ 名 (複 **chokes** /tʃóuks/) C 窒息

chol·er·a /kálərə カレラ/ 名 U 《医学》 コレラ

cho·les·ter·ol /kəléstərɔ̀:l コレステロール/ 名 U コレステロール

Cho·mo·lung·ma /tʃòuməlúŋmə チョウモルンマ/ 名 チョモランマ 《◆エベレスト (Everest) のチベット語名》

choose A1 中 /tʃú:z チューズ/ 動 (三単現 **chooses** /tʃú:zəz/; 過去 **chose** /tʃóuz/; 過分 **chosen** /tʃóuzn/; 現分 **choosing**)

❶ 他 自 〔…から〕 選ぶ, 選択する 《*between, from, out of*》

• **choose** one thing **from** [**out of**] many 多数の中から1つを選ぶ

• We **choose** our lunch **from** a menu. 私たちはメニューを見て昼食を選びます

文型 [**choose A B** = **choose B for A**] A(人)にB(物)を選んであげる

• I **chose** my son a book. = I **chose** a book **for** my son. 息子に本を選んでやった

文型 [**choose A (as) C** = **choose A to be C**] A(人)をC(役職など)に選ぶ

似ている単語

選ぶ－**choose, select, elect**

choose は「選ぶ」の最もふつうな語で2つ[2人]以上のもの[人]から選択すること. **select** は多くの中から最適なものをよりすぐること. **elect** は選挙で選ぶこと:

choose between a white shirt and a blue one 白か青のシャツのどちらかを選ぶ (❗×select between ...)

I **selected** the best songs and

dubbed them. いい歌をよりすぐってダビングした
He was **elected** President. 彼は大統領に選出された
❷ 他自 決める, 望む; 文型 [**choose to** *do*] …することに決める
派生 **choice** 名

choos·y /tʃúːzi チューズィ/ 形 (比較級 **choosier**; 最上級 **choosiest**) えり好みする, 好みにうるさい

chop B2 /tʃáp チャプ/ 動 (三単現 **chops** /tʃáps/; 過去・過分 **chopped** /tʃápt/; 現分 **chopping**) ❶ 他自 (おの・なたなどで)たたき切る ❷ 他 (肉・野菜などを)細かく刻む《*up*》
━ 名 C たたき切ること; (鋭い)一撃; (ふつうあばら骨付きの)厚い肉片, チョップ
• pork **chops** ポークチョップ

Cho·pin /ʃóupæn ショウパン | ʃɔ́pæːŋ ショパーン/ 名 《**Frederic** /フレデリーク/ **F. Chopin**》 ショパン (1810–1849) 《♦ポーランドで生まれ, おもにフランスで活動したロマン派のピアニスト・作曲家》

chop·per /tʃápər チャパ/ 名 C ❶ おの; 肉切り包丁 ❷《口語》ヘリコプター

chop·py /tʃápi チャピ/ 形 (比較級 **choppier**; 最上級 **choppiest**) (海が)波立った, 荒れた

chop·stick 高 /tʃápstìk チャプスティク/ 名 C 《ふつう **chopsticks**》 箸(はし)

chop su·ey /tʃáp súːi チャプ スーイ/ 名 U 《料理》チャプスイ 《♦肉・魚と野菜の煮込みをごはんにかける米国式中国料理》

cho·ral /kɔ́ːrəl コーラル/ (×チョーラル) 形 合唱の; 聖歌隊の
派生 **chorus** 名

chord /kɔ́ːrd コード/ 名 C 《音楽》和音, コード; (楽器の)弦; 《数学》弦
strike a chord (物事が)聞き覚え[見覚え]がある, 心の琴線(きんせん)に触れる

chore /tʃɔ́ːr チョー/ 名 C 雑用; 《**chores**》(家庭の)決まりきった仕事

cho·re·o·graph /kɔ́ːriəgræ̀f コーリオグラフ/ 動 他 (バレエなどの)振り付けをする; 念入りに準備する

cho·re·og·ra·pher /kɔ̀ːriágrəfər コーリアグラファ/ 名 C (バレエなどの)振り付け師

cho·re·og·ra·phy /kɔ̀ːriágrəfi コーリアグラフィ/ 名 U (バレエなどの)振り付け

chor·tle /tʃɔ́ːrtl チョートル/ 動 自 (喜んで)くっくっと笑う
━ 名 C くっくっという笑い声

cho·rus 中 /kɔ́ːrəs コーラス/ (×チョウラス) 名 C ❶ 合唱, コーラス; 合唱曲; 合唱団 ❷ いっせいの発声[ことば]
in chorus 合唱して; 声をそろえて
━ 動 他自 合唱する; 声をそろえていう
派生 **choral** 形

chose /tʃóuz チョウズ/ 動 choose の過去

cho·sen /tʃóuzən チョウズン/ 動 choose の過去分詞
━ 形 選ばれた; 好みに合った

chow /tʃáu チャウ/ 名 C 《動物》チャウチャウ (=chow chow)

chow·der /tʃáudər チャウダ/ 名 U 《料理》チャウダー 《♦濃いクリームスープ》

chow mein /tʃàu méin チャウ メイン/ 名 U 《料理》チャーメン 《♦米国風の中華焼きそば》

Chris /krís クリス/ 名 クリス 《♦男性名; Christopher の愛称》; クリス 《♦女性名; Christina, Christine の愛称》

Christ /kráist クライスト/ 名 キリスト (❗「救世主」の意; ふつう Jesus Christ (イエス・キリスト)をさす)

chris·ten /krísən クリスン/ 動 他 洗礼をする; 洗礼をして…と命名する

chris·ten·ing /krísəniŋ クリスニング/ 名 UC 洗礼命名; 洗礼命名式

Chris·tian B1 高 /krístʃən クリスチャン/ 形 キリスト教の, キリスト教徒の
━ 名 (複 **Christians** /krístʃənz/) C キリスト教徒, クリスチャン

Chris·ti·an·i·ty /krìstʃiǽnəti クリスチアニティ/ 名 U キリスト教; キリスト教精神

Chrístian náme 名 C クリスチャンネーム, 洗礼名 (= first [given] name) 《♦幼児洗礼の時に与える名; John Lennon の John がそれ》 ⇨**baptism**

Chrístian Scíence 名U クリスチャンサイエンス《◆米国のキリスト教の一派; 信仰による病気の治療を唱える》

Chris·ti·na /kristíːnə クリスティーナ/ 名 クリスティーナ《◆女性名》

Chris·tine /krístiːn クリスティーン/ 名 クリスティーン《◆女性名》

Christ·mas 中 /krísməs クリスマス/ 名 (複 **Christmases** /krísməsəz/)
❶ C クリスマス, キリスト降誕(こうたん)祭 (! Xmas と略す; キリストの誕生を祝う日で12月25日)
会話 "Merry Christmas!" "The same to you." 「クリスマスおめでとう」「おめでとう」
❷ U クリスマスの季節 (=Christmastime)
• **at Christmas** クリスマス(のころ)に
❸《形容詞的》クリスマスの
語源 古い英語の「キリストのミサ」から

Chrístmas càrol 名C クリスマスキャロル, クリスマス祝歌(しゅくか)

Chrístmas Dáy 名UC クリスマスの日, キリスト降誕日(こうたんび)《◆12月25日》

Chrístmas Éve 名UC クリスマスイブ; クリスマスの前日《◆12月24日(の夜)》

Christ·mas·time /krísməstàim クリスマスタイム/ 名U クリスマスの季節《◆12月24日(Christmas Eve)から1月1日(New Year's Day)まで, あるいは1月6日まで》

Chrístmas trèe 名C クリスマスツリー《◆ふつうモミの木(fir tree)》

Chris·to·pher /krístəfər クリストファ/ 名 クリストファー《◆男性名》

chrome /króum クロウム/ 名U《化学》クロム (=chromium)

chro·mi·um /króumiəm クロウミアム/ 名U《化学》クロム, クロミウム《◆元素記号Cr》

chro·mo·some /króuməsòum クロウモソウム/ 名C《生物》染色体

chron·ic /kránik クラニク/ 形 (病気が)慢性の (↔**acute**); (問題などが)長期にわたる

chron·i·cle /kránikl クラニクル/ 名C 年代記《◆過去の出来事の年代順の記録》; 物語, 記録
― 動 他 (年代順に)記録する

chron·o·log·i·cal B1 /krànəládʒikəl クラノラヂカル/ 形 年代順の
• **in chronological order** 年代順に
chrònológically 副 年代順に

chro·nol·o·gy /krənálədʒi クロナロヂ/ 名 (複 **chronologies** /krənálədʒiz/) C 年表, 年代記; U 年代学

chrys·a·lis /krísələs クリサリス/ 名C (チョウ・ガの)さなぎ

chry·san·the·mum /krisǽnθəməm クリサンセマム/ 名C《植物》キク; キクの花

chub·by /tʃʌ́bi チャビ/ 形 (比較級 **chubbier**; 最上級 **chubbiest**) 丸ぽちゃの, 丸々と太った (! 特に赤ちゃん, 子どもなどについていう)

chuck /tʃʌ́k チャク/ 動 他 (ぽいと)投げる; 捨てる; (人のあごの下を)やさしくなでる

chuck·le B1 /tʃʌ́kl チャクル/ 名 (複 **chuckles** /tʃʌ́klz/) C くすくす笑い, 含み笑い
― 動 (三単現 **chuckles** /tʃʌ́klz/; 過去・過分 **chuckled** /tʃʌ́kld/; 現分 **chuckling**) 自 くすくす笑う; ほくそ笑む ⇨ laugh

chug /tʃʌ́g チャグ/ 動 (三単現 **chugs** /tʃʌ́gz/; 過去・過分 **chugged** /tʃʌ́gd/; 現分 **chugging**) 自 (汽車や自動車が)ポッポッという音を出す[を出して進む]《*along, around, up*》
― 名C ポッポッ[シュシュ]という音

chum /tʃʌ́m チャム/ 名C《古風》友だち, 親友

chunk B2 /tʃʌ́ŋk チャンク/ 名C (肉・パン・チーズなどの)厚切り, 大きなかたまり; かなりの量[部分]

chunk·y /tʃʌ́ŋki チャンキ/ 形 (比較級 **chunkier**; 最上級 **chunkiest**) がっしりした体つきの; 分厚い, 大きな; (衣類が)厚手の

a b **c** d e f g h i j k l m n o p q r s t u v w x y z

church A1 中
/tʃə́ːrtʃ チャーチ/ 名 (複 **churches** /tʃə́ːrtʃɪz/)
❶ C 《キリスト教》教会, 教会堂

関連語〉 単語力
chapel 礼拝堂; (非国教会派の)教会堂
cathedral (キリスト教の)大聖堂
synagogue (ユダヤ教の)シナゴーグ
mosque (イスラムの)モスク
temple (仏教などの)寺院
shrine 聖堂; (日本の)神社

❷ U (教会での)礼拝
❸ C 《Church》(「教派」の意味で)…教会 ❹ 《the church》聖職

church·go·er /tʃə́ːrtʃgòuər チャーチゴウア/ 名 C (習慣で)教会に通う人

Church·ill /tʃə́ːrtʃil チャーチル/ 名 《Sir Winston Churchill》チャーチル (1874-1965) 《♦英国の政治家; 首相 (1940-45, 1951-55)》

church·yard /tʃə́ːrtʃjɑ̀ːrd チャーチヤード/ 名 C 教会の境内(けいだい); 教会の付属墓地 (!「教会に付属していない墓地」は cemetery)

churn /tʃə́ːrn チャーン/ 名 C (バター製造用の)撹乳(かくにゅう)器
— 動 他 ❶ (牛乳を)撹乳器でかき混ぜる, (バターを)撹乳器で作る ❷ 激しくかき回す, あわ立たせる《*up*》 ❸ 自 (胃が)むかむかする
churn out 《口語》大量生産する, 乱造する

chute /ʃúːt シュート/ 名 C ❶ シュート 《♦物を下に滑り落とす仕掛け》 ❷ 《口語》パラシュート (=parachute)

chut·ney /tʃʌ́tni チャトニ/ 名 U 《料理》チャツネ 《♦果物などで作るソース・薬味》

CIA /síːàiéi スィーアイエイ/ 名 《the CIA》(米国)中央情報局 (! Central Intelligence Agency の略)

ci·ca·da /sikɑ́ːdə スィカーダ/ 名 C 《昆虫》セミ

ci·der /sáidər サイダ/ 名 U リンゴジュース; 《英》リンゴ酒 《♦日本でいうサイダーは《米》では soda pop という》

ci·gar /sigɑ́ːr スィガー/ (×スィガー) 名 C 葉巻 (!「紙巻きたばこ」は cigarette)

cig·a·rette, cig·a·ret
A2 /sìgərét スィガレト, ˊ-ˋ | sìgərét スィガレト/ 名 (複 **cigaret(te)s** /sìgəréts スィガレツ/) C (紙巻き)たばこ ⇨**tobacco**
● **a pack of cigarettes** たばこ1箱

cígarette bùtt 名 C たばこの吸いがら

cinch /síntʃ スィンチ/ 名 ❶ C 《ふつう単数形で》《口語》たやすいこと, 朝飯前; 確かなこと ❷ C 《米》(馬の)鞍(くら)帯
— 動 他 堅く締める; しっかりつかむ

cin·cho·na /siŋkóunə スィンコウナ/ 名 C 《植物》キナの木; U キナ皮 《♦キニーネの原料》

Cin·cin·nat·i /sìnsənǽti スィンスィナティ/ 名 シンシナティ 《♦米国オハイオ州 (Ohio) の都市》

cin·der /síndər スィンダ/ 名 C (石炭・まきなどの)燃えがら; 《cinders》灰

cínder blòck 名 C シンダーブロック 《♦軽量コンクリートブロック》

Cin·der·el·la /sìndərélə スィンデレラ/ 名 シンデレラ 《♦童話の主人公の名》

cin·e·ma A1
/sínəmə スィネマ/ (×キネマ)
名 (複 **cinemas** /sínəməz/) C
❶ 《英》映画館 (=《米》movie theater [house])
❷ (1本の)映画 (=《米》movie); 《集合的》映画産業[芸術] (=《米》the movies)

cin·e·ma·tog·ra·phy /sìnəmətɑ́grəfi スィネマタグラフィ/ 名 U 映画撮影技術

cin·na·mon /sínəmən スィナモン/ 名 U 《植物》シナモン, 肉桂; シナモン色

ci·pher /sáifər サイファ/ 名 U C 暗号, 暗号文; ゼロ(を表す数字), 0
— 動 他 暗号で書く

cir·ca /sə́ːrkə サーカ/ 前 およそ…, …ころ (=about) (! c と略す)

cir·cle A1 高
/sə́ːrkl サークル/ 名 (複 **circles** /sə́ːrklz/)

Ⓒ ❶円, 輪
• draw a circle 円をえがく
❷循環
• a vicious circle 悪循環
❸仲間; 《ふつう circles》…界, (特定の)集団; (交際の)範囲
日英比較「サークル(同好会)」に当たる英語は club
❹《ふつう the circle》《英》(劇場の)桟敷(さじき)席
— 動 (三単現 circles /sə́ːrklz/; 過去・過分 circled /sə́ːrkld/; 現分 circling)
❶ 他 丸で囲む
❷ 他 自 (周りを)回る, 旋回する
派生 circular 形

cir·cuit B2 /sə́ːrkət サーキト/ 名 Ⓒ ❶《電気》回路, 回線 ❷1周; 巡回; (仕事で回る)巡回地域; (スポーツの)サーキット《♦世界各地を転戦する一連の大会》 ❸(自動車などの)レース場, サーキット

círcuit bòard 名 Ⓒ 配電盤; 回路基板

círcuit brèaker 名 Ⓒ 《電気》回路遮断(しゃだん)器, ブレーカー

círcuit cóurt 名 Ⓒ 巡回裁判

cir·cu·i·tous /səːrkjúːətəs サーキューイタス/ 形 《文章》遠回りの, 回り道の; 遠回しの

cir·cu·lar B1 /sə́ːrkjələr サーキュラ/ 形 ❶円形の, 丸い; 環状の; 円を描く, ぐるぐる回る ❷遠回しの
— 名 (複 circulars /sə́ːrkjələrz/) Ⓒ 広告ビラ; 回覧状, 案内状
派生 circle 名

cir·cu·late /sə́ːrkjəlèit サーキュレイト/ 動 自 ❶循環する ❷(うわさなどが)広がる; (貨幣などが)流通する

cir·cu·la·tion /sə̀ːrkjəléiʃən サーキュレイション/ 名 ❶ⓊⒸ 循環; 血行
❷Ⓤ 伝達; 流通; 《単数形で》発行部数

cir·cum·cise /sə́ːrkəmsàiz サーカムサイズ/ 動 他 割礼(かつれい)を施す

cir·cum·ci·sion /sə̀ːrkəmsíʒən サーカムスィジョン/ 名 ⓊⒸ 割礼(かつれい)《♦宗教儀礼の一種》

cir·cum·fer·ence /səːrkʌ́mfərəns サーカムフェレンス/ 名 ⓊⒸ 周囲; 円周

cir·cum·lo·cu·tion /sə̀ːrkəmloukjúːʃən サーカムロウキューション/ 名 《文章》Ⓤ 回りくどさ, 遠回し; Ⓒ 回りくどい表現

cir·cum·nav·i·gate /sə̀ːrkəmnǽvəgèit サーカムナヴィゲイト/ 動 他 《文章》(世界などを)船で一周する

cir·cum·scribe /sə́ːrkəmskràib サーカムスクライブ/ 動 他 …の周りに線を引く; 取り巻く; 《文章》制限する

cir·cum·spect /sə́ːrkəmspèkt サーカムスペクト/ 形 《文章》慎重な, 用心深い

cir·cum·stance B2 高 /sə́ːrkəmstæ̀ns サーカムスタンス/ 名 ❶Ⓒ 《ふつう circumstances》(周囲の)事情, 状況
• It depends on the **circumstances**. それは状況次第である
❷Ⓒ 《ふつう circumstances》経済状態, 暮らし向き
❸Ⓒ 出来事; Ⓤ (事の)次第, 詳細
under [in] no circumstances どんな事情でも…ない
under [in] the circumstances こういう事情なので, 現状では
派生 circumstantial 形

cir·cum·stan·tial /sə̀ːrkəmstǽnʃəl サーカムスタンシャル/ 形 状況による; 偶然の; 詳細な
派生 circumstance 名

cir·cum·vent /sə̀ːrkəmvént サーカムヴェント/ 動 他 《文章》裏をかく, 出し抜く; (法律などの)抜け道を見つける

cir·cus B1 高 /sə́ːrkəs サーカス/ 名 (複 circuses /sə́ːrkəsəz/) Ⓒ
❶サーカス, 曲芸; サーカス団
❷《英》(放射状の道路が集まる)円形の広場 (❗しばしば地名に使われる)

Cir·cus Max·i·mus /sə́ːrkəs mǽksəməs サーカス マクシマス/ 名 《the をつけて》(古代ローマの)大円形競技場

CIS 《略》Commonwealth of Independent States 独立国家共同体

cis·tern /sístərn スィスタン/ 名 Ⓒ 貯水槽; (水洗トイレの)貯水タンク

cit·a·del /sítədəl スィタデル/ 名 Ⓒ 城塞,

とりで;《文章》より所, 拠点

ci·ta·tion /saitéiʃən サイテイション/ 名 ❶U 引用; C 引用文 ❷C 表彰(状) ❸C 召喚(状)

cite /sáit サイト/ (発音 sight, site と同音) 動 他 ❶引用する (❗quote と異なり, 特定の理由を例証するために用いる) ❷表彰する ❸召喚する

cit·ies /sítiz スィティズ/ 名 city の複数形

cit·i·zen A2 高

/sítəzən スィティズン/ 名 (複 **citizens** /sítəzənz/) C ❶国民, 公民 ❷市民, (都会の)住民

- **citizens** of Tokyo 東京都民

Cítizens Bànd 名 U 市民バンド《♦個人・商業用に開放されている無線の周波数帯; 略 CB》

cit·i·zen·ship B1 /sítəzənʃìp スィティズンシプ/ 名 U 市民権; 公民権

cít·ric ácid /sítrik スィトリク/ 名 U《化学》クエン酸

cit·rus /sítrəs スィトラス/ 形 柑橘(かんきつ)類の

— 名 C 柑橘類の植物

cit·y A1 中

/síti スィティ/ 名 (複 **cities** /sítiz/) C ❶市; 都市, 都会, 町 (❗town よりも大きい都市)

- New York **City** = the **City** of New York ニューヨーク市
- a big **city** 大都市
- an old **city** 古都

❷《the city》全市民
❸《the City》(行政機関としての)市, 市当局 ❹《the City》シティー《♦ロンドン市 (Greater London) の中心部を占(し)める旧ロンドン市部で, 英国の金融・商業の中心》
❺《形容詞的》市の; 都会の

cíty cóuncil 名 C 市議会

cíty háll 名 ❶C 市役所, 市庁(舎); 市民ホール ❷U 市当局

city-state /sítistéit スィティステイト/ 名 C 都市国家《♦古代ギリシャのアテネなど》

civ·ic /sívik スィヴィク/ 形 都市の; 市民としての

civ·ics /síviks スィヴィクス/ 名《単数扱い》《米》(教科の)公民科

civ·il B1 高 /sívəl スィヴィル/ 形 ❶市民の, 公民の, 国内の

- **civil** rights 公民権; 市民権
- a **civil** war 内戦

❷(軍人に対して)民間人の, 一般市民の, 文民の (=civilian) (↔**military**); (世)俗の ❸礼儀正しい, ていねいな
❹民事の (↔**criminal**)

cívil disobédience 名 U 市民的抵抗《♦納税の拒否など非暴力的な手段による反政府行動》

cívil enginéer 名 C 土木技師

cívil enginéering 名 U 土木工学

ci·vil·ian /sivíljən スィヴィリャン/ 名 C 一般市民; 民間人; 文民

— 形 民間の; 非軍事的な

civ·i·li·sa·tion /sìvələzéiʃən スィヴィリゼイション | sìvəlaizéiʃən スィヴィライゼイション/ 名《英》(=civilization)

civ·i·lise /sívəlàiz スィヴィライズ/ 動《英》(=civilize)

civ·i·lised /sívəlàizd スィヴィライズド/ 形《英》(=civilized)

ci·vil·i·ty /sivíləti スィヴィリティ/ 名 (複 **civilities** /sivílətiz/) U 礼儀正しさ, ていねいさ; C ていねいなことば, 礼儀正しい行い

civ·i·li·za·tion B1 高 /sìvələzéiʃən スィヴィリゼイション | sìvəlaizéiʃən スィヴィライゼイション/ 名 (複 **civilizations** /sìvələzéiʃənz/) UC 文明; U 文明化; U 文明諸国 (❗civilization はおもに物質的な面から, culture (文化)は精神的な面からみていう)

- Western **civilization** 西洋文明

派生 **civilize** 動

civ·i·lize /sívəlàiz スィヴィライズ/ (×シヴィライズ) 動 他 ❶文明化する; 教化する ❷洗練する (=refine)

派生 **civilization** 名

civ·i·lized /sívilàizd スィヴィライズド/ 形 文明化した, 文化的な; 礼儀正しい

cívil láw 名 U 民法

cívil líberties 名 《複数扱い》市民的自由《◆思想・言論の自由など, 市民としての基本的権利》

cívil ríghts 名 《複数扱い》公民権
- the **civil rights** movement 公民権運動《◆1950年代に米国で始まった人種差別撤廃を求める運動》

cívil sérvant 名 C 公務員

cívil sérvice 名 《**the** をつけて》(軍務以外の)行政部; 《集合的》官吏, 文民

cívil wár 名 C 内戦, 内乱; 《**the Civil War**》(アメリカの)南北戦争《◆1861-65》; 《**the Civil War**》(英国の)大内乱(時代)《◆清教徒革命期》

Cl 《記号》chlorine 塩素

clack /klǽk クラク/ 動 自 他 カチッ[カチャカチャ]という音がする[をたてる]
— 名 C カチッ[カチャカチャ]という音

clad /klǽd クラド/ 形 《古語》…を着た; …に覆われた

claim A2 高

/kléim クレイム/ (×クレーム) 動 (三単現 **claims** /kléimz/; 過去・過分 **claimed** /kléimd/; 現分 **claiming**)

❶ 他 (ほんとうだと)**主張する, 言い張る**; 文型 [**claim that ...**] …であると主張する
- Jane **claims that** she is right. ジェーンは自分が正しいと主張している

文型 [**claim to** *do*] …すると主張する
- The man **claimed to** *have* magical powers. その男は魔力を持っていると言い張った

❷ 他 自 (当然の権利として)**要求する, 自分の物[権利]だと言う**
- She **claimed** ownership of the store. 彼女はその店の所有権を主張した

❸ 他 (事故・災害などが, 人命を)奪う

日英比較 **claim** と「クレームをつける」「クレーム(苦情)を言う」「クレーム(文句)をつける」は complain [complaint] などで表す. claim にはその意味はない. 「彼は部屋が狭すぎるとクレームをつけた」なら He **complained** that his room was too small. などという

— 名 (複 **claims** /kléimz/)

❶ C 〔…に対する〕**要求**《*for*》; 〔…という〕**主張**《*that ...*》

❷ U C 〔…に対する〕**権利, 資格**《*to*》

lay claim to ... …に対する権利[所有権]を主張する

claim·ant /kléimənt クレイマント/ 名 C 《文章》主張者, 請求者; 《法律》原告

Claire /kléər クレア/ 名 クレア《◆女性名》

clair·voy·ance /kleərvɔ́iəns クレアヴォイアンス/ 名 U 《文章》先を見通す力, 千里眼; 洞察力

clair·voy·ant /kleərvɔ́iənt クレアヴォイアント/ 形 《文章》先を見通す力のある, 千里眼の
— 名 C 千里眼をもつ人

clam B2 /klǽm クラム/ 名 C 《動物》ハマグリ(の類)
— 動 (三単現 **clams** /klǽmz/; 過去・過分 **clammed** /klǽmd/; 現分 **clamming**) 自 ハマグリを採る

clam up 《口語》急にだまりこむ

clam·ber /klǽmbər クランバ/ 動 自 (手足を使って)はい登る, よじ登る《*up, over*》

clam·my /klǽmi クラミ/ 形 (比較級 **clammier**; 最上級 **clammiest**) 冷たくて湿っぽい; ねっとりする

clam·or, 《英》 **clam·our** /klǽmər クラマ/ 名 C 騒ぎ立てる声; 騒々しい音; うなり声 — 動 自 騒ぎ立てる; やかましく主張する

clam·or·ous /klǽmərəs クラマラス/ 形 騒々しい; やかましい

clamp /klǽmp クランプ/ 名 C クランプ, 留め金, 締め具
— 動 他 (締め具などで)留める, 締める; しっかり押さえる

clamp down 〔…を〕取締まる, 弾圧する《*on*》

clamp·down /klǽmpdàun クランプダウン/ 名 《単数形で》取締まり, 弾圧

clan /klǽn クラン/ 名 C 氏族; 一族; (共通利害を持つ)党派, 仲間

clan·des·tine /klændéstən クランデスティン/ 形 (不法で)秘密の, 内密の

clang /klæŋ クラング/ 動 自 (金属製の物が)ガラン[カラン]と鳴る; 他 ガラン[カラン]と鳴らす

— 名 C (金属の)ガラン[カラン]という音

clank /klæŋk クランク/ 動 自 (金属などが)カチッ[チャリン]と鳴る; 他 カチッ[チャリン]と鳴らす (! clang ほど大きくない)

— 名 C カチッ[チャリン]という音

clap B2 /klæp クラプ/ 動 (三単現 **claps** /klæps/; 過去·過分 **clapped** /klæpt/; 現分 **clapping**) ❶ 他 自 (手を)たたく, 拍手する ❷ 他 (肩などを)ポン[ピシャリ]とたたく

— 名 C ピシャリ[パンパン, パチパチ]という音; ポンとたたくこと

clap·board /klæbərd クラバド, klæpbɔ̀:rd クラプボード/ 名 C 《米》《建築》下見板, 羽目板

Clare /kléər クレア/ 名 クレア (◆女性名)

clar·i·fi·ca·tion /klærəfəkéiʃən クラリフィケイション/ 名 U C 明らかにすること, 解明

clar·i·fy B2 /klærəfài クラリファイ/ 動 (三単現 **clarifies** /klærəfàiz/; 過去·過分 **clarified** /klærəfàid/; 現分 **clarifying**) 他 明らかにする, 解明する; 澄ませる, 浄化する

clar·i·net /klærənét クラリネト/ 名 C 《楽器》クラリネット (◆木管楽器)

clar·i·ty /klærəti クラリティ/ 名 U (意味などの)明快さ, 明確さ; (音色·空気などの)澄んでいること, 清澄

clash /klæʃ クラシュ/ 名 C ❶ (金属がぶつかり合う)ガチャンという音 ❷ (意見などの)衝突

— 動 自 衝突する; ガチャンとぶつかる[音をたてる]; (日取りなどが)かち合う

clasp /klæsp クラスプ/ 名 C ❶ 留め金 (◆ネックレス·バッグなどの留め金, ベルトのバックル, ネクタイピン, ホックなど)
❷ にぎり[抱き]しめること; 握手

— 動 他 ❶ (留め金で)留める, しめる
❷ にぎり[抱き]しめる

class A1 中

/klæs クラス|klá:s クラース/

意味マップ

名 ❶ クラス, 学級
❷ クラスの生徒
❸ 授業, 授業時間; 講習
❹ 同期生
❺ 階級
❻ 等級; 部類, 種類
❼ 品格

動 分類する; みなす

— 名 (複 **classes** /klæsəz/)

❶ C (学校の)クラス, 学級, 組; 《形容詞的》クラスの

- I'm in **class** 2A. 私は2Aのクラスです
- There are fifteen **classes** in our school. わが校には15学級あります

❷ C クラスの生徒(みんな) (! クラスの1人1人を意識する場合, 単数形で複数扱いになることもある)

- The whole **class** laughed. クラスのみんなが笑った
- Half the **class** is absent with colds. クラスの半数がかぜで休みです
- Good morning, **class**. みなさん, おはよう

❸ U C 授業, 授業時間; 講習

- Miss Green's music **class** グリーン先生の音楽の授業
- We **have** five **classes** on Friday. 私たちは金曜日は5時間授業です
- How many English **classes** do you have (in) a week? 君たちは週に何時間英語の授業がありますか
- They are **in class**. 彼らは授業中です

コロケーション

動+**class**

attend [go to] *class* 授業に出席する
take a *class* 授業を受ける
cut a *class* 授業をさぼる
miss a *class* 授業を欠席する

❹ C 《米》(高校·大学の)同期生

❺ C 《しばしば **classes**》(社会の)階級, 階層

- the working **class**(**es**) 労働者階級

❻ C 等級，ランク；部類，種類
❼ U 《口語》品格，気品
— 動 (三単現 **classes** /klǽsəz/; 過去・過分 **classed** /klæst/; 現分 **classing**) 他 分類する；〔…と〕みなす《*as*》
派生 **classify** 動

clas·sic A2
/klǽsik クラスィク/ 形
❶ 典型的な，代表的な；伝統的な
❷ (文学・芸術が)一流の；古典的な
— 名 (複 **classics** /klǽsiks/) C
古典，名作；一流の作品[作者]；《**the classics**》(古代ギリシャ・ローマの)古典文学 派生 **class** 名

clas·si·cal B1 高 /klǽsikəl クラスィカル/ 形 (文学・芸術など)古典主義の；古典的な
• **classical** music クラシック音楽 (×classic music とはいわない)
派生 **class**, **classic** 名
clássically 副 古典的に

clas·si·fi·ca·tion B2 /klæ̀səfəkéiʃən クラスィフィケイション/ 名 U C 分類；類別；格づけ；(情報の)極秘扱い

clas·si·fied /klǽsəfàid クラスィファイド/ 形 分類された；(情報などが)機密の，極秘扱いの

clássified ád 名 C (新聞の)案内広告《◆求人・貸家などと分類され小活字で組まれた広告(欄)》

clas·si·fy B1 /klǽsəfài クラスィファイ/ 動 (三単現 **classifies** /klǽsəfàiz/; 過去・過分 **classified** /klǽsəfàid/; 現分 **classifying**) 他 ❶〔…に〕分類する《*into*》；等級に分ける ❷ 機密扱いにする
派生 **class** 名

class·mate A1 中
/klǽsmèit クラスメイト | klɑ́:smèit クラースメイト/ 名 (複 **classmates** /klǽsmèits クラスメイツ/) C 同級生，クラスメイト，級友

class·room A1 中
/klǽsrù:m クラスルーム | klɑ́:srù:m クラースルーム/ 名 (複 **classrooms** /klǽsrù:mz/) C 教室；《形容詞的》教室の

class·work /klǽswə̀:rk クラスワーク/ 名 U 教室での学習，授業 ⇨**homework**

class·y /klǽsi クラスィ/ 形 (比較級 **classier**; 最上級 **classiest**) 《口語》高級な，しゃれた，ファッショナブルな

clat·ter /klǽtər クラタ/ 名 《単数形で》ガタガタ[ガチャガチャ]いう音
— 動 他 自 ガタガタ[ガチャガチャ]音を立てる[鳴らす]

clause B2 /klɔ́:z クローズ/ (×クロウズ) 名 C
❶ (法律・契約などの)条項
❷ 《文法》節《◆主語と述語を備えた語の集まり》⇨**phrase**, **sentence**

文法〉 節 (**clause**)
節とは，文の一部を構成する，主語と述語を備えたものをいう．
(**1**) 等位節 (coordinate clause) は，and, or, but のような等位接続詞によって結ばれる節：
I'm old, but **you're young**. 私は年をとっているが，君は若い
(**2**) 従属節 (subordinate clause) は，because, that, when などの従位接続詞や関係代名詞によって導かれて，文の一要素としての働きをする節．**名詞節，形容詞節，副詞節**がある．従属節に対し，文全体の主要な部分を主節 (main clause) という：
I know **that it is true**. 私はそれが本当だと知っている (! 名詞節)
The boy **who is running over there** is Ken. あそこを走っている少年はケンです (! 形容詞節)
When I'm with you, I'm happy. 君といっしょにいると私は楽しい (! 副詞節)

claus·tro·pho·bi·a /klɔ̀:strəfóubiə クローストロフォウビア/ 名 U 《心理》閉所恐怖症

claus·tro·pho·bic /klɔ̀:strəfóubik クローストロフォウビク/ 形 《心理》閉所恐怖症の；(場所が)閉所恐怖症にさせる

clav·i·cle /klǽvikl クラヴィクル/ 名 C 《解剖》鎖骨

claw /klɔ́: クロー/ 名 C ❶ (ワシ・タカ・ネコなどのとがった)つめ，鉤(かぎ)づめ
❷ (カニ・エビなどの)はさみ

clay /kléi クレイ/ 名 U ❶粘土(ねんど); 土 ❷肉体 (! 詩的な表現)

clean A1 中
/klíːn クリーン/

意味マップ
形 ❶きれいな, 清潔な; きれい好きな
❷フェアな
❸清らかな
❹見事な
動 きれいにする, そうじする
副 ❶すっかり
❷きれいに

━形 (比較級 **cleaner**; 最上級 **cleanest**)
❶きれいな, 清潔な (↔**dirty**); きれい好きな; 真新しい
• Cats are **clean** animals. ネコは清潔な[きれい好きな]動物だ
• He always keeps his room **clean**. 彼は常に部屋を清潔にしている
❷フェアな, 正々堂々とした; 潔白な, 前科のない, 下品でない
• a **clean** fight 正々堂々とした試合
❸清らかな (=pure)
• lead a **clean** life 清らかな生活を送る
❹見事な, 鮮やかな
come clean 《口語》白状する, 本当のことを話す
━動 (三単現 **cleans** /klíːnz/; 過去・過分 **cleaned** /klíːnd/; 現分 **cleaning**) 他自
他 きれいにする, そうじする; 自 きれいになる
• **clean** the blackboard 黒板をふく
clean out すっかりそうじする; 空っぽにする
clean up きれいにそうじする[かたづける]
━副 (比較級 **cleaner**; 最上級 **cleanest**)
❶すっかり, まったく
❷きれいに

cléan-cút 形 輪郭のはっきりした; こざっぱりした, きりっとした

clean·er A2
/klíːnər クリーナ/ 名 (複 **cleaners** /klíːnərz/) C ❶そうじ機, 清浄機
❷クリーニング店主; 清掃員
━形副 clean の比較級

clean·ing 高 /klíːniŋ クリーニング/ 動 clean の現在分詞・動名詞
━名 U そうじ; 洗たく; クリーニング
• do the **cleaning** 洗たく[(家の)そうじ]をする

clean·li·ness /klénlinəs クレンリネス/ (×クリーンリネス) 名 U きれい好き, 清潔

clean·ly[1] /klíːnli クリーンリ/ 副 きれいに, 清潔に; 見事に

clean·ly[2] /klénli クレンリ/ (×クリーンリ) (発音 cleanly[1]との違いに注意) 形 (比較級 **cleanlier**, **more cleanly**; 最上級 **cleanliest**, **most cleanly**) きれい好きな, こざっぱりした

cleanse /klénz クレンズ/ 動 他 清潔にする, 洗う; 浄化する

cleans·er /klénzər クレンザ/ 名 U C 洗剤, クレンザー; メイク落とし

cléan-sháven 形 きれいにひげをそった

clean·up /klíːnʌ̀p クリーナプ/ 名 《単数形で》大そうじ; (悪・犯罪などの)一掃, 浄化
━形 《野球》4番打者の

clear A2 中
/klíər クリア/

意味マップ
形 ❶明らかな
❷確信している
❸澄んだ; 晴れた; 明るい
❹はっきりした; 明せきな
❺開けた
❻正味の
動 ❶かたづける, 取り除く
❷晴れる; 澄む
❸(疑いを)晴らす
❹許可する
❺とび越える
副 ❶離れて
❷はっきりと
❸すっかり

━形 (比較級 **clearer**; 最上級 **clearest**)
❶(事実など)明らかな, はっきりした
• The meaning became **clear** to me.

その意味が私にははっきりしてきた
- **It is clear that** he has done it. 彼がそれをしたことは明らかだ (❗It = that 以下)

❷ (人が)〔…について〕**確信している, はっきりしている** 《*about, on*》
- He is not **clear on** this point. この点について彼(の言うこと)ははっきりしていない
- I'm not **clear about** how to get there. そこへの行き方ははっきりわからない

❸ **澄んだ; 晴れた, 快晴の; 明るい**
- **clear** water 澄んだ水

比較 **clean** water きれいな水 (❗clear は「(見た目に)透明な」, clean は「(汚れがなくて)きれいな」)
- The sky was **clear**. 空は晴れていた

❹ (音・形などが)**はっきりした, 鮮明な; **(頭が)**さえた, 明せきな**
- a **clear** voice はっきりした[よく通る]声

❺ (道・見晴らしなどが)**開けた, さえぎるもののない;** 〔じゃまなもの・借金などが〕**ない;** 〔罪・義務などから〕**解放された** 《*of*》

❻ **正味の; 実収入の**

make oneself clear 言いたいことをはっきり伝える

— 動 (三単現 **clears** /klíərz/; 過去・過分 **cleared** /klíərd/; 現分 **clearing** /klíəriŋ/) ❶ 他 **かたづける, 取り除く; きれいにする; はっきりさせる**
- **clear** the table (食後に)テーブルの上をかたづける
- **clear** *one's* throat せきばらいをする

文型 [**clear A of B = clear B from [off] A**] AからBを取り除く, 排除する
- **clear** the sidewalk **of** snow = **clear** the snow **from** [**off**] the sidewalk 歩道から雪を取り除く

❷ 自 **晴れる** 《*up*》; **澄む**

❸ 他 (疑いを)**晴らす;** (人を)〔容疑などから〕**まぬかれさせる** 《*of, from*》

❹ 他 **許可する; 出入国[離着陸]の許可を与える;** (税関を)**通過する**

❺ 他 **とび越える; ふれずに通る**

clear away (霧などが)晴れる; かたづける, 取り除く

clear off ① 取り除く; かたづける; (借金を)返済する ② 晴れる; 《英》《口語》急いで立ち去る

clear out ① そうじする; からにする ② 《口語》立ち去る, 出て行く

— 副 (比較級 **clearer**; 最上級 **clearest**)

❶ 〔…から〕**離れて,** 〔…を〕**避けて** 《*of*》

❷ **はっきりと** (=clearly)

❸ 《口語》**すっかり**

派生 **clearance** 名

clear·ance /klíərəns クリアランス/ 名 U C ❶ **清掃; 除去, 撤去** ❷ **通関手続き; 入出港許可(書); 離着陸許可** ❸ (物と物との)**間隔**

派生 **clear** 動

cléarance sàle 名 C 在庫処分セール

cléar-cút 形 はっきりした, 明確な

clear·head·ed /klíərhédəd クリアヘデド/ 形 頭のさえた; 明敏な

clear·ing /klíəriŋ クリアリング/ 名 ❶ C (森林の中の)空き地 ❷ U 手形交換 ❸ U 清掃

clear·ly A2 中

/klíərli クリアリ/ 副

はっきりと, 明確に, 理路整然と; 間違いなく, 明らかに

clear·ness B2 /klíərnəs クリアネス/ 名 U 明白さ, 明快さ; 明るさ, 鮮明さ

clear-sight·ed /klíərsáitəd クリアサイテド/ 形 ❶ 明敏な, 目の利く ❷ 視力の良い

cleav·age /klíːvidʒ クリーヴィヂ/ 名 U 裂ける[裂く]こと, 分裂; C 裂け目; U C (女性の)胸の谷間

cleav·er /klíːvər クリーヴァ/ 名 C (刃が四角くて大きな)肉切り包丁

clef /kléf クレフ/ 名 (複 **clefs** /kléfs/) C 《音楽》音部記号

cleft /kléft クレフト/ 形 (あごに)くぼみのある; 裂けた

— 名 C 割れ目

clem·a·tis /klémətəs クレマティス/ 名 U

《植物》クレマチス《♦キンポウゲ科》

clem·en·cy /klémənsi クレメンスィ/ 名 U 《文章》(刑罰などで示される)寛大さ, 慈悲; (天候の)穏やかさ, 温和さ

clench /kléntʃ クレンチ/ 動 他 (怒りなどでこぶしを)握り締める, (歯を)くいしばる; しっかりつかむ

Cle·o·pa·tra /klìːəpǽtrə クリーオパトラ/ 名 クレオパトラ (69?–30 B.C.)《♦古代エジプトの女王》

cler·gy /klə́ːrdʒi クラーヂ/ 名 《**the clergy**》《複数扱い》聖職者, 牧師たち

cler·gy·man /klə́ːrdʒimən クラーヂマン/ 名 (複 **clergymen** /klə́ːrdʒimən/) C 聖職者; 牧師《♦英国では英国国教会の牧師をさすことが多い》

cler·ic /klérik クレリク/ 名 C 聖職者, 牧師

cler·i·cal B2 /klérikəl クレリカル/ 形
❶事務の; 書記の
❷聖職者の, 牧師の

clerk A2 中

/klə́ːrk クラーク|kláːk クラーク/
名 (複 **clerks** /klə́ːrks/) C
❶事務員, 係; 職員
❷《米》店員 (=salesclerk); (ホテルの)従業員

Cleve·land /klíːvlənd クリーヴランド/ 名 クリーブランド《♦米国オハイオ州 (Ohio) の都市》

clev·er A1 高

/klévər クレヴァ/ 形 (比較級 **cleverer**; 最上級 **cleverest**)
❶利口な, 頭のいい; ぬけめのない
• What a **clever** idea! 何ていいアイディアでしょう
❷じょうずな, うまい, 器用な; 巧妙な

clev·er·ly /klévərli クレヴァリ/ 副 利口に; うまく; 抜け目なく

clev·er·ness /klévərnəs クレヴァネス/ 名 U ❶利口さ ❷器用; 巧妙さ

cli·ché /kliːʃéi クリーシェイ/ 名 C 陳腐な決まり文句, 月並みな表現

click A2

/klík クリク/ 動 (三単現 **clicks** /klíks/; 過去·過分 **clicked** /klíkt/; 現分 **clicking**) 自 他
❶カチッと音がする[音を鳴らす]
❷《コンピュータ》クリックする
— 名 (複 **clicks** /klíks/) C
❶カチッという音
❷《コンピュータ》(マウスの)クリック

cli·ent B2 /kláiənt クライエント/ 名 C
❶依頼人; 顧客
日英比較 これは特に弁護士・建築家などの依頼人の意味で, 会社の顧客・取引先の意味では customer
❷《コンピュータ》クライアント《♦サーバーから情報やサービスを受けるコンピュータ》

cli·en·tele /klàiəntél クライアンテル/ 名 《集合的》(商店・レストランなどの)常連客; 得意先 (! 単数または複数扱い)

cliff B1 /klíf クリフ/ 名 (複 **cliffs** /klífs/) C (特に海に面した)がけ, 絶壁

cliff·hang·er /klífhæŋər クリフハンガ/ 名 C (最後まで結末のわからない)はらはらさせる状況[試合]; (ドラマなどの)連続サスペンスもの

cli·mac·tic /klaimǽktik クライマクティク/ 形 クライマックスの, 頂点の

cli·mate B1 高 /kláimət クライメト/ (×クライメイト) 名 (複 **climates** /kláiməts クライメツ/) C U ❶気候

どっち
climate と **weather**
climate はある地域特有の気象状態をいう. **weather** は一時的な「天候, 天気」:
the warm **climate** of California カリフォルニアの温暖な気候
We had cold **weather** yesterday. きのうは寒かった

❷(ある時代や社会の)風潮

clímate chànge B2 名 U 気候変動

cli·mat·ic /klaimǽtik クライマティク/ 形 気候の; 風土的な

cli·max /kláimæks クライマクス/ 名 C 最高潮, 絶頂, 頂点, クライマックス; (芝

居の)山場
一 動 自 頂点に達する

climb A1 中
/kláim クライム/ 名 (複 **climbs** /kláimz/) C 登ること; 登り(道); 登山; 上がること, 上昇
一 動 (三単現 **climbs** /kláimz/; 過去・過分 **climbed** /kláimd/; 現分 **climbing**)
❶ 他 自 登る, (両手両足で)よじ登る; (はうようにして)…する (! 「苦労して登る」というニュアンスがある); (植物が)伝って[巻きついて]登る
日英比較 自分の力で「木[山]に登る」や「はしごを上る」場合に使うが, 「ケーブルカーで登る」ような場合は, go up ... by cable car のように言う
• **climb** a ladder はしごを登る
• **climb** (**up**) a tree 木によじ登る
• We **climbed over** the fence. 私たちはへいをのり越えた
❷ 自 上がる, 上昇する
climb down ① はい降りる ⇨ 動❶ ②《英》《口語》自分の非を認める, 譲歩する

発音に注意› 単語力
climb /kláim クライム/ (×/クライムブ/)
bomb /bám バム/ **lamb** /lǽm ラム/
(発音 語の終わりにくる -mb の b は発音しない)

climb·er B1 高 /kláimər クライマ/ 名 (複 **climbers** /kláimərz/) C
登る人, 登山者, 登山家 (♦本格的な山登りをする人をさし, 山歩きを楽しむような一般の人は mountain hiker という); はい上がる植物

climb·ing A2
/kláimiŋ クライミング/ 名 U
登ること; 登山
• go (mountain) **climbing** 山登りに行く

clímbing fràme 名 C 《英》ジャングルジム (=《米》jungle gym)

clinch /klíntʃ クリンチ/ 動 ❶ 他 (打ち込んだくぎの先を)打ち曲げて固定する; 固定させる ❷ 他 《口語》(議論などに)決着をつける, (取り引きを)まとめる
❸ 他 自 《ボクシング》クリンチする
一 名 C 《ボクシング》クリンチ

clinch·er /klíntʃər クリンチャ/ 名 C 《口語》(議論などに)決着をつけるもの, 決め手

cling /klíŋ クリング/ 動 (三単現 **clings** /klíŋz/; 過去・過分 **clung** /klʌ́ŋ/; 現分 **clinging**) 自 ❶ 〔…に〕くっつく; 〔…に〕しがみつく, すがりつく 《*to, onto*》
❷ 〔…に〕執着する, 固執する 《*to*》

cling·film /klíŋfilm クリングフィルム/ 名 U 《英》《商標》食品保存用ラップ (=《米》plastic wrap)

cling·ing /klíŋiŋ クリンギング/ 形 (衣服が)体にぴったりした; (人が)まとわりつく (=clingy)

clin·ic B1 /klínik クリニク/ 名 (複 **clinics** /klíniks/) C
診療所; 診療室 ⇨**hospital**

clin·i·cal /klínikəl クリニカル/ 形
❶ 臨床の ❷ 客観的な, 冷静な
clínically 副 臨床的に; 冷静に

clínical thermómeter 名 C 体温計

cli·ni·cian /kliníʃən クリニシャン/ 名 C 臨床医

clink /klíŋk クリンク/ 動 自 (金属・ガラスが)チリン[カチン]と鳴る; 他 チリン[カチン]と鳴らす
一 名 U C チリン[カチン]という音

Clin·ton /klíntən クリントン/ 名 《**William Clinton**》クリントン (1946–) (♦米国の第42代大統領 (1993–2001))

clip[1] B1 /klíp クリプ/ 動 (三単現 **clips** /klíps/; 過去・過分 **clipped** /klípt/; 現分 **clipping**) 他
❶ (はさみなどで)切り取る; (新聞の記事などを)切り抜く; (羊毛・髪・植木などを)刈る, 刈り込む
❷ 《口語》たたく, なぐる
一 名 (複 **clips** /klíps/) C ❶ 刈り込み; 切ること; (新聞の)切り抜き; (映像の)一場面 ❷ 《口語》すばやい一撃

clip[2] B1 /klíp クリプ/ 名 (複 **clips** /klíps/) C クリップ, 紙ばさみ; 留め金具

A B C D E F G H I J K L M N O P Q R S T U V W X Y Z

— 動 (三単現 **clips** /klíps/; 過去・過分 **clipped** /klípt/; 現分 **clipping**) 他 クリップでとめる

clip·board /klípbɔ̀:rd クリプボード/ 名 C 紙ばさみ付き筆記板

clip-on /klípàn クリパン/ 形 (イヤリングなどが)留め金具で留まる, クリップ式の

clip·per /klípər クリパ/ 名 C ❶(羊毛などを)刈る人 ❷《**clippers**》はさみ

clip·ping /klípiŋ クリピング/ 名 C (新聞などの)切り抜き (=《英》cutting); 《ふつう **clippings**》切り取ったもの, 刈ったもの

clique /klí:k クリーク/ 名 C (排他的な)徒党, 派閥

cloak /klóuk クロウク/ 名 C
❶(そでなしの)外套(がいとう), マント
❷おおい隠すもの, 口実

— 動 他 おおい隠す

cloak·room /klóukrù:m クロウクルーム/ 名 C (ホテル・劇場などの)携帯品預かり所, クローク (=《米》checkroom); (駅の)手荷物一時預かり所

clob·ber /klábər クラバ/ 動 他 《口語》ぶんなぐる; こてんぱんにやっつける

clock A1 中

/klák クラク | klɔ́k クロク/ 名 (複 **clocks** /kláks/) C 時計 ⇨**o'clock**

• set a **clock** ahead [back] by five minutes 時計を5分進ませる[遅らせる]

• This **clock** is ten minutes fast [slow]. この時計は10分進んで[遅れて]いる

against the clock 時間に追われて, 大急ぎで

around the clock 1日中, 昼も夜も

put [***set, turn***] ***the clock back*** 時計の針を戻す; 昔(のやり方)に戻る, 時代に逆行する

似ている単語

時計ーclock と watch

clock は置き時計・掛け時計・柱時計をいう. **watch** は腕時計など携帯用:

an alarm **clock** 目覚まし時計

a wrist [pocket] **watch** 腕[懐中]時計

clóck rádio 名 C (セットした時間に作動する)時計付きラジオ

clóck tòwer 名 C 時計塔, 時計台

clock·wise /klákwàiz クラクワイズ/ 形 時計回りの, 右回りの (⇔**counter-clockwise**)

— 副 時計回りに, 右回りに (⇔**counter-clockwise**)

clock·work /klákwə̀:rk クラクワーク/ 名 U 時計仕掛け, ぜんまい仕掛け; 《形容詞的》時計仕掛けの

clod /klád クラド/ 名 C 土のかたまり, 土くれ

clog B2 /klág クラグ/ 動 (三単現 **clogs** /klágz/; 過去・過分 **clogged** /klágd/; 現分 **clogging**) 他 動きを妨げる, 妨害する; つまらせる

— 名 C 《ふつう **clogs**》木靴

clois·ter /klɔ́istər クロイスタ/ 名 C
❶(修道院・大学などの)回廊, 柱廊 (♦ふつう中庭を囲み, 屋根のある通路)
❷修道院; 《**the cloister**》修道院の生活

clone A2

/klóun クロウン/ 名 (複 **clones** /klóunz/) U C クローン (♦ある固体から無性生殖で作られた別の個体群); まったく同じような人やもの

— 動 (三単現 **clones** /klóunz/; 過去・過分 **cloned** /klóund/; 現分 **cloning**) 他 (動植物の)クローンを作り出す, 無性生殖させる

close[1] A1 中

/klóuz クロウズ/ 動 (三単現 **closes** /klóuzəz/; 過去・過分 **closed** /klóuzd/;

現分 closing) ❶ 他 閉じる, しめる; 自 しまる (↔open)
• close a book 本を閉じる
• Close your eyes. 目を閉じて
❷ 他 (店・会合などを)終える, しめる, 閉ざす (❗一時的にしめる場合, 商売をやめるような場合のどちらにも使う); (道路などを)通行止めにする; (施設などを)閉鎖する; 自 終わる, 済む; 休業する, 閉鎖する
• The store **closes** at seven o'clock. その店は7時にしまります
• **Closed** today. 《掲示》本日休業 (❗We are closed today. の意味)

close down (店・会社などが)営業[操業]をやめる; (店・会社などを)閉鎖する
close in (日が)短くなる; (夜が)せまる; (敵などが)〔…に〕せまってくる《*on*》
close up 閉鎖する; ふさぐ; (傷口などが)ふさがる

━名 C 《単数形で》終わり (=end)
bring ... to a close …を終わらせる
come [***draw***] ***to a close*** 終わりになる

close[2] A1 中

/klóus クロウス/ (×クロウズ) (発音 close[1]との違いに注意) 形 (比較級 **closer**; 最上級 **closest**) ❶ (場所・時間について)(ごく)近い, 接近した
• get **close to** ... …に近づく
• My house is very **close to** the station. 私の家は駅のすぐそばにある
• It is **close to** five. Let's go out. もうすぐ5時だ. 出かけよう

注意› 「…の近くに」を表すとき near は次に…の語をすぐ続けられるが, close のあとには to を入れる (close には前置詞用法がない):
He lives **close to** our school. = He lives **near** (**to**) our school. 彼は私たちの学校の近くに住んでいます (❗near のあとには to を入れないほうがふつう; ×close our school としない)

❷ 親しい, 〔…と〕親密な《*to*》; 密接な; (血縁関係の)近い
• a **close** friend 親友
❸ 綿密な, 注意深い
❹ (競争など)差のない, 互角の; 似ている ❺ 閉じた; 風通しの悪い; むし暑い; きゅうくつな

━副 すぐ近くに, 接近して; ぴったりと, 密集して
• I sat **close to** him. 私は彼のすぐそばに座った

close at hand 近くに, 近づいて
close by すぐそばに (=near by)
close to [***on***] ***...*** ほとんど…で, ほぼ…で
come close to doing もう少しで…しそうになる

覚えよう› 単語力
意味と発音の違い
close /klóuz クロウズ/ 動 閉じる; 名 終わり
close /klóus クロウス/ 形 (ごく)近い; 綿密な; 副 すぐ近くに
closely /klóusli クロウスリ/ 副 ぴったり; 綿密に

closed A1

/klóuzd クロウズド/ 形
閉じた (↔**open**); 閉鎖した, 閉鎖的な

clósed círcuit 名 C 《電気》閉回路
clósed-cìrcuit télevision 名 C 閉回路テレビ《◆盗難防止などのために, 撮影した映像を特定の受像機で見る有線テレビシステム》
clósed séason 名 C 《米》禁猟期
clósed shóp 名 C クローズドショップ《◆労働組合員だけを雇う会社》
close-knit /klóusnít クロウスニト/ 形 (家族などの集団が)強いきずなで結ばれた, 団結した

close·ly B1 高 /klóusli クロウスリ/ 副
❶ 密接に; 親密に
• The training **closely** resembled real combat. その訓練は実戦さながらだった
❷ 綿密に, 注意して ❸ ぴったり, ぎっしり ❹ (すぐ)近くに, 接近して

close·ness /klóusnəs クロウスネス/ 名 U 近いこと, 接近; 親密さ; 精密さ; 密着;

密閉, 閉鎖

clos·et /klázət クラゼト/ (×クローゼット) 名 C 収納庫, クローゼット
— 形 公にしていない, 秘密の, 隠れ…
— 動 他 《**closet** *one***self** または **be closeted**》引きこもる; 密談する

close-up /klóusʌ̀p クロウサプ/ (×クローズアップ) 名 C (映画・テレビなどの)クローズアップ, 大写し

clos·ing /klóuziŋ クロウズィング/ 動 close[1]の現在分詞・動名詞
— 形 終わりの, 閉会の

clo·sure B2 /klóuʒər クロウジャ/ 名 U C 閉めること; 閉鎖; 終止

clot /klát クラト/ 名 C (血, 粘土などの)ぬるぬるしたかたまり
— 動 (三単現 **clots** /kláts クラツ/; 過去・過分 **clotted** /klátəd/; 現分 **clotting**) 自 (半固体状に)凝固する; 他 (半固体状に)凝固させる

cloth A1 高

/klɔ́:θ クロース|klɔ́θ クロス/
(発音 clothes, clothing との違いに注意)
名 (複 **cloths** /klɔ́:θs, klɔ́:θðz/)
❶ U 布, 布地, 服地
- **a piece** [**sheet**] **of cloth** 布 1 枚 (❗特定の用途のための個々のものではなく, 布地そのものをさしているので ×a cloth, ×cloths としない)

❷ C (ふきん・ぞうきんなどの)布きれ, テーブルクロス (=tablecloth)

clothe /klóuð クロウズ/ (発音 cloth との違いに注意) 動 他 服を着せる (=dress); おおう, 包む

clothes A1 中

/klóuz クロウズ, klóuðz クロウズズ/
(発音 cloth との違いに注意) 名
《複数扱い》衣服, 服, 衣類
日英比較 日本語の「衣服」より範囲は広く, 靴や帽子なども含む
- **a suit of clothes** (上下そろいの)服 1 着 (×*a* clothes としない)
- **put on** [**take off**] *one's* **clothes** 服を着る[脱ぐ]

コロケーション
動+**clothes**
change *one's clothes* 着替える
wear *clothes* 服を着ている
wash *clothes* 服を洗濯する
iron *clothes* 服にアイロンをかける
mend *clothes* 服を繕う

clothes·line /klóuzlàin クロウズライン, klóuðzlàin クロウズズライン/ 名 C 物干し綱
日英比較 欧米では竿ではなく綱を用いる

clóthes pèg 名 《英》(=clothespin)

clothes·pin /klóuzpìn クロウズピン, klóuðzpìn クロウズズピン/ 名 C 《米》洗たくばさみ

cloth·ing B2 高 /klóuðiŋ クロウズィング/ (発音 cloth, clothes との違いに注意) 名 U 《集合的》衣類, 衣料品, 衣服 (❗clothes よりも意味が広く, 帽子や靴など衣料品すべてを含む)
- **an article of clothing** 衣類 1 点 (×*a* clothing, ×clothing*s* としない)

cloud A1 中

/kláud クラウド/ 名 (複 **clouds** /kláudz クラウヅ/) ❶ U C 雲
- a white **cloud** (1片の)白い雲

❷ C (雲のような)大群, もうもうとしたもの
❸ (不安・疑惑などの)暗い影

on cloud nine 《口語》とても幸せで, 有頂天で

under a cloud 疑われて, 非難されて

— 動 (三単現 **clouds** /kláudz クラウヅ/; 過去・過分 **clouded** /kláudəd/; 現分 **clouding**)
自 くもる; 他 くもらせる
派生 **cloudy** 形

cloud·burst /kláudbə̀:rst クラウドバースト/ 名 C 突然の豪雨, どしゃ降り

cloud·less /kláudləs クラウドレス/ 形 雲のない, 晴れ渡った

cloud·y A1 中

/kláudi クラウディ/ 形 (比較級 **cloudier**;

最上級 **cloudiest**)
❶くもりの, くもった
● It is **cloudy** today. きょうはくもりだ
❷(ガラスなどが)くもった; にごった; あいまいな, 不明瞭な
派生 **cloud** 名

clout /kláut クラウト/ 名 U 影響力, 権力; C 《英》《口語》(手や物で)なぐること
ー 動 他 《口語》なぐる

clove[1] /klóuv クロウヴ/ 名 C 《植物》チョウジノキ; 丁子(ちょうじ) 《◆香味料》

clove[2] /klóuv クロウヴ/ 名 C 小鱗茎(りんけい) 《◆ユリ・ニンニクなどの球根の一かけ》

clo·ver /klóuvər クロウヴァ/ 名 U C 《植物》クローバー, ツメクサ 《◆家畜の飼料として栽培される》
● a four-leaf **clover** 四つ葉のクローバー 《◆これを見つけた人には幸運があると信じられている》

clo·ver·leaf /klóuvərlì:f クロウヴァリーフ/ 名 (複 **cloverleaves** /klóuvərlì:vz/, **cloverleafs** /klóuvərlì:fs/) C (四つ葉の)クローバー型インターチェンジ

clown A2

/kláun クラウン/ 名 (複 **clowns** /kláunz/) C (サーカス・劇などの)ピエロ, 道化(どうけ)師, 道化役者; おどけ者
ー 動 (三単現 **clowns** /kláunz/; 過去・過分 **clowned** /kláund/; 現分 **clowning**) 自 おどける; 道化を演じる 《*around*》

club A1 中

/klʌ́b クラブ/

意味マップ
名 ❶(スポーツなどの)クラブ, 部
❷(ゴルフなどの)クラブ
❸こん棒
❹(トランプの)クラブ
❺クラブ室
動 こん棒で打つ[なぐる]

ー 名 (複 **clubs** /klʌ́bz/) C
❶(スポーツ・社交などの)クラブ, 部, 同好会; 《形容詞的》クラブの
● a baseball **club** 野球部
● **club** activities クラブ活動
● He is a member of the tennis **club**. = He **belongs to** the tennis **club**. 彼はテニスクラブの一員です, 彼はテニス部に入っている

コロケーション
動+**club**
join a *club* クラブに入る
leave a *club* クラブを抜ける
form a *club* クラブを結成する
break up a *club* クラブを解散する

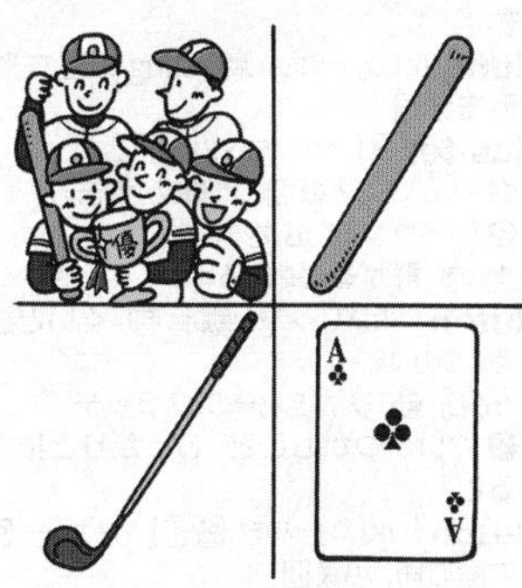

❷(ゴルフ・ホッケーの)クラブ
❸(武器としての)こん棒
❹(トランプの札の)クラブ
❺クラブ室; クラブ会館
ー 動 (三単現 **clubs** /klʌ́bz/; 過去・過分 **clubbed** /klʌ́bd/; 現分 **clubbing**) 他 こん棒で打つ[なぐる]
club together 《英》(みんなで)お金を出し合う

club·house /klʌ́bhàus クラブハウス/ 名 (複 **clubhouses** /klʌ́bhàuzəz/) C (クラブ会員の)クラブ会館, クラブハウス; 《米》(運動部の)更衣室

clúb sándwich 名 C 《料理》クラブサンドイッチ 《◆肉やチーズを挟んだ3枚重ねのサンドイッチ》

clúb sóda 名 U C ソーダ水

cluck /klʌ́k クラク/ 名 C コッコッ 《◆めんどりが雛(ひな)を呼ぶ声》
ー 動 自 (めんどりが)コッコッと鳴く

a b **c** d e f g h i j k l m n o p q r s t u v w x y z

clue A2
/klúː クルー/ 名 (複 **clues** /klúːz/) C
手がかり, 糸口(いとぐち)

clump /klʌ́mp クランプ/ 名 C 木立, 茂み, やぶ; かたまり

clum·sy B2 /klʌ́mzi クラムズィ/ 形 (比較級 **clumsier**; 最上級 **clumsiest**) ぎこちない, 無器用な; ぶかっこうな, へたな
clúmsily 副 ぎこちなく, 不器用に
clúmsiness 名 U ぎこちなさ, 不器用

clung /klʌ́ŋ クラング/ 動 clingの過去形・過去分詞

clus·ter /klʌ́stər クラスタ/ 名 C
❶ (人・ハチなどの)群れ, (家の)集まり
❷ (ブドウなどの)ふさ
— 動 自 群がる, 集まる

clutch[1] /klʌ́tʃ クラチ/ 動 他 自 ぐいと握る, つかむ
— 名 C ❶ (機械・自動車の)クラッチ
❷ ぐいとつかむこと, しっかりとにぎること

clutch[2] /klʌ́tʃ クラチ/ 名 C (鳥が)一回に産む卵; 小集団

clut·ter /klʌ́tər クラタ/ 動 他 取り散らかす《*up*》
— 名 U 散乱した物; 《**a clutter**》混乱, 散乱

cm, cm. 《略》 centimeter(s) センチメートル

CNN /síːènén スィーエンエン/ 名 《商標》シーエヌエヌ (◆米国のニュース専門のケーブル放送局) (❗Cable News Network の略)

CO 《略》 Colorado コロラド(州)

Co. /kóu コウ, kʌ́mpəni カンパニ/ 《略》 Company 会社 (❗会社名に使う)

c/o /kéərəv ケアロヴ/ care of... …(様)方(かた) (❗あて名に使う)

co- 接頭 「共同」「共通」
● **co**education 男女共学
● **co**operate 協力する
● **co**-founder 共同創立者

coach A1 中
/kóutʃ コウチ/ (×コーチ)
名 (複 **coaches** /kóutʃəz/) C
❶ (競技の)コーチ, 指導者; 家庭教師
❷ 《英》 (長距離)バス (=bus)
❸ 大型の4輪馬車 ⇨**stagecoach**
❹ 《米》 (飛行機の)エコノミークラス
— 動 (三単現 **coaches** /kóutʃəz/; 過去・過分 **coached** /kóutʃt/; 現分 **coaching**) 他 〔競技・科目などに関して〕コーチする, 指導する; …の家庭教師をする《*in*》
● She **coached** me **in** math. 彼女はぼくに数学を指導してくれた

coach·ing B2 /kóutʃiŋ コウチング/ 名 U (スポーツなどの)指導, コーチング; 個人教授

co·ag·u·late /kouǽgjəlèit コウアギュレイト/ 動 他 (液体を)凝固させる; 自 凝固する

co·ag·u·la·tion /kouæ̀gjəléiʃən コウアギュレイション/ 名 U 凝固, 凝結

coal B1 高 /kóul コウル/ (×コール) 名 U 石炭
● mine **coal** 石炭を採掘する

co·a·lesce /kòuəlés コウアレス/ 動 自 《文章》 合体する, 連合する

co·a·li·tion B2 /kòuəlíʃən コウアリション/ 名 U C (政党などの)連合, 連立, 提携; 《形容詞的》 連合[連立]の

cóal mìne 名 C 炭鉱

cóal tàr 名 U コールタール

coarse B2 /kɔ́ːrs コース/ (×コアース) (発音 course と同音) 形 (比較級 **coarser**; 最上級 **coarsest**)
❶ ざらざらの, きめの粗い (↔**fine**[1])
❷ 粗末[粗悪]な; 粗野な; 下品な
cóarsely 副 粗く; 粗野に
cóarseness 名 U きめの粗さ; 粗野

coars·en /kɔ́ːrsən コースン/ 動 他 自
❶ 粗くする; 粗くなる
❷ 粗野にする; 粗野になる

coast A2 高
/kóust コウスト/ (×コースト) 名 (複 **coasts** /kóusts コウスツ/) C 海岸, 沿岸 ⇨ **beach**; 《**the Coast**》 (米国・カナダの)太平洋沿岸

• on the Pacific **coast** 太平洋岸に

the coast is clear 危険はない，だれも見ていない

━ 動 (三単現 **coasts** /kóusts コウスツ/; 過去・過分 **coasted** /kóustəd/; 現分 **coasting**) 自 ❶ 惰性で進む
❷ 楽々とやり遂げる

coast·al B1 /kóustəl コウスタル/ 形 (❗比較変化なし) 沿岸の，海岸線に沿った

coast·er /kóustər コウスタ/ 名 C
❶ 沿岸寄航船
❷ (グラスなどの下に敷く)コースター

cóast guàrd 名 C 沿岸警備隊; 沿岸警備隊員; 《**the Coast Guard**》(米国海軍の)沿岸警備隊

coast·line B2 /kóustlàin コウストライン/ 名 C 海岸線

coat A1 中

/kóut コウト/ (×コート)

名 (複 **coats** /kóuts コウツ/) C
❶ コート，オーバー (=overcoat)

• a winter **coat** 冬のオーバー
• **put on** a **coat** コートを着る
• **take off** a **coat** コートを脱ぐ
• They don't **have coats on**. 彼らはコートを着ていない

❷ 上着 (=jacket)

• wear (a) **coat** and tie 上着とネクタイを着用する

関連語› 単語力

duffle *coat* ダッフルコート
rain*coat* レインコート
tail*coat*, dress *coat* えんび服
trench *coat* トレンチコート

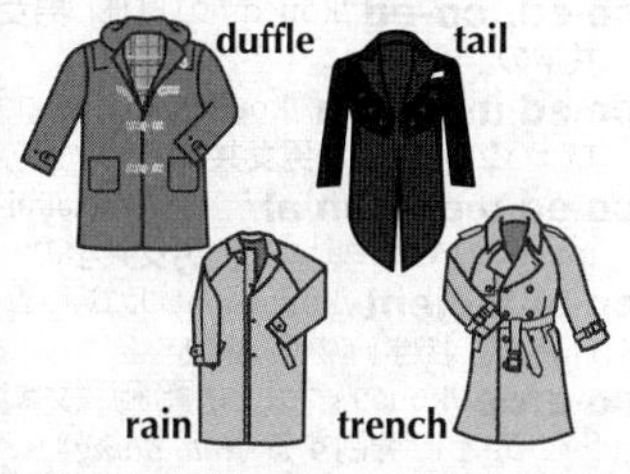

❸ (動物の)毛皮，毛

❹ 表面をおおうもの; (ペンキの)塗り，層

• two **coats** of paint ペンキの2度ぬり

━ 動 (三単現 **coats** /kóuts コウツ/; 過去・過分 **coated** /kóutəd/; 現分 **coating**) 他 (表面を)おおう (=cover); (ペンキなどを)塗る

cóat hànger 名 C (衣服を掛ける)ハンガー (=hanger)

coat·ing /kóutiŋ コウティング/ 名 C 表面をおおうもの; (ペンキなどの)上塗り，被膜; (食べ物の)ころも

cóat of árms 名 (複 **coats of arms**) C (盾(たて)形の)紋章

co·au·thor /kouɔ́:θər コウオーサ/ 名 C 共著者

coax /kóuks コウクス/ (発音 -oa- は /ou オウ/ と発音する) 動 他 なだめすかす，くどく; 文型 [**coax A into** *doing* = **coax A to** *do*] A(人)をなだめすかして…させる

cob /kάb カブ/ 名 C ❶ トウモロコシの穂軸 ❷ 雄(おす)の白鳥

cob·ble[1] /kάbl カブル/ 名 C 玉石 (=cobblestone)

━ 動 他 (道路に)玉石を敷く

cob·ble[2] /kάbl カブル/ 動 他 (いい加減に)手早く作る，さっとまとめあげる《*together*》

cob·bler /kάblər カブラ/ 名 C 《古風》靴直し職人 (=shoemaker)

cob·ble·stone /kάblstòun カブルストウン/ 名 C (道に敷く)玉石，丸石

co·bra /kóubrə コウブラ/ 名 C 《動物》コブラ (♦アフリカやインドにいる毒ヘビ)

cob·web /kάbwèb カブウェブ/ 名 C クモの巣

Co·ca-Co·la /kòukəkóulə コウカコウラ/ 名 U C 《商標》コカコーラ (=Coke, coke[1])

co·caine /koukéin コウケイン/ 名 U コカイン (♦局所麻酔剤; 違法な麻薬)

cock /kάk カク/ 名 C ❶ 《英》おんどり (=《米》rooster) (❗「めんどり」は hen; 雌雄の別なく「ニワトリ」というときは chicken) ❷ (水道の)コック，せん

❸《卑語》ペニス
— 動 他 (頭などを)傾ける, (目などを)上に向ける; (銃の)撃鉄を起こす

cock·a·doo·dle-doo /kὰkədu:dl-dú: カカドゥードルドゥー/ 名 C コケコッコー《♦ニワトリの鳴き声》

cock·a·too /kákətù: カカトゥー, ˌ-ˌ-ˊ/ 名 C《鳥》ボタインコ《♦オーストラリア産の大形のオウム》

cock·er /kákər カカ/ 名 C《動物》コッカースパニエル《♦狩猟・愛がん用の小型の犬; cocker spaniel ともいう》

cock·eyed /kákàid カカイド/ 形《口語》❶ばかげた, 途方もない ❷ゆがんだ, 曲がった

cock·fight /kákfàit カクファイト/ 名 C 闘鶏(とうけい)

Cock·ney, cock·ney /kákni カクニ/ 名 (複 **Cockneys** /kákniz/)
❶ C ロンドン子 (❗ロンドンなまり(❷)で話すロンドン東部の住民をいう)
❷ U ロンドンなまり

cock·pit /kákpìt カクピト/ 名 C ❶ (飛行機・ヘリコプター・宇宙船などの)操縦室, 操縦席, コックピット; (レーシングカーの)運転席 ❷ 闘鶏(とうけい)場

cock·roach /kákròutʃ カクロウチ/ 名 C《昆虫》ゴキブリ

cock·sure /kὰkʃúər カクシュア/ 形《口語》自信過剰の, うぬぼれた

cock·tail B2 /káktèil カクテイル/ 名
❶ C カクテル《♦アルコール飲料》
❷ U C (前菜の)カクテル

cócktail drèss 名 C カクテルドレス《♦女性の準正装用のドレス》

cócktail lòunge 名 C カクテルラウンジ

cócktail pàrty 名 C カクテルパーティー

cock·y /káki カキ/ 形 (比較級 **cockier**; 最上級 **cockiest**)《口語》自信過剰の, うぬぼれた, 生意気な

co·coa B2 /kóukou コウコウ/ 名 U ココア《♦カカオ (cacao) の種子の粉末》⇨ chocolate

co·co·nut B2 /kóukənʌ̀t コウコナト/ 名 C ココヤシの木 (coconut tree) の実

cóconut mìlk 名 U ココナツミルク《♦ココヤシの果汁》

cóconut pàlm [trèe] 名 C《植物》ココヤシの木

co·coon /kəkú:n コクーン/ 名 C (チョウ・ガなどの)まゆ

cod B1 /kád カド/ 名 (複 **cod, cods** /kádz カヅ/) C《魚》タラ (=codfish); U タラの身

cod·dle /kádl カドル/ 動 他 甘やかす, 大事にしすぎる

code A1 高
/kóud コウド/
名 (複 **codes** /kóudz コウヅ/)
❶ C 法典; 決まり, 規定
❷ U C 符号, 信号, コード; 暗号
• the Morse **code** モールス信号
• a zip **code**《米》郵便番号 (=《英》postcode)
❸ C《英》(電話の)市外局番 (=《米》area code)
— 動 (三単現 **codes** /kóudz コウヅ/; 過去・過分 **coded** /kóudəd/; 現分 **coding**) 他 コード化する, 暗号化する

cod·ed /kóudəd コウデド/ 形 コード化された, 暗号の

cod·fish /kádfiʃ カドフィシュ/ 名 C (複 **codfishes** /kádfiʃəz/, **codfish**) (=cod)

cod·i·fy /kádəfài カディファイ/ 動 (三単現 **codifies** /kádəfàiz/; 過去・過分 **codified** /kádəfàid/; 現分 **codifying**) 他 (法律を) 法典に編集する; (規則を)成文化する

co·ed, co-ed /kóuèd コウエド/ 形 男女共学の

co·ed·u·ca·tion /kòuedʒəkéiʃən コウエヂュケイション/ 名 U 男女共学

co·ed·u·ca·tion·al /kòuedʒəkéiʃənəl コウエヂュケイショナル/ 形 男女共学の

co·ef·fi·cient /kòuəfíʃənt コウエフィシェント/ 名 C《数学》《物理》係数

co·erce /kouə́:rs コウアース/ 動 他《文章》〔…するように〕強制する《*into doing*》

co·er·cion /kouə́:rʃən コウアーション/ 名

U 強制, 強要; 弾圧政治

co·ex·ist /kòuigzíst コウイグズィスト/ 動自 (相反する二者が)共存する

co·ex·ist·ence /kòuigzístəns コウイグズィステンス/ 名U 共存

cof·fee A1 中

/kɔ́ːfi コーフィ | kɔ́fi コフィ/

名 (複 **coffees** /kɔ́ːfiz/)

U コーヒー; C (1杯の)コーヒー

- **a cup** [**two cups**] **of coffee** コーヒー1杯[2杯]
- **make coffee** コーヒーをいれる[わかす]
- Three **coffees**, please. コーヒー3つください

cóffee brèak 名C 《米》コーヒーブレイク, コーヒーの時間 (♦仕事の合い間の短い休憩時間)

cof·fee·house /kɔ́ːfihàus コーフィハウス/ 名 (複 **coffeehouses** /kɔ́ːfihàuzəz/) C 喫茶店

cof·fee·mak·er /kɔ́ːfimèikər コーフィメイカ/ 名C コーヒーメーカー

cof·fee·pot /kɔ́ːfipàt コーフィパト/ 名C コーヒーポット, コーヒーわかし

cóffee shòp 名C 《米》コーヒー店, (ホテルの)喫茶室, 軽食堂

cóffee tàble 名C コーヒーテーブル

cof·fer /kɔ́ːfər コーファ/ 名C 貴重品箱; 《**coffers**》財源, 資金

cof·fin B1 /kɔ́ːfən コーフィン/ 名 (複 **coffins** /kɔ́ːfənz/) C 棺(ひつぎ), 棺桶(かんおけ)

cog /kág カグ/ 名C 歯車の歯; 歯車

a cog in the machine [***wheel***] 大きな組織の中で小さな働きをする人[もの]

co·gent /kóudʒənt コウヂェント/ 形 《文章》(議論・理由などが)説得力がある

co·gnac /kóunjæk コウニャク/ 名UC コニャック (♦フランス・コニャック産のブランデー)

cog·nate /kágneit カグネイト/ 形 共通の起源をもつ, 同族の

cog·ni·tion /kagníʃən カグニション/ 名U 《文章》認識, 認知

cog·ni·tive /kágnətiv カグニティヴ/ 形 《文章》認識の, 認知の

cog·ni·zance /kágnizəns カグニザンス/ 名U 《文章》認識, 知覚

co·hab·it /kouhǽbət コウハビト/ 動自 《文章》(未婚の男女が)同棲する

co·hab·i·ta·tion /kouhæ̀bətéiʃən コウハビテイション/ 名U 《文章》同棲

co·her·ence B2 /kouhíərəns コウヒアレンス/ 名U 首尾一貫性

co·her·ent B2 /kouhíərənt コウヒアレント/ 形 首尾一貫した; 互いに密着する, 緊密に結びついた

cohérently 副 首尾一貫して; 密着して

co·he·sion /kouhíːʒən コウヒージョン/ 名U 結合, 密着; 団結

co·hort /kóuhɔːrt コウホート/ 名C 仲間, 同僚; (共通項のある)集団

coil /kɔ́il コイル/ 動他 ぐるぐる巻く; 自 ぐるぐる巻きつく

一 名C ぐるぐる巻いたもの; (電気部品の)コイル

coin A2 高

/kɔ́in コイン/ 名 (複 **coins** /kɔ́inz/) UC 硬貨, コイン

- a gold [silver] **coin** 金[銀]貨

flip [***toss***] ***a coin*** コインを投げて表か裏かで決める (❗表(肖像が描かれている方)を heads, 裏を tails という)

一 動 (三単現 **coins** /kɔ́inz/; 過去・過分 **coined** /kɔ́ind/; 現分 **coining**) 他

❶ (新語などを)案出する

❷ (貨幣を)鋳造する

coin·age /kɔ́inidʒ コイニヂ/ 名C 貨幣鋳造 (♦方法・権利など); 貨幣制度; (新語などの)案出

co·in·cide B2 /kòuinsáid コウインサイド/ 動自 ❶ 同時に起こる ❷ 一致する

coincide with ... …と同時に起こる; 一致する

co·in·ci·dence B2 /kouínsədəns コウインスィデンス/ 名UC 一致; 合致; U 同時に発生すること

co·in·ci·dent /kouínsədənt コウインスィ

デント/ 形 完全に一致する; 同時に起こる

co·in·ci·den·tal /kouìnsədéntəl コウインスィデンタル/ 形 一致するような; 偶然の一致による

coìncidéntally 副 偶然に

Coke, coke[1] A1

/kóuk コウク/ 名 (複 **Cokes** /kóuks/) U 《商標》コカコーラ; C コカコーラ1本[1杯] (=Coca-Cola)

coke[2] /kóuk コウク/ 名 U コークス《◆燃料》

Col. 《略》Colonel 大佐; Colorado コロラド州

co·la A2

/kóulə コウラ/ 名 (複 **colas** /kóuləz/) U C コーラ; C コーラ1本[1杯]

col·an·der /kʌ́ləndər カランダ/ 名 C (料理用の)水切り, 水こし器

cold A1 中

/kóuld コウルド/ (×コールド)

意味マップ
形 ❶寒い; 冷たい
❷冷淡な; 冷静な
❸冷製の
❹(正解などから)遠い
名 ❶(病気の)かぜ
❷寒さ, 冷気

— 形 (比較級 **colder**; 最上級 **coldest**)

❶寒い; 冷たい (↔**hot**)

- a **cold** morning 寒い朝
- **cold** water 冷たい水
- It is very **cold** this morning. けさはとても寒い

❷冷淡な, 冷たい (↔**warm**); 冷静な

- his **cold** words 彼の冷たいことば

❸(料理が)冷やして食べる, 冷製の ⇨ **cold meat**

❹(クイズなどの正解などから)遠い, 離れた (↔**hot**)

get* [*have*] *cold feet 《口語》おじけづく

— 名 (複 **colds** /kóuldz コウルヅ/)

❶ U C (病気の)かぜ

- **have** a **cold** かぜをひいている
- **catch** (a) **cold** かぜをひく
- a bad [heavy] **cold** ひどいかぜ

❷ U 寒さ, 冷気

be left out in the cold 《口語》のけものにされる, 無視される (←寒い所にとり残される)

派生 **coldly** 副; 派生 **coldness** 名

cold-blood·ed /kóuldblʌ́dəd コウルドブラデド/ 形 冷酷な; (動物が)冷血の

cóld-blóodedly 副 冷酷に

cóld cùts 名 《複数扱い》《米》薄切りの冷肉 (cold meat) の盛り合わせ

cold-heart·ed /kóuldhɑ́ːrtəd コウルドハーテド/ 形 無情な; 冷淡な (↔**warm-hearted**)

cóld-héartedly 副 無情に

cold·ly /kóuldli コウルドリ/ 副 冷たく, 冷淡に (↔**warmly**)

cóld méat 名 U コールドミート, 冷肉《◆ハム, ローストビーフなど》

cold·ness /kóuldnəs コウルドネス/ 名 U 寒さ, 冷たさ; 冷淡さ

cóld sòre 名 C 口唇ヘルペス《◆口の周囲にできる発疹(はっしん)》

cóld swéat 名 U 冷や汗

cóld wár 名 C 冷戦(れいせん)《◆武力を背景とした経済上・外交上の国際間抗争》

cóld wàve 名 C 《気象》寒波

cole·slaw /kóulslɔː コウルスロー/ 名 U 《料理》コールスロー《◆キャベツのマヨネーズあえ》

col·ic /kɑ́lik カリク/ 名 U (特に幼児の)激しい腹痛, さしこみ

col·i·se·um /kɑ̀ləsíːəm カリスィーアム/ 名

Ⓒ (円形の)大演技場, 大競技場; 《the Coliseum》 (=Colosseum)

col·lab·o·rate /kəlǽbərèit コラボレイト/ 動自 ❶〔…で; 人などと〕共同で作業[研究]する, 合作する《*on; with*》
❷〔占領軍・敵国などに〕協力する《*with*》

col·lab·o·ra·tion /kəlæ̀bəréiʃən コラボレイション/ 名Ⓤ 協力; 共同研究, 合作

in collaboration with ... …と共同して

col·lab·o·rat·or /kəlǽbərèitər コラボレイタ/ 名Ⓒ 共同制作者, 共同研究者; (敵国への)協力者

col·lage /kəlɑ́ːʒ コラージュ/ 名Ⓒ コラージュ 《◆紙・布などをはり付けて構成した絵》; Ⓤ コラージュの技法

col·lapse B1 /kəlǽps コラプス/ 名 (複 **collapses** /kəlǽpsəz/) ⓊⒸ
❶ (事業などの)失敗, 挫折(ざせつ)
❷ 崩壊, 倒壊, 陥没
❸ (健康・気力などの)衰え

— 動 (三単現 **collapses** /kəlǽpsəz/; 過去・過分 **collapsed** /kəlǽpst/; 現分 **collapsing**) ❶自 (建物などが)崩壊する, 崩れる, つぶれる, 陥没する; 他 崩壊させる, つぶす

• The ceiling **collapsed**. 天井が崩れ落ちた

❷自 (人が, 病気などで)倒れる, へたり込む; (健康などが)急に衰える
❸自 (事業などが)だめになる, 失敗する ❹自 (いす・テントなどが)折りたためる; 他 折りたたむ

col·laps·i·ble /kəlǽpsəbl コラプスィブル/ 形 折りたためる

col·lar B1 /kɑ́lər カラ | kɔ́lə コラ/ 名 (複 **collars** /kɑ́lərz/) Ⓒ
えり, カラー, えりもと; (犬などの)首輪

— 動他 えり首をつかまえる; (犬に)首輪をつける

col·lar·bone /kɑ́lərbòun カラボウン/ 名Ⓒ 《解剖》 鎖骨(さこつ)

col·late /kəléit カレイト/ 動他 (本文・原稿などを)〔…と〕照合する《*with*》

col·lat·er·al /kəlǽtərəl コラテラル/ 名Ⓤ 担保物件

— 形 ❶ 並び合った; 付随的な
❷ 担保で保証された

col·league B2 高 /kɑ́liːg カリーグ/ 名Ⓒ 同僚; 同業者

col·lect A1 中

/kəlékt コレクト/ 動 (三単現 **collects** /kəlékts コレクツ/; 過去・過分 **collected** /kəléktəd/; 現分 **collecting**)

❶他 集める; 収集する

• **collect** stamps 切手を集める
• **collect** a lot of information on the incident その事件についてたくさんの情報を集める

似ている単語

集める－**collect** と **gather**

collect は違う人や場所から選んで[きちんと]集めて整理する, **gather** は散らばっているものを集めるという意味合いがある.「コレクション」のように趣味で収集する場合は collect を使う:

My brother **collects** butterflies as [for] a hobby. 私の兄は趣味でチョウを収集しています

The boys **gathered** nuts. 男の子たちは木の実を集めた

❷他自 (税金などを)徴集する, 集金する; (寄付を)募る
❸自 (人が)集まる; (ものが)たまる
❹他 取ってくる, 取りに[迎えに]行く
❺他 (考えなどを)まとめる; (心を)落ち着かせる

collect oneself 心を落ち着ける, 気を取り直す

— 形 《米》 (料金が)受け取り人払いの
— 副 《米》 (料金が)受け取り人払いで

派生 **collection** 名
派生 **collective** 形

col·lect·ed /kəléktəd コレクテド/ 形 ❶ 集めた ❷ 落ち着いた, 冷静な

col·lec·tion A1 高

/kəlékʃən コレクション/ 名 (複 **collections** /kəlékʃənz/)

❶Ⓒ 収集物, コレクション; (ファッションデザイナーの)新作コレクション,

新作発表会
- My father has a large **collection** of pictures. 父は絵を多く集めている

❷ U C 収集, 採集; 徴収, 集金
❸ U C 募金
派生 **collect** 動

col·lec·tive /kəléktiv コレクティヴ/ 形 集合的な; 集団的な; 共有の (↔**individual**)
派生 **collect** 動
colléctively 副 集合的に; 集団で

colléctive bárgaining 名 U (労使間の)団体交渉

colléctive nóun 名 C 《文法》集合名詞 (❗family など)

col·lec·tor B2 /kəléktər コレクタ/ 名 C ❶ 収集家 ❷ 集める人, 集金人

colléctor's ítem 名 C 収集家がほしがる逸品, コレクターズアイテム

col·lege A1 中

/kálidʒ カリヂ|kɔ́lidʒ コリヂ/
名 (複 **colleges** /kálidʒəz/) C
❶ 大学; 《形容詞的》大学の
日英比較 ふつう単科大学をいうが, しばしば「総合大学」(university) にも使い, 区別は厳密ではない ⇨**university**
- a **college** student 大学生
- go **to college** 大学に通う, 大学に進学する

関連語› 単語力
community college 《米》公立短期大学
junior college 《米》短期大学
freshman 《米》(大学)1年生
sophomore 《米》大学2年生
junior 《米》大学3年生
senior 《米》最上級生 (4年制なら4年生, 2年制なら2年生)
graduate 卒業生; 《米》大学院生
professor 教授
campus キャンパス

❷ 《米》(総合大学の)学部; 《英》学寮
❸ 《英》専門学校, 訓練校, 各種学校
❹ 協会, 組織

col·le·gi·ate /kəlíːdʒiət コリーヂエト/ 形 大学の, 大学生用の; 学寮制の

col·lide /kəláid コライド/ 動 自 衝突する ⇨**crash**; 対立する

col·lie /káli カリ/ 名 C 《動物》コリー (◆スコットランド原産の牧羊犬)

col·li·sion /kəlíʒən コリジョン/ 名 U C 衝突, 激突; 不一致, あつれき

col·lo·ca·tion B2 /kàləkéiʃən カロケイション/ 名 U 《文法》語句の連結, コロケーション

col·lo·qui·al /kəlóukwiəl コロウクウィアル/ 形 口語の, 話しことばの (❗literary は「文語の, 書きことばの」)

col·lo·qui·al·ism /kəlóukwiəlìzm コロウクウィアリズム/ 名 U 口語体; C 口語表現

col·lu·sion /kəlúːʒən コルージョン/ 名 U 共謀; 結託; なれ合い

Colo. 《略》Colorado コロラド州

co·logne /kəlóun コロウン/ 名 U オーデコロン (◆香水の一種)

Co·lom·bi·a /kəlʌ́mbiə コランビア/ 名 コロンビア (◆南米北西部の共和国; 首都ボゴタ (Bogotá))

co·lon B2 /kóulən コウロン/ 名 C コロン (◆説明・引用・時間などを示すのに使う句読(くとう)(:))

colo·nel /kə́ːrnəl カーネル/ (×コロネル) 名 C 陸軍大佐, 空軍大佐

co·lo·ni·al B2 /kəlóuniəl コロウニアル/ 形 植民地の
— 名 C 植民地人, 植民地の住民
派生 **colony** 名

co·lo·ni·al·ism /kəlóuniəlìzm コロウニアリズム/ 名 U 植民地主義; 植民地主義政策

col·o·nist /kálənist カロニスト/ 名 C (海外への)移住者, 入植者

col·o·ni·za·tion /kàlənəzéiʃən カロニゼイション/ 名 U 植民地化; 植民

col·o·nize /kálənàiz カロナイズ/ 動 他 植民地化する 派生 **colony** 名

col·o·ny 高 /káləni カロニ/ 名 (複 **colonies** /káləniz/) C ❶ 植民地 (=settlement) ❷ (同業者や特定人種などの集まる)居住地, …人街(がい)
派生 **colonize** 動; 派生 **colonial** 形

col·or A1 中

/kʌ́lər カラ/ 名 (複 **colors** /kʌ́lərz/)

❶ U C 色, 色彩; 《形容詞的》色付き[カラー]の

- a bright **color** 鮮やかな色 (! 赤, 青, 黄色など)
- What's your favorite **color**? あなたの好きな色は何?

コロケーション

形+**color**

a brilliant *color* 輝くような色
a dark *color* 暗い色
a deep *color* 濃い色
a dull *color* くすんだ色
a natural *color* 自然な色
a warm *color* 暖色

❷ U C 顔色, 血色; (人種を示す)肌の色

❸ U C 絵の具, 染料

❹ U 特色; 性質; 生彩

❺ 《**colors**》(特定の団体などを示す)色, スクールカラー; 旗, 軍旗

change color 顔色を変える, 赤く[青く]なる

lose color 青ざめる, 色を失う

off color 気分が悪くて

show one's true colors 本性を現す

with flying colors 大成功で, 見事に (←勝利の旗をひるがえして)

— 動 (三単現 **colors** /kʌ́lərz/; 過去·過分 **colored** /kʌ́lərd/; 現分 **coloring** /kʌ́ləriŋ/)

❶ 他 …に色をぬる; 文型 [**color A C**] AをCにぬる (! Cは色の形容詞)

❷ 自 (果実·葉などが)色づく; 顔を赤くする

❸ 他 (話·事実などを)ゆがめる, (意見などに)影響を与える

派生 **colorful** 形

関連語› 単語力

red 赤
yellow 黄
green 緑
blue 青
white 白
black 黒
pink ピンク
purple むらさき
orange オレンジ
gray 灰色

Col·o·rad·o /kɑ̀lərǽdou コロラドウ/ 名 ❶ コロラド《♦米国西部の州; Colo., (郵便で) COと略す》 ❷《**the Colorado**》コロラド川《♦コロラド州北部から米国西部を流れてカリフォルニア湾に注ぐ; 途中のアリゾナ州にグランドキャニオン (the Grand Canyon) がある》

col·or·a·tion /kʌ̀ləréiʃən カラレイション/ 名 U 着色法; 彩色, 配色; (動植物の)色

cólor-blìnd 形 色覚異常の

col·ored /kʌ́lərd カラド/ 形 色のついた; 《ときに **Colored**》《しばしば差別的》有色人種の, 黒人の

col·or·ful A2 高

/kʌ́lərfəl カラフル/ 形

❶ 色彩に富んだ, 色とりどりの, カラフルな

❷ はなやかな, 多彩な; 興味をひく, おもしろい

- a **colorful** event はなやかな催し物, 多彩な行事
- a **colorful** story 興味深い物語

❸ (ことばなどが)下品な, きたない

派生 **color** 名

col·or·ing /kʌ́ləriŋ カラリング/ 名 ❶ U (髪·皮膚などの)色合い, 顔色, 血色 ❷ U 着色, 彩色法; U C 着色剤, 染料

col·or·less /kʌ́lərləs カラレス/ 形 ❶ 色のない, 無色の; 血色の悪い, 青白い ❷ 退屈な

co·los·sal /kəlɑ́səl コラサル/ 形 巨大な; ばく大な; 《口語》とてつもない, すばらしい

Col·os·se·um /kɑ̀ləsíːəm カロスィーアム/ 名 コロシアム《♦古代ローマの大円形闘技場; 約5万人の観衆を収容できた》

co·los·sus /kəlɑ́səs コラサス/ 名 (複 **colossi** /kəlɑ́sai/, **colossuses** /kəlɑ́səsəz/) C 巨像; 巨人, 大人物; 巨大な物

col·our /kʌ́lər カラ/ 名 (複 **colours** /kʌ́lərz/) 《英》(=color)
— 動 (三単現 **colours** /kʌ́lərz/; 過去·過分 **coloured** /kʌ́lərd/; 現分 **colouring** /kʌ́ləriŋ/) 《英》(=color)

col·oured /kʌ́lərd カラド/ 形 《英》(=colored)

col·our·ful /kʌ́lərfəl カラフル/ 形 《英》(=colorful)

colt /kóult コウルト/ 名 C ❶雄の子馬 (! 「雌の子馬」は filly) ⇨**pony** ❷未熟者, 青二才

Co·lum·bus /kəlʌ́mbəs コランバス/ 名 ❶《**Christopher Columbus**》クリストファー・コロンブス (1451–1506) 《◆アメリカ大陸へ航海したイタリア人》 ❷コロンバス 《◆米国オハイオ州 (Ohio) の州都》

Colúmbus Dày 名 《米》コロンブス記念日 《◆10月の第2月曜日; 特にイタリア移民の多い地域で盛大に行われる》

col·umn A2 高

/kɑ́ləm カラム | kɔ́ləm コラム/ 名 (複 **columns** /kɑ́ləmz/) C
❶円柱 《◆ギリシャ・ローマの建築物にある丸い大きな柱》, 円柱状のもの
❷(英字新聞などの)縦の欄(らん), (ページの)段; コラム, 特別寄稿欄 (! 柱のように細長い形をしていることから)

col·umn·ist B1 /kɑ́ləmnist カラムニスト/ 名 (複 **columnists** /kɑ́ləmnists カラムニスツ/) C (新聞・雑誌などの)コラムニスト, 特別欄執筆者

co·ma B2 /kóumə コウマ/ 名 U C 昏睡(こんすい), 昏睡状態

in a coma 昏睡状態で

co·ma·tose /kóumətòus コウマトウス/ 形 昏睡(こんすい)状態の; 《口語》前後不覚の, 眠い ⇨**coma**

comb A2

/kóum コウム/ (×コーム) 名 (複 **combs** /kóumz/) C ❶くし
❷(おんどりの)とさか
— 動 (三単現 **combs** /kóumz/; 過去·過分 **combed** /kóumd/; 現分 **combing**) 他
❶くしですく, とかす ❷〔…を見つけようと〕(場所を)徹底的に探す 《*for*》

com·bat /kɑ́mbæt カンバト/ 名 U C 戦闘 《◆武器を使って行う「戦い」についていう》

com·bat·ant /kəmbǽtənt カンバタント/ 名 C 戦闘員

com·bat·ive /kəmbǽtiv コンバティヴ/ 形 争い[論争]を好む, 好戦的な

com·bi·na·tion B1 高 /kɑ̀mbənéiʃən カンビネイション | kɔ̀mbənéiʃən コンビネイション/ 名 (複 **combinations** /kɑ̀mbənéiʃənz/) ❶ U C 結合, 配合, 組み合わせ; 提携, 共同
• What **combination** of colors do you like best? どんな色の組み合わせが一番好きですか?
❷ C (combination lock の)組み合わせ数字[文字]

***in combination* (*with* ...)** (…と)共同して, 協力して

派生 **combine** 動

combinátion lòck 名 C (金庫などの)数字[文字]合わせ錠

com·bine B1 高 /kəmbáin コンバイン/ (発音 名 とのアクセントの違いに注意) 動 (三単現 **combines** /kəmbáinz/; 過去·過分 **combined** /kəmbáind/; 現分 **combining**) ❶ 他 自 結合する, いっしょにする[なる], 組み合わせる; 化合させる[する]
• Oxygen and hydrogen **combine** to form water. 酸素と水素が結合[化合]して水になります
❷ 他 (2つの活動を)両立させる

combine A with B AとBを結びつける; AとBを兼ね備える; AとBを両立させる

— /kɑ́mbain カンバイン | kɔ́mbain コンバイン/ (発音 動 とのアクセントの違いに注意) 名 (複 **combines** /kɑ́mbainz/) C
❶(農業用の)コンバイン
❷連合; 企業合同

派生 **combination** 名

com·bined /kəmbáind コンバインド/ 形

結合した, 連合した, 混ざり合った

combíning fòrm 名 C 《文法》結合辞, 連結形《◆合成語をつくる要素; 接頭辞・接尾辞より単語的性格が強い; Anglo-, kilo-, multi- など》

com·bo /kámbou カンボウ/ 名 (複 **com-bos** /kámbouz/) C 《音楽》コンボ《◆小編成のジャズバンド》

com·bus·ti·ble /kəmbʌ́stəbl コンバスティブル/ 形 可燃性の; 興奮しやすい
— 名 C 《ふつう **combustibles**》可燃物

com·bus·tion /kəmbʌ́stʃən コンバスチョン/ 名 U 燃焼, 発火

come A1 中

/kʌ́m カム/ 動 (三単現 **comes** /kʌ́mz/; 過去 **came** /kéim/; 過分 **come**; 現分 **coming**) (! 過去分詞が原形と同じ形であることに注意) 自

共通イメージ **話題の中心に向かって移動**

チャンクでおぼえよう!

❶ ここに来る　come here
❶ まだ来ていない　have not come yet
❸ 1位になる　come first
❹ 結論に到達する　come to a conclusion
❻ 本当になる　come true
❼ 彼の作品の真価を認めるようになる　come to appreciate his works
成句 すぐ戻る　come back soon
成句 あなたはどこの出身ですか　Where do you come from?

❶ **来る** (! 話し手, または話し手が視点を置いている場所に向かって近づくこと); **到着する**

- **come** home 家に帰って来る, 帰宅する (! この home は副詞; ×come *to* home としない)
- **Come** here, Ken. ケン, ここへおいで
- **Come** this way, please. どうぞこちらへ
- Please **come and** see [**come to** see] me tomorrow. どうぞあした私に会いに来てください (! 不定詞 to see は「会うために」; 話しことばでは come see me ともいう)
- **Here comes** a bus. あっ, バスが来た
- Why don't you **come to** dinner tomorrow evening? ⇨フォーカス 5 あす夕食を食べに来ない?
- A little girl **came running** toward us. 小さい女の子が私たちの方へ走って来た (! come *doing* は「…しながら来る」)
- She **came to** the station. 彼女は駅に着いた
- Mr. Brown hasn't **come** yet. ブラウンさんがまだみえておりません
- John is **coming** here tomorrow. ジョンがあしたここへ来ます (! go, come, leave (出発する), arrive (到着する)など「行く・来る」を表す動詞の現在進行形はしばしば「近い未来」を表す)
- Thank you for **coming**. おいでくださってありがとうございます (! coming は動名詞で for の目的語)

❷ (相手[目的地]の方へ・相手の行く方へ) **行く** (! 話し手の視点を相手側[向こう側]に移して言う言い方)

- **I'm coming**, Mom. 《返事で》いま行きます, お母さん
- I will **come** to your house. ⇨フォーカス 1 お宅に行きます
- When you **come** to the corner, turn right. かどまで行ったら右に曲がりなさい
- May I **come with** you? ごいっしょしていいですか

なぜ?› come が「行く」になる
come 自体に「来る」と「行く」という逆の意味があるわけではない. I'm coming. は文字どおりには「私は(あなたの方へ)近づいて来ます」である. つまり, 相手から見て「来る」=自分から見れば「行く」ということを表している. 相手のいる(ことになっている)所や, 相手といっしょにどこかへ「近づいて行く」場合に come を使う:

come

A1 動
中 /kʌ́m カム/

三単現 **comes** /kʌ́mz カムズ/ 過去 **came** /kéim ケイム/
過分 **come** /kʌ́m カム/ 現分 **coming**
(! 過去分詞が原形と同じ形であることに注意)

共通イメージ
話題の中心に向かって移動

ふつうは話し手が中心なので「来る」
相手が中心なら I'm coming. で
「行きます」となる

意味マップ

動 ❶ 来る; 到着する
❷ (相手の方へ)行く
❸ めぐって来る
❹ 達する
❺ 起こる
❻ …(の状態)になる
❼ …するようになる
❽ 手に入る
❾《間投詞的》さあ

使えるコーパスフレーズ

come to＋名詞

1 **come to ...'s house** …(人)の家を訪ねる
2 **come to an end** 終わる
3 **come to a conclusion** 結論に達する
4 **come to the door** ドア[玄関]に来る
5 **come to dinner** 夕食を食べに来る

ワンポイント・アドバイス

comeの誤りで一番多いのは「…に来る」という時に「come＋場所」とcomeの後ろにいきなり名詞をつけてしまう例:

× come our house
○ come to our house

後ろにくる単語がhouseのように名詞の場合には「come to ＋ 名詞」とtoが必要. まぎらわしいのはhomeの場合. home は「家に」という副詞なので, come homeとtoがつかない. ちなみにcome homeという場合は「自分の家に帰る」つまり「帰宅する」という意味で用いるのがふつうで, come to ...'s houseの場合は「人の家を訪れる」という意味になる.

I'll **come** and see you next Sunday. 今度の日曜に(あなたの所へ)遊びに行きます
Come with me. いっしょに来なさい, いっしょに(私の行く所へ)行こう
比較 I'll **go** and see him next Sunday. 今度の日曜に彼の所へ遊びに行きます
比較 I'll **go** to your house this afternoon. (相手が家にいないのがわかっているとき)きょうの午後お宅に行きます

❸(季節・時などが)めぐって来る, やって来る; (ある順番に)なる, 位置する
- Spring **has come**. 春が来た, いよいよ春だ
- the time has **come** for ... …の時がきた, いよいよ…の時だ
- He **came** first in the 100-meter dash. 彼は100メートル競走で1位になった

❹〔…まで〕達する《*to*》; 〔結果・合計などに〕なる《*to*》; 〔ある状態に〕なる《*to, into*》⇨成句 **come into**
- The water only **came** (**up**) **to** my knees. 水は私のひざまでしか来なかった
- **come to** nothing 何にもならない
- Finally the war **came to** an end. ⇨ フォーカス2 ついに戦争が終わった
- We **came to** the same conclusion. ⇨フォーカス3 私たちは同じ結論に達した
- The sum **came to** 10,000 yen. 総計は1万円になった

❺起こる, 生じる, 現れてくる; (考えなどが)〔人に〕浮かぶ《*to*》
- Whatever **comes**, I am ready for it. 何が起ころうとも私は覚悟ができている

❻ 文型 [**come C**] C(の状態)になる (! Cは形容詞) ⇨**go** ❷
- **come** untied [undone] ほどける
- **come** loose 緩む
- His dream **came** true. 彼の夢は実現した

❼ 文型 [**come to** *do*] …するようになる
- How did you **come to** *know* him? どうして君は彼を知るようになったのか
- **come to** *think* of it そういえば, 考えてみると

❽(商品が, ある形態で)手に入る, 販売[製造]される

❾《間投詞的》さあ, まあまあ

come about 起こる, 生じる (= happen)

come across 〔…という〕印象を与える《*as*》; (話などが)うまく伝わる

come across ... …を横切る, …と偶然出会う, …をふと見つける; (考えなどが)…に浮かぶ
- He **came across** an old friend today. 彼はきょう昔の友達にばったり会った

come after ... …のあとに来る; …のあとを追う

come along ①現れる, やって来る ②いっしょに来る ③進展する, はかどる
- The project is **coming along** fine. プロジェクトは順調に進展している

come and go 行ったり来たりする; 移り変わる

come apart ばらばらになる, 壊れる

come around ①やって来る, めぐって来る; (人の家に)訪れる
- I could **come around** this afternoon if you like. よければ今日の午後に家に寄れるけど

②健康を回復する; 意識が戻る ③(意見を変えて)同調する

come away はずれる; 離れる, 去る

come back ①帰る, もどる
- He'll **come back** soon. 彼はすぐ帰って来ます

②復活する, 再び流行する; 〔人に〕思い出される《*to*》
- **come back** into fashion 再び流行する

come before ... …の前に来る; …に優先する

come between ... …の間に入る; …の仲を裂く

come by そばを通り過ぎる; 《米》《口語》(人の家に)立ち寄る; 手に入れる

come close to doing もう少しで

…するところである

come down ①降りて来る，(その場に)やって来る; 落ちる，倒れる; (雨などが)降る

• **come down** to breakfast 朝食を食べに(2階の寝室から)降りて来る

②(価格・水準などが)低下する，下がる; 落ちぶれる

come down on … …をきつくしかる，厳しく非難する

come down to … 結局のところ…になる

come down with … 〔病気など〕にかかる

come for … …を取りに来る，…を迎えに来る

come forward 〔…を〕進んで申し出る，志願する《*with*》

come from … …の出身である; …に由来する，…から生じる

会話 "Where does he **come from**?" "He **comes from** Chicago."「彼はどこの出身ですか」「シカゴの出身です」(❗この意味では現在形で用いる; Where did he come from? は「どこから来たのですか」の意味になる)

come in ①入る，入って来る; 到着する

会話 "May I **come in**?" "Certainly."「入ってもいいですか」「どうぞ」

②流行する

③〔計画・討論などに〕参加する《*on, with*》

come in for … …を受け取る;〔批判など〕を受ける

come into … ①…に入って来る

②〔ある状態〕になる

• **come into** use 使われるようになる

③〔金〕を手に入れる，〔遺産〕を相続する

come into being [**existence**] 出現する，生まれ出る; 設立される

come near (**to**) *doing* (=come close to *doing*)

come of … …の生まれである，…の子孫である; …から生じる，…に起因する，…の結果である

• Nothing **comes of** nothing. 無からは何も生じない

come of age 成年に達する，成人する

come off ①取れる，はずれる，ぬける，(ペンキなどが)はげる ②成功する ③…の結果になる

Come off it! 《口語》そんなばかなことあるか，いいかげんにしろ

come on ①やって来る; 始まる，進行する ②《命令文で》さあ来い，さあやろう，さあさあ，早く早く，がんばれ; まさか

• **Come on**, everybody! さあ，みんなおいで

• OK. **Come on**. よし，さあやろう

come on … (=come upon …)

Come on in! さあお入りなさい

come out ①出る，現れる，出て来る; (花が)咲く; (歯が)抜ける; (しみなどが)落ちる

②出版される; 発表される; (真実などが)公になる，明らかになる

③…の結果になる; (写真に)…に写る; (写真が)現像される

④〔…に賛成; 反対の〕立場[意見]をはっきり言う《*for; against*》

⑤同性愛者であることを公表する，カミングアウトする

come out of … …から出て来る

come out with … …を口外する;〔新製品など〕を公表する

come over ①(こちらへ)やって来る; (人の家を)訪ねる

• **Come over** here [to my house]. こっちへ[うちへ]いらっしゃい

• She **came over** to Japan from England. 彼女はイギリスから日本へやって来ました

②(強い感情が)襲う; 急に…になる

③〔…という〕印象を与える《*as*》; (考えなどが)はっきり伝わる

come round (=come around)

come through 通り抜ける; (知らせなどが)届く

come through … …を通り抜ける;〔危機など〕を切り抜ける

come to 正気づく, 意識を取りもどす (❗この to は副詞)
come to ... …に来る; …になる ⇨ ❶❹
come together 集まる, 出会う; 和解する
come to oneself 自制心を取り戻す, 正気づく, 立ち直る
come under ... …の項目に入る; …の管轄下になる; …を受ける
come up ① 上がる, のぼる; やって来る; 話題に上る; 昇進する ② (事が)起こる
• I'll let you know if anything **comes up**. 何か起こったら君に知らせるよ
come upon ... …を突然襲う; …に偶然出会う, …を偶然見つける
come up to ... …に近づく, …の所までやって来る; …に達する; 〔期待など〕にかなう
come up with ... …に追いつく; 〔答え・意見など〕を思いつく, 提案する
• Did he **come up with** any ideas that would solve the problem? 彼はその問題の解決策を思いつきましたか
How come (...)? (…は)なぜですか; どうして(…)ですか ⇨**how** 成句
to come 《名詞のあとで》来るべき, 将来の • for many years **to come** 来るべき何年もの間, これから何年も
when it comes to ... …のこととなると

come·back /kʌ́mbæ̀k カムバク/ 名C 回復; カムバック; 返り咲き

co·me·di·an B1 高 /kəmíːdiən コミーディアン/ 名 (複 **comedians** /kəmíːdiənz/) C 喜劇役者; コメディアン, お笑い芸人

co·me·di·enne /kəmìːdién コミーディエン/ 名C 喜劇女優

come·down /kʌ́mdàun カムダウン/ 名C 《口語》落ちぶれ, 落ち目; 期待はずれ, 失望

com·e·dy B1 高 /kámədi カメディ | kɔ́mədi コメディ/ 名 (複 **comedies** /kámədiz/) UC 喜劇 (❗悲劇は tragedy)
派生 **comic**, **comical** 形

come·ly /kʌ́mli カムリ/ 形 (比較級 **comelier**; 最上級 **comeliest**) 顔立ちのよい (❗やや古めかしい語)

comes /kʌ́mz カムズ/ 動 come の三人称単数現在

com·et B1 /kámət カメト/ 名 (複 **comets** /kámətsカメツ/) C 彗星(すいせい), ほうき星

come·up·pance /kʌmʌ́pəns カマパンス/ 名U 《口語》当然の報い

com·fort B1 /kʌ́mfərt カンフォト/ (×コンフォート) 名 (複 **comforts** /kʌ́mfərts カンフォツ/)
❶ U 快適さ, ここちよさ, 安楽
• live **in comfort** 安楽に暮らす
❷ U なぐさめ; C なぐさめになる物[人]
— 動 (三単現 **comforts** /kʌ́mfərts カンフォツ/; 過去・過分 **comforted** /kʌ́mfərtəd/; 現分 **comforting**) 他 なぐさめる
派生 **comfortable** 形

com·fort·a·ble A2 高

/kʌ́mfərtəbl カンフォタブル/ (×コンフォータブル)
形 ❶ ここちよい, 快適な, 楽な
• a **comfortable** chair 座りごこちのよいいす
• feel **comfortable** 気持ちがよい, くつろいだ気分になる
❷ 十分な
派生 **comfort** 名

com·fort·a·bly B2 /kʌ́mfərtəbli カンフォタブリ/ 副 快適に, 心地よく; 楽に, 不自由なく

com·fort·er /kʌ́mfərtər カンフォタ/ 名 C ❶ なぐさめる人
❷ 《米》刺し子の羽ぶとん (=quilt)
❸ 《英》(赤ちゃんの)おしゃぶり

com·fort·ing /kʌ́mfərtiŋ カンフォティング/ 形 なぐさめとなる; 元気づける

cómfort stàtion 名C 《米》公衆便所

com·fy /kʌ́mfi カンフィ/ 形 (比較級 **comfier**; 最上級 **comfiest**) 《口語》(=comfortable)

a b **c** d e f g h i j k l m n o p q r s t u v w x y z

com·ic A2 中 /kάmik カミク|kɔ́mik コミク/ 形 喜劇の (↔**tragic**); 喜劇的な, こっけいな
— 名 (複 **comics** /kάmiks/) C
❶《comics》(新聞・雑誌の)続き漫画; 漫画の本, コミックス ⇨**cartoon**
❷ 喜劇俳優; コメディアン
派生 **comedy** 名

com·i·cal /kάmikəl カミカル/ 形 こっけいな, ひょうきんな
派生 **comedy** 名
cómically 副 こっけいに

cómic bòok 名 C 漫画本[雑誌]

cómic strìp 名 C (新聞・雑誌の数コマの)漫画

com·ing /kʌ́miŋ カミング/ 動 come の現在分詞・動名詞
— 形 来るべき, 今度の
• the **coming** examination 今度の試験
— 名 U C 来ること, 到来
• **Coming**-of-Age Day 成人の日 ⇨ **come of age** (**come** 成句)

com·ma B1 /kάmə カマ|kɔ́mə コマ/ 名 (複 **commas** /kάməz/) C
コンマ《♦句読点の1つ(,)》

com·mand B1 /kəmǽnd コマンド | kəmά:nd コマーンド/ 名 (複 **commands** /kəmǽndz/)
❶ C 命令; (コンピュータの)コマンド; U 指揮, 支配
❷《単数形で》自由に使いこなす能力; 支配力
❸ U 見晴らし, 展望
at one's command 思いのままに, (自分の)自由に
at A's command A(人)の命令に従って
— 動 (三単現 **commands** /kəmǽndz/; 過去・過分 **commanded** /kəmǽndəd/; 現分 **commanding**)
❶ 他 自 命令する (! 強い権限を持つ者が下す命令); 文型 [**command A to** *do*] A(人)に…するよう命令する; 文型 [**command that ...**] …と命令する ❷ 他 支配する, 指揮する; (感情を)抑える ❸ 他 (尊敬・注目などを)集める, 受ける(に値する) ❹ 他 (けしきなどを)見晴らす ❺ 他 (ことばなどを)自由に使える

com·man·dant /kὰməndǽnt カマンダント/ 名 C 司令官; 指揮者

com·man·deer /kὰməndíər カマンディア/ 動 他 (兵役に, 人を)徴集する; (物資などを)徴発する

com·mand·er B2 /kəmǽndər コマンダ/ 名 C 指揮者, 司令官; 指揮する人; 指導者

commánder in chíef 名 (複 **commanders in chief**) C 最高司令官

com·mand·ing /kəmǽndiŋ コマンディング/ 形 指揮する; 堂々とした, 威圧するような (! 名詞の前に用いる)

com·mand·ment /kəmǽndmənt コマンドメント/ 名 C 命令; 戒律

com·man·do /kəmǽndou コマンドウ/ 名 (複 **commandos**, **commandoes** /kəmǽndouz/) C 特別奇襲隊(員), コマンド

com·mem·o·rate B2 /kəméməreit コメモレイト/ 動 他 記念する; 祝う

com·mem·o·ra·tion /kəmèməréiʃən コメモレイション/ 名 U 記念; C 記念式典

com·mem·o·ra·tive /kəmémərətiv コメモラティヴ/ 形 記念の
• a **commemorative** stamp 記念切手

com·mence /kəméns コメンス/ 動《文章》他 始める, 開始する; 自 始まる; 文型 [**commence to** *do* = **commence** *do***ing**] …し始める

com·mence·ment /kəménsmənt コメンスメント/ 名 U C ❶ 始まり, 開始
❷《米》学位授与式, 卒業式 (=graduation)
派生 **commence** 動

com·mend /kəménd コメンド/ 動 他
❶ ほめる ❷ 推薦する

com·mend·a·ble /kəméndəbl コメンダブル/ 形 称賛に値する, りっぱな, 感心

な

com·men·da·tion /kàməndéiʃən カメンデイション/ 名 U 称賛; C 賞, ほうび

com·men·su·rate /kəménʃərət コメンシュレト/ 形 《文章》〔…に〕つり合った, 見合った《*with*》

com·ment B1 高 /kάment カメント | kɔ́ment コメント/ 名 (複 **comments** /kάments カメンツ/) U C (短い)論評, 批評, 意見, コメント; 解説, 注釈

- **make** a **comment** 意見を述べる, コメントする
- No **comment**. ノーコメントだ, 何も言うことはないよ

— 動 (三単現 **comments** /kάments カメンツ/; 過去·過分 **commented** /kάmentəd/; 現分 **commenting**) 自 他 論評する; 解説する; 文型 [**comment on A**] Aについて論評[批評]する; 文型 [**comment that ...**] …と論評[批評]する

com·men·tar·y /kάməntèri カメンテリ/ 名 (複 **commentaries** /kάməntèriz/) U C 注釈, 解説; 注釈書; 実況放送

com·men·tate /kάməntèit カメンテイト/ 動 自 〔…について〕(テレビ・ラジオで)実況放送する, 解説する《*on*》

com·men·ta·tor /kάməntèitər カメンテイタ/ 名 C (テレビ・ラジオなどの)解説者, 実況アナウンサー

com·merce B2 /kάməːrs カマース/ 名 U 商業; 通商, 貿易

派生 **commercial** 形

com·mer·cial B1 高 /kəmə́ːrʃəl コマーシャル/ 形 商業(上)の, 商売用の; 営利的な; 民間放送の; 市販用の

- **commercial** products 商品
- a **commercial** high school 商業高校

— 名 (複 **commercials** /kəmə́ːrʃəlz/) C (テレビ・ラジオの)コマーシャル, 広告放送

日英比較 英米ではこの意味でCMという略語はあまり使わない

派生 **commerce** 名

com·mer·cial·ism /kəmə́ːrʃəlìzm コマーシャリズム/ 名 U 商業主義, 営利主義

com·mer·cial·ize /kəmə́ːrʃəlàiz コマーシャライズ/ 動 他 商業化する, 営利化する; 市場に出す

com·mis·er·ate /kəmízərèit コミザレイト/ 動 自 〔人に〕同情する《*with*》

com·mis·er·a·tion /kəmìzəréiʃən コミザレイション/ 名 U 《文章》哀れみ, 同情

com·mis·sion B2 /kəmíʃən コミション/ 名 ❶ C 委員会

- the **commission** chairman 委員会議長

❷ U C 手数料, 歩合 ❸ U 委任, 委託; C 任務, 依頼された仕事

in commission (機械などが)すぐに使える状態で

on commission 委託を受けて, 歩合制で

— 動 他 委任する; 権限を与える; 文型 [**commission A to** *do*] A(人)に…する権限を与える, …するよう依頼する

com·mis·sion·er /kəmíʃənər コミショナ/ 名 C 委員; コミッショナー

com·mit B1 /kəmít コミト/ 動 (三単現 **commits** /kəmíts コミツ/; 過去·過分 **committed** /kəmítəd/; 現分 **committing**) 他 ❶ (罪・過ちなどを)犯す

- **commit** a crime 罪を犯す
- **commit** murder 殺人を犯す

❷ 委託する; 文型 [**commit A to B**] AをBにゆだねる[引き渡す]; AをBに使う[ささげる]

commit oneself ①〔…に〕身を投じる[ゆだねる]; 〔…を〕確約する《*to*》
②〔…について〕自分の立場[意見]を明らかにする《*on*》

派生 **commitment** 名

com·mit·ment A2 高

/kəmítmənt コミトメント/ 名 (複 **commitments** /kəmítmənts コミトメンツ/)

❶ C 約束, 言質(げんち)

- make a **commitment** 約束する

❷ U 委託, 委任

❸ U C (施設への)収容, 拘留

派生 **commit** 動

com·mit·ted /kəmítəd コミテド/ 形 献身的な; 傾倒した

a b **c** d e f g h i j k l m n o p q r s t u v w x y z

com·mit·tee A2 高
/kəmíti コミティ/ 名 (複 **committees** /kəmítiz/) C 委員会; 《集合的》委員 (❗1つの団体とみるときは単数に, 委員の1人1人を考えるときは複数に扱う)
• a **committee** meeting 委員会の会合
• The **committee** meets every Friday. 委員会は毎週金曜日に開かれる

com·mode /kəmóud コモウド/ 名 C 《英》便器

com·mod·i·ty /kəmάdəti コマディティ/ 名 (複 **commodities** /kəmάdətiz/) C 《しばしば **commodities**》商品, 必需品, 日用品

com·mo·dore /kάmədɔ̀:r カモドー/ 名 C 《海軍》提督; 海軍准将(じゅんしょう)

com·mon A2 高
/kάmən カモン|kɔ́mən コモン/ 形 (比較級 **more common, commoner**; 最上級 **most common, commonest**)
❶ ふつうの, よくある; ありふれた, 平凡な
• **common** practice 一般的な方法, よく行われていること
❷ 共通の, 共有の, 共同の; 公共の
• **common** interests 共通の利害
文型 [**be common to A**] Aに共通である, Aの共有物である
❸ 下品な, 品のない
━ 名 (複 **commons** /kάmənz/) C 共有地, 公有地; 中央広場, 公園
***in common* (*with* ...)** (…と)共通して, 共有の; (…と)同様に
• Canadians have much **in common with** Americans. カナダ人にはアメリカ人と共通する点が多い

com·mon·er /kάmənər カモナ/ 名 C 庶民, 平民

cómmon gróund 名 U (複数の人の関心・考えなどの)共通基盤, 一致点

cómmon knówledge 名 U 常識, だれでも知っていること

cómmon láw 名 U 慣習法

cómmon-láw 形 慣習法上の

com·mon·ly B1 高 /kάmənli カモンリ|kɔ́mənli コモンリ/ 副 ふつうに, 一般に; 安っぽく

cómmon nóun 名 C 《文法》普通名詞

com·mon·place /kάmənplèis カモンプレイス/ 形 ありふれた, ふつうの, 平凡な; 陳腐な
━ 名 C ありふれたこと[もの]; 陳腐なことば

Com·mons /kάmənz カモンズ/ 名 《**the Commons**》(英国の)下院 (=the House of Commons); 下院議員

cómmon sénse B1 名 U 常識, 良識, 分別

com·mon·wealth B2 /kάmənwèlθ カモンウェルス/ 名 C ❶ (民衆の福祉のための)国家, 共和国; 共同体, 連邦
❷ 《**the Commonwealth** (**of Nations**)》イギリス連邦 (♦かつて大英帝国に属していた諸国の連合体)

Cómmonwealth Gámes 名 《**the** をつけて》イギリス連邦競技大会 (♦英連邦加盟の国と地域が4年ごとに開くスポーツの大会)

Cómmonwealth of Indepéndent Státes 名 《**the** をつけて》独立国家共同体 (♦1991年の旧ソ連解体後に組織された国家連合; CISと略す)

com·mo·tion /kəmóuʃən コモウション/ 名 U C 混乱, 大騒ぎ; 動揺, 興奮

com·mu·nal /kάmjənəl カミュナル/ 形 公共の; 自治体の

com·mune[1] /kάmju:n カミューン/ 名 C コミューン (♦フランス, イタリアなどで最小行政区); (共産主義的な)共同体

com·mune[2] /kəmjú:n コミューン/ 動 自 《文章》〔…と〕親しく語り合う, 親しく交わる 《*with*》

com·mu·ni·ca·ble /kəmjú:nəkəbl コミューニカブル/ 形 《文章》(思想などが)伝達できる; (病気が)伝染性の

com·mu·ni·cate A2 高
/kəmjú:nəkèit コミューニケイト/ (×コミュニケイト) 動 (三単現 **communicates** /kəmjú:-

nəkèits コミューニケイツ/; 過去・過分 **communicated** /kəmjú:nəkèitəd/; 現分 **communicating**) ❶ 他 (意思・考え・情報などを)〔…に〕伝達する, 知らせる《*to*》; 自〔…と〕連絡をとる, 文通する《*with*》
• He **communicates with** his friends via Facebook. 彼はフェイスブックを通じて友人と連絡をとり合っている
❷ 自 (場所などが)〔…に〕通じている《*with*》
派生 **communication** 名

com·mu·ni·ca·tion

A2 中 /kəmjù:nəkéiʃən コミューニケイション/ 名 (複 **communications** /kəmjù:nəkéiʃənz/)
❶ U (情報などを)伝えること, 伝達, 連絡(をとること), 通信; 意思の疎通, コミュニケーション ⇨**mass communication**
• a means of **communication** コミュニケーションの手段
❷《**communications**》通信機関, 連絡手段; 交通機関
❸ C《文章》通知, 伝言, 情報
in communication with ... …と連絡をとりあって
派生 **communicate** 動

communicátions sàtellite 名 C 通信衛星

com·mu·ni·ca·tive B2 /kəmjú:nəkətiv コミューニカティヴ/ 形 話好きな; おしゃべりの; 通信の; 伝達の

com·mun·ion /kəmjú:njən コミューニョン/ 名 U 共有, 親交; 交流

com·mu·ni·qué /kəmjù:nəkéi コミューニケイ/ 名 C 公式発表

com·mu·nism /kámjənìzm カミュニズム/ 名 U 共産主義

com·mu·nist /kámjənist カミュニスト/ 名 C 共産主義者; 共産党員
━ 形 共産主義(者)の

com·mu·ni·ty B2 高 /kəmjú:nəti コミューニティ/ 名 (複 **communities** /kəmjú:nətiz/)
❶ C (地域)社会《♦国, 市, 町, 村など》
• the local **community** 地域社会
❷ C (生活)共同体, 集団《♦共通の目的や利益を持つ人々》 ❸《**the community**》一般社会, 一般大衆, 公衆

commúnity cènter 名 C 公民館, コミュニティーセンター

commúnity chèst 名 U 共同募金

commúnity còllege 名 C《米》コミュニティーカレッジ《♦公立の2年制大学》

commúnity sérvice 名 U (無償で行う)地域奉仕活動; 公共労役

com·mu·ta·tion /kàmjətéiʃən カミュテイション/ 名 ❶ U C (刑罰などの)軽減
❷ U《米》(定期券による)通勤, 通学

commutátion tìcket 名 C《米》定期乗車券

com·mute B2 /kəmjú:t コミュート/ 動
❶ 自 (交通機関を利用して)通勤する, 通学する
❷ 他 (刑罰・債務などを)軽減する

com·mut·er /kəmjú:tər コミュータ/ 名 C (交通機関を利用する)通勤者, 通学者

commúter tràin 名 C 通勤電車

Com·o·ros /káməròuz カモロウズ/ 名 コモロ《♦アフリカ東岸沖の群島から成る共和国; 首都モロニ (Moroni)》

com·pact[1] /kəmpǽkt コンパクト, kámpækt カンパクト/ 形 (車など)小型の, 小型で使いやすい; ぎっしりつまった; かさばらない
• a **compact** car 小型自動車
━ /kámpækt カンパクト/ 名 C ❶ (化粧の)コンパクト ❷《米》小型車
━ /kəmpǽkt コンパクト/ 動 他 ぎっしりつめる; 簡潔にする

com·pact[2] /kámpækt カンパクト/ 名 U C 契約; 協定

cómpact dísc 名 C コンパクトディスク《♦CDと略す》

com·pan·ion B1 高 /kəmpǽnjən コンパニョン/ 名 (複 **companions** /kəmpǽnjənz/) C ❶仲間, 友達; 連れ, 話し相手 ❷(1対・1組の)片方, つき物
❸手引き書

com·pan·ion·a·ble /kəmpǽnjənəbl コンパニョナブル/ 形 親しみやすい

com·pan·ion·ship /kəmpǽnjənʃìp コンパニョンシプ/ 名U (親密な)交わり，仲間同士の交際

com·pa·ny A2 高 /kʌ́mpəni カンパニ/
名 (複 **companies** /kʌ́mpəniz/)
❶ C 会社 (❗Co., co. と略す)
• a publishing **company** 出版社
• a construction **company** 建設会社
❷ C 団体，一行；(俳優などの)一座
❸ U つき合い，交際；いっしょにいること，同席
❹ U 仲間，友達
• He's good **company**. 彼はつき合って楽しい人だ
❺ U お客；同席の人たち

in company 人前では，客の前では
in A's company = ***in company with A*** Aといっしょに
keep A company = ***keep company with A*** A(人)に同行する，A(人)といっしょにいる
part company (***with ...***) (…と)別れる，付き合いをやめる

com·pa·ra·ble /kɑ́mpərəbl カンパラブル/ (×コンパラブル) 形 比較できる；匹敵する；引けを取らない

com·par·a·tive A2 /kəmpǽrətiv コンパラティヴ/ 名 (複 **comparatives** /kəmpǽrətivz/) C 《**the comparative**》《文法》比較級 (◆「最上級」は the superlative)
━形 (❗比較変化なし) (❗名詞の前に用いる)
❶ 比較の，比較による
❷ かなりの，比較的，相対的
❸《文法》比較級の
派生 **compare** 動

com·par·a·tive·ly /kəmpǽrətivli コンパラティヴリ/ 副 比較的に，割合に；かなり

com·pare A2 高 /kəmpéər コンペア/ 動 (三単現 **compares** /kəmpéərz/; 過去・過分 **compared** /kəmpéərd/; 現分 **comparing**)
❶ 他 比較する，比べる
• **compare** the two dictionaries 2冊の辞書を比べる
文型 [**compare A with** [**to**] **B**] AをBと比較する
• I **compared** my new cap **with** [**to**] the old one. 私は新しい帽子を古いのと比べてみた
❷ 他 文型 [**compare A to B**] AをBにたとえる
❸ 自 文型 [**compare with A**] Aに匹敵する (❗ふつう否定文・疑問文で使う)

(***as***) ***compared with*** [***to***] ***...*** …と比較すると，…と比べて
• **Compared to** Paris, London is large. パリに比べるとロンドンは大きい (×larger としない)
━名 《次の成句で》
beyond [***without***] ***compare*** 《文章》比較にならないほど(すぐれて)
派生 **comparison** 名
派生 **comparative** 形

com·par·i·son B1 /kəmpǽrəsən コンパリスン/ 名 (複 **comparisons** /kəmpǽrəsənz/) UC ❶ 比較；比較できること，類似点；たとえること
❷《文法》(形容詞・副詞の)比較変化
beyond [***without***] ***comparison*** 比較にならないほど
by [***in***] ***comparison*** 比較して，比べると
in comparison with [***to***] ***...*** …と比較すると
派生 **compare** 動

com·part·ment /kəmpɑ́ːrtmənt コンパートメント/ 名C ❶ 仕切り，区画
❷ (客車の)コンパートメント，仕切られた客室，個室

com·pass /kʌ́mpəs カンパス/ 名C
❶ 羅針盤(らしんばん)，方位磁石 ❷《**compasses**》(製図用の)コンパス ❸ 範囲

com·pas·sion B2 高 /kəmpǽʃən コンパション/ 名U 思いやり；深い同情

com·pas·sion·ate B2 /kəmpǽʃənət コンパショネト/ 形 あわれみ深い, 思いやりのある **compássionately** 副 あわれみ深く

com·pat·i·bil·i·ty /kəmpætəbíləti コンパティビリティ/ 名U 両立できること, 適合性;《コンピュータ》互換性

com·pat·i·ble B2 /kəmpǽtəbl コンパティブル/ 形 両立できる; 一致する, 適合する; 互換性のある (↔**incompatible**)

com·pa·tri·ot /kəmpéitriət コンペイトリオト/ 名C 同国人, 同胞

com·pel /kəmpél コンペル/ 動 (三単現 **compels** /kəmpélz/; 過去·過分 **compelled** /kəmpéld/; 現分 **compelling**) 他 強いる, 強要する; 文型 [**compel A to** *do*] Aに無理に[しかたなく]…させる

com·pel·ling /kəmpéliŋ コンペリング/ 形 (議論・理由などが)有無を言わさない, 疑いようのない; 感動的な

com·pen·sate B2 /kámpənsèit カンペンセイト/ 動 ❶他自 (人に)〔損害などを〕賠償する, 償う《*for*》 ❷〔欠点などを〕埋め合わせる, 補う《*for*》

com·pen·sa·tion B2 /kàmpənséiʃən カンペンセイション/ 名U 埋め合わせ; 補償

com·pete B1 高 /kəmpíːt コンピート/ 動 (三単現 **competes** /kəmpíːts コンピーツ/; 過去·過分 **competed** /kəmpíːtəd/; 現分 **competing**) 自 ❶ 競争する, 争う; 張り合う, 対抗する

• **compete in** a race 競走に出る

文型 [**compete with** [**against**] **A** (**for B**)] Aと(Bをめぐって)競争する, 張り合う

• **compete with** him **for** a prize 賞を得ようと彼と争う

❷〔…に〕匹敵する《*with*》

派生 **competition** 名

派生 **competitive** 形

com·pe·tence B2 /kámpətəns カンペテンス/ 名U ❶ 能力; 適性 ❷ (法的)資格

com·pe·tent B2 /kámpətənt カンペテント/ 形 適任の; 十分な; 能力のある (↔**incompetent**)

cómpetently 副 有能に; 立派に

com·pe·ti·tion A2 高 /kàmpətíʃən カンペティション | kɔ̀mpətíʃən コンペティション/

名 (複 **competitions** /kàmpətíʃənz/) ❶U 競争, 争い

• There is keen **competition between** the two companies. その2社間にははげしい競争がある

❷U 競争者, 競争相手

❸C 試合, 競技会, コンペ ⇨**contest**

in competition with ... …と競って

派生 **compete** 動

com·pet·i·tive B1 /kəmpétətiv コンペティティヴ/ 形 競争の; 競争心の強い; 競争力のある, 競合する

• **competitive** sports 競技

派生 **compete** 動

compétitively 副 競争して

com·pet·i·tor B1 /kəmpétətər コンペティタ/ 名 (複 **competitors** /kəmpétətərz/) C 競争相手; 競技者, 出場者

com·pi·la·tion /kàmpəléiʃən カンピレイション/ 名U 編集; C 編集したもの

com·pile B2 /kəmpáil コンパイル/ 動他 ❶ 編纂(さん)する, 編集する; まとめる ❷《コンピュータ》(プログラムを)コンパイルする

com·pil·er /kəmpáilər コンパイラ/ 名C 編集者;《コンピュータ》コンパイラー

com·pla·cen·cy /kəmpléisənsi コンプレイセンスィ/ 名U 自己満足

com·pla·cent /kəmpléisənt コンプレイセント/ 形 自己満足した

complácently 副 自己満足して

com·plain A2 高 /kəmpléin コンプレイン/ 動 (三単現 **complains** /kəmpléinz/; 過去·過分 **complained** /kəmpléind/; 現分 **complaining**) ❶自他〔…のことで; 人に〕不平を言う, こぼす《*about, of; to*》; 文型 [**complain that ...**] …と不平を言う

• **complain about** the food 食べ物につ

A B C D E F G H I J K L M N O P Q R S T U V W X Y Z

いて不平を言う
❷ 自 〔痛みなどを〕訴える《*of*》
派生 **complaint** 名

com·plain·ant /kəmpléinənt コンプレイナント/ 名 C 《法律》原告，告訴人

com·plaint A2

/kəmpléint コンプレイント/ 名 (複 **complaints** /kəmpléints コンプレインツ/)
❶ U C 不平，不満，苦情; C 不平[苦情]の理由[原因]
• **make a complaint** against [to] ... …に対して不平を言う
• We've received several **complaints about** the product. その製品に関する苦情がいくつか寄せられた
❷ C 病気
派生 **complain** 動

com·ple·ment B1 /kámpləmənt カンプリメント | kɔ́mpləmənt コンプリメント/ (発音 compliment と同音) 名 (複 **complements** /kámpləmənts カンプリメンツ/) C
❶ 補足，補足して完全にするもの
❷ 《文法》補語
— /kámpləmènt カンプリメント/ (発音 名 との違いに注意) 動 (三単現 **complements** /kámpləmènts カンプリメンツ/; 過去・過分 **complemented** /kámpləmèntəd/; 現分 **complementing**) 他
完全にする，補完する

com·ple·men·ta·ry /kàmpləméntəri カンプリメンタリ/ 形 補充する; 補足的な; 引き立てる; 補語の

com·plete A2 高

/kəmplíːt コンプリート/ (×コンプリート) 形
❶ (全部そろっていて)完全な，全部の
• the **complete** works of Soseki 漱石全集
❷ 完成した，出来上がった (=finished)
• My work is **complete**. 私の仕事は完了しています
❸ まったくの，徹底した
❹ …付きの
— 動 (三単現 **completes** /kəmplíːts コンプリーツ/; 過去・過分 **completed** /kəmplíːtəd/; 現分 **completing**) 他
❶ 完成する，仕上げる，終える (=finish)
❷ (用紙などに)記入する
❸ 完全なものにする
派生 **completely** 副
派生 **completion** 名

com·plete·ly B1 高 /kəmplíːtli コンプリートリ/ 副 完全に，まったく; すっかり
• We **completely** agree with you. われわれは完全にきみと同意見だ
派生 **complete** 形

com·plete·ness /kəmplíːtnəs コンプリートネス/ 名 U 完全，十分さ

com·ple·tion B2 /kəmplíːʃən コンプリーション/ 名 U C 完成，完結，終了
派生 **complete** 動

com·plex B1 高 /kəmpléks コンプレクス | kɔ́mpleks コンプレクス/ 形 複雑な，こみいった (↔**simple**); 複合の
• a **complex** issue 複雑な問題
— /kámpleks カンプレクス | kɔ́mpleks コンプレクス/ (発音 形 とのアクセントの違いに注意) 名 (複 **complexes** /kámpleksəz/) C
❶ 複合体; コンビナート
❷ コンプレックス
日英比較 日本語の「コンプレックス(劣等感)」は，an inferiority complex
❸ (理由のない)固定観念，嫌悪感
派生 **complexity** 名

com·plex·ion B2 /kəmplékʃən コンプレクション/ 名 C ❶ 顔色，顔のつや
❷ 《ふつう単数形で》様子，様相，形勢

com·plex·i·ty B2 /kəmpléksəti コンプレクスィティ/ 名 U 複雑さ; 錯綜(さくそう) (↔**simplicity**)
派生 **complex** 形

cómplex séntence 名 C 《文法》複文

com·pli·ance /kəmpláiəns コンプライアンス/ 名 U 応じること; 人の言いなりになること

com·pli·ant /kəmpláiənt コンプライアント/ 形 従順な，人の言いなりになる

com·pli·cate B1 /kámpləkèit カンプリ

ケイト | kɔ́mpləkèit コンプリケイト/ 動 (三単現 **complicates** /kɑ́mpləkèits カンプリケイツ/; 過去・過分 **complicated** /kɑ́mpləkèitəd/; 現分 **complicating**) 他 複雑にする, こみいらせる; (病気などを)こじらせる, 悪化させる

com·pli·cat·ed B1 高 /kɑ́mpləkèitəd カンプリケイテド | kɔ́mpləkèitəd コンプリケイテド/ 形
複雑な, こみいった, わかりにくい
• a very **complicated** issue かなり複雑な問題

com·pli·ca·tion /kɑ̀mpləkéiʃən カンプリケイション/ 名 ❶ U 複雑にすること; 複雑さ; C (状況を)さらに複雑にする原因 ❷ C (病気の)合併症

com·plic·i·ty /kəmplísəti コンプリスィティ/ 名 U《文章》共謀, 共犯 ⇨ **accomplice**

com·pli·ment B1 /kɑ́mpləmənt カンプリメント | kɔ́mpləmənt コンプリメント/ (発音 complement と同音) 名 (複 **compliments** /kɑ́mpləmənts カンプリメンツ/) C
❶ ほめことば, おせじ
❷《**compliments**》あいさつのことば

— /kɑ́mpləmènt カンプリメント/ (発音 名との違いに注意) 動 (三単現 **compliments** /kɑ́mpləmənts カンプリメンツ/; 過去・過分 **complimented** /kɑ́mpləməntəd/; 現分 **complimenting**) 他 おせじを言う, ほめる; 文型 [**compliment A on B**] A(人)をBのことでほめる

com·pli·men·ta·ry /kɑ̀mpləméntəri カンプリメンタリ/ 形 ほめている; あいさつの; 招待の

com·ply /kəmplái コンプライ/ 動 (三単現 **complies** /kəmpláiz/; 過去・過分 **complied** /kəmpláid/; 現分 **complying**) 自《文章》〔規則・命令などに〕従う, 〔要求などに〕応じる《*with*》

com·po·nent B2 /kəmpóunənt コンポウネント/ 名 C 成分; 構成要素, 部品
— 形 (全体を)構成している, 成分となっている (❗名詞の前に用いる)

com·pose B1 高 /kəmpóuz コンポウズ/ 動 (三単現 **composes** /kəmpóuzəz/; 過去・過分 **composed** /kəmpóuzd/; 現分 **composing**)
❶ 他 構成する, 組み立てる; 文型 [**be composed of A**] Aから成り立つ
❷ 他 自 (詩・文などを)作る, 作曲する; (絵の)構図を決める
❸ 他 (心を)落ち着かせる;《**compose** *one***self**》心をしずめる
派生 **composition** 名

com·posed /kəmpóuzd コンポウズド/ 形 落ち着いた

com·pos·er A2 高 /kəmpóuzər コンポウザ/ 名 (複 **composers** /kəmpóuzərz/) C 作曲家; 作者; 作成者

com·pos·ite /kəmpɑ́zət コンパズィト/ 形 各種の要素から成る; 合成の
— 名 C 合成物

com·po·si·tion B1 /kɑ̀mpəzíʃən カンポズィション | kɔ̀mpəzíʃən コンポズィション/ 名 (複 **compositions** /kɑ̀mpəzíʃənz/)
❶ U 組み立て, 構成; 構図; 気質
❷ C (学校で書かれた)作文; (文学・絵・音楽などの)作品 ❸ U (詩・文などを)作ること, 作詩, 作曲
派生 **compose** 動

com·post /kɑ́mpoust カンポウスト/ 名 U 堆肥(たいひ)

com·po·sure /kəmpóuʒər コンポウジャ/ 名 U 落ち着き, 平静

com·pote /kɑ́mpout カンポウト/ 名 U C《料理》コンポート《◆デザート》

com·pound B1 /kɑ́mpaund カンパウンド | kɔ́mpaund コンパウンド/ 名 (複 **compounds** /kɑ́mpaundz カンパウンヅ/) C 合成物, 混合物;《化学》化合物;《文法》複合語
— 形 合成の, 複合の;《文法》複合の
— /kəmpáund コンパウンド/ 動 (三単現 **compounds** /kəmpáundz コンパウンヅ/; 過去・過分 **compounded** /kəmpáundəd/; 現分 **compounding**) 他 混ぜ合わせる; 合成する

cómpound fŕacture 名 C 複雑

骨折
cómpound séntence 名C《文法》重文
cómpound wórd 名C《文法》複合語《♦ある語とある語を並べてつくった語; bedroom (寝室), blood type (血液型), duty-free (免税の)など》
com·pre·hend /kàmprihénd カンプリヘンド/ 動他 ❶理解する(❗understand よりかたい語) ❷含む
com·pre·hen·si·ble /kàmprihénsəbl カンプリヘンスィブル/ 形 理解できる, わかりやすい **còmprehénsibly** 副 わかりやすく
com·pre·hen·sion B2 高 /kàmprihénʃən カンプリヘンション/ 名U 理解; 理解力
com·pre·hen·sive B2 /kàmprihénsiv カンプリヘンスィヴ/ 形 包括的な; 広範囲な —名C《英》(= comprehensive school)
còmprehénsively 副 包括的に
comprehénsive schòol 名C《英》総合中等学校《♦11-18歳の生徒を対象とする最も一般的な公立学校》
com·press B2 /kəmprés コンプレス/ 動他 圧縮する; 押し込む; 要約する;《コンピュータ》(ファイルなどを)圧縮する
com·pres·sion B2 /kəmpréʃən コンプレション/ 名U 圧縮; 要約, 縮約
com·pres·sor /kəmprésər コンプレサ/ 名C 圧縮機, コンプレッサー
com·prise /kəmpráiz コンプライズ/ 動他《文章》❶(部分として)包む; …から成る(=consist of); 文型 [**be comprised of A**] Aから成り立っている
❷(全体の一部を)成す, 構成する
com·pro·mise B1 /kámprəmàiz カンプロマイズ | kɔ́mprəmàiz コンプロマイズ/ 名(複 **compromises** /kámprəmàizəz/) UC 妥協, 歩み寄り; C 妥協案
—動 (三単現 **compromises** /kámprəmàizəz/; 過去·過分 **compromised** /kámprəmàizd/; 現分 **compromising**)
❶自 妥協する
❷他 おとしめる, 傷つける;《**compromise** *oneself*》体面を傷つける, 信用を落とす
com·pro·mis·ing /kámprəmàiziŋ カンプロマイズィング/ 形 (名誉·信用を)傷つけるような
com·pul·sion /kəmpʌ́lʃən コンパルション/ 名U 強制, 無理じい
com·pul·sive /kəmpʌ́lsiv コンパルスィヴ/ 形 強制的な, 無理じいの
compúlsively 副 強制的に
com·pul·so·ry B2 /kəmpʌ́lsəri コンパルソリ/ 形 強制的な, 義務づけられた(↔**voluntary**); 必修の(↔**optional**)
—名(体操競技などの)規定演技
com·punc·tion /kəmpʌ́ŋkʃən コンパンクション/ 名U《文章》良心のかしゃく
com·pu·ta·tion /kàmpjətéiʃən カンピュテイション/ 名U 計算; C 算定値
com·pute B2 /kəmpjú:t コンピュート/ 動他自 計算する, 算定する; コンピュータを使う

com·put·er A1 中

/kəmpjú:tər コンピュータ/
名(複 **computers** /kəmpjú:tərz/) C コンピュータ;《形容詞的》コンピュータの
• start up one's **computer** パソコンを起動する
• **computer** literacy コンピュータリテラシー《♦コンピュータを使いこなす能力》
compúter gàme 名C コンピュータゲーム
compúter gráphics 名《単数·複数扱い》コンピュータグラフィックス
com·put·er·ize /kəmpjú:təràiz コンピュータライズ/ 動他 電算化する; コンピュータで処理する
com·put·er·ized /kəmpjú:təràizd コンピュータライズド/ 形 コンピュータ化された, コンピュータ制御の
compúter vìrus 名C コンピュータウイルス(❗単に virus という)
com·put·ing /kəmpjú:tiŋ コンピューティング/ 名U コンピュータの研究[使用]
com·rade /kámræd カムラド/ 名C《文

章》仲間, 友人; (共産党・同業者などの)同志 (❗呼びかけとして用いる)

con[1] /kán カン/ 名C 反対投票, 反対論

con[2] /kán カン/ 動 (三単現 **cons** /kánz/; 過去・過分 **conned** /kánd/; 現分 **conning**) 他 《口語》 ぺてんにかける; だまして〔…を〕巻き上げる《*out of*》; だまして…させる《*into doing*》

— 名C 《口語》 信用詐欺(さぎ), ぺてん

cón àrtist 名C 詐欺(さぎ)師

con·cave /kankéiv カンケイヴ/ 形 凹(おう)面の, 凹状の (↔**convex**)

con·ceal B2 /kənsí:l コンスィール/ 動他 隠す; 秘密にする (↔**reveal**); 文型 [**conceal A from B**] A(物事)をB(人)に隠す

concéalment 名U 隠すこと, 隠匿(いんとく), 潜伏; C 隠れ場所

con·cede B2 /kənsí:d コンスィード/ 動他 ❶(不本意ながら)認める ❷譲る

con·ceit B2 /kənsí:t コンスィート/ 名U うぬぼれ, 慢心

con·ceit·ed /kənsí:təd コンスィーテド/ 形 うぬぼれた, 思い上がった

con·ceiv·a·ble B2 /kənsí:vəbl コンスィーヴァブル/ 形 考えられる, 想像できる

concéivably 副 考えられる限りでは; たぶん

con·ceive B2 /kənsí:v コンスィーヴ/ 動他自 ❶(考え・計画などを)思いつく, 心にいだく, 想像する《*of*》 ❷(子を)宿す, 妊娠する 派生 **concept** 名

con·cen·trate A2 高

/kánsəntrèit カンセントレイト | kɔ́nsəntrèit コンセントレイト/ (×コンセントレイト) 動 (三単現 **concentrates** /kánsəntrèits カンセントレイツ/; 過去・過分 **concentrated** /kánsəntrèitəd/; 現分 **concentrating**)

❶ 他自 (注意・努力などを)集中する, 専念する; 文型 [**concentrate on A**] Aに専念する; 文型 [**concentrate A on B**] AをBに集中する

• I quit my job so (that) I could **concentrate on** writing my novel. 私は小説の執筆に専念するために仕事をやめました

❷ 他自 (人などが)1点に集まる

❸ 他 濃縮する

派生 **concentration** 名

con·cen·trat·ed /kánsəntrèitəd カンセントレイテド/ 形 (力などを)集中した; 濃縮した

con·cen·tra·tion B1 高 /kànsəntréiʃən カンセントレイション | kɔ̀nsəntréiʃən コンセントレイション/ 名 (複 **concentrations** /kànsəntréiʃənz/)

❶ UC 精神の集中, 専念

• Don't disturb my **concentration**. 私の集中力を乱さないでくれ

❷ UC 集中

❸ U 濃縮; 濃度

派生 **concentrate** 動

concentrátion càmp 名C (捕虜(ほりょ)などの)強制収容所

con·cen·tric /kənséntrik コンセントリク/ 形 (円などが)同じ中心の, 同心の

con·cept B1 高 /kánsept カンセプト | kɔ́nsept コンセプト/ 名 (複 **concepts** /kánsepts カンセプツ/) C 概念, 観念, 考え

派生 **conceive** 動

con·cep·tion B2 /kənsépʃən コンセプション/ 名 ❶U 概念 ❷UC 思いつき, 着想, 考え ❸U 妊娠(にんしん)

con·cep·tu·al /kənséptʃuəl コンセプチュアル/ 形 概念上の

con·cern A2 高

/kənsə́:rn コンサーン/

名 (複 **concerns** /kənsə́:rnz/)

❶ UC 心配

❷ UC 関心事, 関係(のあること)

❸ C 会社, 事業

— 動 (三単現 **concerns** /kənsə́:rnz/; 過去・過分 **concerned** /kənsə́:rnd/; 現分 **concerning**) 他 ❶ 心配させる

❷ …に関係する, かかわる

as* [*so*] *far as ... be concerned …に関する限り, …の考え[意見]では

***be concerned about* [*for*] ... = *concern oneself about* [*for*] ...**

…を心配する, 気にかける
be concerned in* [*with*] *…* = *concern oneself in* [*with*] *… …に関係している, かかわり[関心]をもつ

con·cerned B1 /kənsə́ːrnd コンサーンド/ 形 ❶心配そうな, 心配する, 懸念する; 関心を持つ
• with a **concerned** look 心配そうな顔つきで
❷関係している, 当事者の, 当該の

con·cern·ing B2 /kənsə́ːrniŋ コンサーニング/ 前 …についての; …に関しての

con·cert A1 中

/kɑ́nsərt カンサト|kɔ́nsərt コンサト/
名 (複 **concerts** /kɑ́nsərts カンサツ/)
❶C 演奏会, 音楽会, コンサート ⇨ **recital**
• **at a concert** 演奏会で
• **give a concert** 演奏会を開く
❷U 協力
in concert with … (…と)協力して; いっせいに

con·cert·ed /kənsə́ːrtəd コンサーテド/ 形 申し合わせた, 協力した; ひたむきな

cóncert hàll 名C 演奏会場, コンサートホール

con·cer·to /kəntʃéərtou コンチェアトウ/ 名 (複 **concertos** /kəntʃéərtouz/) C 協奏曲; コンチェルト

con·ces·sion B2 /kənséʃən コンセション/ 名 ❶UC 譲歩 ❷C 利権, 特権; C 許可, (特に)営業許可

con·ci·erge /kɑ̀nsiéərʒ カンスィエアジ/ 名 C (ホテルなどの)コンシェルジュ, 接客係; 守衛

con·cil·i·ate /kənsílièit コンスィリエイト/ 動 他 (人の)好意[支持]を得る; なだめる

con·cil·i·a·tion /kənsìliéiʃən コンスィリエイション/ 名U なだめること; 和解

con·cil·i·a·to·ry /kənsíliətɔ̀ːri コンスィリアトーリ/ 形 なだめるような; 懐柔的な

con·cise /kənsáis コンサイス/ (×コンサイス) 形 簡潔な
concísely 副 簡潔に
concíseness 名U 簡潔さ

con·clave /kɑ́nkleiv カンクレイヴ/ 名C 秘密会議; (ローマカトリック教会の)教皇選挙会議, コンクラーベ

con·clude B1 高 /kənklúːd コンクルード/ 動 (三単現 **concludes** /kənklúːdz/; 過去・過分 **concluded** /kənklúːdəd/; 現分 **concluding**) ❶他 文型 [**conclude that …**] …と結論を下す, 断定する
• **I concluded that** he was not telling the truth. 私は彼が真実を語っていないと断定した
❷他 (話・論説・会などを)終える, 結ぶ; 自 〔…で〕終わる《*with*》
❸他 (条約などを)締結する
Concluded 終わり, 完結
To be concluded 次回完結 (↔**To be continued**)
to conclude 終わりにあたり; 結論として言えば
派生 **conclusion** 名
派生 **conclusive** 形

con·clud·ing /kənklúːdiŋ コンクルーディング/ 形 締めくくりの, 最後の

con·clu·sion B1 高 /kənklúːʒən コンクルージョン/ 名 (複 **conclusions** /kənklúːʒənz/)
❶UC 結論; 結末, 終わり
• **We came to the conclusion that** he was innocent. 私たちは彼が無実であるという結論に達した
❷(条約などの)締結
in conclusion 終わりに; 結論として
jump to conclusions [***a conclusion***] 結論を早まる, 早合点する
派生 **conclude** 動

con·clu·sive /kənklúːsiv コンクルースィヴ/ 形 最終的な, 決定的な (=decisive); 疑う余地のない
派生 **conclude** 動
conclúsively 副 決定的に

con·coct /kənkɑ́kt コンカクト/ 動 他
❶(飲食物などを)混ぜ合わせて作る
❷(話などを)でっち上げる

con·coc·tion /kənkɑ́kʃən コンカクション/ 名 ❶U 混合; C 混合して作った飲食物 ❷U でっち上げ; C 作り話

con·com·i·tant /kənkɑ́mətənt コンカミタント/ 形 《文章》付随する; 同時に起こる
— 名C 《文章》付随するもの, 付きもの

con·cord /kɑ́nkɔːrd カンコード/ 名
❶U (意見などの)一致; 友好, 親善
❷U 《文法》(人称・数・格などの)一致

con·cord·ance /kənkɔ́ːrdəns コンコーダンス/ 名U 《文章》一致, 調和; C (作家・著書の)用語索引

con·course /kɑ́ŋkɔːrs カンコース/ 名C (空港・駅などの)中央ホール, コンコース; UC (人・物の)集まり; 群衆

con·crete B2 /kɑnkríːt カンクリート, ´-/ 形 ❶ コンクリートの
❷ 具体的な (↔**abstract**)
• a **concrete** example 具体例
❸ 有形の; 実在する
— /kɑ́nkriːt カンクリート/ 名U コンクリート
— /kɑ́nkriːt カンクリート/ 動他 《英》コンクリートでおおう
concrétely 副 具体的に

cóncrete nóun 名C 《文法》具象名詞 《♦dog など具体的なものをさす名詞》

con·cur /kənkə́ːr コンカー/ 動 (三単現 **concurs** /kənkə́ːrz/; 過去・過分 **concurred** /kənkə́ːrd/; 現分 **concurring**) 自 《文章》〔…と〕意見が一致する, 同意する 《*with*》; 同時に起こる

con·cur·rence /kənkə́ːrəns コンカーレンス/ 名U 《文章》(意見の)一致 《*of*》; C 同時作用[発生] 《*of*》

con·cur·rent /kənkə́ːrənt コンカーレント/ 形 〔…と〕同時に起こる, いっしょの 《*with*》
concúrrently 副 同時に

con·cus·sion /kənkʌ́ʃən コンカション/ 名U 《医学》脳しんとう

con·demn B2 /kəndém コンデム/ 動他
❶ 非難する, 責める
❷ 有罪を宣告する

con·dem·na·tion /kɑ̀ndemnéiʃən カンデムネイション/ 名UC 非難; 有罪の判決

con·den·sa·tion /kɑ̀ndenséiʃən カンデンセイション/ 名 ❶U 凝縮, 凝結; 水滴
❷UC (物語などの)縮約, 要約

con·dense /kəndéns コンデンス/ 動
❶ 他 (表現などを)簡潔にする
❷ 他 濃縮する; 圧縮する; 自 濃くなる

con·de·scend /kɑ̀ndisénd カンディセンド/ 動自 〔人に〕見下した態度をとる 《*to*》; 恩着せがましく…する 《*to do*》

con·de·scend·ing /kɑ̀ndiséndiŋ カンディセンディング/ 形 恩着せがましい, 見下すような

con·de·scen·sion /kɑ̀ndisénʃən カンディセンション/ 名U 恩着せがましい行動, 見下すような態度

con·di·ment /kɑ́ndəmənt カンディメント/ 名UC 薬味, 調味料

con·di·tion A2 高

/kəndíʃən コンディション/
名 (複 **conditions** /kəndíʃənz/)
❶UC 状態; 健康状態
• I am **in** good **condition** today. 私はきょうはいい状態にある[調子がいい]

コロケーション
形+**condition**
excellent *condition* すばらしい状態
perfect *condition* 完ぺきな状態
reasonable *condition* ほどよい状態
satisfactory *condition* 満足のいく状態
terrible *condition* ひどい状態

❷ 《**conditions**》(周囲の)状況, 事情
• weather **conditions** 天候状態
❸C 条件
• **on this condition** この条件で

コロケーション
形+**condition**
a basic *condition* 基本的な条件
a strict *condition* 厳しい条件

be in condition 健康である; 調子がよい
be out of condition 不健康である; 調子が悪い
on condition that ... …という条件で, もし…なら

— 動 (三単現 **conditions** /kəndíʃənz/; 過去・過分 **conditioned** /kəndíʃənd/; 現分 **conditioning**) 他 ❶ 左右する, 決定する, …の条件となる
❷ コンディションを整える; 調節する

con·di·tio·nal /kəndíʃənəl コンディショナル/ 形 条件付きの; 条件として
condítionally 副 条件付きで

con·di·tioned /kəndíʃənd コンディションド/ 形 調節された; 《他の語と結びついて》…の状態の

con·di·tion·er /kəndíʃənər コンディショナ/ 名 U C 調節器[剤]; (洗髪後に使う)コンディショナー

con·do /kándou カンドウ/ 名 C (複 **condos** /kándouz/) 《米》《口語》分譲マンション (=condominium)

con·do·lence /kəndóuləns コンドウレンス/ 名 U 哀悼; C 《ふつう **condolences**》哀悼のことば

con·dom /kándəm カンドム/ 名 C コンドーム

con·do·min·i·um /kàndəmíniəm カンドミニアム/ 名 C 《米》分譲マンション
日英比較「高級マンション」を意味し, (土地付きの)建物全体にもその中の1戸にも使う; 《口語》では condo ともいう

con·done /kəndóun コンドウン/ 動 他 (罪・過失などを)大目に見る, 許す

con·dor /kándər カンダ/ 名 C 《鳥》コンドル《◆南米産大ハゲワシ》

con·du·cive /kəndjúːsiv コンデュースィヴ/ 形 〔…の〕助けになる, ためになる《*to*》

con·duct B1 高 /kándəkt カンダクト | kɔ́ndəkt コンダクト/ 名 U
❶ 行い, 行為, ふるまい
❷ やり方, 管理, 運営; 指導

— /kəndʌ́kt コンダクト/ (発音 名 とのアクセントの違いに注意) 動 (三単現 **conducts** /kəndʌ́kts コンダクツ/; 過去・過分 **conducted** /kəndʌ́ktəd/; 現分 **conducting**)
❶ 他 管理する, (業務などを)行う
• The graduation ceremony was **conducted** solemnly. 卒業式が厳粛に行われた
❷ 他 自 (音楽の)指揮をする
❸ 他 自 案内する, 導く (=guide)
❹ 他 (熱・電気などを)伝導する
conduct oneself ふるまう

con·duc·tor B2 高 /kəndʌ́ktər コンダクタ/ 名 C ❶ (オーケストラ・合唱団などの)指揮者 ❷ (電車・バスの)車掌; 案内人, (団体旅行の)添乗員 (! 《英》では列車の車掌は guard) ❸ (熱・電気・音の)伝導体

cone B2 /kóun コウン/ 名 C ❶ 円すい, 円すい状のもの; パイロン《◆工事現場などにある》 ❷ (アイスクリームを盛る)コーン ❸ 松かさ

con·fab /kánfæb カンファブ/ 名 C 《口語》談笑, 会談

— 動 (三単現 **confabs**; 過去・過分 **confabbed** /kánfæbd/; 現分 **confabbing**) 自 《口語》談笑する, 会談する

con·fec·tion /kənfékʃən コンフェクション/ 名 C 甘い菓子; 果物の砂糖漬け

con·fec·tion·er /kənfékʃənər コンフェクショナ/ 名 C 菓子会社; 菓子店主; 菓子職人, パティシエ

con·fec·tion·er·y /kənfékʃənèri コンフェクショネリ/ 名 (複 **confectioneries** /kənfékʃənèriz/) U 《集合的》菓子類; C お菓子屋さん

con·fed·er·a·cy /kənfédərəsi コンフェデラスィ/ 名 (複 **confederacies** /kənfédərəsiz/) C 連合, 同盟; 連邦, 同盟国; 《**the Confederacy**》(南北戦争当時の)南部同盟

con·fed·er·ate /kənfédərət コンフェデレト/ 形 連合の, 同盟の; 《**Confederate**》(南北戦争当時の)南部同盟の
— 名 C 連合国, 同盟国; 共謀者, 共犯者; 《**Confederate**》南部同盟支持者

Conféderate Státes of América 名 《**the** をつけて》(南北戦争 (1861-65)当時の)南部同盟《◆南部11州の連合》

con·fed·er·a·tion /kənfèdəréiʃən コンフェデレイション/ 名 U C 連合, 同盟; C 同盟国, 連邦; 《**the Confederation**》アメリカ植民地同盟《◆1781-89年に結成されていた13州の同盟》

con·fer /kənfə́ːr コンファー/ 動 (三単現 **confers** /kənfə́ːrz/; 過去・過分 **conferred**

/kənfə́ːrd/; 現分 **conferring**)
❶ 他 (学位などを)与える, 授ける
❷ 自 協議する

con·fer·ence B2 高 /kɑ́nfərəns カンファレンス/ 名 U C 会議, 会談; 協議, 相談
• attend a **conference** on global warming 地球温暖化に関する会議に出席する

コロケーション
形＋**conference**
an annual *conference* 年次会議
an academic *conference* 学術会議
an international *conference* 国際会議

― 動 自 《口語》会議をする
cónferencing B2 名 U (通信機器による)遠隔会議

con·fess B2 /kənfés コンフェス/ 動 他 自
❶ 白状する, (罪などを)認める, 告白する; 文型 [**confess that ...**] …と白状する ❷《キリスト教》(司祭・神に, 罪を)ざんげする
派生 **confession** 名

con·fessed /kənfést コンフェスト/ 形 広く認められた, 明白な; 自認した

con·fes·sion B2 /kənféʃən コンフェション/ 名 U C 白状, 自白, 告白;《キリスト教》ざんげ
派生 **confess** 動

con·fes·sion·al /kənféʃənəl コンフェショナル/ 形 告白の; 告解の
― 名 C 《キリスト教》(カトリック教会の)告解場

con·fet·ti /kənféti コンフェティ/ 名 U (結婚式などでまく)紙吹雪

con·fi·dant /kɑ́nfədæ̀nt カンフィダント/ 名 C 親友, 腹心の友 (❗女性には confidante (同音)も使う)

con·fide /kənfáid コンファイド/ 動 他 (秘密などを)打ち明ける; 自 文型 [**confide in A**] A(人)に秘密[個人的なこと]を打ち明ける

con·fi·dence B1 高 /kɑ́nfədəns カンフィデンス | kɔ́nfədəns コンフィデンス/ 名 (複 **confidences** /kɑ́nfədənsəz/)
❶ U 信頼, 信用 (=trust)
• We had complete **confidence** in the young lawyer. 私たちはその若い弁護士を完全に信頼していた
❷ U 自信, 確信
• lose **confidence** 自信を失う
❸ C 打ち明け話

have confidence in ... …に自信をもっている; …を信頼している
in confidence 内密で, ないしょで
take A into one's confidence A(人)に秘密を打ち明ける
派生 **confident**, **confidential** 形

cónfidence gàme 名 C 信用詐欺(さぎ)

cónfidence màn 名 C 信用詐欺(さぎ)師 (=《口語》con man)

con·fi·dent A2 高

/kɑ́nfədənt カンフィデント | kɔ́nfədənt コンフィデント/ 形 確信した; 自信のある; 文型 [**be confident of A**] Aを確信している, Aに自信がある; 文型 [**be confident that ...**] …と確信している
• We are **confident of** victory. 私たちは勝利を確信している
派生 **confidence** 名

con·fi·den·tial /kɑ̀nfədénʃəl カンフィデンシャル/ 形 ❶ 秘密の, 内々の
❷ 互いに信じ合った, 打ちとけた; 腹心の, 信頼できる
派生 **confidence** 名
cònfidéntially 副 内密に[だが]; 親密に

con·fi·dent·ly B2 /kɑ́nfədəntli カンフィデントリ/ 副 確信して; 自信をもって

con·fig·u·ra·tion /kənfìgjəréiʃən コンフィギュレイション/ 名 C (各部分の)配置, 構成

con·fine B2 /kənfáin コンファイン/ 動 他
❶ 制限する (=limit), 限定する; 文型 [**confine A to B**] AをB(の範囲)に制限する
❷ 〔…に〕閉じ込める, 監禁する《*to, in*》
― /kɑ́nfain カンファイン/ 名《**confines**》境界, 国境; 限界

con·fined /kənfáind コンファインド/ 形 (場所が)とても狭い

con·fine·ment /kənfáinmənt コンファインメント/ 名 ❶ U 制限, 監禁
❷ U C (病気などで)引きこもること

con·firm B1 高 /kənfə́:rm コンファーム/ 動 (三単現 **confirms** /kənfə́:rmz/; 過去・過分 **confirmed** /kənfə́:rmd/; 現分 **confirming**) 他
❶確認する; (正しいと)認める; 文型 [**confirm that ...**] …ということを確認する
• I called the front desk to **confirm** my reservation. 私は予約の確認をするためフロントに電話をかけた
❷ 承認する; (決心などを)固める
❸《キリスト教》堅信礼を施す

con·fir·ma·tion B1 /kɑ̀nfərméiʃən カンファメイション/ 名 (複 **confirmations** /kɑ̀nfərméiʃənz/) U C 確認; 裏づけ; 承認; 《キリスト教》堅信礼

con·firmed /kənfə́:rmd コンファームド/ 形 ❶ 確認[立証]された ❷ (習慣・主義などに)こり固まった, 常習的な

con·fis·cate /kɑ́nfəskèit カンフィスケイト/ 動 他 没収する, 押収する

con·fis·ca·tion /kɑ̀nfəskéiʃən カンフィスケイション/ 名 U C 没収, 押収品

con·fla·gra·tion /kɑ̀nfləgréiʃən カンフラグレイション/ 名 C 大火, 大火災

con·flict B1 高 /kɑ́nflikt カンフリクト | kɔ́nflikt コンフリクト/ 名 (複 **conflicts** /kɑ́nflikts カンフリクツ/) U C
❶ (意見・利害などの)衝突, 対立
• There was a severe **conflict among** the nations. 国家間に激しい対立があった
❷争い, 闘争

in conflict with ... …と衝突[対立]して; …と矛盾して

— /kənflíkt コンフリクト/ (発音 名とのアクセントの違いに注意) 動 (三単現 **conflicts** /kənflíkts コンフリクツ/; 過去・過分 **conflicted** /kənflíktəd/; 現分 **conflicting**) 自 〔…と〕矛盾する; 衝突する《with》

con·flict·ing /kənflíktiŋ コンフリクティング/ 形 矛盾する, 相入れない

con·flu·ence /kɑ́nflu:əns カンフルーエンス/ 名 《文章》 U (川などの)合流; C 合流点

con·form /kənfɔ́:rm コンフォーム/ 動 自 常識に沿った行動をする; 〔規則・習慣などに〕従う, 順応する《*to, with*》

con·form·ist /kənfɔ́:rmist コンフォーミスト/ 名 C (社会体制への)同調者, 順応者

con·form·i·ty /kənfɔ́:rməti コンフォーミティ/ 名 U 〔規則・慣習などに〕従うこと, 順応《*to, with*》

con·found /kənfáund コンファウンド/ 動 他 困惑させる, まごつかせる

con·front B2 /kənfrʌ́nt コンフラント/ 動 他 ❶ (困難が, 人の前に)立ちはだかる; 文型 [**be confronted with** [**by**] **A**] Aに直面している
❷ (問題などに)向かい合う, 直面する; 立ち向かう; (人と)対面する

con·fron·ta·tion /kɑ̀nfrəntéiʃən カンフロンテイション/ 名 U C 直面; 対立

con·fuse A2

/kənfjú:z コンフューズ/ (×コンフューズ) 動 (三単現 **confuses** /kənfjú:zəz/; 過去・過分 **confused** /kənfjú:zd/; 現分 **confusing**) 他 ❶混乱させる; 当惑させる, 困惑させる; 《**be confused**》 混乱[困惑]する, まごつく
• I **was** really **confused** by his explanation. 彼の説明にすっかり混乱してしまった
❷混同する; 文型 [**confuse A with B**] AとBを取り違える
派生 **confusion** 名

con·fused A2 高

/kənfjú:zd コンフューズド/ 形
❶〔…のことで〕困惑した, とまどった, まごついた《*about, by*》
• I was **confused about** what to do. 何をしてよいかさっぱりわからなかった
❷混乱した, ごちゃごちゃした

con·fus·ing B1 /kənfjú:ziŋ コンフューズィング/ 形 (頭などを)混乱させる, ごちゃごちゃさせる

con·fu·sion B1 /kənfjú:ʒən コンフュージョン/ 名 (複 **confusions** /kənfjú:-

ʒənz/) U C 混乱; 当惑, まごつき; U 混同

• **in confusion** 混乱して

派生 **confuse** 動

cón gàme 名 C 《口語》(= confidence game)

con·geal /kəndʒíːl コンヂール/ 動 自 (液体が)固まる, 凝結する; 他 固まらせる, 凝結させる

con·gen·ial /kəndʒíːnjəl コンヂーニャル/ 形 (人などが)感じのいい, 快適な

con·gen·i·tal /kəndʒénətəl コンヂェニタル/ 形 (病気などが)生まれつきの, 先天的な

con·gest·ed /kəndʒéstəd コンヂェステド/ 形 込み合った, 混雑した; 《医学》充血した

con·ges·tion /kəndʒéstʃən コンヂェスチョン/ 名 U 混雑; (交通の)渋滞; 《医学》充血

con·glom·er·ate /kənglάmərət コングラマレト/ 名 C (いろいろなものの)集合体, かたまり; 複合企業, コングロマリット

con·glom·er·a·tion /kənglὰməréiʃən コングラマレイション/ 名 C 集合体, かたまり

Con·go /kάŋgou カンゴウ/ 名

❶《**the Republic of Congo**》コンゴ共和国《♦アフリカ中部の国; 首都ブラザビル (Brazzaville)》

❷《**the Democratic Republic of Congo**》コンゴ民主共和国《♦アフリカ中部の国; 首都キンシャサ (Kinshasa)》

con·grat·u·late B1 /kəngrǽtʃəlèit コングラチュレイト/ 動 (三単現 **congratulates** /kəngrǽtʃəlèits コングラチュレイツ/; 過去·過分 **congratulated** /kəngrǽtʃəlèitəd/; 現分 **congratulating**) 他 (人を)祝う, 祝いのことばを述べる;

文型 [**congratulate A on B**] A(人)にBのことでお祝いを言う

• I **congratulated** her **on** her marriage. 彼女に結婚おめでとうと言った

congratulate oneself 〔…のことで〕喜ぶ, うれしく思う《*on*》

派生 **congratulation** 名

con·grat·u·la·tion /kəngrǽtʃəléiʃən コングラチュレイション/ 名 U 祝い; C 《ふつう **congratulations**》祝いのことば, おめでとう(ということば) (! 成功した人などに複数形で間投詞的に用いることが多い)

会話 "**Congratulations on** your graduation!" "Thank you." 「ご卒業おめでとう」「ありがとうございます」

派生 **congratulate** 動

con·grat·u·la·to·ry /kəngrǽtʃələtɔ̀ːri コングラチュラトーリ/ 形 祝賀の, お祝いの

con·gre·gate /kάŋgrəgèit カングレゲイト/ 動 自 集まる, 集合する

con·gre·ga·tion /kὰŋgrəgéiʃən カングレゲイション/ 名 U 集合; C 《集合的》集まった人々, (礼拝に集まった)会衆, 信者たち

con·gre·ga·tion·al /kὰŋgrəgéiʃənəl カングレゲイショナル/ 形 会衆の; 集会の

con·gress /kάŋgrəs カングレス/ 名

❶ C (代表者の)会議, 大会

• A medical **congress** was held in Tokyo. 医学会議が東京でひらかれた

❷《**Congress**》(米国の)議会, 国会《♦上院 (the Senate) と下院 (the House of Representatives) から成る》

日英比較 英国の「国会」は Parliament, 日本の「国会」は the Diet ⇨**Capitol**

con·gres·sion·al /kəngréʃənəl コングレショナル/ 形 会議の; 《**Congressional**》(米国)連邦議会の

con·gress·man /kάŋgrəsmən カングレスマン/ 名 (複 **congressmen** /kάŋgrəsmən/) C 《しばしば **Congressman**》(米国の)連邦議会議員, 下院議員

con·gress·per·son /kάŋgrəspə̀ːrsən カングレスパーソン/ 名 C (= congressman, congresswoman)

con·gress·wom·an /kάŋgrəswùmən カングレスウマン/ 名 (複 **congresswomen** /kάŋgrəswìmən/) C 《しばしば **Congresswoman**》(米国の)女性連邦議会議員, 女性下院議員

con·ic, con·i·cal /kánik カニク, kánikəl カニカル/ 形 円すい形の

co·ni·fer /kánəfər カニファ/ 名 C 《植物》球果植物, 針葉樹

conj. 《略》conjugation 語形変化; conjunction 接続詞

con·jec·ture /kəndʒéktʃər コンチェクチャ/ 名 U C 《文章》推測, 憶測

— 動 他 自 《文章》推測する

con·ju·gal /kándʒəgəl カンヂュガル/ 形 《文章》結婚の, 夫婦間の

con·ju·gate /kándʒəgèit カンヂュゲイト/ 動 《文法》他 (動詞を)活用させる; 自 (動詞が)活用する

con·ju·ga·tion /kàndʒəgéiʃən カンヂュゲイション/ 名 U C 《文法》(動詞の)語形変化, 活用

con·junc·tion B2 /kəndʒʌ́ŋkʃən コンヂャンクション/ 名 C 《文法》接続詞 (♦and, or, if など); U C 結合, 連結

in conjunction with ... …とともに, いっしょに; …と同時に

con·jure /kándʒər カンヂャ/ 動 他 魔法で呼び出す; 作り出す

conjure up ① 魔法のように作り出す ② 思い出す; 思い浮かばせる

cón màn 名 C 《口語》詐欺(さぎ)師 (= confidence man)

Conn. 《略》Connecticut コネティカット州

con·nect B1 高 /kənékt コネクト/ 動 (三単現 **connects** /kənékts コネクツ/; 過去·過分 **connected** /kənéktəd/; 現分 **connecting**)

❶ 他 結びつける, つなぐ, 接続する; 自 〔…に, …と〕つながる, (列車などが)接続している 《*to, with*》 (↔**disconnect**)

• The bridge **connects** Tokyo **to** Chiba. その橋は東京と千葉を結んでいる

❷ 他 関係づける; 文型 [**connect A with B**] A を B と関係づける, A で B を連想する

派生 **connection** 名

con·nect·ed /kənéktəd コネクテド/ 形 結合した; 関係のある

Con·nect·i·cut /kənétikət コネティカト/ 名 コネティカット (♦アメリカ北東部の州; Conn., (郵便で) CT と略す)

con·nec·tion B1 高 /kənékʃən コネクション/ 名 (複 **connections** /kənékʃənz/) ❶ U C 〔…との; …の間の〕関係, つながり 《*with; between*》

• There was no **connection between** the two cases. その2つの事件の間に関連性はなかった

❷ U C 接続, 連結, 連絡; C (乗り物の)接続[連絡]便, 乗り換え

❸ U C (商売上の)縁故(えんこ), コネ

in connection with ... …に関連して

in this [that] connection これ[それ]に関して

派生 **connect** 動

con·nec·tive /kənéktiv コネクティヴ/ 形 結合する; 接続する

— 名 C ❶ 結合するもの ❷ 《文法》連結詞 (♦接続詞, 関係代名詞などの総称)

con·nive /kənáiv コナイヴ/ 動 自 ❶ 〔悪事などを〕大目に見る, 黙認する 《*at, in*》 ❷ 〔…と〕共謀する 《*with*》, 共謀して…する 《*to do*》

con·niv·ing /kənáiviŋ コナイヴィング/ 形 悪だくみをする, 陰険な

con·nois·seur /kànəsə́ːr カナサー/ 名 C 鑑定家; 目利き

con·no·ta·tion /kànətéiʃən カナテイション/ 名 C 《言語》言外の意味, 含意

con·quer B1 /káŋkər カンカ | kɔ́ŋkər コンカ/ 動 (三単現 **conquers** /káŋkərz/; 過去·過分 **conquered** /káŋkərd/; 現分 **conquering** /káŋkəriŋ/)

❶ 他 自 征服する ❷ 他 克服する

派生 **conquest** 名

con·quer·or /káŋkərər カンカラ/ 名 C 征服者, 勝利者

con·quest B2 /káŋkwest カンクウェスト/ 名 U C 征服; 克服

派生 **conquer** 動

con·science B2 /kánʃəns カンシャンス/ (×コンサイエンス) 名 U C 良心, 善悪を判断する心, 道義心

con·scien·tious /kànʃiénʃəs カンシエ

ンシャス/ 形 良心的な, 誠実な

cònsciéntiously 副 良心的に, 誠実に

consciéntious objéctor 名 C 良心的兵役忌避(きひ)者

con·scious B1 /kάnʃəs カンシャス | kɔ́nʃəs コンシャス/ 形

❶ 文型 [**be conscious of ...**] …に気づいている, …を意識している; 文型 [**be conscious that ...**] …ということに気づいている

• I **was conscious of** being followed. = I **was conscious that** I was being followed. 私はあとをつけられているのに気づいていた

❷ 意識がある (⇔**unconscious**), 意識が戻る

❸ 意識的な (⇔**unconscious**), 故意の

派生 **consciousness** 名

まぎらわしい語〉 単語力

conscious 形 気づいている; 意識のある

conscience 名 良心

conscientious 形 良心的な

cons·cious·ly /kάnʃəsli カンシャスリ/ 副 意識して; 自覚して

con·scious·ness B2 /kάnʃəsnəs カンシャスネス/ 名 U 意識; 《単数形で》自覚

派生 **conscious** 形

cónsciousness ràising 名 U (社会問題などへの)意識高揚

con·script /kάnskript カンスクリプト/ 名 C 徴集兵 ⇨**volunteer** 名❷

— /kənskrípt コンスクリプト/ 動 他 (軍隊に)徴集する (=《米》draft); 徴用する

con·scrip·tion /kənskrípʃən コンスクリプション/ 名 U 徴兵(制度); (戦時に行う人員の)徴用

con·se·crate /kάnsəkrèit カンセクレイト/ 動 他 神聖にする; 〔神に〕奉献する; 〔…に〕ささげる《*to*》

con·se·cra·tion /kὰnsəkréiʃən カンセクレイション/ 名 U 神聖にすること; 神にささげること, 奉献

con·sec·u·tive /kənsékjətiv コンセキュティヴ/ 形 (間を置かずに)連続した, 引き続いての

con·sen·sus B2 /kənsénsəs コンセンサス/ 名 《単数形で》(意見の)一致; 合意, コンセンサス

con·sent B2 /kənsént コンセント/ 名 U 同意, 承諾

— 動 (三単現 **consents** /kənsénts コンセンツ/; 過去・過分 **consented** /kənséntəd/; 現分 **consenting**) 自 同意する, 承諾する; 文型 [**consent to A**] Aに同意する, Aを承諾する; 文型 [**consent to** *do*] …することを承諾する

con·se·quence A2

/kάnsəkwèns カンスィクウェンス | kɔ́nsəkwəns コンスィクウェンス/ (×コンスィークウェンス) 名 (複 **consequences** /kάnsəkwènsəz/)

❶ C 結果 (=result) (❗複数形で使うことが多く, しばしば「悪い結果」をいう)

• As a **consequences** of war, prices went up. 戦争の結果物価が上がった

❷ U (結果の)重要さ (=importance)

***in consequence* (*of ...*)** (…の)結果として

con·se·quent /kάnsəkwènt カンスィクウェント/ 形 結果として起こる

con·se·quen·tial /kὰnsəkwénʃəl カンスィクウェンシャル/ 形 (=important) 重大な, 重要な; 尊大な

con·se·quent·ly B1 /kάnsəkwèntli カンスィクウェントリ | kɔ́nsəkwəntli コンスィクウェントリ/ (×コンスィークウェントリ) 副 その結果, したがって, それゆえ

con·ser·va·tion B1 高 /kὰnsərvéiʃən カンサヴェイション/ 名 U

❶ (自然の)保護, 管理; (保護された)森林

❷ (文化財などの)保存

con·ser·va·tion·ist /kὰnsərvéiʃənist カンサヴェイショニスト/ 名 C 自然環境保護論者

con·serv·a·tism /kənsə́ːrvətìzm コンサーヴァティズム/ 名 U 保守主義; (政治・社会問題についての)保守的な考え

con·serv·a·tive B1 /kənsə́ːrvətiv コンサーヴァティヴ/ 形

❶ 保守的な; 保守主義の (⇔**progres-**

sive); 《Conservative》《英》保守党の
❷ 用心深い
— 名 (複 **conservatives** /kənsə́ːrvətivz/) C 保守的な人; 《Conservative》《英》保守党員
consérvatively 副 保守的に
Consérvative Pàrty 《the をつけて》(英国の)保守党 (❗「労働党」は the Labour Party)
con·serv·a·to·ry /kənsə́ːrvətɔ̀ːri コンサーヴァトーリ/ 名 (複 **conservatories** /kənsə́ːrvətɔ̀ːriz/) C ❶ (家屋に付属した)温室 ❷《米》音楽学校, 演劇学校
con·serve /kənsə́ːrv コンサーヴ/ 動 他 保存する, 維持する

con·sid·er A2 高

/kənsídər コンスィダ/ (×コンシダ) 動 (三単現 **considers** /kənsídərz/; 過去·過分 **considered** /kənsídərd/; 現分 **considering** /kənsídəriŋ/)
❶ 他 自 よく考える, 熟慮する (=think over)
• **Consider** it before you decide. 決める前にそれをよく考えなさい
文型 [**consider** *do***ing**] …しようかと考える
• I'm **considering working** in Europe. ヨーロッパで働こうと考えている (×I'm considering *to work* ... としない)
文型 [**consider wh-...**] …かをよく考える
❷ 他 文型 [**consider A** (**to be**) **C**] AをCと思う, 見なす (❗Cは形容詞・名詞); 文型 [**consider that ...**] …と思う (=think)
• I **consider** him honest. = I **consider that** he is honest. 私は彼は正直であると思う
❸ 他 考慮に入れる; 思いやる (=be thoughtful of)
all things considered すべてを考慮に入れると
派生 **consideration** 名
con·sid·er·a·ble B1 /kənsídərəbl コンスィダラブル/ 形 相当な, かなりの; たいした; 重要な
con·sid·er·a·bly B2 /kənsídərəbli コンスィダラブリ/ 副 ずいぶん, かなり, 相当に
con·sid·er·ate /kənsídərət コンスィダレト/ (×コンスィデレト) 形 思いやりがある
consíderately 副 思いやりをもって
con·sid·er·a·tion B1 /kənsìdəréiʃən コンスィダレイション/ 名 ❶ U 考慮, 熟慮, 検討; C 考慮すべきこと
• After serious **consideration**, we decided to return. 真剣に検討した結果私たちは戻ることに決めた
❷ U 思いやり
in consideration of ... …を考慮して
take ... into consideration …を考慮に入れる
under consideration 考慮中の[で], 検討中の[で]
派生 **consider** 動
con·sid·ered /kənsídərd コンスィダド/ 形 よく考えた上での; 尊敬される
con·sid·er·ing B2 /kənsídəriŋ コンスィダリング/ 前 …を考えると, …を考慮すれば, …のわりには
— 接 …であることを考慮すれば, …するわりには
con·sign /kənsáin コンサイン/ 動 他 《文章》〔…に〕引き渡す, ゆだねる, 処分する, 委託する《*to*》
con·sign·ment /kənsáinmənt コンサインメント/ 名 U (商品の)委託; C 委託品, 積送品

con·sist A2 高

/kənsíst コンスィスト/ 動 (三単現 **consists** /kənsísts コンスィスツ/; 過去·過分 **consisted** /kənsístəd/; 現分 **consisting**) 自
❶ 文型 [**consist of A**] Aから成る
• Japan **consists of** four main islands. 日本は4つのおもな島から成っている
❷ 《文章》文型 [**consist in A**] (本来) Aにある
con·sist·ency /kənsístənsi コンスィステ

ンスィ/ 名 ❶U 一貫性
❷UC 濃度, 粘り
con·sist·ent B2 /kənsístənt コンスィステント/ 形 (首尾)一貫した; 一致する
be consistent with ... …と一致する, 調和する
consístently 副 首尾一貫して; いつも
con·so·la·tion B2 /kànsəléiʃən カンソレイション/ 名U 慰め; C 慰めになるもの
consolátion prìze 名C (敗者に与えられる)残念賞, 敢闘賞
con·sole[1] B2 /kənsóul コンソウル/ (発音 console[2]との違いに注意) 動他 慰める, 元気づける
con·sole[2] /kánsoul カンソウル/ (発音 console[1]との違いに注意) 名C
❶《コンピュータ》制御盤
❷コンソール型キャビネット
con·sol·i·date /kənsálədèit コンサリデイト/ 動他自 強固にする[なる], 強化する; 統合する, 合併する
con·sol·i·da·tion /kənsɑ̀ladéiʃən コンサリデイション/ 名U 強化; UC (会社などの)統合, 合併
con·som·mé /kɑ̀nsəméi カンソメイ/ 名U 《料理》コンソメ(スープ)
con·so·nant B1 /kánsənənt カンソナント | kɔ́nsənənt コンソナント/ 名 (複 **conso-nants** /kánsənənts カンソナンツ/) C 《音声》子音; 子音字 (↔**vowel**)
━形 〔…と〕一致する, 調和する《*with, to*》
con·sort /kánsɔːrt カンソート/ 名C (国王などの)配偶者
━動自 〔好ましくない人と〕つき合う《*with*》
con·sor·ti·um /kənsɔ́ːrtiəm コンソーティアム/ 名 (複 **consortia** /kənsɔ́ːrtiə/, **consortiums** /kənsɔ́ːrtiəmz/) C (同一事業の)企業連合, コンソーシアム
con·spic·u·ous /kənspíkjuəs コンスピキュアス/ 形 人目を引く; 目立つ
conspícuously 副 目立って
con·spir·a·cy /kənspírəsi コンスピラスィ/ 名UC 陰謀(いんぼう)

con·spir·a·tor /kənspírətər コンスピラタ/ 名C 陰謀をたくらむ人, 共謀者
con·spire /kənspáiər コンスパイア/ 動自
❶〔…に対して〕陰謀をたくらむ《*against*》; 〔…しようと〕共謀する《*to do*》 ❷ 文型 [**conspire to** *do*] (物事・事情が)あいまって…する (❗悪い結果をもたらす場合に使う)
con·sta·ble /kánstəbl カンスタブル/ 名C 《英》巡査, 警察官
con·stan·cy /kánstənsi カンスタンスィ/ 名U 不変, 安定; 忠実
con·stant B2 /kánstənt カンスタント/ 形
❶変わらない, 一定の (↔**variable**)
• **constant** state いつも変わらない状態
• be in **constant** contact (with ...) いつも(…と)連絡している
❷絶え間ない
❸《文章》忠実な, 誠実な
━名C 定数, 不変数[量]
con·stant·ly B1 /kánstəntli カンスタントリ | kɔ́nstəntli コンスタントリ/ 副 絶えず, いつも, しょっちゅう
con·stel·la·tion /kɑ̀nstəléiʃən カンステレイション/ 名C 星座
con·ster·na·tion /kɑ̀nstərnéiʃən カンスタネイション/ 名U 非常な驚き, びっくり仰天
con·sti·pat·ed /kánstəpèitəd カンスティペイテド/ 形 便秘の
con·sti·pa·tion /kɑ̀nstəpéiʃən カンスティペイション/ 名U 便秘
con·stit·u·en·cy /kənstítʃuənsi カンスティチュエンスィ/ 名 (複 **constituencies** /kənstítʃuənsiz/) C 選挙区; 《集合的》選挙区の有権者全員
con·stit·u·ent /kənstítʃuənt コンスティチュエント/ 名C ❶(選挙区の)有権者, 選挙人 ❷成分, 構成要素
━形 構成要素の; 選挙権のある
con·sti·tute B1 /kánstətjùːt カンスティテュート | kɔ́nstətjùːt コンスティテュート/ (×コンスティテュート) 動 (三単現 **constitutes** /kánstətjùːts カンスティテューツ/; 過去・過分 **constituted** /kánstətjùːtəd/; 現分 **constituting**) ❶他 構成する, 成す

❷ (法律などを)制定する; 設置する
派生 constitution 名

con·sti·tu·tion B1 /kὰnstətjúːʃən カンスティテューション | kɔ̀nstətjúːʃən コンスティテューション/ 名 (複 **constitutions** /kὰnstətjúːʃənz/)
❶ C 《しばしば **Constitution**》憲法
● the **Constitution** of Japan 日本国憲法
❷ U C 体質, 体格; 気質
❸ U C 構成, 構造
❹ U 制定, 設立
派生 constitute 動

con·sti·tu·tion·al /kὰnstətjúːʃənəl カンスティテューショナル/ 形 体質的な; 憲法の
cὸnstitútionally 副 体質的に; 憲法上

con·strain /kənstréin コンストレイン/ 動 他 制限する, 抑制する; 強制する

con·strained /kənstréind コンストレインド/ 形 強制された; 制限された

con·straint /kənstréint コンストレイント/ 名 U C 強制; 制限, 抑制, 制約

con·strict /kənstríkt コンストリクト/ 動 他 締めつける, 圧縮する; 制限する, 抑圧する

con·stric·tion /kənstríkʃən コンストリクション/ 名 U 締めつけ, 圧縮; C 締めつける物; U C 圧迫感

con·struct B1 高 /kənstrʌ́kt コンストラクト/ 動 (三単現 **constructs** /kənstrʌ́kts コンストラクツ/; 過去・過分 **constructed** /kənstrʌ́ktəd/; 現分 **constructing**) 他
❶ (建物・道路などを)建設する, 建造する, 組み立てる (=build) (↔**destroy**)
❷ (文章などを)構成する, 組み立てる
派生 construction 名

con·struc·tion B1 高 /kənstrʌ́kʃən コンストラクション/ 名 (複 **constructions** /kənstrʌ́kʃənz/)
❶ U 建設, 工事; 構造; C 建造物; 《形容詞的》建設の
● **construction** work 建設工事
❷ C 《文法》(文などの)構造, 構文
under construction 建設中で
派生 construct 動

con·struc·tive /kənstrʌ́ktiv コンストラクティヴ/ 形 建設的な; 構造的な
constrúctively 副 建設的に

con·struc·tor /kənstrʌ́ktər コンストラクタ/ 名 C 建設者; 建設業者

con·strue /kənstrúː コンストルー/ 動 他 (ことば・行為を)〔…と〕解釈する《*as*》

con·sul /kάnsəl カンサル/ 名 C 領事; (古代ローマの)執政官

con·su·lar /kάnsələr カンスラ/ 形 領事の, 領事館の

con·su·late /kάnsələt カンスレト/ 名
❶ C 領事館 (❗「大使館」は embassy)
❷ U 領事職

con·sult B2 /kənsʌ́lt コンサルト/ 動
❶ 他 自 (専門家に)意見を聞く, (医者に)診察してもらう; 相談する (❗専門家に相談する場合は他動詞を用いることが多い); 自 協議する
● **consult** a doctor 医者にみてもらう
❷ 他 (参考書・地図などを)調べる, 参照する ● **consult** a dictionary 辞書をひく

con·sult·ant B2 /kənsʌ́ltənt コンサルタント/ 名 C (専門分野についての)助言者, コンサルタント

con·sul·ta·tion /kὰnsəltéiʃən カンサルテイション/ 名 ❶ U 相談; 診察
❷ C 審議会

con·sult·ing /kənsʌ́ltiŋ コンサルティング/ 形 顧問の; 診察の

con·sume B1 高 /kənsúːm コンスーム | kənsjúːm コンスューム/ 動 (三単現 **consumes** /kənsúːmz/; 過去・過分 **consumed** /kənsúːmd/; 現分 **consuming**) 他 ❶消費する, 使いつくす (=use up) (↔**produce**); 費やす (=spend)
❷ 食べつくす, 飲みつくす
❸ 消滅させる; (火事が)焼きつくす
be consumed with ... (人が)〔強い感情〕に駆られる, 圧倒される
派生 consumption 名

con·sum·er B1 高 /kənsúːmər コンスーマ | kənsjúːmər コンスューマ/ 名 (複 **consumers** /kənsúːmərz/) C 消費者 (↔**producer**)

consúmer góods 名 《複数扱い》消

費財

con·sum·er·ism /kənsúːmərìzm コンスーマリズム/ 名U 消費者保護(運動)

consúmer príce ìndex 名C 消費者物価指数 (! CPI と略す)

con·sum·ing /kənsúːmiŋ コンスーミング/ 形 (感情・関心などが)非常に強い, 熱烈な

con·sum·mate /kánsəmèit カンサメイト/ 動他 《文章》完成する; (性交によって, 結婚・男女関係を)完全なものにする

— /kənsʌ́mət コンサメト/ 形 《文章》完全な, 最高の

con·sum·ma·tion /kànsəméiʃən カンサメイション/ 名U 完成, 成就; (性交による)結婚の完了

con·sump·tion B1 高 /kənsʌ́mpʃən コンサンプション/ 名U
消費; 消費量 (↔**production**)
派生 **consume** 動

consúmption tàx 名UC 消費税

con·tact A2 高

/kántækt カンタクト | kɔ́ntækt コンタクト/ 名 (複 **contacts** /kántækts カンタクツ/)

❶ UC 連絡; 交際, つきあい

- lose **contact** 連絡が途絶える
- I've had no **contact with** him for years. 彼とは何年も連絡をとっていない

❷ U 接触; 出会い; C 《電気》接点

❸ C つて, 縁故者

❹ C コンタクトレンズ (=contact lens)

come into [in] contact with ... …と接触する; …と出会う

get in contact with ... …と接触[連絡]する

keep in contact with ... …と連絡をとり続ける, …との交際を保つ

make contact (with ...) (…と)連絡をつける

— 動 (三単現 **contacts** /kántækts カンタクツ/; 過去・過分 **contacted** /kántæktəd/; 現分 **contacting**) 他
(人と)連絡をとる, 接触する

cóntact lèns 名C コンタクトレンズ

con·ta·gion /kəntéidʒən コンテイヂョン/ 名U 《医学》接触感染; C (接触)伝染病

con·ta·gious /kəntéidʒəs コンテイヂャス/ 形 《医学》接触伝染性の; 人から人へ広がりやすい; 移りやすい

con·tain B1 高 /kəntéin コンテイン/ 動 (三単現 **contains** /kəntéinz/; 過去・過分 **contained** /kəntéind/; 現分 **containing**) 他

❶ 含む, 入れている; 収容する

- This magazine **contains** a lot of photos. この雑誌にはたくさんの写真がのっている

❷ (感情を)抑える; 食い止める, 阻止する

contain oneself 自制する

con·tain·er A2

/kəntéinər コンテイナ/ (×コンテナ)
名 (複 **containers** /kəntéinərz/) C
入れ物, 容器, 箱; (貨物を輸送する)コンテナ

con·tain·ment /kəntéinmənt コンテインメント/ 名U ❶ (感情の)抑制
❷ 封じ込め, 封じ込め政策

con·tam·i·nant /kəntǽmənənt コンタミナント/ 名C 汚染物質

con·tam·i·nate B2 /kəntǽmənèit コンタミネイト/ 動他 汚す, 汚染する

con·tam·i·na·tion /kəntæ̀mənéiʃən コンタミネイション/ 名U 汚すこと, 汚染

contd. 《略》continued 続く

con·tem·plate /kántəmplèit カンテンプレイト/ (発音 アクセントに注意) 動
❶ 他自 じっくり考える
❷ 他 じっと見つめる

con·tem·pla·tion /kàntəmpléiʃən カンテンプレイション/ 名U ❶ 熟視
❷ 熟考, 瞑想(めいそう)

con·tem·pla·tive /kəntémplətiv コンテンプラティヴ/ 形 瞑想にふける

con·tem·po·rar·y B2 /kəntémpərèri コンテンポレリ/ (×コンテンポラリ) 形
❶ 現代の (=modern)
❷ (人や作品が)同時代の, その当時の

— 名 (複 **contemporaries** /kəntémpərèriz/) C 同時代人; 同年齢の人

con·tempt B2 /kəntémpt コンテンプト/ 名 U 軽べつ, 侮辱(ぶじょく)

con·tempt·i·ble /kəntémptəbl コンテンプティブル/ 形 軽べつすべき

con·temp·tu·ous /kəntémptʃuəs コンテンプチュアス/ 形 軽べつ的な

contémptuously 副 軽べつして; 軽べつを込めて

con·tend /kənténd コンテンド/ 動

❶ 自 〔…と〕争う, 戦う《*with, against*》; 〔…を得ようと〕競争する《*for*》

❷ 他 〔…と〕主張する《*that* ...》

conténder 名 C 争う人, 競争者

con·tent[1] B1 高 /kántent カンテント | kɔ́ntent コンテント/ 名 (複 **contents** /kántents カンテンツ/)

❶《**contents**》(容器などの) 中身, 内容物; (本の)目次

- the **contents** of a bag 袋の中身
- **a table of contents** (本の)目次

❷ U (本・演説・映画などの) 内容 (↔ **form**)

❸《単数形で》含有量

con·tent[2] B2 /kəntént コンテント/ 形 満足して; 甘んじて (↔**discontent**) (❗「これ以上は望まない」満足をいう; 名詞の前には用いない); 文型 [**content with A**] Aに満足して

— 名 U 満足

to one's heart's content 心ゆくまで, 存分に

— 動 他 満足させる

content oneself with ... …で満足する, …に甘んじる

con·tent·ed /kənténtəd コンテンテド/ 形 満足した

conténtedly 副 満足して

con·ten·tion /kənténʃən コンテンション/ 名 ❶ U 争い, 競争; 議論, 口論

❷ C 《文章》言い分, 主張

con·ten·tious /kənténʃəs コンテンシャス/ 形 《文章》(人が)争いを好む, 議論好きの; 論議を呼びそうな

conténtiously 副 論争的に; けんか腰で

con·tent·ment /kənténtmənt コンテントメント/ 名 U 満足(すること)

con·test A1 中

/kántest カンテスト | kɔ́ntest コンテスト/ 名 (複 **contests** /kántests カンテスツ/) C 競技, コンテスト, コンクール, 大会; 競争, 争い; 論争

- a swimming **contest** 水泳競技(大会)

— /kəntést コンテスト/ (発音 名とのアクセントの違いに注意) 動 (三単現 **contests** /kəntésts コンテスツ/; 過去・過分 **contested** /kəntéstəd/; 現分 **contesting**) 他

❶ 反論する, (決定などに)異議を唱える

❷ …を求めて争う, 競い合う

con·test·ant /kəntéstənt コンテスタント/ 名 C 競争者, (競技などの)出場者

con·text A2

/kántekst カンテクスト | kɔ́ntekst コンテクスト/ 名 (複 **contexts** /kántekstsカンテクスツ/) U C ❶ (事件などの) 背景, 状況

- We must know the historical **context of** the news. 私たちは出来事の歴史的背景を知らなければならない

❷ (文章・発言の) 前後関係, 文脈, コンテクスト

in this context この文脈では; これに関連して

con·tex·tu·al /kəntékstʃuəl コンテクスチュアル/ 形 文脈上の; 前後関係による

con·ti·nence /kántənəns カンティネンス/ 名 U 自制, 抑制

con·ti·nent A2 高

/kántənənt カンティネント | kɔ́ntənənt コンティネント/ 名 (複 **continents** /kántənənts カンティネンツ/) ❶ C 大陸

- the North American **continent** 北米大陸

❷《**the Continent**》(英国からみた)ヨーロッパ大陸

派生 **continental** 形

関連語› 単語力

Africa アフリカ

Asia アジア
Australia オーストラリア
Europe ヨーロッパ
North America 北アメリカ
South America 南アメリカ
Antarctica 南極大陸

con·ti·nen·tal /kɑ̀ntənéntəl カンティネンタル/ 形 ❶大陸の, 大陸的
❷《ふつう **Continental**》(英国からみて)ヨーロッパ風の
━ 名 C ❶《しばしば **Continental**》ヨーロッパ大陸の人 ❷《**Continental**》(独立戦争当時の)アメリカ植民地人
派生 **continent** 名

continéntal bréakfast 名 U C ヨーロッパ風朝食《♦パンにコーヒー程度の簡素なもの》⇨**English breakfast**

con·tin·gen·cy /kəntíndʒənsi コンティンヂェンスィ/ 名 (複 **contingencies** /kəntíndʒənsiz/) C 偶発事件, 不慮の出来事; U 偶然, 偶発性

con·tin·gent /kəntíndʒənt コンティンヂェント/ 形 《文章》〔…によって〕決まる, …しだいの《*on*》
━ 名 C 《集合的》分遣隊; 代表団, 派遣団

con·tin·u·al B1 /kəntínjuəl コンティニュアル/ 形 (間隔をおいて)くり返し起こる, ひんぱんな, たびたびの; 連続的な ⇨ **continuous**
派生 **continue** 動

con·tin·u·al·ly B1 /kəntínjuəli コンティニュアリ/ 副 絶えず, ひんぱんに, しょっちゅう

con·tin·u·ance /kəntínjuəns コンティニュアンス/ 名 U 継続; 持続; 継続時間
派生 **continue** 動

con·tin·u·a·tion /kəntìnjuéiʃən コンティニュエイション/ 名 ❶《単数形で》継続, 続行 ❷ C (物語などの)続編
派生 **continue** 動

con·tin·ue A2 中

/kəntínju: コンティニュー/ (×コンティニュー)
動 (三単現 **continues** /kəntínju:z/; 過去・過分 **continued** /kəntínju:d/; 現分 **continuing**)
❶ 自 続く; 他 続ける (↔**cease**)
• This path **continues** for miles **along** the river. この小道は川に沿って何マイルも続いている
• The discussion will be **continued** next week. 討論は来週続けられるだろう
文型 [**continue to** *do* = **continue** *do***ing**] …し続ける
• The ship **continued to** *sink* slowly. 船はゆっくりと沈み続けた
文型 [**continue with A**] Aを続ける
❷ 自 とどまる; 文型 [**continue C**] Cのままである (❗Cは形容詞・名詞)
To be continued (連載物が)続く
派生 **continual**, **continuous** 形
派生 **continuance**, **continuation**, **continuity** 名

con·tin·ued /kəntínju:d コンティニュード/ 形 連続する, 継続する, 引き続きの

con·ti·nu·i·ty /kɑ̀ntənjú:əti カンティニューイティ/ 名 (複 **continuities** /kɑ̀ntənjú:ətiz/) ❶ U 連続状態, 連続性
❷ C (映画・テレビの)コンテ
❸ C (放送番組などの)つなぎ
派生 **continue** 動

con·tin·u·ous B1 /kəntínjuəs コンティニュアス/ 形 絶え間ない, 連続[継続]的な; 切れ目のない
派生 **continue** 動

con·tin·u·ous·ly B1 /kəntínjuəsli コンティニュアスリ/ 副 連続して, とぎれずに; ひっきりなしに

con·tin·u·um /kəntínjuəm コンティニュアム/ 名 (複 **continua** /kəntínjuə/, **continuums** /kəntínjuəmz/) C 連続体

con·tort /kəntɔ́:rt コントート/ 動 他 ねじ曲げる, ゆがめる; 自 ねじれる, ゆがむ

con·tor·tion /kəntɔ́:rʃən コントーション/ 名 C ねじれ, ゆがみ; U ねじる[ゆがめる]こと

con·tour /kɑ́ntuər カントゥア/ 名 C 輪郭; 外形
━ 動 他 等高線を記す

cóntour lìne 名 C 等高線

contra- 接頭 「反対」「逆」

con·tra·band /kɑ́ntrəbæ̀nd カントラバンド/ 名 U 《集合的》輸出入禁制品, 密輸品; 密輸

con·tra·cep·tion /kɑ̀ntrəsépʃən カントラセプション/ 名 U 避妊 (=birth control)

con·tra·cep·tive /kɑ̀ntrəséptiv カントラセプティヴ/ 名 C 避妊薬; 避妊具
— 形 避妊(用)の

con·tract B2 /kɑ́ntrækt カントラクト/ 名 C 契約, 請け負い; 契約書
- She signed a two-year **contract** with our team. 彼女は私たちのチームと2年契約を結んだ
- make a **contract** 契約を結ぶ

— /kəntrǽkt コントラクト/ (発音 名とのアクセントの違いに注意) 動 (三単現 **contracts** /kəntrǽkts コントラクツ/; 過去・過分 **contracted** /kəntrǽktəd/; 現分 **contracting**) ❶ 他自 契約する ❷ 他 縮める, (語句を)短縮する; 自 縮まる, 収縮する
❸ 他 《文章》(病気に)かかる
派生 **contraction** 名

contrácted fórm 名 C 《文法》短縮形 (=contraction)

con·trac·tion /kəntrǽkʃən コントラクション/ 名 ❶ U 収縮, 短縮; C (出産時における子宮の)筋肉の収縮
❷ 《文法》 U (語句の)短縮; C 短縮形

con·trac·tor /kɑ́ntræktər カントラクタ/ 名 C 契約者; (工事の)請負人, 建設業者

con·trac·tu·al /kəntrǽktʃuəl コントラクチュアル/ 形 契約(上)の

con·tra·dict B2 /kɑ̀ntrədíkt カントラディクト/ 動 ❶ 他自 否定する, 反論する
❷ 他 矛盾する
contradict oneself 矛盾したことを言う

con·tra·dic·tion B2 /kɑ̀ntrədíkʃən カントラディクション/ 名 U C 矛盾; 否定, 反論

con·tra·dic·to·ry B2 /kɑ̀ntrədíktəri カントラディクトリ/ 形 矛盾する, 相反する
- **contradictory** rumors 互いに矛盾するうわさ

con·trap·tion /kəntrǽpʃən コントラプション/ 名 C 《口語》奇妙な機械[仕掛け], からくり

con·tra·ry B1 /kɑ́ntreri カントレリ | kɔ́ntrəri コントラリ/ 形 〔…と〕反対の, 逆の 《*to*》(❗ opposite よりも意味が強い)
contrary to ... 《前置詞的》…に反して; …に逆らって
— 名 (複 **contraries** /kɑ́ntreriz/) C 《ふつう **the contrary**》逆, 反対
to the contrary それと反対に[の]; それどころか
on the contrary 逆に, それどころか

con·trast A2 高

/kɑ́ntræst カントラスト | kɔ́ntræst コントラスト/ 名 (複 **contrasts** /kɑ́ntræsts カントラスツ/) ❶ U 対照, 対比; U C はっきりした違い, コントラスト
❷ C 対照的なもの[人], 正反対のもの[人]
by contrast 対照的に; (それに)比べて
in contrast (to [with] ...) (…と)対照的に, (…と)比べて
— /kəntrǽst コントラスト | kəntrɑ́:st コントラースト/ (発音 名とのアクセントの違いに注意) 動 (三単現 **contrasts** /kəntrǽsts コントラスツ/; 過去・過分 **contrasted** /kəntrǽstəd/; 現分 **contrasting**)
❶ 他 対照させる; 文型 [**contrast A with [and] B**] AとBを比較[対照]する
❷ 自 〔…と〕対照をなす 《*with*》

con·tra·vene /kɑ̀ntrəví:n カントラヴィーン/ 動 他 《文章》(法律・規則などに)違反する

con·tra·ven·tion /kɑ̀ntrəvénʃən カントラヴェンション/ 名 U C 《文章》(法律・規則などの)違反

con·trib·ute B1 高 /kəntríbju:t コントリビュート/ (× コントリビュート, × コントリビュート) 動 (三単現 **contributes** /kəntríbju:ts コントリビューツ/; 過去・過分 **contributed** /kəntríbju:təd/; 現分 **contributing**)

❶ 他自 寄付する, 提供する; 自〔…に〕貢献する《to》
• The player **contributed** greatly **to** the team's victory. その選手がチームの勝利に大きく貢献した
文型 [**contribute A to** [**toward**] **B**] AをBに寄付[提供]する
• He **contributed** much money **to** the hospital. 彼はその病院に多額の金を寄付した
❷ 他自 〔新聞・雑誌に〕寄稿する《to》
❸ 自 文型 [**contribute to A**] Aの一因[原因]になる
派生 **contribution** 名

con·tri·bu·tion B1 高 /kàntrəbjúːʃən カントリビューション | kɔ̀ntrəbjúːʃən コントリビューション/ 名 (複 **contributions** /kàntrəbjúːʃənz/) ❶ U 〔…への〕寄付《to》; 〔…への〕貢献《to》; C 〔…へ(の)〕寄付金, 寄付したもの《to》
• She **made a** large **contribution to** the project. 彼女はその計画に多大な貢献をした
❷ U 〔新聞・雑誌などへの〕寄稿《to》
派生 **contribute** 動

con·trib·u·tor /kəntríbjətər コントリビュタ/ 名 C 寄付者; 寄稿者

con·trib·u·to·ry /kəntríbjətɔ̀ːri コントリビュトーリ/ 形 寄与する; 一因となる

con·trite /kántrait カントライト/ 形 罪を深く悔いた

con·tri·tion /kəntríʃən コントリション/ 名 U 悔恨

con·triv·ance /kəntráivəns コントライヴァンス/ 名 C 考案物, 仕掛け; U 工夫, 考案; C たくらみ, 計略

con·trive /kəntráiv コントライヴ/ 動 他
❶ うまくやってのける; たくらむ; 文型 [**contrive to** *do*] うまく…する, どうにかして…する
❷ 工夫する, 考案する

con·trived /kəntráivd コントライヴド/ 形 不自然な, 作ったような

con·trol A2 高

/kəntróul コントロウル/ (×コントロール)
名 (複 **controls** /kəntróulz/)
❶ U 支配(力), 統制(力), 管理
• traffic **control** 交通整理
❷ U 抑制, 制御, 制限; 自制; C《ふつう **controls**》抑制策
• birth **control** 産児制限
❸ C 制御装置, 調整用のつまみ
❹ U C 検査; (空港などの)検査所

beyond A's control A(人)の手におえない

in control (***of ...***) (…を)支配[制御]して

out of (***A's***) ***control*** (A(人)が)制御できない

under control 制御されて

— 動 (三単現 **controls** /kəntróulz/; 過去・過分 **controlled** /kəntróuld/; 現分 **controlling**) 他
❶ 支配する, 管理[監督]する, 統制する; 制御する, コントロールする
• This computer **controls** all the machines. このコンピュータがすべての機械を制御している
❷ 抑制する, (感情を)抑える

con·trol·ler /kəntróulər コントロウラ/ 名 C 会計監査; 会計監査役; 管理者; 制御装置

contról tòwer 名 C (空港の)管制塔

con·tro·ver·sial B1 /kàntrəvə́ːrʃəl カントロヴァーシャル/ 形 論争上の, 議論の余地のある, 異論のある; 議論好きの

con·tro·ver·sy B2 /kántrəvə̀ːrsi カントロヴァースィ/ 名 (複 **controversies** /kántrəvə̀ːrsiz/) U C 論争, 議論

con·tu·sion /kəntjúːʒən コンテュージョン/ 名 C 打撲傷, 打ち身

co·nun·drum /kənʌ́ndrəm コナンドラム/ 名 C なぞなぞ; 難問

con·va·lesce /kànvəlés カンヴァレス/ 動 自 (病後に)快方に向かう

con·va·les·cence /kànvəlésəns カンヴァレセンス/ 名 U (病後の)回復; 回復期

con·va·les·cent /kànvəlésənt カンヴァレセント/ 形 回復期の; 回復期の患者用の

con·vene /kənvíːn コンヴィーン/ 動 自 (人が会議などのために)集まる; 他 呼び集める, 招集する

con·ven·ience A2 高 /kənvíːnjəns コンヴィーニェンス/ 名 (複 **conveniences** /kənvíːnjənsəz/)
❶ U 便利, 便宜, 好都合 (↔**inconvenience**)
• if it suits your **convenience** もしご都合がよければ
❷ C 便利なもの, 便利な設備[サービス]
at** A's **convenience A(人)の都合のよいときに
for convenience(') sake 便宜上
派生 **convenient** 形

convénience fòod 名 UC インスタント食品

convénience stòre 中 名 C コンビニエンスストア

con·ven·ient A2 高 /kənvíːnjənt コンヴィーニェント/ 形
❶ 便利な, 〔…にとって〕都合のいい《*for, to*》(↔**inconvenient**)
• Let's meet at the station if it is **convenient for** you. ご都合がよろしければ駅で会いましょう
❷ (場所が)〔…に〕近くて便利な《*for, to*》

con·vent /kánvənt カンヴェント/ 名 C 女子修道院 ⇨**monastery**

con·ven·tion B2 /kənvénʃən コンヴェンション/ 名 ❶ C (政治・宗教・学術などの)大会, 集会 ❷ UC 慣例, しきたり, 慣習 ❸ C 協定
派生 **conventional** 形

con·ven·tion·al B2 /kənvénʃənəl コンヴェンショナル/ 形 慣習的な, 従来の; 伝統的な; 型どおりの, 月並みな, ありきたりの
派生 **convention** 名
convéntionally 副 慣習的に; 月並みに

con·verge /kənvə́ːrdʒ コンヴァーヂ/ 動 自 (線・川などが) 1 つになる, (人などが)〔…に〕集まる, 集中する《*on*》

con·ver·gence /kənvə́ːrdʒəns コンヴァーヂェンス/ 名 U 1 点に集まること, 集中, 集合

con·ver·sant /kənvə́ːrsənt コンヴァーサント/ 形 〔…に〕詳しい, 精通している《*with, on*》

con·ver·sa·tion A1 高 /kὰnvərséiʃən カンヴァセイション | kɔ̀nvərséiʃən コンヴァセイション/ 名 (複 **conversations** /kὰnvərséiʃənz/) UC 会話, (人との)話, 対話, 座談
• I **had a** long **conversation about** baseball. 僕は野球について長時間話した

con·ver·sa·tion·al /kὰnvərséiʃənəl カンヴァセイショナル/ 形 会話の; 会話体の; 話好きな

con·verse[1] /kənvə́ːrs コンヴァース/ 動 自 《文章》話し合う

con·verse[2] B2 /kánvəːrs カンヴァース/ 名 《**the converse**》正反対, 逆
━ 形 (意見などが)正反対の, 逆の
cónversely B2 副 逆に; 逆に言えば

con·ver·sion B2 /kənvə́ːrʒən コンヴァージョン/ 名 U 転換, 変換; 転向

con·vert B2 /kənvə́ːrt コンヴァート/ 動
❶ 他 〔…に〕変える, 転換する; 換算する, 換金する; 自 転換できる; 換算[両替]される《*to, into*》
• **convert** wind power **into** electricity 風力を電力に変える
❷ 他 〔…に〕転向[改宗]させる; 自 転向[改宗]する《*to*》
━ /kánvəːrt カンヴァート | kɔ́nvəːrt コンヴァート/ (発音 動とのアクセントの違いに注意) 名 C 転向者, 改宗者

con·vert·i·ble /kənvə́ːrtəbl コンヴァーティブル/ 形 変えられる, 転換できる; (通貨が)兌換(だかん)可能な
━ 名 C (自動車の)コンバーチブル

con·vex /kɑnvéks カンヴェクス/ 形 凸(とつ)面の, 凸状の (↔**concave**)

con·vey B1 高 /kənvéi コンヴェイ/ 動 (三単現 **conveys** /kənvéiz/; 過去・過分 **conveyed** /kənvéid/; 現分 **convey-**

ing) 他 ❶(感情などを)伝える
❷運ぶ, 運搬する
❸《法律》(財産などを)〔…に〕譲渡する《to》

con·vey·ance /kənvéiəns コンヴェイアンス/ 名 ❶U 運搬, 輸送; 伝達; C 輸送機関 ❷《法律》譲渡証書

con·vey·or /kənvéiər コンヴェイア/ 名C ベルトコンベア

convéyor bèlt 名C ベルトコンベア

con·vict /kənvíkt コンヴィクト/ 動他 有罪を宣告する
— /kánvikt カンヴィクト/ 名C 罪人; 囚人

con·vic·tion /kənvíkʃən コンヴィクション/ 名 ❶UC 確信, 信念
❷UC 有罪判決(を下すこと)
❸U 説得力, 納得させること

con·vince B1 高 /kənvíns コンヴィンス/ 動 (三単現 **convinces** /kənvínsəz/; 過去・過分 **convinced** /kənvínst/; 現分 **convincing**) 他
❶(人を)納得させる, 確信させる; 文型 [**convince A that ...**] A(人)に…ということを納得[確信]させる; 文型 [**convince A of B**] A(人)にBを納得[確信]させる ⇨**convinced**
• They **convinced** me **that** she was innocent. = They **convinced** me **of** her innocence. 彼らは彼女が無実であることを私に納得させた
❷ 文型 [**convince A to** *do*] A(人)に…するよう説得する (=persuade)

con·vinced B2 /kənvínst コンヴィンスト/ 形〔…を〕確信して《*of, that ...*》

con·vinc·ing /kənvínsiŋ コンヴィンスィング/ 形 説得力のある; 有無を言わさない, 圧倒的な
convíncingly 副 納得のいくように; もっともらしく

con·viv·i·al /kənvíviəl コンヴィヴィアル/ 形《文章》陽気な; お祭り気分の

con·vo·lut·ed /kánvəlù:təd カンヴォルーテド/ 形《文章》入り組んだ, 難解な

con·voy /kánvɔi カンヴォイ/ 名C《集合的》護衛隊, 護衛艦隊

con·vulse /kənvʌ́ls コンヴァルス/ 動他 激しく揺する; 他自〔笑い・痛みなどで〕身もだえさせる[する]《*with*》

con·vul·sion /kənvʌ́lʃən コンヴァルション/ 名C ❶《ふつう **convulsions**》けいれん, ひきつけ; 大笑い
❷激動; (社会の)激変, 動乱

con·vul·sive /kənvʌ́lsiv コンヴァルスィヴ/ 形 けいれん性の, 発作的な

coo /kú: クー/ 動自 (ハトが)クークーと鳴く — 名 (複 **coos** /kú:z/) C クークー(というハトの鳴き声)

cook A1 中

/kúk クク/ 動 (三単現 **cooks** /kúks/; 過去・過分 **cooked** /kúkt/; 現分 **cooking**)
❶他自 (熱を使って)料理する, 調理する
• He **cooks** well. 彼は料理がうまい (=He is a good **cook**.)
文型 [**cook A B = cook B for A**] A(人)にB(料理)を作ってあげる
❷自 (物が)料理される, 煮える, 焼ける
日英比較 salad や sashimi などを作るときには cook は使えない: Mom **cooked** an omelet and **made** [**prepared**] a salad. 母はオムレツとサラダを作った

cook up《口語》(口実などを)でっちあげる

— 名 (複 **cooks** /kúks/) C 料理する人, コック, 料理人 (❗男性にも女性にもいう)

関連語› 単語力
bake (パンなどをオーブンで)焼く
boil (お湯で)ゆでる, 煮る; (米を)たく
broil《米》(肉・魚などを)焼く
fry (油で)いためる, 揚げる (❗たっぷりの油で揚げるときは deep-fry)
grill《英》(=broil)
roast (肉などをオーブンや直火で)焼く
steam (蒸気で)むす, ふかす
stew (とろ火で)煮る
⇨次ページ図

cook·book /kúkbùk ククブク/ 名C《米》料理の本 (=《英》cookery-book)

cook·er A2 高
/kúkər クカ/ 名 (複 **cookers** /kúkərz/) C (なべ・かまなどの)調理道具, 料理用レンジ
• a rice **cooker** 炊飯器

cook·er·y /kúkəri クカリ/ 名 U 料理法

cóokery-bòok 名 C 《英》(=cookbook)

cook·ie A1 高
/kúki クキ/ 名 (複 **cookies** /kúkiz/) C
❶《米》クッキー (=《英》biscuit)
❷《コンピュータ》クッキー

That's the way the cookie crumbles. 《口語》人生[世の中]なんてそんなものさ

cook·ing A2 中
/kúkiŋ クキング/ 名 U
料理; 料理法; 《形容詞的》料理用の
— 動 cook の現在分詞・動名詞

cóoking schòol 名 C 料理学校

cook·out /kúkàut クカウト/ 名 C 《米》《口語》野外料理(パーティー)

cook·y /kúki クキ/ 名 (複 **cookies** /kúkiz/) C (=cookie)

cool A1 中
/kú:l クール/
形 (比較級 **cooler**; 最上級 **coolest**)
❶ 涼しい (↔**warm**); (服などが)涼しそうな, 涼しげな
• It's **cool** today. きょうは涼しい (! It はばく然と「気温」を示す)
❷ (気持ちよく)冷たい, (ほどよく)さめた, 冷えた
❸《口語》かっこいい, すばらしい, おしゃれな
❹ 冷静な, 落ち着いた (=calm); 熱意のない; 冷淡な, よそよそしい (↔**warm**) ❺《口語》(数量・金額など)掛け値なしの, …もの
— 動 (三単現 **cools** /kú:lz/; 過去・過分 **cooled** /kú:ld/; 現分 **cooling**)
❶ 他 冷やす, 涼しくする; 自 冷える (↔**heat**, **warm**)
❷ 他 静める; 自 (感情などが)さめる

cool down [***off***] 涼しくなる; 冷やす; さめる; 落ち着く; 落ち着かせる

Cool it! 頭を冷やせ, 落ち着け
━名U ❶《ふつう **the cool**》涼しさ
❷冷静さ, 落ち着き
━副《口語》冷静に
play it cool 冷静に行動する
cool·ant /kúːlənt クーラント/ 名UC 冷却剤

cool·er A2
/kúːlər クーラ/ 名 (複 **coolers** /kúːlərz/) C (食物を冷やしておく)保冷容器, クーラーボックス; 冷却装置; 小型冷蔵庫
日英比較 部屋に取り付けられた「クーラー」は air conditioner
━形 coolの比較級
cóoling-óff pèriod 名C (割賦(かっぷ)販売契約の)クーリングオフ期間; 冷却期間
cool·ly /kúːlli クールリ/ 副 冷静に; 冷淡に; 涼しく (↔**warmly**)
cool·ness /kúːlnəs クールネス/ 名U 涼しさ, 冷たさ; 冷静さ; 冷淡さ
coop /kúːp クープ/ 名C ニワトリ小屋; (ウサギなどの)おり
━動他 閉じ込める《*up*》
co-op /kóuɑp コウアプ/ 名C 生協(の店)
co·op·er·ate B2 高 /kouɑ́pərèit コウアペレイト/ 動自〔…と; …で〕協力する, 協同する《*with; in*》
派生 **cooperation** 名
派生 **cooperative** 形
co·op·er·a·tion B2 高 /kouɑ̀pəréiʃən コウアペレイション/ 名U 協力, 協同
in cooperation with ... …と協力して
派生 **cooperate** 動
派生 **cooperative** 形
co·op·er·a·tive B2 /kouɑ́pərətiv コウアペラティヴ/ 形 ❶協力的な; 協同の
❷協同組合の
━名C 生活協同組合, 生協(の店) (=co-op) 派生 **cooperate** 動
coóperatively 副 協力して
co·or·di·nate /kouɔ́ːrdənət コウオーディネト/ 形 同等の, 同格の
━名C 同等の物[人]
━/kouɔ́ːrdənèit コウオーディネイト/ 動他 調整する; 調和させる; 自 調和する
co·or·di·na·tion /kouɔ̀ːrdənéiʃən コウオーディネイション/ 名U 同格化; (筋肉運動の)同調
co·or·di·na·tor /kouɔ́ːrdənèitər コウオーディネイタ/ 名C 調整者, コーディネーター

cop A1
/kɑ́p カプ | kɔ́p コプ/ 名 (複 **cops** /kɑ́ps/) C 《口語》おまわり, 警官, サツ
━動 (三単現 **cops** /kɑ́ps/; 過去·過分 **copped** /kɑ́pt/; 現分 **copping**) 他《口語》つかまえる; 手に入れる; 《米》盗む
cope B2 /kóup コウプ/ 動自〔…を〕うまく処理する, 切り抜ける《*with*》
• He **coped with** the difficult situations. 彼は難しい状況を切りぬけた
Co·pen·ha·gen /kòupənhéigən コウペンヘイゲン/ 名 コペンハーゲン《♦デンマークの首都》
cop·i·er /kɑ́piər カピア/ 名C 複写機, コピー機
co-pi·lot /kóupàilət コウパイロト/ 名C 副操縦士
co·pi·ous /kóupiəs コウピアス/ 形 豊富な, 多量の
cop·per[1] B2 /kɑ́pər カパ/ 名U 銅; C 銅貨; U 銅色, 赤褐色; 《形容詞的》銅の, 銅色の
cop·per[2] /kɑ́pər カパ/ 名C 《英》《口語》警官
cop·ter /kɑ́ptər カプタ/ 名C 《口語》ヘリコプター (❗helicopter の短縮形)
cop·u·la /kɑ́pjələ カピュラ/ 名C 《文法》繋辞(けいじ), 連辞《♦文の主語と補語をつなぐ語; be, become, seem など》
cop·u·late /kɑ́pjəlèit カピュレイト/ 動自 性交する; 交尾する
cop·u·la·tion /kɑ̀pjəléiʃən カピュレイション/ 名U 性交; 交尾

cop·y A1 高
/kɑ́pi カピ | kɔ́pi コピ/
名 (複 **copies** /kɑ́piz/)

❶ C 写し, 複写, コピー; 模写, 複製
• make a **copy of** his report 彼のレポートのコピーをとる
❷ C (同じ本・新聞・冊子などの)1冊, 1部
❸ U (印刷の)原稿; 広告文, 宣伝文
━ 動 (三単現 **copies** /kápiz/; 過去・過分 **copied** /kápid/; 現分 **copying**) 他 自
❶ コピーをとる, 写す, 複写する, 模写する
• **copy** a file onto a CD-ROM ファイルをCD-ROMにコピーする
❷ まねる
❸ (答案を)写す, カンニングする

cop·y·cat /kápikæ̀t カピキャト/ 名 C 《口語》 人のまねばかりする人

cop·y·right B1 /kápiràit カピライト/ 名 (複 **copyrights** /kápiràits カピライツ/) U C (本・楽曲などの)著作権, 版権

cop·y·writ·er /kápiràitər カピライタ/ 名 C コピーライター

cor·al B2 高 /kɔ́:rəl コーラル/ 名 U サンゴ; サンゴ色 ━ 形 サンゴ(色)の

cord /kɔ́:rd コード/ 名 ❶ U C (太い)ひも, 縄(なわ) (! string より太く rope より細いもの) ❷ U C (電気の)コード
❸ 《**cords**》 コーデュロイのズボン

cor·dial /kɔ́:rdʒəl コーヂャル/ 形 心からの, 心のこもった
córdially 副 心から

cor·di·al·i·ty /kɔ̀:rdʒiǽləti コーヂアリティ/ 名 (複 **cordialities** /kɔ̀:rdʒiǽlətiz/) U 真心; C 心のこもったことば[行為]

cord·less /kɔ́:rdləs コードレス/ 形 コードなしの, 電池式の

cor·don /kɔ́:rdən コードン/ 名 C (警察などの)非常線, 交通遮断線
━ 動 他 (場所に)非常線を張る 《*off*》

cor·du·roy /kɔ́:rdərɔ̀i コーダロイ/ 名 (複 **corduroys** /kɔ́:rdərɔ̀iz/) U コーデュロイ, コールテン; 《**corduroys**》 コーデュロイのズボン

core B2 /kɔ́:r コー/ (発音 corps と同音) 名 C ❶ (リンゴ・ナシなどの)芯(しん)
❷ 《**the core**》 (物事の)核心; 中心部; 《形容詞的》 中心的な
to the core 徹底的に, 非常に
━ 動 他 (リンゴなどの)芯を取り除く

cork /kɔ́:rk コーク/ 名 U コルク; C コルク栓(せん)

cork·screw /kɔ́:rkskrù: コークスクルー/ 名 C コルク栓抜き

corn[1] A1 高

/kɔ́:rn コーン/ 名 U
❶ 《米》 トウモロコシ (=《英》 maize)
❷ 《英》 《集合的》 穀物; 小麦 (=wheat); オーツ麦 (=oat)

corn[2] /kɔ́:rn コーン/ 名 C (特に足の)魚の目, たこ

Córn Bèlt 名 《米》 《**the** をつけて》 トウモロコシ地帯

córn brèad 名 U 《料理》 トウモロコシパン

corn·cob /kɔ́:rnkɑ̀b コーンカブ/ 名 C トウモロコシの穂軸 (=cob)

cor·ne·a /kɔ́:rniə コーニア/ 名 C 《解剖》 角膜

corned /kɔ́:rnd コーンド/ 形 塩づけの

cor·ner A1 中

/kɔ́:rnər コーナ/ 名 (複 **corners** /kɔ́:rnərz/) C ❶ かど; 曲がりかど
• **at** [**on**] the **corner** of the street 町かどに[で]
• Turn left at the next **corner**. 次のかどを左に曲がりなさい
❷ すみ, 片すみ

注意› 「(部屋などの空間の)すみに」はかどになっている部分の「中に」なので, 前置詞は in を使う. 「(道路などの)かどに」はかどになっている場所・地点をいうので, 前置詞は on や at を使う

❸ つらい立場, 窮地
❹ 遠い場所, 地方
❺《サッカー》(=corner kick)

cut corners 近道をする; (手抜きをして)経費[時間]を切り詰める

(just) around [round] the corner すぐそこのかどを曲がった所に[で]; すぐ近くに[で]

turn the corner 町かどを曲がる; (病人などが)峠を越す, 危機を脱する

— 動 (三単現 **corners** /kɔ́ːrnərz/; 過去・過分 **cornered** /kɔ́ːrnərd/; 現分 **cornering**)
❶ 他 窮地に追いやる
❷ 他 買い占める, (市場を)独占する
❸ 自 かどを曲がる

córner kìck 名 C 《サッカー》コーナーキック

cor·ner·stone B2 /kɔ́ːrnərstòun コーナストウン/ 名 C ❶ 隅(すみ)石; 礎石 ❷ 基礎, 土台

cor·net B2 /kɔːrnét コーネト/ 名
❶ C 《楽器》コルネット (♦金管楽器)
❷ C 《英》(アイスクリームの)コーン

corn·field /kɔ́ːrnfìːld コーンフィールド/ 名 C 《米》トウモロコシ畑; 《英》麦畑 ⇨ corn[1]

corn·flakes /kɔ́ːrnflèiks コーンフレイクス/ 名 《複数扱い》コーンフレーク

corn·flour /kɔ́ːrnfàuər コーンフラウア/ 名 《英》(=cornstarch)

corn·meal /kɔ́ːrnmìːl コーンミール/ 名 U ひき割りトウモロコシ粉

corn·starch /kɔ́ːrnstàːrtʃ コーンスターチ/ 名 U 《米》コーンスターチ (=《英》cornflour)

corn·y /kɔ́ːrni コーニ/ 形 (比較級 **cornier**; 最上級 **corniest**) 《口語》ありふれた, 陳腐な; 俗っぽい

cor·ol·lar·y /kɔ́ːrəlèri コーロレリ/ 名 (複 **corollaries** /kɔ́ːrəlèriz/) C 《数学》系; 《文章》当然の結果, 帰結

cor·o·nar·y /kɔ́ːrənèri コーロネリ/ 名 C 《医学》冠状動脈血栓(けっせん)症, 心臓発作 — 形 冠状動脈の, 心臓の

cor·o·na·tion /kɔ̀ːrənéiʃən コーロネイション/ 名 C 戴冠(たいかん)式, 即位式

cor·o·ner /kɔ́ːrənər コーロナ/ 名 C 検死官

Corp., corp. 《略》corporation 法人; 株式会社

cor·po·ral[1] /kɔ́ːrpərəl コーポラル/ 名 C 《軍事》伍長 (♦最下位の下士官)

cor·po·ral[2] B2 /kɔ́ːrpərəl コーポラル/ 形 肉体の

cor·po·rate B2 /kɔ́ːrpərət コーポレト/ (×コーポレイト) 形 法人の; 企業の
派生 **corporation** 名

cor·po·ra·tion B2 /kɔ̀ːrpəréiʃən コーポレイション/ 名 C 法人, 企業, 株式会社, 有限会社, 公社
• The British Broadcasting **Corporation** = BBC 英国放送[BBC放送]
派生 **corporate** 形

corps /kɔ́ːr コー/ (発音 core と同音) 名 (複 **corps** /kɔ́ːrz/) C ❶ 軍団, 部隊 ❷ 団体

corpse /kɔ́ːrps コープス/ 名 C (特に人間の)死体

cor·pu·lent /kɔ́ːrpjələnt コーピュレント/ 形 《文章》でっぷりと肥満した

cor·pus /kɔ́ːrpəs コーパス/ 名 (複 **corpora** /kɔ́ːrpərə/, **corpuses** /kɔ́ːrpəsəz/) C (特定の事柄に関する)資料の集成; 《言語》言語資料, コーパス

cor·pus·cle /kɔ́ːrpʌsl コーパスル/ 名 C 血球

cor·ral /kərǽl コラル/ 名 C (家畜を入れる)さく囲い
— 動 (三単現 **corrals** /kərǽlz/; 過去・過分 **corralled** /kərǽld/; 現分 **corralling**) 他 (家畜を)さくに入れる; 《口語》つかむ, 集める

cor·rect A1 高

/kərékt コレクト/ 形
❶ 正しい, 正確な (↔**wrong**, **incorrect**)
• Your answer is **correct**. 君の答えは正しい
❷ 礼儀にかなった, 適切な, 正式な

— 動 (三単現 **corrects** /kərékts コレクツ/; 過去・過分 **corrected** /kəréktəd/;

現分 correcting) 他
訂正する, 直す
• correct errors 誤りを訂正する
派生 correction 名

cor·rec·tion B1 /kərékʃən コレクション/ 名 (複 corrections /kərékʃənz/) U C 直すこと, 訂正, 修正; 校正
派生 correct 動

cor·rec·tive /kəréktiv コレクティヴ/ 形 誤りを正すための; 矯正(きょうせい)的な
— 名 C 矯正手段

cor·rect·ly A2 高 /kəréktli コレクトリ/ 副 正しく, 正確に, まちがいなく; 正確に言えば
• Did I guess **correctly**? 私の推測は正しかったですか

cor·rect·ness B2 /kəréktnəs コレクトネス/ 名 U 正しいこと, 正確さ; 適切さ

cor·re·late /kɔ́:rəlèit コーリレイト/ 動 他 関連させる, 関係づける; 自 〔…と〕関連がある《*with*》

cor·re·la·tion /kɔ̀:rəléiʃən コーリレイション/ 名 U C 〔…の間の〕相関関係《*between*》; 関連

cor·re·spond B2 /kɔ̀:rəspɑ́nd コーレスパンド/ 動 自 ❶ 文型 [**correspond with** [**to**] A] Aと一致する, 調和する ❷ 文型 [**correspond to A**] Aに相当する ❸ 〔…と〕文通する《*with*》

cor·re·spond·ence B2 /kɔ̀:rəspɑ́ndəns コーレスパンデンス/ 名 (複 **correspondences** /kɔ̀:rəspɑ́ndənsəz/) U C ❶ 文通, 通信 ❷ 対応, 一致; 調和

correspóndence còurse 名 C 通信教育課程

correspóndence schòol 名 C 通信制学校

cor·re·spond·ent B2 /kɔ̀:rəspɑ́ndənt コーレスパンデント/ 名 C 文通する人; (新聞社などの)通信員, 特派員

cor·re·spond·ing B2 /kɔ̀:rəspɑ́ndiŋ コーレスパンディング/ 形 一致する; 符合する; 通信の
còrrespóndingly 副 一致して

cor·ri·dor B2 /kɔ́:rədər コーリダ/ 名 C (学校・病院・ホテルなどの)廊下(ろうか)

cor·rob·o·rate /kərɑ́bərèit コラボレイト/ 動 他 《文章》(意見・陳述などを)確証する, 裏付ける

cor·rob·o·ra·tion /kərɑ̀bəréiʃən コラボレイション/ 名 U 《文章》確証, 裏付け

cor·rode /kəróud コロウド/ 動 他 自 腐食する; むしばむ

cor·ro·sion /kəróuʒən コロウジョン/ 名 U 腐食, 腐食作用; さび

cor·ro·sive /kəróusiv コロウスィヴ/ 形 腐食性の

cor·ru·gat·ed /kɔ́:rəgèitəd コーラゲイテド/ 形 波形の

cor·rupt B2 /kərʌ́pt コラプト/ 形
❶ 堕落(だらく)した, 腐敗した; 汚職の; 汚染した
❷ 原形が損なわれた; 《コンピュータ》(ファイル・データなどが)壊れた
— 動 ❶ 他 自 堕落させる; 買収する; 腐敗する ❷ 他 改悪する; 《コンピュータ》(データなどを)壊す

cor·rupt·i·ble /kərʌ́ptəbl コラプティブル/ 形 堕落しやすい; 買収されやすい

cor·rup·tion B2 /kərʌ́pʃən コラプション/ 名 U 堕落; 贈収賄(ぞうしゅうわい), 汚職

cor·sage /kɔ:rsɑ́:ʒ コーサージュ/ 名 C (装飾品の)コサージュ, 花束

cor·set /kɔ́:rsət コーセト/ 名 C コルセット《◆昔の女性用下着》

cor·tex /kɔ́:rteks コーテクス/ 名 (複 **cortices** /kɔ́:rtəsì:z/) C 《解剖》(脳などの)皮質; 《植物》皮層, 樹皮

co·sine /kóusain コウサイン/ 名 C 《数学》余弦, コサイン

cos·met·ic /kɑzmétik カズメティク/ 形 化粧用の, 美容のための; 見かけだけの, ぼろ隠しの
— 名 C 《ふつう cosmetics》化粧品

cosmétic súrgery 名 U 美容外科(手術)

cos·mic /kɑ́zmik カズミク/ 形 宇宙の; 無限の

cos·mol·o·gy /kɑzmɑ́lədʒi カズマロヂ/ 名 (複 **cosmologies** /kɑzmɑ́lədʒiz/) U C 宇宙論

cos·mo·pol·i·tan /kɑ̀zməpɑ́lətən カズモパリタン/ 形 全世界的な; 国際的視野に立つ
― 名 C 国際人, コスモポリタン

cos·mos /kɑ́zməs カズモス/ (×コスモス) 名 (複 **cosmoses** /kɑ́zməsəz/)
❶ U《**the cosmos**》(秩序のある統一体として考えられた)宇宙; 秩序 (↔**chaos**)
❷ C《植物》コスモス

cost A2 高

/kɔ́:st コースト | kɔ́st コスト/ 名 (複 **costs** /kɔ́:sts コースツ/) ❶ U C 費用, 値段, 価格; 原価, コスト
• This movie was made **at a cost of** five million dollars. この映画の制作費は500万ドルだ

コロケーション
形+**cost**
a high *cost* 高い費用
a low *cost* 安い費用
the total *cost* 総費用
an additional *cost* 追加費用

❷《単数形で》犠牲, 損失

at all costs* = *at any cost どんな犠牲を払っても, ぜひとも

at the cost of ... …を犠牲にして; …という犠牲を払って

to one's cost ひどい目にあって, 苦い経験によって

― 動 (三単現 **costs** /kɔ́:sts コースツ/; 過去・過分 **cost** /kɔ́:st/; 現分 **costing**) 他
❶ (金が)かかる, (いくら)する (❗受け身形にしない; 物事が主語となり, 人は主語にならない); 文型 [**cost A B**] A(人)にB(金)がかかる
• How much does it **cost** to fly to Hawaii? 飛行機でハワイまで行くのに費用はどれくらいかかりますか (❗ it = to fly ...)
❷ (時間・労力を)要する; (大切なものを)失わせる, 犠牲にする
❸ (製品の)原価を算定する, 費用を見積もる

co-star /kóustɑ̀:r コウスター/ 名 C 共演者
― 動 (三単現 **co-stars** /kóustɑ̀:rz/; 過去・過分 **co-starred** /kóustɑ̀:rd/; 現分 **co-starring**) 自〔…と〕共演する《*with*》; 他 共演させる

Cos·ta Ri·ca /kɑ́stə rí:kə カスタ リーカ/ 名 コスタリカ《♦中米の共和国; 首都サン・ホセ (San José)》

Cos·ta Ri·can /kɑ́stə rí:kən カスタリーカン/ 形 コスタリカの
― 名 C コスタリカ人

cóst-efféctive 形 費用効率の高い, 効率的な

cost·ly B2 /kɔ́:stli コーストリ/ 形 (比較級 **costlier**; 最上級 **costliest**) 高価な, ぜいたくな (↔**cheap**); 大きな犠牲をともなう, 高くつく

cóst prìce 名 C 仕入れ値, 原価

cos·tume B2 中 /kɑ́stju:m カステューム/ 名 ❶ U (ある時代・民族などに特有の)服装, 身なり ❷ U C 衣装, コスチューム; 《形容詞的》(特別な)衣装をまとった

cóstume jèwelry 名 U 《集合的》(安価な)アクセサリー, 模造宝石

co·sy /kóuzi コウズィ/ 形 (比較級 **cosier**; 最上級 **cosiest**) 《英》(=cozy)

cot /kɑ́t カト/ 名 C 《米》(キャンプ用の)折りたたみベッド (=《英》camp bed); 《英》ベビーベッド (=《米》crib)

cót dèath 名 U C 《英》乳児突然死 (=《米》crib death)

Côte d'Ivoire /kòut di:vwɑ́:r コウトディーヴワー/ 名 コートジボアール《♦アフリカ西部の共和国; 首都ヤムスクロ (Yamoussoukro)》

cot·tage B2 /kɑ́tidʒ カティヂ/ 名 C ❶ (郊外・いなかの)小さい家, 小さな農家 ❷《米》(避暑地などの)小さな別荘, 山荘

cóttage chèese 名 U カッテージチーズ《♦白くてやわらかいチーズ》

cóttage índustry 名 U C 家内工業

cot·ton B1 高 /kɑ́tn カトン | kɔ́tn コトン/ 名 U ❶ 木綿(糸), 綿布; 綿糸; 《米》脱脂綿; 《形容詞的》木綿の
❷ 綿, 綿花; 綿の木 (❗ cotton plant ともいう); 《形容詞的》綿の

Cótton Bèlt 名《the をつけて》(米国南部の)綿花生産地帯

cótton cándy 名C 綿菓子

cótton mìll 名C 紡績工場

cótton swàb 名C 綿棒

cótton wòod 名UC《植物》(米国産の)ポプラ

cótton wóol 名U《英》脱脂綿(=《米》cotton)

CO_2 /sí:outú: スィーオウトゥー/ 名U《化学》二酸化炭素(=carbon dioxide)

couch A1

/káutʃ カウチ/ 名 (複 **couches** /káutʃəz/) C
ソファー, 長いす, 寝いす
- lie on a **couch** ソファーに横になる

— 動 (三単現 **couches** /káutʃəz/; 過去・過分 **couched** /káutʃt/; 現分 **couching**) 他 〔…で〕表現する《*in*》(❗ふつう受け身で使う)

cóuch potàto 名C《口語》テレビばかり見ている人, カウチポテト

cou·gar /kú:gər クーガ/ 名C《動物》アメリカライオン, ピューマ(=puma, mountain lion, panther)

cough B1 /kɔ́:f コーフ | kɔ́f コフ/ (×コウ) 動 (三単現 **coughs** /kɔ́:fs/; 過去・過分 **coughed** /kɔ́:ft/; 現分 **coughing**) 自 せきをする; せきばらいをする; 他 せきをしてはき出す

cough up《口語》(金などを)しぶしぶ出す

— 名 (複 **coughs** /kɔ́:fs/) C
せき; せきばらい; せきの出る病気

cóugh dròp 名C せき止めドロップ

cóugh sỳrup [mèdicine] 名U せき止めシロップ

could A1 中

/kəd クド; 《強》kúd クド/ (×コウルド) 助

❶ …することができた (❗can (できる)の過去形)
- No one **could** answer this question. だれもこの問いに答えられなかった
- Bob ran as fast as he **could**. ボブはできるだけ速く走った
- John said (that) he **could** swim across the river. ジョンはその川を泳いで渡れると言った (=John said, "I can swim across the river.") (❗主節の動詞(said = say の過去)と同じ過去の「時」を示すために could を用いたもの; 訳すときは主節の動詞のほうだけを過去(言った)に表現すればよい)

❷《**Could you ...?**》…してくださいませんか; 《**Could I ...?**》…してよろしいでしょうか (❗Can you ...?/Can I ...? よりもていねいな言い方) ⇨ **can**[1]

CAN-DO Tips› ていねいに依頼する
Could you ...? という表現を使うと, 人に何かをしてもらうよう頼むときにていねいに頼むことができるようになります

- **Could you** tell me the way to the station? ⇨フォーカス❶ 駅までの道を教えていただけますか?
- **Could you** do me a favor? ⇨フォーカス❷ お願いがあるのですが
- **Could you** give me your email address? ⇨フォーカス❹ Eメールアドレスを教えてくださいませんか?

CAN-DO Tips› ていねいに許可を求める
Could I ...? という表現を使うと, 何かをする許可をもらうときに非常にていねいに許可を求めることができるようになります

- **Could I** have this? ⇨フォーカス❻ これ, いただけますか? (❗お店で何か買うとき)

会話 "**Could I** have a menu?" "Yes, of course. Here you are." ⇨フォーカス❻「メニューいただけますか?」「ええ, もちろん. どうぞ」(❗レストランでの会話)

- **Could I** do that? ⇨フォーカス❿ それをしてもいいですか?

❸《推量・控えめな表現》…ということもありえる, …かもしれない
- It **could** be true. それはひょっとしたら本当かもしれない

could

A1 助
中 /kəd クド; ((強)) kúd クド/ (× コウルド)

意味マップ

助 ❶…することができた
❷((Could you ...?))…してくださいませんか;
((Could I ...?))…してよろしいでしょうか
❸…ということもありえる, …かもしれない
❹…できたら; …できるだろうに
❺…してはどうです

使えるコーパスフレーズ

Could you＋動詞？トップ5

1 **Could you tell ...?**
…を教えてくださいませんか

2 **Could you do ...?**
…をしてくださいませんか

3 **Could you ask ...?**
…を聞いてくださいませんか

4 **Could you give ...?**
…をくださいませんか

5 **Could you imagine ...?**
…を想像してくださいませんか

Could I＋動詞？トップ5

6 **Could I have ...?**
…をくださいませんか

7 **Could I be ...?**
…になれますか

8 **Could I get ...?**
…をいただけますか

9 **Could I ask ...?**
…をたのんでも[たずねても]いいですか

10 **Could I do ...?**
…してもいいですか

教科書フレーズ

◆ **Could you tell me why you want to join the program?**
なぜプログラムに参加したいのか聞かせてもらえますか

◆ **Could you give me a ride?**
乗せていってくれませんか

◆ **He couldn't believe it.**
彼はそれが信じられなかった

◆ **She could hardly believe the story at all.**
彼女はその話が全く信じられなかった

ワンポイント・アドバイス

couldは助動詞の中でwill, can, wouldの次によく使われる. 基本的用法は次の3つ:

(a) **能力**: I couldn't hear the talk.
　その話が聞こえなかった
(b) **可能性**: You could get hurt.
　けがするかもしれないよ
(c) **提案**: We could meet for lunch.
　会って昼食をとるのはどうかな

会話ではcouldは**可能性**を表すことが圧倒的に多い. そして**能力**・**提案**の順に続く.

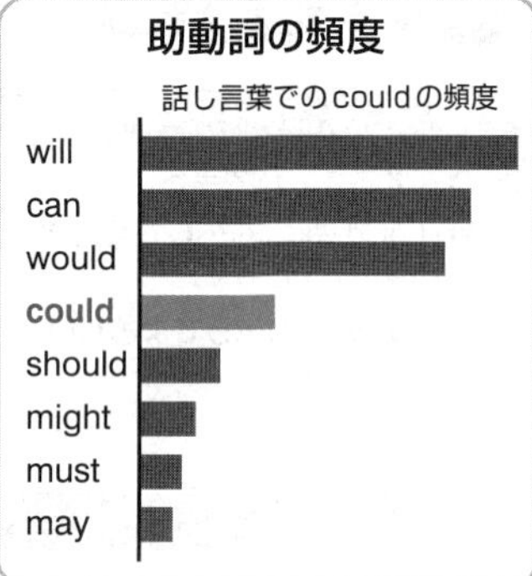

可能性のcouldは現在のことにも使う. だからcanの過去形と思い込みすぎないこと. 文章では, couldは(b)の**可能性**や**推量**以外はあまり頻度が高くない. 会話と同じように**能力**・**提案**の順に続く.

疑問文で次のようなていねい表現に使える. canよりもていねいであらたまった感じに聞こえる.

(a) Could I ...?　…してもいいですか (❗ 許可を求める表現)
(b) Could you ...?　…していただけますか (❗ 相手に依頼する表現)

【couldとcanのニュアンス】
Could we have this room for the next class? (次の授業でこの部屋を使わせてもらえますか) と聞かれて「どうぞ, どうぞ」と言いたい時に, ていねいにしようと思って, Yes, you could. と言うとちょっとまずい.
この場合 Yes, you could. と言うと「いいけど, でも…」という感じで, ちょっとためらったようなニュアンスになる.
「どうぞ使ってください」と言う時にはYes, you can. とcanを使おう. そのほうがポジティブな感じが出る.

ネイティブはこういう！

◆ **Couldn't be better!**　(体調などが) 最高にいいよ!
(❗ これ以上よいことはありえない, という意味)
◆ **You could have been killed.**　きみは死んでいたかもしれないんだよ
(❗ could have + 過去分詞で過去の推量を示す)
◆ **Could I have a drink of water?**　水を1杯いただけますか

- It **could** be weeks before she recovers. 彼女が回復するのに何週間もかかるかもしれない
- He **could** have forgotten our meeting. 彼は我々との会合を忘れてしまった可能性もある

❹《仮定法》《従属節で》…できたら;《主節で》…できるだろうに

- I **wish** I **could** fly. 空を飛べたらいいのに (❗実現できないような願いをいうときのcould は「…できれば」)
- If I **could** speak French, I would study in France. (実際は話せないが)フランス語が話せれば, フランスで勉強するのだが
- You **could have** caught that train, but you didn't. 君はその電車に乗ろうと思えば乗れたのに, そうしなかった (❗仮定法過去完了の文)

使い方› 仮定法の **could**
現在の仮定を表すときは「could+動詞の原形」, 過去の仮定を表すには「could+have+過去分詞」を使う:
If you tried, you **could** do it. やってみれば君はそれをできるのに(実際はやろうとしない) (❗現在の仮定)
If you had tried, you **could have** done it. やってみれば君はそれをできたのに(実際はやろうとしなかった) (❗過去の仮定)

❺…してはどうです (❗提案や軽い命令を表す) [CAN-DO Tips 提案・助言する]

- We **could** take a break. ひと休みしてはどうでしょう

Could be. 《口語》たぶん, そうかもね

could·n't 中
/kúdnt クドント/ could not の短縮形 ⇨ **can't**, **can**[1]

could've /kúdəv クダヴ/ could have の短縮形

coun·cil B1 /káunsəl カウンスル/ (発音 counsel と同音) 名 (複 **councils** /káunsəlz/) C 会議, 協議会, 評議会; (地方自治体の)議会

cóuncil chàmber 名 C 会議室

coun·cil·lor /káunsələr カウンスラ/ 名《英》(=councilor)

coun·ci·lor /káunsələr カウンスラ/ (発音 counselor と同音) 名 C 評議員; 委員

coun·sel /káunsəl カウンスル/ 名 U
❶《単数扱い》弁護士;《複数扱い》弁護団
❷《文章》(専門的な)助言, 忠告 (=advice)

— 動 (三単現 **counsels** /káunsəlz/; 過去・過分 **counseled**, 《英》**counselled** /káunsəld/; 現分 **counseling**, 《英》**counselling**) 他 忠告する, 勧める; 文型 [**counsel A to** *do*] A(人)に…するよう忠告する[勧める]

coun·sel·ing, 《英》**coun·sel·ling** B1 /káunsəliŋ カウンスリング/ 名 U (専門家の)助言, 指導, カウンセリング

coun·sel·or, 《英》**coun·sel·lor** /káunsələr カウンスラ/ 名 C ❶顧問, 助言者 ❷カウンセラー ❸弁護士

count[1] A2 高

/káunt カウント/ 動 (三単現 **counts** /káunts カウンツ/; 過去・過分 **counted** /káuntəd/; 現分 **counting**)

❶ 他 自 数える, 計算する《*up*》

- **count** (**up**) **to** sixty 60まで数える

❷ 他 数に入れる, 勘定に入れる; 自 数に入る

❸ 自 重要である

❹ 他 文型 [**count A** (**as**) **C**] AをCとみなす, 思う (❗Cは名詞・形容詞); 自 文型 [**count as C**] Cとみなされる (❗Cは名詞)

count against ... 〔人〕に不利になる

count down 秒読みする《♦ロケットの発射時などに10秒, 9秒, 8秒…と逆読みすること》

count for ... …の価値がある

count in 勘定に入れる, 含める

count on [***upon***] ***...*** …を当てにする, …を頼りにする

count out 数から省く, 除外する; (お金などを)数えて渡す; ノックアウト負けを宣す

a b c d e f g h i j k l m n o p q r s t u v w x y z

count up to ... 合計で…になる
Don't count your chickens (before they are hatched.) とらぬタヌキの皮算用 (←かえらないうちからひよこを数えるな)
— 名 (複 **counts** /káunts カウンツ/) C
❶ 数えること, 計算; 総数
❷《法律》(起訴状の)訴因項目
❸《野球》ボールカウント;《ボクシング》カウント
keep count (of ...) (…の)正しい数を覚えている
lose count (of ...) (…の)正しい数を忘れる

count[2] /káunt カウント/ 名 C (英国以外の西欧の)伯爵(はくしゃく) (! 英国の伯爵は earl)

count·a·ble /káuntəbl カウンタブル/ 形 数えられる, 可算の (↔**uncountable**)
— 名 C 可算名詞 (! 本書では C と表す)

count·down /káuntdàun カウントダウン/ 名 C 秒読み, カウントダウン

coun·te·nance /káuntənəns カウンテナンス/ 名 ❶ C 顔つき, 顔色
❷ U 支持

count·er[1] B2 /káuntər カウンタ/ 名 C
❶ (銀行・商店などの)カウンター, 勘定台, 売り台;《米》(台所の)調理台
❷ 計算する人, 計算器; (ゲームでの点数計算用の)チップ, 点棒
over the counter 店頭で; (薬が)処方せんなしで(買える)
under the counter (取り引きが)やみで, 不正に

count·er[2] B1 /káuntər カウンタ/ 動 (三単現 **counters** /káuntərz/; 過去・過分 **countered** /káuntərd/; 現分 **counter·ing** /káuntəriŋ/) 他 逆らう; 他自 打ち返す
— 形 反対の
— 副 逆に, 反対に
— 名 (複 **counters** /káuntərz/) C
❶ 逆 ❷《ボクシング》カウンターブロー

counter- 《他の語と結びついて》「反対」「逆」「対応」

coun·ter·act /kàuntərǽkt カウンタラクト/ 動 他 (反対の作用で, 悪影響を)打ち消す, 防ぐ; 中和する

coun·ter·at·tack /káuntərətæ̀k カウンタラタク/ 名 C 反撃, 逆襲
— 動 他自 反撃する, 逆襲する

count·er·bal·ance /káuntərbæ̀ləns カウンタバランス/ 名 C 釣り合い; 平衡力
— 動 他 釣り合わす

count·er·clock·wise /kàuntər-klάkwaiz カウンタクラクワイズ/ 形 時計の針と反対回りの; 左回りの (↔**clock-wise**)
— 副 時計の針と反対回りに; 左回りに (↔**clockwise**)

coun·ter·feit /káuntərfìt カウンタフィト/ 形 偽の; まがいの
— 動 他 偽造する; まねる

coun·ter·mand /kàuntərmǽnd カウンタマンド/ 動 他 (命令・注文などを)取り消す, 撤回する

coun·ter·part /káuntərpὰːrt カウンタパート/ 名 C 対応する人[もの]

coun·ter·pro·duc·tive /kàuntər-prədʌ́ktiv カウンタプロダクティヴ/ 形 逆効果の

coun·ter·sign /káuntərsàin カウンタサイン/ 他 (小切手・書類などに)副署する, 連署する

count·ess /káuntəs カウンテス/ 名 C 伯爵(はくしゃく)夫人; 女性の伯爵 (! 男性は count,《英》earl)

count·less B1 /káuntləs カウントレス/ 形 (! 比較変化なし)
数えきれない(ほど多い), 無数の

coun·tries /kʌ́ntriz カントリズ/ 名 country の複数形

coun·try A2 中

/kʌ́ntri カントリ/ (×カウントリ)
名 (複 **countries** /kʌ́ntriz/)
❶ C 国; 国土;《ふつう *one's* **coun-try**》祖国, 故郷
● **all over the country** 国中に[で], 全国に[で]
● Japan is **my native [home] country.**

日本が私の母国です

似ている単語

国－**country**, **nation**, **state**

country は「国」の最も一般的な語で，特に「地域としての国」を表す．**nation** は国民や文化に重点を置いた語．**state** は政治的組織としての「国家」という意味合いが強い．また，state は米国などの「州」もさす:

countries in East Asia 東アジア諸国

the Japanese **nation** 日本国民

affairs of **state** 国務

the **State** of Texas テキサス州

❷《**the country**》いなか，田園地方 (=countryside)

❸《**the country**》国民 (❗単数扱い)

❹ U (地形・気候などで独自の特徴をもっている)地域，地帯 (❗ふつう ×*a*, ×*the* をつけない)

― 形 いなかの

cóuntry and wéstern 名 U (=country music)

cóuntry clùb 名 C カントリークラブ《♦郊外にある会員制の社交・スポーツクラブ》

coun·try·man B2 /kʌ́ntrimən カントリマン/ 名 (複 **countrymen** /kʌ́ntrimən/) C 同国[同郷]人; いなか者

cóuntry mùsic 名 U《米》カントリーミュージック (=country and western)《♦米国南部の白人移民の間に伝わる伝統音楽》

coun·try·side A2 高

/kʌ́ntrisàid カントリサイド/ 名 U

❶ いなか，地方，田園地帯

• We had a drive through the **countryside**. ぼくらはいなかをドライブした

❷《集合的》地方の人々

coun·ty B1 /káunti カウンティ/ 名 (複 **counties** /káuntiz/) C

❶ (米国の)郡《♦これが集まって state (州) になる》

❷ (英国・アイルランドの)州《♦地方行政上の最大単位》

cóunty fáir 名 C (毎年秋恒例の郡の)農産物品評会

cóunty séat 名 C《米》郡庁所在地

cóunty tówn 名 C《英》州庁所在地

coup /kú: クー/ 名 C《フランス語》❶ 大当たり，大成功 ❷ (=coup d'état)

coup d'état /kù: deitɑ́: クー デイター/ 名 (複 **coups d'état** /kù: deitɑ́:/) C《フランス語》クーデター，武力政変

cou·pé /ku:péi クーペイ/ 名 C《フランス語》クーペ型自動車

cou·ple A2 高

/kʌ́pl カプル/ (×クープル)

名 (複 **couples** /kʌ́plz/) C

❶ 夫婦，(男女の)カップル

• a married **couple** 結婚した2人，夫婦

• a young **couple** 若いカップル，若夫婦

❷ (同じ種類の)2つ，1組; 2人組

a couple of ... 2つの，2人の; 2, 3の，いくつかの (=a few)

• **a couple of** oranges オレンジ2個

• in **a couple of** days 2, 3日のうちに

似ている単語

1組－**couple**, **pair**

couple は「同じ種類の2つ[2人]の組」で，必ずしも1対になっているとは限らないが，**pair** は1対のものをさす:

a **couple** of boys 男の子2人

a **pair** of shoes [socks] 靴[靴下]1足

また，couple は「2, 3」「いくつか」という意味にもなるが，pair は常に「2つ，2人」をいう

― 動 (三単現 **couples** /kʌ́plz/; 過去・過分 **coupled** /kʌ́pld/; 現分 **coupling**) 他 つなぐ，連結する; 〔…と〕結びつける，関連させる《*with*》; 自 つながる; 交尾する

cou·pon /kú:pɑn クーパン/ 名 C クーポン券《♦広告や商品についた景品引き換え券や割引券》; (クーポン式)回数券

cour·age B1 高 /kə́:ridʒ カーリヂ | kʌ́ridʒ カリヂ/ (×クーリヂ) 名 U 勇気，勇敢さ; 精神力

派生 **courageous** 形

cou·ra·geous B1 /kəréidʒəs カレイヂャス/ 形 勇敢な，勇気のある (↔**cowardly**)

派生 courage 名
courágeously 副 勇ましく, 大胆に

cour·i·er /kúriər クリア/ 名 C 急使, 配達人; 《英》(団体旅行の)添乗員

course A1 中

/kɔ́ːrs コース/ (発音 coarse と同音)
名 (複 **courses** /kɔ́ːrsəz/)
❶ C (学校などの)課程; 講座
• **take** a summer **course** 夏期講座を受講する
❷ U 進行; 成り行き, 経過
❸ C 進路, 針路, コース
日英比較 競走, 競泳の仕切った1人用の「コース」は lane という
❹ C (ディナーで順々に出る料理の)品, コース
❺ C (競技などの)コース (! 競走, 競泳の仕切った1人用のコースは lane という)
❻ 行動(方針), 方針

as a matter of course 当然のこととして, もちろんであるが
in due course 当然の順序を追って; そのうちに, やがて (♦順調に事が経過すれば)
in the course of ... …の間に, …のうちに
in (the) course of time そのうちに, やがて (♦時がたつうちに)
of course もちろん, 確かに
会話 "You don't know him, do you?" "**Of course** not."
「君は彼を知らないだろうね」「もちろん知らないよ」
run [take] its course (事態・病気などが)自然な経過をたどる

court A2 高

/kɔ́ːrt コート/ 名 (複 **courts** /kɔ́ːrts コーツ/)
❶ U C 法廷, 裁判所; 《the court》《集合的》裁判官, (陪審なども含めて)法廷
• the Supreme **Court** 最高裁判所
• They **brought** the case **into court**. 彼らはその事件を法廷に持ち込んだ
❷ C (テニス・バスケットなどの)コート
❸ U C 《しばしば **Court**》宮廷
❹ C (建物に囲まれた)中庭

at court 宮廷で
go to court 裁判に訴える, 訴訟を起こす
out of court 示談で
take ... to court …を法廷に訴える, …を提訴する

— 動 (三単現 **courts** /kɔ́ːrts コーツ/; 過去・過分 **courted** /kɔ́ːrtəd/; 現分 **courting**)
❶ 他 (人の)好意を得ようとする, きげんをとる; …を得ようとする
❷ 他 自 《古風》求愛する, 交際する
❸ 他 (危険・災害などを)招く

cour·te·ous /kə́ːrtiəs カーティアス/ 形 礼儀正しい, ていねいな
cóurteously 副 礼儀正しく; ていねいに

cour·te·sy B2 /kə́ːrtəsi カーテスィ/ 名 (複 **courtesies** /kə́ːrtəsiz/) U 礼儀正しさ, ていねいさ; 好意; 親切; C 親切なことば[行為]
by courtesy of ... …の好意によって

court·house /kɔ́ːrthàus コートハウス/ 名 (複 **courthouses** /kɔ́ːrthàuzəz/) C 裁判所; 《米》郡庁舎

cour·ti·er /kɔ́ːrtiər コーティア/ 名 C 廷臣; 取り巻き

court·ly /kɔ́ːrtli コートリ/ 形 (比較級 **courtlier**, 最上級 **courtliest**) 優雅な, 礼儀正しい; 宮廷風の

court-mar·tial /kɔ́ːrtmàːrʃəl コートマーシャル/ 名 (複 **courts-martial** /kɔ́ːrtsmàːrʃəl/, **court-martials** /kɔ́ːrtmàːrʃəlz/) C 軍法会議
— 動 (三単現 **court-martials** /kɔ́ːrtmàːrʃəlz/; 過去・過分 **court-martialed**, 《英》 **court-martialled** /kɔ́ːrtmàːrʃəld/; 現分 **court-martialing**, 《英》 **court-martialling**) 他 軍法会議にかける

court·room /kɔ́ːrtrùːm コートルーム/ 名 C 法廷

court·ship /kɔ́ːrtʃip コートシプ/ 名 《古風》 U (女性への)求愛; U C (結婚前の)交際期間

court·yard /kɔ́ːrtjɑ̀ːrd コートヤード/ 名C (建物・壁で囲まれた)中庭

cous·in A1 中

/kʌ́zən カズン/ (×クーズン)
名 (複 **cousins** /kʌ́zənz/) C
いとこ (❗男女は問わない)

cove /kóuv コウヴ/ 名C 小さな入り江, 小湾

cov·e·nant /kʌ́vənənt カヴェナント/ 名C (正式な)契約, 誓約; 契約書

cov·er A1 中

/kʌ́vər カヴァ/

意味マップ
名 ❶おおい, ふた; 表紙
❷隠すもの; 隠れ場所
❸口実
❹補償範囲
動 ❶おおう, かける
❷(おおい)隠す
❸…にわたる; 及ぶ
❹…を行く
❺報道する
❻まかなう; 補償する
❼かばう

━ 名 (複 **covers** /kʌ́vərz/)
❶ C おおい, ふた, カバー; (本の)表紙 (❗「本のカバー」は jacket)
❷ U C (身を)隠すもの; 隠れ場所
❸ C 口実, 隠れみの
❹ U (保険の)補償範囲

from cover to cover (本の)初めから終わりまで (←表紙から裏表紙まで)
take cover 隠れる, 避難する
under separate cover 別便で
under* (*the*) *cover of ... …に隠れて, …にまぎれて; …にかこつけて

━ 動 (三単現 **covers** /kʌ́vərz/; 過去・過分 **covered** /kʌ́vərd/; 現分 **covering** /kʌ́vəriŋ/) 他 ❶おおう, (おおい・カバーなどを)かける, かぶせる, ふたをする (↔**uncover**)
• The mountain will soon be **covered with** snow. 山はもうすぐ雪でおおわれるだろう
• His shoes were **covered in** mud. 彼の靴はどろだらけだった
❷(おおい)隠す《*up*》
• He tried to **cover** (**up**) his mistake. 彼はミスを隠そうとした
❸(範囲が)…にわたる, 含む; 扱う
❹(ある距離を)行く
❺報道する, 取材する
❻(金額が, 費用を)まかなう; (保険が)補償する
❼かばう; 援護する; 《スポーツ》(守備位置を)守る, カバーする; (相手を)マークする

cover for ... 〔人〕の代理をする
cover up おおい隠す; 〔人を〕かばう《*for*》⇨❷

cov·er·age /kʌ́vəridʒ カヴァリヂ/ 名U
❶(新聞などの)報道, 報道の規模[仕方]
❷(保険の)補償範囲, 補償額

cov·er·alls /kʌ́vərɔ̀ːlz カヴァロールズ/ 名《複数扱い》《米》カバーオール《◆服の上に着る上下続きの仕事着》

cóver chàrge 名C (レストランなどの)席料, テーブルチャージ

cóvered wágon 名C 《米》ほろ馬車

cov·er·ing /kʌ́vəriŋ カヴァリング/ 名C おおい, ふた, 屋根; U おおうこと

cóver lètter, 《英》 **cóvering lètter** 名C (小包などの)添え状, (同封物の)説明書

cóver stòry 名C (雑誌の)表紙に関連した特集記事

cov·ert /kóuvərt コウヴァト/ 形 秘密の, ひそかな, 隠れた (↔**overt**)

cov·er·up /kʌ́vərʌ̀p カヴァラプ/ 名C (不祥事などの)もみ消し, 隠ぺい工作

cóver vèrsion 名C 《音楽》カバーバージョン《◆オリジナルと異なる演奏者, 歌手によるもの》

cov·et /kʌ́vət カヴェト/ 動《文章》他 (他人の物などを)むやみにほしがる

cow[1] A1 高

/káu カウ/ (×コー, ×コウ)
名 (複 **cows** /káuz/) C

❶ 雌牛(めうし), 乳牛; 牛 (❗ふつう子を産んだ3歳以上の雌牛をいうが, 雌雄の別なく「牛」全般をさすのにも使う)
• **keep** [**have**] **cows** 牛を飼う
❷ (象・クジラなど大きな動物の)雌

cow² /káu カウ/ 動 他 おどす, おどして思いどおりにする

cow·ard B2 /káuərd カウアド/ (×カワード) 名 C おくびょう者, 意気地なし; ひきょう者

cow·ard·ice /káuərdəs カウアディス/ 名 U おくびょう

cow·ard·ly B2 /káuərdəli カウアドリ/ 形 おくびょうな, ひきょうな (↔**brave**, **courageous**)

cow·bell /káubèl カウベル/ 名 C (居場所がわかるように)牛の首につける鈴

cow·boy /káubɔ̀i カウボイ/ 名 (複 **cow-boys** /káubɔ̀iz/) C カウボーイ (♦牧畜農場 (ranch) で働く男)

cówboy hàt 名 C カウボーイハット (♦cowboy のかぶるつばの広い帽子)

cow·er /káuər カウア/ 動 自 (恐怖などで)すくむ, ちぢこまる (*down*)

cow·hide /káuhàid カウハイド/ 名 U C 牛の生皮; U (なめした)牛革; C (米) 牛皮のむち

co·work·er, co-work·er /kóu-wə̀ːrkər コウワーカ/ 名 C 仕事仲間, 同僚; 協力者

cox /káks カクス/ 名 C (ボートの)コックス, 舵手

coy /kɔ́i コイ/ 形 (比較級 **coyer**; 最上級 **coyest**) 恥ずかしそうにしている; 〔…を〕話そうとしない, 隠し立てする (*about*) **cóyly** 副 恥ずかしそうに

coy·o·te /kaióuti カイオウティ/ (発音 coy- は /kai カイ/ と発音する) 名 (複 **coyotes** /kaióutiz/, **coyote**) C 《動物》 コヨーテ (♦北米にすむオオカミの一種)

co·zy B2 /kóuzi コウズィ/ 形 (比較級 **cozier**; 最上級 **coziest**) (米) 気持ちのよい, いごこちのよい

CPU (略) central processing unit (コンピュータの)中央演算処理装置

crab B2 /krǽb クラブ/ 名 C 《動物》 カニ; U カニの肉

crab·by /krǽbi クラビ/ 形 (比較級 **crab-bier**; 最上級 **crabbiest**) 意地の悪い, 気難しい, 怒りっぽい

crack B2 高 /krǽk クラク/ 名 ❶ C ひび, 割れ目; (ドアなどの)細いすき間
• a **crack** in the wall 壁のひび割れ
❷ C (むち・花火・銃などの)鋭い音 (♦パチッ, ピシッ, パーン, など)
❸ C (口語) 冗談, からかい
❹ C (口語) 試み, 試し
❺ U クラック (♦強い麻薬)
at the crack of dawn 夜明けに
━動 ❶ 自 ひびが入る, 割れる; 他 ひびを入れる, 割る
• He **cracked** a bone in his foot. 彼の足の骨にひびが入った
比較 He **broke** a bone in his foot. 彼は足の骨を折った
❷ 自 他 (火花など)パチッ[ピシッ]と鳴る[鳴らす] ❸ 他 〔…に〕(頭などを)ぶつける (*against, on*) ❹ 他 (口語) (冗談を)言う ❺ 他 (口語) (難問を)解く, (暗号を)解読する; こじあける ❻ 自 (精神的に)まいる, くじける, へこたれる
crack down (***on …***) 〔…に〕厳しい処置をとる ⇨**crackdown**
crack up ① 精神的にまいる ② 大笑いする
get cracking (口語) さっさと取りかかる
━形 (❗比較変化なし)(技術的に)一流の, ぴかいちの

crack·down /krǽkdàun クラクダウン/ 名 C 〔違法行為に対する〕厳重な取り締まり (*on*)

cracked /krǽkt クラクト/ 形 ひびの入った; 砕けた; (声が)かすれた, つぶれた; (口語) 愚かな, 気の変な

crack·er /krǽkər クラカ/ 名 C
❶ (菓子の)クラッカー (=(英) biscuit)
❷ かんしゃく玉; (ひもを引っぱると爆発する紙製の)クラッカー

crack·le /krǽkl クラクル/ 動 自 パチパチ音を立てる
━名 U C パチパチいう音

crack·pot /krǽkpɑ̀t クラクパト/ 名C 《口語》変わり者, 気の変な人
— 形《口語》気の変な, 変てこな

cra·dle /kréidl クレイドル/ 名C ❶揺りかご ❷(文明などの)発祥(はっしょう)地
— 動他 揺すってあやす

craft B1 /krǽft クラフト|krɑ́:ft クラーフト/ 名 (複 **crafts** /krǽfts クラフツ/) ❶C 工芸; (熟練のいる)職業; 《集合的》同業者(組合) ❷U (特別な)技術, 技能 ❸C 船, 小船舶; 飛行機 (=aircraft); 宇宙船 (=spacecraft) (!「乗り物」の場合は単数も複数も同形) ❹U 悪知恵

crafts·man B2 /krǽftsmən クラフツマン/ 名 (複 **craftsmen** /krǽftsmən/) C 職人, 熟練工; 工芸家, 名工

crafts·man·ship /krǽftsmənʃip クラフツマンシプ/ 名U (職人などの)技能, 腕前

craft·y /krǽfti クラフティ/ 形 (比較級 **craftier**; 最上級 **craftiest**) ずる賢い
cráftily 副 ずる賢く

crag /krǽg クラグ/ 名C ごつごつした岩, 絶壁, 断崖(だんがい)

crag·gy /krǽgi クラギ/ 形 (比較級 **craggier**; 最上級 **craggiest**) 岩のごつごつした, 険しい; (顔が)いかつい

cram /krǽm クラム/ 動 (三単現 **crams** /krǽmz/; 過去・過分 **crammed** /krǽmd/; 現分 **cramming**) ❶他 むりにつめ込む, ぎっしりつめる
❷他自 (教科の)つめ込み勉強をする, (生徒などを)つめ込み主義で教える
— 名 ❶C 押し合いへし合い, 混雑
❷U つめ込み勉強

cramp /krǽmp クランプ/ 名
❶UC (筋肉の)けいれん, こむら返り
❷《cramps》さしこみ, 腹痛

cramped /krǽmpt クランプト/ 形 (部屋などが)狭苦しい, 窮屈な

cran·ber·ry /krǽnbèri クランベリ/ 名 (複 **cranberries** /krǽnbèriz/) C 《植物》クランベリー

crane 高 /kréin クレイン/ 名C ❶クレーン, 起重機 ❷《鳥》ツル (♦鶴)
— 動自他 (首を)伸ばす

cra·ni·um /kréiniəm クレイニアム/ 名 (複 **craniums** /kréiniəmz/, **crania** /kréiniə/) C 《解剖》頭蓋(ずがい); 頭蓋骨

crank /krǽŋk クランク/ 名C ❶《機械》クランク ❷変人, 奇人
— 動他 クランクを回す
crank out 《米》《口語》量産する
crank up クランクを回して動かす; 《口語》増す, 改善する

crank·shaft /krǽŋkʃæft クランクシャフト/ 名C 《機械》クランクシャフト, クランク軸

crank·y /krǽŋki クランキ/ 形 (比較級 **crankier**; 最上級 **crankiest**) 《口語》風変わりな; 《米》気難しい, 怒りっぽい

cran·nied /krǽnid クラニド/ 形 ひび割れた ⇨**cranny**

cran·ny /krǽni クラニ/ 名 (複 **crannies** /krǽniz/) C (壁・岩などの)小さなひび

crap /krǽp クラプ/ 名U 《卑語》うんこ, くそ; くだらないこと, つまらないもの — 形《卑語》くだらない, ひどい (!crappy ともいう)
— 動 (三単現 **craps** /krǽps/; 過去・過分 **crapped** /krǽpt/; 現分 **crapping**) 自 うんこをする

craps /krǽps クラプス/ 名 《単数扱い》クラップス (♦さいころばくちの一種)

crash B1 /krǽʃ クラシュ/ 名 (複 **crashes** /krǽʃəz/) C
❶衝突; 墜落(ついらく)
❷(堅い物の上に堅い物が落ちる時の)ガチャン[ドシン]という音, 大音響
❸暴落; (事業の)失敗
— 動 (三単現 **crashes** /krǽʃəz/; 過去・過分 **crashed** /krǽʃt/; 現分 **crashing**)
❶自 衝突する; 墜落する; 他 衝突させる; 墜落させる
❷自 大きな音をたてる, すさまじい音をたてて倒れる[くずれる], ガチャンと落ちて壊れる; 他 ガチャンと壊す
❸自 大きな音をたてて動く, 突進する
❹自 (コンピュータが)急に動かなくなる, クラッシュする
❺自 (株価が)大暴落する

━ 形 速成の, 集中的な (! 名詞の前に用いる) ● a **crash** diet 急激なダイエット

crásh hèlmet 名 C (バイクの運転者・レーサーなどの)安全ヘルメット

crash-land /krǽʃlǽnd クラシュランド/ 動 自 他 (飛行機が[を])不時着する[させる]

crass /krǽs クラス/ 形 (比較級 **crasser**; 最上級 **crassest**) ひどい, いやな, 気にさわる

crate /kréit クレイト/ 名 C (運送・収納に用いる)枠箱, 木枠; 枠箱1杯の量

cra·ter B2 /kréitər クレイタ/ 名 C 噴火(ふんか)口; (月面の)クレーター

crave /kréiv クレイヴ/ 動 他 自 切望する

crav·ing /kréiviŋ クレイヴィング/ 名 C 〔…に対する〕強い欲望, 切望 《*for*》

crawl B2 /krɔ́:l クロール/ 動 自

❶ はう; はって進む (=creep)

❷ (車・時間などが)のろのろ進む

❸〔人に〕取り入ろうとする, ぺこぺこする《*to*》 ❹ クロールで泳ぐ

be crawling with ... (場所が)…でいっぱいである

━ 名 ❶《単数形で》はうこと

❷《**the crawl**》(水泳の)クロール

cray·fish /kréifìʃ クレイフィシュ/ 名 (複 **crayfish**, **crayfishes** /kréifìʃəz/) C 《動物》ザリガニ; イセエビ

cray·on /kréiɑn クレイアン/ 名 C クレヨン; クレヨン画

━ 動 他 クレヨンで描く

craze /kréiz クレイズ/ 名 C 一時的大流行

crazed /kréizd クレイズド/ 形 狂ったような

cra·zy A2 高

/kréizi クレイズィ/

形 (比較級 **crazier**; 最上級 **craziest**)

❶ 気の変な, 正気でない (=mad); 途方もない, ばかげた

● The noise nearly **drove** me **crazy**. その騒音でほとんど気が変になりそうだった

❷〔…に〕熱狂した, 夢中の《*about*》

● He **is crazy about** snowboarding. 彼はスノーボードに夢中だ

go crazy 気が変になる; 怒る; 熱狂する

like crazy 《口語》猛烈に, 急いで

crázily 副 狂気のように; 熱狂して

creak /krí:k クリーク/ 動 自 キーキー鳴る, きしる ━ 名 C キーキーいう音

creak·y /krí:ki クリーキ/ 形 (比較級 **creakier**; 最上級 **creakiest**) (ドア・ベッドなどが)キーキーときしむ

cream A1 高

/krí:m クリーム/ 名 (複 **creams** /krí:mz/)

❶ U クリーム

❷ U C クリーム菓子

❸ U C (化粧用などの)クリーム

❹《**the cream**》〔物事の〕最上の部分《*of*》 ❺ U クリーム色

━ 動 (三単現 **creams** /krí:mz/; 過去・過分 **creamed** /krí:md/; 現分 **creaming**) 他 (牛乳から)クリームを採る; クリーム状にする; クリームで調理する

cream off 《英》(最良の人・ものを)よりすぐる, 精選する

créam chèese 名 U クリームチーズ

cream·er /krí:mər クリーマ/ 名 C クリーム入れ

créam pùff 名 C シュークリーム

cream·y /krí:mi クリーミ/ 形 (比較級 **creamier**; 最上級 **creamiest**) クリームのような; クリームを多く含む

crease B2 /krí:s クリース/ 名 C (布・紙などの)しわ; (ズボンの)折り目

━ 動 他 しわにする; (ズボンなどに)折り目をつける; 自 しわが寄る; 折り目がつく

cre·ate A2 中

/kriéit クリエイト/ (×クリート) 動 (三単現 **creates** /kriéits クリエイツ/; 過去・過分 **created** /kriéitəd/; 現分 **creating**) 他

(新しく)作り出す, 創造する, 創作する; 引き起こす

● All men are **created** equal. すべての人は平等につくられている (! 米国の「独立宣言」中のことば)

派生 **creation** 名; 派生 **creative** 形

cre·a·tion B2 高 /kriéiʃən クリエイション/ 名 ❶ U 創造, 創作, 創設
- the **creation** of life 生命の創造

❷ C 創造物, 創作品
❸《the Creation》(神の)天地創造; U (神の創造した)世界, 万物
派生 **create** 動

cre·a·tive A2 高

/kriéitiv クリエイティヴ/ 形
創造的な, 創造力のある; 独創的な; 想像力豊かな
- a **creative** person 創造力のある人, 独創的な人

派生 **create** 動

cre·a·tive·ly B2 /kriéitivli クリエイティヴリ/ 副 独創的に; 創造的に

cre·a·tiv·i·ty A2 高

/krìːeitívəti クリーエイティヴィティ/ 名 U
創造性, 創造力; 独創性
- his artistic **creativity** 彼の芸術上の創造力

cre·a·tor B1 高 /kriéitər クリエイタ/ 名 (複 **creators** /kriéitərz/) C
創造者, 創作者, クリエイター;《the Creator》(天地創造の)神, 造物主

crea·ture A2 高

/kríːtʃər クリーチャ/ (×クリエイチャ)
名 (複 **creatures** /kríːtʃərz/) C
❶ 生き物, 動物
- Man is a **creature** of circumstance. 人間は環境に左右される生き物だ (←環境の動物だ)

❷ (愛情・軽べつなどの意味を込めて)人

crèche /kréiʃ クレイシュ/ 名 C ❶ キリスト誕生の場面の図 (! クリスマスに飾る)
❷《英》託児所

cre·den·tials /kridénʃəlz クリデンシャルズ/ 名《複数扱い》(信用のもとになる)十分な実績[経歴]; 人物[成績]証明書; (大使・公使の)信任状

cred·i·bil·i·ty /krèdəbíləti クレディビリティ/ 名 U 信用できること, 信頼性; 確実性

credibílity gàp 名 C (政治家などの)言行不一致; (それに基づく)不信感

cred·i·ble /krédəbl クレディブル/ 形 信用できる, 確かな
crédibly 副 しっかり(と), 確実に

cred·it A2 高

/krédət クレディト/
名 (複 **credits** /krédəts クレディツ/)
❶ U 信用貸し, クレジット(カードの使用), つけ
- a **credit** card クレジットカード

❷ U 名誉, 名声, よい評判; C 〔…にとって〕名誉となるもの[人]《to》
❸ U C (銀行の)預金残高; C《簿記》貸し方 (↔**debit**)
❹《the credits》(映画などの)クレジット(タイトル)
❺ C (科目の)履修単位
❻ U 信用, 信頼 (=trust)

do ... credit = do credit to ... …の名誉になる
give A credit for B A(人)をBのことで評価[称賛]する; A(人)がBをもっていると信じる
on credit クレジットで
to A's credit A(人)の名誉となって

— 動 (三単現 **credits** /krédəts クレディツ/; 過去・過分 **credited** /krédətəd/; 現分 **crediting**) 他
❶ (口座に)金を入れる; 信用貸しをする
❷ 信用する, 信じる (! 特に疑問文・否定文で)
❸ 文型 [**credit A with B**] A(人)がB(性質)をもっていると思う[信じる]
- I **credited** her **with** more sense. 彼女にはもっと分別があると思っていた

❹ 文型 [**credit A to B = credit B with A**] A(功績など)をB(人)のものと認める

cred·it·a·ble /krédətəbl クレディタブル/ 形 賞賛に値する; 立派な

crédit càrd A1

名 C クレジットカード

• pay by **credit card** クレジットカードで支払う

crédit lìmit 名C クレジットカードの使用限度額

cred·i·tor /krédətər クレディタ/ 名C 債権者 (↔debtor)

cred·it·wor·thy /krédətwə̀ːrði クレディトワーズィ/ 形 信用のおける

cre·do /kríːdou クリードウ/ 名 (複 **credos** /kríːdouz/) C 信条, 主義

creed /kríːd クリード/ 名C 信念; 主義, 信条

creek B2 /kríːk クリーク/ 名C ❶小川 ❷《英》入り江, 小湾

creep /kríːp クリープ/ 動 (三単現 **creeps** /kríːps/; 過去・過分 **crept** /krépt/; 現分 **creeping**) 自 ❶はう; はって進む (=crawl); そっと入る[出る] ❷ゆっくり進む, 忍び寄る; 忍び足で歩く; 徐々に現れる ❸(ツタなどが)はう

creep up on ... …に忍び寄る; …に徐々にせまる

— 名C ❶はうこと ❷《口語》いやなやつ ❸《the creeps》《口語》ぞっとする感じ

creep·er /kríːpər クリーパ/ 名C つる植物

creep·y B2 /kríːpi クリーピ/ 形 (比較級 **creepier**; 最上級 **creepiest**) ぞっとするような, いまわしい

cre·mate /kríːmeit クリーメイト/ 動 他 (死体を)火葬にする

cre·ma·tion /kriméiʃən クリメイション/ 名 UC 火葬

crem·a·to·ri·um /krìːmətɔ́ːriəm クリーマトーリアム/ 名 (複 **crematoriums** /krìːmətɔ́ːriəmz/, **crematoria** /krìːmətɔ́ːriə/) C 火葬場

crem·a·to·ry /kríːmətɔ̀ːri クリーマトーリ/ 名 (複 **crematories** /kríːmətɔ̀ːriz/) C 《米》(=crematorium)

Cre·ole /kríːoul クリーオウル/ 名 ❶C クレオール人 《♦カリブ地域・米国南部などの混血の人》 ❷U クレオール語 《♦カリブ地域などで発達した混成語》

crepe, crêpe /kréip クレイプ/ 名 ❶U クレープ, ちりめん織り ❷C クレープ 《♦薄いパンケーキ》

crépe pàper 名U クレープペーパー 《♦縮みしわの付いた薄い紙》

crept /krépt クレプト/ 動 creep の過去形・過去分詞

cre·scen·do /kriʃéndou クリシェンドウ/ 形 副 《音楽》次第に強い[強く], クレッシェンドの[で]

— 名 (複 **crescendos** /kriʃéndouz/) C ❶《音楽》クレッシェンド(の楽節) ❷盛り上がり, クライマックス

cres·cent /krésənt クレセント/ 名C 三日月, 新月; 三日月形のもの

— 形 三日月形の; 弦月の

crest /krést クレスト/ 名C 頂上; とさか; かぶと飾り

crest·fall·en /kréstfɔ̀ːlən クレストフォールン/ 形 意気消沈した, しょげた

Crete /kríːt クリート/ 名 クレタ島 《♦地中海東部にあるギリシャ領の島》

cre·vasse /krivǽs クリヴァス/ 名C (氷河の)深い割れ目, クレバス

crev·ice /krévis クレヴィス/ 名C (岩などの)細い割れ目, 裂け目

crew B2 高 /krúː クルー/ 名C 《単数・複数扱い》 ❶(船の)乗組員, (列車・飛行機などの)乗務員; (高級船員以外の)船員; (大学などの)ボートチーム, クルー (! 1人1人でなく全員のことをいう)

• There is a **crew of** twenty in all. 乗組員はみんなで20人です

❷(いっしょに仕事をする)グループ, チーム, 一団

• a camera **crew** (ある社の)カメラ班

créw cùt 名U 角刈り, クルーカット

créw nèck 名C クルーネック; クルーネックのセーター

crib /kríb クリブ/ 名C 《米》ベビーベッド (=《英》cot)

críb dèath 名UC 《米》乳児突然死 (=《英》cot death)

crick /krík クリク/ 名C (首・背中の)筋違い, けいれん

crick·et[1] /kríkət クリケト/ 名C 《昆虫》

コオロギ

crick·et[2] A2
/kríkət クリケト/ 名U《スポーツ》
クリケット《♦11人ずつの2組で行う野球に似た球技; イギリス連邦で盛ん》
be not cricket 《英》フェアではない

cried /kráid クライド/ 動 cry の過去形・過去分詞

cries /kráiz クライズ/ 動 cry の三人称単数現在形
━名 cry の複数形

crime A2 高
/kráim クライム/ 名(複 **crimes** /kráimz/) UC 罪, 犯罪
• **commit a crime** 犯罪を犯す

コロケーション
形+**crime**
serious *crime* 重大な犯罪
rising *crime* 増加する犯罪
corporate *crime* 企業犯罪
juvenile *crime* 青少年犯罪
organized *crime* 組織犯罪

似ている単語
罪－**crime** と **sin**
crime は「法律上の罪, 犯罪」, **sin** は「道徳・宗教上の罪」:
a capital **crime** 死刑に値する罪, 死罪
forgive a **sin** 罪を許す

派生 **criminal** 形

crim·i·nal B1 /krímənəl クリミナル/ 名(複 **criminals** /krímənəlz/) C 犯罪者, 犯人
• a war **criminal** 戦争犯罪者
━形 ❶ 犯罪の; 刑事上の
• a **criminal** court 刑事裁判所
• have a **criminal** record 前科がある
❷《口語》けしからん, 悪い (=wrong)
派生 **crime** 名

críminal láw 名U 刑法 ⇨ **civil law**

crim·i·nol·o·gy /krìmənálədʒi クリミナロヂ/ 名U 犯罪学

crimp /krímp クリンプ/ 動他 ひだ[波形]をつける; (髪を)カールさせる; 《米》妨げる

crim·son /krímzən クリムゾン/ 形 真紅の, 真っ赤な ━名U 真紅, 真っ赤

cringe /kríndʒ クリンヂ/ 動自 〔…に〕きまりの悪い思いをする, 恥ずかしくなる《*at*》; (恐怖などで)すくむ, あとずさりする

crin·kle /kríŋkl クリンクル/ 動他 しわを寄せる, 縮らせる; 自 しわが寄る, 縮れる ━名C しわ, 縮れ

crink·ly /kríŋkli クリンクリ/ 形 (比較級 **crinklier**; 最上級 **crinkliest**) しわの寄った; (髪が)縮れた

crip·ple B2 /krípl クリプル/ 名C 身体障がい者; 足[体]の悪い人 (❗lame よりさらに強い差別語)
━動他 足を不自由にする; だめにする, 破損する

cri·ses /kráisi:z クライスィーズ/ 名 crisis の複数形

cri·sis B1 高 /kráisəs クライスィス/ 名(複 **crises** /kráisi:z/) C
❶ 危機, 重大局面 ⇨**critical** ❸
• an economic **crisis** 経済危機
• a food [an energy] **crisis** 食糧[エネルギー]危機

コロケーション
動+**crisis**
cause a *crisis* 危機を引き起こす
deal with a *crisis* 危機に対処する
face a *crisis* 危機に直面する
resolve a *crisis* 危機を解決する

❷ (運命・生死の)分かれ目, 岐路
派生 **critical** 形

覚えよう› 単語力
複数形に注意
crisis → 複 crises (危機)
analysis → 複 analyses (分析)
basis → 複 bases (基礎) (❗-sis で終わる語の複数形は -ses になる)

crisp A2
/krísp クリスプ/ 名(複 **crisps** /krísps/) C《**crisps**》《英》
ポテトチップス (=《米》chips)
━形 (比較級 **crisper**; 最上級 **crispest**)

❶(食べ物が)パリパリ[カリカリ，サクサク]した
❷(空気が冷たく乾燥して)さわやかな，身が引きしまるような
❸てきぱきした，きびきびした
crísply 副 きびきびと；(シャツなどが)パリッとして；(食べ物が)カリカリして

crisp·y /kríspi クリスピ/ 形 (比較級 **crispier**; 最上級 **crispiest**) (食べ物が)パリパリする，カリカリする

criss·cross /krískrɔ̀ːs クリスクロース/ 形 十字形の
━動 他自 縦横に横切る，交差する；他 十字を書く

cri·te·ri·a /kraitíəriə クライティアリア/ 名 criterion の複数形

cri·te·ri·on /kraitíəriən クライティアリオン/ 名 (複 **criteria** /kraitíəriə/, **criterions** /kraitíəriənz/) C 基準，規範；尺度

crit·ic B1 /krítik クリティク/ 名 (複 **critics** /krítiks/) C
批評家，評論家；批判する人
派生 **critical** 形

crit·i·cal B1 /krítikəl クリティカル/ 形
❶批判的な，あら捜しする
• You're always **critical of** others. 君はいつも人のあら捜しばかりしているね
❷重大な；大変重要な
❸危機の；危篤(きとく)の
• He is in a **critical** condition. 彼は危篤状態である
❹批評の，批評家の
• a **critical** essay 評論
派生 **criticism**, **critic**, **crisis** 名

crit·i·cal·ly B2 /krítikəli クリティカリ/ 副 批判的に；危険なほどに

crit·i·cism B2 /krítəsìzm クリティスィズム/ 名 UC ❶批判，非難
• I received much constructive **criticism**. 多くの建設的批判を頂いた
❷批評，評論
• literary **criticism** 文芸批評
派生 **critical** 形；派生 **criticize** 動

crit·i·cize A2 高

/krítəsàiz クリティサイズ/ 動 (三単現 **criticizes** /krítəsàizəz/; 過去·過分 **criticized** /krítəsàizd/; 現分 **criticizing**) 他自
❶批判する，非難する；文型 [**criticize A for B**] A(人)をBのことで批判[非難]する (❗Bはふつう *doing*)
❷(作品などを)批評する
派生 **criticism** 名

cri·tique /kritíːk クリティーク/ 名 C (芸術・文学などに関する)評論，批判

crit·ter /krítər クリタ/ 名 C 《米》《口語》動物，生き物 (=creature)

croak /króuk クロウク/ 動 自 (カエル・カラスなどがしわがれた声で)ゲロゲロ[ガーガー]鳴く ⇨**caw**
━名 C (カエル・カラスなどの)ゲロゲロ[ガーガー]という鳴き声

Cro·at /króuæt クロウアト, króuət クロウアト/ 名 C クロアチア人；U クロアチア語
━形 クロアチアの

Cro·a·tia /krouéiʃə クロウエイシャ/ 名 クロアチア《◆ヨーロッパ東部の共和国；首都ザグレブ (Zagreb)》

cro·chet /krouʃéi クロウシェイ/ 名 U かぎ針編み
━動 自他 かぎ針編みにする

crock[1] /krák クラク/ 名 C 《古風》陶製のつぼ[かめ]

crock[2] /krák クラク/ 名 《単数形で》《米》《口語》ほら，ばかげたこと (=nonsense)

crock·er·y /krákəri クラカリ/ 名 U 《集合的》陶器類

croc·o·dile B2 /krákədàil クラコダイル/ 名 C 《動物》ワニ《◆特にアフリカ産のもの》⇨**alligator**

crócodile tèars 名 《複数扱い》そら涙 (❗ワニは獲物を食べるときに涙を流すと言われたことから)

cro·cus /króukəs クロウカス/ 名 C 《植物》クロッカス《◆早春に花が咲く》

crois·sant /krwɑːsɑ́ːŋ クルワーサーン/ 名 C 《フランス語》クロワッサン，三日月形パン

cro·ny /króuni クロウニ/ 名 (複 **cronies** /króuniz/) C 《口語》仲よし，仲間

crook /krúk クルク/ 動 他 曲げる；自 湾

曲する

crook·ed /krúkəd クルケド/ 形 曲がった, 湾曲した; 不正な

cróokedly 形 曲がって; 不正に

croon /krúːn クルーン/ 動 他自 低い声でやさしく歌う, 口ずさむ

crop B1 高 /kráp クラプ | krɔ́p クロプ/ 名 (複 **crops** /kráps/)

❶ C 農作物, 作物

• Cotton is the main **crop** in this region. 綿花はこの地域の主要作物だ

❷ C (作物の)収穫, 収穫高

• a poor **crop** 不作

❸ 《**a crop of ...**》 (一度に多数現れる)…の群れ

— 動 (三単現 **crops** /kráps/; 過去·過分 **cropped** /krápt/; 現分 **cropping**) 他 刈り込む; …の端を切る; (動物が, 草を)食べる

crop up 急に現れる, 不意に生じる

crop·land /kráplæ̀nd クラプランド/ 名 U 農耕地, 耕作地

cro·quet /kroukéi クロウケイ/ 名 U 《スポーツ》クロッケー《◆鉄製の小門を立ててその間を木製の球を木づちで打って通す球技》

cro·quette /kroukét クロウケト/ 名 C 《料理》コロッケ

cross A2 高

/krɔ́ːs クロース | krɔ́s クロス/

意味マップ

名 ❶ 十字架; 十字形
❷ 交配種
❸ (キリストの)受難
❹ キリスト教

動 ❶ 横切る, 渡る
❷ 交差させる; 交わる
❸ 交配する
❹ …に横線を引く
❺ すれ違う, 行き違いになる

形 ふきげんな, 怒っている

— 名 (複 **crosses** /krɔ́ːsəz/)

❶ C 十字架; 十字形; ×印; 《**the Cross**》キリストがはりつけにされた十字架

• Jesus died **on the Cross**. キリストは十字架の上で[にかけられて]死んだ

❷ C (動植物の)交配種, 雑種

❸ 《**the Cross**》(キリストの)受難; C (苦しみの象徴としての)十字架, 苦難, 試練

❹ 《**the Cross**》キリスト教

— 動 (三単現 **crosses** /krɔ́ːsəz/; 過去·過分 **crossed** /krɔ́ːst/; 現分 **crossing**)

❶ 他自 横切る, 横断する, 渡る

• **cross** a street 道路を横切る

❷ 他 交差させる; 自 交わる, 交差する

• The two roads **cross** each other. その2本の道路は交差している

❸ 他 (動植物を)〔他の動植物と〕交配する《*with*》

❹ 他 十字を切る ⇨成句 **cross** *one***self**; …に横線をひく, ×印[横線]で消す ⇨成句 **cross off**, **cross out**

❺ 他自 すれ違う, 行き違いになる

cross** one's **fingers 指を組む; (表現として)幸運を祈る

cross** one's **mind (考えなどが)思い浮かぶ

cross off (リストの名前などを)削除する

cross out (誤った語句などを)線を引いて消す, 削除する

cross over (向こうへ)渡る, 越える; 〔別の党などに〕移る, 寝返る《*to*》

cross** one**self (胸などに)十字を切る

— 形 (比較級 **crosser**; 最上級 **crossest**)

ふきげんな，怒っている

cross-《他の語と結びついて》
❶「交差した」「横切って」
• **cross**-country 山野を横切って
❷「複数の人・ものにかかわる」
• **cross**breed 交配種

cross·bar /krɔ́ːsbὰːr クロースバー/ 名 C (サッカー・ラグビーなどのゴールの)横棒，バー；(自転車のハンドルとサドルをつなぐ)水平パイプ

cross·bow /krɔ́ːsbòu クロースボウ/ 名 C 石弓，クロスボウ《♦中世に使われた弓(bow)で，石や矢を発射した》

cross·breed /krɔ́ːsbrìːd クロースブリード/ 名 C 交配種，雑種
— 動 (三単現 **crossbreeds** /krɔ́ːsbrìːdz クロースブリーヅ/；過去・過分 **crossbred** /krɔ́ːsbrèd/；現分 **crossbreeding**) 他 交配させる；自 交配する

cross·breed·ing /krɔ́ːsbrìːdiŋ クロースブリーディング/ 名 U 異種交配

cross·check /krɔ́ːstʃèk クロースチェク | krɔ́stʃèk クロスチェク/ 動 他 照合確認する
— 名 C 照合確認

cróss-cóuntry 形 クロスカントリーの，山野を横断する；国を横断しての
— 名 C 《スポーツ》クロスカントリー(競技)

cróss-cúltural 形 異文化間の

cróss-examinátion 名 U C 《法律》反対尋問；厳しい追及

cróss-exámine 動 他 《法律》(相手方の証人に)反対尋問する；厳しく追及する

cróss-èyed 形 内斜視の，やぶにらみの

cross·fire /krɔ́ːsfàiər クロースファイア/ 名 U 十字砲火；(ことばの)激しいやりとり；板ばさみ

cross·ing B1 /krɔ́ːsiŋ クロースィング | krɔ́siŋ クロスィング/ 名 (複 **crossings** /krɔ́ːsiŋz/)
❶ C 横断できる[渡れる]箇所；交差点，横断歩道；踏切
• a railroad **crossing** 鉄道の踏切
❷ U C 横断
• No **Crossing** 《掲示》横断禁止

cross-leg·ged /krɔ́ːslègəd クロースレゲド/ 形 副 (床・地面にすわって)脚を組んだ[で]，あぐらをかいた[て]

cross·ly B2 /krɔ́ːsli クロースリ/ 副 不機嫌に

cross·o·ver /krɔ́ːsòuvər クロースオウヴァ | krɔ́sòuvər クロスオウヴァ/ 名 ❶ C (芸能人の他分野への)転進；U 《音楽》クロスオーバー《♦ジャンル混交の音楽形式》
❷ C 立体[高架]交差路
— 形 (音楽などで)クロスオーバーの

cróss-púrposes 名 《次の成句で》
at cross-purposes (意図が食い違って)互いに誤解して，とんちんかんで

cróss-réference 名 C (同一書物中での)他の箇所への参照

cross·road B1 /krɔ́ːsròud クロースロウド | krɔ́sròud クロスロウド/ 名 (複 **cross-roads** /krɔ́ːsròudz クロースロウヅ/) C 《**crossroads**》
交差点，十字路 (❗しばしば単数扱い)
• stop **at a crossroads** 交差点で止まる

cróss-sèction 名 C 横断面；断面図；典型的な例

cross·walk /krɔ́ːswɔ̀ːk クロースウォーク/ 名 C 《米》(道路に白線で示した)横断歩道
⇨**zebra crossing**

cross·word /krɔ́ːswə̀ːrd クロースワード/ 名 (=crossword puzzle)

cróssword pùzzle 名 C クロスワードパズル

crotch /krátʃ クラチ/ 名 C 股(また)

crotch·et·y /krátʃəti クラチェティ/ 形 《口語》気難しい，怒りっぽい

crouch /kráutʃ クラウチ/ 動 自 しゃがむ, かがむ; うずくまる (=squat) (❗ bend は腰を曲げる程度にかがむこと)

crou·ton /krú:tɑn クルータン/ 名 C クルトン《◆焼いた[揚げた]小さな角切りのパンで, スープに浮かす》

crow[1] B1 /króu クロウ/ (×クロー, ×クラウ) 名 (複 **crows** /króuz/) C カラス

as the crow flies 直線距離で (←カラスが飛ぶように)

crow[2] /króu クロウ/ 動 自 ❶(おんどりが)鳴く; (特に赤ちゃんが)喜んで叫び声を上げる ⇨**cock-a-doodle-doo**

❷〔…を〕自慢する《*about, over*》

— 名 C (おんどりの)鳴き声; (赤ちゃんの)喜びの叫び

crow·bar /króubɑ̀:r クロウバー/ 名 C バール, かなてこ

crowd A2 高

/kráud クラウド/ (×クロード)

名 (複 **crowds** /kráudz クラウヅ/)

❶ C 群衆, 人ごみ; 大勢, たくさん

• **a crowd of** people = **crowds of** people 大勢の人々

❷《**the crowd**》大衆

❸《単数形で》《口語》仲間, グループ

— 動 (三単現 **crowds** /kráudz/; 過去·過分 **crowded** /kráudəd/; 現分 **crowding**) 他 自

群がる, 押し寄せる ⇨**crowded**

crowd out 押し出す, 締め出す

crowd·ed A2 高

/kráudəd クラウデド/ 形

こんでいる, こみ合った

• a **crowded** bus こんでいるバス

crown A2

/kráun クラウン/

名 (複 **crowns** /kráunz/)

❶ C 王冠; (勝利の)栄冠; 《**the crown, the Crown**》王位, 王権

❷ C (頭·山などの)てっぺん; (ニワトリの)とさか; (歯にかぶせる)人工歯冠

— 動 (三単現 **crowns** /kráunz/; 過去·過分 **crowned** /kráund/; 現分 **crowning**) 他 ❶(王冠を授けて)王位につかせる

❷(勝利者に)栄冠を授ける

❸…のてっぺんをおおう

to crown (it) all あげくの果てに, (そのうえ)さらに

crown·ing /kráuniŋ クラウニング/ 形 この上ない, 最高の (❗名詞の前に用いる)

crówn prínce 名 C 皇太子 (❗英国皇太子には Prince of Wales を使う)

crówn príncess 名 C 皇太子妃 (❗英国皇太子妃には Princess of Wales を使う)

cru·cial B2 /krú:ʃəl クルーシャル/ 形〔…にとって〕とても重大な, 決定的な《*for, to*》

crúcially 副 決定的に

cru·ci·fix /krú:səfìks クルースィフィクス/ 名 C 十字架(のキリストの像)

cru·ci·fix·ion /krù:səfíkʃən クルースィフィクション/ 名 U C 十字架へのはりつけ; 《**the Crucifixion**》キリストのはりつけ

cru·ci·fy /krú:səfài クルースィファイ/ 動 他 十字架にはりつけにする; 《口語》激しく非難する, 酷評する

crude /krú:d クルード/ 形 (比較級 **cruder**; 最上級 **crudest**)

❶粗野な, がさつな

• **crude** manners 無作法

❷粗削りな ❸天然なままの, 加工されていない

cru·el B1 高 /krú:əl クルーエル/ 形 (比較級 **crueler**, 《英》**crueller**; 最上級 **cruelest**, 《英》**cruellest**)〔…に対して〕残酷な, 冷酷な; 悲惨な《*to*》

• Don't be **cruel to** animals. 動物に残酷にするな[動物をいじめるな]

派生 **cruelty** 名; 派生 **cruelly** 副

cruel·ly B2 /krú:əli クルーエリ/ 副 残酷に; 悲惨に; ひどく

派生 **cruel** 形

cru·el·ty B2 /krú:əlti クルーエルティ/ 名 (複 **cruelties** /krú:əltiz/) U 残酷さ; C 残酷な行為, 虐待(ぎゃくたい)

派生 **cruel** 形

a b **c** d e f g h i j k l m n o p q r s t u v w x y z

cruise A2
/krúːz クルーズ/ 名 (複 **cruises** /krúːzəz/) C クルーズ, 遊覧航海, 船旅
— 動 (三単現 **cruises** /krúːzəzəz/; 過去・過分 **cruised** /krúːzəzd/; 現分 **cruising**) 自
❶ (船が) 巡航する, 遊覧航海をする; (車・飛行機などが)巡航[経済]速度で進む
❷ (タクシーが)流す; 車を走らせる
❸ (人が)ぶらぶら歩く

crúise mìssile 名 C 巡航ミサイル

cruis·er /krúːzər クルーザ/ 名 C 巡洋艦; クルーザー; 《米》パトカー

crúise shìp 名 C (巡洋航海用の)大型観光船

crumb /krʌ́m クラム/ 名 C ❶ 《ふつう **crumbs**》 パンくず, パン粉; (ケーキなどの)かけら ❷ わずか

crum·ble /krʌ́mbl クランブル/ 動 ❶ 自 こなごなにくずれる; 他 こなごなにくずす ❷ 自 (国などが)崩壊する

crum·my /krʌ́mi クラミ/ 形 (比較級 **crummier**; 最上級 **crummiest**) 《俗語》 ひどい, いやな

crum·ple /krʌ́mpl クランプル/ 動 他 しわくちゃ[もみくちゃ]にする; 自 しわくちゃ[もみくちゃ]になる

crum·pled /krʌ́mpld クランプルド/ 形 しわくちゃの, しわの寄った

crunch /krʌ́ntʃ クランチ/ 動 他 自 (食べ物を)カリカリ[ポリポリ]かむ; 自 (雪・砂利などが)ザクザク音をたてる
— 名 ❶ C カリカリかむ音; ザクザクいう音 ❷ 《**the crunch**》《口語》 危機

crunch·y /krʌ́ntʃi クランチ/ 形 (比較級 **crunchier**; 最上級 **crunchiest**) (食べ物が)カリカリする, ポリポリする

cru·sade /kruːséid クルーセイド/ 名 C
❶ 《ふつう **Crusade**》 十字軍; 聖戦
❷ 推進[改革, 撲滅(ぼくめつ)]運動
— 動 自 十字軍に加わる; …の推進[改革, 撲滅]運動に加わる

cru·sad·er /kruːséidər クルーセイダ/ 名 C 十字軍[聖戦]の戦士; 推進[改革, 撲滅]運動家

crush B1 /krʌ́ʃ クラシュ/ 名
❶ C 《口語》 夢中, のぼせあがり
❷ 《単数形で》 大群衆, 雑踏
❸ U 押しつぶすこと, 粉砕
— 動 (三単現 **crushes** /krʌ́ʃəz/; 過去・過分 **crushed** /krʌ́ʃt/; 現分 **crushing**)
❶ 他 押しつぶす, 粉々にする; しわくちゃにする; 自 つぶれる; しわくちゃになる
❷ 他 壊滅させる, 打ち砕く
❸ 他 無理に押し込む, 詰め込む; 自 (人などが)ひしめく

crush·ing /krʌ́ʃiŋ クラシング/ 形 圧倒的な

Cru·soe /krúːsou クルーソウ/ 名 ⇨ **Robinson Crusoe**

crust /krʌ́st クラスト/ 名 U C ❶ パンの皮, パイの皮 ❷ (物の)堅い表面, 外皮 ❸ 地殻

crus·ta·cean /krʌstéiʃən クラステイシャン/ 名 C 甲殻類の動物 《♦エビ, カニなど》

crust·y /krʌ́sti クラスティ/ 形 (比較級 **crustier**; 最上級 **crustiest**) ❶ 堅い外皮のある, (パンが)皮がぱりっと堅い ❷ 《口語》 無愛想な, 気難しい

crutch /krʌ́tʃ クラチ/ 名 C 《ふつう **crutches**》 松葉づえ; 支えになるもの, 頼り

crux /krʌ́ks クラクス/ 名 《**the crux**》 (問題などの)最も重要な点, 核心

cry A1 中
/krái クライ/

意味マップ
名 ❶ 叫び声; 鳴き声
❷ 泣くこと; 泣き声
❸ 要求
動 ❶ 泣く
❷ 叫ぶ
❸ (鳥・動物が)鳴く

— 名 (複 **cries** /kráiz/) C
❶ 叫び(声); (動物の)鳴き声
• I heard a loud **cry**. 大きな叫び声を聞いた
• She **gave a cry for** help. 彼女は助けを求めて叫んだ (=She **cried for** help.)

参考》 動物の鳴き声
bowwow (犬の)ワンワン; meow (ネコの)ニャー; cock-a-doodle-doo (ニワトリの)コケコッコー; moo (牛の)モー; baa (ヤギ・羊の)メー; coo (ハトの)クー

❷ (声をあげて)泣くこと; 泣き声
❸ 要求; 大衆の叫び, 世論

be a far* [*long*] *cry from ... …とはほど遠い, 大違いである

— 動 (三単現 **cries** /kráiz/; 過去・過分 **cried** /kráid/; 現分 **crying**)
❶ 自 (声をあげて)泣く
• **cry** with joy うれし泣きする
• The baby **cried** all night. 赤ちゃんは一晩中泣いた

似ている単語
泣く－**cry**, **sob**, **weep**
cry は「声をあげて泣く」, **sob** は「すすり泣く」, **weep** は「(声を出さずに)涙を流して泣く」

❷ 自 他 叫ぶ, 大声で言う《*out*》
• He **cried** (**out**), "Help! Help!"「助けて! 助けて!」と彼は叫んだ

似ている単語
叫ぶ－**cry**, **scream**, **shout**
cry は「叫ぶ」の一般的な語, **shout** は「(相手に聞こえるように, また怒って)大声をあげる, どなる」, cry を shout の意味で使うのは古風. **scream** は「(驚き・興奮・痛みなどで)キャーと叫ぶ, 悲鳴をあげる」

❸ 自 (鳥・動物が)鳴く, ほえる

cry for ... …を求めて叫ぶ, …をほしがって泣く; …を大いに必要とする

cry *one's* ***eyes*** [***heart***] ***out*** 胸もはり裂けんばかりに泣く

cry out 大声で叫ぶ ⇨❷

cry out for ... …を求めて叫ぶ; …を大いに必要とする (❗進行形で使う)

cry over ... …を嘆く, くよくよする

cry·ba·by /kráibèibi クライベイビ/ 名 (複 **crybabies** /kráibèibiz/) C 泣き虫; 泣き言ばかり言う人

cry·ing /kráiiŋ クライイング/ 形 《口語》緊急の; 捨てておけない (❗名詞の前に用いる)

crypt /krípt クリプト/ 名 C 教会の地下室《♦おもに納骨堂に用いる》

cryp·tic /kríptik クリプティク/ 形 秘密の; なぞめいた, 不可解な

crys·tal 高 /krístl クリスタル/ 名 U C
❶ 水晶; 結晶(体) ❷ クリスタルガラス; カットグラス製品

crýstal báll 名 C (水晶占いで使う)水晶球

crýstal cléar 形 非常に明白な; 澄み切った

crys·tal·lize B2 /krístəlàiz クリスタライズ/ 動 他 自 ❶ 結晶させる, 結晶する
❷ (考えなど)具体化する

CT, Ct. 《略》 Connecticut コネティカット(州)

CT scan /síːtíː skæn スィーティー スキャン/ 名 (=CAT scan)

Cu 《記号》 copper 銅

cub /kʌ́b カブ/ 名 C ❶ (ライオン・クマ・キツネなどの)子 ❷ (the Boy Scouts の)年少団員 (=cub scout) 《♦8-10歳》

Cu·ba /kjúːbə キューバ/ 名 キューバ《♦カリブ海の社会主義共和国; 首都はハバナ (Havana); 公用語はスペイン語》

Cu·ban /kjúːbən キューバン/ 形 キューバの — 名 C キューバ人

cube B2 /kjúːb キューブ/ 名 C
❶ 立方体; 立方体の物
• a sugar **cube** 角砂糖
❷ (数の)3乗, 立方

— 動 他 ❶ さいの目に切る ❷ (数学で)3乗する 派生 **cubic** 形

cúbe ròot 名 C 《数学》立方根

cu·bic /kjúːbik キュービク/ 形 立方体の; 3乗の, 立方の, 3次の

cu·bi·cle /kjúːbikl キュービクル/ 名 C (大きな部屋を仕切った)小部屋, 仕切った狭い場所《♦シャワー室など》

cub·ism, Cub·ism B2 /kjúːbizm キュービズム/ 名 U 《美術》キュービズム, 立体派

cúb scòut 名 C カブスカウト団員《♦ボーイスカウトの年少団員; 8-10歳》

cuck·oo /kúːku: クークー/ 名 (複 **cuckoos** /kúːkuːz/) C 《鳥》カッコウ (❗その鳴き声の意味にもなる)

cúckoo clòck 名C (カッコウの鳴き声のような音で時刻を告げる)ハト時計

cu·cum·ber B1 /kjúːkəmbər キューカンバ/ 名 (複 **cucumbers** /kjúːkəmbərz/) C 《植物》キュウリ

(as) cool as a cucumber 落ち着き払って

cud /kʌ́d カド/ 名U 食い戻し《♦牛などが胃から口へ戻してかむ食べ物》

chew the cud (動物が)反すうする; 《口語》(決心する前に)じっくり考える

cud·dle /kʌ́dl カドル/ 動 ❶他 抱きしめる ❷自 寄り添う

— 名C 抱擁

cue[1] /kjúː キュー/ 名C きっかけ; 合図; ヒント — 動他 …に合図を与える; …にキューを出す

cue[2] /kjúː キュー/ 名C 《ビリヤード》キュー《♦玉を突く棒》

cuff B2 /kʌ́f カフ/ 名 (複 **cuffs** /kʌ́fs/) C (ワイシャツの)カフス, そで口

cúff lìnks 名 《複数扱い》カフスボタン

cui·sine 高 /kwizíːn クウィズィーン/ 名U 料理法

cu·li·nar·y /kʌ́linèri カリネリ/ 形 台所の; 料理(用)の

cull /kʌ́l カル/ 動他 〔…から〕(情報などを)選び取る, (本などを)まとめ上げる《*from*》; (弱った動物などを)選別して処分する, 間引く, 淘汰(とうた)する

cul·mi·nate /kʌ́lmənèit カルミネイト/ 動 自 最高潮[頂点]に達する; ついに…になる《*in, with*》; 他《米》完結させる, …の結果[成果]となる

cul·mi·na·tion B2 /kʌ̀lmənéiʃən カルミネイション/ 名 《単数形で》最高点, 絶頂; 完結, 成果

cu·lottes /kjuːlɑ́ts キューラツ/ 名 《複数扱い》キュロット

cul·pa·ble /kʌ́lpəbl カルパブル/ 形 《文章》責められるべき, 罪のある

cul·prit /kʌ́lprət カルプリト/ 名C 犯人, 罪人; 《口語》(悪い状況の)原因, 元凶

cult /kʌ́lt カルト/ 名C ❶(宗教的)儀式; 信仰; カルト宗教[教団] ❷(人・物事への)崇拝; 一時的流行, …熱

cul·ti·vate B1 /kʌ́ltəvèit カルティヴェイト/ 動 (三単現 **cultivates** /kʌ́ltəvèits カルティヴェイツ/; 過去・過分 **cultivated** /kʌ́ltəvèitəd/; 現分 **cultivating**) 他

❶(作物を育てるために土地を)耕す; (植物・野菜などを)栽培する, 養殖する

❷(技能などを)養う; 啓発する

❸(人との)交際を求める

cul·ti·vat·ed /kʌ́ltəvèitəd カルティヴェイテド/ 形 ❶耕作された; 栽培された ❷教養のある, 洗練された

cul·ti·va·tion /kʌ̀ltəvéiʃən カルティヴェイション/ 名U 耕作; 栽培, 養殖; 育成

cul·ti·va·tor /kʌ́ltəvèitər カルティヴェイタ/ 名C 耕作者, 栽培者; 耕耘(こううん)機, カルチベーター

cul·tur·al B1 高 /kʌ́ltʃərəl カルチャラル/ 形 文化の, 文化的な; 教養の

• **cultural** heritage 文化遺産

派生 **culture** 名

cúlturally B2 副 文化的に(は)

cul·ture A1 中

/kʌ́ltʃər カルチャ/

名 (複 **cultures** /kʌ́ltʃərz/)

❶UC 文化

• Greek **culture** ギリシャ文化

どっち

culture と **civilization**

culture は精神的な面からみた語で, ある国や民族の習慣, 伝統, ものの考え方などを含めた「文化」, **civilization** はおもに物質的な面からみた「文明」:

American [Japanese] **culture** アメリカ[日本]文化

ancient [modern] **civilization** 古代[現代]文明

❷U 教養; (心の)修養

❸U 栽培, 養殖

派生 **cultural** 形

cul·tured /kʌ́ltʃərd カルチャド/ 形 ❶教養のある, 洗練された ❷栽培[養殖, 培養]された

cúlture shòck 名UC カルチャーショック

cum·ber·some /kʌ́mbərsəm カンバサム/ 形 重くて持ちにくい, 扱いにくい; やっかいな

cu·mu·la·tive /kjúːmjəlèitiv キューミュレイティヴ/ 形 次第に増加[増大]する, 累積的な **cúmulàtively** 副 累積的に

cun·ning /kʌ́niŋ カニング/ 形 ずるい, 悪賢い

━ 名 U ずるさ, ずる賢こさ, 悪知恵

日英比較 試験での「カンニング」は cheating ⇨**cheat**

cúnningly 副 ずるく, 悪賢く

cup A1 中

/kʌ́p カプ/ 名 (複 **cups** /kʌ́ps/) C

❶ (熱い飲み物を飲む)茶わん, カップ

• a coffee **cup** コーヒーカップ

• **a cup and saucer** /kʌ́pənsɔ́ːsər カパンソーサ/ 受け皿にのせたカップ ⇨**and** ❷

❷ カップ1杯, 茶わん1杯の量 (=cupful)

• **a cup** [two **cups**] **of** tea お茶1杯[2杯]

どっち

cup と **glass**

cup は熱いものを飲むための容器で, そのためにふつう耳(handle)がついている. 冷たいものを飲む「コップ」は **glass**. なお, ごはんをよそう「茶わん」は **bowl**:

a **cup** of hot chocolate 1杯のココア

a **glass** of milk 1杯のミルク

a **bowl** of soup 一杯のスープ

❸ カップ状のもの; (花の)がく; (ブラジャーの)カップ

❹ 優勝カップ, 賞杯; 《競技大会名につけて》…カップ

• **win the cup** 優勝カップを獲得する

• the World **Cup** ワールドカップ

━ 動 (三単現 **cups** /kʌ́ps/; 過去・過分 **cupped** /kʌ́pt/; 現分 **cupping**) 他 杯状にする; 手のひらをまるめる

cup·board A2

/kʌ́bərd カバド/ (×カップボード)

名 (複 **cupboards** /kʌ́bərdz カバヅ/) C

❶ 食器戸棚; (一般に)戸棚, 押し入れ

❷ 《英》 衣装戸棚, 押入れ (=closet)

cup·cake /kʌ́pkèik カプケイク/ 名 U C カップケーキ 《♦カップ形の小さなケーキ》

cup·ful /kʌ́pfùl カプフル/ 名 C カップ1杯(分); 計量カップ1杯

Cu·pid /kjúːpid キューピド/ 名 《ローマ神話》 キューピッド 《♦恋愛の神でビーナス(Venus)の子》

cup·pa /kʌ́pə カパ/ 名 C 《英》《口語》 1杯のお茶 (**cup of** tea から)

cur /kə́ːr カー/ 名 C のら犬

cur·a·ble /kjúərəbl キュアラブル/ 形 (病気が)治療できる

cur·a·tive /kjúərətiv キュアラティヴ/ 形 治療の, 治癒(ちゆ)力のある

cu·ra·tor /kjuəréitər キュアレイタ/ 名 C (図書館などの)館長; (博物館などの)学芸員

curb /kə́ːrb カーブ/ 名 C ❶ 縁, へり; 《米》 縁石 ❷ 制御, 抑制

━ 動 他 (感情などを)抑制する

curd /kə́ːrd カード/ 名 U C 凝乳, カード 《♦チーズの原料》; 凝乳状の食品

cur·dle /kə́ːrdl カードル/ 動 自 他 (凝乳状に)固まる[固める]

cure B1 高 /kjúər キュア/ 名 (複 **cures** /kjúərz/) ❶ C 〔病気の〕治療薬, 治療法 《for》; U C 治療; 治癒(ちゆ)

• a **cure for** AIDS エイズの治療法

❷ C 〔問題の〕解決策 《for》

━ 動 (三単現 **cures** /kjúərz/; 過去・過分 **cured** /kjúərd/; 現分 **curing**) 他

❶ (病人・病気を) 治す, 治療する; 文型 [**cure A of B**] A(病人)のB(病気)を治す

• The doctor **cured** her illness. 医者は彼女の病気を治した

❷ (問題を)解決する; (悪い癖などを)矯

正(きょうせい)する
❸ (塩漬け・くん製などで, 食品を)保存する

cure-all /kjúərɔ̀ːl キュアロール/ 名 C 万能薬

cur·few /kə́ːrfjuː カーフュー/ 名 C (戒厳令下の)夜間外出禁止令, 外出禁止時間; 門限

Cu·rie /kjúəri キュアリ/ 名 《**Marie Curie**》 マリー・キュリー 《♦フランスの化学者・物理学者 (1867–1934); 夫の物理学者ピエール (Pierre Curie (1859–1906)) と共にラジウムを発見》

cu·ri·o /kjúəriòu キュアリオウ/ 名 C こっとう品, 珍品

cu·ri·os·i·ty B1 高 /kjùəriɑ́səti キュアリアスィティ | kjùəriɔ́səti キュアリオスィティ/ 名 (複 **curiosities** /kjùəriɑ́sətiz/)
❶ 《単数形で》 好奇心
• **out of curiosity** 好奇心から
❷ C 珍しい物[人]; こっとう品
派生 **curious** 形

cu·ri·ous B1 高 /kjúəriəs キュアリアス/ 形
❶ [...について] 好奇心の強い, 知りたがる; せんさく好きな 《*about*》; 文型 [**be curious to** *do*] …したがる
• I'm **curious about** what happened. 私は何が起きたかに興味がある
❷ 奇妙な, 変わった
派生 **curiosity** 名
cúriously B1 副 物珍しそうに; 奇妙にも

curl B2 /kə́ːrl カール/ 名 ❶ U C 巻き毛, カール ❷ C 巻いたもの
— 動 ❶ 自 (髪が)カールする; 他 (髪を)カールさせる ❷ 他 (物を)くるくる巻く ❸ 自 (くるくる)丸くなる; (煙が)うずをまく 《*up*》
curl up 丸くなる; 体を丸めて寝る

curl·er /kə́ːrlər カーラ/ 名 C ❶ カーラー ❷ カーリングをする人

curl·ing /kə́ːrliŋ カーリング/ 名 U 《スポーツ》 カーリング

curl·y B1 /kə́ːrli カーリ/ 形 (比較級 **curlier**; 最上級 **curliest**) 巻き毛の, カールをかけた, ちぢれ毛の; うずまき状の

cur·rant /kə́ːrənt カーラント/ 名 C 小粒の干しブドウ; 《植物》 スグリ

cur·ren·cy B1 /kə́ːrənsi カーレンスィ/ 名 (複 **currencies** /kə́ːrənsiz/)
❶ U C 通貨, 貨幣
• foreign **currency** 外貨
❷ U 通用, 普及
派生 **current**

cur·rent B1 高 /kə́ːrənt カーレント | kʌ́rənt カレント/ 形 現在の, 今の; 一般に行われている, 通用している
• **current** situation in Japan 日本の現状
• the **current** events [affairs] 時事問題
— 名 (複 **currents** /kə́ːrənts カーレンツ/)
❶ C (水・空気などの)流れ; 海流; 気流
• Be careful. The **current** is rapid and strong here. 気をつけなさい. ここは流れが速くて強いから
❷ U C 電流 (=electric current)
❸ C 風潮
派生 **currency** 名

cúrrent accòunt 名 C 《英》 当座預金 (=《米》 checking account)

cur·rent·ly B1 /kə́ːrəntli カーレントリ/ 副 現在; 今のところ; 目下(もっか)

cur·ric·u·la /kəríkjələ カリキュラ/ 名 curriculum の複数形

cur·ric·u·lum B1 /kəríkjələm カリキュラム/ 名 (複 **curricula** /kəríkjələ/, **curriculums** /kəríkjələmz/) C 履修課目, カリキュラム

currículum ví·tae /víːtai ヴィータイ/ 名 C 履歴書 (=《米》 résumé)

cur·ry A2 中

/kə́ːri カーリ | kʌ́ri カリ/
名 (複 **curries** /kə́ːriz/) U C
カレー料理; U カレー粉 (❗ curry powder ともいう)
— 動 (三単現 **curries** /kə́ːriz/; 過去・過分 **curried** /kə́ːrid/; 現分 **currying**) 他
カレー粉で料理する

curse A2

/kə́ːrs カース/ 名 (複 **curses** /kə́ːrsəz/)
C ❶ のろい; のろいのことば, ののしりのことば, 悪態

❷ 災い; 災いのもと
— 動 (三単現 **curses** /kə́ːrsəz/; 過去・過分 **cursed** /kə́ːrst/, **curst** /kə́ːrst/; 現分 **cursing**)
❶ 他自 のろう; ののしる (↔**bless**)
❷ 他 文型 [**be cursed with [by] A**] A(いやな物事)に苦しむ

curs·ed /kə́ːrsəd カーセド/ 形 のろわれた (↔**blessed**); いまわしい; いやな
cúrsedly 副 いまわしく

cur·sor B2 /kə́ːrsər カーサ/ 名 C 《コンピュータ》カーソル

cur·so·ry /kə́ːrsəri カーソリ/ 形 ぞんざいな, 急いだ

curst /kə́ːrst カースト/ 動 curseの過去形・過去分詞

curt /kə́ːrt カート/ 形 (比較級 **curter**; 最上級 **curtest**) そっけない, ぶっきらぼうな
cúrtly 副 ぶっきらぼうに, ぞんざいに

cur·tail /kəːrtéil カーテイル/ 動 他 《文章》切り詰める, 削減する, 縮小する
curtáilment 名 U 切り詰め, 削減, 縮小

cur·tain B1 高 /kə́ːrtn カートン/ 名 (複 **curtains** /kə́ːrtnz/) C ❶ カーテン
• **open** [**close**] the **curtain(s)** カーテンを開ける[閉める]
❷ (舞台の)幕
❸ さえぎるもの
— 動 他 カーテンをつける; カーテンで仕切る

cúrtain càll 名 C カーテンコール

curt·sey /kə́ːrtsi カーツィ/ 名 (複 **curtseys** /kə́ːrtsiz/) 動 (三単現 **curtseys** /kə́ːrtsiz/; 過去・過分 **curtseyed** /kə́ːrtsid/; 現分 **curtseying**) (=curtsy)

curt·sy /kə́ːrtsi カーツィ/ 名 (複 **curtsies** /kə́ːrtsiz/) C (高貴な人などへの, 女性の)おじぎ (◆左足を引いてひざを曲げ, 体を少しかがめる)
— 動 (三単現 **curtsies** /kə́ːrtsiz/; 過去・過分 **curtsied** /kə́ːrtsid/; 現分 **curtsying**) 自 (女性が)おじぎする

cur·va·ceous /kəːrvéiʃəs カーヴェイシャス/ 形 (女性が)曲線美の; 肉体美の

cur·va·ture /kə́ːrvətʃər カーヴァチャ/ 名 U C 湾曲, ひずみ

curve B1 /kə́ːrv カーヴ/ 名 (複 **curves** /kə́ːrvz/) C ❶ 曲線, 曲がり; (道路の)カーブ
• There is a sharp **curve** in the road ahead. この道の先に急カーブがある
❷ 《野球》カーブ
— 動 (三単現 **curves** /kə́ːrvz/; 過去・過分 **curved** /kə́ːrvd/; 現分 **curving**)
自 曲がる, カーブする; 他 曲げる
• The road **curves** sharply to the left. その道は左へ急カーブしている

curved /kə́ːrvd カーヴド/ 形 曲がった, カーブした, 曲線の

cush·ion B1 /kúʃən クション/ 名 (複 **cushions** /kúʃənz/) C クッション, 座ぶとん; ショックを緩和するもの
— 動 (三単現 **cushions** /kúʃənz/; 過去・過分 **cushioned** /kúʃənd/; 現分 **cushioning**) 他 クッションを付ける; …の衝撃を和らげる

cush·y /kúʃi クシ/ 形 (比較級 **cushier**; 最上級 **cushiest**) 《口語》(仕事などが)楽な, たやすい

cus·tard /kʌ́stərd カスタド/ 名 U C 《料理》カスタード; U カスタードクリーム

cus·to·di·an /kʌstóudiən カストウディアン/ 名 C (公共建物の)管理人; 後見人

cus·to·dy /kʌ́stədi カストディ/ 名 U 管理, 保管; 保護; 拘留

cus·tom A2 中
/kʌ́stəm カスタム/
名 (複 **customs** /kʌ́stəmz/)
❶ U C (社会の)慣習, 風習; (個人の)習慣 ⇨**habit**
• an old **custom** 昔からの風習
❷ U C 《英》(商店などへの)愛顧, ひいき ❸ 《**customs**》関税; 《(**the**) **customs**, (**the**) **Customs**》《単数扱い》税関

cus·tom·ar·y /kʌ́stəmèri カスタメリ/ 形 慣例の; 慣習上の
cùstomárily 副 習慣的に, ふつうは

cústom-buílt 形 注文製造の

cus·tom·er A2 中

/kʌ́stəmər カスタマ/

名 (複 **customers** /kʌ́stəmərz/) C

❶ (店の)客, お得意, 顧客

- a regular **customer** 常連客
- **customer** services (質問・クレームに応じる)顧客サービス窓口

似ている単語

客—customer ほか

customer は特定の店や会社から品物を買ったり業務サービスを受けたりする「得意客」で, 銀行の客にも使う. **shopper** は「買い物客」, **client** は弁護士など専門家への「依頼人」, **guest** は「招待客」やホテルの「宿泊客」, **visitor** は「訪問客」

❷《口語》(特徴をもつ)相手, …なやつ

- a tough **customer** 手ごわい相手

cus·tom·ize /kʌ́stəmàiz カスタマイズ/ 動 他 要求[好み]に合うように変更する; 《コンピュータ》カスタマイズする

cústom-máde 形 あつらえの (↔ ready-made)

cut A1 中

/kʌ́t カト/

意味マップ

動 ❶ 切る; 切れる
❷ 彫る, 刻む; 切り開く
❸ 切りつめる; 削除する
❹ 中断する; やめる
❺ 横切る, 突っ切って進む
❻ さぼる
❼ 身にこたえる
❽ (ボールを)カットする
❾ 無視する
❿ 録音する

名 ❶ 切り傷; 切ること
❷ (肉の)切り身
❸ 切りつめ; 削除
❹ 裁断; (髪の)カット
❺ 分け前
❻ 中断
❼ 近道

形 切られた; 切りつめた

— 動 (三単現 **cuts** /kʌ́ts カツ/; 過去・過分 **cut**; 現分 **cutting**)

❶ 他自 切る, 刈る; 自 切れる

- **cut** an apple in two [half] リンゴを2つに切る
- **cut** *one's* nails つめを切る
- **cut** paper **with** scissors はさみで紙を切る
- Be careful, or you will **cut yourself**. 気をつけろ, さもないと(その刃物で)けがをするよ
- He **cut** his finger **on** a broken piece of glass. 彼はガラスの破片で指を切った (! 過去形・過去分詞は原形と同じ形)

文型 [**cut A B = cut B for A**] A(人)にBを切ってあげる

- Please **cut** me a slice of cake. = Please **cut** a slice of cake **for** me. 私にケーキを1切れ切ってください

注意› 髪を切る

「髪を切る」という場合に, cut *one's* hair とすると自分で切ることになる. 理容店などで切ってもらう場合は have [get] *one's* hair cut とする:

I **had my hair cut** very short. 髪をとても短く切った[切ってもらった]

❷ 他自 (彫像などを)彫る, 刻む; 裁断する; 他 (道を)切り開く; (穴を)あける, 掘る

❸ 他 (費用などを)切り詰める; (値段・賃金などを)引き下げる; (記事などを)カットする, 削除する; 短くする

- Defense expenditure was **cut** by 10%. 防衛費が10%削減された

❹ 他 (電気・ガスなどの供給を)中断する; 止める; やめる

❺ 他自 横切る, 突っ切って進む

❻ 他 (無断で)欠席する, さぼる

- **cut** a class 授業をさぼる

❼ 他自 (寒さなどが, 人の)身にこたえる; 感情を傷つける

❽ 他自 (テニス・卓球などで, ボールを)カットする

❾ 他《口語》(知っている人を)無視する, 知らんぷりをする

❿ 他 (レコードなどを)録音する

be cut out for ... 生まれつき…に向いている (**!** ふつう否定文で使う)
cut across ... ① …を通り抜ける, 横切る; …を通って近道する ② (物事(の影響・関心)が)…に広く及ぶ
cut and paste 《コンピュータ》(データを) カットアンドペーストする
cut away 切り取る
cut back 切りつめる, 削減する
cut back on ... …を切りつめる, 削減する
cut down ① 切り倒す
• We **cut down** the tree. 私たちはその木を切り倒した
② (費用・消費量などを)切りつめる, 減らす, 削減する; (値段を)下げる
cut down on ... …の量を減らす
cut in 〔列などに〕割り込む; 〔人の話に〕口をはさむ, 話をさえぎる 《*on*》
cut into ... …にナイフを入れる; …に割り込む, 食い込む
Cut it out! やめろ！
cut off
① 切り取る; 切り離す
• He came close to **cutting off** his forefinger. 彼は危うく人さし指を切り落としそうになった
② (電気の供給などを)止める; 中断する, さえぎる
cut open 切り開く
cut out 切り取る, 切り抜く; 取り除く, 削除する; やめる ⇨**Cut it out!**
cut up ① 切り刻む, 切り裂く ② 《**be cut up**》 心を痛める, 悲しむ
― 名 (複 **cuts** /kʌ́ts カツ/) C
❶ 切り傷; 切り口, 切れ目; 切ること; 一撃
• I have a **cut** on my left hand. 左手に切り傷がある
❷ (肉の)切り身
❸ 切りつめ, 引き下げ, 削減; 削除, (記事などを)カット(すること)
• **make** a **cut in** prices 値引きする
❹ 裁断; (髪の)カット (=haircut)
❺ 《口語》 分け前, 配当金
❻ (電気などの供給の)中断
❼ 近道, 通り抜ける道
be a cut above ... …より一枚上[上手]である
― 形 切られた; 切りつめた; カットされた

関連語› 単語力
chop (おのなどで)たたき切る; (野菜などを)細かく刻む
slice (パン・ハムなどを)薄く切る
carve 彫刻する; (肉を)切り分ける
mince (肉などを)細かく刻む
grate (おろし金で)おろす
clip (毛・髪などを)刈る; 切り取る
saw のこぎりで切る

cut-and-dried /kʌ́tndráid カトゥンドライド/ 形 (前もって)用意のできた; 月並みな
cut·back /kʌ́tbæ̀k カトバク/ 名 C 〔…の〕削減, 減少 《*in*》

cute A1 中

/kjúːt キュート/
形 (比較級 **cuter**; 最上級 **cutest**) 《口語》
❶ かわいらしい, かわいい
• **cute** babies かわいい赤ちゃん
❷ 《米》 魅力的な, セクシーな
❸ 巧妙な, 抜け目のない
• a **cute** idea 小ずるい考え
cútely 副 かわいく; 抜け目なく

cút gláss 名 U カットグラス, 切子(きりこ)ガラス
cu·ti·cle /kjúːtikl キューティクル/ 名 U (皮膚・毛髪の)表皮; (つめのつけ根の)あま皮
cut·ler·y /kʌ́tləri カトレリ/ 名 U 《集合的》 刃物類; 食卓用金物 《♦ナイフ, フォーク, スプーンなど》
cut·let /kʌ́tlət カトレト/ 名 C (羊肉・子牛肉などの)切り身; カツレツ
cut·off /kʌ́tɔ̀ːf カトーフ/ 名 (複 **cutoffs** /kʌ́tɔ̀ːfs/) C 遮断; (停止になる)制限
cút-príce 形 《英》 (=cut-rate)
cút-ráte 形 《米》 割り引きされた, 値引きの
cut·ter /kʌ́tər カタ/ 名 C ❶ 切る道具, カッター ❷ (軍艦などにのせる)小ボート, カッター; 1本マストの小型ヨット

cut·ting /kʌ́tiŋ カティング/ 動 cut の現在分詞・動名詞
— 名 ❶ U C 切ること; 裁断
❷ C (さし木用)切り枝
❸ C 《英》(新聞などの)切り抜き
— 形 鋭い; (風が)身を切るような

cútting bòard 名 C まな板

cútting édge 名 《the をつけて》(技術などの)最先端

cútting-èdge 形 最先端の, 最新の

CV B1 /síːvíː スィーヴィー/ 名 (複 **CVs** /síːvíːz/) C 《英》履歴書 (=《米》résumé) (! curriculum vitae の略)

-cy 接尾 ❶「状態」「性質」
❷「職」「地位」

cy·a·nide /sáiənàid サイアナイド/ 名 U 《化学》シアン化物, (特に)青酸カリ

cy·ber·ca·fe B2 /sáibərkæfei サイバキャフェイ/ 名 C サイバーカフェ《◆インターネットを利用できる喫茶店》

cy·ber·net·ics /sàibərnétiks サイバネティクス/ 名 《単数扱い》サイバネティックス, 人工頭脳学

cy·ber·punk /sáibərpʌ̀ŋk サイバパンク/ 名 U サイバーパンク《◆未来的なコンピュータ社会の出来事を描く物語》
— 形 サイバーパンクの

cy·ber·space B2 /sáibərspèis サイバスペイス/ 名 U サイバースペース《◆コンピュータネットワークによって情報がやり取りされる空間》

cy·ber·ter·ror·ism /sàibərtérərìzm サイバテロリズム/ 名 U サイバーテロ

cy·ber·ter·ror·ist /sàibərtérərist サイバテロリスト/ 名 C サイバーテロリスト

cy·cle B1 高 /sáikl サイクル/ 名 (複 **cycles** /sáiklz/) C
❶ 周期; 循環; (電波の)周波, サイクル
● the **cycle** of the seasons 季節の循環
● a business **cycle** 景気循環
❷ 自転車 (=bicycle); オートバイ (=motorcycle)
❸ (同じ主題・人物についての)一連の詩歌[物語]
— 動 (三単現 **cycles** /sáiklz/; 過去・過分 **cycled** /sáikld/; 現分 **cycling**) 自
❶ 自転車[オートバイ]に乗る, 自転車で行く ❷ 循環する

cy·clic, cy·cli·cal /sáiklik サイクリク, sáiklikəl サイクリカル/ 形 周期的な; 循環する

cy·cling A2 高

/sáikliŋ サイクリング/ 名 U
サイクリング; 自転車競技

cy·clist B2 /sáiklist サイクリスト/ 名 C 自転車[オートバイ]に乗る人

cy·clone /sáikloun サイクロウン/ 名 C サイクロン《◆インド洋に発生する熱帯低気圧》; 低気圧; 大暴風雨

cyl·in·der /sílәndər スィリンダ/ 名 C
❶ 円柱, 円筒(形の物)
❷ 《機械》(エンジンの)シリンダー

cy·lin·dri·cal /səlíndrikəl スィリンドリカル/ 形 円筒形の

cym·bal /símbəl スィンバル/ 名 C 《ふつう **cymbals**》《楽器》シンバル《◆打楽器》

cyn·ic /sínik スィニク/ 名 C 皮肉屋, 冷笑する人

cyn·i·cal /sínikəl スィニカル/ 形 冷笑的な, 皮肉な
cýnically 副 皮肉に; 冷笑的に

cyn·i·cism /sínəsìzm スィニスィズム/ 名 U 冷笑的な態度, シニシズム

Cy·prus /sáiprəs サイプラス/ 名 キプロス《◆地中海東部の島で共和国; 首都ニコシア (Nicosia)》

cyst /síst スィスト/ 名 C 《医学》嚢胞(のうほう), 嚢腫(のうしゅ)

czar /záːr ザー, tsáːr ツァー/ 名 C (帝政ロシアの)皇帝; 専制君主, 独裁者; 《比ゆ的に》帝王

Czech /tʃék チェク/ 形 チェコの; チェコ人[語]の
— 名 C チェコ人; U チェコ語

Czech·o·slo·va·ki·a /tʃèkəslouváːkiə チェコスロウヴァーキア/ 名 チェコスロバキア《◆ヨーロッパ中部にあった共和国; チェコとスロバキアに分離》

Czéch Repúblic 名 《the をつけて》チェコ共和国《◆ヨーロッパ中部の共和国; 首都プラハ (Prague)》

D d *𝒟 d*

D, d /díː ディー/ 名 (複 **D's, d's** /díːz/) ❶ U C 英語アルファベットの第4番目の文字 ❷ C 《D で》(成績評価の) D 《◆5段階評価の合格最低段階》⇨**A** ❸ U 《音楽》《ふつう **D** で》二音, 二調 ❹ U 《D で》(ローマ数字の) 500

'd /d ド/ ❶ had, would, should の短縮形 ❷ had の短縮形

dab[1] /dǽb ダブ/ 動 (三単現 **dabs** /dǽbz/; 過去・過分 **dabbed** /dǽbd/; 現分 **dabbing**) 他自 軽くたたく; さっと塗る

— 名 C 少量; ひと塗り

dab[2] /dǽb ダブ/ 名 C 《魚》マコガレイ

dab·ble /dǽbl ダブル/ 動 自 〔…を〕趣味でする, 〔…に〕ちょっと手を出す《*in, at*》

dachs·hund /dáːkshùnd ダークスフンド/ 名 C 《動物》ダックスフント《◆ドイツ産の短脚で胴長の犬》

dad A1 中

/dǽd ダド/ 名 (複 **dads** /dǽdz ダヅ/) C 《口語》パパ, おとうちゃん, (お)父さん (=daddy, father) (⇔**mom**) (! 口語; 特に子どもが用いる)

dad·dy A1

/dǽdi ダディ/ 名 (複 **daddies** /dǽdiz/) C 《口語》おとうちゃん, 父さん, パパ (⇔《米》**mommy**, 《英》**mummy**[2]) (! 呼びかける場合はふつう Daddy と大文字で始める)

daf·fo·dil /dǽfədil ダフォディル/ 名 C 《植物》ラッパズイセン《◆ウェールズの国花》; U 淡黄色 ⇨**narcissus**

daft B2 /dǽft ダフト/ 形 (比較級 **dafter**; 最上級 **daftest**) 《英》《口語》ばかな, ばかげた

dag·ger /dǽgər ダガ/ 名 C ❶ 短剣 ❷ 短剣の印, ダガー《◆†》

dahl·ia /dǽljə ダリャ/ 名 C 《植物》ダリア

dai·ly A2 中

/déili デイリ/ 形 毎日の; 日々の, 日常の

• We waste a lot of water in our **daily** life. 私たちは日常生活においてたくさんの水をむだに使っている

— 副 毎日, 日々 (=every day); 日ごとに

— 名 (複 **dailies** /déiliz/) C 日刊新聞 (! a daily (news) paper の省略形)

派生 **day** 名

dain·ti·ly /déintili デインティリ/ 副 優美に; えり好みして

dain·ty /déinti デインティ/ 形 (比較級 **daintier**; 最上級 **daintiest**) 優美な, きれいな; きゃしゃな; 好みのうるさい

— 名 (複 **dainties** /déintiz/) C おいしいもの; 珍味

dair·y /déəri デアリ/ 名 (複 **dairies** /déəriz/) ❶ C 搾(さく)乳所《◆牛乳をしぼり取る所》; バター・チーズ製造所; 酪農場 ❷ C 乳製品販売店, 牛乳店 ❸ U 酪農業

dáiry càttle 名 乳牛 (! 複数扱い)

dáiry fàrm 名 C 酪農場 (! 牛を飼ってその乳をしぼったり, バターやチーズなど, いわゆる酪農製品 (dairy products) を作る農場)

dai·sy B1 /déizi デイズィ/ 名 (複 **daisies** /déiziz/) C 《植物》デイジー, ヒナギク

Da·kar /dəkáːr ダカー/ 名 ダカール《◆セネガルの首都》

Da·ko·ta /dəkóutə ダコウタ/ 名 ダコタ ⇨**North Dakota**, **South Dakota**

Dal·las /dǽləs ダラス/ 名 ダラス《◆米国テキサス州 (Texas) の都市; 1963年にケネディ大統領が暗殺された》

A B C D E F G H I J K L M N O P Q R S T U V W X Y Z

dal·ly /dǽli ダリ/ 動 (三単現 **dallies** /dǽliz/; 過去·過分 **dallied** /dǽlid/; 現分 **dallying**) 自 《古風》(時間を)浪費する; だらだらやる

Dal·ma·tian /dælméiʃən ダルメイシャン/ 名 C 《動物》ダルメシアン《♦白色で黒のはん点がある犬》

dam A2 高

/dǽm ダム/ (発音 damn と同音) 名 (複 **dams** /dǽmz/) C ダム, 堰(せき)

• **build** [**construct**] **a dam** ダムを建設する

— 動 (三単現 **dams** /dǽmz/; 過去·過分 **dammed** /dǽmd/; 現分 **damming**) 他 (川などに)ダムを造る; ダムでせきとめる

dam·age B1 高 /dǽmidʒ ダミヂ/ (×ダメージ) 名 (複 **damages** /dǽmidʒəz/)

❶ U 損害, 被害, 傷害, ダメージ

• The president viewed flood **damage** in Virginia yesterday. 大統領はきのうバージニアの洪水被害を視察した

• No **damage** has been done. 何も被害は受けていない

コロケーション
形+**damage**
heavy [great] *damage* 大きな損害
slight *damage* 軽い損害
extensive *damage* ばく大な被害
serious *damage* 深刻な損害

❷ 《**damages**》損害賠償, 損害賠償金

• He was ordered to pay **damages** of ¥100,000. 彼は10万円の損害賠償金を払うよう命ぜられた

do [***cause***] ***damage to ...*** …に損害[被害]を与える (×*a* damage, ×damages としない)

— 動 (三単現 **damages** /dǽmidʒəz/; 過去·過分 **damaged** /dǽmidʒd/; 現分 **damaging**) 他
損害[被害]を与える, 傷つける

• The crops were badly **damaged** by the typhoon. 作物が台風でひどい被害を受けた

比較 He was slightly **hurt** in the accident. 彼はその事故で軽いけがをした (❗×He was slightly damaged in the accident. としない; 「人を傷つける」には damage は使えず, injure や hurt を使う) ⇨**injure**

dam·aged B1 高 /dǽmidʒd ダミヂド/ 形 損害を受けた, 傷ついた; 《俗語》酔った

Da·mas·cus /dəmǽskəs ダマスカス/ 名 ダマスカス《♦シリアの首都》

dame /déim デイム/ 名 C 《古風》(年配の)女性; 《英》《**the Dame**》デーム《♦ knight または baronet の夫人の敬称》

damn B2 /dǽm ダム/ (発音 dam と同音) 動 他 《口語》ののしる, のろう; けなす, 酷評する; (❗下品な語とされ, しばしば d– /díː/, d–n /díːn/ などと伏せ字で表記する)

Damn it! 《ののしりのことばで》ちくしょう!, しまった!

— 名 C 《単数形で》《否定文で》少し(も)

— 形 副 (=damned)

— 間 (=damnation)

dam·na·tion /dæmnéiʃən ダムネイション/ 名 U 地獄に落とすこと, 破滅

— 間 しまった, ちくしょう

damned /dǽmd ダムド/ 形 (最上級 **damnedest**) (❗比較級なし) ❶ 地獄に落とされた ❷ 《口語》けしからん, ひどい (❗下品な語なので, d–d /díːd/ とぼかして書くこともある)

— 副 《口語》ひどく, とても

damn·ing /dǽmiŋ ダミング/ 形 身を破滅させるような, 不利な, 手厳しい

damp B1 /dǽmp ダンプ/ 形 (比較級 **damper**; 最上級 **dampest**) しめった, じめじめした, しめっぽい (❗ふつう不快感をともなうしめっぽさを表す) ⇨**moist**

• a **damp** towel しめったタオル

似ている単語
しめっぽい－**damp**, **humid**
damp はおもに冷たくて不快なしめっぽさ, **humid** は高温のしめっぽさ, 蒸し暑さをいう:
Our hotel room was cold and **damp**. 私たちのホテルの部屋は寒くてし

めっぽかった
a hot and **humid** climate 暑くてじめじめする気候
― 名 U 湿気, 水分
― 動 (三単現 **damps** /dǽmps/; 過去・過分 **damped** /dǽmpt/; 現分 **damping**) 他 湿らす; (やる気を)くじく

damp·en /dǽmpən ダンプン/ 動 他
❶ 湿らせる (=damp)
❷ (気持ち・熱意などを)くじく, 冷めさせる, にぶらせる

damp·er /dǽmpər ダンパ/ 名 C 興[勢い]をそぐ人[もの]; 座を白けさせる人[もの]
put a damper on ... …の楽しさをそぐ, …の雰囲気をこわす

dam·sel /dǽmzəl ダムゼル/ 名 C 《古風》(未婚の)若い女性

Dan /dǽn ダン/ 名 ダン (◆男性名; Daniel の愛称)

dance A1 中
/dǽns ダンス|dáːns ダーンス/
名 (複 **dances** /dǽnsəz/) C
❶ 踊り, ダンス
• May I **have** this **dance** (**with** you)? この曲を私と踊っていただけますか (! 社交ダンス (a social dance) の時に)
❷ ダンスパーティー
❸ ダンス音楽, 舞踏(ぶとう)曲
― 動 (三単現 **dances** /dǽnsəz/; 過去・過分 **danced** /dǽnst/; 現分 **dancing**)
❶ 自 他 踊る, ダンスをする
• **dance with ...** …とダンスをする
• **dance** hip-hop ヒップホップを踊る
❷ 自 はね回る, とび回る; (木の葉などが)舞う
dance to ... …に合わせて踊る

dánce-dràma 名 C 舞踊(ぶよう)劇

danc·er A2 高
/dǽnsər ダンサ|dáːnsə ダーンサ/
名 (複 **dancers** /dǽnsərz/) C
❶ ダンサー, 舞踊(ぶよう)家
• a ballet **dancer** バレエダンサー
❷ 踊る人

danc·ing A1 高
/dǽnsiŋ ダンスィング|dáːnsiŋ ダーンスィング/
名 U ダンス, 踊り; 舞踊(ぶよう), 舞踏(ぶとう)

dan·de·li·on B2 /dǽndəlàiən ダンデライオン/ 名 C 《植物》(セイヨウ)タンポポ

dan·druff /dǽndrəf ダンドラフ/ 名 U (頭の)ふけ

dan·dy /dǽndi ダンディ/ 名 (複 **dandies** /dǽndiz/) C しゃれ男, だて男
― 形 (比較級 **dandier**; 最上級 **dandiest**) 《口語》非常によい, 極上の

Dane /déin デイン/ 名 C デンマーク人
⇨**Danish**

dan·ger A2 高
/déindʒər デインヂャ/ (×デンジャー)
名 (複 **dangers** /déindʒərz/)
❶ U C 危険(な状態), 危機; 恐れ (↔ **safety**)
• **Danger**! Poisons. 《掲示》危険! 毒物注意
• There is a real **danger** that this could happen again. このことがまた起こる本当の危険がある
❷ C 危険な物[事, 人物]

コロケーション
形+**danger**
(a) great [grave] *danger* 重大な危険
a real *danger* 現実の危機
動+**danger**
avoid (a) *danger* 危険を避ける
put ... in *danger* …を危険にさらす
sense (a) *danger* 危険を察知する

be in danger of doing …する恐れがある, …しそうである
in danger 危機に陥って
out of danger 危険を脱して
派生 **dangerous** 形
派生 **endanger** 動

dan·ger·ous A2 中
/déindʒərəs デインヂャラス/ 形
危険な, 危険を与える恐れのある; 危ない (↔**safe**)

A B C D E F G H I J K L M N O P Q R S T U V W X Y Z

- Smoking is **dangerous to** your health. 喫煙は健康に害がある
- **It is dangerous to** *swim* in this river. = This river is **dangerous to** swim in. この川で泳ぐのは危険だ

派生 danger 名

dan·ger·ous·ly B1 /déindʒərəsli デインヂャラスリ/ 副 危険なほど, 危なく

dan·gle /dǽŋgl ダングル/ 動 自 ぶら下がる, だらりとたれる; つきまとう; 他 見せびらかす

Dan·iel /dǽnjəl ダニエル/ 名 ダニエル《◆男性名》

Dan·ish /déiniʃ デイニシュ/ 形 デンマークの; デンマーク人[語]の ⇨**Dane**
━名U デンマーク語

dank /dǽŋk ダンク/ 形 (比較級 **danker**; 最上級 **dankest**) (冷たく)じめじめした

dap·pled /dǽpld ダプルド/ 形 まだらの, ぶちの

dare B1 /déər デア/ 動 (三単現 **dares** /déərs/; 過去・過分 **dared** /déərd/; 現分 **daring**) 他 ❶ 文型 [**dare to** *do*] あえて…する, …する勇気がある, 思い切って…する
❷ 文型 [**dare A to** *do*] A(人)にできるなら…してみろという
━助 (過去 **dared** /déərd/) あえて…する, 思い切って…する, …する勇気がある (❗助動詞としてはおもに否定文, 疑問文で用いる)

Don't you dare do … 絶対に…するな

How dare you do …? よくも…してくれたな

I dare say 多分, おそらく (=perhaps) (❗I daresay と書く場合もある)
- You are right, **I dare say**. たぶん君の言うこと[考え]が正しいだろう

使い方〉 動詞の **dare** と助動詞の **dare**
否定文・疑問文でも動詞の dare を使う方がふつう. 動詞の dare は否定文や疑問文で do, does, did を使うが, 助動詞の dare では使わず dare not または daren't とする. 動詞でも口語では to を省くことが多い:
They do**n't dare** (**to**) go there. = They **daren't** go there. 彼らにはそこへ行く勇気がない

━名C 《ふつう **a dare**》 挑戦

dare·dev·il /déərdèvəl デアデヴィル/ 名C 向こう見ずな人, 命知らずな人

dar·ing /déəriŋ デアリング/ 形 勇敢な, 大胆な

dark A1 中

/dá:rk ダーク/
形 (比較級 **darker**; 最上級 **darkest**)
❶ (光がなくて)暗い (↔**light**[1], **bright**)
- a **dark** room 暗い部屋
- It was **dark** outside. 外は暗かった

❷ (色が)濃い, 濃い色の (↔**light**[1]); (毛髪・目・皮膚などが)黒い, 黒っぽい (↔**fair**[1])
- **dark** hair [eyes] 黒っぽい髪[黒い目]

❸ 陰うつな, 邪悪な
❹ 秘密の; 意味不明の
━名U ❶ 《**the dark**》 暗やみ, 暗黒
❷ 夕暮れ

in the dark (***about***) 知らされないで, わからないで

派生 darkness 名

Dárk Áges 名 《**the** をつけて》 暗黒時代《◆中世ヨーロッパ5-10世紀》

dark·en /dá:rkən ダークン/ 動 他 自 暗くする[なる]; 黒っぽくする[なる]; 憂うつにする[なる] (↔**lighten**[1])

dárk glásses 名 《複数扱い》 サングラス (=sunglasses)

dárk hórse 名C (競馬の)穴馬; (競技・選挙などでの)予想外の実力者

dark·ly /dá:rkli ダークリ/ 副 ❶ 暗く
❷ 陰気に, 陰険に; おどすように

dark·ness B1 高 /dá:rknəs ダークネス/ 名U 暗さ, (暗)やみ, 暗黒 (↔**light**[1]); 夜; 黒さ; 無知

派生 dark 形

dark·room /dá:rkrù:m ダークルーム/ 名C 《写真》 暗室 (❗dárk róom は「暗い部屋」)

dar·ling B2 /dá:rliŋ ダーリング/ 形 最愛の; すてきな, かわいい (❗名詞の前に用

いる)
―名C 《呼びかけで》あなた, おまえ(❗夫婦や恋人どうしのほか親子の間でも用いる) ⇨dear; いとしい人, 最愛の人; かわいいもの, お気に入り

darn[1] /dɑ́ːrn ダーン/ 動他 (布地の穴を)繕う, かがる

darn[2] /dɑ́ːrn ダーン/ 動他 《俗語》のろう (❗damn の遠回しな言い方)
―副 (=darned)

darned /dɑ́ːrnd ダーンド/ 副 《俗語》とても, ひどく (❗damned の遠回しな言い方)

Dar·ren /dǽrən ダレン/ 名 ダレン《♦男性名》

dart /dɑ́ːrt ダート/ 名 ❶C 投げ矢, 投げ槍(やり); 《darts》《単数扱い》ダーツ ❷《単数形で》突進 (=dash)
―動自 (矢のように)飛んでいく, 突進する, 勢いよく走る; 他 (矢・槍を)投げる, 放つ

dart·board /dɑ́ːrtbɔ̀ːrd ダートボード/ 名C ダーツの標的 ⇨dart ❶

Dar·win /dɑ́ːrwin ダーウィン/ 名 《Charles Darwin》チャールズ・ダーウィン(1809-82) 《♦進化論を確立した英国の生物学者》

dash B2 /dǽʃ ダシュ/ 動 ❶他 打ち砕く, たたきつける; ぶつける, 投げつける; (水を)ぶっかける, 浴びせる
- The bomb **dashed** hopes for peace. その爆弾は平和の望みを打ち砕いた

❷自 突進する; 急いで去る[行く]
❸自 〔…に〕衝突する《*against, into*》

dash off 急いで去る; 手早くやる

dash A off Aを急いで書き上げる

―名 ❶《a dash》少量 ❷《単数形で》突進, 疾走 ❸C ダッシュ《♦記号; ―》(❗1つの文の中で, ことばを差しはさんだり, 付け足したりするときに使う) ❹U 《しばしば **the dash**》(雨・波などが激しく)打ちつける音 ❺C 短距離競走

dash·board /dǽʃbɔ̀ːrd ダシュボード/ 名C (自動車・飛行機などの)計器盤

dash·ing /dǽʃiŋ ダシング/ 形 威勢のいい, 猛烈な; さっそうとした

DAT /díːèitíː ディーエイティー, dǽt ダト/ 名C デジタルオーディオテープ《♦デジタル録音用のテープ》(❗digital audio tape の略)

da·ta B2 高 /déitə デイタ/ 名U データ, 資料; 情報
- **collect** [**gather**] **data on** ... …のデータを集める

注意› (**1**) data はもともと datum の複数形だが, しばしば単数扱いになる: The **data** in your report **are** [**is**] incorrect. あなたのレポートのデータは不正確です
(**2**) 数えられない名詞で集合的に使うので ×two data などとはいえない

コロケーション
動+**data**
process *data* データを処理する
access *data* データにアクセスする
store *data* データを保存する
input *data* データを入力する

dáta bànk 名C データバンク《♦データを蓄積したシステム・機関》

da·ta·base B2 /déitəbèis デイタベイス/ 名C 《コンピュータ》データベース

dáta pròcessing 名U データ処理

date[1] A1 中

/déit デイト/ 名 (複 **dates** /déits デイツ/)
❶C 日付; 日, (年)月日 (❗場合によって「年月日」「月日」「日」のいずれか); U 年代, 時代
- My **date** of birth is November 17, 2009. 私の生年月日は2009年11月17日です

会話 "What's the **date** today?" "It's May 5." 「きょうは何日ですか」「きょうは5月5日です」(❗What day of the month is it (today)? は「日」をたずねる言い方, What day (of the week) is it (today)? は「曜日」をたずねる言い方)

❷C (恋人などとの)デート; 会う約束; 《米》デートの相手
- He **has a date with** her on Sunday. 彼は日曜日に彼女とデートの約束がある

out of date 時代遅れの[で], 期限切

れの ⇨**out-of-date**
- The milk is **out of date**. その牛乳は賞味期限切れだ

to date 今まで(の)
up to date 最新の，最新式で，現代的に；今まで ⇨**up-to-date**

— 動 (三単現 **dates** /déits デイツ/; 過去·過分 **dated** /déitəd/; 現分 **dating**)
❶ 他 (手紙・書類などに)日付を書く[入れる]
- **date** a letter 手紙に日付を書く[入れる]

❷ 他 (恋人などと)デートする
date back to ... …までさかのぼる，…に始まる
date from ... …の日付がある；…から続いている

date[2] /déit デイト/ 名 C 《植物》ナツメヤシ《◆実が食用になる》

dat·ed B2 /déitəd デイテド/ 形 時代遅れの，すたれた

da·tum /déitəm デイタム/ 名 (複 **data** /déitə/) C データ，資料 (❗複数形(data)で使うのがふつう)

daub /dɔ́:b ドーブ/ 動 他 (ペンキ・絵の具などを)(…に)塗りたくる《*on, over*》; (ペンキ・絵の具などで)塗る《*with*》

daugh·ter A1 中

/dɔ́:tər ドータ/ (×ドウタ) 名 (複 **daughters** /dɔ́:tərz/) C 娘 (⇔**son**)
- their only **daughter** 彼らの一人娘
- Mr. Green has two **daughters** and a **son**. グリーンさんには娘2人と息子1人がいます

daugh·ter-in-law B2 /dɔ́:tərinlɔ̀: ドータリンロー/ 名 (複 **daughters-in-law**) C 息子の妻，嫁

daunt /dɔ́:nt ドーント/ 動 他 勇気をくじく；恐れさす，ひるませる (❗しばしば受け身で用いる)

daunt·ing /dɔ́:ntiŋ ドーンティング/ 形 人の気力をくじく，気の遠くなるような；恐れさせる

Dave /déiv デイヴ/ 名 デイブ《◆男性名；David の愛称》

Da·vid /déivid デイヴィド/ 名 ❶ デイビッド，デビッド《◆男性名》❷《聖書》ダビデ《◆紀元前1000年ごろのイスラエルの王；ソロモン(Solomon)の父》

daw·dle /dɔ́:dl ドードル/ 動 自《口語》ぐずぐずする，のらくらする

dawn B2 高 /dɔ́:n ドーン/ 名 U C
❶ 夜明け (=daybreak) ❷ 始まり
- **the dawn** of the information age 情報時代の始まり

from dawn till dusk 夜明けから日没まで

— 動 (三単現 **dawns** /dɔ́:nz/; 過去·過分 **dawned** /dɔ́:nd/; 現分 **dawning**) 自
❶ 夜が明ける，空が明るくなる
❷ 現れ始める

dawn on ... (事実などが)…にわかりはじめる

day A1 中

/déi デイ/ 名 (複 **days** /déiz/)
❶ C 日，1日
- for three **days** 3日間
- Take this medicine three times a **day**. この薬を1日に3回服用しなさい (❗このaは「…につき」の意味)
- **What day** is it (today)? きょうは何曜日ですか
- **What day of the month** is it (today)? きょうは何日ですか

❷ U C 昼間，日中
- **during the day** = **by day** 日中は

❸ C (ある特定の)日；記念日，祝祭日
- Mother's **Day** 母の日

❹ C《ふつう **days**》時代，時期
- **in** my school **days** 学生時代に

❺ C《ふつう *one's* **day**》全盛期
❻ C《**the day**》勝利；戦い，勝敗

all day (long) = ***all the day*** 一日中；終日
- I stayed home **all day long** watching TV. 私は一日中家でテレビを見ていた

by the day 1日いくらで，日割りで
call it a day (その日の仕事を)終わりにする
day after day 毎日(毎日)，来る日も来る日も

day and night 昼も夜も，日夜
day by day 日ごとに，日一日と，日増しに
day in and day out 明けても暮れても，毎日
every other* [*second*] *day 1日おきに
for a rainy day まさかの時に備えて
from day to day 日ごとに，一日一日と
have a day off 休暇をとる
in those days そのころ(は)，(その)当時は
• **In those days** we used to get along well with each other. そのころはお互い仲よくしていたものだった
one day (過去の)ある日；(未来の)いつか
one of these days 近いうちに，近日中に，そのうち
some day (未来の)いつか，ある日 (❗one day と違って，「未来のある日」だけをさす)
• She will return to Japan **some day**. 彼女はいつか日本に戻って来るでしょう
(the) day after tomorrow あさって，明後日 (←tomorrow の次の日)
• Shall we get together **the day after tomorrow**? あさって集まろうよ
(the) day before yesterday おととい，一昨日 (←yesterday の前の日)
the other day 先日
• I talked with him **the other day**. 私は先日彼と話しました
these days 近ごろ，最近，このごろ(は) (×*in* these days としない)
to this day 今日に至るまで，現在まで
派生 **daily** 形
day·bed /déibèd デイベド/ 名 C ソファー兼用ベッド
day·break /déibrèik デイブレイク/ 名 U 日の出，夜明け (=dawn)
at daybreak 明け方に
day·care /déikèər デイケア/ 名 U (昼間の)保育；(老齢者などの昼間の)介護
dáycare cènter 名 C 《米》(昼間の)保育所；(英国の昼間の)介護施設
day·dream /déidrì:m デイドリーム/ 名 C 白昼夢，白日夢；(夢のように楽しい)空想，夢想
— 動 (三単現 **daydreams** /déidrì:mz/; 過去・過分 **daydreamed** /déidrì:md/, **daydreamt** /déidrèmt/; 現分 **daydreaming**) 自 白昼夢をみる；空想にふける ⇨**dream**
dáydrèamer 名 C 空想家

day·light A2

/déilàit デイライト/ 名 U
❶ 昼間の光，日光；日中，昼間
• in broad **daylight** 真っ昼間に，白昼堂々と
❷ 夜明け (=dawn)
• **at** [**before**] **daylight** 夜明けに[前に]
dáylight sáving tìme 名 U 《米》夏時間 (=《英》summer time) 《♦夏季に標準時間より1時間早める制度；DST と略す》
dáy óff 名 (複 **days off**) C 休みの日，仕事のない日
dáy schóol 名 C (夜間学校に対して)昼間の学校 ⇨**night school**；(寄宿制の学校に対して)通学学校 ⇨**boarding school**
day·time B2 /déitàim デイタイム/ 名 U 《ふつう **the daytime**》日中，昼間
• **in** [**during**] the **daytime** 日中に
dáy-to-dáy 形 毎日の，日々の (❗名詞の前に用いる)
dáy trìp 名 C 日帰り旅行
daze B1 /déiz デイズ/ 名 《次の成句で》
in a daze ぼうっとして，ぼう然として
— 動 (三単現 **dazes** /déizəz/; 過去・過分 **dazed** /déizd/; 現分 **dazing**) 他 ぼうっとさせる；《**be dazed**》〔打撃などで〕ぼうっとなる《*by*》
dazed /déizd デイズド/ 形 (ショックで)ぼ

う然とした

daz·zle B1 /dǽzl ダズル/ 名 《単数形で》(目をくらませるような)まぶしい光
— 動 (三単現 **dazzles** /dǽzlz/; 過去・過分 **dazzled** /dǽzld/; 現分 **dazzling**) 他 (まぶしさで)目をくらませる; 《**be dazzled**》目がくらむ

daz·zling /dǽzliŋ ダズリング/ 形 目もくらむほどの, まぶしい

db, dB 《略》 decibel デシベル

DC, dc 《略》 direct current 直流

D.C. 《略》 the District of Columbia コロンビア特別区

DDT /díːdìːtíː ディーディーティー/ 名 U ディーディーティー (◆殺虫剤の一種)

DE 《略》 Delaware デラウェア(州)

de- 接頭 「分離」「除去」「降下」「反対」など ●**de**forest 森林を伐採する ●**de**grade 降格する ●**de**merit 欠点

dea·con /díːkən ディーコン/ 名 C 《キリスト教》(教会の)執事, 助祭

dead A2 中

/déd デド/ 形 ❶死んでいる, 死んだ (⇔**alive**, **living**, **live**[2]); 枯れた
● my **dead** grandmother 亡くなった私の祖母
● My father looks like my **dead** grandfather. 父は亡き祖父に似ている
● He has been **dead** for five years. 彼は5年前に死んだ (=He **died** five years ago.)
❷死んだような; 生命[感覚, 生気]のない; 活動を停止した; 機能しない; (言語などが)現在通用していない
● a **dead** battery 寿命の切れた電池
❸完全な, まったくの (❗名詞の前に用いる)

go dead 機能しなくなる; (手足などが)感覚がなくなる, しびれる

— 副 《口語》 まったく, すっかり
● I'm **dead** tired. ぼくは死ぬほど[へとへとに]疲れている

— 名 U 《**the dead**》死者(たち), 死んだ人々, 故人 (❗1人にも2人以上にも使う)

in the dead of ... 〔寒さ・夜など〕のさなかに 派生 **death** 名; 派生 **die**[1] 動

dead·en /dédn デドン/ 動 他 (活力などを)そぐ; (苦痛などを)やわらげる

déad énd 名 C (道路などで先に行けない)行き止まり, 袋小路; (仕事などで先の見えない)行きづまり, 苦境

déad héat 名 C (競走での)同着
日英比較 日本語の「デッドヒート(=接戦)」は close race などという

déad létter 名 C 配達不能の郵便物

dead·line B1 /dédlàin デドライン/ 名 (複 **deadlines** /dédlàinz/) C 締め切り時間[日]; 最終期限

dead·lock /dédlàk デドラク/ 名 U C (交渉などの)行きづまり

dead·ly B1 /dédli デドリ/ 形 (比較級 **deadlier**, **more deadly**; 最上級 **deadliest**, **most deadly**)
❶致命的な, 命にかかわる
● a **deadly** disease 命取りの病気
❷《口語》ひどい, はなはだしい
❸死に物狂いの, 必死の; 命をねらう
— 副 ❶死[死人]のように
❷《口語》死ぬほど, 非常に, ひどく

dead·pan /dédpæ̀n デドパン/ 形 《口語》 平静を装った, まじめくさった

Déad Séa 名 《**the** をつけて》死海 (◆イスラエルとヨルダンの国境にある塩水湖)

dead·wood /dédwùd デドウド/ 名 U 《口語》役に立たない人たち

deaf B1 /déf デフ/ (×ディーフ) 形 (比較級 **deafer**; 最上級 **deafest**)
❶耳が聞こえない; 耳が遠い
● **the deaf** 耳の不自由な人々
❷〔…に〕耳をかさない, 聞こうとしない 《*to*》

deaf·en /défən デフン/ 動 他 耳を聞こえなくする, 耳をつんざく

deaf·en·ing /défəniŋ デフニング/ 形 耳をつんざくような
déafeningly 副 耳をつんざかんばかりに

deal[1] A2 高

/díːl ディール/ 名 《単数形で》量; 分量; 程度; たくさん (❗次のような句に使われる)

a good [great] deal 《口語》たくさん, 多量 (❗副詞的にも用いる)
• He reads **a good [great] deal.** 彼はたくさん本を読む[読書家だ]
a good [great] deal of ... 《口語》たくさんの…, 多量の… (❗of のあとには数えられない名詞がくる)
• I spent **a good deal of** time thinking. 私はたくさんの時間を費やして考えた
比較 a great [large] number of books たくさんの(数の)本 (❗a (great [large]) number of のあとは複数名詞)

deal[2] B1 高 /díːl ディール/ 動 (三単現 **deals** /díːlz/; 過去·過分 **dealt** /délt/; 現分 **dealing**) ❶ 他 配る, 分ける, 分け与える 《*out*》
• **deal** cards トランプの札を配る
文型 [**deal A B = deal B to A**] A (人)にBを分ける, 配る
• He **dealt** me five cards. = He **dealt** five cards **to** me. (トランプで)彼は私にカードを5枚配った
❷ 他 (打撃を)加える
deal in ... (商品を)扱う, …の商売をしている; …に関係する
• He **deals in** used cars. 彼は中古車を売買している
deal with ... …を(取り)扱う; (問題を)処理する; (困難に)対処する
• We must now **deal with** environmental problems. 私たちは今や環境問題に対処しなければならない
━ 名 (複 **deals** /díːls/) C
❶ 取り引き, 契約; 妥協 ❷ 取り扱い
❸ (トランプの)札を配ること[配る番]
• It's your **deal.** 君が配る番だ
make a deal with ... …と取り引きする; …と契約を結ぶ

deal·er B1 /díːlər ディーラ/ 名 (複 **dealers** /díːlərz/) C
❶ (取扱)業者, 販売店, ディーラー
• a used car **dealer** 中古車業者
❷ (トランプの)親, 札を配る人

deal·er·ship /díːlərʃip ディーラシプ/ 名 C (車などの)販売特約権; 特約店

deal·ing /díːliŋ ディーリング/ 名 《**dealings**》個人的なつきあい; 商取引関係

dealt /délt デルト/ 動 deal[2]の過去形·過去分詞

dean /díːn ディーン/ 名 C
❶ 大学の学部長; 学生部長
❷ (大聖堂·大学付属教会の)首席司祭

dear A1 中
/díər ディア/ (発音 deer と同音)
形 (比較級 **dearer**; 最上級 **dearest**)
❶ 親愛なる… (❗手紙の書き出しに使う)
• **Dear** Mr. Smith 親愛なるスミス様
❷ かわいい, いとしい, 愛する…, 親愛な; 大切な, 大事な
• my **dear** friend [mother] 私の愛する友[母]
❸ 《英》高価な, 高い (=expensive) (↔ **cheap**)
━ 名 (複 **dears** /díərz/) C
愛する者; かわいい人 (=darling) (❗「ねえ」「あなた」「ぼうや」「おまえ」などと親しい人を呼ぶときに使う)
━ 副 (比較級 **dearer**; 最上級 **dearest**) 《英》(犠牲などが)高くつく
━ 間 おや, まあ (❗おもに女性が使う)
Oh dear! えーっ, おやおや (❗驚き·いらだち·困惑を表す)

dear·ly B2 /díərli ディアリ/ 副 愛情を込めて, 心から; 大きな犠牲を払って; とても

dearth /də́ːrθ ダース/ 名 《単数形で》《文章》〔…の〕不足, 欠乏 《*of*》 (=shortage)

death A2 高
/déθ デス/ 名 (複 **deaths** /déθs/)
❶ U C 死 (↔**life**); 死亡, 死ぬこと (↔**birth**)
• recognize brain **death** as **death** 脳死を死と認める

コロケーション
形+**death**
an accidental *death* 事故死
an instant *death* 即死
a peaceful *death* 安らかな死
a sudden *death* 突然死, 急死
an untimely *death* 早すぎる死

動+**death**
cause *death* 死を招く
face *death* 死に直面する

❷ C 死者数
• The train accident caused a lot of **deaths**. その列車事故は多数の死者を出した
❸《the death》消滅, 終わり, 破滅
meet *one's* ***death*** 死ぬ
put ... to death …を死刑にする[殺す]
to death 死ぬほど, ひどく
• He worked hard, almost **to death**. 彼は死ぬほど働いた
派生 **dead**, **deathly** 形; 派生 **die**[1] 動

death·bed /déθbèd デスベド/ 名 C 死の床
déath certìficate 名 C 死亡診断書
death·ly /déθli デスリ/ 形 死んだような; 致命的な
― 副 死んだように; 極端に
déath màsk 名 C デスマスク《♦死者の顔を石こうでかたどったもの》
déath pènalty 名 UC 死刑
déath tòll 名 C (災害・事故などでの)死亡者数
death·trap /déθtræp デストラプ/ 名 C 死の落とし穴《♦非常口のない建物のような非常に危険な場所》
de·ba·cle /deibɑ́:kl デイバークル/ 名 C (政府・経済などの)崩壊, 総崩れ; 大失敗
de·base /dibéis ディベイス/ 動 他《文章》(品質・品性・価値・評判などを)落とす
de·bat·a·ble /dibéitəbl ディベイタブル/ 形 論争の余地がある; 異論のある

de·bate A2 高

/dibéit ディベイト/ 名 (複 **debates** /dibéits ディベイツ/) UC 討論, ディベート, 論争, 討議; C 討論会
• a heated **debate** 白熱した討論
• They held a TV **debate on** bullying. 彼らはいじめについてテレビ討論会を行った
― 動 (三単現 **debate** /dibéits ディベイツ/; 過去・過分 **debated** /dibéitəd/; 現分 **debating**) 他自
❶ 討論する, 討議する ⇨**discuss**
• I **debated** for hours **with** them **over** the plan. 私は何時間も彼らとその計画について討議した
❷ よく考える, 検討する
• I **was debating** whether or not to call you. 私はあなたに電話するかしないか思案していた

Deb·bie, Deb·by /débi デビ/ 名 デビー《♦女性名; Deborah の愛称》
de·bil·i·tate /dibílətèit ディビリテイト/ 動 他《文章》(心身を)衰弱させる
de·bil·i·tat·ing /dibílətèitiŋ ディビリテイティング/ 形《文章》(病気などが)衰弱させる
deb·it B2 /débit デビト/ 名 C 借り方 (↔**credit**)
― 動 他 借り方に記入する;〔銀行口座から〕(金額を)引き落とす《*from*》
débit càrd B2 名 C デビットカード《♦支払い代金を直接口座から引き落とせる銀行発行カード》
deb·o·nair /dèbənéər デボネア/ 形 (特に男性が)身ぎれいで快活な, 愛想のよい
Deb·o·rah /débərə デボラ/ 名 デボラ《♦女性名》
de·brief /di:brí:f ディーブリーフ/ 動 他 (帰還した外交官・飛行士などから)任務の結果報告を聞く
de·bris B1 /dəbrí: デブリー | déibri: デイブリー/ 名 U (破壊のあとの)がれき, 残骸(がい); くず
debt B1 /dét デト/ 名 (複 **debts** /déts デツ/) UC 借金, 負債; 借金状態; 恩義
• He'll pay **a debt of** 50 dollars. 彼は50ドルの借金を支払うでしょう
• pay off [clear] the **debt** 借金を返す
be in debt (***to ...***) (…に)借金している, (…に)恩義を感じている
• He **is in debt**. 彼は借金している
go [***get***] ***into debt*** 借金をする
get out of debt 借金を返す[なくす]
debt·or /détər デタ/ 名 C 借り主, 債務者 (↔**creditor**)

de·bug /diːbʌ́g ディーバグ/ 動 (三単現 **de-bugs** /diːbʌ́gz/; 過去·過分 **debugged** /diːbʌ́gd/; 現分 **debugging**) 他
❶《コンピュータ》デバグする《◆プログラムの誤りを捜して修正する》
❷(部屋などから)盗聴器を除去する

de·bunk /diːbʌ́ŋk ディーバンク/ 動 他《口語》正体を暴露する, すっぱぬく

de·but /deibjúː デイビュー, ∸∸/ 名 C《フランス語》デビュー; (俳優·音楽家などの)初舞台, 初出演
make one's debut デビューする, 初舞台を踏む, 初出演する
━動 自 デビューする

deb·u·tante, déb·u·tante /débjutɑ̀ːnt デビュターント/ 名 C《フランス語》社交界に初めて出る娘; 初舞台の女優

Dec. 《略》December 12月

dec·ade B2 高 /dékeid デケイド, ∸∸/ 名 C 10年間
• Our school was founded four **decades** ago. 私たちの学校は創立40年です

de·ca·dence /dékədəns デカダンス/ 名 U (道徳·芸術などの)堕落(だらく), 衰退, 退廃

de·ca·dent /dékədənt デカダント/ 形 退廃的な, 堕落(だらく)[衰退]している

de·caf /díːkæf ディーキャフ/ 名 (複 **decafs** /díːkæfs/) U C《口語》カフェイン抜きのコーヒー

de·caf·fein·at·ed /diːkǽfənèitəd ディーキャフィネイテド/ 形 (コーヒーなどが)カフェインを抜いた

de·cant·er /dikǽntər ディキャンタ/ 名 C デカンター《◆ワインなどの食卓用栓付きガラスびん》

de·cap·i·tate /dikǽpətèit ディキャピテイト/ 動 他《文章》(特に処刑で)…の首を切り落とす

de·cath·lon /dikǽθlən ディキャスロン/ 名 C《スポーツ》十種競技《◆陸上競技の混成種目》

de·cay B2 /dikéi ディケイ/ 動 (三単現 **de-cays** /dikéiz/; 過去·過分 **decayed** /dikéid/; 現分 **decaying**) ❶ 自 腐る, 腐敗する (=rot); 他 腐敗させる
❷ 自 衰える
━名 U 腐敗; 衰え; 虫歯

de·cayed /dikéid ディケイド/ 形 腐った; 衰弱した

de·cease /disíːs ディスィース/ 名 U《文章》死去 (❗おもに法律用語)

de·ceased /disíːst ディスィースト/ 形《文章》死去した; 故…
━名《**the deceased**》《文章》死者, 故人 (❗1人にも複数にも使う)

de·ceit /disíːt ディスィート/ 名 U C あざむくこと, だますこと, 虚偽, 詐欺 (❗deception と違って, 悪意をもって人をだますこと)

de·ceit·ful /disíːtfəl ディスィートフル/ 形 不正直な, うそつきの; (言動·外見などが)人を惑わすような

de·ceive B2 /disíːv ディスィーヴ/ 動 他 (人を)だます, あざむく; 文型 [**deceive A into doing**] A(人)をだまして…させる
• I'm afraid that he **was deceived**. 私は彼がだまされたのではないかと思う
deceive oneself 思い違いをする

De·cem·ber A1 中

/disémbər ディセンバ/ 名 U C
12月 (❗Dec. と略す; 詳しい用法は June を参照)
• early [late] in **December** 12月の初め[終わり]に
• **next** [**last**] **December** 来年[去年]の12月に

de·cen·cy /díːsənsi ディーセンスィ/ 名 U 上品さ, 礼儀正しいこと
for decency's sake 体面上

de·cent B2 /díːsənt ディーセント/ 形
❶ 満足できる, 相当な, かなりの
• He is not the top student, but gets **decent** grades. 彼はトップではないが, かなりいい成績をとっている
❷《口語》親切な ❸ きちんとした, 見苦しくない; 礼儀正しい, 上品な (=respectable) (↔**indecent**)
décently 副 きちんとして; 礼儀正しく

de·cen·tral·i·za·tion /diːsèntrələzéiʃən ディーセントラリゼイション/ 名 U 地方分権

de·cen·tra·lize /diːséntrəlàiz ディーセントラライズ/ 動 他 (中央の政府・組織などを)地方へ分散させる

de·cep·tion /disépʃən ディセプション/ 名 U だますこと; だまされること (❗ deceit と違って, 必ずしも悪意は含まれない)

de·cep·tive B2 /diséptiv ディセプティヴ/ 形 だますような, 誤解させるような; 見せかけの

decéptively 副 見た目を欺くほど

dec·i·bel /désəbèl デスィベル/ 名 C 《物理》デシベル《◆音の強さの単位. 記号 db, dB》

de·cide A2 中

/disáid ディサイド/ 動 (三単現 **decides** /disáidz ディサイヅ/; 過去・過分 **decided** /disáidəd/; 現分 **deciding**)

❶ 他 自 決心する, (心に)決める; 決心させる

• Think well before you **decide**. 決心する前によく考えなさい

文型 [**decide to** *do*] …することを決心する • He **decided to** [**not to**] *go* to college. 彼は大学へ行く[行かない]ことを決心した

文型 [**decide that ...**] …と決心する; 文型 [**decide wh-...**] …かを決める

• She **decided that** she would be a nurse. = She **decided to** be a nurse. 彼女は看護師になろうと決心した

❷ 他 自 (物事を)決定する, 決める; (問題に)結論を下す, 解決する

• His goal **decided** the game. 彼のゴールが試合を決めた

• Mother, you don't have the right to **decide** my future. お母さん, 私の将来を決める権利はお母さんにはないわ

decide against ... …をやめることに決める

decide on [***upon***] ***...*** …に決定する, …(すること)に決める

派生 **decision** 名; 派生 **decisive** 形

de·cid·ed /disáidəd ディサイデド/ 形 はっきりした, 明確な; 疑いのない, 断固たる

de·cid·ed·ly /disáidədli ディサイデドリ/ 副 はっきりと, 明確に; 断固として, きっぱりと

de·cid·u·ous /disídʒuəs ディスィヂュアス/ 形 《植物》(樹木が)落葉性の (↔**evergreen**)

dec·i·mal /désəməl デスィマル/ 形 小数の; 10が基準の, 10進法の

— 名 C 小数

参考〉 小数の言い方・読み方

小数点は point で, 小数点の左側の数字はふつうに言い, 小数点以下の数字は1つずつ言う:

12.345 twelve point three four five

20.04 twenty point zero [o] four (❗ 小数点以下の0は zero または o /óu オウ/)

0.05 (zero) point zero [o] five (❗ 小数点の左が0のときは言わないか zero)

décimal pòint 名 C 小数点

dec·i·mate /désəmèit デスィメイト/ 動 他 《文章》(伝染病・戦争などが, 人・動物などの)多くを死なせる

dec·i·pher /disáifər ディサイファ/ 動 他 (暗号・古文書などを)判読する, 解読する

de·ci·sion B1 高 /disíʒən ディスィジョン/ 名 (複 **decisions** /disíʒənz/)

❶ U 決心; 決断力

• He **made a decision to** study abroad. 彼は留学する決心をした (=He **decided to** study abroad.)

❷ U C 決定, 結論

• After a long discussion, we **came to** [**reached**] a **decision**. 長い討議ののち私たちはある結論に達した

コロケーション

動+a **decision**

take a *decision* 決定する

reverse [overturn] a *decision* 決定をくつがえす

形+**decision**

a big [crucial] *decision* 重大な決定

an early *decision* 早期決定
the right *decision* 正しい決定
a difficult *decision* 難しい決定
a tough *decision* がんとして一歩もゆずらない決断; 厳しい決断
the final *decision* 最終決定

派生 **decide** 動; 派生 **decisive** 形

de·ci·sive B2 /disáisiv ディサイスィヴ/ 形 決定的な (=determined); 断固とした (↔**indecisive**); 明らかな
派生 **decide** 動; 派生 **decision** 名

deck B2 高 /dék デク/ 名 C ❶デッキ, 甲板; (電車・バスの)床 ❷《米》(トランプ札の) 1組 (=《英》pack) ❸テープデッキ; (レコードプレーヤーの)デッキ
on deck ①甲板へ(出て) ②《米》準備を整えて
ー動 他 飾る

dec·la·ra·tion B1 /dèkləréiʃən デクラレイション/ 名 (複 **declarations** /dèkləréiʃənz/) U C
宣言, 公式発表; 申告; 布告
派生 **declare** 動

Declarátion of Indepéndence 名 《**the** をつけて》(米国の)独立宣言 《◆英国からの独立の宣言; 1776年7月4日》

de·clare B1 /dikléər ディクレア/ 動 (三単現 **declares** /dikléərz/; 過去・過分 **declared** /dikléərd/; 現分 **declaring** /dikléəriŋ/) ❶ 他 宣言する, 公表する 自 (人が…に賛成・反対と)明言する, はっきり述べる《*for, against*》; 文型 [**declare that ...**] …と断言する; 文型 [**declare A (to be) C**] AがCであると断言する
• He **declared for** the party. 彼はその党を支持すると明言した
❷ 他 (税関で, 課税品の)申告をする
派生 **declaration** 名

de·cline B1 /dikláin ディクライン/ 名 (複 **declines** /dikláinz/) C
減少; 衰退, 衰え; 低下; 下落
on* [*in*] *the decline 低下して, 衰えて
ー動 (三単現 **declines** /dikláinz/; 過去・過分 **declined** /dikláind/; 現分 **declining**)
❶ 他 (申し出などを, ていねいに)断る, 辞退する (↔**accept**); 文型 [**decline to** *do*] …するのを断る
• **decline** an invitation 招待を辞退する
❷ 自 衰える; 低下する; 傾斜する, 傾く

de·code /dikóud ディコウド/ 動 他 (暗号を)解読する (↔**encode**)

de·cod·er /dikóudər ディコウダ/ 名 《通信》復号器, デコーダー; 暗号解読器

de·com·pose /dìːkəmpóuz ディーコンポウズ/ 動 自 他 分解する; 腐敗する[させる], 変質する[させる]

de·com·pos·er /dìːkəmpóuzər ディーコンポウザ/ 名 C 分解する人[物]

de·com·po·si·tion B2 /dìːkɑmpəzíʃən ディーカンポズィション/ 名 U 分解(作用); 腐敗, 変質

dec·o·rate B2 高 /dékərèit デコレイト/ 動 他 ❶(場所などを)(…で)飾る, 装飾する《*with*》
• We **decorated** our rooms **with** flowers. 私たちは部屋を花で飾った
❷(家・壁などに)ペンキを塗る, 壁紙をはる ❸勲章を授ける
派生 **decoration** 名

dec·o·ra·tion B2 高 /dèkəréiʃən デコレイション/ 名 ❶ U 飾ること, 装飾
❷ C 《ふつう **decorations**》飾りつけられた物, 飾り(つけ), デコレーション, 装飾品; 勲章
派生 **decorate** 動

Decorátion Dày 名 (= Memorial Day)

dec·o·ra·tive B2 /dékərətiv デコラティヴ/ 形 装飾の; 装飾的な
décoratively 副 装飾的に

dec·o·ra·tor /dékərèitər デコレイタ/ 名 C 室内装飾家

de·co·rum /dikɔ́ːrəm ディコーラム/ 名 U 《文章》礼儀正しさ, 上品さ

de·coy /díːkɔi ディーコイ/ 名 C おとり, デコイ 《◆鳥・動物をおびき寄せるための生きたまたは模型の鳥・動物》; (人をおびき寄せるための)おとり, わな

— /dikɔ́i ディコイ/ 動 他 おびき寄せる

de·crease B1 高 /dikríːs ディクリース/ 動 (三単現 **decreases** /dikríːsəz/; 過去·過分 **decreased** /dikríːst/; 現分 **decreasing**) 自 減る, 減少する; 他 …を減らす, 減少させる (↔**increase**)

- **decrease** the number of cars 車の数を減らす

— /díːkriːs ディークリース/ (発音 動とのアクセントの違いに注意) 名 (複 **decreases** /díːkriːsəz/) U C

減少, 縮小 (↔**increase**)

- a **decrease in** sales 売り上げの減少

on the decrease しだいに減少して, 減少中で

de·creas·ing /dikríːsiŋ ディクリースィング/ 形 減少する

de·cree /dikríː ディクリー/ 名 C

❶ (国王·政府·教会などによる)命令, 布告

❷ (裁判所の)判決, 命令

— 動 他 命じる, 決定する

de·crep·it /dikrépət ディクレピト/ 形 老朽の, がたがきた; 老衰した

de·cry /dikrái ディクライ/ 動 (三単現 **decries** /dikráiz/; 過去·過分 **decried** /dikráid/; 現分 **decrying**) 他 《文章》(公然と)非難する

ded·i·cate B1 /dédəkèit デディケイト/ 動 (三単現 **dedicates** /dédəkèits デディケイツ/; 過去·過分 **dedicated** /dédəkèitəd/; 現分 **dedicating**) 他

❶ […に]ささげる 《*to*》

- She **dedicated** her whole life **to** acting. 彼女は芝居に人生をささげた

❷ […に]献呈する 《*to*》

dedicate oneself to ... …に専念する

派生 **dedication** 名

ded·i·cat·ed /dédəkèitəd デディケイテド/ 形 (仕事などに)打ち込んでいる, 熱心な

ded·i·ca·tion B2 /dèdəkéiʃən デディケイション/ 名 ❶ U 献身; 奉納; 献呈 ❷ C 献呈の辞

派生 **dedicate** 動

ded·uce B2 /didjúːs ディデュース/ 動 他 (演繹(えんえき)的に)推論する (↔**induce**)

de·duct /didʌ́kt ディダクト/ 動 他 差し引く, 控除する

de·duct·i·ble /didʌ́ktəbl ディダクティブル/ 形 差し引ける, 控除できる

de·duc·tion B2 /didʌ́kʃən ディダクション/ 名 U 差し引き, 控除; C 控除額; U C 推論, 演繹法 (↔**induction**)

de·duc·tive /didʌ́ktiv ディダクティヴ/ 形 推論の; 演繹的な (↔**inductive**)

dedúctively 副 演繹的に

deed B1 /díːd ディード/ 名 (複 **deeds** /díːdz/) C ❶ 《文章》行為, 行い, 実行; 行動 ❷ 《法律》(署名捺印(なついん)した, 特に不動産などの)証書, 権利書

in deed 実際に; 行為において

deem B2 /díːm ディーム/ 動 他 《文章》(…であると)考える

deep A2 中

/díːp ディープ/ 副 深く, 奥深く

- dig **deep** 深く掘る

deep down 心の底では, 本心は

— 形 (比較級 **deeper**; 最上級 **deepest**)

❶ 深い (↔**shallow**); 深さが…の[で]; 深い所まで達する; 奥行きが…の

- a **deep** sigh 深いため息
- She took a **deep** breath. 彼女は深呼吸をした

会話 "How **deep** is the snow?" "It is two meters **deep**." 「雪の深さはどれくらいですか」「深さは2メートルです」

❷ 心の底からの, 深い; 深遠な, 難解な

- The parents showed a **deep** love for their son. その両親は息子に深い愛情を見せた

❸ 文型 [**be deep in A**] A(物思い)にふけっている; A(借金)にはまり込んでいる

❹ (色が)深みのある, 濃い; (声が)太い

派生 **depth** 名

deep·en /díːpən ディープン/ 動 他 深くする, 深める; 自 深くなる, 深まる

deep·freeze /díːpfrìːz ディープフリーズ/ 名 C 急速冷凍庫 (=freezer)

deep-fry /díːpfrài ディープフライ/ 動 (三単現

deep-fries /dí:pfràiz/; 過去・過分 **deep-fried** /dí:pfràid/; 現分 **deep-frying**) 他 (油で)揚げる (❗ fry はふつう油でいためること)

deep·ly A2 高 /dí:pli ディープリ/ 副 非常に, ひどく, 強く; 深く (❗ おもに比ゆ的に使い, 具体的に「深く」はふつう deep)
- We were **deeply** moved by her speech. 彼女の話に私たちはとても感動した

déep-róoted 形 (=deep-seated)
déep-séa 形 深海の; 遠洋の
déep-séated 形 (感情・考えなどが)深く根ざした, 根深い
Déep Sóuth 名 《**the** をつけて》(米国の)最南部 《♦サウスカロライナ (South Carolina), ジョージア (Georgia), アラバマ (Alabama), ミシシッピー (Mississippi), ルイジアナ (Louisiana) の諸州》
deer B2 高 /díər ディア/ (発音 dear と同音) 名 (複 **deer**) C 《動物》シカ《♦鹿》
- **a herd of deer** シカの群れ

関連語› 単語力
fawn 子ジカ
buck, stag 雄ジカ
doe, hind 雌ジカ
(❗ buck, doe はウサギなどにも使う)
antler (枝)角

de·face /diféis ディフェイス/ 動 他 《文章》(落書きなどで)外観を損なう, 汚す
de·fame /diféim ディフェイム/ 動 他 《文章》名誉を傷つける
de·fault /difɔ́:lt ディフォールト/ 名 ❶ U 《法律》(義務などを)怠ること, 不履行 ❷ C 《コンピュータ》初期設定, デフォルト
by default 欠席[欠場]によって
— 動 自 義務を怠る, 〔債務などを〕履行しない 《*on*》; (裁判に)出廷しない, (試合などに)出場しない
— 形 《コンピュータ》初期設定の
de·feat B1 高 /difí:t ディフィート/ 動 (三単現 **defeats** /difí:ts ディフィーツ/; 過去・過分 **defeated** /difí:təd/; 現分 **defeating**) 他 (戦い・競争などで相手を)破る, 負かす, …に勝つ (=beat); くじく, 挫折(ざせつ)させる; (提案など)を否決する
— 名 (複 **defeats** /difí:ts ディフィーツ/) U C 負けること, 敗北 (↔**victory**); 失敗; 負かすこと, 打倒
- **suffer** (a) **defeat** 敗北する

de·feat·ed /difí:təd ディフィーテド/ 形 敗れた
de·feat·ism /difí:tizm ディフィーティズム/ 名 U 敗北主義
de·feat·ist /difí:tist ディフィーティスト/ 名 C 敗北主義者
— 形 敗北主義の
def·e·cate /défəkèit デフェケイト/ 動 自 《文章》排便する
de·fect /dí:fekt ディーフェクト/ 名 (複 **defects** /dí:fekts ディーフェクツ/) C 欠陥, 欠点, 短所
in defect of ... …がない場合; …がないので
— /difékt ディフェクト/ (発音 名とのアクセントの違いに注意) 動 自 離反する, 亡命する
de·fec·tion /difékʃən ディフェクション/ 名 U C 〔…からの〕離反, 脱党, 脱会 《*from*》; 〔…への〕逃亡, 寝返り 《*to*》
de·fec·tive /diféktiv ディフェクティヴ/ 形 欠陥[欠点]のある; 不完全な
be defective in ... …を欠いている, …が足りない
de·fec·tor /diféktər ディフェクタ/ 名 C 離反者, 離党者, 逃亡者
de·fence /diféns ディフェンス/ 名 《英》(=defense)
de·fend B1 /difénd ディフェンド/ 動 (三単現 **defends** /diféndz ディフェンヅ/; 過去・過分 **defended** /diféndəd/; 現分 **defending**) 他
❶ 守る, 防ぐ, 防御する (↔**attack**)
- She is learning karate to **defend** herself. 彼女は身を守るために空手を習っている

文型 [**defend A against** [**from**] **B**] AをBから守る
- He **defended** himself **from** dangers.

彼は危険から身を守った
❷ 弁護する, 擁護する (↔**accuse**)
派生 **defense** 名; 派生 **defensive** 形

de·fend·ant /diféndənt ディフェンダント/ 名 C 被告 (↔**plaintiff**)

de·fend·er B1 /diféndər ディフェンダ/ 名 (複 **defenders** /diféndərz/) C
❶ 守備の選手, ディフェンダー; 選手権保持者 ❷ 弁護者; 防御者

de·fense B1 /diféns ディフェンス/ 名 (複 **defenses** /difénsəz/) 《米》(=《英》 defence) ❶ U C 守ること, 防御; 防衛, 守備 (↔**attack, offense**)
- national **defense** 国防
- **defense** minister 国防相

❷ C 守る物, 防御物
- body's **defense** system 体の防衛機構

❸ C 《スポーツ》守備側(の選手)
- a man-to-man [zone] **defense** マンツーマン[ゾーン]ディフェンス

❹ U C 弁護; 《**the defense**》《単数・複数扱い》被告側 (↔**prosecution**)

in defense of ... …を守るために
come to A's defense A(人)の弁護をする, かばう
派生 **defend** 動

de·fense·less /difénsləs ディフェンスレス/ 形 防備のない, 無防備の; 防御できない

de·fen·si·ble /difénsəbl ディフェンスィブル/ 形 防御できる; 弁護する余地のある

de·fen·sive /difénsiv ディフェンスィヴ/ 形 防御的な, 防御の, 防衛の, 守備の (↔**offensive**)
— 名 《**the defensive**》防御, 防衛; 守勢 (↔**offensive**)

on the defensive 守勢で
派生 **defend** 動
defénsively 副 防御的に

de·fer /difə́ːr ディファー/ 動 (三単現 **defers** /difə́ːrz/; 過去・過分 **deferred** /difə́ːrd/; 現分 **deferring**) 他 《文章》延期する (= put off); 《米》(徴兵を)猶予する

覚えよう〉 単語力
活用形に注意
defer → defer**red**, defer**ring** (❗アクセントが後ろにあるので r を重ねる) ⇨**refer, occur**

def·er·ence /défərəns デファレンス/ 名 U 《文章》(目上や権威に敬意を表して)服従すること; 敬意, 尊敬

in deference to ... …に従って, …を尊重して

de·fi·ance /difáiəns ディファイアンス/ 名 U (権力・敵・規則などに対する)反抗; 挑戦; 無視

in defiance of ... …をものともせずに, …を無視して

de·fi·ant /difáiənt ディファイアント/ 形 反抗的な, 挑戦的な
defíantly 副 挑戦[反抗]的に

de·fi·cien·cy B1 /difíʃənsi ディフィシェンスィ/ 名 (複 **deficiencies** /difíʃənsiz/) 《文章》U C ❶〔…の〕不足, 欠乏; 不足量[額] 《*of, in*》 ❷ 欠点, 弱点; 欠陥, 不備

de·fi·cient /difíʃənt ディフィシェント/ 形 欠けている, 足りない; 欠陥のある
defíciently 副 不足して

def·i·cit B2 /défəsət デフィスィト/ 名 C 欠損, 赤字; 不足 (↔**surplus**)

de·file /difáil ディファイル/ 動 他 《文章》汚(けが)す, 冒とくする; よごす, 汚染する

de·fine B1 高 /difáin ディファイン/ 動 (三単現 **defines** /difáinz/; 過去・過分 **defined** /difáind/; 現分 **defining**) 他
❶〔…と〕定義する 《*as*》
- The dictionary **defines** "school" **as** "a place for learning." その辞書は「学校」を「学ぶ場所」と定義している

❷ 限定する, 範囲を定める; 輪郭をはっきり示す
派生 **definition** 名

def·i·nite B1 /défənət デフィニト/ (×ディフィニト) 形 ❶ はっきりした, 明確な (↔**indefinite**); 一定の, 限定された; 〔…を〕確信して 《*about*》
- He made a **definite** mistake. 彼は明らかな誤りを犯した

❷ 文型 [**be definite about A**] A について確信した; 文型 [**be defi-**

nite that ...] …ということを確信した

définite árticle B1 名C《文法》定冠詞《♦the のこと》⇨**article**, **indefinite article**

def·i·nite·ly B1 高 /défənətli デフィニトリ/ 副 確かに, まちがいなく, きっと ⇨**perhaps**; はっきりと, 明確に (= clearly)

会話 "You are not going to marry him, are you?" "**Definitely not.**"「彼と結婚するつもりではないんでしょう」「まさか, 冗談じゃないわ」

def·i·ni·tion B1 /dèfəníʃən デフィニション/ 名 (複 **definitions** /dèfəníʃənz/) U C 定義, (辞書の与える)語義; 限定すること, 明確化

• We need a clear **definition** of the word. そのことばの明確な定義が必要だ

コロケーション
形+**definition**
a brief *definition* 簡潔な定義
a clear *definition* 明確な定義
a vague *definition* あいまいな定義

by definition 定義すれば, 定義上; 明らかに

派生 **define** 動

de·fin·i·tive /difínətiv ディフィニティヴ/ 形 最終的な, 決定的な

de·flate /difléit ディフレイト/ 動 ❶ 他 (タイヤ・気球などの)空気[ガス]を抜く; 自 (空気などが抜けて)しぼむ ❷ 他 自信を失わせる, へこます ❸ 他 (通貨を)収縮させる; 自 (通貨・経済が)収縮する

de·fla·tion /difléiʃən ディフレイション/ 名 U ❶ 通貨収縮, デフレ(ーション) (↔ **inflation**) ❷ 空気[ガス]を抜くこと

de·flect /diflékt ディフレクト/ 動
❶ 他 (光線・弾丸など)〔…から〕そらす; 自 それる《*from, off*》
❷ 他 (批判・怒りなどを)そらす, かわす

de·flec·tion /diflékʃən ディフレクション/ 名 U C それること; (計器の)ふれ

De·foe /difóu ディフォウ/ 名《**Daniel Defoe**》デフォー(1660?-1731)《♦英国の作家》

de·for·est /di:fɔ́:rəst ディーフォーレスト/ 動 他 森林を伐採(ばっさい)する

de·for·es·ta·tion B2 高 /di:fɔ̀:rəstéiʃən ディーフォーレステイション/ 名 U 森林伐採 (**!** 環境破壊問題の1つ)

de·form /difɔ́:rm ディフォーム/ 動 他 変形させる; (外観を)醜くする

de·formed /difɔ́:rmd ディフォームド/ 形 ぶかっこうな, 奇形の

de·form·i·ty /difɔ́:rməti ディフォーミティ/ 名 (複 **deformities** /difɔ́:rmətiz/) U 奇形, 変形; C (体の)奇形[変形]部分

de·fraud /difrɔ́:d ディフロード/ 動 他 (人などから)〔金などを〕だまし取る《*of*》

de·fray /difréi ディフレイ/ 動 (三単現 **defrays** /difréiz/; 過去・過分 **defrayed** /difréid/; 現分 **defraying**) 他《文章》(費用・経費などを)支払う

de·frost /di:frɔ́:st ディーフロースト/ 動 他 (冷蔵庫などの)霜[氷]を取る; (冷凍食品などを)解凍する

deft /déft デフト/ 形 (比較級 **defter**; 最上級 **deftest**) 器用な, じょうずな

déftly 副 器用に, じょうずに

de·funct /difʌ́ŋkt ディファンクト/ 形 現存しない, 活動をやめた; 死亡した

de·fuse /di:fjú:z ディーフューズ/ 動 他
❶ (爆弾などの)信管を抜き取る
❷ (緊張・危険な状況などを)やわらげる

de·fy B2 /difái ディファイ/ 動 (三単現 **defies** /difáiz/; 過去・過分 **defied** /difáid/; 現分 **defying**) 他 ❶ 無視する; 拒む; 反抗する ❷ 文型 [**defy A to** *do*] Aに…しろと挑む (**!** できそうもないことをいうときに用いる)

de·gen·er·ate /didʒénərèit ディチェネレイト/ (発音 形・名との違いに注意) 動 自 悪化する, 堕落(だらく)する; 退化する

— /didʒénərət ディチェネレト/ 形 悪化した, 堕落した; 退化した

— /didʒénərət ディチェネレト/ 名 C 堕落した人; 退化したもの

de·gen·er·a·tion /didʒènəréiʃən ディチェネレイション/ 名 U 悪化, 堕落(だらく); 退化

deg·ra·da·tion /dègrədéiʃən デグラデイ

ション/ 名 U (地位などの)格下げ; (価値などの)低下, 下落

de·grade /digréid ディグレイド/ 動 他 地位を下げる; 品位を傷つける, 価値を下げる

de·grad·ing /digréidiŋ ディグレイディング/ 形 品位を落とすような, 下品な

de·gree A2 高

/digríː ディグリー/
名 (複 **degrees** /digríːz/)
❶ C (温度・角度などの)度
- The thermometer reads 30 **degrees**. 温度計は30度を指している

❷ U C 程度; 度合い
- This job demands a certain [some] **degree** of skill. この仕事はある程度の技術が必要である

❸ C 学位, 称号; 身分, 地位

by degrees 次第に, 徐々に, だんだんと

to some [a certain] degree ある程度(まで), いくぶん

de·hy·drate /diːháidreit ディーハイドレイト/ 動 他 乾燥させる, 脱水する; 自 水分が抜ける; 脱水状態になる

de·hy·drat·ed /diːháidreitəd ディーハイドレイテド/ 形 脱水症状を起こした

de·hy·dra·tion /dìːhaidréiʃən ディーハイドレイション/ 名 U 脱水, 乾燥; 脱水症状

de·i·fy /díːəfài ディーイファイ/ 動 (三単現 **deifies** /díːəfàiz/; 過去・過分 **deified** /díːəfàid/; 現分 **deifying**) 他 《文章》神として祭る, 神格化する; 神聖視する

deign /déin デイン/ 動 他 《次の成句で》

deign to do (ありがたいことに)…してくれる[くださる]

de·i·ty /díːəti ディーイティ/ 名 (複 **deities** /díːətiz/) C 《文章》神 (=god), 女神 (=goddess)

dé·jà vu /déiʒɑː vjúː デイジャー ヴュー/ 名 U 《心理》既視感 (♦初めての経験を以前にも経験しているように感じる錯覚)

de·ject·ed /didʒéktəd ディチェクテド/ 形 がっかりした, 意気消沈した, 落胆した

dejéctedly 副 がっかりして

de·jec·tion /didʒékʃən ディチェクション/ 名 U 落胆, 意気消沈

Del. 《略》Delaware デラウェア州

Del·a·ware /déləwèər デラウェア/ 名 デラウェア州 (♦米国東部の州; Del., (郵便で) DEと略す)

de·lay A2

/diléi ディレイ/ 名 (複 **delays** /diléiz/) U C 遅れ, 遅延; 延期
- It's just a **delay** of one or two minutes. = It's just one or two minutes' **delay**. ほんの1, 2分の遅れだ

without delay すぐに, 早速; ぐずぐずせずに

— 動 (三単現 **delays** /diléiz/; 過去・過分 **delayed** /diléid/; 現分 **delaying**)
❶ 他 遅らせる; 延期する, 延ばす (=put off)
- The train was **delayed** two hours by an accident. 列車は事故のために2時間遅れた

❷ 自 ぐずぐずする; 遅れる

de·lec·ta·ble /diléktəbl ディレクタブル/ 形 楽しい, すてきな; おいしい

del·e·gate B2 /déləgət デレゲト/ (×デリゲート) 名 C 代表, 使節 (! 代表個人を指す; 代表団は delegation)
— /déləgèit デレゲイト/ (発音 名との違いに注意) 動 他 代表として派遣する; 委任する

del·e·ga·tion /dèləgéiʃən デレゲイション/ 名 C 代表団, 使節団 (! 代表団の1人1人の代表は delegate という); U 代表派遣(すること); 委任

de·lete B1 /dilíːt ディリート/ 動 (三単現 **deletes** /dilíːts/; 過去・過分 **deleted** /dilíːtəd/; 現分 **deleting**) 他 〔文書・データなどから〕(文字・語句などを)削除する, 消す 《*from*》

de·le·tion /dilíːʃən ディリーション/ 名 U 《コンピュータ》(データなどの)削除; C 削除文字[箇所]

Del·hi /déli デリ/ 名 デリー (♦インド北部の大都市; 旧首都) ⇨**New Delhi**

del·i /déli デリ/ 名 C (調理済の食品を扱う)調製食品販売店, デリ (=delicatessen)

de·lib·er·ate B2 /dilíbərət ディリバレト/ (×デリベレート) 形 熟考した; 故意の (↔ accidental); 慎重な

― /dilíbərèit ディリバレイト/ (発音 形との違いに注意) 動 他 自 熟考する; 審議する

de·lib·er·ate·ly B2 /dilíbərətli ディリバレトリ/ 副 故意に, わざと; 慎重に

de·lib·er·a·tion /dilìbəréiʃən ディリバレイション/ 名 ❶ U 熟慮, 熟考; (ことば・行動などの)慎重さ ❷ U C 協議, 審議

del·i·ca·cy B2 /délikəsi デリカスィ/ (×デリカシ) 名 (複 **delicacies** /délikəsiz/)
❶ C ごちそう ❷ U 繊細さ, 優美さ; かよわさ; (問題などの)扱いにくさ

del·i·cate B1 /délikət デリケト/ (×デリケート) 形 ❶ (物が)壊れやすい; (体が)弱い; きゃしゃな
❷ 微妙な, 扱いにくい, 難しい, デリケートな
• a **delicate** international problem 微妙な国際問題
❸ 優美な, 繊細な, 精巧な, きめ細かい, やわらかい
❹ 鋭い, 敏感な, 感度のよい
❺ (食べ物・味が)あっさりしておいしい
délicately B2 副 慎重に, 優美に; 繊細に; 精巧に

del·i·ca·tes·sen /dèlikətésən デリカテスン/ 名 C 調製食品販売店, デリカテッセン (♦サラダ・チーズ・ハムなどの調理済みの食品を扱う店)

de·li·cious A1 中

/dilíʃəs ディリシャス/ (×デリシャス) 形
❶ (とても)おいしい (❗香りに対しても用いる)
• a **delicious** meal [smell] おいしい食事[おいしそうなにおい]
❷ 気持ちのよい
delíciously 副 おいしく

de·light B1 高 /diláit ディライト/ 名 (複 **delights** /diláits ディライツ/)
U (大)喜び; C 喜びとなるもの, (大きな)楽しみ

take (a) delight in ... …を楽しむ, …に喜びを感じる

to *A's* ***delight*** = ***to the delight of*** *A* A(人)にとってうれしいことに

― 動 (三単現 **delights** /diláits ディライツ/; 過去・過分 **delighted** /diláitəd/; 現分 **delighting**)
❶ 他 (人を)大喜びさせる, とても喜ばせる; 《**be delighted**》大喜びする, とてもうれしい; 自 〔…を〕喜ぶ 《*in*》; 〔人が不快になることをして〕喜ぶ 《*in doing*》
• The gifts will **delight** the children. その贈り物は子どもたちを喜ばせるだろう
❷ 他 文型 [**be delighted at [by, with] A**] Aを大喜びする; 文型 [**be delighted to** *do*] …して大喜びする; 文型 [**be delighted that ...**] …ということを大喜びする
派生 **delightful** 形

de·light·ed B1 /diláitəd ディライテド/ 形 喜んでいる ⇨delight
• a **delighted** smile うれしそうな笑顔
delíghtedly 副 楽しそうに; 喜んで

de·light·ful B1 /diláitfəl ディライトフル/ 形 愉快な, とても楽しい, 気持ちのよい, 楽しませる (❗自分自身が「楽しい」のではなく,「楽しませてくれる」の意味) ⇨ delight, delighted 派生 **delight** 名

de·lin·quen·cy /dilíŋkwənsi ディリンクウェンスィ/ 名 (複 **delinquencies** /dilíŋkwənsiz/) U C (特に未成年者の)犯罪, 非行

de·lin·quent /dilíŋkwənt ディリンクウェント/ 形 非行の ― 名 C (特に未成年の)法律違反者, 非行者

de·lir·i·ous /dilíriəs ディリリアス/ 形 精神の錯乱した; 〔喜びなどで〕有頂天になった, 無我夢中の 《*with*》

de·lir·i·um /dilíriəm ディリリアム/ 名 U C (うわごとなどを言ったりする)精神錯乱(状態); 無我夢中, 有頂天

de·liv·er B1 高 /dilívər ディリヴァ/ 動 (三単現 **delivers** /dilívərz/; 過去・過分 **delivered** /dilívərd/; 現分 **delivering** /dilívəriŋ/) ❶ 他 自 配達する
• **deliver** newspapers [letters] 新聞[手

紙]を配達する

❷ 他 (演説などを)する (=give)

• **deliver** a speech 演説する

派生 **delivery** 名

de·liv·er·ance /dilívərəns ディリヴァランス/ 名 U 《文章》〔…からの〕救出, 解放 《*from*》

de·liv·er·y B1 高 /dilívəri ディリヴァリ/ 名 (複 **deliveries** /dilívəriz/)

❶ U C 配達, 配送; C 配達物[品]

• **make a delivery** 配達する

• **take delivery of**… (配達品の)…を受け取る

❷ 出産, 分娩(ぶんべん)

❸ (演説の)仕方, 話し方

on delivery 配達の際に; 現金と引き換えに

派生 **deliver** 動

delívery ròom 名 C (病院の)分娩(ぶんべん)室

del·ta /déltə デルタ/ 名 U C (河口の)三角州, デルタ(地帯)

de·lude /dilú:d ディルード/ 動 他 《文章》だます, 欺(あざむ)く

del·uge /délju:dʒ デリューヂ/ 名 ❶ C 大洪水; 豪雨; 《**the Deluge**》《聖書》ノアの大洪水 ❷ C 一度に大量に押し寄せるもの, (手紙などの)殺到

— 動 他 ❶ 氾濫(はんらん)させる

❷ 殺到する (! ふつう受け身で)

de·lu·sion /dilú:ʒən ディルージョン/ 名

❶ U C 〔…という〕(まちがった)思い込み, 思い違い 《*that*…》

❷ U 惑わす[惑わされる]こと

de·luxe, de luxe /dəlʌ́ks デラクス, dəlúks デルクス/ 形 豪華な, ぜいたくな

delve /délv デルヴ/ 動 自 〔かばん・ポケットなどに〕手を入れて物を探る 《*in, among, between*》; 〔情報・資料などを〕探究する, 調査する, せんさくする 《*into*》

dem·a·gogue, dem·a·gog /déməgɑ̀g デマガグ/ 名 C 扇動(せんどう)(政治)家

de·mand B1 高 /dimǽnd ディマンド | dimɑ́:nd ディマーンド/ 動 (三単現 **demands** /dimǽndz ディマンヅ/; 過去・過分 **demanded** /dimǽndəd/; 現分 **demanding**) 他

❶ (権利・権限として, …を)〔人に〕要求する 《*from, of*》

• I **demand** an explanation [an apology] **from** you! 私は断固君に説明[謝罪]を要求する

文型 [**demand to** *do*] …することを要求する

• The man **demanded to** *be admitted* to the room. その男は部屋への入室許可を要求した

文型 [**demand** (**that**)…] …ということを要求する

❷ 必要とする

• Learning a foreign language **demands** patience. 外国語を学ぶには忍耐が必要だ

— 名 (複 **demands** /dimǽndz ディマンヅ/)

❶ C 〔…の〕要求, 請求 《*for*》; 《**demands**》(労力や時間など)要求されるもの, 負担

• a **demand for** payment 支払い要求

コロケーション

形+**demand**

an excessive *demand* 過度の要求

a reasonable *demand* 妥当な要求

a final *demand* 最終要求

動+**demand**

make a *demand* 要求する

meet [satisfy] a *demand* 要求を満たす (!「需要を満たす」の意味にもなる)

reject a *demand* 要求をはねつける

give up a *demand* 要求をとり下げる

❷ 《単数形で》〔…に対する〕需要, 需要量 《*for*》

• **supply** and **demand** 需要と供給

日英比較 「需要と供給」は英語では語順が逆になる

in demand 需要のある

on demand 必要なときにはいつでも

de·mand·ing B2 /dimǽndiŋ ディマンディング/ 形 (人が)要求の厳しい; (仕事が)骨の折れる, きつい

de·mean /dimí:n ディミーン/ 動 他 品位を下げる

de·mean·or, 《英》 **de·mean·our** /dimíːnər ディミーナ/ 名 U 《文章》 ふるまい, 物腰, 態度

de·ment·ed /diméntəd ディメンテド/ 形 精神の錯乱(さくらん)した; 取り乱した

de·mer·it /diːmérət ディーメリト/ 名 C 欠点, 短所 (↔**merit**)

de·mil·i·ta·rize /diːmílətəràiz ディーミリタライズ/ 動 他 非武装化する

de·mine /diːmáin ディーマイン/ 動 自 他 地雷を除去する

de·mise /dimáiz ディマイズ/ 名 U 《文章》 死去, 逝去(せいきょ); 終わり, 終焉(しゅうえん)

dem·i·tasse /démitæ̀s デミタス/ 名 C (食後のコーヒー用の)小型カップ, デミタス

dem·o /démou デモウ/ 名 (複 **demos** /démouz/) C 《口語》 ❶ デモ(行進), 示威(じい)運動 (! demonstration の短縮形) ❷ (音楽の売り込み用の)視聴用テープ[CD, ビデオ], デモテープ

de·moc·ra·cy B1 /dimákrəsi ディマクラスィ | dimɔ́krəsi ディモクラスィ/ (×デモクラシ) 名 (複 **democracies** /dimákrəsiz/)
❶ U 民主主義; 民主政治; 民主制
❷ C 民主主義国家, 民主社会
派生 **democratic** 形

dem·o·crat /déməkræ̀t デモクラト/ 名 C 民主主義者; 《**Democrat**》 《米》 民主党員

dem·o·crat·ic B1 /dèməkrǽtik デモクラティク/ 形 民主的な; 民主制の; 民主主義の; 《**Democratic**》 《米》 民主党の
派生 **democracy** 名
dèmocrátically 副 民主的に

Democrátic Pàrty 名 《**the** をつけて》 (米国の)民主党 《◆米国の二大政党の1つ; 「共和党」は the Republican Party》

de·mog·ra·phy /dimágrəfi ディマグラフィ/ 名 U 人口統計学

de·mol·ish B2 /dimáliʃ ディマリシュ/ 動 他 ❶ (建物などを)取り壊す, 破壊する (!「改築」などの目的で計画的に取り壊す場合, destroy ではなく demolish を用いる) ❷ (学説・信念などを)くつがえす

dem·o·li·tion /dèməlíʃən デモリション/ 名 U C 取り壊し; (学説などの)粉砕

de·mon /díːmən ディーモン/ 名 C 悪魔, 鬼; 鬼のような人; …の鬼

de·mon·ic /dimánik ディマニク/ 形 悪魔の; 鬼のような

dem·on·strate B1 /démənstrèit デモンストレイト/ (×デモンストレート, ×デモンストレート) 動 (三単現 **demonstrates** /démənstrèits デモンストレイツ/; 過去·過分 **demonstrated** /démənstrèitəd/; 現分 **demonstrating**)
❶ 他 実証する, 証明する, 示す; 文型 [**demonstrate that ...**] …ということを証明する
• The research **demonstrates that** passive smoking affects nonsmokers' health. その研究は受動喫煙がたばこを吸わない人の健康に影響することを実証している
❷ 他 実演する
❸ 自 デモをする
派生 **demonstration** 名

dem·on·strat·ed /démənstrèitəd デモンストレイテド/ 形 証明された

dem·on·stra·tion B1 /dèmənstréiʃən デモンストレイション/ 名 (複 **demonstrations** /dèmənstréiʃənz/)
❶ C デモ(行進), 示威(じい)運動[行為] (! 口語では demo と短くすることがある)
• **hold a demonstration against** a nuclear test [**for** a pay raise] 核実験反対の[賃上げ要求の]デモをする
❷ U C 実物宣伝[説明], 実演(販売); 実地指導
❸ U C 証明, 論証
派生 **demonstrate** 動

de·mon·stra·tive /dimánstrətiv ディマンストラティヴ/ 形 あからさまな; 〔…を〕明示するような 《*of*》

dem·on·stra·tor /démənstrèitər デモンストレイタ/ 名 C ❶ デモ参加者 ❷ 論証する人 ❸ (商品などの使用法の)実物説明者, 実演者

de·mor·al·ize /dimɔ́ːrəlàiz ディモーラライズ/ 動 他 士気をくじく

de·mor·a·li·zing /dimɔ́ːrəlàiziŋ ディモーラライズィング/ 形 自信を失わせる, やる気をなくさせる

de·mote /dimóut ディモウト/ 動 他 降格する, 降職する

de·mur /dimə́ːr ディマー/ 動 (三単現 **de-murs** /dimə́ːrz/; 過去·過分 **demurred** /dimə́ːrd/; 現分 **demurring**) 自 《文章》〔…に〕異議を唱える, 反対する《*to, at*》

de·mure /dimjúər ディミュア/ 形 (比較級 **demurer**; 最上級 **demurest**) (特に若い女性・子どもが)内気な, 物静かな, 控え目な

den /dén デン/ 名 C ❶ (野獣の)巣穴; (盗賊などの)隠れ家 ❷《口語》(読書・仕事のための)居心地のよい部屋, 私室

Den. 《略》Denmark デンマーク

de·ni·al /dináiəl ディナイアル/ 名 U C 否認, 否定; 拒絶

派生 **deny** 動

den·im B2 /dénəm デニム/ 名 U デニム(の生地); 《**denims**》デニムの作業服[衣服], ジーンズ

Den·mark /dénmɑːrk デンマーク/ 名 デンマーク (♦ヨーロッパ北部にある王国; 首都はコペンハーゲン (Copenhagen); 公用語はデンマーク語 (Danish))

de·nom·i·na·tion /dinɑ̀mənéiʃən ディナミネイション/ 名 ❶ C 宗派, 教派
❷ U C (貨幣・度量衡などの)単位
日英比較 この語には日本語の「デノミ(ネーション)(通貨単位の変更)」の意味はない
❸《文章》C 名称; U 命名

de·note /dinóut ディノウト/ 動 他 《文章》表す, 示す; 意味する

de·nounce /dináuns ディナウンス/ 動 他 (公然と)非難する; 告発する; 文型 [**de-nounce A as B**] AをBであると非難する

dense B2 /déns デンス/ 形 (比較級 **denser**; 最上級 **densest**) ❶ 密集した, こんだ, 茂った (=thick) (↔**sparse**); 濃い, 濃密な (↔**thin**)
• a **dense** forest 密林
• The room was **dense** with children. 部屋はこどもでいっぱいだった
❷《口語》理解力のない (=stupid) (! 名詞の前には用いない)

dense·ly B2 /dénsli デンスリ/ 副 密集して; 濃く

den·si·ty /dénsəti デンスィティ/ 名 (複 **densities** /dénsətiz/) U 密集; U C 密度; 濃さ, 濃度

dent /dént デント/ 名 C (打撃による)くぼみ, へこみ
— 動 他 ❶ (自信を)失わせる, 損なう
❷ (物の表面を)くぼませる, へこませる

den·tal B2 /déntəl デンタル/ 形 歯の; 歯科の

déntal flóss 名 U デンタルフロス

den·tist A2 中

/déntist デンティスト/
名 (複 **dentists** /déntists デンティスツ/) C 歯医者, 歯科医

den·tures /déntʃərz デンチャズ/ 名 《複数扱い》総入れ歯, 義歯 (=false teeth)

de·nun·ci·a·tion /dinʌ̀nsiéiʃən ディナンスィエイション/ 名 U C 《文章》公然たる非難; 弾劾; 告発; (条約などの)破棄通告

Den·ver /dénvər デンヴァ/ 名 デンバー (♦米国コロラド州 (Colorado) の州都)

de·ny B1 高 /dinái ディナイ/ 動 (三単現 **de-nies** /dináiz/; 過去·過分 **denied** /dináid/; 現分 **denying**) 他
❶ 否定する, 打ち消す (↔**affirm**)
• He **denied** his connection with that case. 彼はその事件とのかかわりを否定した
文型 [**deny** *do***ing**] …する[した]ことを否定する; 文型 [**deny that ...**] …ということを否定する
• He **denied stealing** the money. = He **denied that** he had stolen the money. 彼はその金を盗んだことを否定した
❷ 拒む; 認めない; 文型 [**deny A B** = **deny B to A**] AにBを認めない (! 「当然認めるべきものを認めない」場合に用いる)
• They **denied** me any help. = They **denied** any help **to** me. 彼らは私に手を貸してくれなかった

***deny oneself* (...)** (…を)自制する
There's no denying that ... …は否定できない, …は事実である

de·o·dor·ant /dióudərənt ディオウダラント/ 名 U C (体臭を抑える)防臭剤

de·o·dor·ize /di:óudəràiz ディーオウドライズ/ 動 他 (部屋などの)臭気を除く

de·part B1 /dipá:rt ディパート/ 動 (三単現 **departs** /dipá:rts ディパーツ/; 過去・過分 **departed** /dipá:rtəd/; 現分 **departing**) 自《文章》❶〔…から; …に向かって〕出発する《*from; for*》(=start) (↔**arrive**)
❷〔慣習から〕はずれる;〔主題から〕それる《*from*》
派生 **departure** 名

de·part·ed /dipá:rtəd ディパーテド/ 形 過ぎ去った
━ 名《**the departed**》《単数・複数扱い》故人(たち)

de·part·ment B1 /dipá:rtmənt ディパートメント/ 名 (複 **departments** /dipá:rtmənts ディパートメンツ/) C
❶ (官庁・組織などの) 部門, 部, 課;《米》《**Department**》省
• the fire **department** of the city government 市庁の消防部
❷ (大学などの)学科
❸ (デパートなどの商品別)売り場 (❗「デパート(百貨店)」は department store という) ⇨**department store**

de·part·men·tal /dipà:rtméntəl ディパートメンタル/ 形 部門(別)の; 課[局, 省]の

depártment stóre

A2 中 名 C デパート, 百貨店
• the Isetan **Department Store** 伊勢丹百貨店 (×Isetan *Depart* とはいわない)

de·par·ture B1 /dipá:rtʃər ディパーチャ/ 名 (複 **departures** /dipá:rtʃərz/)
❶ U 出発; 発車; C 発車時刻, 出発便 (↔**arrival**)
• What is the **departure** time of Nozomi No. 24? のぞみ24号の出発時刻はいつですか (×When is the departure time ... とはいわない)
❷ U《文章》辞職, 脱退
❸ C 逸脱; 新展開 派生 **depart** 動

de·pend A2 高

/dipénd ディペンド/ 動 (三単現 **depends** /dipéndz ディペンヅ/; 過去・過分 **depended** /dipéndəd/; 現分 **depending**) 自
❶ 文型 [**depend on** [**upon**] **A**] (物事が) A による, A次第である
• Success **depends on** your own efforts. 成功は君の努力次第だ
❷ 文型 [**depend on** [**upon**] **A**] A に頼る, 依存する, A を信頼する, あてにする
• You can **depend on** him **for** help. 君は彼の助けをあてにすることができる

That [***It***] (***all***) ***depends.*** 《口語》それは時と場合による
派生 **dependence** 名
派生 **dependent** 形

de·pend·a·bil·i·ty /dipèndəbíləti ディペンダビリティ/ 名 U 信頼性

de·pend·a·ble B2 /dipéndəbl ディペンダブル/ 形 あてになる, 頼りになる (=reliable) **depéndably** 副 頼もしく

de·pend·ant /dipéndənt ディペンダント/ 形 名 C (=dependent)

de·pend·ence /dipéndəns ディペンデンス/ 名 U 頼ること, 依存 (↔**independence**); 信頼

put dependence on A A に信頼を置く
派生 **depend** 動

de·pend·en·cy /dipéndənsi ディペンデンスィ/ 名 (複 **dependencies** /dipéndənsiz/) C 属国; 保護領

de·pend·ent B1 高 /dipéndənt ディペンデント/ 形 ❶ (経済的に) 頼っている (↔**independent**); 文型 [**be dependent on** [**upon**] **A**] A に頼っている
• Children **are dependent on** their parents. 子どもは親に頼っている
比較 You should **be independent of** her. 彼女から独立するべきだ (❗dependent on と independent of の前置詞の違いに注意)
❷ 文型 [**be dependent on** [**up-**

on] A] Aに左右される, A次第である
❸(薬物などに)依存している
— 名 (複 **dependents** /dipéndənts ディペンデンツ/) C 扶養家族
派生 depend 動

depéndent cláuse 名 C 《文法》従属節 (= subordinate clause) ⇨ clause 文法

de·pict /dipíkt ディピクト/ 動 他 《文章》(絵・彫刻などで)描く; (ことばで)描写する

de·plete /diplíːt ディプリート/ 動 他 からにする; 枯渇(こかつ)させる; 使い果たす

de·ple·tion /diplíːʃən ディプリーション/ 名 U 枯渇(こかつ); 消耗

de·plor·a·ble /diplɔ́ːrəbl ディプローラブル/ 形 《文章》嘆かわしい, 残念な; ひどい

de·plore /diplɔ́ːr ディプロー/ 動 他 嘆き悲しむ; 遺憾(いかん)に思う

de·ploy /diplɔ́i ディプロイ/ 動 他 (部隊などを)展開させる, (部隊・核兵器などを)配置する

de·port /dipɔ́ːrt ディポート/ 動 他 (好ましくない外国人などを国外に)追放する, 退去させる

de·por·ta·tion /dìːpɔːrtéiʃən ディーポーテイション/ 名 U 国外追放, 国外退去

de·pose /dipóuz ディポウズ/ 動 他 (国王・高官などを)やめさせる, 退ける

de·pos·it B1 /dipázət ディパズィト|dipɔ́zət ディポズィト/ 名 (複 **deposits** /dipázəts ディパズィツ/) C
❶手付金, 頭金(あたまきん), 保証金
• make a **deposit** on ... …の頭金を払う
❷預金, 預け入れ
❸鉱床, 埋蔵金; 堆積(たいせき)物, 沈殿物
— 動 (三単現 **deposits** /dipázəts ディパズィツ/; 過去・過分 **deposited** /dipázətəd/; 現分 **depositing**) 他 ❶《文章》置く
❷(川・洪水などが泥などを)堆積(たいせき)させる
❸預金する (↔**withdraw**); (貴重品などを)預ける, 手付け[保証金]として支払う

depósit accòunt 名 C 《英》普通預金口座

dep·o·si·tion /dèpəzíʃən デポズィション/ 名 U 免職; 廃位

de·pot /dépou デポウ/ 名 (複 **depots** /dépouz/) C ❶倉庫; 車庫
❷《米》/díːpou ディーポウ/ 駅, 発着所

de·praved /dipréivd ディプレイヴド/ 形 堕落(だらく)した, 腐敗した; よこしまな

de·pre·ci·ate /dipríːʃièit ディプリーシエイト/ 動 他 (貨幣などの)価値を減じる; 見くびる (↔**appreciate**)

de·pre·ci·a·tion /diprìːʃiéiʃən ディプリーシエイション/ 名 U (価値・価格の)低下; 軽視

de·press /diprés ディプレス/ 動 他
❶落胆させる, 元気をなくさせる
❷(活動などを)弱める, 低下させる; (市場を)不景気にする ❸押し下げる
派生 depression 名

de·pressed B1 高 /diprést ディプレスト/ 形 落胆した, 気落ちした, がっかりした; 不景気な, 低迷した; 標準以下の

de·press·ing B1 /diprésiŋ ディプレスィング/ 形 意気消沈(しょうちん)させる, 憂うつな, 重苦しい; 押しつけるような

de·pres·sion B1 /dipréʃən ディプレション/ 名 (複 **depressions** /dipréʃənz/)
❶ U C 憂うつ, 意気消沈(しょうちん); 《医学》うつ病
• go [fall] into a deep **depression** (ひどい)憂うつになる
❷ C 不景気, 不況
❸ C くぼ地, くぼみ
❹ C 《気象》低気圧
派生 depress 動

dep·ri·va·tion /dèprəvéiʃən デプリヴェイション/ 名 U C (権利などの)剥奪(はくだつ); 損失; 欠乏

de·prive B1 /dipráiv ディプライヴ/ 動 (三単現 **deprives** /dipráivz/; 過去・過分 **deprived** /dipráivd/; 現分 **depriving**) 他
文型 [**deprive A of B**] A(人など)からBを奪う
• The fight **deprived** him **of** his sight. 彼はその格闘で失明した (←その格闘が彼から視力を奪った)

de·prived /dipráivd ディプライヴド/ 形 貧しい, 困窮した; 恵まれない

dept. 《略》 department 部, 課

depth B1 /dépθ デプス/ 名 (複 **depths** /dépθs/) U C ❶ 深さ; 奥行き
- What is the **depth of** this pool? このプールの深さはどれくらいですか (=How deep is this pool?)

❷ (学問などの)深遠さ; (人格などの)深み

the depth of ... (…の)深い所へ, 深み; 底; さなか

in depth 徹底的に; 詳細に (=thoroughly)

派生 **deep** 形

dep·u·tize /dépjətàiz デピュタイズ/ 動 他 代理に命じる; 自 〔…の〕代理を務める《for》

dep·u·ty B2 /dépjəti デピュティ/ 名 (複 **deputies** /dépjətiz/) C 代理人

act as A's deputy A(人)の代理を務める

de·rail /diréil ディレイル/ 動 自 他 脱線する, 脱線させる; 他 失敗させる

de·ranged /diréindʒd ディレインヂド/ 形 錯乱(さくらん)した, 気が狂った

der·by /dəːrbi ダービ/ 名 (複 **derbies** /dəːrbiz/) ❶《the Derby》ダービー競馬《◆イングランド Surrey 州 Epsom で毎年6月の第1水曜日に行われる》

❷ C (一般に)競技大会

❸ C 《米》 山高帽 (=《英》 bowler)

der·e·lict /dérəlìkt デレリクト/ 形 (建物などが)放棄された, 見捨てられた

de·ride /diráid ディライド/ 動 他 《文章》〔…であるとして〕あざ笑う, あざける, ばかにする《as, for》

de·ri·sion /diríʒən ディリジョン/ 名 U あざけり, 嘲笑(ちょうしょう)

de·ri·sive /diráisiv ディライスィヴ/ 形 嘲笑(ちょうしょう)的な; ばかげた

derisively 副 あざけるように; ばかにして

der·i·va·tion /dèrəvéiʃən デリヴェイション/ 名 ❶ U 起源, 出所, 由来; C 派生したもの ❷ U 《言語》(語の)派生

de·riv·a·tive /dirívətiv ディリヴァティヴ/ 形 派生的な; 独創的でない

— 名 C 派生物; 派生語

derívatively 副 派生的に

de·rive B1 /diráiv ディライヴ/ 動 (三単現 **derives** /diráivz/; 過去·過分 **derived** /diráivd/; 現分 **deriving**) ❶ 他 文型 [**derive A from B**] A(喜び・利益など)をBから引き出す, 得る
- I **derive** great pleasure **from** music. 私は音楽から大きな楽しみを得る

❷ 他 〔…に〕(ことばなどの)起源[由来]を求める《from》; 自 (ことば・慣習などが)〔…から〕由来[派生]する《from》

der·ma·ti·tis /dəːrmətáitəs ダーマタイティス/ 名 U 《医学》 皮膚炎

de·rog·a·to·ry /dirágətɔ̀ːri ディラガトーリ/ 形 (名誉・価値などを)損なうような; (ことばなどが)軽べつ的な

de·scend B2 /disénd ディセンド/ 動 ❶ 他 自 降りる (↔**ascend**)

❷ 自 下り坂になる ❸ 自 (財産・慣習などが)伝わる; 受け継がれる

be descended from ... …に由来する; …の子孫である

descend on [upon] ... …を急襲する; …を不意に訪れる

de·scend·ant /diséndənt ディセンダント/ 名 C 子孫 (↔**ancestor**)

de·scent /disént ディセント/ 名 U C 下降 (↔**ascent**); C 下り坂; U 血統, 家系

de·scribe A1 高

/diskráib ディスクライブ/ 動 (三単現 **describes** /diskráibz/; 過去·過分 **described** /diskráibd/; 現分 **describing**) 他 (人・物事がどんなふうか特徴などを)詳細に述べる, 記述する, 描写する, 言い表す; 文型 [**describe wh-...**] …かを描写する; 文型 [**describe A as C**] AをCだと言う[評する]
- I **described to** the police **how** I was robbed. 私は警察にどのように強盗にあったかを詳しく話した

派生 **description** 名

de·scrip·tion A2

/diskrípʃən ディスクリプション/ 名 (複 **de-**

scriptions /diskrípʃənz/) U C
描写, 記述
• I'll give a brief **description** of where I lived. 私が暮らしていた土地について簡単に説明します

コロケーション
形+description
an accurate *description* 正確な記述
a brief *description* 簡潔な記述
a clear *description* 明確な記述
a detailed *description* 詳しい記述
a lively [vivid] *description* 生き生きとした記述
an objective *description* 客観的な記述

beyond description ことばでは表現できないほど
派生 **describe** 動

de·scrip·tive B2 /diskríptiv ディスクリプティヴ/ 形 叙述的な, 描写の, 記述的な

des·e·crate /désikrèit デスィクレイト/ 動 他 神聖をけがす, 冒とくする; (神聖なものを)俗事に用いる

des·e·cra·tion /dèsikréiʃən デスィクレイション/ 名 U 神聖をけがすこと, 冒とく

de·seg·re·gate /diːségrigèit ディーセグリゲイト/ 動 他 (学校などの)人種差別を廃止する

de·seg·re·gat·ion /diːsègrigéiʃən ディーセグリゲイション/ 名 U 人種差別廃止

des·ert[1] A2 高

/dézərt デザト/ (×デザート)
名 (複 **deserts** /dézərts デザツ/) C
砂漠; 荒野; 不毛の地域
• the Sahara **Desert** サハラ砂漠
— 形 砂漠の; 不毛の; 人の住んでいない

覚えよう〉 単語力
発音・つづりの違いに注意
desert /dézərt デザト/ 名 砂漠
desert /dizə́ːrt ディザート/ 動 見捨てる
dessert /dizə́ːrt ディザート/ 名 デザート

de·sert[2] /dizə́ːrt ディザート/ (発音 dessert と同音; desert[1]との違いに注意) 動
❶ 他 (家族・友人などを)見捨てる; 去る
❷ 自 〔軍隊などから〕脱走する《*from*》; 職務を放棄する

de·sert·ed /dizə́ːrtəd ディザーテド/ 形 さびれ果てた, 人通りの少ない, 人影のない

de·sert·er /dizə́ːrtər ディザータ/ 名 C 職場や家族を放棄した人; 脱走兵

de·sert·i·fi·ca·tion /dizə̀ːrtəfəkéiʃən ディザーティフィケイション/ 名 U 砂漠化《♦気候の変化・人為的な森林伐採などによる》

de·ser·tion /dizə́ːrʃən ディザーション/ 名 U C (家族を)捨て去ること; (職務の)放棄; (軍隊からの)脱走

de·serve B1 /dizə́ːrv ディザーヴ/ 動 (三単現 **deserves** /dizə́ːrvz/; 過去・過分 **deserved** /dizə́ːrvd/; 現分 **deserving**) 他
…に値する, …の価値がある
• Good job, you **deserve** a reward. よくやった, ごほうびをあげよう
文型 [**deserve to** *do*] …する価値[値打ち]がある; 当たり前だ

de·serv·ing /dizə́ːrviŋ ディザーヴィング/ 形《文章》〔…に〕値する《*of*》; (経済的)援助を受けるに値する

de·sign A1 中

/dizáin ディザイン/
名 (複 **designs** /dizáinz/)
❶ U C デザイン, 図案, 模様
• a carpet with a **design** of flowers 花模様のついたカーペット
• I learned interior **design** at college. 私は大学でインテリアデザインを学んだ
❷ U C 設計, 設計図; U (小説の)筋書き ❸ C 意図, 目的; 計画; 《**designs**》もくろみ, 陰謀

by design 故意に, 計画的に
— 動 (三単現 **designs** /dizáinz/; 過去・過分 **designed** /dizáind/; 現分 **designing**)
❶ 他 自 設計する, 考案する; (婦人服などを)デザインする
• **design** a house 家を設計する
❷ 他 …することを計画する, もくろむ; …するつもりである

des·ig·nate /dézignèit デズィグネイト/ (×デザイネイト) (発音 g は発音する; design との違いに注意) 動 他 明示する; 指名す

る, 指定する

désignated dríver 名C《口語》酒を飲まないで仲間を車で送る人

désignated hítter 名C《野球》指名打者

des·ig·na·tion /dèzignéiʃən デズィグネイション/ 名U 指名, 任命

de·sign·er B1 中 /dizáinər ディザイナ/ 名(複 **designers** /dizáinərz/) C (服飾などの)デザイナー, 設計者[家], 図案家

━形 有名デザイナー製作の, デザイナーズブランドの; かっこよくみせた (!名詞の前に用いる)

de·sir·a·bil·i·ty /dizàiərəbíləti ディザイアラビリティ/ 名U 望ましいこと, 願わしいこと

de·sir·a·ble B2 /dizáiərəbl ディザイアラブル/ 形 (物・事が)望ましい, 好ましい (↔ **undesirable**)

• It is **desirable** that you all (should) attend the meeting. 会議には全員が出席することが望ましいです

派生 **desire** 動名

desírably 副 望ましく, 都合よく

de·sire B1 高 /dizáiər ディザイア/ 名(複 **desires** /dizáiərz/) ❶UC〔…したいという; …に対する; …という〕(強い)欲望, 欲求; 願望《to do; for; that ...》

コロケーション

形+**desire**

an earnest *desire* 切なる願望

a sincere *desire* 心からの願望

a strong *desire* 強い願望

動+**desire**

arouse a *desire* 欲求をかき立てる

feel a *desire* 欲求を感じる

satisfy a *desire* 欲求を満たす

suppress a *desire* 欲求を抑える

❷C 望みのもの

❸UC 性欲, 性的欲望

━動 (三単現 **desires** /dizáiərz/; 過去・過分 **desired** /dizáiərd/; 現分 **desiring** /dizáiəriŋ/) 他《文章》(強く)望む, 欲する; 性的に求める; 文型 [**desire to** *do*] …することを(強く)望む; 文型 [**desire A to** *do*] A(人)に…してくれるよう(強く)望む

leave much [something] to be desired 不満な点が多い[少しある]

leave nothing to be desired まったく申し分ない

派生 **desirable** 形

de·sired /dizáiərd ディザイアド/ 形 望んだ; 望ましい

de·sir·ous /dizáiərəs ディザイアラス/ 形〔…を〕強く望んでいる《of》⇨**desirable**

de·sist /dizíst ディズィスト/ 動自《文章》〔…を〕やめる, 思いとどまる《from》

desk A1 中

/désk デスク/ 名(複 **desks** /désks/) C

❶(勉強・事務用の)机 (!ふつう引き出しが付いている; 食事や会議用のものは table)

• Your pen is **on** [**in**] the **desk**. 君のペンはその机の上[引き出しの中]にあるよ

❷(ホテル・会社などの)受付, フロント

• **at** the information **desk** 受付で

❸《**the desk**》(テレビ局・新聞社などの)デスク; 部署

désk làmp 名C 机用の電気スタンド, デスクランプ

desk·top B2 /désktàp デスクタプ/ 名C デスクトップ[卓上]コンピュータ

━形 (コンピュータが)卓上用の

désktop públishing 名U デスクトップパブリッシング, DTP《♦パソコンを使った出版・印刷物の製作》

désk wòrk 名U (机でする)事務

des·o·late /désələt デソレト/ (×デソレート) 形 住む人のいない, 荒廃した; わびし

A B C D E F G H I J K L M N O P Q R S T U V W X Y Z

い
— /désəlèit デソレイト/ (発音 形との違いに注意) 動 他 荒廃させる; わびしくさせる

des·o·la·tion B2 /dèsəléiʃən デソレイション/ 名 ❶U 荒れ果てていること; C 荒廃した場所 ❷U 悲しさ, さびしさ

de·spair B1 高 /dispéər ディスペア/ 名 U 絶望 (↔**hope**); 絶望の原因

in despair 絶望して

— 動 (三単現 **despairs** /dispéərz/; 過去·過分 **despaired** /dispéərd/; 現分 **despairing** /dispéəriŋ/) 自 絶望する; 文型 [**despair of A**] Aに望みをなくす, Aをあきらめる, 断念する

des·per·ate B1 /déspərət デスパレト/ (×デスパレート) 形 ❶絶望した; やけになった, 捨て鉢の

• They are getting **desperate**. 彼らはだんだんやけになっている

❷〔…(すること)を〕強く望んで《*for*, *to do*》 ❸望みのない, 絶望的な; 必死の

派生 **despair** 動

des·per·ate·ly B2 /déspərətli デスパレトリ/ 副 必死に(なって), 死にもの狂いで; やけになって; 《口語》ひどく (=extremely)

des·per·a·tion B2 /dèspəréiʃən デスパレイション/ 名 U 自暴自棄, やけ

in desperation やけになって

des·pi·ca·ble /déspikəbl デスピカブル/ 形 卑劣な, 見下げ果てた

déspicably 副 卑しく

de·spise B2 /dispáiz ディスパイズ/ 動 他 軽べつする; ひどく嫌う (↔**respect**)

de·spite B1 高 /dispáit ディスパイト/ 前 …にもかかわらず (=in spite of)

• **Despite** his faults, I still love him. 欠点があるけど私はやはり彼が大好きだ

• **Despite the fact** that smoking is banned in the bathrooms, some people disregard the rule. トイレの中での喫煙は禁止されているのに規則を無視する人たちがいる

注意》 文を続けるときには **despite** ではなく though や although などを使う:
He went there **despite** my warning.
He went there, **though** I warned him. 私が警告したのに彼はそこに行った

despite oneself 思わず, つい

de·spond·en·cy /dispándənsi ディスパンデンスィ/ 名 U 落胆; 失望

de·spond·ent /dispándənt ディスパンデント/ 形 《文章》がっかりした, 希望をなくした

despóndently 副 落胆して

des·pot /déspət デスポト/ 名 C 専制君主; 暴君

des·pot·ic /dispátik ディスパティク/ 形 専制の; 横暴な

des·pot·ism /déspətìzm デスポティズム/ 名 U 専制(政治), 独裁(政治), 暴政

des·sert A2 高

/dizə́:rt ディザート/ (発音 desert² と同音) 名 (複 **desserts** /dizə́:rts ディザーツ/) U C デザート《◆コース料理の最後の菓子・果物など》

des·ti·na·tion B1 高 /dèstənéiʃən デスティネイション/ 名 (複 **destinations** /dèstənéiʃənz/) C (旅行などの)目的地, 行き先; (荷物などの)届け先, あて先; 最終目標

• What's your **destination**? あなたの目的地はどこですか (×*Where* is ...? としない)

des·tine /déstən デスティン/ 動 他 運命づける

be destined for ... ①…に運命づけられている ②(乗り物などが)…行きである

be destined to do …する運命である, …すると定められている

des·ti·ny B2 /déstəni デスティニ/ 名 (複 **destinies** /déstəniz/) U C 運命, 宿命; 運命の力

des·ti·tute /déstətjù:t デスティテュート/ 形 とても貧しい, 極貧の (⚠ poor よりもさらに貧しい); 〔…が〕ない, 欠如した《*of*》

de·stroy A2 高

/distrɔ́i ディストロイ/ 動 (三単現 **destroys** /distrɔ́iz/; 過去·過分 **destroyed** /di-

strɔ́id/; 現分 **destroying**) 他
❶破壊する, こわす (↔**construct**); 滅ぼす
• The earthquake **destroyed** my house completely. 地震で自宅が全壊した
❷(夢・計画などを)だめにする, くじく
派生 **destruction** 名
派生 **destructive** 形

de·struc·tion B1 高 /distrʌ́kʃən ディストラクション/ 名 U 破壊 (↔**construction**); 破壊された状態; 破滅の原因; 滅亡
• the **destruction** of the forests 森林破壊
派生 **destroy** 動

de·struc·tive B1 /distrʌ́ktiv ディストラクティヴ/ 形 破壊的な; (考えなどが)非建設的な; (↔**constructive**); 〔…に〕有害な《*to*》(=harmful)
派生 **destroy** 動

de·tach B2 /ditǽtʃ ディタチ/ 動 他 〔…から〕引き離す, はずす《*from*》(↔**attach**)

de·tach·a·ble /ditǽtʃəbl ディタチャブル/ 形 取りはずせる, 分離できる

de·tached /ditǽtʃt ディタチト/ 形 引き離された

de·tach·ment B2 /ditǽtʃmənt ディタチメント/ 名 ❶U 分離, 取りはずすこと ❷U 超然としていること, 無関心; 公平 ❸C (特別な任務を帯びた)分遣隊

de·tail A2 高

/dí:teil ディーテイル, ditéil ディテイル/
名 (複 **details** /dí:teilz/) U C
細部, 細かい点, 細目; 詳細
• He told the police all the **details** of the accident. 彼は警察にその事故の詳細をすべて話した
in detail 詳細に, 項目ごとに, 詳しく
go into detail(s) 詳しく述べる
━ 動 (三単現 **details** /dí:teilz/; 過去・過分 **detailed** /dí:teild/; 現分 **detailing**) 他
詳しく述べる

de·tailed B2 /dí:teild ディーテイルド, ditéild ディテイルド/ 形 詳しい, 詳細な, 詳細にわたる

de·tain /ditéin ディテイン/ 動 他 引き止める

de·tect B2 高 /ditékt ディテクト/ 動 他 見つける; 検出する; 探知する; 見抜く

de·tec·tion /ditékʃən ディテクション/ 名 U 発見; 探知, 検出; 発覚

de·tec·tive B1 高 /ditéktiv ディテクティヴ/ 名 (複 **detectives** /ditéktivz/) C 刑事; 探偵
• a private **detective** 私立探偵
━ 形 探偵の; 刑事の; 捜査の
• a **detective** story 探偵小説, 推理小説

de·tec·tor /ditéktər ディテクタ/ 名 C 発見者; 探知器; 検波器

de·ten·tion /diténʃən ディテンション/ 名 U (無理に)引き止める[引き止められる]こと; 留置, 拘留; U C (罰としての)放課後の居残り

de·ter /ditə́:r ディター/ 動 (三単現 **deters** /ditə́:rz/; 過去・過分 **deterred** /ditə́:rd/; 現分 **deterring**) 他 《文章》(恐怖などが, 人に)〔…を〕思いとどまらせる《*from*》

de·ter·gent /ditə́:rdʒənt ディターヂェント/ 名 U C 洗剤

de·te·ri·o·rate /ditíəriərèit ディティアリオレイト/ 動 自 悪くなる, 低下する

de·te·ri·o·ra·tion /ditìəriəréiʃən ディティアリオレイション/ 名 U 悪化, 低下

de·ter·mi·na·tion B1 /ditə̀:rmənéiʃən ディターミネイション/ 名 (複 **determinations** /ditə̀:rmənéiʃənz/)
❶U 決心, 決意, 決断力
• with **determination** 断固として
❷U C 決定; 測定

de·ter·mine B1 高 /ditə́:rmən ディターミン/ 動 (三単現 **determines** /ditə́:rmənz/; 過去・過分 **determined** /ditə́:rmənd/; 現分 **determining**) 《文章》
❶他 決定する, 決める, 確定する; 特定する; 左右する
• They **determined** the date for the wedding. 彼らは結婚式の日取りを決めた
文型 [**determine wh-...**] …かを決める
• The way you act will **determine**

what people think about you. あなたの行動のしかたによって人々があなたをどう思うかが決まる

❷ 他 文型 [**determine to** *do*] …しようと決心する ⇨**determined**; 文型 [**determine that ...**] …と決心する

❸ 他 測定する, 測定して決める

派生 **determination** 名

de·ter·mined B2 /ditə́ːrmənd ディターミンド/ 形 かたく[決心]した; 決然[断固]とした; 文型 [**be determined to** *do* [**that ...**]] …しようと決心している

- She is a very **determined** woman. 彼女はとても意志の強い女性だ

de·ter·min·er B2 /ditə́ːrmənər ディターミナ/ 名 C 《文法》限定詞《◆名詞の意味を限定する語; a, the, some, your など》

de·ter·rence /ditə́ːrəns ディターレンス/ 名 C 制止, 抑止

de·ter·rent /ditə́ːrənt ディターレント/ 形 阻止する, 抑止する, 引き止める

— 名 C 〔…を〕阻止する[引き止める]もの《*to*》; 戦争抑止力

de·test /ditést ディテスト/ 動 他 ひどく嫌う (=hate strongly) (❗軽べつをともなった嫌悪に用いる)

de·test·a·ble /ditéstəbl ディテスタブル/ 形 憎むべき, ひどくいやな

det·o·nate /détənèit デトネイト/ 動 他 爆発させる; 自 爆発する

det·o·na·tion /dètənéiʃən デトネイション/ 名 U C 爆発, 爆発音

de·tour /díːtuər ディートゥア/ 名 C 回り道; 遠回り

de·tract /ditrǽkt ディトラクト/ 動 自 文型 [**detract from A**] A(価値・美しさなど)を落とす, 損なう, 減じる

det·ri·ment /détrəmənt デトリメント/ 名 U 損害, 損失; C 〔…を〕損なうもの《*to*》

to the detriment of ... …を損なって, …を害するほど

det·ri·men·tal /dètrəméntəl デトリメンタル/ 形 〔…に〕有害な, 損になる《*to*》

De·troit /ditrɔ́it ディトロイト/ 名 デトロイト《◆米国ミシガン州 (Michigan) の都市; 自動車産業の中心地》

deuce /djúːs デュース/ 名

❶ C 《米》(トランプの)2の札

❷ U (テニスなどの)デュース《◆このあと2点続けて取れば勝ち》

de·val·u·a·tion /diːvæljuéiʃən ディーヴァリュエイション/ 名 U C (通貨の)平価切り下げ; (価値などの)低下

de·val·ue /diːvǽlju: ディーヴァリュー/ 動 他 価値[重要度]を下げる; (通貨の)平価を切り下げる

dev·as·tate B1 /dévəstèit デヴァステイト/ 動 (三単現 **devastates** /dévəstèits デヴァステイツ/; 過去・過分 **devastated** /dévəstèitəd/; 現分 **devastating**) 他 (国土・地域などを)荒廃させる, 荒らす; (人を)うちのめす

- The flood **devastated** the village. 洪水のためその村は荒廃した

dev·as·tat·ing B1 /dévəstèitiŋ デヴァステイティング/ 形 破壊的な; 衝撃的な; 痛烈な; 印象的な; 《口語》とても魅力的な

- a **devastating** hurricane 破壊的なハリケーン
- The novel is **devastating**. その小説は衝撃的におもしろい

dev·as·ta·tion /dèvəstéiʃən デヴァステイション/ 名 U C (物的・心的な)荒廃

de·vel·op A2 高

/divéləp ディヴェロプ/ 動 (三単現 **develops** /divéləps/; 過去・過分 **developed** /divéləpt/; 現分 **developing**)

❶ 他 発達[発育, 発展]させる; 自 発達[発育, 発展]する

- **develop** modern science 近代科学を発達させる
- In the late 20th century, DNA research **developed** rapidly. 20世紀後半, DNAの研究が急速に発展した

❷ 他 (製品などを)開発する; (土地・資源などを)開発する

- **develop** a new drug 新薬を開発する

❸ 他 (病気などに)かかる; (感情・性質などを)持つようになる; 自 (問題などが)生じる, 現れる
❹ 他自 展開する
❺ 他 (写真のフィルムを)現像する
派生 **development** 名

de·vel·oped A2 高 /divéləpt ディヴェロプト/ 形
❶ (国・社会などが)先進の, 経済発展した, 成熟した ⇨**developing**
• the major **developed** countries 主要先進国
• the **developed** world 先進諸国
❷ 発達した, 発展した; 開発された; よく発育した

de·vel·op·er /divéləpər ディヴェロパ/ 名 C 開発者; U C 《写真》現像液

de·vel·op·ing B2 高 /divéləpiŋ ディヴェロピング/ 形 発展途上の, 開発途上の; 成長している
• **developing** countries 発展途上国

de·vel·op·ment B1 高 /divéləpmənt ディヴェロプメント/ (×ディヴェロプメント) 名 (複 **developments** /divéləpmənts ディヴェロプメンツ/)
❶ U 発達, 発展; 成長, 発育; C 発達[発展]したもの; (事態などの)進展
• physical **development** 身体の発育
• China's economic **development** has been very rapid. 中国の経済発展は急速である
❷ U 開発; C (開発された)土地, 団地
• product **development** 商品開発
❸ U (写真の)現像
派生 **develop** 動

de·vel·op·men·tal /divèləpméntəl ディヴェロプメンタル/ 形 発達[発育]上の

de·vi·ant /dí:viənt ディーヴィアント/ 形 《文章》(規範から)逸脱した; 異常な
━ 名 C 逸脱[変質]者

de·vi·ate /dí:vièit ディーヴィエイト/ 動 自 〔標準などから〕それる, はずれる 《*from*》

de·vi·a·tion /dì:viéiʃən ディーヴィエイション/ 名 U C (標準などから)それること, 逸脱

de·vice B1 高 /diváis ディヴァイス/ 名 (複 **devices** /diváisəz/) C (考案された)道具, 装置, 仕掛け; 工夫
• safety **devices** 安全装置
• an anti-theft **device** 防犯グッズ
• A smartphone is a useful **device**. スマートフォンは便利な道具です

dev·il B2 高 /dévəl デヴィル/ 名 C
❶ 悪魔; 《**the Devil**》 魔王 (=Satan)
• Speak [Talk] of the **devil**, (and he will [is sure to] appear). 《ことわざ》うわさをすれば影(がさす) (←悪魔のうわさをすれば, 悪魔が現れるものだ; and 以降は省略がふつう)
❷ 《口語》《形容詞をつけて》…なやつ
• a poor **devil** かわいそうなやつ
❸ 《口語》《**the devil**》 一体全体 (! the hell の方がより使われる)

a* [*the*] *devil of a ... 《口語》とんでもない…, ひどい…
go to the devil くたばれ
like the devil 必死に, 猛烈に

dev·il·ish /déváliʃ デヴィリシュ/ 形 (悪魔のように)極悪な, 残忍な

dévil's ádvocate 名 C (議論を活発にするために)わざと反対意見を言う人

de·vi·ous /dí:viəs ディーヴィアス/ 形 遠回りの; ずるい, 不正な

de·vise /diváiz ディヴァイズ/ 動 他 工夫する, 考案する; 考え出す

de·void /divɔ́id ディヴォイド/ 形 〔…が〕ない, 欠けている 《*of*》

de·volve /diválv ディヴァルヴ/ 動 《文章》他 (責任・権利などを)〔…に〕移す, ゆだねる; 自 (責任・権利などが)〔…に〕移る 《*on, upon, to*》

de·vote B2 高 /divóut ディヴォウト/ 動 他
❶ 文型 [**devote A to B**] A (身・心・努力・時間など)をB (仕事・目的・人など)にささげる, あてる
• The doctor **devoted** his life **to** the study of cancer. その医者はがんの研究に全生涯をささげた
❷ 文型 [**devote *oneself* to ... = be devoted to ...**] …に専念する ⇨**devoted**

de·vot·ed B2 /divóutəd ディヴォウテド/ 形 〔…に〕献身的な; 熱心な; 愛情深い《*to*》
devótedly 副 献身的に
dev·o·tee /dèvətíː デヴォティー/ 名C 熱中する人, ファン, 愛好家; 狂信者
de·vo·tion B1 /divóuʃən ディヴォウション/ 名U 献身, 忠誠; 専念, 没頭; 信仰
de·vour /diváuər ディヴァウア/ 動他 ❶むさぼり食う; むさぼるように読む ❷滅ぼす ❸夢中にさせる
de·vout /diváut ディヴァウト/ 形 信心深い, 敬虔(けいけん)な; 誠実な
dew /djúː デュー/ (発音 due と同音) 名U 露(つゆ); しずく
● The **dew** falls. 露が降りる
dew·drop /djúːdràp デュードラプ/ 名C 露の玉[しずく] (=drop of dew)
dew·y /djúːi デューイ/ 形 (比較級 **dewier**; 最上級 **dewiest**) 露(つゆ)にぬれた
dex·ter·i·ty /dekstérəti デクステリティ/ 名U 器用さ, 巧みさ
dex·ter·ous /dékstərəs デクストラス/ 形 (手先の)器用な; 巧みな
DH 《略》 designated hitter 指名打者
di·a·be·tes /dàiəbíːtiːz ダイアビーティーズ/ 名U 《医学》 糖尿病
di·a·bet·ic /dàiəbétik ダイアベティク/ 形 《医学》 糖尿病の ━ 名C 糖尿病患者
di·a·bol·i·cal /dàiəbálikəl ダイアバリカル/ 形 極悪非道の, 残虐な; 《英》《口語》 とてもひどい, 不愉快な
di·ag·nose /dáiəgnòus ダイアグノウス/ 動他 診断する; (原因などを)突きとめる
di·ag·no·sis /dàiəgnóusəs ダイアグノウスィス/ 名 (複 **diagnoses** /dàiəgnóusiːz/) UC 診断(法); C 診断結果
di·ag·nos·tic /dàiəgnástik ダイアグナスティク/ 形 診断(上)の, 診断に役立つ
di·ag·o·nal /daiǽgənəl ダイアゴナル/ 形 対角線の; 斜線の; 斜めの
━ 名C 《数学》 対角線; 斜線
diágonally 副 対角線的に; 斜めに
di·a·gram B1 /dáiəgræ̀m ダイアグラム/ 名 (複 **diagrams** /dáiəgræ̀mz/) C 図, 図形, 図解, 図表
● draw a **diagram** 図を描く

di·al B1 /dáiəl ダイアル/ 名 (複 **dials** /dáiəlz/) C ❶(時計の)文字盤 ❷(電話・ラジオなどの)ダイヤル
● turn [set, adjust] the **dial** of the radio ラジオのダイヤルを回す[合わせる]
● a speed **dial** 短縮ダイヤル
━ 動 (三単現 **dials** /dáiəlz/; 過去・過分 **dialed** /dáiəld/, 《英》 **dialled** /dáiəld/; 現分 **dialing**, 《英》 **dialling**) 他 電話をかける; (電話・ラジオなどの)ダイヤルを回す, ボタンを押す; ダイヤルを調節する
● **dial** 911 911にダイヤルする (❗日本の110, 119にあたる米国の番号; nine one one と言う; 英国では999)
di·a·lect /dáiəlèkt ダイアレクト/ 名UC 方言; (ある職業や階級などの)通用語
díalling còde 名 《英》 (=area code)
díalling tòne 名 《英》 (=dial tone)
di·a·logue, 《米》 **di·a·log** B1 高 /dáiəlɔ̀ːg ダイアローグ/ 名 (複 **dialogues** /dáiəlɔ̀ːgz/) UC
❶〔…の間の〕対話《*between*》; (小説などの)会話の部分 (❗会話であることを示すのに, 日本語ではかぎかっこ(「 」)を使うが, 英語では引用符(《米》では " ", 《英》 ' ')を使う)
❷《文章》〔…との〕意見交換, 会談《*with*》
díal tòne 名C 《米》 (電話の)発信音 《◆通話可能であることを示すツーという音》
di·am·e·ter B1 高 /daiǽmətər ダイアメタ/ 名 (複 **diameters** /daiǽmətərz/) C
❶直径 (❗半径は radius)
❷《光学》 倍率
di·a·met·ri·cal·ly /dàiəmétrikəli ダイアメトリカリ/ 副 完全に, まったく
● **diametrically** opposite views 正反対の意見

di·a·mond A2 高
/dáiəmənd ダイアモンド/ 名
(複 **diamonds** /dáiəməndz ダイアモンヅ/)
❶UC ダイヤモンド; ひし形; 《形容詞的》 ダイヤモンドの; ひし形の
❷C (トランプ札の)ダイヤ
❸C (野球の)内野, ダイヤモンド
díamond júbilee 名C 60年[75

年]記念祭

Di·an·a /daiǽnə ダイアナ/ 名 ❶《ローマ神話》ディアーナ《◆月と狩りの女神》
❷ダイアナ《◆女性名》

Di·ane /daiǽn ダイアン/ 名 ダイアン《◆女性名》

di·a·per B1 /dáiəpər ダイアパ/ 名 (複 **diapers** /dáiəpərz/) C《米》おむつ, おしめ (=《英》nappy); U ひし形模様

di·a·phragm /dáiəfræ̀m ダイアフラム/ 名 C《解剖》横隔膜; (受話器などの)振動板; (避妊用の)ペッサリー

di·ar·rhe·a, 《英》**di·ar·rhoe·a** B2 /dàiəríːə ダイアリーア/ 名 U《医学》下痢

di·a·ry A2 中

/dáiəri ダイアリ/ 名 (複 **diaries** /dáiəriz/) C 日記; 日記帳

• **keep a diary** of the journey その旅の日記をつける

dice /dáis ダイス/ 名 C さいころ (❗元来は die² の複数形); U さいころを使うゲーム, ダイス

di·chot·o·my /daikɑ́təmi ダイカトミ/ 名 (複 **dichotomies** /daikɑ́təmiz/) C《文章》二分する[される]こと; 分裂; 二分法

Dick /dík ディク/ 名 ディック《◆男性名; Richard の愛称》

Dick·ens /díkənz ディケンズ/ 名 《**Charles Dickens**》ディケンズ (1812–70)《◆英国の小説家》

dic·tate /díkteit ディクテイト, ─ ́/ 動 他 自
❶〔人に〕(口で言って)書き取らせる, 口述する《*to*》
❷〔…に〕命じる, 指図する《*to*》

dic·ta·tion /diktéiʃən ディクテイション/ 名
❶ U 書き取り, 口述; U C (外国語の)ディクテーション
• **give** (a) **dictation** 書き取りをさせる
❷ U 命令, 指図

dic·ta·tor B2 /díkteitər ディクテイタ, ─ ́─/ 名 C 独裁者 (❗本来は古代ローマの「執政官」の意味)

dic·ta·tor·ship /diktéitərʃip ディクテイタシプ/ 名 U 独裁政治; C 独裁国

dic·tion /díkʃən ディクション/ 名 U ことばづかい, 語法; 発声法, 話し方

dic·tion·a·ry A1 中

/díkʃənèri ディクショネリ | díkʃənəri ディクショナリ/ 名 (複 **dictionaries** /díkʃənèriz/) C 辞書, 辞典; 事典 ⇨ **encyclopedia**

• **consult** a **dictionary** 辞書を引く
• **Look up** this word **in** the **dictionary**. この語を辞書を引いて調べなさい

did A1 中

/did ディド; 《強》díd ディド/ 動 do (する)の過去形

• I **did** my homework this morning. 私はきょうの午前中に宿題をした

会話 "Who painted this picture?" "I **did** (=painted it)." 「だれがこの絵をかいたのですか」「私です」

— 助 do の過去形 (❗過去の意味の疑問文や否定文をつくる. または次の動詞の意味を強める場合や倒置が起きる場合に用いられる)

会話 "**Did you** see "Harry Potter" on TV yesterday?" "Yes, I did." 「きのうテレビで『ハリー・ポッター』を見た?」「うん, 見た」(❗あとの did は動詞)

• You **didn't** come yesterday, **did** you? 君はきのう来なかったね (❗..., did you? は「…ですね」と念を押す用法)

会話 "I saw him there." "**Did** you?" 「私はそこで彼に会いました」「そうでしたか」

di·dac·tic /daidǽktik ダイダクティク/ 形 教訓的な; 説教の好きな

did·ger·i·doo /dìːdʒəridúː ディーヂェリドゥー/ 名 (複 **didgeridoos** /dìːdʒəridúːz/) C《楽器》ディジェリドゥー《◆オーストラリア先住民の竹の管楽器》

did·n't 中

/dídnt ディドント/ did not (…しなかった) の短縮形 (❗口語では did not より didn't のほうがふつう)

die¹ A2 中

/dái ダイ/ (発音 dye と同音) 動 (三単現

dies /dáiz/; 過去・過分 died /dáid/; 現分 dying /dáiiŋ/) ❶ 自 (人・動物などが)死ぬ; (植物が)枯れる
- die of cancer [old age, hunger] がん[老齢, 飢(う)え]で死ぬ
- die from overwork [a wound] 過労[けが]がもとで死ぬ
- He died young. 彼は若くして死んだ

使い方›「死ぬ」の表現
(1) 事故, 災難, 戦争などで「死ぬ」場合は, be killed のほうがふつう:
That actor **was killed** in a plane crash. その俳優は飛行機事故で命を落とした
(2) お悔やみのあいさつや手紙などでは遠回しな表現 pass away などが使われる:
I am sorry to learn that your father has **passed away**. お父様がお亡くなりになったとお聞きしたいへん残念です[お悔やみ申し上げます]

❷ 自 (風・音・名声などが)消滅する, 消える ❸ 他 《**die a ... death**》…な死に方をする

be dying for ... 《口語》…がほしくてたまらない
***be dying to** do* 《口語》とても…したい, …したくてたまらない
die away (力・勢いが)次第に弱まる; (だんだん)消える; (風などが)おさまる
die down 弱まる, 静まる
die out 絶滅する, 完全に消える, 死に絶える; (習慣などが)すたれる
Never say die! 《口語》弱音を吐(は)くな, あきらめるな, 元気を出せ (←死ぬなんて言うな)

覚えよう› 単語力
活用形に注意

原形	過去・過分	現分
die (死ぬ)	− died	− dying
dye (染める)	− dyed	− dyeing

die[2] /dái ダイ/ (発音 dye と同音) 名 (複 **dice** /dáis/) C 《古風》さい, さいころ

die·hard /dáihɑ̀:rd ダイハード/ 名 C 新しい考えを受け入れないがんこ者, 保守的で妥協しない人; 《形容詞的》保守的でがんこな

die·sel /dí:zəl ディーゼル/ 名 C ディーゼル機関; ディーゼル車; U ディーゼル油

díesel èngine 名 C ディーゼル機関

di·et[1] A2 高

/dáiət ダイエト/ 名 (複 **diets** /dáiəts ダイエッ/) C ❶ **日常の食物, 食事**
- a healthy **diet** 健康食

❷ (治療・減量などのための)**規定食, ダイエット**

on a diet 食事療法をして
- **go on a diet** 食事療法をする, 減食する, ダイエットをする

— 動 (三単現 **diets** /dáiəts ダイエツ/; 過去・過分 **dieted** /dáiətəd/; 現分 **dieting**) 自 他 **ダイエットをする, 食事療法をする[させる]**

di·et[2] /dáiət ダイエト/ 名 C 《ふつう **the Diet**》国会, 議会 (❗日本, デンマーク, スウェーデンなどのもの; 米国議会は Congress, 英国のは Parliament)
- **The Diet** is now sitting. 国会は現在開会中だ

di·e·tar·y /dáiətèri ダイエテリ/ 形 食事(療法)の; 食物の

Díet Buílding 名 《**the** をつけて》(日本の)国会議事堂 (❗米国のは the Capitol; 英国のは the Houses of Parliament)

di·e·ti·cian /dàiətíʃən ダイエティシャン/ 名 C 栄養士

dif·fer B1 高 /dífər ディファ/ (×ディファー) 動 (三単現 **differs** /dífərz/; 過去・過分 **differed** /dífərd/; 現分 **differing** /dífəriŋ/) 自 **相違する, 異なる, 違う** (=be different); 〔…と〕**意見が違う** 《*with*》(=disagree); 文型 [**differ from A (in B)**] (Bの点で)Aと異なる
- We **differ in** opinion. 私たちは意見が合わない

派生 **difference** 名; 派生 **different** 形

dif·fer·ence A1 中

/dífərəns ディファレンス/

名 (複 **differences** /dífərənsəz/)
❶ U C 違い, 相違(点)
• Can you **tell** the **difference between** this PC and that one? このパソコンとあれとの違いがわかりますか

コロケーション
形+**difference**
a significant *difference* 著しい相違
an essential *difference* 本質的な違い
a major *difference* 大きな違い
a minor [slight] *difference* わずかな違い

❷《単数形で》差 ❸ C 不和, いさかい (! 複数形で多く使われる)

make a difference 違いを生じる[生む], 話[事情]が違ってくる; 重要である
• That point **makes a** big **difference** to me. その点は私にとって非常に重要だ

make no difference = ***not make any difference*** 違いがない, 区別をしない; 何でもかまわない, 重要ではない

派生 **differ** 動; 派生 **different** 形

dif·fer·ent A1 中

/dífərənt ディファレント/ 形
❶ 違った, 別の (! 「違う」は differ, 「違い」は difference)
• She is wearing glasses today and looks **different**. 彼女は今日めがねをかけていて, いつもと違って見える

文型 [**be different from A**] Aと違っている
• Your ideas **are different from** mine. 君の考えはぼくの考えと違っている

注意› from のかわりに《米》than, 《英》to を different といっしょに使うこともあるが, from がふつう

❷ いろいろな, さまざまな; 別々の
• Gestures are **different** in **different** cultures. 異なる文化の中では身ぶりもさまざまだ

❸ 風変わりな; 特別な; 他と違っている

派生 **differ** 動; 派生 **difference** 名

dif·fer·en·tial /dìfərénʃəl ディファレンシャル/ 形 差別的な, 格差のある
―名 C 差, 格差; 賃金格差

dif·fer·en·ti·ate /dìfərénʃièit ディファレンシエイト/ 動 他 〔…と〕区別する; 違いをつける《*from*》; 自 〔…を〕区別する, 見分ける《*between*》

dif·fer·ent·ly A2 高

/dífərəntli ディファレントリ/ 副
❶〔…と〕異なって; 違ったよう[ふう]に《*from*》
• I feel **differently** about the matter. その件についてぼくは違った感じをもっている

❷ 別々に; さまざまに, いろいろ

dif·fi·cult A1 中

/dífikəlt ディフィカルト/ 形
難しい, 困難な (↔**easy**); 苦しい, 厳しい; (人などが)扱いにくい, 気難しい
• "How did today's tests go?" "The math test was **more difficult than** the English test." 「きょうの試験はどうだった」「数学の試験が英語の試験よりも難しかった」

文型 [**It is difficult** (**for A**) **to** *do*] (Aにとって)…するのは難しい
• **It is difficult for** us **to** *master* English. 私たちが英語をマスターするのは難しい (! 「私たちが…するのは難しい」を ×We are difficult to *do* ... としない)

文型 [**A is difficult** (**for B**) **to** *do*] Aは(Bにとって)…するのが難しい (! *do* は他動詞)
• This problem **is difficult for** me **to** *solve*. = **It is difficult for** me **to** *solve* this problem. この問題を解くのは私には難しい

派生 **difficulty** 名

dif·fi·cul·ty A2 高

/dífikəlti ディフィカルティ/
名 (複 **difficulties** /dífikəltiz/)
❶ U 難しさ, 困難, 苦労 (↔**ease**)
• a job **of** great **difficulty** 非常に困難な

仕事(×of a great difficulty, ×of great difficulties としない)
❷ C やっかいな事柄, 難題; 《ふつう **difficulties**》困った状況[立場], 難局; 財政困難
• **overcome difficulties** 難局を乗り越える
have difficulty* (*in*) *doing …するのが難しい
with difficulty 苦労して, なんとか, やっと
without* (*any*) *difficulty* = *with no difficulty なんの苦労もなく, 楽々と, 難なく
派生 **difficult** 形

dif·fi·dent /dífədənt ディフィダント/ 形 〔…に〕自信のない《*of, about*》; 内気な, 遠慮がちな

dif·fuse /difjúːz ディフューズ/ (×ディフューズ) 動 他自 拡散する; 広める, 広まる
— /difjúːs ディフュース/ (発音 動との違いに注意) 形 広がった

dig A1 高

/díg ディグ/ 名 (複 **digs** /dígz/) C
❶ 《口語》あてこすり, 皮肉
• make a **dig** あてこすりをする
❷ 突くこと, 軽くつつくこと
• give him a dig 彼をつつく
❸ (考古学関係の)発掘
— 動 (三単現 **digs** /dígz/; 過去・過分 **dug** /dʌ́g/; 現分 **digging**)
❶ 他 (地面などを)掘る; (穴などを)掘って作る; 掘り起こす, 掘り出す; 見つけ出す: 自 地面[穴]を掘る
• **dig** a deep hole 深い穴を掘る
❷ 他 (手などを)突っ込む, 突きさす; 自 手を入れる
dig in ①(肥料などを)土に入れる ②《口語》食べ始める; 本気で取りかかる
dig into ... …を深く調べる
dig out 掘り出す, 見つけ出す
dig up 掘り出す, 発掘する; 見つけ出す

di·gest B2 /dáidʒest ダイチェスト/ 名 C (重要なところだけを集めた)要約, 摘要, ダイジェスト • a **digest** of today's news 今日のニュースダイジェスト
— /dədʒést ディチェスト, daidʒést ダイチェスト/ (発音 名とのアクセントの違いに注意) 動 (三単現 **digests** /dədʒésts ディチェスツ/; 過去・過分 **digested** /dədʒéstəd/; 現分 **digesting**) ❶ 他自 (食べ物を)消化する ❷ 他 十分に理解する; 要約する

di·gest·i·ble /dədʒéstəbl ディチェスティブル, daidʒéstəbl ダイチェスティブル/ 形 消化しやすい, こなれやすい

di·ges·tion /dədʒéstʃən ディチェスチョン, daidʒéstʃən ダイチェスチョン/ 名 U C 消化(↔**indigestion**); 消化作用; 消化力; (知識などの)吸収

di·ges·tive /dədʒéstiv ディチェスティヴ, daidʒéstiv ダイチェスティヴ/ 形 消化の; 消化を助ける

dig·it /dídʒət ディヂト/ 名 C ❶ (手足の)指 ❷ アラビア数字《♦0から9までの各数字》

dig·i·tal B1 高 /dídʒətl ディヂトル/ 形 数字式の; デジタル(方式)の(↔**analog** アナログの)
• a **digital** clock デジタル時計

dígital cámera A2

名 C デジタルカメラ

dígital recórding 名 U デジタル録音

dig·ni·fied /dígnəfàid ディグニファイド/ 形 威厳のある; 堂々とした

dig·ni·fy B2 /dígnəfài ディグニファイ/ 動 (三単現 **dignifies** /dígnəfàiz/; 過去・過分 **dignified** /dígnəfàid/; 現分 **dignifying**) 他 〔…で〕威厳をつける; もったいをつける《*with, by*》

dig·ni·tar·y /dígnətèri ディグニテリ/ 名 (複 **dignitaries** /dígnətèriz/) C 高位の人; 高官; 高位聖職者

dig·ni·ty B2 /dígnəti ディグニティ/ 名 (複 **dignities** /dígnətiz/)
❶ U 威厳; 尊厳, 尊さ
• human **dignity** 人間としての尊厳
• death with **dignity** 尊厳死
❷ U C 品位, 気高さ; 自尊心

beneath** one's **dignity 品位に欠ける

di·gress /daigrés ダイグレス/ 動自 (話し手・書き手が)(本題から)わき道にそれる, 脱線する《*from*》

di·gres·sion /daigréʃən ダイグレション/ 名UC (本題から)わき道にそれること, 脱線, 余談

dike /dáik ダイク/ 名C 堤防, 土手; 堀

di·lap·i·dat·ed /dilǽpədèitəd ディラピデイテド/ 形 (建物などが)荒れ果てた; (車・衣類などが)ひどく傷んだ, がたがた[ぼろぼろ]になった

di·late /dailéit ダイレイト/ 動他 (目などを)大きく広げる; 自 大きく広がる

di·lem·ma B2 /dəlémə ディレマ/ 名C ジレンマ, 板挟み

dil·i·gence B1 /dílədʒəns ディリヂェンス/ 名U 勤勉, (たゆまぬ)努力

dil·i·gent B1 /dílədʒənt ディリヂェント/ 形 勤勉な, 〔…に〕熱心な, 励んでいる《*in*》(↔**lazy**); 入念な

- a **diligent** student 勤勉な学生

díligently 副 勤勉に; 入念に

dill /díl ディル/ 名U 《植物》ディル; イノンド《♦種や葉が香辛料として使われる》

di·lute /dailjú:t ダイリュート/ 動他 (液体を)水で割る, 〔…で〕薄める《*with*》

— 形 (液体などが)薄い, 水っぽい

dim B2 /dím ディム/ 形 (比較級 **dimmer**; 最上級 **dimmest**) ❶うす暗い(↔**bright**) ❷かすかな, おぼろげな; はっきり見えない

❸《口語》うすのろの, 頭の鈍い

take a dim view of ... 《口語》…をよいとは思わない

— 動 (三単現 **dims** /dímz/; 過去・過分 **dimmed** /dímd/; 現分 **dimming**) 他 薄暗くする; かすませる; 自 薄暗くなる; (見通しなどが)かすむ

dime B2 /dáim ダイム/ 名 (複 **dimes** /dáimz/) C ❶ダイム《♦米国・カナダの10セント硬貨》⇨**cent**

❷《**a dime**》《否定文で》びた一文

di·men·sion B2 /dəménʃən ディメンション/ 名C ❶面, 局面

- a moral **dimension** 道徳面

❷寸法; 大きさ; 次元

díme stòre 名C《米》《口語》安売り雑貨店(❗昔は10セント(dime)で買えるものだけ置いていた. 日本の'百円ショップ'のようなもの)

di·min·ish /dəmíniʃ ディミニシュ/ 動他 減らす, 小さくする; 自 減少する, 小さくなる, 縮小する

di·min·u·tive /dəmínjətiv ディミニュティヴ/ 形 非常に小さな, 小型の

dim·ly /dímli ディムリ/ 副 うす暗く; かすかに, ぼんやりと

dim·ple /dímpl ディンプル/ 名C えくぼ

din /dín ディン/ 名C 絶え間ない騒音, やかましい音

dine /dáin ダイン/ 動自 ディナーを食べる, 食事をする

- I **dined** with the Carters yesterday. 昨日はカーター夫妻と食事をした

***dine off* [*on*] ...** 〔特に豪華なもの〕を食事に食べる

dine out (レストランなど)外で食事をする, 外食する

din·er /dáinər ダイナ/ 名C

❶(特にレストランで)食事をする人

❷《米》(列車の)食堂車(=dining car); 《米》(食堂車風の)簡易食堂, ダイナー

ding /díŋ ディング/ 名C ゴーン, ジャーン《♦鐘の音など》

ding-dong /díŋdɔ̀:ŋ ディングドーング/ 名U ゴーンゴーン, キンコン[ピンポン]《♦鐘の音など》

din·ghy /díŋgi ディンギ/ 名 (複 **dinghies** /díŋgiz/) C 小型ヨット; 救命ボート

din·go /díŋgou ディンゴウ/ 名 (複 **dingoes** /díŋgouz/) C 《動物》ディンゴ《♦オーストラリア産の野犬》

din·gy /díndʒi ディンヂ/ 形 (比較級 **dingier**; 最上級 **dingiest**) 薄黒い; 薄汚い, むさ苦しい

din·ing /dáiniŋ ダイニング/ 名U 食事

díning càr 名C (列車の)食堂車

díning ròom A1 高

名C (家庭・ホテルなどの)ダイニング

(ルーム), 食堂

díning tàble 名C 食卓 (❗テーブルそのものをさす) ⇨**dinner table**

din·ner A1中

/dínər ディナ/ 名 (複 **dinners** /dínərz/)

❶UC ディナー, (その日のおもな)食事, 夕食 (❗一日の食事の中で一番ごちそうの出る食事で, ふつうは夕食)

• **have** [**eat**] **dinner** ディナーを食べる

• **cook** [**make**] **dinner** ディナーを作る

注意› **dinner と冠詞**
上の用例のように dinner が「日課としての食事」をさすときは a や the はつかない. 形容詞が前についたりして「特定の食事」をいうときは a や the がつく:
an excellent **dinner** すばらしい食事
breakfast (朝食)や lunch (昼食)も同じように用いる

❷C (正式に人を招いて行う)晩さん会, ディナーパーティー (=dinner party)

dínner jàcket 名C 《英》(男性の)略式夜会服, タキシード (=《米》tuxedo)

dínner pàrty 名C 晩さん会

dínner tàble 名 《**the** をつけて》(食事中の)食卓, 食事の席 ⇨**dining table**

din·ner·time /dínərtàim ディナタイム/ 名U ディナーの時間

di·no·saur A2高

/dáinəsɔ̀ːr ダイノソー/ 名 (複 **dinosaurs** /dáinəsɔ̀ːrz/) C 恐竜; 時代遅れで役に立たなくなったもの[人]

Di·o·ny·sus /dàiənáisəs ダイアナイサス/ 名 《ギリシャ神話》ディオニソス (♦酒の神; ローマ神話のバッカス (Bacchus) にあたる)

di·ox·ide B1 /daiáksaid ダイアクサイド | daiɔ́ksaid ダイオクサイド/ 名UC 二酸化物, 過酸化物

di·ox·in /daiáksən ダイアクスィン/ 名U 《化学》ダイオキシン (♦環境汚染物質)

dip B2 /díp ディプ/ 動 (三単現 **dips** /díps/; 過去・過分 **dipped** /dípt/; 現分 **dipping**)

❶他自 ちょっと浸す[浸る], (水などに)ちょっとつける; (水に)ちょっともぐる ❷他 (さじ・手で)すくい出す

❸自 (道路・株価などが)下がる

dip into... ①〔ポケットなど〕に手を突っ込んで物を取り出す; 〔貯金など〕に手をつける ②〔題目など〕をちょっと調べる; 〔本など〕を拾い読みする

―名 ❶C ちょっと浸すこと; 下がること ❷UC 《料理》ディップ (♦クラッカーや野菜を浸して食べる濃いめのクリームソース)

diph·the·ri·a B2 /difθíəriə ディフティアリア/ 名U 《医学》ジフテリア

diph·thong /dífθɔːŋ ディフソーング/ 名C 《言語》二重母音 (❗/ai/ /ɔi/ /ei/ /ou/ など)

di·plo·ma B2 /diplóumə ディプロウマ/ 名C 卒業[修了]証書; 免状

di·plo·ma·cy /diplóuməsi ディプロウマスィ/ 名U 外交; 外交術, 駆け引き
派生 **diplomatic** 形

dip·lo·mat B2 /dípləmæ̀t ディプロマト/ (×ディプロウマト) 名C 外交官; 外交手腕のある人 派生 **diplomatic** 形

dip·lo·mat·ic /dìpləmǽtik ディプロマティク/ 形 外交の, 外交上の; 外交手腕のある; 人扱いのうまい, 気がきく

• establish **diplomatic** relations 外交関係を結ぶ

派生 **diplomacy**, **diplomat** 名

dìplomátically 副 外交上; 如才(じょさい)なく

diplomátic còrps 名 《**the** をつけて》外交団 (♦ある国に駐在している外交官全員)

dire /dáiər ダイア/ 形

❶恐ろしい, ものすごい; 悲惨な

❷緊急の, 差し迫った

di·rect A2

/dərékt ディレクト, dairékt ダイレクト/ 形

❶直接的な, 直接の (↔**indirect**)

• **direct** sunlight 直射日光

• This room has **direct** access to the beach. この部屋から直接ビーチに出ることができる

❷直行の, 最短距離の, まっすぐな

• take a **direct** flight to New York ニューヨークへ直行便で飛ぶ

❸ まったくの, 絶対の (! 名詞の前に用いる)

• do the **direct** opposite 正反対のことをする

❹ 率直な, 遠回しでない (=frank)

• Give me a **direct** answer. 率直に答えてください

— 動 (三単現 **directs** /dəréktsディレクツ/; 過去・過分 **directed** /dəréktəd/; 現分 **directing**) ❶ 他 (注意・努力などを)〔…に〕向ける《*to, toward, against*》

• The media's attention was **directed to** the Olympics. 報道機関の注目はオリンピックに向けられた

❷ 他自 指揮する, 指導する; (映画などを)監督[演出]する; (オーケストラなどを)指揮する; 文型 [**direct that ...**] …と指図する; 文型 [**direct A to** *do*] A(人)に…するように指図する

❸ 他 (人に)〔…への〕道を教える《*to*》(=show the way)

— 副 まっすぐに, 直行で; 直接に

• This plane flies **direct** to New York. この飛行機はニューヨーク直行です

派生 **direction** 名

diréct cúrrent 名 U 《電気》直流 (↔**alternating current**) (! DC, dc と略す)

di·rect·ed /dəréktəd ディレクテド/ 形 指揮された, 指導された

di·rec·tion A2 高

/dərékʃən ディレクション, dairékʃən ダイレクション/ 名 (複 **directions** /dərékʃənz/)

❶ U C 方角, 方向

• **in this direction** この方向に (×*to* this direction としない)

• In which **direction** is the station? 駅はどっちの方角ですか

• I have a poor sense of **direction**. 私は方向音痴(おんち)なんです

❷ 《**directions**》指図, 命令, 指示; 説明(書), 使用法 ❸ U 指導, 管理; (音楽の)指揮; (映画などの)監督, 演出

in all directions* = *in every direction 四方八方に

派生 **direct** 動

di·rec·tion·al /dərékʃənəl ディレクショナル, dairékʃənəl ダイレクショナル/ 形 方向の; 指向性のある

di·rec·tive /diréktiv ディレクティヴ, dairéktiv ダイレクティヴ/ 名 C (公式の)指令, 命令, 指示

di·rect·ly B1 高 /dəréktli ディレクトリ, dairéktli ダイレクトリ/ 副

❶ 直接に (↔**indirectly**); まっすぐに; (視線などが)まともに

• Don't put it **directly** on the skin. それは肌にじかにつけてはいけません

❷ はっきりと, 率直に ❸ まさに, まったく, 絶対に ❹ (今)すぐに (=at once); 《口語》もうすぐ (=very soon)

— 接 《英》…するとすぐに (=as soon as ...)

diréct máil 名 U ダイレクトメール

diréct narrátion 名 U 《文法》直接話法 (=direct speech) ⇨**narration**

diréct óbject 名 C 《文法》直接目的語 《◆動詞の表す動作の対象になる語句; I saw Tom. (トムに会った)の Tom や I gave him money. (彼にお金をあげた)の money》⇨**object**

di·rec·tor A2 高

/dəréktər ディレクタ, dairéktər ダイレクタ/ 名 (複 **directors** /dəréktərz/) C

❶ 《映画》監督, (テレビ番組などの)ディレクター, 《演劇》演出家

❷ (会社の)取締役, 重役; (官公庁の)長官, 局長; (研究所・学校の)所長, 校長

• a board of **directors** 取締役会, 理事会

❸ (組織などの)管理者, 責任者

di·rec·to·ry /dəréktəri ディレクタリ, dairéktəri ダイレクタリ/ 名 (複 **directories** /dəréktəriz/) C 名簿 《◆学生名簿, 会員名簿などで, ふつう住所付き》; 《コンピュータ》ディレクトリ

diréct spéech 名 (=direct narration)

diréct táx 名 U C 直接税

dirt B1 /dɔ́:rt ダート/ 名 U
❶土, 土砂 (=soil)
● a **dirt** road 《米》舗装(ほそう)されていない道路, 泥道
❷汚れ, ごみ, ほこり, ちり (=dust); 泥(どろ) (=mud) ❸《口語》悪口, うわさ話; 卑わいなことば, わい談

dirt·y A1 高

/dɔ́:rti ダーティ/ 形 (比較級 **dirtier**; 最上級 **dirtiest**) ❶きたない; 汚れた (↔**clean**); 泥(どろ)だらけの (=muddy)
● a **dirty** face 汚れた顔
● a **dirty** job きたない仕事 (❗「道義的にきたない仕事」の意味にもなる) ⇨❷
❷(道義的に)けがらわしい, 卑劣な, 下劣な; みだらな
● **dirty** talk わいせつな話
● He played a **dirty** trick on me. 彼は卑劣な手で私をだました
— 動 (三単現 **dirties** /dɔ́:rtiz/; 過去·過分 **dirtied** /dɔ́:rtid/; 現分 **dirtying**) 他 汚す; 自 汚れる

dis- 接頭 「反対」「逆」「非…」「除去」など ● **dis**appear 姿を消す ● **dis**like 嫌う ● **dis**cover 発見する

dis·a·bil·i·ty B1 高 /dìsəbíləti ディサビリティ/ 名 (複 **disabilities** /dìsəbílətiz/) UC 無力 (↔**ability**); C (身体·精神の)障がい

dis·a·ble B1 /diséibl ディスエイブル/ 動 (三単現 **disables** /diséiblz/; 過去·過分 **disabled** /diséibld/; 現分 **disabling**) 他 障がいを負わせる, 不自由な体にする; 無力にする, 役に立たなくする; (機械などを)作動しないようにする

dis·a·bled B1 高 /diséibləd ディスエイブルド/ 形 (身体·精神に)障がいのある; 《**the disabled**》《名詞的》障がい者 (❗複数扱い) ● **disabled** people 障がい者

dis·ad·van·tage

A2 高 /dìsədvǽntidʒ ディサドヴァンティヂ | dìsədvɑ́:ntidʒ ディサドヴァーンティヂ/
名 (複 **disadvantages** /dìsədvǽntidʒəz/)
❶C 不利(なこと), 不利益; 不利な立場; 不便 (↔**advantage**) ❷U 損失

at a disadvantage 不利な立場で
to A's disadvantage A(人)の不利になるような

dis·ad·van·taged /dìsədvǽntidʒd ディサドヴァンティヂド/ 形 恵まれない境遇の, 貧しい

dis·ad·van·ta·geous /disæ̀dvəntéidʒəs ディサドヴァンテイヂャス/ 形 不利な; 都合の悪い (↔**advantageous**)

dis·af·fect·ed /dìsəféktəd ディスアフェクテド/ 形 《文章》(政権や指導者に)不満をもつ

dis·af·fec·tion /dìsəfékʃən ディスアフェクション/ 名 U 不満

dis·a·gree A2 高

/dìsəgrí: ディサグリー/ 動 (三単現 **disagrees** /dìsəgrí:z/; 過去·過分 **disagreed** /dìsəgrí:d/; 現分 **disagreeing**) 自
❶〔…と〕意見が合わない, 不賛成である《*with*》(↔**agree**)
● I **disagree with** you **on** this matter. この件に関しては私は君と意見が違う
❷〔…と〕一致しない, 相違する《*with*》
❸(食べ物などが)〔…の〕体質に合わない, 害になる《*with*》

dis·a·gree·a·ble /dìsəgrí:əbl ディサグリーアブル/ 形 気にくわない, いやな, ふゆかいな (=unpleasant); 付き合いにくい (↔**agreeable**)
dìsagréeably 副 不愉快に

dis·a·gree·ment B1 /dìsəgrí:mənt ディサグリーメント/ 名 (複 **disagreements** /dìsəgrí:mənts ディサグリーメンツ/) UC 不一致, (意見の)相違; 合わないこと (↔**agreement**)

be in disagreement with ... …と意見が合わない

dis·al·low /dìsəláu ディスアラウ/ 動 他 (公的に)承認しない

dis·ap·pear A2 中

/dìsəpíər ディサピア/ 動 (三単現 **disappears** /dìsəpíərz/; 過去·過分 **disap-**

peared /dìsəpíərd/; 現分 **disappearing** /dìsəpíəriŋ/) 自
見えなくなる, 姿を消す, 消えうせる; なくなる (⇔**appear**)
• The plane suddenly **disappeared from** the radar screen. 飛行機が突然レーダー画面から消えた
• The boat **disappeared from** view. そのボートは視界から消えた
派生 **disappearance** 名

dis·ap·pear·ance B2 /dìsəpíərəns ディサピアランス/ 名 U C 見えなくなること, 失踪(しっそう); 消滅
派生 **disappear** 動

dis·ap·point B1 /dìsəpɔ́int ディサポイント/ 動 (三単現 **disappoints** /dìsəpɔ́ints ディサポインツ/; 過去・過分 **disappointed** /dìsəpɔ́intəd/; 現分 **disappointing**) 他
失望させる, がっかりさせる (⇔**satisfy**)
• The result **disappointed** him. その結果は彼を失望させた
— 自 人を失望させる
派生 **disappointment** 名
派生 **disappointed** 形

dis·ap·point·ed

A2 高 /dìsəpɔ́intəd ディサポインテド/ 形
がっかりした, 失望した; 当てはずれの; 文型 [**be disappointed in** [**with, at**] **A**] A に失望する, A にがっかりする
• I am deeply **disappointed at** the result. 私はその結果にひどく失望しています
文型 [**be disappointed to** *do*] …してがっかりする
• He **was disappointed to** *see* the result. = He **was disappointed at** the result. 彼は結果を見て失望した
文型 [**be disappointed that ...**] …ということにがっかりする
派生 **disappoint** 動

注意› 適当な語を選ぶ
Frankly I was very ( ).
(disappoint, disappointed, disappointing)
(! 「正直言って私はとてもがっかりしました」; 正解は disappointed; disappointed 「(人が)がっかりした」と disappointing 「(物事が, 人を)がっかりさせる(ような)」の違いに注意)

dis·ap·point·ing

A2 /dìsəpɔ́intiŋ ディサポインティング/ 形
失望させる(ような), がっかりさせる, 期待はずれの, つまらない
dìsappóintingly 副 がっかりするほど; 残念ながら

dis·ap·point·ment B1 /dìsəpɔ́intmənt ディサポイントメント/ 名 (複 **disappointments** /dìsəpɔ́intmənts ディサポイントメンツ/) ❶ U C 失望, 落胆(らくたん); 期待はずれ
• bitter **disappointment** ひどい失望
❷ C 失望させるもの[人], 期待はずれのもの[人]
to *A's* ***disappointment*** A (人)ががっかりしたことには
派生 **disappoint** 動

dis·ap·prov·al B2 /dìsəprú:vəl ディサプルーヴァル/ 名 U 不承知, 不賛成 (⇔**approval**)

dis·ap·prove B2 /dìsəprú:v ディサプルーヴ/ 動 自 他 賛成しない; 非とする (⇔**approve**)
disapprove of ... …を好ましくないと思う; …を承認しない

dis·arm /disá:rm ディサーム/ 動 他 自 武装解除する; 軍備を縮小する (⇔**arm**[2])
disarm *A* ***of*** *B* BをAから取り上げる

dis·ar·ma·ment /disá:rməmənt ディサーマメント/ 名 U 武装解除; 軍備縮小

dis·arm·ing /disá:rmiŋ ディサーミング/ 形 警戒心[敵意, 疑い, 恐怖など]を取り除くような, 心を和らげる, あどけない

dis·ar·ray /dìsəréi ディサレイ/ 名 U 乱雑, 無秩序, 混乱

dis·as·ter B1 高 /dizǽstər ディザスタ | dizá:stər ディザースタ/ 名 (複 **disasters** /dizǽstərz/) U C
❶ 大災害, 惨事

A B C D E F G H I J K L M N O P Q R S T U V W X Y Z

コロケーション
形+disaster
a natural *disaster* 天災
a man-made *disaster* 人災
an air *disaster* 航空惨事
an ecological *disaster* 生態学的惨事
a nuclear *disaster* 原子力災害
❷ 大失敗
派生 **disastrous** 形

disáster àrea 名 C 被災地; 散らかった場所; 混乱した組織[状況]

dis·as·trous B1 /dizǽstrəs ディザストラス/ 形 大災害の; 災害を引き起こす; 悲惨な, 不運な; 大失敗の
派生 **disaster** 名
disástrously 副 悲惨に; 破滅的に

dis·a·vow /dìsəváu ディスアヴァウ/ 動 他 《文章》(責任・関与などを)否認[否定]する

dis·band /disbǽnd ディスバンド/ 動 他 (組織・軍隊などを)解散させる; 自 解散する

dis·be·lief /dìsbəlíːf ディスビリーフ/ 名 U 不信, 疑惑 (↔**belief**)
disbelief in ... …に対する疑惑

disc B1 /dísk ディスク/ 名 (=disk)

dis·card /diskɑ́ːrd ディスカード/ 動 他 捨てる

dis·cern /disə́ːrn ディサーン, dizə́ːrn ディザーン/ 動 他 識別する, 見分ける

dis·cern·i·ble /disə́ːrnəbl ディサーニブル, dizə́ːrnəbl ディザーニブル/ 形 認識できる, 認められる, 見分けがつく

dis·cern·ing /disə́ːrniŋ ディサーニング, dizə́ːrniŋ ディザーニング/ 形 眼力のある, 洞察力のある, 見識のある

dis·charge B2 /dístʃɑːrdʒ ディスチャーヂ/ 名 U C 荷揚げ; 発砲, 発射; 解放
— /distʃɑ́ːrdʒ ディスチャーヂ/ (発音 名とのアクセントの違いに注意) 動 ❶ 他 〔拘束から〕解き放つ, 解放する; 〔職から〕解雇する, 首にする 《*from*》 ❷ 他 (液体, 気体などを)排出する, 出す ❸ 他 自 発射する ❹ 他 自 荷揚げする; (積み荷・乗客を)降ろす

dis·ci·ple B2 /disáipl ディサイプル/ (×ディスィプル) 名 C 弟子, 門人

dis·ci·pli·nar·y /dísəplənèri ディスィプリネリ/ 形 訓練の, 規律の; こらしめの
派生 **discipline** 名

dis·ci·pline B2 /dísəplən ディスィプリン/ 名 ❶ U 訓練; しつけ; C 学習[訓練]方法 ❷ U 規律; 自制(心)
• It is important to maintain **discipline** in school. 学校で規律を守ることは重要だ
❸ U 懲罰; 試練 ❹ C 学科, 学問の分野
— 動 他 (人を)罰する; 訓練する; 文型 [**discipline A to** *do*] …するようAを訓練する
派生 **disciplinary** 形

dísc jòckey B1 名 C DJ, ディスクジョッキー

dis·claim /diskléim ディスクレイム/ 動 他 《文章》否認する; 拒絶する

dis·close /disklóuz ディスクロウズ/ 動 他 (隠れているものを)明らかにする, あばく, 暴露する; 公表する

dis·clo·sure /disklóuʒər ディスクロウジャ/ 名 U 暴露, 公開, 開示; C 暴露された事実

dis·co A2

/dískou ディスコウ/
名 (複 **discos** /dískouz/) C 《口語》ディスコ (=discotheque)

dis·col·or, 《英》 **dis·col·our** /diskʌ́lər ディスカラ/ 動 他 変色させる; 自 変色する; 色があせる

dis·col·or·a·tion /diskʌ̀ləréiʃən ディスカラレイション/ 名 U 変[退]色; C 変[退]色した部分

dis·com·fort B1 /diskʌ́mfərt ディスカンフォト/ 名 (複 **discomforts** /diskʌ́mfərts ディスカンフォツ/) U 不快(感), (軽い)痛み; 不安, 当惑; C 不快なこと (↔**comfort**) (❗「不快な」の意味の形容詞は uncomfortable)
— 動 (三単現 **discomforts** /diskʌ́mfərts ディスカンフォツ/; 過去・過分 **discomforted** /diskʌ́mfərtəd/; 現分 **discomforting**) 他 不快[不安]にする (↔**comfort**)

dis·con·cert /dìskənsə́ːrt ディスコンサート/ 動 他 不安にさせる, ろうばいさせる (❗しばしば受け身で用いる)

dis·con·nect B2 /dìskənékt ディスコネクト/ 動 他 (電源・コードなどを)切る, はずす; 関係を断つ

dis·con·nect·ed /dìskənéktəd ディスコネクテド/ 形 連絡のない; 脈絡のない

dis·con·nec·tion /dìskənékʃən ディスコネクション/ 名 U C 分離; 切断

dis·con·tent /dìskəntént ディスコンテント/ 名 U 〔…に対する〕不満, 不平《*with*》

dis·con·tent·ed /dìskənténtəd ディスコンテンテド/ 形 〔…に〕不満をいだいている, 不満足な《*with*》

dis·con·tin·ue /dìskəntínjuː ディスコンティニュー/ 動 他 (続いていることを)やめる, 中止[休止]する; 文型 [**discontinue** *do***ing**] …するのをやめる

dis·cord /dískɔːrd ディスコード/ 名 U C 不一致, 不調和; 争い, 不和; 《音楽》不協和音 (↔**harmony**)

be in discord with ... …と不仲である

dis·co·theque /dískətèk ディスコテク/ 名 C ディスコ (=《口語》disco)

dis·count B1 /dískaunt ディスカウント/ 名 (複 **discounts** /dískaunts ディスカウンツ/) C 割引, 割引額[率]

- Can you **give** me a **discount on** this? これ, まけてもらえますか

at a discount 割引価格で

— /dískaunt ディスカウント, diskáunt ディスカウント/ 動 (三単現 **discounts** /dískaunts ディスカウンツ/; 過去・過分 **discounted** /dískauntəd/; 現分 **discounting**) 他 割引きする; 割引きして聞く[考える]

díscount stòre 名 C 安売り店, ディスカウントストア

dis·cour·age B1 /diskə́ːridʒ ディスカーリヂ | diskʌ́ridʒ ディスカリヂ/ 動 (三単現 **discourages** /diskə́ːridʒəz/; 過去・過分 **discouraged** /diskə́ːridʒd/; 現分 **discouraging**) 他

❶やめさせる; 文型 [**discourage A from** *do***ing**] A(人)に…するのを思いとどまらせる

- His parents **discouraged** him **from going** camping alone. 両親は彼がひとりでキャンプに行くのを思いとどまらせた

❷がっかりさせる, 落胆させる (↔**encourage**); 《**be discouraged**》がっかりする

dis·cour·aged /diskə́ːridʒd ディスカーリヂド/ 形 がっかりした

dis·cour·age·ment /diskə́ːridʒmənt ディスカーリヂメント/ 名 U 落胆; 断念; 妨害, 抑止

dis·cour·ag·ing /diskə́ːridʒiŋ ディスカーリヂング/ 形 落胆させる

dis·course /dískɔːrs ディスコース, ━ˊ/ 名

❶ C 〔…についての〕講演, 講義, 説教; 論考, 論文《*on, upon*》

❷ U 会話, 会談, 談話

— /diskɔ́ːrs ディスコース/ 動 自 〔…について〕(長々と)論じる, 講演する, 説教する《*on, upon*》

dis·cour·te·ous /diskə́ːrtiəs ディスカーティアス/ 形 《文章》失礼な, 無作法な, 無礼な **discóurteously** 副 無作法に, ぶしつけに

dis·cour·te·sy /diskə́ːrtəsi ディスカーテスィ/ 名 (複 **discourtesies** /diskə́ːrtəsiz/) 《文章》U 失礼, 無礼, 無作法; C 失礼なことば[行為]

dis·cov·er A2 高

/diskʌ́vər ディスカヴァ/

動 (三単現 **discovers** /diskʌ́vərz/; 過去・過分 **discovered** /diskʌ́vərd/; 現分 **discovering** /diskʌ́vəriŋ/) 他

❶発見する, (初めて)見つける (❗いままで気づかれないでいた物事に気づくこと)

- The law of gravitation was **discovered** by Newton. 万有引力の法則はニュートンによって発見された

❷(初めて)知る, わかる; 文型 [**discover that ...** [**wh-** ...]] …ということ[…か]がわかる

派生 **discovery** 名

dis·cov·er·er /diskʌ́vərər ディスカヴァラ/ 名 C 発見者

dis·cov·er·y B1 高 /diskʌ́vəri ディスカヴァリ/ 名 (複 **discoveries** /diskʌ́vəriz/) UC 発見(すること); C 発見した事, 発見物

コロケーション
形+**discovery**
a dramatic *discovery* 劇的な発見
an exciting *discovery* わくわくするような発見
a scientific *discovery* 科学上の発見

make a discovery 発見する
- That astronomer has **made** many **discoveries about** comets. その天文学者は彗星(すいせい)について多くの発見をしてきた

派生 **discover** 動

dis·cred·it B2 /diskrédət ディスクレディト/ 動 他 《文章》(人の)信用を落とす; 信用しない, 疑う
━ 名 U 《文章》不信, 疑惑; 不名誉, 悪評

dis·creet /diskríːt ディスクリート/ 形 思慮のある, 慎重な (↔**indiscreet**)
discréetly 副 慎重に; 控え目に

dis·crep·an·cy /diskrépənsi ディスクレパンスィ/ 名 (複 **discrepancies** /diskrépənsiz/) UC 〔…の間の〕差異, 相違, 矛盾《*between*》

dis·crete /diskríːt ディスクリート/ 形 分離した, 区別された, 別個の

dis·cre·tion /diskréʃən ディスクレション/ 名 U 分別, 慎重さ (↔**indiscretion**); 行動[判断, 選択]の自由
with discretion 慎重に

dis·crim·i·nate B2 /diskrímənèit ディスクリミネイト/ 動 他 自 ❶ 見分ける, 区別する, 識別する ❷ 分けへだてする, 差別扱いする

dis·crim·i·nat·ing /diskrímənèitiŋ ディスクリミネイティング/ 形 ❶ 識別力のある, 目の利く, 目の肥えた ❷ 差別的な

dis·crim·i·na·tion B1 高 /diskrìmənéiʃən ディスクリミネイション/ 名 U 差別, えこひいき; 区別; 識別力
- racial **discrimination** 人種差別
- sexual **discrimination** 性差別

dis·cus /dískəs ディスカス/ 名 C (競技用の)円盤; U《**the discus**》《スポーツ》(競技種目の)円盤投げ (❗ discus throw(ing) ともいう)

dis·cuss A1 高

/diskʌ́s ディスカス/ 動 (三単現 **discusses** /diskʌ́səz/; 過去・過分 **discussed** /diskʌ́st/; 現分 **discussing**) 他
話し合う, 討議[論議]する, …について意見を出し合う
- We **discussed** the problem. 私たちはその問題について議論しました (×We discussed *about* the problem.)

比較 We **had a discussion about** [**on**] the problem. = We **talked about** the problem. 私たちはその問題について議論した

文型 [**discuss A with B**] B(人)とAについて話し合う, 論議する
- I will **discuss** the matter **with** you in detail. あなたと詳しくそのことについて議論しましょう

文型 [**discuss wh-...**] …かを話し合う
- They **discussed where** to go for the weekend. 彼らは週末にどこに行こうかと話し合った

派生 **discussion** 名

似ている単語
議論する－**discuss**, **argue**, **debate**
discuss はある事柄についてよりよい結論を出すために互いの意見を述べ合うこと. **argue** は論理的に自分の意見を主張したり相手の意見に反論したりして, 相手を説き伏せようとすること. **debate** は公開の場などで討論すること

dis·cus·sion A2 高

/diskʌ́ʃən ディスカション/
名 (複 **discussions** /diskʌ́ʃənz/) UC
話し合い, 討議, 議論
- **have** [**hold**] **a discussion about** the problem その問題について話し合いを持つ

コロケーション
形+**discussion**
a frank *discussion* 率直な議論

a heated *discussion* 白熱した議論
a lengthy *discussion* 長々とした議論
a further *discussion* さらなる議論
a detailed *discussion* 詳細な議論
an informal *discussion* 非公式の議論
a lively *discussion* 活発な議論
a peaceful [quiet] *discussion* 穏やかな議論
a serious *discussion* 真剣な議論

under discussion 討議中で

派生 **discuss** 動

dis·dain /disdéin ディスデイン/ 動 他 軽べつする, さげすむ

— 名 U 〔…に対する〕軽べつ《*for*》

dis·dain·ful /disdéinfəl ディスデインフル/ 形 〔…に対して〕軽べつ的な《*toward*》, 〔…を〕軽べつする, 見下している《*of*》

dis·ease B1 高 /dizí:z ディズィーズ/ (×ディズィーズ) 名 (複 **diseases** /dizí:zəz/) U C 病気

• He **caught** a serious **disease** while he was traveling. 彼は旅行中に重い病気にかかった

コロケーション

形+**disease**
an acute *disease* 急性の病気
a chronic *disease* 慢性の病気
a fatal *disease* 命にかかわる病気
an incurable *disease* 不治の病
an infectious *disease* 伝染病
a sexually transmitted *disease* 性感染症(STD)

動+**disease**
cause a *disease* 病気を引き起こす
have a *disease* 病気にかかっている
cure a *disease* 病気を治す
spread a *disease* 病気を伝染させる
prevent a *disease* 病気を予防する

似ている単語

病気−**disease, illness, sickness**

disease は特定の病気をさし, disease によって引き起こされる病気である状態が **illness** (! disease と同じ意味で illness を使うこともある):
heart [kidney] **disease** 心臓[じん臓]病
die of **illness** 病気で死ぬ

sickness は illness と同じように使うが, ある種の illness をさしたり, 吐き気の意味でも用いる:
mountain **sickness** 高山病
Motion **sickness** is not a **disease**. 乗り物酔いは病気ではない

dis·eased /dizí:zd ディズィーズド/ 形 病気の; 病的な

dis·em·bark /dìsəmbá:rk ディセンバーク/ 動 自 (船・飛行機から)降りる, 上陸する; 他 (荷物を)陸揚げする, (人を)上陸させる

dis·em·bar·ka·tion /disèmbɑ:rkéiʃən ディセンバーケイション/ 名 U 上陸, 下船, 降機; 陸揚げ

dis·en·chant·ed /dìsintʃǽntəd ディスィンチャンテド/ 形 がっかりした, 幻滅した《*with*》

dis·en·chant·ment /dìsintʃǽntmənt ディスィンチャントメント/ 名 U 幻滅

dis·en·gage /dìsingéidʒ ディスィンゲイヂ/ 動 他 離す; 解放する《*from*》; 自 離れる《*from*》

dìsengágement 名 U (束縛などからの)解放《*from*》

dis·en·tan·gle /dìsintǽŋgl ディスィンタングル/ 動 他 もつれを解く; 解き放つ《*from*》

dis·fa·vor /disféivər ディスフェイヴァ/ 名 U 《文章》嫌悪; 不承認

dis·fig·ure /disfígjər ディスフィギャ/ 動 他 美観を傷つける, みにくくする; ぶかっこうにする

disfígurement 名 U 傷つけること; C 傷

dis·grace B2 /disgréis ディスグレイス/ 名 U 恥(さらし), 不名誉, つらよごし; 不人気

bring disgrace on [***upon***] ***…*** …に不名誉をもたらす

in disgrace with … …の不興を買って, …に不人気で

— 動 他 恥をもたらす

dis·grace·ful /disgréisfəl ディスグレイスフル/ 形 恥ずべき, 不名誉な

disgrácefully 副 不名誉に

dis·grun·tled /disgrʌ́ntld ディスグラントルド/ 形 〔…に〕不満な, 機嫌の悪い《*at, with*》

dis·guise B2 /disgáiz ディスガイズ/ 動 他 ❶ 変装させる; 《**disguise** *one*self, **be disguised**》〔…に〕変装する[している]《*as*》 ❷ 隠す; ごまかす, 偽る
— 名 U 変装, 仮装; 見せかけ
in disguise 変装して[した], 偽装して[した]
in [*under*] (*the*) *disguise of...* …に変装して; …と偽って

dis·gust /disgʌ́st ディスガスト/ 動 他 不愉快な気持ちにする, うんざりさせる; 《**be disgusted**》うんざりする
— 名 U (非常に)不快(な気持ち), 嫌悪(けんお), うんざり; 不快感
feel disgust at ... …にむかむかする, …に不快になる

dis·gust·ed /disgʌ́stəd ディスガステド/ 形 むかつく; うんざりした

dis·gust·ing B1 /disgʌ́stiŋ ディスガスティング/ 形 とてもいやな, 不愉快な, むかつくような; ひどい
disgústingly 副 むかつくほど; とてもいやで

dish A1 中

/díʃ ディシュ/ 名 (複 **dishes** /díʃəz/) C
❶ (料理を盛って出す大きな浅い)皿, はち; 《**the dishes**》食器類, 皿類 (➡ plate, platter, saucer などを含む)
• a large deep [shallow] **dish** (1枚の)大きな深皿[浅い皿]
• **wash** [**do**] **the dishes** (食事のあとの)食器を洗う

参考〉 皿のいろいろ
dish は料理を盛って出す大きな皿. **plate** は dish から料理を取り分ける浅く平らな皿. **bowl** はサラダなどを入れるおわんのような形をした深い入れ物で, ご飯茶わんも bowl という. **saucer** は cup の受け皿

❷ (料理の) 1 皿, (1 皿分の)料理
• **a dish of** apple pie アップルパイ 1 皿
— 動 (三単現 **dishes** /díʃəz/; 過去・過分 **dished** /díʃt/; 現分 **dishing**) 他 (料理を)皿に盛る
dish out 皿に取り分ける
dish up (料理を)皿に盛りつける; 料理を出す; 《口語》話をうまくつくり上げる

dish·cloth /díʃklɔ̀:θ ディシュクロース/ 名 C (皿を洗ったりふいたりする時に使う)ふきん

dis·heart·en /dishá:rtən ディスハートン/ 動 他 落胆させる, がっかりさせる

di·shev·eled, 《英》 **di·shev·elled** /diʃévəld ディシェヴェルド/ 形 (服装・髪などが)だらしない, 乱れた, ぼさぼさの

dis·hon·est A2

/disánəst ディサネスト/ 形 不正直な, 不誠実な; 不正の, ごまかしの
dishónestly 副 不正直に

dis·hon·es·ty B2 /disánəsti ディサネスティ/ 名 (複 **dishonesties** /disánəstiz/) U 不正直; C 不正行為

dis·hon·or /disánər ディサナ/ 名 U 不名誉, 恥, 恥辱; 《単数形で》不名誉になるもの
bring dishonor to ... …に不名誉をもたらす
— 動 他 名を汚す

dis·hon·or·a·ble /disánərəbl ディサナラブル/ 形 恥ずべき, 不名誉な
dishónorably 副 不名誉に

dish·tow·el /díʃtàuəl ディシュタウエル/ 名 C (洗った皿をふく)ふきん

dish·wash·er B1 /díʃwàʃər ディシュワシャ/ 名 (複 **dishwashers** /díʃwàʃərz/) C 食器洗い機; 皿洗い人

dish·wa·ter /díʃwɔ̀:tər ディシュウォータ/

名U (皿を洗ったあとの)汚れ水 (▮薄いお茶やまずいスープのたとえに用いられる)

dis·il·lu·sion B2 /dìsəlúːʒən ディスィルージョン/ 動 他 迷いをさます; 幻滅させる
—名 (=disillusionment)

dis·il·lu·sioned /dìsəlúːʒənd ディスィルージョンド/ 形 幻滅した

dis·il·lu·sion·ment /dìsəlúːʒənmənt ディスィルージョンメント/ 名U 迷いをさます[さまされる]こと; 幻滅

dis·in·fect /dìsinfékt ディスィンフェクト/ 動 他 消毒する, 殺菌する

dis·in·fect·ant /dìsinféktənt ディスィンフェクタント/ 名UC 消毒液, 殺菌剤

dis·in·te·grate /disíntəgrèit ディスィンテグレイト/ 動 他 自 ばらばらにする[なる], 分解する[させる]; 崩壊する[させる]

dis·in·te·gra·tion /disìntəgréiʃən ディスィンテグレイション/ 名U 分解, 崩壊

dis·in·ter·est /disíntərəst ディスィンタレスト/ 名U 利害関係のないこと; 無関心

dis·in·ter·est·ed /disíntərəstəd ディスィンタレステド/ 形 私利私欲のない

dis·joint·ed /disdʒɔ́intəd ディスチョインテド/ 形 (話・文章などが)支離滅裂な, つじつまの合わない

disk B1 /dísk ディスク/ 名 (複 **disks** /dísks/) C ❶《米》円盤; 円盤状のもの; CD; DVD ❷《解剖》椎間(ついかん)板 ❸《コンピュータ》ディスク《♦ハードディスクやフロッピーディスクなどの記憶装置》

> 参考› **disk** と **disc**
> 米英のどちらでも一般にコンピュータ関連のものには disk, 音楽関連のものには disc を使う傾向がある:
> a floppy **disk** フロッピーディスク
> a hard **disk** ハードディスク
> a compact **disc** コンパクトディスク
> a **disc** jockey ディスクジョッキー

dísk drìve 名C《コンピュータ》ディスクドライブ《♦情報の読み取り・記憶をするための装置》

dis·kette /diskét ディスケト/ 名C《コンピュータ》フロッピーディスク (=floppy disk)

dísk jóckey 名 (=disc jockey)

dis·like A2 高

/disláik ディスライク/ 名 (複 **dislikes** /disláiks/) UC〔…に対する〕嫌悪, 嫌いなこと; 反感《*for, of*》
• **likes** and **dislikes** 好き嫌い
—動 (三単現 **dislikes** /disláiks/; 過去・過分 **disliked** /disláikt/; 現分 **disliking**) 他 嫌う, いやがる (↔**like**[1]); 文型 [**dislike** *doing*] …をするのを嫌う

dis·lo·cate /dísloukèit ディスロウケイト/ 動 他 ❶関節をはずす, 脱臼(だっきゅう)させる ❷(計画・組織・交通などを)混乱させる

dis·lo·ca·tion /dìsloukéiʃən ディスロウケイション/ 名UC 脱臼; 移転; 混乱

dis·lodge /dislɑ́dʒ ディスラヂ/ 動 他 無理に押しのける, どかす; 追い払う

dis·loy·al /dislɔ́iəl ディスロイアル/ 形〔…に〕忠実でない, 不誠実な, 不実な《*to*》

dis·mal /dízməl ディズマル/ (×ディスマル) 形 陰気な, ゆううつな, 気のめいる (=gloomy)
dísmally 副 陰気に; みじめに

dis·man·tle /dismǽntl ディスマントル/ 動 他 ❶(建物・船などの)装備[設備]を取り去る ❷(機械などを)分解する

dis·man·tle·ment /dismǽntlmənt ディスマントルメント/ 名U 撤去, 解体

dis·may /disméi ディスメイ/ 名U ろうばい; 失望
—動 (三単現 **dismays** /disméiz/; 過去・過分 **dismayed** /disméid/; 現分 **dismaying**) 他 うろたえさせる; がっかりさせる;《**be dismayed**》うろたえる; がっかりする

dis·mem·ber /dismémbər ディスメンバ/ 動 他《文章》手足を切り離す; (国などを)分割する

dis·miss B2 /dismís ディスミス/ 動 他 ❶(考えなどを)捨てる, 退ける;《法律》(訴訟を)却下する; 文型 [**dismiss A as B**] AをBだとして退ける[捨てる] ❷《文章》(人を)解雇する, 首にする; (人を)〔地位から〕免職する《*from*》 ❸立ち去らせる, (クラスなどを)解散さ

せる

dis·miss·al /dismísəl ディスミサル/ 名 U C (提案などを)退けること;《法律》却下; 解散; 解雇, 免職

dis·mis·sive /dismísiv ディスミスィヴ/ 形 軽べつ的な, 尊大な

dis·mount /dismáunt ディスマウント/ 動 自〔馬・自転車などから〕降りる《*from*》

Dis·ney /dízni ディズニ/ 名 《**Walt Disney**》ディズニー(1901-66)《◆米国のアニメーション・映画制作者》

Dis·ney·land /díznilæ̀nd ディズニランド/ 名 ディズニーランド《◆ウォルト・ディズニー(Walt Disney)が1955年にロサンゼルス市の近くに作った大遊園地》

dis·o·be·di·ence /dìsəbí:diəns ディソビーディアンス/ 名 U〔…に対する〕不従順, 反抗; 違反《*to*》

dis·o·be·di·ent /dìsəbí:diənt ディソビーディエント/ 形 従順でない; 従わない

dìsobédiently 副 服従せずに

dis·o·bey /dìsəbéi ディソベイ/ 動 (三単現 **disobeys** /dìsəbéiz/; 過去·過分 **disobeyed** /dìsəbéid/; 現分 **disobeying**) 他 自 (人・命令などに)そむく, 従わない; 言うことを聞かない (↔**obey**)

dis·or·der B2 /disɔ́:rdər ディスオーダ/ 名 U 混乱, 無秩序; U C 騒動; 不調

dis·or·der·ly B2 /disɔ́:rdərli ディスオーダリ/ 形 無秩序な; 乱暴な

dis·or·gan·i·za·tion /disɔ̀:rgənəzéiʃən ディスオーガニゼイション/ 名 U (秩序・組織の)破壊; 混乱

dis·or·gan·ized B2 /disɔ́:rgənàizd ディスオーガナイズド/ 形 混乱した, 整理されていない; (人が)だらしない, 計画性のない

dis·o·ri·ent·ed, 《英》 **dis·o·ri·en·tat·ed** /disɔ́:rièntəd ディスオーリエンテド, disɔ́:rientèitəd ディスオーリエンテイテド/ 形 まごついた; 方向感覚を失った

dis·own /disóun ディスオウン/ 動 他 自分のものと認めない; 関係を否定する; 勘当する

dis·par·age /dispǽridʒ ディスパリヂ/ 動 他 《文章》けなす, 悪く言う; 見くびる, 軽んじる

dis·par·ag·ing /dispǽridʒiŋ ディスパリヂング/ 形 見くびった, さげすんだ; けなした

dispáragingly 副 見くびって; けなして

dis·pa·rate /díspərət ディスパレト/ 形 《文章》まったく異なる, 共通点のない, 異種の

dis·par·i·ty /dispǽrəti ディスパリティ/ 名 (複 **disparities** /dispǽrətiz/) U C 《文章》〔…の間の〕相違, 不つり合い《*between*》

dis·patch /dispǽtʃ ディスパチ/ 動 他 送る, 発送する, 派遣する

— 名 U 派遣; 発送

with dispatch 急いで, 至急

dis·pel /dispél ディスペル/ 動 (三単現 **dispels** /dispélz/; 過去·過分 **dispelled** /dispéld/; 現分 **dispelling**) 他 追い払う, (疑いなどを)晴らす

dis·pens·a·ble B2 /dispénsəbl ディスペンサブル/ 形 なくてもかまわない (↔**indispensable**)

dis·pen·sa·ry /dispénsəri ディスペンサリ/ 名 (複 **dispensaries** /dispénsəriz/) C (病院などの)薬局; (学校・工場などの)医務室, 診療所

dis·pen·sa·tion /dìspənséiʃən ディスペンセイション/ 名 U 《文章》施し, 分配

dis·pense /dispéns ディスペンス/ 動 他 分配する; 実施する; 調剤する; 文型 [**dispense A to B**] AをBに分け与える

dispense with ... …なしですます; …を免除する; …を不要にする

dis·pens·er /dispénsər ディスペンサ/ 名 C ❶ 薬剤師, 調剤師 ❷ ディスペンサー《◆紙コップ・せっけん液などを必要なだけ取り出せる装置》; (コーヒーなどの)自動販売機 ⇨**cash dispenser**

dis·perse /dispə́:rs ディスパース/ 動 他 自 追い散らす; 分散させる; 散らばる

dis·pir·it·ed /dispírɪtəd ディスピリテド/ 形 《文章》落胆した

dis·place B2 /dispiéis ディスプレイス/ 動 他

置き換える, 取って代わる; 移す
dis·placed /displéist ディスプレイスト/ 形 追放された, 難民の
dis·place·ment /displéismənt ディスプレイスメント/ 名U とって代わる[代わられる]こと, 置き換え; 解職

dis·play A2 高

/displéi ディスプレイ/ (×ディスプレイ)
名 (複 **displays** /displéiz/)
❶ UC 陳列, 展示; C 展示物
❷ UC (感情の)表れ; (能力の)発揮
❸ UC ショー, 上演 ⇨ **performance**
❹ C (コンピュータの)ディスプレイ
be on display 展示中である
• Some of Picasso's paintings **are on display** at this museum. ピカソの絵が何点かこの美術館で展示されている
— 動 (三単現 **displays** /displéiz/; 過去・過分 **displayed** /displéid/; 現分 **displaying**)
他 ❶ 陳列する, 展示する (=exhibit); (感情を)表す
• The children's drawings are **displayed** on the second floor. 子どもたちの絵は2階に展示されている
❷ 《コンピュータ》(画面上に情報などを)表示する
dis·please /displí:z ディスプリーズ/ 動 他 不快にする; 不機嫌にする
be displeased at ... 〔物事〕に腹を立てる
be displeased with ... 〔人〕に腹を立てる
dis·pleased /displí:zd ディスプリーズド/ 形 不機嫌な
dis·pleas·ure B2 /displéʒər ディスプレジャ/ 名U 不快, 不満; 立腹
dis·pos·a·ble /dispóuzəbl ディスポウザブル/ 形 使い捨ての; 処分できる
dis·pos·al B2 /dispóuzəl ディスポウザル/ 名 U 処分; 処理
• waste **disposal** 廃物の処分
at A's disposal = at the disposal of A A(人)が自由に使えて
dis·pose /dispóuz ディスポウズ/ 動 他
❶ 配置する
❷ (人を)〔…の〕気持ちにさせる 《*for, to*》; 文型 [**dispose A to** *do*] Aを…する気にさせる ⇨**disposed**
dispose of ... …を処分する; …を処理する; …を平らげる
dis·posed /dispóuzd ディスポウズド/ 形 文型 [**disposed to** *do*] …する気がある
be well [favorably, kindly] disposed to [toward] ... …に好意をもっている
dis·pos·er /dispóuzər ディスポウザ/ 名C ディスポーザー 《◆台所の生ごみを刻んで処理する機械》
dis·po·si·tion B2 /dìspəzíʃən ディスポズィション/ 名UC 気質, 性質; U 配置
dis·pos·sess /dispəzés ディスポゼス/ 動 他 《文章》《次の成句で》
be dispossessed of ... …を奪われる
dis·pro·por·tion·ate /dìsprəpɔ́:rʃənət ディスプロポーショネト/ 形 〔…に〕不釣り合いな 《*to*》
dìspropórtionately 副 不釣り合いに
dis·prove /disprú:v ディスプルーヴ/ 動 他 誤りを証明する, 論ばくする, 反証をあげる
dis·puta·ble /dispjú:təbl ディスピュータブル/ 形 議論の余地がある
dis·pu·ta·tion /dìspjətéiʃən ディスピュテイション/ 名UC 論争すること; 論争
dis·pute B2 /dispjú:t ディスピュート/ 名U C 論争, 議論; 口論; 紛争
beyond [past] dispute 議論の余地なく, 疑いなく
in dispute 論争中で, 未解決で
— 動 (三単現 **disputes** /dispjú:ts ディスピューツ/; 過去・過分 **disputed** /dispjú:təd/; 現分 **disputing**) ❶ 他 異議をとなえる, 反対[反論]する, 逆らう ❷ 自他 論争する, 言い争う, 議論する (=argue)
dis·qual·i·fi·ca·tion /diskwɑ̀ləfəkéiʃən ディスクワリフィケイション/ 名UC 資格の剥奪(はくだつ), 失格

dis·qual·i·fy B2 /diskwάləfài ディスクワリファイ/ 動 (三単現 **disqualifies** /diskwάləfàiz/; 過去・過分 **disqualified** /diskwάləfàid/; 現分 **disqualifying**) 他 〔…に関して〕資格を剝奪(はくだつ)する, 不適格と判定する, 失格させる《*from*》

dis·re·gard B2 /dìsrigά:rd ディスリガード/ 名 《単数形で》無視

in disregard of … …を無視して

— 動 他 無視する

dis·re·pair /dìsripéər ディスリペア/ 名 U 荒廃, 破損

dis·rep·u·ta·ble /disrépjətəbl ディスレピュタブル/ 形 評判の悪い, いかがわしい; みすぼらしい

dis·re·pute /dìsripjú:t ディスリピュート/ 名 U 不評

dis·re·spect /dìsrispékt ディスリスペクト/ 名 U 失礼, 無礼

dis·re·spect·ful /dìsrispéktfəl ディスリスペクトフル/ 形 失礼な, 無礼な

dìsrespéctfully 副 失礼に(も)

dis·rupt B2 /disrʌ́pt ディスラプト/ 動 他 (国家・組織などを)分裂させる; (交通・通信などを)混乱させる

dis·rup·tion /disrʌ́pʃən ディスラプション/ 名 U 分裂, 崩壊; 混乱, 中断

dis·rup·tive /disrʌ́ptiv ディスラプティヴ/ 形 分裂[混乱]を引き起こすような, 破壊的な

dis·sat·is·fac·tion B2 /dissæ̀təsfǽkʃən ディスサティスファクション/ 名 U 〔…に対する〕不満, 不平《*with, at*》

dis·sat·is·fied B2 /dissǽtəsfàid ディスサティスファイド/ 形 〔…に〕不満な; 不満そうな《*with, at*》

dis·sat·is·fy /dissǽtəsfài ディスサティスファイ/ 動 (三単現 **dissatisfies** /dissǽtəsfàiz/; 過去・過分 **dissatisfied** /dissǽtəsfàid/; 現分 **dissatisfying**) 他 不満を抱かせる, 満足させない

dis·sect /disékt ディセクト/ 動 他 ❶ 解剖する ❷ 細かく分析する

dis·sec·tion /disékʃən ディセクション/ 名 ❶ U (死体などの)解剖; C 解剖体 ❷ U (詳細な)分析

dis·sem·i·nate /disémənèit ディセミネイト/ 動 他 (思想・教義・情報などを)広める, 普及させる

dis·sem·i·na·tion /disèmənéiʃən ディセミネイション/ 名 U 《文章》(情報・思想などの)普及

dis·sen·sion /disénʃən ディセンション/ 名 U C 意見の相違, 不和

dis·sent /disént ディセント/ 動 自 異議を唱える; 〔…と〕意見を異にする《*from*》

— 名 U 異議, 不同意, 意見の相違

dis·ser·ta·tion /dìsərtéiʃən ディサテイション/ 名 C 学術論文, 博士論文

dis·serv·ice /dissə́:rvis ディスサーヴィス/ 名 U C ひどい仕打ち; 損害

dis·si·dent B2 /dísədənt ディスィデント/ 名 C 意見を異にする人; 反体制者

— 形 意見が違う; 反体制の

dis·sim·i·lar /dissímələr ディススィミラ/ 形 〔…と〕異なる, 似ていない《*to, from*》

dis·sim·i·lar·i·ty /dissìməlǽrəti ディススィミラリティ/ 名 (複 **dissimilarities** /dissìməlǽrətiz/) 《文章》 U 相違; C 相違点

dis·si·pate /dísəpèit ディスィペイト/ 動 《文章》 ❶ 他 (雲・霧・煙などを)散らす; (心配・疑念・恐怖などを)晴らす; 自 (雲・心配などが)消散する ❷ 他 (金・時間などを)浪費する; 自 放蕩(ほうとう)する

dis·so·ci·ate /disóuʃièit ディソウシエイト/ 動 他 〔…から〕引き離す, 分離する; 切り離して考える《*from*》

dis·so·ci·a·tion /disòuʃiéiʃən ディソウシエイション/ 名 U 《文章》分離

dis·so·lute /dísəlù:t ディソルート/ 形 《文章》ふしだらな

dis·so·lu·tion /dìsəlú:ʃən ディソルーション/ 名 U 分解, 溶解; (契約などの)解消; (議会などの)解散; (国家などの)崩壊, 消滅

dis·solve B1 /dizάlv ディザルヴ | dizɔ́lv ディゾルヴ/ (×ディソルヴ) 動 (三単現 **dissolves** /dizάlvz/; 過去・過分 **dissolved** /dizάlvd/; 現分 **dissolving**) 他 自

❶ (水で)溶かす, 溶ける

● He **dissolved** salt **in** water. 彼は塩を

水に溶かした
❷(議会などを)解散する; (契約などを)解消する

dis·tance B1 高 /dístəns ディスタンス/ 名 (複 **distances** /dístənsəz/)
❶ U C 距離, 道のり; (時間の)へだたり
- a long [short] **distance** 長い[短い]距離
- at a **distance of** ten years 10年たって
- The **distance from** here **to** the station is about two hundred meters. ここから駅までの距離は約200メートルです

❷《単数形で》遠い距離; 遠く離れた所, 遠方
- The station is quite a **distance** from here. 駅はここからかなり遠い所にある

❸ U C (関係などの)へだたり; 相違

at a distance 少し離れて, (やや)離れた所で
from a distance 遠くから
in the distance 遠方に, 遠くに, 遠くの
keep *one's* ***distance*** 距離を置く; なれなれしくしない

— 動 (三単現 **distances** /dístənsəz/; 過去・過分 **distanced** /dístənst/; 現分 **distancing**) 他
引き離す; 遠ざける, 離しておく
派生 **distant** 形

dis·tant B1 /dístənt ディスタント/ 形
❶(距離・時間の)遠い, (…だけ)離れて, (↔**near**)
- a **distant** country 遠い国
- in the **distant** future 遠い将来

❷(関係の)遠い, 遠縁の; よそよそしい
- a **distant** relative 遠い親類

派生 **distance** 名
dístantly 副 遠くに; よそよそしく

dis·taste /distéist ディステイスト/ 名 U C 〔…に対する〕嫌う気持ち, 嫌悪(けんお)《*for*》

dis·taste·ful /distéistfəl ディステイストフル/ 形 〔…にとって〕いやな, 不愉快な《*to*》

dis·till, 《英》 **dis·til** /distíl ディスティル/ 動 (三単現 **distills** /distílz/; 過去・過分 **distilled** /distíld/; 現分 **distilling**) 他 蒸留する, 蒸留して造る
distil out [***off***] 蒸留して取り除く

dis·til·la·tion /dìstəléiʃən ディスティレイション/ 名 U 蒸留; U C 蒸留物[液]

dis·till·er·y /distíləri ディスティラリ/ 名 (複 **distilleries** /distíləriz/) C 蒸留酒製造所

dis·tinct /distíŋkt ディスティンクト/ 形
❶〔…とは〕別の, 異なった《*from*》(= different)
❷はっきりした, 明瞭(めいりょう)な (↔**indistinct**)
- His voice is very **distinct**. 彼の声は実にはっきりしている

派生 **distinction** 名
派生 **distinguish** 動

dis·tinc·tion B1 /distíŋkʃən ディスティンクション/ 名 (複 **distinctions** /distíŋkʃənz/)
❶ U C 区別(すること); C 違い ⇨ **difference**
❷ U C 栄誉; 栄誉のしるし, 勲章
❸ U 卓越性, すばらしさ, 優秀さ

with distinction 栄誉をもって; 見事に
派生 **distinguish** 動
派生 **distinctive** 形

dis·tinc·tive /distíŋktiv ディスティンクティヴ/ 形 違いを明確に示す, 特徴のある
派生 **distinguish** 動
distínctively 副 特徴的に

dis·tinct·ly B1 /distíŋktli ディスティンクトリ/ 副 はっきりと, 明瞭(めいりょう)[明確]に (↔**indistinctly**); まぎれもなく

dis·tin·guish B1 /distíŋgwiʃ ディスティングウィシュ/ 動 (三単現 **distinguishes** /distíŋgwiʃəz/; 過去・過分 **distinguished** /distíŋgwiʃt/; 現分 **distinguishing**)
❶ 他 自 区別する, 見分ける; 文型 [**distinguish between A and B**] AとBを見分ける; 文型 [**distinguish A from B**] AをBと区別する
- **distinguish** right **from** wrong = **distinguish between** right **and** wrong 正しいことと間違っていることを区別する

❷ 他《ふつう **can** をともなって》はっきりと知覚する，はっきり見える[聞こえる] ❸ 他 (物事が)…を特徴づける，〔…との〕区別になる《*from*》

distinguish oneself 名を成す，有名になる

派生 **distinction** 名

派生 **distinct**, **distinctive** 形

dis·tin·guish·a·ble /distíŋgwiʃəbl ディスティングウィシャブル/ 形 〔…と〕区別できる，見分けがつく《*from*》

dis·tin·guished B2 /distíŋgwiʃt ディスティングウィシュト/ 形 すぐれた; 有名な，著名な，〔…で〕有名な《*for*》(❗ 他から際立っていることや，他のものと明確に区別されるような性質を表す)

dis·tort /distɔ́ːrt ディストート/ 動 他 ゆがめる; 歪曲(わいきょく)する

dis·tor·tion B2 /distɔ́ːrʃən ディストーション/ 名 U ゆがめること，歪曲(わいきょく); C ゆがめられた話

dis·tract B2 /distrǽkt ディストラクト/ 動 他 (注意などを)そらす，まぎらす

dis·tract·ed /distrǽktəd ディストラクテド/ 形 取り乱した，分別を失った

dis·trac·tion B2 /distrǽkʃən ディストラクション/ 名 U 気を散らすこと; C 気を散らすもの，気晴らし

drive ... to distraction …を取り乱させる

dis·traught /distrɔ́ːt ディストロート/ 形 取り乱した，気の動転した

dis·tress /distrés ディストレス/ (×ディストレス) 名 ❶ U 苦悩，苦しみ，苦痛; 悲しみ;《単数形で》悩み[心配，悲しみ]の種 ❷ U 困っている状態，苦境，困窮

— 動 他 悩ませる，苦しめる，悲しませる; 困らせる

dis·tressed /distrést ディストレスト/ 形 苦悩している; 困窮している

dis·tress·ful /distrésfəl ディストレスフル/ 形 苦悩を与えるような，痛ましい (=distressing)

dis·tress·ing B2 /distrésiŋ ディストレスィング/ 形 苦悩を与えるような，痛ましい (=distressful)

dis·trib·ute B1 /distríbjuːt ディストリビュート/ (×ディストリビュート) 動 (三単現 **distributes** /distríbjuːts ディストリビューツ/; 過去・過分 **distributed** /distríbjuːtəd/; 現分 **distributing**) 他

❶〔…に〕配る，分配する，配布する; 配送する《*to, among*》

• The teacher **distributed** the school newspapers **to** the class. 先生は学校新聞をクラス(のみんな)に配った

❷〔…に〕散布する《*over*》; (植物などを)分布させる

派生 **distribution** 名

派生 **distributive** 形

dis·tri·bu·tion B1 /dìstrəbjúːʃən ディストリビューション/ 名 (複 **distributions** /dìstrəbjúːʃənz/) U C 〔…への〕分配，配布《*to*》; 分配方法; 配送，供給; (人口などの)分布

派生 **distribute** 動

dis·tri·bu·tive /distríbjətiv ディストリビュティヴ/ (×ディストリビューティヴ) 形 分配の，配送の; 流通の

派生 **distribute** 動

dis·trib·u·tor B2 /distríbjətər ディストリビュタ/ (×ディストリビュータ) 名 C

❶ 配送人，配付者; 配送業者

❷ (内燃機関の)配電器

dis·trict B1 高 /dístrikt ディストリクト/ 名 (複 **districts** /dístrikts ディストリクツ/) C 地方; 地区; 地域; 裁判区

• a business **district** 商業地区

どっち

district と **region** と **area**

district は国や市などの公式な「地域名」や特徴的な「地区」:

the Kanto **district** 関東地方

a residential **district** 住宅地区

region はある特徴をもった「広い地域，地方」:

a tropical **region** 熱帯地方

area は大小さまざまな地域に使う:

a mountainous **area** 山岳地帯

the metropolitan **area** 首都圏

dístrict attórney 名 C《米》地方検事

Dístrict of Colúmbia 名《the をつけて》コロンビア(特別)区《♦米国の首都ワシントン市の行政名で, 米国連邦政府の直轄(ちょっかつ)地; D.C., DC と略す; Columbia は女性名で,「米国」をさす詩的な呼び名》⇨**Washington**

dis·trust /distrʌ́st ディストラスト/ 名U 不信, 疑惑
—動他 信用しない, 疑う (❗mistrust よりも疑いの度合いが強い)

dis·trust·ful /distrʌ́stfəl ディストラストフル/ 形 信用しない, 疑う
distrústfully 副 疑い深く

dis·turb A2

/distə́ːrb ディスターブ/ 動 (三単現 **disturbs** /distə́ːrbz/; 過去·過分 **disturbed** /distə́ːrbd/; 現分 **disturbing**)
❶他自 (休息・睡眠・仕事などの) じゃまをする, 乱す, 妨げる
• The noise **disturbed** his sleep. 騒音が彼の睡眠を妨げた
• Do Not **Disturb** ノックしないでください (❗ホテルでの掲示)
❷他 心配させる, 不安にする, 動揺させる

dis·turb·ance B1 /distə́ːrbəns ディスターバンス/ 名 (複 **disturbances** /distə́ːrbənsəz/) UC 騒動, 暴動; かきみだすこと; 不安, 障がい; 妨害(物)

dis·turbed /distə́ːrbd ディスターブド/ 形
❶精神障がいの
❷心配な, 不安な, 動揺した

dis·turb·ing /distə́ːrbiŋ ディスタービング/ 形 不安にさせる, 気になる, 動揺させる

dis·use /disjúːz ディスユーズ/ 動他 使用をやめる, 廃止する
— /disjúːs ディスユース/ (発音 動 との違いに注意) 名U 使用をやめること, 廃止

dis·used /disjúːzd ディスユーズド/ 形 使用されていない, すたれた

ditch /dítʃ ディチ/ 名C (道路わきの排水用の)溝, どぶ; 水路
—動他 溝を掘る; 溝に落とす; 《口語》見捨てる

di·van /divǽn ディヴァン, dáivæn ダイヴァン/ 名C (壁ぎわに置く)長いす, ソファー《♦背・ひじかけがない》

dive B1 高 /dáiv ダイヴ/ 動 (三単現 **dives** /dáivz/; 過去 **dived** /dáivd/, 《米》 **dove** /dóuv/; 過分 **dived**; 現分 **diving**) 自
❶(頭から水の中へ)飛び込む; もぐる, 潜水する
• **dive into** the swimming pool プールに頭から飛び込む
❷(飛行機・鳥などが)急降下する; 突進する ❸〔ポケットなどに〕手を突っ込む《*into*》
—名 (複 **dives** /dáivz/) C ❶飛び込むこと; 飛び込み, ダイビング; 潜水
❷(飛行機・鳥などの)急降下

div·er B1 /dáivər ダイヴァ/ 名 (複 **divers** /dáivərz/) C ダイバー, 潜水夫, 海女(あま); ダイビングの選手

di·verge /dəvə́ːrdʒ ディヴァーヂ, daivə́ːrdʒ ダイヴァーヂ/ 動自 (道路などが)〔…から〕分かれる, 分岐する《*from*》; (意見などが)分かれる, 異なる

di·ver·gent /dəvə́ːrdʒənt ディヴァーヂェント, daivə́ːrdʒənt ダイヴァーヂェント/ 形 (道路などが)分岐する; (意見などが)異なる

di·verse B1 /dəvə́ːrs ディヴァース, daivə́ːrs ダイヴァース/ 形 多様な, さまざまな, いろいろな; 〔…と〕異なった, 違う《*from*》

di·ver·si·fy /dəvə́ːrsəfài ディヴァースィファイ, daivə́ːrsəfài ダイヴァースィファイ/ 動 (三単現 **diversifies** /dəvə́ːrsəfàiz/; 過去·過分 **diversified** /dəvə́ːrsəfàid/; 現分 **diversifying**) 他自 多様化する

di·ver·sion B2 /dəvə́ːrʒən ディヴァージョン, daivə́ːrʒən ダイヴァージョン/ 名UC そらすこと, 方向転換

di·ver·si·ty 高 /dəvə́ːrsəti ディヴァースィティ, daivə́ːrsəti ダイヴァースィティ/ 名 (複 **diversities** /dəvə́ːrsətiz/) UC 相違; 多様性

di·vert B2 /dəvə́ːrt ディヴァート, daivə́ːrt ダイヴァート/ 動他 そらす, 向きを変える; (注意などを)〔…から〕わきへそらす《*from*》

di·vide A2 高
/dəváid ディヴァイド/ 動 (三単現 **divides** /dəváidz ディヴァイヅ/; 過去・過分 **divided** /dəváidəd/; 現分 **dividing**)
❶ 他 分割する; 文型 [**divide A into B**] AをBに分割する; 自 〔…に〕分かれる《*into*》 ⇨**separate**
- **divide** a cake in two [half] ケーキを2つ[半分]に分ける
- **divide** a cake **into** three parts ケーキを3つに分ける (×divide a cake in three parts) (❗ in two, in half は決まった言い方なので in だが, その他は divide ... into ... とする)
- Let's **divide into** two groups. 2つのグループに分かれよう

❷ 他 分配する; 割り当てる; 文型 [**divide A among** [**between**] **B**] AをBの間で分配する[割り当てる]
❸ 他 (場所を)分ける, 隔てる; 文型 [**divide A from B**] AをBから隔てる ❹ 他 分類する, 類別する
❺《数学》 他 割る; 自 割り切れる; 割り算をする (↔**multiply**)
- **divide** 9 **by** 3 9を3で割る

関連語› 単語力
add 足す
subtract 引く
multiply かける

❻ 他 (人々・意見などを)〔…のことで〕分裂させる《*over*》
━ 名 (複 **divides** /dəváidz ディヴァイヅ/) C
❶ 不一致, 相違
❷《米》 分水嶺(れい)
派生 **division** 名

di·vid·ed B2 /dəváidəd ディヴァイデド/ 形 分割された; 分裂した

divíded híghway 名 C 《米》 中央分離帯のある幹線道路

div·i·dend /dívədènd ディヴィデンド/ 名 C
❶ (株式の)配当(金)
❷《数学》 被除数 (❗ 除数は divisor)
pay dividends (会社が)配当を出す; (将来)利益[好結果]をもたらす, 役に立つ

di·vid·er /diváidər ディヴァイダ/ 名
❶ C 分割する人[物] ❷《**dividers**》 ディバイダー《◆コンパスの一種》

di·vine B1 /dəváin ディヴァイン/ 形 (❗ 比較変化なし) 神の, 神聖な (↔**human**); 神のような; 神にささげた
divínely 副 神のように, 神の力で

div·ing B1 /dáiviŋ ダイヴィング/ 名 U 飛び込み, ダイビング; 潜水

díving bòard 名 C (飛び込み台の)飛び板

di·vi·ni·ty /dəvínəti ディヴィニティ/ 名 (複 **divinities** /dəvínətiz/) U 神性, 神格; C 神

di·vis·i·ble /dəvízəbl ディヴィズィブル/ 形 分割できる; 《数学》〔…で〕割り切れる《*by*》

di·vi·sion B2 /dəvíʒən ディヴィジョン/ 名
❶ U C 分けること, 分割, 区分; 配分; C 分けるもの, 仕切り
- The Second World War brought about the **division** of the country. 第2次世界大戦でその国は分割された

❷ U C (意見の)不一致, 分裂
❸ C (会社などの)部門, 部, 課
- the sales **division** 販売部

❹ U 割り算
派生 **divide** 動

divísion sìgn 名 C 割り算の記号《◆÷》

di·vi·sive /diváisiv ディヴァイスィヴ/ 形 意見の不一致をひき起こす

di·vi·sor /diváizər ディヴァイザ/ 名 C 《数学》 除数 (❗ 被除数は dividend); 約数

di·vorce B2 /dəvɔ́:rs ディヴォース/ 名 U C 離婚; C 《ふつう単数形で》 分離
━ 動 ❶ 他 自 離婚する, 離婚させる
- **get divorced** 離婚する

❷ 他 分離する; 文型 [**divorce A from B**] AをBから分離する

di·vor·cee, di·vor·cée /divɔ̀:rséi ディヴォーセイ/ 名 C 離婚女性

di·vulge /divʌ́ldʒ ディヴァルヂ, daivʌ́ldʒ ダイヴァルヂ/ 動 他 〔…に〕(秘密などを)漏らす, 暴露する《*to*》

Dix·ie /díksi ディクスィ/ 名 U 《口語》 (南北

戦争中の)米国の南部諸州

Dix·ie·land /díksilæ̀nd ディクスィランド/ 名 ❶米国南部諸州 (❗口語では Dixie) ❷《音楽》ディキシーランド《♦ジャズの一形式; Dixieland jazz ともいう》

DIY /dí:àiwái ディーアイワイ/ 《略》《英》do-it-yourself 日曜大工

diz·zi·ness /dízinəs ディズィネス/ 名U めまい

diz·zy A2

/dízi ディズィ/ 形 (比較級 **dizzier**; 最上級 **dizziest**) めまいがする, くらくらする; 目もくらむような; 困惑した; そそっかしい

— 動 (三単現 **dizzies** /díziz/; 過去·過分 **dizzied** /dízid/; 現分 **dizzying**) 他 めまいを起こさせる; 頭を混乱させる; 困惑させる

DJ, D.J. B1 《略》disc jockey ディスクジョッキー

Dja·kar·ta /dʒəkɑ́:rtə チャカータ/ 名 (= Jakarta)

Dji·bou·ti /dʒəbú:ti ヂブーティ/ 名 ジブチ《♦アフリカ東部の共和国; また, その首都》

DNA B2 /dí:ènéi ディーエンエイ/ 名U 《生化学》デオキシリボ核酸, DNA《♦生物の遺伝子の本体をなす物質》

do[1] A1 中

/du ドゥ, də ド; 《強》dú: ドゥー/ 動 (三単現 **does** /dəz; 《強》dʌ́z/; 過去 **did** /did; 《強》díd/; 過分 **done** /dʌ́n/; 現分 **doing**)

チャンクでおぼえよう!

❶(私の)宿題をする	do my homework
❶仕事をする	do business
❶(私の)最善を尽くす	do my best
❶皿洗いをする	do the dishes
❺役に立たない	do no good
❺ある程度は役に立つ	do some good

❶他 する, 行う; 自 行動する, ふるまう

- **do** *one's* homework 宿題をする
- **do** bad [foolish] things 悪い[ばかな]ことをする
- **do** the laundry [dishes, ironing] ⇨ フォーカス 5 洗たくをする[皿を洗う, アイロンをかける]
- **do** the shopping [washing, cooking] 買い物[洗たく, 料理]をする
- **do** a math problem 数学の問題をする[解く]
- We first **do** our job [work]. ⇨ フォーカス 1 まず自分の仕事をやる
- I **do** my school work every day. 私は毎日学校の勉強をします
- I'll never **do** business with him again. ⇨ フォーカス 2 彼とは二度と仕事をいっしょにしない
- My father always **does** housework on weekend. ⇨ フォーカス 4 父は週末にはいつも家事をします
- **Do** your best. できる限りのことをやれ, ベストを尽くせ
- What can I **do** for you? ご用は何ですか (←私はあなたのために何ができますか) (❗店員などが客に対して使う表現)
- I have something **to do** this afternoon. 私はきょうの午後用事がある (←するべきことを持っている)
- When in Rome, **do** as the Romans **do**. 《ことわざ》ローマではローマ人がするようにしなさい (❗「郷(ごう)に入っては郷に従え」にあたる)

会話 "What **are** you **doing**?" "I'm **doing** a crossword." 「君は何をしているの」「クロスワードをしています」

会話 "What does your father **do**?" "He's a doctor." 「お父さんは何をなさっているのですか」「父は医者です」(❗What is your father? とも言えるが, 相手の人にきくときは What are you? はぶしつけな言い方なので, ふつう What do you do? という)

do[1]

A1 動 助 名
中 /du ドゥ, də ド; 《強》 dúː ドゥー/

三単現 **does** /dəz ダズ; 《強》 dʌ́z ダズ/　　過去 **did** /did ディド; 《強》 díd ディド/
過分 **done** /dʌ́n ダン/　　現分 **doing**

助動詞として

Do you ...? (疑問文)
I don't ... (否定文)
Don't ... (否定の命令)

〜する

do + A

Aをする

意味マップ

動 ❶ する, 行う; 行動する
❷ 手入れをする
❸ 終える
❹ やっていく
❺ …に…をもたらす
❻ 間に合う, 十分である
❼ 進む; 走破する
❽ 見物する

助 ❶ 《疑問文》…しますか
❷ 《否定文》…しない
❸ 《否定命令文》…するな
❹ 《付加疑問》…する[…です]ね; …ないね
❺ 《強調》ほんとうに(…する)
❻ 《倒置文で》
❼ 《代動詞》…する
❽ 《相手へのあいづち》ああ

名 宴会

教科書フレーズ

◆ **"We went to Shibuya." "Did you buy anything?"**
「渋谷に行きました」「何か買ったんですか」

◆ **When my brother comes back from school, he always does his homework first.**
兄は学校から帰ってくると, いつもまず宿題をやります

◆ **I had a look at the magazine, but did not buy it.**
その雑誌に目を通したが, 買わなかった

◆ **I must do something about it.**
それを何とかしなくちゃ

ワンポイント・アドバイス

【doの用法1　一般動詞】
doには「…する」という一般動詞の用法と，他の動詞にくっついて疑問文や否定文を作る助動詞の用法がある．
たとえば「宿題をする」はdo my homeworkという．このdoは「する」という意味の一般動詞．だから

(a) I usually do my homework after dinner.
ふだん夕食後に宿題をします［現在形］
(b) I am doing my homework now.
今，宿題をしているところです［現在進行形］
(c) I did my homework an hour ago.
1時間前に宿題をやりました［過去形］

のように「する」という意味でいろいろな形になることがある．

【doの用法2　助動詞】
もう1つ大事なのは，助動詞のdo．たとえば，次の(a)の文を疑問文にすると(a')のようになる：

(a) I usually do my homework after dinner.
ふだん夕食後に宿題をします
(a') When **do** you usually do your homework?
ふだんいつ宿題をやりますか

この場合，最初のdoは **Do** you like apples?（リンゴは好き？）という時に使うdoと同じ．つまり疑問文を作るため，本動詞doのほかに「お助け」役の助動詞doが出てきたのだ．

使えるコーパスフレーズ

do＋名詞

1. **do *one's* job [work]** 自分の仕事をする
2. **do business** 仕事をする
3. **do any harm [no harm]** 害がある［ない］
4. **do housework** 家事をする
5. **do the laundry** 洗濯をする

ネイティブはこういう！

◆ **She's doing very well at school.**
彼女は学校でとても成績がいい

◆ **What do you do for a living?**
仕事は何ですか？

◆ **I'm not done with you yet.**
まだ話は終わってないんだけど

❷ 他 手入れをする, きれいにする (❗次に続く語(目的語)について, いつもの世話・手入れをすること)

- **do** the **room** [the **garden**] 部屋の模様がえ[庭の手入れ]をする, 部屋[庭]をそうじする
- **do** *one's* **hair** [**teeth**, **nails**, **face**] 髪[歯, つめ, 顔]をきれいにする, 髪をとかす[歯をみがく, つめにマニキュアをぬる, 顔のお化粧をする]
- **do** the **flowers** 花をいける

❸ 他 《**have done**》 終える, 済ます; 《**be done**》 (事が)終わる

- I **have** already **done** my homework. 私はもう宿題をすませた
- My work **is done**. 私の仕事は終わった (←私の仕事はなされた)

❹ 自 (人が勉強・仕事で)やっていく; (事がうまく[まずく])いく

- He's **doing ok** in his job. 彼は仕事がうまくいっている
- He has **done well** in the exam. 彼は試験でよくやった[よい成績をとった]

❺ 他 文型 [**do A B = do B to A**] A(人)にB(利益・害など)をもたらす

- **do** nothing [much, a lot] 何の影響も及ぼさない[かなりの, 多くの影響を及ぼす]
- The snake will **do** no harm. ⇨ フォーカス 3 そのヘビは危害は加えません
- Will you **do** me a favor? お願いがあるのですが (←私に親切にしてくれませんか)

❻ 自 《ふつう **will do**, **would do**》 間に合う, 役立つ, 〔…に〕十分である 《*for*》 (❗進行形にしない)

- This jacket **will** [**won't**] **do for** skiing. スキーにはこのジャケットでいいだろう[このジャケットではだめだろう]

会話 "Is 10,000 yen enough to buy the shoes?" "That'll **do**."
「その靴を買うのに1万円で足りるかな」「足りるだろう」(❗足りないなら, That won't do. と答える; 1万円は ten thousand yen と読む)

❼ 他 (ある速さで)進む; (ある距離を)走破する

- An F1 car can **do** more than 300 kilometers an hour. F1の車は時速300キロ以上出る (❗F1 は F-one と読む)

❽ 他 《口語》 見物する, 見て回る

- **do** London ロンドンを見物する

do away with ... …を廃止する, やめにする, 〔いらない物など〕を始末する, かたづける

- **do away with** the consumption tax 消費税を廃止する
- Let's **do away with** all formalities. かた苦しい儀礼は一切抜きにしましょう

do for ... …の代わりをする

- This can will **do for** an ashtray. この缶は灰皿の代わりになる

do it うまくやる ⇨❹

- I **did it**! やったあ!

do much to *do* …するのに大いに役立つ ⇨❻

do *A* ***out of*** *B* A(人)からBをだまし取る

do up 《口語》 包む; (ボタンなどを)留める, (ひもなどを)結ぶ, 締める; 手入れをする

- Could you **do up** the zipper of my dress? ドレスのジッパーを上げてくださいませんか

do with ... ①…を処理する, 扱う, …を(どう)する

- What are you going to **do with** the bird? 君はその小鳥をどうするつもりだ
- What have you **done with** the key? 鍵(かぎ)をどうした[どこへ置いた]んだ

② 《ふつう **can** [**could**] **do with ...**》 …をがまんする; (…があれば)ありがたい, …が必要だ[ほしい]

- I **can't do with** such a man. あんなやつにはがまんできない, あんなやつとはやっていけない
- I **could do with** a glass of cold water. 冷たい水が1杯ほしいなあ
- This house **could do with** cleaning. この家はそうじした方がいい

do without ... …なしですます

- In his business he cannot **do without** his car. 彼の仕事は車なしではやっていけない

a b c d e f g h i j k l m n o p q r s t u v w x y z

- We cannot **do without** air and water. 私たちは空気と水なしでは生きられない

***have* [*be*] *done with* ...** …をすます, 終える

have A to do with B BとAの関係にある, BとA程度に関係がある

- **have** something [nothing] **to do with** A Aと何か関係がある[何も関係がない]
- I **have** nothing **to do with** that matter. 私はその件とは無関係だ

How are you doing? やあ, 元気かい ⇨**how** (成句)

How do you do? はじめまして ⇨**how** (成句)

make do with* ... = *make ... do …で間に合わす[すます]

— 助 (三単現 **does** /dəz, dʌ́z/; 過去 **did** /did/) ❶《疑問文をつくる》…しますか (❗動詞を疑問の意味に変える働きをするだけで, それ自身に特別な意味はない)

- **Do** you really love me? あなた私のこと本当に愛してる? (❗Do+you (主語)+love (動詞の原形) ...?)
- **Did** you play tennis yesterday? 君はきのうテニスをしましたか
- Who **does** he like best? 彼はだれがいちばん好きなのですか

❷《否定文をつくる》…しない

- I **do not** [《口語》**don't**] like that guy. あいつ気にくわない[好きではない] (❗I (主語)+do not+like (動詞の原形) ...)
- My brother **does not** [《口語》**doesn't**] work on Sundays. 兄は日曜は働かない
- I **did not** [《口語》**didn't**] go to school yesterday. 私はきのう学校へ行かなかった

❸《**Don't** + 動詞 ...》《否定の命令文》…するな

- **Don't do** that! そんなことをするな (❗あとの do は動❶; Do not do ... はかたい言い方)
- **Don't be** cruel to animals. 動物に残酷なことをしてはいけない
- **Don't park** here! ここに駐車しないでください (❗Don't you park here! とするとさらに強い命令となる)

❹《肯定文, **don't**+主語?》…する[…です]ね; 《否定文, **do**+主語?》…ないね (❗念を押したり, 相手の同意を求める付加疑問の言い方)

- **You know** his real name, **don't you?** 君は彼の本名を知っているね
- **You don't** smoke, **do you?** あなたはたばこを吸いませんね (❗相手の意見を求める場合は, 下降調になる; この例を上昇調で発音すると「たばこは吸わないのですか」の意味になる)

会話 "You like baseball, **don't you?**" "Yes, I do." 「野球好きだよね」「ああ」(❗嫌いなら答えは No, I don't.)

❺《**do**+動詞の原形》《強調》ほんとうに(…する), ぜひ (❗次にくる動詞の意味を強める; 強く発音する)

- I **dó** love you. 私はほんとうに君を愛しているのだ
- Yet it **dóes** move. それでもそれ (=地球) は動く (❗イタリアの天文学者ガリレイのことば) (×it does moves としない)
- I **díd** see a ghost. 私はほんとうに幽霊(ゆうれい)を見たんです (×I did *saw* ... としない)
- **Dó** come in! どうかお入りください
- **Dó** be quiet! 静かにしろったら!
- He **díd** win! 彼はほんとうに勝った

❻《倒置された語句のあとに用いる》

- **Well do** I remember the day. その日のことはよく覚えています
- **Never did** I dream of meeting her in London. 彼女にロンドンで会うなんて夢にも思わなかった

❼ …する (❗前に出た動詞をくり返す代わりに使う代動詞用法)

- He swims as well as I **do** (=swim). 彼は私(が泳ぐの)と同じくらいうまく泳ぐ
- She speaks English better than I **do** (=speak). 彼女は私よりうまく英語を話す

会話 "I love this food." "I **do** too." 「この食べ物大好き」「ぼくもだ」

会話 "I need a rest." "So **do** I." 「一休みしたいな」「私も」

- My brother **does**n't smoke. Neither **do** I. 兄はたばこを吸わない. 私もだ

会話 "Do you love me?" "Yes, I **do** (=love you)." 「あなた私を愛している?」「うん, 愛しているよ」

会話 "Did you go to the park last Sunday?" "Yes, we **did** (=went to the park last Sunday)." 「君たちこの前の日曜日に公園へ行ったの」「はい, 行きました」

❽《**Oh, do**+主語?》ああ, そうですか (❗相手の話にあいづちを打つ)

会話 "I have to go to the dentist this afternoon." "**Oh, do you?**" 「きょう午後歯医者に行かなきゃ」「あ, そう」(❗あいづちのときは下降調; イントネーションを上昇調とすると驚き・意外の気持ちを表し,「えっ, そうなの」の意味になる)

━ 名 (複 **dos, do's** /dúːz/) C 《英》《口語》宴会, 祝宴, パーティー (=party)

dos and don'ts すべきこととしてはならないこと ⇨**don't** 名

do[2] /dóu ドウ/ 名 (複 **dos** /dóuz/) U C ド《◆ドレミ音階の第1音》

Do·ber·man /dóubərmən ドウバマン/ 名 C 《動物》ドーベルマン(犬)《◆黒色[黒褐色]の大型番犬》

doc B1 /dák ダク | dɔ́k ドク/ 名 (複 **docs** /dáks/) C 《口語》先生《◆doctor の省略形》

doc·ile /dásəl ダスィル/ 形 おとなしい, 素直な; 扱いやすい

dock[1] B2 /dák ダク/ 名 ❶ U C ドック《◆修理・造船などのために船を入れる海岸の掘り割り》;《しばしば **docks**》造船所

日英比較「人間ドック」は和製英語で, 英語では health [physical] check-up, medical examination (健康診断)などという

❷ C 《ふつう **docks**》波止場(はとば), 船着き場, 埠頭(ふとう)

in dock ① ドックに入って ②《英》《口語》(車などが)修理中の[で]; 入院して(いる)

━ 動 他 自 ❶ (船を)ドックに入れる; ドックに入る ❷ (宇宙船を)ドッキングさせる; ドッキングする

dock[2] /dák ダク/ 動 他 短く切る; (賃金などを)削減する, 切りつめる

dock[3] /dák ダク/ 名 C 《ふつう **the dock**》被告席

dock·er /dákər ダカ/ 名 C 港湾労働者

doc·tor A1 中

/dáktər ダクタ | dɔ́ktə ドクタ/

名 (複 **doctors** /dáktərz/) C

❶ 医者 (❗《米》では歯医者や獣医もさすことがある)

- a family **doctor** かかりつけの医者;《英》《口語》開業医
- a school **doctor** 校医
- **see** [**consult**] a **doctor** 医者に診察してもらう (❗consult a doctor は形式ばった言い方)
- How is he, **doctor**? 彼はどんなぐあいですか, 先生 (❗呼びかけにも使う)

関連語〉 単語力

physician 内科医
surgeon 外科医
eye doctor 眼科医
children's doctor 小児科医
ear, nose, and throat specialist 耳鼻咽喉(いんこう)科医
dentist 歯科医
plastic surgeon 形成外科医
GP, general practitioner 《英》一般開業医
animal doctor, 《米》veterinarian, 《口語》vet 獣医
nurse 看護師

❷ 博士(号) (❗名前につけるときは **Dr.** と略す)

- **Dr.** White ホワイト博士
- a **doctor**'s degree 博士号

━ 動 (三単現 **doctors** /dáktərz/; 過去・過分 **doctored** /dáktərd/; 現分 **doctoring**) 他 (文書などを)改ざんする; (写真を)修整する;《口語》治療する

doc·tor·al /dáktərəl ダクトラル/ 形 博士の; 博士号の

doc·tor·ate /dáktərət ダクタレト/ 名 C 博士号

doc·trine /dáktrən ダクトリン/ 名 U C

(宗教上の)教義, 教理; C《米》(外交政策の)基本方針, 主義
• Christian **doctrine** キリスト教の教義

doc·u·ment B1 /dákjəmənt ダキュメント|dɔ́kjəmənt ドキュメント/ (×ドキュメント) 名 (複 **documents** /dákjəmənts ダキュメンツ/) C ❶文書, 書類, 証書; 記録
• fill in a **document** 書類に記入する
• sign a **document** 書類に署名する
❷《コンピュータ》ファイル, ドキュメント

— /dákjəmènt ダキュメント|dɔ́kjəmènt ドキュメント/ (発音 名との違いに注意) 動 (三単現 **documents** /dákjəmènts ダキュメンツ/; 過去・過分 **documented** /dákjəmèntəd/; 現分 **documenting**) 他
文書で証明する, 記録する
派生 **documentary** 形

doc·u·men·ta·ry B1 /dàkjəméntəri ダキュメンタリ/ 名 (複 **documentaries** /dàkjəméntəriz/) C
(映画・テレビなどの)記録作品, 記録番組, ドキュメンタリー
— 形 (❗比較変化なし) 事実を記録した; (公)文書の, 書類(上)の
派生 **document** 名

doc·u·men·ta·tion /dàkjəməntéiʃən ダキュメンテイション/ 名 U 文書による証明; 証拠書類の提示; (証拠となる)文書

dodge /dádʒ ダヂ/ 動 他 自 さっと身をかわす; うまく避ける
— 名 C 身をかわすこと; 言い逃れ

dódge bàll 名 U《スポーツ》ドッジボール

do·do /dóudou ドウドウ/ 名 (複 **dodoes, dodos** /dóudouz/) C ドードー (◆17世紀に絶滅した飛べない大きな鳥; 昔インド洋の島に生息)

doe /dóu ドウ/ 名 C (シカ・ヤギ・ウサギなどの)雌(めす), (特に)牝鹿(めじか) ⇨**buck**[1]

do·er /dú:ər ドゥーア/ 名 C 行う人; 実行家

does A1 中

/dəz ダズ; 《強》dʌ́z ダズ/ 動 助
do[1]の三人称・単数・現在形 ⇨**do**[1]

does·n't 中

/dʌ́znt ダズント/ does not の短縮形
会話 "Does she speak French?" "No, she **doesn't**."「彼女はフランス語を話しますか」「いや, 話しません」
• **Doesn't** he smoke? 彼はたばこを吸わないのですか (❗×*Does not* he ...? としない)

dog A1 中

/dɔ́:g ドーグ|dɔ́g ドグ/
名 (複 **dogs** /dɔ́:gz/) C
❶《動物》犬, 雄犬; (オオカミ・キツネの)雄
• a police **dog** 警察犬
• a **dog** wolf 雄のオオカミ
• We **keep** our **dog** in our house. 私たちは犬を家の中で飼っている

関連語› 単語力
puppy 子犬
doggy, doggie ワンワン(幼児語)
bowwow ワンワン鳴く
growl うなる

❷やつ, 男

a dog in the manger 意地悪者 (❗イソップ童話より)
die like a dog みじめな死に方をする
dog eat dog 《口語》食うか食われるかの争い
go to the dogs 《口語》落ちぶれる
throw A to the dogs Aを切り捨てる
treat A like a dog Aのことを粗末に扱う
work like a dog 《口語》がむしゃらに働く

— 動 (三単現 **dogs** /dɔ́:gz/; 過去・過分 **dogged** /dɔ́:gd/; 現分 **dogging**) 他 (不幸などが)ついてまわる; しつこく尾行する, つきまとう

dóg-èared 形 (本の)ページのすみが折れた

dog·ged /dɔ́:gəd ドーゲド/ (発音 -ged は /gəd ゲド/ と発音する) 形 不屈の, 粘り強

い; 頑固な
dóggedly 副 頑強に, 粘り強く
dóggedness 名U 頑強さ, 粘り強さ

dog·gie, dog·gy /dɔ́:gi ドーギ/ 名 (複 **doggies** /dɔ́:giz/) C ワンワン, わんちゃん (❗dog(犬)の幼児語)

dóggie bàg 名C 《米》(レストランなどで食べ残しを入れる)**持ち帰り袋**
文化▸ 犬のえさにするという口実で袋に入れてもらうことからこう呼ばれる. 食べ残しを客が持ち帰ることは恥ずかしいことではない. 最近では犬をだしにするのはよくないとの反省から people bag と呼ばれることもある

dog·house /dɔ́:ghàus ドーグハウス/ 名 (複 **doghouses** /dɔ́:ghàuzəz/) C 犬小屋 (=kennel)
in the doghouse 《口語》人のきげんをそこねて, へまをやって

dog·ma /dɔ́:gmə ドーグマ/ 名UC 教義; C 独断的な考え

dog·mat·ic /dɔ:gmǽtik ドーグマティク/ 形
❶ 教義(上)の, 教理の, 教条の
❷ 独断的な; 教条主義的な
dogmátically 副 教義(上)は; 独断的に

dóg pàddle 名C 犬かき

dog·wood /dɔ́:gwùd ドーグウド/ 名C 《植物》ハナミズキ, アメリカヤマボウシ 《♦米国の代表的な庭木の一つで, 日本のサクラに相当する人気がある》

doi·ly /dɔ́ili ドイリ/ 名 (複 **doilies** /dɔ́iliz/) C ドイリー 《♦レース・刺しゅうをほどこした敷物》

do·ing A1

/dú:iŋ ドゥーイング/ 動
do の現在分詞・動名詞
― 名 (複 **doings** /dú:iŋz/)
❶ U する[した]こと
❷ 《**doings**》《英》行動, 行為; 出来事 (❗do の現在分詞・動名詞より)
• wrong **doings** 間違った行為

do-it-your·self /dú:itʃərsélf ドゥーイチャセルフ/ 形 日曜大工(用)の, 素人にもできる

dol·drums /dɑ́ldrəmz ダルドラムズ/ 名 《**the doldrums**》《複数扱い》(赤道付近の)無風地帯
in the doldrums 《口語》ふさぎ込んで; (景気などが)沈滞して

dole /dóul ドウル/ 名 《**the dole**》《英》《口語》失業手当
― 動 他 (食べ物・金銭などを)**少しずつ与える, 施す** 《*out*》

dole·ful /dóulfəl ドウルフル/ 形 悲しそうな, 陰うつな
dólefully 副 悲しそうに

doll A1 中

/dɑ́l ダル|dɔ́l ドル/ 名 (複 **dolls** /dɑ́lz/) C
❶ **人形**
• a "Dress-Up" **doll** 着せ替え人形
• Girls like to play with **dolls**. 女の子は人形と遊ぶのが好きだ
❷ 《口語》いい人, 親切な人; いい女, かわいこちゃん
― 動 (三単現 **dolls** /dɑ́lz/; 過去・過分 **dolled** /dɑ́ld/; 現分 **dolling**) 他 《次の成句で》
doll up 《口語》身なりを飾る

dol·lar A1 中

/dɑ́lər ダラ|dɔ́lə ドラ/
名 (複 **dollars** /dɑ́lərz/) C
ドル 《♦米国, カナダ, オーストラリア, シンガポールなどの貨幣単位; 記号は $; 1ドル=100セント (cent)》; 《**the dollar**》米ドル相場 (❗単数扱い)
• a **dollar** and a half [thirty cents] 1ドル半[30セント] (❗$1.50 [$1.30] とも書く)

• This T-shirt cost me $20. このTシャツは20ドルした (! $20 は twenty dollars と読む)

doll·house /dálhàus ダルハウス/ 名 (複 **dollhouses** /dálhàuzəz/) C 《米》(子どもがお人形ごっこで使う)人形の家 《◆「小さな家」のたとえにも用いる》

dol·lop /dáləp ダロプ/ 名 C 《口語》〔バター・ジャムなどの〕ひとかたまり 《*of*》

dóll's hòuse 名 C 《英》(= dollhouse)

Dol·ly /dáli ダリ/ 名 ドリー 《◆女性名; Dorothy の愛称》

doll·y /dáli ダリ/ 名 (複 **dollies** /dáliz/) C ❶《幼児語》お人形ちゃん
❷《映画》《テレビ》移動式撮影機台

dol·phin B1 中 /dálfən ダルフィン/ 名 (複 **dolphins** /dálfənz/) C 《動物》(くちばしの長い)イルカ ⇨**porpoise**

do·main /douméin ドウメイン, dəméin ドメイン/ 名 C ❶(知識・興味・活動などの)範囲, 分野, 領域; 勢力範囲
❷ 領地, 領土
❸《コンピュータ》ドメイン 《◆インターネットのアドレスで階層を表すもの; .com など》

dome /dóum ドウム/ 名 C (半球状の)丸屋根, ドーム

domed /dóumd ドウムド/ 形 丸屋根のついた; 半球形の

do·mes·tic B2 /dəméstik ドメスティク/ 形
❶ 国内の, 国産の (↔**foreign**)
• **domestic** and **foreign** news 内外の[国内と外国の]ニュース
❷ 家庭(内)の, 家庭的な; 家事の
• **domestic** violence 家庭内暴力 (! DV と略す)
• a **domestic** appliance 家庭用電化製品
❸ 飼いならされた, 飼われている (↔ **wild**)

do·mes·ti·cate /dəméstəkèit ドメスティケイト/ 動 他 (動物を)飼いならす

do·mes·ti·ca·tion /dəmèstəkéiʃən ドメスティケイション/ 名 U (動物を)飼い慣らすこと

do·mes·tic·i·ty /dòumestísəti ドウメスティスィティ/ 名 U 家庭的であること; 家庭生活

doméstic scíence 名 U (教科としての)家庭科

doméstic víolence 名 U 家庭内暴力

dom·i·cile /dáməsàil ダミサイル/ 名 C 《文章》住所; 住居

dom·i·nance /dámənəns ダミナンス/ 名 U 支配, 優勢

dom·i·nant /dámənənt ダミナント/ 形
❶ 支配的な, もっとも有力な, 優勢な
• the **dominant** party 第1党
❷ (遺伝において)優性の; 優占(種)の
❸ (山などが)群を抜いて高い
派生 **dominate** 動

dom·i·nate B2 /dámənèit ダミネイト/ 動
❶ 他 支配する; 優位[首位]を占める; 自 (試合を)有利に進める
❷ 他 強い影響力を持つ
❸ 他 自 (山や塔などが, 他のものの上に)そびえ立つ
派生 **dominant** 形

dom·i·na·tion /dàmənéiʃən ダミネイション/ 名 U 支配, 統治 (=rule); 優位

dom·i·neer·ing /dàməníəriŋ ダミニアリング/ 形 いばり散らす, 横暴な, 圧政的な

Dom·i·ni·ca /dàməníːkə ダミニーカ/ 名 ドミニカ 《◆カリブ海東部にある国; 首都ロゾー(Roseau)》

Do·mín·i·can Repúblic /dəmínikən ドミニカン/ 名 《**the** をつけて》ドミニカ共和国 《◆カリブ海にある国; ハイチ(Haiti) と隣接する; 首都サントドミンゴ(Santo Domingo)》

do·min·ion /dəmínjən ドミニョン/ 名 U 統治権, 支配; C 領土 (=territory)

dom·i·no /dámənòu ダミノウ/ 名 (複 **dominoes** /dámənòuz/) C ドミノの牌(はい); 《**dominoes**》《単数扱い》ドミノ 《◆28個のドミノ牌で行うゲーム》

Don /dán ダン/ 名 ドン 《◆男性名; Donald の愛称》

don /dán ダン/ 名 《**Don**》…さん[様] 《◆スペイン語圏での尊称》; C スペイン紳士

a b c d e f g h i j k l m n o p q r s t u v w x y z

Don·ald /dάnəld ダナルド/ 名 ドナルド《◆男性名》

Dónald Dúck 名 ドナルドダック《◆ディズニーのアニメ映画にセーラー服に水夫帽で登場する短気なアヒル》

do·nate B2 高 /dóuneit ドウネイト/ 動 他 自 寄贈する; 他 (臓器・血液などを)提供する

do·na·tion B2 高 /dounéiʃən ドウネイション/ 名 U C 寄贈, 寄付; C 寄付金[物]; U C (臓器・血液などの)提供

done A2 中

/dʌ́n ダン/ 動

do¹の過去分詞 ⇨**do**¹

• I have already **done** my homework. 私はもう宿題をすませた (! 現在完了の文)

— 形 終了した; 調理された, (食べ物が)煮えた, 焼けた

• half-**done** 半煮えの, 半焼けの

done in 疲れ切った

over and done with (いやなことが)すっかり終わって

Well done! よくやったぞ, でかした

What's done is done. もう終わってしまったことだ

— 間 《口語》 わかった

Don Juan /dὰn *h*wά:n ダン(ホ)ワーン, dὰn dʒú:ən ダン チューアン/ 名 ドン・ファン《◆スペインの伝説的貴族で道楽者》; C 女たらし

don·key B2 /dάŋki ダンキ/ 名 (複 **don-keys** /dάŋkiz/) C

❶ ロバ (! assともいう. アメリカの民主党のシンボル ⇨**elephant**)

❷ ばか者; がんこ者

do·nor /dóunər ドウナ/ 名 C 寄贈者; 献血者, 臓器提供者

dónor càrd 名 C ドナーカード《◆臓器提供への同意を示すカード》

Don Quix·o·te /dὰn kihóuti ダン キホウティ/ 名 ❶ ドン・キホーテ《◆スペインの作家セルバンテス(Cervantes)の風刺小説; その主人公》

❷ C 現実離れした空想家

don't 中

/dóunt ドウント/ do notの短縮形

• I **don't** know him. 私は彼を知らない

会話 "Do you have a piano?" "No, I **don't**." 「君はピアノを持ってるの」「いいえ, 持ってません」

• **Don't** you love her? 君は彼女を愛していないのか《◆×*Do not* you love ...? としない》

— 名 (複 **don'ts** /dóunts ドウンツ/) C 《ふつう **don'ts**》してはならないこと ⇨**dos and don'ts** (**do**¹ 名の成句)

do·nut /dóunʌ̀t ドウナト/ 名 (=dough-nut)

doo·dle /dú:dl ドゥードル/ 動 自 (会議中・通話中などに, 無意識に)いたずら書きをする

— 名 C (無意識の)いたずら書き

doom B2 /dú:m ドゥーム/ 名 U (悪い)運命; 破滅

— 動 他 (悪い方に)運命づける; 文型 [**doom A to B**] AをBになるよう運命づける; 文型 [**doom A to** *do*] Aを…するように運命づける

dooms·day /dú:mzdèi ドゥームズデイ/ 名 U 《しばしば **Doomsday**》最後の審判の日, この世の終わり(の日)

door A1 中

/dɔ́:r ドー/ (×ドアー) 名 (複 **doors** /dɔ́:rz/) C ❶ 戸, ドア, 扉(とびら)

• **knock on** [**at**] the **door** ドアをノックする

• **lock** the **door** ドアにかぎをかける

• **Shut** the **door** behind you. 入ったあとはドアをしめなさい

❷ 玄関, 戸口; 出入り口 (=doorway)

日英比較 一般に英米の家では靴は脱がないので, 日本の「玄関」に当たるスペースはない. 入り口のドア(front door)を開けるとすぐ居間であったり, 廊下であったりする

❸ 1軒, 1戸

❹〔…への〕門戸(もんこ), 道; 方法《*to*》

• the **door to** success 成功への道

answer the door (訪問者の応対に)玄

関まで出る

behind closed doors 秘密に，こっそりと

by the back door 裏口から；不正に

close [shut] the door on A Aに対して道を閉ざす；Aを不可能にする

from door to door (次々と)一軒一軒，出発点から到達点まで，ドアトゥドアで

• It takes about an hour **from door to door**. ドアトゥドアで約1時間かかる

leave the door open (…の)可能性を残す

next door B1 〔…の〕となり(に[の])《*to*》⇨**next** (成句)

out of doors 戸外は[で，の]，家の外で

show A the door 《口語》ドアを指してAに帰るようにいう，Aを追い払う

door·bell /dɔ́ːrbèl ドーベル/ 名 (複 **doorbells** /dɔ́ːrbèlz/) C 玄関のベル，呼びりん，玄関のブザー

door·knob /dɔ́ːrnɑ̀b ドーナブ/ 名 C ドアの取っ手，にぎり，ドアノブ

door·man /dɔ́ːrmæ̀n ドーマン/ 名 (複 **doormen** /dɔ́ːrmèn/) C ドアマン

door·mat /dɔ́ːrmæ̀t ドーマト/ 名 C ドアマット

door·step /dɔ́ːrstèp ドーステプ/ 名 C 戸口の登り段

dóor-to-dóor 形 戸口から戸口への；軒並みの，戸別訪問の

door·way B2 /dɔ́ːrwèi ドーウェイ/ 名 (複 **doorways** /dɔ́ːrwèiz/) C 戸口，(出)入り口

• Who's standing in the **doorway**? 戸口のところに立っているのはだれですか

dope /dóup ドウプ/ 名 U 《口語》麻薬；興奮剤

— 動 他 《口語》麻薬[興奮剤]を飲ませる，ドーピングをする《*up*》

dop·ing /dóupiŋ ドウピング/ 名 U (運動選手などの)(禁止)薬物使用，ドーピング

Do·ra /dɔ́ːrə ドーラ/ 名 ドーラ《♦女性名；Dorothy の愛称》

Dor·is /dɑ́ris ダリス/ 名 ドリス《♦女性名》

dorm B2 /dɔ́ːrm ドーム/ 名 《口語》(=dormitory)

dor·mant /dɔ́ːrmənt ドーマント/ 形 (一時)活動休止中の；(動植物が)冬眠[休眠]中の；(火山が)活動していない

dor·mi·to·ry B2 /dɔ́ːrmətɔ̀ːri ドーミトーリ/ 名 (複 **dormitories** /dɔ́ːrmətɔ̀ːriz/) C 寄宿舎，寮(りょう) (! 口語では dorm と短縮されることが多い)

Dor·o·thy /dɔ́ːrəθi ドーロスィ/ 名 ドロシー《♦女性名》

dor·sal /dɔ́ːrsəl ドーサル/ 形 背の，背面の

DOS /dɑ́s ダス/ 名 U 《商標》ドス《♦コンピュータのソフトウェアの一つ》(! disk operating system の略)

dos·age /dóusidʒ ドウスィヂ/ 名 C 1回分の服用[投薬]量

dose B2 /dóus ドウス/ 名 C

❶ (薬，特に水薬の)1回分の服用量

❷ (罰・病気などいやな体験の)ある分量，少しの量

in small doses 少しの間だけ

— 動 他 薬を飲ませる，投薬する《*up*》

dot B1 高 /dɑ́t ダト | dɔ́t ドト/ 名 (複 **dots** /dɑ́ts ダツ/) C ❶点

• a polka **dot** (模様の)水玉

❷《コンピュータ》ドット《♦インターネットのアドレス中のピリオド(.)など》

on the dot 《口語》時間どおりに

— 動 (三単現 **dots** /dɑ́ts ダツ/; 過去・過分 **dotted** /dɑ́təd/; 現分 **dotting**) 他 …に点を打つ；…に点在する

dot the i's and cross the t's 最後の仕上げに細心の注意を払う

dot-com, dot·com /dɑ́tkɑ̀m ダトカム/ 名 C 《インターネット》ドットコム《♦インターネット関連企業》

— 動 他 (企業が業務を)インターネットに関連づける

dote /dóut ドウト/ 動 自 〔…を〕溺愛(できあい)する《*on, upon*》

dótted líne 名 C 点線

a b c d e f g h i j k l m n o p q r s t u v w x y z

dou·ble A2 高

/dʌ́bl ダブル/ 形

❶ 2倍の; 2人用の, 2個分の ⇨**single, triple**

- a **double** bed ダブルベッド
- **double** the size [amount] of... 2倍の大きさ[量]の…
- My number is zero [o /オウ/], one, six, **double** five, four (=01-6554). うちの電話番号は01-6554です

❷ 二重の; (性格など)裏表のある; (ことばなどが)二通りに取れる

- a **double** door 両開きのドア

— 名 (複 **doubles** /dʌ́blz/)

❶ U C 2倍

❷ C 2人用のベッド[部屋]

❸ C よく似た人[物], 生き写し

❹ 《**doubles**》(テニスなどの)ダブルス (❗「シングルス」は singles)

❺ C (野球などの) 2塁打 (❗「シングルヒット」は single, 「3塁打」は triple)

— 動 (三単現 **doubles** /dʌ́blz/; 過去・過分 **doubled** /dʌ́bld/; 現分 **doubling**)

❶ 他 2倍にする; 自 2倍になる

❷ 他 二重にする; 折り重ねる; 自 折り重なる

❸ 自 《野球》二塁打を打つ

double back 後戻りする

double ... over [***up***] 2つに折る; (痛み・笑いで人が)体を折り曲げる

double up 同室にする, 物をいっしょに使う

— 副 2倍に; 二重に; 2人で

dóuble ágent 名 C 二重スパイ

dóuble báss 名 C 《音楽》ダブルベース, コントラバス

double-breasted /dʌ̀blbréstəd ダブルブレステド/ 形 (背広・コートが)ダブル(ボタン)の

dóuble-chéck 動 他 自 再点検する, 再確認する

dóuble-clíck 動 自 《コンピュータ》(マウスで)ダブルクリックする

dóuble-króss 動 他 (味方・共謀者を)だます, 裏切る

dóuble dáte 名 C ダブルデート (♦2組のペアがいっしょにするデート)

dou·ble-deck·er /dʌ́bldékər ダブルデカ/ 名 C ❶ 《英》2階建て[つき]のバス (❗double-decker bus ともいう), 2階建ての電車 ❷ 《米》二段ベッド; 《米》二段重ねのサンドイッチ

dóuble-édged 形 両刃の; よい方にも悪い方にも働く

dóuble fáult 名 C 《テニス》ダブルフォールト

dóuble-héader 名 C 《野球》ダブルヘッダー

dóuble-párk 動 他 自 (他の車に並べて)二重駐車する

dóuble pláy 名 C 《野球》ダブルプレー, 併殺

dóuble stándard 名 C 二重基準, ダブルスタンダード

dóuble táke 名 C (あることに気づいて)はっと見直すこと

dóuble tálk 名 U 中身のない話; 人をまどわせるような話

dou·bly B2 /dʌ́bli ダブリ/ 副 2倍(に), 2倍だけ; 二重に, 二様に

doubt A2 高

/dáut ダウト/ 名 (複 **doubts** /dáuts ダウツ/) U C 疑い, 疑念 (↔**belief**)

- There is no [little] **doubt about** that. それについては全然[ほとんど]疑いがない
- There is no **doubt that** he is guilty. 彼が有罪であることに疑いはない
- We have serious **doubts** about the safety of the system. 私たちはシステムの安全性に重大な疑念を持っている

be in doubt 不確かだ; 疑っている,

迷っている

beyond* (*all* [*any*]) *doubt まったく疑いなく

cast* [*throw*] *doubt on ... …に疑いを投げかける

no doubt きっと, 確かに; 《口語》たぶん, おそらく

• **No doubt** he will come here. きっと彼はここに来る

without* (*a*) *doubt きっと, 疑いなく, 必ず

— 動 (三単現 **doubts** /dáuts ダウツ/; 過去·過分 **doubted** /dáutəd/; 現分 **doubting**) 他 自 疑う, 信用しない (↔**believe**)

• I **doubted** my eyes. (これが本当かと)私は自分の目を疑った

文型 [**doubt if** [**whether**] **...**] …かどうか疑問に思う

• I **doubt if** [**whether**] he will keep his word. 私は彼が約束を守るかどうか疑問に思う

文型 [**doubt** (**that**) **...**] …ではないだろうと思う, …ということを信用しない

どっち

doubt と **suspect**

どちらも「疑う」と訳される語だが, **doubt** は「…ではないだろうと思う」, **suspect** は「…だろうと思う」ということを表す:

I **doubt** that she is innocent. 彼女が無実であることを疑う(彼女は無実ではないと思う)

I **suspect** he told us a lie. 彼は私たちにうそをついたのではないかと思う(彼はどうも私たちにうそをついたようだ)

発音に注意› 単語力

doubt /dáut ダウト/, **debt** /dét デト/ の b は発音しない

派生 **doubtful** 形

doubt·ful B2 /dáutfəl ダウトフル/ 形

❶ (人が)〔…について〕確信のない, 疑って, 疑いをもっている 《*about, of*》; 文型 [**be doubtful if** [**whether**] **...**] …かどうかを疑問に思っている; 文型 [**be doubtful** (**that**) **...**] …ということを疑っている, …ではないだろうと思っている

• I am **doubtful about** the weather on Sunday. 日曜日の天気はあやしいと思う

❷ (事柄が)疑わしい, あいまいな

❸ あやしい; 信用できない

派生 **doubt** 名

dóubtfully 副 疑いを持って; あいまいに

doubt·less /dáutləs ダウトレス/ 副 確かに, まちがいなく; おそらく (! 形容詞ではない; undoubtedly ほど確信がない場合に用いる)

Doug /dʌ́g ダグ/ 名 ダグ 《♦男性名; Douglas の愛称》

dough /dóu ドウ/ 名 U パンなどの生地, 生パン

dough·nut /dóunʌ̀t ドウナト/ 名 C ドーナツ

Doug·las /dʌ́gləs ダグラス/ 名 ダグラス 《♦男性名》

dour /dúər ドゥア, dáuər ダウア/ 形 (比較級 **dourer**; 最上級 **dourest**) むっつりした, 気むずかしい, 陰気な

douse /dáus ダウス/ 動 他 水をかける; 水に突っ込む; (火·灯火を)消す

dove[1] B2 /dʌ́v ダヴ/ (発音 dove[2]との違いに注意) 名 C 《鳥》ハト (! pigeon より小型で, 「柔和で清純なもの」のたとえに用いられる); ハト派の人 (↔**hawk**[1])

dove[2] /dóuv ドウヴ/ (発音 dove[1]との違いに注意) 動 《米》dive の過去形

dove·cote /dʌ́vkòut ダヴコウト/ 名 C ハト小屋

Do·ver /dóuvər ドウヴァ/ 名 ドーバー 《♦英国南東の港市; 白い断崖(だんがい)が切り立っていることで有名》

dow·dy /dáudi ダウディ/ 形 (比較級 **dowdier**; 最上級 **dowdiest**) (女性の服装が)時代遅れの, やぼったい

dow·er /dáuər ダウア/ 名 U C 寡婦(かふ)産 《♦夫の遺産のうち妻の相続分》

— 動 他 寡婦産を与える

Dów Jónes àverage [**ìndex**] /dáu dʒóunz ǽvəridʒ ダウチョウンズアヴェリヂ/ 名 《**the** をつけて》ダウ平均(指数)

down[1] A1 中

/dáun ダウン/

共通イメージ 下へ

意味マップ

副 ❶ 下へ[に], 下の方へ[に]
　❷ (数量などが)下がって, 減って
　❸ (勢いが)落ちて; 衰えて; 沈んで
　❹ (話し手から)離れて; 南へ
　❺ 書きとめて
　❻ 負け(越し)て; アウトになって
前 ❶ …の下に[へ]
　❷ …に沿って
形 ❶ 下への; 南へ向かう
　❷ 元気がない; 動かない
名 《**downs**》 不運; 下り
動 飲み込む; 負かす

━ 副 ❶ (上から下への動きを表して) **下へ[に], 下の方へ[に]**; (位置・静止を表して) **下に; 落として, 倒して** (↔**up**)

- **sit down** 腰を下ろす, すわる
- lie **down** 横になる
- **Put** the box **down**. その箱を下に置きなさい
- He **came down** late this morning. 彼はけさ遅く起きてきた (❗ come down (降りて来る)はしばしば「朝食に(2階の寝室から)降りて来る」を意味する)
- The sun is **down**. 太陽は沈んでしまっている

会話 "Is this elevator going **down**?" "No, it's going **up**." 「このエレベーターは下へ行くのですか」「いいえ, 上です」

- She looked **down** at her hands. 彼女は自分の手を見下ろした

❷ (数量・程度・質などが) **下がって, 減って** (↔**up**)

- Turn **down** the TV. テレビの音を小さくしなさい
- Prices have gone **down**. 物価が下がった
- His weight went **down from** 120 pounds to 100 pounds. 彼の体重は120ポンドから100ポンドに減った

❸ (勢いが)**落ちて**; (健康が)**衰えて**; (気持ちが)**沈んで**; (対象の勢いなどを)**抑えて, 落として; 落ち着いて** (↔**up**)

- All my family are **down** with the flu. うちの家族はみんなインフルエンザで寝込んでいます

副❶ 前❶ (…の)下に ＝

sit down

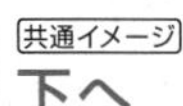

下へ

ある尺度上での下降 →

副❷ 下がって, 減って

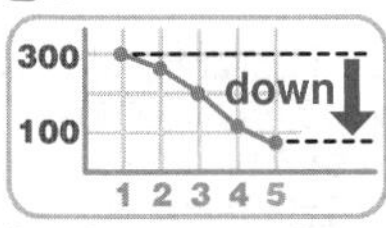

Prices have gone down.

元気がないときには横になって高さが下がる ↙

副❸ 健康が衰えて, 気持ちが沈んで

be down with the flu

↓ 遠くのものは低く見える

副❹ 離れて

She walked down to the station.

前に進んでいく →

前❷ …に沿って

walk down the street

- Don't let me **down**. 私を失望させないでくれ
- settle **down** 落ち着く ⇨**settle** (成句)

❹(話し手・もともといた場所から)離れて, 向こうへ[に]; 《米》(地図の)下へ, 南へ (↔**up**)

- She walked **down** to the station. 彼女は駅へ歩いて行った
- go **down** south 南へ行く
- They live **down** in Brazil. 彼らはブラジルに住んでいる (❗米国から見て南のブラジルというニュアンス)

❺書きとめて

- Did you **take** [**write**] **down** the phone number? その電話番号を書きとめましたか

❻《スポーツ》負け(越し)て; 《野球》アウトになって

break down 壊す ⇨**break** 成句

come down to ... 結局のところ…になる ⇨**come** 成句

cut down 減らす ⇨**cut** 成句

deep down 心の底では, 本心では

(***right***) ***down to ...*** (細かいこと・はなはだしいこと)まで

hand ... down = ***hand down ...*** …を後世に伝える

turn down 断る ⇨**turn** 成句

up and down 上がったり下がったり, 上下に; 行ったり来たり, あちこちと • go **up and down** in the elevator エレベーターで昇ったり降りたりする

upside down B2 さかさまに; 混乱して ⇨**upside** (成句)

━ 前 ❶…の下に[へ], …の下方に; …を下って; …を降りて; (川)の下流へ[に] (↔**up**)

- go **down** a hill 丘を下って行く
- run **down** the stairs 階段をかけ降りる
- Tears ran **down** her cheeks. 涙が彼女のほおを伝って流れた

❷…に沿って, (道など)を (=along)

- walk **down** the street 通りを歩いて行く

━ 形 ❶下への; 《米》南へ向かう; 下りの (↔**up**) (❗名詞の前に用いる)

- a **down** slope 下り坂

❷元気がない, 意気消沈した; (機械・コンピュータなどが)動かない, 止まっている (❗名詞の前には用いない)

━ 名 (複 **downs** /dáunz/) Ⓒ 《**downs**》不運, 逆境; 下り, 下降 (↔**up**); 《アメリカンフットボール》ダウン

━ 動 (三単現 **downs** /dáunz/; 過去・過分 **downed** /dáund/; 現分 **downing**) 他 飲み込む; 打ち倒す (=knock down); 負かす

down[2] /dáun ダウン/ 名 Ⓤ (水鳥の)綿毛, ダウン 《◆軽くて保温性に富む》

down·cast /dáunkæ̀st ダウンキャスト/ 形 意気消沈した, しおれた

down·fall B2 /dáunfɔ̀ːl ダウンフォール/ 名 Ⓒ 没落, 失墜, 滅亡

down·grade /dáungrèid ダウングレイド/ 動 他 〔…へ〕地位を格下げする; 品質[価値]を落とす 《*to*》

down·heart·ed /dáunhɑ́ːrtəd ダウンハーテド/ 形 気落ちした, 落胆した

down·hill /dáunhíl ダウンヒル/ 形 下り坂の; 落ち目の; 《口語》(それまでに比べて)楽な, たやすい ━ 名 Ⓒ 下り坂; Ⓤ 《スポーツ》(スキーの)滑降(競技)

━ 副 山[丘]のふもとへ; 坂の下へ; 衰えて ***go downhill*** 坂を下る; 落ち目になる; (健康などが)衰える

Dówn·ing Strèet /dáuniŋ ダウニング/ 名 ダウニング街 《◆ロンドンにある官庁街; この通りの10番地にはイギリス首相の官邸がある》

down·load A2

/dáunlòud ダウンロウド/ 動 (三単現 **downloads** /dáunlòudz/; 過去・過分 **downloaded** /dáunlòudəd/; 現分 **downloading**) 他 《コンピュータ》(プログラム・データなどを)ダウンロードする 《◆自分のコンピュータに転送・コピーすること》

━ 名 (複 **downloads** /dáunlòudz/) Ⓒ Ⓤ ダウンロード; Ⓒ ダウンロードしたファイル[プログラム]

dówn páyment 名 Ⓒ (分割払いの)頭金; 手付け金

down·play /dáunplèi ダウンプレイ/ 動 他 (ことさら)軽く見る[扱う], 軽視する ⇨ play 成句 play down

down·pour /dáunpɔ̀ːr ダウンポー/ 名 C 《ふつう単数形で》どしゃ降り, 大雨

down·right /dáunràit ダウンライト/ 形 まったくの; 率直な
— 副 すっかり, まったく (❗ 悪品詞ともに特に悪いことに用いる)

down·size B2 /dáunsàiz ダウンサイズ/ 動 他 自 (企業が人員などを)削減する, (事業規模を)縮小する; 小型化する

Dówn's sỳndrome /dáunz ダウンズ/ 名 U 《医学》ダウン症候群

down·stairs A2 高

/dáunstéərz ダウンステアズ/ 副
階下に[で]; 下の部屋に[で]
- go [come] **downstairs** (階段を降りて)下へ行く[来る]

— 形 階下の, 下の階の (❗ downstair ともいう)
— 名 U 階下 (↔**upstairs**)

down·stream /dáunstríːm ダウンストリーム/ 副 流れを下って, 下流に
— 形 流れを下った, 下流の

dówn-to-éarth 形 地に足のついた, 実際的な, 現実的な

down·town A2 高

/dáuntáun ダウンタウン/ 副
繁華街へ, 中心街に
- **go downtown** (買い物・遊びに)繁華街へ行く
- at a store **downtown** 繁華街の商店で

— 形 繁華街の, 中心街の
— 名 U 繁華街, 町の中心地区 (↔**uptown**)

日英比較 日本のいわゆる「下町」とは違い, 都市の中心部で, デパート, 銀行, 商店などが集まっている商業地区をいう

down·trod·den /dáuntràdən ダウントラドン/ 形 (権力者などに)しいたげられた, 踏みつけられた

down·ward B1 /dáunwərd ダウンワド/ 形 下の方への (↔**upward**)
— 副 ❶ 下(の)方へ; 下方へ, 下向きに; 落ち目で (↔**upward**) ❷ …以来

down·wards /dáunwərdz ダウンワヅ/ 副 《英》(=downward)

down·wind /dáunwínd ダウンウィンド/ 副 形 追い風で[の]; 風下に[の]

down·y /dáuni ダウニ/ 形 (比較級 **downier**; 最上級 **downiest**) 綿毛でおおわれた; 綿毛のような, 柔らかい

dow·ry B2 /dáuəri ダウアリ/ 名 (複 **dowries** /dáuəriz/) C (花嫁の)結婚持参金

Doyle /dɔ́il ドイル/ 名 《**Sir Arthur Conan Doyle**》アーサー・コナン・ドイル (1859-1930) (◆イギリスの小説家; 名探偵シャーロック・ホームズの生みの親)

doz. 《略》dozen(s) ダース, 12個

doze B1 /dóuz ドウズ/ 動 (三単現 **dozes** /dóuzəz/; 過去・過分 **dozed** /dóuzd/; 現分 **dozing**) 自
うたたねする, 居眠りする

doze off (思わず)うとうとする, つい居眠りする

— 名 (複 **dozes** /dóuzəz/) C 《単数形で》うたたね, 居眠り

doz·en B1 高 /dʌ́zən ダズン/ 名 (複 **dozens** /dʌ́zənz/, **dozen**) C
ダース, 12(個) (❗ doz. または dz. と略す; 「12ダース」は gross)
- a **dozen** 1ダース
- half a **dozen** 半ダース
- four **dozen** 4ダース

使い方〉 **dozen**
(1) 数を表す語の次では単数も複数も同じ形; ×four dozens などとしない. ⇨成句 **dozens of**
(2) 名詞があとにくるときは dozen の後ろに of を入れずに形容詞的に使うほうがふつう:
- three **dozen** pencils 3ダースの鉛筆

by the dozen ダース単位で

dozens of ... 何ダースもの…; 数十の…, 多数の…, 多くの…
- I've read the letter from her **dozens of** times. 彼女からの手紙を何十回も読んだ

Dr., Dr A1 中

/dáktər ダクタ | dɔ́ktə ドクタ/ 《略》Doctor

(博士号を持っている人の名の前につけて)…博士; (医者の名の前につけて)…先生
• **Dr.** White ホワイト博士[先生]

drab /drǽb ドラブ/ 形 (比較級 **drabber**; 最上級 **drabbest**) 単調な, 退屈な, おもしろみのない (=dull); くすんだ茶色の

Drac·u·la /drǽkjələ ドラキュラ/ 名 《**Count Dracula**》ドラキュラ伯爵(はくしゃく) 《◆英国の作家 B. ストーカーの同名の恐怖小説の主人公》

draft B2 /drǽft ドラフト/ 名
❶ C (文などの)下書き, 草稿
• I **made a rough draft of** the speech. 私は演説の1回目の下書きを書いた
❷ C 図案; 下絵 (! 《英》では draught とつづる) ❸ U 《米》徴兵; (野球の)ドラフト制度 ❹ U C すきま風 (! 《英》では draught とつづる) ❺ C ひと飲み(の量) (! 《英》では draught とつづる)
━ 動 他 ❶ 下絵を描く; 起草する
❷《米》徴集する

drafts·man /drǽftsmən ドラフツマン/ 名 (複 **draftsmen** /drǽftsmən/) C
❶ (法案などの)起草[立案]者, (公)文書作製者 ❷《米》製図者, 製図工 (=《英》draughtsman)

drafts·per·son /drǽftspə̀ːrsn ドラフツパーソン/ 名 C 起草[立案]者; 《米》製図家

draft·y /drǽfti ドラフティ/ 形 (比較級 **draftier**; 最上級 **draftiest**) (家などが)すき間風の入る

drag B1 /drǽg ドラグ/ 動 (三単現 **drags** /drǽgz/; 過去・過分 **dragged** /drǽgd/; 現分 **dragging**) ❶ 他 (重いものなどを)引きずる, 引いて行く
• **drag** a heavy box along the ground 地面を重い箱を引きずって行く
❷ 自 (物が)引きずられる; 足を引きずって歩く, だらだら進む
❸ 他 引っ張り出す; 引きずり込む
❹ 他 《コンピュータ》(マウスで)ドラッグする ❺ 自 (物事が)長引く
drag on だらだらと長引く
drag ... out (必要以上に)…を長びかせる
drag oneself やっとの思いで…する
drag ... up …を引きずり上げる; (不愉快な事などを)むし返す
━ 名 (複 **drags** /drǽgz/)
❶ U C 引っ張ること, 引きずること
❷ C じゃま物, 足手まとい; C 《口語》退屈な人[物] ❸ U 《口語》女装, 男装 ❹ C 《口語》たばこの煙を吸い込むこと, 一服

drag·on /drǽgən ドラゴン/ 名 C 竜(りゅう), ドラゴン

drag·on·fly /drǽgənflài ドラゴンフライ/ 名 (複 **dragonflies** /drǽgənflàiz/) C 《昆虫》トンボ

drain B2 /dréin ドレイン/ 動
❶ 他 …の水を抜く; …を排出させる, 流出させる; 自 流れ出す, はける
❷ 他 消耗させる, 枯渇させる; 自 (体力・財産などが)徐々に減っていく
━ 名 C ❶ (屋内の)排水管[路], 下水みぞ, 排水 ❷《**drains**》(建物の)下水設備
❸ 流出; 消耗(しょうもう), 枯渇(こかつ)
• a brain **drain** 頭脳流出
down the drain 《口語》むだになって

drain·age /dréinidʒ ドレイニヂ/ 名 U 排水, 水はけ; 下水道, 排水施設; 汚水

drained /dréind ドレインド/ 形 とても疲れた, 疲れきった

drain·pipe /dréinpàip ドレインパイプ/ 名 C (屋外の)排水管, 下水管; (雨水の)縦どい ⇨**drain** 名❶

drake /dréik ドレイク/ 名 C 《鳥》雄のカモ[アヒル]

dra·ma A1 高

/drάːmə ドラーマ/
名 (複 **dramas** /drάːməz/)
❶ C (テレビ・ラジオなどの) ドラマ, 劇, 戯曲 (=play); U 演劇, 劇文学
• a TV **drama** テレビドラマ
❷ C 劇的な事件, ドラマのような出来事 派生 **dramatic** 形

dra·mat·ic B1 高 /drəmǽtik ドラマティク/ 形 ❶ 劇的な, ドラマチックな

A B C D E F G H I J K L M N O P Q R S T U V W X Y Z

- a **dramatic** change 劇的な変化

❷ 劇の, 戯曲の

- a **dramatic** critic 演劇評論家

❸ 芝居がかった

派生 **drama** 名

dra·mat·i·cal·ly B2 高 /drəmǽtikəli ドラマティカリ/ 副 劇的に; 芝居がかったしぐさで

dra·mat·ics /drəmǽtiks ドラマティクス/ 名 《複数扱い》芝居がかったしぐさ; 《単数扱い》演出法

dram·a·tist /drǽmətist ドラマティスト/ 名 C 劇作家

dram·a·tize /drǽmətàiz ドラマタイズ/ 動 他 劇化する; 芝居がかって言う[する]

dràmatizátion 名 U 戯曲化; C 戯曲化した作品

drank /drǽŋk ドランク/ 動 drinkの過去形

drape /dréip ドレイプ/ 動 他 〔布・旗などで〕おおう, 飾る 《*with, in*》; (掛け布・衣類などを)〔…に〕だらりと掛ける 《*over, around*》

一 名 《**drapes**》《米》掛け布, 厚地のカーテン

dra·per·y B2 /dréipəri ドレイパリ/ 名 (複 **draperies** /dréipəriz/) ❶ U 《英》生地類; 生地販売業 ❷ U C ひだ付きの優美な織物; 《**draperies**》厚地のカーテン (=drapes)

dras·tic /drǽstik ドラスティク/ 形 急激な, 思い切った

dras·ti·cal·ly /drǽstikəli ドラスティカリ/ 副 急激に, 思い切って

draught /drǽft ドラフト/ 名 《英》(=draft ❷, ❹, ❺)

draw A1 中

/drɔ́: ドロー/

意味マップ

動 ❶ (線を)引く; (絵を)かく
❷ 引く, 引き寄せる
❸ 引き抜く
❹ (結論などを)導き出す, 引き出す
❺ 引きつける
❻ (金を)引き出す
❼ 近づく
❽ (息を)吸い込む; (水を)くむ
❾ 引き分ける

名 ❶ 引き分け
❷ 引っぱる[引く]こと
❸ 呼びもの

一 動 (三単現 **draws** /drɔ́:z/; 過去 **drew** /drú:/; 過分 **drawn** /drɔ́:n/; 現分 **drawing**) ❶ 他 自 (線を)引く; (鉛筆・ペン・クレヨンなどで, 絵・図案・地図などを) かく (❗線画をかくことで, 絵の具を使ってかくのは paint)

- **draw** a line 線を引く
- Could you **draw** a map for me? 私に地図をかいてもらえますか? ⇨図

❷ 他 引く, 引き寄せる, 引っぱる, 引き出す[抜く]

- **draw** a bow 弓を引く ⇨図
- Can you **draw** the curtains? カーテンを閉めて[開けて]もらえませんか
- She **drew** her child to her side. 彼女は子どもをそばへ引き寄せた

似ている単語

引く－**draw**, **drag**, **pull**

draw はゆっくりとある方向へ引くこと, **drag** は重いものを苦労しながら引きずっていくこと, **pull** は「引く」の一般的な語で draw よりも速く強い力で引き寄せること:

Draw the curtains across the window, please. 窓にカーテンを引いてください

I **dragged** that big box into the corner of the room. その大きな箱を部屋の隅に引きずっていった

Pull your chair up to the table. いすをテーブルの方へ引き寄せなさい

❸ 他 引き抜く, 取り出す
• **draw** a sword [gun] 剣[ピストル]を抜く
❹ 他 (結論・推論・情報などを)導き出す, 引き出す
• **draw** a conclusion [inferences] 結論[推論]を引き出す
❺ 他 (人・注意などを)〔…に〕引きつける《*to*》; (人を)〔…に〕引き込む《*into*》
❻ 他 (金を)引き出す; (給料などを)もらう; (小切手を)振り出す
• **draw** money **from** a bank 銀行から金を引き出す
❼ 自 近づく
• The boat **drew toward** us. 船が私たちの方へ近づいてきた
❽ 他 (息を)吸い込む; (水を)くむ
❾ 他 (試合を)引き分けにする; 自 引き分ける
• The game was **drawn at** 5-5. 試合は5対5でドローになった

draw ... away …を引っこめる
draw away from ... …から急に離れる
draw back しり込みする; 〔…から〕手を引く《*from*》
draw in ①(日が)短くなる ②(車などが)道路の片側に寄る ③…を引き入れる
draw near (目的地などに)近づく, 動く; (時が)近づく
draw off 脱ぐ; 注意をそらす; (水などを)抜く
draw on (経験・資源・情報などを)用いる; 生かす
draw out ①長引かせる; 引き出す ②(日が)長くなる • The days are **drawing out**. 日が長くなっている
draw oneself up まっすぐに立つ
draw up ①引き上げる, 引き寄せる ②作成する
• Grandfather had his lawyer **draw up** his will. 祖父は弁護士に遺言状を作成してもらった
③(乗り物が)止まる

— 名 (複 **draws** /drɔ́ːz/) C
❶ 引き分け(試合)
• The game ended **in** a **draw**. その試合は引き分けに終わった
❷ 引っぱる[引く]こと ❸ 人を引きつけるもの, 人気のあるもの, 呼びもの

draw·back /drɔ́ːbæ̀k ドローバク/ 名 C 障害; 不利(な点); 欠点

draw·bridge /drɔ́ːbrìdʒ ドローブリヂ/ 名 C はね橋, つり上げ橋

draw·er[1] A2 高

/drɔ́ːr ドロー/ 名 (複 **drawers** /drɔ́ːrz/) C 引き出し
• **a chest of drawers** たんす

draw·er[2] /drɔ́ːər ドローア/ 名 C 製図家; 手形振出人

draw·ing A2 高

/drɔ́ːiŋ ドローイング/
名 (複 **drawings** /drɔ́ːiŋz/)
❶ C (鉛筆・ペン・クレヨンなどでかいた)絵, 図画, 線画, デッサン, 素描 ⇨ **painting**
❷ U 線画を描くこと, 製図
— 動 draw の現在分詞・動名詞

dráwing bòard 名 C 画板; 製図板

dráwing pìn 名 C 《英》画びょう (=《米》thumbtack)

dráwing ròom 名 C 《古風》客間, 応接間

drawl /drɔ́ːl ドロール/ 動 自 他 (母音を伸ばして)ゆっくり話す, のろのろしゃべる《*out*》 — 名 U C (母音を伸ばした)のろのろ間のびした話しぶり[ことば]

drawn /drɔ́ːn ドローン/ 動 draw の過去分詞
— 形 ❶ (顔が)引きつった, やつれた ❷ 引き分けの
• a **drawn** game 引き分け試合, ドローゲーム

dread B2 /dréd ドレド/ 動 他 恐れる, こわがる — 名 《単数形で》恐怖; 不安

dread·ful B2 /drédfəl ドレドフル/ 形
❶ 恐ろしい, こわい
❷ ひどい, いやな (=very bad)

dread·ful·ly /drédfəli ドレドフリ/ 副 恐ろしいほど; すごく; ひどく

dream A1 中

/drí:m ドリーム/ 名 (複 **dreams** /drí:mz/) C ❶ (眠っている時にみる)夢
- I **had** a **dream about** you last night. きのうの夜君の夢をみたよ (×*saw* a dream としない)
- Sweet **dreams**, my dear. 楽しい夢をみてね, おやすみなさい

❷ (実現したいと思っている)夢; 理想, 希望
- realize [fulfill] *one's* **dream** 夢を実現させる
- My **dream** has come true. 夢がかなった

❸《形容詞的》夢のようにすばらしい[楽しい, 美しい]

❹ 夢見ごこち, 夢うつつ

— 動 (三単現 **dreams** /drí:mz/; 過去・過分 **dreamed** /drí:md/, **dreamt** /drémt/; 現分 **dreaming**) (❗《米》では dreamed がふつう) 自 他

夢をみる; 夢にみる; 夢みる (❗眠っている時にみる場合にも, 空想する場合にも使う); 《**dream a ... dream**》…の夢をみる (❗…にはおもに形容詞がくる); 文型 [**dream that ...**] …ということを夢にみる; 《おもに否定文で》…ということを想像する
- I **dreamed about** my hometown. 私は故郷のことを夢にみた
- I must be **dreaming**. (あまり不思議で)私は夢をみているに違いない

dream ... away (時間などを)ぼんやりと過ごす

dream of ... …の夢をみる; …を夢に描く, …を夢みる; 《否定文で》…を夢にも思わない, 考えてもいない ● She **dreamed of** becoming a pianist. 彼女はピアニストになることが夢だった

dream up (ばかげた計画などを)考え出す

dream·er /drí:mər ドリーマ/ 名 C 夢を見る人; 夢想家, ロマンチスト

dream·land /drí:mlæ̀nd ドリームランド/ 名 U C 夢の国

dream·like /drí:mlàik ドリームライク/ 形 夢のような; 非現実的な

dreamt /drémt ドレムト/ 動 dream の過去形・過去分詞

dréam tèam 名 C ドリームチーム《◆スポーツなどで最強メンバーからなるチーム》

dream·y B2 /drí:mi ドリーミ/ 形 (比較級 **dreamier**; 最上級 **dreamiest**) 夢のような; 夢見心地の; すばらしい

dréamily 副 夢見るように, 空想的に

drear·y /dríəri ドリアリ/ 形 (比較級 **drearier**; 最上級 **dreariest**) 陰気な, わびしい; 退屈な

dréarily 副 憂うつに, わびしく

dredge /drédʒ ドレヂ/ 名 C 浚渫(しゅんせつ)機《◆水底の泥・ゴミなどをさらう》

— 動 他 (川底などを)浚渫する; (泥・砂などを)さらう《*up*》; 自 〔…を探して〕浚渫機で水底をさらう《*for*》

dregs /drégz ドレグズ/ 名《複数扱い》(水・飲み物などの底に沈んだ)かす, おり; 最下等のもの, 無価値な人々, くず

drench /dréntʃ ドレンチ/ 動 他 ずぶぬれにする, びしょぬれにする; 《**be drenched**》〔…で〕びしょぬれになる《*with*》

dress A1 中

/drés ドレス/ 名 (複 **dresses** /drésəz/)

❶ C (女性・女の子用の)ドレス (❗ふつう女性のワンピースのこと; 上着・ブラウスとスカートに分かれたそろいの婦人服は suit という)
- **wear** a green **dress** グリーンのドレスを着ている

❷ U 服装; 正装
- Men usually don't pay much attention to **dress**. 男性はふつう服装にあまり注意を払わない (×*a* [*the*] dress, ×dresses としない)

— 動 (三単現 **dresses** /drésəz/; 過去・過分 **dressed** /drést/; 現分 **dressing**)

❶ 他 服を着せる; 自 服を着る (↔ **undress**) (❗男女年齢に関係なく使う)

● **dress** a child 子どもに服を着せる
● Don't open the door; I'm **dressing**. ドアをあけないで. いま服を着ているところなの

❷ 自 (ある特定の)服装をする; 正装する ❸ 他 (髪の)手入れをする; (傷の)手当をする; (肉・魚など)の下ごしらえをする; (サラダに)ドレッシングをかける; 美しく飾る

***be dressed* (*in* ...)** (…を)着ている

***dress oneself* (*in* ...)** (…を)着る, 身じたくをする(←自分に服を着せる)

● She **dressed herself in** a beautiful kimono. 彼女は美しい和服を着た (=She put on a beautiful kimono.)

比較 He **was wearing** a black suit. = He **was dressed in** a black suit. 彼は黒のスーツを着ていた (! ×He dressed [was dressing] a black suit. としない; dress の目的語は人で, 衣服ではない; be dressed = wear (着ている), dress *one-self* = put on (着る)の関係にある)

dress up 正装[盛装]する, 正装[盛装]させる, 着飾る, ドレスアップする; 見ばえよくする

dress up as ... …の仮装をする, …のかっこうをする

get dressed 服を着る

dress·er /drésər ドレサ/ 名 C
❶ 《米》 鏡台(きょうだい), ドレッサー
❷ 《英》 (台所の)食器だな

dress·ing /drésiŋ ドレスィング/ 名
❶ U C (サラダ・肉などにかける)ドレッシング, ソース
❷ C 包帯, ガーゼ; こう薬
❸ U 着物を着る[着せる]こと; 衣装

dréssing gòwn 名 C 《英》 (パジャマなどの上に着る)部屋着, 化粧着 (=《米》 robe)

dréssing ròom 名 C (劇場・スタジオなどの)楽屋; (スポーツ選手などの)更衣室

dréssing tàble 名 C (寝室用の)化粧台, 鏡台

dress·mak·er /drésmèikər ドレスメイカ/ 名 C (婦人服・子ども服の)洋裁師, ドレスメーカー ⇨**tailor**

dress·mak·ing /drésmèikiŋ ドレスメイキング/ 名 U 洋裁(業)

dréss rehéarsal 名 (本番どおりの衣装で行う)本げいこ

dress·y /drési ドレスィ/ 形 (比較級 **dressier**; 最上級 **dressiest**) (服装が)正装向きの, 改まった; おしゃれな

drew /drú: ドルー/ 動 drawの過去形

drib·ble /dríbl ドリブル/ 動 自 したたる; よだれを垂らす; 自 他 《スポーツ》 ドリブルする ━ 名 C したたり; わずかな量; 《スポーツ》 ドリブル

dried 高 /dráid ドライド/ 動 dry の過去形・過去分詞
━ 形 干した, 乾燥した
● **dried** fish 魚の干物

dri·er /dráiər ドライア/ 形 dryの比較級
━ 名 C 乾燥機, (ヘア)ドライヤー (= dryer); 乾燥剤

drift /dríft ドリフト/ 動
❶ 自 漂う, 漂流する, 流れる; 他 漂流させる; 押し流す
● He **drifts** all over the world. 彼は世界中を放浪している
❷ 自 あてもなくふらふらする; 放浪する ❸ 自 他 吹きだまりを作る, 吹き寄せる
━ 名 ❶ C (雪・枯れ葉などの)吹きだまり
❷ U 趣旨, 要点
❸ U C 傾向, 大勢
❹ U 漂うこと, 漂流; C 漂流物; U C (風・潮などの)流れ

drift·er /dríftər ドリフタ/ 名 C 漂流者[物]; 浮浪者; 放浪者, 根なし草のような生活をしている人, 流れ者

drift·wood /dríftwùd ドリフトウド/ 名 U 流木

drill A2

/dríl ドリル/ 名 (複 **drills** /drílz/)
❶ C (穴をあける)ドリル, きり
❷ U C 訓練, 反復練習, ドリル
● a fire **drill** 防火訓練
● have **drills in** English grammar 英文法の練習をする
━ 動 (三単現 **drills** /drílz/; 過去・過分 **drilled**

/dríld/; 現分 **drilling**)
❶ 他自 (ドリルで)(穴を)あける
❷ 他 反復練習をさせる, 訓練する
• The teacher **drilled** the students **in** spelling. 先生は生徒にスペルの練習をさせた

drink A1 中

/dríŋk ドリンク/

意味マップ
動 ❶ 飲む
❷ 酒を飲む
❸ 乾杯する
❹ (水分を)吸収する
名 ❶ 飲みもの
❷ 一飲み
❸ 酒類

— 動 (三単現 **drinks** /dríŋks/; 過去 **drank** /drǽŋk/; 過分 **drunk** /drʌ́ŋk/; 現分 **drinking**)
❶ 他 (水・酒などを)飲む
日英比較 日本語ではいずれも「飲む」だが, 「スープをスプーンで飲む」場合は eat soup with a spoon, 「カップでスープを飲む」場合は drink a cup of soup, 「薬を飲む」は take medicine などと使い分ける

関連語› 単語力
gulp ごくごく飲む
sip すする
swallow かまずに飲み込む
• **drink** water 水を飲む
• Is there anything to **drink**? 何か飲む物がありますか (❗不定詞 to drink (飲むための)は anything を修飾する)
• He **drinks** too much coffee. 彼はコーヒーを飲み過ぎる
• The baby **is drinking** milk now. 赤ちゃんは今ミルクを飲んでいる
会話 "What would you like to **drink**?" "Tea, please." 「何を飲みますか」「紅茶をお願いします」
❷ 自 酒を飲む
• My father does not **drink** much. 私の父はあまりお酒を飲みません
❸ 自他 〔…に〕乾杯する《*to*》
• Let's **drink to** your health. 君の健康を祈って乾杯しよう
❹ 他 (水分などを)吸収する

drink away (金を)酒を飲んで使い果たす; (時間などを)酒を飲んで過ごす; (悩みなどを)酒でまぎらす
drink down 一気に飲みほす
drink up 飲みほす
• He **drank up** a glass of orange juice at one gulp. 彼はコップ1杯のオレンジジュースをひと息で飲みほした

— 名 (複 **drinks** /dríŋks/)
❶ UC 飲みもの
• hot [cold] **drinks** 温かい[冷たい]飲みもの
• food and **drink**(s) 飲食物 (❗日本語と順序が逆なことに注意)
• soft **drinks** 清涼飲料 (❗アルコールの入った hard drinks に対してアルコールの入っていない飲みものを意味するが, ふつうはコーラなどの炭酸飲料をさすことが多い)
❷ C (水・酒などの)一飲み, 1杯
• have a **drink** of water 水を1杯飲む
• have a **drink** 1杯(酒・水などを)飲む
• Would you like a **drink**? 飲みものはいかがですか (❗「お酒を飲みますか」の意味にもなる)
❸ U 酒類, アルコール飲料
• He is fond of **drink**. 彼は酒が好きだ

drink·a·ble B2 /dríŋkəbl ドリンカブル/ 形 (水などが)飲める; (ワインなどが)おいしい

drink·er /dríŋkər ドリンカ/ 名 C 飲む人; 酒飲み

drink·ing 高 /dríŋkiŋ ドリンキング/ 動 drink の現在分詞・動名詞
— 名 U 飲むこと; 飲酒

drínking fòuntain 名 C (公園・駅・

学校などに備えつけられている)噴水式の水飲み器

drínking wàter 名U 飲料水, 飲み水

drip /dríp ドリプ/ 動 (三単現 **drips** /dríps/; 過去・過分 **dripped** /drípt/; 現分 **dripping**) 自 ぽたぽた落ちる, しずくが落ちる, したたる; 他 (しずくを)たらす; 自 あふれている ━名C しずく; U したたり, ぽたぽた落ちること[音]

dríp-drý 形 (シャツなどが)洗濯後にしぼりやアイロンが不要な, ノーアイロンの

drip·ping /drípiŋ ドリピング/ 名 《**drip-pings**》《米》(焼き肉・焼き魚から出る)肉汁, 脂肪 (!《英》では dripping で使う)

━形 しずくのたれる, びしょぬれの

━副 しずくのたれるほど

drive A1 高

/dráiv ドライヴ/

意味マップ

名 ❶ドライブ; 道のり
❷車道
❸《球技》強打
❹《コンピュータ》ドライブ
❺運動
❻活力; 衝動

動 ❶運転する
❷(人を)車に乗せて行く
❸(行動・状態に)追いやる
❹追いたてる
❺(機械などを)動かす
❻強く打つ

━名 (複 **drives** /dráivz/)

❶C ドライブ, (車に)乗って行くこと; 遠乗り, (車で行く)道のり, 距離

- He often takes me for a **drive**. 彼は私をよくドライブに連れて行ってくれる
- Let's **go for a drive** tomorrow. あしたドライブに行こうよ
- It is a short [ten-minute] **drive** to the park. 公園までは車ですぐ[10分]です (!It はばく然と「距離」を表す)

❷C (公道から家・ガレージまで車を乗り入れる)私有車道 (=driveway); (公園・森林内の)車道; (景色のよい所を走る)ドライブ道路

❸UC 《球技》強打, ドライブ

❹C 《コンピュータ》ドライブ

- a hard disk **drive** ハードディスク・ドライブ

❺C (ある目的のための)運動

❻U 活力, 意欲; C 衝動

━動 (三単現 **drives** /dráivz/; 過去 **drove** /dróuv/; 過分 **driven** /drívən/; 現分 **driving**) ❶他自 (車を)運転する; ドライブする

- My father **drives** a very old car. 私の父は非常に古い自動車に乗っている
- Can you **drive**? 君は車を運転できますか
- He **drove** slowly up the hill. 彼は車でゆっくりと丘を登って行った
- We **drove to** grandmother's for a visit. 私たちはおばあさんの家を車で訪問した

参考› 運転・操縦する
drive a car [bus, truck] 車[バス, トラック]を運転する
drive a train 列車を運転する
ride a bike [bicycle] 自転車に乗る
ride a motorbike オートバイに乗る
fly [**pilot**] an airplane 飛行機を操縦する
steer [**pilot**] a ship 船を操縦する

❷他 (人を)車に乗せて行く

- **drive** you home 君を車で家まで送る (!home は副詞で「家へ」; ×*to* home としない)
- Could you **drive** me **to** the station? 駅まで(車に)乗せていってくれませんか

❸他 (人を)〔ある行動・状態などに〕追いや

A B C D E F G H I J K L M N O P Q R S T U V W X Y Z

る, 駆り立てる《to, into》

- **drive** him **to** despair 彼を絶望に追いやる

文型 [**drive A C**] A(人)をC(好ましくない状態)に追いやる

- This noise is **driving** me crazy. この騒音のせいでおかしくなりそうだ

文型 [**drive A to** *do*] A(人)を駆り立てて…させる, Aに…することを余儀なくさせる

- Poverty **drove** him **to** *steal*. 貧乏のせいで彼は盗みを働くようになった

❹ 他 追いたてる, 追う; 押し流す

- The clouds were **driven away** by the wind. 雲は風に吹き払われた

❺ 他 (動力が, 機械などを)動かす

- This ship is **driven** by nuclear power. この船は原子力で動いている

❻ 他 (くぎ・くいなどを)強く打つ, 打ち込む; 《球技》(ボールを)強打する; 《ゴルフ》ドライバーで打つ

be driving at ... 《口語》…を言おうとしている, …を意図している

drive away 追い払う; 離れさせる

drive off 追い払う

drive up 車でやってくる

drive-in /dráivìn ドライヴィン/ 名 C ドライブイン《◆車で乗り入れて, 乗ったまま利用できる映画館・食堂・銀行など》; 《形容詞的》ドライブイン式の

driv·el /drívəl ドリヴェル/ 名 U 動 自 ばかげた話[たわごと](を言う)

driv·en /drívən ドリヴン/ 動 drive の過去分詞

driv·er A1 中

/dráivər ドライヴァ/

名 (複 **drivers** /dráivərz/) C

❶ (車の)運転手, ドライバー; 運転する人; (馬車の)御者(ぎょしゃ)

- a taxi [bus] **driver** タクシー[バス]の運転手

❷ 《コンピュータ》ドライバ《◆コンピュータの周辺機器を動かすプログラム》

❸ 《ゴルフ》ドライバー《◆長打用のクラブ》

dríver's lìcense

A2 名 C 《米》

運転免許証 (=《英》 driving licence)

dríve-thròugh 形 ドライブスルーの, 車に乗ったまま利用できる

━ 名 C ドライブスルーのレストラン[銀行]

drive·way /dráivwèi ドライヴウェイ/ 名 (複 **driveways** /dráivwèiz/) C 《米》(道路から家・ガレージまで車を乗り入れる)私有車道 (=drive)

driv·ing 高 /dráiviŋ ドライヴィング/ 動 drive の現在分詞・動名詞

━ 名 U (車などの)運転

━ 形 推進する; 運転用の; 猛烈な; 精力的な

- (a) **driving** force 推進力(となるもの・人)

dríving lìcence 名 C 《英》 運転免許証 (=《米》 driver's license)

dríving schòol 名 C 自動車教習所

driz·zle /drízl ドリズル/ 動 自 《ふつう it を主語にして》霧雨が降る

━ 名 U 霧雨, こぬか雨

droll /dróul ドロウル/ 形 (変なことをして)面白がらせる, ひょうきんな

drom·e·dar·y /drɑ́mədèri ドラメデリ/ 名 (複 **dromedaries** /drɑ́mədèriz/) C 《動物》ヒトコブラクダ ⇨**camel**

drone /dróun ドロウン/ 名 C U

❶ 《昆虫》(ミツバチの)雄バチ

❷ ブーンという音

❸ ドローン《◆遠隔操縦の無人飛行機》

━ 動 自 ブーンと音を立てる; 単調な声で話す《on》

drool /drú:l ドルール/ 動 自 よだれを垂らす; 《俗語》〔…を〕嬉しがる《over》

droop B2 /drú:p ドループ/ 動 自 他 たれる; しおれる

drop A1 中

/drɑ́p ドラプ|drɔ́p ドロプ/

意味マップ

動 ❶ 落とす; 落ちる
❷ 降ろす
❸ 倒れる

❹ 下がる; 下げる
❺ やめる
❻ 省く
❼ (短い手紙を)書き送る
名 ❶ しずく, したたり
❷ 落下; 低下, 減少
❸ あめ玉

— 動 (三単現 **drops** /drɑ́ps/; 過去・過分 **dropped** /drɑ́pt/; 現分 **dropping**)
❶ 他 落とす; 垂らす; 自 落ちる; したたる
• Don't **drop** that cup. そのカップを落とすな
❷ 他 (車などから, 人を)降ろす
• Please **drop** me (off) at the station. 駅で私を降ろしてください
❸ 自 倒れる
• He **dropped** into the chair. 彼はいすにドサッと腰をおろした
❹ 自 (値段・温度・勢いなどが)下がる, (急に)落ちる; 他 下げる
• The temperature suddenly **dropped**. 温度が急に下がった
• He **dropped** his voice. 彼は声を落とした[小さな声になった]
• Prices are **dropping**. 物価が下がってきている
❺ 他 (計画などを)やめる; (悪習などを)断つ; (人と)関係を断つ
❻ 他 (文字・音などを)〔…から〕省く, 落とす; (人を)除く《*from*》
• He was **dropped from** the club. 彼はクラブから除名された
❼ 他 (短い手紙を)書き送る, 出す; 文型 [**drop A a line** [**note**]] A(人)に(短い手紙などを)書き送る
• Please **drop** me **a line** when you get there. あちらに着いたら手紙をください

drop behind ... …に遅れる
drop by ちょっと立ち寄る
drop dead ばったり倒れて死ぬ, 急死する
drop in ちょっと立ち寄る
• Please **drop in on** us when you come this way. = Please **drop in at** our house when you come this way. こちらにおいでの際はぜひお立ちよりください
drop off (数・量などが)減る, 衰える; うとうと眠る; (乗り物から)降ろす
drop out (***of ...***) (…から)脱落する, 離れ去る; (…を)中退する, 退学する ⇨**dropout**

— 名 (複 **drops** /drɑ́ps/) C
❶ しずく, したたり
• a **drop** of water 1滴の水, 水滴
❷ 落下; (急激な)下落, 低下, 減少
❸ あめ玉, ドロップ

drop·out B2 /drɑ́pàut ドラパウト/ 名 C (学校の)中途退学者; 落後者

drop·pings /drɑ́piŋz ドラピングズ/ 名《複数扱い》(動物・鳥の)糞(ふん)

drought B2 /dráut ドラウト/ (×ドラフト, ×ドロート) 名 U C ひでり, かんばつ

drove /dróuv ドロウヴ/ 動 drive の過去形

drown B1 /dráun ドラウン/ (×ドロウン) 動 (三単現 **drowns** /dráunz/; 過去・過分 **drowned** /dráund/; 現分 **drowning**)
❶ 自 おぼれ死ぬ, 溺死(できし)する
• A **drowning** man will catch at a straw. 《ことわざ》おぼれる者はわらをもつかむ
❷ 他 溺死(できし)させる; おぼれさせる; 《**be drowned**》おぼれる, おぼれ死ぬ
❸ 他 ずぶぬれにする
❹ 他 (他の音を)かき消す《*out*》, (騒音などが)聞こえなくする

drown·ing /dráuniŋ ドラウニング/ 名 U C おぼれ死ぬこと, 水死

drow·si·ly /dráuzəli ドラウズィリ/ 副 眠そうに

drow·sy /dráuzi ドラウズィ/ 形 (比較級 **drowsier**; 最上級 **drowsiest**) (うとうと)眠い; 眠気を誘う, 眠くなるような

drudge /drʌ́dʒ ドラヂ/ 動 自 (単調でつらくても)〔仕事を〕こつこつする《*at*》
— 名 C こつこつ働く人

drudg·er·y /drʌ́dʒəri ドラヂェリ/ 名 U たいくつで骨の折れる仕事

a b c **d** e f g h i j k l m n o p q r s t u v w x y z

drug A2 高
/drʌ́g ドラグ/ 名 (複 **drugs** /drʌ́gz/) C
❶ 麻薬, ヤク; (ドーピングなどの)薬物; 《比ゆ的に》くせになるもの
- illegal **drugs** 不法薬物
- use [take] **drugs** 麻薬を使用する
- be on **drugs** 麻薬中毒である; 麻薬を常用している

❷ 薬, 薬剤 (❗medicine の方がふつう)
- an AIDS **drug** エイズ治療薬

— 動 (三単現 **drugs** /drʌ́gz/; 過去・過分 **drugged** /drʌ́gd/; 現分 **drugging**) 他 (飲食物に)薬物[麻薬, 毒薬]を入れる, (人に)麻酔薬を与える

drúg àddict 名 C 麻薬中毒者

drug·gist /drʌ́gist ドラギスト/ 名 C 《米》
❶ 薬剤師 (=《英》chemist)
❷ ドラッグストア (drugstore) の経営者, 薬局の主人

drug·store A2
/drʌ́gstɔ̀ːr ドラグストー/
名 (複 **drugstores** /drʌ́gstɔ̀ːrz/) C 《米》
ドラッグストア, 薬局
日英比較 drugstore は, 薬だけでなく, 化粧品, 日用雑貨品, 新聞・雑誌類などを売り, 軽い飲食ができる所もある

drum A1 中
/drʌ́m ドラム/ 名 (複 **drums** /drʌ́mz/) C
太鼓(たいこ), ドラム
- **beat** a **drum** 太鼓をたたく
- **play** a [the] **drum** ドラムを演奏する

— 動 (三単現 **drums** /drʌ́mz/; 過去・過分 **drummed** /drʌ́md/; 現分 **drumming**)
❶ 自 他 太鼓[ドラム]をたたく; ドラムを演奏する; トントン[ドンドン]たたく ❷ 他 《口語》(思想などを)〔人・頭に〕たたき込む 《*into*》

drum ... up (取引・支持などを)獲得しようと努力する

drum·mer /drʌ́mər ドラマ/ 名 C (軍楽隊などの)鼓手(こしゅ); (バンドの)ドラマー, ドラム奏者

drum·stick /drʌ́mstìk ドラムスティク/ 名 C ❶ 太鼓[ドラム]のばち
❷ 《口語》(料理した)ニワトリ[七面鳥など]の足 (❗ももより下の部分; 太鼓のばちの形をしている)

drunk B1 /drʌ́ŋk ドランク/ 形 (比較級 **drunker**; 最上級 **drunkest**)
(酒に)酔った
- get **drunk** 酒に酔う
- **drunk** driving 飲酒運転

— 動 drinkの過去分詞
— 名 C 酔っぱらい

drunk·ard /drʌ́ŋkərd ドランカド/ 名 C 大酒飲み, 飲んだくれ

drunk·en /drʌ́ŋkən ドランクン/ 形 酒に酔った, 酔っぱらった; 酔ったうえの (❗名詞の前に用いる; 現在では drunken より drunk を使う人が多い)
drúnkenly 副 酔っぱらって

dry A1 高
/drái ドライ/

意味マップ
形 ❶ 乾いた, 乾燥した
❷ 日照り(続き)の
❸ (口が)かわいた
❹ (冗談が)さりげない
❺ 辛口の
❻ 無味乾燥な
動 乾く; 乾かす

— 形 (比較級 **drier**; 最上級 **driest**)
❶ (物・塗料などが)乾いた, 乾燥した (↔ **wet**, **damp**); 水のかれた, 水気のない
- **dry** land 乾燥した土地
- Watch out! The paint is not **dry** yet. 気をつけて! ペンキがまだ乾いていませんよ

❷ 雨の降らない, 日照り(続き)の (↔ **rainy**)
- the **dry** season and the **rainy** season 乾季と雨季

❸ (口が)かわいた, (唇などが)乾燥した, (髪が)ぱさぱさの
- feel **dry** のどがかわく
- **dry** lips 乾いた唇

❹ (冗談などが)さりげない

❺ 辛口の (↔**sweet**)
❻ 無味乾燥な, おもしろくない
• a **dry** subject たいくつな話題
—動 (三単現 **dries** /dráiz/; 過去·過分 **dried** /dráid/; 現分 **drying**) 自 乾く; 他 乾かす; (ぬれたものを)ふく
• The washing **dries** quickly on a sunny day like this. こんな晴天の日には洗たくものは早く乾く
• **dry** your hair gently やさしく髪を乾かしなさい
dry out すっかり乾かす; すっかり乾く; 禁酒する
• I hung up the towel until it **dried out**. すっかり乾くまでタオルを干しておいた
dry oneself 体を乾かす; 体をふく
dry up すっかり乾く, 干上がる; すっかり乾かす, 干上がらせる; (資金が)底をつく

drý bàttery 名C 乾電池
drý cèll 名C 乾電池
drý-cléan 動他 ドライクリーニングする
drý cléaner 名C ドライクリーニング業者
drý cléaning 名U ドライクリーニング
drý dòck 名C 乾ドック《♦排水をしてから船の修理をするドック》
dry·er /dráiər ドライア/ 名C 乾燥器; ヘアドライヤー (❗drier ともつづる)
drý gòods 名《複数扱い》《英》(冷凍保存の必要ない)乾物; 《米》織物(類)
drý íce 名U ドライアイス
dry·ly /dráili ドライリ/ 副 まじめくさって, 冷淡に
DTP /dí:tì:pí: ディーティーピー/ 《略》desktop publishing デスクトップパブリッシング
du·al /djú:əl デューアル/ 形 二重の, 2つの部分[2人, 2個]から成る (❗名詞の前に用いる)
dub /dʌ́b ダブ/ 動 (三単現 **dubs** /dʌ́bz/; 過去·過分 **dubbed** /dʌ́bd/; 現分 **dubbing**) 他 ❶〔ほかのことばに〕(映画やテレビの)会話を吹き替える《*into*》; ダビング[再録音]する ❷ 文型 [**dub A C**] AをCと名づける, AにCというあだ名をつける

Du·bai /dù:bái ドゥーバイ/ 名 ドバイ《♦アラブ首長国連邦にある首長国, またその首都》
dub·bing /dʌ́biŋ ダビング/ 名C 合成録音, ダビング; U 吹き替え
du·bi·ous /djú:biəs デュービアス/ 形 疑わしい; 信頼できない, いかがわしい; 〔…について〕疑問をもっている《*about, of*》
Dub·lin /dʌ́blin ダブリン/ 名 ダブリン《♦アイルランド共和国の首都》
duch·ess /dʌ́tʃəs ダチェス/ 名C 《しばしば **Duchess**》公爵夫人; 女公爵

duck[1] A2

/dʌ́k ダク/ 名 (複 **ducks** /dʌ́ks/) C 《鳥》カモ, アヒル ⇨**quack**[1]; U カモ[アヒル]の肉
• a wild **duck** カモ
• a domestic **duck** アヒル

duck[2] /dʌ́k ダク/ 動 自 他 (頭を)ひょいと下げる; ひょいと水にもぐる; (危険・責任などを)かわす
duck·ling /dʌ́kliŋ ダクリング/ 名C アヒルの子
duct /dʌ́kt ダクト/ 名C ❶ 輸送管, 送水管, (建物などの)通風管, ダクト; (地下の)電線管 ❷《解剖》導管; 《植物》脈管
dud /dʌ́d ダド/ 名UC 《口語》役立たずの人[物]
—形《口語》役立たずの
dude B1 /djú:d デュード/ 名 (複 **dudes** /djú:dz デューヅ/) C やつ, 男; 《米》《口語》しゃれ男, 気取り屋
dúde rànch 名C 《米》観光牧場

due A1 高

/djú: デュー/ (発音 dew と同音) 形
❶ 到着のはずで; 〔…する; …の〕予定で《*to do; for*》
• The train was **due** at six. 列車は6時到着のはずだった
• The meeting **is due to** start at 9:30. 会議は午前9時半に始まる予定だ

❷当然支払われるべき; 提出期限になって
- the **due** date 支払い期日
- When is the homework **due**? 宿題の提出期限はいつですか?

❸(敬意・名誉などが)〔…に〕当然与えられるべき《*to*》; 正当な, 当然の, 適当な

due to ... …が原因で, …による, …のためで[に] (❗be動詞の補語としても, 副詞句としても使う)
- The accident was **due to** his carelessness. 事故は彼の不注意のせいだった
- The game was put off **due to** the rain. 試合は雨のため延期された (=The game was put off **because of** the rain.)

in due course [***time***] やがて, 適当な時期に

一 副 正確に, 真(ま)…に
- The wind is **due** south. 風は真南に向いている

一 名 (複 **dues** /djúːz/) ❶《単数形で》当然支払われる[受ける]べきもの
❷《**dues**》料金; 会費; 税金

du·el B2 /djúːəl デューエル/ 名 C 決闘; 一対一の競争, 闘争
一 動 (三単現 **duels** /djúːəlz/; 過去·過分 **dueled**, 《英》 **duelled** /djúːəld/; 現分 **dueling**, 《英》 **duelling**) 自 〔…と〕決闘する; 争う《*with*》

du·et /djuːét デューエト/ (×デュエト) 名 C 二重唱(曲), 二重奏(曲)

dúffel còat 名 C ダッフルコート

dug /dʌ́g ダグ/ 動 digの過去形·過去分詞

du·gong /dúːgɑŋ ドゥーガング/ 名 C 《動物》ジュゴン

dug·out /dʌ́gàut ダガウト/ 名 C
❶防空壕(ごう) ❷《野球》ダグアウト
❸丸木舟

duke /djúːk デューク/ 名 C 公爵(こうしゃく) 《♦英国で最高位の貴族》

dull B1 /dʌ́l ダル/ 形 (比較級 **duller**; 最上級 **dullest**) ❶退屈な, おもしろくない (↔**interesting**); 活気のない
- a **dull** book 退屈な本
- The party last night was **dull**. 昨夜のパーティーは退屈だった

❷(色·音などが)くすんだ, はっきりしない; (空などが)どんよりした
- a **dull** sound 鈍い音

❸切れ味の鈍い; (痛みなどが)鈍い (↔**sharp**)
- a **dull** pain 鈍い痛み, 鈍痛

❹頭の鈍い (↔**bright**); 鈍感な
- All work and no play makes Jack a **dull** boy. 《ことわざ》勉強ばかりして遊ばなければジャックはばかな子どもになる《♦「よく学びよく遊べ」にあたる》

一 動 他 鈍くする, やわらげる; 自 鈍くなる

dull·ness /dʌ́lnəs ダルネス/ 名 U 鈍さ, 鈍感; 退屈; 不活発

du·ly /djúːli デューリ/ 副 《文章》 ❶正しく, 適切に, ふさわしく; 十分に ❷時間どおりに, 期日を守って

dumb B2 /dʌ́m ダム/ 形 (比較級 **dumber**; 最上級 **dumbest**)
❶口のきけない (=speechless)

関連語› 単語力
deaf 耳の聞こえない
blind 目の見えない
mute (耳が聞こえないため)口のきけない

❷《米》《口語》ばかな, 愚かな, うすのろの
❸ものも言えないほどの; 無口な

dumb·bell /dʌ́mbèl ダンベル/ 名 C 《ふつう **dumbbells**》ダンベル

dumb·found·ed /dʌ̀mfáundəd ダムファウンデド/ 形 〔…に〕ものも言えないほど驚いた《*at, by*》

Dum·bo /dʌ́mbou ダンボウ/ 名 ダンボ《♦ディズニーのアニメーション映画の主人公で, 空を飛べる子象》

dum·my /dʌ́mi ダミ/ 名 (複 **dummies** /dʌ́miz/) C 模造品; マネキン人形; 《口語》ばか者; 傀儡(かいらい)

dump B1 /dʌ́mp ダンプ/ 動 (三単現 **dumps** /dʌ́mps/; 過去·過分 **dumped** /dʌ́mpt/; 現分 **dumping**) ❶他自 (ごみなどを)まとめて(投げ)捨てる, ドサッと落とす ❷他 《口語》(人を)やっ

かい払いする, 捨てる ❸ 他自 ダンピング[投げ売り]する

— 名 (複 **dumps** /dʌ́mps/) C ごみ捨て場

dúmp·er trùck /dʌ́mpər ダンパ/ 名 《英》(=dump truck)

dump·ing /dʌ́mpiŋ ダンピング/ 名 U ❶ (ごみの)投げ捨て ❷《商業》ダンピング, 投げ売り

dump·ling /dʌ́mpliŋ ダンプリング/ 名 C (スープなどに入れる)ゆでだんご

Dump·ster /dʌ́mpstər ダンプスタ/ 名 《米》《商標》ダンプスター《◆金属製の大型ごみ容器》

dúmp trùck 名 C 《米》ダンプカー (=《英》dumper truck) (×dump car とはいわない)

dump·y /dʌ́mpi ダンピ/ 形 (比較級 **dumpier**; 最上級 **dumpiest**) 《口語》ずんぐりした

dunce /dʌ́ns ダンス/ 名 C のろまな人, 物覚えの悪い人

dune /djúːn デューン/ 名 C 砂丘

dung /dʌ́ŋ ダング/ 名 U (牛・馬などの)糞(ふん); (糞の)肥やし

dun·geon /dʌ́ndʒən ダンヂョン/ 名 C (大昔の城内の)土牢(つちろう), 地下牢

dunk /dʌ́ŋk ダンク/ 動 他 《口語》❶ (パンなどを)飲み物にひたして食べる ❷《バスケットボール》ダンクシュートする

dúnk shòt 名 C 《バスケットボール》ダンクシュート ⇨**dunk** ❷

du·o /djúːou デューオウ/ 名 (複 **duos** /djúːouz/) C ❶ 二重奏者, 二重唱者 ❷ 2人組の芸人, コンビ

dupe /djúːp デュープ/ 名 C だまされやすい人, お人好し, 「かも」

— 動 他 だます

du·plex /djúːpleks デュープレクス/ 名 C 《米》❶ 重層式アパート《◆1世帯につき上下2階に部屋がある; duplex apartment ともいう》❷ 2世帯用住宅 (=《英》semi-detached house)

du·pli·cate B2 /djúːplәkәt デュープリケト/ (×デュプリケート) 名 C 写し, 控え; 複製

— 形 複製の

— /djúːplәkèit デュープリケイト/ (発音 名・形 との違いに注意) 動 他 複製する, 複写する

du·pli·ca·tion B2 /djùːplәkéiʃәn デュープリケイション/ 名 U 複製, 複写; C 複製物, 複写物

du·plic·i·ty /djuːplísәti デュープリスィティ/ 名 U 言動に裏表があること, 二枚舌, 不誠実

du·ra·bil·i·ty /djùәrәbílәti デュアラビリティ/ 名 U 持続[耐久]性

du·ra·ble /djúәrәbl デュアラブル/ 形 永続する, 長持ちする, 持ちのよい, 耐久性のある, じょうぶな

du·ra·tion /djuәréiʃәn デュアレイション/ 名 U 継続[持続]期間

du·ress /djurés デュレス/ 名 U 《文章》強制; 強迫; 監禁

under duress 強制[強迫]されて

du·ri·an /djúriәn デュリアン/ 名 C 《植物》ドリアン《◆東南アジア産のキワタ科の高木; 果実は強烈な香りがする》

dur·ing A2 中

/djúәriŋ デュアリング/

共通イメージ 一定期間

❷ …じゅうずっと

There is no school during August.

▼ ある期間中に一度または連続的に(何度も)

❶ …の間(のいつか)に

I went to sleep during the class.

a b c **d** e f g h i j k l m n o p q r s t u v w x y z

━ 前 ❶ …の間(のいつか)に, …の期間中に連続的に[何度も], …の途中で
- **during** my stay 私の滞在中に (=while I am [was] staying)
- **during** the day [the night] 日中[夜間]に (❗during の代わりに in を使っても意味は変わらない)
- I went to sleep **during** the class.
  私は授業中に寝てしまった
- I would like to see you **sometime during** this week.
  今週のいつかあなたにお会いしたいのですが (❗「…じゅうずっと」と区別するためにこのように sometime during ... とすることもある)
- Several records were broken **during the course of** the games.
  試合中いくつかの記録が破られた

❷ …じゅうずっと; …の間じゅう (= throughout)
- **during** the summer その夏じゅうずっと (❗during+時間的要素をふくむ名詞)
- **during** all that time その間じゅう
- There is no school **during** August.
  8月は授業がない (❗この場合は during の代わりに in を使っても意味は変わらないが, during のほうが in に比べて「…の間じゅうずっと」という継続の意味が強くなる)
- Ice covers the lake **during** (the) winter. 冬の間じゅう氷がその湖をおおいます

どっち
during と for
during は「ある特定の時期・期間」について使い, When ...? の疑問文に対する答えで使う:
"**When** did you meet him?" "**During** last summer."「いつ彼に会いましたか」「去年の夏です」
for は「期間の長さ」について使い, How long ...? の疑問文に答えるときに使う:
"**How long** did you study in America?" "**For** two years."「どのくらい(の期間)アメリカに留学しましたか」「2年間です」

dusk /dʌ́sk ダスク/ 名 U 薄暗がり; 夕やみ, 夕暮れ(時), たそがれ

dusk·y /dʌ́ski ダスキ/ 形 (比較級 **duskier**; 最上級 **duskiest**) 《文章》
❶ 夕やみの; 薄暗い
❷ (肌の色が)浅黒い

dust A2

/dʌ́st ダスト/ 名
❶ U ちり, ごみ, ほこり
- The table is covered with **dust**.
  テーブルにはほこりがいっぱいたまっている (×*a* dust, ×dust*s* としない)
- I wiped the **dust** off my desk.
  机のほこりをはらった

❷ U 粉, 粉末状のもの
❸ U (埋葬する場所としての)土

bite the dust 《口語》死ぬ, 倒れる; だめになる

━ 動 (三単現 **dusts** /dʌ́sts ダスツ/; 過去・過分 **dusted** /dʌ́stəd/; 現分 **dusting**)
❶ 他自 ちりを払う, ほこりを取る, はたきをかける
❷ 他 ふりまく, ふりかける; 文型 [**dust A with B**] AにB(砂糖など)をふりかける

派生 **dusty** 形

dust·bin B1 /dʌ́stbìn ダストビン/ 名 (複 **dustbins** /dʌ́stbìnz/) C 《英》
(大型の)ごみ缶, くず[ごみ]入れ (=《米》garbage can)

dust·cart /dʌ́stkɑ̀ːrt ダストカート/ 名 C 《英》ごみ収集車 (=《米》garbage truck)

dust·er /dʌ́stər ダスタ/ 名 C
❶ はたき; ぞうきん, からぶき用の布
❷ 《米》ダスターコート; うわっぱり
❸ 《英》黒板ふき (=《米》eraser)

dúst jàcket 名 C (本の)カバー (= jacket)

dust·pan /dʌ́stpæ̀n ダストパン/ 名 C ちり取り, ごみ取り

dust·y B1 /dʌ́sti ダスティ/ 形 (比較級 **dustier**; 最上級 **dustiest**)
ほこりだらけの; ほこりのような, 粉末の; くすんだ, 灰色がかった

派生 **dust** 名

Dutch /dʌtʃ ダチ/ 形 オランダの; オランダ人[語]の ⇨**Netherlands**

go Dutch (費用を)割り勘にする (❗めいめいが自分の分を払う)

ー名 ❶U オランダ語

❷《the Dutch》《複数扱い》オランダ人(全体)

Dutch·man /dʌ́tʃmən ダチマン/ 名 (複 **Dutchmen** /dʌ́tʃmən/) C オランダ人

du·ti·ful /djúːtifəl デューティフル/ 形 義務を守る, (義務に)忠実な; 孝行な

dútifully 副 忠実に; 従順に

du·ty B1 高 /djúːti デューティ/ 名 (複 **duties** /djúːtiz/) UC

❶(法律上・道義上の)**義務**; **義理**

• It's our **duty** to obey the laws. 法律に従うのはわれわれの義務だ

❷《ふつう **duties**》**職務**, **任務**, (なすべき)**仕事**, **務め**

❸《しばしば **duties**》**関税**, **税**

• customs **duties** 関税

do duty for ... 《英》…の代用になる

off duty 勤務時間外で[の], 非番で[の]

on duty 当番で, 勤務(時間)中で[の]

dúty-frée B1 形副 免税の[で]

DVD A1 中

/díːvìːdíː ディーヴィーディー/

名 (複 **DVDs** /díːvìːdíːz/) C

ディーブイディー (❗digital video [versatile] disk の略)

dwarf B2 /dwɔ́ːrf ドウォーフ/ 名 (複 **dwarfs** /dwɔ́ːrfs/, **dwarves** /dwɔ́ːrvz/) C

(おとぎ話に出てくる)**小びと**, **一寸法師** (↔**giant**); **矮小**(わいしょう)**動物**[**植物**]

ー形 矮小な (❗名詞の前に用いる)

ー動他 矮小にする

dwell /dwél ドウェル/ 動自 住む (=live) (❗日常語としては live を使う)

dwell on [*upon*] ... …をいつまでも[くよくよ]考える; …を長々と書く[述べる]

dwell·er /dwélər ドウェラ/ 名C 住む人, 居住者

dwell·ing /dwéliŋ ドウェリング/ 名C 住居, 住みか; U 居住

dwélling hòuse 名C (店・事務所に対して)住宅

dwelt /dwélt ドウェルト/ 動 dwellの過去形・過去分詞

dwin·dle /dwíndl ドウィンドル/ 動自 だんだん小さく[少なく]なる

dye B2 /dái ダイ/ (発音 die と同音) 名UC 染料

ー動他自 (髪・布などを)**染める**; **染まる**;

文型 [**dye A C**] AをCに染める (❗Cは色の形容詞)

覚えよう》 単語力

活用形に注意

dye (染める)－ dyed － dyeing

die (死ぬ)－ died － dying

dy·ing 高 /dáiiŋ ダイイング/ 動 die[1] の現在分詞・動名詞

ー形 **死にかかっている**, **瀕死**(ひんし)**の**, **臨終の**; **滅びかけている**; **終わりが近づいた**

dy·nam·ic B2 /dainǽmik ダイナミク/ 形 **活動的な**, **エネルギッシュな**

dy·nam·ics /dainǽmiks ダイナミクス/ 名

❶《単数扱い》《物理》**力学**, **動力学**

❷《複数扱い》(行動などの)**原動力**, (組織などの)**力学的な原理**

dy·na·mite /dáinəmàit ダイナマイト/ 名 U **ダイナマイト**; **危険な人**[**もの**]; **驚嘆させる人**[**もの**]

ー動他 ダイナマイトで破壊する

dy·na·mo /dáinəmòu ダイナモウ/ 名 (複 **dynamos** /dáinəmòuz/) C 《機械》**発電機**, **ダイナモ**

dy·nas·ty B1 /dáinəsti ダイナスティ | dínəsti ディナスティ/ 名 (複 **dynasties** /dáinəstiz/) C

王朝, **王家**; **王朝時代**; 《口語》**支配的一族**

dys·en·ter·y /dísəntèri ディセンテリ/ 名 U 《医学》**赤痢**(せきり)

dz. 《略》dozen(s) ダース

E e *E e*

E, e /íː イー/ 名 (複 **E's, e's** /íːz/)
❶ U C 英語アルファベットの第5番目の文字 ❷ U 《音楽》ホ音, ホ調

E, E. 《略》east 東; eastern 東の; English 英語

e- 《他の語と結びついて》「電子」「インターネット」

each A1 中

/íːtʃ イーチ/ 形 それぞれの, おのおのの, めいめいの, 各… (❗あるグループの中の一つ一つを個別にさしていうことば)

- **each** pupil それぞれの生徒 (❗each+数えられる名詞の単数形は単数扱いが原則)
- **each** member of the team チームの各メンバー
- A mother loves **every** one of her children, but she loves **each** in a different way. 母親は子どもたちはどの子もみな愛しているが, 一人一人をそれぞれの愛し方で愛している
- **Each** one of them has his [her, his or her, their] own bicycle. 彼らはそれぞれ自分の自転車を持っている (❗each を受ける語は, 構成メンバーが男女の場合は his or her を用い, くだけた言い方では their を用いる)

each time いつも, そのたびに; …するたびに, …すれば必ず

- **Each time** I see him, he gives me a present. 彼は私に会うたびにプレゼントをくれる

— 代 それぞれ, めいめい, おのおの

- **Each of** the boys has his own guitar. 少年たちはそれぞれ自分のギターを持っている (❗each+of+the+名詞の複数形)
- We **each** have [**Each** of us has] our own opinion. 私たちはそれぞれ自分の意見を持っている
- **Each** of them bought two PCs. 彼らはそれぞれ2台ずつパソコンを買った

注意› 「どちらも買っていない」という場合は ×Each of them didn't buy a PC. ではなく **Neither** [**None**] of them bought a PC. のようにいう

each other A1 おたがい(を[に]) (= one another)

- He loves her and she loves him. They love **each other**. 彼は彼女を愛し彼女は彼を愛している. 彼らはおたがいに愛し合っている
- Though they were enemies, they respected **each other**. 彼らは敵同士であったが, おたがいを尊敬していた
- Please shake hands with **each other**. おたがいに握手してください (❗each other は副詞句ではなく, 代名詞として使い, 動詞や前置詞の目的語になる: I shook hands with him. (私は彼と握手した)の him も代名詞)
- Mary and Ann borrowed **each other's** clothes. メアリーとアンはたがいの服を貸しあった

— 副 1個につき, 1人につき, それぞれ

- These books are 600 yen **each**. これらの本は1冊600円です (=Each of these books is 600 yen.)

ea·ger B1 高

/íːɡər イーガ/ 形 (比較級 **more eager**; 最上級 **most eager**)
❶ 文型 [**be eager to** *do*] しきりに…したいと思う, …したくてたまらない; 文型 [**be eager for A**] A を熱望している, Aがほしくてたまらない

- Mari **is eager to** see you. マリがあなたにとても会いたがってるわよ
- **I'm eager for** the rain to stop. 雨がやんでほしいなあ

❷ 熱心な, 熱い, 真剣な

- an **eager** look 熱心なまなざし

ea·ger·ly B2 /íːgərli イーガリ/ 副 熱心に, しきりに

ea·ger·ness B1 /íːgərnəs イーガネス/ 名 UC 意欲, 熱意, 切望

have a great eagerness for ... [*to do*] …を[…することを]熱望している

with eagerness 熱心に, 意気込んで

ea·gle B2 /íːgl イーグル/ 名 C

❶《鳥》ワシ

文化▶ ワシはつばさを広げて空を舞うその堂々たる姿から「鳥の王」(the king of the birds) と呼ばれ, 「王者の権威, 権力, 誇り, 高貴さ」などを表し, 米国の国章やヨーロッパの紋章に描かれてきた

❷《ゴルフ》イーグル《◆パー (par) より2つ少ない打数》

éagle-èyed 形 観察力の鋭い

ear[1] A1 中

/íər イア/ (×イヤー) 名 (複 **ears** /íərz/)

❶ C 耳

• *one's* left **ear** 左の耳

• He whispered something **in** her **ear**. 彼は何か彼女の耳にささやいた

❷ UC (敏感に聞き分ける)耳, 聴覚, 音を聞き分ける能力

• She has a good [poor] **ear for** music. 彼女は音楽を聞く耳が肥えている [聞く能力がとぼしい] ⇨成句 **have an** [**no**] **ear for**

be all ears 《口語》全身を耳にする, 熱心に[じっと]聞く

by ear 暗譜で, 聞き覚えて

• **play** the guitar **by ear** 楽譜なしでギターを弾く

from ear to ear 口を大きく(左右に)開けて (←耳から耳まで)

give (*an*) ***ear to ...*** …に耳を傾ける

go in one ear and out the other 《口語》(言われたことが)頭の中を素通りする (←一方の耳から入ってもう一方の耳から出ていく)

have an [***no***] ***ear for ...*** 〔音楽など〕がわかる[わからない]

have [***keep***] ***an ear to the ground*** 情勢に気を配る, 世論の動きを読む

play it by ear 《口語》臨機応変にやる

prick up *one's* ***ears*** 聞き耳を立てる (❗動物が耳を立てるようすから)

tickle A's ears Aにお世辞を言う

to the ears ぎりぎりまで

turn a deaf ear to ... …を聞こうとしない, …に耳を貸さない

up to the [*one's*] ***ears*** のめり込んで, 没頭して

with all *one's* ***ears*** 耳をそばだてて(聞く)

with (***only***) ***half an ear*** 上の空で

ear[2] /íər イア/ 名 C (麦などの)穂, 実

ear·ache B1 /íərèik イアレイク/ 名 (複 **earaches** /íərèiks/) UC 耳の痛み, 耳痛(じつう)

ear·drum /íərdrʌ̀m イアドラム/ 名 C 《解剖》鼓膜(こまく); 中耳

earl /ə́ːrl アール/ 名 C (英国の)伯爵(はくしゃく) ⇨**count**[2]

ear·li·er /ə́ːrliər アーリア/ 副 形 early の比較級

earlier on もっと早くに, あらかじめ

ear·li·est /ə́ːrliəst アーリエスト/ 副 形 early の最上級

at the earliest (どんなに)早くても

ear·lobe /íərlòub イアロウブ/ 名 C 耳たぶ

ear·ly A1 中

/ə́ːrli アーリ/ (×イアリ, ×イーリ)

副 (比較級 **earlier**; 最上級 **earliest**)

(時間的・時期的に)早く; 早めに, 初期に (⇔**late**) (❗「速度が速く」は fast)

• She always gets up **early**. 彼女はいつも早起きです

• He got there **early** in the morning [in the early morning]. 彼は早朝にそこに着いた (❗後者の early は形)

• **early** on Sunday 日曜日の朝早く

• Some children come to school **early**; others come **late**. 学校に早く来

る子どもたちもいれば，遅く来る子どもたちもいる

• I came **earlier** than Ken. 私はケンよりも早く来た

early on 早い時期に

early or late 遅かれ早かれ

— 形（比較級 **earlier**; 最上級 **earliest**）

❶（時間や時期が）早い；初期の（↔**late**）（❗「速度が速い」は fast）

• They took **the earliest** train. 彼らは朝一番の電車に乗った

• You are **early**. 君は早い[早く来た]ね

• The eight o'clock bus was **early** today. きょうは8時のバスが(定刻より)早かった

• He came here in the **early** hours of the morning. 彼は今朝の早い時間にここに来た

❷ 昔の，(歴史的に)初期の

éarly bìrd 名 C 早起きの人；早く来た人（←早起きの鳥）

• The **early bird** catches the worm. 《ことわざ》早起きの鳥は虫を捕える（❗「早起きは三文(さんもん)の徳」に相当）

ear·mark /íərmɑ̀ːrk イアマーク/ 動 他（資金などを）〔…に〕あてる，取っておく《*for*》（❗しばしば受け身で用いる）

ear·muffs /íərmʌ̀fs イアマフス/ 名《複数扱い》(防寒・防音用の)耳あて

earn A2 高

/ɑ́ːrn アーン/ 動（三単現 **earns** /ɑ́ːrnz/; 過去・過分 **earned** /ɑ́ːrnd/; 現分 **earning**）

他 ❶（金を）（働いて）かせぐ，得る；（名声などを）手に入れる，（得るべきものを）もらう

• **earn** $7 an hour 1時間に7ドルかせぐ

• He **earns** money (by) delivering newspapers. 彼は新聞配達をして金をかせいでいる

• How much do you **earn** a month? ひと月にいくらかせぐの？

日英比較 宝くじやギャンブルなどで「(幸運にもお金を)もうける」というときは earn ではなく win を使う: win one million yen on the lottery 宝くじで百万円もうける

❷（利息などを）生じる；文型［**earn A B** = **earn B for A**］A(人)にB(利益など)をもたらす

earn a [*one's*] ***living*** 生計[暮らし]を立てる（❗earn の代わりに make も用いる）

ear·nest B1 /ɑ́ːrnəst アーネスト/ 形 まじめな，真剣な，本気の；熱心な

• an **earnest** person まじめな人

— 名《次の成句で》

in earnest 本格的に；まじめに，真剣に，本気で

ear·nest·ly /ɑ́ːrnəstli アーネストリ/ 副 まじめに，本気で

ear·nest·ness /ɑ́ːrnəstnəs アーネストネス/ 名 U まじめさ，熱心

earn·ings B2 /ɑ́ːrniŋz アーニングズ/ 名《複数扱い》所得

ear·phone /íərfòun イアフォウン/ 名 C イヤフォン；受話器

ear·plug /íərplʌ̀g イアプラグ/ 名 C《ふつう **earplugs**》耳栓

ear·ring A2

/íəriŋ イアリング/ 名（複 **earrings** /íəriŋz/）

C イヤリング（❗ふつう両耳につけるので複数形で使う）

• **wear** silver **earrings** 銀のイヤリングをしている

• pierced **earrings** 《米》ピアス

ear·shot /íərʃɑ̀t イアシャト/ 名 U 音[声]の聞こえる範囲

within [***out of***] ***earshot*** 聞こえる[聞こえない]所に

ear·split·ting /íərsplìtiŋ イアスプリティング/ 形 非常に騒がしい，耳をつんざくような

earth A2 中

/ɑ́ːrθ アース/ 名（複 **earths** /ɑ́ːrθs/）

❶ U《ふつう **the earth**》地球

• **The earth** is round. 地球は丸い

• We live **on the earth**. 私たちは地球に住んでいる

❷ U 土（=soil）

• cover the seeds with **earth** (まいた)

種に土をかぶせる (×*an* [*the*] earth, ×earths としない)
❸ U 大地, 地面 (=ground); (海に対し)陸
• fall **to** (the) **earth** 地面に落ちる
❹ C 《英》《電気》接地, アース (=《米》ground)
on earth 《疑問詞を強めて》いったいぜんたい; 《最上級の語を強めて》この世で, 世界一の; 世界中で
• **What on earth** is this? いったいぜんたいこれは何だ
— 動 (三単現 **earths** /ə́:rθs/; 過去・過分 **earthed** /ə́:rθt/; 現分 **earthing**) 他 《英》《電気》接地する (=《米》ground)

Éarth Dày 名 地球の日 (◆地球環境について考える日; 4月22日)

earth·en /ə́:rθən アースン/ 形 土製の, 陶製の

earth·en·ware /ə́:rθənwèər アースンウェア/ 形 土製の, 陶製の
— 名 U 《集合的》土器, 陶器

earth·ly /ə́:rθli アースリ/ 形
❶ 《否定・疑問の強調》まったく, 少しも
❷ 現世の (↔**heavenly**); 地上の

earth·quake A2 中

/ə́:rθkwèik アースクウェイク/
名 (複 **earthquakes** /ə́:rθkwèiks/) C
❶ 地震
• **We had** [**There was**] a strong [weak] **earthquake** last night. 昨晩強い[弱い]地震があった
❷ (社会や政治上の)激動

earth·worm /ə́:rθwə̀:rm アースワーム/ 名 C 《動物》ミミズ

earth·y /ə́:rθi アースィ/ 形 (比較級 **earthier**; 最上級 **earthiest**) ❶ 土の(ような) ❷ 粗野な, 低俗な; 率直な

ease B2 高 /í:z イーズ/ 名 U ❶ (難しくない)容易さ, たやすさ (↔**difficulty**) ⇨成句 **with ease** ❷ (心配や苦痛がなくて)楽なこと, 安楽さ; くつろぎ, 安心; (経済的)豊かさ, 裕福さ
• live **in ease** = live a life **of ease** 楽な[のんびりした]生活をする
at (*one's*) ***ease*** 楽にして, くつろいで, のんびりして; 安心して
ill at ease 不安な, 落ち着かない
with ease 容易に, たやすく (=easily)
— 動 ❶ 他 (苦痛・心配などを)やわらげる; 楽にする; 自 やわらぐ; 楽になる
❷ 他 そっと動かす
ease off = ***ease up*** ① (雨などが)弱まる ② のんびりやる, (仕事の)手をゆるめる; 〔人への〕態度をやわらげる 《*on*》
派生 **easy** 形

ea·sel /í:zl イーズル/ 名 C 画架(がか), イーゼル

eas·i·er /í:ziər イーズィア/ 形 easy の比較級

eas·i·est /í:ziəst イーズィエスト/ 形 easy の最上級

eas·i·ly A2 中

/í:zəli イーズィリ/ 副
❶ 楽々と, わけなく, やすやすと, 容易に (=with ease) (❗「楽な」は easy)
• We won the game **easily**. 私たちは楽々とその試合に勝った
❷ あきらかに, まちがいなく (❗比較級・最上級を強める); おそらく, たぶん (❗can, may などとともに使う)

east A2 中

/í:st イースト/ 名 U
❶ 《**the east**》東; 東方; 東部 (↔**west**)
日英比較 日本語では「東西南北」の語順だが, 英語では, north, south, east and west (北, 南, 東, 西)の順となる
• Some of the churches **in the east** of England are very old. イングランド東部にはいくつかとても古い教会がある
• The sun rises **in the east**. 太陽は東からのぼる (×from the east としない)
❷ 《**the East**》東洋; (米国の)東部
• the Far **East** 極東
• the Middle **East** 中東
— 形 東の, 東方の; 東部の; 東向きの; (風が)東からの

— 副 東へ[に]; 東方へ[に]
派生 eastern, easterly 形

Éast Énd 名 《the をつけて》 イーストエンド 《◆ロンドン東部の商工業地帯》

East·er /íːstər イースタ/ 名
復活祭, イースター (=Easter Sunday [Day]) 《◆キリストの復活を記念する祭; 春分以後の満月の次の日曜日で, 3月下旬か4月下旬になる》
• **Happy Easter**! イースターおめでとう

Éaster ègg 名 C イースターエッグ 《◆復活祭のプレゼントにする色をぬったゆで卵や卵に似せたチョコレートなど》

Éaster hólidays 名 復活祭の休暇, 春休み (= Easter vacation, Easter break) 《◆復活祭前後 1, 2 週間の休み》

east·er·ly /íːstərli イースタリ/ 形 東の; 東への, 東方への; (風が)東からの
— 副 東へ; 東方へ, 東向きで; (風が)東から
派生 east 名

east·ern B1 高 /íːstərn イースタン/ 形
❶ 東の, 東方の, 東向きの; (風が)東からの (↔**western**)
• A UFO appeared in the **eastern** sky. 東の空にユーフォーが現れた
❷ 《**Eastern**》 東洋の; (米国の)東部の
派生 east 名

Éastern Chúrch 名 《the をつけて》 《キリスト教》 東方教会, ギリシャ正教会 (=Greek (Orthodox) Church)

east·ern·er /íːstərnər イースタナ/ 名 C 《しばしば **Easterner**》 (特に米国の)東部地方の人

Éastern Hémisphere 名 《the をつけて》 東半球

Éastern Stándard Tìme 名 《米》 東部標準時

Éast Tímor 名 東ティモール ⇨**Timor-Leste**

east·ward B2 /íːstwərd イーストワド/ 副 東へ; 東の方へ, 東へ向かって
— 形 東の; 東の方の, 東へ向かう; 東向きの (↔**westward**)

east·wards /íːstwərdz イーストワヅ/ 副 (=eastward)

eas·y A1 中

/íːzi イーズィ/ 形 (比較級 **easier**; 最上級 **easiest**) ❶ やさしい, 簡単な (=simple) (↔**hard**, **difficult**, **uneasy**)
• The test was **easy for** me. そのテストはぼくにはやさしかった
• This problem is **easier than** that. この問題はそれよりやさしい
• What is **the easiest** way to learn English? 英語を学ぶ最もやさしい[簡単な]方法は何ですか
文型 [**it is easy** (**for A**) **to** *do*] (A にとって)…するのはやさしい
• **It is easy for** the cat **to** *climb* the tree, but it's **difficult** for me. ネコが木に登るのはわけない. ぼくには難しい (❗「ネコが…するのはわけない」を ×*The cat* is easy to ... としない)

文型 [**A is easy** (**for B**) **to** *do*] A は(B にとって)…するのがやさしい
• This book is **easy to** *read*. = **It is easy to** *read* this book. この本は読むのがやさしい[楽に読める]
❷ (心配・苦痛などがなくて)楽な, 気楽な; くつろいだ, のんびり[ゆったり]した
• lead [live] an **easy** life 楽な生活をする[のんびり暮らす]
• Please **make** yourself **easy** about it. そのことについてはご安心ください

I'm easy. 《英》《口語》 どちらでもいいですよ

— 副 (比較級 **easier**; 最上級 **easiest**) 《口語》 楽に, たやすく; 気楽に
• **Easy** come, **easy** go. 《ことわざ》 得やすい物は失いやすい, 悪銭(あくせん)身につかず

(←楽に来ると楽に去って行く)
• **Easier** said than done. 《ことわざ》言うは易く行うは難(かた)し
Easy does it! ゆっくりやれ, あせるな
go easy on ... …を控えめに使う[食べる, 飲む]; …にやさしく接する
take it easy 気楽にやる, あせらずのんびりやる, リラックスする; 《ふつう命令文で》そうむきになるな, あせらないでいいよ; (別れ際に)じゃあね
派生 **ease** 名

éasy chàir 名 C 安楽いす ⇨**armchair**

eas·y·go·ing B1 /íːzigóuiŋ イーズィゴウイング/ 形 あくせくしない, おうような, のんびりした (! 否定的な意味はない)

éasy lístening 名 U 《音楽》イージーリスニング

eat A1 中

/íːt イート/ 動 (三単現 **eats** /íːts イーツ/; 過去 **ate** /éit/; 過分 **eaten** /íːtn/; 現分 **eating**)
❶ 他自 食べる; 食事をする
• What time can we **eat** lunch? 何時に昼食を食べられますか (! eat の代わりに have も用いる)
• You must **eat** slowly. ゆっくり食べなければいけません
• **something to eat** 食べ物 (= some food)
• I **eat** sandwiches **for** lunch. 私は昼食にサンドイッチを食べる
• Cows are **eating** grass in the meadow. 牛が牧場で草を食べている
• **eat** soup スープを飲む (! ふつう drink soup としない)
❷ 他 《進行形で》いらいら[くよくよ]させる ❸ 他 (虫などが)食い荒らす; むしばむ; 消費する
eat in 家で食事をする; (飲食店の)店内で食べる
eat out 外食する
eat up 全部食べ(終え)る, たいらげる, 食べつくす; 使い果たす

eat·a·ble /íːtəbl イータブル/ 形 (おいしく)食べられる (! 単に「有毒でないから食べられる」という場合は edible)

eat·en /íːtn イートン/ 動 eatの過去分詞

eat·er /íːtər イータ/ 名 C 食べる人

eat·er·y /íːtəri イータリ/ 名 (複 **eateries** /íːtəriz/) C 《口語》食堂, レストラン

eat·ing /íːtiŋ イーティング/ 動 eat の現在分詞・動名詞
— 名 U 食べること, 食事; 《形容詞的》(果物などが)生食用の

éating disòrder 名 C 《医学》摂食障害 (♦拒食症・過食症など)

eau de cologne /òu də kəlóun オウ デ コロウン/ 名 U 《フランス語》オーデコロン (♦香水の一種)

eaves /íːvz イーヴズ/ 名 《複数扱い》(家の)軒(のき), ひさし

eaves·drop /íːvzdràp イーヴズドラプ/ 動 (三単現 **eavesdrops** /íːvzdràps/; 過去・過分 **eavesdropped** /íːvzdràpt/; 現分 **eavesdropping**) 自 〔…を〕立ち聞きする, 盗み聞きする《*on*》

ebb /éb エブ/ 名 U ❶ 引き潮 (↔**flow**) ❷ 減退, 衰退 — 動 自 ❶ (潮が)引く (↔**flood**) ❷ 衰える

eb·on·y /ébəni エボニ/ 名 (複 **ebonies** /ébəniz/) U 黒檀(こくたん) (♦高級家具用の木材; ピアノの黒鍵(けん)にも使う); C 《植物》黒檀の木
— 形 黒檀の; 黒檀色の, まっ黒な

EC /íːsíː イースィー/ 《略》European Community ヨーロッパ共同体

e-cash /íːkæʃ イーキャシュ/ 名 U 電子通貨 (♦電子ネットワーク上の通貨) (! electronic cash の略)

ec·cen·tric /ikséntrik イクセントリク/ 形 ふつうでない, 常軌を逸した; 変わった; (円などが)同心でない (↔**concentric**) — 名 C 変人

ec·cen·tric·i·ty /èksentrísəti エクセントリスィティ/ 名 (複 **eccentricities** /èksentrísətiz/) U 風変わりなこと, 奇抜; C とっぴな行動, 奇行, 奇癖

ec·cle·si·as·tic /iklìːziǽstik イクリーズィアスティク/ 名 C 《文章》《キリスト教》聖職者 — 形 (=ecclesiastical)

A B C D E F G H I J K L M N O P Q R S T U V W X Y Z

ec·cle·si·as·ti·cal /iklìːziǽstikəl イクリーズィアスティカル/ 形 《キリスト教》教会の; 聖職者の

ECG /íːsìːdʒíː イースィーチー/ 《略》electrocardiogram 心電図

ech·e·lon /éʃəlàn エシェラン/ 名 C (飛行機・艦船の)梯形(ていけい)編成, 梯列; (役職・組織などの)段階, 階層

ech·o /ékou エコウ/ 名 (複 **echoes** /ékouz/) C ❶ こだま, 山びこ, 反響
• hear an **echo** こだまを聞く
❷ よく似たもの, (人のことばなどの)くり返し, まね; (事物の)影響

— 動 (三単現 **echoes** /ékouz/; 過去・過分 **echoed** /ékoud/; 現分 **echoing**) 自 (音で, 場所が)反響する, (音が)鳴り響く, こだまする; 他 反響させる

é·clair /eikléər エイクレア/ 名 C 《フランス語》エクレア (◆ケーキの一種)

ec·lec·tic /ekléktik エクレクティク/ 形 《文章》寄せ集めの, 折衷(せっちゅう)的な
— 名 C 《文章》折衷主義者

e·clipse /iklíps イクリプス/ 名 C (太陽・月の)食(しょく) (◆ある天体がほかの天体にさえぎられて見えなくなる現象)
— 動 他 (天体がほかの天体を)食する; おおい隠す, かすませる

eco- 《ほかの語と結びついて》「生態」「環境」 • **eco**system 生態系

e·co·friend·ly, e·co-friend·ly 高 /íːkoufrèndli イーコウフレンドリ/ 形 環境にやさしい

e·co·log·i·cal B1 /èkəlɑ́dʒikəl エコラヂカル|èkəlɔ́dʒikəl エコロヂカル/ 形
生態学の; 生態上の, 環境保護の, 環境にやさしい (! 名詞の前に用いる)

e·col·o·gist B2 /ikɑ́lədʒist イカロヂスト/ 名 C 生態学者; 環境保護論者

e·col·o·gy B1 /ikɑ́lədʒi イカロヂ | ikɔ́lədʒi イコロヂ/ 名 (複 **ecologies** /ikɑ́lədʒiz/)
❶ C 《ふつう単数形で》生態(系); 環境; 環境保護 ❷ U 生態学 (◆生物とその環境との関係を研究する学問)

e-com·merce /íːkɑ̀məːrs イーカマース/ 名 U 電子商取引 (◆インターネットなどでの商品・サービスの売買取引) (! electronic commerce の略)

e·co·nom·ic B1 高 /ìːkənɑ́mik イーコナミク|ìːkənɔ́mik イーコノミク/ 形
❶ 経済の, 経済上の; 財政の; 景気の; 経済学の ⇨**economy** ❶
• the government's **economic** policy 政府の経済政策
❷ もうけになる, 採算のとれる
派生 **economics**, **economy** 名

e·co·nom·i·cal B2 /ìːkənɑ́mikəl イーコナミカル/ 形 経済的な, むだのない; (物が)徳用な; 安い, 安価な; 節約する (! economic との意味の違いに注意) ⇨**economy** ❷ • an **economical** car 経済的な[燃費のいい]車
派生 **economy** 名
派生 **economically** 副

e·co·nom·i·cal·ly /ìːkənɑ́mikəli イーコナミカリ/ 副 経済的に, 経済的に言えば; 節約して, 安上がりに
派生 **economical** 形

e·co·nom·ics B1 /ìːkənɑ́miks イーコナミクス | ìːkənɔ́miks イーコノミクス/ (×エコノミクス) 名 ❶ 《単数扱い》経済学
❷ 《複数扱い》経済状態
派生 **economic** 形

e·con·o·mist B2 /ikɑ́nəmist イカノミスト/ 名 C 経済学者; 《**the Economist**》エコノミスト (◆英国の著名な経済誌の誌名)

e·con·o·mize /ikɑ́nəmàiz イカノマイズ/ 動 自 〔…を〕節約[倹約]する 《*on*》

e·con·o·my B1 高 /ikɑ́nəmi イカノミ | ikɔ́nəmi イコノミ/ 名 (複 **economies** /ikɑ́nəmiz/)
❶ U C 経済 ⇨**economic**
• develop the **economy** 経済を発展させる

コロケーション
形+**economy**
local *economy* 地域経済
global *economy* グローバル経済
the world *economy* 世界経済
market *economy* (自由)市場経済

❷ U 節約, 倹約; (経済的で)得なこと; 《形容詞的》経済的な, 徳用の ⇨**eco-**

nomical
派生 **economic, economical** 形
ecónomy clàss 名U (旅客機の)エコノミークラス (=tourist class) 《♦いちばん安いクラス》; 《副詞的》エコノミークラスで
• **economy class** syndrome エコノミークラス症候群 《♦長時間の窮屈な姿勢が原因》
ecónomy-sìze, ecónomy-sìzed 形 徳用サイズの
eco·sys·tem B1 高 /íːkousìstəm イーコウスィステム/ 名 (複 **ecosystems** /íːkousìstəmz/) C 生態系
eco-tour·ism /íːkoutùərizm イーコウトゥアリズム/ 名U エコツーリズム 《♦環境保全志向の観光》
ec·sta·sy B1 /ékstəsi エクスタスィ/ 名 (複 **ecstasies** /ékstəsiz/) UC 有頂天; 恍惚(こうこつ); 無我夢中, 狂喜; 忘我
with ecstasy うっとりとして
ec·stat·ic B2 /ekstǽtik エクスタティク/ 形 有頂天の, うっとりした
ecstátically 副 有頂天で, うっとりして
Ec·ua·dor /ékwədɔ̀ːr エクワドー/ 名 エクアドル 《♦南米北西部の共和国; 首都キト(Quito)》
ec·ze·ma /éksəmə エクセマ, igzíːmə イグズィーマ/ 名U 《医学》湿疹
Ed /éd エド/ 名 エド 《♦男性名; Edgar, Edward などの愛称》
-ed 接尾 ❶《規則動詞の過去形・過去分詞をつくる》 ❷「…のある, …をもった」(❗名詞につけて形容詞をつくる)
参考〉 **-ed, -d** の発音
(**1**) /d/ 以外の有声音のあとでは /d ド/
call**ed**, lov**ed**
(**2**) /t/ 以外の無声音のあとでは /t ト/
look**ed**, stopp**ed**
(**3**) /t/ または /d/ のあとでは /əd エド/
need**ed**, want**ed**
ed. 《略》edition 版; editor 編集者; education 教育
Ed·die, Ed·dy /édi エディ/ 名 エディ 《♦男性名; Edgar, Edward などの愛称》
ed·dy /édi エディ/ 名 (複 **eddies** /édiz/) C (風・ほこり・水などの)渦巻き
— 動 (三単現 **eddies** /édiz/; 過去・過分 **eddied** /édid/; 現分 **eddying**) 自 渦を巻く
E·den /íːdn イードン/ 名 エデンの園(その) (=the Garden of Eden) 《♦神が Adam と Eve を造った時に住まわせた楽園》; 楽園
Ed·gar /édgər エドガ/ 名 エドガー 《♦男性名》
edge B1 高 /édʒ エヂ/ 名 (複 **edges** /édʒəz/) C ❶ 端, ふち, へり; はずれ
• the **edge** of a cliff がけのふち
• stand at the water's **edge** 水ぎわに立つ • live on [at] the **edge** of town 町はずれに住む
❷ (刃物の)刃
be on edge いらだっている
have the edge on [***over***] ***...*** …より優れている
on the edge of ... …のふちに; まさに…しようとして
— 動 (三単現 **edges** /édʒəz/; 過去・過分 **edged** /édʒd/; 現分 **edging**)
❶ 自 じりじりと進む; 他 じりじり動かす ❷ 他 ふち取る; 刃をつける
edge·ways /édʒwèiz エヂウェイズ/ 副 端[へり]を前に向けて; 斜めに, 横に
get a word in edgeways 《口語》 (人の話に)口をはさむ (❗ふつう否定文で用いる)
edg·ing /édʒiŋ エヂング/ 名UC ふち取り, ふち飾り
edg·y /édʒi エヂ/ 形 (比較級 **edgier**; 最上級 **edgiest**) いらいらした
ed·i·ble /édəbl エディブル/ 形 (害毒がないので)食べられる, 食用に適する
日英比較 「おいしく食べられる」場合は eatable で,「毒や害がなくて食べられる」場合に edible を用いる
e·dict /íːdikt イーディクト/ 名C 《文章》勅令, 布告
ed·i·fi·ca·tion /èdəfəkéiʃən エディフィケイション/ 名U 《文章》啓発, 教化
ed·i·fice /édəfəs エディフィス/ 名C 《文章》大建造物 (❗誇張した言い方)
ed·i·fy /édəfài エディファイ/ 動 (三単現 **edi-**

fies /édəfàiz/; 過去・過分 **edified** /édəfàid/; 現分 **edifying**) 他 《文章》 教化する, 啓発する

Ed·in·burgh /édnbə̀:rə エドンバーラ/ 名 エジンバラ 《♦スコットランドの首都》

Ed·i·son /édəsn エディスン/ 名 《**Thomas Edison**》 トマス・エジソン (1847–1931) 《♦米国の大発明家》

ed·it B2 /édət エディト/ 動 他 (本・フイルムなどを)編集する

派生 **edition** 名

e·di·tion B1 /idíʃən イディション/ 名 (複 **editions** /idíʃənz/) C 版 《♦印刷された本・新聞などの形・サイズ・形式など; また同一の組版で印刷された一定数の本・新聞など》; 総発行部数

- the first **edition** 初版
- the evening **edition** of *the Asahi* 朝日新聞の夕刊 (! 夕刊専門紙は evening (news)paper)

派生 **edit** 動

ed·i·tor A2 高

/édətər エディタ/

名 (複 **editors** /édətərz/) C (新聞・雑誌などの)編集者, 編集責任者; (本などの)編纂(へんさん)者

- the chief **editor** = the **editor in chief** 編集長
- a general **editor** 監修者

ed·i·to·ri·al B2 /èdətɔ́:riəl エディトーリアル/ 名 C (新聞などの)社説, 論説

— 形 ❶ 編集者の; 編集上の ❷ 社説の, 論説の

ed·u·cate B1 高 /édʒəkèit エヂュケイト | édjukèit エデュケイト/ (×エヂュケート) 動 (三単現 **educates** /édʒəkèits エヂュケイツ/; 過去・過分 **educated** /édʒəkèitəd/; 現分 **educating**) 他 (人を)教育する, (特に学校で)教える; 教育を受けさせる; (! しばしば受け身で)

- She **was educated** in linguistics at Cambridge. 彼女はケンブリッジ大で言語学を学んだ

派生 **education** 名

ed·u·cat·ed B2 /édʒəkèitəd エヂュケイテド/ 形 教育を受けた, 教養のある (↔ **uneducated**); 知識[経験]に基づいた

ed·u·ca·tion A2 高

/èdʒəkéiʃən エヂュケイション | èdjukéiʃən エデュケイション/ 名 ❶ U 《単数形で》 教育(する[される]こと)

- school **education** 学校教育
- compulsory **education** 義務教育
- physical **education** 体育 (! PE /ピーイー/ と略す)

コロケーション

形+**education**

elementary [primary] *education* 初等教育

secondary *education* 中等教育

higher *education* 高等教育

adult *education* 成人教育

vocational [professional] *education* 職業教育

❷ U (身についた)教育, 教養; 教育学

派生 **educate** 動

派生 **educational** 形

ed·u·ca·tion·al

A2 高 /èdʒəkéiʃənəl エヂュケイショナル | èdjukéiʃənəl エデュケイショナル/ 形

❶ 教育の, 教育に関する, 教育分野の

- **educational** reform 教育改革

❷ 教育的な, ためになる

- an **educational** experience ためになる経験

派生 **education** 名

èducátionally 副 教育的に

ed·u·ca·tor B2 /édʒəkèitər エヂュケイタ/ 名 C 教育者, 教育家; 教育学者

Ed·ward /édwərd エドワド/ 名 エドワード 《♦男性名》

-ee 接尾 ❶「…される人」(! 動詞につけて名詞をつくる) ❷「…する人, …の状態にある人」

eel /í:l イール/ 名 (複 **eels** /í:lz/, **eel**) C 《魚》 ウナギ

ee·rie /íəri イアリ/ 形 (比較級 **eerier**; 最上級 **eeriest**) 薄気味悪い; 得体の知れない

ee·ri·ly /íərəli イアリリ/ 副 気味悪く

ef·face /iféis イフェイス/ 動 他 消す; ぬぐい去る

ef·fect A2 高
/ifékt イフェクト/ 名 (複 **effects** /ifékts イフェクツ/) ❶ U C 影響(力), 効果; (影響を受けて生じた)結果, 結末
- **cause** and **effect** 原因と結果
- the greenhouse **effect** 温室効果
- a side **effect** (薬などの)副作用

コロケーション
形+**effect**
an adverse *effect* 逆効果
a positive *effect* よい効果
a negative *effect* マイナスの影響
a significant *effect* 大きな効果
動+**effect**
have an *effect* 効果がある
cause an *effect* 効果を起こす

❷ 《**effects**》(音・光などによる芸術的な)効果 ❸ U C 印象, 感じ

come* [*go*] *into effect (法律などが)効力を発する, 発効する, 施行される

have an effect on ... …に影響をおよぼす
- Storms **had a** bad **effect on** the crops. 嵐(あらし)は作物に悪い影響を与えた

in effect 実際には, 事実上; 有効な, 効力がある

put ... into effect …を実施する, 施行する

take effect 効果が出る, 効果を現す, (薬などが)効き始める; (法律などが)発効する

to the effect that ... …という趣旨で

to this* [*that*] *effect こういう[そういう]趣旨で[の]

— 動 (三単現 **effects** /ifékts イフェクツ/; 過去・過分 **effected** /iféktəd/; 現分 **effecting**) 他 生じさせる, もたらす, 達成する 派生 **effective**, **effectual** 形

覚えよう› 単語力
まぎらわしい語
effect 名 影響, 効果; 結果
affect 動 影響する; 感動させる

ef·fec·tive B1 高 /iféktiv イフェクティヴ/ 形 ❶ 効果的な, 有効な (↔**ineffective**); 印象的な, 感銘を与える; (法律などが)実施されて
- We have to take some **effective** measures immediately. すぐに何らかの有効な対策を講じなければならない

❷ 実際の, 事実上の 派生 **effect** 名

ef·fec·tive·ly B2 /iféktivli イフェクティヴリ/ 副 ❶ 有効に, 効果的に ❷ 事実上

ef·fec·tive·ness B2 /iféktivnəs イフェクティヴネス/ 名 U 有効性

ef·fec·tu·al /iféktʃuəl イフェクチュアル/ 形 《文章》有効な, 適切な

ef·fem·i·na·cy /ifémənəsi イフェミナスィ/ 名 U (男性の)めめしさ

ef·fem·i·nate /ifémənət イフェミネト/ 形 (男性が)めめしい, 軟弱な

ef·fer·ves·cent /èfərvésənt エファヴェセント/ 形 ❶ 沸騰(ふっとう)する, 泡立つ ❷ 活気づいた, 興奮した

ef·fi·ca·cious /èfəkéiʃəs エフィケイシャス/ 形 《文章》(薬・治療などが)効き目のある; 効果的な

ef·fi·ca·cy /éfəkəsi エフィカスィ/ 名 U 《文章》効き目, 効力

ef·fi·cien·cy B1 /ifíʃənsi イフィシェンスィ/ 名 U 能率, 効率; 手際のよさ
- He completed his homework **with efficiency**. 彼は宿題を効率よくかたづけた

派生 **efficient** 形

ef·fi·cient B1 高 /ifíʃənt イフィシェント/ (×エフィシェント) 形 (人・機械などむだがなく)能率的な, 効率のよい; 有能な (↔**inefficient**)
- Tell me an **efficient** way of mastering English. 英語を能率的に身につける方法を教えてください
- **efficient** hotel staff 有能なホテルのスタッフ

派生 **efficiency** 名

ef·fi·cient·ly /ifíʃəntli イフィシェントリ/ 副 効率よく, 能率的に

ef·fi·gy /éfədʒi エフィヂ/ 名 (複 **effigies** /éfədʒiz/) C (人の)肖像, 彫像; (憎い人の姿をまねた)人形(ひとがた)

ef·fort A2 中
/éfərt エフォト/ (×エフォート) 名 (複 **efforts** /éfərts エフォツ/) U C 努力, 骨折り
• To ride a bicycle uphill **takes** [**needs**] **effort**. 坂道を自転車で上るのはがんばりがいる

make an effort* = *make efforts 〔…しようと〕努力する《*to do*》

with* (*an*) *effort 骨を折って, 努力して

without effort 楽々と, 努力しないで, 楽に

ef·fort·less /éfərtləs エフォトレス/ 形 (演技などが)楽々となされた, 何の苦もなさそうな; たやすい
éffortlessly 副 楽々と, たやすく

ef·fu·sive /ifjú:siv イフュースィヴ/ 形 感情をむき出しにした, 大げさな
effúsively 副 大げさに

EFL /í:èfél イーエフエル/《略》English as a Foreign Language 外国語としての英語 (❗英語を母語としない人々への英語の教育) ⇨**ESL**

e.g.《略》たとえば (❗for example の意味のラテン語 exempli gratia の略; ふつう for example と読む)

e·gal·i·tar·i·an /igæ̀lətéəriən イガリテアリアン/ 形 平等主義の
— 名 C 平等主義者

egg[1] A1 中
/ég エグ/ 名 (複 **eggs** /égz/) C
❶ 卵 (❗鳥類・爬(は)虫類の「卵」はすべて egg であるが, ふつう egg といえば「ニワトリの卵」をさす)

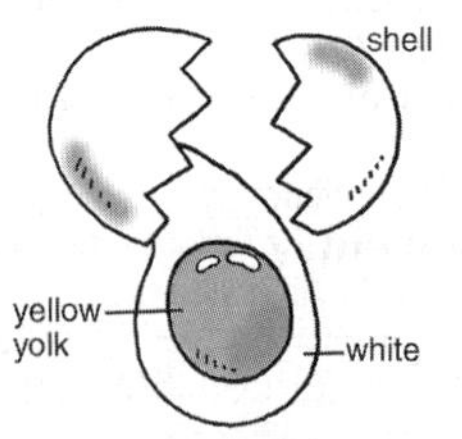

• lay an **egg** 卵を生む

関連語› 単語力
(1) white 白身; yellow, yolk 黄身; shell 殻
(2) a boiled egg ゆで卵(半熟は soft-boiled, 固ゆでは hard-boiled という); a fried egg 目玉焼き(片面だけ焼いたものは sunny-side up, 両面焼いたものは over easy という); scrambled eggs スクランブルエッグ; a poached egg 落とし卵, ポーチドエッグ (❗卵は英米人の朝食につき物だが, ふつう生では食べない)

❷《生物》卵細胞, 卵子

put all one's eggs in one basket《口語》すべてを1つのことにかける

egg[2] /ég エグ/ 動 他《次の成句で》

egg on 〔…するように〕(人を)そそのかす, 扇動する《*to do*》

egg·beat·er /égbì:tər エグビータ/ 名 C (卵の)泡立て器

egg·cup /égkʌ̀p エグカプ/ 名 C ゆで卵立て

egg·head /éghèd エグヘド/ 名 C《口語》《軽べつ的に》知識人, インテリ

egg·plant /égplæ̀nt エグプラント/ 名 C《植物》ナス; U C ナス(の実)

egg·shell /égʃèl エグシェル/ 名 C 卵の殻; 卵の殻のようなもの (❗「薄手のもの」や「つや消しのもの」のたとえ)

e·go /í:gou イーゴウ, égou エゴウ/ 名 C《心理》自我; 自尊心, うぬぼれ

e·go·cen·tric /ì:gouséntrik イーゴウセントリク, ègouséntrik エゴウセントリク/ 形 自己中心的な, 自分本位の

e·go·ism /í:gouìzm イーゴウイズム, égouìzm エゴウイズム/ 名 (=egotism)

e·go·ist /í:gouist イーゴウイスト, égouist エゴウイスト/ 名 (=egotist)

e·go·is·tic /ì:gouístik イーゴウイスティク, ègouístik エゴウイスティク/ 形 (=egotistic)

e·go·tism /í:gətìzm イーゴティズム, égətìzm エゴティズム/ 名 U 自己中心主義, 自分本位; うぬぼれ

e·go·tist /í:gətist イーゴティスト, égətist エゴティスト/ 名 C 自己中心主義の人; うぬ

ぼれの強い人

e·go·tis·tic /ì:gətístik イーゴティスティク, ègətístik エゴティスティク/ 形 自己中心(主義)の, 自分本位の; うぬぼれの強い

E·gypt /í:dʒipt イーヂプト/ 名 エジプト《◆アフリカ北東部の共和国; 首都はカイロ(Cairo); 公用語はアラビア語》

E·gyp·tian /idʒípʃən イヂプシャン/ 形 エジプトの, エジプト人の

━名C エジプト人

Éif·fel Tówer /áifəl アイフェル/ 名《the をつけて》エッフェル塔《◆パリにある鉄塔(高さ約320m); 1889年建立で設計者 A. G. Eiffel にちなむ》

eight A1 中

/éit エイト/ 名 (複 **eights** /éits エイツ/)
(❗詳しい用法は three を参照)

❶U 8; 8時, 8分; 8歳; 《複数扱い》8個, 8人

- Lesson **Eight** 第8課 (=the eighth lesson)
- School begins **at eight**. 学校は8時に始まる
- It's **eight** minutes past **eight** now. 今8時8分です

❷C 8人[個]ひと組のもの; エイト《◆ボート競技で8人から成るクルー》

━形 8の; 8個の; 8人の; 8歳で

eight·een A1 中

/èití:n エイティーン/ 名 (複 **eighteens** /èití:nz/) UC (❗詳しい用法は three を参照) 18; 18時, 18分; 18歳; 《複数扱い》18個, 18人

━形 18の; 18個の; 18人の; 18歳で

eight·eenth /èití:nθ エイティーンス/ 形 (❗18th と略す; 詳しい用法は third を参照) ❶《ふつう **the eighteenth**》18番目の ❷18分の1の

━名 (複 **eighteenths** /èití:nθs/) C

❶《ふつう **the eighteenth**》18番目; (月の)18日 ❷18分の1

eighth 中 /éitθ エイトス, éiθ エイス/ 形 (❗8th と略す; 詳しい用法は third を参照)

❶《ふつう **the eighth**》8番目の

❷8分の1の

━名 (複 **eighths** /éitθs/) C ❶《ふつう **the eighth**》8番目; (月の)8日

❷8分の1

éighth nòte 名C《米》《音楽》8分音符

eight·i·eth /éitiəθ エイティイス/ 形 (❗80th と略す; 詳しい用法は third を参照)

❶《ふつう **the eightieth**》80番目の

❷80分の1の

━名 (複 **eightieths** /éitiəθs/) C

❶《ふつう **the eightieth**》80番目

❷80分の1

eight·y A1 中

/éiti エイティ/ 名 (複 **eighties** /éitiz/)
(❗詳しい用法は three を参照)

❶U 80; 80歳; 《複数扱い》80個, 80人

❷《**eighties**》(世紀の)80年代; (年齢の)80歳代

━形 80の; 80個の, 80人の; 80歳で

Ein·stein /áinstain アインスタイン/ 名《**Albert Einstein**》アインシュタイン(1879-1955)《◆ドイツ生まれの米国の理論物理学者;「相対性理論」を発表》

ei·ther A1 中

/í:ðər イーザ|áiðə アイザ/ 副 …もまた

会話 "I don't want to go to school today." "I don't, **either**."「きょうは学校に行きたくない」「私もだよ」

━接《**either** A **or** B で》⇨**both**

❶AかBかどちらか (❗動詞は B に一致する)

- **Either** you **or** he must go. 彼か君かどちらかが行かなければならない

❷《否定文で》AもBもどちらも…ない

- He **can't** speak **either** French **or** German. 彼はフランス語もドイツ語もどちらも話せない (❗両方とも否定する言い方; He can speak **neither** French **nor** German. の方がふつう)

使い方〉 **either A or B**

(1) A, B の部分には同じはたらきをする語句

がくる:
You can **either** stay **or** go. とどまっていても行ってもよい (❗動詞と動詞)
Either you are right **or** he is. 君が正しいか彼が正しいかどちらかだ (❗文と文)
(2) either A or B が主語になるとき, 動詞の人称と数は B に合わせる:
Either you **or** he **is** right. 君か彼かのどちらかが正しい

— 形 ❶ (2つのうち) **どちらか(一方)の** (❗2つのうちどちらでもいいが,「どちらか一方の」という意味); **どちらの…でも**
• Here are two apples. You may have **either** one (=apple), but not both. ここにリンゴが2つある. 君は2つのうちどちらか1つを取っていいが, 両方はだめだ (❗either+単数形の名詞)
• You can use **either** glass. どちらのコップを使ってもいいよ
❷《否定文で》**どちらの…も…ない**
• I do**n't** know **either** twin. 私はそのふたごのどちらも知らない (❗両方とも否定する言い方) ⇨**both**

either way どちらにしても, どちらでも
• But **either way**, I'll be okay. でも, ぼくはどちらでもいいです

— 代 ❶ (2つのうち) **どちらか, いずれか; どちらでも**
• **Either** of you can go. あなたがた2人のどちらが行ってもよい
❷《否定文で》**どちらも…ない** ⇨**neither**
• I looked at two cars, but I did**n't** like **either** (of them). 私は2台の車を見たが(その)どちらも気にいらなかった

e·jac·u·late /idʒǽkjəlèit イヂャキュレイト/ 動 ❶ 他 (精液を)射出する; 自 射精する ❷ 他《古風》急に叫ぶ, 絶叫する

e·jac·u·la·tion /idʒæ̀kjəléiʃən イヂャキュレイション/ 名 U C ❶ 射精 ❷《古風》突然の叫び, 絶叫

e·ject /idʒékt イヂェクト/ 動 ❶ 他《文章》〔…から〕追い出す, 立ちのかせる, 退場させる《*from*》 ❷ 他 自 (CD・カセットなどを)機械から取り出す ❸ 自 (飛行機から)緊急脱出する

e·jec·tion /idʒékʃən イヂェクション/ 名 U C 放出[噴出] (物); 追放

eke /íːk イーク/ 動 他《次の成句で》
eke out (食料・金など乏しいものを)やりくりして間に合わせる; (生計を)かろうじて立てる

e·lab·o·rate /ilǽbərət イラボレト/ 形 念入りな, 手の込んだ; 精巧な
• an **elaborate** plan 念入りな計画
— /ilǽbərèit イラボレイト/ (発音 形との違いに注意) 動 他 念入りに仕上げる; 自〔…について〕詳しく述べる《*on*》
eláborately 副 念入りに, 綿密に

e·lab·o·ra·tion /ilæ̀bəréiʃən イラボレイション/ 名 U 念入りに仕上げること; 精巧さ; 推敲(すいこう); C 念入りに仕上げたもの, 労作

e·lapse /ilǽps イラプス/ 動 自《文章》(時が)過ぎる, 経過する (=pass)

e·las·tic /ilǽstik イラスティク/ 形
❶ 弾力のある, 弾性の; 伸縮自在な
• an **elastic** cord [string] ゴムひも
❷ 柔軟な; 融通のきく
— 名 U 伸縮性のあるゴム素材, ゴムひも

elástic bánd 名 C《英》輪ゴム (=rubber band)

e·las·tic·i·ty /ilæstísəti イラスティスィティ, ìːlæstísəti イーラスティスィティ/ 名 U 弾力, 弾力性; 融通性

e·lat·ed /iléitəd イレイテド/ 形〔…に〕意気揚々とした, 大喜びの《*at, by*》

e·la·tion /iléiʃən イレイション/ 名 U 意気揚々, 大喜び

el·bow B1 /élbou エルボウ/ 名 (複 **el-bows** /élbouz/) C
❶ ひじ; (服の)ひじの部分 ⇨**arm**[1] 図
❷ ひじの形をしたもの; 急な曲がり
at A's elbow A(人)のすぐそばに
— 動 (三単現 **elbows** /élbouz/; 過去・過分 **el-bowed** /élboud/; 現分 **elbowing**) 他 ひじで押す, 押し分ける
elbow one's way ひじでかき分けて進む

élbow grèase 名 U 激しい手仕事;

たいへんな努力

élbow ròom 名U 自由に身動きできるスペース[ゆとり]

eld·er[1] /éldər エルダ/ 形 年上の (❗old の比較級の1つで, おもに兄弟・姉妹の年上を示す;「年下の」は younger; 名詞の前で用いるので, ×He is *elder* than I. のように補語としては用いない)

- my **elder** brother [sister] 私の兄[姉] (=《米》my **older** brother [sister])

参考› 英語では兄・姉などと年齢の上下を気にせず, 単に my brother [sister] ということが多い

— 名C ❶年長者, 年上の人;《*one's* **elders**》年上の人たち, 先輩たち ⇨**senior** ❷(地域社会などの)長老, 元老

el·der[2] /éldər エルダ/ 名C《植物》ニワトコ; ニワトコの実

eld·er·ly A2 高

/éldərli エルダリ/ 形

中年を過ぎた, 年配の, お年寄りの, 初老の (❗old の遠回し表現)

- an **elderly** gentleman 年配の紳士

— 名《**the elderly**》《集合的》お年寄り

- a home for the **elderly** 老人ホーム

eld·est /éldəst エルデスト/ 形 いちばん年上の (↔**youngest** (**young** ❷))

- my **eldest** sister 私のいちばん上の姉

El·ea·nor /élənər エレナ/ 名 エレナー (♦女性名)

e·lect B2 /ilékt イレクト/ 動 他

❶(投票によって)選ぶ;〔役職などに〕選挙する, 選出する《*to*》

- We **elected** him **to** the chair. 私たちは彼を議長に選出した

文型 [**elect A** (**as**) **C**] A(人)をC(役職など)に選出する

- We **elected** him chairman. 私たちは彼を議長に選んだ (❗役職を表す語 (chairman) には ×*a*, ×*the* をつけない)

❷ 文型 [**elect to** *do*]《文章》…することに決める

— 形 (未就任であるが)当選した (❗名詞のあとにつける)

派生 **election** 名; 派生 **elective** 形

e·lec·tion B1 /ilékʃən イレクション/ 名 (複 **elections** /ilékʃənz/) UC

選挙; 選出

- a general **election** 総選挙
- Trump won the 2016 presidential **election**. トランプは2016年の大統領選挙に勝った
- lose an **election** 選挙に敗れる

派生 **elect** 動

eléction dày 名C 選挙の日;《**Election Day**》《米》国民選挙日 (♦11月の第1月曜の翌日の火曜日)

e·lec·tive B2 /iléktiv イレクティヴ/ 形 選挙の, 選挙による; 選挙権のある; (学科などが)選択の

派生 **elect** 動

e·lec·tor /iléktər イレクタ/ 名C ❶選挙人, 有権者 ❷《米》大統領選挙人

e·lec·tor·al /iléktərəl イレクトラル/ 形 選挙の, 選挙人の

eléctoral cóllege 名C《米》(大統領・副大統領の)選挙人団

e·lec·tor·ate /iléktərət イレクトレト/ 名C《集合的》選挙民, 有権者 (❗単数・複数扱い)

e·lec·tric A2 高

/iléktrik イレクトリク/ 形

❶電気の; 電気で作動する, 電動の

- **electric** power 電力

❷衝撃的な; 感動的な

派生 **electricity** 名

派生 **electrify** 動

e·lec·tri·cal B1 高 /iléktrikəl イレクトリカル/ 形 電気で動く, 電力の

- **electrical** appliances 電気器具

どっち

electric と **electrical**

electric は電気で作動する器具や電気を発生・供給するものに, **electrical** は電気関係にかかわる人や仕事などに広く用いる. ただし, 2語の使い分けは明確ではない:

an **electric** drill 電気[電動]ドリル

an **electrical** engineer 電気技術者

e·lec·tri·cal·ly /iléktrikəli イレクトリカリ/ 副 電気によって, 電気的に

eléctric cháir 名C (死刑用の)電気いす; 《the をつけて》電気処刑
eléctric cúrrent 名UC 電流
eléctric guitár 名C エレキギター
e·lec·tri·cian B2 /ilèktríʃən イレクトリシャン/ 名C 電気工, 電気修理工
e·lec·tric·i·ty B1 中 /ilèktrísəti イレクトリスィティ/ 名U 電気; 電流; 送電
• This engine works not on gas, but on **electricity**. このエンジンはガソリンではなく電気で動く
派生 **electric** 形
eléctric pówer 名U 電力
eléctric shóck 名U 感電, 電撃 (! electrical shock ともいう)
e·lec·tri·fy /iléktrəfài イレクトリファイ/ 動 (三単現 **electrifies** /iléktrəfàiz/; 過去·過分 **electrified** /iléktrəfàid/; 現分 **electrifying**) 他 ❶ 電気を通じる; 電力を供給する ❷ 衝撃を与える, 感動させる
派生 **electric** 形
e·lec·tro·car·di·o·gram /ilèktroukɑ́ːrdiəgræ̀m イレクトロウカーディオグラム/ 名C 心電図
e·lec·tro·cute /iléktrəkjùːt イレクトロキュート/ 動 他 電気いすで処刑する; 感電死させる
e·lec·tro·cu·tion /ilèktrəkjúːʃən イレクトロキューション/ 名U 電気処刑; 感電死
e·lec·trode /iléktroud イレクトロウド/ 名C 電極
e·lec·trol·y·sis /ilèktrɑ́ləsəs イレクトラリスィス/ 名U 電気分解, 電解
e·lec·tro·mag·net /ilèktroumǽgnət イレクトロウマグネト/ 名C 電磁石
e·lec·tro·mag·net·ic /ilèktroumægnétik イレクトロウマグネティク/ 形 電磁気の; 電磁石の
• **electromagnetic** waves 電磁波
e·lec·tron B1 /iléktrɑn イレクトラン/ 名 (複 **electrons** /iléktrɑnz/) C 《物理》電子, エレクトロン
e·lec·tron·ic B1 高 /ilèktrɑ́nik イレクトラニク|ilèktrɔ́nik イレクトロニク/ 形 電子工学の; 電子の, 電子の働きによる • **electronic** music 電子音楽 • **electronic** money 電子マネー
electrónic cómmerce 名U 電子商取引
electrónic máil 名U 電子メール, Eメール (=e-mail)
electrónic públishing 名U 電子出版
electrónic shópping 名U 電子ショッピング
e·lec·tron·ics B2 /ilèktrɑ́niks イレクトラニクス/ 名 《単数扱い》電子工学, エレクトロニクス
eléctron mìcroscope 名C 電子顕微鏡
el·e·gance B2 /éligəns エリガンス/ 名U 上品さ, 優雅さ; 手際のよさ
派生 **elegant** 形
el·e·gant B2 /éligənt エリガント/ 形 優雅な, 上品な, エレガントな (=graceful)
派生 **elegance** 名
élegantly B2 副 上品に
el·e·gi·ac /èlədʒáiək エレヂャイアク/ 形 哀歌調の; 哀愁を帯びた
el·e·gy /élədʒi エレヂ/ 名 (複 **elegies** /élədʒiz/) C 哀歌, 悲歌, 挽歌(ばんか)
el·e·ment B1 高 /éləmənt エレメント/ 名 (複 **elements** /éləmənts エレメンツ/)
❶ C 要素, 成分; (社会·集団の)構成分子, 小集団
• He has all the **elements** of a good actor. 彼はいい俳優のすべての要素を備えている
❷ 《**the elements**》(学問の)基礎, 初歩
❸ 《**an element**》〔… の〕少量, わずか 《*of*》
❹ C 《化学》元素
❺ 《**the elements**》自然の力, (特に)悪天候, 暴風雨
in** one's **element 本領を発揮して, 水を得た魚のようで
out of** one's **element 本領外で, 場違いで
派生 **elementary** 形
el·e·men·tal B2 /èləméntəl エレメンタル/ 形 基本的な, 本質的な; 自然の力の, すさまじい

el·e·men·ta·ry A1 高
/èləméntəri エレメンタリ/ 形
❶ 初歩的な, 初級の; 小学校の; 基本の, 基礎的な
• **elementary** education 初等教育
❷ 単純な, 簡単な
• an **elementary** mistake 単純なミス
派生 **element** 名

eleméntary schóol 中 名 C 《米》 小学校 (=《英》 primary school)
日英比較 6-3-3制の日本では「小学校」は6年間だが, アメリカでは州によって異なる. 6-3-3制では日本と同じ6年だが, 8-4制では8年である

el·e·phant A2 中
/éləfənt エレファント/ 名 (複 **elephant**, **elephants** /éləfənts エレファンツ/) C 《動物》 象 (! 象はアメリカの共和党のシンボル) ⇨ **donkey**
• **Elephants** never forget. 象は決して忘れない (! 欧米では「象=記憶力がよい」という連想がある)

el·e·vate /éləvèit エレヴェイト/ 動 他 上げる; 高める, 〔…に〕昇進させる《*to*》; 向上させる

el·e·vat·ed /éləvèitəd エレヴェイテド/ 形 (地位などが)高い; 高潔な; (周囲より)高くなった, 高架の

el·e·va·tion /èləvéiʃən エレヴェイション/ 名 U C 高さ, 高度, 海抜; U 持ち上げること; U 向上, 昇進

el·e·va·tor A2 高
/éləvèitər エレヴェイタ/ (×エレヴェータ) (発音 アクセントに注意)
名 (複 **elevators** /éləvèitərz/) C 《米》 エレベーター (=《英》 lift); 昇降機
• **take** the **elevator** to the seventh floor エレベーターで7階へ行く

e·lev·en A1 中
/ilévən イレヴン/ 名 (複 **elevens** /ilévənz/) (! 詳しい用法は three を参照)
❶ U 11; 11時, 11分; 11歳; 《複数扱い》 11個, 11人
❷ C 11人[個]ひと組のもの; (サッカー・クリケット・ホッケーなど) 11人のチーム, イレブン
— 形 11の; 11個[人]の; 11歳で

e·lev·en·ses /ilévənzəz イレヴンゼズ/ 名 《ふつう単数扱い》《英》 (朝11時ごろに食べる)おやつ

e·lev·enth 中 /ilévənθ イレヴンス/ 形 (! 11thと略す; 詳しい用法はthirdを参照)
❶ 《ふつう **the eleventh**》 第11番目の
❷ 11分の1の
— 名 (複 **elevenths** /ilévənθs/) C
❶ 《ふつう **the eleventh**》 第11番目; (月の)11日
❷ 11分の1

elf /élf エルフ/ 名 (複 **elves** /élvz/) C (童話などの)小妖精(ようせい) ⇨**fairy**

e·lic·it /ilísət イリスィト/ 動 他 《文章》 (情報などを)聞き出す, 引き出す; (反応などを)引き起こす

el·i·gi·bil·i·ty /èlədʒəbíləti エリヂビリティ/ 名 U 適任, 適格性; 選ばれる資格

el·i·gi·ble B2 /élədʒəbl エリヂブル/ 形 〔…する〕資格のある《*to do*》, 〔…に〕適格な《*for*》

e·lim·i·nate B1 /ilímənèit イリミネイト/ 動 (三単現 **eliminates** /ilímənèits イリミネイツ/; 過去・過分 **eliminated** /ilímənèitəd/; 現分 **eliminating**) 他
❶ 〔…から〕削除する, 取り除く《*from*》
❷ 《**be eliminated**》 (チームなどが, 競技などから)敗退[脱落]する
❸ 《口語》 殺す
派生 **elimination** 名

e·lim·i·na·tion /ilìmənéiʃən イリミネイション/ 名 U C 除去, 排除; (競技の)予選
派生 **eliminate** 動

El·i·ot /éliət エリオト/ 名 ❶ 《**George Eliot**》 エリオット (1819-80) 《◆英国の女流小説家; 本名は Mary Ann Evans》
❷ 《**Thomas Stearns Eliot**》 エリオット (1888-1965) 《◆英国の詩人・評論家》

e·lite, é·lite B2 /eilí:t エイリート/ 名 《集合的》《単数・複数両扱い》 えり抜きの人々, エリート層; 《形容詞的》 えり抜き

の, エリートの

e·lit·ism /eilí:tizm エイリーティズム/ 名 U 《軽べつ的に》 エリート主義[意識]

e·lit·ist /eilí:tist エイリーティスト/ 名 C 《軽べつ的に》 エリート主義者

E·liz·a·beth /ilízəbəθ イリザベス/ 名 ❶ エリザベス 《◆女性名》 ❷ 《Elizabeth I》 エリザベス一世 (1533–1603) 《◆英国女王; この女王の時代に英国は大発展をとげた; I は the First と読む》; 《Elizabeth II》 エリザベス二世 (1926–) 《◆現在の英国女王; II は the Second と読む》

elk /élk エルク/ 名 (複 **elks** /élks/, **elk**) C 《動物》 ヘラジカ 《◆北欧·アジア産》

El·len /élən エレン/ 名 エレン 《◆女性名》

el·lipse /ilíps イリプス/ 名 C 楕円(だえん), 長円

el·lip·sis /ilípsis イリプスィス/ 名 (複 **el·lipses** /ilípsi:z/) U C 《文法》 (語句の)省略

el·lip·ti·cal /ilíptikəl イリプティカル/ 形 ❶ 楕円(だえん)の, 長円(形)の ❷ 《文法》 省略的な

Él·lis Ísland /élis エリス/ 名 エリス島 《◆米国ニューヨーク湾内の小島; かつて移民はここで入国審査を受けた》

elm /élm エルム/ 名 C 《植物》 ニレ 《◆ケヤキやエノキに似た落葉高木》; U ニレ材

El Niño /el ní:njou エル ニーニョウ/ 名 エルニーニョ 《◆南米太平洋岸沖の暖潮流; 異常気象をもたらす》

el·o·cu·tion /èləkjú:ʃən エロキューション/ 名 U 弁論術, (すぐれた)話術; 朗読法; 発声法

e·lon·gate /ilɔ́:ŋgeit イローンゲイト/ 動 他 《文章》 長くする, 伸ばす; 自 長くなる, 伸びる

e·lon·gat·ed /ilɔ́:ŋgeitəd イローンゲイテド/ 形 細長い

e·lope /ilóup イロウプ/ 動 自 〔恋人と〕駆け落ちする 《*with*》

el·o·quence B2 /éləkwəns エロクウェンス/ 名 U 雄弁

el·o·quent B2 /éləkwənt エロクウェント/ 形 雄弁な; 表情豊かな

éloquently 副 雄弁に

El Sal·va·dor /el sǽlvədɔ̀:r エル サルヴァドー/ 名 エルサルバドル 《◆中米西部の共和国; 首都サンサルバドル (San Salvador)》

else A1 中

/éls エルス/ 副 (その)ほかに, 別に; そのほかに, さらに

- **What else** did you do? ほかに何をしたのですか
- I want **something else**. 私は何かほかのものがほしいです

会話 "Did you buy anything **else**?" "I bought nothing **else**." 「君はほかに何か買ったか」「いや何も買わなかった」

- **Anything else?** ほかは(ご注文)よろしいですか (! 店などで店員が使う)

nothing else but ... …以外の何ものでもないもの

or else さもないと

else·where A2

/élshwèər エルス(ホ)ウェア | èlswéə エルスウェア/ 副 よそに[へ], どこかほかのところに[へ]

ELT /í:èltí: イーエルティー/ 《略》 English Language Teaching (英語を母語としない人々への)英語教育

e·lu·ci·date /ilú:sədèit イルースィデイト/ 動 他 《文章》 (難解な点などを)明らかにする, 解明する, 説明する

e·lu·ci·da·tion /ilù:sədéiʃən イルースィデイション/ 名 U 《文章》 (明確な)説明, 解明

e·lude /ilú:d イルード/ 動 他 《文章》 ❶ (人が, 捕まらずに)逃れる, 避ける ❷ (物事が, 人の)手に入らない; (人に)理解できない, 思い出せない

e·lu·sive /ilú:siv イルースィヴ/ 形 捕まえにくい; 理解[記憶]しにくい

elves /élvz エルヴズ/ 名 elf の複数形

'em /əm エム/ 代 《口語》 (=them)

em- 接頭 en- の異形 (! b, m, p の前に用いる)

- **em**brace 抱きしめる

e·ma·ci·at·ed /iméiʃièitəd イメイシエイテド/ 形 やせ衰えた, 衰弱した

e·mail, e-mail A1 中 /í:mèil イーメイル/ 名 (複 **emails** /í:mèilz/) U C 電子メール, Eメール (♦electronic mail の短縮形)
• send (an) **email** Eメールを送る
— 動 (三単現 **emails** /í:mèilz/; 過去・過分 **emailed** /í:mèild/; 現分 **emailing**) 他 (メッセージを)Eメールで送る; (人に)Eメールを送る
• She **emailed** me yesterday. きのう彼女がメールをくれた

em·a·nate /émənèit エマネイト/ 動 自 《文章》(光・におい・音などが)〔…から〕出てくる, 発する《*from*》

em·a·na·tion /èmənéiʃən エマネイション/ 名 《文章》U 発散, 放射; C 発散物

e·man·ci·pate /imǽnsəpèit イマンスィペイト/ 動 他 《文章》(人を)〔拘束・隷属状態から〕解放する, 自由にする《*from*》

e·man·ci·pa·tion /imæ̀nsəpéiʃən イマンスィペイション/ 名 U 《文章》〔拘束・隷属状態からの〕解放《*from*》

em·balm /imbá:m インバーム/ 動 他 (死体に)防腐処置を施す

em·bank·ment /imbǽŋkmənt インバンクメント/ 名 C 堤防, 土手; (鉄道などの)築堤

em·bar·go /imbá:rgou インバーゴウ/ 名 (複 **embargoes** /imbá:rgouz/) C 通商禁止(令)
— 動 他 …の貿易を禁止する

em·bark /imbá:rk インバーク/ 動
❶ 自 乗船する, 乗り込む; 乗り出す
❷ 他 船積みする (↔**disembark**)

embark on ... …に乗船する, …で船出する; …を開始する

em·bar·rass B1 /imbǽrəs インバラス/ (×エンバラス) 動 (三単現 **embarrasses** /imbǽrəsəz/; 過去・過分 **embarrassed** /imbǽrəst/; 現分 **embarrassing**) 他
❶ きまり悪い[恥ずかしい]思いをさせる; 当惑させる, まごつかせる; 《**be embarrassed**》恥ずかしいと思う, 当惑する ❷ (財政)困難におちいらせる
派生 **embarrassment** 名

em·bar·rassed B1 /imbǽrəst インバラスト/ 形 〔…するのは〕恥ずかしい, 気まずい, 照れくさい《*to do*》; 当惑した

em·bar·rass·ing A2 /imbǽrəsiŋ インバラスィング/ 形 まごつかせるような, 困惑させるような; 恥ずかしい; やっかいな; 窮地におとしいれるような

em·bar·rass·ment B1 /imbǽrəsmənt インバラスメント/ 名 (複 **embarrassments** /imbǽrəsmənts インバラスメンツ/)
❶ U 困惑; 恥ずかしさ, 気まずさ, ばつの悪さ ❷ C 当惑の原因; もてあましている物[人], やっかいなこと
派生 **embarrass** 動

em·bas·sy B2 /émbəsi エンバスィ/ 名 (複 **embassies** /émbəsiz/) C 大使館 ⇨ **ambassador**

em·bat·tled /imbǽtld インバトルド/ 形
❶ 《文章》問題[困難]を抱えた
❷ (戦闘で)敵に囲まれた

em·bed /imbéd インベド/ 動 (三単現 **embeds** /imbédz インベヅ/; 過去・過分 **embedded** /imbédəd/; 現分 **embedding**) 他 〔…の中に〕埋め込む, はめ込む《*in*》; 《**be embedded**》(感情などが)〔心などに〕深く刻まれている《*in*》

em·bel·lish /imbéliʃ インベリシュ/ 動 他 〔…で〕美しくする, 飾る; (話などに)尾ひれをつける, 潤色する《*with*》

em·ber /émbər エンバ/ 名 C 《ふつう **embers**》(まきなどの)燃えさし, 残り火

em·bez·zle /imbézl インベズル/ 動 他 (公金などを)使い込む, 着服する, 横領する

em·bez·zle·ment /imbézlmənt インベズルメント/ 名 U (公金などの)使い込み, 横領, 着服

em·bit·ter /imbítər インビタ/ 動 他 つらい思いをさせる, 悲しませる; 憤慨させる

em·bla·zon /imbléizən インブレイズン/ 動 他 (デザインなどを)描く; 紋章で飾る

em·blem 高 /émbləm エンブレム/ 名 C 象徴; 記章, 標章; 紋章

em·bod·i·ment /imbɑ́dimənt インバ

ディメント/ 名U 具体化, 具現; 《the embodiment》〔…の〕権化(ごんげ), 〔…〕そのもの《of》

em·bod·y /imbádi インバディ/ 動 (三単現 **embodies** /imbádiz/; 過去·過分 **embodied** /imbádid/; 現分 **embodying**) 他 具体化する, 具体的に表現する

em·boss /imbás インバス/ 動他 浮き出しにする, 浮き彫りにする

em·brace B2 /imbréis インブレイス/ 名C 抱擁(ほうよう) ━動他 ❶抱きしめる; 抱き合う ❷含む ❸(申し出·意見などを)進んで受け入れる

em·broi·der /imbrɔ́idər インブロイダ/ 動他自 ❶刺しゅうする
❷(話などを)潤色する, 尾ひれをつける

em·broi·der·y /imbrɔ́idəri インブロイダリ/ 名 (複 **embroideries** /imbrɔ́idəriz/) CU 刺しゅう(すること); (話などの)誇張, 潤色

em·broil /imbrɔ́il インブロイル/ 動他 〔争い·口論などに〕巻き込む《in》(❗しばしば受け身で使う)

em·bry·o /émbriòu エンブリオウ/ 名 (複 **embryos** /émbriòuz/) C 《生物》胚(はい); 胎児《♦人間の場合は受精後3か月まで》; 萌芽(ほうが), 初期

em·bry·on·ic /èmbriánik エンブリアニク/ 形 《生物》胚(はい)の; 胎児の; 発達の初期の

em·cee /émsí: エムスィー/ 名C 《口語》(テレビ番組·余興などの)司会者 (❗master of ceremonies から)

em·er·ald /émərəld エメラルド/ 名C エメラルド《♦あざやかな緑色をした宝石》; U エメラルド色; 《形容詞的》エメラルド(色)の

e·merge B1 /imə́:rdʒ イマーヂ/ 動 (三単現 **emerges** /imə́:rdʒəz/; 過去·過分 **emerged** /imə́:rdʒd/; 現分 **emerging**) 自 ❶〔…から〕現れる, 姿を現す (❗隠れていたものが表に出てくること)《from》
• A ship **emerged from** the dense fog. 濃い霧の中から船が現れた
❷(事実などが)明らかになる, 判明する ❸〔困難などから〕抜け出す《from》

派生 emergence 名

e·mer·gence B2 /imə́:rdʒəns イマーヂェンス/ 名U 出現; 発生; 脱出

派生 emerge 動

e·mer·gen·cy A2 高

/imə́:rdʒənsi イマーヂェンスィ/ 名 (複 **emergencies** /imə́:rdʒənsiz/) UC
非常時, 緊急事態; 《形容詞的》緊急時; 救急の • an **emergency** exit 非常口

in case of emergency = in an emergency 緊急の際には

emérgency bràke 名C 《米》(車の)非常ブレーキ, サイドブレーキ (=《英》handbrake)

emérgency ròom 名C 《米》(病院の)救急処置室 (=《英》casualty) (❗ERと略す) ⇨**ER**

e·mer·gent /imə́:rdʒənt イマーヂェント/ 形 (人などが)現れ出る; 新興の

e·mer·i·tus /imérətəs イメリタス/ 形 《しばしば **Emeritus**》名誉退職の
• a professor **emeritus** = an **emeritus** professor 名誉教授

Em·er·son /émərsn エマスン/ 名 《**Ralph Waldo Emerson**》エマソン (1803–82) 《♦米国の思想家·詩人》

em·i·grant /émigrənt エミグラント/ 名C (他国への)移民, 移住者 (❗出国側からみた語; 入国側からみる場合は immigrant という)

em·i·grate /éməgrèit エミグレイト/ 動自 (他国へ)移住する (❗「(他国から)移住する」場合は immigrate)

em·i·gra·tion /èməgréiʃən エミグレイション/ 名UC (他国への)移住, 移民

Em·i·ly /éməli エミリ/ 名 エミリー《♦女性名》

em·i·nence /émənəns エミネンス/ 名U 名声; (地位や身分の)高いこと; 卓越
• **eminence** in music 音楽で博した名声

em·i·nent /émənənt エミネント/ 形 (地位や身分の)高い; 名の通った, 高名な[で], 著名な (=famous)

e·mir /imíər イミア/ 名C (イスラム教国の)支配者, 首長

em·is·sar·y /éməsèri エミセリ/ 名 (複 **emissaries** /éməsèriz/) C 《文章》使者; 密使

e·mis·sion 高 /imíʃən イミション/ 名 U C (光・熱・気体などの)放射, 放出; C 放射物, 放出物

e·mit /imít イミト/ 動 (三単現 **emits** /iméts イミツ/; 過去・過分 **emitted** /imítəd/; 現分 **emitting**) 他 (光や熱を)放射する; (音やにおいを)発する (=give off)

Em·ma /émə エマ/ 名 エマ《♦女性名》

Em·my /émi エミ/ 名 ❶エミー《♦女性名; Emily, Emma の愛称》
❷ C エミー賞《♦米国でテレビ界の優秀な業績に贈られる賞》

e·mo·ti·con /imóutikàn イモウティカン/ 名 C 《コンピュータ》エモティコン, 顔文字 (=smiley)《♦Eメールなどで使う, 記号を組み合わせて人の表情に似せた図柄; たとえば笑顔は :-)》

e·mo·tion B1 高 /imóuʃən イモウション/ 名 (複 **emotions** /imóuʃənz/) C (愛・にくしみ・怒りなどの強い)感情, (一時的な)激情; U 感激, 感動

コロケーション
形+emotion
a deep *emotion* 深い感情
mixed *emotions* 混じりあった感情
動+emotion
control *emotion* 感情を抑える
show *emotion* 感情を表に出す
stir up *emotion* 感情をかき立てる

派生 **emotional** 形

e·mo·tion·al B1 /imóuʃənəl イモウショナル/ 形 ❶(状況・演説などが)感動的な, 胸にせまる[を打つ]
• an **emotional** scene 感動的な場面
❷感情的な, 感情を表に出す (↔**rational**); 感情の, 情緒の
• become [get] **emotional** 感情的になる
派生 **emotion** 名

e·mo·tion·al·ly B1 /imóuʃənəli イモウショナリ/ 副
感情的に, 感情をこめて; 情緒面では

e·mo·tive /imóutiv イモウティヴ/ 形 感情の; 感情的な

em·pa·thize /émpəθàiz エンパサイズ/ 動 自 〔…に〕感情移入する, 共感する《*with*》

em·pa·thy 高 /émpəθi エンパスィ/ 名 U 感情移入, 共感(できること)

em·per·or B1 高 /émpərər エンパラ/ 名 (複 **emperors** /émpərərz/) C 皇帝, 帝王, 天皇 ⇨**empress**
派生 **imperial** 形

em·pha·ses /émfəsìːz エンファスィーズ/ 名 emphasis の複数形

em·pha·sis B1 /émfəsəs エンファスィス/ 名 (複 **emphases** /émfəsìːz/) U C
❶強調, 重点, 重視
❷(音節の)強勢, (語句の)強調
put* [*lay, place*] *emphasis on ...
…を強調する, …に重点を置く
派生 **emphasize** 動

em·pha·size B1 /émfəsàiz エンファサイズ/ 動 (三単現 **emphasizes** /émfəsàizəz/; 過去・過分 **emphasized** /émfəsàizd/; 現分 **emphasizing**) 他
強調する; 力説する
• My son **emphasized** the importance of friends. 私の息子は友達の大切さを強調した
派生 **emphasis** 名

em·phat·ic /imfǽtik インファティク/ 形
強調された; きっぱりした, 確固たる
emphátically B2 副 きっぱりと, 断固として; 断然

em·pire B1 高 /émpaiər エンパイア/ 名 (複 **empires** /émpaiərz/) C ❶帝国《♦皇帝 (emperor) によって統治されている国》 • the Roman **Empire** ローマ帝国
❷巨大企業組織, 企業帝国
派生 **imperial** 形

Émpire Státe Bùilding 名 《**the** をつけて》エンパイヤステートビル《♦ニューヨーク市にある 102 階のビル; Empire State はニューヨーク州の別名》

em·pir·i·cal /impírikəl インピリカル/ 形
実験[経験]に基づいた; 経験主義の

em·ploy B2 /implɔ́i インプロイ/ 動 (三単現 **employs** /implɔ́iz/; 過去・過分 **employed** /implɔ́id/; 現分 **employing**) 他 ❶(人

を)〔…として〕雇う, 雇い入れる《as》
• He **was employed as** an engineer. 彼はエンジニアとして雇われた
❷《文章》使用する; (時間などを)費やす
━ 名 《次の成句で》
be in A's employ = be in the employ of A A(人)に雇われている 派生 **employment** 名

em·ploy·a·ble /implɔ́iəbl インプロイアブル/ 形 雇用できる; 雇用に適した

em·ploy·ee B2 高 /implɔii: インプロイイー, implɔ́ii: インプロイイー/ (発音 アクセントに注意) 名 C 雇われている人, 従業員, 社員, 使用人 (↔**employer**)
• a full-time [part-time] **employee** 常勤[パート]の従業員

em·ploy·er B2 /implɔ́iər インプロイア/ 名 C 雇い主, 雇用者 (↔**employee**)
• the largest **employer** in town 町一番の大会社

覚えよう〉 単語力
意味の違い
employ**er** 雇用者－employ**ee** 従業員
train**er** 訓練する人－train**ee** 訓練生
(❗ -er は「…する人」, -ee は「…される人」; ふつう -ee の部分にアクセントが置かれることにも注意)

em·ploy·ment B1 /implɔ́imənt インプロイメント/ 名 (複 **employments** /implɔ́imənts インプロイメンツ/)
❶ U C 職, 職業
• in [out of] **employment** 就職[失業]して • find **employment** 職を見つける
❷ U 雇用 (↔**unemployment**)
❸ U 《文章》使用
in A's employment = in the employment of A A(人)に雇われて 派生 **employ** 動

emplóyment àgency 名 C 職業紹介所

em·po·ri·um /empɔ́:riəm エンポーリアム/ 名 (複 **emporiums** /empɔ́:riəmz/, **emporia** /empɔ́:riə/) C 《文章》大型店舗

em·pow·er /impáuər インパウア/ 動 他 文型 [**empower A to** *do*] A(人などに…する権限を与える; A(人)が…できるようにする; 文型 [**be empowered to** *do*] …する権限がある

em·press /émprəs エンプレス/ 名 C 女帝, 皇后 ⇨**emperor**

emp·ti·ness /émptinəs エンプティネス/ 名 U から, 何もないこと; 空虚さ, むなしさ; 無意味

emp·ty A2 中

/émpti エンプティ/
形 (比較級 **emptier**; 最上級 **emptiest**)
❶ からの; だれもいない (↔**full**) ⇨ **vacant**
• The street is **empty**. 通りはひとけがない
• an **empty** house あき家
• an **empty** room からっぽの部屋
• **empty** bottles 空きびん
• **empty** seats 空席
❷ 意味のない, 空虚な; むなしい
• feel **empty** むなしく思う
━ 動 (三単現 **empties** /émptiz/; 過去・過分 **emptied** /émptid/; 現分 **emptying**)
❶ 他 からにする, (中身を)あける《out》(↔**fill**); 文型 [**empty A from** [**out of**] **B**] B(容器)からA(中身)を出してからにする; 文型 [**empty A into B**] A(容器・中身)をB(別の容器)に全部移す ❷ 自 (場所が)からになる; (川が)〔海などに〕注ぐ《into》
━ 名 (複 **empties** /émptiz/) C からの容器

émpty-hánded 形 手ぶらで; 何の収穫もなく

e·mu /í:mju: イーミュー/ 名 C 《鳥》エミュー《♦オーストラリアにすむ大型の飛べない鳥》

em·u·late /émjəlèit エミュレイト/ 動 他 《文章》…に負けまいと努力する; 見習う, 手本とする

e·mul·sion /imʌ́lʃən イマルション/ 名 U C 乳剤; 《写真》感光乳剤

en- 接頭 ❶「…にする」(❗ 名詞・形容詞につけて動詞をつくる) • **en**courage 勇気づける • **en**large 大きくする

❷「…の中に入れる」「…で囲む」など
• engulf 飲み込む • encircle 取り囲む

-en 接尾 ❶「…する」「…になる」(形容詞・名詞につけて動詞をつくる)
❷「…でできた」「…のような」(名詞につけて形容詞をつくる)

en·a·ble B1 高 /inéibl イネイブル/ 動 (三単現 **enables** /inéiblz/; 過去・過分 **enabled** /inéibld/; 現分 **enabling**) 他
❶ 文型 [**enable A to** *do*] Aが…できるようにする; Aに…する機会[権利]を与える
• The scholarship **enabled** Ken **to** *go* to college. 奨学金のおかげでケンは大学に行くことができた (←奨学金はケンを大学に行けるようにした)
❷ (事を)可能にする 派生 **able** 形

en·act /inǽkt イナクト/ 動 他 ❶ (法律などを)制定する, 立法化する ❷ 《文章》(劇などを)上演する **enáctment** 名 U (法律の)制定, 立法化

e·nam·el /inǽməl イナメル/ 名 U ほうろう; (陶器の)うわ薬; エナメル塗料; (歯の)ほうろう質

en·cap·su·late /inkǽpsəlèit インキャプスレイト/ 動 他 要点を言い表す, 要約する

en·case /inkéis インケイス/ 動 他 〔…に〕入れる, 包む, すっかりくるむ 《*in*》

-ence 接尾 「性質」「状態」「行為」など

en·chant /intʃǽnt インチャント/ 動 他 うっとりさせる, 魅了する; 魔法をかける

en·chant·er /intʃǽntər インチャンタ/ 名 C 魔法使い; 魅力のある人

en·chant·ing /intʃǽntiŋ インチャンティング/ 形 うっとりさせるような, 魅惑的な

en·chant·ment /intʃǽntmənt インチャントメント/ 名 U C 魅力; うっとりすること; 魔法にかける[かかる]こと

en·chant·ress /intʃǽntrəs インチャントレス/ 名 C 魔法使いの女, 魔女; 魅力的な女性

en·cir·cle /insə́ːrkl インサークル/ 動 他 《文章》取り囲む; 包囲する

en·clave /énkleiv エンクレイヴ/ 名 C 飛び領土 《◆別の国の領土に囲まれた土地》; (少数民族などの)小孤立集団

en·close B1 /inklóuz インクロウズ/ 動 (三単現 **encloses** /inklóuzəz/; 過去・過分 **enclosed** /inklóuzd/; 現分 **enclosing**) 他 ❶ (文書・小切手などを)同封する
❷ (土地などを)囲む
派生 **enclosure** 名

en·clo·sure /inklóuʒər インクロウジャ/ 名 C 囲いをすること, 囲い込み; 囲い地
派生 **enclose** 動

en·code /inkóud インコウド/ 動 他 (文書などを)暗号化する; (データなどを)コード化する (↔**decode**)

en·com·pass /inkʌ́mpəs インカンパス/ 動 他 取り巻く, 包囲する; 含む

en·core /ɑ́ːŋkɔːr アーンコー/ 間 (コンサートで)アンコール!, もう一度
— 名 C アンコール(曲)

en·coun·ter B1 /inkáuntər インカウンタ/ 名 (複 **encounters** /inkáuntərz/) C 〔…との〕(偶然の)出会い 《*with*》
— 動 (三単現 **encounters** /inkáuntərz/; 過去・過分 **encountered** /inkáuntərd/; 現分 **encountering** /inkáuntəriŋ/) 他 自 (困難などに)直面する; (思いがけなく人に)出会う, 出くわす (=come upon)

en·cour·age A2 中 /inkə́ːridʒ インカーリヂ | inkʌ́ridʒ インカリヂ/ 動 (三単現 **encourages** /inkə́ːridʒəz/; 過去・過分 **encouraged** /inkə́ːridʒd/; 現分 **encouraging**) 他
❶ 勇気づける, 励ます, 激励する (↔ **discourage**); 文型 [**encourage A to** *do*] Aを…するよう励ます
• My mother **encouraged** me **to** do my best. 母はベストを尽すようにと私を励ましてくれた
❷ 促進する 派生 **encouragement** 名

en·cour·age·ment B1 /inkə́ːridʒmənt インカーリヂメント | inkʌ́ridʒmənt インカリヂメント/ 名 U 勇気づけ(られ)ること, 激励; 促進; C 元気づけるもの,

励み(になるもの) (↔**discouragement**) 派生 **encourage** 動

en·cour·ag·ing B1 /inkə́ːridʒiŋ インカーリヂング|inkʌ́ridʒiŋ インカリヂング/ 形 元気づける, たのもしく思わせる
— 動 encourage の現在分詞・動名詞

en·croach /inkróutʃ インクロウチ/ 動 自 〔権利・時間などを〕侵害する, 侵す; 〔土地などを〕浸食する 《*on, upon*》

en·cum·ber /inkʌ́mbər インカンバ/ 動 他 《文章》 (動くのを)妨げる; (場所を)ふさぐ

en·cum·brance /inkʌ́mbrəns インカンブランス/ 名 C じゃま物, やっかい物, 重荷

-ency 接尾 「状態」「性質」など

en·cy·clo·pe·di·a, en·cy·clo·pae·di·a B1 /insàikləpíːdiə インサイクロピーディア/ 名 (複 **encyclop(a)edias** /insàikləpíːdiəz/) C 百科事典

end A1 中

/énd エンド/

意味マップ
名 ❶ 終わり; 結末; 死
❷ 端(はし)
❸ 目的
❹ 限界
動 終える; 終わる

— 名 (複 **ends** /éndz エンヅ/) C

❶ 終わり, 最後 (↔**beginning**); 結果, 結末; 死, 最期(さいご)

• Don't tell me the **end** of the mystery [game]. そのミステリーの結末[試合の結果]を私に教えないで

コロケーション
前+**the end of**+名
until *the end of* the year 年末までずっと
towards *the end of* the season 季節の終わり頃に
by *the end of* the week 今週中には

❷ 端

• the **end** of a rope ロープの端
• at the (far) **end** of the road 通りの(ずっと)つきあたりに

❸ (最終的な)目的

• a means to an **end** 目的を達するための手段

❹ 限界, 限度

at an end 尽きて, 終わって
at loose ends 《米》 = ***at a loose end*** 《英》 何もすることがなくて, ぶらぶらして; まごまごして
at the end of the day 結局(は)
bring ... to an end …を終わらせる
come to an end 終わる, おしまいになる; 尽きる
• The long war **came to an end** at last. 長かった戦争もやっと終わった
end to end 端と端をつけて[接して]
in the end 最後には, ついには, とうとう
• **In the end** he surrendered himself to the police. 彼は最後には自首をした
make (both) ends meet 収支を合わせる; 収入の範囲でやりくりする
no end of ... 《口語》 たくさんの…, 途方もない…
on end 立て続けに; 直立して
put an end to ... …を終わらせる; …を除く, 廃止する
• The U.N. is determined to **put an end to** the war. 国連はその戦争を終わらせる決意を固めている
to no end むだに, いたずらに
to the end 最後まで
without end いつまでも, 永久に

— 動 (三単現 **ends** /éndz エンヅ/; 過去・過分 **ended** /éndəd/; 現分 **ending**)
他 終える; 終わりにする; やめる; 自 終わる; やむ (↔**begin**)
• The story **ended** happily. その物語はハッピーエンドで終わった

end in ... 終わりが…になる, …の結果になる, …に終わる
• **end in** failure 失敗に終わる
end up 最後には…になる; …で終わる; ついには〔…すること〕になる 《*doing*》
end with ... …で終わる

en·dan·ger B1 /indéindʒər インデインヂァ/ 動 (三単現 **endangeres** /indéindʒərz/; 過去・過分 **endangered** /indéindʒərd/; 現分 **endangering**) ⑩ 危険にさらす, あやうくする

en·dan·gered A2 高

/indéindʒərd インデインヂャド/ 形 絶滅寸前の, 絶滅しそうな; 危険にさらされた
- **endangered** species 絶滅危惧(きぐ)種

en·dear /indíər インディア/ 動 ⑩ 文型 [**endear A to B**] A(人)をB(他の人)に親しまれるようにする, 慕(した)わせる

en·dear·ing /indíəriŋ インディアリング/ 形 親しみやすい, かわいらしい

en·deav·or, 《英》 **en·deav·our** B2 /indévər インデヴァ/ 名 C 努力 ━動 ⑪ 努める, 〔…しようと〕努力する《*to do*》

en·dem·ic /endémik エンデミク/ 形 (病気などが)ある地方に特有の, 風土性の

end·ing A2

/éndiŋ エンディング/ 名 (複 **endings** /éndiŋz/) C (物語・映画などの)結末, 終わり
- a story with a happy **ending** めでたい結末[ハッピーエンド]の物語 (×happy end とはいわない)

en·dive /éndaiv エンダイヴ/ 名 《植物》キクジシャ, エンダイブ《◆サラダにする》

end·less B1 /éndləs エンドレス/ 形 終わりのない, 果てしない, 無限の; (テープなど)エンドレスの; 無数の

end·less·ly B2 /éndləsli エンドレスリ/ 副 果てしなく, 無限に; 絶え間なく, 延々と

en·dorse B2 /indɔ́ːrs インドース/ 動 ⑩ (小切手などに)裏書きをする; 《文章》是認する, 支持する **endórsement** 名 U C 裏書き; 是認, 支持

en·dow /indáu インダウ/ 動 ⑩ 資産を贈与する; 授ける; 文型 [**be endowed with A**] A(能力など)を生まれながらにもっている

en·dow·ment /indáumənt インダウメント/ 名 U C (寄付された)基金; 財産

énd pròduct 名 C 最終生産物; 最終結果

énd resùlt 名 《**the** をつけて》最終結果

en·dur·ance B2 /indjúərəns インデュアランス/ 名 U 忍耐(力), がまん; 耐久性, 耐久力 派生 **endure** 動

en·dure B1 /indjúər インデュア/ 動 (三単現 **endures** /indjúərz/; 過去・過分 **endured** /indjúərd/; 現分 **enduring**) ⑩ ⑪

❶《文章》(苦痛などに)耐える, しんぼうする, がまんする

❷ ⑪ 存続する, 持ちこたえる

派生 **endurance** 名

en·dur·ing B2 /indjúəriŋ インデュアリング/ 形 長続きする, 永続的な; がまん強い

en·e·ma /énəmə エネマ/ 名 C 浣腸(かんちょう)(剤)

en·e·my B1 高 /énəmi エネミ/ 名 (複 **enemies** /énəmiz/)

❶ C 敵 (⇔**friend**); 《**the enemy**》敵兵(たち), 敵軍
- **enemy** camp [territory, missiles] 敵のキャンプ[領地, ミサイル]
- attack **the enemy** during the night 敵軍を夜の間に攻撃する

❷ C 害をもたらすもの, 〔社会などの〕敵《*of, to*》
- an **enemy to** mankind 人類の敵

en·er·get·ic A2

/ènərdʒétik エナヂェティク/ 形 精力的な, 元気な, 活動的な, エネルギッシュな; 激しい

派生 **energetically** 副

派生 **energy** 名

en·er·get·i·cal·ly /ènərdʒétikəli エナヂェティカリ/ 副 精力的に

派生 **energetic** 形

en·er·gize /énərdʒàiz エナヂャイズ/ 動 ⑩ 活気づける, 精力[活動]的にする

en·er·gy B2 中 /énərdʒi エナヂ/ (×エネルギー) 名 (複 **energies** /énərdʒiz/) U C

❶ 元気, (心身の)力; 努力, 活動力
- I don't have the **energy** to get out of bed. = I have no **energy** to get

A B C D E F G H I J K L M N O P Q R S T U V W X Y Z

out of bed. 私にはベッドから起き上がる気力がない
• be full of **energy** 体中に力がみなぎっている
❷ エネルギー; (電気などの)エネルギー源 • nuclear **energy** 核エネルギー
派生 **energetic** 形

energy-saving /énərdʒisèiviŋ エナヂセイヴィング/ 形 省エネの

en·fold /infóuld インフォウルド/ 動 他 《文章》包む; 抱く, 抱きしめる

en·force B2 /infɔ́ːrs インフォース/ 動 他
❶ (法律などを)施行する, 実施する ❷ 〔…に〕押しつける, 強制する《*on, upon*》
enfórcement 名 U 施行; 強制

en·fran·chise /infrǽntʃaiz インフランチャイズ/ 動 他 選挙権[参政権]を与える
enfránchisement 名 U 選挙権[参政権]を与えること

Eng. 《略》England イングランド; English 英語

en·gage B1 高 /ingéidʒ インゲイヂ/ 動 (三単現 **engages** /ingéidʒəz/; 過去・過分 **engaged** /ingéidʒd/; 現分 **engaging**)
❶ 他 (人の)関心をひく, (注意・興味などを)ひく
• His story **engaged** her [her interest]. 彼の話は彼女の興味をひいた
❷ 他 文型 [**engage A in B**] A(人)をB(会話など)に引き込む; 自 文型 [**engage in A**] Aを行う, Aに携わる, 参加する
• Tom **is engaged in** literary studies. トムは文学研究に携わっている
• I **engage in** agriculture in the North. 私は北部で農業に従事している
❸ 他 雇う (❗専門家を一時的に雇う場合に多く使う)
❹ 他自 戦闘を始める, 交戦する
❺ 他 (歯車などを)かみ合わせる; 自 (歯車などが)かみ合う
派生 **engagement** 名

en·gaged B1 /ingéidʒd インゲイヂド/ 形
❶ 文型 [**be engaged** (**to A**)] (Aと)婚約している
• Henry is **engaged to** May. ヘンリーはメイと婚約している
❷ 文型 [**be engaged in A**] Aに携わっている; Aを行っている
❸ 忙しい, 手が離せない; ふさがっている; (トイレなどが)使用中の (↔**vacant**); 《英》(電話が)話し中で (=《米》busy)

en·gage·ment B2 /ingéidʒmənt インゲイヂメント/ 名 C ❶ 婚約
• break (off) an **engagement** 婚約を解消する
❷ (会合などの)約束 (=appointment); 取り決め; 契約 • cancel an **engagement** 約束を取り消す
❸ 交戦 派生 **engage** 動

engágement rìng 名 C 婚約指輪, エンゲージリング (×engage ring とはいわない)

en·gag·ing /ingéidʒiŋ インゲイヂング/ 動 engage の現在分詞・動名詞
━ 形 魅力のある, 愛きょうのある
engágingly 副 魅力的に

en·gen·der /indʒéndər インヂェンダ/ 動 他 《文章》(ある状況・感情などを)生じさせる, 引き起こす

en·gine B1 高 /éndʒən エンヂン/ 名 (複 **engines** /éndʒənz/) C
❶ エンジン; 機関
• a jet [car] **engine** ジェット[自動車の]エンジン

コロケーション
動+**engine**
start an *engine* エンジンをかける
cut [turn off] an *engine* エンジンを止める
warm up an *engine* エンジンを暖める
repair an *engine* エンジンを修理する
engine+動
an *engine* runs [works] エンジンが作動する
an *engine* starts エンジンが動き出す
an *engine* stops エンジンが止まる

❷ 機関車 (=locomotive)
❸ 消防自動車 (=fire engine)

éngine drìver 名 C 《英》(機関車の)機関士 (=《米》engineer)

en·gi·neer A1 中
/èndʒəníər エンヂニア/ (×エンヂニア)
(発音 アクセントに注意)
名 (複 **engineers** /èndʒəníərz/) C
❶ 技師, エンジニア
• a civil **engineer** 土木技師
• a system(s) **engineer** SE, システムエンジニア
❷ (船の)機関士; 《米》(機関車の)機関士 (=《英》engine driver)
— 動 (三単現 **engineers** /èndʒəníərz/; 過去・過分 **engineered** /èndʒəníərd/; 現分 **engineering** /èndʒəníəriŋ/) 他
設計する; (裏で)工作する, 画策する

en·gi·neer·ing B1 高 /èndʒəníəriŋ エンヂニアリング/ 名 U
工学, 工学技術; 基礎工学

Eng·land 中 /íŋglənd イングランド/ 名
❶ イングランド 《♦大ブリテン島 (Great Britain) からスコットランドとウェールズを除いた地域の名; イギリスの中心地だが一地域名であって, イギリス全体をさすのではないことに注意》
❷ イギリス, 英国 《♦首都はロンドン (London)》 派生 **English** 形

Eng·lish 中 /íŋgliʃ イングリシュ/ 名
❶ U 英語
• speak **English** 英語を話す (×an English としない)
• write a letter **in English** 英語で手紙を書く
• He is good **at English**. 彼は英語がうまい
❷ 《**the English**》《複数扱い》《集合的》イングランド人; イギリス人 (❗(1人の)イングランド人は an Englishman, an Englishwoman という; イギリス人(全体)をさすときは the British というほうがよい)
— 形 ❶ 英語の
• **English** grammar 英文法
❷ イングランドの; イングランド人の[で] (❗イギリス全体ではなく「イングランド地域[人]の」の意味) ⇨**England** ❶
• **English** history イングランド史
❸ イギリスの; 英国の; イギリス人の[で] 派生 **England** 名

Énglish bréakfast 名 C イギリス風の朝食 《♦量が多く, 紅茶やトーストのほかにベーコンエッグ, ソーセージなどがつく》

Énglish Chánnel 名 《**the** をつけて》イギリス海峡(かいきょう), 英仏海峡

Eng·lish·man B1 /íŋgliʃmən イングリシュマン/ 名 (複 **Englishmen** /íŋgliʃmən/) C ❶ (男性の)イングランド人 ❷ イギリス人(男性), 英国人 ⇨**English** 名❷

Énglish-spéaking 形 英語を話す

Eng·lish·wom·an /íŋgliʃwùmən イングリシュウマン/ 名 (複 **Englishwomen** /íŋgliʃwìmən/) C ❶ (女性の)イングランド人 ❷ イギリス人(女性), 英国婦人 ⇨ **English** 名❷

en·grave /ingréiv イングレイヴ/ 動 他 彫り込む; 刻む

en·grav·ing /ingréiviŋ イングレイヴィング/ 名 U 彫刻術; C 彫版; 版画

en·gross /ingróus イングロウス/ 動 他 没頭させる, 夢中にさせる
be engrossed in ... …に夢中になる

en·gross·ing /ingróusiŋ イングロウスィング/ 形 夢中にさせる, 心を奪う

en·gulf B2 /ingʌ́lf インガルフ/ 動 他 包み込む; 強く影響する, 巻き込む

en·hance B2 /inhǽns インハンス/ 動 他 価値[魅力など]を高める, 向上させる
enháncement 名 U C 向上

e·nig·ma /inígmə イニグマ/ 名 C なぞ; なぞめいたもの[人]

en·ig·mat·ic /ènigmǽtik エニグマティク/ 形 なぞのような, 不可解な

en·join /indʒɔ́in インヂョイン/ 動 他 《文章》申し渡す, 〔…するように〕命じる 《*to do*》

en·joy A1 中
/indʒɔ́i インヂョイ/ 動 (三単現 **enjoys** /indʒɔ́iz/; 過去・過分 **enjoyed** /indʒɔ́id/; 現分 **enjoying**) 他 自
❶ (…を)楽しむ, …は楽しい(と思う); 味わう

- **enjoy** music 音楽を楽しむ
- We **enjoyed** a visit to the seaside. 私たちは海岸へ行って楽しかった

会話 "Did you **enjoy** your trip?" "Yes, I **enjoyed** it very much." 「ご旅行は楽しかったですか」「ええ, とても楽しかったです」(❗ it をぬかさない; enjoy は次例の場合を除いて目的語が必要)

- **Enjoy!** 楽しんでね; (食べ物を勧めて)どうぞ召し上がれ; (別れ際に)ごきげんよう

文型 [**enjoy** *doing*] …することを楽しむ, 楽しく…する

- He **enjoys playing** tennis after school. 彼は放課後にテニスを楽しみます(×enjoy *to play* としない)

❷ (よいもの・状態に)恵まれている, 享受する (❗「…のよさを楽しむ」という意味から)

enjoy *oneself* 楽しく過ごす, 楽しむ (←自分自身を楽しませる)

会話 "How did you **enjoy yourself** at the party?" "I **enjoyed myself** very much." 「パーティーは楽しかったですか」「とても楽しかった」

派生 **enjoyment** 名

en·joy·a·ble B1 高 /indʒɔ́iəbl インチョイアブル/ 形 楽しい, おもしろい (❗「満足した」ことに重点がおかれる語)

enjóyably 副 おもしろく

en·joy·ment B1 /indʒɔ́imənt インチョイメント/ 名 (複 **enjoyments** /indʒɔ́imənts インチョイメンツ/) U 楽しむこと; C 楽しみ, 楽しいこと

派生 **enjoy** 動

en·large /inláːrdʒ インラーヂ/ 動 他 大きくする, 拡大する; (写真を)引き伸ばす; 自 広がる 派生 **large** 形

enlárgement 名 U 増大, 拡大; C 引き伸ばし写真

en·light·en /inláitən インライトン/ 動 他 啓発する, 教化する; よくわかるように説明する

en·light·ened /inláitənd インライトンド/ 形 啓発された; (物事を)よく理解した

en·light·en·ment /inláitnmənt インライトンメント/ 名 U 啓蒙, 啓発, 教化; 《**the Enlightenment**》啓蒙主義運動 《♦18世紀ヨーロッパの経験論的・合理主義的思想にもとづく運動》

en·list /inlíst インリスト/ 動 ❶ 自 〔軍隊に〕入隊する 《*in*》; 他 兵役に就かせる ❷ 他 (援助・支持などを)得る

en·liv·en /inláivən インライヴン/ 動 他 活気づける, にぎやかにする

en masse /àːn mǽs アーン マス/ 副 一団で, いっしょに

en·mi·ty /énməti エンミティ/ 名 (複 **enmities** /énmətiz/) U C 《文章》 憎しみ, 敵意; 反目

e·nor·mi·ty /inɔ́ːrməti イノーミティ/ 名 (複 **enormities** /inɔ́ːrmətiz/) U 非道, 極悪; C 非道な行為; 《**the enormity**》〔問題などの〕きわめて大きいこと, 重大さ 《*of*》

e·nor·mous A2

/inɔ́ːrməs イノーマス/ 形

巨大な, ばく大な (=huge)

- an **enormous** amount of money ばく大な金額

派生 **enormously** 副

e·nor·mous·ly /inɔ́ːrməsli イノーマスリ/ 副 非常に; ばく大に

派生 **enormous** 形

e·nough A2 中

/inʌ́f イナフ/ 形

〔…に; …するのに〕必要なだけの, (必要を満たすのに)十分な 《*for; to do*》

- **enough** chairs **for** ten people 10人に必要なだけのいす
- There was not **enough** food **for** four people. 4人分に足りる十分な食べ物がなかった
- Ten dollars will be **enough**. 10ドルあれば十分でしょう

― 副 ❶〔…に; …するのに〕必要なだけ, 十分に, ちょうどよく 《*for; to do*》

- This cap is big **enough for** me. この帽子は私にちょうどいい大きさだ (←必要なだけ大きい)
- He is old **enough to** work. 彼は仕事

ができる年齢だ (←働くのに十分な年齢に達している)

• Ken didn't work hard **enough** and he failed the exam. ケンは勉強が足りなかったので試験に落ちた (←必要なだけ熱心に勉強しなかった)

❷ まあまあ, まずまず; かなり

cannot** do **enough いくら…してもたりない

• I **cannot** thank you **enough**. お礼の申しようもありません (←どんなにお礼を言っても十分ではない)

strangely** [**curiously**, **oddly**] **enough 奇妙なことには

sure enough 確かに, 本当に

— 代 必要なだけ, 十分; ちょうどいい[十分な]数[量]

• There are ten people. Count the chairs. Are there **enough**? 10人いるんだよ. いすを数えてごらん. 必要なだけあるかな[足りるかな]

会話 "Won't you have some more salad?" "I've had **enough**, thank you."「サラダをもっといかがですか」「ありがとう, でももう十分いただきました」

Enough is enough. もうたくさんだ(いやになった)

enough of … …はもうたくさん

Enough said. もう何も言わなくていい, もうわかっているよ

have had enough of … …はもうたくさんだ

more than enough 必要以上に

That's enough. (いいかげんに)やめなさい (❗子どもの悪さをやめさせるときなどに言う)

en·quire /inkwáiər インクワイア/ 動 《英》(=inquire)

en·quir·y /inkwáiəri インクワイアリ/ 名 《英》(=inquiry)

en·rage /inréidʒ インレイヂ/ 動 他 ひどく怒らせる, 激怒させる

en·rich B1 高 /inrítʃ インリチ/ 動 (三単現 **enriches** /inrítʃəz/; 過去·過分 **enriched** /inrítʃt/; 現分 **enriching**) 他

❶ (土地などを)肥沃(よく)にする; (心・生活などを)豊かにする; 富ませる (=make rich) ❷ (食品の)栄養価を高める

派生 **rich** 形

enríchment 名 U 豊かにすること; (食品の)強化

en·roll, 《英》 **en·rol** B2 /inróul インロウル/ 動 (三単現 **enrolls** /inróulz/; 過去·過分 **enrolled** /inróuld/; 現分 **enrolling**) 他 自 (名簿に)登録する; 入会させる[する], 入学させる[する]

enroll in … …に入会する, 入学する; 入隊する

en·roll·ment, 《英》 **en·rol·ment** /inróulmənt インロウルメント/ 名 U C 登録; 入会, 入学; C 登録者数, 在籍者数

en route /ɑ̀ːn rúːt アーン ルート/ 副 〔…への〕途中で, 途上で 《*to*》 (=on the way)

en·sem·ble /ɑːnsɑ́ːmbl アーンサーンブル/ 名 C ❶ 《音楽》 アンサンブル (♦小人数の合奏や合唱; そのグループ)

❷ (部分が調和した)全体; 全体的効果

en·shrine /inʃráin インシュライン/ 動 他 祭る; 大切に保存する; (権利などを)〔…に〕正式に記す 《*in*》

en·sign /énsain エンサイン, énsən エンスン/ 名 C ❶ 旗; 軍艦旗 ❷ 《米》 海軍少尉

en·slave /insléiv インスレイヴ/ 動 他 奴隷にする; とりこにする

en·sue /insúː インスー/ 動 自 《文章》 続いて起こる; 〔…の〕結果として起こる 《*from*》

en·su·ing /insúːiŋ インスーイング/ 形 《文章》 続いての, その次の

en·sure B1 高 /inʃúər インシュア | inʃɔ́ː インショー/ 動 (三単現 **ensures** /inʃúərz/; 過去·過分 **ensured** /inʃúərd/; 現分 **ensuring**) 他 確実にする; 保証する; 確保する; 文型 [**ensure that …**] …ということを確かめる; …ということを保証する

• Please **ensure that** all the doors are locked. すべてのドアにかぎがかかっているか確かめてください

派生 **sure** 形

ENT /ìːèntíː イーエンティー/ 《略》 ear, nose,

throat 耳鼻咽喉(いんこう)科

-ent 接尾 ❶「状態」(❗動詞につけて形容詞をつくる) ❷「…する人」(❗動詞につけて名詞をつくる)

en·tail /intéil インテイル/ 動 他 (必然的に)伴う, 含む; 必要とする

en·tan·gle /intǽŋgl インタングル/ 動 他 (人を)〔面倒なことに〕巻き込む《*in*》; (人を)〔他の人との〕かかわりに巻き込む《*with*》; (物を)〔…に〕もつれさせる, からませる《*in, with*》

entánglement 名 U もつれさせること; C もつれた状況[関係]

en·ter A2 中

/éntər エンタ/ 動 (三単現 **enters** /éntərz/; 過去・過分 **entered** /éntərd/; 現分 **entering**)

意味マップ
❶ (部屋などに)入る
❷ (学校などに)入る, 入学する, 入会する
❸ (競技などに)参加する
❹ 記入する

❶ 他 自 (部屋などに)**入る**; (国に)**入国する**

- **enter** a room 部屋に入る ⇨図 (×enter *into* a room としない ⇨**enter into** (成句))
- Please **enter** the house **through** [**by**] the back door. 裏口から家へ入ってください

❷ 他 自 (学校などに)**入る, 入学する, 入れる, 入会する**

- I'll **enter** high school in April. 私は4月に高校に入学する ⇨図
- **enter** the hospital 入院する

❸ 他 自 (競技などに)**参加する, 参加させる, 参入する**

- **enter** a contest [competition] 競技に参加する (❗ club などに「参加する」は join)

❹ 他 **書き入れる, 記入する**; (パソコンに)**入力する**

- **enter** *one's* name 名前を記入する ⇨図
- Please **enter** your ID and password. IDとパスワードを入力して下さい

enter into ... …に取りかかる; …に参入する; (感情など)を察する, (問題など)を理解する; …の要素になる (❗この形は「会話」「議論」のような抽象(ちゅうしょう)名詞の前にしか使わない; 具体的な物を示す名詞の前では enter だけを使う) ⇨❶

- He **entered into** a conversation [discussion] with Mr. Wood. 彼はウッド氏と話[討論]を始めた

enter on [***upon***] ***...*** (仕事など)に取りかかる

派生 **entrance**[1], **entry** 名

注意›
(**1**) 彼女は教室に入った
×She entered into the classroom.
○She entered the classroom.
(❗「(場所に)入る」の意味では into など前置詞はいらない) ⇨成句 **enter into**
(**2**) 彼らは列車に乗り込んだ
×They entered the train.
○They got on the train.
(❗enter は乗り物には使えない)

en·ter·prise B2 /éntərpràiz エンタプライズ/ (×エンタープライズ) 名

❶ C (大胆な)**企て; 事業; 企業, 会社**

- a private **enterprise** 民間企業

❷ U **進んで新しいことに取り組む精神, 冒険心**

- a person of great **enterprise** 冒険心に満ちた人

en·ter·pris·ing /éntərpràiziŋ エンタプライズィング/ 形 進取の気性に富んだ，意欲的な

en·ter·tain B1 /èntərtéin エンタテイン/ (×エンターテイン) 動 (三単現 **entertains** /èntərtéinz/; 過去·過分 **entertained** /èntərtéind/; 現分 **entertaining**)

❶ 他〔…で〕楽しませる《*with*》

• Ken tried to **entertain** his classmates **with** his jokes. ケンは冗談を言ってクラスの友達を楽しませようとした

❷ 他自 (客を)もてなす，招待してごちそうする

❸ 他《文章》(考えなどを)いだく

派生 **entertainment** 名

en·ter·tain·er B1 /èntərtéinər エンタテイナ/ 名 (複 **entertainers** /èntərtéinərz/) C

(プロの)芸能人，エンターテイナー

en·ter·tain·ing B2 /èntərtéiniŋ エンタテイニング/ 形 おもしろい，愉快な，楽しい

en·ter·tain·ment

A2 高 /èntərtéinmənt エンタテインメント/ 名 (複 **entertainments** /èntərtéinmənts エンタテインメンツ/)

❶ C エンタテイ(ン)メント，娯楽，余興; U 娯楽，楽しみ

❷ U もてなし，接待

派生 **entertain** 動

en·thrall /inθrɔ́:l インスロール/ 動 他 魅了する，心を奪う

en·thuse /inθjú:z インスューズ/ 動 自〔…に〕熱狂[熱中]する《*about, over*》

en·thu·si·asm B1 /inθjú:ziæ̀zm インスューズィアズム/ 名 (複 **enthusiasms** /inθjú:ziæ̀zmz/) U C

熱意，熱中，熱狂

• have [feel] **enthusiasm** for [about] ... …に熱心である

派生 **enthusiastic** 形

en·thu·si·ast B1 /inθjú:ziæ̀st インスューズィアスト/ 名 (複 **enthusiasts** /inθjú:ziæ̀sts インスューズィアスツ/) C

熱中している人，熱狂的ファン

en·thu·si·as·tic B1 /inθjù:ziǽstik インスューズィアスティク/ 形

熱心な，熱狂的な，熱烈な

派生 **enthusiasm** 名

enthùsiástically B2 副 熱狂的に

en·tice /intáis インタイス/ 動 他 誘惑する，誘う; 文型 [**entice A to** *do* = **entice A into** *do***ing**] A(人)をそそのかして…させる

entícement 名 U C 誘惑

en·tic·ing /intáisiŋ インタイスィング/ 形 誘うような，魅力的な

en·tire B1 高 /intáiər インタイア/ 形

❶ 全体の，全部の

• the **entire** family 一家全員

❷ 全部そろっている，完全な，まったくの 派生 **entirely** 副

en·tire·ly B1 /intáiərli インタイアリ/ 副

完全に，まったく，すっかり

• What you said is not **entirely** wrong. 君の言ったことがまるっきり間違いというわけではない

派生 **entire** 形

en·tire·ty /intáiərti インタイアティ/ 名 U

完全さ; 全体，全部

in its entirety そっくりそのまま，完全な状態で

en·ti·tle B2 /intáitl インタイトル/ 動 他

❶ 文型 [**entitle A to B**] A(人)にBの資格[権利]を与える

• This ticket **entitles** you **to** a free lunch. このチケットで君は昼食をただで食べられる (←このチケットは君に無料の昼食の権利を与える)

文型 [**entitle A to** *do*] A(人)に…する資格[権利]を与える

• This ticket **entitles** you **to** *enter* the hall. このチケットで講堂に入れます

❷ 文型 [**entitle A C**] A(本など)にCという表題をつける

en·ti·tle·ment /intáitlmənt インタイトルメント/ 名 U C 資格，権利; 《米》(政府が支給する)福祉給付金

en·ti·ty /éntəti エンティティ/ 名 (複 **entities** /éntətiz/) 《文章》C (他から独立して)存在するもの，実在物; U 存在，実

在

en·to·mol·o·gist /èntəmɑ́lədʒist エントマロヂスト/ 名 C 昆虫学者

en·to·mol·o·gy /èntəmɑ́lədʒi エントマロヂ/ 名 U 昆虫学

en·tou·rage /ɑ̀:nturɑ́:ʒ アーントゥラージ/ 名 C 《集合的》(要人の)側近(たち), 随行団

en·trails /éntreilz エントレイルズ/ 名 《複数扱い》(人・動物の)内臓, 腸

en·trance[1] A2 中 /éntrəns エントランス/ 名 (複 **entrances** /éntrənsəz/)
❶ C 入り口 (=way in) (↔**exit**)
- the front **entrance** 正面の入口
- at the **entrance to** the station 駅の入り口で

❷ U C 入ること, 入場; 入学; U 入場[入学]許可
- She passed the **entrance** exam for the University of Tokyo. 彼女は東京大学の入学試験に合格した

派生 **enter** 動

en·trance[2] /intrǽns イントランス/ 動 他 有頂天にさせる; 恍惚(こうこつ)とさせる, うっとりさせる

éntrance examinàtion 名 U C 入学試験

éntrance fèe 名 C 入会金, 入学金; 入場料

en·trant /éntrənt エントラント/ 名 C 参加者; 新加入者, 新会員, 新入生

en·trap /intrǽp イントラプ/ 動 (三単現 **entraps** /intrǽps/; 過去・過分 **entrapped** /intrǽpt/; 現分 **entrapping**) 他 《文章》わなにかける, 〔…に〕おとしいれる 《*in, into*》 **entrápment** 名 U (おとり捜査用の)わな

en·treat /intrí:t イントリート/ 動 他 懇願する; 請う

en·treat·y /intrí:ti イントリーティ/ 名 (複 **entreaties** /intrí:tiz/) U C 《文章》懇願, 切望

en·trée, en·tree /ɑ́:ntrei アーントレイ/ 名 ❶ C アントレ 《◆主要料理またはその前の軽い料理》
❷ U C 入場許可, 入場権

en·trench /intréntʃ イントレンチ/ 動 他 強固にする, (習慣などを)確立させる

en·trenched /intréntʃt イントレンチト/ 形 (変わりようもないほど)確立された, 深く根づいた

en·tre·pre·neur B2 /ɑ̀:ntrəprənə́:r アーントレプレナー/ 名 C 起業家, (ベンチャー企業などの)事業主

en·trust /intrʌ́st イントラスト/ 動 他 委任する, 任せる

en·try B1 /éntri エントリ/ 名 (複 **entries** /éntriz/)
❶ U C 入ること; 入場; 入国
- illegal **entry** into a country 不法入国
- No **Entry**. 《掲示》《英》進入禁止 (=《米》Do Not Enter.)

コロケーション
動+**entry**
allow *entry* 入場を許可する
gain *entry* (into ...) (…への)入場許可を得る
refuse *entry* 入場を断る

❷ C U 入会, 入学; (市場などへの)参入
- **entry** to a university 大学への入学

❸ U C (競技などへの)参加(者)
❹ C U (帳簿などへの)記入(事項); (辞書の)見出し語; (日記の)記述
❺ C 入り口
❻ 《コンピュータ》U (情報の)入力; C 入力された情報, エントリー

派生 **enter** 動

éntry vìsa 名 C 入国ビザ

en·twine /intwáin イントワイン/ 動 他 からみ合わせる; 自 からみつく

e·nu·mer·ate /injú:mərèit イニューメレイト/ 動 他 《文章》列挙する, 数え上げる

e·nun·ci·ate /inʌ́nsièit イナンスィエイト/ 動 他 自 《文章》はっきり発音する; 明確に述べる, 明言する

e·nun·ci·a·tion /inʌ̀nsiéiʃən イナンスィエイション/ 名 《文章》U 発音(のしかた); C 宣言, 声明

en·vel·op /invéləp インヴェロプ/ 動 他 包む (=wrap)

envelop oneself in ... …にくるまる

en·ve·lope A2 高 /énvəlòup エンヴェロウプ/ 名 (複 **envelopes** /énvəlòups/) C 封筒
• put a stamp **on** an **envelope** 封筒に切手をはる

en·vi·a·ble /énviəbl エンヴィアブル/ 形 (人を)うらやましがらせるような

en·vi·ous /énviəs エンヴィアス/ 形 うらやましそうな, ねたましげな, ねたみ深い; 文型 [**be envious of A**] Aをうらやましがる 派生 **envy** 動 名
enviously 副 うらやましそうに

en·vi·ron·ment B2 中 /inváiərənmənt インヴァイ(ア)ロンメント/ 名
❶ 《**the environment**》(自然)環境
• protect [pollute] **the environment** 自然環境を保護[汚染]する

コロケーション
形+**environment**
the natural *environment* 自然環境
the local *environment* 地域の環境
a work *environment* 労働環境
a healthy *environment* 健全な環境
a social *environment* 社会環境

❷ U C (家庭や社会の)環境, 周囲(の状況)
• a good home [working] **environment** よい家庭[職場]環境
派生 **environmental** 形

en·vi·ron·men·tal B1 高 /invàiərənméntl インヴァイアロンメンタル/ 形 周囲の; 環境の; 環境保護の
• **environmental** problems [pollution, protection] 環境問題[汚染, 保護]
派生 **environment** 名
派生 **environmentally** 副

en·vi·ron·men·tal·ist B1 /invàiərənméntəlist インヴァイアロンメンタリスト/ 名 (複 **environmentalists** /invàiərənméntəlists インヴァイアロンメンタリスツ/) C 環境保護論者, 環境保護に取り組む人

en·vi·ron·men·tal·ly B2 高 /invàiərənméntəli インヴァイアロンメンタリ/ 副 環境的に; 環境保護の上で
派生 **environmental** 形

en·vi·ron·ment-friend·ly /inváiərənməntfréndli インヴァイアロンメントフレンドリ/ 形 環境に優しい

en·vi·rons /inváiərənz インヴァイアロンズ/ 名 《複数扱い》(都市の)近郊, 郊外

en·vis·age /invízidʒ インヴィズィヂ/ 動 他 (将来の物事を)心に描く, 予想する

en·vi·sion /invíʒən インヴィジョン/ 動 《米》(=envisage)

en·voy /énvɔi エンヴォイ/ 名 (複 **envoys** /énvɔiz/) C 特命全権公使 《♦大使 (ambassador) の下位》; 使節

en·vy A2
/énvi エンヴィ/ 名 U うらやみ, うらやましい気持ち, ねたみ (=jealousy); 《**the envy**》 羨望(せんぼう)の的
• feel **envy** at [of] ... …をねたむ
— 動 (三単現 **envies** /énviz/; 過去·過分 **envied** /énvid/; 現分 **envying**) 他 うらやむ, ねたむ; 文型 [**envy A (for) B**] A(人)のBをうらやむ
• I **envy** his slender figure. 彼のすらっとした体型がうらやましい
派生 **envious**, **enviable** 形

en·zyme /énzaim エンザイム/ 名 C 酵素

ep·au·let /épəlèt エポレト/ 名 C (軍服の)肩章

e·phem·er·al /ifémərəl イフェメラル/ 形 《文章》はかない, つかの間の

ep·ic /épik エピク/ 名 C 叙事詩
— 形 叙事詩の; 勇壮な

ep·i·cen·ter /épisèntər エピセンタ/ 名 C 震央 《♦震源の真上にあたる地表点》; 震源地

ep·i·dem·ic /èpədémik エピデミク/ 名 C (病気の)流行; 流行病, 伝染病; (犯罪などの)急増

ep·i·gram /épəgræm エピグラム/ 名 C エピグラム, 警句

ep·i·lep·sy /épəlèpsi エピレプスィ/ 名 U 《医学》てんかん

ep·i·lep·tic /èpəléptik エピレプティク/ 形 《医学》てんかん(性)の

— 名 C てんかん患者

ep·i·logue /épəlɔ̀ːg エピローグ/ 名 C エピローグ, 結語 (↔**prologue**)

ep·i·sode A2

/épəsòud エピソウド/ 名 (複 **episodes** /épəsòudz エピソウヅ/) C

特別な出来事, エピソード, 挿話; (連載小説・連続ドラマなどの) 1 回分の話

ep·i·sod·ic /èpəsádik エピサディク/ 形 挿話的な; 散発的な

ep·i·taph /épətæ̀f エピタフ/ 名 C 墓碑銘, 碑文

ep·i·thet /épəθèt エピセト/ 名 C (人の特性を表す)通り名, あだ名

e·pit·o·me /ipítəmi イピトミ/ 名 《**the epitome**》〔…の〕典型 《*of*》

e·pit·o·mize /ipítəmàiz イピトマイズ/ 動 他 …の典型である

ep·och /épək エポク/ 名 C (画期的な)時代 (=era); 新時代; 《地学》世(せい)

ep·och·mak·ing /épəkmèikiŋ エポクメイキング/ 形 画期的な

e·qual B1 高 /íːkwəl イークワル/ (×イコール) 形 ❶ 等しい, 同等の (↔**unequal**)

- He divided the cake into six **equal** pieces. 彼はケーキを6等分した
- They are **equal in** height. 彼らは背の高さが同じです

文型 [**be equal to A**] Aに等しい; Aと同等である, Aに匹敵する

- One mile **is equal to** 1.6 km. 1マイルは1.6キロメートルだ

❷〔…と〕平等の, 対等の 《*with*》

- All human beings are created **equal**. 人はみな平等につくられている
- **equal** opportunities 均等な機会
- **equal** rights 平等な権利

❸ 文型 [**be equal to A**] Aをするだけの力がある, Aに耐えられる, 対応できる

- He **is** not **equal to** this work. 彼の能力ではこの仕事はむりだ

— 動 (三単現 **equals** /íːkwəlz/; 過去・過分 **equaled**, 《英》 **equalled** /íːkwəld/; 現分 **equaling**, 《英》 **equalling**) 他 …に等しい; …に匹敵する, かなう

- Two and two **equal(s)** four. 2たす2は4に等しい[4だ] 《◆2+2=4》

— 名 (複 **equals** /íːkwəlz/) C 同等の人[もの], 匹敵する人[もの]

- Let's treat each other as **equals**. お互いを対等に扱うようにしよう

派生 **equally** 副; 派生 **equality** 名
派生 **equalize** 動

e·qual·i·ty B1 高 /ikwáləti イクワリティ | ikwɔ́ləti イクウォリティ/ (×イコーリティ) 名 U 平等; 均等 (↔**inequality**); 同等

- racial **equality** 人種的平等
- sexual **equality** = **equality between** the men and women 男女間の平等

派生 **equal** 形

e·qual·ize /íːkwəlàiz イークワライズ/ 動 他 等しくする, 同等にする; 自 同点になる 派生 **equal** 形

e·qual·iz·er /íːkwəlàizər イークワライザ/ 名 C 《電気》 イコライザー; 《英》(サッカーなどで)同点ゴール

e·qual·ly B1 高 /íːkwəli イークワリ/ 副 同様に; 平等に, 等しく, 同じように; それと同時に

- Both plans will work **equally** well. その計画は両方とも同じようにうまくいくだろう

派生 **equal** 形

équal sìgn, équals sìgn 名 C イコールの印, 等号 《◆=》

e·qua·nim·i·ty /ìːkwənímәti イークワニミティ/ 名 U 《文章》 落ち着き, 冷静さ

e·quate /ikwéit イクウェイト/ 動 他 《文章》〔…と〕等しいと見なす, 同等視する 《*with*》

e·qua·tion B2 /ikwéiʒən イクウェイジョン, ikwéiʃən イクウェイション/ 名 C 方程式, 等式

e·qua·tor 高 /ikwéitər イクウェイタ/ 名 《**the equator**》 赤道

e·qua·to·ri·al /ìːkwətɔ́ːriəl イークワトーリアル/ 形 赤道の, 赤道付近の; 赤道直下の(ような)

Equatórial Guínea 名 赤道ギニア 《◆アフリカ中西部の共和国; 首都マラボ

(Malabo))

e·ques·tri·an /ikwéstriən イクウェストリアン/ 形 馬術の, 乗馬(用)の
— 名 C 騎手

e·qui·lat·er·al /ìːkwilǽtərəl イークウィラテラル/ 形 《幾何》(図形が)等辺の

e·qui·lib·ri·um /ìːkwəlíbriəm イークウィリブリアム/ 名 U (勢力などの)つり合い, 均衡; (心の)平静

e·qui·nox /íːkwənɑ̀ks イークウィナクス/ 名 C 昼夜平分時
- the spring [vernal] **equinox** 春分
- the autumn(al) **equinox** 秋分

e·quip B2 /ikwíp イクウィプ/ 動 (三単現 **equips** /ikwíps/; 過去·過分 **equipped** /ikwípt/; 現分 **equipping**) 他
❶ 備えつける, 装備する, したくをする; 文型 [**be equipped with A**] A を備えている, 装備している
- Each room **is equipped with** an air conditioner. 全室にエアコンを備えております

❷ (人に)(…のための)能力[技能]を授ける《*for*》 派生 **equipment** 名

e·quip·ment B1 高 /ikwípmənt イクウィプメント/ 名 U ❶《集合的》備品, 装備, 用具(❗不可算名詞で「装備, 備品」を総称的にさす;「備品1つ」は a piece of equipment のようにいう)
- sports **equipment** スポーツ用具(❗スキーの板やテニスのラケットなど)
- medical **equipment** 医療機器
- digital **equipment** デジタル機器
- office **equipment** 事務用品

❷ 装備(すること); 準備
派生 **equip** 動

eq·ui·ta·ble /ékwətəbl エクウィタブル/ 形 《文章》公平な, 公正な

eq·ui·ty B2 /ékwəti エクウィティ/ 名 U 公平, 公正

e·quiv·a·lent /ikwívələnt イクウィヴァレント/ 形 〔…に〕等しい, 同等の; 相当する《*to*》
- Twenty-five centimeters is roughly **equivalent to** 10 inches. 25センチはおよそ10インチに相当する

— 名 C 同等の物; 相当語句

e·quiv·o·cal /ikwívəkəl イクウィヴォカル/ 形 (ことばが)2つの意味にとれる, あいまいな; (態度などが)はっきりしない; いかがわしい

ER /ìːɑ́ːr イーアー/ 名 C 《米》救急処置室
日英比較 emergency room の略で「救急処置室」とするが, アメリカのERは一般的には, 総合病院の中の「救急科」という一部門であり, 専属の医療スタッフが救急患者の治療にあたる専用病棟である

er /ə́ːr アー/ 間 ええと, あのー(❗ことばにつかえたときなどにいう)

-er[1] 接尾 ❶「…する人·もの」❷「…に住む人」❸「…の関係者, 製作者」

-er[2] 接尾 《形容詞·副詞につけて比較級をつくる》

e·ra B1 高 /íərə イアラ/ 名 (複 **eras** /íərəz/) C
❶ 時代, 年代, 時期(❗特定の事件, 体制などを起点とする一定の期間のこと)
- the Trump **era** トランプ体制[時代]
- the Meiji [Taisho] **era** 明治[大正]時代

❷ 紀元
- the Christian **era** 西暦紀元

❸《地学》代《◆最も大きい時代区分; 紀(period), 世(epoch)の順に短くなる》

e·rad·i·cate /irǽdəkèit イラディケイト/ 動 他《文章》(社会悪·病気などを)根絶する, 一掃する

e·rad·i·ca·tion /irǽdəkéiʃən イラディケイション/ 名 U 撲滅, 根絶

e·rase /iréis イレイス/ 動 他 (録音テープ·コンピュータのデータなどを)消す, 消去する; 削除する

e·ras·er 中 /iréisər イレイサ | iréizə イレイザ/ 名 (複 **erasers** /iréisərz/) C 《米》消しゴム (=《英》rubber); 黒板ふき

e·ra·sure /iréiʃər イレイシャ/ 名 U 削除, 消去; C 削除箇所, 削除した跡

e·rect B2 /irékt イレクト/ 形
❶ 直立した, まっすぐな
- stand **erect** 背すじを伸ばして立つ

❷ 勃起(ぼっき)した
— 動 他 建てる; 設立する; (テントなどを)張る

A B C D E F G H I J K L M N O P Q R S T U V W X Y Z

e·rec·tion /irékʃən イレクション/ 名
❶ U 直立; 建設, 建立
❷ U C 《生理》 勃起(ぼっき)

E·rie /íəri イアリ/ 名 《Lake Erie》 エリー湖 《♦北米五大湖の1つ》 ⇨**Great Lakes**

Er·i·tre·a /èritríːə エリトリーア/ 名 エリトリア 《♦アフリカ北東部の国; 首都アスマラ(Asmara)》

Er·nest /ə́ːrnist アーニスト/ 名 アーネスト 《♦男性名》

e·rode /iróud イロウド/ 動 ❶ 他 浸食する; 自 浸食される 《*away*》
❷ 他 《文章》 (勢力などを)衰退させる, (信頼などを)失わせる

E·ros /érɑs エラス/ 名 《ギリシャ神話》 エロス 《♦恋愛の神; ローマ神話のキューピッド (Cupid) にあたる》

e·ro·sion /iróuʒən イロウジョン/ 名 U 浸食(作用); (勢力などの)衰退, 低下

e·rot·ic /irɑ́tik イラティク/ 形 性愛の, 官能的な, エロチックな

e·rot·i·cism /irɑ́təsìzm イラティスィズム/ 名 U (芸術作品の)好色[官能]性

err /ə́ːr アー/ 動 自 《文章》 間違う, 誤る; 過ちを犯す

err in doing …するという間違いを犯す

er·rand /érənd エランド/ 名 C お使い; (お使いの)用事

on an errand お使いで

er·rant /érənt エラント/ 形 《文章》
❶ 正道から外れた; 誤った ❷ 遍歴の

er·rat·ic /irǽtik イラティク/ 形 気まぐれな, 一貫性のない, とっぴな; 不規則な
errátically 副 気まぐれに; 不規則に

er·ro·ne·ous /iróuniəs イロウニアス/ 形 間違った, 正しくない
erróneously 副 間違って

er·ror A2 高

/érər エラ/ 名 (複 **errors** /érərz/)
❶ C 誤り, 間違い, エラー
• **make** an **error** in calculation 計算間違いをする
• correct **errors** 誤りを直す
• an **error** message (コンピュータで表示される)エラーメッセージ
• by trial and **error** 試行錯誤[手探り]で
❷ C 《野球》 エラー, 失策
❸ U 思い違い

in error 間違って, 考え違いをして

er·u·dite /érjədàit エリュダイト/ 形 学識のある, 博学な

er·u·di·tion /èrjədíʃən エリュディション/ 名 U 博学; 学識

e·rupt B2 /irʌ́pt イラプト/ 動 自 (火山が)噴火する; 噴出する; (戦争などが)突発する; (感情が)爆発する; 発疹(はっしん)する

e·rup·tion B2 /irʌ́pʃən イラプション/ 名 U C 噴火; 噴出; 突発; 発疹(はっしん)

es·ca·late /éskəlèit エスカレイト/ 動 自 他 (争い・戦争など)次第に拡大する[させる]; 自 (価格が)上がる

es·ca·la·tion /èskəléiʃən エスカレイション/ 名 U C 増[拡]大, 激化

es·ca·la·tor A2

/éskəlèitər エスカレイタ/ (×エスカレータ)
(発音 アクセントに注意) 名
(複 **escalators** /éskəlèitərz/) C 《商標》 エスカレーター
• go up to the fifth floor **by** [**on** an] **escalator** エスカレーターで5階に上がる

es·ca·pade /éskəpèid エスカペイド, ⌣⌣ˊ/ 名 C はめをはずした行動, 脱線行為; いたずら

es·cape A2 高

/iskéip イスケイプ/
名 (複 **escapes** /iskéips/)
❶ U C 逃げること, 逃亡, 脱出
• **make** *one's* **escape** 逃げる
❷ C 脱出手段; 非常口
• a fire **escape** 非常階段, 避難ばしご
❸ C (ガスなどの)もれ
❹ C 逃避

have a narrow escape 間一髪で逃れる

━ 動 (三単現 **escapes** /iskéips/; 過去・過分 **escaped** /iskéipt/; 現分 **escaping**)
❶ 自 〔…から〕逃げる, 脱出する

《*from, out of*》
• **escape from** prison 脱獄する (=**make an escape from** prison)
❷ 他 (災難などから)逃れる, まぬがれる; 自 〔…を〕避ける,〔…から〕逃れる《*from, out of*》
• **escape** death [danger, injury] 死[危険, けが]をまぬがれる
❸ 自 (ガスなどが)〔…から〕もれる《*from, out of*》; 他 (ため息などが思わず)…からもれて出る
❹ 他 (物事が, 人に)思い出せない; (人の注目を)引かない

es·cap·ism /iskéipizm イスケイピズム/ 名 U 現実逃避

es·chew /istʃúː イスチュー/ 動 他 《文章》控える, 避ける

es·cort /éskɔːrt エスコート/ 名 C 護衛者[団], 護衛; 男性の同伴者
— /iskɔ́ːrt イスコート/ (発音 名とのアクセントの違いに注意) 動 他 護衛する; 付き添う

Es·ki·mo /éskəmòu エスキモウ/ 名 (複 **Eskimos, Eskimoes** /éskəmòuz/)
❶ C エスキモー人 (❗北米先住民が自分たちよりさらに北にいる先住民につけた名で, 「生肉を食べる人」の意味; 今は **Inuit** /イヌイト/ という方がふつう)
❷ U エスキモー語

ESL /íːèsél イーエスエル/ 《略》English as a Second Language 第二言語としての英語 (❗英語圏に住む英語を母語としない人々への英語教育) ⇨**EFL**

e·soph·a·gus /isáfəgəs イサファガス/ 名 (複 **esophagi** /isáfəgài/) C 《解剖》食道

es·o·ter·ic /èsətérik エソテリク/ 形 難解な, 深遠な; 秘伝の

es·pe·cial /ispéʃəl イスペシャル/ 形 《文章》格別の, 特別な; 特殊の

es·pe·cial·ly A2 中

/ispéʃəli イスペシャリ/ 副
❶ 特に; とりわけ
• I like traveling, **especially** by train. 私は旅行が好きです. とりわけ列車での旅が
• I'm **not especially** interested in tennis. 私はテニスに特に興味があるわけじゃない
❷ 特別に
• I bought this **especially** for you. これは特別に君のために買ったんだ

Es·pe·ran·to /èspərǽntou エスペラントウ/ 名 U エスペラント語 (♦ヨーロッパの種々の言語をもとにした人工の国際語; Esperanto という語それ自体は「希望を持つ人」(one who hopes) の意味) ⇨ **Zamenhof**

es·pi·o·nage /éspiənàːʒ エスピオナージ/ 名 U スパイ行為, 諜報(ちょうほう)活動

es·pouse /ispáuz イスパウズ/ 動 他 《文章》(主義・政策などを)支持する

es·pres·so /esprésou エスプレソウ/ 名 (複 **espressos** /esprésouz/) U C エスプレッソ (♦蒸気を通して作る濃いコーヒー)

Esq. 《略》Esquire …殿

es·say A2 高

/ései エセイ/ 名 (複 **essays** /éseiz/) C 随筆, エッセイ, 小論文, (学校での)作文, 感想文
• Write an **essay** about friendship. 友情について作文を書きなさい
— /eséi エセイ/ (発音 名とのアクセントの違いに注意) 動 (三単現 **essays** /eséiz/; 過去・過分 **essayed** /eséid/; 現分 **essaying**) 他 〔…しようと〕試みる, 企てる《*to do*》

es·say·ist B2 /éseiist エセイイスト/ 名 C 随筆家, エッセイスト

es·sence B1 /ésəns エセンス/ 名 (複 **essences** /ésənsəz/) ❶ U 本質, 根本
❷ U C (植物などから抽出(ちゅうしゅつ)した)エキス, 香水

be of the essence 非常に重要である (=be essential)

in essence 本質的に

派生 **essential** 形

es·sen·tial B1 高 /isénʃəl イセンシャル/ (×エッセンシャル) 形
❶ 〔…にとって〕欠くことができない, 絶対必要な, 不可欠な《*for, to*》
• Water is **essential to** [**for**] life. 水は生命にとって欠くことができない

- It is **essential to** finish that job by Friday. その仕事を絶対に金曜までに終えなければならない

❷本質的な, 根本的な (=basic, important)

- the **essential** difference between men and women 男女の本質的な違い

— 名 (複 **essentials** /isénʃəlz/) C 本質的なもの, 不可欠なもの; 《ふつう **essentials**》要点 派生 **essence** 名

es·sen·tial·ly B2 /isénʃəli イセンシャリ/ 副 本質的には, 根本的には; 基本的には

EST 《略》 Eastern Standard Time 《米》東部標準時

-est 接尾 《形容詞・副詞につけて最上級をつくる》

es·tab·lish A2 高

/istǽbliʃ イスタブリシュ/ (×エスタブリシュ) 動 (三単現 **establishes** /istǽbliʃəz/; 過去・過分 **established** /istǽbliʃt/; 現分 **establishing**) 他

❶(組織や会社などを)設立[創立]する

- He **established** this school 70 years ago. 彼は70年前にこの学校を設立した

❷(関係などを)築く, 確立する

- **establish** a good relationship 良い関係を築く

❸〔…ということを〕立証する《*that* ...》

❹(人を)〔地位などに〕つかせる; 《**establish** *one***self**》〔…として〕(自分の)地位を固める《*as, in*》, (名声などを)築く

派生 **establishment** 名

es·tab·lished /istǽbliʃt イスタブリシュト/ 形 確立した; 確固たる

es·tab·lish·ment B1 /istǽbliʃmənt イスタブリシュメント/ 名 (複 **establishments** /istǽbliʃmənts イスタブリシュメンツ/)

❶C 組織, 施設, 機関 《◆学校, 病院, 工場, 会社, 商店など》

❷《**the Establishment**》(既成の)体制, 支配層

❸U 設立, 創立; 制定

派生 **establish** 動

es·tate B2 /istéit イステイト/ 名 ❶C 地所, 私有地 ❷U 財産; 不動産; 遺産

- real **estate** 《米》不動産

❸C (いなかにある広大な)屋敷(やしき)

❹《英》団地居住区

estáte àgent 名 C 《英》不動産業者 (=《米》real estate agent)

estáte càr 名 《英》 (= station wagon)

es·teem /istí:m イスティーム/ 動 他 尊重する, 尊敬する; 見なす

— 名 U 尊敬; 尊重

hold ... in high [low] esteem 〔人〕を尊敬する[尊敬しない]

es·thet·ic /esθétik エスセティク/ 形 《米》 (=aesthetic)

es·ti·ma·ble /éstəməbl エスティマブル/ 形 《文章》尊敬[尊重]すべき

es·ti·mate B1 /éstəmèit エスティメイト/ (×エスティメート) 動 (三単現 **estimates** /éstəmèits エスティメイツ/; 過去・過分 **estimated** /éstəmèitəd/; 現分 **estimating**) 他 (費用・数・価値・状況などを)〔…と〕見積もる, 概算する, 推定する; 判断する, 評価する 《*at, to be, that* ...》; 自 〔…の〕見積もりをする《*for*》

- **estimate** the cost **at** $100 費用を100ドルと見積もる
- We **estimate that** the job will take 3 months. 私たちはその仕事が3ヶ月かかると見積もる

— /éstəmət エスティメト/ (発音 動との違いに注意) 名 (複 **estimates** /éstəməts エスティメツ/) C 見積もり, 概算, 評価; 見積もり書, 概算書; 評価額

- make a rough **estimate** of the cost 費用の大ざっぱな見積もりをする

派生 **estimation** 名

es·ti·mat·ed B2 /éstəmèitəd エスティメイテド/ 形 見積もりの, 概算の

es·ti·ma·tion /èstəméiʃən エスティメイション/ 名 U 判断, 評価; 意見; C 見積もり

Es·to·nia /estóunjə エストウニャ/ 名 エストニア 《◆バルト海に臨む共和国; 首都タリン (Tallinn)》

es·tranged /istréindʒd イストレインヂド/

形 (夫・妻が)別居している; 〔…と〕仲たがいした, 疎遠になった《from》

es·tro·gen /éstrədʒən エストロヂェン/ 名 U エストロゲン (◆女性ホルモンの一種)

ET 《略》extraterrestrial 地球外生命体

et al. /et ǽl エトアル/ 《略》et alia および その他の物; et alibi およびその他の場所で; et alii およびその他の人

etc. 《略》…など, その他 (❗ラテン語 et cetera /イトセテラ/ の略; ふつう and so forth [on] と読む)

et cet·er·a /itsétərə イトセテラ/ …など, その他 (❗ふつう etc. と略す)

etch /étʃ エチ/ 動 他 自 エッチングする; 他 (心に)刻む

etch·ing /étʃiŋ エチング/ 名 U 《美術》 エッチング; C エッチングによる作品

e·ter·nal B1 /itə́ːrnəl イターナル/ 形 ❶ 永遠の, 永久の (↔**temporary**) ❷《口語》果てしない, 絶え間ない
派生 eternity 名
etérnally B2 副 永遠に; 絶え間なく

e·ter·ni·ty B1 /itə́ːrnəti イターニティ/ 名 U 永遠, 永遠性, 無窮; 不滅; 来世
派生 eternal 形

e·the·re·al /iθíəriəl イスィアリアル/ 形 (この世のものとは思えないほど)きわめて優美な; とても軽やかな

eth·ic B2 /éθik エスィク/ 名 U 価値体系; 倫理

eth·i·cal /éθikəl エスィカル/ 形 倫理の; 道義にかなった, 道徳的な (↔**unethical**) **éthically** 副 倫理的に

eth·ics /éθiks エスィクス/ 名 《単数扱い》倫理学; 《複数扱い》倫理, 倫理観 ⇨**moral**

E·thi·o·pi·a /ìːθióupiə イースィオウピア/ 名 エチオピア (◆アフリカ北東部の共和国; 首都アディスアベバ (Addis Ababa); 公用語はアムハラ語)

eth·nic B2 /éθnik エスニク/ 形 民族の, (風習・衣装・食べ物などが)民族特有の
日英比較 日本で料理に関して「エスニック」と言えば, 東南アジアや中東諸国の料理を指すことが多いが, ethnic は, 言語や文化, 宗教などの同一性に主眼をおいた「民族(学)的な」という意味. 人種に重点がある場合は racial を用いる

e·thos /íːθɑs イーサス/ 名 U (民族・社会などに特有の)気風, 習俗; (個人の)気質

éth·yl álcohol /éθəl エスィル/ 名 U 《化学》エチルアルコール

et·i·quette /étikət エティケト/ 名 U エチケット, 作法, 礼儀

-ette 接尾 「小さいもの」

et·y·mo·log·i·cal /ètəməlɑ́dʒikəl エティモラヂカル/ 形 《言語》語源(学)の

et·y·mol·o·gy /ètəmɑ́lədʒi エティマロヂ/ 名 (複 **etymologies** /ètəmɑ́lədʒiz/) U 《言語》語源研究, 語源学; C 語源

EU /íːjúː イーユー/ 名 《**the EU**》ヨーロッパ連合 (❗European Union の略)

eu·ca·lyp·tus /jùːkəlíptəs ユーカリプタス/ 名 C 《植物》ユーカリの木 (◆オーストラリア原産の常緑高木; その葉は koala (コアラ)の大好物)

eu·lo·gize /júːlədʒàiz ユーロヂャイズ/ 動 他 《文章》称賛する, ほめたたえる

eu·lo·gy /júːlədʒi ユーロヂ/ 名 (複 **eulogies** /júːlədʒiz/) 《文章》C 賛辞, 称賛のことば; 《米》(故人に対する)弔辞; U 称賛

eu·phe·mism /júːfəmìzm ユーフェミズム/ 名 U えん曲語法; C えん曲語句, 遠回しの表現

eu·phe·mis·tic /jùːfəmístik ユーフェミスティク/ 形 えん曲語法の, 遠回しの

eu·pho·ri·a /juːfɔ́ːriə ユーフォーリア/ 名 U 幸福感; 《心理》多幸症

eu·phor·ic /juːfɔ́ːrik ユーフォーリク/ 形 非常に幸せな; 《心理》多幸症の

Eur·a·sia /juəréiʒə ユアレイジャ, juəréiʃə ユアレイシャ/ 名 ユーラシア (❗*Europe* + *Asia* から)

Eur·a·sian /juəréiʒən ユアレイジャン, juəréiʃən ユアレイシャン/ 形 ユーラシアの

Eu·ro, eu·ro A2

/júərou ユアロウ/
名 (複 **Euros, euros** /júərouz/) C ユーロ (◆EU の統一通貨単位; 記号は €)

Euro- 《他の語と結びついて》「ヨーロッパ

の」「欧州連合の」

éuro cènt 名C (ユーロ)セント《◆ユーロの補助単位; 1ユーロの100分の1》

Eu·rope 中 /júərəp ユアロプ/ 名 ヨーロッパ, 欧州(おうしゅう)
日英比較 日本では「ヨーロッパ」と言えば英国も含めるが, 英国ではイギリス諸島を含まずヨーロッパ大陸のみを指すことがある. 米国では英国を含める
派生 **European** 形

Eu·ro·pe·an 高 /jùərəpíːən ユアロピーアン/ (×ユーロピアン) 形 ヨーロッパの, ヨーロッパ人の
• **European** countries ヨーロッパ諸国
— 名 (複 **Europeans** /jùərəpíːənz/) C ヨーロッパ人
派生 **Europe** 名

Européan Commúnity 名《the をつけて》ヨーロッパ共同体《◆ヨーロッパ連合の前身; EC と略す》

Européan Únion 名《the をつけて》ヨーロッパ連合《◆1991年のマーストリヒト条約により EC(ヨーロッパ共同体)が発展・拡大した組織; 通貨統合と政治統合を目指す; EU と略す》

eu·tha·na·si·a /jùːθənéiʒə ユーサネイジャ/ 名U 安楽死

E·va /íːvə イーヴァ/ 名 エバ《◆女性名》

e·vac·u·ate B2 /ivǽkjuèit イヴァキュエイト/ 動 他 (場所から)避難する, 撤退する; (人を)〔…から; …へ〕避難させる, 疎開させる《*from; to*》

e·vac·u·a·tion B2 /ivæ̀kjuéiʃən イヴァキュエイション/ 名UC 避難, 疎開; 撤退

e·vac·u·ee /ivæ̀kjuíː イヴァキュイー/ 名C 避難民, 疎開者

e·vade /ivéid イヴェイド/ 動 他 巧みに避ける; 回避する (!「逃れるためになんらかの策を講じる」という意味を含む)

e·val·u·ate B2 /ivǽljuèit イヴァリュエイト/ 動 他《文章》評価する, 評定する

e·val·u·a·tion B2 /ivæ̀ljuéiʃən イヴァリュエイション/ 名UC 評価

e·van·gel·i·cal /ìːvændʒélikəl イーヴァンヂェリカル/ 形《キリスト教》福音伝道の; 福音主義の《◆儀式よりも信仰と聖書の研究に重きをおく》— 名C 福音主義者

e·van·gel·ism /ivǽndʒəlìzm イヴァンヂェリズム/ 名U《キリスト教》福音の伝道; 福音主義

e·van·gel·ist /ivǽndʒəlist イヴァンヂェリスト/ 名C《キリスト教》福音伝道者

e·vap·o·rate /ivǽpərèit イヴァポレイト/ 動 自 蒸気になる, 蒸発する; (感情などが)なくなる

e·vap·o·ra·tion /ivæ̀pəréiʃən イヴァポレイション/ 名U 蒸発; (希望などの)消滅

e·va·sion /ivéiʒən イヴェイジョン/ 名UC 逃れること; (義務・責任などの)回避; C 逃げ口上, 言い逃れ

e·va·sive /ivéisiv イヴェイスィヴ/ 形 回避的な; 言い逃れの
evásively 副 のらりくらりと

Eve[1] /íːv イーヴ/ 名《聖書》エバ, イブ《◆神が楽園の中に初めて創造した女性》⇨ **Adam**, **Eden**

eve, Eve[2] 高 /íːv イーヴ/ 名 (複 **eves**, **Eves** /íːvz/) C 前日; (重要な事件などの)直前; 前夜; 前夜祭
• Christmas **Eve** クリスマスイブ
• New Year's **Eve** 大みそか(の夜), 12月31日(の夜)

e·ven A2 中

/íːvən イーヴン/

意味マップ
副 ❶ …でさえ
❷ さらに
形 ❶ 平らな
❷ 一様な
❸ 偶数の
❹ 同じの
動 平らにする; 引き分ける

— 副 ❶ …でさえ, …でも
• **Even** now, some people support the policy. 今でもその政策を支持している人々もいます
• I've never **even** heard his name. 私は彼の名を一度も聞いたことさえない
• **Even** when he is angry, he never raises his voice. 彼は怒ったときでさえ, 決して声を荒げることはない

❷ さらに，なお (=still¹) (🅘比較級を強める)
- Your bag is **even** more expensive than mine. 君のバッグは私のよりずっと高価だ

even if ... たとえ…でも
- **Even if** he is busy, he will come. たとえ彼は忙しくても来るよ

even so たとえそうでも，それにしても

even though ... …であるのに，…するのに (🅘even は though の意味を強める)

─ 形 ❶ 平らな; なめらかな
- an **even** surface 平らな面

❷ 一様な，むらのない，安定した; 同じ高さの; 落ち着いた
- walk at an **even** pace 一定の速度で歩く

❸ 偶数の (↔**odd**) (🅘この意味では比較変化なし)
- an **even** number 偶数

❹ 同じの，等しい; 対等な;《口語》貸し借りのない

break even 《口語》損も得もしない

get even 〔…に〕仕返しをする《*with*》

─ 動 (三単現 **evens** /íːvənz/; 過去・過分 **evened** /íːvənd/; 現分 **evening**) 他 平らにする; 同等にする; 引き分ける

eve·ning A1 中

/íːvniŋ イーヴニング/

名 (複 **evenings** /íːvniŋz/) U C

夕方，晩 (🅘「午後」は afternoon)
- **in the evening** 晩に
- tomorrow [this, last] **evening** 明晩[今晩，昨晩] (🅘tomorrow, this, last などがつくとその前に前置詞をつけない)
- I will meet him **on** Monday **evening**. 月曜の夜に彼に会うつもりです (🅘曜日などで特定する場合は on をともなう)

似ている単語

晩・夜─**evening** と **night**

evening は afternoon (午後)のあとの日の入りから寝るころまでで，日本語の「夕方」より遅い時間帯も含む. **night** は日没から翌日の夜明けまでをさし，night の始めのほうが evening にあたる

Good evening! こんばんは (🅘夕方・晩のあいさつ; 改まった言い方) [CAN-DO Tips あいさつする]

évening drèss 名 U C 夜会服《♦男性用のタキシード，えんび服; 女性用のイブニングドレス》

évening pàper 名 C 夕刊紙

日英比較 英米では夕刊を朝刊紙と異なる新聞社が発行していることが多い ⇨**edition**

évening stár 名《**the** をつけて》宵(よい)の明星《♦日没後西の空に見える金星》

e·ven·ly B1 /íːvənli イーヴンリ/ 副 等しく，平等に; 均等に; 互角に，対等に; 平静に

e·vent A1 中

/ivént イヴェント/ (×イベント)

名 (複 **events** /ivénts イヴェンツ/) C

❶ (重要な)出来事，行事; イベント
- a school **event** 学校の行事
- Marriage is the most important **event** of her life.
  結婚は彼女の人生の中でも最も重要な出来事である

コロケーション

形+**event**

an annual *event* 年中行事
a charity *event* チャリティイベント
a live *event* ライブイベント，ライブ
a media *event* メディアイベント，PRイベント
a sporting *event* スポーツイベント

❷ (競技の)種目
- track-and-field **events** 陸上競技

in any event = at all events ともかく，いずれにしても，何が起ころうとも

in the event of ... 《文章》(万一)…の場合には

e·vent·ful /ivéntfəl イヴェントフル/ 形 できごとの多い; 波乱に富んだ

e·ven·tu·al /ivéntʃuəl イヴェンチュアル/ 形 結局の; 起こりえる

e·ven·tu·al·i·ty /ivèntʃuǽləti イヴェン

チュアリティ/ 名 (複 **eventualities** /ivèntʃuǽlətiz/) C 《文章》起こりえること, 不測の事態

e·ven·tu·al·ly B1 高 /ivéntʃuəli イヴェンチュアリ/ 副 最後には, 結局は; ついに

- She **eventually** learned how to dance. 彼女は最後にはダンスの仕方を覚えた

ev·er A2 中

/évər エヴァ/ 副

❶《疑問文で》今までに(いつか), かつて; いつか (!「たとえ1回でも…したか[するか]」の意味)

- Have you **ever** been to Hawaii? ハワイに行ったことはありますか

❷《否定文で》今までに(…ない), 全然(…ない) (!「たとえ1回でも…なかった[ない]」の意味)

- **No** one **ever** saw such a thing. だれひとりこんなものを見たことがなかった
- They **don't** want us **ever** to go back. 彼らは私たちが戻ることをまったく望んでいない

❸《条件文で》(これから先)いつか (!「たとえ1回でも[万一]…するならば」の意味)

- **If** you are **ever** in Japan, come and see me. もし(いつか)日本へ来るようなことがあればぜひ会いに来てください

❹《比較のことばとともに》今までに(…したうちで)

- This is the **nicest** present (that) I've **ever** had. これは私が(今までに)もらった最もすてきなプレゼントです

❺《疑問詞にそえて意味を強めて》いったい

- **What ever** are you doing here? 君はここでいったい何をしているんだ

as ... as ever いつもと同じように…, あいかわらず…

ever after それ以後ずっと

ever since ... …以来ずっと

- She caught a cold last Sunday and has been in bed **ever since**. 彼女は先週の日曜日に風邪をひいて以来ずっと寝込んでいる

ever so [***such***] 《英》《口語》とても, 非常に

Ever yours = Yours ever 敬具 (!「常にあなたのもの」の意味で親しい人への手紙の終わりに書く)

for ever 永久に, いつまでも (! 米国ではふつう forever と1語につづる)

hardly [***scarcely***] ***ever ...*** めったに…しない ⇨❷

- I **hardly ever** read comics. 私はほとんど漫画は読まない

... than ever これまで以上に, ますます, 以前よりまして ⇨❹

- He worked harder **than ever**. 彼はいつもより(いつになく)熱心に働いた

Ev·er·est /évərəst エヴェレスト/ 名 《**Mt. Everest**》エベレスト山, チョモランマ 《♦ヒマラヤ山脈にある世界の最高峰(8,848m)》

ev·er·green /évərgrìːn エヴァグリーン/ 名 C 常緑樹 ━形 常緑の (↔**deciduous**); いつまでも古くならない

ev·er·last·ing B2 /èvərlǽstiŋ エヴァラスティング/ 形 永遠の, 不滅の
━名 U 永久; 永遠

ev·er·more /èvərmɔ́ːr エヴァモー/ 副 《文章》(これから)常に, 永遠に, いつまでも

ev·ery A1 中

/évri エヴリ/ 形

❶すべての, あらゆる (! 一つ一つを念頭におきながらもそれらを全部ひっくるめていうときのことば) ⇨**each** 形

- I know **every** word on this page. 私はこのページのすべての単語を知っている (!「every＋数えられる名詞の単数形」が原則)
- **Every** country has its own traditions. どの国もその国自身の伝統を持っている

❷毎…, …ごとに

- **every** morning [night] 毎朝[夜]
- **every** Sunday 毎日曜日, 日曜ごとに

- **every** week [month] 毎週[月]
- **every** ten days 10日ごとに (❗ ten days を1単位と考える)
- The World Cup is held **every** four years. ワールドカップは4年に1回開かれる

❸《否定文で》すべての…が…とは限らない (❗一部を否定する)

- **Not every** bird can fly. すべての鳥が飛べるとは限らない[飛べない鳥もいる]

比較 He does **not** come here **every** day. 彼は毎日ここへ来るとは限らない

❹可能な限りの, 十分な (❗この意味では不可算名詞にもつく)

every now and then [***again***] = ***every so often*** ときどき (=sometimes)

every other ... 1つおきの…

every time ... 《接続詞》…するたびに (=each time)

- **Every time** I went to his house, he was not at home. 彼の家へ行くたびに[いつ行っても]彼はうちにいなかった

ev·ery·bod·y A1 高

/évribàdi エヴリバディ | évribɔ̀di エヴリボディ/ 代 《単数扱い》 だれでも, みんな (❗ everyone より口語的)

- **Everybody** loves music. だれもがみんな音楽を愛する
- Good morning, **everybody**. おはよう, みなさん
- I do**n't** know **everybody** in this school. 私はこの学校の人をみんな知っているわけではない[知らない人もいる] (❗一部を否定する言い方) ⇨**every** ❸

比較 I do**n't** know **anybody** in that club. = I know **nobody** in that club. そのクラブのだれも知らない (❗全体を否定する言い方)

使い方›
everybody は単数だが, they, their, them で受けることも多い:
Everybody in the class has **their** own dictionary. クラスのみんなはそれぞれ自分の辞書を持っている

ev·ery·day A1 高

/évridèi エヴリデイ/ 形
毎日の, 日常の, ふだんの; ありふれた

- **everyday** life 日常生活

比較 They come here **every day**. 彼らは毎日ここへ来る (❗副詞としての「毎日」は every day と2語につづる)

ev·ery·one A1 中

/évriwʌ̀n エヴリワン/ 代 《単数扱い》
だれでも, みんな ⇨**everybody**

- Hello, **everyone**. みなさん, こんにちは
- **Everyone** is ready.
みんな用意ができている (×Everyone *are* ... としない)
- I do**n't** know **everyone** in this school. 私はこの学校の人をだれでも知っているわけではない (❗一部を否定する言い方) ⇨**every** ❸

参考› **everyone** と **every one**
あとに of ... がくると every one と2語と書く:
Every one of the plates was broken. すべての皿が割れてしまった

ev·ery·thing A1 中

/évriθìŋ エヴリスィング/ 代 《単数扱い》
すべてのこと[物], 何もかも (❗一つ一つを念頭におきながらもそれらを全部ひっくるめていう時のことば)

- **Everything** is ready. 何もかも準備ができた (×Everything *are* ... としない)
- How is **everything**? = How is **everything** going (with you)? 調子はどうですか
- **Everything** is all right. 順調です
- Al knows **everything** about cars. アルは車については何でも知っている
- You can**not** buy **everything** with money. 金ですべての物を買えるわけではない[買えない物もある] (❗ every の前に否定語を用いると部分を否定する表現になる) ⇨**every** ❸

and everything 《口語》…など, その他いろいろ

a b c d **e** f g h i j k l m n o p q r s t u v w x y z

ev·ery·where A1 高 /évrihwèər エヴリ(ホ)ウェア/ 副
どこでも; いたる所に[で, を]
- **everywhere** in the world 世界中どこでも
- You can**not** take a bath **everywhere** in that country. あの国ではどこででもお風呂に入れるわけではない (❗ every の前に否定語を用いると部分を否定する表現になる) ⇨**every** ❸

e·vict /ivíkt イヴィクト/ 動 他 (法的に)立ちのかせる

e·vic·tion /ivíkʃən イヴィクション/ 名 U C 追い立て; 立ちのき

ev·i·dence A2 高 /évədəns エヴィデンス/ 名 (複 **evidences** /évədənsəz/) U C 〔…の; …という; …に対する〕証拠, (信じるべき)根拠《*of, for; that; against*》; しるし; 形跡
- There is **evidence that** she is innocent. 彼女が無罪であるという証拠がある (❗「証拠」の意味では ×*an* evidence, ×evidence*s* としない)
- There is much **evidence of** this effect. この効果を立証する根拠はたくさんある
- What is your **evidence for** that decision? その決定に対する君の根拠はなんだい?

in evidence はっきり見えて, 目につく, 目立って
派生 **evident** 形

ev·i·dent B1 /évədənt エヴィデント/ 形 明白な; 明らかな
- She made an **evident** mistake. 彼女は明らかな間違いを犯した
- **It is evident** (to me) **that** he is telling lies. 彼がうそをついていることは(私には)明らかだ

派生 **evidence** 名; 派生 **evidently** 副

ev·i·dent·ly B2 /évədəntli エヴィデントリ/ 副 ❶明らかに, 明白に (=clearly)
- **Evidently** you are in the wrong. 明らかにあなたは間違っている (=It is evident that you are in the wrong.)

❷どうやら…らしい
派生 **evident** 形

e·vil B2 /íːvəl イーヴィル/ 形 (比較級 **more evil, eviler,** 《英》 **eviller**; 最上級 **most evil, evilest,** 《英》 **evillest**)
❶(道徳的に)悪い, 邪悪(じゃあく)な (=bad); 悪意に満ちた
❷運の悪い, 不吉な
❸不快な, いやな
━名 U 悪, 邪悪; C 害悪; 災い
- do **evil** 悪いことをする
- Poverty is one of the social **evils**. 貧困は社会悪の1つだ

e·voc·a·tive /ivákətiv イヴァカティヴ/ 形 〔思い出・感情などを〕呼び起こす, 喚起する《*of*》

e·voke /ivóuk イヴォウク/ 動 他 (思い出・感情などを)呼び起こす; 引き起こす, 誘い出す

ev·o·lu·tion B2 /èvəlúːʃən エヴォルーション/ 名 U (生物の)進化; 発展, 発達
- the theory of **evolution** 進化論

派生 **evolve** 動

ev·o·lu·tion·ar·y /èvəlúːʃənèri エヴォルーショネリ/ 形 発展の, 展開の; 進化の, 進化論の

e·volve B2 /iválv イヴァルヴ/ 動 他 (除々に)発展させる; 進化させる; 自 〔…から; …へと〕発展する; 進化する《*from; into*》
- Human beings **evolved** their tools. 人間は道具を発展させた

派生 **evolution** 名

ewe /júː ユー/ 名 C 雌羊(めひつじ) ⇨**ram**

ex. 《略》 example 例

ex- 接頭 ❶「外へ」「…から」
❷「前の」

ex·ac·er·bate /igzǽsərbèit イグザサベイト/ 動 他 《文章》(病気・悪い事態などを)より悪化させる, 深刻化させる

ex·act B1 高 /igzǽkt イグザクト/ 形
❶正確な
- What is the **exact** time now? 今正確には何時ですか

❷厳密な, 精密な; きちょうめんな

to be exact 正確に言うと, 厳密に

言えば

— 動 (三単現 **exacts** /igzǽkts イグザクツ/; 過去･過分 **exacted** /igzǽktəd/; 現分 **exacting**) 他 《文章》(金銭などを)厳しく取り立てる; しいる

派生 **exactly** 副

ex·act·ing /igzǽktiŋ イグザクティング/ 形 厳しい; 骨の折れる, つらい

ex·act·ly A2 高

/igzǽktli イグザクトリ/ 副

❶ 正確に; ちょうど (=just); まったく; 精密に

• The time is **exactly** 8:17 now. 今正確には8時17分です

• Your hat looks **exactly** like mine. 君の帽子は私のにそっくりだ

❷ (答えに使って)そのとおりです

会話 "Did he do that?" "**Exactly.**" 「彼がそれをしたの？」「そうだよ」

not exactly 必ずしも…ない, 本当は…でない

会話 "He is a scholar, isn't he?" "**Not exactly.**" 「彼は学者でしょう?」「ちょっと違いますね」

派生 **exact** 形

ex·ag·ger·ate B2 /igzǽdʒərèit イグザチェレイト/ 動 他 自 誇張する, おおげさに言う[考える]

ex·ag·ger·at·ed /igzǽdʒərèitəd イグザチェレイテド/ 形 おおげさな, 誇張された

exággeràtedly 副 おおげさに, 誇張して

ex·ag·ger·a·tion B2 /igzæ̀dʒəréiʃən イグザチェレイション/ 名 U 誇張

ex·alt B2 /igzɔ́:lt イグゾールト/ 動 他 《文章》高める; 昇進させる (=promote); ほめたたえる

• He was **exalted to** the presidency. 彼は社長に昇進した

ex·al·ta·tion /ègzɔ:ltéiʃən エグゾールテイション/ 名 U 《文章》(地位などを)高めること, 昇進; 称賛; 有頂天

ex·alt·ed /igzɔ́:ltəd イグゾールテド/ 形 《文章》高貴な, 地位の高い; 得意満面の

exáltedly 副 有頂天になって

ex·am A2 高

/igzǽm イグザム/

名 (複 **exams** /igzǽmz/) C 《口語》試験, テスト (❗examination を短縮した語 ⇨**examination**)

• take an **exam** 試験を受ける

ex·am·i·na·tion B1 高 /igzæ̀mənéiʃən イグザミネイション/ 名 (複 **examinations** /igzæ̀mənéiʃənz/)

❶ C 試験, テスト

日英比較 日本語での「授業中の小テスト」は quiz で, examination は入学などの重要な評価を下すのに使われる

• **take** [**sit** (**for**)] an **examination** 試験を受ける

• **pass** [**fail** (**in**)] an **examination** 試験に合格する[落ちる]

❷ U C 調査, 検査; 診察

• make an **examination** of... …の調査[検査]をする

コロケーション

形＋**examination**

an entrance *examination* 入学試験

a final *examination* 最終試験, 卒業試験

an oral *examination* 口頭試験

a written *examination* 筆記試験

a medical *examination* 健康診断

a physical *examination* 身体検査, 診察, 検査

a polygraph *examination* ポリグラフテスト, うそ発見器による検査

派生 **examine** 動

ex·am·ine B1 高 /igzǽmən イグザミン/ 動 (三単現 **examines** /igzǽmənz/; 過去･過分 **examined** /igzǽmənd/; 現分 **examining**) 他 ❶ 調べる, 検査する; 診察する; 検討する

• They **examined** the cause of the accident. 彼らが事故の原因を調べた

❷ 《文章》(人に)〔…の〕試験をする 《*in, on*》

• The teacher **examined** the students **in** math. 先生は生徒に数学の試験をした

派生 **examination** 名

ex·am·i·nee B2 /igzæ̀məní: イグザミニー/

名C 受験者, 被験者

ex·am·in·er B1 /igzǽmənər イグザミナ/ 名 (複 **examiners** /igzǽmənərz/) C 試験官; 調べる人, 審査員, 検査官

ex·am·ple A1 中

/igzǽmpl イグザンプル|igzá:mpl イグザーンプル/ 名 (複 **examples** /igzǽmplz/) C

❶ 例, 実例; 見本; 例題

• I will give you an **example** of what I mean. 私が言いたいことの一例を示そう

• Do the first **example** in your workbook. ワークブックの最初の例題をやりなさい

コロケーション

形+**example**

a classic *example* 代表例

an excellent *example* 好例, 素晴らしい例

an extreme *example* 極端な例

a prime *example* 主要な例, 典型的な例

a typical *example* 典型的な例

❷ 模範, 手本

• You should **follow** John's **example** and work harder. 君はジョンを見習ってもっと熱心に勉強しなくてはいけない

for example たとえば

set an* [*a good*] *example 手本[模範]を示す

ex·as·per·ate /igzǽspərèit イグザスペレイト/ 動 他 ひどく怒らせる, いらだたせる

ex·as·per·at·ed /igzǽspərèitəd イグザスペレイテド/ 形 ひどく怒った, いらだった

ex·as·per·a·tion /igzæ̀spəréiʃən イグザスペレイション/ 名 U いらだち, 憤激

ex·ca·vate /ékskəvèit エクスカヴェイト/ 動 他 (穴などを)掘る; 穴を掘る; 発掘する

ex·ca·va·tion /èkskəvéiʃən エクスカヴェイション/ 名 UC 穴を掘ること; 発掘; C 穴, 切り通し; (発掘された)遺跡, 出土品

ex·ceed B2 /iksí:d イクスィード/ 動 他 超える; 勝る; 超過する

ex·ceed·ing·ly /iksí:diŋli イクスィーディングリ/ 副 非常に; はなはだしく

ex·cel B2 /iksél イクセル/ (×エクセル) 動 (三単現 **excels** /ikséIz/; 過去·過分 **excelled** /ikséld/; 現分 **excelling**)

❶ 自 秀でる; 抜きんでる

❷ 他 (…に)勝る; (…を)しのぐ

excel A at* [*in*] *B Bの分野でAより勝れている (❗行為をいう場合は at, 性質などの場合は in を用いる)

ex·cel·lence B1 /éksələns エクセレンス/ 名 U 〔…(の分野)での〕優秀さ, 卓越 《*at, in*》

Ex·cel·len·cy /éksələnsi エクセレンスィ/ 名 (複 **Excellencies** /éksələnsiz/) C 閣下 《◆大臣, 大使, 知事などとその夫人に対する敬称》

• Your **Excellency** 《呼びかけ》 閣下(夫人)

ex·cel·lent A1 高

/éksələnt エクセレント/ 形

優れた, 優秀な, たいへんよい

• The car is in **excellent** condition. この車はとても調子がいい

Excellent! (相手の提案などに同意して)すばらしい!; いいね!, 大変結構!

éxcellently 副 優れて

ex·cept A2 高

/iksépt イクセプト/ 前

…以外は, …を除いて(みんな) (❗except のあとは名詞や代名詞のほか, 動詞や句, when などで始まる節もくる)

• He works every day **except** Sunday. 彼は日曜日以外は毎日働きます

• I eat everything **except** carrots. ニンジン以外はなんでも食べます

• My father doesn't do anything **except** read books on Sundays. 父は日曜日は本を読む以外なにもしない

• He is very kind, **except when** he is angry. 彼は怒っている時以外はとてもやさしい

except for ... …を除けば, …という点を別にすれば, …は別として; 《仮定法で》…がなければ

• They look alike **except for** the

color of their hair. 髪の毛の色を除けば彼らはよく似ている
• All the students were against the new rule **except for** her. 彼女を除いた生徒全員がその新しい規則に反対だった

どっち
except と except for
ともに除外・例外を示し, all や every, no が含まれる文で「…を除くすべて」や「…以外はまったくない」という場合にはどちらでも同じように使える場合もあるが, 基本的に **except** は名詞のあとに置いてその前の名詞を, **except for** は文頭か文末に置いて文の他の部分を修飾する:
Everyone **except** a few people came to the party. 数人を除く全員がパーティーに来た
Everyone came to the party **except for** a few people. 数人を除いて全員がパーティーに来た

— 接 《**except** (**that**) ...》…ということを除けば; 《口語》とは言え…だけれども
• He is a nice guy, **except** (**that**) he is sometimes too chatty. 彼は時々おしゃべりが過ぎるということを除けばいいやつだ
• I'd be glad to show you around, **except** I have to be at work all day. よろこんで案内したいのですが, 一日中仕事なのです
派生 **exception** 名

ex·cept·ing /ikséptiŋ イクセプティング/ 前 …を除いて(は), …のほかは

ex·cep·tion B2 /iksépʃən イクセプション/ 名 U C 例外
• There are some **exceptions to** every rule. どんな規則にも例外がある
• He doesn't watch TV, but Sunday is an **exception**. 彼はテレビを見ないが日曜日は例外だ
make an exception (***of ...***) (…を)例外にする, 特別扱いする
without exception 例外なく
with the exception of ... …を除いて
派生 **except** 動; 派生 **exceptional** 形

ex·cep·tion·al B2 /iksépʃənəl イクセプショナル/ 形 例外的な; 特に優れた
派生 **exception** 名

ex·cep·tion·al·ly B2 /iksépʃənəli イクセプショナリ/ 副 例外的に; 非常に, 格別に

ex·cerpt /éksəːrpt エクサープト/ 名 C 抜粋

ex·cess B1 /iksés イクセス/ 名 (複 **excesses** /iksésəz/)
❶《単数形で》超過(量), 余分; 過剰
• an **excess** of production 生産過剰
❷ U 過度; やりすぎ
in excess of ... …より多くを; …を超えて
to excess 過度に
— /ékses エクセス/ (発音 名との違いに注意) 形 超過した, 余分の • **excess** baggage (飛行機などの)重量超過荷物
派生 **exceed** 動; 派生 **excessive** 形

ex·ces·sive B2 /iksésiv イクセスィヴ/ 形 過度の, 極端な (↔**moderate**)
派生 **excess** 名
excéssively 副 過度に, 極端に

ex·change A2 高

/ikstʃéindʒ イクスチェインヂ/
名 (複 **exchanges** /ikstʃéindʒəz/)
❶ U C 交換; 取り替え; 口論
❷ U 為替, 為替相場; 両替
❸ C 取引所; 電話交換局
• a stock **exchange** 株式取引所
in exchange (***for ...***) (…と)交換に, (…の)代わりに
• I'll give you the information you want **in exchange for** some money. いくらかのお金と交換で君のほしがっている情報をあげよう
— 動 (三単現 **exchanges** /ikstʃéindʒəz/; 過去・過分 **exchanged** /ikstʃéindʒd/; 現分 **exchanging**) 他
交換する, 取り替える; (あいさつなどを)取り交わす; 文型 [**exchange A for B**] AをBと交換する
• He **exchanged** his old car **for** a new one. 彼は古い車を新車と交換した

ex·change·a·ble /ikstʃéindʒəbl イクスチェインヂャブル/ 形 交換可能な, 取り替え

られる

exchánge ràte B1 名 《the をつけて》(外国)為替相場

exchánge stùdent 名C (国家間の)交換学生

ex·cheq·uer /ikstʃékər イクスチェカ/ 名UC 国庫; 《the Exchequer》(英国の)大蔵省

ex·cise /éksaiz エクサイズ/ 名U 物品税, 消費税

ex·ci·sion /iksíʒən イクスィジョン/ 名 《文章》UC 切除(物)

ex·cit·a·ble /iksáitəbl イクサイタブル/ 形 興奮しやすい, 激しやすい

ex·cite 高 /iksáit イクサイト/ 動 他
❶ 興奮させる ⇨**excited**
• The news **excited** everybody. そのニュースはすべての人を興奮させた
❷ (感情など)引き起こす, (興味などを)かき立てる • His words **excited** my interest. 彼の言葉が私の興味をかき立てた
派生 **excitement** 名

ex·cit·ed A1 中

/iksáitəd イクサイテド/ 形
〔…に〕興奮した, わくわくした; うきうきした《*at, about*》⇨**exciting**
• an **excited** crowd 興奮した群衆
• The pupils are **getting excited about** the school trip. 生徒たちは修学旅行にわくわくしてきている
• Don't be **excited**. そう興奮するな, もっと落ち着け
excítedly B1 副 興奮して, やっきになって

ex·cite·ment B1 高 /iksáitmənt イクサイトメント/ 名 (複 **excitements** /iksáitmənts イクサイトメンツ/) ❶U 興奮; 熱中 ❷C 刺激物; 興奮させるもの
in excitement 興奮して
派生 **excite** 動

ex·cit·ing A1 中

/iksáitiŋ イクサイティング/ 形
興奮させる, 手に汗をにぎらせるような, とてもおもしろい
• an **exciting** baseball game 手に汗をにぎるような野球の試合
excítingly 副 興奮[わくわく]させるような様子で

ex·claim B2 /ikskléim イクスクレイム/ 動 自 他 (喜び・怒り・驚きなどの感情を込めて)叫ぶ, (強く)言う
• The boy **exclaimed** with astonishment. その少年は驚いて叫んだ
派生 **exclamation** 名

ex·cla·ma·tion /èkskləméiʃən エクスクラメイション/ 名U (喜び・怒り・驚きなどの)叫び(声); U 感嘆; C 感嘆のことば
派生 **exclaim** 動

exclamátion màrk [pòint] B2 名C 感嘆符《◆!》

ex·clude B2 /iksklúːd イクスクルード/ 動 他
❶ 締め出す; 除外する, 排除する (↔**include**); 文型 **[exclude A from B]** BからAを締め出す; BからAを除外する
• We must **exclude** sentiment **from** our judgment. 私たちは判断から感情を締め出さなければならない
❷ (可能性などを)考慮に入れない, …の余地を与えない
派生 **exclusion** 名; 派生 **exclusive** 形

ex·clud·ing /iksklúːdiŋ イクスクルーディング/ 前 …を除いて

ex·clu·sion B2 /iksklúːʒən イクスクルージョン/ 名U 排除, 除外 (↔**inclusion**); 追い出す[追い出される]こと
to the exclusion of... …を除外して
派生 **exclude** 動

ex·clu·sive B1 /iksklúːsiv イクスクルースィヴ/ 形 ❶ 独占的な, 専有的な; 特ダネの (↔**inclusive**)
❷ (団体などが)排他的な (↔**inclusive**); 高級な, 高価な
❸ 矛盾する, 相容(あいい)れない
❹ 唯一の (■ 名詞の前に用いる)
派生 **exclude** 動

ex·clu·sive·ly B2 /iksklúːsivli イクスクルースィヴリ/ 副 もっぱら, …だけ; 排他的に

ex·com·mu·ni·cate /èkskəmjúːnəkèit エクスコミューニケイト/ 動 他 (特にカトリックで)破門する

ex·com·mu·ni·ca·tion /èkskəmjùːnəkéiʃən エクスコミューニケイション/ 名 U (特にカトリックで)破門; C 破門状

ex·cre·ment /ékskrəmənt エクスクレメント/ 名 U 《文章》排せつ物, 大便

ex·crete /ikskríːt イクスクリート/ 動 他 排せつする, 分泌する

ex·cre·tion /ikskríːʃən イクスクリーション/ 名 U 排せつ, 分泌; C 排せつ物, 分泌物

ex·cru·ci·at·ing /ikskrúːʃièitiŋ イクスクルーシエイティング/ 形 耐えがたい, ひどい
excrúciàtingly 副 耐えがたく

ex·cur·sion B2 /ikskə́ːrʒən イクスカージョン/ 名 C 遠足, 行楽, 遊覧; (団体の)小旅行

ex·cus·a·ble /ikskjúːzəbl イクスキューザブル/ 形 (行動・理由が)許せる

ex·cuse A1 中

/ikskjúːs イクスキュース/
名 (複 **excuses** /ikskjúːsəz/) U C 言いわけ, 口実; 理由; 《**excuses**》おわび(のことば)

• He **made** an **excuse for** being late. 彼は遅くなった言いわけをした (❶ make 以外に have, give も使える)

— /ikskjúːz イクスキューズ/ (発音 名との違いに注意) 動 (三単現 **excuses** /ikskjúːzəz/; 過去・過分 **excused** /ikskjúːzd/; 現分 **excusing**) 他 ❶ (過ちなどを)許す; 文型 [**excuse A for B**] A(人)のB(過ちなど)を許す; 文型 [**excuse A for *do*ing = excuse A's *do*ing**] A(人)が…する[…した]のを許す

• He **excused** my mistake. = He **excused** me **for** my mistake. 彼は私のミスを許してくれた

❷ (義務などを)免除する; 文型 [**excuse A (from) B**] A(人)のB(義務など)を免除する

❸ (人が)弁解する; (事情が)…の言いわけ[理由]となる

Excuse me. 失礼しました, すみません, (中座するときなどに)失礼します; (すみません)なんと言ったのですか

使い方〉 **Excuse me.**

(**1**) 知らない人に話しかけたり, 人の前を通ったりするとき, また, 話の途中で席を立つ場合に言う:

Excuse me. Are you Mr. Smith? 失礼ですが, スミスさんでいらっしゃいますか

"**Excuse me**, (**but**) can you tell me the time, please?" "Oh, sure. It's just ten o'clock by my watch."「すみませんが時間を教えていただけませんか」「いいですとも. 私の時計ではちょうど10時です」

(**2**) 失礼なことを(不注意などで)してしまって謝るときに使う:

"**Excuse me**. I stepped on your foot." "That's all right [Never mind]."「すみません. 足をふんでしまって」「いいんですよ」

(**3**) 相手の意見などに不賛成であることを言うときに使う:

Excuse me, but I don't think that's true. ごめんなさい. それは事実ではないと思うのですが

(**4**) 《米》では相手の言ったことが聞き取れずに聞き返すときにも使う. この場合は文の終わりを上げ調子で言う:

"**Excuse me?** I didn't get the last word." "I said mayonnaise."「すみません. 最後の単語が聞き取れませんでした」「マヨネーズと言ったのです」

excuse oneself わびる; 失礼しますと言って去る

• He never **excuses himself** for arriving late. 彼は遅れても決して謝らない

ex·e·cute B2 /éksəkjùːt エクセキュート/ 動 他 ❶ 死刑にする, 処刑する
❷ (義務・計画などを)実行する, 果たす

• It is not easy for us to **execute** the plan. 私たちがその計画を実行するのは容易ではない

派生 **execution** 名
派生 **executive** 形

A B C D E F G H I J K L M N O P Q R S T U V W X Y Z

ex·e·cu·tion B2 /èksəkjúːʃən エクセキューション/ 名 U 実行, 遂行; U C 処刑; U 制作; 演奏

派生 **execute** 動

ex·e·cu·tion·er /èksəkjúːʃənər エクセキューショナ/ 名 C 死刑執行人

ex·ec·u·tive B2 /igzékjətiv イグゼキュティヴ/ (×エクセキューティヴ) 名 C 重役, 管理職, 役員; 経営者[陣]; 行政官; 《**the executive**》(政府の)行政部 (! 三権分立の1つ; 司法部は judiciary, 立法府[部]は legislature)

コロケーション

形+**executive**

a company *executive* 会社役員

a corporate *executive* 企業経営者, 会社重役

a senior *executive* 上級管理者, 専務取締役, 上級委員

executive+名

executive order (米政府の発する)大統領命令

executive privilege 《米》大統領特権, 行政府特権

— 形 ❶ 管理の, 執行する, 実行上の; 行政上の

• an **executive** committee 実行委員会

• a chief **executive** officer 最高経営責任者 (《略》CEO)

❷ 管理職の, 役員用の

派生 **execute** 動

ex·ec·u·tor /igzékjətər イグゼキュタ/ 名 C 《法律》遺言執行者

ex·em·pla·ry /igzémpləri イグゼンプラリ/ 形 《文章》模範的な, りっぱな; 見せしめになる

ex·em·pli·fy /igzémpləfài イグゼンプリファイ/ 動 (三単現 **exemplifies** /igzémpləfàiz/; 過去・過分 **exemplified** /igzémpləfàid/; 現分 **exemplifying**) 他 《文章》…のよい例となる; 例で示す, 例証する

ex·empt /igzémpt イグゼンプト/ 動 他 (人の)〔義務などを〕免除する《*from*》

— 形 〔義務などを〕免除された《*from*》

ex·emp·tion /igzémpʃən イグゼンプション/ 名 U C 〔義務などの〕免除《*from*》

ex·er·cise A1 高

/éksərsàiz エクササイズ/ (×エクササイズ)

動 (三単現 **exercises** /éksərsàizəz/; 過去・過分 **exercised** /éksərsàizd/; 現分 **exercising**)

❶ 自 運動する; 練習する; (体を)鍛える; 他 (手足などを)動かす, (犬などを)運動させる

• I haven't **exercised** enough these days. このところ運動不足だ

❷ 他 《文章》(権力などを)行使する, (トラブル等を避けるために精神・能力などを)働かせる

— 名 (複 **exercises** /éksərsàizəz/)

❶ U (体の)運動; 訓練

• He should get more **exercise**. 彼はもっと体を鍛えるべきだ

コロケーション

形+**exercise**

aerobic *exercise* 有酸素運動, エアロビクス運動

gentle *exercise* 軽い運動

physical *exercise* 体操, 体育

regular *exercise* 規則的にする運動

training *exercise* 訓練演習

❷ C 練習; 練習問題; 軍事訓練

• Do the **exercises** in English grammar. 英文法の練習問題をしなさい

❸ U 《文章》(精神・能力などを)働かせること, (権力などの)行使

éxercise bòok 名 C 練習帳

ex·ert /igzə́ːrt イグザート/ 動 他 発揮する; 働かせる; 行使する *exert oneself to do* …する努力をする

ex·er·tion /igzə́ːrʃən イグザーション/ 名 U C 努力, 骨折り; (権力などの)行使, 発揮

ex·ha·la·tion /èkshəléiʃən エクスハレイション/ 名 U C (息などを)吐き出すこと; 放出; 発散

ex·hale /ekshéil エクスヘイル/ 動 他 (息などを)はき出す; 自 息をはく

ex·haust B2 /igzɔ́ːst イグゾースト/ (×イクスホースト) 名 C 排気管; U 排気; 排気ガス

— 動 他 ❶ (人を)(肉体的・精神的に)疲れさせる; 消耗させる ⇨**exhausted**
❷ (物を)使い果たす
• Our supply of food is **exhausted**. 私たちの食料は底をついた
派生 **exhaustion** 名
派生 **exhaustive** 形

ex·haust·ed B1 /igzɔ́:stəd イグゾーステド/ 形 疲れ果てた
• I'm **exhausted**. 私はくたくただ

ex·haust·ing B2 /igzɔ́:stiŋ イグゾースティング/ 形 心身を疲れさせる, 骨の折れる

ex·haus·tion B2 /igzɔ́:stʃən イグゾースチョン/ 名 U 消耗, 枯渇; 激しい疲労
派生 **exhaust** 動

ex·haus·tive /igzɔ́:stiv イグゾースティヴ/ 形 徹底的な, 網羅(もうら)的な
派生 **exhaust** 動
exháustively 副 徹底的に

ex·hib·it B2 高 /igzíbət イグズィビト/ (×イクジビト) 動
❶ 他 陳列する, 展示する; 出品する
• They are **exhibiting** her paintings in the gallery. その美術館では彼女の絵を展示している
❷ 他 《文章》(感情・能力などを)示す
• **exhibit** tolerance 寛大さを示す
— 名 C ❶ 展示; 展示物, 出品物
❷ 《法律》証拠物件, 証拠書類
派生 **exhibition** 名

ex·hi·bi·tion A2 高

/èksəbíʃən エクスィビション/ (×エキシビション)
(発音 exhibit との違いに注意)
名 (複 **exhibitions** /èksəbíʃənz/)
❶ C 展覧会, 展示会
• hold an **exhibition** of flowers 花の展示会を催す
❷ U C (感情・能力などの)発揮, 表示
make an exhibition of oneself 自分の恥をさらす, 物笑いの種になる
on exhibition 展示されて
派生 **exhibit** 動

ex·hi·bi·tion·ism /èksəbíʃənizm エクスィビショニズム/ 名 U 自己顕示癖; 露出症

ex·hi·bi·tion·ist /èksəbíʃənist エクスィビショニスト/ 名 C 自己顕示癖のある人; 露出症の人

ex·hil·a·rate /igzílərèit イグズィラレイト/ 動 他 陽気にする, 元気づける, うきうきさせる

ex·hil·a·rat·ing /igzílərèitiŋ イグズィラレイティング/ 形 陽気にさせる, うきうきさせるような

ex·hil·a·ra·tion /igzìləréiʃən イグズィラレイション/ 名 U 上機嫌, 陽気

ex·hort /igzɔ́:rt イグゾート/ 動 他 《文章》熱心に勧める, 〔…するように〕説得する《*to do*》

ex·hor·ta·tion /ègzɔ:rtéiʃən エグゾーテイション, èksɔ:rtéiʃən エクソーテイション/ 名 U C 《文章》熱心な勧め; 勧告

ex·hume /igzú:m イグズーム/ 動 他 《文章》(死体を)墓から掘り出す

ex·ile B2 /égzail エグザイル, éksail エクサイル/ 名 U C (国外などへの)追放; 亡命; C 追放者, 亡命者 ***in exile*** 亡命して
— 動 他 追放する

ex·ist A2 高

/igzíst イグズィスト/ 動 (三単現 **exists** /igzísts イグズィスツ/; 過去・過分 **existed** /igzístəd/; 現分 **existing**) 自
存在する, 実在する; 生存する; 生き残る
• Hunger and poverty **exist** in some parts of the world. 飢えと貧困は世界のいくつかの地域に存在する
• We can't **exist** for long without water. 我々は水なしでは生きられない
exist on ... …で命をつなぐ, かろうじて生き続ける
派生 **existence** 名; 派生 **existent** 形

ex·ist·ence B1 /igzístəns イグズィステンス/ 名 ❶ U 存在, 実存; 生存
• a struggle for **existence** 生存競争
❷ C (つらい状況での)生活, 暮らし
come into existence 生まれる, 出現する
in existence 存在している
• This is the oldest wooden temple **in existence**. これが現存する最古の木造

寺院です
派生 **exist** 動

ex·ist·ent /igzístənt イグズィステント/ 形 存在している, 現存の (↔**nonexistent**); 現行の

ex·ist·ing B2 /igzístiŋ イグズィスティング/ 形 現存の, 現在の, 現行の
• the **existing** system 現政府

ex·it B1 /égzit エグズィト, éksit エクスィト/ 名 (複 **exits** /égzits エグズィツ/) C
❶ 出口 (=way out) (↔**entrance**[1])
• an emergency **exit** 非常口
❷ 退出, 退場
— 動 (三単現 **exits** /égzits エグズィツ/; 過去·過分 **exited** /égzitəd/; 現分 **exiting**)
❶ 自 退場する; 出て行く
❷ 自他 《コンピュータ》(プログラムなどを)終了する

ex·o·dus /éksədəs エクソダス/ 名 《単数形で》集団での大移動; 《**the Exodus**》(モーゼに率いられたイスラエル人の)エジプト脱出; 《**Exodus**》(旧約聖書の)出エジプト記

ex·on·er·ate /igzánərèit イグザネレイト/ 動 他 《文章》(人の)無実を証明する; (人を)〔罪などから〕解放する 《*from*》

ex·or·bi·tant /igzɔ́:rbətənt イグゾービタント/ 形 (値段・要求などが)法外な, 途方もない

ex·or·cism /éksɔ:rsìzm エクソースィズム/ 名 U 悪魔払い; C 悪魔払いの祈り[儀式]

ex·or·cist /éksɔ:rsist エクソースィスト/ 名 C 悪魔払い師

ex·ot·ic B2 /igzátik イグザティク/ 形 外国産の; 異国風の, エキゾチックな; 風変わりな

ex·pand B1 高 /ikspǽnd イクスパンド/ 動 (三単現 **expands** /ikspǽndz イクスパンヅ/; 過去·過分 **expanded** /ikspǽndəd/; 現分 **expanding**) ❶ 自 ふくらむ, 膨張する; 他 ふくらます, 膨張させる
• Metal **expands** when (it is) heated. 金属は熱せられると膨張する
❷ 他自 拡大する, 拡張する; 発展させる[する]
• **expand** *one's* knowledge 知識の幅を広げる
• **expand** business 事業を拡大する
expand on [***upon***] ***...*** (情報を付け加えて)…を詳しく述べる
派生 **expansion** 名

ex·panse /ikspǽns イクスパンス/ 名 C (大きな)広がり, 広々とした場所

ex·pan·sion B2 /ikspǽnʃən イクスパンション/ 名 U 膨張; UC 拡大, 拡張; 発展; C 拡大[拡張]されたもの • a rapid **expansion** of trade 貿易の急速な発展
派生 **expand** 動

ex·pan·sive /ikspǽnsiv イクスパンスィヴ/ 形 ❶ 膨張力のある; 発展的な
❷ 広々とした; 広範囲の
❸ うち解けた, きさくな
expánsively 副 発展的に; 広々と; うち解けて

ex·pa·tri·ate /ekspéitriət エクスペイトリエト/ 名 C 海外居住者; 国外追放者

ex·pect A2 高

/ikspékt イクスペクト/ 動 (三単現 **expects** /ikspékts イクスペクツ/; 過去·過分 **expected** /ikspéktəd/; 現分 **expecting**)
❶ 他 予期する, 予想する (❗よいことにも悪いことにも使う); (人や手紙・荷物が)来ると思う
• I **expected** you yesterday. 私はきのう(来るかと思って)君を待っていた
• She **expected** the letter from him today. 彼女は今日彼からの手紙を待っていた
文型 [**expect to** *do*] …するだろうと思う; …するつもりである (×expect *doing* としない)
• I **expect to** *see* him at the party. パーティーで彼に会えると思う
文型 [**expect** (**that**) **...**] …と予想する, …だろうと思う
• I **expect** (**that**) he will come here tomorrow. 彼はあすここへ来ると思う
文型 [**expect A to** *do*] Aが…するだろうと思う
• I **expect** him **to** *drive* you home. 彼

が君を家まで車で送ってくれると思う
❷ 他 《be expecting》 心待ちにする
• I'm **expecting** you. お待ちしています
❸ 他 (当然のこととして)〔人に〕**期待する, 求める** 《*from, of*》
• He **expects** too much **from** [**of**] me. 彼は私にあまりにも多くのことを期待しすぎる
文型 [**expect A to** *do*] A(人)が…することを当然のことと思う, 要求する
• My parents **expected** me **to** *study* hard. 両親は私が懸命に勉強することを当然のこととして期待した[求めた]

どっち
expect と **hope**
expect は「起こりそうだと思う, 予期する」, **hope** は「起きてほしいと思う, 願う」:
I didn't **expect** to see him there. 私はあそこで彼に会うとは思わなかった
I **hope** that you will be able to come to the party. あなたがパーティーに来られることを願っています[期待しています]

❹ 他自 《be expecting》 妊娠(にんしん)している 派生 **expectation** 名

ex·pect·an·cy /ikspéktənsi イクスペクタンスィ/ 名 (複 **expectancies** /ikspéktənsiz/) U 期待; UC 期待値

ex·pect·ant /ikspéktənt イクスペクタント/ 形 期待している; 心待ちにしている; 妊娠(にんしん)している

ex·pect·ant·ly /ikspéktəntli イクスペクタントリ/ 副 期待して, 予期して; 待ち受けて 派生 **expectant** 形

ex·pec·ta·tion B2 高 /èkspektéiʃən エクスペクテイション/ 名 U 《時に **expectations**》 期待, 予期, 予想; 見込み, 可能性; 期待されるもの[こと]
• There was little **expectation of** a good harvest. 豊作の見込みはほとんどなかった

***against* (*all*) *expectation*(*s*) = *contrary to* (*all*) *expectation*(*s*)** 予想に反して

***beyond* (*all*) *expectation*(*s*)** 予想以上に[の] (! 状況が良い場合に)

in expectation of ... …を期待して; …を見越して 派生 **expect** 動

ex·pe·di·ence /ikspí:diəns イクスピーディエンス/ 名 (=expediency)

ex·pe·di·en·cy /ikspí:diənsi イクスピーディエンスィ/ 名 U 便宜, 好都合; 便宜主義, ご都合主義; 私利

ex·pe·di·ent /ikspí:diənt イクスピーディエント/ 形 都合のよい, 適当な; 便宜主義的な, 得策な
— 名 C 得策; 急場しのぎの手段, 方便

ex·pe·dite /ékspədàit エクスペダイト/ 動 他 《文章》 はかどらせる, 促進する; 手早く処理する

ex·pe·di·tion B2 /èkspədíʃən エクスペディション/ 名 C ❶ 遠征, 探検
• They went **on an expedition** to the Antarctic. 彼らは南極へ遠征した
❷ 遠征隊, 探検隊

ex·pe·di·tion·ar·y /èkspədíʃənèri エクスペディショネリ/ 形 遠征の, 探検の

ex·pel /ikspél イクスペル/ 動 (三単現 **expels** /ikspélz/; 過去・過分 **expelled** /ikspéld/; 現分 **expelling**) 他 追い出す; 発射する

be expelled from ... …から追い出される; …から除名[追放]される

ex·pend /ikspénd イクスペンド/ 動 他 (金・時間などを)〔…に〕費やす 《*on, in*》 (! spend の方が一般的)

ex·pend·a·ble /ikspéndəbl イクスペンダブル/ 形 消費[消耗]してよい, 使い捨てできる

ex·pend·i·ture /ikspénditʃər イクスペンディチャ/ 名 U 支出; 消費; UC 経費

ex·pense B1 高 /ikspéns イクスペンス/ 名 (複 **expenses** /ikspénsəz/) UC 費用, 支出; 《**expenses**》 (必要)経費, …費
• **at** *one's* own **expense** 自費で

コロケーション
形+**expenses**
college *expenses* 大学の学費
educational *expenses* 教育費
out-of-pocket *expenses* 自己負担費, 立て替え払いした費用

household *expenses* 家計
living *expenses* 生活費
medical *expenses* 医療費
travel *expenses* 旅行費

at A's expense A(人)の費用[負担]で

at the expense of A A(人)に迷惑をかけて, A(人・物)を犠牲にして; A(人)をばかにして
派生 **expensive** 形

ex·pen·sive A1 中 /ikspénsiv イクスペンスィヴ/ (×エクスペンシブ) 形 高価な, (↔**cheap**, **inexpensive**); 費用のかかる; 運命を左右するような
• **expensive** clothes 高価な服
• an **expensive** decision 運命を左右する決断
派生 **expense** 名
expénsively 副 費用をかけて; 高い値段で

ex·pe·ri·ence A2 中 /ikspíəriəns イクスピアリエンス/ (×エクスペリエンス) 名 (複 **experiences** /ikspíəriənsəz/) U 経験, 体験; C 経験(した事柄[出来事])
• personal **experience** 個人的な経験
• previous **experience** 以前の経験
• a wonderful **experience** すばらしい経験 • lack of **experience** 経験不足
• He **has** a lot of **experience** in teaching English. 彼は英語を教えた経験がたくさんある
• I have learned a lot **from** previous **experience**. 私は多くのことを過去の経験から学んだ
― 動 (三単現 **experiences** /ikspíəriənsəz/; 過去・過分 **experienced** /ikspíəriənst/; 現分 **experiencing**) 他 経験する, 体験する
• I've never **experienced** such pain. 私はあんな痛みを経験した[味わった]ことがない

ex·pe·ri·enced B1 /ikspíəriənst イクスピアリエンスト/ 形 経験のある, 熟練の; 老練な, ベテランの

ex·per·i·ment B1 高 /ikspérəmənt イクスペリメント/ 名 (複 **experiments** /ikspérəmənts イクスペリメンツ/) C 実験
• carry out an **experiment** 実験をする
• Franklin did an **experiment with** [**on**] electricity. フランクリンは電気の実験をした
― /ikspérəmènt イクスペリメント/ (発音 名 との違いに注意) 動 (三単現 **experiments** /ikspérəmènts イクスペリメンツ/; 過去・過分 **experimented** /ikspérəmèntəd/; 現分 **experimenting**) 自 実験する
派生 **experimental** 形

ex·per·i·men·tal /ikspèrəméntəl イクスペリメンタル/ 形 実験の; 実験的な; 実験に基づく 派生 **experiment** 名
expèriméntally 副 実験的に

ex·per·i·men·ta·tion /ikspèrəmentéiʃən イクスペリメンテイション/ 名 U 実験すること, 実験作業

ex·per·i·ment·er /ikspérəməntər イクスペリメンタ/ 名 C 実験者

ex·pert A2 高 /ékspəːrt エクスパート/ (発音 アクセントに注意) 名 (複 **experts** /ékspəːrts エクスパーツ/) C 専門家, エキスパート (↔**amateur**); 熟練者, 名人
• a computer **expert** = an **expert on** computers コンピュータ専門家
• I'm an **expert at** playing the guitar. ぼくはギターの達人です
― 形 専門(家)の; 熟練した, 達者な, 上手な

ex·per·tise /èkspəːrtíːz エクスパーティーズ/ 名 U 専門知識, 専門技術

ex·pi·ra·tion /èkspəréiʃən エクスピレイション/ 名 U (契約・証書などの)期限の終結, 満了, 満期

expirátion dàte 名 C 《米》(ビザ・クレジットカードなどの)有効期限日; (食品の)賞味期限日 (=《英》expiry date)

ex·pire /ikspáiər イクスパイア/ 動 自 期限が切れる, 満了する; 息を吐き出す (↔

inspire)

ex·plain A2 中

/ikspléin イクスプレイン/ 動 (三単現 **explains** /ikspléinz/; 過去・過分 **explained** /ikspléind/; 現分 **explaining**) 他自
〔人に〕(物事を)説明する; 釈明する《*to*》
(❗ 物事を相手に理解できるように説明する, 理由を示すこと)

- Please **explain** the rules of baseball **to** me. 野球のルールを私に説明してください

文型 [**explain wh-...**] …かを説明[釈明]する; …かの理由になる

- Would you **explain how** to use this machine? この機械の使い方を説明してくれませんか

explain away (過失などを)うまく言い逃れる; 何でもないように取りつくろう

explain oneself 自分の行い[立場]を釈明する; 自分の言おうとすることをはっきり説明する

派生 **explanation** 名

ex·pla·na·tion A2 高

/èksplənéiʃən エクスプラネイション/ 名
(複 **explanations** /èksplənéiʃənz/) U 説明; 弁解; C 説明(のことば); 弁解(の根拠)

- There's no **explanation** for this abnormal weather. この異常気象の原因については解明されていない

コロケーション
形+**explanation**
an alternative *explanation* 代わりの説明
a detailed *explanation* 詳しい説明
a possible *explanation* 考えられる説明
a satisfactory *explanation* 満足のいく説明
a simple *explanation* 簡単な説明
動+**explanation**
give [offer, provide] an *explanation* (of ...) (…について)説明をする
demand an *explanation* 説明を要求する
seek an *explanation* 説明を求める

派生 **explain** 動

ex·plan·a·to·ry /iksplǽnətɔ̀:ri イクスプラナトーリ/ 形 説明の, 説明に役立つ

ex·ple·tive /éksplətiv エクスプレティヴ/ 名 C ❶ (特に意味のない)感嘆詞[語句]《♦ Gee!, Oh my!, Dear me! など》; ののしりことば《♦damn など》
❷《文法》虚辞《♦構文上必要だが意味のない語句; *There* is a cat. の There など》

ex·pli·ca·ble /éksplikəbl エクスプリカブル/ 形 説明できる

ex·plic·it /iksplísət イクスプリスィト/ 形 はっきりした, 明白な (↔**implicit**)

ex·plode B2 /iksplóud イクスプロウド/ 動
❶ 自 爆発する; 他 爆発させる

- The car **exploded** on the road. その車は路上で爆発した

❷ 自 (人口などが)急増する
❸ 自 〔怒りなどを〕あらわにする《*in, with*》, かっとなる

派生 **explosion** 名; 派生 **explosive** 形

ex·ploit B2 /iksplɔ́it イクスプロイト/ 動 他
❶ (人を)不当に利用する, 搾取(さくしゅ)する ❷ (資源などを)活用[利用]する, 開発する

— /éksplɔit エクスプロイト/ 名 C 勇敢でわくわくするような行為, 偉業, 功績

ex·ploi·ta·tion /èksplɔitéiʃən エクスプロイテイション/ 名 U 開発; 利己的利用, 搾取(さくしゅ)

ex·plo·ra·tion B1 高 /èkspləréiʃən エクスプロレイション/ 名 (複 **explorations** /èkspləréiʃənz/) U C 探検, 実地調査; (問題などの)調査, 研究

- space **exploration** 宇宙探検[探査]

ex·plor·a·to·ry /iksplɔ́:rətɔ̀:ri イクスプローラトーリ/ 形 探検[探査]の; 調査のための

ex·plore A2 高

/iksplɔ́:r イクスプロー/ 動 (三単現 **explores** /iksplɔ́:rz/; 過去・過分 **explored** /iksplɔ́:rd/; 現分 **exploring** /iksplɔ́:riŋ/) 他
❶ 探検する, 実地踏査[調査]する

• They **explored** the arctic area. 彼らは北極地方を実地調査した
❷ 探求する, (可能性などを)探る
派生 **exploration** 名
派生 **exploratory** 形

ex·plor·er B2 /ikspló:rər イクスプローラ/ 名 C 探検家, 探検者; 調査者

ex·plo·sion B1 高 /iksplóuʒən イクスプロウジョン/ 名 (複 **explosions** /iksplóuʒənz/) C ❶ 爆発
• About twenty passersby were killed in the **explosion**. 約20人の通行人がその爆発で死んだ
❷ 爆発的な増加, 急増
• a population **explosion** 人口の爆発的増加
派生 **explode** 動

ex·plo·sive B2 /iksplóusiv イクスプロウスィヴ/ 形 ❶ 爆発性の; 爆発的な
• an **explosive** device 爆破装置
❷ (状況が)危険をはらんだ, 一触即発の; (問題などが)論議の火種になりそうな
— 名 ❶ U C 爆発物, 爆薬 ❷ C 《音声》破裂音 (◆/p/ /b/ /t/ /d/ /k/ /g/)
派生 **explode** 動
explósively 副 爆発的に

ex·po 高 /ékspou エクスポウ/ 名 (複 **expos** /ékspouz/) C 《口語》博[展]覧会

ex·po·nent /ikspóunənt イクスポウネント/ 名 C ❶ (思想などの)支持者, 主唱者; 解説者 ❷ 《数学》(累乗の)指数

ex·port B2 高 /ikspó:rt イクスポート/ 動 他 輸出する (↔**import**)
• Brazil **exports** coffee **to** many countries. ブラジルはいろいろな国へコーヒーを輸出している
— /ékspɔ:rt エクスポート/ (発音 動 との違いに注意) 名 U 輸出; C 輸出品 (↔**import**)

ex·por·ta·tion /èkspɔ:rtéiʃən エクスポーテイション/ 名 U 輸出; C 輸出品

ex·port·er /ikspó:rtər イクスポータ/ 名 C 輸出業者; 輸出国

ex·pose B1 高 /ikspóuz イクスポウズ/ 動 (三単現 **exposes** /ikspóuzəz/; 過去·過分 **exposed** /ikspóuzd/; 現分 **exposing**) 他 ❶ (かくれていたものを)表面に出す; 〔風雨や危険に〕さらす 《*to*》
• We were **exposed to** the hot sun all day long. 私たちは一日中かんかん照りの太陽にさらされた
❷ (秘密などを)明かす; 暴露する
派生 **exposure** 名

ex·po·sé /èkspouzéi エクスポウゼイ/ 名 C 暴露, すっぱ抜き

ex·posed /ikspóuzd イクスポウズド/ 形 風雨にさらされた, 野ざらしの

ex·po·si·tion /èkspəzíʃən エクスポズィション/ 名 C 博覧会 (❗《口語》ではときに expo /エクスポウ/ と略す)

ex·po·sure /ikspóuʒər イクスポウジャ/ 名 U C さらすこと, さらされること; 暴露; 発覚; C 《写真》露光; (フィルムの) 1こま 派生 **expose** 動

ex·pound /ikspáund イクスパウンド/ 動 他 詳しく説明する, 解説する

ex·press A2 高

/iksprés イクスプレス/
名 (複 **expresses** /iksprésəz/) C 急行列車[バス]
• He took the 9 o'clock **express**. 彼は午前9時発の急行に乗った
— 動 (三単現 **expresses** /iksprésəz/; 過去·過分 **expressed** /ikspréstt/; 現分 **expressing**) 他 (ことばで)表現する, 言い表す; (感情などを)表に出す
• **Express** your idea clearly. 考えをはっきり述べてください
• I cannot **express** how I felt about it. それについてどのように感じたか言い表すことができない
express oneself 自分の考えを言い表す • He couldn't **express himself** correctly in English. 彼は自分の考えを英語で正しく言い表せなかった
— 形 ❶ 急行の; 至急便の, 速達便の
• an **express** train 急行列車
❷ (目的などが)はっきりした, 明白な; 故意の
— 副 急行で; 至急[速達]便で
• Please send this parcel **express**. こ

の小包を速達で送ってください
派生 **expression** 名
派生 **expressive** 形

ex·pres·sion A2 高

/ikspréʃən イクスプレション/
名 (複 **expressions** /ikspréʃənz/)
❶ U C 表現; C 言い回し, ことば
• an **expression** of concern 心配を表す表現[ことば]
• an **expression** of sympathy 感情を表す表現[ことば], お悔やみのことば
• "Shut up" is not a polite **expression**. 「だまれ」というのはていねいな言い方ではない
❷ U C 表情; U 表現力
• a sad **expression** 悲しげな表情
• She looked at me with a happy **expression**. 彼女はうれしそうな顔をして私を見た

コロケーション
形+**expression**
a pained *expression* 苦痛にゆがむ表情
a puzzled *expression* 困った表情
wear a sad *expression* 悲しげな表情を浮かべている
a serious *expression* 深刻そうな表情

give expression to ... …を表現する
派生 **express** 動

ex·pres·sion·less /ikspréʃənləs イクスプレションレス/ 形 無表情な

ex·pres·sive B2 /iksprésiv イクスプレスィヴ/ 形 表現する; 表している; 表情豊かな 派生 **express** 動
expréssively 副 表情豊かに; 意味ありげに

ex·press·ly /iksprésli イクスプレスリ/ 副 《文章》❶ 明確に, はっきりと
❷ 特に; ことさらに

ex·press·way /ikspréswèi イクスプレスウェイ/ 名 (複 **expressways** /ikspréswèiz/) C 《米》高速(自動車)道路 (=freeway, 《英》motorway)

ex·pro·pri·ate /ikspróuprièit イクスプロウプリエイト/ 動 他 (公用のために, 土地・財産を)取り上げる, 収用する

ex·pul·sion /ikspʌ́lʃən イクスパルション/ 名 U C 〔…からの〕追放, 除名; 排除 《*from*》

ex·qui·site B2 /ikskwízət イクスクウィズィト, ékskwizət エクスクウィズィト/ 形 非常に美しい; 絶妙な; 精巧な
exquísitely 副 絶妙に

ex·tend B1 高 /iksténd イクステンド/ 動 (三単現 **extends** /iksténdz イクステンヅ/; 過去·過分 **extended** /iksténdəd/; 現分 **extending**) ❶ 他 広げる, 拡張する; (手足などを)伸ばす; 自 広がる, 伸びる • **extend** a building 増築する
• His farm **extends** over the river. 彼の農場はあの川の向こうへと延びている
❷ 他 (期間・距離などを)延長する, 延期する
• He **extended** his stay for a few more days. 彼はあと数日滞在を延ばした
派生 **extension**, **extent** 名
派生 **extensive** 形

ex·tend·ed /iksténdəd イクステンデド/ 形 伸びた, 広がった; 長期間にわたる, 長びいた; 広範囲の

exténded fámily 名 C (拡)大家族 《◆親子のほかに祖父母などから成る家族》 ⇨ **nuclear family**

ex·ten·sion B2 /iksténʃən イクステンション/ 名 ❶ U 延長, 拡張, のばすこと; C 延長部分, 建て増し
• build an **extension** to the house 家の建て増しをする
❷ C (電話の)内線: 子機 ❸ C 延期
派生 **extend** 動

exténsion còrd 名 C 延長コード

ex·ten·sive B2 /iksténsiv イクステンスィヴ/ 形 広大な; 広範囲にわたる (↔**intensive**); 大規模な; 大量の
• The typhoon caused **extensive** damage. 台風は莫大な被害をもたらした
派生 **extend** 動
exténsively B1 副 広範囲にわたって

ex·tent B1 /ikstént イクステント/ 名 《単数形で》程度, 範囲; 広さ, 広がり

- to a great [large] **extent** 大部分は，大いに

to some extent = to a certain extent ある程度(まで)

- I agree with you **to some extent**. 私はあなたにある程度まで賛成です

to such an extent that ... = to the extent that ... …するほどまで，…する程度まで

派生 **extend** 動

ex·ten·u·at·ing /iksténjuèitiŋ イクステニュエイティング/ 形 酌量(しゃくりょう)できる

ex·te·ri·or /ikstíəriər イクスティアリア/ 形 外の; 外面の; 外観上の

— 名 U C 外側; 外見; 外観 (↔**interior**)

ex·ter·mi·nate /ikstə́:rmənèit イクスターミネイト/ 動 他 絶滅させる，根絶する

ex·ter·mi·na·tion /ikstə̀:rmənéiʃən イクスターミネイション/ 名 U 絶滅，根絶

ex·ter·mi·na·tor /ikstə́:rmənèitər イクスターミネイタ/ 名 C (ネズミなどの)駆除業者

ex·ter·nal B2 /ikstə́:rnəl イクスターナル/ 形 外の，外面の; 外部からの; 対外的な (↔**internal**); 外国からの

- an **external** wall 外壁
- for **external** use only (薬が)外用の (! 飲み薬ではない)

ex·tinct B1 高 /ikstíŋkt イクスティンクト/ 形 絶滅した，死に絶えた，すたれた; (火・あかりが)消えた

ex·tinc·tion B1 高 /ikstíŋkʃən イクスティンクション/ 名 U 絶滅，死滅; 断絶，すたれること

ex·tin·guish /ikstíŋgwiʃ イクスティングウィシュ/ 動 他 …を消す

ex·tin·guish·er /ikstíŋgwiʃər イクスティングウィシャ/ 名 C 消火器

ex·tol /ikstóul イクストウル/ 動 (三単現 **extols** /ikstóulz/; 過去・過分 **extolled** /ikstóuld/; 現分 **extolling**) 他 《文章》絶賛する，ほめたたえる

ex·tort /ikstɔ́:rt イクストート/ 動 他 (金を)〔…から〕ゆすり取る《*from*》

ex·tor·tion /ikstɔ́:rʃən イクストーション/ 名 U ゆすり，強奪

ex·tor·tio·nate /ikstɔ́:rʃənət イクストーショネト/ 形 不当な，法外な

ex·tra A2 高

/ékstrə エクストラ/ 形

余分の，追加の，割り増しの (=additional); 臨時の

- an **extra** charge [fee] 割り増し料金，追加料金

— 副 余分に; 特別に

- During the summer, the rooms of this hotel will cost (you) 5,000 yen **extra**. 夏にはこのホテルの室料は5,000円増しになる

— 名 (複 **extras** /ékstrəz/) C

❶ 余分のもの; 追加[別]料金

❷ 臨時雇い，(映画などの)エキストラ

extra- 接頭 「…外の，範囲外の」

- **extra**curricular 課外の

ex·tract B2 /ikstrǽkt イクストラクト/ 動 他 抜き出す，取り出す; 抜粋する

— /ékstrækt エクストラクト/ (発音 動 との違いに注意) 名 U C 抽出物，エキス; C 抜粋

ex·trac·tion /ikstrǽkʃən イクストラクション/ 名 ❶ U C 引き抜くこと; 抽出 ❷ U 生まれ，血統

ex·tra·cur·ric·u·lar /èkstrəkəríkjələr エクストラカリキュラ/ 形 正規の学課以外の，課外の

ex·tra·dite /ékstrədàit エクストラダイト/ 動 他 (逃亡犯人などを)〔本国などへ〕引き渡す《*to*》

ex·tra·di·tion /èkstrədíʃən エクストラディション/ 名 U C (逃亡犯人などの)〔本国などへの〕引き渡し《*to*》

ex·tra·ne·ous /ikstréiniəs イクストレイニアス/ 形 関係のない; 外部からの，外来の

ex·traor·di·nar·i·ly B2 /ikstrɔ̀:rdənérili イクストローディネリリ/ 副 異常に，非常に，並外れて 派生 **extraordinary** 形

ex·traor·di·nar·y B1 /ikstrɔ́:rdənèri イクストローディネリ | ikstrɔ́:rdənəri イクストローディナリ/ 形

❶ 並外れた; すばらしい; 異常な; (↔**ordinary**)

• an **extraordinary** talent 並外れた才能
❷ 特別の; 臨時の
• an **extraordinary** meeting 臨時会議
派生 **extraordinarily** 副

ex·tra·sen·so·ry /èkstrəsénsəri エクストラセンソリ/ 形 超感覚の
• **extrasensory** perception 超感覚的知覚, 超能力 (! ESPと略す)

ex·tra·ter·res·tri·al /èkstrətəréstriəl エクストラテレストリアル/ 形 地球外の; 宇宙の ━名C 地球外生命体; 異星人; 宇宙人 (! E.T. はこの略)

ex·trav·a·gance /ikstrǽvəgəns イクストラヴァガンス/ 名U 浪費; C ぜいたく品; とっぴな行動

ex·trav·a·gant /ikstrǽvəgənt イクストラヴァガント/ 形 浪費の, 金づかいの荒い (=wasteful); 法外な
extrávagantly 副 浪費して; 法外に

ex·trav·a·gan·za /ikstræ̀vəgǽnzə イクストラヴァギャンザ/ 名C 豪華なショー

ex·tra·vert /ékstrəvə̀ːrt エクストラヴァート/ 名 (=extrovert)

ex·treme B1 /ikstríːm イクストリーム/ (×エクストリーム) 形 ❶ 極端な; 極度の; 過激な (↔**moderate**)
• an **extreme** example 極端な例
❷ 末端の, いちばん遠い
━名 (複 **extremes** /ikstríːmz/) C 極端; 《**extremes**》両極端
go to extremes 極端なことを言う[する]
派生 **extremely** 副
派生 **extremity** 名

ex·treme·ly A2 高

/ikstríːmli イクストリームリ/ 副 《形容詞・副詞の前において》非常に; 極端に
• It has been **extremely** hot this summer. この夏は極度に暑い
派生 **extreme** 形

ex·trem·ism /ikstríːmizm イクストリーミズム/ 名U (政治上などの)過激論, 過激主義, 極端な行為

ex·trem·ist /ikstríːmist イクストリーミスト/ 名C 過激論者, 過激主義者

ex·trem·i·ty /ikstréməti イクストレミティ/ (×イクストリーミティ) 名 (複 **extremities** /ikstrémətiz/) C 先端, 末端; UC 極端, 極度
be driven to the last extremity 絶体絶命になる; 窮地に追い込まれる
派生 **extreme** 形

ex·tri·cate /ékstrəkèit エクストリケイト/ 動 他 救い出す, 解放する
extricate oneself from [***out of***] ***...*** 〔困難など〕から抜け出す, 逃れる

ex·trin·sic /ekstrínsik エクストリンスィク/ 形 〔…にとって〕本質的でない《*to*》; 外部からの, 外的な

ex·tro·vert /ékstrəvə̀ːrt エクストロヴァート/ 名C 外向的な人; 社交的な人 (↔**introvert**) ━形 外向的な

ex·trude /ikstrúːd イクストルード/ 動 他 押し出す, 突き出す

ex·u·ber·ance /igzjúːbərəns イグズ(ュ)ーバランス/ 名U 豊富さ; あふれんばかりの活力; 繁茂

ex·u·ber·ant /igzjúːbərənt イグズ(ュ)ーバラント/ 形 活力に満ちた, 元気いっぱいの; 生い茂った; 豊富な

ex·ude /igzjúːd イグズ(ュ)ード/ 動 他 (汗などを)しみ出させる; にじませる; 自 しみ出る; にじみ出る

ex·ult /igzʌ́lt イグザルト/ 動 自 〔…に; …して〕大喜びする《*at, in; to do*》; 〔…に〕勝ち誇る《*over*》

eye A1 中

/ái アイ/ (発音 I, aye と同音)
名 (複 **eyes** /áiz/) C
❶ 目; 視力; 視線

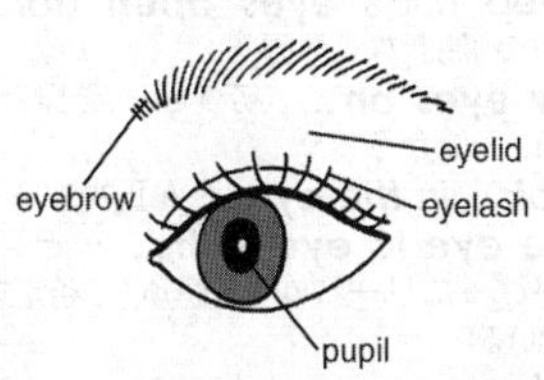

- blue [dark] **eyes** 青い[黒い]目 (❗ a black eye は「(なぐられて)青黒くあざになった目のまわり」をいう)
- Close your **eyes**. 目を閉じなさい
- He has very good [weak] **eyes**. 彼は目[視力]がとてもいい[弱い]

❷ (物を見て判断する)目, 眼力(がんりき); 意見, 判断

- An artist must have an **eye** for color. 芸術家は色彩に対する目を持っていなければならない (❗「鑑賞眼」のように抽象的な意味で eye を使うときは単数形がふつう)

❸ 針の目, カメラの目, 台風の目 (❗形・働きが「目」に似ているもの)

an eye for an eye 目には目を (❗されたとおりのことを仕返しすること)

catch *A's* ***eye*** A(人)の注意[目]を引く

- A red dress **caught his eye**. 赤いドレスが彼の目にとまった

have an eye for ... …を見る目がある

have an [*one's*] ***eye on*** [***to***] ***...*** …をねらっている, ほしがっている

in the eyes of *A* **=** ***in*** *A's* ***eyes*** A(人)の考えでは; Aによれば

in the public eye 世間の注目をひいて; 名が知れて

keep an [*one's*] ***eye on ...*** …から目を離さない, …をじっと見守る; 面倒をみる

- **Keep an eye on** this suitcase. このスーツケースから目を離さないでいなさい

keep an eye out for ... (見逃さないように)…を注意して見る, 注意深くさがす

keep *one's* ***eyes open*** (***for ...***) (…を)油断なく見張る

lay eyes on ... (初めて)…を見かける, …に会う

look ... in the eye …を正視する

see eye to eye with ... …と意見がぴったり一致する (❗ふつう否定文で用いる)

set eyes on ... (=lay eyes on ...)

take *one's* ***eyes off ...*** …から目を離す

- I couldn't **take** my **eyes off** her. 私の目は彼女にくぎづけだった

up to the [*one's*] ***eyes*** (***in ...***) (…に)深くかかわって, (仕事などに)没頭して

with *one's* ***eyes open*** 目をあけたまま; 困難[危険]を承知の上で

— 動 (三単現 **eyes** /áiz/; 過去・過分 **eyed** /áid/; 現分 **eyeing, eying**) 他 (注意深く)見つめる; じろじろ見る

eye·ball /áibɔ̀ːl アイボール/ 名 C 眼球, 目玉

eye·brow B2 /áibràu アイブラウ/ (×アイブロー) 名 C まゆ; まゆ毛

- bushy **eyebrows** 太く濃いまゆ毛

raise *one's* ***eyebrows*** 目を丸くする, まゆをひそめる (❗驚き・非難の表情)

éye-càtching 形 人目をひく

éye còntact 名 U アイコンタクト 《♦視線を合わせること》

-eyed 《他の語と結びついて》…の目をした

eye·drops /áidràps アイドラプス/ 名 《複数扱い》 点眼薬, 目薬

eye·ful /áifùl アイフル/ 名 C 〔涙などの〕目いっぱいの量 《*of*》; 《口語》 目を楽しませること[もの]

eye·glass /áiglæ̀s アイグラス/ 名 C 単眼鏡, 片眼鏡; 《**eyeglasses**》 めがね

eye·lash B2 /áilæ̀ʃ アイラシュ/ 名 C まつげ (❗lash はむちのこと)

eye·lid B2 /áilìd アイリド/ 名 C まぶた (❗lid は蓋(ふた)のこと)

éye-òpener 名 目をみはらせる出来事, はっとするような事柄

éye shàdow 名 U アイシャドウ

eye·sight B1 高 /áisàit アイサイト/ 名 U 視力; 視野

- have good **eyesight** 視力がいい

eye·sore /áisɔ̀ːr アイソー/ 名 C 目ざわりなもの (❗sore は「ひりひり痛いところ」)

eye·wit·ness /áiwìtnis アイウィトネス/ 名 C 目撃者, (目撃した)証人

F f

F, f /éf エフ/ 名 (複 **F's, f's** /éfs/)
❶ U C 英語アルファベットの第6番目の文字 ❷ C 《Fで》(成績評価の)不可 (■failure (失敗)の頭字)
❸ U 《音楽》へ音; へ調

F, F. 《略》Fahrenheit カ氏の

fa·ble /féibl フェイブル/ 名 ❶ C 寓話(ぐうわ) 《◆動物などを登場させて教訓を伝えようとする物語》 ❷ C 作り話; うそ (=lie)

Fa·bre /fá:br ファーブル/ 名 《**Jean Henri** /ジャーン アーンリー/ **Fabre**》ファーブル (1823-1915) 《◆フランスの昆虫学者; 『昆虫記』で有名》

fab·ric B2 /fǽbrik ファブリク/ 名 ❶ U C 織物; U 生地, 布地 ❷ U 構造, 基盤

fab·ri·cate /fǽbrikèit ファブリケイト/ 動 他 組み立てる; (うそ·言いわけなどを)作り上げる; (文書などを)偽造する

fab·ri·ca·tion /fæbrikéiʃən ファブリケイション/ 名 U 組み立て; 偽造; C 作り話

fa·bu·lous B2 /fǽbjələs ファビュラス/ 形 信じられないような, 法外な; 伝説上の, 神話のような, 架空の

fa·çade, fa·cade /fəsá:d ファサード/ 名 C ❶ 《建築》(建物の)正面, ファサード ❷ 外見; 見せかけ

face A1 中

/féis フェイス/

意味マップ
名 ❶ 顔; 表情
❷ 側面
❸ 人, 顔ぶれ
❹ 表, 表面
動 ❶ 面する
❷ 立ち向かう, 直面する

━ 名 (複 **faces** /féisəz/)
❶ C 顔; 表情, 顔つき (=look)
• She had a big smile on her **face**. 彼女はにっこりと笑った
• with a smile **on** *one's* **face** 顔にほほえみを浮かべて
• When he saw me, he turned his **face** away. 彼は私を見ると顔をそむけた

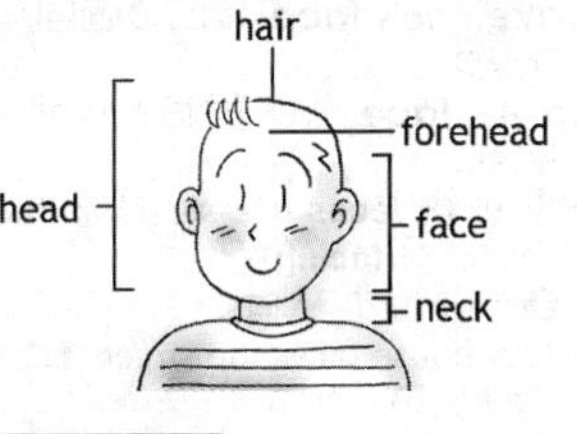

コロケーション
face+動
A's *face* brightens 人の顔が晴ればれする
A's *face* falls がっくりする
A's *face* lights up 表情がパッと明るくなる
A's *face* clouds 顔が暗くなる, 表情がくもる

❷ C 側面
• the north **face** of the mountain 山の北面(壁)
❸ C 人, 顔ぶれ
• a new **face** 新人
❹ C (裏に対して)表, 表面 (=surface); (建物などの)正面, 前面 (=front) (↔ **back**); 外観
• the **face** of a coin コインの表

face down うつぶせに; 表を下にして
• Put your exam papers **face down**. 答案用紙を裏返しにしなさい

face to face (***with*** ...) B1 (…と)面と向かって, 差し向かいで; 直面して
• I met **face to face with** the mayor.

私は市長と差し向かいで会った
face up あお向けに; 表を上にして
in the face of ... …に直面して; …をものともせず
lose face 面子をなくす, 面目を失う
make [pull] a face [faces] (不快で, ふざけて)しかめっ面をする
on *one's* ***face*** 顔に; うつぶせに ⇨ ❶
on the face of it 一見したところでは
save *one's* ***face*** (自分の)面目[体面]を保つ
to *A's* ***face*** A(人)に面と向かって, 率直に
— 動 (三単現 **faces** /féisəz/; 過去·過分 **faced** /féist/; 現分 **facing**)
❶ 他自 面する; 向く
• Our house **faces** the street. 私たちの家は通りに面している
会話 "How does your room **face**?" "It **faces** east." 「あなたの部屋ははどっち向きにありますか」「東向きです」
❷ 他 (危険·困難などに)立ち向かう, 直面する; 文型 [**be faced with [by]** A] Aに直面している
• You must **face** the fact. 君はその事実を直視しなければいけない
face up to ... …を直視する; …に立ち向かう
let's face it 《口語》(いやなことだが)事実は事実として受け入れよう; 本当のことを言うと
Face·book /féisbùk フェイスブク/ 名 《コンピュータ》《商標》フェイスブック (◆SNSの1つ)
face·less /féisləs フェイスレス/ 形 顔のない, 個性のない; 匿名の, 無名の
face·lift /féislìft フェイスリフト/ 名 C (顔のしわを取る)美容整形手術
give *A* ***a facelift*** A(建物など)を改装する
fac·et /fǽsət ファスィト/ 名 C 面, 〔物事の〕様相 《*of*》
fa·ce·tious /fəsíːʃəs ファスィーシャス/ 形 (人·ことばが)こっけいな, ふざけた
facétiously 副 ふざけて
facétiousness 名 U 悪ふざけ
face-to-face B1 /fèistəféis フェイスタフェイス/ 形 向かい合っての, 対面した (❗名詞の前に用いる)
fáce válue 名 U (貨幣·切手などの)額面価格
take ... at face value …をことばどおりに受け取る
fa·cial 高 /féiʃəl フェイシャル/ 形 顔の; 顔用の — 名 U C 美顔術
fac·ile /fǽsəl ファスィル/ 形 たやすい; 安易な
fa·cil·i·tate B2 /fəsílətèit ファスィリテイト/ 動 他 (物を主語にして)容易にする, 促進する
派生 **facility** 名
fa·cil·i·ty B1 高 /fəsíləti ファスィリティ/ 名 (複 **facilities** /fəsílətiz/)
❶ C 《**facilities**》施設, 設備; 《ふつう **facilities**》便宜(べんぎ)
• **facilities** for leisure レジャー施設
• a manufacturing **facility** 製造設備[工場]
❷ U 器用さ, 達者; 容易さ (↔**difficulty**)
派生 **facilitate** 動
fac·ing /féisiŋ フェイスィング/ 名 U
❶《建築》(壁などの)表面仕上げ, 化粧張り ❷(衣服の)見返し布
fac·sim·i·le /fæksíməli ファクスィミリ/ 名 U C ファクシミリ, 写真電送; 電送写真; C (印刷物·絵画などの)複写

fact A2 中

/fǽkt ファクト/
名 (複 **facts** /fǽkts ファクツ/) C
事実 (↔**fiction**); U 現実, 真実 (=truth)
• This is a **fact**, not a **fiction**. これは事実であって作り話ではありません
• It is a **fact** that he ran away from home. 彼が家出したのは事実だ (❗It=that 以下)
• **Fact** is stranger than fiction. 《ことわざ》事実は小説より奇なり

as a matter of fact 事実は, 実のところ, 実は (=in fact)
in fact 実は, 事実上は; つまり, 要するに; それどころか

fac·tion /fǽkʃən ファクション/ 名C 派閥, 分派

fac·tion·al /fǽkʃənəl ファクショナル/ 形 派閥の

fac·tor B2 高 /fǽktər ファクタ/ 名C 要因, 要素; 《数学》因数
• economic [political] **factors** 経済的[政治的]要因

コロケーション
形+factor
an important *factor* 重要な要因
a crucial *factor* 決定的な要因
a key *factor* 鍵となる要因
a major *factor* 主要な要因

fac·to·ry A1 高

/fǽktəri ファクトリ/
名 (複 **factories** /fǽktəriz/) C
工場 (! 一般的な語; 大規模なものは plant という); 《形容詞的》工場の
• a **factory** worker 工場労働者, 工員

fac·tu·al /fǽktʃuəl ファクチュアル/ 形 事実に基づく, 事実の
fáctually 副 事実上

fac·ul·ty B2 /fǽkəlti ファカルティ/ 名 (複 **faculties** /fǽkəltiz/) C
❶ (大学の)学部; 学部の教員全体
• the **faculty** of literature 文学部
❷ (器官または精神の)機能, 能力 (=function); 才能, 能力 (=ability)

fad /fǽd ファド/ 名C つかのまの熱中, 一時的流行

fade B1 /féid フェイド/ 動 (三単現 **fades** /féidz フェイヅ/; 過去·過分 **faded** /féidəd/; 現分 **fading**) 自 (色·花などが)あせる, しぼむ; 《しばしば **fade away**》しだいに消えていく; 他 (色などを)あせさせる, 衰えさせる
fade in (画像が)しだいにはっきりしてくる; (音が)しだいに大きくなる
fade out (画像が)しだいに消えていく; (音が)しだいに小さくなる

fade-out /féidàut フェイダウト/ 名U フェードアウト 《♦映像を徐々にぼやけさせる手法》

Fahr·en·heit /fǽrənhàit ファレンハイト/ 形 カ氏の (! ふつう F または F. と略す; カ氏 100 度はセ氏約 37.8 度)
日英比較 日本での温度表示はふつう「セ氏」だが, 英米では「カ氏」を用いることが多い
語源 カ氏温度計発明者のドイツの物理学者 G.D. Fahrenheit (1686–1736) にちなむ

fail A2 高

/féil フェイル/ 動 (三単現 **fails** /féilz/; 過去·過分 **failed** /féild/; 現分 **failing**)
❶ 他自 失敗する, しくじる (↔**succeed**); 落第する; 他 (学生を)落第させる
• **fail** an examination 試験に落ちる
• She **failed** as a singer. 彼女は歌手としては失敗した
❷ 他 (人の)役にたたない; 期待にそむく, (人を)見捨てる
• Don't **fail** me when I need your help. 君の助けがいる時は力になってくれ
❸ 他 文型 [**fail to** *do*] …しそこなう, …できない, (すべきなのに)…しない
• The parents **failed to** *persuade* their daughter. 両親は娘を説得するのに失敗した[説得できなかった]
• I **failed to** *hear* what he said. 彼が何と言ったのか聞きそこなった
❹ 自 衰える, 弱る; (機械などが)動かなくなる
• He had to retire because of **failing** eyesight. 視力の衰えのため彼は仕事をやめなければならなかった
never [***not***] ***fail to do*** 必ず…する
• She **never fails to** write at least once a week. 彼女は少なくとも週に 1 回は必ず手紙を書く
• **Don't fail to** come. きっと来なさい
━ 名C 落第点
without fail 必ず, まちがいなく
派生 **failure** 名

fail·ing /féiliŋ フェイリング/ 名C 欠点, 弱

点

― 前 …がないので，…がない場合には

failing that それがだめならば

fáil-sàfe 形 自動安全装置のついた

fail·ure B1 高 /féiljər フェイリャ/ 名 (複 **failures** /féiljərz/) ❶ U 失敗 (↔**success**); C 失敗者[事]

• I'm not afraid of **failure**. 私は失敗を恐れてはいない

❷ U C 〔…(すること)の〕不履行《*in; to do*》

❸ U C 欠乏; 衰え; 故障

• the **failure** of *one's* eyesight 視力の衰え

• (a) power **failure** 停電

派生 **fail** 動

faint B1 /féint フェイント/ 形 (比較級 **fainter**; 最上級 **faintest**)

❶ かすかな; 薄い; 弱々しい (↔**clear**)

• a **faint** light [sound, hope] かすかな光[音，望み]

❷ (体力が)弱々しい; 気が遠くなって

― 動 自 (三単現 **faints** /féints フェインツ/; 過去・過分 **fainted** /féintəd/; 現分 **fainting**) 気が遠くなる，卒倒する

― 名 C 気絶，失神

faint·ly /féintli フェイントリ/ 副 力なく，弱々しく; かすかに，ほのかに

fair[1] A1 高

/féər フェア/ (発音 fare と同音)

意味マップ

形 ❶ 公正な; フェアな
❷ かなりの
❸ まあまあの
❹ 色白の; 金髪の
❺ 晴れた
❻《野球》フェアの

副 公正に

― 形 (比較級 **fairer**; 最上級 **fairest**)

❶ 公正な，公平な，公明正大な; (スポーツで)ルールにかなった，フェアな (↔**unfair**)

• **fair** play 正々堂々のプレー

• A teacher must be **fair** to all his students. 先生は全生徒に公平でなければならない

❷ (数量が)かなりの，相当の

• She spends a **fair** amount of money on clothes. 彼女は洋服に相当のお金を使う

❸ 適正な; まあまあの，ふつうの

• a **fair** price 適正価格 (=a reasonable price)

❹ 色白の; 金髪の

❺ (天気が)晴れた (=fine)，すがすがしい

❻《野球》(ボールが)フェアの

• a **fair** ball フェアボール ⇨**foul** 形❹

Fair enough.《口語》結構です，もっともです，わかりました

― 副 (比較級 **fairer**; 最上級 **fairest**)《play, act, fight などのあとで》公正に，正々堂々と; きれいに; まさしく

fair[2] B1 /féər フェア/ (発音 fare と同音) 名 (複 **fairs** /féərz/) C

❶《英》遊園地 (=funfair,《米》amusement park)

❷《米》品評会《◆農産物・家畜を展示して優劣を競うもので，サーカスやショーも開かれ，お祭りに近い催し》

❸ 博覧会 (=exposition)，見本市

❹《英》定期市，縁日(えんにち)

日英比較 祭日などに定期的に開催され，農産物の品評会や機械の展示会などが行われ，また娯楽的な催しも開かれる

fáir-hàired 形 金髪の; お気に入りの

fair·ly A2

/féərli フェアリ/ 副

❶ かなり，なかなか (! いい意味で用いる)

• He can swim **fairly** well. 彼はけっこううまく泳げる

❷ 公明正大に，公平に (↔**unfairly**)

fair·ness /féərnəs フェアネス/ 名 U 公正，公平; 金髪，(肌の)白さ

fáir-wèather 形 晴天の時だけの; 都合のよい時だけの

fair·y A1

/féəri フェアリ/ 名 (複 **fairies** /féəriz/) C

妖精(ようせい) ⇨**elf, goblin, nymph**
━形 妖精の(ような)

fair·y·land /féərilæ̀nd フェアリランド/ 名 C 妖精(ようせい)の国 (❗地球と月の間にあると考えられた)

fáiry tàle 名 C おとぎ話, 童話 (❗西洋の童話に必ず fairy (妖精)が現れることから)

faith B2 高 /féiθ フェイス/ 名
❶ U 信頼, 信用; 信念 (=belief)
• have [lose] **faith** in him 彼を信頼している[信用しなくなる]
❷ U C 信仰; 宗教 (=religion)
in good faith 誠意をもって, 誠実に
派生 **faithful** 形

faith·ful B1 /féiθfəl フェイスフル/ 形
❶〔…に〕忠実な, 誠実な; 浮気をしない, 貞淑な《*to*》(↔**faithless**)
• You must be **faithful to** your friends. 君は友人に対して誠実でなければいけない
❷ 正確な; 信頼できる
━名《**the faithful**》《複数扱い》熱心な信者たち; 熱心な信奉者たち
派生 **faith** 名

faith·ful·ly /féiθfəli フェイスフリ/ 副 忠実に; (貞操などが)堅く; 正確に
Faithfully yours = Yours faithfully 《英》敬具 (◆業務用あるいはあまり親しくない人に対する手紙の結びのことば) ⇨ **dear** ❶

faith·ful·ness /féiθfəlnəs フェイスフルネス/ 名 U 誠実, 忠実

faith·less /féiθləs フェイスレス/ 形 不誠実な; 当てにならない; 信仰のない (↔**faithful**)

fake B1 /féik フェイク/ 形 (❗比較変化なし) にせものの, 本物でない (↔**genuine**)
━動 (三単現 **fakes** /féiks/; 過去·過分 **faked** /féikt/; 現分 **faking**) 他
偽造する; でっち上げる; ふりをする (=pretend)
━名 (複 **fakes** /féiks/) C
にせもの, 模造品; いかさま師

fal·con /fǽlkən ファルコン/ 名 C 《鳥》ハヤブサ

fall A2 中
/fɔ́ːl フォール/

意味マップ
動 ❶ 落ちる; 降る; 倒れる
❷ 下がる
❸ (グループ・種類などに)分かれる
❹ (ある状態に)なる
❺ (ある曜日などに)当たる
❻ (夜などが)せまる
❼ 陥落する
❽ 垂れる
名 ❶ 秋
❷ 落ちること
❸《**falls**》滝
❹ 陥落

━動 (三単現 **falls** /fɔ́ːlz/; 過去 **fell** /fél/; 過分 **fallen** /fɔ́ːlən/; 現分 **falling**) 自
❶ **落ちる**; (雨などが) **降る**; **倒れる, ころぶ** (❗自然な現象として上から下へ「落ちる」場合にも「倒れる, 落ちる」場合にも使う)
• **fall from** the roof 屋根から落ちる
• **fall into** a bed (疲れていて)ベッドに倒れこむ
• **fall down** the stairs 階段から落ちる
• Snow is **falling**. 雪が降っている
❷ (数値などが) **下がる, 減少する; 低下する, 衰える**
• The temperature **falls** at night. 夜になると気温が下がる
• The academic standards of college students are **falling**. 大学生の学力レベルが落ちている
❸ (グループ・種類などに)**分かれる**
• **fall into** several categories いくつかのカテゴリーに分類される
❹ 文型 [**fall C**] C(**ある状態**)**になる** (←ある状態に落ちる) (❗Cは形容詞など) • **fall** ill 病気になる
• **fall** asleep 眠り込む
• **fall** silent 沈黙する
❺ (ある曜日などに)**当たる**
• Christmas **falls on** (a) Sunday this year. 今年はクリスマスが日曜日にあたる
❻《文章》(夜・やみなどが)**せまる**
• Night **falls**. 夜のとばりが降りる, 日が暮

れる
❼ (政府などが)**倒れる**; (要塞などが)**陥落する**
❽ (髪・衣服などが)**垂れる**; (幕などが)**降りる**; (土地が)**下り坂になっている**
fall apart ばらばらになる; 破綻する
fall back 後退する; (価値や量が)減少する
fall back on [***upon***] ***...*** …をより所にする, …を頼る
fall behind 落伍(らくご)する; (支払いなどが)遅れる
fall behind ... …よりも遅れる
fall down ① 倒れる, 崩れる
② 《口語》 失敗する, しくじる
• He **fell down** on the job. 彼はその仕事でしくじった
fall for ... 《口語》 …に惚(ほ)れ込む; 〔話など〕にだまされる
fall in 崩れ落ちる
fall in love with ... …と恋におちる, …が好きになる
fall into ... ① (偶然)…の状態になる, …し始める ② …に分類される
fall off 取れる; はずれる; (質が)低下する
fall out ① 〔…と〕けんかする 《*with*》
② (物事が)起こる, …になる
fall over ころぶ, 倒れる
fall over ... …につまずく
fall through 失敗する, だめになる
fall to ... …を始める; 〔ある状態に〕おちいる; (責任などが)…にふりかかる
― 名 (複 **falls** /fɔ́:lz/)
❶ U C 《米》 **秋** (=autumn)
• in (the) **fall** 秋に
• this **fall** 今年の秋(に) (❗「今年の秋に」を ×*in* this fall としない)
• Snow begins to fall here late in **fall**. ここでは秋遅くに雪が降り始める
❷ C **落ちること, 落下, ころぶこと; 減少** • a **fall** in prices 物価の下落
• a heavy **fall** of snow 大量の降雪
❸ 《**falls**》 **滝** (❗固有名詞とともに使うときはしばしば単数に扱う)
❹ U **陥落; 崩壊, 没落, 失脚**

fal·la·cious /fəléiʃəs ファレイシャス/ 形 《文章》 (考え・信念が)**誤った**

fal·la·cy /fǽləsi ファラスィ/ 名 (複 **fallacies** /fǽləsiz/) C 《文章》 〔…という〕**誤った考え** 《*that ...*》

fall·en B1 高 /fɔ́:lən フォールン/ 形 **落ちた; 倒れた; 死んだ; 堕落した**
• **fallen** leaves 落ち葉 ⇨**falling**
• the **fallen** 《集合的》 戦死者
― 動 fallの過去分詞

fal·li·ble /fǽləbl ファリブル/ 形 《文章》 **誤りを犯しがちな**

fall·ing /fɔ́:liŋ フォーリング/ 動 fall の現在分詞・動名詞 ― 形 **落ちる, 降る**
• **falling** leaves 舞い落ちてくる葉 ⇨**fallen**

fall·out /fɔ́:làut フォーラウト/ 名 U (核爆発による)**放射性降下物, 死の灰**

fal·low /fǽlou ファロウ/ 形 (土地が)**休閑中の**

false A1

/fɔ́:ls フォールス/ 形 (比較級 **more false, falser**; 最上級 **most false, falsest**)
❶ **まちがった, 誤った; 虚偽の, うその** (↔**true**)
• a **false** name 偽名
• true or **false** questions 正誤問題
❷ **本物でない, 見せかけの** (↔**genuine**); **人造の** (↔**real**)
❸ **不誠実な, うわべだけの**
fálsely 副 偽って; よそよそしく; 不正に

fálse alárm 名 C **誤った警報; 人騒がせなデマ**

false·hood /fɔ́:lshùd フォールスフド/ 名 C **うそ, 偽り**; U **うそをつくこと** (❗lie と異なり, 悪意があるとは限らない); U **誤り**

fálse stárt 名 C 《スポーツ》 **フライング; やりそこない, 失敗**

fálse téeth 名 《複数扱い》 **入れ歯**

fal·set·to /fɔ:lsétou フォールセトウ/ 名 (複 **falsettos** /fɔ:lsétouz/) U 《音楽》 **ファルセット, 裏声**; C **裏声を使う人**
― 形 副 ファルセットの[で]

fal·si·fi·ca·tion /fɔ̀ːlsəfəkéiʃən フォールスィフィケイション/ 名 U C (書類などの)変造, 偽造; (事実などの)歪曲

fal·si·fy /fɔ́ːlsəfài フォールスィファイ/ 動 (三単現 **falsifies** /fɔ́ːlsəfàiz/; 過去・過分 **falsified** /fɔ́ːlsəfàid/; 現分 **falsifying**) 他
❶ (書類などを)変造[偽造]する
❷ (事実などを)曲げる

fal·si·ty /fɔ́ːlsəti フォールスィティ/ 名 U 虚偽, 誤り (↔**truth**); 不実; C うそ

fal·ter B2 /fɔ́ːltər フォールタ/ 動 ❶ 自 ためらう, ひるむ; くじける, 揺らぐ ❷ 自 口ごもる, どもる; 他 口ごもって言う ❸ 自 ふらつく, よろける

fal·ter·ing /fɔ́ːltəriŋ フォールタリング/ 形 ためらいがちな, はっきりしない; (足取りが)ふらつく

fame B2 高 /féim フェイム/ 名 U 名声, 有名であること; 評判 (=reputation)
achieve [***attain, come to, gain, win***] ***fame*** (***as …***) (…としての)名声を得る
派生 **famous** 形

famed /féimd フェイムド/ 形 名高い (=famous)

fa·mil·iar A2 高

/fəmíljər ファミリャ/ (×ファミリア) 形
❶ よく知っている, なじみのある
• a **familiar** face [song] 見なれた顔[聞きなれた歌]
文型 [**be familiar with A**] (人が) A (物事)をよく知っている; A に精通している
• He **is familiar with** the rules of football. 彼はフットボールのルールに詳しい
文型 [**be familiar to A**] (物事が) A (人)によく知られている; A によくある • Her voice **is familiar to** me. 彼女の声は私には聞き覚えがある
❷〔…と〕親しい; うち解けた;〔…に〕なれなれしい《*with*》
派生 **familiarity** 名

fa·mil·i·ar·i·ty /fəmìliǽrəti ファミリアリティ/ 名 U ❶〔…を〕よく知っていること, 精通《*with*》
• His **familiarity with** medicine was helpful. 彼の医学についての知識が役に立った
❷ 親しさ, 親しみ; なれなれしさ
派生 **familiar** 形

fa·mil·iar·ize B2 /fəmíljəràiz ファミリャライズ/ 動 他 親しませる; (世間に)広める

fam·i·lies /fǽməliz ファミリズ/ 名 family の複数形

fam·i·ly A1 中

/fǽməli ファミリ/
名 (複 **families** /fǽməliz/)

意味マップ
❶ 家族
❷ (一家の)子どもたち
❸ 一族; 家柄
❹《生物》科
❺ 家族の

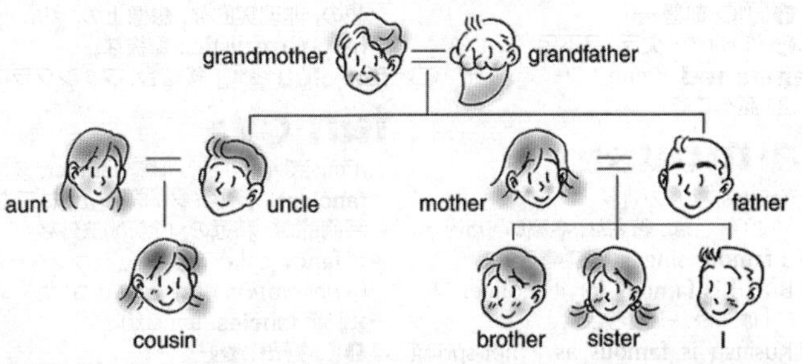

❶ Ⓒ 家族; 一家, 家族の者たち (❗ family を1つの集団とみなすときは単数に扱うが, 家族の1人1人を考えるときは複数に扱う)
- There are five people in my **family**. うちは5人家族です
- The Smith **family** lives next door to us. スミス家はうちのとなりに住んでいる

コロケーション
形+**family**
a large *family* 大家族
a nuclear *family* 核家族
a single-parent *family* 片親の家族
a two-income [double-income, dual-income] *family* 共働きの家族
動+**family**
support a *family* 家族を養う

❷ Ⓒ (一家の)子どもたち (=children)
❸ Ⓒ 一族, 親族; Ⓤ 家柄
❹ Ⓒ 《生物》科; 《言語》語族
- Pandas belong to the cat **family**. パンダはネコ科に属している

❺ 《形容詞的》家族の, 家庭の; 家族向きの
- our **family** life 私たちの家庭生活

fámily náme 名 Ⓒ 名字(みょうじ), 姓 (❗ 家の名; たとえば John Smith の Smith のほうで, あとにくるから last name ともいう) ⇨**name**

fámily plánning 名 Ⓤ 家族計画, 産児制限

fámily trée 名 Ⓒ 家系図 (❗ 樹木のような形になるのでこう呼ぶ)

fam·ine /fǽmən ファミン/ 名
❶ Ⓤ Ⓒ 飢饉(ききん)
❷ 《単数形で》欠乏, 品不足

fam·ished /fǽmiʃt ファミシュト/ 形 《口語》腹ぺこで

fa·mous A1 中

/féiməs フェイマス/ 形
〔…で〕有名な, 著名な, 名高い 《*for*》
- a **famous** singer 有名な歌手
- Brazil is **famous for** its coffee. ブラジルはコーヒーで有名です
- Kusatsu is **famous as** a hot-spring resort. 草津は温泉地として有名です

派生 **fame** 名

fa·mous·ly /féiməsli フェイマスリ/ 副
❶ 著名に, 名高く
❷ 《口語》すばらしく, 見事に

get on [along] famously with ... …と仲よくやる

fan[1] A1 中

/fǽn ファン/ 名 (複 **fans** /fǽnz/) Ⓒ
扇風機; 扇(おうぎ), うちわ; ファン (♦自動車のラジエーターなどを冷やす装置)

— 動 (三単現 **fans** /fǽnz/; 過去・過分 **fanned** /fǽnd/; 現分 **fanning**)
❶ 他 (扇などで)あおぐ; あおり立てる, 扇動する ❷ 自 扇形に広がる 《*out*》

fan oneself あおいですずむ

fan[2] A1 中

/fǽn ファン/ 名 (複 **fans** /fǽnz/) Ⓒ
(スポーツ・映画などの)ファン
- a baseball **fan** 野球のファン
- a **fan** letter ファンレター

fa·nat·ic /fənǽtik ファナティク/ 名 Ⓒ 狂信者; マニア

— 形 狂信的な; 熱狂的な

fa·nat·i·cal /fənǽtikəl ファナティカル/ 形 狂信的な; 熱狂的な ⇨**enthusiastic**

fanátically 副 狂信的に, 熱狂して

fa·nat·i·cism /fənǽtəsìzm ファナティスィズム/ 名 Ⓤ (政治・宗教的な)狂信, 熱狂

fan·ci·er /fǽnsiər ファンスィア/ 名 Ⓒ (動植物の)愛好家

fan·ci·ful /fǽnsifəl ファンスィフル/ 形 空想の, 非現実的な, 想像上の (=imaginary) (⇔**realistic**); 奇抜な

fán clùb 名 Ⓒ 後援会, ファンクラブ

fan·cy A2

/fǽnsi ファンスィ/ 形 (比較級 **fancier**; 最上級 **fanciest**) (デザインが)凝った; はでな, 装飾的な; 特選の; (金額が)法外な
- a **fancy** cake デコレーションケーキ (×*decoration* cake とはいわない)

— 名 (複 **fancies** /fǽnsiz/)
❶ Ⓒ 好み, 愛好

❷ U C 空想
❸ C 幻想; 思いつき
have a fancy for ... …が好きである
take a fancy to ... …を好きになる
― 動 他 (三単現 **fancies** /fǽnsiz/; 過去・過分 **fancied** /fǽnsid/; 現分 **fancying**)
❶ 好む (=like); 《**fancy** *do***ing**》 …をやりたい
❷ 想像する, 空想する; 考えつく; 文型 [**fancy A** (**as**) **C** = **fancy A to be C**] AがCであると想像する[思う]; 文型 [**fancy that ...**] …という気がする, なんとなく…と思う
• I **fancied** that I'd met her before. 彼女に前に会ったことがあるような気がした
❸ 《命令形で》《英》 …を考えてもみなさい, …とは驚きだ; 文型 [**fancy** *do***ing**] …するなんて

fáncy-frée 形 恋を知らない; 想像力豊かな

fan·fare /fǽnfèər ファンフェア/ 名 C ファンファーレ 《♦トランペットなどでのにぎやかな演奏》

fang /fǽŋ ファング/ 名 C (オオカミ・毒ヘビなどの)きば
日英比較 同じ「きば」でも, 象, イノシシなどの口外に突き出たものは tusk

fan·ta·size /fǽntəsàiz ファンタサイズ/ 動 自 他 空想する

fan·tas·tic A2 高

/fæntǽstik ファンタスティク/ 形
❶ 《口語》 とてもすばらしい, すてきな (=wonderful)
• This is the most **fantastic** film I've ever seen. こんなすばらしい映画は今まで見たことがない
❷ 《口語》 (量・数などが)途方もなく多い
❸ 空想的な; 奇妙な, ばかげた
• a **fantastic** plan 突飛な計画
派生 **fantasy** 名
fantástically B2 副 空想的に; 異様なほどに

fan·ta·sy B1 高 /fǽntəsi ファンタスィ, fǽntəzi ファンタズィ/ 名 (複 **fantasies** /fǽntəsiz/) ❶ U 空想, 幻想
❷ C 空想の産物; 幻想曲
派生 **fantastic** 形

FAO 《略》 Food and Agriculture Organization 国際連合食糧農業機関

far A2 中

/fάːr ファー/

意味マップ
副 ❶ (距離が)遠くに
　 ❷ (程度・時間が)はるかに
形 遠い

― 副 (比較級 **farther**, **further**; 最上級 **farthest**, **furthest**) (❗距離に関しては farther, farthest, 程度・時間に関しては further, furthest を使うのが原則だが, 特に《英》ではどちらの場合も further が使われる傾向にある)
❶ (距離が)遠くに, 遠く
• **far** away 遠く離れて, ずっと向こうに
• **far** ahead [behind] はるか前方に[後方に]
• Don't go **far**, because it will get dark soon. すぐ暗くなるから遠くへ行ってはいけません
会話 "**How far** is it from here to the post office?" "It's a few minutes' walk." 「ここから郵便局まではどのくらいの距離ですか」「歩いて2, 3分です」(❗it はばく然と「距離」を表す)

使い方› **far**「遠く」
(**1**) far を単独で使うのはふつう疑問文と否定文で, 肯定文では, a long way や too far (遠すぎる), far away (遠方に)のような句を使う:
My house is **not far** from here. 私の家はここから遠くない
His house is **a long way** from here. 彼の家はここから遠い
It's **too far**. 遠すぎます
Their son lives **far away**. 彼らの息子は遠く離れて暮らしている
(**2**) far は距離を表す数といっしょに使わない. 「駅はここから約2キロです」は ×The station is about two kilometers far from here. とせず, The station is

about two kilometers (away) from here. とする

❷(程度・時間が)はるかに，ずっと

- **far** into the night 夜遅くまで
- Your camera is **far** better than mine.
君のカメラは私のよりはるかに上等だ(❗far は much と同じように比較級(ここでは better)を強めるのに使う; 原級を強めるときは very)

***as* [*so*] *far as* ...** ①(距離が)…まで

- I went with him **as far as** the station. 私は彼と駅までいっしょに行った
会話 "How far did we get last week?" "We got **as far as** Lesson 5." 「先週はどこまで進みましたか」「第5課まで進みました」

②(範囲が)…する限り(では)

- There were no trees **as far as** I could see. 私に見える限りでは[見渡す限り]木は1本もなかった
- **As far as** I know, she is an honest woman. 私の知る限りでは彼女は正直な人だ

by far はるかに，だんぜん(❗比較級と最上級を強める)

far and wide 広く方々を，あらゆる所を[に]

far from ... …どころか，少しも…ではない，…にはほど遠い

- He is **far from** honest. 彼は正直どころの話ではない (=He is not honest at all.)

go as* [*so*] *far as to do …しさえする(❗思ってもみない行動に出る)

go too far 度を越す，やり[言い]過ぎる

so far 今までのところでは; そこまで(は)

- How many movies have you seen **so far**? 今までに何本の映画を見ましたか

━形 (比較級 **farther, further**; 最上級 **farthest, furthest**) 遠い; 向こうの，遠いほうの，最も離れている

- the **far** end of the garden 庭の一番端
- Japan is located in the **far** east of Asia. 日本はアジアの極東に位置している

far·a·way B1 /fá:rəwèi ファーラウェイ/ 形 遠い; 遠い昔の; 夢見るような (❗名詞の前に用いる)

farce /fá:rs ファース/ 名 ❶U C 笑劇 ❷C 茶番，ばかげたまね

far·ci·cal /fá:rsikəl ファースィカル/ 形 こっけいな，馬鹿げた

fare A2

/féər フェア/ (発音 fair と同音)

名 (複 **fares** /féərz/)

❶C (乗り物の)料金，運賃

日英比較 「料金」の中でも乗り物の料金．商品の料金は通常 price，サービスの料金は charge，医師・弁護士への料金は fee

- What [How much] is the **fare** from Yoyogi to Shinjuku? 代々木から新宿まで料金はいくらですか

❷U (レストランで出される)飲食物，献立

━動 (三単現 **fares** /féərz/; 過去・過分 **fared** /féərd/; 現分 **faring** /féəriŋ/) 自
やってゆく，暮らす

- **fare** well [ill] 事がうまくいく[いかない]

Fár Éast 名 《**the** をつけて》 極東 ⇨ east

fare·well B1 /fèərwél フェアウェル/ 名 (複 **farewells** /fèərwélz/) U C
別れ; C 別れのことば (❗しばしば farewells でも使われる)

- make *one's* **farewells** 別れのあいさつをする

━間 ごきげんよう!，さようなら!
(❗good-bye よりも改まった言い方)

━形 送別の

- a **farewell** party 送別会

far-fetched /fá:rfétʃt ファーフェチト/ 形 無理な，こじつけの; ありそうもない，信じがたい

far-flung /fá:rflʌ́ŋ ファーフラング/ 形 遠方の; 広範囲の

farm A1 高

/fá:rm ファーム/ 名 (複 **farms** /fá:rmz/) C ❶農場; 飼育場 (❗市場に出すために

植物や動物を育てる場所)
• live [work] **on a farm** 農場に住む[で働く]
• a chicken **farm** 養鶏場
❷《野球》二軍チーム, ファーム
━動 (三単現 **farms** /fɑ́ːrmz/; 過去・過分 **farmed** /fɑ́ːrmd/; 現分 **farming**) 他自 耕作する; 農業をする, 農場を営む; 家畜を飼育する
farm out (第三者に)面倒をみてもらう; やってもらう

farm·er A1 中 /fɑ́ːrmər ファーマ/
名 (複 **farmers** /fɑ́ːrmərz/) C 農場主, 農場経営者
• a **farmers'** market 農産物直売市

farm·hand /fɑ́ːrmhæ̀nd ファームハンド/ 名 C 農場労働者

farm·house /fɑ́ːrmhàus ファームハウス/ 名 (複 **farmhouses** /fɑ́ːrmhàuzəz/) C 農場主の住宅, 農家

farm·ing B1 高 /fɑ́ːrmiŋ ファーミング/ 名 U 農業, 農作業; 農場経営

farm·land B1 高 /fɑ́ːrmlæ̀nd ファームランド/ 名 U 農地, 耕作地

farm·yard /fɑ́ːrmjɑ̀ːrd ファームヤード/ 名 C 農家の庭 (♦住宅・納屋などに囲まれたあき地)

far-off /fɑ́ːrɔ́ːf ファーローフ/ 形 (距離的・時間的に)遠い; 離れた; 手の届かない (=faraway)

far-out /fɑ́ːráut ファーラウト/ 形 異常な, 風変わりな;《俗語》すばらしい

fár-réaching 形 (影響・効果などが)遠くまで及ぶ

far·sight·ed /fɑ́ːrsáitəd ファーサイテド/ 形
❶ 先見の明のある (↔**shortsighted**)
❷ 遠視の (↔**shortsighted**)

far·ther B1 /fɑ́ːrðər ファーザ/ 副 《far の比較級》もっと遠く ⇨**further**
• The expeditionary party went **farther** into the jungle. 探検隊は密林のさらに奥に分け入った
━形 《far の比較級》もっと遠い; さらに遠くの

どっち
farther と **further**
farther も **further** も far の比較級だが, 距離に関しては farther, further の両方を, 時間・量・程度には further を用いる. このことは最上級の farthest と furthest の使い分けにもあてはまる:
walk **farther** [**further**] もっと遠くまで歩いて行く
discuss the matter **further** 問題をさらに議論する

far·thest B1 /fɑ́ːrðəst ファーゼスト/ 副 《far の最上級》最も遠くに ⇨**furthest**
• Who can throw a ball **farthest**? だれがボールをいちばん遠くまで投げられるか
━形 《far の最上級》最も遠い

fas·ci·nate B1 高 /fǽsənèit ファスィネイト/ 動 (三単現 **fascinates** /fǽsənèits ファスィネイツ/; 過去・過分 **fascinated** /fǽsənèitəd/; 現分 **fascinating**) 他 魅了する, うっとりさせる

fas·ci·nat·ed B2 /fǽsənèitəd ファスィネイテド/ 形 夢中になった, 魅了された, うっとりした; 文型 [**be fascinated with** [**by**] **A**] Aにうっとりする
• All the children **were fascinated with** the story. 子どもたちはみなその話に聞きほれた

fas·ci·nat·ing A2 高 /fǽsənèitiŋ ファスィネイティング/ 形 魅惑的な, うっとりさせるような, とても美しい[おもしろい]
• Her story was really **fascinating**. 彼女の話は本当に魅惑的だった
fáscinàtingly 副 魅惑的に; うっとりさせるほど

fas·ci·na·tion B2 /fæ̀sənéiʃən ファスィネイション/ 名 U うっとりさせる[する]こと; UC (魂を奪うような)魅力, 魅惑(みわく)的な美しさ

fas·cism /fǽʃizm ファシズム/ 名 U 《しばしば **Fascism**》ファシズム

fas·cist /fǽʃist ファシスト/ 名 C 《しばしば **Fascist**》ファシスト党員; ファシズム支持者

― 形 ファシズムを信奉する, 極右の

fash·ion A2 高
/fǽʃən ファション/
名 (複 **fashions** /fǽʃənz/)
❶ U C 流行, はやり
• Don't just follow **fashion**. It's waste of money. ただ流行を追うのはやめろ. お金のむだだ
❷《単数形で》しかた, ふう, 流儀 (= style)
日英比較 **fashion** と「ファッション」
単に「服装」という意味での「ファッション」は the fashion industry (ファッション産業)のように衣類の製造・販売に関すること以外に fashion は使わない.「彼はファッションのセンスがいい[ない]」は He has good [no] taste in clothes. などという
after [in] a fashion まあどうにかこうにか(の), 一応は[の]
go out of fashion すたれる, 流行遅れになる
in fashion はやって, 流行して
派生 **fashionable** 形

fash·ion·a·ble B1 高 /fǽʃənəbl ファショナブル/ 形 流行の; 高級な; 上流の, 社交界の; おしゃれな
派生 **fashion** 名
fáshionably 副 流行を追って, ファッショナブルに

fáshion desìgner 名 C (流行)服のデザイナー

fast[1] A1 中
/fǽst ファスト | fɑ́:st ファースト/

意味マップ
副 ❶ 速く
❷ ひっきりなしに
❸ しっかりと
形 ❶ 速い
❷ (時計が)進んでいる
❸ (色が)あせない

― 副 (比較級 **faster**; 最上級 **fastest**)
❶ (速度が)速く (↔**slowly**) ⇨**early**
• run **fast** 速く走る
• Don't speak too **fast**. Please speak slowly and clearly. あまり速くしゃべらないで. ゆっくりはっきり話して
❷ ひっきりなしに, 間断なく
❸ しっかりと; ぐっすりと
• be **fast** asleep ぐっすり眠っている
― 形 (比較級 **faster**; 最上級 **fastest**)
❶ 速い, すばやい (↔**slow**)
• a **fast** runner 走るのが速い人
• throw a **fast** ball 速いボール[速球]を投げる

似ている単語
速い―**fast**, **quick**, **rapid**
fast は速い動きをする人や物に, **quick** はすばやい動作や機敏な行動に, **rapid** は形式ばった語で, 変化の速さを形容するのによく使われる:
a **fast** car 速い車 (×a rapid car)
give a **quick** look すばやく視線を送る
rapid growth [increase] 急速な成長[増加]

❷ (時計が)進んでいる (! 名詞の前には用いない)
• My watch is a little [five minutes] **fast**. 私の時計は少し[5分]進んでいる (! 時計が「遅れている」は slow)
❸ (色が)あせない, 変わらない

fast[2] /fǽst ファスト/ 名 C 断食(だんじき); 断食期間 (! 特に宗教上の理由による断食)
― 動 自 断食[絶食]する

fast·ball /fǽstbɔ̀:l ファストボール/ 名 C 《野球》直球, ストレート; 速球

fas·ten B1 /fǽsən ファスン | fɑ́:sən ファースン/ (×ファストン) 動 (三単現 **fastens** /fǽsənz/; 過去・過分 **fastened** /fǽsənd/; 現分 **fastening**)
❶ 他 とめる, 締める, 固定する, 結ぶ
• **Fasten** your seat belts, please. シートベルトをお締めください
❷ 自 締まる, 留まる, (鍵が)掛かる
fasten on [upon] ... …をしっかりつかむ; (考えなど)に飛びつく

fas·ten·er /fǽsnər ファスナ/ 名 C 留めるもの, 留め金; クリップ

fást fóod A2
名 U C ファストフード

fást-fóod 形 ファストフードの

fást fórward 名U (ビデオなどの)早送り

fas·tid·i·ous /fæstídiəs ファスティディアス/ 形 (人が)気難しい, えり好みする

fastídiously 副 気難しく

fastídiousness 名U えり好み

fat A1 高

/fǽt ファト/

形 (比較級 **fatter**; 最上級 **fattest**)

❶ まるまる太った, でぶの (↔**lean**[2], **thin**)

- a **fat** man 太った男
- get [grow] **fat** 太る

参考› fat はあからさまな語なので人について使うのは避けるほうがよい. 失礼のないように「太った」というのには overweight や large が使われる. plump は「ぽっちゃりした」健康的な太り方をいい, 子どもや女性に対するほめことば

❷ (食品など)脂肪の多い, 脂(あぶら)っこい; 分厚い, ふくらんだ

— 名 (複 **fats** /fǽts ファツ/) UC 脂肪; (肉の)あぶら身

fa·tal B2 /féitl フェイトル/ 形 致命的な, 命にかかわる; 取り返しのつかない, 重大な

- a **fatal** wound 致命傷
- a **fatal** mistake 取り返しのつかないミス

派生 fate 名

fa·tal·ism /féitəlìzm フェイタリズム/ 名U 運命[宿命]論

fa·tal·is·tic /fèitəlístik フェイタリスティク/ 形 運命[宿命]論の

fa·tal·i·ty /feitǽləti フェイタリティ/ 名C (災害・事故による)死, 死者; 災害; U 宿命; 致命的なこと

fate B2 高 /féit フェイト/ 名

❶ U 運命, 宿命

- follow [accept] *one's* **fate** 運命を受けいれる

❷ C 行く末; U 死

❸ 《**the Fates**》(ギリシャ神話の)運命の3女神

派生 fatal 形

fat·ed /féitəd フェイテド/ 形 《文章》《次の成句で》

be fated to do …する運命にある

fate·ful /féitfəl フェイトフル/ 形 運命を決する; きわめて重大な; 致命的な

fátefully 副 運命的に; 致命的に

fa·ther A1 中

/fɑ́:ðər ファーザ/

意味マップ
名 ❶ 父
❷《Father》神父
❸《Father》神
❹ 創始者
動 ❶ …の父となる
❷ 創始する

— 名 (複 **fathers** /fɑ́:ðərz/)

❶ C 父 ⇨**mother**

参考› 家庭内では固有名詞のように使い, a, the, my, our をつけず, しばしば大文字で書き始める. dad, daddy に比べて少し改まった言い方

- my [John's] **father** 私の[ジョンの]父
- He is the **father** of six children. 彼は6人の子どもの父親だ
- Do you remember this watch, **Father**? お父さん, この時計のこと覚えてる?

❷ 《**Father**》(特にカトリック教の)神父

- **Father** Brown ブラウン神父

❸ 《**Father**》(キリスト教の)神

❹ C 創始者, 生みの親; (…の)父 《*of*》

— 動 (三単現 **fathers** /fɑ́:ðərz/; 過去・過分 **fathered** /fɑ́:ðərd/; 現分 **fathering** /fɑ́:ðəriŋ/) 他 ❶ …の父となる

❷ (計画・発明などを)創始する

Fàther Chrístmas 名 《英》サンタクロース (=Santa Claus)

father·hood /fɑ́:ðərhùd ファーザフド/ 名U 父であること; 父性; 父としての責任

fa·ther-in-law B2 /fɑ́:ðərinlɔ̀: ファーザリンロー/ 名 (複 **fathers-in-law** /fɑ́:ðərz-inlɔ̀:/) C 義理の父, 義父

fa·ther·land /fɑ́:ðərlæ̀nd ファーザランド/ 名C 祖国, 父祖の地

fa·ther·less /fɑ́:ðərləs ファーザレス/ 形 父のいない; 父親のわからない

A B C D E F G H I J K L M N O P Q R S T U V W X Y Z

fa·ther·ly /fάːðərli ファーザリ/ 形 (父親のように)やさしい; 父親としての

fath·om /fǽðəm ファゾム/ 名 C 尋(ひろ)《◆6フィート; 1.83メートル; 水深を測る単位》

— 動 他《ふつう疑問文・否定文で》(意味などを)理解する, (人の心などを)見抜く《*out*》

fa·tigue /fətíːg ファティーグ/ (×ファティギュー) 名 U (心身の)疲労, 疲れ; C 労苦

— 動 他 疲れさせる

fat·ten /fǽtn ファトン/ 動 他 太らせる; 肥沃にする; 自 太る

fat·ty /fǽti ファティ/ 形 (比較級 **fattier**; 最上級 **fattiest**) 脂肪質の; 脂(あぶら)っこい; 脂肪過多の — 名 (複 **fatties** /fǽtiz/) C《軽べつ的に》でぶ

fat·u·ous /fǽtʃuəs ファチュアス/ 形《文章》馬鹿げた, 愚かな

fau·cet /fɔ́ːsət フォーセト/ 名 C《米》(水道などの)コック, 蛇口(じゃぐち) (=《英》tap); 飲み口

fault A2

/fɔ́ːlt フォールト/ 名 (複 **faults** /fɔ́ːlts フォールツ/) ❶ C 過失; U (過失の)責任

• It's not my **fault** if you fail. 君が失敗してもぼくの責任じゃない

❷ C 欠点, 短所, 欠陥 (↔**merit**)

• No one is free from **faults**. 欠点のない人はいない《◆だれにでも欠点の1つくらいある》

❸ 失敗; (テニスのサーブで)フォルト

❹ 断層

at fault 非難されるべき

• He was **at fault** in the accident. その事故では彼に責任があった

find fault with ... …のあらさがしをする, …にけちをつける

• You are always **finding fault with** me. 君はいつも私のあらさがしをしている

fault·less /fɔ́ːltləs フォールトレス/ 形 申し分のない; 完ぺきな (=perfect) (↔faulty) **fáultlessly** 副 申し分なく; 完ぺきに

fault·y B2 /fɔ́ːlti フォールティ/ 形 (比較級 **faultier**; 最上級 **faultiest**) 欠陥のある; 誤った; 不完全な (↔**faultless**)

fau·na /fɔ́ːnə フォーナ/ 名 (複 **faunas** /fɔ́ːnəz/, **faunae** /fɔ́ːniː/) U C《生物》動物相《◆ある地域・時期に住む動物の全種類》⇨**flora**

faux pas /fòu pάː フォウ パー/ 名 (複 **faux pas** /fòu pάːz/) C《フランス語》無作法な言動; 過失

fa·vor A2 高

/féivər フェイヴァ/ 名 (複 **favors** /féivərz/)

❶ C 親切な行為, 恩恵; お願い; U 好意 (=good will)

• May I **ask a favor of** you? お願いしたいことがあるのですが

❷ U 支持, 賛成, 愛顧, 引き立て; えこひいき

in favor of ... …に賛成して

— 動 (三単現 **favors** /féivərz/; 過去・過分 **favored** /féivərd/; 現分 **favoring**) 他 好意を示す, 賛成する, 支持する; えこひいきする

派生 **favorable**, **favorite** 形

fa·vor·a·ble B1 /féivərəbl フェイヴァラブル/ 形 好意的な; 賛成の, 都合のよい, 有利な《*to*》(↔**unfavorable**)

• I'm **favorable** to your idea. 私は君の考えに賛成です

• Circumstances **were favorable for** our plan. 状況は私たちの計画に有利だった

派生 **favor** 名

fa·vor·a·bly /féivərəbli フェイヴァラブリ/ 副 好意的に, 賛成して; 都合よく (↔**unfavorably**)

fa·vored /féivərd フェイヴァド/ 形 好意[好感]をもたれている; 恵まれている

fa·vor·ite A1 中

/féivərət フェイヴァリト/ 名 (複 **favorites** /féivərəts フェイヴァリツ/) C お気に入り(の人[もの])

• Please tell me about your **favorites**. あなたのお気に入りのことについて聞かせてください

— 形 お気に入りの, 大好きな (■名詞の

前に用いる)
• Who is your **favorite** ballplayer? あなたの好きな野球選手はだれですか
派生 **favor** 名

fa·vor·it·ism /féivərətìzm フェイヴァリティズム/ 名 U えこひいき; 偏愛

fa·vour /féivər フェイヴァ/ 名 動 《英》(=favor)

fa·vour·a·ble /féivərəbl フェイヴァラブル/ 形 《英》(=favorable)

fa·voured /féivərd フェイヴァド/ 形 《英》(=favored)

fa·vour·ite /féivərət フェイヴァリト/ 名 形 《英》(=favorite)

fa·vour·it·ism /féivərətìzm フェイヴァリティズム/ 名 《英》(=favoritism)

fawn[1] /fɔ́:n フォーン/ 名 C (1歳以下の)子ジカ; U 淡黄褐色《♦子ジカの色》

fawn[2] /fɔ́:n フォーン/ 動 自 《次の成句で》
***fawn on* [*over*]** ... …のごきげんをとる, …にこびへつらう

fax B1 /fǽks ファクス/ 名 (複 **faxes** /fǽksəz/) U C ファックス, ファクシミリ (❗facsimile の略)
• Send me the report **by fax**. レポートはファックスで私に送ってください
― 動 (三単現 **faxes** /fǽksəz/; 過去・過分 **faxed** /fǽkst/; 現分 **faxing**) 他 ファックスで送る; 文型 [**fax A B** = **fax B to A**] A(人)にBをファックスで送る
• **fax** him the information = **fax** the information **to** him 彼にその情報をファックスで送る

faze /féiz フェイズ/ 動 他 《口語》《ふつう否定文で》動揺させる, あわてさせる

FBI /éfbì:ái エフビーアイ/ 《略》《**the FBI**》the Federal Bureau of Investigation 米国連邦捜査局《♦各州にまたがる犯罪の捜査やスパイなど国内治安事件の調査を任務とする捜査機関》

fear A2 高
/fíər フィア/ 名 (複 **fears** /fíərz/) U C 恐れ, 恐怖; 心配, 不安
• cry in **fear** こわくて泣く
• She turned pale with **fear**. 彼女は恐怖で真っ青になった
• He had a **fear** of high places. 彼は高い所がこわかった[高所恐怖症だった]

for fear of ... …を恐れて, …がこわくて
• I insured my house **for fear of** fire. 火災に備えて家に保険をかけた

for fear of doing …することのないように, …するといけないから

***for fear* (*that*) ...** …ということのないように, …だといけないから
• I left the house early **for fear that** I should be late for the exam. 試験に遅れるといけないと思い, 早く家を出た (=I left the house early **for fear of being** late for the exam.)

in fear of ... …を心配して, 気づかって

― 動 (三単現 **fears** /fíərz/; 過去・過分 **feared** /fíərd/; 現分 **fearing** /fíəriŋ/) 他 自
❶ 恐れる (❗「恐れる」の意味ではふつう be afraid (of ..., that ...)を使う)
• This disease is greatly **feared**. この病気はとても恐れられています
文型 [**fear to** *do*] …するのをこわがる; (こわくて)…することをためらう
• I **feared to** *tell* her the truth. 彼女に真実を言うのをためらった
❷ 心配する, 気づかう; 文型 [**fear (that) ...**] …ではないかと心配する
• I **feared** you would never come. あなたが来てくれないのではないかと心配しました
文型 [**fear for A**] Aを心配する
• She **feared for** his health. 彼女は彼の健康を心配した
派生 **fearful** 形

fear·ful /fíərfəl フィアフル/ 形 恐れて; 心配して (↔**fearless**); 恐ろしい
• be **fearful** of ... …をこわがる
• We spent a sleepless night in the **fearful** storm. 恐ろしいあらしの中, 私たちは眠れぬ夜を過ごした
派生 **fear** 名
féarfully 副 恐ろしく; おびえて; ひどく

fear·less /fíərləs フィアレス/ 形 大胆な; 恐れ知らずの (↔**fearful**)
féarlessly 副 大胆に
féarlessness 名 大胆さ

fear·some B2 /fíərsəm フィアサム/ 形 (顔つきなどが)恐ろしい

fea·si·bil·i·ty /fìːzəbíləti フィーズィビリティ/ 名 U 実行可能性

fea·si·ble /fíːzəbl フィーズィブル/ 形 ❶実行可能な ❷ありそうな

feast B1 /fíːst フィースト/ (×フェスト) 名 (複 **feasts** /fíːsts フィースツ/) C
❶祝宴; 豪勢なごちそう ❷祝祭日
— 動 (三単現 **feasts** /fíːsts フィースツ/; 過去・過分 **feasted** /fíːstəd/; 現分 **feasting**)
❶ 他 もてなす ❷ 他 (目や耳を)楽しませる; 自 〔…を〕楽しむ《*on*》

feat B2 /fíːt フィート/ (発音 feet と同音) 名 C 偉大な[めざましい]行い, 偉業; 妙技, 離れわざ (=achievement)

feath·er A2
/féðər フェザ/ (×フィーザ)
名 (複 **feathers** /féðərz/)
C 羽 (❗羽毛の1枚1枚のこと. 翼全体をいうときは wing を用いる); U (集合的に)羽毛
• Birds of a **feather** flock together. 《ことわざ》類は友を呼ぶ, 似た者どうしはいっしょに集まる (←ひとつ羽[同じ羽]の鳥はいっしょに集まる)
— 動 (三単現 **feathers** /féðərz/; 過去・過分 **feathered** /féðərd/; 現分 **feathering** /féðəriŋ/) 他
羽飾りをつける; 矢羽をつける

feath·er·weight /féðərwèit フェザウェイト/ 名 C ❶(ボクシング・レスリングの)フェザー級の選手
❷軽い人[物]; つまらない人[物]

feath·er·y /féðəri フェザリ/ 形 (羽のように)柔らかく軽い

fea·ture A2 高
/fíːtʃər フィーチャ/
名 (複 **features** /fíːtʃərz/) C
❶特徴, 特色
• an important **feature** of the design そのデザインの重要な特色
❷(新聞・雑誌などの)特集[特別]記事; (ラジオ・テレビ・ショーなどの)呼び物; 長編映画
• a **feature** on Japan 日本についての特集記事
❸顔のつくり(の1つ) (♦目, 鼻, 口, あごなど); 《**features**》目鼻だち, 顔だち
• May has lovely **features**. メイは目鼻だちがかわいい
— 動 (三単現 **features** /fíːtʃərz/; 過去・過分 **featured** /fíːtʃərd/; 現分 **featuring** /fíːtʃəriŋ/) 他
呼び物にする; 主演させる
• a film **featuring** Tom Hanks トム・ハンクス主演の映画

Feb. 《略》February 2月

Feb·ru·ar·y A1 中
/fébjuèri フェビュエリ | fébruèri フェブルエリ/
名 U C
2月 (❗Feb. と略す; 詳しい用法は June を参照) • in **February** 2月に
• on **February** 11 2月11日に (❗11 は (the) eleventh と読む)
• I went to Sapporo last **February**. 私はこの前の2月札幌へ行った

fe·ces /fíːsiːz フィースィーズ/ 名 《複数扱い》《米》《文章》大便 (=《英》faeces)

fed /féd フェド/ 動 feed の過去形・過去分詞

fed·er·al B2 /fédərəl フェデラル/ 形
❶《**Federal**》米国連邦政府の
• the **Federal** Government アメリカ合衆国政府
• the **Federal** Reserve System 米国連邦準備制度 (❗略 FRS)
❷連邦の, 連邦制の; 連合の
• the **federal** government 連邦政府
❸《**Federal**》(南北戦争時代の)北部連邦同盟の
féderally 副 連邦制によって

Féderal Búreau of Investigátion 名 《**the** をつけて》米国連邦捜査局 (❗略 FBI)

a b c d e f g h i j k l m n o p q r s t u v w x y z

fed·er·ate /fédərèit フェデレイト/ 動 他自 連邦にする, 連邦になる; 連合する, 連合させる ― /fédərət フェデレト/ 形 連邦の, 連邦制の; 連合の

fed·er·a·tion /fédəréiʃən フェデレイション/ 名 C 連合, 同盟; 連邦[政府]; U 連合すること; 連邦制

fed·er·a·tive /fédərətiv フェデラティヴ/ 形 連合の, 連邦の

fee A2 高

/fíː フィー/ 名 (複 **fees** /fíːz/) C

(弁護士・医者などの) **報酬, 謝礼(金); 料金, 入場料;** 《しばしば **fees**》 **授業料** ⇨ **charge**

- an entry **fee** 入場料, 参加費

fee·ble /fíːbl フィーブル/ 形 (比較級 **feebler**; 最上級 **feeblest**)

❶ **弱い, か弱い** (❗ weak よりも哀れみの色合いが濃い); **もろい** (=frail)

- The patient grew **feebler** and **feebler**. 患者はだんだんと弱っていった

❷ **かすかな** (=faint); **力のない**

feed A1 高

/fíːd フィード/ 名 (複 **feeds** /fíːdz フィーヅ/)

U **飼料, えさ;** C (1回分の)**飼料,** (赤ちゃんの)**1食分**

― 動 (三単現 **feeds** /fíːdz フィーヅ/; 過去・過分 **fed** /féd/; 現分 **feeding**)

❶ 他 **えさをやる; 食べ物を与える; 養う**

- **feed** a baby 赤ちゃんにお乳[食べ物]をやる
- She **feeds** the birds from her hand. 彼女は小鳥たちに手渡しでえさをやる
- Dogs have to be **fed** only twice a day. 犬は1日に2回えさをやるだけでよい

文型 [**feed B to A = feed A on B**] AにB(食べ物・えさ)を与える

- We **feed** canned food **to** our cat. = We **feed** our cat **on** canned food. うちではネコにかんづめのえさを与えています

❷ 自 **えさを食う; 草を食う**

- The cows were **feeding** on the hill. 牛は丘で草を食っていた

❸ (機械にデータ・情報などを)**送り込む;** (原料・資料などを)**供給する**

- **feed** the data into a computer コンピュータにそのデータを入れる

be fed up (with ...) B2 《口語》〔…に〕うんざりする, あきあきする

- **I'm fed up with** his jokes. 彼の冗談にはうんざりだ

feed on [upon] ... …を常食とする

- Zebras **feed on** grass. シマウマは草をえさとしている

feed·back B2 /fíːdbæ̀k フィードバク/ 名 U フィードバック; (情報・サービスなどに対する受け手の)**反応, 意見**

feed·er /fíːdər フィーダ/ 名 C ❶ 《形容詞とともに》 **食事をする人[動植物]**

- a heavy **feeder** 大食いの人[動物], 肥料がたくさんいる植物

❷ **飼育者**

❸ (川の)**支流;** (鉄道・航空路などの)**支線**

feel A1 中

/fíːl フィール/ 動 (三単現 **feels** /fíːlz/; 過去・過分 **felt** /félt/; 現分 **feeling**)

共通イメージ **ハートでいろいろ感じている**

チャンクでおぼえよう!

❶ 気分がよい	feel good
❶ 彼女を気の毒に思う	feel sorry for her
❶ 空腹を感じる	feel hungry
❶ 疲れていると感じる	feel tired
❶ 痛みを大いに感じる	feel a lot of pain
❶ そうする必要を感じる	feel the need to do so

❶ 他自 (人が, 体や心に)**感じる, 知覚する; 思い知る**

文型 [**feel C**] Cと感じる; 気分がCである (❗ Cはおもに形容詞)

[CAN-DO Tips 気持ちを言う]

feel

A1 動 名
中 /fíːl フィール/

三単現 **feels** /fíːlz フィールズ/ 過去・過分 **felt** /félt フェルト/
現 分 **feeling**

共通イメージ
ハートで
いろいろ感じている

意味マップ

動 ❶ (人が)感じる
❷ (物事が)…と感じられる
❸ 思う
❹ さわる
名 手ざわり; 感じ

ネイティブはこういう!

- **How do you feel (about ...)?** (…については)どう思いますか
- **I know how you feel.** きみの気持ちはわかるよ
- **It feels like ...** …みたいな感じがする
- **I feel awful.** 気分最悪; (他人に対して)悪いことしたわ
- **Feel free to ...** 遠慮なく…していいよ

使えるコーパスフレーズ

feel＋形容詞

1 **feel good/better** 気分がいい/よくなる
2 **feel free** ご自由に(…してください)
3 **feel comfortable** 居心地がいい
4 **feel bad** 申し訳なく思う
5 **feel confident** 確信している

feel＋名詞

6 **feel the need** 必要性を感じる
7 **feel pain** 痛みを感じる
8 **feel the warmth** 暖かさを感じる
9 **feel the pressure** プレッシャーを感じる
10 **feel (the) fear** 恐れを感じる

コーパス この順番でマスター feelの重要構文

(1) **feel** + 形容詞
(2) **feel** + **that**節
(3) **feel** + 名詞
(4) **feel like ...**
(5) **feel as if ...**

フォーカスページ

- **feel** cold 寒く感じる, 寒い
- **feel** happy うれしく感じる, うれしい, 幸せだ ⇨図
- **feel** sad [angry] 悲しい[怒っている]
- **feel** tired [hungry, sleepy] 疲れている[お腹が空いている, 眠い]
- Don't **feel** alone. (ひとりぼっちだと思って)さびしがらないで
- I did not **feel** good yesterday. ⇨フォーカス1 私はきのう気分が悪かった

会話 "How do you **feel** today?" "I'm **feeling** better today." ⇨フォーカス1 「きょうは気分はどうですか」「きょうは気分がいいです」

文型 [**feel A**] A(痛み・感情など)を感じる, 覚える

- You should stop if you **feel** any pain. ⇨フォーカス7 痛みを感じるならばやめたほうがいい
- If you don't **feel** the need to change, you won't. ⇨フォーカス6 必要を感じなければ, 自分は変わらない
- **feel** the warmth of the sun ⇨フォーカス8 太陽の暖かさを感じる

文型 [**feel A** *do* [*do***ing**]] Aが…する[…している]のを感じる

- **feel** the house *shake* 家が揺れるのを感じる

❷自 文型 [**feel C**] (物事が)Cと感じられる, (さわると)Cの感じがする

- My mind **felt** clear. 私の頭は冴(さ)えていた
- Velvet **feels** smooth. ビロードは(手ざわりが)すべすべしている

❸他自 思う

文型 [**feel** (**that**) ...] …と思う, …と感じる

- I **feel** (**that**) he loves me. なんだか彼は私のことを愛しているような気がするわ

文型 [**feel A** (**to be**) **C**] AがCであると思う

- I **feel** the work (**to be**) too difficult. = I **feel** (**that**) the work is too difficult. その仕事は非常に難しいと思います
- I **felt** it necessary to apologize. 謝ることが必要だと感じた

文型 [**feel C**] Cと思う

- I **feel** certain (that) he will come. 彼はきっと来ると思います

❹さわる, 触れる, さわって調べる; 手でさぐる, 〔…を〕手さぐりでさがす《*for, after*》

- **feel** his pulse 彼の脈に触れる[脈をみる] ⇨図
- Mom **felt** my forehead and said that I had a fever. 母は私の額にさわってみて熱があると言った

feel as if ... …のように感じる

- When I came back, it **felt as if** I'd never been away. 戻ってくると, まるで留守だったことがうそのように思われた

feel for ... …に同情する; …を手さぐりでさがす ⇨❹

- I **felt for** her. 私は彼女に同情した

feel free (***to*** *do*) ご自由に[遠慮なく]どうぞ; 自由に…する, 遠慮なく…する

会話 "Can I use your pen?" "**Feel free.**" ⇨フォーカス2 「ペン貸してもらえます?」「ご自由にどうぞ」

feel like ... ①(人が)…がほしい; 《しばしば **feel like** *do***ing** で》…したい気がする

会話 "How about a movie?" "I don't really **feel like seeing** one now." 「映画でもどう?」「今はあまり見たい気分じゃないな」

②(物事が)…のような感じがする, …しそうである; 手ざわりが…のようである

- **What** do your new shoes **feel like**? 新しい靴のはき心地はどうですか (=**How**

A B C D E F G H I J K L M N O P Q R S T U V W X Y Z

do your new shoes **feel**?) (❗疑問詞の違いに注意)

注意〉 誤りの訂正
×I don't feel like to talk now.
○I don't feel like talking now.
(❗「今は話をしたくない」; feel like のあとは名詞や *doing* がくる)

feel up to ... …できそうな気がする (❗否定文で用いることが多い)

feel** one's **way 手さぐりで進む

━ 名 C 《単数形で》手ざわり, 感触; 感じ, 気分

***get the feel of** (doing)...* 《口語》…(すること)に慣れる; …のこつをつかむ

feel·er /fíːlər フィーラ/ 名 C
❶《ふつう **feelers**》(動物の)触角, 触毛
❷探り《◆人の意向を探るための質問など》

feel·ing A1 中

/fíːliŋ フィーリング/
名 (複 **feelings** /fíːliŋz/)
❶ C 感じ, …感, 意識
● a **feeling** of happiness 幸福感
❷ C 〔…という〕意見, 感想, 考え; 予感 《*that* ...》
● a gut **feeling** 勘(かん), 直感
❸ U 感覚 (=sensation), 触感
❹ U C 《ふつう **feelings**》感情, 気持ち; U 思いやり

コロケーション
形+**feeling**
a strong *feeling* 強い感情
a deep *feeling* 深い感情
an intense *feeling* 激しい感情
a bad *feeling* いやな気持ち
a warm *feeling* 温かい感情
動+**feeling**
arouse *feeling* 感情をかき立てる
hide *one's feelings* 感情を隠す
show [express] *one's feelings* 感情を表に出す

❺ U 〔…に対する〕感受性, センス 《*for*》

━ 動 feel の現在分詞・動名詞

━ 形 同情心のある; 感情のこもった; 感じやすい (⇔**unfeeling**)

féelingly 副 切々と, 感情を込めて

feels /fíːlz フィールズ/ 動 feel の三人称単数現在形

feet /fíːt フィート/ 名 foot の複数形

feign /féin フェイン/ 動 他 《文章》(感情などを)装う; …のふりをする (=pretend)

feint /féint フェイント/ 《スポーツ》フェイント(攻撃); 見せかけ
━ 動 自 他 フェイント(攻撃)をかける

fe·lic·i·tous /fəlísətəs フェリスィタス/ 形 《文章》(表現などが)適切な, うまい, 巧妙な

fe·line /fíːlain フィーライン/ 形 《生物》ネコ科[属]の; ネコの(ような)

fell[1] /fél フェル/ 動 fall の過去形

fell[2] /fél フェル/ 動 他 切り倒す; 打ち倒す

fel·low B1 高 /félou フェロウ/ 名 (複 **fellows** /félouz/) C
❶《口語》やつ, 男 (❗親しみをこめた表現で, やや古めかしい語)
● a good **fellow** いいやつ
❷ 仲間, 同僚 ❸《米》大学院奨学生; 特別研究員; 《英》(学会などの)会員

fel·low·ship /félouʃìp フェロウシプ/ 名
❶ U 仲間であること; 友情, 親交
❷ C 団体, 組合
❸ C 《米》特別奨学金

fel·on /félən フェロン/ 名 C 《法律》重罪犯人

fel·o·ny /féləni フェロニ/ 名 (複 **felonies** /féləniz/) U C 《法律》重罪 《◆殺人, 強盗, 放火など》

felt[1] /félt フェルト/ 動 feel の過去形・過去分詞

felt[2] /félt フェルト/ 名 U フェルト
━ 形 フェルト製の

félt-tìp, félt-tìpped 形 先端がフェルト製の

fe·male A2 高

/fíːmeil フィーメイル/ (×フィメール) 形
女性の; 雌(めす)の
● a **female** student 女子学生
━ 名 (複 **females** /fíːmeilz/) C 女性; 雌(めす)

fem·i·nine /fémənən フェミニン/ 形 女性の; 女性的な, 女らしい (↔**masculine**) (! 人間にのみ用いる; 単に性別上の区別をするためでなく「女らしさ」を強調する語として用いられる場合が多い) ⇨**womanly**

fem·i·nin·i·ty /fèmənínəti フェミニニティ/ 名 U 女性であること; 女性らしさ

fem·i·nism /fémənìzm フェミニズム/ 名 U 男女同権主義; 男女同権[女性解放]運動

fem·i·nist /fémənist フェミニスト/ 名 C 男女同権主義者
— 形 男女同権主義の

fence A2
/féns フェンス/ 名 (複 **fences** /fénsəz/) C
❶ 囲い, さく, へい, かきね, フェンス ⇨**hedge**
❷ 《口語》 盗品売買人
sit* [*be*] *on the fence 《口語》 日和見(ひよりみ)する, どっちにつこうかと様子を見る
— 動 (三単現 **fences** /fénsəz/; 過去·過分 **fenced** /fénst/; 現分 **fencing**)
他 さく[へい]で囲む; 自 フェンシングをする

fenc·ing /fénsiŋ フェンスィング/ 名 U フェンシング, 剣術

fend /fénd フェンド/ 動 他 自 (攻撃・質問を)かわす
fend for oneself 自活する, 独力でやっていく

fend·er /féndər フェンダ/ 名 C
❶ 《米》(車の)泥よけ (=《英》wing)
❷ 《英》(暖炉の前面の)炉格子(ろこうし)

fer·ment 高 /fə́ːrment ファーメント/ 名
❶ C 酵母, 酵素; U 発酵(作用)
❷ U 動乱, 大騒ぎ, 興奮
— /fərmént ファメント/ (発音 名とのアクセントの違いに注意) 動 ❶ 他 発酵させる; 自 発酵する ❷ 他 (騒動などを)引き起こす; 自 大騒ぎする

fer·men·ta·tion /fə̀ːrmentéiʃən ファーメンテイション/ 名 U 発酵(作用)

fern /fə́ːrn ファーン/ 名 C 《植物》シダ, シダ類; U シダの群生

fe·ro·cious /fəróuʃəs フェロウシャス/ 形 どう猛な, 残忍な
ferócíously 副 どう猛に, 残酷に

fe·roc·i·ty /fərɑ́səti フェラスィティ/ 名 U どう猛さ, 残忍さ; C 狂暴な行為

fer·ret /férət フェレト/ 名 C 《動物》フェレット
— 動 他 《口語》(情報などを)見つけ出す, (秘密・真実を)探り出す《*out*》

Fér·ris whèel /féris フェリス/ 名 C (遊園地などの回転式の)観覧車

fer·rous /férəs フェラス/ 形 鉄の[を含む]

fer·ry B1 /féri フェリ/ 名 (複 **ferries** /fériz/) C ❶ 渡し船, フェリー(ボート) (! ferryboat ともいう)
❷ 渡し場, 渡船場(とせんば)
— 動 (三単現 **ferries** /fériz/; 過去·過分 **ferried** /férid/; 現分 **ferrying**) 他
船で渡す; フェリー[飛行機, 自動車]で運ぶ

fer·ry·boat B2 /féribòut フェリボウト/ 名 C 渡し船, 連絡船, フェリーボート (! 単に ferry ともいう)

fer·tile /fə́ːrtl ファートル/ 形
❶ (土地が)肥沃(ひよく)な (↔**barren**)
❷ 多産な (↔**sterile**)
❸ (心が)豊かな, (創造力に)富んだ

fer·til·i·ty /fəːrtíləti ファーティリティ/ 名 U (土地の)肥沃(ひよく)さ, (人・動物の)繁殖力, 生殖能力; (創造力の)豊かさ

fer·ti·li·za·tion /fə̀ːrtələzéiʃən ファーティリゼイション/ 名 U ❶ (土地の)肥沃(ひよく)化 ❷ 受精, 受胎

fer·ti·lize /fə́ːrtəlàiz ファーティライズ/ 動 他 肥沃(ひよく)にする, 肥料をまく; 受精させる; 豊かにする

fer·ti·liz·er 高 /fə́ːrtəlàizər ファーティライザ/ 名 U C 肥料; (特に)化学肥料

fer·vent /fə́ːrvənt ファーヴェント/ 形 熱烈な, 熱心な
férvently 副 熱烈に

fer·vor, 《英》 **fer·vour** /fə́ːrvər ファーヴァ/ 名 U 熱烈さ, 熱情

fes·ter /féstər フェスタ/ 動 自 ❶ 化膿(かのう)する ❷ (感情などが)つのる; (問題などが)悪化する

fes·ti·val A1 中
/féstəvəl フェスティヴァル/
名 (複 **festivals** /féstəvəlz/) C
お祭り, 祭典; …祭; (宗教上の)祝日, 祭日
• a music [film] **festival** 音楽祭[映画祭]

fes·ti·ve B1 /féstiv フェスティヴ/ 形 祝祭の, お祝いの; 陽気な

fes·tiv·i·ty /festívəti フェスティヴィティ/ 名 (複 **festivities** /festívətiz/)
❶ U お祭り気分
❷ C《ふつう **festivities**》お祝いの行事, お祭り騒ぎ

fes·toon /festú:n フェストゥーン/ 動 他〔…で〕花綱状に飾る《*with*》

fe·tal /fí:təl フィータル/ 形 胎児(たいじ)の

fetch B1 /fétʃ フェチ/ 動 (三単現 **fetches** /fétʃəz/; 過去・過分 **fetched** /fétʃt/; 現分 **fetching**) 他
❶取って来る, 連れて来る (=go and bring back) (❗bring は「連れて行く, 連れて来る」など片道だが, fetch は「行って連れて来る」で往復を意味する); 文型 [**fetch A B = fetch B for A**] A(人)にBを取って来てあげる
❷《口語》(商品が)…の値で売れる
❸ (涙・笑いなどを)引き出す

fete /féit フェイト/ 名 C 祝祭(の会)

fet·ish /fétiʃ フェティシュ/ 名 C (病的に)執着すること[もの];《心理》フェティシズムの対象
have a fetish about [***for***] ***...*** …に執着する; …を盲目的に崇拝する

fet·ter /fétər フェタ/ 名 C《ふつう **fetters**》足かせ; 束縛
━動 他 足かせをする; 束縛する

fe·tus /fí:təs フィータス/ 名 C 胎児(たいじ)《◆形態上の特徴がわかるまでに成長したもの》⇨**embryo**

feud /fjú:d フュード/ 名 U C 不和; 確執; 争い ━動 自 反目する

feu·dal /fjú:dəl フューダル/ 形 封建制の; 封建的な; 領土の

feu·dal·ism /fjú:dəlìzm フューダリズム/ 名 U 封建制度; 封建主義

fe·ver A1 高
/fí:vər フィーヴァ/ 名 (複 **fevers** /fí:vərz/)
❶ U C 熱; 熱病
• have a slight **fever** 少し熱がある
❷ U 興奮, 熱狂

fe·ver·ish /fí:vəriʃ フィーヴァリシュ/ 形 熱のある, 熱っぽい; 熱病の; 熱狂した
féverishly B1 副 熱狂的に; 熱に浮かされて

few A2 中
/fjú: フュー/ 形 (比較級 **fewer**; 最上級 **fewest**)《**a few**》少数の, 少しの;《**few**》少数の(…しかない), 少しの(…しかない), …がほとんどない (⇔**many**) (❗few は「数」について用い, little は「量」について用いる ⇨使い方)
• in **a few** minutes 2, 3分で
• say **a few** words ちょっとしゃべる
• There are (**very**) **few** stars in the sky. 空に星がほとんどない (❗few はしばしば very few という形で使う)

a good few (=quite a few)
no fewer than ... …もの (❗数の多いことを強調する表現. 後にはかならず数字がつく)
• **No fewer than** a hundred people were killed in the accident. 100人もの人々がその事故で死んだ
not a few (=quite a few)
only a few ... ほんのわずか[少数]の…(しか…ない) (=(very) few) (❗only がつくと否定的な意味になる) ⇨**only a little** (**little** の成句)
quite a few かなり多くの

使い方› **a few, few, a little, little**
(1) **a few** と **few** は数えられる名詞の複数形につき, 数の少ないことを表す. a few は「少しはある」と「ある」に重点をおき, few だと「少ししかない」と「ない」に重きをおく. 両者の使い分けは話し手の気持ちによるところが大きい:
There are **a few** books on the shelf. たなの上に2, 3冊の本がある
There are **few** books on the shelf.

たなの上には2, 3冊の本しかない
ただし, 前に限定する語がついていればaがなくても「少しはある」の意味になる:
the last **few** years この2, 3年
(2) **a little** と **little** は数えられない名詞につき, 量の少ないことを表す. a little は「少しはある」, little は「少ししかない」, few⇔many, little⇔much の関係にある. ⇨ **little**
(3) a のあるなしによる意味の違いはそれぞれ代名詞の用法にもあてはまる

━ 代 《複数扱い》《**a few**》少数, 少数の人[物]; 《**few**》少数(しかない), 少数の人[物](しかない) (↔**many**)
• I invited **a few** of my friends to the party. パーティーに友人を何人か招いた
quite a few かなりたくさん(の人[もの])

fez /féz フェズ/ 名 (複 **fezzes** /fézəz/) C トルコ帽

fi·an·cé /fìːɑːnséi フィーアーンセイ/ 名 C (女性から見た)婚約者 (♦男)

fi·an·cée /fìːɑːnséi フィーアーンセイ/ 名 C (男性から見た)婚約者 (♦女)

fi·as·co /fiǽskou フィアスコウ/ 名 (複 **fiascoes**, **fiascos** /fiǽskouz/) U C (企画などの)大失敗

fi·at /fáiæt ファイアト/ 名 U C 《文章》命令; 認可

fib /fíb フィブ/ 名 C 《口語》たわいないうそ
━ 動 (三単現 **fibs** /fíbz/; 過去·過分 **fibbed** /fíbd/; 現分 **fibbing**) 自 《口語》たわいないうそをつく

fi·ber B2 /fáibər ファイバ/ 名
❶ U C (織物の材料としての)繊維; C (動植物の)繊維
• carbon **fiber** 炭素繊維
❷ U (人の)性質

fi·ber·glass /fáibərglæ̀s ファイバグラス/ 名 U グラスファイバー, 繊維ガラス

fi·bre /fáibər ファイバ/ 名 《英》(=fiber)

fi·bre·glass /fáibərglæ̀s ファイバグラス/ 名 《英》(=fiberglass)

fi·brous /fáibrəs ファイブラス/ 形 繊維の; 繊維状の, 繊維質の

fick·le /fíkl フィクル/ 形 (天候などが)気まぐれな, 移り気な, 変わりやすい

fic·tion A2 高

/fíkʃən フィクション/
名 (複 **fictions** /fíkʃənz/)
❶ U 小説, 創作, フィクション (↔**nonfiction**)
• science **fiction** 空想科学小説, SF小説
❷ U C 作り話, 虚構 (↔**fact**)

fic·tion·al B2 /fíkʃənəl フィクショナル/ 形 作り事の (↔**factual**); 小説の, フィクションの

fic·ti·tious /fiktíʃəs フィクティシャス/ 形 実在しない, 架空の; にせの, 偽りの

fid·dle /fídl フィドル/ 名 C 《口語》《楽器》バイオリン (=violin)

fid·dler /fídlər フィドラ/ 名 C 《口語》バイオリンひき

fi·del·i·ty /fidéləti フィデリティ/ 名 U 忠実さ; 誠実; 貞節, 節操

fidg·et /fídʒət フィヂェト/ 動 《口語》自 そわそわする, 落ち着かない; 他 そわそわさせる

fidg·et·y /fídʒəti フィヂェティ/ 形 《口語》そわそわする, 落ち着かない

field A1 中

/fíːld フィールド/ 名 (複 **fields** /fíːldz フィールヅ/) C ❶ 農地, 牧草地; 野原
• a wheat **field** 麦畑
• a rice **field** たんぼ
❷ 競技場, …場; (陸上競技場で走路(track)の内側の) フィールド ⇨**field event**
• a baseball **field** 野球場

❸ 分野
❹ (天然資源の)埋蔵地, 産出地
❺《物理》場
❻ 戦場 (=battlefield)
❼《the field》現場, 現地, 実地
❽《コンピュータ》(データの)記録指定域, フィールド
― 動 (三単現 **fields** /fíːldz フィールヅ/; 過去・過分 **fielded** /fíːldəd/; 現分 **fielding**) 他 守備につける; (打球を)さばく; (質問などを)さばく; 自 (野手として)守備する

fíeld dày 名 C (学校の)運動会(の日); (自然観察などの)野外研究(日)

field·er /fíːldər フィールダ/ 名 C (野球などで)野手 (❗おもに外野手をさす)

fíeld evènt 名 C フィールド競技 (♦跳躍・投てきなど; 競走は含まない)

fíeld glàsses 名《複数扱い》双眼鏡 (=binoculars)

fíeld hòckey 名 U《米》《スポーツ》ホッケー ⇨**hockey**

field·ing /fíːldiŋ フィールディング/ 名 U《野球》守備

fíeld trìp 名 C 校外見学, 野外研究

field·work /fíːldwəːrk フィールドワーク/ 名 U (学問の)野外研究, 実地調査, フィールドワーク

fiend /fíːnd フィーンド/ 名 C 邪悪[残忍]な人;《口語》凝っている人, …狂

fiend·ish /fíːndiʃ フィーンディシュ/ 形《文章》残虐な; 実に厄介(やっかい)な

fierce B2 /fíərs フィアス/ (×フィアース) 形 (比較級 **fiercer**; 最上級 **fiercest**)
❶ 獰猛(どうもう)な
• a fierce dog 獰猛な犬
❷ 激しい, すさまじい

fierce·ly /fíərsli フィアスリ/ 副 獰猛(どうもう)に; 激しく

fi·er·y /fáiəri ファイアリ/ 形 (比較級 **fierier**; 最上級 **fieriest**) 火の; 火のような; 激しい

fi·es·ta /fiéstə フィエスタ/ 名 C (スペイン系諸国の)聖人の祝日; 祝祭

FIFA /fíːfə フィーファ/ 名 国際サッカー連盟
語源 フランス語の *Fédération Internationale de Football Association* より

fif·teen A1 中

/fìftíːn フィフティーン/ 名 (複 **fifteens** /fìftíːnz/) (❗詳しい用法は three を参照)
❶ U 15; 15時, 15分; 15歳;《複数扱い》15個, 15人
❷ C 15人[個]一組のもの; ラグビーチーム, フィフティーン
❸ U《テニス》フィフティーン (♦ゲームの最初の得点)
― 形 15の; 15個の; 15人の; 15歳で

fif·teenth /fìftíːnθ フィフティーンス/ 形 (❗15th と略す; 詳しい用法は third を参照)
❶《ふつう the fifteenth》15番目の
❷ 15分の1の
― 名 (複 **fifteenths** /fìftíːnθs/) C
❶《ふつう the fifteenth》15番目; (月の)15日 ❷ 15分の1

fifth B1 中 /fífθ フィフス/ 形 (❗5th と略す; 詳しい用法は third を参照)
❶《ふつう the fifth》第5番目の
❷ 5分の1の
― 名 (複 **fifths** /fífθs/) C
❶《ふつう the fifth》第5番目; (月の)5日
❷ 5分の1

Fífth Ávenue 名 五番街 (♦ニューヨーク市のにぎやかな大通り)

fif·ti·eth /fíftiəθ フィフティエス/ 形 (❗50th と略す; 詳しい用法は third を参照)
❶《ふつう the fiftieth》50番目の
❷ 50分の1の
― 名 C ❶《ふつう the fiftieth》50番目
❷ 50分の1

fif·ty A1 中

/fífti フィフティ/ 名 (複 **fifties** /fíftiz/) (❗詳しい用法は three を参照)
❶ U 50; 50分; 50歳;《複数扱い》50個, 50人
❷《the fifties》(世紀の) 50年代; 《*one's* fifties》(年齢の)50代
― 形 50の; 50個の, 50人の; 50歳で

fif·ty-fif·ty /fíftifífti フィフティフィフティ/ 形 副《口語》半々の[に]

fig /fíg フィグ/ 名C ❶イチジクの実; イチジクの木 (=fig tree) ❷《a fig》《口語》ほんの少し, わずかな量

fig. 《略》figure 図形; figurative 比喩(ゆ)的な

fight A1 中

/fáit ファイト/ 名 (複 **fights** /fáits ファイツ/)

❶C 戦闘; 格闘, (なぐり合いの)けんか; ボクシングの試合

- win [lose] a **fight** 戦いに勝つ[負ける]
- Our team put up a good **fight**. 我がチームは難しい状況でも善戦した

❷U 闘志, ファイト

— 動 (三単現 **fights** /fáits ファイツ/; 過去・過分 **fought** /fɔ́:t/; 現分 **fighting**) 自他

戦う, 争う; なぐり合いをする, 格闘する, (なぐりあいの)けんかをする; 口論する; 奮闘する ⇨**quarrel**

- **fight for** peace 平和のために戦う
- **fight** (**against** [**with**]) the enemy 敵と戦う
- The doctors are **fighting** this disease. 医者たちはこの病気と戦っている

fight back 反撃する, やり返す

fight it out 最後まで戦う; 戦いで決着をつける

fight** one's **way 人を押しのけて進む, 苦労して進む

fight·er A2

/fáitər ファイタ/ 名 (複 **fighters** /fáitərz/) C ❶戦う人, 戦士, 闘士(とうし)

❷ボクサー; (格闘技の)選手

❸戦闘機

fight·ing B2 /fáitiŋ ファイティング/ 名U 戦い, 戦闘; 格闘, けんか

- **fighting** spirit 闘志, 闘争心

fig·ment /fígmənt フィグメント/ 名C 作り事, 虚構

a figment of A's [***the***] ***imagination*** (A(人)の)想像の産物

fig·ur·a·tive B2 /fígjərətiv フィギュラティヴ/ 形 比ゆ的な (↔**literal**); 比ゆの多い; 象徴的な

fíguratively 副 比ゆ的に

fig·ure A2 高

/fígjər フィギャ|fígə フィガ/

名 (複 **figures** /fígjərz/) C

❶数字, 数; (数で表された)額, 量; 《**figures**》計算, 算数

- the **figure** 8 数字の8, 8の字
- the average [sales] **figure** 平均値[売上高]
- a six-**figure** telephone number 6けたの電話番号
- He is good at **figures**. 彼は計算が得意だ

❷姿, 体形, 人影; 《ふつう形容詞をつけて》人物; (絵・彫刻に表された)像, 肖像

- She has a good **figure**. 彼女はスタイルがいい (×has a good *style* とはいわない)
- Mr. Bond is a key **figure** in our town. ボンド氏は私たちの町では重要な人物[名士]です

❸図形, 模様, さし絵

- See **Fig.** 2 第2図を見よ (! Fig. は figure の省略形)

cut a ... figure …な姿を呈(てい)する, …に見える

keep** one's **figure 体型をスマートに保つ

lose** one's **figure 体型が崩れる, 太る

— 動 (三単現 **figures** /fígjərz/; 過去・過分 **figured** /fígjərd/; 現分 **figuring** /fígjəriŋ/)

❶自〔…として〕通る, 姿を現す《*as*》; 〔…で〕頭角を現す《*in*》

❷他《米》《口語》思う (=think); 文型 [**figure** (**that**) ...] …と思う

- I **figured that** he would arrive before noon. 彼は正午前に到着すると思いました

figure on ... …を計画に入れる, …をあてにする

figure out (計算で問題などを)解く; 理解する

fig·ure·head /fígjərhèd フィギャヘド/ 名C (運動・組織などの)長 (! 名目だけの場合が多い)

fígure of spéech 名 (複 **figures**

of speech) C 比ゆ表現, ことばのあや

fígure skàting 名U 《スポーツ》 フィギュアスケート

fig·u·rine /fìgjərí:n フィギュリーン/ 名C (人物などの)小さな像

Fi·ji /fí:dʒi フィーヂ/ 名 フィジー《◆南太平洋にある共和国; 首都スバ(Suva)》

fil·a·ment /fíləmənt フィラメント/ 名C (電球・真空管内の)フィラメント

filch /fíltʃ フィルチ/ 動他 《口語》 こそどろをする

file[1] A1

/fáil ファイル/ 名 (複 **files** /fáilz/) C

❶ ファイル, 整理された書類, とじ込み

• a **file** of notes ファイルされたメモ書き

❷ 書類整理用具 (❗整理箱, ケース, 紙ばさみ, とじ込み帳など)

❸《コンピュータ》 ファイル

コロケーション
動+**file**
copy a *file* ファイルをコピーする
delete a *file* ファイルを削除する
open a *file* ファイルを開く
print a *file* ファイルを印刷する
save a *file* ファイルを保存する

on file ファイルに整理されて

一 動 (三単現 **files** /fáilz/; 過去・過分 **filed** /fáild/; 現分 **filing**) 他

❶ ファイリングする, ファイルして整理する

❷《法律》(願書・訴状などを)提出する

file[2] /fáil ファイル/ 名C 縦列 (↔**rank**)

一 動自 縦列で行進する; 他 縦列で行進させる

file[3] /fáil ファイル/ 名C やすり

一 動他 やすりで磨く

fi·let /filéi フィレイ/ 名動 《米》(=fillet)

fil·i·al B2 /fíliəl フィリアル/ 形 子の, 子として(当然)の, 子にふさわしい

fíling càbinet 名C 書類用キャビネット, 書類だな

Fil·i·pi·no /fìləpí:nou フィリピーノウ/ 形 フィリピンの 一 名 (複 **Filipinos** /fìləpí:nouz/) C フィリピン人

fill A1 高

/fíl フィル/ 動 (三単現 **fills** /fílz/; 過去・過分 **filled** /fíld/; 現分 **filling**)

❶ 他 (容器・場所などを)〔…で〕満たす, いっぱいにする《*with*》(↔**empty**); 自〔…で〕満ちる, いっぱいになる《*with*》

• **fill** a glass **with** water コップに水を満たす[いっぱいに入れる]

• The glass is **filled with** water. コップは水で満たされている[水でいっぱいだ]

比較 The kettle is **full of** boiling water. やかんは熱湯でいっぱいだ (❗前置詞の違いに注意)

• His eyes **filled with** tears. 彼は目に涙を浮かべていた

❷ 他 (人・心を)〔感情で〕いっぱいにする《*with*》; 自〔感情で〕いっぱいになる《*with*》

• My heart was **filled with** joy. 私の心は喜びにあふれた

❸ 他 (穴などを)ふさぐ, 埋める; (空席・地位などを)埋める, 補充する

fill in (空所などを)うめる; (書式に)書き込む • **Fill in** the blanks with suitable words. 適当なことばを空所に入れなさい

fill out (書式などに)書き込む

• Then you just have to **fill out** this card. ではこのカードに記入してください

fill up いっぱいに満たす[満ちる]

一 名 ❶《*one's* **fill**》存分, 十分

• eat *one's* **fill** おなかいっぱいに食べる

❷《**a fill**》1杯(の量), 1服, 1盛り

fil·let /filéi フィレイ/ 名C ヒレ肉; (魚・肉の)切り身

一 動他 (魚・肉を)切り身にする

fill·ing B1 /fíliŋ フィリング/ 名 (複 **fillings** /fíliŋz/) C ❶ (パイ・サンドイッチなどの)具, 詰め物, 中身 ❷ (歯・クッションなどの)詰め物, 充填(じゅうてん)材

一 形 (食べ物が)腹にたまる, 食べごたえのある

fílling stàtion 名C 《米》 ガソリンスタンド, 給油所 (=《英》 petrol station)

fil·ly /fíli フィリ/ 名 (複 **fillies** /fíliz/) C 雌の子馬

film A2 高
/fílm フィルム/ 名 (複 **films** /fílmz/)
❶ U C 映画 (= motion picture, movie); 《形容詞的》映画の
• a feature **film** 長編映画
• make [see] a **film** 映画を製作する[観る]
• the **film** industry 映画産業
❷ U C (写真の)フィルム
• a roll of **film** 1本のフィルム, フィルム1本
❸ C 薄い膜, 薄いおおい
━ 動 (三単現 **films** /fílmz/; 過去・過分 **filmed** /fílmd/; 現分 **filming**) 他 撮影する, 映画を撮る; 自 映画になる

film·mak·er B1 /fílmmèikər フィルムメイカ/ 名 (複 **filmmakers** /fílmmèikərz/) C 映画製作者; 映画監督

film·y /fílmi フィルミ/ 形 (比較級 **filmier**; 最上級 **filmiest**) 薄膜のような, 透けて見える; かすんだ

fil·ter B1 /fíltər フィルタ/ 名 (複 **filters** /fíltərz/) C 濾過(ろか)器; (カメラの)フィルター; 《コンピュータ》フィルタ
━ 動 (三単現 **filters** /fíltərz/; 過去・過分 **filtered** /fíltərd/; 現分 **filtering** /fíltəriŋ/) 他 濾過する; 除去する

filth /fílθ フィルス/ 名 U
❶ 汚物, 不潔なもの
❷ 卑わいなことば[読み物]

filth·y /fílθi フィルスィ/ 形 (比較級 **filthier**; 最上級 **filthiest**) 不潔な, 汚い; けがらわしい, 下品な

fin /fín フィン/ 名 C (魚・あざらしなどの)ひれ; ひれ状のもの

fi·nal A2 中
/fáinəl ファイナル/ 形
最後の (=last); 最終的な, 決定的な
• the **final** decision 最終決定
• the **final** chapter of the book 本の最終章
━ 名 (複 **finals** /fáinəlz/) C
❶ 《**finals**》決勝試合, 決勝戦
❷ 学年末試験; 《英》卒業試験
派生 **finally** 副

fi·na·le /finǽli フィナリ, finá:li フィナーリ/ 名 C 《音楽》終楽章, 終曲, フィナーレ; 《演劇》最後の幕, 大詰め

fi·nal·ist /fáinəlist ファイナリスト/ 名 C 決勝戦出場者

fi·nal·i·ty /fainǽləti ファイナリティ/ 名 U 結末; 決着

fi·na·lize /fáinəlàiz ファイナライズ/ 動 他 (計画などを)仕上げる, 完了する

fi·nal·ly A2 中
/fáinəli ファイナリ/ 副
❶ ついに, とうとう (=at last)
• He **finally** told the truth. 彼はついに本当のことを言った
❷ 最後に; 最終的に
[CAN-DO Tips 過去の出来事を時系列で話す]
• **Finally**, I wish to thank you all. 終わりにあたり, 皆様に感謝申し上げます
派生 **final** 形

fi·nance B1 /fənǽns フィナンス|fainǽns ファイナンス/ 動 (三単現 **finances** /fənǽnsəz/; 過去・過分 **financed** /fənǽnst/; 現分 **financing**) 他
資金を調達する, 資金を供給する
━ /fáinæns ファイナンス, ━́━, fənǽns フィナンス/ 名 (複 **finances** /fáinænsəz/)
❶ U 財政, 金融; 財政学
❷ 《**finances**》収入, 歳入; 財政状態, 金回り
派生 **financial** 形

fi·nan·cial B1 高 /fənǽnʃəl フィナンシャル, fainǽnʃəl ファイナンシャル/ 形 (❗比較変化なし) 財政上の, 金銭上の; 金融の
• a **financial** institution 金融機関
派生 **finance** 名

fi·nan·cial·ly B2 /fənǽnʃəli フィナンシャリ, fainǽnʃəli ファイナンシャリ/ 副 財政[金銭]的に(いうと), 財政[金銭]上

fin·an·cier /fìnənsíər フィナンスィア/ 名 C 財政家; 大資本家; 投資家[企業, 国]

finch /fíntʃ フィンチ/ 名 C 《鳥》フィンチ (◆短いくちばしをもつアトリ科の小鳥)

find

A1 動 名
中 /fáind ファインド/

三単現 **finds** /fáindz ファインヅ/　過去・過分 **found** /fáund ファウンド/
現 分 **finding**

共通イメージ
探していたものを見つける

意味マップ

動 ❶見つける
❷わかる
❸(時間などを)手に入れる
❹…であると判定[評決]する
名 発見, 発見物

コーパス この順番でマスター　findの重要構文

(1) **find + 名詞**　…を見つける
(2) **find that節**　…ということがわかる
(3) **find A C**　A(名)がC(形)であることがわかる(! find it + 形 もこの構文)
(4) **find out**　わかる, 発見する
(5) **be found to ...**　…するということが明らかになる

使えるコーパスフレーズ

find＋名詞

1 **find a way**　方法を見つける
2 **find (the) time (to ...)**　(…する)時間を見つける
3 **find a place**　居場所を見つける
4 **find a job [work]**　仕事を見つける
5 **find evidence**　証拠を見つける

find it＋形容詞

6 **find it difficult**　難しいと思う
7 **find it hard**　大変だと思う
8 **find it easy**　やさしいと思う
9 **find it interesting**　面白いと思う
10 **find it impossible**　無理だと思う

教科書フレーズ

◆ **She finally found a job as a lawyer.**
彼女はついに弁護士としての仕事を見つけた

◆ **They found it impossible to live there.**
そこに住むのは不可能であることが彼らにはわかった

フォーカスページ

find A1 中

/fáind ファインド/ 動 (三単現 **finds** /fáindz ファインヅ/; 過去・過分 **found** /fáund/; 現分 **finding**) 他

共通イメージ 探していたものを見つける

チャンクでおぼえよう！

❶ 仕事を見つける	find work
❶ 方法を見つける	find a way
❶ 情報を見つける	find the information
❷ その本がおもしろいことがわかる	find the book interesting
❷ 彼がおもしろい人だとわかる	find him a funny man
❸ 手紙を書く時間を見つける	find the time to write a letter
❹ 彼を有罪とする	find him guilty

❶ **見つける, 見いだす** (❗ さがして[努力して]見つける場合にも, たまたま見つける場合にも使う; 「…をさがす」は look for …)

文型 [**find A**] **Aを見つける** (❗ Aは名詞)

• **find** a key かぎを見つける ⇨図

• If you are determined, you will **find** a way. ⇨フォーカス1 決意があれば, 道は開ける (←方法は見つかる) (❗ find *one's* way だと「たどり着く」⇨成句)

• I couldn't **find** the time to write. ⇨フォーカス2 手紙を書く時間が見つからなかった

• Let's **find** a place to sit down. ⇨フォーカス3 すわる場所を見つけよう

• I'm glad you **found** a job. ⇨フォーカス4 仕事が見つかってよかったね

• You need to **find** evidence to support your claim. ⇨フォーカス5 自分の主張を支える証拠を見つけなければならない

文型 [**find A B = find B for A**] **A(人)にBを見つけてあげる**

• He **found** me a good seat. = He **found** a good seat **for** me. 彼は私によい座席を見つけてくれた

文型 [**find A *doing***] **Aが…しているのを(たまたま)見つける; Aが…しているのに気づく**

• I **found** her **running** along the river. 彼女が川べりを走っているのを見つけた

文型 [**find A C**] **AがCであるのを見つける**

• He was **found** dead. 彼は死んでいるのが発見された

❷ (…してみると)**わかる**

文型 [**find that …**] **…ということがわかる**

• I **found that** the book was boring. = I **found** the book (**to be**) boring. ⇨フォーカス(2) (読んでみたら)その本は退屈だった

文型 [**find A (to be) C**] **AがCとわかる** (❗ Cは形容詞など)

• **find** the book interesting その本を(読んでみて)おもしろいとわかる ⇨図 (❗ find an interesting book は「おもしろい本を見つける」)

• I **found** it difficult [hard] to get up in the morning. ⇨フォーカス6 7 朝起きるのが難しかった

• The disease was **found to be** carried by mosquitoes. ⇨フォーカス(5) その病気は蚊によって媒介(ばいかい)されることが明らかになった

❸ (…する時間・金を)**手に入れる, 工面(くめん)する**

❹ 《法律》 文型 [**find A C**] **AがCであると判定[評決]する**; 文型 [**find**

that ...] …であると判定[評決]する

find *A* ***in*** *B* BにAを見いだす; BがAであるとわかる

find oneself ①(気がつくと)…にいる, …になっている, …である ②自分の力量を悟る; 自分の進むべき道を知る

find out 見つけ[さがし]出す; 見破る, わかる, (なぞを)解く

- I've been trying to **find out** her phone number. ⇨フォーカス(4) 私は彼女の電話番号を探り出そうとしてきた

find *one's* ***way*** 苦労して進む, たどり着く

— 名 (複 **finds** /fáindz ファインヅ/) C 発見; 発見物; 掘り出しもの, 拾いもの

覚えよう› 単語力
活用形に注意
find (見つける)−found−finding
found (設立する)−founded−founding

find·er /fáindər ファインダ/ 名 C 発見者; (カメラの)ファインダー

find·ing B1 /fáindiŋ ファインディング/ 名 (複 **findings** /fáindiŋz/)
❶ U (研究などによる)発見; C《ふつう **findings**》調査結果, 調査報告書
❷ C《ふつう **findings**》《法律》認定, 決定, (陪審員の)答申

— 動 findの現在分詞・動名詞

finds /fáindz ファインヅ/ 動 findの三人称単数現在形

fine[1] A1 中
/fáin ファイン/

意味マップ
形 ❶すばらしい; 申し分ない
❷健康な
❸晴れの
❹細かい; 繊細な
副 うまく; 細かく

— 形 (比較級 **finer**; 最上級 **finest**)
❶すばらしい, すてきな, りっぱな; 洗練された, 上品な; 《口語》申し分ない, よい

- a **fine** picture すばらしい絵
- a **fine** performance すばらしい演技
- a **fine** new dress すてきなおろしたてのドレス ⇨図

会話 "How are you?" "I'm **fine**, thank you."「ごきげんいかがですか」「ありがとう, 元気です」

会話 "How about a cup of tea?" "**Fine!**"「お茶を1杯いかがですか」「いいですね」

❷健康な[で], 元気な (=well) (❗名詞の前には用いない)

- You're looking **fine**. 元気そうですね

❸(天気が)晴れの, 晴れて

- a **fine** day 晴れた日 ⇨図
- It was **fine** yesterday. きのうはよい天気でした

❹細かい, 細い, 鋭い; 繊細な, 敏感な

- a **fine** rain [snow] 霧雨[粉雪]

one fine day [***morning***] ある日[朝]のこと, いつか思いがけなく (❗物語などで用いる; fineに特別の意味はない)

(***That's***) ***Fine with me.*** (私は)それでけっこうです, それでかまいません

— 副 (比較級 **finer**; 最上級 **finest**)《口語》うまく, 立派に; 細かく

fine[2] B1 /fáin ファイン/ 名 (複 **fines** /fáinz/) C 罰金

- He paid a **fine** of 15,000 yen for speeding. 彼はスピード違反で1万5千円の罰金を払った

— 動 他〔…の罪で〕(人)に罰金を科する《*for*》; 文型 [**fine A B**] A(人)にB(罰金)を科する

fíne árts 名《**the**をつけて》美術

fine·ly B2 /fáinli ファインリ/ 副 見事に; 繊細に; 細かく

fine·ness /fáinnəs ファインネス/ 名 U ❶りっぱさ, 見事さ ❷純度 ❸細か

さ; 繊細, 微妙

fin·er·y /fáinəri ファイナリ/ 名 U 派手な衣服と装身具

fi·nesse /fənés フィネス/ 名 U 巧妙な処理, 手ぎわのよさ, 手腕

fin·ger B1 中 /fíŋgər フィンガ/ 名 (複 **fingers** /fíŋgərz/) C

❶ 手の指 (! ふつうは親指 (thumb) 以外をいう) ⇨**toe**

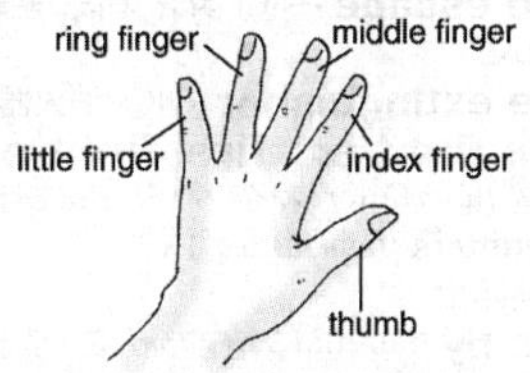

- the index **finger** 人さし指 (! the first finger, the forefinger ともいう)
- the middle [ring, little] **finger** 中[薬, 小]指
- the tip of the **finger** 指先

❷ 指状のもの; 手袋の指, (時計の)針

burn** one's **fingers** = **get** one's **fingers burnt (余計な事をして)ひどい目にあう

cross** one's **fingers** = **keep** one's **fingers crossed 中指を人さし指の上に重ねる (! 厄(やく)よけや幸運を祈るしぐさ) ⇨**cross** (成句)

put** [**lay**] one's **finger on ... 〔まちがいなど〕を的確に指摘する; …を正確に説明できる

— 動 (三単現 **fingers** /fíŋgərz/; 過去・過分 **fingered** /fíŋgərd/; 現分 **fingering**) 他 指で触れる

fin·ger·nail B2 /fíŋgərnèil フィンガネイル/ 名 C (手の)指のつめ

fin·ger·print /fíŋgərprìnt フィンガプリント/ 名 C 指紋(しもん)

fin·ger·tip /fíŋgərtìp フィンガティプ/ 名 C 指先

have ... at** one's **fingertips いつでも使えるように…を手元に置いている

fin·ick·y /fíniki フィニキ/ 形 好みがやかましい, うるさい; めんどうな

fin·ish A1 中

/fíniʃ フィニシュ/

意味マップ

動 ❶ 終わらせる; 終わる
❷ 食べ[飲み]終える
❸ 仕上げる
❹ ゴールインする

名 ❶ 終了
❷ 決勝線
❸ 仕上げ

— 動 (三単現 **finishes** /fíniʃəz/; 過去・過分 **finished** /fíniʃt/; 現分 **finishing**)

❶ 他 終わらせる, 終える, してしまう; 自 終わる, すむ, おしまいになる (=end) (↔**start**)

- **finish** *one's* breakfast 朝食を終える
- **finish** *one's* school 卒業する
- Have you already **finished** your homework? 君はもう宿題はしてしまったの? (! 疑問文・否定文に already を使うと驚きや意外な感じを表す)
- The movie **finished** at 9:30. 映画は9時半に終わった

文型 [**finish** *do***ing**] …することを終える

- He **finished writing** a letter. 彼は手紙を書き終わった (×finish *to write* としない)

❷ 他 食べ[飲み]終える, きれいに平らげる; 使いきる

❸ 他 仕上げる, 磨き上げる

❹ 自 (競走で)ゴールインする

finish off (仕事などを)仕上げる; (飲食物を)きれいに平らげる; やっつける, 殺す

finish up (仕事などを)仕上げる; (飲食物を)きれいに平らげる; 最後には…になる

finish with ... …で終わる; …を用済みにする; …と関係を絶つ

— 名 (複 **finishes** /fíniʃəz/)

❶《単数形で》終了; 最後

❷ C 決勝線, ゴール (=finish line)

❸ C (表面の)仕上げ, 磨き

fin·ished /fíniʃt フィニシュト/ 形 終わって; 仕上がった, 完成した (↔**unfinished**); (教養などの点で)洗練された; 破滅した, もうだめになった

I'm finished. 私はもう仕事を終えました; ごちそうさまでした; もうおしまいだ

fin·ish·ing /fíniʃiŋ フィニシング/ 形 仕上げの; 最後の 一名 U 仕上げ

fi·nite /fáinait ファイナイトゥ/ 形 限りある, 有限の

Fin·land /fínlənd フィンランド/ 名 フィンランド《♦森と湖で有名な北欧の共和国; 首都ヘルシンキ (Helsinki); 公用語はフィンランド語・スウェーデン語》

Finn /fín フィン/ 名 C フィンランド人

Finn·ish /fíniʃ フィニシュ/ 名 U フィンランド語

一形 フィンランドの

fir /fə́:r ファー/ 名 C 《植物》モミの木

fire A1 中

/fáiər ファイア/ 名 (複 **fires** /fáiərz/)

❶ U 火; 炎 (! この意味では ×a fire, ×fires などとしない)

• catch [take] **fire** 火がつく

❷ U C 火事

❸ C (暖炉・料理の)火, たき火 (! 普通名詞として扱うので a fire, fires などの形をとる; マッチ, ライター, たばこの「火」は light)

• light a **fire** 火をつける

❹ U 射撃, 発砲, 砲火

❺ U (燃えるような)情熱, 興奮

come under fire 非難される

on fire 燃えて, 火事で (=burning)

set fire to ... = set ... on fire
…に火をつける

一動 (三単現 **fires** /fáiərz/; 過去・過分 **fired** /fáiərd/; 現分 **firing**)

❶ 他 自 発射する, 発砲する

❷ 他 《口語》解雇する, 首にする

❸ 他 自 火をつける; 火がつく

fíre alàrm 名 C 火災報知機; 火災警報

fire·arm B2 /fáiərà:rm ファイアラーム/ 名 C 《ふつう **firearms**》(携帯できる小型の)銃器, 小火器

fire·boat /fáiərbòut ファイアボウト/ 名 C 《米》消防艇(てい)

fire·crack·er /fáiərkrækər ファイアクラカ/ 名 C かんしゃく玉

fíre depàrtment 名 C 消防署

fíre drìll 名 U C 防災訓練

fíre èngine 名 C 消防自動車

fíre escàpe 名 C 非常階段, 避難ばしご

fíre extìnguisher 名 C 消火器

fire·fight·er, fire fight·er B1 高 /fáiərfàitər ファイアファイタ/ 名 (複 **firefighters** /fáiərfàitərz/) C 消防士

fire·fly /fáiərflài ファイアフライ/ 名 (複 **fireflies** /fáiərflàiz/) C ホタル

fire·house /fáiərhàus ファイアハウス/ 名 (複 **firehouses** /fáiərhàuzəz/) C 《米》消防署 (=fire station)

fíre hỳdrant 名 C 消火栓 (=hydrant)

fire·man /fáiərmən ファイアマン/ 名 (複 **firemen** /fáiərmən/) C 消防士 (! 性差別を意識して firefighter ともいう); 《野球で》救援投手 (! relief pitcher ともいう)

fire·place B2 /fáiərplèis ファイアプレイス/ 名 C 暖炉《♦部屋の壁の中に設けた炉》

fire·plug /fáiərplʌ̀g ファイアプラグ/ 名 《米》(=fire hydrant)

fire·proof /fáiərprù:f ファイアプルーフ/ 形 耐火(たいか)性の, 防火の ⇨**-proof**

fire·side /fáiərsàid ファイアサイド/ 名

❶ 《**the fireside**》炉ばた (! 家庭の団らんの場)

❷ 《形容詞的》炉ばたの; くつろいだ

fíre stàtion B1 名 C 消防署; 消防詰め所

fire·wall /fáiərwɔ̀:l ファイアウォール/ 名 C 防火壁; 《コンピュータ》ファイアーウォール《♦外部からの不正侵入を防ぐための安全システム》

fire·wood /fáiərwùd ファイアウド/ 名 U

たきぎ, まき

fire·work B1 高 /fáiərwə̀ːrk ファイアワーク/ 名 (複 **fireworks** /fáiərwə̀ːrks/)
❶ C 《ふつう **fireworks**》 花火; 花火大会 ❷ 《**fireworks**》 怒りの爆発; 妙技; 機知のひらめき

fir·ing /fáiəriŋ ファイアリング/ 名
❶ U 点火, 発火; (鉄砲の)発射, 発砲
❷ U C (陶器などを)焼くこと

firm[1] B1 /fə́ːrm ファーム/ 形 (比較級 **firmer**; 最上級 **firmest**)
❶ かたい; しっかりした
• **firm** ground かたい地面
❷ (信念などが)堅固な; ゆるぎない, 〔…に対して〕厳格な 《*with*》

― 副 (比較級 **firmer**; 最上級 **firmest**) しっかりと; 堅く (=firmly)

hold firm to ... …にしっかりつかまる; …を固守する

stand firm しっかりと立つ; (意見などを)断固として譲らない

― 動 (三単現 **firms** /fə́ːrmz/; 過去・過分 **firmed** /fə́ːrmd/; 現分 **firming**) 他 自
固める; 固まる; しっかりする 《*up*》

firm[2] B1 /fə́ːrm ファーム/ 名 (複 **firms** /fə́ːrmz/) C 会社, 商会, 商店 (❗2人以上の合資で経営されるもの)
• a law **firm** 法律事務所

firm·ly B1 /fə́ːrmli ファームリ/ 副 かたく, しっかりと; きっぱりと, 断固として

firm·ness B2 /fə́ːrmnəs ファームネス/ 名 U 堅固さ; 断固たること

first A1 中

/fə́ːrst ファースト/ 形 第1の, 1番目の; 最初の (↔**last**[1]); 初めての
• the **first** train 一番電車[列車], 始発
• the **first** half 前半
• win (the) **first** prize 1等賞をとる
• the **first** five pages of the book その本の最初の5ページ (×the *five first* ... としない)
• I'm in the **first** year of senior high school. 私は高校の1年です

at first hand 直接に, じかに

for the first time 初めて (↔**for the last time**)
• I went back to my hometown **for the first time** in ten years. 私は10年ぶりに故郷へもどった

in the first place まず第一に, そもそも

(the) first thing 《副詞句として》《口語》何をおいても, まず第一に

the first time 最初; 《接続詞的》最初に…した時は

― 副 第一に; 最初に, まず; 初めて
• Will you speak **first**? 君が先に話してくれますか

first and foremost 何よりもまず

first and last 何よりもまず, あらゆる点で

First come, first served. 早い者勝ち (←早い者順に給仕される)

first of all 何よりもまず, まず第一に

― 名 (複 **firsts** /fə́ːrsts ファースツ/)
❶ C 第一; 最初の人[物]; (月の)ついたち (❗日の場合は1stと略す) (↔**last**[1])
• on the **1st** of April = on April 1 4月1日に (❗April 1 は April (the) first と読む)
❷ C 優勝者
❸ U 《野球》1塁

at first 最初は; 初めのうちは (↔**at last**)

from first to last 始めから終わりまで; 首尾一貫して

from the first 最初から

fírst áid 名 U 応急手当, 応急処置

fírst-áid 形 救急の, 応急の
• a **first-aid** kit 救急箱

fírst báse 名 U 《野球》1塁 (❗1塁手は first baseman という)

first·born /fə́ːrstbɔ̀ːrn ファーストボーン/ 形 最初に生まれた (❗名詞の前に用いる)

― 名 C 《ふつう *one's* **firstborn**》 長子

fírst cláss 名 U (乗り物などの)ファーストクラス; (郵便物の)第一種郵便

fírst-cláss 形 第一級の, 一流の; (乗り物の等級が)1等の

― 副 1等で; 第1種郵便で

fírst fínger 名C 人さし指 (=forefinger)

fírst flóor B1 名C 《米》1階 (=《英》ground floor); 《英》2階 ⇨**floor** ❷

first·hand /fə́ːrsthǽnd ファーストハンド/ 形 直接の, じかに得た (❗伝聞などによるものではないこと) ━ 副 直接に

fírst lády B1 名 《the をつけて》
❶《しばしば **the First Lady**》(アメリカの)大統領夫人, 州知事夫人
❷ (ある職域・分野の)女性第一人者, トップレディー

fírst lánguage B2 名C (生まれて最初に学ぶ)第一言語; 母語

first·ly B2 高 /fə́ːrstli ファーストリ/ 副 (事柄を列挙して)まず第1に (❗firstly ..., secondly ..., lastly ...,のようにいう)
[CAN-DO Tips 過去の出来事を時系列で話す]

fírst nàme A2

名C (姓名の)名, ファーストネーム (❗Christian name ともいう; 親しい間では first name を呼びすてにする; 姓(家の名)は last name) ⇨**name**

fírst pérson B2 名 《the をつけて》《文法》一人称

fírst-ráte 形 最高の, 第1級の, 一流の; すばらしい
━ 副 すばらしく; 見事に

fis·cal B2 /fískəl フィスカル/ 形 財政の; 会計の

físcal yéar 名C 《米》会計年度《◆米国では10月1日からの1年間》

fish A1 中

/fíʃ フィシュ/ 名 (複 **fish**, **fishes** /fíʃəz/)
❶C 魚 (❗ふつうは単数も複数も同じ形; ただし, 異なった種類の魚をいうときの複数形は fishes とすることがある)
• a [ten] **fish** 1[10]ぴきの魚
• a school of **fish** 魚の群れ (❗school は「(魚などの)群れ」)
❷U 魚肉 (×*a* fish, ×fishes としない)
like a fish out of water (陸(おか)に上がった魚のように)場違いで

━ 動 (三単現 **fishes** /fíʃəz/; 過去・過分 **fished** /fíʃt/; 現分 **fishing**)
❶ 自他 魚をとる, 釣りをする; 釣る ⇨**fishing**
• I often **go fishing** in the river. 私は川へよく魚釣りに行きます (❗「川へ」を ×*to* the river としない)
❷ 自 〔情報などを〕得ようとする, 探る《*for*》
fish out (バッグなどから手さぐりで)引っ張り出す, 取り出す

関連語› 単語力
carp コイ
cod タラ
eel ウナギ
herring ニシン
mackerel サバ
salmon サケ
sardine イワシ
shark サメ
trout マス
tuna マグロ

fish and chips /fíʃəntʃíps フィシャンチプス/ 名 《単数・複数扱い》《英》フィッシュアンドチップス《◆魚のフライとフライドポテト (chips) の料理》

fish·bowl /fíʃbòul フィシュボウル/ 名C 金魚ばち

físh dèaler 名C 《米》魚屋さん《◆人》(=《英》fishmonger)

fish·er /fíʃər フィシャ/ 名C
❶ 漁師 (=fisherman) ❷ 捕食性動物

fish·er·man A2

/fíʃərmən フィシャマン/
名 (複 **fishermen** /fíʃərmən/) C 漁師, 漁夫; (趣味の)釣り人 ⇨**angler**

fish·er·y /fíʃəri フィシャリ/ 名 (複 **fisheries** /fíʃəriz/) ❶U 漁業; 水産業
❷C 《ふつう **fisheries**》漁場; 養魚場

fish·hook /fíʃhùk フィシュフク/ 名C 釣り針

fish·ing A1 高

/fíʃiŋ フィシング/ 名U 魚釣り; 漁業
━ 形 釣りの; 漁業の

físhing ròd [pòle] 名 C 釣りざお

fish·mon·ger /fíʃmʌ̀ŋgər フィシュマンガ/ 名 C 《英》魚屋さん《◆人》(=《米》fish dealer)

fish·y /fíʃi フィシ/ 形 (比較級 **fishier**; 最上級 **fishiest**) ❶ 魚のような, なまぐさい; (目が)どんよりした
❷《口語》(話などが)いんちきくさい

fis·sion /fíʃən フィション/ 名 U 分裂; (細胞)分裂; (核)分裂

fis·sure /fíʃər フィシャ/ 名 C (岩・地面などの)裂け目, 亀裂(きれつ)

fist /físt フィスト/ 名 C こぶし, げんこつ

fit[1] A2 中

/fít フィト/ 形 (比較級 **fitter**; 最上級 **fittest**)
❶ 健康な, じょうぶな, 元気な (! 名詞の前には用いない)
• You look so **fit**. 元気そうだね
❷〔…に〕適した, 適当な《*for*》; 文型 [**fit to** *do*] …するのに適した

━ 動 (三単現 **fits** /fíts フィツ/; 過去・過分 **fitted** /fítəd/, **fit**; 現分 **fitting**)
❶ 他自 (大きさや型が)合う, 適する; 他 合わせる, 適合させる

どっち
fit, suit, match
fit は大きさや型が「合う」:
Those shoes are too small. They don't **fit** me. あの靴は小さすぎて私には合わない
suit は色や柄が「(人に)似合う (=become)」:
The dress doesn't **suit** you. そのドレスは君には似合わない
match は「(物と物が)つり合う, 似合う」:
His tie doesn't **match** his jacket. 彼のネクタイはジャケットと合っていない

❷ 他 はめる; 取りつける
fit in 適合する; 適合させる
fit into ... …に合う, …に向いている
fit in with ... …と適合する, 調和する

━ 名《形容詞をつけて》(衣服などの)合い具合, フィット

fit[2] /fít フィト/ 名 C (病気・感情の)発作(ほっさ), ひきつけ
in a fit of ... …にかられて

fit·ful /fítfəl フィトフル/ 形 断続的な, 不規則な

fit·ness B1 /fítnəs フィトネス/ 名 U
❶〔仕事などへの〕適性《*for*》
❷ 健康であること, 体調のよさ

fit·ted /fítəd フィテド/ 形 ❶〔…を〕備えている《*with*》 ❷《英》(形に)合うように作られた, はめ込み式の

fit·ting /fítiŋ フィティング/ 形 ふさわしい, 適切な
━ 名 C ❶ 試着
• a **fitting** room 試着室
❷《ふつう **fittings**》(レンジや冷蔵庫のような)備品, 設備 (! 特に備え付けのもの)

five A1 中

/fáiv ファイヴ/ 名 (複 **fives** /fáivz/) U C
(! 詳しい用法は three を参照)
5; 5時, 5分; 5歳; 《複数扱い》5個, 5人
━ 形 5の; 5個の; 5人の; 5歳で

fix A2 高

/fíks フィクス/ 名 (複 **fixes** /fíksəz/) C
❶ 解決策
• a quick **fix** 応急処置
❷《ふつう **a fix**》《口語》苦境, やっかいな羽目
❸《俗語》(麻薬の)注射, 1服分
❹《口語》八百長(試合); 買収

━ 動 他 (三単現 **fixes** /fíksəz/; 過去・過分 **fixed** /fíkst/; 現分 **fixing**)
❶ 固定する, 取り付ける
• **fix** a mirror to the wall 壁に鏡を取り付ける
❷《米》(食事などを)調理する, 作る; 用意する; 文型 [**fix A B** = **fix B for A**] A(人)にBを用意する
❸ 定める, 決める
• **fix** a day for the party パーティーの日を決める
❹ 直す, 修理する (=repair)
• **fix** a radio ラジオを修理する
❺《口語》買収する, (試合を)八百長に仕立てる

❻(目・心などを)じっと注ぐ

fix·a·tion /fikséiʃən フィクセイション/ 名 C 固定, 固着; (病的な)執着

fixed B2 /fíkst フィクスト/ 形 固定した, すえ付けられた; 定められた; ゆるがない ● **fixed** ideas 固定観念

fix·ed·ly /fíksədli フィクスィドリ/ 副 固定して, しっかりと; じっと

fíxed stár 名 C 恒星(こうせい) 《◆互いの位置を変えない星で自分の光で輝く; 単に star といえばふつうこの恒星をさす》 ⇨ **planet**

fix·ture /fíkstʃər フィクスチャ/ 名 C ❶固定された物 ❷《ふつう **fixtures**》(家屋, 室内に付属の)備品 ❸(競技会の)開催予定日

fizz /fíz フィズ/ 動 自 (花火などが)シューシューと音を立てる; (発泡性飲料が)音を立てて発泡する

— 名 U シューシューという泡立ち(の音); U 《米》 発泡性飲料 《◆シャンパン, ソーダ水など》

fiz·zle /fízl フィズル/ 動 自 (消え入りそうな)シューという音を立てる

fizzle out 《口語》(計画・熱意などが)しりすぼみになって終わる

fiz·zy /fízi フィズィ/ 形 (比較級 **fizzier**; 最上級 **fizziest**) (飲み物などが)泡立つ, 発泡性の

fjord /fjɔ́ːrd フョード/ 名 C フィヨルド 《◆ノルウェーなどの狭く細長い入江》

FL 《略》 Florida フロリダ(州)

flab·ber·gast·ed /flǽbərgæ̀stəd フラバギャステド/ 形 《口語》《**be flabbergasted**》 仰天した, 面食らった

flab·by /flǽbi フラビ/ 形 (比較級 **flabbier**; 最上級 **flabbiest**) 《口語》(筋肉が)締まりのない; 元気のない

flac·cid /flǽksəd フラクスィド/ 形 《文章》 たるんだ; 軟弱な

flag A1 高

/flǽg フラグ/ 名 (複 **flags** /flǽgz/) C 旗; 旗状のもの

keep the flag flying あくまで戦う, 降参しない; 自分の信念[主義]を曲げない

show the flag 自分の立場を示す; (自分の国などに)忠誠心を示す

under the flag of ... …の旗[指揮]のもとに, …に庇護(ひご)されて

— 動 (三単現 **flags** /flǽgz/; 過去・過分 **flagged** /flǽgd/; 現分 **flagging**) 他 (重要であることを示すために)印をつける; (手をふって)車を止める 《*down*》

Flág Dày 名 《米》 国旗制定記念日 《◆6月14日; 1777年のこの日に国旗が制定された》

flag·pole /flǽgpòul フラグポウル/ 名 C 旗ざお

fla·grant /fléigrənt フレイグラント/ 形 (悪行などが)目にあまる, あからさまな, 極悪な **flágrantly** 副 あからさまに

flag·ship /flǽgʃìp フラグシプ/ 名 C (会社の)主力製品, 看板業務

flag·stone /flǽgstòun フラグストウン/ 名 C 板石, 敷石

flail /fléil フレイル/ 動 他 自 (腕などを)振り回す

flair /fléər フレア/ 名 《単数形で》〔…に対する〕才能, 天賦(てんぷ)の才 《*for*》; U あかぬけていること

flak /flǽk フラク/ 名 U 《口語》(手厳しい)非難, 攻撃

flake /fléik フレイク/ 名 C 薄いかけら, 薄片(はくへん); (ひらひら舞い落ちる雪の)ひとひら ⇨**cornflakes**

— 動 自 (薄片になって)はがれ落ちる

flak·y /fléiki フレイキ/ 形 (比較級 **flakier**; 最上級 **flakiest**) 薄片の, 薄片状の, フレーク状の; 薄くはがれる, はがれやすい

flam·boy·ant /flæmbɔ́iənt フランボイアント/ 形 色鮮やかな, 華麗な; (人・行為が)華々しい

flame B2 /fléim フレイム/ 名 U C 《しばしば **flames**》 炎, 火炎; C 情熱, 激情 ● a candle **flame** ろうそくの炎

— 動 自 (炎を出して)燃える, 燃え上がる; (当惑・怒りで, ほほが)赤くなる

fla·men·co /fləméŋkou フラメンコウ/ 名 (複 **flamencos** /fləméŋkouz/) C フ

ラメンコ《◆スペイン南部の踊り[曲]》

flam·ing /fléimiŋ フレイミング/ 形 燃えている; 燃えるように赤い; 《口語》いまいましい

fla·min·go /fləmíŋgou フラミンゴウ/ 名 (複 **flamingos**, **flamingoes** /fləmíŋgouz/) C 《鳥》フラミンゴ, ベニヅル

flam·ma·ble /flǽməbl フラマブル/ 形 燃えやすい, 可燃性の (=inflammable) (↔**nonflammable**) (! 通常は商工業用語)

flank /flǽŋk フランク/ 名 C 横腹, わき腹; 側面

flan·nel /flǽnəl フラネル/ 名 U フランネル; C 《英》フランネルのタオル

flap B2 /flǽp フラプ/ 動 (三単現 **flaps** /flǽps/; 過去・過分 **flapped** /flǽpt/; 現分 **flapping**) ❶ 他 パタパタ動かす; 自 パタパタ動く, (鳥が)羽ばたきする

❷ 他 (平たい物で)軽くたたく

— 名 C ❶たれ下がって動く部分; (ポケットの)たれぶた, (封筒の)折り返しぶた ❷軽く打つこと[音], パタパタ(という音や動き); はばたき, はためき

flap·jack /flǽpdʒæ̀k フラプチャク/ 名 C 《米》(厚い)ホットケーキ; 《英》フラップジャック《◆ビスケット》

flare /fléər フレア/ 動 自 (一瞬)燃え輝く, パッと燃え上がる (! マッチの炎のような燃え方); かっとなる; 突発する

flare-up /fléərʌ̀p フレアラプ/ 名 C パッと燃え上がること; 激怒; (問題・病気などの)突発, 再発

flash B1 高 /flǽʃ フラシュ/ 形 (比較級 **flasher**; 最上級 **flashest**) 《口語》けばけばしい; 派手好きな

— 動 (三単現 **flashes** /flǽʃəz/; 過去・過分 **flashed** /flǽʃt/; 現分 **flashing**)

❶ 自 ピカッと光る, (考えなどが)ひらめく; 他 (光などを)ひらめかせる, パッと照らす

❷ 自 さっと通り過ぎる

flash back (記憶・思い出などが)突然戻る

— 名 (複 **flashes** /flǽʃəz/)

❶ C パッと発する光, 閃光(せんこう); きらめき

❷ C (考えなどの)ひらめき

❸ U C (撮影用の)フラッシュ (=flashlight)

❹ C (ラジオ・テレビの)ニュース速報

in a flash 一瞬のうちに, たちまち

flash·back /flǽʃbæ̀k フラシュバク/ 名 C ❶ フラッシュバック《◆映画・小説などの回想場面》 ❷ (過去のできごとの)鮮明によみがえった記憶

flásh càrd 名 C フラッシュカード《◆絵や文字の書いてあるカード》

flash·light /flǽʃlàit フラシュライト/ 名 C ❶ 《米》懐中電灯 (=《英》torch) ❷ (写真撮影用)フラッシュ; (灯台の)回転灯

flash·y /flǽʃi フラシ/ 形 (比較級 **flashier**; 最上級 **flashiest**) 見かけ倒しの, けばけばしい

flask /flǽsk フラスク/ 名 C ❶ (実験用)フラスコ ❷ (水筒などの)びん

flat[1] B1 高 /flǽt フラト/ 形 (比較級 **flatter**; 最上級 **flattest**)

❶ 平たい; (容器などが)浅い; (地面に)ぱったり倒れた, ひれ伏した ⇨**level**

• In those days people thought that the earth was **flat**. その時代には人々は地球は平らだと考えていた

❷ 定額の

• a **flat** rate [fee] 定額料金

❸ 平板で単調な, 味のない; 味もそっけもない

❹ きっぱりした, そっけない; あからさまの ❺ 空気のぬけた, 平べったくなった ❻ 《音楽》フラットの, 半音低い (⇨**sharp**)

— 副 (比較級 **flatter**; 最上級 **flattest**)

❶ 平らに

❷ そっけなく, きっぱりと; はっきりと ❸ ちょうど, きっかり

fall flat 失敗に終わる; 効果がない, 受けない

flat out 《口語》全速力で; 全力をあげて; 完全に

— 名 (複 **flats** /flǽts フラツ/) C 平面; 平らな部分, 平たい物; 空気の抜けた[パンクした]タイヤ; 《音楽》フラット, 変音記号《◆♭》(⇨**sharp**)

flat[2] A1
/flǽt フラト/ 名 (複 **flats** /flǽts フラツ/) C 《英》フラット, アパート (=《米》apartment) (! マンションなどの建物の中で, ワンフロアで1世帯が使う部分をいう)

flat·car /flǽtkɑ̀ːr フラトカー/ 名 C 《米》長物(ながもの)車 《♦屋根も側面もない貨車, 台車》

flat·land /flǽtlæ̀nd フラトランド/ 名 C 平地; 《**flatlands**》平地地方

flat·ly /flǽtli フラトリ/ 副 ❶ 平たく; (地面に)ばったり ❷ そっけなく, きっぱりと, はっきりと; 単調に

flat·ten /flǽtn フラトン/ 動
❶ 自 平らになる; 他 平らにする
❷ 自 ばったり倒れる; 他 ばったり倒す ❸ 他 パンクさせる

flat·ter /flǽtər フラタ/ 動 他
❶ おせじを言う, へつらう; ごまをする; 喜ばせる, うぬぼれさせる
❷ (写真などを)実物以上によく見せる

feel* [*be*] *flattered 大いにうれしがる, 大得意になる

flatter oneself うぬぼれる

flat·ter·er /flǽtərər フラタラ/ 名 C へつらう人, おべっか使い, ごますり

flat·ter·ing /flǽtəriŋ フラタリング/ 形 (写真などが)実物以上によく見える

flat·ter·y /flǽtəri フラタリ/ 名 (複 **flatteries** /flǽtəriz/) U おせじを言うこと, おべっか, へつらい; C おせじのことば

flat·u·lence /flǽtʃələns フラチュレンス/ 名 U 《医学》鼓腸 《♦腹にガスがたまること》

flaunt /flɔ́ːnt フローント/ 動 他 ひけらかす, 見せびらかす

flau·tist /flɔ́ːtist フローティスト/ 名 《英》(= flutist)

fla·vor B1 高 /fléivər フレイヴァ/ 名 (複 **flavors** /fléivərz/) ❶ U C 味, 風味; C 香味料 ❷ U 味わい, 趣
— 動 (三単現 **flavors** /fléivərz/; 過去・過分 **flavored** /fléivərd/; 現分 **flavoring** /fléivəriŋ/) 他
味をつける, 風味をそえる

fla·vor·ing /fléivəriŋ フレイヴァリング/ 名 U C 調味料; U 味付け

fla·vour /fléivər フレイヴァ/ 名 動 《英》(= flavor)

flaw B2 /flɔ́ː フロー/ 名 C ❶ (宝石・陶磁器などの)傷, ひび (=crack) ❷ 欠点, 弱点, 欠陥 (=defect); (書類などの)不備な点 — 動 他 …にひびを入れる, 台無しにする

flawed /flɔ́ːd フロード/ 形 傷[欠陥, 欠点]のある

flaw·less B2 /flɔ́ːləs フローレス/ 形 傷[欠点]のない; 完全な

flax B2 /flǽks フラクス/ 名 U 《植物》アマ; アマの繊維

flea A2
/flíː フリー/ (発音 flee と同音) 名 (複 **fleas** /flíːz/) C 《昆虫》ノミ

fléa màrket 名 C ノミの市
日英比較 「フリーマーケット」はこの意味で, ×free market ではないので注意

fleck /flék フレク/ 名 C 斑点(はんてん), 斑紋

fled /fléd フレド/ 動 flee の過去形・過去分詞

fledg·ling /flédʒliŋ フレヂリング/ 形 かけ出しの; 生まれたばかりの

flee B2 /flíː フリー/ (発音 flea と同音) 動 (三単現 **flees** /flíːz/; 過去・過分 **fled** /fléd/; 現分 **fleeing**) ❶ 自 他 逃げる (= run away (from)), 避難する; 避ける
• Are you **fleeing from** your own responsibility? 責任逃れをするのか
❷ 消えうせる

fleece /flíːs フリース/ 名 C (1ぴき分の)羊毛 ⇨**wool**

fleec·y /flíːsi フリースィ/ 形 (比較級 **fleecier**; 最上級 **fleeciest**) 羊毛でできた; 羊毛のように柔らかい

fleet B2 /flíːt フリート/ 名 C 艦隊(かんたい); (同一行動をとる)車[飛行機・船舶などの]一隊 (! いずれの意味でも単数形で複数扱いをする場合がある)

fleet·ing /flíːtiŋ フリーティング/ 形 速く過ぎてゆく, つかのまの

flesh B2 /fléʃ フレシュ/ 名U
❶(動物や果実などの)肉 ⇨**meat**
❷《the flesh》(精神・魂(たましい)などに対して)肉体 (=body) (↔**soul, spirit**)
flesh and blood (生きた)肉体; 生身の人間; 肉親
in the flesh 実物で
flesh·y /fléʃi フレシ/ 形 (比較級 **fleshier**; 最上級 **fleshiest**) 肉づきのよい, 肥えた
flew /flúː フルー/ 動 fly¹の過去形
flex /fléks フレクス/ 動 他 (筋肉を)動かす; (関節を)曲げる
―名UC 《英》(電気の)コード
flex·i·bil·i·ty B2 /flèksəbíləti フレクスィビリティ/ 名U ❶曲げやすさ, しなやかさ, 柔軟性 ❷適応性, 融通性
派生 **flexible** 形
flex·i·ble B2 /fléksəbl フレクスィブル/ 形
❶柔軟な, 融通(ゆうずう)のきく
❷曲げやすい, しなやかな
派生 **flexibility** 名
fléxibly B2 副 柔軟に; 柔順に
flex·time /flékstàim フレクスタイム/ 名U フレックスタイム制 (♦始業・終業時間を各自自由に選ぶ勤務制度)
flick /flík フリク/ 名C 軽いひと打ち; (指先での)ひとはじき; (手首などの)すばやいひと振り
―動 ❶他 むちで軽く打つ; 指ではじく ❷他 〔…から〕さっと払いのける《*from, off*》 ❸自 (物が)ひょいと動く
flick on [off] the light 《英》電気をつける[消す]
flick·er /flíkər フリカ/ 動自 (灯火・木の葉などが)ゆらぐ, 明滅する, ちらちらする
―名《単数形で》揺らめき, 明滅; ちらつき
fli·er /fláiər フライア/ 名C ❶飛行士, パイロット ❷《米》急行列車[バス]
flies /fláiz フライズ/ 動 fly¹の三人称単数現在形

flight¹ A2 中

/fláit フライト/ 名 (複 **flights** /fláits フライツ/) ❶U 飛ぶこと, 飛行; C 飛行機の旅; 飛行便; 飛行距離; (飛ぶ鳥の)群れ
• take **Flight** 102 to Paris 102便の飛行機でパリへ行く
❷U (時間の)速い経過
❸(階と階をつなぐ一続きの)階段
派生 **fly**¹ 動
flight² /fláit フライト/ 名UC 逃走; (危険からの)脱出 ⇨**escape**
flíght attèndant 名C (旅客機の)客室乗務員 (❗性別を問わないので, stewardess, steward より好まれる)
flíght recòrder 名C フライトレコーダー (♦飛行情報を記録する)
flight·y /fláiti フライティ/ 形 (比較級 **flightier**; 最上級 **flightiest**) (行為が)浮わついた, 移り気な
flim·sy /flímzi フリムズィ/ 形 (比較級 **flimsier**; 最上級 **flimsiest**) ❶(物が)壊れやすい, 薄っぺらな ❷(言いわけ・論拠などが)説得力のない; 薄弱な
flinch /flíntʃ フリンチ/ 動自 ❶(びっくりして)ひるむ ❷(何かをすることから)しりごみする《*from doing*》
fling /flíŋ フリング/ 動 (三単現 **flings** /flíŋz/; 過去・過分 **flung** /flʌ́ŋ/; 現分 **flinging**) 他 投げつける, ほうり出す; 力いっぱい投げる, 乱暴に投げる (❗throw と異なり, 乱暴で敵意などの感情的要素が強い); (視線などを)投げかける; 急に動かす
fling A into B 急にAをBの状態にする
fling oneself into ... …に身を投げ出す; 懸命に…する
flint /flínt フリント/ 名C 火打ち石, ライターの石; U きわめて堅いもの
flip B2 /flíp フリプ/ 動 (三単現 **flips** /flíps/; 過去・過分 **flipped** /flípt/; 現分 **flipping**)
❶他 (指先などで)はじく, はじき上げる[落とす]; ポンとほうる
❷他 (スイッチなどを)パチンとつける《*on*》, パチンと消す《*off*》 ❸自 (本・ファイルを)すばやくめくる《*through*》
flip out 《口語》興奮する; 怒りだす
flíp chàrt 名C (1枚ずつめくれる)発表用の説明カード
flip-flop /flípflɑ̀p フリプフラプ/ 名C 《口

語》(意見などの)転換

flip·pant /flípənt フリパント/ 形 (人・態度が)軽薄な, 軽々しい

flip·per /flípər フリパ/ 名C (スキンダイバーが足に付ける)水かき, フリッパー

flíp sìde 名《**the** をつけて》(レコードの)B面; 裏面

flirt /flə́ːrt フラート/ 動自 ❶〔…と〕いちゃつく, 〔…に〕色目を使う, ちょっかいを出す《*with*》 ❷〔考えなどを〕もてあそぶ《*with*》; 〔危険などを〕いい加減に扱う, 軽視する《*with*》

— 名C 浮気な人

flir·ta·tion /fləːrtéiʃən フラーテイション/ 名 ❶U (男女が)いちゃつくこと ❷C 浮気; もてあそぶこと

flir·ta·tious /fləːrtéiʃəs フラーテイシャス/ 形 (人・行動が)浮気心の, 戯れの

flirtátiously 副 浮気っぽく

flirtátiousness 名 浮気好きなこと

flit /flít フリト/ 動 (三単現 **flits** /flíts フリツ/; 過去・過分 **flitted** /flítəd/; 現分 **flitting**) 自 すいと飛ぶ[動く]; (考えなどが)よぎる

flit by すばやく過ぎ去る

float A2 高

/flóut フロウト/ (×フロート)

名 (複 **floats** /flóuts フロウツ/) C

❶ (祭りなどの飾りたてた)山車(だし)

❷ フロート《◆アイスクリームを浮かべた飲み物》

❸ (釣りの)うき

— 動 (三単現 **floats** /flóuts フロウツ/; 過去・過分 **floated** /flóutəd/; 現分 **floating**)

❶ 自 浮く, 浮かぶ (↔**sink**); 流れる, 漂う; 他 浮かべる; 漂わせる

• **float** on water 水に浮く

❷ 自 (考えなどが)浮かぶ

❸ 他 (通貨を)変動相場にする

float·ing 高 /flóutiŋ フロウティング/ 形 ❶ 浮かんでいる, 浮遊する ❷ 流動的な; (投票が)浮動的な

flock[1] B1 /flɑ́k フラク | flɔ́k フロク/ 名 (複 **flocks** /flɑ́ks/) C

❶ (羊・ヤギ・鳥などの)群れ

関連語› 単語力

a *flock* of sheep 羊の群れ

a *herd* of cattle [cows] 牛(などのように大きな家畜)の群れ

a *pack* of hounds [wolves] 猟犬(りょうけん)・オオカミなどの群れ

a *swarm* of bees ミツバチ・虫などの群れ

a *school* of fish 魚の群れ

❷ 人の群れ, 大勢 (=crowd)

❸ 《集合的》(1教会の)信者, 会衆

— 動 (三単現 **flocks** /flɑ́ks/; 過去・過分 **flocked** /flɑ́kt/; 現分 **flocking**) 自 群がる; (大勢で)集まる

flock[2] /flɑ́k フラク/ 名C 羊毛のふさ; 《ふつう **flocks**》(クッションの詰め物に用いる)羊毛くず

flog /flɑ́g フラグ/ 動 (三単現 **flogs** /flɑ́gz/; 過去・過分 **flogged** /flɑ́gd/; 現分 **flogging**) 他 (罰として)むちで打つ

flood A2 高

/flʌ́d フラド/ (×フルード)

名 (複 **floods** /flʌ́dz フラヅ/) C

❶ 洪水, 大水

• The river is in **flood**. 川が氾濫(はんらん)している

❷〔ものなどの〕氾濫, 殺到, 多量《*of*》

❸ 満ち潮 (↔**ebb**)

— 動 (三単現 **floods** /flʌ́dz フラヅ/; 過去・過分 **flooded** /flʌ́dəd/; 現分 **flooding**) 他自

❶ (川など)氾濫する[させる]; 水びたしにする[なる]

• More than hundred people **were flooded out**. 100名以上の人が洪水で家を追われた

❷ (大勢で, 洪水のように)どっと押し寄せる, 殺到する; …にあふれる, 〔…で〕あふれさせる《*with*》

be flooded with ... …でいっぱいである

flood·ing /flʌ́diŋ フラディング/ 名C 洪水, 氾濫

flood·light /flʌ́dlàit フラドライト/ 名C 投光照明灯, 投光ランプ

flood·lit /flʌ́dlìt フラドリト/ 形 投光照明で照らされた

floor A1 中

/flɔ́ːr フロー/ 名 (複 **floors** /flɔ́ːrz/) C
❶ 床 (❗天井は ceiling)
❷ (1階・2階の)階, フロア

	英国式	米国式
3階	the second floor	the third floor
2階	the first floor	the second floor
1階	the ground floor	the first floor
地階	the basement	

- the first **floor** 《米》1階; 《英》2階 ⇨図
- This elevator stops at every **floor**. このエレベーターは各階に止まる
- Our office is **on** the sixth **floor** of the ten-**story** building. 私たちの会社は10階建てのビルの6階にあります (❗「…階建てのビル」などの「階」のように高さをいうときは story を使う) ⇨**story**[2]

❸ 《**the floor**》議場, 議員席
❹ (価格・賃金などの)最低限, 底値(そこね)

━ 動 (三単現 **floors** /flɔ́ːrz/; 過去・過分 **floored** /flɔ́ːrd/; 現分 **flooring** /flɔ́ːriŋ/) 他 ❶ 参らせる, やり込める; 床に打ち倒す
❷ 床板を張る, フローリングにする

floor·board /flɔ́ːrbɔ̀ːrd フローボード/ 名 C 床板

flóor èxercise 名 U 《スポーツ》(体操競技の)床運動

floor·ing /flɔ́ːriŋ フローリング/ 名 U 床, 床張り; 床材

flóor làmp 名 C フロアスタンド

flop /flάp フラプ/ 動 (三単現 **flops** /flάps/; 過去・過分 **flopped** /flάpt/; 現分 **flopping**) 自 バタバタ動く; ドサリとすわる, ドサッと倒れる; 他 バタバタ動かす; ドサッと落とす

flop·py /flάpi フラピ/ 形 (比較級 **floppier**; 最上級 **floppiest**) だらりとたれ下がった, しまりのない
━ 名 (複 **floppies** /flάpiz/) C フロッピーディスク (=floppy disk)

flóppy dísk 名 C フロッピーディスク

flo·ra /flɔ́ːrə フローラ/ 名 (複 **floras** /flɔ́ːrəz/, **florae** /flɔ́ːriː/) U C 《生物》植物相 《◆ある地域・時期に生育する植物の全種類》 ⇨**fauna**

flo·ral /flɔ́ːrəl フローラル/ 形 花の, 花のような; 植物の

Flor·ence /flɔ́ːrəns フローレンス/ 名 フローレンス, フィレンツェ 《◆イタリア中部の文化芸術の都》

flor·id /flɔ́ːrid フローリド/ 形 《文章》(文体などが)けばけばしい; (肌が)赤らんだ, 血色のいい

Flor·i·da /flɔ́ːrədə フローリダ/ 名 フロリダ 《◆米国東海岸南端の州; 避寒地として有名; Fla., (郵便で) FLと略す》

flo·rist /flɔ́ːrist フローリスト/ 名 C 花屋さん 《◆人》

floss /flɔ́ːs フロース/ 名 U ❶ (カイコの)まゆ綿; 真綿; かま糸 ❷ 糸ようじ, 《米》デンタルフロス (=dental floss)
━ 動 他 自 糸ようじで磨く

flo·til·la /floutílə フロウティラ/ 名 C 《海軍》小艦隊

floun·der[1] /fláundər フラウンダ/ 動 自 ❶ (水・雪・泥の中などで)もがく, もがきながら進む ❷ まごつく, しどろもどろになる, 〔…を〕つっかえつっかえする 《*through*》

floun·der[2] /fláundər フラウンダ/ 名 (複 **flounders** /fláundərz/, **flounder**) C 《魚》カレイ, ヒラメ

flour A2 高

/fláuər フラウア/ (発音 flower (花)と同音) 名 U 小麦粉
━ 動 (三単現 **flours** /fláuərz/; 過去・過分 **floured** /fláuərd/; 現分 **flouring** /fláuəriŋ/) 他 (小麦)粉を振りかける

flour·ish /flə́ːriʃ フラーリシュ/ 動 ❶ 自 栄える, 繁栄する; 繁茂する, 生い茂る;

活躍する ❷ 他 (武器などを)振り回す，振りかざす

flour·y /fláuəri フラウアリ/ (発音 flowery と同音) 形 小麦粉の，小麦粉のような; 粉まみれの

flout /fláut フラウト/ 動 他 《文章》(忠告・伝統などを)無視する，ばかにする

flow B1 高 /flóu フロウ/ (×フロー，×フラウ)
動 自 (三単現 **flows** /flóuz/; 過去・過分 **flowed** /flóud/; 現分 **flowing**)
❶ 流れる; (川が)注ぐ; (電流が)流れる
- **flow in** 流れ込む，殺到する; (考え・言葉などが流れるように)すらすら出てくる

❷ (潮が)上がる，満ちる (↔**ebb**)
— 名 (複 **flows** /flóuz/)
❶ C 流れ; ほとばしり
❷ U 《ふつう **the flow**》 上げ潮 (↔**the ebb**)

flów chàrt 名 C フローチャート 《♦作業の手順・工程を表にしたもの》

flow·er A1 中

/fláuər フラウア/ (発音 flour と同音)
名 (複 **flowers** /fláuərz/)
❶ C 花; 草花
- a beautiful **flower** 美しい花

コロケーション
動+**flower**
arrange *flowers* 花を生ける
grow *flowers* 花を栽培する
pick *flowers* 花をつむ
water *flowers* 花に水をやる
flower+動
flowers bloom 花が咲く
flowers fade [wither] 花がしおれる

似ている単語
花−**flower** と **blossom**
flower は草花の「花」，花を咲かせる「草花」をさし，**blossom** はおもに実がなる木の「花」をさす

❷ U 開花，満開
❸ U 最盛期; 青春
— 動 (三単現 **flowers** /fláuərz/; 過去・過分 **flowered** /fláuərd/; 現分 **flowering** /fláuəriŋ/) 自
花が咲く; (才能が)開花する; 栄える

flówer arràngement 名 U いけ花，華道

flow·er·bed /fláuərbèd フラウアベド/ 名 C 花壇(かだん)

flówer gàrden 名 C 花園，花畑

flówer gìrl 名 C ❶ 《英》 花売り娘 ❷ 《米》 (結婚式で)花を持って花嫁につきそう少女

flow·er·ing /fláuəriŋ フラウアリング/ 形 花の咲いている; 花の咲く
— 名 《単数形で》 開花，開花期; 全盛，全盛期

flówer pèople 名 《複数扱い》 (1960年代の)ヒッピー (❗花を持ったり配ったりして愛と平和を訴えたことから)

flow·er·pot /fláuərpàt フラウアパト/ 名 C 植木ばち

flówer shòp 名 C 花屋さん

flówer shòw 名 C 花の品評会，フラワーショー

flow·er·y /fláuəri フラウアリ/ (発音 floury と同音) 形 花でおおわれた; 花のような; 花で飾った，花模様の

flow·ing /flóuiŋ フロウイング/ 形
❶ 流れる
❷ 流れるような，(ことばなどが)流ちょうな; (衣服・髪などが)ゆるやかに垂れた

flown /flóun フロウン/ 動 fly[1] の過去分詞

flu B1 高 /flú: フルー/ 名 U 《口語》 流感，インフルエンザ，インフル (❗influenza の略)

fluc·tu·ate /flʌ́ktʃuèit フラクチュエイト/ 動 自 変動する; 動揺する

fluc·tu·a·tion /flʌ̀ktʃuéiʃən フラクチュエイション/ 名 U C 動揺; 変動; 波動

flue /flú: フルー/ 名 C (煙・蒸気・排気ガスなどの)通路，導管

flu·en·cy B2 /flú:ənsi フルーエンスィ/ 名 U 流ちょう，(弁舌などの)滑らかさ

flu·ent B1 /flú:ənt フルーエント/ 形 (ことばが)流れるような，流ちょうな; よどみない，なめらかな
- She speaks **fluent** English. (=She **is fluent in** English.) 彼女は流ちょうに英語を話します

flu·ent·ly B1 /flúːəntli フルーエントリ/ 副 流ちょうに，すらすらと，ぺらぺらと

fluff /flʌ́f フラフ/ 名 U 綿くず，毛球；(動物の)うぶ毛，(鳥の)軟羽

— 動 他 ❶(クッション・髪などを)ふわりとふくらませる《*up, out*》
❷《口語》とちる，しくじる

fluff·y /flʌ́fi フラフィ/ 形 (比較級 **fluffier**; 最上級 **fluffiest**) 綿毛の；(綿毛のように)柔らかい，ふわふわした

flu·id B2 /flúːəd フルーイド/ 形 流動する，流動性の；変わりやすい

— 名 U C 流体 (❗液体(liquid)または気体(gas)をいうが，一般的には液体のみを示す) ⇨**solid**

flu·id·i·ty /fluːídəti フルーイディティ/ 名 U 流動性；変わりやすさ

fluke /flúːk フルーク/ 名 C 《ふつう **a fluke**》《口語》思いがけない幸運，まぐれ当たり

flung /flʌ́ŋ フラング/ 動 flingの過去形・過去分詞

flunk B1 /flʌ́ŋk フランク/ 動 (三単現 **flunks** /flʌ́ŋks/; 過去・過分 **flunked** /flʌ́ŋkt/; 現分 **flunking**) 《米》《口語》他 (試験などに[で])失敗する，落第点をとる；(学生に)落第点をつける；自〔試験などに〕落第する《*in*》

flu·o·res·cent /flùːərésənt フルーオレスント/ 形 蛍光性の，蛍光を放つ

flu·o·ride /flúəràid フルオライド/ 名 U C 《化学》フッ化物

flur·ry /flə́ːri フラーリ/ 名 (複 **flurries** /flə́ːriz/) C ❶〔活動などの〕集中的なあわただしさ《*of*》 ❷にわか雪[雨]

flush[1] /flʌ́ʃ フラシュ/ 動
❶自 (水が)どっと流れる；他 (トイレ・下水溝などを)水で洗い流す
❷自 (興奮などで)顔が赤くなる，ほてる；他 …の顔を赤くさせる，ほてらせる

— 名 C ❶顔が赤くなること，紅潮(こうちょう) ❷《ふつう単数形で》(水の)ほとばしり

flush[2] /flʌ́ʃ フラシュ/ 形 ❶同一平面状の ❷《口語》豊富な；金をたくさん持った

flush[3] /flʌ́ʃ フラシュ/ 名 C 《トランプ》フラッシュ

flus·ter /flʌ́stər フラスタ/ 動 他 あわてさせる，まごつかせる，ろうばいさせる

— 名 《単数形で》動揺，ろうばい

flus·tered /flʌ́stərd フラスタド/ 形 あわてた，まごついた，ろうばいした

flute B1 高 /flúːt フルート/ 名 (複 **flutes** /flúːts フルーツ/) C フルート，横笛

— 動 (三単現 **flutes** /flúːts フルーツ/; 過去・過分 **fluted** /flúːtəd/; 現分 **fluting**) 自 フルートを吹く

flut·ist /flúːtist フルーティスト/ 名 C 《米》フルート奏者 (=《英》flautist)

flut·ter B2 /flʌ́tər フラタ/ 名 C 羽ばたき

— 動 自 (鳥が)羽ばたく；(旗などが風に)パタパタする，ひらひらする，はためく；他 はためかせる；パタパタさせる

flux /flʌ́ks フラクス/ 名 U 絶え間ない変化，流転

fly[1] A1 中

/flái フライ/

意味マップ

動 ❶飛ぶ；飛行機で行く
❷(飛行機を)操縦する；空輸する
❸飛ぶように行く
❹急に…になる
❺(旗などが)ひるがえる；揚げる
❻逃げる

名 ❶(ズボンの)ジッパー隠し
❷(野球の)フライ

— 動 (三単現 **flies** /fláiz/; 過去 **flew** /flúː/; 過分 **flown** /flóun/; 現分 **flying**) (❗❻の過去形・過去分詞は fled /fléd/)

❶自他 飛ぶ；飛行機で行く[旅行する]

• **fly** high 高く飛ぶ
• **fly from** New York **to** Chicago ニューヨークからシカゴへ飛行機で行く

❷他自 (飛行機を)操縦する；他 飛行機で運ぶ，空輸する

❸自 飛ぶように行く；(時間などが)飛ぶように過ぎる

• Time **flies.** 《ことわざ》時は飛ぶように[あっという間に]過ぎていく (❗「光陰矢のご

とし」に相当; like an arrow は不要)
❹ 文型 [**fly C**] 急にC(ある状態)になる (! Cは open, shut などの形容詞)
❺ 自 (旗などが)ひるがえる, なびく; 他 (旗・たこなどを)揚げる
❻ 自他 逃げる

fly in the face of ... (通念・慣習など)に真っ向から反抗する

fly into a rage [***fury, temper***] 急に怒りだす

let fly 〔…にめがけて〕(弾丸などを)飛ばす; (悪口などを)浴びせる《*at*》

― 名 (複 **flies** /fláiz/) C ❶(ズボンの)ボタン[ジッパー]隠し; テントの入り口の垂れ幕 ❷(野球の)フライ
派生 **flight**[1] 名

fly[2] /flái フライ/ 名 (複 **flies** /fláiz/) C ❶《昆虫》ハエ ❷(魚釣り用の)毛ばり

flý-by-nìght 形 信頼できない, 無責任な

fly·er /fláiər フライア/ 名 (=flier)

fly·ing /fláiiŋ フライイング/ 動 fly[1] の現在分詞・動名詞 ― 名 U 飛ぶこと, 飛行
― 形 飛ぶ, 飛んでいる, 空中に浮かぶ; (飛ぶように)速い

flýing físh 名 C 《魚》トビウオ

flýing sáucer 名 C 空飛ぶ円盤

fly·leaf /fláilì:f フライリーフ/ 名 (複 **fly-leaves** /fláilì:vz/) C あそび紙 (♦本の巻頭・巻末の白紙)

fly·way /fláiwèi フライウェイ/ 名 (複 **fly-ways** /fláiwèiz/) C 渡り鳥の飛ぶ経路

FM 《略》frequency modulation 周波(数)変調, FM放送

foal /fóul フォウル/ 名 C 《動物》馬[ロバ, ラバ]の子, 子馬

foam /fóum フォウム/ 名 U あわ, あぶく (! bubble (1つのあわ)の集まったもの)
― 動 自 泡立つ; (怒っているときなど口のまわりに)泡を吹く

fóam rúbber 名 U (クッション用などの)気泡ゴム

foam·y /fóumi フォウミ/ 形 (比較級 **foam-ier**; 最上級 **foamiest**) 泡だらけの; 泡立つ; 泡のような

fob /fáb ファブ/ 動 (三単現 **fobs** /fábz/; 過去・過分 **fobbed** /fábd/; 現分 **fobbing**)
他 だます, ごまかす; 文型 [**fob off A with B = fob off B on A**] A(人)をだましてB(不良品など)をつかませる

fo·cal /fóukəl フォウカル/ 形 焦点の

fo·ci /fóusai フォウサイ/ 名 focus の複数形の一つ

fo·cus A1 高

/fóukəs フォウカス/ 動 (三単現 **focuses**, 《英》**focusses** /fóukəsəz/; 過去・過分 **focused**, 《英》**focussed** /fóukəst/; 現分 **focusing**, 《英》**focussing**)
❶ 他 〔…に〕(注意などを) 集中する; 自 〔…に〕注意を集中する《*on*》
❷ 他 〔…に〕(カメラなどの)焦点を合わせる《*on*》; 自 (カメラなどが)焦点が合う; (光線などが)焦点に集まる

― 名 (複 **focuses** /fóukəsəz/, **foci** /fóu-sai/) U C
❶(興味・注意などの)中心
❷(レンズの)焦点, ピント
❸(地震の)震源

bring ... into focus …に焦点を合わせる; …を明確にする

in focus ピントが合って; はっきりして

out of focus ピントがずれて; ぼやけて

fod·der /fádər ファダ/ 名 U 家畜の飼料, まぐさ, かいば

foe /fóu フォウ/ 名 C 敵, かたき; 敵対者 (⇔**friend**) (! 古く改まった言い方)

fog A2

/fɔ́:g フォーグ, fág ファグ|fɔ́g フォグ/
名 (複 **fogs** /fɔ́:gz/) U C
❶ 霧, もや
• a thick **fog** 濃霧
❷《写真》(印画・原版の)かぶり, 曇り (♦画面にくもりができてぼやけること)

in a fog 《口語》途方にくれて, 当惑して

― 動 (三単現 **fogs** /fɔ́:gz/; 過去・過分 **fogged**

/fɔ́:gd/; 現分 **fogging**)
❶ 他 (蒸気などで)曇らせる; ぼやけさせる; 自 霧がかかる; 曇る; ぼやける
❷ 他 《口語》(人を)混乱させる, 困惑させる

fog·gy A1

/fɔ́:gi フォーギ, fάgi ファギ|fɔ́gi フォギ/
形 (比較級 **foggier**; 最上級 **foggiest**)
霧の深い, 霧の立ち込めた; (記憶・思考が)ぼんやりした, もうろうとした

fog·horn /fɔ́:ghɔ̀:rn フォーグホーン/ 名 C 霧笛

foi·ble /fɔ́ibl フォイブル/ 名 C (性格上の)弱点, 欠点 (❗大目に見られる程度のささいなもの)

foie gras /fwά: grά: フワーグラー/ 名 U 《料理》フォアグラ (◆ガチョウの肝; その料理)

foil[1] /fɔ́il フォイル/ 名 U 箔(はく), ホイル

foil[2] /fɔ́il フォイル/ 動 他 (計画などの)裏をかく, (人(の計画)を)失敗させる

foist /fɔ́ist フォイスト/ 動 他 〔人に〕(偽物などを)押しつける, つかませる 《*off*》《*on, upon*》

fold[1] B1 高 /fóuld フォウルド/ 動 (三単現 **folds** /fóuldz フォウルヅ/; 過去・過分 **folded** /fóuldəd/; 現分 **folding**)
❶ 他 折りたたむ, 折り重ねる; 折り曲げる; 自 折りたためる, 折り重なる (↔**unfold, open, spread**)
• **fold** a letter in half [into four] 手紙を2つに[4つに]折る
❷ 他 (腕などを)組む
• **fold** *one's* arms 腕を組む
❸ 自 《口語》(事業が)つぶれる; (興行などが)失敗で打ち切りになる 《*up*》
— 名 (複 **folds** /fóuldz フォウルヅ/) C 折り目, ひだ

fold[2] /fóuld フォウルド/ 名 C (羊を入れる)囲い

fold·er A2

/fóuldər フォウルダ/
名 (複 **folders** /fóuldərz/) C
❶ 紙[書類]ばさみ, フォルダー
❷ 《コンピュータ》フォルダー (◆複数のファイル(文書)をまとめておくところ)

fold·ing /fóuldiŋ フォウルディング/ 形 折りたたみ式の

fo·li·age /fóuliidʒ フォウリイヂ/ 名 U 《集合的》木の葉 (❗1本の木に生えている葉全体をいう; 1枚1枚の「葉」は leaf)

folk B1 高 /fóuk フォウク/ (×フォーク ×*fork*) 名 (複 **folk, folks** /fóuks/) ❶ 《**folks**》《口語》家族(の人々) (=family); 両親
❷ 《複数扱い》《しばしば **folks**》一般の人々, 世間の人たち (❗今はふつう people という)
— 形 民間の, 民間伝承の

fólk dànce 名 U C 民俗舞踊, フォークダンス

folk·lore /fóuklɔ̀:r フォウクロー/ 名 U 民間伝承 (◆民間に伝わる昔話, 習慣など)

fólk mùsic 名 U 民俗音楽, 郷土音楽

fólk sòng 名 C 民謡, フォークソング

folk·sy /fóuksi フォウクスィ/ 形 (比較級 **folksier**; 最上級 **folksiest**) 《口語》うちとけた, くだけた

fólk tàle 名 C 民話 (❗ folktale と1語にもつづる; folk story ともいう)

fol·low A2 中

/fάlou ファロウ|fɔ́lou フォロウ/ (×フォロー)
動 (三単現 **follows** /fάlouz/; 過去・過分 **followed** /fάloud/; 現分 **following**)

意味マップ
❶ ついて行く[来る]
❷ 続いて起こる
❸ (道を)たどる, 行く
❹ 従う
❺ 理解する
❻ (当然の結果として)…になる

❶ 他 自 (…のあとに)ついて行く[来る]; 追う; あとをつける
• He **followed** her **into** the house. 彼は彼女に続いてその家に入った
❷ 他 自 続いて起こる, 続く (↔**precede**)
• Dinner was **followed** by dancing.

食事のあとにダンスがあった

❸ 他 (道を)たどる, 行く

- **follow** a path 小道をたどる
- If you **follow** this street, you'll see the post office on this side. この通りを行くとこちら側に郵便局があります

❹ 他 …に従う, …のとおりにする; (仕事に)従事する, たずさわる

❺ 他自 (人の話などに)ついて行く, 理解する, わかる (=understand)

❻ 自 文型 [**it follows that ...**] (当然の結果として)…ということになる

as follows 次のとおり

follow through

① 《テニス・野球・ゴルフ》(打球後)ラケット[バット, クラブ]を振り抜く

② 〔…を〕最後までやり遂げる 《*with*》

follow up 追跡する, 追跡調査をする; …を続けて行う

***follow up** A **with** B* AのあとにBを付け加える

fol·low·er B2 /fálouər ファロウア/ 名C 従う者; 弟子, 部下; 信奉者

fol·low·ing A1 高

/fálouiŋ ファロウイング | fɔ́louiŋ フォロウイング/

動 follow の現在分詞・動名詞

— 形 ❶ 《ふつう **the following ...**》 次の, 次に続く (↔**preceding**)

❷ 追い風の

— 前 …に引き続いて; …のあとで

— 名 (複 **followings** /fálouiŋz/)

❶ 《単数形で》《集合的》支持者, 取り巻き連 ❷ U 《**the following**》《単数・複数扱い》下記のもの[こと], 次に述べるもの[こと]

fóllow-ùp 名UC 追跡調査[記事]; (新聞記事などの)続報; (映画・本などの)続編

— 形 引き続いての; 追跡(調査)の

fol·ly B2 /fáli ファリ/ 名 (複 **follies** /fáliz/) U 愚かさ; C 愚行

fo·ment /foumént フォウメント/ 動 《文章》 他 (不和・反乱などを)扇動[誘発]する

fond B1 /fánd ファンド | fɔ́nd フォンド/ 形 (比較級 **fonder**; 最上級 **fondest**)

❶ 文型 [**be fond of A**] Aを好む, Aが好きである (❗ like よりも意味が強い)

- I'm **fond of** music. 私は音楽が大好きだ

❷ なつかしい; (思い出が)甘い; 愛情深い; 虫のいい (❗ 名詞の前に用いる)

- a **fond** mother 愛情深い母親

fon·dle /fándl ファンドル/ 動 他 かわいがる, 愛撫(あいぶ)する

fond·ly B2 /fándli ファンドリ/ 副 ❶ 愚かにも ❷ 愛情をこめて, なつかしく

fond·ness B1 /fándnəs ファンドネス | fɔ́ndnəs フォンドネス/ 名U 〔…を〕好むこと 《*for*》; 愛情; 溺愛(できあい)

fon·due, fon·du /fandú: ファンドゥー/ 名UC 《料理》フォンデュ (◆溶かしたチーズにパンなどをからめて食べるスイス料理)

font[1] /fánt ファント/ 名C フォント, 書体

font[2] /fánt ファント/ 名C 《キリスト教》(教会の)洗礼盤, 聖水入れ

food A1 中

/fú:d フード/ 名 (複 **foods** /fú:dz フーヅ/)

❶ U 食物, 食料; (飲み物に対して)食べ物; えさ; UC (個々の)食品

- some **food** いくらかの食べ物 (×*a* food, ×food*s* などとしない)
- frozen **food** 冷凍食品
- There is no **food** in the house. 家の中には食べ物がない

コロケーション

形+**food**

heavy *food* しつこい食べ物
light *food* 軽い食べ物
spicy *food* 香辛料のきいた食べ物
plain *food* あっさりした食べ物
organic *food* 有機栽培の食べ物

動+**food**

cook *food* 食べ物を(加熱して)調理する
prepare *food* 食べ物をつくる
heat *food* 食べ物を温める
digest *food* 食べ物を消化する

❷ U (心の)糧(かて)

関連語› 単語力

cereal 穀物

bread パン
meat 肉
fish 魚
poultry 鳥の肉
vegetable 野菜
fruit 果物
frozen food 冷凍食品
《米》canned food,《英》tinned food 缶詰食品

fóod chàin 名 C 《生物》食物連鎖

fóod pòisoning 名 U 食中毒

fóod pròcessor 名 C フードプロセッサー

food·stuff /fú:dstʌ̀f フードスタフ/ 名 (複 **foodstuffs** /fú:dstʌ̀fs/) C 《しばしば **foodstuffs**》食糧, 食品(材料); 栄養素

fool A2

/fú:l フール/ 名 (複 **fools** /fú:lz/) C ばか者, 愚か者

• I was **a fool to** trust him. 彼を信用するとはばかだった

make a fool of... …を笑いものにする; …をだます

make a fool of oneself ばかなまねをする, 笑い者になる

— 動 (三単現 **fools** /fú:lz/; 過去・過分 **fooled** /fú:ld/; 現分 **fooling**)

❶ 他 ばかにする; だます (=deceive); 文型 [**fool A into *doing***] A(人)をだまして…させる ❷ 自 冗談を言う, ふざける, ばかなまねをする

fool around おどける

派生 **foolish** 形

fool·har·dy /fú:lhὰ:*r*di フールハーディ/ 形 無鉄砲な, 向こう見ずな

fóolhàrdiness 名 無鉄砲

fool·ish B1 高 /fú:liʃ フーリシュ/ 形 ばかな (⇔**wise**), ばかばかしい (❗判断力や常識が欠けていることをいう); 文型 [**A is foolish to *do* = It is foolish of A to *do***] A(人)が愚かにも…する, A(人)が…するのはばかげたことである

派生 **fool** 名 動

fool·ish·ly B2 /fú:liʃli フーリシュリ/ 副 愚かにも, 間の抜けたことには

fool·ish·ness /fú:liʃnəs フーリシュネス/ 名 U 愚かさ; C 愚行

fool·proof /fú:lprù:f フールプルーフ/ 形 《口語》(機械などが)だれでも扱えるほど簡単な

foot B1 中 /fút フト/ (×フート) 名 (複 **feet** /fí:t/) ❶ C 足 (❗足首から下の部分をいう; 「足首からももつけ根まで」は leg, 「足指」は toe)

• He has big [flat] **feet**. 彼は大きな足をしている[扁平(へんぺい)足だ]

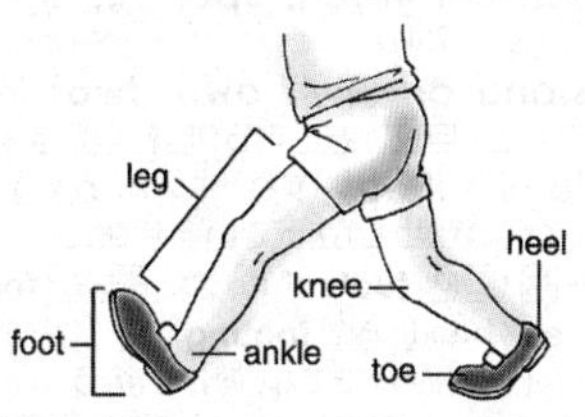

❷ C フィート (◆長さの単位; 1 foot = 12 inches (=30.48cm); 単数も複数も ft. と略す)

使い方› **foot**, **feet**「フィート」
(**1**) 米英では身長はふつう「フィート」でいう:
He is about six **feet** (two inches) tall.
彼の身長は約6フィート(2インチ)だ
I'm five **foot** six.
私は5フィート6インチです (❗inch(es) や tall を省いたこの言い方では foot がふつう)
(**2**) 数詞と結びついて形容詞的に使うときは foot:
a three-**foot** bar 3フィートの棒

❸ C 足もと; (山の) ふもと; (物の)下の方, 足の部分

• the **foot** of a bed [the stairs] ベッド[階段]のすそ

❹ 《**the foot**》末席(通常目下の人が座る); 最後尾, 最下位

❺ C 《韻律学》詩脚

❻ U C 足取り, 歩み, 歩調

get* [*have*] *cold feet おじけづく; ためらう

get to** one's **feet 立ち上がる
on foot 徒歩で[の], 歩いて
on** one's **feet 立って, 立ち上がって
put** one's **best foot forward 精一杯仕事を急ぐ; 全力を尽くす, できるだけよいところを見せる
put** one's **foot down 《口語》強硬な態度を取る, 強硬に反対する
put** one's **foot in** one's **mouth** = **put** one's **foot in it 《口語》ばかなことを言う, 失言する
***set foot in** [**on, upon**] ...* …に足を踏み入れる
stand on** one's **own** (**two**) **feet 《口語》自立[独立]する; 自給自足する
to** one's **feet (すわっている, あるいは寝ている状態から)立っている状態に
— 動 (三単現 **foots** /fúts フツ/; 過去・過分 **footed** /fútəd/; 現分 **footing**) 他 《口語》(本来自分が払うべきでない勘定を)払う

foot·age /fútidʒ フティヂ/ 名 U (映画フィルムの)一続き, (映画の)一続きの情景

fóot-and-móuth disèase 名 U C 口蹄疫(こうていえき) 《◆牛・羊がかかる伝染病》

foot·ball A1 中

/fútbɔ̀:l フトボール/ (×フットボール)
名 (複 **footballs** /fútbɔ̀:lz/)

❶ U フットボール
日英比較 日本で「フットボール」と言えば, サッカー・ラグビー・アメリカンフットボールなどの総称であるが, アメリカで football といえばふつう American football (アメリカンフットボール)を, イギリスでは soccer (サッカー)をさす
• play **football** フットボールをする (×play *a* [*the*] football としない)
❷ C (フットボール用の)ボール

foot·bridge /fútbrìdʒ フトブリヂ/ 名 C 歩道橋; 跨線(こせん)橋

foot·fall /fútfɔ̀:l フトフォール/ 名 C 足音; 歩み

foot·hill /fúthìl フトヒル/ 名 C 《通例 **foothills**》山のふもとの小丘

foot·hold /fúthòuld フトホウルド/ 名 C
❶《ふつう **a foothold**》(成功・前進のための)よりどころ, 堅固な立場
❷ (岩場などの)足がかり, 足場

foot·ing /fútiŋ フティング/ 名 ❶ U 《ふつう *one's* **footing**》足もと; 足場
❷《**a footing**》立場, 地位, 基盤

foot·lights /fútlàits フトライツ/ 名 《複数扱い》(舞台照明用の)脚光, フットライト

foot·loose /fútlù:s フトルース/ 形 身軽な, 気ままな
footloose and fancy-free 気楽で勝手気ままな

foot·man /fútmən フトマン/ 名 (複 **footmen** /fútmən/) C 従僕, 給仕 《◆制服を着て, ドアの開閉などをする人》

foot·mark /fútmɑ̀:rk フトマーク/ 名 C 足跡; 足型

foot·note B2 /fútnòut フトノウト/ 名 C (書物の)脚注

foot·path /fútpæ̀θ フトパス/ 名 C 《英》(歩行者用の)小道, 自然遊歩道

foot·print /fútprìnt フトプリント/ 名 C 足跡(あしあと) (❗人間にも動物にも用いる)

foot·race /fútrèis フトレイス/ 名 C かけっこ, 徒競走

foot·step /fútstèp フトステプ/ 名 C 足音; 足どり; 足跡; 歩み; 階段
follow in** A's **footsteps A(人)の例にならう; A(人)の志を継ぐ

foot·stool /fútstù:l フトストゥール/ 名 C 足のせ台 (❗stool ともいう) ⇨**stool❶**

foot·wear /fútwèər フトウェア/ 名 U 《集合的》はき物

foot·work /fútwə̀:rk フトワーク/ 名 U (球技・ボクシングなどの)足さばき, フットワーク

for A1 中

/fər フォ; 《強》 fɔ́ːr フォー/ 前

共通イメージ 向かっていく先

❶《利益》…のために[の]; 《用途・対象》…用に[の], …のために[の]

- I jog **for** my health every morning. 私は毎朝健康のためにジョギングをする
- work **for** an IT company IT企業に勤める《♦会社のために働く》(❗単に勤めている場所としてとらえる場合には work *in* an IT company と言う)
- books **for** children 子どものための本
- This is a present **for** you. これはあなたへのプレゼントです
- I'm planning a surprise party **for** her birthday. 彼女の誕生日のお祝いにサプライズパーティーを考えてるんだ
- Do we have **time for** lunch? ⇨ フォーカス3 お昼ごはんの時間はありますか
- I didn't have enough **money for** the ticket. ⇨ フォーカス4 チケットを買えるだけのお金を持っていなかった
- What are your plans **for** the summer vacation? 夏休みの予定は何ですか

会話 "Hello, this is Yoko. Is Ben there?" "Please hold on a minute. Ben, it's **for** you!" 「もしもし, 洋子です. ベンはいますか」「少々お待ちください. ベン, あなたに電話ですよ」

❷《目的・目指す対象》…のために[の]; …を得ようと, …を求めて

- **go for** a walk 散歩(をし)に行く
- **cry for** help 助けを求めて叫ぶ
- **wait for** her 彼女を待つ

会話 "**What** do they keep bees **for**?" "They keep them **for** honey." 「何のために[なぜ]彼らはミツバチを飼っているのですか」「はちみつを取るために飼っています」

- There's no **need for** a new car. ⇨ フォーカス1 新しい車は必要ない

❸《目的地》…に向かって; …行きの; (手紙など)…あての

- a train **for** Osaka 大阪行きの電車
- When are you going to leave **for** America? あなたはいつアメリカへたちますか
- Here is a letter **for** you. これは君あての手紙です

❹《期間・距離》…の間

- **for** a week 1週間の間
- **for** a long time 長い間
- **for a while** しばらくの間
- Wait **for a moment**. ちょっとの間[しばらく]お待ちください
- I waited for her (**for**) six hours. 私は彼女を6時間待った (❗最初の for は❷; 「期間・距離」を表す for はしばしば省略される)
- We haven't seen each other **for** the last two years. ここ2年ぼくたちは会っていません (❗for+期間) ⇨**during** どっち

比較 She has been working here **since** 2015. 彼女は2015年からここで働いています (❗since+ある時)

❺《関連》…について(は); 《限定》(ある日時)に[の]; 《心情の対象》…のことを[は], …について(は)

- That's all **for** today. 今日はここまで
- an appointment **for** 3:00 3時の約束
- Thank you **for** your e-mail. メールありがとう
- I'm sorry **for** him. 彼のことを気の毒に思う

❻《視点》…にとって

- This is too difficult **for** me. これは私には難しすぎる

❼《不定詞の意味上の主語》《**for** A **to** *do*》Aが…すること[…するために, …するための] (❗Aが to *do* の意味上の主語)

- Chinese is difficult **for** us **to** learn. 中国語は私たちが勉強するには難しい
- It is difficult **for** a Japanese **to** master Chinese. 日本人が中国語をマスターするのは難しい

❽《原因・理由》…のために, …の理由で

- **for** this reason この理由のために
- Now tell me the **reason for** your quarrel. ⇨ フォーカス2 さあ, けんかした理由を言ってごらん
- He was arrested **for** driving too fast. 彼はスピードの出しすぎでつかまった

for

A1 前 接

中 /fər フォ; 《強》 fɔ́r: フォー/

意味マップ

前 ❶《利益・用途・対象》…**のために**
❷《目的・目指す対象》…**のために**
❸《目的地》…**に向かって**
❹《期間・距離》…**の間**
❺《関連》…**について(は)**;
《限定》(ある日時)に[の];
《心情の対象》…**のことを**
❻《視点》…**にとって**
❼…が…すること
❽《原因・理由》…のために
❾《交換》…と引き換えに;
《代金》…(の金額)で
❿《支持》…に賛成して
⓫《同等》…として
⓬《比較》…の割には
⓭《代理・代用》…の代わりに

接 (というのは)…だから

文　法

◆「3年の間」などの期間を言う時にはbetweenは使えない. betweenはある期間の始めと終わりに注目する時に使う.

◆ 例えば, for three years (3年間), between 2019 and 2021 (2019年から2021年の間)のように使い分ける. amongは期間の意味では使えない.

使えるコーパスフレーズ

名詞＋for

1 **the need for ...**
…の必要性

2 **the reason for ...**
…の理由

3 **time for ...**
…(をするため)の時間

4 **money for ...**
…(を買うため)のお金

5 **responsibility for ...**
…に対する責任

for の重要成句

as for ...
…について言えば

for all ...
…にもかかわらず

for now　当分の間

for *one*self　独力で

call for ...
…を必要とする ⇨**call**

except for ...
…を除けば ⇨**except**

for sure
確かに ⇨**sure**

go for ...
…を取りに行く ⇨**go**

look for ...
…をさがす ⇨**look**

フォーカスページ

前❶((利益・用途・対象)) …のために；…用の
前❷((目的・目指す対象)) …のために；…を得ようと
前❺((心情の対象)) …のことを

I jog for my health every morning.

前❻((視点)) …にとって
前❼((不定詞の意味上の主語)) …が (…すること)

This is too difficult for me.

感覚を経験する人に注目

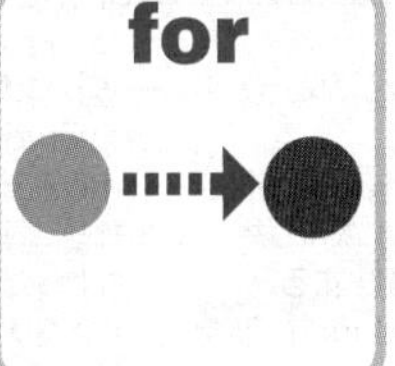

共通イメージ
向かっていく先

移動の方向

前❸((目的地))
…に向かって

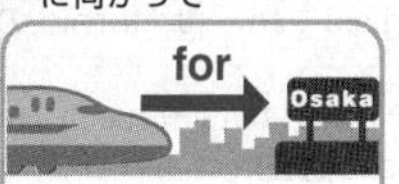

a train for Osaka

状態が継続する
時間・距離に注目

前❹((期間・距離))
…の間

Sun Mon Tue Wed Thu Fri Sat
1 2 3 4 5 6 7
for

for a week

原因に注目

前❽接((原因・理由))
…のために

He was arrested for driving too fast.

目的のものを得るのに
必要な対価に注目

前❾((交換・代金)) …と引き換えに；…の金額で

pay 1,000 yen for the book

同等であることに注目

前⓫((同等)) …として

What is the word for "book" in French?

a b c d e f g h i j k l m n o p q r s t u v w x y z

❾《交換》…と引き換えに, …に対して(の); …の報いとして; 《代金》…(の金額)で
• pay 1,000 yen **for** the book = buy the book **for** 1,000 yen その本に(対して)千円払う=その本を千円で買う
• I'll give you this dictionary **for** your book. 君の本をくれたらぼくはこの辞書をあげるよ

❿《支持》…に賛成して (↔**against**)
• Some people are (all) **for** the war, but many are **against** it. その戦争に(全面的に)賛成している人もいるが多くの人は反対している
• Which team are you **for**? 君どっちのチーム応援してるの
• I voted **for** Ken in the class election. 私はクラスの選挙でケンに投票した

⓫《同等》…として, …を意味する
• We ate sandwiches **for** lunch. 私たちは昼食にサンドイッチを食べた
• What is the word **for** "book" in French? フランス語で book を意味する語は何ですか

⓬《比較》…の割には, …としては
• This is good **for** the price. これは値段の割によい
• He is very tall **for** his age. 彼は年の割に背が高い

⓭《代理・代用》…の代わりに, …の代理[代表]として
• I wrote a letter **for** him. 私は彼に代わって手紙を書いてやった[代筆した] (❗ write a letter *to* him は「彼に手紙を書く」)

as for ... …について言えば, …に関する限りでは

for all ... …にもかかわらず, …を考慮しても
• **for all** that それにもかかわらず
• He failed the exam **for all** his efforts. 努力したにもかかわらず彼は試験に落ちた

for ever 永久に, いつまでも (❗ ふつう forever と1語につづる)

for example たとえば ⇨**example** (成句)

for now 当分の間, 今のところ
• Bye **for now**. じゃまた (←しばらくの間さようなら)

for oneself 独力で; ひとりで; 自分のために

for the first [second, last] time 初めて[2回目に, 最後に]

for the moment 当分の間, しばらく ⇨**moment** (成句)

for the purpose of ... …のために ⇨**purpose** (成句)

for the time being 当分の間, しばらく

— 接 《文章》(というのは)…だから
• Everyone agreed to the plan, **for** there was no better way. 全員がその計画に同意した. (なぜなら)ほかに良い方法がなかったから (❗ For there was ... と文頭には置けない)

for·age /fɔ́:ridʒ フォーリヂ/ 名 U (牛馬などの)飼料, かいば
— 動 自 《口語》〔…を〕ひっかき回してさがす 《*for*》

for·ay /fɔ́:rei フォーレイ/ 名 (複 **forays** /fɔ́:reiz/) C 〔不慣れなことへの〕一時的な進出, 参入 《*in, into*》

for·bad /fərbǽd フォバド/ 動 forbid の過去形

for·bade /fərbǽd フォバド, fərbéid フォベイド/ 動 forbidの過去形

for·bear[1] /fɔ:rbéər フォーベア/ 動 (三単現 **forbears** /fɔ:rbéərz/; 過去 **forbore** /fɔ:rbɔ́:r/; 過分 **forborne** /fɔ:rbɔ́:rn/; 現分 **forbearing**) 《古風・文章》 他 文型 [**forbear to** *do*] …するのを慎む, がまんする; 自 文型 [**forbear from** *doing*] …するのを控える

for·bear[2] /fɔ́:rbèər フォーベア/ 名 (= forebear)

for·bear·ance /fɔ:rbéərəns フォーベアランス/ 名 U 《文章》忍耐; 寛容

for·bid A2

/fərbíd フォビド/ 動 (三単現 **forbids** /fərbídz フォビヅ/; 過去 **forbade** /fərbǽd,

fərbéid/, **forbad** /fərbǽd/; 過分 **forbidden** /fərbídn/; 現分 **forbidding**) 他 禁じる, 許さない; 文型 [**forbid A to** *do* = **forbid A** [**A's**] *doing* = **forbid A from** *doing*] Aが…するのを禁じる; 文型 [**forbid that ...**] …ということを禁じる
• Smoking **is forbidden** in this room. この部屋は禁煙です

God [***Heaven***] ***forbid*** (***that ...***)***!*** (…のようなことが)断じてないように

for·bid·den B1 /fərbídn フォビドン, fɔːrbídn フォービドン/ 形 禁じられた; 立入禁止の; 禁断の
— 動 forbidの過去分詞

for·bid·ding /fərbídiŋ フォビディング/ 形 近づきがたい, 恐い; 険悪な
forbíddingly 副 近づきがたく

for·bore /fɔːrbɔ́ːr フォーボー/ 動 forbear[1]の過去形

force A2 高

/fɔ́ːrs フォース/ 名 (複 **forces** /fɔ́ːrsəz/)
❶ U 力; 腕力; 暴力
• by **force** 力ずくで
• the **force** of gravity 重力
❷ U C 影響力; C (影響を及ぼす)勢力
❸ C 《しばしば **forces**》 軍隊

bring [***put***] ***... into force*** 〔法律など〕を施行する

come into force (法律などが)実施される

in force 大勢で, 大挙して; (法律などが)施行中で

— 動 (三単現 **forces** /fɔ́ːrsəz/; 過去・過分 **forced** /fɔ́ːrst/; 現分 **forcing**) 他
❶ 文型 [**force A to** *do*] Aにむりに…させる, Aに…することを強制する[強いる]
• **force** him **to** *agree* 彼にむりに同意させる
文型 [**be forced to** *do*] …せざるをえない, …することを強いられる
• He **was forced to** *agree*. 彼はしぶしぶ同意させられた
❷ 文型 [**force A on** [**upon**] **B**] BにAを押しつける[強要する]
❸ (ドア・通り道などを)むりやりに[力ずくで]開ける

forced /fɔ́ːrst フォースト/ 形 ❶強制的な; 強いて作った, こじつけた ❷緊急の

force-feed /fɔ́ːrsfìːd フォースフィード/ 動 (三単現 **force-feeds** /fɔ́ːrsfìːdz フォースフィーヅ/; 過去・過分 **force-fed** /fɔ́ːrsfèd/; 現分 **force-feeding**) 他 無理に食べさせる[飲ませる]; 無理やり教え込む

force·ful /fɔ́ːrsfəl フォースフル/ 形 力のこもった, 強烈な
fórcefully B2 副 力強く

for·ceps /fɔ́ːrsəps フォーセプス/ 名 《複数扱い》(外科・歯科用)ピンセット, 鉗子(かんし) (❗数えるときは a pair [two pairs] of forceps などとする)

for·ci·ble /fɔ́ːrsəbl フォースィブル/ 形 無理強いの, 力ずくの; 説得力のある, 力のこもった
fórcibly 副 力ずくで, 無理やり

Ford /fɔ́ːrd フォード/ 名 《**Henry Ford**》 フォード (1863-1947) 《◆米国の自動車技師; 流れ作業などの大量生産方式で安い大衆車を提供した》

ford /fɔ́ːrd フォード/ 名 C 浅瀬
— 動 他 浅瀬を渡る

fore /fɔ́ːr フォー/ (発音 four と同音) 形 前の; 前方の (↔**hind**)
— 副 前に; 前方に (↔**hind**)
— 名 《**the fore**》 前部, 前面

fore·arm /fɔ́ːràːrm フォーラーム/ 名 C 前腕 《◆ひじから手首まで》

fore·bear /fɔ́ːrbèər フォーベア/ 名 C 《ふつう *one's* **forebears**》 先祖, 祖先

fore·bod·ing /fɔːrbóudiŋ フォーボウディング/ 名 U C 《文章》(不吉な)予感, 虫の知らせ

fore·cast B1 /fɔ́ːrkæ̀st フォーキャスト | fɔ́ːrkàːst フォーカースト/ 名 (複 **forecasts** /fɔ́ːrkæ̀sts フォーキャスツ/) C (天気の)予報; 予測, 予想
• the weather **forecast** 天気予報
— 動 (三単現 **forecasts** /fɔ́ːrkæ̀sts フォーキャスツ/; 過去・過分 **forecast, forecasted** /fɔ́ːrkæ̀stəd/; 現分 **forecasting**) 他

(天気などを)予報する; 予測する

fore·close /fɔːrklóuz フォークロウズ/ 動 他 《法律》(抵当物を)流す; 自 抵当物を流す, 抵当権を行使する

fore·clo·sure /fɔːrklóuʒər フォークロウジャ/ 名 U C 質流れ, 抵当権の行使

fore·fa·ther /fɔ́ːrfɑ̀ːðər フォーファーザ/ 名 C 《ふつう **forefathers**》祖先, 先祖 (! 特に男性の先祖のことをいう)

fore·fin·ger /fɔ́ːrfìŋgər フォーフィンガ/ 名 C 人さし指 (! first finger, index finger ともいう)

fore·foot /fɔ́ːrfùt フォーフト/ 名 (複 **fore-feet** /fɔ́ːrfìːt/) C (四足獣の)前足

fore·front /fɔ́ːrfrʌ̀nt フォーフラント/ 名 《**the forefront**》(戦闘・活動などの)最前線; 先頭

in* [*at*] *the forefront of ... …の最先端[最前線]に[で]

fore·go·ing /fɔːrgóuiŋ フォーゴウイング/ 形 前述の, 上記の

― 名 《**the foregoing**》《単数・複数扱い》前述のこと, 前述のもの

fore·gone /fɔːrgɔ́ːn フォーゴーン/ 形 過去の; 既定の

fóregone conclúsion 名 《**a** をつけて》必然[不可避]の結果, 始めからわかりきっている結論

fore·ground /fɔ́ːrgràund フォーグラウンド/ 名 《**the foreground**》(風景・絵画などの)前景 (↔**background**)

fore·hand /fɔ́ːrhæ̀nd フォーハンド/ 名 C (テニスなどの)フォアハンド(ストローク), フォア打ち

― 形 フォアハンドの

fore·head B1 /fɔ́ːrhèd フォーヘド, fɔ́ːrəd フォーレド/ 名 (複 **foreheads** /fɔ́ːrhèdz フォーヘヅ/) C 額(ひたい), おでこ; (物の)前面, 前部

for·eign A1 中

/fɔ́ːrən フォーリン|fɔ́rən フォリン/ (発音 -eign は /ən イン/ と発音する) 形

❶ 外国の (↔**domestic**); 外国人の; 対外(関係)の

- a **foreign** language 外国語
- **foreign** affairs 外交問題, 外務
- a **foreign** country 外国
- **foreign** aid 対外援助

❷ 異質の; 外部からの

be foreign to ... …と無縁である; …とは相容(あいい)れない

for·eign·er A1 高

/fɔ́ːrənər フォーリナ|fɔ́rənə フォリナ/ 名 (複 **foreigners** /fɔ́ːrənərz/) C 外国人; よそ者; 部外者

日英比較 「外(国)人」は日本人以外の人に対する総称的な言葉だが, foreigner には「よそ者」というやや軽べつ的な感じを含むこともある

fóreign exchánge 名 U 外国為替

Fóreign Òffice 名 U 《**the** をつけて》(英国の)外務省

fore·leg /fɔ́ːrlèg フォーレグ/ 名 C (四足獣の)前脚

fore·lock /fɔ́ːrlɑ̀k フォーラク/ 名 C 前髪

fore·man B2 /fɔ́ːrmən フォーマン/ 名 (複 **foremen** /fɔ́ːrmən/) C (工場などの)職長, 監督

fore·most /fɔ́ːrmòust フォーモウスト/ 形 まっ先の; 第一の; 一流の, 主要な

― 副 まっ先に; 第一に

fo·ren·sic /fərénsik フォレンスィク/ 形 《文章》法医学の; 法廷の

fore·run·ner /fɔ́ːrrʌ̀nər フォーラナ/ 名 C 先駆をなす人[もの]

fore·saw /fɔːrsɔ́ː フォーソー/ 動 foresee の過去形

fore·see B2 /fɔːrsíː フォースィー/ 動 (三単現 **foresees** /fɔːrsíːz/; 過去 **foresaw** /fɔːrsɔ́ː/; 過分 **foreseen** /fɔːrsíːn/; 現分 **foreseeing**) 他 予見する; 見通す; 見越す; 予測する

fore·see·a·ble /fɔːrsíːəbl フォースィーアブル/ 形 予知[予見]できる

fore·seen /fɔːrsíːn フォースィーン/ 動 foresee の過去分詞

fore·shad·ow /fɔːrʃǽdou フォーシャドウ/ 動 他 《文章》…の前兆となる

fore·sight /fɔ́ːrsàit フォーサイト/ 名 U 先見の明; 慎重さ

fore·skin /fɔ́ːrskìn フォースキン/ 名 C 《解剖》(ペニスの)包皮

for·est A2 中
/fɔ́ːrəst フォーレスト|fɔ́rəst フォレスト/
名 (複 **forests** /fɔ́ːrəsts フォーレスツ/) C 森林, 山林; U 森林地帯
• a tropical rain **forest** 熱帯雨林

fore·stall /fɔːrstɔ́ːl フォーストール/ 動 他 (人の計画などを)先回りをしてじゃまする; (人の)機先を制する

fórest rànger 名 C 森林警備員

for·est·ry B2 /fɔ́ːrəstri フォーレストリ/ 名 U 林学; 林業; 営林

fore·taste /fɔ́ːrtèist フォーテイスト/ 名 《単数形で》前もって味わうこと; 前触れ

fore·tell /fɔːrtél フォーテル/ 動 (三単現 **foretells** /fɔːrtélz/; 過去・過分 **foretold** /fɔːrtóuld/; 現分 **foretelling**) 他 《文章》予告する, 予言する (=predict)

fore·thought /fɔ́ːrθɔ̀ːt フォーソート/ 名 U (将来に対する)遠謀, 深慮

fore·told /fɔːrtóuld フォートウルド/ 動 foretellの過去形・過去分詞

for·ev·er A2 中
/fərévər フォレヴァ/ 副
❶永久に, 永遠に (❗《英》では for ever と2語にもつづる)
❷《ふつう進行形とともに》絶えず, いつも(…ばかりしている) (❗当惑・非難の気持ちが含まれる)

fore·warn /fɔːrwɔ́ːrn フォーウォーン/ 動 他 前もって警告する

fore·word /fɔ́ːrwə̀ːrd フォーワード/ 名 C (特に著者以外の人が書く)序文, 前書き

for·feit /fɔ́ːrfət フォーフィト/ 名 C 代償, 罰金, 科料 ━ 動 他 (自由・権利などを)喪失する, 没収される

for·gave /fərgéiv フォゲイヴ/ 動 forgive の過去形

forge[1] /fɔ́ːrdʒ フォーヂ/ 名 C (かじ屋の)炉; かじ屋の仕事場, 鉄工場
━ 動 他 (文書・貨幣などを)偽造する; (鉄を)鍛える

forge[2] /fɔ́ːrdʒ フォーヂ/ 動 自 徐々に進む, 進出する
forge ahead (船が)進む; (走者が)先頭に出る

forg·er /fɔ́ːrdʒər フォーヂャ/ 名 C 偽造者, 贋作(がんさく)家

for·ger·y /fɔ́ːrdʒəri フォーヂャリ/ 名 (複 **forgeries** /fɔ́ːrdʒəriz/) ❶ U 偽造(罪) ❷ C 偽造物, にせ物, 贋作(がんさく)

for·get A1 中
/fərgét フォゲト/ 動 (三単現 **forgets** /fərgéts フォゲツ/; 過去 **forgot** /fərgát|fərgɔ́t/; 過分 **forgotten** /fərgátn|fərgɔ́tn/, 《米》 **forgot**; 現分 **forgetting**)
❶ 他 忘れる, 思い出せない (↔**remember**); 自 〔…のことを〕忘れる 《*about*》
• **forget** *one's* promise 約束を忘れる
• Aren't you **forgetting** something? Today is my birthday. あなた何か忘れていない? きょうは私の誕生日よ
文型 [**forget that ...**] …ということを忘れる • I **forgot that** it's your birthday today. きょうが君の誕生日なのを忘れていた
文型 [**forget wh- ...**] …かを忘れる
• I **forget where** I put my camera. 私はカメラをどこに置いたか思い出せない
文型 [**forget** *doing*] …したことを忘れる
• I'll never **forget seeing** you there. = I'll never **forget that** I saw you there. そこで君に会ったことを決して忘れません
❷ 他 (するべきことを)怠る; 文型 [**forget to** *do*] …することを忘れる, 怠る

使い方》 **forget to do** と **forget doing**
(**1**) forget to *do* は「これから…するのを忘れる」, (**2**) forget *doing* は「(過去に)…したことを忘れる」:
(**1**) Don't **forget to** mail the letter. 忘れずに手紙を出しなさい (←手紙を出すのを忘れるな)
(**2**) I'll never **forget speaking** with

the President. 大統領と話をしたことを私はけっして忘れないでしょう

❸ 他 置き忘れる, 持ってくるのを忘れる

● Oh, I **forgot** my camera. あら, 私カメラを忘れちゃった

比較 Oh, I **left** my camera **at home**. あら, 家にカメラを置き忘れちゃった (! at home など場所を示す語句がつくと forget ではなく leave を使う)

❹ 他 自 (意識して)忘れる, 〔…を〕気にしない《*about*》; 無視する

Forget (***about***) ***it!*** 気にしないでいい, かまわないよ; どうってことありません

forget oneself ばかなまねをする

派生 **forgetful** 形

for·get·ful /fərgétfəl フォゲトフル/ 形 忘れっぽい; なおざりにする

派生 **forget** 動

forgétfulness 名 U 忘れっぽさ; 健忘症

forgét-me-nòt 名 C 《植物》 ワスレナグサ《♦忘れな草》

for·get·ting /fərgétiŋ フォゲティング/ 動 forget の現在分詞・動名詞

for·giv·a·ble /fərgívəbl フォギヴァブル/ 形 (事が)許される, 見逃せる

for·give B1 高 /fərgív フォギヴ/ 動 (三単現 **forgives** /fərgívz/; 過去 **forgave** /fərgéiv/; 過分 **forgiven** /fərgívn/; 現分 **forgiving**) ❶ 他 自 (人・罪などを)(心から)許す, 勘弁(かんべん)してやる; 文型 [**forgive A for** ***doing***] A(人)が…する[した]ことを許す; 文型 [**forgive A B**] A(人)のB(罪など)を許す

● The boss didn't **forgive** me **for losing** the plan. 上司は私が設計図を失くしたのを許してくれなかった

❷ 他 (負債などを)免除する

for·giv·en /fərgívən フォギヴン/ 動 forgive の過去分詞

for·give·ness /fərgívnəs フォギヴネス/ 名 U 許すこと, 容赦; 寛大さ

for·giv·ing /fərgíviŋ フォギヴィング/ 形 寛大な, とがめ立てしない

for·go /fɔːrgóu フォーゴウ/ 動 (三単現 **forgoes** /fɔːrgóuz/; 過去 **forwent** /fɔːrwént/; 過分 **forgone** /fɔːrgɔ́ːn/; 現分 **forgoing**) 他 《文章》 (楽しみなどを)なしですませる, あきらめる, 見合わせる (=give up)

for·gone /fɔːrgɔ́ːn フォーゴーン/ 動 forgo の過去分詞 ― 形 既定の; 過去の

for·got /fərgát フォガト | fərgɔ́t フォゴト/ 動 forget の過去形・過去分詞

for·got·ten /fərgátn フォガトン | fərgɔ́tn フォゴトン/ 動 forget の過去分詞

fork A2

/fɔ́ːrk フォーク/ 名 (複 **forks** /fɔ́ːrks/) C

❶ (食卓用の)フォーク

❷ (農作業用の)くまで

❸ (道路・川などの)ふたまたに分かれている所; 分岐点

― 動 (三単現 **forks** /fɔ́ːrks/; 過去・過分 **forked** /fɔ́ːrkt/; 現分 **forking**) 他 フォークを使って…を運ぶ; くま手で…を持ち上げる; 自 (道路・川が)分岐する

forked /fɔ́ːrkt フォークト/ 形 分岐した, ふたまたに分かれた

fork·lift /fɔ́ːrklìft フォークリフト/ 名 C フォークリフト

for·lorn /fərlɔ́ːrn フォローン/ 形 さびしい, 哀れな; うらぶれた

form A1 高

/fɔ́ːrm フォーム/ 名 (複 **forms** /fɔ́ːrmz/)

❶ C 形態; 型, 形式

● Steam is a **form** of water. 蒸気は水の一形態である

● There are different **forms** of music. いろいろな形式の音楽がある

❷ U C 形, 形状; かっこう, 姿; U (競技者などの)フォーム

● The cloud has the **form** of an elephant. あの雲は象の形をしている

❸ (書き込み)用紙; 書式

● an application **form** 申し込み用紙

❹ U (運動選手などの)調子, コンディション ❺ C 《英》 (中等学校の)学年 (=

《米》grade)
in the form of ... …の形をして
━ 動 (三単現 **forms** /fɔ́ːrmz/; 過去・過分 **formed** /fɔ́ːrmd/; 現分 **forming**)
❶ 他 形づくる, 形成する, 作り上げる; 組織する; 文型 [**form A into B**] AでBをつくる
• **form** a committee 委員会を作る
❷ 自 形を成す, 形になる
派生 **formal** 形; 派生 **formation** 名

for·mal B1 高 /fɔ́ːrməl フォーマル/ 形 正式の; 儀礼的な; 形式ばった, かたくるしい; 形式(上)の (↔**informal, casual**)
• a **formal** contract 正式な契約
派生 **form** 名

for·mal·i·ty /fɔːrmǽləti フォーマリティ/ 名 (複 **formalities** /fɔːrmǽlətiz/) U 形式ばること, 形式に従うこと; C 形式的儀礼, 形式的な手続き

for·mal·ize /fɔ́ːrməlàiz フォーマライズ/ 動 他 (取り決めなどを)正式[明確]なものにする, 成文化する

for·mal·ly B1 /fɔ́ːrməli フォーマリ/ 副 正式に, 公式に; 形式上, 形式的に; 礼儀正しく

for·mat B1 /fɔ́ːrmæt フォーマト/ 名 (複 **formats** /fɔ́ːrmæts フォーマツ/) C
❶ (本などの)体裁(ていさい), 判型
❷《コンピュータ》フォーマット, 書式
━ 動 (三単現 **formats** /fɔ́ːrmæts フォーマツ/; 過去・過分 **formatted** /fɔ́ːrmætəd/; 現分 **formatting**) 他 ❶ (本などの)体裁を整える ❷《コンピュータ》フォーマットする; (ディスクを)初期化する

for·ma·tion B2 /fɔːrméiʃən フォーメイション/ 名 ❶ U 形成; 編成, 構成 ❷ U C (軍の)隊形; (球技の)フォーメーション
派生 **form** 動

form·a·tive /fɔ́ːrmətiv フォーマティヴ/ 形 形成(中)の, 発達[発育]中の

for·mer B1 高 /fɔ́ːrmər フォーマ/ 形
❶ 以前の, 前の
• in **former** days [times] 昔は
• the **former** principal of our school 私たちの学校の前校長
❷《**the former**》(2つのもののうち)前者の;《代名詞的》前者 (↔**the latter**)
• **The former** speech is much better than the latter. 初めの演説の方があとのよりずっとよかった

for·mer·ly B2 /fɔ́ːrmərli フォーマリ/ 副 以前は, 昔は, かつては, もとは (↔**lately**)

for·mi·da·ble B2 /fɔ́ːrmədəbl フォーミダブル/ 形 ❶ (人・様子などが)恐ろしい, こわい ❷ (敵・問題などが)手ごわい, 侮りがたい
fórmidably 副 恐ろしく

form·less /fɔ́ːrmləs フォームレス/ 形 はっきりした形のない, 無定形の

for·mu·la B1 /fɔ́ːrmjələ フォーミュラ/ 名 (複 **formulas** /fɔ́ːrmjələz/, **formulae** /fɔ́ːrmjəlìː/) C ❶ 決まったやり方; 常道 ❷ (数学の)公式; (化学で)式 ❸ (薬剤・飲料などの)処方, 調合法 ❹ フォーミュラ《◆レーシングカーの公式規格》

for·mu·lae /fɔ́ːrmjəlìː フォーミュリー/ 名 formula の複数形の一つ

for·mu·late /fɔ́ːrmjəlèit フォーミュレイト/ 動 他 (系統立てて)述べる; (数学で)公式で表す; 処方する

for·mu·la·tion /fɔ̀ːrmjəléiʃən フォーミュレイション/ 名 U 系統立てて述べること; 公式化; C 系統立った明確な陳述

for·sake /fərséik フォセイク/ 動 (三単現 **forsakes** /fərséiks/; 過去 **forsook** /fərsúk/; 過分 **forsaken** /fərséikən/; 現分 **forsaking**) 他《文章》見捨てる (=desert); (信仰・悪習などを)やめる (=give up)

for·sak·en /fərséikən フォセイクン/ 動 forsake の過去分詞

for·sook /fərsúk フォスク/ 動 forsake の過去形

fort /fɔ́ːrt フォート/ 名 C とりで, 要塞(ようさい)

for·te[1] /fɔ́ːrt フォート/ 名 C 《ふつう *one's* **forte**》得意, おはこ

for·te[2] /fɔ́ːrtei フォーテイ/ 形 副 《音楽》強音の[で], フォルテの[で] (❗略 f)
━ 名 C 《音楽》強く演奏する楽句, 強音部

A B C D E F G H I J K L M N O P Q R S T U V W X Y Z

forth B1 高 /fɔ́:rθ フォース/ (発音 fourth と同音) 副 《文章》前へ; 外へ; 先へ
and so forth など, その他 ⇨etc.
back and forth 前後に, あちこちに, 往復して

forth·com·ing B2 /fɔ̀:rθkʌ́miŋ フォースカミング/ 形 ❶《文章》来るべき, 今度の ❷(物・援助などが)手近にある, (お金が)すぐに出る (! 名詞の前には用いない; しばしば否定文で用いる)
❸《口語》進んで教えてくれる

forth·right /fɔ́:rθràit フォースライト/ 形 率直な, 単刀直入の

for·ti·eth /fɔ́:rtiəθ フォーティエス/ 形 (! 40th と略す; 詳しい用法は third を参照)
❶《ふつう **the fortieth**》第40の, 40番目の ❷40分の1の
— 名 C ❶《ふつう **the fortieth**》第40番目, 40番目の人[もの] ❷40分の1

for·ti·fi·ca·tion /fɔ̀:rtəfəkéiʃən フォーティフィケイション/ 名 U 防御; 《**fortifications**》要塞(ようさい)

for·ti·fy /fɔ́:rtəfài フォーティファイ/ 動 (三単現 **fortifies** /fɔ́:rtəfàiz/; 過去・過分 **fortified** /fɔ́:rtəfàid/; 現分 **fortifying**) 他
❶(場所の)防備を固める
❷元気づける, 活力を与える

for·ti·tude /fɔ́:rtətjù:d フォーティテュード/ 名 U 《文章》不屈の精神, 堅忍不抜

fort·night B1 /fɔ́:rtnàit フォートナイト/ 名 (複 **fortnights** /fɔ́:rtnàits フォートナイツ/) C 《ふつう単数形で》14日, 2週間 (=two weeks) (! fourteen nights が縮まった形; 昔は「夜」で日を数えた)

for·tress /fɔ́:rtrəs フォートレス/ 名 C 要塞(ようさい)(都市); 堅固な場所

for·tu·i·tous /fɔ:rtjú:ətəs フォーテューイタス/ 形 《文章》思いがけない; 幸運な

for·tu·nate B1 高 /fɔ́:rtʃənət フォーチュネト/ 形 幸運な, 運のよい; 幸運をもたらす (⇔**unfortunate**); 文型 [**be fortunate to** *do* [**in** *doing*]] …するということで幸運である; 文型 [**It is fortunate that ...**] …ということは幸運である
派生 **fortune** 名

for·tu·nate·ly A2 高

/fɔ́:rtʃənətli フォーチュネトリ/ 副
幸運にも, さいわいにも, 運よく (⇔**unfortunately**)

for·tune A2 高

/fɔ́:rtʃən フォーチュン/
名 (複 **fortunes** /fɔ́:rtʃənz/)
❶ U C 富, 財産 (=wealth), 大金
• a large [an enormous] **fortune** ばく大な財産

コロケーション
動+**fortune**
cost a *fortune* 大金がかかる
inherit a *fortune* 財産を相続する
spend a *fortune* 財産を使う
lose a *fortune* 財産を失う

❷ U 運, 運命; 幸運
• by good [bad] **fortune** 幸運[不運]にも
❸《**Fortune**》運命の女神
❹ C 運勢, 運命
派生 **fortunate** 形

for·tune-tell·er /fɔ́:rtʃəntèlər フォーチュンテラ/ 名 C 占い師

for·tune·tell·ing /fɔ́:rtʃəntèliŋ フォーチュンテリング/ 名 U 占い

for·ty A1 中

/fɔ́:rti フォーティ/ 名 (複 **forties** /fɔ́:rtiz/) (! つづりに注意; ×fourty としないこと; 詳しい用法は three を参照)
❶ U 40; 40分; 40歳; 《複数扱い》40個, 40人
❷《**the forties**》(世紀の)40年代; 《*one's* **forties**》(年齢の)40代
— 形 40の; 40個の; 40人の; 40歳で

fo·rum /fɔ́:rəm フォーラム/ 名 (複 **forums** /fɔ́:rəmz/, **fora** /fɔ́:rə/) C 公開討論の場; 公開討論会

for·ward A2 中

/fɔ́:rwərd フォーワド/ 副
❶前へ, 前方へ (⇔**backward**)
• go [step] **forward** 前進する[一歩前へ出る]

● swing **forward** and **backward** 前や後ろへゆれる
❷ (時間的に)先へ, 将来に向かって
look forward to ... …を期待する, …を楽しみに待つ
● I'm **looking forward to** seeing you. 君に会うのを楽しみにしています
— 形 ❶前方(へ)の, 前部の (↔**backward**) ❷あつかましい
❸ふつうより早い; 早熟の, ませた
❹進歩的な
— 動 (三単現 **forwards** /fɔ́ːrwərdz フォーワヅ/; 過去・過分 **forwarded** /fɔ́ːrwərdəd/; 現分 **forwarding**)
❶他自 〔…に〕(手紙などを)転送する《to》 ❷他 (計画などを)進める
— 名 (複 **forwards** /fɔ́ːrwərdz フォーワヅ/) C (球技の)前衛, フォワード (↔**back**)

fórwarding àddress 名 C 転送先の住所

for·ward-look·ing /fɔ́ːrwərdlùkiŋ フォーワドルキング/ 形 先を見通す; 前向きな, 積極的な

for·wards /fɔ́ːrwərdz フォーワヅ/ 副 (=forward)

for·went /fɔːrwént フォーウェント/ 動 forgoの過去形

fos·sil 高 /fásəl ファスィル/ 名 C 化石; 《口語》古くさい考えをした老人 (=old fossil) ● **fossil** shells 貝殻の化石

fóssil fùel 名 U C (石炭・石油などの)化石燃料

fos·sil·ize /fásəlàiz ファスィライズ/ 動 他 化石にする; 時代遅れにする; 自 化石になる

fos·ter /fɔ́ːstər フォースタ/ 動 他
❶ (実子(じっし)でない者を)育てる, 養育する ❷助長する, 促進する, はぐくむ
❸心に抱く

fóster chíld 名 C 里子(さとご) (❗ foster son (養子)または foster daughter (養女)のこと)

fóster párent 名 C 里親(さとおや) (❗ foster father (養父)または foster mother (養母)のこと)

fought /fɔ́ːt フォート/ 動 fightの過去形・過去分詞

foul B2 /fául ファウル/ (×ファール) (発音 fowl と同音) 形 (比較級 **fouler**; 最上級 **foulest**)
❶不潔な, 不快な, きたない (↔**clean**)
● a **foul** smell 悪臭
❷よこしまな, 邪悪な; 不正な; 下品な ❸(天気が)悪い (↔**fair**[1])
❹(競技で)反則の; (野球で)ファウルの
— 名 C (競技の)反則; (野球の)ファウル (=foul ball)
— 動 ❶他 汚す; 自 汚れる, からまる
❷他自 反則行為をする; (球を)ファウルする
foul up 台なしにする, めちゃめちゃにする
— 副 (比較級 **fouler**; 最上級 **foulest**) 不正に

fóul pláy 名 U 反則プレー; 卑劣(ひれつ)[不正]な行為; 殺人

foul-up /fáulʌ̀p ファウラプ/ 名 C 《口語》混乱, もたつき

found[1] /fáund ファウンド/ 動 find の過去形・過去分詞

found[2] B2 高 /fáund ファウンド/ 動 他
❶創立する, 設立する (=establish); 建設する
❷〔…に〕…の根拠を置く《on, upon》
派生 **foundation** 名

foun·da·tion B1 高 /faundéiʃən ファウンデイション/ 名 (複 **foundations** /faundéiʃənz/) ❶ C 土台, 基礎; U 根拠
● a firm [strong] **foundation** しっかりした[強固な]土台
❷ C 基金, 財団
❸ U 創立, 設立
❹ U C (化粧の)ファンデーション (=foundation cream)
派生 **found**[2] 動

Fóundation Dày 名 創立記念日 ⇨ Founder's Day

found·er 高 /fáundər ファウンダ/ 名 C 創立者, 設立者

Fóunder's Dày 名 創立記念日 (❗ 創立者をたたえることを主眼とした場合の表現) ⇨**Foundation Day**

found·ry /fáundri ファウンドリ/ 名 (複

foundries /fáundriz/) C 鋳造所, 鋳物工場; U 鋳造, 鋳造業

foun·tain B1 /fáuntən ファウンテン/ 名 (複 **fountains** /fáuntənz/) C
❶ 噴水(ふんすい) ❷ (水・血液の)噴出; ほとばしる様子 ❸ 源泉; 源; 《詩語》 泉
❹ 《米》 (=soda fountain)

fóuntain pèn 名 C 万年筆

four A1 中

/fɔ́ːr フォー/ (発音 fore と同音) 名 (複 **fours** /fɔ́ːrz/) U C (❗詳しい用法は three を参照) 4; 4時, 4分; 4歳; 《複数扱い》 4個, 4人

• It is just **four**. ちょうど4時です (❗It はばく然と「時間」を表す)

on all fours 四つんばいになって

━ 形 4の; 4個の; 4人の; 4歳で

fóur-lèaf clóver 名 C 《植物》 四つ葉のクローバー 《♦これを見つけた人には幸運があるという》

fóur-lètter wórd 名 C 四文字語 《♦性・排せつに関わる, 人前で使ってはいけないことば; fuck, shit など》

four·some /fɔ́ːrsəm フォーサム/ 名 C 4人組

four·teen A1 中

/fɔ̀ːrtíːn フォーティーン/ 名 (複 **fourteens** /fɔ̀ːrtíːnz/) U C (❗詳しい用法は three を参照) 14; 14時, 14分; 14歳; 《複数扱い》 14個, 14人

━ 形 14の; 14個の; 14人の; 14歳で

four·teenth /fɔ̀ːrtíːnθ フォーティーンス/ 形 (❗14th と略す; 詳しい用法は third を参照) ❶ 《ふつう **the fourteenth**》 14番目の ❷ 14分の1の

━ 名 (複 **fourteenths** /fɔ̀ːrtíːnθs/) C
❶ 《ふつう **the fourteenth**》 14番目; (月の)14日 ❷ 14分の1

fourth 中 /fɔ́ːrθ フォース/ (発音 forth と同音) 形 (❗4th と略す; 詳しい用法は third を参照) ❶ 《ふつう **the fourth**》 4番目の ❷ 4分の1の

━ 名 (複 **fourths** /fɔ́ːrθs/) C ❶ 《ふつう **the fourth**》 4番目; (月の)4日
❷ 4分の1 ⇨**quarter**

• one **fourth** 4分の1 (=a fourth part)

Fóurth of Julý 名 《**the** をつけて》 (米国独立記念日である)7月4日 (❗Independence Day ともいう)

fóur-whèel dríve 名 U 4輪駆動; C 4輪駆動の自動車

fowl /fául ファウル/ (×フォウル) (発音 foul と同音) 名 (複 **fowls** /fáulz/, **fowl**) C (食用で大形の)鳥; (特に)ニワトリ(の類); 《修飾語をつけて》 《集合的に》 …鳥

Fox /fáks ファクス/ 名 フォックス 《♦米国のテレビネットワークの一つ》

fox B2 高 /fáks ファクス/ 名 (複 **foxes** /fáksəz/, **fox**) C キツネ; (キツネのように)悪賢い人

━ 動 他 《口語》 まんまとだます

foy·er /fɔ́iər フォイア/ 名 C (劇場・ホテルなどの)ロビー

Fr. 《略》 Friday 金曜日

fra·cas /fréikəs フレイカス/ 名 (複 《米》 **fracases** /fréikəsəz/, 《英》 **fracas** /frǽkɑːz/) C けんか騒ぎ, 騒々しい口論

frac·tion /frǽkʃən フラクション/ 名 C
❶ わずかな部分, 一部; 小片, 断片

• She paused for a **fraction** of a second. 彼女はほんのすこしの間休んだ

❷ 《数学》 分数

参考› 分数の言い方

1/2 one-half, 《口語》 a half
1/3 one-third, 《口語》 a third
1/4 one-quarter, one-fourth, 《口語》 a quarter, a fourth
3/4 three-quarters, three-fourths
2/5 two-fifths
2 3/7 two and three-sevenths
1/25 one [a] twenty-fifth
1/100 one-hundredth, 《口語》 a hundredth

frac·tion·al /frǽkʃənəl フラクショナル/ 形 ごくわずかな; 《数学》 分数の

frac·tious /frǽkʃəs フラクシャス/ 形 (病人などが)気難しい, 扱いにくい

frac·ture /frǽktʃər フラクチャ/ 名 C 骨折; (鉱物などの)割れ目

━ 動 他 (骨を)折る, 骨折する; (物を)割る

frag·ile /frǽdʒəl フラヂル/ 形 壊れやすい, もろい, 脆弱(ぜいじゃく)な; ひ弱な, 虚弱な

fra·gil·i·ty /frədʒíləti フラヂリティ/ 名 U もろさ; 虚弱

frag·ment B1 /frǽgmənt フラグメント/ 名 (複 **fragments** /frǽgmənts フラグメンツ/) C 破片, 断片, かけら; 未完成品の一部分

— /frǽgment フラグメント/ (発音 名との違いに注意) 動 (三単現 **fragments** /frǽgments フラグメンツ/; 過去·過分 **fragmented** /frǽgmentəd/; 現分 **fragmenting**) 他自 くだく, こなごなにする

派生 **fragmentary** 形

frag·men·tar·y /frǽgməntèri フラグメンテリ/ 形 破片の; 断片的な

frag·men·ta·tion /frǽgməntéiʃən フラグメンテイション/ 名 U C 破砕, 分裂

fra·grance B2 /fréigrəns フレイグランス/ 名 U C よい香り, 芳香(ほうこう)

fra·grant /fréigrənt フレイグラント/ 形 香りのよい, かんばしい

frail /fréil フレイル/ 形 (比較級 **frailer**; 最上級 **frailest**) もろい, 壊れやすい; か弱い, (道徳的に)弱い

frail·ty /fréilti フレイルティ/ 名 (複 **frailties** /fréiltiz/) ❶ U (肉体的·精神的)弱さ ❷ C (道徳的)弱点, 欠点

frame A2

/fréim フレイム/ (×フレーム)

名 (複 **frames** /fréimz/)

❶ C (窓などの) わく; 額縁; 《**frames**》(めがねの)フレーム

• a picture **frame** 額縁

❷ C (建築などの)骨組み

• the **frame** of a house 家の骨組み

❸ U C 体格

❹ C 構造, 組織

❺ C 《映画》(フィルムの) 1 こま; 《テレビ》(映像の) 1 こま

❻ C 《ボウリング》フレーム

frame of mind (一時的な)気分

frame of reference 行動[判断]の基準[枠組み]

— 動 (三単現 **frames** /fréimz/; 過去·過分 **framed** /fréimd/; 現分 **framing**) 他

❶ わくにはめる, 縁取る; 組み立てる

❷《口語》(偽の証拠をでっち上げるなどして)ぬれぎぬを着せる, はめる

❸ (計画などを)案出する

frame A to do Aを…するように作る

frame-up /fréimʌ̀p フレイマプ/ 名 C 《口語》でっち上げ

frame·work /fréimwə̀ːrk フレイムワーク/ 名 C ❶ 骨組み, 枠組み ❷ 構造, 組織

franc /frǽŋk フランク/ 名 C フラン 《◆フランスの旧貨幣単位》

France 中 /frǽns フランス | fráːns フラーンス/ 名 フランス 《◆首都パリ (Paris)》

派生 **French** 形

fran·chise /frǽntʃaiz フランチャイズ/ 名 ❶ U 《ふつう **the franchise**》 公民権; 参政[選挙]権 ❷ C 販売特権, フランチャイズ(システム)

frank A2

/frǽŋk フランク/

形 (比較級 **franker**, **more frank**; 最上級 **frankest**, **most frank**)

率直な, 隠しだてのない, 正直な

• Please give me your **frank** opinion on the matter. その件についてどうか率直な意見を聞かせてください

to be frank (with you) 率直に言うと (=frankly speaking)

派生 **frankly** 副; 派生 **frankness** 名

Frank·en·stein /frǽŋkənstàin フランケンスタイン/ 名 フランケンシュタイン 《◆英国の作家メアリー·シェリーによる怪奇小説; またその主人公の名》

frank·furt·er /frǽŋkfərtər フランクファタ/ 名 C フランクフルトソーセージ

Frank·lin /frǽŋklin フランクリン/ 名 《**Benjamin Franklin**》 ベンジャミン·フランクリン (1706-90) 《◆米国の政治家; アメリカ独立運動につくした》

frank·ly B2 /frǽŋkli フランクリ/ 副 率直に, すなおに, ざっくばらんに

• If you have anything to say, say it **frankly**. 言うことがあるなら，はっきり言いなさい

frankly speaking 率直に言えば

• **Frankly speaking**, I don't like this picture. 正直なところ，私はこの絵は好きじゃない

派生 **frank** 形

frank·ness /frǽŋknəs フランクネス/ 名U 率直さ 派生 **frank** 形

fran·tic /frǽntik フランティク/ 形 半狂乱の，気も狂わんばかりの; 熱狂した; 大あわての，死にもの狂いの

fránticaly B2 副 半狂乱になって，血迷って

fra·ter·nal /frətə́ːrnəl フラターナル/ 形 兄弟の; 友愛の

fratérnally 副 兄弟のように

fra·ter·ni·ty /frətə́ːrnəti フラターニティ/ 名 (複 **fraternities** /frətə́ːrnətiz/) ❶U 《文章》友愛，同胞愛 ❷C 《米》フラターニティ (◆男子大学生の社交クラブ) (❗女子学生の社交クラブは sorority)

frat·er·nize /frǽtərnàiz フラタナイズ/ 動 自 〔…と〕親しくする《*with*》

fraud B2 /frɔ́ːd フロード/ 名U 詐欺(さぎ)，欺瞞(ぎまん); C 詐欺行為

fraud·u·lent /frɔ́ːdʒələnt フローヂュレント/ 形 詐欺の，不正な

fráudulently 副 不正に

fraught /frɔ́ːt フロート/ 形 ❶〔問題・困難・危険などに〕満ちている《*with*》(❗名詞の前には用いない) ❷《口語》心配している

fray[1] /fréi フレイ/ 動 (三単現 **frays** /fréiz/; 過去・過分 **frayed** /fréid/; 現分 **fraying**)

❶他 (布・縄などを)すり切れさせる，ほつれさせる; 自 (布・縄などが)すり切れる，ほつれる ❷他 (神経を)すり減らす; 自 (神経が)すり減る

fray[2] /fréi フレイ/ 名 (複 **frays** /fréiz/) C 《文章》いさかい，けんか，争い，口論，乱闘 ***enter*** [***join***] ***the fray*** 口論[乱闘]に加わる

freak B2 /fríːk フリーク/ 動 ❶他《口語》(人を)うろたえさせる，パニクらせる，ぎょっとさせる ❷自《口語》うろたえる，ショックを受ける; 自制心をなくす《*out*》

— 名C ❶変わったもの，珍しいこと ❷《口語》変わり者，変人 ❸《口語》熱狂的ファン，マニア

— 形 変わった，異常な

freck·le /frékl フレクル/ 名C 《しばしば **freckles**》そばかす，しみ

free A1 中

/fríː フリー/

意味マップ

形 ❶自由な
❷障害のない
❸無料の
❹ひまな
❺あいている
❻おおまかな
❼形式にこだわらない

副 無料で; 自由に

動 自由にする

— 形 (比較級 **freer**; 最上級 **freest**)

❶自由な; 束縛されていない，つながれていない (↔**bound**[3])

• set A **free** Aを逃してやる

❷自由に通行できる，障害のない

❸無料の

• Admission **Free**. 《掲示》入場無料

❹ひまな，仕事のない (↔**busy**)

• I am **free** this afternoon. 私はきょうの午後はひまだ

❺(部屋・席などが)あいている，使っていない

❻〔…に〕おおまかな，気前のいい，物惜しみしない《*with*》

❼形式にこだわらない，のびのびした

be free to *do* 自由に…することができる

feel free to *do* 自由に…してもよい(と思う)

free and easy のんびりした; くったくのない

free from ... …がない，…をまぬかれて[た]，…の束縛[負担]のない，…に悩まされない

• I'm now quite **free from** pain. 私は

まったく痛みがなくなりました

free of ... …がない; …を免除された; …に自由に出入りできる, …を自由に使用できる

• Meals will be provided **free of** charge. 食事は無料で供給されます

set ... free …を自由にする, …を解放する

• The prisoner was **set free**. 囚人(しゅうじん)は釈放された[自由の身になった]

— 副 (比較級 **freer**; 最上級 **freest**) 無料で; 自由に

for free ただで, 無料で

— 動 (三単現 **frees** /fríːz/; 過去・過分 **freed** /fríːd/; 現分 **freeing**) 他 〔…から〕自由にする, 解放する《*from*》

派生 **freedom** 名; 派生 **freely** 副

frée ágent 名 C 《米》自由契約選手

free·dom A2 高

/fríːdəm フリーダム/

名 (複 **freedoms** /fríːdəmz/)

❶ U C 自由 ⇨**liberty**

• restrict **freedom** of speech 言論の自由を制限する

• **freedom** of the press 報道の自由

• **freedom** of expression 表現の自由

• political **freedom** 政治的自由

❷ U 解放; (義務などの)免除

• **freedom** from fear [pain] 恐怖[痛み]からの解放

❸ U (出入りや使用の)自由

• **freedom** of choice 選択の自由

派生 **free** 形

Fréedom Tráil 名 《**the** をつけて》フリーダムトレイル《◆米国ボストン(Boston)の中心街から北へのびる「歴史の道」; アメリカ独立戦争にちなむ名所旧跡がある》

frée fáll 名 U 自然落下; 急速な下落

free·hand /fríːhæ̀nd フリーハンド/ 形 副 (器具を使わず)手で(描いた)

free·lance /fríːlæ̀ns フリーランス/ 形 フリー(ランス)の, 専属契約をしていない —名 C フリーランサー

—動 自 専属契約なしで働く

free·lanc·er /fríːlæ̀nsər フリーランサ/ 名 (=freelance)

free·ly B1 高 /fríːli フリーリ/ 副

❶ 自由に, 好きなように; じゃまされずに

• They passed **freely** through the gate. 彼らはその出入り口を自由に通った

❷ 率直に; 進んで

❸ おしげもなく, 大量に

free·style /fríːstàil フリースタイル/ 名 U 《スポーツ》(水泳の)自由形; (レスリング・スキーの)フリースタイル

— 形 自由形[フリースタイル]の

free·way /fríːwèi フリーウェイ/ 名 C 《米》高速道路 (=《英》expressway, motorway) (! この場合の free は「無料の」の意味ではなく「信号のない (free from signals)」の意味)

freeze A2 高

/fríːz フリーズ/ 動 (三単現 **freezes** /fríːzəz/; 過去 **froze** /fróuz/; 過分 **frozen** /fróuzn/; 現分 **freezing**)

❶ 自 凍る, 氷が張る; 他 凍らせる; 冷凍する

• **freeze** fish in a freezer 冷凍庫で魚を冷凍する

• Does this pizza **freeze** well? このピザ冷凍しても大丈夫かしら

❷ 自 《it を主語にして》(天候が)ひどく冷える

❸ 自 こごえる; 他 こごえさせる

❹ 自 (恐怖などで)こわばる, 動かなくなる; 他 (恐怖などが)こわばらせる, 動けなくする

• "**Freeze!**"「動くな！」

❺ 他 (賃金・物価などを)一定水準に凍結する; (預金・外国資産などを)凍結する

freeze up 態度がよそよそしくなる

freeze-dry /fríːzdrái フリーズドライ/ 動 (三単現 **freeze-dries** /fríːzdráiz/; 過去・過分 **freeze-dried** /fríːzdráid/; 現分 **freeze-drying**) 他 (食品を)冷凍乾燥させる — 形 フリーズドライの

freez·er B1 /fríːzər フリーザ/ 名 (複 **freezers** /fríːzərz/) C 冷凍庫, (冷蔵庫などの)冷凍室, フリーザー

freez·ing B1 /fríːziŋ フリーズィング/ 形 凍るように寒い; (雨が)氷混じりの; 《副詞的》凍るように
— 名 U 凍結; 氷点 (=freezing point)

fréezing pòint 名 C 氷点 《♦0℃》 ⇨**boiling point**, **melting point**

freight /fréit フレイト/ 名 U 貨物; 貨物輸送; 貨物運送料; C 《米》貨物列車 (=freight train)
— 動 他 運送する

freight·er /fréitər フレイタ/ 名 C 貨物船; 輸送機

fréight tràin 名 C 貨物列車

French 中 /fréntʃ フレンチ/ 形 ❶フランスの ❷フランス人[語]の
— 名 ❶ U フランス語
❷《**the French**》《複数扱い》フランス国民《♦全体》⇨**Frenchman**
派生 **France** 名

Frénch fríes 名 《複数扱い》《米》フレンチフライ, フライドポテト (=《英》(potato) chips)

French·man /fréntʃmən フレンチマン/ 名 (複 **Frenchmen** /fréntʃmən/) C (1人の)フランス人 (❗女性は Frenchwoman)

Fréńch Revolútion 名 《**the** をつけて》フランス革命《♦1789年に王政を倒した大革命》

Fréńch tóast 名 U 《料理》フレンチトースト

French·wom·an /fréntʃwùmən フレンチウマン/ 名 (複 **Frenchwomen** /fréntʃwìmən/) C フランス人の女性

fre·net·ic /frənétik フレネティク/ 形 異常に興奮した, 熱狂した, 逆上した

fren·zied /frénzid フレンズィド/ 形 狂乱した, 熱狂した
frénziedly 副 熱狂的に

fren·zy /frénzi フレンズィ/ 名 《単数形で》狂乱, 逆上, 熱狂, 激しい興奮

fre·quen·cy B1 /fríːkwənsi フリークウェンスィ/ 名 (複 **frequencies** /fríːkwənsiz/) U 頻繁(ひんぱん)さ, 頻発, しばしば起こること; C 頻度; C 周波数
派生 **frequent** 形

fre·quent B1 /fríːkwənt フリークウェント/ 形 頻繁(ひんぱん)な, たびたびの, しばしば起こる; 常習的な
- I have **frequent** headaches. しょっちゅう頭痛がします

— /frikwént フリクウェント/ 動 (三単現 **frequents** /frikwénts フリクウェンツ/; 過去・過分 **frequented** /frikwéntəd/; 現分 **frequenting**) 他 《文章》
しばしば訪れる, よく出入りする
派生 **frequency** 名
派生 **frequently** 副

fre·quent·ly B1 /fríːkwəntli フリークウェントリ/ 副 しばしば, 頻繁(ひんぱん)に (❗often より形式的な語)
- He **frequently** visited our office in those days. 彼は当時私たちのオフィスを頻繁に訪れていました

派生 **frequent** 形

fres·co /fréskou フレスコウ/ 名 (複 **frescos**, **frescoes** /fréskouz/) U 《美術》フレスコ画法; C フレスコ画

fresh A2 高

/fréʃ フレシュ/
形 (比較級 **fresher**; 最上級 **freshest**)
❶出来たての, 生みたての; 加工してない, 生の
- a **fresh** egg 生みたての卵
- **Fresh** Paint. 《掲示》《英》ペンキぬりたて (=《米》Wet Paint)

❷新しい, 新鮮な (↔**stale**); さわやかな
- **fresh** air 新鮮な[さわやかな]空気

❸(食品・水が)塩気のない, 塩分のない
- **fresh** water 真水, 淡水(たんすい)

❹新参の; 未熟な; 〔…を〕出たての 《*from*》

feel fresh やる気でいっぱいである
— 副 新たに, 新しく; …したばかりで

fresh·en /fréʃən フレシュン/ 動 他 新鮮にする, 一新させる; 涼しさを増す; 自 元気づく; こざっぱりする
freshen oneself up (着替えなどをして)さっぱりした気持ちになる

fresh·ly /fréʃli フレシュリ/ 副 新しく; 新

鮮に，さわやかに

fresh·man B1 /fréʃmən フレシュマン/ 名 (複 **freshmen** /fréʃmən/) C《米》
❶ (大学・高校の) 1年生 (❗女子学生にもいう) ⇨**senior** 参考
❷ 新人，新入社員; 初心者 (❗女性にもいう)

fresh·ness /fréʃnəs フレシュネス/ 名 U 新鮮さ; すがすがしさ; 鮮明さ

fresh·wa·ter /fréʃwɔ̀:tər フレシュウォータ/ 形 真水の，淡水の (↔**salt water**)

fret[1] /frét フレト/ 動 (三単現 **frets** /fréts フレツ/; 過去・過分 **fretted** /frétəd/; 現分 **fretting**) 他自 いらいらさせる[する]; やきもきさせる[する]; 気をもむ，思い悩む
━名《単数形で》いらだち; 焦燥(しょうそう)

fret[2] /frét フレト/ 名 C《楽器》フレット《◆弦楽器》━動 (三単現 **frets** /fréts フレツ/; 過去・過分 **fretted** /frétəd/; 現分 **fretting**) 他 (楽器に)フレットを付ける

fret·ful /frétfəl フレトフル/ 形 いらいらした; 怒りっぽい

Freud /frɔ́id フロイド/ 名《**Sigmund** /スィグマンド/ **Freud**》フロイト (1856-1939)《◆オーストリアの医学者; 精神分析学の基礎をつくった》

Fri.《略》Friday 金曜日

fri·ar /fráiər フライア/ 名 C 托鉢(たくはつ)修道士

fric·tion /fríkʃən フリクション/ 名 U 摩擦; C あつれき，不和

Fri·day A1 中

/fráidei フライデイ, fráidi フライディ/
名 (複 **Fridays** /fráideiz/) C U
金曜日;《形容詞的》金曜日の (❗詳しい用法は Tuesday を参照)
- on **Friday** 金曜日に
- on **Friday** morning 金曜日の朝に
- next [last] **Friday** この次の[この前の]金曜日(に) (❗「この次の[この前の]金曜日に」を ×*on* next [last] Friday としない)
- on **Fridays** 毎週金曜日に，金曜日にはよく (❗「…曜日にはいつも[よく]」という意味のときには複数形 (Fridays) にする)

fridge A2

/frídʒ フリヂ/ 名 (複 **fridges** /frídʒəz/) C《口語》冷蔵庫
語源 refrigerator を短くした語

fried A2 高

/fráid フライド/ 形 油で揚げた，揚げ物の; 油で料理した[いためた]
- **fried** rice チャーハン，焼き飯
- **fried** eggs 目玉焼き

━動 fry[1]の過去形・過去分詞

friend A1 中

/frénd フレンド/ (×フリエンド)
(発音 -ie- は /e エ/ と発音する)
名 (複 **friends** /fréndz フレンヅ/) C
❶ 友人，友達 ⇨**acquaintance**
- my **friend** 私の友人 (❗「特定の友人」をさすときの言い方)
- a **friend** of mine 私の友人(の1人) (❗単に「自分の友人の中の1人の友人」というときの言い方; ×*a my* friend, ×*my a* friend としない)
- My **friend** Ken called yesterday. 私の友人のケンがきのう訪ねて来た (×*A friend of mine* Ken ... としない)
- A **friend** in need is a **friend** indeed.《ことわざ》まさかの時の友こそ真の友

❷ 味方，同情者 (↔**enemy**, **foe**)
❸《呼びかけなどで》君，あなた; みなさん; 友よ

be friends (***with ...***) (…と)友達である
- **I am friends with** Ken. 私はケンと友達です

make [***become***] ***friends*** (***with ...***) (…と)仲良しになる

派生 **friendly** 形

friend·less /fréndləs フレンドレス/ 形 友達のいない

friend·li·ness B1 /fréndlinəs フレンドリネス/ 名 U 友情; 親切; 友好，親善

friend·ly B2 中 /fréndli フレンドリ/ 形 (比較級 **friendlier**, **more friendly**; 最上級 **friendliest**, **most friendly**) 親しい;

親しみのある, 好意的な; 親切な, 人なつこい (↔unfriendly, hostile)
- behave in a **friendly** way 親しそうにふるまう
- a **friendly** nation 友好国
- She is **friendly** to everybody. 彼女はだれにでもほがらかだ

派生 **friend** 名

-friendly 《他の語と結びついて》「…に役立つ[優しい]」の意味

friend·ship A2 中

/fréndʃìp フレンドシプ/
名 (複 **friendships** /fréndʃìps/) U C
友情, 友愛; 親しい交わり, 親交; 友好関係

コロケーション
形+**friendship**
a close *friendship* 親密な友情
a lasting *friendship* ずっと続く友情
a lifelong *friendship* 一生涯にわたる友情
動+**friendship**
form a *friendship* 友情を結ぶ
build [develop] a *friendship* 友情をはぐくむ

fries /fráiz フライズ/ 動 fry[1]の三人称単数現在形

frieze /fríːz フリーズ/ 名 C 《建築》帯状装飾(壁)

frig·ate B2 /frígət フリゲト/ 名 C 《海軍》フリゲート艦 《♦小型の高速護衛艦》

fright B1 /fráit フライト/ 名 U 突然の驚き, 恐怖; C 恐怖の体験

fright·en A2 高

/fráitn フライトン/ 動 (三単現 **frightens** /fráitnz/; 過去・過分 **frightened** /fráitnd/; 現分 **frightening**) 他
❶ひどくびっくりさせる, こわがらせる, ぎょっとさせる; 文型 [**be frightened by** [**at**] **...**] …にぎょっとする
- He **was frightened by** the strange sound. 彼は聞き慣れない音にぎょっとした

❷おどして追い払う 《*away*》; おどして…させる 《*into*》; おどして…させない 《*out of*》
- **frighten** birds **away** 鳥を驚かせて飛び去らせる

fright·ened A2

/fráitnd フライトンド/ 形
おびえた, こわがった; ぞっとした
- a **frightened** child おびえた子ども

fright·en·ing A2

/fráitniŋ フライトニング/ 形
恐ろしい, おびえさせる; ぞっとさせる
- a **frightening** experience 恐ろしい体験

fright·en·ing·ly /fráitniŋli フライトニングリ/ 副 恐ろしいほど; ぎょっとして, 怖がって

fright·ful /fráitfəl フライトフル/ 形 いやな, 不快な; ぞっとするような, 恐ろしい; すごい

fright·ful·ly /fráitfəli フライトフリ/ 副 《英》《古風》ひどく, とても (=very)

frig·id /frídʒəd フリヂド/ 形 非常に寒い, 極寒の; 冷淡な; 不感症の

fri·gid·i·ty /fridʒídəti フリヂディティ/ 名 U 厳寒, 寒冷; 冷淡; 不感症

frill /fríl フリル/ 名 C
❶(えり・そで口などの)ひだ飾り, フリル
❷《**frills**》無用の飾り; 余計なもの

frill·y /fríli フリリ/ 形 ひだ飾りのたくさんついた

fringe /fríndʒ フリンヂ/ 名 C (ショール・テーブル掛けなどの)ふさべり, ふさ飾り; ふち, へり
— 動 他 ふさ飾りを付ける; ふちどる

frínge bènefit 名 C 付加給付 《♦有給休暇・年金など本給以外の特典》

Fris·bee /frízbiː フリズビー/ 名 C 《商標》フリスビー

frisk /frísk フリスク/ 動 他 《口語》(武器・麻薬を所持していないか)衣服の上から触って調べる, ボディーチェックする; 自 とびはねる

frit·ter[1] /frítər フリタ/ 動 他 (お金・時間などを)むだづかいする 《*away*》

frit·ter[2] /frítər フリタ/ 名C 《料理》フリッター《♦揚げ物》

fri·vol·i·ty /friváləti フリヴァリティ/ 名 (複 **frivolities** /friváləitiz/) ❶U 軽薄, ふまじめ ❷C 《ふつう **frivolities**》ふまじめな言動, たわいない気晴らし

friv·o·lous /frívələs フリヴォラス/ 形
❶(人・行為が)軽薄な, ふまじめな
❷(議論などが)くだらない, つまらない

friz·zy /frízi フリズィ/ 形 (比較級 **frizzier**; 最上級 **frizziest**)《口語》(髪が)縮れた

fro /fróu フロウ/ 副《次の成句で》
to and fro 前後へ; あちこちに; 行ったり来たり

frock /frák フラク/ 名C 《古風》フロック《♦ワンピースのドレス》

fróck còat 名C フロックコート

frog A1高

/frɔ́ːg フローグ, frág フラグ|frɔ́g フログ/ 名 (複 **frogs** /frɔ́ːgz/) C 《動物》カエル

関連語› 単語力
tadpole オタマジャクシ
tree frog アマガエル
toad ヒキガエル

have a frog in the [one's] throat 《口語》(のどをいためて)声がしわがれている

frol·ic /frálik フラリク/ 動 (三単現 **frolics** /fráliks/; 過去・過分 **frolicked** /frálikt/; 現分 **frolicking**) 自 浮かれ騒ぐ; ふざけ回る《*about*》
―名C 浮かれ騒ぎ

from A1中

/frəm フラム; 《強》frʌ́m フラム, frám フラム|frɔ́m フロム/ 前

共通イメージ 始点

❶《出発点・起点》…から(の) (↔**to**); …から離れて; (実際に何かが行われている場所から離れて)…で(見たり聞いたりする); 《出身》(場所・家柄)出身の; (所属する組織)から来た; (基準や変化する前の状態など)から

• fly **from** Narita **to** Heathrow 飛行機で成田からヒースローへ行く

• A girl's voice was heard **from inside**. ⇨フォーカス❸ 内部から女の子の声が聞こえた

• Ken is absent **from** school today. ケンはきょう学校を休んでいます (←学校から離れたところにいて学校にはいない)

• (**far**) **away from** here ここから(はるか)遠く離れたところに

• We saw the baseball game **from behind** the backstop. ⇨フォーカス❶ 私たちはバックネット裏でその野球の試合を見た

• Where do you come **from**? どちらのご出身ですか《♦Where did you come *from*? とすると「どこから来ましたか」になる》

• This work is **far from** perfect. この作品は完璧には程遠い ⇨**far** (成句)

❷《時間》…から(の); …以来

• work **from** morning **to** [**until**, **till**] night 朝から晩まで働く

• go to school **from** Monday **to** [《米》**through**] Friday 月曜から金曜まで学校に行く

• That shop is open **from** 9:00 a.m. **to** 10:00 p.m. その店は午前9時から午後10時まであいている

❸《原因・理由》…から, …のために

• His father died **from** overwork. 彼のお父さんは過労のために亡くなった

• She is suffering **from** a cold. 彼女はかぜのために苦しんでいる[かぜをひいている]

• The fire **resulted from** a short circuit in the wiring. 火事は配線のショートによって起こった

❹《区別》…から(区別して), …と(違って)

• His opinion is quite **different from** mine. 彼の意見は私の意見からまったくかけ離れている[私の意見とまったく違う]

• It's easy to tell lions **from** tigers. ライオンとトラの違いは簡単にわかる (←ライオンをトラと区別して言うのは簡単だ)

❺《分離》…から《♦取り除く, 守る, 解放する》; …しないように

from

A1 前 /frəm フラム;《強》frʌ́m フラム, frám フラム | frɔ́m フロム/
中

意味マップ

前 ❶《出発点・起点》…から(の)(⇔ to);…から離れて;《出身》(場所・家柄)出身の
❷《時間》…から(の);…以来
❸《原因・理由》…から,…のために
❹《区別》…から(区別して),…と(違って)
❺《分離》…から;…しないように
❻《原料・材料》…から,…で

使えるコーパスフレーズ

from+前置詞・副詞

fromは他の前置詞・副詞を伴って「…から」といういろいろな場所の表現を作る

1 **from behind (...)**
(…の)後ろから

2 **from within (...)**
(…の)中から

3 **from outside [inside] (...)**
(…の)外[内](部)から

4 **from under ...**
…の下から

5 **from above [below] (...)**
(…の)上[下]から

ネイティブはこういう!

◆ **I'm from ...**
私は…出身です

◆ **come from ...**
…出身だ, …が原因だ

◆ **from the beginning**
始めから

◆ **be different from ...**
…とは違う

◆ **far from ...**
全然…でない

文 法

日本語の「…から」を英語にする時にfromでは正しくない場合がある. fromは移動や時間の推移が始まる(のが感じられる)点を示し, 到着点を示すtoといっしょに使われることが多い. 動詞が瞬間的な動作や行為を示すときはat, inなどを使う

◆ **The bank is open from nine to three.** 銀行は9時から3時まであいています

◆ **The bank opens at nine.** 銀行は9時に[から]あきます

◆ **School starts in April.** 学校は4月に[から]始まる

◆ **I took a cab from the airport to the hotel.**
空港からホテルまでタクシーで行った

◆ **I took a cab at the airport.** 空港で[から]タクシーに乗った

❶((出発点・起点・出身))…から(離れて)
❺((分離))…から

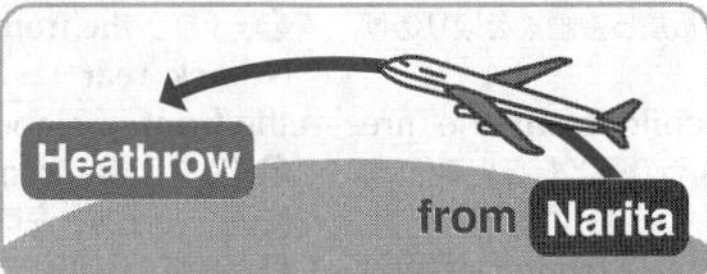

fly from Narita to Heathrow

||

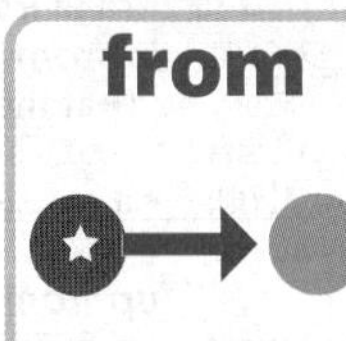

共通イメージ
始点

ある時間幅の始まりに注目

2つのものが違うものであることに注目

❷((時間))…から

That shop is open from 9:00 a.m. to 10:00 p.m.

❹((区別))…から(区別して)

tell lions from tigers

原因・原料を出発点，結果・完成品を到着点と見る

❸((原因・理由))…のために
❻((原料・材料))…から

Wine is made from grapes.

- Two **from** six is [leaves] four. 6引く2は4です (←6から2を引くと4が残る)
- The teacher took the comic book **from** me. 先生は私から漫画本を取りあげた
- He saved the child **from** the fire [drowning]. 彼はその子どもを火事[でき死]から救った
- Vitamin A keeps us **from** catching colds. ビタミンAは私たちをかぜひきから守ってくれる

❻《原料・材料》…から, …で

- Wine is made **from** grapes. ワインはブドウから造られる (❗最終的にできあがったものでも原材料が元の形を残している場合や材質を言う場合には of を使うのが原則: This plate is made *of* silver. このお皿は銀でできている)

apart from ... …は別として ⇨**apart** (成句)

from A to B (範囲が)AからBまで; AからBへと(変化する); …ごとに

- **from** head **to** foot 頭から足まで (❗AとBが対になっている場合, A=Bの場合は冠詞 a, an, the が省略される)
- **from** cover **to** cover (本の)初めから終わりまで (←表表紙から裏表紙まで)
- **from** day **to** day 一日一日, 日ごとに
- **from** time **to** time ときどき (=sometimes)
- **from** place **to** place あちこちに
- Opinions differ **from** person **to** person. 意見は人によって違う

from A to B to C (to ...) AからBやC(や…)に至るまで

from now on これからは, 今後は

from then on その時から

frond /fránd フランド/ 名C 《植物》(シダ・ヤシの)葉

front A1 中

/frʌ́nt フラント/ (×フロント) 形

前の; 前方の, 正面の

- the **front** door (家の)表ドア, 正面玄関
- the **front** seat 前の座席
- the **front** desk (ホテルなどの)フロント, 受付
- the **front** page 新聞の第1面

— 名 (複 **fronts** /frʌ́nts フランツ/) C

❶《ふつう **the front**》前部; 前面, 正面 (↔**back**, **rear**[1])

- the **front** of a house 家の正面

❷《ふつう **the front**》街路[川, 海など]に面した土地; 海岸[湖岸]遊歩道

❸(戦場の)最前線, 戦地

❹《気象》前線

in front 前に, 前の

- sit **in front** 前の席にすわる

in front of ... …の前に, …の前の (↔**at the back of**) (❗道路や川などをはさんで「前に」は opposite)

- a bus stop **in front of** the bank 銀行の前のバス停

up front 《口語》前もって; 前払いで, 前金で; はじめから, すぐに; 率直な

— 動 (三単現 **fronts** /frʌ́nts フランツ/; 過去・過分 **fronted** /frʌ́ntəd/; 現分 **fronting**)

❶ 他 …に面する; 自 〔…に〕面する《*on, upon, onto, to*》

❷ 他 〔…を〕…の正面につける《*with*》

front·age /frʌ́ntidʒ フランティヂ/ 名C (建物・地所の)正面, 間口

fron·tal /frʌ́ntəl フランタル/ 形 前面の, 正面の; 額(ひたい)の; 前線の

fron·tier B2 /frʌntíər フランティア/ 名C ❶国境, 国境地方 ❷《ふつう **frontiers**》(学問などの)最先端; 未開の分野 ❸《米》辺境, フロンティア《♦開拓時代の開拓地と未開拓地の境界地方》

frónt líne 名 《**the** をつけて》(戦闘・活動などの)最前線

front-run·ner /frʌ́ntrʌ́nər フラントラナ/ 名C (選挙などの)最有力候補

frost B1 /frɔ́ːst フロースト | frɔ́st フロスト/ 名 (複 **frosts** /frɔ́ːsts フロースツ/)

❶ U 霜; C 降霜; U 霜が降りる時期 ❷ U 寒気

— 動 (三単現 **frosts** /frɔ́ːsts フロースツ/; 過去・過分 **frosted** /frɔ́ːstəd/; 現分 **frosting**) 他 自 霜でおおう[おおわれる]

frost·bite /frɔ́ːstbàit フローストバイト/ 名 U 凍傷

frost·bit·ten /frɔ́ːstbìtn フローストビトン/ 形 凍傷にかかった

frost·ed /frɔ́ːstəd フローステド/ 形 霜でおおわれた; 霜が降りた; つや消しの, すりガラスの; 白髪の

frost·ing /frɔ́ːstiŋ フロースティング/ 名 U ❶《米》(菓子の)衣《◆砂糖・バターなどで作られる》❷(ガラスなどの)つや消し

frost·y /frɔ́ːsti フロースティ/ 形 (比較級 **frostier**; 最上級 **frostiest**) 霜の降りる, 凍りつくような; 冷たい; 白髪の

froth /frɔ́ːθ フロース/ 名《単数形で》(ビールなどの)小さな泡の集まり, あぶく
— 動 自 (液体が)泡立つ; (人・動物が)(病気で, 興奮して)口から泡を吹く

froth·y /frɔ́ːθi フロースィ/ 形 (比較級 **frothier**; 最上級 **frothiest**) 泡立つ

frown /fráun フラウン/ 動 自 顔をしかめる, まゆをひそめる
***frown on* [*upon*] ...** …にまゆをひそめる, 顔をしかめる
— 名 C しかめっつら

froze /fróuz フロウズ/ 動 freeze の過去形

fro·zen B1 高 /fróuzən フロウズン/ 形 冷凍した, 凍った, 凍らせた; 氷の張った; 動けなくなった
— 動 freeze の過去分詞

fru·gal B2 /frúːgəl フルーガル/ 形 質素な, つましい, 簡素な; 倹約する (↔**wasteful**) **frúgally** 副 質素に

fru·gal·i·ty /fruːgǽləti フルーギャリティ/ 名 U 倹約; 質素

fruit A1 中

/frúːt フルート/ (発音 -ui- は /uː ウー/ と発音する) 名 (複 **fruits** /frúːts フルーツ/)
❶ U C 果物, 果実, (木の)実
• **fruit** juice フルーツジュース, 果汁

コロケーション
形+**fruit**
canned *fruit* 缶づめの果物
ripe *fruit* 熟した果実
動+**fruit**
grow *fruit* 果物を栽培する
pick *fruit* 果物をつむ

使い方〉 **fruit**
一般的に「果物」というときは ×a fruit, ×fruits としないが, 特定の果物や種類の違う果物をいうときは数えられる名詞として扱うこともある:
Is tomato **a fruit** or a vegetable? トマトは(一種の)果物ですか野菜ですか
I went to the supermarket and bought several different **fruits**. 私はスーパーへ行って果物を何種類か買った

❷ C《しばしば **fruits**》成果, 結果
bear fruit (植物が)実をつける; (努力などが)実を結ぶ
— 動 (三単現 **fruits** /frúːts フルーツ/; 過去・過分 **fruited** /frúːtəd/; 現分 **fruiting**) 自 (植物が)実を結ぶ
派生 **fruitful**, **fruity** 形

fruit·cake /frúːtkèik フルートケイク/ 名 U C フルーツケーキ

fruit·er·er /frúːtərər フルータラ/ 名 C《英》果物商; 果物屋さん

fruit·ful /frúːtfəl フルートフル/ 形 ❶ 実り多い, 有益な, 内容が濃い (↔**fruitless**) ❷ よく実のなる, 作物のよくできる, (土地が)肥沃な (↔**fruitless**)
派生 **fruit** 名
frúitfully 副 実り多く, 有益に

fru·i·tion /fruːíʃən フルーイション/ 名 U《文章》(目標・希望などの)達成, 実現

fruit·less /frúːtləs フルートレス/ 形 効果のない, 成果の上がらない; 不毛の; 実を結ばない (↔**fruitful**)
frúitlessly 副 むだに, 効果なく
frúitlessness 名 効果のないこと

fruit·y /frúːti フルーティ/ 形 (比較級 **fruitier**; 最上級 **fruitiest**) 果物の味[香り]がする; (声が)甘ったるい
派生 **fruit** 名

frus·trate /frʌ́streit フラストレイト/ 動 他 失敗させる, 挫折(ざせつ)させる; 欲求不満にさせる 派生 **frustration** 名

frus·trat·ed B1 /frʌ́streitəd フラストレイテド|frʌstréitəd フラストレイテド/ 形 いらいらした, 不満のたまった; 挫折(ざせつ)[失敗]した
派生 **frustration** 名; 派生 **frustrate** 動

frus·trat·ing /frʌ́streitiŋ フラストレイティング/ 形 失望させる(ような), がっかりさせる

frus·tra·tion B1 /frʌstréiʃən フラストレイション/ 名 (複 **frustrations** /frʌstréiʃənz/) U C 挫折(ざせつ); 幻滅; 欲求不満, フラストレーション
派生 **frustrate** 動

fry[1] A2 高
/frái フライ/ 名 (複 **fries** /fráiz/) C
揚げ物, フライ
— 動 (三単現 **fries** /fráiz/; 過去・過分 **fried** /fráid/; 現分 **frying**) 他
(フライパンで)いためる, 焼く; 油で揚げる, フライにする; 自 いためられる, 焼ける; 揚がる
日英比較 「油でいためる」や「油で揚げる」の両方に使うが,「天ぷら」のように油に浸して揚げることをはっきりいう場合は deep-fry という ⇨**fried**

fry[2] /frái フライ/ 名 (複 **fry**) C 稚魚, 幼魚

frýing pàn B1 名 C フライパン

frý pàn 名 (=frying pan)

ft. 《略》 foot, feet フィート
- 1 ft. 1フィート (❗one foot と読む)
- 2 ft. 2フィート (❗two feet と読む)

fuck /fʌ́k ファク/ 動 自 他 《卑語》 性交する
fuck off 《命令文で》 うせろ, じゃまだ
— 名 C 《卑語》 性交 (❗four-letter word の代表語; この語の使用は避ける)

fuck·ing /fʌ́kiŋ ファキング/ 形 《卑語》 いまいましい, ひどい (❗この語の使用は避ける) — 副 《卑語》 ひどく

fud·dy-dud·dy /fʌ́didʌ̀di ファディダディ/ 名 (複 **fuddy-duddies** /fʌ́didʌ̀diz/) 《口語》 時代遅れの人, 頭の古い人

fudge /fʌ́dʒ ファヂ/ 名 U ファッジ (◆やわらかいキャンディー)
— 動 他 (問題などを)そらす; (数字などを)ごまかす

fu·el B1 高 /fjúːəl フューエル/ 名 (複 **fuels** /fjúːəlz/) U C 燃料 (❗石油などばかりでなく, まきなども含む)
add fuel to the fire [*flames*] 火に油を注ぐ, 状況をひどくする
— 動 (三単現 **fuels** /fjúːəlz/; 過去・過分 **fueled**, 《英》 **fuelled** /fjúːəld/; 現分 **fueling**, 《英》 **fuelling**) 他 自
❶ (感情などを)あおる, 拍車をかける
❷ 燃料を供給[補給]する

fu·gi·tive /fjúːdʒətiv フューヂティヴ/ 名 C 逃亡者

ful·crum /fúlkrəm フルクラム/ 名 (複 **fulcrums** /fúlkrəmz/, **fulcra** /fúlkrə/) C (てこの)支点

ful·fill, 《英》 **ful·fil** B2 /fulfíl フルフィル/ 動 (三単現 **fulfills**, 《英》 **fulfils** /fulfílz/; 過去・過分 **fulfilled** /fulfíld/; 現分 **fulfilling**) 他 ❶ (約束・望みなどを)果たす, 成しとげる; 履行する ❷ (目的などに)かなう; (要求を)実現させる
fulfill oneself 自分の能力を十分に発揮する

ful·fill·ment, 《英》 **ful·fil·ment** /fulfílmənt フルフィルメント/ 名 U C (約束・望みなどの)実現, 実行; (任務などを)果たすこと, 遂行, 成就(じょうじゅ); (成功後の)充足感

full A1 中
/fúl フル/ 形 (比較級 **fuller**; 最上級 **fullest**)
❶ いっぱいの, 満ちた (↔**empty**)
- eyes **full of** tears 涙でいっぱいの目
- The theater was **full**. 劇場は満員だった
- Don't speak with your mouth **full**. 口に物をいっぱいいれてしゃべるな

文型 [**be full of A**] Aでいっぱいである, 満ちている; Aに富む
- The bottle **was full of** milk. びんは牛乳でいっぱいだった

比較 I **filled** the bottle **with** milk. びんを牛乳でいっぱいにした (❗「満たす, 満ちる」は fill)
❷ 完全な, 最大限の
- three **full** weeks まる3週間
- (at) **full** speed 全速力で

❸ (顔などが)ふっくらした; (衣服などが)ゆったりした
— 名 U 十分; 絶頂

in full (省略しないで)完全に
to the full [***fullest***] 十分に, 完全に, 心ゆくまで
一 副 真っ向から, まともに
派生 fully 副
full-blood·ed /fúlblʌ́dəd フルブラデド/ 形 情熱的な; 威勢のいい, 血気盛んな; 純血種の (! 名詞の前に用いる)
fúll-blówn 形 十分に発達した; 完全な
fúll-flédged 形《米》十分に発展[発達]した, 確立した; 十分訓練を積んだ
full-grown /fúlgróun フルグロウン/ 形 十分成長した
fúll hóuse 名 C (劇場などの)満員, 大入り
full-length /fúlléŋθ フルレングス/ 形 等身大の; (衣服が)床まで届く; (映画などが)削除[省略]なしの
fúll móon 名《a や the をつけて》満月
full·ness /fúlnəs フルネス/ 名 U 満ちること; 満腹; 満足; (体型の)ふくよかさ
fúll-scále 形 実物[等身]大の; 全面的な (! 名詞の前に用いる)
fúll stóp B1 名 C《英》《口語》終止符, ピリオド (=《米》period)
fúll-tíme B1 形 常勤の, フルタイムの; 専任の (!「非常勤の, パートの」の場合は part-time)
一 副 常勤で, 専任で

ful·ly A2 高

/fúli フリ/ 副 十分に (=to the full); すっかり, まるっきり; たっぷり
派生 full 形
fum·ble /fʌ́mbl ファンブル/ 動 自 (不器用な手つきで)さがす, 手探りする; 不器用にいじる
fume B2 /fjúːm フューム/ 名 C《ふつう fumes》(悪臭を放ち有害な)煙, ガス, 蒸気
一 動 自《口語》怒る, いきりたつ
fu·mi·gate /fjúːməgèit フューミゲイト/ 動 他 (殺虫・殺菌のために)燻蒸(くんじょう)(消毒)する
fu·mi·ga·tion /fjùːməgéiʃən フューミゲイション/ 名 U 燻蒸(くんじょう)(消毒)

fun A1 中

/fʌ́n ファン/ 名 U
おもしろいこと[人]; 楽しさ, ゆかいさ, 楽しい思い; 戯れ, 冗談
• Camping is a lot of **fun**. キャンプはすごく楽しい
• Let's have **fun** with music and games. 音楽やゲームで楽しく遊ぼうよ
for fun 楽しみのために
in fun 冗談で, おもしろ半分に
make fun of ... …をからかう, ひやかす
派生 funny 形

func·tion A2 高

/fʌ́ŋkʃən ファンクション/ 動 (三単現 **functions** /fʌ́ŋkʃənz/; 過去・過分 **functioned** /fʌ́ŋkʃənd/; 現分 **functioning**) 自
機能する, 動作する
• The machine **functions** well. その機器はちゃんと作動している
一 名 (複 **functions** /fʌ́ŋkʃənz/) C
❶ 機能, 働き; 役目; 《数学》関数
• the **function** of the brain 脳の機能
❷ 儀式, 式典
func·tion·al B2 /fʌ́ŋkʃənəl ファンクショナル/ 形 機能上の; 実用的な; 《数学》関数の
func·tion·ar·y /fʌ́ŋkʃənèri ファンクショネリ/ 名 (複 **functionaries** /fʌ́ŋkʃənèriz/) C 《ふつう軽べつ的に》職員, 官吏; 小役人
fúnction wòrd 名 C《文法》機能語 (◆前置詞・接続詞など)
fund B1 高 /fʌ́nd ファンド/ 名 (複 **funds** /fʌ́ndz ファンヅ/) C
❶ 資金, 基金
• They raised **funds** for the victims of the earthquake. 彼らは地震の被害者のために資金を集めた
❷《**funds**》財源, (手持ちの)資金
❸ (知識や技術などの)蓄積
一 動 (三単現 **funds** /fʌ́ndz ファンヅ/; 過去・過分 **funded** /fʌ́ndəd/; 現分 **funding**) 他
(活動・組織などに)資金援助する

fun·da·men·tal B2 /fʌ̀ndəméntl ファンダメントル/ 形 根本的な, 基本的な, 基礎的な; 重要な
— 名C《しばしば **fundamentals**》基礎, 基本; 根本, 原理
fùndaméntally 副 根本[基本]的に(は)

fun·da·men·tal·ism /fʌ̀ndəméntəlìzm ファンダメンタリズム/ 名U ファンダメンタリズム, 根本主義; (イスラム)原理主義

fun·da·men·tal·ist /fʌ̀ndəméntəlist ファンダメンタリスト/ 名C 根本[原理]主義者

fund·ing /fʌ́ndiŋ ファンディング/ 名U (政府・公的機関による)財政支援, 公的資金

fúnd-ràising 名U 資金調達

fu·ner·al B1 /fjúːnərəl フューネラル/ 名(複 **funerals** /fjúːnərəlz/) C 葬式, 葬儀

fúneral dirèctor 名C 葬儀屋さん (=undertaker)

fúneral hòme [pàrlor] 名C《米》葬儀店

fu·ne·re·al /fjuːníəriəl フューニアリアル/ 形 葬式にふさわしい; 陰気な

fun·gal /fʌ́ŋgəl ファンガル/ 形 菌(類)の, 菌による

fun·gi /fʌ́ndʒai ファンヂャイ, fʌ́ŋgai ファンガイ/ 名 fungus の複数形

fun·gus /fʌ́ŋgəs ファンガス/ 名(複 **fungi** /fʌ́ndʒai, fʌ́ŋgai/, **funguses** /fʌ́ŋgəsəz/) C キノコ; U 菌類

funk B2 /fʌ́ŋk ファンク/ 名U ファンク《◆ジャズ・アフリカ音楽をベースにしたビートの効いたポップミュージック》

funk·y B2 /fʌ́ŋki ファンキ/ 形(比較級 **funkier**; 最上級 **funkiest**)《口語》かっこいい, いかす;《音楽》ファンキーな

fun·nel /fʌ́nl ファヌル/ 名C ❶ じょうご ❷ (機関車・船のじょうご形の)煙突

fun·ni·ly /fʌ́nili ファニリ/ 副 奇妙に

fun·ny A1 中

/fʌ́ni ファニ/
形(比較級 **funnier**; 最上級 **funniest**)
❶ こっけいな, おかしい
• a **funny** story こっけいな話

どっち
funny と **fun**
funny は「笑い」をひき起こすものや人について「おかしい」という語(形容詞):
That clown is very **funny**. あの道化師はとても愉快だ
fun は愉快な気分にしてくれるできごとや人の「楽しさ, おもしろさ」をいう語(名詞):
We had a lot of **fun** at the party. 私たちはパーティーをすごく楽しんだ

❷ 妙な, 変な (=strange);《口語》あやしい, 不審な
• It's **funny** that Meg didn't come. メグが来なかったのは変だ
❸ (体調・気分が)おかしい, 少し具合が悪い
— 名(複 **funnies** /fʌ́niz/) C《口語》おかしい話;《**the funnies**》《米》《口語》(新聞の)漫画欄
派生 **fun** 名

fur B1 高 /fə́ːr ファー/ 名(複 **furs** /fə́ːrz/)
❶ U 毛皮
❷ C《ふつう **furs**》毛皮製品《◆コート, えり巻きなど》

fu·ri·ous B2 /fjúəriəs フュアリアス/ 形 猛烈な, 激しい; すごく怒った, 激怒した

fu·ri·ous·ly B2 /fjúəriəsli フュアリアスリ/ 副 猛烈に; 激怒して

furl /fə́ːrl ファール/ 動他《文章》(旗・帆などを)巻き上げる

fur·long /fə́ːrlɔːŋ ファーローング/ 名C《単位》ファーロング, ハロン《◆競馬などで使われる; 約 201 メートル》

fur·lough /fə́ːrlou ファーロウ/ 名UC (特に外国で働く公務員・軍人などの)休暇

fur·nace /fə́ːrnəs ファーネス/ 名C 炉(ろ), かまど; 溶鉱炉; (暖房用)ボイラー; 酷熱の場所; 厳しい試練

fur·nish B1 /fə́ːrniʃ ファーニシュ/ 動他 (三単現 **furnishes** /fə́ːrniʃəz/; 過去・過分 **furnished** /fə́ːrniʃt/; 現分 **furnishing**)
❶ (家・部屋に)家具を備えつける
• The room is beautifully **furnished**. その部屋には美しい家具が備えつけてある

文型 [**furnish A with B**] A(部屋など)にBを備えつける
❷ 供給する

fur·nished /fə́ːrniʃt ファーニシュト/ 形 家具を備え付けた, 家具付きの
• **Furnished** House (貸し家広告で)家具付きの家
日英比較 英米の賃貸家屋[マンション]の広告で, furnished とあるのは,「食器だな, テーブル, いす, 冷蔵庫, ガスオーブン, ベッド, 電気器具など」が付いていること

fur·nish·ings /fə́ːrniʃiŋz ファーニシングズ/ 名《複数扱い》家具, 設備《♦カーペット, カーテン, 浴室, 水道, 電話なども含む》

fur·ni·ture A2

/fə́ːrnitʃər ファーニチャ/ (×ファニチャー) 名 U 家具; (事務室などの)室内備品 (❗机, いす, ソファー, たんす, テーブル, 食器だな, ロッカー, 本箱, ベッドなどを総称することばで, 単数に扱う)
• a piece [an article] of **furniture** 家具一点 (×*a* furniture としない)
• We don't have much **furniture**. うちには家具があまりない (×*many* furnitures としない)

参考› 数えられない集合名詞
bedding 寝具; clothing 衣類; equipment 装置; furniture 家具; stationery 文房具; tableware 食器類 (❗これらの語は a [an] をつけたり複数形にしたりしない)

関連語› 単語力
desk 机
table テーブル
chair いす
bed ベッド
bookshelf 本だな
cupboard /kʌ́bərd カバド/ 食器だな; 戸だな
chest of drawers たんす
wardrobe 洋服だんす
dresser 《米》鏡台; 《英》食器だな

fu·ror B2 /fjúərɔːr フュアロー/ 名《単数形で》(人々の)激しい反響, 強い怒り; 興奮, 熱狂

fur·row /fə́ːrou ファーロウ/ 名 C (うねの間の)溝; わだち; (額の)深いしわ
━ 動 他 (畑に)すきでうねを立てる; (顔・額などに)しわを寄せる

fur·ry /fə́ːri ファーリ/ 形 (比較級 **furrier**;

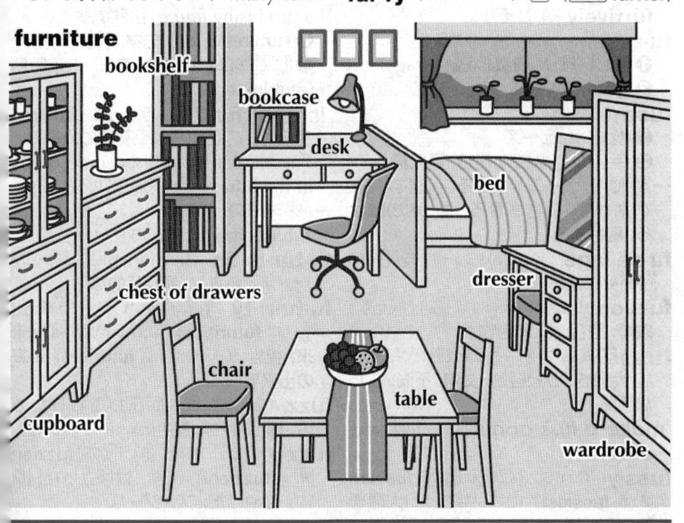

(最上級 **furriest**) 柔らかい毛の

fur·ther A2 高
/fə́ːrðər ファーザ/ 形 《far の比較級》
それ以上(の); さらなる (❗名詞の前に用いる)
• Please call 1234-5678 for **further** information. 詳細については1234-5678へお電話ください
— 副 《far の比較級》それ以上に, さらに進んで; もっと遠くに; その上 (=furthermore)
— 動 (三単現 **furthers** /fə́ːrðərz/; 過去·過分 **furthered** /fə́ːrðərd/; 現分 **furthering** /fə́ːrðəriŋ/) 他 助成する, 促進する

fur·ther·ance /fə́ːrðərəns ファーザランス/ 名 U 《文章》助成, 推進

fur·ther·more B1 高 /fə́ːrðərmɔ̀ːr ファーザモー, ⌐⌐⌐/ 副
その上, しかも, それはかりか

fur·thest B1 /fə́ːrðəst ファーゼスト/ 副 形 《far の最上級》最も遠くに[の]; (程度が) いちばん(の), 最大限に[の] ⇨**farthest**

fur·tive /fə́ːrtiv ファーティヴ/ 形 (動作が)ひそかな, 人目を忍んだ
fúrtively 副 ひそかに

fu·ry /fjúəri フュアリ/ 名 《単数形で》
❶ 激しい怒り, 憤激(ふんげき) (=rage)
❷ (天候などの)猛威

fuse /fjúːz フューズ/ 名 C
❶ (電気の)ヒューズ
❷ (手榴(りゅう)弾などの)信管; 導火線
— 動 他 ヒューズをつける; (金属などを熱で)融かす, 融合させる; 自 (熱で)融ける, 融合する

fu·se·lage /fjúːsəlɑ̀ːʒ フューセラージ/ 名 C (飛行機の)胴体

fu·sion /fjúːʒən フュージョン/ 名 U 《化学》融解; 融合; C 融合物

fuss B1 /fʌ́s ファス/ 名 《単数形で》(よけいな)大騒ぎ, ひと騒動; 文句, 不満; むだな手間
make a fuss about ... …に大騒ぎする

fuss·y /fʌ́si ファスィ/ 形 (比較級 **fussier**; 最上級 **fussiest**) (ささいなことに)大騒ぎする, うるさい, 騒々しい; ごてごてした

fu·tile /fjúːtəl フュートル/ 形 むだな, むなしい

fu·til·i·ty /fjuːtíləti フューティリティ/ 名 (複 **futilities** /fjuːtílətiz/)
❶ U むだ(であること), 無益
❷ C 《しばしば **futilities**》むだなもの, むだな行為[ことば]

fu·ture A1 中
/fjúːtʃər フューチャ/
名 (複 **futures** /fjúːtʃərz/)
❶ 《**the future**》未来, 将来
• in **the** near **future** 近い将来(に)
• What are your plans for **the future**? 君の将来の計画は何ですか
❷ C 前途; 将来性
• He is a boy with a **future**. 彼は前途のある少年です

コロケーション
形+**future**
the near *future* 近い将来
a bright *future* 明るい前途
an uncertain *future* 不確かな前途
a promising *future* 有望な前途

❸ 《**futures**》《商業》先物(契約)
❹ U C 《**the future**》《文法》未来時制 (=future tense)
in the future [《英》***in future***] 今後は, これからは; 未来に, 将来
• I wonder what will become of me **in the future**. 私は将来どうなるんだろう
— 形 未来の, 将来の
• **future** growth 今後の成長

fu·tur·is·tic /fjùːtʃərístik フューチャリスティク/ 形 奇抜な, 超現代的な

fu·tu·ri·ty /fjuːtjúərəti フューテュアリティ/ 名 (複 **futurities** /fjuːtjúərətiz/) U 未来, 後世; C 《しばしば **futurities**》未来の出来事

fuzz /fʌ́z ファズ/ 名 U ふわふわしたもの, 綿毛, けば; 産毛(うぶげ)

fuzz·y /fʌ́zi ファズィ/ 形 (比較級 **fuzzier**; 最上級 **fuzziest**) 《口語》けば立った; (輪郭が)ぼやけた; ファジーな

G g *G g*

G, g /dʒíː チー/ 名 (複 **G's, g's** /dʒíːz/) ❶ U C 英語アルファベットの第7番目の文字 ❷ U 《ふつう **G** で》(音楽の)ト音, ト調 ❸ C 《**G** で》《米》(映画の)一般向き (❗ general の略) ❹ U 《**G** で》重力定数; C 重力加速度

G, G. 《略》❶ German ドイツ(人)の ❷ Gulf 湾

g., g 《略》gram(s), 《英》gramme(s) グラム

GA 《略》Georgia ジョージア(州)

gab /gǽb ギャブ/ 名 U 《口語》むだ口, おしゃべり

━ 動 (三単現 **gabs** /gǽbz/; 過去・過分 **gabbed** /gǽbd/; 現分 **gabbing**) 自 《口語》むだ口をきく, ぺらぺらしゃべる

ga·ble /géibl ゲイブル/ 名 C 《建築》破風(はふ), 切妻(きりづま)

Ga·bon /gæbɔ́ːŋ ギャボーング/ 名 ガボン 《♦アフリカ南西部の共和国; 首都リーブルビル (Libreville)》

gadg·et /gǽdʒət ギャヂェト/ 名 C 《口語》気のきいた小道具, 便利な器具[機械, 装置]

gadg·et·ry /gǽdʒətri ギャヂェトリ/ 名 U 《口語》《集合的》小道具類, こまごました機械[装置]

gag /gǽg ギャグ/ 名 C ❶ さるぐつわ; 言語抑圧 ❷ ギャグ; だじゃれ

━ 動 (三単現 **gags** /gǽgz/; 過去・過分 **gagged** /gǽgd/; 現分 **gagging**) 他 さるぐつわをはめる; 黙らせる

gage /géidʒ ゲイヂ/ 名 動 《米》(=gauge)

gag·gle /gǽgl ギャグル/ 名 C
❶ ガチョウの群れ
❷ 騒々しい連中, (特に)女性の一団

gai·e·ty B2 /géiəti ゲイエティ/ 名 U 楽しさ; 華やかさ

gai·ly /géili ゲイリ/ 副 陽気に, 愉快に; 華やかに, 派手に

gain B1 高 /géin ゲイン/ 動 (三単現 **gains** /géinz/; 過去・過分 **gained** /géind/; 現分 **gaining**)

❶ 他 得る, 獲得する (=get); もうける (↔**lose**); 自 〔…で〕利益を得る, 得する 《*by, from*》

• **gain** experience 経験を積む
• Very few people will **gain from** the tax reform. 税制改革で得をするのはごくわずかの人だろう

似ている単語
得る－**gain**, **earn**, **win**
ある能力や性質など, 価値のある物事を「得る」には **gain** を使う:
gain freedom [independence] 自由[独立]を勝ち取る
働いてお金を「得る」には **earn** を使う:
He **earns** 3,000 dollars a month. 彼はひと月に3,000ドルかせぐ
競技で賞などを「得る」には **win** を使う:
My brother **won** (the) first prize in the competition. うちの兄は競技会で1等賞を取った

❷ 他 自 (重さ・速度などが)増す, ふえる
• **gain** weight 体重がふえる (❗「体重が減る」は lose weight)

❸ 自 他 (時計が)進む (↔**lose**)
• My watch **gains** five minutes a day. 私の時計は1日に5分進む

***gain on* [*upon*] ...** (徐々に)…に迫る, 近づく

━ 名 (複 **gains** /géinz/)
❶ C 増加, 躍進
• a **gain** in weight [knowledge] 体重[知識]の増加
• make big **gains** 大躍進する
❷ U C 《しばしば **gains**》もうけ高, 利益
• personal **gain** 個人的な利益

gain·ful /géinfəl ゲインフル/ 形 利益のあがる; 収入のある

gait /géit ゲイト/ 名 C 歩き方, 足どり

gal /gǽl ギャル/ 名 C 《口語》女の子

ga·la /géilə ゲイラ/ 名 C 祭り, 祝祭; お祭り騒ぎ

— 形 祭りの; 祝いの; お祭り騒ぎの

ga·lac·tic /gəlǽktik ギャラクティク/ 形 銀河の

Ga·la·pa·gos /gəlá:pəgəs ガラーパゴス/ 名 《**the Galapagos Islands**》ガラパゴス諸島《♦東太平洋赤道直下にあるエクアドル領の火山島群》

gal·ax·y /gǽləksi ギャラクスィ/ 名 (複 **galaxies** /gǽləksiz/) C 《**the galaxy, the Galaxy**》星雲, 銀河; 《**the Galaxy**》銀河系 (! the Milky Way (天の川)ともいう)

gale /géil ゲイル/ 名 C 大風, 強風; (感情などの)爆発

Gal·i·le·o /gæ̀ləlí:ou ギャリリーオウ/ 名 《**Galileo Galilei**》ガリレオ (1564-1642) 《♦イタリアの物理・天文学者》

gall[1] B1 /gɔ́:l ゴール/ 名 U 《口語》ずうずうしさ, 厚かましさ; 苦いもの

***have the gall to** do* ずうずうしくも…する

gall[2] /gɔ́:l ゴール/ 動 他 …の皮膚をすりむく; いらだたせる, 腹立たしい思いにさせる

gal·lant /gǽlənt ギャラント/ 形 《古風》
❶ 勇ましい, 勇敢な, 雄々しい (=brave) ❷ (男性が)女性に親切な

gal·lant·ry /gǽləntri ギャラントリ/ 名 (複 **gallantries** /gǽləntriz/) U C 《文章》勇敢(な行為); 女性に親切なこと

gal·ler·y A2

/gǽləri ギャラリ/

名 (複 **galleries** /gǽləriz/) C

❶ 美術館, ギャラリー; 画廊(がろう) (! 《米》で「美術館」はふつう museum)

• the National **Gallery** (ロンドンの)国立美術館

❷ (劇場の最上階で最低料金の)天井桟敷(さじき); (会議場の)傍聴席

❸ 天井桟敷の人々; 傍聴席の人々; (ゴルフ・テニスなどの試合の)見物人, ギャラリー (! 1人の人ではなく, 複数の人をさすのでふつうは複数扱い)

gal·ley /gǽli ギャリ/ 名 C ❶ ガレー船《♦オールと帆で進む古代・中世の大型船》; 古代ギリシャ・ローマの軍船
❷ 船内[飛行機内]の調理室

gal·li·vant /gǽləvæ̀nt ギャリヴァント/ 動 自 《ふつう **gallivanting** で》(特に女性といっしょに)遊びまわる, 遊び歩く 《*about, around*》

gal·lon B1 /gǽlən ギャロン/ 名 (複 **gallons** /gǽlənz/) C
ガロン《♦液体の容積の単位; 米国では3.785 liters (リットル); 英国・カナダ・オーストラリアなどでは4.546 liters》

gal·lop /gǽləp ギャロプ/ 名 C ギャロップ《♦馬などの動物の最も速い走り方で, 4本の足が全部一瞬地面を離れる》

at a* [*full*] *gallop ギャロップで; 大急ぎで

— 動 自 ギャロップで走る; ギャロップで走らせる; 急いで行く[する, かたづける]

gal·lows /gǽlouz ギャロウズ/ 名 (複 **gallows, gallowses** /gǽlouzəz/) C 絞首台; U 《**the gallows**》絞首刑

gállows hùmor 名 U 《文章》ブラックユーモア

ga·lore /gəlɔ́:r ガロー/ 形 たくさんの (! 名詞のあとにつける)

ga·losh /gəlɑ́ʃ ガラシュ/ 名 C 《ふつう **galoshes**》《古風》(雪・雨用のゴム製)オーバーシューズ

gal·va·nize /gǽlvənàiz ギャルヴァナイズ/ 動 他 ❶ (鉄などに)亜鉛めっきする
❷ 刺激する; 〔行動などへ〕駆り立てる 《*into*》

gal·va·nized /gǽlvənàizd ギャルヴァナイズド/ 形 亜鉛めっきした

Gam·bi·a /gǽmbiə ギャンビア/ 名 ガンビア《♦アフリカ西部の共和国; 首都バンジュル(Banjul)》

gam·bit /gǽmbət ギャンビト/ 名 C (議論・事業などの)手始め, 優位に立つためにう

つ手; (会話の)切り出し

gam·ble /gǽmbl ギャンブル/ 動自 かけ事をする; 自他 〔…に〕(お金などを)かける《on》
• **gamble** much money **on** horses 大金を競馬につぎ込む
— 名C《ふつう単数形で》かけ事, ばくち

gam·bler /gǽmblər ギャンブラ/ 名C ばくち打ち; かけ事の好きな人; 投機家, 相場師

gam·bling B2 /gǽmbliŋ ギャンブリング/ 名U かけ事, とばく, ギャンブル

game A1 中

/géim ゲイム/ 名 (複 **games** /géimz/)
❶C 試合, 競技; 《**games**》競技大会; (テニスなどの)ゲーム (! テニスでは game が集まって set (セット)になる)
• **play** a basketball **game** バスケットボールの試合をする
• The Tokyo Olympic **Games** were **held** in 1964. 東京オリンピック大会は 1964年に開かれた

コロケーション
形+**game**
a called *game* コールドゲーム
a close *game* 接戦
a drawn [tied] *game* 引き分け試合

参考› **game** と **match**
《米》では baseball, football, basketball, soccer, (ice) hockey などチームでする球技の試合に game を使い, golf, tennis, boxing, cricket などには match を使うことが多いが, 《英》ではどちらにも match を使う傾向がある

❷C (一定のルールを持った)ゲーム, 遊び, 遊技; ゲームの道具
• a card **game** カードゲーム, トランプ
• a video **game** テレビゲーム
• All children like to play **games**. 子どもたちはみんなゲームをするのが好きだ
❸U (猟・釣りの)獲物 《♦猟・釣りでつかまえる野獣・野鳥・魚の総称》

give the game away (秘密の)計画をもらす

— 形 〔…の; …する〕元気[勇気, 気力]がある《for; to do》
• I'm **game** (**to** try). やる気満々だよ

gam·ut /gǽmət ギャマト/ 名C《ふつう the gamut》❶全範囲, 全領域 ❷《音楽》全音階; 全音域; 長音階

gan·der /gǽndər ギャンダ/ 名C《鳥》ガチョウ[ガン]の雄 ⇨**goose**

Gan·dhi /gɑ́:ndi ガーンディ/ 名《**Mahatma Gandhi**》ガンディー (1869–1948)《♦インドの宗教家・政治指導者; 非暴力による不服従運動で独立運動を指導; 暗殺された》

gang B2 /gǽŋ ギャング/ 名C ❶(悪党の)一味, ギャング団 (!「一人のギャング」は gangster); (若者の)不良グループ
• a **gang** of pickpockets スリの一味
❷《口語》(いつもいっしょに行動する)(遊び)仲間
• Charlie Brown and his **gang** チャーリー・ブラウンと彼の仲間
❸(いっしょに肉体労働をする労働者などの)一団
— 動自 徒党を組む《together》; 団結する《up》

gang up on [***against***] ... …にグループで対抗する

Gan·ges /gǽndʒi:z ギャンヂーズ/ 名《**the Ganges**》ガンジス川《♦インド北部の大河》

gang·ling /gǽŋgliŋ ギャングリング/ 形 ひょろ長い(体の)

gan·gly /gǽŋgli ギャングリ/ 形 (= gangling)

gang·plank /gǽŋplæ̀ŋk ギャングプランク/ 名C (船の)タラップ

gan·grene /gǽŋgri:n ギャングリーン/ 名U《医学》壊疽(えそ), 脱疽(だっそ)

gang·ster B2 /gǽŋstər ギャングスタ/ 名C (gang の1人である)暴力団員, ギャング

gang·way /gǽŋwèi ギャングウェイ/ 名C ❶《船舶》舷門(げんもん)《♦船の横腹の出入り口》; 船内通路; タラップ (=gangplank) ❷《英》(劇場・乗り物などの座席間の)通路 (=aisle)

Gangway! 道[通路]をあけて!

gaol·er /dʒéilər チェイラ/ 名《英》看守 (=

jailer) (❗現在では《英》でも jailer が用いられる傾向にある)

gap B1 高 /gǽp ギャプ/ 名 (複 **gaps** /gǽps/) C
❶ 破れ目, すき間
• a **gap in** the hedge 垣根の割れ目, すき間
• Watch the **gap**. (ホームと電車の)すき間に注意してください
❷ (考えなどの) 相違, ずれ, ギャップ, 隔たり
• the generation **gap** ジェネレーションギャップ, 世代間の相違
• There is a great **gap between** his ideas and mine. 彼の考えと私の考えには大きなずれがある
❸ とぎれ, 空白の期間; (心などの)穴
• a **gap** in the conversation 会話のとぎれ

gape /géip ゲイプ/ 動 自
❶ (驚き・好奇心のために)〔…に〕ぽかんと口を開けて見とれる《*at*》
❷ (穴・傷口などが)大きく開く, 裂ける

gap·ing /géipiŋ ゲイピング/ 形 口をぽかんと開いた; (穴・傷口などが)大きく開いた (❗名詞の前に用いる)

ga·rage A2

/gərɑ́:ʒ ガラージ | gǽrɑ:ʒ ギャラージ/
名 (複 **garages** /gərɑ́:ʒəz/) C
❶ (自動車の) 車庫, ガレージ
• My car is in the **garage** now. 車は車庫に入れてある (❗「修理工場に出している」の意味にもなる)
• put the car in the **garage** 車を車庫に入れる
❷ 自動車修理工場

━動 (三単現 **garages** /gərɑ́:ʒəz/; 過去・過分 **garaged** /gərɑ́:ʒd/; 現分 **garaging**) 他
…をガレージ[修理場]に入れる

garáge sàle 名 C 《米》ガレージセール《◆不用品を自宅のガレージ・庭に並べて安い値段で売ること; yard sale と呼ぶこともある》

garb /gɑ́:rb ガーブ/ 名 U 《文章》(ある職業・民族などに特有な)服装, 身なり

gar·bage A1 高

/gɑ́:rbidʒ ガービヂ/ 名 U
❶ 《米》(台所ででる) ごみ, 生ごみ; くず
❷ 《口語》くだらないもの

gárbage càn 名 C 《米》(台所の)ごみ入れ (=《英》dustbin) 《◆大型の円筒形のかん; ごみ収集日に道路に出しておく》

gárbage collèctor 名 C ごみ回収人

gárbage trùck 名 C 《米》ごみ収集車 (=《英》dustcart)

gar·ble /gɑ́:rbl ガーブル/ 動 他 《ふつう受け身で》(伝言などを)誤って伝える; (報告・文章などを)ゆがめる

gar·den A1 中

/gɑ́:rdn ガードン/
名 (複 **gardens** /gɑ́:rdnz/)
❶ U C 庭; 庭園; (花・野菜・薬草などの)畑; 菜園; 花園
日英比較 《米》では一般的に建物に付属する「庭」は yard で, garden は, 特に木や花を育てるための「果樹園, 菜園」のこと
• a house with a large **garden** 大きな庭のある家
• a vegetable **garden** 菜園
• a kitchen **garden** 家庭菜園
• a rose **garden** バラ園

コロケーション
動+**garden**
plant a *garden* 庭に植物を植える
tend a *garden* 庭の世話をする
water a *garden* 庭に水をまく
weed a *garden* 庭の草取りをする

❷ 《しばしば **gardens**》公園; 遊園地
• botanical **gardens** 植物園

lead ... up the garden path
…を惑わす

━動 (三単現 **gardens** /gɑ́:rdnz/; 過去・過分 **gardened** /gɑ́:rdnd/; 現分 **gardening**) 自 園芸[庭いじり]をする; ガーデニングをする
• My hobby is **gardening** on weekends. 私の趣味は週末のガーデニングだ

gar·den·er B2 /gɑ́:rdnər ガードナ/ 名 C

❶ 庭師, 植木屋さん ❷ (趣味で)園芸をする人

gar·de·nia /ɡɑːrdíːnjə ガーディーニャ/ 名 C 《植物》クチナシ

gar·den·ing B1 /ɡɑ́ːrdniŋ ガードニング/ 名 U 園芸(をすること); ガーデニング, 庭いじり, 庭づくり

gárden pàrty 名 C 園遊会 《♦庭園でもよおされる通例公式の大パーティー》

gar·gle /ɡɑ́ːrɡl ガーグル/ 動 自 うがいをする

gar·goyle /ɡɑ́ːrɡɔil ガーゴイル/ 名 C 《建築》ガーゴイル 《♦怪獣の顔形をした屋根からの雨水の排出口》

gar·ish /ɡéəriʃ ゲアリシュ/ 形 ぎらぎらする, けばけばしい, 派手な

gárishness 名 U ぎらぎら光ること, けばけばしさ, 派手

gar·land /ɡɑ́ːrlənd ガーランド/ 名 C 花輪, 花冠, 花飾り 《♦頭や首にかける》

gar·lic A2

/ɡɑ́ːrlik ガーリク/ 名 U 《植物》ニンニク

• a clove of **garlic** ニンニク1片

gar·ment B1 /ɡɑ́ːrmənt ガーメント/ 名 (複 **garments** /ɡɑ́ːrmənts ガーメンツ/) C 衣服の一品; 《**garments**》衣料 (! clothes にくらべ改まった感じの語)

gar·ner /ɡɑ́ːrnər ガーナ/ 動 他 《文章》(穀物などを)集めて貯蔵する; 蓄積する; 獲得する

gar·net /ɡɑ́ːrnət ガーネト/ 名 C 《鉱物》ガーネット

gar·nish /ɡɑ́ːrniʃ ガーニシュ/ 動 他 〔…で〕飾る; 〔つまを〕(料理に)添える 《*with*》

— 名 C (料理の)つま, つけ合わせ, 飾り

gar·ret /ɡǽrət ギャレト/ 名 C 屋根裏, 屋根裏部屋 (! attic のほうがこぎれいなイメージがある)

gar·ri·son /ɡǽrəsən ギャリスン/ 名 C

❶ 守備隊, 駐屯(ちゅうとん)軍

❷ (守備隊の)駐屯地, 要塞(ようさい)

gar·ru·lous /ɡǽrələs ギャルラス/ 形 おしゃべりな, 多弁な, 口数の多い

gar·ter /ɡɑ́ːrtər ガータ/ 名 ❶ C ガーター, 靴下留め ❷ 《the Garter》ガーター勲章[勲位] 《♦英国最高の勲章[勲位]》(=the Order of the Garter)

gas A2 高

/ɡǽs ギャス/ (×ガス)

名 (複 **gases**, 《米》**gasses** /ɡǽsəz/)

❶ U C 気体; ガス (! 「固体」は solid, 「液体」は liquid)

• Oxygen is a **gas**. 酸素は気体である (! 気体の種類をいうときは数えられる名詞として扱う)

❷ U (燃料用の)ガス; ガスの火

• natural [city] **gas** 天然[都市]ガス (×a gas, ×gases としない)

• cook with **gas** ガスで料理をする

• **gas** bill ガス料金(の請求書)

❸ U 《米》《口語》ガソリン (=gasoline, 《英》petrol)

• run out of **gas** ガソリンが切れる

• get **gas** ガソリンを入れる, 給油する

— 動 (三単現 **gases**, 《米》**gasses** /ɡǽsəz/; 過去·過分 **gassed** /ɡǽst/; 現分 **gassing**) ❶ 他 (毒)ガスで中毒(死)させる ❷ 自 むだ話をする

gás chàmber 名 C (畜殺[処刑]用の)ガス室

gas·e·ous /ɡǽsiəs ギャスィアス/ 形 気体の, ガス状の; 実体のない

• **gaseous** matter 気体

gash /ɡǽʃ ギャシュ/ 名 C 長く深い切り傷; (地面などの)割れ目

— 動 他 深く長く切る

gas·ket /ɡǽskət ギャスケト/ 名 C ガスケット 《♦ガスや油の漏れを防ぐ薄いパッキング》

gas·o·line, gas·o·lene /ɡǽsəlìːn ギャソリーン/ 名 U 《米》

ガソリン (=《口語》gas, 《英》petrol)

gasp B2 /ɡǽsp ギャスプ/ 名 C 息切れ

at** one's [**the**] **last gasp 死に際に; 疲れ果てて, へとへとで

— 動 ❶ 自 (息が苦しくて)はあはあいう, あえぐ, 息を切らす

❷ 自 (驚いて)はっと息をのむ, 息を止める ❸ 他 …をあえぎながら言う

gás stàtion 名 C 《米》《口語》ガソリ

ンスタンド

gás stòve 名 C (料理用)ガスレンジ; ガス暖房器具, ガスストーブ

gas·sy /gǽsi ギャスィ/ 形 (比較級 **gassier**; 最上級 **gassiest**) ガス(状)の; ガスが充満した

gas·tric /gǽstrik ギャストリク/ 形 胃の

gate A2 中

/géit ゲイト/ 名 (複 **gates** /géits ゲイツ/) C ❶ 門; 門の扉(とびら) (! 両開きのものはふつう gates)

• go through the main **gate** into the school yard 正門から校庭に入る

❷ 出入り口; (飛行場の)搭乗口, ゲート

• Let's meet at **Gate** 7. 7番ゲートの所で落ち合おう

gate·crash /géitkræ̀ʃ ゲイトクラシュ/ 動 自他 (パーティー・行事に)押しかける

gate·way B2 /géitwèi ゲイトウェイ/ 名 (複 **gateways** /géitwèiz/) C ❶ (門のある)出入り口 ❷〔…に至る〕道《*to*》

gath·er A2 中

/gǽðər ギャザ/ 動 (三単現 **gathers** /gǽðərz/; 過去・過分 **gathered** /gǽðərd/; 現分 **gathering** /gǽðəriŋ/)

❶ 他 集める; 自〔…のまわりに〕集まる《*around, round*》

• I **gathered** information about it. 私はそれについて情報を集めた

• Many people **gathered around** him. 多くの人々が彼のまわりに集まった

❷ 他自 (力・速力などを)しだいに増す

• The train **gathered speed**. 列車はしだいに速力を増していった

❸ 他 つみ取る, 採集する (=collect); 取り入れる, 収穫する

• **gather** flowers from the garden 庭で花をつむ

❹ 他 文型 [**gather (that)...**] …と憶測する[推測する]

gather in (穀物を)収穫する

gather up ... かき集める

gath·er·ing 高 /gǽðəriŋ ギャザリング/ 名 ❶ C 集まり, 集会, 会合 (! gathering は3人以上の非公式な集まり; meeting は公式・非公式・規模に関係なく「会合」を意味する最も一般的な語)

❷ ひだ, (スカートなどの)ギャザー

ga·tor /géitər ゲイタ/ 名 《米》《口語》(=alligator)

GATT /gǽt ギャト/ 《略》General Agreement on Tariffs and Trade 関税と貿易に関する一般協定, ガット

gaud·y B2 /gɔ́:di ゴーディ/ 形 (比較級 **gaudier**; 最上級 **gaudiest**) 派手で安っぽい, けばけばしい

gauge /géidʒ ゲイヂ/ 名 C ❶ 計器, ゲージ ❷ (針金の太さ・鋼板の厚さなどの)標準寸法, 規格 ❸ (散弾銃の)口径値, ゲージ ❹《鉄道》軌間, ゲージ, レールの間隔 ❺ 判断[評価]の基準, 尺度

— 動 他 ❶ (計器を使って)正確に測定する ❷ 評価する; 判断[判定]する (=judge)

gaunt /gɔ́:nt ゴーント/ 形 (比較級 **gaunter**; 最上級 **gauntest**) ❶ (人が, 病気・疲労・心配などで)げっそりやせた, やつれた ❷ (場所・土地が)荒涼とした

gaunt·let /gɔ́:ntlət ゴーントレト/ 名 C (乗馬・フェンシング・作業用の)長手袋; (中世の騎士が用いた)武装用籠手(こて)

run the gauntlet (大勢の人から)批難[攻撃]される, 集中攻撃を受ける

take [pick] up the gauntlet 挑戦に応じる (←決闘の相手によって投げられた籠手を拾い上げる)

throw [fling] down the gauntlet 挑戦する (←決闘の時, 相手の目の前で籠手を投げる)

gauze /gɔ́:z ゴーズ/ 名 U 紗(しゃ), 薄織物; (医療用の)ガーゼ

gave /géiv ゲイヴ/ 動 giveの過去形

gav·el /gǽvəl ギャヴェル/ 名 C (裁判官・競売人などが用いる)小槌(こづち)

gawk /gɔ́:k ゴーク/ 動 自〔…を〕(ばかみたいに)ぽかんとして見つめる《*at*》

gawk·y /gɔ́:ki ゴーキ/ 形 (比較級 **gawkier**; 最上級 **gawkiest**) ぎこちない, ぐずな, 不器用な; 不格好な

gay B1 /géi ゲイ/ 形 (比較級 **gayer**; 最上級 **gayest**) ❶《口語》(男性の) 同性愛の,

同性愛者の（❗この意味では比較変化なし）
❷《古風》陽気な; はでな
ー名（複 **gays** /géiz/）C 同性愛者

gaze B2 /géiz ゲイズ/ 名《単数形で》見つめること, 凝視(ぎょうし)
ー動自（じっと)見つめる

ga·zelle /gəzél ガゼル/ 名（複 **gazelles** /gəzélz/, **gazelle**）C《動物》ガゼル《♦アフリカ・西アジア産の小型のレイヨウ》

ga·zette /gəzét ガゼト/ 名 C
❶《Gazette》《新聞名として》…新聞
❷ 官報; 公報

GCSE /dʒíːsìːèsíː チースィーエスイー/《略》《英》General Certificate of Secondary Education 中等教育一般証明試験

GDP /dʒíːdìːpíː チーディーピー/《略》gross domestic product 国内総生産

gear B2 高 /gíər ギア/ 名 ❶ U C 歯車, ギア;（歯車をかみ合わせた)伝導装置
• **shift [change] gears** 変速する（❗gears と複数形になることに注意）
• I put the car in high [low] **gear**. 車のギアをトップ[ロー]に入れた
❷ U《集合的》用具一式, 装具
• fishing [camping] **gear** 魚釣(つ)り[キャンプ]用具一式（×a gear, ×gears としない）

in gear ギアが入って; うまくいって
out of gear ギアが外れて; 調子がおかしくなって

ー動（三単現 **gears** /gíərz/; 過去·過分 **geared** /gíərd/; 現分 **gearing**）
❶ 他 ギアを入れる[付ける]
• **gear** down [up] a car 車のギアを低速[高速]に入れる
❷ 他〔…に〕合わせる, 適合させる《*to, towards*》

gear A up for B AにBの準備をさせる（❗受け身で用いることが多い）
• That boxer **was geared up for** the title match. そのボクサーはタイトルマッチへ向けての調整が万端だった

gear·box /gíərbàks ギアバクス/ 名 C（自動車の)変速装置

gear·shift /gíərʃìft ギアシフト/ 名 C《米》（自動車の)変速レバー

gee B1 /dʒíː チー/ 間《米》おやおや, うわー, まあ（❗驚嘆, 賞賛を表す）

geese /gíːs ギース/ 名 goose の複数形

gel /dʒél チェル/ 名 U C ゲル《♦コロイド溶液がゼリー状に凝固したもの; ゼラチン・寒天など》
ー動（三単現 **gels** /dʒélz/; 過去·過分 **gelled** /dʒéld/; 現分 **gelling**）自（=jell）

gel·a·tin, gel·a·tine /dʒélətn チェラトン/ 名 U ゼラチン, にかわ

ge·la·to /dʒəlάːtou チェラートウ/ 名 C《イタリア語》ジェラート

geld·ing /géldiŋ ゲルディング/ 名 C 去勢された動物, 去勢馬

gem /dʒém チェム/ 名 C 宝石, 宝玉（=jewel); すばらしいもの

Gem·i·ni /dʒémənài チェミナイ/ 名《天文》ふたご座;《占星》双子(そうし)宮; C ふたご座生まれの人《♦5月23日から6月21日生まれ》

gem·stone /dʒémstòun チェムストウン/ 名 C 宝石(の原石), 貴石《♦これをカットして gem にする》

gen·der A2 高

/dʒéndər チェンダ/
名（複 **genders** /dʒéndərz/）U C
❶《文章》性, 性別, 男女の差異（❗特に社会的役割の違いに重点を置く）
• the **gender** role 性役割《♦文化・社会が作った性による役割分担》
❷《文法》性（❗文法上の性; 言語によっては名詞や代名詞に男性・中性・女性の区別がある）

génder-bènder 名 C《口語》性差がはっきりしないような服装[ふるまい]をしている人

génder idèntity disòrder 名 U C《医学》性同一性障害

gene B1 /dʒíːn チーン/ 名（複 **genes** /dʒíːnz/）C 遺伝子
• manipulate the tomato's **genes** トマトの遺伝子を操作する

ge·ne·al·o·gy /dʒìːniǽlədʒi チーニアロヂ/ 名（複 **genealogies** /dʒìːniǽlədʒiz/）

❶ U 系図学, 系譜学 ❷ C 家系, 血統; 系統; 家系[系統]図 (=family tree)

gen·er·a /dʒénərə チェネラ/ 名 genus の複数形

gen·er·al B1 高 /dʒénərəl チェネラル/ 形
❶ だいたいの, 概略の
• You will get a **general** idea of what I mean. 私の言いたいことは大体分かってくれるでしょう
❷ 一般の, 全般の; 全体の, 全体に共通する
• as a **general** rule 一般に, 概して
• the **general** public 一般大衆
❸ 《官職名に続けて》…長, …長官, 総…
• the Attorney **General** 司法長官
— 名 (複 **generals** /dʒénərəlz/) C 大将; 陸軍将官; 将軍
• **General** Lee リー将軍
in general 一般に, たいてい; 一般の • people **in general** 一般の人々
• **In general**, boys like baseball. 一般に男の子は野球が好きだ
派生 **generalize** 動
派生 **generality** 名

géneral eléction 名 C 総選挙

gen·er·al·ise /dʒénərəlàiz チェネラライズ/ 動 《英》(=generalize)

gen·er·al·ist /dʒénərəlist チェナラリスト/ 名 C 広い知識[技術]を持つ人

gen·er·al·i·ty /dʒènərǽləti チェネラリティ/ 名 (複 **generalities** /dʒènərǽlətiz/) C 一般原理, 概論; 《ふつう **the generality**》大部分, 大半
派生 **general** 形

gen·er·al·i·za·tion B2 /dʒènərələzéiʃən チェネラリゼイション/ 名
❶ U 一般[普遍]化; 概括; 帰納
❷ C 一般論; 概括論; 帰納的結論

gen·er·al·ize B2 /dʒénərəlàiz チェネラライズ/ 動 他 一般論を述べる; 他 自 概括する 派生 **general** 形

gen·er·al·ly B1 高 /dʒénərəli チェネラリ/ 副 ふつう, たいてい, 通例 (=usually); 一般に, 広く; 概して
• I **generally** go to school on foot. 私はたいてい歩いて通学します

generally speaking 一般的に言って, 概して, 大ざっぱに言えば (=speaking generally)
• **Generally speaking**, the people on this island are optimistic. この島の人々は概して楽天的だ

géneral mánager 名 C 総支配人

géneral stóre 名 C 雑貨屋

gen·er·ate B1 高 /dʒénərèit チェネレイト/ 動 (三単現 **generates** /dʒénərèits チェネレイツ/; 過去・過分 **generated** /dʒénərèitəd/; 現分 **generating**) 他
❶ 金をもうける; (仕事・産業を)生み出す
• The factory will **generate** a lot of jobs here. その工場は当地でたくさんの雇用を生み出すだろう
❷ 発生させる; 引き起こす
• **generate** electricity [heat] 電気[熱]を起こす

gen·er·a·tion A2 高

/dʒènəréiʃən チェネレイション/ 名 (複 **generations** /dʒènəréiʃənz/) C
❶ 世代
• from **generation** to **generation** 何代も何代も, 代々
❷ (家系の中の)一世代(の人々)
• a second-**generation** Japanese-American 2世の日系アメリカ人
• Three **generations** live in this house – Grandma, my parents and we children.
この家には祖母, 両親, 私たち子どもの3世代が住んでいる
❸ 《集合的; 単数扱い》同時代[同世代]の人々
• the gap between the older and the younger **generation** 年長世代と若い世代とのギャップ
for generations 何世代にもわたって

generátion gàp 名 C ジェネレーションギャップ, 世代のずれ[断絶]

gen·er·a·tor /dʒénərèitər チェネレイタ/ 名 C ❶ 発電機 (=dynamo)

❷ ガス[蒸気]発生装置

ge·ner·ic /dʒənérik チェネリク/ 形
❶《生物》属 (genus) の ❷ある種類[属, 類, 群]全体に共通の, 一般的な ❸(食品などが)商標登録されていない, ノーブランドの ❹(薬が)ジェネリックの ❺《文法》総称的な
genérically 副 一般的に

gen·er·os·i·ty B2 /dʒènərásəti チェネラスィティ/ 名U 気前よさ; 寛大さ
派生 **generous** 形

gen·er·ous B1 高 /dʒénərəs チェネラス/ 形 ❶心の広い, 寛大な; 物おしみしない, 気前のよい
• He is **generous with** his money [**to** his students]. 彼は金ばなれがいい[生徒に寛大だ]
❷(いつもより)大きな, 豊富な, たっぷりの
• a **generous** portion of food たっぷりの食事
派生 **generosity** 名

gen·er·ous·ly B2 /dʒénərəsli チェネラスリ/ 副 ❶寛大に; 気前よく ❷たっぷり, 豊富に

gen·e·sis /dʒénəsis チェネスィス/ 名 (複 **geneses** /dʒénəsìːz/) ❶UC《文章》起源 (=origin) ❷《**Genesis**》創世紀《♦旧約聖書の第1書; 略 Gen.》

ge·net·ic B1 高 /dʒənétik チェネティク/ 形 遺伝子の, 遺伝学的な

ge·net·i·cal·ly B1 /dʒənétikəli チェネティカリ/ 副 遺伝(子)的に, 遺伝学的に

genétic enginéering 名U 遺伝子工学

ge·net·ics B1 /dʒənétiks チェネティクス/ 名《単数扱い》遺伝学

Ge·ne·va /dʒəníːvə チェニーヴァ/ 名 ジュネーブ《♦スイス南西部の都市》

gen·ial /dʒíːnjəl チーニャル/ 形 ❶(人・態度などが)明るく愛想のよい, 優しく親切な ❷(気候が)温和な, 温暖な
génially 副 温和に, 愛想よく

ge·nie /dʒíːni チーニ/ 名C (アラビアの物語に出てくる)魔神, 妖鬼(ようき)

gen·i·tal /dʒénətl チェニトル/ 形《解剖》生殖(器)の
━ 名《**genitals**》《解剖》外生殖器, 外陰部

gen·i·ta·lia /dʒènətéiljə チェニテイリャ/ 名《複数扱い》《解剖》外生殖器, 外陰部 (=genitals)

gen·ius B2 /dʒíːnjəs チーニャス/ 名
❶U 天性; 天分, 素質, 才能
• He has a **genius for** music. 彼は音楽の天分をもっている[音楽の才能がある]
❷C 天分のある人, 天才
• a **genius** in physics 物理学の天才

gen·o·cide /dʒénəsàid チェノサイド/ 名U (特定の人種・民族・グループの)大量虐殺, 集団虐殺

ge·nome /dʒíːnoum チーノウム/ 名C《生物》ゲノム《♦配偶子に含まれる一組の染色体; または遺伝子全体》

gen·re B2 /ʒáːnrə ジャーンル/ 名C 種類, 類型, ジャンル

gent /dʒént チェント/ 名《古風》(=gentleman) ⇨**Gents**

gen·teel /dʒentíːl チェンティール/ 形 上品ぶった, 気取った; 上流社会の

gen·tile /dʒéntail チェンタイル/ 名《しばしば **Gentile**》C (ユダヤ人から見た)異邦人, (特に)キリスト教徒; (一般に)異教徒
━ 形 ユダヤ人でない; 異教徒の

gen·tle A2 高

/dʒéntl チェントル/
形 (比較級 **gentler**; 最上級 **gentlest**)
❶(人・態度について)おだやかな, おとなしい, やさしい; 品のいい
• a **gentle** heart やさしい心
• Be **gentle with** animals. 動物にはやさしく接しなさい
❷(風・音・勾配(こうばい)などが)おだやかな, 静かな (=kind)
• a **gentle** breeze そよ風
派生 **gently** 副; 派生 **gentleness** 名

gen·tle·man B1 高 /dʒéntlmən チェントルマン/ 名 (複 **gentlemen** /dʒéntlmən/) C ❶紳士, 態度・身だしなみのりっぱな男性
• He is a real **gentleman**. あの人は本当の紳士だ

❷ 男の人 (❗man よりもていねいな言い方)

• Who is that **gentleman** beside her? 彼女のお隣の男性はどなたですか

Gentlemen! (男性だけの聴衆に呼びかけて)みなさん, 諸君

Ladies and Gentlemen! (男女の聴衆に呼びかけて)みなさん

géntlemanly 形 紳士的な

gen·tle·men /dʒéntlmən チェントルマン/ 名 gentleman の複数形

gen·tle·ness /dʒéntlnəs チェントルネス/ 名 U やさしさ; おだやかさ

gen·tly B2 高 /dʒéntli チェントリ/ 副 おだやかに, やさしく, 静かに, そっと; ゆるやかに

• Speak more **gently**. もっとおだやかに話してください

gen·try /dʒéntri チェントリ/ 名 《複数扱い》《ふつう **the gentry**》《古風》ジェントリー階級 (♦nobility (貴族階級)に次ぐ上層階級の人々)

Gents /dʒénts チェンツ/ 名 《単数扱い》《しばしば **the Gents**》《英》《口語》男性用トイレ (=《米》men's room)

gen·u·ine B2 /dʒénjuən チェニュイン/ 形

❶ 本物の, 正真正銘の

• This bag is **genuine** leather. このバッグは本皮です

❷ 心からの

派生 **genuinely** 副

gen·u·ine·ly B2 /dʒénjuənli チェニュインリ/ 副 本当に, 心から; 純粋に

派生 **genuine** 形

ge·nus /dʒíːnəs チーナス/ 名 (複 **genera** /dʒénərə/) C ❶《生物》属

❷ (一般に)種類

Geof·frey /dʒéfri チェフリ/ (×チェオフリ) 名 ジェフリー (♦男性名)

ge·og·ra·pher /dʒiːágrəfər チーアグラファ/ 名 C 地理学者

ge·o·graph·ic B2 /dʒìːəgræfik チーオグラフィク/ 形 (=geographical)

ge·o·graph·i·cal B1 /dʒìːəgræfikəl チーオグラフィカル/ (発音 geography とのアクセントの違いに注意) 形 (❗比較変化なし) 地理的な; 地理学上の

派生 **geography** 名

gèográphically 副 地理学上; 地理的に(は)

ge·og·ra·phy B1 /dʒiágrəfi チアグラフィ | dʒiɔ́grəfi チオグラフィ/ (発音 geographical とのアクセントの違いに注意) 名 (複 **geographies** /dʒiágrəfiz/)

❶ U 地理学 ❷ C 地理, (地球上のある地域の)地形, 地勢

• the **geography** of Asia アジアの地形

派生 **geographical** 形

ge·o·log·i·cal /dʒìːəládʒikəl チーオラヂカル/ (発音 geology とのアクセントの違いに注意) 形 地質学の; 地質の

gèológically 副 地質学上; 地質的には

ge·ol·o·gist /dʒiːálədʒist チーアロヂスト/ 名 C 地質学者

ge·ol·o·gy B1 /dʒiːálədʒi チーアロヂ | dʒiːɔ́lədʒi チーオロヂ/ (発音 geological とのアクセントの違いに注意) 名 U 地質学; 地質学的特徴

ge·o·met·ric /dʒìːəmétrik チーオメトリク/ (発音 geometry とのアクセントの違いに注意) 形 幾何学上の; 幾何学的な

gèométrically 副 幾何学的に

ge·o·met·ri·cal /dʒìːəmétrikəl チーオメトリカル/ 形 (=geometric)

ge·om·e·try /dʒiːámətri チーアメトリ/ (発音 geometric とのアクセントの違いに注意) 名 U 幾何学

派生 **geometric** 形

ge·o·phys·ics /dʒìːoufíziks チーオウフィズィクス/ 名 U 《単数扱い》地球物理学

gèophýsical 形 地球物理学の

George /dʒɔ́ːrdʒ チョーヂ/ 名 ❶ ジョージ (♦男性名) ❷ 《**St. George**》セント・ジョージ (♦イングランドの守護聖人)

Geor·gia /dʒɔ́ːrdʒə チョーヂャ/ 名

❶ ジョージア (♦米国南東部の州; Ga., (郵便で) GA と略す)

❷ ジョージア (♦黒海東岸の共和国; 旧称グルジア; 首都トビリシ (Tbilisi))

ge·o·ther·mal /dʒìːouθə́ːrməl チーオウサーマル/ 形 地熱の

● **geothermal** power 地熱エネルギー

ger /géər ゲア/ 名C ゲル《◆モンゴルの移動式住居》

ge·ra·ni·um /dʒəréiniəm チェレイニアム/ 名C《植物》ゼラニウム《◆テンジクアオイの類の多年生園芸植物》

ger·i·at·ric /dʒèriǽtrik チェリアトリク/ 形《医学》老人病(科)の; 老人の

ger·i·at·rics /dʒèriǽtriks チェリアトリクス/ 名《単数扱い》老人病学

germ B2 /dʒə́ːrm チャーム/ 名C《生物》細菌, 病原菌; 胚種; (物事の)萌芽(ほうが)

Ger·man 中

/dʒə́ːrmən チャーマン/ 形
ドイツの; ドイツ語の; ドイツ人の

● a **German** car ドイツ製の自動車

— 名 (複 **Germans** /dʒə́ːrmənz/)
❶C ドイツ人

● the **Germans** ドイツ国民

❷U ドイツ語

派生 **Germany** 名

ger·mane /dʒəːrméin チャーメイン/ 形《文章》(考え・ことばなどが)〔…に〕密接に関係している, 適切な《*to*》

Ger·man·ic /dʒəːrmǽnik チャーマニク/ 形 ❶ゲルマン民族の; ゲルマン語派の ❷ドイツ(人)的な

— 名U ゲルマン語派《◆インドヨーロッパ語族の1語派; 英語, ドイツ語などを含む》

Gérman méasles 名《単数扱い》風疹(ふうしん)

Ger·ma·ny 中 /dʒə́ːrməni チャーマニ/ 名 ドイツ《◆首都はベルリン(Berlin)》

派生 **German** 形

ger·mi·nate /dʒə́ːrmənèit チャーミネイト/ 動自 (種子などが)発芽する; 生育し始める; 他 (種子などを)発芽させる; 生育させる

ger·on·tol·o·gy /dʒèrəntɑ́lədʒi チェロンタロヂ/ 名U 老年学

ger·und /dʒérənd チェランド/ 名C《文法》動名詞

ges·ta·tion /dʒestéiʃən チェステイション/ 名 ❶U 妊娠(にんしん); 《**a gestation**》妊娠期間 ❷U (計画などの)立案; 《**a gestation**》立案期間

ges·tic·u·late /dʒestíkjəlèit チェスティキュレイト/ 動自 (興奮して)身振り手振りでしゃべる

ges·ture B1 中 /dʒéstʃər チェスチャ/ 名 (複 **gestures** /dʒéstʃərz/) ❶UC 身ぶり, 手ぶり, ジェスチャー

● **make** an angry **gesture** 怒ったしぐさをする

❷C (形式的な)意思表示; (本心ではない形だけの)そぶり, ジェスチャー

— 動 (三単現 **gestures** /dʒéstʃərz/; 過去・過分 **gestured** /dʒéstʃərd/; 現分 **gesturing**) 自他 身ぶりをする; 文型 [**gesture** (**for** [**to**]) **A to** *do*] A(人)に…するように身ぶりで示す

● He **gestured for** me **to** *sit* down. 彼は私に身ぶりですわるように言った

get A1 中

/gét ゲト/ 動 (三単現 **gets** /géts ゲツ/; 過去 **got** /gɑ́t|gɔ́t/; 過分 **got**, 《米》**gotten** /gɑ́tn|gɔ́tn/; 現分 **getting**)

共通イメージ 手に入れる, 手に入れて(結果的に)変化する

チャンクでおぼえよう!

❶ よい成績をとる	get a high grade
❷ 切符をオンラインで入手する	get a ticket online
❸ 電子メールを受け取る	get an email
❺ 暗くなる	get dark
❺ 決して怒らない	never get angry
❽ 夕食の用意をする	get dinner ready
成句 早く起きる	get up early

❶他 手に入れる, 得る

文型 [**get A**] Aを手に入れる(❗Aは名詞)

● **get** some sleep 少し眠る

● **get** advice [help, permission] 助言

get

A1 動
中 /gét ゲト/

三単現 **gets** /géts ゲツ/　過去 **got** /gát ガト | gɔ́t ゴト/
過分 **got,** 《米》**gotten** /gátn ガトン | gɔ́tn ゴトン/　現分 **getting**

共通イメージ
手に入れる，手に入れて（結果的に）変化する

意味マップ

動 ❶手に入れる，得る
❷買う
❸受け取る
❹取ってくる
❺…になる
❻理解する
❼着く，達する
❽…を…にする
❾…するようになる
❿…し始める
⓫…に…させる
⓬…を…させる

使えるコーパスフレーズ

get＋名詞

1 **get money** 金を手に入れる
2 **get a job [work]** 就職する
3 **get a car** 車を買う
4 **get a chance** 機会を得る

get＋形容詞（過去分詞を含む）

5 **get better** （体が）回復する
6 **get used to ...** …に慣れる
7 **get involved** かかわり合いになる
8 **get lost** 迷う；（命令文で）うせろ！

コーパス この順番でマスター　getの重要構文

(1) **get** ＋ 名詞
(2) **get** ＋ 形容詞
(3) **get** ＋ 過去分詞
(4) **get** ＋ 名詞 ＋ 前置詞

ネイティブはこういう！

◆ **I'll get you a drink.** 何か飲み物を持ってきてあげる
◆ **I don't get it.** わからないな
◆ **Go and get a doctor!** 医者を呼んできて！

フォーカスページ

[助力, 許可]を得る
- **get** a perfect score in the English test 英語のテストで満点を取る
- **get** the information **from** him 彼から情報を得る
- I should **get** some money from the bank. ⇨フォーカス1 銀行からお金をおろさなくちゃ
- She **got** a job at a well-known company. ⇨フォーカス2 彼女は有名な会社に就職した
- Everyone should **get** a chance. ⇨フォーカス4 すべての人にチャンスが与えられなければならない

❷ 他 **買う** (=buy)
- I **got** a new car. ⇨フォーカス3 新しい車を買った
- Where did you **get** those sneakers? あのスニーカーはどこで買ったの

文型 [**get A B = get B for A**] **A(人)にB(物)を買ってあげる**
- **get** him a new bicycle = **get** a new bicycle **for** him 彼に新しい自転車を買ってあげる
- **get** A **for** $100 Aを100ドルで買う
- **get** *one***self** A (自分に)Aを買う

❸ 他 **受け取る, もらう, 与えられる**
- **get** a letter 手紙を受け取る
- I **got** a call from Jane last night. 昨夜ジェーンから電話をもらった

❹ 他 (物を)**取ってくる**, (人を)**連れてくる**
- I'm hurt! **Go and get** a doctor! けがをした！ 医者を呼んできて！

文型 [**get A B = get B for A**] **A(人)にB(物)を取ってきてあげる**
- Will you **get** me my hat? = Will you **get** my hat **for** me? 私の帽子を取ってきてくれませんか
- Al, **get** me the newspaper, please. アル, 新聞を取ってきて

❺ 自 文型 [**get C**] **C(ある状態)になる** (! Cは形容詞・過去分詞など)
- **get** hot [cold, warm, cool] 暑く[寒く, 暖かく, 涼しく]なる
- **get** angry [mad] 腹をたてる, 怒る
- **get** hurt [injured] けがをする (! hurtは過去分詞; 受け身の意味に近くなり, getはbe動詞と同じように助動詞的な役目をする)
- **get** tired 疲れる; あきる
- He'll soon **get** better. ⇨フォーカス5 彼はすぐ健康が回復するだろう
- You'll **get** used to it. ⇨フォーカス6 そのうち慣れるよ
- It's **getting** dark. だんだん暗くなってきた (! itはばく然と「明暗」を表す)
- We all **got** lost in the fog. ⇨フォーカス8 霧でみな道に迷った
- Don't **get** so excited. そう興奮しないで
- I **got** caught in the rain yesterday. 私はきのう雨に降られた
- **Get** dressed quickly. 急いで服を着なさい

❻ 他 《口語》 **理解する, わかる; 聞き取る**
- She didn't **get** the joke. 彼女は冗談がわからなかった
- I'm sorry, but I didn't **get** what you said. すみませんがおっしゃったことが聞こえませんでした
- Oh, I **get** it. ああ, わかった
- Don't **get** me wrong. 誤解しないで

❼ 自 [...に]**着く, 達する** 《*to*》
- **get to** London ロンドンに着く

比較 I **reached** Tokyo yesterday. 私はきのう東京に着いた
- **get** there at six 6時にそこに着く (! thereは副詞; ×get *to* thereとしない)
- When did you **get** home last night? 昨夜は何時に家に帰ったのですか (! ×get *to* homeとしない)
- How can I **get to** your house? お宅への行き方を教えてください (←どのようにして君の家に到着できるのか; ×How can I go to your house? としない)

❽ 他 文型 [**get A C**] **AをCにする** (! Cは形容詞・現在分詞など)
- **get** supper ready 夕食の準備をする
- Don't **get** your clothes dirty. 服を汚してはいけませんよ
- His story **got** them laughing. 彼の話

が彼らを笑わせた

❾ 自 文型 [**get to** *do*] …するようになる;《口語》うまく…する, …できる

• **get to** *know* him 彼を知るようになる (×become to know him としない)

• They soon **got to** *be* friends. 彼らはすぐに仲良くなった

• Soon you will **get to** *like* your new school. 君はすぐ新しい学校が好きになるだろう

❿ 自 文型 [**get** *doing*]《口語》…し始める

• The train **got moving**. 列車が動き始めた

⓫ 他 文型 [**get A to** *do*] (努力・説得などにより)Aに…させる, Aに…してもらう (❗「…させる」と訳すか「…してもらう」と訳すかは文の前後関係から判断する)

• I **got** him **to** *come*. 私は彼に来させた (❗make, let, have と違って目的語のあとに to のついた不定詞がくる)

比較 I **made** him **go** there. 私は彼にそこへ行かせた. (❗ただし受け身では He **was made to go** there. (彼はそこへ行かされた)のように to を入れる) ⇨**make, have, let**[1]

• I can't **get** this old radio **to** *work*. この古いラジオを鳴らすことができない

⓬ 他 文型 [**get A** *done*] Aを…させる, Aを…してもらう, Aを…される (❗「…させる」と訳すか「…してもらう」と訳すかは文の前後関係から判断する)

• **get** a letter **mailed** 手紙を出してもらう[出させる] (❗get の代わりに have を使うこともできる; get のほうが have より口語的)

• I **got** my watch **repaired**. 時計を修理させた[してもらった]

• He **got** all his homework **done** last night. 彼は昨夜宿題を全部終わらせた

get about《英》歩き回る, 動き回る; (うわさなどが)広まる (❗=get around)

get across (考えなどを)〔相手に〕わからせる, 伝える; 通じる, 伝わる《*to*》

• The teacher couldn't **get** the point **across to** the students. 先生は生徒にその点を理解させることができなかった

• The message didn't **get across to** ordinary people. そのメッセージは一般の人には伝わらなかった

get ahead 進む; 成功する

• **get ahead** in the world 出世する

get ahead of ... …を追い越す, …の先を行く; …に勝る

get along ①〔人と〕仲がよい《*with*》

• She isn't **getting along** very well **with** her mother. 彼女は母親とあまりうまくいっていない

②〔人と〕うまくやる, はかどる《*with*》; 暮らす

• How are you **getting along**? うまくやってますか?, 順調ですか?

• I think we can **get along well** without his help. 彼の助力がなくても私たちはうまくやれると思う

• How are you **getting along with** your homework? 宿題の進みぐあいはどうですか[はかどっていますか]

get around 動き回る, 歩き回る; (うわさなどが)広まる

• It's easy to **get around** (in) Tokyo. 東京はあちこち移動しやすい[便利だ]

• Though she is 90, my grandmother still **gets around** well. 祖母は90歳だが, よく動き回る

• The news **got around** quickly. そのニュースはすぐに広まった

get around to ... …する時間[余裕]がやっとできる

• I didn't **get around to** reading the book which a friend of mine lent me. 友達の貸してくれた本を読もうと思いながら結局時間をとれなかった

get at ... …をそれとなく言う; …に達する, 手が届く; …を見いだす

• We couldn't understand what she **was getting at**. 私たちは彼女が何を言おうとしているのか理解できなかった

get away ①〔…から〕去る, 逃げる, のがれる《*from*》 ②休暇をとる (❗「仕

事から解放される」というニュアンス)
- **get away** in the summer 夏に休暇をとる

get away from ... (発想・生活習慣など)から脱却する

get away with ... (悪事を)見つからずにすむ, ただですむ

get back ①もどって来る; 取り返す
- When did you **get back**? いつ帰ってきたの?

②後ろへさがる
- **Get back**! It might explode! さがれ! 爆発するかも知れないぞ!

get back to ... …に(あとで)返事をする; (仕事など)に戻る
- I must **get back to** work. 仕事に戻らなくちゃ

get behind (仕事などが)遅れる

get by ①なんとかやっていく, どうにか暮らす
- Can you **get by** on 100,000 yen a month? 月10万円でやっていけますか

②通りぬける (=pass)
- Could I **get by**? ちょっと通していただけますか

get down ①(高い所から)降りる; 降ろす
- **get** the child **down** from the ladder はしごからその子を降ろす
- She **got down** from her bicycle. 彼女は自転車から降りた

②(水準を)下げる ③(人の)気をめいらせる, 落ちこませる

get down to ... …に取りかかる, 取り組む
- Let's **get down to** work. さあ仕事に取りかかろう

get in (苦労して)入る, (乗用車など小型の車に)乗り込む (↔**get out**) ⇨**get on**; 取り[刈り]入れる
- The burglar **got in** through the window. どろぼうは窓から入った

get into ... ①…(の中)に(困難をおして)入る; (乗用車など)に乗り込む ⇨ **get on**
- **get into** the building [a university] 建物の中[大学]に入る

②(特に好ましくない状態)になる, かかわる
- **get into** a fight [an argument] けんか[言い争い]になる
- **get into** a mess ひどい状態になる
- He **got into** trouble. 彼はめんどうに巻き込まれた

get off ①(電車・バス・自転車・馬などから)降りる ⇨**get out of ...**
- **get off** a bus [plane] バス[飛行機]から降りる
- I'm **getting off** at the next station. 私は次の駅で下車します

②(身につけているものを)脱ぐ, とる
- **get** *one's* shoes **off** 靴を脱ぐ

get on ①(飛行機・船・電車・バス・自転車・馬などに)乗る (**!** 車・タクシーなどの小型の乗り物は get in を用いる)
- **get on** a horse [bus] 馬[バス]に乗る

②身につける, 着る, はく
- **get** *one's* shoes **on** 靴をはく
- I **got** my jacket **on**. 私は上着を着た

③暮らす; やっていく (=get along)
- How are you **getting on**? いかがお暮らしですか

④[…と]仲良くやっていく《*with*》(=get along)
- I simply can't **get on with** my boss. 上司とどうしてもうまくいかない

get out ①出る; 立ち去る
- **Get out**! 出て行け

②取り出す
- **get** a thorn **out** とげを抜く

get out of ... ①…から出る, (乗用車など小型の車)から降りる ⇨**get off**
- **get out of** bed ベッドから出る, 起きる
- **get out of** the taxi タクシーから降りる

②(悪習など)をやめる, (責任・困難など)から逃れる
- I want to **get out of** the habit of drinking. 飲酒の習慣を改めたい
- How could you **get out of** the difficulty? どうやって君はその困難から脱することができたのか

get A out of B BからAを取り出す[持ち出す]; BからA(真相など)を引き出す
- **get** some milk **out of** the fridge 冷蔵庫からミルクを取り出す

get over 乗り越える; (困難などに)打ち勝つ (=overcome); (病気などから)治る
- He will **get over** the failure of his business. 彼は事業の失敗を乗り越えるだろう
- He soon **got over** his fear [a cold]. すぐ彼はこわくなくなった[かぜが治った]

get through 通りぬける, 通過する; (つらい時期を)乗り切る; し終わる
- **get through** the exam 試験にパスする
- **get through** the work 仕事を終える

get together (人が)集まる; 〔人を〕集める; 〔人と〕会う《*with*》
- Let's **get together** on Sunday. 日曜日に集まろうよ
- **get** all the students **together** 全生徒を集める

get up (寝床から)起き上がる, 起きる; 立ち上がる
- **get up** at six 6時に起きる
- Everyone **got up** from his chair. みんないすから立ち上がった

get·a·way B2 /gétəwèi ゲタウェイ/ 名C《口語》逃亡, 逃走
- make a [*one's*] **getaway** (特に違法行為をして)逃亡する

gets /géts ゲツ/ 動 get の三人称単数現在形

get·ting /gétiŋ ゲティング/ 動 get の現在分詞・動名詞

get-to·geth·er /géttəgèðər ゲトトゲザ/ 名C (非公式の)集まり, 親睦会

Get·tys·burg /gétizbə̀ːrg ゲティズバーグ/ 名 ゲティスバーグ《♦米国ペンシルバニア州の都市で南北戦争の古戦場》

Géttysburg Addréss 名《the をつけて》ゲティスバーグの演説

gey·ser /gáizər ガイザ/ 名C 間欠泉; 《英》自動湯沸かし器

Gha·na /gáːnə ガーナ/ 名 ガーナ《♦アフリカ西部の共和国; 首都アクラ (Accra)》

Gha·na·ian /gáːniən ガーニアン/ 形 ガーナの 一名C ガーナ人

ghast·ly /gǽstli ギャストリ/ 形 (比較級 **ghastlier**; 最上級 **ghastliest**) ぞっとするような, 恐ろしい

ghet·to B2 /gétou ゲトウ/ 名 (複 **ghettos, ghettoes** /gétouz/) C 少数民族居住地区; 貧民街, スラム街

ghost A1

/góust ゴウスト/ (×ゴースト)

名 (複 **ghosts** /góusts ゴウスツ/) C 幽霊

一動 (三単現 **ghosts** /góusts ゴウスツ/; 過去・過分 **ghosted** /góustəd/; 現分 **ghosting**) 自他
〔…の代わりに〕代作をする, ゴーストライターを務める《*for*》

ghost·ly /góustli ゴウストリ/ 形 (比較級 **ghostlier**; 最上級 **ghostliest**) 幽霊のような; ぼんやりした

ghóst stòry 名C 怪談(かいだん)

ghóst tòwn 名C ゴーストタウン《♦昔は栄えたが今は住む人もない町》

ghóst wrìter 名C (有名人の演説・本などの)代作者, ゴーストライター

GI /dʒíːái ヂーアイ/ 名 (複 **GI's, GIs**) C 米兵 (❗GI は government issue (官給品)の略から)

gi·ant B1 高 /dʒáiənt ヂャイアント/ 形 巨大な

一名 (複 **giants** /dʒáiənts ヂャイアンツ/) C
❶ (神話や童話に出てくる)巨人; 大男
❷ 大物, 偉人(いじん); 巨大なもの
- China is now an economic **giant**. 中国は今や経済大国である

派生 **gigantic** 形

gíant pánda 名C《動物》ジャイアントパンダ

gìant slálom 名U《スポーツ》(スキーの)大回転(競技)

gib·ber·ish /dʒíbəriʃ ヂバリシュ/ 名U わけのわからない話

gibe /dʒáib ヂャイブ/ 名C 嘲笑(ちょうしょう)

一動自 嘲笑する

gid·dy /gídi ギディ/ 形 (比較級 **giddier**; 最上級 **giddiest**) めまいがする; めまいのするような, 目のくらむような

gift A1 中

/gíft ギフト/ 名 (複 **gifts** /gífts ギフツ/)
❶ C 贈り物 (! present より改まった語) • a birthday **gift** 誕生日の贈り物
• accept [receive] a **gift** (from ...) (…から)贈り物を受け取る
• give a **gift** 贈り物をあげる
❷ (生まれ持った)才能 (=talent)
• the **gift** of prophecy 予知能力

gíft certìficate 名 C (贈答用)商品券

gift·ed B1 /gíftəd ギフテド/ 形 (生まれつき)才能のある; 恵まれた

gíft shòp 名 C みやげ物店

gift-wrap /gíftræ̀p ギフトラプ/ 動 (三単現 **gift-wraps** /gíftræ̀ps/; 過去・過分 **gift-wrapped** /gíftræ̀pt/; 現分 **gift-wrapping**) 他 贈り物用に包装する

gig /gíg ギグ/ 名 C 《口語》(ロック・ジャズなどの)ライブ

gig·a·byte /gígəbàit ギガバイト/ 名 C 《コンピュータ》ギガバイト《♦情報量の単位; 10億バイト; 略GB》

gi·gan·tic /dʒaigǽntik チャイギャンティク/ (×ギガンティク) 形 巨大な, 途方もなく大きい
派生 **giant** 名

gig·gle B1 /gígl ギグル/ 動 (三単現 **giggles** /gíglz/; 過去・過分 **giggled** /gígld/; 現分 **giggling**) 自
くすくす[くっくっと]笑う ⇨**laugh**
一 名 (複 **giggles** /gíglz/) C
くすくす笑い ⇨**laugh**

Gil·bert /gílbərt ギルバト/ 名 ギルバート《♦男性名》

gild[1] /gíld ギルド/ 動 (三単現 **gilds** /gíldz ギルヅ/; 過去・過分 **gilded** /gíldəd/, **gilt** /gílt/; 現分 **gilding**) 他 …に金めっきをする, 金をかぶせる

gild[2] /gíld ギルド/ 名 C (=guild)

gill /gíl ギル/ 名 C 《ふつう **gills**》(魚などの)えら

gilt /gílt ギルト/ 動 gild[1]の過去形・過去分詞
一 形 金をかぶせた[めっきした]

gim·mick /gímik ギミク/ 名 C 《口語》(人の注意を引くための)手口, 新工夫, 小細工《♦宣伝文句・服飾品など》

gin[1] /dʒín チン/ 名 C 綿繰り機; わな

gin[2] /dʒín チン/ 名 U ジン《♦蒸留酒》

gin·ger B1 /dʒíndʒər チンヂャ/ 名 U ショウガ; ショウガ色, 黄[赤]褐色
一 形 (髪など)黄[赤]褐色の

gínger ále 名 U ジンジャーエール

gin·ger·bread /dʒíndʒərbrèd チンヂャブレド/ 名 U ショウガクッキー

gin·ger·ly /dʒíndʒərli チンヂャリ/ 副 用心深く, こわごわ

ging·ham /gíŋəm ギンガム/ 名 U ギンガム《♦格子縞(こうしじま)の綿布》

ging·ko, gink·go /gíŋkou ギンコウ/ 名 (複 **gingkos, gingkoes** /gíŋkouz/) C 《植物》イチョウ(の木)

Gip·sy /dʒípsi チプスィ/ 名 (=Gypsy)

gi·raffe B1 高 /dʒərǽf チラフ | dʒərɑ́:f チラーフ/ 名 (複 **giraffe, giraffes** /dʒərǽfs/) C 《動物》キリン

gird /gə́:rd ガード/ 動 (三単現 **girds** /gə́:rdz ガーヅ/; 過去・過分 **girded** /gə́:rdəd/, **girt** /gə́:rt/; 現分 **girding**) 他 《文章》(腰などを)〔帯・ベルトなどで〕締める《*with*》; 〔剣などを〕帯びる《*on*》

gird oneself for ... …の覚悟をして備える, …に対して心構えをする

gird·er /gə́:rdər ガーダ/ 名 C 桁(けた); (橋・屋根・床などを支える)大はり

gir·dle /gə́:rdl ガードル/ 名 C
❶ ガードル《♦女性用の下着》
❷ ベルト, 帯
❸ 《文章》(周囲を取り巻く)帯状のもの

girl A1 中

/gə́:rl ガール/ 名 (複 **girls** /gə́:rlz/) C
❶ 女の子, 少女; (若い)女性
日英比較 girl は若い「少女」だけでなく, 女の赤ちゃんから, 17, 18 歳ぐらいの女性まで幅広く用いる
❷ 娘 (=daughter)

girl·friend A1 高

/gə́ːrlfrènd ガールフレンド/ 名 (複 **girl-friends** /gə́ːrlfrèndz ガールフレンヅ/) C
❶ ガールフレンド, 恋人
❷ (女性にとっての)女友達

Gírl Guídes 名 《英》(=《米》the Girl Scouts)

girl·hood /gə́ːrlhùd ガールフド/ 名 U 少女であること; 少女期, 少女時代

Gírl Scòuts 名 《the をつけて》《単数・複数扱い》《米》ガールスカウト (=《英》the Girl Guides)

girth /gə́ːrθ ガース/ 名 C (胴体・木の幹などの)周囲の長さ; (馬の)腹帯

gist /dʒíst ヂスト/ 名 C 《ふつう **the gist**》〔…の〕要点, 要旨《*of*》

give A1 中

/gív ギヴ/ 動 (三単現 **gives** /gívz/; 過去 **gave** /géiv/; 過分 **given** /gívn/; 現分 **giving**)

共通イメージ 相手に与える

チャンクでおぼえよう!

❶ 彼女にプレゼントをあげる	give her a present
❸ あなたに一例を示す	give you an example
❸ 助言をする	give advice
❹ 慈善にお金を出す	give money to charity
❺ 私の両親を喜ばせる	give delight to my parents
❻ 私たちの体にエネルギーを供給する	give energy to our body
❼ ほほえむ	give a smile
❽ 講演[スピーチ]をする	give a talk [speech]

❶ 他 与える, あげる; 他自 寄付をする; 他 文型 [**give A B = give B to A**] A(人など)にB(物など)を与える

- Father **gave** me this watch. = Father **gave** this watch **to** me. 父がこの時計を私にくれた
- I tried to **give** him money to show my gratitude. ⇨フォーカス❶ 彼に感謝の気持ちを示すためにお金をあげようとした
- **Give** me two tickets for the movie. 映画の切符を2枚ください
- **Give** me more time [a few minutes]. ⇨フォーカス❹ もっと[ちょっと]時間をください
- He has **given** all his books **to** the school library. 彼は自分の本を全部学校図書館へ寄付した

使い方› **give**「与える」
(**1**)「AにBを与える」の語順は「give A B」または「give B to A」:
I **gave** her a flower. = I **gave** a flower **to** her. 私は彼女に花をあげた (×I gave a flower her.)
(**2**) Aがわかっていて言う必要がないときAは省略できるが, Bの省略はできないので単に×I gave her. とはしない. give a flower to the girl のように, Aが代名詞でないときは give B to A の型が好まれる傾向がある
(**3**) Bが代名詞のときはふつう give B to A の型になる:
give it **to** him それを彼にやる (×give him it)
(**4**) 受け身はふつう2通りが可能:
My uncle **gave** me this watch. (私のおじが私にこの時計をくれた)
→This watch **was given** (**to**) me by my uncle. この時計は私のおじによって私に与えられた
→I **was given** this watch by my uncle. 私はおじからこの時計をもらった

❷ 他 文型 [**give A B = give B to A**] A(人など)にBを渡す, 差し出す; AにBを預ける

- **Give** me your hand and I'll pull you up. 手をこっちに出してくれ, ひっぱり上げてやるよ
- Can you **give** me that dictionary? その辞書をとってもらえませんか

❸ 他 (人に情報などを)伝える, 言う

- The man did not **give** his name.

give

A1 動 名
中 /gív ギヴ/

三単現 **gives** /gívz ギヴズ/　過去 **gave** /géiv ゲイヴ/
過分 **given** /gívn ギヴン/　現分 **giving**

共通イメージ 相手に与える

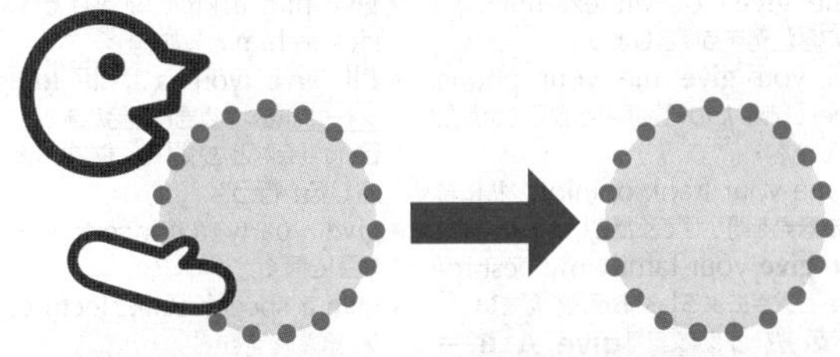

意味マップ

動 ❶与える ❷渡す
❸伝える ❹支払う
❺もたらす ❻供給する
❼(ある動作を)する
❽(会などを)開く
❾(印象など)を与える
名 弾力性

使えるコーパスフレーズ

give A(人)B(物など)

1 **give me some money** お金をくれる
2 **give me some idea** アイデアをくれる
3 **give me an example** 例を教えてくれる
4 **give me more time** もっと時間をくれる

コーパス この順番でマスター　giveの重要構文

(1) **give A B**
A(人)にB(物など)をあげる
(2) **give B to A**
B(物など)をA(人)にあげる
(3) **give A** Aを与える
(4) **give＋副詞** 句動詞(give upなど)
(5) **be given** 与えられる

give ＋ 名詞
(6) **give ... a ring [call]** …に電話する
(7) **give ... information**
…に情報を教える
(8) **give ... a kiss** …にキスをする
(9) **give ... advice** …に助言をする
(10) **give ... an answer** …に答える

その男は自分の名前を言わなかった

文型 [**give A B = give B to A**] A(人)にBを述べる, 伝える

- **give** (A) advice [orders, instructions] ⇨フォーカス(**9**) (Aに)助言[命令, 指示]する, を与える
- **give** (A) directions (Aに)道順を教える
- **give** (A) an explanation [account, description] (Aに)説明を与える
- Let me **give** you an example. ⇨フォーカス**3** 例をあげましょう
- Could you **give** me your phone number? あなたの電話番号を教えていただけませんか
- **Give** me your frank opinion. 私に君の率直な意見を聞かせてください
- Please **give** your family my best regards. ご家族によろしくお伝えください

❹ 他 **支払う**; 文型 [**give A B = give B to A**] A(人)にB(金額)を出す, 払う

- I **gave** him 1,000 yen for the book. 本の代金として彼に千円払った

❺ 他 文型 [**give A B**] A(人)にB(困難・感情など)をもたらす, 引き起こす

- **give** A a surprise [shock] Aに驚き[ショック]を与える
- **give** A confidence Aに自信を与える
- The boy **gave** his parents a lot of trouble. 少年は両親にとてもめんどうをかけた
- Rock music **gives** me pleasure, but it **gives** my mother a headache. ロック音楽はぼくに楽しみをくれるが, 母親には頭痛を与える

❻ 他 **供給する, 生じる**

- The cow stopped **giving** milk. その牛は乳がでなくなった (**!** giving は動名詞で stopped の目的語)

文型 [**give A B = give B to A**] AにBを供給する

- The sun **gives** us light and heat. 太陽は私たちに光と熱を与えてくれる

❼ 他 (ある動作を)**する**; (声を)**発する**

- **give** (A) a smile [nod, shrug] (Aに)ほほえみかける[うなずく, 肩をすくめる]
- **give** a push 一押しする
- **give** a sigh [cry, laugh] ため息をつく[叫ぶ, 笑う]
- **give** (A) a kiss [hug] ⇨フォーカス(**8**) (Aに)キスをする[(Aを)抱きしめる]
- **give** a cough せきをする

文型 [**give A B**] A(人)にB(行為)をする

- **give** him a kick 彼をける (×give a kick to him としない)
- I'll **give** you a call tonight. ⇨フォーカス(**6**) 今夜君に電話します

❽ 他 (会などを)**開く, 催す**; (大勢の前で)**演じる, 行う**

- **give** a party [a concert] パーティー[音楽会]を開く
- **give** a speech [talk, lecture] 演説[講演, 講義]をする
- **give** a test テストをする
- The teacher was **giving** a lesson in math. 先生は数学の授業をしていた

❾ 他 (印象・考えなど)**を与える[抱かせる]**

- **give** A thought [attention] A(物)についてよく考える
- **give** A an impression A(人)に印象を与える
- The figure below will **give** you some idea of the project. ⇨フォーカス**2** 下の図を見るとプロジェクトの概要がわかるでしょう

Don't give me that. 《口語》そんなことにはだまされないよ

give away (ただで)**あげてしまう, ゆずる**; (秘密をうっかり)**もらす**; (機会を)**逃す**

- He **gave away** all the money [**gave** all the money **away**]. 彼はそのお金を全部やってしまった
- He **gave away** his true feelings. 彼は本音を漏らした

give back **返す; もどす** (=return)

- **Give** the book **back** to me. = **Give** me **back** the book. その本を私に返してくれ

give in 屈する, 降参する; 《英》(書類などを)提出する ⇨《米》**hand in**
give it a try [***go***] 《口語》試しにやってみる
give off (におい・熱などを)発散する, 放つ
give out 分配する; 発表する; (音・においなどを)出す; (力などが)尽きる, 疲れ果てる
- The teacher **gave out** the tests to her students. 先生はテストの問題用紙を生徒に配った
- The man **gave out** a cry. その男は叫び声をあげた
- The fuel **is giving out**. 燃料がなくなりかけている

give *A* ***over*** *B* AをBにあてる, ささげる, 任せる
give *one**self*** ***over to ...*** …に専念する
- She **gave herself over to** drinking because of loneliness. 彼女はさびしさから酒におぼれた

give up やめる, 中止する; あきらめる; 捨てる
- **give up smoking** たばこをやめる (❗ give up+*doing*; ×give up *to smoke* としない)
- We finally **gave** him **up** for lost. われわれはついに彼を死んだものとあきらめた
- **give up** hope 望みを捨てる

give *one**self*** ***up to ...*** …に専念する
give way (***to ...***) (…に)道をゆずる; くずれる, こわれる, 切れる; 負ける, (…に)取って代わられる ⇨**way**[1] 成句
- She had to **give way to** him. 彼女は彼に譲歩しなければならなかった

— 名 U 弾力性; (人の)順応性

gíve and táke 名 U ゆずり合い, 妥協; 公平なやりとり

give·a·way B2 /gívəwèi ギヴアウェイ/ 名 (複 **giveaways** /gívəwèiz/) C
❶ (無料の)提供品, サービス品
❷ (秘密などを)うっかり漏らすこと; 《**a giveaway**》明白な証拠

giv·en A2

/gívn ギヴン/ 形
定められた, 与えられた, 特定の
- on a **given** day 定められた日に

— 動 giveの過去分詞
given ... …があれば, …を仮定すれば
- **Given** health, one can do anything. 健康であれば人は何でもできる

given that ... …とすると, …ということを考慮にいれると

gíven náme 名 C (姓に対して)名 (=first name); 洗礼名 ⇨**name**

giv·er /gívər ギヴァ/ 名 C 与える人, 寄贈者

gives /gívz ギヴズ/ 動 give の三人称単数現在形

giv·ing /gíviŋ ギヴィング/ 動 give の現在分詞・動名詞

gla·cial /gléiʃəl グレイシャル/ 形
❶ 氷の; 氷河の; 氷河期の
❷ 《文章》氷のように冷たい; 冷淡な

gla·cier 高 /gléiʃər グレイシャ/ 名 C 氷河

glad A1 中

/glǽd グラド/
形 (比較級 **gladder**; 最上級 **gladdest**)
❶ (人が)うれしい, 〔…を〕うれしく思う, ありがたく思う 《*about, at, of*》
- I am **glad about** that. 私はそのことをうれしく思う

文型 [**be glad** (**that**) ...] …ということをうれしく思う
- I am **glad** (**that**) you have come. 君が来てくれてうれしいよ

文型 [**be glad to** *do*] …して[できて]うれしい
- [CAN-DO Tips あいさつする]
I **am glad to** *meet* you. 私は君に会えてうれしい (❗ Glad to meet you. と略されることもある)

❷ 文型 [**be glad to** *do*] 喜んで…する
- I'll **be glad to** *help* you. 喜んでお手伝いいたします

❸ 人をうれしくさせる, 喜ばしい (❗

a b c d e f **g** h i j k l m n o p q r s t u v w x y z

名詞の前に用いる)
- **glad** news うれしい知らせ

glad·den /glǽdn グラドン/ 動 他 うれしがらせる, 喜ばす (↔**sadden**)

glade /gléid グレイド/ 名 C 森の中の空き地

glad·i·a·tor /glǽdièitər グラディエイタ/ 名 C (古代ローマの)闘士

glad·ly /glǽdli グラドリ/ 副 喜んで

glad·ness /glǽdnəs グラドネス/ 名 U 喜び, うれしさ (↔**sadness**)

glam·or /glǽmər グラマ/ 名 《米》 (=glamour)

glam·or·ize /glǽməràiz グラマライズ/ 動 他 実際以上に魅力的に見せる, 魅力を与える, 美化する

glam·or·ous B2 /glǽmərəs グラマラス/ 形 魅力的な, 魅惑的な

glámorously 副 魅力的に

glam·our /glǽmər グラマ/ 名 U (うっとりさせる)魅力 (❗ つづりは《米》でも glamour がふつう)

glance B1 /glǽns グランス | glɑ́:ns グラーンス/ 動 (三単現 **glances** /glǽnsəz/; 過去・過分 **glanced** /glǽnst/; 現分 **glancing**) 自 ちらっと(一目)見る
- **glance at** the road sign その道路標識をちらっと見る

glance off ... …にかすってそれる

― 名 (複 **glances** /glǽnsəz/) C ちらっと見ること, 一見
- She **gave** me only a **glance**. 彼女は私をちらっと見ただけだった

at a glance 一目で, 一見して

at first glance 一目で; 最初は, 一見すると

glanc·ing /glǽnsiŋ グランスィング/ 形 (命中しないで)かすめる

gláncingly 副 かすめるように

gland /glǽnd グランド/ 名 C 《解剖》 腺(せん)

glan·du·lar /glǽndʒələr グランヂュラ/ 形 《解剖》 腺(せん)の

glare B2 /gléər グレア/ 名
❶ C にらみつけること, 怒った顔
❷ U ぎらぎらする[輝く]光

― 動 自 ❶(ぎょろりと)にらみつける
❷ ぎらぎら光る[輝く]

glar·ing /gléəriŋ グレアリング/ 形 ぎらぎら光る; 目立つ, 明白な

gláringly 副 ぎらぎらと; 目立って

glass A1 高

/glǽs グラス | glɑ́:s グラース/
名 (複 **glasses** /glǽsəz/)

意味マップ
❶ ガラス
❷ コップ
❸ コップ1杯分
❹ 《glasses》 めがね
❺ 望遠鏡
❻ 鏡

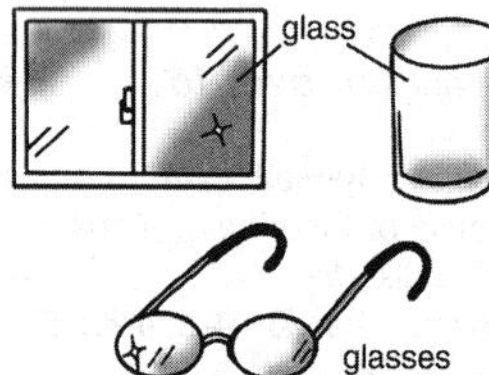

❶ U ガラス; 《形容詞的》 ガラス製の
- a sheet of **glass** 1枚のガラス
- a **glass** window [box] ガラス窓[の箱]

❷ C (ガラスの)コップ; グラス

日英比較 水, ビールなど冷たい飲み物を入れる容器は glass で, 紅茶, コーヒーなど温かい飲み物は cup に入れる

❸ コップ1杯分
- a **glass** of water コップ1杯の水

❹ 《**glasses**》 めがね; 双眼鏡
- **a pair of glasses** めがね一つ
- **put on** [**take off**] *one's* **glasses** めがねをかける[はずす] (❗ 服を「着る」「脱ぐ」と同じ表現を使う)

注意› 個数を問題にしているときに pair of を用い, ふつうは glasses を使う:
He always wears **glasses** [×a pair of glasses]. 彼は常にめがねをかけている
I have two **pairs of glasses**. 私はめがねを2つ持っている

❺ 望遠鏡; 顕微鏡
❻《英》《口語》鏡 (=mirror)

gláss fíber 名U ガラス繊維

glass·ware /glǽswèər グラスウエア/ 名 U《集合的》ガラス製品

glass·work /glǽswə̀ːrk グラスワーク/ 名 ❶U ガラス製造(業);《集合的》ガラス製品[細工] ❷《glassworks》《しばしば単数扱い》ガラス工場

glass·y /glǽsi グラスィ/ 形 (比較級 **glass·ier**; 最上級 **glassiest**) ガラスのような; 滑らかな; 無表情の

glau·co·ma /glɔːkóumə グローコウマ/ 名 U《医学》緑内障(りょくないしょう)

glaze /gléiz グレイズ/ 動 ❶自 (目が)とろんとする, ぼんやりする《*over*》 ❷他 (焼き物に)うわ薬をかける; つやを付ける ❸他 (窓などに)ガラスをはめる

― 名C ❶U うわ薬をかけること; U C つやのある表面, 光沢, (料理の)照り ❷C うわ薬; (照り焼きの)たれ

gleam B2 /glíːm グリーム/ 名C (星などの)かすかな光[輝き]; (希望などの)ひらめき

― 動自 光る, きらめく

glean /glíːn グリーン/ 動 ❶他 (落ち穂を)拾い集める; 落ち穂を拾い集める; 自 落穂拾いをする ❷他〔人などから〕(情報などを)こつこつと収集する《*from*》

glee B2 /glíː グリー/ 名
❶U (あふれるような)喜び, 歓喜
❷C グリー合唱曲 (♦男声三部または四部の合唱曲)

glee·ful /glíːfəl グリーフル/ 形 大喜びの, うれしい, 陽気な

gléefully 副 大喜びで, にぎやかに

glen /glén グレン/ 名C (特にスコットランドの)峡谷, 谷間

glib /glíb グリブ/ 形 (比較級 **glibber**; 最上級 **glibbest**)
❶ 口の達者な, ぺらぺらしゃべる
❷ 口先だけの, うわべだけの

glide B1 /gláid グライド/ 名 (複 **glides** /gláidz グライヅ/) C 滑空, 滑走

― 動 (三単現 **glides** /gláidz グライヅ/; 過去・過分 **glided** /gláidəd/; 現分 **gliding**) 自 すべる, すべるように動く[飛ぶ, 走る]

glid·er /gláidər グライダ/ 名C グライダー

glid·ing /gláidiŋ グライディング/ 名U《スポーツ》ハンググライディング

glim·mer /glímər グリマ/ 名C かすかな光; 少量

― 動自 ちらちら[かすかに]光る

glimpse B1 /glímps グリンプス/ 名 (複 **glimpses** /glímpsəz/) C
ちらりと見る[見える]こと

• **have** [**get**, **catch**] **a glimpse of** her
彼女をちらりと見かける

― 動 (三単現 **glimpses** /glímpsəz/; 過去・過分 **glimpsed** /glímpst/; 現分 **glimpsing**) 他自 ちらっと見る; かいまみる

glint B1 /glínt グリント/ 名 (複 **glints** /glínts グリンツ/) C
きらめき, きらきらした光

― 動 (三単現 **glints** /glínts グリンツ/; 過去・過分 **glinted** /glíntəd/; 現分 **glinting**) 自 きらりと光る, きらめく

glis·ten /glísən グリスン/ 動自 きらきら輝く[光る]

glit·ter /glítər グリタ/ 動自 きらきら光る[輝く]

― 名U 輝き, きらめき

glit·ter·ing /glítəriŋ グリタリング/ 形 きらきら光る; 輝かしい

gloam·ing /glóumiŋ グロウミング/ 名U たそがれ (=twilight)

gloat /glóut グロウト/ 動自〔自分の成功・人の失敗に対して〕ほくそえむ, 満足そうに眺める《*over, on, upon*》

glob·al B1 中 /glóubəl グロウバル/ 形
❶ 地球規模の, 世界的な
• We now have a **global** economy.
今や経済は地球規模となっている
❷ 全体的な, 広範囲の
派生 **globe** 名

glob·al·i·za·tion 高 /glòubələzéiʃən グロウバリゼイション/ 名U (市場・企業などの)国際化, グローバリゼーション

glob·al·ly B2 /glóubəli グロウバリ/ 副 世界的に; 全体的に

glóbal wárming B2 中 名U 地球温暖化

globe A2 高
/glóub グロウブ/ (×グローブ)
名 (複 **globes** /glóubz/) C
❶ 地球儀(ぎ)
❷《the globe》地球 (=the earth)
• That company has offices all over **the globe**. あの会社は世界中に事務所をかまえている
❸ 球, 球体
派生 **global** 形

glob·u·lar /glɑ́bjələr グラビュラ/ 形 球形[球状]の

glob·ule /glɑ́bju:l グラビュール/ 名 C (特に液体の)小球体, 小滴, 粒

glo·cal B2 /glóukəl グロウカル/ 形 (ビジネスなどが)世界的視野をもちつつ地域に根ざした (❗global と local の造語)

gloom /glú:m グルーム/ 名 U 暗がり; U C 憂うつ

gloom·y B2 /glú:mi グルーミ/ 形 (比較級 **gloomier**; 最上級 **gloomiest**)
❶ 陰気な; ゆううつな; (前途などが)暗い ❷ かなり暗い

glo·ri·fi·ca·tion /glɔ̀:rəfəkéiʃən グローリフィケイション/ 名 U《文章》賛美する[される]こと, 称賛; 美化

glo·ri·fied /glɔ́:rəfàid グローリファイド/ 形 美化された, 見せかけの (❗名詞の前に用いる)

glo·ri·fy B2 /glɔ́:rəfài グローリファイ/ 動 (三単現 **glorifies** /glɔ́:rəfàiz/; 過去·過分 **glorified** /glɔ́:rəfàid/; 現分 **glorifying**) 他 ほめたたえる; 栄誉をもたらす; 美化する

glo·ri·ous B1 /glɔ́:riəs グローリアス/ 形
❶ 栄誉[栄光]ある, 輝かしい; 荘厳(そうごん)な ❷ とてもゆかいな, すばらしい; よく晴れた

glo·ry B1 /glɔ́:ri グローリ/ 名 (複 **glories** /glɔ́:riz/) ❶ U 栄光; 栄誉, 名誉 (=fame); C 名誉となるもの
❷ U 壮麗(そうれい)さ
❸ U 栄華(えいが), 全盛
— 動 (三単現 **glories** /glɔ́:riz/; 過去·過分 **gloried** /glɔ́:rid/; 現分 **glorying**) 自 〔…を〕喜ぶ, 誇りとする《*in*》

gloss[1] /glɑ́s グラス/ 名《単数形で》❶ 光沢, つや ❷ うわべだけの見せかけ, 虚飾 — 動 他 光沢[つや]をつける
gloss over ... …のうわべをとりつくろう, …をうまく言い逃れる

gloss[2] /glɑ́s グラス/ 名 C (巻末の)語句注釈 — 動 他 注釈を付ける, 注解する

glos·sa·ry /glɑ́səri グラサリ/ 名 (複 **glossaries** /glɑ́səriz/) C (巻末などの)解説付き用語集; 用語辞典

gloss·y /glɑ́si グラスィ/ 形 (比較級 **glossier**; 最上級 **glossiest**) 光沢[つや]のある

glóssy magazíne 名 C《英》(つやつやの上質紙を用いた)豪華雑誌

glove A2 高
/glʌ́v グラヴ/ (×グローヴ)
名 (複 **gloves** /glʌ́vz/) C
❶ 手袋 (❗5本の指に分かれているもの; 親指だけ分かれているものは mitten)
• **put on** [**take off**] *one's* **gloves** 手袋をはめる[はずす]
• **wear gloves** 手袋をはめる
❷《野球》グローブ (❗「ミット」は mitt); 《ボクシング》グラブ
fit ... like a glove …にぴったり合う

glow B2 /glóu グロウ/ 名《単数形で》
❶ (燃えるような)輝き, 白熱; 光沢
• a soft **glow** やわらかな光
❷ (身体の)ほてり
— 動 自 ❶ (木炭などが炎を出さないで)あかあかと燃える, 光を放つ ⇨**flame**
❷ (ほお·体が)ほてる; (顔などが)輝く
• She is **glowing with** health. 彼女は健康に輝いている

glow·er /gláuər グラウア/ 動 自 〔…を〕にらみつける《*at*》

glow·ing /glóuiŋ グロウイング/ 形 赤熱[白熱]した; 熱のこもった
glówingly 副 赤熱して; 熱心に

glu·cose /glú:kous グルーコウス/ 名 U ブドウ糖

glue /glú: グルー/ 名 U 接着剤, のり

• fix the broken plate with **glue** 割れた皿を接着剤でくっつける

— 動 (三単現 **glues** /glúːz/; 過去・過分 **glued** /glúːd/; 現分 **glueing, gluing**) 他 のりづけする，接着剤でつける

be glued to ... …に集中する; …から離れない

glue·y /glúːi グルーイ/ 形 (比較級 **gluier**; 最上級 **gluiest**) にかわ質の; ねばねばする (=sticky)

glum /glʌ́m グラム/ 形 (比較級 **glummer**; 最上級 **glummest**) むっつりした，陰気な，ふさぎ込んだ

glut /glʌ́t グラト/ 動 (三単現 **gluts** /glʌ́ts グラツ/; 過去・過分 **glutted** /glʌ́təd/; 現分 **glutting**) 他 ❶ 満腹[満足]させる，満たす ❷〔…を〕過剰供給する《*with*》

— 名 C 《ふつう **a glut**》供給過剰，過多

glut·ton /glʌ́tən グラトン/ 名 C
❶ 大食いの人，大食家
❷《口語》むさぼり読む人;〔…に〕非常に熱心な人，夢中になる人《*for*》

glut·ton·y /glʌ́təni グラトニ/ 名 U 大食; 暴飲暴食

glyc·er·in /glísərin グリセリン/ 名 U 《化学》グリセリン

GM 《略》genetically modified 遺伝子組み換えの

gm. 《略》gram(s), 《英》gramme(s) グラム

GMF 《略》genetically modified food(s) 遺伝子組み換え食品 (❗ GM food(s) ともいう)

G.M.T. /dʒíːèmtíː チーエムティー/ 《略》Greenwich Mean Time グリニッジ標準時

gnarl /nɑ́ːrl ナール/ 名 C (木の)節(ふし)，こぶ

gnarled /nɑ́ːrld ナールド/ 形 節(ふし)だらけの; でこぼこの

gnash /nǽʃ ナシュ/ 動 他 (歯を)きしませる，食いしばる • **gnash** *one's* teeth (怒りなどのため)歯ぎしりをする

gnat /nǽt ナト/ 名 C ブヨ;《英》蚊(か)

strain at a gnat ささいなことにこだわる

gnaw /nɔ́ː ノー/ 動 他 自 かじる; 絶えず悩ます，苦しめる

gnaw·ing /nɔ́ːiŋ ノーイング/ 形 (苦痛などが)責めさいなむ，絶えず悩ます (❗ 名詞の前に用いる)

gnome /nóum ノウム/ 名 C (地下に住むという)地の精

GNP /dʒíːènpíː チーエンピー/ 《略》gross national product 国民総生産

gnu /njúː ニュー/ 名 C 《動物》ヌー《♦南アフリカ産の大型レイヨウの一種》

go A1 中

/góu ゴウ/ 動 (三単現 **goes** /góuz/; 過去 **went** /wént/; 過分 **gone** /gɔ́ːn | gɔ́n/; 現分 **going**) 自

共通イメージ **話題の中心が別の場所に移動する**

チャンクでおぼえよう！

❶ 映画を見に行く	go to the movies
❶ 階段を上る	go up the stairs
❶ 修学旅行に行く	go on a school trip
❶ 買い物に行く	go shopping
❷ 気が変になる	go crazy
❷ ネットに接続する	go online

❶ **行く** (↔**come**); **立ち去る; 出発する**

• **go to** London ロンドンへ行く

• **go** home 家に行く，うちへ帰る (❗ home は副詞なので ×go *to* home としない)

• **go by** train [car, bus] [**on** foot] 電車[車・バス]で[歩いて]行く

• It's time to **go** to bed. ⇨ フォーカス 1 寝る時間だよ

• I **go** to school [church] by bus. ⇨ フォーカス 2 5 バスで学校[教会]へ行く (❗ 本来の目的(勉強，礼拝)で行くときは ×*a* [*the*] school などとしない)

go

A1 動 名 形
中 /góu ゴウ/

三単現 **goes** /góuz ゴウズ/　過去 **went** /wént ウェント/
過分 **gone** /gɔ́ːn ゴーン | gɔ́n ゴン/　現分 **going**

場所，状態

共通イメージ
話題の中心が
別の場所に移動する

状態の変化の場合は
become と同じ意味

意味マップ

動 ❶ 行く；立ち去る
❷ …になる
❸ (物事が)…に進行する
❹ (機械などが)動く；鳴る
❺ 届く；置かれる
❻ 過ぎ去る；消える
❼ (話などが)…となっている
❽ いつも…である

名 ❶ 行くこと；元気
❷ 順番；試み

形 用意ができて

ネイティブはこういう！

◆ **What's going on?** どうなってんの?
◆ **I must be going.** そろそろおいとましなくては
◆ **Do you want to go?** 行きませんか
◆ **How's it going?** どうしてる?，最近どう?
◆ **You've gone too far.** やり過ぎだよ
◆ **Sorry, but I've got to go.** ごめんね，もう行かなくちゃ
◆ **Stay tuned, don't go away.**
チャンネルはそのままで(! コマーシャルに入る前に)

使えるコーパスフレーズ

go to＋名詞

1 **go to bed**　ベッドに行く, 寝る
2 **go to school**　学校に行く
3 **go to sleep**　寝る
4 **go to work**　仕事に行く
5 **go to church**　教会に行く

(! go to のあとが無冠詞の名詞の場合は習慣的動作を表す. そうでない場合はgo to a bankのように冠詞が必要.)

go＋形容詞･副詞

6 **go wrong**　思うようにいかない
7 **go well**　うまくいく
8 **go crazy [mad]**　気がふれる, 激怒する
9 **go quiet**　静かになる
10 **go wild**　熱狂する

コーパス この順番でマスター　goの句動詞

(1) **go on**　続ける; 起こる
(2) **go out**　外出する
(3) **go back**　戻る
(4) **go down**　下がる
(5) **go up**　上がる

教科書フレーズ

◆ **I cannot go to the concert with you today.**
きょうは君といっしょにコンサートに行けないんだ

◆ **I go to bed late these days.**
最近は遅くまで起きてる

◆ **She returned to the U.S. to live with her father and go to college.**
彼女は父といっしょに暮らし, 大学に行くため, アメリカに戻った

◆ **He and I go to school every day on the same train.**
彼と私は毎日同じ電車で学校に行く

◆ **Something seemed to go wrong, for the robot stopped working.**
何かがおかしかったようだ, なぜならロボットが動かなくなったからだ

◆ **The journey went well for a few hours, but soon they lost their way.**
旅の最初の数時間は良かったのだが, すぐに彼らは道に迷った

◆ **War is still going on in the country.**
その国ではまだ戦争が続いている

- I had to **go** to work that day. ⇨フォーカス4 その日は仕事に行かなければならなかった
- She **went** to his house yesterday. きのう彼女は彼の家へ行きました
- Please **go and** see if there are any letters. 手紙が来てるかどうか見に行ってください ⇨成句 **go and** *do*
- Where did you **go** last Sunday? 先週の日曜日に君はどこへ行きましたか

会話 "Where are you **going**, Mary?" "To the department store." 「どこへ行くの, メアリー」「デパートまで」

使い方〉 **have gone** と **have been**
have gone は「行って今ここにいない」ことを, **have been** は「行ったことがある」「行って来た」ことなどを表す:
He **has gone to** London. 彼はロンドンへ行ってしまった(のでここにいない)
He **has been to** London twice. 彼は2度ロンドンへ行ったことがある
She **has been to** the post office. 彼女は郵便局へ行って(戻って)きたところだ (! 《米》では have gone to ... を「…に行ったことがある」の意味で使うことがある)

文型 [**go** *do***ing**] …しに行く (! この形は楽しみ・気晴らしのためにどこかに出かけて行って何かをするときに用いる; 「教えに行く」, 「仕事をしに行く」 などの場合は go to *do* や go and *do* という); …しながら行く

- **go fishing** 魚釣りに行く
- **go swimming** in the pool プールへ泳ぎに行く (×go swimming *to* the pool としない)
- He **went running** to meet his father. 彼は父親を迎えに走って行った

❷ 文型 [**go C**] Cの状態になる (! Cは形容詞)

- I would **go** crazy if I had to do this every day. ⇨フォーカス8 これを毎日やらなきゃいけないとしたら気がおかしくなるよ (! このように go はふつう悪い状態になることを示す) ⇨**come** ❻
- Touchdown! The crowd **goes** wild. ⇨フォーカス10 タッチダウン! 観衆は熱狂しています
- **go** blind [bald, deaf] 目が見えなくなる[頭がはげてくる, 耳が聞こえなくなる]
- **go** bad [sour] (食べ物が)くさる[酸っぱくなる]

❸ 《副詞(句)とともに》 (物事が)…に進行する, なっていく

- **go** wrong [well] ⇨フォーカス6 7 うまくいかない[いく]
- **go** well with ... …とうまくいく, …と調和する, …に似合う ⇨成句 **go with ...**
- The play **went** well. ⇨フォーカス7 劇は成功だった
- How's the work **going**? 仕事の具合はどう?
- How did the game **go**? ゲームはどうなりましたか?
- How's it **going**? 最近どう?, どうしてる? (! How are things going? ともいう)

❹ (機械などが)動く; (鐘(かね)・銃声などが)鳴る

- The car **goes** by [on] electricity. その車は電気で動く
- The engine of my car won't **go**. 車のエンジンがかからない
- There **goes** the bell. ベルが鳴っている (! The bell is ringing. よりふつうの言い方)
- The rifle **went**, "Bang!" ライフルが「バーン」と鳴った

❺ 届く, 達する; (場所に)置かれる; (賞などが)与えられる

- The lamp cord **goes** from the wall to the table. ランプのコードは壁からテーブルまで届く
- Where do these books **go**? この本はどこに置くの?
- The first prize **goes** to John Smith. 1等賞はジョン・スミスです

❻ 過ぎ去る; 消える; 死ぬ (=die)

- Winter has **gone**, and spring has come. 冬が過ぎ春が来た
- Time **goes** quickly when you're busy. 忙しいときは時間が速く過ぎて行く
- Your pain will soon **go**. 君の痛みはす

ぐ消えていく[なくなる]だろう

- My bag **is gone**. かばんがなくなっている(❗ない状態を強調した表現)
- The doctor said, "I'm sorry, he's (= he has) **gone**." 医者は「お気の毒ですが,ご臨終です」と言った

❼(話·歌などが)…**となっている**;《口語》…**と言う**

- The story **goes** like this. その物語は次のような話です
- I can't remember how the song **goes**. その歌がどんなふうか思い出せない
- She **goes**, "What?" 彼女が「何ですって?」と言うの

❽ **いつも…である; …で通る**

- **go** in rags いつもぼろを着ている
- She **goes by** the name of Jackie. 彼女はジャッキーという名で通っている

[文型] [**go C**] **いつもC(ある状態)である**(❗Cは形容詞)

- **go** barefoot [naked] いつもはだし[裸]である
- **go** hungry いつも腹をすかしている

be going to *do* **…しようとしている; …するつもりである**(❗近い未来や予定を表す)

- I **am going to** go to the park. 私は公園に行くところです
- It **is going to** rain. 雨が降りそうだ(❗itはばく然と「天候」を表す)

[会話] "How long **are** you **going to** stay here?" "**I'm going to** stay here for a week." 「君はいつまでここに滞在するつもりですか」「1週間ここに滞在するつもりです」

[どっち]
be going to と will
両者は置き換えられる場合が多いが, **be going to** は近い未来についていう場合に使う. また, be going to は予定に, **will** は意志に重点があり, あらかじめ計画していることには be going to を使う:
I'm going to call her tonight. 今晩彼女に電話することになっている[電話するつもりだ]
If you want me to call her, I **will** do so. 彼女に電話してほしいならそうしましょう

注意▸
going の語末の g はほとんど発音されないので going to は「ゴウイントゥ, ゴウインタ」となりますが, to の t が前の n とくっついて n の影響で発音されないことがあり, to の弱い母音だけが n とくっついて /góuin tə → góuin ə → góun ə/「ゴナ」となることがあります. したがって, I'm going to call her tonight. は「アイム ゴナ コーラトゥナイ」となるのです

go about ① …に取りかかる

- I **went about** getting the information. 私は情報集めにとりかかった

② 歩き回る; (うわさなどが)広まる

go across …を横切って行く; 渡って行く

go after ... …のあとを追う; …を得ようとする

go against ... …に逆らう, …に反する; …に不利になる

- It **goes against** my principles. それは私の主義に反する

Go ahead! お先にどうぞ; さあおやりなさい; どうぞお話しください; それで?

go along 進んで行く

- How's your work **going along**? 仕事の進み具合はどうだい

go a long way 遠くまで行く; 長持ちする; とても役に立つ

go along with ... …といっしょに行く; …と協力する; …に賛成する

- I can't **go along with** you [your plan]. 私は君[君の案]に賛成できない

go and *do* **…しに行く**(❗go to *do* よりも口語的); **愚かにも…する**

- **Go** (**and**) get some beer. ちょっとビールを買ってきて(❗くだけた表現では and は省略されることがある)
- He **went and** broke the news to her. あいつったら彼女にその知らせを言っちゃったんだ

go around (…のまわりを)回る; あちこち歩き回る; 全員に行き渡る; 広ま

る
- A bad cold is **going around**. 悪いかぜが流行している

go around to ... …にちょっと立ち寄る

go as [so] far as to *do* …しさえする
- They **went so far as to** call her a genius. 彼らは彼女を天才と呼びさえした

go away 行ってしまう; (旅行などで)家をあける《*to*》; 逃げる
- They **went away** this morning. 彼らは今朝たった
- **go away** on business 出張する
- **Go away!** 失(う)せろ!

go back もどる; 帰る; (…に)さかのぼる《*to*》
- **go back** home うちへ帰る
- **Go back to** your seat. 席にもどりなさい

go back on ... 〔約束〕を破る; 〔人〕を裏切る

go by ①(時間などが)過ぎ去る; 通り過ぎる
- Several months **went by**. 数か月が過ぎ去った
- Cars **went by** one after another. 車が次々と通り過ぎていった
- Don't let any chance **go by**. どんなチャンスも見過ごすな

②…に従って行動[判断]する
- Remember this: you can't **go by** what she says. 彼女の言うことに従ってはだめだ, このことは覚えておきなさい

go down 低下する, 下がる, 降りる; 沈む; 静まる; 止まる
- **go down** in price 価格が下がる
- The sun was **going down** behind the mountain. 太陽は山のかなたに沈むところだった
- The system is **going down** in 5 minutes. システムは5分後に停止します

go for ... 〔散歩など〕に出かける; …を取りに行く, …を呼びに行く; …を好む; …で売れる
- **go for** a walk in the park 公園を散歩しに行く (**!** go to the park for a walk ともいえる)
- **go for** a drive ドライブに出かける
- I'll **go for** ice cream. 私がアイスクリームを買いに行こう
- Shall I **go for** a doctor? 医者を呼びに行こうか
- My grandmother's antique kimono **went for** one million yen. 祖母の古い着物は100万円で売れた

go for it がんばる

会話 "I'm going to ask her out." "**Go for it!**"「彼女をさそってみるつもりなんだ」「がんばってね」

go for nothing (何の)役にも立たない

go forward (計画などが)着手される; (時計などを)夏時間で1時間進める

go in 中に入る; 仕事に行く; (太陽などが)かくれる

go in for ... …に参加する, 〔試験〕を受ける; (職業・趣味で)…をする

go into ... …に入る; …の状態になる; …を詳しく調べる
- **go into** business 商売を始める
- **go into** details 詳しく話す

go off 立ち去る, 逃げる; (鉄砲などが)発射する, 爆発する; (明かりが)消える

go off with ... …を持って逃げる; …と駆け落ちする

go on 続ける; 続く; 先へ進む《*to*》; (時が)たつ; 起こる; …に基づく; (明かりが)つく; (水道などが)出る
- The party **went on** until midnight. パーティーは深夜まで続いた
- Let's **go on to** the second question. 第2問へ進みましょう
- as time **goes on** そのうち, 時がたてば

会話 "What's **going on**?" "Nothing much."「いったいどうしたんだ」「たいしたことじゃないよ」

go on *doing* …し続ける
- **go on working** 働き続ける
- He **went on talking** even after the chime rang. 彼はチャイムが鳴っても話し続けた

***go on to** do* 続いて…する
- She **went on to** become nurse. 彼女はその後，続いて看護師になった

go on with ... …を続ける
- Please **go on with** the story. どうぞお話を続けてください

go out 出て行く; 外出する; 消える
- The light **went out**. 明かりが消えた
- **go out** for a meal 食事に行く
- **go out** to dinner 外食する

go out of ... …から(外へ)出る; すたれる
- Has heavy metal **gone out of** fashion? ヘビメタってもうはやってないの?

go out with ... …と付き合う，交際する
- Cindy has been **going out with** him for two years. シンディは彼と2年間付き合っている

go over 越える，渡る，(向こうへ)行く; よく調べる; 復習する，くり返す
- The police **went over** the room very carefully. 警察は部屋を念入りに調べた
- Let's **go over** this lesson again. この課をもう一度復習しよう

go round (=go around)

go through ... …を通りぬける; …を経験する; …をよく調べる; …をやり終える
- I **went through** the exercises. 私は練習問題をやり終えた

go through with ... …をやり抜く

go together 調和する; (恋人として)交際する
- Cheese and wine **go together**. チーズとワインは合う

go too far 行き過ぎる，度が過ぎる

go up 上がる; 登る
- He **went up** to his room to sleep. 彼は眠るために(2階の)自分の部屋に上がっていった
- Prices are **going up**. 物価が上がっている

go up to ... …のところまで行く，…に近寄る

go with ... …といっしょに行く; …と合う[マッチする]
- That hat doesn't **go** well **with** your coat. その帽子は君のコートと合わない

go without ... …なしですます

It goes without saying that ... …は言うまでもない

let go of ... …をはなす
- He **let go of** my arm. 彼は私の腕をはなした

to go 《米》《口語》(ハンバーガー店などで)持ち帰り用の ⇨**takeout**
- Two sandwiches **to go**, please. サンドイッチ2人分，持ち帰りでお願いします

━名 (複 **goes** /góuz/)
❶U 行くこと，進行; 《口語》元気，活力
❷C (ゲームなどの)順番; 試み (=try)
- have a **go** やってみる
- give A a **go** Aをやってみる

on the go 忙しくして，動き回って

━形 《口語》〔…の〕用意ができて《*for*》(=ready)
- All fire engines are **go**. 全消防自動車の出動準備ができている

goad /góud ゴウド/ 名 C
❶(家畜を追うための先のとがった)突き棒
❷(人を)せきたてるもの，刺激

━動 他 ❶(家畜を)突き棒で追い立てる
❷(人を)駆り立てる《*on*》; 文型 [**goad A into** *do***ing = goad A to** *do*] A(人)を駆り立てて[刺激して]…させる

goal A1 中

/góul ゴウル/ (×ゴール)
名 (複 **goals** /góulz/) C
❶目標，目的; 目的地
- Her **goal** in life is to be a lawyer. 彼女の人生の目標は弁護士になることです
- achieve [reach, accomplish] **one's goal** 目標を達成する

❷(サッカーなどの)ゴール; (ゴールに入れて得た)得点
- score [get, make] a **goal** 1点得点する

goal·ball /góulbɑ̀:l ゴウルボール/ 名 U 《スポーツ》ゴールボール《◆目かくしをした

選手が音の鳴るボールを転がし相手ゴールに入れ合う球技》

goal·ie /góuli ゴウリ/ 名 《口語》(=goalkeeper)

goal·keep·er B1 /góulkìːpər ゴウルキーパ/ 名 (複 **goalkeepers** /góulkìːpərz/) C (サッカー・アイスホッケーなどの)ゴールキーパー

góal lìne 名 C (サッカーなどの)ゴールライン《◆競技グラウンドの短いほうの区画線; この線上にゴールポスト(goalpost)を立てる》

goal·post /góulpòust ゴウルポウスト/ 名 C ゴールポスト《◆サッカーなどのゴール(goal)の左右の柱の一つ》

goal·tend·er /góultèndər ゴウルテンダ/ 名 《米》(=goalkeeper)

goat B2 /góut ゴウト/ 名 (複 **goats** /góuts ゴウツ/, **goat**) C 《動物》ヤギ

関連語› 単語力
buck, billy goat (成長した)雄のヤギ
doe, nanny goat (成長した)雌のヤギ
kid (1歳以下の)子ヤギ

get A's goat Aをいらだたせる

イメージ› 羊が「善良」というよいイメージがあるのに対して, ヤギは頑固(がんこ), 好色などの悪いイメージをもっている

goat·ee /goutíː ゴウティー/ 名 C ヤギひげ

gob /gáb ガブ/ 名 ❶ C 《口語》(ぬるぬるした)かたまり ❷《ふつう **gobs**》《米》《口語》たくさん, どっさり
• **gobs** of money 大金

gob·ble[1] /gábl ガブル/ 動 《口語》他自 がつがつ食べる《*up*》

gob·ble[2] /gábl ガブル/ 動 自 (雄の七面鳥が)ゴロゴロとのどを鳴らす; (人が怒って)七面鳥のような声でしゃべる
— 名 U C 七面鳥の(ような)声

gob·ble·dy·gook, gob·ble·de·gook /gábldigùk ガブルディグク/ 名 U 《口語》(公文書などの)意味不明の言い回し; 意味のない言葉

go-be·tween /góubitwìːn ゴウビトウィーン/ 名 C 仲介者, 仲人(なこうど)

gob·let /gáblət ガブレト/ 名 C ゴブレット《◆足つきのグラス》

gob·lin /gáblin ガブリン/ 名 C (童話などに出てくるいたずら者の)小鬼(おに)

go-cart /góukàːrt ゴウカート/ 名 C ゴーカート

god B2 高 /gád ガド/ 名
❶《**God**》(一神教(特にキリスト教)の)神 ⇨ **lord** ❸
• pray to **God** 神に祈る
• believe in **God** 神(の存在)を信じる
❷ C (多神教の)神 (❗「女神」は goddess)

for God's sake お願いだから

God bless you! 神のご加護がありますように (❗くしゃみをした人に,「お大事に!」との意味でもいう)

God damn (it)! 《卑語》ちくしょう! (❗怒り・当惑・驚きなどを表す)

God (only) knows ... …は神のみぞ知る, だれにもわからない

Good God! = (Oh,) My God! = O God! なんということだ (❗強い驚き・恐怖・困惑を表す)

Thank God! ああよかった (❗安堵(あんど)を表す)

注意› God を含んだ驚き・恐怖・怒りなどを表すイディオム表現が多数あるが, 特に信心深いキリスト教徒には軽べつ的な用法とされるので使用は避けるほうが無難

gódly B2 形 信心深い, 敬虔(けいけん)な

god·child /gádtʃàild ガドチャイルド/ 名 (複 **godchildren**) C 《ふつう **one's godchild** で》名付け子《◆名付け親の立会いで洗礼を受けた子》

god·dess B1 /gádəs ガデス|gɔ́dəs ゴデス/ 名 (複 **goddesses** /gádəsəz/) C 女神

god·fa·ther /gádfàːðər ガドファーザ/ 名 C 教父(きょうふ), 名親 ⇨**godparent**

god·for·sak·en /gádfərsèikən ガドフォセイクン/ 形 (場所が)ものさびしい, 荒れ果てた, 恐ろしい

god·less /gádləs ガドレス/ 形 《古風》不信心な, 神を認めない

god·like /gádlàik ガドライク/ 形 神のような

god·moth·er /gádmʌ̀ðər ガドマザ/ 名 C 教母(きょうぼ), 名親 ⇨**godparent**

god·par·ent /gádpèərənt ガドペアレント/ 名 C 名付け親, 名親《◆洗礼式の立ち会い人》⇨**godfather**, **godmother**

god·send /gádsènd ガドセンド/ 名 C 天の賜物(たまもの), 思いがけない幸運

goes /góuz ゴウズ/ 動 go の三人称単数現在形

gog·gle /gágl ガグル/ (×ゴーグル) 名《**gog-gles**》《複数扱い》ゴーグル (❗(オートバイに乗るときにかける)風防めがね, 水中めがね, (スキーヤーの)雪めがね, (溶接工の)保護めがねなど)

— 動 自 目を見張る; ぎょろつく

go·ing /góuiŋ ゴウイング/ 動 go の現在分詞・動名詞

— 名 U C 行くこと, 出発; U 進捗(しんちょく)

— 形 うまくいっている; 現行の

gold A1 高

/góuld ゴウルド/ 形

金(色)の, 金製の

- a **gold** coin [medal] 金貨[金メダル]

— 名 U ❶ 金(きん), 黄金

- pure **gold** 純金
- This necklace is made of **gold**. このネックレスは金でできている

❷ U C 金メダル; 金貨

派生 **golden** 形

gold·en A2 高

/góuldən ゴウルドン/ 形

❶ 金色の; 金(きん)の

- **golden** hair 金髪

❷ 貴重な, すばらしい

派生 **gold** 名

gólden áge 名 C《ふつう単数形で》全盛期《*of*》;《ギリシャ・ローマ神話》《**the golden age** で》黄金時代

Gólden Gáte 名《**the** をつけて》金門峡(きょう)《◆サンフランシスコ (San Francisco) 湾の入口》

Gólden Gàte Brídge 名《**the** をつけて》金門橋《◆サンフランシスコの the Golden Gate にある大つり橋》

gólden júbilee 名 C 50 周年記念祭

gólden rúle 名 ❶《**the** をつけて》黄金律《◆「何事も人々からしてほしいと思うことは人々にもそのとおりにせよ」という聖書の教えをいう》❷ 行動の基本原理, 鉄則

gólden wédding 名 C 金婚式《◆結婚50周年を祝う》

gold·fish /góuldfìʃ ゴウルドフィシュ/ 名 (複 **goldfish**, **goldfishes** /góuldfìʃəz/) C 金魚 (❗単数形・複数形については fish を参照)

góld mìne 名 C ❶《口語》大きな利益を産む事業 ❷ 金鉱

góld rùsh 名 C ゴールドラッシュ《◆発見された金鉱地に向かって人々が殺到すること; 米国では 1849 年に California 州で有名な gold rush が起こった》

gold·smith /góuldsmìθ ゴウルドスミス/ 名 C 金細工職人

golf A2 高

/gálf ガルフ | gɔ́lf ゴルフ/ 名 U《スポーツ》ゴルフ

- play **golf** ゴルフをする

— 動 (三単現 **golfs** /gálfs/; 過去・過分 **golfed** /gálft/; 現分 **golfing**) 自 ゴルフをする

gólf clùb 名 C (ゴルフのボールを打つ)ゴルフクラブ; (愛好者団体としての)ゴルフクラブ

gólf còurse 名 C ゴルフ場

golf·er B1 /gálfər ガルファ | gɔ́lfər ゴルファ/ 名 (複 **golfers** /gálfərz/) C ゴルフをする人, ゴルファー

gol·ly /gáli ガリ/ 間《口語》(驚いて)まあ

gon·do·la /gándələ ガンドラ/ 名 C ❶ ゴンドラ《◆ベネチア (Venice) の水路に特有な平底の遊覧ボート》❷ (気球などの)つりかご, (ロープウェーの)ゴンドラ

gone /gɔ́:n ゴーン | gɔ́n ゴン/ 動 go の過去分詞

- I have **gone** to the office. 私は会社に行っています (❗書き置きのことば)

— 形 行ってしまった, 去った, なくなった

- Winter is **gone**. 冬は去った

gone on ... 《口語》…に夢中で

gon·er /gɔ́ːnər ゴーナ/ 名C 《口語》もう助からない人[もの]

gong /gɔ́ːŋ ゴーング, gɑ́ŋ ガング/ 名C (合図に使う)ゴング，どら

gon·na /gɔ́ːnə ゴーナ, gənə ガナ/ 《米》《口語》going to の短縮形

goo /gúː グー/ 名U 《口語》べとべとしたもの《◆のり・あめなど》; めそめそした感傷

good A1 中

/gúd グド/

意味マップ

形 ❶よい
❷おいしい
❸適している; 有効な
❹じょうずな
❺楽しい
❻親切な
❼十分な

名 ❶善; 利益
❷よさ

— 形 (比較級 **better**; 最上級 **best**)

❶よい，すぐれた (↔**bad**); 品質が良い; 善良な; 行儀のよい; 理性のある

- **good** news よい知らせ
- That's a **good** idea. それはよい考えだ，それはいいね
- It's a **good** question. よい質問ですね，よいところに気がつきましたね
- We are **good** friends. 私たちは仲良しだ

❷おいしい，(味の)いい

- **good** pizza おいしいピザ
- taste **good** 味がよい，おいしい

❸〔…に〕適している《*for*》; 有効な

- Friday is **good** for me. 金曜日は私にとって都合がよいです
- He's **good for** nothing. 彼はまったく役にたたない

❹じょうずな，うまい (↔**poor**)

- a **good** cook 料理がうまい人
- She is a **good** swimmer. 彼女は水泳がうまい (=She swims **well**.) (❗good は形容詞，well は副詞; ×She swims good. としない)

文型 [**be good at A**] Aがじょうずである

- He **is good at** (playing) tennis. = He is a **good** tennis player. 彼はテニスがじょうずだ (❗「人」で表せる場合は，あとの表現を用いることが多い)

❺楽しい，ゆかいな，おもしろい

- Have a **good** time. 楽しく過ごしてらっしゃい，いってらっしゃい
- Have you heard any **good** jokes recently? 最近面白い冗談を聞いた？

❻親切な，やさしい (=kind)

- Be **good to** your little sisters. 妹たちにはやさしくしなさい

文型 [**it is good of A to** *do* **= A is good to** *do*] A(人)は…してくれて親切である

- **It's** very **good of** you **to** *help* me. = You **are** very **good to** *help* me. 私を助けてくださるとはどうもご親切に
- **It's good of** you **to** *invite* us. お招きありがとうございます (❗主語は of で示される)

❼十分な，相当な，かなりな (❗この意味では比較変化なし)

- **a good deal** (**of** money) たくさん(の金)
- earn a **good** salary 給料がいい
- He sold it at a **good** price. 彼はそれをかなりの値段[よい値]で売った
- I haven't had a **good** meal lately. このところ十分な食事をとっていない

a good many ... かなり多くの…

- **a good many** books たくさんの本

as good as ... …も同然で，ほとんど…

Good afternoon! A1 こんにちは (❗午後のあいさつ)
[CAN-DO Tips あいさつする]

Good evening! こんばんは (❗夕方・晩のあいさつ)
[CAN-DO Tips あいさつする]

Good for ...! よくやったぞ…，…おめでとう

- You got 100 on the test? **Good for** you! 君テストで100点取ったって? よくやったぞ, 君!

Good God! なんということだ

Good job! よくやったね

Good luck! ご成功を! ⇨**luck** (成句)

Good morning! A1 おはよう (❗午前中のあいさつ)

[CAN-DO Tips あいさつする]

Good night! A1 おやすみなさい; さようなら (❗夜寝るときや別れるときのあいさつ; 夜出会ったときには Good evening! を使う)

[CAN-DO Tips あいさつする]

make good ①成功する ②(目的などを)果たす; 埋め合わせる

— 名 U ❶善; 利益, ため

- for the public **good** 公共の利益のために
- **good** and **evil** 善悪
- do **good** よい行いをする, 善行をする

❷よさ, 長所, とりえ

- There is some **good** in everybody. だれにでも何かしらいい所[とりえ]がある

come to no good 悪い結果に終わる, 悪い人間になる

do ... good (人)…のためになる

- This medicine will **do** you a lot of **good**. この薬は君によくきくだろう

for good 永久に, これを最後に

- Her blog was gone **for good**. 彼女のブログは(永久に)閉鎖された

for the good of ... …のために

- It is **for the good of** the country. それは国のためだ

It is no good doing ... …してもむだである (❗it は *doing* 以下を受ける)

- **It's no good talking** to him, because he never listens. 聞く耳を持たないから彼に話してもむだだ

no good 役に立たない, 下手である; 苦手だ

- My PC's **no good**. 私のパソコンはだめになった
- I'm **no good** at math. 僕は数学が苦手だ

good·by, good-by /gùdbái グ(ド)バイ/ 間 名 (=goodbye)

good·bye, good-bye 中 /gùdbái グ(ド)バイ/ 間 さようなら (❗God be with you. (神があなたとともにありますように)が短くなったもの)

- **Goodbye**. Take care. さようなら, お元気で

— 名 U C 別れのあいさつ; さようなら

- I must say **goodbye** now. もうおいとましなければならない

say goodbye to ... …にさようならを言う; …に別れを告げる

góod-for-nóthing 名 C 役立たず; 怠け者, ろくでなし

— 形 役立たずの

Góod Fríday 名 聖金曜日 《♦復活祭(Easter)前の金曜日; キリスト受難の記念日》

góod-húmored 形 機嫌のいい; 快活な

góod-lóoking A2

形 (比較級 **better-looking**; 最上級 **best-looking**)

顔立ちのいい, 美人の, ハンサムな (❗「顔立ちの美しい, きれい」を表す場合, beautiful は女性に, handsome は男性に対して用いられるが, good-looking は男女どちらにも用いることができる)

good-na·tured /gúdnéitʃərd グドネイチャド/ 形 人のよい, 気だてのよい, 親切な (=kind) (↔**ill-natured**)

góod-náturedly 副 気立てよく; 温厚に

good·ness B1 /gúdnəs グドネス/ 名 U ❶よさ, 美点; 親切 ❷神 (❗God の遠回し表現として次のような句で用いる)

- for **goodness**' sake お願いだから
- **Goodness**! = My **goodness**! おやまあ! (❗驚き・恐怖などを表す)

good·night /gùdnáit グドナイト/ 名 C おやすみ; さようなら 《♦夜の別れのあいさつ》

goods B1 高 /gúdz グヅ/ 名 《複数扱い》《集合的》商品, 製品; 《英》貨物 (=《米》

freight)
• The **goods** you ordered are out of stock now. ご注文の品物は今在庫切れです

コロケーション
形+**goods**
canned *goods* 缶詰め製品
consumer *goods* 消費財
electrical *goods* 電気製品
household *goods* 家庭用品
sporting *goods* スポーツ用品

deliver* [*come up with*] *the goods 《口語》期待にこたえる

good·will B2 /gúdwíl グドウィル/ 名U 好意, 親切心; 友好, 親善

good·y /gúdi グッディ/ 名 (複 **goodies** /gúdiz/) C 《口語》 ❶《ふつう **goodies**》甘くておいしい食べ物, 菓子 (◆キャンディー・クッキーなど)
❷ 特別いいもの, すてきなもの
— 間 うれしい, すてき, うまい (! 特に子どもが用いる)

good·y-good·y /gúdigúdi グディグディ/ 名 (複 **goody-goodies** /gúdigúdiz/) C 《軽べつ的に》お利口さん, ぶりっ子
— 形 お利口さんぶった, ぶりっ子の

goo·ey /gú:i グーイ/ 形 (比較級 **gooier**; 最上級 **gooiest**) 《口語》
❶ ねばねばした, べとべとして甘い
❷ 感傷的な, おセンチな

goof /gú:f グーフ/ 動自 《米》《俗語》へまをする 《*up*》
goof around のらくら過ごす
goof off (仕事を)さぼる; のらくら過ごす
— 名 (複 **goofs** /gú:fs/) C 《米》《俗語》へま, しくじり

goof·y /gú:fi グーフィ/ 形 (比較級 **goofier**; 最上級 **goofiest**) 《米》《俗語》ばかな, とんまな, まぬけな

Goo·gle, goo·gle /gú:gl グーグル/ 名 《コンピュータ》《商標》グーグル (◆インターネット検索エンジンの1つ)
— 動他自 グーグル[検索エンジン]で調べる, ググる

goon /gú:n グーン/ 名C 《口語》 ❶ ばか, まぬけ ❷ (やとわれ)暴力団員, 用心棒

goose /gú:s グース/ 名 (複 **geese** /gí:s/) C 《鳥》ガチョウ, ガチョウの雌(めす) ⇨**gander**

góose bùmps [**pìmples**] 名U (寒さ・恐怖で起こる)鳥肌

go·pher /góufər ゴウファ/ 名C 《動物》ホリネズミ

gore[1] /gɔ́:r ゴー/ 名U 《文章》血のり, 血の固まり

gore[2] /gɔ́:r ゴー/ 動他 (動物が)角[牙(きば)]で突く[刺す]

gorge B2 /gɔ́:rdʒ ゴーヂ/ 名C 峡谷, 谷間
— 動他 文型 [**gorge** *one***self**] 〔…を〕たらふく食う 《*on, with*》; 自 たらふく食う

gor·geous B1 /gɔ́:rdʒəs ゴーヂャス/ 形 豪華な, 見事な, すばらしい; 魅力的な
górgeously 副 豪華に; 見事に

go·ril·la B1 高 /gəríla ゴリラ/ 名 (複 **gorillas** /gəríləz/) C 《動物》ゴリラ; 《口語》粗野な大男

gor·y /gɔ́:ri ゴーリ/ 形 (比較級 **gorier**; 最上級 **goriest**) 血なまぐさい, 残虐な; 《文章》流血の, 血まみれの

gosh /gáʃ ガシュ/ 間 えっ, おや, まあ (◆驚き・喜びなどを表す)

gos·ling /gázliŋ ガズリング/ 名C ガチョウのひな

gos·pel /gáspəl ガスペル/ 名 ❶U 《キリスト教》福音 (◆キリストと使徒たちの教え); C 《**Gospel**》福音書 (◆新約聖書にはマタイ (Matthew), マルコ (Mark), ルカ (Luke), ヨハネ (John) の4福音書がある)
❷ (= gospel music) ❸ (= gospel truth) ❹ C 主義, 信条

góspel mùsic 名U ゴスペル (◆米国の黒人キリスト教音楽)

góspel trúth 名 《**the** をつけて》《口語》絶対的な真理

gos·sip B1 /gásəp ガスィプ | gɔ́səp ゴスィプ/ 名 (複 **gossips** /gásəps/) UC (とるに足りない)うわさ話, ゴシップ; ゴシップ好きな人

• I'm not interested in **gossip** about singers or movie stars. 歌手や映画スターのゴシップには興味がない
―動 (三単現 **gossips** /gásəps/; 過去・過分 **gossiped** /gásəpt/; 現分 **gossiping**) 自〔他人の〕うわさ話をする《*about*》

got /gát ガト | gɔ́t ゴト/ 動 getの過去形・過去分詞

got·cha /gátʃə ガチャ/ 間《口語》つかまえた; わかった; やった (❗ I've *got you*! から)

Goth·ic /gáθik ガスィク/ 形 ゴシック様式の《♦もとは12-16世紀のキリスト教建築に使われた様式》
―名U ゴシック建築[美術]; (文字の)ゴシック体

got·ta /gátə ガタ/ 動《口語》(have [has]) got to, (have [has]) got a の発音つづり

got·ten /gátn ガトン | gɔ́tn ゴトン/ 動 get の過去分詞

gouge /gáudʒ ガウヂ/ 名C 丸のみ
―動他 丸のみで彫る; えぐり出す《*out*》

gou·lash /gú:lɑ:ʃ グーラーシュ/ 名UC《料理》グヤーシュ, グーラッシュ《♦牛肉・野菜のハンガリー風シチュー》

gourd /gɔ́:rd ゴード/ 名C《植物》ヒョウタン(の実)

gour·met /gúərmei グアメイ, ⌐⌐/ 名C 食通, 美食家, グルメ

gout /gáut ガウト/ 名U 痛風

gov·ern B1 /gʌ́vərn ガヴァン/ 動 (三単現 **governs** /gʌ́vərnz/; 過去・過分 **governed** /gʌ́vərnd/; 現分 **governing**)
❶ 自他 統治する, (国・人民を)治める (=rule) ⇨**reign**; 管理[運営]する
• **govern** a country 国を治める
❷ 他 (行動などを)支配する; (感情などを)抑える
派生 **government** 名

gov·ern·ess /gʌ́vərnəs ガヴァネス/ 名C (住み込みの)女性家庭教師 ⇨**tutor**

gov·ern·ing /gʌ́vərniŋ ガヴァニング/ 形 支配[運営, 管理]する (❗名詞の前に用いる)

gov·ern·ment A2 中 /gʌ́vərnmənt ガヴァンメント/ 名 (複 **governments** /gʌ́vərnmənts ガヴァンメンツ/)
❶ C《しばしば **Government**》政府; 政権
• the Japanese **Government** 日本政府
• the **government**'s policy 政府の政策
• The **Government** is [are] intending to carry out a tax reform. 政府は税制改革を実行しようとしている (❗《英》では複数扱いすることが多い)

コロケーション
形+**government**
a coalition *government* 連立政権
a central *government* 中央政府
a federal *government* 連邦政府
a local *government* 地方政府
government+名
a *government* official 官僚
a *government* minister 政府高官, 大臣
government agencies 省庁, 政府機関

❷ U 政治; 政治体制
• **government** of the people, by the people, for the people 人民の, 人民による, 人民のための政治 ⇨**Gettysburg Address**
❸ U 管理, 支配, 運営
派生 **govern** 動
派生 **governmental** 形

gov·ern·men·tal B2 /gʌ̀vərnméntl ガヴァンメンタル/ 形 政府の; 政治の; 国営の 派生 **government** 名

gov·er·nor B1 /gʌ́vərnər ガヴァナ/ 名 (複 **governors** /gʌ́vərnərz/) C
❶ (州の)知事
• the **governor** of California カリフォルニア州知事
❷ (銀行などの)総裁
• the **Governor** of the Bank of England イングランド銀行総裁
❸ 長官, 長; 理事; (植民地の)総督

gov·er·nor·ship /gʌ́vərnərʃìp ガヴァナシプ/ 名UC (州)知事の地位[職, 任期]

gown B1 /gáun ガウン/ 名 (複 **gowns** /gáunz/) C

A B C D E F G H I J K L M N O P Q R S T U V W X Y Z

❶ (女性用の)正装用ロングドレス
❷ (パジャマの上にはおる)化粧着, 部屋着; (婦人・子どもの)ねまき
❸ (職服の)ガウン《♦裁判官・大学教授・神父などがはおる》

GPA 《略》《米》 grade point average 学業平均値

gr. 《略》 gram(s), 《英》 gramme(s) グラム

grab B1 高 /grǽb グラブ/ 動 (三単現 **grabs** /grǽbz/; 過去・過分 **grabbed** /grǽbd/; 現分 **grabbing**) 他自
❶ つかむ, ひったくる
• **grab** hold of ... …をつかむ
• He **grabbed at** my arm. 彼は私の腕につかみかかった
❷ (注意を)引く; (機会を)つかむ
• **grab** the attention of the audience 聴衆の注意を引く
• **grab** a chance [opportunity] チャンスをつかむ
❸ (食べ物や飲み物を)すばやく食べる[飲む], かきこむ

— 名 (複 **grabs** /grǽbz/) C ひったくること

up for grabs 簡単に手に入る

Grace /gréis グレイス/ 名 グレース《♦女性名》

grace A2

/gréis グレイス/ 名 (複 **graces** /gréisəz/)
❶ U 優美, 上品さ, 気品
❷ U 神の恵み, 恩ちょう; U C (食前・食後の)祈り
• **say** (a) **grace** 食事の祈りをする

日英比較 欧米では日本語の「いただきます」や「ごちそうさま」に相当する表現はないが, 家庭によっては食前・食後にお祈りをする. お祈りのことばを言うのは父親のこともあるし, 家族が交代で言うこともある

have the grace to do …する礼儀をわきまえる

in A's good [bad] graces A(人)の受けがよくて[悪くて]

with good [bad] grace 進んで[いやいや]

— 動 (三単現 **graces** /gréisəz/; 過去・過分 **graced** /gréist/; 現分 **gracing**) 他 《文章》…に名誉を与える

派生 **graceful**, **gracious** 形

grace·ful B1 /gréisfəl グレイスフル/ 形 優美な, 上品な, しとやかな (⇔**graceless**)

派生 **grace** 名

grace·ful·ly /gréisfəli グレイスフリ/ 副 優美に, 上品に, しとやかに; いさぎよく

grace·less /gréisləs グレイスレス/ 形
❶ 優美[優雅]でない, みっともない, 見苦しい
❷ 無作法な, 礼儀をわきまえない

grácelessly 副 下品に; 無作法に

gra·cious /gréiʃəs グレイシャス/ 形 ていねいな, 丁重な; 親切な

— 間 おや, まあ, たいへん (❗驚きや怒りを表す; Good [My] gracious!, Gracious me! ともいう)

派生 **grace** 名

gráciously 副 親切に, 愛想よく

gráciousness 名 U 優しさ, 親切さ

grad /grǽd グラド/ 名 C 《口語》卒業生 (❗graduate の短縮形)

gra·da·tion /greidéiʃən グレイデイション/ 名 ❶ U C 段階的変化 ❷ C 《ふつう **gradations**》(変化の)段階; 目もり

派生 **grade** 名

grade A1 中

/gréid グレイド/ 名 (複 **grades** /gréidz グレイヅ/) C ❶ 等級
• We sell only the highest **grade** of food. 私どもでは最高級の食品しか販売しておりません
❷ 《米》評点, 成績 (=mark)
• I got **grade** A in my English composition. 私は英作文でAを取った
❸ 《米》学年
• Our boy is in (the) sixth **grade**. うちの息子は6年生です
❹ 《米》傾斜, 勾配(こうばい) (=《英》gradient)

make the grade 《口語》成功する; 合格する; 目標に達する

— 動 (三単現 **grades** /gréidz グレイヅ/; 過去・過分 **graded** /gréidəd/; 現分 **grading**) 他

❶ …を等級分けする, 格付けする

• The apples are **graded** according to color and size. りんごは色とサイズによって格付けされる

❷ 採点する, 成績をつける

派生 **gradual** 形; 派生 **gradation** 名

grad·er /gréidər グレイダ/ 名 C 等級をつける人; 《米》(小学校からハイスクールまでの)…年生, …学年の生徒

gráde schòol 名 C 《米》小学校 (= elementary school) (♦6年制または8年制)

gra·di·ent /gréidiənt グレイディエント/ 名 C 《英》 ❶ (道路・鉄道などの)勾配(こうばい), 傾斜 (=grade)

❷ (温度などの)変化度, 傾度

grad·u·al B2 /grǽdʒuəl グラヂュアル/ 形 徐々の; ゆるやかな

• a **gradual** increase in prices 物価の少しずつの上昇

派生 **grade** 名; 派生 **gradually** 副

grad·u·al·ism /grǽdʒuəlizm グラヂュアリズム/ 名 U 漸進主義

grad·u·al·ly A2 高

/grǽdʒuəli グラヂュアリ/ 副

だんだんと, 徐々に, しだいに

• The city's population has increased **gradually**. 市の人口は徐々に増加してきている

派生 **gradual** 形

grad·u·ate A2 中

/grǽdʒuèit グラヂュエイト/

動 (三単現 **graduates** /grǽdʒuèits グラヂュエイツ/; 過去・過分 **graduated** /grǽdʒuèitəd/; 現分 **graduating**)

❶ 自 卒業する; 他 卒業させる (❗英国では大学のみに, 米国では大学以外の学校の場合にもいう)

• **graduate from** college [high school] 大学[高校]を卒業する

❷ 他 …に段階[目盛り]をつける

— /grǽdʒuət グラヂュエト/ (発音 動 との違いに注意) 名 (複 **graduates** /grǽdʒuèits グラヂュエイツ/) C ❶ 卒業生

• a college [high school] **graduate** 大学[高校]卒業生 (❗《英》では大学の卒業生だけに用いる)

❷ 《米》大学院生 (=graduate student, 《英》postgraduate)

派生 **graduation** 名

grad·u·at·ed /grǽdʒuèitəd グラヂュエイテド/ 形 等級をつけた, 段階別になった, 累進の

gráduate schòol 名 C 大学院

grad·u·a·tion B1 高 /grӕ̀dʒuéiʃən グラヂュエイション/ 名 (複 **graduations** /grӕ̀dʒuéiʃənz/) U 卒業; C 卒業式

• After **graduation from** high school, Susie went to college. 高校卒業後スージーは大学に進学した

派生 **graduate** 動

graduátion cèremony 名 C 卒業式

graf·fi·ti /grəfí:ti グラフィーティ/ 名 《単数・複数扱い》(壁などへの)落書き

graft[1] /grǽft グラフト/ 名 C ❶ 接(つ)ぎ芽[穂, 枝]; 接ぎ木 ❷ 《医学》(皮膚・骨などの)移植用組織片 — 動 他 ❶ […に]接ぎ木する 《*in, into, on, onto*》 ❷ 《医学》(皮膚などを)移植する

graft[2] /grǽft グラフト/ 名 U ❶ 《米》収賄(しゅうわい), 汚職 ❷ 《英》《口語》骨の折れる仕事 — 動 自 収賄[汚職]する

grain B2 高 /gréin グレイン/ 名

❶ U 《集合的》穀物

❷ C (穀物・砂などの)粒(つぶ); 《ふつう **a grain**》わずかの量 (❗疑問文, 否定文で用いることが多い)

go against the grain with ... …の気質[性分]に合わない

gram A2 高

/grǽm グラム/ 名 (複 **grams** /grǽmz/) C グラム (♦重さの単位; g, gm., gr. と略す)

gram·mar A1 高
/grǽmər グラマ/ (❗つづりに注意)
名 (複 **grammars** /grǽmərz/)
❶ U C 文法, 語法; C 文法書
• English **grammar** 英文法
❷ U ことばづかい; 語法
派生 **grammatical** 形

grámmar schòol 名 C 《英》グラマースクール《◆大学進学のための5年制の公立中学校》

gram·mat·i·cal /grəmǽtikəl グラマティカル/ 形 文法上の; 文法にかなった
派生 **grammar** 名

gram·mat·i·cal·ly /grəmǽtikəli グラマティカリ/ 副 文法的に; 文法上

gramme /grǽm グラム/ 名 《英》(=gram)

Gram·my /grǽmi グラミ/ 名 (複 **Grammys**, **Grammies** /grǽmiz/) C 《米》《商標》グラミー賞《◆その年の米国音楽界の最優秀賞》

gra·na·ry /gréinəri グレイナリ/ 名 (複 **granaries** /gréinəriz/) C 穀物倉庫; 穀倉地帯

grand B2 高 /grǽnd グランド/ 形 (比較級 **grander**; 最上級 **grandest**)
❶ 雄大な, 壮大な; 威厳のある
• a **grand** house 大きな屋敷
❷ (位などが)最高の, 大きな, 重要な
• the **grand** prize 大賞, グランプリ
❸ 《口語》とても楽しい, すばらしい
━ 名 C ❶ (複 **grands** /grǽndz グランヅ/) グランドピアノ (=grand piano)
❷ (複 **grand**) 《米》《口語》千ドル (❗略語はG) 派生 **grandeur** 名

Gránd Cányon 名 《**the** をつけて》グランドキャニオン《◆米国アリゾナ州北部にあるコロラド川の大渓谷(けいこく)》

grand·child A2 高
/grǽndtʃàild グランドチャイルド/ 名 (複 **grandchildren** /grǽndtʃìldrən/) C
孫

grand·chil·dren /grǽndtʃìldrən グランドチルドレン/ 名 grandchild の複数形

grand·dad A2
/grǽndæ̀d グランダド/ 名 (複 **granddads** /grǽndæ̀dz グランダヅ/) C 《口語》
おじいちゃん (=grandpa)

grand·daugh·ter
A2 /grǽnddɔ̀:tər グランドドータ/ 名 (複 **granddaughters** /grǽnddɔ̀:tərz/)
C 女の孫, 孫娘 ⇨**grandchild**

gran·deur /grǽndʒər グランヂャ/ 名 U
雄大[壮大, 偉大]さ 派生 **grand** 形

grand·fa·ther A1 中
/grǽndfɑ̀:ðər グランドファーザ/ 名 (複 **grandfathers** /grǽndfɑ̀:ðərz/) C
祖父, おじいさん

grándfather('s) clóck 名 C
箱型大置時計《◆振り子で動く》

gran·di·ose /grǽndiòus グランディオウス/ 形 壮大な, 大げさな, もったいぶった (❗しばしば非難の意味を含む)

gránd júry 名 C 《米》《法律》(12–23名から成る)大陪審

grand·ly /grǽndli グランドリ/ 副 壮大に, 堂々と; もったいぶって

grand·ma A1 中
/grǽnmɑ̀: グランマー/ 名 (複 **grandmas** /grǽnmɑ̀:z/) C 《口語》
おばあちゃん

grand·moth·er A1 中
/grǽndmʌ̀ðər グランドマザ/ 名 (複 **grandmothers** /grǽndmʌ̀ðərz/) C
祖母, おばあさん

grand·pa A1 中
/grǽnpɑ̀: グランパー/ 名 (複 **grandpas** /grǽnpɑ̀:z/) C 《口語》
おじいちゃん

grand·par·ent A1 中
/grǽndpèərənt グランドペアレント/ 名 (複 **grandparents** /grǽndpèərənts グランドペアレンツ/) C 祖父, 祖母, 祖父母

gránd piáno 名C 《楽器》グランドピアノ ⇨**upright piano**

Grand Prix /grά:n prí: グラーン プリー/ 名 (複**Grands Prix** /grά:n prí:/, **Grand Prix**) C グランプリレース《♦国際自動車[競馬]レース; 略 GP》《**grand prix** で》グランプリ, 大賞

gránd slám 名C グランドスラム《♦テニス・ゴルフで主要大会に全勝すること》;《野球》満塁ホームラン

grand·son A2

/grǽndsʌ̀n グランドサン/ 名 (複**grandsons** /grǽndsʌ̀nz/) C 男の孫, 孫息子

grand·stand /grǽndstæ̀nd グランドスタンド/ 名C (運動競技場などの屋根のある)大観覧席

grándstand plày 名C《米》人気取りのための大げさなプレー, スタンドプレー (×stand play とはいわない)

gran·ite /grǽnət グラニト/ 名U 花崗(かこう)岩, みかげ石

gran·ny A2

/grǽni グラニ/ 名 (複**grannies** /grǽniz/) C《口語》祖母, おばあちゃん (=grandmother)

gra·no·la /grənóulə グラノウラ/ 名U グラノーラ《♦オーツ麦, ドライフルーツ, ナッツなどが入ったシリアル》

grant B1 高 /grǽnt グラント | grά:nt グラーント/ 動 (三単現 **grants** /grǽnts グランツ/; 過去・過分 **granted** /grǽntəd/; 現分 **granting**) 他

❶《文章》与える, 授ける; 文型 [**grant A B** = **grant B to A**] A(人)にBを与える

• That foundation **granted** him a scholarship. = That foundation **granted** a scholarship **to** him. その財団は彼に奨学金を与えた

❷認める; (願いを)聞き届ける

• I **grant** that she is competent. 彼女が有能だということは認めます

take ... for granted …を当然のことと思う; (なれっこになって)〔人・物など〕を軽視する, …をぞんざいに扱う

• I **took it for granted that** you knew the fact. 君がその事実を当然知っているものと思った (❗it = that 以下)

— 名 (複**grants** /grǽnts グランツ/) 助成金, 補助金, 奨学金

• He was given a huge research **grant**. 彼はばく大な研究助成金を受けた

• a student **grant** 奨学金

grant·ed /grǽntəd グランテド/ 副 その通りだ(が)

gran·u·lar /grǽnjələr グラニュラ/ 形 粒から成る, 粒状の; 表面がざらざらした

gran·u·late /grǽnjəlèit グラニュレイト/ 動 他 粒(状)にする

gránulated súgar 名U グラニュー糖

gran·ule /grǽnju:l グラニュール/ 名C 小粒, 微粒

grape A1

/gréip グレイプ/ 名 (複**grapes** /gréips/) C《植物》ブドウ (❗a grape はブドウの1粒をさす; 房(ふさ)になっているので grapes と複数形で使うことが多い); ブドウの木

• white [black] **grapes** 緑色[紫色]のブドウ • **a bunch of grapes** ブドウの1房

grape·fruit /gréipfrù:t グレイプフルート/ 名 (複**grapefruit**, **grapefruits** /gréipfrù:ts グレイプフルーツ/) C《植物》グレープフルーツ(の木) (❗果実がブドウのように房(ふさ)状になることから)

grape·vine /gréipvàin グレイプヴァイン/ 名

❶C ブドウの木[つる] (=vine)

❷《**the grapevine**》(秘密の)情報網, うわさのルート

graph B1 高 /grǽf グラフ | grά:f グラーフ/ (発音 -ph は /f フ/ と発音する) 名 (複**graphs** /grǽfs/) C グラフ, 図表

• a line [bar, circle] **graph** 線[棒, 円]グラフ ⇨次ページ 図

• **graph** paper 方眼紙

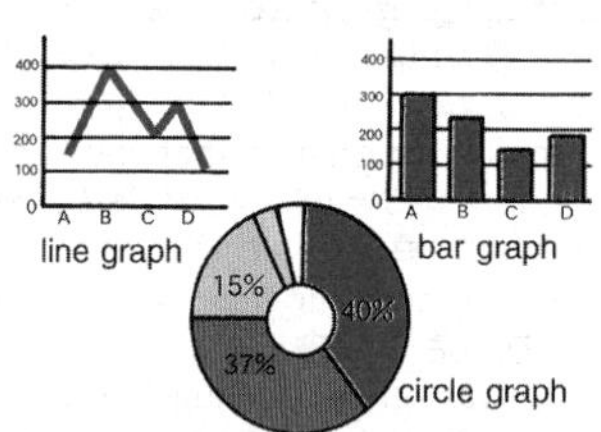

graph·ic B1 /grǽfik グラフィク/ 形
❶(描写などが)生き生きとした, 生々しい; 露骨(ろこつ)な ❷グラフィック[画像]の, 図表で表した(❗この意味では比較変化なし)

graph·i·cal·ly B2 /grǽfikəli グラフィカリ/ 副 生き生きと, ありのままに; グラフを使って

gráphic árts 名《the をつけて》《複数扱い》グラフィックアート

gráphic desígn 名U グラフィックデザイン

gráphic desígner 名C グラフィックデザイナー

graph·ics B1 /grǽfiks グラフィクス/ 名
❶《単数扱い》(コンピュータによる)画像処理, 作画
❷《複数扱い》(コンピュータによる)(CG)画像; 挿し絵, 図版

graph·ite /grǽfait グラファイト/ 名U 黒鉛《◆鉛筆の芯(しん)などの成分》

grap·ple /grǽpl グラプル/ 動
❶自〔…と〕つかみ合う, 取っ組み合う《*with*》; 他《米》ぎゅっとつかむ
❷自〔問題・困難などに〕取り組む《*with*》

grasp B2 /grǽsp グラスプ/ 名《単数形で》
❶理解, 理解力 ❷つかむこと
━動 ❶他 しっかりつかむ; 自 つかもうとする ⇨成句 **grasp at ...**
• She **grasped** me **by** the hand. 彼女は私の手をつかんだ(❗「grasp+人+by the+つかむ部分」; She **grasped** my hand. ともいえる)
❷他 (意味などを)理解する, 把握(はあく)する

grasp at ... …をつかもうとする; 〔機会など〕に飛びつく

grasp·ing /grǽspiŋ グラスピング/ 形 どん欲な, 欲張りの

grass A1 高

/grǽs グラス|grɑ́ːs グラース/
名(複 **grasses** /grǽsəz/)
❶UC (野原・牧場・芝生(しばふ)などに生えている)草, 牧草, 芝草
• Cows and sheep eat **grass**. 牛や羊は牧草を食べる(×a grass, ×grasses としない; 種類をさす場合は複数形も可)
❷U (草・芝草などの生えている)草地, 芝生, 牧草地
• Keep off the **grass**. 《掲示》芝生に入るな

grass·hop·per /grǽshɑ̀pər グラスハパ/ 名C《昆虫》バッタ, キリギリス, イナゴ

grass·land /grǽslæ̀nd グラスランド/ 名U 牧草地; 《しばしば **grasslands**》草原(地帯)

gráss-ròots 形 民衆の, 草の根の
• **grass-roots** democracy 草の根民主主義

grass·y /grǽsi グラスィ/ 形(比較級 **grassier**; 最上級 **grassiest**) 草の生えた, 草だらけの; 草のような

grate[1] /gréit グレイト/ (発音 great と同音) 名C ❶炉(ろ)の火格子(ごうし)《◆まきや石炭をのせてたく》 ❷(窓の)格子(こうし)

grate[2] /gréit グレイト/ (発音 great と同音) 動 ❶他 (おろし金で)おろす
❷自 きしる, きしむ; 他 きしらせる

grate·ful A2 高

/gréitfəl グレイトフル/ 形
感謝している, ありがたく思っている(=thankful) (↔**ungrateful**); 文型 [**be grateful (to A) for B**] (A(人)に)Bのことを感謝する

grátefully 副 感謝して, ありがたく

grátefulness 名U 感謝の気持ち

grat·er /gréitər グレイタ/ 名C おろし金[器具]

grat·i·fi·ca·tion /grætəfəkéiʃən グラティフィケイション/ 名《文章》
❶ U 満足させること, 喜ばせること; 満足すること, 満足感
❷ C 満足[喜び]を与えるもの[こと]

grat·i·fy /grǽtəfài グラティファイ/ 動 (三単現 **gratifies** /grǽtəfàiz/; 過去・過分 **gratified** /grǽtəfàid/; 現分 **gratifying**) 他 喜ばせる, 満足させる

grat·i·fy·ing /grǽtəfàiiŋ グラティファイイング/ 形 満足な, 喜ばしい
grátifỳingly 副 満足させるほど

grat·ing[1] /gréitiŋ グレイティング/ 名 C (窓・排水溝などの)格子(こうし)

grat·ing[2] /gréitiŋ グレイティング/ 形 きしる; 耳ざわりな

grat·is /grǽtis グラティス, gréitis グレイティス/ 副 形《文章》無料で, ただで

grat·i·tude B1 高 /grǽtətjù:d グラティテュード/ 名 U
〔人への〕感謝(の気持ち)《*for*》

gra·tu·i·tous /grətjú:ətəs グラテューイタス/ 形《文章》不必要な; いわれのない; 無料の

gra·tu·i·ty /grətjú:əti グラテューイティ/ 名 (複 **gratuities** /grətjú:ətiz/) C
❶《文章》心づけ, チップ
❷《英》退職金; 除隊賜金

grave[1] B1 /gréiv グレイヴ/ 名 (複 **graves** /gréivz/) C 墓; 墓穴

関連語› 単語力
gravestone 墓石
graveyard 墓地
cemetery 共同墓地
churchyard (教会付属の)墓地

grave[2] /gréiv グレイヴ/ 形 (比較級 **graver**, **more grave**; 最上級 **gravest**, **most grave**) ❶ 重大な, 深刻な (=important) ❷ 厳粛(げんしゅく)な, まじめな

grav·el /grǽvəl グラヴェル/ 名 U 砂利
— 動 (三単現 **gravels** /grǽvəlz/; 過去・過分 **graveled**, 《英》 **gravelled** /grǽvəld/; 現分 **graveling**, 《英》 **gravelling**) 他 砂利を敷く

grav·el·ly /grǽvəli グラヴェリ/ 形 砂利(じゃり)の多い; 砂利を敷いた

grave·ly /gréivli グレイヴリ/ 副 厳粛(げんしゅく)に, おごそかに, 重々しく; まじめに

grave·stone B2 /gréivstòun グレイヴストウン/ 名 C 墓石; 墓碑(ぼひ)

grave·yard /gréivjà:rd グレイヴヤード/ 名 C 墓地 (=cemetery)

grav·i·tate /grǽvətèit グラヴィテイト/ 動 自 ❶〔…(のほう)へ〕引力に引かれる《*to, toward*》 ❷〔…(のほう)へ〕(自然と)引きつけられる, 向かう《*to, toward*》

grav·i·ta·tion B2 /grævətéiʃən グラヴィテイション/ 名 U 引力
• the law of universal **gravitation** 万有引力の法則

grav·i·ta·tion·al /grævətéiʃənəl グラヴィテイショナル/ 形《物理》引力[重力]の

grav·i·ty 高 /grǽvəti グラヴィティ/ 名 U
❶ 引力, 重力
• in zero **gravity** 無重力状態で
❷ (物事の)重大さ; 真剣さ

gra·vy B1 /gréivi グレイヴィ/ 名 U《料理》グレイビーソース《◆肉汁で作ったソース》

gray A1 高

/gréi グレイ/ 名 (複 **grays** /gréiz/) U C 灰色, ねずみ色; U グレーの服 (=《英》grey)
— 形 (比較級 **grayer**; 最上級 **grayest**)
❶ 灰色の, ねずみ色の, グレーの
• **gray** eyes 灰色の目
❷ (髪が)しらがまじりの; 白髪の; 高齢の
• Her hair has turned **gray**. 彼女の髪はしらが(まじり)になった (! have gray hair なら, 全体がしらがということ)
❸ (空模様などが)どんよりした, 陰気な
❹ つまらない, 退屈な
— 動 (三単現 **grays** /gréiz/; 過去・過分 **grayed** /gréid/; 現分 **graying**)
他 …を灰色にする; 自 灰色[しらがまじり]になる; 高齢化する

gráy área 名 C あいまいな領域

gray-haired /gréihèərd グレイヘアド/ 形 白髪の

gray·ish /gréiiʃ グレイイシュ/ 形 灰色がかった

gray·lag /gréilæg グレイラグ/ 名C 《鳥》ハイイロガン《◆欧州産のガン》

graze[1] /gréiz グレイズ/ 動自 牧草を食べる

graze[2] /gréiz グレイズ/ 動他 かする; すりむく

grease /grí:s グリース/ (発音 名は Greece と同音) 名U 獣脂, 油脂; グリス, 潤滑油

━ /grí:z グリーズ/ (発音 名との違いに注意) 動他 油[グリス]を塗る

grease·paint /grí:spèint グリースペイント/ 名U ドーラン《◆俳優がメイクアップに用いる油性の練りおしろい》

greas·y /grí:si グリースィ/ 形 (比較級 **greasier**; 最上級 **greasiest**) 油のついた; (食物が)油っこい; 油のような

great A1 中

/gréit グレイト/ (発音 ea の音に注意; grate と同音)

意味マップ
形 ❶ 大きい; 非常な
❷ すてきな
❸ 偉大な; 重要な
❹ 大…
❺ …大王
副 順調に

━ 形 (比較級 **greater**; 最上級 **greatest**)

❶ (びっくりするほど)(規模が)大きい; (程度が)非常な; 大の

- a **great** house 大邸宅
- **great** joy 大きな喜び
- The excursion was a **great** success. 旅行は大成功だった
- **a great deal of** money 大金
- **a great number of** books 非常にたくさんの本

❷《口語》すてきな, すばらしい

- have a **great** time すてきな時を過ごす
- You did a **great** job! よくやったね
- It's a **great** idea! それは良い考えだ
- feel **great** 気分爽快(そうかい)である
- It sounds **great**. それはすばらしい

会話 "How are you this morning?" "Just **great**." 「けさは調子どう?」「すごくいいわ」

会話 "Daddy will take us to the zoo tomorrow." "That's **great**!" 「お父さんがあした私たちを動物園に連れて行ってくれるよ」「わあ, いいな」

❸ 偉大な, きわめてすぐれた; 重要な (❗ふつう名詞の前に用いる)

- a **great** man 偉人
- a **great** city (政治的・文化的に重要な)大都市 (❗a large city は面積からみた「大都市」, a big city は機能面もからめた, いわゆる「大都市, 大都会」)

❹ (場所などの名称や歴史的な出来事の前について)大…

- the **Great** Hanshin Earthquake 阪神(淡路)大震災

❺《**... the Great**》…大王, …大帝

- Alexander **the Great** アレクサンドロス[アレキサンダー]大王

a great many 非常にたくさんの

━ 副《口語》うまく, 順調に

派生 **greatly** 副; 派生 **greatness** 名

Gréat Béar 名《**the** をつけて》大ぐま座

Gréat Brítain 名 大ブリテン島《◆England, Scotland, Wales を含む英国の主島; しばしば「英国」の意味で用いられる》⇨**United Kingdom**

Great Èast Japan Éarth-quake 名 東日本大震災《◆2011年3月11日に発生した大震災》

great-grand·daugh·ter /grèit-grǽnddɔ̀:tər グレイトグランドドータ/ 名C (女の)ひ孫

great-grand·fa·ther /grèitgrǽnd-fɑ̀:ðər グレイトグランドファーザ/ 名C 曾(そう)祖父, ひいおじいさん

great-grand·moth·er /grèit-grǽndmʌ̀ðər グレイトグランドマザ/ 名C 曾(そう)祖母, ひいおばあさん

great-grand·par·ent /grèitgrǽnd-pèərənt グレイトグランドペアレント/ 名C 曾(そう)祖父, 曾祖母

great-grand·son /grèitgrǽndsʌ̀n

グレイトグランドサン/ 名 C (男の)ひ孫

Gréat Lákes 名 《**the** をつけて》五大湖《◆カナダと米国の国境にある Superior, Michigan, Huron, Erie, Ontario の5つの湖》

great·ly A2 高
/gréitli グレイトリ/ 副 大いに, 非常に
• I **greatly** enjoyed the musical. そのミュージカルを大いに楽しんだ
派生 **great** 形

great·ness B2 /gréitnəs グレイトネス/ 名 U ❶ 偉大さ; 重要さ
❷ 大きいこと, 巨大さ

Gréat Pláins 名 《**the** をつけて》大平原《◆アメリカのロッキー山脈の東, ミシシッピー川に至る広大な草原》

Gréat Wáll of Chína 名 《**the** をつけて》万里の長城

Greece /gríːs グリース/ (発音 grease の名と同音) 名 ギリシャ《◆バルカン半島の南部の共和国; 首都はアテネ (Athens); 公用語はギリシャ語 (Greek)》

greed /gríːd グリード/ 名 U 貪欲(どんよく), 欲ばり 派生 **greedy** 形

greed·y A2
/gríːdi グリーディ/ 形 (比較級 **greedier**; 最上級 **greediest**) (お金・名誉などに対して)貪欲(どんよく)な, がつがつした

Greek /gríːk グリーク/ 形
ギリシャの, ギリシャ人[語]の
• **Greek** myths ギリシャ神話
一 名 (複 **Greeks** /gríːks/)
❶ U ギリシャ語
❷ C ギリシャ人
• the **Greeks** ギリシャ人(全体)
It is* (*all*) *Greek to me. 私にはちんぷんかんぷんだ
派生 **Greece** 名

green A1 中
/gríːn グリーン/
形 (比較級 **greener**; 最上級 **greenest**)
❶ 緑の; 青々とした; 青野菜の
• **green** leaves 若葉, 青葉
• **green** tea 緑茶
• His car is dark **green**. 彼の車は濃い緑色です
• Go! The traffic light is **green**. 信号が青だよ, さあ行こう
• a **green** salad 野菜サラダ
• **green** vegetables 緑の野菜
❷ (果物などが)まだ青い; (人が)未熟な
• Those tomatoes are still **green**. それらのトマトはまだ青い
❸ 環境保護の; 環境にやさしい
be green with envy 嫉妬(しっと)している ⇨**green-eyed**
have a green thumb 園芸の才がある
一 名 (複 **greens** /gríːnz/)
❶ U C 緑, 緑色; U 緑色の服
❷ 《**greens**》(葉が緑の)野菜, 青物
❸ C 芝生(しばふ); 草地; 《ゴルフ》グリーン《◆ホールのある小高い芝地》
❹ 《ふつう **the Greens**》環境保護主義者

green·back /gríːnbæ̀k グリーンバク/ 名 C (米国の)ドル紙幣

gréen bèlt 名 U C 緑地帯; 緑地保全地区《◆都市部の建築規制地域》

gréen cárd 名 C 《米》グリーンカード《◆米国の外国人労働許可証》

green-eyed /gríːnàid グリーナイド/ 形 緑色の目をした; 嫉妬(しっと)深い
• a **green-eyed** monster 緑の目をした怪物 (❗嫉妬・ねたみの象徴)

green·er·y /gríːnəri グリーナリ/ 名 U 《集合的》青葉, 緑樹

green·fly /gríːnflài グリーンフライ/ 名 (複 **greenflies** /gríːnflàiz/) C 《英》《昆虫》(緑色の)アブラムシ

green·gro·cer /gríːngròusər グリーングロウサ/ 名 C 《英》八百屋さん(の主人)

green·horn /gríːnhɔ̀ːrn グリーンホーン/ 名 C 初心者; うぶ, (だまされやすい)世間知らず

green·house B1 高 /gríːnhàus グリーンハウス/ 名 (複 **greenhouses** /gríːnhàuzəz/) C 温室

gréenhouse effèct 名 《**the** をつけ

て》温室効果《◆大気中の二酸化炭素が熱エネルギーを吸収して温室のように地球を暖めてしまうこと》

gréenhouse gàs 名 U C 温室効果ガス《◆二酸化炭素のこと》

green·ish /gríːniʃ グリーニシュ/ 形 緑がかった

Green·land /gríːnlənd グリーンランド/ 名 グリーンランド《◆北大西洋にある，デンマーク領の世界最大の島》

Green·peace /gríːnpìːs グリーンピース/ 名 グリーンピース《◆国際自然保護団体》

gréen pépper 名 C ピーマン

grèen téa 名 U 緑茶

Green·wich /grínidʒ グリニヂ/ (発音 米国の Greenwich Village の Greenwich との違いに注意) 名 グリニッジ《◆ロンドンの自治区; 1943年までグリニッジ天文台があった所で，そこを通る子午線が経度0度》

Gréenwich (Méan) Tìme 名 U グリニッジ標準時《◆世界標準時; G.M.T. と略す》

Green·wich Vil·lage /grénitʃ vílidʒ グレニチ ヴィリヂ/ 名 グレニッチビレッジ《◆ニューヨークのマンハッタンにある芸術家が多く住む地区》

greet A1 高

/gríːt グリート/ 動 (三単現 **greets** /gríːts グリーツ/; 過去・過分 **greeted** /gríːtəd/; 現分 **greeting**) 他

❶あいさつする; (握手・笑顔などで)迎える

• He **greeted** me **with** a handshake. 彼は握手で私を迎えた

❷《文章》(目・耳・鼻などに)入ってくる，(ふと)気づく (! しばしば受け身で)

greet·ing B1 高 /gríːtiŋ グリーティング/ 名 (複 **greetings** /gríːtiŋz/)

❶ C あいさつ ❷《**greetings**》お祝い状，あいさつのことば

• Christmas [New Year's] **greetings** クリスマス[新年]のあいさつ(状)

gréeting càrd 名 C (誕生日・クリスマス・記念日などに送る)あいさつ状，グリーティングカード

gre·gar·i·ous /grigéəriəs グリゲアリアス/ 形 ❶社交好きな，社交的な ❷(動物などが)群居する，(植物が)群生の

Greg·o·ry /grégəri グレゴリ/ 名 グレゴリー《◆男性名》

Gre·na·da /grənéidə グレネイダ/ 名 グレナダ《◆カリブ海の共和国; 首都セントジョージズ (St. George's)》

gre·nade /grənéid グレネイド/ 名 C 手榴(しゅりゅう)弾，手投げ弾

grew /grúː グルー/ 動 growの過去形

grey /gréi グレイ/ 名 形 動《英》(=gray)

grey·hound /gréihàund グレイハウンド/ 名 C ❶グレーハウンド《◆足の速い猟犬》❷《**Greyhound**》グレーハウンドバス《◆米国の長距離バス会社》

grid /gríd グリド/ 名 C ❶格子(こうし) ❷焼き網 (=gridiron) ❸(経線と緯線によってできる地図上の)碁盤目，方眼

grid·dle /grídl グリドル/ 名 C (菓子焼き用の)丸い鉄板

grid·i·ron /grídàiərn グリダイアン/ 名 C ❶焼き網 (=grill[1]) ❷《米》アメリカンフットボール競技場

grid·lock /grídlɑ̀k グリドラク/ 名 U《米》交通渋滞

grief B2 /gríːf グリーフ/ 名 (複 **griefs** /gríːfs/) U 深い悲しみ，哀悼(あいとう); C 悲しみのもと

• His death caused her great **grief**. 彼の死で彼女は深く悲しんだ

come to grief ひどい目にあう; 失敗する

Good grief! おやまあ; あきれた

派生 **grieve** 動; 派生 **grievous** 形

gríef-strìcken 形 悲嘆にくれた

griev·ance /gríːvəns グリーヴァンス/ 名 C 〔…に対する〕不平，苦情; 不平の原因，苦情の種《*against*》

grieve B2 /gríːv グリーヴ/ 動 自 (深く)悲しむ; 他 (人を)悲しませる

派生 **grief** 名

griev·ous /gríːvəs グリーヴァス/ 形 悲しむべき; ひどい; つらい

派生 **grief** 名

gríevously 副 ひどく; 激しく

grill[1] B1 /gríl グリル/ 名 (複 **grills** /grílz/) C ❶焼き網; グリル
❷グリル料理, 焼き肉; グリル料理店
━動 (三単現 **grills** /grílz/; 過去·過分 **grilled** /gríld/; 現分 **grilling**) 他 (肉などを)バーベキューにする, 焼き網で焼く

grill[2] /gríl グリル/ 名 (=grille)

grille /gríl グリル/ 名 C 格子(こうし); 格子窓, (銀行などの)格子窓口; 格子戸

grim B2 /grím グリム/ 形 (比較級 **grimmer**; 最上級 **grimmest**) 厳しい, 厳格な; 恐ろしい, ぞっとするような

gri·mace /gríməs グリマス/ 名 C 顔をゆがめること, しかめっ面
━動 自 〔…に〕しかめっ面をする《*at, with*》

grime /gráim グライム/ 名 U (表面についた)汚れ, すす
━動 他 〔…で〕よごす《*with*》

Grimm /grím グリム/ 名 《**Jakob Grimm**》ヤーコプ·グリム (1785-1863) 《◆ドイツの言語学者; 弟と『グリム童話集』を書いた》

grim·y /gráimi グライミ/ 形 (比較級 **grimier**; 最上級 **grimiest**) 汚れた, すすけた

grin B2 /grín グリン/ 名 C にやにや[にたにた, にこっと]笑うこと
━動 (三単現 **grins** /grínz/; 過去·過分 **grinned** /grínd/; 現分 **grinning**) 自 (歯をみせて)にやにや[にたにた, にこっと]笑う ⇨**laugh**

grind /gráind グラインド/ 動 (三単現 **grinds** /gráindz グラインツ/; 過去·過分 **ground** /gráund/; 現分 **grinding**) 他
❶(粉に)ひく, すりつぶす
❷とぐ, みがく; (歯を)きしらせる

grind·er /gráindər グラインダ/ 名 C 挽く[研ぐ]機械[人]

grind·stone /gráin*d*stòun グラインドストウン/ 名 C 回転式砥石(といし), グラインダー

grip B2 /gríp グリプ/ 動 (三単現 **grips** /gríps/; 過去·過分 **gripped** /grípt/; 現分 **gripping**) ❶他自 ぎゅっとにぎる, しっかりつかむ
❷他 (心などを)つかむ, 引きつける
━名 ❶C しっかりつかむこと
• Don't let go (of) your **grip**. 君のつかんでいる手を放すな
❷《単数形で》支配力; 理解力
❸C 柄(え), 取っ手, グリップ
come* [*get*] *to grips with ... (困難なこと)に取り組む
get a grip on oneself 感情をぐっとおさえる

gripe /gráip グライプ/ 動 自
❶《俗語》〔…について〕のべつ不平を言う, 絶えずぼやいている《*about, at*》
❷きりきり腹が痛む
━名 ❶《**the gripes**》急激な腹痛
❷C 《俗語》不平, ぼやき

gris·ly /grízli グリズリ/ 形 (比較級 **grislier**; 最上級 **grisliest**) ぞっとする, 身の毛のよだつような

gris·tle /grísl グリスル/ 名 U (料理肉の中の)軟骨, すじ

grit /grít グリト/ 名 U ❶《集合的》砂利, 砂 ❷《口語》気骨, 根性, 勇気
━動 (三単現 **grits** /gríts グリツ/; 過去·過分 **gritted** /grítəd/; 現分 **gritting**) 他
❶(歯を)きしらせる
❷(凍った道路に)砂利をまく

grit·ty /gríti グリティ/ 形 (比較級 **grittier**; 最上級 **grittiest**) ❶砂利[砂]の混じった, 砂だらけの ❷《口語》根性[勇気]のある, 意志の強い

griz·zly /grízli グリズリ/ 形 (比較級 **grizzlier**; 最上級 **grizzliest**) 灰色の; 灰色混じりの; 白髪(しらが)混じりの
━名 (=grizzly bear)

grízzly bèar 名 C 《動物》ハイイログマ, グリズリー《◆北米西北部に生息する大グマ》

groan /gróun グロウン/ (発音 grown と同音) 動 自 うなる, うめく; (うめき)苦しむ; ギシギシ音を立てる
━名 C うなり声, うめき声
groan under the weight of ... 〔責任など〕の重みでうめき苦しむ

gro·cer /gróusər グロウサ/ 名 (複 **grocers** /gróusərz/) C 食料雑貨商 (❗人をさす); 《**grocer's**》《英》食料雑貨店 (=

grocery)

- at the **grocer's** 食料品店で

gro·cer·y /gróusəri グロウサリ/ 名 (複 **groceries** /gróusəriz/) ❶ C 食料品店, 食料雑貨店 (=grocery store)
❷《groceries》食料品, 食料雑貨類

grog·gy /grági グラギ/ 形 (比較級 **groggier**; 最上級 **groggiest**) 《口語》足元がふらつく, グロッキーの

groin /gróin グロイン/ 名 C 《解剖》鼠蹊(そけい)部, ももの付け根

groom B1 /grú:m グルーム/ 名 (複 **grooms** /grú:mz/) C
新郎, 花婿(むこ) (=bridegroom)
━ 動 (三単現 **grooms** /grú:mz/; 過去·過分 **groomed** /grú:md/; 現分 **grooming**)
他 ❶ (馬などの)手入れをする, 毛づくろいをする ❷ (髪などを)整える, 身づくろいする

groom·er /grú:mər グルーマ/ 名 C トリマー《◆犬などのペットの毛を手入れする人》

groove /grú:v グルーヴ/ 名 C
❶ (敷居などの表面に刻んだ)細長い溝
❷ (レコード盤の)溝 ❸ 決まりきった道; 常道; (行動·考え方の)慣習, 慣例

groov·y /grú:vi グルーヴィ/ 形 (比較級 **groovier**; 最上級 **grooviest**) 《口語》
かっこいい

grope /gróup グロウプ/ 動 自 手さぐりする

grope** one's **way 手さぐりで進む

gross B2 /gróus グロウス/ (×グロス) 形 (比較級 **grosser**; 最上級 **grossest**)
❶ 総体の, 総計の (⇔**net**[2]) (❗この意味では比較変化なし)

- **gross** domestic product 国内総生産 (❗略 GDP)

❷ ひどい, はなはだしい

- a **gross** error ひどい間違い

❸ 粗末な; 下品な
━ 名 (複 **gross**, **grosses** /gróusəz/)
❶ C グロス《◆=12ダース, 144》
❷《the gross》総体, 全体
━ 動 他 (ある金額の)総収入を得る

gróssly 副 ひどく; 下品に

gròss nàtional próduct 名 U 《経済》国民総生産 (❗略 GNP)

gro·tesque /groutésk グロウテスク/ 形 怪奇な, 異様な; こっけいな, ばかばかしい

grot·to /grátou グラトウ/ 名 (複 **grottos**, **grottoes** /grátouz/) C 洞穴(どうけつ); 庭園洞窟(どうくつ), 岩屋

grouch /gráutʃ グラウチ/ 動 自 ぶつぶつ不平を言う, すねる ━ 名 C 不平家, 気難し屋; 不きげん; 不平

grouch·y /gráutʃi グラウチ/ 形 (比較級 **grouchier**; 最上級 **grouchiest**) 不きげんな; ぶつぶつ言う; すねている

ground[1] A1 中

/gráund グラウンド/

意味マップ

名 ❶ 地面
❷ 運動場
❸ 根拠
❹ 立場
❺ 分野
❻《電気》アース

動 ❶ (飛行機を)離陸させない
❷ …に根拠がある
❸ 接地する

━ 名 (複 **grounds** /gráundz グラウンヅ/)
❶《the ground》地面, 地上; U 土地

- dig a hole in **the ground** 地面に穴を掘る
- lie on **the ground** 地面に横たわる ⇨図
- There are 2 meters of snow on the **ground**. 地面には2メートルもの雪が積もっている
- fall to **the ground** 地面に倒れる
- **ground** forces [troops] 地上部隊

• **ground** crew [staff] (空港の)地上勤務スタッフ《♦整備士・技術者など》
❷ Ⓒ 運動場, グラウンド, … 場; 《**grounds**》(家・建物の)敷地, 構内
• a football **ground** 《英》サッカー場
• a baseball **ground** 野球場 ⇨図
• camping **grounds** キャンプ場
• the team's home **ground** (球技の)チームの本拠地
• an old Indian burial **ground** 古代インドの墓地[古墳]
• the school **grounds** 校庭, 学校構内
❸ ⓊⒸ 《しばしば **grounds**》根拠, 理由
• There are **grounds for** complaining to the police. 警察に対してクレームをつけるだけの理由がある
• He announced his retirement **on** (**the**) **grounds of** illness. 体調不良の理由で彼は引退を表明した
❹ ⓊⒸ 立場, 見方, 考え方
• middle **ground** 中立の立場
❺ Ⓤ (研究などの)分野, 範囲; (議論などの)問題 ❻ Ⓤ 《米》《電気》アース, 接地 (=《英》earth)

be above ground (まだ)生きている

be below ground 死んでいる; 埋葬(まいそう)されている

be burned to the ground 全焼する, 焼け落ちる

gain ground 前進する; よくなる

get off the ground 離陸する; いいスタートを切る

give ground 退く; 譲歩する

lose ground 退く; 譲歩する; 人気を失う

on the ground(***s***) ***that …*** …という根拠[理由]で

━ 動 (三単現 **grounds** /gráundz グラウンヅ/; 過去・過分 **grounded** /gráundəd/; 現分 **grounding**) ❶ 他 (飛行機を)離陸させない; (船を)座礁させる; 自 (飛行機が)着陸する; (船が)座礁する
❷ 他 文型 [**be grounded in** [**on**] **A**] 《文章》Aに根拠がある, 基づいている ❸ 他 《米》《電気》接地する, アースする (=《英》earth)

ground[2] /gráund グラウンド/ 動 grindの過去形・過去分詞
━ 形 ひいて粉にした; 磨いた, といだ

gróund báll 名 (=grounder)

ground·er /gráundər グラウンダ/ 名 Ⓒ 《野球》ゴロ (=ground ball)

gróund flóor B1 名 Ⓒ 《英》《ふつう **the** をつけて》1階 (=《米》first floor) ⇨ **floor** ❷

ground·hog /gráundhɔ̀:g グラウンドホーグ/ 名 Ⓒ 《動物》ウッドチャック (=woodchuck)《♦北米産リス科のマーモットの一種》

Gróundhog Dày 名 ウッドチャックの日《♦2月2日(場所によっては14日); この日にウッドチャックが冬眠からさめるとされる》

ground·ing /gráundiŋ グラウンディング/ 名 ⓊⒸ 基礎知識, 基礎訓練

ground·less /gráundləs グラウンドレス/ 形 根拠[理由, いわれ]のない

gróund plàn 名 Ⓒ (建物の)平面図; 基礎計画, 計画の概要

gróund rùles 名 《複数扱い》(行動の)基本原則 (❗元来は「球場ごとに決められたルール」の意味)

grounds·man /gráundzmən グラウンヅマン/ 名 (複 **groundsmen** /gráundzmən/) Ⓒ 管理人

参考› ビル・施設の「管理人」は janitor や《英》caretaker; groundsman は特に球場や公園・墓地などの管理人

ground·swell /gráundswèl グラウンドスウェル/ 名 Ⓒ (嵐などによる)波の大きなうねり; (世論などの)急激な高まり

ground·wa·ter /gráundwɔ̀:tər グラウンドウォータ/ 名 Ⓤ 地下水

ground·work /gráundwə̀:rk グラウンドワーク/ 名 Ⓤ 土台, 基礎; 基礎準備; 基礎研究; 根本原理

group A1 中

/grú:p グループ/ 名 (複 **groups** /grú:ps/) Ⓒ ❶ (人・動物・植物・物などの) 集団, グループ; 群れ ⇨ **herd**, **flock**[1],

school², swarm
- a member of a support **group** 支援団体のメンバー
- a **group** of people 一群の人々
- people in the under-25 age **group** 25歳以下の年齢層[世代]

❷ 群; 型
- a blood **group** 血液型

in a group グループになって, ひとかたまりになって
in groups いくつかのグループになって

━ 動 (三単現 **groups** /grú:ps/; 過去・過分 **grouped** /grú:pt/; 現分 **grouping**)
❶ 他 集める; 自 集まる
- The boys and girls were **grouped around** their teacher. 少年少女たちは先生のまわりに集められた

❷ 他 グループに分ける
group together 集める; 集まる

group·ie /grú:pi グルーピ/ 名 C (ロックグループなど有名人の)追っかけ(ファン)

group·ing B1 /grú:piŋ グルーピング/ 名 (複 **groupings** /grú:piŋz/) C (共通の目的・特徴をもつ)グループ; U グループ別にすること

gróup thérapy 名 U《心理》集団療法

grouse¹ /gráus グラウス/ 名 (複 **grouse**) C《鳥》ライチョウ

grouse² /gráus グラウス/ 動 自《口語》〔…について〕ぶつぶつ言う, 不平を言う《*about*》
━ 名 C《口語》不平, ぶつぶつ言うこと

grove /gróuv グロウヴ/ 名 C 木立, 林, (神社などの)森; 果樹園
参考》 より大きな「森」は wood(s), さらに大きな「森, 森林」は forest

grov·el /grávəl グラヴェル, grʌ́vəl グラヴェル/ 動 (三単現 **grovels** /grávəlz/; 過去・過分 **groveled** /grávəld/, 《英》 **grovelled** /grávəld/; 現分 **groveling**, 《英》 **grovelling**) 自
❶ (力のある人などの前に)ひれ伏す, 屈服する; 卑下する
❷ (探し物などで)はい回る

grow A1 中

/gróu グロウ/ 動 (三単現 **grows** /gróuz/; 過去 **grew** /grú:/; 過分 **grown** /gróun/; 現分 **growing**)

意味マップ
❶ (植物が)育つ; 栽培する
❷ (髪・ひげ・つめなどを)伸ばす; 成長する
❸ 増大する
❹ …になる

❶ 自 (植物が)育つ, はえる, はえている ⇨成句 **grow up**; 他 (植物を)栽培する
- Cotton **grows** in hot countries. 綿は暑い国で育つ
- There are bamboo shoots **growing** in the garden. 庭にたけのこが生えてきた(←生えているたけのこがある) ⇨図
- **grow** rice 米を栽培する

❷ 他 (髪・ひげ・つめなどを)伸ばす, はやす; 自 成長する, 伸びる
- My hair has **grown**. 私の髪がのびた
- **grow** a beard ひげをはやす ⇨図

❸ 自 増大[増加, 発展]する
- The IT industry is **growing** fast. IT業界は急速に発展している
- The world population will **grow** quickly in the future. 将来世界の人口は急速に増加するだろう

❹ 自 文型 [**grow C**] C(状態)になる (=become, get) (❗Cは形容詞)
- **grow** dark 暗くなる
- **grow** old 年をとる

- The players **grew** tired at the end of the game. 選手たちは試合の終わりには疲れてきた ⇨図

文型 [**grow to** *do*] (次第に)…するようになる

- She **grew to** *like* rock music. 彼女はしだいにロックが好きになっていった

grow into ... 成長[発展]して…になる; …が着られるほど大きくなる

grow on [***upon***] *A* Aがだんだんに気に入られる[心をひく]ようになる

grow out of ... …から生じる; 成長して…をしなくなる, …が着られなくなる

grow up 成長する, おとなになる

- I want to be a skier when I **grow up**. おとなになったらスキーヤーになりたい
- She **grew up** to be a beautiful woman. 彼女は成長して美しい女性になった

比較 I was **brought up** in Canada. 私はカナダで育った (❗bring up は「育てる, 成長させる」で, 受け身の be brought up で「育つ」)

派生 **growth** 名

grow·er /gróuər グロウア/ 名 ❶ C (野菜・果物・花などの)栽培者 ❷《形容詞とともに用いて》生長が…な植物

grow·ing B2 /gróuiŋ グロウイング/ 形 大きくなりつつある; 成長(期)の

— 動 grow の現在分詞・動名詞

growl /grául グラウル/ 動 自 ❶ (動物が)うなる ❷〔…に〕がみがみいう《*at*》 ❸ (雷(かみなり)が)ゴロゴロなる

— 名 C うなり声

grown /gróun グロウン/ (発音 groan と同音) 動 grow の過去分詞

— 形 成長した, おとなの

grown-up B2 /gróunʌ̀p グロウナプ/ 形 おとなになった, 成人の; おとなとしての責任のある

— 名 (複 **grown-ups** /gróunʌ̀ps/) C おとな, 成人 (=adult)

growth B1 高 /gróuθ グロウス/ 名 (複 **growths** /gróuθs/)

❶ U 成長, 発育; 発展, 発達

- The country's GDP **growth** rate fell to 1.8% last year. その国のGDP成長率は昨年1.8%に落ち込んだ

コロケーション

形+**growth**

rapid *growth* 急速な成長

steady *growth* 着実な成長

economic *growth* 経済成長

動+**growth**

promote [increase] *growth* 成長を促進する

prevent *growth* 成長を妨(さまた)げる

❷《単数形で》増加, 増大, 伸び

- the population **growth** 人口の増加

❸ C 成長した[生えた]もの (❗毛髪, ひげ, つめ, 植物など)

grub /grʌ́b グラブ/ 名 ❶ U《口語》食べ物 ❷ C 地虫《◆甲虫などの幼虫》

— 動 (三単現 **grubs** /grʌ́bz/; 過去・過分 **grubbed** /grʌ́bd/; 現分 **grubbing**)

❶ 他 掘り出す《*up, out*》 ❷ 自《口語》探し求める《*about, around*》

grub·by /grʌ́bi グラビ/ 形 (比較級 **grubbier**; 最上級 **grubbiest**) 汚い, 薄汚れた

grudge /grʌ́dʒ グラヂ/ 名 C うらみ; 悪意 — 動 他 惜(お)しがる; ねたむ

grudg·ing /grʌ́dʒiŋ グラヂング/ 形 いやいやの, しぶしぶの

gru·el /grú:əl グルーエル/ 名 U (病人用の)薄いオートミール(の粥(かゆ))

gru·el·ing,《英》**gru·el·ling** /grú:əliŋ グルーエリング/ 形 へとへとに疲れさせる, 厳しい, 激しい

grue·some /grú:səm グルーサム/ 形 身の毛のよだつ, ぞっとする, 陰惨な

gruff /grʌ́f グラフ/ 形 (比較級 **gruffer**; 最上級 **gruffest**) ❶ (態度などが)ぶっきらぼうな, 粗野な, じゃけんな ❷ (声が)荒々しい, しわがれ声の

grum·ble /grʌ́mbl グランブル/ 動 ❶ 自 他 ぶつぶつ言う, 不平を言う ❷ (雷(かみなり)が)ゴロゴロ鳴る

— 名 C 不平, ぐち

grump·y /grʌ́mpi グランピ/ 形 (比較級 **grumpier**; 最上級 **grumpiest**)《口語》気難しい, 不機嫌な

grunge /grʌ́ndʒ グランヂ/ 名 U
❶《口語》汚れ ❷《音楽》グランジ(ロック)《♦1990年代初めに流行》

grunt /grʌ́nt グラント/ 動 自 (ブタが)ブーブーいう; (人が)ぶつぶつ言う ー 名 C ブーブー[ぶつぶつ]いう声; 不平

GU 《略》 Guam グアム島

Guam /gwɑ́:m グワーム/ 名 グアム島《♦太平洋マリアナ諸島のなかで最大の島; 米国の自治領; GUと略す》

guar·an·tee B1 /gæ̀rəntí: ギャランティー/ (×ギャランティ) 名 (複 **guarantees** /gæ̀rəntí:z/) C
(製品などに対する)**保証, 保証書**
• This product has [comes with] a one-year **guarantee**. この製品には1年の保証がついている
• There is no **guarantee** that the weather will always be nice. 天気がいつも良いとは保証できない
ー 動 (三単現 **guarantees** /gæ̀rəntí:z/; 過去・過分 **guaranteed** /gæ̀rəntí:d/; 現分 **guaranteeing**) 他 **保証する; 約束する**; 文型 [**guarantee that ...**] …であると保証する
• The salesclerk **guaranteed** next-day delivery. その店員は必ずあす配達すると言った

guar·an·tor /gǽrəntɔ̀:r ギャラントー/ 名 C 《法律》保証人

guar·an·ty /gǽrənti ギャランティ/ 名 (複 **guaranties** /gǽrəntiz/) C 《法律》保証(契約); 担保(物件)

guard A2 高

/gɑ́:rd ガード/ 名 (複 **guards** /gɑ́:rdz ガーヅ/) ❶ C **見張り; 警備員, 守衛, 護衛(隊)**; U **監視, 警戒**
• an armed **guard** 武装したガードマン
• a security **guard** (ビルなどの)警備員, ガードマン
• coast **guards** 沿岸警備隊
❷ C 《英》(列車の)**車掌**(しゃしょう) (=《米》 conductor)
❸ U (バスケットボールの)**ガード**; (ボクシングなどの)**防御(の構え), ガード**

catch ... off (*one's*) ***guard*** …の不意をつく

keep guard 見張りをする, 警戒をする
• The private detective **kept guard** on the house all night. 私立探偵がその家を一晩中見張っていた

on [***off***] ***guard*** 当番で[非番で]

on [***off***] *one's* ***guard*** 用心して[油断して]
• Be **on your guard** against pickpockets. すりに用心しなさい

stand guard (***over ...***) (…を)見張っている

ー 動 (三単現 **guards** /gɑ́:rdz ガーヅ/; 過去・過分 **guarded** /gɑ́:rdəd/; 現分 **guarding**) 他 **守る**; 自 他 **用心する, 警戒する, 警護する**
• The policeman **guarded** the street. 警察官が通りを警護していた
• **guard against** problems 問題が起こらないよう用心する

guárd dòg 名 C 番犬

guard·ed /gɑ́:rdəd ガーデド/ 形 (ことばなどが)慎重な, 用心深い, 控え目な; 監視[防護]された

guard·i·an /gɑ́:rdiən ガーディアン/ 名 C 保護者; 後見人

guard·rail /gɑ́:rdrèil ガードレイル/ 名 C ガードレール

Gua·te·ma·la /gwɑ̀:təmɑ́:lə グワーテマーラ/ 名 グアテマラ《♦中央アメリカの共和国; 首都グアテマラシティー (Guatemala City)》

gua·va /gwɑ́:və グワーヴァ/ 名 C 《植物》グアバ(の実)

gu·ber·na·to·ri·al /gjù:bərnətɔ́:riəl ギューバナトーリアル/ 形 《文章》(州)知事の

guer·ril·la, gue·ril·la B2 /gərílə ゲリラ/ 名 C ゲリラ兵《♦奇襲戦隊員》

guess A1 中

/gés ゲス/ 動 (三単現 **guesses** /gésəz/; 過去・過分 **guessed** /gést/; 現分 **guessing**) ❶ 他 自 **言い当てる; 推測する**
• I had to **guess** the time because I

didn't have a watch. 時計がないので時間の見当をつけねばならなかった
• You **guessed** right. 君の推測は当たった, 君の思った通りだった
• I **guessed** the price of her bag. 彼女のバッグの値段を推量した (=I **made a guess at** the price of her bag.)
文型 [**guess that ...** [**wh- ...**]] …と[…であるかを]推測する
• He **guessed that** it would cost a thousand dollars. 彼は1,000ドルかかると推測した
• Can you **guess who** I met today? 今日だれに会ったと思う?
❷ 他《口語》(…と)思う (=think)
• I **guess** you are right. = You are right, I **guess**. 君が正しいと思う
会話 "Is he at home now?" "**I guess so** [**I guess not**]." 「彼は今家にいますか」「いると[いないと]思います」
guess what なんだと思う?; ちょっと聞いて
会話 "**Guess what!**" "What?" "I passed my math test." 「ちょっと聞いてよ」「なあに」「数学の試験に通ったんだ」
━名 (複 **guesses** /gésəz/) C
推測, 推量, あてずっぽう
• a lucky **guess** まぐれ当たり
• **make** a **guess** 推測する ⇨動❶第3例
• My **guess** is **that** she won't come. 私の推測では彼女は来ないでしょう
• Good **guess**. 勘がいいね

コロケーション
形+**guess**
an educated *guess* 知識や経験に基づいた推測[目星]
a wild *guess* でたらめな推測
a rough *guess* 大ざっぱな推測
a wrong *guess* 見当違いの推測

guess·work /géswə̀ːrk ゲスワーク/ 名 U
当て推量, 当てずっぽう

guest A1 高
/gést ゲスト/ 名 (複 **guests** /gésts ゲスツ/) C ❶(招かれた)客 ⇨**customer**
• invite thirty **guests** to the party パーティーに30人もお客を招待する
• welcome [greet] a **guest** 客を迎える
❷(ホテルの)泊まり客; 下宿人
❸(テレビ番組などの)ゲスト
Be my guest.《口語》どうぞご自由に
会話 "May I borrow your car?" "**Be my guest**." 「あなたの車をお借りしてもいいですか」「ええ, どうぞ」

guest·house /gésthàus ゲストハウス/ 名 (複 **guesthouses** /gésthàuzəz/) C
❶《米》来客用の離れ
❷《英》簡易ホテル

guést ròom 名 C 来客用の寝室

guf·faw /gʌfɔ́ː ガフォー/ 名 C 大笑い, ばか笑い ━動 自 大笑いする

guid·ance B1 /gáidəns ガイダンス/ 名 U
案内; 指導; 学生指導
give A guidance on B Bについて A を指導[にアドバイス]する
派生 **guide** 動

guide B1 中 /gáid ガイド/ 動 (三単現 **guides** /gáidz ガイヅ/; 過去・過分 **guided** /gáidəd/; 現分 **guiding**) 他
❶(人などを)案内する, 導く ⇨**lead**[1]
• **guide** the tourists **through** the woods 林の中を通って旅行客を案内する
• The blind man was **guided** by a dog. その盲人(もうじん)は犬に導かれていた
❷(人を)指導する
• Our teacher **guides** us **in** our work. 先生は私たちの勉強を指導してくれます
━名 (複 **guides** /gáidz ガイヅ/) C
❶案内人; ガイド
• a tour **guide** 観光ガイド
❷旅行[観光]案内書 (=guidebook); (一般に)案内書, 手引き
• a **guide to** gardening 園芸入門
❸指導者, 助言者
❹指針, 基準
派生 **guidance** 名

guide·book A2
/gáidbùk ガイドブク/
名 (複 **guidebooks** /gáidbùks/) C
観光案内書, ガイドブック; 手引き

- a **guidebook** to Hawaii ハワイのガイドブック

gúide dòg 名C 盲導犬

guíded tóur 名C ガイド付き旅行

guide·line B2 /gáidlàin ガイドライン/ 名C ❶《しばしば **guidelines**》(政府などの)指導目標, 指針, ガイドライン
❷(洞穴などの)誘導ロープ

guild /gíld ギルド/ 名C ❶ギルド《♦中世の商人・職人などの同業組合》
❷同業組合, 協会, クラブ

guile /gáil ガイル/ 名U《文章》こうかつさ; 術策

guile·less /gáilləs ガイルレス/ 形《文章》悪だくみをしない, 正直(そう)な, 率直な

guil·lo·tine /gílətìːn ギロティーン, ⌐⌐⌐/ 名C ❶ギロチン, 断頭台
❷(紙などの)断裁機
❸(扁桃腺(へんとうせん)などの)切除器
━動他 …の首をギロチンではねる

guilt B1 /gílt ギルト/ (発音 gilt と同音) 名U 罪, 罪悪感; 有罪 (↔**innocence**)

- He admitted his **guilt** in the bank robbery. 彼は銀行強盗の罪を認めた

派生 **guilty** 形

guilt·less /gíltləs ギルトレス/ 形 罪のない, 無罪の, 潔白な

guilt·y B1 /gílti ギルティ/ 形 (比較級 **guiltier**; 最上級 **guiltiest**)
❶罪の意識のある, やましい

- a **guilty** look (身に覚えがある)やましい顔つき
- He felt **guilty** about forgetting her birthday. 彼は彼女の誕生日を忘れたことに気がとがめた

❷有罪の, 罪を犯した (↔**innocent**)

- Is he **guilty** or **not guilty**? 彼は有罪ですか, それとも無罪ですか
- He was **found guilty of** murder. 彼は殺人罪を宣告された

派生 **guilt** 名

guíltily 副 後ろめたい[やましい]気持ちで

Guin·ea /gíni ギニ/ 名 ギニア《♦アフリカ西部の共和国; 首都コナクリ (Conakry)》

Guin·ea-Bis·sau /gínibisáu ギニビサウ/ 名 ギニアビサウ《♦アフリカ西部の共和国; 首都ビサウ (Bissau)》

guínea pìg 名C
❶《動物》テンジクネズミ, モルモット
参考› 日本語の(実験動物としての)「モルモット」のことで, marmot とは別の動物
❷実験台, 実験用動物

guise /gáiz ガイズ/ 名C《文章》外観; 見せかけ, ふり, うわべ

under* [*in*] *the guise of... …を装って

gui·tar A1 中

/gitɑ́ːr ギター/ (×ギター) 名 (複 **guitars** /gitɑ́ːrz/) C ギター

- **play** the **guitar** ギターをひく (×*a* guitar とはふつうしない)

gui·tar·ist B1 /gitɑ́ːrist ギターリスト/ 名 (複 **guitarists** /gitɑ́ːrists ギターリスツ/) C ギター奏者, ギタリスト

gulch /gʌ́ltʃ ガルチ/ 名C《米》峡谷

gulf /gʌ́lf ガルフ/ 名 (複 **gulfs** /gʌ́lfs/) C
❶湾(わん) (❗bay より大きく, 陸地に深くくい込んでいるもの)

- the **Gulf** of Mexico メキシコ湾

❷(意見などの)大きな違い, へだたり

Gúlf Strèam 名《the をつけて》メキシコ湾流

Gúlf Wàr 名《the をつけて》湾岸戦争《♦1990–91年; イラク対多国籍軍の戦争》

gull /gʌ́l ガル/ 名C《鳥》カモメ

gul·li·ble /gʌ́ləbl ガリブル/ 形 だまされやすい; 信じやすい

Gul·li·ver /gʌ́livər ガリヴァ/ 名 ガリバー《♦英国の作家ジョナサン・スウィフトの『ガリバー旅行記』の主人公》

gul·ly /gʌ́li ガリ/ 名 (複 **gullies** /gʌ́liz/) C ❶(大雨が斜面を削ってできた)小峡谷
❷《英》溝, 側溝, 小水路

gulp B2 /gʌ́lp ガルプ/ 名C 急いでがつがつ[ごくごく]飲み込むこと
━動他自 (飲食物を)急いでがつがつ[ごくごく]飲み込む ⇨**drink**

gum[1] B2 /gʌ́m ガム/ 名 ❶U チューインガム (=chewing gum)

● Don't swallow your **gum**. ガムを飲み込まないようにね
❷ U ゴム(樹脂); ゴムのり
❸ C ゴムの木

一 動 (三単現 **gums** /gʌ́mz/; 過去・過分 **gummed** /gʌ́md/; 現分 **gumming**) 他 のりづけする
派生 **gummy** 形

gum[2] /gʌ́m ガム/ 名 C 《ふつう **gums**》《解剖》歯ぐき

gum·bo /gʌ́mbou ガンボウ/ 名 (複 **gum-bos** /gʌ́mbouz/) ❶ C 《植物》《米》オクラ (=okra) ❷ U 《料理》ガンボ《♦オクラ入りの肉(と魚)のスープ》

gum·drop /gʌ́mdrɑ̀p ガムドラプ/ 名 C 《米》ガムドロップ, グミキャンディ《♦ゼリー状のキャンディ》

gum·my /gʌ́mi ガミ/ 形 (比較級 **gum-mier**; 最上級 **gummiest**) ねばねばした; ゴム質の
派生 **gum**[1] 名

gump·tion /gʌ́mpʃən ガンプション/ 名 U 《口語》やる気, 才覚, 度胸

gun A2 高

/gʌ́n ガン/ 名 (複 **guns** /gʌ́nz/) C
銃; ライフル (=rifle[1]); 大砲; ピストル; けん銃 (=handgun)
● a machine **gun** 機関銃
● The police carry **guns** here. ここでは警察官はピストルを携帯している

コロケーション
動+**gun**
pull a *gun* on … …に銃を突きつける
fire a *gun* (at …) (…に)銃を発砲する
load a *gun* 銃に弾を込める
gun+動
a *gun* fires [goes off] 銃が発射される
a *gun* misfires 銃が不発になる

stick to one's guns (反対や反撃に屈せずに)自分の立場を守る, 自説を曲げない; 譲らない

一 動 (三単現 **guns** /gʌ́nz/; 過去・過分 **gunned** /gʌ́nd/; 現分 **gunning**) 他 自 銃で撃つ

gun down 射殺する

gun·boat /gʌ́nbòut ガンボウト/ 名 C 砲艦

gúnboat diplómacy 名 U 武力外交

gún contròl 名 U 銃規制, 銃器取り締まり

gun·fight /gʌ́nfàit ガンファイト/ 名 C 《米》《口語》(銃の)撃ち合い, 銃撃戦

gun·fire /gʌ́nfàiər ガンファイア/ 名 U 発砲, 砲撃

gun·man /gʌ́nmən ガンマン/ 名 (複 **gunmen** /gʌ́nmən/) C 銃を持った者 (❗殺し屋・テロリストなど)

gun·ner /gʌ́nər ガナ/ 名 C 砲手, 砲兵

gun·point /gʌ́npɔ̀int ガンポイント/ 名 U 銃口
at gunpoint 銃で脅されて, 銃を突きつけられて

gun·pow·der /gʌ́npàudər ガンパウダ/ 名 U 火薬

gun·shot B2 /gʌ́nʃɑ̀t ガンシャト/ 名 ❶ C 射撃; 銃声 ❷ U 《集合的》発射された弾丸 ❸ U 着弾距離, 射程

gup·py /gʌ́pi ガピ/ 名 (複 **guppies** /gʌ́piz/) C 《魚》グッピー

gur·gle /gə́ːrgl ガーグル/ 動 自
❶ (水などが)ゴボゴボ[ドクドク]流れる
❷ (赤ちゃん・動物などが)ゴロゴロのどを鳴らす **一** 名 U C ゴボゴボいう音; のどを鳴らす音

gu·ru /gúːruː グールー/ 名 C (ヒンドゥー教の)導師; 《口語》指導者

gush /gʌ́ʃ ガシュ/ 動 自 どっと流れ出る, ほとばしり出る
一 名 U ほとばしり, 噴出

gust /gʌ́st ガスト/ 名 C 突風

gus·to /gʌ́stou ガストウ/ 名 U 非常な楽しさ[喜び], 熱意

gust·y /gʌ́sti ガスティ/ 形 (比較級 **gustier**; 最上級 **gustiest**) 風の強い; (音などが)突発的な

gut /gʌ́t ガト/ 名 ❶ U C 消化器官《♦おもに胃と腸》; 《**guts**》内臓, 腹わた (=bowels) ❷ U (楽器の弦・ラケット用の)ガット, 腸線; (外科手術の)縫合糸; (魚釣り用の)てぐす ❸ 《**guts**》《単数・複数扱い》

《口語》度胸，強気，根性，ガッツ，気力；内容，中身

注意》
「ガッツポーズ」は和製英語で，「ガッツポーズをとる」は，gesture triumphantly のように言う

hate** A's **guts 《口語》A(人)を非常に嫌う

***sweat* [*work*] *one's* guts out** 《口語》身を粉にして働く

— 形 《口語》本能的な，直感的な

— 動 (三単現 **guts** /gʌ́ts ガッツ/; 過去・過分 **gutted** /gʌ́təd/; 現分 **gutting**) 他 ❶ (動物・魚などの)内臓を取り出す，腹わたを抜く ❷《しばしば受け身で》(火事などが)…の内部を破壊しつくす

Gu·ten·berg /gúːtnbə̀ːrg グートンバーグ/ 名 《**Johann Gutenberg**》グーテンベルク (1398?–1468?) 《◆ドイツの印刷業者・発明家; 西欧で最初に活字を作って活版印刷を始めたといわれる》

gut·ter /gʌ́tər ガタ/ 名 C
❶ (軒(のき)の)とい
❷ (歩道と車道の境の)みぞ，排水溝，どぶ

gut·tur·al /gʌ́tərəl ガタラル/ 形 のどの; 《音声》喉(こう)音の

guy A1 高

/gái ガイ/ 名 (複 **guys** /gáiz/) C 《口語》やつ，男 (=fellow) (❗呼びかけるときの guys は女性も含む)

- He is a nice **guy**. あいつはいいやつだ
- OK, **guys**, let's go. さあみんな，行こう！

Guy·a·na /gaiǽnə ガイアナ/ 名 ガイアナ 《◆南米北東部の共和国; 首都ジョージタウン (Georgetown)》

Gúy Fáwkes Dày /gái fɔ́ːks ガイフォークス/ 名 《英》ガイフォークス祭 《◆1605年の英国国会議事堂爆破計画が発覚，犯人の Guy Fawkes が捕らえられたことを記念する日(11月5日); 昔は子どもたちが彼の人形をつくり，町中を引き回したのち焼き捨てる行事が行われた》

guz·zle /gʌ́zl ガズル/ 動 《口語》他自 がぶがぶ飲む，がつがつ食う

gym B1 中 /dʒím ヂム/ 名 (複 **gyms** /dʒímz/) ❶ C 《口語》体育館，ジム

- play basketball in the **gym** 体育館でバスケットボールをする

❷ U (体育館での)体操; (教科の)体育 (❗ gymnastics を短縮したもの)

gym·na·si·a /dʒimnéiziə ヂムネイズィア/ 名 gymnasium の複数形の一つ

gym·na·si·um /dʒimnéiziəm ヂムネイズィアム/ 名 (複 **gymnasiums** /dʒimnéiziəmz/, **gymnasia** /dʒimnéiziə/) C 体育館，屋内競技場 (=gym)

gym·nast /dʒímnæst ヂムナスト/ 名 C 体操[体育]教師; 体育専門家; 体操選手

gym·nas·tic B2 /dʒimnǽstik ヂムナスティク/ 形 体操の，体育の

gym·nas·tics B1 /dʒimnǽstiks ヂムナスティクス/ 名 《複数扱い》体操; 《単数扱い》(教科の)体育 ⇨**gym** ❷

gým shòe 名 C 《ふつう **gym shoes**》運動靴，スニーカー

gy·ne·col·o·gist, 《英》 **gy·nae·col·o·gist** /gàinəkɑ́lədʒist ガイネカロヂスト/ 名 C 婦人科医

gy·ne·col·o·gy, 《英》 **gy·nae·col·o·gy** /gàinəkɑ́lədʒi ガイネカロヂ/ 名 U 婦人科医学

gyp /dʒíp ヂプ/ 動 (三単現 **gyps** /dʒíps/; 過去・過分 **gypped** /dʒípt/; 現分 **gypping**) 他 《米》《口語》だます，欺く

— 名 U 《口語》ぺてん，かたり

gyp·sum /dʒípsəm ヂプサム/ 名 U 石膏(せっこう)，ギプス粉

Gyp·sy /dʒípsi ヂプスィ/ 名 (複 **Gypsies** /dʒípsiz/) C ジプシー (=Gipsy) 《◆ヨーロッパ各地に散在する漂泊民族の人》 ⇨ **Romany**

gy·rate /dʒáireit ヂャイレイト/ 動 自 《文章》(固定した点や軸の周囲を)速く旋回[回転]する

gy·ra·tion /dʒairéiʃən ヂャイレイション/ 名 U 《文章》旋回，回転

gy·ro·scope /dʒáirəskòup ヂャイロスコウプ/ 名 C ジャイロスコープ，回転儀 《◆羅針盤(らしんばん)や船などの安定装置に利用される》

H h *Hh*

H, h /éitʃ エイチ/ 名 (複 **H's, h's** /éitʃəz/) UC 英語アルファベットの第8番目の文字
drop** one's **h's (発音すべき)語頭の h 音を落として発音する (❗ロンドンなまりCockneyの特徴の1つ)

H 《記号》 hydrogen 水素; 《略》 hard 《◆鉛筆の硬さを示す》

ha /hɑ́: ハー/ 間 はあ!, やあ!, まあ!, ほう!, へー! (❗喜び・驚き・疑い・笑い声などを表す; 笑い声の場合はふつう ha-ha と表記される)

hab·er·dash·er·y /hǽbərdæ̀ʃəri ハバダシャリ/ 名 (複 **haberdasheries** /hǽbərdæ̀ʃəriz/) C 《米》《古風》紳士用品店[売り場]; U 紳士用品

hab·it A1 高

/hǽbət ハビト/ 名 (複 **habits** /hǽbəts ハビッ/) UC (個人の)習慣, くせ; C (生物の)習性 ●He has a **habit** of rising early. 彼には早起きの習慣がある

be in the habit of doing …する習慣[くせ]がある
●**I'm in the habit of staying** up late. 私は夜更かしが習慣になっている (=I have a [the] **habit** of staying up late.)

break [kick] the habit 悪い習慣をやめる

get into the habit of doing …する習慣[くせ]がつく

get out of the habit of doing …する習慣[くせ]をなくす

make a habit of doing …することにしている
●Don't **make a habit of being** late. 遅刻のくせをつけないように

out of habit くせで, 習慣で

似ている単語
習慣・慣習－**habit** と **custom**
habit は個人的な習慣や無意識的なくせ. **custom** は社会などの固定化した習慣・慣習. custom は habit と同じような意味で使うこともある

派生 **habitual** 形

hab·it·a·ble /hǽbətəbl ハビタブル/ 形 (建物が)住むのに適した, 住める

hab·i·tat B1 高 /hǽbətæ̀t ハビタト/ 名 (複 **habitats** /hǽbətæ̀ts ハビタツ/) C 生息地; 自生地; (人の)たまり場

hab·i·ta·tion /hæ̀bətéiʃən ハビテイション/ 名 《文章》 U 居住; C 住所; 住まい

ha·bit·u·al /həbítʃuəl ハビチュアル/ 形 習慣的な; 常習的な 派生 **habit** 名 **habítually** 副 習慣的に

ha·bit·u·ate /həbítʃuèit ハビチュエイト/ 動 他 慣らす (= accustom); 文型 [**be habituated to ...**] …に慣れる

hack[1] /hǽk ハク/ 動 ❶ 他自 (おのなどで)たたき切る; 他 (道などを)切り開く ❷ 自他 〔コンピュータのシステムへ〕侵入する《*into*》
hack it 《口語》 うまくやる

hack[2] /hǽk ハク/ 名 C ❶ 老いぼれ馬; 貸し馬; 乗用馬 ❷ 《口語》 二流[三流]作家, 売文家

hack·er /hǽkər ハカ/ 名 C ハッカー 《◆コンピュータシステムへの不法侵入者》

hack·neyed /hǽknid ハクニド/ 形 (表現が)使い古された, 陳腐な

hack·saw /hǽksɔ̀: ハクソー/ 名 C (金属を切るための)弓のこ, 金のこ

had A1 中

/həd ハド; 《強》 hǽd ハド/ 動 have の過去形・過去分詞
— 助 《have の過去形》 (❗had＋過去分詞で使われる用法(過去完了); I had, you had, he had などは話しことばではしばしば I'd, you'd, he'd と略す)

❶(その時までに)もう…してしまっていた (❗「その時までに動作が完了したこと・その結果としての状態」を表す)
• When I got home, everybody **had** already gone to bed. 私が帰宅した時にはみんなもう寝てしまっていた
❷(その時までに)…したことがあった (❗「経験」を表す)
• I recognized him because I **had** met him before. 私は彼がわかった, というのは以前彼に会ったことがあったから
❸(その時まで)ずっと…していた (❗「状態の継続」を表す)
• I **had** lived in Kyoto for ten years before I came here. 私はこちらへ来る前は10年間京都に住んでいました

had better do …したほうがよい; …しなさいよ ⇨**had better** *do* (**better**[1]の成句)

had to do …しなければならなかった (❗ had to は /hǽttə ハットゥ/ と発音する) ⇨**have to** *do* (**have** の成句)

had·dock /hǽdək ハドク/ 名 (複 **had-dock, haddocks** /hǽdəks/) C 《魚》ハドック《♦タラ科の食用魚》

had·n't

/hǽdnt ハドント/ had not の短縮形

hag /hǽg ハグ/ 名 C (いじわるな)醜い老婆; 魔女

hag·gard /hǽgərd ハガド/ 形 (疲労・心配などで)げっそりした, やつれた

hag·gle /hǽgl ハグル/ 動 自 〔値段などについて〕押し問答する, やり合う《*over, about*》

Hague /héig ヘイグ/ 名 《**the Hague**》ハーグ《♦オランダの行政上の中心都市》

hah /há: ハー/ 間 (=ha)

ha-ha /hɑ:há: ハーハー/ 間 あはは, えへへ《♦笑い声》⇨**ha**

hail[1] B2 /héil ヘイル/ 動 自 《it が主語で》あられ[ひょう]が降る
━名 U あられ, ひょう

hail[2] B2 /héil ヘイル/ 動 他 ❶(歓呼して人などを)迎える, 歓迎する ❷(車・船などを)「おーい」と呼ぶ, 大声で呼びとめる
━名 C 歓声; あいさつ

hail·stone /héilstòun ヘイルストウン/ 名 C (1粒の)あられ, ひょう

hail·storm /héilstɔ̀:rm ヘイルストーム/ 名 C あられ[ひょう]を伴う嵐(あらし)

hair A1 中

/héər ヘア/ (発音 hare と同音)
名 (複 **hairs** /héərz/) U (人の)髪の毛; (人・動物の)体毛, 毛 (❗「髪の毛」全体をさす場合は不可算名詞); C (1本の)毛髪
• I had my **hair** cut. 私は髪を切ってもらった (❗ have A *done* (Aを…してもらう)の文型)
• [CAN-DO Tips 人の様子を描写する] He has long **hair**. 彼は長髪だ

コロケーション
形+**hair**
long *hair* 長い髪
short *hair* 短い髪
black [dark] *hair* 黒髪
white [gray] *hair* 白髪
blond *hair* ブロンドの髪
straight *hair* まっすぐな髪
wavy *hair* ウェーブのかかった髪
curly *hair* カールした髪
動+**hair**
brush *one's hair* 髪にブラシをかける
comb *one's hair* 髪をくしでとかす
dye [color] *one's hair* 髪を染める
set *one's hair* 髪をセットする
do *one's hair* 髪を整える, 髪を結う

let** one's **hair down 髪をおろす; くつろぐ; ざっくばらんに話す
lose** one's **hair はげる; 怒る
make** A's **hair stand on end (恐怖などで)A(人)をぞっとさせる
split hairs うるさいほど細かく区別する
hair·brush /héərbrʌ̀ʃ ヘアブラシュ/ 名C ヘアブラシ, 頭髪用ブラシ

hair·cut A1

/héərkʌ̀t ヘアカト/
名(複 **haircuts** /héərkʌ̀ts ヘアカツ/) C 散髪; 髪の刈(か)り方, ヘアスタイル
• have a **haircut** 散髪してもらう
hair·do /héərdùː ヘアドゥー/ 名(複 **hair-dos** /héərdùːz/) C (女性の)髪型, ヘアスタイル
hair·dress·er B1 /héərdrèsər ヘアドレサ/ 名 (複 **hairdressers** /héərdrèsərz/) C 美容師(!「理髪師」は barber)
hair·dry·er, hair·dri·er B1 /héərdràiər ヘアドライア/ 名 (複 **hairdryers** /héərdràiərz/) C (ヘア)ドライヤー(=dryer)
hair·line /héərlàin ヘアライン/ 名C ❶髪の生え際 ❷(非常に)細かい線 ❸《形容詞的》細かい; ごくわずかの
hair·net /héərnèt ヘアネト/ 名C ヘアネット
hair·piece /héərpìːs ヘアピース/ 名C ヘアピース, 入れ毛; (部分)かつら
hair·pin /héərpìn ヘアピン/ 名C ヘアピン; 《形容詞的》U字型の
háir-ràising 形 身の毛もよだつような, ぞっとさせる
hair·split·ting /héərsplìtiŋ ヘアスプリティング/ 名U 細かいことにこだわること
hair·spray /héərsprèi ヘアスプレイ/ 名(複 **hairsprays** /héərsprèiz/) UC ヘアスプレー
hair·style /héərstàil ヘアスタイル/ 名 髪型, ヘアスタイル
hair·stylist /héərstàilist ヘアスタイリスト/ 名 ヘアデザイナー[スタイリスト]
hair·y B2 /héəri ヘアリ/ 形 (比較級 **hairier**; 最上級 **hairiest**) 毛深い, 毛だらけの, (動物が)毛がふさふさの
Hai·ti /héiti ヘイティ/ 名 ハイチ《◆カリブ海にある共和国; 首都ポルトープランス(Port-au-Prince)》
Hal /hæl ハル/ 名 ハル《◆男性名; Harold, Henry の愛称》
ha·lal, hal·lal /həlɑ́ːl ハラール/ 動他 (イスラムのおきてにしたがって動物を)殺す ━名UC形 (イスラムのおきてにしたがって殺した)動物(の肉)(を使用した)
hale /héil ヘイル/ 形《次の成句で》
hale and hearty (老人などが)元気な

half A1 中

/hæf ハフ|hɑ́ːf ハーフ/
名(複 **halves** /hævz|hɑ́ːvz/)
❶UC 半分, 2分の1
• a [one] year and a **half** 1年半
• **half** of us われわれの半分[半数]
• **half** of the students 生徒たちの半数
• three and a **half** hours 3時間半
• Please divide the cake into (two) **halves**. そのケーキを半分に分けてください

使い方› **half (of)**
(**1**) half of に名詞が続くときは half the students のように of はしばしば省略される. また, a [an] の前では of は使わない:
half a mile 半マイル(!a half mile ともいうが ×half of a mile としない)
(**2**)「half (of)+名詞」では名詞の数で意味が変わるので動詞の形も変わる:
Half (**of**) the apple **was** bad. そのリンゴの半分はくさっていた
Half (**of**) the apples **were** bad. それらのリンゴの半数はくさっていた

half (of) the apple

half (of) the apples

❷ C 《スポーツ》ハーフ《◆前半または後半》(❗アメリカンフットボールなどで4つに区切ったものはクォーター(quarter))
❸ U (時刻の)半, 30分 (❗無冠詞で使う)
• It is **half** past three. 3時30分過ぎだ[3時半だ] (❗×a half としない)
by half ①半分だけ ②《英》《**too ... by half**》あまり…すぎる
in half 半分に, 2等分に
— 形 ❶半分の
• a **half** moon [circle] 半月[半円]
• **half** an hour = a **half** hour 半時間, 30分 • I drank **half** a glass of milk. コップ半分の牛乳を飲んだ
• **Half** the students were absent. 生徒の半分が欠席していた
❷半端(はんぱ)な; ほんの一部分の
— 副 半分だけ, なかば; 不十分に
• The cup is **half** full of water. カップには水が半分入っている
• The work is only **half** done. 仕事は中途半端にしかできていない
• Mars is about **half** as large as the earth. 火星は地球のほぼ半分だ (←地球と同じ大きさのほぼ半分だ)
half as many [much] as ... …の半分の数[量]
not half 《英》《口語》少しも…ない; とても, かなり, 半端でない

half-and-half /hǽfənhǽf ハファンハフ/ 形 半々の
— 名 U 半々の混合物; 《米》牛乳とクリームを半々に混ぜたもの《◆コーヒー・紅茶用》; 《英》ハーフアンドハーフ《◆黒ビールとエール(ale)を半々にブレンドしたビール》

half·back /hǽfbæ̀k ハフバク/ 名 C (サッカー・ラグビーなどの)ハーフバック, 中衛 (❗略 HB)

hálf bróther 名 C 異父[異母]兄弟

hálf-héarted 形 (人・言動が)身[熱]の入らない, 熱心さのない

half-hour /hǽfáuər ハファウア/ 名 C 半時間, 30分

hálf-mást 名 U (弔意を示す)半旗の位置 ***at half-mast*** (旗が)半旗で

hálf-prìce A2

形 副 半額の[で], 半値の[で]

hálf síster 名 C 異父[異母]姉妹

hálf tìme 名 U (サッカーなどの)ハーフタイム《◆前半と後半の間の中休み》

hálf-trùth 名 U C (人をだますための)一部だけ真実のことば

half·way /hǽfwéi ハフウェイ/ 副 中途まで, 中途[中間]で[に]
• The library is **halfway** to the station. 図書館は駅へ行く中間にある
meet A halfway 途中でA(人)と会う; A(人)と妥協する
— 形 中途の, 途中の, 中間の
• the **halfway** point 中間点

hálf-wìt 名 C ばか, まぬけ

hálf-wítted 形 ばかな, まぬけな

hal·i·but /hǽləbət ハリバト/ 名 C 《魚》オヒョウ

hal·i·to·sis /hæ̀lətóusis ハリトウスィス/ 名 U 口臭, 臭い息

hall A1 中

/hɔ́:l ホール/ (発音 haul と同音)
名 (複 **halls** /hɔ́:lz/) C
❶玄関(ホール) (=hallway) 《◆表の door をあけた所のスペース; ここから家やビルの各部屋に通じる》; 《米》廊下(ろうか)
• an entrance **hall** 玄関ホール
❷会館, ホール; (公衆の集まる)会場, 娯楽場
• a city [town] **hall** 市役所; (市役所内の)市民ホール
• a concert **hall** 演奏会場, コンサートホール

hal·le·lu·jah /hæ̀ləlú:jə ハレルーヤ/ 間 名 C 《聖書》ハレルヤ《◆「神をたたえよ」の意味》

Hál·ley's cómet /hǽliz ハリズ/ 名 《天文》ハレー彗星(すいせい)《◆約76年周期で見える》

hall·mark /hɔ́:lmɑ̀:rk ホールマーク/ 名 C (金・銀・プラチナの純度を示す)極印(ごくいん); 〔人・物の〕典型的な特徴, 特質《*of*》

hal·lo, hal·loa /həlóu ハロウ/ 間 (=

hello)

hal·low /hǽlou ハロウ/ 動 他 《ふつう受け身で》神聖にする, 清める

hal·lowed /hǽloud ハロウド/ 形 神聖な, 聖なる

Hal·low·een /hæ̀louíːn ハロウイーン/ 名 ハロウィーン《◆10月31日(万聖節の前日)の夜でアメリカでは子どもはカボチャちょうちん(jack-o'-lantern)を作り, 仮面(Halloween mask)で変装して近所を訪ね "Trick or treat." (いたずらしようか, それともいいものくれるか)と言って楽しむ》

hal·lu·ci·nate /həlúːsənèit ハルースィネイト/ 動 自 幻覚を見る[感じる], 幻聴を聞く

hal·lu·ci·na·tion /həlùːsənéiʃən ハルースィネイション/ 名 U C 幻覚; 幻影, 幻

hall·way /hɔ́ːlwèi ホールウェイ/ 名 (複 **hallways** /hɔ́ːlwèiz/) C 玄関; 廊下 ⇨**hall** ❶

ha·lo /héilou ヘイロウ/ 名 (複 **halos, haloes** /héilouz/) C ❶ (聖像の)後光, 光輪 ❷《天文》(月・太陽などの)かさ

halt /hɔ́ːlt ホールト/ 動 自 停止する; 他 停止させる

― 名 C 停止

bring ... to a halt …を止める, 停止させる

come to a halt 停止する

hal·ter /hɔ́ːltər ホールタ/ 名 C (馬・牛を引くため頭部に掛ける)端綱(はづな)

halt·ing /hɔ́ːltiŋ ホールティング/ 形 ちゅうちょした, ためらった

halve /hǽv ハヴ/ 動 他 2等分する; 山分けする

halves /hǽvz ハヴズ/ 名 half の複数形

ham A2 高

/hǽm ハム/ 名 (複 **hams** /hǽmz/) U C

❶ ハム

• a slice of **ham** ハムひと切れ

❷《口語》アマチュア無線家, ハム

❸《口語》大根役者

― 動 (三単現 **hams** /hǽmz/; 過去・過分 **hammed** /hǽmd/; 現分 **hamming**) 自 他 《口語》大げさに演じる

hám and éggs 名 ハムエッグ

Ham·burg /hǽmbəːrg ハンバーグ/ 名 ハンブルク《◆ドイツ北部の都市》

ham·burg·er A1 中

/hǽmbə̀ːrgər ハンバーガ/ (×ハンバーガー) 名 (複 **hamburgers** /hǽmbə̀ːrgərz/) C

❶ ハンバーガー

❷ ハンバーグステーキ

語源 hamburg(er) steak の略. hamburg(er) steak はドイツ Hamburg 地方の家庭料理が移民によってアメリカにもたらされたもの

Ham·e·lin /hǽmələn ハメリン/ 名 ハーメルン《◆ドイツの小都市;『ハーメルンの笛吹き男』で有名》⇨**Pied Piper**

Ham·let /hǽmlət ハムレト/ 名 ハムレット《◆シェイクスピア(Shakespeare)の書いた有名な悲劇; またその主人公の名》

ham·let /hǽmlət ハムレト/ 名 C 小村; 小集落

ham·mer B1 高 /hǽmər ハマ/ 名 (複 **hammers** /hǽmərz/) C U 金づち, ハンマー; ハンマー投げのハンマー,《**the hammer**》《スポーツ》ハンマー投げ (❗ hammer throw(ing) ともいう); ピアノのハンマー

― 動 (三単現 **hammers** /hǽmərz/; 過去・過分 **hammered** /hǽmərd/; 現分 **hammering**) 他 自 ハンマー[金づち]で打つ; (ハンマーで, あるいはハンマーでたたくように)トントンたたく; 他《口語》…をひどく攻撃する

hammer* (*away*) *at ... …を一生懸命する

hammer out 《口語》(金属などを)たた

いて延ばす

ham·mock /hǽmək ハモク/ 名C ハンモック

ham·per[1] /hǽmpər ハンパ/ 動他 じゃまする, 妨げる

ham·per[2] /hǽmpər ハンパ/ 名C (食べ物を入れるふた付きの)**手さげかご**; 《米》(ふた付きの)**洗濯物かご**

ham·ster /hǽmstər ハムスタ/ 名C 《動物》**ハムスター**

hand A1 中

/hǽnd ハンド/

意味マップ
名 ❶手
❷人手; 手助け
❸…側
❹持ち札
❺(時計の)針
❻拍手
❼筆跡; 腕前
動 手渡す

— 名 (複 **hands** /hǽndz ハンヅ/) C

❶ 手 《◆手首から先の部分》 ⇨**arm**[1]

• with his **hands** in his pockets 両手をポケットに入れて

• What do you have in your **hand**? 手に何を持っているの

• Please raise your **hand** if you know the answer. 答えがわかったら手を上げなさい • He put his **hand** on my shoulder. 彼は私の肩に手を置いた

• **Hands** off! 《掲示》手を触れるな

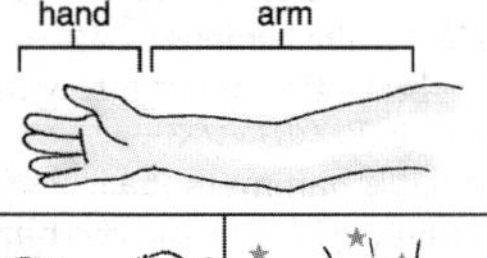

コロケーション 動＋hand

clap *one's hands* (拍子に合わせて)手をたたく, 手拍子する

hold *one's hands* out 手を差し出す

join *hands* 手をつなぐ

raise *one's hand* 手を挙げる

wave *one's hand* 手を振る

❷ **人手, 働き手**; (船の)**乗組員**; 《ふつう単数形で》**手助け**

• **give** [**lend**] them **a hand** 彼らに手を貸す[彼らを手伝う]

• We are short of **hands** to do the job. 私たちにはその仕事をする人手が不足している

❸ (人・通りなどの)…**側**, …**手**

❹ 《トランプ》**持ち札**; **手**

❺ (時計の)**針**

• the hour [minute, second] **hand** 時[分, 秒]針

❻ 《**a hand**》(ひとしきりの)**拍手**

• Give her **a** big **hand**. 彼女に絶大な拍手をどうぞ (❗ふつう hand の前に big, good などの形容詞がつく)

❼ 《ふつう単数形で》**筆跡**; **腕前**

(at) first hand 直接に, じかに

at hand 近くに, 近くの, 近づいて

• The athletic meet is near **at hand**. 運動会が近づいてきた

at second [***third, fourth***] ***hand*** また聞きで; 受け売りで

by hand ①(機械でなく)手で • They copied this book **by hand**. 彼らはこの本を手書きで写した ②手渡しで

change hands 所有者が変わる

from hand to hand 人の手から手へ

get [***gain, have***] ***the upper hand of*** *A* Aに勝つ, Aより優勢になる

hand in hand 手に手を取って

hands down 楽々と

Hands up! 手を上げろ！; 挙手しなさい

have *one's* ***hands full*** すごく忙しい, 手いっぱい

in hand 手持ちの, 自分の

off *A's* ***hands*** A(人)の責任でなくなって

on hand 手元に, 持ち合わせて
on (***the***) ***one hand ..., on the other*** (***hand***)***...*** 一方では…, また一方では…
• **On the one hand**, there are regular employees in Japan. **On the other** (**hand**), there are also many part-time workers. 日本には正社員がいる一方, 多くのアルバイトもいる
out of hands 手に負えないで; 即刻
shake hands (***with ...***) (…と)握手する (❗hands と複数形になることに注意) ⇨**handshake**
take *A* ***by the hand*** Aの手を取る[取って導く] ⇨**by** ❷
to hand 手元に; 手近に
wash *one's* ***hands of ...*** …と手を切る, 関係を断つ
— 動 (三単現 **hands** /hǽndz ハンヅ/; 過去・過分 **handed** /hǽndəd/; 現分 **handing**) 他
文型 [**hand A B = hand B to A**] A(人)にBを手渡す, 渡す; AにBを与える
• **Hand** him this letter, please. = **Hand** this letter **to** him, please. この手紙を彼に渡してくれ
hand back 〔…に〕手渡しで返す[戻す]《*to*》 • She **handed** it **back to** him. 彼女はそれを彼に手渡しで返した
hand down (後世に)伝える; 財産を残す; 言い渡す
hand in 差し出す; 提出する
• **hand in** a paper レポートを提出する
hand on 手渡す; 伝える
hand out 配る ⇨**handout**
hand over 手渡す, 引き渡す, 譲渡する

hand·bag A2

/hǽndbæ̀g ハンドバグ/ 名 (複 **handbags** /hǽndbæ̀gz/) C ハンドバッグ
日英比較 《米》では「肩ひものないハンドバッグ」の意味でよく purse を用いる

hand·ball B1 /hǽndbɔ̀ːl ハンドボール/ 名 (複 **handballs** /hǽndbɔ̀ːlz/)
❶ U ハンドボール《◆(A) ゴム製の小球を手で壁に投げつけて返る球を相手に取らせるアメリカの競技; (B) ボールを手でパスしながらゴールに入れる屋内スポーツ》
❷ C ハンドボール用のボール

hand·book /hǽndbùk ハンドブク/ 名 C 手引き書, 入門[案内]書, ハンドブック

hand·clap /hǽndklæ̀p ハンドクラプ/ 名 C 拍手

hand·cuff /hǽndkʌ̀f ハンドカフ/ 名 (複 **handcuffs** /hǽndkʌ̀fs/) C 他 《ふつう **handcuffs**》手錠
— 動 他 手錠をかける

hand·ful /hǽndfùl ハンドフル/ 名 C 片手に1杯分, 一つかみ, ひと握り; 少数, 少量 • There are **a handful of** peanuts in the jar. びんにはひと握りのピーナッツがある

hand·gun /hǽndgʌ̀n ハンドガン/ 名 C けん銃, ピストル (=pistol)

hánd-hèld B1 形 (カメラなどが)手で持てる, 手のひらサイズの (❗名詞の前に用いる)

hand·i·cap B2 /hǽndikæ̀p ハンディキャプ/ 名 C ❶ (一般に)不利な条件, ハンデ; 身体[精神]障がい ❷ ハンディキャップ《◆競技・競走などで参加者の力が対等になるように強い者につける不利な条件, また弱い者に与える有利な条件》
— 動 (三単現 **handicaps** /hǽndikæ̀ps/; 過去・過分 **handicapped** /hǽndikæ̀pt/; 現分 **handicapping**) 他 ハンディキャップをつける

hand·i·capped A2

/hǽndikæ̀pt ハンディキャプト/ 形 ハンディキャップをつけられている; 心身に障がいのある (❗handicapped (心身に障がいのある)は軽べつ的な語とされるので, 代わりに disabled, challenged が使われる) ⇨**handicap**

hand·i·craft B2 /hǽndikræ̀ft ハンディクラフト/ 名 C 手工芸, 手細工; 《ふつう **handicrafts**》手工芸品

hand·i·work /hǽndiwə̀ːrk ハンディワーク/ 名 U 手仕事, 手細工; C 手細工品, 手作り品

A B C D E F G H I J K L M N O P Q R S T U V W X Y Z

hand·ker·chief B1 /hǽŋkərtʃəf ハンカチフ/ (×ハンカチーフ) 名 (複 **handkerchiefs** /hǽŋkərtʃəfs/, **handkerchieves** /hǽŋkərtʃìːvz/) C
ハンカチ

han·dle A2

/hǽndl ハンドル/
名 (複 **handles** /hǽndlz/) C
柄(え), (ドアなどの)取っ手; (器の)耳 《♦フライパン, スプーン, ほうき, バケツ, スーツケースなどの手でつかむ部分》

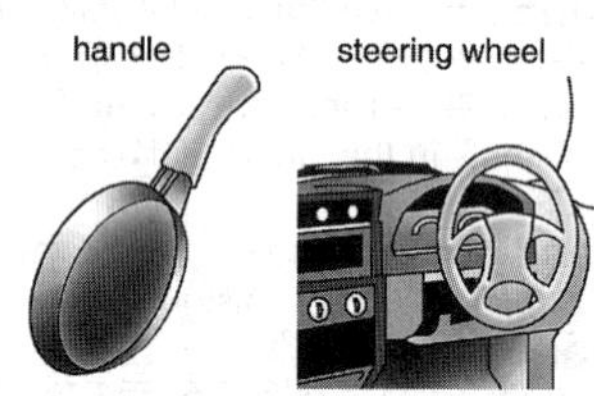

— 動 (三単現 **handles** /hǽndlz/; 過去・過分 **handled** /hǽndld/; 現分 **handling**) 他
❶ (問題などを)扱う, 処理する; (商品などを)取り扱う, 売買する
• **handle** a difficult situation 難しい状況を処理する
❷ …に手を触れる; (手で)扱う
• **Handle** with care. 取り扱い注意

han·dle·bar /hǽndlbɑ̀ːr ハンドルバー/ 名 C 《ふつう **handlebars**》 (自転車の)ハンドル

han·dler /hǽndlər ハンドラ/ 名 C (物を動かしたりして)扱う人; (犬などの)調教師; 《米》 助言者

hand·ling /hǽndliŋ ハンドリング/ 名 U
❶ (物事の)取り扱い, 処理; (人の)処遇, 待遇 ❷ 手でつかむ[触れる]こと; 《サッカー》 ハンド(リング)

hand·made /hǽndméid ハンドメイド/ 形 手作りの, 手製の

hánd-me-dòwn 名 C 《ふつう **hand-me-downs**》 お下がりの衣類

hand·out B2 /hǽndàut ハンダウト/ 名 C (配布する)資料, ビラ; (教室などで配る)プリント

hand·pick /hǽndpìk ハンドピク/ 動 他 手で摘む; 慎重に選ぶ, 精選する

hand·picked /hǽndpíkt ハンドピクト/ 形 精選された, えり抜きの

hand·rail B2 /hǽndrèil ハンドレイル/ 名 C 手すり, 欄干

hand·saw /hǽndsɔ̀ː ハンドソー/ 名 C のこぎり

hand·shake B1 /hǽndʃèik ハンドシェイク/ 名 (複 **handshakes** /hǽndʃèiks/) C 握手
日英比較 「握手する」は shake hands

hand·some A1

/hǽnsəm ハンサム/ 形 (比較級 **handsomer**, **more handsome**; 最上級 **handsomest**, **most handsome**)
❶ (男性が)ハンサムな, 顔立ちのよい; (女性が)きりっとした, 立派な
• a **handsome** boy ハンサムな少年
❷ (金額など)思っていたよりはるかに多い, かなりの; (物が)立派な
• a **handsome** tip 気前のいいチップ

hándsomely 副 みごとに; 気前よく

hand·stand /hǽndstæ̀nd ハンドスタンド/ 名 C さか立ち
• do a **handstand** さか立ちをする

hand·write /hǽndràit ハンドライト/ 動 (三単現 **handwrites** /hǽndràits ハンドライツ/; 過去 **handwrote** /hǽndròut/; 過分 **handwritten** /hǽndrìtn/; 現分 **handwriting**) 他 手書きする, 手で書く

hand·writ·ing B1 高 /hǽndràitiŋ ハンドライティング/ 名 (複 **handwritings** /hǽndràitiŋz/) U C 筆跡(ひっせき); U 手書き(文字), 手で書くこと

hand·writ·ten /hǽndrìtn ハンドリトン/ 形 手書きの

hand·y B1 /hǽndi ハンディ/ 形 (比較級 **handier**; 最上級 **handiest**)
❶ 手ごろな, 重宝(ちょうほう)な, 便利な
❷ 手近で, すぐに使える(ように)
• Keep this dictionary **handy**. この辞書をいつも手元においておきなさい
❸ 手先が器用で, じょうずで

come in handy 《口語》役にたつ (= be useful)

hand·y·man /hǽndimæ̀n ハンディマン/ 名 (複 **handymen** /hǽndimèn/) C (修繕などのこまごまとしたことを行う)修理屋さん, 便利屋さん

hang B1 高 /hǽŋ ハング/ 動 (三単現 **hangs** /hǽŋz/; 過去・過分 **hung** /hʌ́ŋ/, **hanged** /hǽŋd/; 現分 **hanging**) (! 過去形・過去分詞は ❶ で hung, ❷ では hanged) ❶ 他 かける, つるす; 取り付ける; 自 かかっている, つるしてある; 宙に浮く

● He **hung** his coat on the hanger. 彼はハンガーに上着をかけた

● Cigarette smoke is **hanging** in the air. たばこの煙が空中に立ち込めている

❷ 他 首をつって殺す; 絞首刑にする; 自 絞首刑になる

● He was **hanged** for murder. 彼は殺人罪で絞首刑にされた

be hung with ... …で飾ってある

hang about [***around***] うろつく, ぶらぶらする; ぐずぐずする; 待つ

hang in there こらえる, がんばる

hang on しがみつく, しっかりつかまえる; 待つ; 電話を切らずに待つ

● **Hang on**, please. (電話を)切らずにそのままお待ちください

hang out (洗濯物などを)つるす; 《米》《口語》ぶらぶらと過ごす

hang up かける, つるす; 電話を切る

— 名 U 《ふつう **the hang**》《口語》扱い方, こつ

get the hang of ... …のこつをつかむ

hang·ar /hǽŋər ハンガ/ 名 C (飛行機の)格納庫

hang·er /hǽŋər ハンガ/ 名 C ハンガー, 洋服かけ

hang·er-on /hǽŋərɔ́n ハンガロン/ 名 (複 **hangers-on**) C (有名人などの)取り巻き, 子分

háng glìder 名 C ハンググライダー

háng glìding 名 U 《スポーツ》ハンググライディング

hang·ing B1 /hǽŋiŋ ハンギング/ 名 (複 **hangings** /hǽŋiŋz/) ❶ U C 絞首刑; U つるす[かける]こと ❷ 《**hangings**》掛け布, のれん, カーテン

hang·man /hǽŋmən ハングマン/ 名 (複 **hangmen** /hǽŋmən/) C 《古風》絞首刑執行人

hang·nail /hǽŋnèil ハングネイル/ 名 (爪のわき・根元の)逆むけ, ささくれ

hang·o·ver /hǽŋòuvər ハンゴウヴァ/ 名 C 二日酔い

Han·gul, Han·kul /hǽŋgul ハングル, hǽŋkul ハンクル/ 名 U ハングル, 朝鮮文字

hang-up /hǽŋʌ̀p ハンガプ/ 名 C 《口語》〔…に対する〕気がかり, 悩み, コンプレックス 《*about*》

han·ker /hǽŋkər ハンカ/ 動 自 《口語》〔…を; …することを〕切望する 《*for, after; to do*》

han·ker·ing /hǽŋkəriŋ ハンカリング/ 名 《ふつう **a hankering** で》切望

han·kie, han·ky /hǽŋki ハンキ/ 名 (複 **hankies** /hǽŋkiz/) C 《口語》ハンカチ (=handkerchief)

han·ky-pan·ky /hǽŋkipǽŋki ハンキパンキ/ 名 U 《口語》ごまかし; (法的・性的に)いかがわしい行為

Ha·noi /hænɔ́i ハノイ/ 名 ハノイ 《♦ベトナム共和国の首都》

hap·haz·ard /hæ̀phǽzərd ハプハザド/ 形 偶然の; 行き当たりばったりの

hàpházardly 副 偶然に; でたらめに

hap·less /hǽpləs ハプレス/ 形 不幸な, 不運な

hap·pen A1 中

/hǽpən ハプン/ 動 (三単現 **happens** /hǽpənz/; 過去・過分 **happened** /hǽpənd/; 現分 **happening**) 自

❶ (偶然)起こる; 生じる

● Accidents often **happen** here. ここでは事故がよく起きる

● Wait a minute and see what **hap-**

pens. ちょっと待って, 何が起こるかみてみよう

文型 [**happen to A**] (物事が) Aに起こる, Aの身にふりかかる

• What **happened to** her? 彼女に何が起こったんだ, 彼女はどうしたんだ

どっち

happen, occur, take place

happen は計画・予想していないことが「起こる」の意味のふつうの語で, 過去・未来のどちらにも使う:

The accident **happened** this morning. その事故はけさ起きた

occur は happen とほぼ同じ意味だが, 形式ばった語:

A huge earthquake **occurred** in 2011. 2011年に大地震が起こった

take place は計画された行事や人々が参加する出来事についていう形式ばった語:

The festival **takes place** in September every year. その祭りは毎年9月に行われる

❷ 文型 [**happen to** *do*] 偶然…する, たまたま…する

• I **happened to** *meet* him. 私は偶然彼に会った

文型 [**it (so) happens that ...**] 偶然…である

• **It (so) happened that** my parents were away. = My parents **happened to** be away. 私の両親はたまたまるすだった

as it happens [***happened***] 偶然, たまたま; 折よく; あいにく

happen on [***upon***] ***...*** 《古風》…に偶然出会う

hap·pen·ing /hǽpəniŋ ハプニング/ 名 C 《ふつう **happenings**》(思いがけない)事件, 出来事

• There was a strange **happening** in that house. その家で奇妙なことが起こった

hap·pi·er /hǽpiər ハピアー/ 形 happy の比較級

hap·pi·est /hǽpiəst ハピエスト/ 形 happy の最上級

hap·pi·ly A2 高

/hǽpili ハピリ/ 副

❶ 幸福に, 楽しく, ゆかいに

• They lived **happily** together. 彼らはともに幸福に暮らしました

❷ 《文を修飾して》幸いにも

hap·pi·ness A2 高

/hǽpinəs ハピネス/ 名 U

幸福 (↔**unhappiness**)

• in **happiness** 幸福に

hap·py A1 中

/hǽpi ハピ/ 形 (比較級 **happier**; 最上級 **happiest**) ❶ 幸せな, うれしい, 楽しい (↔**unhappy**); 幸運な; 〔…に〕喜んで, 満足して《*about, with*》

• a **happy** life 幸せな人生

• a **happy** ending ハッピーエンド (×happy end とはいわない)

• **Happy** New Year! 新年おめでとう

• **Happy** birthday, Ellen. エレン, お誕生日おめでとう

• My mother was **happy with** that present. 母はそのプレゼントを喜んだ

文型 [**be happy to** *do*] …してうれしい

• [CAN-DO Tips あいさつする]

I **am happy to** *meet* you. あなたにお会いできてうれしい, はじめまして

文型 [**be happy that ...**] …ということがうれしい • I **am** really **happy that** you could come. あなたが来られれば私はほんとうにうれしい

❷ 文型 [**be happy to** *do*] 喜んで…する • I'll **be happy to** *come*. 喜んでうかがいます

❸ 適切な; 巧みな

háppy-go-lúcky 形 楽天的な, のんきな

ha·rangue /hərǽŋ ハラング/ 名 C 《文章》熱弁, 大演説 — 動 他 《文章》熱弁を振るう; 説教をする

har·ass /hərǽs ハラス/ 動 他 悩ます, 苦しめる

har·ass·ment /həræ̀smənt ハラスメント/ 名U いやがらせ

har·bor B1 /hɑ́:rbər ハーバ/ 名 (複 **harbors** /hɑ́:rbərz/) UC
❶港 ❷避難所

━ 動 (三単現 **harbors** /hɑ́:rbərz/; 過去・過分 **harbored** /hɑ́:rbərd/; 現分 **harboring**)
他 隠れ場所を与える; 心に抱く; 自 港に停泊する

har·bour /hɑ́:rbər ハーバ/ 名 《英》(=harbor)

hard A1 中

/hɑ́:rd ハード/

意味マップ
形 ❶かたい
❷難しい
❸一生懸命な
❹激しい; 厳しい
副 ❶一生懸命に, 熱心に
❷激しく

━ 形 (比較級 **harder**; 最上級 **hardest**)
❶かたい (↔**soft**)
- the **hard** ground かたい地面
- **hard** water 硬水
- The bread was too **hard** to eat. そのパンはかたくて食べられなかった

❷難しい, 困難な (=difficult)
- a **hard** problem 難しい問題
- I found the English test very **hard**. 英語の試験がとても難しいことがわかった

文型 [**it is hard** (**for A**) **to** *do*] (Aが)…するのは難しい
- **It is hard to** *ride* a bike up the hill. 自転車に乗ってあの丘を登るのは難しい

文型 [**A is hard to** *do*] Aは…するのが難しい (❗ *do* は他動詞(句))
- That question **is hard to** *answer*. その質問は答えるのが難しい

❸一生懸命な, 熱心な, よく働く, よく勉強する
- a **hard** worker 勉強家, 努力家, 働き者

❹激しい; 厳しい, つらい
- a **hard** winter 厳しい冬
- have a **hard** time つらいめにあう, 苦労する

be hard on ... (人が)〔人〕につらくあたる, 厳しい; (物事が)〔人〕にこたえる

hard and fast 厳格な, 厳密な; しっかりと

━ 副 ❶一生懸命に, 熱心に
- He studied **hard** for the test. 彼はテストのために一生懸命勉強した

❷激しく, 強く, ひどく
- It is raining very **hard**. とても激しく雨が降っている

be hard pressed [***put***] (***to do***) (…するのに)ひどく困っている

hard·back /hɑ́:rdbæ̀k ハードバク/ 名C ハードカバー(の本) (=hardcover)

hárd-bóiled 形 かたゆでの (↔**soft-boiled**); ハードボイルドの; 非情な

hárd cásh 名U 現金

hárd cópy 名UC 《コンピュータ》 ハードコピー (◆コンピュータのデータを紙に出力したもの)

hárd-córe 形 中核の; 本格的な; 確固とした; (映画・雑誌などが)露骨な性描写の, ハードコアの

hárd cúrrency 名UC 《経済》 (ドルのような)国際決済通貨

hárd dísk 名C ハードディスク (◆コンピュータ内部の大容量の記憶装置)

hard·en /hɑ́:rdn ハードン/ 動 他 かたくする; 他 強くする; 他 無情[非情]になる; 自 かたまる; 自 強くなる (↔**soften**)

har·dened /hɑ́:rdnd ハードンド/ 形 (物が)堅くなった; (人が)冷酷な; 確固たる
- a **hardened** criminal 常習犯

hard·head·ed /hɑ́:rdhédəd ハードヘデド/ 形 実際的な; がんこな

hard·heart·ed /hɑ́:rdhɑ́:rtəd ハードハーテド/ 形 無情な, 薄情な

hard·ly A2 高

/hɑ́:rdli ハードリ/ 副 ほとんど…ない
- I could **hardly** sleep last night. 私は昨晩ほとんど眠れなかった
- It is **hardly** possible. そんなことはありそうもない (❗ hardly の位置は can, could, have などの助動詞や be 動詞の後

ろ, 一般動詞の前)

hardly any ... ほとんど…ない
• There is **hardly any** wine left. ワインはほとんど残っていない (❗過去分詞 left (残された)は wine を修飾する)

hardly ever ... めったに…しない
• It **hardly ever** snows here. ここではほとんど[めったに]雪が降らない

***hardly** A **when** [**before**] B* A するとすぐBした, Aするかしないうちに Bした, Aするやいなや Bした (❗ふつう, hardly＋過去完了形＋when [before]＋過去形の形をとる)

hard·ness /hɑ́ːrdnəs ハードネス/ 名U かたいこと; 硬度; 困難さ; 冷酷

hárd-nósed 形 (人が)情に流されない, 非情な; 断固とした

hard-of-hear·ing /hɑ́ːrdəvhíəriŋ ハードヴヒアリング/ 形 耳の遠い; 難聴の

hárd séll 名 《ふつう **a hard sell** で》 押し売り(行為)

hard·ship B1 高 /hɑ́ːrdʃip ハードシプ/ 名 (複 **hardships** /hɑ́ːrdʃips/) UC 苦難, 生活苦, 苦しみ

hard·ware B2 /hɑ́ːrdwèər ハードウェア/ 名 U ❶ 金物類 ❷ ハードウェア《♦コンピュータの機械部分; LL や CALL 装置の機器類》⇨**software**

hard·wood /hɑ́ːrdwùd ハードウド/ 名U 硬材, 堅木《♦カシ・マホガニーなど》

hard·work·ing, hard-work·ing B1 /hɑ́ːrdwə́ːrkiŋ ハードワーキング/ 形 勤勉な, 熱心に勉強する, よく働く

har·dy /hɑ́ːrdi ハーディ/ 形 (比較級 **hardier**; 最上級 **hardiest**) 頑丈な; (苦難・労苦に)耐えられる; (植物などが)耐寒性の

hare /héər ヘア/ (発音 hair と同音) 名 (複 **hares** /héərz/, **hare**) C 《動物》 野ウサギ《♦rabbit (アナウサギ)よりも大きく, 耳や足も長い》

hare·brained /héərbrèind ヘアブレインド/ 形 (人・計画が)とっぴな, 浅はかな

har·em /héərəm ヘアレム/ 名C ハーレム; 《集合的》 ハーレムの女性たち

hark /hɑ́ːrk ハーク/ 動 自 《おもに命令文で》聞く ***hark back to ...*** (過去の話・物事など)に立ち返る, を思わせる

Har·lem /hɑ́ːrləm ハーレム/ 名 ハーレム《♦米国ニューヨーク市マンハッタン (Manhattan) の1地区》

harm A2

/hɑ́ːrm ハーム/ 動 (三単現 **harms** /hɑ́ːrmz/; 過去・過分 **harmed** /hɑ́ːrmd/; 現分 **harming**) 他 害する, 傷つける
• The cold weather has **harmed** this year's orange crop. 冷たい気候が今年のオレンジの収穫に損害を与えた

— 名U 害, 損害, 危害
• The dog will **do** you **no harm**. その犬は君に何の害も与えないでしょう
• Smoking may **do** you **harm**. = Smoking may **do harm to** you. 喫煙は害になるかもしれない
比較 Smoking is **harmful to** your health. 喫煙は健康に害を及ぼす (❗harmful は形容詞; ×Smoking is harm to ... としない)
• I'm sorry I frightened you; I **meant no harm**. びっくりさせてすみませんでした. 悪気はなかったのです

out of harm's way 安全な所に; 害を受けないように

派生 **harmful** 形

harm·ful A2 高

/hɑ́ːrmfəl ハームフル/ 形 有害な, 害を及ぼす (↔**harmless**)
• This chemical is **harmful to** the environment. この化学物質は環境に有害だ

派生 **harm** 名 動

hármfully 副 有害に

harm·less B2 /hɑ́ːrmləs ハームレス/ 形 無害な; 悪意のない (↔**harmful**)

hármlessly 副 無害に; 悪意なく

har·mon·ic /hɑːrmɑ́nik ハーマニク/ 形 《音楽》 和声の, (音が)調和した

har·mon·i·ca /hɑːrmɑ́nikə ハーマニカ/ 名C ハーモニカ (=mouth organ)

har·mo·ni·ous /hɑːrmóuniəs ハーモウニアス/ 形 ❶ 調和した, 調和のとれた ❷ 仲むつまじい 派生 **harmony** 名

har·mo·nize /há:rmənàiz ハーモナイズ/ 動 他 調和させる; 自 調和する
派生 **harmony** 名

har·mo·ny A2 高

/há:rməni ハーモニ/ 名 (複 **harmonies** /há:rməniz/) U C
❶ 調和 (↔**discord**) ❷《音楽》ハーモニー, 和声 (↔**discord**)

in harmony with ... …と調和して; …と一致して
● He lived **in harmony with** his neighbors. 彼は隣人と仲よく暮らした
派生 **harmonious** 形
派生 **harmonize** 動

har·ness B1 /há:rnəs ハーネス/ 名 (複 **harnesses** /há:rnəsəz/) U C 《集合的》馬具《◆くつわ, 手綱(たづな)など用具一式》
━ 動 (三単現 **harnesses** /há:rnəsəz/; 過去・過分 **harnessed** /há:rnəst/; 現分 **harnessing**) 他 利用する; (動物などを)つなぐ; しばりつける

Har·old /hǽrəld ハロルド/ 名 ハロルド《◆男性名》

harp /há:rp ハープ/ 名 C 《楽器》ハープ, 竪琴(たてごと)
━ 動 自 ハープを弾く; (…のことを)くどくどくり返して言う《*on, upon*》

harp·ist /há:rpist ハーピスト/ 名 C ハープ奏者

har·poon /ha:rpú:n ハープーン/ 名 C (捕鯨用などの)もり

harp·si·chord /há:rpsikɔ̀:rd ハープスィコード/ 名 C 《楽器》ハープシコード《◆ピアノの前身の鍵盤楽器》

Har·ri·et /hǽriət ハリエト/ 名 ハリエット《◆女性名》

har·row B2 /hǽrou ハロウ/ 名 C まぐわ, ハロー《◆土をならす農具》

har·row·ing /hǽrouiŋ ハロウイング/ 形 (経験・話などが)痛ましい, つらい

Har·ry /hǽri ハリ/ 名 ハリー《◆男性名; Henry の愛称》

har·ry /hǽri ハリ/ 動 (三単現 **harries** /hǽriz/; 過去・過分 **harried** /hǽrid/; 現分 **harrying**) 他 (人を)(…のことで)悩ます, 苦しめる《*for*》

Hár·ry Pót·ter 名 ハリー・ポッター《◆イギリスの作家ローリングによる小説の主人公で魔法使いの少年》

harsh /há:rʃ ハーシュ/ 形 (比較級 **harsher**; 最上級 **harshest**) ❶ 厳しい (=severe)
● You are too **harsh** with your son. 君は息子に厳しすぎるよ
❷ 耳[目]ざわりな; 手ざわりのあらい, ざらざらの
hárshly 副 ざらざらと; 粗く; 厳しく

Hár·vard Univérsity /há:rvərd ハーヴァド/ 名 ハーバード大学《◆米国で最古(1636年創立)の私立大学; マサチューセッツ州のケンブリッジに本部がある》

har·vest A2 中

/há:rvəst ハーヴェスト/ 名 (複 **harvests** /há:rvəsts ハーヴェスツ/) U C
❶ 収穫, 取り入れ; 収穫期, 取り入れ時 ● the wheat **harvest** 小麦の収穫
❷ 収穫物; 収穫高
● We had a good [poor] **harvest** this year. 今年は豊作[不作]だった
━ 動 (三単現 **harvests** /há:rvəsts ハーヴェスツ/; 過去・過分 **harvested** /há:rvəstəd/; 現分 **harvesting**) 他 (作物を)刈り入れる, (作物を)収穫する

har·vest·er /há:rvəstər ハーヴェスタ/ 名 C ❶ 作物を刈り取る人
❷ 刈り取り機

hárvest móon 名 C (秋分前後の)中秋(ちゅうしゅう)の満月

has A1 中

/həz ハズ; 《強》 hǽz ハズ/ 動 (過去・過分 **had** /hǽd/; 現分 **having**) 他 《have の三人称単数・直説法・現在形》
持っている, 持つ; 食べる, 飲む; (病気に)かかる ⇨**have**
● He **has** two brothers. 彼には男の兄弟が2人いる
━ 助 《have の三人称単数・直説法・現在形》《**has**+過去分詞で》…してしまった, …

したことがある，ずっと…している（❗現在完了）

- Spring **has** come. 春が来た

hás-bèen 名 C 《口語》過去の人，人気[栄光]を失った人；時代遅れの人

hash /hǽʃ ハシュ/ 名 U きざんだ肉と野菜の料理

make a hash of... …を台なしにする，めちゃめちゃにする

━ 動 他 (肉などを)切りきざむ

hash out 《米》《口語》…をつっこんで議論する，十分話し合って解決[決定]する

hash up 《口語》台なしにする

hash·tag /hǽʃtæ̀g ハシュタグ/ 名 C 《コンピュータ》ハッシュタグ《♦Twitter などのSNS投稿にあるハッシュマーク(#)の付いた文字列》

has·n't 中

/hǽznt ハズント/

《口語》has not の短縮形

has·sle /hǽsl ハスル/ 名 C 《口語》やっかいなこと，めんどう **━** 動 他 《口語》(うるさいことを言って人を)悩ます

has·sock /hǽsək ハソク/ 名 C (教会でひざまずいて祈るときの)ひざぶとん；(足を載せる)厚いクッション

haste B2 /héist ヘイスト/ (発音 hasten と比較) 名 U 急ぎ；あわてること（❗hurry よりも改まった語）

- More **haste**, less speed. 《ことわざ》よけい急げばよけい遅れる（❗「急がば回れ」に相当） • **Haste** makes waste. 《ことわざ》急(せ)いては事をしそんじる

in haste 急いで (=in a hurry)

make haste 《古風》急ぐ

has·ten /héisən ヘイスン/ (×ヘイステン) 動 他 急がせる；早める；自 急ぐ；急いで行く

hasten to do 急いで…する

hast·i·ly B2 /héistəli ヘイスティリ/ 副 急いで，あわてて

hast·y B1 /héisti ヘイスティ/ 形 (比較級 **hastier**; 最上級 **hastiest**)

❶急ぎの，急な；あわただしい

❷早まった，軽率な；短気な

hat A1 高

/hǽt ハト/ 名 (複 **hats** /hǽts ハツ/) C 帽子《♦縁(ふち)のあるもの；縁のないものは cap》

- She was **wearing** a **hat**. 彼女は帽子をかぶっていました
- **put on** [**take off**] a **hat** 帽子をかぶる[脱ぐ]

関連語› 単語力

cowboy hat カウボーイハット
felt hat フェルト帽
floppy hat つばの広い帽子
panama hat パナマ帽
straw hat 麦わら帽子
silk hat, top hat シルクハット
《米》derby, 《英》bowler 山高帽子
baseball cap 野球帽
hood (コートなどの)フード

cowboy hat　felt hat　floppy hat

silk hat

panama hat

straw hat

(《米》) derby　baseball cap　hood

pass the hat 《米》(慈善などのために帽子を回して)寄付金を集める

under one's hat 秘密で

hatch[1] /hǽtʃ ハチ/ 動 他 (卵からひなを)かえす；自 (卵からひなが)かえる

hatch[2] B1 /hǽtʃ ハチ/ 名 (複 **hatches** /hǽtʃəz/) C ❶ハッチ，(飛行機などの荷積み用)出入り口，(船などの)昇降口

❷(台所と食堂の間の壁をあけて作った)料理の受け渡し口

hatch·back /hǽtʃbæ̀k ハチバク/ 名 C ハッチバック《♦後部に上開きのドアの付いた自動車》

hatch·er·y /hǽtʃəri ハチャリ/ 名 (複 hatcheries /hǽtʃəriz/) C (魚などの)孵化(ふか)場

hatch·et /hǽtʃət ハチェト/ 名 C 手おの

hate A2 中

/héit ヘイト/ 動 (三単現 **hates** /héits ヘイツ/; 過去·過分 **hated** /héitəd/; 現分 **hating**) 他

❶ 憎む, ひどく嫌う (↔**love**)

• I **hate** crowded trains. 満員電車はほんとにいやだ

• I **hate** frogs. 私はカエルが大嫌いです

❷ 文型 [**hate** *do***ing** = **hate to** *do*] 《口語》…するのが嫌いだ, …したくはない

• I **hate studying** [**to** *study*] late at night. 夜遅く勉強するのはいやだ

文型 [**hate A** *do***ing** = **hate A to** *do*] Aが…するのを嫌う[いやがる]; 《口語》Aが…するのを残念[遺憾(いかん)]に思う

• He **hates** his wife **smoking**. 彼は妻がたばこを吸うのをいやがっている

— 名 U 憎しみ, 憎悪(ぞうお), 嫌悪(けんお) (=hatred) (↔**love**) 派生 **hateful** 形

hate·ful /héitfəl ヘイトフル/ 形 憎むべき, いまいましい; 憎しみに満ちた 派生 **hate** 名

ha·tred B1 高 /héitrəd ヘイトレド/ 名 《単数形で》憎しみ (=hate) (↔**love**)

hat·ter /hǽtər ハタ/ 名 C 帽子職人, 帽子屋さん

haugh·ty /hɔ́:ti ホーティ/ 形 (比較級 **haughtier**; 最上級 **haughtiest**) 傲慢(ごうまん)な, 横柄(おうへい)な

haul /hɔ́:l ホール/ (発音 hall と同音) 動 他 自 (ぐいと)引っ張る; 運搬する

haul in 《口語》大金を得る

haul up 《口語》人を召喚する

— 名 C 運搬; 運搬物; 獲得物

haunch /hɔ́:ntʃ ホーンチ/ 名 C 《ふつう haunches》(人·動物の)尻(しり), もも

haunt B1 /hɔ́:nt ホーント/ 動 (三単現 **haunts** /hɔ́:nts ホーンツ/; 過去·過分 **haunted** /hɔ́:ntəd/; 現分 **haunting**) 他

❶ (幽霊(ゆうれい)などが…に)出る; (いやな考えなどが人に)つきまとう; とりつかれる

❷ (人·場所へ)よく行く; 出没する

— 名 (複 **haunts** /hɔ́:nts ホーンツ/) C (人が)よく行く所, たまり場

haunt·ed /hɔ́:ntəd ホーンテド/ 形 幽霊(ゆうれい)の出る

haunt·ing B2 /hɔ́:ntiŋ ホーンティング/ 形 頭から離れない, 絶えず心に浮かぶ

Ha·van·a /həvǽnə ハヴァナ/ 名 ハバナ 《◆キューバ共和国の首都》

have A1 中

/həv ハヴ, əv アヴ; 《強》 hǽv ハヴ/ 動 (三単現 **has** /həz; 《強》 hǽz/; 過去·過分 **had** /həd; 《強》 hǽd/; 現分 **having**) 他

共通イメージ 自分の手に持っている状態

チャンクでおぼえよう!

❶ 兄弟がひとりもいない	don't have any brothers
❷ はっきりした考えがある	have a clear idea
❸ 数学の授業が週に2回ある	have math classes twice a week
❹ 軽食を食べる	have a snack
❹ 庭で朝ご飯を食べる	have breakfast in the garden
❺ 楽しい時を過ごす	have a good time
❺ かぜをひいている	have a cold
❻ 彼と雑談をする	have a chat with him

❶ 持っている, 所有している, …がある (❗「持っている」という意味では進行形 (be having) にしない)

• I **have** a book in my hand. 私は手に1冊の本を持っている ⇨628ページ 図

• I don't **have** any money with me. ⇨ フォーカス 3 私はお金を1銭も持ちあわせていません

• He **had** a camera, but I didn't **have** one. 彼はカメラを持っていたが私は持っていなかった

A B C D E F G **H** I J K L M N O P Q R S T U V W X Y Z

have

A1 動 助 名

中 /həv ハヴ, əv アヴ;《強》hǽv ハヴ/

三単現 **has** /həz ハズ;《強》hǽz ハズ/ 過去・過分 **had** /həd ハド;《強》hǽd ハド/

現 分 **having**

共通イメージ

自分の手に
持っている状態

意味マップ

動 ❶**持っている**
❷(思い・考えなどを)いだく
❸(仕事などが)**ある**
❹**食べる**, 飲む
❺(経験として)**持つ**
❻(…を)**する**
❼(人に)…**させる**
❽(物を)…**させる**
❾…を…にする
❿子どもを産む
⓫(結果など)をもたらす

助 ❶**もう…してしまった**
❷**…したことがある**
❸**ずっと…している**
❹ずっと…している
❺…しているであろう

名 持てる者, 持っている人

コーパス この順番でマスター　haveの重要構文

(1) **have + 過去分詞**

I have finished my homework.
宿題をやり終えた

(2) **have + 名詞**

Have a guess. 当ててみて

(3) **have A (人) *do*** ⇨ 動❼

I had my son carry the luggage. 息子にかばんを持たせた

(4) **have A (人) *do*ing**

We have a team of teachers taking care of the children.
子供たちを世話する先生方のチームがいます

フォーカスページ

使えるコーパスフレーズ

have＋名詞

1 **have a look (at ...)** (…を)見る

2 **have a good time** 楽しい時を過ごす

3 **have money** お金がある

4 **have a problem** 問題がある

5 **have an idea** 考えがある

have＋過去分詞

6 **have been ...** ずっと…である

7 **have got ...** …を持っている

8 **have seen ...** …を見たことがある

9 **have made ...** …を作ったことがある

10 **have taken ...** …をとったことがある

! 9 10 はうしろにくる語によっていろいろな意味になる

ネイティブはこういう！

◆ **Where have you been?** どこに行っていたの?

◆ **If you have any problems, do let me know.** 何か困ったことがあったら, 教えてください

◆ **You'll have a great time.** きっと楽しく過ごせるよ

◆ **I have a bad feeling about this.** 何かいやな感じ

◆ **Do I have to pay any fees?** 何か料金を払わないといけないの?

教科書フレーズ

◆ **Have you ever been to Denmark?** デンマークに行ったことはありますか

◆ **I have to take care of my brother.** 弟の面倒をみなければなりません

◆ **I have no idea when I could finish.** いつやり終えられるのかわかりません

◆ **I had my sister help me with my homework.** 私は姉に宿題を手伝ってもらいました

◆ **We have known each other since we were little.** 私たちは幼なじみです

◆ **I have never been abroad before.** 今まで外国に行ったことがありません

• [CAN-DO Tips 人の様子を描写する] She **has** blue eyes. 彼女は目が青い
• You **have** a good memory. 君は記憶力がいい
• Do you **have** a car? 車はお持ちですか
• The elephant **has** a long trunk. 象は長い鼻がある
会話 "How many brothers does he **have**?" "He has two brothers." 「彼は何人の兄弟がいますか」「2人の兄弟がいます」
会話 "Do you **have** Bob's telephone number?" "No, I only have his address." 「ボブの電話番号を持ってる[知ってる]?」「いいえ, 住所しか知りません」
参考› 《英》では疑問文・否定文に do を使わずに, Have you got a car? (=Do you have a car?) や I have not [haven't] got any money with me. (= I don't have any money with me.) のようにいうことが多い
❷(思い・考えなどを)**心に持っている, いだく**
• **have** a thought 考えがある
• I've **had** an idea. Let's ask him for help. ⇨フォーカス5 いい考えがある. 彼に助けをたのもう
• I **have** a good feeling about Tom. トムには好感を持っています
文型 [**have A to** *do*] …するだけのA(親切心・勇気など)がある
• He **had** the kindness **to** *show* me the way. 彼は親切に道を教えてくれた
❸(仕事などが)**ある; 受け取る, 手に入れる, 得る**
• I **have** an appointment with Jack. ジャックと約束がある
• We **have** no school on Sundays. 日曜日には学校がありません
会話 "How many classes do you **have** on Friday?" "We **have** five classes." 「金曜日には授業が何時間ありますか」「5時間です」
❹**食べる** (=eat), **飲む** (=drink); (人を)**もてなす**, (食事などに)**招待する**
• **have** breakfast [lunch, supper] 朝食[昼食, 夕食]を食べる ⇨図
• **have** a drink (酒を)1杯飲む
• I'll **have** sushi for lunch. お昼は寿司にしよう
• I'll **have** the steak with fried potatoes, please. (レストランで)ステーキにフライドポテトをつけてください
• **have** him over to dinner 彼を食事に招待する
❺(経験として)**持つ, …する**; (病気に)**かかっている**
• We **had** a good time at the party. ⇨フォーカス2 パーティで楽しい時間を過ごした
• I **have** problems with my PC. ⇨フォーカス4 パソコンの調子がおかしい (←自分のパソコンに問題をかかえている)
• He has **had** a lot of experience (in) teaching English. 彼は英語を教えることには豊富な経験がある (! 現在完了の文; had は過去分詞)
• We **had** a lot of snow last year. 去年は雪がたくさん降った
• **have** a bad cold ひどいかぜをひいている ⇨図
文型 [**have time to** *do* ...(**for A**)] …する(Aの)時間がある
• Do we **have time to** *talk*? 話す時間はありますか?
❻《**have**+動作を表す名詞》(…を)**する**
• **have** a walk [bath, sleep] 散歩する[入浴する, 眠る]
• **Have** a look at this. ⇨フォーカス1 これを見て
• **have** a chat おしゃべりをする
• We **had** a swim in the river. 私たちは川で泳いだ

- She and I **had** a long talk on the phone last night. ゆうべ彼女と長電話した

❼ 文型 [**have A** *do*] A(人)に…させる，…してもらう

- She **has** her mother *cut* her hair. 彼女は母親に髪の毛を切ってもらう(❗「彼女のほうから母親にお願いして」という感じ) ⇨❽の用例
- I should like to **have** you *come* to the party. 君にパーティーに来てほしい
- I **had** my sister *correct* my homework. 私は姉に宿題を直してもらった (=I had [got] my homework corrected by my sister.) (❗have＋目的語＋原形不定詞の文; あとの文は have＋目的語＋過去分詞) ⇨❽

文型 [**have A** *do***ing**] A(人)に…させておく; A(人)に…していてもらう

- Since my son is under age, I cannot **have** him **smoking**. 息子は未成年なのだからたばこを吸わせておくわけにはいかない

❽ 文型 [**have A** *done*] A(物)を…させる，…してもらう，…される

- She **has** her hair **cut** by her mother. 彼女は母親に髪の毛を切ってもらう(❗「母親のほうから切ってあげるといって」という感じ) ⇨❼の用例
- I want to **have** this watch **repaired** by Friday. 金曜日までにこの時計を直してもらいたい
- I **had** my watch **stolen**. 私は時計を盗まれた

❾ 文型 [**have A C**] AをCにする (❗Cは形容詞・名詞など)

- **have** cake ready ケーキを用意しておく

❿ 子どもを産む

- **have** a baby 子どもを産む

⓫ (結果など)をもたらす

- **have** an effect [influence] (on ...) 〔…に〕影響を与える

have ... around …を家に招く; …を手もと近くに置いている

- I **had** them **around** for dinner. 私は彼らを夕食に招いた

have ... back 〔別れた相手と〕よりを戻す; …を返してもらう

have had it 《口語》うんざりする，もうへとへとだ

have it in for ... 《口語》…にうらみをいだいている

have it out (***with ...***) (…と)決着をつける，徹底的に話し合う

have on …を身につけている，着ている; …の計画がある; 《英》《口語》(人を)からかう，かつぐ

- She **has** her glasses **on**. 彼女はめがねをかけている

have only to *do* ただ…しさえすればよい

- You **have only to** push the button. ただそのボタンを押しさえすればよい

have to *do* A1 (❗have to は /hǽftə ハフトゥ/, has to は /hǽstə ハストゥ/, had to は /hǽttə ハットゥ/ と発音する) (❗have got to も同じ意味だが，より口語的 ⇨**have got to** *do* (助 成句))

① …しなければならない; 《否定文で》…する必要はない (=need not *do*) (❗「…してはいけない」は must not *do*) [CAN-DO Tips 義務・必要を言う]

- He **has to** go out. 彼は外出しなければならない
- You will **have to** do it over again. 君はそれをやり直さなければならないだろう
- I **had to** leave early. 私は早く出発しなければならなかった
- All you **have to** do is push this button to take a picture. このボタンを押すだけで写真が撮れます
- The rod **doesn't have to** be very long. 釣りざおはそう長くなくてもよい

会話 "Do I **have to** practice every day?" "Yes, you do." 「私は毎日練習しなければなりませんか」「はい，そうです」(❗Yes, you have to. あるいは Yes, you have to practice. と答えてもよい; ×Yes, *you have*.としない)

会話 "Do I have to go?" "No, you **don't** (**have to**)." 「私は行かなければならないか」「いや，行く必要はない」(×No,

you *don't have*. としない)
②…であるに違いない

使い方》 **have to** と **must**
(**1**) どちらも「…しなければならない」の意味だが, have to はある事情などで選択の余地のない必要性, must は自発的であるが差し迫った必要性を表す. どちらも相手(you)に使うと命令的になる:
I **have to** go to Nagoya tomorrow. あした名古屋に行かなくてはならない
I **must** study harder. 私はもっと熱心に勉強しなくてはならない
You **must** [**have to**] do it at once. 今すぐそれをしなさい
(**2**) 否定形は do not have to が「…する必要はない」, must not が「…してはいけない」:
You **don't have to** go there. そこへ行かなくてもよい
You **mustn't** go there. そこへ行ってはいけない
(**3**) must は過去形・未来形がないのでふつう have to で代用する:
I **had to** go there. そこへ行かなければならなかった
I **will have to** go there. そこへ行かなければならないだろう (×I *will must* go there.)

have to do with ... …と関係がある; …を扱う, …と交渉がある
- This matter **has to do with** you. この問題は君に関係がある

***have** A **to do with** B* BとAの関係がある
- I **have** nothing [something] **to do with** them. 私は彼らと何の関係もない[何らかの関係がある]

have ... to oneself …を一人で使っている, 独占している
- He **had** the car **to himself**. 彼はその車を一人で使うことができた

only have to do (=have only to *do*)

━ 助《過去分詞を伴って完了形を作る》
❶《現在完了》《完了・結果》(今までに)もう…してしまった; もう…した (❗ **already** (すでに), **yet** (まだ)などの副詞を伴うことが多い)
- I **have** already done my homework. 私はもう宿題をやってしまった
- He **has** not finished his work yet. 彼はまだ仕事を終わっていない
- Spring **has** come. (もう)春が来た[もう春だ]
- I **have** been to the station. 私は駅へ行ってきたところだ

❷《現在完了》《経験》(今までに)…したことがある (❗ **once** (一度, かつて), **ever** (今までに), **never** (まだ一度も…ない), **before** (以前に)などの副詞がつきもの)
[CAN-DO Tips 経験を言う]
- I **have** seen a panda once. ⇨ フォーカス 8 私はパンダを一度見たことがある
- **Have** you ever seen him before? 君は以前彼に会ったことがありますか
- This is the nicest present (that) I**'ve** ever had. これは私が(かつて)もらった最もすてきなプレゼントです (❗ 関係代名詞 that 以下は present を修飾する; that は目的格だから省略してもよい)
- I **have** never had an accident since I began driving. 運転を始めて以来私は一度も事故を起こしたことがない

会話 "**Have** you ever been to Paris?" "No, I **have** never been there."「君はパリに行ったことがありますか」「いいえ, 私は1度もパリに行ったことがありません」

❸《現在完了》《継続》(今まで)ずっと…している (❗ **for** ...(…の間), **since** ...(…以来)のような副詞句や副詞節を伴うのがふつう)
- I **have** lived here for ten years. 私はここに10年間住んでいる
- Bob **has** been sick since last Sunday. ボブは先週の日曜日から病気だ
- My grandfather **has been** dead for five years. = Five years **have passed** since my grandfather died. 祖父が死んで5年になる (=My grandfather died five years ago.)

会話 "Where **have** you been?" "I've been in London." ⇨フォーカス6 「今までずっとどこにいたのですか」「ずっとロンドンにいました」

❹《現在完了進行形》《**have been** *doing*》ずっと…している (❗「動作の継続」を示す) • It **has been raining** for three days [since I came here]. 3日間[私がここに来てからずっと]雨が降り続いている

❺《未来完了》《**will have** *done*》(未来のある時までに)…しているであろう

• I'**ll have finished** reading this book by this weekend. 週末までにはこの本を読み終わっているだろう

have done with ... …を終らせる

• Let's **have done with** all this quarreling. このけんかはもう終わりにしよう

have got 《口語》持っている, …がある (=have)

• I'**ve got** blue eyes. ⇨フォーカス7 私は青い目をしている

使い方› **have got**

(**1**) have got は「持っている」の意味の口語表現で, 現在形だけで使う. 肯定文では I've got, He's got などと短縮形を用いることが多い:

I've [He's] **got** a book in my [his] hand. 私[彼]は手に本を持っている

(**2**) 否定文・疑問文では, haven't got, Have you got ...? などとする:

I **haven't got** the time now. 私は今は時間[ひま]がない

"**Have you got** a pen?" "Yes, I **have**. [No, I **haven't**.]" 「君今ペン持ってる?」「うん, あるよ[いや, ない]」(❗短縮形の答えには have [haven't] を使う)

have got to *do* 《口語》…しなければならない; …するに違いない; 《否定文で》…する必要がない (❗have to *do* を強調した言い方)

• I'**ve got to** go at once. 私は今すぐ行かなければならない

━ 名 (複 **haves** /hǽvz/) C 《ふつう **the haves**》持てる者, (財産などを)持っている人; (資源・核兵器などを)持っている国

• the **haves** and (the) **have-nots** 持てる国[者]と持たざる国[者]

ha·ven B1 /héivən ヘイヴン/ 名 (複 **havens** /héivənz/) C 避難所, 休息[安息]の場所; 港; 停泊所

have·n't 中

/hǽvənt ハヴント/

《口語》have not の短縮形

hav·ing /hǽviŋ ハヴィング/ 動 have の現在分詞・動名詞

hav·oc /hǽvək ハヴォク/ 名 U 大破壊, 大被害; 大混乱

Ha·wai·i 中 /həwɑ́ii: ハワイイー/ (×ハワイ) 名 ❶ ハワイ (❗米国の州; 州都ホノルル (Honolulu); Hi., (郵便で) HI と略す) ❷ ハワイ島 《◆ハワイ諸島中最大》

Ha·wai·ian /həwáiən ハワイアン/ 形 ハワイの, ハワイ人[語]の

━ 名 ❶ C ハワイ人 ❷ U ハワイ語

hawk[1] /hɔ́:k ホーク/ 名 C

❶《鳥》タカ 《◆鷹》

❷ タカ派の人 (↔**dove**[1]) ⇨**hawkish**

hawk[2] /hɔ́:k ホーク/ 動 他 (行商して)売り歩く

hawk·er /hɔ́:kər ホーカ/ 名 C (大声で客寄せをする)行商人

hawk·ish /hɔ́:kiʃ ホーキシュ/ 形 タカ派の, 強硬派の

haw·thorn /hɔ́:θɔ:rn ホーソーン/ 名 C 《植物》サンザシ 《◆英国の田園に多いバラ科の低木》

hay B2 /héi ヘイ/ (発音 hey と同音) 名 U 干し草

háy fèver 名 U 花粉症, アレルギー性鼻炎

hay·stack /héistæ̀k ヘイスタク/ 名 C 干し草の山

hay·wire /héiwàiər ヘイワイア/ 形 《口語》混乱した; 故障した

haz·ard B1 /hǽzərd ハザド/ 名 (複 **hazards** /hǽzərdz ハザヅ/) C
危険; 危険を引き起こす要因; 《ゴルフ》ハザード, 障害

━ 動 (三単現 **hazards** /hǽzərdz ハザヅ/; 過去・過分 **hazarded** /hǽzərdəd/; 現分 **hazarding**) 他 (提案などを)思い切って

言ってみる

haz·ard·ous B2 /hǽzərdəs ハザダス/ 形 危険な

haze /héiz ヘイズ/ 名 U C かすみ, もや (! fog, mist よりも薄い)

ha·zel /héizl ヘイズル/ 名 ❶ C 《植物》ハシバミ《♦カバノキ科の低木》; ハシバミの実 (=hazelnut) ❷ U ハシバミ色, 薄茶色 ━ 形 ハシバミ色の, 薄茶色の

hazel·nut /héizlnʌ̀t ヘイズルナト/ 名 C ヘーゼルナッツ

ha·zy /héizi ヘイズィ/ 形 (比較級 **hazier**; 最上級 **haziest**) もやのかかった, かすんだ

H-bomb /éitʃbàm エイチバム/ 名 C 水素爆弾 (=hydrogen bomb) ⇨**A-bomb**

he A1 中

/《弱》i: イー, hi ヒ, i イ; 《強》hí: ヒー/ 代 (複 **they** /ðei/) 彼は, 彼が (! 自分(I)と自分が話をしている相手(you)以外のひとりの男性をさすことば; 所有格 his, 目的格 him, 所有代名詞 his, 再帰代名詞 himself)

参考› student のような男性・女性両方をさす語を受ける場合, he or she, him or her のような表現が好まれ, 書くときは he/she, s/he, (s)he も使われる

━ /hí: ヒー/ 名 (複 **hes** /hí:z/) C 《ふつう **a he**》男性

head A1 中

/héd ヘド/

意味マップ
名 ❶ 頭
❷ 頭脳
❸ かしら, …長
❹ 最上部
❺ 人数
❻ (硬貨の)表
動 ❶ 向かう
❷ 先頭に立つ
❸ ヘディングする

━ 名 (複 **heads** /hédz ヘヅ/) C

❶ 頭; 首, 顔

日英比較 日本語の「頭」は, 髪の生え際から上を指すことが多いが, head は首から上を指す ⇨**face** 図

- Someone hit him **on the head**. だれかが彼の頭をなぐった (! hit A on the B で「A(人)のB(体の部分)をぶつ」)
- He had a black cap on his **head**. 彼は(頭に)黒い帽子をかぶっていた

コロケーション
動+**head**
bow *one's head* 頭を下げる
drop [hang] *one's head* (恥ずかしさなどで)頭を垂れる
raise [lift] *one's head* 頭を上げる
lean *one's head* 首を傾ける
nod *one's head* (賛成して)首を縦に振る
⇨成句 **shake** *one's* **head**

❷ 頭脳; 知力 (=brains); 頭

- Use your **head**! 頭を使いなさい
- She has a good [bad] **head**. 彼女は頭がいい[悪い]

❸ (組織などの) かしら, …長; 首位, トップ; 先頭; 《形容詞的》長である, 首位の

- the **head** of a school 校長
- a **head** cook 料理長
- the **head** office 本店, 本社

❹ 形が頭に似たもの; 最上部 (↔**bottom**)

- the **head** of a page ページの一番上
- the **head** of a line 列の一番前

❺ (人数を数えるときの)…人, 人数

- They paid ten dollars a [per] **head**. 彼らは1人あたり10ドル払った

❻ 《しばしば **heads**》(硬貨の)表 《♦人物の頭像のある側》

- **Heads** or tails? 裏か表か? 《♦コインを指ではじいて, 勝負・順番などを決める》

at the head of ... …のトップ[先頭, 上部, 正面]に; …の首席で

from head to foot [***toe***] 頭のてっぺんからつまさきまで

go to A's head Aを混乱させる, Aをうぬぼれさせる

head first まっさかさまに; 向こう見ずに (=headlong)

head over heels まっさかさまに, ひっくりかえって

Heads up! 頭(上)に気をつけて
keep** one's **head 冷静である, 落ち着いている
keep** one's **head above water 《口語》破産[借金]しないでなんとかやっていく
lose** one's **head 自制心を失う, あわてる, かっとなる; 首を切られる, 打ち首になる
make heads or tails [《英》***head or tail***] ***of ...*** 《口語》…がわかる(❗否定文・疑問文・条件文で用いる) ⇨❻
***over** A's **head** = **over the head of** A* A(人)の理解を越えて
shake** one's **head 首を横に振る (❗拒否を表す)
take it into** one's **head 〔…することを, …であると〕思いつく《*to do, that ...*》
― 動 (三単現 **heads** /hédz ヘヅ/; 過去・過分 **headed** /hédəd/; 現分 **heading**)
❶ 自 〔…の方向に〕向かう《*toward, for*》; 他 (船首・機首などを)向ける
• It's getting late. Let's **head** for home. 遅くなった. 家に帰ろうよ
❷ 他 …の先頭に立つ, …を率いる
• Taro's name **headed** the list. 太郎の名前が表の一番上にあった
❸ 他 《サッカー》(ボールを)頭で打つ, ヘディングする

head·ache A1 中

/hédèik ヘデイク/ 名 (複 **headaches** /hédèiks/) C 頭痛; 《口語》頭痛[悩み]の種 • I have a bad [slight] **headache**. ひどい[軽い]頭痛がする

head·band /hédbæ̀nd ヘドバンド/ 名 C はち巻き, ヘアバンド
head·board /hédbɔ̀ːrd ヘドボード/ 名 C ヘッドボード《◆ベッドの頭のところの板》
head·dress /héddrès ヘドドレス/ 名 C 頭飾り, かぶり物
head·er /hédər ヘダ/ 名 C ❶《サッカー》ヘディング(シュート) ❷(競技の)逆飛び込み; 頭から落ちること
head·first /hédfə́ːrst ヘドファースト/ 副 頭から先に, まっさかさまに; 軽率に
― 形 まっさかさまの; 向こう見ずの; 軽率な
head·gear /hédgìər ヘドギア/ 名 U かぶり物; 《スポーツ》(ボクシングなどの)ヘッドギア
head·hunt·er /hédhʌ̀ntər ヘドハンタ/ 名 C ヘッドハンター《◆企業の人材を引き抜く人》
head·ing /hédiŋ ヘディング/ 名 ❶ C (新聞などの)見出し; (事典などの)項目 ❷ U 《サッカー》ヘディング
head·lamp /hédlæ̀mp ヘドランプ/ 名 (=headlight)
head·land /hédlæ̀nd ヘドランド/ 名 C 岬, 突端
head·less /hédləs ヘドレス/ 形 頭のない, 首を切られた
head·light /hédlàit ヘドライト/ 名 C (自動車などの)ヘッドライト
head·line B1 /hédlàin ヘドライン/ 名 (複 **headlines** /hédlàinz/) C (新聞・雑誌の)見出し; (ニュースの)おもな項目
head·long /hédlɔ̀ːŋ ヘドローング/ 形 ❶ 軽率な; 向こう見ずの; 無鉄砲な ❷ まっさかさまの
― 副 ❶ 軽率に; 向こう見ずに; 性急に ❷ まっさかさまに
head·mas·ter /hédmæ̀stər ヘドマスタ/ 名 C 校長
日英比較 日本の「校長」は大学以外の小・中・高の責任者のことだが, headmaster は, 《英》では小・中学校の, 《米》で私立男子校の「校長」のことをいう.「女性の校長」は headmistress という ⇨**principal**
head-on /hédɑ́n ヘダン/ 形 真正面からの ― 副 真正面から, まともに

head·phone A2

/hédfòun ヘドフォウン/ 名 (複 **headphones** /hédfòunz/) C 《ふつう **headphones**》ヘッドフォン

head·quar·ters B2 /hédkwɔ̀ːrtərz ヘドクウォータズ/ 名 《単複両扱い》本部; 本拠; 本署; 本社 (❗いずれも HQ, hq と略す)
head·rest /hédrèst ヘドレスト/ 名 C (いす・車の座席の)頭受け, ヘッドレスト

head·room /hédrù:m ヘドルーム/ 名U (乗用車・トンネル内などでの)あき高, 頭上スペース

head·set /hédsèt ヘドセト/ 名C ヘッドセット《◆マイク付きヘッドホン》

héad stárt 名C (レースなどで)有利なスタート, さい先のよい開始

head·stone /hédstòun ヘドストウン/ 名C 墓石《◆ふつう死者の頭のところに立てる》

head·strong /hédstrɔ̀:ŋ ヘドストローング/ 形 がんこな, 強情な

héad téacher A2

名C 《英》校長 (=《米》principal)

head·wait·er /hédwèitər ヘドウェイタ/ 名C チーフウェイター, 給仕長

head·way /hédwèi ヘドウェイ/ 名U 前進; 進歩

make headway 前進する; 進歩する

head·wind /hédwìnd ヘドウィンド/ 名C 向かい風, 逆風

head·y /hédi ヘディ/ 形 (比較級 **headier**; 最上級 **headiest**) わくわく[興奮]する ような

heal B1 高 /hí:l ヒール/ (発音 heel と同音) 動 (三単現 **heals** /hí:lz/; 過去・過分 **healed** /hí:ld/; 現分 **healing**) 他 (傷・悩みなど) 治す, いやす; 自 治る

heal·er /hí:lər ヒーラ/ 名C 治療する人, 医者; 薬

heal·ing B1 /hí:liŋ ヒーリング/ 形 治療の, 病気を治す ━名U 治療(法)

health A1 中

/hélθ ヘルス/ 名 ❶U 健康 (↔**illness, sickness**); 健康状態, 体調; 《形容詞的》健康の, 保健の, 衛生の

- be in good **health** 健康である
- be in poor [bad, ill] **health** 体の調子が悪い
- He had major **health** problems. 彼は深刻な健康問題を抱えていた
- mental **health** 心の健康, 精神衛生
- public **health** 公衆衛生

コロケーション

動+**health**

affect *one's health* 健康を損なう

improve *one's health* 健康を増進する

protect the *health* of ... …の健康を守る

maintain *one's health* 健康を維持する

❷U (社会などの)健全さ

派生 **healthful, healthy** 形

héalth càre B2 名U 医療

héalth fòod 名UC 健康食品

health·ful /hélθfəl ヘルスフル/ 形 健康にいい; 健全な (=healthy)

派生 **health** 名

héalthfully 副 健康的に; 健全に

héalthfulness 名U 健康にいいこと

health·y A1 高

/hélθi ヘルスィ/

形 (比較級 **healthier**; 最上級 **healthiest**)

❶健康(そう)な (↔**ill, sick**)

- a **healthy** baby 健康な赤ちゃん
- He looks very **healthy**. 彼はとても健康そうに見える

❷健康によい (=healthful); 健全な (↔**unhealthy**)

派生 **health** 名

heap B2 /hí:p ヒープ/ 動 他 積む, 積み重ねる, 積み上げる; 山積みする

━名C ❶(物を乱雑に積み上げた)山 (❗ pile はきちんと積み重ねたもの)

❷《**a heap of ...** または **heaps of ...**》たくさんの…

hear A1 中

/híər ヒア/ (発音 here と同音)

動 (三単現 **hears** /híərz/; 過去・過分 **heard** /hə́:rd/; 現分 **hearing** /híəriŋ/)

❶他 聞こえる, 聞く; 自 耳が聞こえる (❗「聞こえる」という状態を表す語なので, ふつう進行形 (be hearing) にしない)

- **hear** the sound その音を聞く, その音が聞こえる
- A dog **hears** well. 犬は耳がいい (=A dog has good ears.)
- I can't **hear** you. Please speak a lit-

tle bit louder. あなたの言うことが聞こえません. もうちょっと大きな声で話してください

文型 [**hear A** *do*] Aが…するのが聞こえる

- I **heard** the car *start*. 車の発車するのが聞こえた

文型 [**hear A** *do***ing**] Aが…しているのが聞こえる

- I **heard** a bird *singing*. 私は小鳥が鳴いているのを聞いた

文型 [**hear A** *done*] Aが…されるのが聞こえる

どっち
hear と listen
hear は自然に「耳に入る, 聞こえる」の意味でふつう使い, **listen** (**to**) は積極的に「聞こうとして聞く」こと:
We **listened** but could **hear** nothing. 私たちは耳を澄ましたが何も聞こえなかった
Through the wall I **heard** the music he was **listening to** in the next room. となりの部屋で彼の聞いている音楽が壁越しに聞こえてきた

❷ 他 (情報・知らせなどを)聞き知る, 耳にする

- I **heard** the news on the radio. そのニュースはラジオで知った

文型 [**I hear** (**that**)**...**] …といううわさです, …とのことです, …だそうだ

- **I hear that** she is in Spain now. 彼女は今スペインにいるそうです

❸ 他 (願い・苦情などを)聞き入れる

(Do) You hear (me)? 《口語》 わかりましたか (❗命令文などに添える)

hear about ... …のことを(よく)聞いている

- I've often **heard about** you from Ken. あなたのことはケンからよく聞いています

hear from ... …から手紙[電話, 連絡]をもらう

- It was nice to meet you, and I look forward to **hearing from** you soon. あなたにお会いできてよかったです. 近々またご連絡いただけるのを楽しみにしています
- Do you often **hear from** him? 彼からよく連絡がきますか?

hear of ... …のことを耳にする, …のうわさを聞く; …の存在することを知る; 《ふつう will not, would not を伴って》 …を聞き入れる

会話 "Do you know Humpty Dumpty?" "No, I've never **heard of** him." 「ハンプティ・ダンプティをごぞんじですか」「いいえ, 私はそんな人のことは聞いたことがありません[知りません]」

hear out …を最後まで聞く

- **Hear** him **out**. 彼の言うことを最後まで聞けよ

heard /hə́ːrd ハード/ (発音 herd と同音) 動 hearの過去形・過去分詞

hear·er /híərər ヒアラ/ 名 C 聞き手; 聴取者; 傍聴者

hear·ing B1 /híəriŋ ヒアリング/ 名 (複 **hearings** /híəriŋz/)
❶ U 聞くこと, 聴取; 聴力
- lose *one's* **hearing** 聴力を失う

❷ C 意見聴取; 聴聞会; 《法律》 審問
❸ U 聞こえる範囲
— 動 hear の現在分詞・動名詞

héaring àid 名 C 補聴器

Hearn /hə́ːrn ハーン/ 名 《**Lafcadio Hearn**》 ラフカディオ・ハーン (1850–1904) (◆ギリシャ系英国人で日本に帰化し, 「小泉八雲(やくも)」と称した作家)

hear·say /híərsèi ヒアセイ/ 名 U うわさ, 風聞

hearse /hə́ːrs ハース/ 名 C 霊柩(れいきゅう)車

a b c d e f g **h** i j k l m n o p q r s t u v w x y z

heart A1 中

/hɑ́:rt ハート/

名 (複 **hearts** /hɑ́:rts ハーツ/)

意味マップ
❶ 心臓; 胸
❷ 心
❸ 中心
❹ (トランプの)ハートの札
❺ 気力

❶ C 心臓; 胸

- My **heart** is beating very fast. 私の心臓はとても速く鼓動している
- a **heart** transplant 心臓移植

❷ C 心; 愛情 (❗「心」の意味では mind に比べて, heart は感情・情緒の面をさす) ⇨ **mind**

- with all my **heart** 心から, 喜んで
- in *one's* **heart** 心ひそかに, 内心は
- I love her from the **bottom of my heart**. 私は心の底から彼女を愛している

コロケーション
形+**heart**
a cold *heart* 冷たい心
a hard *heart* 無情な心
a tender *heart* やさしい心
a warm *heart* 温かい心

❸ 《**the heart**》 中心, まん中 (=center)

- in **the heart** of the city 都市のまん中に
- **the heart** of the question 問題の核心

❹ C (トランプの)ハートの札

❺ U 気力, 勇気 (=courage)

- lose **heart** がっかりする

after** A's **own heart A(人)の心にかなった, Aが気に入った

at heart 心の底では, 実際は

break** A's **heart A(人)をとても悲しませる

by heart そらで, 暗記して

- He learned the song **by heart** and sang it in karaoke. 彼はその歌を暗記して, カラオケで歌った

eat** one's **heart out 悲嘆に暮れる; 思いこがれる

***have the heart to** do* …する勇気がある (❗ふつう否定文・疑問文で用いる)

heart and soul 身も心も打ち込んで, 全身全霊

lose** one's **heart to ... (人)に夢中になる, 恋こがれる

set** one's **heart on ... …を強く望む

take ... to heart …を苦にする; …を深く心に留める

to** one's **heart's content 思う存分, 満足するまで

with all** one's **heart 心から, 真心こめて

heart·ache /hɑ́:rtèik ハーテイク/ 名 U C 心痛, 悲嘆

héart attàck B1 名 C 心臓発作

heart·beat /hɑ́:rtbì:t ハートビート/ 名 U C 心臓の鼓動; 動悸(どうき)

heart·break /hɑ́:rtbrèik ハートブレイク/ 名 U 胸の張り裂けるような思い, 悲痛, 悲嘆

heart·break·ing B2 /hɑ́:rtbrèikiŋ ハートブレイキング/ 形 悲痛な(思いにさせる), ひどく悲しい

heart·bro·ken /hɑ́:rtbròukən ハートブロウクン/ 形 深く傷ついた; 悲嘆に暮れた, 悲しみに打ちひしがれた

heart·burn /hɑ́:rtbə̀:rn ハートバーン/ 名 U 胸やけ

héart disèase 名 U 心臓病

-hearted 《他の語と結びついて》「…の心の[を持った]」

- warm-**hearted** 心の温かい, 親切な

heart·en /hɑ́:rtn ハートン/ 動 他 励ます, 元気づける

héart fàilure 名 U 心不全, 心臓まひ

heart·felt /hɑ́:rtfèlt ハートフェルト/ 形 (感謝の気持ちなどが)心からの; 偽りのない

hearth /hɑ́:rθ ハース/ (×ヒアス) 名 C ❶ 炉(ろ)の床 ❷ 炉ばた, 家庭

heart·i·ly /hɑ́:rtili ハーティリ/ 副 ❶ 心から ❷ 十分に, たくさん; 腹いっぱい

heart·land /hɑ́:rtlæ̀nd ハートランド/ 名 C (産業などの)中心地

heart·less /hɑ́:rtləs ハートレス/ 形 無情な, 思いやりのない, 残酷な

heart·rend·ing /hɑ́:rtrèndiŋ ハートレン

ティング/ 形 胸を引き裂くような, 悲痛な

heart·strings /hάːrtstrìŋz ハートストリングズ/ 名 《複数扱い》心の琴線, 深い感情

héart-to-héart 形 心の内を打ち明けた, 腹蔵ない

— 名 C (互いに隠し立てのない)率直な会話, 腹を割った話し合い

heart·warm·ing, heart-warm·ing B2 /hάːrtwɔ̀ːrmiŋ ハートウォーミング/ 形 心温まる, ほのぼのとした

heart·y B1 /hάːrti ハーティ/ 形 (比較級 **heartier**; 最上級 **heartiest**) ❶ 元気な; 力強い ❷ 心のこもった; 心からの, 温かい (❗名詞の前に用いる) ❸ (食べ物などが)十分の, たっぷりの; (食欲が)旺盛(おうせい)な (❗名詞の前に用いる)

heat A2 中

/híːt ヒート/ 名 (複 **heats** /híːts ヒーツ/)

❶ U 熱

- the **heat** of the sun 太陽の熱

比較 I have a slight **fever**. 熱が少しある (❗「体の熱, 発熱」は fever)

❷ 《単数形で》 暑さ (↔**cold**); 温度

- during the summer **heat** 夏の暑さの間, 暑中
- cook on a low [medium, high] **heat** 弱火[中火, 強火]で調理する

❸ 《**the heat**》《米》 暖房装置 (=《英》heating)

❹ U 熱心さ, 激しさ

❺ C (試合・競技の) 1 回

be in heat 《米》 = ***be on heat*** 《英》 さかりがついている

— 動 (三単現 **heats** /híːts ヒーツ/; 過去・過分 **heated** /híːtəd/; 現分 **heating**)

他 熱する, 暖める; 自 熱くなる, 暖まる 《*up*》

- **heat** the room 部屋を暖める
- I **heated up** the stew. 私はシチューを温めた

派生 **hot** 形

heat·ed /híːtəd ヒーテド/ 形 加熱した; 興奮した

héatedly 副 加熱されて; 興奮して

heat·er B1 /híːtər ヒータ/ 名 (複 **heat-ers** /híːtərz/) C

ヒーター, 暖房装置, ストーブ

heath /híːθ ヒース/ 名

❶ C ヒース(heather)の茂った荒野

❷ (=heather)

hea·then /híːðən ヒーゼン/ 名 C (キリスト教・ユダヤ教・イスラムの信者からみて)異教徒; 無宗教の人

— 形 異教(徒)の; 不信心な

heath·er /héðər ヘザ/ 名 U ヒース 《♦荒野に生える植物》

heat·ing A2

/híːtiŋ ヒーティング/ 名 U 暖房; 暖房装置

- central **heating** 集中暖房, セントラルヒーティング

héat stròke 名 U 熱射病

héat wàve 名 C 熱波

heave /híːv ヒーヴ/ 動 (三単現 **heaves** /híːvz/; 過去・過分 **heaved** /híːvd/, **hove** /hóuv/; 現分 **heaving**) (❗過去形は《海事》で hove, それ以外は heaved)

❶ 他 (重いものを)持ち上げる, 引っ張り上げる; (持ち上げて)投げる; 自 《海事》引っ張る ❷ 他 (うめき声・ため息など を)出す ❸ 自 波打つ; 上下する

heav·en B1 高 /hévən ヘヴン/ (×ヒーヴン) 名 (複 **heavens** /hévənz/)

❶ U 天国, 極楽(ごくらく) (↔**hell**); U C 《口語》楽園

- go to **heaven** 昇天する, 死ぬ

❷ U 《**Heaven**》神 (=God)

❸ C 《ふつう **the heavens**》天; 空 (=sky)

Good Heavens! えー, おや; とんでもない (❗驚き・反対の感情を表す)

Thank Heaven(s)! ああ, ありがたい, 助かった

heav·en·ly B1 /hévənli ヘヴンリ/ 形

❶ 《口語》 すばらしい, すてきな (=splendid)

❷ 天国の (↔**earthly**); 天国のような, 神々(こうごう)しい

❸ 天の, 空の (↔**earthly**)

heav·en·ward /hévənwərd ヘヴンワド/

副 天に向かって, 天の方へ; 天国へ

heav·i·ly A2 高
/hévili ヘヴィリ/ 副
❶ 重く, どっしりと; 重苦しく
❷ 激しく, ひどく
● It's raining **heavily** outside. 外は激しい雨だ

heav·y A1 中
/hévi ヘヴィ/ 形 (比較級 **heavier**; 最上級 **heaviest**)

意味マップ
❶ 重い
❷ (分量の)多い; (程度の)激しい
❸ 重大な
❹ 重苦しい
❺ (食べ物が)消化しにくい

❶ 重い (↔**light**[2])
● a **heavy** suitcase 重いスーツケース
● Your bag is **heavy**, but mine is **light**. 君のバッグは重いがぼくのは軽い ⇨図
● How **heavy** is your laptop? 君のノートパソコンの重さはどれくらいですか
❷ (分量の)多い; (程度の)激しい; 非常な ● The traffic is **heavy**. 渋滞しています ⇨図
● **heavy** snow [rain] 大雪[大雨]
● a **heavy** user (製品・サービスなどの)愛用者
❸ 重大な, (責任などが)重い
● **heavy** responsibility 重い責任
❹ 重苦しい; 耐え難い
● **heavy** taxes 重税
❺ (食べ物が)消化しにくい, もたれる
héaviness 名U 重いこと; 重さ; 重荷; 激しさ

héavy-dúty 形 (タイヤ・機械などが)強力な, 頑丈な; 《口語》真剣な, 重大な

héavy-hánded 形 (態度の)高圧的な, 押しつけるような; 無器用な

heav·y·heart·ed /hévihá:rtəd ヘヴィハーテド/ 形 心の重い, 悲嘆に暮れた

héavy índustry 名U 重工業

héavy métal 名U 《音楽》ヘビーメタル; 《化学》重金属

héavy óil 名U 重油

héavy-sét 形 体の大きい; がっしりした

heav·y·weight /héviwèit ヘヴィウェイト/ 名C 平均体重以上の人; ヘビー級の選手[ボクサー] ─形 ヘビー級の

He·bra·ic /hibréiik ヒブレイイク/ 形 (=Hebrew)

He·brew /hí:bru: ヒーブルー/ 形 ヘブライ人[語]の
─名 ❶C ヘブライ人; U ヘブライ語 ❷C (近代の)ユダヤ人 (=Jew)

heck /hék ヘク/ 間 《口語》ちくしょう

heck·le /hékl ヘクル/ 動自他 (演説者などを)やじる, やじり倒す
héckler 名C やじを飛ばす人

hec·tare /hékteər ヘクテア/ 名C ヘクタール 《♦面積の単位; 100アール(1万平方メートル); hecto = 100の意味》

hec·tic /héktik ヘクティク/ 形 大忙しの, あわただしい

hec·tor /héktər ヘクタ/ 動他 どなりつける

he'd /hid ヒド; 《強》 hí:d ヒード/ he would, he had の短縮形

hedge B2 /hédʒ ヘヂ/ 名C 生け垣; 境界; 防御策
─動 ❶他 生け垣で囲う; 制限する; 予防線を張る ❷自 ことばを濁す

hedge·hog /hédʒhɔ̀:g ヘヂホーグ/ 名C ❶《動物》ハリネズミ ❷《米》ヤマアラシ (=porcupine)

he·don·ism /hí:dənìzm ヒードニズム/ 名 U 享楽主義, 快楽主義; 快楽説

heed /hí:d ヒード/ 名 U 注意, 留意

give [***pay***] ***heed to ...*** …に注意する, …を心に留める

一 動 他 注意する

heed·less /hí:dləs ヒードレス/ 形 《文章》〔警告・危険などを〕気にも留めない《*of*》

hee·haw /hí:hɔ̀: ヒーホー/ 名 ロバの鳴き声; ばか笑い **一** 動 自 (ロバが)鳴く(=bray); (人が)ばか笑いする

heel B1 /hí:l ヒール/ (発音 heal と同音) 名 (複 **heels** /hí:lz/) C ❶ (足・靴の)かかと ❷《**heels**》ハイヒール(の靴)

at [***on***] *A's* ***heels*** A(人)のあとについて

cool [***kick***] *one's* ***heels*** 《口語》待ちぼうけ[おあずけ]をくう

down at (***the***) ***heel***(***s***) 靴のかかとがすり減った; みすぼらしい, だらしない

take to *one's* ***heels*** 逃げる

一 動 (三単現 **heels** /hí:lz/; 過去・過分 **heeled** /hí:ld/; 現分 **heeling**) 他 (靴に)かかと[ヒール]をつける; 自 すぐあとについていく, (追い)せまる

heft·y /héfti ヘフティ/ 形 (比較級 **heftier**; 最上級 **heftiest**) 《口語》大きくて重い; (人が)がっしりした, たくましい; たくさんの, 大量[多額]の

he·gem·o·ny /hidʒéməni ヒヂェモニ/ 名 U 主導権, 覇権(はけん)

heif·er /héfər ヘファ/ 名 C (まだ子を生んでいない)若い雌牛

height B1 高 /háit ハイト/ 名 (複 **heights** /háits ハイツ/)

❶ UC 高さ; 身長

• I am 160 centimeters in **height**. = My **height** is 160 centimeters. 私の身長は 160 センチメートルです (=I am 160 centimeters tall.)

• **What** is the **height** of this tower? この塔の高さはどのくらいですか (×*How* is the height of this tower?)

比較 **How high** is the building? このビルの高さはどのくらいですか

❷《**the** [*one's*] **height**》最高時, 絶頂, まっ最中, ピーク ❸ C 《しばしば **heights**》高い所, 高地, 丘

派生 **high** 形

height·en /háitn ハイトン/ 動 ❶ 他 高くする, 高める; 自 高くなる, 高まる ❷ (量を)増す; 強める; 自 増す; 強まる

hei·nous /héinəs ヘイナス/ 形 (犯罪などが)ひどい, 憎むべき

heir /éər エア/ (×ヘア) (発音 air と同音) 名 C 男子相続人; 継承者 (❗「女子相続人」は heiress という)

heir·ess /éərəs エアレス/ 名 C 女子相続人

heir·loom /éərlù:m エアルーム/ 名 C (先祖伝来の)家宝

held /héld ヘルド/ 動 holdの過去形・過去分詞

Hel·en /hélən ヘレン/ 名 ヘレン《♦女性名》

hel·i·cop·ter B2 高 /héləkàptər ヘリカプタ/ 名 C ヘリコプター

hel·i·port /hélәpɔ̀:rt ヘリポート/ 名 C ヘリコプターの発着場, ヘリポート

he·li·um /hí:liəm ヒーリアム/ 名 U 《化学》ヘリウム《♦元素記号 He》

hell B2 高 /hél ヘル/ 名 ❶ U 地獄(じごく)(⇔**heaven**) ❷ UC この世の地獄, 生き地獄 ❸《**in** (**the**) **hell** または **the hell**》《俗語》いったいぜんたい (❗疑問詞のあとに用いられて強調する表現)

• Who **in** (**the**) **hell** is he? = Who **the hell** is he? いったいぜんたいあいつは何者なんだ

一 間 《卑語》ちくしょう; いったいぜんたい (❗怒り, いらだち, 強意を表す用法)

a hell of a ... 《口語》すごく…, 非常に…

give ... hell 《口語》…を厳しくしかる

Go to hell! 《俗語》地獄へ行きやがれ, くたばっちまえ, うせろ

like hell 《口語》非常に, ものすごく

he'll 中 /hil ヒル; 《強》hí:l ヒール/ he will の短縮形

hell·ish /héliʃ ヘリシュ/ 形 地獄の(ような); 《口語》ひどい, いやな

hel·lo A1 中

/helóu ヘロウ/ 名 (複 **hellos** /helóuz/) C (「やあ」「こんにちは」などの)**あいさつ**

say hello to ... 《ふつう命令形で》…によろしく

● **Say hello to** Helen. ヘレンによろしく言ってください

━ 間 ❶ **やあ, こんにちは** (! いろいろな場合に用いる簡単なあいさつ)

[CAN-DO Tips あいさつする]

● "**Hello**, Bill!" said Roy with a big smile. 「やあ, ビル」とロイはにこにこして言った ⇨図

❷ (電話で)**もしもし**

● **Hello**, this is Jill White (speaking). もしもし, こちらはジル・ホワイトです (! 電話の決まり文句) ⇨図

helm /hélm ヘルム/ 名 C ❶ (船の)**かじ** ❷ 《**the helm**》(組織などの)**支配, 指導**

at the helm 〔…を〕支配して, 指導して 《*of*》

hel·met B1 /hélmət ヘルメト/ 名 (複 **helmets** /hélməts ヘルメツ/) C ❶ (消防士・スポーツ選手などのかぶる)**ヘルメット** ❷ (兵士などの)**かぶと**

helms·man /hélmzmən ヘルムズマン/ 名 (複 **helmsmen** /hélmzmən/) C (船の)**かじ取り, 操舵手**(そうだしゅ)

help A1 中

/hélp ヘルプ/

意味マップ
動 ❶ 手伝う, 助ける
❷ 役に立つ
❸ 《**can help**》避けられる
❹ (食べ物などを)配る
名 ❶ 手伝い, 助け
❷ 助けてくれる人[物]

━ 動 (三単現 **helps** /hélps/; 過去・過分 **helped** /hélpt/; 現分 **helping**)

❶ 他自 (人を)**手伝う, 助ける**

● **help** him up 彼を助け起こす

● **Help** (me)! 助けてくれ

● May [Can] I **help** you? 何を差し上げましょうか, 何かお困りですか (! 店員や役所の窓口の人が客に, あるいは通行人が道に迷っているような人に対していう)

文型 [**help A with B**] A(人)のB(仕事など)を手伝う

● Please **help** me **with** this heavy baggage. この重い荷物を運ぶのを手伝ってくれませんか

文型 [**help** (**to**) *do*] …するのを手伝う ● I **helped** (**to**) *carry* the desk into the room. 私は机を部屋に運び入れるのを手伝った

文型 [**help A** (**to**) *do*] A(人)が…するのを手伝う (! 《米》ではふつう to をつけない)

● She **helped** me (**to**) *finish* this work. 彼女は私がこの仕事を終えるのを手伝ってくれた

❷ 他自 **役に立つ, 促進する**; (薬が, 病気を)**治す** ● This medicine will **help** (your cold). この薬を飲めば(かぜが)よくなりますよ

文型 [**help** (**to**) *do*] …するのに役立つ ● Travel will **help** (**to**) *broaden* your outlook on life. 旅は人生観を広げるのに役立つ

文型 [**help A** (**to**) *do*] A(人)が…するのに役立つ

● This book will **help** you (**to**) *write* good English e-mail. この本はよい英文のEメールを書くのに役立ちます

❸ 他 《**can help**》**避けられる, おさえる**

● If you **can help** it, please refrain from smoking in the kitchen. できることなら食堂での喫煙はご遠慮ください

● I **can't help** it. 私にはそれはどうにもな

らない，それは仕方がない
❹ 他 《口語》(食べ物などを)配る，よそう; 文型 [**help A to B**] A(人)にB(食べ物など)を取って[よそって]あげる
***cannot help but** do* 《口語》…せずにはいられない
● I **couldn't help but** laugh. 私は笑わずにいられなかった
***cannot help** doing* …せずにはいられない
help out 助け出す; 手伝う
***help** oneself* 〔…を〕自分で取って食べる[飲む]《*to*》
● **Help yourself**, please. どうぞご自由におあがりください
— 名 (複 **helps** /hélps/)
❶ U 手伝い，助け; 援助
● cry for **help** 助けを叫び求める
● I need some **help with** my work. 私の仕事には手助けがいる
❷ C 助けてくれる人[物]; UC お手伝い(の人)，雇い人
be of help 役に立つ
派生 **helpful** 形

help·er B2 高 /hélpər ヘルパ/ 名 C 手伝ってくれる人，手伝い，助手

help·ful A2 中
/hélpfəl ヘルプフル/ 形
役に立つ，助けになる (=useful)
● This book is full of **helpful** advice. この本には役に立つアドバイスがいっぱい載っている
派生 **help** 名
hélpfully 副 役に立つように

help·ing /hélpiŋ ヘルピング/ 動 help の現在分詞・動名詞
— 名 ❶ C (食べ物の)ひと盛り，1杯
❷ U 助力，手助け

help·less B1 /hélpləs ヘルプレス/ 形
自分の力ではどうすることもできない，無力な; 頼る者のいない
hélplessly 副 無力で; 困って
hélplessness 名 U どうすることも出来ないこと，無力

help·mate /hélpmèit ヘルプメイト/ 名 C (助けとなる)仲間，協力者; 妻，夫

Hel·sin·ki /helsíŋki ヘルスィンキ, ⌐‐‐/ 名 ヘルシンキ《♦フィンランドの首都》

hel·ter-skel·ter /héltərskéltər ヘルタスケルタ/ 形 副 混乱した[て]，乱雑な[に]

hem[1] /hém ヘム/ 名 C (服・布の折り返した)へり，縁(ふち)
— 動 (三単現 **hems** /hémz/; 過去・過分 **hemmed** /hémd/; 現分 **hemming**) 他 (服・布の)へりを折り返して縫う
hem in 囲む，包囲する

hem[2] /hém ヘム/ 間 エヘン，オホン《♦注意を促したり，ためらったりするせき払い》
— 動 (三単現 **hems** /hémz/; 過去・過分 **hemmed** /hémd/; 現分 **hemming**) エヘン[オホン]と言う，せき払いをする; 口ごもる
hem and haw/hɔ́: ホー/ 口ごもる

hem·a·tol·o·gy /hìmətɑ́lədʒi ヒマタロヂ/ 名 U 《医学》血液学

Hem·ing·way /hémiŋwèi ヘミングウェイ/ 名 《**Ernest Hemingway**》ヘミングウェイ (1899–1961)《♦米国の作家》

hem·i·sphere /héməsfiər ヘミスフィア/ 名 C (地球・天体などの)半球，半球体 (! hemi- = half, sphere = 球体)

hem·lock /hémlɑ̀k ヘムラク/ 名 C 《植物》ドクニンジン; U 毒薬

he·mo·glo·bin /hí:məglòubin ヒーモグロウビン/ 名 U 《生化学》ヘモグロビン，血色素

he·mo·phil·i·a /hì:məfíliə ヒーモフィリア/ 名 U 《医学》血友病

he·mo·phil·i·ac /hì:məfíliæ̀k ヒーモフィリアク/ 名 C 《医学》血友病患者

hem·or·rhage /hémərìdʒ ヘモリヂ/ 名 UC 《医学》出血

hem·or·rhoids /hémərɔ̀idz ヘモロイヅ/ 名 《複数扱い》《医学》痔(じ)

hemp B2 /hémp ヘンプ/ 名 U 《植物》アサ; (麻薬の)大麻

hen /hén ヘン/ 名 C めんどり; 《ふつう合成語で一般的に》めすの鳥

関連語› 単語力
《米》rooster, 《英》cock おんどり
chicken ひな鳥(ニワトリ全体もさす)

chick ひよこ
cluck コッコッ(と鳴く)

hence /héns ヘンス/ 副 《文章》それゆえに; 今から, 今後

hence·forth /hénsfɔ̀ːrθ ヘンスフォース/ 副 《文章》これからは, 今後は

hench·man /héntʃmən ヘンチマン/ 名 (複 **henchmen** /héntʃmən/) C (権力者の)取り巻き, 腹心; (ギャングの)子分, 手下

Hen·ry /hénri ヘンリ/ 名 ヘンリー《♦男性名》

hep·a·ti·tis /hèpətáitəs ヘパタイティス/ 名 U 《医学》肝臓炎, 肝炎

hep·tath·lon /heptǽθlən ヘプタスロン/ 名 C 《スポーツ》七種競技《♦おもに女性選手によって行われる陸上競技の混成種目》

her A1 中

/《弱》əːr アー, hər ハ, ər ア; 《強》hə́ːr ハー/ 代 ❶《she の所有格》彼女の (❗「彼女たちの」は their) ⇨**hers**

- **her** house 彼女の家 (×*a* [*the*] her house としない)
- She is studying in **her** room. 彼女は自分の部屋で勉強をしています (❗her が主語と同じ人をさしているときは「自分の」と訳すと意味がはっきりする)

❷《she の目的格》彼女を, 彼女に; 彼女 (❗「彼女たちを[に]」は them)

- I love **her**. 私は彼女を愛している

her·ald /hérəld ヘラルド/ 名 C 使者; 伝達者, 報道者 (❗しばしば新聞名に用いる); 《文章》〔…の〕先触れ, 先駆者《*of*》

— 動 他 …の先触れとなる

herb B2 /ə́ːrb アーブ, hə́ːrb ハーブ/ 名 C 薬草; (料理などの香味料に用いる)香草(こうそう), ハーブ

herb·al /ə́ːrbəl アーバル, hə́ːrbəl ハーバル/ 形 草の; 薬草の

herb·i·cide /hə́ːrbəsàid ハービサイド/ 名 U C 除草剤

Her·cu·les /hə́ːrkjulìːz ハーキュリーズ/ 名 ヘラクレス《♦ギリシャ・ローマ神話の怪力の英雄; 神々の王ゼウスの子》

herd B1 /hə́ːrd ハード/ (発音 heard と同音) 名 (複 **herds** /hə́ːrdz ハーヅ/) C

❶(同じ動物の大きな)群れ

参考› 「群れ」を表す語
herd は牛・馬のほか deer (シカ), elephants (象) など. **flock** は birds (鳥), sheep (羊)など. **pack** は wolves (オオカミ) など. **school** と **shoal** は fish (魚), whales (クジラ)など. **swarm** は bee (ミツバチ)など

❷(人の)群れ; 群集

— 動 (三単現 **herds** /hə́ːrdz ハーヅ/; 過去・過分 **herded** /hə́ːrdəd/; 現分 **herding**) 他 …を集める, かり立てる; 自 集まる, 群がる

herds·man /hə́ːrdzmən ハーヅマン/ 名 (複 **herdsmen** /hə́ːrdzmən/) C 家畜の世話人[飼い主], 牛[羊]飼い

here A1 中

/híər ヒア/ (発音 hear と同音) 副

❶ここに, ここで, ここへ (↔**there**)

- live **here** ここに住んでいる
- come **here** ここへ来る

会話 "Where's your book?" "It's **here**." 「君の本はどこにありますか」「ここにあります」

- **Look here!** おい, いいかい (←こっちを見よ) (❗相手の注意を引くときの言い方)

❷《名詞のすぐあとに置いて》(そばの人や物をさして)ここにいる, この

- this man **here** ここにいるこの人 (×*this here* man, ×*here this* man としない)

❸《間投詞のように用いて》さあ, そら; はい (❗点呼などの返事)

- **Here** we go! さあ, 行くぞ
- **Here** you go. さあ, どうぞ

- **Here** comes the bus! さあ, バスが来た(❗主語が代名詞でなく, このように名詞のときは動詞が主語の前に出る(上の用例と比較))
- **Here's** your change. はい, おつりです(❗Here's ... は物を渡すときの言い方)

会話 "Bob!" "**Here!**" 「ボブ」「はい(います)」(❗点呼などのやり取り)

be neither here nor there 的はずれだ; どうでもいいことだ, たいしたことではない

here and now 今この場で, すぐに

here and there あちらこちらに, あちこちで

Here I am. ただいま!, 帰ったよ

Here it is. はい, どうぞ(❗人に物を渡すときなどのことば)

here, there and everywhere いたるところを, どこでも(←ここも, あそこも, あらゆるところを)

Here we are. ①さあ着きました
- **Here we are** in London. さあ, ロンドンへ着きましたよ

②(捜していたものが)ここにあったよ

Here you are. ①はい, どうぞ(❗人に物を渡すときなどのことば)

会話 "Please show me your new camera." "O.K. **Here you are.**" 「君の新しいカメラ見せてくれない?」「いいよ. はい, どうぞ」

②(君は)ここにいたんだね

━名U ここ
- near **here** この近くに
- around **here** この辺りに
- It takes about ten minutes from **here** to the station. ここから駅まで約10分かかります

here·a·bout /híərəbàut ヒアラバウト/ 副 この辺に[で]

here·a·bouts /híərəbàuts ヒアラバウツ/ 副 (=hereabout)

here·af·ter /hiərǽftər ヒアラフタ/ 副 今後は, 将来 ━名U 来世; 将来

here·by /hìərbái ヒアバイ/ 副 《文章》これによって

he·red·i·tar·y /hərédətèri ヘレディテリ/ 形 世襲(せしゅう)の; 遺伝性の

he·red·i·ty /hərédəti ヘレディティ/ 名U 遺伝(形質)

here·in /hìərín ヒアリン/ 副 《文章》ここに[で]

here's 中 /híərz ヒアズ/ here is の短縮形

her·e·sy /hérəsi ヘレスィ/ 名(複 **here·sies** /hérəsiz/) UC (定説に反する)異説; (宗教上の)異教, 異端

her·e·tic /hérətik ヘレティク/ 名C 異教徒, 異端者; 異説を唱える人

he·ret·i·cal /hərétikəl ヘレティカル/ 形 異端の; 異説の

here·with /hìərwíð ヒアウィズ/ 副 《文章》これとともに, 同封して; これによって

her·it·age B2 高 /hérətidʒ ヘリティヂ/ 名C (文化的・歴史的な)遺産; 相続財産

Her·mes /hə́:rmi:z ハーミーズ/ 名 《ギリシャ神話》ヘルメス(♦学芸・商業などの神; ローマ神話のマーキュリー(Mercury)にあたる)

her·mit /hə́:rmət ハーミト/ 名C 世捨て人, 隠者

her·ni·a /hə́:rniə ハーニア/ 名CU 《医学》ヘルニア; 脱腸

he·ro A2 中

/hí:rou ヒーロウ|híərou ヒアロウ/

名(複 **heroes** /hí:rouz/) C

❶英雄, ヒーロー ⇨**heroine**
- He became a national **hero**. 彼は国民的英雄になった

❷(小説や劇の男の)主人公

he·ro·ic /hiróuik ヒロウイク/ 形 英雄的な; 大胆な

her·o·in /hérouin ヘロウイン/ 名U ヘロイン(♦麻薬の一種)

her·o·ine /hérouin ヘロウイン/ (×ヒロイン) 名C ❶(小説や劇の)ヒロイン, 女主人公 ❷女性の英雄, 女傑(じょけつ) ⇨**hero**
- Joan of Arc is a French **heroine**. ジャンヌダルクはフランスの英雄である

her·o·ism /hérouìzm ヘロウイズム/ (×ヒロイズム) 名U たいへんな勇気, 勇敢さ; 英雄的行為

her·on /hérən ヘロン/ 名 C 《鳥》サギ（♦鷺）, アオサギ

her·pes /hə́ːrpiːz ハーピーズ/ 名 U 《医学》ヘルペス, 疱疹(ほうしん)

her·ring /hériŋ ヘリング/ 名（複 **herring, herrings** /hériŋz/）C 《魚》ニシン

hers A1 中

/hə́ːrz ハーズ/ 代 彼女のもの（! 彼女の所有物について1つのものにも2つ以上のものにもいう;「彼女たちのもの」は theirs）

• a friend of **hers** 彼女の友人(の1人)

• This racket is **hers**. このラケットは彼女の(もの)です (=This is her racket.)

her·self A2 中

/《弱》 hərsélf ハセルフ; 《強》 həːrsélf ハーセルフ/ 代

❶ 彼女自身を[に]; 自分を[に]（!「彼女たち自身を[に, で]」は themselves）

• She hurt **herself**. 彼女はけがをした (← 彼女は彼女自身を傷つけた)

• She said to **herself**, "I'll go, too." 「私も行こう」と彼女は自分(の心)に言いきかせた

❷《主語の意味を強めて》彼女自身で; 自分で

by herself ひとり(ぼっち)で; 独力で

for herself 独力で; ひとりで; 自分のために

hertz /hə́ːrts ハーツ/ 名（複 **hertz**）C 《物理》ヘルツ（♦振動数・周波数の単位; 記号 Hz）

he's 中 /《弱》 hiz ヒズ, iːz イーズ; 《強》 híːz ヒーズ/ he is, he has の短縮形（! he has が he's と省略されるのは has が助動詞のときだけ; たとえば He has a book. を ×*He's* a book. としない）

hes·i·tant /hézətənt ヘズィタント/ 形 ためらいがちな; ちゅうちょする

hes·i·tant·ly /hézətəntli ヘズィタントリ/ 副 ためらって; ちゅうちょして

hes·i·tate B1 高 /hézətèit ヘズィテイト/（×ヘジテート）動（三単現 **hesitates** /hézətèits ヘズィテイツ/; 過去・過分 **hesitated** /hézətèitəd/; 現分 **hesitating**）自 ためらう, ちゅうちょする

• I **hesitated** about what to eat. 何を食べようかと迷った

文型 [**hesitate to** *do*] …するのをためらう

hes·i·ta·tion B2 /hèzətéiʃən ヘズィテイション/ 名 U ためらい, ちゅうちょ

het·er·o·ge·ne·ous /hètərədʒíːniəs ヘテロヂーニアス/ 形 異なる部分[成分]から成る, 混成の; 異種の

het·er·o·sex·u·al /hètərəsékʃuəl ヘテロセクシュアル/ 形 異性の; 異性愛の ⇨ **bisexual, homosexual**

— 名 C 異性愛の人

hew /hjúː ヒュー/ 動（三単現 **hews** /hjúːz/; 過去・過分 **hewed** /hjúːd/, **hewn** /hjúːn/; 現分 **hewing**）他 たたき切る; 切って[刻んで]作る; 自 切る, 切りつける;

文型 [**hew A out of B**] Bを刻んでAを作る

hewn /hjúːn ヒューン/ 動 hew の過去分詞

hex·a·gon /héksəgàn ヘクサガン/ 名 C 《幾何》六角形, 六辺形

hex·ag·o·nal /heksǽgənəl ヘクサゴナル/ 形 《幾何》六角形の

hey A2 中

/héi ヘイ/（発音 hay と同音）間

やあ！, おい！（! 呼びかけ, 喜び, 驚きなどを表す）

hey·day /héidèi ヘイデイ/ 名 C（人・組織などの）盛り, 全盛(期)

HI 《略》Hawaii ハワイ(州)

hi A1 中

/hái ハイ/（発音 high と同音）間 《口語》

こんにちは, やあ; 《英》ねえ, ちょっと（! hello よりもくだけた言い方）

[CAN-DO Tips あいさつする]

hi·a·tus /haiéitəs ハイエイタス/ 名 C 《ふつう単数形で》《文章》中断; すき間, 割れ目

hi·ber·nate /háibərnèit ハイバネイト/ 動 自（動物が）冬眠する, 冬ごもりする

hi·ber·na·tion /hàibərnéiʃən ハイバネイ

ション/ 名 U 冬眠, 冬ごもり

hic·cough /híkʌp ヒカプ/ 名 (= hiccup)

hic·cup /híkʌp ヒカプ/ 名 C 《しばしば hiccups》しゃっくり

— 動 (三単現 **hiccups** /híkʌps/; 過去・過分 **hiccuped, hiccupped** /híkʌpt/; 現分 **hiccuping, hiccupping**) 自 しゃっくりをする

hick·o·ry /híkəri ヒコリ/ 名 (複 **hickories** /híkəriz/) C 《植物》ヒッコリー; U ヒッコリー材

hid /híd ヒド/ 動 hideの過去形・過去分詞

hid·den B1 高 /hídn ヒドン/ 形 隠された, 秘密の — 動 hideの過去分詞

hide[1] A1 高

/háid ハイド/ 動 (三単現 **hides** /háidz ハイヅ/; 過去 **hid** /híd/; 過分 **hidden** /hídn/, **hid**; 現分 **hiding**)

❶ 他 隠す; 秘密にする

- **hide** the candy **in** the cupboard キャンディーを食器だなの中に隠す
- **hide** the key **behind** the flower pot 鍵を植木鉢の後ろに隠す
- I have nothing to **hide from** you. 私は君に何も隠すこと[秘密]がない (! 不定詞 to hide (隠すべき…)は nothing を修飾する; ×hide *to* you としない)

❷ 自 隠れる

- **hide** behind a tree 木の後ろに隠れる

hide oneself 身を隠す, 隠れる

hide[2] /háid ハイド/ 名 C けものの皮, 獣皮

hide-and-seek /háidənsí:k ハイダンスィーク/ 名 U かくれんぼ

hide·a·way /háidəwèi ハイダウェイ/ 名 C 隠れ場所; ひとりでくつろげる場所

hid·e·ous /hídiəs ヒディアス/ 形 見るも恐ろしい, ひどくみにくい; ぞっとする

hide·out /háidàut ハイダウト/ 名 C 隠れ場所, 隠れ家

hid·ing[1] /háidiŋ ハイディング/ 名 U 隠すこと, 隠れること

hid·ing[2] /háidiŋ ハイディング/ 名 C 《口語》(罰として)たたくこと; 完敗

híding plàce 名 C 隠れ場所, 隠し場所

hi·er·ar·chi·cal /hàiərá:rkikəl ハイアラーキカル/ 形 階級制の

hi·er·ar·chy /háiərà:rki ハイアラーキ/ 名 (複 **hierarchies** /háiərà:rkiz/) U C (ピラミッド型の)階級組織[制度], ヒエラルキー

hi·er·o·glyph /háiərəglìf ハイアログリフ/ 名 (=hieroglyphic)

hi·er·o·glyph·ic /hàiərəglífik ハイアログリフィク/ 名 ❶ C (古代エジプトなどの)象形文字 ❷《**hieroglyphics**》象形文字書記法[文書]; 判読しにくい書き物[文字] — 形 ❶ 象形文字の[で書かれた] ❷ 判読しにくい

hi-fi /háifái ハイファイ/ 名 U 《通信・電気》高忠実度, ハイファイ (=high fidelity); C ハイファイ装置

— 形 ハイファイの

high A1 中

/hái ハイ/ (発音 hi と同音)

形 (比較級 **higher**; 最上級 **highest**)

❶ 高い (↔**low**[1]); 高さが…で

- a **high** mountain 高い山
- That fence is very **high**. そのフェンスはとても高い
- How **high** is that wall? その壁はどれくらい高いですか
- Some of the waves are about 5 meters **high**. 高さ5メートルほどに達する波もでる
- Mt. Fuji is the **highest** mountain in Japan. 富士山は日本で一番高い山だ

どっち

high と **tall**

high は下[地面]からてっぺんまでの「高さ, 高いこと」や「高い所にあること」を表し, **tall** は人の身長や細長くて高い物に使う:

a **high** window 高い(位置にある)窓

a **tall** window 縦長の窓

a **tall** [**high**] building 高い建物 (! 同じ意味になる)

❷ (値段・程度・地位などが)高い
• **high** prices 高い物価
• at a **high** speed 高速で
• (a) **high** atmospheric pressure 高気圧
• **high** blood pressure 高血圧
❸ (声・音が)高い
❹ ころあいの; たけなわの (! 名詞の前に用いる)
❺ うっとりした; 酔った; ハイになった
It is high time ... もう…する時間です • **It is high time** you went to bed. もう寝る時間だ (! 節の中は仮定法になるので, 動詞は(仮定法)過去形)
— 副 (比較級 **higher**; 最上級 **highest**)
❶ 高く (↔**low**¹) (! 具体的なものの位置についていう) ⇨**highly**
• jump **high** 高くとぶ
❷ (声や音が)高く
❸ ぜいたくに; 高額に
high and low あらゆるところで[に]
— 名 (複 **highs** /háiz/)
❶ C 最高記録; 最高水準; 最高点
• The price of natural gas reached an all-time **high** last month. 天然ガスの価格は先月史上最高値を記録した
❷ C 《気象》高気圧帯
❸ U 高い所, 丘; 天
from on high 《文章》高い所から; 空から
on high 《文章》空高く; 空に
派生 **height** 名

high·brow /háibràu ハイブラウ/ 名 C 知識人; 知識人[インテリ]ぶる人

hígh chàir 名 C (脚が高く台のついた)幼児用食事いす

hígh-cláss 形 一流の, 高級な; 上流階級の

high·er /háiər ハイア/ (発音 hire と同音) 形 より高い; 高等の (↔**lower**) (! high の比較級)

hígher-úp 名 C 《口語》上役, 上司; おえら方

hígh fidélity 名 U 《通信・電気》高忠実度, ハイファイ

hígh fréquency 名 U C 高周波

hígh-gráde 形 最良の品質の; 高級な

hígh-hánded 形 高圧的な; 独断的な

hígh héels 名 《複数扱い》ハイヒール(の靴) • wear **high heels** ハイヒールをはいている

high·jack /háidʒæ̀k ハイチャク/ 動 名 (= hijack)

high·jack·er /háidʒæ̀kər ハイチャカ/ 名 (=hijacker)

hígh jùmp 名 《**the** をつけて》《スポーツ》(競技の)走り高跳び

high·land /háilənd ハイランド/ 名
❶ U C 高地, 高原 ❷ 《**the Highlands**》(スコットランド北西部の)高原地方

hígh-lével 形 上層部の[による]

high·light B1 /háilàit ハイライト/ 動 (三単現 **highlights** /háilàits ハイライツ/; 過去・過分 **highlighted** /háilàitəd/; 現分 **highlighting**) 他 強調する, 目立たせる, (文字に)マーカーをする
— 名 (複 **highlights** /háilàits ハイライツ/) C 最重要部, ハイライト; 呼び物

high·light·er /háilàitər ハイライタ/ 名 C 蛍光ペン, マーカーペン

high·ly B1 高 /háili ハイリ/ 副
❶ 大いに, 非常に; 高額に
• a **highly** intelligent boy とても頭のいい少年
• Such an occurrence is **highly** unlikely. そんなことはまず起こりそうもない
❷ 高く評価して

hígh-mínded 形 高い理想を持った, 気高い

high·ness /háinəs ハイネス/ 名 ❶ U 高いこと; 高さ ❷ 《**Highness**》殿下, 妃殿下 《◆王族・皇族に対する敬称》

hígh-pítched 形 (声・音が)高い調子の, かん高い; (感情的に)激しい; (屋根が)急傾斜の

hígh-pówered 形 高性能の

hígh-préssure 形 高圧の; 高気圧の; (人が)高圧的な; (仕事などが)緊張を強いる, プレッシャーのかかる

hígh-prófile 形 人目を引く

hígh-ránking 形 高い階級[地位]の

hígh-rìse 形 (建物が)高層の
— 名 C 高層建築

high·road /háiròud ハイロウド/ 名 (=highway)

hígh schòol A2

名 C ((米)) ハイスクール; ((形容詞的)) ハイスクールの

日英比較 日本の小学校と大学の中間にあたる学校で, 6-3-3 制では junior high school (7, 8, 9 学年)と senior high school (10, 11, 12 学年)に分かれる. 前者は日本の中学校, 後者は高等学校にあたる. 英国では中・高あわせて secondary school という

- They go to **high school**. 彼らはハイスクールに通っています
- a **high school** student ハイスクールの学生

hígh séas 名 ((**the** をつけて)) ((複数扱い)) 公海, 外洋

high-speed /háispí:d ハイスピード/ 形 高速の

high-spir·it·ed /háispíritəd ハイスピリテド/ 形 元気のいい

hígh-strúng 形 ((米)) 緊張した; 神経過敏な

hígh téch 名 (=high technology)

hígh-téch B2 形 ハイテクの

hígh technólogy 名 U 先端科学技術, ハイテク

hígh tíde 名 U C 満潮; 全盛期

high·way A2

/háiwèi ハイウェイ/ 名 (複 **highways** /háiwèiz/) C 幹線道路, 主要道路

日英比較 日本語の「ハイウェイ[高速道路]」は, ((米)) では expressway, freeway, ((英)) では motorway などといい, highway は国道のような, 都市間を結ぶ主要な道路をいう

hi·jack B2 /háidʒæ̀k ハイヂャク/ 動 ❶ 他 自 (飛行機などを)乗っ取る, ハイジャックする (=highjack) ❷ 他 (輸送中の品物を)襲(おそ)って盗む, 強奪(ごうだつ)する
— 名 C ハイジャック(事件) (=highjack)

hi·jack·er /háidʒæ̀kər ハイヂャカ/ 名 C 乗っ取り犯人, ハイジャッカー

hike A2 高

/háik ハイク/ 名 (複 **hikes** /háiks/) C

❶ ハイキング (=hiking)
- go on a **hike** (to the lake) (湖へ)ハイキングに行く

❷ (物価などの)引き上げ

— 動 (三単現 **hikes** /háiks/; 過去・過分 **hiked** /háikt/; 現分 **hiking**)

❶ 自 ハイキングをする, ハイキングに行く
❷ 他 (値段などを)引き上げる

hik·er /háikər ハイカ/ 名 C ハイキングする人, ハイカー

hik·ing A2

/háikiŋ ハイキング/ 名 U ハイキング
- We really like to **go hiking**. 私たちはハイキングに行くのが大好きです

hi·lar·i·ous B2 /hiléəriəs ヒレアリアス/ 形 とてもおかしい

hi·lar·i·ty /hilǽrəti ヒラリティ/ 名 U 笑い; 愉快

hill A1 中

/híl ヒル/ 名 (複 **hills** /hílz/) C

❶ 丘; 小山, 山

日英比較 hill は, mountain よりも低い山を表し, イギリスではだいたい 600m 以下のものをいう

- go for a walk in the **hills** 丘の散策に出かける
- She climbed the **hill**. 彼女は山に登った

❷ 坂道
- go up a **hill** 坂を登る

over the hill 盛りを過ぎて

hill·bil·ly /hílbìli ヒルビリ/ 名 (複 **hillbillies** /hílbìliz/) C ((米)) (特に南部の山地出身の)いなか者

hill·side /hílsàid ヒルサイド/ 名 C 丘の斜面[中腹]

hill·top /híltàp ヒルタプ/ 名 C 丘の頂上

hill·y /híli ヒリ/ 形 (比較級 **hillier**; 最上級

hilliest) 丘の多い; 丘[小山]のような

hilt /hílt ヒルト/ 名 C (刀などの)柄(つか)

him A1 中

/《弱》im イム; 《強》hím ヒム/ 代 《he の目的格》**彼を, 彼に; 彼** (❗「彼らを[に]」は them)

• Mr. Smith lives near my house. I know **him**. スミスさんはうちの近所に住んでいます. 私は彼を[スミスさんを]知っています • Joanna is shorter than **him**. 《口語》ジョアンナは彼より背が低い

Him·a·lá·ya Móuntains /hìməléiə ヒマレイア/ 名 《**the** をつけて》(=Himalayas)

Him·a·la·yan /hìməléiən ヒマレイアン/ 形 ヒマラヤ(山脈)の

Him·a·la·yas /hìməléiəz ヒマレイアズ/ 名 《**the Himalayas**》ヒマラヤ山脈 《◆インドとチベットなどにまたがる大山脈》

him·self A2 中

/《弱》imsélf イムセルフ; 《強》himsélf ヒムセルフ/ 代 ❶ **彼自身を[に]; 自分を[に]** (❗「彼ら自身を[に, で]」は themselves)

• He hurt **himself**. 彼はけがをした (←彼は彼自身を傷つけた)

• He said to **himself**, "I'll do it." 「私はそれをしよう」と彼は自分(の心)に言いきかせた

❷ 《主語の意味を強めて》**彼自身で, 自分で**

by himself ひとり(ぼっち)で; 独力で

for himself 独力で; ひとりで; 自分のために

hind /háind ハインド/ 形 後ろの, 後部の (↔**fore**) (❗名詞の前に用いる)

• the **hind** legs (動物の)後ろ脚

hin·der /híndər ヒンダ/ 動 他 じゃまする, 妨害する

Hin·di /híndi: ヒンディー/ 名 U ヒンディー語 《◆インド中部・北部の主要言語; インド共和国の公用語の1つで最大の話者人口を持つ》

hin·drance /híndrəns ヒンドランス/ 名 U 妨害, 邪魔; C 障害物

hind·sight /háindsàit ハインドサイト/ 名 U あと知恵

Hin·du /híndu: ヒンドゥー/ 名 C ヒンドゥー教徒; インド人

━ 形 ヒンドゥー教の

Hin·du·ism /híndu:ìzm ヒンドゥーイズム/ 名 U ヒンドゥー教 《◆インドの主要宗教》

hinge /híndʒ ヒンヂ/ 名 C ちょうつがい

━ 動 他 ちょうつがいをつける; 自 ちょうつがいで動く

hint B2 高 /hínt ヒント/ 名 C **暗示, ヒント**; 《しばしば **hints**》有益な助言, 心得

• drop [give] a **hint** ヒントを与える, ほのめかす

━ 動 他 **ほのめかす, 遠回しに言う**; 自 〔…を〕ほのめかす, それとなく言う 《*at*》; 他 文型 [**hint that ...**] …ということをほのめかす

hin·ter·land /híntərlæ̀nd ヒンタランド/ 名 C (都市・港などの)周辺地域, 後背地; 内陸地域, 奥地

hip[1] B1 /híp ヒプ/ 名 (複 **hips** /híps/) C 《しばしば **hips**》**腰, ヒップ**

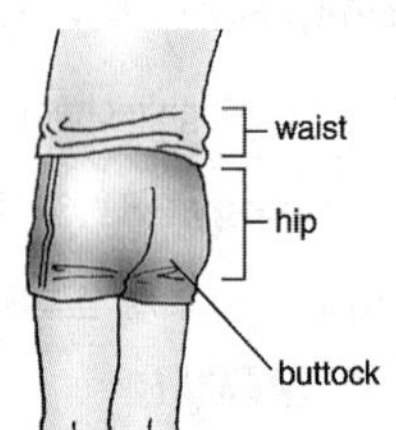

hip[2] /híp ヒプ/ 間 《次の成句で》

Hip, hip, hooray [***hurrah, hurray***]***!*** いけ, いけ, いいぞ!

hip-hop, hip hop A2

/híphɑ̀p ヒプハプ/ 名 U ヒップホップ (❗ラップ音楽やダンスを特徴とするアメリカ発祥のポップカルチャー)

hip·pie /hípi ヒピ/ 名 C ヒッピー (=hippy)

hip·po 高 /hípou ヒポウ/ 名 (複 **hippos**

/hípouz/)《口語》(=hippopotamus)

hip·po·cam·pus /hìpəkǽmpəs ヒポキャンパス/ 名 (複 **hippocampi** /hìpəkǽmpai/) C ❶《ギリシャ神話》海馬 ❷《解剖》海馬《◆脳の弓状の隆起》 ❸《魚》タツノオトシゴ

hip·po·pot·a·mus /hìpəpɑ́təməs ヒポパタマス/ 名 (複 **hippopotamuses** /hìpəpɑ́təməsəz/, **hippopotami** /hìpəpɑ́təmài/) C《動物》カバ

hip·py /hípi ヒピ/ 名 (複 **hippies** /hípiz/) C (=hippie)

hire B1 高 /háiər ハイア/ (×ヒア) (発音 higher と同音) 動 (三単現 **hires** /háiərz/; 過去·過分 **hired** /háiərd/; 現分 **hiring**) 他 雇(やと)う; (料金を払って)借りる

• **hire** a limousine [a hall] リムジン[ホール]を借りる

hire oneself out 《米》雇われる, 使われる

― 名 U 賃借り; 賃貸し

for* [*on*] *hire 賃貸(用)の

his A1 中

/《弱》iz イズ; 《強》híz ヒズ/ 代

❶《he の所有格》彼の (❗彼の所有物について1つのものにも2つ以上のものにもいう) (❗複数形は their (彼らの))

• **his** glove 彼のグローブ (×*a* [*the*] his glove としない)

• that hat of **his** father's 彼の父のその帽子

❷ 彼のもの (❗「彼らのもの」は theirs)

• a friend of **his** 彼の友人(の1人)

• This racket is **his**. このラケットは彼の(もの)です (=This is his racket.)

His·pan·ic /hispǽnik ヒスパニク/ 形 ラテンアメリカ(系)の, ヒスパニックの

― 名 C (米国に住み, スペイン語を話す)ラテンアメリカ系の人, ヒスパニック

hiss /hís ヒス/ ❶ 自 シューと音を発する; (不満·反感から)「シーッ」という ❷ 他 「シーッ」といって…を制止する[やじる] ― 名 C シューという音

his·ta·mine /hístəmì:n ヒスタミーン/ 名 U C 《生化学》ヒスタミン

his·to·ri·an B1 /histɔ́:riən ヒストーリアン/ 名 (複 **historians** /histɔ́:riənz/) C 歴史家; 歴史学者

his·tor·ic B1 高 /histɔ́:rik ヒストーリク | histɔ́rik ヒストリク/ 形 歴史上有名[重要]な, 歴史的な (❗ふつう名詞の前に用いる) 派生 **history** 名

his·tor·i·cal B1 高 /histɔ́:rikəl ヒストーリカル | histɔ́rikəl ヒストリカル/ 形 歴史の, 歴史上の, 歴史に関する (❗ふつう名詞の前に用いる) ⇨**historic**

• a **historical** novel 歴史小説

his·to·ry A1 中

/hístəri ヒストリ/ 名 (複 **histories** /hístəriz/) ❶ U 歴史; (歴)史学

• the **history** of pop music ポピュラー音楽史; ポピュラー音楽の歴史

• **History** is my favorite subject. 歴史は私の得意科目だ

• **History** repeats itself. 《ことわざ》歴史はくり返す

❷ C (個人の)経歴; (物の)由来

❸ C 歴史書

make history 歴史を作る, 歴史に残るようなことをする

派生 **historic**, **historical** 形

his·tri·on·ic /hìstriɑ́nik ヒストリアニク/ 形 芝居がかった, わざとらしい

― 名 《**histrionics**》芝居がかった[わざとらしい]ふるまい

hit A2 中

/hít ヒト/ 動 (三単現 **hits** /híts ヒツ/; 過去·過分 **hit**; 現分 **hitting**) (❗原形·過去形·過去分詞が同形であることに注意)

❶ 他 自 打つ, なぐる, たたく; 当たる, ぶつける, ぶつかる (↔**miss**)

• **hit** a home run ホームランを打つ

• **hit** him on the head [in the face, on the cheek] 彼の頭[顔, ほお]をなぐる (❗hit A on [in] the B で「A(人)のB(体の部分)をぶつ」)

• His car **was hit** from behind. 彼の車は追突された

• I **hit** my head against the wall. 頭を

壁にぶつけてしまった

❷ 他 (天災・不幸などが) 襲う, 打撃を与える

• If such a big typhoon **hits** our town, what will you do? そんな大きな台風がうちの町を襲ったらどうしますか

hit back 〔…を〕なぐり返す, やり返す《*at*》

hit it off 《口語》〔…と〕仲良くやる, うまくやっていく《*with*》

hit on* [*upon*] *... …を思いつく

hit out at ... …を激しく攻撃[非難]する

hit the* (*right*) *nail on the head くぎの頭を正確にとらえて打つ; 《口語》要点を正確に述べる; いいあてる

— 名 (複 **hits** /híts ヒツ/) C

❶ (映画・劇・小説・歌などの) 大当たり, 成功, ヒット; ヒット曲

• His new song was a great **hit**. 彼の新しい歌は大ヒットした

❷ 打撃; 当たること, 命中

❸ 《野球》 安打, ヒット

❹ (インターネットのホームページへの) アクセス(数), ヒット

hit-and-miss /hítənmís ヒタンミス/ 形 《英》 行きあたりばったりの, あてずっぽうの

hit-and-run /hítənrʌ́n ヒタンラン/ 形 ひき逃げの; 奇襲(戦法)の; 《野球》 ヒットエンドランの

hitch /hítʃ ヒチ/ 動 ❶ 《口語》 他 (便乗を) させてもらう; 自 ヒッチハイクする

❷ 他 〔…に〕つなぐ《*to*》

get hitched 《口語》 結婚する

hitch up (ズボン・スカートなどを)引き上げる

— 名 C (進行の遅れをもたらす)支障, 障害

hitch·hike /hítʃhàik ヒチハイク/ 動 自 ヒッチハイクする

— 名 C ヒッチハイク

hitch·hik·er /hítʃhàikər ヒチハイカ/ 名 C ヒッチハイクする人

hi-tech B2 /háiték ハイテク/ 形 (＝high-tech)

hith·er·to /hìðərtúː ヒザトゥー/ 副 《文章》 今まで, これまで

Hit·ler /hítlər ヒトラ/ 名 《**Adolf Hitler**》 ヒトラー (1889-1945) 《◆ドイツの独裁者》

hit·ter /hítər ヒタ/ 名 C 打つ人; 打者

HIV B1 /éitʃàivíː エイチアイヴィー/ 名 U ヒト免疫不全ウイルス, エイズウイルス 語源 *h*uman *i*mmunodeficiency *v*irus の略

hive /háiv ハイヴ/ 名 C ミツバチの巣箱 (＝beehive) — 動 他 (ミツバチを) 巣箱に入れる; 自 巣箱に入る

hives /háivz ハイヴズ/ 名 《単数・複数扱い》 じんま疹(しん)

h'm, hmm /hm フム/ 間 ふうむ; えー《◆疑問・ためらい・不満などを表す》

ho /hóu ホウ/ 間 ほう!, おーい! 《◆喜び・驚き・あざけりなどを表す叫び声, あるいは注意をひくためのかけ声》

hoard /hɔ́ːrd ホード/ 名 C (食糧・財宝などの) 蓄え, 貯蔵; 蓄積 — 動 他 ひそかに貯蔵する; 買いだめする《*up*》

hoarse /hɔ́ːrs ホース/ (発音 horse と同音) 形 (比較級 **hoarser**; 最上級 **hoarsest**) (声が)しわがれた, かすれた

hoar·y /hɔ́ːri ホーリ/ 形 (比較級 **hoarier**; 最上級 **hoariest**) 白い; 白髪の

hoax /hóuks ホウクス/ 名 C (偽情報などにより)人をかつぐこと, 悪ふざけ

hob·ble /hábl ハブル/ 動 自 足を引きずる

hob·by A1 中

/hábi ハビ | hɔ́bi ホビ/ 名 (複 **hobbies** /hábiz/) C 趣味, 道楽

hob·by·horse /hábihɔ̀ːrs ハビホース/ 名 C (子どもが乗って遊ぶ)揺り馬; お気に入り[得意]の話題

hob·nob /hábnàb ハブナブ/ 動 (三単現 **hobnobs** /hábnàbz/; 過去・過分 **hobnobbed** /hábnàbd/; 現分 **hobnobbing**) 自 《口語》〔お偉方と〕打ち解けて話す《*with*》

ho·bo /hóubou ホウボウ/ 名 (複 **hobos, hoboes** /hóubouz/) C 《米》《口語》 浮浪者, 放浪者

hock[1] /hák ハク/ 動 他 《口語》質(しち)に入れる (=pawn)
ー名 U 《口語》《次の成句で》
in hock 質に入って; 借金をして

hock[2] /hák ハク/ 名 C ❶ (馬・犬などの後脚のひざの)関節 ❷ (豚の)足肉

hock·ey A2

/háki ハキ|hɔ́ki ホキ/ 名 U 《スポーツ》《おもに米》アイスホッケー (=ice hockey); 《おもに英》ホッケー (=field hockey)

hodge·podge /hádʒpàdʒ ハヂパヂ/ 名 《単数形で》《米》ごたまぜ (=《英》hotchpotch)

hoe /hóu ホウ/ 名 C くわ, ホー

hog /hɔ́:g ホーグ/ 名 C 《動物》ブタ (=pig) (❗特に食肉用に育てたもの); ブタのような人, 貪欲な人

hoist /hɔ́ist ホイスト/ 動 他 (旗などを)揚(あ)げる; (重いものを)引き上げる

hold[1] A1 中

/hóuld ホウルド/ (×ホールド)

意味マップ

名 ❶ つかむこと, にぎること
❷ 支配
❸ つかみどころ, 手がかり
動 ❶ 持っている, にぎる; 抱く
❷ 保つ; 持続する, もつ
❸ 支える
❹ 入れる, 収容する
❺ 所有する
❻ 留めておく; 差し控える
❼ (考えなどを)いだく
❽ (会などを)開く
❾ (電話を)切らずに待つ

ー名 (複 **holds** /hóuldz ホウルヅ/)
❶ U C つかむこと, にぎること
• Suddenly someone **took** [**got**, **caught**] **hold of** my arm. 突然だれかが私の腕をつかんだ
❷ U C 支配
❸ C つかみどころ, 手がかり
on hold (計画などが)保留されて; (電話口で)待たされて

ー動 (三単現 **holds** /hóuldz ホウルヅ/; 過去・過分 **held** /héld/; 現分 **holding**)
❶ 他 (手などでしっかり)持っている, にぎる; 抱く; 押さえる; 自 つかまっている
• **hold** her hand 彼女の手をにぎる
• He **held** his baby in his arms. 彼は赤ちゃんをしっかり抱いた
• **Hold** tight, please. (車内アナウンスで) しっかりとおつかまりください
❷ 他 保つ, 維持する, 続ける; 自 持続する, そのままでいる; (天気などが)続く, もつ
• **Hold** that pose while I take your picture. 君の写真をとる間そのポーズを保ってくれ
• I hope this fine weather will **hold** (for) two days more. このいい天気があと2日続いてくれればいいのだが
文型 [**hold C**] Cのままでいる (❗Cは形容詞)
• **Hold** still. じっとしていなさい
文型 [**hold A C**] AをCの状態に保つ (❗Cは形容詞)
• Please **hold** this door open. この戸を押さえてあけておいてください (❗open は形容詞で「開いて」)
❸ 他 支える; (重さなどに)耐える
• The shelf won't **hold** the weight of those dictionaries. このたなはそれらの辞書の重みを支えられないだろう
❹ 他 入れる, 収容する
• This stadium **holds** about 65,000 people. このスタジアムはおよそ6万5千人収容します
❺ 他 (学位・資格・財産などを)持っている, 所有する; (地位・役職などを)占める
• She **holds** a driving license. 彼女は運転免許証を持っている
❻ 他 留めておく; 取っておく; 差し控える, 抑える
❼ 他 (考え・恨みを)いだく; 文型 [**hold that ...**] …と考える
• We **hold that** freedom of expression is necessary. 表現の自由は必要であると私たちは考えている

❽ ㊀他 (会などを)開く, 催す, 行う
• **hold** a party パーティーを開く
❾ 自他 (電話を)切らずに待つ
• Could you **hold**, please? 電話を切らずにお待ちいただけますか？
hold back 押しとどめる, (行動を)しりごみする, 差し控える, 隠しておく
hold down 抑える; 抑制する, 下げておく; 押さえつける
Hold it! (電話で)切らないでそのままお待ちください; 動くな; 止まれ
hold off 延ばす; ためらう; 寄せつけない
hold on つかまる; 続ける, 続く; 持ちこたえる; 電話を切らないで待つ; 固定しておく; 《命令文で》待て
• **Hold on**, please. (電話で)切らないでそのままお待ちください
hold on to ... …を離さないでいる, …にしがみつく; …を固守する
hold out 持ちこたえる, もつ; (手などを)差し出す; 〔…を〕強く要求する《*for*》
hold over 延期する, 持ち越す
hold up (手などを)上げる; 持ち上げる; (進行を)阻止する, 遅らせる; (銀行などを)襲撃する

hold[2] /hóuld ホウルド/ 名C (貨物を入れる)船倉, (飛行機の)貨物室

hold·er B2 /hóuldər ホウルダ/ 名C ❶ 所有者, 持ち主, (…を)持っている人 • the world-record **holder** 世界記録保持者
❷ 入れる物; 支えるもの

hold·ing /hóuldiŋ ホウルディング/ 名
❶ U 保有, 保持; C 所有地; 持ち株 (❗しばしば複数形で使われる)
❷ UC ホールディング《♦球技などでの反則行為のひとつ》

hólding còmpany 名C 持ち株会社

hold·up /hóuldʌ̀p ホウルダプ/ 名C
❶ (銃を突きつけての)強盗
❷ (交通などの)遅れ, 渋滞

hole A1 中

/hóul ホウル/ (×ホール) (発音 whole と同音)
名 (複 **holes** /hóulz/) C
❶ 穴; 巣穴; 苦境
• a **hole in** a sock 靴下の穴
• dig a **hole in** the garden 庭に穴を掘る
❷ (ゴルフの)ホール
in the hole 《米》《口語》 金に困って, 借金して
— 動 (三単現 **holes** /hóulz/; 過去・過分 **holed** /hóuld/; 現分 **holing**) 他
穴をあける; (トンネルなどを)掘る

hol·i·day A1 中

/hɑ́lədèi ハリデイ | hɔ́lədi ホリディ/
名 (複 **holidays** /hɑ́lədèiz/) C
❶ (国や州などによって決められた1日だけの)祝日, 休日 (❗語源は古い英語の「聖なる (=holy)+日 (=day)」)
• a public **holiday** (国民の)祝日, 公休日

参考› 米英のおもな祝日
[米国の法定休日 (**legal holidays**)]
New Year's Day 元日(1月1日)
Martin Luther King Day キング牧師記念日(1月の第3月曜日)
Presidents' Day 大統領の日(2月の第3月曜日)
Memorial [Decoration] Day 戦没者追悼記念日(5月の最終月曜日)
Independence Day 独立記念日(7月4日)
Labor Day 労働者の日(9月の第1月曜日)
Columbus Day コロンブスの日(10月の第2月曜日)
Veterans Day 復員軍人の日(11月11日)
Thanksgiving Day 感謝祭(11月の第4木曜日)
Christmas Day クリスマス(12月25日)
[英国の法定休日 (**bank holidays**)]
New Year's Day 元旦(1月1日)
Good Friday 聖金曜日(復活祭の前の金曜日) ⇨**Easter**
Easter Monday 復活祭の翌日(月曜日)
May Day 労働祭(5月1日)
(Spring) Bank Holiday 公休日(5月の最終月曜日)
(Summer) Bank Holiday 公休日(8月の最終月曜日)
Christmas Day クリスマス(12月25日)

a b c d e f g h i j k l m n o p q r s t u v w x y z

Boxing Day ボクシングデー(クリスマスの翌日)(❗上記はイングランドとウェールズの休日)

❷《英》(学校の, あるいは個人でとる)休暇, 休み(=《米》vacation)
- have [take] a month's **holiday** in summer 夏に1か月の休暇をとる
- Have a good **holiday**! 楽しい休みを!, ゆっくり休んでね

on holiday 《英》休暇で, 休暇をとって(=《米》on vacation)
- I'm **on holiday** today. 私はきょうは休みです

hol·i·day·mak·er /hálədeimèikər ハリデイメイカ/ 名 C 《英》(休日の)行楽客, 遊覧客, 休暇で旅行中の人

ho·li·ness /hóulinəs ホウリネス/ 名 U 神聖であること;《**His** [**Your**] **Holiness**》聖下(♦ローマ教皇の尊称)

Hol·land /hálənd ハランド/ 名 オランダ(♦ヨーロッパ北西部の王国; Holland はかつては一地方名で, 正式には the Netherlands という)⇨**Netherlands**, **Dutch**

hol·ler /hálər ハラ/ 動 他 自 《米》《口語》大声で言う, 叫ぶ, どなる
— 名 C 《米》《口語》叫び声

hol·low B2 /hálou ハロウ/ 形 (比較級 **hollower**, **more hollow**; 最上級 **hollowest**, **most hollow**) 中がからの, うつろの; くぼんだ; 力のない, うつろな
— 名 C ❶ くぼみ, へこんだ所; 穴
❷ くぼ地, 盆地(ぼんち); 谷間(=valley)
— 動 他 うつろにする, くりぬく; 自 うつろになる, くぼむ

hol·ly /háli ハリ/ 名 (複 **hollies** /háliz/) U C 《植物》セイヨウヒイラギ(♦冬に真っ赤に熟した実をクリスマスの飾りに用いる)

Hol·ly·wood 高 /háliwùd ハリウド/ 名 ハリウッド(♦米国カリフォルニア州ロサンゼルス(Los Angeles)の一地区; 映画製作の中心地)

hol·o·caust B2 /hálək̀ɔːst ハロコースト/ 名 C 大虐殺;《**the Holocaust**》(第二次世界大戦中のナチスによる)ユダヤ人大虐殺

hol·o·gram /hóuləgræ̀m ホウログラム/ 名 C ホログラム(♦レーザー光線を使用した立体写真)

hol·ster /hóulstər ホウルスタ/ 名 C ホルスター(♦ベルト・肩につるすピストルケース)

ho·ly B1 高 /hóuli ホウリ/ 形 (比較級 **holier**; 最上級 **holiest**) ❶ 神聖な, 聖なる
- a **holy** war 聖戦
- the **Holy** Bible 聖書(❗単に the Bible ともいう)

❷ 清らかな, 信仰のあつい
❸《口語》ひどい, 手に負えない

Hóly Lánd 名《**the** をつけて》(キリスト教の)聖地(♦パレスチナのこと)

hom·age /hámidʒ ハミヂ/ 名 U 〔…に対する〕尊敬, 敬意《*to*》

home A1 中

/hóum ホウム/ (×ホーム)
名 (複 **homes** /hóumz/)
❶ U C 家庭, うち;《米》家(=house);《ふつう **the home**》(動物の)生息地; (植物の)自生地
- He left **home** when he was eighteen. 彼は18歳の時に家から出て独立した
- My **home** is that house up the road. 私のうちはこの道を行ったあの家です

似ている単語
家—**home** と **house**
home は「家族の住む場所, 家庭」という意味での「家」, **house** は「建物としての家」をさす. ただし, home は house の意味でも使う:
His **house** [**home**] is near here. 彼の家はこの近くです(❗どちらでも使える)

❷ C (子ども・老人・病人などの)収容施設, ホーム
- a **home** for the elderly 老人ホーム
- a nursing **home** 療養所
- children's **home** 養護施設

❸ U 故郷, ふるさと; 本国, 故国;《ふつう **the home**》発祥地, 本場
- the **home** of Rugby football ラグビーの発祥地

❹ U C 《野球》本塁, ホーム(ベース)

(=home plate) (❗日本語の「ホームイン」は, 英語では cross the plate, score a run, get home などという)

at home ① うちに, 在宅して
- He didn't stay **at home** yesterday. 彼は昨日, 家にいなかった
- stay **at home** うちにいる

② くつろいで, 気楽で
- feel **at home** くつろいだ気持ちになる
- Please make yourself **at home**. どうぞくつろいでください

③ (チームの)本拠地で, ホームで

─ 副 ❶ わが家へ[に], 家に[へ]; うちへもどって; 故郷へ, 本国へ
- get **home** うちに着く, 帰宅する
- walk **home** 歩いて家に帰る
- see [drive] her **home** 彼女を家まで送る [車で送る]
- I stayed [was] **home** all yesterday. 私はきのうは一日中家にいました
- Mom, **I'm home**! 母さん, ただいま!
- **Welcome home**! お帰りなさい! (❗旅行などから帰った人を迎えて「うちへ歓迎します」という意味)

❷ 《野球》本塁へ

bring A home to B AにBを正しく理解させる, 痛感させる

come home 家[故郷, 故国]に帰ってくる, 帰宅[帰郷, 帰国]する

come home to ... …に痛切に感じられる

go home 家[故郷, 故国]へ帰って行く (×go *to* home としない); 的中する

on one's way home = on the way home 帰宅途中で

─ 形 ❶ わが家の; 家庭の; 自家製の
- **home** life 家庭生活
- **home** cooking 家庭料理

❷ 故郷の; 国内の; 国産の (↔**foreign**) • **home** and **foreign** news 内外のニュース

❸ 《野球》本塁の; 本拠地での, ホームでの (↔**away**)

─ 動 (三単現 **homes** /hóumz/; 過去・過分 **homed** /hóumd/; 現分 **homing**)

自 家[本国]に帰る; 他 (飛行機などを)誘導する

home in on ... (飛行機などが)(自動装置で誘導されて)…へ目標に向かっていく

hóme báse 名 (=home plate)

home·bod·y /hóumbὰdi ホウムバディ/ 名 (複 **homebodies** /hóumbὰdiz/) C 《米》《口語》家庭的な人, マイホーム主義の人; 出不精の人

home·com·ing /hóumkʌ̀miŋ ホウムカミング/ 名 U (長期不在のあとの)帰宅, 帰省; C (大学の)同窓会

hóme económics 名 U 《ふつう単数扱い》(教科の)家庭科

home·land /hóumlæ̀nd ホウムランド/ 名 C 自国, 故国, 祖国

home·less B1 高 /hóumləs ホウムレス/ 形 住む家のない, ホームレスの
- the **homeless** = **homeless** people ホームレスの人たち

home·ly /hóumli ホウムリ/ 形 (比較級 **homelier**; 最上級 **homeliest**)
❶ 家庭的な; 飾(かざ)らない, 質素な (=simple) ❷ 《米》器量のよくない

home·made 高 /hóumméid ホウムメイド/ 形 自家製の; 手作りの
- **homemade** bread 自家製パン

home·mak·er /hóummèikər ホウムメイカ/ 名 C 家事専従者
日英比較 性別を問わず家のことを切り盛りする人をさす言葉

home·mak·ing /hóummèikiŋ ホウムメイキング/ 名 U 家政(術); (教科の)家庭科

Hóme Óffice 名 《the をつけて》《英》内務省

home·own·er /hóumòunər ホウモウナ/ 名 C 持ち家所有者

hóme pàge 名 C (インターネットの)ホームページ

hóme pláte 名 U 《野球》本塁, ホームベース (=home base)

Ho·mer /hóumər ホウマ/ 名 ホメロス (♦紀元前10世紀ごろのギリシャの大詩人)

hom·er /hóumər ホウマ/ 名 C 《野球》ホームラン, 本塁打 (=home run)

home·room /hóumrù:m ホウムルーム/ 名

UC 《米》(各クラスの)ホームルーム; ホームルームの生徒たち

hóme rún 名 (=homer)

home·sick /hóumsìk ホウムスィク/ 形 うちを恋しがる, 故郷を慕(した)う, ホームシックの

home·stay 中 /hóumstèi ホウムステイ/ 名 (複 **homestays** /hóumstèiz/) C ホームステイ

home·stead /hóumstèd ホウムステド/ 名 C 家屋敷; (付属建物も含めた)農場

hóme strétch 名 C (ゴール直前の)ホームストレッチ; (仕事などの)最終段階

home·town A1 高

/hóumtáun ホウムタウン/

名 (複 **hometowns** /hóumtáunz/) C ふるさと, 故郷; (現在住んでいる)町, 市

home·ward B2 /hóumwərd ホウムワド/ 形 家へ帰る, 家路への, 帰りの

— 副 家へ向かって, 家路へ

home·wards /hóumwərdz ホウムワヅ/ 副 (=homeward)

home·work A1 中

/hóumwə̀ːrk ホウムワーク/ 名 U

(学校の)宿題 (=assignment); (家でする)予習, 復習 (! housework (家事)との混同に注意)

- do *one's* **homework** 宿題をする
- have a lot of **homework** to do やらなければならない宿題がたくさんある (×a homework, ×homeworks としない)

> コロケーション
> 動+homework
> give [set] *homework* 宿題を与える
> hand in *homework* 宿題を提出する
> mark [grade] *homework* 宿題を採点する

hom·i·cid·al /hɑ̀məsáidl ハミサイドル/ 形 殺人(者)の, 殺人を犯しそうな

hom·i·cide /hɑ́məsàid ハミサイド/ 名 U C 殺人; C 殺人者

hom·ing /hóumiŋ ホウミング/ 形 巣や生育地に帰る, 回帰性の

- **homing** fish 回帰魚 《♦サケ・マス・ウナギなど》

ho·mo·ge·ne·i·ty /hòumədʒəníːəti ホウモヂニーイティ/ 名 U 同種; 同質; 均質性

ho·mo·ge·ne·ous /hòumədʒíːniəs ホウモヂーニアス/ 形 同種の; 同質の; 均質の

ho·mog·e·nize /həmɑ́dʒənàiz ホマヂェナイズ/ 動 他 均質にする

hom·o·graph /hɑ́məgræ̀f ハモグラフ/ 名 C 同形異義語 《♦kind (親切な)と kind (種類), wind (風)と wind (巻く)など》

hom·o·nym /hɑ́mənìm ハモニム/ 名 C 同音(同形)異義語 《♦week (週)と weak (弱い)のようにつづりの違う場合と, plane (平面, 飛行機)と plane (かんな)などのようにつづりの同じ場合がある》

hom·o·phone /hɑ́məfòun ハモフォウン/ 名 C (異形)同音異義語 《♦発音が同じで, 意味の異なるもの; つづりは同じ場合と異なる場合がある; hair (髪)と hare (野ウサギ)など》

ho·mo·sex·u·al /hòuməsékʃuəl ホウモセクシュアル/ 形 同性愛の

— 名 C 同性愛の人

ho·mo·sex·u·al·i·ty /hòuməsèkʃuǽləti ホウモセクシュアリティ/ 名 U 同性愛

Hon·du·ras /hɑndjúərəs ハンデュアラス/ 名 ホンジュラス 《♦中央アメリカにある共和国; 首都テグシガルパ (Tegucigalpa)》

hone B2 /hóun ホウン/ 名 C 砥石

— 動 他 (砥石(といし)でナイフなどを)研ぐ; (技術などを)磨く

hon·est B1 高 /ɑ́nəst アネスト|ɔ́nəst オネスト/ (×ホネスト) 形 正直な; 誠実な (↔**dishonest**)

- an **honest** boy 正直な少年
- an **honest** opinion 率直な意見
- Jack is very **honest**. ジャックはとても正直です
- He was **honest about** it with me. 彼はそのことを正直に私に話した

***to be honest* (*with you* [*about it*])** 正直に言うと

- **To be honest**, I think it is difficult. 正直言ってそれは難しいと思う

派生 **honesty** 名; 派生 **honestly** 副

hon·est·ly B1 /ánəstli アネストリ | ɔ́nəstli オネストリ/ 副 ❶ 正直に ❷《文を修飾して》正直に言えば, 正直なところ

hon·es·ty B1 /ánəsti アネスティ | ɔ́nəsti オネスティ/ 名 U
正直, 誠実さ (↔**dishonesty**)
• **Honesty** is the best policy. 《ことわざ》正直は最上の策である
派生 **honest** 形

hon·ey A2 高
/hʌ́ni ハニ/ 名 (複 **honeys** /hʌ́niz/)
❶ U はちみつ
• (as) sweet as **honey** みつのように甘い
❷ C ハニー, ねえ (=darling) (❗恋人・夫婦の間で呼びかけに用いる)

hon·ey·bee /hʌ́nibìː ハニビー/ 名 C 《昆虫》ミツバチ

hon·ey·comb /hʌ́nikòum ハニコウム/ 名 C ミツバチの巣

hon·ey·moon B1 /hʌ́nimùːn ハニムーン/ 名 (複 **honeymoons** /hʌ́nimùːnz/)
C 新婚旅行, ハネムーン
• go to Paris for *one's* **honeymoon** 新婚旅行でパリへ行く
— 動 (三単現 **honeymoons** /hʌ́nimùːnz/; 過去・過分 **honeymooned** /hʌ́nimùːnd/; 現分 **honeymooning**) 自 〔…に〕新婚旅行する《*in, at*》

hon·ey·suck·le /hʌ́nisʌ̀kl ハニサクル/ 名 U C 《植物》スイカズラ《♦つる植物》

Hong Kong /háŋ káŋ ハング カング/ 名 ホンコン, 香港《♦中国の特別行政府の1つ》

honk /háŋk ハンク/ 名 C (自動車などの)警笛の音; ガンの鳴き声 — 動 他 自 (警笛を)鳴らす; 自 (ガンが)鳴く

Hon·o·lu·lu /hànəlúːluː ハノルールー/ 名 ホノルル《♦米国ハワイ州の州都》

hon·or A2 高
/ánər アナ | ɔ́nə オナ/ (×ホナー) 名 (複 **honors** /ánərz/) ❶ U 尊敬, 敬意
• People **paid** [**did**] **honor** to the hero. 人々はその英雄に敬意を表した
❷ U 名誉(めいよ), 光栄 (↔**dishonor**); C 《単数形で》名誉[誇り]となる人[事], 光栄なこと
❸《**honors**》(学校の)優等
❹《His, Her, Your のあとにつけて》《**Honor**》閣下, 殿 (❗敬意を表して用いる)

have the honor of doing [***to do***] …する光栄に浴する

in honor of A = ***in A's honor*** Aに敬意を表して, Aを記念して

— 動 (三単現 **honors** /ánərz/; 過去・過分 **honored** /ánərd/; 現分 **honoring** /ánəriŋ/) 他
❶ 尊敬する, 敬意を表する (=respect)
❷ (手形・小切手などを)引き受けて支払う; (契約・約束を)守る

be honored with ... …を授けられる栄誉を受ける
派生 **honorable** 形

hon·or·a·ble B2 /ánərəbl アナラブル/ 形
❶ 尊敬すべき, 名誉ある, りっぱな (↔**dishonorable**)
• an **honorable** man 尊敬すべき人
❷《**the Honorable**》…閣下, …殿, …先生 (❗名前の前につけて敬意を表する; 米国では議員に対しても用いる)
派生 **honor** 名
hónorably 副 立派に

hon·or·ar·y /ánərèri アナレリ/ 形 名誉として与えられる; 名誉職の

hon·our /ánər アナ | ɔ́nə オナ/ 名 動 《英》(=honor)

hon·our·a·ble /ánərəbl アナラブル/ 形 《英》(=honorable)

hood B2 /húd フド/ (発音 food との違いに注意) 名 C ❶ (コートなどに付ける)フード, ずきん; (車の)ほろ, (電灯の)かさ, (カメラの)レンズフード ❷《米》(車の)ボンネット (=《英》bonnet)

-hood 接尾 「状態・性質」「時期」「集団」など (❗名詞)

hood·ed /húdəd フデド/ 形 フードの付いた

hood·lum /húːdləm フードラム/ 名 C 不良, ごろつき

hood·wink /húdwìŋk フドウィンク/ 動 他

(人を)だます; だまして…させる《*into doing*》

hoof /húf フフ/ 名 (複 **hoofs** /húfs/, **hooves** /húvz/) C (馬・牛などの)ひづめ; (ひづめを持つ動物の)足

hook B2 高 /húk フク/ 名 C ❶(物をつり下げる)かぎ, 留め金; (服を留める)ホック ❷《ボクシング》フック ❸釣り針

by hook or by crook なにがなんでも, ぜがひでも

off the hook 困難から抜け出して; (受話器が)はずれて

━ 動 ❶ 他 (服の)ホックをかける; 自 ホックで留まる
❷ 他 かぎ状に曲げる; かぎでひっかける, (釣り針で魚を)釣る

hook up かぎ[ホック]で留める

hooked /húkt フクト/ 形 ❶かぎ形の; ホックの付いた ❷《口語》〔…の〕中毒になって, 〔…に〕夢中になって《*on*》

hook·y /húki フキ/ 名 《次の成句で》

play hooky 《古風》学校をさぼる

hoo·li·gan /hú:ligən フーリガン/ 名 C フーリガン《◆サッカーの試合会場内外で暴徒化する集団》

hoop /hú:p フープ/ 名 C (輪回し遊びなどの)輪; (たるなどの)たが; (バスケットの)リング ━ 動 他 たがをかける

hoo·ray /huréi フレイ/ 間 (=hurray)

hoot /hú:t フート/ 動 自 (フクロウが)ホーホーと鳴く; 自 他 ブーブーとやじる
━ 名 C フクロウの鳴き声; 警笛(けいてき); やじの声

hooves /húvz フヴズ/ 名 hoof の複数形

hop[1] B1 /háp ハプ | hɔ́p ホプ/ 名 (複 **hops** /háps | hɔ́ps/) C 跳躍(ちょうやく), ぴょんととぶこと; ひと飛び

━ 動 (三単現 **hops** /háps/; 過去・過分 **hopped** /hápt/; 現分 **hopping**)
❶ 自 (人が片足で)ぴょんととぶ, (小鳥や動物が)ぴょんぴょんはねる; 他 とび越える, 他 (乗り物に)とび乗る
❷ 自 急いで行く; 短い旅行をする

hop it 《英》《口語》急いで立ち去る, 逃げる

hop to it 《米》《口語》仕事を始める; 急いでやる

hop[2] /háp ハプ/ 名 C 《植物》ホップ《◆クワ科多年生つる草; その実はビールの苦味をつけるのに用いる》

hope A1 中

/hóup ホウプ/ 名 (複 **hopes** /hóups/)
❶ U C 希望, 望み (↔**despair**)
• an unrealistic **hope** 非現実的な希望
• full of **hope** 希望に満ちて
• **lose** [**give up**] **hope** 失望[絶望]する

コロケーション
形+**hope**
high *hopes* 大きな期待
a faint [slight] *hope* かすかな希望
a new *hope* 新たな望み
a vain *hope* はかない希望
動+**hope**
give *hope* to ... …に希望を与える
raise *a person's hopes* 人に希望をいだかせる

❷ C 希望を与えるもの, ホープ; 頼みの綱 • have no **hope** of (doing) …する見込みはない

in the hope of ... [***that ...***] …を望んで, …を期待して
• He went on to college **in the hope of** becoming an engineer. 彼は技術者になることを希望して大学へ進学した

━ 動 (三単現 **hopes** /hóups/; 過去・過分 **hoped** /hóupt/; 現分 **hoping**) 他 自 期待する, 望む, 希望する
会話 "Will he succeed?" "**I hope so.**" 「彼はうまくいくでしょうか」「そうだといいですね」
会話 "Will he fail?" "**I hope not.**" 「彼はしくじるでしょうか」「そうでないといいですね」
文型 [**hope** (**that**) **...**] …ということを望む; …だといいと思う (❗《口語》では that はふつう省く)
[CAN-DO Tips 願望を言う]
• I **hope** (**that**) you will succeed. 私は君が成功することを希望する
• I **hope** it will be fine tomorrow. あしたお天気になるといいと思います

文型 [**hope to** *do*] …することを望む ● I **hope to** *see* you again soon. またじきにお会いすることを望みます
文型 [**hope for A**] Aを望む, 期待する ● We **hope for** some help from you. われわれは君からの援助を希望します
派生 **hopeful** 形

hope·ful B1 /hóupfəl ホウプフル/ 形 期待している, 希望を持った; 有望な (↔**hopeless**)
***be hopeful of* [*about*] …** …ということを期待している
━ 名 (複 **hopefuls** /hóupfəlz/) C 前途有望な人 派生 **hope** 名

hope·ful·ly B1 /hóupfəli ホウプフリ/ 副 願わくば, うまくいけば; 楽観的に

hope·less B1 /hóupləs ホウプレス/ 形 望みのない, 見込みのない, どうにもしようのない (↔**hopeful**)
hópelessly 副 希望を失って, 絶望して; 救いようもなく

hope·less·ness /hóupləsnəs ホウプレスネス/ 名 U 望みのないこと, どうしようもないこと, 絶望的な状態

hop·ing /hóupiŋ ホウピング/ 動 hope の現在分詞・動名詞

hop·scotch /hápskàtʃ ハプスカチ/ 名 U 石けり(遊び)

hóp, stèp, and júmp 名 《the をつけて》《スポーツ》(陸上競技の)三段跳び

horde /hɔ́ːrd ホード/ 名 C 群衆

ho·ri·zon B1 高 /həráizən ホライズン/ 名 (複 **horizons** /həráizənz/) C 地平線, 水平線 派生 **horizontal** 形

hor·i·zon·tal /hɔ̀ːrəzántl ホーリザントル/ (×ホライズントル) (発音 horizon との違いに注意) 形 地平線の, 水平線の; 水平な (↔ **vertical**) ● a **horizontal** line 水平線
━ 名 C 水平な線[面]
派生 **horizon** 名
horizóntally 副 水平に

horizòntal bár 名 U C 《スポーツ》(体操競技の)鉄棒

hor·mone /hɔ́ːrmoun ホーモウン/ 名 C ホルモン

horn B1 /hɔ́ːrn ホーン/ 名 (複 **horns** /hɔ́ːrnz/) C ❶ (牛・羊などの)角(つの) (! シカの枝のような角は antler という)
❷ 角笛(つのぶえ) ❸ 警笛(けいてき), クラクション ❹ (楽器の)ホルン
hórny 形 角の; 角製の; 角のような; 《俗語》性的に興奮した

hor·net /hɔ́ːrnət ホーネト/ 名 C 《昆虫》スズメバチ

hor·o·scope /hɔ́ːrəskòup ホーロスコウプ/ 名 C 星占い, 運勢; (星占い用の)天宮図, 十二宮図

hor·ren·dous /hɔːréndəs ホーレンダス/ 形 恐ろしい; ものすごい, 途方もない

hor·ri·ble B1 高 /hɔ́ːrəbl ホーリブル | hɔ́rəbl ホリブル/ 形
❶ 恐ろしい; ものすごい
● a **horrible** accident 恐ろしい事故
❷ とても不愉快な, 実にひどい, いやな 派生 **horror** 名
hórribly 副 恐ろしく; ひどく

hor·rid /hɔ́ːrəd ホーリド/ 形 恐ろしい; いまわしい; ひどく不快な

hor·rif·ic /hɔːrífik ホーリフィク/ 形 恐ろしい, ひどい

hor·ri·fied /hɔ́ːrəfàid ホーリファイド/ 形 恐怖に襲われた; ぞっとして, こわがって

hor·ri·fy B1 /hɔ́ːrəfài ホーリファイ/ 動 (三単現 **horrifies** /hɔ́ːrəfàiz/; 過去・過分 **horrified** /hɔ́ːrəfàid/; 現分 **horrifying**) 他 こわがらせる, ぞっとさせる; あきれさせる 派生 **horror** 名

hor·ri·fy·ing /hɔ́ːrəfàiiŋ ホーリファイイング/ 形 ぞっとするような, 恐怖を感じさせるような

hor·ror A2 高

/hɔ́ːrər ホーラ | hɔ́rər ホラ/
名 (複 **horrors** /hɔ́ːrərz/)
❶ U 恐怖; 大きらい, 嫌悪
❷ C ぞっとするほどいやなもの
❸ 《形容詞的》恐怖を感じさせる
● a **horror** movie [film] ホラー映画
派生 **horrible** 形; 派生 **horrify** 動

hors d'oeu·vre /ɔ̀ːr dɔ́ːrv オー ダーヴ/ 名 C オードブル, 前菜

horse A1 中
/hɔ́ːrs ホース/ (発音 hoarse と同音)
名 (複 **horses** /hɔ́ːrsəz/)
❶ C 馬
• ride a **horse** 馬に乗る
関連語〉 単語力
colt 雄の子馬
stallion 雄馬, 種馬
mare 雌馬
stable うまや
❷ C (体操用の)馬, 鞍馬(あんば), 跳馬(ちょうば), 木馬
Hold your horses! 早まるな, 落ち着け
━ 動 (三単現 **horses** /hɔ́ːrsəz/; 過去・過分 **horsed** /hɔ́ːrst/; 現分 **horsing**) 自 馬に乗る; 馬で行く
horse around ばか騒ぎをする; 暴れ回る

horse·back /hɔ́ːrsbæ̀k ホースバク/ 名 U 馬の背 ━ 副 馬に(乗って), 馬で

hórseback rìding 名 U 《米》 乗馬 (=《英》 horse-riding)

horse·man /hɔ́ːrsmən ホースマン/ 名 (複 **horsemen** /hɔ́ːrsmən/) C 馬に乗る人; 騎手(きしゅ)

horse·play /hɔ́ːrsplèi ホースプレイ/ 名 C (子どもの)ばか騒ぎ

horse·pow·er /hɔ́ːrspàuər ホースパウア/ 名 (複 **horsepower**) U C 馬力 《♦モーター, エンジンなどの力の単位; hp, HP と略す》

hórse ràce 名 C 競馬のひとレース ⇨**race**[1]

hórse ràcing 名 U 競馬 ⇨**race**[1]

horse·rad·ish /hɔ́ːrsræ̀diʃ ホースラディシュ/ 名 U 《植物》 セイヨウワサビ

hórse-rìding 名 U 《英》 乗馬 (=《米》 horseback riding)

horse·shoe /hɔ́ːrsʃùː ホースシュー/ 名 C (馬の)てい鉄 日英比較 「魔よけ」の力があると信じられていて, しばしば玄関のドアの上にくぎで打ちつけてあるのが見られる

hor·ti·cul·tur·al /hɔ̀ːrtəkʌ́ltʃərəl ホーティカルチャラル/ 形 園芸(学)の

hor·ti·cul·ture /hɔ́ːrtəkʌ̀ltʃər ホーティカルチャ/ 名 U 園芸; 園芸学

hose[1] /hóuz ホウズ/ 名 U 《集合的》 (長)靴下 (=stockings) (❗複数扱い)

hose[2] /hóuz ホウズ/ (×ホウス, ホース) 名 U C (消防や庭の水まきなどに使う)ホース
━ 動 他 ホースで水をかける

ho·sier·y /hóuʒəri ホウジャリ/ 名 U 《集合的》 靴下類

hos·pice B2 /háspis ハスピス/ 名 C ホスピス 《♦末期患者の治療施設》

hos·pi·ta·ble B2 /háspitəbl ハスピタブル/ 形 もてなしのよい, 親切な
hóspitably 副 歓待して, 手厚く

hos·pi·tal A1 中
/háspitl ハスピトル | hɔ́spitl ホスピトル/
名 (複 **hospitals** /háspitlz/) C
病院
• a general [an emergency] **hospital** 総合[救急]病院
• **enter** [**go to** [**into**]] (the) **hospital** 入院する
• leave (the) **hospital** 退院する
関連語〉 単語力
clinic 診療所
doctor's office 医院
infirmary (学校などの)医務室
emergency room 救急処置室 (❗略は ER)
operating room [《英》 theatre] 手術室
ward 病棟
nursing home (高齢者)養護施設

hos·pi·tal·i·ty B2 高 /hɑ̀spətǽləti ハスピタリティ/ 名 U 親切なもてなし, 厚遇; 歓待 • Thank you for your kind **hospitality**. 親切なおもてなしありがとうございます

hos·pi·tal·ize B2 /háspitlàiz ハスピトライズ/ 動 他 入院させる
hòspitalizátion 名 U 入院

host[1] A2 中
/hóust ホウスト/ (×ホスト)
名 (複 **hosts** /hóusts ホウスツ/) C
❶ (客を招いてもてなす) 主人(役) (↔

guest) ⇨**hostess**

• He acted as **host** at the party. 彼はパーティーで主人役をつとめた (❗冠詞の省略に注意)

❷ (大会などの)主催者; 《形容詞的》 主催者側の • the **host** country for the summit meeting サミット会議の主催国

❸ (ラジオ・テレビなどの)司会者

— 動 (三単現 **hosts** /hóusts ホウスツ/; 過去・過分 **hosted** /hóustəd/; 現分 **hosting**) 他 (会などを)主催する

host[2] /hóust ホウスト/ (×ホスト) 名 C 大勢, 多数

hos·tage /hástidʒ ハスティヂ/ 名 C 人質

hos·tel B1 /hástl ハストル/ 名 (複 **hos·tels** /hástlz/) C ユースホステル (=youth hostel)

host·ess /hóustəs ホウステス/ (×ホステス) 名 C ❶ (客をもてなす)女主人役 ❷ (テレビ番組などの)女性司会者; スチュワーデス (=stewardess)

hóst fàmily 名 C ホストファミリー 《◆ホームステイを引き受ける家族》

hos·tile /hástl ハストル/ 形 敵の; 敵軍の; 敵意のある (↔**friendly**)

hos·til·i·ty /hastíləti ハスティリティ/ 名 (複 **hostilities** /hastílətiz/) U 敵意, 敵がい心; 対立; 《**hostilities**》 交戦(状態), 戦闘

hot A1 中

/hát ハト|hɔ́t ホト/

意味マップ

形 ❶ 熱い; 暑い
❷ からい
❸ 激しい; 興奮した
❹ 最新の
❺ 性的に興奮した
❻ 近い
動 温める; 熱くなる

— 形 (比較級 **hotter**; 最上級 **hottest**)

❶ 熱い; 暑い (↔**cold**)

• **hot** water 湯, 熱湯 (←熱い水) ⇨図

• **hot** weather 暑い天気 ⇨図

• That plate is still **hot**! そのお皿はまだ熱いよ!

• Today is very **hot**. = It is very **hot** today. きょうはとても暑い (❗It はばく然と「気温」を表す)

• I feel **hot** all over with fever. 熱があって体がほてっている

• August is **the hottest** month of the year in Japan. 日本では8月が1年で最も暑い月です

❷ (味がコショウのように)からい, ひりひりする; (色・においなどが)強烈な (↔**mild**)

• This curry is too **hot** for me. このカレーは私にはからすぎる ⇨図

❸ 激しい, 熱烈な; 興奮した, 怒った (=angry), 短気な; 〔…に〕夢中な 《*on*》

• He has a very **hot** temper. 彼は気性がとても激しい[すぐかっとなる] ⇨図

❹ 最新の, ほやほやの; 《口語》 わくわくさせる, とてもよい • **hot** news 最新のニュース, ホットニュース

❺ 《口語》 性的に興奮した, 色っぽい

❻ (クイズなどで正解に)近い (↔**cold**); (獲物などに)近づいて

be hot at [***on***] *A* Aをよく知っている

— 動 (三単現 **hots** /háts ハツ/; 過去・過分 **hot·ted** /hátəd/; 現分 **hotting**) 他 (料理などを)温める, 熱くする; 自 熱くなる

hot up 《英》《口語》 激しくなる; 危険になる

派生 **heat** 名

関連語〉 単語力

cold 冷たい, 寒い

chilly ひえびえする

tepid, lukewarm 生ぬるい
mild 温暖な, 穏やかな
warm 温かい, 暖かい

hót-àir ballóon 名C 熱気球

hot·bed /hátbèd ハトベド/ 名C 〔犯罪などの〕温床《of》

hót càke 名C ホットケーキ (=pancake)

sell* [*go*] *like hot cakes 《口語》じゃんじゃん売れる, ひっぱりだこである

hót dòg 名C ホットドッグ

ho·tel A1中

/houtél ホウテル/ (×ホテル)
名 (複 **hotels** /houtélz/) C
ホテル, 旅館
- stay at a **hotel** ホテルに泊まる
- check in at a **hotel** ホテルにチェックインする
- check out of a **hotel** ホテルをチェックアウトする

hot·head·ed /háthédəd ハトヘデド/ 形 (人が)怒りっぽい; せっかちな, 性急な

hot·house /háthàus ハトハウス/ 名 (複 **hothouses** /háthàuzəz/) C 温室 (=greenhouse)

hót lìne 名C ホットライン《♦非常連絡用の直通電話[テレックス]; 特に2か国政府首脳間の直通回線》

hot·ly /hátli ハトリ/ 副 ❶怒って, かっと熱くなって ❷熱く, 暑く

hot·ness /hátnəs ハトネス/ 名U 暑さ, 熱さ; 熱心さ, 熱烈さ; 激怒

hót pépper 名C トウガラシ(の実)

hót plàte 名C (調理用の)ホットプレート

hót ròd 名C 《口語》(強力なエンジンを組み込んだ)改造車

hót spríng 中 名C 温泉; 温泉地

hot-tem·pered /háttémpərd ハトテンパド/ 形 短気な, 怒りっぽい

hot·ter /hátər ハタ/ 形 hot の比較級

hot·test /hátəst ハテスト/ 形 hot の最上級

hound /háund ハウンド/ 名C 猟犬

hour A1中

/áuər アウア/ (×アワー) (発音 our と同音)
名 (複 **hours** /áuərz/) C
❶1時間, 60分 (=sixty minutes) (❗hr と略す; 「分」は minute, 「秒」は second)
- in an **hour** 1時間で, 1時間もすれば
- an **hour**'s work 1時間の仕事
- half an **hour** = a half **hour** 半時間, 30分
- for six **hours** 6時間
- for **hours** 何時間も

❷時刻 (=time); (何かをするための)時間
- at this late **hour** こんな遅い時刻に
- Business **hours** are from 9 to 5. 営業時間は9時から5時までです

❸正時(しょうじ) 《♦12時, 1時などのちょうどの時刻》

at all hours 何時でも
on the hour 0分ちょうどに
keep early* [*late*] *hours 早寝早起きをする[朝寝夜ふかしをする]

派生 **hourly** 形副

hour·glass /áuərglæ̀s アウアグラス/ 名C (1時間計れる)砂時計 ⇨**sandglass**

hóur hànd 名C (時計の)時針, 短針 (❗「分針, 長針」は minute hand)

hour·ly B2 /áuərli アウアリ/ 形副 1時間ごとの[に], 1時間に1回(の)
派生 **hour** 名

house A1中

/háus ハウス/

意味マップ
名 ❶家, 住宅
❷建物, 小屋
❸議院
❹劇場; 興行
❺…家, 家系
動 ❶家に泊める; 住宅を与える
❷収納する

— 名 (複 **houses** /háuzəz ハウゼズ/) (×ハウセズ) C ❶家, 住宅 (❗通例, 1家族が住む1戸建ての家屋(かおく)) ⇨**home**
- a large **house** 大きな家

- Come to my **house** next Saturday. 今度の土曜にうちへおいでよ (=《口語》Come to my place next Saturday.)

コロケーション
形+**house**
a detached *house* 一戸建ての家
an empty *house* 空き家
a semi-detached *house* 2軒1棟建て住宅
a rented *house* 借家
a brick *house* れんが造りの家
a wooden *house* 木造の家
動+**house**
build a *house* 家を建てる
demolish [pull down] a *house* 家を取り壊す
move into a *house* 家に引っ越す
own a *house* 自分の家を持つ
rebuild a *house* 家を建て替える
repair a *house* 家を修繕する
rent a *house* (from ...) (…から)家を借りる
rent (out) a *house* (to ...) (…に)家を貸す

❷ (いろいろな目的に使われる)建物, 小屋
- a dog **house** 犬小屋 (=kennel)
- a publishing **house** 出版社, 発行所

❸《the House》議院
- **the House** of Representatives (米国の)下院; (日本の)衆議院
- **the House** of Lords (英国の)上院 (❗米国の上院は the Senate)
- **the House** of Councilors (日本の)参議院

❹ 劇場, 公会堂; 興行; 観衆
❺《the House》(名門の)…家, 家系

bring down the house (演技などが)拍手喝采(かっさい)を得る, 観客を魅了(みりょう)する
from house to house 家から家へ, 家を次々と
in house (自宅でなく)会社で
keep house 家事をする
on the house 無料で, 店のサービスで
play house ままごと遊びをする

— /háuz ハウズ/ (発音 名との違いに注意) 動 (三単現 **houses** /háuzəz/; 過去・過分 **housed** /háuzd/; 現分 **housing**) 他
❶ 家に泊める; 住宅を与える
❷ 収納する; 内蔵する

hóuse arrèst 名 U 自宅監禁; 在宅起訴

house·boat /háusbòut ハウスボウト/ 名 C ハウスボート《◆居住用の船》

house·bound /háusbàund ハウスバウンド/ 形 (病気で)家から出られない, 引きこもった

house·break·er /háusbrèikər ハウスブレイカ/ 名 C 押し込み強盗 (❗人をさす)

house·brok·en /háusbròukən ハウスブロウクン/ 形《米》(犬・ネコなどが)用便のしつけができている

house·clean·ing /háusklì:niŋ ハウスクリーニング/ 名 U (家などの)大そうじ; (不要な従業員の)解雇, 人員整理

house·coat /háuskòut ハウスコウト/ 名 C (女性用の)部屋着

house·hold B1 高 /háushòuld ハウスホウルド/ 名 (複 **households** /háushòuldz ハウスホウルヅ/) ❶ C 家中の者, 一家

日英比較 日本語の「家族」は, 夫婦とその子どもからなる family にあたるが, household は, 使用人も含めた世帯を構成する全員をいう

❷《形容詞的》一家の, 家の, 家庭用の
- **household** goods 家庭用品

house·hold·er /háushòuldər ハウスホウルダ/ 名 C 家の所有者; 世帯主

house·keep·er B2 /háuskì:pər ハウスキーパ/ 名 C 家政婦, 家事を任されている人

house·keep·ing /háuskì:piŋ ハウスキーピング/ 名 U 家事; 家計

house·maid /háusmèid ハウスメイド/ 名 C お手伝い, メイド

house·mate /háusmèit ハウスメト/ 名 C 同居人

house·plant /háusplæ̀nt ハウスプラント/ 名 C (室内用の)鉢植え植物

house·top /háustɑ̀p ハウスタプ/ 名 C 屋根

house·wares /háuswèərz ハウスウェアズ/ 名 《複数扱い》 家庭用品(売り場)

house·warm·ing /háuswɔ̀ːrmiŋ ハウスウォーミング/ 名 C 新居移転祝い(のパーティー)

house·wife B2 /háuswàif ハウスワイフ/ 名 (複 **housewives** /háuswàivz/) C 主婦

house·work B1 高 /háuswə̀ːrk ハウスワーク/ 名 U 家事 《♦そうじ, 洗たく, 料理など》 (! homework (宿題)との混同に注意)

hous·ing /háuziŋ ハウズィング/ 名 U 住宅供給; 《集合的》 住居, 家 • an acute **housing** shortage 深刻な住宅供給不足

hóusing pròject 名 C 《米》 (低所得者用の)公営団地

Hous·ton /hjúːstən ヒューストン/ 名 ヒューストン 《♦米国テキサス州の都市; NASA(米国航空宇宙局)の所在地》

hove /hóuv ホウヴ/ 動 heaveの過去形・過去分詞

hov·el /hʌ́vəl ハヴェル, hɑ́vəl ハヴェル/ 名 C 掘っ建て小屋, あばら家

hov·er B2 /hʌ́vər ハヴァ, hɑ́vər ハヴァ/ 動 自 ❶ (ヘリコプター・鳥などが, 空中で)停止飛行する, 旋回する ❷ (人が, 落ち着かなそうに)立っている; 〔…の周りを〕うろつく 《*around*》; さまよう

hov·er·craft /hʌ́vərkræ̀ft ハヴァクラフト, hɑ́vərkræ̀ft ハヴァクラフト/ 名 C 《商標》 ホバークラフト 《♦空気圧で浮上して進む水陸両用艇(てい)》

how A1 中

/háu ハウ/ 副

❶ 《方法・手段をたずねて》 どうやって, どんな方法で, どんなふうに, どのようにして

• **How** do you say "kuyashii" in English? 「くやしい」というのは英語でどう言うのですか

• "**How** do you go to school?" "I go by bus." 「君はどうやって学校へ通っていますか」「バスで行きます」

• **How** did you escape? 君はどのようにして脱出したのか (! 次例との語順の違いに注意)

• I want to know **how** you escaped. 私は君がどうやって脱出したのか知りたい

• Could you show me **how to** use this machine? この機械の使い方を教えていただけませんか (! how to use は「どうやって使うのか」)

❷ 《程度をたずねて》 どれくらい, どれほど

• [CAN-DO Tips 年齢を聞く]
How old is he? ⇨フォーカス 5 彼は何歳ですか (! 「How ...+be動詞+主語」の語順)

• I don't know **how old** he is. 彼が何歳だか私は知らない (! 文の一部にくり込まれると「主語+動詞」の語順になることに注意)

• **How long** is this river? この川はどのくらいの長さですか

• **How far** is it from here to the lake? ここから湖まではどのくらい遠いですか (! it はばく然と「距離」を表す)

• [CAN-DO Tips 数を聞く]
How many books do you have? 君は本を何冊持っていますか (! 一般動詞では「How ...+助動詞+主語+動詞」の語順)

• **How often** have you been here? 君はここへ何回来たことがありますか

• You'll never know **how much** I love you. 私がどんなにあなたを愛しているかあなたはわからないでしょう

• [CAN-DO Tips 値段を聞く・言う]
"**How much** is this pen?" "It's 1,000 yen." 「このペンはいくらですか」「千円です」

❸ 《健康・天候など》 どんなぐあいで, どんな状態で; いかがで ⇨成句 **How are you?**, **How do you do?**

• **How** was the weather during your trip? ご旅行中お天気はいかがでしたか

• **How**'s [**How** is] everything? 調子はどう? (←あなたについてすべての事はいかがですか)

❹ 《人の感じをたずねて》 どんなふうに, どうして; いかが

how

A1 副
中 /háu ハウ/

意味マップ

副 ❶ **どうやって**, どんな方法で
❷ **どれくらい**
❸ **どんなぐあいで**; いかがで
❹ **どんなふうに**; いかが
❺ **なんと**, どんなに…

ワンポイント・アドバイス

疑問詞としてhowとwh疑問詞の頻度ではhowは6番目だが, 英会話をマスターするにはもっとも役に立つ疑問詞の1つ. 特にHow old are you? (何歳ですか), How much is it?(いくらですか)などの決まり文句で使う場合がとても多い. こういったものをしっかり覚えよう.

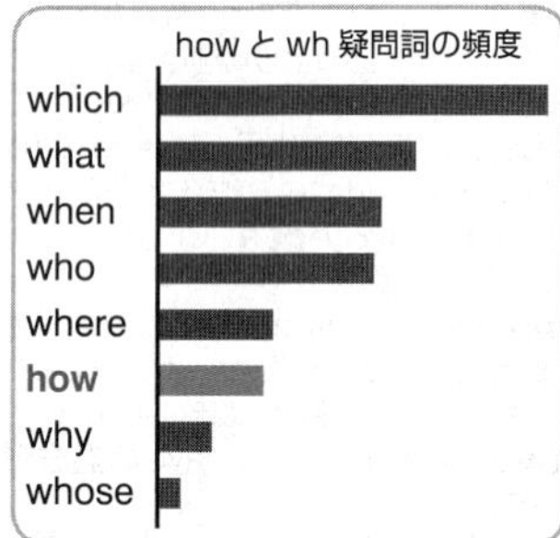

使えるコーパスフレーズ

howの定番会話フレーズ

1 **How are you (doing)?**
《知っている人とのあいさつ》こんにちは

2 **How do you do?**
《初対面のあいさつ》はじめまして

3 **How much is this?**
これはいくらですか

4 **How is it going?** 調子はどう?

5 **How old are you?**
あなたはおいくつ(何歳)ですか

ネイティブはこういう!

◆ **How's business?**
仕事の方はどう?

◆ **How are things?**
調子はどうですか

◆ **How many brothers and sisters do you have?**
ご兄妹は何人ですか

◆ **How about a cup of tea?**
お茶でもいかが?

教科書フレーズ

◆ **How was your day?** 今日はどうだった?
◆ **How is this possible?** どうしてこんなことが可能なの?
◆ **How many people came to the party?** パーティーには何人来たの?
◆ **How about going to that restaurant?** あのレストランに行くのはどう?

• **How** do you like Japan? 日本はいかがですか (←日本をどんなぐあいに好きですか)
• **How** do you feel about it? それについてどんなふうに感じますか
会話 "**How** do you like your tea?" "I like it with milk."「紅茶はどうやって飲みたい」「ミルク入りがいいね」
❺《感嘆文に用いて》**なんと, どんなに** … ⇨**what** 形❷
• **How** beautiful the sky is! 空はなんて美しいのでしょう (!「How＋形容詞[副詞]＋主語＋動詞」の語順)
• **How** fast he runs! 彼はなんて速く走るのだろう (=He runs very fast.)
• **How** kind **of** you! なんてご親切なんでしょう[ほんとうにありがとう]

使い方› 感嘆文
「How＋形容詞[副詞]＋主語＋動詞」の順序が基本だが, how の次の副詞や「主語＋動詞」を落としたり, 文全体を強めたりする言い方もする:
How (hard) the wind blew! 風が吹いたのなんの
How big (it is)! なんて大きいのだろう
How I wish to see you! 《やや古風》ああ, あなたに会いたい

How about …? 《会話の中で》**…はどうですか**

CAN-DO Tips› **提案する・申し出る**
How about …? **という表現を使うと, 提案したり申し出たりすることができるようになります**

• **How about** next Saturday afternoon? 今度の土曜日の午後はいかがですか
• **How about** playing tennis? テニスをしませんか (! 前置詞 about＋動名詞 playing (すること))

How are you? **こんにちは** (! 知っている人に会ったときのあいさつ)
[CAN-DO Tips **あいさつする**]
会話 "**How are you**?" "Fine, thank you. And you?" "Very well, thank you." ⇨フォーカス❶
「ごきげんいかがですか」「ありがとう, 元気です. あなたはいかが」「とても元気です, おかげ様で」

How are you doing? **元気かい** (! 親しい友達どうしのあいさつ; How are you? よりくだけた表現)
• "**How are you doing**, Tom?" ⇨フォーカス❶ トム, 元気なの?

How come (…)? 《口語》(…は)**なぜですか, どうして(…)ですか**
• **How come** you are late? なぜ君は遅れたの? (! How come のあとはふつうの文の語順になるので注意)

How do you do? **はじめまして; こんにちは** (! 初対面の人に対して言うあいさつのことば; 言われたほうも同じことばを返す)
会話 "May, this is Ken." "**How do you do**, Ken?" "**How do you do**, May?" ⇨フォーカス❷
「メイ, こちらがケンだよ」「はじめまして, ケン」「よろしく, メイ」

How·ard /háuərd ハウアド/ 名 **ハワード** 《♦男性名》

how·dy /háudi ハウディ/ 間 《口語》**やあ, よう** (=hi)

how·ev·er A2 中

/hauévər ハウエヴァ/ 副

❶ **しかしながら, だが**
[CAN-DO Tips **話の内容を逆接でつなぐ**]
(! 接続詞的な働きがある; but は文頭に置くが, however は文頭・文中・文末のいずれでもよい)
• They say he is honest. **However**, I do not believe him. 人は彼が正直だと言う. しかし私は彼を信じない
❷ **どんなに…でも** (! あとに形容詞・副詞がきて,「…でも」という節を導く)

● You can stay with us **however** long you like. 好きなだけ(長く)泊まっていっていいのですよ

❸ どのように…しても

howl /hául ハウル/ 動 自 (犬やオオカミが)声を長く引いてほえる, 遠ぼえする; (風などが)うなる; うめく

─ 名 C 長く引いてほえる声[音], 遠ぼえ; うめき声

hp, Hp 《略》 horsepower 馬力

HQ 《略》 headquarters 本部[司令部]

hr(s) 《略》 hour(s) 時間

http, HTTP /éitʃtì:tì:pí: エイチティーティーピー/ 《略》 hypertext transfer protocol 《◆インターネットの通信規約》

hub /hʌ́b ハブ/ 名 C (車輪の)中央部, こしき; (活動などの)中心(地)

hub·bub /hʌ́bʌ̀b ハバブ/ 名 U (群集の)どよめき, がやがや; 大混乱

hub·cap /hʌ́bkæ̀p ハブキャプ/ 名 C (自動車の車輪の)ホイールキャップ

Huck·le·ber·ry Finn /hʌ́klbèri fín ハクルベリ フィン/ 名 ハックルベリー・フィン 《◆マーク・トウェイン (Mark Twain) の小説『ハックルベリー・フィンの冒険』の主人公の少年》

huck·ster /hʌ́kstər ハクスタ/ 名 C (悪い手口で売りつける)販売員; 行商人

hud·dle /hʌ́dl ハドル/ 動 自 他 (暖を取るために)体を寄せ合う 《*up, together*》; 身を縮める 《*up*》

─ 名 C (人の)雑然とした群れ, (物の)寄せ集め

Hud·son /hʌ́dsn ハドスン/ 名 《**the Hudson**》 ハドソン川 《◆ニューヨーク市で大西洋に注ぐ米国の川(約 500km)》

hue[1] /hjú: ヒュー/ 名 C 色; 色合い, 色調

hue[2] /hjú: ヒュー/ 名 C 《次の成句で》

a hue and cry 抗議(の声)

huff /hʌ́f ハフ/ 名 C 《口語》 立腹

─ 動 自 《次の成句で》

huff and puff はあはあ息を切らせる

huff·y /hʌ́fi ハフィ/ 形 (比較級 **huffier**; 最上級 **huffiest**) 怒った, ぷりぷりした

hug A2 高

/hʌ́g ハグ/ 動 (三単現 **hugs** /hʌ́gz/; 過去・過分 **hugged** /hʌ́gd/; 現分 **hugging**)

他 ❶ (愛情をこめて)抱きしめる, ハグする; …に執着する

● The boy **hugged** his mother. 男の子はお母さんにハグをした (=The boy gave his mother a hug.)

❷ …に沿って行く; …の近くを行く

─ 名 (複 **hugs** /hʌ́gz/) C ハグ, 抱擁(ほうよう), 抱きしめること

huge B1 高 /hjú:dʒ ヒューヂ/ 形 (比較級 **huger**; 最上級 **hugest**) 巨大な (=very large) (⇔**tiny**); ばく大な

● a **huge** amount [sum] of money ばく大な金額

● a **huge** success 大成功

● a **huge** fan of Akira Kurosawa 黒澤明の大ファン

húgely B2 副 大いに

huh /hʌ́ ハ/ 間

❶ (同意を求めて)…でしょ, …だね

❷ (驚き・軽べつを表して)えっ, ふーん

hu·la /hú:lə フーラ/ 名 C フラ(ダンス) 《◆ハワイの宗教的民族舞踊》

hulk /hʌ́lk ハルク/ 名 C (船などの)残骸(ざんがい), 廃船; 大きくて不格好な人[もの]

hulk·ing /hʌ́lkiŋ ハルキング/ 形 大きくて不格好な, かさばった

hull[1] /hʌ́l ハル/ 名 C 船体

hull[2] /hʌ́l ハル/ 名 C (穀物などの)外皮, 殻; (豆の)さや

hul·la·ba·loo /hʌ́ləbəlù: ハラバルー/ 名 (複 **hullabaloos** /hʌ́ləbəlù:z/) C 《口語》 (怒りなどを含んだ)がやがや, 大騒ぎ

hul·lo /hʌlóu ハロウ/ 間 (=hello)

─ 名 (複 **hullos** /hʌlóuz/) (=hello)

hum /hʌ́m ハム/ 動 (三単現 **hums** /hʌ́mz/; 過去・過分 **hummed** /hʌ́md/; 現分 **humming**) 自 (ハチなどが)ブンブンいう; ハミングで歌う

─ 名 C ブンブンいう音

hu·man A2 中

/hjú:mən ヒューマン/ 形 ❶ 人間の

• **human** behavior 人間の行動
• by **human** error 人的ミスによって
❷ 人間的な, 人間らしい (↔**inhuman**)
• a **human** act 人間らしい行動
• a **human** weakness 人間的な弱さ
― 名 (複 **humans** /hjúːmənz/) C 人間 (=human being)
派生 **humanity**, **humanism** 名
派生 **humanize** 動

húman béing 名C 人, 人間 (❗単に human ともいう)

hu·mane B2 /hjuːméin ヒューメイン/ 形 人間味のある, 思いやりのある, 人情のある 派生 **humanity** 名

hu·man·ism /hjúːmənìzm ヒューマニズム/ 名U 人間中心主義, 人本主義, 人文主義
参考› 日本語の「ヒューマニズム(人道主義)」は humanitarianism
派生 **human** 形

hu·man·ist B2 /hjúːmənist ヒューマニスト/ 名C 人本主義者, 人道主義者
参考› 日本語の「ヒューマニスト(人道主義者)」は humanitarian

hu·man·i·tar·i·an /hjuːmæ̀nətéəriən ヒューマニテアリアン/ 形 人道主義の, 博愛の
― 名C 人道主義者, 博愛主義者, ヒューマニスト

hu·man·i·tar·i·an·ism /hjuːmæ̀nətéəriənìzm ヒューマニテアリアニズム/ 名U 人道主義, 博愛主義

hu·man·i·ty B1 高 /hjuːmǽnəti ヒューマニティ/ 名 (複 **humanities** /hjuːmǽnətiz/) ❶U 人類 (=mankind)
❷U 人間性; 人道, 博愛, 思いやり
❸《the humanities》人文科学
派生 **human**, **humane** 形

hu·man·ize B2 /hjúːmənàiz ヒューマナイズ/ 動 他 人間らしく[人間的に]する, 情け深くする 派生 **human** 形

hu·man·kind /hjúːmənkàind ヒューマンカインド/ 名U《集合的》人間, 人類

hu·man·like /hjúːmənlàik ヒューマンライク/ 形 人間のような, 人間に似た
• a **humanlike** robot 人型ロボット

hu·man·ly /hjúːmənli ヒューマンリ/ 副 人間の能力で; 人間らしく

húman náture 名U 人間性

hu·man·oid /hjúːmənɔ̀id ヒューマノイド/ 形 人間のような形をした, 人間に似た • a **humanoid** robot 人型ロボット
― 名C 人型ロボット; 人間の形をしたもの

húman ráce 名《the をつけて》人類

húman résources 名《複数扱い》人的資源, 人材;《単数扱い》(会社などの) 人事部門

húman ríghts B2 名《複数扱い》人権

hum·ble B2 /hʌ́mbl ハンブル/ 形 (比較級 **humbler**, **more humble**; 最上級 **humblest**, **most humble**) ❶ 謙虚(けんきょ)な, 謙遜(けんそん)した, へりくだった (↔**proud**); 卑屈な ❷ みすぼらしい, 粗末(そまつ)な; (身分など)低い, いやしい
― 動 他 謙遜する; 辱(はずかし)める

hum·bly /hʌ́mbli ハンブリ/ 副 謙虚に, 謙遜(けんそん)して

hum·bug B2 /hʌ́mbʌ̀g ハンバグ/ 名U ごまかし, ぺてん; たわごと; C うそつき, ぺてん師

hum·drum /hʌ́mdrʌ̀m ハムドラム/ 形 単調な, 平凡な; 退屈な

hu·mid B1 高 /hjúːməd ヒューミド/ 形 湿気の多い, じめじめした ⇨**damp**, **moist**

hu·mid·i·fi·er /hjuːmídəfàiər ヒューミディファイア/ 名C 加湿器

hu·mid·i·ty /hjuːmídəti ヒューミディティ/ 名U 湿気(しっけ), 湿度

hu·mil·i·ate B2 /hjuːmílièit ヒューミリエイト/ 動 他 恥をかかせる

hu·mil·i·at·ing B2 /hjuːmílièitiŋ ヒューミリエイティング/ 形 恥をかかせる, 屈辱(くつじょく)的な

hu·mil·i·a·tion B2 /hjuːmìliéiʃən ヒューミリエイション/ 名U 恥をかかせること, 恥, 屈辱(くつじょく), 不面目

hu·mil·i·ty /hjuːmíləti ヒューミリティ/ 名U 謙遜(けんそん), 謙虚; 卑下

hum·ming·bird /hʌ́miŋbə̀ːrd ハミングバード/ 名C《鳥》ハチドリ《◆細長いくち

ばしを持った小さな鳥》

hu·mor B1 /hjúːmər ヒューマ/ 名 (複 **humors** /hjúːmərz/)
❶ U ユーモア, おかしさ, こっけい
• He has a sense of **humor**. 彼はユーモアがわかる
❷ C 気分, きげん; U 気質
— 動 (三単現 **humors** /hjúːmərz/; 過去・過分 **humored** /hjúːmərd/; 現分 **humoring**) 他 ごきげんをとる; あやす
派生 **humorous** 形

hu·mor·ist /hjúːmərist ヒューマリスト/ 名 C ユーモア作家; ユーモアのある人

hu·mor·ous B1 高 /hjúːmərəs ヒューマラス/ 形 ユーモラスな, おかしい, こっけいな
派生 **humor** 名
húmorously 副 こっけいに

hu·mour /hjúːmər ヒューマ/ 名 《英》(= humor)

hump /hʌ́mp ハンプ/ 名 C (ラクダなどの背の)こぶ; 盛り上がり

Hump·ty Dump·ty /hʌ́mpti dʌ́mpti ハンプティ ダンプティ/ 名 ハンプティ・ダンプティ《♦英国に古くから伝わる童謡の『マザーグース』などに出て来る卵の形をした人物;「ずんぐりむっくりの人・ころぶと起き上がれない人」のたとえに用いられる》

hunch /hʌ́ntʃ ハンチ/ 名 C 《口語》〔…という〕予感, 第六感《*that*...》 — 動 自 背中を丸める; 他 (背中を)丸める

hunch·back /hʌ́ntʃbæ̀k ハンチバク/ 名 C 猫背の人

hun·dred A2 中

/hʌ́ndrəd ハンドレド/
名 (複 **hundreds** /hʌ́ndrədz ハンドレヅ/) (! 数詞のあとでは **hundred**) C
100, 百
• two **hundred** (and) thirty-one 231 (! 《米》ではふつう百の位の次に and を入れない)
• a **hundred** thousand 10万
hundreds of ... 何百という…; たくさん[多数]の…
• **Hundreds of** people attended the protest meeting. 何百という人々が抗議集会に参加した
— 形 100の
• for a **hundred** years 100年間

hun·dredth /hʌ́ndrədθ ハンドレドス/ 名 (複 **hundredths** /hʌ́ndrədθs/) C 第100番目; 100分の1 (! 101番目は hundred and first のようにいう)
— 形《ふつう **the hundredth**》第100番目の; 100分の1の

hun·dred·weight /hʌ́ndrədwèit ハンドレドウェイト/ 名 (! 数詞のあとでは hundredweight) C ハンドレッドウェイト《♦重量の単位. 100ポンド(約45.36キロ)》

hung /hʌ́ŋ ハング/ 動 hangの過去形・過去分詞

Hun·gar·i·an /hʌŋgéəriən ハンゲアリアン/ 形 ハンガリーの, ハンガリー人[語]の
— 名 C ハンガリー人; U ハンガリー語

Hun·ga·ry /hʌ́ŋgəri ハンガリ/ 名 ハンガリー《♦ヨーロッパ中部の共和国; 首都ブダペスト(Budapest)》

hun·ger B1 高 /hʌ́ŋgər ハンガ/ 名
❶ U 飢(う)え, 空腹 ❷《ふつう **a hunger**》渇望(かつぼう), あこがれ
— 動 (三単現 **hungers** /hʌ́ŋgərz/; 過去・過分 **hungered** /hʌ́ŋgərd/; 現分 **hungering**) 自 飢える;〔…を〕渇望する《*for, after*》 派生 **hungry** 形

húnger strìke 名 C ハンガーストライキ《♦物を食べずにする抗議のストライキ》

hung·o·ver /hʌ̀ŋóuvər ハングオウヴァ/ 形 二日酔いの

hun·gri·ly /hʌ́ŋgrili ハングリリ/ 副 おなかをすかせて; ひもじそうに, がつがつと; 切望して

hun·gry A1 中

/hʌ́ŋgri ハングリ/
形 (比較級 **hungrier**; 最上級 **hungriest**)
空腹の, 飢(う)えた
会話 "Are you **hungry**?" "Yes, a little."「おなかすいたかい」「ええ, 少し」

go hungry 飢える，おなかをすかしている
派生 **hunger** 名

hunk /hʌ́ŋk ハンク/ 名 C (パン・肉などの)大きな塊; たくましいセクシーな男

hunt B1 高 /hʌ́nt ハント/ 動 (三単現 **hunts** /hʌ́nts ハンツ/; 過去・過分 **hunted** /hʌ́ntəd/; 現分 **hunting**) 他 狩る; 自 狩りをする ● go **hunting** 狩りに出かける
● **hunt for** a job 職さがしをする
━ 名 (複 **hunts** /hʌ́nts ハンツ/) C
❶ 捜索，さがすこと ❷ 狩り

hunt·er A2 高

/hʌ́ntər ハンタ/ 名 (複 **hunters** /hʌ́ntərz/) C ❶ 猟師，狩猟家 ❷ 猟犬

hunt·er-gath·er·er /hʌ́ntərgǽðərər ハンタギャザラ/ 名 C 狩猟採集民

hunt·ing B2 高 /hʌ́ntiŋ ハンティング/ 名 U 狩り，狩猟; 探求，捜索
● job **hunting** 職さがし

hur·dle /hə́ːrdl ハードル/ 名 C (競技用の)ハードル; 《**hurdles**》(=hurdle race)

húrdle ràce 名 C ハードル競走，障害物競走

hurl /hə́ːrl ハール/ 動 他 (強く)投げつける; 投球する; (悪口を)浴びせる
━ 名 C 投げつけること

Hu·ron /hjúərən ヒュアロン/ 名 《**Lake Huron**》ヒューロン湖 (◆北米五大湖の1つ) ⇨**the Great Lakes**

hur·rah /hurɔ́ː フロー/ 間 ばんざい!，フレー!

hur·ray /huréi フレイ/ 間 (=hurrah)
━ 名 (複 **hurrays** /huréiz/) (=hurrah)

hur·ri·cane /hə́ːrəkèin ハーリケイン/ 名 C ❶ 大旋風(せんぷう)，ハリケーン

> 参考› hurricane はカリブ海やメキシコ湾上で発生し，アメリカ諸州を襲う. 中国沿岸や日本を襲うものは typhoon (台風)

❷ (感情などの)激発

hur·ried /hə́ːrid ハーリド/ 形 大急ぎの，あわてた，あわただしい
● eat a **hurried** meal 大急ぎで食事をする

hur·ried·ly B1 /hə́ːridli ハーリドリ/ 副 大急ぎで，あわてて，あわただしく

hur·ry A1 中

/hə́ːri ハーリ|hʌ́ri ハリ/ 名 U 急ぐこと，急ぎ
● What's the **hurry**? どうして急ぐんだ

in a hurry 急いで，あわてて; あせって

in no hurry 急がずに，ゆっくりとかまえて; …をしたがらないで

━ 動 (三単現 **hurries** /hə́ːriz/; 過去・過分 **hurried** /hə́ːrid/; 現分 **hurrying**)
❶ 自 急ぐ; 急いで行く ⇨**haste**
● **hurry** back 急いで帰る
● He **hurried** to the station. 彼は駅へ急いだ
❷ 他 急がせる，せかせる; 急いで行かせる[送る]

hurry up 急ぐ; 急がせる
● **Hurry up** or you'll be late for school. 急ぎなさい，さもないと学校に遅れるよ (❗「命令文＋or」の or は「さもないと」)

hurt A1 中

/hə́ːrt ハート/ 動 (三単現 **hurts** /hə́ːrts ハーツ/; 過去・過分 **hurt**; 現分 **hurting**) (❗原形・過去形・過去分詞ともに同形であることに注意)
❶ 他 (肉体を)傷つける，けがをさせる
● Tom **hurt** his leg badly when he fell off his bike. トムは自転車から落ちたときに足にひどいけがをした
❷ 自 (傷などが)痛む; 痛みを与える; 他 痛くする
会話 "Where does it **hurt**?" "My left leg **hurts**."「どこが痛いんですか」「左足が痛い」
❸ 他 (感情などを)傷つける，害する; 自 (心が)痛む
● I am afraid I have **hurt** her feelings. 私は彼女の感情を害したようだ
━ 形 けがをした，傷ついた
● Aren't you **hurt**? おけがはないですか
━ 名 (複 **hurts** /hə́ːrts ハーツ/) U C けが，傷; (精神的)苦痛
派生 **hurtful** 形

hurt·ful /hə́ːrtfəl ハートフル/ 形 害になる, 有害な 派生 **hurt** 名

hur·tle /hə́ːrtl ハートル/ 動 自 すごい勢いで進む, 突進する

hus·band A1 中

/hʌ́zbənd ハズバンド/ 名
(複 **husbands** /hʌ́zbəndz ハズバンヅ/) C
夫

• **husband** and wife 夫婦 (! 対句で使われるときは ×*a*, ×*the* をつけない)

• an ex-**husband** 前夫, 別れた夫

hush B2 /hʌ́ʃ ハシュ/ 動
❶ 自 だまる, 静かにする
❷ 他 だまらせる, 静かにさせる

hush up (醜聞・事件などを)もみ消す

━ 名 《単数形で》 静けさ, 静粛(せいしゅく)

━ 間 しっ, 静かに

• **Hush!** しっ, だまれ!

hush·ed /hʌ́ʃt ハシュト/ 形 静まりかえった, しんとした

hush-hush /hʌ́ʃhʌ̀ʃ ハシュハシュ/ 形 《口語》 (企てなどが)極秘の, 秘密の (=secret)

husk /hʌ́sk ハスク/ 名 C (穀類などのかさかさしている)外皮, から; 《米》 トウモロコシの皮

━ 動 他 …のからを取る[むく]

husk·y[1] /hʌ́ski ハスキ/ 形 (比較級 **huskier**; 最上級 **huskiest**)
❶ (声が)かれた, ハスキーな
❷ 《口語》 がっしりした, 体格のいい

hus·ky[2] /hʌ́ski ハスキ/ 名 (複 **huskies** /hʌ́skiz/) C 《動物》 ハスキー(犬)

hus·sy /hʌ́si ハスィ/ 名 (複 **hussies** /hʌ́siz/) C 《古風》 あばずれ女, おてんば娘

hus·tle /hʌ́sl ハスル/ 動 他 (人を)乱暴に押す; 乱暴に押し分けて進む; (人を)急がせる; 自 急ぐ; はりきる, ハッスルする

━ 名 《単数形で》 精力的な活動, ハッスル

hus·tler /hʌ́slər ハスラ/ 名 C 《口語》 ペテン師; やり手; (賭けをする)勝負師

hut B1 高 /hʌ́t ハト/ 名 (複 **huts** /hʌ́ts ハッツ/) C (粗末な)小屋, ほったて小屋; (山の)ヒュッテ, バンガロー

hutch /hʌ́tʃ ハチ/ 名 C (ウサギなどを飼う)おり, 箱; 小屋

hy·a·cinth /háiəsìnθ ハイアスィンス/ 名 C 《植物》 ヒヤシンス 《◆ユリ科の花》

hy·brid B2 /háibrəd ハイブリド/ 形 雑種[混成]の

━ 名 C (生物の)雑種; 混成語[物]

Hýde Párk /háid ハイド/ 名 ハイドパーク 《◆ロンドン市内の大公園》 ⇨ **Speakers' Corner**

hy·drant /háidrənt ハイドラント/ 名 C (柱状の)消火栓; 給水栓

hy·drau·lic /haidrɔ́ːlik ハイドローリク/ 形 水力学の; 水圧[油圧]の

hy·drau·lics /haidrɔ́ːliks ハイドローリクス/ 名 《単数・複数扱い》 水力学

hy·dro·car·bon /hàidrəkɑ́ːrbən ハイドロカーボン/ 名 C 《化学》 炭化水素

hy·dro·e·lec·tric /hàidrouiléktrik ハイドロウイレクトリク/ 形 水力電気[発電]の

hy·dro·foil /háidrəfɔ̀il ハイドロフォイル/ 名 C 水中翼船

hy·dro·gen /háidrədʒən ハイドロヂェン/ 名 U 《化学》 水素 (! 元素記号H)

hýdrogen bòmb 名 C 水素爆弾 (=H-bomb)

hy·dro·pho·bi·a /hàidrəfóubiə ハイドロフォウビア/ 名 U 病的な水への恐怖; 恐水病, 狂犬病

hy·dro·plane /háidrəplèin ハイドロプレイン/ 名 C 水上(飛行)機; 水中翼船

hy·dro·pow·er /háidrəpàuər ハイドロパウア/ 名 U 水力発電

hy·e·na /haiíːnə ハイイーナ/ 名 C 《動物》 ハイエナ 《◆イヌに似た肉食動物》

hy·giene B2 /háidʒiːn ハイヂーン/ 名 U 衛生, 清潔; 衛生学

hy·gi·en·ic /hàidʒiénik ハイヂエニク/ 形 衛生的な, 衛生学の; 清潔な

hymn /hím ヒム/ 名 C 《キリスト教》 (教会で使う)賛美歌, 聖歌

━ 動 他 讃美歌を歌ってたたえる

hym·nal /hímnəl ヒムナル/ 名 賛美歌集

hype /háip ハイプ/ 名 U 《口語》 誇大広告, 大げさな報道 ━ 動 他 《口語》 誇

大に宣伝する，あおり立てる

hyper- 接頭「上」「超過」「過度」
● **hyper**tension 高血圧

hy·per·ac·tive /hàipəræktiv ハイパラクティヴ/ 形 (子どもなどが)じっとしていられない，落ち着きがない

hy·per·bo·le B2 /haipə́ːrbəli ハイパーボリ/ 名 U《修辞学》誇張法; C 誇張表現

hy·per·crit·i·cal /hàipərkrítikəl ハイパクリティカル/ 形 やたらと文句をつける

hy·per·link /háipərlìŋk ハイパリンク/ 名 C《コンピュータ》ハイパーリンク

hy·per·sen·si·tive /hàipərsénsətiv ハイパセンスィティヴ/ 形 過敏症の; 〔…に〕神経質すぎる《*about, to*》

hy·per·ten·sion /hàipərténʃən ハイパテンション/ 名 U《医学》高血圧(症)

hy·per·text /háipərtèkst ハイパテクスト/ 名 U《コンピュータ》ハイパーテキスト

hy·phen B2 /háifən ハイフン/ 名 C ハイフン《◆「-」の符号》

使い方› ハイフン (**hyphen**)
(**1**) 2語(以上)を結びつけて1語にするときや，1つの語を2行にまたがって書くときの行末に使う:
well-known (有名な)
mother-in-law (義理の母)
English-Japanese dictionary (英和辞典)
(**2**) 21から99までの1の位が0でない数字や分数はハイフンを入れる:
twenty-one (21) ninety-nine (99)
one-third (3分の1)

hy·phen·ate /háifənèit ハイフェネイト/ 動 他 (語を)ハイフンでつなぐ

hy·phen·at·ed /háifənèitəd ハイフェネイテド/ 形 (単語などが)ハイフンでつながった，ハイフンつきの
● **Hyphenated** Americans 外国系米国人

hyp·no·sis /hipnóusəs ヒプノウスィス/ 名 U 催眠(状態); 催眠術

hyp·not·ic /hipnátik ヒプナティク/ 形 催眠(術)の; 催眠作用のある; (人が)催眠術にかかりやすい

hyp·no·tism /hípnətìzm ヒプノティズム/ 名 U 催眠術

hyp·no·tist /hípnətist ヒプノティスト/ 名 C 催眠術師

hyp·no·tize /hípnətàiz ヒプノタイズ/ 動 他 (人に)催眠術をかける，催眠状態にする

hy·po·chon·dri·a /hàipəkándriə ハイポカンドリア/ 名 U《医学》ヒポコンデリー，心気症《◆病気でないのに病気ではないかと恐れる心的状態》

hy·po·chon·dri·ac /hàipəkándriæ̀k ハイポカンドリアク/ 名 C《医学》ヒポコンデリー[心気症]患者
― 形 ヒポコンデリー[心気症]の

hy·poc·ri·sy /hipákrəsi ヒパクリスィ/ 名 (複 **hypocrisies** /hipákrəsiz/) U 偽善; C 偽善的行為

hyp·o·crite /hípəkrit ヒポクリト/ 名 C 偽善者

hyp·o·crit·i·cal /hìpəkrítikəl ヒポクリティカル/ 形 偽善の，偽善的な; みせかけの **hỳpocrítically** 副 偽善的に

hy·po·der·mic /hàipədə́ːrmik ハイポダーミク/ 形 皮下の
― 名 C 皮下注射 (=hypodermic injection); 皮下注射器

hy·poth·e·ses /haipáθəsìːz ハイパセスィーズ/ 名 hypothesis の複数形

hy·poth·e·sis /haipáθəsəs ハイパセスィス/ 名 (複 **hypotheses** /haipáθəsìːz/) C 仮説，仮定

hy·po·thet·i·cal /hàipəθétikəl ハイポセティカル/ 形 仮説の，仮定の，仮説に基づいた **hỳpothétically** 副 仮説に基づいて

hys·te·ri·a /histíəriə ヒスティアリア/ 名 U《心理》ヒステリー; 病的興奮; (群衆などの)異常興奮

hys·ter·i·cal /histérikəl ヒステリカル/ 形 ヒステリー状態の，異常[病的]に興奮した

hys·ter·i·cal·ly /histérikəli ヒステリカリ/ 副 狂乱[ヒステリー]状態で

hys·ter·ics /histériks ヒステリクス/ 名《しばしば単数扱い》《心理》ヒステリーの発作; 異常[病的]な興奮状態

Hz, hz《略》hertz ヘルツ

I i *I i*

I[1], **i** /ái アイ/ 名 (複 **I's, i's** /áiz/)
❶ U C 英語アルファベットの第9番目の文字 ❷ U (ローマ数字の) 1

I[2] A1 中

/ái アイ/ (発音 eye と同音) 代 (複 **we** /wí/)
私は, 私が (! 主格として文の主語に用いる; 所有格 my, 目的格 me, 所有代名詞 mine)
• [CAN-DO Tips 自分のことを言う]
My name is Ono. **I** am Japanese.
私の名前は小野です. 私は日本人です
• You and **I** are friends. 君とぼくは友達だ
会話 "**I** love movies. And this is my favorite one." "Really? Me, too."
「私は映画が大好きです. で, これは私のお気に入り」「本当? 私もです」

使い方》
(1) I は文中のどこにあっても常に大文字
(2) ほかの名詞・代名詞と並べるときはふつう I は最後に, you は最初にくる
(3) 日本語では「私の」「私を」などのように, 「私」に「の」や「を」などをつけるが, 英語では形が変わる. you, he, she, we, they も同様:
My purse was stolen and **I** have no money with **me**. 私はさいふを盗まれてお金の持ち合わせがありません

IA 《略》 Iowa アイオワ(州)
-ial 接尾 「…の(ような)」 (! 形容詞)
I·an /í:ən イーアン/ 名 イアン (♦男性名)
-ian 接尾 「…に関係する(人[もの])」「…に属する(人[もの])」 (! 形容詞・名詞)
i·bis /áibis アイビス/ 名 (複 **ibis, ibises** /áibisəz/) C 《鳥》 トキ
-ible 接尾 「…できる」「…されうる」 (! 形容詞)
IC 《略》 integrated circuit 集積回路
-ic 接尾 「…のような」「…的な」「…に属する」 (! 形容詞)
-ical 接尾 「…のような」「…的な」「…に関する」 (! 形容詞)

ice A1 中

/áis アイス/ 名 (複 **ices** /áisəz/)
❶ U 氷
• The lake is covered with **ice**. 湖は氷でおおわれている (×*an* ice, ×ices としない) • I slipped on the **ice**. 私は氷の上ですべってころんだ (! 張っている氷はふつう the をつける)
• Give me three pieces of **ice** in my glass. 私のグラスに氷を3つ入れてください (! 数を言うときは a piece of ice, a block of ice のように言う)
❷ C アイス, 氷菓子
break the ice (パーティー・初対面の場などで)緊張をほぐす, 場を和ませる
— 動 (三単現 **ices** /áisəz/; 過去・過分 **iced** /áist/; 現分 **icing**) ❶ 他 《米》 (氷などで)冷やす ❷ 他 《英》 (ケーキなどに)砂糖ごろもをかける 派生 **icy** 形
íce àx 名 C ピッケル (♦雪山登山用のつるはし型用具)
ice·berg /áisbə̀:rg アイスバーグ/ 名 C 氷山; 冷淡な人
ice·box /áisbɑ̀ks アイスバクス/ 名 C アイスボックス; 《米》 (冷凍[電気])冷蔵庫, 《英》 冷凍室 (=refrigerator)
ice·break·er /áisbrèikər アイスブレイカ/ 名 C 砕氷船
ice·cap /áiskæ̀p アイスキャプ/ 名 C 氷冠 (♦高山の頂上部をおおう万年雪(氷)); 氷嚢(ひょうのう)

íce crèam A1 高

名 U C アイスクリーム
• vanilla **ice cream** バニラアイスクリーム

íce-cream còne 名C アイスクリームコーン; (コーンに入った)ソフトクリーム

íce-cream sóda 名UC (アイス)クリームソーダ

íce cùbe 名C (製氷皿で作った)角氷

iced /áist アイスト/ 形 ❶氷で冷やした
- **iced** coffee アイスコーヒー

❷(ケーキに)砂糖ごろもをかけた

íce hòckey B1 名U 《スポーツ》アイスホッケー (! 《米》では hockey のみでもアイスホッケーをさす) ⇨**hockey**

Ice·land /áislənd アイスランド/ 名 アイスランド (=Republic of Iceland) 《♦北大西洋上の共和国; 首都レイキャビク (Reykjavik)》

Ice·lan·dic /aislǽndik アイスランディク/ 形 アイスランドの
—名C アイスランド人

íce lól·ly /lάli ラリ/ 名 (複 **ice lollies** /lάliz/) C 《英》アイスキャンディー (=《米》Popsicle)

íce skàte 名C 《ふつう **ice skates**》アイススケート靴; スケート靴の刃[エッジ]

íce-skàte 動自 アイススケートをする

íce-skàting B1 名U 《スポーツ》アイススケート

i·ci·cle /áisikl アイスィクル/ 名C つらら

ic·ing /áisiŋ アイスィング/ 名U (菓子などにかける)衣 《♦砂糖・バターなどで作る》

i·con B2 /áikɑn アイカン/ 名C 聖像; 像, 肖像; 偶像視される人; 《コンピュータ》アイコン 《♦画面上の絵記号》

i·cy B2 高 /áisi アイスィ/ 形 (比較級 **icier**; 最上級 **iciest**) 氷の; 氷で覆われた, 氷の張った; (氷のように)冷たい, 冷淡な

派生 **ice** 名

ID[1] A2

/áidí: アイディー/ 名 (複 **IDs** /áidí:z/) C

❶身分証明書 (=ID card, identity [identification] card)

❷個人識別番号

ID[2] 《略》Idaho アイダホ(州)

I'd 中 /áid アイド/ I would, I should, I had の短縮形
- **I'd** (=I would [should]) like to see it. それを見たいものです

I·da·ho /áidəhou アイダホウ/ 名 アイダホ (! 米国北西部のロッキー山脈にかかる州; Ida., Id., (郵便で) ID などと略す)

i·de·a A1 中

/aidí:ə アイディーア | aidíə アイディア/ (×アイデア) 名 (複 **ideas** /aidí:əz/) C

意味マップ
❶思いつき, 考え
❷見当
❸(ばく然とした)予感
❹思想

❶(ふとした)思いつき, 考え, アイデア; 意見 (=opinion); 目的
- That's a good **idea**. それはいい考え[アイデア]だ
- I've **got a great idea**. 名案が浮かんだ
- It's a good **idea** to buy a few souvenirs here. おみやげをここで買うのは良い考えね
- I think the whole **idea** is ridiculous. その考え方はまるでばかげていると思う
- (Do you have) any **ideas**? 何かお考えはありますか

コロケーション
形+**idea**
a bad *idea* まずいアイデア
a wonderful *idea* すばらしいアイデア
a new *idea* 新鮮なアイデア
a clear *idea* はっきりとした考え
動+**idea**
develop an *idea* アイデアを広げる
think of an *idea* アイデアを考えつく

❷見当, 想像 (! 疑問文・否定文で用いることが多い; have の目的語として「知っている, わかっている」の意味で用いられることが多い)
- There will be a special meeting after school. Do you **have** any **idea** what it is about? 放課後特別集会があるけど何のことだか知ってる?
- I **have no idea** who did this. だれが

これをしたのか私には見当もつかない
❸(ばく然とした)予感,〔…という〕感じ《*that* ...》
• I have an **idea** (**that**) he will win. 私は彼が勝つような気がする
❹(はっきりした)思想, 観念, 考え
• Eastern **ideas** 東洋思想
• This is my **idea** of education. これが私の教育についての考え[教育観]です

get the idea that ... …とわかる; …と思い込む

i·de·al A1 高

/aidíːəl アイディーアル/ (×アイディアル) 形
理想的な, 申し分ない; 想像上の
• He will be an **ideal** husband for me. 彼は私の理想的な夫になるでしょう

— 名 (複 **ideals** /aidíːəlz/) C
理想; 理想的な人[物]
• There is a great gap between the **ideal** and the real. 理想と現実の間には大きな隔たりがある
派生 **idealize** 動

i·de·al·ism /aidíːəlìzm アイディーアリズム/ 名 U 理想主義 (↔**realism**);《哲学》観念論, 唯心論 (↔**materialism**)

i·de·al·ist /aidíːəlist アイディーアリスト/ 名 C 理想主義者;《哲学》観念論者, 唯心論者

i·de·al·is·tic /aidìːəlístik アイディーアリスティク/ 形 理想主義的, 非現実的な; 観念論的な

i·de·al·ize /aidíːəlàiz アイディーアライズ/ 動 他 理想化する
• My parents often **idealize** the past. 私の親は過去を理想化しがちだ
派生 **ideal** 形
idèalizátion 名 U 理想化; C 理想像

i·de·al·ly B2 /aidíːəli アイディーアリ/ 副 理想的に, 申し分なく; 理想的には; 観念的には

i·den·ti·cal B2 /aidéntikəl アイデンティカル/ 形 同一の, まったく同じ, まさにその (=the very same) (❗same よりも同一度が高く, ほとんど見分けがつかない場合に用いる);〔…と〕同様の, (別々のものが)とてもよく似た, 等しい, 一致する《*with, to*》
• This jacket is **identical with** [**to**] mine. このジャケットは私のと同じ物だ
派生 **identity** 名; 派生 **identify** 動
idéntically 副 同様に

idéntical twín 名 C 一卵性双生児(の 1 人) (❗二卵性双生児は fraternal twin)

i·den·ti·fi·a·ble /aidéntifàiəbl アイデンティファイアブル/ 形 同一であることが確認できる, 見分けやすい

i·den·ti·fi·ca·tion B2 /aidèntəfəkéiʃən アイデンティフィケイション/ 名 ❶ U だれ[何, どれ]であるかを確認すること, 同一であることの確認; 身元確認[証明]
❷ U C 身元を証明するもの; 身分証明書 派生 **identify** 動

identificátion càrd 名 C 身分証明書 (=identity card, ID)

i·den·ti·fy B2 高 /aidéntəfài アイデンティファイ/ 動 (三単現 **identifies** /aidéntəfàiz/; 過去・過分 **identified** /aidéntəfàid/; 現分 **identifying**) 他 同一物であると認める;〔だれ[何, どれ]であるかを〕確認する, 見分ける《*as*》;〔…と〕同一視する, 関連づける《*with*》
• **identifying** number [code] 識別番号[コード]
• Sam **identifies** birds by their song. サムは鳴き声を聞けば何という鳥かわかる
• Police are trying to **identify** the robber. 警察はその強盗の身元を確認しようとしている
• The victim has not yet been **identified**. 被害者の身元はまだ確認されていない
• We must **identify** ourselves **with** the rest of the world. 私たちは世界のほかの人々と無関係であってはならない (←関連づけなければならない)

identify oneself 身元を明らかにする,〔…と〕名乗る《*as*》
• Visitors have to **identify themselves** through an intercom. 訪問者はインターホンで自分の名前を言わなければならな

い(←自分がだれかを明確にする)
• The policeman told the man to **identify himself**. 警察官はその男に身元を明らかにする[名前を名乗る]よう言った
派生 **identical** 形
派生 **identification** 名

i·den·ti·ty B1 高 /aidéntəti アイデンティティ/ 名 (複 **identities** /aidéntətiz/)
❶ U C …がだれ[何, だれの物]であるかということ, 特定の人物であること, (人の)正体, 身元
• He concealed his **identity**. 彼は身元を隠した
❷ U C アイデンティティ, 自分が何者であるかということ(の確認), 自分の主体性, 独自性, 個性
• People establish their own **identity** through experience. 人は経験を通してアイデンティティを確立する
❸ U 同一性 派生 **identical** 形

idéntity càrd B1 名 C 身分証明書 (=ID (card), identification card)

i·de·o·log·i·cal /àidiəládʒikəl アイディアラヂカル/ 形 イデオロギーの

i·de·ol·o·gy B2 /àidiálədʒi アイディアロヂ/ 名 (複 **ideologies** /àidiálədʒiz/) U C イデオロギー, 観念形態

id·i·o·cy /ídiəsi イディオスィ/ 名 (複 **idiocies** /ídiəsiz/) U (重度の)知的障がい; C ばかげた行為

id·i·om B1 /ídiəm イディオム/ 名 (複 **idioms** /ídiəmz/) C ❶ 慣用句, 熟語, 成句, イディオム (■ たとえば at once (ただちに)のようにその個々の単語とは別の意味を持つ句) ❷ (特有の)語法; 作風
派生 **idiomatic** 形

id·i·o·mat·ic /ìdiəmǽtik イディオマティク/ 形 慣用的な; その言語らしい
派生 **idiom** 名
ìdiomátically 副 慣用的に

id·i·o·syn·cra·sy /ìdiəsíŋkrəsi イディオスィンクラスィ/ 名 (複 **idiosyncrasies** /ìdiəsíŋkrəsiz/) C (個人の)性癖, 特異性

id·i·ot B2 /ídiət イディオト/ 名 C (大)ばか; 間抜け (=fool)

id·i·ot·ic /ìdiátik イディアティク/ 形 (人・事が)愚かしい, ばかげた; 文型 [**It is idiotic of A to** *do* = **A is idiotic to** *do*] A(人)が…するとは大ばかだ

i·dle B2 /áidl アイドル/ (発音 idol と同音) 形 (比較級 **idler**; 最上級 **idlest**)
❶ ひまな, 仕事をしていない
• **idle** hours ひまな時間
❷ なまけている, なまけ者の (=lazy); ぶらぶらしている ❸ つまらない; 役に立たない, 何にもならない, むだな
━ 動 ❶ 他 怠けて過ごす, (何もしないで)ぶらぶら過ごす; 自 ぶらぶらする《*away*》 ❷ 自 (エンジンが)アイドリングする, から回りする

まぎらわしい語› 単語力
idle 形 ひまな; なまけ者の
idol 名 偶像; アイドル
(発音 どちらも /áidl アイドル/ と発音する)

i·dle·ness /áidlnəs アイドルネス/ 名 U 何もしないでいること, なまけること, 怠惰(たいだ); 無為, 失業状態

i·dly /áidli アイドリ/ 副 怠けて; 何もしないで; ぼんやりと

i·dol B1 /áidl アイドル/ (発音 idle と同音) 名 (複 **idols** /áidlz/) C 偶像; アイドル, 崇拝される物[人]

i·dol·a·try /aidálətri アイダラトリ/ 名 U 偶像崇拝; 盲目的崇拝[賛美], 心酔

i·dol·ize B2 /áidəlàiz アイドライズ/ 動 他 偶像視[化]する; 崇拝する

i·dyl·lic /aidílik アイディリク/ 形 牧歌的な; 田園詩の; のどかな

if A1 中

/if イフ/ 接
共通イメージ もし…ならば
❶ もし…ならば; 仮に…だとすれば[ならば]

CAN-DO Tips› 仮定する
If… という表現を使うと, 「もし(仮に)…ならば」のように仮定の話をすることができるようになります

会話 "I can't," she cried. "Yes, you can **if** you want." ⇨ フォーカス 1 「私できない」彼女は叫んだ. 「いや, 君が望むなら

if

A1 接
中 /íf イフ/

共通イメージ もし…ならば

意味マップ

接 ❶ もし…ならば; 仮に…だとすれば
❷ たとえ…でも
❸ …かどうか

使えるコーパスフレーズ

If you ＋ 動詞・助動詞

1 **If you want** 君が望むなら
2 **If you like** 気に入ったら
3 **If you can [could]** できたら
4 **If you need** 必要ならば
5 **If you do** …するならば

動詞＋if

6 **wonder if ...** …かどうかと思う
7 **see if ...** …かどうか確かめてみる
8 **know if ...** …かどうか知っている[わかる]
9 **ask if ...** …かどうか聞く[たずねる]
10 **mind if ...** …かどうか気にする

ワンポイント・アドバイス

ifは「もし…ならば」という条件・仮定を表す接続詞. 特に高校で習う「仮定法」が難しいという印象を与えてしまうけど, 重要なのは「もし…ならば」という現在形のパターンをしっかり身につけておくこと. ふつうの会話では, 多少仮定法の時制を間違えても, コミュニケーション上はそんなに大きな支障はない.
むしろifの使いこなしで大事なのは, 間接疑問文を導いて「…かどうか」という疑問節を作る場合. 使えるコーパスフレーズの「If you ＋動詞・助動詞」のパターンや, 「動詞＋if」のパターンはよく出てくる組み合わせなので, 辞書本文中の例文をよく読んでおこう.

ネイティブはこういう!

◆ **If I were you, I would never say that.**
私だったら, 絶対にそんなこと言わない

◆ **I wouldn't tell you even if I knew.** たとえ知っていても君には言わないよ

フォーカスページ

できるよ」
• **If** you like, you can use chopsticks. ⇨フォーカス2 お好みでお箸(はし)を使ってください (←もしそうしたいなら)
• Help me **if** you can. I'm feeling down. ⇨フォーカス3 できるなら助けて. 落ち込んでるんだ
• **If** you need a friend, call me. ⇨フォーカス4 友達が必要になったらぼくに電話して
• **If** it rains tomorrow, I'll stay home. もしあした雨が降れば, 私は家にいます (! 未来のことを仮定するときでも現在形を使い, ×If it *will rain* tomorrow ... としない)
• **If** the sun were to die, all living things would cease to exist. もし太陽が消滅したら, 生物はみな絶滅するだろう (! ありそうもないことを「万一…」と仮定する時は if ... were to)
• **If** I had followed your advice, I would have succeeded in the project. あなたの助言に従っていたなら, 私はその計画に成功していただろうに

使い方〉 **if と時制**
(**1**) 未来の仮定・条件:
If it is fine tomorrow, I **will** go shopping. あしたお天気ならば買い物に出かけます (! If+主語+動詞の現在形, 主語+助動詞+動詞の原形; ×If it will be fine ... としない)
(**2**) 現在の事実に反する仮定:
If I **were** you, I **would** tell him the truth. もし私があなたなら, 彼に本当のことを話すでしょう (! If+主語+動詞の過去形, 主語+助動詞の過去形+動詞の原形; if ... の中の be動詞はふつう were)
(**3**) 過去の事実に反する仮定:
If he **had known** the truth, he **wouldn't have left** her. もし彼が真実を知っていたなら, 彼女のもとを去ることはなかっただろう (! If+主語+had+動詞の過去分詞, 主語+助動詞の過去形+have+動詞の過去分詞)

❷ **たとえ…でも** (=even if)
• **If** she doesn't go, I will (go). 彼女が行かなくても私は行きます (! この文は❶の意味で「もし彼女が行かないのなら私が行きます」ともとれる; ❶か❷かは前後関係で決まる) • **If** I say so, he will not believe it. たとえ私がそう言っても彼はそれを信じないだろう

❸ **…かどうか** (=whether)
• I wonder **if** he'll come to the meeting. ⇨フォーカス6 彼は会議に来るだろうか
• Let's see **if** it works. ⇨フォーカス7 うまく行くかどうか見てみましょう
• Do you know **if** he's coming? ⇨フォーカス8 彼が来るかどうか知っていますか • I will ask (him) **if** he can come. ⇨フォーカス9 彼が来られるかどうか聞いてみよう (=I will ask (him) whether he can come.) (! if のほうが whether より口語的)
比較 **Whether** you will succeed or not is up to you. 君が成功するかどうかは君次第だ (! if ... は know, ask, wonder, doubt, see などの動詞の目的語に使う; この Whether ... は主語の働きなので, ×If you will ... とはしない)

as if ... あたかも…かのように, まるで…みたいに ⇨**as** (成句)
even if ... たとえ…でも, …だとしても (! ❷ の意味の強意形)
• **Even if** he comes, we won't let him participate in this meeting. たとえ彼が来ても会合には参加させない
if any もしあるなら, もしあれば, たとえあったとしても ⇨**any** 代 (成句)
if anything どちらかと言えば, それよりむしろ
• He isn't diligent; **if anything**, he is lazy. 彼は勤勉ではない, どちらかと言えば怠け者だ
if I were you ... 私だったら…
if it had not been for ... もし…がなかったら (=had it not been for ...) (! 過去の事実に反する仮定)
• **If it had not been for** your help, I would have failed. 君の助けがなかったら, 私は失敗していただろう
if it were not for ... もし…がなければ (=were it not for ...) (! 現在の事実に

反する仮定)
• **If it were not for** your help, I couldn't complete it. 君の助けがないと完成できないだろう
if not もしそうでなかったら; たとえ…でなくても, …でないとしても
• Are you free today? **If not**, I will call on you tomorrow. きょうはおひまですか. でなければあすまいります (❗ If not = *If* you are *not* free today)
if only ... …でさえあれば, たとえ…だけでも
• **If only** I could go to see you! あなたに会えさえしたらなあ
if possible もしできれば ⇨**possible** (成句)
if you like よろしかったら; もしあなたが好むなら
if you please よろしければ; どうぞ (❗古風でていねいな表現)
only if ... …の場合に限り
• You can go into the library **only if** you are quiet. 静かにできる者だけ図書館に入ってもよろしい

ig·loo /íglu: イグルー/ 名 (複 **igloos** /íglu:z/) C イグルー 《♦エスキモー諸民族の伝統的住居または避難用かまくら》

ig·nite /ignáit イグナイト/ 動 他 《文章》 火をつける, 点火する, 燃やす; 奮起させる; 自 火がつく, 燃え出す

ig·ni·tion /igníʃən イグニション/ 名 U C 点火, 発火; C 点火装置

ig·no·ble /ignóubl イグノウブル/ 形 下劣な, 下品な, 恥ずべき

ig·no·min·i·ous /ìgnəmíniəs イグノミニアス/ 形 《文章》 恥ずべき, 不名誉な

ig·no·rance B2 /ígnərəns イグノランス/ 名 U 無知, 無学; 知らないこと
派生 **ignorant** 形

ig·no·rant B2 /ígnərənt イグノラント/ (×イグノラント) 形 無知な; 無学の; 〔…を〕知らない, 気づかない 《*of*》
• People in the city **are** often **ignorant of** farm life. 都会の人間は農場の生活を知らないことがよくある
派生 **ignorance** 名

ígnorantly 副 無知で, 知らずに

ig·nore B1 高 /ignɔ́:r イグノー/ 動 (三単現 **ignores** /ignɔ́:rz/; 過去・過分 **ignored** /ignɔ́:rd/; 現分 **ignoring**) 他
(わざと)**知らないふりをする, 見て見ぬふりをする, 無視する**
• **ignore** a traffic signal 交通信号を無視する • Are you **ignoring** my advice? 私の忠告を無視するのですか
派生 **ignorant** 形

i·gua·na /igwá:nə イグワーナ/ 名 C 《動物》 イグアナ

IL 《略》 Illinois イリノイ(州)

il- 接頭 in-[1], in-[2]の異形 (❗ l で始まる語に用いる)

ill A2 高

/íl イル/ 形 (比較級 **worse** /wə́:rs/; 最上級 **worst** /wə́:rst/)
❶《おもに英》**病気で, 気分が悪くて, ぐあいの悪い** (❗名詞の前には用いない; この意味では《米》では sick を用いる)
• Bob is **ill** [《米》 sick]. ボブは病気だ
• He feels **ill**. 彼は気分が悪い
• She looks **ill**. 彼女は顔色が悪いよ
• He became [got] **ill** from eating too much. 彼は食べすぎでぐあいが悪くなった
比較 look after **sick** children 病気の子どもたちのめんどうをみる (❗「病気の」の意味で名詞の前には sick を使う)
❷**悪い, 有害な** (=bad) (↔**good**) (❗名詞の前に用いる)
• She is in an **ill** temper. 彼女は機嫌が悪い
❸**不吉な** (❗名詞の前に用いる)
• **ill** will [luck] 悪意[不運]
— 副 **悪く, まずく, 不適当に**
• Science must not be **ill** used. 科学は悪用されてはならない
speak ill of ... …を悪く言う
• Don't **speak ill of** others behind their backs. 陰(かげ)で他人の悪口を言うな, 陰口をきくな

ill- 《他の語と結びついて》「悪く」
• **ill**-natured 意地悪な

I'll 中 /áil アイル/ (発音 aisle, isle と同音)

I will, I shall の短縮形
• **I'll** come again tomorrow. 私はあしたまた来ます

ill-ad·vised /ìlədváizd イルアドヴァイズド/ 形 《文章》無分別な

il·le·gal A2 高

/ilíːgəl イリーガル/ 形 非合法の, 違法の, 不法の, 法律[規則]違反の (↔**legal**)
• It is **illegal** to import ivory. 象牙の国内持ち込みは法律違反です
派生 **illegality** 名
illégally B1 副 不法に

il·le·gal·i·ty /ìliːgǽləti イリーギャリティ/ 名 (複 **illegalities** /ìliːgǽlətiz/) U 法律違反; C 不法行為 派生 **illegal** 形

il·leg·i·ble /ilédʒəbl イレヂブル/ 形 (筆跡などが)読みにくい, 判読できない

il·le·git·i·mate /ìlədʒítimət イレヂティメト/ 形 (子どもが)私生児として生まれた, 嫡出でない, 庶出の; 違法の, 非合法の

ill-fat·ed /ìlféitəd イルフェイテド/ 形 《文章》不運な

il·lic·it /ilísit イリスィト/ 形 不法の, 禁制の

Il·li·nois /ìlənɔ́i イリノイ, ìlənɔ́iz イリノイズ/ 名 イリノイ 《◆米国中部の州; Ill., (郵便で) IL と略す》

il·lit·er·a·cy /ilítərəsi イリテラスィ/ 名 U 読み書きができないこと, 文盲, 非識字

il·lit·er·ate /ilítərit イリテリト/ 形 読み書きのできない, 文盲の, 非識字の
— 名 C 読み書きのできない人, 文盲者

ill-na·tured /ìlnéitʃərd イルネイチャド/ 形 意地悪な; 気難しい (↔**good-natured**)

ill·ness B1 高 /ílnəs イルネス/ 名 (複 **illnesses** /ílnəsəz/) U 病気, 病気の状態 (↔**health**); C (特定の) 病気 ⇨**disease**
• He died of an **illness**. 彼は病死した
• a serious [major, severe] **illness** 重い病気 • an acute **illness** 急性の病気
• cure [treat] an **illness** 病気を治す[治療する] • mental **illness** 精神病

il·log·i·cal /ilɑ́dʒikəl イラヂカル/ 形 (考えなどが)非論理的な, 不合理な; 筋の通らない

ill-tem·pered /ìltémpərd イルテンパド/ 形 怒りっぽい, 短気な

ill-treat /ìltríːt イルトリート/ 動 他 虐待する

il·lu·mi·nate B1 /ilúːmənèit イルーミネイト/ 動 (三単現 **illuminates** /ilúːmənèits イルーミネイツ/; 過去·過分 **illuminated** /ilúːmənèitəd/; 現分 **illuminating**) 他
❶ 照らす, 照明する, 明るくする (=light up)
❷ 明らかにする, 解明する
❸ イルミネーションで飾る
派生 **illumination** 名

il·lu·mi·nat·ing /ilúːminèitiŋ イルーミネイティング/ 形 解明に役立つ; 啓もう的な; 明るくする

il·lu·mi·na·tion /ilùːmənéiʃən イルーミネイション/ 名 ❶ U 照明 ❷ 《**illuminations**》 (建物などの)イルミネーション, 電(気装)飾 派生 **illuminate** 動

il·lu·sion /ilúːʒən イルージョン/ 名
❶ C 幻想(げんそう), かん違い (! 実在しないものをあると思い込むこと; 自分にとって都合のよいことである場合が多い)
• He **had no illusions about** the company to which he belongs. 彼は自分の会社に幻想をいだいていなかった
❷ U 錯覚(さっかく), 幻覚
• an optical **illusion** 目の錯覚
be under an [the] illusion 幻想をいだく; 錯覚する

il·lu·sion·ar·y /ilúːʒənèri イルージョネリ/ 形 幻影の, 錯覚の, 思い違いの, 幻想の

il·lu·sion·ist /ilúːʒənist イルージョニスト/ 名 C ❶ 手品[奇術]師; だまし絵画家 ❷ 幻覚を見る人; 幻想説信奉者

il·lu·sive /ilúːsiv イルースィヴ/ 形 (=illusory)

il·lu·so·ry /ilúːsəri イルーソリ/ 形 幻覚による, 人を惑わせる; 架空の

il·lus·trate B2 /íləstrèit イラストレイト/ (×イラストレイト) 動 他
❶ (実例などで)説明する, 例示する

• **illustrate** the theory with examples 例を示して理論を説明する
❷ (本などに)(さし)絵[図]を入れる
• a book **illustrated** with a lot of pictures さし絵のたくさん入った本
派生 **illustration** 名
派生 **illustrative** 形

il·lus·trat·ed /íləstrèitəd イラストレイテド/ 形 イラスト[図, さし絵]入りの

il·lus·tra·tion B2 高 /ìləstréiʃən イラストレイション/ 名
❶ C さし絵, イラスト, 図解
参考》 日本語の「イラスト」はおもに「さし絵」の意味だが, illustration は「絵, 写真, 図などによる解説」という意味
❷ C 例; 実例 ❸ U (実例・図などによる)説明 派生 **illustrate** 動

il·lus·tra·tive /ilʌ́strətiv イラストラティヴ/ 形 説明の役に立つ, 解説用の • an **illustrative** example 解説用のサンプル
派生 **illustrate** 動

il·lus·tra·tor /íləstrèitər イラストレイタ/ 名 C さし絵画家, イラストレーター

il·lus·tri·ous /ilʌ́striəs イラストリアス/ 形 《文章》(人が)有名な, 名高い; (業績などが)輝かしい, 華々しい

ILO 名 《略》 International Labor Organization 国際労働機関

im- 接頭 in-[1], in-[2] の異形 (❗ b, m, p で始まる語に用いる) • **im**migration 移住 • **im**possible 不可能な

I'm 中 /áim アイム/ I am の短縮形

im·age A2 高

/ímidʒ イミヂ/ (×イメージ)
名 (複 **images** /ímidʒəz/) C
❶ 心に浮かぶ像, イメージ (❗「イメージチェンジ」「イメージアップ[ダウン]」は和製英語で, ×image change, ×image up [down] とはいわない)
• I still have a clear **image** of him. 私は今でも彼の姿がはっきりと思い出せる
• improve the company's **image** 会社のイメージアップを図る
❷ 画像, 映像
• high-quality **images** 高画質画像
• She gazed at her own **image** in the mirror. 彼女は鏡の中の自分自身の姿を見つめた (←鏡に映った像)
❸ 彫像, 銅像, 像
• an **image** of Buddha 仏像
❹ そっくりさん, 生き写し, よく似た人

im·age·ry B2 /ímidʒəri イミヂリ/ 名 U 《集合的》 心に描く像, イメージ; 比ゆ的表現

im·ag·i·na·ble /imǽdʒənəbl イマヂナブル/ 形 想像できる, 想像できる限りの (↔**unimaginable**)

i·mag·i·nar·y B1 /imǽdʒənèri イマヂネリ/ 形 実在しない, 想像上の, 想像による (↔**real**) 派生 **imagine** 動

まぎらわしい語》 単語力
imaginary 想像上の
imaginative 想像力豊かな; 想像の
imaginable 想像できる

i·mag·i·na·tion

A2 高 /imæ̀dʒənéiʃən イマヂネイション/ 名 (複 **imaginations** /imæ̀dʒənéiʃənz/)
❶ U C 想像; 想像力, 創意

コロケーション
形+**imagination**
creative *imagination* 独創的な想像力
a lively [fertile, vivid] *imagination* 豊かな想像力
a poor [feeble] *imagination* 貧弱な想像力
動+**imagination**
capture [catch] *A's imagination* Aの想像力をとらえる
excite [stimulate] *A's imagination* Aの想像力をかき立てる
lack *imagination* 想像力に欠ける
use *one's imagination* 想像力を働かせる

❷ U 想像上のもの 派生 **imagine** 動

i·mag·i·na·tive /imǽdʒənətiv イマヂナティヴ/ 形 ❶ 想像力豊かな
❷ 想像から生まれた, 想像(上)の
派生 **imagine** 動
imáginatively 副 想像力を働かせ

て

i·mag·ine A1 高 /imǽdʒin イマヂン/ 動 (三単現 **imagines** /imǽdʒinz/; 過去·過分 **imagined** /imǽdʒind/; 現分 **imagining**) 他
❶ 想像する, 心に思い描く
• Have you ever **imagined** such a thing? そんなことを今までに想像したことがありましたか
文型 [**imagine** (**that**)... [**wh-**...]] …ということ[…か]を想像する
• **Imagine** (**that**) you have no place to live in. 住む所がないと想像してごらん
• **Imagine what** a real war is like. 本当の戦争がどのようなものか想像してみなさい
文型 [**imagine** *do***ing**] …することを想像する
• Try to **imagine living** on the moon. 月世界での生活を想像してごらんなさい
文型 [**imagine A** *do***ing**] Aが…するのを想像する
• I can't **imagine** you **being** a teacher. 君が教師になるなんて想像できない
❷ (事実とは違うことを)思い込む
❸ 文型 [**imagine** (**that**)...] …と考える, …と思う (=think)
• I **imagine** he will come. 私は彼が来るような気がします
派生 **imagination** 名
派生 **imaginary**, **imaginative** 形

im·bal·ance /imbǽləns インバランス/ 名 U C 不均衡, アンバランス
日英比較 「不均衡」の意味の日本語の「アンバランス」は imbalance に相当する

im·be·cile /ímbəsəl インベスィル/ 名 C 《心理》痴愚の人; 愚か者

im·be·cil·ic /ìmbəsílik インベスィリク/ 形 痴愚の, ばかな; ばかばかしい

im·bibe /imbáib インバイブ/ 動 《文章》
❶ 他 自 (酒などを)飲む ❷ 他 (水·空気などを)吸収する; (知識などを)吸収する

im·bue /imbjú: インビュー/ 動 他 《文章》(人に)〔思想·感情などを〕吹き込む《*with*》(**!** ふつう受け身で用いる)

im·i·tate B1 /ímətèit イミテイト/ (×イミテート) 動 (三単現 **imitates** /ímətèits イミテイツ/; 過去·過分 **imitated** /ímətèitəd/; 現分 **imitating**) 他 ❶ まねる, 見習う
• Children often **imitate** their parents. 子どもは親のまねをするものだ
❷ …に似せて作る, 模造する
派生 **imitation** 名; 派生 **imitative** 形

im·i·ta·tion B2 /ìmətéiʃən イミテイション/ 名 ❶ U まね, 模倣(もほう), 模造
❷ C 模造品, にせもの
❸ 《形容詞的》模造の, 人造の
• **imitation** pearls 模造真珠
派生 **imitate** 動

im·i·ta·tive /ímətèitiv イミテイティヴ/ 形 模倣的な; まね好きな; 模造の
派生 **imitate** 動

im·i·ta·tor /ímətèitər イミテイタ/ 名 C 模倣[模作]者

im·mac·u·late /imǽkjulit イマキュリト/ 形 (部屋·衣服などが)汚れのない, ちり[しみ]1つない; 欠点のない

im·ma·te·ri·al /ìmətíəriəl イマティアリアル/ 形 《文章》〔…にとって〕重要でない, 取るに足りない《*to*》; 実体のない, 非物質的な, 無形の

im·ma·ture /ìmətjúər イマテュア/ 形 未熟な, 未発達の; (人·言動などが)子どもっぽい, おとなげない

im·ma·tu·ri·ty /ìmətjúərəti イマテュアリティ/ 名 U 未熟, 未完成

im·meas·ur·a·ble /iméʒərəbl イメジャラブル/ 形 計ることができない, 計り知れない, 無限の

im·me·di·a·cy /imí:diəsi イミーディアスィ/ 名 U 即時性, 緊急性

im·me·di·ate B1 /imí:diət イミーディエト/ (×イミディエイト) 形
❶ 即座の, 即刻の, すぐ(さま)の
• have an **immediate** effect 即効性がある • an **immediate** reply 即答
❷ 直接の
• an **immediate** cause 直接の原因
❸ 直後の, いちばん近い
• an **immediate** neighbor すぐとなりの人

im·me·di·ate·ly B1 高 /imíːdiətli イミーディエトリ/ (×イミディエイトリ) 副
❶ すぐに, ただちに (=at once, right away)
• You should see a doctor **immediately**. すぐに医者に行きなさい
❷ じかに, 直接に
━ 接 《英》…するとすぐに

im·me·mo·ri·al /ìməmɔ́ːriəl イメモーリアル/ 形 (記憶にないほど)大昔の; 太古の

im·mense /iméns イメンス/ 形 ばく大な, 広大な, 巨大な (=huge)
派生 **immensely** 副
派生 **immensity** 名

im·mense·ly /iménsli イメンスリ/ 副 とても, すごく; ばく大に; 広大に
派生 **immense** 形
派生 **immensity** 名

im·men·si·ty /iménsəti イメンスィティ/ 名 (複 **immensities** /iménsətiz/) U ばく大, 巨大; 《**immensities**》 巨大なもの, 大量 派生 **immense** 形
派生 **immensely** 副

im·merse B2 /iməːrs イマース/ 動 他
❶ 〔液体に〕浸す, 沈める 《*in*》
❷ 〔仕事などに〕没頭させる 《*in*》 (! ふつう受け身または immerse *oneself* で)

im·mer·sion /iməːrʒən イマージョン/ 名
❶ U 浸す[沈める]こと; 〔…への〕没頭 《*in*》 ❷ U C 《キリスト教》 浸礼 《♦全身を水中に浸す洗礼》
❸ U イマージョン教育

im·mi·grant B2 高 /íməgrənt イミグラント/ 名 C (他国からの)移住者, 移民 (! 「他国への移民」は emigrant)

im·mi·grate B1 /íməgrèit イミグレイト/ (×イミグレイト) 動 (三単現 **immigrates** /íməgrèits イミグレイツ/; 過去・過分 **immigrated** /íməgrèitəd/; 現分 **immigrating**) 自 (他国から)移住する (! 入国側からみた場合に用いる); 他 移住させる ⇨ **emigrate**

im·mi·gra·tion B1 /ìməgréiʃən イミグレイション/ 名 (複 **immigrations** /ìməgréiʃənz/) U C (他国からの)移住; (空港などの)出入国管理; 移民 ⇨**emigration**

im·mi·nent /íminənt イミナント/ 形 (戦争・危険などが)差し迫った, 切迫した, 今にも起こりそうな

im·mo·bile /imóubəl イモウバル/ 形 動かせない; 動けない; 固定された; 静止した, 動かない

im·mo·bi·lize /imóubilàiz イモウビライズ/ 動 他 動かないようにする; (ギプスなどで患部などを)固定する

im·mod·er·ate /imάdərit イマデレト/ 形 節度のない, 度を越えた, 法外な

im·mod·est /imάdəst イマデスト/ 形 不謹慎な, 不作法な, 下品な, みだらな; 厚かましい, 無遠慮な

im·mod·es·ty /imάdəsti イマデスティ/ 名 U 不謹慎, 不作法, 無遠慮

im·mor·al B2 /imɔ́ːrəl イモーラル/ 形 不道徳な; ふしだらな
派生 **immorality** 名

im·mo·ral·i·ty /ìmərǽləti イモラリティ/ 名 U 不道徳; 不品行
派生 **immoral** 形

im·mor·tal B2 /imɔ́ːrtl イモータル/ 形 不死の, 不滅(ふめつ)の (↔**mortal**)
━ 名 C 不死の人; 不朽の名声をもつ人

im·mor·tal·i·ty B2 /ìmɔːrtǽləti イモータリティ/ 名 U 不死, 不滅; 不朽の名声

im·mor·tal·ize /imɔ́ːrtəlàiz イモータライズ/ 動 他 不滅にする, 不朽の名声を与える

im·mov·a·ble /imúːvəbl イムーヴァブル/ 形 ❶ 動かせない, 動かない, 固定した ❷ (意志などが)不動の, 確固とした; 動じない

im·mune /imjúːn イミューン/ 形
❶ 〔病気などに対して〕免疫がある 《*to*》
❷ 〔義務・課税などを〕免れている 《*from*, *against*》; 〔…に〕影響されない, 動じない 《*to*》

immúne sỳstem 高 名 《**the** をつけて》 免疫機構[組織]

im·mu·ni·ty /imjúːnəti イミューニティ/ 名 U 免疫, 免疫性; 免れること; 免除

im·mu·nize /ímjunàiz イミュナイズ/ 動 他 (人・動物を)〔病気に対して〕免疫にする

《*against*》; 免疫性を与える

im·mu·nol·o·gy /ìmjunɑ́lədʒi イミュナラヂ/ 名U 免疫学

imp /ímp インプ/ 名C 小鬼, 小悪魔; 《口語》腕白坊主, いたずら小僧

im·pact A2 高

/ímpækt インパクト/ 名 (複 **impacts** /ímpækts インパクツ/) UC 強い影響(力); 反響, インパクト, 衝撃; 衝突

- The **impact** of the news was tremendous. そのニュースの衝撃はとてつもなく大きかった

***have* [*make*] *an impact on*...** …に影響[衝撃]を与える

- His death **made an impact on** her. 彼の死は彼女に衝撃を与えた

— /impǽkt インパクト/ (発音 名とのアクセントの違いに注意) 動 (三単現 **impacts** /impǽkts インパクツ/; 過去・過分 **impacted** /impǽctəd/; 現分 **impacting**) 自他 影響[衝撃]を与える

im·pair B1 /impéər インペア/ 動 (三単現 **impairs** /impéərz/; 過去・過分 **impaired** /impéərd/; 現分 **impairing** /impéəriŋ/) 他 《文章》 害する, 損なう; 減じる, 弱める

im·paired /impéərd インペアド/ 形 正常に機能しない, 壊れた

im·pair·ment /impéərmənt インペアメント/ 名U 損なう[損なわれる]こと, 損傷; 減少; 悪化

im·pale /impéil インペイル/ 動他 〔…に〕突き刺す《*on*》

im·part /impɑ́:rt インパート/ 動他 《文章》 ❶ (性質・感じなどを)〔…に〕与える, 付与する, 添える《*to*》 ❷ (知識・情報などを)〔…に〕知らせる《*to*》

im·par·tial B2 /impɑ́:rʃəl インパーシャル/ 形 公平な, えこひいきしない; 偏見のない; かたよらない (↔**partial**)

im·par·ti·al·i·ty /impɑ̀:rʃiǽləti インパーシアリティ/ 名U 公平, 中立

im·pass·a·ble /impǽsəbl インパサブル/ 形 (道路などが)(一時的に)通り抜けられない, 通行できない

im·passe /ímpæs インパス/ 名C 《ふつう **an impasse**》 ❶ 袋小路, 行き止まり ❷ 行きづまりの状態, 進退きわまった状態

im·pas·sioned /impǽʃənd インパションド/ 形 熱烈な; 感激した

im·pas·sive /impǽsiv インパスィヴ/ 形 無表情の, 無感動な; 感情を表さない, 平然とした

im·pa·tience /impéiʃəns インペイシェンス/ 名U いらだち; じれったいこと; 短気, せっかち 派生 **impatient** 形

im·pa·tient A2

/impéiʃənt インペイシェント/ 形

❶ 〔…に〕がまんのできない, いらいらして, もどかしい《*at, of, with*》; せっかちな (↔**patient**)

- Don't be so **impatient at** [**with**] him. 彼にそういらいらするな

❷ 文型 [**be impatient to** *do*] しきりに…したがる, …したくてたまらない • He **was impatient to** *see* her. 彼は彼女に会いたくてたまらなかった

文型 [**be impatient for A**] Aをしきりに望む, 待ちかねる

- I **was impatient for** him to arrive. 私は彼の到着を今か今かと待ちかねた

派生 **impatience** 名

派生 **impatiently** 副

im·pa·tient·ly B2 /impéiʃəntli インペイシェントリ/ 副 こらえられずに; じりじりして; しびれを切らして

im·peach /impí:tʃ インピーチ/ 動他 告訴[告発]する; (公職者を)〔特に国家に対する罪のために〕弾劾(だんがい)[告発]する《*for, of, with*》

im·peach·ment /impí:tʃmənt インピーチメント/ 名U (公職者の)弾劾(だんがい), 告発

im·pec·ca·ble /impékəbl インペカブル/ 形 欠点のない, 非の打ちどころがない, 完璧な

im·pede /impí:d インピード/ 動他 《文章》 (進行などを)妨げる, 妨害する

im·ped·i·ment /impédimənt インペディメント/ 名 C 〔…への〕妨げ, 障害《*to*》; 身体障がい

im·pel /impél インペル/ 動 他 ❶〔…へ〕追いやる, 駆り立てる, 強く促す《*to*》; 文型 [**impel A to** *do*] A(人)を強いて…させる ❷(物を)〔…のほうへ〕推し進める《*to, toward*》

im·pend·ing /impéndiŋ インペンディング/ 形《文章》(危険などが)今にも起ころうとしている, 差し迫った

im·pen·e·tra·ble /impénətrəbl インペニトラブル/ 形 ❶突き通せない; (岩などが)〔…を〕貫通できない, 〔…を〕通さない《*to*》; 見通せない
❷不可解な, 計り知れない
❸〔思想・批判などを〕受け入れない《*to*》

im·per·a·tive B2 /impérətiv インペラティヴ/ 名 ❶ C 命令
❷《文法》《**the imperative**》命令法; C 命令法の語, 命令形, 命令文
━ 形 ❶《文章》絶対必要な, 必須(ひっす)の; 緊急の ❷《文法》命令法の
❸(態度が)命令的な, 高飛車な

im·per·cep·ti·ble /ìmpərséptəbl インパセプタブル/ 形 (微小なため)ほとんど気づかない; (変化などが)わずかの, かすかな

im·per·fect /impə́:rfikt インパーフィクト/ 形 不完全な, 未完成の(↔**perfect**); 《文法》未完了の(↔**perfect**)

im·per·fec·tion /ìmpə:rfékʃən インパーフェクション/ 名 ❶ U 不完全さ; 不十分 ❷ C 欠点, 不備

im·pe·ri·al /impíəriəl インピアリアル/ 形 帝国の; 皇帝の; (皇帝のように)威厳ある
• the **Imperial** Palace 皇居(こうきょ)
派生 **empire**, **emperor** 名

im·pe·ri·al·ism /impíəriəlìzm インピアリアリズム/ 名 U 帝国主義; 帝政

im·pe·ri·al·ist /impíəriəlist インピアリアリスト/ 名 C 帝国[帝政]主義者
━ 形 帝国主義(者)の

im·pe·ri·al·is·tic /impìəriəlístik インピアリアリスティク/ 形 帝国主義的な

im·per·son·al /impə́:rsənəl インパーソナル/ 形 個人的でない, 一般的な, 個人的感情を含まない(❗「非人間的な」「私情をまじえない」両方の意で用いる); 人格をもたない; 《文法》非人称の

im·per·son·ate /impə́:rsənèit インパーソネイト/ 動 他 ❶(人のしぐさ・声などの)まねをする; なりすます ❷《文章》ふりをする ❸…の役を演じる

im·per·son·a·tion /impə̀:rsənéiʃən インパーソネイション/ 名 C U 物まね

im·per·son·a·tor /impə́:rsənèitər インパーソネイタ/ 名 C 物まね[声帯模写]芸人; (ある役を)演じる人

im·per·ti·nence /impə́:rtənəns インパーティネンス/ 名 U 無礼, 生意気; C 無礼[生意気]な言動

im·per·ti·nent /impə́:rtinənt インパーティネント/ 形 〔年長・目上の人に対して〕無礼な, 生意気な《*to*》; 〔…に〕無関係な; 不適切な《*to*》

im·per·vi·ous /impə́:rviəs インパーヴィアス/ 形 ❶(物が)〔水・空気などを〕通さない《*to*》 ❷〔批評・説得などに〕影響されない, 動じない《*to*》

im·pet·u·ous /impétʃuəs インペチュアス/ 形 (人・行動などが)性急な, 衝動的な; (動きなどが)激しい, 猛烈な; 急速な

im·pe·tus /ímpətəs インペタス/ 名 《単数形で》勢い, 弾み; 刺激; 原動力

im·pinge /impíndʒ インピンヂ/ 動 自 《文章》〔…に〕影響[印象]を与える; 〔権利などを〕侵す, 侵害する《*on, upon*》

im·pish /ímpiʃ インピシュ/ 形 小悪魔[小鬼]のような; いたずらな

im·plac·a·ble /implǽkəbl インプラカブル/ 形 (憎悪などが)なだめにくい; 執ような

im·plant /implǽnt インプラント/ 動 他
❶(思想などを)〔心・人に〕刻み込む, 植えつける《*in, into*》 ❷(物を)はめ込む; (皮膚・臓器などを)〔体に〕移植する《*in*》

im·plau·si·ble /implɔ́:zəbl インプローズィブル/ 形 信じ難い, ありそうもない

im·ple·ment B2 /ímpləmənt インプレメント/ 名 C 道具, 用具, 器具; 手段, 方法; 手先 ━ /ímpləmènt インプレメント/ 動 他 (計画などを)実施する, 実行する

im·ple·men·ta·tion /ìmpləməntéiʃən インプレメンテイション/ 名 U 遂行, 実施

im·pli·cate /ímpləkèit インプリケイト/ 動 他 巻き込む 派生 **implication** 名

im·pli·ca·tion B2 /ìmpləkéiʃən インプリケイション/ 名 U C 含蓄, 含み; ほのめかし; かかわり合い

派生 **imply**, **implicate** 動

im·plic·it /implísət インプリスィト/ 形 暗黙の, それとなしの (↔**explicit**); 絶対的な, 信じて疑わない

implícitly 副 暗黙のうちに

im·plied /impláid インプライド/ 形 言外の, 暗に[それとなく]ほのめかした

im·plore /implɔ́ːr インプロー/ 動 他 懇願する (! beg より強い意味で形式的); 文型 [**implore A to** *do*] Aに…してくれるよう嘆願する

im·ply B2 /implái インプライ/ 動 (三単現 **implies** /impláiz/; 過去·過分 **implied** /impláid/; 現分 **implying**) 他 暗に意味する, ほのめかす; 文型 [**imply that ...**] …とそれとなく言う

- He was **implying that** I had lied. 彼は私がうそをついたとほのめかしていた

派生 **implication** 名

im·po·lite B2 /ìmpəláit インポライト/ 形 無礼な, 無作法な, 失礼な, 礼儀知らずの (↔**polite**)

ìmpolítely B2 副 無礼にも

ìmpolíteness 名 U 無礼なこと

im·port B2 高 /impɔ́ːrt インポート/ 動 他

❶ 輸入する (↔**export**)

- Japan **imports** beef from the U.S. 日本は米国から牛肉を輸入している

❷《コンピュータ》(データなどを)取り込む

— /ímpɔːrt インポート/ (発音 動とのアクセントの違いに注意) 名 U 輸入; C《ふつう **imports**》輸入品 (↔**export**)

- the excess of **imports** over exports 輸入超過

派生 **importation** 名

im·por·tance A2 中

/impɔ́ːrtəns インポータンス/ 名 U

❶ 重要性, 重大性, 重大さ, 大切さ

- the **importance** of good health 健康の重要さ, 健康が大切なこと
- a matter of **importance** 重大な事 (= an important matter)
- It is **of** little [no] **importance**. それはあまり[まったく]重要でない

❷ 有力であること

- That man is a person **of importance**. その男は重要人物だ

派生 **important** 形

im·por·tant A1 中

/impɔ́ːrtənt インポータント/ 形

❶ 重要な, 重大な; 大切な (↔**unimportant**)

- an **important** test 重要な試験
- Friendship is very **important to** us. 我々にとって友情はとても大事だ
- Nothing is more **important** than health. 健康以上に重要なものはない

文型 [**it is important** (**for A**) **to** *do*] (Aが)…するのは重要である

- **It is important for** you **to** *read* English sentences aloud. 君にとって英語の文を音読することが重要です

文型 [**it is important that ...**] …ということは重要である

- **It is** very **important that** we (《英》should) be punctual. = **It is** very **important to** *be* punctual. 時間を守るということはとても大切だ

❷ 有力な, えらい

- an **important** person 有力者
- a very **important** person 重要人物 (= VIP)

派生 **importance** 名

im·por·tant·ly A2

/impɔ́ːrtəntli インポータントリ/ 副

❶ 重大に; もったいぶって, 偉そうに

❷《ふつう **more** [**most**] **importantly**》(さらに, 最も)重要なことには (! 文全体を修飾する)

im·por·ta·tion /ìmpɔːrtéiʃən インポーテイション/ 名 ❶ U 輸入; 持ち込み ❷ C 輸入品 派生 **import** 動

im·por·ter /impɔ́ːrtər インポータ/ 名 C

輸入業者, 輸入商; 輸入国

im·pose B2 /impóuz インポウズ/ 動 他 課す, (義務などを)負わせる; 押しつける; 文型 [**impose A on** [**upon**] **B**] B(人)にAを課す[押しつける]

- We should not **impose** our opinions **on** other people. 他人に自分の意見を押しつけてはいけない

impose on ... …のじゃまをする; …にあつかましくする

- I'm sorry to **impose on** you. いろいろと無理をおかけしてすみません

派生 **imposition** 名

im·pos·ing /impóuziŋ インポウズィング/ 形 堂々とした; 威圧的な

impósingly 副 堂々と

im·posi·tion /ìmpəzíʃən インポズィション/ 名 U 課税, 課金; C 負担; U C 無理強い 派生 **impose** 動

im·pos·si·bil·i·ty B2 /impàsəbíləti インパスィビリティ/ 名 (複 **impossibilities** /impàsəbílətiz/) U 不可能(性); C 不可能なこと; ありえない事柄

派生 **impossible** 形

im·pos·si·ble A2 高

/impásəbl インパスィブル|impɔ́səbl インポスィブル/ 形 ❶ 不可能な; ありえない (↔ **possible**)

- an **impossible** task 実行不可能な仕事
- an **impossible** story 信じられない話

文型 [**it is impossible** (**for A**) **to** *do*] (Aが)…することは不可能である[ありえない]

- **It is impossible for** her **to** *finish* the task in a day. 彼女がこの仕事を1日で終えることは不可能だ (❗「彼女が…することは不可能だ」を ×*She is* impossible to do ... としない)

文型 [**it is impossible that ...**] …ということはありえない

- **It was** [**is**] **impossible that** he solved all the problems by himself. 彼1人で問題を全部解いたなんてことはありえない

❷ とてもいやな, がまんのならない

— 名 《**the impossible**》 不可能なこと

派生 **impossibility** 名

impóssibly 副 途方もなく, 不可能なほど

im·pos·tor, im·post·er /impástər インパスタ/ 名 C 詐欺師, ぺてん師; 他人の名をかたる人

im·po·tence /ímpətəns インポテンス/ 名 U ❶ 《文章》 無力; 無気力 ❷ (男性の)性的不能, インポ(テンツ)

im·po·tent /ímpətənt インポテント/ 形 無力な, 無能な; 無気力な, 虚弱な; (男性が)性的不能の

im·pound /impáund インパウンド/ 動 他 (書類・武器などを)押収[没収]する

im·pov·er·ished /impávəriʃt インパヴァリシュト/ 形 貧困に陥った, 貧しい; 衰えた, 弱くなった, 質の落ちた

im·prac·ti·cal B2 /impræktikəl インプラクティカル/ 形 実行困難な, 実用的でない; 非現実的な

imprácticaly 副 非現実的に, 実用的でなく

im·preg·na·ble /imprégnəbl インプレグナブル/ 形 難攻不落の, 攻略できない, 堅固な

im·preg·nate /imprégnèit インプレグネイト, ⌒⌒⌒/ 動 他 ❶ 《文章》 妊娠[受胎]させる; 授精させる ❷ (布などに)〔…を〕しみ込ませる 《*with*》; (人・心に)〔思想などを〕吹き込む 《*with*》

im·press A2 中

/imprés インプレス/ 動 (三単現 **impresses** /imprésəz/; 過去・過分 **impressed** /imprést/; 現分 **impressing**) 他

❶ 感銘(かんめい)[感動]を与える, 感動させる

- This book did not **impress** me at all. この本は私に全然感銘を与えなかった

❷ 印象づける, 印象を与える

- My father's words **were** deeply **impressed** on my mind. 父のことばは私の心に深く印象づけられた

派生 **impression** 名

派生 **impressive** 形

im·pres·sion B1 高 /impréʃən インプレション/ 名 (複 **impressions** /impréʃənz/) ❶ C 印象;〔…という〕感じ《*that* ...》, 感銘(かんめい)
- my first **impressions** of London 私のロンドンの第一印象
- make [give] a strong **impression** (on ...) (…に)強い印象を与える
- I had [got] the **impression that** he was nervous. 彼は神経質だと感じた

コロケーション
形+**impression**
a good [favorable] *impression* よい印象
a bad [an unfavorable] *impression* 悪い印象
a deep [profound] *impression* 深い印象
a false [wrong] *impression* 誤った印象
an overall *impression* 全体的な印象
a lasting *impression* いつまでも残る印象

❷ U C 物まね, 人まね
- do a good **impression** of ... …をうまくまねる

❸ C 刻印, 押印; 跡;《印刷》刷
派生 **impress** 動

im·pres·sion·a·ble /impréʃənəbl インプレショナブル/ 形 人に影響されやすい; 感じやすい, 感動しやすい

im·pres·sion·ism B2 /impréʃənizm インプレショニズム/ 名 U 《しばしば **Impressionism**》印象主義, 印象派

im·pres·sion·ist B2 /impréʃənist インプレショニスト/ 名 C 印象派の芸術家
— 形 印象派の

im·pres·sion·is·tic /imprèʃənístik インプレショニスティク/ 形 (事実・知識・調査よりも)印象に基づく; 印象主義の, 印象派の

im·pres·sive B1 高 /imprésiv インプレスィヴ/ 形 印象的な, 強い印象を与える; 感動的な, 感銘(かんめい)を与える
派生 **impress** 動
impréssively 副 印象的に
impréssiveness 名 U 印象の強さ

im·print /imprínt インプリント/ 動 他
❶ (印などを)押す; 刻印する
❷ (心などに)刻み込む, 銘記する
— /ímprint インプリント/ (発音 動とのアクセントの違いに注意) 名 C 押印; 跡

im·pris·on B2 /imprízən インプリズン/ 動 他 投獄する; 閉じ込める

im·pris·on·ment B2 /imprízənmənt インプリザンメント/ 名 U 投獄; 監禁

im·prob·a·bil·i·ty /imprɑ̀bəbíləti インプラバビリティ/ 名 (複 **improbabilities** /imprɑ̀bəbílətiz/) C U 起こりそうもないこと

im·prob·a·ble B2 /imprɑ́bəbl インプラバブル/ 形 起こりそうもない; 本当らしくない **impróbably** 副 起こりそうもないことだが

im·promp·tu /imprɑ́mptju: インプランプテュー/ 形 準備なしの, 即席の, 即興の
— 副 準備なしで, 即席で

im·prop·er B1 /imprɑ́pər インプラパ/ 形 不適切な, 不道徳な; 違法な; 誤った, 妥当でない

im·pro·pri·e·ty /imprəpráiəti インプロプライアティ/ 名 (複 **improprieties** /imprəpráiətiz/)《文章》U 不適当, 無作法; C 不適当[無作法]な言動

im·prove A2 中

/imprú:v インプルーヴ/ 動 (三単現 **improves** /imprú:vz/; 過去・過分 **improved** /imprú:vd/; 現分 **improving**)
❶ 他 よりよくする, 改良する, 改善する; 進歩させる
- **improve** *one's* life [health] 生活を改善する[健康を増進する]
- I want to **improve** my English. 私はもっと英語ができるようになりたい

❷ 自 よくなる, 進歩する
- His health is **improving**. 彼の健康はよくなってきています

improve on ... …を改良[改善]する, …よりよいものを作る
派生 **improvement** 名

im·proved B2 /imprú:vd インプルーヴド/

形 上達[改善, 進歩]した

im·prove·ment B1 高 /imprúːvmənt インプルーヴメント/ 名 (複 **improvements** /imprúːvmənts インプルーヴメンツ/)
❶ U 改良, 改善(すること); 向上; 進歩, 上達
• There is much room for **improvement**. 大いに改善の余地がある
❷ C 改良[改善]点 派生 **improve** 動

im·prov·i·sa·tion /imprɑ̀vəzéiʃən インプラヴィゼイション/ 名 U 即興; C 即興でやった[作った]もの

im·pro·vise /ímprəvàiz インプロヴァイズ/ 動 他 自 (詩·音楽などを)即興で作る; 即興で演じる[演奏する, 歌う]; 一時の間に合わせに作る
ímprovìsed 形 即席[即興]の

im·pru·dent /imprúːdənt インプルーデント/ 形 《文章》無分別な, 軽率な, 軽はずみな (↔**prudent**)
imprúdently 副 軽率に(も)

im·pu·dence /ímpjudəns インピュデンス/ 名 U 生意気, 厚かましさ

im·pu·dent /ímpjudənt インピュデント/ 形 ずうずうしい; 生意気な
ímpudently 副 ずうずうしく

im·pulse B2 /ímpʌls インパルス/ (×インパルス) 名 ❶ U C 衝動
• buy a T-shirt **on an impulse** 衝動的にTシャツを買う • feel an irresistible **impulse** 抑えがたい衝動を感じる
❷ C (物理的な)衝撃; 刺激

im·pul·sive B2 /impʌ́lsiv インパルスィヴ/ 形 衝動[直情]的な
impúlsively 副 衝動的に

im·pu·ni·ty /impjúːnəti インピューニティ/ 名 《次の成句で》
with impunity 罰せられずに, 害を受けないで; 無事に

im·pure /impjúər インピュア/ 形 純粋でない, 不純な (↔**pure**)

im·pu·ri·ty /impjúərəti インピュアリティ/ 名 (複 **impurities** /impjúərətiz/) U 不潔; 汚染; 不純; C 《しばしば **impurities**》不純物; 不純な言動

IN 《略》Indiana インディアナ(州)

in A1 中

/in イン; 《強》ín イン/ (発音 inn と同音) 前
共通イメージ 範囲の中
❶ 《場所》…(の中)に, …(の中)で[の]; (乗り物)に乗って, …で; 《状況》…の中で[を]; 《内部への動き》…の中へ[に] (= into)
• play **in** the house 家の中で遊ぶ
• live **in** Kyoto 京都に住む
• I read the news **in** the newspaper yesterday. 私はきのう新聞でそのニュースを読んだ
• He is **in** and **out of** hospital. 彼は入退院をくり返している
• get **in** a car 車に乗る (❗ train (列車), bus (バス)などの台がイメージできる乗り物には on も使えるが, car には ×on a car としない)
• go out **in** the rain 雨の中を出て行く
• She got **in** her car. 彼女は車に乗り込んだ
❷ 《時間》…に; 《時の経過》…のうちに, …で
• He was born **in** 2008. 彼は2008年に生まれた
• **in** April 4月に
• **in** (the) summer 夏に
• **in** the morning 朝(に), 午前中に
• I will be back **in** a week. (今から)1週間後に戻ってきます (❗「今から1週間後」またはそれ以前を指す. within a week は「1週間以内に」, after a week は過去または未来のある時点から「(今以外の時点から)1週間後に」, for a week は「1週間の間ずっと」)

注意› 「…につき」という単位などを示す表現では in は使わない
私は週に5日働きます
×I work five days in a week.
○I work five days a week.

なぜ?› 「…に」を使い分ける
月·年·季節や午前·午後には **in**, 日付や曜日には **on**, 時刻には **at** というように英語では前置詞を使い分けるが, それぞれの前置詞本来のはたらきによって使い分けられている. in は「(時間の幅のあるものの)中に」, on は

in

A1 前 副

中 /in イン;《強》ín イン/ (発音 inn と同音)

意味マップ

前 ❶《場所・状況》…(の中)に[で];(乗り物)に乗って
❷《時間・時の経過》…に;…のうちに
❸《状態・方法・材料》…(の状態)で;《服装》…を着て
❹《従事・活動》…に従事して;《所属》…の一員で
❺《範囲・観点》…の点で
❻《方向》…(のほう)に

副 ❶ 中へ[に]
❷ 在宅して;到着して

使えるコーパスフレーズ

in (the) +名詞

1 **in fact**　実は
2 **in this way**　こういうふうに
3 **in (the) case (of) ...**　…の場合は
4 **in addition (to ...)**　(…に)加えて
5 **in terms of ...**　…の観点から

文 法

「…に」を使いわける

月・年・季節や午前・午後にはin, 日付や曜日にはon, 時刻にはatというように英語では前置詞を使いわけるが, それぞれの前置詞本来のはたらきによって使い分けられる. inは「(時間の幅のあるものの)中に」, onは「(カレンダーの日付の上に)のって」, atは「(時刻の)一点に」

at three on the third of March in 2001

2001年3月3日の3時に(! 2001は two thousand (and) one または twenty o /オウ/ one と読む)

inの重要成句

be in for ...
…に巻き込まれそうである
bring in　持ち込む⇨**bring**
come in　入ってくる⇨**come**
fill in　書き込む⇨**fill**
get in　入る⇨**get**
go in　入る⇨**go**
in that ...　…という点で
in order to ...　…するために ⇨**order**
in terms of ...　…の観点から ⇨**term**
put in　入れる⇨**put**
result in ...　…に終わる⇨**result**

前❶((場所・状況))…の中に
副❷ 在宅して，到着して

play in the house

前❷((時間・時の経過))…に；…のうちに
(ある時点からの一定の時間幅に注目)

in 1997

時間の流れの中のある範囲に注目

共通イメージ
範囲の中

範囲に入ることに注目

前❶((内部への動き))…の中へ
副❶ 中へ

run in

移動の方向に注目

前❻((方向))…のほうに

go in that direction

抽象的な範囲の中

前❸((状態・方法))…の状態で
前❹((従事・活動・所属))…して
前❺((範囲・対象))…の点で
(あることがらに注目して取り立てる)

in good health

「(カレンダーの日付の上に)のって」, at は「(時刻の)一点に」:
at three **on** the third of March **in** 2014 2014年3月3日の3時に ⇨**at** ❷
使い方

❸《状態・方法》…(の状態)で, …になって;《材料》…で(作った); …を用いて;《服装》…を着て
- be **in** good health 健康である
- dance **in** a circle 輪になって踊る
- The roses are **in** full bloom now. バラは今満開です
- **in** this way ⇨フォーカス❷ この方法で, こういうふうに
- This book is written **in** easy English. この本はやさしい英語で書かれている
- Write **in** blue ink [pencil]. 青インク[鉛筆]で書きなさい
- a man **in** black 黒い服の男
- She was (dressed) **in** a beautiful kimono. 彼女は美しい着物を着ていた

❹《従事・活動》…に従事して, …(に参加)して;《所属》…の一員で
- be **in** business 商売に従事している
- He is **in** the baseball club. 彼は野球部に入っている

❺《範囲・観点》…の点で; …に関して(は), …に関する
- Mom says she is 38 years old, but **in fact** she is 41. ⇨フォーカス❶ 母は38歳だと言っているが, 実は41歳だ
- **in** one [every] way ある[あらゆる]点で
- **in** my opinion 私の意見では
- succeed [fail] **in** an examination 試験に合格[落第]する
- It is ten feet **in** length [depth]. それは長さ[深さ]が10フィートです
- The flowers are all different **in** color. その花はみな色が違います

❻《方向》…(のほう)に
- go **in** that direction そっちの方向へ行く(×*to* that direction としない)
- The sun rises **in** the east. 太陽は東に[東から]昇る(×*from* the east としない)
- **In** what direction did they go? どっちの方向へ彼らは行きましたか

in that ... …という点で

— /ín イン/ 副

❶ 中へ[に]; 内へ[に](↔**out**)
- run **in** かけ込む
- Please come **in**. お入りください
- Let me **in**. 中へ入れてください

❷ 在宅して; (会社などの)いるべき場所に; 到着して, 来て; (店で)販売されて; 流行して(↔**out**)
- Is Bob **in**? (電話で)ボブはいますか
- By then all the reports from them were **in**. その時までには彼らからの報告がすべて届いていた

be in for ... …に巻き込まれそうである

in. 《略》inch(es) インチ

in-[1] 接頭 「中へ, 中に」
- **in**clude 含む

in-[2] 接頭 「…でない」「無」「非」
- **in**correct 正しくない

in·a·bil·i·ty /ìnəbíləti イナビリティ/ 名 《単数形で》〔…することが〕できないこと《*to do*》; 無力 ⇨**disability**

in·ac·ces·si·ble /ìnæksésəbl イナクセスィブル/ 形 (場所が)近づきにくい; (物が)〔人にとって〕入手しにくい《*to*》; 理解しにくい; (人が)近寄りがたい, とっつきにくい(↔**accessible**)

in·ac·cu·ra·cy /inǽkjərəsi イナキュラスィ/ 名 (複 **inaccuracies** /inǽkjərəsiz/) U 不正確; C 不正確な事柄, 誤り

in·ac·cu·rate B2 /inǽkjərət イナキュレト/ 形 不正確な, まちがいのある, いい加減な(↔**accurate**)

ináccurately 副 不正確に

in·ac·tion /inǽkʃən イナクション/ 名 U 何もしないこと, 怠惰

in·ac·tive /inǽktiv イナクティヴ/ 形 活動していない, 動かない, 休んでいる(↔**active**)

in·ac·tiv·i·ty /ìnæktívəti イナクティヴィティ/ 名 U 活動しないこと, 不活発; 怠惰

in·ad·e·qua·cy /inǽdəkwəsi イナディクワスィ/ 名 (複 **inadequacies** /inǽdəkwəsiz/) U 不適当, 不十分; C 《しばしば **inadequacies**》不備な点

in·ad·e·quate B2 /inǽdəkwət イナディクウェト/ 形 不適当な; 不十分な

inádequately 副 不適当に; 不十分に

in·ad·mis·si·ble /ìnədmísəbl イナドミスィブル/ 形 《文章》(法的に)承認しがたい; 許せない

in·ad·vert·ent /ìnədvə́ːrtənt イナドヴァーテント/ 形 (行為が)不注意による, うっかりやった; 偶然の

inadvértently 副 不注意に, うっかりして

in·al·ien·a·ble /inéiliənəbl イネイリアナブル/ 形 《文章》(権利などが)奪うことのできない, 譲渡できない

in·ane /inéin イネイン/ 形 ばかばかしい; まったく無意味な

in·an·i·mate B2 /inǽnəmət イナニメト/ 形 生命のない; 活気のない, 気の抜けた

in·ap·pro·pri·ate /ìnəpróupriət イナプロウプリエト/ 形 〔…に〕不適当な, ふさわしくない《*for, to*》

in·ar·tic·u·late /ìnɑːrtíkjələt イナーティキュレト/ 形 (ことばや発音が)はっきりしない, 不明瞭な; (興奮などのために)口がきけない

in·as·much /ìnəzmʌ́tʃ イナズマチ/ 副 《次の成句で》 ***inasmuch as …*** 《接続詞的に》《文章》…なので

in·au·di·ble /inɔ́ːdəbl イノーディブル/ 形 聞き取れない, 聞こえない

in·au·gu·ral /inɔ́ːgjərəl イノーギュラル/ 形 就任(式)の; 発足[発会, 開業, 開通, 落成]の

in·au·gu·rate /inɔ́ːgjərèit イノーギュレイト/ 動 他 ❶〔…として〕(就任式を行って)就任させる《*as*》(❗ふつう受け身で) ❷(公共施設などを)(式を行って)開く

in·au·gu·ra·tion /inɔ̀ːgjuréiʃən イノーギュレイション/ 名 ❶ U 就任; C 就任式 ❷ U 開始, 開業, 発会; C 開業[発会, 開通, 落成]式

Inaugurátion Dày 名 《the をつけて》《米》大統領就任式の日 《♦大統領選挙の翌年の1月20日》

in·aus·pi·cious /ìnɔːspíʃəs イノースピシャス/ 形 《文章》不吉[不運]な

in·born B2 /ìnbɔ́ːrn インボーン/ 形 生まれつきの, 生来の, 生得の

in·bred /ìnbréd インブレド/ 形 生まれつきの, 生得の; 近親交配による

Inc. 《略》《米》incorporated 有限責任の (❗会社名のあとに付ける)

In·ca /íŋkə インカ/ 名 C 《**the Incas**》インカ人 《♦スペインによる征服以前に南米で高度な文明を持っていたインカ帝国の臣民》; インカ帝国の統治者

in·cal·cu·la·ble /inkǽlkjələbl インキャルキュラブル/ 形 測り知れない, ばく大な

in·can·des·cence /ìnkəndésəns インカンデセンス/ 名 U 白熱(光)

in·can·des·cent /ìnkəndésənt インカンデスント/ 形 《文章》白熱の, 白熱光を発する; 光り輝く; 熱烈な

in·can·ta·tion /ìnkæntéiʃən インキャンテイション/ 名 C 呪文; U 呪文を唱えること

in·ca·pa·ble /inkéipəbl インケイパブル/ 形 ❶ 文型 [**be incapable of** *doing*] …する能力がない, …できない (↔**capable**) (❗特に, する才能や素質がない場合に用いる) ❷ 無能な

in·ca·pac·i·tate /ìnkəpǽsətèit インカパスィテイト/ 動 他 《文章》(人に)〔…を; …することを〕できなくする《*for; from* (*doing*)》

in·ca·pac·i·ty /ìnkəpǽsəti インカパスィティ/ 名 U 無力, 無能

in·car·cer·ate /inkɑ́ːrsərèit インカーサレイト/ 動 他 《文章》投獄する, 留置する

in·car·cer·a·tion /inkɑ̀ːrsəréiʃən インカーサレイション/ 名 U 《文章》投獄, 留置

in·car·nate /inkɑ́ːrnət インカーネト/ 形 (悪魔などが)人の姿をした, 化身の

— /inkɑ́ːrneit インカーネイト/ (発音 形 との違いに注意) 動 他 《文章》《ふつう受け身で》化身させる; 具体化する

in·car·na·tion /ìnkɑːrnéiʃən インカーネイション/ 名 ❶ U (霊など, 超自然の存在が)

人間の姿をとること
❷ C 権化(ごんげ), 化身(けしん); 典型

in·cau·tious /inkɔ́ːʃəs インコーシャス/ 形 不注意な, 用心深くない
incáutiously 副 不注意にも

in·cen·di·ar·y /inséndièri インセンディエリ/ 形 発火の; 放火の; 扇動的な

in·cense[1] B2 /ínsens インセンス/ (発音 in-cense[2]とのアクセントの違いに注意) 名 U 香(こう); 香煙; よい香り, 芳香

in·cense[2] /inséns インセンス/ 動 他 激怒させる (! ふつう受け身で使う)

in·cen·tive B2 /inséntiv インセンティヴ/ 名 U C 〔…の; …する〕刺激[励み]となるもの, 誘因, 動機 《*to; to do*》

in·cep·tion /insépʃən インセプション/ 名 C 《文章》開始, 始まり, 発端

in·ces·sant /insésənt インセサント/ 形 絶え間のない, やむことのない
incéssantly 副 絶え間なく

in·cest /ínsest インセスト/ 名 U 近親相姦(そうかん)(罪)

in·ces·tu·ous /inséstʃuəs インセスチュアス/ 形 近親相姦の; 排他的な

inch A2

/íntʃ インチ/ 名 (複 **inches** /íntʃəz/) C インチ (! 長さの単位; 約 2.54 センチ; 1 foot = 12 inches; in. と略す); 《**an inch**》わずかな量[程度, 長さ]

• I am five feet ten **inches** (tall). 私は身長5フィート10インチです

every inch あらゆる点で; どこからどこまで, すっかり

inch by inch 少しずつ, しだいに

in·ci·dence /ínsədəns インスィデンス/ 名 《単数形で》(病気・犯罪などの)発生率, 発生範囲

in·ci·dent B1 高 /ínsədənt インスィデント/ 名 (複 **incidents** /ínsədənts インスィデンツ/) C 出来事, 事件, 事変 (=event, happening) (! 比較的小さなことがらに用いられる)

• It was a tragic **incident** in his life. それは彼の人生で悲劇的な出来事だった

派生 **incidental** 形

in·ci·den·tal /ìnsədéntəl インスィデンタル/ 形 当然付随する; 偶発的な
― 名 C 付随的なもの
派生 **incident** 名

in·ci·den·tal·ly /ìnsədéntəli インスィデンタリ/ 副 ところで, ついでに言うと (=by the way); 付随的に

in·cin·er·ate /insínərèit インスィナレイト/ 動 他 焼き尽くす

in·cin·er·a·tor /insínərèitər インスィナレイタ/ 名 C 焼却炉

in·cip·i·ent /insípiənt インスィピアント/ 形 《文章》始まりの, 始まったばかりの; (病気などが)初期の

in·cise /insáiz インサイズ/ 動 他 …に切り込みを入れる; 彫り込む; 《医学》切開する

in·ci·sion /insíʒən インスィジョン/ 名 U C 切り込む[刻み込む]こと; 切り口, 刻み目; 《医学》切開

in·ci·sive /insáisiv インサイスィヴ/ 形 鋭い; 痛烈な

in·cite /insáit インサイト/ 動 他 (人を)〔…へと; …するように〕かり立てる, 刺激[扇動]する 《*to; to do*》

in·cli·na·tion /ìnklənéiʃən インクリネイション/ 名 ❶ U C 《しばしば **inclinations**》好み, …したい気持ち
❷ C 傾向 (=tendency); 傾き, 傾斜
派生 **incline** 動

in·cline /inkláin インクライン/ 動
❶ 他 傾ける, 傾斜させる; (頭・体などを)曲げる; 自 傾く
❷ 他 (心などを)傾ける; (人に)〔…する〕気にさせる 《*to do*》; 自 〔…に〕なりがちである, 〔…の〕傾向がある 《*to, toward*》
― /ínklain インクライン/ (発音 動とのアクセントの違いに注意) 名 C 傾斜面; 勾配(こうばい), 坂道
派生 **inclination** 名

in·clined /inkláind インクラインド/ 形
❶ 文型 [**inclined to** *do*] …したいと思う; …する傾向がある
❷ 傾いた, 傾斜した, 坂になった

in·close /inklóuz インクロウズ/ 動 (=enclose)

in·clude A2 高 /inklúːd インクルード/ 動 (三単現 **includes** /inklúːdz インクルーヅ/; 過去・過分 **included** /inklúːdəd/; 現分 **including**) 他
含む (↔**exclude**); 含める, (勘定の中に)入れる
• Is my name **included** in the list? 名簿には私の名前が含まれていますか
• The tickets are **included** in the charge. 代金には切符代も含まれている
比較 This bottle **contains** [×includes] two liters of water. このボトルには水が2リットル入っている (❗箱など容器の中に「含む」場合は contain を使う)
派生 **inclusion** 名; 派生 **inclusive** 形

in·clud·ing B1 高 /inklúːdiŋ インクルーディング/ 前 …を含めて
• It cost 10 thousand yen, **including** tax. 税込みで1万円だった

in·clu·sion /inklúːʒən インクルージョン/ 名 U 含むこと, 包括 (↔**exclusion**); C 含有物 派生 **include** 動

in·clu·sive /inklúːsiv インクルースィヴ/ 形 すべてを含んだ, 包括的な (↔**exclusive**); 勘定に入れて 派生 **include** 動
inclúsively 副 包括的に

in·cog·ni·to /ìnkɑgníːtou インカグニートウ/ 形 副 正体を隠した[て], お忍びの

in·co·her·ent /ìnkouhíərənt インコウヒアレント/ 形 (考え・ことばなどが)首尾一貫しない, 支離滅裂な, つじつまの合わない **ìncohérently** 副 支離滅裂に

in·come B1 高 /ínkʌm インカム/ 名 (複 **incomes** /ínkʌmz/) U C (定)収入, 所得 • He has a high **income**. 彼は収入が多い

コロケーション
形+**income**
a large [high] *income* 多い収入
a low [small] *income* 少ない収入
a monthly *income* 月収
an annual *income* 年収
national *income* 国民所得
net *income* 純利益
gross *income* 総収入

íncome tàx 名 U C 所得税

in·com·ing /ínkʌmiŋ インカミング/ 形 はいってくる, 到着する; 後続の, 後任の, 新任の (❗名詞の前に用いる)

in·com·pa·ra·ble /inkɑ́mpərəbl インカンパラブル/ 形 ❶この上なく優れた, 比類のない, 並ぶ[匹敵する]もののない ❷〔…と〕(共通の基準がなくて)比べようがない《*with, to*》
incómparably 副 並ぶもののないほど, 断然

in·com·pat·i·bil·i·ty /ìnkəmpæ̀təbíləti インコンパティビリティ/ 名 U 不一致, 不適合

in·com·pat·i·ble /ìnkəmpǽtəbl インコンパティブル/ 形 〔…と〕両立しない, 相いれない, 矛盾した; 〔…と〕性の合わない, 折り合いが悪い《*with*》

in·com·pe·tence /inkɑ́mpətəns インカンピテンス/ 名 U 無能; 不適格; 《法律》無資格

in·com·pe·tent /inkɑ́mpətənt インカンピテント/ 形 能力のない, 無能な; 不適格な ━名 C 無能力者

in·com·plete /ìnkəmplíːt インコンプリート/ 形 不完全な, 未完成の (↔**complete**)

in·com·pre·hen·si·ble /inkɑ̀mprihénsəbl インカンプリヘンスィブル/ 形 〔…にとって〕理解できない, 不可解な《*to*》

in·con·ceiv·a·ble /ìnkənsíːvəbl インコンスィーヴァブル/ 形 ❶考えられない, 想像もつかない ❷《口語》ありそうもないほどの, とてつもない

in·con·clu·sive /ìnkənklúːsiv インコンクルースィヴ/ 形 (議論などが)結論が出ない; 決定的でない

in·con·gru·i·ty /ìnkəngrúːəti インコングルーイティ/ 名 (複 **incongruities** /ìnkəngrúːətiz/) U 不一致, 不調和, 不つり合い; C 不調和なもの[行為], 不つり合いなこと

in·con·gru·ous /inkɑ́ŋgruəs インカングルアス/ 形 〔…と〕一致[調和]しない, 不つり合いな, 矛盾した《*with*》

in·con·se·quen·tial /inkɑ̀nsəkwénʃəl インカンスィクウェンシャル/ 形 重要でない, 取るに足りない

in·con·sid·er·ate /ìnkənsídərit インコンスィダレト/ 形 〔…に対して〕思いやり[配慮]のない《*to, toward*》

in·con·sist·en·cy /ìnkənsístənsi インコンスィステンスィ/ 名 (複 **inconsistencies** /ìnkənsístənsiz/) ❶ U 不一致, 矛盾 ❷ C 矛盾した言動, 矛盾点

in·con·sist·ent /ìnkənsístənt インコンスィステント/ 形 一致していない, 矛盾する; 一貫していない

ìnconsístently 副 一貫せずに; 矛盾して

in·con·sol·a·ble /ìnkənsóuləbl インコンソウラブル/ 形 慰めようのない; 悲嘆にくれた

in·con·spic·u·ous /ìnkənspíkjuəs インコンスピキュアス/ 形 目立たない, 注意を引かない, 人目につかない

in·con·stant /inkánstənt インカンスタント/ 形《文章》(人・行動などが)変わりやすい; 移り気の, 気まぐれな

in·con·ti·nence /inkántənəns インカンティネンス/ 名 U 失禁; 自制できないこと

in·con·ti·nent /inkántənənt インカンティネント/ 形 失禁の; 自制できない

in·con·tro·vert·i·ble /ìnkɑntrəvə́:rtəbl インカントロヴァーティブル/ 形 議論[反論]の余地のない, 明らかな, 自明の

in·con·ven·ience /ìnkənví:njəns インコンヴィーニエンス/ 名 U 不便, 不都合; 迷惑(めいわく); C めんどうなこと (↔**convenience**) ━ 動 他 迷惑をかける

in·con·ven·ient B1 /ìnkənví:njənt インコンヴィーニエント/ 形 不便な, 不自由な; 都合の悪い, めんどうな (↔**convenient**)

ìnconvéniently 副 不便に

in·cor·po·rate /inkɔ́:rpərèit インコーポレイト/ 動 ❶ 他 合併させる; 自〔…と〕合併する《*with*》 ❷ 他 法人[会社組織]にする 派生 **incorporation** 名

in·cor·po·rat·ed /inkɔ́:rpərèitəd インコーポレイテド/ 形 ❶合体[合併, 結合]した, 統合された ❷法人組織の;《米》有限責任の (=《英》limited) (❗ Inc. と略して会社名のうしろにつける)

in·cor·po·ra·tion /inkɔ̀:rpəréiʃən インコーポレイション/ 名 U 合併, 結合 派生 **incorporate** 動

in·cor·rect B1 /ìnkərékt インコレクト/ 形 ❶不正確な, まちがった, 正しくない (↔**correct**) (❗ この意味では比較変化なし) ❷(言動が)適切でない

in·cor·ri·gi·ble /inkɔ́(:)ridʒəbl インコ(ー)リヂブル/ 形《文章》矯正できない; 救いがたい

in·cor·rupt·i·ble /ìnkərʌ́ptəbl インコラプティブル/ 形 買収されない; 腐敗しない

in·crease A2 中

/inkrí:s インクリース/ 動 (三単現 **increases** /inkrí:səz/; 過去・過分 **increased** /inkrí:st/; 現分 **increasing**)

他 増やす; 自 増える, 増加する (↔**decrease**)

- **increase** speed スピードを上げる
- The company doesn't need to **increase** its budget. その会社は予算を増やす必要はない
- **increase** in number 数が増す
- This city is **increasing** in population. この町は人口が増加している

━ /ínkri:s インクリース/ (発音 動 とのアクセントの違いに注意) 名 (複 **increases** /ínkri:səz/) U C

増加, 増大 (↔**decrease**)

- an **increase** in population 人口の増加
- a five-percent **increase** = an **increase** of five percent 5%増

コロケーション

形+**increase**

a significant *increase* 著しい増加
a steady *increase* 堅実な増加
a moderate *increase* 緩やかな増加
a slight *increase* わずかな増加
a sudden *increase* 突然の増加

on the increase 増加[増大]して

in·creas·ing 高 /inkrí:siŋ インクリースィング/ 形 ますます増加[増大]する

in·creas·ing·ly B1 /inkrí:siŋli インク

リースィングリ/ 副 (❗比較変化なし)
ますます, いっそう, だんだん (= more and more)

in·cred·i·bil·i·ty /inkrèdəbíləti インクレディビリティ/ 名U 信じられないこと, とてつもないこと
派生 **incredible** 形

in·cred·i·ble B1 高 /inkrédəbl インクレディブル/ 形
信じられない(ほどの); 《口語》とほうもない, とてつもない; すばらしい
• an **incredible** story 信じられない話
• have an **incredible** time すばらしい時を過ごす
派生 **incredibility** 名

in·cred·i·bly B1 /inkrédəbli インクレディブリ/ 副
信じられない(ほどの); 非常に

in·cred·u·lous /inkrédʒələs インクレヂュラス/ 形 疑っている, 信じない; 信じられない
incrédulously 副 疑わしげに

in·cre·ment /ínkrəmənt インクレメント/ 名 《文章》U 増加, 増大; C 増加量; (定期)昇給額

in·crim·i·nate /inkrímənèit インクリミネイト/ 動 他 (証拠などが)罪があることを示す, 有罪にする, 罪に陥れる

in·cu·bate /íŋkjəbèit インキュベイト/ 動 他 (卵を)抱く, (人工)孵化(ふか)する; 自 (卵が)かえる, 孵化する; (病気が)潜伏期にある

in·cu·ba·tion /ìŋkjəbéiʃən インキュベイション/ 名U 孵化(ふか); (病気の)潜伏(期)

in·cu·ba·tor /íŋkjəbèitər インキュベイタ/ 名C 孵化器; (未熟児の)保育器; 細菌培養器

in·cul·cate /inkʌ́lkeit インカルケイト, ínkʌlkèit インカルケイト/ 動 他 《文章》(考えなどを)〔人に〕くり返し吹き込む《*in, into*》

in·cum·bent /inkʌ́mbənt インカンベント/ 形 ❶《文章》〔人に〕義務としてかかる, 責任がある《*on, upon*》
❷ 現職の, 在職の (❗名詞の前に用いる)
━ 名C ❶ 現職[在職]者 ❷ (英国国教会の教会を持つ)聖職者, 聖職禄所有者

in·cur B2 /inkə́ːr インカー/ 動 (三単現 **incurs** /inkə́ːrz/; 過去·過分 **incurred** /inkə́ːrd/; 現分 **incurring**) 他 (危険·損害·非難などを)招く, こうむる

in·cur·a·ble B2 /inkjúərəbl インキュアラブル/ 形 不治の; 治療できない
incúrably 副 治しようのないほど

in·cur·sion /inkə́ːrʒən インカージョン/ 名C 《文章》急襲, 侵入, 来襲

in·debt·ed B2 /indétəd インデティド/ 形 恩義がある; 〔…に〕借金がある《*to*》;
文型 [**be indebted to A (for B)**] A(人)に(Bに対して)恩義がある

in·de·cent /indíːsənt インディーセント/ 形 みだらな, わいせつな; 下品な; 不適当な **indécently** 副 みだらに; 下品に

in·de·ci·sion /ìndisíʒən インディスィジョン/ 名U 優柔不断; 躊躇(ちゅうちょ), ためらい

in·de·ci·sive /ìndisáisiv インディサイスィヴ/ 形 優柔不断な, 決断力のない, どっちつかずの **ìndecísively** 副 優柔不断に, どっちつかずに

in·deed A2 高

/indíːd インディード/ 副
❶ 実に, 本当に, まったく; 《相手のことばに答えて》確かに, おっしゃるとおり
• It's very cold **indeed**. ひどく寒いね (❗very+形容詞[副詞]のあとで強調に使うことが多い)
• He is **indeed** a clever boy. 彼は実にりこうな少年です
• A friend in need is a friend **indeed**. 《ことわざ》必要な時の友人が本当の友人
❷ (前言を強調して)実のところ, 実際(は), はっきり言うと
• It was a failure, **indeed** a catastrophe. それははっきり言うと大失敗だった
❸ 《間投詞的》へえ, まさか

... indeed, but ...* = *Indeed ..., but ... 確かに…ではあるが…, なるほど…だが… (❗あることを一応認めた上で, 別の視点から意見を加える表現)

in·de·fen·si·ble /ìndifénsəbl インディフェンスィブル/ 形 (行為などが)弁護の余地の

ない, 言い訳の立たない; (陣地などが)防御できない, 守り切れない

in·de·fin·a·ble /ìndifáinəbl インディファイナブル/ 形 説明[定義]できない

in·def·i·nite /indéfənət インデフィニト/ 形 不明確な, ばく然とした, はっきりしない, あいまいな (↔**definite**); 未決定の, 不定の, 無期限の

indéfinite árticle B1 名C 《文法》不定冠詞 《♦a または an》

in·def·i·nite·ly /indéfənətli インデフィニトリ/ 副 ばく然と, 不明確に, ぼんやりと; 無制限に, いつまでも

in·del·i·ble /indéləbl インデリブル/ 形 (しみなどが)消すことのできない; (ペン・鉛筆などが)書いたら消えない; (印象などが)忘れられない, 永久に残る

in·del·i·cate /indélikət インデリケト/ 形 不作法な, 下品な

in·dem·ni·fy /indémnəfài インデムニファイ/ 動 (三単現 **indemnifies** /indémnəfàiz/; 過去·過分 **indemnified** /indémnəfàid/; 現分 **indemnifying**) 他 《法律》(人に)〔…を〕補償する 《*for*》; (人を)〔…から〕保障する 《*from, against*》

in·dem·ni·ty /indémnəti インデムニティ/ 名 (複 **indemnities** /indémnətiz/) 《法律》U 〔損害などに対する〕賠償, 補償 《*for*》; C 賠償[補償]金

in·dent B2 /indént インデント/ 動 他 …にぎざぎざ[刻み目]をつける; (段落の1行目を)引っこめて書く

in·den·ta·tion /ìndentéiʃən インデンテイション/ 名U ぎざぎざ[刻み目]をつけること; C ぎざぎざ, 刻み目; (海岸線の)湾入; C (行の初めの)字下がり

in·de·pend·ence

A2 高 /ìndəpéndəns インディペンデンス/ 名U 独立; 自立 (↔**dependence**)

- India achieved **independence** from the U.K. インドはイギリスから独立した

派生 **independent** 形

Indepéndence Dày 名 (米国の)独立記念日 《♦7月4日》

in·de·pend·ent B1 高 /ìndəpéndənt インディペンデント/ 形

❶ 独立の, 独立した, 自主的な; 自立した (↔**dependent**)

- an **independent** country 独立国

文型 [**independent of A**] Aから独立して

- America became **independent of** England in 1776. 米国は1776年に英国から独立した

❷ 無関係の; 独自の; 無党派の

派生 **independence** 名

in·de·pend·ent·ly B2 /ìndəpéndəntli インディペンデントリ/ 副 独立して; 他と無関係に, 自由に

ín-dépth 形 徹底的な, 綿密な, 詳細な (**!** 名詞の前に用いる)

in·de·scrib·a·ble B2 /ìndiskráibəbl インディスクライバブル/ 形 ことばでは言い表せない, 言語に絶する

in·de·struct·i·ble /ìndistrʌ́ktəbl インディストラクティブル/ 形 破壊できない, 丈夫な, 不滅の

in·de·ter·mi·nate /ìnditə́ːrmənət インディターミネト/ 形 不確定の, あいまいな, ばく然とした

in·dex B2 /índeks インデクス/ (×インデクス) 名 (複 **indexes** /índeksəz/, **indices** /índəsìːz/) C ❶ 索引, インデックス

❷ 指数 ● the consumer price **index** 消費者物価指数

índex finger 名C 人さし指 (=forefinger)

In·di·a 中 /índiə インディア/ 名 インド, インド共和国 《♦南アジアの共和国; 首都ニューデリー (New Delhi)》

In·di·an 中 /índiən インディアン/ 形

❶ インドの; インド人の

❷ (アメリカ)先住民の

— 名 (複 **Indians** /índiənz/) C

❶ インド人

❷ (アメリカ)先住民 (**!** 現在では Native American が好まれる)

In·di·an·a /ìndiǽnə インディアナ/ 名 インディアナ (**!** アメリカ中部の州; Ind., (郵便で) IN と略す)

Índian Ócean 名 《the をつけて》イ

A B C D E F G H I J K L M N O P Q R S T U V W X Y Z

ンド洋

Índian súmmer 名C インディアンサマー《♦アメリカ北部・カナダで, 晩秋から初冬のおだやかで暖かい日》

in·di·cate A2 高
/índəkèit インディケイト/ (×インディケート)
動 (三単現 **indicates** /índəkèits インディケイツ/; 過去・過分 **indicated** /índəkèitəd/; 現分 **indicating**) 他
❶ さし示す, 示す; 表す; 指摘する
• Fever **indicates** sickness. 熱があれば病気ということだ (←熱は病気を示す)
❷ ほのめかす
❸ 徴候を示す; …のきざしである
派生 **indication** 名
派生 **indicative** 形

in·di·ca·tion /ìndəkéiʃən インディケイション/ 名U 指示; UC 徴候, しるし; UC ほのめかし
派生 **indicate** 動; 派生 **indicative** 形

in·dic·a·tive /indíkətiv インディカティヴ/ 形 ❶《文章》〔…を; …ということを〕(それとなく)示す, 表す《*of; that ...*》
❷《文法》直説法の
— 名《**the indicative**》《文法》直説法; C 直説法の動詞
派生 **indicate** 動; 派生 **indication** 名

in·di·ca·tor /índəkèitər インディケイタ/ 名C 指示する人[もの]; 表示器[装置]; (計器の)指針; (列車・飛行機の)発着表示板; 《英》(自動車の)ウインカー

in·di·ces /índəsì:z インディスィーズ/ 名 index の複数形の一つ

in·dict /indáit インダイト/ (発音 -dict は /dait ダイト/ と発音する) 動他 〔…の罪で〕起訴する, 告発する《*for, on*》

in·dict·ment /indáitmənt インダイトメント/ (発音 -dict- は /dait ダイト/ と発音する) 名U《法律》起訴; C 起訴状

in·die /índi インディ/ 名C 形 インディーズ(の), 独立プロ(の)

in·dif·fer·ence /indífərəns インディファレンス/ 名U 無関心, 冷淡さ

in·dif·fer·ent B2 /indífərənt インディファレント/ 形 ❶〔…に〕無関心な, 冷淡な《*to*》 • He is **indifferent to** money [success]. 彼はお金[成功]に無関心だ
❷ 良くも悪くもない, 平凡な

in·dig·e·nous /indídʒənəs インディヂェナス/ 形 (動植物が)〔その土地に〕固有の, 土着の, 原産の《*to*》; 原地人の; 生まれつきの

in·di·ges·tion /ìndidʒéstʃən インディヂェスチョン, ìndaidʒéstʃən インダイヂェスチョン/ 名U 消化不良, 胃痛; 不消化

in·dig·nant /indígnənt インディグナント/ 形 憤慨した, 怒った
indígnantly 副 憤慨して

in·dig·na·tion /ìndignéiʃən インディグネイション/ 名U 憤り, 憤慨

in·dig·ni·ty B2 /indígnəti インディグニティ/ 名 (複 **indignities** /indígnətiz/) U 屈辱(感), 侮辱; C 侮辱的な言動

in·di·go /índigòu インディゴウ/ 名U インディゴ, 藍(あい)《♦染料》; 藍色

in·di·rect B1 /ìndərékt インディレクト, ìndairékt インダイレクト/ 形 ❶ 間接の, 間接的な, 直接的でない (↔**direct**)
• **indirect** lighting 間接照明
❷ まっすぐでない; (道が)遠回りの (↔**direct**) ❸ 遠回しの (↔**direct**)

índirect díscourse 名 (＝indirect narration)

in·di·rect·ly B1 /ìndəréktli インディレクトリ, ìndairéktli インダイレクトリ/ 副 間接(的)に; 副次的に; 遠回しに (↔**directly**)

índirect narrátion 名U《文法》間接話法

índirect óbject 名C《文法》間接目的語 (❗indirect は名詞の前ではアクセントが移動する) ⇨**object** ❹

índirect spéech 名U《文法》間接話法

in·dis·creet /ìndiskrí:t インディスクリート/ 形 不注意な, 軽率な

in·dis·cre·tion /ìndiskréʃən インディスクレション/ 名U 不注意, 軽率; C 不注意[軽率]な言動

in·dis·crim·i·nate /ìndiskrímənət インディスクリミネト/ 形 (道徳的に)無差別な,

(善悪の)見境のない; 乱雑な
ìndiscríminately 副 無差別に, 見境なく

in·dis·pens·a·ble B2 /ìndispénsəbl インディスペンサブル/ 形 〔…に〕欠くことのできない, 必要不可欠な, 絶対必要な《*to, for*》 **ìndispénsably** 副 是が非でも, 必ず

in·dis·put·a·ble /ìndispjú:təbl インディスピュータブル/ 形 疑問[議論]の余地のない

in·dis·tinct /ìndistíŋkt インディスティンクト/ 形 はっきりしない; 不明瞭な
ìndistínctly 副 不明瞭に
ìndistínctness 名 U 不明瞭さ

in·dis·tin·guish·a·ble /ìndistíŋgwiʃəbl インディスティングウィシャブル/ 形 (2つの物が)〔…と〕区別のつかない, 見分けられない《*from*》

in·di·vid·u·al B1 高 /ìndəvídʒuəl インディヴィヂュアル/ 形 ❶個々の, それぞれの (↔**general**) (❗名詞の前に用いる)
• in **individual** cases 個々の場合に
❷個人の, 個人用の, 個人的な (❗名詞の前に用いる)
❸独自の, 一種独特の, (個人)独特の, 個性的な
— 名 (複 **individuals** /ìndəvídʒuəlz/) C 個人, 人; (一つの)物, (1ぴきの)動物

in·di·vid·u·al·ism /ìndivídʒuəlìzm インディヴィヂュアリズム/ 名 U 個人主義; 《遠回しに》利己主義

in·di·vid·u·al·ist /ìndivídʒuəlist インディヴィヂュアリスト/ 名 C 個人[利己]主義者; 個性的な人

in·di·vid·u·al·is·tic /ìndəvìdʒuəlístik インディヴィヂュアリスティク/ 形 個人[利己]主義(者)の; 個性的な

in·di·vid·u·al·i·ty /ìndəvìdʒuǽləti インディヴィヂュアリティ/ 名 U 個性; 個人であること

in·di·vid·u·al·ize /ìndəvídʒuəlàiz インディヴィヂュアライズ/ 動 他 個性あるものにする; 個々に区別する, 個別化する

in·di·vid·u·al·ly /ìndəvídʒuəli インディヴィヂュアリ/ 副 個々に, それぞれ; 個人的に(は); 個性的に, 独特に

in·di·vis·i·ble /ìndəvízəbl インディヴィズィブル/ 形 分割できない; 《数学》割り切れない

in·doc·tri·nate /indɑ́ktrinèit インダクトリネイト/ 動 他 《ふつう悪い意味で》〔思想などを〕(人に)吹き込む《*with*》

in·do·lence /índələns インドレンス/ 名 U 《文章》怠惰, 無精

in·do·lent /índələnt インドレント/ 形 《文章》無精な, 怠惰な, ものぐさな

in·dom·i·ta·ble /indɑ́mətəbl インダミタブル/ 形 不屈の, 断固とした

In·do·ne·sia /ìndəní:ʒə インドニージャ/ 名 インドネシア《◆アジア南東部の共和国; 首都ジャカルタ (Jakarta)》

In·do·ne·sian /ìndəní:ʒən インドニージャン/ 形 インドネシアの; インドネシア人[語]の
— 名 C インドネシア人; U インドネシア語

in·door A2

/ìndɔ́:r インドー/ 形 屋内の, 家の中の, 室内の (↔**outdoor**)

in·doors B1 /ìndɔ́:rz インドーズ/ 副 屋内で, 屋内へ, 家の中に (↔**outdoors**)
• stay **indoors** (外出せず)家にいる

in·duce /indjú:s インデュース/ 動 他
❶ 文型 [**induce A to** *do*] Aに…する気を起こさせる, Aが…するように仕向ける, Aを説得して…させる, …するようにAを誘う ❷引き起こす, もたらす ❸帰納する (↔**deduce**)

in·duce·ment /indjú:smənt インデュースメント/ 名 U C 誘因, 動機

in·duct /indʌ́kt インダクト/ 動 他 (❗ふつう受け身で使う)《文章》❶〔…に; …として〕(正式に)就任させる《*into; as*》
❷《米》〔…に〕入会させる《*to, into*》; 兵役につかせる

in·duc·tion /indʌ́kʃən インダクション/ 名
❶ U C (聖職などへの)就任(式), 入会(式); 《米》〔…への〕入隊(式)《*into*》
❷ U 誘導, 誘発 ❸ U 《数学》帰納(法) (❗「演繹(えんえき)法」は deduction)

in·duc·tive /indʌ́ktiv インダクティヴ/ 形

帰納的な (↔**deductive**)

in·dulge B2 /indʌ́ldʒ インダルヂ/ 動
❶ 自 〔…に〕ふける, おぼれる, 〔…を〕思う存分する《*in*》 ❷ 他 気ままにさせる, 甘やかす; 満足させる

indulge oneself in ... …にふける

派生 **indulgence** 名

in·dul·gence /indʌ́ldʒəns インダルヂェンス/ 名 U 甘やかすこと; 寛大さ; U ふけること; C 道楽, 楽しみ

派生 **indulge** 動

in·dul·gent B2 /indʌ́ldʒənt インダルヂェント/ 形 寛大な; 甘やかす; 気ままにさせる **indúlgently** 副 寛大に

in·dus·tri·al B1 高 /indʌ́striəl インダストリアル/ 形 産業[工業]の; 産業[工業]の発達した

- an **industrial** country 工業国
- **industrial** waste 産業廃棄物

派生 **industry** 名

派生 **industrialize** 動

indùstrial árts 名 《the をつけて》《単数扱い》(教科の)技術科, 工芸

in·dus·tri·al·ist /indʌ́striəlist インダストリアリスト/ 名 C 産業資本家, 工場経営者, 生産業者, 実業家

in·dus·tri·al·i·za·tion /indʌ̀striəl-əzéiʃən インダストリアリゼイション/ 名 U 工業化, 産業化

in·dus·tri·al·ize B2 /indʌ́striəlàiz インダストリアライズ/ 動 他 工業[産業]化する

派生 **industrial** 形

indústrial párk 名 C 工業団地

Indústrial Revolútion 名 《the をつけて》産業革命《◆18-19世紀初頭の, 産業・社会組織上の大変革》

in·dus·tri·ous /indʌ́striəs インダストリアス/ 形 勤勉な, よく働く (=hardworking) 派生 **industry** 名

indústriously 副 勤勉に

in·dus·try B1 高 /índəstri インダストリ/ 名 (複 **industries** /índəstriz/)

❶ U C 産業, 工業; C …業 (❗この意味の形容詞形は industrial)

- the automobile [tourist] **industry** 自動車産業[観光業]

コロケーション

形+**industry**

heavy *industry* 重工業

light *industry* 軽工業

a high-tech *industry* ハイテク産業

the chemical *industry* 化学工業

private *industry* 民間産業

❷ U 勤勉, よく働く[勉強する]こと (❗この意味の形容詞形は industrious)

in·ed·i·ble /inédəbl イネディブル/ 形 食用に適さない, 食べられない

in·ef·fec·tive B2 /ìniféktiv イニフェクティヴ/ 形 効果のない, 効果的でない, 無益な; 役に立たない, 無能の

ìneffėctively 副 効果なく, むだに

in·ef·fec·tu·al /ìnifékt∫uəl イニフェクチュアル/ 形 無力な; 効果のない

in·ef·fi·cien·cy /ìnifí∫ənsi イニフィシェンスィ/ 名 U 非能率, 能力不足; C 非能率なもの

in·ef·fi·cient /ìnifí∫ənt イニフィシェント/ 形 役に立たない, 無能の; (機械などが) 能率の悪い, 非効率な

in·el·e·gant /inéligənt イネリガント/ 形 洗練されていない; 粗野な

in·el·i·gi·ble /inélidʒəbl イネリヂブル/ 形 〔…の; …する〕資格がない《*for; to do*》

in·ept /inépt イネプト/ 形 無能の; 〔…に〕手ぎわの悪い, 不器用な《*at*》; (ことばなどが)的はずれの, 場違いな

in·ept·i·tude /inéptətjùːd イネプティテュード/ 名 U 無能; 不適当

in·e·qual·i·ty /ìnikwɑ́liti イニクワリティ/ 名 (複 **inequalities** /ìnikwɑ́litiz/) U C 不同, 差異; 不平等, 不均等

in·ert B2 /inə́ːrt イナート/ 形 動かない, 自力で動けない; 不活発な, 緩慢な, だらけた; 《化学》不活性の

in·er·tia /inə́ːr∫ə イナーシャ/ 名 U

❶ 不活発, 不活動; ものぐさ

❷ 《物理》慣性, 惰性, 惰力

in·es·cap·a·ble /ìniskéipəbl イニスケイパブル/ 形 避けられない, 免れられない, 不可避の, 起こることが確実な

in·es·ti·ma·ble /inéstəməbl イネスティマブル/ 形 《文章》計り知れない

in·ev·i·ta·bil·i·ty /inèvətəbíləti イネヴィタビリティ/ 名 U 必然性, 不可避(性)

in·ev·i·ta·ble B1 /inévətəbl イネヴィタブル/ 形 避けられない (=unavoidable); 必然の; いつもの, おきまりの

in·ev·i·ta·bly /inévətəbli イネヴィタブリ/ 副 必然的に

in·ex·act /ìnigzǽkt イニグザクト/ 形 不正確な

in·ex·cus·a·ble /ìnikskjú:zəbl イニクスキューザブル/ 形 許せない

in·ex·haust·i·ble /ìnigzɔ́:stəbl イニグゾースティブル/ 形 つきることのない, 無尽蔵の; 疲れを知らない

in·ex·o·ra·ble /inéksərəbl イネクソラブル/ 形 《文章》変えられない, 妨げられない; 容赦(ようしゃ)のない, 冷酷な

in·ex·pen·sive A2

/ìnikspénsiv イニクスペンスィヴ/ 形 費用のかからない; 安い, 低価格の; 安上がりな (↔**expensive**) (❗ cheap は「安っぽい」というニュアンスも含むが, inexpensive は単に「価格が低い」ことだけを表す)

- The hotel room was fairly **inexpensive.** そのホテルの部屋はかなり安かった

ìnexpénsively 副 費用をかけずに

in·ex·pe·ri·ence /ìnikspíəriəns イニクスピアリエンス/ 名 U 無経験; 未熟; 不慣れ

in·ex·pe·ri·enced B2 /ìnikspíəriənst イニクスピアリエンスト/ 形 経験のない[不足した]; 不慣れな; 未熟な (↔**experienced**)

in·ex·pli·ca·ble /ìniksplíkəbl イニクスプリカブル/ 形 説明のつかない, 不可解な

in·ex·tri·ca·ble /inékstrikəbl イネクストリカブル/ 形 《文章》切り離せない

in·ex·tri·ca·bly /inékstrikəbli イネクストリカブリ/ 副 離れがたく, 密接に

in·fal·li·bil·i·ty /infæ̀ləbíləti インファリビリティ/ 名 U 常に正しく誤りを犯さないこと, 無謬(びゅう)性

in·fal·li·ble /infǽləbl インファリブル/ 形 (人・判断などが)まったく誤りのない; 必ず効果のある, 絶対確実な

in·fa·mous /ínfəməs インファマス/ (×インフェイマス) 形 悪名高い (=notorious); 不名誉な

in·fa·my /ínfəmi インファミ/ 名 (複 **infamies** /ínfəmiz/) U 悪評, 汚名; C 破廉恥(はれんち)(な行為)

in·fan·cy /ínfənsi インファンスィ/ 名 U ❶ 幼少; 幼年時代, 幼年期 ❷ (物事の発展などの)初期

in·fant B2 /ínfənt インファント/ 名 C 乳児, 赤ちゃん, 幼児; 《英》《**infants**》小児 《◆英国 infants school に通う 4-7 歳の児童》; 《法律》未成年 (=minor)

— 形 幼児の, 幼児期の

派生 **infantile** 形

in·fan·tile /ínfəntàil インファンタイル/ 形 幼児期の; 子どもらしい; 子どもっぽい (=childish) 派生 **infant** 名

in·fan·try /ínfəntri インファントリ/ 名 U 《集合的》《単数・複数扱い》歩兵; 歩兵隊

in·fat·u·ate /infǽtʃuèit インファチュエイト/ 動 他 (人を)夢中にさせる

in·fat·u·at·ed /infǽtʃuèitəd インファチュエイテド/ 形 〔…に〕夢中になった, のぼせ上がった 《*with*》

in·fat·u·a·tion /infæ̀tʃuéiʃən インファチュエイション/ 名 U C 〔…への〕心酔, のぼせ上がり, 夢中 《*for, with*》

in·fect B2 /infékt インフェクト/ 動 他 ❶ (人に病気を)感染させる (❗ ふつう空気感染について用いる); (大気などを病菌などで)汚染する ❷ 影響を与える, 波及する

派生 **infection** 名

in·fect·ed B2 /inféktəd インフェクテド/ 形 (病気に)感染した; 化膿(かのう)した; (大気・水などが)汚染された

in·fec·tion B1 /infékʃən インフェクション/ 名 U 伝染, 感染; C 伝染病 (❗ ふつう空気感染); U 悪影響, (悪い)感化

派生 **infect** 動

in·fec·tious B2 /infékʃəs インフェクシャス/ 形 感染する, 伝染する; 伝染病の (❗ 空気感染のもので, 接触感染は contagious); 影響を及ぼす

in·fer B2 /infə́:r インファー/ 動 (三単現 **infers** /infə́:rz/; 過去・過分 **inferred** /infə́:rd/; 現分 **inferring** /infə́:riŋ/) 他 推察する; 推論する

in·fer·ence B2 /ínfərəns インファレンス/ 名 《文章》U 推量, 推論, 推測; C 推量の結論

in·fe·ri·or /infíəriər インフィアリア/ 形〔…より〕劣った, 粗悪な, 質の悪い; 下級の《*to*》(↔**superior**)

• His latest book is **inferior to** the previous one. 彼の最新作は前作より劣っている (×inferior *than* ... としない)

— 名 C 下位の者, 部下, 後輩

派生 **inferiority** 名

in·fe·ri·or·i·ty /infìəriɔ́:rəti インフィアリオーリティ/ 名 U 劣っていること; 下級; 劣等 (↔**superiority**)

• an **inferiority** complex 劣等感, コンプレックス

派生 **inferior** 形

in·fer·no /infə́:rnou インファーノウ/ 名 (複 **infernos** /infə́:rnouz/) C 《文章》大火事; 地獄

in·fer·tile /infə́:rtl インファートル/ 形 (土地が)肥えていない, やせた; 不妊の, 生殖能力[繁殖力]のない

in·fer·til·i·ty /ìnfərtíləti インファティリティ/ 名 U (土地の)不毛; 不妊

in·fest /infést インフェスト/ 動 他 (害虫など有害なものが)はびこる, たかる

in·fi·del·i·ty /ìnfidéləti インフィデリティ/ 名 (複 **infidelities** /ìnfidélətiz/) U C 不貞, 不倫

in·field /ínfi:ld インフィールド/ (×インフィールド) 名《**the infield**》《野球》内野

in·field·er /ínfi:ldər インフィールダ/ 名 C 《野球》内野手 ⇨**fielder**

in·fight·ing /ínfàitiŋ インファイティング/ 名 U 《ボクシング》接近戦, インファイト; 〔組織内の〕内輪もめ, 内部抗争《*among*》

in·fil·trate /infíltreit インフィルトレイト/ 動 他 自〔…に〕潜入させる[する]《*into*》; 〔…に〕浸透させる[する]《*into*》

in·fil·tra·tion /ìnfiltréiʃən インフィルトレイション/ 名 U 潜入

in·fi·nite /ínfənət インフィニト/ 形 無限の; ばく大な, 計り知れない

in·fi·nite·ly /ínfənətli インフィニトリ/ 副 無限に, 無数に; 非常に

in·fin·i·tes·i·mal /ìnfinətésəməl インフィニテスィマル/ 形 極小[少]の

in·fin·i·tive B1 /infínətiv インフィニティヴ/ 名 (複 **infinitives** /infínətivz/) C 《文法》不定詞

in·fin·i·ty /infínəti インフィニティ/ 名 U 限りないこと, 無限; 無限大

in·firm /infə́:rm インファーム/ 形 《文章》(老齢・病気などで)体が弱った

in·fir·ma·ry /infə́:rməri インファーマリ/ 名 (複 **infirmaries** /infə́:rməriz/) C 《英》病院; 《米》(学校・工場などの)付属診療所, 医務室, 保健室

in·fir·mi·ty /infə́:rməti インファーミティ/ 名 (複 **infirmities** /infə́:rmətiz/) 《文章》U (老齢による)虚弱, 病弱; C 病気, 疾患

in·flame /infléim インフレイム/ 動 他 怒らせる; 煽(あお)る; 炎症を起こさせる

派生 **inflammation** 名

in·flamed /infléimd インフレイムド/ 形 赤くふくれた, 炎症を起こした; 興奮した

in·flam·ma·ble /inflǽməbl インフラマブル/ 形 可燃性の, 火のつきやすい (= flammable) (↔**nonflammable**); 激しやすい

in·flam·ma·tion B2 /ìnfləméiʃən インフラメイション/ 名 U C 炎症; 激怒; 興奮すること 派生 **inflame** 動

in·flam·ma·to·ry B2 /inflǽmətɔ̀:ri インフラマトーリ/ 形 (人を)怒らせる, 刺激的な, 扇動的な; 炎症性の

in·flat·a·ble /infléitəbl インフレイタブル/ 形 (空気などで)ふくらませられる, 空気を入れて使う, 膨張性の

in·flate B2 /infléit インフレイト/ 動 ❶ 他 ふくらます; 自 ふくらむ ❷ 他 インフレにする; 自 インフレになる

in·flat·ed /infléitəd インフレイテド/ 形 ❶〔空気などで〕ふくらんだ《*with*》 ❷ (ことばなどが)誇張した, 大げさな; 思い上がった, いばった; (物価が)騰貴した; (通貨が)膨張した

in·fla·tion B2 /inflèiʃən インフレイション/ 名 U C インフレ(ーション); 膨張; 慢心, 得意

in·fla·tion·ar·y /infléiʃənèri インフレイショネリ/ 形 《経済》インフレの[を引き起こす]

in·flex·i·ble /infléksəbl インフレクスィブル/ 形 ❶曲がらない, 固い ❷(規則などが)厳格[厳正]な; (人が)確固とした

in·flict /inflíkt インフリクト/ 動 他 〔…に〕(損害・打撃・傷・苦しみなどを)与える, 負わせる, 押しつける《*on, upon*》

in·flic·tion /inflíkʃən インフリクション/ 名 U 苦しみ(を与えること)

in·flow /ínflòu インフロウ/ 名 C U (人・資金・液体などの)流入 (↔**outflow**)

in·flu·ence A2 中

/ínfluəns インフルエンス/

名 (複 **influences** /ínfluənsəz/)

❶ U C 影響, 効果; 影響力

- The teacher **had** a great **influence** **on** his students. その先生は彼の生徒たちに多大な影響力を持っていた

コロケーション

形+**influence**

a major *influence* 大きな影響
a strong *influence* 強い影響
a good [positive] *influence* よい影響
a bad [negative] *influence* 悪い影響
a direct *influence* 直接的な影響
a cultural *influence* 文化的影響
a political *influence* 政治的影響

❷ U 勢力, 権勢; C 影響力のある人[物], 有力者

- a man of **influence** 有力者

━ 動 (三単現 **influences** /ínfluənsəz/; 過去・過分 **influenced** /ínfluənst/; 現分 **influencing**) 他 影響を及ぼす, 影響する, 左右する, 動かす

- **influence** the decision [policy] 決定を左右する[政策に影響を与える]

派生 **influential** 形

in·flu·en·tial B2 /ìnfluénʃəl インフルエンシャル/ 形 影響を及ぼす; 感化する; 勢力のある 派生 **influence** 名

in·flu·en·za B2 /ìnfluénzə インフルエンザ/ 名 U インフルエンザ, 流行性感冒(かんぼう), 流感 (=《口語》flu)

in·flux /ínflʌ̀ks インフラクス/ 名 U 流れ込むこと; C 《ふつう **an influx**》流入, 到来, 殺到

in·fo /ínfou インフォウ/ 名 《口語》情報 (❗ information の略)

in·form B1 /infɔ́ːrm インフォーム/ 動 (三単現 **informs** /infɔ́ːrmz/; 過去・過分 **informed** /infɔ́ːrmd/; 現分 **informing**) 他 知らせる, 通知する; 告げる; 文型 [**inform A of** [**about**] **B**] A(人)にBを知らせる[告げる]

- He **informed** the captain **of** the location of the enemies. 彼は敵の位置を艦長に知らせた
- No one **informed** me **about** that accident. だれも私にその事故のことを知らせてくれなかった

文型 [**inform A that ...** [**wh- ...**]] A(人)に…ということ[…か]を知らせる

- Please **inform** me **when** you are going to come to Japan. いつ日本へおいでになるのかお知らせください

inform against [***on***] ... 〔人〕のことを密告する

派生 **information** 名

in·for·mal B2 /infɔ́ːrməl インフォーマル/ 形 ❶正式でない, 略式の, 非公式の (↔**formal**)

- an **informal** meeting 非公式の会合

❷形式ばらない, 気楽な, くだけた

in·for·mal·i·ty /ìnfɔːrmǽləti インフォーマリティ/ 名 (複 **informalities** /ìnfɔːrmǽlətiz/) U 非公式; C 形式ばらない行為 派生 **informal** 形

in·form·ant /infɔ́ːrmənt インフォーメント/ 名 C ❶インフォーマント《◆自国の言語・風俗などについて調査者の質問に答える人》❷情報提供者; 密告者

in·for·ma·tion A1 中

/ìnfərméiʃən インフォメイション/ 名 U

❶情報, (断片的な)知識

- a piece [a bit] of **information** 1つの

情報(❗数えられない名詞だから ×*an* information, ×informations としない)
• This book gives a lot of **information on** Italian food. この本はイタリア料理について詳しい

コロケーション
形+**information**
additional *information* 追加情報
confidential *information* 内密な情報
detailed *information* 詳しい情報
further *information* それ以上の情報
useful *information* 役に立つ情報
動+**information**
access *information* 情報にアクセスする
get *information* 情報を得る
give *information* 情報を与える

❷(デパート・駅・電話局などの)案内(係)
❸資料 派生 **inform** 動

informátion dèsk 名C 案内係, 案内所, 受付

informátion technòlogy 名U 情報技術(❗IT と略す)

in·form·a·tive B1 /infɔ́:rmətiv インフォーマティヴ/ 形
知識[情報]を与えてくれる, 有益な

in·formed /infɔ́:rmd インフォームド/ 形 情報をもった, 知識のある; 教養のある

infórmed consént 名U インフォームドコンセント《◆医者からの説明を得た上での治療法に関する同意》

in·form·er /infɔ́:rmər インフォーマ/ 名C (特に報酬めあての)密告者; 通知[通報]する人, 情報提供者

in·frac·tion /infrǽkʃən インフラクション/ 名《文章》U (規則などに対する)違反; C 違反[違法]行為

in·fra·red /ìnfrəréd インフラレド/ 形 赤外線の

in·fra·son·ic /ìnfrəsɑ́nik インフラサニク/ 形 超低周波音の, 可聴周波数以下の

in·fra·struc·ture /ínfrəstrʌ̀ktʃər インフラストラクチャ/ 名C (国家・社会などの存続に必要な)基盤設備[施設], インフラ; 下部構造, 下部組織

in·fre·quent /infrí:kwənt インフリークウェント/ 形 めったに起こらない, まれな, 珍しい
infréquently 副 たま[まれ]に

in·fringe B2 /infríndʒ インフリンヂ/ 動 他 (権利などを)侵害する, 侵(おか)す; (法律・協定などに)違反する; 自〔法律・権利などを〕侵害する《*on, upon*》

in·fringe·ment B2 /infríndʒmənt インフリンヂメント/ 名U (法律・著作権などの)侵害, 違反; C 侵害[違反]行為

in·fu·ri·ate /infjúərièit インフュアリエイト/ 動 他 激怒させる

in·fu·ri·a·ting /infjúərièitiŋ インフュアリエイティング/ 形 激怒させるような, 腹立たしい, しゃくにさわる

in·fuse /infjú:z インフューズ/ 動 他《文章》(思想・感情などを)〔人に〕吹き込む《*into*》; (人に)〔思想・感情などを〕吹き込む《*with*》; (薬草・茶などを)煎(せん)じる, (茶などに)湯を注ぐ

in·fu·sion /infjú:ʒən インフュージョン/ 名 UC《文章》《ふつう **an infusion**》〔…に〕(思想・感情などを)吹き込むこと, 注入《*into*》; U (薬草・茶などを)煎(せん)じること; C 煎じ[振り出し]液

-ing 接尾 ❶《動詞の原形につけて現在分詞・動名詞を作る》 ❷《名詞形を作る》 ❸《形容詞を作る》

in·gen·ious /indʒí:njəs インヂーニャス/ 形 発明の才のある; 巧妙にできている; 独創的な
ingéniously 副 器用に; 巧みに

in·ge·nu·i·ty /ìndʒənjú:əti インヂェニューイティ/ 名U 発明の才, 創意工夫; 巧妙さ; 独創力

in·grained /ingréind イングレインド/ 形 (信念などが)変えがたい, 根深い

in·gra·ti·ate /ingréiʃièit イングレイシエイト/ 動 他《次の成句で》
ingratiate oneself with ... …の機嫌をとる

in·grat·i·tude /ingrǽtətjù:d イングラティテュード/ 名U 恩知らず

in·gre·di·ent B1 高 /ingrí:diənt イングリーディエント/ 名 (複 **ingredients** /ingrí:diənts イングリーディエンツ/) C 原料, 材料; 成分; 構成要素, 要因

in·hab·it B2 /inhǽbət インハビト/ 動 他 (場所に)住む, 住んでいる, 生息する (=live in) (! 部族や民族, 動物などが集団で住む[生息する]ときに用いる)

in·hab·it·a·ble /inhǽbətəbl インハビタブル/ 形 居住できる[に適した]

in·hab·it·ant B1 /inhǽbətənt インハビタント/ 名 (複 **inhabitants** /inhǽbətənts インハビタンツ/) C
❶ 住んでいる人, 住民, 居住者
❷ (ある地域に)生息している動物

in·hab·it·ed /inhǽbətəd インハビテド/ 形 人が住んでいる, 住民がいる, 居住者のある

in·hale B1 /inhéil インヘイル/ 動 (三単現 **inhales** /inhéilz/; 過去・過分 **inhaled** /inhéild/; 現分 **inhaling**) 他 自 (息などを)吸い込む, 吸入する

in·her·ent /inhíərənt インヒアレント/ 形 固有の; 生まれつきの
inhérently 副 本来

in·her·it B2 /inhérət インヘリト/ 動 他
❶ 〔…から〕(財産などを)相続する《*from*》, あとを継ぐ ❷ 〔…から〕(性質などを)受け継ぐ《*from*》 派生 **inheritance** 名

in·her·it·ance /inhérətəns インヘリタンス/ 名 ❶ C 相続財産, 遺産
❷ U 相続; 遺伝 派生 **inherit** 動

inhéritance tàx 名 U C 相続税

in·hib·it /inhíbət インヒビト/ 動 他 (行動・感情などを)抑制[拘束]する; (人に)〔…するのを〕禁じる《*from doing*》

in·hib·it·ed /inhíbətəd インヒビテド/ 形 (人・性格が)自己抑制的な, 内気な, 抑圧された

in·hi·bi·tion /ìnhəbíʃən インヒビション/ 名 U C 抑制, 抑圧; 《心理》 抑制

in·hos·pi·ta·ble /inháspitəbl インハスピタブル/ 形 ❶ (場所などが)住みにくい ❷ (人が)もてなしの悪い, 客に無愛想な

in·hu·man /inhjú:mən インヒューマン/ 形 思いやりのない, 不人情な, 冷酷な, 残酷な; 非人間的な, 人間とも思えない, 超人的な

in·hu·mane /ìnhju:méin インヒューメイン/ 形 残酷な, 非人道的な

in·hu·man·i·ty /ìnhju:mǽnəti インヒューマニティ/ 名 (複 **inhumanities** /ìnhju:mǽnətiz/) U 残酷, 非情; C 残酷[非情]な行為

in·im·i·ta·ble /inímətəbl イニミタブル/ 形 まねのできない; 比類のない, 無比の

in·iq·ui·ty /iníkwəti イニクウィティ/ 名 (複 **iniquities** /iníkwətiz/) 《文章》 U (重大な)不正, 不法; 邪悪; C 不正[不法]な行為

in·i·tial B1 /iníʃəl イニシャル/ (×イニシャル) 名 (複 **initials** /iníʃəlz/) C
(語などの)最初の文字; 《**initials**》 (姓名などの)かしら文字, イニシャル
— 形 最初の, 初めの (=first); 語頭の
• the **initial** letter of a word 単語の最初の文字[かしら文字]
• my **initial** reaction 私の最初の反応

in·i·tial·ly B1 /iníʃəli イニシャリ/ 副 初めは, 当初; そもそもは

in·i·ti·ate /iníʃièit イニシエイト/ 動 他
❶ 開始する, 着手する ❷ 〔…に〕(手続きを経て)入会[加入]させる《*in, into*》 (! しばしば受け身で) ❸ 〔…の〕手ほどきをする, 秘伝[秘訣(ひけつ)]を教える《*in, into*》 (! しばしば受け身で)
— /iníʃiət イニシエト/ (発音 動 との違いに注意) 名 C (新)入会者; 秘伝を授けられた人, 手ほどきを受けた人

in·i·ti·a·tion /inìʃiéiʃən イニシエイション/ 名 U 開始, 着手; 創始; U 加入, 入会, 入門; C 入会[入門]式, 入社式; U (秘伝などの)手ほどき, 伝授

in·i·tia·tive B2 /iníʃətiv イニシャティヴ/ 名
❶ U C 率先, 主導権, イニシアティブ; (何かを始める時の)第一歩
• take the **initiative** in the negotiations 交渉のイニシアティブを取る
❷ U 進んで何かをする能力[気持ち], 進取の気性; 創意, 自主性

in·ject B1 /indʒékt インヂェクト/ 動 (三単現 **injects** /indʒékts インヂェクツ/; 過去・過分 **injected** /indʒéktəd/; 現分 **injecting**) 他 注入する, 注射する; さしはさむ; 添える 派生 **injection** 名

in·jec·tion B2 /indʒékʃən インヂェクション/

名 ❶UC 注入; 注射; (資本などの)投入 ❷C 注射液 派生 inject 動

in·junc·tion /indʒʌ́ŋkʃən インチャンクション/ 名C 《法律》(裁判所が出す)差し止め[禁止]命令; 〔…せよという; …という; …するなという〕命令, 指令《*to do; that ...; against*》

in·jure A2 中

/índʒər インヂャ/ (発音 アクセントに注意)

動 (三単現 **injures** /índʒərz/; 過去・過分 **injured** /índʒərd/; 現分 **injuring** /índʒəriŋ/) 他

傷つける, けがをさせる; (感情などを)害する

派生 **injury** 名

似ている単語

けがをする－**injure**, **wound**, **hurt**

be injured は事故などでの負傷, **be wounded** は弾丸や刃物による外傷に使う:

The soldier **was wounded** in the right leg. 兵士は右足に傷を負った

hurt は軽いけがに使うが, 痛みについていうことが多い:

My right arm **hurts**. 右腕が痛む

in·jured B2 高 /índʒərd インヂャド/ 形 負傷した; 《**the injured**》《名詞的》負傷者(たち) (❗1人の場合は単数, 2人以上の場合は複数扱い)

in·ju·ri·ous /indʒúəriəs インヂュアリアス/ 形 有害な, 害をなす

in·ju·ry B1 高 /índʒəri インヂャリ/ 名 (複 **injuries** /índʒəriz/) UC

❶ (事故などでの)けが, 負傷, 傷害 (❗ injury は「事故などによるけが」; wound は「戦争や犯罪などでの武器によるけが」)

- a minor [slight] **injury** 軽傷
- a severe [serious] **injury** 重傷

❷ 損害, 損傷

❸ (感情などを)傷つけること, 侮辱(ぶじょく)

派生 **injure** 動; 派生 **injurious** 形

ínjury tìme 名U (サッカー・ラグビーなどでの)インジュリー[ロス]タイム

in·jus·tice 高 /indʒʌ́stəs インヂャスティス/ 名 ❶U 不公平(さ); 不当, 不正

❷C 不正行為, 不当な扱い

do ... an injustice = do an injustice to ... 〔人〕を不当に扱う, 正当に評価しない

ink B1 高 /íŋk インク/ 名U インク

- write in black **ink** 黒インクで書く

— 動 (三単現 **inks** /íŋks/; 過去・過分 **inked** /íŋkt/; 現分 **inking**) 他

インクで書く[汚す]

ink·ling /íŋkliŋ インクリング/ 名C 《ふつう **an inkling**》〔…を; …ということを〕うすうす感づくこと, それとなく知っていること《*of; that ...*》; ほのめかし, 暗示

ink·y /íŋki インキ/ 形 (比較級 **inkier**; 最上級 **inkiest**) インクのついた; インクのような

in·laid /ínlèid インレイド/ 形 象眼細工した; はめ込んだ

in·land /ínlənd インランド/ 形 内陸の, 海から遠い, 奥地の; 国内の; 内地の (❗名詞の前に用いる)

— /ínlæ̀nd インランド/ (発音 形との違いに注意) 副 内陸に, 奥地に(向かって)

Ínland Séa 名 《**the** をつけて》(日本の)瀬戸内海

in-law /ínlɔ̀ː インロー/ 名C 《ふつう **in-laws**》姻戚(いんせき)《◆結婚によってできる血のつながりのない親せき》

in·lay /ínlèi インレイ/ 名 (複 **inlays** /ínlèiz/) ❶U 象眼(細工), はめ込み細工; C 象眼模様

❷C 《歯科》インレー《◆詰め物》

— 動 (三単現 **inlays** /ìnléiz/; 過去・過分 **inlaid** /ìnléid/; 現分 **inlaying**) 他 〔…に〕はめ込む《*in, into*》; 〔…で〕象眼する《*with*》

in·let /ínlet インレト/ 名C 入り江 (❗ inlet より大きなものが bay (湾), それよりさらに大きいものが gulf); 入り口

in·mate /ínmèit インメイト/ 名C (病院・施設・刑務所などの)入院者, 収容者, 在監者

inn /ín イン/ (発音 in と同音) 名C 宿屋, (いなかの小さな)ホテル (❗現代では居酒屋(pub)の名前にも用いられる)

in·nate B2 /ìnéit イネイト/ 形 生まれつきの, 持って生まれた, 生得の, 先天的な; 本質的な, 内在的な, 固有の

in·ner A2
/ínər イナ/ 形
❶ 内部の, 内側の, 奥の (↔**outer**)
• the **inner** ear 内耳
❷ 精神的な, 心の(奥の), 内面的な; 内密の

ínner cíty 名 C インナーシティ, 都心部 《◆多くは貧困者の居住区》

in·ner·most B1 /ínərmòust イナモウスト/ 形 (❗比較変化なし) いちばん奥の, もっとも内部の; (組織などの)中枢の; 心の奥底の

in·ning /íniŋ イニング/ 名
❶ C 《野球》 回, イニング
❷ 《**innings**》《単数・複数扱い》《クリケット》(個人・チームの)打ち番, イニング

inn·keep·er /ínkì:pər インキーパ/ 名 C 宿屋の主人

in·no·cence /ínəsəns イノセンス/ 名 U
❶ 無罪, 潔白(けっぱく) (↔**guilt**)
❷ 無邪気, あどけなさ, 純真
派生 **innocent** 形

in·no·cent B1 高 /ínəsənt イノセント/ (×イノセント) 形 ❶ 無罪の, 罪のない (↔**guilty**); 関わりのない
• He is **innocent** of the crime. 彼は無罪だ
❷ 無邪気な, あどけない, 純真な
• an **innocent** child 無邪気な子ども
派生 **innocence** 名

in·no·cent·ly B2 /ínəsəntli イノセントリ/ 副 罪なく; 無邪気に
派生 **innocent** 形

in·noc·u·ous /inákjuəs イナキュアス/ 形 (ヘビなどが)無毒の; (言動などが)無害の, さりげない, 悪気のない

in·no·vate /ínəvèit イノヴェイト/ 動 自 革新[刷新]する; 他 (新しく)導入する

in·no·va·tion B2 /ìnəvéiʃən イノヴェイション/ 名 C 新しいもの, 新考案; U 革新, 刷新

in·no·va·tive B2 高 /ínəvèitiv イノヴェイティヴ/ 形 革新[進取]的な, 斬新な

in·no·va·tor B1 /ínəvèitər イノヴェイタ/ 名 (複 **innovators** /ínəvèitərz/) C 革新[刷新]者, 先駆者

in·nu·en·do /ìnjuéndou イニュエンドウ/ 名 (複 **innuendoes**, **innuendos** /ìnjuéndouz/) U C 当てこすり, 風刺, ほのめかし

in·nu·mer·a·ble /injú:mərəbl イニューメラブル/ 形 数え切れない, おびただしい, 多くの

in·oc·u·late /inákjəlèit イナキュレイト/ 動 他 〔病気に対する〕予防接種をする《*against*》; 〔ワクチンなどを〕接種する《*with*》

in·oc·u·la·tion /inàkjəléiʃən イナキュレイション/ 名 U C 予防接種[注射]

in·of·fen·sive /ìnəfénsiv イノフェンスィヴ/ 形 害を及ぼさない, 不快感を与えない; 当たり障りのない

in·op·por·tune /inàpərtjú:n イナポテューン/ 形 時機を失した; 不適当な

in·or·di·nate /inɔ́:rdənət イノーディネト/ 形 過度の, 法外な

in·or·gan·ic /ìnɔ:rgǽnik イノーギャニク/ 形 無生[無機]物の; 人為的な

in·pa·tient /ínpèiʃənt インペイシェント/ 名 C 入院患者 (↔**outpatient**)

in·put B2 /ínpùt インプト/ 名 U C 入力; インプット (↔**output**) 《◆コンピュータに入力されるデータ》; 投入
— 動 (三単現 **inputs** /ínpùts インプツ/; 過去・過分 **input**, **inputted** /ínpùtəd/; 現分 **inputting**) 他 入力する

in·quest /ínkwest インクウェスト/ 名 C 《法律》(陪審員による)審問; 検死

in·quire B2 /inkwáiər インクワイア/ 動 他 自 たずねる (❗ask よりも形式ばった語); 他 問う, 問い合わせる
inquire after ... …の健康[が無事に暮らしているかどうか]をたずねる, …の安否をたずねる
inquire into ... …を調査する
派生 **inquiry** 名

in·quir·er /inkwáiərər インクワイアラ/ 名 C 尋ねる人, 調査する人

in·quir·ing /inkwáiəriŋ インクワイアリング/ 形 好奇心の強い, 探求意欲に富む
inquíringly 副 知りたがって, たず

ねたそうに

in·quir·y B1 /inkwáiəri インクワイアリ/ 名 (複 **inquiries** /inkwáiz/) C 調査; U C 問い合わせ, 質問

- make an **inquiry** about [into] ... …について調査[質問]する

派生 **inquire** 動

in·qui·si·tion /ìnkwəzíʃən インクウィズィション/ 名 C (反対者などへの)尋問, 取調べ

in·quis·i·tive /inkwízitiv インクウィズィティヴ/ 形 むやみに知りたがる, (他人について)せんさく好きの

in·road /ínròud インロウド/ 名 C 《ふつう **inroads** で》〔…への〕侵入, 侵略 《*in, into, on*》

in·sane B1 /inséin インセイン/ 形

❶《口語》狂気のさたの, ばかげた, 無分別な

❷正気でない, 狂気の (=mad) (↔ **sane**)

派生 **insanity** 名

insánely 副 狂ったように

in·san·i·ty /insǽnəti インサニティ/ 名 (複 **insanities** /insǽnətiz/) U 狂気 (↔ **sanity**); C 狂気のさた, 無分別な行為

派生 **insane** 形

in·sa·tia·ble /inséiʃəbl インセイシャブル/ 形 (好奇心・欲望などが)飽くことのない; 満足することを知らない, しきりにほしがる

in·scribe B1 /inskráib インスクライブ/ 動 (三単現 **inscribes** /inskráibz/; 過去・過分 **inscribed** /inskráibd/; 現分 **inscrib-ing**) 他 (文字などを)〔石碑などに〕記す, 彫る, 刻む 《*on, in, into*》; (石碑などに)〔文字などを〕記す, 彫る, 刻む 《*with*》; 〔心などに〕銘記する 《*on, in*》; (書物などを)〔人に〕署名して贈る, 献呈する 《*to, for*》

in·scrip·tion B1 /inskrípʃən インスクリプション/ 名 (複 **inscriptions** /inskrípʃənz/) U 刻みつけること; C 銘 (◆墓碑銘, 献呈の辞など)

in·scru·ta·ble /inskrú:təbl インスクルータブル/ 形 なぞめいた, 不可解な, 計り知れない

in·sect A2 高

/ínsekt インセクト/

名 (複 **insects** /ínsekts インセクツ/) C

❶昆虫; 虫 (❗ insect は厳密には足が6本の昆虫をさすが, クモ・ムカデなどを含めることもある. ミミズ・毛虫のような足のないはう「虫」は worm という)

❷虫けらのようなやつ

関連語〉 単語力

ant アリ
bee ミツバチ
beetle 甲虫(カブトムシの類)
butterfly チョウ
cicada セミ
cockroach ゴキブリ
cricket コオロギ
dragonfly トンボ
flea ノミ
fly ハエ
grasshopper キリギリス, バッタ
《米》ladybug, 《英》ladybird テントウムシ
locust イナゴ, バッタ
mosquito カ(蚊)
moth ガ(蛾)
wasp スズメバチ

in·sec·ti·cide /inséktəsàid インセクティサイド/ 名 U C 殺虫; 殺虫剤

in·se·cure /ìnsikjúər インスィキュア/ 形 安全でない, 不安定な; 自信がない (↔ **secure**) **ìnsecúrely** 副 不安定に; 安全でなく

in·se·cu·ri·ty /ìnsikjúərəti インスィキュアリティ/ 名 U 安全でないこと; 不安定; 不確実; 自信のないこと, 不安

in·sem·i·na·tion /insèmənéiʃən インセミネイション/ 名 U 授精

in·sen·si·bil·i·ty /insènsəbíləti インセンスィビリティ/ 名 U 無感覚, 鈍感さ; 無関心; 人事不省

in·sen·si·ble /insénsəbl インセンスィブル/ 形 〔痛みなどに〕無感覚の, 無神経な 《*to*》; 意識を失った, 人事不省の; 〔…に〕鈍感な, 気づかない 《*of, to*》; 気がつか

前副名形❶ (…の)内側で, 内側(の)

inside the house

共通イメージ 囲まれた場所の内側

一定範囲の人々の内側

内側に入る動きに注目

人の心の内側

前 (…の)仲間内で
形❷ 秘密の(外部からは見えない)

inside information

前副 (…の)内側へ

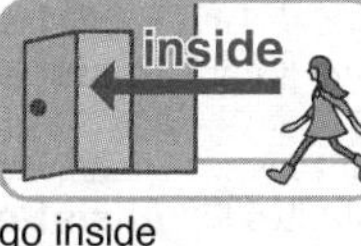

go inside

副 心の中で

I was scared deep inside.

ないほどわずかの, ささいな

in·sen·si·tive /insénsətiv インセンスィティヴ/ 形 〔…に〕鈍感な, 無感覚な《*to*》; 人の気持ちが分からない, 感受性の鈍い

in·sen·si·tiv·i·ty /insènsətívəti インセンスィティヴィティ/ 名U 無神経; 無感覚

in·sep·a·ra·ble B2 /insépərəbl インセパラブル/ 形 〔…から〕分離できない, 分けられない《*from*》; 離れがたい, 別れられない

in·sert /insə́ːrt インサート/ 動他 挿入する, 差し込む, 入れる, はさみ込む; 書き入れる

- He **inserted** a key **in** the lock. 彼は錠前にかぎを差し込んだ

— /ínsəːrt インサート/ (発音 動とのアクセントの違いに注意) 名C 挿入物; 折り込み広告

in·ser·tion /insə́ːrʃən インサーション/ 名U 挿入; C 挿入物, 折り込み広告

in-sérvice 形 勤務中の, 現職の

in·side A1 中

/insáid インサイド, ⁻⁻/

共通イメージ 囲まれた場所の内側

— 前 …の内側に; …の内部に[を], …の中に[を]; …の内側[中]で(は); …の仲間内で; …以内に (↔**outside**)

- **inside** the house 家の中に

from inside ... …の内側[中]から

— 副 内側に; 内部へ[を]; 中に(は)[へ, で(は), は], 屋内で(は); 心の中で(は); 《野球》(投球が)内角に (↔**outside**)

- come **inside** 中に入って来る
- go **inside** 中に入って行く
- I was scared deep **inside**. 心の奥深くでは怖かった
- Let's look **inside**. 内部を見てみよう

from inside 内側[中]から

inside of ... …の内側に; …の中に

— 名 (複 **insides** /insáidz インサイヅ/) C 《ふつう **the inside**》内側, 内部 (↔**outside**)

- **the inside** of a car 車の内部

inside out 裏返しに, 裏表に, 引っくり返して

— 形 ❶ 内側の; 内部の; 屋内の; 《野球》(投球が)内角の (↔**outside**)

- an **inside pocket** of my jacket 私の上着の内ポケット

A B C D E F G H I J K L M N O P Q R S T U V W X Y Z

❷ 内々の, 秘密の
- **inside information** 内部情報
- Tell me the **inside story** about that project. その企画の裏話を聞かせてください

in·sid·er /insáidər インサイダ/ 名 C 内部の人; 会員; 消息通, 内情に通じた人 (↔**outsider**)

in·sid·i·ous /insídiəs インスィディアス/ 形 こっそり企まれる; 陰険な; (病気などが)知らない間に進む

in·sight B1 /ínsait インサイト/ 名 (複 **insights** /ínsaits インサイツ/) U C 洞察(どうさつ)(力); (事の真相などを見抜く)眼識(がんしき), 見識

in·sig·ni·a /insígniə インスィグニア/ 名 (複 **insignia, insignias** /insígniəz/) C 記章, 勲章

in·sig·nif·i·cance /ìnsignífikəns インスィグニフィカンス/ 名 U 重要でない[取るに足りない]こと

in·sig·nif·i·cant /ìnsignífikənt インスィグニフィカント/ 形 重要でない, 取るに足りない; ちっぽけな; ささいな
ìnsigníficantly 副 わずかに

in·sin·cere /ìnsinsíər インスィンスィア/ 形 不誠実な, 誠意のない, 当てにならない, 偽善的な

in·sin·cer·i·ty /ìnsinsériti インスィンセリティ/ 名 (複 **insincerities** /ìnsinséritiz/) U 不誠実, ふまじめ; C 不誠実な[うわべだけの]ことば[行動]

in·sin·u·ate /insínjuèit インスィニュエイト/ 動 他 〔…であると〕ほのめかす, それとなく言う《*that* ..., *wh-* ...》

in·sin·u·a·tion /insìnjuéiʃən インスィニュエイション/ 名 U C ほのめかし; あてこすり

in·sip·id /insípəd インスィピド/ 形 風味のない, まずい, 気の抜けた; 味気ない, 退屈な

in·sist B1 高 /insíst インスィスト/ 動 (三単現 **insists** /insísts インスィスツ/; 過去·過分 **insisted** /insístəd/; 現分 **insisting**) 自 他
❶ (強く)主張する, 言い張る, 強調する, 力説する
文型 [**insist on A**] Aを主張する (❗Aは名詞または *doing*)
- He **insisted on going** there by train. 彼は列車で行くと言い張った

文型 [**insist that ...**] …と主張する
- He **insists that** he did nothing wrong. 彼は何も悪いことはやっていないと言い張っている

❷ (強く)要求する, せがむ
文型 [**insist on** [**upon**] **A**] Aを要求する (❗Aは名詞または *doing*)
- She **insisted on talking** to the manager. 彼女は支配人と話をすることを強く要求した

文型 [**insist that ...**] …と要求する
派生 **insistence** 名; 派生 **insistent** 形

in·sist·ence /insístəns インスィステンス/ 名 U C 主張, 無理強い
派生 **insist** 動

in·sist·ent /insístənt インスィステント/ 形 主張する, 固執する; (色や音が)目立つ, 際立つ 派生 **insist** 動
insístently 副 無理やり

in·so·far /ìnsoufá:r インソウファー/ 副 《次の成句で》
insofar as ... …する限りでは

in·so·lence /ínsələns インソレンス/ 名 C 横柄(おうへい)[ごう慢, 無礼]な言動; U 横柄, ごう慢, 無礼

in·so·lent /ínsələnt インソレント/ 形 横柄(おうへい)な, ごう慢な, 無礼な

in·sol·u·ble /insáljəbl インサリュブル/ 形 解決[解釈]できない; 溶解しない

in·sol·ven·cy /insálvənsi インサルヴェンスィ/ 名 (複 **insolvencies** /insálvənsiz/) U C 《法律》支払い不能, 破産

in·sol·vent /insálvənt インサルヴァント/ 形 《法律》返済不能の, 破産した; 金欠病で, 文無しで

in·som·ni·a /insámniə インサムニア/ 名 U 《医学》不眠症

in·som·ni·ac /insámniæk インサムニアク/ 名 C 《医学》不眠症の人[患者]

in·spect B2 /inspékt インスペクト/ 動 他 (詳しく)調べる; 検査する, 点検する; 視察する 派生 **inspection** 名

in·spec·tion B1 /inspékʃən インスペクション/ 名 (複 **inspections** /inspékʃənz/) U C 検査, 点検; 調査; 検閲, 視察 派生 **inspect** 動

in·spec·tor B2 /inspéktər インスペクタ/ 名 C ❶ 検査する人; 検査官, 調査官, 監督官, 監査人
❷《米》警視(正);《英》警部

in·spi·ra·tion A2

/ìnspəréiʃən インスピレイション/
名 (複 **inspirations** /ìnspəréiʃənz/)
❶ U インスピレーション, 霊感, ひらめき; 激励
• The artist often draws **inspiration** from nature. その画家はいつも大自然からインスピレーションを受けている
❷ C 妙案; インスピレーションを与えてくれる人[物]
派生 **inspire** 動

in·spi·ra·tion·al B2 /ìnspəréiʃənəl インスピレイショナル/ 形 霊感の; インスピレーションを与える

in·spire B1 高 /inspáiər インスパイア/ 動 (三単現 **inspires** /inspáiərz/; 過去・過分 **inspired** /inspáiərd/; 現分 **inspiring** /inspáiəriŋ/) 他 ❶ 奮い立たせる, 鼓舞する, 激励する; 文型 [**inspire A to** *do*] A(人)に…するように励ます, …する気にさせる
• His description **inspired** me **to** *go* to Korea. 彼の記事を読んで私は韓国に行きたくなった
❷ 文型 [**inspire A with B** = **inspire B in A**] A(人)にB(感情など)を吹き込む[抱かせる]
❸ 霊感[インスピレーション]を与える
派生 **inspiration** 名

in·spired /inspáiərd インスパイアド/ 形 霊感を受けた, インスピレーションによる

in·spir·ing /inspáiəriŋ インスパイアリング/ 形 鼓舞する, 発奮させる; 霊感を与える

in·sta·bil·i·ty /ìnstəbíləti インスタビリティ/ 名 U 不安定;《単数形で》情緒不安定, (心の)変わりやすさ

in·stall B1 /instɔ́:l インストール/ 動 (三単現 **installs** /instɔ́:lz/; 過去・過分 **installed** /instɔ́:ld/; 現分 **installing**) 他
❶《コンピュータ》(ソフトウェアを)インストールする
❷ (設備などを)取り付ける
❸ (式を行って人を)任命する, 就任させる
派生 **installation** 名

in·stal·la·tion /ìnstəléiʃən インスタレイション/ 名 U 就任; U 設置; C 設備
派生 **install** 動

in·stall·ment /instɔ́:lmənt インストールメント/ 名 C 分割払込; (支払いなどの) 1 回分; (全集の配本・連続番組などの) 1 回分

in·stal·ment /instɔ́:lmənt インストールメント/ 名《英》(=installment)

in·stance B1 高 /ínstəns インスタンス/ 名 (複 **instances** /ínstənsəz/) C
❶ 例, 事例, 実例 (=example)
• take an **instance** 1 例をあげる
❷ 場合, ケース (=case)
• in this **instance** この場合には
for instance たとえば (=for example)

in·stant A2 高

/ínstənt インスタント/ 形
❶ 即座の, すぐの, さっそくの (❗名詞の前に用いる)
• an **instant** reply 即答
❷ (食品などが)即席の, インスタントの (❗名詞の前に用いる)
• **instant** coffee インスタントコーヒー
— 名 (複 **instants** /ínstənts インスタンツ/) C 瞬間
for an instant ちょっとの間, 一瞬の間
in an instant たちまち, ただちに
the instant (***that***) ... …するとすぐ

in·stan·ta·neous /ìnstəntéiniəs インスタンテイニアス/ 形 即時の
ìnstantáneously 副 即刻, 即座に

in·stant·ly B2 /ínstəntli インスタントリ/ 副 ただちに, すぐに (=at once)

ínstant réplay 名 C《米》(スポーツ

中継などでの)即時再生, リプレー

in·stead A2 中 /instéd インステド/ 副 (その)代わりに
• If your father cannot go, you may go **instead**. もしお父さんが行けなければ君が代わりに行ってもよい

instead of ... B1 …の代わりに; …ではなく, …はせずに, …しないで
• I usually listen to the radio, **instead of** watching TV. 私はふだんテレビを見ないでラジオを聞きます

in·step /ínstèp インステプ/ 名 C 足の甲; (靴・靴下などの)甲の部分

in·sti·gate /ínstəgèit インスティゲイト/ 動 他 〔…へと; …するよう〕扇動する《*to; to do*》; (暴動などを)扇動して起こさせる

in·sti·ga·tion /ìnstəgéiʃən インスティゲイション/ 名 U 《文章》扇動, 示唆

in·stil /instíl インスティル/ 動 《英》(= instill)

in·still B2 /instíl インスティル/ 動 他 吹き込む; しだいに教え込む

in·stinct B2 /ínstiŋkt インスティンクト/ (×インスティンクト) 名 U C 本能; 直観; 天性
派生 **instinctive** 形

in·stinc·tive /instíŋktiv インスティンクティヴ/ 形 本能の, 本能的な; 天性の; 直観的な 派生 **instinct** 名

in·stinc·tive·ly /instíŋktivli インスティンクティヴリ/ 副 本能的に; 直観的に

in·sti·tute B1 /ínstətjù:t インスティテュート/ 名 (複 **institutes** /ínstətjù:ts インスティテューツ/) C 研究所, 学校; 協会, 学会; (理科系の)大学
• an art **institute** 美術学校[研究所]
• a research **institute** 研究所, 研究機関

— 動 (三単現 **institutes** /ínstətjù:ts インスティテューツ/; 過去・過分 **instituted** /ínstətjù:təd/; 現分 **instituting**) 他 (制度などを)設ける, 設立する
派生 **institution** 名

in·sti·tu·tion B2 /ìnstətjú:ʃən インスティテューション/ 名 ❶ C (学校などの公共の)施設, 公共機関, 機構, 協会 ❷ (病院などの)養護施設 ❸ C 制度; 慣習 ❹ U 設立 派生 **institute** 動
派生 **institutional** 形

in·sti·tu·tion·al /ìnstətjú:ʃənəl インスティテューショナル/ 形 制度上の, 慣習上の; 協会の 派生 **institution** 名

in·sti·tu·tion·al·ize /ìnstətjú:ʃənəlàiz インスティテューショナライズ/ 動 他
❶ (高齢者などを)介護施設に入れる
❷ 制度化する

in·struct B2 /instrʌ́kt インストラクト/ 動 他 ❶ 指示する, 命令する (=direct, order); 文型 [**instruct A to** *do*] A(人)に…するように指示[命令]する
• He **instructed** me **to** *do* as he did. 彼は私に彼と同じようにするよう指示した
❷ (人に)〔…を〕教える《*in*》(❗ instruct は teach よりも実践的に教えること)
派生 **instruction** 名
派生 **instructive** 形

in·struc·tion B1 /instrʌ́kʃən インストラクション/ 名 (複 **instructions** /instrʌ́kʃənz/)
❶ C 《ふつう **instructions**》命令, 指図; (機械などの)(使用)説明書
• Please **follow** the **instructions** when you use this computer. このコンピュータをご使用の際には説明書(の指示)にしたがってください
❷ U 教える[教えられる]こと, 教育, 授業, 教授
派生 **instruct** 動
派生 **instructive**, **instructional** 形

in·struc·tion·al /instrʌ́kʃənəl インストラクショナル/ 形 教育上の
派生 **instruction** 名

in·struc·tive /instrʌ́ktiv インストラクティヴ/ 形 教訓の多い, 教育的な; ためになる, 有益な
派生 **instruct** 動; 派生 **instruction** 名

in·struc·tor B1 /instrʌ́ktər インストラクタ/ 名 (複 **instructors** /instrʌ́ktərz/)
C ❶ 教師, 先生; 指導員 (❗ スポーツや実践的な技術を教える人)
• a swimming **instructor** 水泳のインストラクター
❷ 《米》(大学の)(専任)講師

in·stru·ment A2 高 /ínstrumənt インストルメント/ 名 (複 **in-struments** /ínstruments インストルメンツ/) C ❶楽器 (=musical instrument)
● brass [stringed, wind] **instruments** 金管[弦, 管]楽器

コロケーション
動+**instrument**
play an *instrument* 楽器を弾く
learn an *instruments* 楽器を習う
tune an *instruments* 楽器をチューニングする

❷(特に精密な)器具, 道具, 器械
派生 **instrumental** 形

in·stru·men·tal /ìnstruméntəl インストルメンタル/ 形 道具になる; 助けになる; 楽器の, 楽器による (↔**vocal**)
派生 **instrument** 名

in·stru·men·tal·ist /ìnstruméntəl-ist インストルメンタリスト/ 名 C 器楽奏者

in·sub·or·di·nate /ìnsəbɔ́ːrdənət インサボーディネト/ 形 服従しない, 反抗的な

in·sub·or·di·na·tion /ìnsəbɔːrdə-néiʃən インサボーディネイション/ 名 U C 不服従

in·sub·stan·tial /ìnsəbstǽnʃəl インサブスタンシャル/ 形 《文章》実体[実質]のない; 架空の; しっかりしない

in·suf·fer·a·ble /insʌ́fərəbl インサファラブル/ 形 耐えられない, 我慢できない

in·suf·fi·cien·cy /ìnsəfíʃənsi インサフィシェンスィ/ 名 U 《**an insufficiency**》不十分, 不足

in·suf·fi·cient B2 /ìnsəfíʃənt インサフィシェント/ 形 不十分な, 不足な
ìnsuffíciently 副 不足して

in·su·lar /ínsjələr インシュラ/ 形 島(国)の; 島に住む; 島国根性の

in·su·lar·i·ty /ìnsjəlǽrəti インシュラリティ/ 名 U 島国根性; 閉鎖性

in·su·late /ínsjəlèit インシュレイト/ 動 他 〔…から〕隔離する, 保護する《*from*》; (電線などを)絶縁体でおおう, 絶縁させる; 断熱する; 遮音する

ínsulating tàpe 名 C 《英》絶縁テープ

in·su·la·tion /ìnsjəléiʃən インシュレイション/ 名 U 〔…からの〕隔離《*from*》; (電気などの)絶縁(状態); 絶縁体, 断熱材, 防音材

in·su·lin /ínsjələn インシュリン/ 名 U 《生理》インシュリン《◆分泌液の一種》

in·sult B2 /insʌ́lt インサルト/ 動 他 侮辱(ぶじょく)する ― /ínsʌlt インサルト/ (発音 動 とのアクセントの違いに注意) 名 U C 侮辱

in·sult·ing /insʌ́ltiŋ インサルティング/ 形 侮辱(ぶじょく)的な, 無礼な

in·sur·ance B1 /inʃúərəns インシュアランス/ 名 U ❶保険, 保険契約
● car [auto] **insurance** 自動車保険
● cancel *one's* life **insurance** 生命保険を解約する
● health [travel] **insurance** 健康[旅行]保険
❷保険金; 保険料 派生 **insure** 動

insúrance pòlicy 名 C 保険証書

in·sure /inʃúər インシュア/ 動 他 保険をかける; 《米》保証する
派生 **insurance** 名

in·sured /inʃúərd インシュアド/ 形 保険をかけている; 《**the insured**》《単数・複数扱い》被保険者

in·sur·er /inʃúərər インシュアラ/ 名 C 保険業者, 保険会社

in·sur·gent /insə́ːrdʒənt インサーチェント/ 形 反乱を起こす ― 名 C 暴徒, 反乱者; 《米》(政党内の)反主流派

in·sur·mount·a·ble /ìnsərmáuntə-bl インサマウンタブル/ 形 (困難などが)乗り越えられない

in·sur·rec·tion /ìnsərékʃən インサレクション/ 名 U C 暴動, 反乱

in·tact /intǽkt インタクト/ 形 手をつけられていない, (完全で)そのままの, 損なわれていない

in·take /íntèik インテイク/ 名 U C (空気・飲食物などの)摂取量, 吸入量; C (水・空気などの)取り入れ口; 《**an** [**the**] **intake**》《単数・複数扱い》採用人員

in·tan·gi·ble /intǽndʒəbl インタンヂブル/ 形 触れることができない; (財産などが)

無形の; つかみどころのない

in·te·ger /íntidʒər インティヂャ/ 名C 《数学》整数

in·te·gral /íntəgrəl インテグラル/ 形 〔全体にとって〕必要不可欠な《*to*》; 完全無欠な; 《数学》整数の; 積分の

in·te·grate B2 /íntəgrèit インテグレイト/ 動 他自 ❶〔…に〕統合する《*into*》; 〔…と〕一体化する《*with*》 ❷〔…に〕溶け込む, 溶け込ませる《*into*》; 差別をなくす (↔**segregate**) 派生 **integration** 名

in·te·grat·ed /íntəgrèitəd インテグレイテド/ 形 統合[統一]された; (学校などが)人種的[宗教的]差別をしない

íntegrated círcuit 名C (コンピュータの)集積回路 (❗略 IC)

in·te·gra·tion /ìntəgréiʃən インテグレイション/ 名U 統合; 融合; (人種などの)差別撤廃 (↔**segregation**)

派生 **integrate** 動

in·teg·ri·ty /intégrəti インテグリティ/ 名U 完全性; 高潔; 誠実

in·tel·lect /íntəlèkt インテレクト/ 名U (すぐれた)知性, 理解力; U 知力; C 《**the intellect(s)**》知識人

in·tel·lec·tu·al B2 /ìntəléktʃuəl インテレクチュアル/ 形 知性の; 知的な, 知性的な, 理知的な ⇨**intelligent** どっち
— 名C 知識人, インテリ

ìntelléctually 副 知的に

in·tel·li·gence A2 高

/intélədʒəns インテリヂェンス/ 名U

❶ 知性, 知能, 頭のよさ, 理解力

- artificial **intelligence** 人工知能
- an **intelligence** test 知能テスト

❷ (秘密)情報; 諜報(ちょうほう)機関

派生 **intelligent** 形

intélligence tèst 名C 知能テスト

in·tel·li·gent A2 高

/intélədʒənt インテリヂェント/ 形 知能の高い; 利口な, 頭がよい, 聡明な; (コンピュータなどが)情報処理能力を有する

- Dolphins are **intelligent** animals. イルカは知能の高い動物だ
- very [highly] **intelligent** people 非常に利口な人々

どっち

intelligent と **intellectual**

intelligent は「学習・理解能力がすぐれている」こと. **intellectual** は「高度な知能を要する問題に対応できる」という意味. intelligent は子どもや動物についても使えるが intellectual は使えない:

a highly **intelligent** girl とても頭のよい少女

intellectual work 知的労働

intellectual development 知能の発達

派生 **intelligence** 名

intélligently 副 理性[知]的に

in·tel·li·gent·si·a /intèlədʒéntsiə インテリヂェンツィア/ 名 《**the intelligentsia**》《単数・複数扱い》知識階級, インテリ

in·tel·li·gi·ble /intélədʒəbl インテリヂブル/ 形 わかりやすい; 明瞭な

intélligibly 副 わかりやすく

in·tend B1 高 /inténd インテンド/ 動 (三単現 **intends** /inténdz インテンヅ/; 過去·過分 **intended** /inténdəd/; 現分 **intending**) 他

❶ 意図する, …のつもりである

- I spent more money than I **intended**. 思ったよりもたくさんのお金を使ってしまった

文型 [**intend to** *do* = **intend** *do***ing**] …するつもりである

- The government **intend to** *reform* the tax system. 政府は税制を改革するつもりだ

文型 [**intend that ...**] …というつもりである

- I **intended that** he (should) get the money. 彼にその金を渡すつもりだった

文型 [**intend A to** *do*] Aに…させるつもりである

- I **intended** him **to** *go*. 私は彼にそこへ行かせるつもりだった

❷ (ある目的に)向ける; 文型 [**be intended for A**] A向けである

- This movie **is intended for** teen-

agers. この映画は十代の若者向けです
派生 intention 名

in·tend·ed /inténdəd インテンデド/ 形 意図された, 故意の; 予定された, 未来の

in·tense B1 /inténs インテンス/ 形 (比較級 **more intense, intenser**; 最上級 **most intense, intensest**) 激しい, 厳しい, 強烈(れつ)な; 熱烈な, (過度に)熱心な
• **intense** pain 激しい痛み
派生 intensity 名; 派生 intensify 動

in·tense·ly /inténsli インテンスリ/ 副 強烈に; 激しく; 熱心に

in·ten·si·fi·ca·tion /intènsəfəkéiʃən インテンスィフィケイション/ 名U 強化, 増大, 激化

in·ten·si·fy /inténsəfài インテンスィファイ/ 動 (三単現 **intensifies** /inténsəfàiz/; 過去·過分 **intensified** /inténsəfàid/; 現分 **intensifying**) 他 激しくする; 自 激しくなる 派生 intense 形

in·ten·si·ty /inténsəti インテンスィティ/ 名U 強烈(れつ)さ, 激しさ; 熱心さ; 強さ, 強度 派生 intense 形

in·ten·sive B1 /inténsiv インテンスィヴ/ 形 ❶ 集中的な, 徹底的な, 集中した (↔**extensive**)
❷ 激しい; 強い (=intense)
❸ 強調の; 強度の
inténsively 副 集中的に; 激しく

inténsive cáre 名U 集中治療

inténsive cáre ùnit 名C 集中治療室 《◆略 ICU》

in·tent B2 /intént インテント/ 形
❶ 専念した, 熱心な; 文型 [**be intent on A**] Aに専念[熱中]している
• He **is intent on** taking pictures. 彼は写真をとるのに夢中になっている
❷ 文型 [**be intent on A**] Aをするつもりでいる, Aを決意している
— 名U 意図; 趣旨
to all intents and purposes どの点から見ても
派生 intently 副

in·ten·tion B1 /inténʃən インテンション/ 名 (複 **intentions** /inténʃənz/) UC 〔…しようとする〕意図, 意思, つもり《*to do, of doing*》
• The president announced his **intention to** resign. 社長は辞任する意思を公表した
派生 intend 動; 派生 intentional 形

in·ten·tion·al /inténʃənəl インテンショナル/ 形 意図的な, 故意の (↔**accidental**) 派生 intention 名
inténtionally B1 副 意図的[故意]に

in·tent·ly /inténtli インテントリ/ 副 熱心に; 没頭して 派生 intent 形

in·ter /intə́ːr インター/ 動 (三単現 **inters** /intə́ːrz/; 過去·過分 **interred** /intə́ːrd/; 現分 **interring**) 他 《文章》(死体を)埋葬する

inter- 接頭 「間」「中」「相互(の)」
• **inter**national 国際的な
• **inter**action 相互作用

in·ter·act B1 高 /ìntərǽkt インタラクト/ 動 (三単現 **interacts** /ìntərǽkts インタラクツ/; 過去·過分 **interacted** /ìntərǽktəd/; 現分 **interacting**) 自 〔…と〕相互に作用する, 影響し合う; ふれ合う, 心を通わせる《*with*》

in·ter·ac·tion B1 高 /ìntərǽkʃən インタラクション/ 名 (複 **interactions** /ìntərǽkʃənz/) UC 〔…間の; …との〕相互作用, 相互連関《*between; with*》

in·ter·ac·tive B2 /ìntərǽktiv インタラクティヴ/ 形 相互に作用[影響]し合う; 《コンピュータ》会話型の, 双方向の

in·ter·cede /ìntərsíːd インタスィード/ 動 自 〔人に; 人のために〕とりなしをする, 仲裁する《*with; for*》

in·ter·cept /ìntərsépt インタセプト/ 動 他 途中で捕まえる[止める, 奪う]; (通信を)傍受する; (光·熱·水などを)さえぎる; 《スポーツ》(相手のパスした球を)途中で奪う, インターセプトする

in·ter·cep·tion /ìntərsépʃən インタセプション/ 名UC 阻止, 遮断(しゃだん); (通信などの)傍受

in·ter·change /íntərtʃèindʒ インタチェインヂ/ 名UC 交換, やり取り; C (高速道路の)インターチェンジ
— /ìntərtʃéindʒ インタチェインヂ/ (発音 名との

アクセントの違いに注意) 動 他 交換する; 交替する

in·ter·change·a·ble /ìntərtʃéindʒəbl インタチェインヂャブル/ 形 〔…と〕交換できる, 互換性がある《*with*》

in·ter·cit·y /ìntərsíti インタスィティ/ 形 都市間の

in·ter·col·le·gi·ate /ìntərkəlíːdʒiət インタコリーヂエト/ 形 大学間の, 大学対抗の ● **intercollegiate** baseball games 大学対抗野球大会

in·ter·com /íntərkàm インタカム/ 名 C (会社・飛行機・船などの)相互通信装置, ワイヤレスインターホン (**!** **intercom**munication system から)

in·ter·con·nect /ìntərkənékt インタコネクト/ 動 他 自 相互に連結させる[する]

in·ter·con·ti·nen·tal /ìntərkɑntənéntəl インタカンティネンタル/ 形 大陸間の

in·ter·course /íntərkɔ̀ːrs インタコース/ 名 U 《文章》性交, セックス; 《古風》〔…の間の; …との〕交際, 交流; 往来; 取引《*between; with*》

in·ter·cul·tur·al /ìntərkʌ́ltʃərəl インタカルチュラル/ 形 異文化間の

in·ter·de·pend·ence /ìntərdipéndəns インタディペンデンス/ 名 U 相互依存

in·ter·de·pend·ent /ìntərdipéndənt インタディペンデント/ 形 相互依存の

in·ter·dis·ci·pli·nar·y /ìntərdísəplənèri インタディスィプリネリ/ 形 (研究などが)学際的な, 多分野にまたがる

in·ter·est A2 高

/íntərəst インタレスト/

名 (複 **interests** /íntərəsts インタレスツ/)

❶ U C 興味, 関心; U (興味を起こさせる)おもしろさ; C 関心事; 趣味

● **take** (an) **interest in** ... …に興味をもつ

● I **have** no **interest in** politics.
私は政治には何の興味ももっていない

● He **showed an interest in** my car.
彼は私の車に興味を示した

コロケーション
形+**interest**
a strong *interest* 強い関心
common *interests* 共通の関心事
the national *interest* 国民的な関心事
a special *interest* 特定の関心事

❷ U 利子, 利息

● **interest** rate 金利

❸ C 《**interests**》利益; 利害(関係); 《ふつう **interests**》(共通の)利害関係者; 同業者

***in the interest*(*s*) *of*...** …の利益のために

— 動 (三単現 **interests** /íntərəsts インタレスツ/; 過去・過分 **interested** /íntərəstəd/; 現分 **interesting**) 他
(人の)興味をかき立てる, (人に)興味を起こさせる[持たせる] ⇨**interested**

● His story **interested** her.
彼の話は彼女の興味をかき立てた (=She was **interested** by his story.)

派生 **interested**, **interesting** 形

in·ter·est·ed A1 中

/íntərəstəd インタレステド/ 形

❶ 興味をもった, 関心のある; 文型 [**be interested in A**] Aに興味[関心]をもっている; Aに参加する[Aを買う]気にさせられている

● He **is** (very) **interested in** the history.
彼は歴史に(たいへん)興味がある

文型 [**be interested to** *do*] …することに興味をもっている

● I'm **interested to** know why she dislikes him.
彼女が彼をなぜ嫌っているのか知りたい

❷ (利害)関係のある, 関与している

派生 **interest** 名 動

ínterestedly 副 興味をもって

in·ter·est·ing A1 中

/íntərəstiŋ インタレスティング/ 形

おもしろい, 興味深い

● an **interesting** idea おもしろい考え

● an **interesting** person おもしろい人

● This program is **interesting**.
この番組はおもしろい

派生 **interest** 名 動

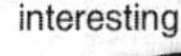
おもしろい－**interesting**, **amusing**, **funny**
同じ「おもしろい」でも, **interesting** は「知的な興味や関心をそそるおもしろさ」, **amusing** は「(娯楽としての)笑いを誘うおもしろさ」, **funny** は「こっけいなおかしさ」をいう:
The museum was very **interesting**. その博物館はとてもおもしろかった
He laughed at the **amusing** story. 彼はそのおもしろい話に笑った
He loves telling **funny** jokes. 彼はおかしな冗談を言うのが好きだ

in·ter·est·ing·ly 高 /íntərəstiŋli インタラスティングリ/ 副 おもしろく;《文修飾》おもしろいことには

in·ter·face /íntərfèis インタフェイス/ 名C (異なる物の)中間面, 境界面; 共通領域;《コンピュータ》インターフェース

in·ter·fere B2 /ìntərfíər インタフィア/ 動 自 じゃまになる, 妨害になる; 干渉[口出し]する
• Don't **interfere in** other people's affairs. 他人のことにとやかく口を出すな
派生 **interference** 名

in·ter·fer·ence /ìntərfíərəns インタフィアレンス/ 名U ❶ じゃま, 妨害; 干渉, 口出し ❷ 電波障害; (ラジオなどの)雑音, 混信 派生 **interfere** 動

in·ter·im /íntərim インタリム/ 名U 中間の時期, 合い間
in the interim 《文章》さしあたり, その間に
— 形 中間の; 一時的な

in·te·ri·or B2 /intíəriər インティアリア/ 名C ❶ 内部, 内側; 室内 ❷ 内地, 奥地
— 形 ❶ 内の, 内部の, 内側の; 室内の (↔**exterior**) (❗名詞の前に用いる)
• **interior** design インテリアデザイン
❷ 内陸の, 海から遠い, 奥地の (❗名詞の前に用いる) ❸ 国内の

interj. 《略》interjection 間投詞

in·ter·ject /ìntərdʒékt インタチェクト/ 動 他自 (言葉などを)不意に差しはさむ

in·ter·jec·tion /ìntərdʒékʃən インタチェクション/ 名C 《文法》間投詞

文法› 間投詞 (**interjection**)
喜び, 驚き, 悲しみといった感情や痛みなどを表したり, 人の注意をひいたりするときに使う短いことば. ah, oh, alas, ouch, hey など. この辞典では 間 の記号で示している

in·ter·lock /ìntərlák インタラク/ 動 自 かみ合う; 他 かみ合わせる

in·ter·lop·er /íntərlòupər インタロウパ/ 名C (不法)侵入者

in·ter·lude /íntərlù:d インタルード/ 名C (仕事などの)合い間; (劇などの)幕あい; 幕あい劇;《音楽》間奏曲

in·ter·mar·riage /ìntərmǽridʒ インタマリヂ/ 名U 異人種[民族]間の結婚; 近親結婚

in·ter·mar·ry /ìntərmǽri インタマリ/ 動 (三単現 **intermarries** /ìntərmǽriz/; 過去·過分 **intermarried** /ìntərmǽrid/; 現分 **intermarrying**) 自 〔異人種[民族]の人と〕結婚する《*with*》; 〔…と〕近親結婚する《*with*》

in·ter·me·di·a·ry /ìntərmí:dièri インタミーディエリ/ 名 (複 **intermediaries** /ìntərmí:dièriz/) C 仲裁者, 仲介者

in·ter·me·di·ate B1 /ìntərmí:diət インタミーディエト/ 形 中間の; 中級の
• an **intermediate** class 中級クラス
— 名 (複 **intermediates** /ìntərmí:diəts インタミーディエツ/) C 中間物; 仲介者

in·ter·mi·na·ble /intə́:rminəbl インターミナブル/ 形 際限のない, 長たらしい

in·ter·mis·sion B1 /ìntərmíʃən インタミション/ 名 (複 **intermissions** /ìntərmíʃənz/) C ❶《米》(劇·音楽会·映画などの) 休けい時間, 中休み (=《英》interval) ❷ 絶え間, 間(ま), 休み

in·ter·mit·tent /ìntərmítənt インタミテント/ 形 断続的な; 途切れ途切れの

ìntermíttently 副 断続的に

in·tern[1] /intə́ːrn インターン/ 動 他 (政治的理由などで人を)強制収容する, 抑留[拘禁]する

in·tern[2] /íntəːrn インターン/ 名 C 《米》インターン, 医学研修生 《♦医学部卒業後, 病院で実習する》; 教育実習生

in·ter·nal B1 /intə́ːrnəl インターナル/ 形 内部の, 内の (↔**external**); 国内の (↔**foreign**); 内面的な

- **internal** affairs 国内[内政]問題
- **internal** organs 内臓
- an **internal**-combustion engine 内燃機関

intérnally 副 内部[内面的]に

in·ter·na·tion·al

A2 中 /ìntərnǽʃənəl インタナショナル/ 形 国際的な, 万国共通の; 国家間の

- an **international** airport 国際空港
- the **international** community 国際社会

派生 **internationalize** 動

in·ter·na·tion·al·i·za·tion /ìntərnæ̀ʃənələzéiʃən インタナショナリゼイション/ 名 U 国際管理化, 国際化

in·ter·na·tion·al·ize /ìntərnǽʃənəlàiz インタナショナライズ/ 動 他 国際化する; 国際的管理の下に置く

派生 **international** 形

in·ter·na·tion·al·ly B1 /ìntərnǽʃənəli インタナショナリ/ 副 国際的に, 国際間で

In·ter·net

A1 中 /íntərnèt インタネト/ 名 《**the Internet**》インターネット

コロケーション

動+**Internet**

surf the *Internet* ネットサーフィンする

connect to the *Internet* ネットにつなぐ

on the *Internet* ネットで

Internet+名

Internet access ネットへのアクセス

Internet auction ネットオークション

in·tern·ment /intə́ːrnmənt インターンメント/ 名 U 抑留, 拘禁, 収容; C 抑留期間, 収容期間

in·tern·ship /íntəːrnʃip インターンシプ/ 名 C インターンシップ 《♦企業などでの在学中の実習勤務》

in·ter·per·son·al B2 /ìntərpə́ːrsənəl インタパーソナル/ 形 個人間[人間関係]の

in·ter·play /íntərplèi インタプレイ/ 名 U 相互作用

in·ter·pose /ìntərpóuz インタポウズ/ 動 他 (異議・質問などを)(人の話などへ)差しはさむ; 自 割り込む; 仲裁に入る

in·ter·po·si·tion /ìntərpəzíʃən インタポズィション/ 名 U 介入, 介在; 干渉

in·ter·pret B2 高 /intə́ːrprət インタープリト/ (×インタープリト) (発音 アクセントに注意) 動 ❶ 他自 通訳する; 自 通訳を務める ● **interpret** (from) Japanese **into** English 日本語を英語に通訳する

❷ 他 (…の意味を)解釈する, 説明する; (解釈して)演奏する

派生 **interpretation** 名

in·ter·pre·ta·tion B2 /intə̀ːrprətéiʃən インタープリテイション/ 名 U C 解釈; 通訳 (❗「翻訳」は translation) ● an **interpretation** of a poem 詩の解釈

in·ter·pre·ta·tive /intə́ːrprətèitiv インタープリテイティヴ/ 形 解釈の, 解釈的な; 通訳の

in·ter·pret·er B2 高 /intə́ːrprətər インタープリタ/ (×インタープリタ) 名 C ❶ 通訳者 ❷ 解釈[説明]する人; 解説者

in·ter·ro·gate /intérəgèit インテロゲイト/ 動 他 問いただす, 取り調べる, 尋問する

in·ter·ro·ga·tion /intèrəgéiʃən インテロゲイション/ 名 U C 質問[尋問]すること, 取り調べ; 疑問

in·ter·rog·a·tive /ìntərɑ́gətiv インタラガティヴ/ 形 疑問の; 疑問を表す; 質問の; 不審そうな

― 名 C 《文法》疑問詞; 疑問文

in·ter·rupt B1 /ìntərʌ́pt インタラプト/ (×インターラプト) 動 (三単現 **interrupts** /ìntərʌ́pts インタラプツ/; 過去·過分 **interrupted** /ìntərʌ́ptəd/; 現分 **interrupting**) 他 自 ❶ (人の話·仕事などを) じゃまする, 妨害する; 口をはさむ

• Don't **interrupt** me while I'm speaking. 私が話している最中に口をはさまないでくれ

❷ (仕事などを)中断する

in·ter·rup·tion B2 /ìntərʌ́pʃən インタラプション/ 名 ❶ U C じゃま, 妨害(すること); 中断(状態) ❷ C じゃまするもの, 妨害物 派生 **interrupt** 動

in·ter·school /ìntərskúːl インタスクール/ 形 学校間の, 対校の

• an **interschool** match 対校試合

in·ter·sect /ìntərsékt インタセクト/ 動 他 (道路などが土地などを)横切る; …と交差する; 自 (道路·線などが)交わる, 交差する

in·ter·sec·tion B2 /ìntərsékʃən インタセクション/ 名 U 交差, 横切ること; C 交差点; 交わる点, 交点

in·ter·sperse /ìntərspə́ːrs インタスパース/ 動 他 点在させる

in·ter·state /ìntərstéit インタステイト/ 形 州間の

in·ter·twine /ìntərtwáin インタトワイン/ 動 他 自 〔…と〕からみ合わせる[合う] 《*with*》

in·ter·val B1 /íntərvəl インタヴァル/ (×インターヴァル) 名 (複 **intervals** /íntərvəlz/) C ❶ (時間的·空間的)間隔, 隔たり, あいま; (二物間の)空間

• at ten meter **intervals** along the road 道に沿って10メートル間隔で

❷ 《英》(劇·音楽会などの)休けい時間

at intervals ときどき; ところどころに, あちこちに

in·ter·vene /ìntərvíːn インタヴィーン/ 動 自 ❶ 〔2つの物·事の〕間に起こる, 経過する, ある 《*in, between*》 ❷ 〔…の間で; …のことで〕仲裁に入る, 調停する, とりなす 《*between; in*》 ❸ じゃまに入る; 〔…に〕介入[干渉]する 《*in*》

in·ter·ven·tion /ìntərvénʃən インタヴェンション/ 名 U C 間に入る[入られる]こと, 介在; 介入, 干渉; 〔…への〕調停, 仲裁 《*in*》

in·ter·view A1 中

/íntərvjùː インタヴュー/

名 (複 **interviews** /íntərvjùːz/) C 会見, 面接, インタビュー

• get an **interview** with the president 社長と面接[会談]する機会を得る

• a job **interview** 就職の面接試験

• an exclusive **interview** 単独[独占]インタビュー

— 動 (三単現 **interviews** /íntərvjùːz/; 過去·過分 **interviewed** /íntərvjùːd/; 現分 **interviewing**) 他 インタビュー[面接]をする

in·ter·view·ee B1 /ìntərvjuːíː インタヴューイー/ 名 (複 **interviewees** /ìntərvjuːíːz/) C 面接される人; インタビューされる人

in·ter·view·er A1 高

/íntərvjùːər インタヴューア/

名 (複 **interviewers** /íntərvjùːərz/) C 面接する人, インタビューする人; 訪問記者

in·ter·weave /ìntərwíːv インタウィーヴ/ 動 (三単現 **interweaves** /ìntərwíːvz/; 過去 **interwove** /ìntərwóuv/; 過分 **interwoven** /ìntərwóuvn/, **interwove**; 現分 **interweaving**) 他 自 〔…と〕織り混ぜる[混ざる] 《*with*》; 〔…と〕(複雑に)からみ合わせる[合う] 《*with*》

in·tes·ti·nal /intéstənəl インテスティナル/ 形 腸の

in·tes·tine /intéstin インテスティン/ 名 C 《解剖》腸

in·ti·ma·cy /íntəməsi インティマスィ/ 名 (複 **intimacies** /íntəməsiz/) U 親密さ, 親交; 《遠回しに》性的関係; C 親密さを表す行為[会話]

in·ti·mate[1] B2 /íntəmət インティメト/ 形 ❶ 〔…と〕親しい, 親密な, 仲の良い気が許せる 《*with*》 (❗ 性的な含みを持ちやす

in·to

A1 前
中 /íntu イントゥ/

❶((内部への動き))
…の中へ

He came into the room.

共通イメージ
あるものの
内部に向かって

対象に向かう方向性に注目

ある状態への移行

❷((方向・調査などの対象))
…に向かって

She looked into my eyes.

❸((変化)) …(の状態)に

Grapes are made into wine.

意味マップ

前 ❶《内部への動き》…**の中へ**
❷《方向》…**に向かって;**《調査などの対象》…**を(詳しく)**
❸《変化》…**(の状態)に**

ネイティブはこういう!

◆ **go into ...**　…(の中)に入る, 参加する
◆ **get into ...**　…の世界[分野]で仕事を始める, …に巻き込まれる
◆ **find *one's* way into ...**
…で成功する
◆ **make *one's* way into ...**
(うまく)…に入る
◆ **take ... into account**
…を考慮に入れる

文　法

inと**into**の使い分け

inがある場所や物の中にいる[ある]状態を表すのに対し, intoは内部へ移行する動きを表す. ただし, 特に話しことばではinをintoと同じように使うこともある.

◆ **She was in the kitchen.**　彼女は台所にいた
◆ **She went into the kitchen.**　彼女は台所に入っていった
◆ **get into [in] a car**　車に乗り込む

いので,「親友」は a close [good] friend などというほうがよい) ❷ 私的な, 個人的な ❸ (知識などが)詳しい, よく知っている ❹ 〔…と〕性的関係がある《*with*》

in·ti·mate[2] /íntəmət インティメト/ 動 他 《文章》暗示する, ほのめかす

in·ti·mate·ly /íntəmətli インティメトリ/ 副 親密に; 密接に; 個人的に

in·ti·ma·tion /intəméiʃən インティメイション/ 名 U C 《文章》ほのめかし, 暗示

in·tim·i·date /intímədèit インティミデイト/ 動 他 おどす, 脅迫する

in·tim·i·da·tion /intìmədéiʃən インティミデイション/ 名 U C おどし, 脅迫

in·to A1 中

/íntu イントゥ/ 前

共通イメージ あるものの内部に向かって

❶《内部への動き》…の中へ[に] (↔**out of**)

- He came **into** the room. 彼は部屋に入って来た
- jump **into** the water 水の中へ飛び込む

❷《方向》(まるで入り込むように)…に向かって; …に(向かっていってそのまま)ぶつかって; 《調査などの対象》…を(詳しく), …を対象とした

- She **looked into** my eyes. 彼女は私の眼をじっと見つめた
- The police started to **look into** the matter. 警察はこの事件の調査を始めた
- They are doing **research into** gene therapy. 彼らは遺伝子治療の研究をしている

❸《変化》…(の状態)に(なって[変わって])

- cut an apple **into** four (parts) リンゴを4つに切る
- The frog changed **into** a prince. カエルは王子に変身した
- The vase broke **into** pieces. 花びんは割れてこなごなになった
- Heat turns [changes] water **into** steam. 熱は水を蒸気に変える
- Grapes are made **into** wine. ブドウはワインに加工される
- Put these sentences **into** Japanese. これらの文を日本語にせよ[和訳せよ]

in·tol·er·a·ble /intálərəbl インタララブル/ 形 耐えられない

intólerably 副 耐えられないほど

in·tol·er·ance /intálərəns インタラランス/ 名 U (異なる意見・宗教・人種などに対する)不寛容, 狭量; 〔…に〕耐えられないこと《*of*》; 〔…に対する〕アレルギー《*to*》

in·tol·er·ant /intálərənt インタララント/ 形 不寛容な, 狭量な; がまんできない; 過敏な

in·to·na·tion /ìntənéiʃən イントネイション/ 名 U C (声の)抑揚(よくよう), 音調, イントネーション

in·tox·i·cate /intáksikèit インタクスィケイト/ 動 他 《文章》(酒などが)酔わせる; 陶酔させる; 興奮させる; 夢中にさせる

in·tox·i·cat·ed /intáksəkèitəd インタクスィケイテド/ 形 《文章》酒に酔った; 〔…で〕興奮した, 熱狂した, 夢中になった《*with, by*》

in·tox·i·cat·ing /intáksəkèitiŋ インタクスィケイティング/ 形 酔わせる, 酔いをもたらす; 興奮させる

in·tox·i·ca·tion /intàksəkéiʃən インタクスィケイション/ 名 U 酔わせること, 酔い; 夢中, 陶酔, 興奮

intra- 接頭「内の」「内部の」

- **intra**net イントラネット

in·trac·ta·ble /intrǽktəbl イントラクタブル/ 形 《文章》言うことをきかない, 強情な; (問題などが)処理しにくい, やっかいな, 手に負えない

in·tra·net /íntrənèt イントラネト/ 名 C イントラネット《◆企業内などのコンピュータネットワーク》

intránsitive vérb 名 C 《文法》自動詞

in·tra·ve·nous B2 /ìntrəví:nəs イントラヴィーナス/ 形 静脈内の

in·trep·id /intrépəd イントレピド/ 形 《古風》勇敢な, 大胆不敵な

in·tri·ca·cy /íntrikəsi イントリカスィ/ 名 (複 **intricacies** /íntrikəsiz/) U (模様な

A B C D E F G H I J K L M N O P Q R S T U V W X Y Z

どの)複雑さ, 込み入っていること; C 《ふつう **intricacies**》 複雑な物事, 込み入った部分

in·tri·cate /íntrikət イントリケト/ 形 複雑な, 込み入った; 難解な, わかりにくい

íntricately 副 複雑に, 込み入って

in·trigue /íntri:g イントリーグ, -ー/ 名 U 陰謀(をめぐらすこと), 画策; C 陰謀, 密計

— /intrí:g イントリーグ/ (発音 名とのアクセントの違いに注意) 動 他 面白がらせる, 好奇心[興味]をそそる; 自 陰謀をめぐらす

in·trigued /intrí:gd イントリーグド/ 形 〔…に〕興味[好奇心]をそそられて 《*with*》

in·trigu·ing /intrí:giŋ イントリーギング/ 形 《文章》 興味をそそる, 非常におもしろい

in·trin·sic /intrínsik イントリンスィク/ 形 《文章》 (価値・性質などが)〔…に〕本質的な, 本来備わっている 《*to*》; 固有の

in·tro·duce A1 中

/ìntrədjú:s イントロデュース/

動 (三単現 **introduces** /ìntrədjú:səz/; 過去・過分 **introduced** /ìntrədjú:st/; 現分 **introducing**) 他

❶ 紹介する, 引き合わせる

• May I **introduce myself**? 自己紹介をさせていただけますでしょうか

文型 [**introduce A to B**] AをBに紹介する

• I will **introduce** the guests **to** each other. お客たちを互いに引き合わせようと思います

❷ 初めて伝える, 導入する, 取り入れる

• Coffee **was introduced into** Japan in the 18th century. コーヒーは18世紀に日本に紹介された

❸ 文型 [**introduce A to B**] A(人)にB(物事)を初めて教える, 経験させる • He **introduced** me **to** tennis. 彼は私にテニスの手ほどきをしてくれた

❹ (議案などを)提出する; (話題などを)持ち出す

• **introduce** a bill **into** Congress 議案を議会に提出する

派生 **introduction** 名

in·tro·duc·tion B1 高 /ìntrədʌ́kʃən イントロダクション/ 名 (複 **introductions** /ìntrədʌ́kʃənz/)

❶ U 導入; C 導入されたもの

❷ U C 紹介, 紹介する[される]こと

• a letter of **introduction** 紹介状

❸ C (本などの)序文, 序論; 入門書

派生 **introduce** 動

派生 **introductory** 形

in·tro·duc·to·ry /ìntrədʌ́ktəri イントロダクトリ/ 形 紹介の; 序論の, 入門の

派生 **introduction** 名

in·tro·spec·tion /ìntrəspékʃən イントロスペクション/ 名 U 内省, 自己反省

in·tro·spec·tive /ìntrəspéktiv イントロスペクティヴ/ 形 内省的な, 自己反省の

in·tro·vert /íntrəvə̀:rt イントロヴァート/ 名 C 内向的[内気]な人

— 形 内向的[内気]な

in·tro·vert·ed /ìntrəvə́:rtəd イントロヴァーテド/ 形 内向的[内気]な

in·trude B2 /intrú:d イントルード/ 動 自 〔…に〕押しかける, 押し入る; 〔…に〕干渉(かんしょう)する, じゃまする 《*on, upon, into*》; 他 (無理に)押しつける

in·trud·er B2 /intrú:dər イントルーダ/ 名 C 侵入者; 乱入者; 妨害者

in·tru·sion B2 /intrú:ʒən イントルージョン/ 名 U 押しつけ; 侵入, 押し入り

in·tru·sive /intrú:siv イントルースィヴ/ 形 押しつけ的な, 差し出がましい, でしゃばりな

in·tu·i·tion 高 /ìntju:íʃən インテューイション/ 名 U 直観(力); C 直観された物事

in·tu·i·tive /intjú:ətiv インテューイティヴ/ 形 直観力のある; 直観による

intúitively 副 直観的に

In·u·it /ínuit イヌイト/ 名 (複 **Inuit**, **Inuits** /ínuits イヌイツ/) C イヌイット族の人; 《**the Inuit**》 イヌイット族 (! Eskimo より好ましい語); U イヌイット語

— 形 イヌイット(語)の

in·un·date /ínʌndèit イナンデイト/ 動 他 水浸しにする, …に氾濫(はんらん)する;

《**be inundated**》〔…が〕殺到する;〔…で〕あふれる《*with*》

in·vade A2 高 /invéid インヴェイド/ 動 (三単現 **invades** /invéidz インヴェイヅ/; 過去·過分 **invaded** /invéidəd/; 現分 **invading**) 他
❶ 侵略する, 侵入する; 侵害する
• Poland was **invaded** by the Germans. ポーランドはドイツ軍に侵略された
❷ (場所に)押し寄せる
派生 **invasion**, **invader** 名

in·vad·er /invéidər インヴェイダ/ 名 C 侵入者, 侵略者; 侵略軍[国]

in·va·lid[1] /ínvələd インヴァリド/ 名 C 病人, 病弱者, (病気で)寝たきりの人
— 形 病弱な, 病身の

in·val·id[2] /invǽləd インヴァリド/ (発音 invalid[1]との違いに注意) 形 根拠のない; 説得力の乏しい; 無効の

in·val·i·date /invǽlədèit インヴァリデイト/ 動 他 無効[無価値]にする; (議論などの)説得力を弱める

in·val·u·a·ble /invǽljuəbl インヴァリュアブル/ 形 はかり知れないほどの価値がある; 非常に貴重な (! valuable を強めた語) **inváluably** 副 はかり知れないほど(に)

まぎらわしい語》 単語力
invaluable 非常に価値のある
valuable 価値のある
valueless 価値のない

in·var·i·a·ble B2 /invéəriəbl インヴェアリアブル/ 形 不変の, 一定の

in·var·i·a·bly B2 /invéəriəbli インヴェアリアブリ/ 副 変わることなく, 相変わらず; いつも決まって

in·va·sion B1 /invéiʒən インヴェイジョン/ 名 U C 侵略(する[される]こと), 侵入; 侵害
派生 **invade** 動

in·vent A2 高 /invént インヴェント/ 動 (三単現 **invents** /invénts インヴェンツ/; 過去·過分 **invented** /invéntəd/; 現分 **inventing**) 他
❶ 発明する; 考え出す
• Who **invented** the telephone? だれが電話を発明したのですか
❷ (言いわけなどを)でっち上げる
派生 **invention** 名

in·ven·tion A2 高 /invénʃən インヴェンション/ 名 (複 **inventions** /invénʃənz/)
❶ U 発明; C 発明品
• the **invention** of television テレビジョンの発明
❷ U C 作り事, でっち上げ(の話)
派生 **invent** 動

in·ven·tive /invéntiv インヴェンティヴ/ 形 発明の; 発明の才能がある

in·ven·tor B2 高 /invéntər インヴェンタ/ 名 C 発明者

in·ven·to·ry /ínvəntɔ̀:ri インヴェントーリ/ 名 (複 **inventories** /ínvəntɔ̀:riz/) C 在庫[財産]目録, 棚卸し表; U 《米》棚卸し

in·verse /invə́:rs インヴァース/ 形 《文章》反対の, 逆の

in·vert /invə́:rt インヴァート/ 動 他 《文章》逆さまにする, ひっくり返す

in·ver·te·brate /invə́:rtəbrət インヴァーテブレト/ 形 脊椎(せきつい)のない, 無脊椎の
— 名 C 無脊椎動物

in·vest B1 /invést インヴェスト/ 動 (三単現 **invests** /invésts インヴェスツ/; 過去·過分 **invested** /invéstəd/; 現分 **investing**)
❶ 他 (金·時間などを)投資する, つぎ込む; 自 投資する; 《口語》金を使う
• **invest** a lot of money in the project その事業に大金をつぎ込む
❷ 他 《文章》授ける, 与える; 文型 [**invest A with B**] AにBを授ける, AにBを付与する
派生 **investment** 名

in·ves·ti·gate B2 /invéstəgèit インヴェスティゲイト/ 動 他 自 (徹底的に)調査する, 調べる; 捜査する; 研究する (! examine よりも「詳細に, 厳密な方法で調査」すること)
• The police are **investigating** the

murder. 警察はその殺人事件を捜査中だ
派生 investigation 名

in·ves·ti·ga·tion B1 /invèstəgéiʃən インヴェスティゲイション/ 名 (複 **investigations** /invèstəgéiʃənz/) U C (徹底的な)調査, 研究, 取り調べ; 調査報告

- make an **investigation** into ... …を調査する
- The matter is **under investigation**. その件につきましては調査中です

コロケーション
形+**investigation**
a detailed *investigation* 詳しい調査
a scientific *investigation* 科学的調査
a thorough [full] *investigation* 徹底的な調査
動+**investigation**
start [launch] an *investigation* 調査を開始する
conduct [carry out] an *investigation* 調査を進める
finish an *investigation* 調査を完了する
require an *investigation* 調査が必要である(調査を必要としている)

派生 **investigate** 動

in·ves·ti·ga·tive /invéstəgèitiv インヴェスティゲイティヴ/ 形 調査[研究]の; 調査[研究]好きの

in·ves·ti·ga·tor B2 /invéstəgèitər インヴェスティゲイタ/ 名 C 調査[研究]者; 捜査官

in·vest·ment B2 /invéstmənt インヴェストメント/ 名 U 投資, 出資; C 投資額

- a good **investment** 有利な投資

派生 **invest** 動

in·ves·tor B2 /invéstər インヴェスタ/ 名 C 投資家, 投資[出資]者

in·vet·er·ate /invétərət インヴェタレト/ 形 常習的な; 根深い

in·vig·or·ate /invígərèit インヴィゴレイト/ 動 他 元気[活気]づける, 爽快(そうかい)にする

in·vig·or·at·ing /invígərèitiŋ インヴィゴレイティング/ 形 (人を)元気づける; 爽快(そうかい)な

in·vin·ci·ble /invínsəbl インヴィンスィブル/ 形 (スポーツチームなどが)無敵の, 打ち負かせない, 絶対負けない; (信条などが)強固な, 揺るぎない

in·vis·i·bil·i·ty /invìzəbíləti インヴィズィビリティ/ 名 U 不可視性, 見えないこと; 表面に現れていないこと

in·vis·i·ble B2 高 /invízəbl インヴィズィブル/ 形 目に見えない; 見えない (↔**visible**)

in·vi·ta·tion B1 /ìnvətéiʃən インヴィテイション/ 名 (複 **invitations** /ìnvətéiʃənz/) U C 招待; C 招待状 (=letter of invitation)

- Thank you very much for your kind **invitation**. ご親切にもお招きくださいまして, どうもありがとうございます

コロケーション
形+**invitation**
a cordial *invitation* 心からの招待
a formal *invitation* 正式の招待
an informal *invitation* 非公式の招待
動+**invitation**
accept an *invitation* 招待を受ける
decline an *invitation* 招待を断る
send [extend] an *invitation* 招待状を出す
get [receive] an *invitation* 招待状を受け取る

派生 **invite** 動

invitátion càrd 名 C 招待状

in·vite A2 中

/inváit インヴァイト/ 動 (三単現 **invites** /inváits インヴァイツ/; 過去・過分 **invited** /inváitəd/; 現分 **inviting**) 他

❶ (人を)(…に)招待する, 招く《*to*》

- **invite** a friend **to** dinner 友人を食事に招待する
- I **was invited to** a party at Jim's (home). 私はジムのうちのパーティーに招かれた
- He is one of the **invited** guests. 彼も招待客の1人です

❷ 文型 [**invite A to** *do*] A(人)に…するように誘う, 勧める, (ていねいに)

頼む
• We **invited** him **to** *join* our club. 私たちは彼にクラブに入るように誘った
❸ (危険などを)招く, 引き起こす
invite ... in …を招き入れる
invite ... over …を招く
派生 **invitation** 名

in·vit·ing /inváitiŋ インヴァイティング/ 形 人目[人の心]を引く; 魅惑的な

in·voice /ínvɔis インヴォイス/ 名C 《商業》送り状, 仕切り状

in·voke B2 /invóuk インヴォウク/ 動 他 (助け・許しなどを)懇願(こんがん)する; (救いを求めて神に)祈る; 《文章》(法律などに)訴える; (法律などを)発動する

in·vol·un·tar·y /inválǝntèri インヴァランテリ/ 形 無意識の; 不本意の; 故意でない
invóluntàrily B1 副 意識せずに, 思わず知らず

in·volve B1 高 /inválv インヴァルヴ | invɔ́lv インヴォルヴ/ 動 (三単現 **involves** /inválvz/; 過去·過分 **involved** /inválvd/; 現分 **involving**) 他
❶ ふくむ; (必然的に)ともなう
• The job **involves** manual labor. その仕事は肉体労働をともなう
❷ (人を)巻き込む; 文型 [**be**[**get**] **involved in** [**with**] **A**] A (事件・論争など)にかかわっている[かかわる]
• He **was** deeply **involved in** the case. 彼はその事件に深くかかわっていた
❸ 熱中させる; 文型 [**be involved in A**] Aに夢中になっている
involve oneself in ... …に参加する, …にかかわる, …に熱中する
派生 **involvement** 名

in·volved B1 /inválvd インヴァルヴド/ 形
❶ 〔…に〕かかわりをもつ, 関係して, 参加して 《*in*》 (❗名詞の前では用いない)
❷ 〔…と〕親密な関係にある 《*with*》 (❗この意味では比較変化なし) (❗名詞の前では用いない)
❸ 込み入った, 複雑な

in·volve·ment B2 /inválvmǝnt インヴァルヴメント/ 名UC 巻き込むこと, 巻き込まれること; (面倒な)かかわり合い
派生 **involve** 動

in·vul·ner·a·ble /invʌ́lnǝrǝbl インヴァルナラブル/ 形 傷つけられない, 不死身の; 〔攻撃に対して〕びくともしない 《*to*》; 論破できない; 確固たる

in·ward /ínwǝrd インワド/ 形 内部(へ)の, 内側(へ)の (↔**outward**); 心の
— 副 内側へ, 内部へ (↔**outward**); 心の中へ

in·ward·ly /ínwǝrdli インワドリ/ 副 内部へ[に]; 心の中で, ひそかに

in·wards /ínwǝrdz インワヅ/ 副 (= inward)

i·o·dine /áiǝdàin アイオダイン/ 名U 《化学》ヨウ素

i·on /áiǝn アイオン/ 名C 《化学》《物理学》イオン

-ion 接尾 「動作」「状態」など (❗名詞)

i·o·ta /aióutǝ アイオウタ/ 名UC イオタ 《◆ギリシャ語アルファベットの第9字 Ι, ι; ローマ字の I, i に相当》; 《**an** [**one**] **iota**》少し (❗否定文で用いる)

IOU /áiòujú: アイオウユー/ 名 (複 **IOUs**, **IOU's** /áiòujú:z/) C 《口語》借用証書 (❗I owe you. の音からの略字)

I·o·wa /áiǝwǝ アイオワ/ 名 アイオワ 《◆米国中部の州; Ia., (郵便で) IAと略す》

IPA 《略》the International Phonetic Alphabet 国際音標文字

i·Pad /áipæ̀d アイパド/ 名C 《コンピュータ》《商標》アイパッド 《◆アップル社製のタブレット型端末》

IPCC 《略》Intergovernmental Panel on Climate Change 気候変動に関する政府間パネル

i·Phone /áifòun アイフォウン/ 名C 《商標》アイフォーン 《◆アップル社製のスマートフォン》

i·Pod /áipà(:)d アイパ(ー)ド/ 名C 《商標》アイポッド 《◆アップル社製の携帯デジタル音楽プレーヤー》

IQ, I.Q. /áikjú: アイキュー/ 名C 知能指数 (❗*i*ntelligence *q*uotient の略)

ir- 接頭 in-[1], in-[2]の異形 (❗r の前で用いる) • **ir**rational 不合理な

a b c d e f g h i j k l m n o p q r s t u v w x y z

IRA 《略》 the Irish Republican Army アイルランド共和国軍

I·ran /irǽn イラン/ 名 イラン《♦西アジアの共和国; もとペルシャ (Persia) といった; 首都テヘラン (Teheran)》

I·ra·ni·an /iréiniən イレイニアン/ 名 C イラン人 ― 形 イランの

I·raq /irɑ́:k イラーク/ 名 イラク《♦イランとサウジアラビアとの間にある共和国; 首都バグダッド (Baghdad)》

I·ra·qi /irɑ́:ki イラーキ/ 名 C イラク人; U イラク語 ― 形 イラクの

i·rate /airéit アイレイト, ⌐-/ 形 怒った, 腹立ち紛れの

ire /áiər アイア/ 名 U 《雅語》怒り

Ire·land 高 /áiərlənd アイアランド/ 名 ❶ アイルランド島《♦Great Britain 西方の島; 北部は英国の一部, 南部は「アイルランド共和国」》 ❷ アイルランド(共和国) 《♦首都ダブリン (Dublin)》

ir·i·des /írədì:z イリディーズ/ 名 iris の複数形の一つ

i·rid·i·um /irídiəm イリディアム/ 名 U イリジウム《♦元素》

i·ris /áiərəs アイアリス/ 名 (複 **irises** /áiərəsəz/, **irides** /írədì:z/) C ❶《植物》アイリス《♦アヤメ科の植物》 ❷ (眼球の)虹彩(こうさい)《♦目に入る光の量を調節する》

I·rish 高 /áiəriʃ アイアリシュ/ 形 アイルランドの; アイルランド人[語]の
― 名 ❶《the Irish》《複数扱い》アイルランド人(全体) ❷ U アイルランド語

I·rish·man /áiəriʃmən アイアリシュマン/ 名 (複 **Irishmen** /áiəriʃmən/) C アイルランド人 (❗ふつう男性をさす; 女性は **Irishwoman**)

ìris recognítion 名 U 虹彩(こうさい)認証[認識]《♦目の虹彩で人を識別する技術; ATMなどで実用化されている》

irk /ə́:rk アーク/ 動 他 うんざりさせる, いらだたせる

irk·some /ə́:rksəm アークサム/ 形 うんざりする, いらいらさせる

i·ron B1 /áiərn アイアン/ (発音 -ron は /ərn アン/ と発音する)

― 名 (複 **irons** /áiərnz/)
❶ U 鉄
• Steel is made from **iron**. はがねは鉄から造られる (×*an* iron, ×iron*s* としない)
• Strike while the **iron** is hot. 《ことわざ》鉄は熱いうちに打て (❗「何事をするにも時機を失ってはいけない」という意味)
❷ C アイロン; こて

― 動 (三単現 **irons** /áiərnz/; 過去・過分 **ironed** /áiərnd/; 現分 **ironing**) 他 自 アイロンをかける

iron ... out …を取り除く; …を解決する

Íron Àge 名 《the をつけて》鉄器時代

i·ron·ic /airɑ́nik アイラニク/ 形 皮肉な, 反語的な
派生 **irony** 名; 派生 **ironically** 副

i·ron·i·cal /airɑ́nikəl アイラニカル/ 形 (= ironic)

i·ron·i·cal·ly B2 /airɑ́nikəli アイラニカリ/ 副 皮肉に; 反語的に; 皮肉にも
派生 **ironic**, **ironical** 形

i·ron·ing B1 /áiərniŋ アイアニング/ 名 U アイロンかけ

íroning bòard 名 C アイロン台

i·ron-willed /áiərnwíld アイアンウィルド/ 形 強固な意志を持つ

i·ro·ny /áiərəni アイアロニ/ 名 U 皮肉; 反語; 当てこすり
派生 **ironic**, **ironical** 形

ir·ra·di·ate /iréidièit イレイディエイト/ 動 他 放射線を照射する; 照らす; (顔などを)輝かす

ir·ra·tion·al B2 /irǽʃənəl イラショナル/ (×イレイショナル) 形 不合理な, ばかげた; 理性のない, 分別のない

irrátionally 副 不合理にも

ir·rec·on·cil·a·ble /irékənsàiləbl イレコンサイラブル/ 形 《文章》(思想などが)〔…と〕調和しない, 対立する《*with*》; (人などが)和解[妥協]できない, 協調しない

ir·re·deem·a·ble /ìridí:məbl イリディーマブル/ 形 《文章》取り戻せない; 矯正しようのない

ir·ref·u·ta·ble /ìrifjú:təbl イリフュータブル/ 形 《文章》(事実・論理・証拠などが)反ばくの余地がない

ir·reg·u·lar B1 /irégjələr イレギュラ/ 形 不規則な; ふぞろいの; でこぼこの; だらしのない (↔**regular**)

- **irregular** meals 不規則な食事
- **irregular** verbs 不規則動詞

派生 **irregularity** 名

irrégularly 副 不規則に

ir·reg·u·lar·i·ty /irègjəlǽrəti イレギュラリティ/ 名 (複 **irregularities** /irègjəlǽrətiz/) U 不規則性; 変則, 不ぞろい; C 規格外のもの

派生 **irregular** 形

ir·rel·e·vance /iréləvəns イレレヴァンス/ 名 U 見当違い, 不適切; 〔…との〕無関係《*to*》; C 見当違い[無関係]の発言[ことがら]

ir·rel·e·vant /iréləvənt イレレヴァント/ 形 不適切な, 見当違いの, 的はずれの; 〔…に〕無関係の《*to*》; 時代遅れの

ir·re·me·di·a·ble /ìrimí:diəbl イリミーディアブル/ 形 《文章》治療できない, 不治の; 矯正できない; 取り返しのつかない

ir·rep·a·ra·ble /irépərəbl イレパラブル/ 形 《文章》取り返しのつかない, 回復できない; 修繕[修理]できない

ir·re·place·a·ble /ìripléisəbl イリプレイサブル/ 形 取り替えられない; かけがえのない

ir·re·press·i·ble /ìriprésəbl イリプレサブル/ 形 (感情などが)抑えきれない; 元気にあふれた

ir·re·proach·a·ble /ìripróutʃəbl イリプロウチャブル/ 形 《文章》非難の余地がない

ir·re·sist·i·ble B2 /ìrizístəbl イリズィスティブル/ 形 抵抗できない; (衝動が)抑えきれない; 抗し難いほど魅力的な

ìrresístibly B2 副 いやおうなしに

ir·re·spec·tive /ìrispéktiv イリスペクティヴ/ 副 《次の成句で》

irrespective of... …にかかわらず, 関係なく

ir·re·spon·si·bil·i·ty /ìrispànsəbíləti イリスパンスィビリティ/ 名 U 無責任

ir·re·spon·si·ble B2 /ìrispánsəbl イリスパンスィブル/ 形 無責任な, 当てにならない; 責任のない

ìrrespónsibly 副 無責任なことに

ir·re·triev·a·ble /ìritrí:vəbl イリトリーヴァブル/ 形 取り返しのつかない, 回復できない, 元に戻せない

ir·rev·er·ence /irévərəns イレヴァレンス/ 名 U 無礼, 不敬

ir·rev·er·ent /irévərənt イレヴァラント/ 形 〔…に対して〕非礼な, 不敬な, 不遜な《*to, toward*》

ir·re·vers·i·ble /ìrivə́:rsəbl イリヴァースィブル/ 形 逆にできない, 不可逆的な; 取り消せない

ir·rev·o·ca·ble /irévəkəbl イレヴォカブル/ 形 二度と戻らない; 取り消せない, 変更できない

ir·ri·gate /írigèit イリゲイト/ 動 他 (土地に)水を引く, 灌漑(かんがい)する; (傷口などを)洗浄する

ir·ri·ga·tion /ìrigéiʃən イリゲイション/ 名 U 灌漑(かんがい); (傷口などの)洗浄

ir·ri·ta·bil·i·ty /ìritəbíləti イリタビリティ/ 名 U 短気

ir·ri·ta·ble /íritəbl イリタブル/ 形 怒りっぽい, 短気な

ir·ri·tant /íritənt イリタント/ 形 《文章》いらいらさせる; 刺激する, 刺激性の

— 名 C 《文章》いらいらさせるもの; 刺激剤, 刺激物

ir·ri·tate B1 /írətèit イリテイト/ 動 (三単現 **irritates** /írətèits イリテイツ/; 過去・過分 **irritated** /írətèitəd/; 現分 **irritating**) 他

❶ いらいらさせる, おこらせる, じらす

❷(皮ふなど身体部位を)刺激する, ひりひり[ちくちく]させる

ir·ri·tat·ed B2 /íritèitəd イリテイテド/ 形 いらいらした, じれた; ひりひりする

ir·ri·tat·ing B2 /íritèitiŋ イリテイティング/ 形 いらだたせる, 腹の立つ; ひりひりする; 刺激性の

ir·ri·ta·tion B2 /ìritéiʃən イリテイション/ 名 U C いらいらさせること; 焦燥; 立腹; 炎症

is A1 中

/iz イズ, z ズ, s ス; 《強》 íz イズ/

動 (過去 **was** /wəz/; 過分 **been** /bin/; 現分 **being** /bí:iŋ/) 自

❶(…で)ある (! be の三人称単数・直説法・現在形)

- This **is** my sister. Her name **is** Ann. She **is** ten. これが私の妹です. 妹の名前はアンです. アンは10歳です
- The sky **is** blue. 空は青い(です)

❷(…に)いる, (…に)ある

- He **is** in his room. 彼は自分の部屋にいる

— 助 ❶《**is**＋現在分詞で》…している; (近い未来)…しようとしている (! 現在進行形)

会話 "What **is** Bob **doing?**" "He **is writing** a letter." 「ボブは何をしていますか」「(彼は)手紙を書いています」

- Ken **is leaving** Japan next week. ケンは来週日本をたつ (! go (行く), come (来る), leave (出発する), arrive (着く)など「行く・来る」の意味を表す動詞の現在進行形はしばしば「近い未来」を表す)

❷《**is**＋過去分詞で》…される (! 受け身)

- Wine **is made** from grapes. ワインはブドウから造られる

❸《**is**＋**to** 不定詞で》…すべきである; …することになっている; …することができる

I·saac /áizək アイザク/ 名 《聖書》 イサク 《♦イスラエル民族の始祖アブラハムと妻サラの間に生まれた子》

-ise 接尾 《英》(=-ize)

-ish 接尾 ❶「…のような」「…的な」(! 形容詞) ❷「やや…の」(! 形容詞) ❸「…(語, 人)の」「…語」「…人」(! 形容詞・名詞)

Is·lam /islá:m イスラーム/ 名 U

❶イスラム(教) 《♦回教などとも呼ばれる; キリスト教, 仏教と並ぶ世界最大の宗教の1つ》 ⇨**Muhammad**

❷《集合的》 ムスリム, イスラム教徒

Is·lam·ic /islǽmik イスラミク/ 形 イスラム(教)の, イスラム教徒の

is·land A1 中

/áilənd アイランド/ (×アイスランド)

名 (複 **islands** /áiləndz アイランヅ/) C

❶島; 《形容詞的》 島の

- a desert **island** 無人島
- an **island** country 島国

関連語〉 単語力
archipelago 群島
peninsula 半島
cape みさき(岬)
strait, channel 海峡

❷(車道中央の島に似ている)安全地帯 (= traffic island); (島のように)孤立したもの

is·land·er B2 /áiləndər アイランダ/ 名 C 島の住民, 島民

isle B1 /áil アイル/ (×アイスル) (発音 I'll, aisle と同音) 名 (複 **isles** /áilz/) C 島 (=island); 小島 (! 詩や固有名詞などで用いられる)

-ism 接尾 ❶「主義」「学説」「教義」(! 名詞) ❷「状態」「特徴」(! 名詞)

is·n't 中

/íznt イズント/ 《口語》 is not の短縮形

会話 "**Isn't** she a student here?" "No, she **isn't**."
「彼女はここの生徒ではありませんか」「ええ, 違います」

- This is your book, **isn't** it?
これは君の本だね (! isn't it? は「ね」と念を押す表現; この場合 ×*is not* it? としない)

i·so·late /áisəlèit アイソレイト/ 動 (三単現 **isolates** /áisəlèits アイソレイツ/; 過去・過分 **isolated** /áisəlèitəd/; 現分 **isolating**)

㊎ 孤立させる, 離す; 隔離する
- The village **was isolated** by the flood. その村は洪水のため孤立した

派生 **isolation** 名

i·so·lat·ed /áisəlèitəd アイソレイテド/ 形 孤立した; 隔離[分離]された

i·so·la·tion B1 /àisəléiʃən アイソレイション/ 名 U 孤立(状態); 分離, 隔離

***in isolation* (*from …*)** 単独で, (…から)切り離して

派生 **isolate** 動

ISP /áièspí: アイエスピー/ 名 C インターネットサービスプロバイダー

語源 *I*nternet *S*ervice *P*rovider の略

Is·ra·el /ízriəl イズリエル/ 名 イスラエル共和国 《◆パレスチナ地域に1948年建設されたユダヤ人の国; 首都エルサレム (Jerusalem)》 ⇨**Palestine**

Is·rae·li /izréili イズレイリ/ 形 イスラエル(人)の

— 名 (複 **Israelis** /izréiliz/, **Israeli**) C イスラエル人

is·sue A2 高

/íʃu: イシュー/ 名 (複 **issues** /íʃu:z/)

❶ C 問題(点), 争点, 論点
- an **issue** of life and [or] death 死活問題

コロケーション
形+**issue**
a current *issue* 現在の問題
a key *issue* 重要な問題
a political *issue* 政治問題
a single *issue* 単一の問題
動+**issue**
address an *issue* 問題に取り組む
avoid an *issue* 問題を避ける
deal with an *issue* 問題に取り組む
discuss an *issue* 問題を話し合う
resolve an *issue* 問題を解決する

❷ U 発行; C 発行物; (発行された)号, 版
- the April 4 **issue** of *TIME* magazine 『タイム』誌の4月4日号

at issue 論争中の, (意見が)一致しない

— 動 (三単現 **issues** /íʃu:z/; 過去・過分 **issued** /íʃu:d/; 現分 **issuing**) ㊎

❶ (出版物・切手などを)発行する; 公布する; (命令などを)出す, 発表する
- **issue** stamps 切手を発行する
- **issue** a passport to … …に旅券を交付する
- **issue** an order 命令を出す

❷ 支給する

-ist 接尾 「…する人」「従事する人」「主義者」(❗名詞)

Is·tan·bul /ìstænbúl イスタンブル, ーーー, ìstɑ:nbúl イスターンブル/ 名 イスタンブール 《◆トルコの都市》

isth·mus /ísməs イスマス/ 名 C 地峡(ちきょう)
- the **Isthmus** of Panama パナマ地峡

IT A2

/áití: アイティー/ 《略》 情報技術 《◆ *i*nformation *t*echnology》

it A1 中

/ít イト/

意味マップ
代 ❶《主格》 それは, それが
❷《目的格》 それを, それに
❸《形式主語》
❹《形式目的語》
❺《ばく然と「天候」「時間」「距離」などを表す》
名 (鬼ごっこの)鬼

— 代 ❶ それは, それが (❗三人称単数の主格; 複数形は they (それらは[が]))
- I have a bicycle. **It** (=The bicycle) is new. 私は自転車を持っています. それは新しい自転車です

会話 "Who is **it**?" "**It**'s me." 「だれですか」「私です」(❗ドア越しなどの会話などで, 相手の姿が確認できない場合は ×Who are you? とはいわない)

注意› it は相手が何について言っているのかがわかるときに使うので, 日本語の「それ」にあたる場合でも, 初めて話題に上るものなどには it ではなく that を使う:
"What is **that**? Is **it** a rope?" "No, **it** isn't. **It** is a snake." 「それは何ですか.

(それは)ロープですか」「いいえ, 違います. ヘビです」

❷ **それを, それに, それ** (❗三人称単数の目的格)

• I have a bicycle. I like **it** (=the bicycle) very much. 私は自転車を持っています. 私はそれがとても気に入っています

会話 "So this is Nara. It's more peaceful than Kyoto, isn't it?" "Yes. I love **it** here."
「じゃ, ここが奈良ですね. 奈良のほうが京都よりのんびりしていますね」「ええ, 私はここが大好きです」(❗here は it (=Nara)を補足する形でそえられたもの)

比較 I don't have a bike, but my brother has **one**. 私は自転車を持っていないが兄は持っている (❗そのもの自体でなく同種で数えられるものをさすときは one を使う)

❸《あとにくる to *do*, *doing* または that ... を受けて形式的な主語になる》

• **It** is difficult **to** speak French. フランス語を話すのは難しい (❗It = to speak 以下)

• **It** was easy **for** him **to** answer the question. 彼にとってその質問に答えることは容易だった (❗for him の him が不定詞の意味上の主語; ×He was easy ... とはいえないので for を用いる)

• **It** is very kind **of** you **to** help me. お手伝いいただいてどうもありがとうございます (❗You are very kind ... といえるので, for ではなく of を用いる)

• **It** is no use **trying** to talk him into buying the car. うまいこと言って, 彼にその車を買わせようとしてもむだだ

• **It** is important **that** we study science. 私たちが科学を勉強することは重要です (❗It = that 以下)

❹《あとに来る to *do*, *doing* または that ... を受けて形式的な目的語になる》

• I found **it** easy **to** speak English. 私は英語を話すのは簡単だとわかった (❗it = to speak 以下)

• I took **it** for granted **that** he would pass the exam. 彼が試験に合格するのは当然だと思っていた (❗it = that 以下)

❺《ばく然と「天候・気温」「時間」「距離」などを表す用法; 日本語には訳さない》

• **It** is very cold today. きょうはひどく寒い (❗気温)

• **It** rained very hard. ひどく雨が降った (❗天候)

• **It**'s fine today. 今日は天気がよい (❗天候)

会話 "What time is **it** now?" "**It** is just five o'clock." 「今何時?」「ちょうど5時です」(❗時間)

会話 "How far is **it** from here to the sea?" "**It** is about ten miles." 「ここから海までどのくらい(遠い)ですか」「約10マイルです」(❗距離)

使い方›「それ」と訳さない主語の it

(**1**) 時間, 日付, 天候, 気温, 距離など ⇨❺

(**2**) あとにくる to *do*, *doing*, that ..., wh- ... などの代わりに主語になる ⇨❸; また, 目的語になる ⇨❹

(**3**) It ... that [wh-] ... などの強調構文:
It was my brother **who** bought this motorcycle. このオートバイを買ったのは弟です

(**4**) appear, seem, look, sound, happen などの動詞の主語になってあとにくる that ... を受ける
It seems that he likes meat. 彼は肉が好きなようだ (= He seems to like meat.)

— 名 U (鬼ごっこなどの)鬼

I·tal·ian /itǽljən イタリャン/ 形 イタリアの; イタリア人[語]の
— 名 ❶ C イタリア人
❷ U イタリア語 派生 **Italy** 名

i·tal·ic /itǽlik イタリク/ 名 C《ふつう **italics**》イタリック体(活字) (♦*a b c d* のような斜体活字; 注意・強調・書名などのために用いられる》
— 形 (文字が)イタリック体の, 斜体の

i·tal·i·cize, 《英》 **i·tal·i·cise** B2 /itǽləsàiz イタリサイズ/ 動 他 イタリック体で印刷する; (イタリック体を示すために)下線を引く; 自 イタリック体を使用する

i·tal·i·cized /itǽləsàizd イタリサイズド/ 形 イタリック体の

It·a·ly /ítəli イタリ/ (発音 アクセントに注意) 名 イタリア《◆西ヨーロッパの共和国; 首都ローマ(Rome)》
派生 **Italian** 形

itch B2 /ítʃ イチ/ 動 自 ❶ かゆい, むずがゆい ❷ むずむずする; 〔…が〕ほしくてたまらない《*for*》; 文型 [**be itching to** *do*] …したくてたまらない
— 名 C ❶ かゆみ; かゆいこと
❷ 強い欲望, 渇望
派生 **itchy** 形

itch·y /ítʃi イチ/ 形 (比較級 **itchier**; 最上級 **itchiest**) かゆい, むずむずする
派生 **itch** 名

it'd /ítəd イトド/ it would, it had の短縮形

i·tem A1 高

/áitəm アイテム/ 名 (複 **items** /áitəmz/)
C ❶ 項目; 品目
• Have you checked all the **items** on the list? リストの項目はすべて確認済みですか
❷ (新聞などの) 1項目, 記事
item by item 項目別に, 品目ごとに
派生 **itemize** 動

i·tem·ize /áitəmàiz アイテマイズ/ 動 他 箇条書きにする; 項目化する
派生 **item** 名

i·tin·er·ant /aitínərənt アイティナラント/ 形 《文章》(説教者・裁判官・セールスマンなどが) 巡回する, あちこち旅する

i·tin·er·ar·y /aitínərèri アイティナレリ/ 名 (複 **itineraries** /aitínərèriz/) C 旅程, 旅行日程; 旅行記; 旅行案内書

it'll 中 /ítl イトル/ it will, it shall の短縮形

its A1 中

/íts イツ/ (発音 it's と同音) 代
その, それの (❗it の所有格)
• This is my dog. **Its** (= My dog's) name is Kuro. これは私の犬です. その名前はクロです

it's 中 /íts イツ/ it is, it has の短縮形
• **It's** (=It is) mine. それは私のです

it·self A2 高

/itsélf イトセルフ/ 代 (❗it の再帰代名詞)
❶ それ自身を[に]
• The baby hurt **itself**. その赤ちゃんはけがをした (←それ自身 (=the baby)を傷つけた)
• This machine switches **itself** on automatically. この機械は自動的に電源が入ります (←それ自身 (=this machine)に電源を入れる)
❷ 《直前の語を強めて》それ自身
• The story **itself** is not so interesting. その話そのものは大しておもしろくない
by itself それだけ別に離れて, それだけで; ひとりでに
• The house stands **by itself**. その家は一軒だけぽつんと建っています
• The door locks **by itself**. そのドアはひとりでにかぎがかかります[オートロックです]
in itself 本質的に; 本来; それ自体
• **In itself** it was only a small matter, but its effects were great. それ自体はほんの小さなことだが, その影響は多大である
of itself ひとりでに, 自然に (❗by itself のほうがふつう)

I've 中 /áiv アイヴ/ I have の短縮形

-ive 接尾 「…性質[傾向]のある」「…しがちな」(❗形容詞)

i·vo·ry B1 /áivəri アイヴォリ/ 名 (複 **ivories** /áivəriz/)
❶ U 象牙(ぞうげ); 象牙色
❷ 《しばしば **ivories**》象牙製品[細工]
❸ 《形容詞的》象牙(製)の; 象牙のような; 象牙色の

i·vy /áivi アイヴィ/ 名 U 《植物》ツタ

Ívy Léague 名 《**the** をつけて》アイビーリーグ《◆米国東海岸にあるハーバード(Harvard)やエール(Yale)などの名門8大学》

-ize 接尾 「…にする」「…になる」「…化する」(❗動詞)

A B C D E F G H I J K L M N O P Q R S T U V W X Y Z

J j *J j*

J, j /dʒéi チェイ/ 名 (複 **J's, j's** /dʒéiz/) U C 英語アルファベットの第10番目の文字

jab /dʒǽb チャブ/ 動 (三単現 **jabs** /dʒǽbz/; 過去・過分 **jabbed** /dʒǽbd/; 現分 **jabbing**) 他自 ❶ぐいと突く, ぶすりと突き刺す[突き刺さる] ❷《ボクシング》ジャブを出す
━名C ❶(すばやい)突き ❷《ボクシング》ジャブ ❸《英》《口語》注射

jab·ber /dʒǽbər チャバ/ 動 他自 《口語》早口でまくしたてる《*out, away*》

Jack /dʒǽk チャク/ 名 ジャック《◆男性名; John の愛称》

jack /dʒǽk チャク/ 名C ❶(車を持ち上げる)ジャッキ ❷(ヘッドホン・電話などの)ジャック, 差し込み口
❸(トランプの)ジャック (=knave)
━動他 ジャッキで持ち上げる

jack·al /dʒǽkəl チャカル/ 名C 《動物》ジャッカル《◆アフリカ・南アジアなどにすむイヌ科の肉食動物》

jack·ass /dʒǽkæ̀s チャキャス/ 名C 《動物》雄のロバ; 《口語》まぬけ, とんま (! 呼びかけにも使う)

jack·et A1 中

/dʒǽkət チャケト/
名 (複 **jackets** /dʒǽkəts チャケツ/) C
❶ジャケット, 上着; ジャンパー

日英比較 日本語の「ジャケット」と「ジャンパー」は別物をさすが, jacket は背広・婦人服などで腰までの上着の総称として広く使われる; 丈(たけ)が長い上着は coat

• He was wearing a black **jacket**. 彼は黒い上着を着ていました

❷(本・レコードの)カバー, ジャケット

jack-in-the-box /dʒǽkinðəbɑ̀ks チャキンザバクス/ 名 (複 **jack-in-the-boxes** /dʒǽkinðəbɑ̀ksəz/, **jacks-in-the-box** /dʒǽksinðəbɑ̀ks/) C びっくり箱

jack·knife /dʒǽknàif チャクナイフ/ 名 (複 **jackknives** /dʒǽknaivz/) C 大形ナイフ, ジャックナイフ

jack-of-all-trades /dʒæ̀kəvɔ́:ltrèidz チャコヴオールトレイヅ/ 名 (複 **jacks-of-all-trades**) C 何でも屋, 多芸な人

jack-o'-lan·tern /dʒǽkəlæ̀ntərn チャコランタン/ 名C カボチャちょうちん《◆米国でハロウィーンに用いる》⇨ **Halloween**; 鬼火, きつね火

jack·pot /dʒǽkpɑ̀t チャクパト/ 名C (ポーカーの)ジャックポット; (スロットマシーンの)大当たり; (正解者が出るまでの)積み立て賞金; 大成功

Jack·son /dʒǽksn チャクスン/ 名
❶《**Andrew Jackson**》ジャクソン (1767-1845)《◆米国の第7代大統領》
❷ジャクソン《◆米国ミシシッピ州 (Mississippi) の州都》

Ja·cob /dʒéikəb チェイコブ/ 名 ❶ ジェーコブ《♦男性名》 ❷《聖書》ヤコブ《♦旧約聖書に出てくるイスラエルの始祖》

Ja·cuz·zi /dʒəkú:zi チャクーズィ/ 名C《商標》ジャクージ《♦噴流式泡ぶろ》

jade B1 /dʒéid チェイド/ 名U ひすい; ひすい色

jad·ed /dʒéidəd チェイデド/ 形 疲れ切った; 〔…に〕あきあきした, うんざりした《*with*》

jag·ged /dʒǽgəd チャゲド/ 形 ぎざぎざのある, 鋭くとがった

jag·uar /dʒǽgwa:*r* チャグワー/ 名C《動物》ジャガー, アメリカヒョウ

jail B1 /dʒéil チェイル/ 名 (複 **jails** /dʒéilz/) UC 刑務所, 留置場, 拘置所 (! 英では gaol とつづることもある; 発音は同じ)

— 動 (三単現 **jails** /dʒéilz/; 過去·過分 **jailed** /dʒéild/; 現分 **jailing**) 他 拘置所に入れる, 投獄する

jail·er, jail·or /dʒéilə*r* チェイラ/ 名C (刑務所の)看守 (=《英》gaoler)

Ja·kar·ta /dʒəká:*r*tə チャカータ/ 名 ジャカルタ《♦インドネシア共和国の首都》

jam[1] A2 高

/dʒǽm チャム/ 名U ジャム

• spread blueberry **jam** on the toast トーストにブルーベリージャムをぬる

jam[2] B2 /dʒǽm チャム/ 動 (三単現 **jams** /dʒǽmz/; 過去·過分 **jammed** /dʒǽmd/; 現分 **jamming**)

❶ 他 〔せまい所に〕つめ込む, 押し込む, つっ込む《*into*》

• **jam** books **into** a bag かばんに本をぎゅうぎゅうつめ込む

❷ 他 (場所を)いっぱいにする, 押し寄せる; 文型 [**be jammed with ...**] …でいっぱいである 自 割りこむ; 押し合う

❸ 他 (機械などを)つまらせる, 動かなくする; 自 (つかえて)動かなくなる

❹ 他 (通信·放送などを)妨害する

jam on (ブレーキなどを)強く踏む

— 名C 渋滞(じゅうたい), 雑踏, 押し合い, 混雑

• a traffic **jam** 交通渋滞

Ja·mai·ca /dʒəméikə チャメイカ/ 名 ジャマイカ《♦カリブ海にある国; 首都キングストン (Kingston)》

Ja·mai·can /dʒəméikən チャメイカン/ 名C ジャマイカ人

— 形 ジャマイカの

Ja·mes /dʒéimz チェイムズ/ 名 ジェームズ《♦男性名》

jammed /dʒǽmd チャムド/ 形 (場所が)混み合った, 満員の; 詰まって動かない

jam-packed /dʒæmpǽkt チャンパクト/ 形《口語》〔…で〕すし詰めの, 満杯[満員]の《*with*》

jám sèssion 名C ジャムセッション《♦ジャズやロックの即興演奏(会)》

Jan. 《略》January 1月

Jane /dʒéin チェイン/ 名 ジェーン《♦女性名》

Jan·et /dʒǽnət チャネト/ 名 ジャネット《♦女性名; Jane の愛称》

jan·gle /dʒǽŋgəl チャングル/ 動 他 ジャンジャン鳴らす; 自 ジャンジャン鳴る; (大声で)口論する; (耳や神経に)さわる — 名U ジャンジャンいう音; 耳ざわりな音; 口論

jan·i·tor /dʒǽnətə*r* チャニタ/ 名C (ビル·学校などの)管理人; 門番

Jan·u·ar·y A1 中

/dʒǽnjuèri チャニュエリ | dʒǽnjuəri チャニュアリ/ 名UC

1月 (! Jan. と略す; 詳しい用法は June を参照)

• on **January** 15 1月15日に (! 15 は (the) fifteenth と読む)

• I'm going to France in **January**. 1月にフランスに行く予定です

Ja·nus /dʒéinəs チェイナス/ 名《ローマ神話》ヤヌス《♦January (1月)はこの神の名にちなむ》

Jap. 《略》《軽べつ的に》Japanese 日本人

Ja·pan 中 /dʒəpǽn チャパン/ 名 日本

語源 中国語の *jih pun* (日の出るところ=日本)からとされる

派生 Japanese 形

ja·pan /dʒəpǽn チャパン/ 名 U 漆(うるし); 漆器(しっき)

Japán Cúrrent 名 《the をつけて》 日本海流, 黒潮

Jap·a·nese 中 /dʒæ̀pəníːz チャパニーズ/ 形 日本の; 日本人の; 日本語の

- I'm **Japanese**. 私は日本人です

— 名 (複 **Japanese**)

❶ C 日本人; 《**the Japanese**》 日本人(全体)

- a [two] **Japanese** 1人の[2人の]日本人
- The **Japanese** are an industrious people. 日本人は勤勉な国民だ (! the Japanese は日本人全体をさし複数扱いになる; 「国民」の意味の people は数えられる名詞) ⇨**people**

❷ U 日本語

派生 Japan 名

Ja·pa·nese-A·mer·i·can /dʒæpəníːzəmérikən チャパニーズアメリカン/ 名 C 日系アメリカ人

— 形 日系アメリカ人の

jar[1] B1 /dʒɑ́ːr チャー/ 名 (複 **jars** /dʒɑ́ːrz/) C ❶ つぼ, かめ, びん (! ふつう取っ手のない広口のものをいう)

- a jam **jar** ジャム入れ(びん)

❷ びん1杯(の量)

jar[2] /dʒɑ́ːr チャー/ 動 (三単現 **jars** /dʒɑ́ːrz/; 過去・過分 **jarred** /dʒɑ́ːrd/; 現分 **jarring**) 自 耳ざわりな音を出す, ギーギーいう; 他 震動させる

— 名 C 耳ざわりな音

jar·gon /dʒɑ́ːrgən チャーゴン/ 名 U わけのわからない言葉; U C (特定の人々の間の)用語, 専門語

jas·mine, jas·min /dʒǽzmin チャズミン/ 名 U C 《植物》 ジャスミン 《♦インド原産の常緑低木; 花から香料を取る》

jaun·dice /dʒɔ́ːndəs チョーンディス/ 名 U 《医学》 黄疸(おうだん)

jaunt /dʒɔ́ːnt チョーント/ 名 C 《口語》 (遊びのための)小旅行

jaun·ty /dʒɔ́ːnti チョーンティ/ 形 (比較級 **jauntier**; 最上級 **jauntiest**) 陽気な, 元気いっぱいの; いきな, スマートな

Ja·va /dʒɑ́ːvə チャーヴァ/ 名 ジャワ 《♦インドネシア共和国の主島》

jav·e·lin /dʒǽvələn チャヴェリン/ 名 C (競技用の)投げ槍(やり); U 《**the javelin**》 《スポーツ》 (競技種目の)槍投げ (! javelin throw(ing) ともいう)

jaw B2 /dʒɔ́ː チョー/ 名

❶ C あご (! chin は「あご先」)

❷ 《**jaws**》 (動物の)口の部分

in [out of] the jaws of death 死地に陥って[を脱して]

jaw·bone /dʒɔ́ːbòun チョーボウン/ 名 C 《解剖》 あごの骨; (特に)下あごの骨

jay /dʒéi チェイ/ 名 (複 **jays** /dʒéiz/) C 《鳥》 カケス 《♦カラス科の鳥; 羽が美しい》

jay·walk /dʒéiwɔ̀ːk チェイウォーク/ 動 自 交通規則[信号]を無視して道路を横断する

jay·walk·er /dʒéiwɔ̀ːkər チェイウォーカ/ 名 C 交通規則[信号]無視の横断者

jazz B1 高 /dʒǽz チャズ/ 名 U 《音楽》 ジャズ

— 動 (三単現 **jazzes** /dʒǽzəz/; 過去・過分 **jazzed** /dʒǽzd/; 現分 **jazzing**) 《次の成句で》

jazz up 活気づける; けばけばしく飾る

jazz·y /dʒǽzi チャズィ/ 形 (比較級 **jazzier**; 最上級 **jazziest**) ジャズ(風)の; 《口語》 活発な

jeal·ous B1 /dʒéləs チェラス/ (発音 語の中の -ea- はしばしば /e エ/ と発音する) 形 しっとした, しっと深い; ねたんだ; 用心深い

- a **jealous** husband しっと深い[やきもちやきの]夫

似ている単語

うらやましい—**jealous** と **envious**

jealous は自分がほしいものをすでに持っている人に対するねたましさや反感, **envious** は自分も持てればいいと願う気持ちが意味の中心.「しっと深い, やきもちやきの」という意味は envious にはない:

Tom was **jealous** of Bob's promotion. トムはボブの昇進をねたんでいた

Tom is **envious** of Bob's good

looks. トムはボブの顔立ちのよさをうらやんでいる

派生 **jealousy** 名

jéalously B2 副 しっと深く，用心深く

jeal·ous·y /dʒéləsi チェラスィ/ (×チーラシ) 名 (複 **jealousies** /dʒéləsiz/) U ねたみ; しっと; C ねたみ[しっと]のことば[行為]

派生 **jealous** 形

jeans A1 高

/dʒíːnz チーンズ/ 名

❶《複数扱い》ジーンズ(のズボン), ジーパン

• a pair of **jeans** ジーンズ1本

❷ U 《jean で》デニム生地, ジーンズ生地

Jeep /dʒíːp チープ/ 名 C 《商標》ジープ《♦元は軍用であった小型4輪駆動車》

jeer /dʒíər チア/ 動 他 自 あざける，冷やかす，やじる

━ 名 C 冷やかし，あざけりのことば

Jeff /dʒéf チェフ/ 名 ジェフ《♦男性名; Jeffrey の愛称》

Jef·fer·son /dʒéfərsn チェファスン/ 名 《**Thomas Jefferson**》トマス・ジェファソン (1743-1826)《♦米国の第3代大統領; 米国独立宣言の起草者》

Jef·frey /dʒéfri チェフリ/ 名 ジェフリー《♦男性名》

Je·ho·vah /dʒihóuvə チホウヴァ/ 名 エホバ，ヤーウェー《♦旧約聖書に登場する天地創造の神》

jell /dʒél チェル/ 動 自 (液体が)ゼリー状に固まる; 《口語》(考えなどが)固まる，まとまる

Jell-O /dʒélou チェロウ/ 名 U 《商標》ゼリー菓子

jel·ly A2

/dʒéli チェリ/ 名 (複 **jellies** /dʒéliz/) U C ❶寒天，ゼリー; ゼリー菓子，フルーツゼリー

❷《米》(果物の)ジャム

❸ゼリー状のもの

jel·ly·bean /dʒélibìːn チェリビーン/ 名 C ゼリービーンズ《♦豆の形をしたゼリー菓子》

jel·ly·fish 高 /dʒélifìʃ チェリフィシュ/ 名 (複 **jellyfish**, **jellyfishes** /dʒélifìʃəz/) C 《動物》クラゲ (❗複数形については fish を参照)

Jen·ner /dʒénər チェナ/ 名 《**Edward Jenner**》エドワード・ジェンナー (1749-1823)《♦英国の医師; 種痘法を発明して天然痘の予防に成功》

Jen·ni·fer /dʒénəfər チェニファ/ 名 ジェニファー《♦女性名》

Jen·ny /dʒéni チェニ/ 名 ジェニー《♦女性名; Jane の愛称》

jeop·ard·ize B2 /dʒépərdàiz チェパダイズ/ 動 他 危険にさらす，危うくする

jeop·ard·y /dʒépərdi チェパディ/ 名 U 危険，危機

in jeopardy 危険におちいって，危険にさらされて

jerk /dʒə́ːrk チャーク/ 動 他 急に動かす[引っぱる]; ぐいと引く[押す，突く，ねじる]，自 ぐいと動く，がたごと動く

━ 名 C 急に動かす[引っぱる，動く]こと，ぐいと引く[押す，突く，ねじる]こと; (重量あげの)ジャーク

jerk·y /dʒə́ːrki チャーキ/ 名 U (ビーフ)ジャーキー，乾燥(牛)肉

Jer·sey /dʒə́ːrzi チャーズィ/ 名 ❶ジャージー島《♦イギリス海峡にある英領の島》❷ C ジャージー種の乳牛

jer·sey /dʒə́ːrzi チャーズィ/ 名 (複 **jerseys** /dʒə́ːrziz/) U ジャージ《♦メリヤス編みの伸縮性のある生地》; C セーター; ジャージ

Je·ru·sa·lem /dʒərúːsələm チェルーサレム/ 名 エルサレム《♦イスラエル共和国の首都; ユダヤ教・キリスト教・イスラムなどの聖地》

Jes·si·ca /dʒésikə チェスィカ/ 名 ジェシカ《♦女性名》

Jes·sie /dʒési チェスィ/ 名 ジェシー《♦女性または男性の名》

jest /dʒést チェスト/ 名 C 《文章》冗談; しゃれ; ふざけ (❗joke よりも古風な言

い方; あざけりの気持ちを含むこともある)
in jest 冗談に, ふざけて
— 動 自 冗談を言う; からかう; 冷やかす

Je·sus /dʒíːzəs チーザス/ 名 イエス, イエス・キリスト (=Jesus Christ)
— 間 《**Jesus!**》 ちくしょう

Jésus Chríst 名 イエス・キリスト (=Jesus) (♦キリスト教の開祖)
— 間 《**Jesus Christ!**》 ちくしょう

jet[1] A1
/dʒét チェト/ 名 (複 **jets** /dʒéts チェツ/) C
❶ ジェット機 (=jet plane)
• a jumbo **jet** ジャンボジェット機
❷ (ガス・液体などの)噴射(ふんしゃ); 噴出
❸ 噴出物; 噴出口
— 動 (三単現 **jets** /dʒéts チェツ/; 過去・過分 **jetted** /dʒétəd/; 現分 **jetting**) 自 噴出する; ジェット機で旅行する; ジェット推進で動く

jet[2] /dʒét チェト/ 名 U 《鉱物》 黒玉(くろだま)

jét éngine 名 C (航空機の)ジェットエンジン

jét làg 名 U C 時差ぼけ

jét sèt 名 《the をつけて》 ジェット族 (♦ジェット機に乗って各地を飛び回る裕福な人々)

jét strèam 名 C ジェット気流

jet·ti·son /dʒétəsən チェティスン/ 動 他 (遭難船・遭難機が軽くするために, 積み荷を)投げ捨てる; (不要物を)廃棄する

jet·ty /dʒéti チェティ/ 名 (複 **jetties** /dʒétiz/) C 防波堤; 桟橋(さんばし)

Jew 高 /dʒúː チュー/ 名 (複 **Jews** /dʒúːz/) C ❶ ユダヤ人 ❷ ユダヤ教徒 (■「ユダヤ教」は Judaism)

jew·el B1 /dʒúːəl チューエル/ 名 (複 **jewels** /dʒúːəlz/) C
❶ 宝石 (■ gem と同義であるが, 特に高級なもの, 装身具としてのものを表す); (宝石入りの)装身具
❷ 宝物, 貴重な人[物]

jew·el·er B2 /dʒúːələr チューエラ/ 名 C 宝石商, 貴金属商; 宝石職人 (=《英》 jeweller)

jew·el·ler /dʒúːələr チューエラ/ 名 《英》 (=jeweler)

jew·el·ler·y /dʒúːəlri チューエルリ/ 名 《英》 (=jewelry)

jew·el·ry A1 高
/dʒúːəlri チューエルリ/ 名 U 《集合的》
宝石類, 貴金属の装身具 (=《英》 jewellery)

Jew·ish 高 /dʒúːiʃ チューイシュ/ 形 ユダヤの, ユダヤ人の, ユダヤ教の

jibe /dʒáib チャイブ/ 名 C 嘲笑
— 動 他 自 あざける, 馬鹿にする

jif·fy /dʒífi チフィ/ 名 《単数形で》 《口語》 ちょっとの間
• in a **jiffy** すぐに

jig /dʒíg チグ/ 名 C 《音楽》 ジグ (♦三拍子のダンス)
— 動 (三単現 **jigs** /dʒígz/; 過去・過分 **jigged** /dʒígd/; 現分 **jigging**) 自 ジグを踊る

jig·ger /dʒígər チガ/ 名 C ジガー (♦カクテル用の計量カップ)

jig·gle /dʒígl チグル/ 動 他 (前後・左右に)小刻みに動かす; 自 (前後・左右に)動き回る

jig·saw /dʒígsɔː チグソー/ 名 C ❶ 糸のこ(盤) ❷ (=jigsaw puzzle)

jígsaw pùzzle 名 C ジグソーパズル

ji·had, Ji·had /dʒihάːd ジハード/ 名 C U (イスラムの)聖戦, ジハード; (思想のための)戦い

Jill /dʒíl チル/ 名 ジル (♦女性名)

jilt /dʒílt チルト/ 動 他 (急に婚約者・恋人を)捨てる, 振る

Jim /dʒím ジム/ 名 ジム (♦男性名; James の愛称)

Jim·my /dʒími ジミ/ 名 ジミー (♦男性名; James の愛称)

jin·gle /dʒíŋgl チングル/ 動 自 (小鈴・金輪などが)チリンチリンと鳴る
— 名 C チリンチリンと鳴る音

Jíngle Bélls 名 U ジングルベル (♦クリスマスの頃よく歌われる; 「鈴よ, 鳴れ」の意味)

jinx /dʒíŋks チンクス/ 名 C 悪運, 不運 (=

bad luck); 縁起の悪い人[もの]
日英比較 日本語の「ジンクス」と違って, jinx は「縁起の悪いもの」に限定される
— 動 他 不運をもたらす

jit·ters /dʒítərz ヂタズ/ 名 《**the jitters**》《複数扱い》《口語》神経過敏

jit·ter·y /dʒítəri ヂタリ/ 形 《口語》びくびくしている, いらいらしている

Joan /dʒóun ヂョウン/ 名 ジョーン《◆女性名》

Jóan of Árc /áːrk アーク/ 名 ジャンヌ・ダルク(1412–31)《◆百年戦争で活躍したフランスの英雄的女性》

job A1 中

/dʒáb ヂャブ|dʒɔ́b ヂョブ/
名 (複 **jobs** /dʒábz/) C
❶ 職, 仕事, 勤め口 (! 職業をたずねるときは ×What is your job? ではなく, ふつう What do you do? という)
- get [find] a **job** 職を得る, 就職する
- lose a **job** 職を失う, 失業する
- apply for a **job** 職に応募する
- quit a **job** 職を辞める

似ている単語
仕事・職業
work は仕事一般を広くさし, **job** は個々の仕事, 職(業)をさす
occupation は「職業」の意味の改まった語で, 書面などで使われる語.
profession は専門的な知識や技術が必要な職業をいう

❷ (なすべき) 務め; 作業, 仕事; 《口語》骨の折れること
- a great [wonderful, excellent] **job** すばらしい仕事
- do a **job** 仕事をする
- finish a **job** 仕事を終える
- Good **job**! よくやったね!

❸ 《コンピュータ》ジョブ《◆仕事量単位》

do the job 《口語》役に立つ, 効果がある
just the job 《口語》ぴったりの[おあつらえむきの]もの
make a (good) job of ... 《英》《口語》〔仕事など〕をやってのける
off the job 《口語》仕事[勤務]外で
on the job 職に就いて; 勤務中で
out of a job 失業中で, 無職で

job·less /dʒábləs ヂャブレス/ 形 失業中の; 失業者の
— 名 《**the jobless**》《集合的; 複数扱い》失業者たち

jock·ey /dʒáki ヂャキ/ 名 (複 **jockeys** /dʒákiz/) C (競馬の)騎手(きしゅ), ジョッキー

joc·u·lar /dʒákjələr ヂャキュラ/ 形 《文章》こっけいな, おどけた

Joe /dʒóu ヂョウ/ 名 ジョー《◆男性名; Joseph の愛称》

jog B1 /dʒág ヂャグ/ 動 (三単現 **jogs** /dʒágz/; 過去・過分 **jogged** /dʒágd/; 現分 **jogging**) 自
❶ ゆっくり走る, ジョギングする; ゆっくり動く; おだやかに過ごす
❷ 他 かるく突く[押す]
— 名 (複 **jogs** /dʒágz/) C ゆっくり走ること, ジョギング; かるい突き[押し]
jógger 名 C ジョギングする人

jog·ging B1 /dʒágiŋ ヂャギング/ 名 U ジョギング

John /dʒán ヂャン/ 名 ジョン《◆男性名》

Jóhn Búll 名 U ジョン・ブル《◆英国人または英国民のあだ名》⇨**Uncle Sam**

John·ny /dʒáni ヂャニ/ 名 ジョニー《◆男性名; John の愛称》

join A1 中

/dʒɔ́in ヂョイン/ 動 (三単現 **joins** /dʒɔ́inz/; 過去・過分 **joined** /dʒɔ́ind/; 現分 **joining**)
❶ 他 自 参加する, (仲間に) 加わる, いっしょになる ⇨成句 **join in**
- **join** a party パーティーに参加する
- We are going on a picnic tomorrow. Won't you **join** us? 私たちはあしたピクニックに行きます. 君も(私たちに)参加しませんか

❷ 他 つなぐ, 結合する; 合わせる; 自 つながる, 1つになる
- I **joined** the end of the rope **to** another rope. 私はロープの端を別のロープに結びつけた

A B C D E F G H I J K L M N O P Q R S T U V W X Y Z

- We all **joined** hands in a circle. 私たちはみんな丸くなって手をつないだ

❸ 自他 (道路・川などが)**合流する, いっしょになる**

- The two roads **join** here. その2つの道路はここで合流する

join in (活動などに)**加わる**

- **join in** the conversation [game] 会話[ゲーム]に加わる (❗「クラブなどの組織に加わる」ときは join; ×join in the club [team] としない)

join up 軍隊に入る, 兵隊になる

— 名 (複 **joins** /dʒɔ́inz/) Ⓒ 接合箇所[点, 線, 面]

派生 **joint** 名

join·er /dʒɔ́inər ヂョイナ/ 名Ⓒ 建具屋さん, 指物(さしもの)師

joint B1 /dʒɔ́int ヂョイント/ 形
共同の; 共有の

- a **joint** study 共同研究
- a **joint** venture 合弁事業

— 名 (複 **joints** /dʒɔ́ints ヂョインツ/) Ⓒ

❶ (体の)**関節**

❷ **継ぎ目; 接合部**

❸ 《英》 **焼き肉用の肉** (=《米》 roast)

out of joint 関節がはずれて[た]; 調子が狂って[た]

派生 **join** 動

joint·ed /dʒɔ́intəd ヂョインテド/ 形 継ぎ目のある; 節[間接]のある

joint·ly /dʒɔ́intli ヂョイントリ/ 副 共同して, 連帯して

joke A2 高

/dʒóuk ヂョウク/

名 (複 **jokes** /dʒóuks/) Ⓒ

❶ **冗談, しゃれ, ジョーク**

- tell [make] a **joke** 冗談を言う (×*say* a joke)
- crack a **joke** しゃれを飛ばす
- get [see] the **joke** 冗談を理解する

コロケーション
形+**joke**
a dirty *joke* みだらな冗談
a funny *joke* おかしな冗談
an old *joke* 月並みな冗談
a practical *joke* (実際に害を及ぼすような)悪ふざけ
a sick *joke* 悪趣味な冗談

❷ **物笑い(の種)**

no joke (冗談どころではない)たいへんなこと

- It's **no joke**. それはしゃれにならない

play a joke on ... …をからかう

can take a joke 冗談を笑ってすますことができる

— 動 (三単現 **jokes** /dʒóuks/; 過去・過分 **joked** /dʒóukt/; 現分 **joking**) 自
冗談を言う

- You must be **joking**. ご冗談でしょう

joking apart [***aside***] 《口語》 冗談はさておき

jok·er /dʒóukər ヂョウカ/ 名Ⓒ

❶ (トランプの)ジョーカー

❷ 冗談を言う人, いたずら好きの人

jok·ing·ly /dʒóukiŋli ヂョウキングリ/ 副 冗談に, おどけて

jol·ly /dʒáli ヂャリ/ 形 (比較級 **jollier**; 最上級 **jolliest**) 陽気な, 楽しい, ゆかいな; すてきな

jolt /dʒóult ヂョウルト/ 動 ❶ 自 がたつく, ガタガタ揺れながら進む 《*on, along*》; 他 激しく揺する ❷ 他 びっくりさせる, ショックを与える

— 名Ⓒ ❶ 急な揺れ

❷ 突然の驚き, ショック

Jon·a·than /dʒánəθən ヂャナサン/ 名 ジョナサン 《♦男性名》

Jor·dan /dʒɔ́ːrdən ヂョーダン/ 名

❶ ヨルダン 《♦西アジアの王国; 首都アンマン (Amman)》

❷ 《**the Jordan**》 ヨルダン川

Jo·seph /dʒóuzəf ヂョウゼフ/ 名 ジョーゼフ 《♦男性名》

Jo·se·phine /dʒóuzəfiːn ヂョウゼフィーン/ 名 ジョゼフィン 《♦女性名》

josh /dʒáʃ ヂャシュ/ 動 他自 《米》《口語》 (悪意なく)からかう, ひやかす

Josh·u·a /dʒáʃuə ヂャシュア/ 名 ジョシュア 《♦男性名》

jos·tle /dʒásl ヂャスル/ 動 他自 押す, 押しのける; 自 〔…と; …を得ようと〕争う,

競う《with; for》

jot /dʒɑ́t チャト/ 名《a jot》〔…の〕少し, ごくわずか《of》(❗ふつう否定文で使う)

— 動 (三単現 **jots** /dʒɑ́ts チャツ/; 過去・過分 **jotted** /dʒɑ́təd/; 現分 **jotting**) 他 書き留める, 手早くメモする《down》

jot·ting /dʒɑ́tiŋ チャティング/ 名C《ふつう jottings》《複数扱い》《口語》メモ, 覚え書き

jour·nal B1 /dʒə́ːrnəl チャーナル/ 名 (複 **journals** /dʒə́ːrnəlz/) C

❶ (日刊)新聞; 機関誌, 雑誌

• a scientific **journal** 科学雑誌

❷ 日記, 日誌 (❗diary に比べて公的な意味をもつ)

jour·nal·ism B2 /dʒə́ːrnəlìzm チャーナリズム/ 名U ジャーナリズム, 新聞雑誌放送業(界); 《集合的》新聞・雑誌

jour·nal·ist B1 中 /dʒə́ːrnəlist チャーナリスト/ 名 (複 **journalists** /dʒə́ːrnəlists チャーナリスツ/) C 新聞[雑誌]記者, ジャーナリスト; 報道関係者

jour·nal·is·tic /dʒəːrnəlístik チャーナリスティク/ 形 新聞の; 新聞[雑誌]的な

jour·ney A2 高

/dʒə́ːrni チャーニ/

名 (複 **journeys** /dʒə́ːrniz/) C

旅行 (❗ふつう journey は, 目的を持った「長期間の陸路の旅行」をいう); 行程

• go on a **journey** 旅に出る

• set out on a **journey** 旅行に出発する

• make [take] a **journey** (to ...) 〔…へ〕旅行する

— 動 (三単現 **journeys** /dʒə́ːrniəz/; 過去・過分 **journeyed** /dʒə́ːrnid/; 現分 **journeying**) 自《文章》旅行する (=travel)

jo·vi·al /dʒóuviəl チョウヴィアル/ 形 陽気な, 朗らかな

jowl /dʒául チャウル/ 名C《ふつう **jowls**》あご (=jaw); 下あごのたるみ; ほお (=cheek)

joy A2 中

/dʒɔ́i チョイ/ 名 (複 **joys** /dʒɔ́iz/)

❶U 喜び, うれしさ (↔**sorrow**)

• be filled with **joy** = be full of **joy** 喜びでいっぱいである

❷C 喜びを与えるもの, 喜びの種

for* [*with*] *joy うれしさのあまり, うれしくて

to A's joy* = *to the joy of A Aが喜んだ[うれしい]ことには

派生 **joyful** 形

joy·ful /dʒɔ́ifəl チョイフル/ 形 (人が)うれしい, 喜ばしい, 楽しい (❗happy よりも少しあらたまった語); (物事が)楽しませる, とてもうれしい

• We've got **joyful** news. うれしい知らせがあります

派生 **joy** 名

joy·ful·ly /dʒɔ́ifəli チョイフリ/ 副 うれしそうに; 喜んで; 幸せに

joy·ous /dʒɔ́iəs チョイアス/ 形 とてもうれしい, 楽しい (❗詩的な語)

jóyously 副 楽しく

joy·ride /dʒɔ́iràid チョイライド/ 名C (盗んだ車での)無謀な運転, 暴走

joy·stick /dʒɔ́istìk チョイスティク/ 名C (飛行機の)操縦桿(かん); (テレビゲームなどの)操作レバー, ジョイスティック

JPEG, JPG /dʒéipeg チェイペグ/ 名《コンピュータ》U ジェイペグ《♦画像の保存形式》; C ジェイペグ画像

Jr., jr. 《略》junior 息子のほうの

ju·bi·lant /dʒúːbələnt チュービラント/ 形《文章》歓喜に酔った; 歓喜[歓声]に包まれた

ju·bi·la·tion /dʒùːbəléiʃən チュービレイション/ 名U《文章》歓呼, 歓喜

ju·bi·lee /dʒúːbəliː チュービリー/ 名C 記念祭 (❗50年祭, 25年祭など)

Ju·da·ism /dʒúːdəìzm チューダイズム/ 名U ユダヤ教

Ju·das /dʒúːdəs チューダス/ 名《聖書》ユダ《♦12使徒の1人で, キリストを裏切ったとされる》

judge A1 高

/dʒʌ́dʒ チャヂ/ 動 (三単現 **judges** /dʒʌ́dʒəz/; 過去・過分 **judged** /dʒʌ́dʒd/; 現分 **judging**)

❶ 他 (物のよしあしを)判断する
• Don't **judge** people by their appearance. 人を外見で判断してはいけない
❷ 他自 審判する; 審査する
❸ 他自 裁判する, 判決を下す, 裁く
***judging from* [*by*] ... = *to judge from* [*by*] ...** …から判断すると
— 名 (複 **judges** /dʒʌ́dʒəz/) C
❶ 裁判官, 判事
• a district **judge** 地方判事
• a federal **judge** 連邦判事
❷ (競技会などの)審判員, 審査員 ⇨**referee, umpire**
• a panel of **judges** 審判団
❸ (物の)よしあしのわかる人
派生 **judgment** 名

judge·ment /dʒʌ́dʒmənt チャヂメント/ 名 《英》(=judgment)

judg·ment B1 /dʒʌ́dʒmənt チャヂメント/ 名 (複 **judgments** /dʒʌ́dʒmənts チャヂメンツ/) ❶ U 判断(力), 分別, 意見
• Don't make hasty **judgments**. 早まった判断を下すなよ
❷ U C 裁判; 判決
派生 **judge** 動

judg·men·tal /dʒʌdʒméntəl チャヂメンタル/ 形 判断の; 断定的な; (人に対して)批判的な

Júdgment Dày 名 《the をつけて》《キリスト教》最後の審判の日, 世の終わり

ju·di·cial /dʒuːdíʃəl チューディシャル/ 形 裁判の, 司法の; (考え方などが)判断力のある, 公平な

ju·di·ci·ar·y /dʒuːdíʃièri チューディシエリ/ 名 《**the judiciary**》《文章》司法部; 司法制度; 《集合的》裁判官

ju·di·cious /dʒuːdíʃəs チューディシャス/ 形 《文章》思慮分別のある, 賢明な

Ju·dith /dʒúːdiθ チューディス/ 名 ジュディス (♦女性名)

ju·do B2 高 /dʒúːdou チュードウ/ 名 U 柔道

Ju·dy /dʒúːdi チューディ/ 名 ジュディ (♦女性名; Judith の愛称)

jug B1 /dʒʌ́g チャグ/ 名 (複 **jugs** /dʒʌ́gz/) C ❶ 《米》(細口・取っ手付きの)つぼ, かめ, びん (! せんがついている)
❷ 《英》(広口・取っ手付きの)水差し (=《米》pitcher)
日英比較 ビールの「ジョッキ」は, jug のなまったものといわれるが, jug にはその意味はなく, 英語では mug という

jug·gle /dʒʌ́gl チャグル/ 動
❶ 他自 手品を使う; (2個以上のボール・ナイフなどで)曲投げをする
❷ 他 (複数の仕事・活動などを)手際よくこなす, 両立させる
❸ 他自 ごまかす, だます
❹ 他自 《野球》(ボールを)ジャッグルする

jug·gler /dʒʌ́glər チャグラ/ 名 C 曲芸師, 手品師

juice A1 中

/dʒúːs チュース/ 名 (複 **juices** /dʒúːsəz/)
❶ U C (果物・野菜の)汁, ジュース
日英比較 juice は天然果汁のみのジュースをさすので, 清涼飲料全般を含む日本語の「ジュース」は soft drinks が適切
• have a glass of tomato **juice** トマトジュースを1杯飲む
注意› 「ジュース」の意味ではふつう a をつけたり複数形にしたりしないが, 種類をいうときや1杯のジュースをさすときは複数形になる:
fruit **juices** (各種の)フルーツジュース
Three orange **juices**, please. オレンジジュースを3つください
❷ U C 《ふつう **juices**》肉汁; 体液

juic·y B1 /dʒúːsi チュースィ/ 形 (比較級 **juicier**; 最上級 **juiciest**)
水分[汁]がたっぷりの, おいしそうな; 《口語》興味をそそる, うまみのある

juke·box /dʒúːkbɑ̀ks チュークバクス/ 名 C ジュークボックス

Jul. 《略》July 7月

Jul·ia /dʒúːljə チューリャ/ 名 ジュリア (♦女性名)

Jul·ian /dʒúːljən チューリャン/ 名 ジュリアン (♦男性名)

Ju·lie /dʒúːli チューリ/ 名 ジュリー (♦女

性名》

Ju·liet /dʒúːljət チューリエト/ 名 ジュリエット《♦女性名》

Ju·ly A1 中

/dʒulái チュライ/ 名 U C

7月 (▮Jul. と略す; 詳しい用法は June を参照)

- on **July** 7 7月7日に (▮7は(the) seventh と読む)
- Summer school begins in **July**. 夏期講習は7月に始まる

jum·ble /dʒʌ́mbl チャンブル/ 動 他 ごたまぜにする; (考えなどを)混乱させる; 自 ごたまぜになる《*up*》

— 名 《単数形で》ごたまぜ; 混乱

júmble sàle 名 C 《英》(募金のための)慈善バザー, がらくた市 (=《米》rummage sale)

jum·bo /dʒʌ́mbou チャンボウ/ 名 (複 **jumbos** /dʒʌ́mbouz/) C ❶ とてつもなく大きい人[動物]; (特に)象の愛称

❷ ジャンボジェット機 (=jumbo jet)

— 形 とても巨大な, ジャンボ…

jump A1 中

/dʒʌ́mp チャンプ/ 動 (三単現 **jumps** /dʒʌ́mps/; 過去・過分 **jumped** /dʒʌ́mpt/; 現分 **jumping**)

❶ 自 とぶ, はねる; とびつく

- **jump** up [down] とび上がる[降りる]
- **jump** in とび込む
- **jump** into the water 水の中へとび込む
- He **jumped** to his feet 彼はパッと立ち上がった

❷ 他 とび越える; 文型 [**jump** A over B] A(人・動物)にB(物)をとび越えさせる

- **jump** rope なわとびをする; (名詞として)なわとび

❸ 自 ギクッ[ドキッ]とする (=start)

❹ 自 (物価などが)急に上がる

❺ 自 飛躍する; 急変する

❻ 他 《米》《口語》とびかかる, 急襲する

jump at ... …にとびつく, …にとびかかる; …に喜んで応じる

jump on ... …にとびかかる; …を激しく非難する

jump the gun 《俗語》(ピストルなどの)合図より先にスタートする, フライングする; 早まった行動をする

Jump to it! すぐにそれを始めろ, すぐにとりかかれ

— 名 (複 **jumps** /dʒʌ́mps/) C

❶ 跳躍(ちょうやく), ジャンプ

- the high **jump** 走り高跳び
- the long [broad] **jump** (走り)幅跳び

❷ (数量・物価などの)急上昇, 急騰

- a **jump** in price 価格の急騰

❸ (論理などの)飛躍; 《コンピュータ》ジャンプ, とび越し

jump·er B1 /dʒʌ́mpər チャンパ/ 名 (複 **jumpers** /dʒʌ́mpərz/) C

❶《米》ジャンパースカート; 《英》(婦人・子ども用の)セーター

❷ とぶ人[物], 跳躍(ちょうやく)の選手

júmp ròpe, júmping ròpe 名 《米》U なわとび; C なわとびのなわ

jump·y /dʒʌ́mpi チャンピ/ 形 (比較級 **jumpier**; 最上級 **jumpiest**) 《口語》びくびくした, ひどく神経質な

Jun. 《略》June 6月

junc·tion /dʒʌ́ŋkʃən チャンクション/ 名

❶ C 連結[接合]点, 交差点, ジャンクション ❷ C 連絡駅, 接続駅

❸ U C 連結, 接合, 接続

junc·ture /dʒʌ́ŋktʃər チャンクチャ/ 名 C 重大な時点; 危機 (=crisis)

June A1 中

/dʒúːn チューン/ 名 U C

6月 (▮Jun. と略す)

- in **June** 6月に(は) (▮月の名前はいつも大文字で始める; ×*a* [*the*] June としない)
- early [late] in **June** 6月上旬[下旬]に(は)
- every [next] **June** 毎年[来年の] 6月に(は) (×*in* every June としない)
- last **June** (6月より前に言えば)去年の6月に(は) (=in June last year); (6月よりあとに言えば)今年の6月に(は)
- on **June** 3 6月3日に (▮June 3 は《米》

では June three, June (the) third, 《英》では June the third, the third of June と読む)

- We are in **June**. 今は6月です (←私たちは6月にいる)
- Today is **June** 3. = It's **June** 3 today. きょうは6月3日です (❗It はばく然と「時」を表す)
- My birthday is in **June** [on **June** 3]. 私の誕生日は6月[6月3日]です

jun·gle B1 高 /dʒʌ́ŋgl チャングル/ 名 (複 **jungles** /dʒʌ́ŋglz/) C
《ふつう **the jungle**》(熱帯地方の)密林, ジャングル; 熾烈(しれつ)な競争の場; ごたごたした物

jun·ior A2 中

/dʒúːnjər チューニャ/ 形

❶〔…より〕年下の, 年少の《*to*》; 後輩の (↔**senior**)

❷(同名の父親に対して)息子のほうの, 2世の (❗Jr. または jr. と略す) ⇨**senior**

- John Brown, **Junior** [**Jr.**] 息子のジョン・ブラウン (❗同名の父親は John Brown, Senior [Sr.] という)

❸下位の, 下級の

❹(成人に対して)若者[年少者, 青少年]向けの

— 名 (複 **juniors** /dʒúːnjərz/) C

❶年少者, 年下の人; 後輩 (↔**senior**)

- He is ten years my **junior**. = He is my **junior** by ten years. 彼は私より10歳年下だ

❷《米》ジュニア《◆高校・大学で最上級生(senior)の次の学年の学生》

júnior cóllege 名 C 《米》短期大学

júnior hígh schòol 中 名 C 《米》中学校 (❗単に junior high ともいう) ⇨ **high school**

junk[1] A2 高

/dʒʌ́ŋk チャンク/ 名 U 《集合的》《口語》くず, がらくた; 値打ちのない物, くだらない物; 《俗語》麻薬

- That bike is **junk**. あのチャリはがらくただ

junk[2] /dʒʌ́ŋk チャンク/ 名 C ジャンク《◆中国の平底帆船》

júnk fòod B2 名 U ジャンクフード

junk·ie /dʒʌ́ŋki チャンキ/ 名 C 《俗語》麻薬中毒[常習]者; 熱中している人

júnk màil 名 U 《口語》ジャンクメール《◆勝手に送られてくるダイレクトメールなど》

junk·yard /dʒʌ́ŋkjɑ̀ːrd チャンクヤード/ 名 C 《米》廃品置き場

Ju·no /dʒúːnou チューノウ/ 名 《ローマ神話》ユーノー, ジュノー《◆王 Jupiter の妻》

jun·ta /húntə フンタ, dʒʌ́ntə チャンタ/ 名 C 《単数・複数扱い》(特にクーデター直後の)暫定(ざんてい)(軍事)政権

Ju·pi·ter /dʒúːpətər チューピタ/ 名

❶《ローマ神話》ユピテル, ジュピター《◆神々の王; ギリシャ神話の Zeus (ゼウス)にあたる》 ❷《天文》木星

ju·ris·dic·tion /dʒùərəsdíkʃən チュアリスディクション/ 名 《文章》U 司法[裁判]権; 支配[管轄]権; 管轄範囲[区域]

ju·ror B2 /dʒúərər チュアラ/ 名 C 陪審(ばいしん)員 ⇨**jury**

ju·ry B2 /dʒúəri チュアリ/ 名 (複 **juries** /dʒúəriz/) C 陪審(ばいしん) (❗単複形で複数扱いもあり); 陪審員団《◆ふつう一般市民12人の陪審員(juror, juryman)から成り, 被告が有罪か無罪かの評決(verdict)を下し, 裁判長に伝える; 判決は下さない》

ju·ry·man /dʒúərimən チュアリマン/ 名 (複 **jurymen** /dʒúərimən/) C 陪審(ばいしん)員

just A1 中

/dʒʌ́st チャスト/ 副

❶ちょうど, まさに, きっかり

- **just** then ちょうどその時
- It's **just** ten o'clock. 10時になったばかりです
- The shoes fit **just** right. その靴はちょうどぴったりのサイズです
- That is **just** the point. それがまさしく肝心な所だ

❷ちょうど今(…したばかり); ほん

の(少しで), わずかに; かろうじて, やっと, ようやく
- The party is **just** beginning. パーティーはちょうど始まるところです
- He (has) **just** arrived. 彼はつい今しがた着きました
- I **just** missed the bus. 私はほんの少しのところでバスに乗り遅れた

❸ ほんの; ちょっと, ただ (=only)
- **just** a little ほんのちょっと
- **Just** a minute. ちょっと待って
- I'm **just** looking, thank you. ちょっと見ているだけです (❗店で客が言うセリフ)
- It's **just** a shower. ほんのにわか雨だ

❹《強調的に》ほんとうに, まったく (=quite, really)

just about ... だいたい…, ほとんど…, ほぼ… (=almost)

just as ... ちょうど…と同じように, ちょうど…するときに
- It is **just as** you say. まさにあなたの言うとおりです

just in case 万一に備えて

just now (現在形で)ちょうど今; (過去形で)つい今しがた

just so まさにそのとおりで; きちんと整理されて

— 形 (比較級 **more just**, **juster**; 最上級 **most just**, **justest**)

❶ 正しい, 公平な, 公正な (=fair) (↔ **unjust**)

❷ 適正な; 正当な, 当然の

❸ 正確な (=right)

派生 **justice** 名; 派生 **justify** 動

jus·tice B1 高 /dʒʌ́stəs チャスティス/ 名 (複 **justices** /dʒʌ́stəsəz/)

❶ U 正義, 正しさ, 公平, 公正 (↔**injustice**); 正当性
- have a strong sense of **justice** 強い正義感がある

❷ U 司法; (公正な)裁判

❸ C 裁判官 (=judge)

bring ... to justice …に法の裁きを受けさせる

do justice to ... = do ... justice …を正当に扱う[評価する]; …の真価を発揮する

do oneself justice 自分の能力を十分発揮する

派生 **just** 形; 派生 **justify** 動

jus·ti·fi·a·ble /dʒʌ́stəfàiəbl チャスティファイアブル/ 形 正当と認められる, もっともな, 妥当な

jústifiably 副 当然なこととして

jus·ti·fi·ca·tion /dʒʌ̀stəfəkéiʃən チャスティフィケイション/ 名 U (正当であることの)立証, 正当化; U C 正当化する根拠

派生 **justify** 動

jus·ti·fied /dʒʌ́stəfàid チャスティファイド/ 形 もっともな

jus·ti·fy B2 /dʒʌ́stəfài チャスティファイ/ 動 (三単現 **justifies** /dʒʌ́stəfàiz/; 過去·過分 **justified** /dʒʌ́stəfàid/; 現分 **justifying**)

他 正当化する; (物事を)正しいとする, …の正しいことを示す, 弁護する

be justified in doing …するのももっともである; …してさしつかえない

justify oneself 自分(の行為)を正当化する, 身のあかしを立てる

派生 **just** 形

派生 **justice**, **justification** 名

just·ly /dʒʌ́stli チャストリ/ 副 ❶ 正しく ❷《文を修飾して》正当に, 当然のことながら

jut /dʒʌ́t チャト/ 動 (三単現 **juts** /dʒʌ́ts チャツ/; 過去·過分 **jutted** /dʒʌ́təd/; 現分 **jutting**) 自 〔…に〕突き出る, 張り出す《*out, forth*》(=project)

Jute /dʒúːt チュート/ 名 C ジュート人; 《**the Jutes**》ジュート族《◆イギリス南部に侵入したゲルマン民族; 今日の英国人の祖先》⇨**Anglo-Saxon**

ju·ve·nile /dʒúːvənàil チューヴェナイル/ 形 児童(向き)の, 少年[少女]の; 未成年の

júvenile delínquent 名 C 非行少年[少女]

jux·ta·pose /dʒʌ́kstəpòuz チャクスタポウズ, dʒʌ̀kstəpóuz チャクスタポウズ/ 動 他《文章》並列する

jux·ta·po·si·tion /dʒʌ̀kstəpəzíʃən チャクスタポズィション/ 名 U《文章》並置

K k 𝒦 𝓀

K, k /kéi ケイ/ 名 (複 **K's, k's** /kéiz/) U C 英語アルファベットの第11番目の文字

K 《記号》 カリウム (=potassium) (❶ラテン語 kalium から)

ka·bu·ki /kəbúːki カブーキ/ 名 U 歌舞伎

ka·lei·do·scope /kəláidəskoup カライドスコウプ/ 名 C 万華鏡(まんげきょう), カレードスコープ

Kam·chat·ka /kæmtʃǽtkə キャムチャトカ/ 名 カムチャツカ《◆ロシア北東の半島》

kan·ga·roo B2 /kæŋgərúː キャンガルー/ 名 (複 **kangaroos** /kæŋgərúːz/, **kangaroo**) C 《動物》 カンガルー

kángaroo cóurt 名 C 私的裁判, つるし上げ

Kan·sas /kǽnzəs キャンザス/ 名 カンザス《◆米国の中央に位置する州; Kans., Kan., (郵便で) KSと略す》

kar·a·o·ke B2 /kàːrióuki カリオウキ/ 名 C カラオケ(の機械); U カラオケで歌うこと

kar·at /kǽrət キャラト/ 名 C カラット《◆金の純度を表す単位》

ka·ra·te /kəráːti カラーティ/ 名 U 空手(からて)

Kar·en /kǽrən キャレン/ 名 カレン《◆女性名》

kar·ma /káːrmə カーマ/ 名 U 《仏教》《ヒンドゥー教》 カルマ; 《口語》 宿命

Kash·mir /kǽʃmiər キャシュミア, ーˊ/ 名 カシミール《◆インド北方の地方》

Kate /kéit ケイト/ 名 ケイト《◆女性名; Catherine, Katherine の愛称》

Kath·er·ine /kǽθərin キャサリン/ 名 キャサリン《◆女性名》

Kath·man·du /kaːtmaːndúː カートマーンドゥー/ 名 カトマンズ《◆ネパール (Nepal) の首都》

kay·ak /káiæk カイアク/ 名 C カヤック《◆イヌイットが使うカヌー》; (ボート競技用の)カヤック

Ka·zakh·stan /kæ̀zækstǽn カザクスタン/ 名 カザフスタン《◆中央アジアの共和国; 首都ヌルスルタン (Nur-Sultan)》

Keats /kíːts キーツ/ 名 《**John Keats**》 キーツ (1795-1821)《◆英国の詩人》

ke·bab, ke·bob /kəbáːb ケバーブ/ 名 C ケバブ《◆肉と野菜の串焼き料理; kabob ともつづる》

keel /kíːl キール/ 名 C (船の)竜骨, キール
— 動 自 (船が)ひっくり返る; 倒れる; 他 (船を)ひっくり返す; 倒す

keen B2 /kíːn キーン/ 形 (比較級 **keener**; 最上級 **keenest**)
❶ 熱心な, 熱望した (=eager); 強い
• have a **keen** interest in linguistics 言語学に強い関心を持つ
❷ 鋭い, 鋭利な (=sharp) (↔**dull**); 鋭敏な, 機敏な (↔**dull**)
❸ 激しい, 厳しい

be keen on ... …に熱中している; …に熱心である

be keen to do 熱心に…したがる

keep A1 中
/kíːp キープ/

意味マップ
動 ❶ …のままでいる
❷ 保つ; …を…にしておく
❸ 持ち続ける, 保存する
❹ (日記・記録などを)つける
❺ (約束などを)守る
❻ 飼う; 養う
❼ (食べ物が)もつ
❽ 引きとめておく
❾ 経営する
名 生活費

— 動 (三単現 **keeps** /kíːps/; 過去・過分 **kept**

/képt/; 現分 **keeping**)

❶ 自 (ある状態・位置の)ままでいる

• **keep** in good condition ずっとよい(健康)状態でいる

文型 [**keep C**] Cのままでいる, ずっとCである (❗Cは状態を表す形容詞など)

• **keep** awake 目をさましている

• He **kept** silent. 彼は黙り続けた (←黙った状態のままでいた)

文型 [**keep** *doing*] (ずっと)…している, …し続ける

• The baby **kept** *crying* all night. 赤ちゃんは夜通し泣き続けた

❷ 他 (ある状態・動作を)保つ, 続ける

• This watch **keeps** (good) time. この時計は時間が正確だ

文型 [**keep A C**] AをCにしておく (❗Cは状態を表す形容詞・過去分詞など)

• **keep** the window open 窓をあけておく (❗open (あいている)は形容詞)

文型 [**keep A** *doing*] Aに…させておく

• I'm sorry to have **kept** you *waiting* so long. こんなに長くお待たせしてしまってすみません

どっち

keep と leave

どちらも「主語+動詞+目的語+補語」の文型で「〜を…しておく」の意味になるが, **keep** が積極的に状態を「保つ」のに対し, **leave** は「ほうっておく」の意味:

Keep the windows closed. 窓をしめておきなさい ⇨図

Don't leave the windows open. 窓をあけっぱなしにしておくな ⇨図

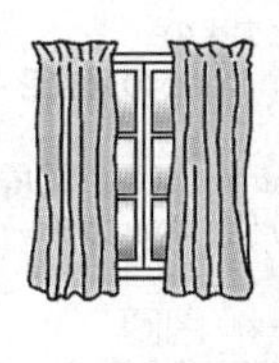

❸ 他 持ち続ける, 保存する, しまって[とって]おく; (店が, 品物を)置いておく; 預かる, 保管する

• **keep** the meat in the refrigerator 肉を冷蔵庫で保存する

• I don't need that book. You may **keep** it. 私はその本が必要ではない. あなたはそれを(返さずに)持っていていいよ[あなたにあげる]

• **Keep** the change. おつりはとっておいてください

❹ 他 (日記・記録などを)つける

• **keep** a diary (毎日)日記をつける

❺ 他 (規則・約束などを)守る

• **keep** the rules 規則を守る

• He always **keeps** his promises. 彼はいつも約束を守る

• Can you **keep** a secret? 君は秘密を守ることができるか

❻ 他 (動物などを)飼う; (家族などを)養う

• **keep** cows [sheep] 牛[羊]を飼う

❼ 自 (食べ物が)もつ

❽ 他 (人を)引きとめておく; 手間どらせる

• I won't **keep** you any longer. 私は君をもうこれ以上お引きとめしません

❾ 他 (店などを)経営する, 管理する

keep at ... …を(しんぼう強く)続けてする

keep away (***from ...***) (…から)離れている, (…に)近づかない

• The doctor told me to **keep away from** all sweets. 医者は私に甘い物をいっさい食べないようにと言った

keep A away (***from ...***) (…に)Aを寄せつけない, (…に)Aを近づけない, (…から)Aを遠ざけておく

• **Keep** the children **away from** fire. 子どもたちを火に近づけないように

keep back 控える; 制止する, 抑える; 〔…の〕後ろに引っ込んでいる, 〔…から〕隠しておく《*from*》

keep down しゃがんでいる; …を抑える; (食べたものを)吐かないようにする

keep from ... …に近寄らない; …しないようにする

keep A from B AをBから隠す; AをBから守る

• Vitamin A **keeps** us **from** colds. ビタミンAは私たちをかぜから守ってくれる

keep A from doing Aに…させない

• We wear raincoats to **keep** our clothes **from getting** wet. 服をぬらさないように私たちはレインコートを着る

keep in 閉じ込もる; 外に出さない; 閉じ込める; (学校で)居残らせる; (感情などを)抑える

keep off …に近づかない; …を近づけない

keep on doing (ある動作を)…し続ける; (同じ動作を)くり返し…する ⇨動❶

• It **kept on raining** for three days. 3日も雨が降り続いた

• You **keep on making** the same mistake. 君は同じまちがいばかりだ

keep out ① 外にいる, 中に入らない

• **Keep Out**! 《掲示》立入り禁止

② 中に入れない, しめ出す

keep out of ... …を避ける; …に関係しない

keep A out of B AをBからしめ出しておく, AをBの中へ入れない

keep to ... …から離れない; …に残る; …を守る

keep ... to oneself …を自分だけのものにしておく; …を自分だけの秘密にしておく

keep up ① 続ける; 続く

• I hope this good weather **keeps up** till next month. 来月までこの好天が続いてくれることを願うよ

② ささえる, 維持する

keep up with ... (遅れないで)…について行く

• This magazine helps me to **keep up with** what's happening in the world. この雑誌のおかげで私は世界情勢に遅れずにいられる

— 名 U 生活費; 食料

for keeps 《口語》永久に, ずっと

keep·er B2 高 /kíːpər キーパ/ 名 C 守る人; 番人; 世話する人; 経営者; 持ち主; ゴールキーパー (=goalkeeper)

keep·ing /kíːpiŋ キーピング/ 名 U 保つこと, 保持; 保有; 扶養, 世話

keep·sake /kíːpsèik キープセイク/ 名 C 記念品; 形見の品

keg /kég ケグ/ 名 C (ビールなどを貯蔵する)小さなたる

kég pàrty 名 C 《米》戸外で開くビールパーティー

Kel·ler /kélər ケラ/ 名 《**Helen Keller**》 ヘレン・ケラー (1880-1968) 《♦米国の女流作家; 盲(もう)聾(ろう)唖(あ)の三重苦を克服した》

kelp /kélp ケルプ/ 名 U ケルプ 《♦コンブなどの大形の海藻》

Ken /kén ケン/ 名 ケン 《♦男性名; Kenneth の愛称》

Ken. 《略》 Kentucky ケンタッキー(州)

Ken·ne·dy /kénədi ケネディ/ 名 《**John F. Kennedy**》 ジョン F. ケネディ (1917-63) 《♦米国の第35代大統領; 任期中に暗殺された》

ken·nel /kénəl ケネル/ 名 C 犬小屋 (=doghouse); ペットホテル

Ken·neth /kénəθ ケネス/ 名 ケネス 《♦男性名》

Ken·tuck·y /kentʌ́ki ケンタキ/ 名 ケンタッキー 《♦米国中東部の州; Ken., Ky., (郵便で) KYと略す》

Ken·ya /kénjə ケニャ/ 名 ケニア 《♦アフリカ東部の共和国; 首都はナイロビ (Nairobi); 公用語はスワヒリ語・英語》

Ken·yan /kénjən ケニャン/ 名 C ケニア人

— 形 ケニアの; ケニア人の

kept /képt ケプト/ 動 keepの過去形・過去分詞

ker·chief /kə́ːrtʃəf カーチフ/ 名 (複 **kerchiefs** /kə́ːrtʃəfs/) C ネッカチーフ (=neckerchief)

ker·nel /kə́ːrnəl カーネル/ 名 C ❶ (果実の核の)仁(じん), しん; (麦・トウモロ

コシなどの)穀粒
❷(問題などの)核心, 眼目

ker·o·sene B2 /kérəsìːn ケロスィーン/ 名 U 《米》灯油(とうゆ) (=kerosine, 《英》 paraffin (oil))

ketch·up /kétʃəp ケチャプ/ (×ケチャプ) 名 U ケチャップ (=《米》 catchup, catsup)

ket·tle B1 /kétl ケトル/ 名 (複 **kettles** /kétlz/) C やかん, 湯わかし

Kev·in /kévin ケヴィン/ 名 ケビン《♦男性名》

Kéw Gárdens /kjúː キュー/ 名 キューガーデン《♦英国国立植物園》

key A1 高

/kíː キー/ 名 (複 **keys** /kíːz/) C
❶ 鍵(かぎ) (❗かぎ穴がある方の「錠(じょう)」は lock)
• the **key** to my house 私の家のかぎ
❷ 手引き; (問題などを解く)かぎ, (解決へのかぎとなる)重要な人[物]
❸ (ピアノ・パソコンなどの)鍵(けん), キー
❹《音楽》調(ちょう), (声などの)調子; (音階などの)主音, キー

一 形 重要な, かぎとなる
• a **key** player 中心的な選手

一 動 (三単現 **keys** /kíːz/; 過去·過分 **keyed** /kíːd/; 現分 **keying**) 他
❶《コンピュータ》(情報などを)打ちこんで入力する《*in*》
❷〔…に〕調子を合わせる《*to*》
日英比較「かぎをかける」場合は key ではなく, lock the door (ドアのかぎをかける)のように lock を使う

key·board B1 /kíːbɔ̀ːrd キーボード/ 名 (複 **keyboards** /kíːbɔ̀ːrdz キーボーヅ/) C
❶ (ピアノの)鍵盤(けんばん); (コンピュータなどの)キーボード
❷ (楽器の)キーボード

key·hole /kíːhòul キーホウル/ 名 C (キーを差し込む)かぎ穴

key·note /kíːnòut キーノウト/ 名 C (政策などの)基調, 主旨; 《音楽》主音《♦音階の第1音》; 《形容詞的》基調をなす

kèynote addréss [**spéech**] 名 C 基調演説

key·pad /kíːpæ̀d キーパド/ 名 C キーパッド

kéy rìng 名 C (輪の形の)キーホルダー

key·stone /kíːstòun キーストウン/ 名 C 《建築》(アーチの頂上の)かなめ石, くさび石; (意見などの)要点, 根本原理

kéy wòrd 名 C キーワード《♦意味解釈上の鍵(かぎ)となる語》

kg, kg. 《略》kilogram(s) キログラム

khak·i /kǽki キャキ, kɑ́ːki カーキ/ 名 U カーキ色; カーキ色の服地; C 《ふつう khakis》カーキ色の制服[軍服]
一 形 カーキ色の

kick A1 高

/kík キク/ 動 (三単現 **kicks** /kíks/; 過去·過分 **kicked** /kíkt/; 現分 **kicking**)
❶ 他 自 (ボール・人などを)ける, けとばす
• He **kicked** the ball into the goal. 彼はゴールにボールをけり込んだ
❷ 他 (サッカーやアメリカンフットボールなどで, ゴールに)けり込んで得点する

kick around [***about***] 《口語》いろいろと検討する; うろつき回る; (人を)いじめる

kick off (サッカーなどで)キックオフする, 試合を開始する; 始める ⇨**kickoff**

kick out 追い出す; 解雇する

一 名 (複 **kicks** /kíks/) C
❶ けること, けり, キック
❷《口語》快感, スリル, 興奮

get a kick out of ... …から興奮[スリル, 楽しみ]を得る

kick-ass, kick·ass /kíkæ̀s キカス/ 形 《おもに米》《口語》
❶ 強烈な, 積極的な, 強引な
❷ 見事な, いけてる

kick·back /kíkbæ̀k キクバク/ 名 C リベート, 割戻し金

kick·off /kíkɔ̀ːf キコーフ/ 名 (複 **kickoffs** /kíkɔ̀ːfs/) C
❶ (サッカーなどの)キックオフ, 試合開始 ❷ (一般に)開始, 始まり, 発端 (=beginning)

kid A1 中

/kíd キド/ 名 (複 **kids** /kídz キヅ/)

❶ C 《口語》子ども (=child) (! この意味では, 日常会話には child よりも多く用いられる); 《口語》若者

❷ 《形容詞的》年下の

❸ C 子ヤギ; U 子ヤギの皮, キッド

— 動 (三単現 **kids** /kídz キヅ/; 過去·過分 **kidded** /kídəd/; 現分 **kidding**) 他自 《口語》からかう, 冗談を言う; だます, かつぐ

• No **kidding**! 冗談はよせよ

kid·die /kídi キディ/ 名 C 《口語》子ども (=kid)

kid·nap /kídnæp キドナプ/ 動 (三単現 **kidnaps** /kídnæps/; 過去·過分 **kidnaped, kidnapped** /kídnæpt/; 現分 **kidnaping, kidnapping**) 他 (子どもを)さらう; (身代(みのしろ)金めあてに人を)誘拐(ゆうかい)する

— 名 U C 誘拐

kid·nap·per /kídnæpər キドナパ/ 名 C 誘拐(ゆうかい)者, 人さらい

kid·nap·ping /kídnæpiŋ キドナピング/ 名 U 誘拐(ゆうかい)

kid·ney /kídni キドニ/ 名 (複 **kidneys** /kídniz/) C 腎臓(じんぞう); 《単数形で》《文章》気質, 性格

kídney bèan 名 C 《植物》インゲンマメ (! 形が腎臓に似ていることから)

Kil·i·man·ja·ro /kìləməndʒáːrou キリマンヂャーロウ/ 名 キリマンジャロ (♦アフリカの最高峰)

kill A1 中

/kíl キル/ 動 (三単現 **kills** /kílz/; 過去·過分 **killed** /kíld/; 現分 **killing**)

❶ 他自 殺す; 他 死亡させる; 《**be killed**》死ぬ; 他 枯らす

• He **was killed** in an accident. 彼は事故で死んだ (! 事故·戦争などで「死ぬ」ときは be killed の形を使う)

比較 He **died** of cancer [old age]. 彼はがん[老衰]で死んだ (! 病気·老衰で「死ぬ」は die)

似ている単語

殺す－**kill, murder, slaughter**

kill は「殺す, 死なせる」の意味の一般的な語で, 主語·目的語に人だけでなく動植物や物事もくる:

No animals **kill** for the sake of **killing**. 殺すためにだけ殺す動物はいない

murder は「(人が人を)故意に殺す, 殺害する」で, 名詞では「殺人」の意味になる:

He was **murdered** by his wife. 彼は妻に殺害された

slaughter は「(家畜などを)畜殺する」「(多くの人を)虐殺(ぎゃくさつ)する」:

Thousands of people were **slaughtered** in the war. その戦争で何千もの人が殺された ⇨**assassinate, massacre**

❷ 他 (希望などを)打ち砕く, (効果·勢いなどを)弱める

• Nuclear tests **kill** our hope for peace. 核実験は平和への希望を打ち砕く

❸ 他 《口語》(人に)ひどい痛みを与える

❹ 他 (時間を)つぶす

❺ 他 (議案などを)否決する, 握りつぶす

kill oneself 自殺する; 自ら死を招く

kill time 時間をつぶす

— 名 《**the kill**》殺害, (特に狩猟の獲物を)殺すこと

kill·er A2

/kílər キラ/ 名 (複 **killers** /kílərz/) C 殺す人[物], 殺人鬼, 殺し屋; 《形容詞的》人殺しの, 致命的な

kíller whále 名 C 《動物》シャチ

kil·li·fish /kílifiʃ キリフィシュ/ 名 C 《魚》メダカ

kill·ing B1 /kíliŋ キリング/ 名 U 殺害, 殺人行為; U C (獲物を)殺すこと

— 形 (物が)人を殺す, 植物を枯らす; (仕事などが)死ぬほどくたびれる, 骨の折れる

kill·joy /kíldʒɔ̀i キルヂョイ/ 名 (複 **killjoys** /kíldʒɔ̀iz/) C 座をしらけさせる人, 興をそぐ人

kiln /kíln キルン/ 名 C (陶器などを焼く)かま

ki·lo A2
/kí:lou キーロウ/ 名 (複 **kilos** /kí:louz/)
❶キロメートル (=kilometer, kilometre)
❷キログラム (=kilogram(me))

kilo- 《他の語と結びついて》「千」
● **kilo**meter キロメーター

kil·o·byte /kíləbàit キロバイト/ 名 C 《コンピュータ》キロバイト《♦情報量の単位; 1024バイト》

kil·o·gram, 《英》**kil·o·gramme**
A2 高 /kíləgræ̀m キログラム/ 名 (複 **kilograms** /kíləgræ̀mz/) C キログラム《♦1,000g》(! kg., kg と略す)

kil·o·me·ter, 《英》**kil·o·me·tre** A2 中
/kilɑ́mətər キラミタ | kíləmì:tə キロミータ/ 名 (複 **kilometers** /kilɑ́mətərz/) C キロメートル《♦1,000m》(! km., km と略す)

kil·o·watt /kíləwɑ̀t キロワト/ 名 C 《電気》キロワット《♦1,000watt》(! kw., kw と略す)

kilt /kílt キルト/ 名 C キルト

kim·chi /kímtʃi キムチ/ 名 C キムチ《♦朝鮮半島名産の漬物》

ki·mo·no /kimóunə キモウノ, kimóunou キモウノウ/ 名 (複 **kimonos** /kimóunəz/) C (日本の)着物; 《米》(着物風の女性用の)化粧着

kin /kín キン/ 名 U 《文章》《集合的》親族, 親類 (! 複数扱い)
next of kin 最も近い肉親

kind[1] A2 中
/káind カインド/ 形 (比較級 **kinder**; 最上級 **kindest**) 親切な, やさしい (↔**unkind**) (! 人についても行為についてもいう)
● a **kind** act 親切な行い
● He was very **kind to** me. 彼は私にとても親切にしてくれた
文型 [**it is kind of A to** *do* = **A is kind to** *do*] Aが…するのは親切である
● **It is** very **kind of** you **to** *see* me off. = You **are** very **kind to** *see* me off. わざわざ見送ってくれてありがとう
be kind enough to do = be so kind as to do 親切にも…する (! be *A* enough to *do* は「…するほどAである」)
派生 **kindly** 副

kind[2] A1 中
/káind カインド/ 名 (複 **kinds** /káindz カインヅ/) C 種類, 種
● many **kinds** of fruits いろいろな種類の果物
会話 "What **kind** of music do you like?" "Rock music." 「君はどういう種類の音楽が好きですか」「ロックです」
a kind of ... 一種の…; …みたいなもの
● **a kind of** fish 魚の一種; 魚のようなもの
all kinds of ... あらゆる種類の…
in kind 本質が, 本質的に; 現物で, 物品で
kind of ある程度, いくらか
of a kind 同種類の; 一種の; 名ばかりの

kind·a /káində カインダ/ 副 《口語》いくぶん, ちょっと (=kind[2] of)

kin·der·gar·ten 高 /kíndərgɑ̀:rtn キンダガートン/ 名 (複 **kindergartens** /kíndərgɑ̀:rtnz/) C 幼稚園

kind·heart·ed /káindhɑ́:rtəd カインドハーテド/ 形 親切な, 心のやさしい, 思いやり[親切心]のある
kíndhéartedly 副 親切にも

kin·dle /kíndl キンドル/ 動 他 燃やす, (火を)つける; 自 燃える, 火がつく

kin·dling /kíndliŋ キンドリング/ 名 U たきつけ(材); 点火, 発火

kind·ly A2
/káindli カインドリ/ 形 (比較級 **kindlier**;

最上級 **kindliest**) 思いやりのある, (心の)やさしい, 親切な (=kind) (! ふつう名詞の前に用いる)

— 副 (比較級 **more kindly, kindlier**; 最上級 **most kindly, kindliest**)
❶ 親切に, やさしく; 《文を修飾して》親切にも
❷ お願いですから, どうぞ (=please)
派生 **kind**[1] 形

kind·ness B1 高 /káindnəs カインドネス/ 名 (複 **kindnesses** /káindnəsəz/)
❶ U 親切, 親切な態度, やさしさ, 思いやり
❷ C 親切な行為
• Thank you for your **kindness**. ご親切ありがとうございます

kin·dred /kíndrəd キンドレド/ 名 U 《集合的》親族, 親類 (! 複数扱い)
— 形 《文章》同族の, 同類の; 親類関係の

kíndred spírit 名 C 意気投合した者, 気心の合う人

ki·net·ic /kinétik キネティク/ 形 《物理》運動の (↔**static**); 動きによる, 動的な

King /kíŋ キング/ 名 《**Martin Luther King, Jr.**》マーティン・ルーサー・キング・ジュニア (1929-68) 《◆米国の牧師で公民権運動の指導者; 暗殺された》

king A1 中

/kíŋ キング/ 名 (複 **kings** /kíŋz/) C
❶ 《しばしば **King**》王, 国王; 君主
• the **King** of Denmark デンマーク国王

関連語 〉 単語力
queen 女王
prince 王子
princess 王女
emperor 皇帝
empress 女帝

❷ (ある分野での)大立て者, 最高権威者, 最もすぐれたもの
❸ (トランプ・チェスの)キング

king·dom A2

/kíŋdəm キングダム/
名 (複 **kingdoms** /kíŋdəmz/) C
❶ 王国
• the United **Kingdom** 連合王国, 英国 (! UKと略す)
❷ (自然界を区分したときの)…界
• the animal [vegetable, mineral] **kingdom** 動物[植物, 鉱物]界

king·fish·er /kíŋfìʃər キングフィシャ/ 名 C 《鳥》カワセミ

Kíng Léar /líər リア/ 名 リア王 《◆シェイクスピア (Shakespeare) の書いた有名な悲劇; またその主人公の名》

king·ly /kíŋli キングリ/ 形 《文章》王の; 王にふさわしい; 威厳がある

Kíng's Énglish 名 《**the** をつけて》キングズイングリッシュ, 純正英語 ⇨ **Queen's English**

kíng-sìze, kíng-sìzed 形 特大の, キングサイズの; 《口語》並はずれた, 特別の (! 名詞の前に用いる)

Kings·ton /kíŋstən キングストン/ 名 キングストン 《◆ジャマイカの首都》

kink /kíŋk キンク/ 名 C (髪の毛・ロープなどの)もつれ, ねじれ; 《口語》(計画などの)欠陥, 難点; 《口語》(性格などの)ひねくれ, 気まぐれ
— 動 他 よじる, もつれさせる; 自 よじれる, もつれる

kink·y /kíŋki キンキ/ 形 (比較級 **kinkier**; 最上級 **kinkiest**) 《口語》(性的に)変態の; 変わった; ひとくせある

kin·ship /kínʃip キンシプ/ 名 U 血族[親族]関係; (性質などの)近縁, 類似; 親近感

ki·osk /kí:ɑsk キーアスク/ 名 C キオスク; 《英》公衆電話ボックス (=telephone kiosk)

kiss A1 高

/kís キス/ 名 (複 **kisses** /kísəz/) C
キス, 口づけ
— 動 (三単現 **kisses** /kísəz/; 過去・過分 **kissed** /kíst/; 現分 **kissing**) 他 自
キスする, 口づけする

kit A2

/kít キト/ 名 (複 **kits** /kíts キツ/) U C
道具一式, そろいの装備[用具], キット; 用具箱

— 動 (三単現 **kits** /kíts キツ/; 過去・過分 **kitted** /kítəd/; 現分 **kitting**) 他
装備させる, 支度させる

kitch·en A1 中

/kítʃən キチン/ 名 (複 **kitchens** /kítʃənz/)
❶ C 台所, キッチン; 調理場
❷《形容詞的》台所の, キッチンの, 台所用の
• a **kitchen** table キッチンテーブル
日英比較 ダイニングキッチンは和製英語で, ×dining kitchen とはいわずに a dining room with a kitchen という

kitch·en·ette /kìtʃənét キチネト/ 名 C (アパートなどの)簡易台所

kítchen gárden 名 C 家庭菜園《♦家庭で食べるものを栽培する》

kite A1

/káit カイト/ 名 (複 **kites** /káits カイツ/) C
❶ 凧(たこ)
• fly a **kite** 凧をあげる
❷《鳥》トビ

kit·ten B1 /kítn キトン/ 名 (複 **kittens** /kítnz/) C 子ネコ (! 幼児語では kitty; 「子犬」は puppy); (小動物の)子

Kit·ty, Kit·tie /kíti キティ/ 名 キティー《♦女性名; Catherine, Katherine の愛称》

kit·ty /kíti キティ/ 名 (複 **kitties** /kítiz/) C《幼児語》ネコちゃん, ニャンコ (=kitten)

ki·wi /kí:wi: キーウィー/ 名 C ❶《鳥》キウイ《♦ニュージーランド産の鳥; 翼が退化して飛べない》 ❷ (=kiwi fruit)

kíwi frùit 名 C《植物》キウイフルーツ (=kiwi)《♦鳥のキウイの形に似た果物》

Kleen·ex /klí:neks クリーネクス/ 名 U C《商標》クリネックス《♦ティッシュペーパー》

km, km.《略》kilometer(s) キロメートル

knack /nǽk ナク/ 名 C 〔…をする〕こつ, 要領, 〔…の〕才《*for, of*》

knap·sack /nǽpsæ̀k ナプサク/ 名 C ナップサック, リュックサック

knead /ní:d ニード/ 動 他 (練り粉などを)こねる; もむ, マッサージする

knee A1 高

/ní: ニー/ 名 (複 **knees** /ní:z/) C
❶ ひざ (! knee は「関節としてのひざ」; lap は「座ったときの腰からひざ頭までの平らな部分」)
❷ (ズボンなど衣服の)ひざの部分
bring A to A's knees A(人)を屈服させる (←Aをひざまずかせる)
派生 **kneel** 動

knee·cap /ní:kæ̀p ニーキャプ/ 名 C《解剖》ひざの皿, 膝蓋(しつがい)骨

knée-déep 形 ひざまでの深さの, ひざまで没した; 〔借金などに〕深くはまり込んだ《*in*》

knée-hígh 形 ひざまでの高さの

kneel B2 /ní:l ニール/ 動 (三単現 **kneels** /ní:lz/; 過去・過分 **kneeled** /ní:ld/, **knelt** /nélt/; 現分 **kneeling**) 自 ひざまずく, ひざをつく
派生 **knee** 名

knell /nél ネル/ 名 C ❶ (人の死・葬式(そうしき)を告げる)悲しみの鐘(かね)(の音), とむらいの鐘(の音) ❷ 前兆, 凶兆

knelt /nélt ネルト/ 動 kneelの過去形・過去分詞

knew /njú: ニュー/ (発音 new と同音) 動 knowの過去形

knick·ers /níkərz ニカズ/ 名《複数扱い》《米》ニッカーズ (=knickerbockers);《英》パンティー

knick·knack /níknæ̀k ニクナク/ 名 C《ふつう **knickknacks**》小さな装飾用品

knife A1 高

/náif ナイフ/ 名 (複 **knives** /náivz/) C
ナイフ, 小刀, 包丁(ほうちょう); (食事用の)ナイフ; (外科用の)メス

— 動 (三単現 **knifes** /náifs/; 過去・過分 **knifed** /náift/; 現分 **knifing**) 他
…を小刀で切る; …を短刀で刺す

覚えよう› 単語力
複数形に注意
knife (ナイフ) →knives

life (命; 生活) →lives
wife (妻) →wives (⚠ -fe で終わる語の複数形は -ves になる)

knight /náit ナイト/ (発音 night と同音) 名 C ❶ (中世の)騎士(きし)
❷《英》ナイト爵(しゃく)(をもつ人)《♦国家への功労者に与えられる一代限りの位》⇨ sir ❸《チェス》ナイト

knight·hood /náithùd ナイトフド/ 名 U C (英国の)ナイト爵位

knit B1 /nít ニト/ 動 (三単現 **knits** /níts ニッ/; 過去・過分 **knit**, **knitted** /nítəd/; 現分 **knitting**)
❶ 他 編む; 文型 [**knit A B** = **knit B for A**] A(人)にBを編んであげる; 自 編み物をする
❷ 他自 接合する, 結合する

knit·ting /nítiŋ ニティング/ 名 U 編み物

knítting nèedle 名 C 編み針[棒]

knives /náivz ナイヴズ/ 名 knife の複数形

knob /náb ナブ/ 名 C ❶ (ドア・引出しなどの)丸い取っ手 ⇨**doorknob**
❷ (木の)こぶ

knock A2 高

/nák ナク|nɔ́k ノク/
名 (複 **knocks** /náks/) C
❶ ドアをたたく音; ノック, たたくこと
❷《口語》非難; 不運, 災難, 不幸

— 動 (三単現 **knocks** /náks/; 過去・過分 **knocked** /nákt/; 現分 **knocking**)
❶ 自 〔ドアなどを〕ノックする, トントンとたたく《*at, on*》
• Someone **knocked at** [**on**] the door. だれかがドアをたたいた[ノックした]
❷ 他 (強く)たたく, 打つ, 強打する
• **knock** him on the head 彼の頭をぶんなぐる (⚠「A(人)のB(体の部分)を打つ」は knock *A* on the *B*)
❸ 他 〔…に〕…をぶつける《*against, on*》; …にぶつかる; 自 〔…に〕ぶつかる《*against, into*》
❹ 他《口語》こきおろす, …の悪口を言う

knock about [***around***]《口語》動き回る; 放浪する, ぶらつく, うろつく;《口語》つき合う; こづき回す

knock down (人を)打ち倒す, (車が)引き倒す; (家などを)解体する, 倒す

Knock it off!《俗語》(いやなことをしている人に)静かにしろ!, やめろ!

knock off《口語》(仕事などを)やめる, 切り上げる;《口語》(仕事を)手早くかたづける; たたき[払い]落とす

knock A off B BからAをたたき[払い]落とす; A(金額)をB(値段)から引く

knock out たたき出す; なぐり倒す,《ボクシング・野球》ノックアウトする; へとへとにさせる, 参らせる ⇨**knock-out**, **KO**

knock over ひっくり返す; たたいて倒す; 圧倒する

knock up 突き上げる, 打ち上げる;《口語》(食べ物などを)あわてて用意する[つくる];《米》《俗語》妊娠させる, はらませる

knock·er /nákər ナカ/ 名 C ノッカー《♦ドアに取り付けた金具; 来訪者はこれをカチカチと打ち鳴らす》

knock·out /nákàut ナカウト/ 名 C 《ボクシング》ノックアウトする[される]こと (⚠ KO, K.O., k.o. と略す)

knoll /nóul ノウル/ 名 C (頭の丸い)小山, 塚

knot B2 /nát ナト/ (発音 not と同音) 名 C
❶ (糸・ひもなどの)結び目; 飾り結び
❷ ノット《♦船・飛行機の速さの単位; 1ノットは船が1時間に1海里(約1,853メートル)進む速さ》
❸ (木などの)こぶ, ふし
❹《文章》(人・物などの)小さな群れ, 集団

— 動 (三単現 **knots** /náts ナツ/; 過去・過分 **knotted** /nátəd/; 現分 **knotting**) 他 (ひもなどを)結ぶ; 自 もつれる, からまる

knot·hole /náthòul ナトホウル/ 名 C 節穴

knot·ty /náti ナティ/ 形
❶ (材木などが)節の多い
❷ もつれた; 難しい

know

A1 動 名

中 /nóu ノウ/ (発音 no と同音; knowledge との違いに注意)

三単現 **knows** /nóuz ノウズ/　過去 **knew** /njúː ニュー/

過分 **known** /nóun ノウン/　現分 **knowing**

共通イメージ

頭の中で知識として存在している状態

使えるコーパスフレーズ

know＋名詞

1 **know the way to ...**
…への行き方を知っている

2 **know the name of ...**
…の名前を知っている

3 **know the answer**
答えを知っている

4 **know ...'s phone number**
…の電話番号を知っている

5 **know the person [man]**
その人を知っている

know＋疑問詞

6 **know what ...**
何が…か知っている

7 **know how ...**　どう…か知っている

8 **know where ...**
どこで…か知っている

9 **know when ...**
いつ…か知っている

10 **know why ...**
なぜ…か知っている

コーパス この順番でマスター　knowの重要構文

(1) **know (that) ...**

I know (that) she's innocent.
彼女が無実なのはわかっている

(2) 自動詞用法

I don't know.　知りません

(3) **know＋名詞** ⇨ コーパスフレーズ

(4) **know＋wh節** ⇨ コーパスフレーズ

(5) **know＋前置詞**

I don't know about that.
それはどうかなあ

ネイティブはこういう！

◆ **I know.**　本当に, まったく

◆ **How did I know?**　私にはどうしようもなかったでしょ?, しかたないだろ?

◆ **You know what?**　ねえ知ってる?, 思うんだけどさ

◆ **You never know.**　もしかしたら, ひょっとすると

◆ **All I know is ...**　…ってことは確かだ

a b c d e f g h i j **k** l m n o p q r s t u v w x y z

know A1 中

/nóu ノウ/ (発音 no と同音; knowledge との違いに注意) 動 (三単現 **knows** /nóuz/; 過去 **knew** /njúː/; 過分 **known** /nóun/; 現分 **knowing**)

共通イメージ **頭の中で知識として存在している状態**

チャンクでおぼえよう！

❶ 彼について何も知らない know nothing about him
❶ 政治についてよく知っている know a lot about politics
❶ その事実を知っている know the fact
❶ よいサービスで知られる be known for good service
❶ 何を信じるべきか分かる know what to believe
❶ どうやって火をおこすかを知っている know how to make a fire
❷ その女性を知っている know that woman

❶ 他 自 **知っている; 知る, わかる; 気づいて[自覚して]いる; 確信している** (❗個人的経験や学習からある人[事柄]についての知識をもっていること)

文型 [**know** (自動詞)] **知っている; わかっている**

会話 "What is that?" "I don't **know**." 「あれは何？」「わかんない」

会話 "He is sick in bed." "Yes, I **know**." 「彼は病気で寝ています」「はい, 知っています」

会話 "It's boiling hot today." "I **know**. Let's go home early." 「きょうは死ぬほど暑いね」「まったく. 早めに帰ろう」

文型 [**know A**] **Aを知っている**

- Jimmy **knows** all **about** cars. ジミーは車のことなら何でも知っている (×Jimmy is knowing all about cars.) (❗know は「知っている」という状態を表すのでふつう進行形 be knowing にしない)
- **know** something [nothing] about ... …について少しは知っている[何も知らない]
- I **know** the way to the station. ⇨ フォーカス❶ 駅への行き方を知っています
- I don't **know** the name of the animal. ⇨フォーカス❷ その動物の名前はわからない
- His name **is known to** everyone. 彼の名前はみんなに知られている (×*by* everyone としない)
- She **is known for** her sincerity. 彼女は誠実なことで知られている
- **know** A from experience Aを経験から知っている
- **know** A by heart A(歌などを)暗記している

文型 [**know (that) ...**] **…ということを知っている; 気づいている; 確信している**

- Everyone **knows** (**that**) he is a policeman. 彼が警察官であるのをだれもが知っている

文型 [**know wh- ...**] **…かを知っている**

- **know what** you are doing ⇨フォーカス❻ あなたが何をやっているのかわかっている
- I don't **know what** to do. ⇨フォーカス❻ 私は何をしたらよいかわからない
- I don't **know how** to say it. ⇨フォーカス❼ どう言ったらいいかわからない

文型 [**know A to be C**] **AがCであると知っている** (❗Cは形容詞・名詞)

- I **know** him **to be** honest. = I **know** (**that**) he is honest. ⇨フォーカス(1) 私は彼が正直なのを知っている

文型 [**know about A**] **Aについて知っている, 詳しい**

会話 "You're a real expert!" "I don't **know about** that." ⇨フォーカス(5) 「本当に専門家ですね」「いやあ, どうですかね」

❷ 他 **知り合いである, 見知っている; 経験する, 身をもって知る**

- Do you **know** her? 彼女を知っていますか
- I **know** him by name. 私は(会ったことはないが)彼の名前だけは知っている
- I have **known** him for a long time.

私は長い間彼とは知り合いです

• We **got to know** each other three months ago. 私たちは3か月前に知り合った (❗get [come] to know で「知るようになる」; この意味では ×We knew each other ... としない)

❸ ㊀ **識別できる, 区別できる;** 文型 [**know A from B**] **AとBの見分けがつく, AとBを識別できる**

• He doesn't **know** right **from** wrong. 彼は善悪の区別がつかない

as far as I know 私の知っている限りでは

as you know あなたも知っているように, ご存じのように

become known 知られるようになる, 知られてくる (❗be known (受け身形; 知られる)の be のかわりに become (…になる)が入った形)

before A knows it いつのまにか, すぐに ⇨**before** (成句)

be known as ... …として知られている; …という名で通っている

for all I know よくは知らないが, たぶん

God* [*Heaven, Goodness*] *knows 〔…かは〕神のみぞ知る, だれもわからない《*wh-* ...》(❗元の意味は「神様しか知らない」)

I don't know. ⇨ フォーカス (2)《口語》わかりません, 知りません; それはどうかな; どうしようかな

I know. 《口語》本当に, まったく; そうだ, わかった

I know what you mean. 《口語》わかりますよ, 同感です

***know better* (*than ...*)** (…より) **もっと思慮[分別]がある, それぐらいはわかっている, (…するほど)ばかではない**

• You should **know better** at your age. 君ぐらいの年ならもっと分別があるべきだ

• He said he didn't cheat, but I **know better than** to believe him. いんちきはしていませんと彼は言ったが, 私はそれを信じるほどばかじゃない

know of ... **〔場所・存在など〕について知っている; 〔人〕のことを聞いて少しは知っている** (❗うわさなどで間接的に知っていること)

• I **know of** Mr. Green, but I have never met him. グリーン氏のことは聞いて知ってはいますが会ったことはありません

let ... know **…に知らせる**

• Please **let** me **know** as soon as possible if you can come. できるだけ早く, 来られるかどうかを知らせてください

make ... known …を知らせる, 発表する

now you know これでわかったでしょう?

Who knows? だれがわかるだろうか (だれもわからない); ひょっとすると

you don't know (私の気持ちなんか) わかりっこない

you know 《口語》**ご存じのとおり, ご存じでしょうが; ねえ, …なんですよ** (❗表現をやわらげたり軽く相手に念を押す用法)

• I like music very much, **you know**. (知ってのとおり)私はとても音楽が好きだけどね

***You know what* [*something*]?** ねえ知ってる? 思うんだけどさ…

You know what I mean? (言いたいこと)わかるよね?

you never know 先のことは分からない, さあどうかな; (確答を避けて)たぶん

— 名《次の成句で》

be in the know 《口語》内部の事情に通じている

派生 **knowledge** 名

know-how /nóuhàu ノウハウ/ 名 U **実際的知識; こつ; ノウハウ, 技術情報**

know·ing /nóuiŋ ノウイング/ 動 know の現在分詞・動名詞

— 形 **物知りの, 訳知り顔の; 抜け目ない; 故意の**

knówingly B2 副 物知り顔で; 抜け目なく

knowl·edge A2 高 /nάlidʒ ナリヂ|nɔ́lidʒ ノリヂ/ (×ノウリヂ) (発音 know との違いに注意) 名 U
❶ 知識；理解
• We gain a lot of **knowledge** by travel. 私たちは旅によって多くの知識を得る (×*many* knowledges としない)
❷ 認識，知っていること
come to A's knowledge 《文章》A(人)に知られるようになる
to the best of A's knowledge A(人)の知る限りでは
without A's knowledge = without the knowledge of A A(人)に知られずに
派生 **know** 動
派生 **knowledgeable** 形

knowl·edge·a·ble /nάlidʒəbl ナリヂャブル/ 形 よく知っている，詳しい
派生 **knowledge** 名

known B2 /nóun ノウン/ 形 知られている，知られた，有名な；周知の (↔**unknown**)
— 動 knowの過去分詞

knows /nóuz ノウズ/ 動 know の三人称単数現在形

knuck·le /nʌ́kl ナクル/ 名 C (特につけ根の)指の関節(部分)，げんこつ，ナックル

KO /kéióu ケイオウ/ 名 (複 **KO's** /kéióuz/) C 《ボクシング・野球》ノックアウト
— 動 (三単現 **KO's** /kéióuz/; 過去・過分 **KO'd** /kéióud/; 現分 **KO'ing**) 他 ノックアウトする

ko·a·la /kouάːlə コウアーラ/ (発音 アクセントに注意) 名 C 《動物》コアラ (=koala bear) 《♦オーストラリアのユーカリ (eucalyptus) の樹上に住む有袋動物》

Kol·ka·ta /kάlkɑːtə カルカータ/ 名 コルカタ 《♦インド北東部の大都市；カルカッタ (Calcutta) の正式名称》

Ko·ran /kərάːn コラーン/ 名 《**the Koran**》コーラン 《♦イスラムの聖典》

Ko·re·a 中 /kəríːə コリーア | kəríə コリア/ 名 朝鮮，コリア 《♦南の「韓国」(首都ソウル)と北の「北朝鮮」(首都ピョンヤン)の両方をさす》 派生 **Korean** 形

Ko·re·an 中 /kəríːən コリーアン/ 形 朝鮮の，韓国の；朝鮮人[語]の，韓国人[語]の
— 名 ❶ U 朝鮮語，韓国語
❷ C 朝鮮人，韓国人
• the **Koreans** 朝鮮[韓国]人(全体)
派生 **Korea** 名

ko·sher /kóuʃər コウシャ/ 形 (食べ物・飲食店が)ユダヤのおきてに従った[適合した]; 《口語》適正な，まともな

Ko·so·vo /kɔ́ːsəvòu コーソヴォウ/ 名 コソボ 《♦バルカン半島南西部の共和国；首都プリシュティナ (Pristina)》

kph 《略》 kilometers per hour 時速…キロメートル

Krem·lin /krémlən クレムリン/ 名 《**the Kremlin**》(モスクワ (Moscow) にある)クレムリン宮殿；ロシア[旧ソ連]政府

KS 《略》 Kansas カンザス(州)

Kua·la Lum·pur /kwάːlə lumpúər クワーラルンプア/ 名 クアラルンプール 《♦マレーシアの首都》

ku·dos /kjúːdɑs キューダス/ 名 U 《単数扱い》名声，賞賛

kud·zu /kúdzuː クヅー/ 名 C 《植物》クズ (■ 葛；日本語から)

Ku Klux Klan /kjùːklʌksklǽn キュークラックスクラン/ 名 《**the** をつけて》クークラックスクラン，KKK団 《♦白人種至上主義をかかげた米国の秘密結社》

kung fu /kʌ̀ŋ fúː カング フー, kùŋ fúː クング フー/ 名 U カンフー 《♦中国古来の武術》

Kurd /kɔ́ːrd カード/ 名 C クルド族 《♦トルコ・イラクなどにまたがるクルディスタン (Kurdistan) 地方に住む国を持たない民族》

Ku·wait /kuwéit クウェイト/ 名 クウェート 《♦ペルシャ湾岸の首長国；またその首都；公用語はアラビア語》

kW 《略》 kilowatt(s) キロワット

KY 《略》 Kentucky ケンタッキー(州)

Kyr·gyz /kiərgíːz キアギーズ/ 名 (= Kyrgyzstan)

Kyr·gyz·stan /kìərgistǽn キアギスタン/ 名 キルギスタン 《♦中央アジアの共和国；首都ビシケク (Bishkek)》

Ll

L, l /él エル/ 名 (複 **L's, l's** /élz/)
❶ U C 英語アルファベットの第12番目の文字
❷ U 《L》(ローマ数字の)50

£ 《略》pound(s) ポンド《◆英国の貨幣単位; 数字の前につける》

l., l 《略》liter(s) リットル

LA, La. 《略》Louisiana ルイジアナ(州)

L.A. 高 《略》Los Angeles ロサンゼルス

lab B1 /lǽb ラブ/ 名 (複 **labs** /lǽbz/) C 《口語》実験室, ラボ (❗ laboratory の短縮形)

la·bel B2 高 /léibəl レイベル/ (×ラベル) 名 C
❶ (薬びん・旅行カバン・CDなどにはりつける)ラベル, 札, はり札, レッテル, 商標, (商標のある)レコード会社; 荷札
• The **label** on this shirt says "Made in U.S.A." このシャツのラベルには「アメリカ製」と書いてある
❷ (人・思想などの特徴を示す)呼び名, レッテル

— 動 (三単現 **labels** /léibəlz/; 過去・過分 **labeled**, 《英》**labelled** /léibəld/; 現分 **labeling**, 《英》**labelling**) 他
❶ 札[レッテル]を付ける, ラベルをはる
❷ 文型 [**label A C = label A as C**] AをCと分類する, AをCと呼ぶ

la·bi·al /léibiəl レイビアル/ 形 《解剖》くちびるの, 唇状の; 《音声》(音が)くちびるで発される, 唇音の

la·bor A2 高

/léibər レイバ/ 名 (複 **labors** /léibərz/)
❶ U 労働, 労力; U C (骨の折れる)仕事, 骨折り
• He is well-paid for his **labor**. 彼は働きの割にはいい給料をもらっている

コロケーション
形+**labor**
hard *labor* きつい仕事
physical [manual] *labor* 肉体労働
skilled *labor* 熟練を要する仕事

❷ U 《集合的》労働者, 労働者階級, 労働力 ❸ U 陣痛; 分娩(ぶんべん)

a labor of love (お金のためでなく)好きでやる仕事

— 動 (三単現 **labors** /léibərz/; 過去・過分 **labored** /léibərd/; 現分 **laboring** /léibəriŋ/) ❶ 自 労働する; 努力する, 骨を折る ❷ 他 (問題点などを)必要以上に詳しく論じる

labor under... …に苦しむ, 悩む; (誤りなど)に陥る

lab·o·ra·to·ry B1 高 /lǽbərətɔ̀ːri ラボラトーリ | ləbɔ́rətəri ラボラトリ/ 名 (複 **laboratories** /lǽbərətɔ̀ːriz/) C
実験室; 研究所; 演習室 ⇨**language laboratory**; 《形容詞的》実験室での

Lábor Dày 名 《米》労働者の日《◆労働者をたたえる法定休日で9月の第1月曜日; ヨーロッパの May Day にあたる》

la·bored /léibərd レイバド/ 形 困難な, 苦心のあとが見える; ぎこちない

la·bor·er B2 /léibərər レイバラ/ 名 C 労働者《◆特に肉体労働者をいう》
• a day **laborer** 日雇い労働者

la·bo·ri·ous /ləbɔ́ːriəs ラボーリアス/ (発音 labor とのアクセントの違いに注意) 形 骨の折れる; 苦心した; 勤勉な

lábor ùnion 名 C 《米》労働組合 (❗ 英国では trade union という)

la·bour /léibər レイバ/ 名 動 《英》(= labor)

la·boured /léibərd レイバド/ 形 《英》(= labored)

la·bour·er /léibərər レイバラ/ 名 《英》(= laborer)

Lábour Pàrty 名《the をつけて》(英国の)労働党 (❗「保守党」は the Conservative Party)

Láb·ra·dor (retríever) /lǽbrədɔ̀ːr ラブラドー/ 名 C 《動物》ラブラドルレトリーバー《◆カナダ原産の狩猟犬》

lab·y·rinth /lǽbərìnθ ラビリンス/ 名 C 迷路, 迷宮 (=maze); 複雑に込み入った状態

lace /léis レイス/ 名 ❶ U レース(編み) ❷ C (靴などの)ひも

━ 動 他 ❶ ひもを締める; レースで飾る ❷ (飲み物に)〔少量の酒・薬などで〕風味をつける《*with*》
❸ 文型 [**be laced with A**] (本・話などが)Aをちりばめている

lac·er·ate /lǽsərèit ラサレイト/ 動 他 (肌・肉を)引き[切り]裂く; (心・感情を)苦しめる

lac·er·a·tion /læ̀səréiʃən ラサレイション/ 名 C 裂傷; U 切り裂くこと; (感情などを)傷つけること

lack A2 高

/lǽk ラク/ 名《単数形で》〔…の〕不足, 欠乏《*of*》(=want); C《単数形で》不足しているもの
• The crops were ruined because of the **lack** of rain. 雨不足で作物がやられた

for [*from, through*] *lack of ...* …が不足しているために

━ 動 (三単現 **lacks** /lǽks/; 過去・過分 **lacked** /lǽkt/; 現分 **lacking**) 他
欠いている, …がない
• He **lacks** experience. 彼は経験を欠いている

lack for ... 《ふつう否定文で》…がなくて困る

lack·a·dai·si·cal /læ̀kədéizikəl ラカデイズィカル/ 形 興味に欠ける, 気乗りのしない; 怠惰な, 無精な

lack·ey /lǽki ラキ/ 名 (複 **lackeys** /lǽkiz/) C 卑屈な追従者, おべっか使い; (お仕着せの服を着た)下男, 従僕

lack·ing /lǽkiŋ ラキング/ 形 足りない, 欠けている (❗名詞の前には用いない)

be lacking in ... …が足りない, …が欠けている

lack·lus·ter, 《英》 **lack·lus·tre** /lǽklʌ̀stər ラクラスタ/ 形 活力のない, 弱々しい; (目などが)輝きのない

la·con·ic /ləkɑ́nik ラカニク/ 形《文章》簡潔な; 口数の少ない

lac·quer /lǽkər ラカ/ 名 U ラッカー《◆塗料》

la·crosse /ləkrɔ́ːs ラクロース/ 名 U《球技》ラクロス《◆柄の長いラケットを用いるホッケーに似た球技》

lac·tose /lǽktous ラクトウス/ 名 U《生化学》乳糖

lac·y /léisi レイスィ/ 形 (比較級 **lacier**; 最上級 **laciest**) レース(状)の

lad /lǽd ラド/ 名 (複 **lads** /lǽdz ラヅ/) C 若者, 少年 ⇨**lass**

lad·der B1 高 /lǽdər ラダ/ 名 (複 **ladders** /lǽdərz/) C ❶ はしご
❷ (出世への)階段; 手段
• the social **ladder** 社会[出世]の階段
❸《英》(靴下の)伝線 (=《米》run)

lad·en /léidn レイドン/ 形《文章》〔荷物を〕積み込んだ《*with*》; 〔…に〕苦しんでいる《*with*》

ládies' màn 名 C 色男, 女好き (❗lady's man ともいう)

ládies' ròom 名 C《米》女性用トイレ

la·dle /léidl レイドル/ 名 C (水などをすくう)おたま, ひしゃく

la·dy A1 中

/léidi レイディ/ 名 (複 **ladies** /léidiz/) C
❶ 女性; ご婦人 (↔**gentleman**) (❗woman のていねいな言い方. ただし古めかしい言い方と感じる人も多く, 特に若い女性には woman を使う方が一般的)
❷ (洗練された)淑女(しゅくじょ), レディー; (身分の高い)貴婦人
❸《**the Ladies**(') [**ladies**(')]》《英》女性用トイレ《◆公衆トイレの入り口の掲示》(=《米》ladies' room) (❗women's room ともいう)
❹《**Lady ...**》《英》…夫人《◆貴族の夫人

に対する敬称》

Ladies and Gentlemen! (会場の)みなさん (❗聴衆が女性だけなら Ladies!)

la·dy·bird /léidibə̀ːrd レイディバード/ 名 《英》(=ladybug)

la·dy·bug /léidibʌ̀g レイディバグ/ 名 C 《米》《昆虫》テントウムシ (=《英》ladybird)

lády-kìller 名 C 《口語》色男; 女たらし

la·dy·like /léidilàik レイディライク/ 形 貴婦人らしい, 上品な, 優美な

lag /lǽg ラグ/ 動 (三単現 **lags** /lǽgz/; 過去・過分 **lagged** /lǽgd/; 現分 **lagging**) 自 遅れる; のろのろする, ぐずぐずする; (興味などが)薄れる

lag behind ... …より遅れる, …について行けなくなる

━名 U C 遅れ, 遅延; 時間のずれ

la·goon /ləgúːn ラグーン/ 名 C 潟(かた); 礁湖(しょうこ)

laid /léid レイド/ 動 lay[1]の過去形・過去分詞

lain /léin レイン/ (発音 lane と同音) 動 lie[1]の過去分詞

lair /léər レア/ 名 C (野獣の)寝ぐら, 巣 (=den); 隠れ家; くつろぎの場

la·i·ty /léiəti レイイティ/ 名 《the laity》《集合的; 単数・複数扱い》(聖職者に対して)一般信徒; (専門家に対して)素人

lake A2 中

/léik レイク/ 名 (複 **lakes** /léiks/) C 湖, 湖水(こすい) • **Lake** Biwa 琵琶湖

• We went fishing [swimming] in the **lake**. 湖に釣り[泳ぎ]に行った (×to the lake としない)

Láke Dìstrict [Còuntry] 名 《the をつけて》(英国の)湖水地方 《♦イングランド北西部の山岳地帯で湖が多い》

la·ma /láːmə ラーマ/ 名 C (チベット・モンゴルの)ラマ僧

lamb B1 /lǽm ラム/ 名 (複 **lambs** /lǽmz/) ❶ C 子羊 (❗「羊」は sheep) ❷ U 子羊の肉, ラム ⇨**mutton** ❸ C おとなしい人; 無邪気な人; だまされやすい人

like a lamb (子羊のように)おとなしく, 従順に; だまされやすく

lame B2 /léim レイム/ 形 (比較級 **lamer**; 最上級 **lamest**) 足の不自由な; (説明・言いわけなどが)不十分な, へたな

láme dúck 名 C 《口語》役にたたなくなった人[物]; 《米》再選には落ちたがまだ任期の残っている議員[政治家]

la·ment /ləmént ラメント/ 動 他 自 嘆き悲しむ; 嘆く ━名 C 悲嘆; 悲しみ

lam·en·ta·ble /lǽməntəbl ラメンタブル/ 形 悲しむべき, 嘆かわしい; お粗末な

lámentably 副 嘆かわしくも; お粗末なことに

lam·en·ta·tion /læ̀məntéiʃən ラメンテイション/ 名 U 悲嘆; 哀悼(あいとう); C 悲嘆の声

lam·i·nate /lǽmənèit ラミネイト/ 動 他 薄板で覆う; (金属などを)薄くのばす

━名 C U 薄板状のもの; 積層プラスチック

lam·i·nat·ed /lǽmənèitəd ラミネイテド/ 形 積層の; プラスチックをかぶせた

lamp A2 高

/lǽmp ランプ/ 名 (複 **lamps** /lǽmps/) C 明かり, 灯火; 電気スタンド; ランプ

日英比較 日本語の「ランプ」より意味が広く, 照明用の明かり全般を指す

lamp·post /lǽmppòust ランプポウスト/ 名 C 街灯(などの)柱

lamp·shade /lǽmpʃèid ランプシェイド/ 名 C ランプ[電灯]のかさ

lance B2 /lǽns ランス/ 名 C (昔の騎士の)槍(やり); (魚を突く)やす, もり ━動 他 メスで切開する; 槍[やす]で突く

land A2 中

/lǽnd ランド/ 動 (三単現 **lands** /lǽndz ランヅ/; 過去・過分 **landed** /lǽndəd/; 現分 **landing**) ❶ 自 上陸する; 入港する; 着陸[着水]する (↔**take off**); 着く

• **land** at an airport 空港に着陸する

• The troops **landed** in the island. 軍

隊がその島に上陸した
❷ 他 上陸させる; 着陸[着水]させる; (乗り物が人を)降ろす
❸ 他 《口語》手に入れる, せしめる
❹ 他 《口語》(打撃を)加える
land on ... 《米》《口語》…を厳しくしかる, 非難する
land* (*up*) *in ... 〔好ましくない状態など〕に陥る
land A with B 《口語》A(人)に B(望ましくないもの)を押しつける
— 名 (複 **lands** /lǽndz ランヅ/)
❶ U (海に対して)陸, 陸地 (↔**sea**)
• on **land** 地上で, 陸地で
❷ U (畑・敷地としての)土地; 所有地; 《**lands**》地所
• **land** good for farming 農業に適した土地

コロケーション
形+**land**
agricultural *land* 農地
common *land* 共有地
new *land* 新天地
private *land* 私有地
native *land* 生まれ故郷, 祖国

❸ C 国, 国土, 地方 (=country)
• Gary visited many foreign **lands**. ゲーリーは多くの国々を訪れた
by land 陸路で, 陸路を (! by sea (海路を); by air (空路を))
• travel **by land** 陸路を旅する
see* [*find out*] *how the land lies (行動する前に)情勢を調べる

land·fill 高 /lǽndfìl ランドフィル/ 名 U C (ごみの)埋め立て(地)

land·ing B2 /lǽndiŋ ランディング/ 名
❶ U C 着陸, 上陸, 着水
❷ C (階段の)おどり場
❸ C 船着き場

lánding gèar 名 U (飛行機の)着陸装置 《◆ブレーキ・車輪など》

land·la·dy B2 /lǽndlèidi ランドレイディ/ 名 (複 **landladies** /lǽndlèidiz/) C (アパートなどの)女性所有者, 女家主, 女地主; (下宿・旅館の)女主人, 女将(おかみ) (! 男性の場合は landlord)

land·lord B1 /lǽndlɔ̀ːrd ランドロード/ 名 (複 **landlords** /lǽndlɔ̀ːrdz ランドローヅ/) C (アパートなどの)男性所有者, 家主, 地主; (下宿・旅館の)主人, 亭主 (! 女性の場合は landlady)

land·mark /lǽndmɑ̀ːrk ランドマーク/ 名 C ❶ (航海者・旅行者などの)陸標, 目印, ランドマーク
❷ 画期的な事件; 歴史的建造物

land·mine 高 /lǽndmàin ランドマイン/ 名 C 地雷

land·own·er /lǽndòunər ランドウナ/ 名 C 土地所有者, 地主

land·scape A2

/lǽndskèip ランドスケイプ/
名 (複 **landscapes** /lǽndskèips/) C
❶ (一目で見渡せる)風景, けしき, 眺望; 風景画
❷ 全般的状況
— 動 (三単現 **landscapes** /lǽndskèips/; 過去・過分 **landscaped** /lǽndskèipt/; 現分 **landscaping**) 他 (庭などを)造園によって美しくする; 自 造園師の仕事をする

land·slide B2 高 /lǽndslàid ランドスライド/ 名 C 地滑り, 山崩れ; (選挙における)圧倒的大勝利

lane A2

/léin レイン/ (発音 lain と同音)
名 (複 **lanes** /léinz/) C
❶ 小道, 細道; 路地
❷ (道路上に白線で区切った)車線; (船・飛行機などの)航路
• a highway with three **lanes** (片側) 3車線の高速道路
❸ (競走・水泳などの1人ずつに分かれた)コース; (ボウリングの)レーン

lan·guage A1 中

/lǽŋgwidʒ ラングウィヂ/
名 (複 **languages** /lǽŋgwidʒəz/)
❶ U (一般的に)言語, ことば
• written [spoken] **language** 書き[話し]ことば

❷ Ⓒ (ある国・民族の)国語, ことば
- a foreign **language** 外国語
- the Japanese **language** 日本語

比較 speak [learn] **English** 英語を話す[学ぶ] (❗こういう場合は ×speak [learn] English language としない. the English language という言い方は堅い表現)
- a first [second] **language** 第一[二]言語

コロケーション
形+**language**
a national *language* 国語
one's native *language* 母語
an official *language* 公用語

❸ Ⓤ Ⓒ (音声・文字を使った記号体系以外の)ことば; 術語, (専門)用語
- a computer **language** コンピュータ言語

❹ Ⓤ ことばづかい, 言いまわし, 語法; 文体
- plain [polite] **language** やさしい[ていねいな]言いまわし

speak a different language 話が合わない, 考え方が違う
speak the same language 話が合う, 同じ考え方をする
派生 **linguistic** 形

lánguage làboratory 名 (複 **language laboratories** /lǽbərətɔ̀ːriz/) Ⓒ 語学演習室, LL[エルエル]教室, ラボ (❗language lab ともいう; LL は日本式の略語)

lan·guid /lǽŋɡwid ラングウィド/ 形 《文章》 けだるげな; (市場が)活気のない

lan·guish /lǽŋɡwiʃ ラングウィシュ/ 動 自 (体力が)衰える, 元気がなくなる; (植物が)しおれる

lank·y /lǽŋki ランキ/ 形 (比較級 **lankier**; 最上級 **lankiest**) (人が)ひょろひょろした, ひょろ長い

lan·tern 高 /lǽntərn ランタン/ 名 Ⓒ ランタン, 手さげランプ; ちょうちん

La·os /láus ラウス/ 名 ラオス 《◆アジア南東部の共和国; 首都ビエンチャン (Vientiane)》

lap[1] B2 高 /lǽp ラプ/ 名 Ⓒ ❶ ひざ, ひざの上 (❗knee が「ひざがしら」をさすのに対し, lap はすわったときの腰からひざまでの部分をさす)

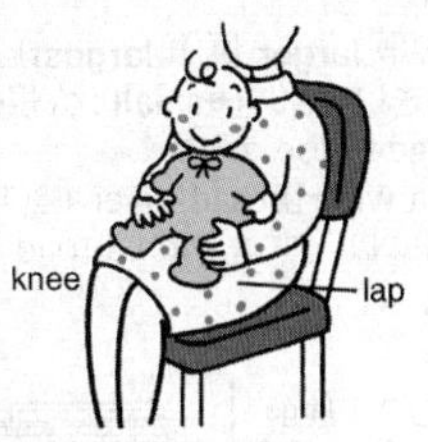

❷ 安楽な環境; 責任の範囲
in the lap of luxury 何不自由なく, ぜいたくに
land in A's lap (余分な仕事などが) A に舞い込む

lap[2] B2 /lǽp ラプ/ 名 Ⓒ (競技トラックの) 1 周, (競泳プールの) 1 往復 ⇨**lap time**
━ 動 (三単現 **laps** /lǽps/; 過去・過分 **lapped** /lǽpt/; 現分 **lapping**) 他
❶ (競走で) 1 周(以上)抜く
❷ 《文章》 包む; まとう, 巻く; 重ねる

lap[3] /lǽp ラプ/ 動 (三単現 **laps** /lǽps/; 過去・過分 **lapped** /lǽpt/; 現分 **lapping**) ❶ 他 (犬・ネコが水などを)ピチャピチャなめる[飲む] ❷ 自 ひたひたと寄せる
lap up ① ピチャピチャなめ尽くす; がつがつ食べる[飲む] ② 熱心に受け入れる; 真に受ける

la·pel /ləpél ラペル/ 名 Ⓒ (上着の)折りえり, ラペル

lapse /lǽps ラプス/ 名 Ⓒ ❶ ちょっとした誤り, 過失; 怠ること ❷ (時の)経過
━ 動 自 ❶ 〔正道を〕踏みはずす 《*from*》; 〔悪い状態に〕陥る 《*into*》 ❷ (権利・契約などが)無効になる, 失効する

láp tìme 名 Ⓤ 《スポーツ》 ラップタイム 《◆1 周[1 往復]ごとの所要時間》

lap·top B2 /lǽptɑ̀p ラプタプ/ 名 Ⓒ ラップトップコンピュータ

lar·ce·ny /lɑ́ːrsəni ラーセニ/ 名 (複 **larcenies** /lɑ́ːrsəniz/) Ⓤ Ⓒ 窃盗(せっとう)(罪)

lard /lɑ́ːrd ラード/ 名 Ⓤ ラード 《◆精製したブタの油脂》

large A1 中
/lɑ́ːrdʒ ラーヂ/
形 (比較級 **larger**; 最上級 **largest**)
❶ 大きい, 広い (↔**small**); 大規模な
● a **large** house 大きな家
比較 a **wide** [**broad**] river (幅の)広い川 (❗「幅の広い」には wide, broad を使う) ⇨**big**

● the **large** size Lサイズ
● Tokyo is the **largest** city in Japan. 東京は日本でいちばん大きい都市です (= Tokyo is **larger** than any other city in Japan.)
❷ 多量の, 多数の
● a **large** sum of money 大金
● a **large** number of people 大勢の人々
● a **large** audience [population] 多数の観客[人口]
━ 名 《次の成句で》
at large ① 逃走中で ② 一般の, 全体としての) (❗名詞のあとに置く)
in (the) large 大規模に
━ 副 大きく
by and large 概して, 全般的に見て ⇨**by** (成句)
派生 **enlarge** 動

large·ly B1 /lɑ́ːrdʒli ラーヂリ/ 副
おもに, ほとんど; 大部分は
● His success is **largely** due to hard work. 彼の成功はおもに懸命に働いたことによるものだ
● My advice was **largely** ignored. 私の忠告はほとんど聞き入れられなかった

lárge-scále 形 広範囲の, 大規模の; (地図が)大縮尺の (↔**small-scale**)

lark B2 /lɑ́ːrk ラーク/ 名 C 《鳥》ヒバリ (❗ふつうは skylark と同じ意味)

lar·va /lɑ́ːrvə ラーヴァ/ 名 (複 **larvae** /lɑ́ːrviː/) C (昆虫の)幼虫; 幼生

lar·yn·gi·tis /lærəndʒáitəs ラリンヂャイティス/ 名 U 《医学》喉頭(こうとう)炎

lar·ynx /lǽriŋks ラリンクス/ 名 (複 **larynges** /læríndʒiːz/, **larynxes** /lǽriŋksəz/) C 《解剖》喉頭(こうとう)

la·ser B2 /léizər レイザ/ 名 C レーザー光線(発生装置)

lash[1] /lǽʃ ラシュ/ 名 C ❶ むちのひも; むちの一打ち (❗むち全体は whip); 《**the lash**》(昔の)むち打ちの刑
❷ 《ふつう **lashes**》まつげ (=eyelash)
━ 動 ❶ 他 むちで打つ; (むち・尾などを)激しく振り動かす
❷ 他 自 (波・風などが)激しく打ちつける
lash out 激しく打つ, (馬が)ける; 〔…を〕厳しく非難する 《*at*》

lash[2] /lǽʃ ラシュ/ 動 他 (なわなどで)きつく縛りつける, 結びつける

lash·ing[1] /lǽʃiŋ ラシング/ 名 U C むち打ち(の刑), 打つこと; 厳しい非難

lash·ing[2] /lǽʃiŋ ラシング/ 名 C ひも, なわ, 綱

lass /lǽs ラス/ 名 C 少女, 小娘 ⇨**lad**

las·so /lǽsou ラソウ/ 名 (複 **lassos**, **lassoes** /lǽsouz/) C (牛・馬を捕まえる)輪なわ, 投げなわ
━ 動 他 輪なわで捕まえる

last[1] A2 中
/lǽst ラスト|lɑ́ːst ラースト/ 形 《late の最上級の1つ》 ❶ (時間的に)この前の; 最近の (❗名詞の前に用いる)
● **last** month 先月 (❗ last + 週・月・年・曜日・季節などを表す名詞)
● **last** night [year] 昨夜[昨年]
● on Monday **last** week 先週の月曜に
● **last** summer [August] 去年の夏[8月]; この夏[8月] (❗年が明けた時点で言えば「去年の…」, その年の秋や冬に言えば「この…」)
● for the **last** six years 最近の[この]6年間 ● **Last** Sunday I had a date with her. この前の日曜は彼女とデートした

使い方› **last**「この前の」
(**1**)「この前の…に」と副詞的に使うときはlastの前にはonやinは使わない:
I met him **last** Monday. この前の月曜日に彼に会った
比較 The meeting will be held **on the last** Monday in June. 6月の最終月曜日に会議が開かれます(! このlastは「最後の」の意味)
(**2**) last Mondayはその週の金曜日などに言えば「この月曜日に」となる. はっきり「先週の月曜日に」を表すにはon Monday last weekとする
(**3**) ×last dayとはいわずyesterday(きのう), ×last morning [afternoon]とはいわずyesterday morning [afternoon](きのうの朝[午後])という
(**4**) lastは言った時点からみて「この前の」を表すが, 過去のある時点からみて「その前の」はpreviousやbeforeを使う:
the **previous** night = the night **before** その前夜(に)
She said that she had met him the **previous** Sunday. その前の日曜日に彼に会ったと彼女は言った(=She said, "I met him **last** Sunday.")

❷《ふつう **the last ...**》**最後の**(↔**first**); **最下位の; 最後に残った**
- **the last** train 終電
- **the last** Thursday in November 11月の最後の木曜日
- **the last** five pages of the book その本の最後の5ページ(×five lastとしない)
- **the last** years of his life 彼の晩年
- His **last** hope was lost. 彼の最後の望みも失われた
- He was **last** in the race. 彼は競走でびりだった

❸《**the last ...**》**決して[もっとも]…しそうにない**《*to do*》
- He is **the last** person **to** do it. 彼はそんなことをもっともしそうにない人だ, 彼に限ってそんなことをするはずがない
- He is **the last** person **to** be angry. = He is **the last** person who would be angry. 彼は決して怒らない人だ

for the last time これを最後として, (これで)最後に
the last ... but one [***two***] = ***the second*** [***third***] ***last ...*** 最後から2番[3番]目の…
the last time ... この前…した時に[は](! 接続詞的に使う)
- **The last time** I saw him, he looked very healthy. この前私が彼に会った時は彼はとても元気そうだった

— 名 U 《ふつう **the last**》**最後, 最後の人[物]**(↔**first**); **終わり; この前**
- the day before **last** 一昨日, おととい(←この前の前の日)
- the night before **last** おとといの夜
- the week [the month, the year] before **last** 先々週[先々月, おととし]
- Ed was **the first** and Ken was **the last**. エドが1着でケンがびりだった
- He was **the last** to come here. 彼がここへ来た最後の人だった, 彼がいちばんあとにここへ来た

at last **ついに, 最後には**(↔**at first**)
- **At last** we arrived at the hotel. ついに私たちはホテルに着いた

at long last とうとう, やっとのことで
at the last minute [***moment***] どたん場で, ぎりぎりの時間に
leave ... until last …の見納めをする
see the last of ... …を最後までとっておく
to the last 最後まで; 死ぬまで; 根っからの

— 副 《lateの最上級の1つ》**最後に**(↔**first**); **最近, この前**
- When did you see him **last**? あなたが最後に彼に会ったのはいつですか
- It is three years since I saw you **last**. 前回お会いしてから3年になります
- When he **last** visited his mother, she was well. 彼がこの前母親を訪ねた時は, 彼女は元気でした
- He came **last**. 彼がいちばんあとに来た(=He was **the last** to come [who

came].)

last but not least 最後になったが決しておろそかにすべきでないことには

last of all 最後に (↔**first of all**)

last[2] B1 高 /lǽst ラスト | lά:st ラースト/ 動 (三単現 **lasts** /lǽsts ラスツ/; 過去・過分 **lasted** /lǽstəd/; 現分 **lasting**)

❶ 自 (時間的に)続く; もつ, 持ちこたえる

- **last** long 長く続く, 長もちする
- This fine weather **lasts** for a week. この好天は1週間は続く
- Well-made shoes **last** a long time. いい靴は長期間もちます

❷ 他 文型 [**last A B**] (物が) B (期間) の間だけ A(人)にもつ[足りる]

- The food will **last** us one week. その食料で私たちは一週間は大丈夫だろう

last out もちこたえる

派生 **lasting** 形

lást-dítch 形 どたん場の, 絶体絶命の; 死力を尽くした

last·ing B1 /lǽstiŋ ラスティング | lά:stiŋ ラースティング/ 形 長く続く; 永続する, 永久的な; 長持ちする

派生 **last**[2] 動

last·ly B2 高 /lǽstli ラストリ/ 副 最後に

lást nàme A1

名 名字(みょうじ), 姓 (=family name)

lást wórd 名 《**the** をつけて》 決定的な一言, 最終的意見; 《口語》 最新型

Las Ve·gas /lα:s véigəs ラース ヴェイガス/ 名 ラスベガス (◆米国ネバダ州の南部にある都市; カジノやショービジネスで有名)

lat. 《略》 latitude 緯度

latch /lǽtʃ ラチ/ 名 C (ドア・門などの)掛け金, かんぬき

— 動 他 (ドアなどに)掛け金をかける; 自 掛け金がかかる

latch on 《英》《口語》 〔…を〕理解する 《*to*》

latch onto [***on to***] ***...*** 〔人〕にくっついて離れない, つきまとう; …にくっつく; …に強い興味を示す, 飛びつく

late A1 中

/léit レイト/

意味マップ
形 ❶ (予定などより)遅い, 遅れた
❷ (時刻・時期が)遅い
❸ 最近の; 故…
副 遅く; 遅れて

— 形 (比較級 **later**, **latter**; 最上級 **latest**, **last**) (❗「時間」については later, latest, 「順序」については latter, last を用いる)

❶ (本来の時間・予定より)遅い, (時間に)遅れた (↔**early**) (❗「(速度が)遅い」は slow)

- a **late** breakfast 遅い朝食
- a **late** riser [comer] 朝寝ぼうの人[遅れて来た人]
- The shinkansen is ten minutes **late**. 新幹線は10分遅れています
- Don't be **late**. 遅れてはいけません
- It is never too **late** to learn. 《ことわざ》 学ぶのにけっして遅すぎることはない

文型 [**be late for A**] Aに遅れる, 遅刻する

- I **was** five minutes **late for** school this morning. けさ学校に5分遅刻した

注意› 時計が「遅れて」には slow を使う: My watch is five minutes **slow** (×late). ぼくの時計は5分遅れている

❷ (時刻・時期が) 遅い; 夜ふけの; 末期の, 後期の (↔**early**)

- at this **late** hour こんな遅い時間に
- in **late** spring 晩春に
- in the **late** afternoon 午後遅く
- in the **late** 1800s 1800年代の終わりに
- It was very **late** when we left his home. 私たちが彼の家を出た時は(時刻が)とても遅かった

❸ 最近の, この前の; (近ごろ)亡くなった, 故… (❗名詞の前に用いる)

- the **late** news 最近のニュース
- the **late** Dr. Sato 故佐藤博士

before it is too late 手遅れになる前に

— 副 (比較級 **later**, **latter**; 最上級 **latest**, **last**) (時間・時期が) 遅く; 遅れて; 遅くまで (↔**early**)

- late at night 夜遅く, 夜遅くまで
- get up late (朝)遅く起きる
- sit up late (at night) 夜遅くまで起きている, 夜ふかしをする
- We arrived at the hotel **late** in the night. ホテルに着いたのは夜もずっと更けてからだった
- Spring comes **late** in this part of the country. この地方では春の来るのが遅い
- Mr. and Mrs. Jones came (ten minutes) **late**. ジョーンズ夫妻は(10分)遅れて来た
- Better **late** than never. 《ことわざ》 しないより遅くてもするほうがいい

as late as ... …ほど最近に
early and late いつも
early or late 遅かれ早かれ
—名 《次の成句で》
of late 《文章》 近ごろ, 最近 (=lately)
till [until] late 遅くまで (❗単に late (副詞)だけでもこの意味になる)

late·ly B1 /léitli レイトリ/ 副 最近, 近ごろ •I haven't heard from her **lately**. 最近彼女からたよりがない

似ている単語
最近－**lately** と **recently**
どちらも現在完了の文で使うことが多く, 少し前に始まって今も継続していることを表す. recently は過去形の文で少し前に起きたことをいうのに使うが, lately は過去形の文ではあまり使わない:
I haven't been feeling so well **lately** [**recently**]. 最近体の調子があまりよくない
Recently we visited Kyoto. 最近私たちは京都を訪れた

la·tent /léitənt レイテント/ 形 潜在する, 隠れている; 《医学》 潜伏性の

lat·er A1 中

/léitər レイタ/ (❗late の比較級の1つ) 副
❶ あとで; のちほど
- a little **later** その少しのちに
- two weeks **later** それから2週間後に
- I'll call you **later**. あとで電話するね

会話 "See you **later**." "OK, sure." 「じゃ, またあとで」「うん, じゃまた」

❷ もっと遅く (↔**earlier**)
- get up **later** than usual いつもより遅く起きる

later on のちに, もっとあとで
- I'll let you know the details **later on**. 詳しいことはのちほどお知らせします

sooner or later 遅かれ早かれ, いつかは
—形 (時間・時期が)もっと遅い; もっと近ごろの; その後の (↔**earlier**)
- **later** news その後のニュース

lat·er·al /lǽtərəl ラテラル/ 形 横の; 横に向かっての

lat·est A2

/léitəst レイテスト/ 形 (❗late の最上級の1つ) 最新の, 最近の; 一番遅い
- the **latest** news 最新のニュース

at (the) latest 遅くとも (↔**at the (very) earliest**)
—副 最も遅く, 最後に (=last)
—名 《**the latest**》 最新のニュース[ファッション]

la·tex /léiteks レイテクス/ 名 U ラテックス 《♦ゴムの木などの乳液》
lathe /léið レイズ/ 名 C 旋盤(せんばん)
lath·er /lǽðər ラザ/ 名 《単数形で》 せっけん[洗剤]の泡; (馬などの)泡のような汗
in a lather 泡のような汗をかいて; あせって, あわてふためいて
—動 他 (体などに)せっけんの泡を立てる; 自 (せっけんが)泡立つ 《*up*》

Lat·in /lǽtin ラティン/ 名
❶ U ラテン語 《♦古代ローマの言語》
❷ C ラテン系民族の人
—形 ラテン語の; ラテン系民族の

Látin América 高 名 ラテンアメリカ, 中南米 《♦スペイン語・ポルトガル語を主要言語とするメキシコ以南の地域》
Látin Américan 形 ラテンアメリカの —名 C ラテンアメリカ人
La·ti·no /lætí:nou ラティーノウ/ 名 (複 **Latinos** /lætí:nouz/) C 形 《米》 ラティーノ(の), (米国に住む)ラテンアメリカ人男性(の) (❗女性は Latina)

lat·i·tude /lǽtətjùːd ラティテュード/ 名U 緯度(いど) 《♦lat. と略す》 ⇨**longitude**

la·trine /lətríːn ラトリーン/ 名C (野営地などの簡単な)屋外便所

lat·ter A2

/lǽtər ラタ/

形 (! late の比較級の1つ) 《文章》

❶ (二者のうちの)**後者の**; (三者のうちの)**最後の物[人]**; (「前半の」に対して)**後半の**; **あとのほうの** (! 名詞の前に用いる)

• the **latter** half of the year その年の後半 (!「その年の前半」は the first half of the year)

❷ 《**the latter**》 (二者のうち, 「前者」に対して)**後者** (! 代名詞的に用いる) (↔**the former**)

• Spring and fall are pleasant seasons, but I like **the latter** better than **the former**. 春も秋も楽しい季節ですが, 私は前者[春]よりは後者[秋]のほうが好きです

lat·ter·ly /lǽtərli ラタリ/ 副 《文章》 ❶晩年に, 後期に ❷最近は (↔**formerly**) (! lately のほうがふつう)

lat·tice /lǽtis ラティス/ 名C 格子(こうし); 格子の窓[戸, 門]

Lat·vi·a /lǽtviə ラトヴィア/ 名 ラトビア 《♦バルト海東岸にある共和国; 首都リガ (Riga)》

laud /lɔ́ːd ロード/ 動他 《文章》 **ほめたたえる, 賛美する** (=praise)

lau·da·ble /lɔ́ːdəbl ローダブル/ 形 《文章》 **賞賛すべき, りっぱな**

laugh A1 中

/lǽf ラフ | lάːf ラーフ/ 動 (三単現 **laughs** /lǽfs/; 過去・過分 **laughed** /lǽft/; 現分 **laughing**) ❶ 自 (声を出して)**笑う** (! 声を出して笑うこと)

• **laugh** loudly 大声で笑う

• We **laughed** all through the funny movie. 私たちはそのおかしな映画の間じゅう笑いどおしだった

関連語› 単語力
smile ほほえむ
giggle (女の子などが)くすくす笑う
grin (歯を見せて)にこっと[にたっと]笑う
chuckle (おもに男性が)くっくっと笑う
guffaw げらげら笑う, ばか笑いする
sneer 嘲笑する

laugh

smile

❷ 他 (同意などを)**笑って示す**, (答えなどを)**笑いながら言う**

Don't make me laugh. 《口語》 笑わせんな

laugh at ... **…を見て[聞いて]笑う; …をあざけり笑う; …を無視する**

• We all **laughed at** his joke. 私たちはみな彼のジョークを聞いて笑った

laugh away [off] (心配・疑念などを)一笑に付する; 笑いとばす

laugh down 笑って黙らせる; 笑って問題にしない

laugh over 笑って読む; 思い出して笑う

You make me laugh! そんなのばかげているよ, 笑わせるね

― 名 (複 **laughs** /lǽfs/) C **笑い; 笑い声** • We **gave** a loud **laugh**. ぼくたちは大声を出して笑った (=We **laughed** loudly.)

have the last laugh (負けそうに見えても)最後に勝つ[成功する]

派生 **laughter** 名

laugh·a·ble /lǽfəbl ラファブル/ 形 失笑を買うような, ばかげた; おかしい, おもしろい

laugh·ing /lǽfiŋ ラフィング/ 形 笑っている, うれしそうな; 笑いを誘う, おかしい ― 名U 笑い

láughing gàs 名U 《化学》 笑気(ガス) 《♦亜酸化窒素; 麻酔に用いる》

laugh·ter B1 高 /lǽftər ラフタ | lɑ́:ftə ラーフタ/ 名 U 笑い; 笑い声 (❗laugh より連続的な笑い)
- roar with **laughter** 大笑いする
- There was **laughter** from the audience here and there. 観客のあちこちから笑い声が起きた (❗laugh と異なり, a がつかないことに注意)
- The children **burst into laughter**. 子どもたちはどっと笑い出した

派生 **laugh** 動

launch[1] B1 高 /lɔ́:ntʃ ローンチ/ 動 (三単現 **launches** /lɔ́:ntʃəz/; 過去・過分 **launched** /lɔ́:ntʃt/; 現分 **launching**)
❶ 他 (事業などを)始める, おこす, (企画・攻撃などを)開始する; 自 〔事業などに〕乗り出す; 〔…を〕始める《*into*》
- They **launched** two projects. 彼らは2つの事業を立ち上げた

❷ 他 (人を)社会に送り出す; 他 (新製品などを)売り出す; (雑誌などを)創刊する
❸ 他 (ロケットを)発射する, 打ち上げる; (船を)進水させる; 自 飛び立つ; 船出する • The space shuttle **was launched** yesterday. スペースシャトルは昨日打ち上げられた

━ 名 (複 **launches** /lɔ́:ntʃəz/) U C (活動などの)開始; 新発売, 創刊; (ロケットなどの)発射, 打ち上げ; (船の)進水

launch[2] /lɔ́:ntʃ ローンチ/ 名 C ランチ《♦観光・運搬などのためのモーターボート》; (軍艦に積載する)大型ボート

laun·der /lɔ́:ndər ローンダ/ 動 他 洗濯する, 洗濯してアイロン仕上げをする; (不正な金を)合法的に見せかける

laun·der·ette /lɔ̀:ndərét ローンダレト/ 名 《英》《商標》(=laundromat)

laun·dro·mat /lɔ́:ndrəmæ̀t ローンドラマト/ 名 C 《米》《商標》コインランドリー

laun·dry B2 /lɔ́:ndri ローンドリ/ (×ランドリー) 名 (複 **laundries** /lɔ́:ndriz/) ❶ C クリーニング店; (家の)洗濯場, 洗濯室

会話 "Where are my jeans?" "They're in the **laundry**." 「ジーンズはどこ?」「洗濯室だよ」

❷ U 《**the laundry**》《集合的》洗濯物
- do the laundry 洗濯をする

Lau·ra /lɔ́:rə ローラ/ 名 ローラ《♦女性名》

lau·re·ate /lɔ́:riət ローリエト/ 名 C 栄誉を与えられた人; 桂冠(けいかん)詩人 (=poet laureate)

lau·rel /lɔ́:rəl ローラル/ (×ロウレル) 名 C 《植物》ゲッケイジュ《♦月桂樹》; 《ふつう **laurels**》月桂冠; 名誉

参考› 南ヨーロッパ産の常緑低木. 古代ギリシャでは戦争の勇士や競技の優勝者などにこの枝で作った冠(月桂冠)を与えた

rest on one's laurels 栄誉にあぐらをかく

la·va B2 /lɑ́:və ラーヴァ/ 名 U (火山の)溶岩

lav·a·to·ry /lǽvətɔ̀:ri ラヴァトーリ/ 名 (複 **lavatories** /lǽvətəriz/) C 洗面所, お手洗い, トイレ (=toilet)

lav·en·der /lǽvəndər ラヴェンダ/ (×ラベンダ) 名 U 《植物》ラベンダー《♦芳香のあるシソ科の植物》; ラベンダー色

lav·ish /lǽviʃ ラヴィシュ/ 形 気前のよい
━ 動 他 気前よく与える
lávishly 副 惜しげなく

law A2 高

/lɔ́: ロー, lɑ́: ラー | lɔ́: ロー/ 名 (複 **laws** /lɔ́:z/) ❶ U 《ふつう **the law**》(総称的に)法, 法律; C (個々の)法律
- criminal **law** 刑法
- civil **law** 民法
- Such conduct is **against the law**. そうした行為は法律違反だ
- The Senate passed a new **law**. 上院は新しい法律を可決した

コロケーション
動+**law**
break the *law* 法を破る
obey the *law* 法に従う
observe the *law* 法を順守する
violate the *law* 法を犯す

❷ U 《ふつう **the law**》法律学, 法学; 法律業; 法曹界
- enter **the law** 法律家になる

❸ U 《**the law**》《単数・複数扱い》《口語》警察 ❹ C 法則; 規則
- Newton's **laws** of motion ニュートン

の運動の法則
• a moral **law** 道徳律

go to law 告訴する; 訴訟を起こす
law and order 法と秩序, 治安
派生 **legal** 形

láw-abìding 形 法律を順守する, 法律に従う, 順法的な

láw còurt 名 C 法廷

law·ful B1 /lɔ́:fəl ローフル, lɑ́:fəl ラーフル | lɔ́:fəl ローフル/ 形 (! 比較変化なし) 合法の; 正当な; 法に触れない (↔**lawless**)
láwfully 副 合法的に

law·less /lɔ́:ləs ローレス/ 形 不法の, 非合法的な (↔**lawful**); 無法の
láwlessly 副 不法に
láwlessness 名 U 不法さ; 無法

law·mak·er B2 /lɔ́:mèikər ローメイカ/ 名 C 立法者 (=legislator), 国会議員

lawn B2 /lɔ́:n ローン/ 名 C 芝生(しばふ), 芝地 • mow the **lawn** 芝生を刈(か)る

láwn mòwer 名 C 芝刈り機

láwn tènnis 名 U (ローン)テニス, 庭球 (! テニスの正式な言い方; もともと芝生のコートで行ったのでこういうが, ふつうは単に tennis という)

law·suit B2 /lɔ́:sù:t ロースート/ 名 C 訴訟

law·yer A2 高

/lɔ́:jər ローヤ/ 名 (複 **lawyers** /lɔ́:jərz/) C 弁護士, 法律家; 法律に詳しい人
• consult a **lawyer** 弁護士に相談する
日英比較「弁護士」一般をいう場合は lawyer となる. 《米》ではおもに attorney を使い, 《英》では barrister は法廷で弁護を担当する「法廷弁護士」をさし, solicitor は法律書類の作成, 訴訟事務の手伝いなどをする「事務弁護士」をさす

lax /lǽks ラクス/ 形 (比較級 **laxer**; 最上級 **laxest**) 厳しくない, 手ぬるい; だらしのない; (綱・筋肉などが)たるんだ, ゆるんだ

lax·a·tive /lǽksətiv ラクサティヴ/ 名 C 下剤 ━ 形 便秘に効果のある

lax·i·ty /lǽksəti ラクサティ/ 名 U ゆるいこと; だらしなさ; (ことばなどの)あいまいさ

lay[1] B1 高 /léi レイ/ 動 (三単現 **lays** /léiz/; 過去・過分 **laid** /léid/; 現分 **laying**)
❶ 他 置く, 横たえる (! lie[2](横たわる)の過去形 lay と混同しないこと)
• **lay** a book on the desk 机の上に本を置く • She **laid** her coat on the chair. 彼女は上着をいすの上に置いた
• He **laid** his hand on my shoulder. 彼は私の肩に手を置いた
• He **laid** himself on the bed. 彼はベッドに身を横たえた
❷ 他 (じゅうたんなどを)敷(し)く, 並べる
• **lay** a carpet on the floor 床の上にじゅうたんを敷く
❸ 他自 (卵を)産む
• Every day the hen **laid** an egg. そのめんどりは毎日卵を産んだ
❹ 他 (異議・権利などを)申し立てる; 提出する ❺ 他 (不安などを)静める

lay aside わきへ置く; 捨てる; たくわえる, とっておく • She **laid aside** money for the tuition. 彼女は授業料のためのお金を貯めていた
lay by たくわえる, とっておく
lay down 下に置く, 降ろす; (武器などを)捨てる; (規則などを)規定する, 決める
• He tried to act as **laid down** in the rules. 彼は規則に従って行動しようとした
lay it on thick 《口語》やたらに誇張する; むやみにほめる; 大げさに礼を言う
lay off 一時解雇する, レイオフする
• George **was laid off** when his company cut back production last year. ジョージは昨年会社が生産を縮小したとき一時解雇された
lay out ① (都市・庭園などを)設計する; きちんと配置する; (ページなどを)割り付ける, レイアウトをする ⇨**layout** ② (品物を)広げる, 並べる
lay up たくわえる, しまっておく; (病気で)床につかせる, 引き込ませる (! ふつう受け身で用いる)

━ 名 U 《ふつう **the lay**》(置かれた)状態, 方向, 位置

lay[2] /léi レイ/ 動 lie[1]の過去形

lay[3] /léi レイ/ 形 平信徒の; 俗人の; 素人の

lay·er B1 高 /léiər レイア/ 名 (複 **layers** /léiərz/) C ❶ 層, ひと重ね; (ペンキなどの)ひと塗り
• the ozone **layer** オゾン層
• The lake was covered with a thin **layer** of ice. 湖はうすい氷の層におおわれていた
❷ (組織などのさまざまな)レベル, 部分
❸ 置く人
— 動 (三単現 **layers** /léiərz/; 過去·過分 **layered** /léiərd/; 現分 **layering**) 他 層にする, 何重にも重ねる

lay·man /léimən レイマン/ 名 (複 **laymen** /léimən/) C (聖職者に対して)平信徒 (↔**clergyman**); (専門家に対して)素人, 門外漢

lay·off /léiɔ̀:f レイオーフ/ 名 (複 **layoffs** /léiɔ̀:fs/) C 一時解雇, レイオフ; 休職期間

lay·out /léiàut レイアウト/ 名 U C 設計; 配置; レイアウト, 割り付け

lay·o·ver /léiòuvər レイオウヴァ/ 名 C 《米》途中下車, 立ち寄り (=stopover)

lay·per·son /léipə̀:rsən レイパーソン/ 名 (=layman)

la·zi·ly /léizili レイズィリ/ 副 なまけて, ぶらぶらして

la·zi·ness A2

/léizinəs レイズィネス/ 名 U
怠惰, なまけること; 無精

la·zy A1 高

/léizi レイズィ/ 形 (比較級 **lazier**; 最上級 **laziest**) 怠惰(たいだ)な, なまけている, 無精(ぶしょう)な; のろのろした; けだるい
• a hot, **lazy** day 暑くてけだるい一日

lb. 《略》 pound(s) ポンド (❗重量の単位; 数字のあとにつけて使う) ⇨**pound**[1]

LCD /èl si: dí: エルスィーディー/ 《略》 liquid crystal display 液晶ディスプレイ

leach /lí:tʃ リーチ/ 動 他 (液体を)こす, ろ過する; 自 ろ過される, しみ出る 《*out*》

lead[1] A2 中

/lí:d リード/ 動 (三単現 **leads** /lí:dz リーヅ/; 過去·過分 **led** /léd/; 現分 **leading**)
❶ 他 自 (先に立って人などを)案内する, 導く • **lead** him to his seat 彼を座席へ案内する
• **lead** an old man by the hand 老人の手をとって案内する
• **lead** a visitor in [out] 訪問者を中へ[外へ]案内する
• This road will **lead** you to the ferry. この道を行けば船着場へ出ます (←この道があなたを船着場へ導く)
❷ 自 (道などが)〔…に〕通じる, 至る 《*to*, *into*》
• All roads **lead to** Rome. 《ことわざ》 すべての道はローマに通ず (❗「同じ目的を達成するにも手段や方法はいろいろある」という意味)
• Hard work **leads to** success. 努力は成功へ通じる[努力すれば成功する]
• A luxurious life **leads into** debt. ぜいたくな生活は借金につながる
• **lead** nowhere なんにもならない, 役に立たない (❗ nowhere は副詞; ×lead *to* nowhere としない)
❸ 他 自 指揮する, 指導する; 主導権を握る • **lead** an orchestra オーケストラを指揮する
• **lead** a discussion 討論で主導的役割を果たす
• Bob is the captain of our team and he is **leading** it very well. ボブはぼくたちのチームのキャプテンでチームをよくリードしている
❹ 他 〔…に〕至らせる; 仕向ける 《*to*, *into*》 • What **led** him **to** that strange idea? どうして彼はあんな変な考えをもつようになったんだろう
• He **led** his father **into** buying a personal computer. 彼は父親にパソコンを買わせるよう仕向けた
文型 [**lead A to** *do*] Aを…する気にさせる • The incident **led** her **to**

leave her home. その出来事が彼女を家から出る気にさせた

❺ 他 (…な生活を)**送る**

- **lead** a busy life 忙しい生活を送る
- **lead** a happy life 幸せに暮らす

❻ 他自 **先頭に立つ; リードする**

- The flag carriers **led** the parade. 旗手たちがパレードの先頭に立った
- He **leads** his class in English. 彼は英語でクラスのトップに立っている

lead off 始める; 連れて行く

lead ... on (人を)だます; (人を)そそのかす

lead on to ... (ドアなどが)…に通じる

lead up to ... (話を)次第に…へもっていく; 結局…に至る

— 名 (複 **leads** /líːdz リーヅ/)

❶ U 《**the lead**》**先頭**

- the horse in **the lead** 先頭の馬

❷ 《単数形で》**優勢, リード**

- have a **lead** of several meters 数メートルリードしている

❸ C **手がかり, きっかけ, ヒント**

❹ U **指導, 先導**; C **模範, 手本**

❺ C 《演劇》**主役**

❻ C (記事の)**導入部, 書き出し**; (記事・放送の)**トップニュース, トップ記事**

❼ C (電気の)**導線**

take the lead 先頭に立つ, リードする; まとめ役になる; 模範を示す

lead[2] /léd レド/ (発音 lead[1]との違いに注意; led (lead[1]の過去形・過去分詞)と同音) 名 (複 **leads** /lédz レヅ/) U **鉛**(なまり); U C **鉛筆の芯**(しん)

lead·en /lédn レドン/ 形 **鉛**(なまり)**製の, 鉛の; 鉛色の; 重苦しい**

lead·er A1 中

/líːdər リーダ/ 名 (複 **leaders** /líːdərz/) C ❶ **指導者, 指揮者, リーダー**

- a business **leader** 産業界のリーダー
- a political **leader** 政治的指導者
- follow a **leader** 指導者に従う

❷ **先頭に立つ人, 先導者; 首位の人**

❸ 《英》(新聞の)**社説, 論説**

❹ 《米》(オーケストラの)**指揮者**

lead·er·ship B1 /líːdərʃìp リーダシプ/ 名 (複 **leaderships** /líːdərʃìps/)

❶ U **指導者の立場[地位]; 指導; 指導力, リーダーシップ**

- under the **leadership** of the party 党の指導のもとに
- He lacks **leadership**. 彼には指導力が欠けている

❷ C **指導部(の人たち)**

- party **leadership** 党指導部

lead·ing B1 /líːdiŋ リーディング/ 形 (! 名詞の前に用いる) **主要な, おもな; 一流の; 指導的な;** (競争などで)**先頭の**

- a **leading** actor [man] 主演男優
- play the **leading** role in the play その劇で主役を演じる
- a **leading** company 一流企業
- a **leading** hitter 首位打者

léading árticle 名 C 《英》(新聞の)**社説** (=《米》editorial); 《米》(新聞などの)**トップ記事** (=lead)

léading quéstion 名 C 《法律》**誘導尋問**

lead·off /líːdɔ̀f リードフ/ 名 C **開始, 着手**; 《野球》**1番打者**

leaf A1 高

/líːf リーフ/ 名 (複 **leaves** /líːvz/)

❶ C (木や草の)**葉**; U 《集合的》(茂った)**葉**

- dead [dry] **leaves** 枯れ葉
- fallen **leaves** 落ち葉
- The **leaves** have turned yellow. 葉が黄色く色づいた

❷ C (本の紙)**1枚** (! 両面2ページ分)

❸ C (折りたたみテーブルの)**自在板**

❹ U (金・銀などの)**箔**(はく)

shake like a leaf (恐怖などで)ぶるぶるふるえる

turn over a new leaf 新しいページをめくる; 心を入れ替える, 生活を一新する

— 動 (三単現 **leafs** /líːfs/; 過去・過分 **leafed** /líːft/; 現分 **leafing**) 自 (本を)**ぱらぱらとめくる,** 〔…に〕**ざっと目を通す** 《*through*》 派生 **leafy** 形

leaf·let B2 /líːflət リーフレト/ 名 C
❶ 小さい葉, 小さな若葉
❷ (広告の)ちらし, ビラ; 小冊子(さっし)

leaf·y /líːfi リーフィ/ 形 (比較級 **leafier**; 最上級 **leafiest**) 葉の茂った, 葉の多い; 葉状の 派生 **leaf** 名

league B1 高 /líːg リーグ/ 名
(複 **leagues** /líːgz/) C
❶ (野球などの)競技連盟, リーグ
• the major [minor] **league** メジャー[マイナー]リーグ
❷ 同盟, 連盟
• the **League** of Nations 国際連盟 (1919–46) ⇨**United Nations**

in league with ... …と同盟[連盟]して; …と結託して

leagu·er /líːgər リーガ/ 名 C 連盟の加入者[団体, 国家]; (野球)連盟の選手
• a major **leaguer** (米国プロ野球の)大リーガー ⇨**major league**

leak B2 /líːk リーク/ 名 C ❶ (水・ガス・空気などの)漏れ, 漏れたもの; 漏れ口
❷ (秘密などの)漏洩(ろうえい), リーク
━ 動 ❶ 自 (容器などが)漏る, (水などが)漏れる; 他 (水などを)漏らす
❷ 自 (秘密などが)漏れる《*out*》; 他 (秘密などを)漏らす

leak·age /líːkidʒ リーキヂ/ 名 U (液体・気体などが)漏れること; UC (秘密などの)漏洩(ろうえい)

leak·y /líːki リーキ/ 形 (比較級 **leakier**; 最上級 **leakiest**) 漏れる; 漏れやすい

lean[1] B2 高 /líːn リーン/ 動 (三単現 **leans** /líːnz/; 過去・過分 **leaned** /líːnd/, **leant** /lént/; 現分 **leaning**)
❶ 自 上体を曲げる; 傾く; 他 傾ける
• **lean** forward [back] 前かがみになる[そりかえる]
❷ 自 〔…に〕もたれる, 寄りかかる《*against, on, over*》; 他 〔…に〕もたせかける《*against, on*》
• **lean against** the wall 壁にもたれる
❸ 自 文型 [**lean on** [**upon**] **A**] A に頼る, Aを当てにする
━ 名 《単数形で》傾き, 傾斜

lean[2] B1 /líːn リーン/ 形 (比較級 **leaner**; 最上級 **leanest**) ❶ やせた (↔**fat**)
❷ (肉などが)脂肪(しぼう)のない, 赤身の
❸ (土地などが)不毛な
━ 名 U (脂肪のない)赤身 (❗「あぶら身」は fat)

lean·ing /líːniŋ リーニング/ 形 傾いている

Léaning Tówer of Písa 名 《the をつけて》ピサの斜塔(しゃとう)

leant /lént レント/ (発音 lent (lend の過去分詞)と同音) 動 leanの過去形・過去分詞

leap B1 /líːp リープ/ 動 (三単現 **leaps** /líːps/; 過去・過分 **leaped** /líːpt, lépt/, **leapt** /líːpt, lépt/; 現分 **leaping**)
❶ 自 とぶ, はねる; 他 とび越す
• Look before you **leap**. 《ことわざ》とぶ前によく見よ (❗「物事はよく考えてから行え」という意味)
❷ 自 とぶように動く
❸ 自 〔ある状態に〕急になる《*in, into*》; (物価などが)急上昇する

leap at ... 〔機会など〕に飛びつく
leap out 突然現れる
━ 名 (複 **leaps** /líːps/) C
❶ 跳躍, とぶこと; 躍進
• take [make] a **leap** とぶ, はねる
❷ 急騰, 飛躍的増加

by leaps and bounds とんとん拍子に

leap·frog /líːpfrɔ̀ːg リープフローグ/ 名 U 馬とび

leapt /líːpt リープト, lépt レプト/ 動 leapの過去形・過去分詞 (❗おもに《英》)

léap yèar 名 UC うるう年 (❗「平年」は a common year という)

learn A1 中

/lə́ːrn ラーン/ 動 (三単現 **learns** /lə́ːrnz/; 過去・過分 **learned** /lə́ːrnd/, 《英》 **learnt** /lə́ːrnt/; 現分 **learning**)

> 意味マップ
> ❶ 学ぶ; 覚える; …できるようになる
> ❷ 知る
> ❸ 暗記する

❶ 他 自 学ぶ, 習う; 覚える; 身につ

ける
- **learn** ten words a day 1日に10語覚える
- English grammar is not **learned** easily. 英文法を学ぶのは簡単ではない (← 英文法はたやすく学べない)
- The best way of **learning** [to **learn**] a foreign language is to live in the country where it is spoken. 外国語を学ぶいちばんよい方法はそれが話されている国に住むことだ

文型 [**learn how to** *do*] …の仕方を覚える[習う]
- **learn how to** *swim* 泳ぎ方を習う

文型 [**learn to** *do*] …することを学ぶ; …できるようになる
- **learn to** *communicate* in English 英語で意思を通じ合えるようになる
- You'll **learn to** *ski* in a week or so if you practice every day. 毎日練習すれば1週間かそこらでスキーできるようになるでしょう

文型 [**learn wh-...**] …かを学ぶ
- **learn what** to do in case of fire 火事のときどうすればよいか教わる

どっち
learn と study
learn は勉強したり練習したりして「知識・技術を身につける, 覚える」こと, **study** はある知識を得るために「勉強する, 研究する」過程が意味の中心:
My brother is **learning** to drive. 私の兄は車の運転を習得中です
He **studies** many hours every day, but he doesn't **learn** anything. 彼は毎日何時間も勉強するが, 何も覚えない

❷ 他自 知る, 聞く
- **learn from** experience 経験によって知る
- I **learned about** the accident from the TV news. 事故のことはテレビのニュースで知りました

文型 [**learn that ...**] …ということを知る
- I **learned** from his letter **that** he was in America. 私は彼の手紙で彼がアメリカにいることを知った

❸ 他 暗記する, 覚える
- Have you **learned** the lines of the play? 劇のせりふを暗記しましたか

learn ... by heart …を暗記する
learn** one's **lesson 身にしみてわかる; (一度失敗して)こりる
learn the hard way 失敗から学ぶ

learn·ed /lə́ːrnəd ラーネド/ (発音 learn の過去形・過去分詞との違いに注意) 形
❶ 学問のある, 博学な; 《**the learned**》有識者
- a **learned** man 博識の男, 学者

❷ 専門家向けの, 学問上の

learn·er A2

/lə́ːrnər ラーナ/
名 (複 **learners** /lə́ːrnərz/) C
学習者, 学ぶ人; 初心者; 弟子
- a slow **learner** 飲み込みの悪い人

learn·ing B2 高 /lə́ːrniŋ ラーニング/ 名 U 学問, 学識; 学ぶこと, 学習
- a person of great **learning** 学識豊かな人
- A little **learning** is a dangerous thing. 《ことわざ》中途半端な知識は危険なものだ (❗「生兵法(なまびょうほう)は大けがのもと」に相当)

— 動 learn の現在分詞・動名詞

léarning disabìlity 名 C 学習障害 (◆読み書きなどの障害; LDと略す)

learnt /lə́ːrnt ラーント/ 動 《英》 learn の過去形・過去分詞

lease B2 /líːs リース/ 名 U C 賃貸借(ちんたいしゃく)契約, リース
— 動 他 リースする; 貸す; 借りる

leash B2 /líːʃ リーシュ/ 名 C (犬などにつける)引き綱, 革ひも; U 抑制
— 動 他 (革ひもで)つなぐ; 束縛する

least A2 高

/líːst リースト/ 形 (❗ little の最上級)《ふつう **the least ...**》(量・程度が)いちばん少ない, 最少の (↔**most**)
- Who did **the least** work? いちばん仕事をしなかったのはだれだ (←だれが最少の

仕事をしたか)

- There isn't **the least** wind today. きょうはほんの少しの風もない

— 副 最も少なく, いちばん…でない (↔**most**)

- I like mathematics **least**. 私は数学が最もきらいだ (←数学を最も少なく好む)
- It is the **least** important thing. それはいちばん重要でない事だ
- He works the **least** and gets the most. 彼はいちばん働かなくていちばんもらっている

least of all もっとも…でない, とくに…でない (! ふつう否定文のあとで)

- I like English **least of all**. 私は英語がいちばん嫌いだ

not least 《文章》 少なからず, 大部分; とりわけ

— 代 《ふつう **the least**》 **いちばん少ないもの, 最少** (↔**most**)

- I had very little money, but John had **less** and Bob had **the least**. ぼくはほんの少ししかお金を持っていなかったが, ジョンはぼくより少ししか持っておらず, ボブにいたってはいちばん少ししか持っていなかった
- **The least** I can do is to be with my child. 私にできるせめてものことは, 子どもといっしょにいてやることです

at least 少なくとも (↔**at most**); とにかく

- You must sleep **at least** eight hours. 君は少なくとも8時間眠らなければならない

not in the least 少しも…ない, まったく…ない

to say the least (***of it***) 控え目に言っても

leath·er A2 高

/léðər レザ/ 名 (複 **leathers** /léðərz/) U なめし革, 皮革; C 革製品

— 形 革製品の; なめし革の

- a **leather** belt 革のベルト

派生 **leathery** 形

leath·er·y /léðəri レザリ/ 形 革のような; 革のようにじょうぶな

leave[1] A1 中

/líːv リーヴ/ 動 (三単現 **leaves** /líːvz/; 過去・過分 **left** /léft/; 現分 **leaving**)

共通イメージ ある場所から[そのままにして]離れる

意味マップ

- ❶ (…)を去る
- ❷ 残す, 置いて行く
- ❸ AをCの状態にしておく
- ❹ 置き忘れる
- ❺ やめる; 卒業する
- ❻ 預ける; 任せる

❶ 他自 〔…へ向けて〕(…を)去る, 離れる《*for*》

- **leave** Japan **for** America 日本をたってアメリカへ向かう
- When do you **leave** Paris? 君はいつパリをたつのですか
- We are **leaving for** Paris tomorrow. 私たちはあしたパリに向けてたちます (! 「近い未来」を表す現在進行形の文)
- The train **leaves** in five minutes. 電車はあと5分で発車します
- I usually **leave** home [the house] at eight. 私はたいてい8時に家を出ます
- He **left** home at the age of 17. 彼は17歳のときに家を出た

❷ 他 **残す, 置いて行く**; (妻子・財産などを)**残して死ぬ**

- 3 from 10 [10 minus 3] **leaves** 7. 10から3を引くと7が残る
- If you don't like the carrot, just **leave** it. ニンジンがいやなら残しておきなさい
- There is no wine **left** in the bottle.

びんにはワインが全然残っていない (❗過去分詞 left (残された)は wine を修飾する)

文型 [**leave A B** = **leave B for** [**to**] **A**] BをA(のため)に置いて行く, 残す

• **Leave** Ken the rest of the cake. = **Leave** the rest of the cake **to** Ken. ケーキの残りはケンにとっておけ

• Mozart **left** us a lot of beautiful music. モーツァルトは私たちに美しい音楽をたくさん残してくれた

❸ 文型 [**leave A C**] **AをCの状態にしておく** (❗Cは形容詞, 過去分詞, to 不定詞) ⇨**keep** ❷

• **Leave** the door open. ドアをあけっぱなしにしておいて

• Don't **leave** the water running. 水を出しっぱなしにしないで

• **Leave** the rice to cook for 30 minutes. 米は30分おいてたき込みます

❹ 他 **置き忘れる**

• I have **left** my camera (behind) in the bus. 私はカメラをバスに置き忘れて来た ⇨**forget** ❸

❺ 他 (仕事・学校などを)**やめる** (=quit); 他自 《英》(学校を)**卒業する**

• **leave** the company 会社をやめる

• **leave** school [college] 学校[大学]をやめる

• She'll **leave** the softball team. 彼女はソフトボール部をやめるでしょう

❻ 〔…に〕**預ける** 《*with*》; 〔…に〕**任せる, ゆだねる** 《*to*》

• **Leave** it **to** me. I'll sort it out. 私にまかせて. 何とかするから

• I **left** the cooking **to** my brothers. 料理は兄たちにまかせました

leave ... alone …をそのままにしておく • **Leave** me **alone.** ほっておいて. ひとりにして

• **Leave** my things **alone.** 私のものに触らないで

leave aside ひとまず置いておく

• **Leaving aside** ... …はさておき

leave behind 置き忘れる; 置き去りにする; (名声や遺産などを)あとに残す

• I was **left behind.** 私は置き去りにされた

leave off (…するのを)やめる; 終わる; 脱ぐ • Let's pick up where we **left off.** 前回終わった場所から始めよう

leave out ぬかす, 省く, 除く; 考えに入れない

• You **left out** the comma in the sentence. 君は文の中のコンマをぬかした

• She felt very **left out** when she was not invited to the party. パーティーに呼ばれなかったので彼女はひどく疎外感を感じた

leave over 《**be left over**》残っている • There's no money **left over.** もう残っているお金はない

まぎらわしい語› 単語力

(**1**) leave の三単現 leaves は leaf (葉)の複数形 leaves と同形

(**2**) leave の過去形・過去分詞 left は「左」の意味の left と同形

使えるコーパスフレーズ

leave＋名詞

(**1**) *leave* home 家を出る

(**2**) *leave* a message メッセージを残す

(**3**) *leave* room for ... …の入る余地を残す

leave＋名詞＋形容詞

(**1**) *leave* me alone 私をひとりにする

(**2**) *leave* the door open ドアを開けっ放しにする

(**3**) *leave* your hands free 手に何も持たないようにする

ワンポイント・アドバイス›

leave のおもな用法は「去る」という他動詞. 「家を出る」はふつう leave from the house ではなく leave the house と言う

leave はうしろに場所がくると「その場所から離れる」という意味になるが, leave a message のように「もの」がくると「ものを置いていく, 残していく」という意味になるので, この点に注意して leave を使いこなそう!

ネイティブはこういう!›

I think I left my wallet behind in my room. 部屋に財布を忘れてきたと思う

Leave her out of this. 彼女は巻き込まないでくれ
If you don't like it, just leave it. (食べものなどを)いやなら残しておいてね
Leave it to me. 私に任せなさい

leave[2] B1 /líːv リーヴ/ 名 (複 **leaves** /líːvz/) ❶ C (許可された)休暇 (=holiday) ❷ U (特に休みを取る)許可, 許し ❸ U 別れ; いとまごい

on leave 休暇で, 休暇中で

take one's leave (of ...) (…に)いとまごいをする

leav·en /lévən レヴェン/ 名 U 酵母, イースト; 徐々に活気を与えるもの
— 動 他 酵母[イースト]を加える

leaves[1] /líːvz リーヴズ/ 名 leaf の複数形

leaves[2] /líːvz リーヴズ/ 動 leave[1]の三人称単数現在形

leav·ing /líːviŋ リーヴィング/ 動 leave[1]の現在分詞・動名詞

Leb·a·non /lébənən レバナン/ 名 レバノン《◆地中海東岸の共和国; 首都ベイルート(Beirut)》

lec·tern /léktərn レクタン/ 名 C (教会の)聖書台

lec·ture B1 高 /léktʃər レクチャ/ 名 (複 **lectures** /léktʃərz/) C ❶ 講義, 講演
• attend a **lecture** 講義[講演]を聞く
❷ (子どもなどへの)お説教, 小言
— 動 (三単現 **lectures** /léktʃərz/; 過去・過分 **lectured** /léktʃərd/; 現分 **lecturing**)
❶ 講義[講演]をする
❷ お説教する, 小言を言う (=scold)

lec·tur·er B2 /léktʃərər レクチャラ/ 名 C 講演者, 講義する人; (大学などの)講師

led /léd レド/ 動 lead[1]の過去形・過去分詞

ledge /lédʒ レヂ/ 名 C (壁から突き出た)棚, 出っ張り; 岩棚

ledg·er /lédʒər レヂャ/ 名 C 《簿記》元帳, 原簿

leech /líːtʃ リーチ/ 名 C ❶《動物》ヒル《◆環形動物で他の動物の血を吸う》
❷ ヒルのような人; 高利貸し

leek B2 /líːk リーク/ 名 C 《植物》リーキ, ポロネギ《◆茎が太い》

leer /líər リア/ 名 C 横目, 流し目, 色目
— 動 自 〔…を〕横目[流し目]で見る《*at*》

lee·way /líːwèi リーウェイ/ 名 U (時間・金銭などの)余裕, 余地; 《海事》風圧(差)《◆船が風で流される進路のずれ》

left[1] A1 中

/léft レフト/ 形 (比較級 **lefter**, **more left**; 最上級 **leftest**, **most left**)
❶ 左の, 左側の (↔**right**) (❗この意味では比較変化なし) (❗名詞の前に用いる)
• the **left** hand 左手, 左側
• We made [took] a **left** turn at the corner. 私たちは角を左折した
❷ (政治的な)左派の, 左翼の (↔**right**)
— 副 左へ, 左の方に (↔**right**)
• [CAN-DO Tips 道案内する] Turn **left** at the corner, and you'll find the building on your **left**. 角を左折すると, そのビルは左手に見えます
— 名 (複 **lefts** /léfts レフツ/)
❶ U 《ふつう **the** [*one's*] **left**》左, 左側 (↔**right**) • to **the left** 左の方へ
• on [at] **the left** 左方に, 左側に
• sit on [at] his **left** 彼の左にすわる
• In Britain people drive on **the left**. 英国では車は左側を走ります
• Keep to **the left**. 《掲示》左側通行 (❗Keep left. ともいうがこの left は副詞)
❷ C 左へ曲がること, 左折
❸ U 《**the Left**》《単数・複数扱い》(政治的な)左派, 左翼 (↔**the Right**)
❹ C 《野球》レフト, 左翼 (↔**right**)

left[2] /léft レフト/ 動 leave[1] の過去形・過去分詞

léft fíeld 名 C 《野球》レフト, 左翼

left-hand A2

/léfthæ̀nd レフトハンド/ 形 (❗比較変化なし) 左の; 左手(用)の, 左側(へ)の, 左の方への (❗名詞の前に用いる) (↔**right-hand**)

lèft-hánded 形 左ききの, 左手でする; 左きき用の; 左回りの (↔**right-handed**)

left-hand·er /léfthǽndər レフトハンダ/

名C 左利きの人; 左のパンチ; 左で打つこと (↔right-hander)

left·o·ver /léftòuvər レフトウヴァ/ 名C《ふつう **leftovers**》(特に食事の)残り物, 食べ残し ━形 食べ残しの

léft wíng 名《the をつけて》《集合的》《単数・複数扱い》左翼(の人たち), 左派; UC《スポーツ》レフト(の選手)
━形 左翼の

leg A1中

/lég レグ/ 名(複 **legs** /légz/) C
❶(人・動物などの)足, 脚; すね
• stand on one **leg** 片足で立つ
• She broke her right **leg**. 彼女は右足を骨折した

コロケーション
形+**leg**
long [short] *legs* 長い[短い]足
slender *legs* すらっとした足
a broken *leg* 骨折した足
hairy *legs* 毛深い足
an artificial *leg* 義足
front [hind] *legs* (動物の)前[後ろ]足

似ている単語
脚と足－**leg** と **foot**
leg はももの付け根から下全部, あるいは足首まで, **foot** は足首から下の部分をいう: ⇨ **foot** 図
cross *one's* **legs** 足を組む
She stepped on my **foot**. 彼女がぼくの足を踏んだ

❷(テーブル・いすなどの)脚; 支柱
❸《**legs**》(ズボンの)脚の部分; また下

be* (*up*) *on one's legs (演説などのために)立っている; (長時間)立ち続ける; (病気のあと)歩けるようになる
find one's legs (幼児が)立って歩けるようになる; (社会で)ひとり立ちする
get A back on A's legs Aの健康を回復させる; Aを経済的に立ち直らせる
get* (*up*) *on one's hind legs 激怒する
not have a leg to stand on (依るべき)正当な根拠を欠く
on one's last legs 死にかかって; 行き詰まって; こわれかかって
pull A's leg Aをからかう; だます
stand on one's own legs (人に頼らず)独立している
stretch one's legs (長く座ったあとで)散歩する

leg·a·cy /légəsi レガスィ/ 名(複 **lega·cies** /légəsiz/) C (遺言に基づく)遺産, 遺贈(物); 先祖から受け継いだもの

le·gal B1 /lí:gəl リーガル/ 形
法律(上)の; 合法の (↔**illegal**); 法定の
• the **legal** system 法制度
• take **legal** action against ... …を告訴する • **legal** advice 法律についての助言
派生 **law** 名; 派生 **legally** 副

le·gal·i·ty /li:gǽləti リーギャリティ/ 名U 合法性, 適法 (↔**illegality**)

le·gal·ize /lí:gəlàiz リーガライズ/ 動他 合法化する; 法律上で公認する

le·gal·ly B1 /lí:gəli リーガリ/ 副 法律上, 合法的に (↔**illegally**); 法律的に(は)
派生 **legal** 形

légal ténder 名U 法定貨幣, 法貨

le·ga·tion /ligéiʃən リゲイション/ 名C《集合的》公使館員; 公使館

leg·end B2 /lédʒənd レヂェンド/ (×レチェンド) 名
❶C 伝説, 言い伝え; U 伝説文学
• an ancient **legend** 古くからの言い伝え
❷C 伝説的人物, 著名な人
❸C (硬貨・メダルなどに刻んだ)銘(めい)
派生 **legendary** 形

leg·end·a·ry B2 /lédʒəndèri レヂェンデリ/ 形 伝説上の; 伝説的な
派生 **legend** 名

leg·gings /léginz レギングズ/ 名《複数扱い》レギンス; ゲートル

leg·i·ble /lédʒəbl レヂブル/ 形 (筆跡などが)読みやすい, 読み取れる
légibly 副 読みやすく; 読み取れるように

le·gion /lí:dʒən リーヂョン/ 名C
❶(古代ローマの)軍団; 軍勢, 軍隊
❷《文章》多数, 無数

leg·is·late B2 /lédʒəslèit レヂスレイト/ 動 自 法律を制定する; 法律で規制する
派生 **legislation** 名

leg·is·la·tion B2 /lèdʒəsléiʃən レヂスレイション/ (発音 legislate とのアクセントの違いに注意) 名 U ❶ 法律 《♦制定された法の全体をさす》 ❷ 立法, 法律制定
派生 **legislate** 動

leg·is·la·tive B2 /lédʒəslèitiv レヂスレイティヴ/ 形 立法の; 立法権のある ⇨**executive, judicial**

leg·is·la·tor B2 /lédʒəslèitər レヂスレイタ/ 名 C 法律制定者, 立法者; 立法府の議員 《♦国会議員や州議会議員》

leg·is·la·ture B2 /lédʒəslèitʃər レヂスレイチャ/ 名 C 立法府, 立法機関 《♦米国の Congress, 英国の Parliament, 日本の Diet など》; 《米》 州議会

le·git·i·ma·cy /lidʒítəməsi リヂティマスィ/ 名 U 合法性; 正当性; 嫡出(ちゃくしゅつ)であること

le·git·i·mate B2 /lidʒítəmət リヂティメト/ 形 合法の (=legal); 正当と認められる; 嫡出(ちゃくしゅつ)の (↔**illegitimate**)
— /lidʒítəmèit リヂティメイト/ 動 (= legitimize)

le·git·i·mize /lidʒítəmàiz リヂティマイズ/ 動 他 合法化する; 嫡出(ちゃくしゅつ)と認める

lei /léi レイ/ 名 C レイ 《♦ハワイで歓迎のため観光客などの首にかける花輪》

lei·sure A2

/líːʒər リージャ | léʒə レジャ/ 名 U 余暇, レジャー; 暇; 《形容詞的》 暇な, 余暇の
• enjoy a life of **leisure** 働かないでのんびり暮らす (■ ×a leisure, ×leisures としない)
• **leisure** wear 遊び着
• What do you do in your **leisure** (time)? 暇なときには何をしていますか
日英比較 日本語の「レジャー」は「娯楽(活動)」の意味だが, leisure は「仕事から解放された自由な時間」のことなので, Fishing is my favorite pastime (×leisure). (釣りは私の大好きなレジャーです)のように英語ではいう

at leisure 暇で; ゆっくり, 急がずに
at** one's **leisure 暇な時に, 都合のよい時に

lei·sure·ly B2 /líːʒərli リージャリ/ 形 ゆっくりした; ゆったりした

lem·on A2 高

/lémən レモン/ 名 (複 **lemons** /lémənz/)
❶ C 《植物》 レモン; レモンの木
• squeeze a **lemon** レモンをしぼる
❷ U レモン汁; レモン色
❸ C 《俗語》 欠陥品; だめな人 (■ レモンの味がすっぱいことから)

lem·on·ade A2 高

/lèmənéid レモネイド/ 名 U レモネード

lend A2 高

/lénd レンド/ 動 (三単現 **lends** /léndz レンヅ/; 過去・過分 **lent** /lént/; 現分 **lending**)
❶ 他 貸す, 貸し出す (↔**borrow**); 自 金を貸す; 文型 [**lend A B** = **lend B to A**] A(人)に B を貸す
• **lend** him money = **lend** money **to** him 彼に金を貸す
• Can you **lend** me your car? 君の車を貸してくれませんか
会話 “Who **lent** you this camera?” “Jack **lent** it **to** me.” 「だれが君にこのカメラを貸してくれたのですか」「ジャックがそれを私に貸してくれました」

似ている単語
貸す－lend と rent
lend は本, お金などのように持ち運びできるものを無料または有料で貸す場合, **rent** は家や車などを有料で貸す場合に使う. rent には「有料で借りる」という意味もある: ⇨**borrow** 似ている単語
lend a car (友達などに)車を貸す
rent a car (レンタカー会社が客に)車を貸す

❷ 他 文型 [**lend A B** = **lend B to A**] A(人・事業など)に B(力など)を貸す ⇨成句 **lend ... a (helping) hand**
❸ 他 〔…に〕(趣などを)添える, 加える

《*to*》

lend ... a (helping) hand 〔…のことで〕…に手を貸す《*with*》

lend (...) an ear (…に)耳を貸す

lend itself to ... …に適している，…に向いている

lend out (書物などを)貸し出す

lend·er /léndər レンダ/ 名C 貸す人，貸し手，貸し主 (↔**borrower**)

length B1 高 /léŋθ レングス/ 名 (複 **lengths** /léŋθs/) ❶UC (物の)**長さ，丈**(たけ); **縦** (❗「幅」は breadth, width)

- the **length** of my arm 私の腕の長さ
- the **length** of the pants ズボンの丈
- It is 20 meters in width and 30 meters in **length**. それは幅[横]20メートル，長さ[縦]30メートルです
- The **length of** the river is 400 miles. = The river is 400 miles **in length**. その川は長さが400マイルある (= The river is 400 miles **long**.)

参考› 部屋などの四角いものの長さ，幅をいうときは，ふつう長いほうに length (長さ)，短いほうに width (幅)を使う. 形容詞の long と wide も同じ関係

❷UC (時間の)**長さ，期間**，(本・話・音などの)**長さ**

- the **length** of my stay [this novel] 私の滞在期間[この小説の分量]

❸C 《ボートレース》**挺身**; 《競馬》**馬身**

❹C (規格・目的などに合った)**長さ**

at full length 十分に; 全身を伸ばして

at length ついに，ようやく; 詳細に，長々と

go to any length to do …するためにはどんなことでもする

go to the length of doing …までする; …するほどまでになる

the length and breadth of ... …のあらゆるところへ，…をくまなく

派生 **long**[1], **lengthy** 形

派生 **lengthen** 動

length·en B2 /léŋθən レングスン/ 動 他 長くする，のばす; 自 長くなる，のびる (↔**shorten**) 派生 **length** 名

length·ways /léŋθwèiz レングスウェイズ/ 副 (=lengthwise)

length·wise /léŋθwàiz レングスワイズ/ 副 縦に

length·y B2 /léŋθi レングスィ/ 形 (比較級 **lengthier**; 最上級 **lengthiest**) **長ったらしい; くどい** 派生 **length** 名

le·ni·en·cy /lí:niənsi リーニエンスィ/ 名U 慈悲，寛大

le·ni·ent /lí:niənt リーニエント/ 形 **寛大な，情け深い**

lens 高 /lénz レンズ/ 名C **レンズ**; (眼球の)**水晶体**

- a contact **lens** コンタクトレンズ

Lent /lént レント/ 名 《キリスト教》**四旬節** (◆Ash Wednesday (灰の水曜日)から Easter (復活祭)までの40日間)

lent /lént レント/ (発音 leant (lean の過去形・過去分詞)と同音) 動 **lendの過去形・過去分詞**

len·til /léntil レンティル/ 名C 《植物》**レンズマメ，ヒラマメ** (◆種子は食用)

Le·o /lí:ou リーオウ/ 名 (複 **Leos** /lí:ouz/) 《天文》**しし座**; 《占星》**しし座[宮]**; C **しし座生まれの人** (◆7月23日から8月22日生まれ)

Le·o·nar·do da Vin·ci /lì:əná:rdou də víntʃi リーオナードウ ダ ヴィンチ/ 名 **レオナルド・ダ・ビンチ** (1452-1519) (◆イタリアの画家・建築家・科学者)

leop·ard B2 /lépərd レパド/ 名C 《動物》**ヒョウ** (◆panther ともいうが，panther はふつうクロヒョウ (black leopard) をさす)

le·o·tard /lí:ətà:rd リーオタード/ 名C **レオタード** (◆体操選手などが着る体にぴったりした服)

lep·er /lépər レパ/ 名C 《医学》**ハンセン病患者**

lep·ro·sy /léprəsi レプロスィ/ 名U 《医学》**ハンセン病**

les·bi·an /lézbiən レズビアン/ 形 (女性間の)**同性愛の，レズビアンの**

— 名C **同性愛の女性**

le·sion /lí:ʒən リージョン/ 名C **傷害，損傷**; (体の組織・機能の)**障がい**

Le·so·tho /ləsóutou レソウトウ/ 名 レソト《◆アフリカ南部の王国; 首都マセル(Maseru)》

less A2 高
/lés レス/ 形 (❶little の比較級)
(量・程度が)**いっそう少ない** (❶数えられない名詞に用いる) (⇔**more**)
- I take **less** sugar than before. 前にくらべて砂糖をとる量が少ない
- **Less** noise, please! どうかもう少し静かにしてください
- You should eat **less** meat and **more** vegetables. 君は肉を減らして野菜をもっと食べなさい (←もっと少ない肉ともっと多くの野菜を食べるべきだ)

比較 Today we have **fewer** passengers than yesterday. 今日は昨日に比べて乗客の数が少ない (❶「less+数えられない名詞」で量が少ないこと, 「fewer+数えられる名詞」で数が少ないことを表す; more (多い)はどちらにも使う)

━代 **いっそう少ない量[額]** (⇔**more**)
- I finished the work in **less** than an hour. 私は仕事を1時間足らずで終えた

━副 **いっそう少なく** (⇔**more**)
- Computers are **less** complicated than before. コンピュータは以前ほどむずかしくない
- If you work **less**, you'll get **less** money. 働きが少なくなればもらうお金も少なくなります

less and less ... だんだん少なく…, ますます…でなく
- I became **less and less** worried about it. その事について私はだんだん心配しなくなった

less than ... …より少ない, 決して…でない • It takes **less than** five minutes to get to the station. 駅に着くのに5分もかからない

more or less 多少, 多かれ少なかれ, いくぶん

much [still] less ... ましてや…でない (❶否定表現に続いて用いる) ⇨**much [still] more** (**more** 成句)
- He cannot read English, **much less** German. 彼は英語が読めない, ましてやドイツ語はなおさら読めない

no less than ... …と同じだけの; …ほどたくさん; …も同然; …と同様に
- She ate **no less than** seven hamburgers. 彼女はハンバーガーを7つも食べた
- He is **no less than** a genius. 彼はまさに天才だ

no [not] less A than B Bと同じかそれ以上にA, Bに劣らずA
- She is **no less** beautiful **than** her mother. 彼女は彼女の母に劣らず美しい

none the less (for ...) それでもなお; (…にも)かかわらずやはり (❶nonetheless と1語でつづる場合もある)

nothing less than ... …にほかならないもの; …も同然のもの

not less than ... …以下ではない, 少なくとも… • They have **not less than** ten children. 彼らには少なくとも10人の子どもがある

━前 …だけ減じた, …だけ不足した

-less 接尾 「…のない」(❶形容詞)

less·en B1 /lésən レスン/ (発音 lesson と同音) 動 (三単現 **lessens** /lésənz/; 過去・過分 **lessened** /lésənd/; 現分 **lessening**) 他 **少なくする, 減らす; やわらげる**; 自 **少なくなる, 減る; やわらぐ**

less·er /lésər レサ/ 形 (より)小さいほうの; 劣るほうの (❶名詞の前に用いる)
━副 より少なく

lésser pánda 名 C 《動物》レッサーパンダ

les·son A1 中
/lésən レスン/ (発音 lessen と同音)
名 (複 **lessons** /lésənz/) C
❶ (学校の)**授業; レッスン, 習いごと**
- an English **lesson** 英語の授業
- We have four **lessons** in the morning. 午前中に4時間授業がある
- I take [have] piano **lessons** from Miss Mori every week. 私は毎週森先生にピアノのレッスンを受けています

❷ (生活・体験などを通して学ぶ)**教訓**
- learn a good **lesson** よい教訓を得る

❸ (教科書・指導書の)…**課, レッスン**
- **Lesson** 10 第10課 (! 読み方: ten)

lest B2 /lést レスト/ 接 《文章》…**しないように, …するといけないから**

let[1] A1 高

/lét レト/ 動 (三単現 **lets** /léts レツ/; 過去・過分 **let**; 現分 **letting**) (! 原形・過去形・過去分詞ともに同形であることに注意) 他

❶ 文型 [**let A** *do*] (したいように)A(人など)に…**させる**; A(物)が…**するにまかせる**
- **let** him *go* (行きたければ)彼に行かせる
- **let** a bird *fly* away 鳥を放してやる
- Don't **let** the fire *go* out. 火が消えないようにしろ (←火を消えさせるな)
- He **let** nobody *see* it. 彼はだれにもそれを見せなかった (! この let は過去形)
- She **let** her boy *go* alone. 彼女は息子がひとりで行くのを許した
- **Let** me [us] *help* you with your work. 私[私たち]にお仕事を手伝わせてください (! Let me [us] *do* ... は相手に申し出る言い方; この意味では Let us ... で ×Let's ... としない)

❷ 《英》(お金を取ってある期間, 家・部屋などを)**使わせる, 貸す** (=rent[1]) ⇨**lend**
- **let** a house 家を貸す
- To **Let** (広告・張り札で)貸家[貸間, 空室など]あり ⇨**rent**[1]

let alone ... …は言うまでもなく, …はもちろん ⇨**alone** (成句)

let ... alone …を(かまわないで)ほうっておく, …をそのままにしておく (=leave alone)
- You may **let** it **alone**. それはそのままにしておいていいよ

let ... be …をそのままにしておく, …をほうっておく
- **Let** it [him] **be**. それはそのままに[彼をそっと]しておきなさい
- **Let** me **be**. 私にかまわないで

let down 下げる, 降ろす; 見捨てる, 失望させる, 裏切る; 空気を抜く
- Don't **let** me **down** as he did. 彼のように私を裏切らないでください

let go 手を放す; 自由にする, 行かせる; 解雇する
- **let** the suspect **go** 容疑者を釈放する

let oneself go 思いのままにふるまう, 羽目をはずす; なりふり[身なり]をかまわない

let go of ... …から手を放す

let in 中に入れる
- Please **let** me **in**. どうぞ中に入れてください

let ... know …に知らせる
- I'll **let** you **know** by phone. 電話でお知らせします

Let me see. = Let's see. **えーと, はてな, そうですね** (! 話の途中で何かを思い出そうとしたり, 答えられないで考えるときなどのつなぎことば)

let off (銃などを)発射する, (花火などを)打ち上げる; 放出する; (仕事・罰などから人を)解放してやる; 乗り物から降ろす

let A off B A(人)を B(罰・義務など)から放免する; A(人)を B(乗り物)から降ろす

let on ① 《ふつう否定・疑問・条件文で》〔…について〕口外する, 秘密をもらす 《*about*》; 〔…ということを〕口外する 《*that ..., wh- ...*》
② 〔…であるという〕ふりをする 《*that*》; 〔…する〕ふりをする 《*to do*》

let out ① 外に出す
- **Let** the cat **out**. ネコを外に出してやりなさい

② (音・声を)出す ③ (秘密を)もらす
④ (ズボンのウエストなどを)広げる
⑤ (学校などが)終業する, (会が)閉会する

let A out of B AをBから出す

let's do …しよう, …しようじゃないか (! let's は let us を短くした形)
- **Let's** meet at 10 in front of the station. 10時に駅前で会おう

let's [let us] say たとえば, 言ってみれば

Let's see. (=Let me see.)

let up 《口語》弱まる, ゆるむ; (雨などが)やむ

let[2] /lét レト/ 名C (テニスなどで)レット《♦ネットに触れて入ったサーブ》

let·down /létdàun レトダウン/ 名C《口語》失望, 幻滅; 期待はずれのもの

le·thal /líːθəl リーサル/ 形 死をもたらす, 致死の

le·thar·gic /ləθɑ́ːrdʒik レサーヂク/ 形 無気力な, 不活発な, けだるい

leth·ar·gy /léθərdʒi レサヂ/ 名U 無気力, 不活発; 昏睡(こんすい)(状態)

let's 中 /léts レツ/ let us の短縮形 ⇨ **let's** *do* (**let**[1]の成句)

let·ter A1中

/létər レタ/ 名 (複 **letters** /létərz/)

意味マップ
❶ 手紙
❷ 文字
❸ 文学
❹ 文字どおりの意味

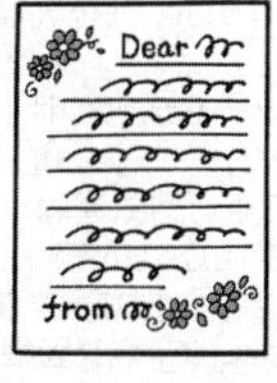

❶ C (ふつう封筒に入った)手紙, 書状 (「はがき」は postcard, (postal) card, 「封筒」は envelope)
- a fan [love] **letter** ファン[ラブ]レター
- **get** a **letter** from him 彼から手紙をもらう
- **write** a **letter** to him 彼に手紙を書く
- I **sent** a long **letter** to her. 彼女に長い手紙を出した
- His **letter says** that he'll come to Tokyo next month. 彼の手紙には来月東京に来ると書いてある

コロケーション
形+**letter**
a registered *letter* 書留の手紙
an express *letter* 速達の手紙
動+**letter**
address a *letter* 手紙にあて名を書く
answer [reply to] a *letter* 手紙に返事を出す
forward a *letter* 手紙を転送する
mail a *letter* (to ...) (…に)手紙を出す
open a *letter* 手紙をあける
seal a *letter* 手紙に封をする
stamp a *letter* 手紙に切手をはる

❷ C 文字, 字; 活字
- capital **letters** 大文字《♦A, B など》
- small **letters** 小文字《♦a, b など》

❸《letters》《単数・複数扱い》文学; 学問

❹ U《the letter》文字どおりの意味, 字義

to the letter 文字どおりに; 厳密に
by letter 手紙で

let·ter·box /létərbɑ̀ks レタバクス/ 名C《英》郵便受け; 郵便ポスト (=《米》mailbox)

létter càrrier 名C《米》郵便集配人 (=mail carrier)

let·ter·head /létərhèd レタヘド/ 名C レターヘッド(のある便箋(びんせん))《♦社名などを便箋上部に印刷したもの》

let·ter·ing /létəriŋ レタリング/ 名U 書かれた文字; (あるデザインの)文字を書くこと, レタリング

let·tuce B1高 /létəs レタス/ 名 (複 **let-tuces** /létəsəz/) UC《植物》レタス

let·up /létʌ̀p レタプ/ 名UC (力などの)減少; ゆるみ; 休止, 停止

leu·ke·mi·a, 《英》 **leu·kae·mi·a** /luːkíːmiə ルーキーミア/ 名U《医学》白血病

lev·ee /lévi レヴィ/ 名C《米》堤防

lev·el A2高

/lévəl レヴェル/ 名 (複 **levels** /lévəlz/) UC ❶ (能力・地位などの)水準, レベル
- a high **level** of employment 高い就業率

❷ (物事をとらえる)面, 観点
- on a personal **level** 個人のレベルでは
- on the economic **level** 経済の面では

❸ 水平; 水平面; 水位, 高さ

on the level 《口語》正直な[に], まっとうな[に]

— 形 ❶ 平らな, 水平な
● **level** ground 平らな土地
❷〔…と〕同じ高さの, 同程度の《*with*》

— 動 (三単現 **levels** /lévəlz/; 過去・過分 **leveled**, 《英》**levelled** /lévəld/; 現分 **leveling**, 《英》**levelling**)
❶ 他 平らにする, ならす; 平均化する; 自 平らになる ❷ 他 (建物などを)取り壊す; (人を)打ち倒す

level A at [against] B Bに向かってA(銃など)を構える; AについてBに非難を浴びせる

level off [out] 平らにする; 平らになる; 頭打ちになる, 落ち着く; 水平飛行に移る

lev·er /lévər レヴァ, líːvər リーヴァ/ 名 (複 **levers** /lévərz/) C てこ, レバー
— 動 他 てこで動かす

lev·er·age /lévəridʒ レヴァリヂ/ 名 U てこの作用[力]; 影響力

Le·vis, Le·vi's /líːvaiz リーヴァイズ/ 名《複数扱い》リーバイス《♦ジーンズの商標名》

lev·i·tate /lévətèit レヴィテイト/ 動 自 他 (心霊術などで)空中浮揚する[させる]

lev·y /lévi レヴィ/ 動 (三単現 **levies** /léviz/; 過去・過分 **levied** /lévid/; 現分 **levying**) 他 (税金などを)〔…に〕課する《*on*》; 取り立てる; (兵員を)召集する — 名 (複 **levies** /léviz/) C (税金・罰金などの)徴集, 課税; 徴集額; (兵士の)召集, 徴兵

lewd /lúːd ルード/ 形 (比較級 **lewder**; 最上級 **lewdest**) みだら[わいせつ]な

lex·i·cal /léksikəl レクスィカル/ 形 語彙(ごい)の[を扱う]; 辞書(編集)の

lex·i·con /léksikàn レクスィカン/ 名 C (特に古典語などの)辞書; (特定の作家・分野などの)語彙(ごい)(集), 用語辞典

Lex·ing·ton /léksiŋtən レクスィントン/ 名 レキシントン《♦米国マサチューセッツ州東部の都市; 独立戦争発端の地》

LGBT 《略》lesbian, gay, bisexual, and [or] transgender 同性愛, 両性愛, トランスジェンダー《♦性的少数者》

li·a·bil·i·ty /làiəbíləti ライアビリティ/ 名 (複 **liabilities** /làiəbílətiz/) ❶ U〔…に対する; …する〕(法的)責任, 義務《*for; to do*》; 《**liabilities**》負債 ❷ U〔…に〕陥りやすいこと, 〔…の〕傾向《*to*》
❸ C やっかいなもの[人], 不利な点

li·a·ble /láiəbl ライアブル/ 形 ❶ 文型 [**be liable to** *do*] …しやすい, …しがちで(❗おもによくない事に使う)
❷ 文型 [**be liable for A**] Aに対して法的責任のある, 義務がある; 文型 [**be liable to A**] Aを免れない
❸ 文型 [**be liable to A**] A(病気など)にかかりやすい

li·ai·son /líːəzàn リーアザン/ 名
❶ U C〔…間の〕連絡, 連携《*between*》; C (男女の)密通, 私通
❷ C《音声》リエゾン《♦語尾の子音と次の語頭の母音が連結した発音》

li·ar B1 /láiər ライア/ 名 (複 **liars** /láiərz/) C うそつき (❗相手に向かって'You're a liar!' と言うのはたいへんなぶじょくになる)
● Ken is a good [poor] **liar**. ケンはうそをつくのがうまい[へただ]

lib /líb リブ/ 名 U《口語》解放(運動) (❗ liberation (解放, 放免)を短くした語)

li·bel /láibəl ライベル/ 名 U《法律》(文書などによる)名誉毀損(きそん); C 名誉毀損文書; 《口語》中傷
— 動 (三単現 **libels** /láibəlz/; 過去・過分 **libeled**, 《英》**libelled** /láibəld/; 現分 **libeling**, 《英》**libelling**) 他 …の名誉を毀損する; 《口語》中傷する

li·bel·ous, 《英》**li·bel·lous** /láibələs ライベラス/ 形 名誉毀損(きそん)の, 中傷的な

lib·er·al B2 /líbərəl リベラル/ 形
❶ 寛大(かんだい)な, (偏見(へんけん)などに)とらわれない ❷ 自由(主義)の
● a **liberal** politician 自由主義的[進歩的]な政治家
❸ 豊富な ❹ 気前のよい (=generous)
❺ (解釈などが)自由な, 字句にとらわれない ❻ 一般教養の
— 名 C 自由主義者

派生 liberty 名; 派生 liberate 動

líberal árts 名 《the をつけて》《複数扱い》一般教養科目[課程]

lib·er·al·ism /líbərəlìzm リベラリズム/ 名 U 自由主義

lib·er·al·ize /líbərəlàiz リベラライズ/ 動 他 自由主義化する; (法律・制度などを)ゆるやかにする

lib·er·al·ly /líbərəli リベラリ/ 副 ❶自由に ❷気前よく; 寛大に ❸大量[豊富]に

lib·er·ate B1 /líbərèit リバレイト/ 動 (三単現 **liberates** /líbərèits リバレイツ/; 過去・過分 **liberated** /líbərèitəd/; 現分 **liberating**) 他 〔…から〕解放する, 自由にする 《*from*》

派生 liberal 形; 派生 liberation 名

lib·er·a·tion B1 /lìbəréiʃən リバレイション/ 名 U 解放[釈放]する[される]こと; 解放運動 派生 liberate 動

lib·er·a·tor /líbərèitər リバレイタ/ 名 C 解放する人, 解放者

Li·be·ri·a /laibíəriə ライビアリア/ 名 リベリア 《♦アフリカ西部の共和国; 首都モンロビア (Monrovia)》

lib·er·ty A2 高

/líbərti リバティ/

名 (複 **liberties** /líbərtiz/)

❶ U 自由, 独立; (権利としての)自由

• fight for **liberty** 自由のために戦う

似ている単語

自由−**liberty** と **freedom**

liberty と **freedom** はほとんど同じ意味であるが, liberty が「抑圧や束縛の状態からの解放とその結果として得た自由」の意味を含んでいるのに対して, freedom は「まったく抑圧のない状態」

❷ C 気まま, 勝手

at liberty 監禁されないで; 自由で, 解放されて

be at liberty to do 自由に…してよい • You **are at liberty to** consult these dictionaries. これらの辞書を自由に使っていいですよ

take liberties with ... …になれなれしくしすぎる; …を勝手に変える

take the liberty of doing 失礼[無礼]にも…する

派生 liberal 形

Líberty Bèll 名 《the をつけて》自由の鐘(かね) 《♦アメリカ独立宣言採択時に鳴らした鐘で, フィラデルフィアにある》

li·bi·do /libí:dou リビードウ/ 名 (複 **libidos** /libí:douz/) U C 《心理》リビドー 《♦性的衝動の根源となるエネルギー》; 性的衝動, 性欲

Li·bra /lí:brə リーブラ, láibrə ライブラ/ 名 《天文》てんびん座; 《占星》てんびん座[宮]; C てんびん座生まれの人 《♦9月23日から10月22日生まれ》

li·brar·i·an B1 /laibréəriən ライブレアリアン/ 名 (複 **librarians** /laibréəriənz/) C 図書館員, 図書係, 司書; 図書館長

li·brar·y A1 中

/láibrèri ライブレリ|láibrəri ライブラリ/

名 (複 **libraries** /láibrèriz/) C

❶図書館, 図書室

• the school **library** 学校の図書室

• the public **library** 公共図書館

• go to the **library** 図書館に行く (! school などとはちがって ×go to library としない)

❷蔵書; (フィルム・資料などの)コレクション, ライブラリー, 収集物

• a music **library** 音楽ライブラリー

❸(個人の)書庫, 書斎(しょさい)

Lib·y·a /líbiə リビア/ 名 リビア 《♦アフリカ北部の共和国; 首都トリポリ (Tripoli)》

lice /láis ライス/ 名 louse の複数形

li·cence /láisəns ライセンス/ 名 《英》(= license)

li·cense A2 高

/láisəns ライセンス/ 名 (複 **licenses** /láisənsəz/) ❶ C 免許証[状], 認可書

• a driver's **license** 《米》自動車運転免許証 (=《英》driving licence)

コロケーション

動+**license**

apply for a *license* 免許証を申請する

get [receive] a *license* 免許証を取得する
renew a *license* 免許証を更新する

❷ U C 免許, 認可
• Who gave you the **license** to enter this building? だれにこの建物に入る許可をもらったのか
❸ U 気まま, 放埒(ほうらつ); (芸術作品の)型破り, 破格
— 動 (三単現 **licenses** /láisənsəz/; 過去·過分 **licensed** /láisənst/; 現分 **licensing**) 他 免許を与える, 認可する

li·censed /láisənst ライセンスト/ 形 認可された, 免許をとった; (店が)酒類販売ができる

lícense plàte 名 C (自動車の)ナンバープレート

li·chen /láikən ライケン/ 名 U 《植物》 地衣(類), コケ

lick B2 /lík リク/ 動 他 ❶(舌で)なめる
❷《口語》(試合で)やっつける
lick* [*smack*] *one's lips 舌なめずりして待つ; 舌つづみを打つ
lick one's wounds 傷をいやす
— 名 C なめること, 一なめ

lic·o·rice /líkəris リカリス/ 名 U C 《植物》 カンゾウ 《◆マメ科の多年草》; 甘草 《◆カンゾウの根(のエキス); 薬用·甘味料》

lid B2 /líd リド/ 名 (複 **lids** /lídz リヅ/) C
❶ ふた (=cover)
❷ まぶた (=eyelid)
take* [*lift, blow*] *the lid off ... 《口語》…の真相をさらけ出す; 暴露する

lie[1] A2 中

/lái ライ/ 動 (三単現 **lies** /láiz/; 過去 **lay** /léi/; 過分 **lain** /léin/; 現分 **lying**)
(❗「置く, 横たえる」の lay (現在形; 他動詞) と混同しないこと) 自
❶(人·動物が)横になる, 横たわる, 寝る, 寝ている (❗「横たえる」は lay)
• **lie** on the grass 芝生の上に横になる
• **lie** on *one's* back あおむけに寝る
• Let sleeping dogs **lie**. 《ことわざ》 眠っている犬はそのままにしておけ (❗「さわらぬ神にたたりなし」にあたる)

• She was very weak and always **lay** in bed. 彼女はとても体が弱くていつもベッドで寝ていた (❗この lay は lie の過去形; 「置く, 横たえる」の意味の lay (他動詞)と混同しないこと)
❷ 文型 [**lie C**] (人·動物が)横になってC(ある状態)でいる[している] (❗Cは形容詞·分詞など)
• **lie** awake 横になって目をさましている
• **lie** sleeping (横になって)眠っている
• He **lay** reading on the sofa. 彼はソファに寝そべって本を読んでいた
❸(物が…に)横にして置かれている; (…に)ある, 位置する
• That city **lies** west of Boston. その市はボストンの西にある
文型 [**lie C**] C(ある状態)にある (❗Cは形容詞·分詞など)
• The food **lay** untouched. 食べ物には手がつけられていなかった

lie ahead 前途に横たわっている; 待ち受けている
***lie around* [*about*]** あちこち散らばっている; 何もしないでぶらぶらしている
lie back あおむけに寝る
lie behind 背後にある; 隠れたところにある
lie down 横になる
• **lie down** on a bed (ちょっと休むために)ベッドに横になる
lie in ... …にある
lie on* [*upon*] *... …による, …次第である
lie up (病気で)床につく; 自分の部屋に引き下がる

lie with ... (責任などが)…にある

―名C《ふつう **the lie**》(物や土地の)位置, 方向, 状態; (動物の)生息地

まぎらわしい語〉 単語力

原形	過去	過分	現分
lie(横たわる)	−lay	−lain	−lying
lay(横たえる)	−laid	−laid	−laying
lie(うそをつく)	−lied	−lied	−lying

lie[2] A2

/lái ライ/ 動 (三単現 **lies** /láiz/; 過去・過分 **lied** /láid/; 現分 **lying**) 自

うそをつく ⇨**liar**

- Don't **lie** to me. 私にうそをつくな
- She **lied** about her age. 彼女は自分の年についてうそをついた
- You're **lying**! うそつけ!

―名 (複 **lies** /láiz/) C **うそ** (↔**truth**)

日英比較 日本語では気楽に「うそ」ということばを使うが, 欧米ではうそをつくことは悪意を持っているとされるので, ふだんの会話で「うそでしょ」などという時は, lie を使わず You don't say, Ken. (ケン, まさか)のようにいうのが妥当

- **tell** a **lie** うそをつく
- a little white **lie** (人を傷つけないための)ちょっとした罪のないうそ

Liech·ten·stein /líktənstàin リクテンスタイン/ 名 **リヒテンシュタイン**《♦スイスとオーストリアの間の小公国; 首都ファドゥーツ (Vaduz)》

líe detèctor 名C **うそ発見器**

lieu /lú: ルー/ 名《文章》《次の成句で》

in lieu of ... …の代わりに

lieu·ten·ant /lu:ténənt ルーテナント/ 名C **中尉, 少尉; 代理; 副官**

life A1 中

/láif ライフ/

名 (複 **lives** /láivz/) (! live (生きる, 住んでいる)の三人称単数現在形 (lives /リヴズ/) と混同しないこと)

意味マップ
❶ 生命, 命
❷ 一生; 人生
❸ 生き物
❹ 活気
❺ 生活

❶ UC **生命, 命** (↔**death**) (! 個人の命をいうときは数えられる名詞)

- a matter of **life** and [or] **death** 生死にかかわる問題, 死活問題
- He saved her **life**. 彼は彼女の命を救った
- If you are careless, you will lose your **life**. 注意散漫だと命を失うよ
- He risked his **life** to protect her. 彼は彼女を守るために自分の命を危険にさらした
- Ten **lives** were lost in the accident. 事故で10人の命が失われた

❷ UC **一生, 生涯; 寿命**; U **人生, この世(での生活)**

- through **life** 生涯(を通じて)
- He lived in Tokyo all his **life**. 彼は生涯を東京で過ごした
- the **life** of a battery 電池の寿命
- a long [short] **life** 長寿[短命]
- That's **life**. 人生とはそんなものだ

❸ U《集合的》**生き物, 生物**

- animal [plant] **life** 動物[植物] (×*a* life, ×lives としない)
- Is there **life** on Mars? 火星に生物はいますか

❹ U **活気, 生気**

- The town was full of **life**. その町は活気に満ちていた

❺ UC **生活, 暮らし**; C **暮らし方**

- city [country] **life** 都会[いなか]の生活
- school [family] **life** 学校[家庭]生活
- **in** our daily [everyday] **life** 私たちの日常生活において
- On this island he **lived** a very happy **life**. この島で彼はとても幸福な生活を送った

コロケーション

形+**life**

a busy *life* 多忙な生活
a dull *life* 退屈な生活
an easy *life* 安楽な生活
a miserable *life* みじめな生活
a peaceful *life* 平穏な生活

A B C D E F G H I J K L M N O P Q R S T U V W X Y Z

an unhappy *life* 不幸な生活
one's personal *life* 私生活
social *life* 社会生活

all** one's **life 一生(涯)
● She gave **all** her **life** to education. 彼女は一生を教育にささげた

bring ... to life …を生き返らせる; …を活気づける[おもしろくする]

come to life 意識を取り戻す, 生き返る; 活気づく, おもしろくなる

for life 生きている間ずっと, 生涯

for** one's **life 必死で, 命からがら

***for the life of** one* 《否定文で》《口語》どうしても(…できない)

in** one's **life 生まれてこのかた, 今までに

risk** one's **life 命をかける ⇨❶

take** one's (**own**) **life 《文章》自殺する

to the life 生き写しに, 寸分たがわずに

派生 **live**[1] 動; 派生 **alive**, **live**[2] 形

life·blood /láifblʌ̀d ライフブラド/ 名 U (命を支える)血; 活力の源泉

life·boat /láifbòut ライフボウト/ 名 C 救命艇(てい); (船に備え付ける)避難(ひなん)ボート

lífe bùoy 名 C 救命用浮き輪, 救命ブイ

lífe expèctancy 名 C U (平均)寿命; 平均余命

life·guard B1 /láifgɑ̀:rd ライフガード/ 名 (複 **lifeguards** /láifgɑ̀:rdz ライフガーヅ/) C (海水浴場などの)救助員, 看視員

lífe insùrance 名 U 生命保険

lífe jàcket 名 C 救命胴衣

life·less B2 /láifləs ライフレス/ 形 生命のない; 活気のない **lífelessly** 副 死んだように; 生気なく

life·like /láiflàik ライフライク/ 形 実物そっくりの; 迫真の

life·line /láiflàin ライフライン/ 名 C 救命索; (潜水夫の)命綱; 生命線 《◆生活に必須の輸送路, 通信網など》; 頼みの綱

life·long B1 /láiflɔ̀:ŋ ライフローング/ 形 生涯続く, 一生の
● **lifelong** learning 生涯学習
● a **lifelong** friend 一生の友達, 終生の友

lífe presèrver 名 C 《米》救命具

life·sav·er /láifsèivər ライフセイヴァ/ 名 C (水難の)人命救助者; 苦境から救ってくれる人[もの]

lífe scìences 名 《複数扱い》生命科学, ライフサイエンス

lífe séntence 名 C 終身刑

lífe-sìze, lífe-sìzed 形 実物大の, 等身大の

life·span /láifspæ̀n ライフスパン/ 名 C (生物の)寿命

life·style A2 高

/láifstàil ライフスタイル/ 名 (複 **lifestyles** /láifstàilz/) U C ライフスタイル, (個人の)生き方; 生活様式
● an urban **lifestyle** 都会的なライフスタイル

lífe-suppòrt sỳstem 名 C 生命維持装置

life·time B2 高 /láiftàim ライフタイム/ 名 U C (人の)一生, 生涯; (物の)寿命(じゅみょう) ● during [in] his **lifetime** 彼の生きている間に[一生で]
● the chance of a **lifetime** 一生にまたとない好機
● **lifetime** employment 終身雇用

life·work /láifwə́:rk ライフワーク/ 名 U 一生をかけた仕事

lift B1 高 /líft リフト/ 動 (三単現 **lifts** /lífts リフツ/; 過去・過分 **lifted** /líftəd/; 現分 **lifting**)
❶ 他 持ち上げる, 上げる (↔**lower**)
● **lift** (up) a heavy box 重い箱を持ち上げる ● This is too heavy to **lift** by hand. これは手で持ち上げるには重すぎる
● She **lifted** her eyes from the book. 彼女は本から目を上げた
❷ 自 (雲・霧(きり)などが)上がる, 晴れる
● The fog **lifted**, and we could see the mountain. 霧が晴れてその山が見えた
❸ 他 (地位・状態などを)高める, 上げる; (精神・士気などを)向上させる, 高揚する 《*up*》 ● The news **lifted** my spirits. その知らせを聞き元気が出た

❹ 他 (禁止・封鎖などを)解く, 解除する
• lift the ban on ... …の禁止を解く

lift off (ロケットなどが)打ち上げられる

— 名 (複 **lifts** /lífts リフツ/) C

❶ (持ち)上げること
• the **lift** of a hand (片)手をあげること

❷《ふつう **a lift**》心を浮き上がらせること; 元気づけ; 助力

❸《英》車などに乗せてやる[もらう]こと (=《米》ride)

❹《英》エレベーター (=《米》elevator); (スキー場などの)リフト

lift·off /líftɔ̀ːf リフトオーフ/ 名 C (ヘリコプター, ロケット, 宇宙船などの)垂直離陸, 打ち上げ

lig·a·ment /lígəmənt リガメント/ 名 C 《解剖》靭帯(じんたい)

light[1] A1 中

/láit ライト/

意味マップ

名 ❶ 光
❷ 明かり
❸ 火
❹ 観点
❺ 輝き; 光明

形 ❶ 明るい
❷ (色が)薄い

動 ❶ 火をつける, 明かりをつける
❷ 明るくする
❸ (顔などを)輝かせる; 輝く

— 名 (複 **lights** /láits ライツ/)

❶ U 光, 明るさ (↔**darkness**); 日光; 日中
• bright [dim] **light** 明るい[薄暗い]光
• The sun gives us **light** and **heat**. 太陽は私たちに光と熱を与える (×*a* light, ×light*s* としない)
• Reading in poor **light** is bad for the eyes. とぼしい光の中で本を読むことは目に悪い

関連語› 単語力
sun*light* 日光
moon*light* 月光
star*light* 星の光
fire*light* 火明かり

❷ C 明かり, 電灯; 信号灯
• turn on [off] the **light** 明かりをつける[消す] • a traffic **light** 交通信号
• Turn left at the next **light**. 次の信号を左折しなさい

❸ C (マッチ・ライターなどの)火
• Do you have a **light**? (たばこを吸おうとして)火をお持ちですか

❹ C (物を見る)観点, 視点, 見方, 考え方

❺ U C (目などの)輝き, きらめき; (精神的な)光, 光明; (絵画などの)明るい部分

bring ... to light (隠れていたもの)を明るみに出す, 暴露する
• His accepting a bribe **was brought to light**. 彼の収賄(しゅうわい)が暴露された

come to light (隠れていたものが)明るみに出る, 暴露される
• Several new facts **came to light**. いくつかの新事実が明るみに出た

in a good [bad] light よく見える[見えない]所に; 有利[不利]になるように

in (the) light of ... …を考慮して, …の観点から

see the light 生まれ出る; (計画などが)日の目を見る; (実態などに)気がつく

throw light on ... …に光を投げかける, …の解明を助ける

— 形 (比較級 **lighter**; 最上級 **lightest**)

❶ 明るい
• a **light** room 明るい部屋
• It is still **light** outside. 外はまだ明るい (! It はばく然と「明暗」を表す; この形ではふつう「部屋, 家」などは主語にしない)

❷ (色が)薄い, 淡い (↔**dark**)
• **light** blue 薄い青色
• Her hair was **light** brown. 彼女の髪は薄茶色だ

— 動 (三単現 **lights** /láits ライツ/; 過去・過分 **lit** /lít/, **lighted** /láitəd/; 現分 **lighting**)

❶ 他 火をつける, ともす; (ランプなどに)明かりをつける; 自 火がつく
• She **lit** the gas and put a pot on the cooker. 彼女はガスに火をつけてレンジになべをのせた

• The wood was wet. So the fire didn't **light**. このまきは濡れているので火がつかない

❷ 他 (部屋などを)明るくする, 照らす

• The room **was lit** only with candles. その部屋はろうそくだけで照らされていた • Fireworks **lit up** the night sky. 花火が夜空を照らした

❸ 他 (顔などを)輝かせる, 晴れ晴れさせる《*up*》; 自 (顔・目などが)明るくなる, 輝く《*up*》

• The children's faces **lit up** when they saw the presents. そのプレゼントを見た時子どもたちの顔が輝いた

派生 **lighten**[1] 動

関連語〉 単語力

lamp 明かり

desk lamp 卓上スタンド (×desk stand)

bulb, light bulb 電球

flashlight 《米》 懐中電灯

torch たいまつ; 《英》 懐中電灯

street light 街灯

spotlight スポットライト

candle ろうそく

match マッチ

beacon かがり火, 信号灯

lantern 手さげランプ

light[2] A1 中

/láit ライト/ 形 (比較級 **lighter**; 最上級 **lightest**) ❶ 軽い (↔**heavy**)

• This box is **light**, and that one is **heavy**. この箱は軽いがそっちのは重い

❷ (仕事などが)楽な, 厳しくない

• **light** work 軽作業

• Please make my work **lighter**. どうか私の仕事をもっと軽くしてください

❸ (程度の)軽い; 少ない; (食べ物が)あっさりとした, (食事が)軽い; (アルコール度が)低い • a **light** rain 小雨

• a **light** knock 軽いノック

• a **light** meal 軽い食事

❹ (音楽・文学・劇などが)肩のこらない, 娯楽的な • **light** reading 軽い読み物

❺ 気軽な, 屈託のない, 快活な

❻ 軽装備の; 積荷の少ない

make light of ... …を軽んじる, …を軽視する

― 副 軽く, 身軽に (❗一般には lightly を用いる) • He always travels **light**. 彼はいつも軽装で[身軽に]旅行する

派生 **lighten**[2] 動

líght bùlb 名 C 電球 (=bulb)

light·en[1] B2 /láitn ライトン/ 動 他 明るくする, 照らす; 自 明るくなる; さっと光る (↔**darken**)

派生 **light**[1] 形

light·en[2] B2 /láitn ライトン/ 動 他 軽くする; 自 軽くなる; 楽になる

派生 **light**[2] 形

light·er B1 /láitər ライタ/ 名 (複 **lighters** /láitərz/) C ライター; 明かり[火]をつける人[物]

light·head·ed /láithédəd ライトヘデド/ 形 頭がふらふらする; 軽率な

light·heart·ed /láithá:rtəd ライトハーテド/ 形 気軽な; 陽気な

light·house /láithàus ライトハウス/ 名 (複 **lighthouses** /láithàusəz/) C 灯台

light·ing B2 /láitiŋ ライティング/ 名 U 照明; 照明設備; 照明効果

light·ly B1 /láitli ライトリ/ 副

❶ 軽く; 身軽に, 軽やかに; 少し

• She patted my hand **lightly**. 彼女は私の手を軽くたたいた

• boil vegetables **lightly** 野菜をさっとゆでる

❷ 軽々しく, 軽率に

❸ 容易に, あっさりと

• **Lightly** come, **lightly** go. 《ことわざ》 簡単に来たものは簡単に出て行く (❗「悪銭身につかず」に相当)

take ... lightly …を軽く考える, 軽視する

light·ning B1 /láitniŋ ライトニング/ 名 U

❶ いなずま, 電光 (❗「雷鳴, 雷」は thunder, 「雷雨」は thunderstorm)

• The tree was struck by **lightning**. その木はいなずまに打たれた

❷ 《形容詞的》 いなずまのように速い

like* [*as quick as*] *lightning いなずまのように速く，電光石火のごとく

líghtning bùg 名 C 《米》《昆虫》ホタル

líghtning ròd 名 C 避雷針

light·weight /láitwèit ライトウェイト/ 名 C ライト級の選手
— 形 軽量の; ライト級の

líght-yèar 名 C 光年

lik·a·ble /láikəbl ライカブル/ 形 好ましい，好感のもてる

like[1] A1 中

/láik ライク/ 動 (三単現 **likes** /láiks/; 過去·過分 **liked** /láikt/; 現分 **liking**) 他

❶ …を好む，…(すること)が好きである; …に好意を持つ; …を楽しむ (↔ **dislike**) 《◆like は状態を示す動詞なのでふつう進行形にしない》

• I **like** this picture best. 私はこの絵がいちばん好きです

会話 "Which do you **like** better, coffee or tea?" "I **like** tea better (than coffee)." 「君はどちらのほうが好きですか，コーヒーですか紅茶ですか」「私は(コーヒーよりも)紅茶のほうが好きです」

• Ann is **liked** by all her friends. アンは友人みんなに好かれている

文型 [**like to** *do* = **like** *do***ing**] …するのが好きである
[CAN-DO Tips 好きなことを言う]

• I **like to** *travel* alone. 私はひとりで旅をするのが好きだ

• He **likes going** to the movies. 彼は映画を見に行くのが好きです

注意› (1) like を強める比較級·最上級には第2例のようにふつう better, best を使う. ×I like coffee more [most]. としない
(2)「…が好きだ」と一般的にいう場合，like の目的語が数えられる名詞ならば複数形を使う: I **like cats** better than **dogs**. 私は犬よりネコのほうが好きだ

❷ …したいと思う; 文型 [**like A to** *do* = **like A** *do***ing**] Aに…してもらいたい

• He **likes** his students **to** *take* part in the school event. 彼は生徒に学校行事に参加してほしいと思っている

❸ 文型 [**like A C**] AがCであることを好む

• I **like** my coffee strong. コーヒーは濃いのが好きです

as you like あなたが好むように，好きなように

How do you like ...? …をどう思いますか

• **How do** [**would**] **you like** this color? この色はどうですか

比較 **What** do you **think** of his new song? 彼の新しい歌をどう思いますか (×How do you think of ...?)

if you like もしあなたが好むなら，もしよければ

• Come and see me next Saturday, **if you like**. よければ今度の土曜にいらっしゃい

I like that! 《口語》そいつはいいねえ!; とんでもない

like it or not 好むと好まないとにかかわらず

would* [*should*] *like ... …がほしいのですが (❶単に like というよりもていねいな言い方; I would [should] like ... は話しことばではしばしば **I'd like** ... と略す)

• **I'd like** a cup of tea. お茶を1ぱいいただきたいのですが

would* [*should*] *like to do …したい(のですが) (❶I would [should] like to *do* は話しことばではふつう **I'd like to** *do* と略す)

• **I'd like to** go with you, but I can't. ごいっしょしたいのですが，できません

• On this occasion I **should like to** express my thanks to Mr. Smith. この場を借りてスミス氏にお礼を申し上げます

would like A to do A に…してもらいたい[させたい]のですが

• **I'd like** you **to** go there with me. 君にそこへいっしょに行ってもらいたいのだが

Would you like ...? …はいかがですか (❶相手の気持ちを聞いたり，物をす

すめたりするときのていねいな言い方; Do you like ...? は単に相手の好き嫌いを聞く言い方)

会話 "**Would you like** a hot drink?" "Thank you [Yes, please]."「温かい飲み物はいかがですか」「いただきます」(❗「いいえ, 結構です」は No, thank you.)

Would you like to do? …することをお好みですか, **…なさりたいですか**

[CAN-DO Tips 招待する]

• **Would you like to** see the sights of the city? 市内見物をなさいますか

━名 (複 **likes** /láiks/) Ⓒ《ふつう **likes**》好きなもの, 好み

• My mother knows my **likes and dislikes** in food. 母は私の食べ物の好き嫌いを知っている

like[2] A1 中

/láik ライク/

意味マップ

前 ❶ …のように[な]; …に似ている
❷《口語》たとえば…のような
❸ …にふさわしい, …らしい
副《俗語》…みたい, どうやら; まあ
接《口語》…のように, …と同様に
名 同じような人[もの]; 似た人[もの]
形 似ている; 同じような

━前 ❶ **…のように, …のような; …に似ている, …に似た** (⇔**unlike**)

• He acts **like** a child. 彼は子どものように[みたいに]ふるまう

• **Like** this. (実際にやって見せながら)こうするんだよ

• He plays tennis **just** [**rather**] **like** a professional. 彼はまさにプロ選手みたいにテニスをする

• He is more **like** his mother than his father. 彼は父親よりも母親似だ

• There is no place **like** home. 我が家のような(よい)所はどこにもない

• He drinks **like** a fish. 彼は魚のように(がぶがぶ)酒を飲む

• You shouldn't talk **like** that to your teacher. 先生に向かってそんな口のきき方をしてはいけません

• Fruits have vitamins, minerals, **and things like that**. 果物にはビタミンやミネラルやその他そういうものが含まれる

• Do you have a mobile PC **or anything like that**? モバイルパソコンとかそういうものを持っていますか

❷《口語》**たとえば…のような**

❸ **…にふさわしい, …らしい**

• It's not **like** you to make a mistake like that. そんなまちがいをするなんて君らしくない (❗あとの like は❶)

feel like ... …のように感じる; …がほしい ⇨**feel** (成句)

like crazy [***mad***] 猛烈に; 猛スピードで

look like ... **…のように見える** ⇨ **look** (成句)

not anything like ... = nothing like ... とても…どころではない, …にはほど遠い • He is **nothing like** a gentleman. 彼は紳士にはほど遠い

seem like ... …のように見える[思える]

something like ... …のような(もの); およそ…

sound like ... …のように思われる[聞こえる]

• That **sounds like** fun. = **Sounds like** fun. それは面白そうだね

What is ... like? …はどのようなものか, どんな様子か

• **What's** Australia **like** in winter? 冬のオーストラリアはどんな様子ですか (×How is Australia like in winter? としない)

━副《俗語》**…みたい, どうやら** (❗ふつう文末に用いる); **なんていうか, まあ,「ていうか」**(❗話しことばで特に意味もなく, あるいは言葉に詰まったときに挿入的に用いる)

• I mean, **like** you know, my alarm didn't go off this morning. うーんと, ていうか, 今朝目覚ましが鳴らなかったんだ

(as) like as not 《口語》たぶん, おそらくは (=as likely as not)

— 接 《口語》…のように, …と同様に (=as); まるで…のように (=as if); 《口語》…というように(言った)
• **like** I said 前に(も)言ったように
• He **looks like** he's at a loss. 彼は途方に暮れているようだ
• It **seems like** the weather is going to turn bad. 天気が悪くなるようだ
• Don't act **like** you're the boss. ボス気取りのような振る舞いをするな
• She was like, "That's what I want." 彼女は「あれがほしいの」というようなことを言った
— 名 (複 **likes** /láiks/) U C 《ふつう **the** や *one's* をつけて》同じような人[もの]; 似た人[もの]
• I don't want to see **the likes** of him [**his like**] again. 彼のような人には二度と会いたくない

and the like および同類のもの, その他, …など • tea, coffee, **and the like** 紅茶やコーヒーなど

or the like または同類のもの, …など

— 形 似ている; 同じような, 同様な (↔ **unlike**)
• **Like** father, like son. 《ことわざ》似た父親に似た息子 (❗「この親にしてこの子あり」「カエルの子はカエル」に相当)

使えるコーパスフレーズ

動詞＋**like**
(**1**) look *like* ... …のようだ
(**2**) sound *like* ... …のように思われる
(**3**) seem *like* [It seems *like*] ... …のようだ
(**4**) feel *like* ... [*doing*] …のように感じる[…したい]
(**5**) act *like* ... …のようにふるまう

-like 接尾 「…のような」「…に適した」(❗形容詞)

like·a·ble /láikəbl ライカブル/ 形 (=likable)

like·li·hood /láiklihùd ライクリフド/ 名 《単数形で》見込み; 公算

in all likelihood まずまちがいなく, おそらく

like·ly A2 高

/láikli ライクリ/ 形 (比較級 **more likely**, **likelier**; 最上級 **most likely**, **likeliest**)

❶ **ありそうな, 起こりそうな; もっともらしい** (↔**unlikely**) ⇨**probable**
• It's the most **likely** place for him to go to. そこは彼がもっとも行きそうな所だ

文型 [**be likely to** *do*] …しそうである
• It **is likely to** *rain*. 雨が降りそうだ
• Which team **is** (the) most **likely to** *win* the championship? どのチームがいちばん優勝しそうですか

文型 [**it is likely that ...**] …でありそうだ
• **It is likely that** the train will be late again. 電車はまた遅れそうだ
• **It is** not **likely that** we will win. = We **are** not **likely to** win. 私たちは勝ちそうもない (×It is not likely for us to win. としない)

❷ […に; …するのに]**適当な, かっこうの** 《*for; to do*》 • He is a **likely** candidate **for** the post. 彼がそのポストにはもってこいの候補だ

— 副 《most, very などの修飾語とともに》**おそらく, たぶん** (=probably) (❗《米口語》では most, very などをつけないで使うのがふつう)
• She will **very likely** be home tomorrow. おそらく彼女はあしたは家にいるでしょう

(as) likely as not たぶん, おそらくは

Not likely! 《口語》とんでもない, そんなはずはない

like-mind·ed /láikmáindəd ライクマインディド/ 形 同意見[趣味]の

lik·en /láikən ライクン/ 動 他 […に]たとえる 《*to*》

like·ness B1 /láiknəs ライクネス/ 名 (複 **likenesses** /láiknəsəz/)
❶ U 似ていること, 類似; C 類似点
❷ C 《文章》肖像(しょうぞう)(画), 写真

like·wise B2 /láikwàiz ライクワイズ/ 副 同

じように，同様に；…もまた，やはり (=also)

lik·ing /láikiŋ ライキング/ 名 《単数形で》好み；趣味

to A's liking A(人)の好みに合っている，気に入っている

li·lac /láilək ライラク/ 名 C 《植物》ライラック；U ライラック色，薄紫色

一 形 ライラック色の，薄紫色の

lilt /lílt リルト/ 名 U 軽快な調子[旋律]

lilt·ing /líltiŋ リルティング/ 形 軽やかな

lil·y A1

/líli リリ/ 名 (複 **lilies** /líliz/) C 《植物》ユリ，ユリの花；(ユリのように)純潔で清純な人；純白なもの

líly of the válley 名 (複 **lilies of the valley**) C 《植物》スズラン《◆鈴蘭》(❗直訳すれば「谷間のユリ」)

Li·ma /lí:mə リーマ/ 名 リマ《◆ペルー(Peru)の首都》

lí·ma (bèan) /láimə ライマ/ 名 C 《植物》ライマメ《◆インゲンマメの一種で食用》

limb B2 /lím リム/ 名 C (人間・動物の)手足(の1本)；(鳥の)翼(つばさ)；(木の)大枝

out on a limb 《口語》困難[不利]な状況で；(議論などで)孤立無援で

lim·ber /límbər リンバ/ 形 しなやかな，柔軟な

一 動 自 柔軟体操をする《*up*》

lim·bo /límbou リンボウ/ 名 U

❶《キリスト教》リンボ，地獄の辺土

❷ 忘れ去られた存在；不安定な状態

lime[1] /láim ライム/ 名 U 《鉱物》石灰(せっかい)

lime[2] /láim ライム/ 名 C 《植物》ライム，ライムの実

lime·light /láimlàit ライムライト/ 名 U

❶ 石灰光，ライムライト(❗昔 spotlight のないころ舞台で照明に用いた)

❷《the limelight》人々の注目

lim·er·ick /límərik リマリク/ 名 C リメリック《◆こっけいな5行詩》

lime·stone /láimstòun ライムストウン/ 名 U 《鉱物》石灰石[岩]

lim·it B1 高 /límət リミト/ 名 (複 **limits** /líməts リミツ/) C ❶《しばしば **limits**》限界；限度，制限，上限

- He knew the **limits** of his power. 彼は自分の力の限界を知っていた
- an age **limit** 年齢制限
- a speed **limit** (道路の)制限速度
- Is there a **limit** to the amount of money you can borrow? 借りられるお金の総額に限度はありますか

❷《**limits**》境界，(限られた)範囲，区域

- Off **limits** 《掲示》立入禁止(区域)
- city **limits** 市の境界

to the limit 十分に；限度まで，極度に

within limits 適度に；限度内で

without limit 無制限[な]

一 動 (三単現 **limits** /líməts リミツ/；過去・過分 **limited** /límətəd/；現分 **limiting**) 他 制限する，限定する

- Members are **limited to** three tickets each. メンバーの方々はそれぞれチケットが3枚までに限定されています

派生 **limitation** 名

lim·i·ta·tion B1 /lìmətéiʃən リミテイション/ 名 (複 **limitations** /lìmətéiʃənz/)

❶ C 限定[制限](するもの)；U 限定[制限]する[される]こと

- place a **limitation** on ... …に限度を設ける

❷ C 限界 派生 **limit** 動

lim·it·ed B1 高 /límətəd リミテド/ 形

❶ 限られた，有限の

- within the **limited** time 限られた時間内で

❷《米》(列車・バスなどが)急行の

- a **limited** express 特急列車

límited cómpany 名 《英》有限(責任)会社，株式会社《◆社名の次に limited の略字 Ltd. をつける》

lim·it·less /límitləs リミトレス/ 形 限りない，無限の；広々とした

lim·ou·sine /líməzì:n リムズィーン/ 名 C リムジン《◆ふつう運転席と客席がガラスで仕切られている大型高級車》

limp[1] B1 /límp リンプ/ 動 (三単現 **limps**

/límps/; 過去・過分 **limped** /límpt/; 現分 **limping**) 自 足をひきずる, 足をひきずって歩く
— 名《単数形で》足をひきずって歩くこと

limp[2] /límp リンプ/ 形 ぐったりとした; 弱々しい

Lin·coln /líŋkən リンカン/ 名《**Abraham Lincoln**》エイブラハム・リンカン (1809–65)《◆米国の第16代大統領; 南北戦争を終結させ, 奴隷解放・先住民弾圧を行った; ワシントンで暗殺された》

Líncoln's Bírthday 名 リンカン誕生日《◆2月12日; 米国の多くの州での法定祝日》

Lin·da /líndə リンダ/ 名 リンダ《◆女性名》

Lind·bergh /líndbəːrg リンドバーグ/ 名《**Charles Lindbergh**》リンドバーグ (1902–74)《◆米国の飛行家; 1927年ニューヨーク・パリ間の大西洋横断単独無着陸飛行に初めて成功した》

lin·den /líndən リンデン/ 名 C《植物》リンデン, ボダイジュ《◆シナノキ科の落葉樹の総称》

line[1] A1 中

/láin ライン/

意味マップ

名 ❶ 線
❷ 境界(線); 境目
❸ 輪郭
❹ ひも; 電話線
❺ 列; 行列
❻ 路線; 通路
❼ 行
❽ 職業; (製品の)種類
❾ 方針; 進路

動 ❶ 列に並べる; 整列する
❷ 線を引く

— 名 (複 **lines** /láinz/) C

❶ 線, すじ; 《ふつう **lines**》(顔などの)しわ
• a straight [curved] **line** 直[曲]線
• draw a picture in bold **lines** 太い線で絵をかく

❷ 境界(線); 国境; 境目, 限界

• a state **line** (米国の)州の境界線
• cross the international date **line** 国際日付変更線を越える

❸《ふつう **lines**》輪郭

❹ ひも, 綱, 糸; 釣り糸; 電話線
• a fishing **line** 釣り糸
• a clothes **line** 物干しロープ
• The **line** is busy. (電話で)話し中です

❺ (人・車・家並みなどの)列; 行列 (! 縦に並んだ列のこと; 横の列は row)
• a long **line** of cars 自動車の長い列

❻ 路線, 線路; 航(空)路; 鉄道[船, 航空]会社; 通路
• take the Chuo **Line** 中央線に乗る

❼ (文字の)行; (短い)手紙; 《**lines**》せりふ • the third **line** from the top [the bottom] 上[下]から3行目
• write on every other **line** 1行おきに書く

❽ 職業, 商売; 専門; (製品の)種類

❾ 方針; 進路, 方向
• on the right **line** 正しい方針で

all along the line 至る所で, あらゆる点で; 全面的に

come [fall] into line ① 整列する ② 〔…に〕一致・唱和する《*with*》

draw a [the] line 限度を設ける, 〔…までは〕しない《*at*》; 〔…と〕区別する《*between*》

drop a line 短い手紙を出す

hold the line 電話を切らない; (アメ

フトで)相手がボールを進めるのを阻止する; 現状を守る ● Please **hold the line.** (電話で)少々お待ちください

in (a) line 1列になって
● stand **in line** 1列に並ぶ

in line for ... (仕事・地位・昇進など)が得られそうで; …に予定されて, …の見込みがあって

in line with ... …と一致して, …と調和して

on line 待っている列に加わって;《コンピュータ》(インターネットや周辺機器と)つながって, オンラインで

on the line 電話口に出て; 目の高さに; 危険にさらして

out of line 列に並ばないで; 〔…と〕協調[一致]しないで《*with*》

read between the lines 行間を読む; 言外の意味を読み取る

— 動 (三単現 **lines** /láinz/; 過去・過分 **lined** /láind/; 現分 **lining**)
❶ 他 列に並べる; …に沿って並ぶ; 自 整列する
● The street is **lined** with elms. ニレの木が通りに並んでいる
● Crowds **lined** the street to see the parade. 人々はパレードをみようと通りに並んだ
❷ 他 線を引く; (顔に)しわを寄せる

line up 整列させる; 結集させる; 整列する
● The books **are lined up** on the shelf. 本は棚にそろえて並べられている
● **line up** according to height 背の順に並ぶ

派生 **linear** 形

line² B2 /láin ライン/ 動 他 …に裏地を付ける, 裏打ちする; (箱などの内側に)張る ⇨**lining**

lin·e·age /líniidʒ リニイヂ/ 名 U 血統, 家系

lin·e·ar /líniər リニア/ 形 線の, 直線の; 線状の 派生 **line**¹ 名

line·back·er /láinbækər ラインバカ/ 名 C 《アメフト》ラインバッカー《♦守備側ラインのすぐ後ろの位置; その選手》

line·man /láinmən ラインマン/ 名 (複 **linemen** /láinmən/) C (電話線などの)架線作業員; 《アメフト》ラインマン

lin·en B2 /línən リネン/ 名 U リンネル, リネン, 亜麻布; 《集合的》(家庭の)リネン製品; 《しばしば **linens**》リネン類《♦敷布(しきふ)・テーブルクロス・シャツなど》

lin·er B2 /láinər ライナ/ 名 C
❶ (大型)定期船; 定期旅客機
❷ 《野球》ライナー, ラインドライブ

lines·man /láinzmən ラインズマン/ 名 (複 **linesmen** /láinzmən/) C (球技の)線審, ラインズマン

line·up /láinʌ̀p ライナプ/ 名 C (行事などの)顔ぶれ, 陣容; 《スポーツ》ラインアップ, 出場メンバー, 《野球》打順

lin·ger B2 /líŋgər リンガ/ 動 自 ぐずぐずする, なかなか立ち去らない, ぶらぶらする; 長びく

lin·ge·rie /lɑ̀ːnʒəréi ラーンジェレイ/ 名 U (女性の)肌着類, ランジェリー

lin·guist /líŋgwist リングウィスト/ 名 C 語学の才能のある人; 言語学者

lin·guis·tic /liŋgwístik リングウィスティク/ 形 言語の; 言語学上の
派生 **language** 名

lin·guis·tics /liŋgwístiks リングウィスティクス/ 名 U 《単数扱い》言語学

lin·i·ment /línəmənt リニメント/ 名 U C 塗り薬

lin·ing /láiniŋ ライニング/ 名 C (洋服・箱などの)裏(地), 裏張り

link B1 /líŋk リンク/ 動 (三単現 **links** /líŋks/; 過去・過分 **linked** /líŋkt/; 現分 **linking**) 他 つなぐ, 連結する, 結び付ける《*up, together*》; 《コンピュータ》リンクさせる; 自 つながる, 結び付く《*up, together*》
● That bridge **links** the mainland to the tiny island. その橋は本土とそのちいさな島を結んでいます
● **link** cancer to people's diet ガンを人々の食生活と関連付ける
● The computers are **linked up with** each other. コンピュータはたがいにつながっている

— 名 (複 **links** /líŋks/) C ❶ 結び付ける人[物], きずな; 関連(性), つながり
• the strong **link** between smoking and cancer 喫煙とガンの強い関連性
❷ (くさりの)輪(わ) ❸ (=hyperlink)

link·age /líŋkidʒ リンキヂ/ 名 U C 《文章》つながり, 連結, 連鎖

línking vèrb 名 C 《文法》連結動詞 《♦be, become など》

li·no·le·um /linóuliəm リノウリアム/ 名 U リノリウム 《♦床敷材料》

lint /línt リント/ 名 U リント 《♦リンネルをけば立てて柔らかくした布; もと包帯用》; 《米》綿くず, 毛玉

li·on A1 中

/láiən ライオン/ 名 (複 **lions** /láiənz/) C
❶ 《動物》ライオン, シシ
❷ 勇猛な人; (社交界の)名士, 人気者

イメージ› lion は king of beasts (百獣の王)といわれ, 「権威」と「勇気」の象徴

li·on·ess /láiənis ライオネス/ 名 C 《動物》雌(めす)ライオン

líon's shàre 名 《the をつけて》最大の分け前, 「うまい汁」(! 『イソップ物語』から)

lip A2 高

/líp リプ/ 名 (複 **lips** /líps/) C
❶ 《ふつう **lips**》唇(くちびる); 唇の周辺
• the upper [top] **lip** 上唇
• the lower [bottom] **lip** 下唇

コロケーション
形+**lip**
chapped *lips* ひび割れた唇
dry [moist] *lips* 乾いた[うるおった]唇
thick [thin] *lips* 厚い[薄い]唇
tight *lips* かたく結んだ唇

❷ 《ふつう **lips**》(発声器官としての)口
• open *one's* **lips** 口を開く, 話す
• My **lips** are sealed. 秘密は守るよ
❸ (容器・傷口などの)縁(ふち), へり

bite one's lip (怒り・悲しさ・笑いなどを)じっとこらえる; 唇をかむ

lick [smack] one's lips ⇨**lick** (成句)

lip-read /lípriːd リプリード/ 動 (三単現 **lip-reads** /lípriːdz/; 過去·過分 **lip-read** /lípred/; 現分 **lip-reading**) 自他 (耳の聞こえない人が)読唇(術で理解)する

lip-read·ing /lípriːdiŋ リプリーディング/ 名 U 読唇術

líp sèrvice 名 U リップサービス
pay lip service to... …に口先だけうまいことを言う; …に口では賛成する[従う]

lip·stick /lípstìk リプスティク/ 名 C (棒)口紅; U 口紅
• put on **lipstick** 口紅をつける

liq·ue·fy /líkwəfài リクウェファイ/ 動 (三単現 **liquefies** /líkwəfàiz/; 過去·過分 **liquefied** /líkwəfàid/; 現分 **liquefying**) 他 液化させる; 自 液化する

li·queur /likə́ːr リカー/ 名 C U リキュール 《♦強い食前・食後酒》

liq·uid B1 /líkwəd リクウィド/ 名 (複 **liquids** /líkwədz リクウィヅ/) U C 液体
— 形 ❶ 液体の; 流動性の
• a **liquid** diet 流動食
• Oil is a **liquid** fuel. 石油は液体燃料だ
❷ (色・目などが)透明な, 澄んだ
❸ (音・詩などが)流暢(りゅうちょう)な, 流麗な
❹ 現金化しやすい

liq·ui·date /líkwədèit リクウィデイト/ 動 他 (負債を)支払う, 清算する; (破産会社を)整理する; 一掃する; 《口語》殺す

liq·ui·da·tion /lìkwədéiʃən リクウィデイション/ 名 U (負債の)清算; (会社の)整理; 一掃; 《口語》殺害

liq·uor /líkər リカ/ 名 (複 **liquors** /líkərz/) U C 《米》蒸留酒 《♦ウイスキーなど》; 《英》アルコール飲料

Li·sa /líːsə リーサ, líːzə リーザ, láizə ライザ/ 名 リサ, リザ, ライザ 《♦女性名; Elizabeth の愛称》

lisp /lísp リスプ/ 動 自他 舌足らずに発音する 《♦特に /s/ /z/ を /θ/ /ð/ のように発音する》 — 名 C 舌足らずの発音

list A1 高

/líst リスト/ 名 (複 **lists** /lísts リスツ/) C リスト, 一覧表, 目録, 名簿, 表

- a price [word] **list** 価格表[単語リスト]
- a passenger [guest] **list** 乗客[来客]名簿
- Her name was not **on** the **list**. 彼女の名前はリストに載っていなかった
- Please **make a list of** things I have to buy. 私が買わなければいけない物のリストを作ってください

— 動 (三単現 **lists** /lísts リスツ/; 過去・過分 **listed** /lístəd/; 現分 **listing**) 他
表[リスト]にする, 目録を作る; (名簿などに)記入する
- The names **are listed** alphabetically. 名前はアルファベット順にリスト化されています

lis·ten A1 中

/lísən リスン/ 動 (三単現 **listens** /lísənz/; 過去・過分 **listened** /lísənd/; 現分 **listening**) 自
❶〔…を〕(じっと)聴く, 聞く; 〔…に〕耳を傾ける《*to*》
- **listen to** music [the radio] 音楽[ラジオ]を聴く
- I **listened to** what he said. 私は彼の話に耳を傾けた
- Now **listen to** me. さあ私の言うことをよく聞きなさい, さあいいですか
- **Listen.** = **Listen up!** ねえ, あのね (❗注意を引くとき)

文型 [**listen to A** *doing*] Aが…しているのを聞く
- We **listened to** her **playing** the piano. 私たちは彼女がピアノをひいているのを聴いた

似ている単語
聞く・聞こえる−listen と hear
(**1**) **listen** (**to**) は「積極的に耳を傾ける」, **hear** は「自然に聞こえてくる, 耳に入る」が意味の中心
(**2**) あとに「…を, …が」にあたる語句が続くとき, listen の場合は to が必要:
He is **listening to** the news on the radio. 彼はラジオでニュースを聞いている (×He is listening the news ...)

❷〔忠告などに〕耳を貸す《*to*》
- **listen to** a warning 警告に従う

listen for ... …を聞こうと耳をすます, …が聞こえるかと注意する
listen in ①〔…を〕聞く《*to*》
- We **listened in to** the President on the radio. 私たちはラジオで大統領の話を聞いた

②〔会話を〕傍聴する, (電話などで)盗聴する《*on, to*》

lis·ten·er B2 高 /lísənər リスナ/ 名 C じっと聞く人, 聞き手; (ラジオの)リスナー, 聴取(ちょうしゅ)者
- a good **listener** 聞き上手な人

list·ing /lístiŋ リスティング/ 名 C 一覧表, リスト; 一覧表の記載項目

list·less /lístləs リストレス/ 形 元気のない; ぼんやりした
lístlessly 副 元気なく; ぼんやりと

líst prìce 名 C 表示価格

lit /lít リト/ 動 light[1]の過去形・過去分詞

li·ter A2 高

/lí:tər リータ/ 名 (複 **liters** /lí:tərz/) C 《米》リットル《◆容積単位; 1リットルは1000cc》(❗Lと略す)

まぎらわしい語〉 単語力
liter /lí:tər リータ/ リットル
litter /lítər リタ/ ごみくず
(❗発音にも注意)

lit·er·a·cy /lítərəsi リタラスィ/ 名 U 読み書きの能力; 教養があること (↔**illiteracy**)

lit·er·al B2 /lítərəl リタラル/ 形
❶ 文字の
❷ 逐語(ちくご)的な; 文字通りの, ありのままの (↔**figurative**)
派生 **letter** 名; 派生 **literally** 副

lit·er·al·ly B2 /lítərəli リタラリ/ 副 文字通り(に); 逐語(ちくご)的に; 正確に; まったく, まるで
take A literally A(人の言葉など)を文字通りに取る[取りすぎる]
派生 **literal** 形

lit·er·ar·y B1 /lítərèri リタレリ | lítərəri リタラリ/ 形
❶ 文学の, 文学的な
- **literary** works 文学作品

❷ 文語の, 書きことば用の (❗「口語の, 話しことばの」は colloquial)
❸ 文学に通じた; 文筆を業とする (❗ 名詞の前に用いる)
派生 **literature** 名

まぎらわしい語〉 単語力
literary 形 文学の, 文学的な
literal 形 文字の; 文字どおりの
literally 副 文字どおりに; まったく
literate 形 読み書きのできる; 教養[学問]のある

lit·er·ate /lítərət リタレト/ 形 教養[学問]のある; 読み書きのできる (↔**illiterate**)
— 名 C 教養のある人; 読み書きのできる人

lit·er·a·ture B1 高 /lítərətʃər リタラチャ/ 名 (複 **literatures** /lítərətʃərz/)
❶ U C 文学, 文芸; 文学研究; 文筆業
• English **literature** 英文学
❷ U C 文献
❸ U 《口語》(広告・宣伝などの)印刷物
派生 **literary** 形

lithe /láið ライズ/ 形 (比較級 **lither**; 最上級 **lithest**) しなやかな, 柔軟な

lith·i·um /líθiəm リスィアム/ 名 U 《化学》リチウム (♦金属元素; 記号 Li)

lith·o·graph /líθəgræ̀f リソグラフ/ 名 C 石版画, リトグラフ

Lith·u·a·ni·a /lìθjuéiniə リシュエイニア/ 名 リトアニア (♦バルト海東岸の共和国; 首都ビリニュス(Vilnius))

lit·i·gant /lítəgənt リティガント/ 名 C 《法律》訴訟当事者 (♦原告または被告)

lit·i·ga·tion /lìtəgéiʃən リティゲイション/ 名 U 訴訟

lit·mus /lítməs リトマス/ 名 U 《化学》リトマス (♦青色の色素)

lítmus pàper 名 U 《化学》リトマス試験紙

lítmus tèst 名 C リトマス試験; (人の見解などの)判断要因

li·tre /lí:tər リータ/ 名 《英》(=liter)

lit·ter B2 /lítər リタ/ 名
❶ U (散らかした)ごみくず, がらくた
• No **Litter**. 《掲示》ごみを捨てるな
❷ C (犬・ブタなどの)ひと腹の子
— 動 (三単現 **litters** /lítərz/; 過去・過分 **littered** /lítərd/; 現分 **littering**)
❶ 他 〔ごみで〕(場所を)散らかす《with》; 他 (ごみが場所に)散らかる; 自 ごみを散らかす
❷ 他 (犬・ブタなどが子を)産む; 自 (犬・ブタなどが)子を産む

lit·tle A1 中

/lítl リトル/

意味マップ
形 ❶ 小さい; かわいらしい
❷ 年少の
❸ 取るにたりない
❹ 《a little》少しの; 《little》ほとんどない
副 《a little》少しは…する; 《little》ほとんど…ない
代 少し

— 形 (比較級 **less**; 最上級 **least**)
❶ 小さい, (小さくて)かわいらしい (↔ **big**)
• a **little** kitten 小ネコ
• a **little** girl (かわいい)女の子
• Our dog is very **little**. うちの犬はとても小さい

似ている単語
小さい—**little** と **small**
(1) **little** には「かわいらしい」とか「ちっぽけな」といった話し手の感情が含まれるが, **small** は客観的に見て形・大きさが「小さい」ことを表す:
a **little** town 小さな[ちっぽけな]町
a **small** town 小さな町

(2) small と比べて little は名詞の前に使う

ことが多い:
a pretty **little** baby かわいい(小さな)赤ちゃん
The room was pretty **small**. その部屋はかなり小さかった (❗ pretty small の pretty は「かなり」の意味の副詞)

❷ 年少の, 幼い (=young)
● my **little** girl うちの小さな[幼い]娘

❸ 取るにたりない, 重要でない, ちょっとした (❗ 名詞の前に用いる)
● **little** things 小さい[ささいな]事

❹ 《**a little**》 少しの; 《**a** をつけないで》 ほとんどない, 少ししかない (↔ **much**) (❗ a little は「少しはある」と「ある」に重きをおき, a がなければ「少ししかない」と「ない」に重きをおく)
● There is **little** [**a little**] milk in the glass. コップにミルクが少ししかない[少しある] (❗ (a) little+数えられない名詞)
比較 There are **few** [**a few**] students in the room. 部屋には学生がほとんどいない[少しいる] (❗ little は量について使い, 数の少ないことには few を用いる)
● I have **a little** money, so we can take a taxi. 私は少しお金を持っているからタクシーに乗れるよ
● I have (very) **little** money. 私はほとんどお金を持っていない
● We have very **little** food left. 食べ物はほんのわずかしか残っていません

a little bit 少し, 多少は
little or no ... ほとんどないくらいの…
no [***not a***] ***little ...*** 少なからぬ…, 多くの…
only a little ... ほんのわずかの…(しか…ない) (=(very) little ...) (❗ only がつくと否定的な意味になる)
quite a little 《口語》 かなりたくさんの

― 副 (比較級 **less**; 最上級 **least**) 《**a little**》 少し(は…する); 《**a** をつけないで》 ほとんど…ない, 少ししか…ない (❗ a little と little との違いは形容詞の場合と同じ)
● I slept **a little** last night. 私は昨夜は少し眠りました
● I slept (very) **little** last night. 私は昨夜はほとんど眠りませんでした
● It is **a little** cold today. きょうは少し寒い
● Please speak **a little** more slowly. どうぞもう少しゆっくり話してください

little better than ほとんど…も同然の, …に過ぎない
little less than ほとんど…も同然の, …ほども多く
not a little 少なからず, 大いに
● He was **not a little** angry. 彼はだいぶ怒っていた

― 代 少し, 少量 (↔**much**) (❗ a little と little との違いは形容詞の場合と同じ)
● Have **a little** of this cake. このケーキを少し召し上がりなさい
会話 "Would you like some more coffee?" "Just **a little**, please." 「もっとコーヒーを召し上がりますか」「ほんの少しだけいただきます」

after a little しばらくして
for a little しばらく
little by little 少しずつ, だんだん
● His play is improving **little by little**. 彼の演奏は徐々によくなっている
little or nothing ほとんど…ない
make little of ... …を軽んじる, …を大したことと思わない; …がほとんど理解できない
not a little 少なからぬ量
think little of ... …を低く[軽く]見る

Líttle Béar 名 《**the** をつけて》《天文》 小熊(こぐま)座

Líttle Dípper 名 《**the** をつけて》《米》《天文》 小北斗 (♦小熊(こぐま)座の七つ星)

líttle fínger 名 C (手の)小指

lit·ur·gy /lítərdʒi リタヂ/ 名 (複 **liturgies** /lítərdʒiz/) C U 《キリスト教》 礼拝式; 聖餐(せいさん)式; 《**the Liturgy**》 礼拝式文

liv·a·ble /lívəbl リヴァブル/ 形 (家などが) 住みやすい; つきあいやすい

live[1] A1 中

/lív リヴ/ 動 (三単現 **lives** /lívz/; 過去・過分 **lived** /lívd/; 現分 **living**)

意味マップ
❶住む
❷生きる
❸生きている
❹暮らす

❶ 自 住む, 住んでいる
• **live** in the city 都会に住む
• **live** in the country [the suburbs] いなか[郊外]に住む
• [CAN-DO Tips 自分のことを言う]
I **live** in an apartment. 私はアパートに住んでいます
• My uncle **lives** on a farm. 私のおじは農場に住んでいます
• Sam is **living** with his uncle now. サムは今おじさんの所に住んでいる[同居している] (! 現在進行形の文;「一時的に住んでいる」こと, または住んでいる事実を強調するときに使う)

❷ 自 生きる, 生きている (↔**die**[1])
• **live** long 長く生きる, 長生きする
• as long as I **live** 私が生きている間(は)
• My grandfather **lived** to be ninety (years old). 私の祖父は90歳になるまで生きた[90歳まで長生きした]

❸ (思い出などが)生きている; 生き生きとしている
• The moment will always **live** in my memory. その瞬間のことを私はずっと忘れないだろう

❹ 自 暮らす, 生活する; 他 《**live a ... life**》…の生活を送る
• He likes **living** alone. 彼はひとり暮らしが好きだ
• **live a** happy **life** = **live** happily 幸せに暮らす

live by ... ①…で生計を立てる, …で暮らす ②(信条・規則)にしたがって生きる[生活する]
live down (過去の罪・汚名などを)その後の生き方でそそぐ
live for ... …に専念する; …を生きがいにする; …を待ち望む
live in 住み込みで働く
live off ... …を食べて生きる; …を頼って生きる, …のすねをかじる
live on ... …を食べて生きる; …で暮らしを立てる • Cows **live on** grass. 牛は草を常食にしている
live through (戦争などを)生き抜く; …を切り抜ける
live together 同棲(どうせい)する
live up to ... …の期待にそう
• Ken **lived up to** the teacher's hopes. ケンは先生の期待にこたえた
live with ... …の家に住む; …と同棲する; (嫌なことを)受け入れる
派生 **life** 名; 派生 **alive**, **live**[2] 形

live[2] B1 高 /láiv ライヴ/ (発音 live[1]との違いに注意) 形 ❶ 生きている, 生きた (↔**dead**) (! 名詞の前に用いる); 本物の (! 通例子どもの表現)
• The cat caught a **live** rat. ネコは生きているネズミを捕まえた
❷ (ラジオ・テレビ番組が録音・録画でなく)生(なま)放送の, ライブの, 実況の
• a **live** television show 生放送のテレビ番組 • **live** music 生演奏
❸ (火などが)燃えている, 電流の流れている
❹ (爆弾やマッチなどが)未使用の
❺ 元気な, 活発な
— 副 (番組などが)生で, 実況で (! 録音や録画と区別して)
• This opera is being broadcast **live**. このオペラは生放送です
派生 **life** 名; 派生 **live**[1], **liven** 動

live·li·hood /láivlihùd ライヴリフド/ 名 C 暮らし, 生計, 生計の手段

live·ly A2
/láivli ライヴリ/ (×リヴリ)
形 (比較級 **livelier**; 最上級 **liveliest**)
❶ 元気な, 活発な; にぎやかな, 陽気な; 軽快な ⇨**alive**, **live**[2]
• **lively** children 元気な子どもたち
❷ (色が)鮮やかな, 強烈な

liv·en /láivən ライヴン/ 動 他 活気づける; 自 活気づく 派生 **live**[2] 形

liv·er B1 /lívər リヴァ/ 名 (複 **livers** /lívərz/) ❶ C 肝臓(かんぞう)
❷ U C (食用の)肝(きも), レバー

Liv·er·pool /lívərpù:l リヴァプール/ 名 リバプール《♦イングランド北西部の港湾・工業都市》

lives[1] /lívz リヴズ/ 動 live[1]の三人称単数現在形

lives[2] /láivz ライヴズ/ 名 life の複数形

live·stock /láivstàk ライヴスタク/ 名U《単数・複数扱い》(総称として)家畜

liv·id /lívəd リヴィド/ 形 鉛色の;《口語》(怒りなどで)青くなった

liv·ing A1 高

/líviŋ リヴィング/ 形 ❶生きている; 現存の (↔**dead**) ⇨**alive**
- all **living** things すべての生き物
- He is still **living**. 彼はまだ生きている

❷現在使われている
- **living** languages 現在使われている言語

❸そっくりの, 生き写しの

━ 名 ❶C《ふつう **a** [*one's*] **living**》生計, 暮らし(の道)
- **make** *one's* **living** 生計を立てる

❷U 生活
- the cost of **living** 生活費

━ 動 live[1]の現在分詞・動名詞

líving ròom A1

名C 居間, リビング《♦sitting room ともいう》

Liv·ing·stone /líviŋstən リヴィングストン/ 名《**David Livingstone**》デービッド・リビングストン(1813-73)《♦英国の宣教師・医師・探検家》

Liz /líz リズ/ 名 リズ《♦女性名; Elizabeth の愛称》

liz·ard /lízərd リザド/ 名C《動物》トカゲ; U トカゲの皮

Liz·zie, Liz·zy /lízi リズィ/ 名 リジー《♦女性名; Elizabeth の愛称》

'll /l ル/《口語》will, shall の短縮形 (❗ I'**ll**, you'**ll** など)

lla·ma /lá:mə ラーマ/ 名 (複 **llama, lla·mas** /lá:məz/) C《動物》ラマ《♦南米産のラクダの一種》

LNG《略》liquefied natural gas 液化天然ガス

load A2

/lóud ロウド/ 名 (複 **loads** /lóudz ロウヅ/) C ❶積み荷, 荷
- a truck carrying a **load** of sand 砂の荷を運ぶトラック
- a **load** of hay 干し草の荷

❷積載量, 1台[回]分 (❗ふつう複合語で)

❸重荷, 重圧; 負担

***loads* [*a load*] *of* ...**《口語》たくさんの…

━ 動 (三単現 **loads** /lóudz ロウヅ/; 過去・過分 **loaded** /lóudəd/; 現分 **loading**)

❶他 …に荷物を積む《*up*》; 自 荷物を積み込む《*up*》; 文型 [**load A with B**] A(船・車など)に B(荷)を積む; 文型 [**load A on** [**onto, in, into**] **B**] A(荷)を B(船・車など)に積む
- **load** a truck トラックに荷を積む

❷他自〔…を〕(銃・カメラなどに)装てんする《*with*》;〔…に〕(フィルム・テープなどを)入れる《*into*》
- He **loaded** film **into** the camera. 彼はフィルムをカメラに詰めた

❸他《コンピュータ》(データなどを)メモリーにロードする

load ... down [***down ...***] …にたくさん積む, …に負わせる

load·ed /lóudəd ロウデド/ 形 ❶荷を積んだ,〔…を〕詰め込んだ《*with*》;《野球》満塁の ❷弾丸を込めた; フィルムを入れた ❸(質問・発言などが)わなにかけるような, 公正でない

loaf[1] B1 /lóuf ロウフ/ 名 (複 **loaves** /lóuvz/) C (四角・丸・細長などいろいろな形に焼いた)パンのひとかたまり
- a **loaf** of bread ひとかたまり[1きん]のパン (❗切っていないものを指す;「ひと切れ」は slice で表す)

loaf[2] /lóuf ロウフ/ 動自《口語》ぶらぶら過ごす; のらくら暮らす

━ 名《**a** [**the**] **loaf**》ぶらつくこと

loaf·er /lóufər ロウファ/ 名C なまけ者; 浮浪者;《ふつう **loafers**》《商標》ローファー《♦ひもなしの靴の一種》

loan B2 /lóun ロウン/ (×ローン) (発音 loneと同音) 名 C
❶ 貸付, ローン; 貸すこと, 借りること
- on **loan** 貸し付けて, 借りて
- have the **loan** of ... …を借りる

❷ 貸付金, 借金
- take out a **loan** ローンを組む
- pay off a **loan** 借金を返済し終える

— 動 貸す, 貸し出す; 文型 [**loan A B** = **loan B to A**] A(人)にBを貸す
- She **loaned** me ten dollars. 彼女は10ドル貸してくれた

loan·word /lóunwə̀:rd ロウンワード/ 名 C 借用語, 借入語, 外来語

loath /lóuθ ロウス/ 形 《文章》〔…するのを〕いやがって《*to do*》

loathe /lóuð ロウズ/ 動 他 ひどく嫌う

loath·ing /lóuðiŋ ロウズィング/ 名 U C 強い嫌悪

loath·some /lóuðsəm ロウズサム/ 形 いやでたまらない, むかつくような

loaves /lóuvz ロウヴズ/ 名 loaf[1] の複数形

lob /lɑ́b ラブ/ 動 (三単現 **lobs** /lɑ́bz/; 過去・過分 **lobbed** /lɑ́bd/; 現分 **lobbing**) 他自 《テニス》(ボールを)ゆるく高く打ち上げる, ロブする
— 名 C 《テニス》ロブのボール

lob·by B2 /lɑ́bi ラビ/ 名 (複 **lobbies** /lɑ́biz/) C ❶ (劇場・ホテル・マンションなどの)ロビー ❷ 圧力団体 (! 議会のロビーに通うなどして議員に働きかけることから) ❸ (議院内の)会見室
— 動 (三単現 **lobbies** /lɑ́biz/; 過去・過分 **lobbied** /lɑ́bid/; 現分 **lobbying**) 自 ロビー活動をする, 法改正の圧力をかける; 他 (議員に)働きかける

lob·by·ist /lɑ́biist ラビイスト/ 名 C 院外活動をする人, ロビイスト

lobe /lóub ロウブ/ 名 C 耳たぶ; 《解剖》葉(よう) (♦肺葉・前頭葉など)

lob·ster /lɑ́bstər ラブスタ/ 名 C ロブスター (! 大きなはさみをもつイセエビの一種; shrimp (小エビ), crab (カニ), prawn (クルマエビ))

lo·cal A2 中

/lóukəl ロウカル/ 形
❶ 地域の, その地方(特有)の, 地元の, 土地の (! ふつう名詞の前に用いる)
日英比較 日本語の「ローカル」には都会に対して「いなかの」の意味があるが, local にはその意味はなく「その土地特有の, 地元の」の意味
- **local** news その土地のニュース
- a **local** newspaper (全国紙に対して)地方新聞
- a **local** government 地方自治体

関連語› 単語力
national 全国的な
central 中央の (! the central government は「中央政府」)
provincial, rural いなかの

❷ (体の)一部の, 局部的な
- a **local** pain 局部的な痛み

❸ 各駅停車の
- a **local** train (各駅停車の)普通列車

— 名 (複 **locals** /lóukəlz/) C
❶ 《しばしば **locals**》地域住民
❷ (各駅停車の)普通列車, 普通バス
❸ (新聞の)地方記事
派生 **localize** 動

lo·cale /loukǽl ロウキャル/ 名 C 《文章》(事件などの)現場; (小説などの)舞台

lo·cal·i·ty /loukǽləti ロウキャリティ/ 名 (複 **localities** /loukǽlətiz/) C 地域, 場所; U C 位置, 方向性

lo·cal·ize /lóukəlàiz ロウカライズ/ 動 他 局地化する; 特定の場所[時代]に設定する 派生 **local** 形

lo·cal·ly /lóukəli ロウカリ/ 副 特定の場所[地方]で, 局地的に; 近所で

lo·cate B1 高 /lóukeit ロウケイト, -ˊ | -ˊ/ 動 (三単現 **locates** /lóukeits ロウケイツ/; 過去・過分 **located** /lóukeitəd/; 現分 **locating**) 他 ❶ (人・物を)捜し出す; …の位置を見つけ出す
- The driver **located** the address easily. 運転手はその住所をすぐつきとめた

❷ (工場・店舗などを)設置する, 設ける
❸ 《**be located**》位置する, ある

- His office **is located** in the center of the town. 彼の事務所は町の中央にある
派生 location 名

lo·ca·tion B1 高 /loukéiʃən ロウケイション/ 名 (複 **locations** /loukéiʃənz/)
❶ C (定められた)場所, 位置; U 位置を定めること
- They moved their offices to a new **location** in the city. 彼らは事務所を町の新しい場所に移転した

❷ U C (映画の)野外撮影(地), ロケ地
on location 野外撮影(中)で, ロケ(中)で
派生 locate 動

loch /lák ラク/ 名 C 《スコットランド》湖 (=lake)

Lòch Néss 名 ネス湖 《♦スコットランド北西部の湖で怪獣伝説がある》

lock[1] A2 高

/lák ラク | lɔ́k ロク/ 名 (複 **locks** /láks/) C ❶ 錠(じょう), 錠前
- open a **lock** with a key かぎで錠を開ける
- The **lock** is very stiff. この錠はすごく堅い

関連語〉 単語力
bolt 差し錠
latch (窓・ドアの)かけがね
padlock 南京錠
key かぎ

❷ (運河の)水門
— 動 (三単現 **locks** /láks/; 過去・過分 **locked** /lákt/; 現分 **locking**)
❶ 他 錠を下ろす; …にかぎをかける; 自 かぎがかかる (↔**unlock**)
- She **locked** her apartment door before leaving for work. 彼女は仕事に出る前にアパートのドアにかぎをかけた
- The door **locks** automatically. そのドアは自動的にかぎがかかる

❷ 他 (かぎをかけて)閉じこめる, しまいこむ
- **lock** (up) jewels in a safe 宝石を金庫にしまっておく

lock away (錠を掛けて)安全に保管する
lock A in (*B*) A(人・物)を(Bのなかに)閉じ込める; しまい込む
lock out 閉め出す; 工場を閉鎖する, ロックアウトする
lock up (家などの)戸締りをする; (囚人・狂人などを)監禁する

lock[2] /lák ラク/ 名 C 一房の頭髪; 《**locks**》髪の毛

lock·er /lákər ラカ/ 名 (複 **lockers** /lákərz/) C ロッカー

lock·et /lákət ラケト/ 名 C ロケット 《♦写真などが入れられるペンダント》

lock·smith /láksmiθ ラクスミス/ 名 C 鍵(かぎ)屋さん, 錠前屋さん (❗人をさす)

lo·co·mo·tion /lòukəmóuʃən ロウコモウション/ 名 U 移動; 移動力

lo·co·mo·tive /lòukəmóutiv ロウコモウティヴ/ 名 C 《文章》機関車
- a steam **locomotive** 蒸気機関車

— 形 移動(性)の; 移動力のある

lo·cus /lóukəs ロウカス/ 名 (複 **loci** /lóusai/) C 《おもに法律》場所, 位置; 《数学》軌跡

lo·cust /lóukəst ロウカスト/ 名 C 《昆虫》
❶ イナゴ, バッタ
❷ 《米》セミ類の総称

lodge B1 /ládʒ ラヂ | lɔ́dʒ ロヂ/ 名 (複 **lodges** /ládʒəz/) C ❶ 番小屋, 門衛所 ❷ 山小屋, 山荘, ロッジ
— 動 (三単現 **lodges** /ládʒəz/; 過去・過分 **lodged** /ládʒd/; 現分 **lodging**)
❶ 自 泊まる; 下宿する; 他 泊める
- **lodge** at an inn 宿屋に泊まる

❷ 他 (苦情などを)正式に申し出る
❸ 自 (弾丸などが)(体内に)留まる; 《be

lodged》(弾丸などが)撃ち込まれる

lodg·er /ládʒər ラヂャ/ 名C 下宿人, 間借り人

lodg·ing /ládʒiŋ ラヂング/ 名 (複 **lodg-ings** /ládʒiŋz/) ❶UC 宿泊, 宿
❷《**lodgings**》下宿, 貸間

loft /lɔ́:ft ロ一フト/ 名C 屋根裏; ロフト

loft·y /lɔ́:fti ロ一フティ/ 形 (比較級 **loftier**; 最上級 **loftiest**) 非常に高い; (文体などが)高尚な

log[1] B1 /lɔ́:g ロ一グ | lɔ́g ログ/ 名 (複 **logs** /lɔ́:gz/) C ❶丸太; たきぎ
❷(公式な)操作記録; 航海[航空]日誌; 《コンピュータ》ログ, アクセス記録

sleep like a log (丸太のように)ぐっすり眠る

一 動 (三単現 **logs** /lɔ́:gz/; 過去·過分 **logged** /lɔ́:gd/; 現分 **logging**) 他
❶(航海日誌に)記録する
❷伐採する; (樹木を)丸太に切る

log in [***on***] 《コンピュータ》ログインする

log out [***off***] 《コンピュータ》ログアウトする

log[2] /lɔ́:g ロ一グ/ 名C 《数学》対数 (❗ logarithm の略)

log·a·rithm /lɔ́:gəriðm ロ一ガリズム/ 名C 《数学》対数

log·ger·heads /lɔ́:gərhèdz ロ一ガヘヅ/ 名《次の成句で》

at loggerheads 〔…と[のことで]〕仲たがいして《*with, over*》

log·ging /lɔ́:giŋ ロ一ギング/ 名U 伐採, 伐採搬出(業)

log·ic B1 /ládʒik ラヂク | lɔ́dʒik ロヂク/ 名U ❶論理学
❷論理; 理屈; 論理的必然性
• mathematical **logic** 数学の論理
❸《コンピュータ》論理, ロジック
派生 **logical** 形

log·i·cal A2

/ládʒikəl ラヂカル | lɔ́dʒikəl ロヂカル/ 形
❶論理的な, 合理的な; もっともな, 必然の
• **logical** thinking 論理的な思考
❷論理学の; 論理上の
派生 **logic** 名; 派生 **logically** 副

log·i·cal·ly /ládʒikəli ラヂカリ/ 副 論理的に; 理屈から言えば

lo·gis·tic /loudʒístik ロウヂスティク/ 形 兵站(へいたん)(学)の

lo·gis·tics /loudʒístiks ロウヂスティクス/ 名《単数扱い》兵站(へいたん)学 《◆人員·軍需品の輸送·補給などを扱う》; 組織的な準備

lo·go B1 /lóugou ロウゴウ | lɔ́gou ロゴウ/ 名 (複 **logos** /lóugouz/) C
ロゴ, ロゴタイプ 《◆商標·社名などのデザイン文字》(❗ logotype ともいう)

loin /lɔ́in ロイン/ 名《**loins**》《文章》腰回り, 腰部; UC (牛·ブタなどの)腰肉

loin·cloth /lɔ́inklɔ̀:θ ロインクロ一ス/ 名C 腰布; 下帯, ふんどし

loi·ter /lɔ́itər ロイタ/ 動自 うろつく; ぶらぶら歩いていく; 道草を食う

loll /lál ラル/ 動自 ぐったり[ゆったり]と座る《*around*》

lol·li·pop, lol·ly·pop /lálipàp ラリパプ/ 名C 棒つきキャンディー, ロリポップ, ペロペロキャンディー

Lon·don 中 /lʌ́ndən ランドン/ 名 ロンドン 《◆イギリスの首都》
• **London** Bridge ロンドン橋

参考› London はテムズ河畔にある大都市で, シティー(the City)と呼ばれる旧ロンドン市には世界各国の銀行が集まっており, 世界の金融·商業の中心地の1つ

Lon·don·er /lʌ́ndənər ランドナ/ 名C ロンドン生まれの人, ロンドン市民, ロンドン子 ⇨**cockney**

lone /lóun ロウン/ (発音 loan と同音) 形《詩語》ただ1人の; 連れのない; 孤立した; さびしい (❗名詞の前に用いる)

lone·li·ness B2 /lóunlinəs ロウンリネス/ 名U 孤独; さびしさ

lone·ly A1 中

/lóunli ロウンリ/ 形 (比較級 **lonelier**; 最上級 **loneliest**) ❶孤独な, ひとりぼっちの; さびしい, 心細い
• I feel **lonely**. 私はさびしい
❷人の少ない, ぽつんと離れた; もの

さびしい

lon·er /lóunər ロウナ/ 名C 人と交わらない人; 単独行動をとる人

lone·some /lóunsəm ロウンサム/ 形 《米》さびしい; 人気(ひとけ)のない

long[1] A1 中

/lɔ́:ŋ ローング|lɔ́ŋ ロング/

形 (比較級 **longer**; 最上級 **longest**)

❶ (距離・長さが) **長い** (↔**short**)

• **long** hair [legs] 長い髪[足]

• This tunnel is very **long**. このトンネルはとても長い

• My house is **a long way** from here. 私の家はここから遠い ⇨**far**

❷ …の長さがある, 長さが…の

会話 "How **long** is the river?" "It is a hundred miles **long**." 「その川の長さはどのくらいですか」「その川は長さ100マイルです」

❸ (時間が) **長い, 長時間の** (↔**short, brief**) • a **long** vacation 長い休暇

• a **long** life 長命

• (for) a **long** time 長い間

• The days are getting **longer** and **longer**. 日がだんだん長くなっている

• It's been **a long time** since I saw you last. 君に最後に会ってからずいぶんになりますね (! It はばく然と「時間」を表す)

• It was not **long before** he came. まもなく彼は来た (←彼が来る前は長くなかった)

❹ 実に長い, 長ったらしい

• a **long** talk 長話

at (the) longest 長くても, せいぜい

a long shot 成功しそうにない試み, 大穴

― 副 (比較級 **longer**; 最上級 **longest**)

❶ (時間が) **長く, 長い間, 久しく** (=for a long time) (! 「長く」の意味では時間についてだけいう)

• stay **long** 長く滞在する[とどまる]

• live **long** 長く生きる, 長生きする

• How **long** does it take to get to the station by car? 駅まで車でどのくらいかかりますか • Wait a little **longer**, please. もう少しお待ちください

❷ ずっと(前に, あとに)

• from **long** ago ずっと以前から

• **long**, **long** ago 昔々

• **long** before I was born 私が生まれるずっと前に

❸ 《時を表す名詞(句)にともなって》 **…の間中**(じゅう), **ずっと**

• all day **long** 一日中

• all night **long** 一晩中

as long as ... **…の間, …もの長い間; …する限り** (=so long as ...)

• You can stay **as long as** you like. あなたの好きなだけ(長く)いてもいいですよ

not ... any longer = no longer **もはや…ない, もう(これ以上)…ない**

• You are **no longer** a baby. 君はもう赤ちゃんではない

So long! 《口語》 さようなら

so long as ... …さえすれば, …である限りには

― 名U **長い期間, 長時間**

before long まもなく, やがて, 近いうちに ⇨**before** (成句)

for long 長い間, 長らく

• I won't be away **for long**. 長くるすにするつもりはありません

take long (*to do*) (…するのに)手間どる, 長くかかる

• It won't **take long**. 長くはかからないでしょう (! It はばく然と「状況」を表す)

the long and (the) short of it is that ... 問題の要点は[要するに]…ということである

派生 **length** 名; 派生 **lengthen** 動

関連語〉 単語力

broad, wide (幅の)広い

narrow (幅の)狭い

thick 厚い

thin 薄い

deep 深い

shallow 浅い

high 高い

low 低い

long[2] 高 /lɔ́:ŋ ローング/ 動自 文型 [**long**

for A] Aを切望する, Aに思いこがれる ●**long for** peace 平和を待ち望む
文型 [**long to** *do*] …することを切望する, …したくてたまらない
● I'm **longing to** see you. 私はあなたに会いたくてしょうがありません

long. 《略》longitude 経度

lóng-dístance B2 形 長距離の; 市外通話の; 《英》(天気予報で)長期の
━ 副 長距離電話で

lon·gev·i·ty /lɑndʒévəti ランチェヴィティ/ 名U 長生き, 長寿

long·hand /lɔ́:ŋhæ̀nd ローングハンド/ 名U (タイプ・速記などに対して)手書き

long·ing /lɔ́:ŋiŋ ローンギング/ 名UC 〔…への; …したいという〕熱望, 切望, あこがれ 《*for; to do*》
━ 形 あこがれの, 切望の, 熱望する
lóngingly 副 あこがれて

lon·gi·tude /lɑ́ndʒətjù:d ランヂテュード/ 名UC 経度 (❗long. と略す; 「緯度(いど)」は latitude)

lon·gi·tu·di·nal /lɑ̀ndʒətjú:dənəl ランヂテューディナル/ 形 経度の, 経線の; 長さの; 縦の

lóng jùmp 名 《**the** をつけて》《スポーツ》走り幅跳び

lóng-líved 形 長続き[長生き]する

lóng-ránge 形 (計画などが)長期にわたる; 長距離(用)の

lóng-rúnning 形 長く続く

long·shore·man /lɔ́:ŋʃɔ̀:rmən ローングショーマン/ 名 (複 **longshoremen** /lɔ́:ŋʃɔ̀:rmən/) C 《米》港湾労働者

lóng-stánding 形 ずっと昔からの, 長年の

lóng-súffering 形 辛抱強い, じっと耐え忍んでいる

lóng-tàiled 形 尾の長い

lóng-tèrm B2 形 長期の, 長期にわたる (↔**short-term**)

long·time /lɔ́:ŋtàim ローングタイム/ 形 昔からの, 長年の

long-wind·ed /lɔ́:ŋwíndəd ローングウィンデド/ 形 (人が)長々と話す, くどい, (話などが)長たらしい, 冗漫な

look A1 中

/lúk ルク/ 動 (三単現 **looks** /lúks/; 過去・過分 **looked** /lúkt/; 現分 **looking**)
共通イメージ 自分から見ようと思って注意して見る

チャンクでおぼえよう!

❶ 空を見る	look at the sky
❷ 驚いているように見える	look surprised
❷ 疲れているように見える	look tired
❷ 同じに見える	look the same
成句 静かな場所をさがす	look for a quiet place
成句 利己的な男に見える	look like a selfish man

❶ 自 〔…を〕(注意してよく)見る 《*at*》; 視線を向ける (❗ふつう方向を表す副詞(句)をともなう)
● Sorry. I wasn't **looking** carefully. すみません. 注意して見てませんでした
● **look at** the blackboard 黒板を見る
● **Look at** page 2 for details. ⇨ フォーカス 1 詳細は2ページを見てください
● You should **look at** the big picture. ⇨ フォーカス 5 全体像を見なければならない
● I'm just **looking**. (お店で)見ているだけです (❗店員に声をかけられていう表現)
● **look** (down) **at** the floor 床を見る[見おろす]
● **look** the other way そっぽを向く
● **Look** both ways before you cross the street. 通りを横断する前に左右をよく見なさい (❗both ways は「両方の側を」の意味の副詞句)

❷ 自 文型 [**look C**] (外見が) Cに見える, Cの顔をしている (❗Cは形容詞または名詞)
● **look** pale [tired] 顔色が悪い[疲れているようだ]
● **look** happy 幸せそうに見える
● **look** real 実物[本物]のように見える

look

A1 動 名
中 /lúk ルク/

三単現 **looks** /lúks ルクス/ 過去・過分 **looked** /lúkt ルクト/
現 分 **looking**

共通イメージ
自分から見ようと
思って注意して見る

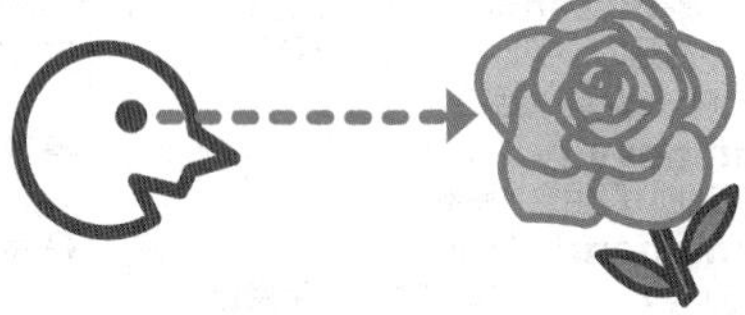

意味マップ

動 ❶ 見る
❷ …に見える
❸《間投詞的》ごらん
❹ …向きである
❺ 確かめる

名 ❶ 見ること
❷ 目つき, 表情
❸ 外観
❹ 容貌(ようぼう)

使えるコーパスフレーズ

look at＋名詞

1 **look at page ...** …ページを見る
2 **look at the figure(s)** 図[数字]を見る
3 **look at ...'s face** …(人)の顔を見る
4 **look at number ...** …番を見る
5 **look at the picture** 絵[写真]を見る

look＋形容詞

6 **look good** よさそう(! おいしそう, かっこいいなど)
7 **look great** すばらしく見える
8 **look bad** 悪く見える(! まずそう, かっこ悪いなど)
9 **look better** よりよく見える(! 元気に見えるなど)
10 **look nice** すてきに見える

コーパス この順番でマスター　lookの句動詞

(1) **look for ...** …をさがす
(2) **look at ...** …を見る
(3) **look into ...** …を調査する
(4) **look up ...** (辞書などで)…をひく
(5) **look out** 気をつける

フォーカスページ

• **look** surprised [worried] びっくりした[心配そうな]顔をしている
• That sushi **looks** good. ⇨フォーカス6 あのお寿司はおいしそうだ
• Your hair **looks** nice. ⇨フォーカス10 すてきな髪型ね
• "How do I **look**?" "You **look** great!" ⇨フォーカス7 「似合うかしら？」「すばらしいよ」
• They **look** just the same. それらはまったく同じに見える
• You made me **look** stupid [an idiot]! 君のせいでバカだと思われたよ

❸ 自 ごらん, ほら, ちょっといいですか (❗命令文で使って相手の注意をうながす)

CAN-DO Tips› 注意を引く
Look! という表現を使うと, 会話の冒頭などで相手の**注意を引くことができる**ようになります

• **Look!** There's a beautiful bird. 見てごらん, きれいな鳥がいるよ
• **Look!** That's enough. ちょっと, もうたくさんだよ！

❹ 自 《方向を表す副詞(句)をともなって》…向きである, …に面している
• The hotel **looks toward** the lake. そのホテルは湖に面している
• My house **looks south**. 私の家は南向きです

❺ 他 文型 [**look wh-...**] …であるかを調べてみる, 確かめる
• I'll **look what** time the train leaves. 列車の発車時刻を確かめましょう

look about (=look around)

look after ... …の世話をする (=take care of), …に気をつける; …(のあと)を見送る
• Who **looks after** the kids while you're away? るす中, 子どもの面倒はだれがみるのですか
• **look after** yourself 自分のことは自分でやる; 自分の身を守る

look ahead 前方を見る; 将来の計画を立てる

look around (周囲を)見回す, ぶらぶら見て歩く; …を調べてまわる

look as if [though] ... まるで…のように見える
• It **looks as if** it's going to rain. まるで雨でも降り出しそうだ

look away 〔から〕目をそらす《*from*》

look back ふり返る; 回想する, 追想する
• He ran away without **looking back**. 彼は振り返らずに走り去った

look down on ... …を見くだす, 軽べつする; …を見おろす
• They **look down on** a person who has no courage. 彼らは勇気のない人を軽べつする

look for ... …をさがす, …を求める (❗「見つける」は find); (困った事態を)招く • **look for** a job 職をさがす
• What are you **looking for**? ⇨フォーカス(1) 君は何をさがしているのですか
• be **looking for** trouble トラブルを招くようなことをする

look forward to ... …を楽しみに待つ
• I am **looking forward to** seeing you. お会いするのを楽しみに待っています (❗to のあとは名詞か動名詞; ×look forward to *see* としない)

look in 中をのぞく; 〔…に〕ちょっと立ち寄る《*on*》
• I'll **look in** (**on** you) when I'm in town. 町へ出た時は(お宅に)ちょっと寄ります

look A in the face [in the eyes] A(人)の顔をまともに見る

look into ... …の中を見る; …を(よく)調べる (=investigate)
• We are **looking into** the cause of the incident. ⇨フォーカス(3) 私たちは事件の原因を調査中である

look like ... …に似ている; …のように見える, …のようだ
• He **looks** just **like** his father. 彼は父親にそっくりだ
• It **looks like** rain. 雨になりそうだ
• You **look like** you aren't feeling well. 具合が悪そうだね

look on 傍観する
look on [upon] ... …に面する (=look out on)
● My house **looks on** (to) the street. 私の家は通りに面しています
look on [upon] *A* ***as*** *B* AをBとみなす
● We **look on** her **as** the leader. 彼女をリーダーと思っている
look out 外を見る; 気をつける ⇨ **lookout**
● He **looked out** of the window. 彼は窓の外を見た
● **Look out**! A car is coming. ⇨ フォーカス (**5**) 気をつけて！ 車が来るよ
look over 向こう側を見る; …越しに見る; …を点検する; …にざっと目を通す ● Will you please **look over** my composition? 私の作文に目を通してくださいませんか
look round 《英》(=look around)
look through ... …を通して見る; …にざっと目を通す
look to ... …の方を見る; …向きである; …に期待する, 当てにする
look up ① 上を見る, 見上げる ② (電話帳や辞書で) …をさがす, 調べる; …を訪ねる
● **look up** the word in a dictionary ⇨ フォーカス (**4**) 辞書でその単語をひく
look up to ... …を尊敬する, 仰(あお)ぎみる
● Every child needs someone to **look up to**. どんな子どもにも尊敬できるような人が必要である
— 名 (複 **looks** /lúks/)
❶ C 見ること, 一目, 一見, 一瞥(べつ)
● My baby's sick. Will you **have a look at** him, doctor? 子どもが病気なんです. 先生, ちょっとみていただけませんか
● Can I **have a look at** your newspaper? ちょっと新聞を見せてもらえませんか
● He **took a** quick [good, close] **look at** the magazine. 彼は雑誌にさっと[よく]目を通した
❷ C 《ふつう単数形で》 目つき, 顔つき, 表情
● a **look** of surprise 驚いた顔つき
● He **gave** me an angry **look**. 彼は私に怒った顔を見せた

コロケーション
形+look
a curious *look* 好奇心に満ちた表情
a puzzled *look* 当惑した表情
a sharp *look* 鋭い目つき
a suspicious *look* 疑わしげな表情
a funny *look* おかしな表情
a worried *look* 心配そうな表情

❸ C 外観, ようす
● judging from the **look** of the sky 空模様からすると
❹ 《**looks**》 容貌(ようぼう), 美貌(びぼう)
● She has both talent and (good) **looks**. 彼女は才色兼備です
have a look of ... …に似ている

look-a·like /lúkəlàik ルカライク/ 名 C 《口語》(特に有名人に)よく似た人

looked /lúkt ルクト/ 動 look の過去形・過去分詞

look·ing /lúkiŋ ルキング/ 動 look の現在分詞・動名詞

lóoking glàss 名 C 姿見, 鏡

look·out /lúkàut ルカウト/ 名 ❶《単数形で》見張り, 警戒, 用心; C 見張り所; 見張り人 ❷《単数形で》(将来の)見込み

looks /lúks ルクス/ 動 look の三人称単数現在形

loom[1] /lú:m ルーム/ 名 C (織物を織る)機(はた), 織機(しょっき)

loom[2] /lú:m ルーム/ 動 自
❶ ぬーっと現れる 《*up*》
❷ (困難・危険などが)じわじわ迫る

loon·y /lú:ni ルーニ/ 形 (比較級 **loonier**; 最上級 **looniest**) 《口語》 ばかな, 変な, 狂った
— 名 (複 **loonies** /lú:niz/) C 狂人

loop /lú:p ループ/ 名 C (ひも・線などで作った)輪; 環状の物
— 動 他 輪にする; 輪でくくる

loop·hole /lú:phòul ループホウル/ 名 C (城壁の)銃眼, はざま; (法律などの)抜け穴, 盲点

loose A2

/lúːs ルース/ (×ルーズ)

形 (比較級 **looser**; 最上級 **loosest**)

❶ ゆるい (↔**tight**); 縛られていない; 解き放されて

- a **loose** knot ゆるい結び目
- a **loose** coat だぶだぶの上着

❷ だらしのない, ルーズな; 《古風》ふしだらな (! 名詞の前に用いる)

- lead a **loose** life だらしのない生活を送る

break loose 自由になる, 脱走する

come loose (結んだものが)ゆるむ, ほどける; ぐらぐらになる

let [***turn***] ***... loose*** …を放す; 放して自由にする, 逃がす

まぎらわしい語〉 単語力

loose /lúːs ルース/ ゆるい

lose /lúːz ルーズ/ 失う

lóose énd 名C 《ふつう複数形で》未処理の問題点, やり残し

loose-leaf /lúːslìːf ルースリーフ/ 形 (ノートなどが)ルーズリーフ式の

loose·ly B2 /lúːsli ルースリ/ 副 ゆるく; 締まりなく; だらしなく

loos·en /lúːsən ルースン/ 動 ❶ 他 ゆるめる, ほどく (↔**tighten**); 自 ゆるむ ❷ 他 緩和する

loot /lúːt ルート/ 名U 略奪物, 盗品; 不正利得

━動 他自 略奪する; 不正利益を得る

lop /láp ラプ/ 動 (三単現 **lops** /láps/; 過去・過分 **lopped** /lápt/; 現分 **lopping**) 他 (枝を)切る 《*off*》; 切りつめる, 短縮する 《*off*》

lop·sid·ed /lápsáidəd ラプサイデド/ 形 一方に傾いた; つり合っていない

lo·qua·cious /loukwéiʃəs ロウクウェイシャス/ 形 《文章》おしゃべりの, 多弁な

lord /lɔ́ːrd ロード/ 名C

❶ 《英》高位の貴族; 《**Lord**》卿(きょう), 閣下(かっか) (! 貴族の尊称)

- the House of **Lords** (イギリスの国会の)上院

❷ 君主; 領主; 統治者, 所有者

❸ 《**the** [**our**] **Lord**》主(しゅ) 《◆神 (God) またはキリスト (Christ) のこと》

Good Lord! おやまあ, あきれた

(***Oh,***) ***My Lord!*** おやまあ

派生 **lordly** 形

lord·ly /lɔ́ːrdli ロードリ/ 形 君主らしい, 君主にふさわしい; 堂々とした; 尊大な 派生 **lord** 名

lord·ship /lɔ́ːrdʃip ロードシプ/ 名C 《しばしば **Lordship**》《英》閣下 《◆公爵以外の貴族や裁判官の尊称》; U 貴族[君主]の身分; 支配, 統治権

lore /lɔ́ːr ロー/ 名U (特定の文化などに関する)言い伝え, 伝承 ⇨**folklore**

lor·ry B1 /lɔ́ːri ローリ|lɔ́ri ロリ/ 名 (複 **lorries** /lɔ́ːriz/) C 《英》

トラック (=《米》truck[1])

Los An·ge·les 高 /lɔːs ǽndʒələs ロース アンヂェレス, lɔːs ǽndʒəlìːz ロース アンヂェリーズ/ 名 ロサンゼルス 《◆米国カリフォルニア州の南部にある米国第2の大都市; L.A. と略す》

lose A2 中

/lúːz ルーズ/ (×ロース)

動 (三単現 **loses** /lúːzəz/; 過去・過分 **lost** /lɔ́ːst|lɔ́st/; 現分 **losing**)

意味マップ

❶ 失う; なくす
❷ (道などを)見失う; (道に)迷う
❸ (勝負に)負ける
❹ 損する
❺ 取り逃がす

❶ 他 (物・命などを)失う; なくす

- **lose** weight 体重が減る
- **lose** *one's* head 自制心を失う, あわてる; 首を切られる
- **lose** heart 元気をなくす, がっかりする
- He **lost** his job recently. 彼は最近仕事を失った
- He never **lost** hope. 彼は決して希望を失わなかった
- I have **lost** my watch. 私は時計をなくしてしまった
- Many lives **were lost** in the accident. 多くの人命が事故で失われた

❷ 他 (道などを)見失う; (道に)迷う; とまどう ⇨成句 **lose** *one's* **way**
• I felt **lost** in the new school. 新しい学校でとまどいを覚えた
❸ 他自 (勝負に)負ける (↔**win**)
• **lose** a game 試合に負ける
会話 "Did you **win**?" "No, we **lost**! We **lost to** the Tokyo Kickers 5-0." 「勝ったかい」「いや, 負けちゃった. 5対0で東京キッカーズに負けたよ」(❗5-0 は five (to) zero と言う)
❹ 他自 損する, むだにする; (時計が)遅れる (↔**gain**)
• There is no time to **lose**. 失うべき時間がない[ぐずぐずしていられない]
• My watch **loses** a few seconds a day. 私の時計は1日に数秒遅れる
❺ 他 (獲物などを)取り逃がす; (好機などを)逸する; 見[聞き]落とす

lose out 《口語》負ける; 〔…で〕損をする《*on*》; 〔好機などを〕逸する《*on*》

lose sight of ... …を見失う; …の消息がわからなくなる ⇨**sight** (成句)

lose one's temper かんしゃくを起こす ⇨**temper** (成句)

lose one's way = lose oneself 道に迷う; 自分を見失う ⇨❷
• He **lost his way** on the way to the station. 彼は駅に行く途中に道に迷った

派生 **loss** 名

los·er /lúːzər ルーザ/ 名C 敗者, 負けた人; 損をする[した]人; 失敗者

los·ing /lúːziŋ ルーズィング/ 形 負ける, 損をする ー名U 失敗; 《**losings**》(投機などでの)損失

loss B1 高 /lɔ́ːs ロース | lɔ́s ロス/ 名 (複 **losses** /lɔ́ːsəz/) ❶UC 失うこと, なくすこと, 紛失, 喪失
• the **loss** of a child 子どもを失うこと
• **loss** of sight 失明
• I reported the **loss** of my credit card to the bank. クレジットカードの紛失を銀行に届けました
❷UC 損失, 損害 (↔**profit**, **gain**)
• make a **loss** 損失を出す
❸UC 敗北 (↔**victory**, **win**); 失敗
❹U むだ, 浪費

at a loss 途方にくれて, 困って; 損をして
• I am **at a loss** (as to) what to do. どうしてよいか私にはわからない

派生 **lose** 動

lost A2 中

/lɔ́ːst ロースト|lɔ́st ロスト/ 形
❶道に迷った; 途方にくれた; 難破した • a **lost** child 迷子
• We'd be **lost** without her. 彼女がいないと困ってしまう
❷失われた, 失った, 見失った, 紛失した; 浪費された
• the **lost** watch なくした時計
❸負けた, 敗れた
• a **lost** game 負け試合

get lost 道に迷う; 途方に暮れる

Get lost! 《俗語》失(う)せろ!, 出て行け!, ほっといてくれ!

lost in ... …に夢中になって, 没頭して

lost to ... …のものではなくなった; …に無感覚になった

ー動 loseの過去形・過去分詞

lóst and fóund (òffice) 名C 《米》遺失物取扱所

lóst cáuse 名C 成功の見込のないこと[事業, 企画]

lot[1] A1 中

/lάt ラト|lɔ́t ロト/ 名 (複 **lots** /lάts ラツ/)
❶《**a lot** または **lots**》《口語》たくさん
• There's **a lot** left. まだたくさん残っている
❷《**a lot** または **lots**》《副詞的に用いて》《口語》たいへん, とても
• I like her **a lot**. 彼女がとても好きだ
• Thanks **a lot**. ほんとうにありがとう
❸《口語》《集合的に》全体, 全部
❹C (商品などの)一山; (同種の人・物の)一群[組]

a lot of ... = lots of ... たくさんの…
• **a lot of** people たくさんの人々
• We have **a lot of** rain in Tokyo in

June. 6月の東京は雨が多い
- It was **lots of** fun. それはとてもおもしろかった

使い方› **a lot of, lots of**
(1) a lot of, lots of は数えられる名詞(たくさんの数), 数えられない名詞(たくさんの量)のどちらにも使える. 動詞の形はあとにくる名詞に合わせる:
He knows **a lot of** English songs. 彼はたくさんの英語の歌を知っている
She ate **lots of** candy and got sick. 彼女はキャンディーをたくさん食べて具合が悪くなった
There **are a lot of** books. たくさんの本がある (×There is a lot of books.)
(2) 疑問文・否定文では a lot of, lots of の代わりに, 数のときは many を, 量のときは much を使うことが多い:
Do you have **many** books? 本をたくさん持っていますか
We haven't had **much** snow this winter. 今年の冬は雪があまり多くなかった
(3) 肯定文で many, much を使うと形式ばった感じになるので, a lot of, lots of などを使うことが多い ⇨**many, much**

lot[2] A2
/lát ラト|lɔ́t ロト/ 名 (複 **lots** /láts ラツ/)
❶ C (一区画の)地面, 土地
- a parking **lot** 駐車場
- an empty **lot** あき地

❷《単数形で》運命
❸ C くじ; U くじ引き
- draw **lots** くじを引く

lo·tion /lóuʃən ロウション/ 名 U C 外用水薬; 化粧水, ローション

lot·ter·y B1 /látəri ラタリ|lɔ́təri ロタリ/ 名 (複 **lotteries** /látəriz/) C 宝くじ, くじ引き; U 運

lo·tus 高 /lóutəs ロウタス/ 名 C《植物》ハス《♦蓮》; ハスの実

Lou /lú: ルー/ 名 ルー《♦男性名 (Louis の愛称); 女性名 (Louisa, Louise の愛称)》

loud B1 中 /láud ラウド/ 形 (比較級 **louder**; 最上級 **loudest**)
❶ (声・音が) 大きい, 大声の (↔**low**[1]); うるさい, そうぞうしい
- a **loud** noise やかましい騒音
- in a **loud** voice 大きな声で

❷ けばけばしい, 派手な (↔**quiet**)
❸ (要求などが) 執拗(しつよう)な, しつこい

— 副 (比較級 **louder**; 最上級 **loudest**)
大声で, 大きな声で, 大きな音で (❗ loudly より口語的な語)
- Could you speak a little **louder**? もう少し大きな声で話してもらえませんか

out loud 声に出して, 人に聞こえるように

loud·ly A2 高
/láudli ラウドリ/ 副 大声で, 声高に; 騒々しく; けばけばしく, 派手に
- They were singing English songs **loudly**. 彼らは英語の歌を大声で歌っていた

loud·ness /láudnəs ラウドナス/ 名 U (声・音の)大きさ; 騒がしさ; はでさ

loud·speak·er B1 /láudspì:kər ラウドスピーカ/ 名 (複 **loudspeakers** /láudspì:kərz/) C 拡声器, (ラウド)スピーカー (❗単に speaker ともいう)

Lou·is /lú:is ルーイス/ 名 ルイス《♦男性名》

Lou·i·sa /luí:zə ルイーザ/ 名 ルイーザ《♦女性名》

Lou·ise /luí:z ルイーズ/ 名 ルイーズ《♦女性名》

Lou·i·si·an·a /luì:ziǽnə ルイーズィアナ/ 名 ルイジアナ《♦米国南部の州; La., (郵便で) LA と略す》

lounge /láundʒ ラウンヂ/ 名 C
❶ (ホテル・劇場・船などの) 休けい室, ラウンジ, 娯楽社交室, 待合室
❷《米》寝いす, ソファー
❸《英》居間 (=sitting room)

— 動 自 もたれかかる; ゆったりと横になる; ぶらつく

louse /láus ラウス/ 名 C ❶ (複 **lice** /láis/)《昆虫》シラミ; 寄生虫
❷ (複 **louses** /láusəz/)《俗語》げすな男

lous·y B2 /láuzi ラウズィ/ 形 (比較級 **lousier**; 最上級 **lousiest**) シラミのたかった; 《口語》いやな, ひどい

lou·ver, 《英》 **lou·vre** /lúːvər ルーヴァ/ 名C 《建築》よろい張り，よろい戸[窓]

Lou·vre /lúːvr ルーヴル/ 名 《**the Louvre**》 ルーブル美術館 《♦パリにある美術館，もとは王宮》

lov·a·ble /lʌ́vəbl ラヴァブル/ 形 愛らしい，人好きのする

love A1 中

/lʌ́v ラヴ/

意味マップ
動 ❶愛する
❷(物・事が)大好きである
名 ❶愛
❷愛する者，恋人
❸愛好
❹《テニス》0点

― 動 (三単現 **loves** /lʌ́vz/; 過去・過分 **loved** /lʌ́vd/; 現分 **loving**) 他

❶(恋人など)を愛する，愛している；恋している (⇔**hate**)；(祖国・家族などを)愛する，敬愛する

• I **love** you. 私はあなたを愛している (❗「愛している」をふつうは ×I *am loving* you. と進行形にしない)

• Andersen **loved** his hometown. アンデルセンは自分の生まれた町を愛した

❷(物・事など)が大好きである

• **love** A's work A(作家など)の作品が大好きである

• **love** music 音楽が大好きである

• She **loves** vanilla ice cream. 彼女はバニラアイスクリームが大好きです

文型 [**love** *doing* = **love to** *do*] …するのが大好きである

[CAN-DO Tips 好きなことを言う]

• I **love playing** [**to** *play*] the guitar. ギターをひくのが大好きだ

I would [***should***] ***love*** [《口語》 ***I'd love***] ***to do*** …したい (❗女性が多く使う言い方)

• **I'd love to** go to Kyoto. 私は京都に行ってみたいわ

I love it! 《口語》《人の不幸をおもしろがって，反語的に》そいつはいいや

― 名 (複 **loves** /lʌ́vz/) ❶U 愛，愛情；U 恋愛；《形容詞的》愛の

• a mother's **love for** her children 子どもに対する母の愛情

• first **love** 初恋

• a **love** song [story] 恋の歌[物語]

コロケーション
形+**love**
deep *love* 深い愛
passionate *love* 情熱的な愛
platonic *love* プラトニックラブ
true *love* 本当の愛
動+**love**
profess *one's love* 愛を告白する
show *one's love* (for ...) (…に)愛情を示す
win *a person's love* 人の愛をかちとる

❷C 愛する者，(男性からみた女性の)恋人 (=darling) (❗「女性からみた男性の恋人」は lover)

❸UC 〔…を〕愛すること[気持ち]，〔…への〕愛好，好み 《*of, for*》

• a **love of** [**for**] money 金銭欲

❹U 《テニス》0点，ラブ

be in love with ... …に恋をしている • He **is in love with** Jane. 彼はジェーンに恋している

fall in love with ... …に恋をする

• He **fell in love with** Susan. 彼はスーザンに恋するようになった

(***Give*** [***Send***]) ***My love to ...*** …によろしくお伝えください

Love, ... …より (❗近親者・女性同士の間で使われる手紙の結び)

• **Love**, Mary Brown メアリー・ブラウンより

make love 〔…と〕性交する，セックスする 《*with, to*》

With (***my***) ***love*** さようなら，愛をこめて (❗親しい人に送る手紙の結び)

派生 **lovely** 形

love·a·ble /lʌ́vəbl ラヴァブル/ 形 (=lovable)

lóve affàir 名C 情事，不倫；〔…に対する〕熱狂 《*with*》

love·li·ness /lʌ́vlinəs ラヴリネス/ 名U 愛らしさ，かわいらしさ；すばらしさ

love·ly A1 高 /lʌ́vli ラヴリ/
形 (比較級 **lovelier**; 最上級 **loveliest**)
❶ 美しい, 愛らしい, かわいい
• She looks **lovely** in that dress. その服を着ると彼女はかわいらしくみえる
❷《口語》すばらしい, とても楽しい[ゆかいな]
• have a **lovely** time とても楽しい時を過ごす
派生 **love** 名

lov·er A2 高 /lʌ́vər ラヴァ/ 名 (複 **lovers** /lʌ́vərz/) C
❶ (女性からみた男性の)恋人, 愛人 (! 「男性からみた女性の恋人」は love);《**lovers**》恋人同士 ⇨**love** 名❷
• Romeo was Juliet's **lover**. ロミオはジュリエットの恋人であった
❷〔…の〕愛好者[家], 〔…を〕愛する人《*of*》
• a **lover** of music = a music **lover** 音楽愛好家

love·sick /lʌ́vsìk ラヴスィク/ 形 恋に悩んでいる

lov·ing 高 /lʌ́viŋ ラヴィング/ 動 love の現在分詞・動名詞
― 形 ❶ (人を)愛する, 愛情深い, 愛情のこもった ❷《複合語で》…を愛する

lov·ing·ly B1 /lʌ́viŋli ラヴィングリ/ 副 愛情をこめて, やさしく

low[1] A2 中 /lóu ロウ/ 形 (比較級 **lower**; 最上級 **lowest**) ❶ (高さの)低い (↔**high**)
• a **low** hill [ceiling] 低い丘[天井]
• I was not able to reach the **lowest** limb of the tree. 私はその木の一番低い枝にも届かなかった
• This chair is too **low** for the table. このいすはテーブルに対して低すぎる
❷ (賃金・点数・温度・速度などが)低い; (値段が)安い
• **low** wages 低い賃金
• **low** atmospheric pressure 低気圧
• **low** blood pressure 低血圧
• at a **low** price 低価格で
❸ (数量が)低い, 少ない; 〔…が〕乏しい; 欠乏して《*on, in*》
• a **low**-fat diet 低脂肪食
• We are running **low on** gas. ガスがもうなくなりそうだ
❹ (声や音が)低い, 小さい (↔**loud**)
• Speak in a **low** voice in the library. 図書館では小声で話しなさい
❺ 低調な, 元気がない
• I feel **low** today. 今日は気分が出ない
❻ (身分・地位などが)低い, 卑しい; (ことば・行為・考えなどが)低俗な

at* (*the*) *lowest 最低でも
― 副 (比較級 **lower**; 最上級 **lowest**) 低く; (声や音を)小さく; 安く
• Speak **low**. 小声で話しなさい
― 名 (複 **lows** /lóuz/)
❶ C 低い水準[数値]; 最低点
❷ C《気象》低気圧地域
❸ U (自動車の)低速ギヤ
派生 **lower** 動

low[2] /lóu ロウ/ 動 自《文章》(牛が)モーと鳴く

lów blòw 名 C《ボクシング》ローブロウ《♦反則》; きたない攻撃

low·brow /lóubràu ロウブラウ/ 形 教養の低い, 低俗な
― 名 C 教養の低い人

low·down /lóudàun ロウダウン/ 名《**the lowdown**》《口語》〔…の〕真相, 秘密情報, 内幕《*on*》

low·er B2 高 /lóuər ロウア/ 動
❶ 他 低くする, 降ろす, 下げる; 減らす (↔**raise**); 自 低くなる, 降りる, 下がる; 減る (↔**rise**)
• Please **lower** the window shade. ブラインドを降ろしてください
❷ 他 安くする; (評判・品格などを)落とす; 自 安くなる ❸ 他 (声・音を)下げる; 自 (声・音が)下がる, 弱まる

lower oneself 品位を下げる; 卑劣なことをする
― 形 ❶ より低い (! low の比較級)
❷ 下のほうの, 下部の; 下等な (↔**up-**

per) (❗名詞の前に用いる)
• the **lower** lip 下くちびる
• the **lower** animals 下等動物
— 副 より低く, より深く
派生 low¹ 形

Lówer Hóuse 名 《**the** をつけて》 下院 《♦英国の the House of Commons, 米国の the House of Representatives など》

lów-fát 形 低脂肪の

lów fréquency 名 U C 低周波

lów-kéy, lów-kéyed 形 (表現などが)控えめの, 抑えた, 穏やかな

low·land B2 /lóulənd ロウランド/ 名 U 《または **lowlands**》 低地 (↔**highland**)
— 形 低地の

lów-lével 形 下級の; 低級な

low·ly /lóuli ロウリ/ 形 (比較級 **lowlier**; 最上級 **lowliest**) 《文章》 (地位が)低い, (職業などが)いやしい; 粗末な; 腰が低い, 謙遜(けんそん)した

low-ly·ing /lòuláiiŋ ロウライイング/ 形 (土地などが)低い位置にある, 低地の; (雲などが)低くたれこめた (❗名詞の前に用いる)

low·ness /lóunəs ロウネス/ 名 U 低いこと; いやしさ; 元気のなさ

loy·al B1 /lɔ́iəl ロイアル/ 形 〔…に〕忠実[誠実]な 《*to*》 (=faithful) (↔**disloyal**)
派生 loyalty 名

loy·al·ist /lɔ́iəlist ロイアリスト/ 名 C 忠臣; 王[政府]の支持者, 王党員; 《しばしば **Loyalist**》 (米国独立戦争当時の)英国政府支持者, 独立反対者

loy·al·ty B1 /lɔ́iəlti ロイアルティ/ 名 (複 **loyalties** /lɔ́iəltiz/) U 忠実さ, 誠実さ, 忠誠; C 忠誠心; 忠実[誠実]な行為
派生 loyal 形

loz·enge /lázəndʒ ラゼンヂ/ 名 C ひし形; (せき止めの)トローチ剤

LP /élpí: エルピー/ 名 (複 **LP's, LPs** /élpí:z/) C LPレコード, エルピー 《♦long-playing record の略》

LSD /élèsdí: エルエスディー/ 名 U エルエスディー 《♦幻覚剤の一種》

Ltd. 《略》 limited. (会社が)有限責任の (❗社名のあとにつける)

lu·bri·cant /lú:brəkənt ルーブリカント/ 名 U C 滑らかにするもの; 潤滑剤, 潤滑油

lu·bri·cate /lú:brəkèit ルーブリケイト/ 動 他 潤滑油[剤]を差す[塗る]; (皮膚などを)滑らかにする; 円滑にする

lu·bri·ca·tion /lù:brəkéiʃən ルーブリケイション/ 名 U 滑らかにすること; 潤滑油を差すこと, 注油

lu·cid /lú:səd ルースィド/ 形 わかりやすい; 明快な; 正気の

luck A1 中

/lʌ́k ラク/ 名 U 運; 幸運
• bring good [bad] **luck** 幸運[不運]をもたらす
• Good **luck** with [in] your exams. 君の試験がうまくいきますように

Any luck? うまくいったかい?
as luck would have it 幸いにも, 運よく; あいにく, 運悪く
Bad [Hard, Tough] luck! ついてませんね; 残念ですね
by luck 幸運にも, 運よく
for luck 縁起がいいように; 幸運を祈って
Good [Best of] luck (to you)! 幸運を祈ります; がんばってね; ごきげんよう 《♦別れ・乾杯などのあいさつ》
in luck 幸運で, ついていて
out of luck 不運で
with any luck, with a bit of luck 運がよければ
派生 lucky 形

luck·i·ly A2

/lʌ́kili ラキリ/ 副
運よく, 幸運にも (↔**unluckily**)

luck·y A1 中

/lʌ́ki ラキ/ 形 (比較級 **luckier**; 最上級 **luckiest**) 運のよい, 幸運な; 幸運をもたらす (↔**unlucky**)
• a **lucky** number ラッキーナンバー

[文型] [**be lucky to** *do*] …するとは運がよい
• You **are lucky to** *have* a job. 仕事があって幸せだね
[文型] [**it is lucky** (**for A**) **that ...**] …とは(A(人)は)運がよい
• **It is lucky that** I came back before it got dark. 暗くなる前に戻って来られたのは幸運だ
[派生] **luck** [名]

lu·cra·tive B2 /lúːkrətiv ルークラティヴ/ [形] 《文章》利益が上がる, 大もうけの

Lu·cy /lúːsi ルースィ/ [名] ルーシー 《◆女性名》

lu·di·crous /lúːdəkrəs ルーディクラス/ [形] (行為などが)ばかげた, こっけいな, 笑わずにはいられない

lug /lʌ́g ラグ/ [動] ([三単現] **lugs** /lʌ́gz/; [過去・過分] **lugged** /lʌ́gd/; [現分] **lugging**) [他] 《口語》力ずくで引く, 引きずる, 引っ張って行く 《*along*》

luge /lúːʒ ルージュ/ [名] [C] リュージュ 《◆一人乗りのそり》; [U] 《スポーツ》 《**the luge**》 リュージュ(競技)

lug·gage B1 /lʌ́gidʒ ラギヂ/ [名] [U] 手荷物 (❗旅行のときのかばん, スーツケースなどを集合的にいう) ⇨**baggage**
• a piece [three pieces] of **luggage** 手荷物1つ[3つ] (×*a* luggage, ×luggag*es* としない)

luke·warm /lúːkwɔ́ːrm ルークウォーム/ [形] (お湯などが)なまぬるい; (態度などが)不熱心な, 気の抜けた

lull /lʌ́l ラル/ [動] [他] (赤ちゃんなどを)あやす, なだめる, 寝かしつける
― [名] [C] (嵐・騒音・活動などの)小やみ, 一時の静けさ; (病気・苦痛などの)小康(しょうこう)

lull·a·by /lʌ́ləbài ララバイ/ [名] ([複] **lullabies** /lʌ́ləbàiz/) [C] 子守歌

lum·ber[1] /lʌ́mbər ランバ/ [名] [U] ❶《英》がらくた 《◆不用な家具など》 ❷《米》材木, 用材, 木材 (=《英》timber)
― [動] ❶ [他] 伐採(ばっさい)する; [自] 材木を切り出す ❷ [他] 〔いやなことなどを〕押しつける 《*with*》

lum·ber[2] /lʌ́mbər ランバ/ [動] [自] のしのし[もたもた]と歩く; 重そうに進む 《*along, past, by*》

lum·ber·jack /lʌ́mbərdʒæ̀k ランバヂャク/ [名] [C] 《米》材木切り出し人

lu·mi·nar·y /lúːmənèri ルーミネリ/ [名] ([複] **luminaries** /lúːmənèriz/) [C] 《文章》指導的人物, 名士

lu·mi·nous /lúːmənəs ルーミナス/ [形] 光を発する, 光る; (部屋などが)明るい; (作品などが)明快な

lump /lʌ́mp ランプ/ [名] [C]
❶ かたまり; 角砂糖
• a **lump** of clay 粘土(ねんど)のかたまり
❷ こぶ, はれもの
in a lump ひとまとめにして, 一括して
― [動] [他] ひとまとめにする 《*together*》; 〔…と〕いっしょくたにする 《*with*》

lump·y /lʌ́mpi ランピ/ [形] ([比較級] **lumpier**; [最上級] **lumpiest**) かたまりの多い; でこぼこの

lu·na·cy /lúːnəsi ルーナスィ/ [名] [U] 愚かな行為, 狂気のさた; 精神異常, 狂気 (=insanity)

lu·nar /lúːnər ルーナ/ [形] 月の (❗「太陽の」は solar)

lúnar cálendar [名] 《**the** をつけて》太陰暦(たいいんれき)

lúnar eclípse [名] [C] 《天文》月食

lu·na·tic /lúːnətik ルーナティク/ [名] [C] 精神異常者; 大ばか者
― [形] 狂気じみた, ばかげた

lunch A1 中

/lʌ́ntʃ ランチ/ [名] ([複] **lunches** /lʌ́ntʃəz/) [U] [C] 昼食; (お昼の)弁当
• have [eat] **lunch** 昼食を食べる (×*a* [*the*] lunch としない)
• school **lunch** 学校給食
• a **lunch** box 弁当箱
• Do you take your **lunch** with you? 君は弁当を持って行きますか
― [動] ([三単現] **lunches** /lʌ́ntʃəz/; [過去・過分] **lunched** /lʌ́ntʃt/; [現分] **lunching**) [自] 《文章》昼食をとる

lunch·eon /lʌ́ntʃən ランチョン/ [名] [U] [C]

昼食 (=lunch); (特に客を招待する正式の)昼食会

lunch·room /lʌ́ntʃrùːm ランチルーム/ 名 C 《米》軽食堂; (学校などの)食堂

lunch·time A2

/lʌ́ntʃtàim ランチタイム/ 名 U 昼食時間, 昼休み

lung B1 /lʌ́ŋ ラング/ 名 (複 **lungs** /lʌ́ŋz/) C 肺(はい) (! 肺は左右にあるからふつう複数形 lungs で使う); 《形容詞的》肺の

lunge /lʌ́ndʒ ランヂ/ 名 C 突っ込み, 突進; 《フェンシング》突き

— 動 自 〔…を〕突き刺す《*at*》; 突進する

lurch[1] /lə́ːrtʃ ラーチ/ 名 C (船・車などの)がくんとした揺れ; (人の)よろめき

— 動 自 (船・車などが)がくんと揺れる[傾く]; よろめく

lurch[2] /lə́ːrtʃ ラーチ/ 名 《次の成句で》

leave ... in the lurch 《口語》…を見殺しにする

lure /ljúər リュア/ 名 C 《ふつう **the lure**》魅力; 誘惑; (魚釣りの)ルアー

— 動 他 おびき寄せる; 誘惑する

lu·rid /lúərəd ルアリド/ 形 けばけばしい, どぎつい; ぞっとするような

lurk /lə́ːrk ラーク/ 動 自 潜(ひそ)む; 待ち伏せする; 潜行する

lus·cious /lʌ́ʃəs ラシャス/ 形 おいしい, 風味のよい; 快い, 甘美な; 官能的な, ほれぼれする

lush[1] B2 /lʌ́ʃ ラシュ/ 形 (比較級 **lusher**; 最上級 **lushest**) (草が)青々と生い茂った; 豊富な, 豪華な

lush[2] /lʌ́ʃ ラシュ/ 名 C 《米》《口語》大酒飲み

lust /lʌ́st ラスト/ 名 U C (激しい)性欲, 情欲; 〔…への〕強い欲望《*for*》

— 動 自 〔…に〕情欲を燃やす; 〔…を〕渇望する《*after, for*》

lus·ter, 《英》 **lus·tre** /lʌ́stər ラスタ/ 名 《単数形で》光沢, つや; U 栄光

— 動 他 光沢をつける

lus·trous /lʌ́strəs ラストラス/ 形 光沢のある, きらきら輝く; 輝かしい

lust·y /lʌ́sti ラスティ/ 形 (比較級 **lustier**; 最上級 **lustiest**) 強壮な; 性欲の強い

lústily 副 力強く, 元気に

Lu·ther /lúːθər ルーサ/ 名 《**Martin Luther**》マルチン・ルター (1483–1546) 《◆ドイツのキリスト教改革者》

Lux·em·bourg /lʌ́ksəmbə̀ːrg ラクセンバーグ/ 名 ルクセンブルク(大公国) 《◆西ヨーロッパの国; また, その首都》

lux·u·ri·ant /lʌgʒúəriənt ラグジュアリアント/ 形 ❶ 繁茂した; (毛などが)ふさふさした ❷ (文章が)華美な

lux·u·ri·ous B2 /lʌgʒúəriəs ラグジュアリアス/ 形 ぜいたくな; 豪華な

派生 **luxury** 名

lux·u·ry B1 /lʌ́kʃəri ラクシャリ/ 名 (複 **luxuries** /lʌ́kʃəriz/) ❶ U ぜいたく; 《形容詞的》豪華な, ぜいたくな ❷ C ぜいたく品 ❸ U 快楽, 喜び, 満足

派生 **luxurious** 形

-ly 接尾 《形容詞につけて副詞をつくる》

ly·ing[1] /láiiŋ ライイング/ 動 lie[1](横たわる)の現在分詞・動名詞

— 名 U 横たわること

— 形 横たわっている

ly·ing[2] /láiiŋ ライイング/ 動 lie[2](うそをつく)の現在分詞・動名詞

— 形 うその; 偽りの

— 名 U うそをつくこと; 偽り

lymph /límf リンフ/ 名 U 《生理》リンパ, リンパ液

lýmph glànd 名 C 《解剖》リンパ腺

lynch /líntʃ リンチ/ 動 他 (暴徒などが)リンチを加えて殺す

lynx /líŋks リンクス/ 名 C 《動物》オオヤマネコ

lyr·ic A2 高

/lírik リリク/ 形 叙情的な; 叙情詩的な; 歌の (! 名詞の前に用いる)

— 名 (複 **lyrics** /líriks/) C 歌詞; 叙情詩

lyr·i·cal /lírikəl リリカル/ 形 叙情的な; 感傷的な; 熱のこもった

lyr·i·cism /lírəsìzm リリスィズム/ 名 U (芸術の)叙情性, リリシズム

lyr·i·cist /lírəsist リリスィスト/ 名 C 叙情詩人

M m *Mm*

M, m /ém エム/ 名 (複 **M's, m's** /émz/)
❶ U C 英語アルファベットの第13番目の文字
❷ U《M》(ローマ数字の) 1000

M., M ❶《略》Monday 月曜日
❷ medium (大きさについて)中

m., m 《略》meter(s) メートル; mile(s) マイル; minute(s) 分

'm A1
《口語》am の短縮形

MA 《略》Massachusetts マサチューセッツ(州)

ma /mɑ́: マー/ 名 C 《幼児語》おかあちゃん, ママ (↔**pa**)

ma'am /məm マム/ (発音 弱く発音する) 名 U 《米》《口語》奥さま, おじょうさま, 先生 (! madam の略; 婦人に対するていねいな呼びかけで使う; 男性には sir)

ma·ca·bre /məkɑ́:brə マカーブラ/ 形 気味の悪い; 死を思わせる

ma·caque /məkǽk マキャク/ 名 C 《動物》マカク《◆アジア・北アフリカ産のサル》

mac·a·ro·ni /mæ̀kəróuni マカロウニ/ 名 U マカロニ

mac·a·roon /mæ̀kərú:n マカルーン/ 名 C マカロン《◆卵白・砂糖・つぶしたアーモンドなどで作ったクッキー》

ma·caw /məkɔ́: マコー/ 名 C 《鳥》コンゴウインコ《◆中南米産の美しい大形のインコ》

Mac·beth /məkbéθ マクベス/ 名 マクベス《◆シェイクスピア (Shakespeare) の書いた四大悲劇の一つ; またその主人公の名》

Mac·e·do·ni·a /mæ̀sədóuniə マセドウニア/ 名 ❶ マケドニア共和国《◆北マケドニア共和国 (North Macedonia) の旧称》
❷ マケドニア(王国)《◆現在のギリシャ付近にあった王国》

Mach /mɑ́:k マーク, mǽk マク/ 名 U 《物理》マッハ数《◆速さの単位; Mach 1 が音速と同じ速さ》

ma·chine A1 中

/məʃí:n マシーン/
名 (複 **machines** /məʃí:nz/) C
❶ 機械
- a sewing **machine** ミシン
- a washing **machine** 洗たく機
- Can you run [operate] this **machine**? この機械が操作できますか
- a vending **machine** 自動販売機

関連語› 単語力
appliance (家庭用)電気器具
device (一般に)装置
instrument (精密な)器具
tool (手で扱う)道具
gadget (ちょっとした仕掛けの)小道具 (! 缶切り, 栓抜きなど)
detector 探知機
regulator 調節装置
robot ロボット

❷ 機構, 組織
- The economic **machine** is in need of reconstruction. 経済機構の再構築が必要である

❸ 自動車, 乗り物

— 動 (三単現 **machines** /məʃí:nz/; 過去・過分 **machined** /məʃí:nd/; 現分 **machining**) 他
ミシンをかける; 機械でつくる
派生 **mechanical** 形

machíne gùn 名 C 機関銃

ma·chin·er·y /məʃí:nəri マシーネリ/ 名 U ❶《集合的》機械類 (=machines)
- The **machinery** in that factory is used to make wool fabric. あの工場の機械は毛織物の製造に使われている

❷ (政治などの)組織 (! 各部分が有機的にはたらくような機構のこと)

ma·chin·ist /məʃíːnist マシーニスト/ 名 C 機械工, 機械技術者; 《英》ミシン工

ma·cho /máːtʃou マーチョウ/ 形 男っぽい, マッチョの; たくましい; 男っぽさをひけらかす

mack·er·el /mǽkərəl マカレル/ 名 (複 **mackerel, mackerels** /mǽkərəlz/) C 《魚》サバ; U サバの身

mac·ro·cosm /mǽkrəkàzm マクロカズム/ 名 C 《**the macrocosm**》大宇宙 (=universe) (↔**microcosm**); 全体系 《◆下位組織の集合体としての全体》

mac·ro·scop·ic /mæ̀krəskápik マクロスカピク/ 形 巨視的な (↔**microscopic**); 肉眼で見える

màcroscópically 副 巨視的に

mad A2

/mǽd マド/

形 (比較級 **madder**; 最上級 **maddest**)

❶《口語》かんかんに怒って, 腹を立てた (=very angry) (❗名詞の前には用いない)

- What are you so **mad** about? あなた何をそんなに怒っているの
- Meg was **mad** when Tom was late. トムが遅れてきたのでメグはたいへん頭にきた

❷ 気の狂った, 狂気の (=crazy); 気ちがいじみた (=very stupid)

- go **mad** 気が狂う ⇨成句
- a **mad** dog 気の狂った犬, 狂犬

❸《口語》熱中して, 熱狂して, 夢中になって (=crazy) (❗名詞の前には用いない); 文型 [**mad about ...**] …に夢中で

- He is **mad about** video games. 彼はテレビゲームにはまっている

(as) mad as a March hare [a hatter] えらく怒って; 気が変になって

drive ... mad …を発狂させる; …を怒らせる

- It's **driving** me **mad**! ほんと頭にきちゃう

go mad 気が狂う, 発狂する; 怒る

- Our teacher finally **went mad**. 先生はとうとう怒ってしまった

like mad 猛烈に, 狂ったように

- He worked **like mad**. 彼は猛烈に仕事をした

派生 **madness** 名

Mad·a·gas·car /mæ̀dəgǽskər マダギャスカ/ 名 マダガスカル《◆アフリカ南東沖のインド洋上の島国; 首都アンタナナリボ (Antananarivo)》

mad·am B2 /mǽdəm マダム/ 名 (複 **madams** /mǽdəmz/, **mesdames** /meidáːm/) C 奥さま, おじょうさま (❗(特に未知の)女性に対するていねいな呼びかけのことばで, 店員が女性客に対して使うことが多い; またビジネスレターやフォーマルな手紙でも Dear Madam のようにも用いる (男性には Dear Sir); また女性の大統領・議長などに対する呼びかけで Madam President [Chairwoman] として用いる (男性には Mr. President など))

- The receptionist said, "**Madam**, how may I help you?" 「奥様, どういったご用件でしょうか」と受付係は言った

Mad·ame B2 /mǽdəm マダム/ 名 (複 **Mesdames** /meidáːm/) C 《フランス語》奥さま, 夫人 (❗英語の Mrs. にあたる)

Mádame Tus·sáud's /təsóuz タソウズ | təsɔ́ːdz タソーヅ/ 名 マダム・タッソーろう人形館《◆ロンドンにある有名なろう人形館》

mad·den /mǽdn マドン/ 動 他 発狂させる; 逆上させる, 激怒させる

派生 **mad** 形

made /méid メイド/ (発音 maid と同音) 動 makeの過去形・過去分詞

━ 形《合成語で》…で作られた, …製の, …な作りの

- home-**made** cookies 手作りのクッキー

made-to-or·der /méidtuɔ́ːrdər メイドトゥオーダ/ 形 あつらえの, オーダーメイドの (= custom-made) (↔**ready-made**)

made-up /méidʌ́p メイドアプ/ 形 作り上げた, でっちあげた; 化粧した

mad·house /mǽdhàus マドハウス/ 名 (複 **madhouses** /mǽdhàuzəz/) C (てんやわんやの)騒々しい場所

mad·ly /mǽdli マドリ/ 副 気が狂ったように; 死にもの狂いで

mad·man /mǽdmæ̀n マドマン/ 名 (複 **madmen** /mǽdmèn/) C 狂人

mad·ness B2 /mǽdnəs マドネス/ 名 U 狂気 • It is **madness** to go out in that bad snowstorm. このふぶきの中を外出なんて狂気のさただ
派生 **mad** 形

Ma·don·na /mədɑ́nə マダナ/ 名 《**the Madonna**》聖母マリア《♦キリストの母マリア (the Virgin Mary) のこと》; C 聖母像

Ma·dras /mədrǽs マドラス/ 名 マドラス《♦インド南東部の大都市; 現在の呼称はチェンナイ (Chennai)》

Ma·drid /mədríd マドリド/ 名 マドリード《♦スペイン (Spain) の首都》

mael·strom /méilstrəm メイルストロム/ 名 C 大混乱; 大渦巻き

maes·tro B2 /máistrou マイストロウ/ 名 (複 **maestros** /máistrouz/) C 大音楽家, マエストロ, (特に)大指揮者, 大作曲家; 芸術の大家

Ma·fi·a /mɑ́:fiə マーフィア, mǽfiə マフィア/ 名 《ふつう **the Mafia**》マフィア《♦イタリア・米国などの犯罪秘密結社》

mag·a·zine A1 中

/mǽgəzì:n マガズィーン, mæ̀gəzí:n マガズィーン/ 名 (複 **magazines** /mǽgəzì:nz/) C

❶ 雑誌, 定期刊行物
• a women's **magazine** 女性誌
• subscribe to a weekly [monthly] **magazine** 週[月]刊誌を購読する

❷ 弾薬庫; (銃の)弾倉

❸ (カメラの)マガジン《♦フィルムの巻き取り用》

Ma·gel·lan /mədʒélən マヂェラン/ 名 《**Ferdinand Magellan**》マガリャンイス, マゼラン (1480?–1521)《♦ポルトガルの航海者; 初めて世界一周航海を成し遂げた》

ma·gen·ta /mədʒéntə マヂェンタ/ 名 U マゼンタ《♦深紅色の染料》; 深紅色

Mag·gie /mǽgi マギ/ 名 マギー《♦女性名; Margaret の愛称》

mag·got /mǽgət マゴト/ 名 C ウジ《♦ハエなどの幼虫》

mag·ic A2 高

/mǽdʒik マヂク/ 名 U

❶ 魔術, 魔法; 魔力; 不思議な力
• The witch used **magic** to change the pumpkin into a coach. 魔女は魔法でカボチャを馬車にした
• the **magic** of music 音楽の魅力

❷ 手品, マジック, 奇術

like magic (魔法のように)てきめんに, またたくまに
• Try this medicine, and it will act **like magic**. この薬を試してごらん, 効果てきめんだから

― 形 魔術の; 奇術の (! 名詞の前に用いる)
• a **magic** carpet 魔法のじゅうたん
派生 **magical** 形

mag·i·cal B1 /mǽdʒikəl マヂカル/ 形 不思議な, 魔法の(ような); 神秘的な, 魅惑的な
• **magical** powers 不思議な力
派生 **magic** 名
mágically 副 魔法のように; 不思議なほど

ma·gi·cian B1 /mədʒíʃən マヂシャン/ 名 (複 **magicians** /mədʒíʃənz/) C 手品師, マジシャン, 奇術師; 魔法使い
• Mom is a **magician** in the kitchen. 母さんはかなりの料理じょうずだ (←台所の手品師だ)

mag·is·trate /mǽdʒəstrèit マヂストレイト, mǽdʒəstrət マヂストレト/ 名 C (軽い犯罪を扱う)治安判事; 行政官

mag·nan·i·mous /mæ̀gnǽnəməs マグナニマス/ 形 《文章》度量が大きい, 寛大な

mag·nate /mǽgneit マグネイト/ 名 C (特に産業界の)大立て者, 有力者

mag·ne·si·um /mæɡní:ziəm マグニー

ズィアム/ 名 U 《化学》 マグネシウム (♦元素記号 Mg)

mag·net /mǽgnət マグネト/ 名 C
❶ 磁石 ❷ 人を引き付けるもの[人]
派生 **magnetic** 形
派生 **magnetize** 動

mag·net·ic /mægnétik マグネティク/ 形
磁石の; 磁気の; 人を引き付ける
派生 **magnet** 名

magnétic tápe 名 C 磁気テープ

mag·net·ism /mǽgnətìzm マグネティズム/ 名 U 磁気, 磁力; 人を引きつける力, 魅力

mag·net·ize /mǽgnətàiz マグネタイズ/ 動 他 磁性を与える; (磁石のように)引きつける; 魅了する (=attract, fascinate)
派生 **magnet** 名

mag·ni·fi·ca·tion /mæ̀gnəfəkéiʃən マグニフィケイション/ 名 U 拡大; U C (レンズの)倍率; C 拡大図

mag·nif·i·cence /mægnífəsəns マグニフィセンス/ 名 U 壮大さ, 壮麗さ
派生 **magnificent** 形

mag·nif·i·cent B1 /mægnífəsənt マグニフィセント/ 形
(建物・景色などが)壮大な, 雄大な; 印象に残る; 《口語》 すばらしい
• a **magnificent** idea すばらしい考え
派生 **magnificence** 名
magníficently 副 壮大に; すばらしく

mag·ni·fy B2 /mǽgnəfài マグニファイ/ 動 (三単現 **magnifies** /mǽgnəfàiz/; 過去・過分 **magnified** /mǽgnəfàid/; 現分 **magnifying**) 他
❶ (レンズなどで)拡大する
• This microscope **magnifies** an object 1,000 times. この顕微鏡は物を1,000倍に拡大する
❷ 誇張(こちょう)する

mágnifying glàss 名 C 虫めがね, 拡大鏡

mag·ni·tude /mǽgnətjù:d マグニテュード/ 名 U 大きさ; U 重要性, 重大さ; C (地震の)マグニチュード
• You don't seem to understand the **magnitude** of the problem. 君はこの問題の重大さがわかっていないらしい

mag·no·li·a /mægnóuliə マグノウリア/ 名 C 《植物》 モクレン

mag·pie /mǽgpài マグパイ/ 名 C 《鳥》 カササギ

ma·ha·lo /mɑ:há:lou マーハーロウ/ 間 《ハワイ語》 ありがとう (=thanks)

ma·hog·a·ny /məhɑ́gəni マハガニ/ 名 (複 **mahoganies** /məhɑ́gəniz/) C 《植物》 マホガニー (♦熱帯アメリカ産の高木); U マホガニー材 (♦高級家具の材料); U 赤褐色

Ma·hom·et /məhɑ́mit マハメト/ 名 (= Muhammad)

maid /méid メイド/ (×メード) (発音 made と同音) 名 C ❶ お手伝い, メイド
❷ 未婚の女性; 乙女

maid·en /méidn メイドン/ 形 ❶ 未婚の, 処女の ❷ 初めての ⇨**virgin**
━ 名 C 乙女, 少女

máiden nàme 名 C (結婚した女性の)旧姓

maid·ser·vant /méidsə̀:rvənt メイドサーヴァント/ 名 C (女性の)お手伝い, メイド ⇨**manservant**

mail A1 高

/méil メイル/ (×メール) (発音 male と同音)
名 (複 **mails** /méilz/) U
❶ 郵便; 《ときに **the mails**》 《集合的》 郵便物 (=《英》 post) (❗手紙, はがき, 小包などを総称していう)
• direct **mail** ダイレクトメール
• receive [get, have] a lot of **mail** たくさんの郵便物を受け取る (×*many* mails としない; 数えるときは a piece of mail (1通の郵便物)などとなる)
• Is there any **mail** for me this morning? けさは私に郵便は来ていませんか
• Are there any **letters** for me in today's **mail**? きょうの郵便物の中に私あての手紙がありませんか

コロケーション
形+**mail**
domestic *mail* 国内郵便

express *mail* 速達便
overseas *mail* 海外郵便
registered *mail* 書留郵便
動+**mail**
address the *mail* 郵便物に宛名を書く
deliver the *mail* 郵便物を配達する
forward the *mail* (to ...) (…に)郵便物を転送する
send (out) the *mail* 郵便物を送る
inspect the *mail* 郵便物を検査する

❷ (E)メール (=email)
• You've got **mail**. 新着メールあり (❗携帯電話などのメッセージ)

by mail 《米》郵便で (=《英》by post)

— 動 (三単現 **mails** /méilz/; 過去·過分 **mailed** /méild/; 現分 **mailing**) 他 郵送する, (郵便物を)出す (=《英》post)
• **mail** a letter [a package] **to** Ben ベンに手紙[小包]を出す

関連語› 単語力
airmail 航空便
letter carrier, mailman 《米》郵便配達人
postman 《英》郵便配達人
mailbox 《米》郵便ポスト; 郵便受け
letterbox 《英》郵便ポスト; 郵便受け
package, parcel 小包
postage 郵便料金
postmark 消印
post office 郵便局
stamp, postage stamp (郵便)切手
surface mail (航空便に対して)普通郵便(鉄道便, 船便など)
zip code 《米》郵便番号
postcode 《英》郵便番号

mail·bag /méilbæ̀g メイルバグ/ 名 C 《米》郵便配達かばん (=《英》postbag)

mail·box B1 /méilbɑ̀ks メイルバクス | méilbɔ̀ks メイルボクス/ 名 (複 **mailboxes** /méilbɑ̀ksəz/) C
❶ 《米》郵便ポスト (=《英》post(box), pillar-box, letterbox)
• Bob dropped a letter into the **mailbox**. ボブは手紙を投函(とうかん)した
❷ 《米》郵便受け (=《英》letterbox)
❸ 《コンピュータ》(Eメールの)メールボックス

máil càrrier 名 C 《米》郵便配達人 (=letter carrier)

máiling lìst 名 C 郵送先名簿; 《コンピュータ》メーリングリスト (♦参加メンバーにメールを配信して情報交換するシステム)

mail·man /méilmæ̀n メイルマン/ 名 (複 **mailmen** /méilmèn/) C 《米》郵便集配人 (=《英》postman) (❗性差別を避けるためには mail carrier が用いられる)

máil òrder 名 U C 通信販売

maim /méim メイム/ 動 他 (人の)体を不自由にする

main B1 中 /méin メイン/ 形
おもな, 主要な (❗名詞の前に用いる)
• the **main** street 大通り
• a **main** reason おもな理由
• The company's **main** office is in Tokyo. この会社の本社は東京にある

— 名 (複 **mains** /méinz/) C 《ふつう **mains**》(水道·ガスの)本管

in the main ほとんどは, だいたいは

Maine /méin メイン/ 名 メイン (♦大西洋に面し, カナダと国境を接する米国北東端の州; Me.,(郵便で) ME と略す)

main·frame /méinfrèim メインフレイム/ 名 C 《コンピュータ》メインフレーム, 大型コンピュータ

main·land /méinlæ̀nd メインランド/ 名 (複 **mainlands** /méinlæ̀ndz メインランヅ/) C (付近の島·半島などから区別した)本土
• the **mainland** of Japan 日本の本州

main·ly A2 高

/méinli メインリ/ 副
(❗比較変化なし)
主として, おもに; 大部分は
• I don't like the novel **mainly** because it's too long. おもに長すぎるためこの小説は好きではありません

main·stay /méinstèi メインステイ/ 名 C 頼みの綱, 大黒柱

main·stream /méinstrì:m メインストリーム/ 名 《**the mainstream**》(思潮などの)主流, 本流

main·tain B1 高 /meintéin メインテイン/ 動 (三単現 **maintains** /meintéinz/; 過去・過分 **maintained** /meintéind/; 現分 **maintaining**) 他
❶ 持続する, 維持する
• **maintain** high standards 高い水準を維持する
• It is not easy to **maintain** good relationships with others. 他人とよい関係を維持するのはやさしいことではない
❷ (車・道路・家などに手を入れて)よい状態にしておく, 保全する; (家族などを)養う, 扶養(ふよう)する
• He **maintains** his car well. 彼は自分の車をよく整備している
❸ 主張する
派生 **maintenance** 名

main·te·nance B1 /méintənəns メインテナンス/ (×メンテナンス) 名 U
❶ 保つ[維持する]こと; 保全; 支持
• **maintenance** of a building ビルの維持管理
❷ 扶養(ふよう)料 派生 **maintain** 動

maize /méiz メイズ/ (発音 maze と同音) 名 U 《英》《植物》 トウモロコシ (=《米》 corn); 薄黄色

ma·jes·tic /mədʒéstik マヂェスティク/ 形 威厳のある, 堂々とした, 雄大な

maj·es·ty /mǽdʒəsti マジェスティ/ 名 (複 **majesties** /mǽdʒəstiz/) ❶ C 《**Majesty**》 陛下(へいか) 《♦元首に対する敬称》
❷ U 威厳, 堂々とした姿, 雄大さ

ma·jor A2 高

/méidʒər メイヂャ/ 形
❶ (他と比べて)大きな, (より)重要な, 一流の
• a **major** problem 大きな問題
• a **major** part of ... …の大半[大部分]
• The **major** reason for working is to make money to live. 働くことのおもな目的は生活費を稼ぐことだ
❷ 《音楽》 長調の (↔**minor**)
❸ 《米》 専攻の
— 名 (複 **majors** /méidʒərz/) C
❶ 陸軍少佐; 《米》 空軍少佐
❷ 《米》 (大学の)専攻科目; 専攻生
• History is my **major**. = My **major** is history. 私の専攻(科目)は歴史です
❸ 《音楽》 長調, 長音階 (↔**minor**)
❹ メジャーリーグ, メジャー
— 動 (三単現 **majors** /méidʒərz/; 過去・過分 **majored** /méidʒərd/; 現分 **majoring** /méidʒəriŋ/) 自 《米》 〔…を〕専攻する 《*in*》
• **major in** economics at college 大学で経済学を専攻する
派生 **majority** 名

ma·jor·i·ty B1 高 /mədʒɔ́:rəti マヂョーリティ|mədʒɔ́rəti マヂョリティ/ 名 (複 **majorities** /mədʒɔ́:rətiz/)
❶ 《単数形で》 大多数, 大部分 (↔**minority**); 過半数
• the **majority** of the students 生徒の大多数

> 注意› majority は単独で使うと単数・複数のどちらにも扱われる:
> The **majority was** [**were**] against him. 大多数は彼に反対だった
> ただし,「the majority of+複数名詞」は常に複数扱い:
> **The majority of** the people in the town **are** (×is) against the plan. 町の住民の大部分がその計画に反対している

❷ C 得票差
• win by a large [small] **majority** 大差[小差]で勝つ
❸ U 《法律》 成年
• reach *one's* **majority** 成年に達する
派生 **major** 形

májor léague 名 C メジャーリーグ, 大リーグ 《♦米国プロ野球連盟; American League と National League がある》

májor léaguer 名 C 大リーガー, 大リーグの選手

make A1 中

/méik メイク/ 動 (三単現 **makes** /méiks/; 過去・過分 **made** /méid/; 現分 **making**) 他
共通イメージ ものに手を加えて作り変える

make

A1 動 名
中 /méik メイク/

三単現 **makes** /méiks メイクス/　過去・過分 **made** /méid メイド/
現 分 **making**

共通イメージ
ものに手を加えて作り変える

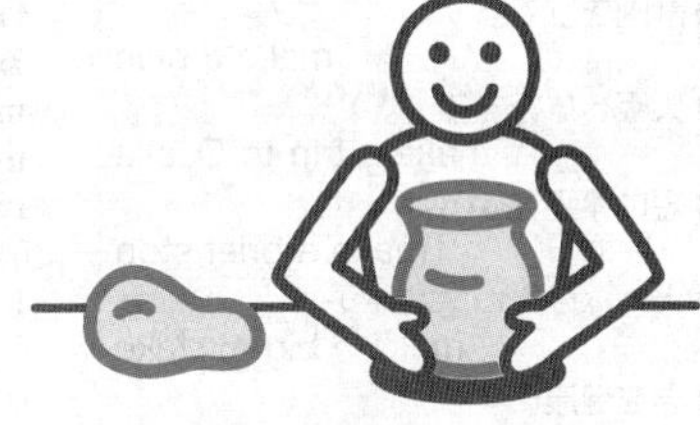

意味マップ

動 ❶ 作る
❷ 整える, 用意する
❸ …する
❹ …に(むりやり)…させる
❺ …を…にする
❻ …になる; …を構成する
名 型, 作り(方); …製

コーパス この順番でマスター　makeの重要構文

(1) **make** + 名詞
(2) **make** + 名詞 + 前置詞
(3) **be made**
(4) **make** + 名詞 + 形容詞
(5) **make** + 名詞 + 動詞の原形

使えるコーパスフレーズ

make＋名詞

1 **make a point** ひとこと言う
2 **make sense** 理解できる
3 **make money** 金をかせぐ
4 **make a noise** 音をたてる
5 **make an effort** 努力する

make＋動詞の名詞形

6 **make a difference** 重大な変化をもたらす
7 **make a decision** 決定する
8 **make a mistake** 間違いをする
9 **make a note** メモをする
10 **make a comment** コメントをする

チャンクでおぼえよう！

❶映画を作る make a movie
❷コーヒーをいれる make coffee
❸計画を立てる make a plan
❸大阪へ旅行する make a trip to Osaka
❸短い停止をする make a brief stop
❸大きな間違いをおかす make a big mistake
❺君を健康にする make you healthy
成句 木で造られた家 a house made of wood

❶**作る, こしらえる** (❗目的語によって訳語をうまく変えること) ⇨成句 **make A from B, make A out of B**

文型 [**make A**] **Aを作る**

- **make** a box 箱を作る
- **make** a dress ドレスを作る
- Bees **make** honey. ミツバチははちみつを作る
- Mom **makes** good jam. 母はおいしいジャムを作る
- The birds **made** their nest in the tree. 鳥は木に巣を造った
- The wine **made** here is very famous. ここで造られる[当地産の]ワインはすごく有名です (❗made は過去分詞(造られた)で wine を修飾する)
- Our company **makes** printers. 我が社はプリンターを製造しています

文型 [**make B for A = make A B**] **A(人)にBを作ってあげる**

- Mother **made** a fine dress **for** me. = Mother **made** me a fine dress. 母は私にすてきなドレスを作ってくれた

文型 [**be made ...**] **作られる**

- Paper **is made** from wood. 紙は木から作られる ⇨**make A from B** (成句)

❷(使えるような状態に)**整える, 用意する**

- **make** a meal [cake] 食事[ケーキ]を作る
- **make** tea [coffee] お茶[コーヒー]をいれる
- I have no time to **make** breakfast. 朝食の支度をする時間がない

❸《後ろの名詞の意味と組み合わせて》**…する**

- **make** a fire 火をたく
- **make** good grades よい成績を取る
- **make** friends 友達をつくる ⇨**friend** (成句)
- I wish I **made** more money. ⇨フォーカス❸ もっとたくさんお金をかせげればなあ
- Keep still and don't **make** a noise. ⇨フォーカス❹ じっとして音をたてないで
- I hear that you **make** a good salary. いい給料もらっているんだってね
- **make** a plan 計画を立てる
- **make** a call 電話する
- **make** a suggestion 提案する
- **make** progress 進歩する
- **make** a visit [a trip] 訪問[旅行]する
- **make** a speech 演説をする
- **make** a guess 推測する, 当てる
- He had to **make** a difficult decision. ⇨フォーカス❼ 彼は難しい決断をせねばならなかった
- You **made** a big mistake. ⇨フォーカス❽ 君はたいへん大きな間違いをおかした

❹《使役》 文型 [**make A** *do*] **Aに(むりやり)…させる**

- **make** him *go* 彼を行かせる (×make him *to* go としない)
- Take this. It'll **make** you *feel* better. これを飲んでみてよ. 気分がよくなるから
- What **makes** you *cry* like that? なぜ君はそんなに泣くのか (←何が君をそんなに泣かせるのか)

注意› make A *do* の受け身形は be made **to** *do* と to がつくことに注意: They **made** me wait for about an hour. → I **was made to** wait for about an hour. 彼らは私を1時間ほど待たせた

どっち

make と let

どちらも「動詞＋目的語＋動詞の原形(原形不定詞)」の形で「～に…させる」と訳せるが，**make** は「強制的に…させる」，**let** は「…するのを許してやる，…させてあげる」ことを表す．下の例のように make は主語に物事もくるが，let は人だけ:

The teacher **made** him stand in the corner. 教師は彼をすみに立たせた

His mother **let** him go to the party. 彼の母は(彼の望みどおりに)彼をパーティーに行かせた

❺ 文型 [**make A C**] AをCにする (❗Cは形容詞・名詞・過去分詞)

- **make** him happy [sad, nervous] 彼を幸福にする[悲しませる，いらいらさせる]
- **make** A difficult [easy, interesting] Aを難しく[簡単に，おもしろく]する
- Your support **made** it possible for me to be here. あなたがたの支援のおかげで私はここにいることができました
- The warm room **made** me sleepy. 部屋が暖かかったので私は眠くなった (←暖かい部屋が私を眠くさせた)
- What **made** her angry like that? なぜ彼女はそんなに怒ったのか (←何が彼女をそんなに怒らせたのか) (❗like that は「そのように」)
- We **made** Bob captain of our team. 私たちはボブを私たちのチームのキャプテンにした (❗Cが役職名のときには ×*a* や ×*the* がつかないことが多い)
- **make** it known それを知られるようにする，それを知らせる (❗known は過去分詞)
- I can **make** myself understood in English. 英語で自分の言うことを伝えることができる (←私は英語で自分の言うことを理解してもらうことができる)

❻ (必然的に)…になる；…を構成する

- Two and two **make**(**s**) four. 2と2で4になる[2+2=4]
- Books will **make** a nice present for the children. 本はその子どもたちにとってすてきな贈り物になるでしょう

make away with ... 《英》(=make off with ...)

make believe 〔…のような〕そぶりをみせる《*that* ...》

make do with ... 《口語》…で間に合わせる

- He had to **make do with** leftovers. 彼は残り物ですますしかなかった

make for ... …に進む (=head for)；…に役立つ

- They **made for** the gate all at once. 彼らはいっせいに出入り口へと向かった
- His proposal **made for** educational improvement. 彼の提案は教育の改善に役立った

make *A* ***from*** *B* BからAを作る (❗通例材料Bが変化してもとの原料がすぐわからない場合) ⇨**make A out of B**

- **make** butter **from** milk 牛乳でバターを作る
- Butter is **made from** milk. バターは牛乳で作られる ⇨図

make *A* ***into*** *B* (加工して)AをBにする，作り変える，AでBを作る

- We **make** wood **into** paper. 私たちは木を紙にする[木材で紙を作る]
- Wood is **made into** paper. 木材は紙に作られる

make it (目標に)到達する；達成する，うまくいく，成功する；間に合う

- We couldn't **make it**. 我々は到着できなかった
- The meeting will start in 10 minutes. We'll never **make it**. 会議はあと

10分で始まります. 絶対間に合いません

make little* [*light*] *of … …を軽視する; …を少ししか理解できない

• Don't **make little of** what she said. 彼女の言ったことを軽く見るな

make much of … …を重視する, もてはやす; 《否定文・疑問文で》…を理解する

• We should not **make** too **much of** what he said. 彼女の言ったことを重視しすぎてはいけない

make of … …について考える (❗次の句で)

• What do you **make of** A? Aをどう考えますか?

***make** A* (*out*) ***of** B* BでAを作る (❗材料が変化せず, 見た目にもとの材料がすぐわかる場合) ⇨**make A from B**

• We **make** a desk (**out**) **of** wood. 私たちは木で机を作る

• A desk is usually **made of** wood. 机はふつう木で作られる ⇨前ページ 図

make off with … …を持って逃げる

• The robber **made off with** the jewelry. 強盗は宝石を奪って逃げた (=《英》make away with)

make out (書類などを)作成する; 理解する, (かろうじて)…がわかる (=figure out)

• I can't **make** him **out** at all. 私には彼(の言うこと)がまったくわからない (❗目的語が him など代名詞のときは make と out の間に置く)

make over ゆずり渡す; 作り直す

make sure (***of …***) (…を)確かめる

make the best of … …に対してできるだけのことをする

make the most of … …を最大限に利用する

make up 〔…で〕(口実・話などを)作り上げる 《*of*》; うめ合わせをする; 化粧する, メイクアップする; 仲直りする 《*with*》

• **make up** a story 話をでっち上げる

• A watch is **made up of** a lot of parts. 時計はたくさんの部品からできている

make up for … 〔不足など〕をうめ合わせる

• **make up for** lost time 失った時間[遅れ]を取り戻す; できなかったことを思う存分する

一 名 (複 **makes** /méiks/) U C 型, 作り(方); …製

• What **make** is your car? 君の車はどこ製?

make-be·lieve /méikbəlìːv メイクビリーヴ/ 名 U 見せかけ, 作り事

一 形 見せかけの

mak·er A2

/méikər メイカ/

名 (複 **makers** /méikərz/) C

❶ 作る[作った]人, 製作者; 製造メーカー[会社]

• a film **maker** 映画製作者[会社]

❷ 《**the** [*one's*] **Maker**》 造物主, 神

makes /méiks メイクス/ 動 make の三人称単数現在形

make·shift /méikʃìft メイクシフト/ 形 間に合わせの, 一時しのぎの; 代用の

一 名 C 間に合わせのもの, 一時しのぎ

make·up A2

/méikʌ̀p メイカプ/

名 (複 **makeups** /méikʌ̀ps/)

❶ U 化粧品; メイクアップ

• She always wears a lot of **makeup**. 彼女はだいたい化粧が濃い

❷ C 組み立て, 構造; 性質, 資質

mak·ing /méikiŋ メイキング/ 動 make の現在分詞・動名詞

一 名 ❶ U 制作, 製造; 形成; 作ること ❷ 《**the making**》〔…を〕成功させる原因[手段] 《*of*》 ❸ 《**the makings**》〔…の〕素質, 才能 《*of*》

in the making 製作中の

mal·ad·just·ed /mæ̀lədʒʌ́stəd マラヂャステド/ 形 (人が)環境に適応できない

mal·a·dy B2 /mǽlədi マラディ/ 名 (複 **maladies** /mǽlədiz/) C 《文章》(社会の)病弊, 弊害; (慢性の)病気

ma·laise /mæléiz マレイズ/ 名UC 《a malaise》不快感, 不安

ma·lar·i·a B2 /məléəriə マレアリア/ 名U 《医学》マラリア《◆感染症の一種》

Ma·la·wi /məlá:wi マラーウィ/ 名 マラウイ《◆アフリカ南東部の共和国; 首都リロングウェ(Lilongwe)》

Ma·lay /məléi マレイ/ 名 (複 **Malays** /məléiz/) ❶C マレー諸島に住むマレー人 ❷U マレー語
— 形 マレーの; マレー人[語]の

Ma·lay·an /məléiən マレイアン/ 名形 (= Malay)

Ma·lay·sia /məléiʒə マレイジャ/ 名
❶ マレーシア《◆東南アジアの立憲君主国; 首都クアラルンプール(Kuala Lumpur)》
❷ マレー諸島

Ma·lay·sian /məléiʒən マレイジャン/ 形 マレーシア(人)の, マレー諸島の
— 名C マレーシア人

Mal·dives /mɔ́:ldi:vz モールディーヴズ/ 名 モルディブ《◆インド洋上の共和国; 首都マレ(Malé)》

male A2 高
/méil メイル/ (発音 mail と同音)
名 (複 **males** /méilz/) C
男, 男性; 雄(おす); 雄花(おばな) (↔**female**)
— 形 男性の; 雄の (↔**female**)
日英比較 英語では, male students (男子学生)/male cats (雄ネコ)のように, 人間にも動物にも male [female] を使う

mal·e·fac·tor /mæləfæktər マレファクタ/ 名C 《文章》悪人; 犯罪者

ma·lev·o·lent /məlévələnt マレヴォレント/ 形 《文章》〔…に〕悪意[敵意]をいだいた《*to, toward*》; 意地の悪い

mal·func·tion /mælfʌ́ŋkʃən マルファンクション/ 名C (機械などの)不調, 故障
— 動自 (機械が)うまく作動しない

Ma·li /má:li マーリ/ 名 マリ《◆アフリカ西部の共和国; 首都バマコ(Bamako)》

mal·ice /mæləs マリス/ 名U 悪意; 敵意

ma·li·cious /məlíʃəs マリシャス/ 形 悪意のある, 意地の悪い
malíciously 副 悪意をもって

ma·lign /məláin マライン/ 動他 《文章》中傷する, けなす

ma·lig·nant /məlígnənt マリグナント/ 形 悪意のある, 敵意に満ちた; (腫瘍(しゅよう)などが)悪性の (↔**benign**)

mall A2 高
/mɔ́:l モール, má:l マール, mæl マル | mɔ́:l モール/ 名 (複 **malls** /mɔ́:lz/) C (屋内または屋外につくられた)ショッピングモール (=shopping mall, shopping center)

mal·lard /mælərd マラド/ 名 (複 **mallards** /mælərdz マラヅ/, **mallard**) C 《鳥》マガモ《◆野ガモの一種》

mal·le·a·ble /mæliəbl マリアブル/ 形
❶《冶金》(金属などが)打ち延ばせる, 可鍛(かたん)性の
❷ (人・性質などが)順応性のある, 柔軟な

mal·let /mælət マレト/ 名C 木づち; 《球技》(ポロなどの)打球つち

mal·nour·ished /mælnə́:riʃt マルナーリシュト/ 形 栄養不良の, 栄養失調の

mal·nu·tri·tion /mælnju:tríʃən マルニュートリション/ 名U 栄養不良, 栄養失調

mal·prac·tice /mælprǽktəs マルプラクティス/ 名UC 不正行為; (公務員などの)背任行為; 医療過誤

malt /mɔ́:lt モールト/ 名U ❶ 麦芽(ばくが)《◆ビールなどをつくるのに用いる》
❷ 麦芽酒《◆ビール・ウイスキーなど》

Mal·ta /mɔ́:ltə モールタ/ 名 マルタ(共和国)《◆地中海シチリア島の南方にある島国; 首都バレッタ(Valletta)》

mal·treat /mæltrí:t マルトリート/ 動他 虐待する

ma·ma B2 /má:mə マーマ/ 名C 《幼児語》ママ, お母ちゃん (❗《米》mammy, mom(my); 《英》mum(my) の方がふつう) ⇨**papa**

mam·ma B2 /má:mə マーマ/ 名 (= mama)

mam·mal 高 /mæməl ママル/ 名C 哺乳(ほにゅう)動物

mam·moth /mæməθ マモス/ 名C マンモス《◆有史以前にヨーロッパやアジアに

いた巨象》 ―形 巨大な

mam·my /mǽmi マミ/ 名 (複 **mammies** /mǽmiz/) C 《幼児語》ママ (= ma(m)ma)

man A1 中

/mǽn マン/ 名 (複 **men** /mén/) C

意味マップ
❶ (おとなの)男
❷ 人間; 人類
❸ 人
❹ 部下; 兵士, 労働者
❺ お前; おい
❻ 夫
❼ チェスの駒

❶ (おとなの)男, 男の人, 男性; 男らしい男性
- a tall **man** 背の高い男
- He is a **man** of action. 彼は行動力のある男だ

❷ (神・けものに対して)人間; 人類 (! この意味の場合, 最近では human being や humans などの方が無難とされる; 単数形で用い, ×*the*, ×*a* をつけない)
- **Man** lives in almost all parts of the world. 人間は世界のほとんどすべての場所に住んでいる

❸ (個々の一般の)人, 人間 (=person) (! 男女の別なく使う)

参考› man を「人, 人間」の意味で使うことを男女平等の観点から避け, 代わりに people, person などを用いることがある: businessman → businessperson (実業家); chairman → chairperson (議長; 単に chair ともいう)

❹ (男の)部下, 家来; 兵士, 労働者
❺ 《口語》《男性に対する親しみを込めた呼びかけで》お前, 大将; おい, こら
❻ 夫 (! ふつう man and wife (夫婦)の形で用いる)
❼ チェスの駒

(as) man to man (話し合いなどで)率直に, 心を開いて
日英比較 「マンツーマンの指導」は, one-on-one instruction のようにいう

as one man 全員一致で; そろって

be one's own man 束縛(そくばく)されていない; 独立している; 自由な

the man in the street (専門家ではなく)一般人

to a man 一人残らず

―動 (三単現 **mans** /mǽnz/; 過去・過分 **manned** /mǽnd/; 現分 **manning**) 他 (部署・場所などに)人を配置する; (乗り物に)乗員を乗り組ませる

man·a·cle /mǽnəkl マナクル/ 名 C 《ふつう **manacles**》(囚人用の)手錠, 足かせ

man·age A2 高

/mǽnidʒ マニヂ/ (×マネージ) 動 (三単現 **manages** /mǽnidʒəz/; 過去・過分 **managed** /mǽnidʒd/; 現分 **managing**)

❶ 他 文型 [**manage to** *do*] (やっかいなことを)何とかうまく…する; 自 どうにかやっていく
- **manage to** *be* in time 何とか時間に間に合う

❷ 他 (事業・店などを)経営する; (団体などを)管理[監督]する; (人・動物を)あやつる, うまくあしらう

派生 **management** 名
派生 **manageable** 形

man·age·a·ble /mǽnidʒəbl マニヂャブル/ 形 扱いやすい, 処理[管理]しやすい
派生 **manage** 動

man·age·ment B1 /mǽnidʒmənt マニヂメント/ (×マネージメント) 名 (複 **managements** /mǽnidʒmənts マニヂメンツ/)
❶ U 経営; 取り扱い(方); 管理
❷ U C 《集合的》経営者側
派生 **manage** 動

man·ag·er A2 高

/mǽnidʒər マニヂャ/ (×マネージャー)
名 (複 **managers** /mǽnidʒərz/) C
管理する人; (会社の)経営者, (ホテルなどの)支配人, (野球などの)監督, (芸能人の)マネージャー
- a general **manager** 総支配人

man·a·ge·ri·al /mæ̀nədʒíəriəl マニヂアリアル/ 形 支配人の, 管理者の; 経営上の, 管理上の

man·a·tee /mǽnətìː マナティー/ 名C 《動物》マナティー，カイギュウ《◆水生哺乳(ほにゅう)動物》

Man·ches·ter /mǽntʃèstər マンチェスタ/ 名 マンチェスター《◆イングランド北西部の都市》

man·da·rin /mǽndərin マンダリン/ 名 ❶U《Mandarin》中国の標準語 ❷C（中国清朝時代の)官吏 ❸C《植物》マンダリン《◆中国原産のミカン》

man·date /mǽndeit マンデイト/ 名C《文章》(選挙民が選挙によって議員・政府へ与える)権限；(正式な)命令，指令；UC 委任統治
― 動他 命令する；権限を与える

man·da·to·ry /mǽndətɔ̀ːri マンダトーリ/ 形 命令の；強制の，義務的な（＝obligatory）

Man·del·a /mændélə マンデラ/ 名《**Nelson** /ネルソン/ **Mandela**》ネルソン・マンデラ（1918–2013）《◆南アフリカ共和国の政治家；大統領（1994–99)；ノーベル平和賞受賞者》

man·di·ble /mǽndəbl マンディブル/ 名C（ほ乳動物・魚の)あご，(特に)下あご，下顎骨(かがっこつ)；(鳥の)下[上]くちばし；(節足動物の)大あご

man·do·lin /mǽndəlin マンドリン/ 名C《楽器》マンドリン《◆弦楽器》

mane /méin メイン/ 名C（ウマ・ライオンなどの)たてがみ

man·eat·ing /mǽnìːtiŋ マニーティング/ 形 人食いの

ma·neu·ver /mənúːvər マヌーヴァ/ 名C 術策，策略；(軍隊の)機動作戦，作戦行動；《**maneuvers**》大演習，機動演習
― 動他 じょうずに動かす；巧みに操る；自 計略を用いる，画策する

man·ful /mǽnfəl マンフル/ 形 男らしい，雄々しい
mánfully 副 男らしく，雄々しく

man·ga /mǽŋgə マンガ/ 名（複 **manga**）CU（日本(式)の)マンガ(本)，コミック

man·ga·nese /mǽŋgəniːz マンガニーズ/ 名U《化学》マンガン《◆元素記号 Mn》

man·ger /méindʒər メインヂャ/ 名C かいばおけ
a dog in the manger ひねくれた意地悪者

man·gle /mǽŋgl マングル/ 動他 ずたずたに切る；めちゃめちゃにする；(作品などを)台なしにする

man·go B2 /mǽŋgou マンゴウ/ 名（複 **mangoes**, **mangos** /mǽŋgouz/）C《植物》マンゴー；マンゴーの果実

man·grove /mǽŋgrouv マングロウヴ/ 名C《植物》マングローブ《◆ヒルギなど熱帯・亜熱帯の河口などに生育する樹木の総称；幹部からたくさんの根(気根(きこん))を出す》

man·han·dle /mǽnhæ̀ndl マンハンドル/ 動他（荷物などを)人力で動かす；(人を)手荒く扱う

Man·hat·tan /mænhǽtən マンハタン/ 名 マンハッタン島（＝Manhattan Island）《◆米国ハドソン河口にある島でニューヨーク市5区の1つ；ニューヨーク市で最もにぎわっている地区》⇨**New York City**

man·hole /mǽnhòul マンホウル/ 名C（下水道などの)マンホール

man·hood /mǽnhùd マンフド/ 名U
❶男らしさ，勇気
❷おとなの男であること，成年

man·hunt /mǽnhʌ̀nt マンハント/ 名C（大がかりな)捜索，犯人捜査

ma·ni·a /méiniə メイニア/（×マニア）名UC（趣味などへの)熱狂；…熱

注意》
日本語の「…マニア」は「…に熱中する人」の意味だが，これは英語では mania でなく maniac という

ma·ni·ac /méiniæ̀k メイニアク/ 名C《口語》狂人；熱中者，…マニア

ma·ni·a·cal /mənáiəkəl マナイアカル/ 形 狂気の，狂ったような

man·ic /mǽnik マニク/ 形 熱狂した，興奮した；躁病(そうびょう)の

mánic depréssion 名U《医学》躁鬱(そううつ)病

man·i·cure /mǽnəkjùər マニキュア/ 名UC マニキュア

man·i·fest /mǽnəfèst マニフェスト/ 形 明白な，明らかな

―動他 明らかにする; 表明する; 証明する
mánifèstly 副 ありありと, 明らかに

man·i·fes·ta·tion /mæ̀nəfestéiʃən マニフェステイション/ 名U 明示, 表明; C 声明書, 示威行為; C 出現

man·i·fes·to /mæ̀nəféstou マニフェストウ/ 名 (複 **manifestos**, **manifestoes** /mæ̀nəféstouz/) C (政党などの)宣言(書), 声明(書); (選挙前の)公約

man·i·fold /mǽnəfòuld マニフォウルド/ 形 多種多様な, いろいろな; 多面的な; 多方面にわたる

Ma·nil·a /mənílə マニラ/ 名 マニラ (♦フィリピンの首都; ルソン島にある)

ma·nip·u·late B2 /mənípjəlèit マニピュレイト/ 動他 (器具などを)巧みに扱う, うまく操作する; (人・世論などを)巧みに操る; (市場を)操作する

ma·nip·u·la·tion /mənìpjəléiʃən マニピュレイション/ 名UC 巧みな扱い; (世論などの)操作; (株などの)不正操作; ごまかし, 小細工

ma·nip·u·la·tive /mənípjəlèitiv マニピュレイティヴ/ 形 人を操るのがうまい, ごまかしの

man·kind B1 /mæ̀nkáind マンカインド/ 名U 《集合的》人類, 人間

man·ly /mǽnli マンリ/ 形 (比較級 **manlier**; 最上級 **manliest**) 男らしい, 勇ましい (❶勇気や決断力, 力などの美点を暗示する)

mán-máde 形 人造の, 人工の; 合成の

manned /mǽnd マンド/ 形 有人の

man·ne·quin /mǽnikən マニキン/ 名C マネキン; 《古風》ファッションモデル (❶今は model がふつう)

man·ner A2 高

/mǽnər マナ/ (発音 manor と同音)
名 (複 **manners** /mǽnərz/) C
❶やり方, 仕方, 方法 (=way); 態度, 動作, 物腰
• speak **in** a strange **manner** 変なふうに話す, 変なしゃべり方をする
• I don't like his **manner** of speaking. 私は彼のものの言い方がきらいだ
❷《**manners**》(個人の)作法; 行儀, エチケット; (集団の)風習
• table **manners** 食事の作法, テーブルマナー

all manner of ... 《文章》あらゆる種類の…

***in a manner* (*of speaking*)** いわば; ある意味では

man·nered /mǽnərd マナド/ 形 《軽べつ的に》気取った, わざとらしい

man·ner·ism /mǽnərìzm マナリズム/ 名UC (身ぶり・話し方などの)癖, 特徴; 型にはまった表現

man·nish /mǽniʃ マニシュ/ 形 (女性が)男っぽい, 男まさりの

ma·noeu·vre /mənúːvər マヌーヴァ/ 名 《英》(=maneuver)

man·or /mǽnər マナ/ (発音 manner と同音) 名C ❶(封建時代の)荘園; (領主の)領地 ❷(=manor house)

mánor hòuse 名C (荘園の)領主邸; (地主などの土地付き)大邸宅

man·pow·er /mǽnpàuər マンパウア/ 名U 人手, 人的資源; 人力

man·ser·vant /mǽnsə̀ːrvənt マンサーヴァント/ 名 (複 **menservants** /ménsə̀ːrvənts/) C 《古風》下男, 男の召使い ⇨ **maidservant**

man·sion B2 /mǽnʃən マンション/ 名C ❶(広大な敷地に, 部屋が数十もあるような)大邸宅, 豪邸 ❷《英》《**... Mansions** でアパート名のあとにつけて》…マンション
日英比較 英語の mansion はふつう貴族や金持ちの大邸宅を表し, 日本でいう分譲・賃貸のマンションは意味しない. 日本語の「マンション」にあたるのは, 分譲では《米》condominium, 賃貸では《米》apartment, 《英》flat(アパート)となる

mán-sìze, mán-sìzed 形 《口語》大きな, おとな向き[用]の; 困難な, 骨の折れる

man·slaugh·ter /mǽnslɔ̀ːtər マンスロータ/ 名U 《法律》故殺(罪) (❶計画的で

ない衝動的な殺人; 殺意のあるものは murder)

man·ta /mǽntə マンタ/ 名 C 《魚》オニイトマキエイ, マンタ (♦大型のエイ)

man·tel /mǽntl マントル/ 名 C (=mantelpiece)

man·tel·piece /mǽntlpiːs マントルピース/ 名 C 炉(ろ)だな (♦暖炉上部のたな; 時計・花びん・トロフィーなどを飾る)

man·tle /mǽntl マントル/ 名 C マント, 外とう

man·u·al B2 /mǽnjuəl マニュアル/ 形 手の, 手でする, 手動(式)の (↔**automatic**) — 名 C 説明書, マニュアル

mánually 副 手[手動]で

man·u·fac·ture B2 /mæ̀njəfǽktʃər マニュファクチャ/ 名 U (機械による大規模な)製造; C 製品

— 動 他 ❶(大工場などで)製造する ❷(話を)でっち上げる

man·u·fac·tur·er B2 /mæ̀njəfǽktʃərər マニュファクチャラ/ 名 C 製造業者, メーカー; 製作者; 工場主

• a car **manufacturer** 自動車メーカー

man·u·fac·tur·ing B2 高 /mæ̀njəfǽktʃəriŋ マニュファクチャリング/ 名 U 製造

— 形 製造の

ma·nure /mənjúər マニュア/ 名 U 肥料

— 動 他 肥料をやる

man·u·script /mǽnjəskrìpt マニュスクリプト/ 名 C ❶(手書きまたはタイプライターによる)原稿 ❷写本

man·y A1 中

/méni メニ/

形 (比較級 **more**; 最上級 **most**)

多数の, 多くの, たくさんの (↔**few**)

• **many** books たくさんの本 (! many+数えられる名詞の複数形)

• **many** times 何度も

• He has three times as **many** books as I. 彼は私の3倍の(数の)本を持っている (←彼は私と同じ数の本の3倍持っている)

使い方〉 **many**

(**1**) many は数の多いことを表し, 数えられる名詞の複数形とともに使う. 量が多いことをいうのは much:

There are **many** glasses, but not **much** wine. グラスはたくさんあるけどワインはあまりない

(**2**) 特に話しことばではふつう疑問文・否定文で使う. 肯定文で使うと形式ばった感じになるので, many の代わりに a lot of, lots of, plenty of, a great many などを使うことが多い ⇨**lot**[1]:

He does**n't** have **many** books. 彼は本をあまり持っていない

She has **a lot of** books. 彼女は本をたくさん持っている

(**3**) 肯定文でも too, so, as のあとや many years [months, weeks] などというときは many を使う:

You made **too many** mistakes. 君がしたまちがいは多すぎる

She has **as many** books as I. 彼女は私と同じ数の本を持っている

We met each other **many years** ago. 私たちは何年も前に知り合いました (×lots [a lot] of years としない)

— 代 《複数扱い》多数, 多く, たくさん (↔**few**)

• **Many** of **the** eggs are bad. その卵の多くがくさっている (×*Many of eggs* としない)

a great* [*good*] *many かなり[とても]たくさん(の)

• **A great many** (of the) cattle died in the flood. その洪水でかなり多くの牛が死んだ

as many as ... …ほど多くの

• He has **as many as** 100 T-shirts. 彼はTシャツを100枚も持っている

how many いくつ(の…)

• **How many** times have you seen the movie? 君はその映画を何回見ましたか

***many a* [*an*] ...** 多数の…, 幾多の… (! ... には単数名詞がくる; many a [an] ... は単数扱い)

so many ... ①それほど多くの…

• I can't buy **so many** rings. そんなにたくさんの指輪は買えない

② 同数の…

Mao·ri /máuri マウリ/ 名 ❶C マオリ人《♦ニュージーランドの原住民族》
❷U マオリ語

map A1 中
/mǽp マプ/ 名 (複 **maps** /mǽps/) C
❶(1枚の)地図 (❗多くの地図を集めた「地図帳」は atlas)
• a **map** of Japan 日本地図
• a street **map** 市街地図
❷天体図; 星座図; 分布図
put ... on the map 《口語》…を有名にする
— 動 (三単現 **maps** /mǽps/; 過去・過分 **mapped** /mǽpt/; 現分 **mapping**) 他 …の地図を作る; 計画をたてる

ma·ple B1 /méipl メイプル/ 名 (複 **ma-ples** /méiplz/) C 《植物》カエデ, モミジ《♦カエデの葉 (maple leaf) はカナダの象徴で国旗に採用されている》

máple sýrup 名U メープルシロップ《♦カエデの樹液から作る》

Mar. 《略》March 3月

mar /mɑ́ːr マー/ 動 (三単現 **mars** /mɑ́ːrz/; 過去・過分 **marred** /mɑ́ːrd/; 現分 **marring** /mɑ́ːriŋ/) 他 損なう; 台なしにする

mar·a·thon B2 高 /mǽrəθɑ̀n マラサン/ 名C マラソン競走

mar·ble B1 /mɑ́ːrbl マーブル/ 名 (複 **marbles** /mɑ́ːrblz/) ❶U 大理石
❷C マーブル玉; ビー玉; 《**marbles**》マーブル遊び《♦マーブルをころがして相手の玉にあてる》

March A1 中
/mɑ́ːrtʃ マーチ/ 名 UC
3月 (❗Mar. と略す; 詳しい用法は June を参照)
• on **March** 3 3月3日に (❗3 は (the) third と読む)
• They will graduate from high school in **March**. 彼らは3月に高校を卒業します

march B1 /mɑ́ːrtʃ マーチ/ 名 (複 **marches** /mɑ́ːrtʃəz/)
❶UC 行進; 行軍; デモ(行進)
❷C 行進曲, マーチ
❸《the march》進展, 進行
on march 行進中で; 進展中で
— 動 (三単現 **marches** /mɑ́ːrtʃəz/; 過去・過分 **marched** /mɑ́ːrtʃt/; 現分 **marching**)
❶自 行進する ❷自 進展する
❸他 …を進ませる; …をむりやり歩かせる

march·er /mɑ́ːrtʃər マーチャ/ 名C 徒歩行進者; デモ参加者

Mar·co Po·lo /mɑ́ːrkou póulou マーコウ ポウロウ/ 名 マルコ・ポーロ (1254-1324)《♦ベネチアの旅行家;『東方見聞録』でヨーロッパにアジアを紹介した》

Mar·di Gras /mɑ́ːrdi grɑ̀ː マーディ グラー/ 名CU マルディ・グラ《♦謝肉祭の最終日の告解火曜日; これを祝う音楽・ダンス》

mare /méər メア/ 名C 《動物》雌馬; 雌ロバ

Mar·ga·ret /mɑ́ːrgərət マーガレト/ 名 マーガレット《♦女性名》

mar·ga·rine /mɑ́ːrdʒərin マーヂャリン/ 名 U マーガリン

mar·ga·ri·ta /mɑ̀ːrgəríːtə マーガリータ/ 名C マルガリータ《♦テキーラベースのカクテル》

mar·gin B2 /mɑ́ːrdʒən マーヂン/ 名C ❶(本などの)余白, 欄外(らんがい) ❷(票決などの)開き, 差 ❸(時間などの)余裕 ❹ふち, へり ❺(売買で得る)利益金, 利ざや
派生 **marginal** 形

mar·gin·al /mɑ́ːrdʒənəl マーヂナル/ 形 縁の; 限界の; 欄外の
派生 **margin** 名

Ma·ri·a /məráiə マライア, məríːə マリーア/ 名 マライア, マリア《♦女性名》

Mariána Trénch /mèəriǽnə メアリアナ/ 名 《the をつけて》マリアナ海溝《♦西太平洋上にある海溝; 世界最深》

mar·i·gold /mǽrəgòuld マリゴウルド/ 名 C 《植物》キンセンカ; マリーゴールド

mar·i·jua·na, mar·i·hua·na /mæ̀rəwɑ́ːnə マリワーナ/ 名U マリファナ《♦インド大麻(たいま)から採る麻薬》

Mar·i·lyn /mǽrəlin マリリン/ 名 マリリン《♦女性名》

ma·rim·ba /mərímbə マリンバ/ 名 C《楽器》マリンバ《♦木琴の一種》

ma·ri·na /mərí:nə マリーナ/ 名 C マリーナ《♦ヨットなどの停泊所》

mar·i·nade /mæ̀rənéid マリネイド/ 名 U《料理》マリネード《♦酢・ワイン・油・香辛料などを混ぜた漬け汁》; C マリネ

— 動 (=marinate)

mar·i·nate /mǽrənèit マリネイト/ 動 他 (肉・魚などを)マリネにする

ma·rine B1 高 /mərí:n マリーン/ 形
❶ 海の ❷ 海運の; 船舶(せんぱく)の
— 名 (複 **marines** /mərí:nz/) C 海兵隊員

Maríne Còrps 名 《the をつけて》(米国海軍の)海兵隊

mar·i·ner /mǽrənər マリナ/ 名 C 《文章》船員, 水夫 (=sailor)

mar·i·o·nette /mæ̀riənét マリオネト/ 名 C あやつり人形, マリオネット ⇨ puppet

mar·i·tal /mǽrətəl マリタル/ 形 《文章》結婚の; 夫婦間の

mar·i·time /mǽrətàim マリタイム/ 形 《文章》海の; 海事の; 沿海の, 海岸の

Mark /mά:rk マーク/ 名 マーク《♦男性名》

mark[1] A2 高

/mά:rk マーク/ 名 (複 **marks** /mά:rks/)
❶ C しるし; (傷・進歩・影響などの)跡(あと), しみ; 現れ, 特徴
• muddy **marks** on the floor 床についた泥よごれ
❷ C 符号; 記号, マーク(! . , ; ? など)
❸ C 目じるし; 目標, 的
❹ C (成績を示す)点数
❺ 《the mark》標準, 水準

make one's mark 有名になる; 名声を成す

off [wide of] the mark 要点をはずれて, 見当違いで

On your mark(s), get set, go! 位置について, 用意, どん! (=Ready, set, go!)

up to the mark 標準に達して; 元気で

— 動 (三単現 **marks** /mά:rks/; 過去・過分 **marked** /mά:rkt/; 現分 **marking**)
❶ 他 …にしるしをつける
❷ 他 示す, 表す; 特色づける, 記念する ❸ 他 …の点数をつける
❹ 他 《文章》注意する
❺ 他 《英》《スポーツ》(相手を)マークする

mark down 値下げする; 書き留める

mark off 区分する

mark[2] /mά:rk マーク/ 名 C マルク《♦ドイツの旧貨幣単位》

marked B1 /mά:rkt マークト/ 形 顕著な, 目立つ; 目星をつけられた
• a **marked** man 要注意人物

mark·ed·ly /mά:rkədli マーケッドリ/ (×マークトリ) 副 著しく; 明らかに

mark·er /mά:rkər マーカ/ 名 C 印をつける人[もの]; マーカー(ペン), マジックペン; 目印

mar·ket A2 高

/mά:rkət マーケト/
名 (複 **markets** /mά:rkəts マーケツ/)
❶ C 市(いち); 市場(いちば), マーケット ⇨**fair**[2]
• go to (the) **market** 市場へ行く(! 売買目的で行くときはふつう冠詞をつけない)
❷ C 市場(しじょう), 販路; U C 需要

on the market 売りに出て

play the market 投機[株]に手を出す

— 動 (三単現 **markets** /mά:rkəts マーケツ/; 過去・過分 **marketed** /mά:rkətəd/; 現分 **marketing**) 他 (市場に)売りに出す; 自 (市場で)売買する; 買う

mar·ket·a·ble /mά:rkətəbl マーケタブル/ 形 (商品などが)売れ口のある, 市場性の高い

mar·ket·ing B2 /mά:rkətiŋ マーケティング/ 名 U マーケティング; 市場での売買

mar·ket·place /mά:rkətplèis マーケトプレイス/ 名 C 市(いち)の開かれる広場[建

物]; 《the marketplace》商業界

márket resèarch 名U 市場調査

mark·ing /mάːrkiŋ マーキング/ 名U 印をつけること; (試験の)採点; C 印, 点; 《markings》(鳥の羽・動物の毛皮などの)斑点(はんてん), 模様

marks·man /mάːrksmən マークスマン/ 名(複 **marksmen** /mάːrksmən/) C 射撃の名手; 狙撃(そげき)兵, 射手

Mark Twain /mάːrk twéin マーク トウェイン/ 名 マーク・トウェイン (1835–1910) (♦アメリカの小説家; 本名 Samuel Clemens;『トム・ソーヤーの冒険』などで有名)

mark·up /mάːrkʌ̀p マーカプ/ 名C (商品の)値上げ額[幅]

mar·ma·lade /mάːrməlèid マーマレイド/ 名U マーマレード (♦オレンジなどの皮入りジャム)

ma·roon[1] /mərúːn マルーン/ 名U えび茶色

— 形 えび茶色の

ma·roon[2] /mərúːn マルーン/ 動他 (無人の場所に)置き去りにする (! ふつう受け身で使う)

mar·quee /mɑːrkíː マーキー/ 名C 《米》(劇場・映画館などの)玄関入り口のひさし; 《英》大テント

mar·riage B1 高 /mǽridʒ マリヂ/ 名(複 **marriages** /mǽridʒəz/)

❶ UC 結婚; 結婚生活

- an arranged **marriage** 見合い結婚
- propose **marriage** to her 彼女に結婚を申し込む

❷ C 結婚式 (=wedding)

派生 **marry** 動

関連語〉 単語力

bride 花嫁, 新婦
bridegroom 花むこ, 新郎
honeymoon 新婚旅行, ハネムーン
wedding reception 結婚披露宴
(married) couple 夫婦
partner 配偶者, パートナー, 相手
wife 妻
husband 夫
engagement 婚約
fiancé (夫になる予定の)婚約者
fiancée (妻になる予定の)婚約者
divorce 離婚

mar·riage·a·ble /mǽridʒəbl マリヂャブル/ 形 《古風》結婚適齢期の

mar·ried A2 高

/mǽrid マリド/ 形

結婚した, 既婚の ⇨**marry**

- a **married** couple 夫婦

関連語〉 単語力

separated 別居した
divorced 離婚した
single 独身の
spouse 配偶者

mar·row /mǽrou マロウ/ 名U 《解剖》髄(ずい), 骨髄; 《the marrow》精髄, 核心; 活力

to the marrow (of one's bones) 骨の髄まで, すっかり

mar·ry A2 高

/mǽri マリ/ 動 (三単現 **marries** /mǽriz/; 過去・過分 **married** /mǽrid/; 現分 **marrying**)

❶ 他自 結婚する (=get married)

- Jean will **marry** John in June. ジーンは6月にジョンと結婚します

❷ 他 (牧師が結婚式を行って, または親が子を)結婚させる

be [get] married 〔…と〕結婚している[する] 《*to*》

派生 **marriage** 名

Mars 高 /mάːrz マーズ/ 名 ❶《ローマ神話》マルス (♦戦(いくさ)の神) ❷《天文》火星

派生 **Martian** 形名

marsh /mάːrʃ マーシュ/ 名UC 湿地, 沼地

mar·shal /mάːrʃəl マーシャル/ 名C 《軍事》(フランスなどの)元帥; 《英》空軍将官; 《米》連邦保安官; 《米》(市の)警察[消防]署長; (儀式・パレードなどの)進行係

— 動 (三単現 **marshals** /mάːrʃəlz/; 過去・過分 **marshaled**, 《英》**marshalled** /mάːrʃəld/; 現分 **marshaling**, 《英》**marshalling**) 他 整列させる; 集める; 案内[先

導]する

Már·shall Íslands /mɑ́ːrʃəl マーシャル/ 名 《the をつけて》マーシャル諸島《◆西太平洋にある群島で, 共和国を成す; 首都マジュロ(Majuro)》

marsh·mal·low /mɑ́ːrʃmèlou マーシュメロウ/ 名 C 《料理》マシュマロ《◆メレンゲをゼリーで固めた菓子の一種》

marsh·y /mɑ́ːrʃi マーシィ/ 形 (比較級 **marshier**; 最上級 **marshiest**) 沼地の, 湿地の

mart /mɑ́ːrt マート/ 名 C 市場(いちば) (= market)

Mar·tha /mɑ́ːrθə マーサ/ 名 マーサ《◆女性名》

mar·tial /mɑ́ːrʃəl マーシャル/ 形 《文章》戦争[軍事]の; 勇ましい; 好戦的な

mártial árt B2 名 C マーシャルアーツ, 武道, 武術《◆空手・柔道など》

mártial láw 名 U 戒厳令

Mar·tian /mɑ́ːrʃən マーシャン/ 形 火星の; 火星人の

― 名 C 火星人

派生 **Mars** 名

Mar·tin /mɑ́ːrtən マーティン/ 名 マーティン《◆男性名》

Mártin Lúther Kíng Dày 名 キング牧師誕生日《◆1月15日; 米国では1月の第3月曜が休日》

mar·tyr /mɑ́ːrtər マータ/ 名 C 殉教者; 〔主義・主張などに〕殉じる人《*to*》; 《口語》〔病気などに〕絶えず苦しむ人《*to*》

make a martyr of oneself (人の同情をひこうとして)殉教者ぶる

― 動 他 殉教者として殺す; 苦しめる

mar·tyr·dom /mɑ́ːrtərdəm マータダム/ 名 U 殉死, 殉教

mar·vel /mɑ́ːrvəl マーヴェル/ 名 C 驚異; 《口語》驚嘆(きょうたん)すべき物[事]

― 動 (三単現 **marvels** /mɑ́ːrvəlz/; 過去・過分 **marveled**, 《英》 **marvelled** /mɑ́ːrvəld/; 現分 **marveling**, 《英》 **marvelling**) 自 〔…に〕驚く, 驚嘆する《*at*》; 他 〔…ということに〕驚く《*that ..., wh- ...*》

mar·vel·lous /mɑ́ːrvələs マーヴェラス/ 形 《英》(=marvelous)

mar·vel·ous A2 高

/mɑ́ːrvələs マーヴェラス/ 形 《米》驚くべき, 不思議な; 《口語》すばらしい

• We had a **marvelous** time on the trip. 旅行中はすばらしい時を過ごした

márvelously 副 驚くほど; 不思議に; すばらしく

Marx /mɑ́ːrks マークス/ 名 《**Karl Marx**》カール・マルクス(1818-83)《◆ドイツの哲学者・経済学者;『資本論』で有名》

Marx·ism /mɑ́ːrksizm マークスィズム/ 名 U マルクス主義

Marx·ist /mɑ́ːrksist マークスィスト/ 名 C マルクス主義者

Mar·y /méəri メ(ア)リ/ 名 メアリー《◆女性名》; 《**Saint Mary** とも》聖母マリア (= the Virgin Mary)《◆キリスト(Christ)の母》

Mar·y·land /mérələnd メリランド/ 名 メリーランド《◆アメリカ東部と南部の境界にある州; 州都アナポリスには海軍兵学校がある; Md., (郵便で) MDと略す》

masc. 《略》masculine 男性の

mas·car·a /mæskǽrə マスキャラ/ 名 U マスカラ, まつげ染め

mas·cot /mǽskət マスカト/ 名 C お守り, マスコット, 幸運を呼ぶ物[人, 動物]

mas·cu·line /mǽskjələn マスキュリン/ 形 男性の; 男性的な, 男らしい (=manly) (↔**feminine**)

mas·cu·lin·i·ty /mæskjəlínəti マスキュリニティ/ 名 U 男らしさ (↔**femininity**)

mash B1 /mǽʃ マシュ/ 動 (三単現 **mashes** /mǽʃəz/; 過去・過分 **mashed** /mǽʃt/; 現分 **mashing**) 他 (食べ物などを)すりつぶす

― 名 U 《英》《口語》《料理》マッシュポテト; すりつぶした物

mask B2 中 /mǽsk マスク/ 名 C 仮面, お面, 覆面; マスク ⇨**Halloween**

under the mask of ... …の仮面をかぶって; …にことよせて

― 動 他 仮面をつける (↔**unmask**)

masked /mǽskt マスクト/ 形 覆面[仮面]をつけた

mas·och·ism /mǽsəkìzm マソキズム/ 名 U マゾヒズム (↔**sadism**) 《♦いじめられるのを喜ぶ変態性欲》

mas·och·ist /mǽsəkìst マソキスト/ 名 C マゾヒスト

ma·son /méisn メイスン/ 名 C 石工(いしく)

ma·son·ry B2 /méisnri メイスンリ/ 名 U 石造[れんが]建築; 石工術

mas·quer·ade /mæ̀skəréid マスカレイド/ 名 C 見せかけ; 仮装; 仮装舞踏会

— 動 自 〔…に〕変装する, 見せかける《*as*》; 仮装舞踏会に出る

Mass, mass[1] B2 /mǽs マス/ 名 U C 《キリスト教》ミサ; ミサ曲 《♦カトリック教会の聖さん式; その時歌われる賛美歌》

mass[2] B1 高 /mǽs マス/ 名 (複 **mass·es** /mǽsəz/)

❶ C (一定の形を持っていない)かたまり

• **masses** of clouds もくもくとした雲のかたまり

❷ C 多数, 多量; 《形容詞的》多数[大量]の

• The **mass of** voters were against it. 投票者の大多数はそれに反対であった (! 動詞の数はふつう of のあとの名詞に会わせる)

• There are **masses of** people in the hall. 会場には大勢の人がいる

❸ 《**the masses**》一般大衆, 庶民; 労働者階級; 《形容詞的》大衆の(ための)

in a mass ひと固まりで; まとめて

— 動 (三単現 **masses** /mǽsəz/; 過去·過分 **massed** /mǽst/; 現分 **massing**) 他 ひと固まりにする; 自 ひと固まりになる, 集まる

派生 **massive** 形

Mas·sa·chu·setts /mæ̀sətʃúːsits マサチューセッツ/ 名 マサチューセッツ 《♦米国北東部大西洋岸の州; 州都ボストンにはハーバード大学·マサチューセッツ工科大学などの有名大学がある; Mass., (郵便で) MA と略す》

mas·sa·cre B2 /mǽsəkər マサカ/ 名 U C 大虐殺; 《口語》(試合などでの)大敗

— 動 他 虐殺する; 《口語》こてんぱんに負かす

mas·sage B2 /məsɑ́ːʒ マサージ/ 名 U C マッサージ

— 動 他 マッサージする

máss communicátion 名 U 大衆伝達 《♦新聞·放送·映画などにより大勢の人たちに情報を伝達すること》

mass-de·struc·tive /mæ̀sdistrʌ́ktiv マスディストラクティヴ/ 形 大量破壊の

mas·seur B2 /mæsə́ːr マサー/ 名 C (男の)マッサージ師

mas·seuse /mæsə́ːz マサーズ/ 名 C (女の)マッサージ師

mas·sive B1 /mǽsiv マスィヴ/ 形 大規模な; 巨大な; 大きくて重い; どっしりした, 堂々とした; 巨大な

派生 **mass**[2] 名

mássively 副 非常に; どっしりとして; 重々しく

máss média 名 《**the** をつけて》《複数扱い》マスメディア, マスコミ 《♦新聞, テレビ, ラジオ, 映画など大衆伝達の手段, 媒体》

máss-prodúce 動 他 大量生産する, 量産する

máss prodúction 名 U 大量生産, マスプロ

mast /mǽst マスト/ 名 C 《海事》マスト, 帆柱(ほばしら); (旗などを付ける)柱; (無電·高圧線などの)鉄塔

mas·tec·to·my /mæstéktəmi マステクトミ/ 名 (複 **mastectomies** /mæstéktəmiz/) U C 《医学》乳房切除

mas·ter B2 高 /mǽstər マスタ/ 名 C

❶ (…を支配する)主人; 長; 親方; (動物の)飼い主

注意›
「店の主人」の意味の「マスター」は, master ではなく, manager (支配人), owner (所有者), barkeeper (酒場の主人·バーテン)などの言い方をする

• The dog's **master** ordered it to lie down. 飼い主はその犬に伏せをするよう命令した

❷ 大家(たいか), 達人, 名人

❸ 《英》(小·中学校の男の)先生 (=school-

master) ⇨**headmaster**
❹ 修士, 修士号
be (a) master of ... …に精通している; (専門的なこと)をよく知っている
━ 形 おもな, 主要な; 基本となる, おおもとの
• a **master** tape マスターテープ
━ 動 (三単現 **masters** /mǽstərz/; 過去・過分 **mastered** /mǽstərd/; 現分 **mastering** /mǽstəriŋ/) 他 (学問・技術などを完全に)修得する, マスターする; 征服する, おさえる
• **master** a foreign language 外国語をマスターする

mas·ter·ful /mǽstərfəl マスタフル/ 形 尊大な, 横柄な

máster kèy 名 C マスターキー

mas·ter·ly /mǽstərli マスタリ/ 形 名人らしい, みごとな

mas·ter·mind /mǽstərmàind マスタマインド/ 名 C 巧妙な立案者
━ 動 他 (計画などを)周到に立案する

Máster of Árts 名 (複 **Masters of Arts**) C 文学修士(号) (❗略 M.A.)

Máster of Science 名 (複 **Masters of Science**) C 理学修士(号) (❗略 M.S.)

mas·ter·piece B2 /mǽstərpiːs マスタピース/ 名 C 傑作(けっさく), 名作; (作家・芸術家の)代表作

mas·ter·y B2 /mǽstəri マスタリ/ 名 U 支配; 克服; 優勢; 熟達

mas·to·don /mǽstədɑ̀n マストダン/ 名 C マストドン (◆象に似た古生物)

mas·tur·bate /mǽstərbèit マスタベイト/ 動 他 自 自慰(じい)する, マスターベーションする

mas·tur·ba·tion /mæ̀stərbéiʃən マスタベイション/ 名 U 自慰(じい), マスターベーション

mat /mǽt マト/ 名 C 敷き物, マット; 玄関マット; バスマット (=bath mat); (体操用の)マット

mat·a·dor /mǽtədɔ̀ːr マタドー/ 名 C マタドール (◆牛にとどめを刺す役の闘牛士)

match[1] /mǽtʃ マチ/ 名 C マッチ (◆1本)
• light [strike] a **match** マッチをする, マッチをつける

match[2] A1 中

/mǽtʃ マチ/ 名 (複 **matches** /mǽtʃəz/) C ❶ 試合, 競技
• a tennis **match** テニスの試合
• a football **match** 《英》 サッカーの試合 (=《米》 a soccer game) ⇨**game**
• **have a match with ...** …と試合をする
❷ 競争相手; 好敵手, ライバル
• He is more than a **match for** me. 私は彼にはかなわない (←彼は私にはいい相手以上だ)
• Jack is a good swimmer but he is no **match** for Bob. ジャックは水泳がじょうずだが, ボブにはかなわない
❸ 《ふつう単数形で》 似合いのもの[人]
❹ 《ふつう単数形で》 結婚
━ 動 (三単現 **matches** /mǽtʃəz/; 過去・過分 **matched** /mǽtʃt/; 現分 **matching**) 他 自
❶ 調和する, 似合う
• Her blouse does not **match** her skirt. 彼女のブラウスはスカートと合っていない
❷ 対等である, 匹敵(ひってき)する
• No one can **match** him **in** chess. チェスで彼にかなう者はいない
match up (with ...) (…と)合う; 一致する
match up to ... …に合致する; …に匹敵する

match·book /mǽtʃbùk マチブク/ 名 C (はぎ取り式の)紙マッチ

match·box /mǽtʃbɑ̀ks マチバクス/ 名 C マッチ箱

match·ing /mǽtʃiŋ マチング/ 形 (色・形などが他のものと)同じの, そろいの; 調和する

match·less /mǽtʃləs マチレス/ 形 《文章》 たぐいまれな, 無比の, 無類の

match·mak·er /mǽtʃmèikər マチメイカ/ 名 C 結婚の仲介者, 仲人

mate B2 /méit メイト/ 名 C ❶ 仲間, 友

達 ⇨ **classmate**, **schoolmate**, **playmate** ❷《英・オーストラリア》君, おまえ (❗特に男性同士の呼びかけに使われる) ❸夫婦の一方, 動物のつがいの一方, (靴・手袋のように対をなす物の)一方, 片方 ❹《海事》航海士

━ 動 自 (動物が)つがう, 交尾する; 他 (動物を)つがわせる

ma·te·ri·al A2 高

/mətíəriəl マティアリアル/ 名 (複 **materials** /mətíəriəlz/)

❶ U C (服などの)生地

● a dress made of fine **material** りっぱな生地で作った服

❷ U C 材料, 原料

● building **materials** 建築材料

❸《**materials**》…用具

● writing **materials** 筆記用具

❹ U C 資料

● **collect** (the) **material for** a novel 小説の題材を集める (❗題材となるもの全体をまとめて指すので ×*a* material, ×materials としない)

● teaching **materials** 教材

━ 形 ❶物質の, 物質的な

● **material** civilization 物質文明

❷《文章》重要な

ma·te·ri·al·ism /mətíəriəlìzm マティアリアリズム/ 名 U 唯物論 (↔**idealism**); 物質主義, 実利主義

ma·te·ri·al·ist /mətíəriəlist マティアリアリスト/ 名 C 実利[物質]主義者; 唯物論者

ma·te·ri·al·is·tic /mətìəriəlístik マティアリアリスティク/ 形 唯物論の; 唯物論者の; 実利[物質]主義の

ma·te·ri·al·ize /mətíəriəlàiz マティアリアライズ/ 動 他 自 実現する; 具体化する

ma·ter·nal /mətə́ːrnəl マターナル/ 形 母の; 母らしい; 母方の (↔**paternal**)

ma·ter·ni·ty /mətə́ːrnəti マターニティ/ 名 U《文章》母であること, 母らしさ; 母性; 産科病院

━ 形 産婦の(ための), 出産の

matérnity lèave 名 U 出産休暇

math A1 中

/mǽθ マス/ 名 U《米》《口語》数学 (=《英》《口語》maths) (❗mathematics の短縮形)

math·e·mat·i·cal B2 /mæ̀θəmǽtikəl マセマティカル/ 形 数学の; 厳密な, 正確な 派生 **mathematics** 名

màthemátically 副 数学的に; 厳密に

math·e·ma·ti·cian B1 /mæ̀θəmətíʃən マセマティシャン/ 名 (複 **mathematicians** /mæ̀θəmətíʃənz/) C 数学者

math·e·mat·ics B1 高 /mæ̀θəmǽtiks マセマティクス/ 名《単数扱い》数学 (=maths)

関連語› 単語力

arithmetic 算数, 計算

algebra 代数(学)

geometry 幾何学

statistics 統計学

派生 **mathematical** 形

maths /mǽθs マスス/ 名《英》《口語》(=math)

Ma·til·da /mətíldə マティルダ/ 名 マティルダ《◆女性名》

mat·i·née, mat·i·nee /mæ̀tənéi マティネイ/ 名 C (演劇などの)昼興行, マチネー

mat·ing /méitiŋ メイティング/ 名 U 交合, 交接, 交配; 交尾期

ma·tri·arch /méitriɑ̀ːrk メイトリアーク/ 名 C 女家長, 女族長 (❗男性形は patriarch)

mat·ri·mo·ni·al /mæ̀trəmóuniəl マトラモウニアル/ 形《文章》結婚の, 夫婦(間)の

mat·ri·mo·ny /mǽtrimòuni マトリモウニ/ 名 U《文章》結婚; 結婚[夫婦]生活

ma·trix /méitriks メイトリクス, mǽtriks マトリクス/ 名 (複 **matrices** /méitrəsìːz/, **matrixes** /méitriksəz/) C

❶《文章》(発生・成長の)母体, 基盤

❷鋳型(いがた); (レコードの)原盤; (活字の)母型; 紙型; 《鉱物》(化石・宝石などを含んだ)母岩

❸《数学》行列

ma·tron /méitrən メイトロン/ 名 C 寮母, 女性監督; (刑務所の)女性看守; 《英》《古風》看護師長 (❗現在では公式には senior nursing officer という); (上品な)既婚女性

Matt /mǽt マト/ 名 マット《♦男性名; Matthew の愛称》

matt, matte /mǽt マト/ 形 (表面が)光沢のない, つや消しの

mat·ter A1 中

/mǽtər マタ/ 名 (複 **matters** /mǽtərz/)
❶ C (ばく然と)事; 事柄, 問題; 《**matters**》事情; 事態
- a personal **matter** 個人的な事[私事]
- make **matters** worse 事態をもっと悪くする
- I know nothing about the **matter**. その事については私は何も知らない
- That is no laughing **matter**. それは笑い事ではない

コロケーション
形+**matter**
an important *matter* 重要な問題
a simple *matter* 単純な問題
a complex *matter* 複雑な問題
a delicate *matter* 扱いにくい問題
動+**matter**
discuss a *matter* 問題を話し合う
deal with a *matter* 問題に取り組む
settle a *matter* 問題を解決する

❷ U 《**the matter**》困った事; 故障, ぐあいの悪い所 (❗形容詞の wrong (調子が悪い, 問題がある)と同じように使えることが多い)
- **What's the matter** (**with** you)? = Is anything **the matter** (with you)? (君は)どうかしたのか (=What's **wrong** (with you)?)
- Something [Nothing] is **the matter** with the motor. モーターにどこか故障がある[どこも悪い所はない]

❸ U 印刷した[書いた]物; (本・話などの)内容
- printed **matter** 印刷物 (❗封筒などに書く; ×a matter, ×matters としない)

❹ U《否定を表す修飾語をつけて》重要性, 重要なこと

❺ U 物質; 物体
- solid [liquid] **matter** 固[液]体 (×a matter, ×matters としない)

a matter of … …の問題

a matter of course 当然のこと
- Peace is now taken as **a matter of course**. 平和は現在当然のことと思われている

as a matter of fact 実際は, 実を言うと

for that matter そのことについては, そのことを言うなら

no matter what [***who, how, when, where***] ***…*** たとえ何[だれ, どう, いつ, どこ]でも
- **No matter what** you do, do it well. たとえ何をするにしても, りっぱにやりなさい

to make matters worse さらに悪いことには

―動 (三単現 **matters** /mǽtərz/; 過去・過分 **mattered** /mǽtərd/; 現分 **mattering** /mǽtəriŋ/) 自《おもに否定文・疑問文で》〔…にとって〕重要である, 大いに関係がある《*to*》
- It doesn't **matter** if it rains. 雨が降ってもかまわない
- What does it **matter**? それが何の関係があるのか(何でもないではないか)
- Just paint it. The color does not **matter**. それにちょっとペンキを塗ってくれ. 色は何でもいいから

Mat·ter·horn /mǽtərhɔ̀ːrn マタホーン/ 名《**the** をつけて》マッターホルン《♦アルプス山脈中の高峰》

mat·ter-of-fact /mǽtərəvfǽkt マタロヴファクト/ 形 ❶事実の, 実際的な; 事務的な ❷感情を交えない, 割り切った

Mat·thew /mǽθjuː マシュー/ 名 マシュー《♦男性名》

mat·ting /mǽtiŋ マティング/ 名 U マット材料; マット

mat·tress /mǽtrəs マトレス/ 名 C (ベッ

ドの)敷きぶとん, マットレス

mat·u·ra·tion /mætʃəréiʃən マテュレイション/ 名 U 成熟, 円熟

ma·ture B2 高 /mətjúər マテュア/ 形 (比較級 **more mature, maturer**; 最上級 **most mature, maturest**) (食物・酒などが)熟した (↔**immature**); 成熟した; (人間が)円熟した, 大人の, 分別のある

— 動 他 熟させる, 仕上げる; 自 成熟する

ma·tu·ri·ty /mətjúərəti マテュアリティ/ 名 U 成熟, 円熟 (↔**immaturity**); 成熟期; 満期, 支払期日

maul /mɔ́ːl モール/ 動 他 (動物が)かみついて傷を負わせる; 手荒に扱う; 酷評する

Mau·rice /mɔ́ːrəs モーリス/ 名 モーリス《♦男性名》

Mau·ri·ta·ni·a /mɔ̀ːrətéiniə モーリテイニア/ 名 モーリタニア《♦アフリカ北西部のイスラム共和国; 首都ヌアクショット(Nouakchott)》

Mau·ri·tius /mɔːríʃəs モーリシャス/ 名 モーリシャス《♦インド洋西端にある島国; 首都ポート・ルイス(Port Louis)》

mau·so·le·um B2 /mɔ̀ːsəlíːəm モーソリーアム/ 名 (複 **mausoleums** /mɔ̀ːsəlíːəmz/, **mausolea** /mɔ̀ːsəlíːə/) C 壮大な墓所, 霊廟(れいびょう)

mauve /móuv モウヴ/ 名 C 薄紫色

— 形 薄紫色の

mav·er·ick /mævərik マヴァリク/ 名 C 《米》(所有者の)焼き印のない子牛; (政党内などの)一匹おおかみ

max A2

/mæks マクス/ 名 U 《口語》

最大, 最大数; 最高点

to the max 《口語》目一杯, 最大限

— 動 (三単現 **maxes** /mæksəz/; 過去・過分 **maxed** /mækst/; 現分 **maxing**) 《次の成句で》

max out 《口語》目一杯使う; 食べ[飲み]すぎる; やりすぎる

max·im /mæksim マクスィム/ 名 C 格言, 金言; 処世訓

max·i·ma /mæksəmə マクシマ/ 名 maximum の複数形

max·i·mal /mæksəməl マクスィマル/ 形 最大限の, 最大の (↔**minimal**)

派生 **maximum** 名

máximally 副 最大限に, 最大に

max·i·mize /mæksəmàiz マクスィマイズ/ 動 他 最大限にする (↔**minimize**)

max·i·mum B1 /mæksəməm マクスィマム/ 名 (複 **maximums** /mæksəməmz/, **maxima** /mæksəmə/) C 最高点, 最大限, 極限 (↔**minimum**)

— 形 最大限の, 極限の (↔**minimum**)

— 副 最大限で

派生 **maximal** 形

May[1] A1 中

/méi メイ/ 名 U C

5月 (❗詳しい用法は June を参照)

- **in May** 5月に
- **on May 5** 5月5日に (❗5 は (the) fifth と読む)

May[2] /méi メイ/ 名 メイ《♦女性名》

may A1 中

/méi メイ/ 助 (過去 **might** /máit/)

❶《可能性》…**かもしれない, たぶん…だろう** (❗「…だろう」の意味での may はふつう疑問文には使わない. 疑問文では can, be likely to などを使う)

- It **may** rain in the afternoon. 午後には雨が降るかもしれない
- It **may** be easy. 簡単かもしれない
- It **may not** be easy. 簡単でないかもしれない

比較 It **cannot** be easy. 簡単なわけがない (❗cannot が may の反対(強い否定)の意味を表す)

- I **may** be late, so you can go after seven. 遅れるかもしれないから, 7時すぎたら行ってもいいよ
- He **may** not like it. 彼はそれを気に入らないかもしれない

❷《許可》…**してもよい** (❗話しことばでは can のほうが好まれる) ⇨**can**[1] ❹

- You **may** go. 行ってもよい

may

A1 助 中 /méi メイ/

過去 **might** /máit マイト/

意味マップ

助 ❶…かもしれない, たぶん…だろう
❷…してもよい
❸…かもしれないが; たとえ…であっても
❹願わくは…ならんことを

助動詞の頻度

話し言葉でのmayの頻度

will
can
would
could
should
might
must
may

ワンポイント・アドバイス

mayは会話では8番目によく用いられる助動詞で, 一般的用法は次の2つ:

(a) 可能性: I may be late.　遅れるかもしれません
(b) 許可:　May I come in?　入ってもよろしいですか

可能性を表すmayも口語ではmightの方が好まれる.
許可を表す使い方で, You may go. (行ってもよい) などという言い方はフォーマルなので普通の会話では使わない.
May I ...? もニュアンスとしてはフォーマルな感じでCan I ...? の方がふつう.

使えるコーパスフレーズ

may＋動詞

1 **ask**　May I ask a question?　質問してもよろしいでしょうか

2 **have**　May I have your attention, please?　すみません, こちらにご注目ください

3 **say**　May I say how much I love your photos?　あなたの写真をとても気に入っていることをお伝えさせてください

4 **suggest**　May I suggest that we take a break?　休憩を入れるというのはいかがでしょう?

ネイティブはこういう!

◆ **I may have finished the work by Monday.**　月曜日までにはその仕事を終えているかもしれない

◆ **It may be that the train has stopped.**
電車が止まったのかもしれません

◆ **What you said, if I may say so, is all wrong.**
あなたのおっしゃったことは, こう言っては何ですが, 全部間違いです

◆ **There's nothing else to do, so we may as well go home.**
他にすることがないから, 帰ったほうがいいでしょう

CAN-DO Tips› 許可を求める
May I...? という表現を使うと, Can I...? よりもていねいに許可を求めることができるようになります

会話 "May I come in? " "Sure. [No, I'm busy now.]" 「入ってもいいですか」「どうぞ[いや, 私は今手が離せませんので]」(❗許可を求めるときは May I...? のほうが Can I...? よりていねいな言い方)

• **May I** help you? (店員が客に)何をさしあげましょうか (←あなたをお助けしていいですか)

❸《譲歩》《but を伴って》…かもしれないが;《whatever, however などとともに用いて》たとえ…であっても

• He **may** be honest, **but** he is not hardworking. 彼は正直かもしれないが勤勉ではない

❹《祈願》《**May ...!**》《文章》願わくは…ならんことを • **May** God bless you! 神が君を祝福したまわんことを

come what may 《文章》どんなことがあろうとも

if I may ask (***you***) もしお差し支えなければ, 失礼ですが (←もし私が(あなたに)おたずねしてよいならば)

may as well *do* …した方がよい

• I'm tired. I **may as well** *go* to bed. 疲れたので, 寝た方がいいかな

may well *do* おそらく…だろう; …するのも無理はない

• She **may well** *change* her mind. 彼女はおそらく気が変わるだろう

(***so***) ***that*** *A* ***may*** *do* Aが…するように, Aが…できるように (❗話しことばでは may の代わりに will, can が用いられる)

Ma·ya /mάːjə マーヤ/ 名 (複 **Mayas** /mάːjəz/, **Maya**) C マヤ人; 《**the Maya(s)**》マヤ族; U マヤ語

may·be A1 中

/méibi メイビ/ 副 たぶん, …かもしれない, もしかすると (❗probably よりも確率が低く, perhaps よりは確率が高い)

• **Maybe** it will rain tomorrow. もしかするとあすは雨になるでしょう

会話 "Will he come to the party?" "**Maybe not**." 「彼はパーティーに来るでしょうか」「たぶん来ないよ」

Máy Dày 名 ❶五月祭 ❷メーデー, 労働祭 (◆5月1日労働者の団結と闘う決意を示すため, 国際的に行われる)

may·flow·er /méiflàuər メイフラウア/ 名 《**the Mayflower**》メイフラワー号 ⇨ **Puritan**, **Pilgrim Fathers**

ma·yo /méiou メイオウ/ 名 《米》《口語》(= mayonnaise)

may·on·naise /mèiənéiz メイアネイズ/ 名 U マヨネーズ (×*a* をつけず, 複数形にしない)

may·or B1 高 /méiər メイア | méə メア/ 名 (複 **mayors** /méiərz/) C 市長; 町長

may·or·al /méiərəl メイヨラル/ 形 市長の

May·pole, may·pole /méipòul メイポウル/ 名 C 五月柱 (◆May Day (五月祭)にこの柱のまわりを踊る)

Máy quèen 名 C 五月女王 (◆May Day (五月祭)に女王として選ばれる少女)

maze /méiz メイズ/ (発音 maize と同音) 名 C 迷路; 混乱; 当惑, 困惑
— 動 他 当惑させる

M.B.A. 《略》 Master of Business Administration 経営学修士(号取得者)

MC 《略》 master of ceremonies 司会者; Member of Congress (米国の)国会議員

Mc·Kin·ley /məkínli マキンリ/ 名 《**Mount** [**Mt.**] **McKinley**》マッキンリー山 (◆アラスカ中央部にある山で, 北米大陸でいちばん高い(6,200m))

MD 《略》 Maryland メリーランド(州)

ME 《略》 Maine メイン(州)

me A1 中

/《弱》mi ミ; 《強》míː ミー/ 代 私を, 私に; 私 (❗I の目的格; us は「私たちを[に]」) ⇨**I**[2] • Help **me**! 助けて

• Look at **me**! 私を見なさい (❗前置詞のあとでは目的格を使う)

会話 "Who is it?" "It's **me**." 「だれですか」「私です」(❗《口語》では be動詞のあと

ではIではなくmeを使うのがふつう)

mead·ow /médou メドウ/ (×ミードウ) 名 (複 **meadows** /médouz/) U C 牧草地, 草地; 牧場

mea·ger, 《英》 **mea·gre** /mí:gər ミーガ/ 形 やせた; 貧弱な, 乏しい

meal[1] A1 中

/mí:l ミール/ 名 (複 **meals** /mí:lz/) C (一回の)食事; 1食分

- a light **meal** 軽い食事
- a big **meal** たっぷりした食事
- **fix** [**prepare**] a **meal** 食事の準備をする
- **have** [**eat**] a **meal** 食事をする

関連語〉 単語力

breakfast 朝食
lunch 昼食
supper 夕食
dinner ディナー(❗その日の中心となる食事でふつうは夕食)
brunch ブランチ(❗朝食と昼食を兼ねた食事)
snack 軽食
picnic ピクニック(での食事)
buffet 立食(パーティー)

meal[2] /mí:l ミール/ 名 U (穀類の)ひき割り, あらびき粉

meal·time /mí:ltàim ミールタイム/ 名 U C 食事時間

mean[1] A1 中

/mí:n ミーン/ 動 (三単現 **means** /mí:nz/; 過去・過分 **meant** /mént/; 現分 **meaning**) 他

共通イメージ A means B = AはBという意味

意味マップ
❶(ことば・物事が)意味する
❷…のことを言う; 本気で言う[思う]
❸…するつもりである
❹(ある結果を)引き起こす
❺…の価値[意義]がある

❶(ことば・物事が) **意味する, …の意味である** (❗「意味する」という状態をいうのでふつう進行形 (×meaning) にしない; meaningは「意味」という名詞(見出し語)になるので注意)

会話 "What does 'hana' **mean**?" "It **means** 'flower' or 'nose.'" 「『ハナ』というのはどういう意味ですか」「それはflower(花)かnose(鼻)の意味です」

- What **is meant by** this word? このことばはどういう意味ですか (←このことばで何が意味されますか)

文型 [**mean** (**that**) ...] …ということを意味する

- A red light **means** "stop" [(**that**) you have to stop]. 赤信号は止まれを意味する (❗meansは三人称単数現在形; 同形で「方法, 手段」の意味の名詞(見出し語)があるから注意)

❷(人が) **…のことを言う,** 〔…のつもりで〕言う 《*as*》; 本気で言う[思う]

- [CAN-DO Tips 理解を確認する] What do you **mean**? どういうこと?
- I **meant** it **as** a joke. それは冗談のつもりで言ったのです

会話 "Which dictionary do you **mean**?" "I **mean** that dictionary with the red cover." 「どの辞書のことを言っているのですか」「あの赤い表紙の辞書のことです」

- I know what you **mean**. わかります, 同感です

文型 [**mean A by B**] BでAを言おうとする, BはAのことである

- **What do you mean by that**? それはどういうつもり(で言ったの)ですか (❗相手の真意を問う表現)

文型 [**mean** (**that**) ...] …というつもりで言う (❗thatは省略されることが多い)

- Do you **mean** you want me to do it

now? 今やれということでしょうか?

❸ 文型 [**mean to** *do*] …するつもりである

• He **meant to** *go*, but he changed his mind. 彼は行くつもりだったが気が変わった

• I've been **meaning to** *ask* you… ずっと聞こうと思っていたんだけど…

文型 [**mean** (**for**) **A to** *do*] Aに…させるつもりである (❗for を用いるのは《米》《口語》)

• I didn't **mean** (**for**) you **to** *go*. 君に行かせるつもりはなかった

❹ (ある結果を)引き起こす,〔…する[…という]ことを〕もたらす《*doing, that*…》

❺〔…にとって〕…の価値[意義]がある《*to*》

• **mean** something [nothing] to A Aにとって何かしら意味がある[何の意味もない]

be meant to *do* …することになっている,…するべきである;…するためのものである

I mean 《挿入的に》つまりその (❗補足); そうでなく (❗言い間違いの訂正)

> CAN-DO Tips› 言い直す
> **I mean…** という表現を使うと,言い間違えたときなどに言い直すことができるようになります

• He plays baseball, **I mean** soccer. 彼は野球,じゃなくて,サッカーをします

I mean it. 本気で言ってるんだ

mean *A* ***for*** *B* A(物)をB(人)に与えるつもりである; AをB(用途など)にあてる

mean well 悪意のない,善意でする

使えるコーパスフレーズ

頻出会話フレーズ

(**1**) I *mean* … つまり… (❗話を補足する時に使う)

(**2**) You know what I *mean*? わかるでしょう?

(**3**) What do you *mean* (by that)? (それは)どういう意味ですか?

コーパス この順番でマスター

mean の重要構文

(**1**) *mean*+that節

(**2**) *mean*+名詞

(**3**) be *meant* to do, *mean* to do

(**4**) *mean*+doing

(**5**) *mean*+wh節・句

> ワンポイント・アドバイス›
> mean は「意味する,意図する」という意味で,自分の言いたいことを I mean … と言ってはっきりさせるような時に使ったり,What do you mean? と相手の言いたいことを確認したりする際に便利な表現.コーパスで調べてみると,mean はほとんどが現在形で用いられる

mean[2] A2

/míːn ミーン/

形 (比較級 **meaner**; 最上級 **meanest**)

❶ (人に対して)意地悪な,残忍な《*to*》

• The boy was **mean to** his little sister. その男の子は妹に意地悪だった

❷《おもに英》けちな

• Don't be **mean** with the tip. チップをけちるな

❸《**a mean**》《口語》とてもよい,すごい

mean[3] B2 /míːn ミーン/ 形 (両端の)中間の; 平均の

— 名 C 中間,中庸(ちゅうよう); 平均

me·an·der /miǽndər ミアンダ/ 動 自 《文章》(川などが)曲がりくねる; 当てもなくさまよう; とりとめなく話す

mean·ing A2 中

/míːniŋ ミーニング/ 名 (複 **meanings** /míːniŋz/) U C 意味; 意義

• What is the **meaning** of this word? この語の意味は何ですか[何という意味か] (=What does this word mean?)

— 形 意味ありげな (❗名詞の前に用いる)

— 動 mean[1]の現在分詞・動名詞

派生 **meaningful** 形

mean·ing·ful B1 /míːniŋfəl ミーニングフル/ 形 意味のある,意味深長な (↔ **meaningless**)

派生 **meaning** 名

méaningfully 副 いわくありげに

mean·ing·less /míːniŋləs ミーニングレス/

形 意味のない, 無意味な (↔meaningful); 目的のない
méaninglessly 副 無意味に; 目的もなく

means B2 高 /míːnz ミーンズ/ 名 (複 **means**) ❶ C 方法, 手段 (! この形で単数形としても使う; mean (意味する)の三人称単数現在形と混同しないこと)
• There is [are] no **means of** getting in contact with him. 彼と連絡を取る方法がない
• I bought a bicycle **as a means of** going to school. 私は通学の手段として自転車を買った
❷ 資力, 財産, 富 (=wealth) (! 複数扱い)
— 動 mean[1]の三人称単数現在形
by all means ①《返事に使って》もちろん, どうぞどうぞ
② 必ず, きっと (=without fail)
by any means どうしても(…ない) (! 否定文に用いる)
by means of ... …によって, …で
by no means 決して…ない (=never)
by some means なんとかして; なんらかの手段で
live within [***beyond***] ***one's means*** 身分相応[不相応]な暮らしをする

meant /mént メント/ (×ミーント) 動 mean[1]の過去形・過去分詞

mean·time /míːntàim ミーンタイム/ 名 U その間(の時間), 合い間
in the meantime そうするうちに, その間に
— 副 そうするうちに, その間に; さて話は変わって, 一方

mean·while B1 /míːn*h*wàil ミーン(ホ)ワイル/ 副 その間に; 一方では
— 名 U (=meantime)

mea·sles /míːzlz ミーズルズ/ 名 《単数扱い》《医学》はしか, 麻疹(ましん)

mea·sly /míːzli ミーズリ/ 形 (比較級 **measlier**; 最上級 **measliest**) はしかの; 《口語》わずかな, ちっぽけな

meas·ur·a·ble /méʒərəbl メジャラブル/ 形 測れる; かなりの
méasurably 副 目に見えて

meas·ure B1 高 /méʒər メジャ/ (×ミーチャ) 名 (複 **measures** /méʒərz/)
❶ C 《ふつう **measures**》 対策, 手段, 処置
• The government **took measures to** stop inflation. 政府はインフレを抑えるための対策をとった
❷《単数形で》《文章》程度
❸ U 寸法, 大きさ, 量 (! 長さ・面積・体積・重さに用いる)
❹ U 測定法; C 測定
❺ C 計量器具 《♦ものさし・ます・はかり・計量カップなど》
beyond measure かなり, 極端に
for good measure おまけに, その上
in (***a***) ***great*** [***large***] ***measure*** 大いに
in a [***some***] ***measure*** 《文章》多少, ある程度
take [***get***] *one's* ***measure*** 人の能力[性格]を評価する
— 動 (三単現 **measures** /méʒərz/; 過去・過分 **measured** /méʒərd/; 現分 **measuring** /méʒəriŋ/) 他自 (長さや量などを)測る; 自 寸法[大きさ]が…ある; 他 評価する
派生 **measurement** 名

meas·ured /méʒərd メジャド/ 形 正確に測った; 慎重な, 考慮した

meas·ure·ment B1 /méʒərmənt メジャメント/ 名 (複 **measurements** /méʒərmənts メジャメンツ/)
❶ C 《ふつう **measurements**》 寸法, 大きさ, 量

参考› 測定単位
英国ではメートル法 (metric system) の単位が使われつつあるが, 米国では一般にヤード・ポンド法の単位が使われる
inch インチ (≒2.5 centimeters)
foot フィート (≒30.5 centimeters)
yard ヤード (≒91.4 centimeters)
mile マイル (≒1.6 kilometers)

ounce オンス (≒28.3 grams)
pound ポンド (≒453 grams)
pint パイント (≒《米》0.5 liters, 《英》0.6 liters)
gallon ガロン (≒《米》3.8 liters, 《英》4.5 liters)

❷ U (長さ・量などの)測定

派生 **measure** 動

meat A1 中

/míːt ミート/ (発音 meet と同音) 名 U

❶ 食用肉; (果物などの)肉 (! fish (魚肉)を含まない)

• buy some **meat** いくらかの肉を買う (×meats としない)

コロケーション
形+**meat**
lean *meat* 脂肪の少ない肉
raw *meat* 生の肉
tender *meat* 柔らかい肉
tough *meat* かたい肉

❷ 要点, 内容

関連語〉　単語力
beef 牛肉 (! 牛は cow)
chicken 鶏肉 (! ニワトリも chicken)
lamb 子羊肉 (! 子羊も lamb)
mutton 羊肉 (! 羊は sheep)
pork 豚肉 (! ブタは pig)
veal 子牛肉 (! 子牛は calf)
bacon ベーコン
cut 切り身の肉
ham ハム
mince ひき肉
steak ステーキ(用の肉)

meat·ball /míːtbɔ̀ːl ミートボール/ 名 C 《料理》肉だんご, ミートボール

meat·loaf /míːtlòuf ミートローフ/ 名 U C 《料理》ミートローフ

meat·y /míːti ミーティ/ 形 (比較級 **meat-ier**; 最上級 **meatiest**) 肉の; 肉づきのいい; 内容の充実した

Mec·ca /mékə メカ/ 名 ❶ メッカ, マッカ《♦サウジアラビアの都市でムハンマド (Muhammad) の生誕地; イスラム最大の聖地として世界中の巡礼者が訪れる》
❷《mecca》多くの人の訪れる所, メッカ, あこがれの土地

me·chan·ic B1 /mikǽnik ミキャニク/ (×メカニック) 名 (複 **mechanics** /mikǽn-iks/) C 機械(修理)工

me·chan·i·cal B1 高 /mikǽnikəl ミキャニカル/ 形 ❶ 機械の, 機械で動く
❷ (返答・行動などが)機械的な

派生 **machine** 名
mechánically 副 機械の力で; 機械的に, 無意識に

mechánical péncil 名 C 《米》シャープペンシル (=《英》propelling pencil) (! 「シャープペンシル」は和製英語で ×sharp pencil とはいわない)

me·chan·ics /mikǽniks ミカニクス/ 名
❶《単数扱い》力学, 機械学
❷《複数扱い》(機械の)部分; 技巧

mech·a·nism 高 /mékənìzm メカニズム/ 名 C ❶ 機械装置 ❷ 機構, 構造, しくみ, メカニズム, 方法

mech·a·nize B2 /mékənàiz メカナイズ/ 動 他 機械化する

med·al A2 高

/médl メドル/ (発音 meddle と同音)
名 (複 **medals** /médlz/) C
メダル, 勲章(くんしょう)

med·al·ist /médlist メドリスト/ 名 C メダリスト, メダル受領者

me·dal·lion /mədǽljən メダリョン/ 名 C (ネックレスにつるす)大型メダル

med·dle /médl メドル/ (発音 medal と同音) 動 自 〔…を〕いじる《*with*》; 〔…に〕おせっかいをする, 干渉する《*in*》

med·dler /médlər メドラ/ 名 C おせっかい屋

med·dle·some /médlsəm メドルサム/ 形 おせっかいな

me·di·a B2 高 /míːdiə ミーディア/ 名 《**the media**》マスコミ, マスメディア (! medium の複数形)

me·di·an /míːdiən ミーディアン/ 形 中央の, 中間の; 中央値の; 中点の
━ 名 《米》(=median strip)

médian stríp 名 C 《米》(高速道路の)中央分離帯

me·di·ate /mí:dièit ミーディエイト/ 動 他 (紛争・論争などを)調停する, 和解させる; 自〔…の間の〕仲介[仲裁]をする《*between*》

me·di·a·tion /mì:diéiʃən ミーディエイション/ 名 U 《文章》調停, 仲裁

me·di·a·tor /mí:dièitər ミーディエイタ/ 名 C 調停者, 仲裁者

med·ic /médik メディク/ 名 C 《口語》医師; 医学生; 《米》衛生兵

Med·i·caid /médikèid メディケイド/ 名 U 《米》(低所得者への)医療扶助制度

med·i·cal A2 高
/médikəl メディカル/ 形
医学の, 医療の, 医薬の; 内科の
• **medical** school 医学部, 医科大学
— 名 C 健康診断 派生 **medicine** 名

Med·i·care /médikèər メディケア/ 名 U 《米》高齢者医療保険制度

med·i·cate /médəkèit メディケイト/ 動 他 薬で治療する; 薬を混ぜる[添加する]

med·i·cat·ed /médəkèitəd メディケイテド/ 形 薬を含んだ, 薬用の

med·i·ca·tion B2 /mèdəkéiʃən メディケイション/ 名 U 投薬, 薬物治療; U C 薬物

me·dic·i·nal /mədísənəl メディスィナル/ 形 薬効のある, 薬用の

med·i·cine A1 中
/médəsən メディスィン/
名 (複 **medicines** /médəsənz/)
❶ U C 薬, 医薬 (❗特に内服薬をいう) ⇨**pill**
• (an) effective **medicine** 効き目のある薬
• Sleep is the best **medicine** for a cold. 睡眠は何よりのかぜ薬だ
• **Take** this **medicine** twice a day. この薬を1日2回飲んでください
❷ U 医学
派生 **medical** 形

me·di·e·val B2 /mì:dií:vəl ミーディイーヴァル/ 形 中世の, 中世風の

me·di·o·cre B2 /mì:dióukər ミーディオウカ/ 形 並みの, 平凡な; あまりよくない

me·di·oc·ri·ty /mì:diákrəti ミーディアクリティ/ 名 (複 **mediocrities** /mì:diákrətiz/) U 月並み, 平凡; C 平凡な人

med·i·tate B1 /médətèit メディテイト/ 動 (三単現 **meditates** /médətèits メディテイツ/; 過去・過分 **meditated** /médətèitəd/; 現分 **meditating**) 自 他 瞑想(めいそう)する, 深く考える, 沈思黙考(ちんしもっこう)する; 他 企(くわだ)てる

med·i·ta·tion B1 /mèdətéiʃən メディテイション/ 名 U 瞑想(めいそう), 黙想; 熟慮

med·i·ta·tive /médətèitiv メディテイティヴ/ 形 瞑想(めいそう)にふけった, 考え込んだ

Med·i·ter·ra·ne·an B1 /mèdətəréiniən メディタレイニアン/ 名 《**the Mediterranean**》地中海
— 形 地中海の

Mediterránean Séa 名 《**the** をつけて》地中海

me·di·um B1 高 /mí:diəm ミーディアム/ 名 (複 **mediums** /mí:diəmz/, **media** /mí:diə/) C ❶ 媒体(ばいたい), 媒介(物); メディア; 手段, 方法 (=means)
• mass **media** マスメディア
❷ 《**mediums**》霊媒(れいばい)師
❸ 中間
❹ (生物の)生息場所, 生活の環境
— 形 中ぐらいの, 並みの, ふつうの

me·di·um-sized /mí:diəmsàizd ミーディアムサイズド/ 形 中型の; 中ぐらいの大きさの; Mサイズの

med·ley /médli メドリ/ 名 (複 **medleys** /médliz/) C 寄せ集め; 《音楽》混成曲, メドレー

meek /mí:k ミーク/ 形 (比較級 **meeker**; 最上級 **meekest**) おとなしい, 柔和な

meer·kat /míərkæt ミアキャト/ 名 C 《動物》ミーアキャット《◆南アフリカなどに生息するマングースの一種》

meet A1 中
/mí:t ミート/ (発音 meat と同音)
動 (三単現 **meets** /mí:ts ミーツ/; 過去・過分 **met** /mét/; 現分 **meeting**)

❶ 他自 会う, 出会う; (人と)知り合う; 会合する, 集まる; (道などが)合流する
• **meet** her here 彼女にここで会う
• [CAN-DO Tips あいさつする]
I am glad [happy] to **meet** you. お会いできてうれしいです (! 初対面のあいさつ)
会話 [CAN-DO Tips あいさつする]
"Harry, this is Mr. Brown." "**Nice to meet you.**" "Nice to meet you, too." 「ハリー, こちらがブラウンさんです」「はじめまして」「はじめまして」
• I **met** him at the station yesterday. 私はきのう駅で彼に会った
• Let's **meet** in the park at 3 o'clock. 公園で3時に会いましょう
• The committee **meets** once a week after school. 委員会は週に1回放課後に集まる[開かれる]
• Our eyes **met**. 私たち2人の目が合った
❷ 他 出迎える (↔**see off**)
• I am going to **meet** Mr. Green at the airport. 私は空港でグリーン氏を出迎えるつもりです
❸ 他 (要求・希望などに)応じる, 満たす
• I'm sorry we cannot **meet** your demands. 残念ながら私たちはあなたの要求に応じることはできません
• It didn't **meet** our expectations. それは期待はずれだった
❹ 他 対抗する, 立ち向かう; 対処する
meet up with ... …と偶然会う
meet with ... (困難など)に出会う, でくわす; 《米》(約束して人)と会う
— 名 (複 **meets** /míːts ミーツ/) C 《米》(競技などの)大会 (=《英》meeting)
• an athletic **meet** 運動会, 競技会

meet·ing A1 中

/míːtiŋ ミーティング/
名 (複 **meetings** /míːtiŋz/) C
❶ 会うこと; 集会, 集まり, 会 (! 公式・非公式や会の規模を問わず, 「集まり」を意味するもっとも一般的な語; 社交を目的としたうちわの集まりには gathering, 計画的組織的な集会には assembly を用いる)
• **hold** [**have**] a **meeting** 会を開く

コロケーション
形+meeting
a closed *meeting* 非公開の会議
an emergency *meeting* 緊急会議
an open [a public] *meeting* 公開の会議
a private *meeting* 私的な会議
a secret *meeting* 秘密会議
動+**meeting**
arrange a *meeting* 会議を準備する
attend a *meeting* 会議に出席する
call [cancel] a *meeting* 会議を招集[中止]する

❷ 《英》競技会 (=《米》meet)
— 動 meet の現在分詞・動名詞

Meg /még メグ/ 名 メグ 《♦女性名; Margaret の愛称》

mega- 《他の語と結びついて》
❶「大」 ❷「100万」

meg·a·byte /mégəbàit メガバイト/ 名 C 《コンピュータ》メガバイト 《♦情報量の単位; 約100万バイト》

meg·a·hertz /mégəhə̀ːrts メガハーツ/ 名 (複 **megahertz**) C 《物理》メガヘルツ 《♦周波数の単位》

meg·a·phone /mégəfòun メガフォウン/ 名 C メガホン

meg·a·ton /mégətʌ̀n メガタン/ 名 C 《物理》メガトン 《♦重さの単位; 100万トン》

meg·a·watt /mégəwɑ̀t メガワト/ 名 C 《電気》メガワット 《♦電力の単位; 100万ワット; 略 MW, Mw》

Me·kong /mèikɑ́ŋ メイカング/ 名 《**the** をつけて》メコン川 《♦インドシナ半島を流れる東南アジア最大の川》

mel·an·chol·y /mélənkɑ̀li メランカリ/ (×メランコリ) 名 U 《心理》ゆううつ(症), ふさぎこみ
— 形 ゆううつな, 陰気な, (物)悲しい

Mel·bourne /mélbərn メルバン/ 名 メルボルン 《♦オーストラリア南東部の港湾都市》

me·lee /méilei メイレイ/ 名 C 《ふつう単数形で》乱闘; 押し合い, 雑踏

mel·low /mélou メロウ/ 形 (比較級 **mellower, more mellow**; 最上級 **mellow-**

est, most mellow) 熟して甘い, 芳醇な; 円熟した
—動他 熟させる; 自 熟す
méllowly 副 熟すように
méllowness 名U 熟成

me·lod·ic /məlɑ́dik メラディク/ 形 旋律(的)の; 旋律の美しい

me·lo·di·ous /məlóudiəs メロウディアス/ 形 (音・声などが)音色の美しい, 旋律的な

mel·o·dra·ma /mélədrɑ̀:mə メロドラーマ/ 名UC メロドラマ(的事件)

mel·o·dra·mat·ic /mèlədrəmǽtik メロドラマティク/ 形 メロドラマの; 芝居がかった

mel·o·dy B2 高 /mélədi メロディ/ 名 (複 **melodies** /mélədiz/) C 《音楽》旋律, メロディー; UC 美しい調べ

mel·on A2

/mélən メロン/ 名 (複 **melons** /mélənz/) C 《植物》メロン

melt B1 中 /mélt メルト/ 動 (三単現 **melts** /mélts メルツ/; 過去・過分 **melted** /méltəd/; 現分 **melting**)
❶ 自 とける; (心が)やわらぐ
❷ 他 とかす; (心を)やわらげる
melt away とけてなくなる
melt down (金属などを熱して)とかす, 溶解させる, 鋳(い)つぶす

melt·down /méltdàun メルトダウン/ 名UC (原子炉の)炉心溶解

melt·ing /méltiŋ メルティング/ 形 (声が)やさしい; ほろりとさせる, 哀れを誘う

mélting pòint 名C 《the をつけて》《物理》(固体の)融点, 融解点 ⇨boiling point, freezing point

mélting pòt 名C るつぼ; (人種などの)るつぼ

mem·ber A2 中

/mémbər メンバ/
名 (複 **members** /mémbərz/) C
❶ (団体・クラブなどの)一員, 構成員; 会員, メンバー
• a **member** of a family = a family **member** 家族の一人
• the **member** states [nations] of the United Nations 国連加盟国
❷ 政党支部; 下院議員

mem·ber·ship B1 /mémbərʃìp メンバシプ/ 名 (複 **memberships** /mémbərʃips/) ❶ U グループのメンバーであること; 会員資格
❷ C 《集合的》全会員(数)

mem·brane /mémbrein メンブレイン/ 名 C 《解剖》膜, 皮膜; U 膜組織

me·men·to /məméntou メメントウ/ 名 (複 **mementoes**, **mementos** /məméntouz/) C 記念物; 形見; 警告となるもの

mem·o /mémou メモウ/ 名 (複 **memos** /mémouz/) C 《口語》メモ (❗memorandum の省略形)

mem·oir /mémwɑ:r メムワー/ 名 《**memoirs**》回顧録, 自叙伝; C 《文章》(友人などによる)追想録, 伝記

mem·o·ra·ble B1 /mémərəbl メモラブル/ 形 記憶すべき, 忘れられない; 顕著(けんちょ)な; 覚えやすい
派生 **memory** 名

mem·o·ran·da /mèmərǽndə メモランダ/ 名 memorandum の複数形

mem·o·ran·dum /mèmərǽndəm メモランダム/ 名 (複 **memorandums** /mèmərǽndəmz/, **memoranda** /mèmərǽndə/) C メモ, 覚え書

me·mo·ri·al B2 /məmɔ́:riəl メモーリアル/ (×メモリアル) 名C (事件・人を)記念する物, 記念碑, 記念堂
—形 記念の; 追悼の

Memórial Dày 名 《米》戦没者追悼記念日 (◆多くの州で5月の最終月曜日; Decoration Day ともいう)

me·mo·ri·al·ize /məmɔ́:riəlàiz メモーリアライズ/ 動他 記念する

mem·o·ri·za·tion 高 /mèmərizéiʃən メモリゼイション/ 名U 記憶, 暗記

mem·o·rize B1 高 /méməràiz メモライズ/ 動 (三単現 **memorizes** /méməràizəz/; 過去・過分 **memorized** /méməràizd/; 現分 **memorizing**) 他

記憶する, 暗記する (=learn by heart)
派生 **memory** 名

mem·o·ry A1 中
/mémәri メモリ/
名 (複 **memories** /mémәriz/)
❶ U 記憶; C 記憶力
• tell a story **from memory** 記憶を頼りにいきさつを話す
• He has a **good memory for** faces. 彼は人の顔をよく覚えている
• have a poor [bad] **memory** 記憶力が悪い
❷ C 思い出 (! ふつう memories)

コロケーション
形+**memory**
bitter *memories* つらい思い出
dim *memories* ぼんやりとした思い出
pleasant *memories* 楽しい思い出
sad *memories* 悲しい思い出
unpleasant *memories* いやな思い出

❸ U C 《コンピュータ》記憶装置, メモリー
commit A to memory Aを暗記する
in memory of ... …の記念に, …をしのんで
• Eric Clapton's "Tears in Heaven" was recorded **in memory of** his son. エリック・クラプトンの "Tears in Heaven" は自分の息子をしのんで録音された
派生 **memorize** 動
派生 **memorable** 形

men /mén メン/ 名 man の複数形

men·ace /ménәs メナス/ 名 U C 脅迫; 脅し ―動 他 脅す; 脅威を与える

men·ac·ing /ménәsiŋ メナスィング/ 形 脅す(ような); 不気味な

me·nag·er·ie /mәnǽdʒәri メナヂェリ/ 名 C 《集合的》(見せ物用の)野生動物; 巡回動物園

mend B1 /ménd メンド/ 動 (三単現 **mends** /méndz メンヅ/; 過去·過分 **mended** /méndәd/; 現分 **mending**)
❶ 他 (小さい物を)直す, (衣服のほころび)を繕(つく)ろう, 修理する (=fix); (行いなどを)改める ⇨**repair**
• **mend** a broken chair こわれたいすを修理する
• I had my watch **mended**. 私は時計を直してもらった (! have+A+過去分詞は「Aを…してもらう」)
❷ 自 (病人などが)回復していく, よくなっていく; 改心する
―名 U 修理; C 修理したところ
on the mend (病人などが)快方に向かう

me·ni·al /míːniәl ミーニアル/ 形 (仕事が)つまらない, 単純労働の

men·in·gi·tis /mènәndʒáitәs メニンヂャイティス/ 名 U 《医学》髄膜(ずいまく)炎

men·o·pause /ménәpɔ̀ːz メノポーズ/ 名 U 《医学》月経閉止(期), 更年期 (=change of life)

men·ses /ménsiːz メンスィーズ/ 名 《単数・複数扱い》《医学》月経

mén's ròom 名 C 《米》《ふつう the をつけて》(ホテル・ビルなどの)男性用トイレ (=《英》《口語》Gents)

men·stru·al /ménstruәl メンストルアル/ 形 月経の

men·stru·ate /ménstruèit メンストルエイト/ 動 自 月経がある

men·stru·a·tion /mènstruéiʃәn メンストルエイション/ 名 U 月経; C 月経期間

-ment 接尾 「動作」「結果」「状態」など (! 動詞につけて名詞をつくる)

men·tal B1 高 /méntl メンタル/ 形
❶ 精神の, 心の; 知能の (↔**physical**)
• **mental** illness 精神的な病
• **mental** state 精神状態
• He's old, but his **mental** abilities are still strong. 彼は高齢だが, 精神的にはまだしっかりしている
❷ 精神病の
❸ 《文章》頭のおかしい (=mad)
派生 **mentality**, **mind** 名

men·tal·i·ty /mentǽlәti メンタリティ/ 名 (複 **mentalities** /mentǽlәtiz/) U 知力, 知性; C 心的傾向, 精神状態
派生 **mental** 形

men·tal·ly B1 高 /méntəli メンタリ/ 副 精神的に (⇔**physically**); 知(能)的に

men·thol /ménθɔ:l メンソール/ 名 U 《生化学》メントール; ハッカ

men·tion A2 高

/ménʃən メンション/ 名 (複 **mentions** /ménʃənz/) U 言及すること; C 《ふつう単数形で》言及, 記載; C 《ふつう単数形で》《口語》表彰

— 動 (三単現 **mentions** /ménʃənz/; 過去·過分 **mentioned** /ménʃənd/; 現分 **mentioning**) 他 …のことを言う, …のことをちょっと話に出す; (名前などを)あげる, 言及する

- He didn't **mention** his son. 彼は自分の息子のことは言わなかった (×mention about his son としない)
- Don't **mention** it **to** anyone else. ほかの人にはそれを言わないでくれ

文型 [**mention that ...**] …と言う

- He **mentioned that** he was able to do it. 彼は自分がそれをやれると言った

Don't mention it. どういたしまして, そんなことは(気にしなくても)いいですよ (=You are welcome., Not at all.)

not to mention ... = without mentioning ... …は言うまでもなく

men·tor B2 /méntɔ:r メントー, méntər メンタ/ 名 C 《文章》優れた指導者, 師

men·u A2 中

/ménju: メニュー/

名 (複 **menus** /ménju:z/) C

❶ 献立表, メニュー; (献立表にある)料理

- I'd like to see the **menu**, please. メニューを見せてください
- What's on the **menu** today? きょうのメニューは何ですか?

❷ (コンピュータのディスプレイ上の)機能選択リスト

me·ow /miáu ミアウ/ 名 C ニャー (❗ネコの鳴き声; miaow ともつづる)

— 動 自 (ネコが)ニャーと鳴く

mer·ce·nar·y /mə́:rsənèri マーサネリ/ 形 金目当ての, 欲得ずくの; (兵士が)雇われた

— 名 C (複 **mercenaries** /mə́:rsənèriz/) (外国軍隊の)雇い兵, 傭兵(ようへい)

mer·chan·dise B2 /mə́:rtʃəndàiz マーチャンダイズ/ 名 U 《集合的》商品 (=goods)

mer·chan·dis·ing /mə́:rtʃəndàiziŋ マーチャンダイズィング/ 名 U 商品化計画; (映画·音楽グループなどの)キャラクター商品

mer·chant B1 /mə́:rtʃənt マーチャント/ 名 (複 **merchants** /mə́:rtʃənts マーチャンツ/) C ❶ 商人; 商店主; 《英》貿易商

- a **merchant** of death (武器を製造販売する)死の商人

❷ 《形容詞的》商業の; 貿易の; 商人の

mer·ci·ful /mə́:rsifəl マースィフル/ 形 慈悲深い, 寛大な (⇔**merciless**)

派生 **mercy** 名

mércifully 副 幸い(にも)

mer·ci·less /mə́:rsiləs マースィレス/ 形 無慈悲な, 残酷な, 非情な (⇔**merciful**) 派生 **mercy** 名

mércilessly 副 情け容赦なく

Mer·cu·ry /mə́:rkjuri マーキュリ/ 名 ❶ 《ローマ神話》マーキュリー (♦商業·交通などの神) ❷ 《天文》水星

mer·cu·ry /mə́:rkjəri マーキュリ/ 名 U ❶ 水銀 ❷ 《**the mercury**》(温度計などの)水銀柱

mer·cy B2 /mə́:rsi マースィ/ 名 (複 **mercies** /mə́:rsiz/) U 慈悲, 目こぼし; C 情け深い行為

at the mercy of ... …のなすがままになって

派生 **merciful**, **merciless** 形

mércy kìlling 名 U 安楽死

mere B1 /míər ミア/ 形 (最上級 **merest**) (❗比較級はない; 最上級は強調する場合などに用いられる) 単なる, とるに足りない, ただの (❗名詞の前に用いる)

mere·ly B1 /míərli ミアリ/ 副 ただ単に

- He was **merely** joking. 彼は単に冗談を言っていただけだ
- He is **merely** a friend. 彼はただの友達

よ

not merely A but also B Aばかりでなく Bもまた (=not only *A* but also *B*)

merge B2 /mə́ːrdʒ マーヂ/ 動

❶ 他 合併させる; とけ込ませる

❷ 自 合併する; とけ込む

merg·er B2 /mə́ːrdʒər マーヂャ/ 名 U C (会社の)合併

merger and acquisition (企業の)合併吸収 (❗M&Aと略す)

me·ringue /məræ̃ŋ メラング/ 名 U C 《料理》 メレンゲ 《◆砂糖・卵白を混ぜて軽く焼いたもの》; メレンゲ菓子

mer·it /mérət メリト/ 名 U 価値; C すぐれた点, 長所 (↔**fault**); C 真価

• We discussed the **merits** of his plan. 私たちは彼の計画の利点について話し合った

― 動 他 値(あたい)する, 受ける価値がある

mer·i·to·ri·ous /mèrətɔ́ːriəs メリトーリアス/ 形 価値のある, 称賛に値する

mer·maid /mə́ːrmèid マーメイド/ 名 C 人魚 《◆童話に出てくる腰から下は魚の形をした美女》

mer·ri·ly /mérili メリリ/ 副 楽しく, ゆかいに

mer·ri·ment /mérimənt メリメント/ 名 U 陽気に騒ぐこと; おもしろさ

mer·ry A1

/méri メリ/ 形 (比較級 **merrier**; 最上級 **merriest**) 楽しい; ゆかいな, 陽気な気持ちにさせる

make merry 陽気に遊ぶ, (食べたり飲んだりして)浮かれさわぐ

mer·ry-go-round /mérigouràund メリゴウラウンド/ 名 C 回転木馬, メリーゴーラウンド

mes·dames /meidɑ́ːm メイダーム/ 名 madam の複数形

mesh /méʃ メシュ/ 名 C (ふるいなどの)目, 網目; U C 網目状の織物

mes·mer·ize /mézmərὰiz メズメライズ/ 動 他 魅惑する, うっとりさせる

mess B1 /més メス/ 名 (複 **messes** /mésəz/)

❶ 《単数形で》 取り散らかった状態, 混乱(状態); C 困った立場

• My room is (in) a **mess** now. 私の部屋はいま散らかっている (=My room is messy now.)

❷ U 《ときに **a mess**》 汚いもの; 散乱したもの

❸ C (軍隊などの)食事仲間; U C (仲間とともに食べる)食事, 会食

make a mess of... …をしくじる, だいなしにする

― 動 (三単現 **messes** /mésəz/; 過去・過分 **messed** /mést/; 現分 **messing**) 他 乱雑にする, 散らかす 《*up*》; だいなしにする 《*up*》

mess around ぶらぶらして過ごす; ばかげたことをする

mess around [《英》 ***about***] ***with*** *A* 《口語》 A(仕事など)を気まぐれにちょっとやる

mess with [***in***] *A* 《口語》 Aにおせっかいを焼く, 干渉する

派生 **messy** 形

mes·sage A1 中

/mésidʒ メスィヂ/

名 (複 **messages** /mésidʒəz/) C

❶ 伝言, ことづて, メッセージ

• a **message from** [**to**] her 彼女から[へ]のメッセージ

• Please **leave a message** on my answering machine. 留守番電話にメッセージを入れておいてください

コロケーション

形+**message**

an important *message* 重要な伝言

an urgent *message* 緊急の伝言

an e-mail *message* Eメールでのメッセージ

動+**message**

get [receive] a *message* 伝言を受ける

send a *message* 伝言を送る

give [deliver] a *message* 伝言を伝える

❷ (映画・書物・演説などの)趣旨, メッセージ

a b c d e f g h i j k l m n o p q r s t u v w x y z

get the message 《口語》(人の言動の)真意をつかむ

— 動 他 (情報などを)伝達する; 伝言として送る

mes·sen·ger B2 /mésəndʒər メセンヂャ/ 名 (複 **messengers** /mésəndʒərz/) C 使者; 電報配達人; 使い走り(の人); 遺伝情報を伝える物質

Mes·si·ah /məsáiə メサイア/ 名 《**the Messiah**》 メシア 《♦ユダヤ教で神が遣わすとされる救い主》; (キリスト教徒の)救い主, キリスト; 《**messiah**》 C 救世主

Messrs., Messrs /mésərz メサズ/ 《略》 Mr., Mr の複数形 (! 2人以上の男性の名前の前や, 人名で始まる会社名につけ, あて名などに用いる)

mess·y B1 /mési メスィ/ 形 (比較級 **messier**; 最上級 **messiest**)
散らかった, ずさんな; (体などが)汚れる; やっかいな
派生 **mess** 名

met /mét メト/ 動 meetの過去形・過去分詞

met·a·bol·ic /mètəbálik メタバリク/ 形 新陳代謝[物質交代]の

me·tab·o·lism /mətǽbəlìzm メタボリズム/ 名 U (新陳)代謝, 物質交代

met·al A2 高

/métl メトル/ 名 (複 **metals** /métlz/) U C 金属

- Gold is one of the precious **metals**. 金は貴金属の一つだ

me·tal·lic /mətǽlik メタリク/ 形 金属の; (音色が)金属性の

met·al·lur·gy /métələ̀ːrdʒi メタラーヂ/ 名 U 冶金(やきん)(学, 術)

met·a·mor·pho·sis /mètəmɔ́ːrfəsəs メタモーフォスィス/ 名 (複 **metamorphoses** /mètəmɔ́ːrfəsìːz/) U C 《生物》 (昆虫などの)変態; 完全な変化, 大変貌

met·a·phor B2 /métəfɔ̀ːr メタフォー/ 名 U 隠喩(いんゆ), 暗喩(あんゆ) 《♦like, as などを用いない比喩; a heart of gold (やさしい心)のようなもの》

met·a·phor·i·cal /mètəfɔ́ːrikəl メタフォーリカル/ 形 隠喩の, 比喩的な

met·a·phys·i·cal /mètəfízikəl メタフィズィカル/ 形 《哲学》 形而(けいじ)上の; 形而上学の; きわめて抽象的な, 難解な

met·a·phys·ics /mètəfíziks メタフィズィクス/ 名 《単数扱い》 形而上学, 抽象論

mete /míːt ミート/ 動 他 《次の成句で》

mete out 《文章》 刑罰を課す

me·te·or /míːtiər ミーティア/ 名 C 流星; いん石 (! 地球に到達していないもの)

me·te·or·ic /mìːtiɔ́ːrik ミーティオーリク/ 形 流星の; 気象上の

me·te·or·ite /míːtiəràit ミーティアライト/ 名 C いん石 (! meteor が地球に落ちたもの)

me·te·or·ol·o·gist /mìːtiərálədʒist ミーティオラロヂスト/ 名 C 気象学者

me·te·or·ol·o·gy /mìːtiərálədʒi ミーティアラロヂ/ 名 U 気象学

me·ter[1] A2 中

/míːtər ミータ/ 名 (複 **meters** /míːtərz/) C 《米》 メートル (! メートル法の長さの単位; m. または m と略す)
派生 **metric** 形

me·ter[2] /míːtər ミータ/ 名 C 計量器, メーター; 計量する人

me·ter[3] /míːtər ミータ/ 名 U C (詩の)韻律, 格

meth·ane /méθein メセイン/ 名 U 《化学》 メタン

meth·od A2 高

/méθəd メソド/ 名 (複 **methods** /méθədz メソヅ/) C (体系的・科学的)方法, 方式; (考え・行動などの)筋道

- What is the cheapest **method of** travel? もっとも安上がりな旅の方法(手段)は何ですか?

コロケーション
形+**method**
an original *method* 独創的な方法
a traditional *method* 伝統的な方法
an up-to-date *method* 最新の方法

動+method
apply a *method* 方法を適用する
develop a *method* 方法を開発する

派生 **methodical** 形

me·thod·i·cal /məθɑ́dikəl メサディカル/ 形 秩序だった, 体系的な (=systematic) 派生 **method** 名

methódically 副 体系的に

Meth·od·ist /méθədist メソディスト/ 名 C メソジスト教徒

— 形 メソジスト教徒の

meth·o·dol·o·gy /mèθədɑ́lədʒi メソダロヂ/ 名 (複 **methodologies** /mèθədɑ́lədʒiz/) U C (科学・教育などの)方法論; C 方法

me·tic·u·lous /mətíkjələs メティキュラス/ 形 細心な, 念入りな; 細部まで気を配った

me·tre /míːtər ミータ/ 名 《英》 (=meter[1])

met·ric B2 /métrik メトリク/ 形 メートル法の

métric sỳstem 名 《the をつけて》 メートル法 《◆十進法の度量衡の単位》

métric tón 名 C メートルトン 《◆1,000キログラムに相当; 日本で使う「トン」のこと》

met·ro, Met·ro /métrou メトロウ/ 名 (複 **metros, Metros** /métrouz/) C 地下鉄 (=《米》 subway, 《英》 underground)

met·ro·nome /métrənòum メトロノウム/ 名 C 《音楽》 メトロノーム

me·trop·o·lis /mətrɑ́pəlis メトラポリス/ (×メトロポリス) 名 C (一国・一地方の)中心都市, 大都市; 首都 (=capital)

派生 **metropolitan** 形

met·ro·pol·i·tan /mètrəpɑ́litən メトロパリタン/ 形 首都の, 大都会の

— 名 C ❶ 大都会[主要都市]の住民; 都会人 ❷ 《キリスト教》 《しばしば **Metropolitan**》 (カトリック教会の)大司教, 大主教 派生 **metropolis** 名

met·tle /métl メトル/ 名 U 勇気, 気力; 気質, 気性

mew /mjúː ミュー/ 名 動 (=meow)

Mex·i·can /méksikən メクスィカン/ 形 メキシコ(人)の

— 名 C メキシコ人

Méxican-Américan 名 C メキシコ系アメリカ人

— 形 メキシコ系アメリカ人の

Mex·i·co /méksikòu メクスィコウ/ 名 メキシコ 《◆北アメリカ南端の連邦共和国; 首都メキシコ・シティー (Mexico City); 公用語はスペイン語》

mg 《略》 milligram(s) ミリグラム

MI 《略》 Michigan ミシガン(州)

Mi·am·i /maiǽmi マイアミ/ 名 マイアミ 《◆米国フロリダ州南端に近い大都市で保養地》

mi·aow /miáu ミアウ/ 名 動 (=meow)

mice /máis マイス/ 名 mouse の複数形

Mi·chael /máikəl マイケル/ 名 マイケル 《◆男性名》

Mich·i·gan /míʃigən ミシガン/ 名 ❶ ミシガン (❗米国中西部の州; Mich., (郵便で) MI と略す) ❷ 《**Lake Michigan**》 ミシガン湖 《◆五大湖 (the Great Lakes) の1つ》

Mick·ey, Mick·y /míki ミキ/ 名 ミッキー 《◆男性名; Michael の愛称》

Mick·ey Mouse /míki máus ミキ マウス/ 名 ミッキーマウス 《◆ディズニー漫画の主人公のネズミ》 ⇨**Donald Duck**

mi·crobe B2 /máikroub マイクロウブ/ 名 C 微生物; 細菌

mi·cro·bi·ol·o·gist /màikroubaiɑ́lədʒist マイクロウバイアロヂスト/ 名 C 微生物学者

mi·cro·bi·ol·o·gy /màikroubaiɑ́lədʒi マイクロウバイアロヂ/ 名 U 微生物学

mi·cro·chip /máikroutʃip マイクロウチプ/ 名 C 《電子工学》 マイクロチップ

mi·cro·com·put·er B2 /máikroukəmpjùːtər マイクロウコンピュータ/ 名 C 超小型コンピュータ, マイコン

mi·cro·cosm /máikrəkɑ̀zm マイクロカズム/ 名 C 小世界, 小宇宙; 縮図

mi·cro·cred·it /máikroukrèdət マイクロウクレディト/ 名 U 小口融資

mi·cro·fiche /máikrəfìːʃ マイクロフィー

シュ/ 名 (複 **microfiche**, **microfiches** /máikrəfìːʃəz/) CU マイクロフィッシュ《◆シート状になったマイクロフィルム》

mi·cro·film /máikrəfìlm マイクロフィルム/ 名CU マイクロフィルム
— 動 他 マイクロフィルムにとる

Mi·cro·ne·sia /màikrəníːʒə マイクロニージャ, màikrəníːʃə マイクロニーシャ/ 名
❶ ミクロネシア《◆西太平洋のマリアナ諸島, カロリン諸島などの総称》
❷ ミクロネシア連邦《◆西太平洋の島国; 首都パリキール(Palikir)》

mi·cro·or·gan·ism B2 /màikrouɔ́ːrgənìzm マイクロウオーガニズム/ 名C 微生物

mi·cro·phone B2 /máikrəfòun マイクロフォウン/ 名C マイクロフォン, マイク (=《口語》mike)

mi·cro·pro·ces·sor /máikrəprɑ̀sesər マイクロプラセサ/ 名C マイクロプロセッサー《◆コンピュータの中央演算処理装置部分》

mi·cro·scope B2 /máikrəskòup マイクロスコウプ/ 名 (複 **microscopes** /máikrəskòups/) C 顕微鏡

mi·cro·scop·ic B2 /màikrəskɑ́pik マイクロスカピク/ 形 微視的な (↔**macroscopic**); 顕微鏡による

mi·cro·wave B2 /máikrəwèiv マイクロウウェイヴ/ 名C 極超短波, マイクロ波
— 動 他 電子レンジで調理する[温める]

mícrowave òven 名C 電子レンジ

mid /míd ミド/ 形 中央の, 中間の; 中ごろの

mid- 接頭 「中央」「中部」「半ば」など
- **mid**summer 真夏

mid·air /mìdéər ミデア/ 名U 空中, 上空

mid·day A2

/míddèi ミドデイ/ 名U
正午, 真昼 (=noon)
- **at midday** 正午に (=at noon) (×in [during] the midday)
- a **midday** meal 昼食

mid·dle A1 中

/mídl ミドル/ 形 真ん中の; 中間の
— 名U《ふつう **the middle**》
❶ 真ん中; 中間 ⇨**center**
- **in the middle of** the room 部屋の真ん中に
- **in the middle of** the night 真夜中に (=at midnight)

❷《口語》ウエスト, 胴, 腰

míddle áge 名U 中年, 初老 (❗40歳から60歳ぐらいまで)

mid·dle-aged B1 /mídléidʒd ミドルエイヂド/ 形 中(高)年の, 初老の; 《**the** をつけて》中(高)年の人々

Míddle Áges 名 《**the** をつけて》中世《◆西洋史で5世紀から15世紀まで》

míddle cláss 名 《**the** をつけて》中産階級, 中流階級

míddle-cláss 形 中産[中流]階級の

mìddle(-)dístance 名形 《スポーツ》中距離走(の)

Míddle Éast 名 《**the** をつけて》中東《◆一般的には欧州から見てエジプトからイランまでの地域をさすが, 東はインド, 西はリビアまでを含めることもある》

míddle fínger 名C 中指

mid·dle·man /mídlmæ̀n ミドルマン/ 名 (複 **middlemen** /mídlmèn/) C 仲買人, ブローカー; 仲に立つ人, 仲介者

míddle náme 名C ミドルネーム (❗たとえば John Fitzgerald Kennedy で, Fitzgerald が middle name; 一種の Christian name であるが, まん中に置かれるのでこのように呼ばれる; また, ふつう頭文字だけで示し, John F. Kennedy と書く)

míddle schòol 名C ミドルスクール《◆小学校とハイスクールの中間の学校; 米国では11-14歳, 英国では8-12歳の生徒を対象とする》

Míddle Wést 名 《**the** をつけて》米国の中西部 (=the Midwest)

mid·field /mídfìːld ミドフィールド/ 名U 《サッカー》中盤, ミッドフィールド
mídfielder 名C 《サッカー》ミッド

A B C D E F G H I J K L M N O P Q R S T U V W X Y Z

フィルダー, 中盤の選手

midg·et /mídʒət ミヂェト/ 名 C 小人; 超小型のもの

— 形 非常に小さい, 極小型の

mid·land /mídlənd ミドランド/ 名 C 中部地方, 内陸部; 《**the Midlands**》 イングランド中部地方

mid·night A2 高

/mídnàit ミドナイト/ 名

❶ U 真夜中 (↔**noon**)

- **at midnight** 真夜中に (=in the middle of the night) (×*in* midnight としない)

❷ 《形容詞的》 真夜中の

mid·point /mídpɔ̀int ミドポイント/ 名 C 《ふつう **the midpoint**》〔…の〕中間点, 真ん中 《*of*》

mid·riff /mídrìf ミドリフ/ 名 (複 **midriffs** /mídrìfs/) C 《解剖》 横隔膜; 《口語》 胴の中央, 腹 (♦胸と腰の間)

midst B2 /mídst ミドスト/ 名 U 真ん中 (❗次のような成句で用いられる)

in our* [*their, your*] *midst 私たち[彼ら, 君たち]の中の[に]

in the midst of ... …の真ん中[最中]に

mid·sum·mer /mídsʌ́mər ミドサマ/ 名 U 真夏; 夏至(のころ)

Mídsummer('s) Dáy 名 《キリスト教》 洗礼者ヨハネの祝日 (♦6月24日)

mid·term /mídtə̀ːrm ミドターム/ 名 U (学期などの) 中間; C 《しばしば **mid-terms**》 《米》 《口語》 中間試験

— 形 (学期などの)中間の

mid·way /mídwèi ミドウェイ/ 副 中途に, 中ほどに

— 形 中途の; 中ほどの

mid·week /mídwìːk ミドウィーク/ 名 U 週の中ほど (♦特に水曜日)

— 形 週の中ほどの

Mid·west /mídwést ミドウェスト/ 名 《**the Midwest**》 米国の中西部 (♦米国中央北部の大平原地方)

mid·wife /mídwàif ミドワイフ/ 名 (複 **midwives** /mídwàivz/) C 助産婦, 産婆(さんば)

mid·win·ter /mídwìntər ミドウィンタ/ 名 U 真冬

might[1] A2 高

/máit マイト/ 助 (❗may の過去形)

❶ 《可能性》 …かもしれない

[CAN-DO Tips 可能性を言う]

- Don't go in! It **might** be dangerous. ⇨フォーカス 1 中に入らないで！ 危ないかも
- I **might** be wrong, but I met you before. 違ってるかもしれないけど, 以前会ったことあると思う
- If he worked harder, he **might** succeed. もっと一生懸命働けば, 彼は成功するかもしれないのに

❷ 《過去の仮定》 《**might have** *done*》 …したかもしれないが

- If he had worked harder, he **might have** *succeeded*. ⇨フォーカス 2 もっと一生懸命働いていれば, 彼は成功したかもしれなかったのに (❗仮定法過去完了; 過去の事実に反する仮定)

比較 I **may have** *left* the key in the room. 部屋にかぎを置き忘れてきたのかもしれない (❗may have *done* は今の時点から過去のことを推量する言い方)

❸ 《許可》 …してもよい

- My father said that I **might** use his camera. 父は私が父のカメラを使ってもいいと言いました (❗直接話法 My father said, "You may use my camera." (父は「私のカメラを使っていいよ」と言った)の間接話法)
- **Might** I ask a question? 質問させていただいてよろしいでしょうか？ (❗Can I ...? の方がふつう)

❹ 《提案》 …してはどうでしょう

- You **might** like to try it in a different sauce. 別のソースをつけてめしあがってみてはどうです？

***as you might expect* [*imagine*]** 予想[想像]できることとは思うが

might* (*just*) *as well do …するほうがよい, …するのと同じだ[変わりない]

might[1]

A2 助
高 /máit マイト/

意味マップ

助 ❶《可能性》…かもしれない
❷《過去の仮定》…したかもしれないが
❸《許可》…してもよい
❹《提案》…してはどうでしょう

教科書フレーズ

◆ **We might look like each other.** 私たちは似て見えるかもね
◆ **It might seem impossible to solve that problem.**
その問題を解決するのは不可能に思えるかもしれない

ワンポイント・アドバイス

mightは助動詞の中で6番目に頻度の高い語. 特に会話ではmayよりよく使われる. mayよりも遠まわしに言う感じなので, 会話では好まれる.
一般的用法は次の2つ:
(a) 可能性: It might rain tomorrow. 明日雨が降るかもしれない
(b) ていねいな助言: You might want to talk to her. 彼女と話すといいかもしれませんね
May I ...? (…してもいいですか) のていねい表現で Might I ...? という形もあるが, ほとんど使わない. 可能性を表す場合はmayよりもmightをよく使う.

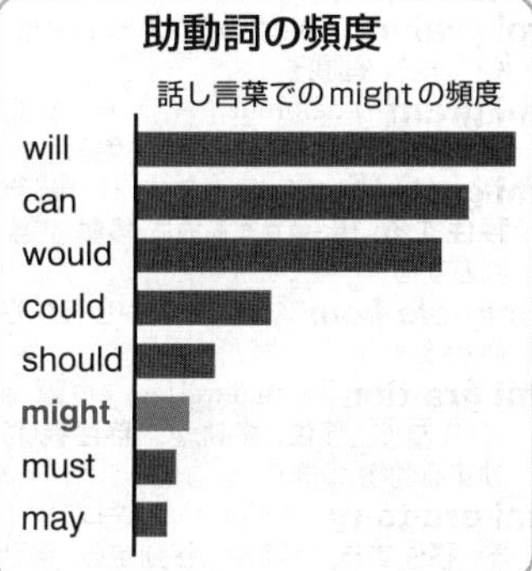

使えるコーパスフレーズ

1 **it might be ...** …かもしれない
2 **might have ...** …したかもしれない
3 **might well ...** …するのは当然だ
4 **might as well ...** …したほうがいい

ネイティブはこういう!

◆ **We might as well go to the movies.**
映画を見に行くのはどうでしょう
◆ **I might be wrong, but ...**
間違っているかもしれませんが, …
◆ **It might be a good idea to ...**
…するのはいい考えかもしれません

フォーカスページ

- This film is so boring, so I **might as well** go home. ⇨[フォーカス]4 この映画はあまりに退屈なので，家に帰るほうがましだ

***might well** do* …するのは当然だ (=may well do) (❗ask, wonder などが来ることが多い)

- you **might well** *ask* ⇨[フォーカス]3 もっともな質問ですね

might[2] /máit マイト/ [名][U] 力，能力; 権力

with all** one's **might 全力を出して，全力で

[派生] **mighty** [形]

might·y B2 /máiti マイティ/ [形] ([比較級] **mightier**; [最上級] **mightiest**) 力強い，強大な; 巨大な; 並はずれた

— [副] 《米》《口語》非常に，とても

[派生] **might**[2] [名]

mi·graine /máigrein マイグレイン/ [名][U][C] 《医学》偏頭痛

mi·grant /máigrənt マイグラント/ [名][C] 渡り鳥; 移住者; 移動[季節]労働者

mi·grate [高] /máigreit マイグレイト/ [動][自] 移住する; (鳥・魚が季節的に)移動する，回遊する

***migrate from** A **to** B* AからBへ移住する

mi·gra·tion B2 /maigréiʃən マイグレイション/ [名][U][C] 移住; 移動; [C] 移住者[移動する動物]の群れ

mi·gra·to·ry /máigrətɔ̀:ri マイグラトーリ/ [形] 移住する，(定期的に)移動する，移動性の; 放浪性の

Mike /máik マイク/ [名] マイク 《♦男性名; Michael の愛称》

mike /máik マイク/ [名][C] 《口語》マイク(ロフォン) (=microphone)

Mi·lan /milǽn ミラン/ [名] ミラノ 《♦イタリア北部の都市》

mild B1 /máild マイルド/ [形] ([比較級] **milder**; [最上級] **mildest**) 温厚[温和]な (=gentle); 温暖な，おだやかな，厳しくない; (味が)まろやかな (↔**hot**, **strong**)

mil·dew /míldjù: ミルデュー/ [名][U] 《植物》うどん粉病; (革・食べ物などにつく)白かび

mild·ly /máildli マイルドリ/ [副] 優しく; 穏やかに; 少し，少々

mile B1 [高] /máil マイル/ [名] ([複] **miles** /máilz/) ❶ [C] マイル 《♦= 約 1.6km》
❷ [C] 長い距離
❸ 《**miles**》《副詞的》かなり

mile·age /máilidʒ マイリヂ/ [名] 《単数形で》(乗り物が走行した)総マイル数; (車の)燃費(効率); [U] 《口語》有益さ，利益

get a lot of mileage out of... …を大いに利用する

mile·stone /máilstòun マイルストウン/ [名][C] (道端に立てられた)マイル標石; (歴史・人生などでの)重大[画期的]な出来事，節目

mi·lieu /mi:ljú: ミーリュー, mi:ljə́: ミーリャー/ [名][C] 《文章》(人を取りまく)環境，周囲の状況

mil·i·tan·cy /mílətənsi ミリタンスィ/ [名][U] 好戦性; 交戦状態

mil·i·tant /mílətənt ミリタント/ [形] (政治・社会活動などが)攻撃的な，好戦的な; 交戦中の

— [名][C] 好戦的な人; (政治活動などの)闘士

mil·i·tar·i·ly /mìlətérəli ミリテリリ/ [副] 軍事的に

mil·i·ta·rism /mílətərìzm ミリタリズム/ [名][U] 軍国主義

mil·i·ta·ris·tic /mìlətərístik ミリタリスティク/ [形] 軍国主義の，軍国主義的な

mil·i·ta·rize /mílətəràiz ミリタライズ/ [動][他] 軍隊を配備する; 軍国化する

mil·i·ta·ry A2 [高]

/mílətèri ミリテリ|mílətəri ミリタリ/ [形] 軍隊の，軍人の，陸軍の

— [名] 《**the military**》軍隊

mi·li·tia /məlíʃə ミリシャ/ [名][C] 《ふつう **the militia**》《集合的》市民軍，義勇軍 (❗単数または複数扱い)

milk A1 [中]

/mílk ミルク/ [名][U] 牛乳，乳; ミルク

- tea with **milk** ミルクティー

— [動] ([三単現] **milks** /mílks/; [過去・過分]

milked /mílkt/; 現分 milking) 他 (牛などの)乳をしぼる
派生 milky 形

mílk bàr 名 C ミルクスタンド《◆駅などにある簡易食堂》

mílk càrt 名 C 牛乳配達車

milk·man /mílkmæ̀n ミルクマン/ 名 (複 milkmen /mílkmèn/) C 牛乳配達人, 牛乳屋さん

mílk shàke 名 C U ミルクセーキ, ミルクシェーク

mílk tòoth 名 C 乳歯

milk·y /mílki ミルキ/ 形 (比較級 milkier; 最上級 milkiest) 牛乳のような, 乳白色の 派生 milk 名

Mílky Wáy 高 名《the をつけて》天の川, 銀河(系) (=the galaxy)

mill B2 /míl ミル/ 名 C ❶ 製粉所; (製紙・紡績(ぼうせき))工場, 水車小屋
❷ 製粉機, ひき割り器
━ 動 ❶ 他 ひいて粉にする
❷ 自《口語》うろつく, ぐるぐると回り歩く《*around*》

mil·len·ni·um /miléniəm ミレニアム/ 名 (複 millenniums /miléniəmz/, millennia /miléniə/) C 千年間 (❗「百年間」は century)

mill·er /mílər ミラ/ 名 C 製粉業者, 粉屋さん

mil·li·gram /míləgræ̀m ミリグラム/ 名 C ミリグラム (❗mg と略す)

mil·li·li·ter, 《英》**mil·li·li·tre** /míləlì:tər ミリリータ/ 名 C ミリリットル《◆容積の単位; 1,000分の1リットル; ml と略す》

mil·li·me·ter, 《英》**mil·li·me·tre** B2 /míləmì:tər ミリミータ/ 名 (複 millimeters /míləmì:tərz/) C ミリメートル (❗mm と略す)

mil·lion A2 中

/míljən ミリョン/
名 (複 millions /míljənz/) C
百万

• The population of our country is about 130 **million**. わが国の人口は約1億3,000万だ (❗数詞とともに使われる時は×millions としない; millions とするのは下のイディオムの場合だけ) ⇨**hundred, thousand**

millions of ... 何百万という…; ものすごくたくさんの…

━ 形 百万の; 多数の, 無数の

mil·lion·aire B2 /mìljənéər ミリョネア/ 名 (複 millionaires /mìljənéərz/) C 百万長者, 大富豪

mil·lionth /míljənθ ミリョンス/ 形 100万番目の ━ 名 C《ふつう the millionth》100万番目

mill·pond /mílpɑ̀nd ミルパンド/ 名 C 水車用貯水池

mill·stone /mílstòun ミルストウン/ 名 C 石うす; 重荷

a millstone round A's neck A (人)にとっての重荷 (❗聖書から)

mime /máim マイム/ 名 U C パントマイム; 身ぶり; C パントマイム役者; 物まね師 ━ 動 自 パントマイムをする; 物まねをする; 他 (役などを)パントマイムで演じる

míme àrtist 名 C パントマイマー

mim·ic B2 /mímik ミミク/ 動 (三単現 mimics /mímiks/; 過去・過分 mimicked /mímikt/; 現分 mimicking) 他 まねをする (❗ふつう人を笑わせるためにする)
━ 形 模擬の; 物まねの

mim·ic·ry /mímikri ミミクリ/ 名 U まねること, 模倣

mince /míns ミンス/ 動 他 細かく刻む
━ 名 U 《英》ひき肉

mince·meat /mínsmì:t ミンスミート/ 名 U《料理》ミンスミート《◆パイのつめ物》

make mincemeat of ... 《口語》…を(こてんぱんに)やっつける, …にぎゃふんと言わせる

mínce pìe 名 C《料理》ミンスパイ《◆クリスマスに食べるパイ》

mind A1 中

/máind マインド/
名 (複 minds /máindz マインヅ/)
❶ U C 心, 精神; U 理性, 正気; 知

性
- **mind** and body 精神と肉体, 心身
- a state of **mind** 精神状態

❷Ⓒ 考え, 意向, 意見; 〔…したい〕気持ち《*to do*》
❸Ⓒ (知性のある)人, 人物

be of [in] two minds (about ...) (…に)心がゆらいでいる
be on A's mind A(人)の気にかかっている ● What's **on your mind**? 何を考えているの
bring [call] ... to mind …を思い出す
come to mind = come into A's mind (A(人)の)心に浮かぶ
cross A's mind Aの心に浮かぶ
give one's mind to A Aに注意を向ける
have a (good) mind to do …したい気持ちが大いにある
have half a mind to do …してみようかと思っている
have ... in mind …を計画中である, …するつもりである; …を心に留めておく
in one's right mind 《否定文や, if, when とともに》正気で
keep [bear] ... in mind …を覚えておく
keep one's mind on A A(仕事など)に専念する
make up one's mind 〔…しようと〕決心する《*to do*》
- He **made up his mind to** do it [not **to** do it]. 彼はそれをしよう[しまい]と決心した

out of one's mind 気が狂って
speak one's mind 自分の意見をはっきりという
spring to mind (=come to mind)
take one's mind off ... …を忘れる, …から注意をそらす
to one's mind 自分の考えでは
— 動 (三単現 **minds** /máindz マインヅ/; 過去・過分 **minded** /máindəd/; 現分 **minding**) 他自 ❶《疑問文・否定文で》気にする; いやがる
- I'll wait here if you don't **mind**. 君がかまわなければ私はここで待ちます

会話 "**Would you mind** opening the window?" "I certainly don't." 「窓をあけてくださいませんか」「はい, わかりました」(←窓をあけることを君はいやがりますか; ←もちろんいやではありません) (❗Would you ...? は Do you ...? よりもていねいな表現)
❷…に気をつける; …の言うことをよく聞く; …の世話をする (❗「気をつける」の意味はふつう命令文で用いる)

Mind if ...? …してもいいですか?
Mind you! 《口語》いいかい(よく聞きなさい) (❗話の途中にはさんで)
Mind your own business! 大きなお世話だ, 口出しするな (←自分の事に気を配り, 他人の事は放っておけ)
Never mind. 心配するな, 気にするな; 何でもない (×Don't mind. とはいわない)

派生 **mental** 形

mind·ful /máindfəl マインドフル/ 形 〔…に〕気をつける; 注意する《*of*》(↔**mindless**)
míndfully 副 気をつけて; 注意深く
míndfulness 名Ⓤ 注意深さ

mind·less /máindləs マインドレス/ 形 不注意な; 思慮の足りない
míndlessly 副 不注意にも
míndlessness 名Ⓤ 不注意さ

mind·set, mind-set /máindsèt マイン(ド)セト/ 名Ⓒ (染みついた)考え方(の傾向), 物の見方, 基本態度

mine[1] A1 中

/máin マイン/ 代
❶私の物 (❗I の所有代名詞; 自分の所有物について1つのものにも2つ以上のものにもいう; our は「私たちの」, ours は「私たちのもの」)
会話 "Whose coat is this?" "It's **mine**." 「これはだれの上着ですか」「それは私のです」
❷《**... of mine**》私の…

• He is a friend **of mine**. 彼は私の友人(の一人)だ(×*a my* friend, ×*my a* friend としない)

mine[2] B2 高 /máin マイン/ 名 C ❶鉱山; 鉱坑(こうこう) ❷地雷, 機雷 ❸〔…の〕豊かな供給源, 宝庫《*of*》
━動 他自 採掘する; 地雷を埋める

míne detèctor 名 C 地雷探知機

mine·field /máinfi:ld マインフィールド/ 名 C《軍事》地雷原; 危険地帯

mine-free /máinfrí: マインフリー/ 形 地雷のない

min·er /máinər マイナ/ (発音 minor と同音) 名 C 坑夫, 炭坑労働者

min·er·al B1 /mínərəl ミネラル/ 名 (複 **minerals** /mínərəlz/) C 鉱物; (栄養素の)ミネラル
━形 (❗比較変化なし)鉱物の, 鉱物性の

míneral wàter A2 名 U ❶ミネラルウォーター ❷《英》(炭酸入りの)清涼飲料 (=soft drink)

min·gle /míŋgəl ミングル/ 動 ❶他〔…と〕混ぜる《*with*》 ❷自〔…と〕混じる《*with*》; 〔…に〕まぎれ込む《*with*》

min·i /míni ミニ/ 名 C《口語》ミニスカート (=miniskirt); ミニスタイル

mini- 《他の語と結びついて》「小型の」, 「非常に小さい[短い]」

min·i·a·ture B2 /míniətʃər ミニアチャ/ 形 ごく小型の, 小規模の; ミニチュアの
━名 C 小模型, ミニチュア
in miniature 小型の[に]

min·i·a·tur·i·za·tion /mìniətʃərəzéiʃən ミニアチャリゼイション/ 名 U 小型化

min·i·bus /mínibʌ̀s ミニバス/ 名 C (6-12人乗りの)小型バス

min·i·com·pu·ter /mìnikəmpjú:tər ミニコンピュータ/ 名 C ミニコンピュータ《♦小型の汎用コンピュータ》

min·i·mal /mínəməl ミニマル/ 形 最小の; 最低限の, 最小限の (↔**maximal**)
派生 **minimum** 名
mínimally 副 最低限に

min·i·mize B1 /mínəmàiz ミニマイズ/ 動 (三単現 **minimizes** /mínəmàizəz/; 過去・過分 **minimized** /mínəmàizd/; 現分 **minimizing**) 他 最小にする; 《コンピュータ》最小化する; みくびる, 過小評価する (↔**maximize**)

min·i·mum B1 /mínəməm ミニマム/ 名 (複 **minima** /mínəmə/, **minimums** /mínəməmz/) C 最小量, 最小額, 最小限 (↔**maximum**)
• She kept her household expenses to a **minimum**. 彼女は家計を最小限度まで切り詰めた
━形 最小の; 最低の (↔**maximum**)
派生 **minimal** 形

mínimum wáge 名 C《ふつう単数形で》最低賃金

min·ing /máiniŋ マイニング/ 名 U 採鉱, 採掘; 鉱業

min·i·se·ries /mínəsìəri:z ミニスィアリーズ/ 名 (テレビの)短期連続番組[ドラマ]; (イベントなどの)短い連続

min·i·skirt /mínisk̀ə:rt ミニスカート/ 名 C ミニスカート

min·is·ter B2 高 /mínəstər ミニスタ/ 名 C ❶(英国・日本などの)大臣 ⇨**secretary** ❷
• the Prime **Minister** 総理大臣
• the **Minister** of Foreign Affairs 外務大臣
❷(プロテスタントの)牧師 ❸公使
━動 自《文章》〔…の〕世話をする《*to*》; 〔…の〕役に立つ《*to*》

min·is·te·ri·al /mìnəstíəriəl ミニスティアリアル/ 形 大臣の; 内閣の; 聖職者の

min·is·try 高 /mínəstri ミニストリ/ 名 (複 **ministries** /mínəstriz/)
❶C《しばしば **Ministry**》(日本やヨーロッパ諸国の)…省 (❗米国の Department にあたる)
❷UC《**the ministry**》《キリスト教》聖職, 牧師の職; 《集合的》聖職者

mink /míŋk ミンク/ 名 (複 **minks** /míŋks/, **mink**) C《動物》ミンク《♦イタチの類》; U ミンクの毛皮

Min·ne·so·ta /minisóutə ミネソウタ/ 名 ミネソタ《♦カナダに接する米国中西部の

州; Minn., (郵便で) MNと略す》

min·now /mínou ミノウ/ 名 (複 **min-nows** /mínouz/, **minnow**) C 《魚》ヒメハヤ; (一般に)小魚

mi·nor B1 /máinər マイナ/ (発音 miner と同音) 形 ❶小さなほうの, さほど重要でない, 二流の ❷《音楽》短調の

— 名 (複 **minors** /máinərz/) C ❶未成年者 (⇔**major**) ❷《米》副専攻科目 (⇔**major**) ❸《音楽》短調 (⇔**major**)

派生 **minority** 名

mi·nor·i·ty B1 高 /mənɔ́:rəti ミノーリティ |mainɔ́rəti マイノリティ/ 名 (複 **minorities** /mənɔ́:rətiz/) ❶《単数形で》少数 (⇔**majority**) ❷ C 少数派; 少数民族(の人), 少数集団(の人) (⇔**majority**)

• members of ethnic **minorities** 少数民族の人々

❸《形容詞的》少数派の, 少数民族の

❹ U 《法律》未成年 (⇔**majority**)

be in a [***the***] ***minority*** 少数派である

派生 **minor** 形

mínor léague 名 C (米国プロ野球などの)マイナーリーグ

min·strel /mínstrəl ミンストレル/ 名 C (中世の)吟遊詩人

mint[1] B2 /mínt ミント/ 名 U 《植物》ハッカ

mint[2] /mínt ミント/ 名 ❶ C 造幣(ぞうへい)局 ❷ U 《a mint》大金

— 動 他 (貨幣を)鋳造(ちゅうぞう)する; (新語などを)作り出す

mi·nus B1 /máinəs マイナス/ 前

❶ …を引いた (⇔**plus**)

❷《口語》…がない, …なしで

— 形 マイナスの, 負(ふ)の; 不十分な (⇔**plus**)

— 名 (複 **minuses** /máinəsəz/) C マイナス符号 (= minus sign); 負数 (⇔**plus**)

mi·nus·cule /mínəskjù:l ミナスキュール/ 形 非常に小さい[少ない], ごくわずかな

mínus sìgn 名 C マイナス符号, 負号(−) (⇔**plus sign**)

min·ute[1] A1 中

/mínət ミヌト/

名 (複 **minutes** /mínəts ミヌツ/) C

❶ (時間の)分

• ten **minutes** past [after] ten 10時10分過ぎ

• It takes ten **minutes** to walk to the station. 駅まで歩くと10分かかります

• It was a twenty-**minute** drive to his house. 彼の家まで車で20分だった

❷《**a minute**》ちょっとの間

• She left just **a minute** ago. 彼女はちょっと前に帰ったよ

• I'll be back **in a minute**. すぐに戻ります

• Just [Wait] **a minute**. ちょっと待って

❸ (角度の単位)分

(***at***) ***any minute*** 《口語》今にも, 今すぐにも

the minute (***that***)... 《接続詞的》…する瞬間, …するとすぐ

to the minute 1分も違えずに, きっかり

— 動 (三単現 **minutes** /mínəts ミヌツ/; 過去・過分 **minuted** /mínətəd/; 現分 **minuting**) 他 書き留める, 控える

mi·nute[2] /mainjú:t マイニュート/ (発音 minute[1]との違いに注意) 形 (比較級 **minuter**; 最上級 **minutest**) ❶ごく小さい, 微小の ❷細心の, 詳しい, 綿密な

mínute hànd 名 C 分針, 長針 (❗「秒針」は second hand, 「時針」は hour hand)

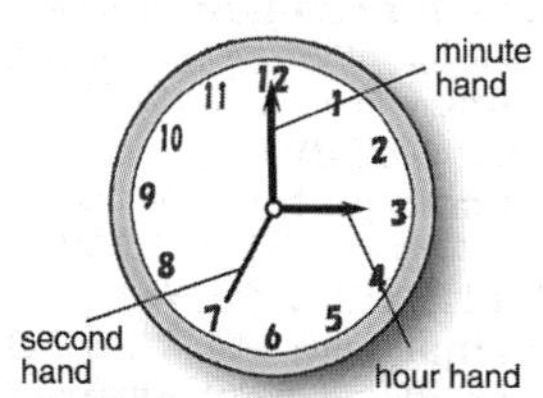

mi·nute·ly /mainjú:tli マイニュートリ/ 副 詳細に; 綿密に; わずかに

mir·a·cle B1 高 /mírəkl ミラクル/ 名 (複 **miracles** /mírəklz/) C
奇跡; 奇跡的な事, 驚異
- Her recovery is a **miracle**. 彼女の快復は奇跡だ

派生 **miraculous** 形

mi·rac·u·lous /məræ̃kjələs ミラキュラス/ 形 奇跡の; 奇跡的な; 驚くべき
派生 **miracle** 名

mi·rac·u·lous·ly /məræ̃kjələsli ミラキュラスリ/ 副 奇跡的に(も); 驚異的に

mi·rage /mirɑ́:ʒ ミラージュ/ 名 C 蜃気楼(しんきろう); 妄想, 幻想

mire /máiər マイア/ 名 U 《文章》泥沼, ぬかるみ; 《**the mire**》窮地, 苦境
一 動 自 ぬかるみにはまる, 窮地に陥る

mir·ror A2 高

/mírər ミラ/ 名 (複 **mirrors** /mírərz/) C 鏡 (=looking glass)
- She checked herself over in the **mirror**. 彼女は鏡で自分の姿を入念にチェックした

一 動 (三単現 **mirrors** /mírərz/; 過去・過分 **mirrored** /mírərd/; 現分 **mirroring**) 他 映す

mírror ímage 名 C (左右が逆の)鏡像; 対称的なこと

mirth /mə́:rθ マース/ 名 U 《文章》陽気な騒ぎ, 笑いさざめき

mis- 接頭「誤り」「非」「不」など (❗ふつう動詞や名詞に付ける)

mis·ad·ven·ture /mìsədvéntʃər ミサドヴェンチャ/ 名 《文章》U 不幸, 不運; C 不運な出来事, 災難

mis·ap·pre·hen·sion /mìsæprihénʃən ミスアプリヘンション/ 名 C 誤解

mis·ap·pro·pri·ate /mìsəpróuprièit ミサプロウプリエイト/ 動 他 《文章》(公金などを)着服する, 横領する; 悪用する, 不正使用する

mis·be·have /mìsbihéiv ミスビヘイヴ/ 動 自 無作法にふるまう; 不正行為をする

mis·be·hav·ior /mìsbihéivjər ミスビヘイヴャ/ 名 U 無作法; 不品行

mis·cal·cu·late /miskǽlkjəlèit ミスキャルキュレイト/ 動 他 自 計算まちがいをする; 判断を誤る

mis·cal·cu·la·tion /mìskæ̀lkjəléiʃən ミスキャルキュレイション/ 名 C 計算違い, 誤算

mis·call /mìskɔ́:l ミスコール/ 動 他 誤った名で呼ぶ

mis·car·riage /mìskǽridʒ ミスキャリヂ/ 名 U C 《文章》失敗, 誤算; 流産 (❗意図的な「妊娠中絶」は abortion)

miscárriage of jústice 名 U C 《法律》誤審

mis·car·ry /mìskǽri ミスキャリ/ 動 (三単現 **miscarries** /mìskǽriz/; 過去・過分 **miscarried** /mìskǽrid/; 現分 **miscarrying**) 自 ❶ 失敗する ❷ 流産する

mis·cel·la·ne·ous /mìsəléiniəs ミセレイニアス/ 形 種々雑多な; 多方面の
mìscelláneously 副 多方面にわたって

mis·chief B1 /místʃif ミスチフ/ (×ミスチーフ) 名 (複 **mischiefs** /místʃifs/) ❶ U いたずら(心), わるさ; ちゃめっ気
- Ellen is always up to **mischief**. = Ellen is always getting into **mischief**. エレンはいつもいたずらばかりしている

❷ U 害, 危害 (=harm); 悪影響
❸ C いたずら者, わんぱく者

mis·chie·vous /místʃivəs ミスチヴァス/ 形 いたずらな, いたずら好きの, わんぱくな; 有害な
míschievously 副 いたずら半分に; 悪意をもって
míschievousness 名 U いたずら

mis·con·cep·tion B2 /mìskənsépʃən ミスコンセプション/ 名 U C 思い違い; 誤解

mis·con·duct /mìskɑ́ndʌkt ミスカンダクト/ 名 U 不品行; (特に)不義; (公務員などの)違法行為

mis·con·strue /mìskənstrú: ミスコンストルー/ 動 他 《文章》(他人のことば・行為などを)誤解する

mis·deed /mìsdíːd ミスディード/ 名C 悪行; 犯罪

mis·de·mean·or, 《英》 **mis·de·mean·our** /mìsdimíːnər ミスディミーナ/ 名C 《法律》軽犯罪 (! 重罪は felony); 《文章》不品行, 不行跡

mis·di·rect /mìsdərékt ミスディレクト/ 動他 誤った指図をする; (道案内で)間違った道を教える; (努力・金などを)間違った方法で[目的に]使う

mi·ser /máizər マイザ/ 名C けち(んぼう), 守銭奴(しゅせんど)

mis·er·a·ble B1 /mízərəbl ミゼラブル/ 形 ❶みじめな, とても不幸な, 悲惨な; あわれな, ひどい ❷いやしい; 機嫌が悪い; いやな, 取るにたらない

派生 misery 名

míserably 副 みじめに, 悲惨に; 貧弱に

mi·ser·ly /máizərli マイザリ/ 形 けちな; なけなしの

mis·er·y B1 高 /mízəri ミザリ/ 名 (複 **miseries** /mízəriz/) UC みじめさ; 悲惨さ; 苦悩

派生 miserable 形

mis·fire /mìsfáiər ミスファイア/ 動自 (鉄砲が)不発に終わる; (内燃機関が)点火しない; (計画などが)失敗する

— 名C 不発; 不点火; 失敗

mis·fit /mísfit ミスフィト/ 名C (地位・環境などに)順応できない人, 不適応者

mis·for·tune B2 /misfɔ́ːrtʃən ミスフォーチュン/ 名U 不運, 不幸; C 不幸[不運]な出来事, 災難

have the misfortune to do [*of doing*] 不幸にも…する

mis·giv·ing /mìsgíviŋ ミスギヴィング/ 名 UC 不安, 心配, 恐れ, 疑い

mis·guid·ed /mìsgáidəd ミスガイデド/ 形 考え方の誤った, 心得違いの

mis·han·dle /mìshǽndl ミスハンドル/ 動他 処理を誤る; 乱暴に扱う

mis·hap /míshæp ミスハプ, ━━/ 名C 災難, 不運な出来事; U 不運, 不幸

mis·in·form /mìsinfɔ́ːrm ミスインフォーム/ 動他 誤った情報を与える

mis·in·ter·pret /mìsintə́ːrprət ミスインタープリト/ 動他 誤って解釈[説明]する, 誤解する

mis·in·ter·pre·ta·tion /mìsintəːrprətéiʃən ミスインタープリテイション/ 名UC 誤解; 誤訳

mis·judge /mìsdʒʌ́dʒ ミスヂャヂ/ 動他自 判断を誤る; (審判が)誤審する; (医師が)誤診する

mis·judg·ment, 《英》 **mis·judge·ment** /mìsdʒʌ́dʒmənt ミスヂャヂメント/ 名UC 判断の誤り, 誤審

mis·lay /mìsléi ミスレイ/ 動 (三単現 **mislays** /mìsléiz/; 過去・過分 **mislaid** /mìsléid/; 現分 **mislaying**) 他 置き忘れる; 置き違える

mis·lead B1 /mìslíːd ミスリード/ 動 (三単現 **misleads** /mìslíːdz ミスリーヅ/; 過去・過分 **misled** /mìsléd/; 現分 **misleading**) 他 誤った方向に導く; 邪道に誘い込む; あざむく

mis·lead·ing B2 /mìslíːdiŋ ミスリーディング/ 形 人を誤らせる; 誤解を招くような, 紛(まぎ)らわしい

mìsléadingly 副 誤解を招くように, 紛らわしく

mis·led /mìsléd ミスレド/ 動 misleadの過去形・過去分詞

mis·man·age /mìsmǽnidʒ ミスマニヂ/ 動他 管理[運営, 取り扱い]を誤る

mis·man·age·ment /mìsmǽnidʒmənt ミスマニヂメント/ 名U 誤った管理[取り扱い]

mis·match /mísmætʃ ミスマチ, ━━/ 名C 〔…の間の〕不適当な[不つり合いな]組み合わせ《*between*》

mis·matched /mìsmǽtʃt ミスマチト/ 形 不釣合[似合]いの

mis·place /mìspléis ミスプレイス/ 動他 (物を)置き忘れる; 置き違える; (愛情・信頼などを)誤って与える

mis·placed /mìspléist ミスプレイスト/ 形 (愛情・信頼などが)誤って与えられた, 見当違いの

mis·print /mísprìnt ミスプリント/ 名 (複 **misprints** /mísprìnts ミスプリンツ/) C 印

刷ミス, 誤植(ごしょく), ミスプリ(ント)
— /mìsprínt ミスプリント/ (発音 名とのアクセントの違いに注意) 動 他 誤植する

mis·pro·nun·ci·a·tion /mìsprənʌ̀nsiéiʃən ミスプロナンスィエイション/ 名 U C 誤った発音; 発音の誤り

mis·quote /mìskwóut ミスクウォウト/ 動 他 間違って引用する

mis·read /mìsríːd ミスリード/ 動 (三単現 **misreads** /mìsríːdz/; 過去・過分 **misread** /mìsréd/; 現分 **misreading**) 他 判断を誤る; 誤読する

mis·rep·re·sent /mìsrèprizént ミスレプリゼント/ 動 他 誤[偽]って伝える

mis·rep·re·sen·ta·tion /mìsrèprizentéiʃən ミスレプリゼンテイション/ 名 C U 誤[偽]って伝えること

Miss A1

/mís ミス/ 名 (複 **Misses** /mísəz/) C
❶ …さん; …先生 (! 未婚の女性への敬称; 終わりにピリオドをつけない)
• **Miss** (Mary) Smith (メアリー)スミス嬢, スミスさんの(メアリー)お嬢さん

使い方〉 **Miss**
(1) 未婚女性の名字 (last name), または名前 (first name)＋名字の前につける. 名前だけにはつけないので ×Miss Mary としない
(2) Miss や Mrs. (既婚女性への敬称)の代わりに未婚・既婚を区別しない Ms(.) も多く使われる ⇨**Mr.**, **Mrs.**, **Ms.**

❷《**Miss**＋地名などで》ミス… (♦美人コンテストなどの優勝者の称号)
❸《口語》《ときに **miss**》ねえ, ちょっと, きみ (! 女性の店員などを呼びとめるときに使う)

miss A1 中

/mís ミス/ 動 (三単現 **misses** /mísəz/; 過去・過分 **missed** /míst/; 現分 **missing**)
他 ❶ (電車・バスなどに)乗りそこなう
• **miss** a train 電車に乗り遅れる
❷ …がいなくてさびしく思う
• I **miss** you very much. あなたのいないのが私はとてもさびしい
❸ 機会を逃す
• I **missed** the chance to go there. 私はそこへ行くチャンスをのがした
❹ …を抜かす, …を欠席する
❺ (ボールなどを)打ちそこねる; (ゴールなどを)はずす
• **miss** a shoot シュートをはずす

miss out …を見落とす; …をのがす
miss out on ... …をのがす, 逸する

— 名 (複 **misses** /mísəz/) C 《球技》(シュートなどの)当てそこない, 捕りそこない

mis·shap·en /mìsʃéipən ミスシェイプン/ 形 不自然な形の, 奇形の

mis·sile B2 /mísəl ミスィル/ (×ミサイル) 名 (複 **missiles** /mísəlz/) C ミサイル

miss·ing A2 高

/mísiŋ ミスィング/ 形 欠けている; 見当たらない, 行方不明の
• a **missing** boat 行方不明のボート
• Mary is still **missing**. メアリーはいまだに行方不明です

mis·sion B1 高 /míʃən ミション/ 名 (複 **missions** /míʃənz/) C ❶ (外交上の)使節団; (宗教)伝道団; 伝道
❷ (派遣された人の特別な)任務, 使命
• go on a rescue **mission** 人命救助におもむく
❸ 宣教師の布教施設, セツルメント

mis·sion·a·ry /míʃənèri ミショネリ/ 形 (おもに外国での)伝道(者)の, 布教の
— 名 (複 **missionaries** /míʃənèriz/) C (海外派遣)宣教師

Mis·sis·sip·pi /mìsəsípi ミスィスィピ/ 名
❶《**the Mississippi**》ミシシッピ川 (♦米国の中央部を南流してメキシコ湾に注ぐ大河(約6,000km)) ❷ ミシシッピ (! 米国南部の州; Miss., (郵便で) MSと略す)

Mis·sou·ri /mizú(ə)ri ミズ(ア)リ/ 名
❶《**the Missouri**》ミズーリ川 (♦ミシシッピ川の支流(約4,000km))
❷ ミズーリ (! 米国中西部の州; Mo., (郵便で) MOと略す)

mis·spell /mìsspél ミススペル/ 動 (三単現 **misspells** /mìsspélz/; 過去・過分 **misspelled** /mìsspéld/, **misspelt** /mìsspélt/; 現分 **misspelling**) ⑯ つづりを間違える, 誤ってつづる

mis·spell·ing /mìsspéliŋ ミススペリング/ 名 C U つづり間違い

mis·spend /mìsspénd ミススペンド/ 動 (三単現 **misspends** /mìsspéndz ミススペンヅ/; 過去·過分 **misspent** /mìsspént/; 現分 **misspending**) ⑯ (金·時間を)間違って使う, 浪費する

mist B2 /míst ミスト/ 名 ❶ U C 霧, もや, かすみ ❷《単数形で》目のかすみ; (窓ガラスなどの)くもり

— 動 ❶ ⓐ かすむ; もやがかかる ❷ ⑯ (霧·かすみ·涙などで)くもらせる, おおう; 霧吹きをする

派生 **misty** 形

mis·take A2 中

/mistéik ミステイク/

名 (複 **mistakes** /mistéiks/) C 誤り, 間違い; 誤解 ⇨**error**

- **make** a big **mistake** 重大な誤りをおかす
- correct [check for] spelling **mistakes** スペルミスを直す[チェックする]

by mistake 間違って, うっかり

— 動 (三単現 **mistakes** /mistéiks/; 過去 **mistook** /mistúk/; 過分 **mistaken** /mistéikn/; 現分 **mistaking**) ⑯ 思い違いする; 誤解する

- **mistake** him **for** his brother 彼を彼の兄[弟]と間違える

mis·tak·en /mistéikn ミステイクン/ 動 mistakeの過去分詞

— 形 間違った, 思い違いをした

mis·tak·en·ly /mistéiknli ミステイクンリ/ 副 誤って; 誤解して

mis·ter /místər ミスタ/ 名 ❶《Mister》…氏, …様《♦男性の敬称; Mr. の省略しない形》 ❷《口語》だんなさん, もし, きみ (❗名前の分からない男性への呼びかけ)

mis·tle·toe /mísltou ミスルトウ/ 名 U 《植物》ヤドリギ

mis·took /mistúk ミストゥク/ 動 mistakeの過去形

mis·treat B2 /mìstríːt ミストリート/ 動 ⑯ 虐待する, 酷使する

mis·tress /místrəs ミストレス/ 名 C ❶ 女主人 ⇨**master**; (男性側から見た)愛人 ❷《英》女性の先生

mis·trial /mìstráiəl ミストライアル/ 名 C 《法律》誤判, 無効審理; 《米》(陪審員の意見不一致などによる)無評決審理

mis·trust /mìstrʌ́st ミストラスト/ 動 ⑯ 信用しない, 不信を抱く

— 名 《単数形で》不信, 疑惑

mis·trust·ful B2 /mìstrʌ́stfəl ミストラストフル/ 形 〔…を〕信用していない, 〔…に〕疑いをもつ 《*of*》

mist·y B1 /místi ミスティ/ 形 (比較級 **mistier**; 最上級 **mistiest**) 霧のたちこめた, 霧深い; かすんだ

派生 **mist** 名

mis·un·der·stand B2 /mìsʌndərstǽnd ミサンダスタンド/ 動 (三単現 **misunderstands** /mìsʌndərstǽndz ミサンダスタンヅ/; 過去·過分 **misunderstood** /mìsʌndərstúd/; 現分 **misunderstanding**) ⑯ ⓐ 誤解する

mis·un·der·stand·ing B1 高 /mìsʌndərstǽndiŋ ミサンダスタンディング/ 名 (複 **misunderstandings** /mìsʌndərstǽndiŋz/) U C 誤解

mis·un·der·stood /mìsʌndərstúd ミサンダストゥド/ 動 misunderstand の過去形·過去分詞

mis·use /mìsjúːs ミスユース/ 名 U C 誤用; 乱用, 悪用

— /mìsjúːz ミスユーズ/ (発音 名との違いに注意) 動 ⑯ 誤用する; 乱用する, 悪用する; 虐待する, 酷使する

mite[1] /máit マイト/ 名 C 《動物》(小型の)ダニ

mite[2] /máit マイト/ 名 C 《単数形で》ごく少ない量[額]; 《**a mite**》《副詞的》《口語》ちょっぴり; 小さな子

mit·i·gate /mítəgèit ミティゲイト/ 動 ⑯ 《文章》(苦痛·悲しみなどを)やわらげる, 静める; (刑罰などを)軽くする

mit·i·ga·tion /mìtəgéiʃən ミティゲイション/ 名 U 《文章》緩和, 軽減

mitt /mít ミト/ 名 C ❶《野球》ミット ❷ (婦人用の)長手袋; ミトン (=mitten)

mit·ten /mítn ミトン/ 名 C (防寒用の親指だけ分かれた)手袋, ミトン (=mitt); 婦人用長手袋

mix A2 高

/míks ミクス/ 動 (三単現 **mixes** /míksəz/; 過去・過分 **mixed** /míkst/; 現分 **mixing**)
❶ 他〔…と〕混合する, 混ぜる《*with*》; 自〔…と〕混ざる《*with*》
• **Mix** all the ingredients together in a bowl. ボウルに材料を全部混ぜなさい
❷ 自〔…と〕交わる, つき合う《*with*》
be [***get***] ***mixed up*** 〔事件などに〕巻き込まれる, かかわり合いになる《*in*》
mix up よく混ぜる, (順番を)ごっちゃにする
—名《単数形で》混合; U C …の素, ミックス
派生 **mixture** 名

mixed /míkst ミクスト/ 形 混合の, 混ざった; 男女混合の[共学の]
• a **mixed** chorus 混声合唱

míxed-úp 形 頭の混乱した

mix·er /míksər ミクサ/ 名 C ❶ミキサー, かくはんする機械 ❷(テレビ・ラジオなどの)ミキサー《◆録音・録画の調節装置》 ❸《ふつう形容詞を伴って》《口語》人づき合いの…な人

mix·ture B2 /míkstʃər ミクスチャ/ 名 U C 混合物; 《単数形で》混合
• His book is a **mixture** of fact and fiction. 彼の本は事実とフィクションが混ざり合っている
派生 **mix** 動

mix-up /míksʌ̀p ミクサプ/ 名 C 《口語》手違い, 混乱; 乱闘

mm 《略》(=millimeter(s) ミリメートル)

mm(m) /əm アム, m: ンー/ 間 うーん (! 感心・同意, あるいはあいまいな返事・ちゅうちょなどを表す)

MN 《略》Minnesota ミネソタ(州)

MO 《略》Missouri ミズーリ(州)

mo·a /móuə モウア/ 名 C 《鳥》モア《◆ニュージーランドにいたダチョウに似た鳥; 絶滅種》

moan /móun モウン/ 名 C うめき声, うなり声 —動 自 うめく, うなる

moat /móut モウト/ 名 C (城・都市の周囲の)堀

mob /máb マブ/ 名 C
❶(暴徒的)群衆; 野次馬
❷《口語》ギャング(の1団), 盗賊団
—動 (三単現 **mobs** /mábz/; 過去・過分 **mobbed** /mábd/; 現分 **mobbing**) 他 襲う; …のまわりに群がる[殺到する]

mo·bile A1 高

/móubəl モウビル, móubi:l モウビール | móubail モウバイル/
名 (複 **mobiles** /móubəlz/) C
携帯電話 (=mobile phone)
—形 ❶動かしやすい, よく動く, 移動可能な; 機動力のある (! この意味では比較変化なし)
❷移動しやすい; 動き回れる; 簡単に変えられる (↔**immobile**)

móbile hóme 名 C 《米》モービルホーム《◆移動住宅》; トレーラーハウス《◆車で移動する行楽用住宅》

móbile phóne A1

名 C 《英》
携帯電話 (=《米》cellular phone)

mo·bil·i·ty B2 /moubíləti モウビリティ/ 名 U 可動性, 流動性, 機動性; 変わりやすさ

mo·bi·li·za·tion /mòubələzéiʃən モウビリゼイション/ 名 U C 〔軍隊・労働力などの〕動員《*of*》

mo·bi·lize /móubəlàiz モウビライズ/ 動
❶ 他 (戦争・非常事態時に軍隊・資源などを)動員する; 自 (軍隊などが)動員される
❷ 他 (特に政治的な目的で, 人・支持などを)かき集める; 自 結集する

Mö·bi·us band /móubiəsbæ̀nd モウビアスバンド/ 名 《数学》メビウスの輪

moc·ca·sin /mákəsin マカスィン/ 名 C 《ふつう **moccasins**》モカシン《◆柔らかくてかかとのない革靴》

mock B2 /mák マク/ 形 模擬の
—動 ❶ 他 自 あざけり笑う, からかう
❷ 他 まねる

— 名 C あざけりの的; U あざけること, あざけり

mock·er·y /mákəri マカリ/ 名 (複 **mockeries** /mákəriz/) U あざけり; C あざけりの的

mock·ing·bird /mákiŋbə̀ːrd マキングバード/ 名 C 《鳥》マネシツグミ《◆他の鳥の鳴き声をまねる》

mock-up /mákʌ̀p マカプ/ 名 C (実物大の)模型

mo·dal B1 /móudəl モウダル/ 形 様式の, 形態上の; 《文法》(動詞の)法の

mode /móud モウド/ 名 C

❶ 方式, やり方; 流行(型)

❷ 《文法》(動詞の)法, 叙法 (=mood²)

mod·el A2 高

/mádl マドル|mɔ́dl モドル/

名 (複 **models** /mádlz/) C

❶ 模型; (車などの)型

• This car is the latest **model**. この車は最新型です

❷ (ファッション雑誌[ショー]などの)モデル, モデル業

❸ (画家・写真家の)モデル

❹ 手本, 模範

— 形 模型の; 模範の

• a **model** plane 模型飛行機

— 動 (三単現 **models** /mádlz/; 過去・過分 **modeled**, 《英》 **modelled** /mádld/; 現分 **modeling**, 《英》 **modelling**)

❶ 他 (モデルが)服を着てみせる; 自 モデルをする[になる]

❷ 他 (…をもとにして)作る; 他自 模型[原型]を作る

mo·dem B1 /móudəm モウデム/ (×モデム) 名 (複 **modems** /móudəmz/) C 《コンピュータ》モデム

mod·er·ate B1 /mádərət マダレト | mɔ́dərət モデレト/ (×モデレート) 形

適度の, おだやかな, ほどほどの; 中くらいの; 手ごろな

— 名 (複 **moderates** /mádərəts マダレツ/) C 穏健な人

— /mádərèit マダレイト | mɔ́dərèit モダレイト/ (発音 形・名 との違いに注意) 動 (三単現 **moderates** /mádərèits マダレイツ/; 過去・過分 **moderated** /mádərətəd/; 現分 **moderating**) 他 穏やかにする, 和らげる; 自 穏やかになる, 和らぐ

mod·er·ate·ly /mádərətli マダレトリ/ 副 適度に, ほどほどに

mod·er·a·tion /màdəréiʃən マダレイション/ 名 U 穏健, 中庸; 節度, 節制

in moderation 適度に, ほどよく (! 特に飲酒・喫煙などについていう)

mod·er·a·tor /mádərèitər マダレイタ/ 名 C 調停者; (討論会などの)司会者, 議長

mod·ern A2 高

/mádərn マダン|mɔ́dərn モダン/ (×モダン) 形

現代の, 近代の (↔**ancient**); 現代風の, モダンな (↔**old-fashioned**) ⇨ **contemporary**, **present-day**, **recent**, **current**

• **modern** science 現代科学

• **modern** times 現代

— 名 (複 **moderns** /mádərnz/) C 《ふつう複数形で》現代人, 近代人

派生 **modernize** 動

mod·ern·ism /mádərnìzm マダニズム/ 名 U 現代風; 現代[近代]思想; (文学・美術などの)現代[近代]主義, モダニズム

mod·ern·ist /mádərnist マダニスト/ 名 C 現代[近代]主義者, 現代賛美者; (芸術上の)モダニスト

mo·der·ni·ty /madə́ːrnəti マダーニティ/ 名 U 《文章》現代性

mod·ern·i·za·tion B2 /màdərnizéiʃən マダニゼイション/ 名 U 現代[近代]化

mod·ern·ize B2 /mádərnàiz マダナイズ/ 動 他 (…を)近代化する, 現代風にする; 自 近代[現代]的になる

派生 **modern** 形

mòdern pentáthlon 名 C 《スポーツ》近代五種競技《◆フェンシング・水泳・馬術・射撃・ランニングの5競技を行う》

mod·est B2 /mádəst マデスト/ 形 謙虚な, ひかえめな (↔**proud**); 地味な; しとやかな

mod·est·ly /mádəstli マデストリ/ 副 謙遜(けんそん)して, 控えめに; 適度に

mod·es·ty /mádəsti マデスティ/ 名U 謙遜(けんそん), 遠慮, 内気; しとやかさ, 慎み, 地味さ

mod·i·fi·ca·tion B2 /màdəfəkéiʃən マディフィケイション/ 名〔…に対する〕修正, 部分的な変更《*to*》(×modification of…)

mod·i·fi·er /mádəfàiər マディファイア/ 名C《文法》修飾語[句]

mod·i·fy B1 /mádəfài マディファイ/ 動 (三単現 **modifies** /mádəfàiz/; 過去・過分 **modified** /mádəfàid/; 現分 **modifying**) 他 (改善するつもりで軽く)修正する, 変更を加える; 緩和する;《文法》修飾する

mod·u·lar /mádʒulər マヂュラ/ 形 モジュール式の

mod·u·late /mádʒulèit マヂュレイト/ 動 他《文章》(…を)調節[調整]する; (声などの)調子を変える; (電磁波などの)周波数を変える; 自《音楽》転調する

mod·u·la·tion /màdʒuléiʃən マヂュレイション/ 名CU 調整; 抑揚;《音楽》転調;《電気》変調

mod·ule /mádʒu:l マヂュール/ 名C (コンピュータ・宇宙船などの)モジュール; (測定の)基準単位

mo·gul /móugəl モウグル/ 名C《口語》(特にマスコミの)大物, 重要人物, 権力者

mo·guls /móugəlz モウグルズ/ 名《単数扱い》《スポーツ》(フリースタイルスキーの)モーグル(競技)

mo·hair /móuhèər モウヘア/ 名U モヘア(織)《◆アンゴラヤギの毛》

Mo·ham·med /mouhǽmid モウハメド/ 名 (=Muhammad)

moist /mɔ́ist モイスト/ 形 (比較級 **moister**; 最上級 **moistest**) 湿り気のある, 湿気を含んだ; しっとりとした, うるおいのある (❗程よい湿り気がある場合に用いる) ⇨**wet**, **damp**, **humid**

派生 **moisture** 名

mois·ten /mɔ́isən モイスン/ (発音 t は発音しない) 動 他 湿らせる, うるおす; 自 湿る, うるおう

mois·ture B1 /mɔ́istʃər モイスチャ/ 名U 湿気, 水分

派生 **moist** 形

mois·tur·ize /mɔ́istʃəràiz モイスチャライズ/ 動 他 湿気を与える; (肌などを)しっとりさせる

mois·tur·iz·er /mɔ́istʃəràizər モイスチャライザ/ 名UC モイスチャライザー《◆保湿のための化粧品》; 加湿器

mo·lar /móulər モウラ/ 名C 臼歯

mo·las·ses /məlǽsəz マラスィズ/ 名U (サトウキビから採れる)糖液;《米》糖みつ (=《英》treacle)

mold[1] B2 /móuld モウルド/ 名 ❶C 型; 鋳(い)型 ❷C 型に入れて[流して]作ったもの ❸UC 性格, 特徴

━動 他 ❶型に入れて作る, 形作る ❷(性格などを)形成する

mold[2] B2 /móuld モウルド/ 名U かび

━動 他 かびさせる; 自 かびる, かびが生える

mold·ing /móuldiŋ モウルディング/ 名U 鋳造(ちゅうぞう); C 鋳造物; C《建築》刳形(くりかた)《◆建物・家具などの凹凸の装飾》

Mol·do·va /mɑldóuvə マルドウヴァ/ 名 モルドバ《◆東欧の共和国; 首都キシニョフ(Kishinev)》

mold·y /móuldi モウルディ/ 形 (比較級 **moldier**; 最上級 **moldiest**) かびた; かび臭い

mole[1] /móul モウル/ 名C《動物》モグラ

mole[2] /móul モウル/ 名C ほくろ, あざ

mo·lec·u·lar /məlékjulər モレキュラ/ 形 分子の, 分子から成る

molécular biólogy 名U 分子生物学

mol·e·cule B1 /málikjù:l マリキュール | mɔ́likjù:l モリキュール/ 名 (複 **molecules** /málikjù:lz/) C《物理》《化学》分子; 微粒子

mole·hill /móulhìl モウルヒル/ 名C モグラ塚

mo·lest /məlést マレスト/ 動 他《文章》苦しめる, 悩ます (=annoy); (女性などに)性的いたずらをする, 乱暴する

mo·lest·er /məléstər モレスタ/ 名C みだらないたずらをする人; 痴漢

mol·lusk /máləsk マラスク/ 名 C 《動物》軟体動物

Mol·ly /máli マリ/ 名 モリー《♦女性名; Mary などの愛称》

molt /móult モウルト/ 動 自 (鳥・犬などが)羽毛[毛]が抜け替わる; (昆虫・ヘビなどが)脱皮する

mol·ten /móultən モウルテン/ 形 《文章》熱で溶けた, 溶融した; 鋳造(ちゅうぞう)した

mom A1 中

/mám マム|mɔ́m モム/

名 (複 **moms** /mámz/) C 《米》《口語》ママ, お母さん (=mamma, 《英》《口語》mum) (↔**dad**)

参考〉 母親に呼びかけるときによく使う. 子どもだけでなく, おとなも使うことがある. 冠詞はつけず, 自分の母親をさすときは大文字で始めることが多い:
Can I go to the party, **Mom**? お母さん, パーティーに行ってもいい?

mo·ment A1 高

/móumənt モウメント/

名 (複 **moments** /móumənts モウメンツ/)

❶ C ちょっとの時間, 瞬間

• Wait a **moment**. = Just a **moment**. ちょっと待ってください

❷ (決まった)時

at any moment いつなん時, 今にも

at the last moment ぎりぎりになって, いよいよという時に

at the moment 今, 今は (=now)

every moment 刻々と, 今か今かと, 絶え間なく

for a moment ちょっとの間

for the moment 今のところは, 当座は, 当分の間, しばらく

in a moment ただちに, すぐに

of the moment 現在の

the moment ... …する瞬間, …するとすぐ (=as soon as ...)

mo·men·tar·i·ly B2 /mòuməntérəli モウメンテリリ/ 副 《文章》ちょっとの間; 《口語》すぐに

mo·men·tar·y B2 /móumənteri モウメンテリ/ (×モメンテリ) 形 瞬間的な, 瞬間の; つかの間の

mo·men·tous /mouméntəs モウメンタス/ 形 重大な, 重要な

mo·men·tum /mouméntəm モウメンタム/ 名 U 勢い, (物の)はずみ; U 《物理》運動量

mom·ma /mámə ママ/ 名 C 《米》《口語》お母ちゃん, ママ

mom·my, mom·mie

A1 /mámi マミ|mɔ́mi モミ/ 名 (複 **mommies** /mámiz/) C 《米》《幼児語》ママ, お母ちゃん ⇨**mom**

Mon. 《略》Monday 月曜日

Mon·a·co /mánəkou マナコウ/ 名 モナコ《♦地中海に臨む公国; その首都》

Mo·na Li·sa /móunə líːsə モウナ リーサ/ 名 《**the** をつけて》モナリザ《♦ダ・ビンチ (da Vinci) の描いた婦人の肖像画で, なぞの微笑をたたえている》

mon·arch /mánərk マナク/ (×モナーチ) 名 C 君主 (❗ king, queen, emperor など)

mo·nar·chic /mənáːrkik モナーキク/ 形 (=monarchical)

mo·nar·chi·cal /mənáːrkikəl モナーキカル/ 形 君主の; 君主らしい; 君主制の

mon·arch·y /mánərki マナキ/ 名 (複 **monarchies** /mánərkiz/) U 君主政治; C 君主国 ⇨**republic**

mon·as·ter·y B2 /mánəsteri マナステリ/ 名 (複 **monasteries** /mánəsteriz/) C (男性の)修道院, 僧院 (❗ 女性の修道院は nunnery, convent という)

mo·nas·tic /mənǽstik モナスティク/ 形 修道院[僧]の; 禁欲的な

Mon·day A1 中

/mʌ́ndei マンデイ, mʌ́ndi マンディ/

名 (複 **Mondays** /mʌ́ndeiz/) C U

❶ 月曜日 (❗ 詳しい用法は Tuesday を参照) • **on Monday** 月曜日に

• **on Mondays** 毎週月曜日に[月曜日にはよ

く]
❷《形容詞的》月曜日の

mon·e·tar·y /mánətèri マネテリ/ 形 貨幣の, 通貨の; 財政上の
派生 **money** 名

mon·ey A1 中

/mʌ́ni マニ/ (×マネー) 名 U
お金, 金銭; 財産 (! 硬貨や紙幣を含めた金銭一般に対する言い方)
• It costs a lot of **money** to buy a house. 家を買うには大金がいる

コロケーション
動+**money**
borrow *money* 金を借りる
earn *money* 金を稼ぐ
lend *money* 金を貸す
lose *money* 金を損する
raise *money* 金を調達する, 募金する
spend *money* 金を使う
save *money* 金を節約する, 貯金する

get** one's **money's worth 払っただけのことがある, 元が取れる
make money もうける; 金持ちになる
派生 **monetary** 形

関連語› 単語力
《米》bill, 《英》note 紙幣
cash 現金
coin 硬貨
change 小銭; おつり
《米》check, 《英》cheque 小切手
《米》money order, 《英》postal order 郵便為替(かわせ)
credit card クレジットカード
《米》gift certificate, 《英》token 商品券
e-cash 電子通貨 (! インターネットなどでの取引に利用する)
plastic money クレジットカード(の類)

mon·ey·lend·er /mʌ́nilèndər マニレンダ/ 名 C 金貸し; 高利貸し
móney màrket 名 C 金融市場
móney òrder 名 C (郵便)為替
Mon·go·li·a /maŋgóuliə マンゴウリア/ 名 モンゴル (◆東アジアの共和国; 首都ウランバートル(Ulan Bator))

Mon·go·li·an /maŋgóuliən マンゴウリアン/ 名 C モンゴル人; U モンゴル語
— 形 モンゴル人[語](の); モンゴルの
mon·grel /mʌ́ŋgrəl マングレル/ 名 C 雑種の動植物; (とくに)雑種犬
mon·i·tor B1 /mánətər マニタ | mɔ́nətər モニタ/ 名 (複 **monitors** /mánətərz/) C
❶ (コンピュータの)モニター, ディスプレイ ❷ 忠告者; 監視者; (学校の)クラス委員 ❸ (ラジオ・テレビの)モニター ❹ (ラジオ・テレビの音質・映像などを監視する)モニター装置; (医療機器の)モニター
— 動 (三単現 **monitors** /mánətərz/; 過去・過分 **monitored** /mánətərd/; 現分 **monitoring**) 他 (モニターで)監視する; 調査する, (外国放送を)傍受する
mon·i·tor·ing /mánətəriŋ マニタリング/ 形 モニターの
monk B1 /mʌ́ŋk マンク/ 名 (複 **monks** /mʌ́ŋks/) C 修道士; 僧

mon·key A1 高

/mʌ́ŋki マンキ/
名 (複 **monkeys** /mʌ́ŋkiz/) C
❶ サル (! 尾のある種類をいう; 尾のない高等サルは ape)
❷ いたずらぼうず, いたずらっ子; 行儀の悪い子
make a monkey (***out***) ***of*** *A* A(人)をからかう, ばかにする
— 動 (三単現 **monkeys** /mʌ́ŋkiz/; 過去・過分 **monkeyed** /mʌ́ŋkid/; 現分 **monkeying**) 自 《口語》ふざける 《*around, about*》; いたずらをする 《*with*》
mónkey wrènch 名 C モンキーレンチ
mon·o /mánou マノウ/ 名 (複 **monos** /mánouz/) C モノラルレコード; U モノラル方式 — 形 モノラルの
mon·o·chrome /mánəkròum マノクロウム/ 名 C 単色画; 白黒写真, モノクロ; U 単色画法
— 形 単色の; 白黒の
mo·nog·a·my /mənágəmi モナガミ/ 名 U 《文章》一夫一婦婚(制), 一夫一婦主義

mon·o·gram /mánəgræ̀m マノグラム/ 名 C 組み合わせ文字, モノグラム《♦イニシャルを組み合わせて図案化したもの》

mon·o·graph /mánəgræ̀f マノグラフ/ 名 C (特定のテーマを詳しく論じた)学術論文

mon·o·lin·gual /mɑ̀nəlíŋgwəl マノリングワル/ 形 1言語だけを使用する

mon·o·lith /mánəlìθ マノリス/ 名 C (大きな)一枚岩

mon·o·lith·ic /mɑ̀nəlíθik マノリスィク/ 形 ❶ 一枚岩のような; 巨大な ❷ (組織などが)一枚岩的な, 強固な

mon·o·logue, mon·o·log /mánəlɔ̀:g マノローグ/ 名 U C (劇中の)独白; 独白形式の作品; 独白劇, 一人芝居; 《口語》(会話の席を)ひとり占めする長話

mo·nop·o·li·za·tion /mənɑ̀pələzéiʃən モナポリゼイション/ 名 U 独占, 専売

mo·nop·o·lize /mənápəlàiz モナポライズ/ 動 他 独占する; ひとり占めにする

mo·nop·o·ly /mənápəli モナポリ/ 名 (複 **monopolies** /mənápəliz/) ❶ 《単数形で》独占, ひとり占め; 専売 ❷ C 専売権; 専売品

mon·o·rail /mánərèil マノレイル/ 名 C モノレール

mon·o·syl·la·ble /mánəsìləbl マノスィラブル/ 名 C 《音声》単音節語《♦house, neck, dog, sun など》

mon·o·tone /mánətòun マノトウン/ (×モノトーン) 名 《単数形で》一本調子, 単調さ

mo·not·o·nous /mənátənəs モナトナス/ (×モノトーナス) 形 単調な; たいくつな
monótonously 副 単調に, 一本調子に

mo·not·o·ny /mənátəni モナトニ/ 名 U 単調さ; 一本調子; 退屈さ

mon·soon /mɑnsú:n マンスーン/ 名 C 《**the monsoon**》モンスーン; (一般に)季節風; (季節風による)雨期

mon·ster B1 高 /mánstər マンスタ | mɔ́nstər モンスタ/ 名 (複 **monsters** /mánstərz/) C
怪物, 化け物, (想像上の)怪獣; 極悪人, 人でなし; 巨大な人[物]
派生 **monstrous** 形

mon·stros·i·ty /mɑnstrásəti マンストラスィティ/ 名 (複 **monstrosities** /mɑnstrásətiz/) C 《口語》怪異な物; 巨大で醜悪な物; U (形・性質の)怪異さ, 奇怪さ

mon·strous /mánstrəs マンストラス/ 形 怪物のような, 奇怪な; 巨大な; 途方もない 派生 **monster** 名

mon·tage /mɑntá:ʒ マンタージ/ 名 U モンタージュ(法); C モンタージュ写真

Mon·tan·a /mɑntǽnə マンタナ/ 名 モンタナ《♦アメリカ北西部の州; Mont., (郵便で) MT と略す》

Mont Blanc /mɑ̀nt blǽŋk マント ブランク/ 名 モンブラン《♦アルプス山脈中の最高峰(4,810m); フランス語で Mont「山」, Blanc「白い」》

Mont·gom·er·y /mɑntgʌ́məri マントガマリ/ 名 モントゴメリー《♦米国アラバマ州の州都》

month A1 中

/mʌ́nθ マンス/
名 (複 **months** /mʌ́nθs, mʌ́nts/) C
月; ひと月(間)

- **this month** 今月(に)
- **last month** 先月(に)
- **every month** 毎月
- School is going to start **next month**. 学校は来月から始まる (×... start from next month としない)
- In which **month** is your birthday? あなたのお誕生日は何月ですか
- several **months ago** 数ヶ月前に
- a few **months later** 数か月後に
- He stayed with us for two **months**. 彼はうちに2か月滞在しました

派生 **monthly** 形

month·ly B1 /mʌ́nθli マンスリ/ 形 月々の, 毎月の, 月1回の (! daily (毎日の), weekly (毎週の))
- a **monthly** magazine 月刊(雑)誌

— 副 月々, 毎月, 月1回
— 名 (複 **monthlies** /mʌ́nθliz/) C 月刊(雑)誌
派生 **month** 名

Mon·tre·al /màntrió:l マントリオール/ 名 モントリオール《♦カナダ最大の都市》

mon·u·ment B1 高 /mánjəmənt マニュメント | mónjəmənt モニュメント/ 名 (複 **monuments** /mánjəmənts マニュメンツ/) C 記念碑, 記念像[館], 記念物; (記念碑的な)大業績
派生 **monumental** 形

mon·u·men·tal /mànjəméntəl マニュメンタル/ 形 記念碑の; 記念碑的な; 途方もない 派生 **monument** 名

moo /mú: ムー/ 動 自 (牛が)モーと鳴く ━名 (複 **moos** /mú:z/) C モー《♦牛の鳴き声》

mood[1] A2 高

/mú:d ムード/ 名 (複 **moods** /mú:dz ムーヅ/) C ❶ 気分, 機嫌; (…したい)気持ち《*for, to do*》
- He is **in** a bad [good] **mood**. 彼はきげんが悪い[よい]
- I'm **in no mood to** go out. 私は外出する気分ではありません
- in a foul **mood** 険悪なムードで

❷ (社会・人々の)感情, 雰囲気, ムード (! 「ムードメーカー」は和製英語で, ×mood maker とはいわない)
- the public **mood** 国民感情

be in a mood 機嫌が悪い
派生 **moody** 形

mood[2] /mú:d ムード/ 名 C 《文法》法, 叙法《♦直説法・命令法・仮定法がある》

mood·y B2 /mú:di ムーディ/ 形 (比較級 **moodier**; 最上級 **moodiest**) むらっ気のある, お天気屋の; 不機嫌な (! 「(よい)雰囲気のある」の意味の「ムーディー」は和製英語で, ×moody とはいわない)
派生 **mood**[1] 名

moon A1 中

/mú:n ムーン/ 名 (複 **moons** /mú:nz/)
❶ C (天体の) 月 (! 形容詞は lunar (月の); 暦(こよみ)の上の「月」は month)
- a full [half] **moon** 満[半]月 (! moon は単独で用いるときは the moon とするが, full, half, new などがつくと, 変化する月の相をいうことになるので a をつける)

日英比較 月の表面の模様は英米では「人の顔」などに見立て, 子ども向けの話の中で the man in the moon (月の中の男)と言ったりする. また, 日本では月の色は黄色と考えられているが, 英米では白または銀色とされる

❷ C (惑星の)衛星 (=satellite)

cry* [*ask*] *for the moon 無理なものをほしがる
once in a blue moon ごくまれに
over the moon 有頂天になって

━動 (三単現 **moons** /mú:nz/; 過去・過分 **mooned** /mú:nd/; 現分 **mooning**) 自 《口語》
(…を)ふらふら歩き回る《*around*》

moon·beam /mú:nbì:m ムーンビーム/ 名 C 月光

moon·less /mú:nləs ムーンレス/ 形 (夜空が)月の出ていない

moon·light B2 高 /mú:nlàit ムーンライト/ 名 U 月光 ━動 自 (本職のほかに)内職する, アルバイトをする

moon·lit /mú:nlìt ムーンリト/ 形 月の光に照らされた, 月明かりの

moor[1] /múər ムア/ 名 U C 原野, 荒れ地

moor[2] /múər ムア/ 動 他 (船などを)停泊させる; 自 停泊する

moor·ing /múəriŋ ムアリング/ 名 U 係船, 停泊; C 《**moorings**》(船の)係留設備《♦錨(いかり)など》; 係船[係留]場

moose /mú:s ムース/ 名 (複 **moose**) (! 単数も複数も同じ形) C 《動物》ヘラジカ, ムース《♦カナダ・アメリカ北部に生息する巨大なシカ》

mop /máp マプ/ 名 C モップ《♦長い

柄(え)の付いたぞうきん》
ー 動 (三単現 mops /máps/; 過去・過分 mopped /mápt/; 現分 mopping) 他 (モップで)ふく; ぬぐう

mope /móup モウプ/ 動 自 ふさぎ込む, 意気消沈する

mo·ped /móupèd モウペド/ 名 C モペッド《◆原動機付き自転車》

mor·al B1 高 /mɔ́:rəl モーラル | mɔ́rəl モラル/ 名 (複 **morals** /mɔ́:rəlz/) C
❶《morals》(社会の)モラル; (個人の)品行 ❷ 教訓, ぐう意
ー 形 ❶ 道徳的な, 正しい; 道徳をわきまえた ❷ 道徳の, 倫理的な (! この意味では比較変化なし)
• **moral** values 道徳的価値観, 倫理観
❸ 精神的な (! この意味では比較変化なし)

mo·rale /mərǽl マラル/ 名 U (軍隊・労働者などの)士気, 勤労意欲, やる気

mor·al·ist /mɔ́:rəlist モーラリスト/ 名 C 道徳家[主義者]

mo·ral·i·ty B2 /mərǽləti モラリティ/ 名 (複 **moralities** /mərǽlətiz/) U 道徳; 倫理; 倫理観; 道徳性; C 教訓的なことば[話]

mo·ral·ize /mɔ́:rəlàiz モーラライズ/ 動 自 説教する; 他 道徳的に解釈する

mor·al·ly B2 /mɔ́:rəli モーラリ/ 副 道徳的に; 道義上; 事実上

mo·rass /mərǽs モラス/ 名 C 沼地; 《a [the] morass》窮地, 難局

mor·a·to·ri·um /mɔ̀:rətɔ́:riəm モーラトーリアム/ 名 (複 **moratoriums** /mɔ̀:rətɔ́:riəmz/, **moratoria** /mɔ̀:rətɔ́:riə/) C モラトリアム; 支払い猶予期間; 〔危険な活動の〕一時停止《*on*》

mor·bid /mɔ́:rbəd モービド/ 形 病的な, 不健全な; 病気の, 病気による

more A1 中

/mɔ́:r モー/

意味マップ
形 もっと多くの[多い]
代 もっと多くの物[人, 事, 量]; それ以上の事[物, 人]
副 ❶ もっと(多く)
❷ もっと…

ー 形 もっと多くの[多い] (! many (多数の), much (多量の)の比較級)

関連語› 単語力
more の反意語は「数が多い」では fewer (数えられる名詞に使う),「量が多い」では less (数えられない名詞に使う)

• **more** caps もっと多くの帽子 (! more＋数えられる名詞の複数)
• I want one **more** ticket. 私はもう1枚切符がほしい
• Would you like to have some **more** coffee? コーヒーをもう少し召し上がりますか

注意› 「more＋複数名詞」の強調には many や a lot など,「more＋数えられない名詞」の強調には much や a lot などを使う:
many more books さらにたくさんの本 (×much more books)
There are **far** [**a lot**] **more** elderly people than young people. 若者よりも高齢者のほうがずっと多い
He has **much more** money than I do. 彼は私よりずっと多くの金を持っている

ー 代《単複両扱い》もっと多くの物[人, 事, 量]; それ以上の事[物, 人]
• Tell me **more** (about yourself). (君のことについて)もっと私に話してください
• I had **more** than enough money. 私は十分すぎるほどお金を持っていた

ー 副 ❶ もっと(多く) (! much (大いに)の比較級)
• You must sleep **more**. 君はもっと眠らなければいけない
❷《形容詞・副詞の前について比較級をつくる》もっと…
• You must be **more** careful than ever. 君は今までよりもっと注意深くなければいけない
• Please speak **more** slowly. どうぞもっとゆっくり話してください (! more＋副詞)
• I think physics is **much** [**even**, **far**] **more** difficult than chemistry. 化学

より物理のほうがずっと難しいと思う

all the more それだけますます，なおいっそう

and no more 《主文に追加して》ただそれだけのこと，ただ…にすぎない

any more これ以上 ⇨**no more = not any more**

more and more (...) ますます(多くの…)

- The lessons are becoming **more and more** difficult. 授業はますます難しくなってきた

more or less 多少，いくらか；だいたい

more than ... ①…より多く(の)，…以上の[で]
②…以上の程度に[で]；(単に)…ではなく[ない]

- I love you **more than** anyone else. 私はほかのだれよりも君を愛している

注意》 (**1**) 厳密には more than ten は 10 を含まず，「11 以上」をさす．「10 以上」は ten and more などというが，日常では正確さが必要な場合を除いてこの違いは意識されない：
More than ten boys have come. 10人[11人]以上の少年が来ている
(**2**) more than one は「1 より多い＝2 以上」だが単数扱い：
More than one boy **has** gone away. (1人ならず)何人もの少年が行ってしまった

more than ever ますます，いっそう

much [***still***] ***more*** まして…はなおさらのことである

no more = not any more もう…ない

- I want **no more**. = I do**n't** want **any more**. 私はもう(これ以上)ほしくない
- He does**n't** work here **any more**. 彼はもうここで働いていない (=He **no longer** works here.)

no more than ... たった…，ほんの… (=only)；ただ…にすぎない (❗no は more を否定する；not more than との意味の違いに注意)

- I have **no more than** a dollar. 私はたった1ドルしか持っていない

no more *A* ***than*** *B* **=** ***not*** *A* ***any more than*** *B* Bでないと同様Aでない

- A bat is **no more** a bird **than** a cat is. ネコが鳥でないのと同様コウモリは鳥ではない

not more than ... …より多くはない，多くて…，せいぜい… (=at most) (❗not は動詞を否定する)

- There were **not more than** twenty people at the party. そのパーティーに出席した人はせいぜい 20 人だった

not more *A* ***than*** *B* BほどAでない • She is **not more** attractive **than** I am, is she? 彼女は私ほど魅力的ではないでしょ？

the more *A*, ***the more*** *B* Aすればするほどますます B

- **The more** money we make, **the more** we tend to spend. お金をかせげばかせぐほど使ってしまいがちだ ⇨**the** 副 ❶

what's [***what is***] ***more*** その上，おまけに

more·o·ver B1 高 /mɔːróuvər モーロウヴァ/ 副 その上に，さらに

morgue /mɔ́ːrg モーグ/ 名 C 死体公示所 《♦身元確認などのために死体を保管しておく場所》；(病院の)霊安室

Mor·mon /mɔ́ːrmən モーマン/ 名 C 《キリスト教》モルモン教徒

Mor·mon·ism /mɔ́ːrmənìzm モーモニズム/ 名 U 《キリスト教》モルモン教 《♦1830 年米国で創立されたキリスト教の一派》

morn·ing A1 中

/mɔ́ːrniŋ モーニング/
(発音 mourning (喪に服すること)と同音)
名 (複 **mornings** /mɔ́ːrniŋz/)
❶ U C 朝；午前

- **this morning** けさ
- The trains are crowded **in the morning**. 朝は電車がこんでいる (❗「朝(に)」「午前中(に)」と一般的にいうとき)

- **on** Sunday **morning** 日曜日の朝に
- **on** the **morning** of Christmas Eve クリスマスイブ(12月24日)の朝に (■特定の日の morning には on)

❷ U C (夜中の0時から正午までの)午前
❸《**the morning**》明朝
❹《形容詞的》朝の, 午前の

- a **morning** paper 朝刊

from morning till night 朝から晩まで

Good morning! A1 おはよう [CAN-DO Tips あいさつする]

mórning glòry 名 C《植物》アサガオ《◆ヒルガオを含む》

mórning sìckness 名 U (妊婦の)つわり

mórning stár 名《**the** をつけて》明けの明星, 金星 ⇨**evening star**

Mo·roc·co /mərάkou モラコウ/ 名 モロッコ《◆アフリカ北西部の王国; 首都ラバト(Rabat)》

mo·ron /mɔ́:rɑn モーラン/ 名 C《口語》ばか, まぬけ

mo·rose /məróus モロウス/ 形 気むずかしい, 不機嫌な, むっつりした

mor·phine /mɔ́:rfi:n モーフィーン/ 名 U《医学》モルヒネ《◆鎮痛・麻酔剤》

Mórse códe /mɔ́:rs モース/ 名 C《通信》モールス符号

mor·sel /mɔ́:rsəl モーセル/ 名 C ひと口; 少量

mor·tal B2 /mɔ́:rtl モータル/ 形 死ぬべき運命の (↔**immortal**); 致命的な; 人間の
— 名 C 人, 人間; いつか死ぬべき物

mor·tal·i·ty /mɔ:rtǽləti モータリティ/ 名 ❶ U 死すべき運命, 必滅 (↔**immortality**) ❷《単数形で》死亡者数; 死亡率

mor·tar[1] B2 /mɔ́:rtər モータ/ 名 U モルタル, しっくい
— 動 他 モルタルで接合する

mor·tar[2] B2 /mɔ́:rtər モータ/ 名 C すり鉢, 乳鉢; 迫撃(はくげき)砲

mor·tar·board /mɔ́:rtərbɔ̀:rd モータボード/ 名 C (大学の卒業式に被る)角帽

mort·gage B2 /mɔ́:rgidʒ モーギヂ/ 名 (複 **mortgages** /mɔ́:rgidʒəz/) C U (譲渡)抵当, 抵当に入れること; C 抵当権[証書]; 抵当で借りたお金
— 動 他 (家・土地などを)抵当に入れる《**for**》; (命・名誉などを)賭ける

mor·ti·cian /mɔ:rtíʃən モーティシャン/ 名 C《米》葬儀屋さん (=undertaker)

mor·ti·fy B2 /mɔ́:rtəfài モーティファイ/ 動 (三単現 **mortifies** /mɔ́:rtəfàiz/; 過去・過分 **mortified** /mɔ́:rtəfàid/; 現分 **mortifying**) 他《文章》くやしがらせる, 屈辱感を与える (■しばしば受け身で用いる); (欲情などを苦行によって)克服する

mor·tu·ar·y /mɔ́:rtʃuèri モーチュエリ/ 名 (複 **mortuaries** /mɔ́:rtʃuèriz/) C 死体仮置場《◆病院の霊安室など》

mo·sa·ic /mouzéiik モウゼイイク/ 名 ❶ U モザイク ❷ C モザイク画, モザイク模様; 寄せ集め

Mos·cow /mάskou マスコウ/ 名 モスクワ《◆ロシア共和国の首都》

Mo·ses /móuziz モウゼズ/ 名《聖書》モーセ《◆紀元前13世紀ころいたとされるイスラエル民族の指導者》

Mos·lem /mάzləm マズレム/ 名 形 (=Muslim)

mosque A2

/mάsk マスク|mɔ́sk モスク/
名 (複 **mosques** /mάsks/) C
イスラム礼拝堂, モスク ⇨**Islam**

mos·qui·to B1 高 /məskí:tou モスキートウ/ (×モスキート) 名 (複 **mosquitoes** /məskí:touz/) C 蚊(か)

moss B1 /mɔ́:s モース, mά:s マース | mɔ́s モス/ 名 (複 **mosses** /mɔ́:səz/) U C《植物》コケ

moss·y /mɔ́:si モースィ/ 形 (比較級 **mossier**; 最上級 **mossiest**) 苔(こけ)むした; 古びた

most A1 中

/móust モウスト/

意味マップ
形 ❶ たいていの; 大部分の
❷ 最も多くの

副 ❶最も
❷最も多く; いちばん
❸とても, きわめて
代 ❶大部分; たいていのもの
❷最も多くの数[量], 最大限

━形 ❶たいていの; 大部分の (❗不特定の人・物についていう; ×the をつけない)
• in **most** cases たいてい(の場合)
• **Most** people are right-handed.
大部分の人は右ききだ (❗×Almost people are right-handed.; Almost は副詞のため名詞や代名詞は修飾できない)
❷《しばしば **the most ...**》最も多くの (↔**fewest**, **least**) (❗ many (多数の), much (多量の)の最上級)
• He has **the most** money **of** the three brothers.
3人の兄弟のうちで彼がいちばんたくさんお金を持っている

━副 ❶《形容詞・副詞の前について最上級をつくる》最も, いちばん (❗形容詞の前ではふつう the most ..., 副詞の前では most ...)
• This is **the most** useful dictionary.
これはいちばん役にたつ辞書です (❗the most+形容詞+名詞)
• **most** importantly 最も重要なことには (❗most+副詞)
❷《しばしば **the most**》最も多く; いちばん (❗much (大いに)の最上級) (↔**the least**)
• I love you (**the**) **most** in this world.
私はこの世で君をいちばん愛している
❸《**a most**》とても, きわめて (=very)
• **a most** interesting book とてもおもしろい本

━代 ❶大部分; たいていのもの (❗この意味では ×the をつけない)
• Spanish is spoken in **most of** the countries in South America.
スペイン語は南米の国々の大部分で話されている

使い方› **most of**
(1) 形容詞と違って特定の人・物についていうので, of のあとの名詞の前には the や代名詞の所有格がつく:
Most of the children liked ice cream. その子どもたちの大部分はアイスクリームが好きだった (×Most of children ... とはしない; most children は「たいていの子どもたち」の意味)
We spent **most of our** money. 私たちは自分たちのお金をほとんど使ってしまった
(2) 動詞の数は most of のあとの名詞の数に合わせる:
Most of the milk **was** drunk, but **most of** the sandwiches **were** left.
牛乳のほとんどは飲まれたが, サンドイッチの大部分は残った

❷《**the most**》最も多くの数[量], 最大限
• This is **the most** I can do. これが私ができる最大限です[せいいっぱいでこれだけです]

at* (*the*) *most 多くとも, せいぜい
• She looks 20 **at** (**the**) **most**. 彼女はせいぜい20歳位にしか見えない

make the most of ... …を最大限に利用する

most·ly A2 高

/móustli モウストリ/ 副
主として, たいてい, 大部分は
• She **mostly** goes shopping on Sundays. 彼女は日曜日にはたいてい買い物に行く
比較 She goes shopping **almost** every Sunday. 彼女はほとんど日曜ごとに買い物に行く (❗every や all を修飾するのには almost や nearly を使う; ×mostly every Sunday とはいわない)

mo·tel /moutél モウテル/ 名 C モーテル (❗自動車道路沿いにあるドライバーのためのホテル)

moth /mɔ́:θ モース/ 名 (複 **moths** /mɔ́:ðz, mɔ́:θs/) C 蛾(が); (衣服を食う)イガ

moth·ball /mɔ́:θbɔ̀:l モースボール/ 名 C 虫よけ球 (♦防虫剤)

moth-eat·en /mɔ́:θì:tn モースイートン/ 形
❶(衣服が)虫に食われた
❷時代遅れの

moth·er A1 中 /mʌ́ðər マザ/
名 (複 **mothers** /mʌ́ðərz/) C
❶ 母, 母親 (！「父」は father)
参考》 家庭内では固有名詞のように用い, 冠詞や my をつけず, 書くときは Mother と大文字で始める. 《口語》では Mom, 小さな子どもは Mommy や Mama ということが多い. ⇨**mom**
• my [Ken's] **mother** 私の[ケンの]母
• a single **mother** シングルマザー
• **Mother** is not at home. 母はるすです
❷ (何かを生み出す)源, 原因
• Necessity is the **mother** of invention. 《ことわざ》必要は発明の母
❸ 女子修道院長
❹ 《形容詞的》母の; 母親らしい; 母のような
― 動 (三単現 **mothers** /mʌ́ðərz/; 過去・過分 **mothered** /mʌ́ðərd/; 現分 **mothering** /mʌ́ðəriŋ/) 他 母となる; 母親代わりとなって育てる

móther cóuntry 名 《the [my, his など]をつけて》母国, 故国

Móther Góose 名 マザーグース 《◆英国に古くから伝わるわらべ歌 (nursery rhyme) を集めた童謡集『マザーグース』(Mother Goose's Tales) の伝説的作者》 ⇨**nursery rhyme**

moth·er·hood /mʌ́ðərhùd マザフド/ 名 U 母であること, 母性; 《集合的》母親

moth·er-in-law B2 /mʌ́ðərinlɔ̀ː マザリンロー/ 名 (複 **mothers-in-law** /mʌ́ðərzinlɔ̀ː/) C 義理の母, しゅうとめ, 義母 (！自分の婚姻によって生じた義理の関係にある母親) ⇨**stepmother**

moth·er·less /mʌ́ðərləs マザレス/ 形 母が亡くなった, 母のいない

moth·er·ly /mʌ́ðərli マザリ/ 形 母親らしい

Móther's Dày 名 母の日 《◆5月の第2日曜日》

móther tóngue 名 《the [my, his など]をつけて》母語, 母国語

mo·tif /moutíːf モウティーフ/ 名 C 主題, モチーフ; (デザインなどで中心となる)主模様, 主調

mo·tion B2 高 /móuʃən モウション/ 名
❶ U 動き, 運動; (船・水面などの)揺れ
• the **motion** of the planets 惑星の運行
❷ C 動作, みぶり
put [*set*] *A in motion* A を始動させる
― 動 他 自 〔…に〕身ぶりで合図する《*to, at*》; 他 文型 [**motion A to** *do*] A に…するように合図する
派生 **move** 動

mo·tion·less B1 /móuʃənləs モウションレス/ 形 動かない; 静止した
mótionlessly 副 動かずに; 静止したままで

mótion pícture 名 C 《米》映画 (=movie) 《◆《英》では picture, cinema を多く用いる》

mo·ti·vate B1 /móutəvèit モウティヴェイト/ 動 (三単現 **motivates** /móutəvèits モウティヴェイツ/; 過去・過分 **motivated** /móutəvèitəd/; 現分 **motivating**) 他
やる気を起こさせる, 動機づけする, …の動機となる; 文型 [**motivate A to** *do*] A をかり立てて…させる
• a crime **motivated** by racism = a racially **motivated** crime 人種差別が動機となった犯罪

mo·ti·vat·ed B2 /móutəvèitəd モウティヴェイテド/ 形 やる気[意欲]のある, 動機づけられた

mo·ti·va·tion B1 高 /mòutəvéiʃən モウティヴェイション/ 名 (複 **motivations** /mòutəvéiʃənz/) U C
やる気を起こさせるもの, 動機(づけ), 刺激; 〔…する〕意欲《*to do*》
• They lack the **motivation to** study. 彼らには学習意欲が欠けている

mo·tive B1 /móutiv モウティヴ/ 名 (複 **motives** /móutivz/) C
動機, 動因; 主題, モチーフ
• the **motive for** a crime 犯罪の動機
• a real **motive** 真の動機
• an underlying **motive** 隠れた動機
― 形 動かす力をもつ (！名詞の前に用い

る)

mot·ley /mátli マトリ/ 形 雑多の, ごたまぜの; 色とりどりの

mo·tor B1 /móutər モウタ/ 名 (複 **motors** /móutərz/) C ❶ 発動機, モーター, エンジン (=engine)
- an electric **motor** モーター

❷《英》《口語》自動車 (=motorcar)
❸《形容詞的》モーターで動く; 自動車の

— 動 (三単現 **motors** /móutərz/; 過去・過分 **motored** /móutərd/; 現分 **motoring**) 自《英》《文章》自動車で行く, ドライブする

mo·tor·bike B2 /móutərbàik モウタバイク/ 名 C ❶《米》モーターバイク《♦軽量のオートバイや小型エンジン付き自転車》❷《英》オートバイ (=motorcycle)

mo·tor·boat /móutərbòut モウタボウト/ 名 (複 **motorboats** /móutərbòuts モウタボウツ/) C モーターボート

mo·tor·car /móutərkà:r モウタカー/ 名 (複 **motorcars** /móutərkà:rz/) C《英》自動車 ⇨**automobile**

mo·tor·cy·cle B1 /móutərsàikl モウタサイクル/ 名 (複 **motorcycles** /móutərsàiklz/) C オートバイ
- **ride (on)** a **motorcycle** オートバイに乗る

mótor hòme 名 C モーターホーム《♦居住機能をもつ自動車》

mo·tor·ist B2 /móutərist モウタリスト/ 名 C マイカー運転[旅行]者

mo·tor·ize /móutəràiz モウタライズ/ 動 他 エンジンをつける; 動力化する; (軍隊などを)機動化する

mo·tor·man /móutərmən モウタマン/ 名 (複 **motormen** /móutərmən/) C 運転手

mótor vèhicle 名 C《文章》(乗用車・バスなどの)自動車

mo·tor·way A2

/móutərwei モウタウェイ/ 名 (複 **motorways** /móutərweiz/) C《英》高速自動車道路 (=《米》expressway, freeway)

mot·tled /mátld マトルド/ 形 ぶちの, まだらの

mot·to B1 高 /mátou マトウ | mɔ́tou モトウ/ 名 (複 **mottoes, mottos** /mátouz/) C (教訓的な)標語, 座右の銘, モットー; 題銘; 題辞

mould[1] /móuld モウルド/ 名 動《英》(=mold[1])

mould[2] /móuld モウルド/ 名 動《英》(=mold[2])

mould·ing /móuldiŋ モウルディング/ 名《英》(=molding)

mould·y /móuldi モウルディ/ 形 (比較級 **mouldier**; 最上級 **mouldiest**)《英》(=moldy)

mound /máund マウンド/ 名 C ❶ (墓・遺跡などの)塚, 小丘(しょうきゅう); (物を積み上げた)山 ❷ (野球場の)マウンド

mount[1] B1 /máunt マウント/ 名 C (写真などの)台紙; マウント;《くだけて》乗用馬

— 動 (三単現 **mounts** /máunts マウンツ/; 過去・過分 **mounted** /máuntəd/; 現分 **mounting**) 他
❶ (階段・山などに)登る; (馬などに)乗る
❷ (交尾のために)マウンティングする

mount[2] B1 高 /máunt マウント/ 名 (複 **mounts** /máunts マウンツ/) C
山 (❗ふつう Mt. と略して山名に用いる)
- **Mount** Fuji 富士山 (=Mt. Fuji)

moun·tain A1 中

/máuntən マウンテン/
名 (複 **mountains** /máuntənz/)
❶ C 山 ⇨**hill**
- a high **mountain** 高い山
- the top [the foot] of a **mountain** 山の頂上[ふもと]
- **climb** a **mountain** 山に登る
- Mt. Fuji is the highest **mountain** in Japan. 富士山は日本でいちばん高い山だ

❷《**the ... Mountains**》…山脈
- **the** Rocky **Mountains** ロッキー山脈

a mountain of ... = mountains of ... 山のような…; 多量の…, 多数

の…
派生 **mountainous** 形

móuntain bìke 名 C マウンテンバイク

móuntain clìmbing 名 U 登山

moun·tain·eer /màuntiníər マウンテニア/ 名 C 山に住む人; 登山家

moun·tain·eer·ing /màuntəníəriŋ マウンテニアリング/ 名 U 登山

moun·tain·ous /máuntənəs マウンテナス/ 形 山地の, 山の多い; 山のような
派生 **mountain** 名

móuntain rànge 名 C 山脈

moun·tain·side /máuntənsàid マウンテンサイド/ 名 C 山腹

moun·tain·top B1 /máuntəntɑ̀p マウンタンタプ | máuntəntɔ̀p マウンタントプ/ 名 (複 **mountaintops** /máuntəntɑ̀ps/) C 山頂 (=peak, summit)

mourn B1 /mɔ́ːrn モーン/ 動 (三単現 **mourns** /mɔ́ːrnz/; 過去・過分 **mourned** /mɔ́ːrnd/; 現分 **mourning**) 自他 〔…を〕悲しむ, 悼(いた)む, 嘆く《*for, over*》; 自 喪に服する

mourn·er /mɔ́ːrnər モーナ/ 名 C (人の死などを)嘆き悲しむ人; 会葬者, 弔問客

mourn·ful B2 /mɔ́ːrnfəl モーンフル/ 形 悲しい; あわれを誘う; 悲しみに沈んだ; 陰気な
móurnfully 副 悲しそうに

mourn·ing /mɔ́ːrniŋ モーニング/ (発音 morning と同音) 名 U 悲しむこと, 悲嘆; 喪, 忌中; 喪服, 喪章

mouse A1 高

/máus マウス/ 名 (複 **mice** /máis/) C
❶ ネズミ, ハツカネズミ ⇨**mice**
❷ (複 **mouses** /máusəz/, **mice** /máis/) (コンピュータの)マウス

mouse·trap /máustræ̀p マウストラプ/ 名 C ネズミ取り(器)

mousse /múːs ムース/ 名 U C 《料理》ムース《◆クリーム状に泡立てた料理・菓子》

mous·tache /mʌ́stæʃ マスタシュ/ 名 (複 **moustaches** /mʌ́stæʃəz/) C 《英》(=mustache)

mouth A1 中

/máuθ マウス/ 名 (複 **mouths** /máuðz/) C ❶ (人間・動物の)口

• **open** *one's* **mouth** 口をあける
• Don't speak with your **mouth** full. 口にものをほおばったまましゃべってはいけない
• **Shut** your **mouth**. だまれ (←口を閉じろ)

関連語〉 単語力
lip くちびる
tongue 舌
tooth 歯 (複 teeth)

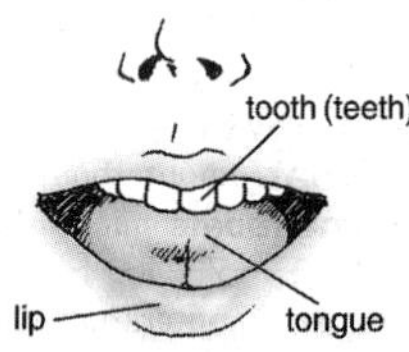

❷ (ほら穴などの)出入り口; 河口; (びんの)口; 口状のもの
• the **mouth** of a cave [tunnel] ほら穴[トンネル]の口

big mouth 《口語》おしゃべりな人, ほらふき

by word of mouth 口頭で, 口伝えで

keep *one's* ***mouth shut*** 《口語》秘密を守る; だまっている

— /máuð マウズ/ (発音 名 との違いに注意) 動 (三単現 **mouths** /máuðz/; 過去・過分 **mouthed** /máuðd/; 現分 **mouthing**) 他 (声を発しないで)口の動きだけでいう

発音に注意〉 単語力
mouth 名 /máuθ マウス/
mouths 名 複 /máuðz マウズズ/
mouth 動 /máuð マウズ/ (❗名詞の複数形では /θ/ が /ð/ になる) ⇨**bath**

mouth·ful /máuθfùl マウスフル/ 名 C 口一杯; ひと口分, 少量; 《口語》言いにくいことば

móuth òrgan 名C《楽器》ハーモニカ (=harmonica)

mouth·piece /máuθpìːs マウスピース/ 名C (楽器の)吹き口, (パイプの)吸い口; (ボクサーの)マウスピース; (電話器の)送話口;《口語》代弁者

mouth·wash /máuθwɔ̀ːʃ マウスウォーシュ/ 名U 口内洗浄剤, うがい薬

mov·a·ble /múːvəbl ムーヴァブル/ 形 動かせる, 移動できる

— 名C 動産; 家具, 家財

move A1中

/múːv ムーヴ/ 名 (複 **moves** /múːvz/) C 動き, 移動; (チェス・将棋などの駒の)動かし方, 動かす番

- make a **move** 動く, 行動を起こす

get a move on 急ぐ, 始める

- **Get a move on!** 急げ!

on the move 進行中で; 移動中で, 活動的で

— 動 (三単現 **moves** /múːvz/; 過去・過分 **moved** /múːvd/; 現分 **moving**)

❶ 他 動かす, 移動させる; 自 動く; 移動する, 引っ越す

- **move** the piano ピアノを動かす
- Let's **move to** another seat. I can't see the screen. ほかの席へ移ろうよ. (映画の)スクリーンが見えないもの
- His family **moved from** Seattle **to** Boston last month. 彼の家族は先月シアトルからボストンへ引っ越した

❷ 他 (心を)動かす, 感動させる

- We were deeply **moved** by his speech. 私たちは彼の演説に深く感動させられた[感動した]

❸ 他自《文章》〔…という〕動議を提出する《*that*…》

❹ 自 (事態が)進展する, 先へ進む

❺ 自〔…に対して〕行動する, 処置を取る《*on*》

move about [***around***] 周りを回る; 動き回る; 転々と住所[勤務先]を変える

move away 離れる, 去って行く; (住居などを)引き払う, 転居する

move in [***out***] 引っ越して来る[行く], 入って来る[出て行く]

move off (乗り物などが)出発する, 去る

move on 移動する, 動く; 進展する, 移る

move out 引っ越しする, 家を出る, 立ち退く

- The family **moved out** of the town. 一家は街を出ていった

move over (人が座れるように)席をつめる

move up ①昇進[進級]する; (価格などが)上がる ②(座席などを)つめる

派生 **motion**, **movement** 名

move·ment B1中 /múːvmənt ムーヴメント/ 名 (複 **movements** /múːvmənts ムーヴメンツ/)

❶ C (社会的・宗教的)運動

- a civil rights **movement** (人種・性別などによる差別撤廃を求める)公民権運動
- a political **movement** 政治運動

❷ UC 動くこと, 動き

❸ C 動作, みぶり;《ふつう **movements**》行動, 動静, 活動

❹ UC (時代などの)成り行き, 動向

❺ C《音楽》楽章

❻ C (時計などの)機械装置

派生 **move** 動

mov·er B2 /múːvər ムーヴァ/ 名C《米》引っ越し業者; 発起人; 動かす人; 動く人

mov·ie A1中

/múːvi ムーヴィ/ 名 (複 **movies** /múːviz/) C ❶《米》映画;《形容詞的》映画の (=《英》film)

- a horror **movie** ホラー映画
- go to the **movies** 映画を見に行く (❗ the movies は「《集合的》映画(の上映)」; go to the movie は「その(決まった)映画を見に行く」; ×go to movie とはしない)
- a **movie** star [fan] 映画スター[ファン]

❷《米》映画館

mov·ie·go·er /múːvigòuər ムーヴィゴウア/ 名C 映画ファン

móvie hòuse [**thèater**] 名C 《米》映画館

mov·ing B2 /múːviŋ ムーヴィング/ 形 人の心を動かす, 人を感動させる
- a **moving** story 感動的な物語

━動 move の現在分詞・動名詞

móving vàn 名C 引っ越しトラック

mow /móu モウ/ 動 (三単現 **mows** /móuz/; 過去 **mowed** /móud/; 過分 **mowed** /móud/, **mown** /móun/; 現分 **mowing**) 他自 刈り取る, 草を刈る

mow·er /móuər モウア/ 名C 芝刈り機 (=lawn mower)

mown /móun モウン/ 動 mowの過去分詞

Mo·zam·bi·can /mòuzəmbíːkən モウザンビーカン/ 名C モザンビーク人

━形 モザンビークの

Mo·zam·bique /mòuzəmbíːk モウザンビーク/ 名 モザンビーク《♦アフリカ南東部の共和国; 首都マプート(Maputo)》

Mo·zart /móutsaːrt モウツァート/ 名《**Wolfgang Amadeus Mozart**》モーツァルト(1756–91)《♦オーストリアの作曲家》

mpg 《略》miles per gallon 1ガロン当り走行マイル

mph 《略》miles per hour 時速…マイル

Mr., Mr A1 中

/místər ミスタ/

名 (複 **Messrs., Messrs** /mésərz/)

❶ …氏, …さん, …様, …先生 (❗(成人した)男性への敬称; mister (=master)の略)
- Good morning, **Mr.** Baker. ベイカーさん[先生], おはよう (❗呼びかけの時は名字だけをいう)
- **Mr.** Smith teaches us English. スミス先生が私たちに英語を教えてくれる (×*Teacher* Smith とはいわない)

使い方› **Mr., Mr**

(**1**) 男性の名字 (last name), または名前 (first name)+名字の前につける. ×Mr. James などと名前だけにはつけない

(**2**) 手紙の書き出しで Dear に続けるときは Dear Mr. Brown のように名字だけをつけ, ×Dear Mr. James Brown などとしない

(**3**) 《英》ではピリオドをつけないで Mr と書くことが多い ⇨**Miss, Mrs., Ms.**

❷ 《**Mr.**+地名・職業名などで》ミスター… (❗コンテストの優勝者・その職業などを代表するすぐれた男性などの称号)

Mr. and Mrs. ... …夫妻

MRI 《略》magnetic resonance imaging 磁気共鳴画像診断法

Mrs., Mrs A1 中

/mísəz ミスィズ/ 名 (複 **Mmes., Mmes** /meidáːm|meidǽm/)

…夫人, …さん; …先生 (❗結婚している女性への敬称; mistress (主婦)の略)
- **Mrs.** Smith スミス夫人 (❗最近は未婚既婚を区別しない Ms., Ms も多く用いられる)

使い方› **Mrs., Mrs**

(**1**) ふつうは既婚女性の名字 (last name), または(女性自身の)名前 (first name)+名字の前につける:

Mrs. Smith スミス夫人

Mrs. Ellen Smith エレン・スミス夫人

(×Mrs. Ellen などと名前だけにはつけない)

(**2**) 公式の場または夫との関連でその妻をいうときは, 夫の名前+名字の前につける. また夫妻を表すときは, 夫の名前+名字の前に Mr. and Mrs. をつける:

Mrs. Al Smith アル・スミス夫人

Mr. and Mrs. Al Smith アル・スミス夫妻

(**3**) 《英》ではピリオドをつけないで Mrs と書くことが多い

MS 《略》Mississippi ミシシッピ(州)

Ms., Ms A2 中

/míz ミズ/ 名 (複 **Mses., Ms.'s, Mses, Ms's** /mízəz/) …さん, …先生 (❗(成人した)女性への敬称)

参考› 女性だけ Miss, Mrs. で未婚・既婚の区別をつけるのは性差別だとする考えから

生まれた語. 多くの女性が Ms. を使うほうを好む

• **Ms.** (Ann) Smith (アン・)スミスさん

使い方› **Ms., Ms**
(**1**) 未婚・既婚を問わず女性の名字 (last name), または名前 (first name)＋名字の前につける. ×Ms. Ann などと名前だけにはつけない
(**2**)《英》ではピリオドをつけないで Ms と書くことが多い

M.S.《略》Master of Science 理学修士

MSG《略》monosodium glutamate グルタミン酸ナトリウム (◆うま味調味料の1つ)

MT《略》Montana モンタナ(州)

Mt. 中 /máunt マウント/《略》mount 山 (! 山の名前の前につける; ピリオドをつけないで Mt とも書く) ⇨**mount**[2]

much A1 中

/mʌ́tʃ マチ/

意味マップ
形 多量の, たくさんの
副 ❶ たいへん, 大いに, とても
❷ ずっと; はるかに
❸ ほぼ, ほとんど, だいたい
代 ❶ 多量, たくさん; 多く
❷ 重要なもの, たいした事

— 形 (比較級 **more**; 最上級 **most**)
多量の, たくさんの, 多くの (! 「多数の」は many)

• **much** time たくさんの時間 (! much＋数えられない名詞)
• **much** snow たくさんの雪
• **much** water 多量の水
• That's too **much** for me. それは私には多すぎる[荷が重すぎる, 手に負えない]
• **How much** (**money**) do you need? 君はどれだけ(のお金が)必要なのですか

会話 "**How much** is this?" "7 dollars." 「これいくら」「7ドルです」

使い方› (**1**) much は量の多いことを表し, 数えられない名詞と使う. 数えられる名詞には many を使う:
much furniture たくさんの家具 (! 家具を数える場合は many pieces [articles, items] of furniture とする)
many chairs 多くのいす
(**2**) 特に話しことばでは much はふつう疑問文・否定文で使われる. 肯定文で使うと形式ばった感じになるので, much の代わりに a lot of, lots of, plenty of, a good deal of などを使うことが多い. ⇨**lot**[1]
I **don't** drink **much** milk. 私はあまり牛乳を飲まない (! 否定文では「あまり…ない」と部分否定の意味になる)
(**3**) 肯定文でも too, so, as, how などのあとには much をふつうに使う:
The noise is **too much**. 騒音がひどすぎる

as much *B* ***as*** *A* Aと同じだけのB

• He drinks **as much** coffee **as** tea. 彼はコーヒーも紅茶も同じくらい飲む
• I have twice **as much** money **as** you do. 私は君の2倍のお金を持っている (←君が持っているのと同じだけのお金の2倍)

— 副 (比較級 **more**; 最上級 **most**)

❶ **たいへん, 大いに, とても**

• I like his pictures **very much**. 私は彼の絵が大好きです (! 特に肯定文では, 動詞の意味を強めるときは very much で用いることが多い)
• Thank you **very much**. たいへんありがとうございます

❷《比較級・最上級を強めて》**ずっと; はるかに**

• You can sing **much** better than I can. 君は私よりもずっと歌がじょうずだ

❸ **ほぼ, ほとんど, だいたい**

• be **much** the same ほぼ同じである

much as ... とても…だが

much less まして…でない ⇨**less**

much more まして…はなおさらのことである ⇨**more** 副 (成句)

not so much *A* ***as*** *B* AというよりむしろB

• He is **not so much** a novelist **as** a poet. 彼は小説家というよりむしろ詩人だ

not so much as *do* …すらしない

• He **cannot so much as** *write* Hiragana. 彼はひらがなすら書けない

see much of ... …とよく会う (❗否定文や疑問文でよく使う)

— 代 ❶多量, たくさん; 多く (↔**little**) (❗「多数」は many)

- **much** of the money そのお金の多く (×much of *money* としない)
- I don't know **much** (about him). 私は(彼については)あまり知りません
- Don't eat too **much** of the cake. ケーキを食べすぎちゃだめよ
- **Much** of the country is desert. その国の大部分は砂漠だ

❷重要なもの, たいした事

as much as *A* Aと同じだけ(多く)

- Drink **as much as** you want. 飲みたいだけ飲みなさい

not much of a ... たいした…ではない

So much for ... …はこれでおしまい

that [***this***] ***much*** 《口語》それだけ[これだけ], そんなに[こんなに]

think much of ... …を高く評価する, …を重んじる (❗否定文で用いることが多い)

too much for *A* Aの手に負えない; Aに耐えきれないくらいな

muck /mʌ́k マク/ 名 U (牛馬の)ふん; 肥やし; 《口語》ごみ, 泥; 汚物

mu·cus /mjúːkəs ミューカス/ 名 U (動植物の分泌する)粘液

mud B1 /mʌ́d マド/ 名 U (湿った)泥

派生 **muddy** 形

mud·dle /mʌ́dl マドル/ 動 他 ❶ごちゃまぜにする ❷混乱させる 《*up*》

muddle through (困難を)なんとか切り抜ける

— 名 C 《単数形で》 ❶(物事の)混乱, めちゃくちゃ (=disorder) ❷(頭の)混乱

mud·dy B2 /mʌ́di マディ/ 形 (比較級 **muddier**; 最上級 **muddiest**) 泥だらけの; 泥でぬかる; (泥で)にごった

- a **muddy** road 泥んこ道

— 動 (三単現 **muddies** /mʌ́diz/; 過去・過分 **muddied** /mʌ́did/; 現分 **muddying**)

他 泥だらけにする, 泥でよごす

派生 **mud** 名

mud·guard /mʌ́dgàːrd マドガード/ 名 C (車などの)泥よけ

mud·slide /mʌ́dslàid マドスライド/ 名 C 《地質》泥流(でいりゅう)

muff /mʌ́f マフ/ 名 C マフ (◆筒状の毛皮などでできた防寒具)

muf·fin /mʌ́fən マフィン/ 名 C マフィン; 《英》円形の軽焼きパン; 《米》(バターをつけて食べる)カップ型パン

muf·fle /mʌ́fl マフル/ 動 他 (保護・保温などのために)包む, おおう; (人・物が音・声などを)消す, 鈍く[弱く]する

muf·fler /mʌ́flər マフラ/ 名 C ❶えり巻き, マフラー (❗「マフラー」にあたる英語は muffler より scarf のほうがふつう) ❷《米》(自動車・バイクなどの)消音装置; (ピアノなどの)響き止め

mug A2

/mʌ́g マグ/ 名 (複 **mugs** /mʌ́gz/) C マグカップ; ビールジョッキ; マグカップ1杯の量

— 動 (三単現 **mugs** /mʌ́gz/; 過去・過分 **mugged** /mʌ́gd/; 現分 **mugging**)

他 《口語》強奪する, 金品を奪う

mug·ger /mʌ́gər マガ/ 名 C (路上での)ひったくり, 強盗

mug·gy /mʌ́gi マギ/ 形 (比較級 **muggier**; 最上級 **muggiest**) 蒸し暑い, うっとうしい

múg shòt 名 C (容疑者の)顔写真

Mu·ham·mad /muhǽməd ムハマド/ 名 ムハンマド, マホメット (=Mohammed, Mahomet) (570-632) (◆アラビアのメッカ (Mecca) に生まれたイスラムの開祖)

mul·ber·ry /mʌ́lbəri マルベリ/ 名 (複 **mulberries** /mʌ́lbəriz/) C 《植物》クワ; クワの実

mulch /mʌ́ltʃ マルチ/ 名 U 根覆い, 敷きわら

mule[1] B1 /mjúːl ミュール/ 名 (複 **mules** /mjúːlz/) C 《動物》ラバ (◆雄ロバと雌馬との雑種)

mule[2] B1 /mjúːl ミュール/ 名 (複 **mules** /mjúːlz/) C 《ふつう **mules**》ミュール, サンダル, つっかけ

mull /mʌ́l マル/ 動 他 《米》〔…を, …に〕熟考する, 思いをめぐらす《*over*》

mul·ti·col·ored /mʌ̀ltikʌ́lərd マルティカラド/ 形 多色の

mul·ti·cul·tur·al /mʌ̀ltikʌ́ltʃərəl マルティカルチャラル/ 形 多文化[民族]の

mul·ti·lat·er·al /mʌ̀ltilǽtərəl マルティラタラル/ 形 多国間の

mul·ti·lin·gual /mʌ̀ltilíŋgwəl マルティリングワル/ 形 数か国語を話せる; 多言語の

mul·ti·me·di·a /mʌ̀ltimíːdiə マルティミーディア/ 名 《単数扱い》マルチメディア

mul·ti·mil·lion·aire /mʌ̀ltimìljənéər マルティミリョネア/ 名 C 大富豪, 億万長者

mul·ti·na·tion·al /mʌ̀ltinǽʃənəl マルティナショナル/ 形 多国籍(企業)の
— 名 C 多国籍企業

mul·ti·ple B2 /mʌ́ltəpəl マルティプル/ 形 多様な; 複合の
— 名 C 倍数
派生 **multiply** 動

mul·ti·ple-choice /mʌ́ltəpəltʃɔ́is マルティプルチョイス/ 形 (試験問題が)多項選択式の

mul·ti·pli·ca·tion /mʌ̀ltəpləkéiʃən マルティプリケイション/ 名 《単数形で》掛け算, 乗法; U 増加

mul·ti·plic·i·ty /mʌ̀ltəplísəti マルティプリスィティ/ 名 《単数形で》多様性

mul·ti·ply B2 /mʌ́ltəplài マルティプライ/ 動 (三単現 **multiplies** /mʌ́ltəplàiz/; 過去・過分 **multiplied** /mʌ́ltəplàid/; 現分 **multiplying**) 他 自
❶ ふやす; ふえる
❷ かけ算をする, かける
• 4 **multiplied** by 5 is 20. 4を5倍すると20になる
派生 **multiple** 形

mul·ti·ra·cial /mʌ̀ltiréiʃəl マルティレイシャル/ 形 多民族の

mul·ti·tude /mʌ́ltətjùːd マルティテュード/ 名 C 多数; 大勢
a ***multitude of ...*** = ***multitudes of ...*** たくさんの…

mul·ti·tu·di·nous /mʌ̀ltətjúːdənəs マルティテューディナス/ 形 非常に多く[大勢]の; 雑多な

mum[1] /mʌ́m マム/ 形 黙っている, 物を言わない (=silent)

mum[2] A1

/mʌ́m マム/ 名 (複 **mums** /mʌ́mz/) C 《英》《口語》ママ, お母さん (=《米》mom) ⇨**mummy**[2]

Mum·bai /mʌmbái マンバイ/ 名 ムンバイ《◆インド西岸にあるインド最大の都市; ボンベイの正式名称》

mum·ble B2 /mʌ́mbl マンブル/ 動 他 …をぶつぶつ[もぐもぐ]言う; 自 もぐもぐ言う

mum·mi·fy /mʌ́məfài マミファイ/ 動 (三単現 **mummifies** /mʌ́məfàiz/; 過去・過分 **mummified** /mʌ́məfàid/; 現分 **mummifying**) 他 (死体を)ミイラにする

mum·my[1] /mʌ́mi マミ/ 名 (複 **mummies** /mʌ́miz/) C ミイラ; (ミイラのように)やせこけた人

mum·my[2] /mʌ́mi マミ/ 名 (複 **mummies** /mʌ́miz/) C 《英》《幼児語》ママ, お母ちゃん (=《米》mommy)

mumps /mʌ́mps マンプス/ 名 《the mumps》流行性耳下腺(じかせん)炎, おたふくかぜ

munch /mʌ́ntʃ マンチ/ 動 他 自 むしゃむしゃ[ぼりぼり]食べる《*away*》

mun·dane /mʌndéin マンデイン, ⌐⌐/ 形 《文章》平凡な, 退屈な; 現世の, 世俗的な

mu·nic·i·pal /mjuːnísəpəl ミューニスィパル/ 形 市の; 市政の; 市営の

mu·nic·i·pal·i·ty /mjuːnìsəpǽləti ミューニスィパリティ/ 名 (複 **municipalities** /mjuːnìsəpǽlətiz/) C 自治体; 市当局 (❗単数形で複数扱いすることもある)

mu·ni·tion /mjuːníʃən ミューニション/ 名 《ふつう **munitions**》軍需[軍用]品, 弾薬

mu·ral /mjúərəl ミュアラル/ 名 C 壁画

mur·der A2
/mə́ːrdər マーダ/
名 (複 **murders** /mə́ːrdərz/)
❶ U 殺人, 人殺し; C 殺人事件
• **commit murder** 殺人を犯す
❷ U 《口語》とても困難[不快・危険]なこと; 頑固な人
— 動 (三単現 **murders** /mə́ːrdərz/; 過去・過分 **murdered** /mə́ːrdərd/; 現分 **murdering** /mə́ːrdəriŋ/) 他 (人を)殺す
• John Lennon was **murdered** in 1980. ジョン・レノンは1980年に殺された

mur·der·er B1 /mə́ːrdərər マーダラ/ 名 (複 **murderers** /mə́ːrdərərz/) C 殺人者, 人殺し

mur·der·ous /mə́ːrdərəs マーダラス/ 形 殺人の; 殺意のある; 殺人的な, 耐え難い **múrderously** 副 殺意をもって

murk·y /mə́ːrki マーキ/ 形 (比較級 **murkier**; 最上級 **murkiest**) 《文章》暗い, 陰気な; 霧の濃い; 秘密めいた

mur·mur B2 /mə́ːrmər マーマ/ 名 C ささやき, (人声の)ざわめき, つぶやき声, (川の)せせらぎ, (風の)そよぎ
— 動 自 他 ささやく, 小声で言う; 自 (川などが)サラサラ音をたてる

mus·cle B1 高 /mʌ́sl マスル/ (×マスクル)
名 (複 **muscles** /mʌ́slz/) U C
❶ 筋肉; U 腕力, 筋力
• **muscle** aches 筋肉痛
• have a pulled **muscle** 肉ばなれを起こす
❷ 力, 影響力
• political [military, financial] muscle 政治力[軍事力, 財力]
— 動 (三単現 **muscles** /mʌ́slz/; 過去・過分 **muscled** /mʌ́sld/; 現分 **muscling**) 自 《口語》力づくで押し通す; 強引に割り込む 派生 **muscular** 形

mus·cu·lar /mʌ́skjələr マスキュラ/ 形 筋肉の; (筋骨)たくましい
派生 **muscle** 名

múscular dýstrophy 名 U 《医学》筋ジストロフィー

Muse /mjúːz ミューズ/ 名 《ギリシャ神話》ミューズ 《◆文芸・音楽の女神; 神々の王ゼウスの娘でみんなで9人; 総称して the (Nine) Muses という》

muse B2 /mjúːz ミューズ/ 動 自 物思いにふける

mu·se·um A2 中
/mjuːzíːəm ミューズィーアム/ (×ミューズィアム)
名 (複 **museums** /mjuːzíːəmz/) C
博物館; 美術館
• the British **Museum** 大英博物館
• Metropolitan **Museum** of Art メトロポリタン美術館

mush /mʌʃ マシュ/ 名 U 《米》トウモロコシがゆ; どろどろしたもの

mush·room A2 高
/mʌ́ʃruːm マシュルーム/
名 (複 **mushrooms** /mʌ́ʃruːmz/) C (食用)キノコ
— 動 (三単現 **mushrooms** /mʌ́ʃruːmz/; 過去・過分 **mushroomed** /mʌ́ʃruːmd/; 現分 **mushrooming**) 自
急成長する; キノコを採る

múshroom clòud 名 C (原爆などによる)きのこ雲

mu·sic A1 中
/mjúːzik ミューズィク/ 名 U
❶ 音楽 (❗ギリシャ語で「ミューズの神々(Muse)の技術」の意味から); 《形容詞的》音楽の
• play [perform] **music** (音楽を)演奏する (×*a* music, ×musics としない)
• listen to **music** 音楽を聞く
• a **music** teacher 音楽の先生
• a **music** room 音楽室

コロケーション
形+**music**
pop *music* ポップミュージック
country *music* カントリーミュージック
classical *music* クラシック音楽
dance *music* ダンスミュージック
rock *music* ロック
folk *music* フォーク

❷ 《集合的》音楽作品, 楽曲 ❸ 楽譜

face the music 《口語》(招いた)結果をまともに受け止める; 困難なことに立ち向かう

派生 **musical** 形

mu·si·cal A2 高

/mjúːzikəl ミューズィカル/ 形 **音楽の** (! この意味では比較変化なし); **音楽的な; 音楽好きな; 音楽の才能がある**

- a **musical** instrument 楽器
- **musical** influence 音楽的影響

— 名 (複 **musicals** /mjúːzikəlz/) C **ミュージカル**

- a Broadway **musical** ブロードウェイミュージカル

派生 **music** 名

músically 副 音楽的に

músical bòx 名 C 《英》(= music box)

músical cháirs 名 《単数扱い》**いす取りゲーム**

músic bòx 名 C 《米》**オルゴール** (= 《英》musical box)

mu·si·cian A1 中

/mjuːzíʃən ミューズィシャン/ (×ミューズィシャン) 名 (複 **musicians** /mjuːzíʃənz/) C **音楽家, ミュージシャン**

musk /mʌ́sk マスク/ 名 U **じゃこう**(の香り)

Mus·lim /mʌ́zləm マズリム/ 名 C **ムスリム, イスラム教徒** ⇨**Islam**

— 形 **ムスリムの, イスラム教(徒)の**

mus·sel /mʌ́səl マサル/ 名 C 《貝》(ムラサキ)**イガイ, ムール貝** 《◆食用》

must A1 中

/məst マスト; 《強》mʌ́st マスト/ 助

❶ 《必要・義務・命令を表して》**(ぜひ)…しなければならない**

[CAN-DO Tips 義務・必要を言う]

(! must は非常に強い響きの語で, 場合によっては相手に失礼になる; had better も命令調になるので助言するようなときは should や ought to (…するべきだ)を使う)

- We **must** work. 私たちは働かなければならない (! must+動詞の原形)
- It's getting late; I **must** go now. もう遅いね. もう行かなくちゃ (! It はばく然と「時」を表す; 進行形で I must be going now. ともいう)
- I **must** admit [say] that I don't like this book. ⇨フォーカス 3 4 正直言うとこの本は好きではない
- We **must** eat to live. 私たちは生きるためには食べなければならない[食べる必要がある]
- You **must** come to my house. ぜひ私の家に来てください ⇨使い方 (**2**)

使い方〉 must

(**1**)「…しなければならない」の反対の意味の「…する必要はない」は do not have [need] to または need not で表す. must not は「…してはならない」と禁止の意味になる. ⇨❸

"**Must** I come tomorrow?" "No, you **don't have to** [you **don't need to**]."「私はあした来なければなりませんか」「いいえ, その必要はありません」(! Must I…? に対して Yes で答えるときには Yes, you must.)

(**2**)会話では親しい相手に対して You must… を使って「ぜひ…してください」, We must… で「ぜひ…しましょう」といった気持ちを表すことができる.

❷ 《断定的推量を表し》…**に違いない**

- The story **must** be true. ⇨フォーカス 1 その話はほんとうに違いない (!「ほんとうのはずがない」は cannot be true)
- You **must** be joking. 冗談でしょ!, まさか!
- I **must** be dreaming. 僕は夢をみているに違いない
- I **must have** left my umbrella on the train. 電車の中に傘を忘れたに違いない (! must have *done* は「…したに違いない」で,「…しなければならなかった」の意味ではない)

❸ 《強い禁止を表して》(**must not** *do*) …**してはならない**

[CAN-DO Tips 禁止する・警告する]

must

A1 助 名

中 /məst マスト; 《強》 mʌ́st マスト/

意味マップ

助 ❶《必要・義務・命令》(ぜひ)…しなければならない

❷《断定的推量》…に違いない

❸《must not *do*》…してはならない

名 絶対欠かせないもの

ワンポイント・アドバイス

mustは助動詞の中で会話では7番目の頻度で，一般的用法は次の2つ：

(a) **強い義務や必要**：We must go now.　もうおいとましなくては

(b) **論理的必然性**：It must be true.　本当に違いない

mustは意味的に強く，あらたまった場では失礼になる可能性があるので注意.《米》ではhave toが好まれる. mustには過去形がないので，過去の場合にはhad toを，未来の場合はwill have toを使う.

非常に親しい間柄の時には，逆にmustを使うことで親しく勧める気持ちが出る.

You must come and visit us in Hokkaido.　ぜひ北海道に訪ねて来てね

助動詞の頻度

話し言葉でのmustの頻度

使えるコーパスフレーズ

must＋動詞

1 **must be**　She must be over fifteen.　彼女は15歳よりは上に違いない

2 **must have**　You must have a cold.　きみは風邪を引いているに違いない

3 **must admit**　You must admit.　白状してしまいなさい

4 **must say**　I must say I am having a good time.　楽しんじゃっています

5 **must do**　We must do everything for her.　彼女のためならあらゆることをしなくては

ネイティブはこういう！

◆ **Passengers must not cross the line.**　《掲示》歩行者 侵入禁止

◆ **You must be kidding.**　からかっているんでしょ

◆ **I'm sure she must feel embarrassed.**　彼女は絶対恥ずかしいと思っているよ

フォーカスページ

(❗ must not はしばしば短縮して mustn't という)

会話 "May I smoke here?" "No, you **mustn't**."「ここでたばこを吸ってもいいですか」「いいえ, いけません」(❗ mustn't は「禁止」, "No, you may not." とすると「不許可」を表す)

• "You **mustn't** park your car here." "Why not?"「ここに車を止めてはいけません」「どうしていけないんですか」

━ 名 《単数形で》絶対欠かせないもの

• Good dictionaries are a **must** for language learning. 語学学習にいい辞書は必需品だ

mus·tache B2 /mʌ́stæʃ マスタシュ/ 名 C 《時に **mustaches**》口ひげ ⇨**beard** 図

mus·tang /mʌ́stæŋ マスタング/ 名 C ムスタング《♦北米産の野生の小型馬》

mus·tard B1 /mʌ́stərd マスタド/ 名 U 辛子(からし), マスタード

mus·ter /mʌ́stər マスタ/ 動 他 招集[召集]する; 奮い起こす

━ 名 C 招集[召集]; 点呼

must·n't 中

/mʌ́snt マスント/ must not の短縮形

mus·ty /mʌ́sti マスティ/ 形 (比較級 **mustier**; 最上級 **mustiest**) かびの生えた; かび臭い; 時代遅れの

mu·ta·ble B2 /mjúːtəbl ミュータブル/ 形 《文章》変わりやすい, 移り気の

mu·tant /mjúːtənt ミュータント/ 名 C (生物の)突然変異体[種], 変種

mu·tate /mjúːteit ミューテイト/ 動 自 他 (生物が)突然変異する; 突然変異させる

mu·ta·tion /mjuːtéiʃən ミューテイション/ 名 U C 《生物》突然変異(体)

mute /mjúːt ミュート/ 形 (比較級 **muter**; 最上級 **mutest**) 無言の, ものが言えない ━ 名 C 《楽器》弱音器, 消音器

mu·ti·late /mjúːtilèit ミューティレイト/ 動 他 《しばしば **be mutilated**》(手・足などを)切断する; 台なしにする

mu·ti·la·tion /mjùːtiléiʃən ミューティレイション/ 名 U C (手足などの)切断, ひどい損傷; 削除; 《法律》文書毀損(きそん)

mu·ti·nous /mjúːtənəs ミューティナス/ 形 反抗的な; 暴動の, 反乱の

mu·ti·ny /mjúːtini ミューティニ/ 名 (複 **mutinies** /mjúːtiniz/) U C 反抗, 暴動; (特に水兵・船員の)反乱

━ 動 (三単現 **mutinies** /mjúːtiniz/; 過去・過分 **mutinied** /mjúːtinid/; 現分 **mutinying**) 自 〔…に対して〕暴動[反乱]を起こす《*against*》

mut·ter B2 /mʌ́tər マタ/ 動 (三単現 **mutters** /mʌ́tərz/; 過去・過分 **muttered** /mʌ́tərd/; 現分 **muttering** /mʌ́təriŋ/) 自 他 (不平などを)ぶつぶつ言う, つぶやく; 自 (雷が)ゴロゴロいう

━ 名 C つぶやき

mut·ton B2 /mʌ́tn マトン/ 名 U 羊肉(ようにく), マトン (❗「羊」は sheep,「子羊(の肉)」は lamb)

mu·tu·al B1 /mjúːtʃuəl ミューチュアル/ 形

❶ 相互の, たがいの

• They have a **mutual** respect for each other. 彼らはおたがいに尊敬しあっている

❷ 共同の, 共通の; 相互にわかちあう

• We have a **mutual** interest in animation. 私たちにはアニメという共通の趣味があります

mútual fùnd 名 《米》ミューチュアルファンド, オープンエンド型投資信託会社

mu·tu·al·ly /mjúːtʃuəli ミューチュアリ/ 副 相互に, 互いに

muz·zle /mʌ́zl マズル/ 名 C (動物の)鼻, 鼻面; (鼻面にはめる)口輪; 銃口, 砲口

━ 動 他 (動物に)口輪をはめる; (人に)口止めする; (新聞などの)言論の自由を抑圧する

my A1 中

/mái マイ/ 代

私の (❗ I の所有格;「私たちの」は our)

• **my** pen 私の(所有している)ペン (❗ my＋名詞; ×*a* [*the*] my pen としない)

• **my** brother(s) 私の兄[弟](たち)

• I touched it with **my** hand. 私は自分の手でそれにさわってみた

━ 間 あら！; おや！ (! ふつう女性が用いる)
- Oh, **my**! あらあら！
- **My**, what a big cat! わあ, おっきいネコちゃん！

Myan·mar /mjɑ́nmər ミャンマ/ 名 ミャンマー ⇨**Burma**

my·o·pi·a /maióupiə マイオウピア/ 名 U 《医学》近視, 近眼

my·op·ic /maiɑ́pik マイアピク/ 形 《医学》近視の; 近視眼的な

myr·i·ad /míriəd ミリアド/ 名 C 《文章》無数 ━ 形 無数の

my·self A2 中

/maisélf マイセルフ/

代 (複 **ourselves** /auərsélz/)

❶ 私自身を[に]; 私, 自分
- I hurt **myself**. 私はけがをした (←自分自身を傷つけた)
- I said to **myself**, "I'll do it." 「それをしよう」と私は自分(の心)に言い聞かせた

❷ 《主語の意味を強めて》 私自身で; 自分で
- I'll do it **myself**. それは自分でやります

(all) by myself ひとり(ぼっち)で; 独力で
- I live **by myself**. 私はひとりで暮らしている

for myself 独力で; ひとりで; 自分のために

mys·te·ri·ous A2 高

/mistíəriəs ミスティアリアス/ 形

❶ 神秘的な, なぞめいた; 不可思議な, 説明のつかない
- I love the film's **mysterious** and handsome main character. その映画の神秘的でハンサムな主人公が大好きです

❷ ないしょにしたがる, 話したがらない

❸ 秘密でいっぱいの

派生 **mystery** 名

mys·te·ri·ous·ly /mistíəriəsli ミスティアリアスリ/ 副 神秘的に; 不可解に; 不思議なことに

mys·ter·y A2 高

/místəri ミスタリ/

名 (複 **mysteries** /místəriz/)

❶ U 神秘, 不思議; C 不思議なこと, なぞ
- solve a **mystery** なぞを解く
- an unsolved **mystery** 未解決のなぞ
- It's a **mystery** to me why Ellen dated him. エレンがなぜあいつとつき合ったのかぜんぜんわからない

❷ C 推理小説, ミステリー

派生 **mysterious** 形

mys·tic /místik ミスティク/ 形 神秘的な, 不可思議な; 神秘主義的な (=mystical)
━ 名 C 神秘論[主義]者

mys·ti·cal /místəkəl ミスティカル/ 形 神秘主義の

mys·ti·cism /místəsìzm ミスティスィズム/ 名 U 神秘説, 神秘主義

mys·ti·fy B2 /místəfài ミスティファイ/ 動 (三単現 **mystifies** /místəfàiz/; 過去・過分 **mystified** /místəfàid/; 現分 **mystifying**) 他 けむに巻く, 当惑させる; 神秘化する

mys·tique /místí:k ミスティーク/ 名 U 《文章》(人・物に漂う)神秘性, 神秘的な雰囲気

myth B1 /míθ ミス/ 名 (複 **myths** /míθs/)

❶ U C (一般に言われてはいるが)根拠のない話[事柄], 作り話[事]
- contrary to popular **myth** 一般に信じられていることとは違って

❷ C 神話
- the Greek **myths** ギリシャ神話

myth·i·cal /míθikəl ミスィカル/ 形 神話の; 神話的な, 伝説(上)の; 架空の, 想像上の (=unreal)

myth·o·log·i·cal /mìθəlɑ́dʒikəl ミソラヂカル/ 形 神話(学)の; 架空の

my·thol·o·gy /miθɑ́lədʒi ミサロヂ/ 名 (複 **mythologies** /miθɑ́lədʒiz/) U 《集合的》神話 (=myths); U 神話学; C 神話集

N n *N n*

N[1]**, n** /én エン/ 名 (複 **N's, n's** /énz/) U C 英語アルファベットの第14番目の文字

N., N[2] 《略》 north 北

n. 《略》 noun 名詞

'n' /ən アン/ 接 《口語》 and の短縮形

nab /nǽb ナブ/ 動 (三単現 **nabs** /nǽbz/; 過去・過分 **nabbed** /nǽbd/; 現分 **nabbing**) 他 《口語》(犯人などを)捕らえる; (物を)ひったくる

nag /nǽg ナグ/ 動 (三単現 **nags** /nǽgz/; 過去・過分 **nagged** /nǽgd/; 現分 **nagging**) 他 〔…のことで〕口やかましく言う 《*about*》; (心配事などが, 人を)悩ませる, 苦しめる; 自 〔人に〕がみがみ言って苦しめる 《*at*》

nail B1 /néil ネイル/ 名 (複 **nails** /néilz/) C ❶くぎ
❷(手足の)つめ ⇨**fingernail, claw**
• You have long **nails**. つめが長いね
hit the nail on the head 適切なことを言う

— 動 (三単現 **nails** /néilz/; 過去・過分 **nailed** /néild/; 現分 **nailing**) 他
❶〔…に〕くぎを打つ, くぎを打ちつける 《*to, on*》
❷《口語》(犯人などを)捕まえる ❸(人・目などを)〔…に〕くぎづけにする 《*to, on*》
nail down ①くぎで留める ②はっきり取り決める

nail·brush /néilbrʌ̀ʃ ネイルブラシュ/ 名 C つめブラシ

náil clìppers 名 《複数扱い》 つめ切り

náil file 名 C つめやすり

náil pòlish 名 U マニキュア液

Nai·ro·bi /nairóubi ナイロウビ/ 名 ナイロビ 《◆ケニア (Kenya) の首都》

na·ive, na·ïve /nɑːíːv ナーイーヴ/ 形 単純な, 世間知らずの

参考》 日本語の「ナイーブ(純真な)」の意味で用いられることはまれ

naívely 副 単純に(も); 無邪気に(も)

na·ive·té, na·ïve·té /nɑːíːvtei ナーイーヴテイ, nɑːìːvtéi ナーイーヴテイ/ 名 U 無邪気, 世間知らず; C 無邪気な行為[言葉]

na·ive·ty, na·ïve·ty /nɑːíːvəti ナーイーヴティ/ 名 U (=naiveté)

na·ked B1 高 /néikəd ネイキド/ (発音 -ked は /kəd キド/ と発音する) 形
❶はだかの
• with the **naked** eye 裸眼[肉眼]で

どっち
naked と bare
どちらも「はだかの, むき出しの」の意味で使うが, ふつう **naked** は体の全体について, **bare** は体の一部についていう:
a **naked** body 裸体
a **naked** baby はだかの赤ちゃん
bare feet はだし
with **bare** hands 素手で

❷むき出しの, おおいのない
❸(事実などが)あからさまな, 赤裸々な (❗名詞の前に用いる)

name A1 中
/néim ネイム/ 名 (複 **names** /néimz/)
❶ C 名前, 名
• His **name** is Denzel Washington. 彼の名前はデンゼル・ワシントンです (❗Denzel は名前で first [given] name, Washington は名字で last [family] name と言う)
• We call each other **by** our first **names**. 私たちはたがいにファーストネームで呼び合う
• May I have [ask] your **name**? お名前をうかがってもよいですか[失礼ですがお名前をお聞かせください]

❷ U 《単数形で》名声, 評判
❸ C 《口語》(有名な)人, 名士
❹ U C 名義, 名目; 名ばかりのもの
by name 名前で, 名前は
• call ... **by name** …を名前で呼ぶ
by the name of ... …という名前の[で]
call ... names (「ばか・うそつき」などと言って)…の悪口を言う; 〔人〕をののしる
in name only 名目だけの
in the name of ... …の名にかけて; …の名において
make a name for** oneself* = ***make** one's* ***name 有名になる, 名を挙げる
under the name of ... …という名前で (❗実名と違うこともいう)
— 動 (三単現 **names** /néimz/; 過去・過分 **named** /néimd/; 現分 **naming**) 他
❶ 名づける, 命名する
• **Naming** a baby is very difficult. 赤ちゃんの名前をつけるのはとても難しい
文型 [**name A C**] 〔…にちなんで〕AにCと名前をつける《*after*, 《米》*for*》
• **name** the baby Linda 赤ちゃんをリンダと名づける
• a king **named** Solomon ソロモンという名の王 • He **was named** Tom **after** his uncle. 彼はおじの名をもらってトムと名づけられた
❷ 名前をあげる
❸ (日時・値段などを)はっきり決める, 指定する ❹ 文型 [**name A C** = **name A for** [**as**] **C**] AをCに任命する, 指名する (❗Cは名詞)
• We **named** her (**as**) captain. 私たちは彼女をキャプテンに指名した (❗1人しかつかない地位を表す語は冠詞をつけない)
You name it. そのほか何でも
name·less /néimləs ネイムレス/ 形
❶ 名前のない, 無名の
❷ 匿名の, 名を明かさない
❸ 言いようのない
name·ly /néimli ネイムリ/ 副 すなわち, つまり (=that is, that is to say)
• I know only two people in this room, **namely**, Saki and Mari. この部屋に知っている人は2人しかいない. つまり, サキとマリだ
name·sake /néimsèik ネイムセイク/ 名 C 同じ名前の人[物]
Na·mib·i·a /nəmíbiə ナミビア/ 名 ナミビア (◆アフリカ南西部の共和国; 首都ウィントフーク (Windhoek))
Nan·cy /nǽnsi ナンスィ/ 名 ナンシー (◆女性名; Ann, Anne の愛称)
nan·ny /nǽni ナニ/ 名 (複 **nannies** /nǽniz/) C 《英》乳母(うば)
nan·o·me·ter /nǽnəmìːtər ナノミータ/ 名 (複 **nanometers** /nǽnəmìːtərz/) C ナノメートル (❗10億分の1メートル; 略 nm)
nan·o·ro·bot /nǽnəròubɑt ナノロウボト/ 名 C ナノロボット
nan·o·tech·nol·o·gy /nænətekná̀lədʒi ナノテクナロヂ/ 名 U ナノテクノロジー (◆分子・原子レベルの大きさを扱う技術)
nap B1 /nǽp ナプ/ 名 (複 **naps** /nǽps/) C うたた寝, 居眠り, 昼寝
• take [have] a **nap** in the afternoon 昼寝をする
— 動 (三単現 **naps** /nǽps/; 過去・過分 **napped** /nǽpt/; 現分 **napping**) うたた寝する, 昼寝する
nape /néip ネイプ/ 名 C 《ふつう単数形で》首筋, うなじ

nap·kin A2

/nǽpkən ナプキン/
名 (複 **napkins** /nǽpkənz/) C
❶ (食卓用の)ナプキン
❷ 《米》(生理用)ナプキン (=sanitary napkin)
nápkin rìng 名 C ナプキンリング
Na·ples /néiplz ネイプルズ/ 名 ナポリ (◆イタリア南部の港市; 美しい景色で有名)
Na·po·le·on /nəpóuliən ナポウリオン/ 名 ナポレオン(1世) (1769–1821) (◆フランスの皇帝; のちセントヘレナ島に流されてそこで死んだ)
nap·py /nǽpi ナピ/ 名 (複 **nappies**

/nǽpiz/) C 《英》おむつ, おしめ (=《米》diaper)

nar·cis·sism /nɑ́ːrsəsìzm ナースィスィズム/ 名U 自己陶酔[賛美], ナルシシズム

nar·cis·sist /nɑ́ːrsəsist ナースィスィスト/ 名C 自己陶酔[賛美]者, ナルシスト

Nar·cis·sus /nɑːrsísəs ナースィサス/ 名 《ギリシャ神話》ナルキッソス《◆スイセンの花になったといわれる自己愛の強い美少年》⇨**narcissus**

nar·cis·sus /nɑːrsísəs ナースィサス/ 名 (複 **narcissuses** /nɑːrsísəsəz/, **narcissi** /nɑːrsísai/) C 《植物》(各種の)スイセン

nar·cot·ic /nɑːrkɑ́tik ナーカティク/ 形 麻酔性の, 催眠性の; 麻薬の; 麻薬中毒者の 一名C 《ふつう **narcotics**》麻薬, 睡眠薬, 麻酔剤

nar·rate B1 /nǽreit ナレイト, nəréit ナレイト/ 動 (三単現 **narrates** /nǽreits ナレイツ/; 過去・過分 **narrated** /nǽreitəd/; 現分 **narrating**) 他 《文章》語る; 述べる; 語り手[ナレーター]を務める

nar·ra·tion /nærέiʃən ナレイション/ 名 ❶U 物語ること, 述べること; (映画・劇などの)語り, ナレーション ❷UC 物語, 話 (=story) ❸U 《文法》話法

nar·ra·tive B1 /nǽrətiv ナラティヴ/ 名 (複 **narratives** /nǽrətivz/) UC 《文章》物語, 話; 話術, 語り口

一形 物語の, 話の; 物語風の

nar·ra·tor B2 /nǽreitər ナレイタ, nəréitər ナレイタ/ 名C 物語る人, 語り手, ナレーター

nar·row B1 高 /nǽrou ナロウ/ 形 (比較級 **narrower**; 最上級 **narrowest**)

❶ (幅が)狭い, 細い (↔**broad**, **wide**)

- a **narrow** street 狭い道
- This river is **narrow** here but is very **wide** [**broad**] near its mouth. この川はこのあたりでは狭いが河口付近では広い

> 注意› **narrow** と「狭い」
> narrow は「幅の狭い」ことをさすので「狭い (=小さい)部屋」の場合はふつう a small room という

❷ 限られた; かろうじての

- have a **narrow** escape 危機一髪で[危うく]助かる

一動 (三単現 **narrows** /nǽrouz/; 過去・過分 **narrowed** /nǽroud/; 現分 **narrowing**) 他 狭くする (↔**widen**); 自 狭くなる

narrow ... down to ... …を(…(まで)に)制限する, しぼる

一名 《**narrows**》《単数扱い》海峡

nar·row·ly B2 /nǽrouli ナロウリ/ 副 危うく, かろうじて, やっとのことで; 厳密に

nárrow-mínded 形 心の狭い, 偏狭な, 偏見を持った; かたくなな (↔**broad-minded**)

NASA /nǽsə ナサ/ 名 ナサ, 米国航空宇宙局 (! National Aeronautics and Space Administration の略)

na·sal /néizəl ネイザル/ 形 鼻の; 鼻にかかった, 鼻声の; 《音声》鼻音の

Nash·ville /nǽʃvil ナシュヴィル/ 名 ナッシュビル《◆米国テネシー州(Tennessee)の州都》

nas·ty B1 /nǽsti ナスティ | nɑ́ːsti ナースティ/ 形 (比較級 **nastier**; 最上級 **nastiest**)

❶ 意地の悪い

- Why were you **nasty** to her? どうして彼女にいじわるするの?

❷ 不快な, いやな, むかむかするような (↔**nice**)

- a **nasty** job いやな仕事

❸ ひどい, 重大な

❹ (天候などが)荒れ模様の

❺ みだらな, きたない

nástily 副 汚く, 不快に

na·tion A2 高

/néiʃən ネイション/

名 (複 **nations** /néiʃənz/) C

❶ 国家, 国 ⇨**country**

- a developing **nation** 発展途上国
- an industrial [advanced] **nation** 工業[先進]国
- the United **Nations** 国際連合, 国連 (! UNと略す)

❷ 国民; 民族

- the Japanese **nation** 日本国民

派生 **national** 形

na·tion·al A2 中

/nǽʃənəl ナショナル/ 形

❶ 全国的な (↔**local**)

- a **national** newspaper 全国紙

❷ 国立の

- a **national** park 国立公園
- a **national** theater 国立劇場

❸ 国民の

- a **national** holiday 国民の休日

❹ 国家の

- the **national** flag 国旗
- the **national** flower 国花

文化› 日本の「国花」はサクラ，イングランドはバラ，フランスはユリとアイリス，中国はボタン，韓国はムクゲ．アメリカには州花はあるが国花はない

— 名 (複 **nationals** /nǽʃənəlz/) C …国籍者，ある国の国民 (! 特に外国にいる場合)

- a Japanese **national** 日本国籍の人

派生 **nation** 名

nátionally 副 国家[国民]的に

nátional ánthem 名 C 国歌

na·tion·al·ism /nǽʃənəlìzm ナショナリズム/ 名 U ❶ 民族主義，民族独立主義 ❷ 国家主義，国粋主義

na·tion·al·ist B1 /nǽʃənəlist ナショナリスト/ 名 (複 **nationalists** /nǽʃənəlists ナショナリスツ/) C 国家[国粋]主義者；民族主義者

na·tion·al·is·tic /næ̀ʃənəlístik ナショナリスティク/ 形 国家主義の；民族主義の

na·tion·al·i·ty A1

/næ̀ʃənǽləti ナショナリティ/ 名 (複 **nationalities** /næ̀ʃənǽlətiz/) U C 国籍；国民；国家

- dual **nationality** 二重国籍
- What **nationality** is she? = What is her **nationality**? 彼女はどこの国の人ですか？

na·tion·al·ize /nǽʃənəlàiz ナショナライズ/ 動 他 国営[国有]化する (↔**privatize**)；全国的にする

Nátional Léague 名 《**the** をつけて》 ナショナルリーグ (! 米プロ野球大リーグの1つ) ⇨**major league**

nátional párk 名 C 国立公園

Nátional Trúst 名 《**the** をつけて》 ナショナルトラスト 《◆英国で1895年に設立された史跡自然保護協会》

na·tion·wide B2 /néiʃənwáid ネイションワイド/ 形 全国的な — 副 全国的に

na·tive A2 高

/néitiv ネイティヴ/ 形

❶ 出生地の，母国の，故郷の

- my **native** country [land] 私の生まれた国，故国

❷ その土地[国]に生まれた[育った]，土着の

- a **native** speaker of English 英語を母語としている人

❸ (動植物・産物などが)〔…に〕固有の，特有の，原産の 《*to*》

❹ 生まれながらの，生まれつきの

— 名 (複 **natives** /néitivz/) C

❶ その土地で生まれた人，生まれの人，出身者

- a **native** of California カリフォルニア生まれの人 (=a native Californian)

❷ 《しばしば **natives**》《古風》 先住民 (! 特にヨーロッパ人以外の住民；しばしば軽べつ的) ❸ (その土地)産の植物[動物]

Nátive Américan 名 C 北米先住民，先住アメリカ人 (! an American Indian よりも好まれる言い方)

NATO /néitou ネイトウ/ 名 ナトー，北大西洋条約機構 (! North Atlantic Treaty Organization の略)

nat·u·ral A2 中

/nǽtʃərəl ナチュラル/ 形

❶ 当然の，当たり前の，自然の (↔**unnatural**)

- **It is natural for** him **to** help his old mother. = **It is natural that** he should help his old mother. 彼が年老いた母親に手を貸すのは当然のことだ

❷ 天然の, 自然の; 自然のままの (↔ **artificial**); 自然界の
• **natural** science 自然科学
❸ 気取らない, ありのままの
❹ 生まれながらの, 生まれつきの
• Her hair has **natural** curls. 彼女の髪は生まれつきカールしている
— 名 C 《ふつう単数形で》《口語》(仕事の)適任者, ぴったりの人[物] 《*for*》
派生 **nature** 名

nàtural gás 名 U 天然ガス

nátural hístory 名 U 博物学 《♦植物学, 動物学, 鉱物学をまとめた旧称》

nat·u·ral·ist /nǽtʃərəlist ナチュラリスト/ 名 C 自然主義者; 博物学者

nat·u·ral·i·za·tion /nætʃərələzéiʃən ナチュラリゼイション/ 名 U (動植物の)帰化; (文化・言語などの)借入

nat·u·ral·ize /nǽtʃərəlàiz ナチュラライズ/ 動 他 《ふつう受け身で》帰化させる; 自 帰化する

nat·u·ral·ly B1 高 /nǽtʃərəli ナチュラリ/ 副 ❶ 《文を修飾して》当然, もちろん (=of course)
• They offered me a good job; **naturally** I accepted it. 彼らは私にいい仕事をくれたので私は当然引き受けた
❷ (特に努力をしないで)自然に, ふつうに; ふだんのように
• He speaks English very **naturally**. 彼はとても自然に英語を話す
❸ 生まれつき (=by nature)

nátural résources 名 《複数扱い》天然資源

nátural seléction 名 U 《生物》自然淘汰(とうた)

na·ture A2 中

/néitʃər ネイチャ/
名 (複 **natures** /néitʃərz/)
❶ U 自然; 自然界
• the forces of **nature** 自然の力 《♦風雨・日光・地震など》
• You can't go against the laws of **nature**. 自然の法則には逆らえない
❷ U C (人などの)天性, 性質, 本性
• human **nature** 人間の本性, 人間性
• She has a friendly **nature**. 彼女は人なつっこい性格です
❸ U (物の)本質, 特徴; C 《ふつう単数形で》種類 (=kind)

by nature 生まれつき, 本来, もともと

派生 **natural** 形

naught /nɔ́:t ノート/ 名 U 《文章》無, 無価値; U C ゼロ, 零 (=zero)

come to naught 無効[失敗]に終わる

naugh·ty B2 /nɔ́:ti ノーティ/ 形 (比較級 **naughtier**; 最上級 **naughtiest**)
❶ いたずらな, わんぱくな; 行儀が悪い ❷ いかがわしい, わいせつな

Na·u·ru /nɑ:ú:ru: ナーウールー/ 名 ナウル共和国 《♦南太平洋にある島国; 首都ヤレン (Yaren)》

nau·se·a /nɔ́:ziə ノーズィア, nɔ́:siə ノースィア/ 名 U 吐き気, むかつき

nau·se·ate /nɔ́:zièit ノーズィエイト/ 動 他 《文章》吐き気[嫌悪]を催させる

nau·seous /nɔ́:ʃəs ノーシャス/ 形 吐き気を催す[させる] (ような)

nau·ti·cal /nɔ́:tikəl ノーティカル/ 形 船の, 航海の

na·val B2 /néivəl ネイヴァル/ 形 海軍の

na·vel /néivəl ネイヴェル/ 名 C へそ

nável òrange 名 C 《植物》ネーブル (オレンジ) 《♦日本で多く流通しているオレンジ》

nav·i·ga·ble /nǽvigəbl ナヴィガブル/ 形 (川・湖が)航行できる

nav·i·gate B2 /nǽvəgèit ナヴィゲイト/ 動
❶ 他 自 (船・飛行機などを)操縦する
❷ 他 航行する, 航海する, 飛行する

nav·i·ga·tion B2 高 /nævəgéiʃən ナヴィゲイション/ 名 U 航行, 航海, 航空; (船・飛行機の)操縦, 操縦法

nav·i·ga·tor /nǽvəgèitər ナヴィゲイタ/ 名 C 航海[行]者; 航海長; 航空士

na·vy B2 /néivi ネイヴィ/ 名 (複 **navies** /néiviz/) ❶ C 海軍 (❗「陸軍」は army,「空軍」は air force)
❷ (=navy blue)

nàvy blúe B1 形 濃紺(こん)色の
―名U 濃紺色《◆英国海軍制服の色》

nay /néi ネイ/ 副《古風》否(いな); いや(=no)(❗古い言い方で, 形式ばった語)
―名(複 **nays** /néiz/) 反対; 反対投票(↔yea, aye)

Naz·a·reth /nǽzərəθ ナザレス/ 名 ナザレ《◆パレスチナ北部の町; キリストが少年時代を過ごした土地》

Naz·ca /nɑ́ːskɑː ナースカー/ 名 ナスカ《◆ペルー南西部の都市; 地上絵で有名》

Na·zi 高 /nɑ́ːtsi ナーツィ/ 名C ❶(ドイツの)ナチ党員 ❷《the Nazis》ナチ党《◆ヒトラー(Hitler)の指導した国粋党》

NBA《略》National Basketball Association 全米バスケットボール協会

NBC《略》National Broadcasting Company エヌビーシー《◆米国の大手放送会社》

NC《略》North Carolina ノースカロライナ(州)

ND《略》North Dakota ノースダコタ(州)

NE, N.E.《略》northeast 北東; northeastern 北東の; Nebraska ネブラスカ(州)

near A1 中

/níər ニア/ (×ネア) 前 (比較級 **nearer**; 最上級 **nearest**)(❗前置詞であるが比較変化をする)《距離・場所》…の近くに, …の近くの;《時間》…に近い頃に;《状態》…(の状態)に近い

- a house **near** the river 川の近くの家
- He **came nearer** (to) the fire to warm himself. 彼は暖まろうと, もっと火に近づいてきた(❗不定詞 to warm は「暖めるために」; 比較級, 最上級の場合はあとに to をつける(つまり副として使う)ことが多い)
- **near** the end of the year 年ももう終わりに近い頃
- He stood **near** the top of the league in both points and assists. 彼は得点とアシストの両方でリーグのトップに近かった

―副(比較級 **nearer**; 最上級 **nearest**)
❶《距離・場所》近く, 近くに(↔**far**);《時間》(時期が)迫って

- go **near** 近くに行く, 近寄る
- My aunt lives quite **near**. 私のおばはすぐ近くに住んでいます
- Spring is **getting** [**drawing**] **near**. 春が近づいてきた
- **Come nearer** to the fire. もっと火の近くに寄りなさい

❷《状態》ほとんど, だいたい(=nearly)

come near (***to***) ***doing*** 危うく…するところだ(❗to を省略すると near は前置詞)

near at hand 手近に, 手近なところに, 間近に

near by 近くに[の] ⇨**nearby**

- There was no house **near by**. 近くには家は1軒もなかった

near to (空間・時間的に)…近くに, …に接近して; …に近い状態で

not anywhere near... = ***nowhere near...*** …から遠く離れている; …どころか, …にほど遠い

―形(比較級 **nearer**; 最上級 **nearest**)
❶《距離・時間》近い, 近くの(↔**distant**) ⇨**close**[2]

- in the **near future** 近い将来[うち]に
- Spring is **near**. 春は近い
- the **nearest** post office いちばん近い[最寄りの]郵便局(❗「距離的に近い」の意味では原級の near はふつう名詞の前には使わず, the nearest restaurant(最寄りのレストラン)のように言うか nearby を使う)
- The bus stop is quite **near**, so let's walk. バス停はすぐ近くだから, 歩こう

❷《状態》きわどい, ほとんど…に近い

- The accident was a **near** disaster. その事故は大惨事になるところだった

❸《関係》近い, 密接な

- a **near** relative 近い親せき

―動(三単現 **nears** /níərz/; 過去・過分 **neared** /níərd/; 現分 **nearing**) 他 …に近づく(=approach); 自 近づく

near·by B1 高 /nìərbái ニアバイ/ 形 近くの

• a **nearby** park 近所の公園
━副 近くに, 近くで ⇨**near by** (**near** 副の成句)

near·ly A2 高
/níərli ニアリ/ 副 ❶ほとんど; ほぼ (=almost) (❗ある数・量・状態などにきわめて近く, その少し手前であることを表す)
• **nearly** ten dollars (10ドルには満たないが)およそ10ドル
• He is **nearly** sixty. 彼はもうじき60歳です (❗about sixty は「60歳前後」)
注意› (**1**) **nearly** には「(距離的に)近くに」という意味はない
(**2**) ほぼ同じ意味の **almost** は no, nothing, nobody などの否定語の前に使うことができるが, nearly はできない:
Almost nobody was against the plan. ほとんどだれもその計画に反対しなかった (×Nearly nobody...)
❷もう少しで, あやうく(…するところで)
• I was **nearly** run over by a truck. あやうくトラックにひかれるところだった
not nearly 《口語》まったく…でない, …には程遠い

nèar míss 名C ❶(飛行機の)ニアミス, 異常接近 ❷(的(まと)をわずかにはずれた)至近弾(しきんだん) ❸もう少しで成功しそうだったこと, 惜しい失敗

near·sight·ed /níərsáitəd ニアサイテド/ 形《おもに米》近眼の, 近視の (=《英》shortsighted) (↔**farsighted**) (❗ふつう名詞の前には用いない)
néarsíghtedness 名U 近視

neat B2 /níːt ニート/ 形 (比較級 **neater**; 最上級 **neatest**)
❶きちんとした, すっきりした
• She looks **neat** and tidy. 彼女はきちんとした身なりをしている
❷《米》《口語》すばらしい, かっこいい
❸手際のいい
❹《英》(酒が)水で割らない (=straight)

neat·ly /níːtli ニートリ/ 副 きちんと, 小ぎれいに; 手際よく

Ne·bras·ka /nebrǽskə ネブラスカ/ 名 ネブラスカ《◆米国中部の州; Neb(r)., (郵便で) NEと略す》

neb·u·la /nébjulə ネビュラ/ 名 (複 **nebulae** /nébjuliː/, **nebulas**) C 《天文》星雲

nec·es·sar·i·ly B2 高 /nèsəsérəli ネセセリリ/ 副 ❶必ず, 必然的に, どうしても
• He always says that careless planning **necessarily** leads to failure. いいかげんな計画は必ずや失敗に終わるのだと彼はいつも言う
❷《**not necessarily**》必ずしも…でない • Teachers are **not necessarily** right. 先生が必ずしも正しいとは限らない

nec·es·sar·y A2 中
/nésəsèri ネセセリ | nésəsəri ネセサリ/ 形
❶〔…にとって〕必要な, (物・事・人が)なくてはならない, 欠かせない《*for, to*》
• Food is **necessary for** life. 食物は生きるために必要である
文型 [**it is necessary** (**for A**) **to** *do*] (Aは)…する必要がある
• **It is necessary for** you **to** *work* harder. 君はもっと一生懸命働かなければならない
文型 [**it is necessary that ...**] …ということが必要である
❷必然的な, 避けられない
if necessary もし必要であれば
━名 (複 **necessaries** /nésəsèriz/) C 《ふつう **necessaries**》(ある目的のために)必要な品, 必需品 派生 **necessity** 名

ne·ces·si·tate /nəsésətèit ネセスィテイト/ 動 他 《文章》必要とする

ne·ces·si·ty B2 /nəsésəti ネセスィティ/ 名 (複 **necessities** /nəsésətiz/)
❶U 必要, 必要性
• **Necessity** is the mother of invention. 《ことわざ》必要は発明の母である
❷C (絶対に)必要な物, 生活必需品
• daily **necessities** 日常の生活必需品
❸UC 必然(性), 不可避なこと
(out) of necessity = from necessity 必要にせまられて, やむをえず

派生 necessary 形

neck A1 高

/nék ネク/ 名 (複 **necks** /néks/) C

❶首

- I have a stiff **neck**. 私は肩がこって首が回らない (←こわばった首を持っている)

日英比較 日本語の「首」は頭全体をいう場合があるが, neck は肩と頭部の間のみをさす ⇨ **face** 図

日本語の「首をかしげる」や「首を縦[横]に振る」などの「首」は英語では head を使う ⇨ **head**

❷(衣服の)えり

❸(びん・つぼ・バイオリンなどの)首, くびれ, くびれた部分

- the **neck** of a bottle びんの首

break *one* ***'s neck*** ①(馬から落ちるなどして)首の骨を折る[折って死ぬ] ②《口語》一生懸命働く

neck and neck 《口語》(競技で)互角で, 接戦で

up to *one's* ***neck in ...*** …にどっぷりつかって, 没頭して

— 動 (三単現 **necks** /néks/; 過去・過分 **necked** /nékt/; 現分 **necking**) 自 《口語》(相手の首に腕を回して)キスする

neck·er·chief /nékərtʃif ネカチフ/ 名 (複 **neckerchiefs** /nékərtʃifs/) C えり巻き, ネッカチーフ

neck·lace B1 /nékləs ネクレス/ 名 (複 **necklaces** /nékləsəz/) C ネックレス, 首飾(かざ)り

neck·tie /néktài ネクタイ/ 名 C 《米》ネクタイ (=tie)

nec·tar B1 /néktər ネクタ/ 名 U ❶(花の)蜜 ❷おいしい飲み物; 果汁 ❸《ギリシャ神話》ネクタル《♦神々の飲み物》

nec·ta·rine /nèktərí:n ネクタリーン/ 名 C 《植物》ネクタリン《♦モモの一種》

née, 《米》 **nee** /néi ネイ/ 形 旧姓… (❗既婚夫人の名のあとに付ける)

need A1 中

/ní:d ニード/ (発音 knead (こねる)と同音) 動 (三単現 **needs** /ní:dz ニーヅ/; 過去・過分 **needed** /ní:dəd/; 現分 **needing**) 他

❶…が必要である, …を必要とする

- **need** money お金が必要である
- I **need** your love very much. ぼくには君の愛がとても必要なんだ
- We badly **needed** his help. 私たちは彼の助けが非常に必要だった
- Do you **need** anything? 何か必要なものはおありですか

会話 "Do you **need** any help?" "No. I don't **need** any, thank you." 「君は助けがいりますか」「いや, 必要ありません. でもありがとう」

❷ 文型 [**need to** *do*] …する必要がある

- You **need to** *be* more careful. あなたはもっと注意深くしなければならない
- You don't **need to** *carry* an umbrella. 傘を持っていく必要はありません (=There's no need for you to carry an umbrella.)

文型 [**need** *do***ing**] …される必要がある

- The house **needs painting**. = The house **needs to** *be* painted. この家はペンキをぬる必要がある

使い方› **need** (助動詞と動詞)

(**1**)「…する必要がある」というとき, 動詞の need のあとには to *do*, 助動詞の need のあとには動詞の原形がくる

(**2**) 肯定文では助動詞ではなく動詞の need を使う:

You **need to** go there. 君はそこへ行く必要がある (❗×You need go there.)

(**3**) 助動詞の need は語形変化しないので, 主語が三人称単数でも needs としない. また, 過去や未来についていうときは, 動詞の need や have to を使う ⇨ **have to** (**have** 成句), **must**

(**4**) 助動詞の need の否定形は need not または needn't「…する必要がない」(=do not have to):

He **need not** hurry like that. 彼はそのように急ぐ必要はない[急がなくてもよい] (×needs not, ×need not to hurry) (❗動詞の need を使って He **doesn't**

need to hurry like that. とするほうがふつう)

—助 ❶(否定文・疑問文・条件文で)…する**必要がある**(❗助動詞を用いるのは動詞よりかたい表現となる)

会話 "**Need** I go now?" "No, you **needn't**. [Yes, you must.]"
「私は今行く必要がありますか」「いや, 行かなくていい[ええ, 行かなければなりません]」(❗形式ばった感じの言い方;《口語》ではふつう "Do I need to go now?" "No, you don't need to." のように need を本動詞として使う)

❷ 文型 [**need not have** *done*] …**しなくてもよかったのに**

• He **needn't have gone** with her to the hospital.
彼は彼女に付き添って病院に行かなくてもよかったのに(❗実際には行った)

比較 He **didn't need to** go with her to the hospital.
彼は彼女に付き添って病院に行く必要がなかった(❗実際に行ったかどうかはわからない)

—名 (複 **needs** /níːdz ニーヅ/)

❶《単数形で》**必要, 必要性**

• in case [time] of **need** 必要の時には
• You have **need of** a long rest. 君は長期の休養が必要だ
• There is no **need for** him **to** go now. 彼が今行く必要はない

コロケーション
形+**need**
an acute *need* 緊急の必要性
a basic *need* 基本的な必要性
a pressing [an urgent] *need* 差し迫った必要性
動+**need**
create a *need* 必要性を生じる
feel a *need* 必要を感じる
satisfy [meet] a *need* 必要を満たす

❷ C《ふつう **needs**》**必要な物**

• In the jungle, our first **needs** were food and water.
ジャングルの中で私たちがまず必要とした物は食糧と水だった

❸ U まさかの時;《文章》困窮(こんきゅう)

in need 必要で, 困って; 貧しい

• A friend **in need** is a friend indeed.
《ことわざ》困っている時の友[困っている時に助けてくれる友]は真の友

be in need of ... …を必要とする

if need be 必要なら

nee·dle B1 高 /níːdl ニードル/ 名 (複 **needles** /níːdlz/) C

❶ **縫**(ぬ)**い針, 編み針**; (一般に)**針**

• a **needle** and thread 針と糸, 糸を通した針

日英比較 日本語の「針」は意味範囲が広いので, 英語にするときは要注意.「飾り針」は pin,「釣り針」は hook,「時計の針」は hand,「昆虫の針」は sting

❷ **注射針; レコードプレーヤーの針; 磁石の針; 外科用の針**

❸ (松・モミなどの)**針葉**

look for a needle in a haystack 干し草の山の中に針をさがす(❗とてもできない事のたとえ)

—動 (三単現 **needles** /níːdlz/; 過去・過分 **needled** /níːdld/; 現分 **needling**) 他《口語》(人を)[…のことで]**いじめる, からかう**《*about*》

need·less B2 /níːdləs ニードレス/ 形 **無用な, むだな, 不要の, 不必要な**

• Reading the book was **needless**. その本を読む必要はなかった

Needless to say 言うまでもなく, もちろん

néedlessly 副 必要もないのに, いたずらに

nee·dle·work /níːdlwə̀ːrk ニードルワーク/ 名 U **針仕事, 裁縫**

need·n't /níːdnt ニードント/ need not を短くした形

need·y B2 /níːdi ニーディ/ 形 (比較級 **needier**; 最上級 **neediest**)

❶ **困窮している**(❗「援助を必要としている」の意味)

❷《**the needy**》《複数扱い》《名詞的》**困窮している人々**

ne·gate /nigéit ニゲイト/ 動 他《文章》**無効にする; むだにする; 否定する**

A B C D E F G H I J K L M N O P Q R S T U V W X Y Z

ne·ga·tion /nigéiʃən ニゲイション/ 名U 否定, 打ち消し (↔**affirmation**)

文法〉 否定(**negation**)
(**1**) 否定語のいろいろ
I'm **not** Japanese. 私は日本人ではありません
He **never** tells a lie. 彼はけっしてうそをつかない
I have **no** money with me. 私はお金を持ち合わせていない
Nobody knows it. だれもそれを知らない
That is **hardly** possible. そんなことはまずありえない
(**2**) 否定の仕方のいろいろ
She loves John, **not** me. 彼女が愛しているのはぼくではなくジョンだ (! 語句を否定)
I do**n't** know **all** of them. 私は彼ら全員を知っているわけではない (! 部分否定)
I know **none** of them. = I don't know **any** of them. 私は彼らのだれも知らない (! 全体否定)
She looked **far from** happy. 彼女はとても幸せそうには見えなかった (! 否定語を使わない否定的表現)

neg·a·tive A2 高 /négətiv ネガティヴ/ 形
❶ 悪い, 有害な
• a **negative** effect 悪影響
❷ 否定の; 反対の, 不賛成の (↔**affirmative**); 消極的な (↔**positive**)
• a **negative** vote 反対票
• He gave me a **negative** answer to my offer. 彼は私の申し出に対して必要ないと言ってきた
❸ 《数学》 負の, マイナスの; 《写真》 ネガの (↔**positive**); (検査などで)陰性の
— 名 (複 **negatives** /négətivz/) C
❶ 否定(のことば), 反対
❷ 《写真》 陰画(いんが), ネガ; 《数学》 負数; 《電気》 陰電気, 陰極板 (↔**positive**)
in the negative 否定で; 反対で[して]
— 動 (三単現 **negatives** /négətivz/; 過去・過分 **negatived** /négətivd/; 現分 **negativing**) 他 《文章》 ❶ 《しばしば受け身で》 …を否定する; 否決する
❷ …の誤りを証明する

neg·a·tive·ly B2 /négətivli ネガティヴリ/ 副 否定的に (↔**affirmatively**); 消極的に (↔**positively**)

ne·glect B2 /niglékt ニグレクト/ 名U 放置; 怠慢; 無視
— 動 他 ❶ 無視する ⇨**ignore**; ほうっておく
• The parents **neglected** their children. その両親は子どもをほったらかしにしていた
❷ 文型 [**neglect to** *do* = **neglect** *do***ing**] (忘れて)…しないでおく, …するのを怠る

ne·glect·ful /nigléktfəl ニグレクトフル/ 形 怠慢な, むとんちゃくな; なおざりにする
negléctfully 副 むとんちゃくに, なおざりに

neg·li·gee, neg·li·gée /nèɡləʒéi ネグリジェイ, négləʒèi ネグリジェイ/ 名C (寝巻きの上に着る女性用)部屋着

注意〉 日本語の「ネグリジェ」とは違い寝巻きの上にはおる部屋着[化粧着]のこと. 日本語の「ネグリジェ」は nightdress, nightgown という

neg·li·gence /néglidʒəns ネグリヂェンス/ 名 怠慢; 不注意; むとんちゃくなこと

neg·li·gent /néglidʒənt ネグリヂェント/ 形 怠慢な; 不注意な, むとんちゃくな
négligently 副 ずぼらに; むとんちゃくに

neg·li·gi·ble /néglidʒəbl ネグリヂブル/ 形 無視してもよいほどの; 取るに足らない

ne·go·tia·ble /nigóuʃiəbl ニゴウシアブル/ 形 交渉の余地がある; (道などが)通行できる; (手形・証券などが)譲渡できる; 換金できる

ne·go·ti·ate B1 /nigóuʃièit ニゴウシエイト/ 動 (三単現 **negotiates** /nigóuʃièit ニゴウシエイツ/; 過去・過分 **negotiated** /nigóuʃièitəd/; 現分 **negotiating**) 自

❶〔…について〕交渉する《*on, over, about*》;〔…と〕協議する《*with*》

- Barcelona is now **negotiating with** the player's agent. バルセロナは現在その選手の代理人と協議中だ

❷ 他〔…と交渉して〕取り決める, 協定する《*with*》;(難所などを)うまく通り抜ける 派生 **negotiation** 名

ne·go·ti·a·tion B1 /nigòuʃiéiʃən ニゴウシエイション/ 名 (複 **negotiations** /nigòuʃiéiʃənz/) U C《ふつう **negotiations**》交渉, 協議, 話し合い, 商談

- peace **negotiations** 和平交渉
- The student council is now **in negotiation with** the teachers about some school rules. 生徒会は今校則について先生方と交渉中です

派生 **negotiate** 動

ne·go·ti·a·tor /nigóuʃièitər ニゴウシエイタ/ 名 C 交渉者, 協議者

Ne·gro, ne·gro /ní:grou ニーグロウ/ 名 (複 **Negroes, negroes** /ní:grouz/) C《古風》黒人;《形容詞的に》黒人の (! 軽べつ的な語なので, 黒人種 (the Negro race) をさす場合以外は使用を避ける) ⇨ **African-American**

neigh /néi ネイ/ 動 自 (馬が)いななく

— 名 U C (馬の)いななき

neigh·bor A1 中

/néibər ネイバ/

名 (複 **neighbors** /néibərz/) C

❶ となりの人, 近所の人

- Mr. Smith is our **neighbor**. スミスさんはうちのご近所です

❷ となり合った人[物, 場所]; となりの国; 近くにある(同種の)もの

neigh·bor·hood B1 高 /néibərhùd ネイバフド/ 名 (複 **neighborhoods** /néibərhùdz ネイバフヅ/) C

❶ 近所, 付近

- He lives in my **neighborhood**. 彼はうちの近くに住んでいる

❷《**neighborhood**》《単数形で複数扱いもある》近所の人々

neigh·bor·ing B2 /néibəriŋ ネイバリング/ 形 となりの; 近くの, 近所の (! 名詞の前に用いる)

neigh·bor·ly /néibərli ネイバリ/ 形 付き合いのいい; 隣人としての

neigh·bour /néibər ネイバ/ 名《英》(=neighbor)

neigh·bour·hood /néibərhùd ネイバフド/ 名《英》(=neighborhood)

neigh·bour·ing /néibəriŋ ネイバリング/ 形《英》(=neighboring)

nei·ther B2 高 /ní:ðər ニーザ/ 形 どちらの…も…でない (! 単数名詞の前に使う)

- **Neither** book is interesting. どちらの本もおもしろくない (×Neither book*s* *are* … としない)
- I like **neither** picture. 私はどちらの絵も好きでない (=I like neither of the pictures.) (! 話しことばでは I do**n't** like **either** picture. という; あとの文の neither は代名詞)

— 代 (2つのうちの)どちら(の…)も…ない

- **Neither of** your answers is right. 君の答えはどちらも正しくありません
- She knows **neither of** us. 彼女は私たちのどちらも知らない (=She does**n't** know **either of** us.)

比較 She does**n't** know **both of** us. 彼女は私たちのどちらも知らないわけではない (! not … both は部分否定)

使い方〉 **neither** (代名詞)

(**1**) 原則として単数扱いだが, 話しことばでは複数として扱うこともある ⇨形

Neither of the books is [are] interesting. その本のどちらもおもしろくない

(**2**) neither of のあとには the, my, those などで限定された人・物や代名詞(目的格)がくる. 上の文では ×Neither of books としない

(**3**) neither は2者について使い, 3者以上の場合は none を使う ⇨**none**

— 副《打ち消しの文に続いて》…も…ない (=not either) (! neither+助動詞/be動詞/do+主語の形で使う)

- If you won't go, **neither** will I. 君が行かないなら私も行かない

会話 "I'm not hungry." "**Neither** am

I.”「私はおなかがすいていない」「私も」 比較 “I'm hungry.” “**So** am I.”「私はおなかがすいている」「私も」 ⇨**so**[1]

— 接 文型 [**neither A nor B**] AでもなくBでもない, AもBも(…し)ない
• My father **neither** smokes **nor** drinks. 私の父はたばこも酒もやりません
• **Neither** she **nor** I am wrong. 彼女も私もまちがってはいない

使い方〉 **neither A nor B**
(1) neither A nor B が主語になるときは動詞は nor のあとの語の人称・数に一致するのが原則だが, 話しことばでは複数として扱うこともある:
Neither you **nor** I **am** [**are**] wrong. 君も私もまちがってはいない (! Neither you are wrong nor am I. ともいえる)
(2) A と B に対等なものがくるように neither と nor は A と B の直前に置く:
I have visited **neither** France **nor** Italy. 私はフランスもイタリアも訪れたことがありません (×I have neither visited France nor Italy.)

Ne·o·lith·ic /nìːəlíθik ニーオリスィク/ 形 新石器時代の

ne·on /níːɑn ニーアン/ 名 U 《化学》ネオン《♦気体元素の一つ; 記号 Ne》

Ne·pal /nəpɔ́ːl ネポール, nəpɑ́ːl ネパール/ 名 ネパール《♦ヒマラヤ山脈中にある共和国; 首都はカトマンズ(Kathmandu)》

Nep·a·lese /nèpəlíːz ネパリーズ/ 形 ネパールの
— 名 (複 **Nepalese**) C ネパール人

neph·ew B1 /néfjuː ネフュー | névjuː ネヴュー/ 名 (複 **nephews** /néfjuːz/) C おい《♦兄弟姉妹の息子》(! 「めい」は niece)

nep·o·tism /népətìzm ネポティズム/ 名 U (権力者による)縁者[身内]びいき

Nep·tune /néptjuːn ネプテューン/ 名
❶《ローマ神話》ネプチューン《♦海の神; ギリシャ神話のポセイドン(Poseidon)にあたる》 ❷《天文》海王星

nerd /nə́ːrd ナード/ 名 C 《口語》専門ばか, オタク; さえない人
• a computer **nerd** コンピュータオタク

Ne·ro /níərou ニアロウ/ 名 ネロ(37-68)《♦ローマ帝国の皇帝; 暴君として有名》

nerve B2 高 /nə́ːrv ナーヴ/ 名 ❶ C 神経
• optic **nerves** 視神経
❷《**nerves**》神経過敏(かびん), ヒステリー, 神経質 • suffer from **nerves** 神経過敏である, びくびくする
❸ U C 《しばしば **nerves**》勇気, 度胸
❹《単数形で》《口語》厚かましさ, ずうずうしさ

get on A's nerves 《口語》A(人)の神経に障る, A(人)をいらいらさせる

have the nerve to do ① …する勇気がある ② ずうずうしくも…する

— 動 他 《文章》(人を)勇気[元気]づける, 励ます 派生 **nervous** 形

nerve-rack·ing, nerve-wrack·ing /nə́ːrvrǽkiŋ ナーヴラキング/ 形 神経をいらだたせる, 耐えがたい

nerv·ous A2 中

/nə́ːrvəs ナーヴァス/ 形
❶ (人が)心配して, 不安で, びくびくして; 自信のない
• I always get **nervous** during English conversation class. 私はいつも英会話の授業の間緊張してしまう
❷ 神経の
• the **nervous** system 神経系
派生 **nerve** 名

nérvous bréakdown 名 C ノイローゼ, 神経衰弱

nerv·ous-look·ing /nə́ːrvəslúkiŋ ナーヴァスルキング/ 形 神経質そうな

nerv·ous·ly B2 /nə́ːrvəsli ナーヴァスリ/ 副 神経質に; いらいらして; びくびくして

nerv·ous·ness B1 /nə́ːrvəsnəs ナーヴァスネス/ 名 U 神経質; 神経過敏; びくびくすること, 臆病

Ness /nés ネス/ 名 ⇨**Loch Ness**

Nes·sie /nési ネスィ/ 名 ネッシー (! ネス湖(Loch Ness)に住んでいるといわれる怪物)

nest 高 /nést ネスト/ 名 C
❶ (鳥・虫・カメ・ヘビ・リスなどの)巣

❷ 居心地のよい場所; 避難所
❸ (悪人の)巣; (犯罪などの)温床
— 動 自 巣を作る
nést ègg 名 C 貯金, 蓄え(た金)
nes·tle /nésl ネスル/ 動 自 心地よく横たわる; 寄り添う; (家などが)具合よく納まる《*among, between*》; 他〔…に〕心地よく落ち着かせる《*in, into*》;〔…に〕すり寄せる《*on, against*》

net[1] A2 高
/nét ネト/ 名 (複 **nets** /néts ネツ/)
❶《**the Net**》インターネット (=Internet); (放送・通信・コンピュータの)ネットワーク (=network)
• I learned the news on **the Net**. そのニュースはインターネットで知った
❷ C 網(あみ), ネット; (サッカーなどの)ゴール(ネット)
• a safety **net** (人が落下したときにけがをしないための)安全網; 安全策
— 動 (三単現 **nets** /néts ネツ/; 過去・過分 **netted** /nétəd/; 現分 **netting**) 他
❶ (魚・鳥・虫などを)網で捕る
❷ 網でおおう; 網を張る
net[2] B1 /nét ネト/ 形 (! 比較変化なし) (! 名詞の前に用いる)
❶ 正味の, 掛け値のない
• a **net** profit 純利益
❷ (あらゆる考慮を加えた)最終的な
— 動 (三単現 **nets** /néts ネツ/; 過去・過分 **netted** /nétəd/; 現分 **netting**) 他 (企業などが)…の純益をあげる; (人などが)…の所得を得る
Neth·er·lands /néðərləndz ネザランヅ/ 名《**the Netherlands**》《単数扱い》ネーデルランド《♦オランダ (Holland) の正式名称; 北西ヨーロッパの王国; 首都アムステルダム (Amsterdam)》⇨**Dutch**
net·tle /nétl ネトル/ 名 C《植物》イラクサ; いらいらさせるもの
— 動 他 (人を)いら立たせる, 怒らせる
néttle ràsh 名 C じんましん
net·work B1 高 /nétwə̀ːrk ネトワーク/ 名 (複 **networks** /nétwə̀ːrks/)
❶ C (ラジオ・テレビの)ネットワーク, 放送網; コンピュータネットワーク
• TV **networks** テレビネットワーク
❷ C 網状組織, 網の目のような組織; 網状のもの
• a road **network** 道路網
❸ C (人・組織などの)人脈, ネットワーク
— 動 (三単現 **networks** /nétwə̀ːrks/; 過去・過分 **networked** /nétwə̀ːrkt/; 現分 **networking**) 他 (コンピュータを)ネットワークにつなぐ; 自 情報交換する
net·work·ing /nétwə̀ːrkiŋ ネトワーキング/ 名 U (仕事上の)ネットワーク[情報網, 人脈]作り;《コンピュータ》ネットワーク[通信網]作り
neu·ral /njúərəl ニュアラル/ 形 神経(系)の
neu·rol·o·gist /njuərálədʒist ニュアラロヂスト/ 名 C 神経学者; 神経科医
neu·rol·o·gy /njuərálədʒi ニュアラロヂ/ 名 U 神経学
neu·ron /njúəran ニュアラン/ 名 C《解剖》ニューロン, 神経単位
neu·ro·sis B2 /njuəróusis ニュアロウスィス/ 名 (複 **neuroses** /njuəróusiːz/) U C《医学》神経症, ノイローゼ
neu·rot·ic /njuərátik ニュアラティク/ 形 神経症の, ノイローゼの, 神経過敏な
— 名 C 神経症患者; 神経過敏の人
neu·ter /njúːtər ニュータ/ 形《文法》中性の;《生物》(動植物が)無性の — 動 他 去勢する (! ふつう受け身で用いる)
neu·tral B1 /njúːtrəl ニュートラル/ 形
❶ 中立の; 公平な (=impartial)
• He always takes a **neutral** position. 彼はいつも公平な立場をとる
❷ (特徴・種類などが)中間的な, あいまいな
— 名 (複 **neutrals** /njúːtrəlz/) ❶ U (ギアの)ニュートラル ❷ C 中立国
neu·tral·i·ty /njuːtrǽləti ニュートラリティ/ 名 U ❶ 中立
❷《生物》無性;《化学》中性
neu·tral·i·za·tion /njùːtrələzéiʃən ニュートラリゼイション/ 名 U 中立化;《化学》中和

neu·tral·ize /njúːtrəlàiz ニュートラライズ/ 動 他 ❶中和する ❷中立化する，中立宣言を出す

neu·tron /njúːtrɑn ニュートラン/ 名 C 《物理》中性子，ニュートロン

Ne·vad·a /nəvǽdə ネヴァダ/ 名 ネバダ《◆米国西部の州; Nev., (郵便で) NV と略す》

nev·er A1 中

/névər ネヴァ/ 副 決して…ない; どんな時でも…でない[…しない], まだ一度も…ない (❗強い否定を表す語)

- I have **never** been to a foreign country. 外国へは行ったことがない
- He **never** tells lies. 彼は決してうそを言わない
- **Never** mind. 心配するな，かまうことはない
- **Never** give up! 決してあきらめるな

会話 "Have you ever been to Paris?" "No, (I have) **never** (been there)." 「あなたはパリへ行ったことがありますか」「いいえ，一度も」(❗ never は ever と対比的に使うことも多い)

使い方〉 **never**

(**1**) never の位置は上の用例のように be 動詞・助動詞のあと，一般動詞の前が原則. to 不定詞につけるときは never to *do* となる:
Jim promised **never to** do it again. ジムは二度とそんなことはしないと約束した
ただし，短縮された応答で動詞が省かれたり代動詞の do を使うときは never は助動詞・代動詞の前に置く

(**2**) 現在・過去・未来のことについて，また完了形で用いるが，特定の過去のことを否定するのには用いない:
×I never saw him yesterday.
○I didn't see him yesterday.
きのうは彼に会わなかった

(**3**) doesn't や didn't のあとでは動詞は原形にするが，never は副詞なので動詞は三単現や過去形にする:
I didn't **go** there. 私はそこへ行かなかった
I **never went** there. 私は決してそこへ行かなかった

(**4**) 強調のために never が文頭にくると倒置が起こる:
Never did I imagine you marrying him. 君が彼と結婚するなんて思ってもみなかった

never ... but *A* …すればかならず A する (❗ but のあとは節)

never *do* ***without*** *doing* ⇨ **without** (成句)

Well, I never! 《口語》あきれた，まさか

nev·er-end·ing /névəréndiŋ ネヴァレンディング/ 形 果てしない; 終わりのない

nev·er·the·less B1 高 /nèvərðəlés ネヴァザレス/ 副 それにもかかわらず，それでも (❗かたくるしい語)

- It is snowing heavily; **nevertheless**, I have to go to school. 雪がすごく降っているが，学校に行かなければならない

new A1 中

/njúː ニュー/ (発音 knew (know の過去形) と同音) 形 (比較級 **newer**; 最上級 **newest**) ❶新しい; 新品の (↔**old**)

- a **new** dictionary 新しい[新刊の]辞書
- a **new** type of computer 新型のコンピュータ
- Is your car **new** or secondhand? 君の車は新車ですか中古車ですか

❷新任の，今度の; 新入りの

- our **new** teacher 私たちの今度[新任]の先生 • **new** members 新会員，新入部員

❸ (物事が)〔人にとって〕目新しい，見慣れない，初めてで; 慣れてない《*to*》

- Everything was **new to** him. 彼にとってはすべてのものが目新しかった

as good as new 新品同様の

What's new? 何か変わったことでもあるかい?，元気かい?

new·born B1 /njúːbɔ̀ːrn ニューボーン/ 形 生まれたばかりの; 生まれ変わった
━ 名 (複 **newborn**, **newborns** /njúːbɔ̀ːrnz/) C 新生児

new·com·er B1 高 /njúːkʌ̀mər ニューカマ/ 名 (複 **newcomers** /njúːkʌ̀mərz/)

Ⓒ 新しく来た人[物], 来たばかりの人, 新入生[社員], 新顔; 初心者

Nèw Délhi 名 ニューデリー《◆インド共和国の首都》

Nèw Éngland 名 ニューイングランド《◆米国北東部, メイン, ニューハンプシャー, バーモント, マサチューセッツ, ロードアイランド, コネティカットの6州; 現在のアメリカ合衆国の母体となった》

New·found·land /njú:fəndlæ̀nd ニューファンドランド/ 名 ニューファンドランド《◆カナダ東部の島》

Nèw Guínea 名 ニューギニア《◆オーストラリア北方の島》

Nèw Hámp·shire /hǽmpʃər ハンプシャ/ 名 ニューハンプシャー《◆米国東部の州; N.H., (郵便で) NHと略す》

Nèw Jér·sey /dʒə́:rzi チャーズィ/ 名 ニュージャージー《◆米国東部大西洋岸の州; N.J., (郵便で) NJと略す》

new·ly B1 /njú:li ニューリ/ 副 最近, 近ごろ
- **newly** painted walls 新しくペンキをぬった壁(かべ), ペンキぬりたての壁

new·ly·wed /njú:liwèd ニューリウェド/ 名 Ⓒ《ふつう **newlyweds**》新婚の夫婦

Nèw México 名 ニューメキシコ《◆メキシコと国境を接する米国西部の州; N.Mex., N.M., (郵便で) NMと略す》

Nèw Ór·le·ans /ɔ́:rliənz オーリアンズ/ 名 ニューオーリンズ《◆米国ルイジアナ州南東部の都市; ジャズの発祥地》

news A1 中

/njú:z ニューズ/ (×ニュース) 名 Ⓤ

❶ 知らせ, (個人的な)ニュース, たより (❗「初めて聞く情報」の意味)
- He was shocked at the **news** of his father's death. = He was shocked at the **news** that his father had died. 彼は父親が死んだとの知らせにショックを受けた

❷ (新聞・雑誌・放送の) 報道, ニュース; ニュース番組
- foreign **news** 海外ニュース
- sports **news** スポーツニュース
- the latest **news about** the murder 殺人事件についての最新の報道[ニュース]
- a piece [an item] of **news** 1つのニュース (×*a* news, ×news*es* としない)
- The **news** is not accurate. そのニュースは正確ではない (❗news は単数として扱う)

コロケーション
形+**news**
international *news* 国際的なニュース
local *news* 地方のニュース
national *news* 全国的なニュース
political *news* 政治のニュース

break the news to ... …に(悪い)知らせを伝える

That's news to me. それは初耳です

néws àgency 名 Ⓒ 通信社

news·a·gent /njú:zèidʒənt ニューゼイヂェント/ 名 Ⓒ《英》新聞雑誌販売業者 (=《米》newsdealer)

news·boy /njú:zbɔ̀i ニューズボイ/ 名 (複 **newsboys** /njú:zbɔ̀iz/) Ⓒ 新聞売り子, 新聞販売[配達]少年

news·cast /njú:zkæ̀st ニューズキャスト/ 名 Ⓒ ニュース番組

news·cast·er B2 /njú:zkæ̀stər ニューズキャスタ/ 名 Ⓒ (テレビなどの)ニュースキャスター

néws cònference 名 Ⓒ 記者会見

news·let·ter /njú:zlètər ニューズレタ/ 名 Ⓒ (企業の)社報, PR誌; (官公庁の)公報; (定期講読者向けの)時事通信

news·pa·per A1 中

/njú:zpèipər ニューズペイパ/ 名 (複 **newspapers** /njú:zpèipərz/)

❶ Ⓒ 新聞; Ⓤ 新聞紙 (❗しばしば略して paperという)
- a daily **newspaper** 日刊新聞
- a morning **newspaper** 朝刊
- a local [national] **newspaper** 地方新聞[全国紙]
- a school **newspaper** 学校新聞
- Today's **newspaper** says that there was a big earthquake in Turkey.

きょうの新聞によればトルコで大地震があったということだ
• I read the news **in the newspaper**. 私はそのニュースを新聞で読んだ (❗ ×on the newspaper としない)
❷ Ⓒ 新聞社
• work for a **newspaper** 新聞社で働く

news·print /njú:zprìnt ニューズプリント/ 名 Ⓤ 新聞印刷用紙; 新聞記事

news·stand /njú:zstæ̀nd ニューズスタンド/ 名 Ⓒ 《米》(道路わきなどの)新聞(雑誌)売店 (❗ kiosk ともいう)

news·wor·thy B2 /njú:zwə̀:rði ニューズワーズィ/ 形 ニュース(にする)価値のある

newt /njú:t ニュート/ 名 Ⓒ 《動物》イモリ

Néw Téstament 名 《the をつけて》新約聖書

New·ton /njú:tn ニュートン/ 名 《**Isaac Newton**》アイザック・ニュートン (1642–1727) 《♦英国の物理学者; 万有引力の法則を発見した》

Néw Wórld 名 《the をつけて》新世界 《♦南北アメリカ大陸を指す》

Néw Yéar 名 Ⓤ 《ふつう **the new year**》新年 《♦元日をふくめた数日間》; 元日 (=New Year's Day)
会話 "I wish you a happy **New Year**! [Happy **New Year**!]" "The same to you." 「新年おめでとう」「おめでとう」(❗ 英米では元旦を祝う風習はなく, 顔を合わせた時あいさつを交わす程度)

Néw Yèar's 名 《米》(=New Year's Day)

Néw Yèar's Dáy 名 元日

Néw Yèar's Éve 名 大みそか

New York 中 /njù: jɔ́:rk ニューヨーク/ 名 ❶ ニューヨーク市 ⇨ **New York City** ❷ ニューヨーク州 《♦米国東海岸の州; 州都はオルバニー (Albany); the Empire State (帝国州)という愛称がある; N.Y., (郵便で) NY と略す》

Néw Yòrk Cíty 名 ニューヨーク市
参考〉 New York 州にある米国最大の都市. マンハッタン (Manhattan), ブルックリン (Brooklyn), ブロンクス (the Bronx), クイーンズ (Queens), スタテンアイランド (Staten Island) の5区から成る. N.Y.C. と略す. 愛称は the Big Apple

Nèw Yórk·er /jɔ́:rkər ヨーカ/ 名 Ⓒ ニューヨーク市民[州民]

New Zea·land 高 /njù: zí:lənd ニューズィーランド/ 名 ニュージーランド 《♦南太平洋のポリネシアにある島国; 首都ウェリントン (Wellington)》

New Zea·land·er /njù: zí:ləndər ニューズィーランダ/ 名 Ⓒ ニュージーランド人

next A2 中

/nékst ネクスト/ 形 (❗ 比較変化なし)
❶ (時間的に)**次の, 今度の**; 《ふつう **the** をつけて》(順序が)**次の, 次に来る**
• **next** Friday 次の[今度の]金曜日(に) (×*on* next Friday としない)
• on Friday **next** week 来週の金曜日に
• **the next** step 次の段階
• **the next** two years 今後2年間
• the week after **next** さ来週(に)
• Who's **next**? 次はだれですか

使い方〉 **next**
(**1**) 今からみて「次の」週・月・年などというときは next の前に the はつけない:
next week [month, year] 来週[来月, 来年] (に)
ただし,「あした」は ×next day といわず tomorrow で,「あしたの朝[午後, 晩]」も tomorrow morning [afternoon, evening] という
(**2**) 過去のある時点からみて「次の」というときは next の前に the をつける:
the next month [year] その次の月[年] (に)
(**3**) 上の(**1**), (**2**)のどちらの場合も副詞的に使うときは on, in などの前置詞はつけない:
I'll be away from home **next week**. 来週はるすにします (❗ I'll be away from home **for the next** week [two weeks].(向こう1[2]週間はるすにします)のように期間を表す場合, 前置詞の for は必要)

❷ **となりの, 最も近い**

- the **next** room となりの部屋

next door B1 〔…の〕となり(に[の])《*to*》; 隣家(の人) ⇨**next-door**

(***the***) ***next time*** ① この次, 今度
- I will bring it **next time**. 今度それを持ってきます

② 《接続詞的に》今度…する時
- I'll bring the umbrella **the next time** I come. 今度来るときはそのかさを持ってきます

━ 副 次に; 今度
- What will you do **next**? 次は何をするんですか
- **Next** they visited Rome. 次に彼らはローマを訪ねた
- When I see him **next**, I'll tell him so. 今度彼に会ったらそう言いましょう

next to ... A2 ① 《前置詞句として》…のとなりに[の]
- Bob sits **next to** me in class. 授業の時ボブは私のとなりにすわります

② …の次に
- **Next to** Tokyo, Yokohama is the largest city in Japan. 横浜は東京に次いで日本で最大の都市である

③ 《副詞的に》《否定語の前に使って》ほとんど… (=almost)

━ 名 U 次の人[物]
- What's **the next**? 次(のもの)は何ですか?

néxt-dòor B1 形 となりの家の ⇨ **next door** (**next** 形の成句)

NFL 《略》National Football League 全米フットボールリーグ

NGO 《略》non-governmental organization 非政府組織

NH 《略》New Hampshire ニューハンプシャー(州)

Ni·ag·a·ra /naiǽgərə ナイアガラ/ 名
❶ 《**the Niagara**》ナイアガラ川 (! ほぼ中間に「ナイアガラの滝」がある)
❷ (=Niagara Falls)

Niágara Fálls 名 《単数扱い》ナイアガラの滝

nib·ble /níbl ニブル/ 動 他 自 (ネズミ・ウサギ・魚などが, えさを)かじる, 少しずつかじる, 少しずつ食べる

━ 名 C ひとかじり; ひと口

Nic·a·ra·gua /nìkərá:gwə ニカラーグワ/ 名 ニカラグア 《◆中米の共和国; 首都はマナグア(Managua); 公用語はスペイン語》

nice A1 中

/náis ナイス/

形 (比較級 **nicer**; 最上級 **nicest**)

意味マップ
❶ すてきな, すばらしい
❷ 親切な
❸ 上品な
❹ 《反語的》困った
❺ 微妙な

❶ **すてきな, すばらしい, よい**; (食べ物が)**おいしい**
- a **nice** idea よい考え
- a **nice** time すてきな[楽しい]時間
- Your hair looks **nice** today. 今日の髪型いいね
- Have a **nice** day. よい1日を, またね, いってらっしゃい

会話 [CAN-DO Tips あいさつする]
"**Nice** to meet you." "**Nice** to meet you, too." 「お会いできてうれしいです」「こちらこそ」

❷ **親切な, やさしい**; 文型 [**it is nice of A to** *do*] A(人)が…してくれるのは親切だ, …してくれてありがとう
- **It's nice of** you **to** *help* me. わざわざ手伝ってくれてありがとう

❸ (言動などが)**上品な, 洗練された**

❹ 《口語》《反語的》**困った, ひどい**

❺ **微妙な; 細心の注意を要する**

nice and ... /náisn ナイスン/ 《口語》とても…, 申し分なく… (=very)

nice·ly B2 /náisli ナイスリ/ 副 親切に; 上手に, よく, 気持ちよく, きれいに, うまく

nic·er /náisər ナイサ/ 形 nice の比較級

nic·est /náisəst ナイセスト/ 形 nice の最上級

nice·ty /náisəti ナイセティ/ 名 (複 **niceties** /náisətiz/) ❶ U 正確さ, 精密さ ❷ C 《しばしば **niceties**》微妙な差異

to a nicety 寸分の狂いもなく, 正確に (=exactly)

niche /nítʃ ニチ/ 名 C (高い利益が見込まれる)特定の市場, すき間市場, ニッチ(マーケット); ふさわしい地位[仕事], 適所; 《建築》 壁龕(へきがん), ニッチ 《◆像・花びんなどを置く壁のくぼみ》

Nick /ník ニク/ 名 ニック 《◆男性名; Nicholasの愛称》

nick /ník ニク/ 名 C 刻み目; (浅い)切り傷 ***in the nick of time*** 《口語》 きわどい時に; ちょうどよい時に

— 動 他 刻み目[小さな傷]をつける

nick·el /níkəl ニケル/ 名 (複 **nickels** /níkəlz/) ❶ U ニッケル, 白銅
❷ 《米国》《カナダ》 5セント白銅貨

nick·name B1 高 /níknèim ニクネイム/ 名 (複 **nicknames** /níknèimz/) C ニックネーム, あだな

— 動 (三単現 **nicknames** /níknèimz/; 過去・過分 **nicknamed** /níknèimd/; 現分 **nicknaming**) 他
…にあだ名をつける; 愛称で呼ぶ

nic·o·tine /níkətìːn ニコティーン/ 名 U 《化学》 ニコチン

niece B1 /níːs ニース/ 名 (複 **nieces** /níːsəz/) C めい 《◆兄弟姉妹の娘》 (❗「おい」は nephew)

Ni·ger /náidʒər ナイヂャ/ 名 ニジェール 《◆アフリカ西部の共和国; 首都ニアメー(Niamey)》

Ni·ge·ri·a /naidʒíəriə ナイヂアリア/ 名 ナイジェリア 《◆アフリカ中西部, ギニア湾に臨む共和国; 首都アブジャ (Abuja)》

night A1 中

/náit ナイト/ (発音 knight と同音)
名 (複 **nights** /náits ナイツ/) C
❶ 夜 (↔**day**); 晩, 夕方 (=evening); 夜中

- at ten o'clock **at night** 夜の10時に
- go to a dance on Saturday **night** 土曜の夜(には)ダンスパーティーに行く (❗「特定の夜に」のとき前置詞は on)
- in the **night** 夜のうちに, 夜中に
- during the **night** 夜の間(ずっと)
- last **night** 昨夜, ゆうべ
- the **night** before last おとといの晩(に) (←ゆうべの前の晩)
- one [tomorrow, every] **night** ある[あしたの, 毎]晩

注意› (**1**)「今夜」は tonight または this evening で, ×this night としない
(**2**) night に last, tomorrow, every などがついて副詞的に使うときは ×*on* last night などと前置詞はつけない

❷ 《形容詞的に》 夜の
- a **night** game 《野球》 夜間試合, ナイター (❗日本語の「ナイター」は和製英語で, ×nighter とはいわない)
- a **night** shift 夜勤

all night = all night long
一晩中
- I couldn't sleep **all night**. 一晩中眠れなかった
- We talked **all night long**. 私たちは一晩中話した

a night out 夜遊び, 夜の外出

by night 夜には, 夜に[の] (❗ふつう by day (昼には)と対(つい)で使われる)
- The bat sleeps **by day** and flies **by night**. コウモリは昼間は眠って夜飛ぶ

Good night! A1 おやすみなさい; さようなら (❗「こんばんは」は Good evening!)
[CAN-DO Tips あいさつする]

have a good [bad] night よく眠る[眠れない]

have an early [late] night (いつもより)早く[遅く]寝る

night after night 毎夜毎夜, 夜な夜な, 夜ごと, 毎晩

night and day = day and night
昼夜, 日夜休みなく, 絶えず

night·cap /náitkæ̀p ナイトキャプ/ 名 C (夜寝る前に飲む)寝酒

níght clòthes 名 《複数扱い》 寝巻き (❗pajamas や nightgown など)

night·club B2 /náitklʌ̀b ナイトクラブ/ 名 C ナイトクラブ

night·dress /náitdrès ナイトドレス/ 名 《英》 (=nightgown)

night·fall /náitfɔ̀ːl ナイトフォール/ 名U 《文章》夕暮れ, たそがれ, 日暮れ

night·gown /náitgàun ナイトガウン/ 名C 《米》(女性用の)寝巻き, ナイトガウン ⇨**pajamas**

night·ie /náiti ナイティ/ 名 《口語》(= nightgown)

Night·in·gale /náitiŋgèil ナイティンゲイル/ 名 《**Florence Nightingale**》フローレンス・ナイチンゲール(1820-1910) 《◆英国の看護師; 傷病兵の看護に尽くした》

night·in·gale /náitiŋgèil ナイティンゲイル/ 名C 《鳥》ナイチンゲール 《◆ツグミ科の渡り鳥》

night·life B1 /náitlàif ナイトライフ/ 名U (歓楽街などでの)夜遊び, 夜の娯楽

night·ly /náitli ナイトリ/ 形 夜の; 毎晩の, 夜ごとの —副 毎晩; 夜に

night·mare B2 /náitmèər ナイトメア/ 名C (うなされるような)不吉な夢, 悪夢(あくむ); 悪夢のような経験

nights /náits ナイツ/ 副 夜(ごと)に, 毎夜

níght schòol 名UC 夜間学校, 夜間部 《◆夜の定時制高校・専門学校など》

night·time /náittàim ナイトタイム/ 名U 《**the** をつけて》夜; 夜間 (↔**daytime**)

nil /níl ニル/ 名U 無; ゼロ

Nile /náil ナイル/ 名 《**the Nile**》ナイル川 《◆アフリカの東部を北流する世界第一の長流(約6,700km)》

nim·ble /nímbl ニンブル/ 形 (比較級 **nimbler**; 最上級 **nimblest**) ❶すばやい, 軽快な, 敏しょうな, 機敏な ❷鋭敏な, のみ込みが早い; 機転の利く

nine A1 中

/náin ナイン/ 名 (複 **nines** /náinz/) (❗詳しい用法は three を参照)

❶U 9; 9時, 9分; 9歳; 《複数扱い》9個, 9人

• Lesson **Nine** 第9課 (=the Ninth Lesson)

❷C 《単数扱い》《野球》チーム, ナイン

nine to five 9時から5時まで 《◆会社員などの通常の勤務時間》

—形 9の; 9個の, 9人の; 9歳で

nine times [in nine cases] out of ten 十中八九, たいてい

nine·teen A1 中

/nàintíːn ナインティーン/ 名 (複 **nineteens** /nàintíːnz/) UC (❗詳しい用法は three を参照) 19; 19時; 19歳; 《複数扱い》19個, 19人

• a boy of **nineteen** 19歳の少年

—形 19の; 19個の; 19人の; 19歳で

nine·teenth /nàintíːnθ ナインティーンス/ 形 (❗19th と略す; 詳しい用法は third を参照) ❶《ふつう **the nineteenth**》19番目の ❷19分の1の

—名 (複 **nineteenths** /nàintíːnθs/) C ❶《ふつう **the nineteenth**》19番目; (月の)19日 ❷19分の1

nine·ti·eth /náintiəθ ナインティエス/ 形 (❗90th と略す; 詳しい用法は third を参照) ❶《ふつう **the ninetieth**》90番目の ❷90分の1の

—名 (複 **ninetieths** /náintiəθs/) C ❶《ふつう **the ninetieth**》90番目 ❷90分の1

nine·ty A1 中

/náinti ナインティ/ 名 (複 **nineties** /náintiz/) (❗詳しい用法は three を参照)

❶U 90; 90歳; 《複数扱い》90個, 90人 ❷《**nineties**》(世紀の)90年代; (年齢の)90代 (❗ninety から ninety-nine まで)

—形 90の; 90個の, 90人の; 90歳で

nin·ja /níndʒə ニンヂャ/ 名 (複 **ninja, ninjas** /níndʒəz/) C 忍者

ninth 中 /náinθ ナインス/ 形 (❗9th と略す; 詳しい用法は third を参照) ❶《ふつう **the ninth**》9番目の (❗つづり字に注意; ×*nineth* としないこと) ❷9分の1の

—名 (複 **ninths** /náinθs/) C ❶《ふつう **the ninth**》9番目; (月の)9日 ❷9分の1

nip /níp ニプ/ 動 (三単現 **nips** /níps/; 過去・過分 **nipped** /nípt/; 現分 **nipping**) ❶他自 つねる; 他 はさみ取る, 摘み

取る《*off*》 ❷《英》《口語》急いでいく《*up, down, up*》

nip ... in the bud 〔事件など〕を早いうちに防ぐ

— 名 C ひとつねり[つまみ, かみ]

nip·ple /nípl ニプル/ 名 C (人・動物の)乳首; 《米》(哺乳(ほにゅう)びんの)乳首

nit·pick·ing /nítpìkiŋ ニトピキング/ 名 U 《口語》あら探し

ni·trate /náitreit ナイトレイト/ 名 U C 《化学》硝酸塩; 硝酸肥料

ni·tro·gen /náitrədʒən ナイトロヂェン/ 名 U 《化学》窒素《◆気体元素の一つ; 記号N》

nix /níks ニクス/ 名 U 無, ゼロ

— 動 他 拒否する, はねつける

NJ 《略》New Jersey ニュージャージー(州)

NM 《略》New Mexico ニューメキシコ(州)

no A1 中

/nóu ノウ/ (発音 know と同音)

意味マップ

副 ❶ いいえ
❷ まさか
❸ 本当ですか
❹ 少しも…ない

形 ❶ 無の; 1つ[1人]も…ない
❷ 決して…でない
❸ …禁止

名 ❶ ノーという返事
❷ 否定

— 副 ❶ いいえ, いや

会話 "Will you have another cup of tea?" "**No**, thank you." 「もう1杯お茶いかがですか」「いや, けっこうです」

会話 "Are you kidding?" "**No**, I'm not." 「ふざけてるの」「いいえ」

会話 "Do you like this?" "**No**, I don't." 「これは好きですか」「いや, 嫌いです」

会話 "Don't you like this?" "**No**, I don't. [Yes, I do.]" 「これは好きじゃないですか」「はい, 好きじゃありません[いいえ, 好きです]」

なぜ?› 「はい」が no になる
日本語では「好きではないですか」という問いに対して肯定的に「はい(好きではない)」と言うが, 英語の受け答えでは問いがどうであっても,「そうではない」という否定の返答には no,「そうだ」という肯定の返答には yes を使う. なので上の会話文のように日本語の「はい」「いいえ」の使い方と逆になる場合がある

❷《強い驚きや信じられない気持ちを表して》まさか, うそだろう?

会話 "He was going to beat me." "Oh, **no**! I don't believe it." 「彼は私を殴ろうとしたのよ」「まさか! そんなこと信じられないよ」

❸《**No?**》《前の否定文に不信の気持ちを表して》(そんなこと)本当ですか(うそでしょう)

会話 "Jimmy isn't dead yet." "**No?**" 「ジミーはまだ死んでいない」「ほんとに?」

❹《比較級の前に使って》少しも…ない

- Nancy was sick yesterday. She is **no** better today. ナンシーはきのう病気でした. 彼女はきょうも(相変わらず)少しもよくなっていない

no less than ... …ほども ⇨**less** (成句)

no less A than B Bに劣らずA ⇨ **less** (成句)

no longer もう(これ以上)…ない ⇨ **long**[1] (成句)

no more もう…ない ⇨**more** (成句)

no more than ... たった…, ほんの…; ただ…にすぎない ⇨**more** (成句)

— 形 ❶ 無の, ゼロの; 1つ[1人]も…ない, 何も…ない, 少しも…でない (❗日本語では「…がない, …しない」のように動詞を否定して訳したほうがよい)

- **no** use [title] 無益[無題]
- I have **no** money with me. 私はお金を持ち合わせていない (=I do**n't** have **any** money with me.)
- **No** friend(s) came to see him. 友達はだれも彼を訪ねて来なかった (×any ... not の語順にできないので ×*Any* friends did*n't* come ... としない)
- There was **no** wind. 風がなかった (❗

no = not any なので There was **not any** wind. ということもできる)
• There was **no** picture [There were **no** pictures] in the room. 部屋には絵が(かかって)なかった (! There was not a picture ... とすると「絵が1枚もなかった」と意味が強くなる)

使い方〉 **no** (形容詞)
(**1**) no は数えられない名詞, 数えられる名詞の単数形・複数形のどれにもつく.「no＋名詞」の前に a, the, my, your, this, that などをつけない:
no interest 無関心
no hobbies 無趣味
(**2**) ある[いる]としても1つ[1人]しかない物・人のときは「no＋単数名詞」, ある[いる]としたら2つ[2人]以上ある物・人のときは「no＋複数名詞」になる:
I have **no** father. 私には父がいない
Trees of this kind have **no** leaves in winter. この種類の木は冬は葉がない
She has **no** sister(s). 彼女は姉妹がない (!「姉妹」のように単数・複数いずれも考えられるときはどちらでもよいが, 一般的には複数形が多く使われる)

❷《be 動詞の補語となる名詞につけて》決して…でない
• He is **no** fool. 彼は決してばかではない, 彼はばかどころか利口だ (!「be＋no＋名詞」の形で強い否定を表し, むしろその逆であることを示す; He is not a fool. (彼はばかではない)より意味が強い)
❸《省略文に用いて》…してはならない, …禁止 (! おもに掲示文に見られる)
• **No** smoking. 禁煙
• **No** parking. 駐車禁止

in no time すぐ, あっという間に
There is no doing …することはできない

━ 名 (複 **no(e)s** /nóuz/) Ⓒ ❶「いや」という返事, ノーという返事 (↔**yes**) (! (肯定の問いに対して)いいえ; (否定の問いに対して)はい) • She can never say **no**. 彼女はどうしてもノーと言えない
❷《ふつう単数形》拒否, 否定;《ふつう **noes**》反対投票

No., no. 《略》number …番, 第…号, …番地 • **No.** 1 第1番, 第1号, 1番地 (! number one と読む)

No·ah /nóuə ノウア/ 名《聖書》ノア
出典・由来〉 悪人を滅ぼすために神が大洪水を起こした時, ノアは神の命(めい)に従ってあらかじめ巨大な箱舟 (ark) を作り, 彼の一族とすべての動物をひとつがいずつそれに乗せて難をのがれたという

Nóah's árk 名《聖書》ノアの箱舟

No·bel 高 /noubél ノウベル/ (×ノーベル) 名《**Alfred B. Nobel**》ノーベル (1833-96)《◆スウェーデンの化学者; ダイナマイトの発明者》

Nobél láureate 名 Ⓒ ノーベル賞受賞者

Nobél príze 名 Ⓒ ノーベル賞《◆ノーベルの遺言で世界の学芸・平和に貢献した人に対して毎年与えられる》

no·bil·i·ty B2 /noubíləti ノウビリティ/ 名 ❶《**the nobility**》《集合的》貴族; (英国の)貴族(階級) ❷ Ⓤ 高貴さ, 気高さ, 高潔; 高貴な身分

no·ble B2 /nóubl ノウブル/ 形 (比較級 **nobler**; 最上級 **noblest**) ❶ 上品な; 気高い, りっぱな ❷ 壮大な, 堂々とした ❸ 貴族の; 高貴な
━ 名 Ⓒ《ふつう複数形》(とくに昔の)貴族

no·ble·man B2 /nóublmən ノウブルマン/ 名 (複 **noblemen** /nóublmən/) Ⓒ 貴族

no·ble·wom·an /nóublwùmən ノウブルウマン/ 名 (複 **noblewomen** /nóublwìmən/) Ⓒ 女性貴族

no·bly /nóubli ノウブリ/ 副 高貴に, 気高く, 高潔に, りっぱに; 貴族らしく, 貴族として

no·bod·y A2 高

/nóubàdi ノウバディ | nóubədi ノウボディ/ 代《単数扱い》だれも…ない (=no one)
• **Nobody** knows it. だれもそれを知らない
会話 "Did anyone fail the examination?" "No, **nobody** did."「試験に落第した人はいましたか」「いや, だれも落ちませ

んでした」

• There was **nobody** in the room. 部屋にはだれもいなかった (=There wasn't anybody in the room.) (❗文頭以外では nobody は not anybody で置き換えられる)

• **Nobody** else can see it. 他のだれもそれを見ることができない

— 名 (複 **nobodies** /nóubàdiz/) C 《ふつう単数形》とるにたらない人, 無名の人

noc·tur·nal /nɑktə́ːrnəl ナクターナル/ 形 《文章》夜間の; (動物・習性が)夜活動する, 夜行性の

nod B1 高 /nɑ́d ナド | nɔ́d ノド/ 名 (複 **nods** /nɑ́dz ノヅ/) C 《ふつう単数形で》

❶ うなずき; 会釈; 承諾

• with a **nod** うなずいて

❷ 居眠り

— 動 (三単現 **nods** /nɑ́dz ノヅ/; 過去・過分 **nodded** /nɑ́dəd/; 現分 **nodding**)

❶ 自 (同意・あいさつのために)うなずく, 会釈する; 他 うなずいて示す

• If you understand me, **nod**; if you don't, **shake your head**. 私のいうことがわかったら, うなずきなさい. わからなかったら, 頭を振りなさい (❗nod は頭を上下に振る動作で「賛成・同意」などを表し, shake *one's* head は頭を左右に振る動作で「不賛成・不同意」などを表す)

• He **nodded** to me with a smile. 彼はにっこり笑って私に会釈(えしゃく)した

❷ 自 (居眠りで)こっくりする, 居眠りする; うっかりする

❸ 他 (頭を)前に傾ける

nod off 《口語》(眠くて)こっくりする, 居眠りをする

node /nóud ノウド/ 名 C こぶ, 結び目; 《植物》節(せつ) (◆茎の枝・葉の生じる部位)

no-frills /nòufrílz ノウフリルズ/ 形 余計な装飾[サービス]のない, 実質本位の (❗名詞の前に用いる)

nó-hítter 名 C 《野球》無安打試合

noise A1 高

/nɔ́iz ノイズ/ 名 (複 **noises** /nɔ́izəz/) U C 物音; さわがしい音, 騒音, 雑音; 音 (❗ふつう耳ざわりな音についていうが, 時に sound (音)に近い意味でも使われる)

• a loud [small] **noise** 大きな[小さな]騒音 • traffic **noise** 交通騒音

• make a **noise** さわがしい音をたてる

• What's that **noise**? あの物音は何だ

make (a [some]) noise (about ...) (…について)騒ぐ, (…について)不平を言う

派生 **noisy** 形

noise·less /nɔ́izləs ノイズレス/ 形 騒音のない, 音のしない, 静かな (↔**noisy**)

nóiselessly 副 音を立てずに, 静かに

nóise pollùtion 名 U 騒音公害

nois·i·ly B1 /nɔ́izili ノイズィリ/ 副 さわがしく, やかましく, そうぞうしく, うるさく, けたたましく

nois·y A2 高

/nɔ́izi ノイズィ/

形 (比較級 **noisier**; 最上級 **noisiest**)

さわがしい, そうぞうしい, うるさい, やかましい (↔**noiseless**, **quiet**)

• Don't be so **noisy**. そんなにさわいじゃいけない

no·mad B2 /nóumæd ノウマド/ 名 C 遊牧民; 放浪者

no·mad·ic /noumǽdik ノウマディク/ 形 遊牧の; 放浪の

no-man's-land /nóumænzlæ̀nd ノウマンズランド/ 名 U 《または **a no-man's-land**》《軍事》(向かい合った両軍の間の)中間地帯

nom·i·nal /nɑ́mənəl ナミナル/ 形

❶ 名ばかりの, 名目上の (↔**real**)

❷ 《文法》名詞(用法)の

nóminally 副 名義[名目]上は

nom·i·nate /nɑ́mənèit ナミネイト/ 動 他

❶ (候補者に)指名[推薦]する; 文型 [**nominate A for B**] A(人)をBに指名する ❷ (…に)任命する 《*to*》

nom·i·na·tion B2 /nɑ̀mənéiʃən ナミネイション/ 名 U C (候補者)指名, 推薦, 任命

nom·i·nee B2 /nɑ̀miníː ナミニー/ 名 C

〔…に〕指名[任命, 推薦]された人《*for*》

non- 接頭 「無」「不」「非」など打ち消しの意味を表す

non·al·co·hol·ic /nànælkəhɔ́ːlik ナンアルコホーリク/ 形 (飲料が)アルコールを含まない

non·cha·lant /nànʃəlɑ́ːnt ナンシャラーント/ 形 〔…に〕無関心な, 平気な, 冷淡な, のんきに構えている《*to*》

non·com·bat·ant /nànkəmbǽtənt ナンカンバタント/ 名 C (軍医などの)非戦闘員, 軍属

non·com·mit·tal /nànkəmítəl ナンコミタル/ 形 (態度・意見などが)あいまいな, はっきりしない

non·con·form·ist /nànkənfɔ́ːrmist ナンコンフォーミスト/ 名 C ❶(社会の慣習などに)従わない人, 反体制の人
❷《**Nonconformist**》《英》非国教徒
― 形 ❶協調しない, 反体制の
❷《英》非国教徒の

non·de·script /nàndiskrípt ナンディスクリプト/ 形 特徴がない, さえない

none B1 高 /nʌ́n ナン/ (×ノン, ×ノウン) (発音 nun と同音) 代
❶〔…の〕だれも…ない; どれも…ない, 少しも…ない, 何ひとつ…ない《*of*》
• I know **none of** them. 私は彼らのだれも知らない
• I watched **none of** those films at that time. 私はその当時それらの映画のどれもみていなかった
• That's **none of** your business. 大きなお世話だ (←それは君の仕事じゃない) (❗きつい表現)

使い方〉 **none**
(**1**) none は複数にも単数にも扱うが, 話しことばではふつう複数扱い.「量」をいうときは常に単数扱い:
None of the students **were** [was] able to solve the problem. 生徒のだれもその問題を解けなかった
None of the stolen money **has** been found yet. 盗まれた金はまだまったく見つけられていない
(**2**) none of のあとには限定された物・人がくるので, 上の英文で ×None of students, ×None of stolen money としない ⇨**neither**

❷《先行する名詞を受けて》少しも…ない, 1人も…ない
• I was looking for Russian teachers, but there were **none**. 私はロシア語の先生をさがしていたがだれもいなかった[見つからなかった] (❗話しことばでは there was nobody [no one] ということが多い)

none but ... 《文章》…だけが(…する) (=only)

None of ...! …はやめろ (❗禁止などの表現)

none other than ... 他ならぬ…で, だれ[何]かと思えば…で
• That man was **none other than** Johnny Depp. その男こそほかならぬジョニー・デップだった

― 副 ❶《**none the** 比較級》〔…だからといって〕それだけ…ということはない
❷《**none too** [so] **...**》少しも…(過ぎ)ない

none the less (***for ...***) それでもやはり, (…にも)かかわらず

non·es·sen·tial /nànisénʃəl ナニセンシャル/ 形 非本質的な, 肝要でない

none·the·less B1 /nʌ̀nðəlés ナンザレス/ 副 (❗比較変化なし) それにもかかわらず (=nevertheless) (❗none the less ともつづる)

non·ex·ist·ent /nànigzístənt ナニグズィステント/ 形 実在しない, 存在しない

non·fic·tion /nànfíkʃən ナンフィクション/ 名 C ノンフィクション (↔**fiction**)《♦伝記・歴史書など》

non·flam·ma·ble /nànflǽməbl ナンフラマブル/ 形 不燃性の (↔**flammable**, **inflammable**)

non-gov·ern·men·tal /nàngʌ̀vərnméntl ナンガヴァンメンタル/ 形 政府の関係しない, 民間の

non·in·ter·ven·tion /nànintərvénʃən ナンインタヴェンション/ 名 U (外交上の)不干渉(政策)

non-Jap·a·nese /nàndʒæpəníːz ナン

チャパニーズ/ 形 非日本の

non-native /nànnéitiv ナンネイティヴ/ 形 母語ではない; 土着ではない; その土地の原産ではない

non·pay·ment /nànpéimənt ナンペイメント/ 名U (借金・税金などの)不払い, 未納

non·pol·lut·ing /nànpəlú:tiŋ ナンポルーティング/ 形 汚染しない, 公害のない

non·prof·it, non-prof·it /nànpráfət ナンプラフィト/ 形 非営利の

• a **nonprofit** organization 非営利団体 (♦略 NPO)

non·pro·lif·er·a·tion /nànprəlìfəréiʃən ナンプラリファレイション/ 名U (核兵器の)拡散防止

non·re·new·a·ble, non-re·new·a·ble /nànrinjú:əbl ナンリニューアブル/ 形 (天然資源などが)再生不能で, (契約などが)更新なしで (↔**renewable**)

non·sense B1 /nánsens ナンセンス | nɔ́nsens ノンセンス/ 名U ❶ばかげた物; ばかげた考え[発言, 行動], ナンセンス ❷無意味な物; 意味をなさない物[ことば] ❸つまらぬ出来事; つまらない物, (大して)価値のない物

— 間 ばかな!, ばかを言うな!

non·sen·si·cal /nansénsəkəl ナンセンスィカル/ 形 ばかげた, 無意味な

non·smok·er /nànsmóukər ナンスモウカ/ 名C ❶たばこを吸わない人 ❷《英》禁煙車, 禁煙席

non·smok·ing B2 /nànsmóukiŋ ナンスモウキング/ 形 禁煙の

non·stick /nànstík ナンスティク/ 形 (フライパンなどが)こげつかない

non·stop /nánstáp ナンスタプ/ 形 途中で止まらない, 直行の; 休みなしの

— 副 途中で止まらずに, 直通で, 直行で

non·ver·bal /nànvə́:rbəl ナンヴァーバル/ 形 ことばを用いない, ことばによらない

nònvérbally 副 ことばによらずに

non·vi·o·lence /nànváiələns ナンヴァイオレンス/ 名U 非暴力; 非暴力主義

non·vi·o·lent /nànváiələnt ナンヴァイオレント/ 形 非暴力主義の

non·white /nànhwáit ナン(ホ)ワイト/ 形 白色人種でない, 非白人の

— 名C 白色人種でない人, 非白人

noo·dle 高 /nú:dl ヌードル/ 名C《ふつう **noodles**》麺(めん)類, ヌードル

nook /núk ヌク/ 名 (部屋などの)隅; 奥まった所

every nook and cranny 《口語》あらゆる所, 隅々

noon A2 中

/nú:n ヌーン/ 名U 正午, 真昼, 昼の12時 (=midday) (↔**midnight**)

• It's **noon**. Let's eat lunch. お昼だ. 昼食にしよう (❗It はばく然と「時間」を表す)

no one A2

/nóu wʌ̀n ノウワン/ 代《単数扱い》だれも…ない (❗nobody よりも上品な語)

• **No one** wants to go to school during summer vacation. 夏休みに学校に行きたい人はだれもいない

noose /nú:s ヌース/ 名C ❶輪縄 (♦引くと締まる結び方) ❷《**the noose**》(絞首刑用の)首つり縄; 絞首刑

nope /nóup ノウプ/ 副《口語》いや, いいえ (=no)

nor B1 高 /nər ナ; 《強》nɔ́:r ノー/ 接 ❶《**neither** A **nor** B》AもBも…(し)ない, AでもBでもない ⇨**neither**

• Rie likes **neither** cats **nor** dogs. 理恵はネコも犬も好きではありません

❷《否定文を受けて》…もまた…ない, …も…でない (❗not, no, never のあとに使われる; なお nor 以下では疑問文のようにふつう助動詞や be 動詞が主語の前にくる) (=neither)

• I don't know his e-mail address, **nor** do I want to. 私は彼のメールアドレスも知らないし, 知りたくもありません

会話 "I can't swim." "**Nor** can I." 「私は泳げません」「私も泳げません」(❗Neither can I. ともいう)

会話 "I don't like his paintings." "**Nor** do I." 「彼の絵は嫌いだ」「私もだ」

(❗Neither do I. ともいう)

Nor·dic /nɔ́ːrdik ノーディク/ 形 北欧(人)の; (スキーの)ノルディック競技の
— 名C 北欧人[国]

Nòrdic combíned 名U《スポーツ》(スキーの)ノルディック複合《◆ジャンプとクロスカントリーの複合競技》

norm /nɔ́ːrm ノーム/ 名C
❶《しばしば **norms**》行動基準
❷《**the norms**》一般的なこと

nor·mal A2 高
/nɔ́ːrməl ノーマル/ 形
❶ ふつうの, 標準の (↔**abnormal**)
• in the **normal** way ふつうの方法で; 正常に
• live a **normal** life ふつうの生活を送る

似ている単語
ふつうの－**normal** と **usual**
normal は一般的な基準や同種の他のものと比べて「標準的な」, **usual** は多くの場合にあてはまることで「たいていの, いつもの」と訳すことも多い:
speak at a **normal** speed ふつうの速さで話す
meet at the **usual** time いつもの時間に会う

❷ (健康・精神が)正常な, 通常の
— 名U ふつう, 平均, 標準; 正常
• above [below] **normal** 標準以上[以下]

nor·mal·cy /nɔ́ːrməlsi ノーマルスィ/ 名U (=normality)

nor·mal·i·ty /nɔːrmǽləti ノーマリティ/ 名U 正常; 常態

nor·mal·i·za·tion /nɔ̀ːrmələzéiʃən ノーマリゼイション/ 名U 正常化

nor·mal·ize /nɔ́ːrməlàiz ノーマライズ/ 動 他自 正常化する; 標準化する

nor·mal·ly B1 高 /nɔ́ːrməli ノーマリ/ 副 ふつうに[は]; たいていの状態では (=usually)

Nor·man /nɔ́ːrmən ノーマン/ 名C ノルマン人 — 形 ノルマン人の

Nórman Cónquest 名《**the** をつけて》ノルマン人の征服《◆ノルマン人たちが1066年英国を征服し, 英国にフランス系のことばや風俗をもたらした》

north A2 中
/nɔ́ːrθ ノース/ 名U
❶《**the north**》北; 北方; 北部(地方); (↔**south**)
• in **the far north** 遠い北国で(は)
• The city is located (about 20km) **to the north of** Tokyo. その街は東京の北(約20キロの所)にあります

参考› 「東西南北」は英語で north, south, east and west の順でいう

❷《**the North**》(アメリカの)北部(諸州); (イギリスの)北部地方
— 形 北の; 北部の; 北向きの; (風が)北からの (↔**south**)
• a **north** wind 北風
— 副 北へ[に]; 北方へ[に]
• head **north** 北に進む; 北に進路をとる

派生 **northern** 形

使い方› 方角の言い方
(1) **in the north** [**south, east, west**] **of**… は「…の北[南, 東, 西]部に」:
Our town is **in the north of** Tokyo. 私たちの町は東京の北部にある (❗(=Our town is in the northern part of Tokyo.))
(2) **to the north** [**south, east, west**] **of**… = **north** [**south, east, west**] **of**… は「…の(離れて)北[南, 東, 西]に, 北[南, 東, 西]方に」:
Canada is (**to the**) **north of** the United States. カナダは合衆国の北にある (❗to the が入らないときの north は副詞)

Nórth América 名 北アメリカ, 北米

Nórth Américan 形 北米(人)の
— 名C 北米人

north·bound /nɔ́ːrθbàund ノースバウンド/ 形 北行きの

Nórth Carolína 名 ノースカロライナ《◆米国南東部の州; N.C., (郵便で) NC と略す》

Nórth Dakóta 名 ノースダコタ《◆米国中北部の州; N. Dak., (郵便で) ND と略す》

north·east B1 /nɔ̀ːrθíːst ノースイースト/ 名《**the northeast**》北東, 北東部(地方) (↔**southwest**) ⇨**north**
— 形 北東(へ)の; 北東向きの; (風が)北東からの
— 副 北東へ[に]; 北東から

north·east·ern B1 /nɔ̀ːrθíːstərn ノースイースタン/ 形 北東の, 北東への; 東北地方の; 北東からの

north·er·ly /nɔ́ːrðərli ノーザリ/ 形 北の; 北への, 北方への; (風が)北からの
— 副 北へ; 北方へ, 北向きで; (風が)北から

north·ern B1 高 /nɔ́ːrðərn ノーザン/ (×ノーサン) 形 北の, 北方の, 北部の; 北への; (風が)北からの (↔**southern**)
• **Northern** California 北部カリフォルニア
• the **Northern** Hemisphere 北半球
• in the **northern** part of ... …の北部に
派生 **north** 名

north·ern·er /nɔ́ːrðərnər ノーザナ/ 名C《しばしば **Northerner**》北部出身者[住民]

Nórthern Íreland 名 北アイルランド《◆Ireland の北部地方で連合王国の一部》⇨**United Kingdom**, **Ireland**

nórthern líghts 名《**the** をつけて》《複数扱い》北極光, オーロラ

north·ern·most /nɔ́ːrðərnmòust ノーザンモウスト/ 形《文章》最北の

Nórth Koréa 名 北朝鮮《◆正式名 the Democratic People's Republic of Korea (朝鮮民主主義人民共和国); 首都ピョンヤン (Pyongyang)》

Nórth Macedónia 名 北マケドニア共和国《◆バルカン半島の共和国; 正式名 the Republic of North Macedonia; 2019年 Macedonia から改称; 首都スコピエ (Skopje)》

Nòrth Póle 名《**the** をつけて》北極

Nórth Séa 名《**the** をつけて》北海《◆英国とスカンジナビア半島の間の海》

Nórth Stár 名《**the** をつけて》北極星 (=polestar)

north·ward B2 /nɔ́ːrθwərd ノースワド/ 副 北(方)へ[に]
— 形 北向きの, 北方(へ)の, 北へ向いた (↔**southward**)

north·wards /nɔ́ːrθwərdz ノースワヅ/ 副 (=northward)

north·west B1 /nɔ̀ːrθwést ノースウェスト/ 名《**the northwest**》北西; 北西部(地方) ⇨**north**
— 形 北西(へ)の; 北西向きの; (風が)北西からの
— 副 北西へ[に]; 北西から

north·west·ern B1 /nɔ̀ːrθwéstərn ノースウェスタン/ 形 北西の, 北西への; 西北地方の; 北西からの

Nor·way /nɔ́ːrwèi ノーウェイ/ 名 ノルウェー《◆スカンジナビア半島にある立憲君主国; 首都はオスロ (Oslo)》
派生 **Norwegian** 形

Nor·we·gian /nɔːrwíːdʒən ノーウィーヂャン/ 形 ノルウェーの, ノルウェー人[語]の — 名C ノルウェー人; U ノルウェー語

nose A1 中

/nóuz ノウズ/ (×ノーズ)
名 (複 **noses** /nóuzəz/) C
❶ 鼻 (❗「鼻の」(形容詞)は nasal)
• a long **nose** 長い[高い]鼻
• a short **nose** 短い[低い]鼻

参考〉 日本語では「鼻」は「高い」「低い」のようにいうが, 英語では ×high nose, low nose とはいわない

• pick *one's* **nose** 鼻をほじくる
• Blow your **nose**; it is running. 鼻をかみなさい, たれているよ
• I have a runny **nose**. 鼻水が出る

❷ (位置・形が)鼻に似たもの; 機首, 船首 ❸ 嗅覚(きゅうかく), においに対する感覚

follow** one's **nose 直感に従う

look down** one's **nose at ... 《口語》〔人〕を見くだす

poke** one's **nose into ... …に首を突っ込む

thumb** one's **nose at ... (鼻の先に親指を当て他の4本の指を広げて振って)…をばかにする

turn up** one's **nose at ...** = **turn** one's **nose up at ... 《口語》…を鼻であしらう, …に見向きもしない

under** one's **nose …の目の前で

— 動 (三単現 **noses** /nóuzəz/; 過去・過分 **nosed** /nóuzd/; 現分 **nosing**) 自 (船・車などが)ゆっくりと[用心深く]進む

nose around** = 《英》 **nose about 《口語》かぎ回る, さがし回る

nose out ① 《口語》かぎ出す, さがし出す ② 《米》…にきん差で勝つ

nose·bleed /nóuzblìːd ノウズブリード/ 名 C 鼻血

nose·dive /nóuzdàiv ノウズダイヴ/ 名 C (価格などの)急落; (飛行機などの)急降下

— 動 (三単現 **nosedives** /nóuzdàivz/; 過去 **nosedived** /nóuzdàivd/, **nosedove** /nóuzdòuv/; 過分 **nosedived**; 現分 **nosediving**) 自 急落する; 急降下する

nos·tal·gia /nɑstǽldʒə ナスタルヂャ/ 名 U 〔…への〕郷愁, ノスタルジア 《*for*》

nos·tal·gic /nɑstǽldʒik ナスタルヂク/ 形 郷愁の, 懐古的な

nos·tril B2 /nástrəl ナストリル/ 名 C 鼻の穴, 鼻孔(びこう)

nos·y /nóuzi ノウズィ/ 形 (比較級 **nosier**; 最上級 **nosiest**) 《口語》好奇心の強い, 詮索(せんさく)好きな

not A1 中

/nát ナト | nɔ́t ノト/ (発音 knot と同音) 副

❶ 《動詞を打ち消す場合》 (…で)ない, (…し)ない

会話 "Are you sure?" "No, I'm **not** sure." 「大丈夫?」「いや, 大丈夫じゃないよ」

使い方› **not** の位置と否定文

(**1**) be動詞・助動詞のあと:

My bicycle is**n't** [is **not**] new. 私の自転車は新しくない

My father can cook very well, but my mother can**not** [ca**n't**] cook. 父はとてもじょうずに料理ができますが, 母は料理ができません

You must**n't** [must **not**] say such a thing. そんなことを言ってはいけません

He has**n't** [has **not**] arrived at the station yet. 彼はまだ駅に着いていない

(**2**) 一般動詞の現在形には do not, does not, 過去形には did not を動詞の前に入れて, 動詞は原形にする:

I **don't** [**do not**] think so. 私はそうは思いません

She **doesn't** [**does not**] speak Japanese. 彼女は日本語を話さない

They **didn't** [**did not**] do their homework. 彼らは宿題をしなかった

(**3**) 否定の命令文は文の始めに Don't [Do not] を置く:

Don't go there. そこへは行くな

Don't be late. 遅れるな (❗否定の命令文では be動詞の場合も Don't を使う)

(**4**) 否定の疑問文は, ふつう話しことばでは「be動詞[助動詞]+not の短縮形」や don't などを文の始めに置く:

"**Aren't** you happy?" "No, I'm **not**." 「あなたは幸せではないのですか」「ええ, 幸せではありません」

Don't you go with us? 私たちといっしょに行かないのですか

❷ 《名詞・形容詞・副詞・不定詞などを打ち消す場合》 …でない (❗打ち消す語(句)のすぐ前に置かれる)

- **Not** many people know this. これを知っている人は多くない
- I said fourteen, **not** forty. 私は14と言ったので40と言ったのではない
- He came **not** on Monday **but** on Tuesday. 彼は月曜日にではなく火曜日に来ました ⇨成句 **not A but B**
- She told me **not** to go there. 彼女は私にそこへは行くなと言いました

- Not a sound was heard. 物音はことりともしなかった (❗強調表現) ⇨成句 **not a ...**

❸《部分否定》…とは限らない, 必ずしも…でない
- **Not** all teenagers are active. 十代の若者が全員活発とは限らない

❹《全体否定》《any, either などとともに》何も…ない, 少しも…ない
- I did**n't** have **any** money for a ticket. 私はチケット代のお金を少しも持っていなかった

❺《省略文の中で》
- Come tonight if you can. If **not**, come tomorrow. できたら今夜いらっしゃい. だめならあしたいらっしゃい (❗If not = If you cannot come tonight)

会話 "I don't want to go." "Why **not**?" 「私は行きたくありません」「なぜなの」(❗Why not? = Why don't you want to go?)

会話 "You didn't go there, did you?" "Of course **not**." 「君はそこへ行かなかったんでしょ」「もちろんさ」(❗Of course not. = Of course I didn't.)

not a ... …は一つ[一人]もない

not always いつも…とは限らない ⇨**always**

not ... any longer もはや…しない[でない]
- She is **not** a child **any longer**. 彼女はもはや子どもではない

not ... any more もうこれ以上…でない
- I ca**n't** run **any more**. もう走れない

not (...) at all 少しも…ない; (Thank you (ありがとう)などに対して)どういたしまして ⇨**at all** (**all** 代 成句)
- He is **not** humble **at all**. 彼は少しも謙虚でない

not A but B AではなくてB ⇨**but** 接 (成句)
- He is **not** a doctor **but** a pharmacist. 彼は医者でなくて薬剤師だ
- **Not** words **but** action is needed now. いま必要なのはことばではなく行動だ

not more than ... せいぜい…, 多くて…
- It is **not more than** three miles to the station. 駅までせいぜい3マイルだ

not only [merely] A but (also) B AばかりでなくBも (=B as well as A)
- The food we eat influences **not only** the length of our life **but also** the quality of our life. 食べ物は人生の長さだけでなく人生の質にも影響を与えます

not so much A as B AというよりむしろB
- He is **not so much** a professor **as** a television star. 彼は教授というよりもテレビタレントだ

not that ... …というわけではないが

no·ta·ble /nóutəbl ノウタブル/ 形 注目に値する, 注目すべき; 目立つ, 著名な

no·ta·bly /nóutəbli ノウタブリ/ 副 目立って, 著しく; 特に, とりわけ

no·ta·tion /noutéiʃən ノウテイション/ 名 ❶ C U (楽譜・数などの)表記(法) ❷ C 《米》メモ, 覚え書き (=note)

notch /nátʃ ナチ/ 名 (複 **notches** /nátʃəz/) C ❶ (V字形の)刻み目, 切り目 ❷《口語》(能力・進歩などの)段階, 等級 ❸《米》山あいの狭い道

— 動 他 ❶ 刻み目を付ける ❷ (競技の得点などを)記録する; (勝利を)得る, (点を)取る 《*up*》

note A1 高

/nóut ノウト/ 名 (複 **notes** /nóuts ノウツ/)

❶ C 覚え書き, メモ

注意› 「ノート(筆記帳)」は notebook で, 英語の note には「ノート」の意味はない

• take **notes** メモをとる
• I made a **note** of her address. 彼女の住所をメモしておいた
❷ C 短い手紙
• I left a **note** on the kitchen table. 台所のテーブルに置き手紙してきました
❸ C 注, 注釈(ちゅうしゃく)
❹《英》紙幣, 札 (= banknote,《米》bill) ❺ U《文章》著名, 重要性
❻ C《音楽》音符;(楽器の)音色;(ピアノ・オルガンの)鍵(けん);(鳥の)鳴き声
❼ U《単数形で》話しぶり, 語調

compare notes 〔…と〕意見[体験, 感想]を述べ合う《*with*》

make a mental note of ... …を暗記する

take note of ... …に注意[注目]する

━ 動 (三単現 **notes** /nóuts ノウツ/; 過去・過分 **noted** /nóutəd/; 現分 **noting**) 他
❶〔…ということに〕注意する, 気をつける《*that ...*》
• Please **note that** an additional fee is charged. 追加料金が課されることにご注意ください
❷ …について一言述べる,〔…ということに〕言及する《*that ...*》
• Scientists **note that** Arctic sea ice continues to decline. 科学者は北極海の氷の減少は続くと言及している
❸ 書きつける, 書き留める, メモする《*down*》

note·book A1 中

/nóutbùk ノウトブク/
名 (複 **notebooks** /nóutbùkz/) C
❶ ノート, 手帳, メモ帳
❷ ノートパソコン (! notebook computer ともいう)

not·ed /nóutəd ノウテド/ 形〔…で〕有名[著名]な, 名高い《*for*》(=famous)

note·wor·thy /nóutwə̀ːrði ノウトワーズィ/ 形 注目に値する, 顕著な, 目立った

noth·ing A1 中

/nʌ́θiŋ ナスィング/ 代《単数扱い》何も…ない; 何も…でない (=not anything)
• He said **nothing**. 彼は何も言いませんでした
• They knew **nothing** about the plan. 彼らはその計画については何も知りませんでした
• I have **nothing** to eat. 私には食べるものが何もない (! 不定詞 to eat (食べるための…)は nothing を修飾する)
• There's **nothing** new in the paper. 新聞には何も新しいことは出ていない (! nothing を修飾する形容詞はあとにつく)
会話 "I really saw something in that bush." "I didn't see anything. **Nothing** is (in) there."「ほんとうにあの茂みの中に何か見えたのよ」「何も見えなかったな. あそこには何もいないよ」
会話 "What do you do to keep fit?" "Absolutely **nothing**."「健康のために何かしている?」「まったく何も」

━ 名 (複 **nothings** /nʌ́θiŋz/)
❶ U 無; ゼロ (=zero)
• The score was two to **nothing**. スコアは2対0だった
❷ C とるにたりない物[人], つまらないこと[人, もの]

be good for nothing 何の役にも立たない

be nothing to ... ① …にとってはなんでもない • **There's nothing to it.** そんなこと簡単さ
② …とは比較にならない

come to nothing 失敗に終わる (= fail)
• Our plan **came to nothing**. 私たちの計画は失敗に終わった

do nothing but do …ばかりする
⇨**nothing but ...**

for nothing ① 無料で, ただで
• He fixed my watch **for nothing**. 彼は私の時計をただで直してくれた
② これといった理由もなく, むだに

have nothing to do with ... …と何も関係がない
• I **have nothing to do with** the matter. 私はその件とは何のかかわりもない

nothing but ... ただ…だけ, …に

過ぎない，…以外には何も…ない (=only) ⇨**anything but ...**
- His wife drank **nothing but** a cup of coffee. 彼の妻はコーヒーを1杯飲んだだけだった
- The boy did **nothing but** cry. 少年は泣いてばかりいた

nothing doing 《口語》《間投詞的》いやだ，だめだ
nothing less than ... ほかならぬ…，まさに…
nothing like ... …にはほど遠い，…どころではない
nothing more than ... まさに…，…にすぎない (=only)
nothing of ... 《文章》① 少しも…でない ② …のほんの少しも…しない
There is nothing for it but to *do* …するよりほかない
There is nothing worse than ... …よりひどいものはない
think nothing of ... …を軽んじる；…を苦にしない

— 副 《口語》少しも[けっして]…ない (=in no way)

noth·ing·ness /nʌ́θiŋnəs ナスィングネス/ 名 U 実在しないこと，無

no·tice A2 高

/nóutəs ノウティス/
名 (複 **notices** /nóutəsəz/)
❶ U 注意；注目
❷ C 掲示，通知書
- The **notice** says 'No Parking.' 掲示に「駐車禁止」と書いてある

❸ U 通知，警告
- at [on] short **notice** すぐに，短い予告期間で
- an advance **notice** 事前通告；予告

come to A's notice A(人)に気づかれる，A(人)の知る所になる
give [hand] in A's notice 辞表を出す
take notice of ... 《ふつう否定形で》…に注意する[気づく]，…に関心を持つ • They **took little notice of** the event. 彼らはその出来事をほとんど気にとめなかった
until further notice 《文章》追って通知のあるまで
without notice 予告なしに；無断で
- The teacher gave the test **without notice**. 先生は予告しないでいきなりテストをした

— 動 (三単現 **notices** /nóutəsəz/; 過去・過分 **noticed** /nóutəst/; 現分 **noticing**) 他 自 気がつく；見つける，わかる；注意[注目]する
- I **noticed** a hole in my stocking. 私は自分の靴下に穴があいているのに気がついた

文型 [**notice that ...**] …ということに気がつく
- I **noticed that** he was sleeping. 私は彼が眠っていることに気づいた

文型 [**notice A** *do* [*do***ing**]] Aが…する[…している]のに気づく
- Did you **notice** him *leave* the room? 彼が部屋を出て行くのに気がついたかい

no·tice·a·ble B1 /nóutəsəbl ノウティサブル/ 形 目立つ，人目につく；著しい，明確な；重大な，注目すべき
nóticeably 副 目立って；著しく

no·tice·board B1 /nóutəsbɔ̀ːrd ノウティスボード/ 名 (複 **noticeboards** /nóutəsbɔ̀ːrdz ノウティスボーヅ/) C 《英》掲示板 (=《米》bulletin board)

no·ti·fi·ca·tion /nòutəfəkéiʃən ノウティフィケイション/ 名 C U 《文章》(公的な)通知，通告

no·ti·fy /nóutəfai ノウティファイ/ 動 (三単現 **notifies** /nóutəfaiz/; 過去・過分 **notified** /nóutəfaid/; 現分 **notifying**) 他 《文章》〔…に〕通告する《*to*》，〔…を〕通知する《*of*》

no·tion B1 /nóuʃən ノウション/ 名 (複 **notions** /nóuʃənz/) C
❶〔…という〕考え，観念《*that*》(=idea)
❷ 意向；思いつき ❸《**notions**》《米》小間物類《♦ピン・糸・ボタンなど》

no·tion·al /nóuʃənəl ノウショナル/ 形 観

念的な, 概念上の; 抽象的な

no·to·ri·e·ty /nòutəráiəti ノウトライアティ/ 名U 悪評, 悪名

no·to·ri·ous B1 /noutɔ́:riəs ノウトーリアス/ 形 〔悪い事で〕有名な, 悪名高い, 名うての, 札(ふだ)つきの《*for*》(!「よいことで有名な」は famous)

notóriously 副 悪名高く

not·with·stand·ing /nàtwiðstǽndiŋ ナトウィズスタンディング/ 前《文章》…にもかかわらず

—副《文章》それにもかかわらず

nought B2 /nɔ́:t ノート/ 名C《英》ゼロ (=zero)

noun A2

/náun ナウン/ 名 (複 **nouns** /náunz/) C《文法》名詞《♦人・動物・物・事などの名を表す語》

nour·ish B2 /nə́:riʃ ナーリシュ/ (×ノーリシュ) 動他 ❶栄養を与える, 養う, 育てる ❷心にいだく

nour·ish·ing /nə́:riʃiŋ ナーリシング/ 形 栄養のある

nour·ish·ment B2 /nə́:riʃmənt ナーリシュメント/ 名U 食物; 滋養; 栄養物

nou·velle cui·sine /nú:vel kwizí:n ヌーヴェル クウィズィーン/ 名U《料理》ヌーベルキュイジーヌ《♦新フランス料理》

Nov.《略》November 11月

nov·el[1] A2 高

/nάvəl ナヴェル|nɔ́vəl ノヴェル/ 名 (複 **novels** /nάvəlz/) C 小説《♦特に長編のものをいう; 短編小説は short story という》

● read [write] a **novel** 小説を読む[書く]

コロケーション

形+**novel**

a best-selling *novel* ベストセラー小説
a comic *novel* 喜劇小説
a crime *novel* 犯罪小説
a detective *novel* 推理小説
a graphic *novel* 劇画
a historical *novel* 歴史小説
a popular *novel* 大衆小説
a romantic *novel* 恋愛小説
a science-fiction *novel* SF小説

nov·el[2] /nάvəl ナヴェル/ 形 目新しい, 奇抜な

nov·el·ist B1 /nάvəlist ナヴェリスト/ 名 (複 **novelists** /nάvəlists ナヴェリスツ/) C 小説家, 作家

nov·el·ty B2 /nάvəlti ナヴェルティ/ 名 (複 **novelties** /nάvəltiz/) UC 目新しさ, 新奇さ; C 珍しい[目新しい]もの, (目先の変わった)新型商品

No·vem·ber A1 中

/nouvémbər ノウヴェンバ/ 名UC 11月 (! Nov. と略す; 詳しい用法は June を参照)

● in **November** 11月に
● on **November** 3 11月3日に (! 3 は (the) third と読む)

no·vice /nάvis ナヴィス/ 名C 初心者, 新米; 見習い僧[尼]

now A1 中

/náu ナウ/ 副

❶《ふつう, 文の途中・終わりで》今, 今は, 現在は

● It is snowing **now**. 今雪が降っている (! It はばく然と「天候」を表す)
● What time is it **now**? 今何時ですか (! it はばく然と「時」を表す)

会話 “Would you read me a book?” “Not **now**.”「私に本を読んでほしいなあ」「今はだめだよ[あとにして]」

❷今度は, これから; もう; 今すぐ (= at once)

● What will you do **now**? 今度は君は何をしますか
● Do it **now**! 今すぐやりなさい

❸《物語の中で過去の動詞とともに使って》その時, 今や

❹《文頭で》さあ, さて; ところで (! 注意をうながしたり, 話題を変えるときに使う)

● **Now** listen to me. さあよくお聞き[いいかい]

(every) now and again (=(every) now and then)

(every) now and then 時たま，時々（❗ sometimes（時々）よりも少ない感じ）

just now つい今しがた，ちょうど

• He arrived **just now**. 彼はたった今着いたばかりです（=He has just arrived.）

now for ... 次に…を取り上げる

now, now ① さあさあ，まあまあ（❗ 慰めのことば）

• **Now now**, baby, don't cry. ほらほら坊や泣かないで

② おいおい，こらこら（❗ 軽い注意）

right now ちょうど今，ただ今は，すぐに，ただちに

• Stand up **right now**! すぐに立ち上がりなさい

— 接 《ふつう **now that ...**》（今や）もう…だから，…であるからには，…してみると

— 名 U 今，現在

• in a week from **now** 今から1週間で

by now 今までに，今ごろはもう

for now 《口語》当分の間，今のところ，当面は

• Good-bye **for now**. ではまた，さようなら

from now on 今後は，これからは（ずっと）

— 形 今の，現在の

now·a·days A2

/náuədèiz ナウアデイズ/ 副 近ごろは，最近では

• **Nowadays**, the Internet is more important than ever. 最近ではインターネットは今までになく重要だ

no·where B1 /nóuhwèər ノウ(ホ)ウェア/ 副 どこにも…ない，どこへも…ない（=not anywhere）

get A nowhere A（人など）の役に立たない，Aにとってむだである

nox·ious /nákʃəs ナクシャス/ 形 有害な，有毒な

• **noxious** chemicals 有毒化学物質

noz·zle /názl ナズル/ 名 C（水などを噴出させるためホースの先に付ける金属性の）筒先，ノズル

NPO 高 《略》nonprofit organization 非営利組織

-n't /nt ント/ 《口語》not の短縮形

nu·ance /njúːɑːns ニューアーンス/ 名 U C（色・音・意味・感情などの）微妙な違い，ニュアンス

nu·cle·ar B1 高 /njúːkliər ニュークリア/ 形 核の；原子核の；原子力の

• **nuclear** energy 原子力

• a **nuclear** test 核実験

• a **nuclear** power plant 原子力発電所

• **nuclear** waste 核廃棄物

núclear fámily 名 C 核家族（◆夫婦と子どもだけ）

núclear reáctor 名 C 原子炉

nu·cle·i /njúːkliài ニュークリアイ/ 名 nucleus の複数形

nu·cle·us B1 /njúːkliəs ニュークリアス/ 名（複 **nuclei** /njúːkliài/, **nucleuses** /njúːkliəsəz/）中核；核心；《物理》原子核；《生物》細胞核

nude /njúːd ニュード/ 形 裸の，裸体の

— 名 C 裸体画

in the nude 裸の［で］

nudge /nʌ́dʒ ナヂ/ 動 他（ひじで）軽くつつく；（ひじで）押しながら進む

— 名 C ひじで軽くつつくこと

nud·ist /njúːdist ニューディスト/ 名 C 裸体主義者

nud·i·ty /njúːdəti ニューディティ/ 名 U 裸［赤裸々］であること

nug·get /nʌ́gət ナゲト/ 名 C（貴金属の）塊；貴重なもの

nui·sance B2 /njúːsəns ニューサンス/ 名（複 /njúːsənsəz/）C 迷惑な物［事・人］，うるさいもの［人］；迷惑（な行為）

nuke /njúːk ニューク/ 名 C 《口語》核兵器

— 動 他 《口語》核攻撃する

null /nʌ́l ナル/ 形 無効の，無価値の；《数学》零の

null and void 《法律》（契約などが）無効の

nul·li·fi·ca·tion /nʌ̀ləfəkéiʃən ナリフィ

ケイション/ 名 U 無効, 破棄

nul·li·fy /nʌ́ləfài ナリファイ/ 動 (三単現 **nullifies** /nʌ́ləfàiz/; 過去·過分 **nullified** /nʌ́ləfàid/; 現分 **nullifying**) 他 (法的に)無効にする, 破棄する; 帳消しにする

numb /nʌ́m ナム/ 形 (比較級 **number**; 最上級 **numbest**) 〔寒さ·悲しさなどで〕感覚を失った, まひした, しびれた, かじかんだ《*with*》

━動 他《ふつう受け身で》〔…で〕感覚をなくする, まひさせる, しびれさせる《*with*》

num·ber A1 中

/nʌ́mbər ナンバ/

名 (複 **numbers** /nʌ́mbərz/)

❶ C 数

- an even [odd] **number** 偶[奇]数
- The **number** of boys in our class is thirty. 私たちのクラスの男子生徒の数は30人です

参考› 数字の言い方·読み方

123 a [one] hundred (and) twenty-three

4,567 four thousand five hundred (and) sixty-seven (❗and は省略可)

8,901 eight thousand nine hundred and one (❗途中に0がくると and は省略しない) ⇨**address**, **decimal**, **fraction**, **telephone**

❷ (電話などの) 番号, …番, (雑誌などの) …号; 曲目 (❗「第…番」「第…号」「…番地」というときにはふつう No. と略す) ⇨**No.**

- a back **number** バックナンバー
- His apartment **number** is 301. 彼のアパートの部屋番号は301です (❗301 は three O /ou オウ/ one と読む)
- What **number** are you calling? (電話で)何番におかけですか
- You have the wrong **number**. (電話で)番号が違いますよ

❸ U C 〔…の〕総数, 数量《*of*》

- The **number of** computer users has increased. = Computer users have increased **in number**. コンピュータ利用者の数は増えた

❹《**numbers**》多数, たくさん

❺《**numbers**》《単複両扱い》算数

❻ U《文法》数(すう)《◆名詞, 代名詞, 動詞の単数, 複数のこと》

a great* [*large*] *number of ... 多数の…

a number of ... いくつかの… (=some); (かなり)多くの… (=many) (❗some から many まで意味の幅が広いのではっきり「少数」,「多数」をいうためには a の次に small, large または great などをつける)

- **a number of** times 何度も, しばしば
- Quite **a number of** trees are cut down. 非常に多くの木々が切り倒された

a small number of ... 少数の…

- in **a small number of** cases 少数の事例では

(great [large]) numbers of ... 多数の…

in (great [large]) numbers 多数で, たくさん

in small numbers 少数で

━動 (三単現 **numbers** /nʌ́mbərz/; 過去·過分 **numbered** /nʌ́mbərd/; 現分 **numbering** /nʌ́mbəriŋ/)

❶ 他《しばしば受け身で》…に番号を付ける

❷ 他 数える; (数が)…に達する

❸ 自 (総数が)〔…に〕なる《*in*》

❹ 自 〔…に〕数えられる, 含まれる《*among*》

派生 **numerous** 形

num·ber·less /nʌ́mbərləs ナンバレス/ 形 ❶ 数知れない, 無数の ❷ 番号の付いてない

nùmber óne 名 U《口語》最高のもの[人]

━形《口語》最高[最上]の

númber plàte 名 C《英》(自動車の) ナンバープレート (=《米》license plate)

Number 10 /nʌ̀mbər tén ナンバ テン/ 名 ダウニング街10番地《◆=No.10; 英国首相官邸》

nu·mer·al /njúːmərəl ニューメラル/ 名 C

数字

nu·mer·i·cal B2 /njuːmérikəl ニューメリカル/ 形 数の; 数字の

numérically 副 数の上で, 数的に

nu·mer·ous B1 高 /njúːmərəs ニューメラス/ 形 ❶《文章》多数の, たくさんの ❷《おもに集合名詞の単数形を修飾して》多数からなる

派生 **number** 名

númerously 副 数多く

nun /nʌ́n ナン/ (発音 none と同音) 名 C 修道女; 尼 ⇨**monk**

nurse A1 中

/nə́ːrs ナース/ 名 (複 **nurses** /nə́ːrsəz/) C ❶ 看護師, 看護婦; 看護人

• a school **nurse** 保健の先生, 養護教諭

❷ うば, 育児婦

— 動 (三単現 **nurses** /nə́ːrsəz/; 過去・過分 **nursed** /nə́ːrst/; 現分 **nursing**)

❶ 他 (人を)看護する

• I **nursed** them for a month. 私は1ヶ月彼らを看護した

❷ 他 (恨みなどを)じっと心に抱く; (計画などを)温めている

❸ 他 …を大事に抱く

❹ 他自 (赤ちゃんに)乳を与える

nurs·er·y B2 中 /nə́ːrsəri ナーサリ/ 名 (複 **nurseries** /nə́ːrsəriz/) C ❶ 託(たく)児所, 保育園, 育児室 ❷ 子ども部屋 ❸ 苗木畑; 養殖場, 養魚池

núrsery rhỳme 名 C (昔から伝わる)童謡, 子守歌 ⇨**Mother Goose**

núrsery schòol 中 名 C 保育園

nurs·ing 高 /nə́ːrsiŋ ナースィング/ 名 U 看護; 育児, 保育

núrsing hòme 名 C (私立の)老人ホーム, 療養所; 《英》病院, 産院

nur·ture /nə́ːrtʃər ナーチャ/ 動 他 《文章》(子どもを)養育する; 育成する

— 名 U 《文章》養育; 育成, 教育; しつけ

nut B2 高 /nʌ́t ナト/ 名 C ❶ 木の実, ナッツ ⇨**berry** ❷ (ボルトをしめつける)ナット ⇨**bolt** ❶ ❸ 奇人, 変わり者 ❹《口語》頭 (=head)

a hard [*tough*] *nut to crack* 《口語》手ごわい問題; 扱いにくい人

(*the*) *nuts and bolts* 《口語》〔問題などの〕基本, 初歩, いろは 《*of*》

nut·crack·er /nʌ́tkrækər ナトクラカ/ 名 C 《ふつう **nutcrackers**》くるみ割り器

nu·tri·ent B1 高 /njúːtriənt ニュートリアント/ 名 (複 **nutrients** /njúːtriənts ニュートリアンツ/) C 栄養物; 栄養素[剤]

— 形 栄養のある

nu·tri·tion B1 /njuːtríʃən ニュートリション/ 名 U ❶ (栄養の)摂取; 栄養状態, 食生活 ❷ 栄養(成分); 食物; 栄養学

nu·tri·tion·al /njuːtríʃənəl ニュートリショナル/ 形 栄養(上)の

nu·tri·tion·al·ly /njuːtríʃənəli ニュートリショナリ/ 副 栄養(学)的に, 栄養面で

nu·tri·tious B1 /njuːtríʃəs ニュートリシャス/ 形 (食品が)栄養のある

• highly **nutritious** food 非常に栄養価の高い食品

nuts /nʌ́ts ナツ/ 形 《口語》気が狂った; 〔…に〕夢中になっている 《*about, over*》 (! 名詞の前には用いない)

— 間 《古風》くそっ, ちぇっ, ばかな

nut·shell B2 /nʌ́tʃèl ナトシェル/ 名 C 木の実の殻

nut·ty /nʌ́ti ナティ/ 形 (比較級 **nuttier**; 最上級 **nuttiest**) ❶ ナッツの入った, 実のよくなる ❷ 頭のおかしな

nuz·zle /nʌ́zl ナズル/ 動 他 鼻をすりつける, 自 鼻でつつく

NV 《略》Nevada ネバダ(州)

NW, N.W. 《略》northwest 北西; northwestern 北西の

NY 《略》New York ニューヨーク州; ニューヨーク市

N.Y.C. 《略》New York City ニューヨーク市

ny·lon /náilɑn ナイラン/ 名 ❶ U ナイロン ❷《**nylons**》ナイロン製の靴下

nymph /nímf ニンフ/ 名 C ❶《神話》ニンフ 《♦山・川・森・泉などに住む美少女の妖精》 ❷《昆虫》若虫(じゃくちゅう) 《♦バッタ・トンボなど不完全変態をする昆虫の幼虫》

NZ 《略》New Zealand ニュージーランド

O o *O o*

O[1]**, o** /óu オウ/ 名 (複 **O's, o's** /óuz/)
❶ U C 英語アルファベットの第15番目の文字 ❷ C (数字を声に出して読む場合の)ゼロ (=zero)

O[2] /óu オウ/ 間 ❶《詩語》おお…よ《◆呼びかける名前の前につける》
❷おお, おや, まあ《◆驚き, 恐怖, 喜び, 願望などを表す》(=Oh)
- **O** dear! おやまあ

o'《略》of の短縮形

oak A2

/óuk オウク/ 名 (複 **oaks** /óuks/) C《植物》オーク《◆ブナ科の樹木の総称; ナラ・カシワなど》; U オーク材

oak·en /óukən オウクン/ 形《文章》オーク(材製)の

oar /ɔ́:r オー/ (×オール) 名 (複 **oars** /ɔ́:rz/) C ❶(ボートなどの)オール, 櫂(かい) ⇨ **paddle**[1] ❷こぎ手

o·a·ses /ouéisi:z オウエイスィーズ/ 名 oasis の複数形

o·a·sis /ouéisəs オウエイスィス/ (×オアスィス) 名 (複 **oases** /ouéisi:z/) C オアシス; 憩いの場

oat /óut オウト/ 名 C《ふつう **oats**》《単数・複数扱い》オーツ麦, エンバク《◆寒冷地で栽培されるイネ科の植物》;《**oats**》《単数扱い》オートミール (=oatmeal)

be off one's oat《口語》食欲がない

oath B2 /óuθ オウス/ 名 (複 **oaths** /óuðz, ouθs/) C 誓(ちか)い, 宣誓(せんせい)

be on [under] oath (真実を述べると)宣誓している

oat·meal /óutmi:l オウトミール/ 名 U
❶オートミール ⇨**porridge**
❷オートミール色《◆灰色がかった黄色》

O·ba·ma /oubá:mə オウバーマ/ 名《**Barack H. Obama**》バラク・オバマ (1961–)《◆米国の第44代大統領 (2009–17); 史上初のアフリカ系米大統領》

o·be·di·ence B2 /oubí:diəns オウビーディエンス/ 名 U 服従; 従順
派生 **obey** 動; 派生 **obedient** 形

o·be·di·ent B2 /oubí:diənt オウビーディエント/ 形 〔…に〕従順な, すなおな《*to*》
- Every citizen must **be obedient to** the law. 市民は法に従わねばならない

派生 **obey** 動; 派生 **obedience** 名
obédiently 副 従順に, すなおに

o·bese /oubí:s オウビース/ 形《文章》(病的に)肥満した

o·be·si·ty /oubí:səti オウビースィティ/ 名 U《文章》(健康を害するほどの)肥満

o·bey B2 /oubéi オウベイ/ 動 (三単現 **obeys** /oubéiz/; 過去・過分 **obeyed** /oubéid/; 現分 **obeying**) 他自 (命令・法律などに)従う, (人の)言うことをきく, 服従する (↔ **disobey**)
- A good dog always **obeys** (his master). よい犬はいつも(主人の)命令をきく

派生 **obedience** 名; 派生 **obedient** 形

o·bit·u·ar·y B2 /əbítʃuèri アビチュエリ/ 名 (複 **obituaries** /əbítʃuèriz/) C (新聞などの)死亡記事[広告]

ob·ject B1 高 /ábdʒikt アブヂクト/ 名 (複 **objects** /ábdʒikts アブヂクツ/) C
❶物, 物体
- I saw a strange **object** in the sky. 空に奇妙な物体が見えた

❷目的, ねらい, 目標 (=aim)
- What is the **object** of this exercise? この練習の目的は何ですか

❸対象, 標的
- He is an **object** of ridicule in school. 彼は学校で物笑いの種となっている

❹《文法》目的語
- the direct [indirect] **object** 直接[間接]目的語

... (be) no object …は問題ではない(❗広告などで)

• Money **is no object.** 値段は問わない

— /əbdʒékt アブチェクト/ (発音 名との違いに注意) 動 (三単現 **objects** /əbdʒékts/; 過去・過分 **objected** /əbdʒéktəd/; 現分 **objecting**) 自 〔…に〕反対する, いやがる, 異議を唱える《*to*》

• The company **objected to** the court decision. その会社は判決に異議を唱えた

• We **objected to** working on Sundays. 私たちは日曜に働くことに反対した(×object to work としない; object to のあとには名詞または *doing* がくる)

派生 **objective** 形; 派生 **objection** 名

ob·jec·tion B1 /əbdʒékʃən オブチェクション/ 名 (複 **objections** /əbdʒékʃənz/) U C 〔…に対する〕反対, いやがる気持ち, 異議《*to, against*》; C 反対理由

• make [raise] an **objection** 異議を唱える

• I have no **objection to** your plan. 私は君の計画には反対していない

派生 **object** 動

ob·jec·tion·a·ble /əbdʒékʃənəbl オブチェクショナブル/ 形 不快な, 不愉快な; 反対すべき, 異議のある

ob·jec·tive B1 /əbdʒéktiv オブチェクティヴ/ 名 C 目標, 目的; 《文法》目的格

• achieve *one's* **objective** 目標を達成する

— 形 ❶ 客観的な (↔**subjective**)

• make an **objective** description of the accident その事故について客観的な記述をする

❷ 物的な; 現実の, 実在の

❸ 《文法》目的格の

派生 **object** 名; 派生 **objectively** 副

ob·jec·tive·ly /əbdʒéktivli オブチェクティヴリ/ 副 客観的に (↔**subjectively**); 公平に

• She talked about the problem quite **objectively**. 彼女はきわめて客観的にその問題について語った

• **Objectively** speaking, ... 客観的に言って…である

派生 **objective** 形

ob·jec·tiv·i·ty /àbdʒektívəti オブチェクティヴィティ/ 名 U 客観性 (↔**subjectivity**)

ob·li·gate /ábləgèit アブリゲイト/ 動 他 義務づける 派生 **obligation** 名

ob·li·ga·tion B2 /àbləgéiʃən アブリゲイション/ 名 C ❶ (法律・道徳上の)義務, 責任 ❷ 恩, 恩義

be under an* [*no*] *obligation 〔人に〕恩義を感じている[感じていない]《*to*》; 〔…する〕義務がある[ない]《*to do*》

• He **was under no obligation to** help me. 彼には私を手伝う義務はなかった

派生 **oblige**, **obligate** 動

派生 **obligatory** 形

ob·lig·a·to·ry /əblígətɔ̀:ri オブリガトーリ/ 形 義務的な, 〔…に〕義務づけられた《*on, upon, for*》(=compulsory)

• Paying taxes is **obligatory for** all citizens. すべての市民には納税の義務がある

派生 **obligation** 名

o·blige /əbláidʒ オブライヂ/ 動

❶ 他 文型 [**oblige A to** *do*] (義務・状況などがやむをえず) A(人)に…することを義務づける, 余儀なくさせる

• Circumstances **obliged** him **to** *retire*. 事情によって彼はやむをえず引退した (←事情が彼を引退させた)

❷ 他 (…のために)…してやる, (人の)たのみを聞いてやる; (人に)親切にする; 自 好意を示す

• Will you **oblige** me by lending me your cellular phone? あなたの携帯電話を貸してくださいませんか

派生 **obligation** 名

o·bliged /əbláidʒd オブライヂド/ 形

❶〔…する〕義務がある《*to do*》

• I **feel obliged to** return their kindness. 彼らの親切にむくいなければならないと思う

❷〔人に; …のことで〕感謝している, ありがたく思う《*to; for*》(=grateful)

• **I am** [**feel**] much **obliged to** you **for** your kindness. ご親切ほんとうにありが

とうございます (❗少し古い言い方)

o·blig·ing /əbláidʒiŋ オブライヂング/ 形 面倒見のいい, 親切な

oblígingly 副 親切なことに

ob·lique /əblíːk オブリーク/ 形 (人・態度・ことばなどが)はっきりしない, 遠回しの; 傾いた, 斜めの

ob·lit·er·ate /əblítərèit オブリタレイト/ 動 他 壊滅させる; (文字などを)消す, 抹消する; 《文章》(記憶・考えなどを)忘れる

ob·liv·i·on /əblíviən オブリヴィオン/ 名 U 忘れられている[忘れている]状態, 忘却; 無意識

ob·liv·i·ous /əblíviəs オブリヴィアス/ 形 〔…を〕忘れて, 気にしない, 〔…に〕気づいていない 《*to, of*》

ob·long /áblɔːŋ アブローング/ 名 C 長方形 ━ 形 長方形の

ob·nox·ious /əbnákʃəs オブナクシャス/ 形 〔…にとって〕不快極まる, 非常にいやな 《*to*》

o·boe /óubou オウボウ/ 名 C 《楽器》オーボエ 《♦高音の木管楽器》

ob·scene /əbsíːn オブスィーン/ 形 わいせつな

ob·scen·i·ty /əbsénəti オブセニティ/ 名 (複 **obscenities** /əbsénətiz/) U 卑わい, わいせつ; C 《ふつう **obscenities**》 わいせつなことば[行為など]

ob·scure /əbskjúər オブスキュア/ (×オブスキュア) 形 (比較級 **obscurer**; 最上級 **obscurest**)

❶ 世に知られない, 名の知れない

• an **obscure** writer 無名の作家

❷ 不明瞭な; (意味の)あいまいな (❗ obscure は判断の材料, 知識, 理解力が不足のためにはっきりしないことをいう) ⇨ **vague**, **ambiguous**

❸ ぼんやりした, 不鮮明な; うす暗い

━ 動 他 見えにくくする; (発音・表現などを)あいまいにする, ぼかす, わかりにくくする

派生 **obscurity** 名

ob·scu·ri·ty /əbskjúərəti オブスキュアリティ/ 名 (複 **obscurities** /əbskjúərətiz/) U 暗さ; 不明瞭, あいまい; 世に知られていないこと, 無名; C わかりにくい点[物事]

派生 **obscure** 形

ob·serv·a·ble /əbzə́ːrvəbl オブザーヴァブル/ 形 注目すべき, 目を引く; 守るべき

ob·serv·ance /əbzə́ːrvəns オブザーヴァンス/ 名 U (規則・しきたりなどを)守ること, 順守; (祝日などを)祝うこと

派生 **observe** 動

ob·serv·ant /əbzə́ːrvənt オブザーヴァント/ 形 目ざとい, すぐ気がつく; (法規などを)順守する

obsérvantly 副 目ざとく

ob·ser·va·tion B1 高 /àbzərvéiʃən アブザヴェイション | ɔ̀bzərvéiʃən オブザヴェイション/ 名 (複 **observations** /àbzərvéiʃənz/)

❶ U C 観察, 観測; 監視; U 観察力; 《**observations**》 観察[観測]結果

• weather **observation** 気象観測

• **make observations** of the moon 月の観測をする

❷ C 〔…についての〕意見, 考え, 感想 《*on, about*》

• She **made** some interesting **observations on** the current political scene. 彼女は現在の政治情勢に関して興味深い意見をいくつか述べた

ob·serv·a·to·ry /əbzə́ːrvətɔ̀ːri オブザーヴァトーリ/ 名 (複 **observatories** /əbzə́ːrvətɔ̀ːriz/) C 天文台, 観測所; 展望台

• meteorological **observatory** 気象台, 測候所

ob·serve B1 高 /əbzə́ːrv オブザーヴ/ 動 (三単現 **observes** /əbzə́ːrvz/; 過去・過分 **observed** /əbzə́ːrvd/; 現分 **observing**)

❶ 他 気づく (= notice); 文型 [**observe A** *do* [*do***ing**]] Aが…する[している]のに気づく 《♦ ×observe A to *do*》

• I **observed** her *take* a nap. = She was **observed taking** a nap. 彼女がうとうとしているのに気づいた

❷ 他 観察する; 自 観察[観測]を行う

• **observe** the life of ants アリの生活を観察する

❸ 他 (法律・規則・慣習などを)守る, 従う
● **observe** the rules 規則を守る
❹ 他 (観察・熟考のあとに)〔…と〕述べる《*that* ...》; (祭り・祝日などを)祝う; 自 意見を述べる (=remark)
● She **observed that** he was arrogant. 彼はごうまんだと彼女は言った
派生 **observation**, **observance** 名
派生 **observant** 形

ob·serv·er B2 /əbzə́ːrvər オブザーヴァ/ 名 C 観察者; (…を)守る人; (会議の)オブザーバー《◆発言・議決権をもたない》

ob·sess B2 /əbsés オブセス/ 動 他 (考え・恐怖などが)取りついてはなれない, つきまとう (! ふつう受け身で用いられる)

ob·sessed /əbsést オブセスト/ 形 〔…に〕取りつかれた; 夢中の《*by, with*》

ob·ses·sion B2 /əbséʃən アブセション/ 名 U (妄想・固定観念などに)取りつかれること; C 〔…についての〕執念, 愛着; 強迫観念《*about, with*》

ob·ses·sive B2 /əbsésiv オブセスィヴ/ 形 強迫観念の[にとらわれた]; 〔…に対して〕異常に神経質な《*about, with*》

ob·so·les·cent /ɑ̀bsəlésənt アブソレセント/ 形 (ことば・機械などが)すたれかけている, 時代遅れになっていく

ob·so·lete /ɑ̀bsəlíːt アブソリート/ 形 現在は使われていない, 廃止された; 時代遅れの

ob·sta·cle B1 /ɑ́bstəkl アブスタクル | ɔ́bstəkl オブスタクル/ 名 (複 **obstacles** /ɑ́bstəklz/) C 障害(物), じゃま物
● We encountered many **obstacles**. われわれは多くの障害に直面した.

óbstacle ràce 名 C 障害物競走

ob·stet·ric, ob·stet·ri·cal /əbstétrik オブステトリク, əbstétrikəl オブステトリカル/ 形 分娩(ぶんべん)の, 産科(学)の

ob·ste·tri·cian /ɑ̀bstətríʃən アブステトリシャン/ 名 C 産科医

ob·stet·rics /əbstétriks オブステトリクス/ 名《単数扱い》助産[産科]学

ob·sti·na·cy /ɑ́bstənəsi アブスティナスィ/ 名 U 頑固さ, 強情
with obstinacy 頑固に

ob·sti·nate /ɑ́bstənət アブスティネト/ 形 頑固(がんこ)な, 強情な (=stubborn)
óbstinately 副 頑固に; 強情に

ob·struct /əbstrʌ́kt オブストラクト/ 動 他 ふさぐ; 妨害する, さえぎる

ob·struc·tion /əbstrʌ́kʃən オブストラクション/ 名 U 妨害, 障害; C 妨害するもの, 障害物; U C《スポーツ》オブストラクション《◆反則》

ob·struc·tive /əbstrʌ́ktiv オブストラクティヴ/ 形 〔…の〕じゃま[障害]になる, 〔…を〕妨害する《*of, to*》

ob·tain B1 高 /əbtéin オブテイン/ 動 (三単現 **obtains** /əbtéinz/; 過去・過分 **obtained** /əbtéind/; 現分 **obtaining**)
❶ 他 (努力した結果として)得る, 手に入れる (=get) (! obtain は強く望んでいるものを手に入れること); 《文章》(目的を)達する
● Further information can be **obtained** from the website. 詳しい情報はウェブページで入手できます
● **obtain** a degree in economics from Harvard ハーバード大学で経済学の学位を得る
❷ 自 《文章》(規則・法律・慣習などが)広く一般に行われている, 通用する

ob·tain·a·ble /əbtéinəbl オブテイナブル/ 形 (努力の結果として)得られる, 手に入る

ob·tru·sive /əbtrúːsiv オブトルースィヴ/ 形 (態度などが)押しつけがましい, 出すぎた; いやに目立つ, 目ざわりな

ob·tuse /əbtjúːs オブテュース/ 形 尖っていない, 鈍い; 鈍角の (↔**acute**)

ob·verse /ɑ́bvəːrs アブヴァース/ 名 《**the obverse**》表(おもて)面 (↔**the reverse**)

ob·vi·ous B1 /ɑ́bviəs アブヴィアス | ɔ́bviəs オブヴィアス/ (×オブ**ヴィ**アス) 形 明らかな, 明白な (=plain) (! 「見ればだれでもわかる」という意味が強い); 見え透いた
● an **obvious** mistake 明らかな間違い
● It is **obvious** that she doesn't understand English. 彼女が英語を理解していないのは明白だ

ob·vi·ous·ly B1 /ábviəsli アブヴィアスリ | ɔ́bviəsli オブヴィアスリ/ 副
明らかに;《文修飾》当然ながら
- **Obviously**, I made the wrong choice of occupation. 明らかに, 職業の選び方をまちがった

oc·ca·sion B1 /əkéiʒən オケイジョン/ 名 (複 **occasions** /əkéiʒənz/)
❶ C (ある事柄が行われる)場合, 折, (特定の)機会, 時機
- on this **occasion** この機会[折]に
- I have met Ms. Smith on several **occasions**. 私はスミスさんに何度かお会いしています

❷ C (特別な)出来事, 行事
- She wears kimono on special **occasions**. 彼女は特別な時には着物を着ます

コロケーション
形+occasion
a happy *occasion* 楽しい出来事
a memorable *occasion* 記憶に残る出来事
an unforgettable *occasion* 忘れられない出来事
動+occasion
celebrate an *occasion* 出来事を祝う
mark an *occasion* 出来事を記念する

for the occasion 臨時に
on occasion 時々, 折にふれて

— 動 (三単現 **occasions** /əkéiʒənz/; 過去・過分 **occasioned** /əkéiʒənd/; 現分 **occasioning**) 他《文章》引き起こす, 原因となる
派生 **occasional** 形

oc·ca·sion·al B1 /əkéiʒənəl オケイジョナル/ 形 時折の, ときどきの, たまの; 臨時の
- It will be rainy with **occasional** snow. (天気予報で)雨ときどき雪となるでしょう

派生 **occasion** 名
派生 **occasionally** 副

oc·ca·sion·al·ly B1 /əkéiʒənəli オケイジョナリ/ 副 ときどき, 時たま (= sometimes); 臨時に
- I send e-mail to my teacher **occasionally**. 私は時々先生に電子メールを送ります

派生 **occasional** 形

Oc·ci·dent /àksədént アクスィデント/ 名《**the Occident**》西洋, 欧米 (↔**Orient**)
派生 **occidental** 形

oc·ci·dent·al /àksədéntəl アクスィデンタル/ 形《ときに **Occidental**》西洋の, 欧米の (↔**oriental**)
— 名 C《ときに **Occidental**》西洋人, 欧米人 派生 **Occident** 名

oc·cult /əkʌ́lt オカルト/ 形 秘法の; 人間の理解を超えた, 超自然的な
— 名《**the occult**》超自然の世界, オカルト, 神秘学

oc·cu·pan·cy /ákjəpənsi アキュパンスィ/ 名 U (土地・家屋の)占有, 居住
- immediate **occupancy**《掲示》即時入居可

派生 **occupy** 動

oc·cu·pant /ákjəpənt アキュパント/ 名 C〔土地・家屋などの〕占有者, 居住者;〔座席・地位などを〕占めている人《*of*》

oc·cu·pa·tion A2 高

/àkjəpéiʃən アキュペイション | ɔ̀kjəpéiʃən オキュペイション/
名 (複 **occupations** /àkjəpéiʃənz/)
❶ U C 職業 ⇨**job** 似ている単語
- He often changes his **occupation**. 彼はころころ仕事を変える

❷ U C (一般に)何かすること, ひまつぶし
❸ U 占領; 占有; (家などに)住むこと
- the Roman **occupation** of Britain ローマ軍のブリテン島占領

派生 **occupy** 動
派生 **occupational** 形

oc·cu·pa·tion·al /àkjəpéiʃənəl アキュペイショナル/ 形 職業上の
派生 **occupation** 名

oc·cu·pied /ákjəpàid アキュパイド/ 形 占有[占拠]された; (トイレが)使用中の (↔**vacant**)

oc·cu·py B1 /ákjəpài アキュパイ | ɔ́kjəpài オキュパイ/ 動 (三単現 **occupies** /ákjəpàiz/; 過去·過分 **occupied** /ákjəpàid/; 現分 **occupying**) 他

❶ 占める, 占有する; (家などに)住む

• Brazil **occupies** about half of South America. ブラジルは南米の約半分を占める

❷ (軍隊が)占領する, 占拠する

• Soldiers **occupied** the village. 兵士たちがその村を占領した

❸ (時間を)とる, 費やす

be occupied in* [*with*] *... = occupy oneself with* [*in*] *... …に従事する, …に専念している, もっぱら…している, …で忙しい

• He **was occupied** [**occupied himself**] **with** writing a report all day. 彼は終日報告書を書くのに専念した

派生 **occupation, occupancy** 名

oc·cur B1 高 /əkə́ːr オカー/ (発音 アクセントに注意) 動 (三単現 **occurs** /əkə́ːrz/; 過去·過分 **occurred** /əkə́ːrd/; 現分 **occurring** /əkə́ːriŋ/) 自

❶ (事件などが) 起こる (❗ occur は happen ほど「偶然」の意味が強くない; 具体的な場所や時間をともなう場合が多い)

• A terrible accident **occurred** at about six. ひどい事故は6時頃起きた

❷ (考えなどが)〔人の〕頭に浮かぶ, 思い出される《*to*》

• It **occurred to** me that I was dreaming. 私は夢を見ているのだとふと思った

❸ (物が)現れる, (鉱物やガスなどが)見いだされる

派生 **occurrence** 名

oc·cur·rence /əkə́ːrəns オカーレンス/ (×オカレンス) 名 C 出来事; U 発生

派生 **occur** 動

o·cean B1 中 /óuʃən オウシャン/ 名 (複 **oceans** /óuʃənz/) ❶ C 大洋, 大海, 海洋; 《ふつう **the ... Ocean**》 …洋

• **the** Pacific [Atlantic] **Ocean** 太平洋[大西洋]

❷ U 《米》《ふつう **the ocean**》 海

an ocean of ... = oceans of ... 《口語》 すごくたくさんの…

派生 **oceanic** 形

O·ce·an·i·a /òuʃiǽniə オウシアニア/ (×オセアニア) 名 オセアニア, 大洋州

o·ce·an·ic /òuʃiǽnik オウシアニク/ (×オウシャニク) 形 大洋の, 海洋性の; 《**Oceanic**》 オセアニアの, 大洋州の

• an **oceanic** climate 海洋性気候

• **oceanic** currents 海流 (❗具体的な名前には oceanic をつけない; the Japan Current「日本海流」)

派生 **ocean** 名

o'clock A1 中

/əklák オクラク|əklɔ́k オクロク/ 副

…時 (❗ of the clock (時計で)を短縮した形)

会話 "What time is it now?" "It's five (**o'clock**)." 「今何時ですか」「5時です」(❗話しことばではしばしば o'clock を省略する)

注意》 (**1**) o'clock は「…時(ちょうど)」というときにだけ使い, 「…分」までいうときは使わない:

five past eight 8時5分 (×five past eight o'clock)

(**2**) a.m. (午前), p.m. (午後)といっしょに使わない:

at six **o'clock** (in the morning) (午前) 6時に (×at six a.m. o'clock)

(**3**) 1から12の数字について使う:

It is six **o'clock** in the evening. 午後6時です (×It is eighteen o'clock.)

Oct. 《略》 October 10月

oc·ta·gon /áktəgàn アクタガン/ 名 C 八角[辺]形; 八角[八辺]形の物[建物]

oc·tag·o·nal /aktǽgənəl アクタゴナル/ 形 八角[辺]形の

oc·tave /áktəv アクタヴ/ 名 C 《音楽》 オクターブ, 第8度音, 8度音程

Oc·to·ber A1 中

/aktóubər アクトウバ|ɔktóubər オクトウバ/ 名 U C 10月 (❗ Oct. と略す; 詳しい用法は June を参照)

• last [next] **October** 去年[来年]の10月(に)

- Our school's athletic event will be held **in October**. うちの学校の運動会は10月に行われる
- My father was born on **October** 10. 父は10月10日生まれだ

oc·to·pus 中 /ɑ́ktəpəs アクトパス/ 名 C 《動物》タコ

文化› イギリス人はほとんど食用としないが, アメリカには地中海沿岸や東洋からの移民も多いので, 特に西海岸では食用される. そのかたちから「devilfish (悪魔の魚)」と呼ばれる

oc·u·lar /ɑ́kjələr アキュラ/ 形 《文章》目(のため)の; 目のような; 目による, 視覚上の

— 名 C 《光学》接眼鏡[レンズ]; 目

ODA 《略》Official Development Assistance 政府開発援助 《♦先進国が開発途上国に対して行う》

odd B2 高 /ɑ́d アド/ 形 (比較級 **odder**; 最上級 **oddest**) ❶変な, 奇妙な, 変わった (❗odd はふつうでないことを強調する語; 見慣れない場合は strange を用いる)

- It is **odd** that she has been absent from school for a week. 彼女が1週間も学校を休むなんておかしなことだ
- in an **odd** way 奇妙に, 妙な(方法で)

❷臨時の

- **odd** jobs 臨時の仕事

❸(一対(つい)・一組の)片方しかない, はんぱの; 端数の; …余りの

- an **odd** sock 片一方の靴下
- He is forty-**odd** years old. 彼は40ちょっとすぎだ

❹奇数の (↔**even**)

- an **odd** number 奇数
- the **odd** months 奇数月 《♦1, 3, 5, 7, 9, 11月》

odd man out 組分けからあぶれた人; 仲間はずれの人

odd·i·ty /ɑ́dəti アディティ/ 名 (複 **oddities** /ɑ́dətiz/) U 風変わり, 奇妙さ; C 風変わりな人, 変人

派生 **odd** 形

odd·ly /ɑ́dli アドリ/ 副 奇妙に, 不思議に

oddly enough 不思議にも, 奇妙なことに

odds /ɑ́dz アヅ/ 名 《ふつう複数扱い》見込み, 公算; 勝ち目; (賭(か)け事の)分(ぶ)

against (all) odds まったく思いがけなく

at odds with ... …と争って, 不和で

ódds and énds 名 《複数扱い》がらくた

ode /óud オウド/ 名 C 〔…をたたえる〕頌歌(しょうか), オード 《*to*》

o·di·ous /óudiəs オウディアス/ 形 〔…にとって〕憎たらしい, いやらしい, おぞましい 《*to*》

o·dom·e·ter /oudɑ́mətər オウダメタ/ 名 C 《米》(車などの)走行距離計

o·dor /óudər オウダ/ 名 C におい (❗多くは(トイレなどの)不快なにおい; 「におい」を表すもっとも一般的な語は smell) ⇨ **smell**

o·dor·less /óudərləs オウダレス/ 形 無臭の

o·dour /óudər オウダ/ 名 《英》(=odor)

Od·ys·sey /ɑ́dəsi アディスィ/ 名 《**the Odyssey**》『オデュッセイア』《♦ギリシャの詩人ホメロス作の叙事詩》

# of A1 中

/əv オヴ; 《強》ɑ́v アヴ|ɔ́v オヴ/ 前

共通イメージ あるものの一部

❶《全体》…の(中の)

- one **of** the boys 少年たちの(中の)1人
- some **of** us 私たちの(中の)何人か
- Joe is one **of** my best friends. ジョーは私のもっともよい友達[親友]の1人だ
- the rest **of** the summer vacation 夏休みの残り

❷《所有者・所属先・範囲》…の

- the name **of** the town その町の名前
- the love **of** God 神の愛
- She is a member **of** the tennis club. 彼女はテニス部の一員です
- a friend **of** mine 私の友だちのひとり
- at the end **of** December 12月の終わりに
- the seventh **of** June 6月7日

A B C D E F G H I J K L M N O P Q R S T U V W X Y Z

of

A1 前

中 /əv オヴ; 《強》 άv アヴ | ɔ́v オヴ/

意味マップ

前 ❶《全体》…の(中の)
❷《所有者・所属先・範囲》…の
❸《部分・中身》…の(入った),
《所属する要素》…の(種類の)
❹《同格関係》…という
❺《意味上の主語》…の;
《行為者》…による
❻《意味上の目的語》…の
❼《内容》…のことを
❽《原材料・構成要素》…で(できている)
❾《起源・原因》…から(出た);
…の理由で
❿《性質の持ち主》(…するとは)
(人)は…である
⓫《起点》…から(離れて)
⓬《特徴》…の(ある)

ofの重要成句

of course もちろん
because of ... …の理由で
instead of ... …の代わりに
kind of (...) ある程度(の…)
out of ... …の中から外へ
regardless of ... …にかかわらず
sort of 多少, いくぶん

ネイティブはこういう!

ofを使った数量の表現

◆ **one of the ...** …のうちの1つ
◆ **some of the ...**
…のうちのいくつか
◆ **most of the ...** …の大部分
◆ **a lot [lots, a number] of ...**
たくさんの…
◆ **a couple of ...** 2, 3の…

文 法

A of BとB's Aはともに所有・所属を示すが, Bが物の場合にはA of Bとし, Bが人の場合はB's Aとするのがふつう:

◆ **the leg of the table** テーブルの脚(× the table's legとしない)
◆ **Ken's leg** ケンの足

my, yourなどとa, thisなどはいっしょに使えないので, 代わりにmine(私のもの), yours(君のもの)などとofを使って次のように言う:

◆ **that new camera of yours** 君のその新しいカメラ
(× that your new camera, × your that new cameraとしない)
◆ **This is a photograph of his.** これは彼の(持っている)写真だ
(! This is a photograph of him.は「これは彼の(写っている)写真だ」の意味になる)

❶((全体))… の(中の)(大きなものの一部分)
❷((所有者・所属先・範囲))… の

one of the boys

||

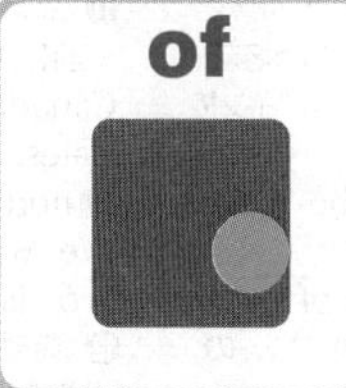

共通イメージ
あるものの一部

入れ物として全体の一部になっていると見る

❸((部分・中身))…の入った
❹((同格関係))…という
(2つのものが重なり合っている)
❼((内容))…のことを

a cup of tea

変化・因果関係・移動などで元の場所・状態に注目

❽((原材料・構成要素))…で(できている)
❾((起源・原因))…から
⓫((起点))…から(離れて)

This house is made of wood.

❸《部分・中身》…の(入った), …の量の(❗ A of B で「Aの量のB」);《所属する要素》…の(種類の) (❗ A of B で「Aの種類のB」)

- a cup **of** tea カップ1杯のお茶
- two spoonfuls **of** sugar スプーン2杯の砂糖, 砂糖スプーン2杯分
- What kind [sort] **of** work do they do? 彼らはどういう(種類の)仕事をしているのですか

❹《同格関係》…という (❗ A of B の形で,「BというA」「BのA」. ふつう, Aは一般的な名詞でBはその具体例)

- the name **of** Peter ピーターという名前
- the idea **of** going to Spain スペインに行くという考え
- There were six **of** us in the room. 部屋には私たち6人がいました

❺《意味上の主語》…の (❗ A of B の形で, BがAの意味上の主語);《行為者》…の, …による

- the start **of** the school year 新学期の始まり
- the plays **of** Shakespeare シェイクスピアが書いた戯曲[劇]

❻《意味上の目的語》…の (❗ A of B の形で, BがAの意味上の目的語)

- man's discovery **of** fire 人類が火を発見したこと
- love **of** nature 自然を愛すること

❼《内容》…のことを; …について(の) (=about)

- I always think **of** you. 私はいつもあなたのことを考えている
- We spoke **of** you last night. 私たちは昨夜あなたのことを話したのよ

❽《原材料・構成要素》…で(できている[できた]), …(製)の

- This house is made **of** wood. この家は木造だ
- a family **of** five 5人(の)家族

❾《起源・原因》…から(出た); …の理由で, …のために

- He is **of** royal blood. 彼は王室の血統です
- My grandfather died **of** cancer. 祖父はがんで死にました (❗ 直接の原因を表す) ⇨**die**[1]

❿《性質の持ち主》文型 [**it is C of A** (**to** *do*)] (…するとは) AはCである (❗ Cは kind, good, foolish など人の性質を表す形容詞)

- **It's** very **kind of** you (**to** *help* me). (私を助けてくれて)ありがとうございます (←あなたはとても親切ですね)
- **It was good of** you **to** *remember* my birthday. 私の誕生日を覚えていてくれてどうもありがとう

⓫《起点》…から(離れて);《米》(時刻が)…前に (=to, before)

- Canada is north **of** the United States. カナダはアメリカ合衆国の北にある (❗ north は副詞で「北に」)
- We will meet at ten minutes **of** two. 私たちは2時10分前に会おう

⓬《特徴》…の(ある) (❗ A of B の形で,「BのあるA」「BのA」)

- a woman **of** ability [courage] 才能[勇気]のある女性
- **of** importance 重要な (=important)
- **of** use 役に立つ (=useful)
- a girl **of** seventeen (years) 17歳の少女

of course **もちろん** ⇨**course** (成句)

off A1 中

/ɔ́ːf オーフ|ɔ́f オフ/

共通イメージ 元の場所から離れていく

意味マップ

副 ❶《動き・場所》離れて; 降りて; 取って
❷《身体からはずす》(服などを)脱いで
❸《距離・時間》離れたところに
❹(電気などが)切れて, 止まって
❺(仕事などを)休んで; 中止で
❻(定価から)割り引いて
❼暮らしが…で

前 ❶《動き・場所・距離》…から(離れて)
❷(仕事など)を休んで
❸(定価)から割り[差し]引いて

形 ❶《距離・時間》離れた
❷非番の, 休みの

— 副 ❶《動き・場所》**離れて, 去って**; (乗り物から)**降りて**; (物を)**離して, 取って** (↔**on**)

- **go off** 去って行く, 出発する
- run **off** 走り去る, 逃げ去る
- fall **off** (離れて)落ちる
- I went to the airport to **see** my boyfriend **off**. ボーイフレンドを見送りに空港に行った
- **Keep off**! 《掲示》立入禁止
- get **off** (バスなどから)降りる
- The lid was **off**. ふたがとれていた

❷《身体からはずす》(服などを)**脱いで, はずして** (↔**on**)

- **Take off** your jacket. = **Take** your jacket **off**. 上着は脱ぎなさい (! 動詞+off+名詞(目的語) = 動詞+名詞(目的語)+off)
- She stood in front of the station with her coat **off**. 彼女はコートを脱いで駅の前で立っていた

❸《距離・時間》(ある場所・時点から一定の距離・時間だけ)**離れたところに**; (今いる場所から)**向こうに, 先に**

- a mile [far] **off** 1マイル[はるか]先に
- Christmas is a week **off**. クリスマスまであと1週間だ

❹(電気・水道・テレビなどが)**切れて, 止まって** (↔**on**)

- turn **off** the light [the radio, the television] (スイッチをひねって)明かり[ラジオ, テレビ]を消す
- Was the light **on** or **off**? 明かりはついていましたかそれとも消えていましたか

❺(仕事などを)**休んで, 休みで; 中止で**

- take a day **off** 1日休む
- We get fifteen days **off** at Christmas. 私たちはクリスマスの時期に15日間休む

❻(定価から)**割り引いて**

- You can get the computer (at) 10% **off** for cash. そのコンピュータは現金なら10%引きで買える

❼《well, badly などとともに》**暮らしが…で**

off and on* = *on and off やめたり始めたり, ついたり消えたり, 不規則[断続的]に, 時々

***off of* ...** …から(離れて)

- I couldn't take my eyes **off of** her.

副❶ 前❶((動き))
(…から)離れて
副❷((身体から外す))
(服などを)脱いで

go off

共通イメージ
元の場所から
離れていく

進行方向上の
離れたところ

離れていった結果に注目

電気などがつながっていない

副❸ 前❶ 形❶
((距離・時間))
(…から)離れた(ところに)

Christmas is a week off.

副❶ 前❶((場所))
(…から)離れて
副❺ 前❷ 形❷
(仕事などを)休んで

take a day off

副❹ (電気などが)切れて

The light was off.

私は彼女から目を離せなかった

off with ... 《命令文的に》…を脱げ, …を取り去れ

— 前 ❶《動き・場所・距離》**…から**(一定の距離だけ)**離れて, …から;** (少しだけ離れていることを表して)**…の近くに,** (通り・部屋などが)**…とつながって; …から取れて, …からはずれて; …から取り去って**

• **get off** a bus バスから降りる

• fall **off** a bed ベッドから落ちる

• A button is **off** your trench coat. 君のトレンチコートのボタンが1つとれていますよ

• He took the framed picture **off** the wall. 彼はその額に入った絵を壁からはずした

• My house is **just off** the street. 私の家は通りのすぐ近くにある

• Keep **off** the grass. 《掲示》芝生(しばふ)に入るな

❷ (仕事など)**を休んで**

• **off** duty 非番で, 勤務外で

❸ (定価)**から割り[差し]引いて**

— 形 ❶《距離・時間》**離れた**

❷ **非番の, 休みの, 暇な**

• the **off** season 季節外れ, オフシーズン

off·beat /ɔ́:fbí:t オーフビート/ 形 《口語》(服装・考えなどが)**風変わりの, とっぴな;** (ジャズが)**オフビートの**

óff-cólor, 《英》**óff-cólour** 形 (冗談などが)**きわどい, 卑わいな;** 《英》**健康がすぐれない**

of·fence /əféns オフェンス/ 名 《英》(=offense)

of·fend B2 /əfénd オフェンド/ 動

❶ 他 **感情を害する, おこらせる; 不快感を与える**

❷ 自 **罪を犯す;** (慣習などに)**反する**

派生 **offense** 名

of·fend·er B2 /əféndər オフェンダ/ 名 C **違反者, 犯罪者**

of·fend·ing /əféndiŋ オフェンディング/ 形 **やっかいな, 不愉快な**

of·fense B2 /əféns オフェンス/ 名

❶ C **罪, 違反, 犯罪**

• a traffic **offense** 交通違反

❷ C **気にさわる事[もの], 感情を傷つける事[もの];** U **失礼; 不快**

• I meant no **offense** when I said so. 悪気でそう言ったのではない

❸ U **攻撃;** C **攻撃側** (=attack) (↔ **defense**)

• **Offense** is the best defense. 攻撃は最大の防御

派生 **offend** 動; 派生 **offensive** 形

of·fen·sive B1 /əfénsiv オフェンスィヴ/ 形 ❶ **失礼な, 無礼な; 不快な, いやな, 気にさわる, 腹立たしい**

❷ **攻撃の, 攻撃的な** (↔**defensive**)

— 名 (複 **offensives** /əfénsivz/) C **攻撃, 攻勢**

on the offensive 攻撃中で

派生 **offense** 名

of·fer A2 高

/ɔ́:fər オーファ | ɔ́fər オファ/ (×オファー) 動 (三単現 **offers** /ɔ́:fərz/; 過去・過分 **offered** /ɔ́:fərd/; 現分 **offering** /ɔ́:fəriŋ/)

❶ 他 **提供する, 差し出す, 与える**

• What services do they **offer**? 彼らはどんなサービスを提供してくれますか

• **offer** useful advice 役に立つアドバイスを与える

文型 [**offer A B = offer B to A**] **A(人)にBを提供する, 勧める**

• He **offered** me a good job. = He **offered** a good job **to** me. 彼は私に割のいい仕事を提供してくれた (! offer it to her などとBに代名詞がきたり, Aが長い場合を除いては offer A B の型がふつう)

❷ 他 **申し出る;** 文型 [**offer to** *do*] **…しようと申し出る**

• **offer to** *help* 手伝いを申し出る

❸ 他 **売り出す;** (金額を)**申し出る;** 文型 [**offer A B**] **A(人)にBを売りに出す**

• I'll **offer** you my old bike for ten thousand yen. 私の古い自転車を1万円で買いませんか

❹ 他 (祈り・いけにえなどを)**ささげる**

— 名 (複 **offers** /ɔ́:fərz/) C

❶ **申し出, 提案**

• I **made an offer to** help him with his work. 私は彼の仕事を手伝おうと申し出た
• I rejected [accepted] his **offer**. 私は彼の申し出を断った[受け入れた]
❷〔…の〕つけ値《*for*》, 提示額
• 100,000 yen is the best **offer** I can make **for** that car. その車には10万円までなら出してもいい
❸ 安売り, 値引き

of·fer·ing /ɔ́ːfəriŋ オーファリング/ 名 U (神への)奉納; C (神への)供え物, (教会への)献金; U 申し出, 提供

off·hand B2 /ɔ́ːfhǽnd オーフハンド/ 副 即座[即席]に, 用意なしに; 無作法に
— 形 即座の, 即席の, 用意なしの; 無作法な; そっけない

of·fice A1 中

/ɔ́ːfəs オーフィス|ɔ́fəs オフィス/
名 (複 **offices** /ɔ́ːfəsəz/)
❶ C 事務所, 事務室; 会社, 営業所; 勤め先, 職場; 《米》診療所
• I'll see you in your **office** tomorrow. あすあなたのオフィスでお会いしましょう
• Osaka **office** 大阪営業所
• the main [head] **office** 本社
❷ C 役所, …局, …省
• a post **office** 郵便局
• the Foreign [Home] **Office** (英国の)外務省[内務省]
❸ U C 官職
• take [leave] **office** 就任[辞職]する
❹《**offices**》《文章》尽力, 世話
派生 **official** 形

óffice hòurs 名《複数扱い》勤務[営業]時間; 《米》診療時間; (大学教員の)面会時間, オフィスアワー

of·fi·cer A1 中

/ɔ́ːfəsər オーフィサ|ɔ́fəsər オフィサ/
名 (複 **officers** /ɔ́ːfəsərz/) C
❶ 警察官, 警官, 巡査 (=police officer); お巡りさん《♦呼びかけで》
❷ 将校, 士官; 高級船員
• a navy **officer** 海軍将校
❸ 役員, 幹部職
• a chief executive **officer** 最高経営責任者 (❗CEOと略す)
❹ 公務員, 役人 (=official)
• a customs **officer** 税関職員

óffice wòrker 名 C (ホワイトカラーの)会社員, サラリーマン (❗男女共にいう)

of·fi·cial A2 高

/əfíʃəl オフィシャル/ (×オフィシャル) 形
❶ 公式の, 公認の (↔**unofficial**)
• an **official** record 公式記録
• the country's **official** language その国の公用語
• an **official** report 公報
❷ 公の, 公務上の, 公用の; 仕事上の, 職務上の
• **official** duties 公務
• The prime minister made his first **official** visit to the U.S. 首相は初めてアメリカを公式訪問した
❸ 表向きの
• the **official** reason 表向きの理由
— 名 (複 **officials** /əfíʃəlz/) C 公務員, 役人; 職員
• He is a senior administration **official**. 彼は政府高官だ

offícial lánguage 名 C 公用語

of·fi·cial·ly B1 高 /əfíʃəli オフィシャリ/ 副 公式に, 正式に; 表向きには; 職務上, 公務上

of·fi·ci·ate /əfíʃièit オフィシエイト/ 動 自《文章》〔…としての; 儀式などで〕職務を行う, 役目を務める《*as; at*》; 《競技》審判員を務める, 差し出がましい

of·fi·cious /əfíʃəs オフィシャス/ 形 おせっかいな, よけいな世話を焼く

off·ing /ɔ́ːfiŋ オーフィング/ 名 C《**the offing**》沖合
in the offing 沖合いに; やがて起こりそうな

off·set /ɔ̀ːfsét オーフセト/ 動 (三単現 **offsets** /ɔ̀ːfséts オーフセツ/; 過去・過分 **offset**; 現分 **offsetting**) 他〔…で; …に対して〕

埋め合わせる, 相殺(そうさい)する《*by; against*》

off·shoot /ɔ́:fʃù:t オーフシュート/ 名 C 《植物》(樹木の幹から出た)側枝, 横枝; 分派; 支流; (民族の)分かれ; (鉄道の)支線; 副産物

off·shore B2 /ɔ̀:fʃɔ́:r オーフショー/ 形 沖合いの; (風・海流などが)沖に向かう

— 副 沖合いで; 沖へ向かって

off·side /ɔ̀:fsáid オーフサイド/ 形 オフサイドの《◆サッカーやホッケーなどの反則の位置》

— 副 オフサイドに

off·spring /ɔ́:fspriŋ オーフスプリング/ 名 (複 **offspring**) C 《文章》子孫, 子ども; 〔…の〕成果《*of*》

off·stage /ɔ́:fstéidʒ オーフステイヂ/ 形 副 舞台裏の[で], 舞台のそでの[で]

óff-the-récord 形 副 公表しない[で], オフレコの[で]

óff-whíte 形 灰色[黄色]がかった白色の, オフホワイトの

oft /ɔ́:ft オーフト/ 副 《おもに複合語で》よく[しばしば]…である ⇨**often**

of·ten A1 中

/ɔ́:fən オーフン|ɔ́fən オフン/ (発音 /オー[オ]フトン/ のように t を発音することもある)

副 (比較級 **more often**, **oftener**; 最上級 **most often**, **oftenest**)

たびたび, よく (↔**seldom**) (❗ sometimes (ときどき)よりも多く, usually (たいてい)よりも少ない頻度(ひんど); often は be 動詞や助動詞の後, 一般動詞の前に置く)

- Salt is **often** used to purify things in Japan. 塩は日本ではよく物を清める目的で使われる
- I **often** go there. 私はたびたびそこへ行きます
- He writes to me very **often**. 彼はしょっちゅう私に手紙をくれる
- He comes more **often** than before. 彼は以前よりよく来ます
- Forest fires break out most **often** in the summer. 山火事は夏にいちばん多く起こります

all too often 何度も, 頻繁(ひんぱん)に

as often as ... …回くらい; …するたびに

as often as not 頻繁に, しばしば

every so often 時々, 時折

how often ... 何回…

会話 “**How often** do you go to the movies?” “Not **often**, perhaps once every three months.” 「映画にはよく行きますか」「よくというほどは行きません. 3か月に1回ぐらいかな」

more often than not たいてい (= usually)

quite often かなり頻繁に

o·gle /óugl オウグル/ 動 他 物ほしそうに見つめる, 色目を使う

o·gre /óugər オウガ/ 名 C (童話の)人食い鬼; 鬼のような[恐ろしい]人

OH 《略》Ohio オハイオ(州)

oh[1] 中 /óu オウ/ 間 おお, ああ, まあ!, おや!, あら! (❗ 喜び, 怒り, 驚き, 願いなどの感情を表す; oh の次にコンマ(,)や感嘆符(!)を置くのがふつう)

- **Oh**! How beautiful! まあ, なんてきれいなんでしょう!

会話 “Shall I help you?” “**Oh**, thank you.” 「お手伝いしましょうか?」「ああ, ありがとう」

- **Oh** no. It's already 4 o'clock. ああ! もう4時だ

関連語› 単語力

ah ああ《◆喜び, あわれみ, 納得など》
aha ははっ《◆喜び, 驚きなど》
ha はあ《◆喜び, 驚きなど》
ha ha はは《◆笑い声》
hey やあ《◆呼びかけ, 喜び, 驚きなど》
hi やあ《◆呼びかけ》
gee おやおや《◆驚き, 賞賛》
ouch あっ痛い
sh, shh しーっ, 静かに
wow うわー《◆驚き, 賞賛など》
yuck うえーっ《◆不快》

oh[2] /óu オウ/ 名 C (電話番号・番地などの)ゼロ

O·hi·o /ouhάiou オウハイオウ/ 名 オハイオ《◆米国北東部にある州; O., (郵便で) OHと

略す》

ohm /óum オウム/ 名 C 《電気》オーム《◆電気抵抗の単位; 記号 Ω》

oil A2 中

/ɔ́il オイル/ 名 (複 **oils** /ɔ́ilz/)

❶ U 油; 石油 (! 種類をいうとき以外は, ×a をつけず複数形なし)

• an **oil** company 石油会社
• vegetable **oil** サラダ油
• olive **oil** オリーブオイル

❷ 《ふつう **oils**》 油絵の具; C 油絵

• an **oil** painting 油絵

burn the midnight oil 夜中まで勉強[仕事]をする

— 動 (三単現 **oils** /ɔ́ilz/; 過去・過分 **oiled** /ɔ́ild/; 現分 **oiling**) 他 油を引く[ぬる, さす]; (物事を)滑らか[穏やか]にする

派生 **oily** 形

oil·can /ɔ́ilkæ̀n オイルキャン/ 名 C 油の缶; 油差し

oiled /ɔ́ild オイルド/ 形 (表面に)油を塗った; 油に浸した

óil fìeld 名 C 油田(ゆでん)

oil-lamp /ɔ́illæ̀mp オイルランプ/ 名 C 石油ランプ

óil pàinting 名 C 油絵

óil slìck 名 C (水面に漂う)油膜《◆タンカーの事故などによる》

oil·y B1 /ɔ́ili オイリ/ 形 (比較級 **oilier**; 最上級 **oiliest**) ❶ 油だらけの, 油で汚れた; 油の, 油のような; 脂肪の多い ❷ 調子のよすぎる, 口先のうまい

oink /ɔ́iŋk オインク/ 名 C ブーブー《◆ブタの鳴き声》

— 動 自 (ブタが)ブーブー鳴く

oint·ment B2 /ɔ́intmənt オイントメント/ 名 U C 軟こう, こう薬

OK[1], O.K. A1 中

/òukéi オウケイ/ 形 (! okay の略)《口語》よろしい, 問題ない, オーケー (=all right)

会話 "Are you **OK**?" "I'm **OK**." 「だいじょうぶですか」「私はだいじょうぶです」

会話 "I'm sorry I'm so late." "That's **OK**. I was late too." 「こんなに遅れてしまってすみません」「いいんですよ. 私も遅れて来たんです」

会話 "Is seven o'clock **OK**?" "Yes, that's fine." 「7時でよろしいですか」「ええ, だいじょうぶです」

— 副 《口語》オーケーで, 首尾よく, うまく

— 間 《口語》オーケー, よろしい

— 名 (複 **OK's** /òukéiz/) C 《口語》承認, 許可; 同意, オーケー

— 動 (三単現 **OK's** /òukéiz/; 過去・過分 **OK'd** /òukéid/; 現分 **OK'ing**) 他 《口語》承認する, オーケーする

OK[2] 《略》Oklahoma オクラホマ(州)

o·kay /òukéi オウケイ/ 形 副 間 名 動 (=OK[1])

O·kla·ho·ma /òukləhóumə オウクラホウマ/ 名 オクラホマ《◆米国南中部の州; 州都 Oklahama City; Okla., (郵便で) OK と略す》

o·kra /óukrə オウクラ/ 名 C 《植物》オクラ; U 《集合的》オクラのさや

ol' /óul オウル/ 形 old の発音つづり

old A1 中

/óuld オウルド/ 形 (比較級 **older**, **elder**; 最上級 **oldest**, **eldest**)

❶ 年とった, 年老いた (=aged) (↔ young) ⇨**elderly**

• an **old** man おじいさん
• He is **old**. 彼は年をとっている
• grow [get] **old** 年をとる

❷ (年齢が)…歳で[の]; (物が出来てから)…年[月]で

• a baby six months **old** 生後6か月の赤

ちゃん
• This building is nearly a hundred years **old**. この建物は建てられてから約100年になる
会話 [CAN-DO Tips 年齢を聞く・言う] "How **old** are you?" "I'm fourteen years **old**."「君いくつ?」「私は14歳です」
注意› I'm fourteen. と years old を省いていうことはできるが, ×I'm fourteen years. としない. また ×I'm fourteen year old. も不可
❸《**older**》年上の;《**oldest**》最年長の
• my **older** brother 私の兄 (=《英》my elder brother) ⇨**elder**[1]
• Mr. Young is the **oldest** of the three. ヤング氏が3人のうちでいちばん年長です
参考› elder, eldest も old の比較級, 最上級だが,《英》で兄弟・姉妹などの年の上下関係について使う. また ×elder than などといわず名詞の前で使うのがふつう
❹ 使い古した
• My shoes are getting **old**; I must buy some **new** ones. 靴が古くなってきた. 新しいのを買わなければ
❺ 以前の
• my **old** school 私が昔通っていた学校
❻ 古い (⇔**new**); 昔の; 昔からの, 昔なじみの;《呼びかけなどで親愛を込めて》《口語》親愛な, なつかしい
• the good **old** days 古きよき時代
• an **old** friend 昔からの友達, 古い友人 (❗「年とった友人」という意味でないことに注意)

be (as) old as the hills (物事が)とても古い

for old time's sake 昔を思い出して

―名U 昔

of old 昔の

óld áge 名U 老齢(期), 老年, 晩年 (♦ふつう65歳以上)

óld àge pénsion 名U 老齢年金

óld bóy 名C《英》❶(男子の)卒業生, オービー ❷《口語》やあ (❗親しみをこめた呼びかけに用いる)

old-fash·ioned B1 /óuldfǽʃənd オウルドファションド/ 形 時代遅れの, 旧式の, 古風な; 古い考えの

óld gírl 名C《英》(女子の)卒業生, オージー

old-growth /óuldgróuθ オウルドグロウス/ 形 原生林の

old·ie /óuldi オウルディ/ 名C《口語》オールディーズ (♦昔流行した歌・映画など); 昔ながらの物; 古風な人

Óld Téstament 名《the をつけて》旧約聖書 (❗「新約聖書」は the New Testament)

old-tim·er /óuldtáimər オウルドタイマ/ 名C《口語》古顔, 古参;《米》老人

Óld Wórld 名《the をつけて》旧世界 (♦New World (南北アメリカ)に対してヨーロッパ・アジア・アフリカを指す表現)

o·lé /ouléi オウレイ/ 間《スペイン語》オーレ!, フレー! (=hurrah)

ol·fac·to·ry /ɑlfǽktəri アルファクトリ/ 形 嗅覚(きゅうかく)の

ol·ive B2 /ɑ́ləv アリヴ/ (×オリーヴ) 名
❶C《植物》オリーブの実[木]
参考› 箱舟から放ったハトがオリーブの枝をくわえて戻ってきたのでノアは洪水が引いたことを知ったという旧約聖書の物語から「平和と和解」の象徴とされ, 国連旗のデザインにも使われている
❷U オリーブ色, 黄緑色

ólive òil A2
名U オリーブ油

Ol·i·ver /ɑ́ləvər アリヴァ/ 名 オリバー (♦男性名)

O·liv·i·a /oulíviə オウリヴィア/ 名 オリビア (♦女性名)

O·lym·pi·a B2 /əlímpiə オリンピア/ 名 オリンピア (♦ギリシャのペロポネソス半島西部の平原; 古代オリンピア競技が行われた)

O·lym·pi·ad B2 /əlímpiæd オリンピアド/ 名C ❶国際オリンピック競技会 (=Olympic Games)
❷(おもに理系分野の学生などが知識・技能を競う)オリンピック大会

O·lym·pi·an /əlímpiən オリンピアン/ 形
❶オリンポス山の
❷(オリンポスの神々のように)堂々とした
❸オリンピックの
━名C ❶オリンポス山の神
❷オリンピック出場選手

O·lym·pic A2 高

/əlímpik オリンピク/ (×オリンピック) 形
オリンピックの, オリンピック競技の; オリンピアの (! 名詞の前に用いる)

Olýmpic Gámes 高 名 《the をつけて》国際オリンピック競技会

O·lym·pics A1 高

/əlímpiks オリンピクス/ 名 《the Olympics》国際オリンピック競技会 (=the Olympic Games)

O·lym·pus /əlímpəs オリンパス/ 名
オリンポス山 《♦ギリシャ北部の山; 神話ではその山頂には神々が住んでいたと伝えられた》

O·man /oumá:n オウマーン/ 名 オマーン 《♦アラビア半島の東端にある国; 首都マスカット(Muscat)》

om·buds·man /ámbudzmən アンブヅマン/ 名 (複 **ombudsmen** /ámbudzmən/) C 行政監察官, オンブズマン 《♦行政に対する苦情を処理する》 (! 女性形 ombudswoman)

om·e·let(te) A2

/ámlət アムレト|ɔ́mlət オムレト/ 名 (複 **omelet(te)s** /ámləts アムレツ/) C 《料理》オムレツ

- Can I have the spinach **omelet**? ホウレンソウのオムレツをいただけますか

o·men /óumən オウメン/ 名UC 前兆, 前触れ

om·i·nous /ámənəs アミナス/ 形 不吉な, 不幸な事が起こりそうな; 〔…の〕前兆となる 《*of*》
óminously 副 不吉に, 不気味に

o·mis·sion /oumíʃən オウミション/ 名U 省略, 脱落; 手ぬかり
派生 **omit** 動

o·mit /oumít オウミト/ 動 (三単現 **omits** /oumíts オウミツ/; 過去・過分 **omitted** /oumítəd/; 現分 **omitting**) 他
❶(わざと)省く, 省略する
- **Omit** his name from the mailing list. 彼の名前はそのメーリングリストから外してください

❷ 文型 [**omit** *do***ing** [**to** *do*]] …しそこなう, …し忘れる
派生 **omission** 名

om·nip·o·tent /amnípətənt アムニポテント/ 形 《文章》(人・事が)全能の; 絶大な力[権限]をもつ

om·nis·cient /amníʃənt アムニシェント/ 形 《文章》全知の, 何でも知っている

om·niv·o·rous /amnívərəs アムニヴォラス/ 形 《文章》(動物が)雑食(性)の, 何でも食べる; (人が)(特に読書で)何でも読む, 乱読する

on A1 中

/án アン|ɔ́n オン/ 前
共通イメージ 接している
❶《接触・固定》…の上に, …の上の; …の表面に[の]; …に(乗って); …(の身)につけて

- sit **on** the floor 床の上にすわる
- click **on** the link リンクをクリックする (←リンクの上で(マウスのボタンを)クリックする)
- get **on** a bus バスに乗る
- swans **on** the water 水面に浮かぶ白鳥
- a painting **on** the wall 壁に掛けられた絵
- a ring **on** her finger 彼女の指にはめられた指輪
- That dress looks very nice **on** you. そのドレスはあなたにとてもよく似合う
- He had a puzzled expression **on** his face. 彼は途方に暮れたような顔をしていた (←彼の顔には途方に暮れたような表情があった)
- **on** the next page 次のページに

似ている単語
…の上に－**on**, **above**, **over**
on は物の表面に接触している場合に使う. 物

on

A1 前 副
中 /ɑ́n アン | ɔ́n オン/

意味マップ

前 ❶《接触・固定》…の上に；…に(乗って)；…(の身)につけて
❷《期日》…(日)に；《時間の近接》…するとすぐに
❸《基礎・根拠》…に基づいて
❹《関連》…について(の)；《所属》…に属して
❺《近接・位置》…に(接して[面して])
❻《目的》…(のため)に；《進行》…(の途中)で
❼《影響・不利》…に対して
❽《手段・道具》…で
❾…の負担で

副 ❶(どんどん)続けて；先へ
❷(電気などが)ついて
❸身につけて；上に
❹進行中で；上演[放送]中で

使えるコーパスフレーズ

on (the)＋名詞

1 **on the other hand**　一方
2 **on the basis of ...**　…に基づいて
3 **on the** [*one's*] **way to** [**from**] **...**　…へ[から]の途中
4 **on top of ...**　…に加えて
5 **on behalf of ...**　…の代表として

onの重要成句

... and so on　…など
on and on　どんどん
depend on ...　…に依存する
go on to *do*　続けて…する ⇨**go**
later on　後で ⇨**later**
put on　身に着ける ⇨**put**
be based on ...　…に基づいている
off and on　ときどき
come on　さあさあ ⇨**come**
earlier on　あらかじめ ⇨**earlier**
hold on　電話を切らないで待つ ⇨**hold**
on board　(乗り物に)乗って ⇨**board**
turn on　(スイッチを)つける ⇨**turn**

フォーカスページ

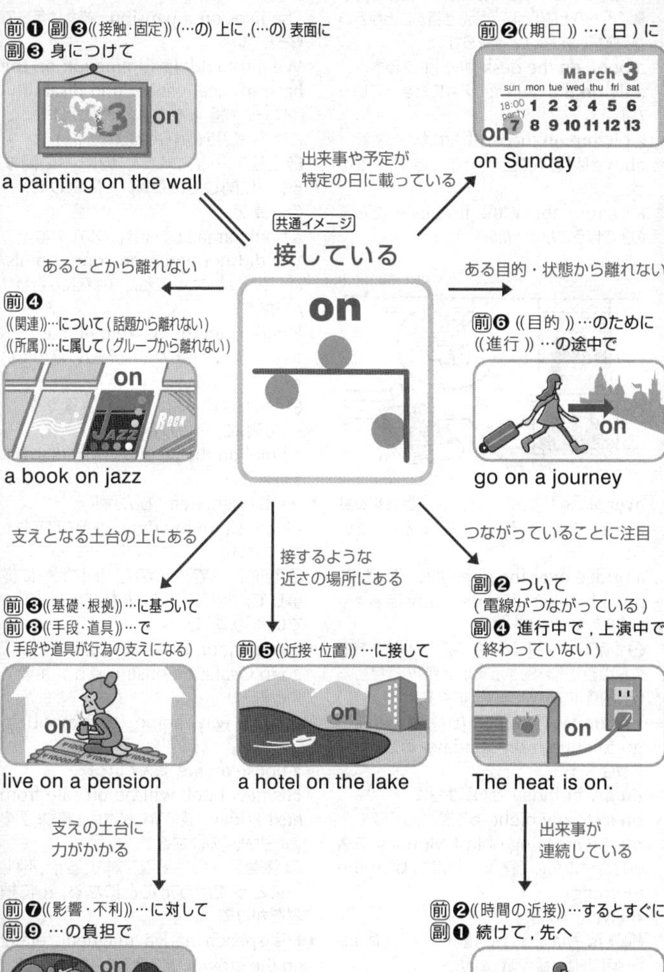
前❶ 副❸((接触・固定)) (…の) 上に ,(…の) 表面に
副❸ 身につけて
on
a painting on the wall
前❷((期日)) …(日)に
March 3
sun mon tue wed thu fri sat
18:00 party
1 2 3 4 5 6
on 7 8 9 10 11 12 13
on Sunday
出来事や予定が
特定の日に載っている
共通イメージ
接している
on
あることから離れない
ある目的・状態から離れない
前❹
((関連))…について(話題から離れない)
((所属))…に属して(グループから離れない)
on
JAZZ
ROCK
a book on jazz
前❻ ((目的)) …のために
((進行)) …の途中で
on
go on a journey
支えとなる土台の上にある
接するような
近さの場所にある
つながっていることに注目
前❸((基礎・根拠))…に基づいて
前❽((手段・道具))…で
(手段や道具が行為の支えになる)
on
live on a pension
前❺((近接・位置)) …に接して
on
a hotel on the lake
副❷ ついて
(電線がつながっている)
副❹ 進行中で , 上演中で
(終わっていない)
on
The heat is on.
支えの土台に
力がかかる
出来事が
連続している
前❼((影響・不利)) …に対して
前❾ …の負担で
on
¥10000
It's on me.
前❷((時間の近接))…するとすぐに
副❶ 続けて , 先へ
on
walk on

は引力で下に向かうため, それを止める力が働く「…の上に」という状況を指すことが多いが, 必ずしも「上」とは限らない:
a book **on** the desk 机の上にある本
a fly **on** the ceiling 天井にとまっているハエ
a picture **on** the wall 壁にかかった絵
above は「離れて上のほうに」あることをいう:
a picture **above** the fireplace だんろの上のほうにかかった絵

over は「離れて上に」または「(接触する場合も含んで)おおいかぶさって」いることをいう:
a bridge **over** the river 川にかかった橋
put a blanket **over** the baby 赤ちゃんの上に毛布をかける

❷《期日》…(日)に (! 特定の日, また特定の日の朝・午後・晩を示す); 《時間の近接》…(と同時)に, …するとすぐに

- **on** Sunday (特定の, または毎週)日曜日に
- go to church **on** Sundays 毎週日曜日に教会へ行く
- **on** my birthday 私の誕生日に
- **on** a stormy night ある嵐(あらし)の夜に
- **on** the morning of last Monday 先週の月曜日の朝に (! 単に「朝に」は in the morning)
- **on** May 10 5月10日に

比較 **in** May 5月に (! 「…月に」は in, 「…時に」は at) ⇨**at** 使い方

- **On** seeing her, I called her to stop. 彼女を見てすぐに呼び止めた

❸《基礎》…を支えとして; 《根拠》…で, …に基づいて

- stand **on** *one's* hands さか立ちする (←手で立つ)
- She lives **on** a pension. 彼女は年金で暮らしている
- We must end discrimination **on the basis of** race, gender and disability. ⇨ フォーカス 2 私たちは人種や性別や障がいに基づく差別を終わらせねばならない

❹《関連》…について(の), …に関する, …に関して; 《所属》…に属して, …の一員で

- a book **on** jazz ジャズについての本
- We did not agree **on** some points. いくつかの点について私たちは意見が合わなかった
- Henry is **on** the basketball team. ヘンリーはバスケットボールチームに入っている

❺《近接・位置》…に(接して[面して]), …(の側)に; …(の方)に

- a hotel **on** the lake 湖のほとりにあるホテル
- **on** the right [left] 右[左]側に
- Please sit **on** my right. 私の右にすわってください

❻《目的》…で, …(のため)に; …に従事して; 《進行》…(の途中)で; …(の[している]状態)で

- go **on** a journey [a trip] 旅行に行く
- go to Osaka **on** business 仕事[用事]で大阪へ行く
- **on** my way home [to school] ⇨ フォーカス 3 帰る[学校へ行く]途中で
- a house **on** fire 燃えている家
- His new book will be **on** sale from next Friday. 彼の新しい本は今度[来週]の金曜日から発売になる

❼《影響》…に対して[対する]; 《不利》…にとって困ったことになる, …に損害をかけて

- His speech had a magnetic effect **on** the crowd. 彼の演説には群衆を引きつける力があった (←群衆に対して磁石のような効果を持っていた)

❽《手段・道具》…で; …によって; (テレビ番組など)で[に出演して]

- talk **on** the telephone 電話で話す

- watch a game **on** television テレビで試合を見る
- play games **on** the computer パソコンでゲームをする
- She'll be **on** that TV show next week. 彼女は来週そのテレビショーに出演するでしょう
- play a Beatles song **on** the guitar ギターでビートルズの曲を弾く
- How do you go to school? **On** foot or by bus? どうやって学校に行くの? 歩きそれともバス?

❾《口語》(勘定など)…の負担で, …持ちで

- It's **on** me. それは私のおごりだ (❗ on＋目的格の代名詞; ×on *I* としない)

━副 ❶(どんどん)続けて, ずっと; 先へ; 向かって

- walk **on** どんどん歩いて行く
- from now **on** 今後ずっと
- later **on** あとで, のちに
- He went **on** talking. 彼は話し続けた

❷(電気・水道・テレビなどが)ついて, (ガス・水道などが)出て (↔**off**)

- Is the heat **on** or off? 暖房はついていますかそれとも消えていますか

❸身につけて, かぶって, はいて (↔**off**); 上に, 乗って (↔**off**)

- He had no coat [shoes] **on**. 彼はコートを着て[靴をはいて]いなかった
- She put her coat **on**. = She put **on** her coat. 彼女はコートを着た (❗ 目的語が代名詞 (it) の場合には, ×put *on it* としない)

❹進行中で; (劇などが)上演[上映]中で, 放送されて

- What films are **on** now? 今どんな映画が上映されていますか
- What's **on** at the theater now? 劇場では今何を上演中ですか

and so on (…)など, その他 ⇨**and** (成句)

off and on = on and off ときどき, 断続的に ⇨**off** (成句)

on and on どんどん, 休みなく続けて, 延々と

once A1 中

/wʌ́ns ワンス/ (×オンス) 副

❶1度; 1回

- **once** or **twice** 1, 2度, たまに (❗「3度」以上は times /タイムズ/ を用いて, three times, four times, ... という)
- **once** a day [week] 日[週]に1度 (❗ a day [week] は「1日[1週]につき」)
- I go swimming **once** a week. 私は週に1度水泳に行きます
- more than **once** 1度ならず, たびたび
- **once** more = **once** again もう1度

会話 "How often have you been there?" "I've been there only **once**." 「君は何度そこへ行ったことがありますか」「私はそこへ1度しか行ったことがありません」

❷かつて; 昔, いつか

- She **once** lived in France. 彼女はかつてフランスに住んでいた

❸いったん

- If she **once** starts talking, she is hard to stop. 彼女はいったん話しだすとなかなか止められない

(every) once in a while 時々, たまに

- I called up her **once in a while**. 私は彼女に時々電話をかけた

once again = once more もう1度

- Try it **once again**. もう1回やってみて

once (and) for all この1回限りで

- She told me **once and for all** that she didn't want to get in my car again. 彼女はもう二度と私の車に乗りたくないときっぱり言った

once upon a time 昔々 (❗ おとぎ話の始めによく用いられる)

- **Once upon a time** there was a very wise king. 昔々とても賢い王がいました

━接 一度…したら, いったん…したからには

- **Once** you learn the rules, the game is easy. 一度ルールを覚えてしまえばそのゲームは簡単です

—名U 1度，1回《ふつう次の成句で》

all at once 突然 (=suddenly); いっせいに ●**All at once**, she began to cry. 彼女は突然泣き始めた

at once ただちに; すぐ; 一度に，同時に，いっせいに

●Please bring me the document **at once**. すぐにその書類を持ってきてください

at once *A* ***and*** *B* AでもありBでもある

(***just***) ***for*** (***this***) ***once*** 今度だけ(は)，この場合に限り

once-o·ver /wʌ́nsòuvər ワンソウヴァ/ 名《次の成句で》

give ... the once-over 《口語》…にざっと目を通す，…をざっと調べる

on·com·ing /ɑ́nkʌ̀miŋ アンカミング/ 形 近づいてくる，接近する

one A1 中

/wʌ́n ワン/ (発音 won と同音)

名 (複 **ones** /wʌ́nz/)

❶U (基数の) 1; 1つ，1個，1人; 1時; 1歳 (❗詳しい用法は three を参照)

●Lesson [Book] **One** 第1課[巻]

●a hundred and **one** 101

●**One** and **one** is [are] two. 1たす1は2である《♦1+1=2》

●It's one minute to **one**. 1時1分前です (❗It はばく然と「時」を表す)

●**One** of my friends went to New York. 私の友達の1人がニューヨークへ行った (❗one of の後の名詞は必ず複数形にする)

❷C (文字・活字としての) 1; (さいころの) 1の目

(***all***) ***in one*** 1つ[1人]で全部を兼ねて; みんな一致して

at one 《文章》〔…と〕一致して《*with*》

by [***in***] ***ones and twos*** 1人2人[1つ2つ]と，ぼつぼつ

one by one 1つ[1人]ずつ，一つひとつ，一人ひとり

●They left the room **one by one**. 一人ひとり彼らは部屋を出て行った

—形 ❶1つの，1個の，1人の; 1歳の[で]

●**one** apple リンゴ1個 (❗an apple よりはっきりと「1個」を強調)

●**one** o'clock 1時

●**one** hundred 100

●**one** or two books 1，2冊の本

❷ある…

●**one** day (過去の)ある日; (未来の)いつ(の日)か (=some day)

●**one** morning [night] ある朝[夜] (×*in* one morning [night] などとしない)

❸一方の (❗「一方の」の意味では another, the other と相関して用いられる); 文型 [**A is one thing, B** (**is**) **another**] AとBは別だ

●To know **is one thing**, to teach **another**. 知っているということと教えるということは別だ

❹唯一の (=only)

●That is the **one** way of improving efficiency. それが能率を向上させる唯一の方法だ

❺同じ，同一(種)の

❻《人名の前において》《文章》…という

似ている単語

1つの—**one**, **single**, **only**

one は a, an を強調したり，another, (the) other と対比させたりして「1つ[1人]の」をさす:

He gave me **one** apple and two oranges. 彼はリンゴ1個とオレンジ2個をくれた

from **one** end of the street to **the other** 通りの一方の端から他方の端まで

single は「たった1つ[1人]ある[いる]」ことで one をさらに強める:

There was a **single** customer in the shop. その店にはたった1人のお客がいた

only は「ただ1つ[1人]だけしかない[いない]」ことで，ふつう前に the や my, your などがつく:

Mary is my **only** daughter. メアリーは私の1人娘です

one and only ただ1つ[1人]の

one and the same まったく同一

の

one or two 1または2の; 《口語》2, 3の

• That's a good idea, but there are **one or two** problems. それは良い考えだけど難点が2, 3ある

— 代 (複 **ones** /wʌ́nz/)

❶ (同じ種類のもののうちの) 1つ; (…の[な])もの[人] (❗前に出た普通名詞の代わりに用いる)

• She picked some flowers and gave me **one**. 彼女は花をつんで私に1輪くれた

会話 "Will you bring me that dictionary?" "This **one**?" 「その辞書を私に持ってきてくれますか」「これですか」

会話 "Look! Bob and Ben are playing tennis." "Which **one** is Bob?" 「ほら! ボブとベンがテニスをしている」「どっちがボブ?」

• I don't like this tie. Please show me **a** better **one** (=tie). このネクタイは気にいりません. もっといいのを見せてください (❗形容詞+one のときは, その前にふつう a または an がつく)

• Parent birds carry food to their young **ones**. 親鳥たちがひな鳥に食物を運んでくる

どっち

one と it

どちらも前に出た名詞の代わりに使うが, one は「同じ種類のもの」, it は「同一のもの」をさす:

"Do you have a laptop computer?" "No, I don't, but my brother has **one** (=a laptop computer). He will lend **it** (=the laptop computer) to you." 「君はノートパソコンを持っていますか」「いいえ, 私は持っていないけど兄が(1つ)持っている. 彼はそれ[そのノートパソコン]を君に貸してくれるだろう」

❷ (一般に) 人(はだれも); 私たち

• **One** should do **one**'s [his] best. 人はベストをつくすべきである

• **One** can read this book in an hour. だれでもこの本は1時間で読める

❸ 一方, (2つ[2人]のうち)前者は, (2つ[2人]のうち) 1つ[1人]は (❗another, the other と相関して用いられる)

• We have two dogs; **one** is white, and **the other** (is) black. うちには犬が2ひきいます. 1ぴきは白でもう1ぴきは黒です

one after another = ***one after the other*** 次々に, 次から次と, (2つ(以上)のものが)交互に, 相次いで; ひとりずつ

• The birds flew away **one after another**. 小鳥たちは次々と飛び去った ⇨**other** 代 (成句)

one another おたがい (=each other)

• We didn't know **one another** at all. 私たちはおたがいを知らなかった

one-celled /wʌ́nséld ワンセルド/ 形 《生物》単細胞の

one·ness /wʌ́nnəs ワンネス/ 名 U 単一性, 同一性, 不変性; 一致, 調和

one-on-one /wʌ́nɑnwʌ́n ワナンワン/ 形 副 1対1の[で]

on·er·ous /ɑ́nərəs アナラス/ 形 《文章》重荷になる, やっかいな, めんどうな

one's /wʌ́nz ワンズ/ 代 ❶ その人の, 自分の (❗one 代 ❷の所有格)

❷ one is の短縮形

one·self B1 /wʌnsélf ワンセルフ/ 代

❶ 自分自身を[に]; 自分

• To know **oneself** is important. 自分自身を知ることは大切だ (❗不定詞 To know (知ること)は文の主語)

❷ 《主語 one の意味を強めて》 自分自身で[が], 自分で

• One must do such things **oneself**. そういう事は自分でしなければならない

beside oneself 〔喜び・怒りなどで〕われを忘れて, 夢中で, 逆上して 《*with*》

by oneself ひとりぼっちで, ひとりで; ひとりでに ⇨**by** (成句)

come to oneself 自制心[意識]を取り戻す, 本来の自分に戻る, 立ち直る

for oneself 自分だけの力で, 独力で; 自分のために ⇨**for** (成句)

• You must judge **for yourself**. 君は自

分で判断しなければならない

in oneself それ自体では

óne-síded 形 片側(だけ)の; 一面的[不公平]な; 《法律》一方の当事者のみに有利[不利]な; (勝負などで)一方的な

one-time /wʌ́ntàim ワンタイム/ 形 かつて[以前]の; 一回限りの

one-to-one /wʌ́ntəwʌ́n ワントゥワン/ 形 副 二人だけ[一対一]の[で]

one-way /wʌ́nwéi ワンウェイ/ 形 一方的な; 《米》片道の; 一方通行の, 一方向の

on·go·ing /ángòuiŋ アンゴウイング/ 形 進行中の, 続行している

on·ion A2 高

/ʌ́njən アニョン/ (×オニオン) 名 (複 **onions** /ʌ́njənz/) U C 《植物》タマネギ

on·line A2 高

/ánláin アンライン/ 形 副

❶《コンピュータ》オンラインの[で], ネットの[で], 中央の処理装置と直結した[て]

- **online** banking ネットバンキング
- You can get the tickets **online**. チケットはネットで手に入ります

❷(計画などが)進行中の; (工場などが)稼働中の

on·look·er /ánlùkər アンルカ/ 名 C やじ馬, 傍観者

on·ly A1 中

/óunli オウンリ/ (×オンリー) 形

ただ一つの, ただ一人の, 唯一の; 最良の, 並ぶもののない; 《複数名詞とともに用いて》ただ…だけの

- He is my **only** son. 彼は私の一人息子です (! my (または an, the など)+only+名詞)
- He was an **only** child. 彼は一人っ子だった
- You are the **only** person I can ask for help. あなたは私が助けを求められる唯一の人です

The only thing is (that)... ただ一つ心配なのは…である, ただ問題は…である

— 副 ❶《数・量がわずかであることを示して》たった, ほんの

- for **only** a few days ほんの2, 3日間
- **only** a little ほんの少しだけ
- I have **only** 100 yen. 私はたった100円しか持っていない (! only を含む文章は, このように「…しか…ない」と否定に訳すとよい場合が多い)
- At that time I was **only** a child. 当時私はほんの子どもだった

❷(人・物・行為状態などを限定して)ただ…だけ

- For members **only**. 《掲示》会員限定
- I'm **only** (=just) looking. (お店などで)ただ見ているだけです
- I can **only** say that I'm very sorry. 誠に申しわけないとしか言いようがございません
- Tomorrow we'll have lessons **only** in the morning. あしたは午前中だけ授業があります
- He comes to me **only** when I have money. 彼は私がお金を持っているときにだけやって来る

❸《時間について》つい, ほんの; …になってやっと

- My brother left the hospital **only** yesterday. うちの弟はきのう退院したばかりだ

使い方› **only** の位置と意味の違い

(1) only は修飾する語句の直前(または直後)に置くのが原則:

Only I touched the machine. 私だけがその機械に触った(ほかの人は触っていない)

I **only** touched the machine. 私はその機械に触っただけだ(動かしたりしていない)

I touched **only** the machine. = I touched the machine **only**. 私はその機械にだけ触った(ほかには触ってない)

(2) 話しことばでは only は動詞の前に置いて, only のかかる語句を強めて言うことが多い:

My brother **only** left the hospital

yesterday. (yésterday を強く言って)弟はきのう退院したばかりだ

have only to do ただ…しさえすればよい

• You **have only to** do your best. 君はただベストをつくしさえすればよいのだ

if only ... …でありさえすれば, たとえ…だけでも ⇨**if** (成句)

not only A but (also) B ただAだけでなくまたB, AばかりでなくBも (❗Bを強調する言い方) ⇨**not** (成句)

• He is **not only** a doctor **but also** a musician. 彼はただ医者であるだけでなくまた音楽家でもある

• Yesterday it **not only** rained **but** snowed. 昨日は雨だけでなく雪も降りました

• **Not only** I **but also** he is angry with you. 私だけでなく彼も君に腹をたてている (❗主語になったとき動詞はBに合わせる)

only just 今しがた, たった今; やっと, かろうじて

only to do ただ…するだけのために; 結局…する[になる]; あいにく…になる (❗結果を表す不定詞)

• William changed jobs, **only to** find the same problem again. ウィリアムは転職したが, 結局同じ問題に再び直面しただけだった

only too ... 残念ながら…; とても…, 非常に…

• I am **only too** happy to see you. お会いできてとてもうれしく思います

━ 接 ❶ ただ, だけど (=but)

• I want to go, **only** I have no money. ぼくは行きたいのですがお金がないのです

❷《**only (that) ...**》…でさえなければ

on·rush /ánrʌ̀ʃ アンラシュ/ 名 《ふつう **an [the] onrush**》突進, 突撃; 激しい流れ

on·set /ánsèt アンセト/ 名 《**the onset**》攻撃, 襲撃; 〔戦争・病気などの〕襲来, 始まり, 開始《*of*》

on·side /ànsáid アンサイド/ 形 オフサイドでない (↔**offside**)

━ 副 オフサイドでなく《♦サッカー・ホッケーなど; オフサイドは反則; オンサイドは反則でなく正規の位置にいること》

on·slaught /ánslɔ̀ːt アンスロート/ 名 C 〔…への〕猛攻撃, 猛襲《*on*》

On·tar·i·o /antéəriòu アンテアリオウ/ 名 ❶ (カナダの)オンタリオ州《♦カナダ南東部の州》 ❷《**Lake Ontario**》オンタリオ湖《♦北米五大湖 (the Great Lakes) の1つ》

on·to B1 高 /ántə アンタ | ɔ́ntə オンタ; 《強》ɔ́ntuː オントゥー/ 前 ❶ …の上に[へ]; (大きな乗り物)に(乗る); …に(付け足して)

• The dog jumped **onto** the desk. 犬が机の上に飛び乗った

• step out **onto** the road 道路に足を踏み出す

• get **onto** the bus バスに乗る

❷《口語》(人・組織)のたくらみ[悪事]に気づいて, (たくらみ・悪事)に気づいて; (重大事・手がかり)を知って, 発見しそうで

o·nus /óunəs オウナス/ 名 《**the onus**》《文章》重荷, 負担; 〔…にかかる〕責任, 義務《*on*》

on·ward /ánwərd アンワド/ 副 前(方)へ, 進んで

━ 形 前方への; 前進する (❗名詞の前に用いる)

on·wards /ánwərdz アンワヅ/ 副 (=onward)

on·yx /ániks アニクス/ 名 U C 《鉱物》シマメノウ

oo·long /úːlɔːŋ ウーローング/ 名 U ウーロン茶 (=oolong tea)

oops /úps ウプス/ 間 しまった!, おっと (❗軽いミスや言いまちがいの際, あるいはよろけたりした時に発する)

ooze /úːz ウーズ/ 動 ❶ 自 (液体など)にじみ出る, もれる; 他 にじませる

❷ 他 《口語》(ある性質などを)強く印象づける, 発散する

━ 名 U にじみ出ること[もの]; (川底などの)軟らかい泥(どろ)

o·pal /óupəl オウパル/ 名 U C 《鉱物》オパール《♦10月の誕生石》

o·paque /oupéik オウペイク/ 形 不透明な

(↔**transparent**); くすんだ, 光沢のない; 不明瞭な

o·pen A1 中

/óupən オウプン/

意味マップ

動 ❶(ドア・窓などが)開く, あける
❷(店などが)あく, あける
❸(ビジネス・活動などを)開始する
❹始める
形 ❶あいている, 開いた
❷営業中で
❸ふたのしてない
❹広々とした
❺開放された, 公開の
❻隠しだてのない
❼無防備な
❽未決定の[で]
名 戸外; 周知

━ 動 (三単現 **opens** /óupənz/; 過去·過分 **opened** /óupənd/; 現分 **opening**)

❶ 自他 (ドア・窓などが)**開く, あける**

• These doors **open** outward. これらのドアは外側に開く
• **open** a box 箱をあける
• **open** a door [a window] 戸[窓]をあける
• **Open** your books to [at] page 10. 本の10ページをあけなさい
• Don't **open** your eyes. 目をあけないでください

❷ 自他 (店などが) **あく, あける** (↔**shut**, **close**[1])

会話 "When does the bank **open**?" "At nine." 「銀行は何時にあきますか」「9時です」⇨形❷(会話例文)

❸ 他 (ビジネス・活動などを)**開始する**

• He has **opened** a new shop. 彼は新しい店を開いた

❹ 他 **始める**

• He **opened** his speech **with** a joke. 彼は冗談でスピーチを始めた

open out ①広げる ②広がる, 開く (花が)咲く ③心を開いて[打ち解けて]話をする

open up 心を開いて話す; 《命令文で》戸をあける; (事業などを)始める

━ 形 (比較級 **opener**; 最上級 **openest**)

❶ **あいている, 開いた** (↔**shut**, **closed**)

• an **open** door あいている戸
• leave the door wide **open** ドアをあけ放っておく (❗ leave＋目的語＋形容詞(open)の文型)

❷ **営業中で**

会話 "When is the bank **open**?" "From nine to three." 「銀行は何時から何時まであいていますか」「9時から3時までです」

❸ **ふたのしてない, おおう[囲う]物のない, むき出しの**

• in the **open** air 屋外で

❹ **広々とした**

• the **open** sea 広々とした大海

❺ **開放された, 公開の, 自由に参加[出入り]できる, 自由の**

• This swimming pool is **open to** the public. このプールは一般に開放されている
• an **open** question 自由回答式の質問

❻ **率直な, 隠しだてのない**

• have [keep] an **open** mind 心が広い

❼ **無防備な,** 〔批判などを〕**受けやすい;** 〔提案などを〕**進んで受け入れる** 《*to*》

• His remark was **open to** criticism. 彼のことばは批判の余地があった
• I am always **open to** suggestions. 私はいつでも提案には耳を傾けます

❽ **未決定の[で], 未解決の[で]**

• The position of secretary is still **open**. 秘書の職はまだ空いていますよ

━ 名 《**the open**》**戸外, 野外; 空き地; 周知, 知れ渡っていること**

• in **the open** 戸外で (＝in the open air); 周知で

come out into the open 真意を表明する; 明るみに出る

ópen-áir 形 戸外の, 野外の

o·pen·er /óupənər オウプナ/ 名 C あける道具[人]

ópen hóuse 名 C (学校・施設などの)公開(日); (新築後の)自宅[事務所]開放パーティー

o·pen·ing B1 高 /óupəniŋ オウプニング/ 名 (複 **openings** /óupəniŋz/)
❶ U 開始, 開くこと (↔**closing**); C 初め[最初](の部分)
• at the **opening** of the story その物語の初めの部分で
❷ C 開いた所; あき地, 穴, すき間
❸ C チャンス, 機会, 好機
— 動 open の現在分詞・動名詞
— 形 開始の, 開会の, 最初の
• an **opening** ceremony 開会式

o·pen·ly B2 /óupənli オウプンリ/ 副 率直に; 公然と, 隠さずに

ópen-mínded 形 心の広い, 偏見のない

o·pen·ness /óupənəs オウプネス/ 名 U 開放; 率直; 公然

op·er·a[1] A1

/ápərə アペラ|ɔ́pərə オペラ/
名 (複 **operas** /ápərəz/) U C オペラ, 歌劇; C オペラハウス
• go to the **opera** オペラを見に行く

o·pe·ra[2] /óupərə オウペラ, ápərə アペラ/ 名 opus の複数形

op·er·a·ble /ápərəbl アパラブル/ 形 使用できる; 手術可能な

ópera glàsses 名 《複数扱い》オペラグラス (♦観劇用の小型双眼鏡)

ópera hòuse 名 C オペラ劇場, 歌劇場

op·er·ate A2

/ápərèit アパレイト|ɔ́pərèit オパレイト/ 動
(三単現 **operates** /ápərèits アパレイツ/; 過去·過分 **operated** /ápərèitəd/; 現分 **operating**)
❶ 他 (機械などを)運転する, 動かす; 自 動く, 作動する
• Can you **operate** a computer? あなたはコンピュータが使えますか
❷ 自 手術を行う, 手術をする
• The surgeon will **operate on** his leg tomorrow. 外科医があす彼の足の手術を行うでしょう
❸ 自 (会社などが)営業する; 活動する; 他 (会社などを)経営[運営]する (=run)
❹ 自 〔…に〕作用する, 影響を与える 《*on, upon*》
• This medicine might **operate** harmfully **on** your body. この薬は体に害を及ぼす可能性があります
派生 **operation** 名; 派生 **operative** 形

op·er·at·ing /ápərèitiŋ アパレイティング/ 形 手術(用)の; 作用[機能]する

óperating ròom 名 C 手術室

óperating sỳstem 名 C 《コンピュータ》オペレーティングシステム (♦OSと略す)

óperating thèatre 名 C 《英》手術室

op·er·a·tion B1 高 /àpəréiʃən アパレイション|ɔ̀pəréiʃən オパレイション/ 名 (複 **operations** /àpəréiʃənz/) ❶ C 手術
• I had an **operation on** my leg. 私は足の手術を受けた
• an emergency **operation** 緊急手術
• perform [undergo] an **operation** 手術を行う[受ける]
❷ U (機械の)操作, 運転; (事業などの)運営; (法律などの)実施 ❸ U 作用, 働き; 効力, 影響 ❹ C 作業, 活動; 《ふつう **operations**》軍事行動
• a rescue **operation** 救助活動
❺ C 《コンピュータ》オペレーション, 演算; 《数学》演算
bring* [*put*] ... *into operation …を実施する
come* [*go*] *into operation 運転[稼動]を始める; 実施される
in operation 作動[稼働, 実施, 活動]中で
派生 **operate** 動; 派生 **operational** 形

op·er·a·tio·nal /àpəréiʃənəl アパレイショナル/ 形 経営[運営]上の; 操作上の
派生 **operation** 名

op·er·a·tive /ápərətiv アパラティヴ/ 形 働く; 作用する; 効力のある; 手術の
派生 **operate** 動

op·er·a·tor B2 /ápərèitər アパレイタ/ (×オペレータ) 名 C (機械を)操作する人; 電話交換手; (企業の)経営者

oph·thal·mol·o·gist /àfθælmáləʤist アフサルマロヂスト/ 名 C 眼科医

o·pi·ate /óupiət オウピアト/ 名 C アヘン剤;《口語》鎮静剤, 麻酔剤

o·pin·ion A2 中

/əpínjən オピニョン/

名 (複 **opinions** /əpínjənz/) U C

❶ 意見, 考え; 判断; 世論

- an expert **opinion** 専門家の意見
- give my **opinion** 自分の意見を述べる
- ask his **opinion** 彼の意見を求める
- public **opinion** 世論
- exchange **opinions** 意見を交換する
- **in** my **opinion** 私の意見では

CAN-DO Tips› 意見を言う
In my opinion, ... という表現を使うと, 自分の意見を言うことができるようになります

- **In my opinion**, she is right. 私の意見では, 彼女が正しい

比較 **according to** her 彼女(の話)によれば (! ×according to her opinion としない; ×according to me も不可)

❷ 評価

- have a high [good] **opinion** of ... …を高く評価する, …をよいと思う
- have a low [bad] **opinion** of ... …を低く評価する, …をだめだと思う

be of (the) opinion that ... 《文章》…という意見をもっている

o·pin·ion·at·ed /əpínjənèitəd オピニョネイテド/ 形 (人が)がんこな, 自説を曲げない

opínion pòll 名 C 世論調査

o·pi·um /óupiəm オウピアム/ 名 U アヘン (♦麻薬)

o·pos·sum /əpásəm オパサム/ 名 C 《動物》フクロネズミ, オポッサム

op·po·nent B2 高 /əpóunənt オポウネント/ 名 C (勝負・議論などの)相手, 敵; (法案などに)反対者

op·por·tune /àpərtjú:n アパテューン/ 形 都合のいい, 時宜を得た

op·por·tun·ism /àpərtjú:nizm アパテューニズム/ 名 U 日和見(ひよりみ)[ご都合]主義

op·por·tun·ist /àpərtjú:nist アパテューニスト/ 名 C 日和見(ひよりみ)[ご都合]主義者

op·por·tu·ni·ty

A2 高 /àpərtjú:nəti アパテューニティ|ɔ̀pətjú:nəti オパテューニティ/ 名 (複 **opportunities** /àpərtjú:nətiz/) U C

機会, 好機, チャンス (! chance より偶然性の低い機会)

- I had the **opportunity** of going [to go] to Rome last year. 去年私はローマへ行く機会があった

take the opportunity of doing = take the opportunity to do …する機会をつかむ

op·pose A2 高

/əpóuz オポウズ/ 動 (三単現 **opposes** /əpóuzəz/; 過去・過分 **opposed** /əpóuzd/; 現分 **opposing**) 他

反対する, 反抗する

- **oppose** the building of a new airport 新しい空港の建設に反対する

as opposed to ... …と対照的に, …と対立するものとして

be opposed to ... …に反対である

- **I am opposed to** his plan. 私は彼の計画に反対です

派生 **opposition** 名

派生 **opposite** 形

op·posed /əpóuzd オポウズド/ 形 〔…に〕反対する, 対立する《*to*》

as opposed to ... …に対立するものとして(の); …と対照的に

op·pos·ing /əpóuziŋ オポウズィング/ 形 敵対[対抗]する; (考え・意見などが)正反対の

op·po·site A2 高

/ápəzət アポズィト|ɔ́pəzət オポズィト/

共通イメージ 互いに向き合う

━形 ❶ 向こう側の, 向かい合っている, 反対(側)の

- the **opposite** bank 向こう岸, 対岸
- the **opposite** side 反対側

- the **opposite** end 反対の端

❷〔…と〕反対の, 逆の《*to*》; まったく違う

- go in the **opposite direction** (本来の向きとは, または互いに)反対の方向に進む(❗実際の移動だけでなく, 話などが反対の方向に進むことも言う)
- from the **opposite direction** 反対側から
- In New Zealand the seasons are **opposite to** those in Japan. ニュージーランドでは季節は日本(の季節)と逆です(❗those = the seasons)
- His opinion and mine are **opposite**. 彼の意見と私の意見はまったく異なっている

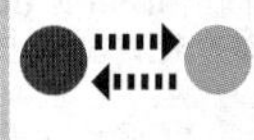

共通イメージ
互いに向き合う

形❶前副 反対側の, (…の)反対側に
the opposite bank

▼ 逆方向を向いていることに注目
形❷名 反対(の), 逆(の)
go in the opposite direction

— 前 …の反対側[の向こう側]に[の], …に向かい合って; (映画や劇などで)(特に2人の主役のうちの1人)と共演して

- a house **opposite** the bank 銀行の向かい側の家(❗間にあるものを言うときには on the opposite side of the street (通りの反対側に)や across the street (通りの向こう側に)のように言い, ×opposite the street としない)
- They **sat opposite** each other. 彼らはたがいに向かい合ってすわった

— 名 (複 **opposites** /ɑ́pəzəts アポズィツ/) C (正)反対の物[人, こと]

- He is the **opposite** of his father. 彼は父親とは対照的だ
- the exact **opposite** 正反対

— 副 〔…の〕向かい側に, 反対の位置に《*to*》

- He lives **opposite to** me. 彼は私の向かい側に住んでいる

派生 **oppose** 動

op·po·si·tion B1 /ɑ̀pəzíʃən アポズィション|ɔ̀pəzíʃən オポズィション/ 名 U

❶ 反対, 抵抗, 対立

- Her proposal met with (a) strong **opposition**. 彼女の提案は強い反対にあった

❷ 野党

- the largest **opposition** party 最大野党

in opposition to ... …に反対して; …と対立して; …と向かい合う

- They live in a house **in opposition to** mine. 彼らはぼくの向かいの家に住んでいます

派生 **oppose** 動

op·press B1 /əprés オプレス/ 動 (三単現 **oppresses** /əprésəz/; 過去・過分 **oppressed** /əprést/; 現分 **oppressing**) 他 ❶ 抑圧する, 圧迫する; ひどく差別する, しいたげる

- freedom for the **oppressed** = freedom for **oppressed** people しいたげられた人々の解放

❷ (状況などが)重くのしかかる, 悩ませる

op·pres·sion B1 /əpréʃən オプレション/ 名 U 抑圧(する[される]こと), 圧迫(する[される]こと); 弾圧; 苦痛, 心の重荷

op·pres·sive /əprésiv オプレスィヴ/ 形 圧制的な, 過酷な; (天候などが)重苦しい, うっとうしい

oppréssively 副 弾圧的に; 耐え難いほどに

op·pres·sor /əprésər オプレサ/ 名 C 迫

害者, 圧制者

opt /ápt アプト/ 動 自 〔…のほうを; …することのほうを〕選ぶ, 選択する《*for; to do*》

opt out 参加しないことにする, 手を引く

op·tic /áptik アプティク/ 形 目の; 視覚の

op·ti·cal /áptikəl アプティカル/ 形 目の, 視覚の; 光学的な

op·ti·cian /ɑptíʃən アプティシャン/ 名 C めがね屋さん; 光学機器商

op·ti·mism B2 /áptəmìzm アプティミズム/ 名 U 楽観, 楽天主義 (↔**pessimism**)

op·ti·mist B2 /áptəmist アプティミスト/ 名 C 楽天家, 楽観論者 (↔**pessimist**)

op·ti·mis·tic B2 /àptəmístik アプティミスティク/ 形 楽天的な, 楽観的な (↔**pessimistic**)

òptimístically 副 楽天的に, 楽観的に

op·ti·mum /áptəməm アプティマム/ 形 《文章》最適の (! 名詞の前に用いる)

op·tion B1 高 /ápʃən アプション/ 名 (複 **options** /ápʃənz/) U 選択(の自由); 選択権; C 選択(肢), 選ぶべき方法; C《コンピュータ》(メニューの)オプション; C (標準装備以外の)付属品

• He had no **option** but to go there. 彼はそこに行かざるをえなかった

• There are many **options** available. たくさん選択肢はありますよ

keep* [*leave*] *A's options open 態度の決定をしないでおく, 選択の自由を残す

op·tion·al B2 高 /ápʃənəl アプショナル/ 形 選択可能な, 選択的, 随意の, オプションの

óptionally 副 随意で

op·tom·e·trist /ɑptámətrist アプタメトリスト/ 名 C 検眼士

op·u·lent /ápjələnt アピュレント/ 形 富んだ, 富裕な; 豊富な; 豪華な

o·pus /óupəs オウパス/ 名 (複 **opera** /óupərə, ápərə/, **opuses** /óupəsəz/) C 《しばしば **Opus**》《音楽》作品 《◆特に出版順番号付きの作品; 略 Op., op.》

OR 《略》Oregon オレゴン(州)

or A1 中

/ər オ; 《強》ɔ́:r オー/ 接

共通イメージ AかB

❶ **または, あるいは; それとも**; 《否定文で》…も…も(ない) (! or は語と語, 句と句, 節と節のように対等なものを結ぶ)

• English **or** French 英語またはフランス語 (! 名詞＋or＋名詞)

• a day **or** two 一日か二日, 一両日

• Are you American **or** Canadian? あなたはアメリカ人ですかカナダ人ですか (! 形容詞＋or＋形容詞)

• He can**not** ski **or** skate. 彼はスキーもスケートもできない (! 動詞＋or＋動詞) (×He cannot ski *and* skate.)

比較 He can ski **and** skate. 彼はスキーもスケートもできる

• I don't care whether [if] it rains **or** not. ⇨フォーカス 2 雨が降ろうと降るまいと私はかまわない

会話 "Which do you like better, coffee **or** tea?" "I like tea (better)." 「どちらがお好きですか, コーヒーそれとも紅茶?」「紅茶のほうが好きです」

注意› A or B の選択疑問の文では or の前は上昇調で, 後ろは下降調で発音. A, B or C では A, B は上昇調, C が下降調になる:
coffee↗ or tea↘
coffee↗, tea↗ or milk↘

❷ **すなわち; 換言すると** (! ふつう or の前にコンマ(,)をつける)

• I'd like to go to the birthplace of jazz, **or** New Orleans. ジャズ発祥の地, つまりニューオーリンズに行ってみたい

❸《命令文などのあとで》**さもないと** (! しばしば else をつけて用いる)

• Hurry, **or** (**else**) you'll be late for school. 急ぎなさい, じゃないと学校に遅れますよ

比較 Hurry, **and** you'll catch the train. 急ぎなさい, そうすれば列車に間に合いますよ

either A or B AかBかどちらか ⇨ **either** 接

• I'll be there **either** Monday **or**

A1 接
中 /ər オ; 《強》 ɔ́ːr オー/

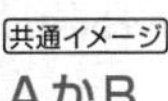

AかB

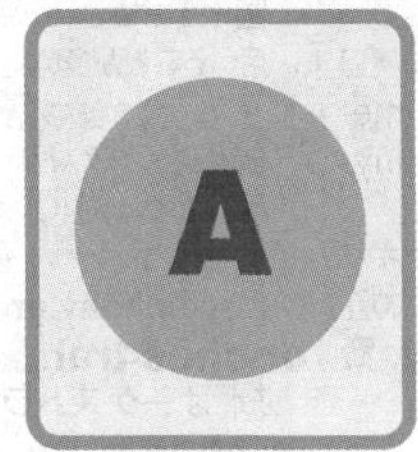

or

意味マップ

接 ❶ または, あるいは
❷ すなわち; 換言すると
❸ さもないと

使えるコーパスフレーズ

1 **either A or B** AかBのどちらか
2 **whether A or B** AかBかどうか
3 **... or something** …か何か
4 **... or so** …ぐらい
5 **all or nothing**
すべてかゼロか, 一か八か

ワンポイント・アドバイス

orもandやbutと同じ等位接続詞. つまり同じ要素の語・句・文(節)をつなぐ, という働きがある. A or B の要素を具体的に見てみよう.

(a) **語と語**: Is it Monday or Tuesday today? きょうは月曜それとも火曜?
(b) **句と句**: Shall we go out for dinner or stay home?
夕飯を食べに行く, それとも家にいる?
(c) **文と文**: You should do more exercise, or you'll make yourself ill.
もっと運動しなさい, そうでないと病気になるよ

ネイティブはこういう!

◆ **Shall we go by bicycle, or on foot?** 自転車で行く, それとも歩く?
◆ **We had no food or drink for two days.**
2日間飲まず食わずだった
◆ **We'd better get moving, or we'll be late.**
出発したほうがいい, 遅くなるから

教科書フレーズ

◆ **Sometimes they go to a movie or a concert.**
時々彼らは映画かコンサートに行く
◆ **You want to know whether or not it is true.**
それが本当かどうか知りたいでしょう

Tuesday. ⇨フォーカス1 月曜か火曜にはそこにおります

... or so …かそこら, …くらい

• in a week **or so** ⇨フォーカス4 1週間かそこらで

***... or something* [*anything*]** 《口語》…か何か (❗肯定文では or something, 疑問文・否定文・条件文では or anything を使う)

or·a·cle /ɔ́:rəkl オーラクル/ 名C (古代ギリシャの)神託, 神のお告げ; 神託所; (神託を告げる)託宣者, 巫女(みこ); 知恵者, 賢人

o·ral B1 /ɔ́:rəl オーラル/ 名C 《ふつう **orals**》口述試験, 口頭試問

— 形 口の; 口頭の, 口述の, 口先の; 口から飲む

• an **oral** examination 口述試験

or·ange A1 中

/ɔ́:rəndʒ オーレンヂ|ɔ́rəndʒ オレンヂ/ (×オレンジ) (発音 アクセントに注意)

名 (複 **oranges** /ɔ́:rəndʒəz/)

❶C オレンジ

❷U オレンジ色

• She was dressed in **orange**. 彼女はオレンジ色の服を着ていた

— 形 オレンジの; オレンジ色の

• **orange** juice. オレンジジュース

o·rang·u·tan /ərǽŋətæ̀n アランガタン/ 名C 《動物》オランウータン

o·ra·tion /əréiʃən オレイション/ 名C (公式な)演説, 式辞

or·a·tor B2 /ɔ́:rətər オーラタ/ 名C 演説者, 講演者; 雄弁家

or·a·to·ri·o /ɔ̀:rətɔ́:riòu オーラトーリオウ/ 名 (複 **oratorios** /ɔ̀:rətɔ́:riòuz/) C オラトリオ, 聖譚(せいたん)曲 《◆宗教的な劇詩を管弦楽の伴奏で独唱[合唱]する》

or·a·to·ry /ɔ́:rətɔ̀:ri オーラトーリ/ 名U 《文章》雄弁術; 美辞麗句

or·bit B1 高 /ɔ́:rbət オービト/ 名 (複 **orbits** /ɔ́:rbəts オービツ/) UC (天体の)軌道(きどう); 活動範囲, 勢力範囲

— 動 (三単現 **orbits** /ɔ́:rbəts オービツ/; 過去・過分 **orbited** /ɔ́:rbətəd/; 現分 **orbiting**) 自 軌道を描いて回る; 他 軌道に乗せる

or·bit·al /ɔ́:rbətl オービトル/ 形 軌道の; (道路などが)環状に走る

or·chard /ɔ́:rtʃərd オーチャド/ 名C 果樹園 (❗柑橘(かんきつ)類の果樹園には grove を用いることが多い)

or·ches·tra B1 高 /ɔ́:rkəstrə オーケストラ/ (×オーケストラ) 名 (複 **orchestras** /ɔ́:rkəstrəz/) C

オーケストラ, 管弦楽団

• a symphony **orchestra** 交響楽団

or·ches·tral B2 /ɔ:rkéstrəl オーケストラル/ 形 オーケストラ[管弦楽]用の

or·ches·trate /ɔ́:rkəstrèit オーケストレイト/ 動他 オーケストラ用に作曲[編曲]する; 効果的に組織する

or·chid B2 /ɔ́:rkəd オーキド/ 名C 《植物》ラン; ランの花

or·dain /ɔ:rdéin オーデイン/ 動他 (人を)聖職[牧師]に任命する; 文型 [**ordain that ...**] 《文章》(神・運命・法律などが)…ということを定める

or·deal /ɔ:rdí:l オーディール/ 名C 〔…への〕厳しい試練, 試金石 《*for*》

or·der A1 中

/ɔ́:rdər オーダ/ 名 (複 **orders** /ɔ́:rdərz/)

❶U 順序, 順番

• our team's batting **order** わがチームの打順

• in **order** of age 年齢の順に

• in alphabetical **order** アルファベット順

❷C 注文; 注文の品

• place [cancel] an **order** for 注文をする[取り消す]

会話 "May I have your **order**?" "I'd like a hamburger and a coffee." 「ご注文は?」「ハンバーガーとコーヒーをください」

注意› 「オーダーメイド」は和製英語で ×order made とはいわず, made-to-order や custom-made という. また「イージーオーダー」も ×easy-order ではなく semi-custom-made などという

❸C 《しばしば **orders**》命令

- give [obey] orders 命令を出す[に従う]

❹ U 秩序, 整とん, 規律 (↔disorder)

- law and **order** 法と秩序
- keep [maintain] **order** 秩序を維持する

❺ C 種類, 等級; 程度; 《しばしば **orders**》社会階級

❻ C 教団, 修道会; 《**orders**》聖職

❼ C 《生物》目(もく)

❽ C 郵便為替, 為替手形

in order (↔**out of order**)

① きちんと(整とんされて), 整然と

- The room was **in** good **order**. 部屋はきちんときれいになっていた

② (機械・健康などが)調子よく

③ 順序正しく

④ 合法の

in order that *A* ***may*** [***can, will***] *do* Aが…するために, Aが…することができるように (❗形式ばった表現; 《口語》では so that を用いることが多い)

- I got up early this morning **in order that** I **could** catch the first train. 始発列車に乗るため今朝は早起きした

in order to *do* …するために; …しようと (=so as to *do*)

- We moved nearer **in order to** hear better. 私たちはもっとよく聞こえるようにもっと近くに移動した

made to order 注文の, あつらえた

- This table was **made to order**. このテーブルは注文で作られた

out of order (↔**in order**) ① 順序がでたらめで, 順序が狂って, 乱れて

② (機械・健康などが)故障して, 調子が悪く

- This printer is **out of order**. このプリンターは故障している

③ 定められた手続きを踏まないで

— 動 (三単現 **orders** /ɔ́ːrdərz/; 過去・過分 **ordered** /ɔ́ːrdərd/; 現分 **ordering** /ɔ́ːrdəriŋ/) ❶ 他自 注文する

- **order** a book from abroad [the bookstore] 海外[本屋]に本を注文する (❗「AをBに注文する」を ×order A *to* B としない)
- Are you ready to **order**? ご注文はお決まりですか?

❷ 他 命じる, 命令をする; 言いつける ⇨**command**

- The court **ordered** the careless driver to pay damages. 裁判所は不注意な運転手に損害を賠償するように命じた

❸ 他 …を整理する, …を処理する

order ... around 〔人〕にあれこれ指図する

派生 **orderly**, **ordinal** 形

or·der·ly B1 /ɔ́ːrdərli オーダリ/ 形 整然とした, 整頓された; 秩序を守る; きちんとした, きちょうめんな

派生 **order** 名

or·di·nal /ɔ́ːrdənəl オーディナル/ 形 順序を表す

派生 **order** 名

órdinal númber 名 C 序数 (◆first, second, third など順序を表すもの) ⇨**cardinal number**

or·di·nance /ɔ́ːrdinəns オーディナンス/ 名 C 《文章》法令; (地方自治体の)条例

or·di·nar·i·ly /ɔ̀ːrdənérəli オーディネリリ/ 副 たいてい, 通常 (=usually); ふつう程度に, 人並みに

or·di·nar·y B1 高 /ɔ́ːrdənèri オーディネリ | ɔ́ːrdənəri オーディナリ/ 形 ふつうの, 通常の; 平凡な, 並みの (↔**extraordinary**)

- an **ordinary** life 平凡な生活
- **ordinary** people ふつうの[一般の]人間

out of the ordinary 並外れた, 異常な

or·di·na·tion /ɔ̀ːrdənéiʃən オーディネイション/ 名 C U 《キリスト教》聖職叙任(式)

ore /ɔ́ːr オー/ 名 U C 鉱石, 原鉱

Or·e·gon /ɔ́ːrigən オーレゴン/ 名 オレゴン (◆米国の太平洋岸北部の州; Oreg., Ore., (郵便で) OR と略す)

or·gan B1 高 /ɔ́ːrgən オーガン/ 名 (複 **organs** /ɔ́ːrgənz/) C

❶ (からだの)器官, 臓器

- the sense [digestive] **organs** 感覚[消化]器官

❷ 《楽器》オルガン, (特に)パイプオルガン ❸ 機関, 組織; 機関紙

派生 **organize** 動
派生 **organic** 形

or·gan·ic B1 /ɔːrgǽnik オーギャニク/ 形
❶ 有機体の; 有機の; 有機肥料を用いた (❗名詞の前に用いる)
• **organic** food 自然食品
❷ 器官の, 臓器の
❸ 組織[有機]的な (❗名詞の前に用いる)
派生 **organ** 名

or·gan·ise /ɔ́ːrgənàiz オーガナイズ/ 動 《英》(=organize)

or·gan·ism B1 /ɔ́ːrgənìzm オーガニズム/ 名 (複 **organisms** /ɔ́ːrgənìzmz/) C 生物, 有機体; 微生物; 有機的組織体 (♦社会・国家など)

or·gan·ist /ɔ́ːrgənist オーガニスト/ 名 C (教会などの)(パイプ)オルガン奏者

or·gan·i·za·tion, 《英》 **or·gan·i·sa·tion** B1 高 /ɔ̀ːrgənəzéiʃən オーガニゼイション | ɔ̀ːrgənaizéiʃən オーガナイゼイション/ 名 (複 **organizations** /ɔ̀ːrgənəzéiʃənz/) ❶ C 組織, 団体
• a nonprofit [religious] **organization** 非営利[宗教]団体
• establish [dissolve] an **organization** 団体を設立[解散]する
❷ U なりたち, 構造; 体制, 機構
• the **organization** of the human body 人間の体の構造
• social **organization** 社会機構
❸ U 組織化, まとめ上げること, 準備, 手配
派生 **organize** 動

or·gan·ize A2 高

/ɔ́ːrgənàiz オーガナイズ/ 動 (三単現 **organizes** /ɔ́ːrgənàizəz/; 過去・過分 **organized** /ɔ́ːrgənàizd/; 現分 **organizing**) 他
❶ 組織する, 作り上げる; 計画して準備する, 主催する
• **organize** a committee 委員会を組織する
• Who is **organizing** the party? パーティーはだれが主催するの
❷ まとめ(上げ)る; 体系づける
派生 **organ**, **organization** 名

or·gan·ized A2

/ɔ́ːrgənàizd オーガナイズド/ 形
組織化された; 労働組合に加入した; 整理された, よくまとまった; 有能な; 効率的な
• an **organized** report よくまとまったレポート

or·gan·iz·er B2 /ɔ́ːrgənàizər オーガナイザ/ 名 C 組織者, (会などの)創立者; 主催者

or·gasm /ɔ́ːrgæzm オーギャズム/ 名 C U オルガスム, 性的な絶頂感

or·gy /ɔ́ːrdʒi オーヂ/ 名 (複 **orgies** /ɔ́ːrdʒiz/) C どんちゃん[らんちき]騒ぎ, 乱交; 〔…の〕やりすぎ 《*of*》

O·ri·ent /ɔ́ːriənt オーリエント/ 名 《**the Orient**》 東洋 (↔**the Occident**)
派生 **oriental** 形

o·ri·ent /ɔ́ːriènt オーリエント/ (×オリエント) 動 (三単現 **orients** /ɔ́ːriènts オーリエンツ/; 過去・過分 **oriented** /ɔ́ːrièntəd/; 現分 **orienting**) 他 〔…に〕(人・考えなどを)適応させる 《*to, toward*》; (人・物事を)ある対象に志向させる; 文型 [**be oriented to** [**toward**] **A**] A(人や物事など)を志向している
• Our business **is oriented toward** exports. 我が社は輸出志向型です
orient oneself to ... …に順応する

o·ri·en·tal /ɔ̀ːriéntəl オーリエンタル/ 形 《しばしば **Oriental**》 東洋の (↔**Occidental**); 東洋人の 派生 **Orient** 名

o·ri·en·ta·tion /ɔ̀ːriəntéiʃən オーリエンテイション/ 名 (複 **orientations** /ɔ̀ːriəntéiʃənz/) U C オリエンテーション, 方針; (新しい環境への)適応, 順応

o·ri·ent·ed /ɔ́ːrièntəd オーリエンテド/ 形 《ふつう複合語で》 …志向の, …に関心のある
• consumer-**oriented** 消費者志向の

o·ri·en·teer·ing /ɔ̀ːriəntíəriŋ オーリエンティアリング/ 名 U オリエンテーリング (♦地図・磁石で指定地点を見つけながらコースをまわる徒歩競技)

or·i·fice /ɔ́ːrəfəs オーリフィス/ 名 C 《文章》 (管などの)穴; (体の)開口部, 口

o·ri·ga·mi /ɔ̀rəgɑ́ːmiː オリガーミー/ 名 C U 折り紙

or·i·gin B1 高 /ɔ́ːrədʒən オーリヂン | ɔ́rədʒən オリヂン/ (×オリヂン) 名 (複 **origins** /ɔ́ːrədʒənz/) U C
❶ 起源, 起こり, もと, 始まり, 原因
• the **origin** of the universe 宇宙の起源
❷ 生まれ, 祖先, 血筋(ちすじ)
• He is of German **origin**. 彼はドイツ系です
派生 **original** 形; 派生 **originate** 動

o·rig·i·nal A2 中

/ərídʒənəl オリヂナル/ 形
❶ 最初の, もとの, 原…, 原物の, 原文の (! 名詞の前に用いる)
• the **original** picture (複製に対し)原画
• the **original** meaning 原義, 元の意味
❷ 独創的な, 独自の, ざん新な
• **original** ideas ざん新な考え
— 名 (複 **originals** /ərídʒənəlz/) C 原物, 原型, 原作, 原文, 原画, オリジナル (↔**copy**); 《**the original**》 原語
• read "Harry Potter" **in the original** 『ハリーポッター』を原語で読む
派生 **origin** 名; 派生 **originality** 名

o·rig·i·nal·i·ty B2 /ərìdʒinǽləti オリヂナリティ/ 名 U 独創性, 創造[独創]力; ざん新さ, 新鮮み 派生 **original** 形

o·rig·i·nal·ly B2 中 /ərídʒənəli オリヂナリ/ 副
❶ もとは, もともと, 元来; 生まれは
• The firm was **originally** a very small software house. あの会社は元来ほんの小さなソフト会社だった
❷ 独創的に

o·rig·i·nate B2 高 /ərídʒənèit オリヂネイト/ 動 他 起こす, 始める; 自 〔…から〕始まる, 起こる 《*from, with*》, 〔…に〕端を発する, 生じる 《*in*》
派生 **origin** 名

o·rig·i·na·tor /ərídʒənèitər オリヂネイタ/ 名 C 創作者, 創始者; 発案者, 発起人; 開祖

o·ri·ole /ɔ́ːriòul オーリオウル/ 名 C 《鳥》 コウライウグイス; ムクドリモドキ

O·ri·on /əráiən オライオン/ 名 ❶ 《ギリシャ神話》 オリオン 《◆狩猟の巧みな巨人》 ❷ オリオン座

or·na·ment B2 /ɔ́ːrnəmənt オーナメント/ 名 (複 **ornaments** /ɔ́ːrnəmənts オーナメンツ/) U 装飾, 飾り; C 装飾品
— /ɔ́ːrnəmènt オーナメント/ (発音 名との違いに注意) 動 他 〔…で〕飾る 《*with*》

or·na·men·tal /ɔ̀ːrnəméntəl オーナメンタル/ 形 装飾用の; 《しばしば軽べつ的に》 装飾的な, 飾りにすぎない

or·nate /ɔːrnéit オーネイト/ 形 飾り立てた; (文体などが)美文調の, 華麗な

or·ni·thol·o·gy /ɔ̀ːrnəθɑ́lədʒi オーニサロヂ/ 名 U 鳥類学

or·phan A2

/ɔ́ːrfən オーファン/
名 (複 **orphans** /ɔ́ːrfənz/) C
孤児(こじ), みなし子; 片親のない子

or·phan·age 高 /ɔ́ːrfənidʒ オーファニヂ/ 名 C 養護施設

or·tho·dox /ɔ́ːrθədɑ̀ks オーソダクス/ 形 正統の; 因習的な, 月並みな; (宗教上の)正統派の

Órthodox Chúrch 名 《**the** をつけて》 ギリシャ[東方]正教会

or·tho·dox·y /ɔ́ːrθədɑ̀ksi オーソダクスィ/ 名 (複 **orthodoxies** /ɔ́ːrθədɑ̀ksiz/) U C 《ふつう **orthodoxies**》 正統派, 正統主義

or·tho·pe·dic, or·tho·pae·dic /ɔ̀ːrθəpíːdik オーソピーディク/ 形 整形外科の

or·tho·pe·dics, or·tho·pae·dics /ɔ̀ːrθəpíːdiks オーソピーディクス/ 名 《単数扱い》 整形外科(学)

or·tho·pe·dist /ɔ̀ːrθəpíːdist オーソピーディスト/ 名 C 整形外科医

Os·car /ɑ́skər アスカ/ 名 オスカー 《◆男性名》

os·cil·late /ɑ́səlèit アスィレイト/ 動 自 《文章》 (物体が)〔…の間を〕(振り子のように)振動する 《*between*》; (心・意見などが)〔…の間を〕動揺する 《*between*》

os·cil·la·tion /ɑ̀səléiʃən アスィレイション/

名UC 振動;《物理》振幅;《文章》(心・意見などの)動揺, ぐらつき

Os·lo /ázlou アズロウ, áslou アスロウ/ 名 オスロ《♦ノルウェーの首都》

os·mo·sis /azmóusəs アズモウスィス/ 名U《化学》浸透(性)

os·ten·si·ble /asténsəbl アステンスィブル/ 形《文章》(理由などが)表面上の, 見せかけの (❗名詞の前に用いる)

os·ten·ta·tion /àstentéiʃən アステンテイション/ 名U 見せびらかし, 誇示

os·ten·ta·tious /àstentéiʃəs アステンテイシャス/ 形《文章》これ見よがしの; (人が)見えっ張りの

os·tra·cism /ástrəsìzm アストラスィズム/ 名U《文章》(社会などからの)追放

os·tra·cize /ástrəsàiz アストラサイズ/ 動 他《文章》(人を)追放する, のけ者にする

os·trich /ástritʃ アストリチ/ 名C《鳥》ダチョウ

O·thel·lo /əθélou オセロウ/ 名 オセロ《♦シェイクスピア (Shakespeare) 作の四大悲劇の1つ; またその主人公》

oth·er A1 中

/ʌ́ðər アザ/ 形

❶《the other》(2つの中の)もう一方の…; (3つ以上の中の)残りの

• **the other** side of a coin コインのもう一方の側[裏側]

• I don't want this one. I want **the other** one. 私はこっちのはほしくない, もう一つの方がほしい

• He lives on **the other** side of the street. 彼は通りの向こう側に住んでいる

• Susie is here, but **the other** girls are out in the yard. スージーはここにいますがほかの女の子たちは(みんな) 庭にいます (❗the other＋複数名詞は「残り全部の人[物]」)

❷ほかの, 他の, 別の (❗名詞の前に用いる)

• in **other** words ほかのことばでは, 言いかえると

• Our **other** two cats are outside. うちのほかの2匹のネコは外にいる (❗Our two other cats ... としてもよい)

• **Some** people like tea, **other** people like coffee. 紅茶の好きな人もいればコーヒーの好きな人もいます (❗some と other が対応して用いられているときは「…もいれば…もいる」のように訳すとよい)

• He is taller than any **other** boy in his class. 彼は彼のクラスの他のどの少年よりも背が高い[いちばん背が高い]

注意› (**1**)「other＋単数名詞」のときはふつうその前に some, any, no などがつく: Let's do it **some other** time. それはまた別の機会にしましょう
I have **no other** coat. 私はほかのコートを持っていません
(**2**) ×an other という形はなく another を使う ⇨**another**

among other things とりわけ, 特に

every other ... 一つおきの

• **every other** day 一日おきに; (それほど)ひんぱんに

on the other hand 他方では, これに反して [CAN-DO Tips 話の内容を対比させる]

• The plane is fast, but, **on the other hand**, it is expensive. 飛行機は速いが, 値段が高い

other than ... …以外の, …とは別の

• I want to read a book **other than** fiction. 何か小説以外の本が読みたい

the other day 先日, この間, この前

the other night [***week***] この前の夜[週]

the other way around あべこべに, 逆に[で], 反対に[で] ⇨**way**[1] (成句)

― 代 ❶《**the other**》(2つの中で)もう一方(のもの);《**the others**》(3つ以上の中で) 残りのもの[人] (全部) ⇨成句 (**the**) **one A, the other B**

使い方› **the other**, (**the**) **others**, **another**
(**1**) 2つ[2人]の中でもう1つ[1人]は **the other**:

I have two jackets; one is navy blue and **the other** is brown. ジャケットは2着持っている. 1着は紺色で, もう1着は茶色だ

(**2**) 3つ[3人]以上で残りのどれか1つ[1人]は **another**, 残り(の全部)は **the other**(**s**):
One was an Italian, **another** was a German, and **the others** were [**the other** was] Japanese. 1人はイタリア人でもう1人はドイツ人でその他は(みな)[あとの1人は]日本人だった

(**3**) 複数あって残りのうちのいくつかは **others**:
Some flowers are red, **others** are yellow, and **others** are white. いくつかの花は赤で, ほかのは黄色で, またほかのは白い[赤い花もあるし黄色い花もあるし白い花もある(それ以外の色のもある)]

❷ ほかのもの[人], 別の物[人]; 他人

• Ken and three **others** ケンほか3人
• I want this ball and no **other**. 私はこのボールがほしいのでほかのはいらない
• Do good to **others**. 他人には親切にしなさい

among others ほかにもいろいろあるが特に

each other A1 おたがい(を[に]) ⇨ **each** 代 (成句)

one after the other (2つ(以上)のものが)交互に, 次々に

some ... or other 何か…, 何らかの…, …か何か, だれか…, いつか…, どこか… (❗ある人・物・事柄(ことがら)などをぼかしていう時に用いる)

• **some** day **or other** いつの日か, いつか

(the) one A, the other B 一方はAで, もう一方はB

• I have two hats. **The one** white, **the other** black. 私は帽子を2つ持っている. 1つは白で, もう1つは黒だ

一 副 …ではなく, 〔…とは〕別な方法で《*than*》(=otherwise than)

oth·er·wise B1 高 /ʌ́ðərwàiz アザワイズ/ 副 **❶ もしそうでなければ, そうしなければ, さもなければ** (=or)
❷ ちがったふうに, 他の方法で

• think **otherwise** ちがったふうに考える, 別の考え方をする, そうは思わない
• He is honest, but his brother is quite **otherwise**. 彼は正直者だが彼の兄[弟]はまったく違う
• You did that in your own way, and I'll do **otherwise**. 君は自分のやり方でやった, 私は別のやり方でやろう

❸ その他の点では, それ以外では

• The house is small, but **otherwise** it is comfortable. 家は小さいが, その他の点では住みごこちがいい

一 形 別の, 〔…とは〕違った《*than*》(❗名詞の前には用いない)

Ot·ta·wa /átəwə アタワ/ 名 オタワ《◆カナダの首都》

ot·ter /átər アタ/ 名 (複 **otters** /átərz/, 《集合的》**otter**) C 《動物》カワウソ; U カワウソの毛皮

ouch /áutʃ アウチ/ 間 あ, 痛い!, あっちっち!

ought B1 /ɔ́:t オート/ (×オウト) 助
❶ 《**ought to** *do*》 **…すべきである, …するのが当然である**

• We **ought to** *obey* the law. 我々は法律に従うべきである
• He **ought to** *have done* it. 彼はそれをもうすませておくべきだった (❗ought to have *done* は「…するべきであった(のにしなかった)」)

使い方› (**1**) ほかの助動詞は must *do*, should *do* と動詞の原形がくるが, ought のあとには to *do* がくる
(**2**) 否定文は ought not [oughtn't] to *do* の形になる:
You **ought not** [**oughtn't**] **to** say

such things to your mother. 君はお母さんにそんなことを言うべきではない(×ought to not say)
(**3**) 疑問文は ought を文の始めに置く:
Ought I **to** see a doctor? 私は医者に診てもらうべきでしょうか (×Do I ought to ...?)
❷《**ought to** *do*》…するはずである

ounce B2 /áuns アウンス/ 名 C オンス(❗重さの単位; 1 ounce = 1/16 pound = 28.35g; oz. と略す);《ふつう否定文で用いて》《単数形で》**少量, わずか**

our A1 中

/áuər アウア/ (発音 hour と同音) 代
私たちの, われわれの (❗「私の」は my)
- **our** class 私たちのクラス (❗our+名詞; ×*an* [*the*] our class としない)

ours A1 中

/áuərz アウアズ/ 代
私たちのもの (❗自分たちの所有物について1つのものにも2つ以上のものにもいう)(❗「私のもの」は mine)
- Your bags are light, but **ours** (=our bags) are heavy. 君たちのかばんは軽いけどぼくたちのは重い (❗ours が複数の名詞を表しているときは複数扱い)
- That ball is **ours**. そのボールは私たちの(もの)です (=That is our ball.)
- a friend **of ours** 私たちの友人(の1人)《◆×*an our* friend, ×*our a* friend としない》

our·selves A2 高

/aːrsélvz アーセルヴズ/ 代
❶**私たち自身を**[**に**]; **私たち, 自分たち** (❗「私自身を[に, で]」は myself) ⇨ **oneself**
- We should take care of **ourselves**. 自分自身のことは自分で気をつけるべきだ

❷《主語の意味を強めて》**私たち自身で; 自分で**
- We built the log cabin **ourselves**. そのログハウスは自分たちで建てた

❸いつも[本来]の私たち[自分たち]

between ourselves ないしょで, ここだけの話ですが (=between you and me)
by ourselves 私たちだけで; 私たちの力で
for ourselves 私たちのために; 私たちだけで
to ourselves 独占して

oust /áust アウスト/ 動 他 《文章》(人を)〔場所・地位などから〕**追い出す, 追い払う**《*from*》

oust·er /áustər アウスタ/ 名 U C 《米》**追放, 排除**

out A1 中

/áut アウト/
共通イメージ **範囲の外**

意味マップ
副 ❶《外部への動き》外へ, 外に
❷《場所》(家の)外で; 不在で; 見えて
❸離れたところに
❹なくなって;《野球》アウトで
❺最後まで; すっかり
❻知られて; 出版されて
❼(通常の状態から)はずれて
❽大声で, はっきりと

— 副 ❶《外部への動き》**外へ, 外に** (↔**in**)
- **get out** 外へ出る, 出る
- **go out** 外へ出る, 出て行く
- The sun came **out** after the rain. 雨がやんだ後で太陽が出てきた
- He took **out** his pen and began to write. 彼はペンを取り出して書き始めた

❷《場所》(家の)**外で, 戸外で**; (外へ)**出て, 不在で, 外出して**; (外に出ているので)**見えて**
- eat [dine] **out** 外食する
- camp **out** (野外で)キャンプする
- She is **out** shopping. 彼女は買い物に出ています
- My father is **out** in the garden. 父は庭に(出て)いる (❗まず out (外に)とだいたいの場所を示し, 次に in the garden (庭に)と具体的な場所を示す言い方)
- It's cooler **out** there. あそこの外のほう

が涼(すず)しい (❗ It はばく然と「気温」を表す)

- He wanted to take her **out** again. 彼は彼女をまたデートに誘いたかった (←外に連れ出したかった)

会話 "Is Ken there?" "Sorry. He is **out** now."「ケンはいますか」「残念ですが, 今外出しています」

- "The book is **out**," the librarian said.「その本は借り出されています」と図書館の人は言った
- The stars are **out**. 星が出ている
- The blossoms will be **out** soon. じき花が咲くでしょう

❸ 離れたところに; 海上に, 空中に

- **out there** (現在いる場所以外の場所を指して)あそこに[で]

❹ なくなって, 消えて; 流行しなくなって, すたれて; 《野球》アウトで

- The fire is **out**. 火は消えている
- Time ran **out**. 時間切れだ
- That hairstyle is going **out**. そのヘアスタイルははやらなくなってきている
- The batter is **out**. バッターはアウトだ

❺ 最後まで; すっかり, 徹底的に

- Hear me **out**. 私の言うことを終わりまで聞いてください
- **out and out** 徹底的に

❻ 知られて, 露見して, (現れ)出て; 自分が同性愛者であることを公表して; 出版されて, 発売されて

- The secret is **out**. 秘密がもれている
- The book will be **out** soon. その本はもうすぐ刊行されます

❼ (通常の状態から)はずれて; 狂って; 不調で; 気を失って

❽ 大声で, はっきりと

- call **out** for help 大声で助けを求める
- **out loud** 声に出して

***a way out* (*of ...*)** (…からの)出口; (…の)解決策

be out and about (病人が)回復して外出できるようになっている; あちこちにでかけて, あちこちを旅して

be out for ... …を手に入れようと躍起になっている

***be out to* do** …しようと躍起になっている

(*both*) *inside and out* 内側も外側も; 詳しく(知っている); 完全に

副❶ ((外部への動き)) 外へ, 外に

go out

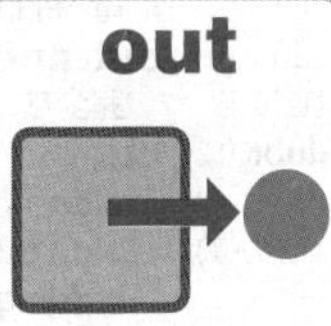

共通イメージ 範囲の外

行為を終えてその範囲の外側に出る

副❺ 最後まで

Hear me out.

外に出て行った結果に注目

出て行く前の場所から見る

外に出て見えるようになる・目立つ

副❸ 離れたところに
副❹ なくなって

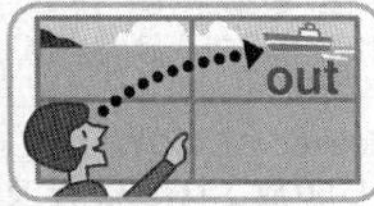

out there

副❷ ((場所)) 外で, 不在で
副❼ (通常の状態から) はずれて

eat out

副❷ 見えて
副❻ 知られて

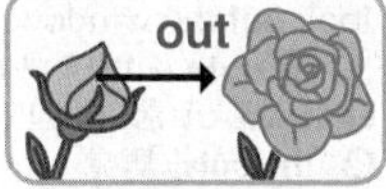

The blossoms will be out soon.

out of ... A2
①(…の中)から外へ[に]; …から外を(↔**into**); …(の範囲)をはずれて, …の範囲外に(↔**in**)

• **get out of** a car 車から出る, 車を降りる(❗「(バスや電車など大きな乗り物)から降りる」は get off)
• She looked **out of** the window. 彼女は窓から外を見た
• **Get out of** my **way**. そこをどけ
• You can't **take** these books **out of** the library. これらの本を図書館から持ち出すことはできない
• **out of** sight [hearing] 見えない[聞こえない]所に
• **out of** fashion 流行遅れで

②…を切らして; …がなくなって
• We're now **out of** coffee. 私たちは今コーヒーを切らしている
• I'm **out of** work now. 私は今失業中だ

③…のうちから[で, の]
• He was chosen **out of** a hundred. 彼は100人の中から選ばれた

④《動機・原因など》…から
• **out of** kindness [curiosity] 親切[好奇心]から

⑤《材料》…から; …で
• This table is made **out of** an old box. このテーブルは古い箱で作られている

out of doors 戸外で(は) ⇨**door** (成句)

out of it (疲れや飲酒などのせいで)頭が働かなくなって

out of nowhere 突然, どこからともなく

out of order 調子が乱れて ⇨**order** (成句)

Out with it! 《口語》言え, 白状しろ

— 前 《米》《口語》…から外へ[に], …から外を(❗out of の of が落ちた形)
• look **out** the window 窓から外を見る

— 名 (複 **outs** /áuts アウツ/)
❶《単数形で》言い訳, 口実
❷《**the outs**》野党
❸ C 《野球》アウト; 《野球》アウトになった選手

— 動 (三単現 **outs** /áuts アウツ/; 過去・過分 **outed** /áutəd/; 現分 **outing**)
他 …が同性愛者であることをばらす;
自 (真実などが)露見する, ばれる

コーパス この順番でマスター

out (of) の重要成句
(**1**) get *out* (*of* ...) (…から)出る
(**2**) come *out* 出る
(**3**) find *out* 見つける
(**4**) carry *out* 行う
(**5**) go *out* 外出する
(**6**) point *out* 指摘する
(**7**) make *out* わかる
(**8**) run *out* (*of* ...) (…が)なくなる
(**9**) turn *out* to be ... 結局…であることがわかる
(**10**) break *out* 発生する

使えるコーパスフレーズ

out of＋名詞
(**1**) *out of* the way 邪魔にならないように
(**2**) *out of* bed 起きて
(**3**) *out of* (my) hand (私の)手に負えない
(**4**) *out of* work 失業中で
(**5**) *out of* control 制御できない

out·age /áutidʒ アウティヂ/ 名 C U
❶(電力・水道などの)供給停止(時間), 停電(時間) ❷(貯蔵商品の)目減り

out-and-out /áutənáut アウタナウト/ 形 完全な, まったくの

out·bid /àutbíd アウトビド/ 動 (三単現 **outbids** /àutbídz/; 過去 **outbid**; 過分 **outbid**, **outbidden** /àutbídn/; 現分 **outbidding**) 他 (オークションで人より)高い値を付ける

out·board /áutbɔ̀ːrd アウトボード/ 形 副 《海事》船外の[へ], 舷(げん)外の[へ]; 《航空》機翼の先端に近い[近く]; (エンジンが)船外に取り付けられた

out·break B2 /áutbrèik アウトブレイク/ 名 C (戦争・暴動・伝染病などが)急に起こること; ぼっ発, 発生; 暴動

out·burst /áutbə̀ːrst アウトバースト/ 名 C 爆発, 激発

out·cast /áutkæ̀st アウトキャスト/ 名 C (社会・家庭などから)追放された人, 浮浪者, 宿なし

―形 追放された, のけ者にされた, 宿なしの

out·class /àutklǽs アウトクラス/ 動 他 …よりずっとよい

out·come B2 /áutkʌ̀m アウトカム/ 名 C 結果 (=result)
• the **outcome** of the election 選挙結果

out·cry /áutkrài アウトクライ/ 名 (複 **outcries** /áutkràiz/) C 〔…に対する〕抗議, 抗議行動《*against*》; わめき(声), 悲鳴

out·dat·ed /àutdéitəd アウトデイテド/ 形 時代遅れの

out·dis·tance B2 /àutdístəns アウトディスタンス/ 動 他 (競技などで, 相手を)はるかに引き離す; 大差をつける

out·do B2 /àutdúː アウトドゥー/ 動 (三単現 **outdoes** /àutdʌ́z/; 過去 **outdid** /àutdíd/; 過分 **outdone** /àutdʌ́n/; 現分 **outdoing**) 他 〔…で〕(人に)まさる, しのぐ《*in*》

out·door B1 高 /áutdɔ̀ːr アウトドー/ 形 戸外の, 野外の; 野外の活動を好む (↔**indoor**)

out·doors B1 高 /àutdɔ́ːrz アウトドーズ/ 副 戸外で[へ]
• play **outdoors** 戸外で遊ぶ (×play outdoor)
―名《**the outdoors**》戸外, 野外 (❗単数扱い)

out·door·sy /àutdɔ́ːrzi アウトドーズィ/ 形《米》《口語》アウトドア派の

out·er B1 /áutər アウタ/ 形 外の, 外側の, 外部の (↔**inner**) (❗名詞の前に用いる)

out·er·most /áutərmòust アウタモウスト/ 形 最も外側の, 最も遠くの (❗名詞の前に用いる)

óuter spáce 名 U (大気圏外の)宇宙(空間)

out·field /áutfìːld アウトフィールド/ 名《**the outfield**》《野球・クリケット》外野; C《集合的》外野陣

out·field·er /áutfìːldər アウトフィールダ/ 名 C《野球》《クリケット》外野手

out·fit B2 /áutfit アウトフィト/ 名 C (ある目的のための)服装(ひとそろい); 装備[道具]一式;《口語》団体, 会社
―動 (三単現 **outfits** /áutfits アウトフィツ/; 過去・過分 **outfitted** /áutfìtəd/; 現分 **outfitting**) 他 〔…で〕装備する, 供給する《*with*》

out·flow /áutflòu アウトフロウ/ 名 C U (人・資金・液体などの)流出 (↔**inflow**)

out·go·ing /àutgóuiŋ アウトゴウイング/ 形 出て行く; 引退する; 社交的な (❗名詞の前に用いる)
―名 U C 出発

out·grew /àutgrúː アウトグル/ 動 outgrowの過去形

out·grow B2 /àutgróu アウトグロウ/ 動 (三単現 **outgrows** /àutgróuz/; 過去 **outgrew** /àutgrúː/; 過分 **outgrown** /àutgróun/; 現分 **outgrowing**) 他
❶ (洋服などに)合わないほど大きくなる
❷ より大きくなる; より早く成長する
❸ (悪い癖・習慣などから)脱する

out·grown /àutgróun アウトグロウン/ 動 outgrowの過去分詞

out·growth /áutgròuθ アウトグロウス/ 名 C 自然の成り行き(で生じたもの); 若枝

out·house /áuthàus アウトハウス/ 名 (複 **outhouses** /áuthàuzəz/) C《英》付属建物;《米》屋外便所

out·ing B2 /áutiŋ アウティング/ 名 C (ちょっとした)遠足, 外出, 遠出

out·land·ish /àutlǽndiʃ アウトランディシュ/ 形 とっぴな, 風変わりな

out·last /àutlǽst アウトラスト/ 動 他 …より長持ち[長生き]する

out·law B1 /áutlɔ̀ː アウトロー/ 名 (複 **outlaws** /áutlɔ̀ːz/) C 無法者, ならず者
―動 (三単現 **outlaws** /áutlɔ̀ːz/; 過去・過分 **outlawed** /áutlɔ̀ːd/; 現分 **outlawing**) 他 非合法化する, 禁止する;《米》法律上失効させる

out·lay /áutlèi アウトレイ/ 名 (複 **outlays** /áutlèiz/) U 支出; C 〔…の〕経費《*for, on*》

out·let B2 /áutlèt アウトレト/ 名 C ❶ (水・

ガスなどの)出口; (感情などの)はけ口
❷《米》(電気の)コンセント (=socket)
❸ 売れ口, 販路; アウトレット

out·line B1 高 /áutlàin アウトライン/ 動 (三単現 **outlines** /áutlàinz/; 過去・過分 **outlined** /áutlàind/; 現分 **outlining**) 他
輪郭を描く; 要点を述べる
━ 名 (複 **outlines** /áutlàinz/) C
輪郭(りんかく), 略図; 概要(がいよう), あらすじ
• an **outline** of the story 物語のあらすじ

out·live B2 /àutlív アウトリヴ/ 動 他 …より長生きする; 生きのびる; …を無事に切り抜ける

out·look B2 /áutlùk アウトルク/ 名 C
❶ 見解, 観点
❷ 見通し, 前途 (=prospect)
• a bright [gloomy] **outlook** 明るい[暗い]見通し
❸ 見晴らし, ながめ, 展望 (=view)

out·ly·ing /áutlàiiŋ アウトライイング/ 形 遠く離れた, へんぴな

out·mod·ed /àutmóudəd アウトモウデド/ 形 流行遅れの, 旧式の

out·num·ber /àutnʌ́mbər アウトナンバ/ 動 他 …より多い, …に数で勝る

out-of-date B1 /áutəvdéit アウトヴデイト/ 形 時代遅れの, 旧式の (=outdated) (↔**up-to-date**); 有効期限切れの

out-of-the-way /áutəvðəwéi アウトヴザウェイ/ 形 片いなかの, へんぴな; (店などが)あまり人に知られない

out·pa·tient B2 /áutpèiʃənt アウトペイシェント/ 名 C 外来患者 (❗「入院患者」は inpatient)

out·place·ment /áutplèismənt アウトプレイスメント/ 名 C (解雇した会社による)再就職の斡旋(あっせん)

out·post /áutpòust アウトポウスト/ 名 C 《軍事》前哨(ぜんしょう)地点; (貿易会社などの)前進基地, 出先駐在地

out·put B2 /áutpùt アウトプト/ 名 U C
❶ 生産高; 生産
• This factory has an **output** of ten thousand cans of beer a day. この工場は1日に1万本の缶ビールを生産する
❷ (機械・電気の)出力; (コンピュータの)アウトプット (↔**input**)
━ 動 (三単現 **outputs** /áutpùts アウトプツ/; 過去・過分 **outputted** /áutpùtəd/, **output**; 現分 **outputting**) 他 (コンピュータが)出力する

out·rage B2 /áutrèidʒ アウトレイヂ/ 名 U C 暴力, 乱暴
━ 動 他 憤慨させる; 乱暴する

out·ra·geous B2 /àutréidʒəs アウトレイヂャス/ 形 とっぴな, 法外な; 不届きな
òutrágeously 副 法外にも, とんでもなく

out·right /áutráit アウトライト/ 副 ❶ 徹底的に, 完全に ❷ 包み隠さず, 率直に; きっぱりと ❸ すぐに, 即座に
━ 形 /áutràit アウトライト/ 完全な, まったくの; 率直な, あからさまな (❗ 名詞の前に用いる)

out·run /àutrʌ́n アウトラン/ 動 (三単現 **outruns** /àutrʌ́nz/; 過去 **outran** /àutrǽn/; 過分 **outrun**; 現分 **outrunning**) 他 …より速く[遠くまで]走る; 追い越す; 逃げのびる; …の範囲を超える

out·set /áutsèt アウトセト/ 名 《**the outset**》最初, 始め
at the outset 最初に

out·shine B2 /àutʃáin アウトシャイン/ 動 (三単現 **outshines** /àutʃáinz/; 過去・過分 **outshone** /àuθʃóun, àutʃɔ́n/; 現分 **outshining**) 他 ❶ …より優れている ❷ …より明るく輝く

out·side A1 中

/àutsáid アウトサイド/
共通イメージ 囲まれた場所の外側
━ 副 外に, 外で(は), 外へ, 外を; 外側に, 外側は (↔**inside**)
• A taxi is waiting **outside**. タクシーが外で待っています
• go **outside** 外に出る, ちょっと出かける
• It is cold **outside**. 外は寒い (❗ it はばく然と「気温」を表す)
• from **outside** 外(部)から
outside of … …を除いて(は), …の他に(は)

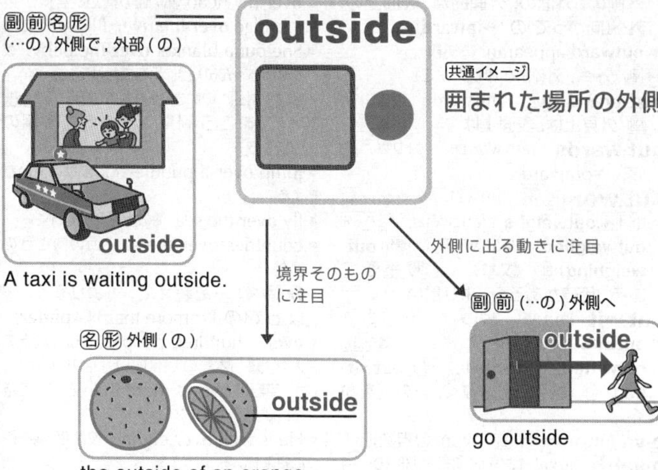

― /autsáid アウトサイド, ⌐⌐/ 前 (場所)**の外側に**[**へ, で, の**]; (範囲・期間)**の外で**[**の**] (↔**inside**)

- **outside** the house 家の外に[で]
- **outside** London ロンドンの郊外に[で]
- from **outside** Japan 日本国外から

― /àutsáid アウトサイド, ⌐⌐/ 名 (複 **outsides** /àutsáidz アウトサイヅ/) Ⓒ《ふつう **the outside**》**外側; 外部** (↔**inside**)

- **the outside** of an orange オレンジの外側[皮]
- The door could not be opened **from the outside**. その扉は外側からは開けられなかった

at the outside せいぜい

― /áutsàid アウトサイド/ 形 **外部の; 外側の, 外の; 部外者の; よそからの** (↔**inside**); (機会・可能性などが)**ごくわずかな**

- At last Japan opened its doors to the **outside world**. ついに日本は外部の世界にその門戸(もんこ)を開いた

out·sid·er B2 /àutsáidər アウトサイダ/ 名 Ⓒ **門外漢, 部外者, アウトサイダー** (↔**insider**)

out·skirts B2 /áutskə:rts アウトスカーツ/ 名《**the outskirts**》(町などの)**はずれ, 郊外**(❗複数扱い)

out·smart /àutsmá:rt アウトスマート/ 動 他 (相手を)**出し抜く**

out·sourc·ing /áutsɔ̀:rsiŋ アウトソースィング/ 名 Ⓤ《経済》**アウトソーシング**《♦製造・業務を社外に委託すること》

out·spo·ken /àutspóukən アウトスポウクン/ 形 **率直な, 歯に衣着せぬ**

òutspókenly 副 **率直に**

out·stand·ing B1 /àutstǽndiŋ アウトスタンディング/ 形 ❶ **傑出した, 目だつ, とびぬけてすぐれた; 有名な**

- He is an **outstanding** tennis player. 彼は傑出したテニスの選手だ

❷ **未解決の; 未払いの** (=unpaid)

òutstándingly 副 **目立って**

out·stretched /àutstrétʃt アウトストレチト/ 形 **広げた, 伸ばした**

out·strip /àutstríp アトストリプ/ 動 (三単現 **outstrips** /àutstríps/; 過去・過分 **outstripped** /àutstrípt/; 現分 **outstripping**) 他 **まさる; …より速く走る, 追い越す**

out·ward B1 /áutwərd アウトワド/ 形

外側の, 外面の; 外面的な, 表面上の; 外へ(向かって)の (↔**inward**)
- **outward** appearance 外観

— 副 外へ, 外(側)へ(向かって)

out·ward·ly B2 /áutwərdli アウトワドリ/ 副 外見上は, 表面上は

out·wards /áutwərdz アウトワヅ/ 副 《英》(=outward)

out·weigh B1 /àutwéi アウトウェイ/ 動 (三単現 **outweighs** /àutwéiz/; 過去·過分 **outweighed** /àutwéid/; 現分 **outweighing**) 他 《文章》…より重要である, 価値がある; …より重い

out·wit /àutwít アウトウィト/ 動 (三単現 **outwits** /àutwíts アウトウィツ/; 過去·過分 **outwitted** /àutwítəd/; 現分 **outwitting**) 他 (相手を)出し抜く, …の裏をかく

o·va /óuvə オウヴァ/ 名 ovumの複数形

o·val B2 /óuvəl オウヴァル/ 形 卵形の; 楕円形の — 名 C 卵形; 楕円形; (楕円形の)競技場, スタジアム

o·va·ry /óuvəri オウヴァリ/ 名 (複 **ovaries** /óuvəriz/) C 《解剖》卵巣; 《植物》子房

o·va·tion /ouvéiʃən オウヴェイション/ 名 C 盛大な拍手, 熱烈な歓迎

ov·en A2

/ʌ́vn アヴン/ (発音 o- は /ʌ ア/ と発音する)
名 (複 **ovens** /ʌ́vnz/) C
(しばしばガスレンジの下部に組み込まれた) オーブン; かまど
- a microwave **oven** 電子レンジ

o·ver A1 中

/óuvər オウヴァ/ 前

共通イメージ 上をおおう

❶《一面》…の一面に, …中(じゅう)を; …をくまなく(おおって) (! しばしば強めて all over ... となる)
- **all over** the world 世界中に[で] ⇨副❹
- **from all over** the world 世界中から
- travel (**all**) **over** Europe ヨーロッパ中を旅行する

❷《上の位置》(おおうように)…の上に, …の上を[の, で] (↔**under**)
- **over** my head 私の頭の真上に[を]
- a bridge **over** the river 川にかかった橋
- She put a blanket **over** the baby. 彼女は赤ちゃん(の上)に毛布をかけた

❸《反対側への動き·反対側の位置》…を越えて(向こう側に); …の向こう側の[にある]
- jump **over** a puddle 水たまりを飛び越える
- fly **over** the sea 海の上を飛んで行く
- countries **over** the sea 海の向こうの国々

❹《数量》…を超えて, …より多く, …以上(で[の]) (=more than) (↔**under**)
- **over** a hundred people 100人以上の人々 (! 日本語の「100以上」は100を含むが, 英語の over は more than と同じで厳密には100を含まない)
- He is **well over** eighty. 彼は80歳を優に超えている

❺《時間·距離》…にわたって, …の間, …中ずっと
- **over** the last ten years ここ10年にわたって
- **over** the weekend 週末の間は[に]
- School is closed **over** the holidays. 休暇のあいだ学校[授業]は休みになります

❻《関連》…について, …に関して, …をめぐって
- talk **over** the matter その事について話し合う
- Two dogs were fighting **over** a toy. 2匹の犬がひとつのおもちゃを取り合っていた

❼《支配·影響》…の上位に, …を支配[制圧]して, (影響力などが)…に対して(の)
- lose **control over** the car 車のコントロールがきかなくなる

❽《克服》(苦しさや悪い状態など)を乗り越えて
- She **got over** her fear. 彼女は恐怖を乗り越えた

❾ …しながら
- Let's talk **over** (a cup of) coffee. コーヒーでも飲みながら話そう

o·ver

A1 前 副
中 /óuvər オウヴァ/

意味マップ

前 ❶《一面》…の一面に
❷《上の位置》(おおうように)…の上に
❸《反対側への動き・反対側の位置》…を越えて; …の向こう側の
❹《数量》…を超えて
❺《時間・距離》…にわたって
❻《関連》…に関して
❼《支配・影響》…を支配して
❽《克服》(悪い状態など)を乗り越えて
❾…しながら
❿(電話・ラジオなど)で, によって; …を通じて

副 ❶《距離感》向こう[こちら]へ
❷《反対側への動き・反対側の位置》越えて(反対側に)
❸《上方向・上の位置》頭上に
❹《一面》一面に; 《完全》すっかり
❺《終了》終わって
❻《くり返し》くり返して
❼《弧を描く動き》倒れて; ひっくり返って
❽《数量》超えて; それ以上に
❾受け継がれて

overの重要成句

(all) over again
(始めから終わりまで)もう一度

over and over (again)
何度もくり返して

over here　こちらに

over there　向こうに

come over ...　感情が…を襲う ⇨**come**

get over ...　…を乗り越える ⇨**get**

go over ...　…をよく調べる ⇨**go**

hand over ...　…を手渡す ⇨**hand**

look over ...　…ごしに見る ⇨**look**

take over ...　…を引きつぐ ⇨**take**

turn over ...　…を渡す ⇨**turn**

文　法

overもaboveもどちらも「…の上に」を表すが, aboveは接触していない「上の方に」を意味し, overはそれに加えて「上におおいかぶさって」も示す. over⇔under, above⇔belowの関係にある.

◆ **The helicopter was hovering over [above] the building.**
ヘリコプターがビルの上で空中停止していた

◆ **She put her hand over (× above) the glass.**
彼女は手をコップの上に(かぶせるように)置いた(! 接触しているためaboveは使えない)

フォーカスページ

前❸ 副❷((反対側への動き))(…を)越えて
副❶((距離感)) 向こうへ，こちらへ

jump over a puddle

前❸ 副❷((反対側の位置))
(…の)向こう側に
副❺((終了)) 終わって

countries over the sea

(物理的な，または意識の上での)
移動の結果に注目

共通イメージ
上をおおう

(おおうように)上にある
という位置に注目

動き方に注目

おおうように
重ねる動きに注目

前❷副❸((上の位置))
(…の)上に

a bridge over the river

副❼((アーチ状の動き))
倒れて；ひっくり返って

turn over the page

副❻ くり返して

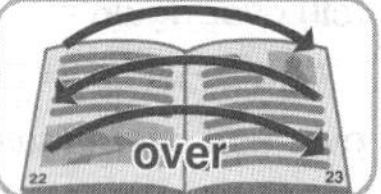

read over

数量の上下を
空間の上下と見る

前❹副❽((数量))
(…を)超えて

He is well
over eighty.

影響力を
上下関係と見る

前❼ …を支配して

control over the car

おおわれた
部分に注目

前❶副❹ (…の)一面に(おおわれた空間)，((完全)) すっかり
前❺((時間・距離)) …にわたって
前❻ …に関して(おおわれた領域)

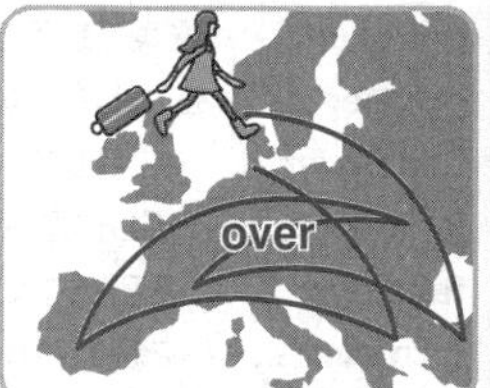

travel over Europe

フォーカスページ

❿(電話・ラジオなど)で, によって; …を通じて
• hear the news **over** the radio ラジオでニュースを聞く

━副 ❶《距離感》向こう[こちら](側)へ(❗「ある距離を越えてはるばる, わざわざ」といった感じを出すために添えるが日本語には訳さなくてよい場合も多い) ⇨成句 **over here, over there**
• **over** in France (あちら)フランスで(は)
• They came **over** to Japan. 彼らは(はるばる)日本までやってきた
• Go **over** to the store for me. その店まで行って来てくれ

❷《反対側への動き・反対側の位置》(境界にある動きを妨げるものを)越えて(反対側に); (へりから)下に, ぶらさがって
• The milk boiled **over**. ミルクが煮たってこぼれた

❸《上方向・上の位置》(おおうように)頭上に, 上の方へ[で]
• It sounded like an airplane was flying **over**. 飛行機が頭上を飛んでいるような音がした

❹《一面》一面に; 《完全》すっかり(❗しばしば強めて all over とする)
• all the world **over** 世界中に[で]
• The pond was frozen **over**. 池は一面に凍(こお)っていた
• She was wet **all over**. 彼女は全身ずぶぬれだった

❺《終了》終わって, すんで; 去って; (無線などで自分の話が終わって)どうぞ
• Winter is **over** and it is spring now. 冬が過ぎて今は春だ(❗「冬が過ぎた[終わった]」は現在の状態なので, ×Winter *was* over. としない; it はばく然と「時」を表す)
• School is **over**. (1日あるいは学期・学年の)授業が終わった

❻《くり返し》くり返して; もう一度
• read **over** くり返して読む, 読み返す
• Think it **over** before you decide. 決める前にもう一度考えなさい

❼《弧を描く動き》倒れて, 曲がって; ひっくり返って, さかさまに
• fall **over** (つまずいて)転ぶ
• Turn **over** the page. ページをめくりなさい

❽《数量》超えて, それ以上に
• people of 20 **and over** 20歳以上の人たち

❾(権利や任務などが)受け継がれて; (時間がたっても)残されて
• Her son took **over** her business. 彼女の息子が商売をついだ
• be left **over** 余っている, 残っている

日英比較「大げさな」の意味の日本語の「オーバー」は over ではなく, exaggerated gestures (オーバーなしぐさ), big words (オーバーなことば)などという. また,「越える」の意味の「オーバーする」は, exceed the speed limit (制限スピードをオーバーする) などのようにいう

(all) over again (始めから終わりまで)もう一度, (最初から)くり返して
• Do it **over again**. それをくり返しやりなさい

ask [invite] ... over …を(食事などに)誘う[招く]

over and above さらに, その上

over and over (again) 何度もくり返して, 再三再四
• I've warned him **over and over** to correct it. それを直すようくり返し彼には警告してきた

over here こちらに, こちらへ, こちらでは
• Bags are **over here**. (店で)かばんはこちらにあります

over there 向こうに, あそこに, 向こうでは; 向こうの, あそこの
• Let's have lunch under that big tree **over there**. あそこのあの大きな木の下で弁当を食べよう

over- 接頭 上の, 上に; 過度に; 向こうへ; ひっくり返して
• **over**coat (オーバー)コート
• **over**eat 食べ過ぎる
• **over**throw ひっくり返す

o·ver·all B2 /òuvərɔ́ːl オウヴァロール/ 形 全体にわたる
• the **overall** length of the cable ケー

ブルの端から端までの長さ
• **overall** impressions 全体の印象
— 副 概して; 全部で
• **Overall**, I guess it's a good company. 概して言えばいい会社だと思いますよ
— /óuvərɔ̀ːl オウヴァロール/ (発音 形・副 とのアクセントの違いに注意) 名 C ❶ 《**overalls**》(胸当てのついた長い)作業ズボン, オーバーオール (=《英》dungarees)
• a pair of **overalls** オーバーオール1着
❷ 《英》上っぱり, 仕事[作業]着 (=《米》coveralls)

o·ver·ate /òuvəréit オウヴァレイト/ 動 overeatの過去形

o·ver·awe /òuvərɔ́ː オウヴァオー/ 動 他 威圧する

o·ver·bear·ing /òuvərbéəriŋ オウヴァベアリング/ 形 (人・態度などが)横柄な, いばりちらす
òverbéaringly 副 横柄に, いばりちらして

o·ver·blown /óuvərblóun オウヴァブロウン/ 形 《文章》度が過ぎた, 誇張した; (花などが)盛りを過ぎた

o·ver·board B2 /óuvərbɔ̀ːrd オウヴァボード/ 副 船外へ
go overboard 《口語》夢中になる; 極端に走る, 度が過ぎる

o·ver·book B2 /òuvərbúk オウヴァブク/ 動 他 自 定員以上の予約をとる, 超過予約をとる

o·ver·bur·den /òuvərbə́ːrdn オウヴァバードン/ 動 他 《ふつう受け身で》〔荷・負担などを〕負わせすぎる《*with*》

o·ver·came /òuvərkéim オウヴァケイム/ 動 overcomeの過去形

o·ver·cast /òuvərkǽst オウヴァキャスト/ 形 (空が)雲[霧]でおおわれた; (天気が)暗い, 陰気な

o·ver·charge /òuvərtʃáːrdʒ オウヴァチャーヂ/ 動 他 〔…に対して〕(人に)不当な代金を請求する《*for*》; (バッテリーに)充電しすぎる; (荷を)積みすぎる

o·ver·coat B2 /óuvərkòut オウヴァコウト/ 名 (複 **overcoats** /óuvərkòuts オウヴァコウツ/) C (オーバー)コート, 外とう

o·ver·come B1 高 /òuvərkʌ́m オウヴァカム/ 動 (三単現 **overcomes** /òuvərkʌ́mz/; 過去 **overcame** /òuvərkéim/; 過分 **overcome**; 現分 **overcoming**) 他 自 打ち勝つ, 征服[克服(こくふく)]する; 他 圧倒する
• **overcome** the enemy 敵を負かす

o·ver·crowd·ed /òuvərkráudəd オウヴァクラウデド/ 形 〔…で〕つめ込みすぎた, 混雑した, 超満員の《*with*》

o·ver·did /òuvərdíd オウヴァディド/ 動 overdoの過去形

o·ver·do /òuvərdúː オウヴァドゥー/ 動 (三単現 **overdoes** /òuvərdʌ́z/; 過去 **overdid** /òuvərdíd/; 過分 **overdone** /òuvərdʌ́n/; 現分 **overdoing**) 他 やりすぎる, 使いすぎる; 煮すぎる, 焼きすぎる

o·ver·done /òuvərdʌ́n オウヴァダン/ 動 overdoの過去分詞
— 形 煮すぎた; 焼きすぎた (↔**underdone**)

o·ver·dose /óuvərdòus オウヴァドウス/ 名 C (薬の)過剰投与
— /òuvərdóus オウヴァドウス/ (発音 名 とのアクセントの違いに注意) 動 他 自 (薬を)過剰投与[服用]する

o·ver·draft /óuvərdræ̀ft オウヴァドラフト/ 名 C 《商業》超過引き出し; (手形・小切手の)過振(かぶり)

o·ver·draw /òuvərdrɔ́ː オウヴァドロー/ 動 (三単現 **overdraws** /òuvərdrɔ́ːz/; 過去 **overdrew** /òuvərdrúː/; 過分 **overdrawn** /òuvərdrɔ́ːn/; 現分 **overdrawing**) 他 (預金を)超過引き出しする

o·ver·dry /óuvərdrái オウヴァドライ/ 形 乾燥しすぎた
— 動 他 乾かしすぎる

o·ver·due /òuvərdjúː オウヴァデュー/ 形 支払いの期限が過ぎた, 未払いの; (到着・出産などが)(予定より)遅れている

o·ver·eat /òuvəríːt オウヴァリート/ 動 (三単現 **overeats** /òuvəríːts オウヴァリーツ/; 過去 **overate** /òuvəréit/; 過分 **overeaten** /òuvəríːtn/; 現分 **overeating**) 自 食べ過ぎる

• Don't **overeat**. 食べ過ぎないように

o·ver·eat·en /òuvəríːtn オウヴァリートン/ 動 overeatの過去分詞

o·ver·es·ti·mate B2 /òuvəréstəmèit オウヴァレスティメイト/ 動 他 過大評価する, 買いかぶる (↔**underestimate**)

— /òuvəréstəmət オウヴァレスティメト/ 名 C 過大評価; 買いかぶり

o·ver·fish·ing /òuvərfíʃiŋ オウヴァフィシング/ 名 U (魚の)乱獲(らんかく)

o·ver·flow /òuvərflóu オウヴァフロウ/ 動 ❶ 自 あふれる, あふれ出る, 氾濫(はんらん)する; 〔…で〕あふれるほどいっぱいになる[である], 充満する 《*with*》

• This river often **overflows** when it rains hard. 大雨が降るとこの川はよく氾濫します

❷ 他 (水などが)…の外へあふれ出る; (人などが)…に入りきらない

— /óuvərflòu オウヴァフロウ/ (発音 動 とのアクセントの違いに注意) 名 C (人・物・水の)氾濫, 流出

o·ver·graz·ing /òuvərgréiziŋ オウヴァグレイズィング/ 名 U (牧草を害するほどの)過放牧

o·ver·grown /òuvərgróun オウヴァグロウン/ 形 (庭・道などが)〔雑草で〕生い茂った 《*with*》; 大きくなりすぎた, 成長しすぎた

o·ver·hand /óuvərhæ̀nd オウヴァハンド/ 形 副 《球技》オーバースローの[で], 上手投げの[で]

o·ver·hang /òuvərhǽŋ オウヴァハング/ 動 (三単現 **overhangs** /òuvərhǽŋz/; 過去·過分 **overhung** /òuvərhʌ́ŋ/; 現分 **overhanging**) 他 (…の)上にさしかかる, 張り出す; さし迫る

— /óuvərhæ̀ŋ オウヴァハング/ 名 C (がけなどの)張り出し

o·ver·haul /òuvərhɔ́ːl オウヴァホール/ 動 他 (機械・エンジンなどを)分解検査[修理]する, オーバーホールする; 精密検査する; (考え・組織などを)徹底的に見直す[検討する]

— 名 /óuvərhɔ̀ːl オウヴァホール/ C 分解検査[修理], オーバーホール; 精密な検査, 検討

o·ver·head /òuverhéd オウヴァヘド/ 副 頭上で[に], 真上に; 空高く

• Colorful paragliders were flying **overhead**. 色とりどりのパラグライダーが頭上を飛んでいた

— /óuvərhed オウヴァヘド/ (発音 副 とのアクセントの違いに注意) 形 頭上の, 頭上を通る

— /óuvərhed オウヴァヘド/ (発音 副 とのアクセントの違いに注意) 名 U 《米》一般諸経費 (=《英》overheads)

óverhead projéctor 名 C オーバーヘッドプロジェクター (❗略 OHP)

o·ver·hear B2 /òuvərhíər オウヴァヒア/ 動 (三単現 **overhears** /òuvərhíərz/; 過去·過分 **overheard** /òuvərhə́ːrd/; 現分 **overhearing**) 他 ふと耳にする, 聞くともなしに聞く, (ふと)もれ聞く (❗偶然聞いてしまうのが overhear, 故意に立ち聞きするのは eavesdrop を用いる)

o·ver·heard /òuvərhə́ːrd オウヴァハード/ 動 overhearの過去形・過去分詞

o·ver·heat /òuvərhíːt オウヴァヒート/ 動 自 (エンジンが)オーバーヒートする; 他 オーバーヒートさせる

o·ver·hung /òuvərhʌ́ŋ オウヴァハング/ 動 overhangの過去形・過去分詞

o·ver·joyed B1 /òuvərdʒɔ́id オウヴァチョイド/ 形 〔…で; …して〕大喜びの, 有頂天の 《*at; to do*》 (❗名詞の前には用いない)

o·ver·kill /óuvərkìl オウヴァキル/ 名 U 過剰殺傷力; 過剰, やりすぎ (❗特に核兵器によるものをいう)

o·ver·land /óuvərlæ̀nd オウヴァランド/ 副 形 陸路で[の]

o·ver·lap B2 /óuvərlæ̀p オウヴァラプ/ 名 U C (部分的な)重複, 重複部分

— /òuvərlǽp オウヴァラプ/ 動 (三単現 **overlaps** /òuvərlǽps/; 過去·過分 **overlapped** /òuvərlǽpt/; 現分 **overlapping**) 他 (一部が)重なる; 自 部分的に重複する

o·ver·load /òuvərlóud オウヴァロウド/ 動 他 荷[人]を積みすぎる; (人に)〔…で〕負

担を負わせすぎる《*with*》; (バッテリーなどに)充電しすぎる
— /óuvərlòud オウヴァロウド/ 名C 積みすぎ; 《電気》過充電, 過負担

o·ver·look B2 /òuvərlúk オウヴァルク/ 動他 ❶見落とす; 見のがす, 大目に見る •I will **overlook** your mistakes this time. 今回はあなたの誤りを大目に見ましょう
❷(人・建物・場所などが)見おろす, (下に)見渡す

o·ver·ly B2 /óuvərli オウヴァリ/ 副 過度に, あまりに (❗ふつう否定文で使う)

o·ver·manned /òuvərmǽnd オウヴァマンド/ 形 人員過剰の

o·ver·night B1 /òuvərnáit オウヴァナイト/ 副 一晩(中), 夜通し; 夜の間に; 一夜のうちに, 突然; 前の晩に
•He stayed **overnight** with us. 彼は一晩うちに泊まった
•His first novel sold incredibly and his life changed **overnight**. 最初の小説が驚異的に売れ, 彼の生活は一夜にして変わった
— /óuvərnait オウヴァナイト/ (発音 副 とのアクセントの違いに注意) 形 一晩(中)の, 夜通しの; 1泊の, 一晩だけの; 突然の

o·ver·paid /òuvərpéid オウヴァペイド/ 動 overpayの過去形・過去分詞

o·ver·pass /óuvərpæ̀s オウヴァパス/ 名C 《米》高架道路, 陸橋, 歩道橋 (=《英》flyover)

o·ver·pay /òuvərpéi オウヴァペイ/ 動 (三単現 **overpays** /òuvərpéiz/; 過去・過分 **overpaid** /òuvərpéid/; 現分 **overpaying**) 他 払い過ぎる (↔**underpay**)
•She **overpaid** a hundred dollar for that ring. 彼女はその指輪に100ドル余計に支払った

o·ver·pop·u·lat·ed /òuvərpápjəlèitəd オウヴァパピュレイテド/ 形 人口過剰の, 人口過多の

o·ver·pop·u·la·tion /òuvərpàpjəléiʃən オウヴァパピュレイション/ 名U 人口過剰

o·ver·pow·er /òuvərpáuər オウヴァパウア/ 動他 (力ずくで)負かす; (感情などが, 人を)圧倒する

o·ver·pow·er·ing /òuvərpáuəriŋ オウヴァパウアリング/ 形 強力な, 圧倒的な; (個性が)強烈な

o·ver·pro·duc·tion /òuvərprədʌ́kʃən オウヴァプロダクション/ 名U 生産過剰

o·ver·ran /òuvərrǽn オウヴァラン/ 動 overrunの過去形

o·ver·rate /òuvərréit オウヴァレイト/ 動他 過大評価する, 買いかぶる (↔**underrate**)

o·ver·rat·ed /òuvərréitəd オウヴァレイテド/ 形 過大評価されて

o·ver·rid·den /òuvərrídn オウヴァリドン/ 動 overrideの過去分詞

o·ver·ride /òuvərráid オウヴァライド/ 動 (三単現 **overrides** /òuvərráidz オウヴァライヅ/; 過去 **overrode** /òuvərróud/; 過分 **overridden** /òuvərrídn/; 現分 **overriding**) 他 無視する; 踏みにじる

o·ver·rid·ing /òuvərráidiŋ オウヴァライディング/ 形 最も重要な, 最優先の

o·ver·rode /òuvərróud オウヴァロウド/ 動 overrideの過去形

o·ver·rule /òuvərrú:l オウヴァルール/ 動他 (判決などを)却下する, 無効にする; 威圧する, 打ち勝つ

o·ver·run /òuvərrʌ́n オウヴァラン/ 動 (三単現 **overruns** /òuvərrʌ́nz/; 過去 **overran** /òuvərrǽn/; 過分 **overrun**; 現分 **overrunning**) 他 侵略する; はびこる

o·ver·seas A2 中

/òuvərsí:z オウヴァスィーズ/ 副 海の向こうに, 海外へ, 外国に
•live [travel] **overseas** 海外に住む[を旅行する]
— 形 海外の, 海外向けの; 海外からの
•an **overseas** country (海をへだてた)外国

o·ver·see /òuvərsí: オウヴァスィー/ 動 (三単現 **oversees** /òuvərsí:z/; 過去 **oversaw** /òuvərsɔ́:/; 過分 **overseen** /òuvərsí:n/; 現分 **overseeing**) 他 監督[管理]

する，見張る

o·ver·seer /òuvərsíːər オウヴァスィーア/ 名 C 監督者，監視者

o·ver·shad·ow B2 /òuvərʃǽdou オウヴァシャドウ/ 動 他 影にする; 暗い影を投げかける; 見劣りさせる

o·ver·shoot /òuvərʃúːt オウヴァシュート/ 動 (三単現 **overshoots** /òuvərʃúːts オウヴァシューツ/; 過去・過分 **overshot** /òuvərʃát/; 現分 **overshooting**) 他 (標的を)はずす; (目的地を)(うっかり)通り越す，行きすぎる

o·ver·sight /óuvərsàit オウヴァサイト/ 名 U C 過失，見落とし

o·ver·size B2 /óuvərsáiz オウヴァサイズ/ 形 特大の; 大きすぎる

o·ver·sleep /òuvərslíːp オウヴァスリープ/ 動 (三単現 **oversleeps** /òuvərslíːps/; 過去・過分 **overslept** /òuvərslépt/; 現分 **oversleeping**) 自 寝過ごす，寝ぼうする

o·ver·slept /òuvərslépt オウヴァスレプト/ 動 oversleepの過去形・過去分詞

o·ver·spec·i·fy /òuvərspésəfài オウヴァスペスィファイ/ 動 他 必要以上に詳細に述べる

o·ver·state /òuvərstéit オウヴァステイト/ 動 他 大げさに言う，誇張する

o·ver·step B2 /òuvərstép オウヴァステプ/ 動 (三単現 **oversteps** /òuvərstéps/; 過去・過分 **overstepped** /òuvərstépt/; 現分 **overstepping**) 他 (権限・規則などから)はみ出す，逸脱する

o·vert /ouvə́rt オウヴァート/ 形 公然の，明白な (↔**covert**)

overtly 副 公然と，明白に

o·ver·take B2 /òuvərtéik オウヴァテイク/ 動 (三単現 **overtakes** /òuvərtéiks/; 過去 **overtook** /òuvərtúk/; 過分 **overtaken** /òuvərtéikn/; 現分 **overtaking**) ❶ 他 追いつく; 追い越す; 自 車を追い越す

• He **overtook** the car by running. 彼は走ってその車に追いついた

❷ 他 (夜・嵐(あらし)などが)突然襲(おそ)う，不意にせまる

o·ver·tak·en /òuvərtéikən オウヴァテイクン/ 動 overtakeの過去分詞

o·ver-the-count·er /òuvərðəkáuntər オウヴァザカウンタ/ 形 ❶ (薬が)処方箋(せん)なしで売買される ❷ (証券が)店頭で売買される

o·ver·threw /òuvərθrúː オウヴァスルー/ 動 overthrowの過去形

o·ver·throw B2 /òuvərθróu オウヴァスロウ/ 動 (三単現 **overthrows** /òuvərθróuz/; 過去 **overthrew** /òuvərθrúː/; 過分 **overthrown** /òuvərθróun/; 現分 **overthrowing**) 他 転覆(てんぷく)させる; ひっくり返す，倒す

— /óuvərθròu オウヴァスロウ/ 名 C 転覆，打倒 (=defeat)

参考〉 野球の「オーバースロー」は overhand pitch という

o·ver·thrown /òuvərθróun オウヴァスロウン/ 動 overthrowの過去分詞

o·ver·time B2 /óuvərtàim オウヴァタイム/ 名 U 時間外勤務，残業; 残業手当; 《米》(試合の)延長時間

— 副 時間外に

— 形 時間外の

o·ver·tone /óuvərtòun オウヴァトウン/ 名 C 《ふつう **overtones**》(ことばなどの)含み，ほのめかし，ニュアンス

o·ver·took /òuvərtúk オウヴァトゥク/ 動 overtakeの過去形

o·ver·ture /óuvərtʃùər オウヴァチュア/ 名 C 《音楽》(オペラなどの)序曲; 《ふつう **overtures**》(協定・友好などの)提案，申し入れ

o·ver·turn B2 /òuvərtə́ːrn オウヴァターン/ 動 ❶ 他 ひっくり返す; 覆す ❷ 自 ひっくり返る; 覆される

o·ver·use /òuvərjúːz オウヴァユーズ/ 動 他 使いすぎる，乱用する，酷使する

— /óuvərjùːs オウヴァユース/ (発音 動との違いに注意) 名 U 使いすぎ，乱用，酷使

o·ver·val·ue /òuvərvǽljuː オウヴァヴァリュー/ 動 他 過大評価する，重視しすぎる

o·ver·view /óuvərvjùː オウヴァヴュー/ 名 C 概観，総覧，大要

o·ver·weight A2
/òuvərwéit オウヴァウェイト/ 形
過重の, 重すぎる; 太りすぎの
- My dad is slightly **overweight**. うちの父さんはちょっと太りすぎだ

— /óuvərwèit オウヴァウェイト/ (発音 形 とのアクセントの違いに注意) 名 U
重量超過; 太りすぎ

o·ver·whelm B1 /òuvərhwélm オウヴァ(ホ)ウェルム/ 動 (三単現 **overwhelms** /òuvərhwélmz/; 過去·過分 **overwhelmed** /òuvərhwélmd/; 現分 **overwhelming**)
他 ❶ (悲しみなどが人を)ぼう然とさせる, 打ちのめす, 苦しめる, まいらせる
- He was **overwhelmed** by grief. 彼は悲しみに打ちひしがれた

❷ (完全に)圧倒する; (敵·対戦相手を)打ち負かす, やっつける

o·ver·whelm·ing B1 /òuvərhwélmiŋ オウヴァ(ホ)ウェルミング/ 形 圧倒的な, 大多数の; とてつもなく強い
- an **overwhelming** majority 圧倒的多数
- Bob found the job **overwhelming** at first. その仕事は始めのうちはとてつもなく大変だとボブは気づいた

òverwhélmingly 副 圧倒的に

o·ver·work B1 /óuvərwə̀:rk オウヴァワーク/ 名 U
過労, 働きすぎ, オーバーワーク
- My shoulders ache from **overwork**. 働きすぎて肩が痛い

— /òuvərwə́:rk オウヴァワーク/ (発音 名 とのアクセントの違いに注意) 動 (三単現 **overworks** /òuvərwə́:rks/; 過去·過分 **overworked** /òuvərwə́:rkt/; 現分 **overworking**)
他 過度に働かせる, 働かせすぎる, 酷使(こくし)する; 自 働きすぎる
- You are **overworking**. = You are **overworking yourself**. あなたは働きすぎだ

o·ver·worked /òuvərwə́:rkt オウヴァワークト/ 形 働きすぎの, 過労の; (ことばなどが)使いすぎた

o·ver·wrought /òuvərrɔ́:t オウヴァロート/ 形 緊張しすぎた, 神経過敏な; (文体などが)凝りすぎた

o·vum /óuvəm オウヴァム/ 名 (複 **ova** /óuvə/) C 《生物》卵, 卵子

ow B2 /áu アウ/ 間 うっ(痛いっ) (❗痛みを表す)

owe B1 高 /óu オウ/ 動 (三単現 **owes** /óuz/; 過去·過分 **owed** /óud/; 現分 **owing**)
他 ❶ 借金がある, 借りている; 文型 [**owe A B** = **owe B to A**] A(人)にBの借りがある
- I **owe** him ten dollars. = I **owe** ten dollars **to** him. 私は彼に10ドル借りている
- How much do I **owe** you? (人に買い物をたのんだときなど)いくらでしたか (←私は君にいくら借りているか)

❷ 文型 [**owe A B** = **owe B to A**] A(人)にBを(義務として)負う, AにBをする義務がある
- I **owe** it **to** you to help you when you are in trouble. 君が困ったときには助ける義務が私にはある

❸ 文型 [**owe A to B**] AはBのおかげである
- I **owe** what I am today **to** my parents. 今日の私があるのは両親のおかげである

ow·ing B1 /óuiŋ オウイング/ 形
未払いの, 借りとなっている

owing to ... B2 …のために, …による, …が原因で (=because of)
- The game was postponed **owing to** bad weather. 試合は悪天候のため延期された (=The game was postponed because of bad weather.)

owl B2 /ául アウル/ (×オウル, ×オール) 名 C 《鳥》フクロウ, ミミズク (❗フクロウ科の鳥の総称; 「ミミズク」は horned owl ともいう; 知恵の象徴とされる)

own A1 中
/óun オウン/ 形
❶ 《所有を強調して》自分(自身)の
- Michael's **own** bicycle マイケル自身

の自転車
- his **own** store 彼の(所有している)店
- He cooks his **own** meal. 彼は自分自身の[自分で]食事をつくる

注意› own は常に my, your など代名詞の所有格のあとに置く:
I want **my own** car. 自分の車がほしい (×I want an own car.)
I saw it with **my own** eyes. 私はそれを自分自身の目で[この目で]見た (×with own eyes)

❷ 特有の, 独特の
- She solved the problem **in her own way**. 彼女は独特のやり方でその問題を解いた

❸《所有代名詞的》自分自身のもの, 自分のもの (❗ mine (私のもの), his (彼のもの), hers (彼女のもの)などで言い換(か)えられる)
- This dictionary is yours; my **own** (=mine) is over there. この辞書は君のです. ぼくのはあちらにあります

come into *one's* ***own*** 本来の価値[権利]を認められる; 本領を発揮する
have [***get***] *one's* ***own back*** (***on*** *A*)《口語》(Aに)仕返しをする, かたきをとる, 復讐(ふくしゅう)する
hold *one's* ***own*** 〔…に〕屈しない, 負けない《*against*》; (病人が)がんばり通す
of *one's* ***own*** 自分自身の; 独特の
- James wanted to have a house **of his own**. ジェームズは自分の家を持ちたいと望んだ (=James wanted to have his own house.)

on *one's* ***own*** 一人で, 単独で
- You can't do it **on** your **own**. You will need help. あなたは一人でそれをすることはできない. (だれかの)助けが必要だ

— 動 (三単現 **owns** /óunz/; 過去・過分 **owned** /óund/; 現分 **owning**) 他
❶ 所有する, (財産として)持っている
- My uncle **owns** a big farm. 私のおじは大きな農場を持っている
- Who **owns** this old building? この古いビルの持ち主はどなたでしょうか (=Who is the owner of this old building?)

❷《文章》自分のものと認める[告白する]; 文型 [**own that ...**] …であると告白する
own up (***to*** ...) (罪などを)認める, 白状する

own·er A1 高
/óunər オウナ/ (×オーナー)
名 (複 **owners** /óunərz/) C
所有者, 持ち主
- the current **owner** of the hotel そのホテルの現在の所有者

own·er·ship /óunərʃip オウナシプ/ 名 U 持ち主であること; 所有権
ox B2 /áks アクス/ 名 (複 **oxen** /áksn/) C 雄牛 (❗ 特に去勢した雄牛をさす)
ox·cart /ákskɑːrt アクスカート/ 名 C 牛車
ox·en /áksən アクスン/ 名 ox の複数形
Ox·ford /áksfərd アクスフォド/ 名 ❶ オックスフォード《◆英国中南部にある都市》 ❷ (=Oxford University)
Óxford Univérsity 名 オックスフォード大学《◆ケンブリッジ大学とともに英国を代表する大学》
ox·i·dant /áksədənt アクスィダント/ 名 U C《化学》オキシダント《◆光化学スモッグの原因物質》
ox·ide /áksaid アクサイド/ 名 U C《化学》酸化物
ox·i·dize /áksədàiz アクスィダイズ/ 動 他 自 酸化させる[する], さびさせる[さびる]
ox·y·gen B1 高 /áksidʒən アクスィヂェン | 5ksidʒən オクスィヂェン/ 名 U 酸素
- under **oxygen** 酸素吸入をしながら

oys·ter /5istər オイスタ/ 名 C《貝》カキ; 《口語》無口な[口のかたい]人
oz. 《略》ounce(s) オンス
o·zone B2 /óuzoun オウゾウン/ 名 U《化学》オゾン
ózone-fríendly 形 オゾン層を破壊しない
ózone hòle 名 C オゾンホール
ózone làyer 名《**the** をつけて》オゾン層《◆太陽からの紫外線を吸収する》

P p

P[1], **p**[1] /píː ピー/ 名 (複 **P's**, **p's** /píːz/) U C 英語アルファベットの第16番目の文字

P[2] 《略》 parking 駐車場 《♦掲示》

p[2] 《略》 penny ペニー; pence ペンス

p. 《略》 page ページ (! 複数形は pp.)

PA[1] 《略》 Pennsylvania ペンシルベニア(州)

PA[2] /píːéi ピーエイ/ 名 U (駅などの)公共案内装置

pa B2 /páː パー/ 名 C 《口語》《古風》 おとうちゃん, パパ (↔**ma**)

pace B1 高 /péis ペイス/ 名 (複 **paces** /péisəz/) C

❶ (歩く・走る・進歩の)**速度, 歩調, ペース**

• She's running at a good **pace**. 彼女はいいペースで走っている

コロケーション

形+**pace**

a moderate *pace* 適度なペース

a steady *pace* 着実なペース

動+**pace**

change the *pace* ペースを変える

pick up the *pace* ペースをあげる

❷ 1歩, 1歩の幅

keep pace with ... …と歩調をそろえる; …に遅れずについて行く

keep* (*up*) *the pace ペースを保つ

put A through A's paces 《口語》 Aの力をためす

set the pace 模範を示す; 先導する

— 動 (三単現 **paces** /péisəz/; 過去・過分 **paced** /péist/; 現分 **pacing**) 他 自 **ゆっくり歩く**, (不安などで行ったり来たりして)歩きまわる

pace·mak·er /péismèikər ペイスメイカ/ 名 C ペースメーカー 《♦レースで先頭に立って速度の調整役となる走者》 (! 《米》 pacesetter ともいう); 主導者; 《医学》 ペースメーカー 《♦体内に埋め込む心拍数調整装置》

pa·cif·ic A2 高

/pəsífik パスィフィク/ 形

❶ **平和な, 穏やかな** (! 名詞の前に用いる) ❷ 《**Pacific**》 **太平洋の**

• the **Pacific** coast 太平洋沿岸

— 名 《**the Pacific**》 **太平洋** (=the Pacific Ocean)

pacífically 副 平和的に

Pacífic Ócean 名 《**the** をつけて》 太平洋 (! 「大西洋」は the Atlantic (Ocean))

pac·i·fi·er /pǽsifàiər パスィファイア/ 名 C 調停[仲裁]者; 《米》 おしゃぶり 《♦乳児用のゴム製乳首》 (=《英》 dummy)

pac·i·fism /pǽsəfìzm パスィフィズム/ 名 U 平和主義[論]

pac·i·fist /pǽsəfist パスィフィスト/ 名 C 平和主義[論]者

pac·i·fy /pǽsəfài パスィファイ/ 動 (三単現 **pacifies** /pǽsəfàiz/; 過去・過分 **pacified** /pǽsəfàid/; 現分 **pacifying**) 他 なだめる, 静める; 平和を回復する

pack A2 高

/pǽk パク/ 名 (複 **packs** /pǽks/) C

❶ (トランプの)**一そろい, 一組**; 《米》 (たばこなど同種のものの) **1箱[包み]**

• a **pack** of cards トランプ一組 (=a deck of cards)

参考› 英語で「パック旅行」は package tour, 「紙パック」は carton という

❷ (背負って運ぶひとまとめの)**包み, 荷物**; リュック ⇨**package**, **packet**

❸ 群れ, 集団; 多数

— 動 (三単現 **packs** /pǽks/; 過去・過分 **packed** /pǽkt/; 現分 **packing**)

❶ 他 詰める, 詰め込む, 詰め物をす

る; 文型 [**pack A with B**] AにBを詰める; 他自 荷造りする (⇔**unpack**)
• Is my lunch **packed** yet? もう私のお弁当詰めた？
❷ 他自 (人が)密集する
pack in …を押し込む; …をやめる
pack off ① 急いで行ってしまう ② …をどんどん行かせる; …を首にする
pack up 荷物をまとめる; (機械などが)故障する; 《口語》(仕事などを)終わりにする; (計画などを)放棄する
pack·age B1 高 /pǽkidʒ パケチ/ 名 (複 **packages** /pǽkidʒəz/) C
❶ (きちんと包装した)包み, 小包 (! 《英》では parcel がふつう)

コロケーション
動+**package**
deliver a *package* 小包を配達する
mail a *package* 小包を郵送する
wrap a *package* 小包を包む
unwrap a *package* 小包を開ける

❷ (包装用の)箱, ケース, パッケージ
❸ 《コンピュータ》パッケージセット (♦プログラムとマニュアルのセット)
— 形 セットになった (! 名詞の前に用いる) (=package)
— 動 (三単現 **packages** /pǽkidʒəz/; 過去·過分 **packaged** /pǽkidʒd/; 現分 **packaging**) 他 …を荷造り[包装]する; ひとまとめにする
pack·ag·ing /pǽkidʒiŋ パキヂング/ 名 U (商品の)容器, 梱包材料, 包装紙; 包装, 荷造り
packed B2 /pǽkt パクト/ 形 (場所が)〔人で〕いっぱいの, すし詰めの 《*with*》; (物が)〔…で〕びっしりの 《*with*》
pack·er /pǽkər パカ/ 名 C (工場などでの)荷造り[箱詰め]作業者
pack·et B2 /pǽkət パケト/ 名 C 小さい包み, 紙袋, 紙箱 (♦たばこ·ガムの包み·封筒などに入れた束も含む)
pack·ing B1 /pǽkiŋ パキング/ 名 U 荷造り, 包装; 《集合的》荷造り材料, 詰め物; 《機械》パッキング
pact /pǽkt パクト/ 名 C 協定, 条約
pad[1] B2 /pǽd パド/ 名 C ❶ クッション, 詰め物, 当て物 ❷ (はぎ取り式)画用紙帳, 便せん, メモパッド (=writing pad, pad of drawing paper) ❸ (ミサイル·ロケットなどの) 発射台 (=launch(ing) pad) ❹ スタンプ台
— 動 (三単現 **pads** /pǽdz パヅ/; 過去·過分 **padded** /pǽdəd/; 現分 **padding**) 他 詰め物をする
pad[2] /pǽd パド/ 動 (三単現 **pads** /pǽdz/; 過去·過分 **padded** /pǽdəd/; 現分 **padding**) 他 そっと[とぼとぼ]歩く
pad·ding /pǽdiŋ パディング/ 名 U (毛·綿などの)詰め物, パッド; 埋め草; 水増し
pad·dle[1] B1 /pǽdl パドル/ 名 (複 **paddles** /pǽdlz/) C
(カヌーの)かい (! 船体に固定されていないもの; 固定して用いる場合は oar)
— 動 (三単現 **paddles** /pǽdlz/; 過去·過分 **paddled** /pǽdld/; 現分 **paddling**) 他 自 (カヌーなどを)かいでこぐ
paddle** one's **own canoe (人に頼らず)自分の力でやる (! 自分で自分のカヌーをこぐことから)
pad·dle[2] /pǽdl パドル/ 動 自 (水の中を)ボチャボチャ歩く, 水遊びをする
pad·dock /pǽdək パドク/ 名 C (馬小屋·納屋の付近にある)小牧場; (競馬場の)パドック
pad·dy /pǽdi パディ/ 名 (複 **paddies** /pǽdiz/) C 水田 (=paddy field)
pad·lock /pǽdlɑ̀k パドラク/ 名 C 南京(なんきん)錠
pa·gan /péigən ペイガン/ 名 C (キリスト教からみた)異教徒
— 形 異教徒の, 異教的な

page[1] A1 高

/péidʒ ペイヂ/ 名 (複 **pages** /péidʒəz/) C ❶ ページ (! page は p., pages (複数形)は pp. と略す)
• Open your books to [《英》 at] **page** 10. 本の10ページをあけなさい
• Turn the **page** over. ページをめくりなさい
• a back [an opposite] **page** 裏[反対]のページ

A B C D E F G H I J K L M N O P Q R S T U V W X Y Z

❷ (新聞の)面; (雑誌などの)欄(らん)
• the front **page** of a newspaper 新聞の第1面

page[2] /péidʒ ペイヂ/ 名 C 《英》(ホテルなどの)ボーイ, 給仕 (=《米》bellboy, bellhop) (❗女性の場合もある)
— 動 他 (ボーイや放送を使って人を)呼び出す

pag·eant /pǽdʒənt パヂェント/ 名 C
❶ (史実・伝説を題材とした)野外劇, 見せ物, ショー
❷ (時代衣装などをつけた)華やかな行列

pag·eant·ry /pǽdʒəntri パヂェントリ/ 名 U (王室行事などの)壮観, 盛観, 華麗; 虚飾, 見せかけの華やかさ

pag·er /péidʒər ペイヂャ/ 名 C ポケベル (=beeper)

pa·go·da /pəgóudə パゴウダ/ 名 C 塔, パゴダ《♦インドなどの寺院の塔を指す》

paid B1 /péid ペイド/ 形 有給の (↔**unpaid**)
— 動 payの過去形・過去分詞

pail /péil ペイル/ (発音 pale と同音) 名 C
❶ バケツ, 手おけ (=bucket)
❷ バケツ[手おけ]1杯分

pain B1 高 /péin ペイン/ (発音 pane と同音) 名 (複 **pains** /péinz/)
❶ U C 痛み, 苦痛; 心痛, 苦悩 ⇨ ache
• feel **pain** 痛みを感じる (❗ばく然と「痛み」を意味する時には ×*a* pain, ×pains としない)
• I have a sharp [dull] **pain** in my left side. 左のわき腹が鋭く[にぶく]痛む

コロケーション
形+**pain**
(an) acute [(a) severe] *pain* 激痛
(a) constant *pain* 持続する痛み
(a) slight *pain* 軽い痛み
(a) stinging [piercing] *pain* 刺すような痛み
(an) unbearable *pain* 耐えがたい痛み
動+**pain**
bear [endure] *pain* 痛みをがまんする
kill *pain* 痛みをしずめる
relieve [ease] *pain* 痛みをやわらげる

❷ 《pains》苦心, ほねおり
❸ C 《口語》うんざり[いらいら]させる人[物, 事]

a pain in the neck 《口語》悩みの種, うんざり[いらいら]させる人[物, 事]

be at (***great***) ***pains to*** *do* …しようと骨を折る

take pains 苦心する, 骨を折る ⇨ painstaking

— 動 (三単現 **pains** /péinz/; 過去・過分 **pained** /péind/; 現分 **paining**) 他 (患部が)苦痛を与える; 苦悩させる, 悲しませる 派生 **painful** 形

pained /péind ペインド/ 形 (表情などが)苦しそうな, つらそうな; 不愉快そうな, 腹を立てた

pain·ful B1 高 /péinfəl ペインフル/ 形 痛い (↔**painless**); 苦しい, つらい; ひどい • a **painful** knee 痛いひざ
• a **painful** job つらい仕事
派生 **pain** 名

pain·ful·ly /péinfəli ペインフリ/ 副 苦しんで; 痛いほど, 苦労して; ひどく

pain·kill·er /péinkìlər ペインキラ/ 名 C 鎮痛剤

pain·less /péinləs ペインレス/ 形 痛みのない; 骨の折れない (↔**painful**)

pains·tak·ing /péinztèikiŋ ペインズテイキング/ 形 骨の折れる; 念入りな; 勤勉な

paint A1 中

/péint ペイント/ 名 (複 **paints** /péints ペインツ/) ❶ U ペンキ
• There's **paint** on your face. 顔にペンキがついています
• Wet **Paint**! 《掲示》ペンキぬり立て (=《英》Fresh Paint!)
❷ U C 絵の具
• oil [water] **paints** 油[水彩]絵の具
— 動 (三単現 **paints** /péints ペインツ/; 過去・過分 **painted** /péintəd/; 現分 **painting**)
❶ 他 自 ペンキをぬる; 文型 [**paint** A C] ペンキでAをC(色)にぬる
• **paint** the fence white へいをペンキで白くぬる

❷ 他自 (絵の具で)(絵を)かく; 他 いろどる

- **paint** flowers in oils [water colors] 油絵の具[水彩絵の具]で花の絵をかく

どっち

paint と **draw**

paint は絵の具を使って絵を描くこと, **draw** は鉛筆などで絵や図を描くこと:

I **painted** a picture of a rose. バラの花の絵をかいた

draw a picture [map] 絵[地図]をかく

paint the town red 《口語》出かけてどんちゃん騒ぎをする

páint bòx 名 C 絵の具箱

paint·brush B2 /péintbrʌ̀ʃ ペイントブラシュ/ 名 C ❶ 絵筆 ❷ ペンキ用はけ

paint·er A2 高

/péintər ペインタ/ 名 (複 **painters** /péintərz/) C ❶ 画家, 絵をかく人 ❷ ペンキ屋さん

paint·ing A1 中

/péintiŋ ペインティング/ 名 (複 **paintings** /péintiŋz/) U (絵の具で)絵をかくこと; C (絵の具でかいた)絵, 絵画, 油絵, 水彩画 ⇨**drawing**; U ペンキ塗装

- He went to Paris to study **painting**. 彼はパリに絵の勉強に行った
- an oil **painting** by Picasso ピカソによる油絵

pair A1 中

/péər ペア/ (発音 pear と同音)

— 名 (複 **pairs** /péərz/) C

❶ 一対(いっつい), 一組 ⇨ **couple**

似ている単語

- a **pair** of glasses めがね1個
- a new **pair** of trousers 新しいズボン1着
- These two socks aren't [don't make] a **pair**. この2つのソックスは左右そろっていない

使い方› **pair of**

(**1**) a pair of ..., this pair of ... などはふつう単数扱い:

This pair of scissors isn't (×aren't) sharp. このはさみはよく切れない (❗pair を使わないで my [these] scissors とした場合には My [These] scissors are not sharp. のように複数扱い)

(**2**) a pair [two pairs] of などは特に個数をはっきりさせるときに使い, 一般的にいうときは使わない:

He usually wears glasses (×a pair of glasses). 彼はふだんめがねをかけている

❷ (夫婦・恋人同士などの) カップル, ペア; (動物の)つがい

❸ 《トランプ》ペア, 同点の札2枚

in pairs 二人[二つ]ずつ組になって

— 動 (三単現 **pairs** /péərz/; 過去・過分 **paired** /péərd/; 現分 **pairing** /péəriŋ/) 自他 1対になる[する]

pais·ley /péizli ペイズリ/ 名 U C 形 ペイズリー模様(の), ペイズリー織(の)

pa·ja·mas B2 /pədʒɑ́:məz パヂャーマズ/ 名 《複数扱い》パジャマ(上下1組) (=《英》pyjamas)

Pa·kis·tan /pǽkistæ̀n パキスタン/ 名 パキスタン《◆インドの西どなりにある共和国; 首都はイスラマバード(Islamabad); 公用語はウルドゥー語》

pal A2

/pǽl パル/ 名 (複 **pals** /pǽlz/) C 《口語》(親しい)友達, 仲間, 相棒 (❗ふつう男性同士で用いる); 《米》君《◆親しくない男性への呼びかけ》

pal·ace A1 高

/pǽləs パレス/

名 (複 palaces /pǽləsəz/) C
❶ 宮殿; 公邸; 《the Palace》(英国)王室
❷ 豪華な建物, 大邸宅

pal·at·a·ble /pǽlətəbl パラタブル/ 形 味がよい, 口に合う; (申し出・考えなどが)好ましい, 快い

pal·ate /pǽlət パラト/ 名 C 《解剖》口蓋(こうがい); 味覚; 好み, 審美[鑑識]眼

pa·la·tial /pəléiʃəl パレイシャル/ 形 宮殿の; (建物が)宮殿のような; 壮麗な

Pa·lau /pəláu パラウ/ 名 パラオ 《◆太平洋西部の群島から成る共和国; 首都マルキョク(Melekeok)》

pale B1 高 /péil ペイル/ (発音 pail と同音) 形 (比較級 **paler**; 最上級 **palest**)
❶ (色・光などが)薄い
• a **pale** blue dress 淡(あわ)い青色の洋服
❷ (顔色が)悪い, 青白い, 青ざめた
• look **pale** 青ざめた顔をしている
— 動 (三単現 **pales** /péilz/; 過去・過分 **paled** /péild/; 現分 **paling**) 自 青ざめる; (色・光が)淡くなる, あせる

Pal·es·tine /pǽləstàin パレスタイン/ 名 パレスチナ 《◆アジア南西部の地中海沿岸地方; 自治政府が成立》
参考▶ ユダヤ教・キリスト教・イスラムの聖地エルサレム(Jerusalem)がある. 1948年にユダヤ人国家のイスラエル共和国がこの地に建設されて以来紛争が続いている

pal·ette /pǽlit パレト/ 名 C (絵をかく時の)パレット

pall[1] /pɔ́:l ポール/ 名
❶ C (黒・紫などのビロードの)棺衣, 棺覆い; 《米》(遺体の入った)棺, ひつぎ
❷ 《a [the] pall》(暗くする)覆い, 幕
cast a pall on [***over***] *A* A(事)に暗い影を投げかける

pall[2] /pɔ́:l ポール/ 動 自 (事が)〔人にとって〕つまらなくなる, 興味がうせる 《*on, upon*》

pall·bear·er /pɔ́:lbèərər ポールベアラ/ 名 C (葬式で)棺をになう人, 棺側に付き添う人

pal·lid /pǽləd パリド/ 形 (顔・肌が)青白い, 生色のない

pal·lor /pǽlər パラ/ 名 U 青白さ, 蒼白(そうはく)

palm[1] B1 /pá:m パーム/ (×パルム) 名 (複 **palms** /pá:mz/) C 手のひら (❗「手の甲」は the back of a hand)
• read *one's* **palm** …の手相を観(み)る
— 動 (三単現 **palms** /pá:mz/; 過去・過分 **palmed** /pá:md/; 現分 **palming**) 他 (手品などで)手のひらに隠す

palm[2] 高 /pá:m パーム/ 名 C 《植物》ヤシ, シュロ (❗「勝利」の象徴とされる)

pal·pa·ble /pǽlpəbl パルパブル/ 形 触ることができる; 手に取るように感じられる; (望ましくないものが)明白な, まぎれもない
pálpably 副 明白に, まぎれもなく

pal·pi·ta·tion /pæ̀lpitéiʃən パルピテイション/ 名 U C 《ふつう **palpitations**》動悸(どうき), (興奮のための)震え

pal·try /pɔ́:ltri ポールトリ/ 形 (比較級 **paltrier**; 最上級 **paltriest**) 取るに足りない, 無価値の; わずかの

Pam·e·la /pǽmələ パメラ/ 名 パメラ 《◆女性名》

pam·pas /pǽmpəz パンパズ/ 名 パンパス (❗複数扱いされることが多い) 《◆南米, 特にアルゼンチンの大草原》

pam·per /pǽmpər パンパ/ 動 他 (人・動物を)甘やかす, 大事にしすぎる

pam·phlet /pǽmflət パンフレト/ 名 C パンフレット, 小冊子 《◆比較的薄い仮とじのもの; 紙1枚のものは leaflet》
参考▶ 宣伝・営業用などの「写真なども入った薄い冊子」は通常 brochure という

Pan /pǽn パン/ 名 《ギリシャ神話》牧神(ぼくしん), パン 《◆森林・牧羊の神で旅人を驚かしたという; panic (突然の恐怖感)の語源となった》

pan[1] A2

/pǽn パン/ 名 (複 **pans** /pǽnz/) C
平なべ; 平なべに似たもの
• a frying **pan** フライパン
— 動 (三単現 **pans** /pǽnz/; 過去・過分 **panned** /pǽnd/; 現分 **panning**) 他
❶ …をフライパンで焼く

❷《口語》酷評する
❸〔砂金を〕(選鉱なべで)選別する《*off, out*》
pan out 《口語》うまくいく

pan[2] /pǽn パン/ 動 (三単現 **pans** /pǽnz/; 過去・過分 **panned** /pǽnd/; 現分 **panning**) 自他 カメラを左右(上下)に動かして撮影する, パンする

pan·a·ce·a /pæ̀nəsíːə パナスィーア/ 名C 〔…に効く〕万能薬《*for*》

Pan·a·ma /pǽnəmaː パナマー/ 名 パナマ《◆中央アメリカの共和国; 首都はパナマ・シティー(Panama City)》

Pánama Canál 名《the をつけて》パナマ運河《◆大西洋と太平洋を結ぶ》

pan·cake B2 /pǽnkèik パンケイク/ 名C パンケーキ, ホットケーキ (=hot cake)

pan·cre·as /pǽŋkriəs パンクリアス/ 名C 《解剖》膵臓(すいぞう)

pan·da 中 /pǽndə パンダ/ 名C 《動物》パンダ
• a (giant) **panda** (ジャイアント)パンダ

pan·dem·ic B2 /pændémik パンデミク/ 形《医学》(病気などが)全国[世界]的流行の
— 名C 全国[世界]的な流行病, 感染爆発

pan·de·mo·ni·um /pæ̀ndəmóuniəm パンデモウニアム/ 名U 大混乱, 大騒ぎ, 無秩序

pan·der /pǽndər パンダ/ 動自 〔…に〕迎合する《*to*》

Pan·do·ra /pændɔ́ːrə パンドーラ/ 名《ギリシャ神話》パンドラ《◆ゼウスが人間をこらしめるために地上に送った美女》

Pandóra's bóx 名 パンドラの箱; C 諸悪の根源
出典・由来》 Pandora's box はゼウスがパンドラに決して開けないように言って与えた箱. 彼女が好奇心のあまりこれを開けると中に入っていたすべての災いと不幸が飛び出して地上に広がり, あわててふたをするとただ hope (希望)だけが中に残ったという

pane /péin ペイン/ (発音 pain と同音) 名C (1枚の)窓ガラス

pan·el B2 高 /pǽnəl パネル/ 名C
❶(討論会・コンテスト・クイズ番組などへの)参加者(グループ), パネリスト全体; (専門)委員会
• John and Emily are on the **panel** in this discussion. ジョンとエミリーはこの公開討論会の参加メンバーです
❷(制御盤などの)計器盤
❸(ドア・かべなどの)はめ板, パネル
❹《洋裁》パネル, 切り替え布
— 動 (三単現 **panels** /pǽnəlz/; 過去・過分 **paneled**, 《英》**panelled** /pǽnəld/; 現分 **paneling**, 《英》**panelling**) 他 (ドアなどに)鏡板をはめる

pánel discùssion 名C 公開討論(会), パネルディスカッション

pan·el·ing, 《英》**pan·el·ling** /pǽnəliŋ パネリング/ 名U 《集合的》鏡板, 羽目板

pan·el·ist, 《英》**pan·el·list** /pǽnəlist パネリスト/ 名C パネリスト; (テレビ・ラジオの)クイズ番組出場者 (❗「パネラー」は和製英語で ×paneler とはいわない)

pang /pǽŋ パング/ 名C (突然の鋭い)痛み, さしこみ; (精神的)苦痛; 苦悩

pan·han·dle /pǽnhæ̀ndl パンハンドル/ 動 他自 《米》(道端で)物ごいする
語源 フライパンの柄 (panhandle) のように手を突き出して物ごいをすることから (=beg)
pánhàndler 名C 物ごい(する人)

pan·ic A2

/pǽnik パニク/
名 (複 **panics** /pǽniks/) 《単数形で》パニック, 狼狽(ろうばい), 突然の恐怖感, 恐慌(きょうこう)(状態); C 経済恐慌
— 動 (三単現 **panics** /pǽniks/; 過去・過分 **panicked** /pǽnikt/; 現分 **panicking**) 他 恐慌をおこさせる; 自 うろたえる
pánicky 形 狼狽した

pan·ic-strick·en /pǽnikstrìkən パニクストリクン/ 形 恐慌をきたした, あわてふためいた

pan·o·ram·a /pæ̀nərǽmə パノラマ/ 名

C パノラマ, 回転画; 広々と見渡せる光景, 全景; 概観, 大観
pànorámic 形 全景が見える, パノラマのような

pan·sy /pǽnzi パンズィ/ 名 (複 **pansies** /pǽnziz/) C 《植物》三色(さんしき)スミレ, パンジー (❗ふつうのスミレは violet)

pant /pǽnt パント/ 動
❶ 自 あえぐ, 息切れする; 熱望する
❷ 他 あえぎながら言う
― 名 C あえぎ, 息切れ; 動悸(どうき)

pan·the·ism /pǽnθiìzm パンスィイズム/ 名 U 汎(はん)神論

pan·the·on /pǽnθiàn パンスィアン/ 名 ❶《the Pantheon》パンテオン《◆古代ローマの諸神を祭った神殿》; C 万神殿《◆すべての神々を祭った建物》 ❷ C パンテオン《◆偉人の墓・記念碑のある建造物》

pan·ther /pǽnθər パンサ/ 名 C 《動物》ヒョウ; 《米》ピューマ, クーガー ⇨**leopard**

pan·ties /pǽntiz パンティズ/ 名 《複数扱い》(婦人・子どもの)パンティー

pan·to /pǽntou パントウ/ 名 (複 **pantos** /pǽntouz/) 《英》(=pantomime ❷)

pan·to·mime /pǽntəmaim パントマイム/ 名 ❶ U (無言の)身ぶり手ぶり
❷ UC 無言劇, パントマイム; 《英》おとぎ芝居

pan·try /pǽntri パントリ/ 名 (複 **pantries** /pǽntriz/) C (ホテル・大邸宅・船などの)食料品室, 食器室

pants A1 高

/pǽnts パンツ/ 名《複数扱い》
❶《米》《口語》ズボン, スラックス (=trousers)
• a pair of **pants** ズボン1着
❷《英》(下着の)パンツ, ズボン下 (=underpants); (女性用の)パンティー (=panties)

pánty hòse 名 《複数扱い》《米》パンティーストッキング (=《英》tights) (❗pantyhose と1語につづることもある; 「パンティーストッキング」は和製英語で, ×panty stocking とはいわない)

pa·pa /pɑ́ːpə パーパ/ 名 (複 **papas** /pɑ́ːpəz/) C 《幼児語》パパ, お父ちゃん ⇨**dad, daddy**

pa·pal /péipəl ペイパル/ 形 《キリスト教》ローマ教皇の; ローマカトリック教(会)の

pa·pa·ya B2 /pəpɑ́ːjə パパーヤ/ 名 C 《植物》パパイヤ《◆熱帯アメリカ産の落葉高木》; UC パパイヤの実

pa·per A1 中

/péipər ペイパ/

意味マップ
名 ❶ 紙
❷ 新聞
❸ 書類
❹ 答案(用紙); 試験問題(用紙)
❺ レポート; 論文
❻ 紙幣
形 紙の
動 壁紙をはる

― 名 (複 **papers** /péipərz/)
❶ U 紙
• wrapping **paper** 包装紙

注意› (1)「紙」の意味の paper は数えられない名詞なので ×a paper, ×papers としない. 数えるときは次のようにする:
a piece [several pieces] of **paper** (形・大きさに関係なく)紙切れ1枚[数枚]
a sheet [two sheets] of **paper** (一定の形をした)紙1[2]枚
(2)「新聞」「答案(用紙)」などの意味の paper は数えられる名詞

❷ C 《口語》新聞 (=newspaper)
• today's **paper** きょうの新聞
• a morning [an evening] **paper** 朝刊[夕刊]新聞 ⇨**edition**
❸《papers》書類
❹ C 答案(用紙); 試験問題(用紙)
❺ C レポート; 論文
❻ U 紙幣 (=bank note)

on paper (口頭ではなく)書いて, 印刷して; 机上では, 理論上は[の]

― 形 紙で作った, 紙製の, 紙の
• a **paper** cup [bag] 紙コップ[袋]

— 動 (三単現 **papers** /péipərz/; 過去・過分 **papered** /péipərd/; 現分 **papering**) 他 壁紙をはる

pa·per·back /péipərbæ̀k ペイパバク/ 名 C ペーパーバック, 文庫本

paper·boy /péipərbɔ̀i ペイパボイ/ 名 (複 **paperboys** /péipərbɔ̀iz/) C 新聞売りの少年[配達人] (❗女性形 papergirl)

páper clìp 名 C クリップ

pa·per·girl /péipərgə̀ːrl ペイパガール/ 名 C 新聞配達の少女

páper knìfe 名 C ペーパーナイフ

páper móney 名 U 紙幣(しへい)

pa·per·weight /péipərwèit ペイパウェイト/ 名 C 文鎮

pa·per·work B2 /péipərwə̀ːrk ペイパワーク/ 名 U 文書業務, 一般事務; 事務書類

pap·ri·ka /pæpríːkə パプリーカ/ 名 U 《植物》パプリカ《♦香辛料の一種》

Pá·pu·a Nèw Guínea /pǽpjuə パピュア/ 名 パプアニューギニア《♦ニューギニア島東部の共和国; 首都ポートモレスビー (Port Moresby)》

par /páːr パー/ 名 U 標準; 同等, 同水準; 《ゴルフ》基準打数, パー

below [*under*] *par* ① 額面[標準]以下で ② 体調を崩して, 元気なく

be par for the course (よくないことが)予想したとおりである, いつものことである

on a par 〔…と〕同等の[で]《*with*》

up to par ① 標準[基準]に達した[て] ② 元気な[で] (❗ふつう否定文で用いる)

par·a·ble /pǽrəbl パラブル/ 名 C たとえ話, 寓話(ぐうわ)

par·a·chute B1 /pǽrəʃùːt パラシュート/ 名 (複 **parachutes** /pǽrəʃùːts パラシューツ/) C パラシュート, 落下傘(らっかさん)

— 動 (三単現 **parachutes** /pǽrəʃùːts パラシューツ/; 過去・過分 **parachuted** /pǽrəʃùːtəd/; 現分 **parachuting**) 自 他 パラシュートで降下する[降下させる]

pa·rade B2 /pəréid パレイド/ (×パレード) 名 ❶ パレード, U C 行列, 行進
• a victory **parade** 勝利のパレード
❷ U C 閲兵(式); C 閲兵場
❸ C 見せびらかし, 誇示

on parade 行進[パレード]して

— 動 行進する, パレードする; 他 見せびらかす

par·a·digm /pǽrədàim パラダイム/ 名 C 模範, 範例; パラダイム《♦ものの見方・考え方を根本的に規定している概念的枠組み》; 《文法》語形変化表

par·a·dise B1 /pǽrədàis パラダイス/ 名 ❶ 《単数形で》絶好の場所, 楽園, パラダイス ❷ U 《ふつう **Paradise**》天国 (=heaven) (↔**hell**)

par·a·dox B2 /pǽrədɑ̀ks パラダクス/ 名 U C 逆説, パラドックス《♦一見矛盾していても, 実は真実であることば》

par·a·dox·i·cal /pæ̀rədɑ́ksikəl パラダクスィカル/ 形 逆説的な; つじつまの合わない

par·a·dox·i·cal·ly /pæ̀rədɑ́ksikəli パラダクスィカリ/ 副 逆説的に, 逆説的であるが

par·af·fin /pǽrəfən パラフィン/ 名 U パラフィン, 石ろう (=paraffin wax); 《英》灯油 (=《米》kerosene)

par·a·glid·er /pǽrəglàidər パラグライダ/ 名 C パラグライダー

par·a·glid·ing /pǽrəglàidiŋ パラグライディング/ 名 U パラグライディング《♦パラグライダーで飛ぶこと》

par·a·gon /pǽrəgɑ̀n パラガン/ 名 C 模範, 典型

par·a·graph A1 高

/pǽrəgræ̀f パラグラフ | pǽrəgrɑ̀ːf パラグラーフ/ 名 (複 **paragraphs** /pǽrəgræ̀fs/) C (文章の)段落, パラグラフ《♦ひとまとまりの内容を表す文の集まり》; パラグラフ符号《♦ ¶》; 短評, 小記事

— 動 (三単現 **paragraphs** /pǽrəgræ̀fs/; 過去・過分 **paragraphed** /pǽrəgræ̀ft/; 現分 **paragraphing**) 他 パラグラフに分ける

Par·a·guay /pǽrəgwài パラグワイ/ 名 パラグアイ《♦南米中部の共和国; 首都アスンシオン (Asuncion)》

par·a·keet /pǽrəkìːt パラキート/ 名 C 《鳥》インコ《◆オウム科の小型の鳥》

para·legal /pæ̀rəlíːgəl パラリーガル/ 名 C 《米》弁護士補助員, 準弁護士

par·al·lel /pǽrəlèl パラレル/ 形
❶(線が)〔…と〕平行の, 同方向の《*to*》
• **parallel** lines 平行線
❷〔…に〕対応[相当]する《*to*》; 〔…と〕類似の, 同様な《*to*》
❸《電気》並列の
— 名 ❶ C 類似点; 匹敵するもの
❷ C 平行線
❸ C 緯度線 (=parallel of latitude)
❹ C 〔…間の〕比較《*between*》
— 動 他 匹敵する, 類似する; 平行する

pàrallel bárs 名 U C 《スポーツ》(体操競技の)平行棒

par·al·lel·o·gram /pæ̀rəléləgræ̀m パラレラグラム/ 名 C 《数学》平行四辺形

Par·a·lym·pi·an /pæ̀rəlímpiən パラリンピアン/ 名 C パラリンピック出場選手

Par·a·lym·pic /pæ̀rəlímpik パラリンピク/ 形 パラリンピックの

Par·a·lym·pics 高 /pæ̀rəlímpiks パラリンピクス/ 名 《**the Paralympics**》パラリンピック競技会 (=the Paralympic Games)

par·a·lyse /pǽrəlàiz パラライズ/ 動 《英》(=paralyze)

pa·ral·y·sis B2 /pərǽləsis パララスィス/ 名 U 《医学》(完全)麻痺(まひ), 中風; 無力; 麻痺状態; 機能停滞

par·a·lyze B1 /pǽrəlàiz パラライズ/ 動 (三単現 **paralyzes** /pǽrəlàizəz/; 過去・過分 **paralyzed** /pǽrəlàizd/; 現分 **paralyzing**) 他 麻痺(まひ)させる; 無力にする
• Her legs **are paralyzed**. 彼女の両足は麻痺している

par·a·med·ic B2 /pæ̀rəmédik パラメディク/ 名 C 医療補助員《◆救急医療隊員・X線技師・薬剤師など》

pa·ram·e·ter /pərǽmitər パラミタ/ 名 C 《ふつう **parameters**》制限, 限度, 条件, パラメーター

par·a·mount /pǽrəmàunt パラマウント/ 形 最高の; 最重要の; 卓越した

par·a·noi·a /pæ̀rənɔ́iə パラノイア/ 名 U 《医学》妄想症, パラノイア; 《口語》被害妄想

par·a·noid /pǽrənɔ̀id パラノイド/ 形 偏執病患者の(ような)

par·a·pher·na·lia /pæ̀rəfərnéiljə パラファネイリャ/ 名 U 《ふつう複数扱い》手回り品, 所持品; 諸道具

par·a·phrase /pǽrəfrèiz パラフレイズ/ 名 C 言い換え, パラフレーズ
— 動 他 言い換える

par·a·ple·gi·a /pæ̀rəplíːdʒiə パラプリーヂア/ 名 U 《医学》(下肢)対麻痺(ついまひ)

par·a·ple·gic /pæ̀rəplíːdʒik パラプリーヂク/ 形 (下肢)対麻痺(ついまひ)の
— 名 C (下肢)対麻痺(ついまひ)の人

par·a·site /pǽrəsàit パラサイト/ 名 C 寄生生物; 寄生虫; 居候, 他人に寄食する人

par·a·sit·ic /pæ̀rəsítik パラスィティク/ 形 寄生(物, 虫)の; 居候(いそうろう)の

par·a·sol /pǽrəsɔ̀ːl パラソール/ 名 C (女性用の)日傘, パラソル (❗「雨がさ」は umbrella; 《米》では日傘の意味に umbrella も用いる)

par·a·troop·er B2 /pǽrətrùːpər パラトルーパ/ 名 C 落下傘兵

par·cel B1 /páːrsl パースル/ 名 (複 **parcels** /páːrslz/) C ❶《英》包み, 小包, 小荷物 (=《米》package)
• a **parcel** of books 本の小包

コロケーション
動+**parcel**
get [receive] a *parcel* 小包を受け取る
mail a *parcel* 小包を郵送する
open [unwrap, undo] a *parcel* 小包を開ける
send a *parcel* 小包を送る
wrap [tie up] a *parcel* 小包を作る

❷(土地などの)1区画
— 動 (三単現 **parcels** /páːrslz/; 過去・過分 **parceled**, 《英》**parcelled** /páːrsld/; 現分 **parceling**, 《英》**parcelling**) 他 包みにする《*up*》; 分配[分割]する《*out*》

párcel póst 名 U 小包郵便(係); 《集

合的》郵便小包

parch /pɑ́ːrtʃ パーチ/ 動 他 (土地・植物などを)からからに乾かす, 干からびさせる; 《口語》のどを渇かす

parch·ment /pɑ́ːrtʃmənt パーチメント/ 名 U 羊皮紙; C 羊皮紙の文書[写本]; C 卒業証書

par·don A1 中

/pɑ́ːrdn パードン/

名 (複 **pardons** /pɑ́ːrdnz/)

❶ C 恩赦, 特赦

❷ U C 許し, 許すこと

• ask for **pardon** 許しを願う

I beg your pardon. ①《最後を下げて発音して》ごめんなさい, 失礼しました (❗偶然からだが相手に触れてしまったり, 相手に失礼になるようなことをしたときに用いる; I'm sorry. よりも改まった表現)

②《最後を下げて発音して》失礼ですが… (❗知らない人に話しかけたり, 相手の言ったことに反対する時に用いる; Excuse me, but ... よりも改まった表現)

• **I beg your pardon**, but which way is Meiji Street? 失礼ですが, 明治通りはどちらですか

③《最後を上げて発音して》(すみませんが)もう1度言ってください (❗よく聞こえなかったり, わからなかったりして聞き返す場合に用いる; I をとって Beg your pardon? ともいう) ⇨**Pardon (me)**.

— 動 (三単現 **pardons** /pɑ́ːrdnz/; 過去・過分 **pardoned** /pɑ́ːrdnd/; 現分 **pardoning**) 他

❶ (人[罪]を)赦免[特赦]する

❷ 許す (=forgive)

Pardon (me). 《口語》①《米》《最後を上げて発音して》もう一度おっしゃってください ②ごめんなさい

CAN-DO Tips› 聞き直す

Pardon (me)? という表現を使うと, 相手の言ったことが聞き取れなかったときなどに聞き直すことができるようになります

• **Pardon (me)?** Can you say that more slowly? すみません, もっとゆっくり言ってもらえますか

par·don·a·ble /pɑ́ːrdnəbl パードナブル/ 形 《文章》許せる, 無理もない

pare /péər ペア/ 動 他 ❶ (ナイフで果物の皮などを)むく, はぐ ⇨**peel**

❷ (つめなどを)切(りそろえ)る

❸ 切り詰める, 削減する

par·ent A1 中

/péərənt ペアレント/

名 (複 **parents** /péərənts ペアレンツ/) C

❶ 親; 《**parents**》両親

• live with *one's* **parents** 両親と同居する

❷ 《形容詞的》親の; もとの

• a **parent** company 親会社

par·ent·age /péərəntidʒ ペアレンティヂ/ 名 U 家柄, 血統

pa·ren·tal B1 /pəréntəl パレンタル/ 形 (❗比較変化なし) 親の, 親としての; 親らしい

pa·ren·the·ses 高 /pərénθəsìːz パレンセスィーズ/ 名 parenthesis の複数形

pa·ren·the·sis /pərénθəsəs パレンセスィス/ 名 (複 **parentheses** /pərénθəsìːz/) C 挿入語句; 《ふつう **parentheses**》丸かっこ, パーレン

by way of parenthesis ちなみに

par·en·thet·ic, par·en·thet·i·cal /pæ̀rənθétik パレンセティク, pæ̀rənθétikəl パレンセティカル/ 形 挿入句の, 挿入句的な; 補助的な

par·ent·hood /péərənthùd ペアレントフド/ 名 U 親であること

Par·is 中 /pǽrəs パリス/ 名 パリ 《♦フランスの首都でセーヌ河畔(かはん)にある》

par·ish /pǽriʃ パリシュ/ 名 C 《英》教(会)区 《♦英国国教会行政の最小単位; 各教区には教会一つと専任牧師が置かれる》

pa·rish·ion·er /pəríʃənər パリショナ/ 名 C 教区民

Pa·ri·sian /pəríʒən パリジャン/ 形 パリの — 名 C パリ市民, パリっ子

par·i·ty /pǽriti パリティ/ 名 U 《文章》〔…との〕同等, 均等, 互角 《*with*》; 《経済》(他国通貨との)平価, パリティー

park A1 中

/pɑ́ːrk パーク/

意味マップ

名 ❶ 公園
　❷ 駐車場
　❸ 競技場, スタジアム
動 ❶ 止めておく; 駐車する
　❷ 置く

— 名 (複 **parks** /pɑ́ːrks/) C
❶ 公園, 遊園地; 自然公園
• an amusement **park** 遊園地
• a national **park** 国立公園
• Hibiya **Park** 日比谷公園 《♦公園名にはふつう ×*the* をつけない》
❷ 駐車場
• a car **park** 《英》 駐車場 (=《米》 a parking lot)
❸ 競技場, スタジアム; 《米》 野球場
• a ball **park** 野球場

— 動 (三単現 **parks** /pɑ́ːrks/; 過去・過分 **parked** /pɑ́ːrkt/; 現分 **parking**)
❶ 他 (自動車などを)止めておく; 他自 駐車する
❷ 他 《口語》〔…のところに〕(物[子ども]を)…を置く, 預ける 《*with, on*》

par·ka /pɑ́ːrkə パーカ/ 名 C パーカ 《♦もともとイヌイットの防寒服》

park·ing B1 /pɑ́ːrkiŋ パーキング/ 名 U
❶ 駐車 ❷ 駐車場 《♦P と略す》
— 動 park の現在分詞・動名詞

párking lòt
名 C 《米》 駐車場 (=《英》 car park)

párking mèter 名 C パーキングメーター

park·way /pɑ́ːrkwèi パークウェイ/ 名 (複 **parkways** /pɑ́ːrkwèiz/) C 《米》 公園道路, パークウェー 《♦中央または両側に並木などのある大通り》

par·lia·ment B2 /pɑ́ːrləmənt パーラメント/ (×パーリアメント) 名 C 《しばしば **Parliament**》 (英国・カナダ・ロシア・オーストラリアなどの)議会, 国会 (❗日本の「国会」は the Diet, 米国の「議会」は Congress)

par·lia·men·ta·ry /pɑ̀ːrləméntəri パーラメンタリ/ 形 議会の; 議会で制定された

par·lor, 《英》 **par·lour** /pɑ́ːrlər パーラ/ 名 C ❶ 《米》 店
• a beauty **parlor** 美容院
❷ 《古風》 居間; (ホテルなどの)談話室, 休けい室 (=sitting room)

pa·ro·chi·al /pəróukiəl パロウキアル/ 形 教区の; 地方の; (人・考えなどが)視野の狭い, 狭量の

par·o·dy /pǽrədi パラディ/ 名 (複 **parodies** /pǽrədiz/) U C もじり詩文[歌], パロディー; C へたなまねごと
— 動 (三単現 **parodies** /pǽrədiz/; 過去・過分 **parodied** /pǽrədid/; 現分 **parodying**) 他 もじる, パロディー化する; へたにまねる

pa·role /pəróul パロウル/ 名 U 仮釈放, 仮出所; 仮釈放[出所]期間
on parole (囚人が)仮出所した
— 動 他 (人を)仮釈放する, 仮出所させる

par·rot B1 /pǽrət パロト/ 名 (複 **parrots** /pǽrəts パロツ/) C 《鳥》 オウム 《♦オウム科の鳥の総称》
— 動 (三単現 **parrots** /pǽrəts パロツ/; 過去・過分 **parroted** /pǽrətəd/; 現分 **parroting**) 他 おうむ返しに言う; 相手の言ったことを理解せずにそのまま言う

pars·ley /pɑ́ːrsli パースリ/ 名 U 《植物》 パセリ

par·son /pɑ́ːrsən パーサン/ 名 C 《キリスト教》 教区牧師; 《口語》 聖職者, (プロテスタントの)牧師

part A2 中

/pɑ́ːrt パート/ 名 (複 **parts** /pɑ́ːrts パーツ/)
❶ C 部分

- the last **part** of the movie その映画の最後の部分
- the best [better, greater] **part** of ... …の大部分[大半]
- cut an apple into four **parts** リンゴを4つに切る[4等分する]

❷ C (機械の)部品

❸《単数形で》役目; 本分, 義務

- You do your **part** and I'll do the rest. 君は君の分をやってくれ, ぼくが残りをやるから

❹ C (劇などの)役, 役割;《音楽》曲のパート

❺ C《しばしば **parts**》地方, 地域

❻ C (本の)部, 編

❼ U (論争・契約などの)一方の側

❽ C《米》(頭髪の)分け目 (=《英》parting)

❾ C《文章》《ふつう **parts**》才能, 資質

(a) part of ... …の一部(分)

- Making copies is also **part of** your job. コピー取るのも仕事のうちだ

注意› (**1**) part of は無冠詞で用いることが多いが, 形容詞がつくと冠詞が必要:
Part of the work is done. 仕事は一部終わった
A large **part of** the bridge was washed away. 橋の大部分が流された ⇨❶
(**2**) part of に続く名詞が単数のときは単数扱い, 複数名詞だと複数扱いがふつう:
Part of her books were lost. 彼女の本の一部がなくなった

for one's part 自分としては

for the most part 大部分は, たいていは, だいたいは

in part 一部分は, いくぶん, 部分的に

on A's part = on the part of A Aの側の

part and parcel 〔…の〕重要部分《*of*》

play a part 〔…に〕役目をはたす, 貢献する, 役割を演じる《*in*》

take part in ... …に参加する, …に加わる (=participate in) (❗クラブや会に「入る, 加入する」は take part in を使わない ⇨**join**)

- I **took part in** the game. 私はそのゲームに加わった

— 動 (三単現 **parts** /pɑ́ːrts パーツ/; 過去・過分 **parted** /pɑ́ːrtəd/; 現分 **parting**)

❶ 他 分ける; 〔…から〕引き離す《*from*》, 別々にする

- The war **parted** many men **from** their families. 戦争は多くの男を家族から引き離した

❷ 自 分かれる; 〔…から〕離れる《*from*》; 切れる; 〔人と〕別れる《*from*》

part with ... 〔物〕を手放す[売り払う]

par·take /pɑːrtéik パーテイク/ 動 (三単現 **partakes** /pɑːrtéiks/; 過去 **partook** /pɑːrtúk/; 過分 **partaken** /pɑːrtéikən/; 現分 **partaking**) 自《文章》(人が)〔…に〕加わる, 参加する《*in*》; 〔…の〕(いく分)気味がある《*of*》〔…を〕(いっしょに)食べる《*of*》

par·tak·en /pɑːrtéikən パーテイクン/ 動 partakeの過去分詞

par·tial B1 /pɑ́ːrʃəl パーシャル/ 形

❶ (全部でなく)一部の, 部分的な

- a **partial** success 部分的な成功

❷ 〔…を〕不公平な, えこひいきする《*to, toward*》

- A judge must not be **partial**. 裁判官は不公平であってはならない

❸ 〔…が〕大好きで《*to*》

par·ti·al·i·ty /pɑ̀ːrʃiǽləti パーシアリティ/ (×パーシャリティ) 名 U えこひいき

par·tial·ly /pɑ́ːrʃəli パーシャリ/ 副 部分的に; えこひいきして

par·tic·i·pant B1 高 /pɑːrtísəpənt パーティスィパント/ 名 (複 **participants** /pɑːrtísəpənts パーティスィパンツ/) C 〔…(競技など)の〕参加者, 出場者《*in*》; 関係者

par·tic·i·pate B1 高 /pɑːrtísəpèit パーティスィペイト/ 動 (三単現 **participates** /pɑːrtísəpèits パーティスィペイツ/; 過去・過分 **participated** /pɑːrtísəpèitəd/; 現分 **participating**) 自 〔…に〕参加する, 加わる《*in*》(=take part in); 〔…に〕関与する《*in*》

• Every student should **participate in** the school festival. すべての学生は文化祭に参加しなければならない
派生 **participation** 名

par·tic·i·pa·tion B2 /pɑːrtìsəpéiʃən パーティスィペイション/ 名 U 参加
派生 **participate** 動

par·ti·cip·i·al /pɑ̀ːrtəsípiəl パーティスィピアル/ 形 《文法》分詞の

par·ti·ci·ple B1 /pɑ́ːrtəsipl パーティスィプル/ 名 (複 **participles** /pɑ́ːrtəsiplz/) C 《文法》分詞

文法› 分詞 (**participle**)
分詞は, 動詞と形容詞の性質をもった動詞の形で, **現在分詞** (present participle) と過去分詞 (past participle) の2つがある
(**1**) 現在分詞は進行形をつくったり名詞を修飾したりする:
She is **singing**. 彼女は歌っている (! 進行形)
a **crying** baby 泣いている赤ちゃん (! 名詞を前で修飾)
the children **playing** in the park 公園で遊んでいる子どもたち (! 名詞をうしろで修飾)
Tom came **running** toward us. トムは私たちの方へ走ってきた (! 動詞を修飾; come *doing* で「…しながら来る」)
(**2**) 過去分詞は受け身や完了形をつくったり名詞を修飾したりする:
This camera was **made** in Japan. このカメラは日本でつくられた (! 受け身)
I have **finished** my homework. 私は宿題をすませた (! 現在完了)
the **locked** door かぎのかかったドア (! 名詞を前で修飾)
the fence **painted** white 白く塗られたへい (! 名詞をうしろで修飾)
She had her picture **taken**. 彼女は自分の写真を撮ってもらった (! 目的格補語; have ... *done* で「…を…させる[してもらう, される]」)

par·ti·cle B2 /pɑ́ːrtikl パーティクル/ 名 C
❶ 微小な粒, 粒子; 微量
• **particles** of sand 小さな砂粒
❷ 《文法》不変化詞 《◆冠詞・前置詞・接続詞・間投詞など語形変化しない語》

par·tic·u·lar B2 高 /pərtíkjələr パティキュラ/ 形 ❶ 特別の (! 名詞の前に用いる)
• Alice is a **particular** friend of Lucy. アリスはルーシーの特別親しい友達です
• I have nothing **particular** to say. 私は特に言うことはありません (! -ing で終わる不定代名詞の場合はあとに用いる)
❷ 《**this** [**that**] **particular ...**》 (他にあるのに)特にこの[その]…, この[その]…に限って; 特定の (↔**general**) (! 名詞の前に用いる)
❸ 特有の, 固有の, それぞれの (! 名詞の前に用いる)
❹ 〔…について〕好みがやかましい, 気難しい 《*about, over, as to*》 ❺ 《文章》詳しい, 詳細な (! 名詞の前に用いる)
— 名 C (細かな)項目, 細部; 《**particulars**》詳細(しょうさい)
in particular 特に, とりわけ, ことさら
会話 "What's wrong with you?" "**Nothing in particular**." 「君, どうかしたのか」「いえ, 別に何も」

par·tic·u·lar·i·ty /pərtìkjəlǽrəti パティキュラリティ/ 名 U 詳細, 綿密, 入念; 独自性, 個別性; C 《**particularities**》詳細な事項; 気むずかしさ; C 特徴, 特色

par·tic·u·lar·ize /pərtíkjələràiz パティキュラライズ/ 動 他 詳細に述べる; 列挙する 派生 **particular** 形

par·tic·u·lar·ly B1 高 /pərtíkjələrli パティキュラリ/ 副
特に, とりわけ; 格別に, 大いに
• He likes books, **particularly** history books. 彼は本が好きだ, 特に歴史の本が (! この副詞はふつう意味上注意すべき語の前に置かれる)

part·ing /pɑ́ːrtiŋ パーティング/ 名 ❶ U 別離, 別れ; 分離 ❷ 《形容詞的》別れに際しての; 去って行く

par·ti·san B2 /pɑ́ːrtəzn パーティズン/ 名 C (党・主義などの)熱烈な支持者; ゲリラ隊員, パルチザン
— 形 (人・意見などが)党派心の強い

par·ti·tion /pɑːrtíʃən パーティション/ 名 U 分割, 区切ること; C (分割された)部分, 仕切り, 仕切り壁
— 動 他 〔…に〕分割[分配]する《*into*》; 仕切る, 区切る《*off*》

part·ly A2
/páːrtli パートリ/ 副
一部分, 部分的に, ある程度
- It will be **partly** cloudy tomorrow. あすは所によりくもりでしょう
- He moved to that town **partly** because some of his old friends lived there. 彼がその町に越したのは, 1つには旧友が住んでいるからだった

part·ner A1 高
/páːrtnər パートナ/
名 (複 **partners** /páːrtnərz/) C (何かをいっしょにする)仲間, 相手, 相棒, 組む人, パートナー, 協力者; (事業の)共同経営者; 配偶者; (恋愛の)相手, パートナー
- She wants to be **partners** with Jane in the next match. 彼女は次の試合でジェーンと組みたがっている

— 動 (三単現 **partners** /páːrtnərz/; 過去·過分 **partnered** /páːrtnərd/; 現分 **partnering** /páːrtnəriŋ/) 他 (パートナーとして)組ませる; 提携させる; 自 〔人と〕パートナーを組む《*with*》

pártner dòg 名 C 介助(かいじょ)犬

part·ner·ship B2 /páːrtnərʃìp パートナシプ/ 名 U C 〔…との〕提携, 共同, 協力; 共同経営; 合資会社《*with*》

párt of spéech 名 (複 **parts of speech**) C 《文法》品詞

par·took /pɑːrtúk パートゥク/ 動 partakeの過去形

párt-tìme B1 形 (❗比較変化なし) (常勤でなく)パートタイムの, アルバイトの, 非常勤の; (学校が)定時制の
- a **part-time** job アルバイトの仕事

— 副 パートタイムで, 非常勤で
- work **part-time** パートで働く

párt-tìmer 名 C 非常勤の人, パートの人; 定時制学校生徒

par·ty A1 中
/páːrti パーティ/ 名 (複 **parties** /páːrtiz/) C ❶(社交の)会, パーティー
- a farewell **party** 送別会
- have [hold, give, throw] a **party** パーティーを開く

❷ 政党, 党派
- a political **party** 政党
- the ruling [opposition] **party** 与[野]党

❸(事をいっしょにする)人々, 一行, 隊
- We're a **party** of four. 私たちは4人グループです (❗空港カウンターやレストランで, 4人いっしょの席のときに言う)

❹(訴訟·契約などの)一方, 当事者; 〔…の〕関係者, 共犯《*to*》(❗1人の人)
❺《口語》人 (=person)

— 動 (三単現 **parties** /páːrtiz/; 過去·過分 **partied** /páːrtid/; 現分 **partying**) 自 《米》《口語》パーティーに行く[を開く]

party·goer /páːrtigòuər パーティゴウア/ 名 C パーティーによく行く人

pass A2 中
/pǽs パス|páːs パース/

意味マップ
- 動 ❶ 通り過ぎる, 通る
  - ❷(時が)過ぎ去る; 過ごす
  - ❸ 渡す; パスする
  - ❹(試験などに)通る, 合格[パス]する
  - ❺(糸などを)通す
  - ❻ 述べる
- 名 ❶ 通行証, 許可証
  - ❷(試験·検査などの)合格
  - ❸(球技·トランプの)パス
  - ❹ 山道

— 動 (三単現 **passes** /pǽsəz/; 過去·過分 **passed** /pǽst/; 現分 **passing**)
❶ 自 他 通り過ぎる, 通る; 追い越す; 自 進む
- **pass** the post office 郵便局(の前)を通り過ぎる[通る]
- **pass** a gate 門を通り抜ける
- Please let me **pass**. ちょっと(私を)通してください

❷ 自 (時などが)過ぎ去る, たつ; 消滅する; 他 (時を)過ごす
• Many years have **passed** since my mother died.
母が死んでから多くの年月がたった (❗現在完了の文)
❸ 他 渡す, 回す; 《球技・トランプ》パスする; 文型 [**pass A B = pass B to A**] A(人)にB(物)を渡す; 自 渡る
• **Pass** (me) the salt, please. すみませんが塩をとってください (❗近くの人に頼まないで人の面前に手を出すのは失礼)
❹ 自他 (試験などに)通る, 合格[パス]する; (議案など)通す, 通る, 可決する
• The bill **passed** (the Diet). 法案が(国会を)通った
❺ 他 (糸・針などを)通す; 動かす
❻ 他自 (意見などを)述べる; 文型 [**pass A on B**] B(人)にA(判決など)を下す; B(物事)についてA(意見など)を述べる

pass away (人が)死ぬ, 他界する (❗ die よりも間接的な表現)
pass by (...) (…の)そばを通り過ぎる, (…の)そばを素(す)通りする; (時が)経過する • The years **pass by** quickly. 年月が過ぎ去るのは早い
pass ... by …を見のがす
pass down 次に回す; 後世に伝える
pass for [***as***] ***...*** …として通る[認められる]
pass off 〔人に〕(にせものを)つかませる《*on*》; …をごまかす; 受け流す; 〔…で〕偽って通す《*as*》
pass on 先へ進む, 通り過ぎる; (時が)過ぎ去る; (人が)亡くなる
pass out 《口語》気絶する; 〔…に〕分配する《*to*》
pass over 無視する, 大目に見る
pass through 通り抜ける; (困難などを)経験する
pass up (機会を)放棄する, 逃がす

― 名 (複 **passes** /pǽsəz/) C
❶ 通行証, 許可証, (無料)入場券, パス
• a season **pass** 定期券
❷ (試験・検査などの)合格
❸ (球技・トランプの)パス
❹ 山道, 山合いの細い道

bring ... to pass 《文章》〔事〕を引き起こす
come to pass 《文章》起こる, 実現する
派生 **passage** 名

pass·a·ble /pǽsəbl パサブル/ 形 まずまずの, そこそこの; 通行できる

pas·sage A2 高
/pǽsidʒ パスィヂ/
名 (複 **passages** /pǽsidʒəz/)
❶ C 通路, 廊下(ろうか)
• an air **passage** 通気口
❷ C (文章などの)一節
❸ U C 通り過ぎること, 通過, 通行; (時の)経過
• No **passage** this way. 《掲示》この先通行禁止
❹ U (議案の)通過, 可決
❺ 《単数形で》(船・飛行機の)旅行, 航海
派生 **pass** 動

pas·sage·way /pǽsidʒwèi パスィヂウェイ/ 名 (複 **passageways** /pǽsidʒwèiz/) C 廊下, 通路

pass·book /pǽsbùk パスブク/ 名 C (銀行普通)預金通帳

pas·sen·ger A2 高
/pǽsəndʒər パセンヂャ/
名 (複 **passengers** /pǽsəndʒərz/) C (列車・船・バス・飛行機などの)乗客, 旅客
• There were only four **passengers** on the bus. バスには乗客が4人しかいなかった

pass·er-by /pæ̀sərbái パサバイ/ 名 (複 **passers-by** /pæ̀sərzbái/) C 通りがかりの人, 通行人

pass·ing /pǽsiŋ パスィング/ 形 通り過ぎる; 通りすがりの; 一時的な (❗名詞の前に用いる)
• a **passing** fashion 一時的な流行
― 名 U (時間の)経過; 通過; (人の)死
in passing ついでに(言えば)

pas·sion B1 高 /pǽʃən パション/ 名 (複

passions /pǽʃənz/)
❶ [U][C] (愛・憎しみなどの)強く激しい感情, 激情, 情熱; 情欲

コロケーション
[形]+**passion**
strong *passion* 強い情熱
violent *passion* 激しい情熱
[動]+**passion**
control *one's passion* 情熱を抑える
excite [stir up] *one's passion* 情熱をかき立てる
satisfy *one's passion* 情熱を満足させる

❷《単数形で》熱中(しているもの)
❸《単数形で》かんしゃく, 激怒
❹《**the Passion**》キリストの受難
[派生] **passionate** [形]

pas·sion·ate [B2][高] /pǽʃənət パショネト/ [形] 激しい, 熱烈な, 情熱的な; 強く望んでいる [派生] **passion** [名]
pássionately [B2] [副] 熱烈に; かっとなって

pas·sion·flow·er /pǽʃənflàuər パションフラウア/ [名][C]《植物》トケイソウ《◆熱帯アメリカの常緑の低木》

pas·sion·fruit /pǽʃənfrùːt パションフルート/ [名][U] パッションフルーツ《◆トケイソウ(passionflower)の実》

pas·sive [B1] /pǽsiv パスィヴ/ [形]
❶消極的な; 自分から進んでしようとしない, やる気のない; 逆らわない
❷《文法》受動態の, 受け身の(⇔**active**)

pas·sive·ly /pǽsivli パスィヴリ/ [副] 受け身で, 消極的に

pássive smóking [名][U] 間接喫煙

Pass·o·ver /pǽsòuvər パソウヴァ/ [名]《**the Passover**》過越(すぎこし)の祭り《◆エジプト脱出を記念するユダヤ人の祭り》

pass·port [B1][高] /pǽspɔ̀ːrt パスポート | páːspɔ̀ːrt パースポート/ [名] ([複] **passports** /pǽspɔ̀ːrts パスポーツ/) [C]
(国外旅行者に与えられる)旅券, パスポート; 《ふつう単数形で》確実な手段

コロケーション
[動]+**passport**
apply for a *passport* 旅券を申請する
renew a *passport* 旅券を更新する
issue a *passport* 旅券を発行する

pass·word [B1] /pǽswəːrd パスワード/ [名] ([複] **passwords** /pǽswə̀ːrdz パスワーヅ/)
[C] 合いことば, (コンピュータなどの)パスワード

past [A1][中]

/pǽst パスト | páːst パースト/ ([発音] passed (pass の過去形・過去分詞)と同音)
[共通イメージ] ある点を通り過ぎて

[共通イメージ]
ある点を通り過ぎて

[前] …を過ぎて, 越えて [副] 過ぎて
I drove past her house.

▼ 通り過ぎた過去に注目
[名][形] 過去(の)
for the past two years

━[名] ❶《**the past**》過去, 昔の事; 《単数形で》過去の歴史[生活] (❗「現在」は present, 「未来」は future)
• **in the past** 過去には, 昔は, これまで
• **in the recent past** 最近(は)
• **in the distant past** だいぶ前に[は], 遠い過去に(は)
• Don't **forget the past** but learn from it. 過去を忘れずに過去から学べ
❷《**the past**》《文法》過去形; 過去時制
━[形] ❶過ぎたばかりの, ここ…; この(前の)
• for **the past** two years この2年の間
❷過ぎ去った, 過去の ⇨ **future**,

present[1]
- from **past experience** 過去の経験から
- The danger is **past**. 危険は去った

❸ 前任の, 元の (=former, ex-) (! 名詞の前に用いる)
❹《文法》過去の (! 名詞の前に用いる)

— 前 ❶ …の前[そば]を通り過ぎて
- I drove **past** her house. 彼女の家を車で通り過ぎた

❷ (範囲・段階)を越えて
❸ (時刻)を過ぎて
- five (minutes) **past** ten 10時5分過ぎ (!《米》では past の代わりに after も使う) 比較 ten (minutes) **to** [**before**, 《米》 **of**] ten 10時10分前

— 副 通り過ぎて; (時間が)過ぎて, 経過して
- walk **past** 歩いて通り過ぎる
- go [run] **past** 通り[走り]過ぎる

pas·ta A2

/pɑ́:stə パースタ|pǽstə パスタ/ 名 U
パスタ《◆小麦粉などの材料から作った練り粉を用いた食品の総称; スパゲティ・マカロニなどがある》
- Which do you like better, pizza or **pasta**? ピザとパスタではどちらがお好きですか

paste /péist ペイスト/ 名 U C
❶ のり; のり状のもの
❷ (魚・肉・果実などの)ペースト
❸ 練り粉, ペースト《◆小麦粉にバターを混ぜたもの; 菓子を作るのに用いる》

— 動 他 のりで付ける, はりつける; 《コンピュータ》(データを)ペーストする

pas·tel /pæstél パステル, ⌐─/ 名 C パステル; U パステル画法; C パステル画; C 柔らかで淡い色合い, パステル色
— 形 パステルで描いた; (色が)パステル調の, 淡い

pas·teur·i·za·tion /pæ̀stʃərəzéiʃən パスチャリゼイション/ 名 U (牛乳などの)低温殺菌法《◆細菌学者パスツール (Pasteur) が発見》

pas·teur·ize /pǽstʃəràiz パスチャライズ/ 動 他 (牛乳などを)低温殺菌する

pas·time /pǽstàim パスタイム/ 名 C 気晴らし, 娯楽(ごらく), 楽しみ
日英比較 日本語の「趣味」は意味範囲が広いが,「眠るのが趣味」というように気晴らし・時間つぶし的な内容の趣味は pastime で, 本格的な趣味は hobby という

pas·tor B2 /pǽstər パスタ/ 名 C 牧師

pas·to·ral B2 /pǽstərəl パストラル/ 形 《文章》田園の, いなかの; 牧歌的な; 牧師の — 名 C 牧歌, 田園詩

pást párticiple 名 C 過去分詞 (! 動詞の原形に -(e)d をつけたもの(例 played, lived), 不規則なもの(例 seen, done)とがある) ⇨**participle** 文法

pást pérfect 名 《**the** をつけて》《文法》過去完了 — 形 過去完了の

pas·try /péistri ペイストリ/ 名 (複 **pas-tries** /péistriz/) U C 《料理》ペーストリー《◆パイ・タルトなど》

pas·ture /pǽstʃər パスチャ/ 名 U C 牧場, 牧草地

past·y /péisti ペイスティ/ 形 (比較級 **past-ier**; 最上級 **pastiest**) (顔が病的に)青白い

Pat /pǽt パト/ 名 パット《◆男性名 (Patrick の愛称); 女性名 (Patricia, Martha, Matilda の愛称)》

pat[1] /pǽt パト/ 動 (三単現 **pats** /pǽts パツ/; 過去・過分 **patted** /pǽtəd/; 現分 **patting**)
他 (愛情・祝福・注意などのために)軽くたたく, なでる
— 名 C ❶ 軽くたたくこと[音]
❷ (バターなどの)小さなかたまり

pat[2] /pǽt パト/ 形 適切な, 出来合いの

Pat·a·go·ni·a /pæ̀təgóuniə パタゴウニア/ 名 パタゴニア《◆アルゼンチン南部の広大な高原》

patch B2 高 /pǽtʃ パチ/ 名 (複 **patches** /pǽtʃəz/) C ❶ (服などに当てる)継ぎ当て, 当て布, つぎ, パッチ
❷ ばんそうこう; 眼帯 (=eye patch)
❸ はん点; (あまり大きくない)地面, 畑; 断片, 小片

in patches (パッチを当てたように)ところどころに, あちこちに

— 動 他 ❶ つぎ[当て布]を当てる; 繕っ

ておく ❷〔…を〕収める《*up*》

patch·work /pǽtʃwə̀ːrk パチワーク/ 名 U パッチワーク, 寄せ布[革]細工; C その作品; C 寄せ集め

patch·y /pǽtʃi パチ/ 形 (比較級 **patchier**; 最上級 **patchiest**) 継ぎはぎの, まだら模様の; (霧などが)切れ切れの; むらのある, 平均していない

pâ·té /pɑːtéi パーテイ/ 名 C U 《料理》 パテ《♦(魚)肉などのペースト》

pat·ent /pǽtənt パテント/ 名 C 特許, パテント; 特許品

- He applied for a **patent** on his invention. 彼は自分の発明に対して特許を申請した

━ 形 特許の; 《文章》 明白な; 《英》《口語》 独特の, 独自の (! 名詞の前に用いる)

━ 動 他 特許権を取る

pa·ter·nal /pətə́ːrnəl パターナル/ 形 父の; 父らしい (↔**maternal**); 父方の; (政治・立法などが)温情主義の;

pa·ter·ni·ty /pətə́ːrniti パターニティ/ 名 U ❶ 父系, 父方の血筋 ❷ 父であること; 父親としての義務, 父権

path A2 高

/pǽθ パス | pɑ́ːθ パース/

名 (複 **paths** /pǽðz, pǽθs | pɑ́ːðz/) C

❶ (野・森に自然に出来た)小道; (庭・公園の)歩道, 通路

- a **path** through the woods 森の小道

❷《しばしば **the path**》 進路; (人生などの)行路

cross A's path 偶然A(人)に会う; A(人)の行く手をじゃまする, A(人)のしたいことをじゃまする

pa·thet·ic /pəθétik パセティク/ 形 哀れな, 悲しい, 痛ましい; ほんの; ひどい

pathétically 副 痛ましくも, 哀れなことに

path·o·log·i·cal /pæ̀θəlɑ́dʒikəl パソラヂカル/ 形 病理学の, 病理学的な; 病的な

pa·thol·o·gist /pəθɑ́lədʒist パサロヂスト/ 名 C 病理学者

pa·thol·o·gy /pəθɑ́lədʒi パサロヂ/ 名 (複 **pathologies** /pəθɑ́lədʒiz/) U 病理学; U C 病理, 病状

pa·thos /péiθɑs ペイサス/ 名 U ペーソス, 悲哀

path·way /pǽθwèi パスウェイ/ 名 (複 **pathways** /pǽθwèiz/) C 道, 小道 (= path); 〔成功などへの〕道《*to*》

pa·tience B1 /péiʃəns ペイシェンス/ 名 U 忍耐, 忍耐力, がまん(強さ)

- with **patience** 忍耐強く
- lose [show, display] **patience** 忍耐が切れる[を示す]

派生 **patient** 形

pa·tient A2 中

/péiʃənt ペイシェント/

名 (複 **patients** /péiʃənts ペイシェンツ/) C 患者, 病人

━ 形 ❶ 忍耐強い, がまん強い (↔**impatient**)

- He is **patient** with others. 彼は他人に対してがまん強い

❷ がんばる, 根気のある

派生 **patience** 名

pa·tient·ly B2 高 /péiʃəntli ペイシェントリ/ 副 忍耐強く, 気長に, じっとがまんして

pat·i·o /pǽtiòu パティオウ/ 名 (複 **patios** /pǽtiòuz/) C (住宅の)中庭, パティオ; (食事・休息用の)テラス

pa·tri·arch /péitriɑ̀ːrk ペイトリアーク/ 名 C 家長, 族長; 長老, 古老; 《**the Patriarch**》(カトリックの)総大司教

pa·tri·ar·chal /pèitriɑ́ːrkəl ペイトリアーカル/ 形 家[族]長の

pa·tri·arch·y /péitriɑ̀ːrki ペイトリアーキ/ 名 (複 **patriarchies** /péitriɑ̀ːrkiz/) C U 家[族]長制, 男性支配

Pat·ri·ci·a /pətríʃiə パトリシア/ 名 パトリシア《♦女性名》

pa·tri·cian /pətríʃən パトリシャン/ 名 C (古代ローマの)貴族; 貴族; 高貴の生まれの人 ━ 形 (古代ローマの)貴族の; 貴族的な; 高貴な

Pat·rick /pǽtrik パトリク/ 名 パトリック《♦男性名》

pa·tri·ot B2 /péitriət ペイトリオト/ 名C 愛国者

pa·tri·ot·ic B2 /pèitriάtik ペイトリアティク/ 形 愛国的な, 愛国心の強い

pàtriótically 副 愛国心に燃えて

pa·tri·ot·ism B2 /péitriətìzm ペイトリオティズム/ 名U 愛国心

pa·trol B1 /pətróul パトロウル/ 名 (複 **patrols** /pətróulz/)
❶ U (軍人や警察官の)巡回, パトロール
❷ C 巡回者, 偵察(ていさつ)隊

━動 (三単現 **patrols** /pətróulz/; 過去・過分 **patrolled** /pətróuld/; 現分 **patrolling**) 他 巡回する, パトロールする

patról càr 名C パト(ロール)カー (=squad car)

pa·trol·man /pətróulmən パトロウルマン/ 名 (複 **patrolmen** /pətróulmən/) C 《米》パトロール警官

pa·tron B2 /péitrən ペイトロン/ (×パトロン) 名C ❶(芸術・学問などの)保護者, 後援者, パトロン ❷(商店・ホテルなどの)得意客, 常連 (❗ customer より上品な語; 女性形は patroness)

pat·ron·age /pǽtrənidʒ パトロニヂ, péitrənidʒ ペイトロニヂ/ 名U 後援, 保護, 奨励; (商店・ホテルなどの)ひいき, 愛顧; 《集合的に》得意客, 常連

pa·tro·ness /péitrənəs ペイトロネス/ (×パトロネス) 名C (女性の)後援者, 顧客 ⇨ patron

pa·tron·ize /péitrənàiz ペイトロナイズ/ 動 他 後援する; ひいきにする; 恩着せがましい態度を取る

pa·tron·iz·ing /péitrənàiziŋ ペイトロナイズィング/ 形 恩着せがましい, 横柄な

pátronìzingly 副 恩着せがましく, 横柄に

pat·ter[1] /pǽtər パタ/ 動 自 (雨粒などが)〔…に〕パラパラと当たる《on, against》; パタパタ走る

━名U 《単数形で》パラパラ降る[当たる]音; パタパタと走る音

pat·ter[2] /pǽtər パタ/ 名U ❶《単数形で》(手品師・コメディアン・セールスマンなどの)早口, ぺらぺらのおしゃべり[口上] ❷(職業・階級の)仲間ことば, 隠語

pat·tern B1 高 /pǽtərn パタン/ (×パターン) 名 (複 **patterns** /pǽtərnz/) C
❶ 型; 様式
• the **pattern** of life 生活様式
❷ 模様, 柄(がら), デザイン
• a skirt with a flower **pattern** 花柄のスカート

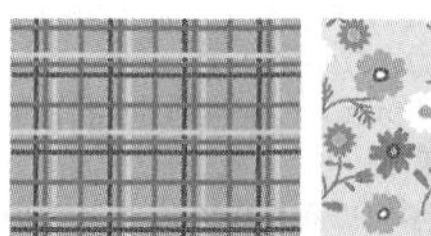
check(ed), plaid　((米))flowered

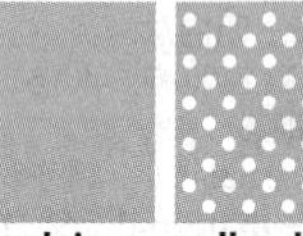
plain　polka-dot　striped

関連語〉 単語力
check 格子じま, チェック
checked チェックの
《米》flowered, 《英》flowery 花柄模様の
plaid 格子じまの
plain, solid 無地の
polka-dot, 《英》spotty 水玉模様の
stripe しま
《米》striped, 《英》stripy しま模様の

❸(服の)型紙
❹ 模範, 手本

━動 (三単現 **patterns** /pǽtərnz/; 過去・過分 **patterned** /pǽtərnd/; 現分 **patterning**) 他 ❶〔…を手本にして[まねして]〕つくる, 模造する《on, upon, after》
❷ 模様をつける

Pat·ty /pǽti パティ/ 名 パティー《◆女性名; Patricia, Matilda などの愛称》

pat·ty /pǽti パティ/ 名 (複 **patties** /pǽtiz/) C 《英》小さなパイ; 《米》パティ《◆ひき肉・刻み野菜などを小さな円盤型に固めたもの》

Paul /pɔ́ːl ポール/ 名 ポール《◆男性名》

Pau·la /pɔ́ːlə ポーラ/ 名 ポーラ《◆女性

名》
paunch /pɔ́:ntʃ ポーンチ/ 名C 腹; 太鼓腹
pau·per /pɔ́:pər ポーパ/ 名C《古風》貧乏人
pause B1 /pɔ́:z ポーズ/ (発音 paws と同音) 名 (複 **pauses** /pɔ́:zəz/) C
❶ 小休止, 中断, 中休み, とぎれ; くぎり
• make [take, have] a **pause** 一休みする
❷《音楽》フェルマータ《♦𝄐》
give pause to A = give A pause (物事が)A(人)に慎重に考えさせる
━ 動 (三単現 **pauses** /pɔ́:zəz/; 過去·過分 **paused** /pɔ́:zd/; 現分 **pausing**) 自 ちょっと休む, 休止する, 一息つく, 立ちどまる
pave B2 /péiv ペイヴ/ 動 他 (道を)〔…で〕舗装(ほそう)する《*with*》
pave the way for ... …への道を開く, …を容易にする
pave·ment B2 /péivmənt ペイヴメント/ 名 ❶U (道路などの)舗装(ほそう); C 舗装道路 ❷C《英》(道路のわきにある)歩道 (=《米》sidewalk)
pa·vil·ion /pəvíljən パヴィリャン/ 名C (博覧会などの)パビリオン, 展示館; 大型テント;《英》《クリケット》選手控え場
paw B2 /pɔ́: ポー/ 名C (犬·ネコ·クマなどのかぎづめを持った)足 ⇨**hoof**
pawn[1] /pɔ́:n ポーン/ 動 他 質(しち)に入れる ━名C 質草, 抵当(物); U 入質, 質入れ
pawn[2] /pɔ́:n ポーン/ 名C《チェス》ポーン, 歩(ふ); 他人に利用される人, 手先
pawn·bro·ker B2 /pɔ́:nbròukər ポーンブロウカ/ 名C 質屋
pawn·shop B2 /pɔ́:nʃɑ̀p ポーンシャプ/ 名 C 質屋

pay A1 中
/péi ペイ/

意味マップ
動 ❶ 支払う
❷ (注意などを)払う
❸ 訪問する
❹ 割に合う
❺ 償いをする
名 ❶ 給料
❷《形容詞的》有料の

━ 動 (三単現 **pays** /péiz/; 過去·過分 **paid** /péid/; 現分 **paying**)
❶ 他 **支払う**, 〔…の代金として〕払う《*for*》; 自 〔…の〕**代金を支払う**《*for*》
• **pay** ten dollars **for** the book その本に10ドル払う
• **pay** a bill 勘定(かんじょう)を払う
文型 [**pay A B = pay B to A**] A(人)にB(金)を払う
• I **paid** her twenty dollars **for** helping me. = I **paid** twenty dollars **to** her **for** helping me. 私は彼女に手伝ってくれたお礼として20ドル払った
❷ 他 (敬意·注意を)**払う**; 文型 [**pay A B = pay B to A**] AにB(注意など)を払う
• **Pay** attention **to** what the teacher is saying. 先生の言っていることに注意を払いなさい
❸ 他 文型 [**pay A B = pay B to A**] A(人)にB(訪問)をする (❗Bはふつう a visit, a call)
• **pay** him **a visit** 彼を訪問する
❹ 自 (仕事などが)**割に合う**, **もうかる**; **やりがいがある**; 他 (物事が)**利益を与える**, **報いる**
❺ 自 〔…の〕**償いをする**, **報いを受ける**《*for*》
pay back (借金·恩などを)**返す**; **仕返しをする**
pay off うまくいく, よい結果をもたらす
pay up (借金を)全額払う; 完済する
━ 名U ❶ **給料**, **報酬**(ほうしゅう)
• high [low] **pay** 高い[安い]賃金

似ている単語
給料—**pay**, **salary**, **wage**
pay は「給料, 賃金」を表す一般的な語. **salary** は月[年]ぎめで支払われる給料. **wage** はおもに時間給や週給をさす:
The company promised us higher

A B C D E F G H I J K L M N O P Q R S T U V W X Y Z

pay. 会社は給料の引き上げを私たちに約束した
a monthly [yearly] **salary** 月給[年俸]
a weekly **wage** of 550 dollars 550ドルの週給

❷《形容詞的に》料金払いの, 有料の
派生 **payment** 名

pay·a·ble /péiəbl ペイアブル/ 形 〔…に〕支払うべき, 支払い可能な《*to*》

pay·day /péidèi ペイデイ/ 名 (複 **pay-days** /péidèiz/) C 給料日, 支払い日

pay·ee /peií: ペイイー/ 名 C (小切手などの)受取人

pay·er /péiər ペイア/ 名 C (手形・小切手などの)支払い人

pay·load /péilòud ペイロウド/ 名 C 《ふつう **the payload**》有料荷重; (宇宙船の)ペイロード《◆乗員・観測機器などの有効搭載量》; ミサイル弾頭の爆発力

pay·ment B2 /péimənt ペイメント/ 名 U C 支払い(額), 払い込み; 《単数形で》報(むく)い
- a monthly **payment** 月々の支払い

派生 **pay** 動

pay·off /péiɔ̀:f ペイオーフ/ 名 (複 **payoffs** /péiɔ̀:fs/) U C 《口語》(給料・借金などの)支払い(日), 決済(時); 報酬, 見返り; 結末; (物語の)終わり, 終局; 〔…への〕賄賂(わいろ), 贈賄《*to*》

páy phòne 名 C 公衆電話

pay·roll /péiròul ペイロウル/ 名 C 給料支払い名簿; 従業員名簿; 《**a payroll**》給料支払い総額

PC[1] A2 高

/pí:sí: ピースィー/ 名 (複 **PCs** /pí:sí:z/) C 《略》パソコン (❗ *personal computer* の略)

PC[2] /pí:sí: ピースィー/ 《略》政治的に正しい, 差別表現を避けた (❗ *politically correct* の略)

PE, P.E. 中 《略》physical education 体育

pea A2

/pí: ピー/ 名 (複 **peas** /pí:z/) C 《植物》エンドウ; エンドウ豆
- green **peas** グリーンピース

(as) like as two peas (in a pod) 《口語》うりふたつの, そっくりの

peace A1 中

/pí:s ピース/ (発音 piece と同音) 名

❶《単数形で》平和 (↔**war**)
- **peace** talks 和平会談

コロケーション

形+**peace**
a lasting *peace* 永続的な平和
a permanent *peace* 恒久の平和

動+**peace**
achieve *peace* 平和を達成する
bring about *peace* 平和をもたらす
disturb *peace* 平和を乱す
maintain *peace* 平和を維持する
restore *peace* 平和を回復する

❷《単数形で》講和, 和解; 平和条約 (=peace treaty)

❸ U 平穏(へいおん), 平静さ; 《ふつう **the peace**》治安
- **peace** of mind 心の平静さ, 落ち着き
- keep [break] the **peace** 治安を守る[乱す]

at peace 平和に[な], 安らかで, 仲良くして

make peace (with ...) (…と)和平を結ぶ, 仲直りする, 和解する

派生 **peaceful**, **peaceable** 形

peace·a·ble /pí:səbl ピーサブル/ 形 平和を好む; 平和な, 平穏な (=peaceful)

派生 **peace** 名

péaceably 副 平和に

peace·ful A2 高

/pí:sfəl ピースフル/ 形

平和(的)な, おとなしい, おだやかな, 温和な
- a **peaceful** relationship between Japan and China 日中の友好関係

派生 **peace** 名

peace·ful·ly B2 /pí:sfəli ピースフリ/ 副 平和に, おだやかに, 静かに, 円満に

peace·keep·er /pí:skì:pər ピースキーパ/ 名C ❶《ふつう peacekeepers》平和維持軍の兵士 ❷平和維持国[組織]

peace·keep·ing /pí:skì:piŋ ピースキーピング/ 形 平和維持の

- the **peacekeeping** force 平和維持軍

peace·mak·er /pí:smèikər ピースメイカ/ 名C 調停者, 仲裁人

peace·mak·ing /pí:smèikiŋ ピースメイキング/ 名U 調停, 仲裁

一形 調停の, 仲裁の

peace·time /pí:stàim ピースタイム/ 名U 平時

péace trèaty 名C 平和条約

peach B2 /pí:tʃ ピーチ/ 名(複 **peaches** /pí:tʃəz/) ❶C《植物》モモ; モモの木 ❷U モモ色《♦オレンジがかったピンク》 ❸C《ふつう **a peach**》すばらしい人[物]; かわいい若い女性

pea·cock /pí:kàk ピーカク/ 名C《鳥》クジャク(の雄(おす))(❗「雌(めす)」は peahen); 見栄っ張りな人

(*as*) ***proud as a peacock*** 大いばりで, 得意気に

pea·fowl /pí:fàul ピーファウル/ 名(複 **peafowls** /pí:fàulz/, **peafowl**) C《鳥》クジャク(❗雌雄両方)

pea·hen /pí:hèn ピーヘン/ 名C《鳥》雌クジャク

peak B2 /pí:k ピーク/ 名C ❶山頂, 峰(みね), 頂上; 頂点, ピーク, 絶頂 ❷(帽子の)前ひさし

一動自 ピークに達する, 最高になる

peaked /pí:kt ピークト/ 形 先のとがった; (帽子が)ひさしのある

peal /pí:l ピール/ 名C 響き, とどろき; (音楽的な一連の)鐘の響き

一動他 (鐘などを)鳴り響かせる《*out*》; 自 (鐘などが)鳴り響く, とどろく《*out*》

pea·nut B1 高 /pí:nʌ̀t ピーナト/ 名(複 **peanuts** /pí:nʌ̀ts ピーナツ/) ❶C 落花生, ピーナッツ ❷《**peanuts**》《口語》小額の金, はした金

péanut bùtter 名U ピーナツバター

pear A2

/péər ペア/ (×ピアー) (発音 pair と同音) 名(複 **pears** /péərz/) C《植物》洋ナシ; 洋ナシの木

pearl B2 /pə́:rl パール/ 名C 真珠(しんじゅ)

péarly 形 真珠のような

peas·ant /pézənt ペザント/ 名C 小百姓, 小作人; 田舎(いなか)者

peat /pí:t ピート/ 名U 泥炭, ピート; 泥炭塊《♦燃料用》

peb·ble B2 /pébl ペブル/ 名C (水に洗われて丸くすべすべになった)小石

pébbly 形 小石の多い

pe·can /pikɑ́:n ピカーン, pikǽn ピキャン/ 名C《植物》ペカン《♦北米原産のクルミの一種》; ペカンの実《♦食用》

peck /pék ペク/ 動他 つつく, ついばむ; つついて(穴を)あける

pécking òrder 名C つつきの序列(❗鳥の社会では強い方が順次弱い方をつついて序列を決めることから; 人間社会の序列にも用いる)

pe·cul·iar B1 /pikjú:ljər ピキューリャ/ 形 ❶一風変わった, 変な, 異様な ❷〔…に〕特有の, 独特の, 固有の, …だけにある《*to*》

- flowers **peculiar to** Japan 日本固有の花

pe·cu·li·ar·i·ty /pikjù:liǽrəti ピキューリアリティ/ 名(複 **peculiarities** /pikjù:liǽrətiz/) UC 特性, 特質; 風変わり, 変わった点

pe·cu·liar·ly /pikjú:ljərli ピキューリャリ/ 副 奇妙に, 一風変わって; 特に, 格別に

ped·a·gog·i·cal /pèdəgɑ́dʒikəl ペダガヂカル/ 形 教育学[者]の; 教授法の

ped·a·go·gy /pédəgòudʒi ペダゴウヂ/ 名U《文章》教育学, 教授法

ped·al B2 /pédl ペドル/ 名C (ピアノ・自転車などの)ペダル

一動 (三単現 **pedals** /pédlz/; 過去・過分 **pedaled**, 《英》**pedalled** /pédld/; 現分 **pedaling**, 《英》**pedalling**) 自 (自転車の)ペダルを踏む

A B C D E F G H I J K L M N O **P** Q R S T U V W X Y Z

pe·dan·tic B2 /pidǽntik ピダンティク/ 形 学者ぶった, 物知りぶった
pedántically 副 学者ぶって
ped·dle /pédl ペドル/ 動 他 行商する, 売り歩く; (麻薬を)売りさばく; (悪い情報・うわさなどを)じわじわと広める
ped·dler /pédlər ペドラ/ 名 C 行商人
ped·es·tal /pédəstəl ペデスタル/ 名 C 台座
set* [*put*] *... on a pedestal …を祭り上げる
pe·des·tri·an B2 /pədéstriən ペデストリアン/ (×ペデストリアン) 名 C 歩行者, 通行人
━ 形 歩行(者のため)の, 徒歩の (! 名詞の前に用いる)
• a **pedestrian** crossing 横断歩道
pe·di·a·tri·cian /pì:diətríʃən ピーディアトリシャン/ 名 C 小児科医
pe·di·at·rics /pì:diǽtriks ピーディアトリクス/ 名 《単数扱い》 小児科(学)
ped·i·cure /pédikjùər ペディキュア/ 名 C U ペディキュア 《♦ネイルをぬるだけでなく, 足の指やつめの手入れ全般のこと》
ped·i·gree /pédigrì: ペディグリー/ 名 C 《ふつう **a** [*one's*] **pedigree**》 (人の)家系, (人・動物の)血統; U りっぱな家柄; C (家の)系図; 血統書
━ 形 (動物が)純血種の (! 名詞の前に用いる)
pee B2 /pí: ピー/ 動 自 《口語》 おしっこをする
━ 名 U おしっこ
peek /pí:k ピーク/ 動 自 《口語》 こっそりのぞく, のぞき見する (=peep)
━ 名 《単数形で》《口語》 のぞき見
peek·a·boo /pí:kəbù: ピーカブー/ 名 U いないいないばあ
peel B2 /pí:l ピール/ (発音 peal と同音) 名 U (果物などの)皮
━ 動 他 (指またはナイフなどで)…の皮をむく ⇨**pare**; 自 皮がむける, はげ落ちる
peel off (皮を)むく; (服を)脱ぐ
peel·ing /pí:liŋ ピーリング/ 名 U 皮をむくこと; 《しばしば **peelings**》 (果物・ジャガイモなどの)むいた皮
━ 形 ペンキのはげかかった
peep[1] B2 /pí:p ピープ/ 名 C 《ふつう単数形で》 のぞき見, ちらっと見(え)ること
━ 動 自 〔…を〕のぞく, のぞき見する 《*into, in*》
peep[2] B2 /pí:p ピープ/ 名 C ピーピー 《♦ひな鳥などの鳴き声》
━ 動 自 (ひな鳥などが)ピーピー鳴く
peep·hole /pí:phòul ピープホウル/ 名 C (ドア・壁などの)のぞき穴
Péeping Tóm 名 C 《口語》 (女性の裸などを)のぞき見する男, のぞき屋
peer[1] B2 /píər ピア/ (発音 pier と同音) 名 C ❶ (能力などが)同等の人; 同僚, 仲間 ❷ 貴族, 華族
peer[2] /píər ピア/ (発音 pier と同音) 動 自 じっと見る
peer·less /píərləs ピアレス/ 形 並ぶもののない, 無比の
péer prèssure 名 C 仲間(内, から)の圧力 《♦同年齢の集団内で仲間はずれにされまいとする圧迫感》
pee·vish /pí:viʃ ピーヴィシュ/ 形 気難しい, 不機嫌な, いらいらした, すねた
péevishly 副 気難しげに, 不機嫌に
peg B2 /pég ペグ/ 名 C ❶ かけくぎ, 木くぎ ❷ くい; 留めくぎ, くさび; せん
a square peg in a round hole 不適任者 (! a round peg in a square hole ともいう)
take A down a peg (*or two*) A (人)をやり込める, へこます
━ 動 (三単現 **pegs** /pégz/; 過去・過分 **pegged** /pégd/; 現分 **pegging**) 他 くぎ[くい]で留める; (物価・給料などを)一定水準にとどめておく
Peg·gy /pégi ペギ/ 名 ペギー 《♦女性名; Margaret の愛称》
Pe·kin·ese /pì:kiní:z ピーキニーズ/ 名 (複 **Pekinese**) C 《動物》 ペキニーズ 《♦中国産の小型愛玩(あいがん)犬》
Pe·king /pi:kíŋ ピーキング/ 名 北京(ペキン) 《♦現在では Beijing という》
pel·i·can /pélikən ペリカン/ 名 C 《鳥》 ペリカン
pel·let /pélət ペレト/ 名 C (紙・パンなどを

指で丸めた)小球, 小粒; (空気銃の)小弾丸; 丸薬, 錠剤

pelt[1] /pélt ペルト/ 動 他 〔石などを〕投げつける《*with*》; (石などを)〔…に〕立て続けに投げる《*at*》; (人に)〔質問などを〕浴びせる《*with*》; 自 (雨などが)強く降りつける《*down*》; 《口語》急いで走る《*down, along*》

— 名 U 投げつけること, 強打; C ひどい降り

at full pelt 全速力で

pelt[2] /pélt ペルト/ 名 C (動物の)生皮, 毛皮

pel·vis /pélvis ペルヴィス/ 名 (複 **pelvises** /pélvisəz/, **pelves** /pélvi:z/) C 《解剖》骨盤

pélvic 形 骨盤の

pen[1] A1 中

/pén ペン/ 名 (複 **pens** /pénz/) C

❶ ペン《♦ペン軸にペン先を付けたものや万年筆, ボールペン, 製図用カラス口など》

❷《ふつう単数形で》文筆

• The **pen** is mightier than the sword. 《ことわざ》ペンは剣よりも強し

— 動 (三単現 **pens** /pénz/; 過去・過分 **penned** /pénd/; 現分 **penning**) 他 《文章》(ペンで)書く

pen[2] /pén ペン/ 名 C

❶ (家畜を入れる)囲い, おり

❷ (赤ちゃんを入れる)ベビーサークル

— 動 (三単現 **pens** /pénz/; 過去・過分 **penned** /pénd/; 現分 **penning**) 他 おり[囲い]に入れる, 閉じ込める

pen up 狭い所に入れる[閉じ込める]

pe·nal /pí:nəl ピーナル/ 形 刑罰の; 刑罰に値する; 過酷な

pe·nal·ize B2 /pí:nəlàiz ピーナライズ/ 動 他 処罰する; 有罪の宣告をする; (審判などが, 選手に)ペナルティーを課す; 不利な立場に置く, 困らせる

pen·al·ty B2 /pénəlti ペナルティ/ 名 (複 **penalties** /pénəltiz/) U C

❶ 刑罰, 罰(ばつ); 罰金

• the death **penalty** 死刑

❷ (競技の)ペナルティー

• a **penalty** area [kick] (サッカーの)ペナルティーエリア[キック]

on [*under*] *penalty of ...* (違反すれば)…という罰を受けるという条件で

pay the penalty 罰金を払う; 当然の報いを受ける

pen·ance /pénəns ペナンス/ 名 U ざんげ, 悔い改め; 苦行

do penance (苦行を行って)悔い改める

pence A2

/péns ペンス/ 名 penny の複数形

pen·chant /péntʃənt ペンチャント/ 名 C 《ふつう単数形で》強い好み; 〔…に対する〕習癖, 傾向《*for*》

pen·cil A1 中

/pénsl ペンスル/ 名 (複 **pencils** /pénslz/)

❶ C 鉛筆 (❗B (=black) は鉛筆の「軟度(なんど)」を示し, H (=hard) は「硬度(こうど)」を示す); U 鉛筆書き

• a mechanical [《英》 propelling] **pencil** シャープペンシル (❗「シャープペンシル」は和製英語)

❷ 鉛筆形のもの; まゆ墨

— 動 (三単現 **pencils** /pénslz/; 過去・過分 **penciled**, 《英》 **pencilled** /pénsld/; 現分 **penciling**, 《英》 **pencilling**) 他 鉛筆で書く

péncil càse [**bòx**] 名 C 筆箱

péncil shàrpener 名 C 鉛筆けずり

pen·dant /péndənt ペンダント/ 名 C ペンダント

pend·ing /péndiŋ ペンディング/ 形 未解決の, 未定の

— 前 …まで (=until)

pen·du·lum /péndʒələm ペンデュラム/ 名 C (時計などの)振り子; (振り子のように)行ったり来たりするもの

pen·e·trate B2 /pénətrèit ペネトレイト/ 動 他 貫通する, 貫く; 他 自 しみ通る, しみ込む, 浸透する; 自 見抜く

pen·e·trat·ing /pénətrèitiŋ ペネトレイティング/ 形 洞察力のある; 貫通力のあ

る

pen·e·tra·tion /pènətréiʃən ペネトレイション/ 名 U 貫通; 浸透力; 洞察力

pen·e·tra·tive /pénətrèitiv ペネトレイティヴ/ 形 浸透する; 貫通するような

pen friend, pen·friend A2

/pénfrènd ペンフレンド/ 名 (複 **pen friends**, **penfriends** /pénfrèndz ペンフレンツ/) C 《英》文通友達, ペンフレンド (=《米》pen pal)

pen·guin B2 高 /péŋgwən ペングウィン/ 名 C 《鳥》ペンギン

pen·hold·er /pénhòuldər ペンホウルダ/ 名 C ペン軸(じく)

pen·i·cil·lin B2 /pènəsílən ペニスィリン/ 名 U 《医学》ペニシリン 《◆強い抗生物質》

pen·in·su·la /pənínsələ ペニンスラ/ 名 C 半島 **penínsular** 形 半島(状)の

pe·nis /pí:nis ピーニス/ (×ペニス) 名 C 《解剖》ペニス

pen·i·tence /pénitəns ペニテンス/ 名 U 《文章》後悔

pen·i·tent /pénitənt ペニタント/ 形 (人が)〔…に対して〕深く悔いている《*for*》

pen·i·ten·tia·ry /pèniténʃəri ペニテンシャリ/ 名 (複 **penitentiaries** /pèniténʃəriz/) C 《米》州[連邦]刑務所

pen·knife /pénnàif ペンナイフ/ 名 (複 **penknives** /pénnàivz/) C (懐中用の)小型ナイフ, ポケットナイフ

pen·light /pénlàit ペンライト/ 名 C ペンライト, 万年筆形の懐中電灯

pen·man·ship /pénmənʃip ペンマンシプ/ 名 U ペン習字; 筆跡(ひっせき)

pén nàme 名 C ペンネーム, 筆名

pen·nant /pénənt ペナント/ 名 C
❶ (軍艦(かん)の信号用などの, 細長の)三角旗
❷ (スポーツの)優勝旗, ペナント

pen·ni·less B1 /péniləs ペニレス/ 形 (❗比較変化なし) 一文なしの

Penn·syl·va·nia /pènslvéinjə ペンスルヴェイニャ/ 名 ペンシルベニア 《◆米国北東部の州; Pa., Penn., (郵便で) PA と略す》

pen·ny B1 /péni ペニ/ 名 (複 《価格》 **pence** /péns/, 《硬貨》 **pennies** /péniz/) C ❶《英》ペニー; ペニー銅貨 《◆英国の貨幣単位》 • This pen costs 50 **pence**. このペンは(値段が)50ペンスです
❷《米》1セント銅貨 (=cent)
❸《否定文で》《**a penny**》びた一文, ほんのわずか

pén pàl 名 C 《米》(特に外国の)文通友達, ペンパル (=《英》pen friend)

pen·sion[1] B2 /pénʃən ペンション/ 名 C 年金, 恩給
• live on a **pension** 年金で暮らす
— 動 他 年金を与える
pension ... off …に年金を与えて退職させる

pen·sion[2] B2 /pá:nsiàn パーンスィアン/ 名 C 下宿屋, ペンション
日英比較 日本の「ペンション」のような, リゾート地にある小ホテルの意味はない

pen·sion·er /pénʃənər ペンシャナ/ 名 C 年金[恩給]受給者

pen·sive /pénsiv ペンスィヴ/ 形 《文章》物思いに沈んだ; 哀愁に満ちた

pen·ta·gon B2 /péntəgàn ペンタガン/ 名 C 五角形, 五辺形; 《**the Pentagon**》ペンタゴン 《◆バージニア Virginia 州にある米国国防総省; 建物が五角形》
語源 ギリシャ語の「五つの角(かど)」から

pen·tath·lon /pentǽθlən ペンタスロン/ 名 C 《スポーツ》五種競技

pent·house /pénthàus ペントハウス/ 名 (複 **penthouses** /pénthàuzəz/) C 屋上住宅, ペントハウス

pent-up /pèntʌ́p ペンタプ/ 形 (感情などが)押さえられた, うっ積した

pe·o·ny /pí:əni ピーアニ/ 名 (複 **peonies** /pí:əniz/) C 《植物》ボタン(の類)

peo·ple A1 中

/pí:pl ピープル/ 名 (複 **peoples** /pí:plz/)
❶《複数扱い》人々; 世間(の人々)
• Some **people** believe that they have seen UFOs. UFOを見たと信じている人もいる

- **People say ...** …ということだ (=They say ... = It is said that ...)

❷《**the people**》民衆，一般国民; 人民
❸ C 国民，民族

使い方》(1)「複数の人，人々」の意味では常に people の形で複数扱い:
Four **people were** killed in the accident. その事故で4人が死んだ
People have the right to be happy. 人は幸せになる権利がある
(2)「国民，民族(nation)」の意味では単数形は a people，複数形は peoples になる:
They are **a** hardworking **people**. 彼らは勤勉な民族だ
the **peoples** of Asia アジアの諸国民

❹《複数扱い》《*one's* **people**》家族; 両親
❺《複数扱い》《*one's* **people**》《文章》部下

—動 (三単現 **peoples** /píːplz/; 過去･過分 **peopled** /píːpld/; 現分 **peopling**) 他《文章》…に人[動物]を住まわせる，植民する

pep /pép ペプ/ 名 U 元気，気力

pep·per A2 高

/pépər ペパ/ 名 (複 **peppers** /pépərz/) U コショウ; C《植物》トウガラシの実;《英》ピーマン (=《米》bell pepper)

- put salt and **pepper** on the meat 肉にコショウと塩をかける

—動 (三単現 **peppers** /pépərz/; 過去･過分 **peppered** /pépərd/; 現分 **peppering** /pépəriŋ/) 他
(人に)〔弾丸・質問などを〕浴びせかける《*with*》; (食物に)コショウをかける

pep·per·mint /pépərmìnt ペパミント/ 名 U《植物》ハッカ

pep·per·y /pépəri ペパリ/ 形 (食べ物が)こしょうのきいた，ぴりっと辛い; 短気な，かっとなる

pep·py /pépi ペピ/ 形 (比較級 **peppier**; 最上級 **peppiest**)《口語》元気[威勢]のいい

pép ràlly 名 C《米》(運動選手のための)激励(げきれい)集会

pép tàlk 名 C《口語》激励[応援]演説，'ゲキ'

per B1 高 /《弱》pər パ;《強》pə́ːr パー/ 前 …につき，…ごとに ⇨**a** ❷

- 100 miles **per** hour 1時間(につき)100マイル，時速100マイル

as per usual いつものように

per an·num /pərǽnəm パラナム/ 副 1年ごとに，1年につき《◆略 p.a.》

per cap·i·ta /pərkǽpitə パキャピタ/ 副 形《文章》1人当たり(の)，頭割りで[の]

per·ceive B2 /pərsíːv パスィーヴ/ 動 他 気づく，わかる，知覚する

- I **perceived** the mistake in his answer. 私は彼の答えにまちがいがあるのに気づいた

派生 **perception** 名

per·cent, per cent B1 中 /pərsént パセント/ 名 (複 **percent, per cent**) C パーセント，100分の… (! %という符号で表すことがある)

- Ten **percent** of two hundred is twenty. 200の10パーセントは20だ

使い方》(1) percent of の次の名詞が複数なら複数に，単数なら単数に扱う:
Fifty **percent** of the people support [×supports] the Prime Minister. 50パーセントの国民が首相を支持している
(2) 名詞の前に置いて形容詞的に，動詞のあとで副詞的にも用いる:
a ten-**percent** discount 10パーセントの値引き
Unemployment is down two **percent**. 失業率が2パーセント減った

per·cent·age B2 高 /pərséntidʒ パセンティヂ/ (×パーセンテージ) 名 C 百分率，パーセンテージ; 割合，比率 (! percentage of の次の名詞が複数なら複数に，単数なら単数にあつかう)

- What **percentage** of people go abroad every year? 毎年何パーセントの人々が海外に出かけますか
- A large **percentage** of the students have PCs. 学生の大部分はパソコンを持っている

A B C D E F G H I J K L M N O P Q R S T U V W X Y Z

per·cep·ti·ble /pərséptəbl パセプティブル/ 形 知覚できる; 気がつくほどの
percéptibly 副 気がつくほどに

per·cep·tion B2 /pərsépʃən パセプション/ 名 U 知覚; 《単数形で》理解, 理解力; C 知覚[認識]した物事
派生 **perceive** 動

per·cep·tive /pərséptiv パセプティヴ/ 形 知覚の; 洞察力のある

perch[1] /pə́ːrtʃ パーチ/ 名 C (鳥の)止まり木
— 動 自 (鳥が)止まる; (人が小高い所に)腰をかける, (建物などが高い所に)立つ

perch[2] /pə́ːrtʃ パーチ/ 名 (複 **perch, perches** /pə́ːrtʃəz/) C 《魚》パーチ (♦スズキの類の淡水食用魚)

per·co·late /pə́ːrkəlèit パーコレイト/ 動
❶ 他 (液体などを)〔…を通して〕ろ過する, こす 《*through*》; (液体などが)しみ込む; 自 (液体などが)〔…を通って〕にじみ出る, しみ出る 《*through*》
❷ 他 (コーヒーを)パーコレーターで入れる; 自 パーコレーターでできる

per·co·la·tor /pə́ːrkəlèitər パーコレイタ/ 名 C パーコレーター (♦ろ過式のコーヒー沸かし器)

per·cus·sion /pərkʌ́ʃən パカション/ 名 U 《集合的》《単数・複数扱い》打楽器; 《**the percussion**》(オーケストラの)打楽器部; 衝撃; 衝撃音, 振動音

per·cus·sion·ist /pərkʌ́ʃənist パカショニスト/ 名 C 打楽器奏者

per·en·ni·al /pəréniəl ペレニアル/ 形 一年じゅう続く; 長期間の; 永遠の; 《植物》多年生の — 名 C 多年生植物

per·fect A2 中

/pə́ːrfikt パーフィクト/ 形
完全な, 申し分ない; 〔…するのに〕最適の 《*for*》; 正確な; まったくの (! 名詞の前に用いる); 《文法》完了の
- a **perfect** score 満点 (←完全な得点)
- His batting form is **perfect**. 彼の打撃フォームは完ぺきだ
- He is a **perfect** stranger to me. 彼は私のまったく知らない人です

— 名 U 《ふつう **the perfect**》《文法》完了時制
— /pərfékt パフェクト/ (発音 形・名 との違いに注意) 動 (三単現 **perfects** /pərfékts パフェクツ/; 過去・過分 **perfected** /pə́ːrfiktəd/; 現分 **perfecting**) 他
完成する, 仕上げる
派生 **perfection** 名

per·fec·tion /pərfékʃən パフェクション/ 名 U 完全(性), 完ぺき; 完成
bring ... to perfection …を完成させる, 完全なものにする
to perfection 完全に, 申し分なく
派生 **perfect** 動

per·fec·tion·ist /pərfékʃənist パフェクショニスト/ 名 C 完全主義者

per·fect·ly A2 高

/pə́ːrfiktli パーフィクトリ/ 副
完全に, 申し分なく, まったく
- He did the task **perfectly**. 彼は完ぺきに仕事をこなした
- You are **perfectly** right. あなたのおっしゃる通りです (! 反語的に皮肉をこめて使われることもある)

per·fo·rate /pə́ːrfərèit パーフォレイト/ 動 他 穴をあける, 突き通す; (紙・切手シートなどに)ミシン目を入れる, 切り取り線をつける
pérforàted 形 (紙などが)ミシン目の入った

per·fo·ra·tion /pə̀ːrfəréiʃən パーフォレイション/ 名 C 《しばしば **perforations**》(切り取り用の)穴, ミシン目; (切手の)目打ち; U 穴をあける[あけられる]こと; 貫通

per·form A2 高

/pərfɔ́ːrm パフォーム/ 動 (三単現 **performs** /pərfɔ́ːrmz/; 過去・過分 **performed** /pərfɔ́ːrmd/; 現分 **performing**) 他
❶ 演じる, 演奏する; 上演する; (動物が芸を)する
- She **performed** beautifully **on** the piano. 彼女は見事なピアノ演奏をした

❷ 行う, (義務などを)果たす, やりとげ

る; 実行する; (機械などが)働く, 動作する (! ふつう副詞を伴う)

派生 **performance** 名

per·form·ance A2 中

/pərfɔ́ːrməns パフォーマンス/ 名 (複 **performances** /pərfɔ́ːrmənsəz/)
❶ C 上演, 演奏, 演技; 芸当, パフォーマンス; U (仕事などの)できばえ, 成績; 性能
• a musical **performance** 音楽の演奏
❷ U 遂行(すいこう), 実行, 行うこと

派生 **perform** 動

per·form·er B1 高 /pərfɔ́ːrmər パフォーマ/ 名 (複 **performers** /pərfɔ́ːrmərz/) C 演技者, 役者; 演奏者, 音楽家; 選手; 実行[遂行]者

perfórming àrts 名 《the をつけて》 舞台芸術 《♦ダンス・演劇など》

per·fume A2

/pə́ːrfjuːm パーフューム/
名 (複 **perfumes** /pə́ːrfjuːmz/) U C
❶ 香水(こうすい), 香料
• What **perfume** are you wearing? あなたはどんな香水をつけているのですか
❷ ここちよいにおい, 芳香(ほうこう)

— /pərfjúːm パフューム/ (発音 名とのアクセントの違いに注意) 動 (三単現 **perfumes** /pə́ːrfjuːmz/; 過去・過分 **perfumed** /pə́ːrfjuːmd/; 現分 **perfuming**) 他 香水[香り]をつける

per·func·to·ry /pərfʌ́ŋktəri パファンクタリ/ 形 《文章》(行為が)機械的な, おざなりの; やる気[熱意]のない

per·haps A2 高

/pərhǽps パハプス/ 副
❶ たぶん, おそらく; ことによると, ひょっとしたら
• **Perhaps** she has a sense of humor. たぶん彼女はユーモアのセンスがあるよ
❷ よろしければ

会話 "You could come with me, **perhaps**?" "With pleasure." 「よろしければ私といっしょに行っていただけませんか?」「喜んで」

関連語》 単語力
possibly ひょっとしたら
perhaps, maybe たぶん
probably, likely おそらく
certainly きっと
definitely まちがいなく
(! 下にいくほど確率が高い)

per·il /pérəl ペリル/ 名 U C 大きな危険; C 危険な物 ⇨**danger**

at one's peril 危険を覚悟で

per·il·ous /pérələs ペリラス/ 形 《文章》危険な

pe·rim·e·ter /pərímətər ペリマタ/ 名 C (区画された土地の)周囲; 周辺の長さ

pe·ri·od A1 中

/píəriəd ピアリアド/
名 (複 **periods** /píəriədz ピアリアヅ/) C
❶ 期間; 時期
• for a short **period** of time 短い間
❷ 時代
• Natsume Soseki is a writer in the Meiji **period**. 夏目漱石は明治時代の作家です
❸ 周期; 《医学》…期
❹ 《米》 ピリオド, 終止符 (=《英》 full stop)
❺ (授業の)時間, 時限
❻ 《しばしば **periods**》《生理》月経(期間)

pe·ri·od·ic /pìəriɑ́dik ピアリアディク/ 形 周期的な, 定期的な

pe·ri·od·i·cal /pìəriɑ́dikəl ピアリアディカル/ 名 C 定期刊行物

— 形 定期刊行の 《♦daily (日刊)以外のもの; 週刊, 月刊, 季刊など》

pe·ri·od·ic·al·ly /pìəriɑ́dikəli ピアリアディカリ/ 副 周期的に, 定期的に

pe·riph·er·al /pərífərəl ペリフェラル/ 形 (場所が)周辺部の, 中心でない; (問題などが)瑣末(さまつ)な; 《コンピュータ》周辺(機器)の

— 名 C 《コンピュータ》周辺機器 《♦プリンターなど》

pe·riph·er·y /pərífəri ペリフェリ/ 名 (複

peripheries /pəríf(ə)riz/) C 《文章》周辺地域; (活動などの)周辺(部)

per·i·scope /périskòup ペリスコウプ/ 名 C 潜望鏡

per·ish /périʃ ペリシュ/ 動 自 《文章》死ぬ, 滅(ほろ)びる; くさる; 使えなくなる
- Many people **perished** from cholera. 多くの人々がコレラで死んだ

per·ish·a·ble /périʃəbl ペリシャブル/ 形 (食品が)だめになりやすい, すぐ傷む

per·jure /pə́ːrdʒər パーヂャ/ 動 他 《**perjure** *one***self** で》偽証する

per·ju·ry /pə́ːrdʒəri パーヂャリ/ 名 (複 **perjuries** /pə́ːrdʒəriz/) U C 《法律》偽証; 偽証罪

perk[1] /pə́ːrk パーク/ 動 他 さっそうとさせる《*up*》; 元気づける《*up*》; 自 元気を回復する《*up*》

perk[2] /pə́ːrk パーク/ 名 C 《ふつう **perks**》《口語》臨時収入; 特典

perk·y /pə́ːrki パーキ/ 形 (比較級 **perkier**; 最上級 **perkiest**) 活発な, 元気一杯の, 意気盛んな; 生意気な

perm /pə́ːrm パーム/ 名 C パーマ (=permanent wave)

— 動 他 (髪に)パーマをかける

per·ma·frost /pə́ːrməfrɔ̀ːst パーマフロースト/ 名 U 《地質》(北極地方などの)永久凍土層

per·ma·nence B2 /pə́ːrmənəns パーマネンス/ 名 U 永久, 不変; 永続性

per·ma·nen·cy /pə́ːrmənənsi パーマネンスィ/ 名 U 永久, 不変, 永続性 (=permanence)

per·ma·nent B1 /pə́ːrmənənt パーマネント/ 形 永久の, 不変の, 永続的な (↔**temporary**); 終身の, 常任の
- a **permanent** job 終身雇用
- a **permanent** member of a club クラブの永久会員

— 名 (複 **permanents** /pə́ːrmənənts パーマネンツ/) C 《米》パーマ (=permanent wave, perm)

pérmanently B1 副 永久に, 不変に

per·me·ate B2 /pə́ːrmièit パーミエイト/ 動 《文章》❶ 他 (液体・気体などが)しみ通る, 浸透する; (香り・煙などが)充満する; 自 〔…に〕しみ渡る《*through*》
❷ 他 (思想などが)広がる

per·mis·si·ble /pərmísəbl パミスィブル/ 形 差し支(つか)えない程度の

permíssibly 副 差し支えない程度に

per·mis·sion A2 高

/pərmíʃən パミション/ 名 U
許し, 許可; 認可
- give **permission** 許可を与える, 許す
- with [without] **permission** 許可を得て[許可なく, 無断で]

コロケーション
動+**permission**
ask *permission* 許可を求める
get [obtain] *permission* to *do* …する許可を得る
grant *permission* 許可を与える

per·mis·sive /pərmísiv パミスィヴ/ 形 寛大な, 厳しくない; (社会などが)性に関して寛大な

派生 **permit** 動

per·mit B1 /pərmít パミト/ 動 (三単現 **permits** /pərmíts パミツ/; 過去・過分 **permitted** /pərmítəd/; 現分 **permitting**)
❶ 他 許可する, 許す (■allow より正式な許可について用いる); 文型 [**permit A to** *do*] Aが…するのを許す[許可する]
- We **were permitted** into the library. 私たちは図書館に入るのを許可された
❷ 他 自 (物事が)許す, 可能にする
- Weather **permitting** ... = If (the) weather **permits** ... もし天気がよければ…

— /pə́ːrmit パーミト/ (発音 動とのアクセントの違いに注意) 名 (複 **permits** /pə́ːrmits パーミツ/) C 許可証
- a work **permit** 労働許可証

派生 **permission** 名
派生 **permissible**, **permissive** 形

per·mu·ta·tion /pə̀ːrmjutéiʃən パー

ミュテイション/ 名 C 並べ替え;《数学》順列

per·ni·cious /pərníʃəs パニシャス/ 形 《文章》(物・事が)悪影響をもたらす, 有害な

per·pen·dic·u·lar /pə̀ːrpəndíkjulər パーペンディキュラ/ 形 垂直(すいちょく)の (↔ **horizontal**)

per·pe·trate /pə́ːrpətrèit パーペトレイト/ 動 他 《文章》(罪・過失などを)犯す; (よからぬことを)しでかす

per·pe·tra·tor /pə́ːrpətrèitər パーペトレイタ/ 名 C 《文章》犯人, 犯行者, 下手人

per·pet·u·al /pərpétʃuəl パペチュアル/ 形 ❶永久の, 永久的な ❷絶え間ない, ひっきりなしの (=constant) (❗「くり返しながら続いていく」ことに重点がある)

per·pet·u·al·ly /pərpétʃuəli パペチュアリ/ 副 永久に, 永続的に; 絶え間なく

per·pet·u·ate /pərpétʃuèit パペチュエイト/ 動 他 永久のものにする; 不朽のものにする

per·pe·tu·i·ty /pə̀ːrpətjúːəti パーペテューイティ/ 名 U 永久

in* [*for*] *perpetuity 永久に

per·plex /pərpléks パプレクス/ 動 他 〔…で〕当惑させる, 困惑させる, 困らせる, まごつかせる, 混乱させる《*with*》

per·plexed /pərplékst パプレクスト/ 形 困惑した, 途方に暮れた

per·plex·ing /pərpléksiŋ パプレクスィング/ 形 (問題などが)人を混乱させる, 込み入った, めんどうな

per·plex·i·ty /pərpléksəti パプレクスィティ/ 名 (複 **perplexities** /pərpléksətiz/) ❶U 当惑, 困惑 ❷C 難題

Per·ry /péri ペリ/ 名 《**Matthew Calbraith** /マスュー キャルブレイス/ **Perry**》ペリー (1794-1858)《♦日本に開国を求めた米国の海軍提督》

per·se·cute /pə́ːrsikjùːt パースィキュート/ 動 他 迫害(はくがい)する, 虐待(ぎゃくたい)する

per·se·cu·tion /pə̀ːrsikjúːʃən パースィキューション/ 名 U C 迫害

per·se·ver·ance B2 /pə̀ːrsəvíərəns パーセヴィアランス/ 名 U 根気, 頑張り

per·se·vere /pə̀ːrsəvíər パーセヴィア/ 動 自 〔…を〕根気[辛抱]強くやり通す《*at, in, with*》, 頑張って…する

Per·sia /pə́ːrʒə パージャ/ 名 ペルシャ《♦イラン (Iran) の旧称》

Per·sian /pə́ːrʒən パージャン/ 形 ペルシャの, ペルシャ人[語]の

━名 ❶C ペルシャ人 ❷U ペルシャ語

Pérsian Gúlf 名《**the** をつけて》ペルシャ湾

per·sim·mon /pəːrsímən パースィモン/ 名 C 《植物》カキ(の木)

per·sist B2 /pərsíst パスィスト/ 動 自

❶〔…を〕固執する, (あくまで)主張する; やり通そうとする《*in, in doing*》

• They **persist in thinking** that he is still alive. 彼らは彼がまだ生きていると思い続けている

❷続く; 生き残る; 持続する

• Be careful. Bad habits will **persist** through life. 気をつけなよ, 悪い習慣は生涯続くから

per·sist·ence B2 /pərsístəns パスィステンス/ 名 U 固執; がんばり; 頑固

per·sist·ent B2 /pərsístənt パスィステント/ 形 粘り強い; しつこい; 持続する

persístently 副 しつこく; 根気よく

per·son A1 中

/pə́ːrsən パーソン/

名 (複 **persons** /pə́ːrsənz/)

❶C 人, 個人, 人物

• She is a nice **person**. 彼女はいい人だ

• a disabled **person** 体の不自由な人

• The law does not allows us to sell alcohol to **persons** under 20 years of age. 法律により20歳以下の人にお酒を販売することはできません

参考〉

(1)「複数の人」にはふつう people を使う. person の複数形 persons は形式ばった表現にだけ使われる

(2)「みんな」「だれでも」は ×every person, ×any person といわず, every-

one, everybody, anyone, anybody を使う
❷ Ⓒ《ふつう単数形で》身体
❸ ⓊⒸ《文法》人称
from person to person 人づてに
in person (本人)みずから, 自身で
派生 **personal** 形

per·so·na /pərsóunə パソウナ/ 名 (複 **personae** /pərsóuniː/, **personas** /pərsóunəz/) Ⓒ (人の)印象, 外面的な性格;《心理》ペルソナ, 仮面

per·son·a·ble /pə́ːrsənəbl パーソナブル/ 形 (特に男子が)風さいのよい, 好感の持てる

per·son·al A1 中

/pə́ːrsənəl パーソナル/ 形
❶ 個人的な, 一身上の, 自分だけの, 私的な;《米》(手紙が)親展の (=《英》private)
• for **personal** reasons 個人的な理由で
• This is my **personal** opinion. これは私の個人的な意見です
❷ 本人の, じきじきの
❸ 身体の, 容姿の, 身なりの (! 名詞の前に用いる)
• a **personal** appearance 外見, 身なり
❹《文法》人称の
— 名《**the personals**》《米》(新聞の)人事消息欄; 連絡用個人広告
派生 **person**, **personality** 名

pérsonal compúter 名 Ⓒ パーソナル・コンピュータ, パソコン《♦個人用の小型コンピュータ; 略 PC》

per·son·al·i·ty

A2 高 /pə̀ːrsənǽləti パーソナリティ/ 名 (複 **personalities** /pə̀ːrsənǽlətiz/)
❶ ⓊⒸ 個性, 人格; 性格, (人から好かれる)人柄(ひとがら)
• Our boss has a forceful **personality**. うちの上司は押しの強い性格だ

コロケーション
形+**personality**
a charismatic *personality* カリスマ的な個性
an engaging [an attractive] *personality* 魅力的な人柄
a dynamic *personality* 精力的な性格
a strong *personality* 強い性格
an outgoing *personality* 社交的な性格

❷ Ⓒ すばらしい才能を持った人; パーソナリティー; (ある分野での)有名人, 名士
• a famous TV **personality** 有名なテレビタレント

注意› 「テレビタレント」は和製英語で, ×TV talent のような英語はなく, TV personality [star] などという. 英語の talent は「才能(のある人)」という意味

派生 **personal** 形

per·son·al·ize /pə́ːrsənəlàiz パーソナライズ/ 動 他 (名前・イニシャルなどを印刷するなどして)個人専用にする; 個人の好み[要求]に合わせる; (議論などを)自分の都合のよいように仕向ける; 人格[擬人]化する

per·son·al·ly B1 /pə́ːrsənəli パーソナリ/ 副 ❶ (他人は知らないが)私は, 個人的には; 一個の人間として(は)
• **Personally**, I don't agree with the plan. 私個人としてはその案に賛成できない
❷ みずから, (一個人として)直接に (=in person)
❸ 自分に向けられたかのように

pérsonal prónoun 名 Ⓒ《文法》人称代名詞《♦I (私), his (彼の), them (彼らを)など》⇨**pronoun**

per·son·i·fi·ca·tion B2 /pərsɑ̀nəfikéiʃən パサニフィケイション/ 名《**the personification**》化身《*of*》; ⒸⓊ 擬人化

per·son·i·fy B2 /pərsɑ́nifài パサニファイ/ 動 (三単現 **personifies** /pərsɑ́nifàiz/; 過去・過分 **personified** /pərsɑ́nifàid/; 現分 **personifying**) 他 〔…として〕擬人化する, 体現する《*as*》

per·son·nel B2 /pə̀ːrsənél パーソネル/ 名《複数扱い; 集合的》職員; Ⓤ 人事課

per·spec·tive B2 高 /pərspéktiv パスペクティヴ/ 名 ❶ ⓊⒸ 観点; 釣り合いのとれた見方 ❷ Ⓤ 遠近法, 透視画法; Ⓒ 透視画; Ⓒ 遠景, 眺め

❸ Ⓒ 展望, 見込み

in perspective 釣り合いが取れて

per·spi·ra·tion B2 /pə̀ːrspəréiʃən パースピレイション/ 名 Ⓤ 発汗, 発汗作用; 汗 (❗sweat より上品な語)

per·spire /pərspáiər パスパイア/ 動 自 発汗する, 汗をかく (❗sweat より上品な語)

per·suade B1 高 /pərswéid パスウェイド/ 動 (三単現 **persuades** /pərswéidz パスウェイヅ/; 過去・過分 **persuaded** /pərswéidəd/; 現分 **persuading**) 他

❶ (人を)説得する; 文型 [**persuade A to** *do*] A(人)を説得して…させる, Aをさそって…させる

● **persuade** him **to** *tell* the truth 本当のことを言うように彼を説得する

文型 [**persuade A into** *do***ing**] A(人)を説得して…させる

● I **persuaded** him **into working** at this office. = I **persuaded** him **to** *work* at this office. 私は彼を説得してこの事務所で働かせた

注意› persuade は説得の結果として行為をさせることを含む.「医者に行くように彼を説得したが彼は行かなかった」は ×I persuaded him to see a doctor, but he didn't. ではなく, I tried to **persuade** him **to** see a doctor, but he didn't. などという

❷ 文型 [**persuade A that ...**] A(人)に…ということを納得させる, 信じさせる; 文型 [**persuade A of B**] A(人)にBを納得させる

● He **persuaded** her **that** he was innocent. = He **persuaded** her **of** his innocence. 彼は彼女に自分が潔白であることを納得させた

派生 **persuasion** 名

派生 **persuasive** 形

per·sua·sion B2 /pərswéiʒən パスウェイジョン/ 名 Ⓤ 説得; 説得力; ⓊⒸ 確信, 信念 派生 **persuade** 動

per·sua·sive B1 /pərswéisiv パスウェイスィヴ/ 形 説得力のある; 説得のうまい 派生 **persuade** 動

pert /pə́ːrt パート/ 形 (比較級 **perter**; 最上級 **pertest**) (若い女性・言動などが)突っ張った, 生意気な, つんとした

per·tain /pərtéin パテイン/ 動 他 《文章》 文型 [**pertain to A**] Aに関係[関連]をもつ; Aに付属する; A(人)にふさわしい

per·ti·nent /pə́ːrtinənt パーティネント/ 形 《文章》直接の関係がある; 〔…に〕適切な, 妥当な《*to*》

per·turb /pərtə́ːrb パターブ/ 動 他 《文章》不安にさせる, 心をかき乱す

Pe·ru /pərúː ペルー/ (×ペルー) 名 ペルー《♦南米北西部の共和国; 首都はリマ (Lima); 公用語はスペイン語》

pe·ruse /pərúːz ペルーズ/ 動 他 熟読する, 精読する

Pe·ru·vi·an /pərúːviən ペルーヴィアン/ 形 ペルー(人)の

— 名 Ⓒ ペルー人

per·vade /pərvéid パヴェイド/ 動 他 広がる; いっぱいになる

per·va·sive /pərvéisiv パヴェイスィヴ/ 形 (におい・感情・影響が)広がる, 行き渡る, 充満する **pervásively** 副 充満して; 普及して

per·verse /pərvə́ːrs パヴァース/ 形 ひねくれた

pervérsely 副 ひねくれて

per·ver·sion /pərvə́ːrʒən パヴァージョン/ 名 ⓊⒸ 堕落(すること); こじつけ, 曲解; 《心理》性的倒錯; 悪用

per·vert /pərvə́ːrt パヴァート/ 動 他 (人を)堕落させる; (事を)変質させる, ゆがめる

— /pə́ːrvəːrt パーヴァート/ (発音 動とのアクセントの違いに注意) 名 Ⓒ 変質者, 性的倒錯者

pes·si·mism /pésəmìzm ペスィミズム/ 名 Ⓤ 悲観思想[主義], 厭世(えんせい)主義 (↔**optimism**)

pes·si·mist B2 /pésəmist ペスィミスト/ 名 Ⓒ 悲観論者, 厭世(えんせい)主義者 (↔ **optimist**)

pes·si·mis·tic B2 /pèsəmístik ペスィミスティク/ 形 悲観的な, 厭世(えんせい)的な; 悲

観主義の, 厭世主義の (↔optimistic)
pèssimístically 副 悲観的に; 厭世的に

pest /pést ペスト/ 名 C 有害な虫[動物]; 《ふつう a pest》《口語》やっかいな人; うるさい[腕白な]子ども

pes·ter /péstər ペスタ/ 動 他 (人を)困らせる; 文型 [**pester A for B**] A(人)にB(物)をくれとせがむ; 文型 [**pester A to** *do*] A(人)に…してくれとせがむ

pes·ti·cide 高 /péstəsàid ペスティサイド/ 名 U C 殺虫剤

pes·ti·lence /péstiləns ペスティレンス/ 名 U C 《文章》悪疫, 悪性伝染病, ペスト

pes·tle /pésl ペスル/ 名 C 乳棒; すりこぎ

pet A1 中

/pét ペト/ 名 (複 **pets** /péts ペツ/) C
❶ ペット, 愛玩(あいがん)動物
• have a dog as [for] a **pet** 犬をペットとして飼っている
❷ お気に入り(のもの)
❸《形容詞的》ペットの, ペット用の; 大好きな, かわいがっている, お気に入りの; お得意の
━ 動 (三単現 **pets** /péts ペツ/; 過去・過分 **petted** /pétəd/; 現分 **petting**) 他
かわいがる; 愛撫(あいぶ)する

pet·al /pétl ペタル/ 名 C 《植物》花弁, 花びら

Pe·ter /pí:tər ピータ/ 名 ピーター (♦男性名)

Péter Pán /pǽn パン/ 名 ピーター・パン

pe·tite /pətí:t パティート/ 形 (女性が)小柄な, きゃしゃな

pe·ti·tion /pətíʃən ペティション/ 名 C 請願, 嘆願; 請願書
━ 動 他 自 請願する, 嘆願する

pét náme 名 C 愛称 (♦本名とは別に人・動物・乗り物などにつける名前; Robert に対する Bob のように本名に対応する名前はふつう nickname という)

pet·ri·fy /pétrifài ペトリファイ/ 動 (三単現 **petrifies** /pétrifàiz/; 過去・過分 **petrified** /pétrifàid/; 現分 **petrifying**) ❶ 他 (人を)〔恐怖・驚きなどで〕すくませる, ぼう然自失させる《*with*》 ❷ 他 自 石化する

pet·ro·chem·i·cal /pètroukémikəl ペトロウケミカル/ 名 C 石油化学製品

pet·rol A2

/pétrəl ペトロル/ 名 U 《英》
ガソリン (=《米》gasoline)

pe·tro·le·um /pətróuliəm ペトロウリアム/ 名 U 石油

pétrol stàtion A2

名 C 《英》
(自動車の)給油所, ガソリンスタンド (=《米》filling [gas] station)

pet·ti·coat /pétikòut ペティコウト/ 名 C ペチコート (♦女性用下着)

pet·ty B2 /péti ペティ/ 形 (比較級 **pettier**; 最上級 **pettiest**) ❶ 小さな, ささいな, つまらない ❷ 心のせまい, 意地悪な

pet·u·lant /pétʃələnt ペチュラント/ 形 いらいらした, 不機嫌な, おこりっぽい
pétulantly 副 いらいらして, 不機嫌に

pe·tu·nia /pətjú:njə ペチューニャ/ 名 C 《植物》ペチュニア; U 暗赤紫色

pew /pjú: ピュー/ 名 C (教会の一般参列者用のベンチ型の)座席

pew·ter /pjú:tər ピュータ/ 名 U 《化学》シロメ (♦スズ(主成分)と鉛の合金); シロメ製の器

PG 《略》Parental Guidance 保護者同伴映画

phan·tom B1 /fǽntəm ファントム/ 名 (複 **phantoms** /fǽntəmz/) C
幽霊, お化け (=ghost); 《文章》(心に浮かぶ)幻, 幻覚, 幻影
━ 形 幽霊の; 幻の, 幻影の (❗名詞の前に用いる)

Phar·aoh /féərou フェアロウ/ 名 C ファラオ (♦古代エジプト王の称号)

phar·ma·ceu·ti·cal /fà:rməsjú:tikəl ファーマシューティカル/ 形 調剤[製薬]の; 薬学の

phar·ma·cist B2 /fɑ́ːrməsist ファーマスィスト/ 名 C 薬剤(やくざい)師 (=《米》druggist, 《英》chemist)

phar·ma·col·o·gy /fɑ̀ːrməkɑ́lədʒi ファーマカロヂ/ 名 U 薬学, 薬物[薬理]学

phar·ma·cy B1 /fɑ́ːrməsi ファーマスィ/ 名 (複 **pharmacies** /fɑ́ːrməsiz/) C 薬局, 薬屋さん; U 薬学

phase B2 /féiz フェイズ/ 名 C

❶ (問題などの)面, 方面, 相; 側面

• This problem has various **phases**. この問題にはさまざまな側面がある

❷ (変化・発達の)段階, 時期, 局面

• The project has entered upon the last **phase**. プロジェクトは最終段階に突入した

━ 動 他 段階的[徐々に]に実行する

phase in …を段階的に実行する[導入する]

phase out …を段階的にやめる[排除する]

Ph.D. /píːèitʃdíː ピーエイチディー/ 名 (複 **Ph. D.s, Ph.D.'s** /píːèitʃdíːz/) C 博士(号) (❗Doctor of Philosophy の略)

pheas·ant /fézənt フェザント/ 名 (複 **pheasants** /fézənts フェザンツ/, **pheasant**) C 《集合的》《鳥》キジ; U キジの肉

出典・由来› 西洋では昔から猟鳥として親しまれてきた鳥. 羽の色がきれいなので「美」と「ぜいたく」の象徴と考えられてきた

phe·nom·e·na /finɑ́mənə フィナメナ/ 名 phenomenon の複数形

phe·nom·e·nal /finɑ́mənəl フィナメナル/ 形 驚くべき; 現象の

phe·nom·e·non B1 高 /finɑ́mənàn フィナメナン | finɔ́mənən フィノメノン/ 名 (複 **phenomena** /finɑ́mənə/) C 現象; 驚くべき出来事

• a natural **phenomenon** 自然現象

pher·o·mone /férəmòun フェロモウン/ 名 C 《生化学》フェロモン

phew /fjúː フュー/ 間 ふー《♦驚き・疲労・安堵(あんど)などを表す声》

Phil /fíl フィル/ 名 フィル《♦男性名; Philip の愛称》

Phil·a·del·phi·a /filədélfiə フィラデルフィア/ 名 フィラデルフィア《♦米国ペンシルベニア州にある都市; 1776年に米国独立宣言がここで発せられた》

phil·an·throp·ic /filənθrɑ́pik フィランスラピク/ 形 博愛の, 慈善の

phi·lan·thro·pist /filǽnθrəpist フィランスロピスト/ 名 C 慈善家

phi·lan·thro·py /filǽnθrəpi フィランスロピ/ 名 U 博愛(主義), 慈善

phil·har·mon·ic /fìlhɑːrmɑ́nik フィルハーマニク, fìlərmɑ́nik フィラマニク/ 形 《しばしば **Philharmonic**》音楽を愛する, 交響楽団の

Phil·ip /fíləp フィリプ/ 名 フィリップ《♦男性名》

Phil·ip·pines /fílipiːnz フィリピーンズ/ 名

❶ 《**the Philippines**》フィリピン群島 (=the Philippine Islands) (❗複数扱い)

❷ 《**the Philippines**》フィリピン共和国《♦首都はマニラ (Manila); 公用語はフィリピノ語 (Filipino) だが, 英語も広く用いられている; 単数扱い》

Phil·is·tine /fíləstìːn フィリスティーン/ 名 C ペリシテ人《♦古代パレスチナの住人》

phi·los·o·pher B1 /fəlɑ́səfər フィラソファ | fəlɔ́səfər フィロソファ/ 名 (複 **philosophers** /fəlɑ́səfərz/) C 哲学者; (哲学者のように)思慮深い人, 賢人, 賢者

phil·o·soph·ic, phil·o·soph·i·cal B2 /filəsɑ́fik フィロサフィク, filəsɑ́fikəl フィロサフィカル/ 形 哲学の; 哲学者らしい; 達観した

phìlosóphically 副 哲学的に; 冷静に

phi·los·o·phy B1 高 /fəlɑ́səfi フィラソフィ | fəlɔ́səfi フィロソフィ/ 名 (複 **philosophies** /fəlɑ́səfiz/)

❶ U 哲学

• the **philosophy** of Socrates ソクラテスの哲学

❷ U C 人生観, 人生哲学

❸ U 原理; (論理立った)考え方

派生 **philosophic, philosophical** 形

phlegm /flém フレム/ 名 U 痰(たん); 《文

章》冷静; 無気力

phleg·mat·ic /flegmǽtik フレグマティク/ 形 《文章》(事に臨んで)平然とした, 冷静な; 無気力な

Phnom Penh /(pə)nàmpén (プ)ナンペン/ 名 プノンペン《♦カンボジアの首都》

pho·bi·a /fóubiə フォウビア/ 名 U C 病的恐怖, 強い嫌悪

Phoe·nix /fíːniks フィーニクス/ 名 《♦米国アリゾナ州(Arizona)の州都》

phoe·nix B1 高 /fíːniks フィーニクス/ 名 (複 **phoenixes** /fíːniksəz/) C 《エジプト神話》不死鳥, フェニックス; 最高にすぐれた人[物]

phone A1 中

/fóun フォウン/ 名 (複 **phones** /fóunz/) 《口語》U 電話; C 電話機, (特に)受話器 (=receiver) (❗ telephone の短縮形)

- talk **on** [**over**] the **phone** = talk **by phone** 電話で話す (×by *a* phone としない) ⇨成句 **on the phone**
- a cell [cellular, mobile] **phone** 携帯電話
- pick up the **phone** and dial a number 受話器をとって電話番号を押す
- put down the **phone** 受話器を置く
- Can I use your **phone**? 電話をお借りできますか (×borrow ... としない)

on the phone 電話で; 電話口に(出て); 電話がかかって

— 動 (三単現 **phones** /fóunz/; 過去·過分 **phoned** /fóund/; 現分 **phoning**) 他 自 電話をかける; 電話で言う[伝える] (❗ 改まった言い方; ふつう《口語》では《米》call (up), 《英》ring (up) などを用いる)

- **phone** home 家に電話する (❗ home は副詞で「家に[へ]」)

注意› 「人·場所·電話番号に電話する」というときは phone のあとにすぐ目的語を置き, ふつう ×phone to ... としない

phóne bòok 名 C 《口語》電話帳

phóne bòoth 名 C 《米》公衆電話ボックス (=《英》call box, phonebox)

phone·box /fóunbὰks フォウンバクス/ 名 《英》(=phone booth)

phóne càll 名 C 電話をかける[られる]こと, 通話, 電話の呼び出し

- make a **phone call** to her 彼女に電話をかける

phone·card /fóunkὰːrd フォウンカード/ 名 C テレホンカード

phóne nùmber 名 C 電話番号

会話 "What's your **phone number**? [May I have your **phone number**?]" "My **phone number** is 305-2213." 「君の電話番号は何番ですか[あなたの電話番号を教えていただけませんか]」「私の電話番号は305-2213です」

pho·ne·tic /fənétik フォネティク/ 形 音声の; 音声学の

phonétically 副 音声(学)上; 発音どおりに

pho·net·ics /fənétiks フォネティクス/ 名 《単数扱い》音声学

phon·ics /fániks ファニクス/ 名 U フォニックス《♦つづり字と発音との関係を教える教授法》

pho·no·graph /fóunəgræ̀f フォウノグラフ/ 名 C 蓄音機 (=《英》gramophone)

pho·ny /fóuni フォウニ/ 形 (比較級 **phonier**; 最上級 **phoniest**) 《口語》偽の, いんちきの (=fake)

— 名 (複 **phonies** /fóuniz/) C 《口語》偽物, まがい物; いかさま師, ぺてん師

phos·phate /fásfeit ファスフェイト/ 名 C U 《化学》燐(りん)酸塩; 《ふつう **phosphates**》燐酸肥料

phos·pho·res·cent /fὰsfərésnt ファスフォレセント/ 形 燐(りん)光を発する

phos·pho·rus /fásfərəs ファスフォラス/ 名 U 《化学》リン《♦元素記号 P, 原子番号 15》

pho·to A1 中

/fóutou フォウトウ/ (×フォト) 名 (複 **photos** /fóutouz/) C 写真《♦photograph の略》

- a **photo** booth (スピード写真をとる)撮影ボックス
- I **took a** lot of **photos** of my children. 子どもたちの写真をたくさん撮った

pho·to·cop·i·er /fóutoukàpiər フォウトウカピア/ 名 C コピー機

pho·to·cop·y B1 /fóutoukàpi フォウトウカピ/ 動 (三単現 **photocopies** /fóutoukàpiz/; 過去・過分 **photocopied** /fóutoukàpid/; 現分 **photocopying**) 他 (文書などを)写真複写する, (コピー機で)コピーする

― 名 (複 **photocopies** /fóutoukàpiz/) C コピー, 写真複写(物)

pho·to·gen·ic /fòutədʒénik フォウトヂェニク/ 形 (人・物が)写真写りのよい, 写真向きの

pho·to·graph A2 高

/fóutəgræ̀f フォウトグラフ | fóutəgrà:f フォウトグラーフ/

名 (複 **photographs** /fóutəgræ̀fs/) C 写真 (=photo, picture)

- take a **photograph** of a friend 友達の写真をとる
- I had [got] my **photograph** taken in front of Horyuji Temple. 私は法隆寺の前で写真をとってもらった

― 動 (三単現 **photographs** /fóutəgræ̀fs/; 過去・過分 **photographed** /fóutəgræ̀ft/; 現分 **photographing**) 他自 写真を撮る; 自 写真に写る

pho·tog·ra·pher

A2 中 /fətágrəfər フォタグラファ | fətɔ́grəfər フォトグラファ/ (発音 アクセントに注意)

名 (複 **photographers** /fətágrəfərz/) C

写真家, カメラマン; 写真をとる人

参考 英語の cameraman はテレビや映画の「映像カメラマン」で,「静止画の写真をとるカメラマン」は photographer という

pho·to·graph·ic /fòutəgræ̀fik フォウトグラフィク/ 形 写真の; 写真用の

pho·tog·ra·phy A2

/fətágrəfi フォタグラフィ | fətɔ́grəfi フォトグラフィ/ 名 U

写真撮影(術)

- My hobby is **photography**. 私の趣味は写真です

pho·to·jour·nal·ist /fòutoudʒə́:rnəlist フォウトウヂャーナリスト/ 名 C 報道写真家, 報道カメラマン

pho·to·syn·the·sis /fòutousínθəsis フォウトウスィンセスィス/ 名 U 《生物》光合成

phr. 《略》 phrase 句

phras·al verb B1 /fréizəl və́:rb フレイザルヴァーブ/ 名 C 《文法》句動詞

phrase B1 高 /fréiz フレイズ/ 名 (複 **phrases** /fréizəz/) C

❶ ことばづかい, 言い回し

- Here the author uses the **phrase**, "the mystery of life." ここで著者は「生命の神秘」という言い方をしている

❷ 句, フレーズ; 成句, 慣用句, イディオム

- a set **phrase** 決まり文句, 成句

❸ 《文法》 句

❹ 寸言, 警句; 名文句; 《音楽》 楽句, フレーズ

to coin a phrase 《反語》独創的な言い方をすれば (❗陳腐な表現を用いるときに言う)

turn a phrase 名言を吐く

― 動 (三単現 **phrases** /fréizəz/; 過去・過分 **phrased** /fréizd/; 現分 **phrasing**) 他 ことばで表現する

phrásal 形 句の; 句を成す

phras·ing /fréiziŋ フレイズィング/ 名 U 語法; ことばづかい; 《音楽》 フレージング (♦楽句を正しく解釈して区切ること)

phys·i·cal A2 高

/fízikəl フィズィカル/ 形

❶ 身体の, 肉体の (↔**mental**)

- **physical** condition 体調
- **physical** activities 体を動かすこと; 運動

❷ 物質(界)の, 自然(界)の; 物理(学)の

- **physical** science 自然科学, 物理学

― 名 (=physical examination)

派生 **physics** 名

phýsical educátion 名 U 体育 (♦PE または P.E. と略される)

phýsical examinátion 名C 健康診断，身体検査

phys·i·cal·ly A2 高 /fízikəli フィズィカリ/ 副 身体的に，肉体的に；物質的に (↔mentally)
• **physically** challenged people 体が不自由な人々，身体に障がいを持つ人々

phýsical thérapist 名C 《米》理学療法士 (=physiotherapist)

phy·si·cian B2 /fəzíʃən フィズィシャン/ 名C 医者 (=doctor)；(特に)内科医 (❗ surgeon (外科医)と区別する場合に用いる)

phys·i·cist /fízəsist フィズィスィスト/ 名C 物理学者

phys·ics B1 高 /fíziks フィズィクス/ 名《単数扱い》物理学
派生 physical 形

phys·i·o·log·i·cal /fìziəlɑ́dʒikəl フィズィオラヂカル/ 形 生理学(上)の，生理的な

phys·i·ol·o·gy /fìziɑ́lədʒi フィズィアロヂ/ 名U 生理学

phys·i·o·ther·a·py /fìziouθérəpi フィズィオウセラピ/ 名U 理学療法

phy·sique /fizíːk フィズィーク/ 名UC 体格，体つき

pi·an·ist 高 /piǽnist ピアニスト, píːənist ピーアニスト/ 名C ピアニスト，ピアノ演奏者；ピアノをひく人

pi·an·o A1 中 /piǽnou ピアノウ, pjǽnou ピャノウ/ (発音 アクセントに注意)
名 (複 **pianos** /piǽnouz/) C ピアノ；U ピアノの演奏
• play the **piano** ピアノをひく

Pi·cas·so /pikɑ́ːsou ピカーソウ/ 名 《**Pablo** /パーブロウ/ **Picasso**》 ピカソ (1881-1973) 《♦スペインの画家・彫刻(ちょうこく)家；近代絵画の巨匠(きょしょう)》

Pic·ca·dil·ly /pikədíli ピカディリ/ 名 ピカデリー 《♦ロンドンの繁華街》

Píccadilly Círcus (発音 アクセントが移動することに注意) 名 ピカデリーサーカス 《♦ピカデリー街の広場》

pic·co·lo /píkəlou ピコロウ/ 名 (複 **piccolos** /píkəlouz/) C 《楽器》ピッコロ 《♦高音が出る小型フルート》

pick[1] A1 中 /pík ピク/ 動 (三単現 **picks** /píks/; 過去・過分 **picked** /píkt/; 現分 **picking**)
❶ 他 (いくつかの中から)選ぶ；自 入念に選ぶ，精選する (=choose, select)
• **Pick** whichever watch you like. どれでも好きな時計を選びなさい
❷ 他 (花・果実などを)摘(つ)む；もぐ
❸ 他 抜き取る；…の中身をすり取る
❹ 他 つつく，つついて(穴を)あける；(歯・鼻などを)ほじくる
• Don't **pick** your nose. 鼻をほじるな
❺ 他 (けんかなどを)吹っかける
❻ 他 (錠を)開ける
❼ 他 《米》(ギターなどを)かき鳴らす

pick and choose えり好みをする

pick on ... …を選ぶ；《口語》…につらくあたる，…をいじめる

pick out えりぬく，選び出す；見つけ出す

pick up ① 拾い上げる，取り上げる；(車などに人を)乗せる；(人を)車で迎えに行く
• Would you **pick up** my eraser? 私の消しゴム拾ってもらえますか
② (言語・習慣などを)自然に覚える，習得する；(人と)偶然知り合いになる；(異性を)ひっかける，ナンパする
③ 再開する；(健康を)回復する；(速度・テンポを)上げる ④ (放送を)受信する
⑤ (部屋などを)かたづける，そうじする (=tidy up)

注意› 日本語の「ピックアップする(選び出す)」の意味は英語の pick up にはない．それは pick out という

— 名 ❶ U 選択(権)
❷ 《the pick》 えり抜き，精選したもの；選抜された人

pick[2] B1 /pík ピク/ 名 (複 **picks** /píks/) C つるはし (=pickax)；つまようじ；(ギターなどの)ピック

pick·ax /píkæ̀ks ピカクス/ 名C つるはし

pick·er /píkər ピカ/ 名C (穀物を)摘む[拾う, 集める]人[機械]

pick·et /píkət ピケト/ 名C (先のとがった)くい; (労働争議・政治デモなどの)ピケ隊員; 《集合的》《単数または複数扱い》ピケ隊; 見張り兵; 《集合的》警戒部隊

— 動 他自 ピケを張る; 見張りを置く; くいを打つ, 柵(さく)を巡らす

pick·le B2 /píkl ピクル/ 名C 《ふつう **pickles**》ピクルス

pick·pock·et /píkpɑ̀kət ピクパケト/ 名C すり

pick·up /píkʌ̀p ピカプ/ 名 ❶UC 《a **pickup**》拾い上げる[集める]こと, 集配, 積み込み; (人・荷物を車に)乗せること; C 小型トラック (=pickup truck)
❷C 行きずりの相手; 拾った同乗者
❸C (レコードプレーヤーの)ピックアップ

píckup trùck 名C (後部が無蓋の)小型トラック

pick·y B2 /píki ピキ/ 形 (比較級 **pickier**; 最上級 **pickiest**) 《口語》(人が)えり好みの激しい, 気難しい

pic·nic A1 高

/píknik ピクニク/

名 (複 **picnics** /pízniks/)

❶C ピクニック 《♦遠足先や公園・家の裏庭など野外での食事が中心で, hiking は山野を歩くことが中心》; 野外での食事

• go on [for] a **picnic** ピクニックへ行く

❷《口語》《ふつう否定文で》やさしいこと; 楽しいこと

— 動 (三単現 **picnics** /píkniks/; 過去・過分 **picnicked** /píknikt/; 現分 **picnicking**) 自 ピクニックに行く

覚えよう〉 単語力
活用形に注意
原形－過去・過分－現分 (! 過去・過去分詞と現在分詞には k を加える)
picnic－picnicked－picnicking
panic－panicked－panicking
traffic－trafficked－trafficking

pic·nick·er /píknikər ピクニカ/ 名C ピクニックをする人

pic·to·gram /píktəgræ̀m ピクトグラム/ 名C 絵文字 (=pictograph)

pic·to·graph /píktəgræ̀f ピクトグラフ/ 名U 象形(しょうけい)文字, 絵文字; 絵で示したグラフ[標識]

pic·to·ri·al /piktɔ́ːriəl ピクトーリアル/ 形 絵の(ような)

pic·ture A1 中

/píktʃər ピクチャ/

名 (複 **pictures** /píktʃərz/)

❶C 絵, 絵画 (! 油絵・水彩画・線画の別なく用い, 手がきのものにも印刷されたものにもいう)

関連語〉 単語力
drawing (鉛筆・ペンで描いた)絵, 線画
painting (絵の具で描いた)絵

• a **picture** by Picasso ピカソの絵
• paint a **picture** in oils 油絵を描く

❷C 写真 (=photograph)

• Dad took some **pictures** of us. 父は私たちの写真を数枚とった
• I had [got] my **picture** taken. 私は写真をとってもらった

❸C (生き生きした)描写, 記述
❹C 《ふつう単数形で》(テレビ・映画・鏡の)映像, 画面; (心の)イメージ
❺《単数形で》美しいもの, 絶景, 美人
❻C 映画 (=motion picture); 《**pictures**》映画業界
❼《**the picture**》そっくりの人, 生き写しの人物 《*of*》; 〔…の〕典型
❽《**the picture**》状況, 事態

— 動 (三単現 **pictures** /píktʃərz/; 過去・過分 **pictured** /píktʃərd/; 現分 **picturing** /píktʃəriŋ/) 他
❶(絵を)描く; (生き生きと)描写する
❷想像する, 心に描く

pícture bòok 名C 絵本

pícture càrd 名C ❶(トランプの)絵札 ❷絵はがき (=picture postcard)

pícture gàllery 名C 絵画陳列室, 美術館, 画廊(がろう)

pícture póstcard 名C 絵はがき

pic·tur·esque B2 /pìktʃərésk ピクチャレスク/ 形 絵のように美しい

pìcturésquely 副 絵のように美しく

pidg·in /pídʒin ピヂン/ 名UC 混合語，ピジン語《◆異なった言語の特徴が混合した言語》

pie B1 高 /pái パイ/ 名（複 **pies** /páiz/）
❶UC パイ
• a piece of **pie** パイひと切れ
❷U（分けるべき利益などの総体をたとえて）「パイ」 ❸U《口語》楽なもの
(a) pie in the sky 《口語》あてにならない先の楽しみ[成功の望み]
be (as) easy as a pie 《俗語》とてもやさしい

piece A1 中

/pí:s ピース/（発音 peace と同音）
名（複 **pieces** /pí:səz/）C
❶〔…の〕1つ，ひとかけら《*of*》
• a **piece of** paper（形・大きさに関係なく）1枚の紙切れ（❗大きさの決まった紙1枚は a *sheet* of paper という）
• a **piece of** baggage 手荷物1個
• an interesting **piece of** news 興味深い知らせ

使い方› **piece of ...**
a piece [pieces] of は，a [an] ～，two ～s と，1つ2つと数えられないもの[名詞]を数える場合に使う．したがって数えられる名詞といっしょには使わない：
a **piece** [two **pieces**] **of** bread パン1[2]切れ
two pencils 鉛筆2本（×two pieces of pencils）

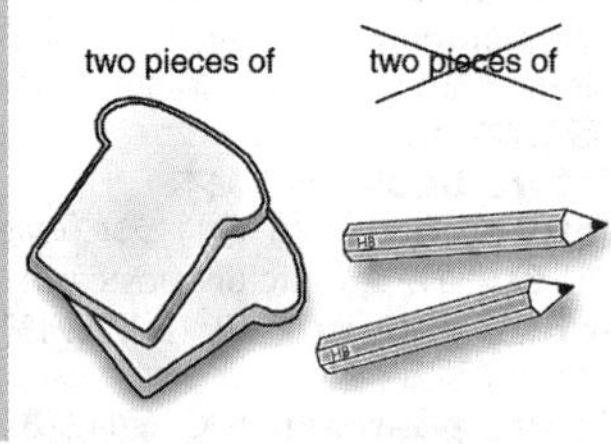

❷断片，破片
• cut the pie in [into] six **pieces** パイを6つに切る
❸（セットになっているものの）1つ；（商品の）単位，個；部品，部分
❹（詩・音楽・絵画などの）作品，曲，1点；記事
• a **piece** of poetry 一編の詩
❺（貨幣(かへい)）1枚
go to pieces （物が）こなごなになる；（人が）取り乱す；精神的[肉体的]に参ってしまう
in one piece 《口語》（事故で）けがをせずに；壊れずに
to pieces ばらばらに，こなみじんに
━ 動（三単現 **pieces** /pí:səz/；過去・過分 **pieced** /pí:st/；現分 **piecing**）他 つなぎ合わせる《*together*》；つなぎ合わせてつくりあげる

関連語› 単語力
a **bar** of chocolate [soap] 板チョコ1枚[(四角い)石けん1個]
a **block** of ice 氷のかたまり1個
a **drop** of water 水1滴
a **grain** of sugar [sand] 砂糖[砂]1粒
an **item** of clothing 衣類1点
a **loaf** of bread パン1きん
a **pinch** of salt 塩1つまみ
a **roll** of film [toilet paper] フィルム[トイレットペーパー]1巻き
a **sheet** of paper 紙1枚
a **slice** of bread [ham] パン[ハム]1枚

piece·meal /pí:smì:l ピースミール/ 副 徐々に，少しずつ；切れ切れに
━ 形 徐々に進む，少しずつなされる

piece·work /pí:swə̀:rk ピースワーク/ 名C 出来高払いの作業

píe chàrt 名C 円グラフ ⇨**graph**

píe crùst 名UC パイの皮

Píed Píper /páid パイド/ 名 ハーメルンの笛吹き男
出典・由来› ドイツのハーメルンの町じゅうのネズミを笛でおびき出して退治したが，約束の報酬がもらえなかったことに腹をたて，町じゅうの子どもを笛で誘い出して山の中に隠してしまったという

pier /píər ピア/（発音 peer と同音）名C（港の）さん橋，埠頭(ふとう)

pierce /píərs ピアス/ 動
❶ 他 つきさす, つらぬく, 刺し通す, 突き通す; 自 突き刺さる
• A bullet **pierced** his heart. 弾丸が彼の心臓を貫通した
❷ 他自 (痛み・寒気・悲しみなどが)身にしみる, 感動させる

pierc·ing /píərsiŋ ピアスィング/ 形 (音などが)つんざくような, 甲高い; (風・寒さが)身にしみる; (目つきなどが)射るような; (物・事が)痛切な, 切実な
píercingly 副 鋭く; 身にしみるように

pi·e·ty B1 /páiəti パイアティ/ (×ピエティ) 名 U 敬虔(けいけん), 信心

pig A1 高
/píg ピグ/ 名 (複 **pigs** /pígz/) C
❶《動物》ブタ
• breed **pigs** ブタを飼育する
• a herd of **pigs** ブタの一群

関連語》 単語力
grunt, oink ブーブー鳴く(声)
pigpen, pigsty ブタ小屋
pork 豚肉

❷《口語》行儀作法の悪い人
make a pig of oneself がつがつ食べる[飲む]

pi·geon 高 /pídʒən ピヂョン/ 名 C《鳥》ハト (❗小型のハトは dove; 平和の象徴)

pi·geon·hole /pídʒənhòul ピヂョンホウル/ 名 C ❶ ハト小屋の巣穴, ハトの巣 ❷ (書類・郵便物などの)区分け[整理]棚, 小仕切り

pig·gy /pígi ピギ/ 名 (複 **piggies** /pígiz/) C《幼児語》小ブタ, 子ブタ

pig·gy·back /pígibæ̀k ピギバク/ 副 せおって, 肩車をして

píggy bànk 名 C (子ブタ形の)貯金箱 (❗今は子ブタの形でなくてもいう)

pig·let /píglət ピグレト/ 名 C 子ブタ

pig·ment /pígmənt ピグメント/ 名 U C (おもに粉末の)絵の具, 顔料; U《生物》色素

pig·men·ta·tion /pìgməntéiʃən ピグマンテイション/ 名 U 色素沈着, 着色

pig·pen /pígpèn ピグペン/ 名《米》(=pigsty)

pig·skin /pígskìn ピグスキン/ 名 U ブタの皮; ブタのなめし革; C《米》《口語》フットボールのボール

pig·sty /pígstài ピグスタイ/ 名 (複 **pigsties** /pígstàiz/) C ブタ小屋; 養豚場

pig·tail /pígtèil ピグテイル/ 名 C (編んでたらした)おさげ髪 ⇨**ponytail**

pike[1] /páik パイク/ 名 C やり, ほこ《◆昔の歩兵が武器として用いた》

pike[2] /páik パイク/ 名 (複 **pikes** /páiks/, **pike**) C《魚》カワカマス《◆食用淡水魚》

pike[3] /páik パイク/ 名 C《米》有料高速道路 (=turnpike)
come down the pike《米》発生する, 現れる

pile[1] A2 高
/páil パイル/ 名 (複 **piles** /páilz/) C
❶ (積み重ねた) 山;《**a pile of ...** または **piles of ...**》《口語》たくさんの… (❗…には数えられる名詞の複数形または数えられない名詞がくる)
• a **pile** of books [schoolwork] 本[宿題]の山
❷《口語》《ふつう単数形で》大金, 財産
━ 動 (三単現 **piles** /páilz/; 過去・過分 **piled** /páild/; 現分 **piling**)
❶《しばしば **pile up**》他 積み重ねる, 山のように積む; 自 積み重なる, たまる
• **pile** (**up**) the dishes in the sink (食後の)皿を流しに積み重ねる
❷ 自《口語》〔…へ〕どやどやと入る《*into*》; 〔…から〕どやどやと出る《*off, out of*》
pile in 乱入する, 殺到する; 猛攻撃する

pile[2] /páil パイル/ 名 C 杭(くい)
━ 動 他 杭を打つ

pile·up /páilʌ̀p パイラプ/ 名 C《口語》(車の)玉突き衝突

pil·fer /pílfər ピルファ/ 動 自〔…で〕こそ泥をする, ちょろまかす《*from*》; 他 (物

を)盗む, くすねる

pil·grim A2
/pílgrəm ピルグリム/
名 (複 **pilgrims** /pílgrəmz/) C
巡礼(じゅんれい)者, 聖地参拝者

pil·grim·age /pílgrimidʒ ピルグリミヂ/ 名 U C 巡礼(の旅), 聖地巡礼

Pílgrim Fáthers 名 《**the** をつけて》 ピルグリム・ファーザーズ《♦1620年信教の自由を求めてメイフラワー号で英国から米国に渡った102名の清教徒の植民団; プリマス植民地を開いた》

pil·ing /páiliŋ パイリング/ 名 U 《時に **pilings**》《集合的》杭(くい) (=piles); 杭による構築物; 杭打ち

pill A2
/píl ピル/ 名 (複 **pills** /pílz/) C
錠剤, 丸薬(がんやく); 《**the pill**》ピル, 経口避妊薬

pil·lage /pílidʒ ピリヂ/ 名 U (特に戦争における)略奪
━ 動 他 (場所を)略奪して回る

pil·lar 高 /pílər ピラ/ 名 (複 **pillars** /pílərz/) C 柱, 支柱

píllar-bòx 名 C 《英》(円柱形の)郵便ポスト (=《米》mailbox)

pil·low B1 /pílou ピロウ/ 名 (複 **pillows** /pílouz/) C まくら

pil·low·case B2 /píloukèis ピロウケイス/ 名 C まくらカバー

pi·lot A2 高
/páilət パイロト/ (×パイロット)
名 (複 **pilots** /páiləts パイロツ/) C
❶ (飛行機の)パイロット, 操縦士
❷ 水先案内人《♦船の入港・出港の時に安全な水路を案内する人》
━ 形 先導[案内]の; 試験的な (! 名詞の前に用いる)
• a **pilot** study 予備的研究
━ 動 (三単現 **pilots** /páiləts パイロツ/; 過去・過分 **piloted** /páilətəd/; 現分 **piloting**) 他
❶ (船の)水先案内をする; (飛行機を)操縦する ❷ 案内[指導]する

pílot lìght 名 C (ガス点火用の)口[種]火; パイロットランプ (=pilot lamp)

pimp /pímp ピンプ/ 名 C 売春あっせん業者, ポン引き

pim·ple /pímpl ピンプル/ 名 C にきび, 吹き出物

PIN /pín ピン/ 名 C (キャッシュカードの)暗証番号 (! *p*ersonal *i*dentification *n*umber の略)

pin B1 /pín ピン/ 動 (三単現 **pins** /pínz/; 過去・過分 **pinned** /pínd/; 現分 **pinning**)
他 ❶ ピン[びょう]で留める ❷ (ある場所に)くぎづけにする, 抑えつける
pin down 動けなくする; つきつめる; (人に)最終決定をさせる
━ 名 (複 **pins** /pínz/) C
❶ ピン; ブローチ, バッジ
• hair **pin** 《英》ヘアピン (=《米》bobby pin)
❷ (ボーリングの)ピン
be on pins and needles 《口語》そわそわ[ひやひや]している

pin·a·fore /pínəfɔ̀ːr ピナフォー/ 名 C そでなしの上っぱり, エプロンドレス

pin·ball /pínbɔ̀ːl ピンボール/ 名 U ピンボール(ゲーム)

pin·cer /pínsər ピンサ/ 名 C ❶《ふつう **pincers**》ペンチ, くぎぬき; 毛ぬき
❷《ふつう **pincers**》(カニなどの)はさみ

pinch /píntʃ ピンチ/ 動
❶ 他 つねる, はさむ
• Mary **pinched** my arm. メアリーは私の腕をつねった
❷ 他 自 (靴・帽子などが)しめつける, きつくて痛い; 他 苦しめる
❸ 他 《俗語》盗む; 逮捕する
━ 名 C ❶ ひとつまみ
• a **pinch** of salt ひとつまみの塩
❷ つねる[はさむ]こと
❸ 危機; 急場, ピンチ
• Call me when you are in [at] a **pinch**. 困った時は私に電話してください

pinch-hit /píntʃhít ピンチヒト/ 動 (三単現 **pinch-hits** /píntʃhíts/; 過去・過分 **pinch-hit**; 現分 **pinch-hitting**) 自 《野球》代打に出る; 代役を務める 《*for*》

pínch hítter 名C 《野球》ピンチヒッター, 代打

pínch rúnner 名C 《野球》ピンチランナー, 代走

pin·cush·ion /pínkùʃən ピンクション/ 名C 針刺し《◆裁縫道具の一種》

pine[1] B2 /páin パイン/ 名 (複 **pines** /páinz/) C 《植物》マツ, マツの木 (=pine tree); U 松材

pine[2] /páin パイン/ 動自〔…に〕恋焦がれる《*for, after*》;〔…することを〕切望する《*to do*》

pine·ap·ple B1 /páinæpl パイナプル/ 名 (複 **pineapples** /páinæplz/) C パイナップル; U パイナップルの果肉

pine·cone /páinkòun パインコウン/ 名C 《植物》松かさ

ping /píŋ ピング/ 名C ピ(ー)ン(という音)《◆銃弾の飛ぶ音, ソナーの反響音, エンジンのノック音など》

ping-pong /píŋpàŋ ピンパング/ 名U 卓球, ピンポン (=table tennis)

pink A1 中

/píŋk ピンク/

形 (比較級 **pinker**; 最上級 **pinkest**)

❶ もも色の, ピンクの; (ほおが)桜色の

❷ (人が)左翼がかった

— 名 (複 **pinks** /píŋks/)

❶ U ピンク色, もも色

❷ C 《植物》ナデシコ

❸ 《**the pink**》《古風》最高の状態, 極致

日英比較 性的なものに関する意味は pink にはない

pink·eye /píŋkài ピンカイ/ 名U 《医学》伝染性急性結膜炎, はやり目

pink·ie /píŋki ピンキ/ 名C 《米》《口語》(手の)小指

pink·y /píŋki ピンキ/ 名 (複 **pinkies** /píŋkiz/) (=pinkie)

pin·na·cle /pínəkl ピナクル/ 名C 《ふつう **the pinnacle**》〔…の〕絶頂, 頂点《*of*》; 《文章》(教会などの屋上の)小尖塔(せんとう); (岩山の)尖峰

pin·point /pínpɔ̀int ピンポイント/ 名C ピン先; 針の先ほど; ささいなもの

— 動他 (位置などを)正確に示す; 精密照準で爆撃する

— 形 正確[精密]な (❗名詞の前に用いる)

pint B2 /páint パイント/ 名C パイント《◆液量・乾量単位; 米国で約0.47リットル, 英国で約0.55リットル》

pin·up /pínʌ̀p ピナプ/ 名C ピンナップ(ガール)《◆壁にピンで留める美人の(ヌード)写真》

pi·o·neer 高 /pàiəníər パイアニア/ 名C 開拓者; 先駆(せんく)者 • a **pioneer** in modern medicine 近代医学の草分け

— 動他 開拓する; 自 先駆者となる

pi·o·neer·ing /pàiəníəriŋ パイオニアリング/ 形 草分け的な, 先駆的な

pi·ous /páiəs パイアス/ 形 敬虔(けいけん)な, 信仰のあつい; 偽善的な

píously 副 敬虔に; 信心深く

pipe B1 高 /páip パイプ/ 名 (複 **pipes** /páips/) C ❶ 管, パイプ; 導管

• a water **pipe** 水道管

❷ (きざみたばこ用)パイプ (=tobacco pipe); (たばこの)一服

❸ (フルートなどの)管楽器; (小さな)笛

— 動 (三単現 **pipes** /páips/; 過去・過分 **piped** /páipt/; 現分 **piping**) ❶ 他 (水・ガスを)管で送る; 管を取り付ける ❷ 他 (曲を)笛[口笛]で吹く; 自 笛を吹く

pipe·line /páiplàin パイプライン/ 名C (石油などの)輸送管, パイプライン; (商品の)物流ルート; 《米》情報ルート

in the pipeline (商品が)輸送中で; (進歩・計画などが)準備中で

pípe òrgan 名C 《楽器》パイプオルガン ⇨**organ**

pip·er /páipər パイパ/ 名C 笛吹き; スコットランドの風笛手(ふうてきしゅ)

pip·ing /páipiŋ パイピング/ 名U 配管(系統); 《集合的》管; パイピング《◆衣服などのふち飾り》

— 形 甲高い, ピーピーいう

piping hot (飲食物などが)とても熱い

pi·quant /pí:kənt ピーカント/ 形 ぴりっとする; 小気味よい, 魅力的な

pique /pí:k ピーク/ 動他 (人を)憤慨させる, 自尊心を傷つける, (好奇心などを)そ

そる，刺激する ―名U（自尊心を傷つけられたりした）立腹，不機嫌

pi·ra·cy B2 /páiərəsi パイアラスィ/ 名（複 **piracies** /páiərəsiz/）UC 海賊[略奪]行為；著作[特許]権侵害

pi·ra·nha /pərá:njə ピラーニャ/ 名（複 **piranha, piranhas** /pərá:njəz/）C《魚》ピラニア

pi·ra·ru·cu /pirá:rəkù: ピラールクー/ 名C《魚》ピラルク《♦南米の淡水魚》

pi·rate B2 /páiərət パイアレト/ 名C 海賊(かいぞく)；著作権侵害者；《形容詞的》海賊の，海賊版の

pi·rat·i·cal /paiərǽtikəl パイアラティカル/ 形 海賊の；海賊版の

pi·rosh·ki /pirɔ́:ʃki ピローシュキ, pirɑ́ʃki ピラシュキ/ 名《複数扱い》《料理》ピロシキ《♦ロシア・東欧の揚げまたは焼きパイ》

Pis·ces /páisi:z パイスィーズ/ 名《天文》うお座；《占星》双魚宮；C うお座生まれの人《♦2月20日から3月20日生まれ》

piss /pís ピス/ 動自《下品》小便をする
―名U《時に **a piss**》《下品》小便

pis·tach·i·o /pistǽʃiòu ピスタシオウ/ 名（複 **pistachios** /pistǽʃiòuz/）C《植物》ピスタチオ(の実)

pis·tol /pístl ピストル/ 名C ピストル，けん銃（=handgun）

pis·ton /pístən ピストン/ 名C（エンジン・ポンプなどの）ピストン

pit[1] B1 /pít ピト/ 名（複 **pits** /píts ピツ/）C
❶（地面に堀(ほ)った，または自然の）穴；落とし穴（=pitfall）；くぼみ；炭坑
❷《米》（わきの下など身体の）くぼんだ所；あばた
❸《**the pits**》（自動車レースの）ピット
❹《米》（劇場などの）オーケストラ席；《英》（劇場の）1階大衆席(の観客)
❺《**the pits**》最悪
―動（三単現 **pits** /píts ピツ/；過去・過分 **pitted** /pítəd/；現分 **pitting**）他 ❶表面に印をつける；穴を開ける ❷〔…と〕戦わせる，対抗させる《*against*》

pit[2] /pít ピト/ 名C 核（=stone）《♦サクランボ・ウメなどの種子》

pit-a-pat /pítəpæ̀t ピタパト/ 名副（=pitter-patter）

pitch[1] B2 /pítʃ ピチ/ 名
❶C《英》（サッカーなどの）ピッチ
• a football **pitch** サッカーのピッチ
❷C 投げること，投球
❸UC《単数形で》程度，度合；頂点，限度
❹UC（音の高低の）調子，（音の）高さ
❺C（船・飛行機の）縦ゆれ（↔**roll**）
―動 ❶他（ボール・物を）投げる，放る；自投球する ❷他《音楽》調子を整える，（ある調子に）定める ❸他（テントを）張る
• **pitch** a tent テントを張る
❹自 さかさまに落ちる，前に倒れる
❺自（船が）縦ゆれする
pitch in《口語》勢いよく仕事にかかる；協力する；費用の一部を出す

pitch[2] /pítʃ ピチ/ 名U ピッチ《♦原油を蒸留したあとに残る黒色の物質；道路の舗装(ほそう)などに用いる》；松やに

pitch-black /pítʃblǽk ピチブラク/ 形 真っ黒[暗]な

pitch·er[1] /pítʃər ピチャ/ 名C《野球》投手，ピッチャー

pitch·er[2] /pítʃər ピチャ/ 名C《米》（取っ手とつぎ口のある）水さし（=《英》jug）

pitch·fork /pítʃfɔ̀:rk ピチフォーク/ 名C 干し草用三つ又

pitch·ing /pítʃiŋ ピチング/ 名U 投げること，投球

pit·e·ous /pítiəs ピティアス/ 形《文章》哀れを誘う

pit·e·ous·ly /pítiəsli ピティアスリ/ 副《文章》哀れに，悲しそうに

pit·fall /pítfɔ̀:l ピトフォール/ 名C 落とし穴

pith·y /píθi ピスィ/ 形（比較級 **pithier**；最上級 **pithiest**）（ことば・文章などが）力のある，きびきびした

pit·i·a·ble /pítiəbl ピティアブル/ 形 哀れむべき；情けない

pit·i·ful /pítifəl ピティフル/ 形 哀れむべき，哀れを誘う；卑しむべき（❗話者の軽べつ的な感情を含む）
pítifully 副 哀れなほど

pit·i·less /pítiləs ピティレス/ 形（人・事が）

無慈悲な, 薄情な, 情け容赦ない

pit·tance /pítəns ピタンス/ 名 C 《ふつう **a pittance**》わずかな手当[給料]; 少量, 少数

pit·ter-pat·ter /pítərpætər ピタパタ/ 名 U パラパラ, パタパタ; ドキドキ《◆雨音, 子どもの足音, 胸の動悸(どうき)などの音》

— 副 パラパラと, パタパタと; ドキドキと

pit·y A2

/píti ピティ/ 名

❶《**a pity**》残念なこと; 気の毒

- It's **a pity** that you cannot come. 君が来られないのは残念だ (❗It = that 以下)

❷ U あわれみ, 同情心

for pity's sake お願いだから

out of pity 気の毒に思って, 同情心から

take* [*have*] *pity on ... …を気の毒に思う

— 動 (三単現 **pities** /pítiz/; 過去·過分 **pitied** /pítid/; 現分 **pitying**) 他

気の毒に思う, 同情する

piv·ot /pívət ピヴォト/ 名 C 《機械》旋回軸, ピボット; 旋回(すること);《ふつう **the pivot**》中心人物; 〔…の〕要点, かなめ《*of*》

— 動 自 〔…を軸にして〕旋回[回転]する《*on, upon*》; (物·事が)〔…に(よって)〕依存する, 決まる《*on*》

piv·ot·al /pívətəl ピヴォタル/ 形 回転軸の; (要素·役割などが)中心的な, 決定的な

pix·ie, pix·y /píksi ピクスィ/ 名 (複 **pixies** /píksiz/) C ピクシー, (いたずら好きな)小妖精(ようせい)

piz·za A1 中

/pí:tsə ピーツァ/ 名 (複 **pizzas** /pí:tsəz/) C 《料理》ピザ, ピッツァ

pl. 《略》plural 複数形

plac·ard /plækɑ:rd プラカード/ 名 C 張り紙, ポスター, ビラ, プラカード

pla·cate /pléikeit プレイケイト/ 動 他 (人を)なだめる, 怒りを静める

place A1 中

/pléis プレイス/ 名 (複 **places** /pléisəz/)

❶ C 場所, 所, 箇所; 地域

- the name of a **place** 地名 (=a place name)
- a **place** of work 職場; 仕事場
- Hawaii is a nice **place** to live in. ハワイは住みやすい所だ

❷ U C (人·物などの)あるべき所

❸ C 住む所; 家, 住まい

- Come around to my **place** this evening. 今晩私の家へいらっしゃい

❹ C 順位; (競走の)…番

- take first **place** in the contest コンテストで1位を取る

❺ C (座)席; (きまった)位置

- Mary gave up her **place** on the train to an old man. メアリーは電車で老人に席を譲った

比較 They made **room** for the elderly man to sit down. 彼らは老人が座れるように席をあけた (❗この room は「空間, スペース」の意味; ×made place としない)

❻ C 勤め口, 職; 地位; 立場

- get a **place** in a movie company 映画会社に職を得る

give place to A A(人)に場所[地位]を譲る; Aにとって代わられる

in place 適所に, あるべき場所に (⇔ **out of place**)

in place of A* = *in A's place Aの代わりに

in the first place まず最初に

out of place 所定の場所にない, 場違いで

put A in his* [*her*] *place A(人)の高慢の鼻を折る, A(人)に身のほどをわきまえさせる

take place 行われる, 催される; (予定されていた事が)起こる, 生じる

- The next meeting will **take place** on Wednesday. 次の会議は水曜日に開かれる

take the place of A* = *take A's

place Aの代わりをする, Aに代わる

― 動 (三単現 **places** /pléisəz/; 過去·過分 **placed** /pléist/; 現分 **placing**)

❶ 他 (正しい位置に)置く, 配置する; 並べる, すえる

• **Place** the napkin beside the plate. 皿の横にナプキンを置きなさい

❷ 他 〔職などに〕つかせる《*in*》; 〔…として〕任命する《*as*》

❸ 他 文型 [**place A in** [**on**] **B**] BにA(信頼)を置く[かける]

❹ 他 〔店などに〕(注文を)出す, (品物を)注文する《*with*》

❺ 他 《ふつう否定文·疑問文で》(だれ[何]であるかを)見きわめる (! ふつう進行形なし)

❻ 他 《競走·競馬》順位を発表する (! ふつう受け身で用いる); 《米》2位にさせる; 《英》3位内にさせる; 自 《米》入賞する; 《競馬》2位に入る

❼ 他 (通話を)する, (電話を)入れる

pla·ce·bo /pləsíːbou プラスィーボウ/ 名 (複 **placebos**, **placeboes** /pləsíːbouz/) C (心理的効果をねらって薬と偽って飲ませる)偽薬

place·ment /pléismənt プレイスメント/ 名 U 《ふつう **the placement**》置く[置かれる]こと, 配置; U 職業紹介, 就職斡旋(あっせん); C 仮配属; 《フットボール》プレースメント《♦プレースキックのためボールを地上に置くこと》

place-name /pléisnèim プレイスネイム/ 名 C 地名

plac·id /plǽsəd プラスィド/ 形 穏やかな, 静かな

plácidly 副 おとなしく; 落ち着いて

pla·gia·rism /pléidʒərìzm プレイヂャリズム/ 名 U 盗作, 盗用, 剽窃(ひょうせつ); C 盗作品, 剽窃物

pla·gia·rize /pléidʒəràiz プレイヂャライズ/ 動 他 自 (他人の文章·思想などを)盗用[盗作]する, 剽窃(ひょうせつ)する

plague B2 /pléig プレイグ/ 名 C (死亡率の高い)伝染病, 疫(えき)病; 《**the plague**》ペスト; 天災

plaid /plǽd プラド/ 名 U 《米》格子縞(じま); 格子縞の織物 (=tartan); C 格子縞の肩掛け

plain B1 高 /pléin プレイン/ (発音 planeと同音) 形 (比較級 **plainer**; 最上級 **plainest**)

❶ 明白な, はっきりした (=clear); わかりやすい, やさしい (=easy); 率直な

• in **plain** English わかりやすい英語で

• It's **plain** that she is wrong. 彼女がまちがっているのは明白です

❷ 飾り(け)のない, 質素な, 地味な; あっさりした; 無地の

• a **plain** white shirt 白い無地のシャツ

❸ 美人ではない, 器量のよくない

to be plain with you 率直に言うと

― 副 はっきりと, わかりやすく; 《口語》まったく

― 名 (複 **plains** /pléinz/) C 平原, 平野; 《**plains**》大草原

plain-clothes /pléinklóu(ð)z プレインクロウ(ズ)ズ/ 形 (警察官が)私服の

plain·ly /pléinli プレインリ/ 副 ❶ はっきりと, わかりやすく; 率直に; 明らかに, 明白に ❷ 質素に, 地味に

plain·tiff /pléintif プレインティフ/ 名 C 《法律》原告 (↔**defendant**)

plain·tive /pléintiv プレインティヴ/ 形 もの悲しげな, 哀れな

plait /pléit プレイト/ 名 C (髪を)編んだもの (! 特に三つ編みやお下げのこと)

― 動 他 (髪を三つ編みに)編む

plan A1 中

/plǽn プラン/ 名 (複 **plans** /plǽnz/) C

❶ 計画, 案, プラン, 考え, 予定

• a master **plan** 基本計画

• make a **plan** for a party パーティーのプランを立てる

• Do you have any **plans** for the evening? 今晩は何か予定がありますか

• I have a good **plan**. 私にいい案がある

• Mary and Jim **have plans to** get married. メアリーとジムは結婚するつもりだ (=Mary and Jim plan to get married.)

コロケーション
形+**plan**
a detailed *plan* 詳細な計画
a long-term *plan* 長期計画
a strategic *plan* 戦略的な計画
a realistic *plan* 現実的な計画
a short-term *plan* 短期計画
動+**plan**
carry out a *plan* 計画を実行する
draw up [work out] a *plan* 計画を立てる
present [propose] a *plan* 計画を提出[提示]する

❷ 設計(図); 図面
• a **plan** for life 人生の設計
• a floor **plan** 平面図

— 動 (三単現 **plans** /plǽnz/; 過去・過分 **planned** /plǽnd/; 現分 **planning**)
❶ 他自 計画する
• **plan** a party パーティーを計画する
文型 [**plan to** *do*] …するつもりである • We are **planning to** *visit* Italy next year. 私たちは来年イタリアを訪問するつもりだ
❷ 他 設計する, 設計図を作る

plane[1] A1 中

/pléin プレイン/ (発音 plain と同音)
名 (複 **planes** /pléinz/) C
飛行機 (❗ airplane (《英》 aeroplane) を短縮したもの)
• A **plane** takes off. 飛行機が離陸する
• get on [off] a **plane** 飛行機に乗る[から降りる]
• We **went** to Washington **by plane**. = We **took a plane** to Washington. ワシントンへは飛行機で行った (×by *a* [*the*] plane としない) ⇨**by** ❷

plane[2] /pléin プレイン/ (発音 plain と同音) 名 C 面; (水)平面; 程度, 水準
— 形 平らな; 平面の (❗ 名詞の前に用いる)

plane[3] /pléin プレイン/ 名 C かんな 《♦ 西洋かんなは前方へ押して削る》
— 動 他 かんなをかける, かんなで削る; かんなで削り取る 《*away, off*》

plan·et A2 高

/plǽnit プラニト/
名 (複 **planets** /plǽnits プラニツ/) C
惑星 (❗「恒星」は (fixed) star)

参考› 太陽系の惑星
(太陽から近い順に) Mercury (水星), Venus (金星), Earth (地球), Mars (火星), Jupiter (木星), Saturn (土星), Uranus (天王星), Neptune (海王星) (❗ Pluto (冥王(めいおう)星) は 2006 年に planet から dwarf planet (準惑星, 矮(わい)(小)惑星)へと定義が変更)

plan·e·tar·i·a /plæ̀nətéəriə プラネテアリア/ 名 planetarium の複数形

plan·e·tar·i·um /plæ̀nətéəriəm プラネテアリアム/ 名 (複 **planetariums** /plæ̀nətéəriəmz/, **planetaria** /plæ̀nətéəriə/) C ❶ プラネタリウム
❷ プラネタリウム館[室]

plan·e·tar·y /plǽnətèri プラネテリ/ 形 惑星の

plank /plǽŋk プランク/ 名 C 厚板 《♦ board よりも厚いもの》

plank·ton /plǽŋktən プランクトン/ 名 U プランクトン, 浮遊生物

plan·ner /plǽnər プラナ/ 名 C 計画を立てる人, 立案者, 企画者; (土地開発の)企画立案者

plan·ning B2 /plǽniŋ プラニング/ 名 U 計画(を立てること), 立案; 計画の実行; (土地の)開発計画

plant A2 中

/plǽnt プラント | plɑ́:nt プラーント/
名 (複 **plants** /plǽnts プランツ/)
❶ C 植物; (樹木に対して)草
• a tropical **plant** 熱帯植物
• wild **plants** 野生の植物
• grow a **plant** 植物を育てる
❷ C 工場(施設), プラント; U 設備, 機械装置
• a power **plant** 発電所

— 動 (三単現 **plants** /plǽnts プランツ/; 過去・過分 **planted** /plǽntəd/; 現分 **planting**) 他 植える; 植えつけをする; (種

を)まく; 設置する, (爆発物などを)仕掛ける; 設立する; 《口語》(わなとして)置く; (考えなどを)植えつける

plan·ta·tion 高 /plæntéiʃən プランテイション/ 名C 大農場, 大農園, プランテーション

plant·er /plǽntər プランタ/ 名C 植える人, 栽培者; 農園主, プランテーション経営者; 《複合語に用いて》植え付け機, 播種(はしゅ)機; 《米》プランター

plaque /plǽk プラク/ 名 ❶C (金属・陶器などの)額, 飾り板, (記念碑などの)記念銘板 ❷U 歯垢(しこう)

plas·ma /plǽzmə プラズマ/ 名U 《生理》血漿(けっしょう), リンパ漿; 《物理》プラズマ

plas·ter /plǽstər プラスタ/ 名 ❶U しっくい ❷C こう薬; ばんそうこう

plaster·board /plǽstərbɔ̀ːrd プラスタボード/ 名U プラスターボード《◆石膏(せっこう)をしんにした板紙》

plas·tic A2中

/plǽstik プラスティク/ 形

プラスチック[ビニール](製)の; 形が自由に変わる; 造形の; 人工的な

- a **plastic** bag ビニール袋
- a **plastic** toy プラスチックのおもちゃ

注意› plastic は硬いプラスチックだけでなく「ビニール」もさす. 英語では vinyl /váinəl ヴァイニル/ は専門用語なので日常語としては plastic を使うことが多い

― 名 (複 **plastics** /plǽstiks/)

❶UC プラスチック; ビニール

❷C 《**plastics**》プラスチック製品, ビニール製品

❸《口語》(=plastic money)

plas·tic·i·ty /plæstísəti プラスティスィティ/ 名U 可塑(かそ)性《◆容易に形が変えられる性質》

plástic móney 名U 《口語》(プラスチック製の)クレジットカード

plástic súrgery 名U 形成外科; 整形手術

plástic wráp 名U 《米》(食品保存用)ラップ(=《英》clingfilm)

plate A2中

/pléit プレイト/ 名 (複 **plates** /pléits プレイツ/) ❶C (金属・ガラス製などの)板

- a metal [steel] **plate** 金属[鋼鉄]板
- a license [《英》number] **plate** (自動車の)ナンバープレート(=a plate)

❷C (浅くて丸い)皿, 取り皿《◆料理の盛られている皿(dish)から各自が料理を取り入れて食べるための皿》; 西洋皿; 一皿分の料理 ⇨**dish** 図

- a soup [dessert] **plate** スープ[デザート]皿

❸U 《集合的に》金・銀製食器類; メッキ製品

❹C 《野球》プレート; 《**the plate**》本塁

❺C (本の全ページ大の)図版, 別丁, さし絵; 《写真》感光板; 《印刷》ステロ版; 金属版画

― 動 (三単現 **plates** /pléits プレイツ/; 過去・過分 **plated** /pléitəd/; 現分 **plating**) 他

金[銀など]をかぶせる; 〔…(金銀など)で〕メッキする《*with*》; 板金をはる

pla·teau /plætóu プラトウ/ 名 (複 **plateaus**, **plateaux** /plætóuz/) C 台地, 高原

pla·teaux /plætóuz プラトウズ/ 名 plateau の複数形

pláte gláss 名U 厚板ガラス

plate·let /pléitlət プレイトレト/ 名C 《生理》血小板

plat·form B1高 /plǽtfɔ̀ːrm プラトフォーム/ (×プラットホーム) 名 (複 **platforms** /plǽtfɔ̀ːrmz/) C ❶演壇(えんだん), 教壇

- go up the **platform** 演壇に登る

❷《英》(駅の)プラットホーム(=《米》track)

❸(政党の)綱領, (選挙前の)公約

❹《ふつう **the platform**》《米》(客車の)デッキ; 《英》バス乗降口, デッキ

plat·i·num /plǽtinəm プラティナム/ 名U 《化学》白金, プラチナ《◆元素記号 Pt, 原子番号78》

plátinum blónde 名C プラチナブロンド, プラチナ色の髪の女性

plat·i·tude /plǽtitjùːd プラティテュード/ 名 C 《文章》陳腐な発言, 聞き飽きた文句

Pla·ton·ic /plətánik プラタニク/ 形 プラトンの; プラトン哲学[学派]の; 《**pla-tonic**》純精神的な

pla·toon /plətúːn プラトゥーン/ 名 C 《軍事》(歩兵)小隊

plat·ter /plǽtər プラタ/ 名 C 《米》(長円形の浅い)大皿; U 大皿料理

plat·y·pus /plǽtipəs プラティパス/ 名 C 《動物》カモノハシ

plau·si·bil·i·ty /plɔ̀ːzəbíləti プローズィビリティ/ 名 U もっともらしさ

plau·si·ble /plɔ́ːrzəbl プローズィブル/ 形 もっともらしい; 口のうまい

plau·si·bly /plɔ́ːzəbli プローズィブリ/ 副 もっともらしく; ことば巧みに

play A1 中

/pléi プレイ/

意味マップ

動 ❶ 遊ぶ
❷ (スポーツなどを)する, 競技をする
❸ 演奏する, ひく
❹ 演じる; (役を)つとめる
❺ (いたずらなど)をする
❻ …のようにふるまう
❼ 軽やかに動く

名 ❶ 劇; 脚本
❷ 遊び
❸ やり方, プレー; 番
❹ ゆらめき, ひらめき

━動 (三単現 **plays** /pléiz/; 過去・過分 **played** /pléid/; 現分 **playing**)

❶ 自 (子どもが) 遊ぶ; 他 …ごっこをする

- The child always **plays** outdoors on fine days. その子は晴れた日には必ず外で遊ぶ

❷ 他自 (スポーツ・ゲームなどを) する, 競技をする; 試合をする, 試合に出る; 他 (試合などで)…の選手を務める, ポジションを守る

- **play** catch キャッチボールをする
- **play** a good [poor] game いい[まずい]試合をする

注意› スポーツで play の目的語となるのはおもに球技で baseball, basketball, golf, football, soccer, tennis など.「水泳[スキー]をする」は動詞の swim, ski を使う. 柔道や空手などでは practice や do を用いる

❸ 他 (音楽・楽器を)演奏する, ひく, 吹く; (レコード・CD・テープ・ラジオなどを)かける

- **play** the piano ピアノをひく (❗「楽器」の前には the をつける)
- **play** a record on a player プレーヤーでレコードをかける

❹ 自 演じる; 他 (役を)つとめる; 自 上演[上映]される

- **play** (the part [role] of) Hamlet ハムレットの役を演じる

❺ 他 文型 [**play A B = play B on A**] A(人)にB(いたずらなど)をする

❻ 自 《形容詞(句)を伴って》…のようにふるまう, …の行動をする

❼ 自 《場所の副詞(句)を伴って》軽やかに動く, ちらつく, そよぐ; (微笑などが)浮かぶ

play at ... …(ごっこ)をして遊ぶ; …を遊び半分にする ⇨❶

play back (録音したものを)再生する

play ball ボール遊びをする; 《米》野球をする; (球技の)試合を始める

play down …を(ことさら)軽視[過小評価]する

play off (同点ゲーム)の決勝戦をする

play on ... …につけこむ

play up (ことさら)強調する; 宣伝する; 《口語》悩ます, 苦しめる

play with ... …と遊ぶ[戯れる]; …で遊ぶ; …をもてあそぶ, …を軽くあしらう

- He had no friends to **play with**. 彼にはいっしょに遊ぶ友達がなかった

━名 (複 **plays** /pléiz/)

❶ C 劇, 芝居, ドラマ; 脚本

❷ U 遊び, 遊戯(ゆうぎ)

❸ U (ゲームなどの) やり方, プレー; 《単数形で》番

❹《単数形で》(光などの)ゆらめき, ひらめき

bring A into play A(能力・知識など)を活動[作用]させる, Aを活用する

in play たわむれに, 冗談に; (ボールが)生きて; ラインの内側に入って

out of play (ボールが)死んで

play·back /pléibæ̀k プレイバク/ 名U 録音[録画]の再生

play·boy /pléibɔ̀i プレイボイ/ 名C 金のある道楽者, プレイボーイ

play-by-play /plèibaipléi プレイバイプレイ/ 名 (複 **play-by-plays** /plèibaipléiz/) UC (詳細な)実況

play·er A1 中

/pléiər プレイア/ 名 (複 **players** /pléiərz/) C ❶(運動)選手, 競技者

- a baseball **player** 野球選手
- She is a good tennis **player**. 彼女はテニスが上手だ (=She plays tennis well.)

❷演奏者, プレーヤー; 俳優

❸(レコード・CD・DVD)プレーヤー (=record [CD, DVD] player)

play·ful A2

/pléifəl プレイフル/ 形

ふざけたがる, いたずらな, ちゃめっ気のある, 遊び好きの; 冗談の

- **playful** puppies ちゃめっ気たっぷりの子犬

pláyfully 副 ふざけて

play·ful·ness /pléifəlnəs プレイフルネス/ 名U おふざけ; ちゃめっ気

play·goer /pléigòuər プレイゴウア/ 名C 芝居の常連, 芝居好き

play·ground A2 高

/pléigràund プレイグラウンド/ 名 (複 **play-grounds** /pléigràundz プレイグラウンヅ/) C (学校の)運動場; (公園などの)遊び場

play·house /pléihàus プレイハウス/ 名 (複 **playhouses** /pléihàuzəz/) C 劇場; 《米》(子どもが中で遊ぶ)おもちゃの家; 人形の家 (=dollhouse)

pláying càrd 名C 《文章》(1枚の)トランプ (■単に card ともいう)

pláying field 名C 競技場, 運動場

play·mate B2 /pléimèit プレイメイト/ 名C 遊び友達

play·off, play-off /pléiɔ̀:f プレイオーフ/ 名 (複 **playoffs** /pléiɔ̀:fs/) C (引き分け・同点の時などの)決勝試合

play·pen /pléipèn プレイペン/ 名C ベビーサークル (=pen²)

play·room /pléirù:m プレイルーム/ 名C (子どもの)遊戯室

play·thing /pléiθìŋ プレイスィング/ 名C おもちゃ (=toy)

play·time /pléitàim プレイタイム/ 名UC 遊び時間, 休み時間

play·wright B2 /pléiràit プレイライト/ 名C 劇作家, 脚本家

pla·za /plá:zə プラーザ/ 名C (都市の)広場

plea /plí: プリー/ 名C ❶《文章》嘆願 ❷《法律》申し立て

plead B2 /plí:d プリード/ 動 (三単現 **pleads** /plí:dz プリーヅ/; 過去・過分 **pleaded** /plí:dəd/, **pled** /pléd/; 現分 **pleading**) 自〔…(人)に〕嘆願(たんがん)する《*with*》; 自他 弁護する; 他 言いわけ[口実]にする

plead·ing /plí:diŋ プリーディング/ 形 申し立てをする; 嘆願する, 訴えるような

pléadingly 副 訴えるように

pleas·ant A2 高

/plézənt プレザント/ (発音 please, pleasure との違いに注意) 形 気持ちのよい, 楽しい, 快適な; 感じのよい

- a **pleasant** season 気持ちのよい季節

会話 "Have a **pleasant** weekend." "Thanks. The same to you." 「週末を楽しんでね」「ありがとう, あなたもね」

派生 **please** 動; 派生 **pleasure** 名

pleas·ant·ly B1 /plézntli プレズントリ/ 副 気持ちよく, 楽しく, 愉快に; 愛想よく

please A1 中

/plí:z プリーズ/ (発音 pleasant, pleasure との違いに注意) 副

どうぞ, すみませんが; お願いします

- **Please** come in. = Come in, **please**. (どうぞ)お入りください (❗命令文では文の前に置いても最後に置いてもよい; 最後に置くときはふつう please の前にコンマ(,)をつける)
- Two coffees, **please**. コーヒー2つください (❗名詞(句)では最後に置く)
- Would [Will] you **please** open the door? = Would [Will] you open the door, **please**? ドアを開けていただけませんか (❗疑問文では主語の次か文の最後に置く)

使い方› **please** と「どうぞ」
(**1**) please は何かを頼む文や命令文に添えていねいさを表す. 日本語でも人に頼むときはていねいなことばづかいを心がけるのと同じ
(**2**) please は日本語の「どうぞ」と違って, 相手に物を勧めたり差し出したりするときには使わない:
Have another cup of tea. お茶をもう1杯どうぞ (×Another cup of tea, please. などとしない)
“Please lend me your pen.” “Here it is.” 「(どうか)ペンを貸してください」「はい, どうぞ」

— 動 (三単現 **pleases** /plíːzəz/; 過去·過分 **pleased** /plíːzd/; 現分 **pleasing**)
❶ 他 (人を)喜ばせる, 満足させる, 楽しませる; …の気に入る, 好む (↔ **displease**)
- He is hard to **please**. 彼は機嫌の取りにくい人だ
- The picture book **pleased** her. = She **was pleased with** the picture book. 彼女はその絵本が気に入った

❷ 自 (自分が)気に入る; したいと思う

if you please ①よろしければ, どうぞ ②《皮肉をこめて》驚いた[あきれた]ことに, まあどうでしょう; そのほうがよければ

派生 **pleasure** 名; 派生 **pleasant** 形

pleased A2 高

/plíːzd プリーズド/ 形 〔…に〕満足した, 〔…を〕気に入って《*with, at*》
- He was very **pleased with** the gift. 彼はその贈り物が非常に気に入った

be pleased to do …してうれしい; 喜んで…する
- [CAN-DO Tips あいさつする]
(I **am**) **Pleased to** meet you. お会いできてうれしいわ (❗不定詞 to meet は「会えて」; 初対面のあいさつで, How do you do? の代わりに用いられることもあるし, How do you do? に続けて用いられることもある; (I'm) Glad to meet you. や (It's) Nice to meet you. に比べてやや改まった表現)

pleas·ing A2

/plíːziŋ プリーズィング/ 形 **心地[感じ]のよい; 楽しい, 喜びをあたえる**
- Ken has a very **pleasing** manner. ケンはとても感じがよい (←とても感じのよい態度を持っている)

pleas·ur·a·ble /pléʒərəbl プレジャラブル/ 形 《文章》人を楽しくさせる, 愉快な

pleas·ure A1 高

/pléʒər プレジャ/
(発音 pleasant, please との違いに注意)
名 (複 **pleasures** /pléʒərz/) U **楽しみ, 喜び; 愉快;** UC **快楽;** C **楽しいこと** (↔**displeasure**)
- It is a great **pleasure** to hear from you. おたよりをいただくことは非常な楽しみです (❗It = to不定詞)

for pleasure 楽しみに, 遊びで

(***It's***) ***My pleasure. = The pleasure is mine.*** どういたしまして, こちらこそ (❗感謝のことばに対するていねいな返答)

会話 “Thank you for helping me.” “**My pleasure**.” 「手伝っていただいてありがとうございました」「どういたしまして」

with pleasure 喜んで, 快く; 愉快に; よろしいですとも, いいですよ

派生 **please** 動
派生 **pleasant**, **pleasurable** 形

pléasure bòat 名 C (娯楽用小型)レジャーボート, 遊覧船

pleat /plíːt プリート/ 名 C 《ふつう **pleats**》(スカートなどの)ひだ, プリーツ
━ 動 他 ひだ[プリーツ]をつける

pleb·i·scite /plébisàit プレビサイト, plébisit プレビスィト/ 名 C (重要問題に対する)国民投票

pled /pléd プレド/ plead の過去形・過去分詞

pledge /plédʒ プレヂ/ 名 U C 誓約, 堅い約束; 抵当
━ 動 他 誓約する; (人に)〔…を; …することを〕誓約させる《*to; to do*》

ple·na·ry /plíːnəri プリーナリ/ 形 《文章》(委員会・組織などの)全員出席の; (権力などが)絶対的な

plen·ti·ful /pléntifəl プレンティフル/ 形 たくさんの, 豊富な, あり余る
pléntifully 副 豊富に

plen·ty A2 高

/plénti プレンティ/ 名 U
たくさん, (あり余るほど)十分
• I've got **plenty** to do today. 今日はやらなくてはいけないことがたくさんある

in plenty たくさん, 十分に
plenty of ... たくさんの…, 十分な…
• **plenty of** books たくさんの本

使い方〉 **plenty (of)**
(**1**) ふつうは肯定文だけに使い, 否定文では many, much, 疑問文では enough を使う ⇨**many**, **much**
"Do you have enough sugar?" "Yes, we have **plenty**."「砂糖は十分ありますか」「ええ, たっぷりあります」
(**2**) plenty of のあとには数えられる名詞の複数形または数えられない名詞がくる. 動詞の数はその名詞に合わせる:
There **are plenty of apples** on the tree. 木にはリンゴがたくさんなっている
There **was plenty of milk**. ミルクはたっぷりあった

━ 副 《口語》たっぷり, 十分に

pli·a·ble /pláiəbl プライアブル/ 形 しなやかな, 柔軟な; (性質などが)適応性のある; 柔順な

pli·ant /pláiənt プライアント/ 形 (= pliable)

pli·ers /pláiərz プライアズ/ 名 《複数扱い》やっとこ

plight /pláit プライト/ 名 C 《ふつう **a** [**the**, *one's*] **plight**》苦しい状態, 苦境, 窮地

plod /plád プラド/ 動 (三単現 **plods** /pládz プラヅ/; 過去・過分 **plodded** /pládəd/; 現分 **plodding**) 自 とぼとぼ歩く《*along, on*》; こつこつと取り組む《*along, on, away*》 ***plod** one's **way*** とぼとぼ歩いて行く

plod·der /pládər プラダ/ 名 C とぼとぼ歩く人; こつこつ働く人, 地味な努力家

plop /pláp プラプ/ 名 C 《単数形で》ポチャン(と落ちる音)
━ 動 (三単現 **plops** /pláps/; 過去・過分 **plopped** /plápt/; 現分 **plopping**) 自 他 ポチャンと落ちる[落とす]
━ 副 ポチャンと

plot B2 /plát プラト/ 名 C ❶ (小説・脚本などの)筋, プロット ❷ 陰謀(いんぼう), たくらみ ❸ 小さい地所
━ 動 (三単現 **plots** /pláts プラツ/; 過去・過分 **plotted** /plátəd/; 現分 **plotting**) 他
❶ (悪事を)たくらむ; 〔…することを〕計画する《*to do*》 ❷ (小説などの)筋を組み立てる[構想する]

plot·ter /plátər プラタ/ 名 C 《ふつう **plotters**》陰謀者

plough /pláu プラウ/ 名 《英》(=plow)
━ 動 《英》(=plow)

plow /pláu プラウ/ (×プロウ) 名 C
❶ 鋤(すき), プラウ ❷ 除雪機
━ 動 他 自 ❶ (土を)耕す, すく
❷〔…を〕かき分けて進む《*through*》; (仕事などを苦労して)こつこつやる

plow·boy /pláubɔ̀i プラウボイ/ 名 (複 **ploughboys** /pláubɔ̀iz/) C (牛馬に鋤(すき)を引かせて)農地を耕す若者; 田舎の若者

ploy /plɔ́i プロイ/ 名 (複 **ploys** /plɔ́iz/) C 《口語》(巧妙な)手だて, 駆け引き, 策略

pluck B2 /plʌ́k プラク/ 動 他 毛をむしる; (花・果物などを)摘(つ)む, もぐ; (雑草などを)

引き抜く; 他自〔…を〕(ぐいと)引っぱる《at》

━ 名《単数形で》引き抜くこと

pluck·y /plʌ́ki プラキ/ 形 (比較級 **pluckier**; 最上級 **pluckiest**)《口語》勇気のある; 断固とした

plug B1 /plʌ́g プラグ/ 名 (複 **plugs** /plʌ́gz/) C ❶(電気の)差し込み, プラグ; (エンジンの)点火プラグ

- put a **plug** in the socket プラグをコンセントに差し込む

❷(穴をふさぐ)栓(せん)

❸《口語》(放送番組などでちょっとはさむ)ほめことば, 宣伝

━ 動 (三単現 **plugs** /plʌ́gz/; 過去・過分 **plugged** /plʌ́gd/; 現分 **plugging**) 他 ❶栓をする, (穴を)ふさぐ ❷《俗語》(放送番組などで話して)宣伝[広告]する

plug (...) *in* (…の)プラグをコンセントに差し込む

plum B2 /plʌ́m プラム/ 名 ❶C《植物》西洋スモモ, プラム ❷C 干しブドウ ❸C とてもすばらしいもの ❹U 暗紫色

plum·age /plúːmidʒ プルーミヂ/ 名 U C《集合的》羽毛

plumb /plʌ́m プラム/ 動 他 ❶(…の深さを)測鉛で測る ❷(下げ振りで)垂直かどうか調べる; 垂直に調整する《up》 ❸《文章》推し測る

plumb in (トイレ・洗濯機などを)給水管につなぐ

plumb the depths of A (人・物が) A(望ましくないこと)をとことんまで経験する

━ 形《口語》垂直の; まったくの

━ 副 垂直に; 《口語》(特に場所について)正確に, かっきり; 《米》《口語》完全に

plumb·er B2 /plʌ́mər プラマ/ 名 C 鉛管[配管]工

plumb·ing /plʌ́miŋ プラミング/ 名 U 配管工事; 《集合的》鉛管類

plume /plúːm プルーム/ 名 C 《ふつう **plumes**》大きな羽《♦帽子などにつける》

plum·met /plʌ́mət プラメト/ 動 自 まっすぐに落ちる[飛び込む]; (物価・人気などが)急落する

plump[1] /plʌ́mp プランプ/ 形 (比較級 **plumper**; 最上級 **plumpest**) まるまる太った, 肉付きのよい ⇨**fat** 参考

━ 動 他 太らせる; 自 太る

plump[2] /plʌ́mp プランプ/ 動 自 他 ドスンと落ちる[落とす]

plun·der /plʌ́ndər プランダ/ 動 他 略奪する, 盗む

plunge /plʌ́ndʒ プランヂ/ 動 ❶自 (頭から)〔…に〕飛び込む《into》; 〔…の状態に〕陥る《into》 ❷他〔…に〕つっ込む《into》; 〔…の状態に〕陥れる《in, into》

━ 名《単数形で》飛び込むこと, 突進; (価値などの突然の)下落

take the plunge 思い切って[失敗を覚悟で]やってみる

plung·er /plʌ́ndʒər プランヂャ/ 名 C (排水管そうじ用の)プランジャー

plunk /plʌ́ŋk プランク/ 動 他《口語》ドスンと置く; (大金を)支払う《down》

plunk oneself down 腰をおろす

━ 名 C U ドスンという音

plu·ral A2

/plúərəl プルアラル/ 名 U《文法》《ふつう **the plural**》複数(形)

━ 形 複数(形)の (❗pl. と略す; 「単数(の)」は singular)

plu·ral·ism /plúərəlizm プルアラリズム/ 名 U 多元主義; 多元論

plu·ral·i·ty /pluərǽliti プルアラリティ/ 名 (複 **pluralities** /pluərǽlitiz/) U 複数(であること); C《**a plurality**》多数; C (過半数に達しない)最高得票数; (次点者との)得票差

plus A2

/plʌ́s プラス/ 前

…を加えた, …に加えて (↔**minus**)

- One **plus** ten is eleven. 1たす10は11である《♦1+10=11》
- She has kindness **plus** courage. 彼女は勇気に加えてやさしさをもっている

━ 接《口語》さらにその上, しかも; そしてさらに

—形 ❶プラスの, 正[陽]の (! ふつう「+」の記号で書く)
❷…を超える数の, …以上の (! 名詞の後に用いる)
❸(成績が)…の上(じょう)の, …プラスの (! A・Bなどの後に用いる)
❹よい, 有利な (! 名詞の前に用いる)
—名 (複 **pluses**, (米) **plusses** /plʌ́səz/) C (さらに)よいもの[こと], 利点

plush /plʌ́ʃ プラシュ/ 名U フラシ天 (◆ビロードよりけばの長い布)
—形 フラシ天の; (口語) (家具・建物などが)豪華な, ぜいたくな, 快適そうな

plús sìgn 名C プラス記号, 正符号 (=plus) (◆+)

Plu·to /plúːtou プルートウ/ 名 ❶ (ギリシャ神話) プルートー (◆死者の国[冥(めい)府]の王) ❷ (天文) 冥王星

plu·to·ni·um /pluːtóuniəm プルートウニアム/ 名U (化学) プルトニウム (◆放射性元素)

ply[1] /plái プライ/ 動 (三単現 **plies** /pláiz/; 過去・過分 **plied** /pláid/; 現分 **plying**) 他 (仕事に)精を出す; 他自 (定期的に)往復する

ply[2] /plái プライ/ 名 (複 **plies** /pláiz/) C 層, 重ね

ply·wood /pláiwùd プライウド/ 名U 合板, ベニヤ板

PM, P.M. (略) Prime Minister 首相

p.m., P.M. A1 中

/píːém ピーエム/ (略) 午後 (◆ラテン語 post meridiem (=afternoon)の略; ふつう小文字で数字の後におく) ⇨**a.m., A.M.**

• at 3:30 **p.m.** 午後3時30分に

注意› (**1**) 必ず数字のあとに使い, 単独では使わない:
at 6 **p.m.** 午後6時に (×at p.m. 6)
(**2**) ×6 *o'clock p.m.* などと o'clock といっしょには用いない

pneu·mat·ic /njumǽtik ニュマティク/ 形 圧縮空気の詰まった[で動く]

pneu·mo·nia B2 /njuːmóunjə ニューモウニャ/ 名U (医学) 肺炎

P.O. (略) post office 郵便局

poach[1] /póutʃ ポウチ/ 動 他 (割った卵などを)熱湯で軽くゆでる, ポーチする

poach[2] /póutʃ ポウチ/ 動 他自 (不法侵入して)密猟[密漁]する; 他 侵入する

poach·er /póutʃər ポウチャ/ 名C 密猟[密漁]者

P.O.B., P.O. BOX (略) post-office box 郵便私書箱

pock·et A1 中

/pákət パケト|pɔ́kət ポケト/
名 (複 **pockets** /pákəts パケツ/) C
❶ ポケット; (形容詞的) (ポケットに入るほど)小型の
• a **pocket** dictionary 小型辞書
❷ 所持金, 資力
❸ (周囲と異質の)せまい地域, 孤立地帯; エアポケット
—動 (三単現 **pockets** /pákəts パケツ/; 過去・過分 **pocketed** /pákətəd/; 現分 **pocketing**) 他 ポケットに入れる; (金などを)着服[横領]する

pock·et·book /pákətbùk パケトブク/ 名C ❶ 札[紙]入れ (=wallet) ❷ (米) (女性用の小型の)ハンドバッグ (=handbag) ❸ (英) 手帳 (=pocket notebook) ❹ ポケットブック, 文庫本

pock·et·ful /pákətfùl パケトフル/ 名C ポケット1杯分 (*of*)

pock·et·knife /pákətnàif パケトナイフ/ 名 (複 **pocketknives** /pákətnàivs/) C 小型ナイフ

pócket mòney B1 名U ❶ こづかい銭, ポケットマネー ❷ (英) (子どもの定期的な)おこづかい (=(米) allowance)

pock·mark /pákmàːrk パクマーク/ 名C できものの跡, あばた

pod /pád パド/ 名C (マメなどの)さや

po·di·um /póudiəm ポウディアム/ 名 (複 **podiums** /póudiəmz/, **podia** /póudiə/) C 指揮台, 演壇

po·em A1 高

/póuəm ポウエム/ 名 (複 **poems** /póuəmz/) C (一編の)詩

- write a **poem** 詩を書く

派生 **poetic** 形

まぎらわしい語〉 単語力
poem 名 C (1編の)詩
poet 名 C 詩人
poetry 名 U《集合的》詩

po·et B1 高 /póuət ポウエト/ 名 (複 **poets** /póuəts ポウエツ/) C
詩人, 歌人; 詩心をもった人

po·et·ic /pouétik ポウエティク/ 形 詩の; 詩的な 派生 **poem**, **poetry** 名

po·et·i·cal /pouétikəl ポウエティカル/ 形 詩の形式の, 韻文で書かれた
poétically 副 詩的に

po·et·ry B1 高 /póuətri ポウエトリ/ 名 U《集合的》詩 (=poems) (! 「(一編の)詩」は poem,「散文」は prose)
派生 **poetic** 形

poign·an·cy /pɔ́injənsi ポイニャンスィ/ 名 U 痛切

poign·ant /pɔ́injənt ポイニャント/ 形《文章》(悲しみなどが)痛ましい, 痛切な

poin·set·ti·a /pɔinsétiə ポインセティア/ 名 C《植物》ポインセチア

point A1 中

/pɔ́int ポイント/
名 (複 **points** /pɔ́ints ポインツ/)

❶ C《ふつう **the point**》要点, ねらったポイント; 論点; U 意義, 効果, 目的
- What's **the point** of doing it? そんなことをして何になるんだ
- **The point** is that [**The point** is] he is irresponsible. 要するに彼は無責任だということだ

❷ C (場所・時間・目盛りなどの)点; 程度, 限度
- the boiling [freezing] **point** 沸点(ふってん)[氷点]
- the starting **point** 出発点
- the turning **point** 転機, 変わり目

❸ C 特徴, 特質, (いい[悪い])点
- a weak **point** 弱点

❹ C (とがった物の)先, 先端
- the **point** of a needle 針の先

❺ C (競技・成績の)点数, 得点
- score a **point** 1点を記録する[取る]

❻ C (小さな)点; (小数)点
- three **point** six 3.6

❼《**points**》《英》《鉄道》ポイント (=switch)

at the point of ... …の間際で
beside the point 見当はずれで; 要点からそれて
come to the point 核心に触れる
make a point of doing 必ず…する, …することを重視する
make it a point to do 必ず…する, …することを重視する
make one's point 主張の正しさを立証する, 要点をわかってもらう
off the point 的はずれの, 適切でない
on the point of (doing) まさに…しようとして
point of view B2 見地, 観点, 考え方, 意見
- **from** this **point of view** この見地からすれば, この観点から見ると

to the point 要領を得た

— 動 (三単現 **points** /pɔ́ints ポインツ/; 過去・過分 **pointed** /pɔ́intəd/; 現分 **pointing**)

❶ 他 自 さし示す, 指さす; 他 向ける; 指摘する
- It is rude to **point** at people. 人を指差すのは失礼である

❷ 他 強調する, いっそうはっきりさせる

❸ 他 とがらせる (=sharpen)

point out 指摘する; 指し示す
- **Point out** the errors in the following sentences. 次の文中の誤りを指摘せよ (! 問題の指示文など)

point ... up …を強調する (=emphasize)

point-blank /pɔ́intblǽŋk ポイントブランク/ 形 副 (射撃などが)至近距離から(の), 直射の[で]; あからさまの[に]

point·ed /pɔ́intəd ポインテド/ 形 先のとがった; 鋭い; (銃が)向けられた
póintedly 副 鋭く; 辛らつに

point·er /pɔ́intər ポインタ/ 名C
❶ 指示棒; (時計などの)針, 指針
❷《口語》助言, ヒント
❸《動物》ポインター《♦猟犬》

point·less B2 /pɔ́intləs ポイントレス/ 形 先のない; とがっていない; 無意味な

poise /pɔ́iz ポイズ/ 動 他 バランスを保つ ー名U 平衡, 釣り合い, バランス; 落ち着き, 平静さ

poised /pɔ́izd ポイズド/ 形 悠然とした, 落ち着いた; (人が)〔…しようと〕…しそう(な態勢)で《*to do*》; 〔…の間で〕ぐらついている《*between*》

poi·son B1 /pɔ́izn ポイズン/
名 (複 **poisons** /pɔ́iznz/) UC
毒, 毒薬; 害毒
ー 動 (三単現 **poisons** /pɔ́iznz/; 過去·過分 **poisoned** /pɔ́iznd/; 現分 **poisoning**)
他 ❶毒を入れる, 毒殺する
❷(大気·水質などを)汚染する; (人の心などを)だめにする
派生 **poisonous** 形

poi·son·ing /pɔ́izniŋ ポイズニング/ 名U 中毒

poi·son·ous B1 /pɔ́iznəs ポイズナス/ 形 有毒な; 有害な; 不愉快な
派生 **poison** 名

poke /póuk ポウク/ 動 他 自 突く, つつく; 他 突き出す, 突っ込む; 自〔…に〕おせっかいをする, 鼻を突っ込む《*into*》

poke** one's **nose into ... 《口語》…に余計な口出しをする
ー名C つくこと

pok·er[1] /póukər ポウカ/ 名C (暖炉などの)火かき棒

pok·er[2] /póukər ポウカ/ 名U (トランプの)ポーカー

póker fàce 名C ポーカーフェイス, 無表情な顔(の人)

póker-fàced 形 副 無表情の[で]

pok·y, pok·ey /póuki ポウキ/ 形 (比較級 **pokier**; 最上級 **pokiest**)《口語》のろい; (部屋などが)狭苦しい

Po·land /póulənd ポウランド/ 名 ポーランド《♦中央ヨーロッパの共和国; 首都はワルシャワ (Warsaw); 公用語はポーランド語》

po·lar 高 /póulər ポウラ/ 形 (南[北])極の, 極地の (! 名詞の前に用いる)

pólar bèar B2 名C《動物》北極グマ, シロクマ

po·lar·i·ty /poulǽriti ポウラリティ/ 名 (複 **polarities** /poulǽritiz/) UC (信仰·見解などの)両極性; 陽[陰]極性;《文章》両極端, 正反対《*between*》

po·lar·i·za·tion /pòulərəzéiʃən ポウラリゼイション/ 名U 対立(化)

po·lar·ize /póulərài z ポウラライズ/ 動 他 (意見·思想などを)〔…に〕両極に分ける《*into, between*》; 自〔…に〕両極に分かれる《*into, between*》

Po·lar·oid /póulərɔ̀id ポウラロイド/ 名C《商標》ポラロイドカメラ[写真]

Pole /póul ポウル/ 名C ポーランド人

pole[1] B1 /póul ポウル/ (発音 poll と同音)
名 (複 **poles** /póulz/) C
棒, さお, 柱

pole[2] B1 高 /póul ポウル/ (発音 poll と同音) 名 (複 **poles** /póulz/) C
極, 極地; 電極
• the South [North] **Pole** 南極[北極]

po·lem·ic /pəlémik ポレミク/ 名CU《文章》論争(術) ー形《文章》論争の

pole·star /póulstɑ̀ːr ポウルスター/ 名《**the polestar**》北極星; C 指針, 注目の的

póle vàult 名U《**the** をつけて》《スポーツ》棒高跳び

po·lice A2 中

/pəlíːs ポリース/ (×ポリス) 名U
❶《しばしば **the police**》《複数扱い》(組織としての)警察;《集合的》警察官たち ⇨ **police officer**;《形容詞的》警察の
• Call **the police**! 警察を呼べ
❷ 警備(組織); 警備[治安]隊 (=security police)
ー 動 (三単現 **polices** /pəlíːsəz/; 過去·過分 **policed** /pəlíːst/; 現分 **policing**) 他
警備する; 治安を維持する

políce bòx 名C (日本の)交番, 派出所《♦英米にはない》

políce càr 名C パトロールカー (= patrol car)

políce fòrce 名C 警察

po·lice·man A2
/pəlíːsmən ポリースマン/
名 (複 **policemen** /pəlíːsmən/) C
(男性の)警察官, 巡査 (! 性別を問わない「警察官」は police officer)

políce òfficer A2
名C (1人の)警察官, 巡査
参考〉 男女の区別なく使えるので, policeman や policewoman の代わりに用いられることが多い; 警察官への呼びかけには "Officer!"「おまわりさん」を用いる

políce stàtion A2
名C 警察署

po·lice·wom·an A2
/pəlíːswùmən ポリースウマン/ 名
(複 **policewomen** /pəlíːswìmən/) C
(女性の)警察官, 巡査; 婦人警官 (! 性別を問わない「警察官」は police officer)

pol·i·cy[1] B1 高 /páləsi パリスィ | pɔ́ləsi ポリスィ/ 名 (複 **policies** /páləsiz/)
❶ UC 政策, (国や組織の)方針
• carry out a **policy** 政策を実行する
❷ U やり方, 手段; 深慮
• Honesty is the best **policy**. 《ことわざ》正直は最上の策である

pol·i·cy[2] /páləsi パリスィ/ 名 (複 **policies** /páləsiz/) C 保険証券

po·li·o B2 /póuliou ポウリオウ/ 名U 《医学》小児まひ, ポリオ

Po·lish /póuliʃ ポウリシュ/ 形 ポーランドの, ポーランド人[語]の ⇨**Poland**
━名U ポーランド語

pol·ish B2 /páliʃ パリシュ/ 名 ❶ UC つや出し, みがき粉 ❷《単数形で》つや, 光沢(こうたく) ❸ U (作品などの)質の高さ
━動他 みがく; みがきをかける, 洗練する, 手を入れる
polish off 手早くかたづける, 仕上げる
polish up みがき上げる, 改善する

pol·ished /páliʃt パリシュト/ 形 磨き上げられた; 洗練された, 上品な, しとやかな; 完ぺきな, 完成された

pol·ish·er /páliʃər パリシャ/ 名C 磨く人[機械]

po·lite A2 高
/pəláit ポライト/ 形 (比較級 **more polite**, **politer**; 最上級 **most polite**, **politest**)
❶ ていねいな, 礼儀正しい, 行儀のよい (↔**impolite**, **rude**)
• a **polite** answer ていねいな返事
❷ 洗練された, 教養のある, 上品な, 上流の, 優雅な

po·lite·ly B1 高 /pəláitli ポライトリ/ 副 ていねいに, 礼儀正しく; 上品に

po·lite·ness B2 /pəláitnəs ポライトネス/ 名U 礼儀正しさ, ていねいさ

pol·i·tic /pálitìk パリティク/ 形 (態度・行動などが)賢明な, 思慮深い; 狡猾(こうかつ)な

po·lit·i·cal A2 高
/pəlítikəl ポリティカル/ 形
政治(上)の, 政治に関する, 政治に関心のある, 政治的な
• a **political** party 政党
• a **political** leader 政治指導者
派生 **politics** 名

po·lit·i·cal·ly B2 /pəlítikəli ポリティカリ/ 副 政治的に

polítically corréct 形 (表現が)政治的に正しい, 差別表現を避けた (! PC と略す)

polítical scíence 名C 政治学

pol·i·ti·cian B1 高 /pàlətíʃən パリティシャン | pɔ̀lətíʃən ポリティシャン/
名 (複 **politicians** /pàlətíʃənz/) C
❶ 政治家 (=statesman)
❷《米》(党や自分の利益を第一に考える)政治屋

pol·i·tics B1 高 /pálətìks パリティクス | pɔ́lətiks ポリティクス/ 名
❶ 政治 (! 単数・複数扱い); U 政治学 (! 単数扱い)
• enter [go into] **politics** 政界に入る

• talk **politics** 政治を論じる
❷ (組織内の)勢力争い, 抗争
❸ 政治的意見, 政見 (! 複数扱い); 政策 (! 単数・複数扱い)
派生 political 形

覚えよう› 単語力
アクセントに注意
pólitics 名 政治
polítical 形 政治(上)の
pòlitícian 名 政治家

pol·ka /póulkə ポウルカ/ 名 C 《音楽》 ポルカ 《♦軽快な2拍子のダンス(曲)の一種》

pólka dòts 名 《複数扱い》 水玉模様

poll /póul ポウル/ (発音 pole と同音) 名
❶ C 世論調査 ❷ U (選挙の)投票; C 《単数形で》 投票数
— 動 他 世論調査をする; (ある数の票を)得る; 自 投票する

pol·len /pálən パルン/ 名 U 《植物》 花粉

pol·li·nate /pálənèit パリネイト/ 動 他 授粉する

pol·li·na·tion /pàlənéiʃən パリネイション/ 名 U 《植物》 授粉

pólling bòoth 名 C 《英》 投票用紙記入所 (=《米》 voting booth)

pólling plàce [stàtion] 名 C (選挙の)投票所

poll·ster /póulstər ポウルスタ/ 名 C 世論調査員

pol·lu·tant B1 /pəlú:tənt ポルータント/ 名 (複 **pollutants** /pəlú:tənts ポルータンツ/) C U 汚染物質; 汚染源

pol·lute A2 高

/pəlú:t ポルート/ 動 (三単現 **pollutes** /pəlú:ts ポルーツ/; 過去・過分 **polluted** /pəlú:təd/; 現分 **polluting**) 他
❶ (大気・水などの環境を)汚染する, 汚す
• The beach was **polluted** by the oil spill. 浜辺はオイル流出で汚染された
❷ (人などを)堕落させる, けがす; (物などを)だめにする

pol·lut·ed /pəlú:təd ポルーテド/ 形 汚染された, 汚された

pol·lut·er /pəlú:tər ポルータ/ 名 C (環境を)汚染する人[企業]; 汚染源

pol·lu·tion A1 高

/pəlú:ʃən ポルーション/ 名 U
❶ 汚染, 公害; 汚染物質
• air [water] **pollution** 大気[水質]汚染
• environmental **pollution** 環境汚染
❷ 汚染物質

Pol·ly /páli パリ/ 名 ポリー 《♦女性名; Mary の愛称》

po·lo B2 /póulou ポウロウ/ 名 U 《スポーツ》 ポロ 《♦馬に乗ったプレーヤーがスティックで球を打って相手のゴールに入れる》

pólo nèck 名 C 《英》 タートルネック (=《米》 turtle neck)

pólo shìrt 名 C ポロシャツ

pol·ter·geist /póultərgàist ポウルタガイスト/ 名 C ポルターガイスト, 騒霊(そうれい)

poly- 《他の語と結びついて》「複…」「多…」 • **poly**glot 数か国語ができる(人)

pol·y·es·ter /pálièstər パリエスタ/ 名 U 《化学》 ポリエステル

po·lyg·a·my /pəlígəmi ポリガミ/ 名 U 複婚 《♦一夫多妻または一妻多夫》 ⇨**monogamy**, **bigamy**

pol·y·glot /páliglàt パリグラト/ 形 《文章》 (人が)数か国語ができる; (本などが)数か国語で書かれた
— 名 C 《文章》 数か国語ができる人, ポリグロット; 数か国語で書かれた書物 《♦特に聖書》

pol·y·gon /páligàn パリガン/ 名 C 《数学》 多角[辺]形

pol·y·graph /páligræf パリグラフ/ 名 C うそ発見器

pol·y·mer /páləmər パリマ/ 名 C 《化学》 重合体

Pol·y·ne·sian /pàləní:ʒən パリニージャン/ 形 ポリネシアの — 名 C ポリネシア人; U ポリネシア語

pol·yp /pálip パリプ/ (×ポリープ) 名 C 《動物》 ポリプ; 《医学》 ポリープ

pol·y·tech·nic /pàlitéknik パリテクニク/ 形 諸工芸の, 科学技術(教育)の
— 名 C 工芸学校[大学]; 《英》 ポリテクニック

pome·gran·ate /pάməgrӕnət パメグラネト/ 名 C 《植物》ザクロ(の木)

pom·mel horse /pʌ́ml hɔ̀:rs パムルホース/ 名 U C 《スポーツ》(体操競技の)鞍馬(あんば) (=《米》side horse)

pomp /pάmp パンプ/ 名 U (式典などの)壮観, 華やかさ; 仰々しさ

pom·pon /pάmpαn パンパン/ 名 C (帽子などの)玉房; (チアリーダーの持つ)ポンポン

pomp·ous /pάmpəs パンパス/ 形 もったいぶった, 尊大な; (ことばが)大げさな; (建物・儀式などが)豪華な, 壮麗な
pómpously 副 尊大に; 大げさに; 豪華に

pon·cho /pάntʃou パンチョウ/ 名 (複 **ponchos** /pάntʃouz/) C ポンチョ; 雨がっぱ

pond B1 高 /pάnd パンド | pɔ́nd ポンド/ 名 (複 **ponds** /pάndz パンヅ/) C
池, 人工池 (❗lake より小さい)

pon·der B2 /pάndər パンダ/ 動 他 自 熟考する, じっくりと考える

pon·der·ous /pάndərəs パンダラス/ 形 《文章》(物が)大きくて重い; (動作などが)のっそりした; 重くて扱いにくい; 重苦しい **pónderously** 副 どっしりと; 重苦しく

pon·tiff /pάntif パンティフ/ 名 《ふつう the Pontiff で》ローマ教皇 (=pope); C (ユダヤの)大司祭

pon·toon /pantú:n パントゥーン/ 名 C 平底船; (水上飛行機の)フロート

po·ny /póuni ポウニ/ 名 (複 **ponies** /póuniz/) C 《動物》ポニー (♦小さい種類の馬)

po·ny·tail /póunitèil ポウニテイル/ 名 C ポニーテール

poo·dle /pú:dl プードル/ 名 C 《動物》プードル (♦犬種)

pooh-pooh /pù:pú: プープー/ 動 他 《口語》ばかにする, 軽く見る

pool[1] A1 中

/pú:l プール/ 名 (複 **pools** /pú:lz/) C
❶ (水泳の)プール (❗swimming pool というほうがふつう)
• go swimming in the **pool** プールへ泳ぎに行く
❷ 水たまり; (自然に出来た)小さな池
❸ (川などの)よどみ, 淵; (液体の)たまり

pool[2] /pú:l プール/ 名 C 共同出資, 共同基金
━ 動 他 共同出資する

poor A1 中

/púər プア/
形 (比較級 **poorer**; 最上級 **poorest**)

意味マップ
❶ 貧乏な, 貧しい
❷ 貧乏な人々
❸ かわいそうな, 気の毒な
❹ へたな, 劣った
❺ 貧弱な, みすぼらしい; 乏しい

❶ 貧乏な, 貧しい (↔**rich**)
• He is **poor**. 彼は貧乏だ
• a very **poor** people 非常に貧しい人々
❷ 《**the poor**》《名詞的》貧乏な人々 (❗複数扱い)
❸ かわいそうな, 気の毒な, 哀れな (❗名詞の前に用いる)
• The **poor** little boy began to cry. かわいそうにその少年は泣きだした
❹ へたな, おそまつな, 劣った, 出来のよくない (↔**good**)
• She is a **poor** singer. = She is **poor at** singing. 彼女は歌がへただ
❺ 貧弱な, みすぼらしい; 〔…が〕乏しい, 少ない 《*in*》; 知力[元気]に欠けた
• **poor** soil やせた土地
派生 **poverty**, **poorness** 名

poor·ly /púərli プアリ/ 副
❶ 貧しく, みすぼらしく
• be **poorly** off 生活が苦しい
❷ へたに, まずく, 不十分に

poor·ness /púərnəs プアネス/ 名 U 不足; 貧弱; 粗悪 (❗「貧困」の意味では poverty を用いる)
派生 **poor** 形

pop[1] B2 /pάp パプ/ 動 (三単現 **pops** /pάps/; 過去・過分 **popped** /pάpt/; 現分 **popping**)

A B C D E F G H I J K L M N O **P** Q R S T U V W X Y Z

❶ ㊎ 《口語》ふいに動かす[置く]; ㊓ 《口語》ひょいと動く, ひょっこり現れる
- The wine cork **popped** out. ワインのコルクがポンと抜けた

❷ ㊓ ポンと鳴る, パチンとはじける; ㊎ ポンと鳴らす, パチンとはじけさせる; ㊎㊓ 《口語》(パンと)ピストルを発射する
❸ ㊎ 《野球》(内野フライを)打ち上げる
— 名 ❶ U 《口語》発泡炭酸飲料
❷ C ポンと鳴る音
❸ C 《野球》内野フライ (=pop fly)
— 副 突然, ふいに, ひょいと; ポンと(いって)

pop[2] A1 高
/páp パプ/ 名 (複 **pops** /páps/)
❶ U ポップス, ポピュラー音楽, 流行歌
❷ C ポップソング, 流行曲
— 形 ポピュラー音楽の; 大衆向けの, ポピュラーな (❗popular を短縮した形)
- **pop** culture 大衆文化, ポップカルチャー
- a **pop** song ポップソング

pop·corn B1 /pápkɔ:rn パプコーン/ 名 U ポップコーン
- She ate a bag of **popcorn**. 彼女はポップコーンを1袋食べた

pope /póup ポウプ/ 名 C 《ふつう **the Pope**》ローマ教皇(きょうこう), ローマ法王 (♦カトリック教会の最高位の聖職者); 絶対的権力者

Pop·eye /pápai パパイ/ 名 ポパイ (♦米国の漫画の主人公; 恋人はオリーブ・オイル (Olive Oyl))

pop·lar /páplər パプラ/ 名 C 《植物》ポプラ

pop·py /pápi パピ/ 名 (複 **poppies** /pápiz/) C 《植物》ケシ

Pop·si·cle /pápsikl パプスィクル/ 名 C 《商標》《米》パプシクル (=《英》ice lolly) (♦アイスキャンディーの一種)

pop·u·lace /pápjuləs パピュラス/ 名 U 《**the populace**》《集合的》《文章》民衆, 一般大衆

pop·u·lar A2 中
/pápjələr パピュラ|pɔ́pjələ ポピュラ/ 形
❶ 人気のある, 評判のよい; 流行の
- **popular** software 人気ソフト
- Mr. Sato is very **popular with** [**among**] the students. 佐藤先生は生徒にとても人気がある

❷ 大衆的な; 一般民衆の, 一般的な
⇨**pop**[2]

pop·u·lar·i·ty B2 高 /pàpjəlǽrəti パピュラリティ/ 名 U 人気, 人望; 流行

pop·u·lar·ize B2 /pápjələràiz パピュラライズ/ 動 ㊎ 普及させる; 大衆化する

pop·u·lar·ly /pápjələrli パピュラリ/ 副 一般に; わかりやすく, 通俗的に

pop·u·late /pápjəlèit パピュレイト/ 動 ㊎ 《**be populated**》(ある地域が)人の住む; 動物の生息する; (地域に)人を住まわせる, 植民する

pop·u·la·tion A2 高
/pàpjəléiʃən パピュレイション | pɔ̀pjəléiʃən ポピュレイション/
名 (複 **populations** /pàpjəléiʃənz/)
❶ U C 人口
- have a large [small] **population** 人口が多い[少ない] (×many [few] populations とはしない)
- an increase [a decrease] in **population** 人口の増加[減少]
- The **population** of Japan is about 130 million. = Japan has a **population** of about 130 million. 日本の人口は約1億3千万だ

❷ U (ある地域の)全住民 (❗原則的には単数扱いだが, 住民の1人1人を考える場合は複数扱いすることもある)

pop·u·lous /pápjələs パピュラス/ 形 人口の多い

porce·lain /pɔ́:rsəlin ポーセリン/ 名 U 磁器 (❗「陶器」は pottery); 《集合的》磁器製品

porch B2 /pɔ́:rtʃ ポーチ/ 名 (複 **porches** /pɔ́:rtʃəz/) C
❶ (家の入り口から外に突き出した)玄関,

ポーチ
• front **porch** 表玄関
❷《米》ベランダ (=《英》veranda)

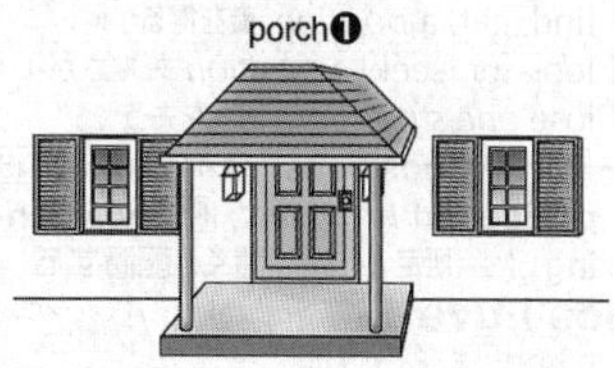

por·cu·pine /pɔ́ːrkjəpàin ポーキュパイン/ 名C《動物》ヤマアラシ

pore[1] /pɔ́ːr ポー/ 動他〔…を〕熟読する, 注意深く調べる《*over*》

pore[2] /pɔ́ːr ポー/ 名C (人・動物の)気孔, 毛穴; (植物の)気孔

pork B1 高 /pɔ́ːrk ポーク/ 名U 豚肉, ポーク (❗動物の「ブタ」は pig) ⇨**meat**《関連語》

por·no·graph·ic /pɔ̀ːrnəgrǽfik ポーノグラフィク/ 形 ポルノの

por·nog·ra·phy /pɔːrnɑ́grəfi ポーナグラフィ/ 名U 好色[エロ]文学; ポルノ写真[映画]

po·rous /pɔ́ːrəs ポーラス/ 形 多孔性の, 穴の多い; 通気[透水]性の

por·poise /pɔ́ːrpəs ポーパス/ 名C《動物》ネズミイルカ

por·ridge /pɔ́ːridʒ ポーリヂ/ 名U《英》《料理》ポリッジ《♦オートミール(oatmeal)を煮(に)て作ったかゆ》

port[1] B1 高 /pɔ́ːrt ポート/ 名 (複 **ports** /pɔ́ːrts ポーツ/) C 港; 港町
• the **port** of Hakata 博多港

port[2] /pɔ́ːrt ポート/ 名U ポートワイン《♦甘くて強いワイン; 食後酒》

port·a·bil·i·ty /pɔ̀ːrtəbíləti ポータビリティ/ 名U 携帯性, 軽便さ

port·a·ble 高 /pɔ́ːrtəbl ポータブル/ 形 持ち運びできる, 携帯用の, ポータブルの

por·tal /pɔ́ːrtəl ポータル/ 名C《**portals**》《文章》(建物の威容を象徴する)正門, 表玄関

por·ten·tous /pɔːrténtəs ポーテンタス/ 形《文章》不吉な, 縁起の悪い; 尊大な; 重大な, ゆゆしい

por·ter[1] /pɔ́ːrtər ポータ/ 名C (駅・ホテルなどの)ポーター, ボーイ; 《米》(列車の)給仕

por·ter[2] /pɔ́ːrtər ポータ/ 名C《英》(ホテルなどの)門番, 門衛

port·fo·li·o /pɔːrtfóuliòu ポートフォウリオウ/ 名C 書類入れ, 折りかばん; 紙ばさみ式の画集; U 大臣の職務[地位]; C 有価証券の目録

port·hole /pɔ́ːrthòul ポートホウル/ 名C (船の)舷窓(げんそう); (航空機の)丸窓

por·ti·co /pɔ́ːrtikòu ポーティコウ/ 名 (複 **portico(e)s** /pɔ́ːrtikòuz/) C《建築》柱廊(式)玄関

por·tion B2 /pɔ́ːrʃən ポーション/ 名C 部分; (食べ物の)よそった分量, 1人前
• The land was divided into **portions**. その土地はいくつにも分割された
— 動他 分ける, 分配する《*out*》

port·ly /pɔ́ːrtli ポートリ/ 形 (比較級 **portlier**; 最上級 **portliest**) 肥満体の, でっぷり太った, 格幅のいい

por·trait A2 高

/pɔ́ːrtrət ポートレト/
名 (複 **portraits** /pɔ́ːrtrəts ポートレツ/) C 肖像画(しょうぞうが), 肖像写真, ポートレート; (ことばによる)描写

por·tray /pɔːrtréi ポートレイ/ 動 (三単現 **portrays** /pɔːrtréiz/; 過去・過分 **portrayed** /pɔːrtréid/; 現分 **portraying**) 他 (人物・風景などを)絵[彫刻, 写真など]で描く; 〔…として〕ことば[映像]で描写する《*as*》; 役を演じる

por·tray·al /pɔːrtréiəl ポートレイアル/ 名CU 描写[画], 叙述; 演技

Por·tu·gal /pɔ́ːrtʃəgəl ポーチュガル/ 名 ポルトガル《♦ヨーロッパ西端の共和国; 首都はリスボン(Lisbon)》
派生 **Portuguese** 形

Por·tu·guese /pɔ̀ːrtʃəgíːz ポーチュギーズ/ 形 ポルトガルの; ポルトガル人[語]の

— 名 (複 Portuguese) ❶ C ポルトガル人 ❷ U ポルトガル語 (! ブラジルでも用いられている)
派生 Portugal 名

pose B2 /póuz ポウズ/ 名 C
❶ (写真などをとるための)ポーズ
● "Hold that **pose**," said the photographer. 「そのポーズで動かないで」と写真家が言った
❷ 見せかけ, ポーズ, ふり
— 動 ❶ 他 《文章》 (要求・問題などを)引き起こす ❷ 自 (モデルとして)姿勢[ポーズ]をとる; 他 〔…のために〕ポーズをとらせる 《*for*》
❸ 自 気取る, ふりをする

Po·sei·don /pəsáidən ポサイドン/ 名 《ギリシャ神話》 ポセイドン 《◆海の神; ローマ神話のネプチューン (Neptune) にあたる》

posh B2 /páʃ パシュ/ 形 (比較級 **posher**; 最上級 **poshest**) 《口語》 しゃれた, 高級な, 豪華な; 《英》 上流を気取った

po·si·tion A2 高

/pəzíʃən ポズィション/ 名 (複 **positions** /pəzíʃənz/) ❶ C 位置; 姿勢; U C (ゲーム・競技などの)ポジション; 適所
● From his **position**, he couldn't see her well. 彼の位置からは彼女がよく見えなかった
● in [out of] **position** 適所に[をはずれて]; 正しい[まちがった]位置に
❷ C 考え方, 態度; 《ふつう単数形で》 立場
● What is your **position** on this problem? この問題についてあなたはどういう考え方なのですか
❸ C (おもにホワイトカラーの)職, 勤め口; U C (高い)地位
● be in a difficult **position** 難しい[困った]立場にある

コロケーション
形+**position**
a permanent *position* 定職
a temporary *position* 臨時の職
a high *position* 高い地位
an important *position* 重要な地位
a leading *position* 指導的地位
a low *position* 低い地位
a social *position* 社会的地位
動+**position**
find [get] a *position* 職を得る
look for [seek] a *position* 職をさがす
lose *one's position* 地位を失う

— 動 (三単現 **positions** /pəzíʃənz/; 過去・過分 **positioned** /pəzíʃənd/; 現分 **positioning**) 他 (所定の位置に)置く, 配置する

pos·i·tive B1 高 /pázətiv パズィティヴ | pɔ́zətiv ポズィティヴ/ 形
❶ 明確な, はっきりした; 確信のある
● I'm **positive** about [of] it. きっとそうだと思う
❷ 積極的な; 肯定的な
❸ 《口語》 まったくの, 完全な (! 名詞の前に用いる)
❹ 《数学》 プラス[正]の; 《電》 陽(電気)の, 陽極の; 《医学》 (検査結果が)陽性の (↔**negative**) (! ふつう名詞の前に用いる)
❺ 《写真》 ポジの (↔**negative**)
❻ 《文法》 原級の
— 名 (複 **positives** /pázətivz/) ❶ C 《数学》 正数; 《電気》 プラス, 陽極(板)
❷ C 《写真》 ポジ, 陽画 ❸ 《文法》 《**the positive**》 原級 (=positive degree)

pos·i·tive·ly B1 /pázətivli パズィティヴリ/ 副 ❶ 《口語》 本当に, 実際に, まったく (=indeed)
❷ はっきり, 確かに, 確信して
❸ 積極的に, 前向きに; 好意的に (↔**negatively**)

pos·sess B1 /pəzés ポゼス/ 動 (三単現 **possesses** /pəzésəz/; 過去・過分 **possessed** /pəzést/; 現分 **possessing**) 他
❶ 所有する; (性質が)ある (! 進行形にしない) ❷ (考えが心に)とりつく
be possessed by … …に固執する(こしゅう)する; 取りつかれる
be possessed of A 《文章》 A(資質・才能など)を所有している
派生 **possession** 名
派生 **possessive** 形

pos·sessed B2 /pəzést ポゼスト/ 形 (悪霊などに)取りつかれた(ような)

pos·ses·sion B1 /pəzéʃən ポゼション/ 名 (複 **possessions** /pəzéʃənz/)
❶ U 所有; C《ふつう **possessions**》所有物, 持ち物; C 領地 ❷ U (悪霊・妄想などに)とりつかれていること
be in possession of A (人が)Aを所有している (=possess)
be in the possession of A (物が)A(人・施設など)に所有されている (=be possessed by)
take [get, gain] possession of ... …を手に入れる, 占有[所有]する
派生 **possess** 動

pos·ses·sive B1 /pəzésiv ポゼスィヴ/ 形 独占欲の強い; 用心深い
派生 **possess** 動
posséssively 副 我が物顔に

pos·ses·sor /pəzésər ポゼサ/ 名 C 所有者, 占有者

pos·si·bil·i·ty B1 高 /pàsəbíləti パスィビリティ | pɔ̀səbíləti ポスィビリティ/ 名 (複 **possibilities** /pàsəbílətiz/) U 可能性, 見込み; C ありそうなこと; 《**possibilities**》将来性
• good [great] **possibility** 十分な[大きな]可能性
派生 **possible** 形

pos·si·ble A2 中

/pásəbl パスィブル | pɔ́səbl ポスィブル/ 形
❶ 可能な, 実行できる (↔**impossible**); 可能なかぎりの (! possible → likely → probable の順で可能性が高くなる)
• The plan is **possible**. その計画は実行可能である
• **It is possible for** you **to** jump that hurdle. 君があのハードルを飛び越えるのは可能だ (×You are possible to jump ... としない)
比較 Will you be **able to** come tonight? 今晩来られますか (! able は人を主語にする)
❷ ありうる, 起こりうる, …になるかもしれない
• **It is possible that** he may come at any moment. 今にも彼がやって来るかもしれない
❸ そこそこ満足できる, まあまあの (! 名詞の前に用いる)
as ... as possible できるだけ…
• I'll come back **as** soon **as possible**. 私はできるだけ早く帰ります
if possible もしできれば, できるなら
━ 名 (複 **possibles** /pásəblz/)
❶《**the possibles**》可能性
❷ C 適当な人[物]; 《ふつう **possibles**》可能な事 (=possibility)
派生 **possibility** 名

pos·si·bly A2

/pásəbli パスィブリ | pɔ́səbli ポスィブリ/ 副
❶ ことによると, ひょっとしたら, あるいは, たぶん
会話 "Is it available in Japan?" "**Possibly** [**Possibly not**]." 「日本でも手に入るかな」「ひょっとしたらね[多分だめだね]」
❷《**Can ... possibly ...?**》どうにかして, なんとか (! ていねいな依頼の表現)
• **Can** you **possibly** lend me ten dollars? なんとか10ドル貸してもらえませんかね
❸《**cannot possibly**》とても(…できない)

pos·sum /pásəm パサム/ 名 C《米》《動物》フクロネズミ (=opossum)
play possum 《口語》寝た[知らない]ふりをする

post[1] A1 中

/póust ポウスト/ (×ポスト)
名 (複 **posts** /póusts ポウスツ/)
❶ U《英》郵便 (=《米》mail); 《ふつう **the post**》郵便物 (=《米》mail)
• by **post** 《英》郵便で (=《米》by mail)
❷ C《**the post**》《英》郵便箱, ポスト (=《米》mailbox)
━ 動 (三単現 **posts** /póusts/; 過去・過分 **posted** /póustəd/; 現分 **posting**) 他

《英》(郵便で手紙などを)出す
派生 postal 形

post[2] A2
/póust ポウスト/ (×ポスト) 動 (三単現 **posts** /póusts/; 過去・過分 **posted** /póustəd/; 現分 **posting**) 他
❶ 掲示する, (ポスターなどを)はる
❷ 公示する, 発表する
❸《コンピュータ》(ウェブ上に)投稿する
— 名 (複 **posts** /póusts ポウスツ/) C
(立てた)棒, 柱; ゴールポスト; (ウェブ上の)投稿
• a telephone [gate] **post** 電柱[門柱]

post[3] A2
/póust ポウスト/ (×ポスト) 動 (三単現 **posts** /póusts/; 過去・過分 **posted** /póustəd/; 現分 **posting**) 他 部署につかせる, 〔…に〕配置[配属]する《*at, on*》
— 名 (複 **posts** /póusts ポウスツ/) C
❶《文章》(重要な)地位, 職, ポスト
❷ (兵士などがつく)部署, 持ち場

post- 接頭 「あと」「次」

post·age /póustidʒ ポウスティヂ/ 名 U 郵便料金

póstage stàmp 名 C 郵便切手 (! 単に stamp ということが多い)

post·al B2 /póustl ポウストル/ 形 郵便の; 郵便局の

póstal càrd 名 C 《米》(官製)郵便はがき (! 英国には料金の印刷されている官製はがきはない) ⇨**postcard**

póstal sérvice 名 《**the** をつけて》郵政公社

post·bag /póustbæ̀g ポウストバグ/ 名 C 《英》郵便配達かばん (=《米》mailbag)

post·box /póustbɑ̀ks ポウストバクス/ 名 C 《英》郵便ポスト (=《米》mailbox)

post·card, post card B1 /póustkɑ̀ːrd ポウストカード/ 名 (複 **postcards, post cards** /póustkɑ̀ːrdz ポウストカーヅ/) C 郵便はがき

post·code /póustkòud ポウストコウド/ 名 U (英国などの)郵便番号 (=《米》zip code)

post·er A1 高
/póustər ポウスタ/ 名 (複 **posters** /póustərz/) C ポスター, びら
• stick a **poster** on the wall ポスターを壁にはる

pos·te·ri·or /pɑstíəriər パスティアリア/ 形 《文章》〔…より〕(時間・順序が)あとの, あとのほうの《*to*》; 後部の
— 名 C 《しばしば **posteriors**》おしり

pos·ter·i·ty /pɑstériti パステリティ/ 名 U 《集合的》後世(の人々); 子孫, 後裔(こうえい)

post·grad·u·ate /pòustgrǽdʒuət ポウストグラヂュアト/ 形 大学卒業後の, 大学院の (◆《米》では単に graduate という)
— 名 C 研究生, 大学院生

post·hu·mous /pɑ́stʃuməs パスチュマス/ 形 (子どもが)父の死後に生まれた; (作品が)死後出版の; 死後の
pósthumously 副 死後に

post·man B1 /póustmən ポウストマン/ 名 (複 **postmen** /póustmən/) C 《おもに英》郵便集配人 (=《米》mailman)

post·mark /póustmɑ̀ːrk ポウストマーク/ 名 C (郵便物の)消印
— 動 他 (郵便物に)消印を押す

post·mas·ter /póustmæ̀stər ポウストマスタ/ 名 C 郵便局長

post·mis·tress /póustmìstrəs ポウストミストレス/ 名 C (女性の)郵便局長

post·mor·tem /pòustmɔ́ːrtəm ポウストモータム/ 形 死後の[に起こる]; 検死の; 事後の — 名 C 検死, 検視

póst òffice A2
名 C 郵便局 (◆P.O. と略される)

póst-òffice bòx 名 C 郵便私書箱 (◆郵便局内に設けた郵便受箱; P.O.B. または P.O.Box と略す)

post·paid /póustpéid ポウストペイド/ 形 《米》郵便料金払い済みの

post·pone B2 /poustpóun ポウストポウン/ 動 他 〔…まで〕延期する《*until, to*》(=put off) **postpónement** 名 U C 延期; 後回し

post·script /póustskrìpt ポウストスクリプト/ 名 C (手紙の)追伸, 追って書き《◆P.S. と略す》

pos·tu·late /pástʃulèit パスチュレイト/ 動 他《文章》(自明のこととして)…を仮定する ━ /pástʃələt パスチャラト/ (発音 動 との違いに注意) 名 C〔…という〕仮説, 前提条件《*that*…》;《数学》公理, 公準

pos·ture /pástʃər パスチャ/ 名 U C 姿勢, ポーズ; C《ふつう **a posture**》〔…に対する〕態度, 心構え《*on*》

━ 動 自《文章》〔…として; …であるかのように〕気取ったポーズをとる; (実際は違うのに)ふるまう《*as; to be*》

post·war /pòustwɔ́ːr ポウストウォー/ 形 戦後の (↔**prewar**)

pot B1 中 /pát パト | pɔ́t ポト/ 名 (複 **pots** /páts パツ/) ❶ C (大小さまざまの丸形の)つぼ, ポット; (深)なべ; はち

- a cooking **pot** 料理なべ
- a plant **pot** 植木鉢(ばち)
- A little **pot** is soon hot.《ことわざ》つまらない人間は怒りやすい (←小さなポットはすぐに熱くなる)

❷ C つぼ[ポット] 1 杯分

- two **pots** of jam 2ポット分のジャム

go to pot《口語》(人が)落ちぶれる; (物事が)だめになる

━ 動 (三単現 **pots** /páts パツ/; 過去·過分 **potted** /pátəd/; 現分 **potting**) 他
❶ 鉢に植える
❷ (肉などを)容器に入れて保存する

po·tas·si·um /pətǽsiəm ポタスィアム/ 名 U《化学》カリウム《◆元素記号 K, 原子番号 19》

po·ta·to A1 高

/pətéitou ポテイトウ/ (×ポテト)
名 (複 **potatoes** /pətéitouz/) C《植物》ジャガイモ

- a baked **potato** (オーブンで焼いた)ベイクトポテト

potáto chìps 名《米》ポテトチップ;《英》フライドポテト (**!** 複数扱い)

pot·bel·ly /pátbèli パトベリ/ 名 (複 **potbellies** /pátbèliz/) C 太鼓腹(の人)

po·ten·cy /póutənsi ポウテンスィ/ 名 U (薬の)効能; 影響力; (男性の)性的能力

po·tent B2 /póutənt ポウテント/ 形《文章》有力な, 影響力のある;《文章》説得力のある; (薬などが)効き目が早い

pótently 副 効果的に, 力強く

po·ten·tial B1 高 /pəténʃəl ポテンシャル/ 名《単数形で》可能性, 潜在性

- He achieved his **potential** in the company. 彼はその会社で潜在能力を発揮した

━ 形 可能性のある; 潜在的な

po·ten·ti·al·i·ty /pətènʃiǽliti ポテンシアリティ/ 名 (複 **potentialities** /pətènʃiǽlitiz/)《文章》U 潜在性; C《ふつう **potentialities**》〔…する〕(人·物の)潜在能力, 可能性, 見込み《*for*》

po·ten·tial·ly B2 /pəténʃəli ポテンシャリ/ 副 潜在的に;《文修飾》もしかすると

pot·holder /páthòuldər パトホウルダ/ 名 C なべつかみ

pot·hole /páthòul パトホウル/ 名 C (車などによる)舗装道路上の穴[凹み]

po·tion /póuʃən ポウション/ 名 C《文章》(水薬·毒薬·霊薬などの)一服

pot·luck /pátlʌ̀k パトラク/ 名 U 有り合わせの料理;《米》持ち寄りパーティー (=potluck supper)

Po·to·mac /pətóumək ポトウマク/ 名《**the Potomac** (**River**)》ポトマック川《◆米国の首都ワシントンを流れる川; 河畔(かはん)のサクラは有名》

pot·pour·ri /pòupuríː ポウプリー/ 名 U《フランス語》ポプリ《◆芳香剤·虫除け剤》

pot·shot /pátʃàt パトシャト/ 名 C (規則無視の)獲物目当ての発砲; 乱射

pot·ted /pátəd パテド/ 形 鉢植えの; びん詰めの;《英》簡約[要約]された

pot·ter /pátər パタ/ 名 C 陶工; 陶芸家

pot·ter·y B1 /pátəri パタリ/ 名 U《集合的》陶器類 (**!** 磁器 (porcelain) は含まない); 陶芸, 製陶業

pot·ty /páti パティ/ 名 (複 **potties** /pátiz/) C 便器いす《◆幼児用》

pouch /páutʃ パウチ/ 名 C 小袋; 小物入れ

poul·try /póultri ポウルトリ/ 名 ❶《集合的》食用鳥類, 家禽(かきん) (! ニワトリ・アヒルなど; 複数扱い) ❷ U 鳥肉

pounce /páuns パウンス/ 動 自 (動物・猛鳥などが)〔…に〕(急に)飛びかかる《*on, upon*》

pounce on [***upon***] ***...*** 〔失策・誤りなど〕を激しく非難する; 飛びつく

— 名 C《ふつう **a pounce**》〔…(へ)の〕襲いかかること, 急襲《*on, upon*》

pound[1] B1 高 /páund パウンド/ (×ポンド) 名 (複 **pounds** /páundz パウンヅ/) C

❶ ポンド《♦重量の単位; 1ポンド＝16オンス(ounces)＝約453g》

• a **pound** of sugar 砂糖1ポンド

❷ ポンド《♦英国などの貨幣(かへい)単位; 1ポンドは1 pennyの100倍の100 pence》

• twenty **pounds** 20ポンド (! £20; 数字とともに用いられる時には £ と略されることが多い; ラテン語 Libra から)

pound[2] B2 /páund パウンド/ 動 他 自 どんどんたたく; 他 打ち砕(くだ)く; 自 (心臓などが)どきんどきんする

póund càke 名 C パウンドケーキ

pound·ing /páundiŋ パウンディング/ 名 C U たたくこと[音]; 鼓動; 《口語》《ふつう **a pounding**》大打撃, 大敗

pour A2 高

/pɔ́ːr ポー/ (×プア) 動 (三単現 **pours** /pɔ́ːrz/; 過去・過分 **poured** /pɔ́ːrd/; 現分 **pouring** /pɔ́ːriŋ/)

❶ 他 注ぐ, つぐ; あびせる

• **pour** (out) tea お茶をつぐ

• She **poured** me a cup of coffee. 彼女は私にコーヒーを1杯ついでくれた

❷ 自 どんどん流れる, 注ぐ; ざあざあ降る; どっと押し寄せる

• It is **pouring** outside. 外はどしゃぶりだ

pout /páut パウト/ 動 自 他 (口を)とがらす; 自 ふくれっつらをする

pov·er·ty B1 高 /pávərti パヴァティ | pɔ́vəti ポヴァティ/ 名 U

❶ 貧乏, 貧しさ

• She lives in extreme **poverty**. 彼女は非常に貧しい生活をしている

❷ 貧弱; 〔…の〕不毛《*of, in*》; 〔…の〕欠乏, 不足《*of, in*》

派生 **poor** 形

póverty lìne 名《**the** をつけて》貧困線《♦生活維持に必要な収入の最低限度》

POW《略》prisoner of war 捕虜(ほりょ)

pow·der B1 高 /páudər パウダ/ 名 (複 **powders** /páudərz/)

❶ U C 粉, 粉末; おしろい

❷ U 火薬 (=gunpowder)

— 動 (三単現 **powders** /páudərz/; 過去・過分 **powdered** /páudərd/; 現分 **powdering** /páudəriŋ/) 他

❶ (顔などに)おしろいをつける

❷ 粉にする, 粉を振りかける

pow·dered /páudərd パウダド/ 形 粉をかぶった; 粉末状の

pówder ròom 名 C《古風》(公共の場所にある)女性用手洗い[化粧室]

pow·der·y /páudəri パウダリ/ 形 粉の, 粉末状の; 粉になりやすい; 粉だらけの

pow·er A2 中

/páuər パウア/ 名 (複 **powers** /páuərz/)

❶ U 権力; 権限; C 権力者; 強(大)国

• rise to **power** 権力の座につく

• The progressive party came to **power**. 革新政党が政権をにぎった

• political **power** 政治権力, 政権

• China is now one of the biggest economic **powers**. 中国は今や最大の経済大国の一つだ

❷ U 力, 能力

• Man has the **power** of speech. 人間はことばをあやつる力を持っている

• Knowledge is **power**. 知識は力である (! 「知識があればいろいろなことができる」という意味)

❸《しばしば **powers**》体力; 知力

❹ U (物理的)エネルギー, 力; 電力 (=electric power)

❺ C《数学》…乗; U (レンズの)倍率

beyond A's power A(人)の能力を超えて

in one's power 力の及ぶ限り
派生 **powerful** 形
pow·er·boat /páuərbòut パウアボウト/ 名 C (競艇用の)モーターボート

pow·er·ful A2 中
/páuərfəl パウアフル/ 形
力の強い, 強力な; 勢力のある, 有力な (⇔**powerless**); (薬などが)効力の強い; 説得力のある
• a **powerful** engine 強力なエンジン
• The nation was once very **powerful**. その国はかつて強大であった
派生 **power** 名
pow·er·ful·ly B2 /páuərfəli パウアフリ/ 副 強力に; 効果的に
pow·er·house /páuərhàus パウアハウス/ 名 (複 **powerhouses** /páuərhàuzəz/) C 発電所; 《口語》精力家; 強力な集団
pow·er·less /páuərləs パウアレス/ 形 無力な; 勢力のない (⇔**powerful**)
pówer lìfting 名 U パワーリフティング
pówer lìne 名 C (送)電線
pówer plànt, 《英》 **pówer stàtion** 名 C 発電所
pówer stéering 名 U (自動車の)パワーステアリング
pp. 《略》 pages ページ (! p. の複数形)
p.p. 《略》 past participle 過去分詞
P.R., PR 《略》 public relations 宣伝・広報活動
日英比較 日本語の「ピーアール」は製品などの宣伝の意味が強いが, 英語のPRは会社などが社会一般と良い関係を保つために行う広報活動の意味
prac·ti·ca·bil·i·ty /prӕktikəbíləti プラクティカビリティ/ 名 U 実際性, 実行可能なこと; 実用性
prac·ti·ca·ble /prǽktikəbl プラクティカブル/ 形 実行可能な; 実際的な; 使用可能な
prácticably 副 実際的に
prac·ti·cal B1 高 /prǽktikəl プラクティカル/ 形 ❶ (観念的・理論的でなく)実際的な; 現実的な; 実践的な (⇔**impractical**)
• His plan is possible, but it is not **practical**. 彼の計画は(実行)可能ではあるが実際的ではない
❷ 事実上の, 実質的な (! 名詞の前に用いる)
❸ 実用的な; (実際的で)賢明な
for all practical purposes (理論はともかく)実際上は
派生 **practice** 名
prac·ti·cal·i·ty B2 /prӕktikǽləti プラクティカリティ/ 名 (複 **practicalities** /prӕktikǽlətiz/) U 現実性, 実用性; C 現実[実用]的な事物
práctical jóke 名 C いたずら, 悪ふざけ (←実際に行った冗談)
prac·ti·cal·ly B2 /prǽktikəli プラクティカリ/ 副 ❶ 事実上, 実質的に(は) (=really); ほとんど (=almost) ❷ 実際的に

prac·tice A1 中
/prǽktəs プラクティス/
名 (複 **practices** /prǽktəsəz/)
❶ U 練習, けいこ; C 習慣
• I do my piano **practice** every day. 私は毎日ピアノの練習をする
• **Practice** makes perfect. 《ことわざ》 練習すれば完全になる (! 「習うより慣れろ」に相当)
❷ U 実行, 実践 (⇔**theory**)
❸ U (医者・弁護士の)開業, 営業
in practice 実際上は, 事実上は
out of practice (演奏者・選手などが)練習不足で; 腕が落ちて
put ... into practice …を実行する
— 動 (三単現 **practices** /prǽktəsəz/; 過去・過分 **practiced** /prǽktəst/; 現分 **practicing**)
❶ 他自 練習する, けいこをする ⇨ **drill**, **exercise**, **train** 動
• **practice** (on) the piano ピアノの練習をする
• The team is **practicing** for the match on Sunday. チームは日曜の試合にそなえて練習をしている
❷ 他 (医者・弁護士業を)営(いとな)む; 自

〔医者, 弁護士として〕開業する《*as*》; 他 (習慣として)行う; 他 実行する
派生 **practical** 形

prac·ticed /prǽktəst プラクティスト/ 形 熟練した; 経験を積んだ

prac·tic·ing, 《英》 **prac·tis·ing** /prǽktisiŋ プラクティスィング/ 形 現役の; 開業している; 実践している

prac·tise /prǽktis プラクティス/ 動 《英》 (=practice)

prac·ti·tion·er /præktíʃənər プラクティショナ/ 名C 《文章》 開業医; 弁護士

prag·mat·ic /prægmǽtik プラグマティク/ 形 実際的な, 実用的な; 実用主義の, プラグマティズムの

prag·ma·tism /prǽgmətìzm プラグマティズム/ 名U 《哲学》 実用主義, プラグマティズム

Prague /prɑ́:g プラーグ/ 名 プラハ《◆チェコ共和国の首都》

prai·rie /préəri プレイリ/ 名C (特に米国中西部地方の)大草原, プレーリー

práirie dòg 名C 《動物》 プレーリードッグ

praise B1 高 /préiz プレイズ/ 名 (複 **praises** /préizəz/)
❶U 称賛, ほめたたえること
❷U (神に対する)賛美; 《**praises**》 賛美のことば
━ 動 (三単現 **praises** /préizəz/; 過去·過分 **praised** /préizd/; 現分 **praising**) 他
❶〔…ゆえに〕称賛する, ほめ(たたえ)る《*for*》 (↔**blame**)
❷ (神を)たたえる, 賛美する

praise·wor·thy /préizwə̀:rði プレイズワーズィ/ 形 賞賛に値する, 感心な

pram /prǽm プラム/ 名C 《英》 ベビーカー

prance B2 /prǽns プランス/ 名C 跳躍; 躍動
━ 動 自 陽気に歩く, 意気揚々と歩く

prank /prǽŋk プランク/ 名C 《古風》 (悪意のない)悪ふざけ, いたずら

prat·tle /prǽtl プラトル/ 動 自 (つまらないことを)ぺちゃくちゃしゃべる《*on, about*》 ━ 名U おしゃべり

prawn B2 /prɔ́:n プローン/ 名C 《おもに英》 《動物》 クルマエビ, テナガエビ《◆shrimp より大きい中型のエビ》

pray A1 中

/préi プレイ/ (発音 prey (えじき)と同音)
動 (三単現 **prays** /préiz/; 過去·過分 **prayed** /préid/; 現分 **praying**) 自 他
祈る, 祈願する
• **pray** for peace 平和を祈る
派生 **prayer**[1] 名

prayer[1] B1 高 /préər プレア/ 名 (複 **prayers** /préərz/) U C
祈り; 《しばしば **prayers**》 祈りのことば
派生 **pray** 動

pray·er[2] /préiər プレイア/ (発音 prayer[1]との違いに注意) 名C 祈る人 (❗ふつうは worshipper (礼拝者)という)

pre- 接頭 「前の」「先の」「以前の」

preach /prí:tʃ プリーチ/ 動 自 (牧師などが)説教する; 他 (説教を)述べる; 自 お説教をする

preach·er /prí:tʃər プリーチャ/ 名C 説教者, 牧師

pre·am·ble /prí:æmbl プリーアンブル, priǽmbl プリアンブル/ 名C 《文章》 序文, (法律·条約の)前文; 〔演説などの〕前置き《*to, of*》

pre·ar·range /prì:əréindʒ プリーアレインヂ/ 動 他 前もって打ち合わせる, あらかじめ準備する

pre·car·i·ous /prikéəriəs プリケアリアス/ 形 《文章》 不安定な; 心もとない; 根拠の不十分な; 危険な, 危なっかしい
precáriously 副 危なっかしく, 不安定で

pre·cau·tion /prikɔ́:ʃən プリコーション/ 名U 用心, 警戒; C 予防策

pre·cau·tion·ar·y /prikɔ́:ʃənèri プリコーショネリ/ 形 予防の, 用心の, 警戒心からの

pre·cede B2 /prisí:d プリスィード/ 動 他 自 先立つ; 先行する; 他 優先する

pre·ce·dence /prisí:dəns プリスィーデンス/ 名U 先行; 優先; 席次
give precedence to ... …に優先

権を与える; …に上席を与える
in order of precedence 席次にしたがって
take precedence over... …に優先する, …に先立つ
pre·ce·dent /présədənt プレスィデント/ 名 C 先例, 前例; (裁判の)判例; U 先例に従うこと
pre·ced·ing /prisí:diŋ プリスィーディング/ 形 前の, 先行する; 前述の (! 名詞の前に用いる)
pre·cept /prí:sept プリーセプト/ 名 C 《文章》教訓, 道徳的な教え, 戒め; (行動の)指針
pre·cinct /prí:siŋkt プリースィンクト/ 名 C 《ふつう **precincts**》(公共物・教会の)構内; 境内; 《**precincts**》(都市などの)周辺地域, 近郊; 《英》(市内の)特定区域; 《米》(市の)選挙区; 警察管区
pre·cious B1 高 /préʃəs プレシャス/ 形 高価な, 貴重な; 尊い; 大切な, かわいい
• a **precious** stone 宝石 (=jewel)
précious métal 名 U C 貴金属
pre·cious·ness /préʃəsnəs プレシャスネス/ 名 U 貴重さ, 尊さ, 大切さ, かけがえのないこと
prec·i·pice /présəpəs プレスィピス/ 名 C 絶壁 (! ふつう cliff よりも険しい崖を言う); 危機
pre·cip·i·tate /prisípətèit プリスィピテイト/ 動 他 《文章》(事態を)引き起こす, …の到来を早める
— /prisípətət プリスィピタト, prisípətèit プリスィピテイト/ 形 《文章》大急ぎの, 大あわての; 軽率な
— /prisípətət プリスィピタト, prisípətèit プリスィピテイト/ 名 U C 《化学》沈殿物
pre·cip·i·ta·tion /prisìpətéiʃən プリスィピテイション/ 名 U 《気象》降水(量), 降雨(量), 降雪(量); 《文章》大あわて, 大急ぎ; 《化学》U 沈殿(作用); C 沈殿物
pre·cip·i·tous /prisípətəs プリスィピタス/ 形 絶壁のような, 険しい; 無謀な
pré·cis /preisí: プレイスィー/ 名 (複 **précis** /preisí:z/) C 大意, 概略

pre·cise A2
/prisáis プリサイス/ 形
❶ 正確な, 明確な, 精密な; ちょうどの (=exact)
• to be **precise** 正確に言うと
• a **precise** instrument 精密機械
❷ きちょうめんな
派生 **precision** 名
pre·cise·ly B2 /prisáisli プリサイスリ/ 副 正確に, 明確に; ちょうど; はっきり言うが; (あいづちで)そうですとも
• That's **precisely** what I wanted. それこそまさに私がほしかったものです
pre·ci·sion /prisíʒən プリスィジョン/ (×プリサイジョン) 名 U 正確さ, 精密さ; 明確さ; 《形容詞的》(計器などが)精密な
派生 **precise** 形
pre·clude /priklú:d プリクルード/ 動 他 《文章》(事を)排除する (=rule out); 文型 [**preclude A from *doing***] (事が)A(人)が…するのを妨げる, 不可能にする
pre·co·cious /prikóuʃəs プリコウシャス/ 形 早熟の; ませた; 早咲きの
pre·con·ceived /prì:kənsí:vd プリーカンスィーヴド/ 形 (考え方・意見などが)先入観にとらわれた
pre·con·cep·tion /prì:kənsépʃən プリーコンセプション/ 名 C 予想, 先入観
pre·con·di·tion /prì:kəndíʃən プリーコンディション/ 名 C 前提条件
pre·cur·sor /prikə́:rsər プリカーサ/ 名 C 《文章》先駆者, 前任者
pred·a·tor 高 /prédətər プレダタ/ 名 C 捕食[肉食]動物; 他人を食い物にする人
pred·a·to·ry /prédətɔ̀:ri プレダトーリ/ 形 (動物が)肉食の, 生物を捕食する; 他人を食い物にする; 強欲な
pred·e·ces·sor /prédəsèsər プレデセサ/ 名 C 前任者; 前のもの; 先祖 (↔**successor**)
pre·des·ti·na·tion /pri:dèstənéiʃən プリーデスティネイション/ 名 U (神学上の)運命予定説

pre·des·tined /pridéstənd プリデスティンド/ 形 運命づけられた

pre·de·ter·mined /prìːdité:rmənd プリーディターミンド/ 形 《文章》〔…するよう〕前もって定められた《to do》

pre·dic·a·ment B2 /pridíkəmənt プリディカメント/ 名 C 《文章》苦境, 窮地

pred·i·cate B2 /prédikèit プレディケイト/ 動 他 《文章》(行動などの)〔…に〕根拠を置く《on, upon》; 文型 [**predicate that ...**] …だと断言する

— /prédikət プレディカト/ (発音 動との違いに注意) 名 C 《文法》述部, 述語

pre·dic·a·tive B2 /prédəkèitiv プレディケイティヴ/ 形 《文法》(形容詞が)叙述的な

pre·dict A2 高

/pridíkt プリディクト/ 動 (三単現 **predicts** /pridíkts プリディクツ/; 過去·過分 **predicted** /pridíktəd/; 現分 **predicting**) 他

予言する; 予報する

• Can you **predict** which team will win the game? どちらのチームが勝つか予測できますか

派生 **prediction** 名

pre·dict·a·ble B2 /pridíktəbl プリディクタブル/ 形 予測のつく, 予言できる; 意外性のない, 想像がつく

predíctably 副 予想通り(に)

pre·dic·tion A2

/pridíkʃən プリディクション/ 名 C

予言; U 予言すること

派生 **predict** 動

pre·di·lec·tion /prèdilékʃən プレディレクション, prìːdilékʃən プリーディレクション/ 名 C 《文章》偏愛, ひいき

pre·dis·posed /prìːdispóuzd プリーディスポウズド/ 形 (病気に)かかりやすい《to, toward》

pre·dis·po·si·tion /prìːdispəzíʃən プリーディスポズィション/ 名 C 《文章》〔…する〕傾向, 性癖《to do》

pre·dom·i·nance /pridáminəns プリダミナンス/ 名 U 《または a predominance》〔…の〕(数的)優位, 優勢《of》; 〔…に対する〕支配《over》

pre·dom·i·nant /pridámənənt プリダミナント/ 形 勝っている, 優勢な; 目立った; 主要な

predominant·ly /pridáminəntli プリダミナントリ/ 副 おもに, 大部分は

pre·dom·i·nate /pridáminèit プリダミネイト/ 動 自 権力[影響力]をふるう, 支配する; 優勢である

pre·em·i·nent /priːémənənt プリエミナント/ 形 《文章》傑出した, 抜群の

pre·emp·tive /priémptiv プリエンプティヴ, priːémptiv プリーエンプティヴ/ 形 先制の

preen /príːn プリーン/ 動 他 (鳥が)羽づくろいをする

pre·fab /príːfæb プリーファブ/ 名 C 《口語》プレハブ住宅 (❗ prefabricated house から)

pre·fab·ri·cat·ed /priːfæbrəkèitəd プリーファブリケイテド/ 形 プレハブ方式の, 組み立て工法の

pref·ace /préfəs プレフェス/ (×プリフェイス) 名 C 序文, 前書き, はしがき; 前置き (❗自分の著作に自分で書く; 著者以外が書くものはふつう foreword)

pre·fec·tur·al /priféktʃərəl プリフェクチャラル/ 形 県の, 県立の

pre·fec·ture 高 /príːfektʃər プリーフェクチャ/ 名 C (日本·フランスなどの)県, 府

pre·fer A2 高

/prifə́ːr プリファー/ (発音 アクセントに注意) 動 (三単現 **prefers** /prifə́ːrz/; 過去·過分 **preferred** /prifə́ːrd/; 現分 **preferring** /prifə́ːriŋ/) 他 …のほうを好む, 選ぶ

• Which do you **prefer**, tea or coffee? 紅茶とコーヒーとではどちらが好きですか

文型 [**prefer A to B**] BよりAを好む

• I **prefer** green **to** red. 私は赤よりもグリーンのほうが好きです (=I like green better than red.)

文型 [**prefer to** *do*] むしろ…したい; 文型 [**prefer A to** *do*] Aに…してくれるほうを望む

派生 preference 名
派生 preferable 形

pref·er·a·ble B2 /préfərəbl プレファラブル/ 形 〔…より〕好ましい, ましな《to》
派生 prefer 動
préferably B2 副 願わくは, むしろ

pref·er·ence B1 /préfərəns プレファレンス/ 名 (複 **preferences** /préfərənsəz/) U C 〔…よりも; …を〕好むこと《to, over; for》; U C 好み; C 好きなもの; U C 優先
• They chose environmental preservation in **preference** to development. 彼らは開発より環境保全の方を選んだ
派生 prefer 動; 派生 preferential 形

pref·er·en·tial /prèfərénʃəl プレファレンシャル/ 形 優先権のある; 優遇される
派生 preference 名

pre·fix B1 /prí:fiks プリーフィクス/ 名 (複 **prefixes** /prí:fiksəz/) C 接頭辞《♦他の語の前について単語をつくる》

preg·nan·cy /prégnənsi プレグナンスィ/ 名 (複 **pregnancies** /prégnənsiz/) U C 妊娠

preg·nant B1 /prégnənt プレグナント/ 形 妊娠している

pre·his·tor·ic B2 /prì:histɔ́:rik プリーヒストーリク/ 形 有史以前の, 先史時代の; 時代遅れの
prèhistórically 副 有史以前に

pre·his·to·ry /prì:hístəri プリーヒストリ/ 名 U 先史時代

pre·judge B2 /prì:dʒʌ́dʒ プリーヂャヂ/ 動 他 早まった判断をする

prej·u·dice B1 /prédʒədəs プレヂュディス/ 名 (複 **prejudices** /prédʒədəsəz/)
❶ U C 偏見, 先入観; 毛ぎらい
• racial [sexual] **prejudice** 人種的[性的]偏見
❷ U 《法》(利益の)侵害, 損傷, 不利益
━ 動 (三単現 **prejudices** /prédʒədəsəz/; 過去・過分 **prejudiced** /prédʒədəst/; 現分 **prejudicing**) 他
❶〔…に対して〕偏見をいだかせる《against》, 〔…を〕ひいきさせる《in favor of》
❷(利益・権利を)害する, 損害を与える

prej·u·diced /prédʒədəst プレヂュディスト/ 形 偏見をもった

prej·u·di·cial /prèdʒədíʃəl プレヂュディシャル/ 形 不利になる, 害になる

pre·lim·i·nar·y B2 /prilímінèri プリリミネリ/ 形 予備の, 前置きの, 準備の
━ 名 (複 **preliminaries** /prilíminèriz/) C 予備[準備]段階, 予備の手段, 下ごしらえ; 《**the preliminaries**》予備試験; 予選

prel·ude /prélju:d プレリュード/ 名 C 前触れ; 前奏曲

pre·mar·i·tal /prì:mǽrətəl プリーマリタル/ 形 結婚前の, 婚前の
• **premarital** sex 婚前交渉

pre·ma·ture /prì:mətʃúər プリーマチュア/ 形 時期尚早の; 早すぎた; 早産の
prèmatúrely 副 早まって

pre·med·i·tat·ed /pri:méditèitəd プリーメディテイテド/ 形 (犯罪などが)意図的な, 計画的な

prem·i·er /primíər プリミア, prí:miər プリーミア/ 名 C 首相, 総理大臣 (=prime minister) (❗フランスやイタリアの首相を言う; 日本は the Prime Minister を用いる) ━ 形 第1位の; 最初の

prem·i·ere /primíər プリミア/ 名 C (演劇・オペラ・映画の)初演, 初日, 封切り

prem·ise /prémis プレミス/ 名 C (建物を含む)土地, 敷地, 構内; 《**premises**》譲渡財産, 不動産; 〔…という〕前提《that ...》

pre·mi·um /prí:miəm プリーミアム/ 名 C 賞金; プレミアム, 割り増し金; 保険料
at a premium (品物が)供給不足で, 値上がりして

pre·mo·ni·tion /prì:məníʃən プリーマニシャン, prèməníʃən プレマニシャン/ 名 C 虫の知らせ, 予感; 警告

pre·mon·i·to·ry /primánətɔ̀:ri プリマニトーリ/ 形 《文章》前兆の

pre·na·tal /prì:néitl プリーネイトル/ 形 出産[出生]前の

pre·oc·cu·pa·tion /priὰkjupéiʃən

プリアキュペイション/ 名 U 〔…に, …で〕心を奪われること, 頭がいっぱいになること《*with*》; C 心を奪われていることがら

pre·oc·cu·pied /priːɑ́kjəpàid プリーアキュパイド/ 形 〔…に〕夢中の, 心を奪われている《*with*》

pre·oc·cu·py B2 /priɑ́kjupài プリアキュパイ/ 動 (三単現 **preoccupies** /priɑ́kjupàiz/; 過去・過分 **preoccupied** /priɑ́kjupàid/; 現分 **preoccupying**) 他 《文章》人の心を奪う, 夢中にする

prep /prép プレプ/ 名 C 予備学校 (❗ preparatory school の略); U 《英》《口語》宿題 ―動 (三単現 **preps** /préps/; 過去・過分 **prepped** /prép/; 現分 **prepping**) 他 (試験・手術の)準備をさせる; 自 予備学校に通う; 予習する

prep. 《略》preposition 前置詞

pre·paid /prìːpéid プリーペイド/ 形 (運賃などが)前払いの, 支払い済みの

prep·a·ra·tion B1 高 /prèpəréiʃən プレパレイション/ 名 (複 **preparations** /prèpəréiʃənz/) ❶《単数形で》〔…を〕準備すること《*of*》; 〔…のための〕用意, 支度《*for*》; 《ふつう **preparations**》〔…のための〕準備《*for*》

• pass the exam without **preparation** 勉強しないで試験に受かる

❷ U 調剤, 調薬; C 調理食品

make preparations for ... …のための準備をする

派生 **prepare** 動

pre·par·a·to·ry /pripǽrətɔ̀ːri プリパラトーリ/ 形 準備の, 予備の

prepáratory schòol 名 C 予備学校 (♦米国では大学進学のための私立高校; 英国ではパブリックスクール (public school) 進学のための私立小学校)

pre·pare A2 中

/pripéər プリペア/ 動 (三単現 **prepares** /pripéərz/; 過去・過分 **prepared** /pripéərd/; 現分 **preparing** /pripéəriŋ/)

❶ 他 〔…のために〕用意する《*for*》; 自 〔…の〕準備をする《*for*》

• **prepare** a meal 食事のしたくをする

• **prepare for** a travel [class] 旅行の準備[授業の予習]をする

文型 [**prepare to** *do*] …する支度[準備]をする • She is **preparing to** *go* on a trip tomorrow. 彼女はあす旅行に行く準備をしている

文型 [**prepare A to** *do*] Aが…するのを準備する

• They **prepared** the ship **to** *sail*. 彼らは出帆できるように船の準備をした

文型 [**prepare A B**] AにB(料理など)をこしらえる

❷〔…の〕心の準備をさせる, 覚悟をさせる《*for*》; 文型 [**prepare A to** *do*] Aに…する覚悟を決めさせる

prepare oneself 〔…のための; …に対して〕準備する; 覚悟を決める《*for; against*》

派生 **preparation** 名

pre·pared B1 /pripéərd プリペアド/ 形 (❗比較変化なし)(あらかじめ)準備[調理]された (↔**unprepared**); 〔…する〕用意がある《*to do*》

pre·par·ed·ness /pripéərədnəs プリペアレドネス, pripéərdnəs プリペアドネス/ 名 U 用意[準備, 覚悟]ができていること; 備え; 即応態勢

pre·pon·der·ance /pripɑ́ndərəns プリパンダランス/ 名 U 《単数形で》《文章》(数などで)勝ること, 優勢, 優位

prep·o·si·tion B1 /prèpəzíʃən プレポズィション/ 名 (複 **prepositions** /prèpəzíʃənz/) C 《文法》前置詞

prep·o·si·tion·al /prèpəzíʃənəl プレポズィショナル/ 形 前置詞の

pre·pos·ter·ous /pripɑ́stərəs プリパスタラス/ 形 《文章》(考え・態度などが)途方もない, みっともない, ばかげた, 不合理な

prep·py, prep·pie /prépi プレピ/ 名 (複 **preppies** /prépiz/) C プレッピー (♦preparatory school の生徒[出身者])

prép schòol 名 (= preparatory school)

pre·quel /príːkwəl プリークウェル/ 名 C

〔小説・映画などの〕前編, 続編《*to*》(♦ヒット作の内容を時系列で前につなげた作品)

pre·req·ui·site /priːrékwəzit プリーレクウィズィト/ 形《文章》必須(ひっす)の, あらかじめ必要な ―名C《文章》〔…の〕前提[必要]条件《*for, of, to*》

pre·rog·a·tive /prirágətiv プリラガティヴ/ 名C《ふつう *one's* [**the**] **prerogative**》《文章》〔…する〕(官職ある人の)特権, 特典《*to do*》

pres·age /présidʒ プレスィヂ, priséidʒ プリセイヂ/ 動自《文章》前兆となる; 予感する

Pres·by·te·ri·an /prèzbətíəriən プレズビティアリアン/ 形《キリスト教》長老教会(派)の ―名C 長老教会員

pre·school B1 /prìːskúːl プリースクール/ 形 就学前の (❗だいたい2から5歳程度)
― /príːskùːl プリースクール/ 名 (複 **pre-schools** /príːskùːlz/) C《米》幼稚園, 保育園

pre·scribe B2 /priskráib プリスクライブ/ 動他自 指示する; 規定する; 他 処方する; 自 処方せんを書く

pre·scrip·tion B1 /priskrípʃən プリスクリプション/ 名 (複 **prescriptions** /priskrípʃənz/)
❶U 処方; C 処方箋(せん)
• You can't get the medicine without a **prescription**. 処方箋なしではその薬を買うことはできない
❷C〔…の〕示唆, 指示《*for*》

pre·scrip·tive /priskríptiv プリスクリプティヴ/ 形 規定する

pres·ence B1 /prézns プレズンス/ 名 (複 **presences** /préznsəz/) ❶U ある[いる]こと, 存在; 居合わせていること, 出席 (↔**absence**); (軍隊などの)駐留
❷U 面前, 目の前 ❸U 存在感; (堂々たる)態度[風采(ふうさい)]
❹C《ふつう単数形で》(見えない)霊(気)
in the presence of** A* = ***in** A's* ***presence …の面前で; …に直面して
presence of mind 平常心
派生 **present**[1] 形

pres·ent[1] B1 高 /préznt プレズント/ 形
❶(…に)存在して; 出席して(いる), 居合わせて(いる) (↔**absent**) (❗名詞の前には用いない. または(代)名詞のあとに用いる)
• He is **present** at the meeting. 彼は会合に出席している
会話 "John?" "**Present**, sir." 「ジョン?」「はい」(❗出席点呼の返事; Here. または Yes. ともいう)
❷現在の, 今の (❗名詞の前に用いる); 《文法》現在(時制)の
• What is your **present** address? あなたの現住所はどこですか
―名 ❶《**the present**》現在 (❗「過去」は past, 「未来」は future) ❷U《文法》《ふつう **the present**》現在時制[形]
at present 現在, 今, 目下
for the present 今のところは, 当分(は), さしあたり
派生 **presence** 名

pres·ent[2] A1 中
/préznt プレズント/
名 (複 **presents** /préznts プレズンツ/) C 贈り物, プレゼント ⇨**gift**
• She gave me an album as [for] a **present**. 彼女は私に贈り物としてアルバムをくれた
―《**pre·sent**》/prizént プリゼント/ (発音 名 との違いに注意) 動 (三単現 **presents** /prizénts プリゼンツ/; 過去・過分 **presented** /prizéntəd/; 現分 **presenting**) 他
❶(公式に)贈る, 贈呈(ぞうてい)する
• **present** a prize 賞を贈呈する
文型 [**present A with B** = **present B to A**] A(人)にBを贈る
❷(様子を)呈する, 示す; (問題などを)もたらす
❸〔…に〕提出する; 見せる《*to*》
❹(劇を)上演する, (映画を)上映する
❺(正式に人を)紹介する (❗introduce よりも改まった語)
present oneself (人が正式に)出頭する, 出席する; (物が)現れる
派生 **presentation** 名

pre·sent·a·ble /prizéntəbl プリゼンタブル/ 形 人前へ出せる, 体裁のよい, 見苦しくない

pre·sen·ta·tion B1 高 /prìːzentéiʃən プリーゼンテイション/ 名
❶ C 贈呈, 贈呈式
❷ C (口頭の)発表, プレゼンテーション
❸ U C 提示(の仕方), 体裁
❹ C (映画などの)公開
派生 **present**[2] 動

pres·ent-day /prézntdei プレズントデイ/ 形 現代の, 今日(こんにち)の (! 名詞の前に用いる)

pre·sent·er B2 /prizéntər プリゼンタ/ 名 C 《英》ニュース番組総合司会者

pres·ent·ly /prézntli プレズントリ/ 副
❶ やがて, まもなく (=soon)
❷ 《米》目下, 今 (=at present)

présent párticiple 名 C 《文法》現在分詞 《◆原則として動詞の原形に -ing をつけた形 ⇨**participle** 文法》

pres·er·va·tion B1 /prèzərvéiʃən プレザヴェイション/ 名 U 保存, 維持; 保護

pre·serv·a·tive /prizə́ːrvətiv プリザーヴァティヴ/ 名 U C 防腐剤, 保存料

pre·serve B1 高 /prizə́ːrv プリザーヴ/ 動 (三単現 **preserves** /prizə́ːrvz/; 過去·過分 **preserved** /prizə́ːrvd/; 現分 **preserving**) 他 ❶ (書類·ある状態などを)保つ, 保存する, 保持[維持]する; 保護する
❷ (かんづめ·塩づけなどにして食物を)保存する

━ 名 (複 **preserves** /prizə́ːrvz/) C
❶ 《**preserves**》保存食品, ジャム
❷ 禁猟区; (動植物)特別保護地域

pre·side /prizáid プリザイド/ (×プリサイド) 動 自 司会する, 議長を務める; 統轄する

pres·i·den·cy B2 /prézidənsi プレズィデンスィ/ 名 (複 **presidencies** /prézidənsiz/) C U 《ふつう **the presidency**》大統領[会長, 学長など]の職務[任期]; 《しばしば **the Presidency**》米大統領の職務[任期]

pres·i·dent B1 高 /prézədənt プレズィデント/ 名 (複 **presidents** /prézədənts プレズィデンツ/) C
❶ 《しばしば **President**》大統領
• the **President** of the United States of America アメリカ合衆国大統領
❷ 会長, 総裁, 社長, 学長, 議長

pres·i·den·tial B2 /prèzədénʃəl プレズィデンシャル/ 形 大統領の

Présidents' Dày 名 《米》大統領誕生日 《◆2月の第3月曜日》

press B1 高 /prés プレス/ 動 (三単現 **presses** /présəz/; 過去·過分 **pressed** /prést/; 現分 **pressing**)
❶ 他 自 押す; 踏む; 他 押しつける; 自 押しかける; 突進する; 文型 [**press A C**] Aを押してC(状態)にする • **press** the button ボタンを押す
• The child **pressed** its nose against the window. 子どもは窓に鼻を押しつけた
❷ 他 だき[にぎり]しめる
❸ 他 (衣類などに)アイロンをかける, プレスする
❹ 自 差し迫る; 他 しつこくせがむ, 強いる; 文型 [**press A to** *do*] A(人)に…するよう(しつこく)迫る
❺ (野菜などを)押しつぶす, 絞る

be pressed for ... …がなくて困っている, …が不足している

press ahead [***forward***] 進める, おし進める

press charges (***against ...***) (…を)告発する

━ 名 (複 **presses** /présəz/) ❶ U 《集合的》《**the press**》報道機関, マスメディア, マスコミ; 新聞, 雑誌, 出版物; 報道陣, 記者団; 報道関係者
• the national [local] **press** 全国紙[地方紙]
❷ 《**a press**》(報道機関の)報道; 批評
❸ C 圧さく機; 印刷機; 出版社; 印刷所; U 《しばしば **the press**》印刷
❹ C 《ふつう単数形で》押す[にぎる]こと, 圧迫 派生 **pressure** 名

press·ing /présiŋ プレスィング/ 形 緊急の, 差し迫った

- We have a pile of **pressing** problems to solve. 解決すべき緊急問題が山積みである

préss relèase 名C (報道機関に向けた)公式発表

press-up /présʌ̀p プレサプ/ 名 《英》(=push-up)

pres·sure A2高

/préʃər プレシャ/

名 (複 **pressures** /préʃərz/)

❶ UC 圧力; 押すこと

- blood **pressure** 血圧
- high atmospheric **pressure** 高気圧

❷ U せまられること, プレッシャー, 圧迫, 強制, 重荷; 切迫; 苦悩

- **pressure for** a change 変化を迫ること
- She is now **under pressure** from the press. 彼女は今マスコミから圧力をかけられている

bring [***put***] ***pressure on...*** …に圧力を加える

under (***the***) ***pressure of...*** (貧困などに)迫られて; (仕事に)せかされて

— 動 (三単現 **pressures** /préʃərz/; 過去·過分 **pressured** /préʃərd/; 現分 **pressuring** /préʃəriŋ/) 他 《米》(人に)圧力をかける; 強要する (=《英》pressurize)

派生 **press** 動

préssure còoker 名C 圧力がま[なべ]

préssure gròup 名C 圧力団体

pres·sur·ize /préʃəràiz プレシャライズ/ 動 他 ❶ (航空機などの内部の)気圧を一定に保つ ❷ 《英》(=pressure)

pres·tige B2 /prestí:ʒ プレスティージ/ (×プレステージ) 名U 名声, 威信; 《形容詞的》世評の高い

pres·ti·gious B2 /prestídʒəs プレスティヂャス/ 形 世評の高い; 名声のある; 権威ある

pre·sum·a·ble /prizjú:məbl プリズ(ュ)ーマブル/ 形 推定[仮定]できる; もっともらしい, ありそうな, 当然と思われる

pre·sum·a·bly B2 /prizjú:məbli プリズ(ュ)ーマブリ/ 副 《文修飾》おそらく, たぶん (=probably)

pre·sume /prizjú:m プリズ(ュ)ーム/ 動 他 自 推定する; 他 思う, 考える

pre·sump·tion /prizʌ́mpʃən プリザンプション/ 名UC 推定, 仮定; 推測

pre·sump·tu·ous /prizʌ́mptʃuəs プリザンプチュアス/ 形 生意気な, 僭越(せんえつ)な

pre·sup·pose /prì:səpóuz プリーサポウズ/ 動 他 《文章》前提にする; 仮定する

pre·sup·po·si·tion /prì:sʌpəzíʃən プリーサポズィション/ 名CU 《文章》前提, 仮定

pre·tence /priténs プリテンス/ 名 《英》(=pretense)

pre·tend A2高

/priténd プリテンド/ 動 (三単現 **pretends** /priténdz プリテンヅ/; 過去·過分 **pretended** /priténdəd/; 現分 **pretending**)

❶ 他 自 〔…であるような; …する〕ふりをする 《*that*...; *to do*》; 他 見せかける; 〔…する〕まねをして遊ぶ 《*to do*》 ⇨**affect**[2], **assume**

- Ken **pretended that** he was angry. ケンは怒ったふりをした (=Ken pretended to be angry.)

❷ 文型 [**pretend to** *do*] あえて…しようとする, …であるとうぬぼれる

pre·tense /priténs プリテンス/ 名UC 《米》みせかけ; 口実, 言いわけ

pre·ten·sion /priténʃən プリテンション/ 名C 〔…に対する〕(うぬぼれた)主張 《*to*》; 自負; UC 《文章》みせかけ

pre·ten·tious /priténʃəs プリテンシャス/ 形 見栄張りの, 見かけ倒しの

pre·text /prí:tekst プリーテクスト/ 名C 口実

pret·ti·er /prítiər プリティア/ 形 pretty の比較級

pret·ti·est /prítiəst プリティエスト/ 形 pretty の最上級

pret·ty A1中

/príti プリティ/

形 (比較級 **prettier**; 最上級 **prettiest**)

❶(小さくて)かわいい, きれいな
● a **pretty** girl かわいい女の子 (🅘 pretty +名詞; 男の子には用いない)
● This flower is very **pretty**. この花はとてもきれいだ
❷(目・耳に)快い, こざっぱりした; 見事な
● a **pretty** poem 上手な詩
❸《口語》かなり大きな[多くの]; 相当の (🅘 名詞の前に用いる)
— 副《口語》❶かなり, 相当に (=fairly)
● He can speak English **pretty** well. 彼はかなりうまく英語が話せます
❷非常に, たいへん (=very)
● The patient's condition is **pretty** much the same. 患者の病状は相変わらずです (🅘 ❶と❷ではアクセントが違う; prétty gòod (かなりいい❶の意味), prètty góod (非常にいい❷の意味))

pret·zel /prétsəl プレツェル/ 名C プレッツェル《◆結び目形をした塩味のスナックまたはパン》

pre·vail B2 /privéil プリヴェイル/ 動 自
❶普及している, 流行している; 勝つ, 勝る ❷《文章》説き伏せる; 文型 [**prevail on** [**upon**] **A to** *do*] Aを説得して…させる

pre·vail·ing /privéiliŋ プリヴェイリング/ 形 広く行われる; 支配的[優勢]な

prev·a·lence /prévələns プレヴァレンス/ 名U 普及, 流行

prev·a·lent /prévələnt プレヴァレント/ 形 広く行きわたっている; 流行している
prévalently 副 広く流布して

pre·vent A2 高

/privént プリヴェント/ 動 (三単現 **prevents** /privénts プリヴェンツ/; 過去・過分 **prevented** /privéntəd/; 現分 **preventing**) 他
妨げる, 妨害する; 中止させる; 防ぐ, 予防する, 防止する
● **prevent** illness 病気を予防する
● I'll come at 2 if nothing **prevents** me. 何も起こらなければ2時にまいります
文型 [**prevent A** (**from**) *do***ing**] Aが…するのを妨げる
● The heavy rain **prevented** him (**from**) **coming**. 大雨が彼の来るのを妨げた[大雨のため彼は来られなかった]
派生 **prevention** 名

pre·vent·a·ble /privéntəbl プリヴェンタブル/ 形 (病気などが)予防できる, 止めることができる

pre·ven·tion B2 /privénʃən プリヴェンション/ 名U 防止, 予防; 妨害; 防ぐもの, 防ぐ方法 派生 **prevent** 動

pre·ven·tive B2 /privéntiv プリヴェンティヴ/ 形 予防する
— 名C 予防薬; 予防策

pre·view /príːvjùː プリーヴュー/ 名C 試写(会), 試演; (映画・テレビの)予告編; (ラジオの)予告番組

pre·vi·ous B1 高 /príːviəs プリーヴィアス/ 形 (時間・順序が)先の, 前の (🅘 名詞の前に用いる)
● on the **previous** day その前日に

pre·vi·ous·ly B2 /príːviəsli プリーヴィアスリ/ 副 以前に; 前もって
● I visited this place **previously**. ここは前に来ました

pre·war /prìːwɔ́ːr プリーウォー/ 形 戦前の (↔**postwar**)

prey /préi プレイ/ (発音 pray と同音) 名U (特に肉食動物の)えじき; 《単数形で》〔…の〕犠牲(ぎせい)(者), とりこ, 食いもの《*to, for*》
fall prey to ... …のえじきとなる
— 動 (三単現 **preys** /préiz/; 過去・過分 **preyed** /préid/; 現分 **preying**) 自 〔…を〕えじきにする, 捕食する《*on, upon*》; 〔弱い人などを〕食い物にする《*on, upon*》; 〔…を〕悩ます《*on, upon*》

price A1 高

/práis プライス/ 名 (複 **prices** /práisəz/)
❶C 値段, 価格; 《**prices**》物価 ⇨ **charge**, **fare**, **rate**
● at a high [low] **price** 高い[安い]値段で
● a sharp rise in oil **prices** 石油価格の高騰(こうとう)
❷《比ゆ的》《単数形で》代償, 代価; 犠牲
❸C 懸賞金

at any price どんな値段[犠牲]を払っても
at a price かなりの値段で; つらい思いをして
at the price of ... …を犠牲にして
beyond [above, without] price 値がつけられないほど貴重な
put a price on ... …に値をつける
—動 (三単現 **prices** /práisəz/; 過去・過分 **priced** /práisət/; 現分 **pricing**) 他 値段をつける[表示する]; 《口語》値段を聞く

price·less B2 /práislis プライスレス/ 形 (値段がつけられないほど)貴重な

príce wàr 名 C (商品の)値引き競争

pric·ey /práisi プライスィ/ 形 (比較級 **pricier**; 最上級 **priciest**) 《口語》高価な

prick B2 /prík プリク/ 動 他 ちくりと刺す, つく, 刺してあける; 苦しめる
prick up one's ears (動物が)耳を立てる; 《口語》(人が)耳をそばだてる
—名 C ちくっと刺すこと; 刺し傷; ちくちく(する痛み); (良心の)とがめ

prick·le /príkl プリクル/ 名 C (植物の)棘(とげ), (動物の)針; ちくちくする感じ
—動 自 他 ちくちく痛む[刺す]

prick·ly /príkli プリクリ/ 形 (比較級 **pricklier**; 最上級 **prickliest**) とげの多い, 針のある; ちくちくする; 《口語》怒りっぽい

pride A2 高

/práid プライド/ 名 ❶ U 自尊心; 《単数形で》誇り; 自慢の種
- He is very poor, but he hasn't lost his **pride**. 彼はとても貧しいけれど誇りは失っていない

❷ U うぬぼれ, 高慢
take pride in ... …に誇りを持つ; …を自慢する
—動 (三単現 **prides** /práidz プライヅ/; 過去・過分 **prided** /práidəd/; 現分 **priding**) 他 《次の成句で》
pride oneself 〔…を〕誇る, 自慢する 《*on, upon*》
派生 **proud** 形

priest B1 高 /prí:st プリースト/ 名 (複 **priests** /prí:sts プリースツ/) C 《キリスト教》(カトリック教会などの)司祭; (宗教の儀式をする)祭司, 僧, 神官, 聖職者

priest·ess /prí:stəs プリーステス/ 名 C (キリスト教以外の)尼僧

priest·hood /prí:sthùd プリーストフド/ 名 《**the priesthood**》聖[司祭, 僧]職; C U 聖職者

priest·ly /prí:stli プリーストリ/ 形 聖職者の; 聖職者にふさわしい

prim /prím プリム/ 形 (比較級 **primmer**; 最上級 **primmest**) とりすました, つんとした; (服装が)きちんとした
prímly 副 取り澄まして

pri·ma·cy /práiməsi プライマスィ/ 名 U 《文章》首位, 第一位; 優位 《*over*》

pri·ma don·na /prì(:)mədɑ́nə プリ(ー)マダナ/ 名 C プリマドンナ 《♦歌劇の主役女性歌手》; わがままな女[男]

pri·mal /práiməl プライマル/ 形 《文章》最初の; 原始の; 主要な, 根本的な

pri·mar·i·ly B1 /praimérili プライメリリ | práimərili プライマリリ/ 副 主として, おもに, 本来; 第一に, 最初に

pri·ma·ry B2 高 /práimèri プライメリ/ 形 最も重要な, 主要な; 第一の; 初等の; 根本の; 最初の, 一次の (❗名詞の前に用いる)
- *one's* **primary** source of income 収入源
- **primary** education 初等教育
- What is your **primary** reason for going to school? 学校へ通う一番の理由は何ですか

—名 (複 **primaries** /práimèriz/) C 《米》予備選挙 (=primary election) (❗特に大統領選挙で, 各政党の候補者を選出する代議員の選挙をさす)

prímary cólor 名 C 原色 《♦色では赤・青・黄, 光では赤・緑・青》

prímary schòol B1 名 U C 小学校 (=《米》elementary school) 《♦5-11歳までの公立初等教育の学校》

pri·mate[1] /práimeit プライメイト/ 名 C 霊長類の動物 《♦人間・サルを含む》; 《**pri-**

mates》霊長類

pri·mate[2] /práimət プライメト, práimeit プライメイト/ 名 C 《しばしば **Primate**》(英国国教会の)大主教; (カトリックの)首座大司教

prime B2 /práim プライム/ 形 最も重要な, 第一の, おもな; 第一級の (■名詞の前に用いる) ━名 U 《ふつう **the** [*one's*] **prime**》全盛時, 盛り

príme mínister B2 高 名 C 総理大臣, 首相

prim·er[1] /práimər プライマ/ 名 C 雷管, 導火線; U C (ペンキ・絵の具の)下塗り(塗料)

prim·er[2] /prímər プリマ/ 名 C (学科の)初歩読本; 手引き, 入門書

príme tíme 名 U 《**the** をつけて》(テレビの)プライムタイム, ゴールデンタイム

pri·me·val /praimí:vəl プライミーヴァル/ 形 原始時代の, 太古の

prim·i·tive B1 /prímətiv プリミティヴ/ 形
❶ 原始(時代)の
• **primitive** people 原始人
❷ 原始的な, そぼくな; 基本の

prímitively 副 最初に; 原始的に

prim·rose /prímrouz プリムロウズ/ 名 C 《植物》サクラソウ

prince A1 高

/príns プリンス/ 名 (複 **princes** /prínsəz/) C 王子; (小国家の)君主; 公爵, 《敬称として》…公

prince·ly /prínsli プリンスリ/ 形 王子らしい

prin·cess A1 高

/prínsəs プリンセス|prinsés プリンセス/ 名 (複 **princesses** /prínsəsəz/) C 王女; (princeの妻である)妃(ひ); 公爵夫人

prin·ci·pal A2 高

/prínsəpəl プリンスィパル/ 形 おもな, 主要な (■ふつう名詞の前に用いる)
━名 (複 **principals** /prínsəpəlz/)
❶ C (小学校・中学校・高校の)校長; 《英》(大学の)学長
❷ C 主役; 《文章》(代理人に対して)本人
❸ 《単数形で》元金

prin·ci·pal·i·ty /prìnsəpǽləti プリンスィパリティ/ 名 (複 **principalities** /prìnsəpǽlətiz/) C 公国

prin·ci·pal·ly /prínsəpəli プリンスィパリ/ 副 主として, おもに; たいてい

prin·ci·ple B1 高 /prínsəpl プリンスィプル/ 名 (複 **principles** /prínsəplz/) C
❶ C 《しばしば **principles**》(人の考え方・行動などの)主義, 信念, 信条; 方針
• as a matter of **principle** 主義として
❷ U C 《ふつう **principles**》節操, 道義; 高潔
❸ C (物事の)原理; 仕組み

in principle 原則的には, だいたいにおいて

on principle 主義として

on the principle of ... [***that*** ...] …の[…という]信念で

print A2 中

/prínt プリント/ 動 (三単現 **prints** /prínts プリンツ/; 過去・過分 **printed** /príntəd/; 現分 **printing**)
❶ 他 自 印刷する; 出版する; (出版物に)載せる 自 印刷される
• Her essay will be **printed** in that magazine. 彼女のエッセイがあの雑誌に掲載される
❷ 他 (写真を)プリント[焼きつけ]する
• He develops and **prints** his own photos. 彼は自分の写真は自分で現像・焼きつけをする
❸ 他 自 活字体で書く
❹ 他 (布に)模様をプリントする; (印などの)跡をつける

print out 印字する, プリントアウトする

━名 (複 **prints** /prínts プリンツ/)
❶ U 印刷(された文字); C 印刷物; C 版画; C 写真 (■授業や会議で使う「印刷物」の意味の「プリント」は, 英語では handout)

❷ C 跡; 印
❸ U プリント地, プリント模様

in print 印刷されて, 出版されて
out of print 絶版になって
put ... into print …を印刷する

prínted màtter 名 U 印刷物 《♦「印刷物在中」の意味で封筒などに書く》

print·er A2

/príntər プリンタ/
名 (複 **printers** /príntərz/) C
❶ (コンピュータなどの)プリンター, 印刷機
❷ 印刷業者, 印刷屋さん, 印刷職工

print·ing /príntiŋ プリンティング/ 名 U 印刷; 印刷術; (写真の)焼き付け; 活字体の文字; C (1回の)印刷部数, 刷; 印刷物

prínting prèss 名 C 印刷機

print·out /príntàut プリンタウト/ 名 C U 《コンピュータ》プリントアウト, プリンター出力

pri·or B2 /práiər プライア/ 形 前の, 先の; より重要な
- Sorry, I have a **prior** engagement. すまないが, 先約がある

prior to ... 《前置詞的》《文章》…に先立って; …より優先して
派生 **priority** 名

pri·or·i·tize /praiɔ́:rətàiz プライオーリタイズ/ 動 他 優先順位をつける

pri·or·i·ty B2 高 /praiɔ́:rəti プライオーリティ/ 名 (複 **priorities** /praiɔ́:rətiz/) U 優先; 優先権; C 優先すべきこと
- My top **priority** is to have a good relationship with her. 私にとっての最優先は彼女と良い関係を築くことです

派生 **prior** 形

prism /prízm プリズム/ 名 C プリズム; 角柱

pris·on B1 高 /prízn プリズン/ 名 (複 **prisons** /príznz/) C 刑務所, 監獄 (! jail は拘置所); U 投獄
- escape from **prison** 脱獄する

príson càmp 名 C 捕虜収容所

pris·on·er B1 高 /príznər プリズナ/ 名 (複 **prisoners** /príznərz/) C U
❶ 囚人; 捕虜, とりこ
❷ 《比ゆ的》とらわれの身の者, とりこ

prísoner of wàr 名 C 戦争捕虜 (! POWと略す)

pris·sy /prísi プリスィ/ 形 (比較級 **prissier**; 最上級 **prissiest**) 《口語》神経質な, 口うるさい

pris·tine /prísti:n プリスティーン/ 形 もとの, 新品(同様)の; きれいな

pri·va·cy B1 /práivəsi プライヴァスィ/ 名 U (他人から干渉されないで)ひとりで自由にしていること[権利], プライバシー; 秘密

in privacy こっそり, ひそかに
派生 **private** 形

pri·vate A2 高

/práivət プライヴェト/ (×プライベート) 形
❶ (公(おおやけ)のものでなく)個人の; 私有の, 私立の; 個人的な, 私的な (↔**public**)
- a **private** opinion 個人的な意見
- for **private** reasons 個人的な理由で

❷ 公にしない, 内密の; 《英》親展の (=《米》personal) 《♦他人に開封されたくない手紙の封筒に上書きする》
❸ (場所などが)人目につかない
❹ 公職についていない, 私人の (↔**public**) (! 名詞の前に用いる)

━ 名 (複 /práivəts プライヴェツ/) C 《軍》兵, 兵卒

in private ないしょで, こっそり, 内密に; 非公式に
派生 **privacy** 名

pri·vate·ly B2 /práivətli プライヴァトリ/ 副 個人として, ひそかに, ないしょに, 非公式に

prívate párts 名 《複数扱い》《遠回しに》陰部 《♦人間の生殖器を間接的に示す》

pri·va·tion /praivéiʃən プライヴェイション/ 名 C U 《文章》(生活必需品などの)不足

pri·vat·ize /práivətàiz プライヴァタイズ/ 動 他 私有化する; 民営化する
prìvatizátion 名 U 私有化; 民営化

priv·i·lege B2 /prívəlidʒ プリヴィリヂ/ 名

A B C D E F G H I J K L M N O P Q R S T U V W X Y Z

UC 特権, 特別扱い, 特典; C 恩典

priv·i·leged /prívəlidʒd プリヴィリヂド/ 形 〔…する〕特権がある《*to do*》

priv·y /prívi プリヴィ/ 形《文章》内情に通じた

Prìvy Cóuncil 名《the をつけて》《英》枢密(すうみつ)院《◆国王の政治的諮問機関; 略 P.C.》

prize[1] B1 中 /práiz プライズ/ 名 (複 **prizes** /práizəz/) C ❶賞(品), 賞金 ⇨ award; (くじの)景品

- the Nobel **Prize** for Medicine ノーベル医学賞
- **win** first [second] **prize** in a contest コンテストで1[2]等賞を取る

❷(求めるに価する)価値あるもの

❸《形容詞的》入賞の, 賞の; すばらしい

— 動 (三単現 **prizes** /práizəz/; 過去・過分 **prized** /práizd/; 現分 **prizing**) 他 …を高く評価する, 重んじる

prize[2] /práiz プライズ/ 名 C 捕獲(物); 掘り出し物

prize[3] /práiz プライズ/ 動 他 てこで動かす[上げる]

prize·fight /práizfàit プライズファイト/ 名 C (懸賞金の出る)ボクシングの試合, プロボクシング

prize-win·ning /pràizwíniŋ プライズウィニング/ 形 入賞の

pro A2

/próu プロウ/ 名 (複 **pros** /próuz/)《口語》プロ, 職業選手, 専門家 (❗professional の短縮形)

— 形《口語》プロの, 職業選手の, 専門家の (❗名詞の前に用いる)

pro- 接頭 ❶「賛成の」「ひいきの」 ❷「前へ」「外へ」 ❸「…の代わり」

pro·active /pròuǽktiv プロウアクティヴ/ 形《心》順向の, 先を見越して行動する

prob·a·bil·i·ty B1 /pràbəbíləti プラバビリティ/ 名 (複 **probabilities** /pràbəbílətiz/) U 見込み, 蓋然(がいぜん)性; C 起こり[あり]そうなこと

in all probability 十中八九, たぶん

prob·a·ble B2 /prábəbl プラバブル/ 形 (十中八九)ありそうな, …しそうな, (起こる)見込みのある; ほぼ確実な (❗possible, likely, probable, certain の順で実現の確率が高くなる)

- It is **probable** that he will win. たぶん彼が勝つでしょう (=He will probably win.) (❗It = that 以下; ×He is probable to win. としない)

prob·a·bly A2 高

/prábəbli プラバブリ | prɔ́bəbli プロバブリ/ 副 おそらく, 十中八九は, たぶん《◆ほぼ70-80%の確率を表す》

[CAN-DO Tips 可能性を言う]

会話 "Will he pass the exam?" "**Probably** [**Probably not**]."
「彼は試験にパスするでしょうか」「おそらくね[おそらくしないでしょう]」

pro·ba·tion /proubéiʃən プロウベイション/ 名 U ❶(適性などを見るための)試験採用, 仮採用, 仮入会; 試用期間 ❷(若年犯罪者の)保護観察

on probation ①試用[見習い]中で[の] ②仮及第で[の]; 保護観察中で[の]

pro·ba·tion·ar·y /proubéiʃənèri プロウベイショネリ/ 形 仮採用の; 試用期間中の; 保護観察中の;《米》仮及第[進級]の

probe B2 /próub プロウブ/ 名 C (患部を調べる)探針, 消息子; 宇宙探測用ロケット;《ふつう a [the] probe》〔不正などの〕徹底調査《*into*》

— 動 他 厳密に調査する; 自 探りを入れる; 〔…を〕徹底的に調査する《*into*》; 〔情報などを求めて〕厳密に調べる《*for*》

prob·lem A1 中

/prábləm プラブレム | prɔ́bləm プロブレム/ 名 (複 **problems** /prábləmz/)

❶ UC (解決を必要とする社会的・個人的)問題, 課題; C やっかいなこと[人]

- solve [work out] a **problem** 問題を解決する
- You have no **problems** with it. それには何の問題もない

会話 "What's the **problem**?" "Nothing in particular."「どうしたの」「別に何でもないよ」

コロケーション
形+**problem**
a complicated *problem* 複雑な問題
a delicate *problem* 微妙な問題
a major *problem* 大きな問題
a pressing *problem* 緊急の問題
a serious *problem* 深刻な問題
動+**problem**
face a *problem* 問題に直面する
present a *problem* 問題を提起する
tackle a *problem* 問題に取り組む

❷ C (数学・理科などの)**問題**
• solve [do] a math **problem** 数学の問題を解く (! 英語・歴史などの「問題」はquestion で, そういう問題に「答える」はanswer)

no problem (依頼に対して)**いいですよ**; (感謝に対して)**どういたしまして, なんでもないよ; 問題ない, だいじょうぶだ**
• "Can I keep this till tomorrow?" "**No problem.**"「これあしたまで借りていていい?」「いいとも」

prob·lem·at·ic, prob·lem·at·i·cal /prὰbləmǽtik プラブレマティク, prὰbləmǽtikəl プラブレマティカル/ 形 **問題をはらむ; 未解決の, 不確定な**

prob·lem-solv·ing /prάbləmsὰlviŋ プラブレムサルヴィング/ 名 U **問題解決**
━ 形 **問題解決の**

pro·ce·dur·al /prəsí:dʒərəl プロスィーチュラル/ 形 **手続き(上)の**

pro·ce·dure B2 /prəsí:dʒər プロスィーチャ/ 名 U C **手順, 手続き**

pro·ceed B1 /prəsí:d プロスィード/ 動 (三単現 **proceeds** /prəsí:dz プロスィーヅ/; 過去・過分 **proceeded** /prəsí:dəd/; 現分 **proceeding**) 自
❶〔…することを〕**続ける** 《*to do*》
• They **proceeded to** ask further questions. 彼らはさらに質問を続けた
❷〔…の方へ〕**前進する, 進む** 《*to*》
❸ **発する, 生じる**

派生 **process**, **procession**, **procedure** 名

pro·ceed·ing /prəsí:diŋ プロスィーディング/ 名 U **進行, 続行**; C **行為, 処置**; 《ふつう **the proceedings**》**一連の行為, 成り行き**; 《**proceedings**》(学会などの)**会議録; 会報; 訴訟(手続き)**

pro·ceeds /próusi:dz プロウスィーヅ/ 名 《複数扱い》《**the** をつけて》**売上(高)**

proc·ess B1 高 /prάses プラセス|próuses プロウセス/ 名 (複 **processes** /prάsesəz/) ❶ U C **過程, プロセス**
• the **process** of change 変化の過程
❷ C (製造)**方法, 製法, 作業(工程)**

in* (*the*) *process of ... …**が進行中で[の]**

━ 動 (三単現 **processes** /prάsesəz/; 過去・過分 **processed** /prάsest/; 現分 **processing**) 他
(食品などを)**加工処理する**; (コンピュータで情報などを)**処理する; 検査する**
派生 **proceed** 動

prócess(ed) chéese 名 U C **プロセスチーズ, 加工チーズ**

pro·ces·sion /prəséʃən プロセション/ 名 C **行列**; U **行進** 派生 **proceed** 動

pro·ces·sion·al /prəséʃənəl プロセショナル/ 形 **行列(用)の**

proc·es·sor /prάsesər プラセサ/ (×プロセサー) 名 C ❶ **加工[処理]業者**
❷ (コンピュータの)**処理装置**

pro·claim B1 /proukléim プロウクレイム/ 動 (三単現 **proclaims** /proukléimz/; 過去・過分 **proclaimed** /proukléimd/; 現分 **proclaiming**) 他
〔…であると〕**宣言する, 布告する; 公言する; はっきり示す** 《*that* ...》

proc·la·ma·tion /prὰkləméiʃən プラクラメイション/ 名 U **宣言, 布告**; C **声明, 声明書[文]**

pro·cliv·i·ty /prouklívəti プロウクリヴィティ/ 名 (複 **proclivities** /prouklívətiz/) C 《文章》〔望ましくないことに向かう〕**性癖, 気質** 《*to, toward*(*s*)》; 〔望ましくないことへの〕**傾向** 《*for*》

pro·cras·ti·nate /proukrǽstinèit プ

ロウクラスティネイト, prəkrǽstinèit プロクラスティネイト/ 動自 《文章》ぐずぐずする, 手間取る

pro·cras·ti·na·tion B1 /proukræ̀stənéiʃən プロウクラスティネイション/ 名U 引き延ばし, 遅延

pro·cre·ate /próukrièit プロウクリエイト/ 動他 《文章》(子を)生む, 作る

pro·cure /prəkjúər プラキュア, proukjúər プロウキュア/ 動他 《文章》(苦労して)手に入れる, 獲得する; 文型 [**procure A B**] A(人)にB(物・事)を手に入れてやる

pro·cure·ment /proukjúərmənt プロウキュアメント/ 名U 獲得, 調達; 周旋

prod /prád プラド/ 名C ぷすっと刺す[ちょんと突く]こと; 刺し針, 突き棒; (仕事などに駆り立てる)刺激

— 動 (三単現 **prods** /prádz プラヅ/; 過去・過分 **prodded** /prádəd/; 現分 **prodding**) 他 〔指・棒などで〕ちょんと突く, ぷすりと刺す《*with*》; 〔…に〕励ます, せき立てる《*into*》

prod at ... (何度か)…に突き刺す

prod·i·gal /prádigəl プラディガル/ 形 《文章》(人・生活態度が)浪費的な, むだ遣いする, 金遣いの荒い

pro·di·gious /prədídʒəs プラディヂャス/ 形 巨大な; けたはずれの; ひどい

prod·i·gy /prádidʒi プラディヂ/ 名 (複 **prodigies** /prádidʒiz/) C 非凡な人, 天才, 神童; 驚異

pro·duce A2 中

/prədjú:s プロデュース|prədjú:s プロデュース/

動 (三単現 **produces** /prədjú:səz/; 過去・過分 **produced** /prədjú:st/; 現分 **producing**)

❶ 他 生み出す, 産出する; 他自 生産する, 製造する (↔**consume**); 製作する

• Only a few countries **produce** oil. 石油を産出するのはわずかな国しかない

❷ 他 引き起こす, もたらす (=cause)

❸ 他 取り出す, 提出する, (出して)見せる, 提示する

• **produce** evidence 証拠を見せる

❹ 他 (劇などを)演出[上演, 製作]する

— /prádju:s プラデュース|prɔ́dju:s プロデュース/ (発音 動とのアクセントの違いに注意) 名U 《集合的》農産物, 産物

派生 **product**, **production** 名

派生 **productive** 形

pro·duc·er B1 高 /prədjú:sər プロデューサ/ 名 (複 **producers** /prədjú:sərz/) C

❶ (劇・映画などの)製作者, プロデューサー; 演出者

❷ 生産者, 製作者; 生産地

prod·uct A2 高

/prádəkt プラダクト|prɔ́dəkt プロダクト/

名 (複 **products** /prádəkts プラダクツ/) C

❶ 生産物, 産物; 製品

• farm [factory] **products** 農産物[工業製品]

❷ (努力などの)成果, 結果

❸ 《数学》積

派生 **produce** 動

pro·duc·tion A2 高

/prədʌ́kʃən プロダクション/

名 (複 **productions** /prədʌ́kʃənz/)

❶ U 生産, 作り出すこと; 製造, 製作; 生産高

❷ C 作り出された物, 産物, 製品, 作品

日英比較 製作会社の意味の「プロダクション」は production にはない. editorial agency (編集プロダクション)や theatrical agency (芸能プロダクション)などという

派生 **produce** 動

pro·duc·tive B1 /prədʌ́ktiv プロダクティヴ/ 形 ❶ 生産力のある; 生産的な; 多作の ❷ 《文章》〔結果などを〕生み出す《*of*》(❗名詞の前には用いない)

派生 **produce** 動

prodúctively 副 豊かに, 生産的に

pro·duc·tiv·i·ty /pròudʌktívəti プロウダクティヴィティ/ 名U 生産性, 生産力

Prof. /prəfésər プロフェサ/ 《略》Professor 教授

prof /práf プラフ/ 名C 《口語》教授 (❗

professor の略)

pro·fane /prəféin プラフェイン/ 形 《文章》神聖なものを汚す, 不敬な; 世俗的な
━動他 冒とくする

pro·fan·i·ty /prəfǽnəti プラファニティ/ 名 (複 **profanities** /prəfǽnətiz/) 《文章》U 神聖なものを汚(けが)すこと, 不敬, 冒とく; C 冒とく行為; 口汚いことば

pro·fess /prəfés プラフェス/ 動他自 公言する

pro·fessed /prəfést プラフェスト/ 形 《文章》公言した; 見せかけの

pro·fes·sion B1 /prəféʃən プラフェション/ 名 (複 **professions** /prəféʃənz/)
❶ C (医者・教師・弁護士など知的な)職業, 専門職 ❷ U 《the profession》《集合的》同業者仲間 (! 単数・複数扱い)
❸ UC 《文章》〔…の〕公言, 告白 《of》
派生 **professional** 形

pro·fes·sion·al

A2 高 /prəféʃənəl プラフェショナル/ 形 (知的)職業の, 職業上の, 専門(職)の; 本職の, プロの (↔**amateur**) (! 《口語》では略して pro ともいう)
● a **professional** baseball player プロ野球選手
━名 (複 **professionals** /prəféʃənəlz/) C プロ(選手), くろうと, 本職, 専門家 (↔**amateur**)

参考› 口語の短縮形
advertisement →ad 広告
helicopter →copter 《米》ヘリコプター (×heli とはいわない)
mathematics →math 数学
microphone →mike マイク
professional →pro プロ(の)
(! amateur (アマチュア)を略して ×ama とはいわない)
refrigerator →fridge 冷蔵庫
representative →rep 外交員; 代表者

派生 **profession** 名
proféssionally 副 職業[プロ]的に

pro·fes·sion·al·ism /prəféʃənəlìzm プラフェショナリズム/ 名 U プロ意識; 専門技術

pro·fes·sor B1 高 /prəfésər プロフェサ/ 名 (複 **professors** /prəfésərz/) C (大学の)教授 ⇨**Prof.**; 《肩書き》…教授
● He is a **professor** of mathematics at Harvard University. 彼はハーバード大学の数学の教授だ

pro·fes·so·ri·al /pròufəsɔ́:riəl プロウフェソーリアル/ 形 教授の; 教授らしい

prof·fer /prɑ́fər プラファ/ 動他 《文章》(手などを)〔…に〕差し出す, 提出する 《to》 〔…に〕申し出る 《to》

pro·fi·cien·cy /prəfíʃənsi プラフィシェンスィ/ 名 U 熟達

pro·fi·cient /prəfíʃənt プラフィシェント/ 形 〔…に〕熟達した, 技量のある, 堪能(たんのう)な 《in, at》 ━名 C 達人, 名人

pro·file B2 /próufail プロウファイル/ (×プロフィール) 名 C ❶ 横顔, プロフィール
❷ (新聞などの)簡単な人物紹介
❸ 輪郭, 外形 (=outline)
keep* [*maintain*] *a low profile 低姿勢を保つ, 目立たないようにふるまう

prof·it B2 高 /prɑ́fət プラフィト/ (発音 prophet と同音) 名 UC 《しばしば **profits**》, もうけ (↔**loss**); U 益, 得, ためになること
● **make a profit** of 15,000 yen by selling old books 古本を売って1万5千円の利益を上げる
━動自 《文章》利益を得る; 自他 《文章》ためになる.
派生 **profitable** 形

prof·it·a·bil·i·ty /prɑ̀fətəbíləti プラフィタビリティ/ 名 U 利益率, 収益性

prof·it·a·ble B2 /prɑ́fətəbl プラフィタブル/ 形 利益のある, もうかる; 有益な, ためになる 派生 **profit** 動
prófitably 副 利益になるように; 有効に

prof·it·eer /prɑ̀fətíər プラフィティア/ 名 C (品不足につけ込んで)暴利をむさぼる人, 不当利得者

prófit màrgin 名 C 利ざや

pro·found /prəfáund プロファウンド/ 形 (比較級 **more profound, profounder**;

(最上級 most profound, profoundest) 深遠な; 心の底からの

pro·found·ly /prəfáundli プラファウンドリ/ 副 深遠に; 十分に, 心から

pro·fun·di·ty /prəfʌ́ndəti プロファンディティ/ 名 U (知的な)深遠さ

pro·fuse /prəfjúːs プラフュース/ 形 大量の, 豊富な; 〔…を〕気前よく与える《in》
profúsely 副 豊富に, 過度に; 惜しみなく

pro·fu·sion /prəfjúːʒən プロフュージョン/ 名 U 豊富, 潤沢; 《**a profusion**》〔…の〕豊富, 多量《of》
in profusion 豊富に, ふんだんに

pro·gen·i·tor /proudʒénitər プロウヂェニタ/ 名 C 《文章》先祖, (動植物の)原種; 創始者, 先駆者

prog·e·ny /prάdʒəni プラヂャニ/ 名 U 《集合的》《単数・複数扱い》(人・動植物の)子孫

prog·no·sis /prαgnóusis プラグノウスィス/ 名 (複 **prognoses** /prαgnóusiːz/) C 《医学》予後《♦病気経過および結果の見通し》; 予知, 予測

pro·gram A1 中

/próugræm プロウグラム/ (×プログラム)
名 (複 **programs** /próugræmz/) C
❶ 計画; 予定(表); (コンピュータに入力する)プログラム
• What's the **program** for tomorrow? あすの予定はどうですか
• a school **program** 学校行事計画
❷ 番組(表); プログラム
• a TV [radio] **program** テレビ[ラジオ]番組

― 動 (三単現 **programs** /próugræmz/; 過去・過分 **programmed**, **programed** /próugræmd/; 現分 **programming**, **programing**) 他 番組[計画]を作る; (コンピュータの)プログラムを作る

pro·gramme /próugræm プロウグラム/ 名 動 《英》(=program)

pro·gram·mer B2 /próugræmər プロウグラマ/ 名 C ❶ プログラマー
❷ (放送用)番組作成者

prog·ress B1 高 /prάgres プラグレス | próugres プロウグレス/ 名 U 前進, 進行; 経過, なりゆき; 進歩, 発達, 発展
• the **progress** of science 科学の進歩
• **make** a lot of **progress** at school 学校の成績が大幅によくなる

コロケーション
形+**progress**
good *progress* 順調な進歩
rapid *progress* 急速な進歩
slow *progress* ゆっくりとした進歩
steady *progress* 着実な進歩

in progress 進行中で[の]

― /prəgrés プログレス/ (発音 名との違いに注意) 動 (三単現 **progresses** /prəgrésəz/; 過去・過分 **progressed** /prəgrést/; 現分 **progressing**) 自 進む, 前進する; 進歩する, よくなる (↔**regress**)
派生 **progressive** 形

pro·gres·sion /prəgréʃən プログレション/ 名 《単数形で》前進; 進行; 連続; U C 《数学》数列
***progression from** A (**to** B)* Aから(Bへ)の前進[発展]

pro·gres·sive A2

/prəgrésiv プログレスィヴ/ 形
❶ 進歩的な, 革新的な; 進歩主義の
❷ (徐々に)進んでいく, 漸進する; 累進的な; 進行性の (! この意味では比較変化なし) (↔**regressive**)
❸ 《文法》進行形の (! この意味では比較変化なし)

― 名 (複 **progressives** /prəgrésivz/) C 進歩主義者, 革新派 (↔**conservative**)
派生 **progress** 名 動

progréssive fórm 名 《文法》《**the** をつけて》進行形

pro·gres·sive·ly /prəgrésivli プログレスィヴリ/ 副 だんだんと, しだいに

pro·hib·it B2 /prouhíbət プロウヒビト/ 動 他 禁止する; 妨げる; 文型 [**prohibit A from** *do***ing**] Aが…するのを禁止する[妨げる]

似ている単語
禁止する－**prohibit** と **forbid**

prohibit は「法や団体が禁止する」こと, **forbid** は「個人が私的なことを禁じる」ことを意味する:
People under twenty are **prohibited** from smoking. 20歳以下は禁煙です
My father **forbade** me to use his PC. 父は私に父のパソコンを使うことを禁じた

pro·hi·bi·tion B1 /pròuhəbíʃən プロウヒビション/ 名U 禁止; C 禁止令; U《米》酒類の販売禁止; C 禁酒法 (=the prohibition law);《**Prohibition**》禁酒法時代

pro·hib·i·tive /prouhíbətiv プロウヒビティヴ/ 形 禁制の, 禁止の; 法外に高い
prohibítively 副 買うなといわんばかりに; 法外に

pro·ject[1] B2 /prədʒékt プロチェクト/ (発音 project[2]とのアクセントの違いに注意) 動
❶ 他 計画する, 企画する
❷ 他 (光・陰(かげ)・映像などを)投げかける, 映し出す, 映写する; 発射する; 投げ出す, つき出す
• **project** color slides onto a screen カラースライドをスクリーンに映写する
❸ 自 つき出る, 出っぱる
❹ 他 (考え・イメージなどを)描く, 映し出す; 予想する, 予測する

proj·ect[2] B2 高 /prádʒekt プラチェクト/ (発音 project[1]とのアクセントの違いに注意) 名C ❶ 計画, 企画, (大規模な)事業
• research **projects** 研究計画
• a **project** to build a bridge 橋を建設する計画
❷ (生徒の自主的な)研究課題

pro·jec·tile /prədʒéktəl プロチェクティル/ 名C 投射物 (♦弾丸・投げやりなど); 自動発射体 (♦ロケットなど)

pro·jec·tion B2 /prədʒékʃən プロチェクション/ 名C 突出, 突起; U 射出; U 投影; C 投影図

pro·jec·tor /prədʒéktər プロチェクタ/ 名C ❶ 映写機; (スライド)プロジェクター ❷ 計画[立案]者

pro·le·tar·i·an /pròulətéəriən プロウレテアリアン/ 形 プロレタリア[無産階級]の
— 名C プロレタリア, 無産階級の人

pro·le·tar·i·at /pròulətéəriət プロウレテアリアト/ 名U《**the proletariat**》無産階級, プロレタリアート (❗単数・複数扱い)

pro·lif·er·ate /prəlífərèit プロリファレイト/ 動自 (バクテリアなどが)増殖する;《文章》急増する

pro·lif·er·a·tion /prəlìfəréiʃən プラリファレイション/ 名U《文章》急増, 拡散; 核兵器拡散

pro·lif·ic /prəlífik プラリフィク/ 形 (動植物が)多産の, 繁殖力が強い, 多くの実を結ぶ; (芸術家が)多作の, 創作欲旺盛(おうせい)な; 多く産する

pro·logue,《米》**pro·log** /próulɔ:g プロウローグ/ 名C〔…(戯曲, 詩など)の〕プロローグ, 序言《*to*》(↔**epilogue**);〔…(事件など)の〕前触れ《*to*》

pro·long /prəlɔ́:ŋ プロローング/ 動他 延長する, 長びかせる

pro·lon·ga·tion /pròulɔ:ŋgéiʃən プロウローンゲイション/ 名U (時間的・空間的)延長

pro·longed /prəlɔ́:ŋd プロローングド/ 形 長びいた

prom B2 /prám プラム/ 名C《口語》《米》(高校・大学などで学年末に行う公式の)ダンスパーティー;《英》遊歩道 (=promenade)

prom·e·nade /pràmənéid プラメネイド/ 名C ❶ 遊歩道, プロムナード
❷《文章》遊歩

prom·i·nence B2 /prámənəns プラミネンス/ 名U 卓越, 傑出; C《文章》目立つ物, 突起物; C (太陽の)紅炎
派生 **prominent** 形

prom·i·nent B1 /prámənənt プラミネント/ 形 傑出した, 卓越した; 突き出ている; 目立つ (❗周囲のものから浮き上がって目立つ場合に用いる語)
• He is a **prominent** scholar in astronomy. 彼は天文学で卓越した学者です
próminently 副 傑出して, 目立って

prom·is·cu·i·ty /pràmiskjú:əti プラミスキューイティ/ 名U 乱交

pro·mis·cu·ous /prəmískjuəs プロミス

キュアス/ 形 相手構わずに関係する，乱交の

prom·ise A2 高 /prάməs プラミス|prɔ́məs プロミス/ 名 (複 **promises** /prάməsəz/)

❶ C 約束

• He **kept his promise**. 彼は約束を守った

• make a **promise** to do so [not to do so] そうする[そうしない]という約束をする

似ている単語
約束－**promise** と **appointment**
promise はある人が別の人に対してする約束. **appointment** は面会の約束

❷ C 将来の見込み，有望さ

• She shows great **promise** as a singer. 彼女は歌手としての見込みが大いにある

— 動 (三単現 **promises** /prάməsəz/; 過去·過分 **promised** /prάməst/; 現分 **promising**) 他自

❶ 約束する

会話 "Will you speak for me?" "Yes, I **promise**."「私の弁護をしてくれますか」「ええ，約束します[きっと]」

文型 [**promise to** *do*] …することを約束する

CAN-DO Tips› 約束する
I promise to ... という表現を使うと，自分が何かをするという約束をすることができるようになります

• **I promise to** *come* home early today. きょうは早く帰ってくることを約束します

文型 [**promise (A) that ...**] (A(人)に)…と約束する

• Dad **promised** (me) **that** he would raise my allowance. 父は(私に)私のおこづかいの額を上げると約束した (❗promise A to *do* を使うよりふつう)

文型 [**promise A B = promise B to A**] A(人)にBを与える約束をする

❷ …の見込みがある; 文型 [**promise to** *do*] …しそうである

prom·is·ing /prάməsiŋ プラミスィング/ 形 有望な，見込みのある，見通しが明るい

prom·is·so·ry /prάməsɔ̀:ri プラミソーリ/ 形 約束の; 支払いを約束する

prom·on·to·ry /prάməntɔ̀:ri プラモントーリ/ 名 (複 **promontories** /prάməntɔ̀:riz/) C 岬

pro·mote B1 高 /prəmóut プロモウト/ 動 (三単現 **promotes** /prəmóuts プロモウツ/; 過去·過分 **promoted** /prəmóutəd/; 現分 **promoting**) 他

❶ (計画・運動などを)促進する，増進する，助長する; (宣伝によって商品の)販売を促進する

❷ 昇進させる，進級させる

• He **was promoted** to a store manager. 彼は店長に昇進した

派生 **promotion** 名

pro·mot·er /prəmóutər プロモウタ/ 名 C 推進者，奨励[助長]する人; (会社の)発起人，創立者; (ボクシング試合などの)興行主，プロモーター

pro·mo·tion B1 /prəmóuʃən プロモウション/ 名 (複 **promotions** /prəmóuʃənz/) ❶ U C 昇進，進級

❷ U 促進(そくしん)，増進，助長; 販売促進; C 売り出し商品

❸ C 発起; 設立

派生 **promote** 動

pro·mo·tion·al /prəmóuʃənəl プロモウショナル/ 形 販売促進用の

prompt B2 /prάmpt プランプト/ 形 (比較級 **prompter**; 最上級 **promptest**) 敏速な，すばやい，機敏な; 即座の，迅速な

• **prompt** action 敏速な行動

— 動 他 ❶ 促す

❷ (俳優に)忘れたせりふを言ってやる

— 名 C 《演劇》せりふ付け; 《コンピュータ》プロンプト — 副 《口語》(時間が)ちょうど; きっかりに

prompt·ly B2 /prάmptli プランプトリ/ 副 すばやく，てきぱきと，敏速に; さっそく，即座に; 時間通りに

prompt·ness /prάmptnis プランプトネス/ 名 U すばやいこと，機敏; 即刻

pron. 《略》pronoun 代名詞

prone /próun プロウン/ 形 《文章》うつ伏

せの, ひれ伏した; 〔…の; …する〕傾向がある《to; to do》; 《複合語を作って》(望ましくないことを)…しがちな

prong /prɔ́:ŋ プローング/ 名 C (フォーク・くまでの)また; (雄ジカの)枝角(えだつの)

pro·nom·i·nal /prounámənəl プロウナミナル/ 形 代名詞の, 代名詞的な

pronóminally 副 代名詞的に

pro·noun B1 /próunaun プロウナウン/ 名 (複 **pronouns** /próunaunz/) C 《文法》代名詞

pro·nounce A2 高

/prənáuns プロナウンス/ 動 (三単現 **pronounces** /prənáunsəz/; 過去・過分 **pronounced** /prənáunst/; 現分 **pronouncing**)

❶ 他自 (ことばを)発音する

• How do you **pronounce** this word? この語はどう発音するのですか

❷ 他 宣告する, 宣言する; 言明する; 文型 [**pronounce A C**] AはCであると言明する

派生 **pronunciation**, **pronouncement** 名

pro·nounced /prənáunst プラナウンスト/ 形 明白な, くっきりと目立つ, 顕著な

pro·nounce·ment /prənáunsmənt プロナウンスメント/ 名 C 宣告, 宣言; 声明文

派生 **pronounce** 動

pro·nun·ci·a·tion

A2 高 /prənʌ̀nsiéiʃən プロナンスィエイション/ 名 (複 **pronunciations** /prənʌ̀nsiéiʃənz/) U C 発音

• You've made good progress in English **pronunciation**. 君, 英語の発音がうまくなったね

派生 **pronounce** 動

proof B1 /prú:f プルーフ/ 名 (複 **proofs** /prú:fs/) ❶ U 証拠 (❗個々の具体的な証拠は evidence で, これを総合した理論的に完全な証拠を proof という); 証明; C 証拠品

• You need some **proof** of identity. 身分を証明するものが必要です

❷ U C 試し, 試験, 吟味

❸ C 《しばしば **proofs**》校正刷り, ゲラ

❹ U (蒸留酒の)標準強度

― 形 〔…に〕耐(た)えられる, 抵抗できる《against》

― 動 (三単現 **proofs** /prú:fs/; 過去・過分 **proofed** /prú:ft/; 現分 **proofing**) 他 (布などに)防水加工を施す

派生 **prove** 動

-proof 《他の語と結びついて》「…に耐(た)えられる」「防…」の意味の合成語をつくる

proof·read /prú:frì:d プルーフリード/ 動 (三単現 **proofreads** /prú:frì:dz プルーフリーヅ/; 過去・過分 **proofread** /prú:frèd/; 現分 **proofreading**) 他 校正する, 校正刷りを読む

prop[1] /práp プラプ/ 動 (三単現 **props** /práps/; 過去・過分 **propped** /prápt/; 現分 **propping**) 他 《しばしば **prop up**》支えを入れる, 支える; 〔…に〕立てかける, もたれかけさせる《against, on》

― 名 C 支えになるもの; 支持者; 支え, 支柱

prop[2] /práp プラプ/ 名 C 《口語》プロペラ (♦propeller の短縮形)

prop·a·gan·da /pràpəgǽndə プラパギャンダ/ (×プロパガンダ) 名 U 宣伝 (❗おもに主義・主張の組織による宣伝を言う; しばしば悪い意味で用いる)

prop·a·gan·dize, 《英》 **prop·a·gan·dise** /pràpəgǽndaiz プラパギャンダイズ/ 動 他自 (主義・主張を)宣伝する; (教義を)伝道[布教]する

prop·a·gate /prápəgèit プラパゲイト/ 動 《文章》 ❶ 他 (動植物などを)増殖[繁殖]させる; 自 (動植物が)増える, 増殖[繁殖]する ❷ 他 (思想などを)普及させる, (うわさなどを)広める

prop·a·ga·tion /pràpəgéiʃən プラパゲイション/ 名 U (生物の)繁殖; 宣伝; 伝播(でんぱ)

pro·pane /próupein プロウペイン/ 名 U プロパン(ガス)

pro·pel /prəpél プロペル/ 動 (三単現 **propels** /prəpélz/; 過去・過分 **propelled** /prəpéld/; 現分 propelling) 他 前進させる, 推進する; 駆り立てる (=drive)

pro·pel·lant /prəpélənt プロペラント/ 名 C U 推進体, 推進させるもの; (ロケットの)推進燃料[剤]; 《軍》弾丸発射火薬; (スプレー用の)縮不活性ガス

pro·pel·ler /prəpélər プロペラ/ 名 C プロペラ; スクリュー

propélling péncil 名 C 《英》シャープペンシル (=《米》mechanical pencil)

pro·pen·si·ty /prəpénsəti プロペンスィティ/ 名 (複 **propensities** /prəpénsətiz/) C 《文章》〔…への; …する〕傾向, 性癖 《*for, to; to do*》

prop·er A2

/prápər プラパ|prɔ́pə プロパ/ 形

❶ 適切な, 適当な, 正しい, ふさわしい (↔**improper**) ⇨**suitable**, **fit**[1], **appropriate**; 正式の

• That is not the **proper** way to kick a ball. それは正しいボールのけり方ではない

❷ 《文章》〔…に〕独特の, 固有の 《*to*》; 本来の

prop·er·ly B1 高 /prápərli プラパリ | prɔ́pəli プロパリ/ 副

適切に, 正しく, きちんと; 厳密(げんみつ)に; 《文修飾》当然のことながら

• I know you've done your work **properly**. 君が自分の仕事をきちんとしたことはわかっている

properly speaking 厳密に言えば

próper náme 名 C 《文法》固有名詞 (=proper noun)

próper nóun 名 C 《文法》固有名詞 《♦Bob, Japan, London など》

prop·er·ty B1 /prápərti プラパティ| prɔ́pəti プロパティ/ 名 (複 **properties** /prápərtiz/)

❶ U 《集合的》財産, 資産, 所有物; 所有; C (所有する)土地建物, 不動産

• That is all my **property**. あれが私が持っているもののすべてです

• private **property** 私有財産

❷ C 特性, 特質, 属性

❸ C 《演劇》《ふつう **properties**》小道具

proph·e·cy /práfəsi プラフェスィ/ 名 (複 **prophecies** /práfəsiz/) U C 予言

proph·e·sy /práfəsài プラフェサイ/ 動 (三単現 **prophesies** /práfəsàiz/; 過去・過分 **prophesied** /práfəsàid/; 現分 **prophesying**) 他 予言する

proph·et /práfət プラフィト/ (発音 profit と同音) 名 C (神の)預言者; (一般に)予言する人 (❗女性形は prophetess); 《**the Prophet**》ムハンマド 《♦イスラムの預言者》

pro·phet·ic, pro·phet·i·cal /prəfétik プロフェティク, prəfétikəl プロフェティカル/ 形 予言(者)の; 予言する

prophétically 副 予言するように

pro·phy·lac·tic /pròufəlǽktik プロウフィラクティク/ 形 (病気を)予防する; 予防の ― 名 C 予防薬[法]; 《米》コンドーム

pro·pi·tious /prəpíʃəs プロピシャス/ 形 《文章》(事が)〔…にとって〕幸運な, 好都合の 《*for, to*》

pro·po·nent B2 /prəpóunənt プロポウネント/ 名 C 擁護者, 支持者, 賛成者 (↔**opponent**); 推進者

pro·por·tion B1 /prəpɔ́ːrʃən プロポーション/ 名 (複 **proportions** /prəpɔ́ːrʃənz/) ❶ U 割合, 比率; C 分け前; 《**proportions**》相対的大きさ

• a large **proportion** of young people 若者の大多数

• The **proportion** of boys to girls in our class is two to one. 私たちのクラスの男子生徒と女子生徒の比率は2対1です

❷ U C 《しばしば **proportions**》つり合い, バランス, 均衡

❸ U 《数学》比例, 比

in proportion 調和した, 分別をわきまえて

in proportion to ... …に比例して; …に比べて

out of proportion つり合いを失って

派生 **proportional** 形

pro·por·tion·al /prəpɔ́ːrʃənəl プロポー

ショナル/ 形 〔…と〕比例の, 比例による; 比例して《*to*》; 〔…と〕調和した, つり合った《*to*》

派生 **proportion** 名

propórtional representátion 名 U (得票数で議席数を決める)比例代表制《◆略 PR》

pro·por·tion·ate /prəpɔ́:rʃənit プロポーシャニト/ 形 〔…と〕比例した; つり合いのとれた《*to*》

pro·pos·al B1 高 /prəpóuzəl プロポウザル/ 名 (複 **proposals** /prəpóuzəlz/)

❶ U C 提案; 計画

- reject a **proposal** 提案を拒絶する
- accept a **proposal** for going out with him 彼との交際の申し込みを受け入れる
- I have a **proposal** to make. 提案がございます

❷ C 結婚の申し込み, プロポーズ (! 日本語の「プロポーズ」は名詞でも, 英語の "propose" は動詞なので注意)

- He **made a proposal** (of marriage) **to** my sister. 彼は私の妹に結婚を申し込んだ (=He proposed (marriage) to my sister.)

派生 **propose** 動

pro·pose B1 高 /prəpóuz プロポウズ/ 動 (三単現 **proposes** /prəpóuzəz/; 過去·過分 **proposed** /prəpóuzd/; 現分 **proposing**) 他 ❶ 提案する, 提議する; 推薦する; …するつもりである

- The President **proposed** a new law to Congress. 大統領は議会に新しい法案を提出した
- I **propose to** do away with that rule. 私はその規則を廃止することを提案します
- I **proposed adopting** the new system. = I **proposed that** we (should) adopt the new system. 私は, 新たな制度を採用してはどうかと提案した

❷ 他 自 (結婚を)申し込む

派生 **proposal** 名

prop·o·si·tion /pràpəzíʃən プラポズィション/ 名 C 提案; 主張; 《論理》命題; 《数学》定理

***make a proposition to** do* …するという提案をする

pro·pri·e·tar·y /prəpráiətèri プロプライアテリ/ 形 《文章》所有主の, 資産のある; 専売特許の, 独占権を持つ

pro·pri·e·tor /prəpráiətər プロプライアタ/ 名 C 《文章》持ち主, 所有者; 経営者

pro·pri·e·ty /prəpráiəti プロプライアティ/ 名 (複 **proprieties** /prəpráiətiz/) U 妥当, 妥当性; 適正; 礼儀正しさ; C 《**the proprieties**》作法

pro·pul·sion /prəpʌ́lʃən プロパルション/ 名 U 推進; 推進力

pro·sa·ic /prouzéiik プロウゼイイク/ 形 散文の, 散文体の; 平凡な, 単調な

pro·scribe /prouskráib プロウスクライブ/ 動 他 《文章》(政府などが)(法·規則などで)禁止する

prose B2 /próuz プロウズ/ 名 U 散文, 散文体 (! 「韻文(いんぶん)」は verse, 「詩」は poetry)

pros·e·cute B2 /prásikjù:t プラスィキュート/ 動 他 自 〔…で〕起訴[告訴]する《*for; for doing*》; 他 遂行する

pros·e·cu·tion /pràsikjú:ʃən プラスィキューション/ 名 U C 起訴, 告訴

pros·e·cu·tor /prásikjù:tər プラスィキュータ/ 名 C 《法律》検察官, 検事; 告発[告訴]者

pros·pect B2 /práspekt プラスペクト/ 名 U C 《しばしば **prospects**》(成功の)見込み, (将来の)見通し, 可能性, 期待; C 《米》買ってくれそうな客; C 《ふつう単数形で》見晴らし

- I didn't have any **prospect** of becoming the captain of our team. チームのキャプテンになることは望めそうもありません
- There is every [little, no] **prospect of** his recovery. = There is every [little, no] **prospect that** he will recover. 彼が回復する見込みは十分ある[ほとんどない, まるでない]

be in prospect 見込みがある

━ 動 自 他 〔…(金·鉱石など)を求めて〕踏査

する《*for*》; 自 捜し求める

pro·spec·tive /prəspéktiv プラスペクティヴ/ 形 期待される; 見込みのある; 未来の

pros·pec·tor /práspektər プラスペクタ/ 名C (金山・石油などの)探鉱者, 試掘者

pro·spec·tus /prəspéktəs プロスペクタス/ 名C (事業などの)趣意書; (学校・ホテルなどの)説明書, 案内書

pros·per B2 /práspər プラスパ/ 動自 繁栄する; 成功する, うまくいく

pros·per·i·ty B1 /praspérəti プラスペリティ|prɔspérəti プロスペリティ/ 名U 繁栄, 成功, 繁盛

pros·per·ous B1 /prásp*ə*rəs プラスペラス/ 形 繁栄している, 成功した; 好都合な

prósperously 副 繁栄して; 成功して

pros·ti·tute /prástitjù:t プラスティテュート/ 名C 売春婦

— 動他 《**prostitute** *one***self**》(女性が)売春する; (信念などを)金のために売る

pros·ti·tu·tion /pràstətjú:ʃən プラスティテューション/ 名U 売春; 変節, 才能の悪用

pros·trate /prástreit プラストレイト/ 形 (尊敬・屈服して)うつ伏せになって, ひれ伏して; 意気消沈した, 疲れ果てた

— 動他 《**prostrate** *one***self**》〔…の前に〕ひれ伏す, 屈服する《*before*》; 《**be prostrated**》疲労こんぱいする

pros·y /próuzi プロウズィ/ 形 (比較級 **prosier**; 最上級 **prosiest**) 散文の; 散文的な; 冗長(じょうちょう)な, 退屈な

pro·tag·o·nist /proutǽgənist プロウタガニスト/ 名C 主唱[唱道]者; 指導[推進]者; 《文章》主役, 主人公

pro·tect B1 中 /prətékt プロテクト/ 動 (三単現 **protects** /prətékts プロテクツ/; 過去・過分 **protected** /prətéktəd/; 現分 **protecting**) 他〔…から〕保護する, 守る《*from, against*》

- The police failed to **protect** the child **from** the kidnappers. 警察はその子どもを誘拐犯から守ることができなかった

派生 **protection** 名

pro·tec·tion B1 高 /prətékʃən プロテクション/ 名 (複 **protections** /prətékʃənz/) U 〔…からの〕保護《*from, against*》; C《単数形で》〔…から〕守ってくれる物[人]《*against*》; 通行券

- Sunglasses are a **protection from** [**against**] the sun's rays. サングラスは日光から(目を)守ってくれる物です
- The Secret Service **gives** the President **protection from** harm. シークレットサービスが大統領を危害から守る (=The Secret Service protects the President from harm.)

派生 **protect** 動

pro·tec·tion·ism /prətékʃənìzm プロテクショニズム/ 名U 保護貿易主義

protéctionist 名C形 保護貿易主義者(の)

pro·tec·tive B1 /prətéktiv プロテクティヴ/ 形 ❶保護する, 保護的な (! この意味では比較変化なし) ❷守る, かばう

protéctively 副 保護的に

pro·tec·tor /prətéktər プロテクタ/ 名C 保護者 (=guardian); 保護する物, プロテクター

pro·té·gé /próutəʒèi プロウテジェイ/ 名C 保護を受ける人; 弟子

pro·tein 高 /próuti:n プロウティーン/ (×プロテイン) 名UC たんぱく質

pro·test B1 高 /próutest プロウテスト/ 名 (複 **protests** /prətésts プロテスツ/) UC 〔…に対する〕抗議, 異議(申し立て), 反対《*against*》; C〔…に対する〕抗議文《*against*》; 《形容詞的》抗議の

- We **made a protest against** the war. 私たちは戦争に抗議した

under protest (正しくないと思っていて)しぶしぶ, いやいや (=unwillingly)

— /prətést プロテスト/ (発音 名との違いに注意) 動 (三単現 **protests** /prətésts プロテスツ/; 過去・過分 **protested** /prətéstəd/; 現分 **protesting**)

❶ 他自〔…に〕(強く)反対する, 異議

申し立てをする, 抗議する《*against, about, at*》
- The students **protested against** the new rule. 生徒たちは新しい規則に(対して)抗議した

❷ 他〔…だと〕主張する, はっきりと言う《*that ...*》

Prot·es·tant /prátəstənt プラテスタント/ (×プロテスタント) 名 C 《キリスト教》プロテスタント, 新教徒《◆16世紀の宗教改革でカトリックから分離した教派に属する》⇨ Catholic ━ 形 プロテスタントの

pro·tes·ta·tion /prɑ̀təstéiʃən プラテステイション, pròutəstéiʃən プロウテステイション/ 名 C 《文章》断言, 明言

pro·test·er /prətéstər プロテスタ/ 名 C 抗議者

pro·to·col /próutəkɔ̀:l プロウトコール/ 名 U 外交儀礼; C 議定書; C (データ通信で)プロトコル

pro·ton /próutɑn プロウタン/ 名 C 《物理》プロトン, 陽子

pro·to·type /próutətàip プロウトタイプ/ 名 C 《ふつう **the prototype**》原型, 典型, 模範

pro·tract /proutrǽkt プロウトラクト, prətrǽkt プロトラクト/ 動 他 引き延ばす; 長引かせる

pro·trac·tor /proutrǽktər プロウトラクタ/ 名 C 分度器

pro·trude /proutrú:d プロウトルード/ 動 自〔…から〕突き出る《*from*》(=stick out)

pro·tru·sion /proutrú:ʒən プロウトルージョン/ 名 《文章》C 突出部, 隆起; U 突き出ること, 突出

pro·tu·ber·ance /proutjú:bərəns プロウテューバランス/ 名 《文章》U 隆起, 突出; C 突起物, こぶ

proud B1 高 /práud プラウド/ (×プロード) 形 (比較級 **prouder**; 最上級 **proudest**)

❶ 誇りをもっている, プライド[自尊心]がある; 文型 [**be proud of A**] Aを誇りに思っている
- We **are proud of** our mother. 私たちは母を誇りに思っています

文型 [**be proud to** *do*] …することを誇りに思う
- I **am proud to** *say* that you are my son. おまえが私の子だと言えることを私は誇りに思う

文型 [**be proud that ...**] …ということを誇りに思っている

❷ (悪い意味で) いばった; 思い上がった, 高慢(こうまん)な, うぬぼれた; 得意(そう)な
- He is **proud** that his father is a rich man. 彼は父が金持ちだといばっている

❸ 《限定》すばらしい, 堂々たる (! 名詞の前に用いる)

派生 **pride** 名

proud·ly B2 高 /práudli プラウドリ/ 副

❶ 誇(ほこ)らしげに, 得意そうに
- He talked about his son's success **proudly**. 彼は息子の成功のことを誇らしげに語った

❷ いばって, おうへいに

prove B1 高 /prú:v プルーヴ/ (×プロウヴ) 動 (三単現 **proves** /prú:vz/; 過去 **proved** /prú:vd/, 過分 **proved**, **proven** /prú:vn/; 現分 **proving**)

❶ 他 証明する, 示す, 立証する; 文型 [**prove that ...** [**wh- ...**]] …ということ[…か]を証明する
- **prove** its truth = **prove that** it is true それが真実であることを証明する

文型 [**prove A** (**to be**) **C**] AがCであると証明する
- The new evidence **proved** him **to be** innocent. = The new evidence **proved that** he was innocent. その新しい証拠で彼が無罪であると立証された (=The new evidence **proved** his innocence.)

❷ 自 文型 [**prove** (**to be**) **C**] Cであると判明する, Cであることがわかる, Cとなる
- The rumor finally **proved to be** false. 結局そのうわさはうそであることがわかった

❸ 他 試す 派生 **proof** 名

prov·en B2 /prú:vən プルーヴン/ 形 (正しいと)証明された; 試験済みの

―動《おもに米》proveの過去分詞

prov·erb B1 /prάvəːrb プラヴァーブ | prɔ́vəːb プロヴァーブ/ 名 (複 **proverbs** /prάvəːrbz/) C ことわざ; 《**Proverbs**》箴言(しんげん)《◆旧約聖書の1書. 略 Prov.》; 評判のもの

pro·ver·bi·al /prəvə́ːrbiəl プロヴァービアル/ 形 ことわざの[にある]; (物・事が)評判の, 周知の

provérbially 副 ことわざの通り

pro·vide A2 高

/prəváid プロヴァイド/ 動 (三単現 **provides** /prəváidz プロヴァイヅ/; 過去・過分 **provided** /prəváidəd/; 現分 **providing**)

❶ 他自 供給する, 与える; 用意する; 文型 [**provide A with B = provide B for A**] AにBを供給する

● The volunteers **provided** the earthquake victims **with** food. = The volunteers **provided** food **for** the earthquake victims. ボランティアが地震の被災者に食糧を供給した

❷ 他《文章》(法律・条約などが)〔…と〕規定する《*that* ...》

provide for ... …を養う; …に備える

派生 **provision** 名

pro·vid·ed B1 /prəváidəd プロヴァイデド/ 接 もし…ならば, 仮に…とすれば

● The voting rate will increase, **provided** (that) the parties are more capable of working out policies. 各党の政策立案能力が高まれば, 投票率はのびるだろう

prov·i·dence /prάvədəns プラヴィデンス/ 名《単数形で》(神の)摂理

prov·i·dent /prάvədənt プラヴィデント/ 形 先見の明のある; (将来に備えて)用心深い, 備えのある, 倹約の

prov·i·den·tial /prὰvədénʃəl プラヴィデンシャル/ 形《文章》神意による; 幸運な

pro·vid·er /prəváidər プロヴァイダ/ 名 C (サービス)提供者, 供給者; 稼ぎ手; (インターネットの)プロバイダー

pro·vid·ing /prəváidiŋ プロヴァイディング/ 接 文型 [**providing (that) ...**] もし…ならば; …を条件として

prov·ince B2 /prάvəns プラヴィンス/ 名 ❶ C (カナダなどの)州, 県 ❷《**the provinces**》(都会に対して)田舎(いなか), 地方; U 分野

派生 **provincial** 形

pro·vin·cial /prəvínʃəl プロヴィンシャル/ 形 州の; 地方の; いなかじみた

―名 C いなか者 派生 **province** 名

pro·vi·sion B2 /prəvíʒən プロヴィジョン/ 名 ❶ U 〔…に対する〕準備, 用意《*for, against*》; 〔…に対する〕提供, 供給《*for, against*》

● How should we **make provisions for** the future? どうやって将来への備えをすべきなのだろうか

❷ C (法律・書類における)規定, 条項

❸《**provisions**》食糧

―動 他《文章》〔…のために〕食糧を供給する《*for*》

派生 **provide** 動

pro·vi·sion·al /prəvíʒənəl プロヴィジョナル/ 形 仮の, 一時的な, 暫定的

prov·o·ca·tion /prὰvəkéiʃən プラヴォケイション/ 名 U 刺激; 挑発; 怒らせること

under provocation 挑発されて

pro·voc·a·tive /prəvάkətiv プロヴァカティヴ/ 形 刺激的な; (性的に)挑発的な; 怒らせる

pro·voke /prəvóuk プラヴォウク/ 動 他 誘発する, 引き起こす; 怒らせる

prov·ost /próuvoust プロウヴォウスト/ 名 C《米》(大学の)学長; 《英》(オックスフォード・ケンブリッジ大学の)学寮長; 《スコットランド》市長

prow /práu プラウ/ 名 C《雅語》船首, 機首

prow·ess /práuəs プラウエス/ 名 U《文章》剛勇, 武勇; 〔…における〕優れた能力[技量]《*in, at*》

prowl /prául プラウル/ (×プロール) 動 自他 (こそこそ)うろつく

prowl·er /práulər プラウラ/ 名 C うろつく人[動物]

prox·i·mate /prάksəmət プラクスィメト/ 形 (場所・時間が)最も近い, 直前[直後]

の; 近似の
prox·im·i·ty B2 /prɑksíməti プラクスィミティ/ 名U 《文章》〔…に〕最も近いこと, 近接《*to, of*》
prox·y /prɑ́ksi プラクスィ/ 名 (複 **proxies** /prɑ́ksiz/) U 代理, 代理権; C 代理人; 委任状
by proxy 代理で
— 形 代理の[による]
prude /prú:d プルード/ 名C 上品ぶる人, 淑女気取りの女
pru·dence /prú:dəns プルーデンス/ 名U 用心, 慎重さ
pru·dent /prú:dənt プルーデント/ 形 分別のある; 用心深い, 慎重な
prud·ish /prú:diʃ プルーディシュ/ 形 かまととぶる, お上品ぶった
prune[1] /prú:n プルーン/ 名C プルーン, 干しスモモ ⇨**plum**
prune[2] /prú:n プルーン/ 動他 (樹木を)刈り込む; (不要なものを)取り除く
pry[1] /prái プライ/ 動 (三単現 **pries** /práiz/; 過去・過分 **pried** /práid/; 現分 **prying**) 他〔人のプライバシーなどを〕詮索(せんさく)する《*into*》
pry[2] /prái プライ/ 動 (三単現 **pries** /práiz/; 過去・過分 **pried** /práid/; 現分 **prying**) 他《米》(箱・ドアなどを)こじ開ける; (物を)はがし取る《*off*》; (情報などを)〔…から〕聞き出す, やっと手に入れる《*out of*》
P.S. 《略》postscript 追伸
psalm /sɑ́:m サーム/ (×プサルム) 名C 讃美歌, 聖歌; 《**the Psalms**》詩篇《◆旧約聖書の1書》
pseu·do /sjú:dou スュードウ/ 形《米》偽りの; 見せかけの
pseu·do·nym /sjú:dənìm スューダニム/ 名C 偽名, 仮名; ペンネーム
psych /sáik サイク/ 動他《次の成句で》
psych oneself up 《口語》心構えをする《*for*》
Psy·che /sáiki サイキ/ 名《ギリシャ神話》プシュケ《◆霊魂を人格化した少女》; C《ふつう **the psyche**》《文章》精神, 心, 魂
psy·che·del·ic /sàikədélik サイケデリク/ 形 幻覚(剤)の; (作品などが)サイケデリックな
psy·chi·at·ric /sàikiǽtrik サイキアトリク/ 形 精神医学の; 精神病治療の; 精神病の
psy·chi·a·trist /səkáiətrist スィカイアトリスト/ 名C 精神科医
psy·chi·a·try /səkáiətri スィカイアトリ, saikáiətri サイカイアトリ/ 名U 精神医学
psy·chic, psy·chi·cal /sáikik サイキク, sáikikəl サイキカル/ 形 精神の, 心の; 心霊的な, 心霊現象の; 超自然的な; 超能力をもつ
— 名C 超能力者, 霊能者
psy·cho /sáikou サイコウ/ 名 (複 **psychos** /sáikouz/) C《口語》精神異常者
psy·cho·a·nal·y·sis /sàikouənǽləsəs サイコウアナリスィス/ 名U 精神分析(学); 精神分析療法
psy·cho·an·a·lyst /sàikouǽnəlist サイコウアナリスト/ 名C 精神分析学者; 精神分析専門医
psy·cho·an·a·lyze /sàikouǽnəlàiz サイコウアナライズ/ 動他 (人を)精神分析する
psy·cho·lin·guis·tics /sàikouliŋgwístiks サイコウリングウィスティクス/ 名《単数扱い》心理言語学
psy·cho·log·i·cal B1 /sàikəlɑ́dʒikəl サイコラヂカル/ 形 (❗比較変化なし) 心理的な; 心理学(上)の
派生 **psychology** 名
psy·cho·log·i·cal·ly B2 /sàikəlɑ́dʒikəli サイコラヂカリ/ 副 心理的に; 心理学上

psy·chol·o·gist

A2 高 /saikɑ́lədʒist サイカロヂスト/ 名 (複 **psychologists** /saikɑ́lədʒists サイカロヂスツ/) C
心理学者
psy·chol·o·gy B2 /saikɑ́lədʒi サイカロヂ/ (発音 psychological とのアクセントの違いに注意) 名U 心理学; 《口語》心理(状態)
• social **psychology** 社会心理学
派生 **psychological** 形
psy·cho·path /sáikəpæθ サイコパス/ 名C (粗暴性のある)精神病質者

psy·cho·path·ic /sàikəpǽθik サイコパスィク/ 形 (人・行為・態度が)精神病質(者)の, 精神異常の

psy·cho·so·cial /sàikousóuʃəl サイコウソウシャル/ 形 社会心理的な

psy·cho·so·mat·ic /sàikousoumǽtik サイコウソウマティク/ 形 精神身体の, 心身相関の

— 名 C 心身症患者

psy·cho·ther·a·py /sàikouθérəpi サイコウセラピ/ 名 U 精神[心理]療法

psỳchothérapist 名 C 精神療法士

psy·chot·ic /saikátik サイカティク/ 形 精神病の

— 名 C 精神病患者

pt. 《略》part 部分; past tense 過去形; payment 支払い; port 港

P.T.A. /píːtíːéi ピーティーエイ/ 《略》Parent-Teacher Association ピーティーエー

pub B1 /pʌ́b パブ/ 名 (複 **pubs** /pʌ́bz/) C 《英》《口語》居酒屋, 大衆酒場, パブ (! public house の略)

pu·ber·ty /pjúːbərti ピューベティ/ 名 U (生殖能力が生じる)思春期, 年ごろ

pu·bic /pjúːbik ピュービク/ 形 陰部の

pub·lic A2 中

/pʌ́blik パブリク/ 名

❶《**the public**》(一般の)人, 大衆; 国民 (! 単数・複数扱い)

• the Japanese **public** 日本国民

❷《**the** [**a**, *one's*] **public**》…界, …仲間; ファンの層

in public 人前で; 公然と

— 形 公共の, 公の, 公衆(用)の, 社会一般の (↔**private**); 公的な, 公立の (↔ **private**); 公然の

• **public** interests 公共の利益

• **public** discussion 公開討論

• in the **public** eye 世間の注目を浴びて, マスコミにしばしば登場して

make public 公表する, 公刊する (! 受け身で用いられることが多い)

派生 **publicity** 名

pub·li·ca·tion B2 /pʌ̀bləkéiʃən パブリケイション/ 名 U 出版, 発行; C 出版物; U 公表 派生 **publish** 動

públic hóuse 名 C 《英》大衆酒場, パブ (=《口語》pub)

pub·li·cist /pʌ́blisist パブリスィスト/ 名 C 政治[時事]評論家; 広報係, 宣伝係

pub·lic·i·ty B2 /pʌblísəti パブリスィティ/ 名 U よく知れ渡っていること, 評判, 知名度; 広告, 広報活動

派生 **public** 形

pub·li·cize B2 /pʌ́bləsàiz パブリサイズ/ 動 他 公表する; 広告[宣伝]する

pub·lic·ly B1 /pʌ́blikli パブリクリ/ 副

❶ 公然と, 公式に; 一般の人に

❷ 公(的)に (! この意味では比較変化なし)

públic opínion 名 U 世論

públic relátions 名 《単数扱い》広報(活動), ピーアール (♦PR と略す)

públic schòol 名 C

❶ (英国の)パブリックスクール

❷《米》初等[中等]公立学校

públic spéaker 名 C 演説家

públic spéaking 名 U 演説(法)

públic spírit 名 U 公共心

públic transportátion, 《英》**públic tránsport** B1 名 U 公共交通機関

pub·lish A2 高

/pʌ́bliʃ パブリシュ/ 動 (三単現 **publishes** /pʌ́bliʃəz/; 過去・過分 **published** /pʌ́bliʃt/; 現分 **publishing**) 他

❶ 出版する, 発行する

• The writer **published** his first book in 1981. その作家は1981年に彼の最初の本を出版した

❷ 発表する, 公表する

派生 **publication** 名

pub·lish·er B1 高 /pʌ́bliʃər パブリシャ/ 名 (複 **publishers** /pʌ́bliʃərz/) C 出版社, 出版業者, 発行する人

pub·lish·ing /pʌ́bliʃiŋ パブリシング/ 名 U 出版業

puck /pʌ́k パク/ 名 C 《アイスホッケー》パック

puck·er /pʌ́kər パカ/ 動 ❶ 他 しわを寄せる; ひだをつける ❷ 自 しわが寄る; ひだがつく; 縮む, 縮れる

pud·ding B2 /púdiŋ プディング/ 名 U C 《料理》プディング, プリン《◆小麦粉に果実・牛乳・卵などを入れて作る菓子; 米や肉のpuddingもある》

pud·dle /pʌ́dl パドル/ 名 C (雨などで道にできる)水たまり (❗pool より小さいものをいう)

puff /pʌ́f パフ/ 名 (複 **puffs** /pʌ́fs/) C ❶(風・煙・蒸気が)パッと吹くこと, ひと吹き ❷ ふわっとふくらんだ菓子

— 動 自 ふくれる; 息を切らす; 他 プッと吹き出す[吹く]

puf·fin /pʌ́fin パフィン/ 名 C 《鳥》ツノメドリ《◆海鳥》

puff·y /pʌ́fi パフィ/ 形 (比較級 **puffier**; 最上級 **puffiest**) ふくれた; ふわふわした

pug·na·cious /pʌgnéiʃəs パグネイシャス/ 形《文章》けんかっ早い; けんか腰の

pug-nosed /pʌ̀gnóuzd パグノウズド/ 形 しし鼻の

puke /pjúːk ピューク/ 動 他 自 《口語》(食べたものを)吐く (=vomit)

Pú·litz·er Príze /pjúːlitsər ピューリツァ/ 名 ピューリッツァー賞《◆毎年米国における新聞報道・文芸・音楽などのすぐれた業績に対して与えられる》

pull A2 高

/púl プル/ 動 (三単現 **pulls** /púlz/; 過去・過分 **pulled** /púld/; 現分 **pulling**)

❶ 他 自 引く; 〔…を〕引っぱる《*at, to*》(↔**push**) ⇨**draw**; 他 (歯・栓などを)引き抜く, 抜く

• **Pull** 《ドアなどの掲示》引く

• **pull** his ear = **pull** him **by** the ear 彼の耳を引っぱる

• **pull** a chair up to the table テーブルの方にいすを引き寄せる (❗up to ... = …まで)

• **pull** (**at**) a sleeve そでを引っぱる

文型 [**pull A C**] AをひっぱってC(ある状態)にする

• **pull** a door open 戸を引いてあける (❗open は形容詞)

❷ 自 (ボート・列車などが)進む; 自 他 (自動車などがある方向へ)動く[動かす], 寄る[寄せる]

❸ 他 《口語》(関心・顧客などを)引き付ける; (支持を)得る

❹ 他 (筋肉を)引っぱって痛める

❺ 他 (ある表情の顔を)する

❻ 他 (舟・オールを)こぐ

❼ 他 《口語》(うまく)やってのける, 敢行する

pull away (列車などが)動き出す, (車が)離れて行く; 身を引き離す; (無理に)引き離す

pull down 引き降ろす; (家などを)取りこわす

pull in 引っこめる; (列車などが)入って来る

pull off 引き抜く; (長靴・靴下・手袋などを, さっとひっぱって)脱ぐ

pull on (セーター・靴下などをひっぱって)着る, はく, はめる

pull out ①(歯・コルクなどを)抜く, 引き抜く; (ポケットなどから物を)出す, 取り出す

• I had my bad tooth **pulled out**. 私は虫歯を抜いてもらった (❗have+A(目的語)+過去分詞 (Aを…してもらう・させる・される)の文型)

②(列車・船が)〔…から〕出て行く《*of*》

③〔…から〕撤退させる《*of*》

pull over (車などを)道路のはしに寄せる

pull through (困難を)切り抜ける

pull together 力を合わせる

pull up ① 引き上げる, 引き抜く

②(車などが)止まる; 止める; 追い迫る
— 名 (複 **pulls** /púlz/)
❶ C 引くこと (↔**push**); U 引く力, 引力
• give a **pull** on [at] a rope ロープを引っぱる
❷ U 《単数形で》《口語》縁故, コネ
❸ 《単数形で》(がんばって)上ること, がんばり
❹ C 取っ手, 引き手; 引き網

pull·back /púlbæ̀k プルバク/ 名 C 引き戻すこと; 《米》(軍隊の)撤退 (=pull-out); 障害(物); 《機》引き戻し装置

pul·ley /púli プリ/ 名 (複 **pulleys** /púliz/) C 滑車; 滑車装置

pull·out, pull-out /púlàut プラウト/ 名 C ❶(軍隊などの)撤退
❷(雑誌の)折りこみページ

pull·o·ver B1 /púlòuvər プロウヴァ/ (×プルオーヴァー) 名 (複 **pullovers** /púlòuvərz/) C プルオーバー 《♦頭からかぶって着るセーター[シャツ]》

pul·mo·nar·y /pʌ́lmənèri パルモネリ/ 形 《文章》肺の; 肺を冒(おか)す

pulp /pʌ́lp パルプ/ 名 U ❶(モモ・ブドウなどのやわらかい)果肉 ❷パルプ 《♦木材を溶かしたもので紙の原料》

pul·pit /púlpit プルピト/ 名 C (教会内の, 一段高い所にある)説教壇

pulp·y /pʌ́lpi パルピ/ 形 (比較級 **pulpier**; 最上級 **pulpiest**) 果肉状の; 柔らかい

pul·sate /pʌ́lseit パルセイト/ 動 自 (心臓が)脈を打つ, 鼓動する; 震動する, 震える; (胸が)〔…で〕わくわくする 《*with*》

pul·sa·tion /pʌlséiʃən パルセイション/ 名 C U 鼓動, 脈動

pulse B2 /pʌ́ls パルス/ 名 C 《ふつう単数形で》脈, 脈拍(はく); 律動, 拍子
— 動 自 脈打つ, 鼓動する

take the pulse of… …の脈をとる; …の意向を探る

pul·ver·ize /pʌ́lvəràiz パルヴァライズ/ 動 他 ひいて[打って]粉にする; 粉砕する, 徹底的にやっつける; 大損害を与える

pu·ma /pjú:mə ピューマ/ 名 (複 **pumas** /pjú:məz/, **puma**) C ピューマ (=cougar)

pump[1] B1 高 /pʌ́mp パンプ/ 名 (複 **pumps** /pʌ́mps/) C ポンプ
— 動 (三単現 **pumps** /pʌ́mps/; 過去・過分 **pumped** /pʌ́mpt/; 現分 **pumping**)
❶ 他 自 ポンプでくむ 《*up*》; 他 (空気などを)ポンプで入れる; 自 ポンプを使う
❷ 他 〔…に〕(金・労力などを)注ぎ込む, (知識などを)詰め込む 《*into*》
❸ 他 (ポンプの柄のように)上下に動かす
❹ 他 《口語》(情報を)〔…から〕聞き出す 《*out of*》

pump[2] /pʌ́mp パンプ/ 名 C 《ふつう **pumps**》パンプス

pump·kin B2 /pʌ́mpkin パンプキン/ 名 U C 西洋カボチャ (■オレンジ色の大きなもの; 日本のものは squash)

púmpkin píe 名 C パンプキンパイ (■感謝祭につきもの)

pun /pʌ́n パン/ 名 C だじゃれ, 語呂(ごろ)合わせ
— 動 (三単現 **puns** /pʌ́nz/; 過去・過分 **punned** /pʌ́nd/; 現分 **punning**) 他 だじゃれ[語呂合わせ]を言って笑わせる

punch[1] B2 /pʌ́ntʃ パンチ/ 動 他
❶げんこつで打つ, (こぶしで)殴る
❷(パンチで)穴をあける, (切符を)切る
— 名 ❶ C パンチ
❷ U 《口語》迫力
❸ C 穴あけ(器), 切符切りばさみ, パンチ

beat A to the punch A(人)の機先を制する

punch[2] B2 /pʌ́ntʃ パンチ/ 名 U パンチ, ポンチ 《♦アルコール飲料》

púnch-drùnk 形 《ボクシング》ふらふらの; 《口語》ぼうっとした

púnching bàg 名 C 《ボクシング》サンドバッグ

punch·y /pʌ́ntʃi パンチ/ 形 (比較級 **punchier**, 最上級 **punchiest**) 効果的な, 迫力のある; (=punch-drunk)

punc·til·i·ous /pʌŋktíliəs パンクティリアス/ 形 きちょうめんな, 堅苦しい

punc·tu·al B2 /pʌ́ŋktʃuəl パンクチュアル/ 形 約束の時間を守る, 時間に遅れない
- He was **punctual** for appointments. 彼は約束の時間に正確だった

punc·tu·al·i·ty B2 /pʌ̀ŋktʃuǽləti パンクチュアリティ/ 名U 時間厳守; きちょうめんさ

punc·tu·al·ly /pʌ́ŋktʃuəli パンクチュアリ/ 副 時間を守って, きちんと

punc·tu·ate /pʌ́ŋktʃuèit パンクチュエイト/ 動他 (文などに)句読点をつける; (発言などが)〔…で〕(しばしば)中断される《*with, by*》(! ふつう受け身で用いる); 強調させる, 引き立たせる

punc·tu·a·tion A2

/pʌ̀ŋktʃuéiʃən パンクチュエイション/ 名 (複 **punctuations** /pʌ̀ŋktʃuéiʃənz/) C 句読点; U 句読(くとう)点をつけること; 句読法

punctuátion màrk 名C 句読点《♦ comma(,), colon(:), semicolon(;), period(.), exclamation mark(!), question mark(?), dash(—)など》

punc·ture /pʌ́ŋktʃər パンクチャ/ 名C (とがった先であけられた)小さい穴, (タイヤの)パンク(の穴)(!「タイヤがパンクする」は have a flat tire という)
— 動他 穴をあける; パンクする

pun·dit /pʌ́ndit パンディト/ 名C《口語》博学な人, 物知り, 消息通; 専門家; 〔…についての〕批評家, 評論家《*on*》

pun·gent /pʌ́ndʒənt パンヂャント/ 形 刺激性の, ぴりっとする, つーんとする; (批評などが)鋭い, しんらつな

pun·ish B1 高 /pʌ́niʃ パニシュ/ 動 (三単現 **punishes** /pʌ́niʃəz/; 過去・過分 **punished** /pʌ́niʃt/; 現分 **punishing**) 他
❶〔…で; …のために〕罰する, 処罰する《*by, with; for*》
- **punish** him **for** being late 遅刻したことで彼を罰する

❷《口語》ひどい目にあわせる

pun·ish·a·ble /pʌ́niʃəbl パニシャブル/ 形 罰することのできる, 罰すべき

pun·ish·ing /pʌ́niʃiŋ パニシング/ 形 疲れさせる, 過酷な

pun·ish·ment B1 /pʌ́niʃmənt パニシュメント/ 名 (複 **punishments** /pʌ́niʃmənts パニシュメンツ/) C 罰, 刑罰; U 処罰, 罰すること

pu·ni·tive /pjúːnətiv ピューニティヴ/ 形 処罰[刑罰]の, 懲罰的な; (課税などが)厳しい, 過酷な **púnitively** 副 懲罰のために; 過酷に

punk /pʌ́ŋk パンク/ 名C《米》《俗語》不良, ちんぴら; U パンクロック (= punk rock)
— 形 くだらない; パンクロック調の

púnk róck 名U パンクロック《♦反体制的ロック音楽》

punt[1] /pʌ́nt パント/ 名C 平底船
— 動他 (平底船を)竿で動かす

punt[2] /pʌ́nt パント/ 名C《アメフト》《ラグビー》パント
— 動他自 パントする

pu·ny /pjúːni ピューニ/ 形 (比較級 **punier**; 最上級 **puniest**) ちっぽけな, 弱々しい, 発達の悪い; (物・事が)たいしたことのない

pup /pʌ́p パプ/ 名C (キツネ・オオカミ・アザラシなどの)子; 子犬 (=puppy)

pu·pil[1] B1 高 /pjúːpəl ピューピル/ 名 (複 **pupils** /pjúːpəlz/) C
(小・中学校の)生徒, 児童; 弟子, 教え子, 門下生

pu·pil[2] /pjúːpəl ピューピル/ 名C (目の)瞳, 瞳孔(どうこう)

pup·pet /pʌ́pit パペト/ 名C (指・ひもで動かす)人形

pup·pet·eer /pʌ̀pətíər パピティア/ 名C 操り人形師

púppet shòw [**plày**] 名C 人形劇

pup·py B1 高 /pʌ́pi パピ/ 名 (複 **puppies** /pʌ́piz/) C 子犬

pur·chase B2 /pə́ːrtʃəs パーチェス/ (×パーチェイス) 動他 購入する, 買う (=buy); 得る
— 名U 購入, 買い物; C 買った品物
- They made a lot of **purchases** at the airport. 彼らは空港でたくさん買い物

をした

pur·chas·er /pə́ːrtʃəsər パーチャサ/ 名 C 《文章》購買者, 買い手

pure B1 /pjúər ピュア/ 形 (比較級 **purer**; 最上級 **purest**)

❶純粋な, まじりけのない; 《口語》まったくの (! 名詞の前に用いる)

• Her dress was **pure** white. 彼女のドレスは純白だった

❷きれいな, 汚れていない, 清純な

• **pure** air [water] きれいな空気[水]

❸(学問などが)純粋な, 理論的な (↔**applied**) (! 名詞の前に用いる)

pu·ree /pjuəréi ピュアレイ/ 名 U ピューレ 《♦野菜・果物などを煮て裏ごししたもの》

pure·ly /pjúərli ピュアリ/ 副 まったく; ただ単に; 純粋に

pur·ga·to·ry /pə́ːrgətɔ̀ːri パーガトーリ/ 名 U 苦難; 《キリスト教》《**Purgatory**》煉獄(れんごく)

purge /pə́ːrdʒ パーヂ/ 動 他 清める, 一掃する; 追放する

purge A of B = *purge (away) B from A* AからBを取り除く[一掃する]; AからB(容疑)を晴らす

━ 名 C 追放; 粛正

pu·ri·fi·ca·tion /pjùərəfikéiʃən ピュアリフィケイション/ 名 U 浄化

pu·ri·fy B1 /pjúərəfài ピュアリファイ/ 動 (三単現 **purifies** /pjúərəfàiz/; 過去・過分 **purified** /pjúərəfàid/; 現分 **purifying**)

他 浄化する; 純化する, 精製する; 清める

派生 **pure** 形

pur·ist /pjúərist ピュアリスト/ 名 C (芸術・学問などの)純粋主義者

Pu·ri·tan /pjúərətən ピュアリタン/ 名 C 《キリスト教》清教徒, ピューリタン

> 参考› 16-17世紀の英国におこったプロテスタントの一派で清教徒革命の中心勢力になった. また一部は1620年アメリカに移住した ⇨**Pilgrim Fathers**

pu·ri·ty /pjúərəti ピュアリティ/ 名 U 清浄; 純粋; 潔白

pur·loin /pəːrlɔ́in パーロイン/ 動 他 《文章》(ささいな物を)盗む, くすねる

pur·ple A1

/pə́ːrpl パープル/ 名 U 紫色; 紫色の服

━ 形 (比較級 **purpler**; 最上級 **purplest**) 紫色の 《♦violetよりも赤みがかった色》

pur·plish /pə́ːrpliʃ パープリシュ/ 形 紫がかった

pur·port /pərpɔ́ːrt パポート/ 動 他 《文章》

文型 [**purport to** *do*] (物が, …であると)見せかける; (人が, …であると)称する;

文型 [**be purported to** *do*] (…であると)言われている

━ /pə́ːrpɔːrt パーポート/ (発音 動 とのアクセントの違いに注意) 名 U 《文章》(発言・文章などの)意味, 趣旨

pur·pose A2 中

/pə́ːrpəs パーパス/ (×パーポウズ)

名 (複 **purposes** /pə́ːrpəsəz/) C 目的, つもり; 目標; U 決心

• What is your **purpose** in going to Paris? 君がパリへ行く目的は何か

for* [*with*] *the purpose of ... …のために

on purpose わざと, 故意に; 〔…する〕ために《*to do*》

to the purpose 目的にかなって, 的(まと)を射て

pur·pose·ful B2 /pə́ːrpəsfəl パーパスフル/ 形 目的のある; 決意をもって, 断固たる (↔**purposeless**)

púrposefully 副 目的を持って; 固い決意をもって

pur·pose·less /pə́ːrpəsləs パーパスレス/ 形 目的のない, 無意味な (↔**purposeful**) **púrposelessly** 副 目的もなく, あてどなく

pur·pose·ly /pə́ːrpəsli パーパスリ/ 副 わざと

purr /pə́ːr パー/ 動 自 (ネコが)のどを鳴らす; (機械などが)低い震動音を出す; (人が)(小声で)満足そうに話す; 他 (人が, …の気持ちを)満足そうに表す

━ 名 《**a** [**the**] **purr**》(ネコの)のどを鳴らす音, ゴロゴロいう音; 低い震動音

purse B1 /pə́ːrs パース/ 名 (複 **purses**

/pə́ːrsəz/) C ❶(硬貨を入れるための)さいふ, 小銭入れ ⇨wallet

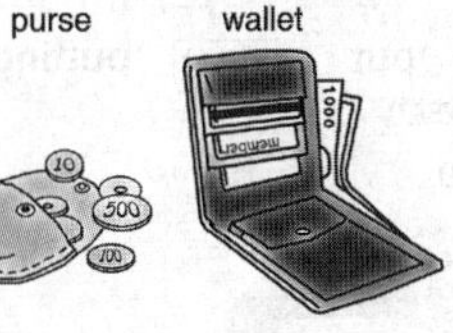

❷《米》ハンドバッグ(=handbag)
❸《単数形で》金銭, 財源, 資力
— 動 (三単現 **purses** /pə́ːrsəz/; 過去・過分 **pursed** /pə́ːrst/; 現分 **pursing**) 他 (緊張・憂慮などで, 口を)すぼめる; (まゆを)ひそめる

purs·er /pə́ːrsər パーサ/ 名 C (旅客機・客船などの)パーサー, 事務長

pur·sue A2 高

/pərsúː パスー | pəsjúː パスュー/ 動 (三単現 **pursues** /pərsúːz/; 過去・過分 **pursued** /pərsúːd/; 現分 **pursuing**) 他
❶(知識などを)追い求める; 続ける
❷追いかける, 付きまとう
• The police **pursued** the criminal. 警察は犯人を追跡した
派生 **pursuit** 名

pur·suit B2 /pərsúːt パスート/ 名
❶ U 〔…を〕追いかけること, 〔…の〕追跡《*of*》; 〔…の〕追求《*of*》; 〔…の〕続行《*of*》
❷ C 仕事; 趣味(=hobby)
派生 **pursue** 動

pur·vey·or /pərvéiər パヴェイア/ 名 C 《文章》(商品などの)提供者, 供給者

pus /pʌ́s パス/ 名 U うみ, 膿(のう)

push A1 中

/púʃ プシュ/ 動 (三単現 **pushes** /púʃəz/; 過去・過分 **pushed** /púʃt/; 現分 **pushing**)
❶ 他自 押す(↔**pull**)
• **push** a button ボタンを押す
• **push** everything into a bag バッグの中へ何でも押し込む
文型 [**push A C**] Aを押してC(ある状態)にする
• **push** a door open 戸を押してあける(❗open は形容詞)
❷ 自 (押しのけるようにして)進む; 突き出る
❸ 他 (計画などを)押し進める; (意見・品物などを)押しつける, 〔…を〕強要する《*for*》; 文型 [**push A to** *do* = **push A into** *do***ing**] A(人)にぜひ…しろと言う, Aに強制して…させる

push ahead (計画などを)どんどん進める
push around 《口語》…をいじめる
push down 下に押す; 押し倒す
push in [***into***] 《口語》割り込む, 押し入る
push on どんどん先に進む; 〔仕事を〕どんどん続ける《*with*》
push through 強引に通す

— 名 (複 **pushes** /púʃəz/)
❶ C 押すこと; ひと押し(↔**pull**)
❷ C 努力, 奮発
❸ U 《口語》がんばり; 積極性

at a push ひと押しで; 《英》《口語》事情に迫られれば

push·er /púʃər プシャ/ 名 C ❶押す人[物] ❷《口語》麻薬密売人

push·o·ver /púʃòuvər プショウヴァ/ 名 C 《ふつう **a pushover**》《口語》ごく簡単にできること, 朝飯前; だまされやすい人, ちょろい人, 「かも」

push-up /púʃʌ̀p プシャプ/ 名 C 《米》腕立てふせ(=《英》press-up)

push·y /púʃi プシ/ 形 (比較級 **pushier**; 最上級 **pushiest**) 押しつけがましい, 押しの強い, 出しゃばりな

puss /pús プス/ 名 《口語》(=pussy)

puss·y /púsi プスィ/ 名 (複 **pussies** /púsiz/) C ネコ, 子ネコちゃん, ニャンニャン(=cat)(♦cat の幼児語)

puss·y·cat /púsikæ̀t プスィキャト/ 名 C 《口語》猫(=pussy)

puss·y·foot /púsifùt プスィフト/ 動 自 《口語》忍び足で歩く; 慎重すぎる

pússy wìllow 名 C 《植物》ネコヤナギ

put

A1 動
中 /pút プト/

三単現 **puts** /púts プツ/ 過去・過分 **put** 現 分 **putting**
(! 原形・過去形・過去分詞とも同形であることに注意)

共通イメージ
置く

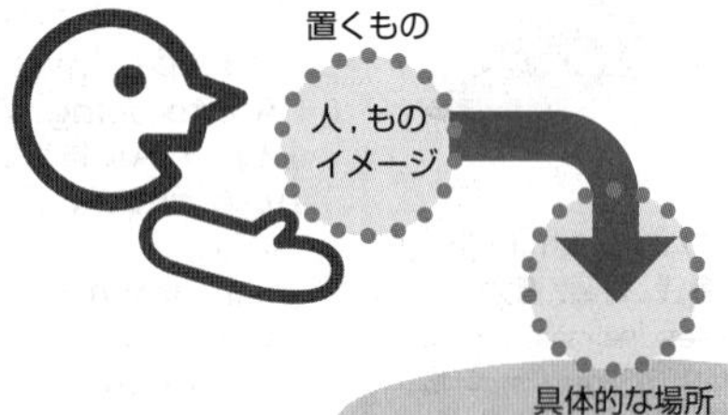

意味マップ

動 ❶置く，付ける
❷(ある状態に)する
❸言い表す; 訳す; 書きつける
❹評価する; 見積もる
❺提示[提案]する

ワンポイント・アドバイス

putは「手を使ってあるものを別の場所に置く」というのが最も基本的な意味だが，**put**自体は後ろにくるものによって，日本語に訳す際に「置く」だけでなくいろいろに訳せる.
put the wallet in the bagは「さいふをカバンに入れる」，put my name on the listは「名前をリストにのせる」，put his hood upは「フードをかぶる」といった具合になる.
putの基本的なイメージから，じょうずに日本語に訳せるようにしよう！

使えるコーパスフレーズ

put＋名詞(! 「putする場所」が続く)

1 **put money in [on] ...**
…にお金を入れる[かける]

2 **put pressure on ...**
…にプレッシャーをかける

3 **put *one's* hand on ...**
手を…にのせる

4 **put an end to ...** …を終わらせる

5 **put an effort into ...** …に力を注ぐ

put＋前置詞・副詞

6 **put on**
(服を)着る; (電気を)つける

7 **put in**
設置する; (労力を)つぎこむ

8 **put down**
(荷物を)降ろす; (メモを)書きとめる

9 **put up**
(家などを)建てる; (看板などを)貼りだす

フォーカスページ

put A1 中

/pút プト/ 動 (三単現 **puts** /púts プツ/; 過去・過分 **put**; 現分 **putting**) (! 原形・過去形・過去分詞とも同形であることに注意)

共通イメージ 置く

チャンクでおぼえよう！

❶ 棚の上に皿を置く
put the dishes on the shelf

❶ 壁に世界地図を貼る
put a world map on the wall

❶ あなたにプレッシャーを与える
put pressure on you

❷ その戦争を終わらせる
put an end to the war

❷ 数字を順番に並べる
put the numbers in sequence

❸ 感情を言葉に表す
put my emotion into words

❶ 他 (ある場所に)**置く, 付ける**

- **put** a book **on** the table 本を机の上に置く (! put+名詞(目的語)+場所を表す副詞(句))
- **put** water **in** the bottle びんに水を入れる
- **put** a coat **on** a hanger コートをハンガーにかける
- **put** a stamp **on** the envelope 封筒に切手をはる
- She **put** her hand **on** my shoulder. ⇨フォーカス3 彼女はぼくの肩に手をかけた
- Don't **put** your head **out of** the window. 窓から頭[顔]を出すな
- Henry **put** his ear **to** the wall. ヘンリーは壁に耳を当てた (! 現在形なら Henry puts ...)
- He **puts** his money **in** the bank every month. ⇨フォーカス1 彼は毎月銀行に金を預ける
- Does that **put** more pressure **on** you? ⇨フォーカス2 それがあなたにとってもっとプレッシャーになる？ (=Does that **put** you under pressure?)
- I'm **putting** a new lock **on** the door. ドアに新しい錠を付けているところです

❷ 他 (ある状態に)**する**

- **put** a room in order 部屋を整とんする (←部屋を整った状態にする)
- **put** A in danger Aを危険にさらす
- **put** A in a difficult position A(人)を困らせる
- The peace agreement **put** an end **to** the war. ⇨フォーカス4 和平合意は戦争を終わらせた

❸ 他 〔…で〕**言い表す, 言う, 表現する** ⟪*in*⟫; 〔…に〕**訳す, 翻訳する** ⟪*into*⟫; **書きつける, 記入する**

- How shall I **put** it? どう言えばいいのでしょうか
- to **put** it another way 別の言い方をすれば
- **Put** your name at the top of the sheet. 名前を用紙のいちばん上に書きなさい

❹ 他 **評価する**; 〔数量・金額などと〕**見積もる** ⟪*at*⟫; 〔価値・値を〕**つける** ⟪*on, upon*⟫; 〔…に〕**賭**(か)**ける** ⟪*on*⟫

❺ 他 (問題などを)〔…に〕**提示[提案]する** ⟪*to, before*⟫

- **put** your case 自分の意見を陳述する

put about ⟪英⟫⟪口語⟫(うわさなどを)広める

put above 重視する, 優先させる

put across (…に)理解させる

put around (うわさなどを)広める

put aside わきに置く; とっておく; 度外視する
- Daddy **put** his book **aside** to clean up. 父さんはそうじをするため本をかたづけた

put away ① **かたづける; たくわえる, とっておく** (=put aside)
- **Put** your toys **away**. おもちゃをかたづけなさい

② ⟪口語⟫(飲食物を)**たいらげる**

put back (元の所へ)**返す**, (あとへ)**もどす**; (予定などを)**延期する**
- **Put** this toy **back**. このおもちゃを元(の所)にもどしなさい

put back on (服などを)再び身につける

a b c d e f g h i j k l m n o **p** q r s t u v w x y z

***put** A **before** B* AをBより優先させる

put by (金)を蓄える, とっておく

put down ① 下に置く; 降ろす
• **Put** all these books **down**. この本を全部下に降ろしなさい
② (力で)押さえつける
③ 書きとめる, 記入する
• Edward **put down** all the names of the guests. エドワードは客の名前を全部書きとめた
④ (飛行機が)着陸する(させる)
⑤《**put** *A* **down as B**》AをBだとみなす ⑥《**put** *A* **down to** *B*》AをBのせいにする

put forth 《文章》(芽などを)出す; 《文章》提出する

put forward ① (案・理論などを)提出する (=propose); (候補者などとして人を)推薦する ② (時計の)針を進める

put in ① 取りつける, 入れる, (ことばを)さしはさむ
• **put in** the plug プラグを差し込む
• **Put in** the right words. 正しいことばを入れなさい
② 費やす; (練習などを)行う
③ 申し込む; 提出する

***put** A **into** B* A(時間・金など)をBに費やす, 投資する, あずける; A(感情など)をBに込める

put it on 心にもない態度をとる, ふりをする

put off ① 延ばす, 延期する (=postpone) • Don't **put off** till tomorrow what you can do today. 《ことわざ》きょうできることをあしたに延ばすな (❗関係代名詞 what 以下(「…するもの[事]」)は put off の目的語)
• The game has been **put off** till next Friday. 試合は次の金曜日まで延期された
② 〔言いわけなどで〕要求をそらす《*with*》
③ 不快にさせる, いやにさせる; 〔…するのを〕やめさせる, いやにさせる《*doing*》

put on ① 身につける, 着る, かぶる, はく
• **put on** a sweater = **put** a sweater **on** セーターを着る (❗反対は take off)
② (劇を)上演する • **put on** a musical ミュージカルを上演する
③ (電灯などを)つける
• **Put** all the lights **on**. 明かりを全部つけてください
④ 装う, ふりをする
⑤ (体重・数などが)ふえる, 増す
• I easily **put on** weight if I don't exercise. 私は運動をしないとすぐ太る
⑥《米》《口語》からかう
• You're **putting** me **on**! 冗談でしょう!

put out ① 出す, (手などを)差し出す; 外に出す
• **Put** this stray cat **out** right now. こののらネコをすぐに外に出しなさい
• She **put** her hand **out** to my sister for a handshake. 彼女は私の妹に握手を求めて手を差し出した
• **put out** a futon ふとんを敷(し)く
② (明かり・火などを)消す (=extinguish)
• **put out** a light 明かりを消す

***put** A **out of** B* A(人)をBからはずす

put through ① 〔…に〕電話をつなぐ, 電話をかける《*to*》; …を通す
• Hold the line and I'll **put** you **through**. そのままでお待ちください. おつなぎします
② 成し遂げる; (試練などを)受けさせる
• **put** A **through** college A(人)を大学に行かせる

***put** A **to** B* A(質問など)をBにたずねる; A(計画など)をBに提案する

put together 合わせる, つぎ合わせる; 集める; まとめる; 組み立てる
• **put** the broken pieces **together** こわれた破片をつぎ合わせる
• He is stronger than all of us **put together**. 彼は私たちみんなを合わせたよりももっと強い, 私たちがたばになっても彼のほうがまだ強い (❗過去分詞 put (合わせられた)+together は all of us を修飾する)

put up ① 上げる • If you know the answer, **put** your hand **up**. 答え

がわかったら手をあげなさい
②(売りに)出す
• **put ... up** for sale …を売りに出す
③(建物などを)建てる; (テントを)張る, (かさを)さす, (旗・掲示などを)立てる, 掲げる • **put up** *one's* umbrella かさをさす • **put up** posters ポスターを貼る
④〔…に〕泊まる, 泊める《*at*》
• I (**was**) **put up** at an inn at the foot of the mountain. 私は山のふもとの小さな旅館に泊まった

put A up B AをBの中に押し込む
put up for (選挙などに)立候補する, 出馬する
put A up to B A(人)をそそのかしてB(悪事などを)させる
put up with ... …をがまんする
• I can't **put up with** such nonsense. そのようなばかげたことにはがまんができません

put-down /pútdàun プトダウン/ 名C 《口語》やりこめること; こきおろし

put-on /pútàn プタン/ 形 見せかけの, 偽りの, わざとらしい (! 名詞の前に用いる) ━ 名U もったいぶり, 気どり; C《米》《口語》かつぐ[からかう]こと[物]; パロディー

put-out /pútàut プタウト/ 名C 《野球》アウト

pu·trid /pjú:trəd ピュートリド/ 形 (動植物が)腐敗して臭気を放つ, 腐った;《口語》話にならない, ひどい

puts /púts プツ/ 動 put の三人称単数現在形

putt /pʌ́t パト/ 名C 《ゴルフ》パット
━ 動 他 《ゴルフ》(ボールを)パットする

put·ter[1] /pʌ́tər パタ/ 動 自 《米》だらだらと過ごす, ゆっくり行く, ぶらつく《*over, about, around*》

put·ter[2] /pʌ́tər パタ/ 名C 《ゴルフ》パットする人; パター (♦パット用のクラブ)

put·ting /pútiŋ プティング/ 動 put の現在分詞・動名詞

pútting grèen 名C 《ゴルフ》グリーン (♦単に green ともいう)

put·ty /pʌ́ti パティ/ 名U パテ (♦ガラスを窓わくに固定するときなどに用いる)

puz·zle B1 高 /pʌ́zl パズル/ 名 (複 **puz·zles** /pʌ́zlz/) C
❶(わけの)わからない事, 難問, なぞ
• Her behavior was a **puzzle** to me. 彼女の行動は私にはなぞだった
❷パズル • a crossword **puzzle** クロスワードパズル • work out [solve] a **puzzle** パズルを解く
━ 動 (三単現 **puzzles** /pʌ́zlz/; 過去・過分 **puzzled** /pʌ́zld/; 現分 **puzzling**)
❶ 他 頭を悩ませる, 困惑させる
• I'm **puzzled** about what to say. 私は何を言ったらよいか困っている
❷ 他 自 〔…について, …のことで〕一生懸命考える, 頭を悩ます《*about, over*》
• He **puzzled over** his math problem for an hour. 彼は数学の問題に1時間頭をしぼった

puzzle out (問題を)解く

puz·zled B2 /pʌ́zld パズルド/ 形 途方に暮れた, 困惑した

puz·zle·ment /pʌ́zəlmənt パズルメント/ 名U 困惑

puz·zling /pʌ́zliŋ パズリング/ 形 当惑させる, 不可解な

Pyg·my /pígmi ピグミ/ 名 (複 **Pygmies** /pígmiz/) C (アフリカの)ピグミー族 (! 軽べつ的な語); 《**pygmy**》ごく小さい動物

py·ja·mas /pədʒɑ́:məz パヂャーマズ/ 名《複数扱い》《英》(=pajamas)

py·lon /páilɑn パイラン/ 名C パイロン (♦道路工事・交通規制の標識用の円錐柱); (高圧線の)鉄塔; (航空機の)目標塔

pyr·a·mid 高 /pírəmìd ピラミド/ (発音 アクセントに注意) 名C ❶《しばしば **Pyramid**》ピラミッド (♦古代エジプトの石造物) • the **Pyramids** (エジプトのギザにある)三大ピラミッド ❷ピラミッド状のもの;《数学》角錐(すい)

py·ram·i·dal /pirǽmədl ピラミドル/ 形 ピラミッド形の

py·thon /páiθɑn パイサン/ 名C 《動物》ニシキヘビ

Q q

Q, q /kjúː キュー/ 名 (複 **Q's, q's** /kjúːz/) UC 英語アルファベットの第17番目の文字

Qa·tar /káːtaːr カーター/ 名 カタール《♦アラビア半島東部の国; 首都ドーハ(Doha)》

quack[1] /kwǽk クワク/ 動 自 (アヒル(duck)などが)ガーガー鳴く
— 名 C (アヒルなどの)ガーガー鳴く声

quack[2] /kwǽk クワク/ 名 C《口語》にせ医者, やぶ医者

quack-quack /kwǽkkwǽk クワック クワック/ 名 C ❶ (=quack[1])
❷《幼児語》アヒルちゃん

quad /kwád クワド/ 名 (=quadrangle)

quad·ran·gle /kwádræŋgl クワドラングル/ 名 C 四角形, 四辺形; (四方を建物で囲まれた)中庭

quad·rant /kwádrənt クワドラント/ 名 C《幾何》四分円; (天体観測用の)四分儀

quad·ru·ped /kwádrəpèd クワドラペド/ 名 C《動物》四足動物

quad·ru·ple /kwadrúːpl クワドループル/ 動 他 自 4倍になる[する]

quad·ru·plet /kwadrúːplət クワドループレト/ 名 C 四つ子の1人;《**quadruplets**》四つ子

quag·mire /kwǽgmàiər クワグマイア/ 名 C U 沼地, 湿地; C 苦境, 泥沼

quail[1] /kwéil クウェイル/ 名 (複 **quails** /kwéilz/, **quail**) C《鳥》ウズラ《♦猟鳥》; U ウズラの肉

quail[2] /kwéil クウェイル/ 動 自《文章》〔危険・困難などに〕ひるむ, たじろぐ《*at, before*》

quaint /kwéint クウェイント/ 形 おもしろい, 風変わりな, 変わった; 古風で趣(おもむき)のある
quáintly 副 古風で趣のあるように
quáintness 名 U 古風な趣

quake B1 /kwéik クウェイク/ 名 (複 **quakes** /kwéiks/) C《口語》地震 (=earthquake)
• a big [large] **quake** 大地震
— 動 (三単現 **quakes** /kwéiks/; 過去·過分 **quaked** /kwéikt/; 現分 **quaking**) 自
❶ (恐怖などで)ふるえる, おののく
❷ (地震などで地面が)揺れる, 震動する

Quak·er /kwéikər クウェイカ/ 名 C クエーカー教徒

qual·i·fi·ca·tion B2 /kwàləfəkéiʃən クワリフィケイション/ 名 ❶ C《しばしば **qualifications**》〔…の〕資格, 資格証明書, 免許《*for*》 ❷ C〔地位・職業のための〕素質, 能力《*for*》 ❸ U C 資格付与 (↔**disqualification**)
❹ U C (制約する)条件, 制限
派生 **qualify** 動

qual·i·fied B1 /kwáləfàid クワリファイド | kwɔ́ləfàid クウォリファイド/ 形
❶〔…の〕資格のある, 訓練をつんだ; 能力のある《*for*》(↔**unqualified**)
• a **qualified** teacher 教員資格のある先生
❷ 制限された, 条件付きの
• a **qualified** success 部分的成功
派生 **qualify** 動

qual·i·fi·er /kwáləfàiər クワリファイア/ 名 C (競技などの)予選通過者; 予選;《文法》修飾語句

qual·i·fy B1 /kwáləfài クワリファイ | kwɔ́ləfài クウォリファイ/ 動 (三単現 **qualifies** /kwáləfàiz/; 過去·過分 **qualified** /kwáləfàid/; 現分 **qualifying**)
❶ 自 資格を得る; 他 資格を与える;
文型 [**qualify as ...**] …の資格がある[を取る]
• **qualify as** a doctor 医者の免許を得る
文型 [**qualify for A**] Aの資格を得る; Aの資格がある
• It is clear that she **qualifies for** the job. 彼女にその仕事をする資格があるのは

明らかだ
文型 [**qualify A as C**] AにCの資格を与える
• She's **qualified as** a lawyer. 彼女は弁護士の資格がある
文型 [**qualify A for B**] AにBの資格を与える
• A bachelor's degree **qualified** her **for** the job. 大学出の学歴のおかげで彼女はその職に就くことができた
文型 [**qualify A to** *do*] Aに…する資格を与える
• She **is qualified to** *teach* English. = She **is qualified for** teaching English. = She **is qualified as** a teacher of English. 彼女には英語教師の資格がある
❷ 他 制限する; 緩和する
❸ 他 《文法》修飾する
❹ 他 (人に)〔…の〕技術があると見なす《*as*》
派生 **qualification** 名

qual·i·ta·tive /kwɑ́lətèitiv クワリテイティヴ/ 形 《文章》質の, 質的な (↔**quantitative**)
• a **qualitative** difference 質的な違い
派生 **quality** 名

qual·i·ty A2 高

/kwɑ́ləti クワリティ | kwɔ́ləti クウォリティ/ 名 (複 **qualities** /kwɑ́lətiz/)
❶ U 質, 品質 (↔**quantity**)
• **quality** of life 生活の質
• This bag is of poor **quality**. このバッグは品質が悪い
• The food at that restaurant is of high [low] **quality**. あのレストランの料理は質がいい[悪い]
• It's **quality** that matters, not **quantity**. 問題なのは質であって量ではない
• The product is superior **in quality**. その製品は品質がすぐれている
❷ U 良質, 高級
❸ C 特性, 特質
• He has a lot of good **qualities**. 彼はたくさんの美点を持っている
• three **qualities** of sounds 音の3つの特性
派生 **qualitative** 形

quálity contròl 名 U 品質管理 (❗略語はQC)

qualm /kwɑ́:m クワーム, kwɔ́:m クウォーム/ 名 C 《しばしば **qualms**》〔…についての〕不安, 疑惑; 良心のかしゃく《*about*》

quan·da·ry /kwɑ́ndəri クワンダリ/ 名 (複 **quandaries** /kwɑ́ndəriz/) C 当惑, 困惑, 苦境

be in a quandary 〔…について〕困惑している, 途方に暮れている《*about, over*》

quan·ti·ta·tive /kwɑ́ntətèitiv クワンティテイティヴ/ 形 《文章》量の, 量的な (↔**qualitative**)
• a **quantitative** analysis 量的な分析[定量分析]
派生 **quantity** 名

quan·ti·ty B1 /kwɑ́ntəti クワンティティ | kwɔ́ntəti クウォンティティ/ 名 (複 **quantities** /kwɑ́ntətiz/)
❶ C 〔…の〕数量, 分量《*of*》
• a large [small] **quantity of** water 多[少]量の水
• Use equal **quantities of** flour and sugar. 小麦粉と砂糖を同量使います
❷ U 量 (↔**quality**)
• As far as I know he will prefer **quantity** to **quality**. 私の知る限り彼は質よりも量を選ぶだろう
❸ 《ふつう **quantities**》〔…の〕たくさん, 多量《*of*》
• **quantities of** books [money] たくさんの本[大金]

in quantity = in (***great*** [***large***]) ***quantities*** 大量に, たくさん
派生 **quantitative** 形

quan·tum /kwɑ́ntəm クワンタム/ 名 (複 **quanta** /kwɑ́ntə/) C 《物理》量子

quar·an·tine B2 /kwɔ́:rəntì:n クウォーランティーン/ 名 U (伝染病予防のための)隔離; 隔離期間; 検疫 ━ 動 他 (伝染病患者などを)隔離する; 検疫する

quark /kwɔ́:rk クウォーク/ 名 C 《物理》クォーク (◆素粒子の構成要素)

a b c d e f g h i j k l m n o p **q** r s t u v w x y z

quar·rel B2 /kwɔ́ːrəl クウォーレル/ 名C
❶〔…との〕口げんか, 口論, 言い争い《*with*》(❗取っ組み合いのけんかは fight)
• a **quarrel between** Father and Mother 父と母の口論
• **have a quarrel with** ... …と口げんかをする
• have a **quarrel** about [over] ... …に関して[のことで]けんかする
❷けんかの原因, 文句, 苦情
• We **have no quarrel with** your opinion. 私たちはあなたの意見に異議はありません
— 動 (三単現 **quarrels** /kwɔ́ːrəlz/; 過去・過分 **quarreled**, 《英》 **quarrelled** /kwɔ́ːrəld/; 現分 **quarreling**, 《英》 **quarrelling**) 自 ❶〔人と; …のことで〕口げんかをする, 口論する, 言い争う《*with; over, about*》
• **quarrel over** the money 金のことで言い争う
❷〔物事に〕文句を言う《*with*》; けちをつける

quar·rel·some B2 /kwɔ́ːrəlsəm クウォーレルサム/ 形 けんか好きの, おこりっぽい

quar·ry[1] /kwɔ́ːri クウォーリ/ 名 (複 **quarries** /kwɔ́ːriz/) 石切り場, 採石場
— 動 (三単現 **quarries** /kwɔ́ːriz/; 過去・過分 **quarried** /kwɔ́ːrid/; 現分 **quarrying**) 他 採石する; 石を切り出す

quar·ry[2] /kwɔ́ːri クウォーリ/ 名 (複 **quarries** /kwɔ́ːriz/) C 追跡の対象(の人[動物])

quart /kwɔ́ːrt クウォート/ 名C クォート《♦液量の単位; 《米》4分の1 gallon で約0.95リットル, 《英》約1.14リットル; 乾量の単位; 2 pints で《米》約1.1リットル, 《英》約1.14リットル; 略 qt., 複数形は qts.》; 1クォート入り容量; 1クォートのビール

get [put] a quart into a pint pot 《英》無理[不可能]なことをする

quar·ter A1 高
/kwɔ́ːrtər クウォータ/
名 (複 **quarters** /kwɔ́ːrtərz/)
❶C 4分の1 (❗「2分の1, 半分」は half)
• three **quarters** 4分の3
• Mother divided the pie into **quarters**. 母はパイを4等分した
• a **quarter** of an hour 1時間の4分の1(=15分)

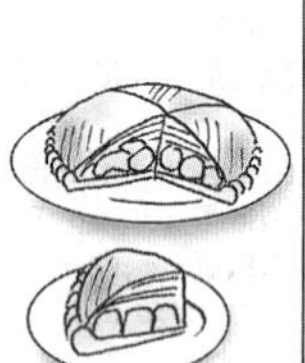
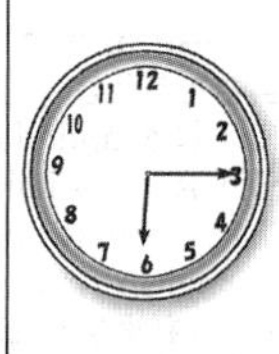

❷C (時間の)15分
• (a) **quarter after** [**to**] seven 《米》= (a) **quarter past** [**to**] seven 7時15分すぎ[前]
❸C 《米》(4分の1ドルで)25セント; 25セント硬貨
• I left five **quarters** as a tip. 私はチップとして25セント硬貨を5枚置いた
❹C 《米》(1年を4つに分けた)学期, 四半期
• the third **quarter** 第3四半期
❺C 地域, 地区
• the Chinese **quarter** in San Francisco サンフランシスコの中国人街
❻C (東西南北の)方角; 《しばしば **quarters**》方面, (情報などの)出所
❼《**quarters**》宿舎, (特に軍隊の)宿営

at close quarters 接近して, 間近に

— 動 (三単現 **quarters** /kwɔ́ːrtərz/; 過去・過分 **quartered** /kwɔ́ːrtərd/; 現分 **quartering**) 他 ❶…を4等分する
❷(軍隊などを)宿営させる

quar·ter·back /kwɔ́ːrtərbæ̀k クウォータバク/ 名C 《アメフト》クォーターバック《♦攻撃の司令塔; forward のセンターと halfback の間に位置する; 略 Q.B., q.b.》

quar·ter·fi·nal /kwɔ̀ːrtərfáinəl クウォー

ﾀﾌｧｲﾅﾙ/ 名 C 準々決勝

quar·ter·ly /kwɔ́ːrtərli ｸｳｫｰﾀﾘ/ 形 年4回の; 3か月おきの
— 副 年4回; 3か月おきに
— 名 (複 **quarterlies** /kwɔ́ːrtərliz/) C 季刊誌

quar·tet /kwɔːrtét ｸｳｫｰﾃﾄ/ 名 C 《音楽》4重奏[唱]曲; 4重奏[唱]団, カルテット

quartz /kwɔ́ːrts ｸｳｫｰﾂ/ 名 U 《鉱物》石英, クウォーツ

qua·sar /kwéizɑːr ｸｳｪｲｻﾞｰ/ 名 C 《天文》準星

quash /kwɑ́ʃ ｸﾜｼｭ/ 動 他 (判決・決定などを)取り消す, 破棄する; (反乱などを)鎮める, 鎮圧する (=put down); (うわさなどを)消し去る

qua·ver /kwéivər ｸｳｪｲｳﾞｧ/ 動 自 (声・音が)震える; 他 震えた声で言う

quay /kíː ｷｰ/ 名 (複 **quays** /kíːz/) C (港の)岸壁, 波止場(はとば)

quea·sy /kwíːzi ｸｳｨｰｽﾞｨ/ 形 (比較級 **queasier**; 最上級 **queasiest**) (食べ物が)吐き気を催させる; (人が)吐き気がする, (胃が)むかつく; (気持ちが)〔…に〕落ち着かない《*about, at*》

Que·bec /kwibék ｸｳｨﾍﾞｸ/ 名 ケベック《◆カナダ東部の州; その州都》

queen A2 高

/kwíːn ｸｳｨｰﾝ/

名 (複 **queens** /kwíːnz/) C

❶《しばしば **Queen**》女王; 王妃(ひ) (↔ **king**)

• **Queen** Elizabeth II エリザベス二世 (! 現在の英国女王)

❷ (トランプ・チェスの)クイーン

• the **queen** of hearts ハートのクイーン

❸ 女王のような人[物], 花形

• a beauty **queen** 美人コンテストの女王

❹ 女王バチ, 女王アリ

quéenly 形 女王らしい, 女王にふさわしい

Quéen's Énglish 名 《**the** をつけて》クイーンズイングリッシュ, 純正英語《◆教養ある英国人が用いるとされる標準英語; 女王の治世中に用いる》

quéen-sìze 形《米》クイーンサイズの《◆キングサイズ(特大)の1つ下》

queer B2 /kwíər ｸｳｨｱ/ 形 (比較級 **queerer**; 最上級 **queerest**)
❶《口語》《軽べつ的に》同性愛者の, ホモの
❷《古風》奇妙な, 変な, 変わった, 不思議な; 怪しい
• have a **queer** taste 変な味がする
— 名 C 《口語》《軽べつ的に》同性愛者

quéerness 名 U 奇妙なこと; 風変わりなこと

quéerly 副 奇妙な顔をして

quell /kwél ｸｳｪﾙ/ 動 他 (反乱などを)鎮める, (反対などを)抑える (=put down); (不安・苦しみなどを)抑える

quench /kwéntʃ ｸｳｪﾝﾁ/ 動 他
❶ (欲望などを)満足させる, (飢え・渇きなどを)〔…で〕いやす《*by, with*》
❷《文章》(火・明かりなどを)消す

que·ry B2 /kwíəri ｸｳｨｱﾘ/ 名 (複 **queries** /kwíəriz/) C 質問, 疑問
— 動 (三単現 **queries** /kwíəriz/; 過去・過分 **queried** /kwíərid/; 現分 **querying**) 他 (不審・疑問を感じて)質問する, 問いただす; 〔…かどうかに〕疑問を抱く, 不審に思う《*wh-...*》

quest /kwést ｸｳｪｽﾄ/ 名 C 《文章》〔…の〕探究; 探索《*of, for*》
— 動 自 〔…を〕さがし求める《*for, after*》

ques·tion A1 中

/kwéstʃən ｸｳｪｽﾁｮﾝ/ (×ｸｴｯｼｮﾝ)

意味マップ
名 ❶ 質問; (試験の)問題
　❷ (議論・解決すべき)問題
　❸ 疑い
動 ❶ 質問する
　❷ 疑問に思う

— 名 (複 **questions** /kwéstʃənz/)

❶ C 〔…について の〕質問, 問い《*about*》; (試験の)問題 (↔**answer**)

• **questions and answers** 質疑応答
• **answer** a **question** 質問に答える
• I have a **question about** your

school. 私は君の学校について質問があります
- There were thirty **questions** in today's English test. 今日の英語のテストは30問だった

会話 "May I **ask** you a **question**, Ms. Smith?" "Sure, go ahead." 「スミス先生, おききしたいことがあります」「はい, どうぞ」

❷ C 〔…についての〕(議論・解決すべき)問題 《*of*》(=problem)
- It's not a **question of** money; it's a **question of** time. それはお金の問題ではなく, 時間の問題だ
- The **question** is how to do it. 問題はいかにそれをやるかということだ
- You might **raise the question of** whether or not it is useful. 君はそれが有益かどうかという問題を提起するかもしれない

❸ U 疑い, 疑問, 疑問点 (=doubt)
- You did an excellent job. **There's no question about** it. 君はすばらしい仕事をしたよ. そのことにはいささかの疑念もないね

beyond* (*all*) *question (= without question)

bring A into question A(物事)を問題にする

call A in* [*into*] *question A(物事)に異議を唱える

come into question 問題になる, 議論される

in question 問題の, 当該の, 論争中の
- That is not the point **in question**. それは今話していることとは関係ない

out of the question (不可能で)問題にならない, まったく不可能で
- I have no money, so a new bicycle is **out of the question**. お金がないし, 新しい自転車を買うどころではない

(*That's a*) *Good question!* 《口語》いいご質問です (! 微妙で答えるのが難しい問題や, 答えのわからない問いかけに対する応答の決り文句)

There's no question of ...
① …について疑う余地はない
② …の可能性はまったくない

without question 確かに, 疑いもなく

— 動 (三単現 **questions** /kwéstʃənz/; 過去・過分 **questioned** /kwéstʃənd/; 現分 **questioning**) 他

❶〔…について〕(いろいろと)質問する 《*on, about*》(↔**answer**); 尋問する
- He often **questions** me **about** my brother studying abroad. 彼は外国に留学している私の兄についてよく質問する
- He **was questioned by** a policeman. 彼は警察官に尋問された

❷ 疑問に思う, 疑う; 文型 [**question wh- ...**] …かどうかを疑う
- I **question** his honesty. = I **question whether** he is honest. 私は彼の正直さを疑う

ques·tion·a·ble /kwéstʃənəbl クウェスチョナブル/ 形 疑問の余地がある, 疑わしい

quéstionably 副 疑わしく

ques·tion·ing /kwéstʃəniŋ クウェスチョニング/ 形 いぶかるような

ques·tion·ing·ly /kwéstʃəniŋli クウェスチョニングリ/ 副 疑わしげに; さぐるように

quéstion màrk B1 名 C
疑問符, クエスチョンマーク (♦?); 疑問な点, 不明なこと
- There was a **question mark** over her ability. 彼女の能力には疑問があった

ques·tion·naire B1 /kwèstʃənéər クウェスチョネア/ 名 (複 **questionnaires** /kwèstʃənéərz/) C
アンケート; アンケート用紙; 質問票; 調査票

quet·zal /ketsáːl ケツァール/ 名 C 《鳥》ケツァール (♦中米産の鳥)

queue B1 /kjúː キュー/ (発音 cue と同音) 名 (複 **queues** /kjúːz/) C 《英》(順番を待つ人・車の)列 (=《米》line)
- **in a queue** 列をなして

• make [form] a **queue** 行列を作る
— 動 (三単現 **queues** /kjúːz/; 過去・過分 **queued** /kjúːd/; 現分 **queueing, queuing**) 自 《英》《しばしば **queue up**》 列を作る, (一列に)並ぶ
• Many people were **queuing for** taxis in the rain. 雨の中, 大勢の人が列をつくってタクシーを待っていた

quib·ble /kwíbl クウィブル/ 名 C (大きな問題をはぐらかすための)言い逃れ, へ理屈
— 動 自 〔…について〕(問題をはぐらかそうとして)言い逃れを言う, へ理屈を並べる 《*over, about, with*》

quick A2 中

/kwík クウィク/

意味マップ
形 ❶ すばやい, 速い
❷ 頭の回転の速い, 利口な
❸ 気の早い, 短気な
副 すばやく, 速く

— 形 (比較級 **quicker**; 最上級 **quickest**)
❶ すばやい, 速い; 短時間の, またたくまの (⇔**slow**) (❗ fast は「速度」の速さをいい, quick は「動作」の機敏さなどを表す) ⇨**fast**[1] 似ている単語
• a **quick** walker 歩くのが速い人
• take a **quick** break 一休みする
• Could you take a **quick** look at my blog? 僕のブログをちょっと見てくれませんか?
• the **quickest** way to the station 駅までいちばんの近道
• They **were** very **quick to** point out that it was not at issue. 彼らは即座にその点が問題となっているわけではないと指摘した
❷ 頭の回転の速い, 利口な, 鋭敏な
• have a very **quick** mind 頭の回転がとても速い
• She is **quick at** learning. = She is **quick to** learn. 彼女は覚えが速い
• a **quick** sense of beauty 美に対する鋭い感覚
❸ 気の早い, せっかちな, 短気な
• My father has a **quick** temper. 私の父は短気だ

(*as*) ***quick as flash*** 間髪を入れずに, すぐに

— 副 (比較級 **quicker**; 最上級 **quickest**) 《口語》 すばやく, 速く, 急いで, 素早く (=quickly)
• Come **quick**! 早く来て!
会話 "Hurry, **quick**!" "OK, I'm coming." 「急いで, 早く」「わかったよ, すぐ行くよ」
派生 **quicken** 動
派生 **quickly** 副

quick·en /kwíkən クウィクン/ 動
❶ 他 速める; 自 速くなる
❷ 他自 (興味など)かき立てる[られる], 活気づく
派生 **quick** 形

quick·ie /kwíki クウィキ/ 名 C 《口語》 やっつけ仕事, 間に合わせ

quick·ly A1 中

/kwíkli クウィクリ/ 副
すばやく, 速く, 急いで, すぐに (⇔**slowly**)
• I walked **quickly**. 私は速く歩いた
• Doctor, come **quickly**. 先生, 至急来てください
• He **quickly** finished his meal. 彼は急いで食事をすませた

どっち
quickly と **fast**
quickly は短い時間に行われる動作の機敏さを表す. 動くスピードの速さには **fast** を使うことが多い:
She **quickly** shut the door. 彼女はすばやくドアを閉めた
How **fast** do horses run? 馬はどれくらい速く走りますか
drive **fast** 速い速度で運転する (❗ ×drive quickly)
なお, 副詞の **quick** はくだけた話しことばで使われるが, **quickly** のほうがふつうの語. ×fastly という語はない

派生 **quick** 形

quick·ness /kwíknəs クウィクネス/ 名 U (動作などの)すばやさ, 速さ, 敏捷(びんしょ

う)さ; 敏感; 短気, 性急さ

quick·sand /kwíksæ̀nd クウィクサンド/ 名 UC《しばしば **quicksands**》《単数扱い》流砂, 砂地獄

quick·sil·ver /kwíksìlvər クウィクスィルヴァ/ 名 U 水銀

quid /kwíd クウィド/ 名 C 《英》《口語》1ポンド

qui·es·cent /kwaiésənt クワイエスント/ 形《文章》静止の (=quiet); しばらく活動をやめた (=inactive)

qui·et A1 中

/kwáiət クワイエト/

形 (比較級 **quieter**; 最上級 **quietest**)

❶ 静かな; 音[声]をたてない (↔**noisy**)

- a **quiet** night 静かな夜
- a **quiet** street 静かな通り
- keep **quiet** (だまって, 動かないで)静かにしている
- You must be **quiet** in the library. 図書館の中では静かにしなければいけない
- **Be quiet**! 静かにしなさい

❷ 平穏(へいおん)な, 平和な, おだやかな

- spend a **quiet** evening at home 家でくつろいだ夕べを過ごす
- The sea is **quiet** today after yesterday's storm. きのうの嵐(あらし)の後で, 海は今日はおだやかです

❸ おとなしい, 無口な, もの静かな

- a **quiet** shy girl 物静かで内気な女の子

❹ ないしょにした, 表ざたにしない; 文型 [**keep quiet about ...** = **keep ... quiet**] …をないしょにしておく

- **Keep quiet about** that. それについては口外するな
- Can you **keep this scandal quiet**? このスキャンダルを秘密にしておけますか

❺ (色などが)落ち着いた, 地味な, 控えめな (↔**loud**)

- **quiet** colors 落ち着いた色
- a **quiet** tie 地味なネクタイ

━ 名 U 静けさ; 平静

- the **quiet** of the night 夜の静けさ
- live in **peace and quiet** 平穏無事に暮らす

on the quiet こっそりと

━ 動 (三単現 **quiets** /kwáiəts クワイエツ/; 過去・過分 **quieted** /kwáiətəd/; 現分 **quieting**) 《米》 他 静める, なだめる《*down*》; 自 静かになる《*down*》

qui·et·ly A2 高

/kwáiətli クワイエトリ/ 副

❶ 静かに, そっと

- Speak more **quietly**, please. もっと静かに話してくれませんか

❷ 平穏に, おとなしく, もの静かに

- live **quietly** ひっそりと暮らす

qui·et·ness /kwáiətnəs クワイエトネス/ 名 U 静けさ, 閑静; 平穏, 平静, 落ち着き; 地味さ

qui·e·tude /kwáiətjù:d クワイエテュード/ 名 U《文章》静けさ; 平穏

quill /kwíl クウィル/ 名 C

❶ (大きく太い軸(じく)の)羽

❷ 羽ペン (=quill pen)

quilt /kwílt クウィルト/ 名 C (キルティングの)ベッド用掛ぶとん, 羽ぶとん (❗羽毛(うもう)・羊毛などを中に入れ一面に細かくさしぬいにしたもの)

quilt·ed /kwíltəd クウィルティド/ 形 キルトの, キルティングの

qui·nine /kwáinain クワイナイン/ 名 U キニーネ, キニーネ剤《♦マラリアの特効薬》

quin·tes·sence /kwintésəns クウィンテセンス/ 名 U《**the quintessence**》《文章》典型, 本質《*of*》

quin·tes·sen·tial /kwìntisénʃəl クウィンティセンシャル/ 形 真髄の, 典型的な

quin·tet /kwintét クウィンテト/ 名 C 5重奏[唱]曲[団], クインテット

quin·tu·plet /kwintʌ́plət クウィンタプレト/ 名 C 五つ子の1人;《**quintuplets**》五つ子

quip /kwíp クウィプ/ 名 C 気の利いたことば, 当意即妙のしゃれ, 軽口

━ 動 (三単現 **quips** /kwíps/; 過去・過分 **quipped** /kwípt/; 現分 **quipping**) 自

気の利いたことばを発する

quirk /kwə́ːrk クワーク/ 名 C 〔運命の〕(予期しない)急変《*of*》, 回り合わせ; 変わった癖, 奇癖

quirk·y /kwə́ːrki クワーキ/ 形 (比較級 **quirkier**; 最上級 **quirkiest**) 奇抜な; 癖のある

quit A2 高

/kwít クウィト/ 動 (三単現 **quits** /kwíts クウィツ/; 過去・過分 **quit**, 《英》**quitted** /kwítəd/; 現分 **quitting**) 他 自

❶ 辞職する

• He **quit** his job last month. 彼は先月仕事をやめた (×quit from his job)

比較 He **retired from** the company in 2010.
彼は2010年に会社を退職した (! 2010 は two thousand and ten と読む) ⇨**retire** どっち

• **quit** school 学校をやめる

❷《米》《口語》やめる, 中止する

• You always **quit** when you are losing; that's not fair. お前は負けそうになるといつもやめるけど, それはフェアじゃないぞ

• I entered a command to **quit** the task. 処理を中断させるためにコマンドを入力した

文型 [**quit** *do***ing**] …するのをやめる

• My father **quit drinking**. 父は飲酒をやめた

❸ (場所を)去る, 立ちのく

━ 形 《文章》〔…を〕まぬがれて《*of*》

quite A2 中

/kwáit クワイト/ 副

❶《客観的に》まったく; 完全に, すっかり

• I guess I wasn't **quite** clear then. その時私は完全にはっきりとはしていなかったと思う

• Real life is **quite** different from a virtual one. 現実の生活は仮想のそれとは全く異なる

• She is **quite** well now. 彼女は(病気が治って)もうすっかり元気です

• I **quite** agree with you. 私はまったく君と同意見です

• It is not **quite** dark. まったく暗いわけではない[いくらか明るい] (! It はばく然と「明暗」を表す)

使い方› (**1**) quite は修飾する語の前に置く. ただし,「a [an]+形容詞+名詞」を修飾するときは a [an] の前に置かれる.「the+形容詞+名詞」の場合には quite は使わない:
quite a clever boy とても賢い少年
(**2**) 比較級の前にはふつう quite は使わず, rather や slightly を使う:
His house is **rather** (×quite) bigger than mine. 彼の家は私の家よりいくぶん大きい
(**3**) 否定文で使うと「すっかり…というわけではない」と部分否定を表す:
I have**n't quite** finished eating. 私はまだすっかり食べ終わっていません

❷《主観的に意味を強めて》ほんとに; とても; かなり, まあまあ (! 前後関係によって強さの程度に幅がある;《米》では very (とても)と同じ意味で使うことが多い)

• **quite** often しょっちゅう

• work **quite** hard 必死で働く

• It is **quite** cold for spring.
春にしてはかなり寒い (! It はばく然と「気温」を表す)

❸《**quite a** [**an**]...》《口語》並外れて, なかなか;《数量を表す語(句)を修飾して》たいへん, 非常に

• It's **quite a** long time since I started to teach at this school 私がこの学校で教え始めてからかなり経ちます.

• His wife is **quite a** cook. 彼の奥さんはなかなかの料理じょうずです

❹《英》《間投詞的》そのとおり; わかりました

quite a few かなり多数(の)

• There are **quite a few** foreigners in my neighborhood. うちの近所にはかなりの数の外国人がいます

quite a little かなり多量の

注意› **quite a few** (たくさんの数の),

quite a little (たくさんの量の)は quite a lot of と同じ意味だが, ×quite (a) many, ×quite much という言い方はしない

quits /kwíts クウィツ/ 形 五分五分で, あいこで
call it quits 《口語》終わりにする

quit·ter /kwítər クウィタ/ 名 C 《口語》(仕事などを)すぐにほうり出す人, あきらめの早い人

quiv·er /kwívər クウィヴァ/ 動 自 〔…で〕(ぶるぶる)震える《*with*》; 揺れる
— 名 C 《単数形で》震え; 震動

quix·ot·ic /kwiksátik クウィクサティク/ 形 現実離れの, 空想的な

quiz A2 中

/kwíz クウィズ/
名 (複 **quizzes** /kwízəz/) C
❶ (ラジオ・テレビの)**クイズ**
• a **quiz** show [program] クイズ番組
❷ 《米》(簡単な口頭, 筆記の)**テスト, 試験** (=test)

注意› 日本語の「クイズ」は遊び的な問答の意味だけだが, quiz は学校で行う小テストの意味もある

• give a **quiz** in spelling スペリングの試験をする
— 動 (三単現 **quizzes** /kwízəz/; 過去・過分 **quizzed** /kwízd/; 現分 **quizzing**) 他
❶ 〔…について〕(多くの)**質問をする, 詮索する, 尋問する**《*about*》
• Her mother **quizzed** her **about** who her date was yesterday. 彼女の母はきのうのデートの相手がだれかいろいろ聞いた
❷ 《米》(学校で)**簡単なテストを行う**

quiz·zi·cal /kwízikəl クウィズィカル/ 形 いぶかしげな; からかうような

quo·rum /kwɔ́:rəm クウォーラム/ 名 《**a** [**the**] **quorum**》(会議の成立に必要な)**定数, 定足数**

quo·ta /kwóutə クウォウタ/ 名 C (公的に決められる生産・輸出・輸入などの)**割り当て(数[量])**; (受け入れる移住者・学生などの)**定員(数)**

quo·ta·tion B2 /kwoutéiʃən クウォウテイション/ 名
❶ U 引用; C 引用文, 引用語句
❷ C 〔…の〕**見積もり(書)**《*for*》
派生 **quote** 動

quotátion màrks 名 《複数扱い》**引用符** (! ' 'または" "の符号; 引用部分や会話文につける)

quote B2 /kwóut クウォウト/ 動
❶ 他 自 (他人のことば・文章をそのまま)〔…から〕**引用する**《*from*》
• The President **quoted** a passage **from** the Bible in his speech. 大統領は演説の中で聖書の一節を引用した
❷ 他 (証拠・実例として)**引き合いに出す**
• The teacher **quoted** an episode as an example of American life. 先生はアメリカの生活の1例としてあるエピソードを引き合いに出した
❸ 他 **引用符で囲む**
❹ 他 (価格・費用を)**見積もる**
• How much did they **quote** you for the delivery cost? 彼らは運送料をいくらだと見積もりましたか?
— 名 《口語》(=quotation)
in quotes 引用符で囲まれて
派生 **quotation** 名

quo·tient /kwóuʃənt クウォウシェント/ 名 C 《数学》**商; 指数**
• an intelligence **quotient** 知能指数

R r *R r*

R[1], **r** /ɑ́ːr アー/ 名 (複 **R's**, **r's** /ɑ́ːrz/) U C 英語アルファベットの第18番目の文字

the three R's (教育の基礎としての)読み書き算数 (❗「3つのR」とは **r**eading, w**r**iting, and a**r**ithmeticのこと)

R[2] 《略》Restricted (17歳未満)保護者同伴映画

rab·bi /rǽbai ラバイ/ 名 C ラビ 《◆ユダヤ教の律法学者で宗教的指導者》

rab·bit A1 中

/rǽbət ラビト/ 名 (複 **rabbits** /rǽbəts ラビツ/) C 《動物》
ウサギ, 飼いウサギ (❗rabbitよりも耳が長く大型の「野ウサギ」をhareという)
- own a **rabbit** ウサギを飼う

━ 動 (三単現 **rabbits** /rǽbəts ラビツ/; 過去・過分 **rabbited** /rǽbətəd/; 現分 **rabbiting**) 自 ウサギ狩りをする

rábbit hùtch 名 C ウサギ小屋

rab·ble /rǽbl ラブル/ 名 C 《単数形で》やじ馬, 暴徒

rab·ble-rous·er /rǽblràuzər ラブルラウザ/ 名 C 扇動家

rab·id /rǽbid ラビド/ 形 (人・意見などが)狂信的な; 狂犬病にかかった

ra·bies /réibiːz レイビーズ/ 名 U 狂犬病

rac·coon /rækúːn ラクーン/ 名 C 《動物》アライグマ

raccóon dòg 名 C 《動物》タヌキ

race[1] B1 高 /réis レイス/ 名 (複 **races** /réisəz/) C ❶ 競走, レース; 《**the races**》競馬 (=horse racing)
- a car **race** カーレース
- a 100-meter **race** 100m競走
- **run a race** 競走する, かけっこをする
- **win** [**lose**] a **race** 競走に勝つ[負ける]

❷ 競争, 争い
- an arms **race** 軍備(拡張)競争

a race against time [***the clock***] 時間との戦い 《◆短期間で仕事を仕上げなければならないような状況》

━ 動 (三単現 **races** /réisəz/; 過去・過分 **raced** /réist/; 現分 **racing**)
❶ 他自 競走する, 競争する
- I'll **race** you **to** the bus stop. バス停まで君と競走しよう

❷ 自 疾走(しっそう)する, 走る
- The car **raced** down the highway. その車はハイウェーを疾走して行った

❸ 他 (車などを)全速力で走らせる; 急送する

race[2] B1 高 /réis レイス/ 名 (複 **races** /réisəz/) C ❶ 人種; 種族
- the white **race** 白色人種

❷ (動物界の大分類としての)類
- the human **race** 人類

派生 **racial** 形

race·course /réiskɔ̀ːrs レイスコース/ 名 C 競走用コース; 《英》競馬場

race·horse /réishɔ̀ːrs レイスホース/ 名 C (競馬の)競走馬

rac·er /réisər レイサ/ 名 C 競走者, レーサー; 競走馬; レース用の乗り物

race·track /réistræ̀k レイストラク/ 名 C 競走場, トラック; 《米》競馬場 (=《英》racecourse)

Ra·chel /réitʃəl レイチェル/ 名 レイチェル 《◆女性名》

ra·cial B1 高 /réiʃəl レイシャル/ 形
人種の, 人種的な, 人種上の
- **racial** prejudice 人種的偏見(へんけん)
- **racial** discrimination 人種差別

派生 **race**[2] 名
rácially 副 人種的に(見て)

rac·ing /réisiŋ レイスィング/ 名 U 競走; 競馬 (=horse racing); オート[ボート, ドッグ]レース; 《形容詞的》競走用の; 競馬の

rac·ism B2 /réisizm レイスィズム/ 名 U 人種差別, 人種的偏見

rac·ist B2 /réisist レイスィスト/ 名 C 民族主義者; 人種差別主義者

一 形 民族主義の; 人種差別主義者の

rack[1] B2 /rǽk ラク/ 名 C ❶(物をのせる)たな, 網(あみ)だな, …かけ, ラック
❷拷問台《◆中世の責め道具》

一 動 他 ひどく苦しめる; 酷使する

rack[2] B2 /rǽk ラク/ 名 U 破壊, 荒廃

go to rack and ruin (状況が)悪化する; 荒廃する

rack·et[1] A2 中

/rǽkət ラケト/ 名 (複 **rackets** /rǽkəts ラケツ/) C (テニス・バドミントンなどの)ラケット ⇨**bat**[1]

rack·et[2] /rǽkət ラケト/ 名 ❶《単数形で》大騒ぎ ❷C 不正な金もうけ

rack·et·eer /rækətíər ラケティア/ 名 C 恐喝者

rac·quet /rǽkət ラケト/ 名 (=racket[1])

rac·y /réisi レイスィ/ 形 (比較級 **racier**; 最上級 **raciest**) (話・表現が)みだらな, きわどい

ra·dar B2 /réidɑːr レイダー/ 名 U レーダー, 電波探知(法); C 電波探知機, レーダー装置

ra·di·al /réidiəl レイディアル/ 形 放射状の; 半径の 一 名 C ラジアルタイヤ (= radial tire [《英》tyre])

ra·di·ance /réidiəns レイディアンス/ 名 U 輝き

ra·di·ant /réidiənt レイディアント/ 形
❶きらきらと輝く; 明るい, 光を放つ
❷放射の

rádiantly 副 燦々(さんさん)と

ra·di·ate B2 /réidièit レイディエイト/ 動
❶他自 (光・熱などを)放射する, 発散する ❷自 (道路などが)放射状に広がる

派生 **radiation** 名

ra·di·a·tion B1 /rèidiéiʃən レイディエイション/ 名 ❶U 放射; 放射能

- ultraviolet **radiation** 紫外線の放射

❷C 放射線; 放射エネルギー

派生 **radiate** 動

ra·di·a·tor /réidièitər レイディエイタ/ 名 C ラジエーター《◆暖房などの放熱器; またエンジンなどの冷却装置》; 発光体

rad·i·cal B2 /rǽdikəl ラディカル/ 名 C
❶急進[過激]論者
❷《数学》根(こん); 《化学》基

一 形 ❶根本的な

- a **radical** change 根本的な変革

❷急進的な, 過激な

- a **radical** intellectual 急進的な知識人

rádically B2 副 根本的に, 徹底的に

rad·i·cal·ism /rǽdikəlìzm ラディカリズム/ 名 U 急進主義, 過激論

ra·di·i /réidiai レイディアイ/ 名 radius (半径)の複数形

ra·di·o A1 中

/réidiou レイディオウ/ (×ラジオ)
名 (複 **radios** /réidiouz/)
❶C ラジオ(受信機) (=radio set)

- **turn on** [**off**] the **radio** ラジオをかける[切る]

❷U 《しばしば **the radio**》ラジオ(放送); 《形容詞的》ラジオの

- a **radio** station ラジオ放送局
- listen to **the radio** ラジオを聞く
- I heard the news **on** [**over**] **the radio**. そのニュースをラジオで聞いた

❸U 無線 ● send messages **by radio** 無線で交信する

一 動 (三単現 **radios** /réidiouz/; 過去・過分 **radioed** /réidioud/; 現分 **radioing**) 他自 無線で連絡する

ra·di·o·ac·tive /rèidiouǽktiv レイディオウアクティヴ/ 形 放射能の, 放射能をふくんだ, 放射性の

ra·di·o·ac·tiv·i·ty /rèidiouæktívəti レイディオウアクティヴィティ/ 名 U 放射能

ra·di·ol·o·gy /rèidiɑ́lədʒi レイディアラヂ/ 名 U 放射線(医)学

ra·di·o·ther·a·py /rèidiouθérəpi レイディオウセラピ/ 名 U 《医学》放射線治療

rad·ish /rǽdiʃ ラディシュ/ 名 C 《植物》ハツカダイコン, ラディッシュ

ra·di·um B2 /réidiəm レイディアム/ 名 U 《化学》ラジウム《◆キュリー夫妻が発見し

た放射性金属元素; 元素記号 Ra, 原子番号88》

ra·di·us /réidiəs レイディアス/ 名 (複 **radii** /réidiai/, **radiuses** /réidiəsəz/) C 半径

ra·don /réidɑːn レイダーン/ 名 U 《化学》ラドン《♦元素記号 Rn, 原子番号86》

raf·fle /rǽfl ラフル/ 名 C 富くじ
— 動 他 〔…を〕富くじの賞に出す《*off*》

raft /rǽft ラフト/ 名 C いかだ; ゴムボート

raft·er B2 /rǽftər ラフタ/ 名 C 《建築》たる木《♦屋根を支える長い木材》

raft·ing /rǽftiŋ ラフティング/ 名 U ラフティング《♦いかだ・ゴムボートでの渓流(けいりゅう)下り》

rag[1] B2 /rǽg ラグ/ 名 C ❶ ぼろきれ, 切れ端 ❷《**rags**》ぼろ(服)

rag[2] /rǽg ラグ/ 動 (三単現 **rags** /rǽgz/; 過去・過分 **ragged** /rǽgd/; 現分 **ragging**) 他 いじめる

rag[3] /rǽg ラグ/ 名 C 《音楽》ラグタイムの曲

rág dòll 名 C ぬいぐるみ人形

rage B1 /réidʒ レイヂ/ 名 (複 **rages** /réidʒəz/) ❶ U C 激怒(げきど)
- **in a rage** かんかんに怒って
- He **fell into a rage** when he found his car was stolen. 車が盗まれているのに気がついて彼は激怒した

❷ C 《単数形で》熱望; 熱狂《*for*》
❸ U C (風・波などの)激しさ, 猛威

(all) the rage 《口語》大流行して

— 動 (三単現 **rages** /réidʒəz/; 過去・過分 **raged** /réidʒd/; 現分 **raging**) 自
❶ (嵐(あらし)・伝染病などが)荒れ狂う, 猛威をふるう ❷ 激怒する
- He **raged at** me **for** my rudeness. 彼は私の無礼さに激怒した

rag·ged /rǽgəd ラゲド/ 形 ❶ (布・服など)ぼろぼろの; ぼろを着た ❷ ぎざぎざ[でこぼこ]の; ごつごつの, ざらざらした; (頭髪・庭草などが)ぼうぼうの

rag·ing /réidʒiŋ レイヂング/ 形 (感情などが)激しい; (天候などが)荒れた (❗名詞の前に用いる)

rag·time /rǽgtàim ラグタイム/ 名 U 《音楽》ラグタイム《♦20世紀初めに流行した(ダンス)音楽》

raid /réid レイド/ 名 C ❶ (急な)襲撃 ❷ (警察の)手入れ
— 動 他 ❶ (警察が)手入れする ❷ 急襲する, 襲う, 攻撃する

raid·er /réidər レイダ/ 名 C 急襲[襲撃]者; 攻撃機[船]

rail B1 /réil レイル/ 名 (複 **rails** /réilz/)
❶ C (鉄道の)レール; U 鉄道
❷ C (さく・階段などの)横棒, 横木, 手すり; 《**rails**》さく, フェンス

by rail 鉄道で, 列車で

off the rails 脱線して; 《口語》常軌を逸して

— 動 (三単現 **rails** /réilz/; 過去・過分 **railed** /réild/; 現分 **railing**) 他 〔土地などを〕さく[横木]で仕切る《*in, off*》; 横木[手すり]を付ける

rail·ing /réiliŋ レイリング/ 名 C 《ふつう **railings**》柵(さく), 手すり

rail·road B1 高 /réilròud レイルロウド/ 名 (複 **railroads** /réilròudz レイルロウヅ/) C 《米》鉄道; 鉄道線路 (=《英》railway); 《形容詞的》鉄道の
- a **railroad** crossing 鉄道踏切(ふみきり)
- a **railroad** accident 鉄道事故

— 動 (三単現 **railroads** /réilròudz レイルロウヅ/; 過去・過分 **railroaded** /réilròudəd/; 現分 **railroading**) 他 文型 [**railroad A into *doing***] A(人)をむりやりせきたてて…させる

rail·way 高 /réilwèi レイルウェイ/ 名 (複 **railways** /réilwèiz/) 《英》(=railroad)

rain A1 中

/réin レイン/ (発音 reign, rein と同音)
名 (複 **rains** /réinz/)
❶ U C 雨, 雨降り
- heavy **rain** 大雨
- walk **in the rain** 雨の中を(ぬれて)歩く
- acid **rain** 酸性雨
- It looks like **rain**. 雨模様だ (❗It ははく然と「天候」を表す)
- We have had a lot of [little] **rain**

this summer. 今年の夏は雨が多かった[少なかった] (! 現在完了の文)

コロケーション
形+rain
driving *rain* 激しい雨
light *rain* 小雨
pouring *rain* どしゃ降りの雨
steady *rain* 降り続く雨
rain+動
the *rain* beats against ... 雨が…に打ちつける
the *rain* falls 雨が降る
the *rain* pours 雨が激しく降る
the *rain* begins to fall 雨が降り始める
the *rain* stops 雨がやむ

❷《the rains》(熱帯地方の)雨季

rain or shine 雨でも晴れでも, 晴雨(せいう)にかかわらず; どんなことがあっても

━ 動 (三単現 **rains** /réinz/; 過去·過分 **rained** /réind/; 現分 **raining**) ❶ 雨が降る (! 主語にはばく然と「天候」を表す it を使う)

- It began to **rain**. 雨が降り出した
- In Japan it **rains** a lot in June. 日本では6月にたくさん雨が降る
- It **rained** hard all night. 一晩中雨がひどく降った
- It will stop **raining** before evening. 夕方までには雨はやむでしょう

❷ (雨のように)降り注ぐ; (雨のように…を)浴びせる

be rained out [《英》***off***] 《米》(試合などが)雨で流れる, 順延になる

派生 **rainy** 形

関連語› 単語力
downpour 大雨, 土砂降り
drizzle 霧雨
shower にわか雨
deluge 大洪水
raindrop 雨つぶ
rainfall 降雨; 降水量
storm あらし
typhoon 台風
snow 雪

rain·bow B2 高 /réinbòu レインボウ/ 名 C 虹(にじ)

ráinbow nàtion 名 C 多民族国家《♦特に人種隔離政策廃止後の南アフリカ共和国を指す》

ráin chèck 名 C 雨天順延券; (後日の)再招待

take a rain check 《口語》(今回はだめだが次回は)受け入れる(と約束する)

rain·coat A2

/réinkòut レインコウト/ 名 (複 **raincoats** /réinkòuts レインコウツ/) C
レインコート

rain·drop /réindràp レインドラプ/ 名 C 雨だれ, 雨つぶ (=a drop of rain)

rain·fall B1 高 /réinfɔ̀:l レインフォール/ 名 (複 **rainfalls** /réinfɔ̀:lz/) U C 降雨, 雨; (雪·みぞれなども含む)降水量, 雨量

rain·for·est, rain for·est B1 高 /réinfɔ̀:rəst レインフォーレスト | réinfɔ̀rəst レインフォレスト/ 名 (複 **rainforests** /réinfɔ̀:rəsts レインフォーレスツ/) C U (熱帯)雨林《♦雨の多い熱帯地方の樹林》

rain·storm B2 /réinstɔ̀:rm レインストーム/ 名 C 暴風雨

rain·wa·ter /réinwɔ̀:tər レインウォータ/ 名 U 雨水

rain·y A1 中

/réini レイニ/ 形 (比較級 **rainier**; 最上級 **rainiest**) ❶ 雨の; よく雨が降る (=wet), 雨降りの

- the **rainy** season 雨季
- We had **rainy** weather last month. 先月は雨の日が多かった

❷ 雨にぬれた

a rainy day
① 雨(降り)の日 ②《比ゆ的に》いざという時, 万一の場合

- Save money **for a rainy day**. いざという時のためにお金をためておきなさい

派生 **rain** 名

raise A2 中

/réiz レイズ/ 動 (三単現 **raises** /réizəz/; 過去·過分 **raised** /réizd/; 現分 **raising**) 他 ❶ 上げる, 持ち上げる, 起こす, 高く

する • **Raise** your hand if you have a question. 質問があるなら手を上げてください

比較 The sun **rises** in the east. 太陽は東から昇る (! rise は「上がる」の意味の自動詞)

❷ (価格などを)上げる; 昇進[昇給]させる • **raise** prices 値上げする

❸ (子ども・作物・家畜を) 育てる; 飼育する, 栽培する

• I was **raised** by my grandfather. 私は祖父に育てられた

似ている単語

育てる—**raise** と **grow**

raise は栽培植物・家畜を売るために育てること. **grow** は植物だけに使い, 動物には用いない. また「子どもを育てる」には grow は使わない ⇨**grow**, **bring up** (**bring** の成句)

His parents **raise** chickens. 彼の両親は(仕事として)ニワトリを飼っている[養鶏をしている]

I **grow** tulips in the garden. 庭でチューリップを育てている (! 趣味で育てるような場合 raise は使わない)

❹ (資金などを)集める

• **raise** money [funds] for charity チャリティーのために金[基金]を集める

❺ (問題などを)提出する, 提起する

• **raise** serious problems [issues] 深刻な問題をもたらす

❻ (声を)大きくする

• **raise** *one's* voice 声をはり上げる, 声を荒げる; 声をたてる

❼ (騒動・あらしなど)引き[まき]起こす

❽《文章》(家・碑(ひ)などを)建てる

raise awareness 意識を高める

— 名 (複 **raises** /réizəz/) C 《米》昇給, 昇給額 (=《英》rise)

• I got a **raise in** my allowance. 私はおこづかいを上げてもらった

rai·sin /réizən レイズン/ 名 C 干しブドウ, レーズン (! 「ブドウ」は grape)

rake /réik レイク/ 名 C くま手

— 動 ❶ 自 くま手でかく, 他 (くま手で)かき集める ❷ 自 さがし[かぎ]まわる

ral·ly B2 /rǽli ラリ/ 名 (複 **rallies** /rǽliz/) C ❶ 大集会; (政党などの)集会, 大会 ❷ 自動車ラリー

❸ (病気などからの)回復

❹ (テニスなどの)打ち合い, ラリー

— 動 (三単現 **rallies** /rǽliz/; 過去・過分 **rallied** /rǽlid/; 現分 **rallying**) 他 自

❶ 再び集める; (支援に)駆けつける

❷ (元気などを)回復する

Ralph /rǽlf ラルフ/ 名 ラルフ《♦男性名》

RAM /rǽm ラム/ 名 《コンピュータ》ラム

語源 random-access memory (読み出しと書き込みが可能なメモリー)の略

ram B2 /rǽm ラム/ 名 C 雄羊(おひつじ) (! 「雌羊」は ewe) — 動 (三単現 **rams** /rǽmz/; 過去・過分 **rammed** /rǽmd/; 現分 **ramming**) 他 激突させる[する]; 突き当てる; 打ち込む

Ram·a·dan /rӕmədɑ́ːn ラマダーン/ 名 U ラマダーン《♦イスラム暦の第9月; この月は日の出から日没まで断食する》

ram·ble /rǽmbl ランブル/ 動 自 ぶらぶら歩き回る

— 名 C ぶらぶら歩くこと

ram·bling /rǽmbliŋ ランブリング/ 形 (話などが)とりとめのない, 散漫な; (建物などが)無計画に広がった

ram·i·fi·ca·tions /rӕməfəkéiʃənz ラミフィケイションズ/ 名 《複数扱い》(予想しなかった)結果

ramp B2 /rǽmp ランプ/ 名 C (高さの違う二つの道路や床面を結ぶ)傾斜(けいしゃ)路, (立体交差路の)ランプ; (飛行機の)タラップ

— 動 他 《**ramp up** ...》(生産などを)上げる, 強化する

ram·page /rǽmpeidʒ ランペイヂ/ 名 《次の成句で》

go [***be***] ***on the*** [***a***] ***rampage*** 暴れ回る

— /rӕmpéidʒ ランペイヂ/ (発音 名とのアクセントの違いに注意) 動 自 暴れ回る, 怒り狂って走る

ramp·ant /rǽmpənt ランパント/ 形 (病気・犯罪などが)はびこって, 蔓延(まんえん)して

ram·part /rǽmpɑːrt ランパート/ 名 C 《ふつう **ramparts**》城壁, 塁壁

a b c d e f g h i j k l m n o p q **r** s t u v w x y z

ram·shack·le /rǽmʃæ̀kl ラムシャクル/ 形 (家などが)ぐらぐらする, いまにも倒れそうな

ran /rǽn ラン/ 動 runの過去形

ranch /rǽntʃ ランチ/ 名 (複 **ranches** /rǽntʃəz/) C (アメリカの西部・南部に見られる)大牧場

ranch·er /rǽntʃər ランチャ/ 名 C 牧場経営者; 牧場労動者

ránch hòuse 名 C ランチハウス《◆緩やかな屋根の平屋家屋》

ran·cid /rǽnsəd ランスィド/ 形 (バターなどが)腐って悪臭がする

ran·cor, 《英》 **ran·cour** /rǽŋkər ランカ/ 名 U 《文章》恨み, 憎しみ

ran·cor·ous /rǽŋkərəs ランカラス/ 形 《文章》(人が)深く憎んでいる, 恨みを抱いた

R&B, R and B /ɑ́ːr ən bíː アーアンビー/ 名 U 《音楽》リズムアンドブルース (**!** rhythm and blues の略)

R&D, R and D /ɑ́ːr ən díː アーアンディー/ 《略》research and development 研究開発

ran·dom /rǽndəm ランダム/ 形 手当たりしだいの, 思いつくままの, 無作為の, でたらめの • a **random** choice どれでもかまわず選ぶこと

at random 手当たりしだいに, でたらめに, 思いつくままに, 行き当たりばったりに

• The members of the game were chosen **at random**. 試合のメンバーは適当に選ばれた

rándom-àccess mémory 名 U 《コンピュータ》ランダムアクセスメモリ《◆読み出し・書き込み可能な記憶装置; 略 RAM》

ran·dom·ly /rǽndəmli ランダムリ/ 副 無作為に, でたらめに, 行き当たりばったりに

rang /rǽŋ ラング/ 動 ring[2]の過去形

range A2 高

/réindʒ レインヂ/

名 (複 **ranges** /réindʒəz/)

❶ U C (変動の)幅, 範囲; 種類

• a wide **range** of services 様々な種類のサービス

❷ C (人・物の)列, 並び, 山脈

• a mountain **range** = a **range** of mountains 山脈, 連山

❸ 《単数形で》(弾丸などの)射程距離, (ミサイルなどの)射程

❹ C 射撃場

❺ C (電気・ガス)レンジ (**!**「電子レンジ」は microwave oven)

❻ C (米国などの)放牧地

― 動 (三単現 **ranges** /réindʒəz/; 過去・過分 **ranged** /réindʒd/; 現分 **ranging**)

❶ 他 並べる, 整列させる; 自 並ぶ; 自 (山脈などが一列に)伸びる

❷ 自 及んでいる, 分布する; 文型 [**range from A to B**] AからBに及んでいる[またがる]

• Their ages **range from** 10 **to** 50. 彼らの年齢は10歳から50歳にわたっている

rang·er B2 /réindʒər レインヂャ/ 名 森林監視員; 《米》騎馬パトロール隊員; 特別攻撃隊員

rank B1 高 /rǽŋk ランク/ 名 (複 **ranks** /rǽŋks/) ❶ U C 階級, ランク, 地位; (高い)身分

• a politician **of** the first **rank** 第一級[一流]の政治家

❷ 《**the ranks**》(将校と区別して)兵

❸ C (人・物の)列 (=row[1]); (兵士の)横列

― 動 (三単現 **ranks** /rǽŋks/; 過去・過分 **ranked** /rǽŋkt/; 現分 **ranking**)

❶ 他 (順位で)並べる, ランク付けをする; 整列させる; 位置づける; 格づけする

• The critics **rank** this movie **among** the best. 批評家たちはこの映画を一級品にランクしている

❷ 自 地位を占める, 位する

ránk and fíle 名 《複数扱い》《**the** をつけて》一般会員[社員]

rank·ing /rǽŋkiŋ ランキング/ 名 C 順位

― 形 (組織内で)最高位の

ran·kle /rǽŋkl ランクル/ 動 自 他 悩ます, 苦しめる

ran·sack /rǽnsæk ランサク/ 動 他 (場所を)くまなくさがす, あさり回る; (町などを)略奪する

ran·som /rǽnsəm ランサム/ 名 C (捕虜(ほりょ)や誘拐(ゆうかい)された人のための)身代(みのしろ)金, 賠償金

— 動 他 (身の代金を払って)受け戻す

rant /rǽnt ラント/ 動 自 〔…について〕どなりちらす, わめく《*about*》

rap A2

/rǽp ラプ/ (発音 wrap と同音)

名 (複 **raps** /rǽps/)

❶ C こつんとたたくこと[音]

❷ U C ラップ音楽 (=rap music), ラップの曲

— 動 (三単現 **raps** /rǽps/; 過去・過分 **rapped** /rǽpt/; 現分 **rapping**)

❶ 他 自 こつんとたたく (! knock よりも強い) ❷ 他 批判する, 非難する

rape B2 /réip レイプ/ 動 他 強姦(ごうかん)する, レイプする

— 名 U C 強姦, レイプ

rap·id B1 高 /rǽpəd ラピド/ 形 速い, 急な; 敏速な (↔**slow**) ⇨**fast**[1]

• a **rapid** train 快速列車

— 名 (複 **rapids** /rǽpədz ラピヅ/) 《**rapids**》急流, 早瀬

ra·pid·i·ty /rəpídəti ラピディティ/ 名 U 急速, 迅速; 速度

rap·id·ly B1 高 /rǽpədli ラピドリ/ 副 速く, すばやく; 急速に, 急いで (↔ **slowly**) • walk **rapidly** どんどん歩く

rap·ist /réipəst レイピスト/ 名 C 婦女暴行犯

rap·port /ræ̀pɔ́ːr ラポール/ 名 《単数形で》〔…との; …の間の〕打ち解けた関係, 信頼関係《*with; between*》

rap·proche·ment /ræprόuʃmɑːn ラプロウシュマーン/ 名 C 《フランス語》国交回復

rapt /rǽpt ラプト/ 形 《文章》うっとりした, 心を奪われた

rap·ture /rǽptʃər ラプチャ/ 名 U C 有頂天, 歓喜

rap·tur·ous /rǽptʃərəs ラプチャラス/ 形 《文章》熱狂的な

rare[1] B1 高 /réər レア/ 形 (比較級 **rarer**; 最上級 **rarest**) まれな, 珍しい, めったにない • Snow is **rare** in Florida. フロリダではめったに雪が降らない

• a **rare** opportunity めったにない機会

似ている単語

珍しい－rare と unusual

rare はめったにないことで, valuable (貴重な)の意味を含むこともある. **unusual** はふつうでなくて変わっていること:

a **rare** species of bird 珍種の鳥

an **unusual** name 珍しい[変わった]名前

派生 **rarity** 名

rare[2] /réər レア/ 形 (比較級 **rarer**; 最上級 **rarest**) (肉が)生焼けの, レアの (!「中程度, ミディアム」は medium,「よく焼けた」は well-done)

ràre éarth 名 C 《化学》希土類; 希土類元素

rar·e·fy /réərəfài レアリファイ/ 動 他 (気体を)希薄にする, 自 希薄になる; 他 自 純化する, 浄化する

rare·ly B1 高 /réərli レアリ/ 副 めったに…しない; まれに (=seldom)

• He **rarely** comes here. 彼はめったにここへ来ません (! 否定の頻度を表す; seldom も同様)

rar·ing /réəriŋ レアリング/ 形 《次の成句で》

be raring to do …したくてたまらない

rar·i·ty /réərəti レアリティ/ 名 (複 **rarities** /réərətiz/) C まれな物[人, こと]; U 珍しさ 派生 **rare**[1] 形

ras·cal /rǽskəl ラスカル/ 名 C ❶ いたずらっ子 ❷ 悪漢(あっかん), ごろつき

rash[1] B2 /rǽʃ ラシュ/ 形 (比較級 **rasher**; 最上級 **rashest**) せっかちな, そそっかしい, 無謀な, 軽率な, 無鉄砲な

rash[2] /rǽʃ ラシュ/ 名 C 《単数形で》吹き出物, 発しん; (不快なできごとの)頻発

rasp /rǽsp ラスプ/ 名 C 石目やすり, おろし金; 《単数形で》ガリガリ[ギシギシ]いう音, きしむ音

— 動 ❶ 自 耳ざわりな音を出す, きしむ音をたてる ❷ 他 やすりをかける,

こする

rasp·ber·ry B1 /rǽzberi ラズベリ/ 名 (複 **raspberries** /rǽzberiz/) C 《植物》ラズベリー, キイチゴ(の実)

rat A1 高

/rǽt ラト/ 名 (複 **rats** /rǽts/) C

❶《動物》ネズミ (! 野ネズミや日本のイエネズミなど大形のもの; 西洋のイエネズミ, すなわちハツカネズミは mouse)

• a **rat** trap ネズミ捕り

❷《口語》裏切り者, 卑劣なやつ

smell a rat あやしいと思う, うさんくさいと感じる (! ネコがネズミのにおいをかぎつけることから)

— 動 (三単現 **rats** /rǽts ラツ/; 過去·過分 **ratted** /rǽtəd/; 現分 **ratting**) 自

❶《口語》〔…を〕裏切る《*on*》

❷ネズミを捕る

rate A2 高

/réit レイト/ 名 (複 **rates** /réits レイツ/) C

❶速度

• **at the rate of** 60 miles an hour 1時間に60マイルの速度で (! an hour は「1時間につき」)

❷割合, 率; 相場

• the birth [death] **rate** 出生[死亡]率

• the exchange **rate** on the dollar ドルの為替(かわせ)レート

コロケーション

形, 名+**rate**

a high [low] *rate* 高[低]率

an unemployment *rate* 失業率

a success [failure] *rate* 成功[失敗]率

rate+動

the *rate* falls 率が下がる

the *rate* rises [goes up] 率が上がる

❸料金, 値段

• a reduced **rate** 割引料金

❹等級 (=rank)

• a **first-rate** movie 第一級の映画

at any rate とにかく, いずれにしても • **At any rate**, it will be difficult for her to refuse it. いずれにせよ, 彼女がそれを断るのは難しくなるでしょう

at that [this] rate 《口語》あの[この]調子では

at the rate of ... …の速度[割合, 値段]で

— 動 (三単現 **rates** /réits レイツ/; 過去·過分 **rated** /réitəd/; 現分 **rating**)

❶ 他 評価する; 自 評価される

• **rate** his personality 彼の人柄を評価する

❷ 他 みなす; 文型 [**rate A** (**as**) **C**] AをCと考える, 思う

• **rate** her highly **as** a critic 彼女を批評家として高く評価する

❸ 他《口語》…に値する, …の資格がある

rath·er A2 高

/rǽðər ラザ | rɑ́:ðə ラーザ/ 副

❶《おもに A **rather than** B》(Bよりは) むしろ(A), どちらかと言えば (BよりA) (! AとBには文法的に同じ働きのものがくる)

• He is a scholar **rather than** a teacher. = He is **rather** a scholar **than** a teacher.
彼は教師というより学者だ (=He is **not so much** a teacher **as** a scholar.)

❷かなり; とても (=quite); いくぶん; 少々 (=a little) (! 幅があるが, very まではいかないまでも, 程度の高いことを示す意味で使われることが多い)

• It's **rather** a good idea. = It's a **rather** good idea. それはとてもいい考えだ

• She was looking **rather** pale. 彼女はいくぶん青ざめて見えた

❸《(**or**) **rather**》《口語》より正確に言うと, もっと正確[適切]にいえば

• It took me an hour to do that, **or rather**, 55 minutes. それをするのに1時間, 正確にいえば55分かかった

❹それどころか逆に

would [had] rather A (than B) (Bよりも)むしろAしたい[Aするほうがよい]

• I **would rather** go with you **than**

stay at home. 家にとどまっているよりはあなたといっしょに行きたい (=I **prefer to** go with you **rather than** stay at home.)

rat·i·fi·ca·tion /rætəfəkéiʃən ラティフィケイション/ 名U 《文章》(条約の)批准(ひじゅん), 承認

rat·i·fy /rǽtəfài ラティファイ/ 動 (三単現 **ratifies** /rǽtəfàiz/; 過去·過分 **ratified** /rǽtəfàid/; 現分 **ratifying**) 他 《文章》(条約を)批准する, 承認する

rat·ing A2

/réitiŋ レイティング/
名 (複 **ratings** /réitiŋz/)
❶ UC ランク付け, 格付け, 評価; (映画の)入場者指定表示
❷ C 《しばしば **ratings**》(ラジオ·テレビの)視聴率
❸ C 《英》《海軍》(将校でない)水兵

ra·tio /réiʃou レイショウ/ 名UC 比率; 《数学》比 ● mix sugar and salt in the **ratio** of three to one 砂糖と塩を3対1の割合で混ぜる

ra·tion B1 /rǽʃən ラション/ 名 (複 **rations** /rǽʃənz/) C (食料などの)配給(量)
— 動 (三単現 **rations** /rǽʃənz/; 過去·過分 **rationed** /rǽʃənd/; 現分 **rationing**) 他 〔…を〕供給する, 割り当てる; 制限する《*to*》

ra·tion·al B1 /rǽʃənəl ラショナル/ 形 合理的な; 理性的な (↔**irrational**)
● **rational** analysis 理論的分析
rátionally 副 合理[理性]的に

ra·tion·ale /ræ̀ʃənǽl ラシャナル/ 名UC 〔物事の〕根本的理由, 原則《*for, of*》

ra·tion·al·i·ty /ræ̀ʃənǽləti ラショナリティ/ 名U 合理性, 道理をわきまえていること

ra·tion·al·i·za·tion /ræ̀ʃənələzéiʃən ラショナリゼイション/ 名CU 合理化

ra·tion·al·ize /rǽʃənəlàiz ラショナライズ/ 動他 合理化する

rát ràce 名 《**the** をつけて》(実業界などの)(愚かで)激しい出世[生存]競争

rat·tle B2 /rǽtl ラトル/ 動
❶ 自 ガタガタ鳴る; (馬車などが)ガラガラ通る; 他 ガタガタ鳴らす
● The wind **rattled** the windows. 風が窓をガタガタ鳴らした
❷ 他 《口語》いらいら[そわそわ, どぎまぎ]させる
❸ 他自 ぺちゃくちゃ早口でしゃべる
rattle off (覚えたことを)すらすら言う
— 名C ❶《単数形で》ガタガタ[ガラガラ]いう音 ❷ ガラガラ鳴るもの; (赤ちゃん用の)ガラガラ

rat·tle·snake /rǽtlsnèik ラトルスネイク/ 名C 《動物》ガラガラヘビ

rat·ty /rǽti ラティ/ 形 ネズミの(ような); 《口語》みすぼらしい

rau·cous /rɔ́:kəs ローカス/ 形 《文章》(声が)うるさくて耳ざわりな

raun·chy /rɔ́:ntʃi ローンチ/ 形 (比較級 **raunchier**; 最上級 **raunchiest**) 《口語》いやらしい, わいせつな

rav·age B2 /rǽvidʒ ラヴィヂ/ 名C 《**the ravages**》破壊の跡, 損害
— 動他 …を荒廃させる, 破壊し尽くす

rave /réiv レイヴ/ 動自 〔…について〕激賞する, ほめちぎる《*about*》; わめき散らす — 形 べたぼめの
— 名C ❶《米》べたぼめの批評 ❷ レイブ《♦テクノ音楽のダンスパーティー》

ra·ven /réivn レイヴン/ 名C 《鳥》ワタリガラス, 大ガラス《♦一般に恐ろしい出来事を予告する不吉な鳥と考えられている》

rav·en·ous /rǽvənəs ラヴァナス/ 形 (人が)ひどく飢えている, はらぺこの

ra·vine /rəví:n ラヴィーン/ 名C (両崖切り立った)渓谷, 峡谷

rav·ing /réiviŋ レイヴィング/ 形 《口語》わめきちらす; (人が)狂った, 錯乱した; すごい, すばらしい
— 副 《口語》とても, ひどく
— 名C 《**ravings**》うわごと; たわごと

rav·ish /rǽviʃ ラヴィシュ/ 動他 《文章》
❶ (人を)うっとりさせる
❷ (女性を)強姦(ごうかん)する (=rape)

rav·ish·ing /rǽviʃiŋ ラヴィシング/ 形 魅惑的な, とても美しい

raw A2 高

/rɔ́: ロー/ (×ロウ) 形 ❶ 生(なま)の, 料理していない; 加工していない
- a **raw** egg 生卵
- **raw** fish 生魚, 刺し身
- **raw** materials 原料

❷ 未熟な, 経験の浅い, 未経験な
- a **raw** judgment 未熟な判断

❸ 皮がむけた, すりむけた, ひりひりする

❹ 底冷えのする, しっとりと冷たい

— 名 《次の成句で》

in the raw ① 自然のままの[で], むきだしの[で] ② 裸の[で]

touch [***catch***] ***A on the raw*** 《英》 A(人)の痛い所に触れる, 感情を害する

raw·hide /rɔ́:hàid ローハイド/ 名 U (なめしてない)生皮

ray[1] A2

/réi レイ/ 名 (複 **rays** /réiz/) C

❶ 光線; 放射線
- X-**rays** X線
- the direct **rays** of the sun 直射日光

❷ 〔希望などの〕かすかな光, ごくわずか 《*of*》

ray[2] /réi レイ/ 名 (複 **rays** /réiz/) C 《魚》 エイ 《◆扁平でひし形に近い魚の一種》

ray·on /réian レイアン/ 名 U レーヨン, 人絹

raze /réiz レイズ/ 動 他 (町・家などを)完全に破壊する

ra·zor B1 /réizər レイザ/ 名 (複 **razors** /réizərz/) C (電気)かみそり
- a safety **razor** 安全かみそり

on a [***the***] ***razor edge*** 危機に瀕して

rázor blàde 名 C かみそりの刃

Rd. 《略》 Road …通り

re /réi レイ, rí: リー/ 名 C U 《音楽》 レ

re- 接頭 「再び」「もとへ」「新たに」など

're A1 動 are の短縮形

reach A2 高

/rí:tʃ リーチ/

意味マップ

動 ❶ …に着く
❷ 差し出す; 手を伸ばして取る
❸ 達する
❹ 連絡をとる

名 ❶ (手などを)伸ばすこと
❷ 届く範囲

— 動 (三単現 **reaches** /rí:tʃəz/; 過去・過分 **reached** /rí:tʃt/; 現分 **reaching**)

❶ 他 …に着く, 到達する
- **reach** the top 頂上に着く ⇨図
- This train **reaches** Nagoya at 6:30 p.m. この列車は午後6時30分に名古屋に着きます

❷ 自 他 (手などを)差し出す, 伸ばす 《*out*》; 手を伸ばして取る
- He **reached out** his hand **for** the magazine. 彼は雑誌を取ろうとして手を伸ばした
- I **reached** to pick an apple from the tree. 私は木からリンゴをもぎ取ろうと手を伸ばした ⇨図

文型 [**reach A B** = **reach B for A**] A(人)にBを取ってあげる
- **Reach** the pepper **for** me. コショウを取ってください

❸ 他 自 (…まで)達する; (…に)届く
- **reach** a conclusion 結論に達する
- **reach** retirement age 定年に達する
- They couldn't **reach** a trade agreement. 彼らは貿易上の合意に至らなかった

❹ 他 (電話などで)連絡をとる

— 名 ❶ 《単数形で》 (手などを)伸ばすこと

❷ Ⓤ 届く範囲[距離], (力のおよぶ)範囲; 能力

beyond the reach of *A* = ***beyond*** *A's* ***reach*** A(人)の届く範囲外に, の手の届かない所に; の理解できない(所に), の理解を超える

out of reach of *A* = ***out of*** *A's* ***reach*** A(人)の手の届かない所に

within easy reach of ... …のすぐ近くに

within *A's* ***reach*** = ***within*** (***the***) ***reach of*** *A* Aの届く範囲内に, Aの(手の)届く所に

re·act B1 高 /riǽkt リアクト/ 動 (三単現 **reacts** /riǽkts リアクツ/; 過去·過分 **reacted** /riǽktəd/; 現分 **reacting**) 自

❶ 〔…に〕反応する《*to*》; ふるまう, 影響する • When he heard the news, he **reacted** with a smile. 彼はその知らせを聞くとにっこりした

❷《化学》〔…と〕反応する《*with*》

❸〔…に〕反発する, 反抗する《*against*》

• Sometimes children **react against** their parents. 子は時々親に反抗する

派生 **reaction** 名

re·ac·tion B2 高 /riǽkʃən リアクション/ 名

❶ ⓊⒸ〔…に対する〕反応, 反響《*to*》

• Public **reaction to** the news was quite critical. そのニュースに対する世間の反応はかなり批判的であった

コロケーション

形+**reaction**

a bad [an adverse] *reaction* 悪い反応

an initial *reaction* 最初の反応

an immediate *reaction* 即座の反応

a natural *reaction* 自然な反応

動+**reaction**

cause [produce] a *reaction* 反応を引き起こす

show a *reaction* 反応を示す

❷ ⓊⒸ (薬品などの)副作用, (アレルギー)反応; 《化学》反応; 《物理》反作用 (↔**action**)

• an allergic **reaction to** ... …に対するアレルギー反応

❸《単数形で》〔…に対する〕反発, 反動《*against*》 ❹《**reactions**》《複数扱い》反射能力, 反射神経

派生 **react** 動; 派生 **reactionary** 形

re·ac·tion·ar·y /riːǽkʃənèri リーアクショネリ/ 形 反動的な, 反動主義の

— 名 (複 **reactionaries** /riːǽkʃənèriz/) Ⓒ 反動主義者 派生 **reaction** 名

re·ac·ti·vate /riǽktəvèit リアクティヴェイト/ 動 他 (組織などを)復活[再開]させる; 活性化させる

re·ac·tor /riǽktər リアクタ/ 名 Ⓒ 《物理》原子炉 (=nuclear reactor)

read[1] A1 中

/ríːd リード/ (発音 reed と同音) 動 (三単現 **reads** /ríːdz リーヅ/; 過去·過分 **read** /réd レド/; 現分 **reading**) (❗過去形·過去分詞はつづりは同じだが, 発音が違うことに注意)

❶ 自 他 読む, 読書する (❗黙読する場合にも声を出して読む場合にも使う); 読んで聞かせる

• He was **reading** a newspaper. 彼は新聞を読んでいた

• My little brother can't **read** yet. 私の弟はまだ字が読めない

• **Read** this sentence **aloud**. この文を声に出して読みなさい[音読しなさい]

• I **read about** his death in the newspaper yesterday. きのう私は彼の死を新聞で読んで知った

• **Have** you **read** the book before? 君はその本を読んだことがありますか

• The Bible **is read** all over the world. 聖書は世界中で読まれている

文型 [**read A B = read B to A**] A(人)にBを読んであげる

• She **read** her children the story. = She **read** the story **to** her children. 彼女は子どもたちにその物語を読んで聞かせた

❷ 他 読み取る, 読む

• **read** music 楽譜(がくふ)を読む

• **read** his mind 彼の気持ちを読みとる

❸ 他 自 (計器が)さし示す; …と書いてある

• The thermometer **reads** 30℃. 温度計

がセ氏30度を示している
• Her letter **reads** as follows. 彼女の手紙は次のように書いてある
read between the lines 行間を読む, 言外の意味を読む
read out 読み上げる, 声を出して読む
read through 最後まで読み通す, 通読する

read[2] /réd レド/ (発音 原形の read[1]との違いに注意) 動 read[1]の過去形・過去分詞
━ 形 《次の成句で》
be well read in ... …に精通している

read·a·ble /rí:dəbl リーダブル/ 形 読みやすい, 判読できる; 読んで楽しめる (↔ **unreadable**)

read·er A1 高
/rí:dər リーダ/ 名 (複 **readers** /rí:dərz/) C ❶ 読者, 読書家
• a regular **reader** of ... …の愛読者
• a general [an ordinary] **reader** 一般読者
❷ (語学学習用)リーダー, 読本(とくほん)
• an English **reader** 英語読本
❸ 《英》(大学の)准教授

read·er·ship /rí:dərʃìp リーダシプ/ 名 C U (新聞・雑誌の)読者(層)

read·i·ly B2 /rédili レディリ/ 副
❶ たやすく, わけなく, 難なく
• You can find information **readily** on the Internet. インターネットではたやすく情報を見つけることができる
❷ こころよく, 進んで; さっそく, すぐに • He **readily** helped me. 彼は喜んで私の手伝いをしてくれた
派生 **ready** 形

read·i·ness /rédinəs レディナス/ 名 U
❶ 〔…の〕用意ができていること 《*for*》
❷ 〔…するのを〕進んでやること 《*to do*》

read·ing A1 高
/rí:diŋ リーディング/
名 (複 **readings** /rí:diŋz/)
❶ U 読書; 読み方; 《形容詞的》 読書をする
• **reading** and writing 読み方と書き方
❷ C 読むこと, 解釈
❸ U 読み物
❹ C (計器などの)表示, 示度
━ 動 read の現在分詞・動名詞

réading ròom 名 C (図書館などの)読書室

re·ad·just /rì:ədʒʌ́st リーアヂャスト/ 動
❶ 自 〔新しい環境に〕慣れる 《*to*》
❷ 他 …を再調整する, 微調整をする

re·ad·just·ment /rì:ədʒʌ́stmənt リーアヂャストメント/ 名 U C 〔…への〕再調整, 再調節 《*to*》

réad-only mémory 名 C 《コンピュータ》読み出し専用メモリー 《◆ロム(ROM)のこと》

read·out /rí:dàut リーダウト/ 名 C 《コンピュータ》(画面上に表示された)情報

read·y A1 中
/rédi レディ/
形 (比較級 **readier**; 最上級 **readiest**)
(! ❹の場合以外は名詞の前には用いない)
❶ 〔…の〕用意ができて, 準備ができて 《*for*》 • Breakfast is **ready**. 朝食の用意ができたよ
• Are you **ready**? 用意はいいか
文型 [**be ready to** *do*] …する用意ができて
• I'm **ready to** *go* to school. 私は学校へ行く用意ができた
❷ 文型 [**be ready to** *do*] 喜んで…する, 進んで…する
• I am **ready to** *help* you. 喜んでお手伝いしましょう
❸ 文型 [**be ready to** *do*] 今にも…しそうである, …しがちである
• The baby **is ready to** *cry*. 赤ちゃんが今にも泣きだしそうだ
❹ 即座の, 手近にある, すぐに使える
• **ready** money [cash] すぐ使える金, 現金
(Get) Ready, (get) set, go! 位置について, 用意, どん!
get [make] ready 支度(したく)す

る, 準備する
• I **got ready** to go back. 私は帰り支度をしました
get A ready 〔…のために〕A を準備する《*for*》
― 動 (三単現 **readies** /rédiz/; 過去・過分 **readied** /rédid/; 現分 **readying**) 他 …を用意する, 準備する
ready-made /rédiméid レディメイド/ 形 ❶ 出来合いの, 既製(きせい)の ❷ 受け売りの; 陳腐な
réady móney 名 U 現金
re·af·firm /riːəfə́ːrm リーアファーム/ 動 他 再び断言する, 再び主張する

re·al A1 中

/ríːəl リーアル, ríəl リアル/ 形
❶ 現実の, 実在の; 真に迫った
• The picture looks quite **real**. その絵はまったく本物のようだ
• the **real** world 現実の世界
❷ 本当の; 本物の (↔**false**)
• a **real** pearl 本物の真珠(しんじゅ)
• It is not fiction. It is a **real** story. それは作り話ではない. 本当の話だ
❸ 本当の, 全くの, 実質の (❗名詞の前に用いる)
• in **real** terms 実質的には
― 副 《米》《口語》本当に
• I had a **real** good time at the party. そのパーティーは本当に楽しかった
― 名 《次の成句で》
for real 《米》《口語》本当の[に]; 本気の[で]
派生 **reality** 名; 派生 **realize** 動
réal estàte B2 名 不動産
réal estàte àgent 名 C 不動産業者
re·al·ise /ríːəlàiz リーアライズ/ 動 《英》(=realize)
re·al·ism /ríːəlìzm リーアリズム/ 名
❶ 現実主義 (↔**idealism**)
❷ 写実主義, リアリズム
re·al·ist /ríːəlist リーアリスト/ 名 C 現実主義者, 実際家; (文学・芸術の)写実主義者

re·al·is·tic B1 /rìːəlístik リーアリスティク/ 形 ❶ 現実的な; 現実主義の
• You should be more **realistic** about everything. 君はすべてにおいてもっと現実的になるべきだ
❷ 写実的な; リアルな, 真に迫った
• a **realistic** scenes of the battle リアルな戦闘シーン
re·al·is·ti·cal·ly /rìːəlístikəli リーアリスティカリ/ 副 現実主義的に; 現実的に; 写実的に
re·al·i·ty B1 高 /riǽləti リアリティ/ 名 (複 **realities** /riǽlətiz/) ❶ U 現実性, 実在性; C 現実(のもの)
• His dream became a **reality**. 彼の夢は現実となった
• escape from the **realities** of life 人生の現実から逃避する
❷ U 本当らしさ, 迫真性
in reality 実際は, 実は; 現実には
• He looks very old, but **in reality** he is still in his fifties. 彼はとても年をとっているようにみえるがまだ50代だ
派生 **real** 形
re·al·i·za·tion B2 /rìːələzéiʃən リーアリゼイション/ 名 ❶《単数形で》認識, 理解 ❷ U 実現 派生 **realize** 動

re·al·ize A2 中

/ríːəlàiz リーアライズ/ 動 (三単現 **realizes** /ríːəlàizəz/; 過去・過分 **realized** /ríːəl-àizd/; 現分 **realizing**) 他
❶ (完全に)理解する, よくわかる, 悟る • Peter **realized** his error. ピーターは自分の過ちを悟った
❷ (希望・理想・計画などを)実現させる
• Our long-cherished dream **was realized**. 私たちの長年の夢が実現した
• **realize** potential 潜在能力を発揮する
❸《文章》(財産などを)換金[現金化]する
派生 **real** 形; 派生 **realization** 名

re·al·ly A1 中

/ríːəli リーアリ/ 副
❶ 実は, 本当は (=in fact)
• Do you **really** want to go? 君は本当

に行きたいのか
❷ 本当に，実際に (=truly)
● Mr. Smith was a **really** great man. スミス氏は本当にえらい人でした
● I'm **really** glad to see you. お会いできて本当にうれしく思います
❸《間投詞的に使って》ほんと，へえー，そうなの (! 相手のことばに対してあいづちを打つときに使い，軽い驚き・疑い・興味などを示す)

CAN-DO Tips› あいづちを打つ
Really? という表現を使うと，会話の中で相手の言ったことに**あいづちを打つ**ことができるようになります

会話 "I hear she's getting married." "**Really**?"「彼女，結婚するんだって」「本当？」

not really あまり…ない
会話 "Do you like sports?" "**Not really**."「スポーツは好きですか」「そうでもありません」

realm /rélm レルム/ 名 C《文章》
❶ 領域；分野 ❷ 王国；国土
within the realms of possibility 可能な範囲内に，可能性があって

real-time /ríːəltàim リーアルタイム, ríəl-tàim リアルタイム/ 形《コンピュータ》リアルタイムの，実時間の

Re·al·tor, re·al·tor /ríːəltər リーアルタ/ 名 C《米》不動産業者

ream /ríːm リーム/ 名《**reams**》《口語》たいへんな量(の書き物)

reap /ríːp リープ/ 動 他 ❶ 他 (行為・努力の結果として報酬などを)受ける
❷ 他 自 刈(か)る，刈り取る，収穫する

reap·er /ríːpər リーパ/ 名 C 刈(か)る人；刈り取り機

re·ap·pear /rìːəpíər リーアピア/ 動 自 再び現れる；再発する

re·ap·pear·ance /rìːəpíərəns リーアピアランス/ 名 U C 再び現れること，再発

rear[1] B2 /ríər リア/ (×レア) 形 後ろの，後部の ● a **rear** seat 後部座席
― 名 C《ふつう **the rear**》後ろ，後部；裏 (↔**front**) ● Please move to **the rear**. うしろの方へお詰めください

at the rear 〔…の〕後方の[に]，背後に[の]《*of*》
bring up the rear 背後から来る；(列の)最後尾につく
in [***at***] ***the rear*** ①〔…の〕後部に《*of*》 ②《米》〔…の〕後方の[に]，背後に[の]《*of*》

rear[2] /ríər リア/ (×レア) 動 ❶ 他 (子どもを)育てる (=bring up, raise)；飼育する，栽培する
● My parents **reared** eight children. 両親は8人の子どもを育てた
❷ 他 (体の一部を)上げる，起こす；持ち上げる ❸ 自 (馬などが)後ろ足で立つ

re·ar·range B1 /rìːəréindʒ リーアレインヂ/ 動 (三単現 **rearranges** /rìːəréindʒəz/; 過去・過分 **rearranged** /rìːəréindʒd/; 現分 **rearranging**) 他 …を並べ替える，配列し直す；(予定を)再設定する

re·ar·range·ment /rìːəréindʒmənt リーアレインヂメント/ 名 U C 再整理[配列]；(予定の)変更

rear·view mir·ror /ríərvjuː mírər リアヴュー ミラ/ 名 C (自動車・自転車の)バックミラー (!「バックミラー」は和製英語)

rear·ward /ríərwərd リアワド/ 形 副 後ろの[へ]

rea·son A1 中

/ríːzən リーズン/
名 (複 **reasons** /ríːzənz/)
❶ U C 理由；わけ
● **for this reason** こういう理由[わけ]で
● What is the **reason** for his absence? 彼の欠席の理由は何ですか
● He has every [no] **reason to** believe it. 彼にはそれを信じるもっともな理由がある[信じる理由は何もない]
● She had a bad cold. **That is the reason** (**why**) she was absent from school yesterday. 彼女はひどいかぜをひきました. それが彼女がきのう学校を休んだ理由です

コロケーション
形+**reason**
a main *reason* おもな理由

a simple *reason* 単純な理由
an apparent *reason* 明白な理由
a logical *reason* 筋が通った理由
a sufficient *reason* 十分な理由
a valid *reason* 妥当な理由

どっち

reason と **cause**

reason はどうして物事が起こったかの説明となる「理由」, **cause** は物事を引き起こした「原因」(cause を「理由」の意味で使うこともある):

I want to know the **reason for** his resignation. 彼の辞職の理由が知りたい

The police haven't determined the **cause of** the accident. 警察はまだ事故の原因をつきとめていない

❷ U 道理; 分別(ふんべつ), 思慮分別
• It's **against all reason** to go out in this weather. この天気の中に出て行くなんて常識はずれ[むちゃ]だ

❸ U 理性; (筋道を立てて)考える力; 正気

beyond all reason 道理を超えた, 途方もない

by reason of ... …の理由で

for no reason 理由なく, わけもなく

for one reason or another 何かの理由で, どういうわけか

for some reason 何かの理由で, どういうわけか

have (a) good reason to do …する十分な根拠がある

in reason (=within reason)

lose one's reason 正気を失う

stand to reason 理の当然である, 当たり前である

within reason 道理にかなって

with reason もっともで, 十分理由があって

— 動 (三単現 **reasons** /ríːzənz/; 過去·過分 **reasoned** /ríːzənd/; 現分 **reasoning**) 他自 (理論的に)思考する; 論じる

reason with ... …に理を説く, …を説得する

派生 **reasonable** 形

rea·son·a·ble B1 /ríːzənəbl リーズナブル/ 形 ❶ 道理をわきまえた, 道理に合った, 分別(ふんべつ)のある (↔**unreasonable**)
• a **reasonable** argument 筋の通った主張

会話 "I can't do it, Mike." "Be **reasonable.**" 「マイク, ぼくにはそれはできないよ」「そんなことを言うな」(←道理をわきまえなさい)

❷ 適当な, 適度な; (値段が)手ごろな
• at a **reasonable** price 手ごろな値段で

派生 **reason** 名

réasonableness 名 U 分別があること; 手ごろなこと

rea·son·a·bly B2 /ríːzənəbli リーズナブリ/ 副 ❶ 道理をわきまえて, 思慮深く; もっともで《◆文全体を修飾して用いる》 ❷ かなり (=fairly)

rea·soned /ríːzənd リーズンド/ 形 思慮分別のある

rea·son·ing /ríːzəniŋ リーズニング/ 名 U 推理, 推論

re·as·sur·ance /rìːəʃúərəns リーアシュアランス/ 名 元気づける[られる]こと; 安堵(あんど)

re·as·sure /rìːəʃúər リーアシュア/ 動 他 安心させる

re·as·sur·ing /rìːəʃúəriŋ リーアシュアリング/ 形 元気づける[安心させる]ような; 頼もしい

rèassúringly 副 頼もしく

re·bate /ríːbeit リーベイト, ribéit リベイト/ 名 C 払い戻し, 割り戻し (! この語には, 日本語の「リベート」にある悪い意味はない)

Re·bec·ca /ribékə リベカ/ 名 レベッカ《◆女性名》

reb·el B2 /rébəl レベル/ 名 C 反逆者, 謀反(むほん)人; 《形容詞的》反逆の

— 《**re·bel**》/ribél リベル/ (発音 名との違いに注意) 動 (三単現 **rebels** /ribélz/; 過去·過分 **rebelled** /ribéld/; 現分 **rebelling**) 自 ❶ 〔…に対して〕そむく, 反逆する, 反抗する; 謀反を起こす《*against*》
• **rebel against** the king 王に反逆する

A B C D E F G H I J K L M N O P Q R S T U V W X Y Z

❷ ひどくきらう, たてつく

re·bel·lion /ribéljən リベリョン/ 名 U C 反乱, 暴動, 謀反(むほん); 〔…に対する〕反抗 《*against*》

re·bel·lious B2 /ribéljəs リベリャス/ 形 謀反を起こした, 反乱の; 反抗的な

re·birth /riːbə́ːrθ リーバース/ 名 《単数形で》〔…の〕再生; 復活 《*of*》

re·boot /riːbúːt リーブート/ 動 他 自 《コンピュータ》 再起動する

re·bound /ribáund リバウンド/ 動 自 はね返る; 立ち直る

— /ríːbàund リーバウンド/ (発音 動 とのアクセントの違いに注意) 名 C はね返り; 立ち直り

re·buff /ribʌ́f リバフ/ 名 《文章》 C (提案や申し出の)そっけない拒絶

— 動 他 《文章》 そっけなく断る

re·build B1 高 /riːbíld リービルド/ 動 (三単現 **rebuilds** /riːbíldz リービルヅ/; 過去・過分 **rebuilt** /riːbílt/; 現分 **rebuilding**) 他
(建物などを)建て直す, 再建する, 改築する; (生活などを)立て直す, 取りもどす

re·built /riːbílt リービルト/ 動 rebuild の過去形・過去分詞

re·buke /ribjúːk リビューク/ 動 他 《文章》 〔…について〕厳しくしかる, とがめる 《*for*》

— 名 U C 《文章》 叱責

re·bus /ríːbəs リーバス/ 名 C 判じ物(の絵), 絵まじり文 《◆文中の単語や単語中の音節 (syllable) の発音を絵や記号で表して, 人に当てさせるパズル》

re·but /ribʌ́t リバト/ 動 (三単現 **rebuts** /ribʌ́ts リバツ/; 過去・過分 **rebutted** /ribʌ́təd/; 現分 **rebutting**) 他 《文章》 (非難などに)反論[反ばく]する

re·but·tal /ribʌ́tl リバトル/ 名 C 《文章》 反証, 反論

re·cal·ci·trant /rikǽlsətrənt リキャルスィトラント/ 形 《文章》 (人・態度が)反抗する, 命令に背く

re·call B1 高 /rikɔ́ːl リコール/ 動 (三単現 **recalls** /rikɔ́ːlz/; 過去・過分 **recalled** /rikɔ́ːld/; 現分 **recalling**) 他

❶ 思い出す (=remember)

• I couldn't **recall** his name. 私は彼の名前が思い出せなかった

• Can you **recall** where you saw him? 彼を見かけたのはどこだったのかを思い出せますか

❷ (大使などを本国へ)呼び戻す

❸ (不良品などを)回収する

❹ (注文などを)取り消す; 《米》 (住民投票によって市長など公務員を)解任する, リコールする

❺ 《コンピュータ》 (保存したデータを)画面に呼び出す, 再表示する

— 名 (複 **recalls** /rikɔ́ːlz/)

❶ U 思い出すこと, 想起; 記憶力

❷ U 呼び戻し

❸ U C (欠陥商品の)回収, リコール

❹ 《米》 (知事・議員などの)リコール

re·cap /ríːkæ̀p リーキャプ/ 名 C 《ふつう単数形で》 要点のくり返し, 要約

— 動 (三単現 **recaps** /ríːkæps/; 過去・過分 **recapped** /ríːkæpt/; 現分 **recapping**) 他 自 要点をくり返す, 要約する

re·ca·pit·u·late /rìːkəpítʃəlèit リーカピチュレイト/ 動 《文章》 (=recap)

re·ca·pit·u·la·tion /rìːkəpìtʃuléiʃən リーカピチュレイション/ 名 《文章》 要点のくり返し (=recap)

re·cap·ture /riːkǽptʃər リーキャプチャ/ 動 他 取り戻す, 奪還する

re·cede /risíːd リスィード/ 動 自

❶ 後退する, 遠ざかる; 少なくなる

❷ (髪の生え際が)後退する, 薄くなる

re·ceipt A2

/risíːt リスィート/ (×レセプト)

名 (複 **receipts** /risíːts リスィーツ/)

❶ C 領収書, レシート

• He gave me a **receipt for** the charge.
彼は代金のレシートをくれた

❷ U 《文章》 受け取り, 受領

❸ 《**receipts**》 受領額, 受取高

on (the) receipt of... 《文章》 …を受け取り次第

派生 **receive** 動

re·ceiv·a·ble /risíːvəbl リスィーヴァブル/ 形 受け取りうる, 受け取ってよい
- bills **receivable** 受取手形

re·ceive A2 中
/risíːv リスィーヴ/ (×レセイヴ) 動 (三単現 **receives** /risíːvz/; 過去・過分 **received** /risíːvd/; 現分 **receiving**) 他
❶ 受け取る, 受領する; 〔…から〕受ける, もらう《*from*》(↔**send**) (! receive は「単に受け取る」だが, accept は「喜んで受け取る」の意味がある)
- **receive** a present **from** him 彼からプレゼントをもらう
- I **received** your letter. あなたのお手紙を受け取りました
- My plan was **received** with great interest. 私の案は大変な関心をもって受け入れられた

❷ 迎(むか)える, (家に)迎え入れる
- **receive** the guests at the door お客を玄関で迎える

❸ (電波を)受信する ❹《球技》(サーブを)受ける, レシーブする
派生 **receipt, reception** 名

re·ceiv·er /risíːvər リスィーヴァ/ 名 C
❶ (電話の)受話器, (テレビ・ラジオの)受信機 ❷ (テニスなどで)サーブを受けるほうの人 (↔**server**); 受取人 (↔**sender**)

re·cent A2 高
/ríːsənt リースント/ (×レセント) 形
近ごろの, 最近の (! recent は少し前に起きたことを, current は今まさに起きていることを表す)
- his **recent** essay 彼の最近のエッセイ
- in **recent** years 近年, ここ何年かで

re·cent·ly A2 高
/ríːsəntli リースントリ/ (×レセントリ) 副
近ごろ, 最近 (! ふつう完了形, 過去形とともに使う) ⇨**lately** 似ている単語
会話 "Have you seen Ken **recently**?" "Yes, I saw him yesterday." 「最近ケンに会った?」「うん, きのう会ったよ」
- I had an operation very **recently**. つい最近, 手術を受けたばかりなんだ

re·cep·ta·cle /riséptəkl リセプタクル/ 名 C 《文章》容器; 置き場

re·cep·tion B1 /risépʃən リセプション/ 名 (複 **receptions** /risépʃənz/)
❶ C 接待, もてなし, 応接; (世間の)評判, 反響, 歓迎会, レセプション
- We **got** a warm **reception** at her house. われわれは彼女の家で歓待された
- a wedding **reception** 結婚披露宴

コロケーション
形+**reception**
a friendly *reception* 好意的なもてなし
an enthusiastic *reception* 熱烈な歓迎
動+**reception**
give [hold] a *reception* 歓迎会を催す
host a *reception* 歓迎会を主催する

❷ U 受付, フロント
❸ U (ラジオ・テレビの)受信(状態)
❹ U 受け取ること, 受領
派生 **receive** 動

recéption dèsk 名 C (ホテル・会社などの)受付, フロント

re·cep·tion·ist A2
/risépʃənist リセプショニスト/ 名 (複 **receptionists** /risépʃənists リセプショニスツ/) C (病院・会社などの)受付係; (ホテルの)フロント(係)

recéption ròom 名 C 客間; 応接室

re·cep·tive /riséptiv リセプティヴ/ 形 〔人・心が〕受け入れる《*to*》; 敏感な, 感受性の強い; 理解が早い

re·cep·tor /riséptər リセプタ/ 名 C 《生理》受容器, 感覚器官

re·cess /risés リセス, ríːses リーセス/ 名 (複 **recesses** /risésəz/) ❶ U C (議会などの)休会; 《米》(学校などの)休けい(時間) (=《英》break); U 《米》(学校の)休暇
❷ C (室内の)引っ込んだ部分
❸ C 《**recesses**》奥まった所

re·ces·sion B2 /riséʃən リセション/ 名 C 《経済》景気後退

re·ces·sive /risésiv リセスィヴ/ 形 後退する; (遺伝子などが)劣性の (↔**domi-**

nant)

re·charge /rìːtʃáːrdʒ リーチャーヂ/ 動 他 (電池を)再充電する;《口語》(元気を)回復する

rec·i·pe B2 中 /résəpi レスィピ/ 名 C (料理などの)作り方, 調理法, レシピ;〔成功などの〕秘けつ《for》

re·cip·i·ent /risípiənt リスィピアント/ 名 C ❶《文章》〔…の〕受け取り人, 受領者《of》 ❷臓器を移植される人, 被移植者 (↔donor)

re·cip·ro·cal /risíprəkəl リスィプロカル/ 形 相互の (=mutual); 返礼の
— 名《数学》逆数

recíprocally 副 相互に

re·cip·ro·cate /risíprəkèit リスィプラケイト/ 動《文章》❶他自 報いる; お返しをする ❷自 (機械が)往復運動する

re·cit·al /risáitl リサイトル/ 名 C 独奏会, 独唱会, リサイタル

rec·i·ta·tion /resətéiʃən レスィテイション/ 名 ❶ U C (聴衆(ちょうしゅう)の前で行う詩などの)暗唱, 朗読
❷ U C《米》口答《♦生徒が予習した事を先生の前で暗唱すること》

re·cite B1 /risáit リサイト/ 動 (三単現 **recites** /risáits リサイツ/; 過去·過分 **recited** /risáitəd/; 現分 **reciting**) 他自 (人前で)暗唱[朗読]する; (生徒が予習した事を先生の前で)暗唱[口答]する; 詳しく物語る

reck·less /rékləs レクレス/ 形 向こう見ずの, むちゃな, 無謀(むぼう)な, 無鉄砲な

récklessly 副 無鉄砲に

récklessness 名 U 無鉄砲

reck·on B2 /rékən レコン/ 動 他
❶《口語》…と思う, 推測する ❷大ざっぱに数える, 計算する, 数える
❸ 文型 [**reckon A (to be) C = reckon A as C**] AをCとみなす

reck·on·ing /rékəniŋ レカニング/ 名 U 計算; 清算

the day of reckoning 「決算[清算]日」《♦過去の過ちを思い知らされる時》

re·claim B1 /rikléim リクレイム/ 動 (三単現 **reclaims** /rikléimz/; 過去·過分 **reclaimed** /rikléimd/; 現分 **reclaiming**) 他 返還を要求する; 埋め立てる; 再生利用する; 更正させる

rec·la·ma·tion /rèkləméiʃən レクラメイション/ 名 U 干拓(かんたく), 埋め立て; (廃物の)再生利用

re·cline /rikláin リクライン/ 動 自 もたれる, 横たわる; 他 もたせかける, 横たえる

rec·luse /réklu:s レクルース/ 名 C 隠とん者

re·coat /rì:kóut リーコウト/ 動 他 塗り直す, 上塗りする

rec·og·nise /rékəgnàiz レコグナイズ/ 動《英》(=recognize)

rec·og·ni·tion B2 高 /rèkəgníʃən レコグニション/ 名 ❶ U (ある人[物事]をそれと)見分けること, 見破られること; 認識, 識別 ❷《単数形で》認め(られ)ること, 承認; 評価

• **recognition of** women's rights 女性の権利を認めること

beyond recognition 見分けのつかないほど

• She has changed **beyond recognition**. 彼女は見分けのつかないほど変わり果てていた

派生 **recognize** 動

rec·og·niz·a·ble /rékəgnàizəbl レカグナイザブル/ 形 (物が)見覚えがある; 認識できる

rec·og·nize B1 高 /rékəgnàiz レコグナイズ/ (×リコグナイズ) 動 (三単現 **recognizes** /rékəgnàizəz/; 過去·過分 **recognized** /rékəgnàizd/; 現分 **recognizing**) 他
❶ (だれだか·何だかが)わかる, 思い出す, 見分けがつく

• I didn't **recognize** his voice over the telephone. 私は彼の電話の声がわからなかった

❷認める, 承認する; 文型 [**recognize that ...**] …ということを認める; 文型 [**recognize A to be C = recognize A as C**] AがCであると認める

• The company **recognizes** the im-

portance of the reform. その会社は改革の重要性を認めている
❸(功労などを)認める, 評価する; (人を)表彰する
派生 **recognition** 名

re·coil /rikɔ́il リコイル/ 動 自 ❶(恐怖・驚き・嫌悪などのため)はっと飛びのく, 思わずあとずさりする (=draw back); ひるむ, たじろぐ ❷(発射後の銃砲が)反動ではね返る, 後座する
— 名 /ríːkɔil リーコイル, rikɔ́il リコイル/《単数形で》(発射後の銃砲の)はね返り; ひるむこと

rec·ol·lect B2 /rèkəlékt レコレクト/ 動 他 自 思い出す, 回想する, 思い起こす

rec·ol·lec·tion B2 /rèkəlékʃən レコレクション/ 名 ❶ U 思い出すこと, 記憶, 思い起こすこと, 想起 (=memory)
❷ C 思い出

rec·om·mend B1 高 /rèkəménd レコメンド/ 動 (三単現 **recommends** /rèkəméndz レコメンヅ/; 過去・過分 **recommended** /rèkəméndəd/; 現分 **recommending**) 他 ❶勧める, 忠告する; 文型 [**recommend that ...** [*do***ing**]] …ということ[…すること]を勧める; 文型 [**recommend A to** *do*] A(人)が…するように勧める
• I **recommended that** she (should) consult a lawyer. = I **recommended** her **to** *consult* a lawyer. 彼女に弁護士と相談するように勧めた
❷推薦(すいせん)する, 推奨する
• I **recommend** him **for** the job. 私はその仕事に彼を推薦した
会話 "What do you **recommend** today?" "The salmon is very good." (レストランにて)「今日のお勧めは?」「サーモンがよろしいかと思います」
派生 **recommendation** 名

rec·om·men·da·tion B2 /rèkəmendéiʃən レコメンデイション/ 名 ❶ C 勧告
❷ U 推薦; C 推薦状
• a letter of **recommendation** 推薦状
派生 **recommend** 動

rec·om·mend·ed /rèkəméndəd レコメンデド/ 形 推薦(すいせん)できる

rec·om·pense /rékəmpèns レコンペンス/ 動 他《文章》〔損害などに対して〕補償する, 弁償する《*for*》
— 名《単数形で》《文章》補償, 弁償

rec·on·cile /rékənsàil レコンサイル/ 動 他 ❶〔…と〕調和させる, 一致させる《*with*》 ❷〔…と〕和解させる, 仲直りさせる《*with*》

rec·on·cil·i·a·tion /rèkənsiliéiʃən レコンスィリエイション/ 名《単数形で》和解, 調停; 調和, 一致

re·con·di·tion /rìːkəndíʃən リーカンディション/ 動 他 (機械などを)修理する

re·con·nais·sance /rikɑ́nəzəns リカナザンス, rikɑ́nəsəns リカナサンス/ 名 U 調査;《軍事》偵察

re·con·sid·er B2 /rìːkənsídər リーコンスィダ/ 動 他 自 再考する, 考え直す

re·con·sid·er·a·tion /rìːkənsìdəréiʃən リーコンスィダレイション/ 名 U 再考

re·con·sti·tute /riːkɑ́nstitjùːt リーカンスティテュート/ 動 他 ❶(組織などを)再構成[編成]する ❷(乾燥食品などを)水で戻す

re·con·struct /rìːkənstrʌ́kt リーコンストラクト/ 動 他 再建する; 再現する, 復元する

re·con·struc·tion /rìːkənstrʌ́kʃən リーコンストラクション/ 名 再建; 改築; 再現;《米史》《**Reconstruction**》(南北戦争後の)再建期

re·cord A2 高

/rikɔ́ːrd リコード/ 動 (三単現 **records** /rikɔ́ːrdz リコーヅ/; 過去・過分 **recorded** /rikɔ́ːrdəd/; 現分 **recording**) 他
❶記録する; 書きとめる
❷録音する; 録画する; 吹き込む
• a **recording** room 録音スタジオ
• We **recorded** our performance on DVD. 私たちは自分たちの演奏をDVDに録画した
❸(計器などが)示す
—《**rec·ord**》/rékərd レコド | rékɔːd レコード/ (発音 動 とのアクセントの違いに注意) 名 (複 **records** /rékərdz レコヅ/)

❶ U C 記録; (競技などの)最高記録
• I keep a **record** of every important event. 私はあらゆる重要な行事の記録をつけている
• Who **holds** the world **record for** the high jump? 走り高跳びの世界記録はだれがもっているのですか
❷ C (音楽などの)レコード(盤)
• My father has a large collection of modern jazz **records**. 父はモダンジャズのレコードをたくさん持っている
❸ C 履歴, 経歴; (学校の)成績
• He **has** an excellent school **record**. = His **record** at school is excellent. 彼の学校の成績は優秀だ
❹《形容詞的》記録的な; レコードの
for the record 公式に記録として残すために; はっきり言って
off the record 非公式に[で], 非公開で, オフレコで
on record 記録されて, 記録上; 公表されて

覚えよう› 単語力
アクセントに注意
record 名 /レコド/
record 動 /リコード/
(❗ cóntract 名 − contráct 動, óbject 名−objéct 動 なども同様. このように名詞や形容詞では前に, 動詞では後ろにアクセントがあることが多い)

rec·ord-break·ing /rékərdbrèikiŋ レコドブレイキング/ 形 記録破りの

re·cord·er /rikɔ́:rdər リコーダ/ 名 C
❶ 録音機; (いろいろな)記録装置
❷ 記録係
❸《楽器》リコーダー《♦たて笛の一種》

re·cord·ing B1 /rikɔ́:rdiŋ リコーディング/ 名 (複 **recordings** /rikɔ́:rdiŋz/) C 録音[録画]したもの《♦CD など》; U 録音[録画]すること
• They made **recordings** of her songs. 彼らは彼女の歌を録音した

récord plàyer 名 C レコードプレーヤー

re·count[1] /rikáunt リカウント/ 動 他《文章》(話などを)詳しく話す

re·count[2] /ri:káunt リーカウント/ 動 他 …を数え直す
— /rí:kaunt リーカウント/ (発音 動 とのアクセントの違いに注意) 名 C (選挙での)投票の数え直し

re·coup /rikú:p リクープ/ 動 他 (損失・費用などを)取り戻す

re·course /rí:kɔ:rs リーコース/ 名《文章》U (困った時に)頼ること; C 頼りにできる人[物]

re·cov·er B1 高 /rikʌ́vər リカヴァ/ 動 (三単現 **recovers** /rikʌ́vərz/; 過去・過分 **recovered** /rikʌ́vərd/; 現分 **recovering**)
❶ 他 (失った物を)取りもどす, 回収する
• **recover** a stolen watch 盗まれた時計を取りもどす
❷ 他 (損失などを)埋め合わせる, (損害賠償を)取る
❸ 他 (健康などを)回復する; 自 〔病気などから〕回復する《*from*》
• **recover from** (an) illness 病気から回復する, 病気が治る
recover oneself ① 健康を回復する ② 冷静に戻る; 我に返る

re·cov·er·y B1 高 /rikʌ́vəri リカヴァリ/ 名 ❶《単数形で》〔…からの〕回復《*from*》; 元にもどる[取りもどす]こと
• **make** a fast **recovery** すぐに回復する[元にもどる]
❷ U 取り戻すこと, 回収

re·cre·ate /rì:kriéit リークリエイト/ 動 他 を再現する

rec·re·a·tion B2 /rèkriéiʃən レクリエイション/ 名 U C (仕事の後の趣味・運動などの)気晴らし, 娯楽, 休養; レクリエーション

rec·re·a·tion·al /rèkriéiʃənəl レクリエイショナル/ 形 休養の, 娯楽の, レクリエーションの

re·crim·i·na·tion /rikrìminéiʃən リクリミネイション/ 名 U (お互いに)非難し合うこと; C《ふつう **recriminations**》責め返して言うこと

re·cruit B2 /rikrú:t リクルート/ 動 他 自 (軍隊・チームなどに)新しく入れる, 補充

する; (新会員・新人を)募集[採用]する
━ 名 C 新兵; 新会員; 新入社員

re·cruit·ment /rikrúːtmənt リクルートメント/ 名 U 新兵の徴募, 新会員の募集; 補強

rec·tan·gle /réktæŋgl レクタングル/ 名 C 長方形 (!「正方形」は square)

rec·tan·gu·lar B2 /rektǽŋgjələr レクタンギュラ/ 形 長方形の; 直角の

rec·ti·fy /réktəfài レクティファイ/ 動 (三単現 **rectifies** /réktəfàiz/; 過去・過分 **rectified** /réktəfàid/; 現分 **rectifying**) 他 《文章》 …を正す, 矯正(きょうせい)する

rec·tor /réktər レクタ/ 名 C 教区牧師; 学[校]長

rec·tum /réktəm レクタム/ 名 (複 **rectums** /réktəmz/, **recta** /réktə/) C 《解剖》 直腸

re·cu·per·ate /rikjúːpərèit リキューパレイト/ 動 自 《文章》 (病気や怪我から)回復する, 再び元気になる

re·cu·per·a·tion /rikjùːpəréiʃən リキューペレイション/ 名 U (健康・損害などの)回復

re·cur /rikə́ːr リカー/ 動 (三単現 **recurs** /rikə́ːrz/; 過去・過分 **recurred** /rikə́ːrd/; 現分 **recurring** /rikə́ːriŋ/) 自 (事件・病気などが)再発する, くり返し起こる; (考えなどが)再び浮かぶ

re·cur·rence /rikə́ːrəns リカーランス/ 名 U C 《文章》 (事件・病気などの)再発; ぶり返し

re·cur·rent /rikə́ːrənt リカーラント/ 形 《文章》 再発する, くり返し起こる
recúrrently 副 くり返して, 周期的に

re·cy·cla·ble /riːsáikləbl リーサイクラブル/ 形 リサイクル可能な, 再利用できる

re·cy·cle A2 中

/riːsáikl リーサイクル/ 動 (三単現 **recycles** /riːsáiklz/; 過去・過分 **recycled** /riːsáikld/; 現分 **recycling**) 他 (廃品などを)再生する, 再利用する, リサイクルする

参考〉「リサイクルショップ」は和製英語で, thrift shop や secondhand store という

re·cy·cling B1 高 /riːsáikliŋ リーサイクリング/ 名 U (不要品などの)再利用, 再処理, リサイクル

red A1 中

/réd レド/ (発音 read² (「読む」の過去形・過去分詞)と同音) 形 (比較級 **redder**; 最上級 **reddest**) ❶ 赤い
• a **red** rose 赤いバラ
• This rose is **red**. このバラは赤い
❷ (顔などが)赤くなった
• He turned **red** with anger. 彼は怒りで真っ赤になった
❸ 《しばしば **Red**》 《口語》 《軽べつ的に》 極左の; 共産主義の

━ 名 (複 **reds** /rédz レヅ/)
❶ U C 赤; 赤色; U 赤い服
• She is dressed in **red**. 彼女は赤い服を着ています (×a red, ×reds としない)
❷ 《**the red**》 赤字

イメージ〉 red (赤)は血の色への連想から「情熱的, 活動的」のイメージがある. またフランス革命以来, 赤旗は「革命」のシンボルとされる. 「高貴」のイメージもあって昔から「赤いじゅうたん (red carpet)」は貴賓を迎える時に使われ, roll out the red carpet (赤いじゅうたんを敷く)は「丁重で壮麗な歓迎をする」の意味

be in the red 赤字である, 借金している (↔**be in the black**)
get into red (会計が)赤字になる, 赤字を出す
out of the red 赤字を脱して, 借金がなくて
see red かっとなる, 激怒する

red·breast /rédbrèst レドブレスト/ 名 C 《鳥》 コマドリ (=robin) (! 胸部が赤い)

réd cárpet 名 C (迎賓(げいひん)用の)赤じゅうたん; 丁重な扱い

Réd Cróss 名 《**the** をつけて》 赤十字社 (♦国際医療機関)

red·den /rédn レドン/ 動 他 赤くする, 自 赤くなる; 他 赤面させる, 自 赤面する

red·dish /rédiʃ レディシュ/ 形 赤みがかった，やや赤い

re·deem /ridíːm リディーム/ 動 他 〔…から〕買い戻す《*from*》; (身の代金を払って)救い出す

re·deem·a·ble /ridíːməbl リディーマブル/ 形 買い戻し可能な; 救い出せる

re·demp·tion /ridémpʃən リデンプション/ 名 U 《文章》買い戻し，質受け; (抵当などの)弁済; (紙幣の)兌換(だかん); (キリストの犠牲による)罪のあがない

beyond* [*past*] *redemption 救済できないほど悪い

re·demp·tive /ridémptiv リデンプティヴ/ 形 買い戻しの，質受けの; 贖罪(しょくざい)の

re·de·vel·op /rìːdivéləp リーディヴェラプ/ 動 他 (地域を)再開発する

rèdevélopment 名 U C 再開発

red-hand·ed /rèdhǽndəd レドハンデド/ 形 現行犯の

red·head /rédhèd レドヘド/ 名 C 赤毛の人

red-head·ed /rédhedəd レドヘデド/ 形 赤毛の; 頭部が赤い

red-hot /rédhát レドハト/ 形
❶《口語》猛烈な，熱烈な; 扇情的な
❷《口語》(情報が)最新の ❸ 猛烈に熱い

re·di·rect /rìːdərékt リーディレクト, rìːdairékt リーダイレクト/ 動 他 …をほかへ向ける，向け直す

re·dis·cov·er /rìːdiskʌ́vər リーディスカヴァ/ 動 他 再発見する; あらためて知る[わかる]

rèdiscóvery 名 再発見

red-let·ter /rèdlétər レドレタ/ 形 記念すべき; めでたい
- a **red-letter** day 記念すべき日; 祭日

réd méat 名 U 赤身肉

red·ness /rédnəs レドナス/ 名 U 赤いこと，赤色

re·do B2 /riːdúː リードゥー/ 動 (三単現 **redoes** /riːdʌ́z/; 過去 **redid** /riːdíd/; 過分 **redone** /riːdʌ́n/; 現分 **redoing**) 他 (仕事などを)やり直す; (部屋などを)改装する

re·dou·ble /riːdʌ́bl リーダブル/ 動 他 …を倍加する，強化する

réd pépper 名 C 《植物》トウガラシ; U その種子の粉末《◆香辛料》

re·dress /ridrés リドレス/ 動 他 《文章》(不正・弊害などを)是正する

— 名 U 《文章》救済，賠償，補償

Réd Séa 名 《**the** をつけて》紅海(こうかい)《◆アフリカとアラビア半島の間の海》

réd tápe 名 U お役所的形式主義

re·duce B1 中 /ridjúːs リデュース/ 動 (三単現 **reduces** /ridjúːsəz/; 過去・過分 **reduced** /ridjúːst/; 現分 **reducing**)
❶ 他 (サイズ・数量・程度を)小さくする，下げる，減らす; 自 減る，縮小する
- **reduce** the cost of transportation 輸送費を減らす
- **reduce** the weight by 10 kilograms 体重を10キロ減らす

❷ 他 (ある状態)にする，…に化(か)す; 文型 [**reduce A to B**] AをBに変える，Aを(むりやり)Bの状態にする (! 特に好ましくない状態にすること)
- **reduce** logs **to** pulp 木材をパルプにする

re·duc·tion B1 /ridʌ́kʃən リダクション/ 名 (複 **reductions** /ridʌ́kʃənz/)
❶ U C (サイズ・数量・程度を)下げること，縮小，減らすこと，減少，値下げ(額)，割引; C 縮図，(写真などの)縮写
- the **reduction** of greenhouse gases 温室効果ガスの削減
- at 10 percent **reduction** 10パーセントの割引で

❷ U C 《数学》約分，換算; 《化学》還元(法) 派生 **reduce** 動

re·dun·dan·cy /ridʌ́ndənsi リダンダンスィ/ 名 (複 **redundancies** /ridʌ́ndənsiz/) U C 余分，余剰; 《英》余剰人員の解雇(者)

re·dun·dant B2 /ridʌ́ndənt リダンダント/ 形 あり余るほど[必要以上に]ある; 重複した; 《英》(従業員が)余剰の

red·wood /rédwùd レドウド/ 名 C 《植物》アメリカスギ《◆米国カリフォルニア州に産するセコイアの一種》

reed B2 /ríːd リード/ (発音 read[1]と同音) 名

Ⓒ ❶《植物》アシ，ヨシ
❷《楽器》リード，舌

réed òrgan 名Ⓒ《楽器》リードオーガン（❗日本で一般に「オルガン」といっているもの）(=harmonium)

re·ed·u·cate /riːédʒəkèit リーエヂュケイト/ 動他 再教育する

reef B1 高 /ríːf リーフ/ 名（複 **reefs** /ríːfs/）Ⓒ（水面下または水面近くの）岩礁(がんしょう)，暗礁(しょう)

reek /ríːk リーク/ 名《単数形で》におい，悪臭

— 動自 悪臭を放つ，ひどいにおいがする

reel[1] /ríːl リール/ 名Ⓒ（フイルム・釣り糸・テープなどを巻く）リール，巻き枠，巻車；（リールに巻いたフイルムなどの）1巻；《英》糸巻き（=《米》spool）

— 動（糸車に）巻く

reel[2] /ríːl リール/ 動自 よろめく；めまいがする；動揺する

re·e·lect /rìːilékt リーイレクト/ 動他 …を再選する

re·e·lec·tion /rìːilékʃən リーイレクション/ 名ⓊⒸ 再選

re·en·ter /riːéntər リーエンタ/ 動他自 再び入る；再記入する

re·en·try /riːéntri リーエントリ/ 名（複 **re-entries** /riːéntriz/）ⓊⒸ 再び入ること，再び入れること；（ロケットの大気圏への）再突入

ref /réf レフ/ 名Ⓒ《口語》レフェリー（❗referee の略）

re·fer A2 高

/rifə́ːr リファー/ 動（三単現 **refers** /rifə́ːrz/；過去・過分 **referred** /rifə́ːrd/；現分 **referring** /rifə́ːriŋ/）

❶自 文型［**refer to A**］Aのことを言う，Aに言及する，Aをさす

• She **referred to** her private life in the speech. 彼女は講演の中で自分の私生活に触れた

❷自 文型［**refer to A**］Aを参考にする，参照する，調べる，見る

• Please **refer to** page 15. 15ページを参照のこと［見よ］

❸自（規則などが）〔…に〕関係する，適用される《*to*》

❹他 文型［**refer A to B**］（情報・助けを得るために）A(人)にBの所に行くように言う，差し向ける，AにBを調べるように言う，参照させる

❺他 文型［**refer A to B**］AをBにゆだねる［まわす］，任せる，委託する

refer to A as B AのことをBと呼ぶ

派生 **reference** 名

覚えよう〉 単語力
活用形に注意
refer－referred－referring（❗後ろにアクセントがあるので r を重ねる）

ref·er·ee B1 /rèfəríː レフェリー/ 名（複 **referees** /rèfəríːz/）Ⓒ（フットボール・ボクシングなどの）レフェリー，審判(員)

日英比較 日本語の「審判」は競技や試合の判定員を広く指す言葉だが，英語では野球やテニスなどの審判は umpire といい，サッカーやバスケットボールの審判を referee という

— 動（三単現 **referees** /rèfəríːz/；過去・過分 **refereed** /rèfəríːd/；現分 **refereeing**）他自 レフェリーを務める

ref·er·ence B2 /réfərəns レファレンス/ 名

❶ⓊⒸ〔…への〕言及《*to*》；言及箇所

• The book has many **references to** Japan. その本は日本への言及箇所が多い

❷ⓊⒸ 調べること，参照，参考

• We got some **reference** calls about her. 彼女に関する問い合わせの電話が何本かあった

❸Ⓒ（就職の際の）人物証明書

❹《米》Ⓒ 身元保証人

❺Ⓤ（論文などの）参考文献

with* ［*in*］ *reference to ... 《文章》…に関して(の)

make reference to ... …に言及する

派生 **refer** 動

réference bòok 名Ⓒ（辞典・地図などの）参考図書

réference lìbrary 名Ⓒ 参考図書館（♦閲覧のみで貸し出しはしない）

ref·er·en·dum /rèfəréndəm レファレンダム/ 名（複 **referendums** /rèfəréndəmz/, **referenda** /rèfəréndə/) C 国民投票, 一般投票

re·fill /ri:fíl リーフィル/ 動 他 再び満たす, つめかえる ― /rí:fil リーフィル/ (発音 動とのアクセントの違いに注意) 名 C つめかえる物; 《口語》(酒などの)お代わり

re·fine /rifáin リファイン/ 動 他 ❶ 洗練する, 上品にする ❷ (不純物を除去して)純化する, 精製する, 精練する
• **refine** crude oil into gasoline 原油を精製してガソリンにする

re·fined /rifáind リファインド/ 形 精製された; 洗練された (=polished)

re·fine·ment /rifáinmənt リファインメント/ 名 U 精製; 洗練

re·fin·er·y B2 /rifáinəri リファイナリ/ 名 (複 **refineries** /rifáinəriz/) C 精練所; 精製所

re·flect A2 高

/riflékt リフレクト/ 動 (三単現 **reflect** /riflékts リフレクツ/; 過去・過分 **reflected** /rifléktəd/; 現分 **reflecting**)
❶ 他 自 反射する, 反映する; (鏡・水面などが)映す
• A mirror **reflects** light. 鏡は光を反射する
• The lake **reflected** the trees along its banks. 湖は岸沿いの木を映していた
• Language **reflects** history. 言語は歴史を反映します
❷ 他 文型 [**reflect that** [**wh-**] **...**] …をよく考える; 自 〔…を〕よく考える, 熟考する 《*on*》
• I **reflected on** the problem before I decided. 私は決心をする前にその問題をよく考えた
❸ 自 〔…の〕不名誉になる 《*on*》
派生 **reflection** 名; 派生 **reflective** 形

re·flec·tion B1 /riflékʃən リフレクション/ 名 (複 **reflections** /riflékʃənz/)
❶ U 反射; C (鏡などに)映った姿, 反映, 映像
• The cat was looking at her **reflection** in the water. ネコは水に映った自分の姿を見ていた
❷ U 〔…について〕よく考えること, 熟慮 《*on, upon*》
• **on reflection** 熟慮の上
❸ C 不名誉; 〔…への〕非難 《*on, upon*》
派生 **reflect** 動

re·flec·tive B2 /rifléktiv リフレクティヴ/ 形 反射する; 反省的な, 思慮深い
派生 **reflect** 動

re·flec·tor /rifléktər リフレクタ/ 名 C 反射する物 (◆反射鏡・反射板など); 反射望遠鏡

re·flex /rí:fleks リーフレクス/ 名 C 《生理》 反射運動; 《**reflexes**》 反射神経

re·flex·ive /rifléksiv リフレクスィヴ/ 形 《文法》 再帰の
― 名 C 《文法》 再帰動詞; 再帰代名詞 (❗ たとえば He overslept himself. において overslept を再帰動詞, himself を再帰代名詞という)

refléxive prónoun 名 C 《文法》 再帰代名詞 ⇨**pronoun**

refléxive vérb 名 C 《文法》 再帰動詞

re·fold /ri:fóuld リーフォウルド/ 動 他 再び折り重ねる

re·for·est /ri:fɔ́:rəst リーフォーラスト/ 動 他 《米》 再び植林する

re·for·est·a·tion /rì:fɔ:rəstéiʃən リーフォーレステイション/ 名 U (森林再生のための)植林, 再植林

re·form B2 高 /rifɔ́:rm リフォーム/ 動
❶ 他 改革する, 改良[改善]する
• **reform** the tax system 税制を改革する
❷ 他 (行いなどを)改める, (人を)改心させる; 自 改心する
― 名 U C 改良, 改善, 改革, 改正

コロケーション
形+**reform**
fundamental *reform* 根本的な改革
drastic *reform* 抜本的な改革
sweeping *reform* 全面的な改革
administrative *reform* 行政改革
economic *reform* 経済改革

ref·or·ma·tion /rèfərméiʃən レファメイション/ 名 U C ❶ 改正, 改良, 改革, 改善 ❷ 《**the Reformation**》 宗教改革 (◆

16世紀の初めごろカトリック教会内に起こった改革運動》

re·form·er /rifɔ́ːrmər リフォーマ/ 名C 改革者

refórm schòol 名C 少年矯正施設, 教護院

re·frain[1] /rifréin リフレイン/ 動自《文章》やめる, 差し控える, 慎む; 〔…を〕…しないようにする, …するのを差し控える《*from*》

re·frain[2] B2 /rifréin リフレイン/ 名C (歌・詩の)くり返しの部分, リフレイン, 折り返し句

re·fresh B2 /rifréʃ リフレシュ/ 動他
❶気分をさわやかにする, 生気を与える, 元気にする
• A short nap **refreshes** me. ちょっと昼寝をするとすっきりします
❷(記憶などを)新たにする
❸《コンピュータ》(情報などを)更新する

re·freshed /rifréʃt リフレシュト/ 形 さわやかな気分の, 元気になった

re·fresh·ing /rifréʃiŋ リフレシング/ 形 元気づける, 気分を一新させる; 清新な
refréshingly 副 さわやかに; 目を見張るように

re·fresh·ment B1 /rifréʃmənt リフレシュメント/ 名 (複 **refreshments** /rifréʃmənts リフレシュメンツ/)
❶C《**refreshments**》軽い食事, 飲み物; (パーティーなどでの)お茶菓子
❷U 気分をさわやかにすること[物], 元気を回復させるもの; 休養

re·frig·er·ate /rifrídʒərèit リフリヂャレイト/ 動他 (食料品を)冷凍する; 冷凍保存する

re·frig·er·a·tion /rifrìdʒəréiʃən リフリヂャレイション/ 名U 冷凍, 冷蔵, 冷却

re·frig·er·a·tor A2

/rifrídʒərèitər リフリヂャレイタ/ (×リフリヂャレータ) 名 (複 **refrigerators** /rifrídʒərèitərz/) C 冷蔵庫; 冷凍室 (❗《口語》では fridge ともいう)

re·fu·el /riːfjúːəl リーフューアル/ 動 (三単現 **refuels** /riːfjúːəlz/; 過去・過分 **refueled**, 《英》**refuelled** /riːfjúːəld/; 現分 **refueling**, 《英》**refuelling**) 他自 燃料を補給する

ref·uge B2 /réfjuːdʒ レフューヂ/ 名U 避難, 保護; C 避難所; 保護区[施設]
take refuge in ... …に避難する

ref·u·gee B2 高 /rèfjudʒíː レフュヂー/ 名C 避難(ひなん)民, 亡命者, 難民; 《形容詞的》難民の

re·fund B1 /ríːfʌnd リーファンド/ 名 (複 **refunds** /ríːfʌndz リーファンヅ/) C 払い戻し金; 返金; U 払い戻し
— /rifʌ́nd リファンド/ (発音 名とのアクセントの違いに注意) 動 (三単現 **refunds** /rifʌ́ndz リファンヅ/; 過去・過分 **refunded** /rifʌ́ndəd/; 現分 **refunding**) 他 払い戻す; 償還する

re·fur·bish /rìːfɔ́ːrbiʃ リーファービシュ/ 動他 (建物・部屋を)改装する

re·fu·sal B1 /rifjúːzəl リフューザル/ 名 (複 **refusals** /rifjúːzəlz/) UC
❶断ること, 拒絶, 拒否
• My offer **met with** a flat **refusal**. 私の申し出はにべもなく断られた
❷《ふつう **the refusal**》優先権

re·fuse[1] B1 高 /rifjúːz リフューズ/ 動 (三単現 **refuses** /rifjúːzəz/; 過去・過分 **refused** /rifjúːzd/; 現分 **refusing**)
❶他自 断る, 拒絶する, 拒否する
• She **refused** my offer. 彼女は私の申し出を断った
文型 [**refuse to** *do*] …することを断る
• She **refuses to** *tell* her age. 彼女はどうしても年齢を言おうとしない
❷他 文型 [**refuse A B**] A(人)にBを与えない[許さない]
• We were **refused** admittance. 私たちは入場を許されなかった

ref·use[2] B1 /réfjuːs レフュース/ 名U 廃棄物, ごみ, くず

re·fute B2 /rifjúːt リフュート/ 動他《文章》(議論などの)誤りを指摘する, 論破する

re·gain B1 /rigéin リゲイン/ 動 (三単現 **regains** /rigéinz/; 過去・過分 **regained** /rigéind/; 現分 **regaining**) 他 ❶(健康

などを)取りもどす, 回復する
❷《文章》(場所へ)帰って来る, もどる

re·gal /ríːgəl リーガル/ 形 王[女王]の; 王[女王]にふさわしい, 堂々たる

re·gard B1 高 /rigáːrd リガード/ 動 (三単現 **regards** /rigáːrdz リガーヅ/; 過去・過分 **regarded** /rigáːrdəd/; 現分 **regarding**) 他 ❶ 文型 [**regard A as C**] AをCとみなす, AをCと考える
• They **regard** her **as** a good leader. 彼らは彼女をよいリーダーと考えている
❷《文章》(ある感情・評価をもって)見る; 尊重する, 考慮する
❸ 関係する, 関連する

as regards ... …に関して(は)

— 名 (複 **regards** /rigáːrdz リガーヅ/)
❶ U 尊敬 (=respect); 好意
• He has a high **regard** for his friends. 彼は友達を尊敬している
❷ U 注意, 配慮, 心くばり
• He **has** [**shows**] **no regard for** his wife. 彼は妻への心くばりがない
❸《**regards**》よろしくというあいさつ
• Please **give** my kindest **regards to** your parents. ご両親様にくれぐれもよろしくお伝えください
• Best **regards**. 敬具 (■手紙の結び文句)
❹ U《文章》関連, 関係; (問題)点

with [*in*] *regard to ...* …に関して(は), …に関して言うと (=about)
• Do you have anything to say **with regard to** this matter? この件に関して何かいうことはありますか

without regard to ... …を気にせずに, …にかまわず

re·gard·ing B1 /rigáːrdiŋ リガーディング/ 前《文章》…に関して(は), …について(言えば)

re·gard·less B2 /rigáːrdləs リガードレス/ 形 注意しない, かまわない, 気にかけない, 無頓(とん)着な

regardless of ... …にかまわずに, …にかかわらず, …とは関係なく
• He made his own music **regardless of** the various trends. 彼は様々な流行に関係なく自分の音楽を作った

— 副《口語》(費用・反対・困難などを)気にかけず; どうしても

re·gat·ta /rigǽtə リギャタ/ 名 C レガッタ, ボート[ヨット]レース

re·gen·er·ate /ridʒénərèit リヂェナレイト/ 動 他 (社会・制度などを)刷新する; (人を)更生させる

re·gen·er·a·tion /ridʒènəréiʃən リヂェネレイション/ 名 U 再生, 刷新, 改心

re·gent /ríːdʒənt リーヂャント/ 名 C《しばしば **Regent**》摂政(せっしょう); 《米》(大学の)評議員

reg·gae B2 /régei レゲイ/ 名 U《音楽》レゲエ《◆ジャマイカ生まれの音楽》

re·gime B2 /reiʒíːm レイジーム/ (×レジーム) 名 C 政体, 体制; 政権; 政府

reg·i·men /rédʒəmən レヂメン/ 名 C《文章》摂生(せっせい), 養生

reg·i·ment /rédʒəmənt レヂメント/ 名 C 連隊

re·gion B1 高 /ríːdʒən リーヂョン/ 名 (複 **regions** /ríːdʒənz/) C ❶(ある特徴をもった広い)地域, 地方, 地帯
• the Arctic **region** 北極地方
❷(体の)部位, 局部 ❸ 範囲, 分野

(*somewhere*) *in the region of ...* 約…

派生 **regional** 形

re·gion·al B1 /ríːdʒənəl リーヂョナル/ 形 地方の; 地方的な

派生 **region** 名

régionally 副 地域的に; 局部的に

reg·is·ter B1 高 /rédʒəstər レヂスタ/ 名 (複 **registers** /rédʒəstərz/)
❶ C 記録簿, 登録簿, …名簿; U 登録
• a class **register** 学級名簿
❷ C《音楽》音域, 声域 ❸ C レジスター (■cash register ともいう)

— 動 (三単現 **registers** /rédʒəstərz/; 過去・過分 **registered** /rédʒəstərd/; 現分 **registering**)
❶ 他自 登録する, 記録する
• **register** a birth [death, marriage] 出生[死亡, 結婚]を届け出る
• **register** for a course 課程に登録する

❷ 他 (目盛りが)示す
- The thermometer **registers** 30℃. 温度計はセ氏30度を示している

❸ 他 (感情などを)おもてに出す
❹ 他 (手紙などを)書留(かきとめ)にする
- I want this package **registered**. 私はこの小包を書留にしてほしい

派生 **registration** 名; 派生 **registry** 名

reg·is·tered /rédʒistərd レヂスタド/ 形 登録[登記]した; 書留にした

règistered máil [《英》 **póst**] 名 U 書留郵便

régistered núrse 名 C 正看護師

reg·is·trar /rédʒistrɑ̀ːr レヂストラー/ 名 C (登記所の)登記係; (大学の)学籍[教務]係; 《英》(病院の)医局員

reg·is·tra·tion B1 /rèdʒəstréiʃən レヂストレイション/ 名 U C 登録; (大学の)履修科目届け; 登録[在籍]者数; C 登録証明書
- I need to finish my **registration** for classes by Friday. 金曜日までに履修登録をしなければならない

派生 **register** 動

registrátion nùmber 名 C 《英》(車の)登録ナンバー

reg·is·try /rédʒəstri レヂストリ/ 名 C 登記所; 登録簿; U 記入; 登記

派生 **register** 動

re·gress /rigrés リグレス/ 動 自 《文章》後戻りする, 逆行する; 退化する; 復帰する ― /ríːgres リーグレス/ (発音 動 とのアクセントの違いに注意) 名 U 後戻り, 逆行; 退化; 復帰

re·gres·sion /rigréʃən リグレション/ 名 C U 退行; 後戻り

re·gres·sive /rigrésiv リグレスィヴ/ 形 退化の, 退行する; (税金などが)逆進性の (↔**progressive**)

re·gret A2 高

/rigrét リグレト/ 動 (三単現 **regrets** /rigréts リグレツ/; 過去・過分 **regretted** /rigrétəd/; 現分 **regretting**) 他

❶ 後悔する; 残念に思う, 気の毒に思う
- **regret** *one's* mistake まちがいをくやむ

文型 [**regret** *doing*] …する[した]ことを残念に思う; …したことを後悔する
- I **regret having** sold my records. 私はレコードを売ってしまったことを後悔している

文型 [**regret that ...**] …ということを残念に思う; …ということを後悔する
- I **regret that** your mother died. お母様がなくなられて残念です

❷ 文型 [**regret to** *do*] 残念ながら…する
- I **regret to** *say* that I cannot help you. 残念ながらあなたを助けてあげられないと申し上げます

❸ (失ったものを)惜しむ; 悼む

― 名 (複 **regrets** /rigréts リグレツ/) U C 後悔; 残念, 遺憾

to A's regret A(人)にとって残念なことに
- Much **to** my **regret**, I didn't watch the game. とても残念なことに私はその試合を見なかった

re·gret·ful /rigrétfəl リグレトフル/ 形 残念に思っている; 後悔している

re·gret·ful·ly /rigrétfəli リグレトフリ/ 副 残念そうに; 後悔して

re·gret·ta·ble /rigrétəbl リグレタブル/ 形 (行為・事態などが)残念な, 悲しむべき

regréttably B2 副 残念なことに(は)

re·group /riːgrúːp リーグループ/ 動 自 他 再編成する

reg·u·lar A2 高

/régjələr レギュラ/ 形

❶ いつもの, 定期的な, きまった
- a **regular** customer at that store その店のいつものお客[常連客]
- at **regular** hours きまった時間に
- He has no **regular** job. 彼は定職についていない
- **regular** flights to Hokkaido 北海道への定期便

❷ 規則正しい (↔**irregular**); 整然と

した • lead a **regular** life 規則正しい生活を送る
❸(顔立ちなどが)釣り合い[均斉]のとれた, 整った
• **regular** teeth 歯並びのいい歯
❹正規の
• a **regular** player レギュラー選手
❺(サイズが)並の (=ordinary)
❻《文法》規則変化の
— 名 (複 **regulars** /régjələrz/) C
❶《口語》お得意さん, 常連客
❷正職員; (スポーツの)正選手, レギュラー ❸レギュラー(ガソリン)
派生 **regulate**, **regularize** 動
派生 **regularity** 名

reg·u·lar·i·ty /règjəlǽrəti レギュラリティ/ 名 U 規則正しさ; 均斉, 調和; 正規
派生 **regular** 形

reg·u·lar·ize /régjələràiz レギュラライズ/ 動 他 規則正しくする
派生 **regular** 形

reg·u·lar·ly A2 高

/régjələrli レギュラリ/ 副
規則正しく; 定期的に, いつも休まないで; 整然と (↔**irregularly**)

reg·u·late B2 /régjəlèit レギュレイト/ 動 他
❶(規則で)取りしまる, 規制する, 規則立てる
• The price of rice is **regulated** by the government. 米の価格は政府に規制されている
❷調節[調整]する
• **regulate** the room temperature 室温を調節する
派生 **regulation** 名; 派生 **regular** 形

reg·u·la·tion B1 /règjəléiʃən レギュレイション/ 名 (複 **regulations** /règjəléiʃənz/) ❶C 規則, 規定; 《形容詞的》正規の; 規定の
• school **regulations** 校則

コロケーション
名+**regulation**
safety *regulations* 安全規則
building *regulations* 建築法規
traffic *regulations* 交通法規
動+**regulation**
apply a *regulation* 規則を適用する
ignore a *regulation* 規則を無視する
obey a *regulation* 規則に従う

❷U 調節, 調整; 規制
派生 **regulate** 動

re·gur·gi·tate /rigə́:rdʒətèit リガーヂテイト/ 動 他 ❶逆流させる; (食べた物を)吐き戻す ❷(考えなどを)理解しないでくり返す

re·ha·bil·i·tate /rì:həbílətèit リーハビリテイト/ 動 他 (病人・受刑者などを)社会復帰させる; (古い建物・地域などを)復興する

re·ha·bil·i·ta·tion /rì:həbìlətéiʃən リーハビリテイション/ 名 U (病人などの)社会復帰, リハビリテーション
派生 **rehabilitate** 動

re·hash /ri:hǽʃ リーハシュ/ 動 他 (古い題材などを)焼き直す, 作り直す
— 名 /rí:hæʃ リーハシュ/ (発音 動とのアクセントの違いに注意) C 《ふつう **a rehash**》焼き直し, 改作

re·hears·al B2 /rihə́:rsəl リハーサル/ 名 UC (公演前の)けいこ, 練習, リハーサル

re·hearse /rihə́:rs リハース/ 動 他 自 (公演前に)けいこする, リハーサルする

re·house /ri:háuz リーハウズ/ 動 他 新しい[より良い]家に住まわせる

reign /réin レイン/ (発音 rain, rein と同音) 名 ❶U 統治(とうち), 支配
❷C (王・女王の)在位期間, 治世(ちせい)
— 動 自 王位にある, 君臨する; 〔…を〕統治する, 支配する 《*over*》

reign·ing /réiniŋ レイニング/ 形 在位している; (スポーツの)タイトルを保持している

re·im·burse /rì:imbə́:rs リーインバース/ 動 他 《文章》(費用などを)払い戻す, 返済する

rein /réin レイン/ (発音 rain, reign と同音) 名 C ❶《ふつう **reins**》手綱(たづな) ❷《**the reins**》抑制の手段; コントロール
give* (*free*) *rein to ... …に自由にさせる

re·in·car·na·tion /rì:inkɑ:rnéiʃən

リーインカーネイション/ 名U 輪廻(りんね)転生《♦死後に霊魂が他の肉体に移ること》, 生まれ変わること; C 生まれ変わり, 化身

rein·deer /réindiər レインディア/ 名 (複 **reindeer**) C 《動物》トナカイ

re·in·force B2 /rì:ənfɔ́:rs リーインフォース/ 動他 補強する, 強化する

rèinforced cóncrete 名U 鉄筋コンクリート

re·in·force·ment B2 /rì:infɔ́:rsmənt リーインフォースメント/ 名 ❶U 補強, 増強, 強化; C 補強剤
❷《**reinforcements**》援軍

re·in·state /rì:instéit リーインステイト/ 動他 《文章》(人を)復職させる, 復位させる

re·in·tro·duce /rì:intrədjú:s リーイントロデュース/ 動他 再び紹介する; 再導入する

re·is·sue /ri:íʃu: リーイシュー/ 動他 再発行する ━名C 再版, 再発行

re·it·er·ate /riítərèit リイタレイト/ 動他 《文章》(注意を促すため)くり返して言う

re·it·er·a·tion /ri:ìtəréiʃən リーイタレイション/ 名CU 《文章》くり返し

re·ject B1 /ridʒékt リヂェクト/ 動 (三単現 **rejects** /ridʒékts リヂェクツ/; 過去·過分 **rejected** /ridʒéktəd/; 現分 **rejecting**) 他
❶断る, 拒絶する, 拒否する (❗ refuse より意味が強い)
• I **rejected** the offer. 私はその申し出を(きっぱり)断った
❷(不良品などを)はねる
━ /rí:dʒekt リーヂェクト/ (発音 動 とのアクセントの違いに注意) 名 (複 **rejects** /rí:dʒekts リーヂェクツ/) C
不良品; 拒否された人, 不合格者

re·jec·tion B2 /ridʒékʃən リヂェクション/ 名U 拒絶, 拒否; 不採用; 廃棄

re·joice /ridʒɔ́is リヂョイス/ 動 (三単現 **rejoices** /ridʒɔ́isəz/; 過去·過分 **rejoiced** /ridʒɔ́ist/; 現分 **rejoicing**) 自 《文章》喜ぶ • We **rejoiced at** the news. 私たちはその知らせを聞いて喜んだ

rejoice in …に恵まれている

re·joic·ing /ridʒɔ́isiŋ リヂョイスィング/ 名 《文章》U (大勢の人による)喜び, 歓喜; 《**rejoicings**》祝宴

re·join B2 /ri:dʒɔ́in リーヂョイン/ 動他 復帰する; 再びいっしょになる

re·join·der /ridʒɔ́indər リヂョインダ/ 名C 《文章》即答, 言い返し

re·ju·ve·nate /ridʒú:vənèit リヂューヴァネイト/ 動他 《文章》若返らせる, 元気を回復させる

re·ju·ve·na·tion /ridʒù:vənéiʃən リヂューヴェネイション/ 名U 若返り, 元気回復

re·kin·dle /ri:kíndl リーキンドル/ 動他 (火·感情を)再び燃えあがらせる

re·lapse /rilǽps リラプス/ 動自 《文章》(悪い状態へ)逆戻りする; (病気が)再発する ━名C あと戻り; (病気の)再発, ぶり返し

re·late B1 高 /riléit リレイト/ 動 (三単現 **relates** /riléits リレイツ/; 過去·過分 **related** /riléitəd/; 現分 **relating**)
❶他 関係づける, 結びつける, 関連させる; 自 〔…と〕関係がある, 結びついている《*to, with*》; 文型 [**relate A to** [**with**] **B**] AをBと関係づける
• His report **relates** the rise in crime **to** the increase in unemployment. 彼のレポートは犯罪の増加を失業者の増加と関係づけている
文型 [**be related to A**] Aに関係のある
• These two cultures **are related to** each other. この2つの文化は相互に関係している
❷他 《文章》物語る, 話す, (詳しく)述べる (=tell)
❸自 〔…と〕仲良くやっていく《*to*》
派生 **relation** 名; 派生 **relative** 形

re·lat·ed B2 /riléitəd リレイテド/ 形 ❶関係のある, 関連のある (↔**unrelated**)
❷〔…と〕親せきの, 親族の《*to*》

re·la·tion B1 高 /riléiʃən リレイション/ 名 (複 **relations** /riléiʃənz/)
❶UC 関係, 関連; 《**relations**》(個人[組織]どうし, 国家·民族間の)関係, 利害関係
• develop trade **relations between**

Australia and Japan オーストラリアと日本の貿易関係を進展させる
• I **have no relations with** him. 彼とは何の関係もない

コロケーション
形+**relations**
close *relations* 親密な関係
friendly *relations* 友好的な関係
public *relations* (企業などの)広報, PR
diplomatic *relations* 外交関係
economic *relations* 経済的な関係
international *relations* 国際関係
動+**relations**
establish *relations* 関係を結ぶ
improve *relations* 関係を改善する
normalize *relations* 関係を平常化する
promote *relations* 関係を促進する
strengthen *relations* 関係を強化する

❷ C 親せき (=relative)
in* [*with*] *relation to ... …に関係[関連]して
派生 **relate** 動

re·la·tion·ship B1 高 /riléiʃənʃìp リレイションシプ/ 名 ❶ U C 関係, 関連 (! 親しい間柄の人間関係には relation よりも relationship を用いる)
• Do you have a good **relationship** with your parents? あなたはご両親と良い関係を築いていますか
❷ U 恋愛関係

rel·a·tive B1 高 /rélətiv レラティヴ/ 名 (複 **relatives** /rélətivz/) C
❶ 親類, 親せき, 親族, 肉親
• a close **relative** 近い親せき
❷ 《文法》 関係詞
━ 形 ❶ 相対的な; 比較的な, 比べた時の (↔**absolute**)
• Beauty is a **relative** thing. 美しさというものは相対的なものである
❷〔…に〕関係のある, 関連した《*to*》
• a discussion **relative to** education 教育に関連した議論
❸〔…に〕比例する, よる《*to*》
❹《文法》 関係を示す, 関係詞の
派生 **relate** 動; 派生 **relativity** 名

rélative cláuse 名 C 《文法》 関係詞節

rel·a·tive·ly B1 /rélətivli レラティヴリ/ 副 比較的(に), 割合, 相対的に (↔**absolutely**)
• It is **relatively** cool today, isn't it? 今日は割と涼しいね

rélative prónoun 名 C 《文法》 関係代名詞

rel·a·tiv·is·tic /rèlətivístik レラティヴィスティク/ 形 相対主義の, 相対論的な

rel·a·tiv·i·ty B2 /rèlətívəti レラティヴィティ/ 名 U ❶《しばしば **Relativity**》《物理》 相対性理論 ❷ 関連性, 相対性
派生 **relative** 形

re·lax A2 高
/rilǽks リラクス/ 動 (三単現 **relaxes** /rilǽksəz/; 過去・過分 **relaxed** /rilǽkst/; 現分 **relaxing**)
❶ 他 (気分など)ゆったりさせる, くつろがせる; 自 くつろぐ, リラックスする
• I like to **relax** after supper by listening to jazz music. 私は夕食後ジャズを聞いてくつろぐのが好きだ
❷ 他 (筋肉などを)ゆるめる; 自 ゆるむ
❸ 他 (規則などを)ゆるめる
• **relax** the regulations 規則をゆるめる

re·lax·a·tion B2 /rìːlækséiʃən リーラクセイション/ 名 U 緩和, 軽減; U C 気晴らし, くつろぎ
派生 **relax** 動

re·laxed A2 高
/rilǽkst リラクスト/ 形
くつろいだ, のんびりした, リラックスした
• a **relaxed** atmosphere くつろいだふんい気

re·lax·ing B1 /rilǽksiŋ リラクスィング/ 形 くつろがせる, ゆったりとさせる

re·lay B2 /ríːlei リーレイ/ 名 (複 **relays** /ríːleiz/) C ❶ 交替; 交替者
❷ リレー競走 (=relay race)
❸ (テレビなどの)中継; 《電気》 継電器
in relays 交替で

— /ríːlèi リーレイ/ 動 (三単現 **relays** /ríːlèiz/; 過去・過分 **relayed** /ríːlèid/; 現分 **relaying**) 他 (伝言などを)中継ぎする, 取りつぐ; (テレビなどの)中継をする, 中継放送する
• **relay** a message **to** Joan ジョーンに伝言を伝える

rélay ràce 名 C リレー競争

re·lease A2 高

/ríliːs リリース/ 名 (複 **releases** /ríliːsəz/)
❶《単数形で》〔…からの〕釈放, 免除, 解放《*from*》
• His death brought him **a release from** pain. 彼は亡くなって痛みから解放された (←死が彼に痛みからの解放をもたらした)
❷ C (新曲・新刊本などの)発売; (映画の)封切り, 公開; 公表
• a **release** of a new movie 新作映画の公開
on* (*general*) *release (映画が)一般公開されて(いる)
— 動 (三単現 **releases** /ríliːsəz/; 過去・過分 **released** /ríliːst/; 現分 **releasing**) 他
❶〔…から〕釈放する, 放免する; 放す《*from*》
• The hostages were **released**. 人質は釈放された
❷ (ニュース・声明などを)発表する; (新曲・新刊本などを)発売する; (映画を)封切りする, 公開する
❸ 文型 [**release A from B**] A(人)をBから免れさせる
• **release** her **from** debt 彼女の借金を免除してやる

rel·e·gate /réləgèit レラゲイト/ 動 他《文章》〔…に〕左遷(させん)する, 格下げする《*to*》

re·lent /rilént リレント/ 動 自 (人・態度などが)優しくなる, 許してくれる; (あらしなどが)静まる

re·lent·less /riléntləs リレントラス/ 形 絶え間ない, 執拗(しつよう)な, 容赦ない
reléntlessly 副 絶え間なく, 容赦なく

rel·e·vance, rel·e·van·cy /réləvəns レラヴァンス, réləvənsi レラヴァンスィ/ 名 U 〔主題との〕関連性《*to*》

rel·e·vant B2 /réləvənt レラヴァント/ 形 〔主題に〕直接関連した《*to*》

re·li·a·bil·i·ty /rilàiəbíləti リライアビリティ/ 名 U 信頼性, 信頼度, 確実性
派生 **reliable** 形

re·li·a·ble B1 /riláiəbl リライアブル/ 形 信頼できる, 当てになる, 頼りになる; 確実な (↔**unreliable**)
• She is a **reliable** person. 彼女は信頼できる人物です
派生 **rely** 動
relíably 副 頼もしく, 確実な筋から

re·li·ance /riláiəns リライアンス/ 名 U 頼ること; C 頼りになる人[もの]

re·li·ant /riláiənt リライアント/ 形 〔…に〕当てにする, 頼りにする《*on*》

rel·ic B2 /rélik レリク/ 名 C (過去の)遺物, 遺跡(いせき)

re·lief[1] B2 /rilíːf リリーフ/ 名 (複 **reliefs** /rilíːfs/) ❶《単数形で》ほっとした思い, 安心, 安堵(あんど) • breathe a sigh of **relief** ほっとひと息つく
❷ U 〔痛み・苦しみの〕緩和, 軽減, 軽くなること《*from*》
• This medicine will give you **relief from** a headache. この薬を飲めば頭痛がおさまるよ
❸ U 救助, 救援; 救援物資
• a **relief** pitcher 救援投手
❹ U 交替, 休み; C 交替者
to A's relief A(人)がほっとしたことには
派生 **relieve** 動

re·lief[2] /rilíːf リリーフ/ 名 (複 **reliefs** /rilíːfs/) U 際立ってみえること; 《美術》浮き彫り; C 浮き彫り作品, レリーフ

re·lieve B2 /rilíːv リリーヴ/ 動 他
❶ (苦痛・心配などを)軽くする, 取り除く, 楽にする, 和らげる; 安心させる; 《**be relieved**》安心する, ほっとする
• She **was relieved** (**to** hear) that her child was safe. 彼女は子どもが無事であ

ると聞いてほっとした
文型 [**relieve A of B**] A から B を取り除いてやる, A を B から解放する
• These pills will **relieve** you **of** your cough. この薬を飲めばせきが楽になるでしょう
❷ (退屈などを)紛らわす; 変化をつける
❸ 〔…から〕(人を)解放する 《*of*》
❹ 交替してやる, 休ませる
❺ 助ける, 救援する
派生 **relief**[1] 名

re·lieved B2 /rilíːvd リリーヴド/ 形 安心した, ほっとした

re·liev·er /rilíːvər リリーヴァ/ 名 C 救済者[物]; 《野球》リリーフ投手

re·li·gion B1 高 /rilídʒən リリヂョン/ 名 (複 **religions** /rilídʒənz/)
❶ U 宗教; C (個々の)宗教, …教
• the Christian **religion** キリスト教
❷ U 信仰
• freedom of **religion** 信仰の自由
❸ 《a religion》信条

re·li·gious B1 高 /rilídʒəs リリヂャス/ 形
❶ 宗教の, 信仰の; 宗教的な
❷ 信仰のあつい, 信心深い
• lead a **religious** life 敬虔(けいけん)な生活を送る
派生 **religion** 名
relígiously 副 宗教的に; 注意深く

re·lin·quish /rilíŋkwiʃ リリンクウィシュ/ 動 他 《文章》(地位などを)辞する, やめる (=give up); (権利などを)譲る

rel·ish /réliʃ レリシュ/ 名 《単数形で》楽しみ; 好み; 味, 風味; U C 薬味, 風味をそえるもの
with (a) relish うまそうに; おもしろそうに
— 動 他 賞味する; 楽しむ

re·live /riːlív リーリヴ/ 動 他 (過去のことなどを)思い起こす, 再体験する

re·lo·cate /riːlóukeit リーロウケイト/ 動 《文章》他 (建物・工場などを)移す; (人を)配置転換する; 自 (建物・工場などが)移る; (人が)配置転換になる

re·lo·ca·tion /rìːloukéiʃən リーロウケイション/ 名 U 移住; 移転; 配置転換

re·luc·tance /rilʌ́ktəns リラクタンス/ 名 U 気のりしないこと, いやがること
with reluctance しぶしぶ, いやいや

re·luc·tant B2 /rilʌ́ktənt リラクタント/ 形
❶ 気のりしない, いやがる, したがらない; 〔…するのは〕気が進まない 《*to do*》
• They seem to **be reluctant to** go to the zoo. 彼らは動物園に行きたくないように見えた
❷ 不承不承の, しぶしぶの
• a **reluctant** answer いやいやながらの返事

re·luc·tant·ly /rilʌ́ktəntli リラクタントリ/ 副 いやいやながら, しぶしぶ

re·ly B1 高 /rilái リライ/ 動 (三単現 **relies** /riláiz/; 過去・過分 **relied** /riláid/; 現分 **relying**) 自 文型 [**rely on** [**upon**] **A**] Aにたよる, Aをあてにする, 信頼する
• You can **rely on** her. = She can **be relied on**. 彼女は信頼できる
派生 **reliable** 形

REM /rém レム/ 名 C 急速眼球運動 (❗ rapid eye movement の略)

re·main A2 高

/riméin リメイン/ 動 (三単現 **remains** /riméinz/; 過去・過分 **remained** /riméind/; 現分 **remaining**) 自
❶ 文型 [**remain C**] (ひき続き)Cである, Cのままでいる (❗ Cには形容詞, 現在分詞, 過去分詞, 名詞などがくる)
• She **remained** silent. 彼女は黙ったままだった
• It will **remain** cold for a few days. お天気は2, 3日寒いままでしょう[この寒さは2, 3日続くでしょう]
• We **remained** friends in spite of our quarrel. 私たちはけんかをしたけれど友達のままだった
❷ (行かないで)残る; とどまる; 滞在する
• She **remained** in Tokyo after her husband died. 彼女は夫の死後東京にとどまった

❸ (後に)残っている
● If you take 3 from 5, 2 **remains**. 5から3を引けば2が残る
***remain to be** done* これから…されなければならない, まだ…されていない
● It **remains to be seen** whether he will win the game. 彼が試合に勝つかどうかはまだわからない
— 名 (複 **remains** /riméinz/) 《**remains**》
❶ 残り, 残り物
❷ 遺跡, 遺物 (=ruins)

re·main·der B1 /riméindər リメインダ/ 名 (複 **remainders** /riméindərz/)
❶ 《**the remainder (of ...)**》《単数・複数扱い》残り; 残りの人々, 残りのもの
❷ C (引き算の)残り, (割り算の)余り
派生 **remain** 動

re·main·ing B2 高 /riméiniŋ リメイニング/ 形 残りの, 残っている

re·make /riːméik リーメイク/ 動 (三単現 **remakes** /riːméiks/; 過去・過分 **remade** /riːméid/; 現分 **remaking**) 他 (古い映画などを)新しく作り直す, リメイクする
— /ríːmèik リーメイク/ (発音 動とのアクセントの違いに注意) 名 C リメイク版(作品)

re·mark B1 高 /rimáːrk リマーク/ 動 (三単現 **remarks** /rimáːrks/; 過去・過分 **remarked** /rimáːrkt/; 現分 **remarking**) 他 (感想などを, 簡単に)言う, 述べる; 自 〔…について〕意見を述べる 《*about, on*》
● She **remarked on** the good manners of my child. 彼女は私の子どもは行儀がいいと言ってくれた
— 名 (複 **remarks** /rimáːrks/) C 〔…についての〕(簡単な)意見, 感想, ひと言, 所見, 発言 《*about, on*》
● **make** a few **remarks about** ... …について少し意見[感想]を述べる

re·mark·a·ble B1 高 /rimáːrkəbl リマーカブル/ 形
注目すべき, 目だった; 並はずれた, 著しい; 珍しい, ふつうでない
● a **remarkable** achievement 目ざましい業績

re·mark·a·bly B2 /rimáːrkəbli リマーカブリ/ 副 著しく, 目だって, とても

re·mar·ry /riːmǽri リーマリ/ 動 (三単現 **remarries** /riːmǽriz/; 過去・過分 **remarried** /riːmǽrid/; 現分 **remarrying**) 自 他 再婚する

re·me·di·al /rimíːdiəl リミーディアル/ 形 治療する; 改善する; 補習の
派生 **remedy** 名

rem·e·dy B1 /rémədi レメディ/ 名 (複 **remedies** /rémədiz/) C
❶ 〔…の〕改善策, 救済策 《*for*》
❷ 治療法, 〔…の〕治療薬 《*for, against*》
— 動 (三単現 **remedies** /rémədiz/; 過去・過分 **remedied** /rémədid/; 現分 **remedying**) 他 (欠陥・害悪などを)矯正する, 改善する
派生 **remedial** 形

re·mem·ber A1 中

/rimémbər リメンバ/
動 (三単現 **remembers** /rimémbərz/; 過去・過分 **remembered** /rimémbərd/; 現分 **remembering**)
❶ 他 自 覚えている, 忘れていない; 思い出す (↔**forget**)
● if I **remember** right 私の記憶にまちがいがなければ
● I **remember** her phone number. 私は彼女の電話番号を覚えている
● **Remember**, at first you must jog slowly. いいですか, 初めはゆっくり走らなければいけません
● Now I **remember**. やっと思い出した
● I **remember** him only by name. 彼の名前だけは覚えている
文型 [**remember** *do***ing**] …したのを覚えている ⇨❷
● I **remember seeing** this movie on TV. この映画はテレビで見た覚えがある
文型 [**remember that ...**] …ということを覚えている; …ということを思い出す
● I **remember that** I told her the story. = I **remember telling** her the story. 彼女にその話をした覚えがある
文型 [**remember wh- ...**] …かを覚

えている; …かを思い出す

● After a while I **remembered where** I was. しばらくして私は自分がどこにいるのか思い出した

❷ 他 文型 [**remember to** *do*] 忘れずに…する, 必ず…する

● **Remember to** *send* an e-mail. 忘れずにメールを送ってください (=Don't forget to send an e-mail.)

● **Remember to** *look* both ways before crossing. 道路を横断する前には必ず左右を見なさい

❸ 他 よろしくと伝える

● Please **remember me to** all your family. お宅のみなさまによろしくお伝えください

派生 **remembrance** 名

re·mem·brance B1 /rimémbrəns リメンブランス/ 名 (複 **remembrances** /rimémbrənsəz/) U 追悼; 覚えていること, 記憶; C 思い出となるもの, 記念品

派生 **remember** 動

re·mind A2 高

/rimáind リマインド/ 動 (三単現 **reminds** /rimáindz リマインヅ/; 過去·過分 **reminded** /rimáindəd/; 現分 **reminding**) 他 思い出させる, 気づかせる

● You don't have to **remind** me again. いまさら言われなくてもわかっているよ

文型 [**remind A of B**] A(人)にBを気づかせる, 思い起こさせる

● The song **reminds** me **of** the happy memories of the past. この歌を聴くと過去の幸せな思い出がよみがえってくる

文型 [**remind A that ...** [**wh- ...**]] A(人)に…ということ[…か]を思い出させる

● She **reminded** me **that** I hadn't done my homework. 彼女は私に宿題をやっていなかったことを気づかせた

文型 [**remind A to** *do*] A(人)に…することを思い出させる, …するのを忘れないように注意する

● **Remind** me **to** *call* him tomorrow. あした私が彼に電話することを忘れていたら注意してくれ

どっち

remind と remember

remind は「(人に…を)思い出させる」, **remember** は「(人が)…を思い出す」:

This song always **reminds** me **of** her. = Whenever I hear this song, I **remember** her. この歌を聞くといつも彼女のことを思い出す

re·mind·er B2 /rimáindər リマインダ/ 名 C 思い出させる人[もの]

rem·i·nisce /rèmənís レミニス/ 動 自 〔…の〕思い出話をする, 追想する《*about*》

rem·i·nis·cence /rèmənísəns レミニセンス/ 名 U 回想, 追憶; C 思い出

rem·i·nis·cent /rèmənísənt レミニサント/ 形 〔…を〕思い出させる, しのばせる《*of*》

re·mis·sion /rimíʃən リミション/ 名 UC 赦免; 免除; 刑期の短縮; (痛みなどの)鎮静

re·mit /rimít リミト/ 動 (三単現 **remits** /rimíts リミツ/; 過去·過分 **remitted** /rimítəd/; 現分 **remitting**) 《文章》 他 自 (金銭を)郵送する; 送金する; 他 (刑罰·借金·税金などを)免除する; (痛みなどを)緩和する

re·mit·tance /rimítəns リミタンス/ 名 《文章》 UC 送金; C 送金額

rem·nant /rémnənt レムナント/ 名 C ❶《しばしば **remnants**》〔…の〕残り; なごり《*of*》 ❷ 残りきれ, 端切れ

re·mod·el /riːmádəl リーマデル/ 動 (三単現 **remodels** /riːmádəlz/; 過去·過分 **remodeled**, 《英》 **remodelled** /riːmádəld/; 現分 **remodeling**, 《英》 **remodelling**) 他 (建物·部屋などを)作り直す, 改築する; …の型を直す

re·mon·strate /rimánstreit リマンストレイト/ 動 自 《文章》 反対する, 抗議する《*with, against*》

re·morse /rimɔ́ːrs リモース/ 名 U 〔…に対する〕深い後悔, 良心の呵責(かしゃく)《*for*》

re·morse·ful /rimɔ́:rsfəl リモースフル/ 形 良心の呵責(かしゃく)に悩む

re·morse·less /rimɔ́:rsləs リモースラス/ 形 《文章》無慈悲な, 無情な; 容赦なく続く

re·mote A2 高

/rimóut リモウト/
形 (比較級 **remoter**, **more remote**; 最上級 **remotest**, **most remote**)
❶(距離が)〔…から〕遠い《from》, 遠く離れた; 人里離れた, 辺ぴな
• a **remote** island 遠く離れた島
❷(時間が)遠い, はるかな
• in the **remote** future 遠い将来に
❸〔…と〕関係の薄い《from》
• a **remote** relative 遠い親せき
❹《しばしば最上級で》(機会・可能性が)微々たる (=slight)
派生 **remotely** 副
remóteness 名 U 遠く離れていること; 疎遠

remóte contról B1 名 U 遠隔(えんかく)操作, リモコン; C リモコン装置

re·mote·ly /rimóutli リモウトリ/ 副 遠く離れて; あまり関係がなく
派生 **remote** 形

re·mov·a·ble /rimú:vəbl リムーヴァブル/ 形 解任できる; 除去できる; 移動できる, 着脱可能な

re·mov·al /rimú:vəl リムーヴァル/ 名 U C
❶除去, 撤去 • the **removal** of an obstacle 障害物の除去
❷移動, 移転; 解任, 免職
• the **removal** of a desk 机の移動

re·move B1 高 /rimú:v リムーヴ/ 動 (三単現 **removes** /rimú:vz/; 過去・過分 **removed** /rimú:vd/; 現分 **removing**) 他
❶(ふたなどを)取りはずす, 取り去る; (疑い・不安などを)取り除く, (食卓の皿などを)かたづける
• **remove** the plates **from** the table 食卓から(食後の)皿をかたづける
• He couldn't **remove** the doubt **from** his heart. 彼は心の中から疑いを拭い去ることはできなかった
❷(衣類などを)脱ぐ ❸《文章》〔…から〕解任[免職]する《from》
— 名 (複 **removes** /rimú:vz/) C へだたり
派生 **removal** 名

re·moved /rimú:vd リムーヴド/ 形 〔…から〕へだたった, かけ離れた《from》(❗ far removed の形で用いることが多い)

re·mov·er /rimú:vər リムーヴァー/ 名 C U 除去剤

re·mu·ner·ate /rimjú:nərèit リミューナレイト/ 動 他 《文章》〔…に対する〕報酬を支払う《for》

re·mu·ner·a·tion /rimjù:nəréiʃən リミューナレイション/ 名 U C 《文章》報酬; 給料

re·nais·sance /rènəsɑ́:ns レネサーンス/ 名 ❶《the Renaissance》文芸復興, ルネサンス《♦14-16世紀ヨーロッパの芸術・学問の復興運動》
❷ C (文芸・美術で)復興, 復活

re·nal /rí:nəl リーナル/ 形 《解剖》腎臓(じんぞう)の

re·name /ri:néim リーネイム/ 動 他 新しい名をつける; 改名する

rend /rénd レンド/ 動 (三単現 **rends** /réndz/; 過去・過分 **rent** /rént/; 現分 **rending**) 他 《文章》引き裂く, ちぎる

ren·der /réndər レンダ/ 動 他 《文章》
❶ 文型 [**render A C**] AをCにする (=make)
❷ 文型 [**render A B** = **render B to A**] A(人)にB(援助など)を与える
❸〔…に〕(謝意・敬意を)表する《to》

ren·der·ing /réndəriŋ レンダリング/ 名 C (詞・劇などの)演技, 演出; 演奏; 翻訳

ren·dez·vous /rɑ́:ndeivù: ラーンデイヴー/ 名 (複 **rendezvous** /rɑ́:ndeivù:z/) C 《フランス語》(場所・日時を決めての)会合; 会合の約束; 会合場所; たまり場

ren·di·tion /rendíʃən レンディション/ 名 (=rendering)

ren·e·gade /rénəgèid レナゲイド/ 名 C 背教者; 売国奴, 脱党者, 裏切り者

re·nege /riníg リニグ/ 動 自 《文章》(約束などを)破る《on》

re·new B1 /rinjúː リニュー/ 動 (三単現 **renews** /rinjúːz/; 過去・過分 **renewed** /rinjúːd/; 現分 **renewing**) 他
❶新しくする; (古くなった物を新しい物に)取りかえる; (契約などを)更新する
❷(若さなどを)取りもどす, 回復する; 再び始める, 再開する, くり返す; 強める

re·new·a·ble /rinjúːəbl リニューアブル/ 形
❶再生可能な (❗ふつう名詞の前に用いる) ❷更新できる, 回復できる, 再開できる
━名 《**renewables**》 再生可能エネルギー 《◆太陽光, 風力など》

renèwable énergy 名U 再生可能エネルギー

re·new·al /rinjúːəl リニューアル/ 名U 新しくすること; C 更新; (手形などの)書き換え; やり直し; UC 再開発

re·nounce /rináuns リナウンス/ 動他 《文章》 放棄する (=give up); 否認する

ren·o·vate /rénəvèit レナヴェイト/ 動他 (建物などを)修復する, 修繕する

ren·o·va·tion /rènəvéiʃən レナヴェイション/ 名UC 修復, 修繕

re·nown /rináun リナウン/ 名U 名声, 有名 (=fame)

re·nowned /rináund リナウンド/ 形 〔…で〕有名な, 名声のある 《*for*》

rent[1] A2

/rént レント/

名 (複 **rents** /rénts レンツ/) UC
使用料, 家賃, 部屋代, 地代, 賃貸料

• How much **rent** do you pay for your apartment? あなたはアパート代をいくら払っていますか

for rent 貸すための

• **For Rent** 《米》《広告》 貸し家[貸し間, 空室]あり (=《英》 To Let)

━動 (三単現 **rents** /rénts レンツ/; 過去・過分 **rented** /réntəd/; 現分 **renting**)
❶他 〔…から〕(使用料を払って)借りる, 賃借りする, 賃借(ちんしゃく)する 《*from*》

• We **rented** an apartment when we lived in Nara. 奈良で暮らしていたとき, 私たちはアパートを借りていた

似ている単語
借りる－**rent**, **hire**, **borrow**
rent は「使用料を払って借りる」こと. **hire** は rent と同じ意味で《英》で使うが, 家や土地などについては《英》でも rent を使う. 無料で借りるときは **borrow** を使う (❗rent には「使用料を取って貸す」意味もある) ⇨❷
rent a car = 《英》 **hire** a car 車を借りる
rent a cottage 別荘を借りる
borrow books from the library 図書館から本を借りる

❷他 (家・土地など)(使用料を取って)貸す, 賃貸(ちんたい)する, 賃貸しする 《*out*》; 自 (…の使用料で)貸される

• This room **rents for** 50,000 yen a month. この部屋代は月5万円です

rent[2] /rént レント/ 名C 《文章》 裂け目, 切れ目, 割れ目

rent·al B2 /réntəl レンタル/ 名C 賃貸[賃借]料, レンタル料; U 賃貸 (❗「レンタルする」は rent)

rent-free /réntfríː レントフリー/ 形副 賃貸料なしの[で]

re·nun·ci·a·tion /rinʌ̀nsiéiʃən リナンスィエイション/ 名U 《文章》 (権利などの)放棄, 放棄の宣言

re·or·gan·i·za·tion /riɔ̀ːrgənizéiʃən リオーガニゼイシャン/ 名U 再編成[組織]; 改革, 立て直し

re·or·gan·ize B2 /riɔ́ːrgənàiz リオーガナイズ/ 動他 (組織などを)再編成[組織]する, 立て直す; 自 再編成される, 立て直される

rep /rép レプ/ 名C 《口語》 代表者; 外交販売員 (❗representative の略)

re·paid /ripéid リペイド/ 動 repay の過去形・過去分詞

re·pair A2 高

/ripéər リペア/ 動 (三単現 **repairs** /ripéərz/; 過去・過分 **repaired** /ripéərd/; 現分 **repairing**) 他
❶(特に複雑な機械などを)修理する, 修繕する, 直す

• have [get] a TV set **repaired** テレビを直してもらう
❷(悪い状況を)改善する, 修復する
一 名 (複 **repairs** /ripéərz/)
❶ U C 修理, 修繕; 《**repairs**》修理作業
• The **repairs** on my car haven't finished yet. 車の修理はまだ終わっていない
❷ U (一般に機械・設備などの)状態
• a machine **in good** [**bad**] **repair** 手入れのよい[悪い]機械
under repair 修理中で, 修復中で
• This road is **under repair**. この道路は修復中です

re·pair·man /ripéərmæ̀n リペアマン/ 名 (複 **repairmen** /ripéərmèn/) C 修理工

rep·a·ra·tion /rèpəréiʃən レパレイション/ 名 U 賠償, 補償, 償い; 《**reparations**》(敗戦国の支払う)賠償金

re·pa·tri·ate /riːpéitrièit リーペイトリエイト/ 動 他 (移住民・亡命者などを)本国へ送還する

re·pa·tri·a·tion /riːpèitriéiʃən リーペイトリエイション/ 名 C U 本国送還

re·pay B1 /ripéi リペイ/ 動 (三単現 **repays** /ripéiz/; 過去・過分 **repaid** /ripéid/; 現分 **repaying**) 他 ❶(金などを)返す, 払い戻す, 返済する; 文型 [**repay A B**] A(人)にB(金など)を返す
• **repay** him money 彼に金を返す
❷(親切などを)返す, 〔…に対して〕(人に)報いる《*for*》

re·pay·ment /ripéimənt リペイメント/ 名 U C 払い戻し, 返済; 返済金; 恩返し, 仕返し 派生 **repay** 動

re·peal /ripíːl リピール/ 動 他 《文章》(法律などを)無効にする, 廃止する
一 名 U 《文章》(法律などの)廃止, 廃棄

re·peat A1 高

/ripíːt リピート/ 動 (三単現 **repeats** /ripíːts リピーツ/; 過去・過分 **repeated** /ripíːtəd/; 現分 **repeating**) 他
❶ くり返す; くり返して言う
• **Repeat** (the sentence) **after** me. 私のあとについて(その文を)言いなさい
• Try not to **repeat** the same mistake. 同じまちがいをくり返さないようにしなさい
• Will you **repeat** the question, please? 質問をもう一度言ってくれませんか
❷(人の言ったことを)〔他の人に〕話す《*to*》
repeat oneself 同じことをくり返して言う, 同じことをくり返す
• History **repeats itself**. 歴史はくり返す
一 名 (複 **repeats** /ripíːts リピーツ/) C
❶ くり返し, 反復
❷《音楽》反復節, 反復記号
❸《英》(ラジオ・テレビ番組などの)再放送 (=《米》return)
派生 **repetition** 名

re·peat·ed /ripíːtəd リピーテド/ 形 くり返された, たび重なる (! 名詞の前に用いる)

re·peat·ed·ly B1 /ripíːtədli リピーテドリ/ 副 くり返して, 何度も, たびたび

re·pel /ripél リペル/ 動 (三単現 **repels** /ripélz/; 過去・過分 **repelled** /ripéld/; 現分 **repelling**) 他 《文章》 ❶ 撃退する, 追い払う ❷ 不快感を与える

re·pel·lent /ripélənt リペラント/ 形 不快感をもよおさせる, 反感を抱かせる
一 名 U C 防虫剤

re·pent /ripént リペント/ 動 他 自 《文章》後悔(こうかい)する, くやむ, 残念に思う; 悔い改める

re·pent·ance /ripéntəns リペンタンス/ 名 U 《文章》後悔の念, 悔い改め

re·pent·ant /ripéntənt リペンタント/ 形 後悔している

re·per·cus·sion /rìːpərkʌ́ʃən リーパカション/ 名 C 《ふつう **repercussions**》(行動・事件などの)予期せぬ反響, 余波

rep·er·toire B2 /répərtwɑ̀ːr レパトワー/ 名 C 《フランス語》上演目録, 演奏曲目, レパートリー

rep·er·to·ry /répərtɔ̀ːri レパトーリ/ 名 (複 **repertories** /répərtɔ̀ːriz/)
❶ U レパートリー方式 《◆一定期間の間にいくつかの演目を順番に上演していく》
❷ (=repertoire)

rep·e·ti·tion B2 /rèpətíʃən レペティション/ 名 U C くり返し，反復（❗「くり返す」は repeat） 派生 **repeat** 動

rep·e·ti·tious /rèpətíʃəs レペティシャス/ 形 くり返しの多い，くどい

rèpetítiously 副 くどくどと

rèpetítiousness 名 U くり返しの多さ

re·pet·i·tive /ripétətiv リペティティヴ/ 形 くり返しの(多い)

re·phrase /riːfréiz リーフレイズ/ 動 他 （別の言葉で）言い換える

re·place A2 高

/ripléis リプレイス/ 動（三単現 **replaces** /ripléisəz/; 過去·過分 **replaced** /ripléist/; 現分 **replacing**）他

❶ 取りかえる；…に取って代わる

• Aristocracy was **replaced by** democracy. 貴族政治は民主政治に取って代わられた

文型 [**replace A with** [**by**] **B**] AをBと取りかえる

• **replace** an old calendar **with** a new one 古いカレンダーを新しいのと取りかえる（❗ one = calendar）

❷ …のあとを継ぐ，…の後任となる

• They're going to recommend me to **replace** her. 彼らは彼女の後任に私を推薦するだろう

❸ もとの所に置く，もどす

• I **replaced** the book on the shelf. 私はその本をたなの上にもどした

派生 **replacement** 名

re·place·a·ble /ripléisəbl リプレイサブル/ 形 元に戻せる；取り替えられる

re·place·ment B2 /ripléismənt リプレイスメント/ 名 U 取り替え，置換；C 交替者，代替物 派生 **replace** 動

re·plant /rìːplǽnt リープラント/ 動 他 植え直す，移植する

re·play /riːpléi リープレイ/ 動（三単現 **replays** /ripléiz/; 過去·過分 **replayed** /ripléid/; 現分 **replaying**）他（試合を）再び行う；（ビデオ・テープなどを）再生する

— /ríːplei リープレイ/（発音 動とのアクセントの違いに注意）名（複 **replays** /ríːpleis/）C（ビデオなどの）再生，リプレイ；《英》《スポーツ》再試合

re·plen·ish /ripléniʃ リプレニシュ/ 動 他《文章》〔…を〕再び満たす，補給する《*with*》

re·plete /riplíːt リプリート/ 形《文章》〔…で〕満たされた，十分に供給された《*with*》

rep·li·ca B2 /réplikə レプリカ/（×レプリカ）名 C（美術品の）模写，複製；模型，レプリカ

rep·li·cate /répləkèit レプリケイト/ 動 他《文章》…を模写する；複製する

rèplicátion 名 C 複写，複製

re·ply A2 高

/riplái リプライ/ 名（複 **replies** /ripláiz/）C（口頭・文章・動作による）答え；返事，回答，答え

• I am looking forward to your **reply**. お返事をお待ちしております

in reply (***to …***)（…の）返事に，答えとして

— 動（三単現 **replies** /ripláiz/; 過去·過分 **replied** /ripláid/; 現分 **replying**）

❶ 自 他 答える，返事をする，回答する ⇨**answer** 似ている単語

• The audience **replied** with shouts and cheers. 聴衆は歓声で答えた

文型 [**reply to A**] Aに答える

• My teacher readily **replies to** any question. 私の先生はどんな質問にも快く答えてくれる

文型 [**reply that …**] …と答える

• He **replied that** he liked the movie.

彼はその映画が好きだと答えた
❷ 自〔…に; …で〕応じる《*to; with*》

re·pop·u·late /riːpάpjəlèit リーパピュレイト/ 動 他 (場所に)再び住みつく

re·port A2 中

/ripɔ́ːrt リポート/
名 (複 **reports** /ripɔ́ːrts リポーツ/) C
❶〔…についての〕報告, 報告書; レポート; 報道《*of, on*》(!「論文」という意味での「レポート」は paper という)
- a news **report** ニュース報道
- the weather **report** 天気予報
- **write a report about** [**on**] ... …について報告書を書く

コロケーション
形+**report**
an accurate *report* 正確な報告
a detailed [full] *report* 詳細な報告
a final *report* 最終報告
an interim *report* 中間報告
an oral *report* 口頭での報告
a written *report* 書面での報告
動+**report**
draw up [make out] a *report* レポートを作成する
present [submit] a *report* レポートを提出する

❷《英》(学校の)成績表
— 動 (三単現 **reports** /ripɔ́ːrts リポーツ/; 過去・過分 **reported** /ripɔ́ːrtəd/; 現分 **reporting**)
❶ 他 報告する; 報道する;〔…であると〕報告する《*that ...*》; 自〔…について〕報告する《*on*》
- **report on** the result of the election 選挙の結果について報告する
- The accident was **reported** in the newspaper. その事故は新聞で報道された

❷ 他 (非行などを)〔…に〕言いつける, 届ける, 届け出る《*to*》
- **report** the traffic accident **to** the police 交通事故を警察に届け出る

❸ 自〔…に〕出頭する, 出向く《*to*》
- **report to** the police 警察に出頭する

repórt càrd 名 C《米》成績通知表

re·port·ed·ly /ripɔ́ːrtidli リポーティドリ/ 副 伝えられるところによれば, 報道によれば (! 新聞でよく用いられる)

repórted spéech 名 U《文法》間接話法

re·port·er A1 高

/ripɔ́ːrtər リポータ/
名 (複 **reporters** /ripɔ́ːrtərz/) C
報告者; 報道記者, レポーター

re·pose /ripóuz リポウズ/ 名 U《文章》休息 — 動《文章》他 休ませる, 自 休む; 横たわる

re·pos·i·tor·y /ripάzətɔ̀ːri リパズィトーリ/ 名 (複 **repositories** /ripάzətɔ̀ːriz/) C 保管庫

re·pos·sess /rìːpəzés リーパゼス/ 動 他 (代金未払いの商品などを)回収する, 取り戻す

rep·re·hen·si·ble /rèprihénsəbl レプリヘンサブル/ 形《文章》(行為が)とがむべき, 非難に値する

rep·re·sent A2 高

/rèprizént レプリゼント/ 動 (三単現 **represents** /rèprizénts レプリゼンツ/; 過去・過分 **represented** /rèprizéntəd/; 現分 **representing**) 他 ❶ 代表する, …の代表者[代理人]である
- He **represented** our university at the convention. 彼は我々の大学を代表して大会に出席した

❷ 表す, 意味する, 象徴する
- The dove **represents** peace. ハトは平和を象徴している
- This red line on the map **represents** a bus route. 地図上のこの赤い線はバス路線を表している

❸ …の好例である, 見本[典型]である
派生 **representation**, **representative** 名; 派生 **representative** 形

rep·re·sen·ta·tion /rèprizentéiʃən レプリゼンテイション/ 名 U 表現; 代表
派生 **represent** 動

rep·re·sent·a·tive B1 /rèprizéntətiv レプリゼンタティヴ/ 名 (複 **representa-**

tives /rèprizéntətivz/) Ⓒ
❶代表者, 代理人
❷代表する物, 典型, 見本
❸代議士; 《Representative》《米》下院議員 (❗「上院議員」は Senator)
• the House of **Representatives** (米国の)下院, (日本の)衆議院
— 形 ❶〔…を〕代表する, 代表的な《*of*》
❷〔…を〕表現する《*of*》
派生 **represent** 動

re·press B2 /riprés リプレス/ 動 他 (こみ上げる感情などを)押し殺す, 抑制する; (武力で)弾圧する, 鎮圧する

re·pressed /riprést リプレスト/ 形 抑圧された

re·pres·sion B2 /ripréʃən リプレション/ 名 Ⓤ 弾圧(状態); (欲望などの)抑止, 抑圧

re·pres·sive /riprésiv リプレスィヴ/ 形 (体制などが)抑圧的な, 弾圧する

re·prieve /riprí:v リプリーヴ/ 動 他 《法律》死刑執行猶予にする; 〔困難などから〕一時的に救う《*from*》
— 名 Ⓒ 《法律》死刑執行猶予(令状); (苦しみなどの)一時的軽減, つかの間の救い

rep·ri·mand /réprimæ̀nd レプリマンド/ 名 Ⓒ 《文章》(公式に)厳しくしかること, 懲戒 — 動 他 《文章》厳しくしかる

re·print B2 /rí:prìnt リープリント/ 名 Ⓒ 増刷, 再版, 復刻版
— /ri:prínt リープリント/ (発音 名とのアクセントの違いに注意) 動 他 増刷[再版]する

re·pris·al /ripráizəl リプライザル/ 名 Ⓤ 報復, 仕返し; Ⓒ 報復行為

re·proach /ripróutʃ リプロウチ/ 動 他 〔…の理由で〕しかる, 非難する《*for, with*》
— 名 Ⓤ しかること, 非難; Ⓒ 非難のことば
repróachful 形 非難するような

re·pro·duce B1 /rì:prədjú:s リープロデュース/ 動 (三単現 **reproduces** /rì:prədjú:səz/; 過去·過分 **reproduced** /rì:prədjú:st/; 現分 **reproducing**)
❶ 他 複製する, 複写する; 再版する; 転載する; 再演する
• **reproduce** photos 写真を焼き増しする [複写する]
• These articles were **reproduced** from a certain magazine. これらの記事はある雑誌から転載されたものだ
❷ 他 (音声などを)再生する, 再現する
❸ (動植物が)繁殖する, 子を生む

re·pro·duc·tion /rì:prədʌ́kʃən リープロダクション/ 名 ❶ Ⓤ 生殖, 繁殖 ❷ Ⓤ 再生, 再現, 再演 ❸ Ⓤ Ⓒ 複製, 複写

re·pro·duc·tive /rì:prədʌ́ktiv リープロダクティヴ/ 形 生殖の; 再生の

re·proof /riprú:f リプルーフ/ 名 《文章》Ⓤ 非難, 叱責(しっせき); Ⓒ 小言, 非難のことば

re·prove B2 /riprú:v リプルーヴ/ 動 他 《文章》叱責(しっせき)する, とがめる, たしなめる

rep·tile /réptəl レプティル/ 名 Ⓒ 爬虫(はちゅう)類

rep·til·i·an /reptílian レプティリアン/ 形 爬虫類の(ような)

re·pub·lic B1 高 /ripʌ́blik リパブリク/ 名 (複 **republics** /ripʌ́bliks/) Ⓒ 共和国
• the **Republic** of India インド共和国

re·pub·li·can /ripʌ́blikən リパブリカン/ 形 ❶共和国の; 共和主義の
❷《**Republican**》《米》共和党の (❗「民主党の」は Democratic)
— 名 Ⓒ 共和主義者; 《**Republican**》《米》共和党員
派生 **republic** 名

Republican Party 名 《**the** をつけて》《米》共和党 (❗米国の2大政党の1つ; ⇨**Democratic Party**)

re·pu·di·ate /ripjú:dièit リピューディエイト/ 動 他 《文章》(人のことばなどを)否認する; (申し出などを)拒絶する

re·pug·nant /ripʌ́gnənt リパグナント/ 形 《文章》いやでたまらない, 不快にさせる

re·pulse /ripʌ́ls リパルス/ 動 他 《文章》
❶うんざりさせる, 激怒させる
❷(敵などを)撃退する

re·pul·sion /ripʌ́lʃən リパルション/ 名 Ⓤ Ⓒ 《**a repulsion**》反感, 嫌悪; 《物理》

反発(作用)

re·pul·sive /ripʌ́lsiv リパルスィヴ/ 形 非常に不快な, 嫌悪感を起こさせる

rep·u·ta·ble /répjətəbl レピュタブル/ 形 評判のいい, 立派な

rep·u·ta·tion B1 高 /rèpjətéiʃən レピュテイション/ 名 (複 **reputations** /rèpjətéiʃənz/) C
評判; よい評判, 信望, 名声

- She **has** a good [bad] **reputation**. 彼女は評判がいい[悪い]

コロケーション
形+**reputation**
an excellent *reputation* すばらしい評判
a high *reputation* 高い評判
an international *reputation* 国際的な名声
a spotless *reputation* 非の打ちどころのない評判
動+**reputation**
gain [earn] *one's reputation* 名声を得る
damage *one's reputation* 名声を傷つける
lose *one's reputation* 名声を失う

re·pute /ripjú:t リピュート/ 名 U 《文章》 評判, 世評; 名声 (=reputation)

re·put·ed /ripjú:tid リピューティド/ 形 《文章》…という評判の

repútedly 副 世評では

re·quest A2 高

/rikwést リクウェスト/ 名 (複 **requests** /rikwésts リクウェスツ/) U C
頼み, 願い, 要求, 要請; C 頼みごと

- He **made** a **request for** a larger allowance. 彼はもっと多くの手当がほしいと言った

コロケーション
形+**request**
a moderate *request* 穏当な要求
a reasonable *request* 妥当な要求
動+**request**
accept a *request* 要求を受け入れる
submit a *request* 要求を提出する
refuse [turn down] a *request* 要求を断る

at the request of A = ***at A's request*** A(人)の依頼で, Aに頼まれて

on request 要請[依頼]があり次第

━動 (三単現 **requests** /rikwésts リクウェスツ/; 過去・過分 **requested** /rikwéstəd/; 現分 **requesting**) 他
頼む, 願う, 要請する, 懇願する (❗ ask よりも改まったていねいな依頼に用いる); 文型 [**request that ...**] …ということを頼む; 文型 [**request A to** *do*] A(人)に…してほしいと頼む

- Joe **requested** permission to leave school early. ジョーは学校を早退する許可を求めた
- She **requested that** he (《英》 should) stay here. = She **requested** him **to** *stay* here. 彼女は彼にここに留まるよう頼んだ

req·ui·em /rékwiəm レクウィエム/ 名 C 《キリスト教》(カトリックの)鎮魂ミサ(曲)

re·quire B1 高 /rikwáiər リクワイア/ 動 (三単現 **requires** /rikwáiərz/; 過去・過分 **required** /rikwáiərd/; 現分 **requiring**) 他 ❶ 必要とする; 望む; 文型 [**require that ...**] …ということを必要とする; 文型 [**require to** *do*] …することが必要である

- The plan **requires** her help. その計画には彼女の助力が必要だ

❷ 《文章》〔…に〕要求する 《*of*》; 文型 [**require A to** *do*] Aに…することを命じる

- The law **requires** all children **to** *attend* school. 法律によって子どもはすべて学校へ通わなければならない

派生 **requirement** 名

re·quire·ment B1 /rikwáiərmənt リクワイアメント/ 名 要求物, 要求額; 必要物, 必要条件

- minimum **requirements** 最低条件

派生 **require** 動

req·ui·site /rékwizit レクウィズィト/ 形 《文章》〔…に〕必要な, 不可欠の 《*for, to*》
━名 C 《文章》 必需品, 必要条件

req·ui·si·tion /rèkwizíʃən レクウィズィション/ 名 U C (文書による)要求, 請求; 《軍事》(物資の)調達, 徴発
— 動 他 (正式に)…を要求する; 《軍事》…を調達する, 徴発する

re·run /riːrʌ́n リーラン/ 動 (三単現 **reruns** /riːrʌ́nz/; 過去 **reran** /riːrǽn/; 過分 **rerun**; 現分 **rerunning**) 他 ❶ (劇・映画・テレビなどを)再演[再上映]する ❷ (競走を)やり直す — /ríːrʌ̀n リーラン/ (発音 動とのアクセントの違いに注意) 名 U C 再演, 再上映; C 再上映の映画

re·sale /ríːsèil リーセイル/ 名 C U 再販売, 転売

re·scind /risínd リスィンド/ 動 他 《法律》(法律・行為などを)無効にする, 取り消す (=void, go back on)

res·cue B1 中 /réskjuː レスキュー/ 動 (三単現 **rescues** /réskjuːz/; 過去・過分 **rescued** /réskjuːd/; 現分 **rescuing**) 他 〔…から〕(…を) 救い出す, 救助する 《*from*》(❗ rescue は救出行為そのもの, save は結果的な安全の確保に重点を置く)
- The firemen **rescued** a baby **from** the burning house. 消防署員が燃える家から赤ちゃんを救い出した

— 名 (複 **rescues** /réskjuːz/) U C 救助, 救援, 救出; 《形容詞的》救助の
- **go** [**come**] **to** his **rescue** 彼の救助に行く[来る]

res·cu·er /réskjuər レスキュア/ 名 C 救助者, 救済者

re·search A2 高

/risə́ːrtʃ リサーチ/ 名 (複 **researches** /risə́ːrtʃəz/) U C 研究; 調査, 探究
- market **research** マーケットリサーチ, 市場調査
- do **researches** into ... …の研究をする

— 動 (三単現 **researches** /risə́ːrtʃəz/; 過去・過分 **researched** /risə́ːrtʃt/; 現分 **researching**) 他 自 研究する, 調査する
- **research on** [**into**] ... …を調査する

re·search·er B1 高 /risə́ːrtʃər リサーチャ/ 名 (複 **researchers** /risə́ːrtʃərz/) C 研究者; 調査員

re·sem·blance /rizémbləns リゼンブランス/ 名 U 〔…との; …の間の〕似ていること, 類似; C 類似点 《*to; between*》

re·sem·ble B1 /rizémbl リゼンブル/ 動 (三単現 **resembles** /rizémblz/; 過去・過分 **resembled** /rizémbld/; 現分 **resembling**) 他 似ている (❗ 進行形や受け身にしない)
- John **resembles** his father. ジョンは父親似だ

比較 He **resembles** a rabbit. 彼はウサギに似ている (×resemble to [like] a rabbit とはいわない)

re·sent /rizént リゼント/ 動 他 憤慨する, ひどく腹を立てる

re·sent·ful /rizéntfəl リゼントフル/ 形 憤慨した
reséntfully 副 憤慨して

re·sent·ment /rizéntmənt リゼントメント/ 名 《単数形で》憤り, 憤慨

res·er·va·tion B1 高 /rèzərvéiʃən レザヴェイション/ 名 (複 **reservations** /rèzərvéiʃənz/) ❶ C 《しばしば **reservations**》(部屋・座席などの)予約
- I made a **reservation** for three nights at the hotel. そのホテルに3泊の予約を取った

❷ U C (内心ひそかに抱く)疑い
❸ C 《米》(先住民族のための)指定保留地
❹ U C 取っておくこと, (権利などの)保留, 制限, 条件

without reservation ① 無条件で ② 遠慮なく

派生 **reserve** 動

re·serve B1 /rizə́ːrv リザーヴ/ 動 (三単現 **reserves** /rizə́ːrvz/; 過去・過分 **reserved** /rizə́ːrvd/; 現分 **reserving**) 他
❶ (座席・部屋などを)予約する
- She **reserved** a room for two. 彼女は二人部屋を予約した

❷ 取っておく, たくわえておく; 保留する ● **reserve** Saturday afternoons **for** tennis 土曜の午後をテニスに当てる

— 名 (複 **reserves** /rizə́ːrvz/) ❶ C たくわえ, 備え; (銀行などの)準備金
- large oil **reserves** ばく大な石油貯蔵量

❷ C 《競技》補欠選手
❸ U 遠慮, 慎み, 無口, よそよそしさ
❹ C 特別保留地
in reserve 取っておいた, 予備の
without reserve 遠慮なく; 無条件で
派生 **reservation** 名

re·served /rizə́ːrvd リザーヴド/ 形 ❶ 予約済みの, 予約した, 貸し切りの; 取っておいた, 予備の ❷ 遠慮(えんりょ)がちの, 無口の, 内気な, よそよそしい

re·serv·ed·ly /rizə́ːrvədli リザーヴァドリ/ 副 遠慮がちに

res·er·voir /rézərvwàːr レザヴワー/ 名 C 貯水池; 貯水槽, タンク

re·set /riːsét リーセト/ 動 (三単現 **resets** /riːséts リーセツ/; 過去·過分 **reset**; 現分 **resetting**) 他 置き直す, 並べ直す; (時計などを)セットし直す; (活字を)組み直す; (宝石を)はめ直す; (髪を)セットし直す; 整骨する

re·shape /rìːʃéip リーシェイプ/ 動 他 (形を)新しくする, 作り変える

re·shuf·fle /riːʃʌ́fl リーシャフル/ 動 他
❶ (トランプのカードを)切り直す
❷ (組織の人員などを)入れ替える; (内閣などを)改造する
━ 名 C ❶ (トランプのカードの)切り直し
❷ 組織改革, (内閣などの)改造

re·side /rizáid リザイド/ (×リサイド) 動 自 《文章》 ❶ 〔…に〕住む, 永住する《*in, at*》 (! live よりも形式ばった語) ❷ (権利·性質などが)〔…に〕ある《*in, with*》
派生 **residence** 名; 派生 **resident** 形

res·i·dence B2 /rézədəns レズィデンス/ 名 《文章》 ❶ C 住宅, 邸宅, 住居
❷ U 居住, 住んでいること[期間]
in residence (公邸に)居住して; (任地に)駐在して
派生 **reside** 動

res·i·den·cy /rézədənsi レズィデンスィ/ 名 (複 **residencies** /rézədənsiz/) 《文章》 ❶ U 居住(期間); 在住許可 ❷ C U 《米》 専門医学研修期間; 研修生の身分

res·i·dent B1 高 /rézədənt レズィデント/ 形 ❶ 居住する
❷ 住みこみの (! 名詞の前に用いる)
• a **resident** student 寄宿生
━ 名 (複 **residents** /rézədənts レズィデンツ/) C ❶ 居住者, 住民
• He is a **resident** of this town. 彼はこの町の住人です
❷ 《米》 (インターンを終えた)病院勤務研修医
派生 **residential** 形

res·i·den·tial B1 /rèzədénʃəl レズィデンシャル/ 形 住宅の; 居住用の
• a **residential** district 住宅地
派生 **resident** 名

re·sid·u·al /rizídʒuəl リズィヂュアル/ 形 残りの, 残留した

res·i·due /rézidjùː レズィデュー/ 名 C 残り, 残余

re·sign B2 /rizáin リザイン/ (×リサイン) 動
❶ 他 自 辞職する, 辞任する, やめる (! quit より改まった語)
• He **resigned** his post as president. 彼は社長の職を辞した
❷ 他 《**resign** *oneself* **to** ... または **be resigned to** ...》 …に身をゆだねる, あきらめて…する 派生 **resignation** 名

res·ig·na·tion B2 /rèzignéiʃən レズィグネイション/ (×リサインネーション) 名 ❶ U 辞職, 辞任; C 辞表 ❷ U あきらめ
派生 **resign** 動

re·sil·ience /rizíljəns リズィリエンス/ 名 U 弾力性; 回復力

re·sil·ient /rizíliənt リズィリアント/ 形
❶ (物が)はね返る; 弾性[弾力]のある
❷ 《文章》 (人·動物が病気·不幸などから)すぐに立ち直る, 回復が早い

res·in /rézin レズィン/ 名 U C 樹脂, 松やに; 合成樹脂

res·in·ous /rézinəs レズィナス/ 形 樹脂の; 樹脂に似た; 松やにの多い

re·sist B1 /rizíst リズィスト/ 動 (三単現 **resists** /rizísts リズィスツ/; 過去·過分 **resisted** /rizístəd/; 現分 **resisting**) 他 自
❶ 抵抗する, 反抗する; 逆らう
• She always **resists** her parents. 彼女は親に反抗ばかりしている
❷ がまんする; 耐える, おかされない;

文型 [《ふつう否定文で》**resist** *do*ing] どうしても…してしまう
• He can't **resist smoking**. 彼はたばこをやめられない
派生 **resistance** 名; 派生 **resistant** 形

re·sist·ance B2 高 /rizístəns リズィスタンス/ 名 ❶ U 〔…に対する〕抵抗, 反抗《*to*》; 妨害; 〔病気・細菌に対する〕抵抗力《*to*》 • meet with strong **resistance** 強い抵抗にあう
❷ U (電気・空気などの)抵抗(力); C 《電気》抵抗器 ❸ U《しばしば **Resistance**》《単数・複数扱い》(占領軍への)地下抵抗運動, レジスタンス
派生 **resist** 動

re·sist·ant /rizístənt リズィスタント/ 形 抵抗する, 反抗する; 耐性[抵抗力]のある 派生 **resist** 動

res·o·lute /rézəlù:t レゾルート/ 形 決心の堅い; 断固たる 派生 **resolve** 動
résolùtely 副 断固として

res·o·lu·tion B2 /rèzəlú:ʃən レゾルーション/ 名
❶ C (議会・会合などの)決議; 決議案
• pass [reject] a **resolution** to build a dam ダム建設決議を可決[否決]する
❷ U《文章》(問題などの)解決, 決着
❸ C 決心, 決意, 決断
• a New Year's **resolution** 新年の決意
❹ U《文章》決断力
❺ U C (画像・機器などの)解像度

re·solve B1 /rizálv リザルヴ | rizɔ́lv リゾルヴ/ 動 (三単現 **resolves** /rizálvz/; 過去・過分 **resolved** /rizálvd/; 現分 **resolving**)
❶ 他 (問題などを)解決する, 決着をつける; (疑いなどを)解消する
• Your letter **resolved** all our doubts. あなたの手紙が私たちのすべての疑いを解消した
❷ 他 自 決心する; 決定する; 文型 [**resolve to** *do*] …しようと決心する, …することに決める; 文型 [**resolve that ...**] …と決心する, 決める • He has **resolved to** *tell* the truth. = He has **resolved that** he will tell the truth. 彼は本当のことを話す決心をした
❸ 他 自 〔…に〕分解する《*into*》
— 名《文章》C 決心; U 不屈の意志
派生 **resolute** 形; 派生 **resolution** 名

res·o·nance /rézənəns レザナンス/ 名 U 共鳴, 反響; 鳴り響くこと; 共振

res·o·nant B2 /rézənənt レザナント/ 形 ❶ (音が)鳴り響く, 反響する; (声が)朗々としてよく通る ❷ (場所・物体が)〔…で〕共鳴を起こす; 鳴り響く《*with*》

res·o·nate /rézənèit レゾネイト/ 動 自 鳴り響く; 共鳴[共振]する

re·sort B1 /rizɔ́:rt リゾート/ 名 (複 **resorts** /rizɔ́:rts リゾーツ/)
❶ C 行楽地, 保養地
• a seaside **resort** 海浜の行楽地
❷ C 頼みの綱, 最後の手段; U 頼り
• He is a last **resort** when you are in trouble. 彼が困った時の最後の頼みの綱だ
— 動 (三単現 **resorts** /rizɔ́:rts リゾーツ/; 過去・過分 **resorted** /rizɔ́:rtəd/; 現分 **resorting**) 自 文型 [**resort to**] (手段・方法に)訴(うった)える, 使う; …の力を借りる, 頼る
• **resort to** violence 暴力に訴える

re·sound /rizáund リザウンド/ 動 自 (場所が)〔…で〕鳴り響く, 反響する《*with*》; (楽器などが)鳴り響く; (名声・事件などが)響きわたる

re·sound·ing /rizáundiŋ リザウンディング/ 形 ❶ (音・声などが)鳴り響く, 大音響の ❷ すばらしい, めざましい, たいへんな (=great)

re·source B1 高 /rí:sɔ:rs リーソース, rizɔ́:rs リゾース/ 名 (複 **resources** /rí:sɔ:rsəz/) ❶ C《ふつう **resources**》資源, 資産; 源泉
• human **resources** 《複数扱い》人材;《単数扱い》(会社などの)人事部門
• natural **resources** 天然資源
❷ C (いざという時の)手段, 方策, 頼みの人[物]

re·source·ful /risɔ́:rsfəl リソースフル/ 形 機知に富んだ, 臨機応変な

re·spect B1 中 /rispékt リスペクト/ 動 (三単現 **respects** /rispékts リスペクツ/;

過去･過分 **respected** /rispéktəd/; 現分 **respecting**) 他 ❶尊敬する
- I **respect** my father. 私は父を尊敬している

❷尊重する
- I **respect** your opinion, but I don't agree with it. 私は君の意見を尊重する[貴重だと思う]が，賛成はしません
- **Respect yourself**. 自分を大切にしなさい

— 名 (複 **respects** /rispékts リスペクツ/) ❶ U 尊敬，敬意; 尊重
- **Show** some **respect to** your parents. 自分の両親にそれなりの敬意をみせなさい
- We **have** a lot of **respect for** human rights. 我々は人権を大いに尊重している

❷ C 箇所，点 (=point)
- **in this respect** この点において
- I agree with you **in some respects**, but on the whole I don't agree. いくつかの点で私は君に賛成だが，全体としては賛成しない

❸ U 注意，考慮 ❹《**respects**》〔…への〕よろしくとの伝言《*to*》，敬意の表示

in* [*with*] *respect to ... …に関しては，…について言うと

派生 **respectful** 形

re·spect·a·bil·i·ty /rispèktəbíləti リスペクタビリティ/ 名 U 尊敬に値すること

派生 **respectable** 形

re·spect·a·ble B1 /rispéktəbl リスペクタブル/ 形

❶品行方正な，まともな; ちゃんとした (本来の「尊敬」の意味が薄れている)
- He led a **respectable** life. 彼は真っ当な人生を送った

❷(質･量･数など)かなりの，相当な
- a **respectable** income かなりの収入

respéctably B2 副 まともに

re·spect·ed B2 /rispéktəd リスペクテド/ 形 尊敬されている

re·spect·ful /rispéktfəl リスペクトフル/ 形 〔人に〕敬意を表する，礼儀(れいぎ)正しい《*to*》(↔**disrespectful**)
- We should be **respectful** of each other. 私たちは互いに敬意を表すべきだ

派生 **respect** 名

res·pect·ful·ly /rispéktfəli リスペクトフリ/ 副 敬意をもって，謹んで

re·spec·tive /rispéktiv リスペクティヴ/ 形 それぞれの，めいめいの，各自の (複数名詞の前で用いる)
- They took their **respective** seats. 彼らはそれぞれの席についた

re·spec·tive·ly /rispéktivli リスペクティヴリ/ 副 それぞれに，めいめいに

res·pi·ra·tion B2 /rèspiréiʃən レスピレイション/ 名 U 呼吸すること，呼吸作用; C ひと呼吸，ひと息

res·pi·ra·tor /réspirèitər レスピレイタ/ 名 C ❶(一般に)マスク; 防毒マスク ❷人工呼吸装置

res·pi·ra·to·ry B2 /réspirətɔ̀:ri レスピラトーリ/ 形 呼吸の，呼吸のための

res·pite /réspit レスピト/ 名 U C《ふつう単数形で》❶休息(期間)，ひと休み，小休止 ❷延期; 猶予;《法律》執行猶予 (=reprieve)

re·splend·ent /rispléndənt リスプレンダント/ 形《文章》きらきら輝く; まばゆいばかりの; (人が)華やかな，華麗な

re·spond B1 高 /rispánd リスパンド | rispɔ́nd リスポンド/ 動 (三単現 **responds** /rispándz リスパンヅ/; 過去･過分 **responded** /rispándəd/; 現分 **responding**) 自

❶〔…に〕答える《*to*》(=reply)
- How did he **respond to** your question? 君の質問に対して彼はどのように答えましたか

❷〔…に〕応じる，反応を示す《*to*》(=react) • She **responded** by laughing. 彼女は笑いでこたえた

派生 **response** 名

re·spond·ent /rispándənt リスパンデント/ 名 C ❶回答者，応答者 ❷《法律》被告 — 形 答える，応答する，反応する

re·sponse A2 高

/rispáns リスパンス | rispɔ́ns リスポンス/ 名 (複 **responses** /rispánsəz/)

❶ C 〔…に対する〕答え，返答，応答

《to》(=reply)
• He **made** no **response to** my question. 彼は私の質問に何の返答もしなかった
• My uncle sent a **response to** my letter. おじは私の手紙に返事をくれた
❷ U C 反応; 反響 (=reaction)
in response to ... …に応じて, 答えて
派生 **respond** 動; 派生 **responsive** 形

re·spon·si·bil·i·ty B1 高 /rispànsəbíləti リスパンスィビリティ | rispɔ̀nsəbíləti リスポンスィビリティ/ 名 (複 **responsibilities** /rispànsəbílətiz/)
❶ U 責任, 義務; 信頼性
• take full **responsibility** for ... …に対して全責任を取る

コロケーション
形+**responsibility**
parental *responsibility* 親の責任
moral *responsibility* 道義的責任
social *responsibility* 社会的責任
personal *responsibility* 個人の責任
動+**responsibility**
have *responsibility* 責任がある
accept *responsibility* 責任を引き受ける

❷ C (責任を持たされている)務め, 仕事; 責任を負うべき人
• Feeding the cat is my **responsibility**. ネコにえさをやるのは私の仕事です
派生 **responsible** 形

re·spon·si·ble B1 高 /rispánsəbl リスパンスィブル | rispɔ́nsəbl リスポンスィブル/ 形
❶ 責任のある, 責任を負うべき; (地位・仕事など)責任の重い
• be in a **responsible** position 責任ある立場にいる
• The government is **responsible to** Parliament. 政府は議会に対して責任がある
文型 [**be responsible for A**] Aに対して責任がある
• A bus driver is **responsible for** the safety of the passengers. バスの運転手は乗客の安全に対して責任がある
❷〔…の〕原因である, せいである《for》
• The cold weather is **responsible for** the poor crop. 寒い天候が不作の原因だ
❸ 信頼できる
派生 **responsibility** 名
respónsibly 副 責任をもって

re·spon·sive /rispánsiv リスパンスィヴ/ 形 答える, 反応する; 敏感な
派生 **response** 名

rest[1] B1 中 /rést レスト/ 名 (複 **rests** /résts レスツ/)
❶ U C 休息, 休養, 睡眠; (仕事の後の)休けい (⇔**unrest**)
• We stopped **for** a **rest**. 私たちは立ち止まって休んだ
• You have to get your **rest** now. 君は今は休息を取るべきだよ
❷ U C 安静
❸ C《音楽》休止; 休止符
❹ C 台, 支柱
at rest 休んで, 安らかに, 休息して
come to rest 停止する, 止まる
set* [*put*] *A's mind at rest A(人)を安心させる
— 動 (三単現 **rests** /résts レスツ/; 過去・過分 **rested** /réstəd/; 現分 **resting**)
❶ 自 休む; 休息する, 眠る; 休める; 他 休ませる
• **rest from** work 仕事をやめて休む
• Lie down and **rest**. 横になって休みなさい
• **rest** *one's* eyes 目を休ませる
❷ 他 (…に)ある; 置く, もたせかける; 自 置かれている
• He **rested** the ladder **against** the wall. 彼ははしごを壁に立てかけておいた
❸ 自〔…に〕静止する, 止まる; 停止[休止]している; (視線などが)注がれる《on, upon》
• His eyes **rested on** [**upon**] a girl. 彼の視線はその少女の上に注がれた
❹ 自 他〔…に〕(事実などが)基づく, (信頼を)置く《on, upon》; (決定などが)〔…に〕かかっている《with》
派生 **restful** 形

rest[2] B1 高 /rést レスト/ 名《**the rest**》〔…の〕残り; 他の物, 他の人々《of》(! さすものによって単数または複数扱いになる)

• **the rest** of the meal 食事の残り
• **The rest** of us had to settle for nothing. あとの人たちは何もなしで甘んじなければならなかった

and the rest* = *and* (*all*) *the rest of it その他のすべて

for the rest 《文章》あとは, その他については

―動 (三単現 **rests** /résts レスツ/; 過去・過分 **rested** /réstəd/; 現分 **resting**) 自 文型 [**rest C**] Cのままである(❗Cは assured, satisfied など)

• You may **rest assured** that he will come. 彼はきっと来ますから安心してください(←安心したままでよい)

re·start /ristɑ́ːrt リスタート/ 動 他 自 再出発する, 再開する; 《コンピュータ》再起動する ―名 U 再出発; 再開; 《コンピュータ》再起動

re·state /rìːstéit リーステイト/ 動 他
❶言い換える, 言い直す
❷再び述べる, 再び声明する

res·tau·rant A1 中

/réstərənt レストラント/ (×レストラン) (発音 ふつうは最後の t も発音する) 名 (複 **restaurants** /réstərənts レストランツ/) C
レストラン; 料理店, 食堂 (❗ハンバーガー店から高級レストランまでさまざまな規模のものについていう)

• **run** an Italian **restaurant** イタリア料理店を経営する

関連語〉 単語力
cafe 軽食堂; 喫茶店
cafeteria カフェテリア
canteen (会社・学校などの)食堂
fast-food restaurant ファストフード店
bar バー, 酒場

rest·ful /réstfəl レストフル/ 形 休息を与える; 安らかな, 平穏な (=quiet)

rést hòme 名 C 療養所

res·ti·tu·tion /rèstətjúːʃən レスティテューション/ 名 U 《文章》〔…への〕返還, 返却《*to*》; 〔…の〕賠償, 弁償《*of*》

res·tive /réstiv レスティヴ/ 形 ❶ (=restless) ❷(馬が)御し難(がた)い, 前へ進もうとしない; (人が)反抗的な

réstively 副 いらいらして; 反抗的に

rest·less /réstləs レストレス/ 形 ❶落ち着かない, じっとしていられない
❷不安な; 休息のない; (夜が)眠れない

• a **restless** night 不安な[眠れない]一夜

派生 **restlessly** 副

rest·less·ly /réstləsli レストレスリ/ 副 落ち着かずに, そわそわと; 休まずに

res·to·ra·tion /rèstəréiʃən レストレイション/ 名 ❶U 回復; 復帰; 復活; 修復, 復元 ❷U 返還 ❸《**the Restoration**》《英国史》王政復古

re·stor·a·tive /ristɔ́ːrətiv リストーラティヴ/ 形 《文章》(食べ物・薬などが)健康[体力]を回復させる
―名 U C 《文章》強壮剤, 気つけ薬, 栄養食品

re·store B1 高 /ristɔ́ːr リストー/ 動 (三単現 **restores** /ristɔ́ːrz/; 過去・過分 **restored** /ristɔ́ːrd/; 現分 **restoring** /ristɔ́ːriŋ/) 他
❶〔元の位置・持ち主・地位・状態・形に〕もどす, 返す; 復帰させる《*to*》

• The stolen jewels were **restored to** their owner. 盗まれた宝石はその持ち主に返された[持ち主の手にもどった]

❷(健康などを)〔…に〕取りもどす, 回復する《*to*》
❸(建物などを)復元する, 修復する

• **restore** an old castle 古い城を修復[復元]する

re·strain /ristréin リストレイン/ 動 他
❶〔…を〕おさえる, 抑制(よくせい)する; 禁じる《*from*》

• Rebecca **restrained** herself **from** eating sweets. レベッカはお菓子を食べるのを控えた

❷拘束する; 監禁する

派生 **restraint** 名

re·strained /ristréind リストレインド/ 形 控えめの; 抑制された

re·straint /ristréint リストレイント/ 名 U おさえる[おさえられる]こと, 抑制(よくせい); 拘束; C 拘束するもの

派生 restrain 動

re·strict B1 /ristríkt リストリクト/ 動 (三単現 **restricts** /ristríkts リストリクツ/; 過去・過分 **restricted** /ristríktəd/; 現分 **restricting**) 他 制限する, 限定する (=limit); 文型 [**restrict A to B**] A を B に制限する

• In this area, speed is **restricted to** 40km per hour. この地域ではスピードは時速 40km に制限されています

派生 restriction

re·strict·ed /ristríktid リストリクティド/ 形 制限された, 限られた (=limited); (文書などが)機密の

re·stric·tion B2 /ristríkʃən リストリクション/ 名 U 制限; C 制限するもの

• **restrictions** on advertising 広告の規制

派生 restrict 動

re·stric·tive /ristríktiv リストリクティヴ/ 形 制限する, 限定する

rést ròom, rest·room /réstrù:m レストルーム/ 名 C 《米》(デパート・劇場などの)洗面所, トイレ

re·struc·ture /rì:strʌ́ktʃər リーストラクチャ/ 動 他 (企業・組織などの)構造改革をする, 立て直す **rèstrúcturing** 名 U 構造改革, リストラ

re·sult A1 高

/rizʌ́lt リザルト/

名 (複 **results** /rizʌ́lts リザルツ/)

❶ U C 結果 (⇔**cause**); 成果

• The accident was the **result** of drunk driving. その事故は酔っぱらい運転の結果であった

• the end **result** 最終結果

❷ C (計算の)答え

❸ C 《ふつう **results**》(試験・競技の)成績

as a result その結果(として)

as a result of ... …の結果(として), …のために

• The country became rich **as a result of** free trading. 自由貿易の結果その国は裕福になった

without result むだに, 効果なく

with the result that ... …という結果になって

— 動 (三単現 **results** /rizʌ́lts リザルツ/; 過去・過分 **resulted** /rizʌ́ltəd/; 現分 **resulting**)

❶ 文型 [**result in ...**] …になる, …に終わる, …という結果になる

• His business **resulted in** failure. 彼の事業は失敗に終わった

❷ 文型 [**result from ...**] …から生じる[起こる], 結果として生じる

• War often **results from** economic problems. 戦争はよく経済的問題から起こる

派生 resultant 形

re·sult·ant /rizʌ́ltənt リザルタント/ 形 結果として生じる; 合成された

派生 result 動

re·sume B2 /rizjú:m リズ(ュ)ーム/ 動 《文章》 ❶ 他 (中断したあと)再び始める, また続ける; 自 再び始まる

• We **resumed** work after lunch. 昼食のあとわれわれはまた仕事を続けた

❷ 他 自 (元いた座席・場所などに)戻る

ré·su·mé /rézumèi レズメイ/ 名 C 《フランス語》 履歴書; (講演などの)概略

re·sump·tion /rizʌ́mpʃən リザンプション/ 名 《単数形で》《文章》 再開, 続行; 回復, 回収 派生 resume 動

re·sur·gence /risə́:rdʒəns リサーヂェンス/ 名 U 《文章》 再起, 復活

res·ur·rect /rèzərékt レザレクト/ 動 他 (すたれたものを)復活させる; (死者を)生き返らせる

res·ur·rec·tion /rèzərékʃən レザレクション/ 名 U ❶ 《文章》 復興, 復活, 再流行 ❷ 生き返り; 《**the Resurrection**》 キリストの復活; (最後の審判の日の)全人類の復活

re·sus·ci·tate /risʌ́sitèit リサスィテイト/ 動 他 《文章》 (仮死状態の人を)蘇生(そせい)させる; 意識を回復させる

re·sus·ci·ta·tion /risʌ̀sitéiʃən リサスィテイション/ 名 U 蘇生(そせい)(術)

re·tail B1 /rí:tèil リーテイル/ 名 U 小売り (⇔**wholesale**)

— 副 小売りで
— 動 (三単現 retails /ríːtèilz/; 過去・過分 retailed /ríːtèild/; 現分 retailing) 他 小売りする; 自 〔…の値段で〕小売りされる《at, for》

re·tail·er B2 /ríːteilər リーテイラ/ 名 C 小売り商人 ⇨wholesaler

re·tain B1 /ritéin リテイン/ 動 (三単現 retains /ritéinz/; 過去・過分 retained /ritéind/; 現分 retaining) 他《文章》
❶ 保つ, 持ち続ける, 保持する
• **retain** the right to vote 投票する権利を保持する
❷ (弁護士などを)かかえる
派生 retention 名; 派生 retentive 形

re·tain·er /ritéinər リテイナ/ 名 C
❶ (訴訟に備えて払う)弁護士依頼料
❷《歴史》家臣, 家来; 召使い
❸《米》(歯の)固定装置

re·take /riːtéik リーテイク/ 動 (三単現 retakes /riːtéiks/; 過去 retook /riːtúk/; 過分 retaken /riːtéikən/; 現分 retaking) 他 ❶ 再び取る, 取り返す, 奪回する ❷ (映画・テレビ・写真を)撮り直す ❸《英》再受験する
— /ríːtèik リーテイク/ (発音 動とのアクセントの違いに注意) 名 ❶ U 撮り直し; C 撮り直しのシーン ❷ C《英》再試験

re·tak·en /riːtéikn リーテイクン/ 動 retakeの過去分詞

re·tal·i·ate /ritǽlièit リタリエイト/ 動 自 〔…に〕仕返しをする, 報復する《against》

re·tal·i·a·tion /ritæ̀liéiʃən リタリエイション/ 名 U 〔…に対する〕報復, 仕返し《for》

re·tal·i·a·to·ry /ritǽliətɔ̀ːri リタリアトーリ/ 形 仕返しの, 報復的な

re·tard B2 /ritáːrd リタード/ 動 他《文章》(発育などを)遅らせる; 阻害する

re·tard·ed /ritáːrdəd リターデド/ 形 知能の遅れた

retch /rétʃ レチ/ 動 自 むかつく, 吐き気がする

re·tell B1 /riːtél リーテル/ 動 (三単現 retells /riːtélz/; 過去・過分 retold /riːtóuld/; 現分 retelling) 他 再び語る; (わかりやすく)言い換える; 書き直す; 数え直す

re·ten·tion /riténʃən リテンション/ 名 U 保持, 保有, 保存; 記憶力
派生 retain 動

re·ten·tive /riténtiv リテンティヴ/ 形 保持力のある; 記憶力のよい
派生 retain 動

re·think /riːθíŋk リースィンク/ 動 (三単現 rethinks /riːθíŋks/; 過去・過分 rethought /riːθɔ́ːt/; 現分 rethinking) 他 自 再考する, 考え直す
— /ríːθiŋk リースィンク/ (発音 動とのアクセントの違いに注意) 名《単数形で》再考

ret·i·cence /rétəsəns レティセンス/ 名 U 無口; 控え目

ret·i·cent /rétisənt レティサント/ 形《文章》〔…について〕口数の少ない, あまり語らない《about》; 控えめな

ret·i·na B2 /rétinə レティナ/ 名 (複 retinas /rétinəz/, retinae /rétiniː/) C《解剖》(眼球の)網膜

ret·i·nue /rétənjùː レティニュー/ 名 C《集合的》随行員(団)

re·tire A2 高

/ritáiər リタイア/ 動 (三単現 retires /ritáiərz/; 過去・過分 retired /ritáiərd/; 現分 retiring /ritáiəriŋ/)
❶ 自 〔…から〕引退する; (定年で)退職する《from》; 他 退職させる
• He **retired from** the company at the age of sixty. 彼は60歳で会社を退職した

どっち
retire と quit
retire は高齢や定年で仕事から退くこと. **quit** はどんな理由でも仕事をやめることに使い, 学校を中退したりクラブをやめたりするのにも用いる. ⇨**resign**
She **retired** under the age limit. 彼女は定年で退職した
He **quit** his job. 彼は仕事をやめた
quit school [a club] 学校[クラブ]をやめる

❷ 自 〔…へ〕退く, 引き下がる《to》
• He **retired to** his study after sup-

per. 彼は夕食後書斎に引きこもった
❸ 自 《文章》 床につく
派生 **retirement** 名

re·tired A2
/ritáiərd リタイアド/ 形 (❗比較変化なし)
引退した, 退職した, 退役した; 隠居した
• a **retired** pension 退職年金

re·tire·ment B2 /ritáiərmənt リタイアメント/ 名 U C 退職; 引退
• take early **retirement** 早期退職する
派生 **retire** 動

re·tir·ing /ritáiəriŋ リタイアリング/ 形
❶ 内気な, 遠慮深い, 引っ込みがちの
❷ 退職の
• **retiring** age 定年

re·took /riːtúk リートゥク/ 動 retake の過去形

re·tort /ritɔ́ːrt リトート/ 動 他 言い返す, やり返す ━ 名 C 口答え

re·touch /riːtʌ́tʃ リータチ/ 動 他 (絵・写真などを)修整する; (文章に)手を入れる

re·trace /ritréis リトレイス/ 動 自 引き返す, 戻る

re·tract /ritrǽkt リトラクト/ 動 ❶ 他 自 (宣言・約束・意見などを)撤回する, 取り消す ❷ 他 引っ込める; 自 引っ込む

re·tract·a·ble /ritrǽktəbl リトラクタブル/ 形 格納できる, 折りたたみ式の

re·treat B2 /ritríːt リトリート/ 動 自
❶ 退く, 退却する ❷ 引退する
━ 名 ❶ U C 退却, 後退 (↔**advance**); 《ふつう **the retreat**》 退却の合図
❷ C 引きこもる場所, いこいの場所

re·trench /ritréntʃ リトレンチ/ 動 他 自 《文章》 (費用などを)切り詰める, 節約する

re·tri·al /riːtráiəl リートライアル/ 名 C 再審

ret·ri·bu·tion /rètribjúːʃən レトリビューション/ 名 U 《文章》 報い, 応報; 天罰

re·triev·al /ritríːvəl リトリーヴァル/ 名 U
❶ 回復, 回収, 取り返し; 訂正, 修正; 埋め合わせ
❷ 《コンピュータ》 (情報の)検索

re·trieve B2 /ritríːv リトリーヴ/ 動
❶ 他 《文章》 取り返す; 見つけて取ってくる, 回収する
❷ 他 《文章》 回復する; (損失などを)償う; (誤りなどを)訂正する; 〔…から〕救う 《*from*》
❸ 他 (猟犬が獲物を)さがして持ってくる; 自 (猟犬が)獲物をさがして持ってくる
❹ 他 《コンピュータ》 (情報を)検索する

re·triev·er /ritríːvər リトリーヴァ/ 名 C 《動物》 レトリーバー (♦猟犬の一種)

ret·ro·ac·tive /rètrouǽktiv レトロウアクティヴ/ 形 《文章》 (法律の効力などが)過去にさかのぼる

ret·ro·spect B1 /rétrəspèkt レトラスペクト/ 名 U 回顧, 追想, 懐旧

ret·ro·spec·tive /rètrəspéktiv レトラスペクティヴ/ 形 ❶ 回顧の, 回想にふける, 懐旧の ❷ (法律・決定などが)遡及(そきゅう)する, 過去にさかのぼる

re·turn A2 中
/ritə́ːrn リターン/

意味マップ
動 ❶ 帰る, もどる
❷ 返す
❸ (元の状態などに)返る
❹ 報いる
名 ❶ 帰り
❷ 再びめぐってくること
❸ 返却
❹ 返事
❺ 収入
❻ 報告
❼ 往復切符
形 帰りの; 往復の

— 動 (三単現 **returns** /ritə́ːrnz/; 過去・過分 **returned** /ritə́ːrnd/; 現分 **returning**)
❶ 自 帰る，もどる (= go back, come back)
• **return from** ... …から帰る[もどる]
• **return** home 家へ帰る (❗home は副詞で「家へ」)
• **Return to** your seat immediately. すぐ自分の席にもどりなさい
❷ 他 (借りたものなどを)返す; もどす; 文型 [**return B to A**] AにBを返す
• **return** a book **to** the library 図書館に本を返す
❸ 自 〔元の状態・話題などに〕返る《*to*》
❹ 他 〔…に対して〕(…で)報いる《*for*》; 〔…で〕(…に)お返しをする《*with*》
• **return** evil **for** good = **return** good **with** evil 恩をあだで返す
— 名 (複 **returns** /ritə́ːrnz/)
❶ U C 帰り，帰ること; もどって来ること
• his **return from** America 彼の米国からの帰国
• on the **return** from a trip 旅行の帰りに
❷ U C 再びめぐってくること; (病気などの)再発
• Many happy **returns**! この(めでたい)日が何回もめぐって来ることを祈ります (❗誕生日を祝うきまり文句)
❸ U C 返却
• ask the **return** of a book 本の返却を求める
❹ C 返事; 返礼
❺ C 《ふつう **returns**》収入，収益
❻ C 報告; 報告書
❼ C 《英》往復切符 (↔**single**)
by return = ***by return*** (***of***) ***mail*** [《英》***post***] 折り返し(郵便で)
in return (***for ...***) (…の)お返しに，返礼として
• I'd like to give him some present **in return for** his kindness. 彼に親切にしてもらったのでお返しに何かプレゼントをあげたい
— 形 帰りの; 《英》往復の; お返しの
• a **return** ticket 《米》帰りの切符; 《英》往復切符 (=《米》round-trip ticket) ⇨ **one-way**

re·turn·a·ble /ritə́ːrnəbl リターナブル/ 形 (容器などが)回収[返却]できる

re·turn·ee /ritəːrníː リターニー/ 名 C 《米》帰還軍人; 帰還者; 帰国子女

re·un·ion A2

/riːjúːnjən リーユーニョン/
名 (複 **reunions** /riːjúːnjənz/) C 同窓会，再会の集まり; U 再結合[結成]
派生 **reunite** 動

re·u·nite /riːjunáit リーユナイト/ 動 自 再結合する，再会する; 他 再会させる，再結合させる
派生 **reunion** 名

re·use 中 /riːjúːz リーユーズ/ 動 他 再利用する

rev /rév レヴ/ 動 (三単現 **revs** /révz/; 過去・過分 **revved** /révd/; 現分 **revving**)
❶ 他 (エンジンなどの)回転を速める[増す]《*up*》; 自 (エンジンなどが)回転を増す《*up*》 ❷ 他 (活動などを)活発にする

Rev. 《略》Reverend …師

re·val·ue /riːvǽljuː リーヴァリュー/ 動 他 再評価する; 通貨価格を切り上げる

re·vamp /riːvǽmp リーヴァンプ/ 動 他 《口語》(古いものを)改造する，改良する; 改訂する

re·veal A2 高

/rivíːl リヴィール/ 動 (三単現 **reveals** /rivíːlz/; 過去・過分 **revealed** /rivíːld/; 現分 **revealing**) 他
(秘密などを)もらす，知らせる，暴露(ばくろ)する; (隠れていた物を)見せる，明らかにする (↔**conceal**)
• **reveal** a secret 秘密をもらす
• The essay **revealed** his ignorance. そのエッセイは彼の無知をさらけ出している
派生 **revelation** 名

re·veal·ing /rivíːliŋ リヴィーリング/ 形
❶ (衣服が)肌を露出する，体の線をあらわにする ❷ (隠れた事実・真相などを)明

らかにする; 示唆に富んだ

rev·el /révəl レヴェル/ 動 (三単現 **revels** /révəlz/; 過去·過分 **reveled**, 《英》**revelled** /révəld/; 現分 **reveling**, 《英》**revelling**) 自〔…を〕大いに楽しむ《*in*》; 浮かれ騒ぐ

rev·e·la·tion B2 /rèvəléiʃən レヴェレイション/ 名U 暴露; 摘発; C 新事実の発見
派生 **reveal** 動

re·venge B2 /rivéndʒ リヴェンヂ/ 名U 復しゅう, 仕返し; うらみ
• **have** [**take**] (*one's*) **revenge on** ... …に復しゅうする

in revenge of [***for***] ***...*** …への復しゅうとして

— 動 他 仕返しをする, 雪辱(せつじょく)を晴らす; 文型 [**revenge** *one***self** = **be revenged**]〔…に〕復しゅうする《*on*, *upon*》

rev·e·nue B2 /révənju: レヴェニュー/ 名U (国の)税収入, 歳入; (会社·個人の)(総)収益

re·ver·ber·ate /rivə́:rbərèit リヴァーバレイト/ 動 自《文章》❶ 響き渡る, 鳴り響く; 反響する ❷ 反響を呼ぶ

re·ver·ber·a·tion /rivə̀:rbəréiʃən リヴァーバレイション/ 名CU 反響(音); 反射(光[熱])

re·vere /rivíər リヴィア/ 動 他《文章》尊敬する, あがめる

rev·er·ence B2 /révərəns レヴァレンス/ 名U《文章》〔…への〕尊敬, 敬愛, 崇拝《*for*》

rev·er·end /révərənd レヴァレンド/ 形
❶《文章》尊敬すべき
❷《ふつう(**the**) **Reverend**》…師《◆聖職者の敬称; Rev. と略し, 姓名の前につける》

rev·er·ent /révərənt レヴァレント/ 形 敬虔(けいけん)な (↔**irreverent**)
réverently 副 敬虔に

rev·er·ie /révəri レヴァリ/ 名UC《文章》夢想, 空想, 幻想

re·ver·sal /rivə́:rsəl リヴァーサル/ 名UC 反転; 逆転 派生 **reverse** 動

re·verse B2 /rivə́:rs リヴァース/ 動
❶ 他 逆にする, ひっくり返す, (考え·方針などを)くつがえす; 入れ替える
❷ 他 逆進させる; 自 逆進する

reverse the charges 《英》料金先方払いで電話をかける (=《米》call collect)

— 形 ❶〔…と〕逆の, 反対の《*to*》(名詞の前に用いる)
• in **reverse** order 逆の順序に
❷ 裏の
• on the **reverse** side of the page そのページの裏側に

— 名 ❶《**the reverse**》逆, 反対, あべこべ; 裏側 ❷UC (ギアの)バック (=reverse gear)

in reverse 逆に[の]; (車のギアが)バックに入って
• He put the car **in reverse**. 彼は車のギアをバックに入れた
派生 **reversal** 名

re·vers·i·ble /rivə́:rsəbl リヴァースィブル/ 形 反転可能な

re·vert /rivə́:rt リヴァート/ 動 自
❶〔もとの状態·話題などに〕戻る, 逆戻りする《*to*》
❷《法律》(財産·所有権などが)〔…に〕復帰する《*to*》

re·view A1 高

/rivjú: リヴュー/
名 (複 **reviews** /rivjú:z/) UC
❶ 見直し; 再調査
• come up for **review** 再調査される
❷ 批評, 論評
• a book **review** 書評
❸《米》復習 (=《英》revision)
• **review** exercises 復習問題
❹ 回想

— 動 (三単現 **reviews** /rivjú:z/; 過去·過分 **reviewed** /rivjú:d/; 現分 **reviewing**)
❶ 他 見直す, 再検討する; 検閲する
❷ 他自 批評する, 論評する
❸ 他自《米》復習する (=《英》revise)
• I **reviewed** my notes for the test. 私はテストのためにノートしてある事を復習した
❹ 他 回想する

re·view·er /rivjúːər リヴューア/ 名 C 評者; 批評する人

re·vile /riváil リヴァイル/ 動 他 自 《文章》ののしる, 悪口を言う

re·vise B1 /riváiz リヴァイズ/ 動 (三単現 **revises** /riváizəz/; 過去・過分 **revised** /riváizd/; 現分 **revising**)
❶ 他 (作品・法律などを)改訂する, 修正する; (意見などを)改める, 変更する
❷ 他 自 《英》復習する (=《米》review)

re·vi·sion B1 /rivíʒən リヴィジョン/ 名 (複 **revisions** /rivíʒənz/)
❶ U 改訂; C 改訂版
❷ U 改正, 修正
❸ U 《英》復習 (=《米》review)

re·vi·tal·ize /riːváitəlàiz リーヴァイタライズ/ 動 他 再び生気[力, 生命]を与える, 復興させる

re·viv·al B2 /riváivəl リヴァイヴァル/ 名
❶ U C 復活, 再生, 回復
❷ C (劇・映画の)再上演[映]

re·vive B2 /riváiv リヴァイヴ/ 動
❶ 自 生き返る; 他 生き返らせる
❷ 自 復活する; 他 復活させる

re·voke /rivóuk リヴォウク/ 動 他 《文章》(法律・許可などを)撤回する, 取り消す, 廃止する

re·volt /rivóult リヴォウルト/ 動 ❶ 自 〔…に〕そむく, 反乱を起こす, 反抗する 《*against*》 ❷ 他 不快感を感じさせる
— 名 U C 反乱, 反逆; 暴動
in revolt ① 反抗して ② 不快に感じて

re·volt·ing /rivóultiŋ リヴォウルティング/ 形 〔…にとって〕むかつくほどいやな, 非常に不愉快な, 不快感を与える 《*to*》

rev·o·lu·tion B2 /rèvəlúːʃən レヴォルーション/ 名 ❶ U C 革命, 大改革
• the Industrial **Revolution** 産業革命
• the French **Revolution** フランス革命
• start [bring about] a **revolution** (in ...) (…に)革命を起こす
❷ U C 《天文》(天体などの)回転, 公転
派生 **revolutionary** 形
派生 **revolve**, **revolutionize** 動

rev·o·lu·tion·a·ry B2 /rèvəlúːʃənèri レヴォルーショネリ/ 形 革命の, 変革の; 画期的な — 名 (複 **revolutionaries** /rèvəlúːʃənèriz/) C 革命家
派生 **revolution** 名

rev·o·lu·tion·ize B2 /rèvəlúːʃənàiz レヴォルーショナイズ/ 動 他 革命を起こす
派生 **revolution** 名

re·volve B2 /riválv リヴァルヴ/ 動 自 回転する, まわる; 他 回転させる
派生 **revolution** 名

re·volv·er /riválvər リヴァルヴァ/ 名 C 回転式連発ピストル, リボルバー

re·volv·ing /riválviŋ リヴァルヴィング/ 形 回転する; 回転式の

revòlving dóor 名 C 回転ドア

re·vul·sion /rivʌ́lʃən リヴァルション/ 名 《単数形で》〔…に対する〕強い嫌悪(けんお)感 《*against*》

re·ward B1 高 /riwɔ́ːrd リウォード/ 名 (複 **rewards** /riwɔ́ːrdz リウォーヅ/)
❶ U C 〔善事・悪事に対する〕報酬(ほうしゅう), 報(むく)い, ほうび 《*for*》
• as a **reward** ほうびに

コロケーション
形+**reward**
an ample *reward* たっぷりの報酬
a due *reward* 正当な報酬
動+**reward**
claim a *reward* 報酬を要求する
give a *reward* 報酬を与える
pay a *reward* 報酬を支払う
receive a *reward* 報酬を受け取る

❷ C 〔…に対する〕報奨(ほうしょう)金, 謝礼 《*for*》
— 動 (三単現 **rewards** /riwɔ́ːrdz リウォーヅ/; 過去・過分 **rewarded** /riwɔ́ːrdəd/; 現分 **rewarding**) 他 (人に)〔…に対して〕報いる 《*for*》, ほうびをやる
• **reward** him **for** his services 彼の功労に報いる

re·ward·ing /riwɔ́ːrdiŋ リウォーディング/ 形 (物事が)報いられる, するだけの価値がある, やりがいのある

re·wind /riːwáind リーワインド/ 動 (三単現 **rewinds** /riːwáindz リーワインヅ/; 過去・過分 **rewound** /riːwáund/; 現分 **rewinding**)

他自 (テープなどを)巻き戻す

re·work /riːwə́ːrk リーワーク/ 動他 書き直す, 改訂する

re·write B1 /riːráit リーライト/ 動 (三単現 **rewrites** /riːráits リーライツ/; 過去 **rewrote** /riːróut/; 過分 **rewritten** /riːrítn/; 現分 **rewriting**) 他 書き直す

― /ríːràit リーライト/ 名 (複 **rewrites** /ríːràits リーライツ/) C 書き直し

re·writ·ten /riːrítn リーリトン/ 動 rewriteの過去分詞

re·wrote /riːróut リーロウト/ 動 rewriteの過去形

Reyn·old /rénəld レノルド/ 名 レノルド (♦男性名)

rhap·so·dy /rǽpsədi ラプサディ/ 名 (複 **rhapsodies** /rǽpsədiz/) C
❶ 熱狂的なことば[詩文], 熱弁, 絶賛
❷《音楽》ラプソディ, 狂詩曲

rhe·sus /ríːsəs リーサス/ 名 C 《動物》アカゲザル (♦インド産)

rhet·o·ric /rétərik レトリク/ 名 U
❶ 誇張, 美辞麗句 ❷ 修辞学, 修辞法

rhe·tor·i·cal /ritɔ́ːrikəl リトーリカル/ 形
❶ 修辞学の; 修辞上の ❷《軽べつ的に》美辞麗句を連ねた; 誇張した
rhetórically 副 修辞的に; 誇張して

rhetórical quéstion 名 C 《文法》修辞疑問 (♦相手に質問するのではなく, 反語的な効果を持つ疑問文; たとえば, Who knows? (だれも知らない ← だれが知ろうか) (=Nobody knows.))

rheu·ma·tism /rúːmətizm ルーマティズム/ 名 U 《医学》リューマチ

Rhine /ráin ライン/ 名 《**the Rhine**》ライン川 (♦アルプスに発し北海に注ぐ)

rhi·no /ráinou ライノウ/ 名 (複 **rhinos** /ráinouz/) 《口語》(=rhinoceros)

rhi·noc·er·os B2 /rainɑ́sərəs ライナセロス/ 名 (複 **rhinoceros**, **rhinoceroses** /rainɑ́sərəsəz/) C 《動物》サイ

Rhòde Ísland /ròud ロウド/ 名 ロードアイランド (♦米国ニューイングランド地方の州; R.I., (郵便で) RI と略す)

rho·do·den·dron /ròudədéndrən ロウダデンドラン/ 名 C 《植物》シャクナゲ, ツツジ (♦ツツジ属の植物の総称)

rhu·barb /rúːbɑːrb ルーバーブ/ 名 U 《植物》ルバーブ, ダイオウ(大黄) (♦タデ科の多年草); ダイオウの葉枝 (♦食用); ダイオウの根, 大黄根 (♦下剤などの薬用)

rhyme B2 /ráim ライム/ 動 自 韻を踏む; 他 (…に)(…と)韻を踏ませる 《*with*》
• “Dime” **rhymes with** “time”.
dime と time は韻を踏んでいる

― 名 U 韻; 脚韻

rhythm A2 高

/ríðm リズム/
名 (複 **rhythms** /ríðmz/) U C
❶ リズム, 律動 (♦周期的にくり返される運動), 調子
❷ 規則的な反復; 周期性
• the **rhythm** of the seasons 季節の規則的な移り変わり
派生 **rhythmic**, **rhythmical** 形

rhýthm and blúes 名 U 《音楽》リズムアンドブルース (♦米国黒人発祥)

rhyth·mic B2 /ríðmik リズミク/ 形 リズムのある, 律動的, 調子のよい
rhýthmically 副 律動的に

rhyth·mi·cal /ríðmikəl リズミカル/ 形 (=rhythmic)

rhýthmic gymnàstics 名 新体操

RI 《略》Rhode Island ロードアイランド

rib B2 /ríb リブ/ 名 C ❶ 肋骨(ろっこつ), あばら骨 ❷ (かさの)骨, (肋骨状の)骨組み
poke A in the ribs (注意をうながすために)そっとA(人)のわき腹をつつく

― 動 (三単現 **ribs** /ríbz/; 過去·過分 **ribbed** /ríbd/; 現分 **ribbing**) 他 《古風》(…を)ひやかす, からかう

rib·ald /ríbəld リバルド/ 形 卑わいな

rib·bon A1

/ríbən リボン/ 名 (複 **ribbons** /ríbənz/)
❶ U C リボン
• Jun wore a yellow **ribbon** in her hair. 純は髪に黄色いリボンをつけていた

❷ C (道や川など)細長い帯状のもの; (タイプライターの)リボン

rice A1 中
/ráis ライス/ 名 U 米; (たいた)ごはん; イネ; 《形容詞的》米の
• live on **rice**. 米を常食にしている
• a **rice** paddy 水田
• a **rice** cooker 炊飯器
• cook [boil] **rice** ごはんをたく (×a rice, ×rices としない)

日英比較 **rice** と「米」「ごはん」
日本語では「米」「イネ」「ごはん」と呼び分けるが, 英語ではすべて rice で表す:
• brown [polished] **rice** 玄米[白米]
• raise **rice** イネを育てる
• a bowl of **rice** ごはん1杯

イメージ▶ 米は一粒からたくさんの実がなるので多産のイメージがあり, 欧米では結婚式を終えた新郎新婦に米を投げかける風習がある

ríce fìeld, ríce pàddy 名 C 稲田, 田, たんぼ (=paddy)

rich A1 中
/rítʃ リチ/
形 (比較級 **richer**; 最上級 **richest**)

意味マップ
❶ 金持ちの
❷ 豊かな; (土地が)肥えた
❸ 栄養に富んだ
❹ 高価な
❺ (色・音・香りなどが)強烈な, 豊かな
❻ とてもおもしろい

❶ 金持ちの, 富んだ, 裕福な (↔**poor**)
• a **rich** merchant 金持ちの商人, 豪商
• the **rich** = **rich** people
金持ちの人々 (❗「the＋形容詞」で「…な人々」; 複数扱い)

❷ 豊かな, 豊富な; (土地が)肥えた; 文型 [**be rich in ...**] …に富んでいる
• a **rich** harvest 豊作
• **rich** soil 肥えた土
• Tomatoes are **rich in** vitamin C.
トマトはビタミンCが豊富だ

❸ 栄養に富んだ, こくのある

❹ 高価な, 豪華(ごうか)な, ぜいたくな
• **rich** toys 高価なおもちゃ

❺ (色・音・香りなどが)強烈な, 豊かな

❻ 《口語》とてもおもしろい

派生 **enrich** 動

Rich·ard /rítʃərd リチャド/ 名 リチャード (♦男性名)

rich·es /rítʃəz リチェズ/ 名 《複数扱い》《文章》富, 財産 (=wealth)

rich·ly /rítʃli リチリ/ 副 裕福に; 豪華に; 十分に

rich·ness /rítʃnəs リチネス/ 名 U 富んでいること, 豊富さ; 肥沃; ぜいたく; (味の)濃厚さ

rick·et·y /ríkiti リキティ/ 形 (建物・家具などが)ぐらぐらする, がたがたの; (人などが)今にも倒れそうな, よろよろする

rick·shaw /ríkʃɔː リクショー/ 名 C 人力車(じんりきしゃ)

ric·o·chet /ríkəʃèi リコシェイ/ 動 自 はね返る 《*off*》
━ 名 C はね返った石[弾]; はね返り

rid B1 高 /ríd リド/ 動 (三単現 **rids** /rídz リヅ/; 過去・過分 **rid, ridded** /rídəd/; 現分 **rid·ding**) (❗原形と同じ形の過去形もあることに注意) 他 文型 [**rid A of B**] AからB(いやな物)を取り除く

be rid of ... …を免れた, 脱した

get rid of ... …を取り除く, …を追い払う; …からのがれる, …から抜け出す (❗rid は過去分詞(…を取り除かれた(状態に))で形容詞のように get (…になる)の補語になったもの)
• I can't **get rid of** this headache. この頭痛がとれない
• I can't **get rid of** my debt. = I can't **rid myself of** my debt. 借金から抜け出せない

rid·dance /rídəns リダンス/ 名 《次の成句で》

(a) good riddance 《口語》やれやれ(だ)

rid·den /rídn リドン/ 動 ride の過去分詞

rid·dle B1 /rídl リドル/ 名 (複 **riddles** /rídlz/) C なぞなぞ; なぞ(めいたも

の); 難問

ride A1 中
/ráid ライド/ 動 (三単現 **rides** /ráidz ライヅ/; 過去 **rode** /róud/; 過分 **ridden** /rídn/; 現分 **riding**)
❶ 自他 (乗り物・馬に)乗る, 乗って行く (■ 車を自分が運転する場合はふつう drive を使う); 他 乗せる, 乗せていく; 自 馬に乗る, 乗馬をする
• **ride** a bus バスに乗る (■ 《英》では「馬, 自転車」などまたいで乗る乗り物以外にはふつう take を使う)
• **ride on** [**in**] a train 電車に乗る
• **ride in** a taxi タクシーに乗る
• He taught me to **ride** (a horse). 彼は乗馬を私に教えてくれた
• **ride** away (馬・車などに乗って)走り去る
❷ 自 《修飾語句をつけて》 乗り心地が…である
• The car **rides** well. その車は乗り心地がいい
❸ 《文章》 自 (船が)〔水に〕浮かぶ 《*on*》; 他 (波・水に)乗って進む, 浮かぶ
━ 名 (複 **rides** /ráidz ライヅ/) C (馬・自転車・車・バスなどに)乗ること; 乗せてもらう[あげる]こと; 乗り物旅行
• **go for** a **ride** ドライブ[乗馬]に出かける
• **have** [**take**] a **ride on** a camel ラクダに乗る
• Thank you for the **ride**. 乗せてくれてありがとう
会話 "How far is it?" "It's about a two-hour train **ride from** Tokyo." 「どのくらい遠いの」「東京から電車で2時間ぐらいだ」
会話 "Can I **give** you a **ride** home?" "Thanks, Linda." 「車で家まで送るわ」「ありがとう, リンダ」
take A for a ride 《口語》 A(人)をだます

rid·er B2 /ráidər ライダ/ 名 C 乗る人; 騎手(きしゅ)

ridge B2 /rídʒ リヂ/ 名 C
❶ (山の)背, 尾根(おね)
❷ 細長く盛り上がった部分; (動物の)背すじ, (屋根の)むね, (田畑の)畝(うね)

rid·i·cule /rídəkjù:l リディキュール/ 名 U 嘲笑, あざけり
━ 動 他 あざける

ri·dic·u·lous B1 /ridíkjələs リディキュラス/ 形 ばかばかしい, おかしい, こっけいな, とんでもない
• That's **ridiculous**. そんなのばかばかしい

ri·dic·u·lous·ly /ridíkjələsli リディキュラスリ/ 副 ばかばかしいほど; 途方もなく

rid·ing /ráidiŋ ライディング/ 動 ride の現在分詞・動名詞
━ 名 U 乗馬 (■ hórse rìding ともいう); 乗車

rife /ráif ライフ/ 形 《文章》 ❶ (犯罪など悪いものが)横行して, 流行して, 広まって
❷ 〔悪いものが〕充満している 《*with*》

riff /ríf リフ/ 名 C 《音楽》 リフ 《♦短い反復楽節》

ri·fle[1] /ráifl ライフル/ 名 C ライフル銃

ri·fle[2] /ráifl ライフル/ 動
❶ 他 (人から)〔物を〕奪い取る 《*of*》
❷ 自 (場所を)くまなく捜す 《*through*》

rift /ríft リフト/ 名 C 《文章》 ❶ 裂け目, 割れ目, ひび ❷ 仲たがい, 断絶

ríft vàlley 名 C 地溝, 裂谷

rig[1] /ríg リグ/ 動 (三単現 **rigs** /rígz/; 過去・過分 **rigged** /rígd/; 現分 **rigging**) 他
❶ (船を)艤装(ぎそう)する; 〔…を〕(船などに)取り付ける 《*with*》
❷ 《口語》 (人を)めかしこませる, 着飾らせる 《*out, up*》
❸ 《口語》 間に合わせに作る; 急ごしらえする 《*up*》
━ 名 ❶ C (船の)艤装(ぎそう), 帆装; 装備; 《ふつう複合語で》 用具一式; (油井(ゆせい)の)掘削装置
❷ U 《米》《口語》 衣服
❸ C 《米》《口語》 大型トラック

rig[2] /ríg リグ/ 動 (三単現 **rigs** /rígz/; 過去・過分 **rigged** /rígd/; 現分 **rigging**) 他 不正に操作する; …で八百長をやる

rig·ging /rígiŋ リギング/ 名 U 《ふつう the rigging》 索具, 綱具 《♦マスト・帆・綱などの装備全部》; 用具1式

right A1 中

/ráit ライト/ (発音 rite, write と同音)

意味マップ
形 ❶正しい
❷適した
❸右の
❹健康な
❺表の
副 ❶ちょうど
❷正しく; うまく
❸右へ
名 ❶権利
❷正しいこと
❸右
❹(政治的な)右派
動 ❶まっすぐにする
❷正す

一形 ❶**正しい, 正当な, あたり前の, まちがっていない; 正確な** (⇔**wrong**)
- the **right** answer 正しい答え ⇨図
- He is absolutely **right**. 彼(の言うこと)はまったく正しい
  会話 "You are a student, aren't you?" "Yes. That's **right**" 「君は学生だよね」「はい, そうです」
- Is this the **right** way to the museum? これは博物館への正しい道ですか[博物館へはこの道を行けばよいのですか]

❷**適した, 適切な** (=proper)
- I think I made the **right** decision. 適切な決断をしたと思っています
- You are the **right** person **for** the job. 君こそがその仕事に適任だよ

❸**右の, 右側の** ⇨図; (政治的に)**右翼の, 保守の** (⇔**left**[1])
- on the **right** side 右側に
- We made [took] a **right** turn at the corner. 私たちは角を右折した

❹**健康な; 調子のいい; 健全な**
- My right leg doesn't feel **right**. 私の右足は調子がおかしい

❺(紙・布の)**表の**

all right A1 《返事で》**よろしい; 申し分ない** ⇨**all** (成句)

..., right? …ですよね, …でしょ?(! Is that right? を短くしたもの)
- You're Bob's sister, **right**? 君はボブの妹[お姉さん]ですよね

(as) right as rain 《口語》まったく健康で

Right (you are)! 君の言うとおりだ, もっともだ

一副 ❶**ちょうど, まったく, 真(ま)…** (次にくる副詞(句)を強める); **すぐに**
- **right** here ちょうどここで, この場に
- **right** in the middle まんまん中に[を]
- go **right** home まっすぐ家に帰る
- Come **right** in. さあずっとお入りください
- We left **right** after dinner. 食事のあとすぐ私たちは出かけた

❷**正しく; まちがいなく; うまく, 正確に** (⇔**wrong**)
- He spelled my name **right**. 彼は私の名前のつづりを正しく書いた

❸**右へ, 右の方に[を]** (⇔**left**[1])
- [CAN-DO Tips 道案内する]
  Turn **right** at the next corner. 次の角を右に曲がりなさい

right at once **すぐに, ただちに**

right away **すぐに, ただちに**
会話 "Come down for breakfast." "**Right away**." 「おりてきて朝ごはんを食べなさい」「すぐ行くよ」

right now ちょうど今; すぐに, ただちに ● Let's set off **right now**. 今すぐ出発しよう

一名 (複 **rights** /ráits ライツ/)
❶ U C (正当な)**権利** (⇔**duty**)
- the **right to** vote 選挙権
- human **rights** 人権

❷ U 正しいこと; 正義
• know **right** from **wrong** 正邪(せいじゃ)[善悪]の区別がわかる
❸ U 《ふつう the [*one's*] right》右, 右側; 《野球》ライト, 右翼 (⇔left[1])
• turn **to the right** 右に曲がる
• sit on his **right** 彼の右側にすわる
❹ 《the Right》《単数・複数扱い》(政治的な)右派, 保守党 (⇔the Left)
— 動 (三単現 **rights** /ráits ライツ/; 過去・過分 **righted** /ráitəd/; 現分 **righting**) 他
❶ まっすぐにする, 正常な位置に戻す, 復旧する
❷ (不正・誤りなどを)正す
派生 **rightful** 形; 派生 **rightly** 副

ríght ángle 名 C 直角 (◆90°)

ríght-ángled 形 直角の

right·eous /ráitʃəs ライチャス/ 形 高潔な; もっともな 派生 **right** 名
ríghteously 副 正しく
ríghteousness B2 名 U 高潔, 正義

ríght fíeld 名 C 《野球》ライト, 右翼

right·ful /ráitfəl ライトフル/ 形 正当な, 合法な 派生 **right** 名
ríghtfully 副 公正に, 正当に

right-hand A2

/ráithæ̀nd ライトハンド/ 形 (❗比較変化なし)右の; 右手(用)の; 右側(へ)の, 右の方への (❗名詞の前に用いる) (⇔left-hand)

one's ***right-hand man*** 頼りになる人物, 「右腕」

rìght-hánded 形 右ききの, 右手でする; 右きき用の; 右回りの (⇔left-handed)

right-hand·er /ràithǽndər ライトハンダ/ 名 C 右利きの人; 右のパンチ; 右で打つこと (⇔left-hander)

right·ly B2 /ráitli ライトリ/ 副 ❶ 正しく, 正確に ❷ 《文全体を修飾して》正当にも, 当然のことながら, まちがいなく

ríght wíng 名 《the をつけて》《集合的》《単数・複数扱い》右翼(の人たち), 右派; U C 《スポーツ》ライト(の選手)

— 形 右翼の

rig·id /rídʒəd リヂド/ 形
❶ 厳しい, 厳格な (=very strict); 堅苦しい, 融通のきかない
• **rigid** school rules 厳しい校則
❷ かたい, 曲がらない (=stiff); 柔軟性のない
派生 **rigidity** 名
rígidly 副 厳格に; 厳しい表情で

ri·gid·i·ty /ridʒídəti リヂディティ/ 名 U 堅いこと; 厳格さ; 堅苦しさ
派生 **rigid** 形

rig·or, 《英》 **rig·our** /rígər リガ/ 名 《文章》 ❶ U (規則などの)厳しさ, 厳格さ; (法律などの)厳正な施行
❷ 《ふつう **the rigors**》(気候の)厳しさ; (生活の)苦しさ ❸ U (研究・論理・定義などの)厳密さ, 正確さ

rig·or·ous /rígərəs リガラス/ 形
❶ (規則・法律・教師などが)厳格な
❷ (気候・生活などが)厳しい, 過酷な
❸ 厳密な, 精密な
rígorously 副 厳密に, 厳格に

rim B2 /rím リム/ 名 C (丸い)縁(ふち), へり; (車輪の)わく; (眼鏡の)リム
— 動 (三単現 **rims** /rímz/; 過去・過分 **rimmed** /rímd/; 現分 **rimming**) 他 縁をつける

rind /ráind ラインド/ 名 U (果実・野菜などの)皮, 外皮; (ベーコン・チーズなどの)上皮

ring[1] A2 高

/ríŋ リング/ (発音 wring と同音)
名 (複 **rings** /ríŋz/) C
❶ 指輪; 輪状のもの
• a wedding **ring** 結婚指輪
• an engagement **ring** 婚約指輪, エンゲージリング
❷ 円, 丸; 輪
• dance in a **ring** 輪になって踊る
❸ (悪人の)一味, 徒党
❹ (サーカスなどの円形の)競技場; (ボクシングの)リング
❺ 《the rings》《スポーツ》(体操競技の)つり輪
— 動 (三単現 **rings** /ríŋz/; 過去・過分 **ringed** /ríŋd/; 現分 **ringing**) 他 ぐるりと囲む

ring[2] A1
/ríŋ リング/ (発音 wringと同音)
動 (三単現 **rings** /ríŋz/; 過去 **rang** /rǽŋ/; 過分 **rung** /rʌ́ŋ/; 現分 **ringing**)
❶ 自 (ベルなどが)鳴る; 鳴りひびく; 他 (ベルなどを)鳴らす
• **ring** the door bell 玄関のベルを鳴らす
• The telephone is **ringing**. 電話が鳴っている
• My ears are **ringing**. 私は耳鳴りがしている
• She **rang for** the maid. 彼女はベルを鳴らしてメイドを呼んだ
❷ 他自 《英》 電話をかける 《*up*》 (=《米》 call (up))
• **ring back** 折り返し電話する (=《米》 call back)
• **ring off** 電話を切る (=《米》 hang up)
❸ 自 文型 [**ring C**] Cに聞こえる
• His story **rang** true. 彼の話は本当らしく聞こえた
ring a bell 《口語》 何かを思い起こさせる, 心あたりがある
ring in (新年などを)鐘を鳴らして迎える
ring out 鳴り響く, 響き渡る; (行く年などを)鐘を鳴らして送る
━ 名 (複 **rings** /ríŋz/) C
❶ (ベルを)鳴らすこと, (ベルが)鳴ること; (ベルの)鳴る音, ひびき
❷ 《英》 電話をかけること (=《米》 call)
• I'll **give** you a **ring** tonight. 今晩君に電話をします

ring·er /ríŋər リンガ/ 名 C ❶ 鐘[ベル]を鳴らす人 ❷ 《米》 (競馬・競技の)替え玉
be a dead ringer for ... …にそっくりである

ring·lead·er /ríŋlìːdər リングリーダ/ 名 C (悪事などの)首謀者

ring·side /ríŋsàid リングサイド/ 名 C (ボクシングなどの)リングサイド, 最前列の席

rink /ríŋk リンク/ 名 C アイススケート場; ローラースケート場

rinse /ríns リンス/ 動 他 ゆすぐ, すすぐ
━ 名 C ゆすぎ, すすぎ洗い; UC リンス剤[液]; 染毛剤

Rio /ríːou リーオウ/ 名 (=Rio de Janeiro)

Rio de Ja·nei·ro /ríːou dei ʒəníərou リーオウデイヂャニーアロウ/ 名 リオデジャネイロ 《◆ブラジル (Brazil) の旧首都》 ⇨ **Brasilia**

ri·ot /ráiət ライオト/ 名 C 暴動, 騒動
run riot 暴れまわる

ri·ot·ous /ráiətəs ライオタス/ 形 暴動の; 騒々しい
ríotously 副 騒々しく

rip B2 /ríp リプ/ 動 (三単現 **rips** /ríps/; 過去・過分 **ripped** /rípt/; 現分 **ripping**) 他 (衣服・布・手紙などを)(引き)裂く; 自 裂ける

R.I.P. 《略》 rest in peace 安らかに眠れ 《◆墓碑銘》

ripe B1 /ráip ライプ/ 形 (比較級 **riper**; 最上級 **ripest**) ❶ (果物・穀物などが) 熟した; 実った, うれた, 食べごろの
• **ripe** grapes 熟したブドウ
• The corn was **ripe** in the fields. トウモロコシは畑に実っていた
❷ 成熟した, 円熟した, 〔…する〕機の熟した 《*for*》
• The time is **ripe for** action. 今こそ行動に移ろう

ri·pen /ráipən ライプン/ 動 自 熟す, 実る, 成熟する, 円熟する; 他 熟させる, 実らせる

rip-off /rípɔ̀ːf リポーフ/ 名 C 《俗語》 ❶ ばか高い物, ぼったくり ❷ 盗作

rip·ple /rípl リプル/ 名 C ❶ さざ波; さざ波の音, さらさら流れる水の音 ❷ (人声などの)さざめき
━ 動 他 さざ波を立てる; 自 さざ波が立つ

Rip van Win·kle /ríp væn wíŋkl リプ ヴァン ウィンクル/ 名 リップ・バン・ウィンクル

出典・由来› W. アーヴィング作『スケッチブック』の中の物語およびその主人公の名. リップはなまけ者で, ある日狩りに出かけた山の中で20年間眠り続け, 村へ帰って来たら社会が一変していた

rise B1 中 /ráiz ライズ/ 動 (三単現 **rises** /ráizəz/; 過去 **rose** /róuz/; 過分 **risen** /rízn/; 現分 **rising**) 自
❶ **のぼる, 上がる** (=go up, come up)

• **rise high** above the earth 地上高く上がる
• The sun **rises** in the east and **sets** in the west. 太陽は東に[東から]のぼり西に[西へ]沈む ⇨図 (×from the east, ×to the west としない)
• The river **rises** after a heavy rain. 大雨のあとでは川の水かさが増す
❷ **そびえ立つ**, (土地が)**高くなる**
• The hills **rise** sharply **from** the shore. 海岸から丘がきり立っている
❸ 《文章》 **起きる** (=get up); **立ち上がる, 起立する** (=stand up)
• He **rises** very early. 彼はとても朝早く起きる
• She **rose to her feet**. 彼女は立ち上がった
• The people **rose up against** the King. 人々は王に対して立ち上がった
❹ (程度・分量などが) **上昇する, 高くなる, 増す** (↔**fall**); (地位が)**上がる, 出世する**
• Prices are **rising** but they will soon **fall**. 物価が上がってきていますが, 間もなく下がるでしょう
• The temperature that day **rose** to 35℃. その日の気温はセ氏35度まで上がった ⇨図
• Their voices **rose** in [with] excitement. 興奮で彼らの声は高くなった
❺ **起こる, 生じる**; (川などが)**源を発する**
• Tears **rose** to her eyes. 彼女の目に涙が浮かんだ

rise above ... ① …の上にそびえる
• The mountain **rises above** the clouds. その山は雲の上にそびえている
② …を越える

— 名 (複 **rises** /ráizəz/)
❶ U C 〔値段・賃金・調子などの〕**上昇, 増加** 《*in*》 (↔**fall**); C **出世, 昇進**
• a 5% price **rise** 5%の物価上昇
❷ U **出現, 台頭; 起源**
• the **rise** of the Internet インターネットの出現
❸ C **上り坂**

give rise to ... …を引き起こす; …のもととなる
on the rise 上昇中で; 増えつつある

ris·en /rízən リズン/ 動 riseの過去分詞

ris·er /ráizər ライザ/ 名 C **起きる人** (! 前に形容詞が付く)

ris·ing 高 /ráiziŋ ライズィング/ 動 rise の現在分詞・動名詞
— 形 **上がる, のぼる**
— 名 ❶ U **上がること, 上昇**
❷ C **反乱**

risk B1 高 /rísk リスク/ 名 (複 **risks** /rísks/) ❶ U C (けがをしたり損をしたりする)**危険, 危険性, 恐れ**
• the **risk** of lung cancer in smokers 喫煙者の肺がんの危険性

コロケーション
形+**risk**
a great *risk* 大きな危険
a high *risk* 高い危険性
a low *risk* 低い危険性
a slight *risk* ささいな危険
動+**risk**
increase *risk* 危険性を高める
reduce the *risk* of ... …の危険性を減らす
run [take] a *risk* 危険を冒す

❷ C **危険を招く物事**
• a **risk to** safety 安全をおびやかす物事
❸ C 《保険》 **被保険者[物]**

at one's (own) risk 自分の責任で
at risk 危険にさらされている

at the risk of... …の危険を冒して, …を覚悟で, …を承知の上で
- I must tell him the truth, even **at the risk of** ruining our friendship. 友情を壊す恐れがあっても, 彼には真実を伝えなければならない

run [***take***] ***a risk*** 危険を冒す, 危ない橋を渡る

run [***take***] ***the risk of doing*** …する危険を冒す

— 動 (三単現 **risks** /rísks/; 過去・過分 **risked** /ріskt/; 現分 **risking**) (生命などを)かける, 危険にさらす; 文型 [**risk** *do***ing**] …する危険を冒す; (悪い結果になる可能性があるのに)あえて…する
- **risk traveling** abroad without travel insurance あえて旅行保険をかけないで海外旅行に行く (×risk *to* travel としない)

risk·y B2 /ríski リスキ/ 形 (比較級 **riskier**; 最上級 **riskiest**) 危険な

ris·qué /riskéi リスケイ/ 形 (話・冗談が)きわどい, わいせつすれすれの

rite B2 /ráit ライト/ (発音 right, write と同音) 名 C (宗教上の)儀式

rit·u·al B2 /rítʃuəl リチュアル/ 名
❶ U C (宗教上の)儀式; しきたり
❷ C (日常の)決まりきった習慣

— 形 儀式の 派生 **rite** 名

ri·val B2 /ráivəl ライヴァル/ 名 C 競争相手, ライバル; 匹敵(ひってき)する人[物]
- She has no **rival** in math. 数学において彼女に敵(かな)うものがいない

— 形 競争相手の, はり合っている
- a **rival** team ライバルチーム
- a **rival** company ライバル会社

— 動 (三単現 **rivals** /ráivəlz/; 過去・過分 **rivaled**, 《英》 **rivalled** /ráivəld/; 現分 **rivaling**, 《英》 **rivalling**) 他 競争する

ri·val·ry /ráivəlri ライヴァルリ/ 名 (複 **rivalries** /ráivəlriz/) U C 〔…との〕競争, 対抗 《*between, with*》, 張り合い

riv·er A1 中

/rívər リヴァ/ 名 (複 **rivers** /rívərz/) C
❶ 川, 河
- go fishing in a **river** 川へ釣りに行く (×*to* a river としない)

参考〉 川の名は米国では the Hudson River (ハドソン川), 英国では the River Thames (テムズ川)のようにいう. 両方とも River を省略して the Hudson, the Thames としてもよい. 川の名前には必ず the がつくことに注意

❷ (血・溶岩などの)**大量の流出**
- A **river** of lava flowed from the volcano. 火山から溶岩が川のように流れた

関連語〉 単語力
stream (river よりも小さな)川, 流れ
brook (泉から流れ出る)小川
rapids 急流
canal 運河
channel 水路
waterfall, fall 滝
lake 湖
bank 土手; (川)岸
riverside 川岸
basin 盆地, 流域

riv·er·bed /rívərbèd リヴァベド/ 名 C 川底, 河床

riv·er·side /rívərsàid リヴァサイド/ 名 《**the riverside**》 川岸, 河畔(かはん), 川べり — 形 川岸の, 河畔の

riv·et /rívət リヴェト/ 名 C びょう, リベット — 動 他 リベットで留める; 〔…に〕釘付けにする 《*to*》

riv·et·ing /rívətiŋ リヴェティング/ 形 《口語》 (心をくぎ付けにするほど)おもしろい, 興味をそそる, 胸がわくわくするような

roach /róutʃ ロウチ/ 名 C 《米》《口語》 ゴキブリ (=cockroach)

road A2 中

/róud ロウド/ (×ロード) (発音 rode と同音) 名 (複 **roads** /róudz ロウヅ/) C
❶ 道路; 道, 街道; 《**... Road**》 《町名として》 …街, 《道路名として》 …街道
- There is heavy traffic **on the road**. その道路は交通が激しい
- She drove **down the road** to the junction of the main **road**. 彼女は幹線道路の合流地点まで車を運転した

a b c d e f g h i j k l m n o p q **r** s t u v w x y z

• You can find fresh produce at stands **along** the **road**. 道路沿いのスタンドでは新鮮な野菜や果物を売っている
❷《比ゆ的に》〔…への〕道, 方法, 手段《*to*》(=way)
• The **road to** success is paved with hard work. 成功への道は努力で舗装(ほそう)されている
by road 車で
on the road ①(長時間・長距離を)旅行して, 旅行中で ②(劇団・プロ野球などが)地方巡業[遠征]中で

road·block /róudblɑ̀k ロウドブラク/ 名 C ❶(交通遮断・検問などのため警察が設ける)路上バリケード ❷妨げ, 障害物

road·side B1 /róudsàid ロウドサイド/ 名《**the roadside**》道ばた, 路傍(ろぼう)
━ 形 道ばたの, 路傍の

róad sìgn 名 C 道路標識

road·way /róudwèi ロウドウェイ/ 名 (複 **roadways** /róudwèiz/) C 道路;《**the roadway**》(道路の)車道

road·wor·thy /róudwə̀:rði ロウドワーズィ/ 形 (車が)走行に適した

roam B2 /róum ロウム/ (発音 Rome と同音) 動 自〔…を〕ぶらぶらと歩き回る《*through, around*》; 他 歩き回る; 放浪する; (広域を)移動する

roar B2 /rɔ́:r ロー/ 動
❶ 自 (ライオンなどが)ほえる
• The lion **roared** in anger. ライオンが怒ってうなり声を上げた
❷ 自 わめく; (観衆などが)笑いどよめく; 他 (…を)大声で言う《*out*》
❸ 自 (風が)ゴーゴーと鳴る, (エンジンが)うなる, 轟音(ごうおん)をたてる
━ 名 C ❶歓声; (笑いの)どよめき
❷(ライオンなどの)ほえる声, うなり(声)

roar·ing /rɔ́:riŋ ローリング/ 形 とどろく, 騒々しい ━ 副 非常に

roast A2

/róust ロウスト/ 動 (三単現 **roasts** /róusts ロウスツ/; 過去・過分 **roasted** /róustəd/; 現分 **roasting**) 他 (肉を)焼く, あぶる; (豆などを)いる; 自 焼ける
• **roast** a chicken チキンを焼く
━ 形 焼いた, あぶった (❗名詞の前に用いる) • **roast** beef ローストビーフ
━ 名 (複 **roasts** /róusts ロウスツ/) U C 焼き肉; 焼いた肉のかたまり

roast·ing /róustiŋ ロウスティング/ 形《口語》焼けつくほど暑い
━ 副《口語》焼けつくほど暑く

Rob /rɑ́b ラブ/ 名 ロブ《♦男性名; Robert の愛称》

rob A2

/rɑ́b ラブ|rɔ́b ロブ/ 動 (三単現 **robs** /rɑ́bz/; 過去・過分 **robbed** /rɑ́bd/; 現分 **robbing**) 他
(人・場所を)襲う, 強盗する; 強奪する
• Two armed men **robbed** the bank. 2人の武装した男が銀行強盗をした (❗rob の目的語は「場所・人」で「金品」はこない; ×rob money などとしない)
比較 The men **stole** 50,000 dollars **from** the store. 男たちは店から5万ドル盗んだ (❗steal の目的語は「金品」)
文型 [**rob A of B**] A(人・場所)からBを奪う (=steal B from A)
• He **robbed** me **of** my watch. 彼は私から時計を奪い取った
派生 **robbery** 名

rob·ber /rɑ́bər ラバ/ 名 C 強盗, どろぼう (❗暴力を使う者; thief はこっそり持ち去るこそどろ)
• a bank **robber** 銀行強盗

rob·ber·y A2

/rɑ́bəri ラバリ|rɔ́bəri ロバリ/ 名 (複 **robberies** /rɑ́bəriz/) U C (力ずくで)奪うこと, 強奪; 強盗[盗難]事件
• There was a bank **robbery** in this town. この町で銀行強盗があった
派生 **rob** 動

robe /róub ロウブ/ 名 C ❶《ふつう **robes**》式服, 法衣《♦司祭などが着るすその長い外衣》 ❷バスローブ;《米》部屋着 (=《英》dressing gown)

Rob·ert /rɑ́bərt ラバト/ 名 ロバート《♦男性名》

Rob·in /rάbən ラビン/ 名 ロビン《◆男性名(Robert の愛称); 女性名》

rob·in A2 /rάbən ラビン/ 名 (複 **robins** /rάbənz/) C《鳥》コマドリ, ロビン《◆アメリカ産のものはツグミの一種でヨーロッパ産のものより大きい》

Rob·in Hood /rάbin húd ラビン フド/ 名 ロビン・フッド《◆シャーウッドの森に住む中世イギリスの伝説的英雄》

Rob·in·son Cru·soe /rάbənsn krúːsou ラビンスン クルーソウ/ 名 ロビンソン・クルーソー《◆英国の小説家 D. デフォーの小説の主人公》

ro·bot B1 中 /róubat ロウバト | róubɔt ロウボト/ 名 (複 **robots** /róubats ロウバツ/) C
❶ ロボット
❷ 機械的に働く人

ro·bot·ics /roubάtiks ロウバティクス/ 名《単数扱い》ロボット工学

ro·bust /roubΛ́st ロウバスト/ 形 ❶ (人が)たくましい; (物が)頑丈な ❷ (文章・意見などが)確固たる, 断固とした
robústly 副 たくましく; 強硬に

rock[1] A2 高 /rάk ラク | rɔ́k ロク/ 名 (複 **rocks** /rάks/)
❶ U C 岩, 岩石
• as hard as (a) **rock** 岩のように硬い
• clear away the **rocks** 岩を取り除く
❷ C《ふつう **rocks**》岩礁(しょう), 暗礁
• The ship went on the **rocks**. その船は暗礁に乗り上げた
❸ C《米》石, 小石 (=stone)

似ている単語
岩・石－**rock** と **stone**
rock は地面や海底の一部である岩盤, 岩礁, または **stone** (石)より大きい1つ1つの岩をさす. 《米》では rock を stone の意味でも使う:
cut a tunnel through solid **rock** 硬い岩盤を貫いてトンネルを掘る
I threw a **rock** [**stone**] into the pond. 私は池の中に石を投げた

on the rocks ① 座礁して, 難破して ⇨❷ ② 行き詰まって, 危機に瀕(ひん)して ③ オンザロックの[で]《◆氷片の上に酒を注ぐ飲み方》

rock[2] B2 高 /rάk ラク/ 動
❶ 他 (左右に, あるいは前後に)ゆり動かす, ゆさぶる; 自 ゆれ動く; ゆれる
• She **rocked** her baby to sleep. 彼女は赤ちゃんをゆすって眠らせた
• An earthquake **rocked** the city. 地震がその都市をゆさぶった
❷ 他 (…を精神的に)ゆさぶる, ショックを与える
rock the boat 事を荒立てる
━ 名 U ❶《音楽》ロック (**!** **rock and roll**, あるいは **rock'n'roll** (ロックンロール)とも呼ばれる) ❷ ゆれ; 動揺

rock-and-roll /rάkənróul ラクンロウル/ 名 (=rock'n'roll)

rock-bot·tom /rάkbάtəm ラクバトム/ 形《口語》どん底の

róck cándy 名 U C《米》氷砂糖 (=《英》(sugar) candy)

róck-clìmbing 名 U 岩登り, ロッククライミング

rock·er /rάkər ラカ/ 名 C ❶ ゆり子《◆ゆりいす・ゆりかごなどの弧状の足》
❷《米》ゆりいす (=rocking chair)
❸ ロック歌手
off one's rocker《俗語》頭が変で, 気がふれて

rock·et B2 高 /rάkət ラケト/ 名 C
❶ (宇宙船などの推進用)ロケット; (ロケット)ミサイル; 宇宙船(カプセル)
❷ 打上げ花火
━ 動 自 急上昇する; 突進する

Rock·ies /rάkiz ラキズ/ 名《**the Rockies**》(=the Rocky Mountains)

rócking chàir 名 C ゆりいす, ロッキングチェア

rócking hòrse 名 C (子ども用の)ゆり木馬

rock'n'roll /rάkənróul ラクンロウル/ 名 U《音楽》ロックンロール (**!** rock and roll の省略形)

rock·y[1] B2 /rάki ラキ/ 形 (比較級 **rockier**; 最上級 **rockiest**) 岩の多い; 岩のように

ごつごつした; (状況や関係などが)問題の多い

rock·y[2] /ráki ラキ/ 形 (比較級 **rockier**; 最上級 **rockiest**) ぐらぐらゆれる, ぐらつく; 不安定な

Rócky Móuntains 名 《複数扱い》《**the** をつけて》**ロッキー山脈** (◆北アメリカ西部を南北に縦走する大山脈)

rod /rád ラド/ 名 C

❶ (木・竹・金属などの細い)**棒, さお**

• a fishing **rod** 釣りざお

❷ (刑罰(けいばつ)用の)**むち**

rode /róud ロウド/ (発音 road と同音) 動 rideの過去形

ro·dent /róudənt ロウダント/ 名 C 《動物》**齧歯**(げっし)**類の動物** (◆ネズミ・リス・ウサギなど)

ro·de·o /róudiòu ロウディオウ/ 名 (複 **rodeos** /róudiòuz/) C **ロデオ** (◆荒馬を乗りこなしたり, 投げ縄で牛を捕らえたりするカウボーイの競技会)

roe /róu ロウ/ 名 C U **魚の卵**

Ro·ger /rádʒər ラヂャ/ 名 **ロジャー** (◆男性名)

rogue /róug ロウグ/ 名 C

❶ **悪者, 悪漢, ならず者** (=rascal)

❷ **いたずらっ子, おちゃめ**

role A1 高

/róul ロウル/ (×ロール) (発音 roll と同音)

名 (複 **roles** /róulz/) C

❶ **役割, 役目, 任務**

• I expect you to **play an important role** in the meeting. 君にその会議で重要な役割を果たしてもらいたいと思っている

コロケーション

形+**role**

an active *role* 積極的な役割

a crucial *role* とても重要な役割

a key *role* 重要な役割

a major *role* 主要な役割

❷ (役者の)**役, 役柄**

• the leading [starring] **role** 主役

róle mòdel 名 C **模範, 手本**

role-play /róulplèi ロウルプレイ/ 名 C U **役割演技**

roll A2 高

/róul ロウル/ (×ロール) (発音 role と同音)

名 (複 **rolls** /róulz/) C

❶ **巻き物; 巻いたもの, ひと巻き**

• **a roll of** toilet paper トイレットペーパーひと巻き

❷ **ロールパン**

❸ (船の)**横ゆれ** (↔**pitch**[1])

❹ 《単数形で》〔雷・たいこなどの〕**とどろき** 《*of*》 ❺ **名簿, 出席簿**

— 動 (三単現 **rolls** /róulz/; 過去・過分 **rolled** /róuld/; 現分 **rolling**)

❶ 自 **ころがる; ころがってくる[いく], 回転する**; 他 **ころがす; ころがしていく[くる]**

• The ball **rolled to** my feet. そのボールは私の足元にころがってきた

❷ 自 (車輪で)**進んで行く**

• **roll** to a stop (乗り物などが)ゆっくりと止まる

• The train **rolled into** Cairo Station. 列車はカイロ駅にすべり込んだ

❸ 自 **巻く,** 他 **丸める; くるむ** 《*up*》

❹ (涙などがころころと)**流れ落ちる**

• The tears **rolled down** her cheeks. 涙が彼女のほおを伝わって流れ落ちた

❺ 他 (ローラーなどで)**平らに伸ばす[ならす]** 《*out*》

❻ 自 (波などが)**うねる**

❼ 自 (船が)**横ゆれする**

• The ship **rolled** in the waves. 船は波間にゆれた

❽ 自 (雷・たいこなどが)**ゴロゴロ鳴る**

❾ 他 (目を)**ぐるぐる動かす**

• John **rolled** his eyes in surprise. ジョンは驚いて目を白黒させた

be rolling in ... 《口語》〔金〕をたくさん持っている

roll in どんどん集まって来る, 転がり込む

roll out 転がり出る; 《米》《口語》起床する

roll over (ころころと)ころがる; ころがす; 寝返りをうつ

roll up ① 《口語》(遅れて, 思いもよらない

ときに)現れる, 到着する ② 巻き上げる; (くるくると)丸める, 巻く
• **roll up** *one's* sleeves シャツのそでをまくり上げる

róll càll 名C U 点呼

roll·er /róulər ロウラ/ 名C ❶ ローラー《◆地ならし・ペンキぬり・印刷などに使う》 ❷ 巻き軸(じく) ❸ (重い物を動かす時下に入れる)ころ, キャスター; (ローラースケートぐつについているような)小さな車 ❹ (うねる)大波

Roll·er·blade /róulərblèid ロウラブレイド/ 名C 《商標》ローラーブレード

róller còaster 名C (遊園地の)ジェットコースター (❗「ジェットコースター」は和製英語)

róller skàte 名C ローラースケートぐつ

roll·er·skate /róulərskèit ロウラスケイト/ 動自 ローラースケートをする

roll·ing B1 /róuliŋ ロウリング/ 形 転がる, 回転する; 横ゆれする; (波などが)うねる
— 名U 転がり, 回転; 横ゆれ; ゆるやかな起伏; うねり

rólling pìn 名C 麺(めん)棒

roly-poly /róulipóuli ロウリポウリ/ 名 (複 **roly-polies** /róulipóuliz/) C 丸々と太った人 — 形 丸々と太った

ROM /rám ラム/ 名C 《コンピュータ》ロム《◆読み出し専用メモリ; read-only memory の略》

Ro·man 高 /róumən ロウマン/ 形 (古代・現代)ローマの; ローマ人の
— 名C (古代・現代の)ローマ人, ローマ市民
派生 **Rome** 名

Róman Cátholic 名C 《キリスト教》(ローマ)カトリック教徒
— 形 (ローマ)カトリック教の

ro·mance A2

/roumǽns ロウマンス/ (×ロマンス)
名 (複 **romances** /roumǽnsəz/)
❶ C 〔…との〕恋愛関係, 情事; ロマンス《*with*》
• a summer **romance** (ひと)夏のロマンス
❷ U 恋愛, 恋愛感情; ロマン, ロマンティックな気分; わくわくする心
❸ C 恋愛小説[映画]; 小説的な事件
• Mom loves **romance** novels. うちの母は恋愛小説が大好きだ
❹ C 冒険[空想]物語(の世界); (中世の)騎士(きし)道物語; 伝奇小説

Ro·ma·ni·a /rouméiniə ロウメイニア/ 名 ルーマニア《◆ヨーロッパ南東部の国; 首都ブカレスト (Bucharest)》

Ro·ma·ni·an /rouméiniən ロウメイニアン/ 形 ルーマニアの; ルーマニア人[語]の
— 名C ルーマニア人; U ルーマニア語

Róman númeral 名C ローマ数字《◆I (=1), V (=5), X (=10) などローマ字を使って表す数字》

Ro·mansh /roumá:nʃ ロウマーンシュ/ 名U ロマンシュ語《◆スイスで使われている4つのことばの1つ》

ro·man·tic A2 高

/roumǽntik ロウマンティク/ 形
❶ 恋愛の, ロマンチックな; 恋に夢中の
• a **romantic** relationship 恋愛関係
❷ (冒険・空想)物語に出てくるような, 空想的な, 夢見るような, 現実ばなれした
• a **romantic** plan 現実ばなれした計画
❸ 《しばしば **Romantic**》(文学・芸術が)ロマン主義的な ⇨**classical**
— 名 (複 **romantics** /roumǽntiks/) C 空想的な人; ロマンチックな人

ro·man·ti·cal·ly /roumǽntikəli ロウマンティカリ/ 副 ロマンチックに, 空想的に

ro·man·ti·cism /roumǽntisìzm ロウマンティスィズム/ 名U 《しばしば **Romanticism**》ロマン主義

ro·man·ti·cize /roumǽntisàiz ロウマンティサイズ/ 動他自 ロマンチックに考える, 美化する

Rom·a·ny /rάməni ラマニ/ 名 (複 **Romanies** /rάməniz/) C ロマ, ジプシー (=Gypsy); U ローマニー語《◆ジ

プシーのことば》

Rome /róum ロウム/ (発音 roam と同音) 名 ローマ《◆イタリアの首都》; 古代ローマ; 古代ローマ帝国

Ro·me·o /róumiou ロウミオウ/ 名 ロミオ《◆シェイクスピア作 *Romeo and Juliet* の主人公の青年の名》

romp /rámp ランプ/ 動 自 (子ども・動物などが)跳ね回る, はしゃぎ回る, 遊び騒ぐ《*about, around*》

***romp home* [*in*]** (競馬などで)楽勝する

romp through 《英》《口語》楽々やってのける, (試験に)楽々合格する

━名 C ❶ 跳ね回る子ども
❷ 跳ね回ること

Ron·ald /ránəld ラナルド/ 名 ロナルド《◆男性名》

roof A2 高

/rú:f ルーフ/ 名 (複 **roofs** /rú:fs/) C

❶ 屋根; 屋上(おくじょう); (洞窟の)天井
- the **roof** of a car 自動車の屋根
- a flat **roof** 平屋根

❷ 屋根形のもの
❸ 最高部, てっぺん

under one* [*the same*] *roof ひとつ[同じ]屋根の下で

róof gàrden 名 C 屋上庭園; 《米》屋上レストラン

roof·ing /rú:fiŋ ルーフィング/ 名 U 屋根ふき(をすること); 屋根ふきの材料

roof·top /rú:ftàp ルーフタプ/ 名 C 屋根, 屋上

rook·ie /rúki ルキ/ 名 C 《俗語》新兵; 《野球》新人選手, ルーキー; (一般に)初心者, 新参者, 新米

room A1 中

/rú:m ルーム/ 名 (複 **rooms** /rú:mz/)

❶ C 部屋, 室
- a comfortable **room** 快適な部屋
- a dining **room** 食堂
- Our house has five **rooms**. 私たちの家は5部屋あります
- I would like to book [reserve] a twin **room** for two nights. 2泊でツインルームを予約したいのですが

❷ U 〔人・物の占める〕空間, スペース; 余地《*for*》
- This desk takes up too **much room**. この机は場所を取りすぎる
- **There was no room for** him to pass. 彼が通る余地はほとんどなかった
- There is **room for** improvement in your work. 君の作品は改善の余地がある

派生 **roomy** 形

関連語》 単語力
bedroom 寝室
kitchen 台所
dining room 食堂
living room 居間
sitting room 《英》居間
dressing room 衣装部屋, 更衣室
study 書斎
bathroom 浴室; 《米》トイレ
classroom 教室
laboratory 実験室
library 図書室
teachers' room 職員室
waiting room 待合室
cabin 船室

ròom and bóard 名 U 《米》まかない付き貸し間[料金]

room·er /rú:mər ルーマ/ 名 C 《米》下宿人; 間借人

room·mate B2 /rú:mmeit ルームメイト/ 名 C (下宿・寮(りょう)などの)同室の友, 同居人, ルームメイト

róom sèrvice 名 U (ホテルの)ルームサービス

room·y /rú:mi ルーミ/ 形 (比較級 **roomier**; 最上級 **roomiest**) (場所が)広々とした

Roo·se·velt /róuzəvèlt ロウゼヴェルト/ 名 ❶《**Franklin Delano Roosevelt**》フランクリン・D・ローズベルト[ルーズベルト] (1882-1945)《◆米国の第32代大統領》 ❷《**Theodore Roosevelt**》セオドア・ローズベルト[ルーズベルト] (1858-1919)《◆米国の第26代大統領》

roost /rúːst ルースト/ 名 C (鳥の)とまり木; ねぐら; 鶏小屋
rule the roost 支配する, 牛耳る
— 動 自 (鳥が)とまり木に止まる, ねぐらにつく
come home to roost (悪行などが)自分に跳ね返ってくる
roost·er /rúːstər ルースタ/ 名 C 《米》 おんどり (=《英》 cock)

root[1] A2 高

/rúːt ルート/ (発音 route と同音)
名 (複 **roots** /rúːts ルーツ/) C
❶ 根; 《**roots**》 根菜類
• This tree has deep **roots**. この木は根が深い
• **root** vegetables 根菜
❷ (毛・歯・指などの)根元, 付け根
• the **root** of a tooth 歯の根っこ
❸ 祖先; 《**roots**》 ふるさと, ルーツ
❹ 《ふつう **the root**》 原因, 根源
• I wonder if it goes to **the root** of the problem. それが問題の本質を究めることになるでしょうか
❺ 《文法》 (動詞の)原形; 《言語》 語根
❻ 《数学》 根(こん), ルート
• a square **root** 平方根
by the roots 根こそぎに
put down (***new***) ***roots*** 新しい社会[土地]に落ち着く
take root (植物が)根づく; (考え方などが) 定着する; 効果を持ち始める
— 動 (三単現 **roots** /rúːts ルーツ/; 過去・過分 **rooted** /rúːtəd/; 現分 **rooting**)
❶ 他 根づかせる, 自 根づく
❷ 他 〔…を〕根こそぎにする, 根絶させる 《*up, out*》
be rooted in ... (思想などが)…にしっかり定着している, …に基づいている
root[2] /rúːt ルート/ 動 自 (ブタなどが)鼻先で地面をほじくり返す; (人が)ひっかき回してさがす 《*about, around*》
root[3] /rúːt ルート/ 動 自 《米》〔…を〕応援する, 声援を送る; 支持する 《*for*》
róot bèer 名 C U ルートビア 《♦植物の根などを原料とする清涼飲料の一種》

rope A2 高

/róup ロウプ/ 名 (複 **ropes** /róups/)
❶ U C (太い)綱, なわ, ロープ
関連語› 単語力
次の順序で太くなる: thread (糸), string (細ひも), cord (ひも), rope (綱)
• tie a **rope** to a tree 木にロープを結ぶ
❷ C (ひもに通した)一つなぎ
• a **rope** of pearls 真珠のネックレス
❸ 《**the rope**》 絞首刑
❹ 《**ropes**》 (ボクシングのリングなどの) ロープ
give A enough [***plenty of***] ***rope*** A(人)にしたいことを自由にさせておく
know the ropes 事情に通じている, こつを心得ている
on the ropes 《米》 絶体絶命で
— 動 (三単現 **ropes** /róups/; 過去・過分 **roped** /róupt/; 現分 **roping**) 他 (…を)〔…に〕なわで縛る 《*to*》
rope A in 《口語》 A(人) をことばたくみに誘い込む
rope·way /róupwei ロウプウェイ/ 名 (複 **ropeways** /róupweiz/) C 空中ケーブル, ロープウェー
ro·sa·ry /róuzəri ロウザリ/ 名 (複 **rosaries** /róuzəriz/) C 《キリスト教》 ロザリオ 《♦カトリック教徒が祈りの時に使う数珠(じゅず)》; 《**the rosary**》 ロザリオの祈り
rose[1] /róuz ロウズ/ 動 riseの過去形

rose[2] A1

/róuz ロウズ/ (×ローズ) 名 (複 **roses** /róuzəz/) ❶ C バラ; バラの花
参考› バラはその姿・香りから「花の女王」(queen of flowers) と呼ばれ, イングランドの国花. また「愛・快楽」の象徴とされ, Life is not all roses. といえば「人生は楽しいことばかりではない」, また gather roses は「快楽を追い求める (←バラをつむ)」の意味
❷ U バラ色
❸ 《形容詞的》 バラの; バラ色の
派生 **rosy** 形

ro·sé /rouzéi ロウゼイ/ 名U ロゼ, ロゼワイン

rose·bud /róuzbʌ̀d ロウズバド/ 名C バラのつぼみ

rose·bush /róuzbùʃ ロウズブシュ/ 名C 《植物》バラの木

rose·mar·y /róuzmèri ロウズメリ/ 名 (複 **rosemaries** /róuzmèriz/) C 《植物》ローズマリー (♦香料・薬用など)

ros·in /rázin ラズィン/ 名U ロジン (♦松やにからテレビン油を蒸留したあとの残留物; 滑り止め用)

ros·ter /rástər ラスタ/ 名C ❶《軍事》勤務当番表[名簿] ❷名簿, リスト

ros·trum /rástrəm ラストラム/ 名 (複 **rostrums** /rástrəmz/, **rostra** /rástrə/) C 演壇, (特に)説教壇, 指揮台

ros·y B2 /róuzi ロウズィ/ 形 (比較級 **rosier**; 最上級 **rosiest**) ❶バラ色の
❷希望に満ちた, (見通しなどが)明るい
派生 **rose**[2] 名

rot /rát ラト/ 動 (三単現 **rots** /ráts ラツ/; 過去・過分 **rotted** /rátəd/; 現分 **rotting**) 自 くさる, くちる; 他 くさらせる, くちさせる
━名U くさっていくこと, 腐敗(ふはい)

ro·ta·ry /róutəri ロウタリ/ 形 回転する, 回転式の
━名 (複 **rotaries** /róutəriz/) C 《米》ロータリー, 円形交差点 (=《英》roundabout)

ro·tate /róuteit ロウテイト, ━́/ 動 自 回転する, 交替する; 他 回転させる, 交替させる

ro·ta·tion /routéiʃən ロウテイション/ 名
❶UC 回転; (天体の)自転
❷U 循環; 交替 派生 **rotate** 動

rote /róut ロウト/ 名U 機械的な手順[くり返し]
by rote 機械的に; 暗記で

ro·tor /róutər ロウタ/ 名C (モーターなどの)回転子(し); (ヘリコプターの)回転翼

rot·ten B1 /rátən ラトン/ 形 (比較級 **rottener**; 最上級 **rottenest**)
❶くさった, 堕落した; ひどく悪い
❷《口語》不快な, ひどい
róttenness 名U 腐敗; 堕落

ro·tund /routʌ́nd ロウタンド/ 形 《文章》(人・顔などが)(太って)丸い

ro·tun·da /routʌ́ndə ロウタンダ/ 名C (丸屋根のある)円形建物

rouge /rúːʒ ルージュ/ 名U 《古風》(化粧用の)紅, 口紅, ルージュ
━動 他 《古風》紅をつける

rough B1 高 /rʌ́f ラフ/ (×ロー) (発音 -gh は /f フ/ と発音する) 形 (比較級 **rougher**; 最上級 **roughest**)
❶(表面が)あらい, ざらざらの, でこぼこした, (毛が)もじゃもじゃの (↔ **smooth**)
• a **rough** road でこぼこの道路
• Her hands are **rough** with hard work. きつい仕事で彼女の手は荒れている
❷《口語》(生活・運命などが)〔…に対して〕つらい, 耐えがたい《*on*》
• I've had a **rough** day. いろいろとたいへんな日だった
❸荒々しい, 乱暴な; 荒れた, 粗野な; 荒れ狂う
• **rough** play 乱暴なプレー
• **rough** manners 不作法
• **rough** weather 荒天, 荒れた天気
❹大ざっぱな, だいたいの; 未完成の
• a **rough** idea 大まかなアイディア
• a **rough** draft 下書き, 草稿

注意❯ 日本語の「ラフな」は「くだけた, 無造作な」の意味があるが, rough にはその意味はない.「ラフな服装で」は in casual clothes のようにいう

❺自然のままの; 未加工の
• a **rough** diamond ダイヤモンドの原石
━副 ❶荒っぽく, 乱暴に
• treat him **rough** 彼を手荒く扱う
❷戸外で, 野宿して
• sleep **rough** 野宿する
play rough ラフプレーをする
━動 (三単現 **roughs** /rʌ́fs/; 過去・過分 **roughed** /rʌ́ft/; 現分 **roughing**) 他
❶ざらざらにする; 乱雑にする
❷〔…の〕概略を書く《*in, out*》
❸(人に)ラフプレーをする
rough it (キャンプなどで)不便な生活を

する

rough up (人を)やっつける, (人に)暴力をふるう

— 名 U ざらざら[でこぼこ]の状態; 《**the rough**》《ゴルフ》ラフ《◆fairway の両側の刈り込んでいない草地》

in rough 下書きで; 概略として

派生 **roughen** 動

rough·age /rʌ́fidʒ ラフィヂ/ 名 U 粗い飼料[食物]《◆消化活動の刺激となる繊維質の多いもの; 糠(ぬか), わらなど》

rough·en /rʌ́fən ラフン/ 動 他 ざらざらにする, 粗くする; 自 ざらざらになる, 粗くなる 派生 **rough** 形

rough·ly A2

/rʌ́fli ラフリ/ 副

❶ およそ, ざっと (=about)

- There were **roughly** 100 people in the hall. ホールには約百人がいた

❷ 手荒く, 乱暴に; ぞんざいに

roughly speaking おおざっぱに言えば, およそ

rough·neck /rʌ́fnèk ラフネク/ 名 C 《口語》ごろつき, ならず者

rough·ness /rʌ́fnəs ラフネス/ 名 U 粗いこと; でこぼこ; 粗野, 乱暴

rou·lette /ru:lét ルーレト/ 名 ❶ U ルーレット ❷ C (ミシン目をつける)点線器

round A2 中

/ráund ラウンド/ ⇨次ページ図

共通イメージ 周囲をまわる

— 前 (❗《米》ではふつう around を使う)

❶ …のまわりを[に], …の周囲を[に], …をぐるりと; …を回って, (かど)を曲がって, …を曲がった所に[で]

- sail **round** the world 世界一周航海をする (←世界を回って航海する)
- We sat **round** the table. 私たちはテーブルを囲んですわった
- There was a fence **all round** the well. 井戸のまわりにはフェンスが巡らしてあった
- He put his arm **round** my shoulders. 彼は私の肩に腕をまわした (←両肩の周りを回るように腕を置いた)
- a store **round** the corner かどを曲がった所にある店

❷ …のあたりに[で], …の近くに[で]

- She lives **round here** [**there**]. 彼女はこの[あの]あたりに住んでいる

❸ …のあちらこちらを, …の中であちこち; …じゅうで

- **look round** the room 部屋の中をあちこち見回す

❹ …ごろに[の]; およそ…で[の] (=about)

- **round** four o'clock in the morning 朝4時頃に

— 副 (❗《米》ではふつう around を使う)

❶ まわりを[に]; ぐるっと取り囲んで; 反対側を向くように, くるりと; (長さなどについて) 周囲が

- **turn round** ぐるっと向きを変える
- He looked **round** at the audience. 彼はぐるっと聴衆(ちょうしゅう)を見回した
- The tree is five feet **round**. その木は周囲5フィートだ

❷ あたりに; 近くに; 存在して

❸ (ある場所に)向かって, そちらへ, このあたりに[で]

❹ あちらこちらを[に], 四方(八方)に; (全員に)行き渡って; ぼうっと, ぶらぶらと, ただやみくもに

- Pass these pictures **round**. この写真をみんなに回してください

all round まわり中(に); あたり一面に

all (the) year round 一年中

come round 回って来る, めぐって来る

get round to ... (ようやく)…に着手する, …できるようになる

go round 回って行く, 回る; (食べ物などが)行き渡る

round and round ぐるぐると

round about 周囲の[に]; 回りの[に]; …ごろ, およそ…

the other way round (向き・関係などが)反対に[の] ⇨**way**[1] 名 (成句)

the wrong way round 間違った

a b c d e f g h i j k l m n o p q r s t u v w x y z

前❶ 副❶ (…の) まわりを
名❶❷❹ 1周, 1回
形❷ 1周の

We sat round the table.

共通イメージ
周囲をまわる

動きの一部に注目

前❶ 副❶(…を) 回って, 曲がって
動❶ 回る, 曲がる

turn round

まわりを移動することに注目

前❸副❹
(…を) あちこち

look round the room

近さだけに注目

前❷副❷ (…の) 近くに

She lives round here.

動いてできる丸い形に注目

名❺ 形❶ 丸い (もの)
動❷ 丸くする

a round table

ある値の近く

前❹形❸ およそ
動❸ 概数にする

round four o'clock in the morning

向きに; 反対[逆]に

— 形 (比較級 **rounder**; 最上級 **roundest**)

❶ 丸い, 円形の; 丸っこい, 丸々した
- a **round table** 丸いテーブル, 円卓会議
- The earth is **round**. 地球は丸い
- a **round** face 丸顔

❷ 一周の
- a **round trip** 《米》往復旅行; 《英》周遊旅行 ⇨**round-trip**

❸ 端数のない, 概数の; 大ざっぱな, 概略の
- in **round** numbers [figures] 概数で

— 名 (複 **rounds** /ráundz ラウンヅ/) C

❶ (連続するものの) 1つ, 1回分; (銃弾) 一発; 全員にひとわたりするだけの飲食物
- the second **round of** talks 2回目の話し合い

❷ (競技の)…回戦, (ボクシング・ゴルフなどの) ラウンド, ひと勝負; 1回の選挙, 選挙戦の1局面
- **in the first round** of the tournament トーナメントの1回戦で
- fight twelve **rounds** 12ラウンド戦う

❸ (同じような事の) くり返し; (拍手などが) (短時間) 一斉にわき上がること
- a **round** of applause 一斉の拍手

❹ 《しばしば **rounds**》 巡回(じゅんかい), 巡回区域; 1周

• take a **round** ひと回りする
❺ 丸い物, 円, 球
• Cut the dough into **rounds**. 生地を切って丸くします (❗料理のレシピ)
― 動 (三単現 **rounds** /ráundz ラウンヅ/; 過去・過分 **rounded** /ráundəd/; 現分 **rounding**)
❶ 他自 回る, (かどを)曲がる
• The car **rounded** the corner at high speed. 車がすごいスピードでかどを曲がって行った
❷ 他 丸くする, 丸める; 自 (驚いたりして, 目が)丸くなる
❸ 他 端数のない数にする, 概数にする • **round** the total figure **up** [**down**] 合計を切り上げる[下げる]
round A off ① A(角など)を丸くする ②〔…で〕A(物・事)を仕上げる; 締めくくる《*with*》
round A up A(人, 家畜など)を駆り集める

round·a·bout A2

/ráundəbàut ラウンダバウト/ 名 (複 **roundabouts** /ráundəbàuts ラウンダバウツ/) C 《英》❶ ロータリー, (信号のない)環状交差点 (=《米》rotary, traffic circle)
❷ メリーゴーラウンド, 回転木馬
― 形 遠回りの, 回り道の; (言い方・方法などが)遠回しの

round·ish /ráundiʃ ラウンディシュ/ 形 丸みのある, やや丸い

róund tàble 名 ❶ U 円卓会議 (♦非公式の協議); 円卓会議の参加者
❷《the をつけて》アーサー王とその円卓の騎士(きし)たち ⇨**Arthur**

róund-tríp 形 《米》往復旅行の; 《英》周遊(旅行)の

round·up /ráundʌ̀p ラウンダプ/ 名 C
❶ (家畜の)駆り集め ❷ (人・物などの)駆り集め; (犯人などの)一斉検挙
❸ (ニュースなどの)まとめ, 総括

rouse /ráuz ラウズ/ 動 他 ❶《文章》目をさまさせる, 起こす ❷ 奮起させる

rous·ing /ráuziŋ ラウズィング/ 形 奮起させる, 目覚めさせる; 熱狂的な, 活発な

rout[1] /ráut ラウト/ 名 UC 大敗, 完敗; 総崩れ, 敗走 ― 動 他 《文章》敗走させる; 総崩れにさせる

rout[2] /ráut ラウト/ 動 他 たたき起こす《*up*》; 〔…から〕追い出す, 引きずり出す《*out of*》

route B2 高 /rú:t ルート/ (発音 root と同音) 名 C ❶ (旅の)道筋, ルート, コース, …路
• the **route** to the station 駅への道順
❷ 手段 • the only **route** to success 成功への唯一の手段
❸《**Route ...**》《米》(幹線道路などの)…号線 • **Route** 66 66号線, ルート66
― 動 他 …を(決まったルートで)送る; 道筋を決める

rout·er /ráutər ラウタ, rú:tər ルータ/ 名 C 《コンピュータ》ルーター《♦異種ネットワークを接続する装置》

rou·tine B1 /ru:tí:n ルーティーン/ (発音 アクセントに注意) 名 (複 **routines** /ru:tí:nz/) ❶ UC (いつもくり返される)きまりきった事, いつもの手順[手続き]; (型にはまった)しきたり, 慣例
• my daily **routine** 私が毎日することになっている仕事, 私の日課
❷ C 《コンピュータ》ルーチン
― 形 決まりきった, あいかわらずの; つまらない
routínely 副 日常的に; いつもどおりに; 変わりばえなく

rove /róuv ロウヴ/ 動 《文章》❶ 自他 うろつく, さまよう, 徘徊(はいかい)する
❷ 自 (目が)きょろきょろする《*about, around*》

rov·er /róuvər ロウヴァ/ 名 C 《文章》さまよい歩く人; 放浪者

rov·ing /róuviŋ ロウヴィング/ 形 《文章》うろつく, 流浪[放浪]する; (仕事上)移動する; きょろきょろする目
have a roving eye 《やや古風》目移りする, 浮気っぽい

row[1] A1 高

/róu ロウ/ 名 (複 **rows** /róuz/) C
❶ (人や物の)列, 並び

• a **row** of trees 並木
❷ (劇場などの)座席の列
• I sat in the front **row** at the theater. 私は劇場で最前列にすわった

in a row ① 1列に並んで
• stand **in a row** 1列に並ぶ
② 連続して
• three years **in a row** 3年連続

row² B2 /róu ロウ/ 動 他 (舟をオールで)こぐ • **row** a boat ボートをこぐ
• **row across** the lake 舟で湖を渡る
━ 名 C 《ふつう単数形で》舟をこぐこと, ボートこぎ
• go for a **row** ボート遊びに行く

row³ /ráu ラウ/ 名 《口語》 ❶ C 口論, けんか; (社会的・政治的)論争; 叱責
❷ 《単数形で》騒ぎ, 騒動; 騒音

kick up* [*make*] *a row 騒ぎを起こす, いさかいを始める
━ 動 自 《口語》騒ぐ; 〔…と; …のことで〕大げんかする 《*with; about, over*》

row·boat /róubout ロウボウト/ 名 C (オール (oar) でこぐ)小舟, ボート

row·dy /ráudi ラウディ/ 形 (比較級 **rowdier**; 最上級 **rowdiest**) 乱暴な; 騒がしい

row·ing /róuiŋ ロウイング/ 名 U ボート漕(こ)ぎ; ボートレース

Roy /rɔ́i ロイ/ 名 ロイ 《♦男性名》

roy·al A2

/rɔ́iəl ロイアル/ 形 王の, 国王の; 王位の; 王家の血をひく; 勅命の
• a **royal** family 王家, 王室
━ 名 (複 **royals** /rɔ́iəlz/) C 《口語》王室の一員; 《**the royals**》王族
派生 royalty 名

Róyal Acádemy 名 《**the** をつけて》ロイヤルアカデミー, 英国王立美術院 《♦1768年創立》

roy·al·ist /rɔ́iəlist ロイアリスト/ 名 C 王党派の人, 王政主義者

roy·al·ty B2 /rɔ́iəlti ロイアルティ/ 名 (複 **royalties** /rɔ́iəltiz/) ❶ U 国王であること, 王位; 王権 ❷ U 《単数・複数扱い》王族 ❸ C 《ふつう **royalties**》特許権[著作権]使用料, 印税

rpm 《略》revolutions per minute 毎分回転数

R.S.V.P. /àːresviːpíː アーエスヴィーピー/ 《略》折返しご返事ください 《♦フランス語 Répondez s'il vous plaît の略》

rub B2 高 /rʌ́b ラブ/ 動 (三単現 **rubs** /rʌ́bz/; 過去・過分 **rubbed** /rʌ́bd/; 現分 **rubbing**) ❶ 他 こする
• She **rubbed** her hands together. 彼女は両手をこすり合わせた
• Mother **rubbed** the baby **with** a towel. 母親はタオルで赤ちゃんの体をふいた
❷ 他 〔…に〕すり込む 《*on, into*》
• **rub** cream **into** *one's* hands 手にクリームをすり込む
❸ 自 〔…と〕すれる, こすれる 《*to, against*》
• The cat **rubbed against** my leg. ネコが私のあしに体をすりつけた

rub out (紙や黒板などに書いたものを)こすって消す

rub off こすって消す

rub A* (*up*) *the wrong way A(人)の神経を逆なでする
━ 名 《単数形で》こすること, こすりとること

rub·ber B1 /rʌ́bər ラバ/ 名 (複 **rubbers** /rʌ́bərz/) ❶ U ゴム
• natural **rubber** 天然ゴム
❷ C 《英》消しゴム; 《口語》コンドーム ❸ 《**rubbers**》《米》ゴムのオーバーシューズ
━ 形 ゴム(製)の
• **rubber** gloves ゴム手袋

rúbber bánd 名 C (物をくくる)輪ゴム (=《英》elastic band)

rúbber stámp 名 C ❶ ゴム印
❷ 《口語》形式的[お役人的]承認(者)

rub·ber·y /rʌ́bəri ラバリ/ 形 (比較級 **rubberier**; 最上級 **rubberiest**) ゴムのような

rub·bish B1 /rʌ́biʃ ラビシュ/ 名 U 《英》
❶ ごみ, くず, がらくた
• Put all that **rubbish** in the dustbin. そのごみを全部ごみ入れに入れなさい

❷ くだらないこと, とるに足らないもの (=nonsense); 役にたたないもの

rub·ble B2 /rʌ́bl ラブル/ 名 U 瓦礫(がれき)

ru·bel·la /ruːbélə ルーベラ/ 名 U 《医学》風疹(ふうしん) (=German measles)

ru·by /rúːbi ルービ/ 名 (複 **rubies** /rúːbiz/) ❶ C ルビー, 紅玉(こうぎょく) ❷ U ルビー色, 真紅(しんく)

— 形 ルビーの; ルビー色の, 真紅の

rud·der /rʌ́dər ラダ/ 名 C (船の)舵(かじ); (飛行機の)方向舵(だ)

rud·dy /rʌ́di ラディ/ 形 (比較級 **ruddier**; 最上級 **ruddiest**) ❶ 血色のよい, 健康な ❷ 赤い, 赤らんだ

rude A1

/rúːd ルード/

形 (比較級 **ruder**; 最上級 **rudest**)

❶ 無礼な, ぶしつけな (↔**polite**); 粗野(そや)な, 無教養の (↔**civil**)

- a **rude** reply ぶしつけな返事
- **rude** manners 無作法
- It is **rude of** him not to thank you. 君に礼を言わないとは彼は礼儀知らずだ (×It is rude *for* him ...)

❷ みだらな, わいせつな

- tell a **rude** story わいせつな話をする

❸ 激しい; 突然の

❹ 粗雑な, 未熟な; 野蛮な

- a **rude** style 洗練されていない文体

rude·ly B1 /rúːdli ルードリ/ 副 無礼に, 無作法に; 手荒く, 雑に; 不意に, 突然

rude·ness /rúːdnəs ルードネス/ 名 U 無作法; 粗野; 粗雑; 未開, 野蛮さ; 未加工, 未完成; 未熟

ru·di·ment /rúːdimənt ルーディメント/ 名 《**the rudiments**》 初歩, 基本(原理)

ru·di·men·ta·ry /rùːdəméntəri ルーディメンタリ/ 形 《文章》 ❶ 未発達の, 幼稚な ❷ 基本の, 初歩の
❸ 《生物》 未発達の, 痕跡のある

rue /rúː ルー/ 動 他 《古風》 後悔する, 悲しむ

rue·ful /rúːfəl ルーフル/ 形 (人・様子が)悲しそうな; 後悔している; (光景などが)哀れな, 痛ましい

ruf·fle /rʌ́fl ラフル/ 動 他 ❶ しわくちゃ[くしゃくしゃ]にする; 波立たせる; (鳥が羽毛を)逆立てる 《*up*》 ❷ (人の)心をかき乱す, あわてさせる, いらだたせる (❗ふつう受け身で用いる)

— 名 ❶ C (襟(えり)などの)ひだ飾り, フリル ❷ C 波立ち; さざ波 (=ripple)
❸ U C 不安, 動揺; 困惑, いらだち

rug B2 /rʌ́g ラグ/ 名 C ❶ 敷き物, じゅうたん (❗床の一部に敷く小さいもの; 床全体をおおうのは carpet) ❷ 《英》 ひざ掛け毛布

Rug·by, rug·by A2 高

/rʌ́gbi ラグビ/ 名 U ラグビー (❗Rugby football あるいは rugger ともいう; 英国中部のパブリックスクール Rugby School にその起源を持つ) ⇨**football**

rug·ged /rʌ́gəd ラゲド/ (発音 -ged は /gəd ゲド/ と発音する) 形 ❶ ごつごつした, 岩だらけの, でこぼこのある
❷ 無骨(ぶこつ)な ❸ 厳しい, つらい

ru·in A2 高

/rúːən ルーイン/ 動 (三単現 **ruins** /rúːənz/; 過去・過分 **ruined** /rúːənd/; 現分 **ruining**)

他 ❶ 破壊する; 破滅[破産]させる
❷ だめにする, だいなしにする

- Rain **ruined** the picnic. 雨でピクニックがだいなしになった

— 名 (複 **ruins** /rúːənz/)

❶ U 破壊, 破滅; 荒廃; 破産

- **fall into ruin** 破滅する

❷ C 《しばしば **ruins**》 廃墟(はいきょ), 遺跡 ● the **ruins** of an old castle 古い城の遺跡

in ruins 廃墟となって; 破綻して

ru·in·ous B2 /rúːənəs ルーイナス/ 形 破壊的な; 荒れ果てた, 廃墟と化した

rule A1 中

/rúːl ルール/ 名 (複 **rules** /rúːlz/)

❶ C 規則, ルール; 法則

- follow a strict **rule** 厳しい規則に従う
- the **rules** of the game 試合のルール
- It's against the **rule**. それは規則違反だ

A B C D E F G H I J K L M N O P Q R S T U V W X Y Z

コロケーション
動+**rule**
apply a *rule* 規則を適用する
bend [stretch] a *rule* 規則を曲げる
break [violate] a *rule* 規則を破る
impose a *rule* 規制を課す
ignore a *rule* 規則を無視する
make a *rule* 規則を作る
obey [observe] a *rule* 規則に従う

❷ C 《ふつう単数形で》**いつもの習慣; よくあること, ならわし**
❸ U **支配, 統治; 支配権**
• India was once **under** British **rule**. インドはかつてイギリスの支配下にあった
❹ C **定規**

as a (general) rule 一般に, 概して, 原則として, ふつうは (=usually)
• **As a rule**, I cannot leak this kind of information. 原則として, この種の情報は漏らしません

make it a rule to *do* …することを(を習慣)にしている • He **makes it a rule to** go swimming every day. 彼は毎日泳ぎに行くことにしている

— 動 (三単現 **rules** /rú:lz/; 過去・過分 **ruled** /rú:ld/; 現分 **ruling**)
❶ 他自 **支配する**
• **rule** over ... …を支配する, 治める
• The British **ruled** many colonies. 英国人は多くの植民地を支配した
❷ 他自 **規定する, 判決する**
• **rule** on ... …についての判決を下す
❸ 他 《ふつう受け身で》(感情などを)**おさえる; いいなりにする; 左右する**
❹ 他 **線を引く, けいを引く**

rule out 除外する; 問題外とする
• The police **ruled out** the possibility of suicide in this case. 警察はこの事件に自殺の可能性はあり得ないとした

rul·er A1 高

/rú:lər ルーラ/ 名 (複 **rulers** /rú:lərz/) C
❶ **支配者, 統治者, 君主**
❷ **ものさし, 定規**

rul·ing /rú:liŋ ルーリング/ 形 ❶ **支配する, 統治する** (! 名詞の前に用いる)
❷ **支配的な, 優勢な, 有力な** (! 名詞の前に用いる)
— 名 ❶ C 《法律》**裁定, 判決, 決定**
❷ U **支配, 統治**

rum /rʌ́m ラム/ 名 U C **ラム酒**

Ru·ma·ni·a /ruméiniə ルメイニア/ 名 (=Romania)

rum·ble /rʌ́mbl ランブル/ 動 自 **ゴロゴロ鳴る; とどろく** — 名 U C **ゴロゴロ[ガラガラ]いう音; 騒音**

ru·mi·nant /rú:minənt ルーミナント/ 名 C **反すう動物** 《♦牛・ヤギなど》
— 形 **反すう動物の;** 《文章》**沈思黙考の, 反すうして考える**

ru·mi·nate /rú:minèit ルーミネイト/ 動 自 ❶ 《文章》〔…を〕**思いをめぐらせる, 沈思黙考する** 《*about, on, over*》 ❷ (牛などが)**反すうする**

rum·mage /rʌ́midʒ ラミヂ/ 動 ❶ 自 他 **ひっかき回す** 《*about, around*》; 〔…の中を〕**かき回してさがし出す** 《*among, in, through*》 ❷ 他 **さがし出す, 見つけ出す** 《*out, up*》 — 名 《単数形で》**くまなくさがすこと, かき回すこと**

rúmmage sàle 名 C (慈善の)**バザー; がらくた市**

rum·my /rʌ́mi ラミ/ 名 C **ラミー** 《♦トランプゲームの一種》

ru·mor A2

/rú:mər ルーマ/ 名 (複 **rumors** /rú:mərz/) U C (世間の)**うわさ, 風聞**
• **spread** a **rumor** about her 彼女についてのうわさを広める
• **There is a rumor that** he is going to sell his house. 彼が自分の家を売ろうとしているといううわさがある

コロケーション
形+**rumor**
a baseless *rumor* 根も葉もないうわさ
a false *rumor* 間違ったうわさ, デマ
a malicious *rumor* 悪意のあるうわさ
an ugly [a nasty] *rumor* いやなうわさ
a widespread *rumor* 広まったうわさ
動+**rumor**
deny a *rumor* うわさを否定する

hear a *rumor* うわさを耳にする
start a *rumor* うわさを立てる
trace [track down] a *rumor* うわさの出所を突き止める

rumor has it that ... …といううわさがある ● **Rumor has it that** Ben is getting married again. ベンが再婚するといううわさがある

━ 動 (三単現 **rumors** /rúːmərz/; 過去・過分 **rumored** /rúːmərd/; 現分 **rumoring** /rúːməriŋ/) 《しばしば **be rumored**》〔…と〕**うわさされている** 《*that* ...》; 〔…すると〕**うわさされている** 《*to do*》
● It **is rumored that** he did it. 彼がそれをしたとうわさされている

ru·mour /rúːmər ルーマ/ 名 動 《英》(= rumor)

rump /rʌ́mp ランプ/ 名 ❶ C (鳥獣などの)臀部(でんぶ); (人の)しり ❷ U C (牛の)しり肉, ランプ(の切り身) ❸ C (団体などの)無力な残留派, 残党

rum·ple /rʌ́mpl ランプル/ 動 他 しわ(くちゃ)にする

rum·pus /rʌ́mpəs ランパス/ 名 《単数形で》《口語》がやがや騒ぎ, 騒音; けんか, 口論

run A1 中

/rʌ́n ラン/

意味マップ

動 ❶ 走る
❷ 経営する
❸ (機械などを)動かす; 作動する
❹ 通っている; 流れている
❺ 運行する; (車などで)連れて行く
❻ 立候補する
❼ (時間的に)続く
❽ 伝わる; …と書いてある
❾ …になる
❿ (靴下が)伝線する; (色が)にじむ
⓫ (危険を)冒す

名 ❶ 走ること; 競走
❷ 得点
❸ 殺到
❹ 出入り[使用]の自由
❺ 連続; 続演
❻ 下痢
❼ (靴下の)伝線
❽ 飼育場
❾ 種類

━ 動 (三単現 **runs** /rʌ́nz/; 過去 **ran** /rǽn/; 過分 **run**; 現分 **running**)

❶ 自 (人や動物が)**走る, 走って行く**[**来る**]; **急いで行く; 逃げる**; 他 **走らせる**; (競走などを)(**走って**)**する**
● **run to** school 走って学校へ行く
● **run up** (the steps) (階段を)かけ上がる
● **run down** (the hill) (丘を)かけ降りる
● **run** a race 競走する, かけっこする
● The dog **ran about** in the snow. 犬は雪の中を走り回った
● She came **running** toward me. 彼女は私の方へ走って来た

❷ 他 (事業を)**経営する, 運営する**
● **run** a bakery パン店を営む

❸ 他 (機械などを)**動かす**; (コンピュータプログラムを)**実行する**; (視線などを)**走らせる**; 自 **動く, 作動する**
● **run** a motor モーターを動かす
● This software can **run** on your PC. このソフトは君のパソコンで動くよ

❹ 自 (線路・道などが)**通っている**; (川が)**流れている**; (水などが)**流れる, 出る**; 他 (液体を)**流す**
● A big river **runs through** the city. 大きな川が市を流れている (❗「川が流れている」はふつう進行形 (×*is running*) にしない)
● Your nose is **running**. はな水が出ていますよ

❺ 自 (電車・バスなどが)**走る**; (定期的に)**運行する, 通っている**; 他 **運行させる**; (車などで, 人を)**連れて行く**, (物を)**運ぶ**
● The bus **runs** every hour **from** Tokyo **to** Nagoya. 東京から名古屋までバスが1時間おきに運行している

❻ 自 《米》〔選挙に〕**出馬する, 立候補する** 《*for*》
● **run for** governor 知事選に立候補する

❼ 自 (時間的に)**続く, わたる**
● The play **ran** for a year. その芝居は1

年間続演された
❽ 自 (うわさ・ニュースなどが)**伝わる, 広まる**; (…ということが)**書いてある**; 他 (新聞・雑誌などが, 記事を)**掲載する**
❾ 自 文型 [**run C**] C(ある状態)**にな る, はいり込む** (❗ふつう好ましくない状態について使う)
• **run** short 不足してくる, 切らす
• The price of oil is **running** higher. 石油の価格が上がっている
❿ 自 《米》(靴下が)**伝線する** (=《英》 ladder); (色が)**にじむ**
⓫ 他 (危険を)**冒す**
• **run** a risk 危険を冒す
run across ... ① …を走って渡る, …を走って横切る ② …を偶然見つける, …とひょっこり出会う ③ (道などが)交差する
run after ... …を追いかける; …の後から走る; 〔異性〕を追いかけ回す
• The cat is **running after** a mouse. ネコがネズミを追いかけている
run against ... …に突き当たる
run along 《口語》 立ち去る (❗しばしば子どもなどに対する命令として用いる)
run around 走り回る; 《口語》 ささいなことで忙しい
run away **逃げる, 逃走する; 家出する; 駆け落ちする**
• The boy **ran away** from home. 少年は家出をした
run away with …といっしょに逃げる; …を持ち逃げする
run down ① かけ降りる, 走り降りる, 流れ落ちる
• Tears were **running down** her face. 涙が彼女の顔を流れ落ちていた
② (機械が)止まる; (健康などが)おとろえる; 縮小される[する]
③ 突き倒す; (車が)はねる
④ (猟獣・逃げた犯人などを)追いつめる
⑤ 《口語》 …をけなす, 非難する
run for it 《口語》 一目散に逃げる
run into ... ① …にかけ込む, …に流れ込む ② …と偶然に出会う (=run across)
• We **ran into** each other at Tokyo Station. 私たちは東京駅でばったり会った
③ (車などが)…に衝突する, …に突入する ④ 〔悪い状態〕におちいる; 〔ある数量〕に達する • If you **run into** any trouble, please call me. 何か困ったことになったら私に電話してください
run A into B AをBに駆け込ませる; AをBに衝突させる; AをBの状態におちいらせる
run off 走り去る, 逃げる; 印刷する
run on ① しゃべり続ける
② (時が予想に反して)どんどんたつ; (催し物などが)続く
run out ① **走り出る**
② **尽きる, なくなる**; (期限が)**切れる**
run out of ... ① **…から走り出る**
② **…がなくなる; …を使いはたす**
• We're **running out of** time. そろそろ時間がなくなってきました
• We are **running out of** gas. ガソリンが切れかけている
run over ... ① …からあふれる
② (車などが)…をはねる
• He was nearly **run over** by a bus. 彼はもう少しでバスにはねられそうになった
③ (時間をかけて)よく考える
run through ... 〔金など〕を使いつくす, むだづかいする; …にざっと目を通す
run to ... 〔ある数量〕に達する
run up (借金を)ためる
run up against (思いがけない障害などに)出くわす
— 名 (複 **runs** /rʌ́nz/)
❶ C **走ること; 競走; 走る距離**
• a mile **run** 1マイル競走
• **at a run** かけ足で
• **go for a run** 一走りする
❷ C (野球・クリケットの)**得点**
• a three-**run** homer 3点本塁打
❸ 《単数形で》〔…を求める〕**殺到, 大需要** 《*on*》
❹ 《**the run**》 **出入り[使用]の自由**
❺ 《単数形で》 **連続, 続き**; (劇・映画の)**続演** • **a run of** bad luck 不運続き

❻《the runs》《口語》下痢
❼ C 《米》(靴下の)伝線 (=《英》ladder)
❽ C (羊などの)飼育場; (養鶏(ようけい)などの)囲い場
❾ C 《ふつう the run》代表的なもの, ふつうのもの; (人・物の)種類

in the long run 長い間には, 長い目で見れば, ついには, 結局, 最終的には
• His deed will be rewarded **in the long run**. 彼の行為はいずれ報われることだろう

on the run ① 大急ぎで ② 逃走中で

run·a·round /rʌ́nəràund ラナラウンド/ 名 C 《口語》《the runaround》言い逃れ, ごまかし

run·a·way B1 /rʌ́nəwèi ラナウェイ/ 名 (複 **runaways** /rʌ́nəwèiz/) C
❶ 逃亡者, 脱走者; 家出人; 放れ馬
❷ 逃亡, 脱走; 駆け落ち
━ 形 (❗名詞の前に用いる) ❶ 逃亡した, 脱走した; 駆け落ちの; 暴走する
❷ 手に負えない; (物価などが)急騰(きゅうとう)する ❸ 圧勝の, 楽勝の

run·down /rʌ́ndàun ランダウン/ 名 C 《ふつう a rundown》概要

run-down /rʌ́ndáun ランダウン/ 形 荒廃した; 疲れ切った

rung[1] /rʌ́ŋ ラング/ (発音 wrung と同音) 動 ring[2]の過去分詞

rung[2] /rʌ́ŋ ラング/ 名 C はしごの段; (いすの)桟(さん)

run-in /rʌ́nìn ラニン/ 名 C (役人などとの)口論, けんか

run·ner A2 高

/rʌ́nər ラナ/
名 (複 **runners** /rʌ́nərz/) C
❶ 走る人; (野球・競走などの)走者, ランナー; 競走馬
• a long-distance **runner** 長距離ランナー
❷《植物》つる
❸ (そりの)滑走板; (スケートの)刃

run·ner-up /rʌ̀nərʌ́p ラナラプ/ 名 (複 **runners-up** /rʌ̀nərzʌ́p/, **runner-ups** /rʌ̀nərʌ́ps/) C (競技・競走などの) 2位の者[チーム]; 入賞[入選]者

run·ning A2 高

/rʌ́niŋ ランニング/ 動 run の現在分詞・動名詞
━ 名 U ❶ 走ること, ランニング; 競走 ❷ 経営, 運転
━ 形 ❶ 連続する, 連続した; (字が)草書の ❷ 走(ってい)る, 走りながらの; 流れている ❸ 運転中の; 上演中の

注意›「ランニングシャツ」は和製英語で, ×running shirt とはいわず, sleeveless undershirt や《英》singlet などという

━ 副 連続して

rúnning cómmentary 名 C (試合・レースなどの)実況放送

rúnning màte 名 C 《米》副大統領[知事]候補

run·ny /rʌ́ni ラニ/ 形 (比較級 **runnier**; 最上級 **runniest**)《口語》❶ 水っぽい ❷ (鼻が)鼻水の出る, (目が)涙の出る

runt /rʌ́nt ラント/ 名 C ❶ (同一種中の)小型で発育不良の動物 ❷ ちび

run-up /rʌ́nʌ̀p ラナプ/ 名 ❶ C 助走 ❷《the run-up》《おもに英》準備期間 《*to*》

run·way B1 /rʌ́nwèi ランウェイ/ 名 (複 **runways** /rʌ́nwèiz/) C ❶ (飛行場の)滑(かっ)走路; (競技の)助走路
❷《米》花道, ランウェイ

ru·pee /ruːpíː ルーピー/ 名 C ルピー《♦インド・パキスタンなどの通貨単位》

rup·ture /rʌ́ptʃər ラプチャ/ 名 ❶ U C 《文章》破裂; (友好的関係などの)決裂; 仲たがい ❷ C 《医学》脱腸, ヘルニア
━ 動 他《文章》❶ 破裂させる, 裂く
❷ (関係などを)断つ
❸《医学》ヘルニアを起こさせる

ru·ral B2 /rúərəl ルアラル/ 形 いなか(ふう)の, 田園の, 農村の (↔**urban**)
• a **rural** culture 農村文化

ruse /rúːz ルーズ/ 名 C 計略, 策略

rush[1] A2 高

/rʌ́ʃ ラシュ/ 名 (複 **rushes** /rʌ́ʃəz/)
❶ C (人が)どっと押し寄せること, 殺

到, ラッシュ; あわただしさ, 忙しさ
• What is your **rush**? 何をそんなに忙しくしているの
❷《単数形で》(注文などの)殺到, 急激な需要
• That store had a **rush** on the new product. その店に新製品の注文が殺到した
❸ Ⓒ 勢いよく走る[流れる・吹く]こと, 突進
• a **rush** of water [wind] 激流[突風]
―動 (三単現 **rushes** /rʌ́ʃəz/; 過去・過分 **rushed** /rʌ́ʃt/; 現分 **rushing**)
❶ 自 勢いよく走る; 大急ぎで[あわてて]行く; 突進する; 他 突進させる
• The ambulance **rushed** to the burning house. 救急車はその燃えている家に急行した
❷ 自 急いでする; 他 急いで運ぶ; 他 せきたてる
• Don't **rush** into a conclusion. 急いで結論を出すもんじゃない
• Don't **rush** me when I'm eating. 食事をしている時にせかさないでくれ
• He was **rushed** to the hospital. 彼は急いで病院に運ばれた
❸ 他 (敵を)急襲する; (人を)強奪する

rush[2] /rʌ́ʃ ラシュ/ 名 Ⓒ 《植物》イグサ

rúsh hòur B2 名 Ⓒ 《しばしば the をつけて》ラッシュアワー, (朝夕の)混雑時間

Rush·more /rʌ́ʃmɔːr ラシュモー/ 名 《Mount Rushmore》ラッシュモア山 《♦米国サウス・ダコタ州にある山; 峰の側面に Washington, Jefferson, Lincoln, Theodore Roosevelt の4人の大統領の顔が刻まれているので有名》

Rus·sia 中 /rʌ́ʃə ラシャ/ 名 ロシア連邦

参考› 正式名は the Russian Federation (ロシア連邦). 首都は Moscow (モスクワ). Russia は歴史的にはロシア帝国, 旧ソビエト連邦もさす

Rus·sian /rʌ́ʃən ラシャン/ 形 ロシア連邦の; ロシア人の; ロシア語の
―名 ❶ Ⓒ ロシア人 ❷ Ⓤ ロシア語

Rússian Revolútion 名 《the をつけて》ロシア革命 《♦1917年に起こり, ロマノフ王朝が倒れ社会主義政権が成立》

Rússian roulétte 名 Ⓤ ロシアンルーレット 《♦弾倉に1発だけ弾を込め, 輪胴式ピストルの銃口を自分の頭に当て, かわるがわる引き金を引く危険な遊び》

rust /rʌ́st ラスト/ 名 Ⓤ さび; 赤茶色
―動 自 さびる, さびつく; 他 さびさせる

rus·tic /rʌ́stik ラスティク/ 形 ❶ (いい意味で)いなか(ふう)の, 素朴(そぼく)な (↔ **urban**) ❷ (悪い意味で)いなかくさい, 粗野な (↔**urbane**)
―名 Ⓒ いなか者

rus·tle /rʌ́sl ラスル/ 動 自 (木の葉や絹などが)サラサラ[カサカサ]音をたてる; 他 サラサラ[カサカサ]鳴らす
―名 《単数形で》サラサラいう音

rus·tler /rʌ́slər ラスラ/ 名 Ⓒ 《米》《口語》牛泥棒

rust·proof /rʌ́stprùːf ラストプルーフ/ 形 さびない, さび止め加工した

rust·y B2 /rʌ́sti ラスティ/ 形 (比較級 **rustier**; 最上級 **rustiest**) ❶ さびた
• get **rusty** さびる
❷ (能力が)さびついた, 鈍くなった

rut /rʌ́t ラト/ 名 ❶ Ⓒ 車輪の跡, わだち ❷《単数形で》決まりきったやり方, 慣例, 常套(じょうとう)

Ruth /rúːθ ルース/ 名 ルース 《♦女性名》

ruth·less /rúːθləs ルースレス/ 形 無慈悲な, 情け容赦のない
rúthlessly 副 無慈悲に, 情け容赦なく

RV, R.V. /ɑ́ːrvíː アーヴィー/ 《略》recreational vehicle (レジャー用自動車)

Rwan·da /ruːɑ́ːndə ルーアーンダ/ 名 ルワンダ 《♦アフリカ中東部の共和国; 首都キガリ (Kigali)》

Rwan·dan /ruːɑ́ːndən ルーアーンダン/ 名 Ⓒ ルワンダ人 ―形 ルワンダの

rye /rái ライ/ 名 Ⓤ ❶ ライ麦 ❷ ライウイスキー 《♦ライ麦を原料に用いたウイスキーの一種》; (=rye bread)

rýe bréad 名 Ⓤ (ライ麦の粉で作った黒っぽい)ライ麦パン

Ss 

S, s /és エス/ 名 (複 **S's, s's** /ésəz/) U C 英語アルファベットの第19番目の文字

S. 《略》 south 南; Sunday 日曜日

$ /dɑ́lər(z) ダラ(ズ)/ 《略》 dollar(s) ドル

-s 接尾 ❶ 名詞の複数形を作る
• boys /bɔ́iz/, books /búks/, noses /nóuzəz/, kids /kídz/, pets /péts/
❷ 動詞の三人称単数現在形を作る

-'s A1
❶《名詞の所有格を作って》…の
❷ 文字・数字・略語などの複数形を作る

注意› (1) -(e)s で終わる複数名詞には ' だけを付ける:
my parents' bedroom 私の両親の寝室
(2) -s で終わる固有名詞には 's または ' のどちらでもよい:
James's [James'] car ジェームズの車 (! James's /dʒéimzəz チェイムゼズ/, James' /dʒéimz チェイムズ/)

❸ is, has, us の短縮形 ⇨**he's**, **let's**

Sab·bath /sǽbəθ サバス/ 名 《**the Sabbath**》 安息日 《◆キリスト教ではふつう日曜日》

sab·bat·i·cal /səbǽtikəl サバティカル/ 形 休息の, 安息の; サバティカル(休暇)の; 《**Sabbatical**》 安息日の[にふさわしい]
— 名 U C サバティカル; 長期休暇

sa·ber /séibər セイバ/ 名 C (フェンシングの)サーベル; (騎兵などの)軍刀

sa·ble /séibl セイブル/ 名 C 《動物》 クロテン; U クロテンの毛皮

sab·o·tage /sǽbətɑ̀ːʒ サボタージュ/ 名 U サボタージュ, 怠業; 破壊工作; (計画などの)妨害行為, 破壊行為 (! 日本語のサボタージュは 《米》 slowdown, 《英》 go-slow)
— 動 他 破壊[妨害]行為を行う; サボタージュを行う

sac /sǽk サク/ 名 C 《動植物》 嚢(のう)

sac·cha·rin /sǽkərin サカリン/ 名 U 《化学》 サッカリン 《◆人工甘味料などに用いられる》

sa·chet /sæʃéi サシェイ/ 名 C (芳香剤などの入った)におい袋, 小さい包み

sack B2 /sǽk サク/ 動 他 ❶《口語》 解雇する, くびにする ❷ 袋に入れる
— 名 ❶ C (小麦粉・石炭・郵便物などを入れる麻布などの)袋; 1袋分(の量)
❷《**the sack**》《口語》 解雇, くび
get the sack 《英》 くびになる
sack out 《米》《口語》 床につく

sac·ra·ment /sǽkrəmənt サクラメント/ 名 C 《**the Sacrament**》《キリスト教》 聖餐(せいさん); (聖餐用の)パンとワイン; 秘跡

sa·cred B1 高 /séikrəd セイクレド/ 形
❶ 神聖な, 聖なる; 宗教的な
• a **sacred** song 聖歌
❷ (約束などが)厳粛な
❸ (ある人・物・目的などに)捧げられた

sac·ri·fice /sǽkrəfàis サクリファイス/ (×サクリファイス) 名 U C
❶ 犠牲; 犠牲的行為; いけにえ
• Many people fell as a **sacrifice to** the war. 多くの人々が戦争の犠牲になった
❷《野球》 犠打; 《形容詞的》 犠打の
at the sacrifice of... …を犠牲にして
make sacrifices 犠牲を払う
— 動 他 〔…に〕犠牲[いけにえ]にする 《*for, to*》; 自 いけにえを捧げる; 《野球》 犠打を打つ

sac·ri·fi·cial /sæ̀krəfíʃəl サクリフィシャル/ 形 犠牲的な; いけにえの

sac·ri·lege /sǽkrəlidʒ サクリリヂ/ 名 U C 神聖を汚すこと, 冒とく

sac·ri·le·gious /sæ̀krəlídʒəs サクリリ

チャス/ 形 神聖を汚す; 名誉などを傷つける

sad A1 中
/sǽd サド/
形 (比較級 **sadder**; 最上級 **saddest**)
❶ 悲しい; 悲しみを誘う; 気の毒[残念]に思う (↔**glad**)
• **sad** news 悲しい知らせ, 悲報
• have a **sad** look 悲しそうな表情を浮かべる
• She **looks sad**. I'm afraid something **sad** happened to her. 彼女は悲しそうな顔をしている. 何か悲しい事でも起こったのかなあ
• I **feel sad for** all the children who have little time to play. 遊ぶ時間がほとんどない子どもはかわいそうだと思う
❷ かなり悪い, 嘆かわしい; (人が)さえない, 退屈な (❗名詞の前に用いる)
• a **sad** state of affairs みじめな状態
sad to say 悲しいことに(は)

sad·den /sǽdn サドン/ 動 他 《文章》 悲しませる, 悲しむ (↔**gladden**)

sad·dle /sǽdl サドル/ 名 C (馬の)くら; (自転車などの)サドル
in the saddle ① 馬に乗って ② 権力の座について
— 動 ❶ 他 自 くらをつける 《*up*》 ❷ 他 〔負担・いやなものを〕負わせる 《*with*》

sad·dle·bag /sǽdlbæ̀g サドルバグ/ 名 C くら袋; (自転車・バイクの)サドルバッグ

sad·ism /séidizm セイディズム, sǽdizm サディズム/ 名 U サディズム, 加虐愛 (◆相手を虐待して快感を得る変態性欲); 残虐好み (↔**masochism**)

sa·dist /séidist セイディスト, sǽdist サディスト/ 名 C サディスト, 加虐性愛者

sa·dis·tic /sədístik サディスティク/ 形 サディスト的な; 残虐好みの

sad·ly A2 高
/sǽdli サドリ/ 副
❶ 悲しそうに, 悲しげに, さびしそうに (↔**gladly**)
• He waved his hand **sadly** at us. 彼は私たちに向かって悲しげに手を振った
❷ 《文全体を修飾して》 残念ながら
❸ ひどく

sad·ness B1 高 /sǽdnəs サドネス/ 名 U 悲しみ, 悲しさ, 悲哀 (↔**gladness**)

sa·fa·ri B1 /səfɑ́:ri サファーリ/ 名 (複 **safaris** /səfɑ́:riz/) U C サファリ, (狩猟・探検・調査などを目的とした)旅行

safári pàrk 名 C 自然動物園, サファリパーク

safe A2 中
/séif セイフ/
形 (比較級 **safer**; 最上級 **safest**)
❶〔…して(も)〕大丈夫な, 差しつかえのない 《*to do*》; 文型 [**it is safe to** *do*] …して差しつかえない
• **It is safe to** say that she will pass the exam. 彼女は試験に合格すると言ってまず間違いなかろう
❷ 安全な, 危険がない; 安心な; 信頼できる (↔**dangerous**)
• a **safe** driver 安心[信頼]できる運転手, 慎重なドライバー
• The children are **safe with** the dog. その犬は子どもといっしょにいてもだいじょうぶです (❗かんだりする心配はない)
• create a **safe** environment 安全な環境を作る
• I hope that you have a **safe** journey. あなたの旅の安全を願っております
❸ 《be 動詞, come, arrive などのあとにつけて》 無事に; 無事で (=safely) (❗safe and sound ともいう)
• He **came** home **safe** (**and sound**) after the war. 彼は戦争が終わって無事に帰還した
❹ 《野球》 (走者が)セーフで
be [***stay***] ***on the safe side*** 危険を冒さない, 大事をとる
(It's) Better (to be) safe than sorry. 《ことわざ》「転ばぬ先のつえ」
play (it) safe 《口語》 用心深くやる
— 名 (複 **safes** /séifs/) C 金庫
派生 safety 名

sáfe-depòsit bòx 名 C (=safety-deposit box)

safe·guard B1 /séifgɑ̀ːrd セイフガード/ 名 (複 **safeguards** /séifgɑ̀ːrdz セイフガーヅ/) C 〔…に対して〕保護[防衛]するもの, 防衛手段《*against*》; (機械などの)安全装置; (法律・契約書などの)保障規定

― 動 (三単現 **safeguards** /séifgɑ̀ːrdz セイフガーヅ/; 過去・過分 **safeguarded** /séifgɑ̀ːrd-əd/; 現分 **safeguarding**) 他 〔…から〕保護[防衛]する, 守る《*from, against*》

safe·keep·ing /sèifkíːpiŋ セイフキーピング/ 名 U (貴重品などの)保管, 保護

safe·ly B1 高 /séifli セイフリ/ 副 安全に, 無事に; (…して)差しつかえなく, 間違いなく

sáfe séx 名 U 安全な性交《◆エイズ予防などのためコンドームを使ってするセックス》

safe·ty B1 高 /séifti セイフティ/ 名 U 安全, 無事; 安全性 (↔**danger**)

- Safety First《掲示》安全第一
- the health and **safety** of children 子どもたちの健康と安全
- They doubted the **safety** of the vaccine. 彼らはそのワクチンの安全性を疑った

in safety 無事に, 安全に (=safely)

with safety 危険なく, 安全に

派生 **safe** 形

sáfety bèlt 名 C (飛行機・自動車などの)シートベルト (=seat belt)

sáfety-depòsit bòx 名 C (銀行の)貸金庫

sáfety fàctor 名 C《機械》安全率

sáfety nèt 名 C 安全網; 安全策

sáfety pìn 名 C 安全ピン

sáfety ràzor 名 C 安全かみそり

sáfety vàlve 名 C 安全弁; (ストレスなどの)解消手段

sag B2 /sǽg サグ/ 動 (三単現 **sags** /sǽgz/; 過去・過分 **sagged** /sǽgd/; 現分 **sagging**) 自 (横に張った物が)〔重みなどで〕たるむ, たわむ, まん中がへこむ《*with*》; (相場・価格などが)下落する; (元気などが)なくなる, めいる

― 名 C たるみ, 沈下; (価格などの)下落

sa·ga /sɑ́ːgə サーガ/ 名 C サガ《◆中世のアイスランド・ノルウェーの散文物語》; 武勇伝, 冒険談; (長編)歴史物語

sa·ga·cious /səgéiʃəs サゲイシャス/ 形《文章》賢明な, 分別のある, 思慮深い

sage[1] B2 /séidʒ セイヂ/ 名 C《文章》(経験・年功を積んだ)賢人, 哲人

― 形 (比較級 **sager**; 最上級 **sagest**)《文章》思慮深い, 賢明な

sage[2] B2 /séidʒ セイヂ/ 名 U《植物》セージ, ヤクヨウサルビア

sage·brush /séidʒbrʌ̀ʃ セイヂブラシュ/ 名 U《植物》ヤマヨモギ

Sag·it·tar·i·us /sæ̀dʒətéəriəs サヂャテアリアス/ 名 C《天文》いて座;《占星》天馬宮(生まれの人)《◆11月22日から12月22日生まれ》

Sa·ha·ra /səhɑ́ːrə サハーラ/ 名《**the Sahara**》サハラ砂漠

said /séd セド/ 動 sayの過去形・過去分詞

― 形《ふつう **the said**》《法律》前述の

sail B2 高 /séil セイル/ (発音 sale と同音) 名 C ❶ 帆(ほ); 帆船(はんせん)

❷《単数形で》航海; 帆走

make sail 帆を上げる, 出帆する

set sail 〔…に向けて〕出帆する, 出航する《*for*》

― 動 ❶ 自 (船が)帆走する; 走る; 航海する; 船で行く; 他 (船を)走らせる, 操縦する

- **sail** a yacht ヨットを操縦する

❷ 自 〔…に向けて〕出帆する; 航海に出る《*for*》 • **sail** on a ship 航海に出る

❸ 自 (雲や飛行船などが帆船のようになめらかに)飛ぶ

sail close to* [*near*] *the wind 危険を冒す, 法律違反すれすれの事をする (! 船首をほぼ風上に向けて航行することは危険)

***sail in* [*into*]** ① 入港する ② (仕事などを)始める

sail through ... 〔試験・難関〕を楽に突破する

sail·boat /séilbòut セイルボウト/ 名 C《米》ヨット, 小さな帆船(はんせん) (=《英》sailing boat) ⇨**yacht**

sail·ing A2
/séiliŋ セイリング/
名 (複 **sailings** /séiliŋz/)
❶ U ヨット競技, 帆走
❷ U C 出帆(しゅっぱん), 出航

sáiling bòat 名 《英》(=sailboat)
sáiling shìp 名 C (大型の)帆船

sail·or A1 高
/séilər セイラ/ 名 (複 **sailors** /séilərz/) C
❶ 船員, 船乗り, 水夫; 水兵
❷ 《形容詞を伴って》船に強[弱]い人
- a good sailor 船酔いしにくい人
- a bad [poor] sailor 船に酔いやすい人

saint /séint セイント/ 名 C 聖人, 聖者, 聖徒 **saintly** 形 聖人のような
Sàint Bernárd 名 C 《動物》セント バーナード(犬)
Sàint Pátrick's Dày 名 聖パト リック祭りの日 《◆3月17日》
Sàint Válentine's Dày 名 聖バ レンタイン祭りの日 ⇨**valentine**

sake A2 高
/séik セイク/ 名 (複 **sakes** /séiks/) C
ため, 利益, 目的
for God's [goodness', Christ's, heaven's] sake お願いだから
for A's own sake A(人)自身のためにも
for the sake of A = for A's sake Aの(利益・目的の)ために
- He stopped smoking **for the sake of** his health. 彼は健康のためにたばこをやめた

Sa·kha·lin /sǽkəlìːn サカリーン/ 名 サハリン, 樺太(からふと)
sal·a·ble /séiləbl セイラブル/ 形 (よく)売れる, 売物になる

sal·ad A1 中
/sǽləd サラド/
名 (複 **salads** /sǽlədz サラヅ/) U C
サラダ
- make a **salad** サラダを作る (❗cook を使わない) ⇨**cook** 動 日英比較

sálad bàr 名 C サラダバー
sálad drèssing 名 U サラダドレッシング
sálad òil 名 U サラダ油
sal·a·man·der /sǽləmæ̀ndər サラマンダ/ 名 C 《動物》サンショウウオ
sa·la·mi /səláːmi サラーミ/ 名 U サラミ 《◆香味入りのドライソーセージ》
sal·a·ried /sǽlərid サラリド/ 形 給料(salary)を取っている
sal·a·ry B2 高 /sǽləri サラリ/ 名 (複 **salaries** /sǽləriz/) U C 給料, 賃金, サラリー 《◆ふつう会社員・公務員の月給・週給》 ⇨**wage**
- get a good **salary** 高い給料をもらう

語源 ラテン語「塩 (=salt)」から. 古代ローマでは兵士の給料は「塩を買うために」として支払われていた

sale A1 高
/séil セイル/ (発音 sail と同音)
名 (複 **sales** /séilz/)
❶ U 販売; 売ること (❗「売る」は sell)
- the **sale of** tickets 切符の販売

❷ C 特売; 安売り, 大売出し
- I bought this shirt **in** [**at**] a **sale**. 私はこのシャツを特売で買った

❸ 競売, オークション
❹ C 売れ行き; 《**sales**》売上高
- This dictionary enjoys large **sales**. この辞書はとてもよく売れています

for sale (個人の家屋・品物などが希望者に)売るために, 売るための
on sale (商店で品物が)売られて(いる); 《米》特売中で, 特売で (❗副詞として用いる)

sales /séilz セイルズ/ 名 sale の複数形
━形 販売の, 販売上の
sales·clerk /séilzklə̀ːrk セイルズクラーク/ 名 (複 **salesclerks** /séilzklə̀ːrks/) C 《米》(小売店の)店員 (=《英》shop assistant)
sales·man B1 /séilzmən セイルズマン/ 名 (複 **salesmen** /séilzmən/) C 販売員; 店員, 営業マン (❗女性は saleswoman

だが,「男性」「女性」を避けて salesperson ということもある)

sales·per·son B2 /séilzpə̀:rsən セイルズパーソン/ 名 (複 **salespersons** /séilzpə̀:rsənz/, **salespeople** /séilzpì:pl/) C 《米》販売員, 店員 (! 男女の区別なく使える)

sáles represèntative 名 C (ある地域担当の)外交販売員

sáles slìp 名 C レシート

sáles tàx 名 U C 《米》売り上げ税 ⇨VAT

sales·wom·an B2 /séilzwùmən セイルズウマン/ 名 (複 **saleswomen** /séilzwìmən/) C 女性店員

sa·li·ent /séiljənt セイリャント/ 形 《文章》目立った, 顕著な; 突き出した

sa·line /séili:n セイリーン, séilain セイライン/ 形 塩分を含む
— 名 U 塩水; 《医学》生理的食塩水

sa·li·va /səláivə サライヴァ/ 名 U つば, 唾液(だえき)

sal·low /sǽlou サロウ/ 形 (比較級 **sallower**; 最上級 **sallowest**) (顔色などが)土色の, 黄ばんだ, 血色の悪い

Sal·ly /sǽli サリ/ 名 サリー 《♦女性名; Sarah の愛称》

salm·on B1 高 /sǽmən サモン/ (×サルモン) 名 (複 **salmon**, **salmons** /sǽmənz/)
❶ C 《魚》サケ 《♦鮭》
❷ U サケの肉
❸ U サーモンピンク, うす紅色 (=salmon pink)

sa·lon B2 /səlɑ́n サラン/ 名 C (美容・服飾(ふくしょく)などの)店

sa·loon /səlú:n サルーン/ 名 C ❶ (ホテルなどの)大広間, 談話室 ❷ 《英》セダン型自動車 (=《米》sedan) ❸ 《米》《古風》(西部劇に出てくるような)酒場

sal·sa B2 /sɑ́:lsə サールサ/ 名 U サルサソース; サルサ 《♦ニューヨーク生まれのラテンアメリカ系ダンス音楽》

salt A2 高

/sɔ́:lt ソールト/ 名 (複 **salts** /sɔ́:lts ソールツ/)
❶ U 塩; 食塩
● Could you pass me the **salt**? (食卓で) 食塩をとってください[回してください] ⇨ pass 動 ❸
❷ U C 《化学》塩, 塩類

rub salt into A's [the] wounds A(人)の気持ちをさらに傷つける (← 傷口に塩をすり込む)

take A with a grain [pinch] of salt A(話など)を割り引いて聞く

the salt of the earth 地の塩, 世の模範となる人 (! 聖書から; 塩は腐敗を防止するので)

— 形 塩をふくんだ; 塩からい; 塩づけの
● salt cod 塩漬けのタラ

— 動 (三単現 **salts** /sɔ́:lts ソールツ/; 過去・過分 **salted** /sɔ́:ltəd/; 現分 **salting**) 他 塩をふりかける; 塩漬けにする

salt·ed /sɔ́:ltəd ソールテド/ 形
❶ 塩味の, 塩づけの
❷ 《口語》経験を積んだ, 老練の

sal·tine /sɔ:ltí:n ソールティーン/ 名 C 《米》塩クラッカー

Sált Làke Cíty 名 ソルトレイク・シティー 《♦米国ユタ州 (Utah) の州都; モルモン教の本部がある》

sált wáter 名 U 塩水; 海水; 《**the** をつけて》海 (=sea); 《俗語》涙

salt·y B2 高 /sɔ́:lti ソールティ/ 形 (比較級 **saltier**; 最上級 **saltiest**) ❶ 塩けのある, 塩からい ❷ 辛辣(しんらつ)な

sal·u·tar·y /sǽljətèri サリュテリ/ 形 《文章》健全な, 有益な; 健康によい

sal·u·ta·tion /sæ̀ljətéiʃən サリュテイション/ 名 U C 《文章》あいさつ; あいさつのことば (=greeting)

sa·lute /səlú:t サルート/ 名 C 敬礼; 会釈, あいさつ — 動 他 自 あいさつする, 会釈する; 敬礼する; 迎える

sal·vage /sǽlvidʒ サルヴィヂ/ 名 U
❶ 海難救助; 沈没船引き上げ(作業), サルベージ; 人命救助, 財貨救出
❷ 救出された財貨, 引き上げられた船
— 動 他 〔沈船・火災などから〕(財貨などを)救出する 《*from*》; (沈没船を)引き上げる; (困難な事態を)〔…から〕救う 《*from*》

sal·va·tion /sælvéiʃən サルヴェイション/ 名 U ❶ 《キリスト教》救済

❷ 救助; 救う人[もの]

Salvátion Ármy 名 《the をつけて》救世軍 (♦キリスト教社会福祉事業団)

salve /sǽv サヴ, sɑ́:v サーヴ/ 名 U 軟こう; C 心の傷をいやすもの, 慰め
— 動 他 《文章》(心の痛みを)やわらげる

Salz·burg /sɔ́:lzbərg ソールズバーグ | sǽltsbərg サルツバーグ/ 名 ザルツブルク (♦オーストリアの都市; モーツァルトの生誕地)

Sam /sǽm サム/ 名 サム (♦男性名; Samuel の愛称)

Sa·mar·i·tan /səmǽrətən サマリタン/ 名 C 《または **good Samaritan**》(窮地にある人を救う)献身的な人

sam·ba /sǽmbə サンバ/ 名 C サンバ (♦ブラジルの民族舞曲)

same A1 中

/séim セイム/ 形 《the same》
同じ, 同一の; よく似た, 同じような; 変わらない; まさにその

- on **the same** day 同じ日に
- in **the same** way 同じように
- Bob and I are in **the same** class. ボブと私は同じクラスにいます
- Bob and his cousin are **the same** age. ボブと彼のいとこは同い年だ

at the same time ① 同時に
② そうではあるが, しかし一方で

much [***about, almost***] ***the same*** だいたい同じ

one and the same まったく同じ

Same here. 《口語》私もです (=Me too.) (❗自分も同じ考え・状況であるという意味)

the same as ... …と同じ

- The man's car was **the same as** mine. その男の車は私のと同じ(型)だった
- Paul looked **the same as** his younger days. ポールは外見が若いころと変わっていなかった

the same** A **as [***that***] ***B*** Bと同じ(ような)A

- I am **the same** age **as** she (is) [《口語》 **as** her]. 彼女と同い年だ
- He has **the same** opinion **as** yours. 彼はあなたと同じ意見を持っている

the same old ... 《口語》相変わらずの, よくある…

the very same まさにその, まったく同じの

— 代 《ふつう **the same**》同じ物[事]

会話 "I'll have a coffee." "**The same** for me." 「コーヒーをいただきます」「私も同じものを」

all [***just***] ***the same*** ① 同じようなもの(に); どちらでもかまわない

- They look **just the same**. それらはまったく同じにみえる
- It is **all the same** to me. 私はどちらでもかまいません

② それでもやはり

会話 "Would you like me to help?" "No, I can do it myself. But thank you **all the same**." 「手伝いましょうか」「けっこうです. ひとりでやれます. でもそう言ってくださってありがとう」

(***The***) ***Same again.*** (また)同じものをお願いします (❗飲み物の注文などで)

(***The***) ***Same to you!*** あなたもね (❗返事をする時, 同じ言葉をくり返すかわりに使う)

会話 "Merry Christmas!" "**The same to you!**" 「クリスマスおめでとう」「おめでとう」

— 副 《ふつう **the same**》同様に

same·ness /séimnəs セイムネス/ 名 U 同じこと, 同一性; 酷似していること, 類似; 単調さ, 一律

Sa·mo·a /səmóuə サモウア/ 名 サモア (♦南太平洋の共和国; 首都アピア (Apia))

sam·ple A2 高

/sǽmpl サンプル | sɑ́:mpl サーンプル/
名 (複 **samples** /sǽmplz/) C
❶ サンプル, 試料; 実例

- a **sample** of my handicrafts 私の手芸作のサンプル
- a **sample** of blood = a blood **sample** 血液サンプル, 血液検体

❷ (商品の)見本, 試供品

● a **sample** of the new products 新製品の見本

❸ (統計・調査などの)標本

— 動 (三単現 **samples** /sǽmplz/; 過去・過分 **sampled** /sǽmpld/; 現分 **sampling**) 他 (見本で)試す; 試食[試飲]する

sam·pling /sǽmpliŋ サンプリング/ 名 U (試験・分析などのための)標本抽出, サンプリング; 試食, 試飲; C 見本として選んだもの; 試供[試食, 試飲]品

Sam·u·el /sǽmjuəl サミュエル/ 名 サミュエル (♦男性名)

san·a·to·ri·um /sæ̀nətɔ́ːriəm サナトーリアム/ 名 (複 **sanatoriums** /sæ̀nətɔ́ːriəmz/, **sanatoria** /sæ̀nətɔ́ːriə/) C 療養所, サナトリウム

sanc·ti·fy /sǽŋktəfài サンクティファイ/ 動 (三単現 **sanctifies** /sǽŋktəfàiz/; 過去・過分 **sanctified** /sǽŋktəfàid/; 現分 **sanctifying**) 他 神聖視する; 正当化する

sanc·tion /sǽŋkʃən サンクション/ 名 ❶ C (しばしば **sanctions**) 制裁 ❷ U (文章) 認可

sanc·ti·ty /sǽŋktəti サンクティティ/ 名 (複 **sanctities** /sǽŋktətiz/) (文章) U (…の)(場所などに漂う)神聖さ, 神々(こうごう)しさ; (内在的な)尊厳 (*of*); C (**sanctities**) 神聖な義務

sanc·tu·ar·y 高 /sǽŋktʃuèri サンクチュエリ/ 名 (複 **sanctuaries** /sǽŋktʃuèriz/) C 聖域; 禁猟区

sand B1 高 /sǽnd サンド/ 名 (複 **sands** /sǽndz サンヅ/) ❶ U 砂; 砂粒

● play in the **sand** 砂遊びをする

● a **sand** dune 砂丘

❷ (**sands**) 砂浜; 砂漠

❸ (**the sands**) (砂時計の)砂; 寿命

built on the sand 砂上に建てた, 不安定な (■ 聖書から)

— 動 (三単現 **sands** /sǽndz サンヅ/; 過去・過分 **sanded** /sǽndəd/; 現分 **sanding**) 他 ❶ 紙やすり[サンドペーパー]で磨く (*down*) (=sandpaper) ❷ 砂をまく

san·dal B1 /sǽndl サンドル/ 名 (複 **sandals** /sǽndlz/) C (ふつう **sandals**) サンダル

● a pair of **sandals** サンダル1足

sand·bag /sǽndbæ̀g サンドバグ/ 名 C 砂袋, 土嚢(どのう)

— 動 (三単現 **sandbags** /sǽndbæ̀gz/; 過去・過分 **sandbagged** /sǽndbæ̀gd/; 現分 **sandbagging**) 他 砂袋で守る[ふさぐ]; 自 (米) 妨害する

sand·bank /sǽndbæ̀ŋk サンドバンク/ 名 C 砂州(さす), 砂丘

sand·blast /sǽndblæ̀st サンドブラスト/ 名 U 砂吹き, (ガラス・金属などを磨くための)砂粒の吹きつけ; C 砂吹き機

— 動 他 自 砂吹きで磨く[切る]

sand·box /sǽndbɑ̀ks サンドバクス/ 名 C (米) 砂箱, 砂場 (=(英) sandpit)

sand·cas·tle /sǽndkæ̀sl サンドキャスル/ 名 C (子どもが作る)砂の城

sand·er /sǽndər サンダ/ 名 C サンダー (♦回転式研磨機)

sand·glass /sǽndglæ̀s サンドグラース/ 名 C 砂時計 (■ 卵をゆでる時などに使う小型のものは egg timer という)

sand·lot /sǽndlɑ̀t サンドロト/ 名 C (米) (都会の子どもが遊ぶ)あき地

— 形 (米) あき地の; あき地でやる

● **sandlot** baseball 草野球

sand·man /sǽndmæ̀n サンドマン/ 名 (**the sandman**) 眠りの精

sand·pa·per /sǽndpèipər サンドペイパ/ 名 U 紙やすり

— 動 他 紙やすりでみがく

sand·pi·per /sǽndpàipər サンドパイパ/ 名 C (鳥) イソシギ (♦シギ科の鳥類)

sand·pit /sǽndpìt サンドピト/ 名 C (英) 砂箱, 砂場 (=(米) sandbox)

sand·stone B2 /sǽndstòun サンドストウン/ 名 U 砂岩 (♦建材用)

sand·storm /sǽndstɔ̀ːrm サンドストーム/ 名 C 砂あらし

sánd tràp 名 C (おもに米) (ゴルフ) バンカー (=(英) bunker)

sand·wich A1 中

/sǽndwitʃ サンドウィチ/ 名 (複 **sandwiches** /sǽndwitʃəz/) C サンドイッチ

• make **sandwiches** サンドイッチを作る
―動 (三単現 **sandwiches** /sǽndwitʃəz/; 過去・過分 **sandwiched** /sǽndwitʃt/; 現分 **sandwiching**) 他 〔…の間に〕はさむ《*between*》(❗しばしば受け身で用いる)

sand·y A2 /sǽndi サンディ/ 形 (比較級 **sandier**; 最上級 **sandiest**) ❶砂の, 砂地の; 砂だらけの; 砂のような
• a **sandy** beach 砂浜
❷黄土(おうど)色の

sane /séin セイン/ 形 (比較級 **saner**; 最上級 **sanest**) ❶(人が)正気の (↔**insane**) ❷(考え方・判断などが)健全な; 良識ある; 理性的な, 分別のある

San Fran·cis·co 高 /sæ̀n frənsískou サンフランスィスコウ/ 名 サンフランシスコ《◆米国カリフォルニア州の港市》

sang /sǽŋ サング/ 動 singの過去形

san·guine /sǽŋgwin サングウィン/ 形《文章》快活な, 希望[自信]に満ちた, 楽観的な; 血色のよい

san·i·tar·i·um /sæ̀nətéəriəm サニテアリアム/ 名 (複 **sanitariums** /sæ̀nətéəriəmz/, **sanitaria** /sæ̀nətéəriə/) C (= sanatorium)

san·i·tar·y B2 /sǽnətèri サニテリ/ 形 (公衆)衛生の; 衛生的な

sánitary nàpkin [**tòwel, pàd**] 名 C 生理用ナプキン

san·i·ta·tion B2 /sæ̀nətéiʃən サニテイション/ 名 U 公衆衛生; 衛生設備《◆特に, 下水設備》; ごみ収集[処理]

sanitátion wòrker 名 C《米》清掃局員, ごみ収集作業員

san·i·ty /sǽnəti サニティ/ (×セイニティ) 名 U 正気; (考え方・判断などの)健全さ, 穏健 (↔**insanity**)

sank /sǽŋk サンク/ 動 sinkの過去形

San Ma·ri·no /sæ̀n mərí:nou サン マリーノウ/ 名 サンマリノ《◆イタリア半島の北東部にある共和国; また, その首都》

San·skrit /sǽnskrit サンスクリト/ 名 U サンスクリット, 梵語(ぼんご)《◆古代インドの言語》

San·ta Claus /sǽntəklɔ̀:z サンタクローズ/ 名 サンタクロース (=《英》Father Christmas)

San·ti·a·go /sæ̀ntiá:gou サンティアーゴウ/ 名 サンティアゴ《◆チリの首都》

São Pau·lo /sàum páulou サウン パウロウ/ 名 サンパウロ《◆ブラジル南部の大都市》

São To·mé and Prín·ci·pe /sàun təméi ən prínsəpə サウン トメイ アン プリンスィペ/ 名 サントメプリンシペ《◆西アフリカ沖にある2つの島から成る共和国; 首都サントメ(São Tomé)》

sap[1] /sǽp サプ/ 名 U 樹液;《比ゆ的に》元気, 生気

sap[2] /sǽp サプ/ 動 (三単現 **saps** /sǽps/; 過去・過分 **sapped** /sǽpt/; 現分 **sapping**) 他 (体力などを)弱める

sap·ling /sǽpliŋ サプリング/ 名 C 苗木, 若木

sap·phire /sǽfaiər サファイア/ (×サファイア) 名 ❶ C サファイア《◆宝石》 ❷ U (深く青い)サファイア色, るり色

Sar·ah /séərə セアラ, sǽrə サラ/ 名 サラ, セイラ《◆女性名》

sar·casm /sá:rkæzm サーカズム/ 名 U 皮肉, いやみ, 当てこすり; 皮肉のことば (❗irony よりも, 相手を傷つける悪意がある)

sar·cas·tic /sa:rkǽstik サーカスティク/ 形 皮肉な; いやみの

sar·cas·ti·cal·ly /sa:rkǽstikəli サーカスティカリ/ 副 皮肉に; いやみに

sar·dine /sa:rdí:n サーディーン/ 名 (複 **sardine**, **sardines** /sa:rdí:nz/) C《魚》小イワシ
be packed like sardines すし詰めになっている; ぎゅうぎゅう詰めである

sar·don·ic /sa:rdánik サーダニク/ 形 (人・態度が)冷笑的な, あざけりの

sa·ri /sá:ri サーリ/ 名 C サリー《◆インドなどの女性用衣装》

SARS /sá:rz サーズ/《略》《医学》severe acute respiratory syndrome 重症急性呼吸器症候群, サーズ

sash[1] /sǽʃ サシュ/ 名 C (腰に巻く)飾り

帯, サッシュ

sash[2] /sǽʃ サシュ/ 名C 窓わく, サッシ

Sat. 《略》 Saturday 土曜日

sat /sǽt サト/ 動 sitの過去形・過去分詞

Sa·tan /séitn セイトン/ (×サタン) 名C 悪魔, サタン

sa·tan·ic /seitǽnik セイタニク/ 形 サタンの, 悪魔の; 悪魔のような

sat·ay /sǽtei サティ/ 名U 《料理》 サテイ 《♦東南アジアの串焼き料理》

satch·el /sǽtʃəl サチェル/ 名C (通学用の)肩かけカバン

sat·el·lite B1 高 /sǽtəlàit サテライト/ 名 (複 **satellites** /sǽtəlàits サテライツ/) C

❶ 人工衛星; 《天文》 衛星

• an artificial **satellite** 人工衛星

• **satellite** navigation カーナビ

❷ (大国の)衛星国; 衛星都市

by satellite 衛星中継で

sátellite tèlevision 名U 衛星テレビ(放送)

sa·ti·ate /séiʃièit セイシエイト/ 動 他 《文章》 (人を)〔食べ物などで〕満足[堪能(たんのう)]させる 《*with*》 (❗ふつう受け身で用いる)

sat·in /sǽtən サティン/ 名U 繻子(しゅす), サテン

━ 形 繻子の, 繻子のような; 滑らかな

sat·ire /sǽtaiər サタイア/ 名U 皮肉, 風刺(ふうし); 風刺文学

sa·tir·i·cal /sətírikəl サティリカル/ 形 風刺の, 辛らつな; (作家などが)風刺の巧みな, 皮肉好きな

sat·is·fac·tion B1 /sæ̀təsfǽkʃən サティスファクション/ 名 (複 **satisfactions** /sæ̀təsfǽkʃənz/)

❶ U 満足感, 喜び

• She smiled with **satisfaction.** 彼女は満足して[満足気に]にっこりした

❷ C 《ふつう **a satisfaction**》 満足を与えるもの[事]

to A's satisfaction = to the satisfaction of A A(人)が満足のいくように, 納得するまで

派生 satisfy 動

sat·is·fac·to·ri·ly /sæ̀təsfǽktərili サティスファクトリリ/ 副 満足のいくように; 申し分なく

sat·is·fac·to·ry B2 /sæ̀təsfǽktəri サティスファクトリ/ (×サティスファクトリ) 形 満足な; 十分な; 申し分のない (↔**unsatisfactory**)

sat·is·fied B1 高 /sǽtəsfàid サティスファイド/ 形 満足した ⇨**satisfy❶**

• a **satisfied** customer 満足した客

文型 [**be satisfied with A**] Aに満足している

• He **is** very **satisfied with** the result. 彼はその結果に非常に満足しています

文型 [**be satisfied to** *do*] …して満足だ

• I **am satisfied to** *hear* the news. そのニュースを聞いてぼくは満足だよ

文型 [**be satisfied that ...**] …ということを確信[納得]している

sat·is·fy A2 高

/sǽtəsfài サティスファイ/ 動 (三単現 **satisfies** /sǽtəsfàiz/; 過去・過分 **satisfied** /sǽtəsfàid/; 現分 **satisfying**) 他

❶〔…で〕満足させる, 満たす 《*with*》

• We **satisfied** our hunger **with** a heavy meal. 私たちはこってりした食事をとって空腹を満たした

• **satisfy** the conditions [requirements] 条件[要求水準]を満たす

❷ 納得させる, 確信させる; 文型 [**satisfy A that ...**] A(人)に…ということを納得[確信]させる

• The report **satisfied** the detective **that** she was involved in the incident. その報告書は刑事に彼女が事件に関与していると確信させた

文型 [**satisfy** *one***self that ...**] …ということを納得する, 確かめる

派生 **satisfaction** 名

sat·is·fy·ing /sǽtisfàiiŋ サティスファイイング/ 形 満足を与える, 納得のいく, 申し分のない, 十分な

sat·u·rate /sǽtʃurèit サチュレイト/ 動 他 〔…で〕浸す 《*with*》; 〔…で〕いっぱいにする, 充満させる 《*with, in*》; 〔…に〕没頭させる 《*in*》; 《化学》 〔…で〕(溶液を)飽和

させる《with》

sat·u·rat·ed /sǽtʃurèitəd サチュレイテド/ 形 びしょぬれの;《化学》飽和した

● **saturated** fat 飽和脂肪

sat·u·ra·tion /sæ̀tʃuréiʃən サチュレイション/ 名U 十分に染み込むこと, 浸透, 浸潤;《化学》飽和(状態)

saturátion pòint 名C《化学》飽和点; 限度, 限界, 極限

Sat·ur·day A1 中

/sǽtərdei サタデイ, sǽtərdi サタディ/

名(複 **Saturdays** /sǽtərdeiz/) CU 土曜日;《形容詞的》土曜日の (! Sat. と略す; 詳しい用法は Tuesday を参照)

● **on Saturday** (afternoon) 土曜日(の午後)に

● every **Saturday** 毎週土曜日に

Sat·urn /sǽtərn サタン/ 名 ❶《ローマ神話》サターン, サトゥルヌス《◆農業の神》 ❷《天文》土星

sauce A2 高

/sɔ́:s ソース/ 名(複 **sauces** /sɔ́:səz/) UC ❶ ソース

● I put **sauce** on the meat. お肉にソースをかけました

❷ 味付け, おもしろ味; 刺激

sauce·pan B1 /sɔ́:spæ̀n ソースパン/ 名(複 **saucepans** /sɔ́:spæ̀nz/) C 片手なべ, ソースパン《◆柄の付いた深めのなべ》

sau·cer B1 /sɔ́:sər ソーサ/ 名(複 **saucers** /sɔ́:sərz/) C (ティーカップなどの)受け皿, 台皿, ソーサー; 受け皿状のもの

● a cup and **saucer** 受け皿付きのカップ (! /カパンソーサ/ と発音する)

sau·cy /sɔ́:si ソースィ/ 形 (比較級 **saucier**; 最上級 **sauciest**)《米》気の利いた; セクシーな;《古風》生意気な

Sa·u·di A·ra·bia /sáudi əréibiə サウディ アレイビア/ 名 サウジアラビア《◆アラビア半島の王国; 首都はリヤド(Riyadh)》

Sáudi Arábian 形 サウジアラビア(人)の

sauer·kraut /sáuərkràut サウアクラウト/ 名U《料理》ザウアークラウト《◆キャベツの漬物》

sau·na /sɔ́:nə ソーナ, sáunə サウナ/ 名C 蒸しぶろ, サウナぶろ; サウナ浴場

saun·ter /sɔ́:ntər ソーンタ/ 動自 ぶらつく, ゆっくり散歩する

━名《単数形で》ぶらぶら歩き, 散歩

sau·sage A2

/sɔ́:sidʒ ソースィヂ/

名(複 **sausages** /sɔ́:sidʒəz/) UC ソーセージ, 腸詰め; ソーセージ状のもの

sau·té /soutéi ソウテイ/ 動他 (強火で)軽くいためる, ソテーにする

━名U ソテー;《形容詞的》ソテーの

sav·age /sǽvidʒ サヴィヂ/ 形 ❶ どう猛な, 残酷な (=cruel); 手厳しい; 激しい

● a **savage** dog 猛犬

❷《古風》野蛮(やばん)な, 未開の (↔**civilized**) ❸ (土地・景色などが)荒涼とした (動物が)野生の (=wild)

━名C《古風》野蛮人

━動他 (動物が)かみつく

sávagely 副 野蛮に

sav·age·ry /sǽvidʒəri サヴィヂェリ/ 名(複 **savageries** /sǽvidʒəriz/) U 残忍; C 残忍な行為

sa·van·na, sa·van·nah /səvǽnə サヴァナ/ 名UC サバナ[サバンナ]《◆(亜)熱帯地方の乾いた草原地帯》

save[1] A1 中

/séiv セイヴ/ 動 (三単現 **saves** /séivz/; 過去・過分 **saved** /séivd/; 現分 **saving**)

意味マップ
❶ 救う, 助ける
❷ たくわえる
❸ 節約する
❹ 確保する
❺ (データなどを)保存する
❻ ゴールを守る

❶ 他〔…から〕救う, 助ける; 守る《from》

● **save** his life 彼の生命を救う

- He was **saved from** the burning house. 彼は燃えている家から救出された
- It's time to think about how to **save** the earth. どうやって地球を救うべきか考える時期がやってきた

❷ 他自 たくわえる, ためる; 貯金する《*up*》

- I'm **saving** money (**up**) **for** [to buy] a new car. 私は新しい車を買うためにお金を貯めている

❸ 他自 節約する, 使わないようにする

- We should **save** energy. われわれはエネルギーを節約すべきだ
- We **saved** time by traveling on an express. 私たちは急行で移動して時間を節約した

文型 [**save A B = save A** (**from**) *do***ing**] A(人)からB(労力など)をはぶく

- If you could tell her, that would **save** me **calling** her. 君が彼女に伝えてくれれば, 電話する手間がはぶけるのだが

❹ 確保する, 取っておく, 残しておく; 文型 [**save A B = save B for A**] AのためにBをとっておく

- Will you **save** my place in line **for** a few minutes? 2, 3分間, 列の順番を取っておいてくれますか

❺ 他《コンピュータ》(データを)保存[セーブ]する

❻ 他自《球技》(敵のシュートを防いで)ゴールを守る

— 名 (複 **saves** /séivz/) C《球技》(敵のシュートを止めるなどして)得点を防ぐこと;《野球》(救援投手の)セーブ

save[2] /séiv セイヴ/ 前《文章》…を除いて (=except)

sav·er /séivər セイヴァ/ 名 C 節約するもの (! 複合語を作る); 貯蓄家

sav·ing B2 高 /séiviŋ セイヴィング/ 名 ❶《**savings**》預金, 貯金

- withdraw *one's* **savings** from a bank 銀行から預金を引き出す

❷ U C 節約 ❸ U 救助, 助けること

— 形 救いになる; 節約する; 保留する

sav·ior,《英》**sav·iour** /séivjər セイヴャ/ 名 ❶ C 救助者, 救う人 ❷《**the** [**our**] **Savior**》救世主キリスト

sa·vor,《英》**sa·vour** /séivər セイヴァ/ 動 他 じっくりと味わう, 享受する;《文章》自〔…の〕気味がある《*of*》

— 名《単数形で》《文章》味, 風味; 気味

sa·vor·y,《英》**sa·vour·y** /séivəri セイヴォリ/ 形 味のよい; 香りのよい, 風味のある;《英》塩味の, スパイスの利いた;《文章》《ふつう否定文で》(道徳的に)好ましい

sav·vy /sǽvi サヴィ/ 名 U《口語》(経験から得た)実際的知識

— 形 (比較級 **savvier**; 最上級 **savviest**)《口語》実際的知識のある, 経験豊かな;《英》明敏な

— 動 (三単現 **savvies** /sǽviz/; 過去・過分 **savvied** /sǽvid/; 現分 **savvying**) 他自《口語》知る, わかる

saw[1] /sɔ́: ソー/ (×ソウ) 動 seeの過去形

saw[2] A1 /sɔ́: ソー/ (×ソウ) 名 (複 **saws** /sɔ́:z/) C のこぎり《♦日本ののこぎりと違って, 前方へ押しながら切る》⇨**plane**[3]

— 動 (三単現 **saws** /sɔ́:z/; 過去 **sawed** /sɔ́:d/; 過分 **sawed**,《おもに英》**sawn** /sɔ́:n/; 現分 **sawing**) 他自 のこぎりで切る; 自 のこぎりを使う

saw·dust /sɔ́:dʌ̀st ソーダスト/ 名 U おがくず

saw·horse /sɔ́:hɔ̀:rs ソーホース/ 名 C ソーホース《♦のこぎりで材料を切るとき材木を固定する台》

saw·mill /sɔ́:mil ソーミル/ 名 C 製材所

sawn /sɔ́:n ソーン/ 動《おもに英》saw[2]の過去分詞

sax /sǽks サクス/ 名《口語》(= saxophone)

Sax·on /sǽksn サクスン/ 名 C サクソン人;《**the Saxons**》サクソン族 ⇨ **Anglo-Saxon**

sax·o·phone /sǽksəfòun サクソフォウン/ 名 C《楽器》サクソフォン, サックス《♦金属製の木管楽器の一種》

say

A1 動 名

中 /séi セイ/

三単現 **says** /séz セズ/　過去・過分 **said** /séd セド/

現　分 **saying**

sayの 共通イメージ

人の言ったことを伝える

tell

talk

speak

! say, tell, talk, speak の中で, say の使用頻度がコーパスでは圧倒的に高い

意味マップ

動 ❶言う, 話す, 述べる

❷…と書いてある

❸まあ, たとえば

名 言いたい事; 言う機会[権利]

使えるコーパスフレーズ

say＋名詞

1 **say nothing [something] (about ...)**
(…について)何も言わない[何か言う]

2 **say yes [no] (to ...)**
(…に)はい[いいえ]と言う

3 **say a few words**
簡単なあいさつ[話]をする

4 **not say a word**
一言も言わない

5 **say hello [goodbye]**
あいさつをする

ネイティブはこういう！

◆ **Say what?**
何だって? 何て言ったの?

◆ **I'm not saying ...**
…と言っているわけじゃない

◆ **Having said that ...**
そうは言っても…

◆ **What do you say?**
どう思いますか

◆ **You can say that again.**
あなたのおっしゃる通り, 私も同じ意見です

コーパス この順番でマスター　sayの重要構文

(1) **say**＋直接話法

(2) **say**＋名詞・代名詞

(3) **say**＋that節

(4) **say**＋wh節・句

say A1 中

/séi セイ/ 動 (三単現 **says** /séz セズ/; 過去・過分 **said** /séd セド/; 現分 **saying**)

共通イメージ 人の言ったことを伝える

チャンクでおぼえよう！

❶ 何も言わない say nothing

❶ 先生にさようならと言う say goodbye to the teacher

❶ そんなことを言わないで Don't say such a thing.

❶ 一言も言わないで Don't say a single word.

❶ 彼の言うことが分かる understand what he says

❶ 他自 言う, 話す, 述べる

文型 [**say "A" = "A" say**]「A」と言う (❗ A は直接話法の文・句)

- "I don't know," he **said**. ⇨ フォーカス (1)「わからない」と彼は言った
- He **says**, "I can speak French." = He **says** that he can speak French. 彼はフランス語が話せると言っている
- I **said** to my uncle, "I've never seen such a thing."「そんな物は見たことがない」と私はおじに言った
- "How wonderful!" **said** Jane.「なんてすばらしいんでしょう」とジェーンは言った (❗ 人のことばを伝える時の say の位置は文頭, 文末, あるいは伝える内容が長い時には文中のいずれでもよい)

文型 [**say A**] A(ことばなど)と言う

- **say** "good morning"「おはよう」と言う
- **say** hello [good-bye, thank you] ⇨ フォーカス 5 こんにちは[さよなら, ありがとう]と言う
- **say** sorry 謝る
- He **said** nothing about it. ⇨ フォーカス 1 彼はそれに関しては何も言わなかった
- **Say** it again. それをもう一度言って
- Don't **say** such a thing to girls. 女の子にそんなことを言ってはいけない
- I have something to **say** to you. 私は君に言うこと[話]がある (❗ 不定詞 to say (言うべき)は something を修飾する)
- What **is** he **saying**? I can't hear him. 彼は何と言っているのですか. 私には彼の言っていることが聞こえません
- She went out without **saying** a word. ⇨ フォーカス 4 彼女は一言も言わずに出て行った
- **Saying** is one thing and doing is another. 言うことと行うことは別のことだ ⇨**one** 形 ❸

文型 [**say that ...**] …と言う

- **People** [**They**] **say that** he is very rich. = **It is said that** he is very rich. = He **is said to be** very rich. ⇨ フォーカス (3) 彼はとても金持ちだと言われている ⇨成句 **People say** (**that**) **...**
- I'm sorry to **say** (**that**) I cannot go with you. 残念ながら私は君といっしょに行くことができない (←…と言うのを残念に思う)

文型 [**say wh- ...**] 何 [どのくらい, など] …と言う

- It is hard to **say which** blouse is nicer. ⇨ フォーカス (4) どっちのブラウスがいいか言うのは難しい (❗ It = to say (言うこと)以下)
- I did not know **what** to **say**. 私は何と言ってよいかわからなかった (❗ what to say は「何を言うべきか」)

どっち

say と tell

(**1**) **tell** はふつうあとに聞き手を示す目的語(人)がくるが, **say** の目的語に人はこない:

She **said** something (**to** me). 彼女は(私に)何か言った (❗ 聞き手を示すときは to ... とする)

She **told** me something. 彼女は私に何か言った

(**2**) 直接話法では **say**, 間接話法では **tell** を使うことが多い:

She **said** to me, "I'm tired." 彼女は「私は疲れている」と私に言った

She **told** me **that** she was tired. 彼女は私に疲れていると言った (❗ that 以下を ×she is ではなく, 時制の一致で she was とすることに注意)

❷ 他 (本・手紙・掲示などに)…と書いてある
● Her letter **says** she'll arrive on Sunday. 彼女の手紙には日曜日に着くと書いてある
● The clock **says** nine ten. 時計は9時10分をさしている
❸ 他 自 まあ，たとえば (=let's say); 《米》《間投詞的》ねえ，ちょっと，おい (=《英》I say)
● If we go to, **say**, Kyoto, will you come with us? 私たちがもし，たとえば京都に行くとしたら，君もいっしょに行きますか
having said that 《口語》そうは言っても
if I may [might] say so 《文章》失礼ながら申し上げます
it goes without saying that ... …ということは言うまでもない[論を待たない]
It is not too much to say that ... …と言っても過言ではない
not to say …とは言わないまでも
People [They] say (that) ... = It is said that ... 世間では…と言っている，…といううわさ[話]です
say for oneself 弁解する
say good-by to A Aにさようならと言う[お別れを言う]
say hello to A Aによろしくと言う
● Please **say hello to** your parents. ご両親によろしくお伝えください
say to oneself 自分に言いきかせる，心に思う; ひとりごとを言う
● "I'll do my best," he **said to himself**. 「私は全力をつくそう」と彼は自分に言いきかせた
that is to say すなわち
to say nothing of ... …は言うまでもなく
What do you say to ...? …はいかがですか
You can say that again. まったくそのとおりだ，本当にそうだ
You don't say (so)! まさか，本当ですか (! 驚きを表す)
You said it! 《口語》= You can say that again!
— 名 U 言いたい事; 言う機会[権利]
have one's say 言いたいことを言う，はっきり意見を言う

say·ing 高 /séiiŋ セイイング/ 動 say の現在分詞・動名詞
— 名 C 格言，ことわざ
as the saying goes ことわざにもあるとおり，よく言われることだが

says /séz セズ/ 動 say の三人称単数現在形

SC 《略》South Carolina サウスカロライナ(州)

scab /skǽb スキャブ/ 名 C (傷口の)かさぶた; 《口語》労働組合不参加者，非組合員

scaf·fold /skǽfəld スキャフォルド/ 名 C
❶ (建築現場などの)足場
❷ 絞首台，断頭台

scaf·fold·ing /skǽfəldiŋ スキャファルディング/ 名 U (建築現場などの)足場(材料)

scald /skɔ́:ld スコールド/ 名 C (熱湯・蒸気などによる)やけど ⇨**burn**
— 動 他 (熱湯・蒸気などで)やけどさせる

scald·ing /skɔ́:ldiŋ スコールディング/ 形 (液体などが)やけどするほど熱い; 《副詞的》やけどするほどに

scale[1] A2 高

/skéil スケイル/ 名 (複 **scales** /skéilz/)
❶ U C 規模，スケール; 段階; 尺度，基準
● a pay **scale** 給与体系
● a **scale** from 1 to 5 1から5の評価基準
● hold an opening ceremony **on a large scale** 大々的に開会式を挙行する
❷ C 物差し (=rule, ruler); (計器の)目盛り
❸ U C (地図などの)縮尺，比率
❹ C 《音楽》音階
— 動 (三単現 **scales** /skéilz/; 過去・過分 **scaled** /skéild/; 現分 **scaling**) 他 (山などに)よじ登る
scale ... up [down] …を率に合わ

せてふやす[減らす]

scale[2] A2 /skéil スケイル/ 名 (複 **scales** /skéilz/) C 《scales》てんびん, はかり; 体重計; てんびんのさら
● kitchen **scales** 調理用はかり
turn the scale(s) 形勢を決定的なものにする; 局面を一変させる
— 動 (三単現 **scales** /skéilz/; 過去・過分 **scaled** /skéild/; 現分 **scaling**) 他 はかりにかける, はかる; 自 …の重さがある

scale[3] /skéil スケイル/ 名 C (魚・ヘビなどの)うろこ
The scales fall from *A's* ***eyes.*** A(人)の目からうろこが落ちる (!「迷いからさめる」という意味)

scále mòdel 名 C 〔…の〕縮尺模型《*of*》

scal·lop /skɑ́ləp スカラプ, skǽləp スキャラプ/ 名 C 《ふつう **scallops**》ホタテガイ; U (食用になる)ホタテガイの貝柱; C その殻; 《**scallops**》スカラップ (◆すそ・えりなどの扇型を連ねたような形の縁)

scalp /skǽlp スキャルプ/ 名 C 頭皮; 頭髪付きの頭皮; 《口語》戦利品, 勝利のしるし
be out for [after] *A's* ***scalp*** 《米》(人が)A(人)をこらしめたい[やっつけたい]と思う
— 動 他 頭皮をはぎ取る

scal·pel /skǽlpəl スキャルパル/ 名 C 《医学》外科用メス

scal·per /skǽlpər スキャルパ/ 名 C 《米》利ざや稼ぎ, ダフ屋 (=《英》tout)

scal·y /skéili スケイリ/ 形 (比較級 **scalier**; 最上級 **scaliest**) うろこに覆われた; うろこ状の; ぼろぼろにはげ落ちる

scam /skǽm スキャム/ 名 U C 《俗語》詐欺, ペテン

scamp·er /skǽmpər スキャンパ/ 動 自 (小動物などが)驚いて逃げる, すばやく走る; (子どもなどが)跳ね回る, ふざけ回る《*about, around*》

scan B1 /skǽn スキャン/ 動 (三単現 **scans** /skǽnz/; 過去・過分 **scanned** /skǽnd/; 現分 **scanning**) 他
❶ 細かく調べる; じっと見る; ざっと見る
❷ スキャンする, (文書・画像などを)取り込む (!「スキャンする器具」は scanner という)

scan·dal B2 /skǽndl スキャンドル/ 名 U C
❶ スキャンダル, 醜聞(しゅうぶん), (世間をさわがす)恥ずべき行為; 汚職
● cover [hush] up a **scandal** スキャンダルをもみ消す
❷ (スキャンダルに対する世間の)反感, ひんしゅく, 怒り ❸ 中傷, 陰口(かげぐち)

scan·dal·ize /skǽndəlàiz スキャンダライズ/ 動 他 あきれさせる; 憤慨させる

scan·dal·ous /skǽndələs スキャンダラス/ 形 あきれるような, みっともない, 恥ずべき
scándalously 副 あきれるほど

Scan·di·na·vi·a /skæ̀ndənéiviə スキャンディネイヴィア/ 名 ❶ スカンジナビア(地域) ❷ スカンジナビア半島 (=Scandinavian Peninsula)

Scan·di·na·vi·an /skæ̀ndənéiviən スキャンディネイヴィアン/ 形 スカンジナビア(人[語])の
— 名 C スカンジナビア人; U スカンジナビア語

Scandinávian Península 名 《**the** をつけて》スカンジナビア半島

scan·ner /skǽnər スキャナ/ 名 C スキャナー (◆画像読み取り機, 映像走査機や断層撮影装置など)

scant /skǽnt スキャント/ 形 (比較級 **scanter**; 最上級 **scantest**) 《文章》乏しい, 不足気味の; 〔…が〕足りない《*of, in*》; 《米》少し不足の

scant·i·ly /skǽntili スキャンティリ/ 副 乏しく

scant·y /skǽnti スキャンティ/ 形 (比較級 **scantier**; 最上級 **scantiest**) 不十分な, 乏しい (↔**ample**)

scape·goat /skéipgòut スケイプゴウト/ 名 C 他の罪をかぶる人, 身代わり; 《聖書》贖罪(しょくざい)のヤギ

scar B2 /skáːr スカー/ 名 C 傷跡, やけどの跡; 心の傷 ━動 他 (三単現 **scars** /skáːrz/; 過去・過分 **scarred** /skáːrd/; 現分 **scarring**) 傷跡を残す

scarce /skéərs スケアス/ (×スカース) 形 (比較級 **scarcer**; 最上級 **scarcest**) とぼしい, 不足で, 少ない, 手に入りにくい

scarce·ly B2 /skéərsli スケアスリ/ 副 (❗比較変化なし) ❶ ほとんど…ない; まさか[おそらく]…ない (=hardly)

• There were **scarcely** any people on the streets. 路上にはほとんど人がいなかった

❷ やっと, かろうじて

scarcely* [*hardly*] *ever ... めったに…しない

scarcely A when* [*before*] *B A するかしないかのうちにBする

scar·ci·ty /skéərsəti スケアスィティ/ 名 (複 **scarcities** /skéərsətiz/) U C 〔…の〕欠乏, 不足 《*of*》

scare B1 /skéər スケア/ 動 (三単現 **scares** /skéərz/; 過去・過分 **scared** /skéərd/; 現分 **scaring** /skeəriŋ/)

❶ 他 こわがらせる, おびえさせる; 自 おびえる; 文型 [**be scared of ...**] …を恐れる

❷ 他 おどして追い払う 《*away, off*》

scare ... to death …を死ぬほどぎょっとさせる (❗ふつう受け身で用いられる)

━ 名 (複 **scares** /skéərz/) C おびえ, 恐怖

scare·crow /skéərkròu スケアクロウ/ 名 C かかし

scared B1 高 /skéərd スケアド/ 形 おびえた; びっくりした ⇨**scare** ❶

• a **scared** voice おびえた声

scarf[1] A2

/skáːrf スカーフ/ 名 (複 **scarfs** /skáːrfs/, **scarves** /skáːrvz/) C スカーフ; えり巻き (❗muffler よりこの語のほうがふつう)

scarf[2] /skáːrf スカーフ/ 動 他 がつがつ食う 《*down, up*》

scar·let B2 /skáːrlət スカーレト/ 名 U 深紅(しんこう)色, 緋(ひ)色 ━ 形 深紅色の, 緋色の

scarves /skáːrvz スカーヴズ/ 名 scarf の複数形

scar·y B1 高 /skéəri スケアリ/ 形 (比較級 **scarier**; 最上級 **scariest**) 《口語》

❶ (物事が)恐ろしい, 怖い

❷ (人が)驚きやすい, おく病な

scath·ing /skéiðiŋ スケイズィング/ 形 (人が)〔…について〕ずけずけ言う, 厳しい 《*about*》; (ことばなどが)痛烈な, 容赦ない

scat·ter B1 /skǽtər スキャタ/ 動 (三単現 **scatters** /skǽtərz/; 過去・過分 **scattered** /skǽtərd/; 現分 **scattering** /skǽtəriŋ/)

❶ 他 まき散らす, まく; 自 散る; 文型 [**scatter A on** [**over**] **B** = **scatter B with A**] BにAをまく[まき散らす] ❷ 他 追い散らす

scat·ter·brain /skǽtərbrèin スキャタブレイン/ 名 C 《口語》 落ち着きのない人, おっちょこちょい

scat·ter·brained /skǽtərbrèind スキャタブレインド/ 形 《口語》 (人が)注意散漫な, 軽率な, 落ち着きのない

scat·tered /skǽtərd スキャタド/ 形 散在[点在]する, ばらばらの

scav·enge /skǽvindʒ スキャヴィンヂ/ 動 自 他 (要るものを捜して)ごみをあさる; 食い物をあさる

scav·en·ger /skǽvindʒər スキャヴィンヂャ/ 名 C ごみをあさる人; (ハゲタカなど)死体をあさる動物

sce·nar·i·o /sənéəriòu サネアリオウ/ 名 (複 **scenarios** /sənéəriòuz/) C (映画の)脚本, シナリオ, (撮影)台本; (小説・戯曲の)筋書き; (計画などの)大筋

scene A2 中

/síːn スィーン/ (発音 seen と同音)

名 (複 **scenes** /síːnz/) C

❶ (劇や小説などの)場; 舞台, 場面, 1シーン; (舞台の)背景, セット

• This is an interesting book. The **scene** is Paris in the 1920s. これはお

もしろい本です．舞台は1920年代のパリです（❗1920s は nineteen-twenties と読む）
❷ 景色；光景 ⇨**scenery**
• I recalled **scenes** from my youth. 若いころの光景が思い浮かんだ
❸（事件などの）現場
• the **scene** of the accident 事故現場
❹《単数形で》活動の領域，…界
❺ 大騒ぎ，口論
behind the scenes 舞台裏で，秘密で
make a scene （人前で泣いたりわめいたり）大さわぎをする
set the scene (***for*** ...) ①（物事の）お膳立てをする，準備をする ②（人に）予備知識を与える
派生 **scenic** 形

scen·er·y A2 高

/síːnəri スィーナリ/ 名 U
❶（全体の）風景，景色（❗個々の「景色」は scene, view）
❷《集合的》舞台装置，背景

sce·nic B1 /síːnik スィーニク/ 形 ❶ 景色のよい；景色の ❷ 舞台の；背景の
派生 **scene** 名

scent B2 /sént セント/（発音 sent, cent と同音）名 ❶ U C 香り；におい；《英》香水（=perfume） ❷ C《ふつう単数形で》（動物があとに残した）臭跡(しゅうせき)；手がかり ❸《単数形で》（猟犬などの）嗅覚；（人の）直感 ━ 動 他 ❶ かぎつける ❷ 香水をつける

scep·ter /séptər セプタ/ 名 C（儀式で王［王女］のもつ）笏(しゃく)

sched·ule A2 高

/skédʒuːl スケヂュール｜ʃédjuːl シェデュール/ 名（複 **schedules** /skédʒuːlz/）
❶ U C〔…の〕スケジュール，予定(表)《*for*》
• make [plan] a **schedule** 予定を立てる
• I have a **full** [**heavy**, **tight**] **schedule** **for** next week. 私は来週はスケジュールが詰まっている［ハードスケジュールだ］（❗「ハードスケジュール」は和製英語で，heavy schedule, tight schedule, busy schedule などという）
❷《米》（電車やバスの）時刻表，（学校の）時間割（=《英》timetable）
• a class **schedule** クラスの時間割
according to schedule スケジュールどおりに
ahead of schedule 予定より早く
behind schedule 定刻［予定］より遅れて
on schedule 予定どおりに，定刻に
━ 動（三単現 **schedules** /skédʒuːlz/；過去・過分 **scheduled** /skédʒuːld/；現分 **scheduling**）他
予定する，（期日などを）決める；予定表に入れる
• The store is **scheduled** to open in January. その店は1月に開店する予定だ

sche·mat·ic /skiːmǽtik スキーマティク，skimǽtik スキマティク/ 形 図解の，図表の；概要の

scheme B2 /skíːm スキーム/（×シーム）名 C ❶ 計画，事業案（=plan）
❷ たくらみ，陰謀 ❸ 組織，体系
❹ 配合；色などの配列
━ 動 他 自（陰謀(いんぼう)を）たくらむ

schem·ing /skíːmiŋ スキーミング/ 形 策略的な，ずるい

schism /sízm スィズム，skízm スキズム/ 名 U〔団体・特に教会の〕分裂，分離《*in, between*》；C 分派；（教会の）宗派

schiz·o·phre·ni·a /skìtsəfríːniə スキツォフリーニア/ 名 U《医学》統合失調症

schiz·o·phren·ic /skìtsəfrénik スキツォフレニク/ 形《医学》統合失調症の
━ 名 C《医学》統合失調症患者

schol·ar B1 高 /skálər スカラ｜skɔ́lə スコラ/ 名（複 **scholars** /skálərz/）C
学者（❗特に「人文系の学者」をさす；科学系は scientist）

schol·ar·ly /skálərli スカラリ/ 形 学者らしい；学問的な

schol·ar·ship B1 高 /skálərʃìp スカラシプ｜skɔ́lərʃìp スコラシプ/ 名（複 **scholarships** /skálərʃìps/）
❶ C 奨学(しょうがく)金，スカラシップ

- get [win] a **scholarship** 奨学金を得る

❷ U 学問; 学識; 知識

scho·las·tic /skəlǽstik スカラスティク/ 形 《文章》学校の, 学校教育の; 学者の, 学問的な; 《しばしば **Scholastic**》スコラ哲学の; 学者ぶった (=pedantic)

school[1] A1 中

/skúːl スクール/ 名 (複 **schools** /skúːlz/)

❶ C (建物または組織としての)学校; U (学校教育としての)学校; 授業 (=class)

- a boys' [girls'] **school** 男子[女子]校
- **after school** 学校がすんでから, 放課後に (! school が本来の目的(教育・勉強)を意味するときは ×a school, ×the school としない) ⇨成句 **go to school**
- **School** is over. 学校[授業]が終わった
- We will **have** no **school** tomorrow. あしたは学校[授業]がありません[休みです]

会話 "What time does **school** begin?" "It begins at eight." 「学校[授業]は何時に始まりますか」「8時に始まります」

コロケーション

動+**school**

attend [go to] *school* 学校に通う

cut *school* 学校[授業]をさぼる

enter *school* 入学する

finish *school* 卒業する

関連語〉 単語力

《米》elementary school, 《英》primary school 小学校

junior high school 《米》中学校

secondary school 《英》中等学校 (! 中学・高校を合わせたもの)

comprehensive (school) 《英》(公立の)総合中等学校

(senior) high school 《米》高校

college 大学

university (総合)大学

public school 《米》公立学校, 《英》パブリックスクール

state school 《英》公立学校

❷ C 《しばしば **the school**》《集合的》全校の生徒(と教員) (! 単数にも複数にも扱う)

- **The** (**whole**) **school** knows about it. 学校じゅうがその事を知っている

❸ C (大学の)学部 (!「法学」「医学」のような4年制大学を修了した学生が学ぶ特殊な専門学部についていう); 《米》《口語》大学

❹ C 教習所, 養成所

❺ C (学問・芸術の)流派, 学派

a school of thought 同じ考えの人々; 学派, 学説

at school 学校(の授業)で; 在学中で; 授業中で

go to school (授業を受けに)学校へ行く, 通学する

会話 "How do you **go to school**?" "(**I go to school**) By bus." 「どうやって学校へ行っていますか」「バスで行っています」

in school 《米》在学中で; 学校で, 校内で

— 動 (三単現 **schools** /skúːlz/; 過去・過分 **schooled** /skúːld/; 現分 **schooling**) 他 《文章》教育する; しつける

school[2] /skúːl スクール/ 名 C (魚・クジラ・オットセイなどの)群れ

school·bag /skúːlbæ̀g スクールバグ/ 名 C (ふつう布製の)通学カバン

school·book /skúːlbùk スクールブク/ 名 C 教科書 (=textbook)

school·boy /skúːlbɔ̀i スクールボイ/ 名 (複 **schoolboys** /skúːlbɔ̀iz/) C 男子生徒

schóol bùs 名 C スクールバス

school·child A2

/skúːltʃàild スクールチャイルド/ 名 (複 **schoolchildren** /skúːltʃìldrən/) C 生徒, 学童

schóol dày 名 ❶ C 登校日 ❷ 《**school days**》学校[学生]時代

schóol fèstival 名 C (学校の)文化祭, 学園祭

school·girl B2 /skúːlgə̀ːrl スクールガール/ 名 C 女生徒, 女子学生

schóol hòur(s) 名 C 授業時間

school·house /skúːlhàus スクールハウス/ 名 (複 **schoolhouses** /skúːlhàuzəz/) C (特に村の小学校の)校舎

school·ing /skú:liŋ スクーリング/ 名 U (正規の)学校教育; (通信教育の)教室授業, スクーリング

schóol lìfe 名 C 学校生活

school·mas·ter /skú:lmæstər スクールマスタ/ 名 C 《英》《古風》男性の教師

school·mate B1 /skú:lmèit スクールメイト/ 名 (複 **schoolmates** /skú:lmèits スクールメイツ/) C 学校の友達, 学友, 同窓生

school·mis·tress /skú:lmìstrəs スクールミストレス/ 名 C 《英》《古風》女性教師

schóol nèwspaper 名 C 学校新聞

schóol òffice 名 C (学校の)事務室

schóol repòrt 名 C 《英》成績表, 通知表 (=《米》report card)

school·room /skú:lrù:m スクールルーム/ 名 C 教室 (=classroom)

schóol sòng 名 C 校歌

school·teach·er B1 /skú:ltì:tʃər スクールティーチャ/ 名 (複 **schoolteachers** /skú:ltì:tʃərz/) C (小学校・中学校・高校の)教師, 教員, 先生

schóol ùniform 名 C (学校の)制服

school·work A2

/skú:lwə̀:rk スクールワーク/ 名 U
学校の勉強; 学業 (♦授業や宿題など)

school·yard /skú:ljɑ̀:rd スクールヤード/ 名 C 《米》校庭, 運動場 (= playground)

schóol yéar 名 C 学年度 (♦1年のうち授業・学校行事などのある期間; 英米ではふつう9月から始まって翌年の6月まで)

schoon·er /skú:nər スクーナ/ 名 C スクーナー (♦2本以上のマストの縦帆式帆船); 《米》ビール用大型コップ

schwa /ʃwɑ́: シュワー/ 名 U C 《音声》シュワー, あいまい母音 (♦英語の強勢のない音節にある弱母音); シュワーの記号 /ə/

Schweit·zer /ʃwáitsər シュワイツァ/ 名 (**Albert** /アルバト/ **Schweitzer**) シュバイツァー (1875-1965) (♦フランスの医師・哲学者・神学者)

sci·ence A1 中

/sáiəns サイエンス/
名 (複 **sciences** /sáiənsəz/)
❶ U 科学; 自然科学 (=natural science)
• progress in **science** and technology 科学技術の進歩
❷ U (学問としての)科学; 理科; C 学問, …学
• a **science** teacher = a teacher of **science** 理科の先生
派生 scientific 形

scíence fíction B1 名 U
空想科学小説[映画], SF小説 (! SFあるいは sci-fi と略す)

sci·en·tif·ic A2 高

/sàiəntífik サイエンティフィク/ 形
❶ 科学の; 自然科学の, 理科の (! この意味では比較変化なし)
• a **scientific** experiment 科学[理科]の実験
❷ 科学的な; 系統だった (↔unscientific) • a **scientific** basis 科学的根拠
派生 science 名

sci·en·tif·i·cal·ly B2 /sàiəntífikəli サイエンティフィカリ/ 副 科学的に

sci·en·tist A1 中

/sáiəntist サイエンティスト/ 名 (複 **scientists** /sáiəntists サイエンティスツ/) C
科学者; (特に)自然科学者 (! 人文学者は scholar)

sci-fi /sáifái サイファイ/ 名 U 《口語》空想科学小説 (=science fiction)

scis·sors A2 高

/sízərz スィザズ/ 名 《複数扱い》はさみ
• a pair of **scissors** (一丁の)はさみ

scle·ro·sis /skliəróusəs スクリアロウスィス/ 名 (複 **scleroses** /skliəróusi:z/) U C 《医学》硬化症, 硬変

scoff /skɑ́f スカフ, skɔ́:f スコーフ/ 動 他 〔人の発言・考えなどを〕あざける 《*at*》
━ 名 (複 **scoffs** /skɑ́fz/) C 《ふつう

scoffs》あざけり;《the scoff》物笑いの種

scold B1 高 /skóuld スコウルド/ 動 (三単現 **scolds** /skóuldz スコウルツ/; 過去・過分 **scolded** /skóuldəd/; 現分 **scolding**) 他〔…の理由で〕しかる《*for*》; 自〔…に〕小言を言う《*at*》

scold·ing /skóuldiŋ スコウルディング/ 名 C《ふつう **a scolding**》小言, しかること

scone /skóun スコウン/ 名 C《英》スコーン (=《米》biscuit)

scoop /skú:p スクープ/ 名 C
❶すくう道具; (長い柄の)大さじ; (小)シャベル, スコップ
❷(新聞などの)特種(だね), スクープ
━動 他 ❶すくい上げる, かき集める
❷特種記事を出す, スクープする

scoot /skú:t スクート/ 動 自《口語》急いで行く; さっさとおいとまする
scoot over《米》《口語》(人のために)席をつめる[ずれる]

scoot·er B2 /skú:tər スクータ/ 名 C
❶(子どもが片足で地面をけりながら乗る)スクーター ❷(原動機付きの)スクーター (=motor scooter)

scope B1 /skóup スコウプ/ 名 U (理解・能力・活動などの)範囲, 視野, 余地

scorch /skɔ́:rtʃ スコーチ/ 動
❶他 こがす, 自 こげる
❷他 (植物を)枯らす, 自 枯れる
━名 C 焼けこげ

scorch·ing /skɔ́:rtʃiŋ スコーチング/ 形 ひどく暑い, 焼けつくような; 手厳しい;《副詞的》焼けつくほど

score B1 高 /skɔ́:r スコー/ 名 (複 **scores** /skɔ́:rz/) ❶C (競技・テストの)得点, 点数, スコア
• The **score** is 5 to 4. スコアは5対4だ
• get a high **score** on the test テストでよい点を取る
❷C 楽譜(がくふ); (映画などの)背景音楽
❸《単数形で; 複数扱い》20
❹《**scores**》〔…が〕たくさん, 多数《*of*》
keep (the) score 得点をつける
know the score《口語》真相を知っている
on that score その点については
on the score of … …のせいで, …のために
━動 (三単現 **scores** /skɔ́:rz/; 過去・過分 **scored** /skɔ́:rd/; 現分 **scoring** /skɔ́:riŋ/) ❶他自 (競技・テストで)得点する; 他 (得点を)記録する
• **score** a goal (サッカーなどで)得点する
❷採点する ❸他 (成功などを)勝ちとる; 自 成功する

score·board /skɔ́:rbɔ̀:rd スコーボード/ 名 C 得点掲示板, スコアボード

score·book /skɔ́:rbùk スコーブク/ 名 C 得点記入帳, スコアブック

score·card /skɔ́:rkɑ̀:rd スコーカード/ 名 C スコア[得点]カード

scor·er /skɔ́:rər スコーラ/ 名 C スコアラー, 得点記録係

scorn /skɔ́:rn スコーン/ 動 他《文章》軽べつする, あざ笑う
━名 U 軽べつ, あざ笑い; 物笑いの種
pour scorn on … …をすっかり軽べつする

scorn·ful /skɔ́:rnfəl スコーンフル/ 形 軽べつした, さげすむ • He **was scornful of** his peers. 彼は同僚を見下していた
scórnfully 副 軽べつして, さげすんで

Scor·pi·o /skɔ́:rpiòu スコーピオウ/ 名 (複 **Scorpios** /skɔ́:rpiòuz/) C《天文》さそり座;《占星》天蠍(てんかつ)宮(生まれの人)《♦10月23日から11月21日生まれ》

scor·pi·on /skɔ́:rpiən スコーピアン/ 名 C《動物》サソリ

Scot /skɑ́t スカト/ 名 C スコットランド人 ⇨**Scotchman**

Scotch /skɑ́tʃ スカチ/ 形 スコットランドの, スコットランド人[語]の (❗特に人に対してはスコットランドでは Scotch よりも Scots, Scottish のほうを用いる)
━名 ❶U スコッチウイスキー (=Scotch whisky)
❷《**the Scotch**》《集合的》スコットランド人 ❸U《英》スコットランド語 (❗スコットランドでは Scots という)

Scotch·man /skɑ́tʃmən スカチマン/ 名

(複 **Scotchmen** /skɑ́tʃmən/) Ⓒ スコットランド人 (❗スコットランドでは, この語は軽べつ的だと考えられるので Scot, Scotsman のほうを用いる)

Scótch tápe 名 《米》《商標》セロテープ (=《英》Sellotape)

Scótch whísky 名Ⓤ スコッチウイスキー

scot-free /skɑ́tfríː スカトフリー/ 形 《口語》無事の; 罰を受けない

Scot·land 高 /skɑ́tlənd スカトランド/ 名 スコットランド (♦英国 (Britain 島)の北部地方; 18世紀の初めにイングランド (England) と合併; 首都エジンバラ (Edinburgh))

Scótland Yárd 名 ロンドン警視庁 (♦首都警察本部の俗称)

Scots /skɑ́ts スカツ/ 形 スコットランドの; スコットランド人[語]の
— 名 ❶Ⓤ スコットランド語
❷《the Scots》《集合的; 複数扱い》スコットランド人

Scots·man /skɑ́tsmən スカツマン/ 名 (複 **Scotsmen** /skɑ́tsmən/) Ⓒ スコットランド人 (♦特にスコットランド人自身が用いる呼び名)

Scot·tish /skɑ́tiʃ スカティシュ/ 形 スコットランドの, スコットランド人[語]の
— 名 ❶Ⓤ スコットランド語 (♦ゲルマン語派に属する言語) ❷《the Scottish》《集合的; 複数扱い》スコットランド人 (❗「1人のスコットランド人」は Scot, Scotsman, Scotswoman などという)

scoun·drel /skáundrəl スカウンドラル/ 名Ⓒ 《古風》悪党, ならず者

scour[1] /skáuər スカウア/ 動 他 ごしごし洗う, 磨く; (汚れなどを)こすって落とす 《*off, out*》; (水流が, 水路を)作る; 洗い流す 《*away*》, (管などを)(水を流して)洗う
— 名 《a scour》こすり磨く[洗い流す]こと

scour[2] /skáuər スカウア/ 動 他 (場所を)〔人・物を求めて〕捜し回る 《*for*》; 自〔…を求めて〕捜し回る, 駆け巡る 《*for, after*》

scourge /skə́ːrdʒ スカーヂ/ 名Ⓒ 《文章》むち; 多大の苦難[災害]を引き起こすもの, たたり, 天罰

scóuring pàd 名Ⓒ 汚れ落としのスポンジ類

scout /skáut スカウト/ 名Ⓒ ❶ボーイ[ガール]スカウトの団員 ⇨**boy scout**
❷(スポーツ・芸能界の)スカウト ❸偵察する人[物]; 斥候(せっこう), 偵察艦[機]
— 動 ❶自 《しばしば **scout around**》〔…を〕捜し回る 《*for*》 ❷他自 (スポーツ・芸能界に)〔…を〕スカウトする 《*for*》
❸他自 偵察に出る; 偵察する

scowl /skául スカウル/ 動 自 〔…に〕顔をしかめる; 〔…を〕にらみつける 《*at*》
— 名Ⓒ しかめっつら, 仏頂面

scrab·ble /skrǽbl スクラブル/ 動 他 《口語》〔…を〕(指などで) ひっかく 《*at, against*》; 〔…を求めて; …の中を〕ひっかき回す, かき回して捜す 《*for; in*》

scrag·gy /skrǽgi スクラギ/ 形 (比較級 **scraggier**; 最上級 **scraggiest**) 《口語》ごつごつ[でこぼこ]した; やせこけた

scram /skrǽm スクラム/ 動 (三単現 **scrams** /skrǽmz/; 過去・過分 **scrammed** /skrǽmd/; 現分 **scramming**) 自 《口語》(つかまらないように)急いで立ち去る[逃げる] (❗ふつう命令形で用いる)

scram·ble B2 /skrǽmbl スクランブル/ 動
❶自 (手足で)よじ登る 《*up*》; はい降りる 《*down*》; はうように進む 《*along*》
• **scramble up** the rock 岩山をよじ登る
❷自〔…を求めて〕うばい合いをする 《*for*》
❸他 かきまぜる, ごちゃまぜにする
❹自 (戦闘機が)緊急発進する; 他 緊急発進させる ❺他 (盗聴できないように, 電話・無線通信の)波長を変える
— 名 ❶《単数形で》よじ登り, はい登り
❷《単数形で》〔…の〕奪い合い 《*for*》
❸Ⓒ 《軍事》緊急発進 ❹Ⓒ (起伏の激しいコースでの)オートバイレース

scrámbled éggs 名 《複数扱い》いり卵, スクランブルエッグ

scrap[1] /skrǽp スクラプ/ 名 ❶Ⓒ〔…の〕かけら, 切れはし 《*of*》; ほんのわずか
• a **scrap of** paper 紙の切れはし
❷Ⓤ (リサイクル用の)廃棄物, 廃品

❸《scraps》残飯, 食べ残し
❹ C (新聞などの)切り抜き

— 動 (三単現 **scraps** /skrǽps/; 過去・過分 **scrapped** /skrǽpt/; 現分 **scrapping**) 他 スクラップにする, くずとして捨てる; 中止する

scrap[2] /skrǽp スクラプ/ 名 C 《口語》(ちょっとした)けんか, 口論

scrap·book /skrǽpbùk スクラップブク/ 名 C (新聞などの)切り抜き帳, スクラップブック

scrape /skréip スクレイプ/ 動
❶ 他 こする, こすり取る; すりむく
❷ 他 (やっと)かき集める
❸ 自 すれる, こすれる

scrap·er /skréipər スクレイパ/ 名 C こすり取る道具; (玄関に置く)靴の泥落とし; (料理用の)ゴムべら; (ペンキをはがす)こて

scratch B1 /skrǽtʃ スクラチ/ 名 (複 **scratches** /skrǽtʃəz/)
❶ C ひっかき傷, かすり傷
❷《単数形で》(かゆい所を)つめでかくこと ❸ C (ペンなどの)ひっかく音, きしる音 ❹ U 《スポーツ》(ハンディキャップのない選手の)出発線; ハンディキャップのないこと

from scratch 《口語》スタートラインから, はじめから

up to scratch 《口語》標準に達して, よい状態で

— 動 (三単現 **scratches** /skrǽtʃəz/; 過去・過分 **scratched** /skrǽtʃt/; 現分 **scratching**)
❶ 他 自 (かゆい所を)かく; こする, こすり取る; 他 走り書きする
❷ 他 自 ひっかき傷をつける, ひっかく ❸ 他 自《口語》取り消す (=cancel); (競馬や選挙などで)名簿からはずす, 出場を取りやめる

— 形 寄せ集めの; 《スポーツ》ハンディキャップのない (❗名詞の前に用いる)

scrátch pàper 名 U 《米》メモ用紙

scratch·y /skrǽtʃi スクラチ/ 形 (比較級 **scratchier**; 最上級 **scratchiest**) ひっかかりのある; (服などが)ちくちくする

scrawl /skrɔ́:l スクロール/ 動 他 自 ぞんざいに書く, 走り書きする

— 名 C 《ふつう単数形で》走り書きの便り[メモなど]; 乱暴な筆跡, 悪筆

scraw·ny /skrɔ́:ni スクローニ/ 形 (比較級 **scrawnier**; 最上級 **scrawniest**) 《口語》(人・動物が)やせこけた

scream A2 高

/skrí:m スクリーム/ 名 (複 **screams** /skrí:mz/) C 悲鳴, 叫び声, 鋭い音

— 動 (三単現 **screams** /skrí:mz/; 過去・過分 **screamed** /skrí:md/; 現分 **screaming**) ❶ 自 悲鳴[金切り声]をあげる, かん高い声で叫ぶ; 他 金切り声で言う《out》; 文型 [**scream that ...**] …と絶叫する

• Mary **screamed out that** he was guilty. メアリーは彼は有罪だと絶叫した

❷ 自 (風が)ヒューヒュー吹く; (フクロウ・笛・機械などが)鋭い音を出す

scream·ing /skrí:miŋ スクリーミング/ 形 (人が)鋭く叫ぶ; 叫びたくなるような; (色などが)けばけばしい, 扇情的な; (物・事が)あっと思わせるような

— 名 U C 鋭く叫ぶこと, 鋭い音, 絶叫

screech /skrí:tʃ スクリーチ/ 名 C 鋭い音, キーッという音, 金切り声

— 動 自 かん高い音[金切り声]を出す

screen A2 高

/skrí:n スクリーン/
名 (複 **screens** /skrí:nz/) C
❶ (テレビ・コンピュータなどの)画面, スクリーン

• a computer **screen** コンピュータ画面

❷ (映画館の)スクリーン; U 《ふつう **the screen**》《集合的》映画(界)
❸ (見えないように) さえぎる物, つい立て, びょうぶ
❹ 遮蔽(しゃへい)物; (虫よけの)網戸

• a window **screen** (窓にはめ込む)網戸

— 動 (三単現 **screens** /skrí:nz/; 過去・過分 **screened** /skrí:nd/; 現分 **screening**) 他 ❶ (人・血液などを)検査する
❷ (適性・危険性などをみるために)審査する
❸ 仕切る《off》; さえぎる; 〔…から〕か

ばう《*from*》
❹ 上映する; 映画化する
screen out ①(有害物などを)さえぎる ②(人を)(審査によって)ふるい落とす

screen·ing /skríːniŋ スクリーニング/ 名 U C ふるいにかけること; 検査; (集団)検診; 選考, 審査; 映写, 上映

screen·play /skríːnplèi スクリーンプレイ/ 名 (複 **screenplays** /skríːnplèiz/) C 映画の台本, シナリオ

screen·writ·er /skríːnràitər スクリーンライタ/ 名 C (映画の)脚本家

screw A2

/skrúː スクルー/ 名 (複 **screws** /skrúːz/) C ❶ ねじ, ねじくぎ
❷ (船の)スクリュー; (飛行機の)プロペラ
❸ ねじること, (ねじの)ひとねじり
— 動 (三単現 **screws** /skrúːz/; 過去・過分 **screwed** /skrúːd/; 現分 **screwing**)
❶ 他 ねじで固定する; (電球などを)ねじってはめる[留める]
❷ ねじる; (紙などを)丸める; (顔を)しかめる
screw up
①…をねじで締める, (紙などを)丸める
②(顔などを)しかめる; (目を)細める
③《口語》…を台なしにする
screw up one's courage 勇気を奮い起こす

screw·driv·er /skrúːdràivər スクルードライヴァ/ 名 C ねじ回し, ドライバー(❗ ねじ回しの意味では driver とはいわない)

scrib·ble B2 /skríbl スクリブル/ 名 《単数形で》走り書き; C《しばしば **scribbles**》落書き
— 動 他 自 走り書きする; 落書きする

scribe /skráib スクライブ/ 名 C (印刷術が発明される以前の)写本筆写者; 《ふつう **Scribe**》(古代ヘブライ人の)律法学者

scrim·mage /skrímidʒ スクリミヂ/ 名 C 《口語》小競り合い, つかみ合い, 乱闘; 《アメフト》スクリメッジ(◆ラグビーのスクラム(scrum)に相当); 練習試合

scrimp /skrímp スクリンプ/ 動 他 〔…を〕節約する, 切り詰める《*on*》
scrimp and save こつこつとお金をためる

script A2 高

/skrípt スクリプト/
名 (複 **scripts** /skrípts スクリプツ/)
❶ C (劇・映画などの)台本, 脚本; スピーチ原稿, スクリプト
• a movie **script** 映画の脚本
❷ U C (ある言語の)文字体系
❸ U (印刷に対して)手書き; 筆記体

scrip·ture /skríptʃər スクリプチャ/ 名 《**Scripture**》聖書 (=the Bible); C (キリスト教以外の)聖典, 経典

script·writ·er /skríptràitər スクリプトライタ/ 名 C シナリオ[台本]作家

scroll /skróul スクロウル/ 名 C (羊皮紙・パピルス紙などの)巻き物; (建築・家具などの)渦巻き形模様[装飾]
— 動 他 自 《コンピュータ》(データなどを)スクロールする, 前後左右に動かす

scróll sàw 名 C 糸のこ, スクロールソー

scróll wòrk 名 U (建築・家具などの)渦巻き模様

scrounge /skráundʒ スクラウンヂ/ 動 自 他 《口語》(物や金を)ねだる; くすねる, ごまかす

scrub[1] /skrʌ́b スクラブ/ 動 (三単現 **scrubs** /skrʌ́bz/; 過去・過分 **scrubbed** /skrʌ́bd/; 現分 **scrubbing**) 他 (ブラシなどで)ごしごしこする; 自 ごしごし洗ってきれいにする

scrub[2] /skrʌ́b スクラブ/ 名 U やぶ, 低木

scruff·y /skrʌ́fi スクラフィ/ 形 (比較級 **scruffier**; 最上級 **scruffiest**) みすぼらしい, むさ苦しい

scrum /skrʌ́m スクラム/ 名 C 《ラグビー》スクラム (=scrummage)

scrump·tious /skrʌ́mpʃəs スクランプシャス/ 形 《口語》(食べ物が)実にうまい

scru·ple /skrúːpl スクループル/ 名 C 《ふつう **scruples**》良心のとがめ, ためらい

scru·pu·lous /skrúːpjuləs スクルーピュラス/ 形 良心的な, 誠実な; (物・事が)〔…に〕念入りな, 綿密な《*in, about*》

scrúpulously 副 きちょうめんに，きちんと

scru·ti·nize /skrúːtənàiz スクルーティナイズ/ 動 他 詳細に調べる（❗調査の厳密さや精密さを強調）

scru·ti·ny /skrúːtəni スクルーティニ/ 名 U 詳細かつ厳密な調査

scu·ba B2 /skúːbə スクーバ/ 名 C スキューバ（=aqualung）

scúba dìving 名 U スキューバダイビング

scuff /skʌ́f スカフ/ 動 ❶ 他 足を引きずって歩く ❷ 他（靴・床などの表面が）すり減る；擦り切れる；自 傷がつく

― 名（複 **scuffs** /skʌ́fs/）C《ふつう scuffs》スリッパ

scuf·fle /skʌ́fl スカフル/ 名 C 乱闘，取っ組み合い ― 動 自〔…と〕乱闘する，取っ組み合う《*with*》；もみ合う

sculp·tor 高 /skʌ́lptər スカルプタ/ 名 C 彫刻家

sculp·tur·al /skʌ́lptʃərəl スカルプチュラル/ 形 彫刻の；彫刻のような

sculp·ture B1 高 /skʌ́lptʃər スカルプチャ/ 名（複 **sculptures** /skʌ́lptʃərz/）U 彫刻；C 彫刻品，彫像

scum /skʌ́m スカム/ 名 U C 浮き泡，あく；（池などの水面の）緑藻；《単数・複数扱い》《俗語》人間のくず

scur·ry /skə́ːri スカーリ/ 動（三単現 **scurries** /skə́ːriz/；過去・過分 **scurried** /skə́ːrid/；現分 **scurrying**）自《副詞(句)とともに》（人・動物が）ちょこちょこ走る，あたふたと動き回る，急いで行く

― 名《単数形で》小走り，急ぎ足(の音)

scut·tle[1] /skʌ́tl スカトル/ 名 C（室内用の）石炭入れ[バケツ]（=coal scuttle）

scut·tle[2] /skʌ́tl スカトル/ 動 自 せかせか[小走りに]走る，あわてて逃げる《*away, off*》

scut·tle[3] /skʌ́tl スカトル/ 動 他（自分の船を）（敵に使われないように）沈没させる

SD《略》South Dakota サウスダコタ（州）

SE, S.E.《略》southeast 南東，southeastern 南東の

sea A1 中

/síː スィー/（発音 see と同音）

名（複 **seas** /síːz/）C

❶ 海（↔**land, earth**）

- go to **the sea**（海水浴・避暑などの目的で）海岸へ行く（❗決まった言い方以外ではふつう the をつける）⇨成句 **go to sea**
- swim in **the sea** 海で泳ぐ
- a hotel **by the sea** 海辺のホテル

❷《Sea》…海 ⇨**ocean**

- the **Sea** of Japan 日本海

❸《修飾語(句)をつけて》ある状態の海

❹《形容詞的》海の

a sea of ... = seas of ... おびただしい…，たくさんの…

at sea ① 海上で[に]；航海中で（❗at the sea は「海岸で」）
② 途方にくれて

by sea 海路を，船で

go to sea ① 船乗りになる（=become a sailor） ② 航海に出る（❗go to the sea は「海岸へ行く」）

put (out) to sea 船出する，出港する

séa anèmone 名 C《動物》イソギンチャク

sea·bed /síːbèd スィーベド/ 名《**the seabed**》海底

sea·coast /síːkòust スィーコウスト/ 名 C 海岸，沿岸

sea·far·ing /síːfèəriŋ スィーフェアリング/ 形 船乗り(生活)の

sea·food A2 高

/síːfùːd スィーフード/ 名 U

シーフード，魚介，海産食品

séa gùll 名 C《鳥》（ウミ）カモメ

séa hòrse 名 C ❶《魚》タツノオトシゴ ❷《動物》セイウチ

seal[1] B2 /síːl スィール/ 名 C《動物》アザラシ，オットセイ，アシカ（❗「オットセイ」は特に fur seal ともいう）

seal[2] B2 高 /síːl スィール/ 名 C

❶ 印鑑，（印鑑で押された）印；（文書に付けられた）印章；紋章

日英比較 欧米では重要な公文書以外には日常的に印鑑を用いず, 自分のサインですませることが多い

❷ 封印, (手紙などの)封; (封筒の裏などに張る)シール (! 表面に絵や文字を印刷した糊(のり)付きのラベル紙の「シール」は, sticker や sticky label という)

❸ 〔…の〕しるし《*of*》

set* [*put*] *the seal on ... 《文章》…を決定づける

— 動 ❶ 封をする, ふさぐ; 封鎖する

❷ (取引などを)確定させる; (運命などを)決定する

❸ 印鑑を押す, 調印する; 確認する

seal in (物を)閉じこめる

seal off (ある地域を)封鎖する, 立ち入り禁止にする

seal·ant /síːlənt スィーラント/ 名 U C シーラント《◆防水[密封]塗装剤》

séa lèvel 名 U 海面, 平均海面

• **sea level** rise 海面上昇

séa lìon 名 C 《動物》トド, アシカ

seal·skin /síːlskin スィールスキン/ 名 U オットセイ[アザラシ]の毛皮; C シールスキン製の衣服[コート]; 《ふつう **sealskins**》《スキー》シール(スキン)《◆斜面を登る際の滑りどめ》

seam /síːm スィーム/ (発音 seem と同音) 名 C ❶ ぬい目, つぎ目

❷ (ぬい合わせた)傷跡; しわ

be bursting at the seams 《口語》(人・物で)あふれんばかりである

come apart at the seams

① ぬい目がほころびる

② 《口語》(計画が)瓦解(がかい)する

séa màil 名 U 船便(ふなびん)

sea·man /síːmən スィーマン/ 名 (複 **seamen** /síːmən/) C 水夫, 船乗り; 水兵 (=sailor)

seam·less /síːmləs スィームレス/ 形 ぬい目[つぎ目]のない, シームレスの; とぎれのない, 一体感のある

seam·stress /síːmstrəs スィームストレス/ 名 C 女性の裁縫師, お針子

séa òtter 名 C 《動物》ラッコ

sea·plane /síːplèin スィープレイン/ 名 C 水上飛行機

sea·port /síːpɔ̀ːrt スィーポート/ 名 C 海港; 港市, 港町 (=port)

sear /síər スィア/ 動 他 (傷口を)焼く; 表面を焦がす; (植物を)枯らす, しなびさせる; (良心・感情などを)まひさせる

search A2 高

/sə́ːrtʃ サーチ/ 名 U C

〔…の〕捜索, 追求, 研究《*for, after*》

• make [conduct] a **search** 捜索をする

in search of ... …をさがして, 探るように

— 動 (三単現 **searches** /sə́ːrtʃəz/; 過去・過分 **searched** /sə́ːrtʃt/; 現分 **searching**)

自 〔…を〕さがす《*for, after*》; 他 〔…がないかと〕(場所を)さがす, 捜索する, 調べる《*for*》; (人を)検査する; 文型 [**search A** (**for B**)] (B(物)を求めて) A(物・場所)をさがす

• I **searched** my pockets **for** the ticket. 私はポケットをさぐって切符をさがした

• **search** the bag カバンの中をさがす

• **search for** the bag カバンをさがす (=look for the bag)

Search me! 《口語》知るもんか

search out …をさがし出す, 探索する

search·ing /sə́ːrtʃiŋ サーチング/ 形

❶ (目つきが)探るような, 鋭い

❷ (調査が)徹底的な, すみずみに及ぶ

séarchingly 副 探るように

search·light /sə́ːrtʃlàit サーチライト/ 名 C サーチライト, 探照灯

sea·scape /síːskèip スィースケイプ/ 名 C 海の風景; 海の絵

A B C D E F G H I J K L M N O P Q R S T U V W X Y Z

sea·shell /síːʃèl スィーシェル/ 名C (海産貝類の)貝がら

sea·shore /síːʃɔ̀ːr スィーショー/ 名U 《ふつう **the seashore**》 海岸, 海辺

sea·sick /síːsìk スィースィク/ 形 船に酔った

sea·sick·ness /síːsìknis スィースィクネス/ 名U 船酔い

sea·side A2

/síːsàid スィーサイド/ 名U ❶《ふつう **the seaside**》 海岸(の町); 海辺
❷《形容詞的》 海岸の, 海辺の

sea·son B1 中 /síːzən スィーズン/ 名 (複 **seasons** /síːzənz/) C ❶ 季節

- my favorite **season** 私の大好きな季節
- Autumn is the best **season for** reading. 秋は読書に最適の季節です

会話 "What **season** is it now in Australia?" "It's winter there." 「オーストラリアでは今何の季節ですか」「あちらでは冬です」

関連語› 単語力
spring 春
summer 夏
《米》 fall, 《英》 autumn 秋
winter 冬

❷ (ある事が盛んに行われる)時期, シーズン; (作物などの)旬(しゅん)

- the skiing **season** スキーシーズン
- the strawberry **season** イチゴの旬

in season 盛りの; 時を得た, 折よい

out of season 時季はずれの; 時機を失した

Season's Greetings! 時候のあいさつを申し上げます (! キリスト教徒以外にクリスマスカードを送るときに用いる)

— 動 (三単現 **seasons** /síːzənz/; 過去・過分 **seasoned** /síːzənd/; 現分 **seasoning**) 他 ❶ (食物などに)味をつける

- **season** the steak **with** salt and pepper ステーキに塩とコショウで味をつける

❷ (木材を)乾燥させる

sea·son·a·ble /síːzənəbl スィーズナブル/ 形 季節にふさわしい, 時節がらの; 時宜を得た, タイミングのよい

sea·son·al B2 /síːzənəl スィーズナル/ 形 (天気が)季節の; 季節によって異なる

séasonally 副 季節によって

sea·soned /síːzənd スィーズンド/ 形 (人が)手慣れた, 熟達した; 味付けした

sea·son·ing /síːzəniŋ スィーズニング/ 名 ❶U 調味, 味付け; C 調味料
❷U 熟成

séason tìcket 名C ❶ (劇場・競技場などの)通し切符, 定期入場券 ❷《英》 定期乗車券 (=《米》 commuter pass)

seat A1 中

/síːt スィート/ 名 (複 **seats** /síːts スィーツ/) C ❶ 座席; すわる物[所] (! 具体的には chair, bench, stool などあらゆるものをふくむ); (飛行機・劇場などの)席

- an empty **seat** 空席
- an aisle [a window] **seat** 通路側[窓側]の席
- **take** [**have**] a **seat** すわる, 席につく
- give up *one's* **seat** 席をゆずる
- I'd like to book a **seat** for the Tuesday evening performance, please. 火曜夜の公演の席を予約したいのですが

❷ (いす・トイレなどの)すわる部分; (体・ズボンの)しりの部分
❸ 議席, 議員などの地位

- win **a seat** [lose *one's* **seat**] 議席を獲得する[失う]

❹ 所在地; (学問などの)中心地

— 動 (三単現 **seats** /síːts スィーツ/; 過去・過分 **seated** /síːtəd/; 現分 **seating**) 他
❶ 着席させる; すわらせる

- **seat** *oneself* すわる (←自分をすわらせる)
- Please **be seated**. どうぞおかけください (! 改まった言い方)

❷ …人分の座席がある

take a back seat 注目をあびない立場になる

séat bèlt 名C (飛行機・自動車などの)シートベルト (=safety belt)

seat·ed /síːtəd スィーテド/ 形 座った, 座席についた

seat·ing /síːtiŋ スィーティング/ 名U 着席; 客を着席させること; 座席配置, 収容

力

Se·at·tle /siǽtl スィアトル/ 名 シアトル《◆米国の最北西部ワシントン州にある港市》

séa ùrchin 名C《動物》ウニ

sea·ward /síːwərd スィーワド/ 副 海の方へ ━形 海に向かう; 海からの

sea·wa·ter B1 高 /síːwɔ̀ːtər スィーウォータ, síːwɑ̀tər スィーワタ/ 名U 海水

sea·weed B1 高 /síːwìːd スィーウィード/ 名U 海草; のり

sea·worthy /síːwə̀ːrðì スィーワーズィ/ 形 (船舶が)航海に適する, 耐航[耐波]性のある

sec /sék セク/ 名C《a sec》《口語》ちょっと(の間)

se·cede /sisíːd スィスィード/ 動自《文章》〔政党・団体から〕脱退[分離]する《*from*》

se·ces·sion /siséʃən スィセション/ 名U《文章》〔政党・同盟・団体などからの〕脱退, 脱会, 脱党《*from*》;《しばしば **Secession**》《米》《歴史》(南部11州の)連邦脱退

se·clude /siklúːd スィクルード/ 動他 (人を)〔…から〕引き離す, 隔離する《*from*》; (人を)〔…から〕引きこもらせる《*from*》

se·clud·ed /siklúːdəd スィクルーデド/ 形 ひきこもった, 隠居[引退]した; 清閑な, 人里離れた; 人目につかない

se·clu·sion /siklúːʒən スィクルージョン/ 名U ひきこもること, 隠居, 閑居

seclúsion cèll [ròom] 名C 独居房

sec·ond[1] A1 中

/sékənd セカンド/ 形

❶《ふつう **the second**》2番目の, 第2の

● **the second** half (フットボールの試合などで)後半

● on **the second** floor《米》2階に,《英》3階に ⇨**floor**

❷《**a second** ...》もう一つの, 別の (=another) ● take **a second** look (at) ... (…を)もう一度見る

at second hand また聞きで, 間接に

for the second time 2度目に, 再び

in the second place 次に, 第2点目として

second only to ... …以外にはなに[だれ]にも劣らない

second to none だれ[なに]にも劣らない

━名(複 **seconds** /sékəndz セカンヅ/)

❶C《ふつう **the second**》第2番目の人[もの]; (月の)第2日, 二日 (❗日にちの場合は 2ndと略す; 詳しい用法は third を参照)

● on **the 2nd** of May = on May 2 5月2日に (❗この2は(the) secondと読む)

❷《**seconds**》《口語》(食事の)お代わり

● Can I have **seconds**? お代わりしてもいいですか

❸C《しばしば **seconds**》二級品, 傷物

❹U《自動車》セカンドギア;《野球》2塁 (=second base)

❺C (ボクシングや決闘などの)付きそい人, セコンド

━副 第2に, 2番目に, 次に; 2等で

━動(三単現 **seconds** /sékəndz セカンヅ/; 過去・過分 **seconded** /sékəndəd/; 現分 **seconding**) 他 (採択などに)賛成する; (動議を)支持する

sec·ond[2] A2 中

/sékənd セカンド/

名(複 **seconds** /sékəndz セカンヅ/) C

❶(時間の)秒

● **second** hand (時計の)秒針

❷《ふつう単数形》ちょっとの間 ⇨ **minute**[1] ❷

● Wait [Just] **a second.** ちょっと待ってくれ

sec·on·dar·y B2 /sékənderi セカンデリ/ 形 ❶(学校・教育が)中等の

❷二次的な; (重要さなどが)第2(位)の

● **secondary** infection 二次感染

sécondary schòol B1 名C 中等学校《◆小学校と大学の中間で日本の中学・高校にあたる; 米国の high school, 英国の public school など》

sécond bést 名C 2番目によいもの, 次善のもの

sécond-bést 形 2番目によい, 次善の

sécond cláss 名UC (乗り物の)2等(室); 第2種郵便物 《◆定期刊行物》

sécond-cláss 形 二流の; 2等の; 第2種の ―副 2等で; 第2種で

sécond hànd 名C (時計の)秒針 ⇨ **hour hand, minute hand**

sec·ond·hand B1 /sèkəndhǽnd セカンドハンド/ 形 (❗比較変化なし)
❶ 中古の, 使い古しの (↔**new**)
❷ (考えなど)また聞きの, 受け売りの
―副 中古で; また聞きで

sécond lánguage 名C (母語のほかに学ぶ)第二言語

sec·ond·ly B2 高 /sékəndli セカンドリ/ 副 次に, 第2に (❗ふつう事柄を列挙する時に用いる)

sécond náture 名U 第2の天性

sécond pérson B2 名 《the をつけて》《文法》二人称

sécond-ráte 形 二流の; 劣った

sécond thóught 名UC 再考
on second thought [《英》***thoughts***] (考え直して)やはり

se·cre·cy /sí:krəsi スィークレスィ/ 名U 秘密であること; 秘密にしておくこと

se·cret A2 高

/sí:krət スィークレト/
名 (複 **secrets** /sí:krəts スィークレツ/)
❶ C 秘密
• **keep** a **secret** 秘密を守る
• It's a **secret**. それは秘密だよ
❷ 《単数形で》秘訣(ひけつ)
❸ C 《しばしば **secrets**》(自然などの)神秘
in secret 秘密に, ないしょで
• They got married **in secret**. 彼らはひそかに結婚した
―形 ❶ 秘密の, ないしょの; (場所が)隠れた, 人目につかない
• **secret** police 秘密警察
• a **secret** code 暗号
• **keep** the information **secret** その情報を秘密にしておく
❷ 外に表れない, (感情などが)隠れた
• a **secret** admirer 隠れファン
❸ 〔…について〕口が堅い 《*about*》

sécret ágent 名C 秘密諜(ちょう)報部員, スパイ

sec·re·tar·i·al /sèkrətéəriəl セクレテアリアル/ 形 秘書の, 書記官の; 《米》長官の; 《英》大臣の

sec·re·tar·y A2 高

/sékrətèri セクレテリ|sékrətəri セクレタリ/
名 (複 **secretaries** /sékrətèriz/) C
❶ 秘書; 書記, 書記官
❷ 《ふつう **Secretary**》《米》(各省の)長官; 《英》(一部の省の)大臣
• the **Secretary** of State 《米》国務長官; 《英》国務大臣
❸ (団体の)幹事, 書記

sec·re·tar·y-gen·er·al /sékrətèri-dʒénərəl セクレテリヂェネラル/ 名 (複 **secretaries-general**) C 事務総長[局長]

se·crete[1] /sikrí:t スィクリート/ 動 他 (ホルモン・樹液などを)分泌する

se·crete[2] /sikrí:t スィクリート/ 動 他 《文章》隠す

se·cre·tion /sikrí:ʃən スィクリーション/ 名 U 《生理》分泌(作用); C 分泌物[液]; U 《文章》隠すこと, 隠匿

se·cre·tive /sí:krətiv スィークレティヴ/ 形 秘密主義の, 隠し立てする

se·cret·ly B1 高 /sí:krətli スィークレトリ/ 副 (❗比較変化なし) 内密に, こっそり, ないしょで

sécret sérvice 名 《the Secret Service》《米》(大統領などの護衛をする)財務省検察局, シークレットサービス; C (国家の)情報機関

sect /sékt セクト/ 名C 分派, セクト; 派閥; 党派; 宗派

sec·tar·i·an /sektéəriən セクテアリアン/ 形 宗派の; 分派の; (人が)党派心の強い
―名C (特定の宗派に属する)宗徒, 宗派心の強い信徒; 派閥に属する人, 党派[派

閥]心の強い人

sec·tion A1 高
/sékʃən セクション/
名 (複 **sections** /sékʃənz/) C
❶ (切って分けられた)部分; (都市の)区域; (デパートなどの)…売場
• cut a pie into six equal **sections** パイを6等分する
❷ 階層, 階級
❸ (官庁・会社などの)部門, …課
❹ (新聞の)欄(らん); (本の)節(せつ)
❺ 断面図
━ 動 (三単現 **sections** /sékʃənz/; 過去・過分 **sectioned** /sékʃənd/; 現分 **sectioning**) 他
〔…に〕区分する《*into*》; 《医学》切除する

sec·tion·al /sékʃənəl セクショナル/ 形
❶ 断面図の; 部分の, 組み立て式の
❷ 派閥的な

sec·tor B2 /séktər セクタ/ 名 C
❶ (産業などの)(活動)部門, 領域
• the public **sector** 公共部門
❷ 《軍事》 戦闘(作戦)区域
❸ 《数学》 扇形 ⇨**segment**

sec·u·lar /sékjələr セキュラ/ 形 世俗の, 俗人の; 非宗教的な (↔**religious**, **sacred**)

se·cure B1 /sikjúər スィキュア/ 形 (比較級 **securer**; 最上級 **securest**)
❶ 確実な, 安定した
❷ (かぎ・結び目など)しっかりしまった[結ばれた]; 堅固な
❸ 〔…に対して〕安全な《*from, against*》 (↔**insecure**)
━ 動 (三単現 **secures** /sikjúərz/; 過去・過分 **secured** /sikjúərd/; 現分 **securing** /sikjúəriŋ/) 他 ❶ 獲得する, 実現する; 文型 [**secure B for A** = **secure A B**] A(人)にB(物)を確保する
❷ 〔危険などから〕安全にする, 守る《*from, against*》
❸ (戸・窓などを)しっかりしめる; 固定する
派生 **security** 名

se·cure·ly /sikjúərli スィキュアリ/ 副 安全に; しっかりと

se·cu·ri·ty B1 高 /sikjúərəti スィキュアリティ/ 名 (複 **securities** /sikjúərətiz/)
❶ U 安心(感)
• a sense of **security** 安心感
❷ U C 安全; 警備; 防犯; 保安, 機密保持
• **security** check セキュリティーチェック, 持ち物検査
• a **security** officer 警備員
• the **Security** Council (国連の)安全保障理事会
• Terrorist groups threaten national **security**. テロリスト集団は国家の安全をおびやかす
❸ U C 担保, 抵当; C 《ふつう **securities**》 有価証券
派生 **secure** 形

se·dan /sidǽn スィダン/ 名 C 《米》 (自動車の)セダン (=《英》 saloon)

se·date /sidéit スィデイト/ 形 ゆったりと落ち着いた, ゆったりした; (場所などが)静かな ━ 動 他 鎮静剤を投与する

se·da·tion /sidéiʃən スィデイション/ 名 U 《医学》 (鎮静剤による)鎮静(状態)

sed·a·tive /sédətiv セダティヴ/ 形 鎮静効果のある, 鎮静(作用)の
━ 名 C 鎮静剤

sed·en·tar·y /sédəntèri セデンテリ/ 形
❶ 座ったままの ❷ 定住する

sed·i·ment /sédəmənt セディメント/ 名 《単数形で》 沈殿物, おり

se·di·tion /sidíʃən スィディション/ 名 U 反政府的な扇動(文書), 治安妨害

se·di·tious /sidíʃəs スィディシャス/ 形 《文章》 扇動的な

se·duce /sidjú:s スィデュース/ 動 他 (人を)〔…するように〕誘惑する《*into doing*》; (若い人を)誘惑する, くどく

se·duc·tion /sidʌ́kʃən スィダクション/ 名 U C 誘惑, そそのかすこと; C 《ふつう **seductions**》 魅力的なもの, 魅力

se·duc·tive /sidʌ́ktiv スィダクティヴ/ 形 (性的に)人を引きつける, 魅惑的な; (物・事が)魅力のある
sedúctively 副 魅惑的に

see

A1 動
中 /síː スィー/ (発音 sea と同音)

三単現 **sees** /síːz スィーズ/　過去 **saw** /sɔ́ː ソー/
過分 **seen** /síːn スィーン/　現分 **seeing**

共通イメージ 自然と目に入ってくる

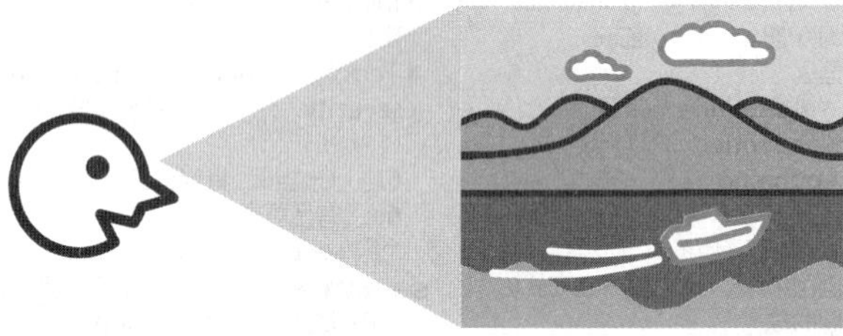

意味マップ

動 ❶ **見る, …が見える**
❷ **会う**; たずねて行く; いっしょにいる
❸ 診察する
❹ **わかる**; 理解する
❺ **考える**; 見てみる, 調べる; 気をつける
❻ **見物する**
❼ 経験する
❽ **見送る**

ネイティブはこういう！

◆ **See you tomorrow!** またあしたね!
◆ **I'll see what I can do.** できるだけやってみましょう
◆ **I see what you mean.** なるほど, それでわかりました
◆ **Have you seen my wallet?** ぼくのさいふ見なかった?
◆ **I'll see if she wants to go.** 彼女が行きたいかどうか確かめてみるよ
◆ **I'll see what happens.** どうなるものか, 様子をみてみましょう
◆ **You need to see a doctor.** 医者に診てもらわなくてはいけないよ

使えるコーパスフレーズ

! **see** には「(具体的なものを)見る, (人に)会う」場合と, 目に見えない抽象的なものを「わかる」という意味がある. それらの代表的な名詞を見てみよう.

see＋具体的な名詞

1 **see people [a man]**
人[男の人]が見える; 人に会う

2 **see things**
ものが見える

3 **see a movie [film]**
映画を見る

4 **see a doctor**
医者に診てもらう

5 **see a face**
顔を見る

see＋抽象的な名詞

6 **see your point**
君の言いたいことがわかる

7 **see the reason**
理由がわかる

8 **see the difference**
違いがわかる

9 **see a problem**
問題があるのがわかる

10 **see the end**
終わりが見える

seeの決まり文句

- ◆ **I see.**　なるほど
- ◆ **You see, ...**　ほら, ね
- ◆ **We'll see.**　考えておくよ
- ◆ **You'll see.**　今にわかるよ
- ◆ **Let's see. / Let me see.**　えーと, そうですね

コーパス この順番でマスター　seeの重要構文

(1) **see＋名詞**
(2) **be seen**
(3) **see A C** (**!** **C**は *do*, *doing*, *done*)
(4) **see if / wh- ...**

教科書フレーズ

- ◆ **I'll never see him again.**　彼には二度と会わないだろう
- ◆ **Haven't seen you for a long time.**　ずいぶん久しぶりだね
- ◆ **OK, see you then. Bye!**　わかった, じゃあまた. バイバイ!
- ◆ **He saw some small fish swimming around in a pond.**
彼は小さい魚が池で泳ぎ回っているのを見た
- ◆ **He saw black people suffer from apartheid.**
彼は黒人が人種隔離政策で苦しむのを目のあたりにした

see A1 中

/síː スィー/ (発音 sea と同音)
動 (三単現 **sees** /síːz/; 過去 **saw** /sɔ́ː/; 過分 **seen** /síːn/; 現分 **seeing**)
共通イメージ 自然と目に入ってくる

チャンクでおぼえよう！

❶ 私の絵を見る	see my picture
❶ 100ページを見る	see page 100
❷ 君にまた会う	see you again
❷ 彼らに会いたいと願う	wish to see them
❸ 医者に診てもらう	see a doctor
❹ 私には君の主張がわかる	I see your point.
❹ 私には君の言う意味がわかる	I see what you mean.

❶ 他 見る, …が見える; 自 (目が)見える

文型 [**see A**] A(人・物など)が見える

- I **saw** many people on the streets. ⇨フォーカス 1 通りにはたくさんの人が見えた
- Can I **see** the ticket, please? チケット拝見できますか？
- We went to **see** a movie about Helen Keller. ⇨フォーカス 3 私たちはヘレン・ケラーの映画を見に行った (! 不定詞 to see は「見るために」)
- You **see** his house over there. 向こうに見えるのが彼の家です (←君は彼の家を向こうに見る)
- We cannot **see** Mt. Fuji from here. ここからでは富士山は見えない
- **See** page 10. 10ページを見よ
- He can't **see** well. 彼は目がよく見えない
- I **saw** her in a dream last night. 私はゆうべ夢の中で彼女を見た[彼女の夢をみた]
- I have never **seen** such a beautiful flower. こんなに美しい花を私は見たことがない

文型 [**be seen**] …が見える

- Many boats **are seen** on the lake. ⇨フォーカス (2) 湖上にはたくさんのボートが見える

文型 [**see A** *do*] Aが…するのを見る

- I **saw** him *swim* across the river. 私は彼が川を泳ぎ渡るのを(初めから終わりまで)見た

文型 [**see A** *do***ing**] Aが…しているのを見る

- I **saw** him **walking** down the street. 私は彼が通りを歩いて行くのを見た

文型 [**see A** *done*] Aが…されるのを見る

- I'll not **see** such folly *repeated*. こういう愚行がくり返されるのは見たくない

注意› (1) I **saw** him *swim* across the river. の受け身形は He **was seen to** swim across the river (by me). で, to swim と to がつく
(2) I **saw** a little boy **crossing** the street by himself. (小さな男の子が一人で通りを渡っているのを見た)は単にその行為を見たことをいうが, I **saw** a little boy *cross* ... ならば「小さな男の子が渡るのを見た」となり, 動作の完了までを前提としている

似ている単語
見る－see, look at, watch
see は特に見ようとしなくても「見える」こと, **look at** は見ようと目を向けて「見る」ことが基本的な違い:
We **looked at** the sky and **saw** millions of stars. 空を見ると無数の星が見えた
watch は特に動く物をある時間かけて「注意

して見る」こと:
We **watched** the sun rising on the horizon. 私たちは太陽が水平線上に昇るのを見ていた
「テレビを見る」は **watch** television で ×see television としないが, 映画や演劇, テレビの番組には see も使う:
I **saw** [**watched**] that movie last week. 私はその映画を先週見ました

❷ ㊍ **会う; たずねて行く; いっしょにいる, つき合う**

- Come and **see** me some day. いつか遊びにお出かけください
- Lucy came to **see** me yesterday. ルーシーがきのう私に会い[遊び]に来た ⇨図
- I went to the hospital to **see** my uncle. 私はおじに会うために[おじのお見舞いに]病院へ行った
- I'm very glad to **see** you. お目にかかってとてもうれしいです (❗不定詞 to see は「会えて」; 初めて会う場合は see ではなく meet を使う)
- I have not **seen** him for a long time. 私は長い間彼に会っていない
- I'll **see** you again tomorrow. またあした会おう
- **See** you then. じゃあまた
- I stopped **seeing** May, because she started dating Sam. メイがサムとデートし始めたので私は彼女と会う[つきあう]のをやめた

❸ ㊍ (医者が)**診察する**; (医者に)**診**(み)**てもらう**

- You had better go and **see** a doctor. ⇨フォーカス❹ 医者に診てもらいに行ったほうがいい
- The doctor will **see** you soon. 先生がすぐあなたを診察します

❹ ㊍㊎ **わかる; 理解する** (=understand)

- I **see** your point. ⇨フォーカス❻ 君の言わんとする所[お話]はわかります ⇨図

会話 "Do you **see** what I mean?" "Yes, I do." ⇨フォーカス(4) 「私の言う意味がおわかりですか」「ええ, わかります」
会話 "Which horse will win?" "We'll **see**." 「どの馬が勝つだろうか」「そのうちわかるよ」

❺ ㊍ **考える; 見てみる, 調べる; 気をつける**

会話 "May Kate come to tea?" "Well, we'll have to **see**." 「ケイトをお茶に呼んでいいですか」「そうだな, 考えておくよ」

- Someone is knocking on the door. **Go and see** who it is. だれかがドアをノックしている. だれだか見ておいで (❗まだだれだかわからないときは, he や she ではなく it を用いる)

❻ ㊍ (名所などを)**見物する**

- **see** the sights of a city 町の名所を見る

❼ ㊍ **経験する**

- My father has **seen** hard times. 父はつらい時代を経験してきました

❽ ㊍ (人を)**見送る; 送りとどける** ⇨成句 **see ... off**

- I will **see** you home. 君を家まで送ろう (❗home は副詞で「家へ」)
- The whole family **saw** Grandmother to the station. 家族みんなでおばあちゃんを駅まで送って行った

(I'll) See you around. じゃまたね
I see. **わかりました, なるほど**

CAN-DO Tips› **あいづちを打つ**
I see. という表現を使うと, 会話の中で相手の言ったことに**あいづちを打つ**ことができるようになります

- **I see**, it's very interesting. なるほど, それはとてもおもしろいですね

Let me see. = Let's see. えーと, そうですね, ちょっと待って
see about ... …を手配する; …を考えてみる
see *A* ***as*** *B* AをBと想像する[考える]
See here! (怒って)おいおい
see little of ... …にほとんど会わない
see much of ... …によく会う
see ... off …を見送る
see that ... …するように取り計らう, …するよう気をつける

see through ... …を透かして見る; …を見抜く
see ... through 〔物事〕をやり通す; 〔人〕を助けて切り抜けさせる
see A through B Aを助けてBを切り抜けさせる
see to ... 〔仕事など〕を引き受ける, …のめんどうをみる; …に気をつける
see to it that ... …するように取り計らう, …するよう気をつける
See you (later). じゃあまた, また会いましょう (❗I'll see you., (I'll be) Seeing you. ともいう)
• Good-bye! **See you later**. さようなら! またあとで
the way I see it 私の見るところ
you see あのね, いいね, ね (←君がわかっているように) (❗文頭・文中・文末につけて, 聞き手の注意をうながすのに用いる) • **You see**, I'm very hungry. あのね, とてもおなかがすいているんだ

seed A2 高

/síːd スィード/ (発音 cede (譲渡する)と同音)
名 (複 **seed, seeds** /síːdz/)
❶ U C (野菜・花などの小さな)種(たね), 種子 ⇨**stone**[1] ❹
• **sow** [**plant**] **seeds** 種をまく
❷ C 《ふつう **seeds**》《比ゆ的に》(争いなどの)原因, 種, もと
❸ C 《スポーツ》シード選手[チーム]
— 動 (三単現 **seeds** /síːdz/; 過去・過分 **seeded** /síːdəd/; 現分 **seeding**)
❶ 他 (土地に)種をまく; 自 種ができる
❷ 他 《スポーツ》(有力な選手[チーム]を)シードする (❗しばしば受け身で用いる)
❸ 他 (果物の)種を取り除く
seed·less /síːdləs スィードレス/ 形 種なしの
seed·ling /síːdliŋ スィードリング/ 名 C 苗木, 若木
seed·y /síːdi スィーディ/ 形 (比較級 **seedier**; 最上級 **seediest**) (果物などが)種子の多い; 《口語》(服装・場所が)みすぼらしい, (気分が)すぐれない
see·ing /síːiŋ スィーイング/ 動 see の現在分詞・動名詞
— 名 U 見ること; 視力
• **Seeing** is believing. 《ことわざ》見ることは信じることである (❗「百聞は一見にしかず」に相当)
— 接 〔…で〕あるからには 《*that ..., as ...*》
Séeing Éye dòg 名 C 《商標》盲導犬

seek A2 高

/síːk スィーク/ 動 (三単現 **seeks** /síːks/; 過去・過分 **sought** /sɔ́ːt/; 現分 **seeking**)
《文章》 ❶ 他 自 さがす, 求める; (地位・利益などを)手に入れようとする
• **seek** advice [help] 忠告[助力]を求める
文型 [**seek for A**] Aを求める
• He **sought for** glory. 彼は栄光を求めた
❷ 他 文型 [**seek to** *do*] …しようと努める (❗try to *do* よりも形式ばった表現)
• Women have **sought to** expand their rights. 女性は権利拡張の努力をしてきた
seek out なんとかしてさがし出す
seek·er /síːkər スィーカ/ 名 C 《時に複合語で》〔…の〕捜索者; 探求者 《*for, after, of*》; 捜索装置

seem A2 高

/síːm スィーム/ (発音 seam と同音)
共通イメージ (印象・見かけなどから判断して)…のようである

— 動 (三単現 **seems** /síːmz/; 過去・過分 **seemed** /síːmd/; 現分 **seeming**) 自
文型 [**seem (to be) C**] Cのように見える, Cらしい (❗Cは形容詞, 名詞な

ど) ⇨**appear**

- He **seems** happy at his new school. 彼は新しい学校で楽しそうだ
- She **seems** (**to be**) sick, because she **looks** pale. 彼女は病気のようだ, 見たところ顔色が悪いから

ワンポイント・アドバイス〉
seem と look は, どちらも「…に見える」と訳せるが, look は目で見た感じで「…に見える」という意味が強い. だから,「彼女はモデルみたいだ」という意味でも, She looks like a model. というと見た目だけで判断している感じで, She seems like a model. というと見た目以外に話の内容とか行動などを総合して判断している感じがする. seem の語感に注目しよう!

- The magician takes coins from behind your ear. But **it** only **seems** that way. マジシャンは君の耳の後ろからコインを取り出す. しかし, それはそう見えるだけだ

文型 [**seem to** *do*] …するように見える

- Writers such as novelists don't **seem to** *benefit* much from the advances of science. 小説家などの物書きは, 科学の進歩の恩恵をあまり受けないように思える

文型 [**it seems that ...**] …のように見える[思える], …らしい

- **It seems that** John doesn't like fish. = John doesn't **seem to** like fish. ジョンは魚が好きでないようだ

It seems as if [***though***] ***...*** まるで…のようだ

It seems likely [***unlikely***] ***that ...*** …ということはありそうだ[ありそうにない]

So it seems. = It seems so. そうらしい

There seem(***s***) (***to be***) ***...*** …があるようだ

使えるコーパスフレーズ

seem to＋動詞 ...
(**1**) *seem to* be ... …なようだ
(**2**) *seem to* have ... …を持っているように思える
(**3**) *seem to* think ... …と思っているようだ
(**4**) *seem to* know ... …を知っているようだ

seem＋形容詞
(**1**) *seem* likely ありそうに思われる
(**2**) *seem* clear 明らかだと思われる
(**3**) *seem* reasonable 妥当だと思われる
(**4**) *seem* possible ありえると思われる

コーパス この順番でマスター

seem の重要構文
(**1**) *seem* to do
(**2**) *seem*＋形容詞
(**3**) *seem*＋that節
(**4**) *seem* like ...

seemed /síːmd スィームド/ 動 seem の過去形・過去分詞

seem·ing /síːmiŋ スィーミング/ 動 seem の現在分詞・動名詞 — 形 《文章》うわべの, 外観上の, 見せかけの

seem·ing·ly /síːmiŋli スィーミングリ/ 副 外見は, 見たところでは

seems /síːmz スィームズ/ 動 seem の三人称単数現在形

seen /síːn スィーン/ (発音 scene と同音) 動 seeの過去分詞

seep /síːp スィープ/ 動 自 (液体・ガス・においなどが)にじみ出る, しみ出る, 漏る《*away, out*》; (情報などが)漏れる

sees /síːz スィーズ/ 動 see の三人称単数現在形

see·saw B2 /síːsɔ̀ː スィーソー/ 名 C シーソー

séesaw gáme [**mátch**] 名 C 追いつ追われつの接戦, シーソーゲーム

seethe /síːð スィーズ/ 動 自 《文章》煮え立つ, たぎる; (波などが)泡立つ, 逆巻く; (場所などが)〔…で〕騒然とする《*with*》

seeth·ing /síːðiŋ スィーズィング/ 形 沸騰している; さか巻いている; (人が)内心煮えくり返るような; 〔…で〕騒然として《*with*》

seg·ment B2 /ségmənt セグメント/ 名 C 区分, 部分; 《数学》(円の)弧; 弓形(きゅうけい) ⇨**sector**; (直線の)分, 線分

— /ségment セグメント, –⁄/ 動 他 分ける; 自 分かれる, 分裂する

seg·re·gate /ségrigèit セグリゲイト/ 動 他 分離する; 隔離する (↔**integrate**)

seg·re·gat·ed /ségrəgèitəd セグラゲイテド/ 形 分離[隔離]された, 区分けされた; (場所などが)特定の人種[集団]に限られた

seg·re·ga·tion /sègrigéiʃən セグリゲイション/ 名 U 分離, 隔離状態; 人種差別 (↔**integration**)

seis·mic /sáizmik サイズミク/ 形 地震の; 地震によって生じる

seis·mo·graph /sáizməgræ̀f サイズモグラフ/ 名 C 地震計

seis·mol·o·gy /saizmɑ́lədʒi サイズマロヂ/ 名 U 地震学

seize B1 /síːz スィーズ/ (×セイズ) (発音 seas, sees と同音) 動 (三単現 **seizes** /síːzəz/; 過去・過分 **seized** /síːzd/; 現分 **seizing**)

❶ 他 自 (急に強く)つかむ; 捕える, 逮捕する

• I **seized** the man **by** the arm. 私はその男の腕をつかまえた ⇨**by** 前 ❷

❷ 他 (場所を)奪い取る, 制圧する; (権力を)握る, 奪取する

❸ 他 差し押さえる, 押収する

❹ 他 (機会などを)とらえる, つかむ; (意味などを)つかむ, 理解する

• **seize** the day 今を生きる

❺ 他 (感情・病気などが)おそう (■しばしば受け身で用いる)

***seize on* [*upon*] ...** 〔機会・口実など〕に飛びつく

seize up ①(エンジンなどが)動かなくなる ②(身体・器官などが)機能しなくなる

sei·zure /síːʒər スィージャー/ 名 ❶ U つかむこと; 制圧 ❷ C (病気の)発作 ❸ U C 《法律》 押収(おうしゅう)

sel·dom B2 高 /séldəm セルダム/ 副 めったに…ない, まれに, たまに (↔**often**) (■seldom の位置は be 動詞や助動詞の次, 一般動詞の前)

• My father is very busy and he is **seldom** at home. 私の父はとても忙しくてめったに家にいません

• It is **seldom** that we eat out. 私たちはめったに外食しません

not seldom しばしば (=often)

seldom, if ever, ... たとえあるとしてもめったに…ない

seldom or never めったに…しない

se·lect B1 高 /səlékt セレクト/ 形

❶ 特別に選ばれた, よりぬきの, つぶよりの (■名詞の前に用いる)

❷ 上流階級に限定された

— 動 (三単現 **selects** /səlékts セレクツ/; 過去・過分 **selected** /səléktəd/; 現分 **selecting**) 他

選ぶ, 選択する ⇨**choose**

• I **selected** the book (that) I wanted to read. 私は自分が読みたい本を選んだ

• He was **selected** as [to be] chairman. 彼は議長に選ばれた

派生 **selection** 名

se·lec·tion B1 /səlékʃən セレクション/ 名 (複 **selections** /səlékʃənz/)

❶ 《単数形で》 選ぶこと, 選ばれること, 選択, 選抜

• I **made** a **selection from** the many sweaters in the store. 私は店にあるたくさんのセーターの中から選んだ

❷ C 選ばれた人[物]; 選び集めた物, 選集 ❸ U 《生物》 淘汰(とうた)

• natural **selection** 自然淘汰

se·lec·tive /səléktiv セレクティヴ/ 形 選抜の; 選択の; 選択眼のある

派生 **select** 動

seléctively 副 選択的に

se·lec·tor /səléktər セレクタ/ 名 C 選択者; 《ふつう **selectors**》 《英》 (スポーツチームなどの)選考委員; 選別器; セレクター (♦テレビのチャンネルなどを選ぶ装置)

se·le·ni·um /silíːniəm スィリーニアム/ 名 U 《化学》 セレン, セレニウム 《♦非金属元素; 記号 Se》

self A1 高

/sélf セルフ/ 名 (複 **selves** /sélvz/)

❶ U C 自分自身, 自己; 《哲学》 自我;

《精神分析》自己; Ⓒ (本来の)自己
• I know my own **self** best. 自分のことは私がいちばんよく知っています
❷ Ⓤ 自分の利益; 私欲, 利己心
派生 **selfish** 形

sèlf-addréssed 形 自分名あての, 返信用の
sèlf-assértive 形 自己主張の強い, 自分の考えをはっきり述べる
sèlf-asséssment 名Ⓤ 自己評価[査定]
sélf-assúred 形 自信のある
sèlf-awáreness 名Ⓤ 自己認識
sélf-céntered 形 自己中心の, 利己的な
sélf-cónfidence B2 名Ⓤ 自信
sélf-cónfident B2 形 自信のある
sélf-cónscious 形 自意識の強い; はにかみ屋の
sélf-contáined 形 必要物の完備した; (機械が)自給式の; 《英》(アパートが)独立した; 打ち解けない; 自制心のある
sèlf-contról 名Ⓤ 自制; 克己
sélf-defénse, 《英》 **-defénce** 名Ⓤ 自己防衛; 護身; 正当防衛
sélf-deníal 名Ⓤ 禁欲, 自制
sélf-destrúction 名Ⓤ 自滅, 自殺
sélf-destrúctive 形 自滅的な
sélf-determinátion 名Ⓤ 自己決定; 民族自決
sélf-díscipline 名Ⓤ 自己鍛練
sèlf-éducated 形 独学の
sèlf-emplóyed 形 自営業の
sèlf-estéem 名Ⓤ 《文章》自尊(心), 自負心
sèlf-évident 形 《文章》自明の, わかりきっている
sèlf-explánatory 形 《文章》(話・文章が)説明の必要がない, 自明の
sélf-expréssion 名Ⓤ 自己表現
sélf-expréssive 形 自己表現の
sèlf-góverning 形 自治の
sèlf-góvernment 名Ⓤ 自治, 独立
sèlf-hárm 名Ⓤ 自傷(行為)
━動自 自分を傷つける

sélf-hélp 名Ⓤ 自助, 自立
self·hood /sélfhùd セルフフド/ 名Ⓤ 自我; 個性
sélf-ímage 名Ⓒ 自己イメージ
sélf-impórtant 形 尊大な
sèlf-indúlgent 形 わがままな; ひとりよがりの
sèlf-indúlgently 副 わがままに
sèlf-ínterest 名Ⓤ 私利, 私欲, 利己心
self·ish B1 高 /sélfiʃ セルフィシュ/ 形 自分本位の, わがままな; 利己的な (↔**unselfish**)
• **selfish** behavior 自分勝手な行動
self·ish·ly /sélfiʃli セルフィシュリ/ 副 自分本位に, 利己的に
self·ish·ness /sélfiʃnəs セルフィシュネス/ 名Ⓤ わがまま, 自分本位, 利己主義
self·less B2 /sélfləs セルフレス/ 形 無私の; 無欲の
sélf-máde 形 自分の力で出世[成功]した, 自力で仕上げた
sélf-píty 名Ⓤ 自己憐憫(れんびん)
sèlf-pórtrait 名Ⓒ 自画像
sèlf-posséssed 形 落ち着いた, 冷静な, 沈着な
sèlf-preservátion 名Ⓤ 自己保存, 自衛本能
sélf-relíance 名Ⓤ 自分に頼ること; 独立独行
sélf-relíant 形 自分を頼みにする, 独立独行の, 自力本願の
sélf-respéct 名Ⓤ 自尊心
sélf-respécting 形 《ふつう否定文で》自尊心のある
sèlf-restráint 名Ⓤ 自制, 克己
sélf-ríghteous 形 独善的な, ひとりよがりの
sélf-sácrifice 名Ⓤ 自己犠牲, 献身(的行為)
sèlf-satisfáction 名Ⓤ 自己満足, うぬぼれ
sélf-sátisfied 形 自己満足の, ひとりよがりの
sélf-séeking 形 身勝手な
sélf-sérvice B1 名Ⓤ セルフサー

ビス; 《形容詞的》セルフサービスの

sélf-stýled 形 自称の

sélf-suffíciency 名U 自給自足

sèlf-suffícient 形 自給自足できる; 自活[自立]できる

sèlf-suppórting 形 自活している

sélf-táught 形 独学の, 独習の

sell A1 中

/sél セル/ (発音 cell と同音)

動 (三単現 **sells** /sélz/; 過去・過分 **sold** /sóuld/; 現分 **selling**)

❶ 他自 売る, 売っている (↔**buy**)

• Do you **sell** postage stamps? こちらで切手を売っていますか

• Magazines are **sold** at the supermarket, too. 雑誌はスーパーマーケットでも売られている

文型 [**sell A B = sell B to A**] A(人)にB(物)を売る

• She **sold** her motorbike **to** me **for** six hundred dollars. 彼女はバイクを600ドルで私に売ってくれた

• Who **sold** you the product? だれがあなたにその製品を売ったの？

❷ 自 〔…で〕売れる, (…で)売られている《*at, for*》(❗「品物」が主語になる)

• Cold drinks **sell** well in hot weather. 暑い天候の時は冷たい飲み物がよく売れる

❸ 他 売れ行きを促進する

❹ 他 《口語》 文型 [**sell A to B = sell B on A**] B(人)にA(考えなど)を売り込む

be sold on ... 《口語》…に熱中している

sell off (手持ちの品を)安く売り払う

sell oneself ① 自分を売り込む ② (金などのために)自分の主義主張を捨てる, 魂を売る

sell out ① …を売り切る; (試合・ショーなどが)入場券を売りつくす

• Sorry, we are **sold out**. (切符売場などで)もう売り切れました

② 《口語》…を裏切る; (約束・信念などに)そむく

sell ... short …を過小評価する

sell up 店じまいする, 全部売り払う

— 名 ❶ C 《ふつう **a sell**》《口語》ぺてん; 期待はずれのもの

❷ U 売り込み方

• a **hard sell** 強引な売り込み, 押し売り (↔**soft sell**)

派生 **sale** 名

sell·er B2 /sélər セラ/ (発音 cellar と同音) 名C ❶ 売り手, 売る人, 販売人[会社] (↔**buyer**) ❷ 売れる製品

• a best **seller** きわめてよく売れるもの, ベストセラー(♦おもに本・CDなど)

sell·out /sélàut セラウト/ 名C 《ふつう単数形》売り切れ; 入場券売り切れの催物; 《口語》裏切り, 背信行為, 内通

selves /sélvz セルヴズ/ 名 self の複数形

se·man·tic /səmǽntik セマンティク/ 形 《文法》(ことばの)意味に関する; 意味論の

sem·blance /sémbləns センブランス/ 名U 《ふつう **a semblance**》類似, らしさ; (しばしば真実を偽った)外見, うわべ, 見せかけ

se·men /síːmən スィーメン/ 名U 《生理》精液

se·mes·ter A2

/səméstər セメスタ/ 名 (複 **semesters** /səméstərz/) C 《米》 (前期・後期2学期制の)学期 (♦米国・ドイツ・日本などの大学で採用されている)

sem·i·an·nu·al /sèmiǽnjuəl セミアニュアル/ 形 半年ごとの; (植物が)半年生の

sem·i·cir·cle /sémisə̀ːrkl セミサークル/ 名C 半円(形)

sem·i·co·lon B2 /sémikòulən セミコウロン/ 名C セミコロン (♦「;」符号のこと; コンマ「,」より大きく, ピリオド「.」より小さな文の切れ目を表す)

sem·i·con·duc·tor /sèmikəndʌ́ktər セミカンダクタ/ 名C 《物理》半導体 (❗導体は conductor)

sem·i·con·scious /sèmikɑ́nʃəs セミカンシャス/ 形 半ば意識のある, 意識がはっきりしていない

sem·i·fi·nal B2 /sèmifáinəl セミファイナル/ 名C 準決勝戦 (! 準々決勝戦は quarterfinal) ━ 形 準決勝の

sem·i·fi·nal·ist /sèmifáinəlist セミファイナリスト/ 名C 準決勝出場(資格)選手[チーム]

sem·i·month·ly /sèmimʌ́nθli セミマンスリ/ 副 形 月2回(の), 半月ごとに[の]
━ 名C 月2回[半月ごとに]起こるもの; 月2回の刊行物

sem·i·nal /séminəl セミナル/ 形 発展性[将来性]のある; 精液の

sem·i·nar B2 /séminὰːr セミナー/ 名C (大学の)演習, ゼミ; (ゼミの)研究室; 《米》専門家会議, セミナー

sem·i·nar·y /sémənèri セミネリ/ 名 (複 **seminaries** /sémənèriz/) C (聖職者を養成する)神学校

sem·i·pre·cious /sèmipréʃəs セミプレシャス/ 形 半貴石の 《♦アメジスト・ガーネット・トパーズなどについていう》

semi·skilled /sèmiskíld セミスキルド/ 形 (職人などが)半熟練の; (仕事が)半ば熟練を要する

Se·mit·ic /səmítik セミティク/ 形 セム族の; セム語派の; ユダヤ人の
━ 名U セム語派 《♦アラビア語など》

sen·ate /sénət セナト/ 名 ❶C 《ふつう **the Senate**》(米国・カナダ・フランスなど二院制議会の)上院 (=the Upper House) ⇨**congress** ❷ ❷C (大学の)評議会 ❸《**the senate**》(古代ローマの)元老院

sen·a·tor B2 /sénətər セナタ/ 名C ❶《しばしば **Senator**》(米国・カナダ・フランスなどの)上院議員 ⇨**representative** ❷(大学の)評議員 ❸《しばしば **Senator**》(古代ローマの)元老院議員

sen·a·to·ri·al /sènətɔ́ːriəl セナトーリアル/ 形 上院の; 評議会の

send A2 中

/sénd センド/ 動 (三単現 **sends** /séndz センヅ/; 過去・過分 **sent** /sént/; 現分 **sending**)
他 ❶(物を)送る, (手紙・Eメール・ファックスなどを)出す; (あいさつなどを)伝える (↔**receive**)

• These cherry trees **were sent** from Japan. これらのサクラの木は日本から送られたものです

文型 [**send A B = send B to A**] A(人)にB(物)を送る; A(人)にB(伝言・あいさつ)を伝える

• **send** him a Christmas card = **send** a Christmas card **to** him 彼にクリスマスカードを送る

• More and more people **send** e-mails instead of **sending** new year's postcards. 年賀状の代わりにEメールを送る人が増えています

❷(人を)行かせる; 派遣する

• **send** him on an errand 彼をお使いにやる

• The teacher **sent** him home because he was ill. 彼の具合が悪かったので先生は彼を家に帰した (! home は副詞で「家へ」)

文型 [**send A B = send B to A**] A(人・場所)にB(人)を行かせる

• I'll **send** him a messenger. = I'll **send** a messenger **to** him. 彼のところへ使いを出そう

❸(ボール・ロケットなどを)投げる, 飛ばす; (光・熱などを)放つ

❹ 文型 [**send A *doing***] Aを…の状態にする

• **send** share prices **tumbling** 株価を急落させる

文型 [**send A C**] A(人)をC(状態)にする (! Cは形容詞句でふつうよくない状態)

send away ① 追い払う ② 派遣する

send away for = send off for 郵送で注文する

send back 送り返す

• The letter was **sent back** to him. その手紙は彼のところへ送り返されてきた

send for ... …を呼びにやる; …を取り寄せる

send forth (香りなどを)放つ, 発散する, 出す

send in ①(郵送で書類・申込書などを)提

出する
• **send in** an application 願書を提出する
②(人を)入れる, 通す
send off (荷物などを)発送する, 出す
send on (手紙などを)転送する; (物を)前もって送る
send out ①発送する, 送り出す ②(信号などを)発信する; (光・香りなどを)放つ
send up ①(値段などを)上げる; (ロケットなどを)飛ばす ②《米》《口語》を刑務所に送る ③《英》(まねをして)からかう

send·er /séndər センダ/ 名C 送り主, 荷主, 発信人; 送信機 (↔**receiver**)

send-off /séndɔ̀:f センドーフ/ 名 (複 **send-offs** /séndɔ̀:fs/) C 《口語》見送り, 送別(会); 出発, 門出, (競争の)出発, スタート

Sen·e·gal /sènigɔ́:l セニゴール/ 名 セネガル《♦アフリカ西部の共和国; もとフランス領; 首都ダカール(Dakar)》

se·nile /sí:nail スィーナイル/ 形 老年の; 老衰の; もうろくした

se·nil·i·ty /sinílәti スィニリティ/ 名U 老齢; 老衰, ぼけ

sen·ior A2 高

/sí:njər スィーニャ/ 形
❶〔…より〕先輩の; 上級の, 地位が上の《*to*》
• **senior** management 上級管理職, 経営陣
❷〔…より〕年上の《*to*》; 年上のほうの, 父親のほうの (■父子同名などのとき, 父の名にそえて子と区別する; Sr. または sr. と略す)
• He is ten years **senior to** me. 彼は私より10歳年上だ (=He is ten years older than me.)=He is **senior to** me by ten years.
❸《米》高齢者の
❹《米》(大学・高校の)最上級学年の
— 名 (複 **seniors** /sí:njərz/) C
❶《ふつう my, his などをつけて》年長者; 先輩; 上司
❷《米》(大学・高校の)最上級学年の生徒, 学生

参考› 高校・大学の学年は下から freshman →sophomore →junior →senior (4年制); freshman →junior →senior (3年制); junior →senior (2年制)

sénior cítizen 名C 高齢者, (特に年金で生活している) 65歳以上の老人《♦old man [woman] の婉曲表現》

sénior hígh schòol 名C 《米》高等学校 (=senior high) ⇨**high school**

se·nior·i·ty /si:njɔ́:rәti スィーニョーリティ/ 名U 年功序列, 先輩[古参]であること, 年長

sen·sa·tion B1 /senséiʃən センセイション/ 名 (複 **sensations** /senséiʃənz/)
❶UC (視覚・聴覚・嗅覚・味覚・触覚などで感じる)感覚
• She lost all **sensation** in her left hand. 彼女は左手の感覚がすっかり麻痺(まひ)した
❷C (ばく然とした)感じ, 気持ち
❸《単数形で》大評判, センセーション, (観客・世間の)大きな興奮, 大騒ぎ; C 評判の物[人], 大事件

sen·sa·tion·al /senséiʃənəl センセイショナル/ 形 扇情的な; 人騒がせな; 《口語》すばらしい

sen·sa·tion·al·ism /senséiʃənəlìzm センセイショナリズム/ 名U 扇情主義

sense A2 高

/séns センス/ 名 (複 **senses** /sénsəz/)
❶U 分別, 思慮, 良識
• common **sense** 常識
• You've got to **have the sense to** hold your tongue. 口をつぐんでおくくらいの分別がなくちゃね
❷《単数形で》感じ; …感; 意識
• I told him everything and felt a great **sense** of relief. 彼にすべてを話してとてもほっとした
❸《単数形で》わかる心; センス; (精神的)感覚, 観念
• Fred has a **sense** of humor. フレッドにはユーモアのセンスがある
❹C (肉体的)感覚

● the five **senses** 五感《♦視覚・聴覚・嗅覚・味覚・触覚》
❺《**senses**》(正常な)意識; 正気
● lose *one's* **senses** 正気を失う, 気絶する
❻ Ⓒ 意味; 語義; 意義; 道理
● **in this sense** この意味で

be out of one's senses 正気を失っている, 気が狂っている
bring A to A's senses A(人)を正気に戻す, 誤りに気づかせる
come to one's senses 意識を回復する; 正気に返る
in a sense ある意味では, ある程度は
in no sense 決してない
in the sense that ... …という意味では
make sense 意味をなす, よくわかる ● This sentence doesn't **make sense**. この文章は意味をなさない
make sense of ... …を理解する, …がわかる (❗ふつう疑問文・否定文で用いる)
talk sense 《口語》理にかなったことをいう
There is no sense in doing ... 《口語》…してもむだだ

— 動 (三単現 **senses** /sénsəz/; 過去・過分 **sensed** /sénst/; 現分 **sensing**) ㊀
❶ 感じる; うすうす気がつく
❷ (機械が)探知する
派生 **sensible**, **sensitive** 形

sense·less /sénsləs センスレス/ 形 ❶ 無分別な, 愚かな, 無意味な (↔**sensible**)
❷ 意識を失った, 無感覚の
sénselessly 副 意識を失って, 無分別にも

sen·si·bil·i·ty /sènsəbíləti センスィビリティ/ 名 (複 **sensibilities** /sènsəbílətiz/) ❶ Ⓒ《しばしば **sensibilities**》感受性, デリケートな感情
❷ Ⓤ (神経などの)〔…に対する〕感覚, 識別能力, 敏感さ《*to*》(↔**insensibility**)
派生 **sensible** 形

sen·si·ble B2 /sénsəbl センスィブル/ 形
❶ 分別のある, 賢明な
● Be more **sensible**, Ken. ケン, もっと聞き分けがなければいけません
● **It's sensible of** you **to** follow his way. 彼のやり方に従うのは賢明なことだ
❷ (服などが)実用的な ❸《文章》〔…に〕気づいて[わかって]いる《*of*》
派生 **sense**, **sensibility** 名

sen·si·tive B2 高 /sénsətiv センスィティヴ/ 形 ❶〔…に〕敏感な, 感じやすい; 理解のある《*to*》(↔**insensitive**)
● I have **sensitive** skin. 私は肌が弱い
● It is important to be **sensitive to** cultural differences in cross-cultural communication. 異文化間コミュニケーションにおいては文化の違いに理解を示すことが重要だ
❷〔…に〕感受性の鋭い; 繊細な, 傷つきやすい; 神経過敏な《*about*, *to*》
● Don't be so **sensitive to** criticism. 批判に対してそんなに神経質にならないで
❸ (機械などが)高感度の; (フィルムが)感光性の ❹ (政府などの)機密を扱う, 極秘の; 細心の注意を要する, 微妙な
派生 **sense** 名
sénsitively 副 敏感に, 過敏に

sen·si·tiv·i·ty /sènsətívəti センスィティヴィティ/ 名 Ⓤ ❶ 感じやすさ; 感受性
❷《ラジオ》感度;《写真》感光度

sen·si·tize /sénsətàiz センスィタイズ/ 動 ㊀《文章》敏感にする;《写真》(フィルムなどに)感光性を与える

sen·sor /sénsər センサ/ 名 Ⓒ センサー, (光・温度・放射能などの)感知装置

sen·so·ry /sénsəri センサリ/ 形 感覚の; 知覚の

sen·su·al /sénʃuəl センシュアル/ 形 肉感的な, 官能的な; 好色な

sen·su·ous /sénʃuəs センシュアス/ 形 感覚に訴える; 感覚に心地よい

sent /sént セント/ (発音 cent, scent と同音) 動 sendの過去形・過去分詞

sen·tence A1 高

/séntəns センテンス/ 名 (複 **sentences** /séntənsəz/) ❶ Ⓒ《文法》文 (♦語(word)がふつういくつか集まってまとまっ

た内容を持つ文法上の「文」》
- You put a period at the end of this **sentence**. この文の終わりにはピリオドを打ちなさい

❷ U C 判決, 宣告
- **pass sentence on** [**upon**] ... …に判決を下す
- He is **serving** his **sentence**. 彼は服役中だ
- a light [severe, heavy] **sentence** 軽い[厳しい, 重い]判決
- a death [life] **sentence** 死刑[終身刑]

— 動 (三単現 **sentences** /séntənsəz/; 過去・過分 **sentenced** /séntənst/; 現分 **sentencing**) 他 〔…の刑の〕判決を下す, 刑を言い渡す《to》; 文型 [**sentence A to ...**] A(人)に…の刑を下す (❗しばしば受け身で用いる)

sen·ti·ment /séntəmənt センティメント/ 名 ❶ U C (やさしく知的な)感情, 気持ち, (細やかな)情感 ❷ U 感傷, 情に動かされやすいこと, 涙もろさ
❸ C《しばしば **sentiments**》〔…についての〕(感情的)意見, 感想《on》

sen·ti·men·tal /sèntəméntl センティメンタル/ 形 感傷[感情]的な, 涙もろい, センチメンタルな (❗軽べつ的ニュアンスを含むこともある)

sen·ti·men·tal·ism /sèntiméntəlìzm センティメンタリズム/ 名 U 感傷[情緒]主義; 感傷ぐせ, 涙もろさ

sen·ti·men·tal·i·ty /sèntəmentǽləti センティメンタリティ/ 名 U 感傷的なこと; 感傷癖 (❗軽べつ的ニュアンスを含むこともある)

sen·try /séntri セントリ/ 名 (複 **sentries** /séntriz/) C《軍事》衛兵, 歩哨(ほしょう); (一般に)見張り番

séntry bòx 名 C 見張り小屋

Seoul /sóul ソウル/ 名 ソウル《♦大韓民国 (South Korea) の首都》

Sep. 《略》 September 9月

sep·a·ra·ble /sépərəbl セパラブル/ 形 分離可能な; 区別できる (↔**inseparable**)

sep·a·rate A2 高

/sépərət セパレト/ 形 離れた, 別々の
- The children sleep in **separate** rooms. 子どもたちは別々の部屋で眠る

— /sépərèit セパレイト (×セパレート)/ (発音 形 との違いに注意) 動 (三単現 **separates** /sépərèits セパレイツ/; 過去・過分 **separated** /sépərèitəd/; 現分 **separating**)
❶ 他 〔…から〕隔てる, 分ける; 区別する《from》; 自 〔…に〕分かれる《into》; 〔…から〕離れる《from》
- The USA **separated from** England in the eighteenth century. 米国は18世紀にイギリスから独立した

❷ 自 (人が)別れる; (夫婦が)別居する; 他 (家族などを)別れさせる
- We **separated** at the station. 私たちは駅で別れた

❸ 他 区別する; 分離する
- **separate** good apples **from** bad ones よいリンゴと悪いリンゴを分ける

派生 **separation** 名

sep·a·rat·ed /sépərèitəd セパレイテド/ 形 (夫婦・恋人などが)別居した

sep·a·rate·ly B2 /sépərətli セパレトリ/ 副 分かれて, 別々に

sep·a·ra·tion B1 /sèpəréiʃən セパレイション/ 名 (複 **separations** /sèpəréiʃən/) U C 分離, 分けること; 別離, 別れていること; 間隔; C《法律》別居

Sept. 《略》 September 9月

Sep·tem·ber A1 中

/septémbər セプテンバ/ 名 U C
9月 (❗Sept. または Sep. と略す; 詳しい用法は June を参照)
- **in September** 9月に
- **on September** 20 9月20日に (❗この20は (the) twentieth と読む)

se·quel /síːkwəl スィークウェル/ 名 C 〔小説・映画などの〕続き, 続編《to》; 〔…の〕結果, 結末《to, of》

se·quence B1 /síːkwəns スィークワンス/ 名 ❶ U 連続, 順序; C 一連の出来事[物]
- in alphabetical **sequence** アルファベット順に

❷ C《映画》一連のシーン[場面]

in sequence 順番に, 次々と

se·quen·tial /sikwénʃəl スィクウェンシャル/ 形 連続して起こる

se·ques·ter /sikwéstər スィクウェスタ/ 動 他 ❶引き離す, 隔離する ❷《法》(財産を)一時差し押さえる;《国際法》(敵国民の財産を)接収する, 押収する

se·quin /síːkwən スィークウィン/ 名 C シークイン《◆ドレスの装飾に用いるスパンコール》

se·quoi·a /sikwɔ́iə スィクウォイア/ 名 C 《植物》セコイア《◆スギ科の針葉樹》

Ser·bi·a /sə́ːrbiə サービア/ 名 セルビア《◆旧ユーゴスラビアを構成した共和国の1つ; 首都ベオグラード(Belgrade)》

Ser·bi·an /sə́ːrbiən サービアン/ 名 C セルビア人; U セルビア語

━ 形 セルビア(人[語])の

ser·e·nade /sèrənéid セレネイド/ 名 C セレナード, 小夜(さよ)曲

se·rene B2 /səríːn セリーン/ 形 (比較級 **se·rener**; 最上級 **serenest**) ❶(空が)晴れた; 澄んだ ❷(顔つき・生活などが)穏やかな, 落ち着いた

serénely 副 よく晴れて

se·ren·i·ty /səréniti サレニティ/ 名 U 《文章》平穏, 落ち着き; うららかさ, 晴朗

serge /sə́ːrdʒ サーヂ/ 名 U サージ《◆服地用の織物の一種》

ser·geant /sάːrdʒənt サーヂェント/ 名 C ❶軍曹(そう); 下士官 ❷巡査部長

se·ri·al B2 /síəriəl スィアリアル/ 名 C (雑誌などの)連載物; (テレビ・ラジオなどの)続き物, 連続物[番組]; 定期刊行物

━ 形 続き物の, 定期刊行の; (番号などが)連続している, 通しの

sérial nùmber 名 C 通し番号; (製品の)製造番号

se·ries B1 高 /síəriːz スィアリーズ/ 名 (複 **series**)

❶ C (同じような物の)連続, 続き

- **a series of** ... 一連の… (❗ a series of のあとに複数名詞がきてもふつう, 単数扱い)
- **a series of** events 一連の出来事
- **a series of** hot days 暑い日の連続

❷ C (出版物・番組などの)シリーズ(物)

- **a series of** articles 一連の記事, 続きものの記事
- a popular TV **series** テレビの人気シリーズ

❸(野球などの)連続試合

in series 連続して;《電気》直列に

se·ri·ous B1 中 /síəriəs スィアリアス/ (×シリアス) 形 ❶(問題など)重大な; (病状など)重い, 危険な

- a **serious** issue 深刻な問題
- make a **serious** mistake 重大な誤りをする
- a **serious** damage 大損害

❷まじめな, 真剣な; 本気の

- look **serious** 真剣[深刻]な顔をしている
- Are you **serious** or **joking**? 君は本気で言っているのか, それとも冗談を言っているのか

❸本格的な; (作品などが)かたい

se·ri·ous·ly A2 高

/síəriəsli スィアリアスリ/ 副

❶まじめに, 本気で, 真剣に

- Don't take her account **seriously**. 彼女の説明をまじめに聞いてはだめだ

❷重大に, ひどく; 深刻で; 相当に

- He is **seriously** ill. 彼は重態だ

❸まじめな話だけど

se·ri·ous·ness /síəriəsnəs スィアリアスネス/ 名 U ❶まじめ; 真剣 ❷深刻, 重大さ

ser·mon /sə́ːrmən サーモン/ 名 C ❶(牧師の)説教 ❷《口語》お説教, 小言

ser·pent /sə́ːrpənt サーペント/ 名 C 《文章》ヘビ《◆蛇》, (特に)大ヘビ (=snake)

イメージ› ヘビはエデン(Eden)の園でエバをそそのかして禁断の木の実を食べさせたという旧約聖書の記述から「誘惑者」「悪魔」といった悪いイメージがあり,「裏切り者」などの意味でも用いられる

ser·pen·tine /sə́ːrpəntìːn サーペンティーン, sə́ːrpəntàin サーペンタイン/ 形 《文章》(蛇のように)曲がりくねった, 蛇行する

ser·rat·ed /səréitəd サレイテド, seréitəd セレイテド/ 形 (葉の縁などが)のこぎり状の, ぎざぎざの

se·rum /síərəm スィアルム/ 名 U 《生理》漿液(しょうえき); U C 《医学》血清

ser·vant B2 高 /sə́ːrvənt サーヴァント/ 名 C ❶ 使用人; 召使い (↔**master**) (❗男女ともに用いる; 区別する時は manservant, maidservant のようにいう)
❷ 奉仕者, しもべ

serve A2 中

/sə́ːrv サーヴ/ 動 (三単現 **serves** /sə́ːrvz/; 過去·過分 **served** /sə́ːrvd/; 現分 **serving**)
❶ 他自 (食べ物を食卓に)**出す**; (食事を人に)ふるまう
• Soup was **served** first. まずスープが出された
文型 [**serve A B** = **serve B to A** = **serve A with B**] A(人)にB(飲食物)を出す
• Mother **served** ice cream **to** us. = Mother **served** us ice cream. お母さんが私たちにアイスクリームを出してくれた
• **serve** him **with** tea = **serve** him tea 彼にお茶を出す
❷ 自他 〔…として; …するのに〕**役にたつ**; (必要を)**満たす**, (目的に)**かなう**, **間に合う** 《*as, for; to do*》
• You see that hair can **serve** different purposes with different mammals. 異なる哺乳(ほにゅう)類では毛は異なる役目をしているのがわかるね
• This sofa will **serve as** a bed. このソファーはベッドとして使えるだろう
• E-mail **serves to** communicate immediately. Eメールは即時の意思伝達に役立つ
❸ 他自 〔…として〕**仕える**, **働く**, **勤務する**, **奉仕する** 《*as, in*》
• Mr. Smith **serves as** mayor of this city. スミス氏はこの市の市長として勤めている[市長をしている] (❗is serving としても意味はほとんど同じ)
❹ 他 (店員が客の)**用を聞く**, (客に)**応対する**
• Are you **being served**? (店員が客に)ご用は承っておりますか
• **serve** a customer 客の用件を聞く
❺ 他自 (刑期を)**務める**
❻ 他自 《球技》(テニス·卓球などで)**サーブをする**
serve ... out ① (刑期·任務を)務め上げる ② 《英》食物を配る
serve ... right 〔人〕に当然の報いをする
— 名 (複 **serves** /sə́ːrvz/) U C 《球技》サーブ; サーブ権
派生 **service** 名

serv·er B1 /sə́ːrvər サーヴァ/ 名 (複 **servers** /sə́ːrvərz/) C ❶ (取り分け用の)**スプーン**, **トング**, **フォーク**; **お盆**; (コーヒーなどの)**サーバー**
❷ 《球技》**サーブをする人**, **サーバー**
❸ 《コンピュータ》**サーバ**
❹ **ウェイター**, **ウェイトレス**, **給仕**[**奉仕**]**する人**; **勤務する人**

ser·vice B1 高 /sə́ːrvəs サーヴィス/ 名 (複 **services** /sə́ːrvəsəz/)
❶ U C (公共に奉仕する)**業務**, **公益事業**; **部門**; (交通の)**便**(べん), **運転**; (郵便·ガス·電話などの)**施設**, **供給**
参考› 高速道路の「サービスエリア」は rest stop [area], 携帯電話のサービス提供地域の「サービスエリア」は coverage area というのが一般的
• public **services** 公共事業
• a national health **service** 国民保健[医療]サービス
• (a) train [bus] **service** 電車[バス]の便
• The government was trying to improve the postal **service**. 政府は郵便事業を改善しようとしていた
❷ U C **奉仕**, **尽力**; **勤務**; **役だつこと**, **貢献** • social **service** 社会奉仕
• Washington did a lot of **services for** his country. ワシントンは国家のために多大な貢献をした
❸ U (店·ホテルなどの)**客扱い**, **サービス**, **給仕**
• The **service** in the restaurant was good. そのレストランのサービスはよかった
注意› service には日本語の「サービス」に含まれる「値引き」「おまけ」の意味はない:

Can you give me a discount (×service)? サービス(値引き)してくれますか
You can get this for free. これはサービスです (←あなたはこれを無料でもらえる)
❹サービス業
• financial **services** 投資情報サービス
• **service** industry サービス業
❺ U 軍務, 兵役;《**the services**》(陸・海・空の)軍 ❻ C (商品の)修理点検, アフターサービス (! 英語では after-sales service または単に service という)
❼ C (教会での)礼拝, 式
❽ C《球技》サーブ, サービス
• It's your **service**. あなたのサーブです, あなたがサーブする番です (=It's your turn to serve.)
❾ C (食器などの)ひとそろい
at A's service《文章》A(人)の役に立つように
in service (交通機関などが)使用されて; (機械などが)正常に動いて (↔**out of service**)
of service (to ...) (…の)役に立って
out of service (交通機関などが)使用できないで; (機械などが)動いていない
• **Out of service.**《掲示》(機械などが)調整中, (バスなどの)回送
— 動 (三単現 **services** /sə́ːrvəsəz/; 過去・過分 **serviced** /sə́ːrvəst/; 現分 **servicing**) 他 保守点検する, 点検[修理]する
派生 **serve** 動

ser·vice·a·ble /sə́ːrvisəbl サーヴィサブル/ 形〔…として〕便利な, 役に立つ《*to*》; 長持ちする, 徳用の

sérvice chàrge 名 C サービス料

ser·vice·man /sə́ːrvismæ̀n サーヴィスマン, sə́ːrvismən サーヴィスマン/ 名 (複 **servicemen** /sə́ːrvismèn, sə́ːrvismən/) C (陸・海・空の男性の)軍人; 修理人, 修繕係

sérvice stàtion 名 C ❶ガソリンスタンド (=《米》gas station,《英》petrol station) ❷(電気製品などのアフターサービスをする)サービスステーション

ser·vice·wom·an /sə́ːrviswùmən サーヴィスウマン/ 名 (複 **servicewomen** /sə́ːrviswìmin/) C 女性軍人

ser·vile /sə́ːrvl サーヴァル, sə́ːrvail サーヴァイル/ 形 奴隷根性の; 奴隷の; 卑屈な;〔…に〕盲従する《*to*》

serv·ing /sə́ːrviŋ サーヴィング/ 名 C (飲食物の)1杯, 1盛り, 1人前
— 形 (料理の)取り分け用の; 配膳用の

ser·vi·tude /sə́ːrvətjùːd サーヴィテュード/ 名 U《文章》奴隷状態, 隷属;《法律》懲役

ses·a·me /sésəmi セサミ/ 名 U《植物》ゴマ, ゴマの実
Open sesame! 開けゴマ! (! まじないのことば) ⇨**Ali Baba**

ses·sion B1 /séʃən セション/ 名 (複 **sessions** /séʃənz/)
❶ C (集団でまたは相手を持ってする特定の)活動; 集会, 会合
• a training **session** 講習会
• an opening **session** of a conference 会議の開会式
❷ U C (議会・法廷などが)開会[開廷]していること; 開会[開廷]期間; 会議, 審議
• an ordinary **session** of the Diet 通常国会
❸ C《米》(学校の)授業, 授業時間, 学期

set A1 中
/sét セト/

意味マップ
動 ❶置く
❷はめ込む
❸…の状態にする; …させる
❹設定する; 用意する
❺(日時などを)決める
❻固まる
❼(太陽などが)沈む
❽課す; (記録を)樹立する
❾当てる
名 ❶セット, 組
❷受像機
❸撮影現場
❹(テニスなどの)セット

❺ 連中
❻ 集合
❼ (髪の)セット
形 ❶ 決められた
❷ 動かない
❸ 準備のできた

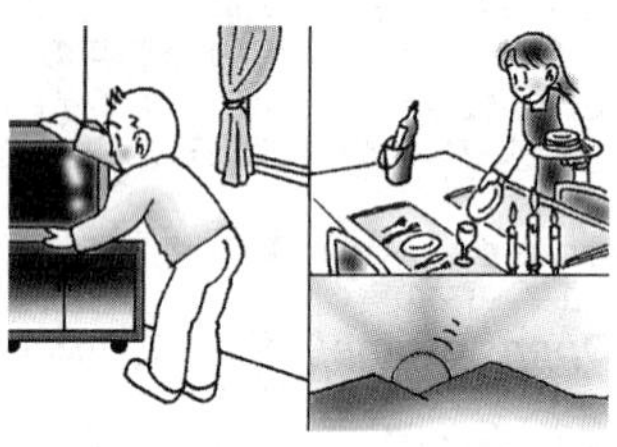

— 動 (三単現 **sets** /séts セツ/; 過去・過分 **set**; 現分 **setting**)
❶ 他 置く; 据(す)える (❗put よりも改まった語で, 適切な位置にきちんと置くこと)
- **set** a television in the corner テレビをすみに置く ⇨図
- **set** a picture in the frame 額ぶちに絵を入れる

❷ 他 (宝石などを)はめ込む; (人を)配置する
❸ 他 文型 [**set A C**] AをCの状態にする
- **set** a slave **free** 奴隷を自由にする[解放する]

文型 [**set A** *doing*] Aに…させる
- **set** a machine **going** 機械を動かす

文型 [**set A to** *do*] A(人)に…し始めさせる, A(人)に…させる
- I **set** Jim **to** *unpack*. 私はジムに荷ほどきをさせた

❹ 他 設定する; 用意する; (時計などを)合わせる; (舞台・場面などを)セットする
- **set** a table for dinner 食事のために食卓の用意をする (❗テーブルクロスを敷いて食器類を並べること) ⇨図
- **set** *one's* hair 髪をセットする
- **set** a clock 時計を合わせる
- **set** the alarm for five 目覚まし時計を5時にセットする
- The opera is **set** in Kyoto. そのオペラの舞台は京都だ

❺ 他 (日時・価格などを)決める; (値を)〔…に〕つける《*on*》
- **set** a day for the meeting 会合の日を決める
- **set** a price **on** a work 作品に値をつける

❻ 自 固まる; 染みつく; 他 固まらせる; (骨を)つぐ
- Cement **sets** as it dries. セメントは乾くにつれて固まる

❼ 自 (太陽や月が)沈む (↔**rise**) ⇨**sink** ❸
- The sun **rises** in the east and **sets** in the west. 太陽は東からのぼり西に沈む ⇨図

❽ 他 (仕事などを)課す; 文型 [**set A B** = **set B for** [**to**] **A**] A(人)にB(目標・任務など)を課す; 示す; (模範などを)示す; (記録を)樹立する
- His success **set** us a good example. = His success **set** a good example **to** us. 彼の成功は私たちのよい手本となった

❾ 他 〔…に〕当てる, つける《*to*》
- **set** a violin under *one's* chin バイオリンをあごの下に当てる

set about ... …にとりかかる, …を始める
set aside ① わきに置く, 別に取っておく
- She **set aside** a little money each week. 彼女は週ごとに少しずつお金を貯めていた

② 無視する, 棚上げにする
set back …を遅らせる, 妨げる
set down ① 下に置く; 下車させる, 着陸させる ② 書き留める ③〔…と〕思いこむ《*as*》
set forth 《文章》 ① …を発表する ② 出発する
set in (梅雨などが)始まる
set off ① 出発する ② 引き起こす ③ (花火などを)上げる; (大砲を)発射する
set out ① 出発する

• **set out** on a trip [for London] 旅行に出かける[ロンドンに向かって出発する]
②〔…しようと〕**始める, とりかかる; 試みる** 《*to do*》
• The boy **set out to** win fame and fortune. その少年は名声と財産をつかもうとした

set to ... …を始める; (本気で)…に取りかかる
• **set to** work 本格的に仕事に取りかかる

set up ① 立てる, 建てる; (テントなど)張る ② 創設する
③ (商売などを)〔…として〕始める, 一本立ちする 《*as*》

— 名 (複 **sets** /séts セツ/)
❶ C **セット, 組, そろい**
• a tea **set** ティーセットひとそろい
❷ C (ラジオ・テレビの)**受像機, 受信機**
❸ C (劇・映画などの)**撮影現場; 舞台装置, セット**
❹ C (テニス・バレーボールなどの)**セット**
❺ 《単数形で》《修飾語をつけて》**連中; 仲間**
❻ C 《数学》**集合**
❼ C 《単数形で》(髪の)**セット**

— 形 ❶ (あらかじめ)**決められた, 型にはまった**
• a **set** phrase 決まり文句, 成句, イディオム (=idiom)
• a **set** (piece) of fireworks 仕掛け花火
❷ **動かない, こわばった; 決意の固い, がんこな**
• **set** eyes すわった目
❸ **準備のできた**
• On your mark(s), get **set**, go! (競走のスタートの時)位置について, 用意, どん!

set·back B2 /sétbæk セトバク/ 名 C
❶ (進歩や発展の)**後退**; (病気の)**ぶり返し**
❷ (高層ビルの)**セットバック, 壁段後退**

set·tee /setíː セティー/ 名 C **小型ソファー**

set·ter /sétər セタ/ 名 C 《動物》**セッター** 《♦猟犬の一種》; 《複合語で》「set する人[物]」

set·ting B1 /sétiŋ セティング/ 名 (複 **set·tings** /sétiŋz/) ❶ C **背景; 環境**; (小説などの)**設定; 舞台装置, 場面**
❷ C (機械の)**切り替え装置**; (コンピュータなどの)**設定** ❸ U 《文章》(太陽や月が)**沈むこと** (↔**rising**)

— 動 set の現在分詞・動名詞

set·tle B1 高 /sétl セトル/ 動 (三単現 **set·tles** /sétlz/; 過去・過分 **settled** /sétld/; 現分 **settling**) ❶ 他 **解決する, 決定する; かたづける**; 自 **和解する**
• **settle** a dispute 紛争を解決する
• That **settles** the matter. それで問題は解決する[それで決まりだ]
❷ 自 **居場所を定める, 住みつく, 落ち着く**; 他 **定住させる; 植民する**
• This island **was settled** by French people. この島にはフランス人が入植した
❸ 自 (雪・ほこりなどが)**積もる, たまる**
❹ 他 **気持ちを落ち着かせる**; 自 **落ち着く**
• He is now married and **settled**. 彼はもう結婚して落ち着いた
❺ 他 **精算する, 支払う**
• She **settled** the bill. 彼女がその勘定を払いました
❻ 自 (地盤などが)**沈下する**
❼ 他 《文章》(財産などを)**贈与する**
❽ 自 (天候が)**安定する**; (興奮などが)**静まる** ❾ 自 (鳥などが)**止まる**

settle down ① 落ち着く
② 定住する, 移住する; 新居を構える
③〔…することに〕本気になる 《*to*》

settle for ... (多少不満ながら)…で満足する, …で我慢する

settle in ... 〔新しい家・環境など〕に落ち着く, 慣れる

settle on [*upon*] ***...*** (いろいろ考えた後に)…に決める, …を決定する

settle oneself ① (いすなどに)すわってくつろぐ ② 身を固める

set·tled /sétld セトルド/ 形
❶ **固定した; 落ち着いた**
❷ **解決した; 清算ずみの** (↔**unsettled**)

set·tle·ment B1 /sétlmənt セトルメント/ 名 (複 **settlements** /sétlmənts セトルメンツ/) ❶ U C **合意, 決着**; (問題などの)**解決, 和解** ❷ U C **入植地, 居留地,**

集落; 移住 ❸ U C 決済, 清算
❹ C セツルメント《♦貧民地区に定住して, 住民のための生活改善活動などをする社会福祉事業団》

set·tler B1 /sétlər セトラ/ 名 (複 **settlers** /sétlərz/) C (初期の)入植者, 開拓者, 移住者

set·up /sétʌ̀p セタプ/ 名《口語》C
❶ 機構, 組織, 仕組み
❷ (仕組まれた)計画; 八百長

sev·en A1 中

/sévən セヴン/ 名 (複 **sevens** /sévənz/) U C (! 詳しい用法は three を参照)
7; 7時, 7分; 7歳;《複数扱い》7個, 7人
● Lesson **Seven** 第7課 (=the Seventh Lesson)
— 形 7の; 7個の; 7人の; 7歳で
● **seven** dwarfs 7人の小人

sev·en·teen A1 中

/sèvəntíːn セヴンティーン/ 名 (複 **seventeens** /sèvəntíːnz/) U C (! 詳しい用法は three を参照) 17; 17時, 17分; 17歳;《複数扱い》17個, 17人
— 形 17の; 17個の; 17人の; 17歳で

sev·en·teenth /sèvəntíːnθ セヴンティーンス/ 形 (! 17th と略す; 詳しい用法は third を参照) ❶《ふつう **the seventeenth**》17番目の ❷ 17分の1の
— 名 (複 **seventeenths** /sèvəntíːnθs/) C ❶《ふつう **the seventeenth**》第17番目の人[物]; (月の)17日
❷ 17分の1

sev·enth 中 /sévənθ セヴンス/ 形 (! 7th と略す; 詳しい用法は third を参照)
❶《ふつう **the seventh**》7番目の
❷ 7分の1の
— 名 (複 **sevenths** /sévənθs/) C
❶《ふつう **the seventh**》第7番目の人[物]; (月の)7日 ❷ 7分の1

be in seventh heaven《口語》有頂天になっている

sev·en·ti·eth /sévəntiəθ セヴンティイス/ 形 (! 70th と略す; 詳しい用法は third を参照) ❶《ふつう **the seventieth**》70番目の ❷ 70分の1の
— 名 C ❶《ふつう **the seventieth**》70番目 ❷ 70分の1

sev·en·ty A1 中

/sévənti セヴンティ/ 名 (複 **seventies** /sévəntiz/) (! 詳しい用法は three を参照)
❶ U 70; 70歳;《複数扱い》70個, 70人
❷《**seventies**》(世紀の)70年代; (年齢の)70代 (! seventy から seventy-nine まで)
— 形 70の; 70個の; 70人の; 70歳で

sev·er /sévər セヴァ/ 動 他《文章》
❶〔…から〕切る, 切断する《*from*》
❷ (関係などを)断つ; 引き離す

sev·er·al A2 中

/sévərəl セヴラル/ 形 ❶ いくつかの, いく人かの, 数人[個]の
● **several** books 数冊の本
● **several** times a month 月に数回
● for **several** months 数か月の間
比較 He moved here **just** [**only**] **a few** months ago. 彼はほんの数か月前にここへ越してきた (! a few は「少数の; 2, 3の」と少ないことを強調する; ×just [only] several とはいわない)
❷《文章》それぞれの; いろいろな
— 代《複数扱い》いくつかのもの, 数人, 数個
● **several of** them それらのうちの数個[彼らのうちの数人]

sev·er·ance /sévərəns セヴァランス/ 名《文章》❶ U C 切断; 分離, 隔離
❷ U 契約解除, 退職

séverance pày 名 U 解雇[退職]手当

se·vere B1 高 /səvíər スィヴィア/ 形 (比較級 **severer**; 最上級 **severest**)
❶ 深刻な, (痛みなどが)重い; (天候・痛みなどが)厳しい, ひどい (↔**mild**)
● **severe** damage ひどい損害
● in **severe** cases 深刻な場合
● a **severe** headache 激しい頭痛

❷(人・規制などが)厳しい, 厳格な
• My father is very **severe with** me. 父は私にとても厳しい
❸(批判・罰などが)痛烈な
派生 **severity** 名; 派生 **severely** 副

se·vere·ly B1 /səvíərli スィヴィアリ/ 副 ひどく, 著しく; 厳しく, 厳格に; 簡素に

se·ver·i·ty /səvérəti スィヴェリティ/ 名U 厳しさ, 厳格さ; 過酷さ
派生 **severe** 形

sew A2

/sóu ソウ/ (発音 so, sow[1]と同音)
動 (三単現 **sews** /sóuz/; 過去 **sewed** /sóud/; 過分 **sewed**, **sewn** /sóun/; 現分 **sewing**) 他 ぬう; 〔…に〕ぬいつける《*on*》; 自 ぬいものをする
• sew a dress ドレスをぬう
sew up ① ぬい合わせる ②《口語》(交渉などを)うまくまとめる

sew·age /sú:idʒ スーイヂ/ 名U 下水の汚物, 汚水

séwage dispòsal 名U 下水[汚水]処理

séwage fàrm [plànt] 名C (肥料に使うための)下水処理施設

sew·er /sú:ər スーア/ 名C 下水管

sew·ing /sóuiŋ ソウイング/ 名U 裁縫(さいほう); 針仕事; ぬい物

séwing machìne 名C ミシン(❗機械という意味のマシン(machine)がなまってミシンとなった)

sewn /sóun ソウン/ 動 sewの過去分詞

sex B1 /séks セクス/ 名 (複 **sexes** /séksəz/)
❶U 性的なこと; 性交, セックス
• **have sex with** ... …とセックスする
❷UC (男女の)性, 性別
• the male [female] **sex** 男性[女性]
❸《集合的に》男[女]の人
派生 **sexual**, **sexy** 形
派生 **sexuality** 名

séx appèal 名U 性的魅力; (一般に)魅力(♦略 S.A.)

séx educàtion 名U《口語》(学校などでの)性教育

sex·ism B2 /séksizm セクスィズム/ 名U (女性に対する)性差別(主義), 女性べっ視

sex·ist /séksist セクスィスト/ 名C 性差別主義者, 女性をべっ視する人
━形 性差別(主義)の, 女性べっ視の

sex·tet, sex·tette /sekstét セクステト/ 名C 6つ[6人]一組;《楽》六重唱[奏]団; 六重唱[奏]曲

sex·u·al B2 /sékʃuəl セクシュアル/ 形
❶ 性的な; 性行為の
• **sexual** desire 性欲
❷ 男女間の; 性差の
• **sexual** discrimination [equality] 性差別[男女平等]
❸(生物が)有性の

séxual harássment 名U 性的嫌がらせ, セクハラ

sex·u·al·i·ty /sèkʃuǽləti セクシュアリティ/ 名U 性欲, 性的興味

sex·u·al·ly /sékʃuəli セクシュアリ/ 副 性的に

séxually transmítted diséase 名C 性行為感染症(♦略 STD)

sex·y B2 /séksi セクスィ/ 形 (比較級 **sexier**; 最上級 **sexiest**) セクシーな, 性的魅力のある; (服装などが)挑発的な

Sey·chelles /seiʃélz セイシェルズ/ 名《**the Seychelles**》セーシェル(♦インド洋西部の群島から成る共和国; 首都ビクトリア(Victoria))

SF, sf /éséf エスエフ/《略》science fiction 空想科学小説, エスエフ

SFX《略》special effects 特殊効果, 特撮

sh /ʃ: シー/ 間 しーっ, 静かに(=shh)

shab·by B2 /ʃǽbi シャビ/ 形 (比較級 **shabbier**; 最上級 **shabbiest**)
❶(服などが)ぼろぼろの, 使い古した; (人が)みすぼらしい, きたない
❷(人・行為が)ひどい, 卑劣な
shábbily 副 みすぼらしく; 卑劣に

shack /ʃǽk シャク/ 名C 掘っ建て小屋
━動《次の成句で》
shack up《口語》①〔…と〕同棲(どうせい)する《*with*》②《米》〔貸し部屋・ホテルな

どに]仮住まいする, 泊まる《at, in》

shack·le /ʃǽkl シャクル/ 名C 《**shackles, a pair of shackles**》手錠, 手かせ, 足かせ; 《ふつう **shackles**》(自由の)束縛
━ 動 他 《ふつう **be shackled**》《文章》足[手]かせをはめる; 束縛[拘束]する

shade A2 高

/ʃéid シェイド/ 名 (複 **shades** /ʃéidz シェイヅ/) ❶U 日陰(かげ), 陰
• the **shade** of a tree 木陰

どっち
shade と shadow

shade は何かの陰になって光のとどかないばく然と暗い「日陰, 陰」, **shadow** は光がある物にさえぎられてできる輪郭のある「影」:
We rested in the **shade** of roadside trees. 私たちは道端の木陰で休んだ
The tree cast a long **shadow**. その木は長い影を落としていた

❷C 光[熱]をさえぎる物, (電灯などの)かさ, シェード; 日よけ, ブラインド (❗しばしば a lampshade (電灯のかさ), a window shade (ブラインド)のように複合語の形で用いられる); 《**shades**》《口語》サングラス
❸C (色の明暗の度合いを示す)色合い
❹C (意味などの)ちょっとした違い, ニュアンス
❺《a をつけて》ごくわずか

put ... in [into] the shade …を見劣りさせる; …を目立たなくする

━ 動 (三単現 **shades** /ʃéidz シェイヅ/; 過去·過分 **shaded** /ʃéidəd/; 現分 **shading**)
❶他 陰にする, 日をさえぎる; 守る
❷他 (絵などに)陰影をつける
❸自 (色彩·意見などが)少しずつ変化する《into》

shad·ing /ʃéidiŋ シェイディング/ 名
❶U 陰[日よけ]にすること
❷U 《絵画の》陰影(法); C 《ふつう **shadings**》(色·性質などの)微妙な変化[相違]

shad·ow A2 高

/ʃǽdou シャドウ/
名 (複 **shadows** /ʃǽdouz/)
❶C 影; 物影, 影法師(ぼうし) ⇨**shade**
• the **shadow** of a tree (地面などにくっきり映った)木の影
❷U 《しばしば **the shadows**》陰, 暗がり; 夕やみ
❸《**a shadow**》《ふつう否定文で》ごくわずか
❹C 暗い部分; (眼の下の)くま
❺C 影のようなもの; まぼろし; (悪い)前ぶれ, 前兆
❻C (水·鏡に映る)影, 姿

in the shadow of ... …の陰に; …のすぐ近くに

━ 動 (三単現 **shadows** /ʃǽdouz/; 過去·過分 **shadowed** /ʃǽdoud/; 現分 **shadowing**) 他 ❶尾行する; 影のようにつきまとう ❷陰にする; 陰で覆う

shad·ow·y B1 /ʃǽdoui シャドウイ/ 形 (比較級 **more shadowy, shadowier**; 最上級 **most shadowy, shadowiest**)
❶影のような; なぞめいた; ぼやけた; よく知られていない
❷影の多い; 陰になった

shad·y /ʃéidi シェイディ/ 形 (比較級 **shadier**; 最上級 **shadiest**)
❶陰の多い, 木陰の多い, 陰を作る
❷《口語》怪しい; うさん臭い

shaft /ʃǽft シャフト/ 名C ❶(やりなどの)柄(え); (機械の)回転軸, シャフト ❷(鉱山·エレベーターなどの)縦坑(たてこう), 縦穴

a shaft of light 一条の光

shag /ʃǽg シャグ/ 名U (犬などの)むく毛; (織物などの)けば

shag·gy /ʃǽgi シャギ/ 形 (比較級 **shaggier**; 最上級 **shaggiest**) (人·動物が)毛む

くじゃらの, 毛深い; (髪などが)くしゃくしゃの; (織物などが)けば立った

shággy dóg stòry 名C 落ちがくだらない長いジョーク

shake A1中

/ʃéik シェイク/ 名 (複 **shakes** /ʃéiks/) C
❶振ること, 振動; 握手; ふるえ
❷ミルクシェイク (=milk shake)

━動 (三単現 **shakes** /ʃéiks/; 過去 **shook** /ʃúk/; 過分 **shaken** /ʃéikən/; 現分 **shaking**)

❶他 振る, ゆさぶる; 自 ゆれる

• **shake** *one's* **head** 頭を横に振る (❗否定・不信・戸惑い・感嘆などを示す)

比較 **nod** (in approval) (賛成して)首を縦に振る

• She **shook** her son by the shoulders. 彼女は息子の肩をゆすった

❷(物を)振り落とす, 振り払う

• **shake** pepper on the salad サラダにこしょうをふりかける

❸他 (気持ち・信念などを) 動揺させる (❗しばしば受け身で用いる)

• He **was badly shaken** by the news. 彼はその知らせを聞いてひどく動揺した[ショックを受けた] (←ゆさぶられた)

❹自 〔恐怖・寒さなどで〕 ふるえる 《*with, from*》

shake down ①(新しい仕事などに)慣れる ②ごろ寝をする

shake ... down ①…を振り落とす, ゆれ落ちる ②《米》《口語》…から金を巻き上げる

shake hands 〔…と〕 握手する 《*with*》

• I **shook hands with** each of them. 私は彼らの一人一人と握手した

shake off ①振り離す, 振り払う, 振り落とす ②(病気・悪い習慣などを)追い払う ③(つきまとう人などから)逃げる

shake up ①振ってよく混ぜる ②(組織などを)編成し直す ③動揺させる ④奮起させる

派生 **shaky** 形

shake·down /ʃéikdàun シェイクダウン/ 名C ❶《米》《口語》ゆすり ❷《米》《口語》徹底的な捜索[検査]; 《口語》(飛行機などの)慣らし運転; 最終整備 ❸(毛布などを敷いた)仮の寝床

shak·en B2 /ʃéikən シェイクン/ 動 shake の過去分詞

shak·er /ʃéikər シェイカ/ 名C (塩・こしょうなどの)振り出し容器; カクテルシェーカー; 振る人[もの]

Shake·speare /ʃéikspiər シェイクスピア/ 名 《**William Shakespeare**》ウィリアム・シェイクスピア (1564-1616) 《◆英国の大劇作家・詩人》

Shake·spear·e·an, Shake·spear·i·an B2 /ʃeikspíəriən シェイクスピアリアン/ 形 シェイクスピア(風)の

shake-up /ʃéikʌ̀p シェイカプ/ 名C はげしく揺さぶること; 《口語》(事業・政治上の)大刷新, 大改革, 再編成

shak·y B2 /ʃéiki シェイキ/ 形 (比較級 **shakier**; 最上級 **shakiest**) ❶揺れる, ぐらぐらする ❷当てにならない

派生 **shake** 動

shall A2中

/《弱》ʃəl シャル; 《強》ʃǽl シャル/
助 (過去 **should** /ʃúd/) ⇨**should**

❶ 文型 [**Shall I** [**we**] *do?*] (私(たち)は)…しましょうか (❗「相手の気持ち・意見を聞く」疑問文)

CAN-DO Tips› 申し出る
Shall I ...? という表現を使うと, 「(相手のために自分が)何かをしましょうか」と申し出ることができるようになります

• "**Shall I** open the window?" "Yes, please. [No, thank you.]" 「窓を開けましょうか」「ええ, お願いします[いいえ, けっこうです]」

• What **shall I** do next? 私は今度は何をしましょうか

CAN-DO Tips› 提案する
Shall we ...? という表現を使うと, 「(自分たちがいっしょに)何かをしましょうか」と提案することができるようになります

• **Shall we** go to the restaurant? レストランに行きませんか

文型 [**Let's ..., shall we?**] …しましょうか

会話 "**Let's** play tennis, **shall we?**" "Yes, let's. [No, let's not.]"
「テニスやろうよ, ね」「うん, そうしよう[いや, よそう]」

❷ 文型 [**I** [**We**] **shall** *do*] 私(たち)は…するだろう, …になるだろう

使い方› **shall** と **will**
単純な未来を表すには, 主語が I, we のときは shall を用いるとされたが, 今では I, we のときも形式ばった文章以外では will を使うのがふつう. shall が多く使われるのはイギリス英語において, もしくは Shall I [we] ...?と提案をしたり意見を聞いたりする場合

• **Shall we** be back by 5? 5時までに(私たちは)戻ってこられるでしょうか

❸ 文型 [**I** [**We**] **shall** *do*] 必ず…するつもりだ (❗「決意・確信」を表す)

• **We shall** overcome our enemy. 私たちは必ず敵に打ち勝つ

• **I shall** return to Japan. 私は日本に必ず戻ってきます

❹《文章》…しなければならない, …すべし (❗法律文書などに用いて一般的命令・禁止などを表す)

❺ 文型 [**You** [**He, She, They**] **shall** *do*.] 君[彼, 彼女, 彼ら]に…してやる[…させよう]; …してよい (❗話し手の意志を表す; この言い方は尊大に聞こえるので, おとなが子どもに言うような時以外は用いない)

• **You shall** do it. 君にそれをやってもらおう

shal·lot /ʃəlάt シャラト/ 名 C 《植物》エシャロット《♦ユリ科の多年草で食用》

shal·low B1 /ʃǽlou シャロウ/ 形 (比較級 **shallower**; 最上級 **shallowest**)
❶(川・容器などが)浅い (↔**deep**)

• a **shallow** bathtub 浅い浴槽

❷浅はかな, 考えの浅い

— 名 (複 **shallows** /ʃǽlouz/) C 《ふつう **the shallows**》浅瀬

sham /ʃǽm シャム/ 名 U C 見せかけ, いんちき; 偽物; C ぺてん師, 詐欺師

— 形 見せかけの, 偽の

— 動 (三単現 **shams** /ʃǽmz/; 過去・過分 **shammed** /ʃǽmd/; 現分 **shamming**) 自 見せかける, ふりをする

sham·bles /ʃǽmblz シャンブルズ/ 名 《**a shambles**》《口語》大混乱(の場所); ごった返し, てんやわんや

shame B1 /ʃéim シェイム/ 名 ❶ U 恥ずかしさ; 恥じらい; 羞恥(しゅうち)心

• Jim has no **shame**. ジムは恥知らずだ

• **Shame** on you! = For **shame**! 恥を知れ!; (軽い意味で)困った人だ

❷《単数形で》恥ずべき事, 恥ずべき人; ひどい事, 残念なこと (=a pity)

• That's a **shame**. それは残念だ[ひどい]

❸ U 恥辱(ちじょく), 不名誉

日英比較 うっかりして「恥をかく」は feel embarrassed という. shame は道徳上の不名誉や屈辱感, 苦痛からくるものに使う

put ... to shame …に恥をかかせる; …を圧倒する

to one's shame 恥ずかしいことには

What a shame! 何たることだ

— 動 (三単現 **shames** /ʃéimz/; 過去・過分 **shamed** /ʃéimd/; 現分 **shaming**) 他 恥をかかせる; 恥じ入らせる

shame·faced /ʃéimfèist シェイムフェイスト/ 形 (ミスをおかして)きまりが悪そうな, 恥ずかしそうな

shame·ful B1 /ʃéimfəl シェイムフル/ 形 恥ずべき; 下品な, いかがわしい; ひどい

shámefully 副 恥ずかしくも

shame·less /ʃéimləs シェイムレス/ 形 恥知らずの; ずうずうしい

shámelessly 副 恥ずかしげもなく

sham·poo A2

/ʃæmpúː シャンプー/ (×シャンプー)
名 (複 **shampoos** /ʃæmpúːz/) U C (洗髪用)シャンプー; C 髪を洗うこと, 洗髪

- give *one's* hair a **shampoo** 髪をシャンプーで洗う

―動 (三単現 **shampoos** /ʃæmpúːz/; 過去・過分 **shampooed** /ʃæmpúːd/; 現分 **shampooing**) ㊀ 頭髪を洗う, 洗髪する

sham·rock /ʃǽmrɑ̀k シャムラク/ 名 U C 《植物》シロツメクサ《◆三つ葉の草の総称; アイルランドの国章》

shan't /ʃǽnt シャント/ shall not の短縮形

shan·ty /ʃǽnti シャンティ/ 名 (複 **shanties** /ʃǽntiz/) C 掘っ建て小屋

shánty tòwn 名 C (都市の)貧民くつ

shape A2 中

/ʃéip シェイプ/ 名 (複 **shapes** /ʃéips/)

❶ U C 形, 形状, かっこう; (見せかけの)姿

- a laptop PC **in the shape of** a shell 貝の形をしたノートパソコン
- clothing for women of all **shapes and sizes** ありとあらゆる体格の女性のための衣服

❷ まぼろし, 幽霊

❸ U (考え・計画などの)実現; 具体的な形

- put *one's* idea into **shape** 自分の考えをまとめる

❹ U (健康・経営などの)状態, 調子 (= condition)

get oneself into shape 体調を整える

in shape ①形状は ②健康で, 体調がよくて (↔**out of shape**)

out of shape ①形がくずれて ②体の具合が悪い (↔**in shape**)

take shape (考え・計画などが)具体化する, はっきりとした形をとる

―動 (三単現 **shapes** /ʃéips/; 過去・過分 **shaped** /ʃéipt/; 現分 **shaping**)

❶ ㊀ (計画などを)具体化する; (進路などを)決定する ❷ ㊀ 〔…に〕形作る《*into*》; ㊁ 形をとる

shape up ①具体化する ②調子がよくなる ③行儀をよくする

派生 **shapely** 形

関連語〉 単語力

circle 円
square 正方形
rectangle 長方形
triangle 三角形
oval だ円
cube 立方体
cylinder 円柱
cone 円すい
pyramid 角すい

circle square rectangle
triangle oval cube
cylinder cone pyramid

shaped 高 /ʃéipt シェイプト/ 形 《複合語》…の形をした

shape·less /ʃéipləs シェイプレス/ 形 はっきりした形のない; 形のくずれた (❗特に女性の体型などに対して)

shape·ly /ʃéipli シェイプリ/ 形 形のいい (❗特に女性の体型などに対して)

share A1 中

/ʃéər シェア/ 動 (三単現 **shares** /ʃéərz/; 過去・過分 **shared** /ʃéərd/; 現分 **sharing** /ʃéəriŋ/)

❶ ㊀ 共有する, いっしょに使う; (意見などを)共にする; ㊁ たがいに分け合う, 〔負担などを〕分担する《*in*》

- **share** the expenses 費用を分担する
- The brothers **share** the room. 兄弟は部屋をいっしょに使っている
- Do you mind **sharing** the secret of how you did that? それをどうやったのか秘訣(ひけつ)を教えてくれない?

❷ ㊀ 分けてやる, 分配する

share out ... 〔…の間で〕…を分配する

《*between, among*》
— 名 (複 **shares** /ʃéərz/)
❶《単数形で》(支出・責任などの)割り当て, 仕事の分担;〔…における〕役割《*in*》
• I must **do** my **share of** the work. 私は自分の分担である仕事をしなければならない
❷《単数形で》(利益などの)分け前
❸ C (会社の)株, 株式《*in*》(! ある会社の株式全体は stock, その個々の株が share) • **share** prices 株価
❹ U C シェア, 市場占有率 (=market share)
go shares with ... (…と)山分けする; 共同で負担する
have (more than) one's fair share of ... (いやなことを)多く経験する

share·hold·er /ʃéərhòuldər シェアホウルダ/ 名《おもに英》C 株主 (=《米》stockholder)

shark 高 /ʃɑ́ːrk シャーク/ 名 C ❶《動物》サメ, フカ ❷《口語》強欲な人; 高利貸し (=loan shark)

sharp B1 高 /ʃɑ́ːrp シャープ/ 形 (比較級 **sharper**; 最上級 **sharpest**)
❶ (刃物・刃などが)よく切れる; とがった (↔**blunt**)
• a **sharp** knife 鋭い[よく切れる]ナイフ
参考》「シャープペンシル」は和製英語で, mechanical [《英》propelling] pencil という
❷ (カーブ・坂・変化などが)急激な, 険しい
• a **sharp** rise [drop] in unemployment 失業率の急上昇[急下降]
❸ (輪郭などが)はっきりした; (味など)ぴりっとした
• This photo is **sharp**. この写真は(画像が)はっきりしている
❹ (人・感覚などが)頭の切れる, 利口な; (音・声などが)鋭い
• **sharp** eyes (物事を見抜く)鋭い目
• John is very **sharp**. ジョンはとても頭が切れる
• a **sharp** cry 鋭い[かん高い]叫び声
❺ (痛みなどが)激しい; (ことばなどが)厳しい • a **sharp** pain 激しい痛み
❻《音楽》シャープの, 半音高い, 嬰(えい)音の《♦記号♯》(⇨**flat**[1]) (! 名詞のあとに置く)
— 副 (比較級 **sharper**; 最上級 **sharpest**)
❶《時刻の表現のあとに用いて》きっかり, 正確に (! この意味では比較変化なし)
❷ 急に; 鋭く; きつく
❸《音楽》半音高く
look sharp 気をつける
— 名 (複 **sharps** /ʃɑ́ːrps/) C《音楽》シャープ, 嬰(えい)音; シャープ記号《♦♯》(⇨**flat**[1])

sharp·en /ʃɑ́ːrpən シャープン/ 動
❶ 他 鋭くする, とがらせる, (鉛筆などを)けずる, (刃物を)とぐ; 自 鋭くなる, とがる (↔**dull**) ❷ 他 (痛み・食欲などを)激しくする; (感覚などを)鋭敏にする

sharp·en·er /ʃɑ́ːrpənər シャープナ/ 名 C
❶ とぐ物, けずる物
❷ とぐ人, けずる人

sharp·ly B2 /ʃɑ́ːrpli シャープリ/ 副
❶ 鋭く; 急に ❷ 厳しい口調[目つき]で; はっきりと
• ask **sharply** 厳しい口調でたずねる

sharp·ness /ʃɑ́ːrpnəs シャープネス/ 名 U 鋭さ; 鋭敏さ; 鮮明さ

sharp·shooter /ʃɑ́ːrpʃùːtər シャープシュータ/ 名 C 射撃の名手, 狙撃者

shat·ter B2 /ʃǽtər シャタ/ 動 ❶ 他 (こなごなに)打ち砕く, 破壊する; 自 こなごなになる ❷ 他 (健康などを)損なう; (希望などを)台無しにする

shat·ter·ing /ʃǽtəriŋ シャタリング/ 形 (人の心を)打ち砕くような, 度ぎもを抜くような; へとへとに疲れさせるような

shat·ter·proof /ʃǽtərprùːf シャタプルーフ/ 形 (ガラス・プラスチックが)割れても散乱しない

shave B1 /ʃéiv シェイヴ/ 動 (三単現 **shaves** /ʃéivz/; 過去 **shaved** /ʃéivd/; 過分 **shaved**, **shaven** /ʃéivən/; 現分 **shaving**)
❶ 他 自 (ひげなどを)そる《*off*》

• He **shaved** his face. 彼は顔をそった[ひげをそった]
❷ …をかすめて通る; かする
❸ 他 (木などを)薄くけずる
━ 名 (複 **shaves** /ʃéivz/) C
ひげをそること, ひげそり
• have a **shave** ひげをそる
have a close shave 《口語》危ないところを助かる (←もう少しで顔を切るところ)

shav·en /ʃéivən シェイヴン/ 動 shave の過去分詞

shav·er /ʃéivər シェイヴァ/ 名 C そる人; そる[削る]道具, 電気かみそり

shav·ing /ʃéiviŋ シェイヴィング/ 名
❶ U そること, ひげそり
❷ C 《ふつう **shavings**》かんなくず

sháving crèam 名 U ひげそり用クリーム

shawl /ʃɔ́:l ショール/ 名 C ショール, 肩かけ

she A1 中

/《弱》ʃi シ; 《強》ʃí: シー/ 代
彼女は, 彼女が (! her (彼女の, 彼女を[に]), hers (彼女のもの), they (彼女たちは[が]))
会話 "How old is your daughter?" "**She** is thirteen years old." 「あなたの娘さんはいくつですか」「13歳です」

参考› (**1**) **she** は人以外の動物の雌, 船・車などの乗り物, 国などにも用いる:
Look at my new motorcycle ― isn't **she** a beauty? ぼくの新しいバイクを見てよ, イケてない?
(**2**) 男女両方を表す語 (everybody など)を受けるとき, 男女平等の観点から he ではなく, **he or she**, **he/she** や **they** を使うことが多くなっている

━ 名 C 《ふつう **a she**》《口語》女性

sheaf /ʃí:f シーフ/ 名 (複 **sheaves** /ʃí:vz/) (穀物・手紙などの)束

shear /ʃíər シア/ (発音 sheer と同音) 動 (三単現 **shears** /ʃíərz/; 過去 **sheared** /ʃíərd/; 過分 **shorn** /ʃɔ́:rn/, **sheared**; 現分 **shearing** /ʃíəriŋ/) 他 (はさみで)刈(り取)る; (羊などの)毛を刈る

shears /ʃíərz シアズ/ 名 《複数扱い》(羊の毛・植木などを刈る)大ばさみ (! 布や紙を切るふつうのはさみは scissors)

sheath /ʃí:θ シース/ 名 C (ナイフ・刀などの)さや; (道具の)おおい

shéath knìfe 名 C さや付ナイフ

sheaves /ʃí:vz シーヴズ/ 名 sheaf の複数形

She·ba /ʃí:bə シーバ/ 名 《**the Queen of Sheba**》《聖書》シバの女王 《♦アラビア南西部にいたとされるシバ族の女王》

shed[1] /ʃéd シェド/ 動 (三単現 **sheds** /ʃédz シェヅ/; 過去・過分 **shed**; 現分 **shedding**) (! 原形・過去形・過去分詞とも同形であることに注意) 他 ❶ (光を)当てる, 注ぐ
• The lump **sheds** a yellow light. ランプが黄色の光を投げかけている
❷ (木が葉を)落とす; (皮・衣服などを)脱ぐ
❸ (不要なものを)取り除く, 削減する
❹ (涙・血などを)流す
• **shed** tears 涙を流す, 泣く
❺ (水を)はじく
shed blood 《文章》人を傷つける, 殺す (←血を流す)
shed light on ... 〔問題〕を(新たな光を当てて)分かりやすいものにする

shed[2] B2 /ʃéd シェド/ 名 C ❶ 小屋, 物置き ❷ (自転車などの)置き場, 車庫

she'd /《弱》ʃid シド; 《強》ʃí:d シード/ she had, she would の短縮形 (! had も would も助動詞; 本動詞としての had は短くできないから She had a bag. を ×*She'd* a bag. としてはいけない)

sheen /ʃí:n シーン/ 名 《単数形で》輝き, 光沢, つや

sheep A1 高

/ʃí:p シープ/ 名 (複 **sheep**) C
❶ 羊
• a flock of **sheep** 羊の群れ
❷ (羊のような)おく病者; 主体性のない人 ❸ U 羊皮
cast [***make***] ***sheep's eyes at ...*** 《古風》…に色目をつかう
follow like sheep 盲従する

separate the sheep from the goats 良い人と悪い人を区別する (❗聖書から; goats (ヤギ)が悪人)

the black sheep of the family 一家のやっかい者

sheep·dog /ʃíːpdɔ̀ːg シープドーグ/ 名 C 牧羊犬, 羊の番犬

sheep·ish /ʃíːpiʃ シーピシュ/ 形 (羊のように)内気な, おどおどした

sheep·ish·ly /ʃíːpiʃli シーピシュリ/ 副 (羊のように)内気に, おどおどと

sheep·skin /ʃíːpskìn シープスキン/ 名 U (毛のついた)羊皮; C 羊皮の服[手袋・敷物など]; U 羊皮紙; C 《米》《口語》卒業証書 (=diploma)

sheer B1 /ʃíər シア/ (発音 shear と同音) 形 (比較級 **sheerer**; 最上級 **sheerest**)
❶ まったくの; 純粋な
❷ (崖などが)切り立った

sheet B1 高 /ʃíːt シート/ 名 (複 **sheets** /ʃíːts シーツ/) C ❶ シーツ, 敷布(しきふ)
• She changes the **sheets** every day. 彼女は毎日シーツを替えます
❷ 薄(うす)板; (紙・薄板の) 1 枚
❸ (水・雪・火などの)一面の広がり

as white as a sheet 真っ青な顔で; 血の気を失って

in sheets (雨などが)激しく

shéet mùsic 名 U シートミュージック (♦ふつう1枚または2つ折りの厚紙に印刷された楽譜)

sheik, sheikh /ʃíːk シーク, ʃéik シェイク/ 名 C (アラビアの)家長, 族長; (イスラムの)教主

shelf A1 高

/ʃélf シェルフ/ 名 (複 **shelves** /ʃélvz/) C
❶ たな ❷ (海・山の)岩棚(だな)

off the shelf 在庫があってすぐ買える

on the shelf 《口語》たな上げされて; お払い箱になって

shell A2 高

/ʃél シェル/ 名 (複 **shells** /ʃélz/) C
❶ 貝がら; (クルミ・卵などの)殻(から), (豆の)さや
❷ 骨組み; 外観 ❸ 砲弾

come out of *one's* ***shell*** 自分の殻から出る, 打ち解ける

draw [***go, retire***] ***into*** *one's* ***shell*** 自分の殻に閉じこもる, 無口になる

— 動 (三単現 **shells** /ʃélz/; 過去・過分 **shelled** /ʃéld/; 現分 **shelling**) 他 ❶ …を砲撃する ❷ (貝・クルミなどの)殻をむく; (豆などの)さやをむく

she'll /《弱》ʃil シル; 《強》ʃíːl シール/ she will, she shall の短縮形

shell·fish /ʃélfìʃ シェルフィシュ/ 名 (複 **shellfish, shellfishes** /ʃélfiʃəz/) C 《shell を持つ》貝; エビ, カニ(類) 《♦食物としての貝・エビ・カニは不加算名詞》

shel·ter B1 高 /ʃéltər シェルタ/ 名 (複 **shelters** /ʃéltərz/)
❶ C (風雨・攻撃などから)守ってくれる物[場所]; 避難所, シェルター; U (仮の)住まい, 住居
• The old storehouse was a good **shelter from** the rain. その古い倉庫は雨をさける[雨宿りに]いい場所だった
❷ U 保護, 避難

— 動 (三単現 **shelters** /ʃéltərz/; 過去・過分 **sheltered** /ʃéltərd/; 現分 **sheltering** /ʃéltəriŋ/) ❶ 他 (人を)かくまう, 〔…から〕保護する, かばう 《*from*》
❷ 自 〔…から〕避難する 《*from*》

shel·tered /ʃéltərd シェルタド/ 形 世間の荒波から隔離された, 過保護の; (風雨などから)守られた

shelve /ʃélv シェルヴ/ 動 他 ❶ 棚に載せる ❷ (問題を)棚上げする

shelves /ʃélvz シェルヴズ/ 名 shelf の複数形

shelv·ing /ʃélviŋ シェルヴィング/ 名 U 棚用材料; 《集合的》棚 (=shelves)

she·nan·i·gans /ʃənǽnigənz シャナニガンズ/ 名 《複数扱い》《口語》ごまかし, ぺてん; いたずら, ふざけ

shep·herd /ʃépərd シェパド/ (×シェパード) 名 C ❶ 羊飼い ⇨**sheep**
❷ 指導者, (特に)牧師

— 動 他 …を導く, 世話する

shépherd dòg 名C 牧羊犬 (= sheepdog) (❗コリー種などをいい, 日本でいう「シェパード犬」は German shepherd という)

sher·bet /ʃɔ́ːrbət シャーバト/ 名UC 《米》シャーベット; U 《英》シャーベット水

sher·iff B1 /ʃérəf シェリフ/ 名 (複 **sheriffs** /ʃérəfs/) C ❶《米》(郡の) 保安官, シェリフ《♦住民によって選ばれる郡の司法最高責任者》 ❷《英》州長官, 代官

Sher·lock Holmes /ʃɔ́ːrlɑk hóumz シャーラク ホウムズ/ 名 シャーロック・ホームズ《♦イギリスの作家コナン・ドイル (1859–1930)が生み出した名探偵》

Sher·pa /ʃɔ́ːrpə シェーパ/ 名 (複 **Sherpa, Sherpas**) C シェルパ族《♦ネパールに住むチベット系の民族; ヒマラヤ登山者の道案内などを務める》

sher·ry /ʃéri シェリ/ 名 (複 **sherries** /ʃériz/) U シェリー酒《♦南スペイン原産の白ワイン》; C その1杯

she's 中 /《弱》ʃiz シズ; 《強》ʃíːz シーズ/ she is, she has の短縮形 (❗she has が she's と省略されるのは has が助動詞の時だけ; She has a book. を ×*She's* a book. としてはいけない)

shh, shhh /ʃ シ/ 間 しっ!; 静かに (=sh)

shield B2 /ʃíːld シールド/ 名C ❶盾; 優勝盾 ❷守ってくれる物; 擁護者

━動 〔…から〕保護する; (目・顔など)手で覆う《*from*》

shift B1 /ʃíft シフト/ 動 他自 (三単現 **shifts** /ʃífts シフツ/; 過去・過分 **shifted** /ʃíftəd/; 現分 **shifting**)

❶ 他 (位置・考え・視線などを)変える; 移す; 自 変わる; 移る

• She **shifted** uncomfortably in her seat. 彼女は居心地悪そうに座り直した

❷ 他 (政策・主義などを) 変更する; 自《おもに米》(自動車などのギアを)入れ換える (❗《英》では change がふつう) ❸ 他〔…に〕(責任などを)転嫁する《*to, onto*》

shift for oneself 自力でやりくりする, どうにかやっていく

━名 (複 **shifts** /ʃífts シフツ/) C

❶変化, 変更, 移動

❷(仕事の) 交替(制), シフト; 交替(勤務)時間, 交替グループ

❸《コンピュータ》キーボードのシフトキー

shift·less /ʃíftləs シフトレス/ 形 やる気のない, 無精な

shift·y /ʃífti シフティ/ 形 (比較級 **shiftier**; 最上級 **shiftiest**) 《口語》(人が)ずるい, 当てにならない; (目つきが)ずるそうな

shil·ling /ʃíliŋ シリング/ 名C シリング《♦1971年以前の英国の貨幣単位》

shim·mer /ʃímər シマ/ 動自 ゆらゆら光る, かすかに光る

━名《単数形で》かすかな光

shin /ʃín シン/ 名C 向こうずね

━動 (三単現 **shins** /ʃínz/; 過去・過分 **shinned** /ʃínd/; 現分 **shinning**) 自 よじ登る《*up*》

shin·bone /ʃínbòun シンボウン/ 名C《解剖》脛骨(けいこつ), すねの骨

shine A2 高

/ʃáin シャイン/

動 (三単現 **shines** /ʃáinz/; 過去・過分 **shone** /ʃóun | ʃɔ́n/; 現分 **shining**)

(❗❸では, 過去形・過去分詞は shined)

❶ 自 輝く, 光る, 照る; 他 (光・明かりなどを)照らす

• Her face **shone** with joy. 彼女の顔は喜びで輝いた

❷ 自 (学問・スポーツなどで) 目立つ, 抜きんでる

❸ (過去・過分 **shined** /ʃáind/) 他 みがく

shine through ... (良い感情などが)…にはっきり現れる

━名《単数形で》

❶光, 輝き, 光沢, つや

❷みがくこと; ひとみがき

rain or shine 雨でも晴でも; どんなことがあっても

派生 **shiny** 形

shin·gle[1] /ʃíŋgl シングル/ 名U《集合的》(海岸・川床などの)小石, 大砂利《♦gravel (砂利)より大きい》

shin·gle[2] /ʃíŋgl シングル/ 名C 屋根板, こけら板; 《米》《口語》(医師・弁護士などの)小看板

hang out one's shingle (医師などが)開業する, 看板を出す

shin·ing 高 /ʃáiniŋ シャイニング/ 形 輝く, 光る; 優れた, 目立つ

Shin·to /ʃíntou シントウ/ 名U 神道

shin·y B1 /ʃáini シャイニ/ 形 (比較級 **shinier**; 最上級 **shiniest**)
❶光っている, ぴかぴかの
❷(衣服などが)てかてかになった
派生 **shine** 名

ship A1 中

/ʃíp シプ/ 名 (複 **ships** /ʃíps/) C
❶船 《♦大洋を航海する大型の船をいう》 ⇨ **boat**
- go on board a **ship** 乗船する
- leave (the) **ship** 船から降りる, 下船する
- a cargo **ship** 貨物船

❷飛行船 (=airship); 宇宙船 (=spaceship)

by ship 船で, 海路で; 船便で

when one's ship comes in [home] 金持ちになったら, 運が向いたら

━ 動 (三単現 **ships** /ʃíps/; 過去・過分 **shipped** /ʃípt/; 現分 **shipping**)
❶他 (貨物を)船に積む; 船で送る
❷他 (飛行機・トラック・列車などで)運送する
- Shipping Free 《掲示》配送無料

❸自 (商品が)出荷される

ship·build·ing /ʃípbìldiŋ シプビルディング/ 名U 造船業; 造船学[術]

ship·ment /ʃípmənt シプメント/ 名U (船・列車・飛行機による)船積み, 積み込み, 発送; C 積み荷; 積み荷量

ship·ping B2 /ʃípiŋ シピング/ 名U 船積み, 輸送, 発送; 海運業; 《米》運送業; 《集合的》(一港・一海運会社などの)船舶

shípping àgent 名C 回漕(かいそう)問屋, 海運業者

ship·shape /ʃípʃèip シプシェイプ/ 形 きちんとした, 整然とした

ship·wreck B2 /ʃíprèk シプレク/ 名UC 難破; C 難破船
━ 動 他 難破させる (❗ふつう受け身で)

ship·yard /ʃípjɑ̀ːrd シプヤード/ 名C 造船所

shirk /ʃə́ːrk シャーク/ 動 他 (仕事・義務などを)避ける, 怠ける; 自 〔…から〕(仕事・義務などを)避ける, 逃れる 《from》

shirt A1 中

/ʃə́ːrt シャート/ (×シャツ)
名 (複 **shirts** /ʃə́ːrts シャーツ/) C
ワイシャツ, シャツ; (女性の)ブラウス

注意› 日本語の「ワイシャツ」は white shirt がなまったもので英語では単に shirt という. また, 下着の「シャツ」はふつう undershirt という

- a **shirt** collar シャツのえり
- **put on** [**take off**] a **shirt** (ワイ)シャツを着る[脱ぐ]

keep one's shirt on 《口語》腹を立てないでいる (❗ふつう命令文で用いる; けんかのときはシャツを脱いだことから)

lose one's shirt 無一文になる

関連語› 単語力
a T-*shirt* (tee *shirt*) Tシャツ
a cotton *shirt* 綿シャツ
a long-sleeved *shirt* 長袖シャツ
a plaid *shirt* 格子柄のシャツ
a striped *shirt* 縦じまのシャツ
a Hawaiian *shirt* アロハシャツ

shirt·sleeve /ʃə́ːrtslìːv シャートスリーヴ/ 名C ワイシャツのそで

in one's shirtsleeves 上着を脱いで, くつろいだ格好で

shish ke·bab /ʃíʃ kəbɑ̀b シシュ カバブ/ 名C 《料理》シシカバブ, シャシリック 《♦羊肉のくし焼き; トルコ語から》 ⇨ **kebab**

shit /ʃít シト/ 間 《下品》くそ, ちぇっ, ちくしょう 《♦いらいら・嫌悪・驚きなどを表す》 ━ 名 《下品》 ❶U 大便, くそ; 《a shit》排便 ❷UC いやなやつ, くそ野郎; いまいましいこと; 侮辱, 難くせ; ひどい扱い

in deep shit = ***in the shit*** 苦境に

陥って, 困って

not give a shit 〔…を〕ぜんぜん気にしない《*about*》

— 動 (三単現 **shits** /ʃíts シツ/; 過去·過分 **shit, shat** /ʃǽt/, **shitted** /ʃítəd/; 現分 **shitting**) 自 《下品》くそをする

shit oneself くそをもらす; びくびくする, びびる

shiv·er B1 高 /ʃívər シヴァ/ 動 (三単現 **shivers** /ʃívərz/; 過去·過分 **shivered** /ʃívərd/; 現分 **shivering** /ʃívəriŋ/) 自 (寒さ·恐怖·興奮などで)ふるえる, 身ぶるいする

— 名 (複 **shivers** /ʃívərz/) C 身ぶるい, ふるえ; 寒気

shiv·er·y /ʃívəri シヴァリ/ 形 (比較級 **shiverier**; 最上級 **shiveriest**) (寒さで)震える; 凍える

shoal[1] /ʃóul ショウル/ 名 C 浅瀬; 州, 砂州

shoal[2] /ʃóul ショウル/ 名 C 《単数·複数扱い》《集合的》(魚の)群れ, 大群; 《ふつう **shoals**》《口語》多数, 多量

shock A2 中

/ʃá(:)k シャ(ー)ク|ʃɔ́k ショク/

名 (複 **shocks** /ʃáks/)

❶ U C (精神的な)ショック, 打撃

- The bad news **gave** him a **shock**. その悪い知らせに彼はショックを受けた

❷ U 《医学》ショック症状

❸ C (爆発などの)衝撃, 震動; 電気ショック

— 動 (三単現 **shocks** /ʃáks/; 過去·過分 **shocked** /ʃákt/; 現分 **shocking**) 他 ぎょっとさせる, 衝撃を与える; 他 自 憤慨させる

- I **was shocked at** his skinny face. 私は彼のやつれた顔にショックを受けた

shóck absòrber 名 C (自動車などの)ショックアブソーバー, 緩衝装置

shocked B1 高 /ʃá(:)kt シャ(ー)クト|ʃɔ́kt ショクト/ 形 ショック[衝撃]を受けた, ぎょっとした

shock·ing B1 高 /ʃá(:)kiŋ シャ(ー)キング|ʃɔ́kiŋ ショキング/ 形 衝撃的な, ぎょっとさせる, ショッキングな; 不愉快な; ひどい

shóckingly 副 ぎょっとするほど

shock·proof /ʃá(:)kprù:f シャ(ー)クプルーフ/ 形 (時計·機械·装置などが)衝撃に耐えられる, 耐震性の

shóck wàve 名 C 《物理》衝撃波; (感情的な)衝撃

shod /ʃád シャド|ʃɔ́d ショド/ 動 shoeの過去形·過去分詞

— 形 《文章》靴をはいた

shod·dy /ʃádi シャディ/ 形 (比較級 **shoddier**; 最上級 **shoddiest**) 安っぽい, 見かけ倒しの; 卑劣な; けちな

shoe A1 中

/ʃú: シュー/ 名 (複 **shoes** /ʃú:z/) C

❶《ふつう **shoes**》靴; 短靴; (一般に)はき物

参考》《米》ではくるぶしまでおおう日本語の「ショートブーツ」も shoe または high shoe という. 《英》ではくるぶしに達しないものを shoe という ⇨**boot ❶**

- **a pair of shoes** 靴1足
- **put on** [**take off**] *one's* **shoes** 靴をはく[脱ぐ]
- tie (*one's*) **shoes** 靴のひもを結ぶ
- What is your **shoe** size? 靴のサイズはいくつですか
- These **shoes** are too tight [loose]. この靴はきつすぎる[大きすぎる]

❷ 靴に似た物; 蹄鉄(ていてつ) (=horseshoe)

another pair of shoes まったく別の問題

fill [***step into***] ***A's shoes*** A(人)の後がまに座る

in A's shoes A(人)の立場に立って; A(人)に代わって

— 動 (三単現 **shoes** /ʃú:z/; 過去·過分 **shod** /ʃád|ʃɔ́d/, **shoed** /ʃú:d/; 現分 **shoeing**) 他 (人に)靴をはかせる; (馬に)蹄鉄を打つ

関連語》 単語力

boots 長靴, ブーツ

pumps 《米》パンプス

sandals サンダル
slippers 室内履き
sneakers 《米》スニーカー, 運動靴
trainers 《英》運動靴
footwear 《集合的》履き物
toe つま先
heel かかと, ヒール
sole 靴底
shoelace, lace 靴ひも

shoe·box /ʃúːbàks シューバクス/ 名 C (1足分の)靴箱; 狭い部屋

shoe·horn /ʃúːhɔ̀ːrn シューホーン/ 名 C 靴べら

shoe·lace /ʃúːlèis シューレイス/ 名 C 靴ひも (=shoestring)

shoe·mak·er /ʃúːmèikər シューメイカ/ 名 C 靴屋さん (❗製造・修理人)

shoe·shine /ʃúːʃàin シューシャイン/ 名 C 《米》靴磨き

shoe·string /ʃúːstrìŋ シューストリング/ 名 《米》(=shoelace)

shone /ʃóun ショウン | ʃɔ́n ション/ 動 shineの過去形・過去分詞

shoo /ʃúː シュー/ 間 シッ(シッ) 《◆動物などを追い払うときの言葉》

— 動 他 シッ(シッ)と言って追い払う

shoo-in /ʃúːìn シューイン/ 名 C 《米》《口語》勝利が確実な候補者[競争者]; 確実なこと, 楽勝

shook /ʃúk シュク/ 動 shakeの過去形

shoot A2 高

/ʃúːt シュート/ (×ショト) (発音 chute と同音)

動 (三単現 **shoots** /ʃúːts シューツ/; 過去・過分 **shot** /ʃát | ʃɔ́t/; 現分 **shooting**)

❶ 他自 (銃・弓などを)**撃つ, 射る**; (的(まと)・動物などを)**撃つ**

• **shoot** a gun 鉄砲を撃つ

• **shoot** a brown bear ヒグマを撃つ[射殺する]

• The man **was shot** dead. その男は撃ち殺された

❷ (質問・視線などを) 向ける; 文型 [**shoot A B = shoot B at A**] A(人)にBを投げかける

• She **shot** me a stern look. = She **shot** a stern look **at** me. 彼女は私に鋭い視線を投げかけた

❸ 他 さっと通り過ぎる, 矢のように走る; 自 勢いよく飛び出る; 噴き出す; (子ども・植物などが)ぐんぐん伸びる

❹ 他自 (写真・映画を)撮る, 撮影する

❺ 他自 (サッカー・バスケットボールなどで)シュートする (❗この意味での名詞形は shot で, shoot ではない)

❻ 自 《米》《口語》《ふつう命令文で》話し始める

go shooting 銃猟(じゅうりょう)に行く

shoot down ① 撃ち落とす, 射殺する ② 《口語》論破する, 断固拒否する

shoot up 急速に成長する; (物価が)急上昇する

— 名 (複 **shoots** /ʃúːts シューツ/) C

❶ 新芽, 若枝

❷ (写真・映画の)撮影(現場)

❸ 射撃会, 狩猟旅行

— 間 《米》ちぇっ 《◆不快・失望を表す》

派生 **shot**[2] 名

shoot·ing B2 /ʃúːtiŋ シューティング/ 名 U 射撃, 狙撃, 発射; 銃猟; C 猟場

shóoting stár 名 C 流星, 流れ星

shop A1 中

/ʃáp シャプ | ʃɔ́p ショプ/

名 (複 **shops** /ʃáps/)

❶ C 小売店, 店 (=《米》store)

参考› 「店」は一般に《米》では **store**, 《英》では **shop** を使うと言われるが, 《米》でも特定の商品を扱う専門店などにはふつう

shop を使い, 《英》でも「デパート」や大型店は department store または単に store という

- coffee **shop** コーヒーショップ, 喫茶店
- This **shop** is open [closed] on Mondays. この店は月曜日は開いている[閉まっている]
- run a **shop** 店を経営している

❷ C (いろいろな)仕事場

close [《英》 ***shut***] ***up shop*** (閉店時間がきて)閉店する; 廃業する

set up shop 開店する; 事業を始める

talk shop (場所柄をわきまえず)自分の商売の話をする

━ 動 (三単現 **shops** /ʃɑ́ps/; 過去・過分 **shopped** /ʃɑ́pt/; 現分 **shopping**) 自 〔…を〕買い物をする, ショッピングする《*for*》

go shopping 買い物に行く

shop around (買い物のために)あちこち見て歩く

shóp assìstant

A2 名 C 《英》

(小売店の)店員 (=《米》 salesclerk)

shop·keep·er B2 /ʃɑ́pkiːpər シャプキーパ/ 名 C 《英》小売商人, 店主 (=《米》 storekeeper)

shop·lift B2 /ʃɑ́plìft シャプリフト/ 動 自 万引する

shop·lift·er B2 /ʃɑ́plìftər シャプリフタ/ 名 C 万引き (◆人)

shop·lift·ing B2 /ʃɑ́plìftiŋ シャプリフティング/ 名 U 万引き (◆行為)

shop·own·er /ʃɑ́pòunər シャプオウナ/ 名 C 小売店所有者

shop·per B1 /ʃɑ́pər シャパ | ʃɔ́pər ショパ/ 名 (複 **shoppers** /ʃɑ́pərz/) C 買い物客 (❗実際には買わずに見て歩くだけの人も含む)

shop·ping A1 中

/ʃɑ́piŋ シャピング | ʃɔ́piŋ ショピング/ 名 U

買い物; 《集合的》買った品物, 買う品物; 《形容詞的》買い物のための

- a **shopping** bag 買い物袋
- I **have** some **shopping** to do this afternoon. きょうの午後買い物がある

━ 動 shop の現在分詞・動名詞

shópping cènter 名 C ショッピングセンター

shópping màll 名 C ショッピングモール

shop·win·dow /ʃɑ́pwìndou シャプウィンドウ/ 名 C ショーウインドー

shop·worn /ʃɑ́pwɔ̀ːrn シャプウォーン/ 形 《米》 ❶ (商品が)棚ざらしの, (長く店に置いて)傷んだ ❷ (ことば・考えなどが)新鮮味のない, 陳腐な

shore[1] A2 高

/ʃɔ́ːr ショー/ 名 (複 **shores** /ʃɔ́ːrz/)

❶ C (海・湖・川の)岸; 海岸

❷ U (川・海に対して)陸(地) (=land)

in shore 岸近くに

off shore 沖合いに

on shore 陸に

shore[2] /ʃɔ́ːr ショー/ 名 C (建物などの)支柱 ━ 動 他 ❶ 支柱で支える《*up*》 ❷ 強化する《*up*》

shore·line /ʃɔ́ːrlàin ショーライン/ 名 C 海[湖]岸線

shorn /ʃɔ́ːrn ショーン/ 動 shear の過去分詞

short A1 中

/ʃɔ́ːrt ショート/

意味マップ

形 ❶ 短い
❷ (時間が)短い
❸ 背が低い
❹ (文章などが)短い; 簡潔な
❺ 不足している
❻ ぶっきらぼうな
❼ さくさくした

副 ❶ 急に
❷ 不足して
❸ 簡潔に; 無愛想に

名 ❶ 短編映画
❷ 《電気》ショート
❸ 《野球》遊撃手, ショート

— 形 (比較級 **shorter**; 最上級 **shortest**)
❶ (寸法・距離が)短い (↔**long**[1])
- **short** hair 短い髪
- This skirt is too **long**. I want a **short** one (=skirt). このスカートは長すぎます. 私は短いのがほしいのです

❷ (時間が)短い (↔**long**[1])
- a **short** visit to London 短期間のロンドン訪問
- a **short** time [while] ago つい先ごろ, しばらく前に
- The days are growing **shorter**. 日がだんだん短くなってきた

❸ 背が低い (↔**tall**)
- [CAN-DO Tips 人の様子を描写する] I am **short** but my brother is tall. 私は背が低いが兄は背が高い

❹ (文章・物語などが)短い; 簡潔な; 短縮した
- a **short** speech 簡潔な演説

❺ (量・金額・距離などが)不足している; 足りない ⇨成句 **be short of ...**
- You are a little **short** on personality. 君は少し個性に欠けるよ

❻ 〔人に〕ぶっきらぼうな, 無愛想な《*with*》
❼ (菓子などが)さくさくした

be short of ... …が足りない, …が不足である
- I couldn't buy the dictionary because I **was short of** money. お金が足りなくて私はその辞書が買えなかった

nothing [***little***] ***short of ...*** まったく…同然の, …にほかならない
short and sweet 《口語》(話・手紙などを)手短に, 簡潔に (❗しばしば皮肉的に)
to be short = to make a long story short 長い話を短くすれば, 手短に言えば

— 副 (比較級 **shorter**; 最上級 **shortest**)
❶ 急に, だしぬけに (=suddenly) (❗この意味では比較変化なし)
❷ 不足して
❸ 簡潔に; 無愛想に

come [***fall***] ***short of ...*** …に達しない, …に及ばない
cut short ... …を短くする; …の話を途中でさえぎる
- He **cut** us **short**. 彼はぼくらの話をさえぎった

go short 〔…に〕不自由する《*of*》
run short 〔…が〕不足する, 〔…を〕切らす《*of*》
short of ... …を除いては, …以外は

— 名 (複 **shorts** /ʃɔ́ːrts ショーツ/)
❶ C 短編映画
❷ C 《電気》《口語》ショート (=short circuit)
❸ C 《野球》遊撃手, ショート

for short 略して
in short 要約すると, 手短に言うと
派生 **shortage** 名; 派生 **shorten** 動

short·age B1 高 /ʃɔ́ːrtidʒ ショーティヂ/ 名 (複 **shortages** /ʃɔ́ːrtidʒəz/) U C 不足, 欠乏
- a serious **shortage** of fuel 深刻な燃料不足

派生 **short** 形

short·bread /ʃɔ́ːrtbrèd ショートブレド/ 名 U ショートブレッド《◆バタークッキー》

short·change /ʃɔ̀ːrttʃéindʒ ショートチェインヂ/ 動 他《口語》(人に)つり銭を少なく渡す; (人を)だます

shórt círcuit 名 C《電気》短絡, ショート

short·com·ing /ʃɔ́ːrtkʌ̀miŋ ショートカミング/ 名 C《ふつう **shortcomings**》欠点, 欠陥, 短所

short·cut /ʃɔ́ːrtkʌ̀t ショートカト/ 名C 近道

short·en 高 /ʃɔ́ːrtn ショートン/ 動他 短くする, ちぢめる; 自 短くなる, ちぢまる
• I had my jeans **shortened**. ジーンズを短くしてもらった

short·en·ing /ʃɔ́ːrtəniŋ ショータニング/ 名U 《料理》ショートニング

short·fall /ʃɔ́ːrtfɔ̀ːl ショートフォール/ 名C 《ふつう **a shortfall**》〔…の〕不足額[量] 《*of, in*》

short·hand /ʃɔ́ːrthæ̀nd ショートハンド/ 名U 速記

short-lived /ʃɔ́ːrtláivd ショートライヴド/ 形 短命の; はかない, 一時的な

short·ly B1 /ʃɔ́ːrtli ショートリ/ 副
❶ じきに, まもなく (=soon); 《after や before の前で》…の少し前[後]に (❗この意味では比較変化なし)
❷ そっけなく, 無愛想に
❸ 手短に, 簡単に
• to put it **shortly** 手短に言えば

shórt-ránge 形 射程の短い; 短期的な

shorts A2

/ʃɔ́ːrts ショーツ/ 名《複数扱い》
❶ 半ズボン, (運動用)ショートパンツ
❷ 《米》パンツ (=《英》underpants) 《◆男の下着》

short·sight·ed /ʃɔ́ːrtsáitəd ショートサイテド/ 形 近眼の (=《米》near-sighted); 近視眼的な
shórtsíghtedly 副 近視眼的に
shórtsíghtedness 名U 近視; 先見の明のなさ

short·stop /ʃɔ́ːrtstɑ̀p ショートスタプ/ 名C 《野球》ショート(の守備位置), 遊撃手

shórt stóry 名C 短編小説

short-tem·pered /ʃɔ́ːrttémpərd ショートテンパド/ 形 怒りっぽい, 短気な

shórt-térm B2 形 短期の (↔**long-term**)

short·wave /ʃɔ́ːrtwéiv ショートウェイヴ/ 名U 短波

shot[1] /ʃɑ́t シャト|ʃɔ́t ショト/ 動 shootの過去形・過去分詞

shot[2] A2 高

/ʃɑ́t シャト|ʃɔ́t ショト/
名(複 **shots** /ʃɑ́ts シャツ/) C
❶ 発射, 発砲; 銃声; 射撃
❷ 射手(しゃしゅ)
❸ 銃弾, 砲弾
❹ 《バスケットボール・サッカー》シュート, 《ゴルフ》ショット
❺ 写真; (映画・テレビの)ショット
❻ 試み; 当てずっぽう
❼ 《口語》注射 (=injection); (少量の強い酒の)1杯
❽ 《しばしば **the shot**》《スポーツ》(砲丸(ほうがん)投げ競技の)砲丸

a shot in the arm 《口語》刺激剤, 勇気づけるもの
a shot in the dark 《口語》当てずっぽう
call the shots 《口語》命令を出す, 指揮をとる
like a shot すぐに (←鉄砲玉のように)
派生 **shoot** 動

shot·gun /ʃɑ́tgʌ̀n シャトガン/ 名C 散弾銃, 猟銃, ショットガン

shótgun wédding [**márriage**] 名C できちゃった婚 (◆妊娠が原因でする結婚)

shót pùt 名U 《**the** をつけて》《スポーツ》砲丸(ほうがん)投げ (❗砲丸は (the) shot という)

should A1 中

/《弱》ʃəd シュド; 《強》ʃúd シュド/ 助
❶ 《「義務・当然」の意味を表して》…すべきである; …するほうがいい; 《**should have** *done*》…すべきだった (❗この意味では /ʃúd シュド/ と強く発音する)
[CAN-DO Tips 義務・必要を言う]
• You **should** study harder. 君はもっと勉強すべきだ
• There **should** be no more wars. もう戦争があってはならない

should

A1 助
中 /《弱》ʃəd シュド;《強》ʃúd シュド/

意味マップ

助 ❶…すべきである
❷…するはずだ
❸…するであろう
❹…なのですが
❺…するように
❻…する[である]とは
❼いったい
❽shallの過去形

助動詞の頻度

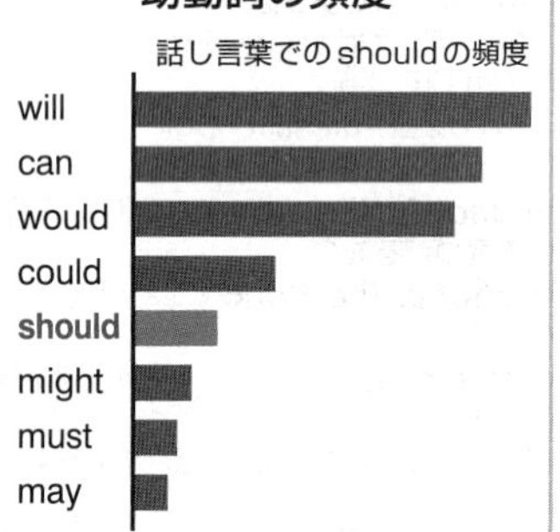

should …すべきだ の強さ

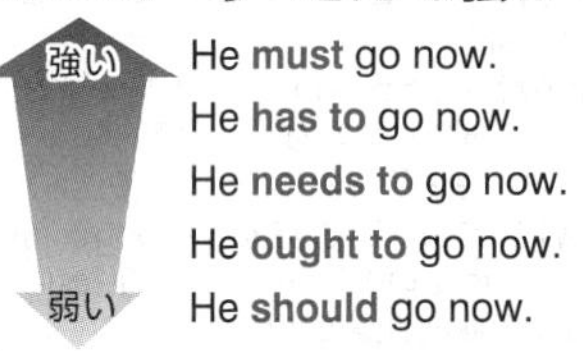

should は「すべきだ」と訳すが，義務を表す助動詞表現の中では一番強さの度合いが弱い

must は強いので命令的になり，それを避けるために **should** が使われることが多い

ワンポイント・アドバイス

shouldはwill, can, would, couldの次に頻度の高い助動詞. 一般的用法は次の2つ:

(a) **義務・助言**:　You should go now.　今行ったほうがいいでしょう

(b) **可能性・推量**: That should be enough.　それで十分なはずです

! shouldは全体に**義務**でも**可能性**でも,「望ましいこと」を言いたい時に使うことが多い. また, あまり強く言わずにやんわりと言う時にもよく使われる. 強い義務のmustよりも, 会話では相手の気持ちを配慮した感じになるので好まれる.

使えるコーパスフレーズ

should ＋動詞

1 **should be**　He should be here in a minute.　彼はもうすぐここに来るはずです

2 **should have**　You should have told us.
何で言ってくれなかったの(! 相手を非難して)

3 **should think**　You should think carefully.　慎重に考えないといけません

4 **should do**　You should do it.　君はそれをすべきだよ

• You **shouldn't** think like that. ⇨ フォーカス 3 そんなふうに考えてはいけない

会話 "Can I have beer?" "No. You **should** have Coke." 「ビール飲んでいい?」「だめだよ. コーラにしなさい」

• What **should** we do? ⇨ フォーカス 4 一体どうしたらいいんだろう (❗What shall we do? よりも強い当惑・驚きなどを表す)

使い方› **should** 「…するべきである」

(1) **should** do で現在・未来の義務を表す:

You **should be** more careful. ⇨ フォーカス 1 君はもっと注意深くしなければならない

Should I **apologize** to her? 彼女に謝るべきですか (❗Should I [we] ...? は相手に意見や忠告を求める言い方)

(2) **should have** *done* は現在[言った時点]から見て, 過去に「…(しなかったが)するべきであった」ことを表す:

You **should have apologized** to her before you left here. ⇨ フォーカス 2 君はここを去る前に彼女に謝るべきだった(実際には謝らなかった)

She told me that I **should have been** more careful. 彼女は私にもっと注意深くするべきだったと言った (=She said to me, "You **should have been** more careful.")

比較 She told me that I **should be** more careful. 彼女は私にもっと注意深くするべきだと言った (=She said to me, "You **should be** more careful.")

❷《「推量・可能性」を表して》**…するはずだ, きっと…だろう**; 《**should have** *done*》**…してしまったはずである**

• They **should** be home by now. ⇨ フォーカス 1 彼らは今ごろはもう家に着いているはずだ

• Their train **should have** arrived at Manchester by now. ⇨ フォーカス 2 彼らの乗った列車は今ごろはもうマンチェスターに着いているはずだ

• There're many games, so it **should** be fun. ゲームがたくさんあるから楽しめるはずだ

❸《仮定法の if 節を伴って》**…するであろう**; 《**should have** *done*》**…したであろう** (❗《米》ではふつう would を用いる) • I **should** be surprised if so many people came. そんなにたくさん人が来たら驚くだろうね

❹《1人称に用いて》**…なのですが, まあ…でしょう** (❗単に語調を弱める)

❺《要求・提案を表す節の中で》**…するように** (❗しばしば should を省略して, 原形の動詞(仮定法現在形)を用いる; 《米》では省略するのがふつう)

• It is important that he (**should**) decide what to do. 彼がどうするかを決定することが重要である

参考› (1) that ... に「(should+) 動詞の原形」を用いる動詞は, demand, desire, insist, order, propose, request, suggest など

(2) It is ~ that ... の that ... に「(should+)動詞の原形」を用いる形容詞は, advisable, desirable, essential, necessary, preferable など

❻《**it is ... that ...**で》**…する[である]とは, …する[である]なんて**

• **It is** strange [odd] **that** he **should** say such a thing. 彼がそんな事を言うとは変だ (❗It = that 以下; should を用いると単に he says ... という場合と違って「驚き・意外」などの感情がはいる)

❼《疑問詞とともに用いて強調・驚きを表す》**いったい** (❗この意味では /ʃúd シュド/ と強く発音する)

• How **should** I know? 知るわけないよ, 知らないよ (←どうして私が知っていなければならないのか?)

• Why **should** she object? いったいなんで彼女は反対するのか

❽《「時制の一致」によって生じる》**shallの過去形** (❗《米》では would の方がふつう)

• I thought I **should** not see him again. 私は彼に二度と会わないだろうと思った (❗I think I shall not see him again. の過去形) ⇨**shall** ❷

• I asked if I **should** open the window. 窓をあけましょうかと私はたずねた (= I said, "Shall I open the window?") ⇨**shall** ❶

***if ... should** do* 万一[ひょっとして]…ならば (❗可能性が非常に少ない未来の事柄を仮定していう; should は強く発音する) • **if** it **should** rain tomorrow 万一あした雨が降ったら

***I should like to** do* …したいと思います (=I would like to do) (❗ていねいな言い方; 話しことばではしばしば I'd like to *do*) ⇨**like**[1] 動 (成句)

shoul·der A1 高

/ʃóuldər ショウルダ/ (×ショルダー)

名 (複 **shoulders** /ʃóuldərz/)

❶ C 肩; 《**shoulders**》 双肩(そうけん)

• tap him on the **shoulder** (注意をうながすためなどに)彼の肩をたたく

• shrug *one's* **shoulders** 肩をすくめる

❷ C (衣服・山などの)肩; 《米》 (道路の)路肩

❸ U C (食用獣の)肩肉

a shoulder to cry on 相談に乗ってくれる人

give* [*turn*] *the cold shoulder to ... …に冷たくする; …によそよそしくする

shoulder to shoulder 肩をならべて; 助け合って

(***straight***) ***from the shoulders*** 単刀直入に, 率直に

— 動 (三単現 **shoulders** /ʃóuldərz/; 過去・過分 **shouldered** /ʃóuldərd/; 現分 **shouldering**) 他

❶ (責任などを)引き受ける

❷ 肩で押す; 担ぐ

shóulder bàg 名 C (肩にかける)ショルダーバッグ

shóulder blàde 名 C 《解剖》 肩甲(けんこう)骨

shoul·der-length /ʃóuldərléŋθ ショウルダレングス/ 形 (髪の毛などが)肩までの長さの

should·n't /ʃúdnt シュドント/ should not の短縮形

should've /ʃúdəv シュダヴ/ should have の短縮形

shout A2 高

/ʃáut シャウト/ 名 (複 **shouts** /ʃáuts シャウツ/) C 叫び声, 叫び; 大声

— 動 (三単現 **shouts** /ʃáuts シャウツ/; 過去・過分 **shouted** /ʃáutəd/; 現分 **shouting**) 他 自 叫ぶ (=cry); 大声を出す[で言う], どなる

• **shout out** 大声で叫ぶ

• **shout for** help 大声で助けを求める

• He often **shouts at** me for my mistakes. 私がミスをおかすと彼はしばしば私にどなる • The patient **shouted with** pain. 患者は痛みのあまり叫んだ

shout down 人をやじり倒す, 大声を出して人を黙らせる

shout·ing /ʃáutiŋ シャウティング/ 名 U 叫ぶこと, かっさい; 《コンピュータ》 (Eメールで)すべての文字を大文字で書くこと

shove /ʃʌ́v シャヴ/ 動 他 乱暴に押す, ぐいと突く; 〔…の中に〕押し込む 《*in, into*》; 自 ぐいと押す, 突く; 押し進む 《*along, past, through*》 — 名 C 《ふつう **a shove**》 ぐいと押す[突く]こと

shov·el /ʃʌ́vəl シャヴェル/ 名 C シャベル (1杯分)

— 動 (三単現 **shovels** /ʃʌ́vəlz/; 過去・過分 **shoveled**, 《英》 **shovelled** /ʃʌ́vəld/; 現分 **shoveling**, 《英》 **shovelling**) 他 シャベルですくう[掘る]

show A1 中

/ʃóu ショウ/

共通イメージ 隠していたものを相手に見せる

意味マップ
動 ❶見せる, 示す
❷見える
❸明らかにする, 示す
❹表に出す
❺教える; 説明する
❻案内する
❼陳列する; 上映[上演]する
❽表示する
名 ❶見せること
❷展覧会; 見せ物
❸見せかけ, 見栄

—動 (三単現 **shows** /ʃóuz/; 過去 **showed** /ʃóud/; 過分 **shown** /ʃóun/, **showed**; 現分 **showing**)

❶他 見せる, 示す
- **show** a necklace ネックレスを見せる
- **Show** your tickets, please. 切符をお見せください[拝見いたします]

文型 [**show A B** = **show B to A**] A(人)にB(物)を見せる
- **Show** me your marks in math. I have **shown** you mine. 君の数学の点を見せてくれ. ぼくの点は見せたのだから
- He **showed** his friends his new bicycle. = He **showed** his new bicycle **to** his friends. 彼は友達に彼の新しい自転車を見せた

❷自 見える; 現れる
- Stars began to **show** in the sky. 空に星が見え始めた
- Only a part of an iceberg **shows** above the water. 氷山の一部だけしか水面上に出ていない

❸他 明らかにする, 示す; 文型 [**show that ...** [**wh- ...**]] …ということ[…か]を示す, 証明する
- His cough **shows that** he smokes too much. 彼のせきは彼がたばこを吸いすぎていることを示す
- It just **shows how** difficult the problem is. それはその問題がいかに難しいかを示している

文型 [**show A** (**to be**) **B**] AがBであることを示す[証明する]
- Jim **has shown** himself (**to be**) a capable leader. ジムは自分が有能なリーダーであることを示した (=Jim has shown that he is a capable leader.)

文型 [**show A** *do***ing** [*done*]] Aが…していること[…の状態のところ]を示す[証明する]
- This picture **shows** my mother **playing** with me. この写真は母が(赤ちゃんのころの)私をあやしているものです

❹他 (感情などを)表に出す; (好意・情けなどを)示す
- She always **shows** kindness to animals. 彼女はいつも動物にやさしさを示す[やさしくしてやる]

❺他 教える; 説明する; 文型 [**show A B**] A(人)にBを教える
- Please **show** me the way to the station. どうぞ駅へ行く道を教えてください[駅まで案内してください] (❗ show ... the way to ... は道順を地図に書いて教えたり, 目的地まで案内するという意味; 「口頭で道順を教える」は tell ... the way to ...) ⇨❻

文型 [**show A wh- ...**] A(人)に…かを教える
- I'll **show** you **how to** play chess. チェスのやり方を教えてあげよう

❻他 案内する《*around, round*》
- **show** him into the room 彼を部屋の中へ案内する
- **Show** him in. その方を中にお通ししなさい • She **showed** me **around** Kyoto. 彼女は私に京都を案内してくれた

❼他 陳列する, 展示する; 上映[上演]する

❽他 (温度などを)示す, 表示する

show off 見せびらかす, これ見よがしにふるまう, 目立とうとする

show oneself 現れる, (本性などを)表す

show up ①《口語》(集まりなどに)顔を出す, 来る ②(人の本性などを)あばく; 目立たせる

—名 (複 **shows** /ʃóuz/)

❶UC 見せること, 展示, 表示
- a **show** window (商店の)飾り窓, 陳列窓, ショーウインドー

- vote by **a show of hands** 挙手によって決を採(と)る

❷ Ⓒ **展覧会, 品評会**; (芝居・映画・サーカスなど)**見せ物, ショー**; (テレビ・ラジオの)**番組**

- a dog [flower] **show** 犬[花]の品評会
- a quiz **show** (テレビの)クイズ番組

❸ 《単数形で》**見せかけ, ふり, …らしい様子, 見せびらかし, 見栄**

for show 見せびらかしに; 見栄で

make a show of ... …を見せびらかす; …のふりをする

on show 陳列されて, 展示されて

steal the show 《口語》(わき役が)主役を食う; (主役を圧倒して)かっさいを浴びる

使えるコーパスフレーズ

show＋人＋名詞

(**1**) *show* ... the way …に道順[やり方]を教える

(**2**) *show* ... a car …に車を見せる

(**3**) *show* ... a letter …に手紙を見せる

(**4**) *show* ... a picture …に写真[絵]を見せる

show＋名詞

(**1**) *show* an interest 興味・関心を示す

(**2**) *show* sign(s) of ... …のきざしを見せる

(**3**) *show* results 結果を出す[示す]

(**4**) *show* one's feelings 自分の気持ちを表す

(**5**) *show* evidence 証拠を示す

コーパス この順番でマスター

show の重要構文

(**1**) *show*＋名詞

(**2**) *show*＋名詞＋名詞

(**3**) *show*＋名詞＋to＋名詞

(**4**) *show*＋that節

(**5**) *show*＋名詞＋wh節・句

ネイティブはこういう！›

I'll show you the way. ご案内します

The scar doesn't show. 傷は目立たないよ

She didn't show up. 彼女は現れなかった

I'll show him. 彼にわからせてやる

shów-and-téll, shów and téll 名 Ⓒ 展示と説明(授業) 《◆米国の小学校の教育活動として, 生徒が実物を持参し他の生徒に説明する授業方法》

show·biz B2 /ʃóubìz ショウビズ/ 名 《口語》(=show business)

shów bùsiness 名 Ⓤ 芸能界

show·case B2 /ʃóukèis ショウケイス/ 名 Ⓒ 陳列用ガラスケース

show·down /ʃóudàun ショウダウン/ 名 Ⓒ 《ふつう **a showdown**》《口語》(紛争解決のための)**最終的対決, 土壇場**; 〔…との〕**決着, 和解** 《*with*》

showed /ʃóud ショウド/ 動 showの過去形・過去分詞

show·er A1 高

/ʃáuər シャウア/

名 (複 **showers** /ʃáuərz/) Ⓒ

❶ シャワー (=shower bath)

- **take** [**have**] a **shower** シャワーを浴びる

❷ にわか雨, 夕立 (=a rain shower); **にわか雪** (=a snow shower)

❸ にわか雨のようにどっと来るもの, …の雨

❹ 《米》 **お祝い品贈呈パーティー**

— 動 (三単現 **showers** /ʃáuərz/; 過去・過分 **showered** /ʃáuərd/; 現分 **showering**)

❶ 自 **シャワーを浴びる**

❷ 自 《it を主語にして》 **にわか雨が降る; 雨のように降りそそぐ**; 他 **雨のように浴びせる, 惜しみなく与える**

shówery 形 にわか雨の(多い)

show·ing /ʃóuiŋ ショウイング/ 動 showの現在分詞・動名詞

— 名 **❶** Ⓒ **見せること; 展示**

❷ 《単数形で》 **見栄え; 成績; 提示**

show·man /ʃóumən ショウマン/ 名 (複 **showmen** /ʃóumən/) Ⓒ **演技的才覚のある人; 興行師**

show·man·ship /ʃóumənʃip ショウマンシプ/ 名 Ⓤ **興行師としての才腕; 人目を引きつける手腕[能力]**

shown /ʃóun ショウン/ 動 showの過去分詞

show-off /ʃóuɔ̀:f ショウオーフ/ 名 (複 **show-offs** /ʃóuɔ̀:fs/)
❶ C 《口語》見せびらかす人
❷ U 見せびらかし

show·room /ʃóurù:m ショウルーム/ 名 C (商品などの)陳列室, 展示場, ショールーム

shows /ʃóuz ショウズ/ 動 show の三人称単数現在形

show·y /ʃóui ショウイ/ 形 (比較級 **showier**; 最上級 **showiest**) 目立つ; けばけばしい

shrank /ʃrǽŋk シュランク/ 動 shrink の過去形

shred /ʃréd シュレド/ 名
❶ C 《しばしば **shreds**》切れ端; 断片
❷ 《**a shred**》ごくわずか, 少量 (! ふつう疑問文, 否定文で用いる)

━ 動 (三単現 **shreds** /ʃrédz シュレヅ/; 過去・過分 **shredded** /ʃrédəd/; 現分 **shredding**) 他 切り刻む; ずたずたに裂く

shred·der /ʃrédər シュレダ/ 名 C 書類寸断機, シュレッダー; 野菜刻み器

shrew /ʃrú: シュルー/ 名 C 《動物》トガリネズミ; 《文章》口うるさい女

shrewd /ʃrú:d シュルード/ 形 (比較級 **shrewder**; 最上級 **shrewdest**) (自分の利に)敏(さと)い, 抜け目のない; 鋭い, かしこい (=clever)

shréwdness 名 U 抜け目のなさ

shréwdly 副 抜け目なく

shriek /ʃrí:k シュリーク/ 動 他自 金切り声を出す, キャーと言う, 悲鳴をあげる; (サイレンなどが)鋭い音で鳴る

━ 名 C 金切り声, キャーという声, 悲鳴; (サイレンなどの)鋭い音

shrill /ʃríl シュリル/ 形 (比較級 **shriller**; 最上級 **shrillest**) (声・音が)かん高い, けたたましい

━ 動 《文章》自 鋭い音を出す; 金切り声を出す; 他 かん高い声で言う[歌う]

shrílly 副 かん高く; 鋭く

shrimp B1 高 /ʃrímp シュリンプ/ 名 (複 **shrimp**, **shrimps** /ʃrímps/) C 小エビ (◆食用の小エビの総称; prawn よりも小さい) ⇨**lobster**

shrine 中 /ʃráin シュライン/ 名 C (聖者の遺骨・遺品などを祭った)聖堂, 霊廟(れいびょう); (日本の)神社, 神宮 (! 「寺」は temple で表す)

shrink B2 /ʃríŋk シュリンク/ 動 (三単現 **shrinks** /ʃríŋks/; 過去 **shrank** /ʃrǽŋk/, **shrunk** /ʃrʌ́ŋk/; 過分 **shrunk**, **shrunken** /ʃrʌ́ŋkən/; 現分 **shrinking**)
❶ 他自 (布などが)ちぢむ, 小さくなる
❷ 他 (量・価値などが)減る, 低下する
❸ 自 〔…から〕しりごみする, 避ける 《*from*》

shrink·age /ʃríŋkidʒ シュリンキヂ/ 名 U 収縮; 減少, 縮小; U C 《ふつう **a shrinkage**》縮小[減少]量

shriv·el /ʃrívəl シュリヴァル/ 動 (三単現 **shrivels** /ʃrívəlz/; 過去・過分 **shriveled**, 《英》 **shrivelled** /ʃrívəld/; 現分 **shriveling**, 《英》 **shrivelling**) 自 しぼむ, しなびる; しわがよる 《*up*》; 他 しぼませる; しわを寄らせる 《*up*》

shroud /ʃráud シュラウド/ 名 C 死体に着せる白衣, 経かたびら; 《**a shroud**》幕, おおうもの, とばり

━ 動 他 (死体に)経かたびらを着せる; 《ふつう受け身で》〔…に〕おおい隠す 《*in*》

shrub /ʃrʌ́b シュラブ/ 名 C 低木, かん木 《◆集まると bush (しげみ)になる》

shrub·ber·y /ʃrʌ́bəri シュラバリ/ 名 (複 **shrubberies** /ʃrʌ́bəriz/) U 《集合的》低木, かん木; C かん木の茂み

shrug B2 /ʃrʌ́g シュラグ/ 動 (三単現 **shrugs** /ʃrʌ́gz/; 過去・過分 **shrugged** /ʃrʌ́gd/; 現分 **shrugging**) 他自 (肩を)すくめる

- I asked him for his advice, but he just **shrugged** his shoulders. 私は彼に助言を求めたが彼はただ肩をすくめただけだった

shrug off 無視する

━ 名 C (肩を)すくめること

shrunk /ʃrʌ́ŋk シュランク/ 動 shrink の過去分詞

shrunk·en /ʃrʌ́ŋkən シュランクン/ 動 shrink の過去分詞

━ 形 しぼんだ, 縮んだ, しなびた (! 名詞の前に用いる)

a b c d e f g h i j k l m n o p q r **s** t u v w x y z

shucks /ʃʌ́ks シャクス/ 間 《米》《口語》 ちぇっ！(❗失望・いらだちなどを表す)

shud·der /ʃʌ́dər シャダ/ 動 自 (寒くてまたはこわくて)身ぶるいする, ぞっとする

ー名 C 身ぶるい; ぞっとする思い, 戦慄(せんりつ)

shuf·fle /ʃʌ́fl シャフル/ 動 ❶自 足を引きずって歩く ❷他自 (トランプの札を)シャッフルする ❸他 あちこち動かす; 自 あちこち動き回る

shun /ʃʌ́n シャン/ 動 (三単現 **shuns** /ʃʌ́nz/; 過去・過分 **shunned** /ʃʌ́nd/; 現分 **shunning**) 他 避ける, 近寄らない; 無視する

shunt /ʃʌ́nt シャント/ 動 他 (人・物を)〔…に〕わきにどかす; (話題などを)他へそらす《*on* (*to*)》; 《しばしば受け身で》《鉄道》(車両を, 側線などに)入れる

shut A2 高

/ʃʌ́t シャト/ 動 (三単現 **shuts** /ʃʌ́ts シャツ/; 過去・過分 **shut**; 現分 **shutting**) (❗原形・過去形・過去分詞とも同形であることに注意)

❶他 (ドアなどを) しめる, 閉じる; 自 しまる (⇔**open**) (❗close よりも「ピシャリと閉める」というニュアンスがある)

- **shut** the door 戸をしめる
- The bathroom window won't **shut**. お風呂場の窓がなかなかしまらない
- Keep your mouth **shut**. (=**Shut** up!) おだまり (←おまえの口を閉じられたままにしておけ)
- **Shut** your textbooks. 教科書を閉じなさい

❷他 (店などを)しめる, 自 しまる ⇨成句 **shut up**

❸他 〔…に〕閉じ込める《*in, into*》

❹他 (指などを)はさむ

shut away 遠ざける《*from*》; 〔…に〕閉じ込める《*in*》

shut down ①閉鎖する; 閉じる; 休業する; (コンピュータを)シャットダウンする ②(霧などが)立ち込める

shut in 閉じ込める; 取り囲む

shut off ①(ガス・水道などを)止める; (光・音などを)さえぎる ②〔…から〕遠ざける《*from*》

shut out しめ出す, さえぎる; (野球などで相手チームを)0点に抑える

shut up ①《口語》だまる; だまらせる

- **Shut up!** Mind your own business. 黙れ. よけいなお世話だ

②(家などを)すっかり閉める; (店を)閉める; 廃業する

③〔…に〕しまい込む, 閉じ込める《*in*》

shut·down /ʃʌ́tdàun シャトダウン/ 名 C (工場などの一時的・永久的)閉鎖, 操業停止; (機械などの)運転停止

shut·eye /ʃʌ́tài シャタイ/ 名 U 《口語》眠り, うたた寝

shut-in /ʃʌ́tìn シャティン/ 形 《米》(家・病院などに)閉じこもった; 孤独癖の

ー名 (複 **shut-ins** /ʃʌ́tìnz/) C 《米》(病弱で)家にこもりっきりの人

shut·out /ʃʌ́tàut シャタウト/ 名 C 工場閉鎖, 締め出し; (野球などでの)完封, シャットアウト; 完封試合

shut·ter /ʃʌ́tər シャタ/ 名 C ❶《ふつう **shutters**》よろい戸, 雨戸, (商店などの)シャッター ❷(カメラの)シャッター

ー動 他 よろい戸[シャッター]をしめる (❗ふつう受け身で用いる)

shut·tle 高 /ʃʌ́tl シャトル/ 名 C ❶杼(ひ)《◆船形の糸巻き》 ❷折り返し便, 定期往復列車[バス, 航空機] (❗a shuttle train [bus] などともいう)

ー動 自 往復する; 他 往復させる

shut·tle·cock /ʃʌ́tlkɑ̀k シャトルカク/ 名 C (バドミントンの)羽根 (=《米》birdie)

shy A1 中

/ʃái シャイ/ 形 (比較級 **shyer, shier**; 最上級 **shyest, shiest**)

❶内気な, 恥ずかしがり屋の, はにかむ

- a **shy** smile はにかんだ微笑

❷ 文型 [**be shy of** [**about**] **A**] Aに用心する; 文型 [**be shy of** [**about**] ***do*ing**] …するのをためらう

❸(動物などが)用心深い, 人に寄りつかない

ー動 (三単現 **shies** /ʃáiz/; 過去・過分 **shied**

/ʃáid/; 現分 shying) 自 (馬などが)飛びのく; 後ずさりする

shy away from ... (人が)…からしりごみする

Shy·lock /ʃáilɑk シャイラク/ 名 シャイロック (♦シェイクスピア作『ベニスの商人』に登場する非情な高利貸し)

shy·ly /ʃáili シャイリ/ 副 恥ずかしそうに; 内気に; おずおずと

shy·ness /ʃáinəs シャイネス/ 名 U 内気; はにかみ; 臆病

Si·be·ri·a /saibíəriə サイビアリア/ 名 シベリア(地方)

sib·ling 高 /síbliŋ スィブリング/ 名 C (文章) きょうだい (♦兄・弟・姉・妹のどれか)

sic /sík スィク/ 副 原文のまま (! (sic) や [sic] のように使われる)

sick A1 中

/sík スィク/

意味マップ
形 ❶ 病気の; 病気で
❷ 吐き気がする; 気分が悪い
❸ うんざりして
❹ 悪趣味な; 病的な
❺ 恋しがって
名 吐いた物

― 形 (比較級 **sicker**; 最上級 **sickest**)

❶ 病気の; 病気で, 病気に (! (英) ではふつう ill, unwell を用いる)

- a **sick** child 病気の子ども
- **the sick** = **sick** people 病人たち
- She is **sick** in bed. 彼女は病気で寝ている
- He **looks sick**. 彼は具合が悪そうだ
- I **became** [**got**] **sick**. 私は具合が悪くなった (! sick を❷の意味にとれば「吐き気がした」)

❷ 吐き気がする; 気分が悪い

- **feel** [**get**] **sick** 吐き気がする

参考› (1)「病気である」はふつう (米) では be sick, (英) では be ill を使う
(2)「吐き気がする」の意味では, (米) では be [feel] sick のあとに to *one's* stomach を補うことが多い.

❸ [...に]うんざりして, いやになって (*of*)

- I'm **sick of** his boasts. 彼の自慢話にはうんざりだ

❹ (話や冗談が)悪趣味な; 病的な, ひどい

❺ [...を]恋しがって (*for*)

make A sick (口語) A(人)を怒らせる, 不快にさせる

― 名 U (英) (口語) 吐いた物 (=vomit)

sick·en /síkən スィクン/ 動

❶ 他 吐き気がする, うんざりさせる

❷ 自 病気になる, 他 病気にする

sick·en·ing /síkəniŋ スィカニング/ 形 むかむかさせる, 吐き気を催させる; うんざりする

sick·le /síkl スィクル/ 名 C かま (! 片手用の小さなかま)

síck lèave 名 C 病気休暇

sick·ly /síkli スィクリ/ 形 (比較級 **sicklier**; 最上級 **sickliest**) 病気がちの, 病弱な; 弱々しい

sick·ness B1 /síknəs スィクネス/ 名 (複 **sicknesses** /síknəsəz/)

❶ U C 病気 (=illness) ⇨**disease**

- a severe [slight] **sickness** 重い[軽い]病気

❷ U 吐き気, むかつき

- car [sea] **sickness** 車[船]酔い

sick·room /síkrùːm スィクルーム, síkrùm スィクルム/ 名 C 病室

side A1 中

/sáid サイド/ 名 (複 **sides** /sáidz サイヅ/) C ❶ (左右・上下などの)側(がわ), (表裏・内外などの)面

- the right [left] **side** of the road 道の右[左]側
- the right [wrong] **side** of the cloth 布の表[裏]側
- the west [east] **side** of the city 市の西[東]側
- A lot of bicycles were parked on one **side** of the road. 道路の片側に自転車がたくさんとめてあった
- There is printing on both **sides** of the paper. その紙の両面に印刷がしてあり

ます
❷横; そば, わき; 側面, 横腹; 山腹, (丘などの)斜面; 《数学》辺, 面
• Can you see the little button at the **side** of the door? そのドアの横にある小さなボタンが見えますか?
• I slept on my **side**. 私は横向きになって眠った
❸(敵・味方の)側, 組, 派
• the other **side** 相手側
• Our **side** won the football game. 私たちの側がフットボールの試合に勝った
会話 "Which [Whose] **side** are you on?" "I'm on Ken's **side**, because he is always on the **side** of the weak." 「君はどっち側に賛成なんだ」「ぼくはケンの側だ. だって彼はいつも弱い方の味方だからだ」
❹(人・事・物を見る)面, 局面
• consider the question from all **sides** その問題をあらゆる面から考える
❺(血統の)…方(かた)

at [by] the side of ... …のわきに, そばに
by [at] A's side A(人)のわきに, そばに; A(人)を支援して
from side to side 左右に, 横に
• move *one's* head **from side to side** 頭を横にふる
get on the right [wrong] side of ... …に気に入られる[怒らせる]
No side! (ラグビーなどの)試合終了 (❗試合が終われば相手の側も味方の側もなくなることから)
on [from] all sides [every side] 至る所に[から], 四方八方に[から]
on A's side A(人)を支持する, 支援する
on the side ①副業で, 片手間に; 余分に ②《米》添え料理として
on the ... side …気味で, やや…
• I'm afraid I'll be a little **on the** late **side**. 少し遅れ気味かな
side by side 並んで
take sides (with) A = the side (of) A = take A's side A(人)の味方をする, 肩を持つ
• I **took his side**. 私は彼の味方をした

━ 形 側面(から)の, 横(から)の; 副次的な; 添えものの (❗名詞の前に用いる)
日英比較 「サイドブレーキ」は《米》parking brake, 《米》emergency brake, 《英》handbrake という. また「サイドビジネス」は sideline や side job という

━ 動 (三単現 **sides** /sáidz サイヅ/; 過去・過分 **sided** /sáidəd/; 現分 **siding**) 自 〔…に賛成の; …に反対の〕側につく《*with; against*》

side·board /sáidbɔ̀ːrd サイドボード/ 名 C 食器棚, サイドボード

side·burns /sáidbə̀ːrnz サイドバーンズ/ 名 《複数扱い》《米》(長い)もみあげ

side·car /sáidkɑ̀ːr サイドカー/ 名 C (オートバイの脇に付く)サイドカー

síde dìsh 名 C 付け合わせ; 添え皿

síde effèct 名 C (薬品などの)副作用; (悪い内容の)副産物

síde hòrse 名 U C 《米》《スポーツ》(体操競技の)鞍馬(あんば) (= pommel horse)

side·kick /sáidkìk サイドキク/ 名 C 《口語》仲間, 相棒, 手下

side·line /sáidlàin サイドライン/ 名 C
❶(テニス・サッカーなどの)側線, サイドライン; 《**the sidelines**》《単数扱い》(コーチ・控え選手などがいる)側線の外側
❷《ふつう **a sideline**》内職, 副業

side·long /sáidlɔ̀ːŋ サイドローング/ 形 副 横[わき]の[に], 斜めの[に]

side·show /sáidʃòu サイドショウ/ 名 C (サーカスなどの)付け足しの出し物, 余興; 枝葉の問題, 副次的な事件

side·slip /sáidslìp サイドスリプ/ 名 C 横滑り
━ 動 自 他 横滑りする[させる]

side·splitting /sáidsplìtiŋ サイドスプリティング/ 形 わき腹の皮のよじれるほどの; 大笑いさせる

side·step /sáidstèp サイドステプ/ 動 (三単現 **sidesteps** /sáidstèps/; 過去・過分 **sidestepped** /sáidstèpt/; 現分 **side-stepping**) 他 (攻撃などを)横へよけて

かわす; (問題などを)巧みにそらす, 回避する; ㊀ 横へよける, 横に寄ってかわす

síde strèet 名C わき道, 横町

side·swipe /sáidswàip サイドスワイプ/ 動 ㊉ (車が, 他の車などの)側面に衝突する, こする

— 名C〔…に対する〕間接的なひどい批評[非難]《*at*》

side·track /sáidtræ̀k サイドトラク/ 動㊉ (列車を)側線[待避線]に入れる; (人の話などを)わき道にそらす

— 名C《鉄道》側線, 待避線

side·walk B1 高 /sáidwɔ̀:k サイドウォーク/ 名 (複 **sidewalks** /sáidwɔ̀:ks/) C 《米》(道路の)歩道 (=《英》pavement)

• walk along the **sidewalk** 歩道を歩く

side·ways /sáidwèiz サイドウェイズ/ 副 横に — 形 横の, 斜めの; 遠回しの

sid·ing /sáidiŋ サイディング/ 名 ❶C《鉄道》側線, 待避線 ❷U《米》(木造家屋外壁の)下見張り, 板張り

si·dle /sáidl サイドル/ 動㊀ 忍び寄る《*up*》

siege /sí:dʒ スィーチ/ 名UC (都市などの)包囲攻撃(作戦); 包囲期間

si·er·ra /siérə スィエラ, síərə スィアラ/ 名C《しばしば **sierras**》(特にスペイン・中南米の)のこぎり歯状の山脈

Si·er·ra Le·o·ne /siérə lióun スィエラリオウン/ 名 シエラレオネ《♦アフリカ西部の共和国; 首都フリータウン(Freetown)》

si·es·ta /siéstə スィエスタ/ 名UC (スペインなどでの)昼寝, 午睡

sieve /sív スィヴ/ 名C (目の細かい)ふるい

have a memory* [*mind*] *like a sieve 《口語》(人が)非常に忘れっぽい, 物忘れがひどい

— 動㊉ ふるいにかける (=sift)

sift /síft スィフト/ 動 ❶㊉ ふるいにかける; ふるいを通す ❷㊉ 吟味する; ㊀ 詳しく調べる《*through*》

sigh B1 /sái サイ/ 名 (複 **sighs** /sáiz/) C ため息; 風のそよぐ音

— 動 (三単現 **sighs** /sáiz/; 過去・過分 **sighed** /sáid/; 現分 **sighing**)

❶㊀ ため息をつく; ㊉ ため息まじりに言う

• **sigh** heavily [deeply] 深いため息をつく

❷㊀《文章》(風・木の葉などが)そよぐ

sight A1 高

/sáit サイト/ (発音 cite, site と同音) 名 (複 **sights** /sáits サイツ/)

❶U 視力, 見える範囲, 視野, 視界

• **have** good [bad, poor] **sight** 視力がいい[弱い], 目がいい[悪い]

• She **lost her sight** in an accident. 彼女は事故で失明した

❷《単数形で》見る[見える]こと; 一見

• I can't stand the **sight** of you. もう顔も見たくない

❸C 景色, ながめ, 光景

• a familiar **sight** 見慣れた景色

どっち

sight と view

sight は何かを見ることや見えたままの光景そのもの, **view** はある場所から見える, 特によい景色(全体)をさす:

The lake is a beautiful **sight** [×view] at sunset. 日没のときのその湖は美しい光景だ

You will get a wonderful **view** [×sight] of the city from the top of the building. 建物の最上階からは街のすばらしい景色が見られます

❹《**the sights**》名所

• **see** [**do**] **the sights** of Kyoto 京都の名所を訪れる, 京都見物をする

❺C《しばしば **the sights**》(銃の)照準

❻《**a sight**》《口語》ひどいもの, 物笑い

at first sight ①一目で ②一見したところでは

at sight 見てすぐに, 初見で

at the sight of... …を見るとすぐ, …を見て

catch* [*get*] *sight of... …を見つける; 見かける (↔**lose sight of ...**)

come into* [*in*] *sight 見えてくる

in* [*within*] *sight 見えて, 視野に入って

in sight of ... …が見える所に

know ... by sight …を見知っている; …に見覚えがある

• I **know** the man **by sight**. その男に見覚えがある

lose sight of ... …を見失う(↔ **catch sight of ...**)

on sight すぐに, 直ちに

out of sight 見えない所に; 《口語》(値段などが)法外な[に]

• **Out of sight**, out of mind. 《ことわざ》目に見えなくなれば心から消えて行く(❗「去る者は日々にうとし」に相当)

set *one's* ***sight on ...*** …をねらう; …を得ようと努力する

— 動 (三単現 **sights** /sáits/; 過去・過分 **sighted** /sáitəd/; 現分 **sighting**) 他 (さがしていたものを)(遠くに)見つける; (突然)見えてくる; …をねらう

sight·ed /sáitəd サイテド/ 形 目の見える

sight·ing /sáitiŋ サイティング/ 名 C 見られること, 観測されること; 目撃

sight·less /sáitləs サイトレス/ 形 《文章》盲目の (=blind)

sight·see·ing A2 中

/sáitsìːiŋ サイトスィーイング/ 名 U

観光, 見物, 遊覧; 《形容詞的》見物の, 観光の

• We went **sightseeing** in London. 私たちはロンドンへ観光に行った(❗ ×to London としない)

sight·se·er /sáitsìːər サイトスィーア/ 名 C 観光客

sign A1 中

/sáin サイン/ (発音 g は発音しない; signature との違いに注意)

名 (複 **signs** /sáinz/) C

❶〔…の〕しるし, 表れ; 前兆, きざし 《*of*》

• a **sign of** spring 春のきざし

• There seems to be no **sign of** life on Mars. 火星に生物のいる形跡はないようだ

❷ 標識; 看板; 掲示(板)

• a no-smoking **sign** 禁煙のサイン

• a warning **sign** 警告の掲示

❸ 合図; 手まね, 身ぶり

❹ 記号, 符号

❺ 宮(きゅう) (=star sign) 《♦zodiac の12区分の1つ》

— 動 (三単現 **signs** /sáinz/; 過去・過分 **signed** /sáind/; 現分 **signing**)

❶ 他自 (手紙・書類などに)署名する; サインする

• **sign** a contract 契約書にサインする

注意〉 (1)「サインする」という動詞では **sign** を使うが, 名詞としての「サイン」には signature を使い, ×sign は使わない
(2) 日本語では書類のサインも芸能人のサインも野球のサインも同じ「サイン」というが, 英語では手紙・書類などは **signature**, 芸能人などは **autograph**, 野球は **signal** といって区別する

❷ (会社などと)契約している; 正式に雇う

• **sign** a paper (選手と)契約する

❸ 他自 身ぶりで示す; 合図する; 文型 [**sign A to** *do*] A(人)に…するように合図する

sign in 到着[出勤]の署名をする(↔ **sign out**)

sign A in A(人)を雇う

sign on ①(署名して)契約を結ぶ ②《コンピュータ》ログインする

sign out 出発[退社]の署名をする(↔ **sign in**)

sign up (署名して)加わる, 雇われる; 登録をする; 契約を結ぶ

派生 **signature** 名

sig·nal B1 高 /sígnəl スィグナル/ 名 (複 **signals** /sígnəlz/) C

❶ 信号; 合図; 《野球》サイン

• digital **signal** デジタル信号

• send [give] a **signal** for help by radio 無線で救助信号を送る

❷ しるし; 〔…の〕きっかけ 《*for*》

• clear **signal** はっきりしたきっかけ

— 動 (三単現 **signals** /sígnəlz/; 過去・過分 **signaled**, 《英》 **signalled** /sígnəld/; 現分 **signaling**, 《英》 **signalling**) 他自

合図する; 《野球》…のサインを出す; 信号で知らせる; 文型 [**signal (A) that ...**] (A(人)に)…と合図する

• He put up his hand to **signal that** he was ready. 彼は準備完了であることを合図するために手をあげた

文型 [**signal A to** *do*] A(人)に…するように合図する

— 形 《文章》 めざましい (=noticeable) (! 名詞の前に用いる)

sig·na·to·ry /sígnətɔ̀:ri スィグナトーリ/ 名 (複 **signatories** /sígnətɔ̀:riz/) C [… の](契約などの)署名者 《*to, of*》; (条約の)加盟国, 調印国

sig·na·ture B1 /sígnətʃər スィグナチャ/ (発音 g は発音する; sign との違いに注意) 名 (複 **signatures** /sígnətʃərz/) C (手紙・書類などの)署名, サイン ⇨**sign** 動❶

派生 **sign** 動

sign·board /sáinbɔ̀:rd サインボード/ 名 C 看板, 掲示板

sig·nif·i·cance B1 /signífikəns スィグニフィカンス/ 名 U 重要性, 重大さ; 意義, 意味

• a matter of great [little] **significance** 重大な[取るに足らない]問題

sig·nif·i·cant A2 高

/signífikənt スィグニフィカント/ 形

❶ 重要な; 意義のある (↔**insignificant**)

• This discovery is a **significant** contribution to knowledge. この発見は知への重大な貢献だ

❷ かなりの(量の), 相当な

• a **significant** number of people 相当な数の人

❸ 意味ありげな

be significant of ... …を表す, 意味する

significantly B2 副 意義深いことに(は); 著しく; 意味ありげに

sig·ni·fy B2 /sígnəfài スィグニファイ/ 動 (三単現 **signifies** /sígnəfàiz/; 過去・過分 **signified** /sígnəfàid/; 現分 **signifying**) 他 ❶(ことば・身ぶり・合図などで)示す, 知らせる, 表明する ❷(記号などが)意味する, 表す (=mean)

sign·ing /sáiniŋ サイニング/ 名 U (契約などの)署名; C 《英》 他のチームに引き抜かれたスポーツ選手

sígn lànguage 名 U 手話(しゅわ), 手話法

sign·post B1 /sáinpòust サインポウスト/ 名 (複 **signposts** /sáinpòusts サインポウスツ/) C 道しるべ, 道標, 案内標識

si·lence A2 高

/sáiləns サイレンス/

名 (複 **silences** /sáilənsəz/)

❶ U 静けさ, 音のしないこと

• absolute [complete, dead] **silence** まったくの静寂

❷ U 沈黙, しゃべらないこと, 無口; C (沈黙などの)時間

• They sat **in silence** for a moment. 彼らはしばらくの間だまって座っていた ⇨**in silence** (成句)

• **Speech** is silver, **silence** is golden. 《ことわざ》 雄弁は銀で沈黙は金

• break [keep] **silence** 沈黙を破る[守る]

❸ U 黙殺, 黙秘

❹ U 音信不通

in silence 沈黙のうちに, だまって, 静まりかえって

— 動 (三単現 **silences** /sáilənsəz/; 過去・過分 **silenced** /sáilənst/; 現分 **silencing**) 他 だまらせる, (発言などを)封じる; (騒音を)静める

派生 **silent** 形

si·lenc·er /sáilənsər サイレンサ/ 名 C (拳銃の)消音器, サイレンサー

si·lent B1 高 /sáilənt サイレント/ 形

❶ 沈黙の, 無言の; 口数の少ない, 無口の; 音信不通の

• **silent** reading 黙読

• keep [stay] **silent** 沈黙を守る, だまっている

• Be **silent**, please. どうぞ静かにしてください (! Be quiet, please. のほうがていねい)

❷ (場所などが)静かな; ひっそりとした
- a **silent** night 静かな夜

❸〔…に〕言及しないで《*on, about*》; 暗黙の
- in **silent** agreement 暗黙の了解

❹ (文字が)無音の, 発音されない

派生 **silence** 名; 派生 **silently** 副

si·lent·ly A2 高

/sáiləntli サイレントリ/ 副
だまって; 静かに, 音をたてずに

sil·hou·ette /sìluːét スィルーエト/ 名 C シルエット; 影絵

sil·i·con /sílikən スィリカン/ 名 U 《化学》ケイ素《◆非金属元素; 記号 Si》

sìlicon chíp 名 C 《コンピュータ》シリコンチップ

Sìlicon Válley 名 シリコンバレー《◆米国 San Francisco 南部のハイテク産業が密集する盆地》

silk B1 高 /sílk スィルク/ 名 U 絹; 絹糸; 絹織物; 《しばしば **silks**》絹の服

— 形 絹の, 絹製の

silk·en /sílkən スィルクン/ 形 《文章》絹(製)の; 絹のような; 柔らかな; つやのある (❗silky よりも堅い語)

sílk hát 名 C シルクハット《◆男性の礼装用の帽子》

Sílk Ròad 名 《the をつけて》絹の道, シルクロード

silk·worm /sílkwə̀ːrm スィルクワーム/ 名 C 《昆虫》カイコ

silk·y /sílki スィルキ/ 形 (比較級 **silkier**; 最上級 **silkiest**) 絹の; 絹のような; 柔らかな; つやのある

sill /síl スィル/ 名 C (家の)土台; (窓・戸などの)敷居

sil·ly A2 高

/síli スィリ/ 形 (比較級 **sillier**; 最上級 **silliest**) 愚かな, ばかな, ばかげた; 思慮を欠いた
- Don't be **silly**. ばかなことを言うな

文型 [**it is silly of A to** *do* = **A is silly to** *do*] A(人)が…するのはばかげている

sílliness 名 U 愚かさ

si·lo /sáilou サイロウ/ 名 (複 **silos** /sáilouz/) C サイロ《◆牧草・穀物(こくもつ)などを入れておくための円筒形の建物》

silt /sílt スィルト/ 名 U (川底などの)軟泥, 沈泥 — 動 他 沈泥でふさぐ《*up*》; 自 沈泥でふさがる《*up*》

sil·ver A2 高

/sílvər スィルヴァ/ 名 U

❶ 銀
- This spoon is made of **silver**. このスプーンは銀でできています

❷ 《集合的》銀貨 (=silver coins); 銀食器類

❸ 銀色

— 形 銀色の; 銀製の; 銀の

— 動 (三単現 **silvers** /sílvərz/; 過去・過分 **silvered** /sílvərd/; 現分 **silvering** /sílvəriŋ/) ❶ 他 銀をかぶせる; …に銀めっきをする ❷ 他 《文章》銀色にする; 自 《文章》銀色になる

sílver médal 名 C 銀メダル

sílver pláte 名 U 銀めっき

sil·ver·smith /sílvərsmìθ スィルヴァスミス/ 名 C 銀細工師

sil·ver·ware B2 /sílvərwèər スィルヴァウェア/ 名 U 《集合的》銀器《◆銀製または類似の金属製ナイフ・フォークなど》

sílver wédding 名 C 銀婚式《◆結婚25周年のお祝い》

sil·ver·y /sílvəri スィルヴァリ/ 形 銀色の; (音が)鈴を振るような

sim·i·lar A2 中

/símələr スィミラ/ 形

❶ 類似した, 似ている
- **similar** results 似たような結果
- We're pretty **similar in** many respects. 私たちは多くの点でとても似ているね

❷ 《数学》相似の, 同じ形の

sim·i·lar·i·ty B1 /sìməlǽrəti スィミラリティ/ 名 (複 **similarities** /sìməlǽrətiz/) U 類似, 相似; C 類似点, 似たような点 (↔**difference**)

sim·i·lar·ly B1 高 /símələrli スィミラリ/ 副 同様に, 同じように; 類似して

sim·i·le /síməli スィミリ/ 名 C U 直喩(ゆ)

sim·mer /símər スィマ/ 動 ❶ 自 とろとろ[ことこと]煮える, (やかんの湯が)沸く; 他 とろ火でことこと煮る
❷ 自 (怒りなどで)煮えくり返る

simmer down 《口語》 (人・怒りなどが)静まる (! ふつう命令文で用いる)

— 名 《単数形で》 とろとろ煮る[煮えている]こと; 沸騰しそうな状態

Si·mon /sáimən サイモン/ 名 サイモン 《♦男性名》

sim·ple A2 中
/símpl スィンプル/ 形
(比較級 **simpler**; 最上級 **simplest**)
❶ 簡単な, わかりやすい, やさしい (=easy) (↔**complex**)
• a **simple** question 簡単な問題
• **It is simple to** solve those problems. それらの問題を解くのは簡単だ (=Those problems are easy to solve.)
❷ 質素な, はでではない; 簡素な
• a **simple** life 質素な生活
❸ 純真な, 素朴(そぼく)な; 気どらない, すなおな
❹ まったくの, 純然たる (! この意味では比較変化なし)
• for the **simple** reason that … まさに…の理由で
❺ 単純な, 愚(おろ)かな (=foolish)
派生 **simplicity** 名; 派生 **simplify** 動

símple-mínded 形 愚かな, 単純な

sim·plic·i·ty 高 /simplísəti スィンプリスィティ/ 名 U ❶ 簡単なこと, 平易; 単純
• for **simplicity** 簡単に[単純に]言えば
❷ 飾らないこと, 質素 ❸ 素朴(そぼく)さ, 純真さ ❹ 愚直さ, 愚かさ

sim·pli·fi·ca·tion B2 /sìmpləfəkéiʃən スィンプリフィケイション/ 名 U 単純化, 簡略化

sim·pli·fy B1 /símpləfài スィンプリファイ/ 動 (三単現 **simplifies** /símpləfàiz/; 過去・過分 **simplified** /símpləfàid/; 現分 **simplifying**) 他 単純化する, 簡単[単純]にする; 平易にする (↔**complicate**) 派生 **simple** 形

sim·plis·tic /simplístik スィンプリスティク/ 形 過度に単純化した

sim·ply A2 高
/símpli スィンプリ/ 副
❶ わかりやすく, 単純に; あっさりと
• Please explain the problem again more **simply**. その問題をもっと簡単にもう一度説明してください
❷ ただ単に (=only, just) (! この意味では比較変化なし)
• He did it **simply because** he wanted to. 彼はただやりたいからそれをやっただけだ
❸ 《ふつう否定文で》 どうしても…ない
❹ まったく, ほんとうに (=really) (! この意味では比較変化なし)
❺ 質素に; とりたてて言うこともなく

sim·u·late /símjulèit スィミュレイト/ 動 他 自 …のふりをする, 装う; まねる, 似せる; 模擬実験をする, シミュレートする

sim·u·la·tion /sìmjuléiʃən スィミュレイション/ 名 U C まねること; ふりをすること, 見せかけること; 模擬実験; シミュレーション

sim·u·la·tor /símjulèitər スィミュレイタ/ 名 C (飛行訓練用などの)模擬操縦[訓練]装置

sim·ul·ta·ne·ous B2 /sàiməltéiniəs サイマルテイニアス/ 形 同時の; 同時に起こる
• **simultaneous** interpretation [translation] 同時通訳

sim·ul·ta·ne·ous·ly B1 /sàiməltéiniəsli サイマルテイニアスリ/ 副 (! 比較変化なし) 同時に; いっせいに

sin[1] /sín スィン/ 名 ❶ U C (道徳・宗教上の)罪, 罪悪 ⇨**crime**
• commit a **sin** 罪を犯す
• the original **sin** 原罪
❷ C (一般に)いけない事, あやまち, まちがい

— 動 (三単現 **sins** /sínz/; 過去・過分 **sinned**

/sínd/; 現分 **sinning**) 自 罪を犯す
派生 **sinful** 形

sin[2] /sín スィン/ 《略》《数学》sine サイン

since A2 中

/síns スィンス/
共通イメージ できごとが始まった時点

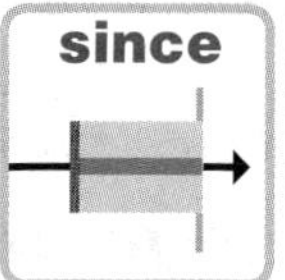

共通イメージ
できごとが
始まった時点

接❶前副 …から(ある時点まで)ずっと

It has been raining since yesterday.

▼ きっかけとなるできごとが始まった時点を原因と見る

接❷ …なので

Since I bought a new music player, I'll give you my old one.

意味マップ
前 …から(今まで), …以来(ずっと)
接 ❶…してからずっと
❷…なので
副 それ以来

━ 前 …から(今まで), …以来(ずっと)

- **since** this morning けさから(ずっと)
- It has been raining **since** yesterday. きのうからずっと雨が降っている
- Ten years have passed **since then**. = It is [It has been] ten years **since then**. その時から10年たった (❗ It はばく然と「時間」を表す) ⇨接❶使い方(2)
- **Since when** has it become a crime to say what you think? いつから自分が思っていることを言うことが罪になったんですか (❗ 驚いたり怒ったりしていることを示す)

使い方› **since** (前置詞)
(**1**) since のあとには過去のある時点を表す語句がくる
(**2**)「…からずっと」と継続を表すので, ふつう完了形とともに使う:
I **have lived** here **since** 2010. 2010年からここに住んでいます
I've **been waiting** here **since** 2 o'clock. ここで2時からずっと待っている
比較 I have lived here **for** six years. 6年間ここに住んでいます (❗ 期間の長さを表すには for などを使う; ago は現在(まで)のことをいうときは使わないので, ×since six years ago とは言わない)
The library is open **from** 10 to 6. 図書館は10時から6時まであいている (❗ 単に時の起点を表すときは from を使う; ×since 10 to 6)

━ 接 ❶…してからずっと, …して以来

- I have lived here **since** I came to New York. 私はニューヨークに来てからずっとここに住んでいる
- The team went to the finals **for the first time since** it was founded. そのチームは創設以来初めて決勝戦に出場した
- Ten years have passed **since** he died. = It is [It has been] ten years **since** he died. 彼が死んでから10年たった (❗ It はばく然と「時間」を表す)

使い方› **since** (接続詞)
(**1**) since に続く節の動詞は過去形で, 主節の動詞は完了形がふつう:
Annie **has lived** in New York **since** she **was** very young. アニーは子どものころからニューヨークに住んでいます
(**2**) 主節の時制は, 動詞が be や状態を表す場合や「It is+期間を表す語句+since ...」の文では完了形以外になることもある:
It is [**It has been**] three years **since** I saw you last. 君に最後に会ってから3年になる

❷…なので, …だから

- **Since** I bought a new music player, I'll give you my old one. 私は新しい音楽プレーヤーを買ったから古いのを君にや

ろう
—副 それ以来, その後
- Things have changed **since**. それ以来, 事態は変わった

ever since (…して)以来ずっと
- We've been good friends **ever since**. そのとき以来私たちは親友です

long since ずっと以前から

sin·cere B2 /sinsíər スィンスィア/ 形 誠実な, まじめな; 正直な, 誠意のある, 心からの
- **sincere** thanks 心からの感謝

sin·cere·ly 高 /sinsíərli スィンスィアリ/ 副 心から, 誠実に; 本心から

Sincerely (yours) 《米》敬具 (=《英》Yours sincerely) 《◆手紙の結び文句》⇨ **yours** ❸

sin·cer·i·ty B2 /sinsérəti スィンセリティ/ 名 U 誠実; 正直

sin·ew /sínju: スィニュー/ 名 ❶ U C 《解剖》腱(けん) ❷ U 《文章》活力, 体力

sin·ful /sínfəl スィンフル/ 形 罪深い; ひどい

派生 **sin**[1] 名

sínfulness 名 U 罪深いこと

sing A1 中

/síŋ スィング/ 動 (三単現 **sings** /síŋz/; 過去 **sang** /sǽŋ/; 過分 **sung** /sʌ́ŋ/; 現分 **singing**)

❶ 他 自 歌う (!「歌」は song)
- They **sing** very well. 彼らはとてもじょうずに歌う[歌がとてもうまい]
- We often **sing** English songs. われわれはよく英語の歌を歌う

文型 [**sing A B = sing B for [to] A**] A(人)にBを歌う
- Please **sing** us a song. = Please **sing** a song **for** [**to**] us. 私たちに歌を1曲歌ってください

❷ 自 (小鳥などが)鳴く, さえずる
❸ 他 《副詞句をつけて》歌って…させる; 歌って…する
- **sing** *one's* heart out 心を込めて歌う (←歌って心を出す)

❹ 自 (風・弾丸などが)ヒューヒューいう; (小川などが)さらさら流れる; (やかんなどが)シューッと沸く

sing along (人・楽器などに)合わせていっしょに歌う

sing out 《口語》どなる, 大声でいう

sing. /síŋ スィング/ 《略》《文法》singular 単数の, 単数形

Sin·ga·pore 高 /síŋgəpɔ̀:r スィンガポー/ 名 シンガポール《◆マレー半島南端の島国; その首都》

Sin·ga·po·re·an /siŋgəpɔ́:riən スィンガポーリアン/ 形 シンガポールの
—名 C シンガポール人

singe /síndʒ スィンヂ/ 動 他 表面を焼く, (軽く)焦がす
—名 C 焼け焦げ, 焦げ跡; U 焦がすこと

sing·er A1 中

/síŋər スィンガ/ 名 (複 **singers** /síŋərz/) C 歌手, シンガー; 歌う人
- He is a good **singer**. 彼は歌がうまい

sing·ing A2 高

/síŋiŋ スィンギング/ 名 U
歌うこと, 歌声; (鳥の)さえずり; 鳴ること
—動 sing の現在分詞・動名詞

sin·gle A2 高

/síŋgl スィングル/ 形

❶ たった1つ[1人]の; 《否定文で》ただの1つも
- He did not say a **single** word. 彼はただの一言も言わなかった

❷ 個々の, 1つ1つの (! each, every を強調して)
- **every single** day 毎日

❸ 独身の (↔**married**)
- a **single** mother [father] 1人で子どもを育てる母親[父親], シングルマザー[シングルファーザー]

❹ (ホテルの部屋・ベッドなどが)1人用の
- a **single** bed シングルベッド

❺ (試合などが)シングルスの, 1対1の
❻ 《英》(切符が)片道の

— 名 (複 **singles** /síŋglz/) Ｃ
❶ (CDなどの)シングル盤
❷《野球》単打, シングルヒット
❸《singles》《単数扱い》(テニスなどの)シングルス
❹《英》片道乗車券
❺《ふつう singles》《米》1 ドル紙幣
❻《ふつう singles》ひとり者, 独身者

— 動 (三単現 **singles** /síŋglz/; 過去・過分 **singled** /síŋgld/; 現分 **singling**)
❶ 他 選び出す, 選抜する《*out*》
❷ 自《野球》シングルヒットを打つ

síngle-bréasted 形 (上着などが)片前の, シングルの

síngle-hánded 副 形 単独[独力]で(の)

síngle-mínded 形 1つのことに熱中した, ひたむきな, いちずな

sin·glet /síŋglət スィングレト/ 名 Ｃ《英》(男子用の)袖なしシャツ

Sing·lish /síŋgliʃ スィングリッシュ/ 名 Ｕ シングリッシュ《♦シンガポールで話されている簡略化された英語》

sin·gly /síŋgli スィングリ/ 副 一つ[一人]ずつ

sing·song /síŋsɔ̀ːŋ スィングソーング/ 名《単数形で》歌うような調子; Ｃ《英》(素人による)合唱のつどい

— 形 歌うような; 単調な

sin·gu·lar A2

/síŋgjələr スィンギュラ/ 形
❶ まれに見る, なみはずれた; すばらしい
• a woman of **singular** talent 非凡な才能の女性
❷《文章》奇妙な, 風変わりな
❸《文法》単数の (↔**plural**) (❗この意味では比較変化なし)

— 名 Ｕ《ふつう **the singular**》《文法》単数(形)

sin·gu·lar·i·ty /sìŋgjəlǽrəti スィンギュラリティ/ 名 Ｕ《文章》非凡さ, 類(たぐい)まれなこと

sin·is·ter /sínistər スィニスタ/ 形 不吉な, 縁起の悪い; 邪悪な

sink A2 高

/síŋk スィンク/ 名 (複 **sinks** /síŋks/) Ｃ (台所の) 流し; 《米》洗面台 (=《英》washbasin)

— 動 (三単現 **sinks** /síŋks/; 過去 **sank** /sǽŋk/, **sunk** /sʌ́ŋk/; 過分 **sunk**; 現分 **sinking**)
❶ 自 (水面下に)沈む (↔**float**); 他 沈める
• Wood floats on water, but metal **sinks**. 木は水に浮くが金属は沈む
❷ 自 (人・体が)倒れる, くずれ落ちる
• He **sank into** the chair and went to sleep.
彼はいすにからだを沈め眠り込んだ
❸ 自 (地盤・建物などが)落ち込む, 沈下する; (日などが)沈む
❹ 自 (病人などが) 衰弱する; (心などが)沈む, 落ち込む
❺ 自 (勢いが) 弱くなる《*down*》; (声・程度などが)低くなる; (物価などが)下がる; (人が)〔評価などで〕低くなる《*in*》
❻ 自〔…に〕おちいる, 落ちぶれる《*into*》
❼ 他 (井戸などを)掘る; (くいなどを)打ち込む
❽ 他 …を隠す; 無視する
❾ 他〔…に〕(資本などを)むだにつぎ込む《*in, into*》

sink in
① しみ込む
② (物事が)十分に理解される

sink or swim《副詞的》一か八か (←他人の手助けは借りず)

sin·ner /sínər スィナ/ 名 Ｃ (道徳・宗教上の)罪(sin)を犯した人, 罪人(つみびと) (❗法的な「犯罪者」は criminal)

sip /síp スィプ/ 動 (三単現 **sips** /síps/; 過去・過分 **sipped** /sípt/; 現分 **sipping**) 他 自 ちびちび[少しずつ]飲む, すする

— 名 Ｃ すすること, 一口

si·phon /sáifən サイフォン/ 名 Ｃ サイフォン

— 動 他 サイフォンで吸う; (利益などを不正に)吸い上げる

sir A1 高
/《弱》sər サ; 《強》sə́ːr サー/
名 (複 **sirs** /sərz/) C
❶《呼びかけで》**あなた, 先生, おじさん, もしもし** (! 目上の人・先生・店の客・見知らぬ男性に対する呼びかけの敬称; 日本語には無理に訳さなくてもよい; 婦人に対しては ma'am という)
• "Good morning, **sir**." said Bob to his teacher. 「(先生,)おはようございます」とボブは先生にあいさつした
• Can I help you, **sir**? (店員などが)いらっしゃいませ(何かご用はございますか)
• Yes, **sir**. はい, かしこまりました
❷《しばしば **Sir**》**拝啓** (! 手紙の書き出し)
❸《**Sir**》**サー** (◆英国で knight や准男爵(じゅんだんしゃく)の名につける敬称)

sire /sáiər サイア/ 名 C (動物, 特に馬の)**雄親, 種馬**
━ 動 他 (種馬などが, 子を)**生ませる**

si·ren /sáiərən サイアレン/ 名 C **サイレン, 警笛**

sir·loin /sə́ːrlɔ̀in サーロイン/ 名 U C **サーロイン** (◆牛の腰上部の良質の肉)

sis·sy /sísi スィスィ/ 名 (複 **sissies** /sísiz/) C 《口語》《呼びかけにも用いて》**意気地のない男の子, 弱虫**
━ 形 (比較級 **sissier**; 最上級 **sissiest**) **めめしい, 意気地のない**

sis·ter A1 中
/sístər スィスタ/ 名 (複 **sisters** /sístərz/) C ❶ **姉, 妹, 女のきょうだい**
• This is my little **sister** Betty. こちらは妹のベティーです
会話 [CAN-DO Tips 自分のことを言う] "Do you have any **sisters**?" "No, I don't." 「君には女のきょうだいがいますか」「いいえ, おりません」
注意› (**1**) ふつうは姉妹の区別をせずに単に sister という. 特に区別していうときは my older [《英》elder] sister (私の姉), my younger sister (私の妹)などという. また《米》では「姉」を a big sister, 「妹」を a little sister ともいう
(**2**) 自分の姉に対する「お姉さん」という呼びかけには sister は使わず, 名前で呼ぶのがふつう ⇨**brother**
❷ (カトリック教会の)**修道女, シスター**
❸《形容詞的》**姉妹…**
sísterly 形 **姉妹のような**

sis·ter·hood /sístərhùd スィスタフド/ 名 ❶ U **姉妹の関係; 姉妹愛** ❷ C 《単数・複数扱い》**婦人団体; 婦人伝道会**

sis·ter-in-law B2 /sístərinlɔ̀ː スィスタリンロー/ 名 (複 **sisters-in-law** /sístərzinlɔ̀ː/) C **兄[弟]の妻, 妻の姉[妹], 義理の姉[妹]**

sit A1 中
/sít スィト/ 動 (三単現 **sits** /síts スィツ/; 過去・過分 **sat** /sǽt/; 現分 **sitting**)
❶ 自 **すわっている; すわる** (! 「すわる動作」に力点をおく時は, sit down という) (↔**stand**)

stand

sit

kneel

• **sit in** an armchair ひじかけいすにすわる
• **sit on** a chair いすにすわる
• **sit on** the ground 地面に腰をおろす
• He **is sitting at** the computer [table, desk]. 彼はコンピュータ[テーブル, 机]の前にすわっている
文型 [**sit** *do***ing**] …してすわっている
❷ 他 **すわらせる**
❸ 自 **位置する;** (使わずに)**放置されている**
❹ 自 (議会・法廷が)**開かれる**
❺ 自 (鳥などが)**止まる;** (巣について)**卵をだく**

sit about [***around***] だらだらと過ごす
sit at home 家でじっとしている
sit back いすに深々とすわる; のんびりする
sit by 傍観する, 無関心な態度を取る
sit down すわる, 着席する
• **Sit down**, please. どうぞおかけください
sit for ... ①〔肖像画〕をかいてもらう, 〔写真〕をとってもらう
• The class will **sit for** a photo today. きょうはクラス写真をとってもらう
②《英》〔筆記試験〕を受ける
sit in ①(会議などに)〔…の〕代理として出る《*for*》; 〔…を〕参観する《*on*》
②(抗議の)すわり込みに参加する
sit on ①(委員などの)役職につく
②(処理などをしないで)ほうっておく
sit out [***through***] ***...*** 〔劇など〕を(しんぼうして)最後まで見る
sit up ①(背筋を伸ばして)きちんとすわる; (寝た姿勢から)上体を起こす; (犬が)ちんちんする
• **Sit up** straight. 背筋を伸ばしてきちんとすわりなさい
②(遅くまで寝ないで)起きている

si·tar /sitáːr スィター/ 名 C 《楽器》シタール《♦インドの弦楽器》

sit·com /sítkàm スィトカム/ 名 U C 《口語》シチュエーションコメディー (=situation comedy)

site A1 高

/sáit サイト/ (発音 sight, cite と同音)
名 (複 **sites** /sáits サイツ/) C
❶敷地, 用地; 場所
• a building [construction] **site** 建設現場
❷(重大な出来事などが)行われる[行われた]場所; 遺跡
❸《コンピュータ》(インターネットの)サイト • a Web **site** ウェブサイト
— 動 (三単現 **sites** /sáits サイツ/; 過去・過分 **sited** /sáitəd/; 現分 **siting**) 他
(ある場所に)置く, 位置させる (**!** ふつう受け身で用いる)

sit-in /sítìn スィティン/ 名 C (抗議の)すわり込み; すわり込みストライキ

sit·ter /sítər スィタ/ 名 C
❶《米》ベビーシッター (=baby-sitter)
❷ポーズを取る人, モデル

sit·ting /sítiŋ スィティング/ 名
❶ U すわっていること, 着席
❷ C 《英》(議会などの)開会[開廷](期間)
❸ C (読書・モデルなどのために)すわること, ポーズをとること; 一仕事
❹ C (船内などで多人数に分割して出す)1回分の食事[食事時間, 食事の場所]
— 形 ❶すわっている
❷《英》(議会などで)現職の

sítting ròom A2

名 C 《英》居間 (=living room)

sit·u·ate /sítʃuèit スィチュエイト/ 動 他 《文章》(ある場所に)…を置く, すえる, 位置させる《*at, in, on*》; (ある境遇・脈絡などに)置く, 位置づける

sit·u·at·ed /sítʃuèitəd スィチュエイテド/ 形
❶(ある場所に)位置している, ある
• My village **is situated at** the foot of the mountain. 私の村はその山のふもとにある
❷(ある境遇[立場]に)ある, 置かれた

sit·u·a·tion A2 中

/sìtʃuéiʃən スィチュエイション/
名 (複 **situations** /sìtʃuéiʃənz/) C
❶(人の)立場, 状態
• a difficult [intolerable, stressful] **situation** 困難な[我慢できない, ストレスの多い]状況
• I find myself in a rather delicate **situation**. 私はかなり微妙な立場にある
❷事態, 情勢
• the international [political] **situation** 国際[政治]情勢
• The economic **situation** has somewhat improved. 経済状況はいくぶん好転した
❸《文章》(建物・町などの)位置, 場所 (=position)
❹《文章》《古風》勤め口, 就職口

situátion cómedy 名 U C 《文章》シチュエーションコメディー《◆テレビの連続ホームコメディ(ドラマ)》

sit-up /sítʌ̀p スィタプ/ 名 C 腹筋運動

six A1 中

/síks スィクス/ 名 (複 **sixes** /síksəz/) U C (❗詳しい用法は three を参照)
6; 6時, 6分; 6歳; 《複数扱い》6個, 6人

at sixes and sevens 《口語》(頭が)混乱して; (意見などが)まちまちで

━ 形 6の; 6個の; 6人の; 6歳で

síx-pàck 名 C ❶(缶などの)6本詰めパック ❷《口語》6つに割れたように鍛えられた腹筋

six·teen A1 中

/sìkstí:n スィクスティーン/
名 (複 **sixteens** /sìkstí:nz/) U C (❗詳しい用法は three を参照)
16; 16時, 16分; 16歳; 《複数扱い》16個, 16人

━ 形 16の; 16個の; 16人の; 16歳で

six·teenth /sìkstí:nθ スィクスティーンス/ 形 (❗16th と略す; 詳しい用法は third を参照) ❶《ふつう **the sixteenth**》16番目の ❷16分の1の

━ 名 (複 **sixteenths** /sìkstí:nθs/) C ❶《ふつう **the sixteenth**》第16番目の人[物]; (月の)16日 ❷16分の1

sixth 中 /síksθ スィクスス/ 形 (❗6th と略す; 詳しい用法は third を参照)
❶《ふつう **the sixth**》6番目の
❷6分の1の

━ 名 (複 **sixths** /síksθs/) C
❶《ふつう **the sixth**》6番目; (月の)6日
❷6分の1

síxth sénse 名 《**a sixth sense**》第六感, 直感

six·ti·eth /síkstiəθ スィクスティイス/ 形 (❗60th と略す; 詳しい用法は third を参照)
❶《ふつう **the sixtieth**》60番目の
❷60分の1の

━ 名 C ❶《ふつう **the sixtieth**》60番目
❷60分の1

six·ty A1 中

/síksti スィクスティ/ 名 (複 **sixties** /síkstiz/) (❗詳しい用法は three を参照)
❶ U 60; 60歳; 《複数扱い》60個, 60人
❷《**sixties**》(世紀の)60年代; (年齢の)60代

━ 形 60の; 60個の, 60人の; 60歳で

siz·a·ble /sáizəbl サイザブル/ 形 相当な大きさの, かなりの分量の

size A1 中

/sáiz サイズ/ 名 (複 **sizes** /sáizəz/) U C
❶大きさ; (帽子・手袋・靴などの)サイズ, 寸法 (❗「スリーサイズ」は和製英語; ふつう measurements を使う)
• The city is twice [three times] the **size** of Kyoto. この街は, 京都の2倍[3倍]の大きさである
• What **size** shoes do you take? = What's your shoe **size**? あなたはどれくらいのサイズの靴をはいていますか[靴のサイズは何号ですか]
❷(大)規模, スケール

cut A down to size A(人)に身のほどを思い知らせる

━ 動 (三単現 **sizes** /sáizəz/; 過去・過分 **sized** /sáizd/; 現分 **sizing**) 他 大きさに従って分類する; (ある)大きさに作る

size up 《口語》(人・価値などを)評価する; (情勢などを)判断する

size·a·ble /sáizəbl サイザブル/ 形 (=sizable)

siz·zle /sízl スィズル/ 動 自 ジュージューいう ━ 名 C 《ふつう **a sizzle**》ジュージューいう音

skate A2 中

/skéit スケイト/ 名 (複 **skates** /skéits スケイツ/) C 《ふつう **skates**》アイススケート靴 (=ice skates); ローラースケート靴 (=roller skates)

━ 動 (三単現 **skates** /skéits スケイツ/; 過去・過分 **skated** /skéitəd/; 現分 **skating**) 自 スケートをする; スケートですべる

skate on thin ice 《口語》(薄氷を踏むように)危険な状態にある
skate over ... …をそそくさと済ませる; 言及を避ける

skate·board B2 /skéitbɔ̀ːrd スケイトボード/ 名 C スケートボード
— 動 自 スケートボードをする

skate·board·ing
A2 /skéitbɔ̀ːrdiŋ スケイトボーディング/ 名 U
スケートボード(に乗ること)

skat·er /skéitər スケイタ/ 名 C スケートをする人, スケーター

skat·ing A2
/skéitiŋ スケイティング/ 名 U
スケート(すること)
— 動 skate の現在分詞・動名詞

skáting rìnk 名 C アイス[ローラー]スケート場 (=rink)

skein /skéin スケイン/ 名 C (糸の)かせ, 束; 《ふつう **a skein**》もつれ, 混乱

skel·e·tal /skélətl スケレトル/ 形 がいこつ[骨格]の

skel·e·ton B1 高 /skélətn スケルトン/ 名 (複 **skeletons** /skélətnz/) C
❶がいこつ; 骨格 ❷(建物の)骨組み
❸(案などの)概略, 骨子(こっし)

skep·tic /sképtik スケプティク/ 名 C 《米》懐疑主義者; 疑ぐり深い人 (=《英》sceptic)

skep·ti·cal /sképtikəl スケプティカル/ 形 懐疑的な; 懐疑論の (=《英》sceptical)
sképtically 副 懐疑的に

skep·ti·cism /sképtisìzm スケプティスィズム/ 名 U 懐疑主義; 懐疑論 (=《英》scepticism)

sketch B2 /skétʃ スケチ/ 動 (三単現 **sketches** /skétʃəz/; 過去・過分 **sketched** /skétʃt/; 現分 **sketching**) 他 自 スケッチ[写生]する
— 名 C ❶スケッチ, 写生画; 略図
❷(計画・出来事などの)概要, 概略
• Give us a **sketch** of your plan. 私たちに君の計画のあらましを教えてくれ
❸(小説などの)短い作品, 小品; 寸劇

sketch·book /skétʃbùk スケチブク/ 名 C スケッチブック, 写生帳

sketch·y /skétʃi スケチ/ 形 (比較級 **sketchier**; 最上級 **sketchiest**) 大ざっぱな; 不完全な

skew·er /skjúːər スキューア/ 名 C (料理用の木製・金属製の)くし, 焼きぐし
— 動 他 くしに刺す

ski A2 高
/skíː スキー/ 名 (複 **skis** /skíːz/) C
❶《ふつう **skis**》(雪・水上で使う)スキー板 ⇨**skiing**
• **a pair of skis** スキー板一組
❷《形容詞的》スキー(用)の
• **ski** boots スキー靴
— 動 (三単現 **skis** /skíːz/; 過去・過分 **skied** /skíːd/; 現分 **skiing**) 自
スキーですべる; (水上)スキーをする

skid /skíd スキド/ 名 C ❶《ふつう **a skid**》(車などの)横滑り, スリップ (❗車などのスリップは slip とはいわない)
❷《**skids**》滑材, 下敷き支材
— 動 (三単現 **skids** /skídz スキヅ/; 過去・過分 **skidded** /skídəd/; 現分 **skidding**) (自動車などが)横滑りする, スリップする

skíd rów /róu ロウ/ 名 U 《時に **Skid Row**》《米》《口語》どや街, スラム街

ski·er /skíːər スキーア/ 名 C スキーヤー

skies /skáiz スカイズ/ 名 sky の複数形

ski·ing A2 高
/skíːiŋ スキーイング/ 名 U
スキー(ですべること)
— 動 ski の現在分詞・動名詞 (×sking としない)

skí jùmp 名 U C スキーのジャンプ; スキーのジャンプ台

skil·ful /skílfəl スキルフル/ 形 《英》(=skillful)

skil·ful·ly /skílfəli スキルフリ/ 副 《英》(=skillfully)

skí lìft 名 C (スキー場の)リフト (=lift)

skill A1 中
/skíl スキル/ 名 (複 **skills** /skílz/)

❶ C (特定の)技術, 技能
• communication **skills** コミュニケーション能力
❷ U 熟練した能力, 手腕, 腕まえ; 知識
• **skill** in diplomacy 外交手腕

skilled B2 /skíld スキルド/ 形 ❶ 熟練(じゅくれん)した, 腕のいい (=skillful)
❷ (仕事など)熟練を必要とする (! 名詞の前に用いる)

skil·let /skílət スキレト/ 名 C 《米》フライパン (=frying pan); 《英》シチューなべ

skill·ful B2 /skílfəl スキルフル/ 形 熟練(じゅくれん)した, 腕のいい, みごとな
• Joe **is skillful at** [**in**] fishing. ジョーは釣りがうまい

skill·ful·ly B2 /skílfəli スキルフリ/ 副 巧みに, じょうずに

skim B2 /skím スキム/ 動 (三単現 **skims** /skímz/; 過去・過分 **skimmed** /skímd/; 現分 **skimming**)
❶ 他 走り読みする; 自 〔…に〕ざっと目を通す《*through, over*》
• **skim through** a report 報告書にざっと目を通す
❷ 他 (牛乳のクリーム・スープの上澄(うわず)みなどを)すくい取る
❸ 他 (水面・地表などを)すれすれに飛ぶ; 自 〔…を〕かすめて通り過ぎる《*along, over*》

skím [**skímmed**] **mílk** 名 U スキムミルク, 脱脂乳

skimp /skímp スキンプ/ 動 他 (金銭・食べ物などを)けちる, 出し惜しむ; (仕事などを)いい加減にやる; 自 〔…を〕けちけちする, 切り詰める《*on*》

skimp·y /skímpi スキンピ/ 形 (比較級 **skimpier**; 最上級 **skimpiest**) 乏しい, 貧弱な; (衣服が)短い; (人が)けちな

skin B1 高 /skín スキン/ 名 (複 **skins** /skínz/) ❶ U C 皮膚, 肌
• Babies have soft **skin**. 赤ちゃんはやわらかい肌をしている
• We **got wet to the skin**. われわれはずぶぬれになった

コロケーション
形+**skin**
bare *skin* 素肌
dark *skin* 浅黒い肌
dry *skin* かさかさした肌
pale *skin* 青白い肌
olive *skin* 小麦色の肌
oily *skin* 脂性の肌
sensitive *skin* 敏感な肌
smooth *skin* すべすべした肌
tanned *skin* 日焼けした肌

❷ C (動物の)皮, 毛皮 (! これをなめすと leather (革)になる)
❸ U C (果実の)皮
❹ U (牛乳・シチューなどの)膜(まく)

be all [***only***] ***skin and bone***(***s***) 《口語》骨と皮ばかりにやせている

by the skin of *one's* ***teeth*** 《口語》間一髪で, 命からがら (=narrowly)

get under *A's* ***skin*** 《口語》A(人)をかんかんに怒らせる

have (《英》 ***a***) ***thick*** [***thin***] ***skin*** (人が批判に対して)鈍感[敏感]である

save *one's* ***skin*** 《口語》無事に逃れる

under the skin 心の中では

― 動 (三単現 **skins** /skínz/; 過去・過分 **skinned** /skínd/; 現分 **skinning**) 他 皮をはぐ; むく

skin-deep /skíndíːp スキンディープ/ 形 皮相な, 表面だけの

skín dìver 名 C スキンダイビングをする人

skín dìving 名 U スキンダイビング

skin·flint /skínflìnt スキンフリント/ 名 C 《口語》ひどいけちんぼう, どけち

skin·head /skínhèd スキンヘド/ 名 C (差別的・暴力的な)スキンヘッドの人

skin·ner /skínər スキナ/ 名 C 皮加工人; 皮革商; 《米》《俗語》詐欺師

skin·ny /skíni スキニ/ 形 (比較級 **skinnier**; 最上級 **skinniest**) (やせて)骨と皮ばかりの

skin·tight /skìntáit スキンタイト/ 形 (服などが)ぴったりの

skip B2 /skíp スキプ/ 動 (三単現 **skips**

/skíps/; 過去・過分 **skipped** /skípt/; 現分 **skipping**) ❶ 自 軽く飛ぶ, はねる; 他 (ひょいと)飛び越す ❷ 他 (途中を)抜かす, 省(はぶ)く; 自 とばして読む
• **skip** a difficult math problem 難しい数学の問題をとばす
• They **skipped** Mr. Suzuki's class. 彼らは鈴木先生の授業をサボった
❸ 他 自 なわとびをする • **skip** rope 《米》 なわとびをする (=jump rope)
❹ 《口語》 他 (ある場所から)逃げる; 自 こそこそ立ち去る
━ 名 C ❶ スキップ; 軽い跳躍(ちょうやく) ❷ 飛ばし読み; 省略

skí pòle 名 C (スキーの)ストック

skip·per /skípər スキパ/ 名 C 《口語》 (小さな商船・漁船の)船長; 機長; (スポーツのチームの)主将; (野球の)監督
━ 動 他 船長[主将]を務める

skir·mish /skə́ːrmiʃ スカーミシュ/ 名 C 小競り合い; 小論争 ━ 動 自 〔…と〕小競り合いを起こす 《*with*》

skirt A1 高

/skə́ːrt スカート/
名 (複 **skirts** /skə́ːrts スカーツ/) C
❶ スカート; (服の)すそ
• You look pretty **in** a **skirt**. あなたはスカートをはくとかわいくみえる
❷ 《**skirts**》 (町・森などの)周辺, 郊外 (=outskirts)
━ 動 (三単現 **skirts** /skə́ːrts スカーツ/; 過去・過分 **skirted** /skə́ːrtəd/; 現分 **skirting**)
❶ 他 自 周辺にある; 周辺を通る
❷ 他 (不快なものを)避けて通る; (問題などを)回避する

skit /skít スキト/ 名 C 寸劇, 風刺劇

skit·tish /skítiʃ スキティシュ/ 形 (特に馬が)驚きやすい, ものおじする; 気まぐれな, 移り気な

skulk /skʌ́lk スカルク/ 動 自 (悪事を働こうと)こそこそする[隠れる]

skull /skʌ́l スカル/ 名 C 頭蓋(ずがい)骨; 頭, 頭脳

skunk /skʌ́ŋk スカンク/ 名 C 《動物》 スカンク

sky A1 中

/skái スカイ/ 名 (複 **skies** /skáiz/) U C
❶ 《ふつう **the sky**》 空, 天 (⇔**the earth**)
• White clouds sail across **the sky**. 白い雲が空を(横切って)流れていく
❷ 《しばしば **skies**》 空模様, 天候
• Clear **skies** are forecast for tomorrow's race. あしたのレースは晴天に恵まれるとの予報だ
❸ 《しばしば **the skies**》 天国, 天界

out of a clear sky 不意に, だしぬけに

praise A to the skies A(人)をほめそやす

The sky's the limit. 《口語》 制限がない

sky·dive /skáidàiv スカイダイヴ/ 動 (三単現 **skydives** /skáidàivz/; 過去 **skydived** /skáidàivd/, 《米》 **skydove** /skáidòuve/; 過分 **skydived**; 現分 **skydiving**) 自 スカイダイビングをする

sky·div·er /skáidàivər スカイダイヴァ/ 名 C スカイダイビングをする人

sky·div·ing /skáidàiviŋ スカイダイヴィング/ 名 U スカイダイビング

sky-high /skáihái スカイハイ/ 形 副 非常に高い[高く]

blow sky-high 粉々にする

sky·jack /skáidʒæ̀k スカイヂャク/ 動 他 (飛行機を)乗っ取る ⇨**hijack**
━ 名 C 飛行機乗っ取り(犯)

sky·lark B2 /skáilàːrk スカイラーク/ 名 C 《鳥》 ヒバリ 《◆雲雀》 (=lark)

sky·light /skáilàit スカイライト/ 名 C (天井の)天窓, 明り窓

sky·line /skáilàin スカイライン/ 名 C ❶ 地平線 (=horizon) ❷ (山・高層ビルなどが)空に描く輪郭(りんかく)

Skype /skáip スカイプ/ 名 《コンピュータ》 《商標》 スカイプ 《◆インターネット上で音声通話やビデオ通話などができるサービス》
━ 動 他 自 スカイプで通話する

sky·rock·et /skáiràkət スカイラケト/ 動 自 急騰する

sky·scrap·er B1 /skáiskrèipər スカイスクレイパ/ 名 (複 **skyscrapers** /skáiskrèipərz/) C
超高層ビル, 摩天楼(まてんろう)

sky·ward B2 /skáiwərd スカイワド/ 副 形 空へ[の], 空に向かって[向けた]

sky·writ·ing /skáiràitiŋ スカイライティング/ 名 U (飛行機で)空中文字[模様]を書くこと; 空中文字, 空中広告

slab /slǽb スラブ/ 名 C (木材などの)厚板, スラブ; (肉などの)平たい厚切り

slack /slǽk スラク/ 形 (比較級 **slacker**; 最上級 **slackest**) ❶ ゆるんだ, たるんだ (=loose) ❷ (人が)だらけた, 不注意な ❸ のろい (=slow)

━ 動 自 《口語》 なまける, 怠る《*off*》

slack·en /slǽkən スラクン/ 動 他 速度を落とす; (綱などを)緩める, たるませる; (握りを)緩める; 自 速度が落ちる; 緩む, たるむ; 不活発になる

slacks /slǽks スラクス/ 名 《複数扱い》 スラックス, ズボン《◆男女いずれのものにもいう》

slain /sléin スレイン/ 動 slayの過去分詞

sla·lom /slɑ́:ləm スラーロム/ 名 C 《ふつう **the slalom**》 (スキーなどの)スラローム, 回転競技

slam B2 /slǽm スラム/ 動 (三単現 **slams** /slǽmz/; 過去·過分 **slammed** /slǽmd/; 現分 **slamming**) ❶ 他 バタンとしめる; 自 バタンとしまる ❷ 他 バタンと置く[投げる], 強く打つ ❸ 他 《口語》 酷評する, こきおろす

━ 名 C 《ふつう単数形で》 バタン, ピシャリ(という音)

slám dùnk 名 C 《バスケットボール》 スラムダンク《◆強くたたきつけるようなダンクシュート》

slan·der /slǽndər スランダ/ 名 U C 中傷, 悪口; 《法律》 口頭誹毀(ひき) (❗文書による名誉毀損は libel)

━ 動 他 中傷する, 悪口を言う

slan·der·ous /slǽndərəs スランダラス/ 形 人の名誉を傷つけるような, 口の悪い

slang B2 /slǽŋ スラング/ 名 U ❶ 《全体をさして》 俗語, スラング ❷ (特定の社会や職業の)通りことば; (専門)用語

● students' **slang** 学生語

slángy 形 俗語の多い; 俗語めいた

slant /slǽnt スラント/ 動 自 傾斜(けいしゃ)する; 他 傾(かたむ)ける

━ 名 ❶ U 《単数形で》 傾斜 (=slope) ❷ C 観点, 見方; (心などの)傾向

slap B2 /slǽp スラプ/ 動 (三単現 **slaps** /slǽps/; 過去·過分 **slapped** /slǽpt/; 現分 **slapping**) 他 ❶ (平手・平たい物で)ピシャリと打つ; 打ち当てる; ピシャリと音を立てる ❷ 乱暴に置く[ほうる]

━ 名 C (手のひらなどで)ピシャリと打つこと, 平手打ち

━ 副 《口語》 まともに; 力一杯に

slap·stick /slǽpstìk スラプスティク/ 名 U どたばた喜劇

slash B2 /slǽʃ スラシュ/ 名 C ❶ さっと切りつけること ❷ 切り口, 深い切り傷; (衣服の)スリット ❸ 大幅切り下げ, 大削減 ❹ 斜線記号 (=slash mark) 《◆/》

━ 動 ❶ 他 自 (ナイフなどで)さっと切る ❷ 他 〔…から〕切り落とす《*off*》; 切り開く ❸ 他 《ふつう受け身で》 (衣服に)スリットをつける ❹ 他 《口語》 (価格などを)大幅に下げる, 大きく削減する

slat /slǽt スラト/ 名 C (木・プラスチック・金属などの)細長い薄板

slate /sléit スレイト/ 名 C ❶ (屋根をふく)スレート ❷ 石板(せきばん)

━ 動 他 《米》 予定される; 候補者名簿に載る (❗ふつう受け身で用いる)

slat·y /sléiti スレイティ/ 形 (比較級 **slatier**; 最上級 **slatiest**) スレートのような; スレート色の

slaugh·ter B2 /slɔ́:tər スロータ/ 名 ❶ U C (大規模な)虐殺 (=massacre) ❷ C (食用動物の)畜殺, 食肉処理

━ 動 他 虐殺する; 食肉処理する

slaugh·ter·house /slɔ́:tərhàus スロータハウス/ 名 C 食肉処理場

slave A2 高

/sléiv スレイヴ/ 名 (複 **slaves** /sléivz/) C

❶ 奴隷
- free the **slaves** 奴隷を解放する

❷〔…に〕とらわれている人,〔…の〕とりこになっている人《*to, of*》

━ 動 (三単現 **slaves** /sléivz/; 過去・過分 **slaved** /sléivd/; 現分 **slaving**) 自 (奴隷のように)あくせく働く

slav·er·y B1 /sléivəri スレイヴァリ/ 名 U
❶ 奴隷制度; 奴隷の身分
- the abolition of **slavery** 奴隷制度の廃止

❷〔…に〕とりこになっていること《*to*》

Slav·ic /slɑ́:vik スラーヴィク, slǽvik スラヴィク/ 名 U スラブ語派《◆インドヨーロッパ語族の1語派; ロシア語, ポーランド語など》
━ 形 スラブ民族[語]の

slav·ish /sléiviʃ スレイヴィシュ/ 形 ❶ 奴隷の, 奴隷のような ❷ 盲目的に忠実な, 独創性のまったくない

slay /sléi スレイ/ 動 (三単現 **slays** /sléiz/; 過去 **slew** /slú:/; 過分 **slain** /sléin/; 現分 **slaying**) 他 虐殺する, 殺害する (! 《英》では雅語, 《米》では特に新聞用語として kill の代わりに用いる)

slea·zy /slí:zi スリーズィ/ 形 (比較級 **sleazier**; 最上級 **sleaziest**) (建物などが)安普請の, 薄汚れた; (服などが)薄っぺらな; いかがわしい; 低俗な

sled /sléd スレド/ 名 C そり (=《英》sledge)
━ 動 (三単現 **sleds** /slédz スレヅ/; 過去・過分 **sledded** /slédəd/; 現分 **sledding**) 自 そりにのる; そりで行く

sledge /slédʒ スレヂ/ 名 動 《英》(=sled)

sledge·ham·mer /slédʒhæmər スレヂハマ/ 名 C (砕石・くい打ちなどに両手で使う)ハンマー, げんのう

sleek /slí:k スリーク/ 形 (比較級 **sleeker**; 最上級 **sleekest**) ❶ (髪・皮膚・毛皮などが)すべすべ[つやつや]した ❷ 身なりのきちんとした; (車などが)かっこいい, 高価そうな

sleep A1 中

/slí:p スリープ/ 動 (三単現 **sleeps** /slí:ps/; 過去・過分 **slept** /slépt/; 現分 **sleeping**)

❶ 自 眠る, 睡眠をとる (↔**wake**[1])
- Did you **sleep** well last night? ゆうべはよく眠れましたか
- I usually **sleep** for eight hours. 私はたいてい8時間睡眠をとります

❷ 他 宿泊させる, (…人を)泊められる; 自 泊まる
- We **slept** in a log cabin for the night. 私たちはその晩丸太小屋に泊まった

❸ 自 《遠回しに》(死者が)永眠している

sleep around 《口語》多くの相手と性的関係をもつ

sleep away 寝て過ごす

sleep in ① 寝坊する ② (雇い人が)住み込む (↔**sleep out**)

sleep like a log 《口語》熟睡する

sleep off 眠って治す; (いやなことなどを)寝て忘れる

sleep on [upon, over] ... (すぐ決めないで)…を一晩寝て考える

sleep out ① 外泊する; 野外で寝る ② 通いで勤める (↔**sleep in**)

sleep through ... 〔物事・光景に〕気付かずに眠る

Sleep tight. 《口語》ぐっすりおやすみなさい (! 特に子どもを寝かしつける時にいう)

sleep together [with ...] 《口語》…と寝る, セックスする; 不倫する

━ 名 U ❶ 眠り, 睡眠; 《単数形で》睡眠時(間)
- winter **sleep** 冬眠
- **have a** good **sleep** ぐっすり眠る
- My father often talks in his **sleep**. 私の父はよく寝言を言う

コロケーション
形+sleep
a deep *sleep* 深い眠り
a light *sleep* 浅い眠り
a restful [restless] *sleep* 安眠[不十分な睡眠]
a sound [good] *sleep* 熟睡

❷ 《遠回しに》永眠, 死 (=death)
❸ 活動休止; (感覚の)麻痺(まひ)

fall into sleep 眠りにおちる

get to sleep 眠りにつく, 寝つく

go to sleep ①眠る
● I **went to sleep** as I was reading. 私は本を読みながら眠ってしまった
②《口語》(手足などが)しびれる
lose sleep over ... …が心配で夜も眠れない(❗ふつう否定文で用いる)
put* [*send*] *A to sleep ①(人を)眠らせる, 寝かしつける ②(手術前に)麻酔をかける ③(病気の動物を)安楽死させる, 眠らせる
sleep·er /slíːpər スリーパ/ 名 C ❶眠(っている)人 ❷寝台車 (=sleeping car)
sleep·ing 高 /slíːpiŋ スリーピング/ 形 眠っている; 休止している; まひした; 睡眠(用)の
sléeping bàg 名 C 寝袋
sléeping pìll 名 C 睡眠薬

sleep·less A2
/slíːpləs スリープレス/
形 (❗名詞の前に用いる)
❶眠れない; 不眠の
● a **sleepless** night 眠れない夜
❷休まない; 不断の; 油断のない
sleep·walk /slíːpwɔ̀ːk スリープウォーク/ 動 自 夢中歩行する
sleep·walk·er /slíːpwɔ̀ːkər スリープウォーカ/ 名 C 夢遊病者
sleep·walk·ing /slíːpwɔ̀ːkiŋ スリープウォーキング/ 名 U 夢遊病

sleep·y A2 中
/slíːpi スリーピ/
形 (比較級 **sleepier**; 最上級 **sleepiest**)
❶眠い, 眠そうな
● feel **sleepy** 眠く感じる, 眠い
❷活気のない; ひなびた, 静かな
sléepily 副 眠そうに(して)
sléepiness 名 U 眠気
sleep·y·head /slíːpihèd スリーピヘド/ 名 C (特に子どもに対して)眠たがり屋, 寝坊
sleet /slíːt スリート/ 名 U みぞれ
━動 自 《it を主語にして》みぞれが降る
sleeve B1 /slíːv スリーヴ/ 名 (複 **sleeves** /slíːvz/) C ❶そで
● She pulled me by the **sleeve**. = She pulled my **sleeve**. 彼女は私のそでを引っ張った
❷(レコードの)ジャケット (=《米》jacket)
have ... up* [*in*] *one's sleeve 《口語》〔計画・次に打つ手など〕をひそかに用意している
laugh up one's sleeve 陰でひそかに笑う
sleeve·less /slíːvləs スリーヴレス/ 形 そでのない, ノースリーブの
sleigh /sléi スレイ/ 名 C 乗用そり 《◆馬に引かせる乗用の軽快なそり》
━動 自 そりで行く; そりに乗る
slen·der /sléndər スレンダ/ 形 ❶ほっそりした, すらりとした, 細長い
● **slender** fingers ほっそりした指
❷(収入などが)わずかな; (見込み・根拠などが)乏しい; 頼りない
slept /slépt スレプト/ 動 sleepの過去形・過去分詞
slew[1] /slúː スルー/ 動 slayの過去形
slew[2] /slúː スルー/ 名 C 《米》《口語》どっさり, たくさん

slice A2 高
/sláis スライス/ 名 (複 **slices** /sláisəz/) C
❶(薄い)1枚, 一切れ
● a **slice** of bread 薄く切ったパン1枚
❷〔…の〕一部分; 分け前《*of*》
❸料理用へら; 薄刃の包丁
❹《球技》スライスボール
━動 (三単現 **slices** /sláisəz/; 過去・過分 **sliced** /sláist/; 現分 **slicing**) 他
❶(パン・ハムなどを)薄く切る《*off*》;
文型 [**slice A C**] AをCに切る
❷《ゴルフ・テニス》(ボールを)スライスさせる
slick /slík スリク/ 形 (比較級 **slicker**; 最上級 **slickest**) ❶(道路などが)滑りやすい; すべすべ[つるつる]した ❷(人が)口先のうまい, 巧妙な, みごとな
━動 他 滑らか[すべすべ]にする
slid /slíd スリド/ 動 slideの過去形・過去分詞

a b c d e f g h i j k l m n o p q r **s** t u v w x y z

slide A2

/sláid スライド/

名 (複 **slides** /sláidz スライヅ/) C

❶ すべること; (価値などの)低下, 下落

❷ (子どもの)すべり台

❸ 地すべり, 山崩れ ⇨**landslide**

❹ (映写用の)スライド; (顕微鏡の)検鏡板

❺ 《野球》 すべり込み, スライディング

― 動 (三単現 **slides** /sláidz スライヅ/; 過去・過分 **slid** /slíd/; 現分 **sliding**)

❶ 自 すべる; (すべるように)すーっと動く (❗「すべってころぶ」は slip); すべり落ちる; 他 すべらせる, 滑走させる

• The cup **slid** from my hand. 手からカップが滑り落ちた

❷ 自 《野球》〔塁に〕すべり込む 《*into*》

❸ 他 〔…に〕滑り込ませる, そっと動かす 《*in, into*》; 自 そっと入る[去る]; そっと動く

❹ (価格などが)下落する, 下がる

let ... slide 《口語》 …をほうっておく; なおざりにしてどうしようもできなくする

slid·ing /sláidiŋ スライディング/ 名 U 滑ること, 滑走; 《野球》 滑り込み, スライディング

― 形 滑る; 移動する; 変化する

slight B1 /sláit スライト/ 名 (複 **slights** /sláits スライツ/) C 軽視, 軽べつ; 侮辱

― 形 (比較級 **slighter**; 最上級 **slightest**)

❶ わずかな, ささいな; つまらない

• a **slight** increase わずかな増加

• a **slight** smile 軽い微笑み

会話 “Do you know where Bob is?” “No, I don't have the **slightest** idea.” 「ボブがどこにいるか知っていますか」「いいえ, さっぱりわかりません」

❷ ほっそりした, きゃしゃな

in the slightest 少しも(…ない), まったく(…ない) (❗疑問文, 否定文で用いる)

― 動 (三単現 **slights** /sláits スライツ/; 過去・過分 **slighted** /sláitəd/; 現分 **slighting**) 他 軽視する; 軽べつする

slight·ly B1 高 /sláitli スライトリ/ 副

❶ わずかに, 少し, かすかに

• I know him **slightly**. 彼をほんの少し知っています

❷ きゃしゃに, ほっそりと (❗ふつう built を伴って)

slim A2

/slím スリム/

形 (比較級 **slimmer**; 最上級 **slimmest**)

❶ ほっそりした (=slender) (❗「魅力的な」というニュアンスがある)

• [CAN-DO Tips 人の様子を描写する] Alice is **slim**. アリスはほっそりしている

❷ (見込み・可能性が)薄い, わずかな

― 動 (三単現 **slims** /slímz/; 過去・過分 **slimmed** /slímd/; 現分 **slimming**) 自 (節食・運動などで)やせる, 細くなる; ダイエットをする; 他 やせさせる, 数を減らす

slime /sláim スライム/ 名 U (川底などの)軟泥, ヘドロ; (魚などの)粘液

slim·y /sláimi スライミ/ 形 (比較級 **slimier**; 最上級 **slimiest**) どろどろした, ぬるぬるした; (人・ことばなどが)けがらわしい, いやらしい, 卑屈な

sling /slíŋ スリング/ 名 C (荷物などをつり上げる)つり縄; (銃などの)つり革; つり包帯, 三角巾(きん); 投石器

― 動 (三単現 **slings** /slíŋz/; 過去・過分 **slung** /slʌ́ŋ/; 現分 **slinging**) 他

❶ 《口語》〔…めがけて〕投げつける, ほうる 《*at*》; (石を)投石器で投げる

❷ (荷物などを)つり上げる[降ろす]; つるす; 〔…の上に〕ひっかける 《*over*》

sling·shot /slíŋʃàt スリングシャト/ 名 C 《米》 (子どもが石を飛ばす)ぱちんこ (=《英》 catapult)

slink /slíŋk スリンク/ 動 (三単現 **slinks** /slíŋks/; 過去・過分 **slunk** /slʌ́ŋk/; 現分 **slinking**) 自 (人目を避けるように)こっそり歩く[逃げる]

slip[1] B1 高 /slíp スリプ/ 動 (三単現 **slips** /slíps/; 過去・過分 **slipped** /slípt/; 現分 **slipping**) ❶ 自 (うっかり)すべる, すべってころぶ, 踏みはずす; すべり落

ちる
• **slip** on the wet floor ぬれた床で足をすべらせる
❷ 他 文型 [**slip A in** [**into**] **B**] B(場所)にA(物)をそっと入れる; 文型 [**slip A from** [**out of**] **B**] B(場所)からA(金など)をそっと出す《*out of*》
• She **slipped** the money **into** [**out of**] the envelope. 彼女は金を封筒の中にそっと入れた[からそっと出した]
文型 [**slip A B = slip B to A**] A(人)にB(物)をそっと渡す
❸ 自 (すべるように)すっと動く, こっそり動く; (時間が)いつのまにか過ぎる
❹ 自 (体力・記憶力などが)衰える; (生産などが)落ち込む; (価値などが)下がる
❺ 他自 (服・靴などを)するっとはく, するっと脱ぐ ❻ 自 (うっかり)間違う; (記憶から)消える

let (***it***) ***slip*** (***that ...***) (秘密などを)うっかり漏らす

slip *A's* ***mind*** (物事が)忘れられる (←Aの記憶から漏れる)

slip through *A's* ***fingers*** Aから逃げる; Aの指をすり抜けてなくなる

slip up 《口語》しくじる, 間違う

— 名 (複 **slips** /slíps/) C
❶ (うっかりした)間違い, あやまり
• a **slip** of the tongue 失言, 言い間違い
❷ (うっかり)すべること, スリップ
❸ (まくらの)カバー; (婦人用の)スリップ

give *A* ***the slip*** 《口語》A(追っ手)をまく, すっぽかす

slip[2] /slíp スリプ/ 名 C (紙・木などの)細長い一片; 紙片; 伝票; メモ用紙

slip·cover /slípkʌ̀vər スリプカヴァ/ 名 C スリップカバー

slip·per /slípər スリパ/ 名 C 《ふつう **slippers**》室内ばき, 部屋ばき, スリッパ

参考› slipper はかかとのある「室内ばき」のこと. 日本のスリッパは, 英語では mule とか scuff が近い

• **a pair of slippers** スリッパ1足

slip·per·y /slípəri スリパリ/ 形 (比較級 **slipperier**; 最上級 **slipperiest**)
❶ すべりやすい, つるつるすべる; すべってつかみにくい
❷ 《口語》当てにならない; 不安定な

slip·shod /slípʃɑ̀d スリプシャド/ 形 いいかげんな, ずさんな

slit /slít スリト/ 名 C 細長い切れ目, 割れ目, 裂け目; (自動販売機などの)硬貨差し入れ口; (スカートなどの)スリット

— 動 (三単現 **slits** /slíts スリツ/; 過去・過分 **slit**; 現分 **slitting**) 他 (物を)切り開く, 細長く切る[裂く]

slith·er /slíðər スリザ/ 動 自 ずるずる滑る; (ヘビなどが)するする動く

sliv·er B2 /slívər スリヴァ/ 名 C (先のとがった)細長い一片, 破片

slob /slɑ́b スラブ/ 名 C 《口語》まぬけ, うす汚い人, 無精者

slob·ber /slɑ́bər スラバ/ 動 他 よだれをたらす; 〔…を〕こぼす, こぼしながら食べる《*over*》; べたべたほめる

slog /slɑ́g スラグ/ 動 (三単現 **slogs** /slɑ́gz/; 過去・過分 **slogged** /slɑ́gd/; 現分 **slogging**) 自 苦労して進む; 〔…に〕精を出す《*at*》

slo·gan B1 /slóugən スロウガン/ 名 (複 **slogans** /slóugənz/) C
(政党・団体などの) スローガン, 標語, モットー; 宣伝文句

slop /slɑ́p スラプ/ 動 (三単現 **slops** /slɑ́ps/; 過去・過分 **slopped** /slɑ́pt/; 現分 **slopping**) ❶ 他 (液体を)こぼす; 自 (液体が)こぼれる《*over, around*》
❷ 他 (家畜に)残飯をやる

— 名 U 《または **slops** で》(餌(えさ)用の)残飯; まずい食べ物[飲み物]

slope B1 /slóup スロウプ/ 名 (複 **slopes** /slóups/) ❶ C 坂, 斜面, スロープ
• an upward [a downward] **slope** 上り[下り]坂
❷ U C 傾斜, 勾配(こうばい)

— 動 (三単現 **slopes** /slóups/; 過去・過分 **sloped** /slóupt/; 現分 **sloping**) 自 傾斜する, 坂になっている《*up, down*》

slop·pi·ly /slɑ́pili スラピリ/ 副 じくじくして; だらしなく; いい加減に

slop·py B2 /slɑ́pi スラピ/ 形 (比較級 **slop-**

pier; 最上級 **sloppiest**) 水っぽい; じくじくした, ぬれて汚れた; いい加減な; (服装などが)だらしのない; 《口語》 感傷的な, めそめそした

slosh /slάʃ スラシュ/ 動 ❶ 自 (泥・水などを)はね上げて歩く 《*around*》 ❷ 自 (液体が)バシャバシャはねる; 他 (泥・水などを)はねとばす; バシャバシャかき混ぜる

slot B1 /slάt スラト|slɔ́t スロト/ 名 (複 **slots** /slάts スラツ/) C ❶ (自動販売機などの)**料金投入口** ❷ 細長い穴[溝] ❸ (全体における)**位置, 場所**; (テレビなどの)**時間帯**

sloth /slɔ́:θ スロース/ 名 U 《文章》 怠惰, ものぐさ; C 《動物》 ナマケモノ

sloth·ful /slɔ́:θfəl スロースフル/ 形 《文章》 怠惰な, 無精な

slót machìne 名 C スロットマシン 《♦自動販売機・ゲーム機など》

slouch /sláutʃ スラウチ/ 名 C 《ふつう **a slouch**》 前かがみの姿勢

be no slouch 《口語》 〔…は〕得意である 《*at*》

━ 動 自 前かがみになる; 前かがみになって歩く; だらりとたれる

slough[1] /sláu スラウ/ 名 C ぬかるみ; 沼地; 《文章》 窮地

slough[2] /slʌ́f スラフ/ 名 C (ヘビなどの)抜け殻, 脱皮 ━ 動 ❶ 自 (ヘビなどが)脱皮する; 他 (外側の皮を)捨てる ❷ 他 (習慣などを)捨て去る 《*off*》

Slo·va·ki·a /slouvάːkiə スロウヴァーキア, slouvǽkiə スロウヴァキア/ 名 スロバキア 《♦ヨーロッパ中部の共和国; 首都ブラチスラバ(Bratislava)》

Slo·ve·ni·a /slouvíːniə スロウヴィーニア/ 名 スロベニア 《♦ヨーロッパ中部の共和国; 首都リュブリャナ(Ljubljana)》

slov·en·ly /slʌ́vənli スラヴァンリ/ 形 (服装などが)汚らしい, だらしのない; (ことばなどが)締まりのない, だらだらした; (仕事ぶりが)いい加減な

slow A1 中

/slóu スロウ/ 形 (比較級 **slower**; 最上級 **slowest**)

❶ (速度・動作・行動などが)**遅い**; **のろい**; **ゆっくりとした** (↔**fast**[1])

- a **slow** pace ゆっくりとした速度

文型 [**be slow to** *do* = **be slow in** *do***ing**] …するのが遅れる

- The Smiths **were slow to** *arrive*. = The Smiths **were slow in arriving**. スミス夫妻の到着は遅かった
- **Slow** and steady wins the race. 《ことわざ》 遅くても着実なのが勝負に勝つ (❗「急がば回れ」に相当)

❷ (理解などが)**のろい, 鈍い** (↔**quick**)

- a **slow** learner 理解度の遅い[のみこみの悪い]人
- He was **slow** in everything. 彼はすべての事にのろかった

文型 [**be slow to** *do* = **be slow in** *do***ing**] …するのがのろい

- He **is slow to** *learn* English. = He **is slow in learning** English. 彼は英語を覚えるのが遅い

❸ (時計が)**遅れて** (❗ふつう名詞の前には用いない) (↔**fast**[1])

- My watch is three minutes **slow**. 私の時計は3分遅れている (❗「3分遅れる」は lose three minutes)

❹ (商売などが)不景気な, 活気のない

━ 副 (比較級 **slower**; 最上級 **slowest**) 《口語》 **ゆっくりと** (=slowly)

- Drive **slow**. 《掲示》 徐行せよ

go slow ① ゆっくりやる[行く] ② 《英》 サボタージュする, 怠業する

━ 動 (三単現 **slows** /slóuz/; 過去・過分 **slowed** /slóud/; 現分 **slowing**)

自 **速度を落とす; 速力が落ちる**; 他 **遅くする** 《*down, up*》

slow·down /slóudàun スロウダウン/ 名 C ❶ 減速; (景気の)後退 ❷ 《米》 怠業, サボタージュ ⇨**sabotage**

slow·ly A2 中

/slóuli スロウリ/ 副 **ゆっくりと, のろく, のろのろと** (↔**quickly**, **fast**[1], **rapidly**)

- walk **slowly** ゆっくり歩く
- Could you speak more **slowly**? もう

少しゆっくり話していただけませんか?

slów mótion 名U (映画などの)スローモーション

slow-paced /slóupéist スロウペイスト/ 形 ゆっくりした, テンポの遅い

sludge /slʌ́dʒ スラヂ/ 名U ぬるぬるした泥, ぬかるみ, (溶けかかった)どろどろの雪; (川底などの)軟泥, ヘドロ; (ボイラー・汚水処理装置などの)沈積物

slug[1] /slʌ́g スラグ/ 名C 《米》《口語》弾丸, 散弾 (=bullet); (自動販売機用の)代用[にせ]硬貨; 《米》《口語》(ウィスキーなどの)1杯

slug[2] /slʌ́g スラグ/ 名C 《動物》ナメクジ

slug[3] /slʌ́g スラグ/ 動 (三単現 **slugs** /slʌ́gz/; 過去・過分 **slugged** /slʌ́gd/; 現分 **slugging**) 他 《口語》強くなぐる; 《野球》(ボールを)かっ飛ばす

slug·ger /slʌ́gər スラガー/ 名C 《米》《口語》(野球の)強打者; (ボクシングの)ハードパンチャー

slug·gish /slʌ́giʃ スラギシュ/ 形 怠け者の; だるい; のろい; 反応[機能]が鈍い; 不活発な, 活力のない

sluice /slú:s スルース/ 名C せき, 人工水路, 放水路 一動 ❶他 水をどっと流して洗う《*out, down*》 ❷他 (水を)(水門を開けて)放水する; 自 (水が)水門から流れ出る《*out, away*》

slum /slʌ́m スラム/ 名C 《しばしば **slums**》スラム街

slum·ber /slʌ́mbər スランバ/ 名UC 《しばしば **slumbers**》《文章》まどろみ, 眠り

一動自 まどろむ; うとうとする

slump /slʌ́mp スランプ/ 名C ❶(株価・物価などの)暴落, 不景気 (↔**boom**[1]) ❷不振, 不調, スランプ

一動自 ❶ドスンと落ちる; うなだれる, ぐったりする ❷(株価などが)暴落する; (人気・熱意などが)衰える

slung /slʌ́ŋ スラング/ 動 slingの過去形・過去分詞

slunk /slʌ́ŋk スランク/ 動 slinkの過去形・過去分詞

slur /slə́:r スラー/ 動 (三単現 **slurs** /slə́:rz/; 過去・過分 **slurred** /slə́:rd/; 現分 **slurring** /slə́:riŋ/) 他 ❶(ことばなどを)不明瞭に発音する; 《音楽》(2つの音を)中断せずに演奏する[歌う], (音符に)スラーをつける ❷〔…を〕急いでかたづける, 軽く扱う《*over*》 ❸《米》(人を)けなす, 悪く言う 一名C ❶《ふつう **a slur**》不明瞭な発音[話し方] ❷〔…に対する〕中傷, 悪口《*on*》 ❸《音楽》(音譜の)スラー, スラーのついた音符

slurp /slə́:rp スラープ/ 動他自 《口語》音を立てて食べる[飲む, すする]

一名C 《口語》音を立てて食べる[飲む, すする]こと

slush /slʌ́ʃ スラシュ/ 名U ❶雪どけ, ぬかるみ ❷《口語》甘ったるい感傷的な小説[映画など]

slúsh fùnd 名C 不正資金

slush·y /slʌ́ʃi スラシ/ 形 (比較級 **slushier**; 最上級 **slushiest**) ❶雪解けの, どろどろの ❷《口語》くだらない

slut /slʌ́t スラト/ 名C 身なりの汚い女; ふしだらな女

sly /slái スライ/ 形 (比較級 **slyer**, **slier**; 最上級 **slyest**, **sliest**)
❶ずるい, 悪がしこい, 陰険な
❷いたずらっぽい; こそこそした

on the sly こっそりと

slýly 副 ずるく, こそこそと

smack[1] /smǽk スマク/ 名C 《ふつう **a smack**》味, 風味, 持ち味; 気味

一動自 〔…の〕味[香り]がする; 気味がある《*of*》

smack[2] /smǽk スマク/ 名C ❶《ふつう **a smack**》舌を鳴らすこと; 平手打ち ❷ピシャッ[チュッ, パシッ]という音 ❸《口語》チュッと音を立てるキス

一動他 ❶ピシャッと打つ ❷チュッとキスをする

一副 《口語》激しく, ピシャッと; まともに, もろに; ちょうど, まさしく

small A1 中

/smɔ́:l スモール/

形 (比較級 **smaller**; 最上級 **smallest**)

❶小さい; (面積が) 狭い (! small は

「客観的な小ささ」をさすが, little は「ちっぽけな, かわいい」などという話し手の主観的な気持ちが含まれる) ⇨**little** 形❶
- a **small** town 小さな町
- a **small** room 小さな[せまい]部屋
- It grew **smaller** and **smaller**. それはだんだん小さくなった

❷(数量が)少ない; 小規模の; わずかな
- a **small** business 小企業
- a **small** income 少ない[わずかな]収入

❸ささいな; つまらない; けちな
- It's just a **small** mistake. それはささいなミスにすぎない

feel* [*look*] *small しょげる, 肩身のせまい思いをする
in a small way ささやかに, こぢんまりと
no small 少なからぬ, かなりの
— 副 (比較級 **smaller**; 最上級 **smallest**) 小さく, 細かく; こぢんまりと

smáll chánge 名U 小銭; つまらない人[こと]

smáll létter 名C 小文字 (↔**capital letter**)

small·pox /smɔ́:lpɑ̀ks スモールパクス/ 名U 《医学》天然痘(とう), ほうそう

smáll-scále 形 小規模の; (地図で)小縮尺の (↔**large-scale**)

smáll tàlk 名U 世間話, おしゃべり

smart A1 中

/smɑ́:rt スマート/
形 (比較級 **smarter**; 最上級 **smartest**)
❶頭の良い; 利口な, 頭の回転が速い (=bright); ぬけめのない; なまいきな
- Pat is **smart in** math. パットは数学がよくできます
- a **smart** dog 利口な犬
- It wasn't a **smart** move. それは賢明な行動ではなかった

❷きちんとした (=neat); あかぬけした, しゃれた, 流行の (=fashionable)
❸活発な, 勢いのある
❹コンピュータ制御の
❺(痛みなどが)激しい, ずきずきする
— 動 (三単現 **smarts** /smɑ́:rts スマーツ/; 過去・過分 **smarted** /smɑ́:rtəd/; 現分 **smarting**) 自
ひりひり[ずきずき]痛む, うずく
— 名U 憤慨, 苦悩; うずき, ずきずきする痛み

smart al·eck /smɑ́:rtæ̀lik スマータリク/ 名C 《口語》うぬぼれ屋; 利口ぶった人

smart·en /smɑ́:rtn スマートン/ 動 他 こぎれいにする 《*up*》; 自 こぎれいになる 《*up*》

smart·ly /smɑ́:rtli スマートリ/ 副
❶利口に, ぬけめなく ❷こぎれいに ❸厳しく, 激しく

smart·phone 高 /smɑ́:rtfòun スマートフォウン/ 名C スマートフォン, スマホ (◆高機能携帯電話)

smash B2 /smǽʃ スマシュ/ 動
❶他 粉々にする; 打ち砕く 《*up*》; 強打する; 自 粉々に砕ける 《*up*》
- **smashed** houses 全壊した家

❷他 撃破する; 自 激突する
❸他 《テニスなど》スマッシュする
❹自 破産する, つぶれる 《*up*》
— 名C ❶(映画・歌などの)大ヒット作 (=smash hit)
❷衝突事故; 激突; 砕ける音
❸《テニスなど》スマッシュ
— 副 ガチャンと; まともに

smat·ter·ing /smǽtəriŋ スマタリング/ 名C 《ふつう **a smattering**》〔…の〕生かじり[わずか]の知識 《*of*》; まばら, ぱらぱら, 少数

smear /smíər スミア/ 動
❶他 文型 [**smear A on B** = **smear B with A**] A(油・ペンキなど)をBに塗りつける, AでBを汚す; 自 汚れる; かすれる, 不鮮明になる
❷他 (人の名誉などを)傷つける
— 名C (油・ペンキなどの)汚れ, しみ; 中傷

smell A1 高

/smél スメル/ 名 (複 **smells** /smélz/)
❶UC におい; いやなにおい
- the **smell** of garlic ニンニクのにおい

❷ U 臭覚(しゅうかく), 嗅覚(きゅうかく)
❸《単数形で》においをかぐこと

— 動 (三単現 **smells** /smélz/; 過去·過分 **smelled** /sméld/, 《英》 **smelt** /smélt/; 現分 **smelling**)

❶ 自 〔…の〕においがする《*of*》(❗進行形にならない)
• This room **smells of** gas. この部屋はガスのにおいがする
文型 [**smell A**] Aのにおいがする
• **smell** nice いい[おいしそうな]においがする
• This rose **smells** sweet. このバラはいい香りがする (×smells *sweetly* としない)
比較 This soup **tastes** good. このスープはいい味がする (❗taste C(形容詞)で「…な味がする」)
文型 [**smell of** [**like**] **A**] A(物・人)のにおいがする
• The soup **smells of** garlic. このスープはニンニクのにおいがする
❷ 他 においをかぐ
• **smell** roses バラのにおいをかぐ
文型 [**smell A** *doing*] Aが…しているにおいを感じる
• I can **smell** rubber **burning**. ゴムが焼けるにおいがするよ
❸ 自 悪臭を放つ, いやなにおいがする (❗進行形にならない)
❹ 他自 かぎつける; 感づく
❺ 自 〔…を〕かぐ《*at*》; 鼻が利く

smell** A **out [***out** A*] A(物・危険など)をかぎつける

smell·y /sméli スメリ/ 形 (比較級 **smellier**; 最上級 **smelliest**) においのする; 悪臭を放つ

smelt /smélt スメルト/ 動 《英》 smellの過去形・過去分詞

smid·gen /smídʒən スミヂェン/ 名 《**a smidgen**》《口語》 わずか, 微量

smile A1 中

/smáil スマイル/ 名 (複 **smiles** /smáilz/)

C ほほえみ; 微笑 (❗laugh は「声を出して笑う」こと, smile は「声を出さずにほほえむ」こと)
• with a **smile** 微笑をたたえて, にっこり笑って
• She had a **smile** on her face. 彼女はほほえみを浮かべていた

コロケーション
形+**smile**
a bright *smile* 晴れやかなほほえみ
a charming [warm] *smile* 愛想のよい[心温まる]ほほえみ
a faint [slight] *smile* かすかなほほえみ
a slow *smile* ゆっくりとした笑み
動+**smile**
give a *smile* ほほえみを投げかける
force [manage] a *smile* 無理に[何とか]笑顔を作る

— 動 (三単現 **smiles** /smáilz/; 過去·過分 **smiled** /smáild/; 現分 **smiling**)

❶ 自 ほほえむ, にっこり笑う, 微笑する ⇨**laugh**
• He never **smiles**. 彼はにこりともしない
• Jane **is** always **smiling**. ジェーンはいつもにこにこしている (❗「笑う行為がくり返されること」を表す現在進行形の文)
❷ 他 (同意などを)笑顔で示す
• She **smiled** her thanks [agreement]. 彼女はにこっとして礼を言った[同意を示した]
❸ 自 (運などが)〔…に〕開く《*on, upon*》; (幸運が)〔…に〕ほほえむ《*on, upon*》
❹ 他 文型 [**smile a ... smile**] …な笑い方をする

smil·ey /smáili スマイリ/ 名 (複 **smileys** /smáiliz/) C スマイリー《♦Eメールなどで使う感情などを表す絵文字; 英米では顔を90度傾けたものを使う》

参考 **smiley の例**
:-) うれしい; おもしろい
:-D とてもおもしろい, 大笑い
:-(怒っている; 悲しい
>:-(とても怒っている[悲しい]
:-O びっくりした; 退屈だ; 大声で叫ぶ
:-@ 悲鳴をあげる
:-{) 私は口ひげをはやしている
8-) 私はめがねをしている

smil·ing /smáiliŋ スマイリング/ 形 にこにこした; 晴れ晴れとした

smirk /smə́:rk スマーク/ 動 自 気取って笑う ━名 C 気取った笑い

smite /smáit スマイト/ 動 (三単現 **smites** /smáits スマイツ/; 過去 **smote** /smóut/; 過分 **smitten** /smítn/; 現分 **smiting**) 他《文章》(病気・災難などが)どんと襲う, 打ち倒す《*down*》

smith A1

/smíθ スミス/ 名 (複 **smiths** /smíθs/) C かじ職人; 金属細工師;《複合語で》…職人, …製作者

smith·er·eens /smìðərí:nz スミザリーンズ/ 名《複数扱い》《口語》粉みじん, 小破片

smit·ten /smítn スミトン/ 動 smiteの過去分詞

smock /smák スマク/ 名 C 上っ張り; スモック; 仕事着

smog /smág スマグ/ 名 U C スモッグ
smóggy 形 スモッグのかかった

smoke A1 高

/smóuk スモウク/ 名 (複 **smokes** /smóuks/) ❶ U 煙
- second hand [cigarette] **smoke** 副流煙[たばこの煙]
- There is no **smoke** without fire.《ことわざ》火のない所に煙は立たない

❷ 煙のようなもの (❗蒸気など実体のないもの)
❸ C (たばこの)一服(いっぷく)

go* [*end*] *up in smoke (燃えて)煙になる; 水泡に帰す

━動 (三単現 **smokes** /smóuks/; 過去・過分 **smoked** /smóukt/; 現分 **smoking**)
❶ 他自 (たばこを)吸う
- **smoke** a cigarette たばこを吸う

❷ 自 煙を出す; くすぶる, いぶる
❸ 他 いぶす, くん製にする ⇨ **smoked**

smoke out いぶし出す; 公けの場に引き出す; 明るみに出す

smoked /smóukt スモウクト/ 形 くん製の

smok·er B1 /smóukər スモウカ/ 名 (複 **smokers** /smóukərz/) C
❶ 喫煙(きつえん)者, たばこを吸う人
❷ (列車の)喫煙車輌

smóke scrèen 名 C 煙幕; (本当の意図を隠すための)偽装, 変装

smoke·stack B2 /smóukstæ̀k スモウクスタク/ 名 C (工場・機関車・汽船の)煙突

smok·ing A1 高

/smóukiŋ スモウキング/ 名 U
喫煙(きつえん), たばこを吸うこと
- **Smoking** is not good for your health. 喫煙は健康によくない
- No **smoking**.《掲示》禁煙

━形 ❶ 喫煙の, 喫煙できる
❷ 煙っている; 湯気を出している

smok·y /smóuki スモウキ/ 形 (比較級 **smokier**; 最上級 **smokiest**) ❶ 煙る, 煙のこもった ❷ (色が)くすんだ

smol·der /smóuldər スモウルダ/ 動 自 (火が)くすぶる; (感情などが)くすぶる, 内向する; (人が)〔…で〕もやもやしている《*with*》
━名 C《ふつう **a smolder**》くすぶり

smooch /smú:tʃ スムーチ/ 動 自 他《口語》(熱烈に)キスする
━名 C (熱烈な)キス

smooth A2 高

/smú:ð スムーズ/ (×スムース)
(発音 -th は /ð ズ/ と発音する)
形 (比較級 **smoother**; 最上級 **smoothest**)
❶ なめらかな, すべすべした; 平らな; (海面など)おだやかな (↔**rough**)
- a **smooth** road でこぼこのない道路

❷ (ソースなどが) よく練れた, むらのない
❸ (動きなどが) 円滑な, スムーズな; (進行が) 順調な
❹《否定的に》(態度などが) 調子のよい; 口先のうまい
❺ (飲み物などが)口当たりのよい; (文体・ことばなどが)よどみのない

━動 (三単現 **smooths** /smú:ðz/; 過去・過分

smoothed /smúːðd/; 現分 smoothing) 他
❶なめらかにする, 平らにする; (折り目を)伸ばす《*out*》; (髪を)なでつける《*down*》
❷(障害などを)取り除く, 解決する
smooth over (事態を)丸くおさめる

smooth·ie /smúːði スムーズィ/ 名C スムージー《♦凍った果物などで作るシャーベット状飲料》

smooth·ly A2

/smúːðli スムーズリ/ 副
なめらかに, するすると, すらすらと; 円滑に, スムーズに

smor·gas·bord /smɔ́ːrgəsbɔ̀ːrd スモーガスボード/ 名C (セルフサービス式の)食べ放題料理

smoth·er /smʌ́ðər スマザ/ 動 他
❶窒息(死)させる ❷(火を)〔…で〕おおい消す《*with*》 ❸(人を)圧倒する; (物を)〔…で〕すっかり覆う[包む]《*with, in*》
❹(感情などを)抑える, もみ消す

smoul·der /smóuldər スモウルダ/ 動名《英》(=smolder)

smudge /smʌ́dʒ スマヂ/ 名C 汚れ, しみ
—動 他 汚す, しみをつける; 自 汚れる

smug /smʌ́g スマグ/ 形 (比較級 smugger; 最上級 smuggest) (人が)自己満足した, 独りよがりの

smug·gle /smʌ́gl スマグル/ 動 他 〔…から; …に〕密輸出[不正出国]させる; こっそり持ち出す《*out of; into*》; 自 密輸する, こっそり運ぶ

smug·gler /smʌ́glər スマグラ/ 名C 密輸業者; 密輸船

smug·gling /smʌ́gliŋ スマグリング/ 名U 密輸

smut /smʌ́t スマト/ 名
❶UC すす, ほこり; C 汚れ, しみ
❷U わいせつな文書[写真, 話]
❸U (麦の)黒穂(くろぼ)病
—動 (三単現 **smuts** /smʌ́ts スマツ/; 過去·過分 **smutted** /smʌ́təd/; 現分 **smutting**) 他 汚す

smut·ty /smʌ́ti スマティ/ 形 (比較級 **smuttier**; 最上級 **smuttiest**) 汚れた, すすけた; わいせつな

snack A2 中

/snǽk スナク/ 名 (複 **snacks** /snǽks/) C ❶(正規の食事の間の)軽食, 間食
❷スナック菓子
—動 (三単現 **snacks** /snǽks/; 過去·過分 **snacked** /snǽkt/; 現分 **snacking**) 自《口語》軽食をとる《*on*》

snáck bàr 名C 軽食堂, スナック

snag /snǽg スナグ/ 名C ❶意外な障害
❷(衣類の)かぎ裂き, 裂き目
—動 (三単現 **snags** /snǽgz/; 過去·過分 **snagged** /snǽgd/; 現分 **snagging**)
❶他 (衣服を)〔…に引っ掛けて〕かぎ裂きにする《*on*》; 自 ひっかかる
❷《米》《口語》すばやくつかまえる

snail /snéil スネイル/ 名C ❶カタツムリ
❷のろま, 怠け者
at a snail's pace とてもゆっくり, のろのろと(←カタツムリの歩調で)

snáil màil 名U《口語》(Eメールと対比して)通常の郵便

snake A1 高

/snéik スネイク/ 名 (複 **snakes** /snéiks/) C《動物》ヘビ ⇨**serpent**
a snake in the grass 不実な友
snakes and ladders ヘビとはしご《♦すごろくの一種》
—動 (三単現 **snakes** /snéiks/; 過去·過分 **snaked** /snéikt/; 現分 **snaking**) 自《文章》くねる; (川などが)蛇行する

snap B2 /snǽp スナプ/ 動 (三単現 **snaps** /snǽps/; 過去·過分 **snapped** /snǽpt/; 現分 **snapping**) ❶自 ポキンと折れる, プツンと切れる《*off*》; 神経的に参る; 他 ポキンと折る; プツンと切る
• The handle **snapped off**. 取っ手がポキッといってとれた
❷自 パチンと音をたてる; 他 (ドア·ふたなどを)パチンと鳴らす; 文型 [**snap A C**] Aをパチンと鳴らしてC(状態)にする ❸他自 がみがみ言う,

どなって言う ❹自 (犬などが)〔…に〕(パクッと)かみつく《*at*》 ❺他自 スナップ写真をとる

snap A's nose* [*head*] *off 《口語》 A(人)の話を乱暴にさえぎる; A(人)にけんか腰の返事をする

***snap on* [*off*]** (テレビなどを)消す

snap out of it 《口語》元気を出す

snap up 飛びつく; すぐに買う

—名C ❶パチン・ポキンなどという音; ポキンと折(れ)ること

❷スナップ写真 (=snapshot)

❸(服・手袋などの)留め金, スナップ

❹(パクッと)食いつくこと

❺《単数形で》《米》《口語》楽な仕事 (❗be動詞のあとで)

a snap of one's finger 指をパチンと鳴らすこと

in a snap ただちに

—形 急な; (決断などが)即座の (❗名詞の前に用いる)

snap·py /snǽpi スナピ/ 形 (比較級 **snappier**; 最上級 **snappiest**) てきぱき[きびきび]した; 《口語》(着こなしが)かっこいい, しゃれた

Make it snappy! 《口語》急げ, さっさとやれ

snap·shot /snǽpʃɑ̀t スナプシャト/ 名C スナップ写真 (=snap)

snare /snéər スネア/ 名C (鳥・小動物をひもの輪で捕える)わな ⇨**trap**

snarl[1] /snɑ́ːrl スナール/ 動

❶他 (犬などが)歯をむいてうなる

❷他自 どなりつける

—名C うなり声; ののしり

snarl[2] /snɑ́ːrl スナール/ 動他自 (交通などを)渋滞[混乱]させる[する]《*up*》; もつれさせる[もつれる]《*up*》

—名C 渋滞, 混乱; もつれ

snatch /snǽtʃ スナチ/ 動他

❶ひったくる; 強奪する (❗grab よりもさらに「強く, 素早くひったくる」こと)

❷(食事や睡眠などを)急いでとる

snatch at ... …をひったくろうとする

—名 ❶《単数形で》ひったくり, 強奪 ❷C《ふつう **snatches**》(歌・話などの)断片

sneak B2 /sníːk スニーク/ 動 (三単現 **sneaks** /sníːks/; 過去・過分 **sneaked** /sníːkt/, 《米》 **snuck** /snʌ́k/; 現分 **sneaking**) 自 こそこそ動く[歩く]; うろうろする; 他 こっそり盗む (❗ふつう副詞(句)をともなう)

sneak·er /sníːkər スニーカ/ 名C 《ふつう **sneakers**》《米》運動靴, スニーカー (=《英》trainer, plimsoll)

sneak·ing /sníːkiŋ スニーキング/ 形 ひそかな; こそこそした

sneak·y /sníːki スニーキ/ 形 (比較級 **sneakier**; 最上級 **sneakiest**) こそこそする; 人目を盗んだ

sneer B2 /sníər スニア/ 名C 冷笑

—動自 〔…を〕あざ笑う, 冷笑する《*at*》; 他 あざけって言う

sneeze B1 /sníːz スニーズ/ 名 (複 **sneezes** /sníːzəz/) C くしゃみ

—動 (三単現 **sneezes** /sníːzəz/; 過去・過分 **sneezed** /sníːzd/; 現分 **sneezing**) 自 くしゃみをする

snick·er /deníkər スニカ/ 動自 《米》〔…を見て〕くすくす笑う《*at*》

—名C 《米》くすくす笑い, 忍び笑い

snide /snáid スナイド/ 形 (意見などが)皮肉な, 嫌味な

sniff B2 /sníf スニフ/ 動 ❶自 鼻をすする ❷他自 くんくんにおいをかぐ

snif·fle /snífl スニフル/ 動自 (かぜなどで)鼻をすする; 泣きじゃくる

—名C 鼻をすすること[音]; 《**the sniffles**》《口語》鼻かぜ

snig·ger /snígər スニガ/ 動名 (=snicker)

snip /sníp スニプ/ 動 (三単現 **snips** /sníps/; 過去・過分 **snipped** /snípt/; 現分 **snipping**) 他自 はさみでちょきんと切る

—名C ちょきんと切ること; 切り口; 切れ端

snipe /snáip スナイプ/ 動自 狙撃(そげき)する《*at*》; 非難する《*at*》

—名 (複 **snipe**, **snipes** /snáips/) C 《鳥》シギ

snip·er /snáipər スナイパ/ 名C 狙撃者

sniv·el /snívəl スニヴェル/ 動 自
❶ 鼻水を垂らす; 鼻をすする
❷ 泣き言を言う; 泣きべそをかく

snob /snάb スナブ/ 名 C 俗物, スノッブ《♦教養人を装う俗人》

snob·ber·y /snάbəri スナバリ/ 名 (複 **snobberies** /snάbəriz/) U 俗物根性, 上流気取り; C《ふつう **snobberies**》俗物的言動

snob·bish /snάbiʃ スナビシュ/ 形 俗物的な, 教養人気取りの
snóbbishly 副 俗物的に

snoop /snú:p スヌープ/ 動 自 うろうろのぞき回る《*about, around*》
― 名 C のぞき見する人; スパイ

Snoop·y /snú:pi スヌーピ/ 名 スヌーピー《♦米国の漫画『ピーナッツ』に登場するビーグル犬》

snoot /snú:t スヌート/ 名 C《米》《口語》鼻; 顔; (軽べつを表す)しかめつら; 俗物
― 動 他 軽べつする

snoot·y /snú:ti スヌーティ/ 形 (比較級 **snootier**; 最上級 **snootiest**)《口語》横柄な, 高慢な, 人を見下すような

snooze /snú:z スヌーズ/ 動 自《口語》一眠りする, うたた寝する
― 名 C《ふつう **a snooze**》《口語》うたた寝

snore B2 /snɔ́:r スノー/ 動 自 いびきをかく
― 名 C いびき

snor·kel /snɔ́:rkəl スノーケル/ 名 C シュノーケル
― 動 自 シュノーケルを使って泳ぐ

snort /snɔ́:rt スノート/ 動 ❶ 自 (馬などが)鼻を鳴らして荒い息をする
❷ 自〔…に対して〕鼻を鳴らす《*at*》; 他 鼻を鳴らして不満を表す

snot /snάt スナト/ 名 U《口語》鼻汁, 鼻くそ

snot·ty /snάti スナティ/ 形 (比較級 **snottier**; 最上級 **snottiest**)《口語》生意気な, 横柄な; 鼻水をたらした

snout /snáut スナウト/ 名 C (ブタ・犬・ワニなどの突き出た)鼻, 鼻先; (魚などの)口先, 吻(ふん); 突出部《♦ホースの管先など》

snow A1 中

/snóu スノウ/ 名 (複 **snows** /snóuz/) U 雪; 降雪量; U C 雪降り

- a heavy [deep] **snow** 大雪[深く積もった雪]
- We will **have snow** in the afternoon. 午後は雪になるだろう
- The **snow** has melted. 雪がとけた

― 動 (三単現 **snows** /snóuz/; 過去・過分 **snowed** /snóud/; 現分 **snowing**)
❶ 自 雪が降る (❗主語にはばく然と「天候」を表す it を用いる) ⇨**rain**

- **It snowed** ten centimeters. 雪が10センチ降った

❷ 他《米》《口語》まんまと取り入れる, 口車に乗せる

be snowed in 雪に閉じ込められる
be snowed under 〔…に〕圧倒される《*with*》

snow·ball B2 /snóubɔ̀:l スノウボール/ 名 C (雪合戦に使う)雪だま, 雪つぶて

snow·bank /snóubæ̀nk スノウバンク/ 名 C 雪の吹きだまり

snow·blower /snóublòuər スノウブロウア/ 名 C《米》(噴射式)除雪車

snow·board B1 /snóubɔ̀:rd スノウボード/ 名 (複 **snowboards** /snóubɔ̀:rdz スノウボーヅ/) C スノーボード
― 動 (三単現 **snowboards** /snóubɔ̀:rdz スノウボーヅ/; 過去・過分 **snowboarded** /snóubɔ̀:rdəd/; 現分 **snowboarding**) 自 スノーボードをする

snow·bound /snóubàund スノウバウンド/ 形 雪に閉じ込められた, (交通が)雪で立ち往生した

snow-capped /snóukæ̀pt スノウキャプト/ 形 (山が)雪をいただいた

snów-còvered 形《文章》雪でおおわれた

snow·drift /snóudrìft スノウドリフト/ 名 C 雪だまり; 雪の吹き寄せ

snow·fall /snóufɔ̀:l スノウフォール/ 名 C 雪が降ること, 降雪;《単数形で》降雪量

snow·field /snóufì:ld スノウフィールド/ 名 C (万年雪に覆われた)雪原

snow·flake /snóuflèik スノウフレイク/ 名 C 雪のひとひら, 雪片(せっぺん)

snow·man /snóumæ̀n スノウマン/ 名 (複 **snowmen** /snóumèn/) C 雪だるま

snow·mo·bile /snóumoubì:l スノウモウビール/ 名 C 雪上車

snow·plow, 《英》 **snow·plough** /snóuplàu スノウプラウ/ 名 C (機関車などにつける)除雪機, 雪かき; 除雪車

snow·shoe /snóuʃù: スノウシュー/ 名 C 《ふつう **snowshoes**》 雪靴, かんじき

snow·storm B1 /snóustɔ̀:rm スノウストーム/ 名 (複 **snowstorms** /snóustɔ̀:rmz/) C ふぶき, 大雪降り

snów tìre [《英》 **tỳre**] 名 C スノータイヤ

Snów Whíte 名 『白雪姫』《◆グリム童話の1つ; またその主人公の王女》

snów-whíte 形 雪のように白い, 純白の

snow·y A1 中

/snóui スノウイ/

形 (比較級 **snowier**; 最上級 **snowiest**)

❶ 雪の降る; 雪の積もった, 雪の多い

• a **snowy** day [season] 雪の降る日[季節]

❷ 雪のように白い, 純白の; 汚れのない (=snow-white)

snub /snʌ́b スナブ/ 動 (三単現 **snubs** /snʌ́bz/; 過去・過分 **snubbed** /snʌ́bd/; 現分 **snubbing**) 他 (人を)冷淡に扱う, 冷遇する; (申し出などを)拒絶する, はねつける

━ 名 C 鼻であしらうこと, 冷遇

snuck /snʌ́k スナク/ 動 sneakの過去形・過去分詞

snuff[1] /snʌ́f スナフ/ 名 U かぎたばこ

snuff[2] /snʌ́f スナフ/ 動 他 (ろうそく・火などを)消す 《*out*》

snuff out 《口語》 (事を)突然終わらせる, 滅ぼす; (望みなどを)断つ

snug /snʌ́g スナグ/ 形 (比較級 **snugger**; 最上級 **snuggest**) ❶ 暖かくて気持ちのいい; 居心地のよい, 快適な

❷ きちんとした, こぢんまりした

❸ (衣服などが)ぴったり合う

❹ (収入などが)不自由のない, 相当な

snúgly 副 心地よく; こぢんまり; ぴったりと

snug·gle /snʌ́gl スナグル/ 動 自 (暖かさ・愛情などを求めて)寄り添う, すり寄る; 他 抱き寄せる

so[1] A1 中

/sóu ソウ/ (発音 sew, sow[1]と同音)

共通イメージ とても, それで

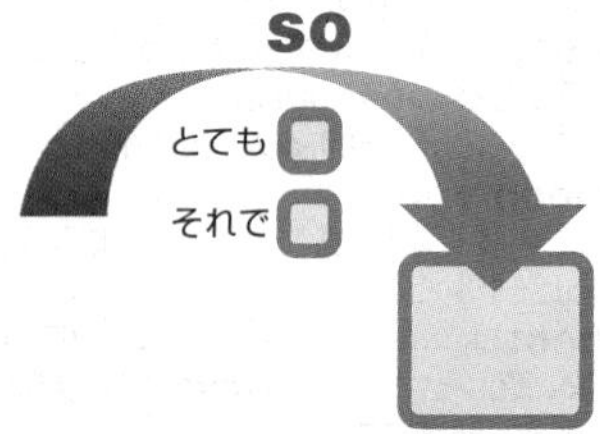

意味マップ

接 ❶ そういうわけで
　❷ では, どうやら

副 ❶ 非常に, とても
　❷ それほど
　❸ そのように, そう
　❹ そのとおりである
　❺ そんなふうに

━ 接 ❶ そういうわけで, それで (❗ and so (この so は副詞)としても用いる)

• It was raining, (**and**) **so** I didn't go for a walk. 雨が降っていたから私は散歩に出かけなかった

❷ 《文頭に用いて》 では, どうやら

❸ 《目的を表して》 (=so that) (副 成句)

So what? 《口語》 それがどうした, そんなことどうでもいいじゃないか

━ 副 ❶ 《口語》 非常に, とても, ずいぶん

• I'm **so** happy. 私はとてもうれしい[とても幸せ] (❗「とても」の意味で so を用いるのは女性に多いとされる)

• Thank you **so much**. 本当にありがとう!

• There were **so many** people at the

a b c d e f g h i j k l m n o p q r s t u v w x y z

party. パーティーにはとてもたくさんの人がいた

❷《程度》**それほど, そんなに**

会話 "Don't walk **so** fast." "Don't walk **so** slow."「そんなに速く歩かないでくれよ」「そんなにゆっくり歩かないでくれよ」

• He is not **so** tall. 彼はそんなに背が高くない

• Do you have to study **so** many subjects? そんなにたくさんの教科を学ばないといけないの

❸ **そのように, そう** (❗前述のことばをさす)

会話 "Will it rain tomorrow?" "**I think so.**"「あしたは雨かな」「そう思うよ」

会話 "Are you coming to the party?" "**I hope so.**"「パーティーにいらっしゃいますか」「そうしたいと思っていますが」

• I hear you lived in that town once. If **so**, you must know Mr. Goldsmith. 君は昔その町に住んでいたそうだけど, もしそうならゴールドスミスさんを知っているはずだ

参考〉 so が目的語のようにあとにくる動詞は, ほかに say, speak, tell (そう言う); believe (そう思う); suppose (たぶんそう思う); do (そうする)などがある

❹《so を文頭に置いて, 前のことばを受けて》**そのとおりである; …もそうである**

会話 "I saw Ken yesterday." "**So** did I."「私はきのうケンに会った」「私も会った」

使い方〉 前の文を受ける文頭の so

(**1**) 前の文に be 動詞か助動詞があるときはそれを, 一般動詞のときは do [does, did] を使う. 前の文と主語が同じかどうかによって, 主語と(助)動詞の位置が異なり, 強勢は文末の語に置く:

"She is happy." "**Só** she ís."「彼女は幸せだ」「まったくだ」(❗「So＋主語＋動詞」; 主語は前の文と同一人物)

"She is happy." "**Só** is hé."「彼女は幸せだ」「彼もそうだ」(❗「So＋動詞＋主語」; 主語は前の文と別の人物)

(**2**) 前の肯定文を受けるには so を, 否定文を受けるには neither, nor を使う. ⇨**neither, nor**

❺《様態》**そんなふうに, そのように**

• Hold your brush **so**. 筆をそのように持ちなさい

and so on [***forth***] …など ⇨**and** (成句)

not so ... as *A* **A(と比べてそれ)ほど…でない**

• He is **not so tall as** you. 彼は君ほど背が高くない (❗この so は as としてもよい)

... or so …かそこら, …くらい

• in an hour [a week] **or so** 1時間[1週間]かそこらで

so as not to *do* …しないように

so as to *do* …するように, …するために

• Arrange the words **so as to** make a complete sentence. 完全な文になるように単語を並べなさい

so *A* ***as to*** *do* とてもAで…してくれる, …するほどAで

• He was **so** kind **as to** show me around Kyoto. 彼はとても親切で[親切にも]私を連れて京都を案内してくれた

so far そこまで(は); 今までのところでは

• **So far** we have been quite successful. 今までのところではわれわれはとてもうまくいっている

so [***as***] ***far as ...*** …する限りでは; …まで[遠く]

So long. 《口語》さようなら (❗親しい間柄で用い, 目上の人に対しては用いない)

so [***as***] ***long as ...*** …する限りは, …さえすれば

so much for ... …のことはそれだけ, …はそれでおしまい

• **So much for** today. 今日はこれでおしまい

so (***that***) ***...*** **その結果…, それで…** (❗ふつう so の前にコンマ(,)がある; 口語ではふつう that を省く)

• I took my coat off, **so** (**that**) I could move more freely. 私は上着を脱いだの

でずっと動きやすくなった

***so* A *that* ...** とてもAなので…

- It is **so** hot **that** I cannot work.
とても暑くて私は働けない (=It is very hot, so I cannot work. = It is **too** hot for me **to** work.)
- He was **so** rich **that** he could buy a Porsche.
彼はとても金持ちだったのでポルシェを買うことができた (=He was rich enough to buy a Porsche.)
比較 It was **such** a nice day **that** we went on a picnic. とてもいい天気の日だったので私たちはピクニックに行った (! 名詞(句)の修飾にはsuchを使う)

so* (*that*) A *will* [*can, may*] *do Aが…する[できる]ように (!《口語》ではふつうthatを省く; まずso (that) 以下から訳すことに注意)

- He ran **so** (**that**) **he wouldn't** miss the first train. 始発の列車に乗り遅れないように彼は走った (! 主節の動詞 (ran) が過去だから「時制の一致」でthat以下の動詞も過去 (would) になる)

***so to say* [*speak*]** いわば

ワンポイント・アドバイス›
soには接続詞と副詞の用法があるが, 副詞の「とても…」という意味で使う用法の方が圧倒的に多い. so much (そんなにたくさん), so many (そんなに多く), so few (それほど少数の)という組み合わせをしっかり覚えておこう
もう1つ副詞で大事なのはI think so. (そう思います)のような用法. He said so. (彼はそう言いました)など, パターンがある程度決まっている
接続詞の方は, 前の文を受けてA, so B (AだからB) という感じで使う. becauseやasのうしろに原因・理由を表す文がくるのと反対に, soの場合は前に理由を表す文がくる. 時々, becauseなどと混同して, 原因→結果を逆にしてしまうので注意しよう!

コーパス この順番でマスター

soの重要構文
(**1**) *so* (that) ... …するよう[ため]に
(**2**) *so* as not to ... …しないように (! 否定用法の方が頻度が高い)
(**3**) *so* long as ... …の限り
(**4**) *so* ... that ～ とても…なので～

ネイティブはこういう!›
So what? だから何?, それが何?
So what are we going to do? さて, どうしようか?
We had so much fun. すっごく楽しかった
Do you think so? そう思う?

so[2] /sóu ソウ/ 名 C 《音楽》ソ

soak B2 /sóuk ソウク/ 動 ❶ 他 〔…に〕ひたす, つける《*in*》; 自 ひたる《*in*》 ❷ 他 びしょぬれにする ❸ 自 しみ込む《*in, into*》; しみ通る《*through*》

soak up 吸い取る, 吸収する

— 名 C 《ふつう **a soak**》ひたすこと

soaked B2 /sóukt ソウクト/ 形 ❶ ずぶぬれの, びしょぬれの《*through*》
❷〔…研究などに〕専心[没頭]して《*in*》
❸ (場所が)〔…で〕あふれて《*in*》

so-and-so /sóuənsòu ソウアンソウ/ 名 (複 **so-and-sos** /sóuənsòuz/)
❶ U だれそれ, 何々 (! 名前を忘れたか言いたくない場合に用いる代用語)
❷ C 《口語》いやなやつ

soap A2

/sóup ソウプ/ 名 (複 **soaps** /sóups/)
❶ U せっけん

- **a cake** [**bar**] **of soap** せっけん1個 (×*a* soap, ×soap*s* としない)
- Wash your hands well with **soap** (and water). せっけんでよく手を洗いなさい

❷《口語》(=soap opera)

— 動 (三単現 **soaps** /sóups/; 過去・過分 **soaped** /sóupt/; 現分 **soaping**) 他
❶ …をせっけんで洗う《*up*》
❷《口語》おべっかをつかう

sóap òpera B1 名 C (昼間に放送する)連続メロドラマ (! 以前よくせっけん会社がスポンサーだったことから)

soap·y /sóupi ソウピ/ 形 (比較級 **soapier**; 最上級 **soapiest**) せっけんの, せっけんだらけの; 《口語》お世辞だらけの

soar B2 /sɔ́ːr ソー/ (発音 sore と同音) 動 自
❶ (物価などが)急に高くなる, 急騰する
❷ 高く飛ぶ, 舞い上がる; 急上昇する
❸ (山などが)高くそびえる

soar·ing /sɔ́ːriŋ ソーリング/ 形 急上昇する
━ 名 U グライダーの滑空

sob B2 /sάb サブ/ 動 (三単現 **sobs** /sάbz/; 過去・過分 **sobbed** /sάbd/; 現分 **sobbing**)
自 ❶ すすり泣く, 泣きじゃくる
❷ (風・波などが)むせび泣くような音をたてる

sob** one's **heart out 胸が張り裂けるほど泣く
━ 名 C むせび[すすり]泣き

so·ber /sóubər ソウバ/ 形 (比較級 **more sober**, **soberer**; 最上級 **most sober**, **soberest**) ❶ 酔ってない, しらふの (⇔**drunk**, **drunken**)
❷ まじめな; 冷静な; (色が)地味な

so·bri·e·ty /səbráiəti サブライアティ/ 名 U 《文章》 しらふ; 節酒, 禁酒; まじめ, 謹厳, 冷静

sób stòry 名 C 《口語》 お涙ちょうだいの話

so-called B2 /sóukɔ́ːld ソウコールド/ 形 いわゆる (!「そう言われている[そう言っている]が実際にはそうでない」といったふくみがある; 名詞の前に用いる)

soc·cer A1 中

/sάkər サカ|sɔ́kə ソカ/ 名 U
サッカー (=《英》 football) ⇨**football**
• a **soccer** match [team] サッカーの試合[チーム]
• play **soccer** サッカーをする

参考》
corner flag コーナーフラッグ; corner kick area コーナーエリア; goal line ゴールライン; goal area ゴールエリア; referee 審判; goal keeper ゴールキーパー; penalty area ペナルティーエリア; touchline タッチライン; linesman ラインズマン; center circle センターサークル; forward フォワード; defender ディフェンダー; midfielder ミッドフィルダー

so·cia·ble B2 /sóuʃəbl ソウシャブル/ 形
❶ 社交好きな, 社交的な
❷ 愛想のいい, 打ち解けた
派生 **society** 名

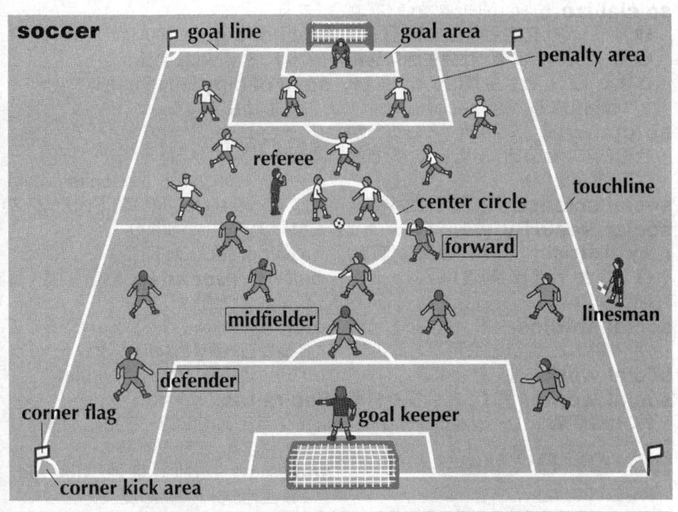

so·cial A1 高
/sóuʃəl ソウシャル/ 形 ❶ (人間)社会の; 社会的な (❗この意味では比較変化なし)
• **social** life [welfare] 社会生活[福祉]
• **social** change 社会の変化
• **social** order 社会秩序
❷ 社交の; 社会的階級に関する
• a high **social** class 上流階級
❸ 社交のための, 親睦(しんぼく)のための (❗この意味では比較変化なし)
❹ 社会生活をする, 集団性の (❗名詞の前に用いる)
— 名 (複 **socials** /sóuʃəlz/) C 《古風》懇親(こんしん)会
派生 society 名; 派生 socialize 動

so·cial·ism /sóuʃəlìzm ソウシャリズム/ 名 U 社会主義; 社会主義運動

so·cial·ist /sóuʃəlist ソウシャリスト/ 名 C 社会主義者
— 形 社会主義の, 社会主義者の

so·cial·ite /sóuʃəlàit ソウシャライト/ 名 C 社交界の名士(を志す人)

so·cial·i·za·tion /sòuʃələzéiʃən ソウシャリゼイション/ 名 U 社会化; 社会主義化

so·cial·ize B2 /sóuʃəlàiz ソウシャライズ/ 動
❶ 自 〔…と〕社交的活動をする《*with*》 ❷ 他 社交的にする; 社会生活に適応させる ❸ 他 社会主義化する; (産業などを)国有化する 派生 social 形

so·cial·ly B1 /sóuʃəli ソウシャリ/ 副 社会的に; 社交的に, 親しく, 打ち解けて; 社交上

sócial scíence 名 C U 社会科学

sócial secúrity 名 U ❶《ふつう Social Security》《米》社会保障(制度) ❷《英》生活保護(制度) (=《米》welfare)

sócial stúdies 中 名 《単数扱い》《米》(小・中学校などで学ぶ)社会科

sócial wòrk 名 U 社会事業

sócial wòrker 名 C 社会福祉指導員, 社会事業家, ソーシャルワーカー

so·ci·e·ty A2 高
/səsáiəti ソサイアティ/ 名 (複 **societies** /səsáiətiz/)
❶ U C 社会, 世間
• a member of **society** 社会の一員
• the progress of human **society** (人間)社会の進歩

コロケーション
形+society
a capitalist *society* 資本主義
a modern *society* 現代[近代]社会
a civil [classless] *society* 市民[階級のない]社会

❷ U C 社会階級; …界; U 上流社会(の人々), 社交界; 《形容詞的》社交界の
• high **society** 上流社会
❸ C (ある目的のために結成された)人々の集まり, 協会; 会
❹ U 《文章》交際; おつきあい, いっしょにいること
派生 social, sociable 形

so·ci·o·e·co·nom·ic /sòusioui:kənámik ソウスィオウイーカナミク/ 形 社会経済(上)の

so·ci·o·log·i·cal /sòusiəládʒikəl ソウスィアラヂカル/ 形 社会学上の, 社会学に関する

so·ci·ol·o·gist /sòusiálədʒist ソウスィアロヂスト/ 名 C 社会学者

so·ci·ol·o·gy /sòusiálədʒi ソウスィアロヂ/ 名 U 社会学

sock A2
/sák サク | sɔ́k ソク/ 名 (複 **socks** /sáks/) C 《ふつう **socks**》短い靴下, ソックス (❗「長靴下」は stocking)
• **a pair of socks** 靴下1足
pull one's socks up 《英》《口語》奮起する, ひと頑張りする

sock·et /sákət サケト/ 名 C (物を差し込む)受け口, (電球をはめる)ソケット, (プラグを差し込む)壁ソケット ⇨**outlet**

Soc·ra·tes /sákrəti:z サクラティーズ/ 名 ソクラテス (470?–399B.C.) (◆ギリシャの哲学者; プラトンの師)

sod /sád サド/ 名 U 芝地; 《**the sod**》《詩》土地; C (移植用の)芝土

so·da A2

/sóudə ソウダ/

名 (複 **sodas** /sóudəz/) U C

❶ ソーダ(水), 炭酸水 (=soda water)

❷《米》(飲み物としての)ソーダ (=soda pop) (! ソーダ水に味や香りをつけた清涼飲料; クリームソーダ ice-cream soda などをさすこともある)

❸ U《化学》ソーダ, 炭酸ソーダ

sóda fòuntain 名 C ソーダ水容器;《米》《古風》ソーダ水売り場 (♦カウンター式で軽食なども売っている)

sóda pòp 名 U C《米》《口語》ソーダポップ (♦炭酸飲料水); サイダー

sóda wàter 名 U ソーダ[炭酸]水

sod·den /sádən サドン/ 形 水びたしの, びしょぬれの; 生焼けの

so·di·um /sóudiəm ソウディアム/ 名 U《化学》ナトリウム (♦元素記号 Na; 原子番号11)

so·fa A1 高

/sóufə ソウファ/ 名 (複 **sofas** /sóufəz/) C ソファー, 長いす

- She sat down on the **sofa**. 彼女はソファーに腰かけた

sófa bèd 名 C ソファーベッド

soft A2 中

/sɔ́:ft ソーフト | sɔ́ft ソフト/

(発音 soften との違いに注意)

形 (比較級 **softer**; 最上級 **softest**)

❶ (物が)やわらかい (↔**hard**) (!「ソフトクリーム」は, ×soft cream ではなく soft ice cream という)

- a **soft** leather やわらかい皮

❷ (表面の)なめらかな, 手触りのやわらかい (=smooth) (↔**rough**)

❸ おだやかな; (色・光・音などが)やわらかい, 落ち着いた

- a **soft** climate 温和な気候

❹ (態度などが)やさしい; 甘い; 寛大な; 弱い

- in a **soft** voice やさしい声で

❺《口語》頭の弱い

❻《口語》(仕事などが)楽な

❼ (水が)軟性の; (飲み物が)アルコール分のない

❽《音声》軟音の (↔**hard**) (! c, g をそれぞれで /k/, /g/ でなく /s/, /dʒ/ と発音する場合など)

派生 **soften** 動

soft·ball /sɔ́:ftbɔ̀:l ソーフトボール/ 名 U《球技》ソフトボール; C ソフトボール用のボール

sóft-bóiled 形 (卵が)半熟の (↔**hard-boiled**)

sóft drínk A2

名 C (アルコール分をふくまない)清涼飲料, ソフトドリンク

sof·ten /sɔ́:fən ソーフン/ (×ソフトン) 動 他 やわらかくする, やわらげる; 自 やわらかくなる, やわらぐ (↔**harden**)

派生 **soft** 形

sóft-héarted 形 情にもろい, 心の優しい

sóft lánding 名 C 軟着陸

soft·ly A2 高

/sɔ́:ftli ソーフトリ | sɔ́ftli ソフトリ/ 副 やわらかく, おだやかに, やさしく; 静かに, そっと

- speak **softly** おだやかに話す

soft·ness B2 /sɔ́:ftnəs ソーフトネス/ 名 U やわらかいこと; 温和, やさしさ (↔**hardness**)

sóft séll 名《ふつう単数形で》(強要的でない)穏やかな販売法 (↔**hard sell**)

sóft-spóken 形 穏やかな話し方をする; (ことばが)当たりのやわらかい

soft·ware A2 高

/sɔ́:ftwèər ソーフトウェア | sɔ́ftwèər ソフトウェア/ 名 U ソフトウェア (♦コンピュータに入れるプログラムのデータや利用方法のこと) ⇨**hardware**

- develop [write] **software** コンピュータソフトウェアを開発する

sog·gy /sági サギ/ 形 (比較級 **soggier**; 最上級 **soggiest**) 水浸しの, びしょぬ

れの; 生焼けの, べとつく

SOHO /sóuhou ソウホウ/ 名C ソーホー《♦パソコン・インターネットなどを活用した小規模オフィス; *S*mall *O*ffice, *H*ome *O*ffice から》

soil B1 高 /sɔ́il ソイル/ 動他 (泥などで)汚す; しみをつける; (名声などを)傷つける

━名 (複 **soils** /sɔ́ilz/) UC
❶ 土, 土壌(どじょう); 土地
• rich [poor] **soil** 肥沃(ひよく)な[やせた]土地
❷《the soil》農業, 農耕生活
❸ (特定の)地, 国土 (=country)

so·journ /sóudʒəːrn ソウヂャーン/ 名C《文章》(一時的な)滞在, 逗留(とうりゅう)

sol·ace /sɑ́ləs サレス/ 名《文章》慰め; 慰安 ━動《文章》他 (人を)慰める; (苦痛などを)和らげる

so·lar B2 中 /sóulər ソウラ/ 形 太陽の; 太陽熱を利用した ⇨**lunar**
• **solar** energy [power] 太陽エネルギー
• **solar** heat 太陽熱

sòlar cálendar 名《the をつけて》太陽暦

sólar céll [báttery] 名C 太陽電池

sólar eclípse 名C《天文》日食

sólar sỳstem 名《the をつけて》《天文》太陽系

sold /sóuld ソウルド/ 動 sellの過去形・過去分詞

sol·der /sɑ́dər サダ|sɔ́ldə ソルダ/ 名U はんだ; きずな ━動他 はんだ付けする; 結び合わせる《*up*》

sóldering ìron 名C はんだごて

sol·dier A2 高

/sóuldʒər ソウルヂャ/ (×ソルジャー)
名 (複 **soldiers** /sóuldʒərz/) C
❶ (陸軍の)軍人 (❗「海軍の軍人」は sailor)
❷ 兵士 (❗「将校」は officer)
❸《ふつう形容詞をつけて》…な勇士; 名将

━動 (三単現 **soldiers** /sóuldʒərz/; 過去・過分 **soldiered** /sóuldʒərd/; 現分 **soldiering**) 自 軍人になる, 兵役に就く

soldier on (困難に直面しても)しんぼうして働き続ける

sold-out /sóuldáut ソウルダウト/ 形 売り切れの, 完売の

sole[1] /sóul ソウル/ (×ソール) (発音 soul と同音) 形 ❶ たったひとりの, 唯一の (=only) (❗名詞の前に用いる) ❷ (権利など)独占的な (❗名詞の前に用いる)

sole[2] /sóul ソウル/ 名C 足の裏; (靴などの)底皮
━動他 (靴に)(新しい)底をつける (❗ふつう受け身で用いる)

sole[3] /sóul ソウル/ 名 (複 **soles** /sóulz/, **sole**) C《魚》シタビラメ; U その肉

sole·ly /sóulli ソウルリ/ 副 ❶ たった一人で; 単独で ❷ 単に; もっぱら (=only)

sol·emn /sɑ́ləm サレム/ (発音 n は発音しない; solemnity との違いに注意) 形
❶ (態度・顔つきなどが)とてもまじめな, 厳しい
• His face suddenly grew **solemn**. 彼の顔は突然厳しい表情になった
❷ (儀式などが)おごそかな, 厳粛な, 荘厳(そうごん)な ❸ 神聖な, 宗教上の
派生 **solemnity** 名

sol·em·ni·ty /səlémnəti ソレムニティ/ (×ソレミティ) 名U 厳粛さ, おごそかさ; まじめさ
派生 **solemn** 形

sol·em·nize /sɑ́ləmnàiz サレムナイズ/ 動他《文章》挙式する

sol·emn·ly /sɑ́ləmli サレムリ/ 副 厳粛(げんしゅく)に; まじめくさって

so·li /sóuliː ソウリー/ 名 solo の複数形

so·lic·it /səlísət ソリスィト/ 動他《文章》(援助・金銭などを)懇願(こんがん)する

so·lic·i·ta·tion /səlìsətéiʃən ソリスィテイション/ 名UC 懇願, 勧誘

so·lic·i·tor /səlísətər サリスィタ/ 名C ❶ (寄付・保険などの)勧誘員, (外交販売の)注文取り;《米》選挙運動員 ❷《米》(市・町などの)法務官;《英》事務弁護士

so·lic·i·tous /səlísətəs ソリスィタス/ 形 懸念(けねん)する, 心配する
solícitously 副 懸念して, 気づかって

sol·id B1 /sάləd サリド | sɔ́lid ソリド/ 形 (比較級 **more solid, solider**; 最上級 **most solid, solidest**)
❶ 固体の, 固形の ⇨**liquid**
• **solid** fuel 固形燃料
• a **solid** object (液体や気体でない)固体
❷ 固い; 濃い
• **solid** rock 固い岩
❸ 中身が詰まっている, うつろでない; (食事などが)中身のある, 実質的な
❹ しっかりした, 頑丈な, がっしりした; (人などが)しっかりした, 信頼できる; 確固たる
• a **solid** foundation 確固たる基盤
❺ 全部同じ物質[色]の, むくの, 純…
❻《口語》途中で切れない; 正味の, まるまる (❗この意味では比較変化なし)
❼《数学》立方の, 立体の
❽ 団結した, 結束した
— 名 (複 **solids** /sάlədz サリヅ/) C
❶ 固体 (❗liquid (液体), gas (気体))
❷《数学》立体
❸《**solids**》(液体中の)固形物; 固形の食物

sol·i·dar·i·ty /sὰlidǽrəti サリダリティ/ 名 U 団結, 結束; 連帯

so·lid·i·fy /səlídəfài ソリディファイ/ 動 (三単現 **solidifies** /səlídəfàiz/; 過去·過分 **solidified** /səlídəfàid/; 現分 **solidifying**) 他 凝固させる, 固体にする; 自 凝固する, 固体化する

so·lid·i·ty B2 /səlídəti ソリディティ/ 名 U 固体性; かたいこと, 堅牢(けんろう)

sol·id·ly /sάlədli サリドリ/ 副 ❶ 頑丈に, 堅固に ❷ 堅実に, しっかりと ❸ 一致して

so·lil·o·quy B2 /səlíləkwi ソリロクウィ/ 名 (複 **soliloquies** /səlíləkwiz/) C 独り言; (劇中の)独白

sol·i·taire /sάlətèər サリテア/ 名 ❶ U《米》ソリティア《♦トランプの一種》(=《英》patience) ❷ C ソリテヤー《♦宝石を1つだけはめた指輪など》

sol·i·ta·ry /sάlətèri サリテリ/ 形
❶ たったひとり[1つ]の, 孤独の
❷ さびしい, 人里離れた

sol·i·tude /sάlətjù:d サリテュード/ 名 U ひとりでいる[住む]こと, 独居, 孤独, 寂しさ

so·lo B2 高 /sóulou ソウロウ/ 名 (複 **solos** /sóulouz/, **soli** /sóuli:/) C 独唱, 独奏, ソロ (❗duet「デュエット」, trio「トリオ」, quartet「カルテット」, quintet「クインテット」)
— 形 独演の; 単独の
— 副 単独で

so·lo·ist /sóulouist ソウロウイスト/ 名 C 独奏[唱]者, ソリスト

Sol·o·mon /sάləmən サロモン/ 名 ソロモン《♦紀元前10世紀ごろの古代イスラエルの王; その知恵と財宝で最盛期を築いた》⇨ **David**

Sólomon Íslands 名《the をつけて》ソロモン諸島《♦ニューギニア島東方の国; 首都ホニアラ (Honiara)》

sol·stice /sάlstəs サルスティス/ 名 C《天文》(太陽の)至(し)《♦太陽が赤道北[南]に最も離れたとき》

sol·u·ble /sάljəbl サリュブル/ 形
❶ 溶ける, 溶けやすい
❷《文章》(問題などが)解決できる

so·lu·tion A2 高

/səlú:ʃən ソルーション/
名 (複 **solutions** /səlú:ʃənz/)
❶ U (問題などの)解決; C〔…の〕解答, 答え《*to, for, of*》
• We cannot find an immediate **solution to** the crisis. その危機的状況に対する解決策は見いだせない
❷ U (物質の)溶解; UC 溶液

solve A1 中

/sάlv サルヴ | sɔ́lv ソルヴ/ 動
(三単現 **solves** /sάlvz/; 過去·過分 **solved** /sάlvd/; 現分 **solving**) 他
(問題などを)解決する, 解く
• **solve** the environmental problem 環境問題を解決する
派生 **solution** 名

sol·vent B2 /sάlvənt サルヴェント/ 名 UC 溶剤, 溶媒(ようばい)

━形 ❶支払い能力のある(⇔**insolvent**) ❷溶解力のある

So·ma·li·a /soumáːliə ソウマーリア/ 名 ソマリア(◆アフリカ東岸の共和国; 首都モガディシュ(Mogadishu))

som·ber, (英) **som·bre** /sámbər サンバ/ 形 薄暗い; 陰気な; くすんだ

some A1 中

/səm サム; (強) sʌ́m サム/

(発音 sum と同音)

意味マップ
形 ❶いくつかの, いくらかの, 多少の
❷(ある)一部の
❸ある…, 何かの, どこかの
❹なかなかの
代 ❶いくらか; 多少
❷ある人たち; ある物
副 ❶約…, およそ
❷ずいぶん

━形 ❶いくつかの, いくらかの, 多少の, 数… (! /səm サム/ と弱く発音する; ふつう肯定の平叙文で用い, 疑問文・否定文では any が代わりに用いられる) ⇨**several**

• **some** books 数冊の本 (! (次の❷❸❹も)名詞(句)の前にだけつける)
• **some** years ago 数年前に, 何年か前に
• **some** milk [bread] いくらかの牛乳[パン]
• Bring me **some** clean towels. きれいなタオルを何枚か持ってきてください

会話 "Did you get any potatoes and carrots?" "I got **some** potatoes, but I didn't get any carrots." 「君はジャガイモとニンジンを買いましたか」「ジャガイモは(いくつか)買いましたがニンジンは買いませんでした」

使い方› **some**「いくらかの」
(**1**) 数えられる名詞の複数形, 数えられない名詞につく. 形容詞は名詞(句)の前につける:
some apples いくつかのリンゴ (! some+数えられる名詞の複数形)
some money いくらかのお金 (! some+数えられない名詞)
I bought **some** new pens. 新しいペンを何本か買った (×new some pens)
(**2**) some はふつう肯定文に使い, 否定文・疑問文・条件文では any を使う:
There are **some** lions in the zoo, but there are**n't any** cats. その動物園にはライオンが(何頭か)いるがネコは(全然)いません
Did you get **any** letters today? 今日は手紙を受け取りましたか
(**3**) 疑問文でも, 勧めたりお願いしたりするとき, yes (はい)の答えを予想・期待するときは any ではなく some を使う:
Will you have **some** coffee? コーヒーをあげましょうか
May I have **some more** cake? ケーキをもう少しいただけませんか

❷ /sʌ́m サム/ (ある)一部の, なかには…な人[物]もある

• **Some** birds can't fly. ある鳥は飛ぶことができない[飛べない鳥もいる]
• **Some** people are good at math while **others** aren't. 数学が得意な人もいれば, そうでない人もいる

❸ /sʌ́m サム/ (単数名詞につけて) ある…, 何かの, どこかの ⇨**certain** ❸

• He came from **some** small town in Brazil. 彼はブラジルのある小さな町からやって来た
• He was with **some** girl. 彼はだれか女の子といた

❹ /sʌ́m サム/ なかなかの, すごい; かなり多数[量]の

• That was quite **some** race. なかなかすごいレースだった

for some time しばらくの間

some day (未来の)いつか (! someday と1語にもつづる) ⇨**one day** (**one** 形❷ 用例)

• He will be a great singer **some day**. 彼はいつの日にか偉大な歌手になるだろう

some few [***little***] ① 少数[量]の ② かなり多くの

some more もう少し多く(の), もういくらか

some one ① /sʌ̀mwʌ́n サムワン/ なにか一つの, だれか一人 ② /sʌ́mwʌ̀n サムワン/ (=someone)

some ... or other …か何か，…かだれか

some other day [***time***] いつかそのうちに

some time (未来の)いつか，そのうち；しばらく ⇨**sometime**

― 代 ❶ /sʌ́m サム/ いくらか；多少，何人か

• This soup tastes good. Would you like **some**? このスープはおいしいですよ．少しいかがですか

❷ /sʌ́m サム/ (全体の中の)ある人たち；ある物，ある部分 (❗しばしば some .... others .... あるいは some ..., some .... の形で用いられる)

• **Some** say "yes," and **others** say "no." ある人々は「はい」と言い，またほかの人々は「いいえ」と言う[yes と言う人もいれば no と言う人もいる]

and then some 《口語》さらにそれ以上，もっとたくさん (❗文末に用いる)

― 副 ❶ 約…，およそ (=about)

• I visited Nara **some** ten years ago. 私は10年ほど前に奈良へ行った

❷《米》《口語》ずいぶん，相当に；ある程度，少し • I'm feeling **some** better today. 今日はけっこう気分がいい

some·bod·y A2 高

/sʌ́mbàdi サムバディ | sʌ́mbɔ̀di サムボディ/ 代

だれか，ある人 (❗ふつう肯定の平叙文で用いる；someone より口語的な語；疑問文・否定文では anybody が代わりに用いられる) • **Somebody** is at the door. だれかが玄関に来ているよ

somebody or other だれか(知らない人)

― 名 (複 **somebodies** /sʌ́mbàdiz/) C 名[身分]のある人，大物，重要人物

some·day A2 中

/sʌ́mdèi サムデイ/ 副

(未来の) いつか，そのうち (❗some day と2語にもつづる)

• Perhaps we'll be able to overcome the problem **someday**. おそらくいつか私たちはその問題を解決できるだろう

some·how B1 高 /sʌ́mhàu サムハウ/ 副

❶何とかして，どうにかして (=in some way)

• I passed the math test **somehow** (or other). 私は何とか数学のテストに合格した

❷どういうわけか，(自分では理由がわからないが)何となく (=for some reason)

• **Somehow** I don't like him. 私は彼が何となくきらいだ

somehow or other なんとかして，どうにかこうにか

some·one A1 中

/sʌ́mwʌ̀n サムワン/ 代

だれか，ある人 (❗ふつう単数扱い)

• **someone** else だれかほかの人

• **Someone** called your name. だれかが君の名前を呼びましたよ

some·place B1 /sʌ́mplèis サムプレイス/ 副 (❗比較変化なし)《おもに米》

どこかで，どこかへ (=somewhere)

som·er·sault /sʌ́mərsɔ̀ːlt サマソールト/ 名 C でんぐり返り，(前方[後方])回転；とんぼ返り，空中回転，宙返り

some·thing A1 中

/sʌ́mθiŋ サムスィング/ 代

❶何か，あるもの ⇨**anything**

• **something to** eat [**to** drink] (何か)食べ物[飲み物] (❗不定詞 to eat (食べるための…)は something を修飾する)

• I have **something** for you. 君に渡したいものがあります

• He may know **something** about it. 彼はその事について何か[いくらか]知っているかもしれない

• I'd like **something** cold to drink. 何か冷たい飲み物をいただきたい

• I think **something** is wrong with him [this school, the system]. 彼[この学校，システム]はちょっとおかしいと思う

• Has **something** happened? 何か起こったのですか？(肯定の返事の可能性が高い場合)

使い方›
(**1**) 単数扱い:
There is **something** in the box. 箱の中に何かある (×There are something ...)
(**2**) something はふつう肯定平叙文で使い，否定文・疑問文・条件文では anything を使う:
I do**n't** know **anything** about his family. 彼の家族のことは何も知らない
(**3**) 疑問文で勧誘・依頼の場合や，条件文で肯定的に考えているときは anything ではなく something を使う:
Would you like [Can I have] **something** to drink? 何か飲み物をいかがですか[いただけませんか]
If there's **something** I can do for you, please let me know. あなたのためにできることがありましたらお知らせください
(**4**) 修飾する形容詞は常に後ろに置く．これは anything, everything, nothing でも同様:
something new 何か新しいもの

❷ いくらか，多少
• I know **something** about the law. 法律について多少の知識があります

❸ 何とか (❗はっきりしない又はふせておきたいものに用いる)

have something to do with ... …と何か関係がある (❗something を nothing, little, much などに変えるとそれぞれの意味に応じて「…の関係がある」の意味になる)

***... or something* (*like that*)** …か何か，そのような事 (❗内容に対するあいまいな付け足し)

something else ① 何かほかのもの[事] ②《口語》ひときわ目立つもの，飛び切り上等のもの[人]

something of a ... ちょっとした…，かなりの… • He is **something of a** musician. 彼はちょっとした音楽家だ

something or other 何やら

— 名 U 重要なもの[事，人]，たいしたこと

— 副 とても，ひどく

some·time B1 /sʌ́mtàim サムタイム/ 副
❶ (未来の)いつか，近いうちに，そのうち (❗some time と2語にもつづる; sometimes と混同しないこと)
• They say the shop will open **sometime** next week. その店は来週中のいつか開くということだ
❷ (過去の)いつか，ある時

— 形 《文章》かつての; (今はそうではないが)昔の (❗名詞の前に用いる)

some·times B1 中 /sʌ́mtàimz サムタイムズ/ 副 ときどき，時には (❗sometimes の位置は文頭，文末，あるいは一般動詞の前，be動詞・助動詞のあと)
• I go to the movies **sometimes**, but not **often**. 私はときどき映画を見に行きますがしょっちゅうではありません
• **Sometimes** my sister bakes cookies for us. ときどき姉[妹]は私たちにクッキーを焼いてくれる
• He is **sometimes** late for school. 彼はときどき学校に遅刻する

まぎらわしい語› 単語力
sometimes ときどき
sometime いつか

some·way /sʌ́mwèi サムウェイ/ 副 《米》《口語》(=somehow)

some·what B2 /sʌ́mhwàt サム(ホ)ワト/ 副 やや，いくらか，いくぶんか，少々
• It is **somewhat** cold today. きょうはいくらか寒い
• I felt **somewhat** foolish making a mistake in front of other students. 私は他の生徒の前で間違えてしまい何だか自分がばかに思えた

somewhat of a ... ちょっとした[かなりの]…

some·where A2 高

/sʌ́mhwèər サム(ホ)ウェア/ 副
❶ どこかで，どこかへ，どこかに
• He lives **somewhere** in this neighborhood. 彼はどこかこの近所に住んでいる

比較 I can't find my glasses any-

where. めがねがどこにも見当たらない (❗否定文・疑問文・条件文ではふつう anywhere を使う)
❷《場所以外の意味に用いて》…ぐらい, 約…, およそ
• I guess he weighs **somewhere** around one hundred kilos. 彼は100キロぐらいの体重があると私は思う
get somewhere 《口語》どうにかこうにかうまくいく, かなりうまく行く
... or somewhere …かどこか

son A1 中
/sʌ́n サン/ (発音 sun と同音)
名 (複 **sons** /sʌ́nz/) C
❶ 息子 ⇨**daughter**
• my eldest [oldest] **son** 私の長男
• The actor had two **sons** and a **daughter**. その俳優には2人の息子と1人の娘がいました
❷《ふつう **sons**》(男の)子孫
❸《文章》[…の]子, 一員; 国民《*of*》
❹《呼びかけ》きみ (❗年下の者に対して用いる)

so·nar /sóunɑːr ソウナー/ 名 U C 水中音波探知機, ソナー (❗***so***und ***na***viga*tion* ***r***anging から)

so·na·ta /sənɑ́ːtə ソナータ/ 名 C 《音楽》ソナタ, 奏鳴曲 (♦3-4楽章から成る器楽曲)

song A1 中
/sɔ́ːŋ ソーング|sɔ́ŋ ソング/ 名 (複 **songs** /sɔ́ːŋz/) ❶ C 歌
• It is my favorite **song**. それは私の好きな歌です

コロケーション
形+**song**
a beautiful *song* 美しい歌
a sad *song* 悲しい歌
名+**song**
a folk *song* フォークソング
a love *song* ラブソング
a popular [pop] *song* ポピュラーソング
a hit *song* ヒット曲
a theme *song* テーマ曲

❷ U 歌うこと, 歌唱
❸ U C 鳴き声, 鳥のさえずり
for a song 《口語》ただ同然で, 二束三文で
on song 《英》(選手などが)絶好調で
派生 **sing** 動

song·bird /sɔ́ːŋbə̀ːrd ソーングバード/ 名 C 鳴き鳥 (=songster) (♦鳴き声の美しい鳥)

son·ic /sɑ́nik サニク/ 形 音響の, 音の; 音速の

sónic bóom [《英》 **báng**] 名 C (ジェット機が飛ぶときの)衝撃波音

son-in-law B2 /sʌ́ninlɔ̀ː サニンロー/ 名 (複 **sons-in-law** /sʌ́nzinlɔ̀ː/) C 娘の夫, 婿, 養子

son·net B2 /sɑ́nət サネト/ 名 C ソネット, 14行詩

són of a bítch 名 C 《口語》ばか[くそ]やろう (❗相手をののしる攻撃的な言葉); ちくしょう (❗怒り・驚きを表す言葉); お前 (❗親しい者同士の呼びかけの言葉)

so·no·rous /sənɔ́ːrəs ソノーラス/ 形 (声が)響き渡る; (文体などが)格調の高い

soon A1 中
/súːn スーン/
副 (比較級 **sooner**; 最上級 **soonest**)
❶ もうすぐ, まもなく
• Come back **soon**. すぐ帰っていらっしゃい
• **Soon** it will be dark. まもなく暗くなるでしょう
• We'll **soon** be home. もうすぐ家に着きます
• Wendy will **soon** show up. ウェンディーはすぐに来るよ
❷ 早く, (予定より)早めに; やすやすと
会話 "Well, I must be going now." "So **soon**?" 「さあ, そろそろ帰らなければなりません」「もうですか」
• He finished his homework **sooner than** I expected. 彼は私が思ったより早く宿題を終えた
as soon as ... …するとすぐ
• **As soon as** he saw a policeman, he ran away. 彼は警察官を見るとすぐ走って

逃げた

as soon as ... can* = *as soon as possible できるだけ早く

- Come **as soon as you can.** なるべく早く来い
- I'd like to see you **as soon as possible.** 私はできるだけ早くあなたにお会いしたい

How soon ...? どのくらい早く…, いつごろまでに… (←今からどれくらいすぐに)

- **How soon** can we get there? あとどれくらいで私たちはそこへ着けますか (❗ How soon は When (いつ)と置き換えられる)

***no sooner* A *than* B** Aするとすぐに B

使い方〉 **no sooner A than B**
(**1**) ふつう no sooner の節は過去完了形, than の節は過去形の動詞がくる
(**2**) no sooner が文頭に出た場合, その節の主語と動詞が倒置される

sooner or later 遅かれ早かれ, じきに

would (just) as soon ... むしろ…したい (❗ ふつう動詞の原形が続くが, 仮定法過去形の動詞をもつ節が続くこともある)

- He'**d just as soon** you didn't go there. 彼はどちらかといえば君にそこへ行ってほしくないようだ

***would sooner* A *than* B** Bするよりむしろ A したい[する方がましだ] (❗ sooner, than の後には動詞の原形がくる)

soot /sút スト/ 名U すす, 煤煙(ばいえん)

soothe B1 /sú:ð スーズ/ 動 (三単現 **soothes** /sú:ðəz/; 過去・過分 **soothed** /sú:ðd/; 現分 **soothing**) 他 (人を)なだめる, (感情などを)しずめる; (苦痛などを)和らげる

sooth·ing /sú:ðiŋ スージング/ 形 なだめるような; (苦痛などを)和らげるような

sóothingly 副 なだめるように

sop /sáp サプ/ 名C ❶ ソップ 《♦牛乳などを浸したパン切れなど》 ❷ (機嫌をとるための)甘言, わいろ 《*to*》

— 動 (三単現 **sops** /sáps/; 過去・過分 **sopped** /sápt/; 現分 **sopping**) 他 ずぶぬれにする; (タオルなどで)ふき取る

So·phi·a /soufí:ə ソウフィーア/ 名 ソフィア 《♦女性名》

so·phis·ti·cate /səfístəkət ソフィスティケト/ (×ソフィスティケート) 名C 世慣れた人; 教養のある人

so·phis·ti·cat·ed B2 /səfístəkèitəd ソフィスティケイテド/ 形

❶ 洗練された, 教養のある; おしゃれな (❗ 時に皮肉の意味で用いる)

- They seem increasingly **sophisticated.** 彼らはだんだんあか抜けてきたようだ

❷ 精巧な, 複雑な

❸ (作品・文体などが)高級な, 凝った

so·phis·ti·ca·tion /səfìstəkéiʃən ソフィスティケイション/ 名U 洗練された考え方, 教養; 世慣れしていること; (機械・技術などの)複雑化, 精巧さ

soph·o·more B1 /sáfəmɔ̀:r サフォモー | sɔ́fəmɔ̀:r ソフォモー/ 名 (複 **sophomores** /sáfəmɔ̀:rz/) C 《米》

2年生 《♦4年制大学や高等学校の2年生のこと》 ⇨**senior** 名❷

soph·o·mor·ic, soph·o·mor·i·cal /sàfəmɔ́:rik サフォモーリク, sàfəmɔ́:rikəl サフォモーリカル/ 形 《米》(高校・大学の)2年生の; 気取っているが未熟な, 知ったかぶりの, 生意気な

sop·o·rif·ic /sàpərífik サポリフィク/ 形 《文章》眠気を催させる, 催眠の

— 名C 催眠剤

sop·ping /sápiŋ サピング/ 形 《口語》びしょぬれの, ずぶぬれの; 《副詞的》ずぶぬれになって

so·pran·o /səprǽnou ソプラノウ/ 名 (複 **sopranos** /səprǽnouz/) ❶U ソプラノ ❷C ソプラノ歌手

sor·cer·er /sɔ́:rsərər ソーサラ/ 名C 魔法使い, 魔術師 (=wizard)

sor·cer·ess /sɔ́:rsərəs ソーサレス/ 名C 女の魔法使い[魔術師]

sor·cer·y /sɔ́:rsəri ソーサリ/ 名U 魔法, 魔術, 妖術

sor·did /sɔ́ːrdəd ソーディド/ 形 ❶下劣な; 金に汚い ❷汚い; むさ苦しい

sore B1 /sɔ́ːr ソー/ (発音 soar と同音) 形 (比較級 **sorer**; 最上級 **sorest**)
❶(さわると)痛い, (けが・病気などで)ひりひりする, ずきずき痛む
❷《米》《口語》〔人に; 不当な仕打ちに〕怒った《*at; about*》
❸つらい, 悲しい; 不愉快な
a sore point [***spot***] 触れられたくないこと, 痛いところ
— 名 (複 **sores** /sɔ́ːrz/) C さわると痛いところ, 傷; 心の傷

sore·ly /sɔ́ːrli ソーリ/ 副 痛ましく; 《文章》非常に, 大いに (=greatly)

sore·ness /sɔ́ːrnəs ソーネス/ 名 U 痛み; 悲しみ; 激しさ

so·ror·i·ty /sərɔ́ːrəti サローリティ/ 名 (複 **sororities** /sərɔ́ːrətiz/) C 《米》(大学の)女子学生社交クラブ (❗男子大学生社交クラブは fraternity)

sor·row B1 高 /sárou サロウ|sɔ́rou ソロウ/ 名 (複 **sorrows** /sárouz/)
❶ U 〔…に対する〕(長く深い)悲しみ, 悲嘆(ひたん); U 後悔; 遺憾《*at, for*》(=grief) (↔**joy**)
• **feel** (**deep**) **sorrow** (**for** ...) (…を)(ひどく)悲しむ
• express *one's* **sorrow** 遺憾(いかん)の意を表す
• **To my sorrow**, my best friend moved far away. 悲しいことに私のいちばんの友人が遠くへ引っ越した
❷ C 《ふつう **sorrows**》悲しみの種, 悲しい出来事, 不幸
— 動 (三単現 **sorrows** /sárouz/; 過去・過分 **sorrowed** /sároud/; 現分 **sorrowing**) 自 《文章》悲しむ, 嘆く

sor·row·ful /sároufəl サロウフル/ 形 悲しい; 悲しみに満ちた
sórrowfully 副 悲しそうに

sor·ry A1 中

/sári サリ|sɔ́ri ソリ/ 形 (比較級 **sorrier**; 最上級 **sorriest**) (❗比較変化は❹のみ)
❶〔…のことが〕気の毒で, かわいそうで, 同情して《*about, for*》
• feel [be] **sorry for** him 彼をかわいそうに[気の毒に]思う
文型 [**be sorry that ...**] …ということを気の毒に思っている
• **I'm sorry** (**that**) your father is sick. お父様がご病気とのことお気の毒に存じます
文型 [**be sorry to** *do*] …して気の毒に思っている
❷〔…のことを〕すまなく思って, 後悔して《*about, for*》
• I'm **sorry**. = **Sorry**! 失礼, すみません, ごめんなさい
• I am really [truly, terribly, awfully] **sorry about** this. これについては本当に申し訳ありません
文型 [**be sorry** (**that**) **...**] …ということをすまなく思っている
• **I'm sorry that** I broke your window. おたくの窓を割ってしまって申し訳ございません
文型 [**be sorry to** *do*] …してすまないと思っている
❸残念に思って; 文型 [**be sorry that ...**] …ということを残念に思う; 文型 [**be sorry to** *do*] 残念ながら…する (❗ていねいな断りなどに使う)
• I **am sorry to** *say* (that) we only have time for one more question. 残念ながら質問はあと1問しかお受けできません

使い方› **I'm sorry./Sorry.**
(**1**) 誤りや失礼をして謝るとき(《米》ではちょっとした失礼には Excuse me. も使う):
Sorry, did I step on your foot? すみません, あなたの足を踏みましたか
"**I'm sorry** I'm late." "That's all right [Never mind / Don't worry about it]." 「遅刻してすみません」「そんなことかまいませんよ[気にしないでください]」
(❗I'm sorry. に対する受け答えの仕方にも注意)
(**2**) 相手の意見に賛成できない, 物事を受け入れられないことをていねいに言うとき:
"Can you help me?" "**Sorry**, I

can't."「手伝ってくれますか」「残念だけど, 手伝えないんだ」
Sorry sir, you can't come in here. すみませんが, ここは入れませんよ
(**3**) 謝罪の意を示すのには I apologize. や I beg your pardon. などもある
(**4**) 日本語では相手に感謝の意を示すとき「すみません」と言うことがあるが, 英語では Sorry. とは言わない. お礼を述べるときは Thank you. と言う

❹ みじめな, 情けない (❗名詞の前に用いる)
• a **sorry** end みじめな結末

***I'm sorry to say* (*that*)...** 《口語》残念ながら…, 申し上げにくいのですが…

Sorry? 《おもに英》《語尾を上げて発音して》もう一度おっしゃってください, は? (=(I beg your) Pardon?)

CAN-DO Tips› 聞き直す
(**I'm**) **Sorry?** という表現を使うと, 相手の言ったことが聞き取れなかったときなどに聞き直すことができるようになります

sort B1 高 /sɔ́ːrt ソート/ 名 (複 **sorts** /sɔ́ːrts ソーツ/) C
❶〔…の〕種類, タイプ《*of*》
• a new **sort of** medicine 新薬(しんやく)
• What **sort of** music do you like? 君はどういう音楽が好きですか
❷《ふつう単数形で》《口語》(性格・性質などが)…な(種類の)人[物] (❗形容詞などの修飾語をともなう)
• It takes all **sorts** to make a world. 《ことわざ》世の中にはいろんな人がいるものだ
❸《ふつう単数形で》《コンピュータ》ソート, 整列

a sort of... 一種の…, …の一種, …のようなもの

***of a sort* [*sorts*]** かろうじて…を言える, 名ばかりの

out of sorts 気分がすぐれない, きげんが悪い

some sort of 何らかの

sort of 《口語》多少, いくぶん (=kind of) (❗副詞的に用いる)

— 動 (三単現 **sorts** /sɔ́ːrts ソーツ/; 過去・過分 **sorted** /sɔ́ːrtəd/; 現分 **sorting**) 他
❶ 分類する, 整理する《*into*》
• The garbage was **sorted into** combustible and noncombustible ones. ごみが燃えるものと燃えないものに分けられた
❷《英》《口語》(問題を)処理する; 解決する

sort out ① 解決する
② より分ける《*from*》

sort through... …を探してざっと見る

sor·tie /sɔ́ːrti ソーティ/ 名 C 《軍事》(包囲されている側の)突撃, 出撃; 単機出撃; 〔知らない土地への〕小旅行《*to*》

SOS /ésòués エスオウエス/ 名 《単数形で》遭難(そうなん)信号, エスオーエス

só-sò 形 まあまあの, よくも悪くもない
— 副 まずまず, まあまあ

souf·flé /suːfléi スーフレイ, ⌐–/ 名 U C 《料理》スフレ《◆ケーキの一種》

sought /sɔ́ːt ソート/ 動 seek の過去形・過去分詞

sought-af·ter /sɔ́ːtæftər ソータフタ/ 形 需要の多い; 珍重される

soul B1 高 /sóul ソウル/ (×ソール) (発音 sole と同音) 名 (複 **souls** /sóulz/)
❶ U C 魂, 霊魂; 精神, 心 (=spirit)
• He put his (heart and) **soul** into his work. 彼は自分の仕事に精魂をこめた ⇨ **heart and soul** (**heart** 成句)
❷ C 人, 人間 (=person); (運動・組織などの)指導者; 《修飾語を伴って》…な人
❸ (作品などにおける)魂, 気迫
❹ C (物事の)本質的部分
❺ U 《音楽》ソウルミュージック (=soul music)
❻ C 《**the soul**》〔…の〕典型, 権化《*of*》

soul·ful /sóulfəl ソウルフル/ 形 魂のこもった; 情熱をこめた
sóulfully 副 魂[情熱]をこめて

soul·less /sóuləs ソウルレス/ 形 魂のない; 無情な

sound[1] A2 中
/sáund サウンド/
名 (複 **sounds** /sáundz サウンヅ/)
❶ U C 音; 響き; (テレビなどの)音声, 音量
- a loud **sound** 大きな音
- a faint [low, soft] **sound** かすかな[低い, 静かな]音
- **make** a **sound** 音をたてる
- **Sound travels** through the air. 音は空中を伝わる
- Could you turn down the **sound**? 音量を小さくしてもらえませんか

❷《単数形で》(ことばなどの)印象, 調子
❸ U 《英》〔…の〕聞こえる範囲《*of*》
❹ C 《音声学》音(おん), 音声
— 動 (三単現 **sounds** /sáundz サウンヅ/; 過去・過分 **sounded** /sáundəd/; 現分 **sounding**)
❶ 自 文型 [**sound C**] (声などが[話などが聞いてみると])Cに聞こえる[思われる] (=seem)
- That **sounds** great! それはすごいじゃない

文型 [**sound like A**] Aのように聞こえる[思われる] • That **sounds like** fun. それはおもしろそうだ
❷ 自 鳴る, 響く; 他 (楽器・警報器などを)鳴らす
❸ 他 (音で)合図をする, 知らせる
❹ 他 (文字・語などを)発音する
❺ 他 (レールなどを)たたいて調べる; (医者が)打診する
sound off 《口語》〔…について〕大声でまくしたてる, ほらを吹く《*on, about*》

sound[2] B2 /sáund サウンド/ 形 (比較級 **sounder**; 最上級 **soundest**)
❶ (論理・考えなどが)確かな; 妥当な; (人が)しっかりした; 分別のある
- **sound** judgment 正しい判断
- I think it is a **sound** policy. それは健全な政策だと思う

❷ (物が)いたんでいない, 丈夫な, 欠陥のない ❸ (肉体[精神]的に)健全な, 健康な; (経営が)堅実な ❹ (睡眠などが)十分の, 深い
(as) sound as a bell この上なく健康な; (物が)完全な状態で
— 副 (比較級 **sounder**; 最上級 **soundest**) (睡眠を)ぐっすりと, 十分に

sound[3] /sáund サウンド/ 動 他
❶ 水深を測る ❷ 意向を探る

sóund effèct 名 《ふつう **sound effects**》 音響効果

sound·less /sáundləs サウンドレス/ 形 音のしない, 音を出さない (=silent)
sóundlessly 副 音もなく

sound·ly /sáundli サウンドリ/ 副
❶ 健全に; 堅実に, しっかりと
❷ 徹底的に; ぐっすりと

sound·proof /sáundprùːf サウンドプルーフ/ 形 防音の ⇨**-proof**

sound·track B2 /sáundtræ̀k サウンドトラク/ 名 C サウンドトラック《◆映画フィルムの端の録音帯》; 映画音楽

sóund wàve 名 C 《ふつう **sound waves**》 音波

soup A1 中
/súːp スープ/ (×ソウプ)
名 (複 **soups** /súːps/) U C
スープ
- Eat [Drink] **soup** without making a noise. 音を立てずにスープを飲みなさい (❗eat は「スプーンを使って皿から飲む」, drink は「カップから直接飲む」)

— 動 (三単現 **soups** /súːps/; 過去・過分 **souped** /súːpt/; 現分 **souping**) 《次の成句で》
soup up 《口語》(車・機械などの)馬力[性能]を上げる; いっそうおもしろく[魅力的に]する

sour B1 /sáuər サウア/ (×サワー) 形 (比較級 **sourer**; 最上級 **sourest**)
❶ すっぱい, 酸味の
- **sour** fruit すっぱい果物

❷ 不機嫌な; 気難しい; 不快な, いやな • **sour** looks 不機嫌そうな顔
go [turn] sour すっぱくなる; うまくいかなくなる
— 動 (三単現 **sours** /sáuərz/; 過去・過分

soured /sáuərd/; 現分 souring /sáuər-iŋ/) ❶ 他 気難しくする, 悪化させる; 自 気難しくなる, 悪くなる
❷ 他 すっぱくする; だめにする; 自 すっぱくなる; 新鮮でなくなる

source A2 高
/sɔ́ːrs ソース/ 名 (複 **sources** /sɔ́ːrsəz/) C ❶ 水源(地); 源(みなもと)
• energy **sources** エネルギー資源
• Fresh fruits and raw vegetables are good **source** of vitamin C. 果物や生野菜はビタミンCのよい供給源だ
❷ (物事の)原因, 発生源
❸ 《しばしば **sources**》(ニュースなどの)情報源, 出どころ; 資料

sóur crèam 名 U 《料理》サワークリーム

sóur grápes 名 《複数扱い》すっぱいブドウ; 負け惜しみ (❗ イソップ物語より)

south A2 中
/sáuθ サウス/ 名 U
❶ 《**the south**》南, 南方; 南部(地方) (↔**north**)
• Mexico is in the **south** of North America. メキシコは北アメリカの南部にある
❷ 《**the South**》(米国の)南部(地方), 南部諸州 《◆オハイオ川より南にある諸州》
— 形 南の; 南部の; 南向きの; (風が)南からの (↔**north**)
• on the **south** side 南側に

注意› 日本語の「南北」とは逆で, 英語では north and south というのがふつう; また「東西南北」は英語では north, south, east and west という: **North and South America** 南北アメリカ

— 副 南へ[に]; 南方へ[に] (↔**north**)
派生 **southern** 形

Sóuth África 名 南アフリカ共和国 《◆アフリカ大陸南端の共和国; 首都はプレトリア (Pretoria); 公用語は英語など》

Sóuth Áfrican 名 C 南アフリカ人
— 形 南アフリカ(人)の

Sóuth América 名 南アメリカ, 南米

Sóuth Américan 名 C 南米人
— 形 南米(人)の

Sóuth Ásia 名 南アジア

south·bound /sáuθbàund サウスバウンド/ 形 南に向かう

Sóuth Carolína 名 サウスカロライナ 《◆米国南東部の州; S.C., (郵便で) SC と略す》

Sóuth Dakóta 名 サウスダコタ 《◆米国中西部の州; S. Dak., (郵便で) SD と略す》

south·east B1 /sàuθíːst サウスイースト/ 名 U 《ふつう **the southeast**》南東; 南東部[地方]
— 形 南東(へ)の; 南東向きの; (風が)南東からの
— 副 南東へ[に]; 南東から

Sóutheast Ásia 名 東南アジア

south·east·ern /sàuθíːstərn サウスイースタン/ 形 南東の, 南東への; 南東地方の; 南東からの

south·er·ly /sʌ́ðərli サザリ/ 形 南(へ)の; (風が)南からの
— 副 南へ[に]; (風が)南から

south·ern B1 高 /sʌ́ðərn サザン/ (×サウザン) (発音 -ou- は /ʌ ア/ と発音する; south との違いに注意) 形 南の, 南方の; 南部の; 南からの; 南向きの (↔**northern**)
• in **Southern** California カリフォルニア南部で

south·ern·er /sʌ́ðərnər サザナ/ 名 C 南国の人, 南部の人; 《**Southerner**》米国南部(諸州)人

Sóuthern Hémisphere 名 《**the** をつけて》南半球

Sóuth Koréa 名 韓国 《◆正式名 the Republic of Korea (大韓民国); 首都ソウル (Seoul)》

south·paw /sáuθpɔ̀ː サウスポー/ 名 C 《米》左投げ投手, サウスポー; 《英》左利きのボクサー; 《口語》左利きの人

Sóuth Póle 名 《**the** をつけて》南極

Sóuth Séas 名 《**the** をつけて》《複数扱い》南太平洋

Sóuth Sudán 名 南スーダン《◆アフリカ中部の共和国; 首都ジュバ(Juba)》

south·ward B2 /sáuθwərd サウスワド/ 副 南方へ[に] (↔**northward**)
— 形 南方(へ)の, 南へ向いた (↔**northward**)

south·wards /sáuθwərdz サウスワヅ/ 副 (=southward)

south·west B1 /sàuθwést サウスウェスト/ 名 U 《ふつう **the southwest**》南西; 南西部[地方]
— 形 南西(へ)の, 南西向きの; (風が)南西からの
— 副 南西へ[に]; 南西から

south·west·ern /sàuθwéstərn サウスウェスタン/ 形 南西の, 南西への; 南西地方の; 南西からの

sou·ve·nir B1 高 /sù:vəníər スーヴェニア/ 名 (複 **souvenirs** /sù:vəníərz/) C 記念品, 思い出の品物, みやげ物

sov·er·eign /sávrən サヴレン/ (×ソヴレイン) 名 C 君主《◆king, queen, emperor など》
— 形 君主である; 王位[主権]を有する; 最高の(権)力を持つ; 独立した; 至上の

sov·er·eign·ty /sávərənti サヴレンティ/ 名 (複 **sovereignties** /sávərəntiz/) U 主権, 統治権; C 独立国, 主権国家

So·vi·et /sóuviət ソウヴィエト/ 名 (旧ソ連の)評議会; 《**the Soviet**》ソビエト連邦 (=Soviet Union); 《**the Soviets**》ソ連政府; ソ連国民
— 形 ソ連の

Sóviet Únion 名 《**the** をつけて》ソビエト連邦, ソ連 《◆世界初の社会主義国家; 1991年解体消滅》

sow[1] /sóu ソウ/ (発音 sew, so と同音) 動 (三単現 **sows** /sóuz/; 過去 **sowed** /sóud/; 過分 **sown** /sóun/, **sowed**; 現分 **sowing**) 自他 ❶(種などを)まく; 文型 [**sow A with B**] AにB(種など)をまく ❷(争い・悪い状況の)種をまく

sow[2] /sáu サウ/ (発音 sow[1]との違いに注意) 名 C (成長した)雌ブタ(豚) (❗「(去勢しない)雄ブタ」は boar, 一般に「ブタ」は pig, hog)

sown /sóun ソウン/ 動 sow[1]の過去分詞

soy /sɔ́i ソイ/ 名 U しょう油 (=soy sauce); 大豆 (=soybean)

soy·bean B2 高 /sɔ́ibì:n ソイビーン/ 名 C 《植物》大豆

sóy sàuce 名 U しょう油 (=soy)

spa B2 /spá: スパー/ 名 C 鉱泉, 温泉; 温泉地, 湯治場

space A2 中

/spéis スペイス/ 名 (複 **spaces** /spéisəz/)
❶ U (特定の目的のための)**場所, 空間**; (広い)**土地**; U C **余地, 余白, 空所** (=room); U C **間隔, 距離, すきま**

- an open **space** あき地, 広場
- I couldn't find a parking **space**. 私は駐車場を見つけられなかった
- Could you please make **space** for me? 私のために場所を作っていただけますか (❗座るスペースをあけてもらう時などに言う)

❷ U (大気圏外の) **宇宙** (= outer space); (時間に対して)**空間**; 《形容詞的》**宇宙の**

- time and **space** 時間と空間

❸ 《ふつう単数形で》〔時間の〕**間** 《*of*》
— 動 (三単現 **spaces** /spéisəz/; 過去・過分 **spaced** /spéist/; 現分 **spacing**) 他 (一定の)**間隔で置く**

Spáce Àge 名 《**the** をつけて》宇宙時代

space·craft 高 /spéiskræ̀ft スペイスクラフト/ 名 (複 **spacecraft**) C 宇宙機《◆宇宙船・人工衛星などをふくむ大気圏外で使用される有人・無人の人工物》

space·ship A2 高

/spéisʃìp スペイスシプ/
名 (複 **spaceships** /spéisʃìps/) C
宇宙船, 有人宇宙機 ⇨**spacecraft**

spáce shùttle 名 C スペースシャトル《◆地球と宇宙の間を往復する宇宙船》

spáce stàtion 名 C 宇宙ステーション

space·suit /spéissù:t スペイススート/ 名 C 宇宙服

spáce wàlk 名C 宇宙遊泳

spac·ing /spéisiŋ スペイスィング/ 名UC 間隔を取ること; 間隔[語間, 行間]の取り方, 字配り

spa·cious /spéiʃəs スペイシャス/ 形 広々とした

spáciously 副 広々と

spade[1] /spéid スペイド/ 名C 鋤(すき), 踏みぐわ

━動他 鋤で掘り起こす

call a spade a spade 《口語》ありのままに[ずけずけ]言う

spade[2] /spéid スペイド/ 名C (トランプの)スペード札

spa·ghet·ti A2 中

/spəgéti スパゲティ/ 名U 《料理》スパゲッティ《◆断面が円形で太さが2mm弱のロングパスタ》

Spain 中 /spéin スペイン/ 名 スペイン《◆ヨーロッパ南西端の王国; 首都はマドリード(Madrid); 公用語はスペイン語》

spam /spǽm スパム/ 名U 《口語》《コンピュータ》スパムメール, 迷惑メール

span B2 /spǽn スパン/ 動 (三単現 **spans** /spǽnz/; 過去・過分 **spanned** /spǽnd/; 現分 **spanning**) 他 ❶(ある時間・距離に)及ぶ ❷(橋・にじが)かかる; (橋を)かける ❸親指と小指をいっぱいに広げて測る, 指尺で寸法をとる; (一般に)測る

━名C ❶(限られた)期間, 長さ; 距離 ❷全長; (アーチ・橋などの)はり間, スパン ❸手の親指と小指をいっぱいに広げた長さ

span·gle /spǽŋgl スパングル/ 名C スパンコール

Span·iard /spǽnjərd スパニャド/ 名C スペイン人 ⇨**Spanish**

span·iel /spǽnjəl スパニャル/ 名C 《動物》スパニエル《◆猟犬の一種》

Span·ish 高 /spǽniʃ スパニシュ/ 形 スペインの; スペイン人の; スペイン語の

━名U スペイン語; 《**the Spanish**》《集合的》スペイン人 (❗1人は Spaniard)

Spánish Armáda 名 《**the** をつけて》スペイン無敵艦隊 ⇨**armada** ❷

spank /spǽŋk スパンク/ 動他 (罰として平手などで)しりをピシャリと打つ

━名C 平手打ち

spank·ing[1] /spǽŋkiŋ スパンキング/ 名C しりの平手打ち

spank·ing[2] /spǽŋkiŋ スパンキング/ 形 速い, きびきびした; (風が)さわやかな; 《口語》すばらしい, すごい

span·ner /spǽnər スパナ/ 名C 《米》スパナ (=《英》wrench)

spar[1] /spá:r スパー/ 名C (船のマストに使う)円材

spar[2] /spá:r スパー/ 動 (三単現 **spars** /spá:rz/; 過去・過分 **sparred** /spá:rd/; 現分 **sparring** /spá:riŋ/) 自 ❶《ボクシング》〔…と〕スパーリングをする《*with*》 ❷〔…と〕軽い議論を交わす《*with*》

spare B2 /spéər スペア/ 動他

❶分けてやる; (もの・人・時間を)割く

• We can't **spare** the staff for the training. 訓練のための人手がない

文型 [**spare A B** = **spare B for A**] A(人)にB(もの・時間)を分けてやる, 割く

• Can you **spare** me a few minutes? = Can you **spare** a few minutes **for** me? 2, 3分時間をいただけませんか

❷ 文型 [**spare A** (**from**) **B**] A(人)にB(労力など)を与えない, 免れさせる ❸命を助ける, 傷つけないようにする; 情けをかける ❹(出費・労力などを)使いおしみする, おしむ; 節約する (❗ふつう否定文で用いる)

• **Spare** the rod and spoil the child. 《ことわざ》むちをおしめば子どもをだめにする (❗「かわいい子には旅をさせよ」に相当)

❺なしですます, 手放す

... to spare 余分の…

━形 (比較級 **sparer**; 最上級 **sparest**)

❶予備の, スペアの; 余分の; ひまな (❗名詞の前に用いる)

• a **spare** key スペアキー

❷やせた, やせぎすの

━名C ❶予備品, スペア; スペアタイヤ ❷《ボウリング》スペア

spare·ribs B2 /spéəribz スペアリブズ/ 名

《複数扱い》スペアリブ《◆豚または牛の肉付きあばら骨》

spar·ing /spéəriŋ スペアリング/ 形 つましい, 倹約した; けちけちする (↔**un-sparing**)

sparing·ly /spéəriŋli スペアリングリ/ 副 倹約して; 乏しく

spark B2 /spá:rk スパーク/ 名 C ❶火花, 火の粉; 《電気》閃光(せんこう), スパーク ❷(口論の)火花; (騒ぎの)引き金, 火種 ❸活気; ひらめき; 生気 ❹《**a spark**》わずか; かすかな…《*of*》
— 動 自 火花を出す; 《電気》スパークする; 他 …の導火線[きっかけ]になる; 引き起こす《*off*》

spar·kle B1 /spá:rkl スパークル/ 名 (複 **sparkles** /spá:rklz/) U C ❶(目・宝石などの)輝き, きらめき ❷火花
— 動 (三単現 **sparkles** /spá:rklz/; 過去・過分 **sparkled** /spá:rkld/; 現分 **sparkling**) 自 ❶きらきら光る, 輝く; いきいきとしている ❷あわだつ

spar·kler /spá:rklər スパークラ/ 名 C きらめく物; 線香花火; 宝石

spar·kling B2 /spá:rkliŋ スパークリング/ 形 (飲み物が)発泡性の; きらめく; 活気のある

spárk plùg 名 C 点火プラグ

spar·row B2 /spǽrou スパロウ/ 名 C 《鳥》スズメ《◆雀》(❗「ツバメ(燕)」は swallow)

sparse /spá:rs スパース/ 形 (比較級 **spars-er**; 最上級 **sparsest**) まばらな; (髪などが)薄い; (人口などが)希薄な (↔**dense**)
spársely 副 まばらに; ちらほらと

Spar·ta /spá:rtə スパータ/ 名 スパルタ《◆古代ギリシャの都市国家》

Spar·tan /spá:rtn スパートン/ 形 スパルタ人[式]の, 質実剛健な

spasm /spǽzm スパズム/ 名 U C 《医学》(筋肉などの)けいれん, ひきつけ; C《**a spasm**》(感情などの)発作, 衝動

spas·mod·ic /spæzmádik スパズマディク/ 形 《医学》けいれん(性)の; 発作的な, 突発的な

spat[1] /spǽt スパト/ 動 spit[1]の過去形・過去分詞

spat[2] /spǽt スパト/ 名 《ふつう **spats**》スパッツ

spat[3] /spǽt スパト/ 名 C 《口語》(ささいな)けんか, 口論

spate /spéit スペイト/ 名 ❶ U (突然の)出水, 鉄砲水; (ことばの)ほとばしり ❷《**a spate**》《英》大量, 多数

spa·tial /spéiʃəl スペイシャル/ 形 空間の
spátially 副 空間的に

spat·ter /spǽtər スパタ/ 動 他 ❶(人・物が, 水・粒などを)〔…の上に〕はねかける, まく《*on, over*》; 〔水・粒などを〕はねかける《*with*》; 自 (水・油などが)はねる ❷ 他 自 (雨などが)ぱらぱら降りかかる
— 名 C 《ふつう **a spatter**》はねかける[はねる]こと; ばらばら降りかかる音; 《ふつう **spatters**》はね, 飛び散ったもの; 《**a spatter**》少量, 少数

spat·u·la /spǽtʃulə スパチュラ/ 名 C (料理用の)へら; 《医学》(舌を押さえる)へら

spawn /spɔ́:n スポーン/ 名 U (魚・カエルなどの)卵 — 動 ❶ 他 自 (卵を)産む ❷《文章》他 大量に生み出す; 自 大量に生まれる[できる]

speak A1 中

/spí:k スピーク/ 動 (三単現 **speaks** /spí:ks/; 過去 **spoke** /spóuk/; 過分 **spoken** /spóukən/; 現分 **speaking**)
❶ 自 話す, 話しかける; 声を出す
- **speak in** English 英語で話す
- This child cannot **speak** yet. この子はまだ話せません
- Please **speak** louder. もっと大きな声で話してください

会話 "What did he **speak about**?" "He **spoke about** his trip." 「彼は何について話しましたか」「彼は自分の旅行について話しました」

コロケーション
speak+副
speak freely 自由に話す
speak frankly 率直に話す
speak clearly はっきり話す
speak softly 静かに話す

speak politely ていねいに話す
speak quietly 静かに話す

会話 "Hello, (this is) Mr. West **speaking**. May I **speak** to Sam, **please**?" "**Speaking**." 「もしもしこちらはウエストです. サムと話したいのですが」「ぼくです」

❷ 他 (ある言語を)**話す, 話す能力がある**

• Ken **speaks** Portuguese well. ケンはじょうずにポルトガル語を話す

• English is **spoken** in Australia. オーストラリアでは英語が話されている

会話 "Do you **speak** English?" "Yes, I do. Can I help you?" 「英語を話せますか」「ええ, 話せます. (何か)お手伝いしましょうか」《♦ ×*Can* you speak English? と相手にたずねると失礼になる》

どっち
speak と talk
(**1**) **speak** は1人が他の人(たち)に話すのに多く使うが, 複数の人の会話については **talk** を使うことが多い:
Mary and I **talked** over the phone yesterday. メアリーとぼくはきのう電話で話した
I'd like to **talk** [**speak**] **to** you for a minute. 君と少し話がしたいのですが (❗「…と話す」では talk [speak] to ..., talk [speak] with ... のどちらも使う)
(**2**) ある言語を話す能力についていうときは speak を用いる:
She **speaks** French. 彼女はフランス語を話します (×She talks French.) (❗ They spoke [talked] in French. (彼らはフランス語で話した)ではどちらも使える)

❸ 自他 (考え・真実などを)**伝える, 述べる** • **speak** the truth 真実を語る

❹ 自 **演説する, 講演をする**

• The President will **speak** tonight on TV. 大統領が今夜テレビで演説する

generally speaking 一般的に言えば

not to speak of ... …は言うまでもなく

so to speak いわば, 言ってみれば

speak for ... (=on be half of ...)…を代弁[代表]する

speak for itself [***themselves***] (物事が)見れば明らかである, 物語っている

speak for oneself 自分の弁護をする; 自分の立場[考え]を述べる

speak ill [***badly***] ***of ...*** …のことを悪く言う[けなす]

speaking of ... …と言えば

speak of ... …のことを言う, …を口に出す • The incident **was** much **spoken of**. その事件は大いに話題になった

speak out 思い切って[声を大にして]意見を述べる

• You should **speak out** yourself. あなたは思っている事を思い切って言うべきです

speak to ... **…と話す; …に話しかける** (❗おもに《英》; 《米》では speak with のかたちが多い); **…に注意する, …をしかる**

• I'll **speak to** him about it. 私はそれについて彼に話します

• She was so sad that she did not want to **speak to** anyone. 彼女はとても悲しかったのでだれとも話したくなかった

speak up ① 大きな声で話す
② はっきりと意見する; だれかを支持する

• **Speak up**! I can't hear you. もっと大きな声で話してください. 聞こえません

speak well of ... …のことをよく言う[ほめる]

speak with ... …と話をする; …と話し合う, 相談する

to speak of 《前の名詞句を修飾して》取りたてて言うほどの(…ではない) (❗ふつう否定文・疑問文で用いられる)

• His painting is nothing **to speak of**. 彼の絵はたいしたものではない

派生 **speech** 名

speak·er A2 高

/spíːkər スピーカ/

名 (複 **speakers** /spíːkərz/) C

❶ **講演者; 演説者; 話している人; (母**

語)話者
- a native **speaker** of English 英語を母語として話す人
- He will be a guest **speaker** in our class tomorrow. 彼はあしたの授業のゲストスピーカーだ

❷ (音響機器の)スピーカー (=loudspeaker)
❸ 《**the Speaker**》(英米下院の)議長

Spéakers' Còrner 名 演説広場, スピーカーズコーナー《◆ロンドンのハイドパーク(Hyde Park)内の一角》

speak·ing 高 /spíːkiŋ スピーキング/ 形
❶ 話す; 物を言う; 《形容詞の複合語を作って》…語を話す
- English-**speaking** countries 英語を話す国々

❷ 生きているような; 何か言いたげな
be on speaking terms with... …とことばを交わす間柄である
— 名 U 話すこと; 談話; 演説; 人前で話す行為

spear /spíər スピア/ 名 C やり; (草などの長くとがった)芽, 若枝
— 動 他 やりで突く

spear·head /spíərhèd スピアヘド/ 名 C
❶ やりの穂先 ❷ 《ふつう **a spearhead**》(攻撃の)先頭; 先駆け
— 動 他 (攻撃などの)先頭に立つ

spear·mint /spíərmìnt スピアミント/ 名 U 《植物》スペアミント, ミドリハッカ

spe·cial A1 中
/spéʃəl スペシャル/ 形
❶ (ふつうと違って)特別の, 特殊な; (特別に)大事な
- I want to buy something **special** for my mother. お母さんに何か特別なものを買いたいです
- We have a **special** guest tonight. 今夜は特別ゲストがいます
- a school for children with **special** needs 特別な支援を必要とする子どもたちのための学校

❷ 格別の, より一層の
- We wear kimono on **special** occasions.
私たちは特別な日に着物を着ます

❸ 独特の, 固有の (=unique)
❹ 専門の
❺ 特設の; 臨時の; 専用の
— 名 (複 **specials** /spéʃəlz/) C
❶ 特別の人[物], 特売品, 特別授業, 臨時列車
❷ (テレビの)特別番組
❸ (レストランなどの)特別料理

spe·cial·ise /spéʃəlàiz スペシャライズ/ 動 《英》(=specialize)

spe·cial·ist B1 高 /spéʃəlist スペシャリスト/ 名 (複 **specialists** /spéʃəlists スペシャリスツ/) C 専門家; 専門医
- a **specialist** in art history 美術史の専門家

spe·ci·al·i·ty /spèʃiǽləti スペシアリティ/ 名 (複 **specialities** /spèʃiǽlətiz/) 《英》(=specialty)

spe·cial·i·za·tion /spèʃələzéiʃən スペシャリゼイション/ 名 U 専門化, 特殊化; 専門分野

spe·cial·ize B1 /spéʃəlàiz スペシャライズ/ 動 (三単現 **specializes** /spéʃəlàizəz/; 過去・過分 **specialized** /spéʃəlàizd/; 現分 **specializing**)
❶ 自 〔…を〕専攻する, 専門に(研究)する; (店・会社などが)〔…を〕専門に扱う《*in, on*》
- He **specializes in** French literature.
彼はフランス文学を専攻している

❷ 自 他 特殊化する, 専門化する

spe·cial·ized /spéʃəlàizd スペシャライズド/ 形 専門化した

spe·cial·ly B1 /spéʃəli スペシャリ/ 副 特別に, 特に, わざわざ
- Ellen came here **specially** to see me. エレンはぼくに会いにわざわざ来てくれた

spe·cial·ty B2 /spéʃəlti スペシャルティ/ 名 (複 **specialties** /spéʃəltiz/) C 《米》
❶ (店などの)自慢の品, 売り; (土地の)特産物, 名物料理 ❷ 専門(の研究・仕事), 専攻; 得意(の分野) ❸ 特色

spe·cies B2 高 /spíːʃiːz スピーシーズ/ 名 (複 **species**) C (生物学上の)種(しゅ) (♦分類上最下位の単位で, お互いの交配が可能なグループ); 《口語》 **種類**
• the human **species** 人類

spe·cif·ic A2 高 /spəsífik スペスィフィク/ 形
❶ 特定の
• meet the **specific** needs 特定のニーズを満たす
❷ 明確な; 特定の (↔**general**); 独特の
• Give me more **specific** examples. もう少し具体例を示してください
❸〔…に〕独特の; 特有の, 固有の 《*to*》
━ 名 (複 **specifics** /spəsífiks/) C
❶ 《**specifics**》 細目, 詳細(部分)
❷ 《文章》 特効薬
派生 **specify** 動

spe·cif·i·cal·ly B2 /spəsífikəli スペスィフィカリ/ 副 特に, とりわけ; 明確に, はっきりと; すなわち

spec·i·fi·ca·tion /spèsəfəkéiʃən スペスィフィケイション/ 名 U 明細, 詳細; C 《ふつう **specifications**》 仕様書, スペック
派生 **specify** 動

spec·i·fy B2 /spésəfài スペスィファイ/ 動 (三単現 **specifies** /spésəfàiz/; 過去・過分 **specified** /spésəfàid/; 現分 **specifying**) 他 詳細に述べる; 指名[指定]する
派生 **specific** 形
派生 **specification** 名

spec·i·men /spésəmən スペスィメン/ 名 C ❶ 見本, 実例; 標本, サンプル (=sample)
❷ 《形容詞をつけて》《口語》 (…な)人物

spe·cious /spíːʃəs スピーシャス/ 形 《文章》 見てくれのよい, もっともらしい, 見掛け倒しの

speck /spék スペク/ 名 C
❶ 小さなしみ[点], 斑点; 汚点
❷ 《否定文で》 ごくわずか

speck·le /spékl スペクル/ 名 C 小さな点, 斑点, しみ
spéckled 形 斑点のある, まだらの

spec·ta·cle B2 /spéktəkl スペクタクル/ 名 C ❶ (目を見はるような・すばらしい)光景; (大がかりな)見せ物, ショー
• The wedding was quite a **spectacle**. 結婚式はたいへんな見ものだった
❷ 《ふつう非難して》 見もの, ありさま
❸ 《**spectacles**》 めがね (❗古風な語; ふつう glasses という)

spec·tac·u·lar B1 /spektǽkjələr スペクタキュラ/ 形 ❶ 壮観な, 目を見張る; 見ものの ❷ 見世物の
━ 名 (複 **spectaculars** /spektǽkjələrz/) C (番組などの豪華な)出し物
spectácularly 副 目覚しく, 豪華に

spec·ta·tor B1 高 /spéktèitər スペクテイタ/ 名 (複 **spectators** /spéktèitərz/) C 観客; 見物人 (❗「聴衆」は audience)
• The stadium was full of **spectators**. スタジアムは観衆で満員だった

spec·ter, 《英》 **spec·tre** /spéktər スペクタ/ 名 C 《文章》 幽霊, 妖怪, もののけ (=ghost); 《ふつう **the specter**》 怖いもの, おそろしいもの; 不安のもと

spec·trum /spéktrəm スペクトラム/ 名 (複 **spectrums** /spéktrəmz/, **spectra** /spéktrə/) C 《物理》 スペクトル (♦光がプリズムを通過するとき生じる7色の色帯); 《ふつう **a spectrum**》 (変動)範囲

spec·u·late /spékjəlèit スペキュレイト/ 動
❶ 自〔…について〕推測する, あれこれ考えをめぐらす[述べる] 《*about, on, upon*》; 他〔…と〕推測する
❷ 自 投機する

spec·u·la·tion /spèkjəléiʃən スペキュレイション/ 名 U C 推測, 空論; 投機

spec·u·la·tive /spékjəlèitiv スペキュレイティヴ/ 形 推測の, 空論の; 実際的でない; 投機的な **spéculatively** 副 投機的に, 思惑で

spec·u·la·tor /spékjulèitər スペキュレイタ/ 名 C 思索家, 純理論家; 投機者, 相場師; 《米》 ダフ屋

sped /spéd スペド/ 動 speed (自 急ぐ) の過去形・過去分詞

speech A1 中

/spíːtʃ スピーチ/

名 (複 **speeches** /spíːtʃəz/)

❶ C 演説, スピーチ, あいさつ

• You can make a **speech on** any subject. どんなテーマについて演説してもよいです

似ている単語

演説・スピーチ — **speech**, **address**, **talk**

speech は人前で行う「演説, スピーチ」を広くさし, **address** は特に公式な形式ばったものをいう:

The bride's father made a short **speech** at the wedding. 結婚式で花嫁の父親が短いスピーチをした

Mr. Tono delivered the keynote **address**. 投野氏が基調演説をした

talk はある主題についての「講演・話」で, 複数形 **talks** は「会談」の意味になる:

give a **talk** on solar energy 太陽エネルギーについて講演をする

peace **talks** 和平会談

❷ U 話す力; 言語能力; 発言

• freedom of **speech** 言論の自由 (×*a* speech, speeches としない)

❸ U 話し方, 話しぶり

❹ U 話しことば; 国語

❺ U 《文法》話法

派生 **speak** 動

speech·less /spíːtʃləs スピーチレス/ 形

❶ 口のきけない (♦驚き・怒りなどでしばらく口がきけなくなる状態) (! 名詞の前には用いない) ❷ ことばに言い表せないほどの (! 名詞の前に用いる)

speed A2 高

/spíːd スピード/ 名 (複 **speeds** /spíːdz スピーヅ/) ❶ U C 速度, 速力, スピード

• the **speed** of sound 音速

• **at full** [**top**] **speed** 全速力で

• **at a speed of** sixty kilometers an hour 1時間60キロのスピードで, 時速60キロで (! an hour は「1時間につき」)

• **with** (**great**) **speed** (非常に)速く

コロケーション

形+**speed**

high *speed* 速い速度

low [slow] *speed* 遅い速度

動+**speed**

decrease *speed* 速度を落とす

maintain *speed* 速度を保つ

❷ U 迅速さ, 速さ; すばやい動き

❸ C ギア, 変速装置

up to speed ① 期待にこたえて ② 事情によく精通して

— 動 (三単現 **speeds** /spíːdz スピーヅ/; 過去・過分 ❶, ❷の両方で **speeded** /spíːdəd/, ❶ の時のみ **sped** /spéd/; 現分 **speeding**) ❶ 自 急ぐ, 疾走する; 他 急がせる; 急いで連れて行く

❷ 自 (車が[で])制限速度以上で走る, スピード違反をする

speed up 速度を増す, 加速する

派生 **speedy** 形

speed·boat /spíːdbòut スピードボウト/ 名 C 高速艇

speed·i·ly /spíːdili スピーディリ/ 副 速く; 即座に, すみやかに

speed·ing /spíːdiŋ スピーディング/ 名 U (自動車の)スピード違反

spéed lìmit 名 U C (最高)制限速度

speed·om·e·ter /spidɑ́mətər スピダマタ/ 名 C 《自動車》速度計

spéed-skàting 名 U スピードスケート

speed·up /spíːdʌ̀p スピーダプ/ 名 U C スピードアップ, 加速; 能率促進

speed·way /spíːdwèi スピードウェイ/ 名 (複 **speedways** /spíːdwèiz/) C オートバイ[自動車]競走場; U オートバイレース; C 《米》高速道路

speed·y /spíːdi スピーディ/ 形 (比較級 **speedier**; 最上級 **speediest**) 速い, さっそくの, 速やかな, 迅速な

• She made a **speedy** reply. 彼女は即答した

派生 **speed** 名

spell[1] A2 高

/spél スペル/ 動 (三単現 **spells** /spélz/;

(過去・過分 **spelled** /spéld/, 《英》 **spelt** /spélt/; 現分 **spelling**)

❶ 他 (文字を)つづる, つづりを言う; 自 字をつづる (❗日本語の「スペル」は, 英語では spelling という)
• How do you **spell** your name? お名前はどうつづるのですか

❷ 他 (文字がつづられて)…という単語になる (❗受け身にしない)
• D-O-G **spells** dog. D-O-G とつづると dog という単語になります

❸ 他 …という(好ましくない)結果になる, …ということになる (❗進行形にしない)

spell out 1字1字読む, 1字1字[略さないで]書く; 順を追って詳細に説明する

spell[2] /spél スペル/ 名 (複 **spells** /spélz/) C 呪文, まじないの文句, 魔法; 魅力, 魔力

spell[3] /spél スペル/ 名 (複 **spells** /spélz/) C

❶ 一続き, ひとしきり; しばらく; 期間

❷ 一仕事 ❸ (病気の)発作

— 動 他 (仕事などをしばらくの間)人と交替する

spell·bound B2 /spélbàund スペルバウンド/ 形 魔法をかけられた; 魅せられた, うっとりした

spell·ing B1 高 /spéliŋ スペリング/ 名 (複 **spellings** /spéliŋz/) U (単語を)つづること, つづりかた; C (単語の)つづり, スペル

spélling bèe 名 C (学校の)つづり字競技会, スペルコンテスト

spelt /spélt スペルト/ 動 《英》 spell[1]の過去形・過去分詞

spend A1 中

/spénd スペンド/ 動 (三単現 **spends** /spéndz スペンヅ/; 過去・過分 **spent** /spént/; 現分 **spending**) 他

❶〔…に〕(お金を) 使う, 費やす 《*on, upon, for*》
• Never **spend** more than you **earn**. かせぐ以上のお金を使うな
• She **spends** a lot of money **on** [**for**] food. 彼女は食費にたくさんのお金を使う
• We **spent** $300 **on** the fare. われわれは旅費に300ドル使った

❷〔…に〕(時間を) 過ごす, 費やす, かける 《*on*》
• I'll **spend** this summer in the country. 私はこの夏をいなかで過ごします
• Did you **spend** your Christmas holidays with your family? クリスマス休暇はご家族と過ごされましたか?

文型 [**spend A** (**in**) *do***ing**] …してA(時間)を過ごす (❗口語ではふつう in を省く) • I **spent** many hours **reading**. 私は本を読んで何時間も過ごした

❸ (力などを)使う; 使い果たす

spend·ing /spéndiŋ スペンディング/ 名 U (政府・組織などの)支出, 出費

spénding mòney 名 U こづかい銭 (=pocket money)

spend·thrift /spéndθrìft スペンドスリフト/ 名 C 金づかいの荒い人, 浪費家

— 形 金づかいの荒い

spent /spént スペント/ 動 spendの過去形・過去分詞

— 形 弱りきった, 力尽きた; 使い切った

sperm /spə́:rm スパーム/ 名 (複 **sperm**, **sperms** /spə́:rmz/) 《生理》 U 精液 (=semen); C 精子, 精虫

spew /spjú: スピュー/ 動 ❶ 他 自 (水・煙などを)噴出する 《*out*》 ❷ 他 自 《英》《口語》 (へどなどを)はく 《*up*》 (=vomit)

sphere B1 /sfíər スフィア/ (発音 ph は /f フ/ と発音する) 名 (複 **spheres** /sfíərz/) C ❶ 球, 球体 (=globe); 天体 ⇨ **hemisphere**

❷ 領域, 範囲, 分野; (社会的な)地位

spher·i·cal /sférikəl スフェリカル, sfíərikəl スフィアリカル/ 形 《文章》 球形の, 球状の; 天体の, 天球の

sphinx /sfíŋks スフィンクス/ 名 ❶ 《**the Sphinx**》 《ギリシャ神話》 スフィンクス ❷ 《エジプト神話》 スフィンクス 《◆体はライオンで頭は人間[タカ, 羊]の動物》; 《**the Sphinx**》 (エジプトのギザにある)大スフィ

ンクス像 ❸ C なぞの人物, 不可解な人

spice B1 高 /spáis スパイス/ 名 (複 **spices** /spáisəz/) ❶ U C 薬味(やくみ), 香辛料, スパイス ❷《単数形で》刺激[興奮]を与えるもの; 趣(を添えるもの)

━動 (三単現 **spices** /spáisəz/; 過去・過分 **spiced** /spáist/; 現分 **spicing**) 他 …にスパイスを加える; 〔…で〕…に趣を添える《*with*》

spic·y B1 /spáisi スパイスィ/ 形 (比較級 **spicier**; 最上級 **spiciest**) ❶ 香辛料の入った, 香辛料のきいた ❷ ぴりっとした, 趣のある; (話などが)きわどい

spi·der B1 /spáidər スパイダ/ 名 (複 **spiders** /spáidərz/) C クモ

• a **spider's** web クモの巣 (=cobweb)

spídery 形 クモの(糸の)ような

spiff·y /spífi スピフィ/ 形 (比較級 **spiffier**, 最上級 **spiffiest**) 《米》《口語》こぎれいな; 気のきいた

spig·ot /spígət スピガト/ 名 C 《米》(水道などの) 飲み口, 蛇口 (=faucet, 《英》tap); (たるなどの)栓

spike /spáik スパイク/ 名 C (靴の底に打つ)スパイク; (鉄道レールの)犬くぎ

spill A2

/spíl スピル/ 動 (三単現 **spills** /spílz/; 過去・過分 **spilled** /spíld/, **spilt** /spílt/; 現分 **spilling**)

❶ 他 (誤って)こぼす, まき散らす, ばらまく; 自 こぼれる, (人などが)あふれ出る

• **spill** tea **on** the carpet カーペットの上にお茶をこぼす

❷ 他 《文章》(血を)流す (**!** ふつう受け身で用いる)

❸ 他 《口語》(秘密などを)もらす

spill blood 《文章》(人を)殺す, 傷つける

spill over ① あふれ出る ② (問題・戦争などが)波及する, 発展する

spill the beans 《口語》つい秘密をもらす

━名 (複 **spills** /spílz/) C 流出; 落馬, 転落

spilt /spílt スピルト/ 動 《英》spillの過去形・過去分詞

spin B2 /spín スピン/ 動 (三単現 **spins** /spínz/; 過去・過分 **spun** /spʌ́n/; 現分 **spinning**) ❶ 他 (こまなどを)くるくる[ぐるぐる]回す; 自 (こまなどが)回転する, くるくる[ぐるぐる]回る

• **spin** a top こまを回す

❷ 自 (頭が)くらくらする, めまいがする ❸ 他 自 (糸を)つむぐ, (繊維によりをかけて糸を)作る

❹ 他 (クモ・カイコなどが糸を)吐く; 自 (糸を出して巣・まゆなどを)つくる[かける]

spin a yarn [***tale***] 長々と冒険談・作り話などを物語る

spin off 副産物として生む; (別会社を)設立する

spin out (話などを)引き延ばす

━名 ❶ U C 回転

❷ C 《ふつう **a spin**》(自動車などの)ひと走り ❸ C 《航空》きりもみ降下

❹ C 《ふつう **a spin**》《口語》急落

spin·ach B1 /spínitʃ スピニチ | spínidʒ スピニヂ/ (発音 -ach は /itʃ イチ, idʒ イヂ/ と発音する) 名 U 《植物》ホウレンソウ

spi·nal /spáinəl スパイナル/ 形 背骨の, 脊柱(せきちゅう)の; 脊髄(せきずい)の

spínal còrd 名 C 《解剖》脊髄

spin·dle /spíndl スピンドル/ 名 C 錘(つむ) 《◆糸によりをかけながら巻き取る道具》; (紡績機械の)紡錘(ぼうすい); (機械の)軸, 心棒, 主軸

spine /spáin スパイン/ 名 C 《解剖》背骨, 脊柱(せきちゅう); (サボテンなどの)とげ

spine·less /spáinləs スパインレス/ 形 (動物が)背骨のない, 無脊椎(せきつい)の; (植物が)とげのない; (人が)意気地のない, ひよわな

spin·ner /spínər スピナ/ 名 C ❶ 紡ぐ人, 紡績工; 紡績機; 《古》クモ (=spider) ❷《釣り》スピナー 《◆回転式のルアー》 ❸《クリケット》スピンボール

❹《アメフト》スピナー

spin·ning /spíniŋ スピニング/ 名 U 紡績

spínning whèel 名 C 糸車

spin-off /spínɔ̀:f スピノーフ/ 名 (複 **spin-offs** /spínɔ̀:fs/) U C 波及したもの, 副産物; (映画・テレビドラマ・本などの)スピンオフ(企画); 《商業》スピンオフ (◆親会社からの分離独立による新会社設立)

spin·ster /spínstər スピンスタ/ 名 C (婚期を過ぎた)独身の女性 (❗おもに法律用語; single woman の方が無難)

spin·y /spáini スパイニ/ 形 (比較級 **spinier**; 最上級 **spiniest**) (動植物が)とげのある, とげだらけの

spi·ral B1 /spáiərəl スパイアラル/ 形 (❗比較変化なし) らせん状の; 渦巻き形の

— 名 (複 **spirals** /spáiərəlz/) C

❶ らせん; らせん形のもの

❷《経済》(悪循環による)らせん状進行, 連続的変動, 急上昇, …スパイラル

— 動 (三単現 **spirals** /spáiərəlz/; 過去・過分 **spiraled**, 《英》**spiralled** /spáiərəld/; 現分 **spiraling**, 《英》**spiralling**) 自 らせん形になる; 急上昇[急降下]する

spire /spáiər スパイア/ 名 C とがり屋根, 尖頂(せんちょう); 尖塔(せんとう)

spir·it B1 中 /spírət スピリト/ 名 (複 **spirits** /spírəts スピリツ/)

❶ U C 心, 精神; 霊 (↔**body**, **flesh**)

• a **spirit** of adventure 冒険精神

• team **spirit** チーム意識

❷ C 《形容詞をつけて》(…な気質の)人

❸ 魂

• an evil **spirit** 悪霊

❹《**spirits**》気分; U 気力; 勇気, 気概

• the fighting **spirit** 闘志

❺ U (法などの)精神

❻《しばしば **spirits**》強い酒 (◆ブランデー・ラム・ウイスキーなど)

That's the spirit. 《口語》その調子 (❗相手を励まして)

— 動 (三単現 **spirits** /spírəts スピリツ/; 過去・過分 **spirited** /spírətəd/; 現分 **spiriting**) 他

ひそかに運ぶ; 連れ去る 《*away*》

派生 **spiritual** 形

spir·it·ed /spíritəd スピリテド/ 形 元気[威勢]のよい; 活力あふれた; 《複合語で》「…の精神を持つ」「気分が…の」

spir·i·tu·al B1 /spírətʃuəl スピリチュアル/ 形 精神的な, 霊的な, 魂の (↔**material**); 宗教[信仰]上の

— 名 (複 **spirituals** /spírətʃuəlz/) C 霊歌(れいか), 黒人霊歌

派生 **spirit**, **spirituality** 名

spíritually 副 精神的に; 宗教的に

spir·it·u·al·i·ty /spìrətʃuǽləti スピリチュアリティ/ 名 U 精神性; 霊性

派生 **spiritual** 形

spit[1] /spít スピト/ 動 (三単現 **spits** /spíts スピツ/; 過去・過分 **spit**, **spat** /spǽt/; 現分 **spitting**) ❶ 自 つばを吐く; 軽べつする; 他 (果物の種などを)吐く 《*out*》

• No **Spitting** 《掲示》つばを吐かないでください

❷ 他 (悪口などを)吐き出すように言う 《*out*》 ❸ 自 《英》《ふつう it を主語として進行形で》(雨が)ぱらつく ❹ 自 (火が)パチパチ音を立てる; 燃える

— 名 U つば

spit[2] /spít スピト/ 名 C ❶ 焼き串

❷ (海に長く突き出た)砂嘴(さし)

spite B2 /spáit スパイト/ 名 U 悪意, うらみ

in spite of ... 高 …にもかかわらず

• The children went to school **in spite of** the heavy rain. 激しい雨にもかかわらず子どもたちは学校へ行った (❗in spite of+名詞句)

in spite of oneself 思わず

out of spite 悪意で, 反感から, 腹いせに

spite·ful /spáitfəl スパイトフル/ 形 意地の悪い

spítefully 副 意地悪く

splash A2

/splǽʃ スプラシュ/ 動 (三単現 **splashes** /splǽʃəz/; 過去・過分 **splashed** /splǽʃt/; 現分 **splashing**)

❶ 他 (水・泥などを)はねかける, はね散らす; 自 (水・泥などが)はねる; 文型 [**splash A on** [**over**] **B** = **splash B with A**] A(水・泥など)をB(人など)にはねかける

- She **splashed** cold water **on** his face. 彼女は彼の顔に冷水を浴びせかけた

❷ 自 バシャバシャ音を立てて進む; しぶきをたてる

❸ 他 《ふつう受け身で》(新聞などがニュースを)派手に扱う, 大きく報じる

splash down (宇宙から帰還したロケットが)着水する

splash out (ぜいたくなものなどに)たくさんのお金をかける

— 名 (複 **splashes** /splǽʃəz/) C (水・泥などの)はね, 水しぶき; はねかけること; はねる音, バシャン

make a splash 水をはねかす; 大評判を取る, 世間をあっと驚かす

splash·y /splǽʃi スプラシ/ 形 (比較級 **splashier**; 最上級 **splashiest**) ❶ はねを上げる ❷ 斑点(はんてん)のある ❸ 《米》《口語》人目を引く, 派手な

splat·ter B2 /splǽtər スプラタ/ 動 自 (水・泥などが)はねかかる; 他 (水・泥などを)はねかける

splay /spléi スプレイ/ 動 (三単現 **splays** /spléiz/; 過去・過分 **splayed** /spléid/; 現分 **splaying**) 他自 外へ(斜めに)広げる[がる] 《*out*》

spleen /splíːn スプリーン/ 名

❶ C 《解剖》脾臓(ひぞう)

❷ U 《文章》不機嫌, 腹立ち

splen·did /spléndəd スプレンディド/ 形 壮麗な, 豪華な, 輝かしい, りっぱな; 《口語》すばらしい

- a **splendid** idea [dinner] すばらしい考え[ごちそう]

派生 **splendor** 名

splen·did·ly /spléndədli スプレンディドリ/ 副 りっぱに, すばらしく; 申し分なく

splen·dor /spléndər スプレンダ/ 名 U C 壮麗, 豪華, すばらしさ; 輝き, 光彩

splen·dour /spléndər スプレンダ/ 名 《英》(=splendor)

splice /spláis スプライス/ 動 他 ❶ (ロープなどを)つなぎ合わせる, 組み[より]継ぎする; (木片などを)重ね継ぎをする, (フィルムなどを)継ぎ合わせる ❷ 《**be spliced**》《英》《口語》(2人が)結婚する

— 名 C (ロープの)より継ぎ; (材木の)重ね継ぎ, 継ぎ目; (フィルム・テープなどの)接合(部)

splint /splínt スプリント/ 名 C (接骨用)添え木

splin·ter /splíntər スプリンタ/ 名 C (先のとがった)裂片, 破片, とげ

— 動 自 粉々になる; (集団が)分裂する; 他 粉々に割る

split A2

/splít スプリト/ 動 (三単現 **splits** /splíts スプリッツ/; 過去・過分 **split**; 現分 **splitting**)

(! 原形・過去形・過去分詞とも同形であることに注意)

❶ 他 分裂させる, 仲間割れさせる 《*up*》; 自 分裂する, 仲間割れする 《*up*》

- The party was **split up** into two groups. その党は2つのグループに分裂した

❷ 他 分割する, 分ける; 分担する

❸ 他 〔…に〕割る, 裂く 《*in, into*》; 自 〔…に〕割れる, 裂ける 《*in, into*》

split hairs 不必要な細かい区別立てをうるさく言う

split up (恋人や夫婦が)別れる, 離婚する

— 名 (複 **splits** /splíts スプリッツ/) C

❶ 裂け目, 割れ目

❷ 分裂, 仲間割れ

splít sécond 名 C 《単数形で》ほんの一瞬

split·ting /splítiŋ スプリティング/ 形 (頭が)割れるように痛い

splurge /splə́ːrdʒ スプラーヂ/ 動 自 《口語》大散財をする

— 名 C 《ふつう **a splurge**》《口語》大散財

spoil B1 /spɔ́il スポイル/ 動 (三単現 **spoils** /spɔ́ilz/; 過去・過分 **spoiled** /spɔ́ild/, **spoilt** /spɔ́ilt/; 現分 **spoiling**)

❶ 他 だめにする, だいなしにする; 自 (食物が)悪くなる, くさる

- The rain **spoilt** the picnic. 雨のためにピクニックがだいなしになってしまった

❷ 他 (子どもなどを)甘やかしてわがままにする
❸ 他 大切に扱う; もてなす
— 名 U 《時に(the) spoils》 戦利品, 強奪品; (競技会などでの)賞品

spoiled /spɔ́ild スポイルド/ 動 spoil の過去形・過去分詞
— 形 (子どもなどが)甘やかされた, 増長した

spoil·sport /spɔ́ilspɔ̀ːrt スポイルスポート/ 名 C 座興をそぐ人, 興ざめなことをする人

spoilt /spɔ́ilt スポイルト/ 動 spoil の過去形・過去分詞

spoke[1] /spóuk スポウク/ 動 speak の過去形

spoke[2] /spóuk スポウク/ 名 C
❶ (車輪の)スポーク ❷ (はしごの)段

spo·ken /spóukən スポウクン/ 動 speak の過去分詞
— 形 話される; 口語の ⇨**colloquial**
• (the) **spoken** language 話しことば, 口語 (⇨**language**)

spokes·man B2 /spóuksmən スポウクスマン/ 名 (複 **spokesmen** /spóuksmən/) C (特に男性の)代弁者, スポークスマン

spokes·per·son /spóukspə̀ːrsn スポウクスパースン/ 名 C 代弁者, 代表者, スポークスマン (❗ spokesman, spokeswoman のどちらも表す)

spokes·wom·an B2 /spóukswùmən スポウクスウマン/ 名 (複 **spokeswomen** /spóukswìmən/) C (女性の)代弁者

sponge B1 /spʌ́ndʒ スパンヂ/ 名 (複 **sponges** /spʌ́ndʒəz/) U C スポンジ; C 海綿
— 動 (三単現 **sponges** /spʌ́ndʒəz/; 過去・過分 **sponged** /spʌ́ndʒd/; 現分 **sponging**)
❶ 他 (スポンジで)洗う; 吸い取る
❷ 自 《口語》〔人に〕(金銭や食べ物を)せびる, たかる 《*on, off*》

spónge càke 名 U C スポンジケーキ, カステラ

spon·gy /spʌ́ndʒi スパンヂ/ 形 (比較級 **spongier**; 最上級 **spongiest**) 海綿状の, 吸水性の; ふわふわした, やわらかい

spon·sor B1 /spánsər スパンサ | spɔ́nsər スポンサ/ 名 (複 **sponsors** /spánsərz/) C スポンサー, 番組提供者; 保証人
— 動 (三単現 **sponsors** /spánsərz/; 過去・過分 **sponsored** /spánsərd/; 現分 **sponsoring**) 他 スポンサーとなる; 後援する; 保証人となる

spon·sor·ship /spánsərʃip スパンサシプ/ 名 U 保証人[後援者, 発起人]であること; 後援, 発起, 主催

spon·ta·ne·i·ty /spɑ̀ntəníːəti スパンタニーアティ/ 名 U 自発性

spon·ta·ne·ous /spɑntéiniəs スパンテイニアス/ 形 自発的な, 自然に起きる; 自然発生的な
派生 spontaneity 名
spontáneously 副 自然に, 自発的に

spoof /spúːf スプーフ/ 名 (複 **spoofs** /spúːfs/) C 《口語》一杯食わすこと; (罪のない)ちゃかし, パロディー

spook /spúːk スプーク/ 名 C 《口語》お化け, 幽霊 (=ghost); 《米》スパイ (=spy)
— 動 他 《米》《口語》怖がらせる, ぎょっとさせる

spook·y /spúːki スプーキ/ 形 (比較級 **spookier**; 最上級 **spookiest**) 《口語》幽霊の出るような, 薄気味悪い

spool /spúːl スプール/ 名 C 《米》糸巻き (=《英》reel[1]); (フィルムの)スプール; (タイプライターのリボンの)スプール; (録音テープなどの)リール

spoon A2

/spúːn スプーン/ 名 (複 **spoons** /spúːnz/) C ❶ さじ, スプーン
• You eat soup with a **spoon**. スープはスプーンで飲む
❷ スプーン1杯(の…) (=spoonful)

be born with a silver spoon in one's mouth 裕福な家に生まれる

— 動 (三単現 **spoons** /spúːnz/; 過去・過分 **spooned** /spúːnd/; 現分 **spooning**) 他 スプーンですくう; スプーンで食べる

spóon-fèd 形 (人が)さじで食べさせられる; 過保護の, 甘やかされた

spoon-feed /spú:nfì:d スプーンフィード/ 動 (三単現 **spoon-feeds** /spú:nfì:dz スプーンフィーヅ/; 過去・過分 **spoon-fed** /spú:nfèd/; 現分 **spoon-feeding**) 他 (幼児・病人などに)さじで食べさせる; (生徒などを)手取り足取り教える; 過度に甘やかす, 過保護にする

spoon·ful /spú:nfùl スプーンフル/ 名 C スプーン[さじ]1杯, 1さじ

spo·rad·ic /spərǽdik スパラディク/ 形 《文章》時折起こる, 散発的な; 散在する; 所々に生えた

sporádically 副 時折

spore /spɔ́:r スポー/ 名 C 《生物》胞子, 芽胞

sport A1 中

/spɔ́:rt スポート/

名 (複 **sports** /spɔ́:rts スポーツ/)

❶ U C スポーツ, 運動, 競技; 《形容詞的》スポーツの

• a popular **sport** 人気のあるスポーツ

• indoor [outdoor] **sports** 屋内[屋外]競技

• professional [amateur] **sports** プロ[アマチュア]スポーツ

会話 "What **sport** do you play?" "I play soccer." 「君はどんなスポーツをしますか」「ぼくはサッカーをやります」

❷ 《英》《**sports**》(陸上)競技会, 運動会

❸ C スポーツマン(のようにさっぱりした人), 気のいい人, いさぎよい人

❹ U 娯楽, おもしろい事, 楽しみ (=fun)

in* [*for*] *sport 冗談に, ふざけて

make sport of... …をひやかす, …をばかにする

━ 動 (三単現 **sports** /spɔ́:rts スポーツ/; 過去・過分 **sported** /spɔ́:rtəd/; 現分 **sporting**) 自 (子ども・動物が)遊ぶ; 他 《口語》見せびらかす; これみよがしに身につける

sport·ing /spɔ́:rtiŋ スポーティング/ 形 スポーツの[に関する]; 運動用の; スポーツを愛好する (❗名詞の前に用いる); スポーツマンらしい, 悪びれない, 寛容な; 《口語》冒険的な, 賭けの

spórts càr 名 C スポーツカー

sports·cast /spɔ́:rtskæ̀st スポーツキャスト/ 名 C 《米》スポーツ放送

sports·man /spɔ́:rtsmən スポーツマン/ 名 (複 **sportsmen** /spɔ́:rtsmən/) C

❶ スポーツマン《♦特にフェアプレーの精神を持ち勝敗にこだわらない人をいう》

❷ (男性の)スポーツ愛好家

参考› この語は日本のスポーツマンよりも意味が広く, 一般のスポーツ以外に狩猟・乗馬・釣りのようなアウトドアの活動を広く含む

sports·man·ship B1 /spɔ́:rtsmənʃip スポーツマンシプ/ 名 U (フェアプレーを尊ぶ)スポーツマン精神; スポーツマンらしいいさぎよい態度

sports·wear /spɔ́:rtswèər スポーツウェア/ 名 U 運動着

sports·wom·an /spɔ́:rtswùmən スポーツウマン/ 名 (複 **sportswomen** /spɔ́:rtswìmən/) C スポーツウーマン

sport·y /spɔ́:rti スポーティ/ 形 (比較級 **sportier**; 最上級 **sportiest**) スポーツ好きな; 軽快な; はでな

spot A1 高

/spɑ́t スパト|spɔ́t スポト/

名 (複 **spots** /spɑ́ts スパツ/) C

❶ 場所, 地点

• a parking **spot** 駐車場, 駐車スペース

• a good **spot** to fish 絶好の釣り場

❷ 斑点, まだら; しみ, 汚れ; にきび; あざ

• He had **spots** on his face. 彼は顔に斑点があった

❸ (番組の中での)出番

❹ (人格・名声などの)汚点; きず

❺ 《口語》(=spotlight)

a spot of... 《英》《口語》少量の…, 少しの…

hit the spot 《米》《口語》申し分ない, ちょうどいい

in a spot 《口語》困って

on the spot その場に[で], ただちに

— 動 (三単現 **spots** /spáts スパツ/; 過去·過分 **spotted** /spátəd/; 現分 **spotting**)
❶ 他 見つける, 見ぬく
❷ 他 〔…で〕よごす, 斑点[しみ]を付ける《with》; 自 しみが付く
spótty 形 斑点のある

spót chèck 名 C 無作為抽出検査; 抜き取り検査

spot·less /spátləs スパトレス/ 形 しみ[汚れ]のない; 非の打ち所のない

spot·light /spátlàit スパトライト/ 名 C スポットライト

spot·ted /spátəd スパテド/ 形 斑点のある, まだらの; 汚点のついた

spouse /spáus スパウス, spáuz スパウズ/ 名 C 《法律》配偶者《♦夫または妻》

spout /spáut スパウト/ 動 ❶ 他 (液体などを)吹き[噴き]出す; 自 吹き[噴き]出る
❷ 他自 まくしたてる
— 名 C (やかんなどの)注ぎ口; 噴出口

sprain /spréin スプレイン/ 動 他 (手首·足首などを)くじく, ねんざする

sprang /spræŋ スプラング/ 動 spring の過去形

sprawl /sprɔ́:l スプロール/ 動 自 手足を伸ばして寝そべる
— 名 C 《ふつう単数形で》寝そべること; (都市などの)スプロール現象

spray[1] B2 /spréi スプレイ/ 名 (複 **sprays** /spréiz/) ❶ C スプレー, 噴霧器
❷ U C しぶき, 水煙; (ペンキ·消毒薬·香水などの)噴霧(ふんむ)
— 動 (三単現 **sprays** /spréiz/; 過去·過分 **sprayed** /spréid/; 現分 **spraying**) (ペンキ·消毒薬·香水などを) 他 しぶきになる; 自 吹きつける, スプレーする;
文型 [**spray A on B** = **spray B with A**] A(香料·塗料など)をBに吹きかける

spray[2] /spréi スプレイ/ 名 C 小枝

spread A2 中

/spréd スプレド/ (×スプリード)
名 (複 **spreads** /sprédz スプレヅ/)
❶ U 増加, 拡張; 普及; (病気の)流行
• the **spread** of education 教育の普及
❷《単数形で》広がり, 広さ
❸ U C スプレッド《♦ジャムなど》
❹ C (テーブルに並んだ)ごちそう
❺ C (新聞·雑誌の)見開き
— 動 (三単現 **spreads** /sprédz スプレヅ/; 過去·過分 **spread**; 現分 **spreading**) (❗原形·過去形·過去分詞とも同形であることに注意) ❶ 他 広げる, 広める; まん延させる; 自 広がる, 広まる; 自 流布する, まん延する, (ニュースなどが)広まる
• **spread** (**out**) the map **on** the table テーブルの上に地図を広げる
• Viruses **spread** disease among people. ウイルスが人々の間に病気を広めている
• The news **spread** quickly. そのニュースは急速に広まった
❷ 自 薄くのびる; 他 (表面に)ぬる
• This paint **spreads** easily. このペンキは伸びがいい
文型 [**spread A on B** = **spread B with A**] AをBの上に(ぬり)広げる
• **spread** butter **on** the bread = **spread** the bread **with** butter パンにバターをぬる
❸ 他 長引かせる; 自 〔期間に〕わたる《over》

spread·sheet B2 /sprédʃì:t スプレドシート/ 名 C 《コンピュータ》スプレッドシート, 表計算ソフト

spree /sprí: スプリー/ 名 C ばか騒ぎ, 浮かれ騒ぎ, 飲み騒ぎ

sprig /spríg スプリグ/ 名 C (花·葉のついた)小枝; (織物·壁紙などの)小枝模様

spright·ly /spráitli スプライトリ/ 形 (比較級 **sprightlier**; 最上級 **sprightliest**) 活発な, 陽気な

spring A1 中

/spríŋ スプリング/

意味マップ
名 ❶ 春
❷ ばね
❸ 弾性
❹ 泉
❺ とぶこと

動 ❶とぶ, はねる
❷急に現れる
❸出身である; 起こる
❹急に持ち出す

━名(複 **springs** /spríŋz/)
❶UC 春 ⇨**season**
• **in** (the) **spring** 春に
• in (the) early **spring** 春先に
• last **spring** 前の春(に) (×*in* last spring としない)
• **Spring** is here. 春が来た[もう春だ] (←春がここにいる)
❷C ばね, スプリング, ぜんまい
❸U 弾性; 《単数形で》活気, 元気
❹C 《しばしば **springs**》泉, わき水
• a hot **spring** 温泉
❺C とぶこと, 跳躍(ちょうやく)

━動(三単現 **springs** /spríŋz/; 過去 **sprang** /sprǽŋ/, **sprung** /sprʌ́ŋ/; 過分 **sprung**; 現分 **springing**)
❶自 (ぴょんと)とぶ, はねる (! jump のほうがふつう)
❷自 《しばしば **spring up**》急に[突然]現れる[動く]; (水・涙が)わき出る
❸自 〔家柄などの〕出身である《*from*》; 〔原因などから〕(物事が)起こる《*from*》
❹他 〔…に対して〕(相手の驚くような話などを)急に持ち出す《*on*》
派生 **springy** 形

spring·board /spríŋbɔ̀ːrd スプリングボード/ 名C (水泳の)とびこみ板, (体操の)跳躍板; 〔…の〕きっかけ《*for*》

spring·bok /spríŋbɑ̀k スプリングバク/ 名(複 **springboks** /spríŋbɑ̀ks/, **spring-bok**) C 《動物》スプリングボック《◆南アフリカ産のレイヨウ》

spríng-cléaning, 《英》**-cléan** 名C 《ふつう単数形で》(春の)大そうじ

spríng féver 名U 春の高揚感; 春先のものうい感じ[憂うつ病]

spring·time /spríŋtàim スプリングタイム/ 名U 春; 春期; 青春期

spring·y /spríŋi スプリンギ/ 形 (比較級 **springier**; 最上級 **springiest**) 弾力のある, ばねの利いた; しなやかな, 軽快な

sprin·kle /spríŋkl スプリンクル/ 動
❶他 (ぱらぱらと)振りかける, 振りまく; 散布する; 散在させる
❷自 《it を主語として》(雨が)ぱらつく
━名C (雨の)ぱらつき

sprin·kler /spríŋklər スプリンクラ/ 名C 撒水(さんすい)器, スプリンクラー

sprint B2 /sprínt スプリント/ 名C 短距離競走, スプリント; 全力疾走
━動自 全力疾走する
sprínter 名C スプリンター, 短距離(走)選手

sprite /spráit スプライト/ 名C 《文章》妖精, 小妖精

sprout /spráut スプラウト/ 名C 芽; 新芽
━動 ❶自 芽が出る; 他 発芽させる
❷自 (急)成長する

spruce[1] /sprúːs スプルース/ 形 (身なりが)こぎれいな, しゃれた
━動《次の成句で》
spruce up 身なりを整える, めかす; (場所などを)きれいにする

spruce[2] /sprúːs スプルース/ 名C 《植物》トウヒ《◆マツ科》; U その材木

sprung /sprʌ́ŋ スプラング/ 動 spring の過去形・過去分詞

spry /sprái スプライ/ 形 (比較級 **spryer**; 最上級 **spryest**) (老人が)元気な, 活発な

spud /spʌ́d スパド/ 名C 《英》《口語》ジャガイモ (=potato)

spun /spʌ́n スパン/ 動 spin の過去形・過去分詞

spunk /spʌ́ŋk スパンク/ 名U 《口語》勇気, 元気

spunk·y /spʌ́ŋki スパンキ/ 形 (比較級 **spunkier**, 最上級 **spunkiest**) 《口語》勇気のある, 元気な

spur B2 /spə́ːr スパー/ 名C 拍車; 刺激
━動(三単現 **spurs** /spə́ːrz/; 過去・過分 **spurred** /spə́ːrd/; 現分 **spurring** /spə́ːriŋ/)
拍車をかける; 刺激する, 駆り立てる

spu·ri·ous /spjúəriəs スピュアリアス/ 形 偽の, 偽造の; (感情などが)見せかけの, もっともらしい; (議論などが)いいかげんな

spurn /spə́ːrn スパーン/ 動 他 《文章》(申し出・贈り物などを)はねつける; (人を)相手にしない

spurt /spə́ːrt スパート/ 動
❶ 自 (液体・気体が)(断続的に)噴出する, ほとばしる 《*out*》; 他 噴出させる, ほとばしらせる
❷ 自 (短時間)全力を出す, 全力疾走する; (競技で)スパートする, 力走[力泳]する
━ 名 C ❶ (間欠的な)噴出, ほとばしり; (感情などの)激発; (相場・値段などの)一時的な上昇 ❷ 力走, スパート, 力泳

Sput·nik /spútnik スプトニク, spʌ́tnik スパトニク/ 名 スプートニク 《♦旧ソ連の人工衛星》

sput·ter /spʌ́tər スパタ/ 動 ❶ 自 ブツブツ[パチパチ]音を立てる[立てて消える, 止まる] 《*out*》 ❷ 他 自 (興奮して)口からつば[食べ物]を飛ばす; 早口に[せき込んで]しゃべる
━ 名 C 《ふつう **a sputter**》 ブツブツ音を立てること; 早口

spy A1

/spái スパイ/ 名 (複 **spies** /spáiz/) C
スパイ, 密偵; スパイ行為
• an industrial **spy** 産業スパイ
━ 動 (三単現 **spies** /spáiz/; 過去・過分 **spied** /spáid/; 現分 **spying**) 自 〔…を〕ひそかに見張る, スパイする 《*on, upon*》; 他 探り出す 《*out*》

squab·ble /skwɑ́bl スクワブル/ 名 C (つまらないことでの)口論, 口げんか
━ 動 自 〔…で〕口論をする 《*over, about*》

squad B2 /skwɑ́d スクワド/ 名 C 分隊; 団, チーム

squád càr 名 C 《米》(警察の)パトロールカー

squad·ron /skwɑ́drən スクワドロン/ 名 C 《集合的; 単数または複数扱い》《海軍》小艦隊, 戦隊; 《陸軍》機甲大隊; 騎兵大隊; 《空軍》《米》飛行大隊; 《英》飛行中隊

squal·id /skwɑ́ləd スクワリド/ 形 (場所が)むさ苦しい; 卑劣な, 浅ましい

squall /skwɔ́ːl スクウォール/ 名 C 突風, スコール

squal·or /skwɑ́lər スクワラ/ 名 U 不潔, むさ苦しさ; 卑劣さ

squan·der /skwɑ́ndər スクワンダ/ 動 他 (時間・金・資源などを)〔…に〕浪費する 《*on*》

square A2 高

/skwéər スクウェア/
名 (複 **squares** /skwéərz/) C
❶ 正方形, 四角形; (将棋盤・チェス盤などの)目 (❗「立方」は cubic)
• Compute the area of this **square**. この正方形の面積を求めなさい
❷ 広場 《♦町の中にあって四方を建物・街路で囲まれた広い場所で, 小さな公園としても用いられている》
• Times **Square** (ニューヨークの)タイムズ・スクエア
❸ 《数学》2乗, 平方
❹ 直角定規

back to square one 《口語》振り出しに戻って

on the square 直角に; 正直に[な]

━ 形 (比較級 **squarer**; 最上級 **squarest**)
❶ 正方形の, 四角の; 角ばった; 直角の (❗この意味では比較変化なし)
• a **square** corner 四角い[直角の]かど
❷ 2乗の, 平方の (❗この意味では比較変化なし)
❸ 貸借のない (❗この意味では比較変化なし)
❹ 公正な
❺ (食事が)満足のいく
❻ 《口語》古臭い, 堅苦しい
━ 副 直角に, 四角に; 公正に; まっすぐに, もろに
━ 動 (三単現 **squares** /skwéərz/; 過去・過分 **squared** /skwéərd/; 現分 **squaring**)
❶ 他 2乗する (❗ふつう受け身で用いる)
❷ 他 (勘定などを)決済する 《*up*》
❸ 他 《口語》(人を)買収する
❹ 他 まっすぐ[並行]にする
❺ 他 〔…に〕適合させる 《*with*》; 自 〔…と〕適合する 《*with*》

square away 《口語》(仕事などを)かたづける

square off (争うために)身構える
square up 借金を返す; 清算する
squáre dànce 名C スクエアダンス《◆4組のペアが真ん中に四角い形を作るようにして踊るダンス》
square·ly /skwéərli スクウェアリ/ 副 四角に; 公正に; まともに
squáre róot 名C《数学》平方根
squash[1] B2 /skwɑ́ʃ スクワシュ/ 動
❶他 (物を)押しつぶす, ぐしゃぐしゃにする; 自 つぶれる, ぺしゃんこになる ❷他〔…の中に〕押し込める, 詰め込む; 自《*into*》〔…の中に〕無理に割り込んでいく《*into*》
━名 ❶《**a squash**》押し合いへし合い, ぎゅうぎゅう詰め
❷U 押しつぶすこと; 押しつぶされた状態
❸U《英》スカッシュ《◆清涼飲料); C 1杯分のスカッシュ
❹U《スポーツ》スカッシュ
squash[2] /skwɑ́ʃ スクワシュ/ 名 (複 **squashes** /skwɑ́ʃəz/, **squash**) C《米》《植物》(小型の)カボチャ; U その果肉
squat /skwɑ́t スクワト/ 動 (三単現 **squats** /skwɑ́ts スクワツ/; 過去・過分 **squatted** /skwɑ́təd/; 現分 **squatting**) 自 しゃがむ, うずくまる《*down*》
━形 (比較級 **squatter**; 最上級 **squattest**) しゃがんだ; ずんぐりした
━名《単数形で》しゃがむこと, しゃがんだ姿勢, スクワット
squat·ter /skwɑ́tər スクワタ/ 名C しゃがむ人; うずくまる動物; (土地・建物の)不法占有者, 無断居住者
squawk /skwɔ́:k スクウォーク/ 名C (アヒルなどの)ガーガー鳴く声;《口語》うるさい不平
━動自 (鳥が)ガーガー鳴く;《口語》ギャーギャーと不平を言い立てる
squeak /skwí:k スクウィーク/ 動自 (ネズミなどが)チューチュー鳴く; キーキー音を立てる
━名C チューチュー; キーキー
squeak·y /skwí:ki スクウィーキ/ 形 (比較級 **squeakier**; 最上級 **squeakiest**) (ドアなどが)キーキー音を立てる
squeal /skwí:l スクウィール/ 動自 (人が)キャーッと叫ぶ, 悲鳴[歓声]を上げる; キーッと鳴く[音を立てる]《◆動物の鳴き声・急ブレーキのときのタイヤのきしり》
━名C《ふつう **a squeal**》キーキー言う声[音], 悲鳴, 歓声
squeam·ish /skwí:miʃ スクウィーミシュ/ 形 (人が)吐きやすい; 気むずかしい; (道徳的に)潔癖すぎる
squeeze B2 /skwí:z スクウィーズ/ 動
❶他 しぼる, しぼり出す; 強く握る; 自 しぼれる
• **squeeze** a lemon レモンをしぼる
• She **squeezed** her child. 彼女はわが子をぎゅっとだきしめた
❷他 (むりに)つめ込む, 押し込む; 自〔…に〕むりに入り込む《*in, into*》
❸他 搾取(さくしゅ)する
squeeze through ... …の中を押し進む
━名 ❶《単数形で》押し合い, 雑踏
❷C 絞ること; 絞り汁 ❸《単数形で》《口語》財政逼迫(ひっぱく); 苦境 ❹C《野球》スクイズ (=squeeze play)
put the squeeze on ...《口語》…に圧力をかける
squelch /skwéltʃ スクウェルチ/ 動
❶他 押しつぶす;《口語》(人を)黙らせる, やり込める
❷自 グチャグチャ[ピチャピチャ]音を立てる[立てて歩く]
━名C《ふつう **a squelch**》グチャグチャ[ピチャピチャ]いう音
squib /skwíb スクウィブ/ 名C《米》(ねずみ)花火; 爆竹; 風刺文; 短信;《米》短いニュース; (新聞などの)埋め草
squid /skwíd スクウィド/ 名 (複 **squids** /skwídz スクウィヅ/, **squid**) C《動物》イカ
squig·gle /skwígl スクウィグル/ 名C くねくねした線[筆跡], 書きなぐり
squint /skwínt スクウィント/ 名C《ふつう **a squint**》斜視, やぶにらみ
━動自 斜視である; 横目で見る

squire /skwáiər スクワイア/ 名 C (中世の)騎士見習い;《英》郷士(ごうし)

squirm /skwə́:rm スクワーム/ 動 自 のたくる, からだをくねらせる; もぞもぞ体を動かす; もじもじする

squir·rel /skwə́:rəl スクワーレル/ 名 C《動物》リス; U リスの毛皮

squirt /skwə́:rt スクワート/ 動 自 (液体が)(細く)噴出する, ほとばしる; しぶきがかかる; 他 (液体を)(細く)噴出させる, ほとばしらせる; 吹きかける; 文型 [**squirt A with B**] A(人)にB(水など)をかける

━名 C《ふつう **a squirt**》噴出, ほとばしり; 注射器, 消火器, 水鉄砲; 若造, 青二才

squish /skwíʃ スクウィシュ/ 動《口語》(=squash[1])

squish·y /skwíʃi スクウィシ/ 形 (比較級 **squishier**; 最上級 **squishiest**) ぬれてやわらかい, 水っぽい

Sr., sr.《略》senior 年上の方の

Sri Lan·ka /srí: lá:ŋkə スリー ラーンカ/ 名 スリランカ《◆インドの南端洋上に浮かぶ島国; 首都スリ・ジャヤワルダナプラ・コッテ(Sri Jayewardenepura Kotte)》

St.《略》❶ Saint, 聖… (■キリスト教の聖者(saint)の名前の前につける; 聖者やそれにちなむ大聖堂・祝祭日・地名などにも用いる) ❷ Street, …街, …通り

stab B2 /stǽb スタブ/ 動 (三単現 **stabs** /stǽbz/; 過去・過分 **stabbed** /stǽbd/; 現分 **stabbing**) 他 (刃物で)刺す; (感情などを)刺すように傷つける

━名 C 刺すこと; 刺し傷, 突き傷; 刺すような痛み

stab·bing /stǽbiŋ スタビング/ 形 (痛みが)突き刺すような, 鋭い; (ことばなどが)しんらつな, 痛烈な

━名 U 刺すこと; C 傷害事件

sta·bil·i·ty B2 /stəbíləti スタビリティ/ 名 U 安定; 安定性

sta·bi·li·za·tion /stèibələzéiʃən ステイビリゼイション/ 名 U 安定(化)

sta·bi·lize /stéibəlàiz ステイビライズ/ 動 他 安定させる; 固定する

sta·ble[1] B1 /stéibl ステイブル/ 形 (比較級 **stabler**; 最上級 **stablest**) 安定性のある, 永続的な; しっかりした, ぐらつかない (↔**unstable**)

• a **stable** economy 安定した経済

sta·ble[2] /stéibl ステイブル/ 名 C うまや, 馬小屋, 厩(きゅう)舎

stac·ca·to /stəká:tou スタカートウ/ 形 副《音楽》スタッカートの[で], 断音的の[に]

stack B2 /stǽk スタク/ 名 C 干し草[わら]の山; (物を積み上げた)山; 堆積(たいせき); たくさん, …の山 (=pile)

━動 他《しばしば **stack up**》積み上げる, 積み重ねる

sta·di·a /stéidiə ステイディア/ 名 stadium の複数形

sta·di·um A2 中

/stéidiəm ステイディアム/ (×スタジアム)

名 (複 **stadiums** /stéidiəmz/, まれに **stadia** /stéidiə/) C

競技場, スタジアム

staff A2 高

/stǽf スタフ | stá:f スターフ/ 名 (複 **staffs** /stǽfs/, ❷, ❸ では **staves** /stéivz ステイヴズ/ の形もある) C

❶《単数・複数両扱い》《集合的》職員, 部員, 社員, スタッフ;《軍隊》参謀

• I am **on** the **staff** of the school paper. 私は学校新聞の編集部員です

注意› staff は職員全体を集団としてさす語なので,「30人のスタッフ」は ×30 staffs ではなく, a staff of 30 または 30 staff という.「1人の職員」は次のようにいう:
He is a **member of** (**the**) **staff** [a **staff member**]. 彼はスタッフの1人です (×He is a staff. としない)

まぎらわしい語› 単語力
staff 職員
stuff 材料; 物

❷ つえ, 棒, さお; 支え

❸《音楽》五線, 譜表

━動 (三単現 **staffs** /stǽfs/; 過去・過分 **staffed** /stǽft/; 現分 **staffing**) 他

(職員を)配置する (❗ふつう受け身で用いられる)

staff·er /stǽfər スタファ/ 名C 職員

stag /stǽg スタグ/ 名C 《動物》雄ジカ ⇨deer

stage A1 中

/stéidʒ ステイヂ/

名 (複 **stages** /stéidʒəz/) C

❶ (成長・発達の)段階, 時期

● at an early **stage** 初期に

● At this **stage** I had no plans about what to do. この段階で, 私は何をすべきかまったく計画がなかった

❷ (劇場などの) 舞台, ステージ; 《**the stage**》 演劇

● appear **on** the **stage** 舞台に登場する

❸ (事件・活動などの)舞台

❹ (街道の)宿場, 駅; (宿場間の)旅程

❺ (=stagecoach)

一 動 (三単現 **stages** /stéidʒəz/; 過去・過分 **staged** /stéidʒd/; 現分 **staging**) 他 上演する; (ストライキなどを)敢行する

● **stage** a play 劇を上演する

stage·coach /stéidʒkòutʃ ステイヂコウチ/ 名C 駅馬車

stáge frìght 名U (観衆・参加者を前にして)あがること

stage·hand /stéidʒhæ̀nd ステイヂハンド/ 名C 舞台係, 裏方, 道具方

stáge mànager 名C 舞台監督

stag·ger B2 /stǽgər スタガ/ 動 ❶ 自 よろめく, ぐらぐらする; 他 ぐらつかせる; 動揺させる ❷ 他 (始業時・休日などを)重ならないようにずらす

stag·ger·ing /stǽgəriŋ スタガリング/ 形 よろめく; (金額・量などが)胆(きも)をつぶすような, 驚くほどの

stággeringly 副 よろめいて; 驚くほど

stag·ing /stéidʒiŋ ステイヂング/ 名UC 上演, 演出(方法); U (建築の)足場

stag·nant /stǽgnənt スタグナント/ 形 流れない, よどんだ; よどんでにおう

stag·nate /stǽgneit スタグネイト/ 動自 (水などが)よどむ, よどんで悪臭を放つ; 不活発になる, 沈滞する

stag·na·tion /stægnéiʃən スタグネイション/ 名U よどみ, 停滞, 沈滞; 不況, 不景気

stág pàrty [nìght] 名C 男だけのパーティー (♦結婚前夜の花婿のために開かれる)

staid /stéid ステイド/ 形 生まじめな, 謹厳な; 着実な

stain B2 /stéin ステイン/ 名UC

❶ 汚れ, しみ; 汚点

● an ink **stain** インクのしみ

❷ 着色剤, 染料

一 動 ❶ 他 汚す; しみをつける; 自 汚れる; しみがつく ❷ 他 着色[染色]する ❸ 他 (名声などを)傷つける

stáined gláss 名C (教会の窓などの)ステンドグラス

stain·less /stéinlis ステインレス/ 形 汚れのない, しみのない; さびない

stáinless stéel 名U ステンレス, さびない鋼(こう)

stair A2 中

/stéər ステア/ (発音 stare と同音)

名 (複 **stairs** /stéərz/) C

❶ 《ふつう **stairs**》《単数・複数両扱い》(屋内の)階段 ⇨**upstairs**, **downstairs**

● **go up [down] the stairs** 階段を上る[下りる]

❷ (階段の)1段

stair·case /stéərkèis ステアケイス/ 名C (一続きの)階段 (=stairway) (❗手すりなども含む)

stair·way /stéərwèi ステアウェイ/ 名 (複 **stairways** /stéərwèiz/) C 階段 (♦手すりなども含む全構造をいう)

stake B2 /stéik ステイク/ (発音 steak と同音) 名C ❶ くい, 棒 ❷ 火刑用の柱; 《**the stake**》 火刑 ❸ 利害関係 ❹ 賭金

at stake (金が)賭けられて; (名誉などが)かかって, 危機に瀕して

go to the stake 自らの考えを通す

pull up stakes 《口語》転居する; 仕事をやめる

一 動 他 くいにつなぐ, くいで支える;

賭ける

stale /stéil ステイル/ 形 (比較級 **staler**; 最上級 **stalest**) 新鮮でない, 腐りかけた, 古くなった (↔**fresh**); 新鮮味のない, 陳腐な, 古くさい; 生気のない

stale·mate /stéilmèit ステイルメイト/ 名 U C 《ふつう **a stalemate**》《チェス》ステールメート, 手詰まり; こう着状態 (=deadlock)

stalk[1] /stɔ́:k ストーク/ 名 C (植物の細い)茎

stalk[2] /stɔ́:k ストーク/ 動 自 大股に歩く; 他 …にそっと近づく, 忍び寄る

━名 C 闊歩(かっぽ); 忍び寄ること

stalk·er /stɔ́:kər ストーカ/ 名 C 忍び寄る人; ストーカー

stall[1] B1 /stɔ́:l ストール/ 名 (複 **stalls** /stɔ́:lz/) C ❶露店; 屋台; 売り場, カウンター ❷(馬小屋・牛小屋の)仕切り ❸《ふつう単数形で》エンジン停止

stall[2] /stɔ́:l ストール/ 動 自 言い逃れる; 他 失速させる; 自 (エンジンなどが)止まる

stal·lion /stǽljən スタリョン/ 名 C 種馬

stal·wart /stɔ́:lwərt ストールワト/ 形 《文章》 ❶(人が)じょうぶな, がっしりした, 頑健な ❷(人が)(政治的に)志操が固い, 忠実な ━名 C 《文章》がっしりした[頑健な]人; 愛党心の強い人

sta·men /stéimən ステイメン/ 名 (複 **stamens** /stéimənz/, **stamina** /stǽmənə/) C 《植物》(花の)雄ずい; 雄しべ (! 「雌しべ」は pistil)

stam·i·na[1] /stǽmənə スタミナ/ 名 U 精力; 持続力, スタミナ

sta·mi·na[2] /stǽmənə スタミナ/ 名 stamen の複数形

stam·mer B2 /stǽmər スタマ/ 動 自 どもる; 他 どもって言う 《*out*》 ⇨**stutter**

━名 C 《ふつう単数形で》どもること

stamp A2 高

/stǽmp スタンプ/

名 (複 **stamps** /stǽmps/) C

❶切手

• a postage **stamp** (郵便)切手

• **put** a **stamp on** the letter 手紙に切手をはる

❷スタンプ; 判; (押された)印, 消印 ⇨**seal**[2]

❸しるし; 特徴; 型, 種類

❹足を踏み鳴らすこと

━動 (三単現 **stamps** /stǽmps/; 過去・過分 **stamped** /stǽmpt/; 現分 **stamping**)

❶他 (足を)踏みならす, 踏みつける

• He **stamped** his foot in anger. 彼はおこって足を踏みならした

文型 [**stamp A C**] Aを踏みつけてC(状態)にする

❷他 スタンプで押す

❸他 文型 [**stamp A on B** = **stamp B with A**] AをBに強く印象づける ❹他 切手[印紙]をはる

stamp out (火などを) 踏み消す; (暴動などを)鎮圧する

stámp àlbum 名 C 切手アルバム

stámp collècting 名 U 切手収集

stámp collèctor 名 C 切手収集家

stam·pede /stæmpí:d スタンピード/ 名 C 《ふつう **a stampede**》(家畜・野生動物が)驚いてどっと逃げること, 大暴走; (群衆などが)どっと逃げ出すこと; 殺到

━動 自 (動物が)どっと逃げ出す, 大暴走する; (人が)殺到する; 他 どっと逃げ出させる

stance /stǽns スタンス/ 名 C 《ふつう **a** [*one's*] **stance**》〔…に対する〕(心的)態度, 立場 《*on*》; スタンス (◆ゴルフ・野球などで打球の際の足の位置); 姿勢

stanch /stɔ́:ntʃ ストーンチ/ 動 他 止血する

stand A1 中

/stǽnd スタンド/

意味マップ

名 ❶立場, 主張
❷抵抗; 固守
❸台; 売店, 屋台
❹観覧席, スタンド
❺証言台
❻停止; 立つ場所, 持ち場

動 ❶立つ; 立っている
❷立てる
❸位置している
❹(ある状態)である
❺立ち止まる; 止まっている
❻そのままである
❼耐える
❽立場に立つ
❾おごる

― 名 (複 **stands** /stǽndz スタンヅ/) C
❶**立場, 主張**
❷**抵抗; 固守**
❸(物をのせる・立てる)**台; 売店, 屋台** (=stall)
❹《**the stands**》**観覧席, スタンド**
❺《米》**証言台**
❻**立つこと, 停止; 立つ場所, 持ち場;** (タクシーの)**乗り場** (=taxi stand)

make a stand 〔…のために〕戦う《*for*》; 〔…に対して〕抵抗する《*against*》

take a stand 〔…について〕明確な態度を打ち出す《*on, over*》

注意› (1)電灯の「スタンド」には ×stand は使わず, desk lamp (卓上スタンド), floor lamp (フロアスタンド)などを使う
(2)「ガソリンスタンド」は和製英語. filling [service] station, 《米》gas station, 《英》petrol station という

― 動 (三単現 **stands** /stǽndz スタンヅ/; 過去・過分 **stood** /stúd/; 現分 **standing**)

❶自 **立つ; 立っている** (↔**sit**)
- **stand** still じっと立っている
- **stand** in line 1列に並んで立つ, 1列に並ぶ
- **stand on** *one's* hands さか立ちする (←両手の上で立つ)
- He **was standing** at the gate of the school. 彼は学校の正門のところに立っていた
- We **stood** waiting for a bus. 私たちは立ってバスを待っていた (❗ stand *do*ing は「立って…している」)

❷他 **立てる, 立たせる**
- **stand** books **on** a shelf 本をたなに立てる
- **stand** a ladder **against** the wall はしごを壁に立てかける

❸自 **位置している**

❹自 文型 [**stand C**] **C(ある状態)である** (❗ 意味は be とほぼ同じ); (数値などを)**示す**
- The door **stood** open. 戸はあいていた (❗ open は形容詞(開いた))

❺自 (乗り物が)**立ち止まる; 止まっている**
- No **Standing** 《掲示》停車禁止

❻自 **そのままである, 有効である**

❼他 **耐える, がまんする** (❗ ふつう can, can't とともに否定文や疑問文で使う)

❽自 **立場に立つ**

❾他 《口語》(食べ物などを)**おごる**

as it stands [***as things stand***] 現状では

stand a chance チャンスがある

stand aside わきへ寄る; 傍観している

stand back 後ろにさがる

stand by 何もしないでだまって見ている, 傍観する; 待機する, スタンバイする

stand by ... …を支持する, …に味方する, …を助ける; 〔約束など〕を守る

stand down (候補者が)降りる; 公職から身を引く; 証人台から降りる

stand for ... ①…を表す
- The sign $ **stands for** dollar. $という記号はドルを表す

②…を支持する, …の味方をする, …のために戦う ③《口語》…をがまんする

stand in for ... …の代役をする; …の代理を務める

stand out 突き出る; 目立つ, くっきりと見える ⇨**outstanding**

stand still ①じっとしている ②進展しない

stand up ①**立ち上がる, 立つ**
- He **stood up** when he was introduced. 彼は紹介される時立ち上がった

②**有効である, 通用する** ③(約束した相手に)**待ちぼうけをくわせる**

stand up for ... …を支持[擁護]する

stand up to ... …に耐える，持ちこたえる

stand-a·lone /stǽndəlòun スタンダロウン/ 形 《コンピュータ》ネットワークにつながっていない

stand·ard B1 高 /stǽndərd スタンダド/ 名 (複 **standards** /stǽndərdz スタンダヅ/) C

❶ 基準，標準，水準，レベル

- the **standard** of living = the living **standard** 生活水準
- an international **standard** 国際基準
- set a **standard** 基準を設ける
- The quality of the products doesn't come **up to** the **standard**. 製品の品質が基準に達していない

コロケーション
形+**standard**
a double *standard* 二重基準
a high *standard* 高い基準
a new *standard* 新基準

❷ (度量衡の)基本単位; (通貨の)本位
❸ 旗 (=flag)

━ 形 標準的な; 権威のある，最高水準の，すぐれた

- **standard** size 標準サイズ
- **standard** English 標準英語《◆米国では中西部地方の教養のある人々の英語，英国ではロンドンを中心とした南部地方の教養のある人々の英語が標準とされる》

stand·ard·i·za·tion /stæ̀ndərdaizéiʃən スタンダダイゼイション/ 名 C 標準化，規格化; 画一化

stand·ard·ize /stǽndərdàiz スタンダダイズ/ 動 他 標準化する; 規格化する

stándard tìme 名 U 標準時《◆各国・各地方で公式に使う時間; 子午線を基準に決定する》

stand·by B2 /stǽndbài スタンドバイ/ 名 (複 **standbys** /stǽndbàiz/) C (いざという時に)頼みになる人; 代役; キャンセル待ちの客

stand-in /stǽndìn スタンディン/ 名 C 代役，スタンドイン; 身代わり

stand·ing /stǽndiŋ スタンディング/ 動 stand の現在分詞・動名詞

━ 形 ❶ 立っている; 立った姿勢で行われる ❷ 永続的な，いつもの; (委員会など)常設の

━ 名 U ❶ 地位，身分; 名声
❷ (続いている)期間，継続

stánding ovátion 名 C スタンディングオベーション《◆観客が立ち上がって拍手喝采(かっさい)すること》

stand·off /stǽndɔ̀ːf スタンドーフ/ 名 C
❶ (試合などの)同点，引き分け (=draw)
❷ 行き詰まり，こう着状態

stand·off·ish /stæ̀ndɔ́ːfiʃ スタンドーフィシュ/ 形 冷淡な，よそよそしい

stand·point /stǽndpɔ̀int スタンドポイント/ 名 C 立場，見地，観点

stand·still B2 /stǽndstìl スタンドスティル/ 名 《単数形で》停止，休止; 行きづまり

come to a standstill 止まる; 行きづまる

stank /stǽŋk スタンク/ 動 stink の過去形

stan·za B2 /stǽnzə スタンザ/ 名 C (韻律学で)連，スタンザ《◆ふつう4行以上の脚韻のある詩句からなる》

sta·ple[1] /stéipl ステイプル/ 名 C (ある国・地方などの)主要産物

━ 形 主要な (■ 名詞の前に用いる)

sta·ple[2] /stéipl ステイプル/ 名 C ステープル《◆ホッチキスの針など》

sta·pler /stéiplər ステイプラ/ 名 C ホッチキス，ステープラー (■ 日本語の「ホッチキス」は考案者 Hotchkiss の名による商標で，英語では使わない)

star A1 中

/stáːr スター/ 名 (複 **stars** /stáːrz/) C

❶ 星，恒星

- a falling [shooting] **star** 流れ星
- The sun is one of the **stars**. 太陽は恒星の一つだ

❷ (映画・スポーツなどの) スター，花形，人気者

- a movie **star** 映画スター

❸ 星形のもの，星印
❹ 《単数形で》運星; 《しばしば **stars**》運勢，星回り

see stars (頭をぶつけるなどして)目から火が出る

— 動 (三単現 **stars** /stɑ́ːrz/; 過去·過分 **starred** /stɑ́ːrd/; 現分 **starring** /stɑ́ːriŋ/)
❶ 他 主演させる; 自 主演する
❷ 他 星(のようなもの)で飾る; 星印をつける

— 形 ❶ 星の
❷ スターの, 花形の; すぐれた

star·board /stɑ́ːrbərd スターバド/ 名 U 《海事》(船首に向かって)右舷(うげん); 《航空》(機首に向かって)右側

starch /stɑ́ːrtʃ スターチ/ 名 U でんぷん; (洗濯用の)のり; U C 《ふつう starches》でんぷん食品; U 堅苦しさ

— 動 他 のりづけする

starch·y /stɑ́ːrtʃi スターチ/ 形 (比較級 **starchier**; 最上級 **starchiest**)
❶ でんぷん質の豊富な
❷ (シャツなどが)のりのきいた

star·dom /stɑ́ːrdəm スターダム/ 名 U スターの地位, スターダム; 《集合的》スターたち

star·dust /stɑ́ːrdʌ̀st スターダスト/ 名 U 星くず; 宇宙塵(じん)

stare B1 高 /stéər ステア/ (発音 stair と同音) 動 (三単現 **stares** /stéərz/; 過去·過分 **stared** /stéərd/; 現分 **staring** /stéəriŋ/)
自 他 〔…を〕じっと見つめる, じろじろ見る 《*at*》

stare down out じっとにらみつけて目をそむけさせる

stare ... in the face …にとって明らかである; …の目前に迫っている; 避けることができない

— 名 (複 **stares** /stéərz/) C 凝視, じっと見つめること

star·fish /stɑ́ːrfìʃ スターフィシュ/ 名 (複 **starfish**, **starfishes** /stɑ́ːrfìʃəz/) C 《動物》ヒトデ

star·gaze /stɑ́ːrgèiz スターゲイズ/ 動 自
❶ 星を眺める
❷ 空想にふける (=daydream)

star·gaz·ing /stɑ́ːrgèiziŋ スターゲイズィング/ 名 U 星を眺めること

stark /stɑ́ːrk スターク/ 形 (比較級 **starker**; 最上級 **starkest**) ❶ こわばった; (死体が)硬直した ❷ (景色·場所などが)荒涼とした, もの寂しい; ありのままの
❸ まったくの, 正真正銘の

— 副 《次の成句で》

stark naked 《口語》丸裸の

star·light /stɑ́ːrlàit スターライト/ 名 U 星明かり, 星の光

star·ling /stɑ́ːrliŋ スターリング/ 名 C 《鳥》ホシムクドリ

star·lit /stɑ́ːrlìt スターリト/ 形 《文章》星明かりの

star·ry /stɑ́ːri スターリ/ 形 (比較級 **starrier**; 最上級 **starriest**) 星の多い, 星のいっぱい輝いた; 星のように輝いた, きらきらした

stárry-èyed 形 《口語》空想にふける; 非現実的な

Stárs and Strípes 名 《the をつけて》星条旗 《◆米国の国旗; 横の赤白13条は独立戦争当時の州を表し, 青地の中の50の白い星は現在の合衆国を構成する50州を示す》

Stár-Spàngled Bánner 名 《the をつけて》米国国歌; 《文章》星条旗

start A1 中

/stɑ́ːrt スタート/

意味マップ
動 ❶ 始める; 始まる, 起こす
❷ 出発する
❸ スタートさせる; 動きだす
❹ ギクッとする
名 ❶ 出発; 出発点; 開始
❷ 先発; 先行
❸ ビクッ[ギクッ]とすること

— 動 (三単現 **starts** /stɑ́ːrts スターツ/; 過去·過分 **started** /stɑ́ːrtəd/; 現分 **starting**)
❶ 他 自 始める, 開始する; 始まる (=begin); (火事など)発生する, 起こす

• **start** a school newspaper 学校新聞を創刊する

• When you press this button, the music **starts**. このボタンを押すと音楽がスタートします

会話 "What time does school **start**?" "It **starts** at eight." 「学校は何

時に始まりますか」「8時に始まります」
文型 [**start** *doing* = **start to** *do*] …し始める
● **start running** [**to** *run*] 走り始める, 走りだす (=begin running [to run])
❷ 自 出発する, たつ (⇔**arrive**)
● **start from** Paris **for** Rome パリをたってローマに向かう (×start Paris for Rome)
比較 **leave** Paris **for** London パリをたってロンドンに向かう
● **start on** a trip 旅にたつ
● He **starts** for school at eight in the morning. 彼は朝8時に学校へ出かける
❸ 他 (機械などを)始動させる, スタートさせる; 自 (機械などが)動きだす
● **start** an engine エンジンをかける
● The car won't **start**. 車がどうしても動かない
❹ 自 〔…に〕ギクッとする, ビクッと動く《*at*》

get started 始める
start in 仕事にかかる; 〔…することを〕始める《*to do*, (*on*) *doing*》
start off [***out***] 出発する; 旅に出る, 出かける; (…し)始める
start over 初めからやり直す
start up 始まる; 始動する; 始動させる
start with ... …で始まる, …から始める ● The dictionary **starts with** the letter A. 辞書はAから始まる
to start with まず第一に, 初めに, 初め(のうち)は (=to begin with)

— 名 (複 **starts** /stάːrts スターツ/)
❶ C 出発, スタート; 出発点; 開始
● **make** a **start** 出発する, 始める
● make a good **start** いいスタートを切る
● **from** the **start** 始めから
❷《単数形で》先発; 先行, 有利な位置
❸ C《ふつう **a start**》ビクッ[ギクッ]とすること, びっくり

at the start 初めは, 最初に
for a start まず第一に
from start to finish 始めから終わりまで
get off to a bad [***good, flying***] ***start*** 幸先(さいさき)のよくない[よい]スタートを切る

start·er /stάːrtər スタータ/ 名 C 始める人[もの]; 出足が…な人; 競走参加者, 出走馬; 先発選手; スタート合図係; 発車係; 起動装置, スターター

stárting líneup 名 C (試合の)先発メンバー, スタメン

stárting pòint 名 C 出発点, 始点

star·tle B2 /stάːrtl スタートル/ 動 他 びっくりさせる, (驚かせて)…の状態にさせる; 《**be startled**》びっくりする
● The ring of the telephone **startled** me. 電話の音にビクッとした

star·tling /stάːrtliŋ スタートリング/ 形 びっくりさせる; 驚くような

star·tling·ly /stάːrtliŋli スタートリングリ/ 副 驚くほど

star·va·tion B2 /stɑːrvéiʃən スターヴェイション/ 名 U 飢餓(きが); 餓死

starve B2 /stάːrv スターヴ/ 動
❶ 自 飢える, 餓死(がし)する; 他 飢えさせる, 餓死させる
● save people from **starving** 人々を餓死(すること)から救う
❷ 自 文型 [**starve for A**] A(知識・愛情など)に飢える, A(愛情など)を切望する; 他 文型 [**be starved of** [**for**] **A**] A(知識・愛情など)に飢える

be starving 《口語》とても空腹である ● **I'm starving**. ぼく腹ぺこだ (=I'm very hungry)
starve out ... …を兵糧攻めにして追い出す
starve [***be starved***] ***to death*** 餓死する

starv·ing B2 /stάːrviŋ スターヴィング/ 形 餓えた, 餓死寸前の

stash /stǽʃ スタシュ/ 動 他《口語》しまっておく, 隠しておく《*away*》
— 名 C《口語》隠した物

state A2 高

/stéit ステイト/ 名 (複 **states** /stéits ステイツ/) ❶ C 状態; ありさま

- my **state** of mind 私の気持ち[精神状態]
- What do you think about the current **state** of the comics industry? 漫画産業の現在の状態についてどう思いますか

❷ U C 国家, 国
- a federal **state** 連邦国家 (! アメリカやロシアなどの複数の国・州から構成される国家)
- a welfare **state** 福祉国家
- This TV station is run by the **state**. このテレビ局は国によって運営されている[国営だ]

❸ C 《しばしば **State**》(米国・オーストラリアの)州 ⇨**county**

会話 "What **state** are you from?" "I'm from New York." 「どこの州の出身[から来られたの]ですか」「ニューヨーク州です」

❹ 《形容詞的》儀式の, 公式の; 国家の, 国立の; 《米》州の

❺ U 威厳; 儀式

❻ 《**the States**》米国 (! ふつう米国人が国外で自分の国をさしていう時に用いる)

in state 堂々と, 厳粛に; 公式に

━ 動 (三単現 **states** /stéits ステイツ/; 過去・過分 **stated** /stéitəd/; 現分 **stating**) 他 (ことば・文書で正式にはっきりと)述べる, 表明する; 文型 [**state that ...**] …ということを述べる[言明する]
- He **stated** his opinions. 彼は自分の意見をはっきりと述べた

派生 **statement** 名

state·ly /stéitli ステイトリ/ 形 (比較級 **statelier**; 最上級 **stateliest**) 威厳のある, 荘厳な, 堂々とした

state·ment A2 高

/stéitmənt ステイトメント/ 名 (複 **statements** /stéitmənts ステイトメンツ/) C

❶ 声明(書); 陳述(ちんじゅつ), 申し立て
- a public **statement** 公式声明
- **make a statement** (about [on]) (…について)表明する

❷ (銀行の)口座収支報告書

派生 **state** 動

státe-of-the-árt 形 (時代の)最先端の

state·room /stéitrù:m ステイトルーム, stéitrùm ステイトルム/ 名 C 《英》《古風》(客船の)特等室; (宮中・大邸宅などの)大広間, 謁見(えっけん)室

states·man B2 /stéitsmən ステイツマン/ 名 (複 **statesmen** /stéitsmən/) C 政治家 ⇨**politician**

states·man·like /stéitsmənlàik ステイツマンライク/ 形 政治家らしい

states·wom·an /stéitswùmən ステイツウマン/ 名 (複 **stateswomen** /stéitswìmən/) C 女性政治家

stat·ic /stǽtik スタティク/ 形 静止の, 固定した; 動きのない, 活気のない; 静電気の; 《物理》(力学的に)静的な

━ 名 U 空電; 静電気; 空電; ラジオの雑音, テレビの電波障害

sta·tion A1 中

/stéiʃən ステイション/

名 (複 **stations** /stéiʃənz/)

❶ C (鉄道の)駅; (バスなどの)発着所
- a railway **station** 鉄道の駅 (=(train) station)
- a subway [《英》 tube] **station** 地下鉄の駅
- a bus **station** バスの停留所
- Tokyo **Station** 東京駅 (! 駅名には ×*the* がつかない)
- get off [change trains] **at** the next **station** 次の駅で降りる[乗り換える]

❷ C 事務所, 本部, 基地, …署, …局
- a fire [police] **station** 消防[警察]署

━ 動 (三単現 **stations** /stéiʃənz/; 過去・過分 **stationed** /stéiʃənd/; 現分 **stationing**) 他 部署につける; 配置する

sta·tion·ar·y /stéiʃənèri ステイショネリ/ (発音 stationery と同音) 形 静止した; 据えつけの

státion brèak 名 C 《米》《放送》ステーションブレーク《◆局名などを知らせるための番組の間の短い切れ目》

sta·tion·er /stéiʃənər ステイショナ/ 名 C 文房具商

sta·tion·er·y /stéiʃənèri ステイショネリ/ (発音 stationary と同音) 名 U 《集合的》文房具, 筆記用具; 便箋(びんせん)

関連語› 単語力
ballpoint (pen) ボールペン
clip クリップ envelope 封筒
eraser, 《英》 rubber 消しゴム
file ファイル glue のり
ink インク notebook ノート
pen ペン pencil 鉛筆
pencil sharpener 鉛筆削り
rubber band 輪ゴム
ruler 定規 scissors はさみ
Scotch tape, 《英》 Sellotape セロテープ
stapler ホッチキス
thumbtack, 《英》 drawing pin 画びょう

sta·tion·mas·ter /stéiʃənmæ̀stər ステイションマスタ/ 名 C (鉄道の)駅長

státion wàgon 名 C 《米》 ステーションワゴン (=《英》 estate car)

sta·tis·tic /stətístik スタティスティク/ 名 C 統計値[量]

sta·tis·ti·cal /stətístikəl スタティスティカル/ 形 統計(上)の; 統計学の

statístically 副 統計的に, 統計上; 統計学上

stat·is·ti·cian /stæ̀tistíʃən スタティスティシャン/ 名 C 統計家; 統計学者

sta·tis·tics B2 /stətístiks スタティスティクス/ 名 《複数扱い》 統計(資料); 《単数扱い》 統計学

• **Statistics** say [show, indicate] that ... 統計によると…である

stat·ue A2 中

/stǽtʃuː スタチュー/

名 (複 **statues** /stǽtʃuːz/) C

像, 彫像 (! 特に等身大かそれ以上のものをいう)

• the **Statue** of Liberty 自由の女神像

stat·u·esque /stæ̀tʃuésk スタチュエスク/ 形 彫像のような, (ギリシャ彫像のように)優美な, 均整のとれた

stat·u·ette /stæ̀tʃuét スタチュエト/ 名 C 小像, 小立像

stat·ure /stǽtʃər スタチャ/ 名 U 《文章》 背丈, 身長; (知的な)発達, 成長; 能力; 人望

sta·tus B1 高 /stéitəs ステイタス/ 名 《単数形で》 ❶ 地位, 身分; 高い地位

• high **status** 高い地位, 身分
• the social **status** of women 女性の社会的地位

❷ 状態; 情勢 • marital **status** 結婚しているかどうか, 配偶者の有無

státus quó 名 《the をつけて》 現状

státus sỳmbol 名 C 高い地位[身分]の象徴

stat·ute /stǽtʃuːt スタチュート/ 名 C 法令, 成文法, 法規; (法人などの定めた)規則

stat·u·to·ry /stǽtʃutɔ̀ːri スタチュトーリ/ 形 《文章》 法定の, 法令による

staunch[1] /stɔ́ːntʃ ストーンチ, stɑ́ːntʃ スターンチ/ 形 (比較級 **stauncher**; 最上級 **staunchest**) (人が)しっかりした, 忠実な, 信頼できる

staunch[2] /stɔ́ːntʃ ストーンチ, stɑ́ːntʃ スターンチ/ 動 (=stanch)

stave /stéiv ステイヴ/ 名 C おけ板, たる板; (はしごの)段, (いすの)横木; 節, 連; 《音楽》 譜表

━ 動 (三単現 **staves** /stéivz/; 過去・過分 **staved** /stéivd/, **stove** /stóuv/; 現分 **staving**) 他 (たる・船体などに)穴をあける, 突き破る; 自 穴があく, 突き破られる

stave off (災害・危険などを)防止する, 食い止める

staves /stéivz ステイヴズ/ 名 staff の複数形

stay A1 中

/stéi ステイ/ 動 (三単現 **stays** /stéiz/; 過去・過分 **stayed** /stéid/; 現分 **staying**)

自 ❶ とどまる, いる; 滞在する, 泊まる

- **stay** home 家にとどまる[いる] (! stay＋副詞)
- **Stay** here. Don't **go away**. ここにいなさい. ほかへ行ってはだめ
- We **stayed** in London for a week. 私たちはロンドンに1週間滞在した

文型 [**stay with A**] A(人の家)に泊まる

- Please come and **stay with** us for a few days. 2, 3日泊まりにいらっしゃい

文型 [**stay at A**] A(場所)に泊まる

- **stay at** a hotel [*one's* uncle's (house)] ホテル[おじの家]に泊まる

❷ 文型 [**stay C**] Cのままでいる (= remain) (! Cは形容詞や名詞)

- **stay** young いつまでも若くいる[若い]
- **stay** still じっとしている, 静止している

stay away (***from ...***) (…から)離れている; (…を)欠席する[休む]; (…を)留守にする

- He sometimes **stays away from** school. 彼はときどき学校を休む

stay behind 居残る, 残留する, るす番する; 後ろの方にいる

stay in 家にいる, 外出しない

stay on 居残る, 居続ける; とどまる; (電灯などが)ついたままである

stay out 外に出ている, 家に帰らない

stay out of ... …に近寄らない

stay put 《口語》動かない[変わらない]ままでいる

stay up (寝ないで)起きている, 夜更かしする (=sit up)

━名 (複 **stays** /stéiz/)

❶ C 《ふつう単数形で》滞在; 滞在期間

- **during** my **stay in** Canada 私のカナダ滞在中
- How did you enjoy your **stay** in Chicago? シカゴはいかがでしたか (←シカゴでの滞在を君はどのくらい楽しみましたか)

❷ U C 《法律》猶予, 延期; 停止

St. Christópher and Névis 名 (=St. Kitts and Nevis)

stead /stéd ステド/ 名 《次の成句で》

in A's stead 《文章》Aの代わりに

stand A in good stead 《文章》A(人)に役立つ

stead·fast /stédfæst ステドファスト/ 形 堅実な, しっかりした; 不動の

stéadfastly 副 しっかり; 堅実に

stead·i·ly B1 /stédəli ステディリ/ 副 着実に, 着々と; 絶え間なく; しっかりと 派生 **steady** 形

stead·y B1 高 /stédi ステディ/ (×スティーディ) 形 (比較級 **steadier**; 最上級 **steadiest**) (↔**unsteady**)

❶ 固定された, ぐらつかない

- a **steady** foundation しっかりとした土台

❷ 変わらない, 一様な, 一定の; 安定した; 継続的な

- **steady** prices 安定した物価

❸ (人・行動などが)落ち着いた, 分別のある

go steady 《口語》恋人同士になる

━動 (三単現 **steadies** /stédiz/; 過去・過分 **steadied** /stédid/; 現分 **steadying**)

❶ 他 安定させる; 自 安定する

❷ 他 (物価などを)落ち着かせる 《*down*》; 自 落ち着く 《*down*》

Steady (***on***)***!*** 《口語》《やや古風》気をつけて, 落ち着いて

━名 (複 **steadies** /stédiz/) C 《米》《口語》決まった交際相手

steak A2 高

/stéik ステイク/ (×ステーキ) (発音 stake と同音; -ea- は /ei エイ/ と発音する)

名 (複 **steaks** /stéiks/) U C

❶ ステーキ; (牛肉・魚の)厚い切り身

会話 "How would you like your **steak**?" "Rare [Medium], please."

「ステーキはどのように焼きましょうか」「レアに[中くらいに]してください」
❷《英》こまぎれの牛肉

steal A2 高
/stíːl スティール/ (発音 steel と同音) 動 (三単現 **steals** /stíːlz/; 過去 **stole** /stóul/; 過分 **stolen** /stóulən/; 現分 **stealing**)
❶ 他 (こっそり)盗む ⇨**rob**; 自 盗みをする
• Our bicycle **was stolen** last night. うちの自転車がゆうべ盗まれた
• I had my money **stolen**. 私は金を盗まれた (! have+A+過去分詞は「Aを…される」)

似ている単語
盗む－**steal**, **rob**
(1) **steal** は暴力を用いずに「こっそり盗む」, **rob** は暴力によって「強奪する」
(2)「AからBを盗む」の文型の違い:
steal B(金品) from A(人・場所)
rob A(人・場所) of B(金品)
He **stole** a camera **from** the store. 彼はその店からカメラを盗んだ
They **robbed** him **of** his wallet. 彼らは彼から財布を強奪した

❷ 他 こっそり…する[動かす]; 自 こっそり行く, しのび込む, こっそり出る
• **steal** a glance **at** ... …をこっそり見る, …を盗み見する
❸《野球》盗塁する
━ 名 (複 **steals** /stíːlz/) U《口語》盗み; C《米》《口語》盗品; 格安品;《野球》盗塁

stealth /stélθ ステルス/ 名 U 内密;《形容詞的》レーダーに捕捉されにくい
• a **stealth** fighter ステルス戦闘機
by stealth 内密に, こっそりと

stealth·i·ly /stélθəli ステルスィリ/ 副 ひそかに, こっそり

stealth·y /stélθi ステルスィ/ 形 (比較級 **stealthier**; 最上級 **stealthiest**) ひそかな, 人目を忍んだ

steam B1 /stíːm スティーム/ 名 U 蒸気, 水蒸気, スチーム, 湯気; 蒸気力;《口語》(人の) 元気, 精力
(at) full steam 全速力で
let [blow, work] off steam《口語》余った精力を発散する; (人を害することなく)うっぷん晴らしをする
run out of steam《口語》元気がなくなる
━ 動 (三単現 **steams** /stíːmz/; 過去・過分 **steamed** /stíːmd/; 現分 **steaming**)
❶ 自 湯気[蒸気]を立てる ❷ 自 蒸気で進む ❸ 他 (蒸気で)むす, ふかす
be [get] steamed up《口語》激怒する
steam up (ガラスなどが)湯気で曇る; 湯気で曇らせる

steam·boat /stíːmbòut スティームボウト/ 名 C 小型汽船, 蒸気船

stéam èngine 名 C 蒸気機関; 蒸気機関車

steam·er /stíːmər スティーマ/ 名 C
❶ 汽船 (=steamship)
❷ (料理用)蒸し器; せいろ

steam·ing /stíːmiŋ スティーミング/ 副 湯気をたてる(ほど)
━ 形 湯気を立てている

stéam locomòtive 名 C 蒸気機関車 (! 日本語のSLはこの頭文字)

steam·roll·er /stíːmròulər スティームロウラ/ 名 C 蒸気ローラー;《口語》圧力(手段) ━ 動 他《口語》(反対などを)押し切る, 強圧する; 押しつぶす

steam·ship /stíːmʃip スティームシプ/ 名 C (大型)汽船

steam·y /stíːmi スティーミ/ 形 (比較級 **steamier**; 最上級 **steamiest**) 蒸気のような; 蒸気の多い, 湯気でむんむんする; 高温多湿の

steel B1 高 /stíːl スティール/ (発音 steal と同音) 名 U 鋼鉄, はがね, 鋼(こう)
━ 形 鋼鉄製の
• a **steel** door 鉄のドア
━ 動 (三単現 **steels** /stíːlz/; 過去・過分 **steeled** /stíːld/; 現分 **steeling**) 他 (心を)非情にする; 文型 [**steel** *oneself*] 心を鬼にする

stéel wóol 名 U (研摩用の)鋼綿, 鋼

毛, 鉄毛
steel·y B2 /stíːli スティーリ/ 形 (比較級 **steelier**; 最上級 **steeliest**) 鋼鉄の, 鋼鉄製の
steep[1] B1 /stíːp スティープ/ 形 (比較級 **steeper**; 最上級 **steepest**)
❶ (坂が)険しい, 急な (↔**gentle**)
• a **steep** slope 急な坂
❷ 《口語》法外な; 極端な ❸ 急激な
stéepen 動 険しくなる[する]
steep[2] /stíːp スティープ/ 動 他 漬ける; 自 浸っている
stee·ple /stíːpl スティープル/ 名 C (教会などの)せん塔 《◆先端がとがった屋根になっている塔で中に時計・鐘が取り付けられている; この上部のとがった部分は spire》
steeple·chase /stíːpltʃèis スティープルチェイス/ 名 C 《競馬》障害競走; 障害物競走
steer[1] B2 /stíər スティア/ 動 他 自 (自動車・船・飛行機などを)操縦する, かじをとる; (かじを操って)進む; (進路を)取る; (人・会話などを)ある方向に向ける; 導く
steer clear of ... 《口語》…を避けて通る
steer[2] /stíər スティア/ 名 C (去勢された)雄の子牛 《◆食肉用》
steer·age /stíəridʒ スティアリヂ/ 名 U 操舵(そうだ)
steer·ing /stíəriŋ スティアリング/ 名 U ステアリング 《◆車などの操縦装置》
stéering whèel B2 名 C (自動車の)ハンドル, (船の)舵輪(だりん) (=wheel) ⇨ **handle**
stein /stáin スタイン/ 名 C (陶器製の)ビール用ジョッキ; ジョッキ1杯の量 《◆1パイント, 約0.5リットル》
stel·lar /stélər ステラ/ 形 《文章》星の
stem[1] B1 /stém ステム/ 名 (複 **stems** /stémz/) C ❶ (草花の)茎, (木の)幹 ❷ (花びん・ワイングラスなどの)柄(え), 脚 ❸ 《言語》語幹 《◆活用変化を除いた基本形》 ❹ 船首, へさき ⇨**stern**[2]
from stem to stern 船首から船尾まで; 隅から隅まで
— 動 (三単現 **stems** /stémz/; 過去・過分 **stemmed** /stémd/; 現分 **stemming**)
❶ 他 (悪いものなどを)根本から断ち切る ❷ 自 〔…から〕生じる, 〔…に〕由来する 《*from*》
stem[2] /stém ステム/ 動 (三単現 **stems** /stémz/; 過去・過分 **stemmed** /stémd/; 現分 **stemming**) 他 (拡散などを)食い止める, せき止める
stém cèll 名 C 《生物》幹細胞 《◆分化が始まる前の細胞》
stench /sténtʃ ステンチ/ 名 C 《ふつう **a stench**》 悪臭 (=stink)
sten·cil /sténsəl ステンスィル/ 名 C ステンシル, 型板, 刷り込み型; 謄写版原紙
— 動 (三単現 **stencils** /sténsəlz/; 過去・過分 **stenciled**, 《英》 **stencilled** /sténsəld/; 現分 **stenciling**, 《英》 **stencilling**) 他 (文字・模様などを)ステンシルで刷り出す; 謄写版で刷る
ste·nog·ra·pher /stənáɡrəfər スタナグラファ/ 名 C 《米》速記者; 速記タイピスト
ste·nog·ra·phy /stənáɡrəfi ステナグラフィ/ 名 U 速記(術)

step A1 中

/stép ステプ/ 動 (三単現 **steps** /stéps/; 過去・過分 **stepped** /stépt/; 現分 **stepping**) 自
(一歩[少し])進む; (足を)踏み入れる
• **step on** the brake ブレーキを踏む
• **Step in**, please. どうぞお入りください
step down 〔乗り物から〕降りる 《*from*》; 〔役職などを〕降りる 《*from*》
step in ちょっと立ち寄る; 介入する
step into ... …に足を踏み入れる; …を苦もなく手に入れる
step on it = step on the gas 《口語》急ぐ, スピードアップする
step out ちょっと外へ出る
step up 《口語》(量・速度などを)増す; (目標などを)促進する
— 名 (複 **steps** /stéps/)
❶ C 足の運び, 歩み; 一歩; 歩きぶり, 足取り; U C (踊る時の)ステップ, 歩調

- **take** a **step** forward 前に一歩出る
- **Watch** your **step**. 足もとに気をつけて

❷ Ⓒ (前進などのための)手段, 処置

- take **steps** to *do* …するための手段を講じる

❸ Ⓒ (成功などへの)一歩, 進歩; 前進
❹ Ⓒ (階段・はしごの)(踏み)段; 《**steps**》(ふつう屋外の)階段 ⇨**stair**
❺ Ⓒ 足音 (=footstep); 足跡 (=footprint)

in step (***with ...***) (…と)歩調を合わせて, 調和して

keep step with ... …と歩調をそろえる[合わせる]

one step ahead (***of ...***) (…より)1歩進んで

out of step (***with ...***) (…と)歩調が合わないで, 調和しないで

step by step 一歩一歩, 着実に

step·broth·er /stépbrʌ̀ðər ステプブラザ/ 名 Ⓒ 異母[異父]兄弟

stép-by-stép 形 順を追って着実に進む, 一歩一歩確実な

step·child /stéptʃàild ステプチャイルド/ 名 (複 **stepchildren** /stéptʃìldrən/) Ⓒ まま子 (❗step- は親の婚姻によって生じた義理の関係; -in-law は自分の婚姻によって生じた義理の関係)

step·daugh·ter /stépdɔ̀ːtər ステプドータ/ 名 Ⓒ まま娘

step·fa·ther B2 /stépfɑ̀ːðər ステプファーザ/ 名 Ⓒ まま父, 継父

Ste·phen /stíːvən スティーヴン/ 名 スティーブン (♦男性名)

step·lad·der /stéplæ̀dər ステプラダ/ 名 Ⓒ 脚立(きゃたつ), 踏み台

step·moth·er B2 /stépmʌ̀ðər ステプマザ/ 名 Ⓒ まま母, 継母

steppe /stép ステプ/ (発音 step と同音) 名 Ⓒ 《ふつう **steppes**》 ステップ; 大草原地帯

stépping stòne 名 Ⓒ 踏み[飛び]石; (目的を達成するための)手段

step·sis·ter /stépsìstər ステプスィスタ/ 名 Ⓒ 異母[異父]姉妹

step·son /stépsʌ̀n ステプサン/ 名 Ⓒ まま息子

ster·e·o /stériòu ステリオウ/ 名 (複 **stereos** /stériòuz/) Ⓤ ステレオ, 立体音響; Ⓒ ステレオ(再生装置)
━ 形 ステレオの, 立体音響の

ster·e·o·phon·ic /stèriəfɑ́nik ステリアファニク/ 形 (音楽・放送などが)立体音響の, ステレオの

ster·e·o·type B2 /stériətàip ステリアタイプ/ 名 Ⓒ 〔…についての〕定型, 固定観念《*about, of*》; 決まり文句
━ 動 他 ステロ版にする[で印刷する]; (人・考えなどを)固定させる, 型にはめる

ster·ile /stérəl ステリル/ 形 ❶ 不毛の; 子を産まない, 繁殖力のない (↔**fertile**) ❷ 殺菌した ❸ 内容のない

ste·ril·i·ty /stəríləti ステリリティ/ 名 Ⓤ 不毛, 不妊; 無菌状態

ster·i·li·za·tion /stèrələzéiʃən ステリリゼイション/ 名 Ⓒ Ⓤ 《医学》 不妊手術; 殺菌; 無菌状態

ster·i·lize /stérəlàiz ステリライズ/ 動 他 不妊にする; (動物を)断種する; (土地を)不毛にする; 殺菌する, 消毒する

ster·ling /stə́ːrliŋ スターリング/ 形 英貨の, ポンドの (❗s. または stg. と略して端数のつかないポンドの次につける); (金・特に銀が)法定純度の; 《文章》 (作品・人物などが)本物の, 確かな
━ 名 Ⓤ 英貨; 純銀; 《集合的》 純銀製品

stern[1] B2 /stə́ːrn スターン/ 形 (比較級 **sterner**; 最上級 **sternest**) 厳格な, 厳しい, 手厳しい (=strict, severe); (顔つきなどが)険しい

stern[2] /stə́ːrn スターン/ 名 Ⓒ 《海事》 船尾, とも (❗「船首」は bow[3] または stem[1])

stern·ly /stə́ːrnli スターンリ/ 副 厳格に; 厳しく

ste·roid /stíərɔid スティアロイド, stérɔid ステロイド/ 名 Ⓒ 《生化学》 ステロイド (♦(違法な)筋肉増強剤などに用いる)

steth·o·scope /stéθəskòup ステサスコウプ/ 名 Ⓒ 《医学》 聴診器

Steve /stíːv スティーヴ/ 名 スティーヴ (♦男性名; Stephen, Steven の愛称)

Ste·ven /stíːvən スティーヴン/ 名 スティーヴン《♦男性名》

Ste·ven·son /stíːvnsn スティーヴンスン/ 名 《**Robert Louis** /ルーイス/ **Stevenson**》スティーブンソン(1850-94)《♦英国の小説家・童謡詩人》

stew B2 /stjúː ステュー/ 名 U C 《料理》シチュー

be in a stew やきもきしている

━動 他 とろ火で煮る; 自 とろとろ煮える

stew·ard /stjúːərd ステューアド/ 名 C (客船・旅客機・列車内の男の)給仕, スチュワード, 乗客係; 世話係, 幹事; 執事

stew·ard·ess /stjúːərdəs ステューアデス/ (×スチュワーデス) 名 C (客船・旅客機・列車内の)スチュワーデス, 乗客係; (旅客機の)客室乗務員 (! 「飛行機の乗客係」の意味では flight attendant という)

stewed /stjúːd ステュード/ 形 煮込んだ, シチューにした; 《英》《口語》(茶が)出すぎた; 《口語》ひどく酔った

stick[1] B1 高 /stík スティク/ 動 (三単現 **sticks** /stíks/; 過去・過分 **stuck** /stʌ́k/; 現分 **sticking**) ❶ 他 (のりなどで)はる, くっつける; 自 くっつく

• **Stick** a stamp **on** the envelope. 封筒に切手をはりなさい

❷ 他 突き刺す, 突く; 突っ込む; 自 突き出る; 突き刺さる; 文型 [**stick A into** [**in**] **B** = **stick B with A**] AをBに突き刺す, AでBを突き刺す

• He **stuck** his fork **into** a potato. 彼はフォークをジャガイモにつきさした

❸ 自 (のりでついたように)動かない, 動かなくなる, はまり込む; 他 動けなくする; 文型 [**be** [**get**] **stuck**] (のりでついたように)動かない, 動かなくなる, はまり込む ❹ 他 我慢する (! ふつう否定文・疑問文で用いる)

stick around 《口語》そばを離れないでいる, 近くで待っている

stick at ... …を一生懸命にやる

stick by ... …に忠実である; 〔友人〕を見捨てない; 〔主義など〕を固守する

stick it out 《口語》頑張ってやり抜く

stick out 突き出す; 突き出る; 目立つ

• **stick out** *one's* tongue 舌を出す

stick out for ... …をしつこく要求する

stick to ... …にくっついて離れない; …を固く守る

• **stick to** *one's* promise 約束を固く守る

stick together くっつけ合わせる

stick to it がんばる

stick up 突き出る, 直立する; …を差し上げる, 立てる

stick up for ... …を弁護する, …を支持する

stick with it あくまでやりとおす

stick[2] B2 高 /stík スティク/ 名 C ❶ 棒きれ; (落ちたり切り取られたりした)小枝, たきぎ; (キャンディーなど)棒状の物

• a bundle of **sticks** たきぎの束

• a **stick** of gum ガム1枚

❷ 《英》つえ, ステッキ (= walking stick); (ホッケーの)スティック; 指揮棒

get the wrong end of the stick 誤解する, 情勢判断を誤る

stick·er B1 /stíkər スティカ/ 名 (複 **stickers** /stíkərz/) C

❶ ステッカー, シール, のり付きラベル[ポスター]

参考 表面に絵や文字を印刷した糊(のり)付きのラベル紙の「シール」のこと. seal にはこの意味はない

❷ ビラを張る人; 《口語》ねばり強い人, がんばり屋

stick·ler /stíklər スティクラ/ 名 C 《ふつう **a stickler**》《口語》やかまし屋, ささいなことにうるさい人

stick·pin /stíkpìn スティクピン/ 名 C 《米》(ぬい刺し式の)ネクタイピン, タイピン (=《英》tie-pin)

stick·up /stíkʌ̀p スティカプ/ 名 C 《口語》ピストル強盗; 立ちえり

stick·y B1 /stíki スティキ/ 形 (比較級 **stickier**; 最上級 **stickiest**)

❶ ねばねばする, べとべとする, 粘着性の

❷ 蒸し暑い ❸ (問題が)面倒な, 厄介な

stiff B2 /stíf スティフ/ 形 (比較級 **stiffer**;

最上級 **stiffest**) ❶こった; 硬直した; 筋肉痛の; 堅い, 折り曲げにくい
❷(表情や口調などが)堅苦しい; こわばった, ぎこちない ❸(問題など)手ごわい; 厳しい ❹(風などが)強い; (酒などが)強い, アルコール分が多い
—名 (複 **stiffs** /stífs/) C 《俗語》死体; 堅苦しい人
—副 《口語》ひどく
stíffness 名U 堅いこと; 堅苦しさ; 筋肉痛

stiff·en /stífən スティフン/ 動他 堅くする, こわばらせる; 自 堅くなる, こわばる

stiff·ly /stífli スティフリ/ 副 堅く; 堅苦しく; 頑固に

sti·fle /stáifəl スタイフル/ 動他 窒息させる; 自 窒息する

sti·fling /stáifliŋ スタイフリング/ 形 息のつまるほど暑い, むっとする; 重苦しい

stig·ma /stígmə スティグマ/ 名 (複 **stig·mas** /stígməz/, **stigmata** /stígmətə/) C 《ふつう **a** [**the**] **stigma**》汚名, 恥辱; 《植物》(めしべの)柱頭

stig·ma·tize /stígmətàiz スティグマタイズ/ 動他 〔…(である)と〕汚名を着せる, 非難する 《*as* (*being*)》

still[1] A1 中

/stíl スティル/

意味マップ
形 ❶じっとして動かない, 静止した
　❷静かな
　❸泡の立たない
副 ❶まだ, 今なお
　❷それでも
　❸なおいっそう, さらに
　❹なおその上に
名 ❶スチール写真
　❷静寂; 沈黙

—形 (比較級 **stiller**; 最上級 **stillest**)
❶じっとして動かない, 静止した
• keep **still** じっとしている; だまっている
• sit **still** じっとすわっている
❷静かな
• **Still** waters run deep. 《ことわざ》静かな流れは底が深い (❗「能あるタカは爪を隠す」に相当)
❸(酒などが)泡の立たない
—副 ❶まだ, 今でも, 今なお
• He is **still** asleep. 彼はまだ眠っている
• It's **still** dark outside. 外はまだ暗い (❗「もう暗い」は It's already dark.)
• Is she **still** angry? 彼女はまだ怒っていますか
• You **still** have five minutes. まだ5分ありますよ

> 使い方› **still** と **yet**
> どちらも「まだ」と訳すことが多いが, still はおもに肯定文で, これまでと同じように「まだ…である」ことを表し, yet は否定文で「まだ…でない」と完了していないことを表す:
> She **still** works here. 彼女はまだここで働いている (❗ still はふつう一般動詞の前, be動詞のあとに置く)
> I have**n't** done my homework **yet**. まだ宿題をやっていない (❗ yet は文の終わりに置くことが多い)

❷それでも (❗しばしば接続詞的に用いる)
• He was sick in his exam but he **still** passed. 彼は試験の際に気分が悪かったが, それでも合格した
❸なおいっそう, さらに (❗形容詞・副詞の比較級を強める)
• It will be **still** colder tomorrow. あすはもっと寒くなるだろう
❹なおその上に, さらにまた(別の) (❗ another, other とともに用いる)
still less ⇨**less** (成句)
still more ⇨**more** (成句)
—名 (複 **stills** /stílz/) ❶C スチール写真 ❷U 《**the still**》《詩語》静寂; 沈黙

still[2] /stíl スティル/ 名C (酒の)蒸留装置

still·born /stílbɔ̀ːrn スティルボーン/ 形 (赤ちゃんが)死んで生まれた, 死産の; (計画などが)不首尾に終わった

stíll lífe 名 (複 **still lifes** /stílláifs/) C U 静物(画)

still·ness /stílnəs スティルネス/ 名U 静けさ, 静寂; 静止

stilt /stílt スティルト/ 名C 竹馬(の片方)

(**!** ふつう複数形で用いる)

stilt·ed /stíltəd スティルテド/ 形 (話し方などが)ぎこちない, 堅苦しい; (文体などが)大げさな

stim·u·lant B2 /stímjulənt スティミュラント/ 名 C 《医学》興奮[刺激]剤; (コーヒー・茶などの)興奮性飲料, アルコール飲料; 《ふつう **a stimulant**》刺激

stim·u·late B2 高 /stímjəlèit スティミュレイト/ 動 他 ❶刺激する; 興奮させる; 元気づける; 文型 [**stimulate A to** *do* [**into B**]] …[B] するようにAを励ます ❷(器官などを)刺激する

stim·u·lat·ing /stímjəlèitiŋ スティミュレイティング/ 形 刺激する; 元気づける; 興味をかき立てる

stim·u·la·tion B2 /stìmjəléiʃən スティミュレイション/ 名 U 激励; 刺激

stim·u·li /stímjəlài スティミュライ/ 名 stimulus の複数形

stim·u·lus /stímjələs スティミュラス/ 名 (複 **stimuli** /stímjəlài/) C 刺激物, 興奮剤; U C 刺激, 激励

sting /stíŋ スティング/ 動 (三単現 **stings** /stíŋz/; 過去・過分 **stung** /stʌ́ŋ/; 現分 **stinging**) ❶ 他 自 (針やとげで)刺す

• I was **stung** on my leg by wasp. スズメバチに足を刺された

❷ 他 刺すような痛みを与える, ひりひりさせる; 自 刺すように痛む, ひりひりする

❸ 他 (心などを)苦しめる, 痛ませる

❹ 文型 [**sting A into B** [*do***ing**]] 人を刺激してBを[…]させる

— 名 C ❶(ハチなどの)針, (植物の)とげ ❷(ハチなどの)刺し傷 (**!**「(蚊が)刺すこと, (蚊の)刺し傷」は bite)

sting·er /stíŋər スティンガ/ 名 C 《米》(昆虫の)針, (蛇などの)毒牙(どくが); 針をもつ動物; とげをもつ植物; おとり捜査官; 《口語》痛撃, 痛打; あてこすり

sting·ing /stíŋiŋ スティンギング/ 形 しんらつな, とげとげしい

sting·ray /stíŋrèi スティングレイ/ 名 (複 **stingrays** /stíŋrèiz/) C 《魚》アカエイ《♦尾に猛毒のとげがある》

stin·gy B2 /stíndʒi スティンヂ/ 形 (比較級 **stingier**; 最上級 **stingiest**) けちな, しみったれの (↔**generous**)

stink B2 /stíŋk スティンク/ 動 (三単現 **stinks** /stíŋks/; 過去 **stank** /stǽŋk/, **stunk** /stʌ́ŋk/; 過分 **stunk**; 現分 **stinking**) 自 悪臭を放つ — 名 C 悪臭

stink·er /stíŋkər スティンカ/ 名 C 悪臭を出す人[動物]; 《口語》卑劣な[いやな]やつ; ひどい[低俗な]もの[人]

stint /stínt スティント/ 動 他 《ふつう否定文で》惜しむ, 切り詰める; 制限する

— 名 C 《ふつう *one's* **stint**》割り当て仕事; U 《文章》出し惜しみ, 制限

sti·pend /stáipend スタイペンド/ 名 C (聖職者などの)俸給; (年金などの)給付金

stip·u·late /stípjəlèit スティピュレイト/ 動 他 《文章》(条件として)要求する; (契約の条件として)規定[明記]する; 《**stipulate that ...**》…であることを明文化する

stip·u·la·tion /stìpjəléiʃən スティピュレイション/ 名 《文章》U 規定[明記, 明文化](すること); C 条件, 約定

stir B1 /stə́ːr スター/ 動 (三単現 **stirs** /stə́ːrz/; 過去・過分 **stirred** /stə́ːrd/; 現分 **stirring** /stə́ːriŋ/)

❶ 他 (静かに液体などを)かき回す

• **stir** coffee with a spoon スプーンでコーヒーをかき回す

❷ 他 (感情を)かき立てる, 奮起させる《*up*》; 自 (感情が)かき立てられる

❸ 他 (かすかに)動かす; 自 (かすかに)動く ❹ 他 (騒ぎ・怒り・嫌悪などを)起こす《*up*》

— 名 (複 **stirs** /stə́ːrz/) C 《ふつう単数形で》(かすかな)動き; かき回すこと; 混乱, ざわめき

stir-fry /stə́ːrfrài スターフライ/ 動 (三単現 **stir-fries** /stə́ːrfràiz/; 過去・過分 **stir-fried** /stə́ːrfràid/; 現分 **stir-frying**) 他 (中国料理のように野菜などを)強火でさっと炒める

stir·ring /stə́ːriŋ スターリング/ 形 人を感動させる, 鼓舞する; 活発な

stir·rup /stə́ːrəp スターラプ/ 名 C (馬の鞍につける)あぶみ

stitch B2 /stítʃ スティチ/ 名 ❶C ひと針, ひとぬい; ぬい目 ❷UC ぬい方, ステッチ ━動 他自 ぬう

St. Kitts and Ne·vis /sèint kíts ən níːvəs セイント キツ アン ニーヴィス/ 名 セントキッツネビス《♦カリブ海東部の島国; St. Christopher and Nevis とも呼ばれる; 首都バセテール(Basseterre)》

St. Lu·cia /sèint lúːʃə セイント ルーシャ/ 名 セントルシア《♦カリブ海南東部の島国; 首都カストリーズ(Castries)》

stock B2 /stάk スタク/ 名 ❶C たくわえ, 貯蔵; (商品の)在庫, 在庫品
• This store has [keeps] a large **stock** of boy's shoes. この店には男の子の靴がたくさん置いてある
❷UC (会社の全体の)株, 株式 ⇨**share** 名❸
❸U 原料, 材料; スープのもと
❹U《集合的》家畜 (=livestock)
❺《単数形で》血統, 家系
❻C《植物》アラセイトウ, ストック
in stock 在庫して, 持ち合わせて
out of stock 品切れで
take stock of... 〔情勢など〕を判断する; …を再検討する
━動 他 蓄える《*up*》; 〔…を〕(店に)仕入れる《*with*》; (商品を)店に置く, 扱う
stock up on [***with***] ... …の仕入れ[買い込み]をする

stock·ade /stɑkéid スタケイド/ 名C 防御柵(さく); くいで囲った場所

stock·bro·ker /stάkbròukər スタクブロウカ/ 名C 株式仲買人

stóck exchànge《ふつう **the Stock Exchange**》株式[証券]取引所; 株式取引

stock·hold·er /stάkhòuldər スタクホウルダ/ 名C《米》株主 (=《英》shareholder)

Stock·holm /stάkhòu(l)m スタクホウルム/ 名 ストックホルム《♦スウェーデン(Sweden)の首都》

stock·ing /stάkiŋ スタキング/ 名C《ふつう **stockings**》(女性用)長靴下, ストッキング (❗「短い靴下」は sock)
• a **pair of stockings** 靴下1足

stóck màrket B2 名C 株式市場

stock·pile B2 /stάkpàil スタクパイル/ 名C (非常時用の)備蓄, 貯蔵
━動 他 (食糧・兵器などを)(非常時に備え)貯蔵する

stock·y /stάki スタキ/ 形 (比較級 **stockier**; 最上級 **stockiest**) (人が)ずんぐりした, 頑丈なからだつきの

stock·yard /stάkjὰːrd スタクヤード/ 名C《米》家畜収容所[飼育場]

stodg·y /stάdʒi スタヂ/ 形 (比較級 **stodgier**; 最上級 **stodgiest**) こってりした, 胃にもたれる; つまらない, おもしろくない; きまじめで退屈な

sto·ic /stóuik ストウイク/ 名C《文章》禁欲主義者, 克己心の強い人; 冷静な人;《**Stoic**》ストア派哲学者
━形《文章》禁欲的な, 克己心の強い; 冷静な;《**Stoic**》ストア哲学[学派]の

stoke /stóuk ストウク/ 動 他 火をたく; 燃料をくべる; かき立てる

stole[1] /stóul ストウル/ 動 steal の過去形

stole[2] /stóul ストウル/ 名C ストール

sto·len /stóulən ストウルン/ 動 steal の過去分詞

stom·ach A2 高

/stʌ́mək スタマク/ (×ストマチ) (発音 -ch は /k ク/ と発音する) 名 (複 **stomachs** /stʌ́məks/) (×stomaches)
❶C 胃; (俗に)腹部 (❗ belly より改まった語)
• I have a pain in my **stomach**. 私は胃[おなか]が痛い (=I have a stomachache.)
❷《単数形で》〔…に対する〕食欲, 欲望; 意向《*for*》(❗ふつう否定文・疑問文で用いる)
lie on one's stomach 腹ばいになる
━動 (三単現 **stomachs** /stʌ́məks/; 過去・過分 **stomached** /stʌ́məkt/; 現分 **stomaching**) 他 何とか我慢して食べる; (侮辱などを)我慢する (❗ふつう否定文・疑問文で用いる)

stom·ach·ache A2 /stʌ́məkèik スタマクエイク/ 名 (複 **stom-achaches** /stʌ́məkèiks/) U C 腹痛, 胃痛 ⇨**ache**

stomp /stɑ́mp スタンプ/ 動 他自 (不機嫌に)どたばた歩く

stone[1] A1 高 /stóun ストウン/ 名 (複 **stones** /stóunz/)
❶ C 石, 小石; 《ふつうは合成語で》墓石, といし
• I've got a **stone** in my shoe. 靴の中に石ころが入ってしまった
❷ U 石材, 石
• as hard as **stone** 石のように硬い (×*a stone* としない)
❸ C 宝石 (=precious stone)
❹ C (梅などのかたい)種(たね) ⇨**seed**

A rolling stone gathers no moss. 《ことわざ》転石コケむさず (! 「職業を転々と変える人はろくな者にならない」と「職業を転々とするといつまでも新鮮さを失わない」の2通りの意味で用いられる)

a stone's throw 石を投げれば届く距離, 近距離

kill two birds with one stone ⇨ **bird** (成句)

leave no stone unturned (*to do*) (…しようと)あらゆる手段を尽くす (←ひっくり返さない石はないほど徹底的に捜す)

within a stone's throw 近距離に

━ 動 (三単現 **stones** /stóunz/; 過去・過分 **stoned** /stóund/; 現分 **stoning**) 他 石を投げつける, 石を投げて追い払う[殺す]; (果物の)種を取り除く

派生 **stony** 形

stone[2] /stóun ストウン/ 名 (複 **stone**, **stones** /stóunz/) C 《英》ストーン (♦重量の単位で14ポンド(約6.35キロ)に相当; 特に人の体重を表すのに用いる)

Stóne Àge 名 《**the** をつけて》石器時代

stoned /stóund ストウンド/ 形 《口語》異常に興奮した; 《古風》酔っぱらった

Stone·henge /stóunhèndʒ ストウンヘンヂ/ 名 ストーンヘンジ (♦英国南部にある巨石群からなる古代遺跡)

stone·work B2 /stóunwə̀ːrk ストウンワーク/ 名 U 石細工; 石造部分

ston·y /stóuni ストウニ/ 形 (比較級 **stonier**; 最上級 **stoniest**) 石の; 石だらけの; 冷酷な, 非情な, 固い 派生 **stone**[1] 名

stood /stúd ストゥド/ 動 stand の過去形・過去分詞

stooge /stúːdʒ ストゥーヂ/ 名 C (喜劇の)引き立て役, ぼけ役; 《口語》(一般に)引き立て役; 手先, (警察の)おとり
━ 動 自 〔…の〕引き立て役を務める 《*for*》

stool B2 /stúːl ストゥール/ 名
❶ C (背のない)腰かけ, スツール; 足台
❷ U 《時に **stools**》(検査用)大便

stoop[1] /stúːp ストゥープ/ 動
❶ 自 身をかがめる, かがむ, 前かがみになる 《*down*》; 他 かがめる
❷ 自 腰が曲がっている
━ 名 C 《ふつう **a stoop**》前かがみ(の姿勢); 猫背

stoop[2] /stúːp ストゥープ/ 名 C 《米》玄関口の階段

stop A1 中 /stɑ́p スタプ|stɔ́p ストプ/

意味マップ
動 ❶ 止める; 止まる
　❷ やめる, 終わらせる; 防げる
　❸ 止める, ふさぐ
　❹ 泊まる, とどまる
名 ❶ 止まること; 停止
　❷ 停留所

━ 動 (三単現 **stops** /stɑ́ps/; 過去・過分 **stopped** /stɑ́pt/; 現分 **stopping**)
❶ 他 (動いているものを)止める; 自 止まる; 立ち止まる
• The bus **stops** in front of the zoo. バスは動物園前で止まります
• I **was stopped** by a policeman. 私は警察官に呼び止められた
• He **stopped** to read the notice. = He **stopped** and read the notice. 彼は掲示を読むために立ち止まった[立ち止まっ

て掲示を読んだ] (🅘最初の文の to read ... は stop の目的語ではない) ⇨❷
❷ 他自 やめる, やめさせる, 中断する[させる], 中止する[させる]; 終わらせる; 防げる (↔**start**, **begin**)
● The rain is **stopping**. 雨がやみかけている
● **stop** a fight けんかをやめさせる
文型 [**stop** *doing*] …するのをやめる (🅘 *doing* は動名詞で stop の目的語);
文型 [**stop A** (**from**) *doing*] Aが…するのを妨げる[やめさせる]
● It **stopped raining**. 雨がやんだ (=The rain stopped.) (🅘 It はばく然と「天候」を表す)
● He **stopped reading** the notice and went away. 彼は掲示を読むのをやめて立ち去った (🅘「…するのをやめる」の意味では ×stop to *do* としない)
❸ 他 (出る物・出入り口などを) 止める, ふさぐ, せんをする
● **stop** water [gas] 水道[ガス]を止める
❹ 自 (…に) 泊まる, とどまる 《*at*》 (=stay)

cannot stop doing …するのがやめられない
stop at nothing どんなことでもやりかねない
stop by [***in***] 《米》(途中で人の家に) ちょっと立ち寄る
Stop it [***that***]***!*** やめろ!
stop over [***off***] (旅行の)途中で降りる, 途中下車する
stop short 急に止まる
stop short of doing = ***stop short at ...*** …(するの)を思いとどまる
stop up 《口語》夜ふかしする

— 名 (複 **stops** /stáps/) C
❶ 止まること, 止めること; やめること, 停止; 休止
● **bring ... to a stop** …を止める, …を終わらせる
● **come to a stop** 止まる, 終わる
● **put a stop to ...** …をやめる, …をやめさせる
❷ (バスなどの)停留所

stop·gap /stápgæ̀p スタプギャプ/ 名 C 《ふつう **a stopgap**》一時しのぎ, 間に合わせの人[物]; 埋め草

stop·light /stáplàit スタプライト/ 名 C 《米》交通信号, (特に)赤信号

stop·o·ver B2 /stápòuvər スタポウヴァ/ 名 C 《ふつう **a stopover**》旅行途上の短期滞在(地); 途中下車

stop·page /stápidʒ スタピヂ/ 名 U C 停止; 停滞; 支払停止

stop·per /stápər スタパ/ 名 C 止める人[物]; (びんなどの)栓; 《野球》リリーフ投手, ストッパー; 《サッカー》ストッパー

stop·watch B2 /stápwàtʃ スタプワチ/ 名 C ストップウォッチ

stor·age B1 /stɔ́:ridʒ ストーリヂ/ 名 U 保管; 貯蔵; 保管用スペース; (コンピュータの)記憶装置, (データの)保存
派生 **store** 動

store A1 中

/stɔ́:r ストー/ 名 (複 **stores** /stɔ́:rz/)
❶ C 《おもに米》店, 商店 (=おもに《英》shop); 《**the stores**》《単数・複数両扱い》《英》百貨店, デパート (=department store); 大型店 ⇨**shop**
● a general **store** 雑貨屋さん
❷ C たくわえ; 貯蔵; たくさん
❸ C 《英》(=storehouse ❶)

in store たくわえて, 用意されて
in store for ... (運命などが)…を待ち構えて
set store by ... …を重んじる (🅘ふつう store に形容詞がつく)

— 動 (三単現 **stores** /stɔ́:rz/; 過去・過分 **stored** /stɔ́:rd/; 現分 **storing** /stɔ́:riŋ/)
他 (…に) たくわえる, 貯蔵する; しまっておく, 保管する; (知識・データなどを)保存しておく 《*in*, *at*》
派生 **storage** 名

関連語› 単語力
bakery パン屋さん
bookstore 本屋さん
《米》butcher shop 肉屋さん
convenience store コンビニ
department store デパート

《米》drugstore,《英》chemist's 薬局
florist('s) 花屋さん
grocery (store) 食料雑貨店
《米》liquor store 酒屋さん
supermarket スーパーマーケット
superstore (郊外の)大型スーパー
sales assistant 販売員
shopkeeper,《米》storekeeper 店主
cashier レジ係, 現金出納係

store·front /stɔ́ːrfrʌ̀nt ストーフラント/ 名 C《米》店頭, 店先

store·house /stɔ́ːrhàus ストーハウス/ 名 (複 **storehouses** /stɔ́ːrhàuzəz/) C ❶ 倉庫 ❷ (知識などの)宝庫

store·keep·er /stɔ́ːrkìːpər ストーキーパ/ 名 C《米》店の主人, 商店主, 店長; 小売商人 (=《英》shopkeeper)

store·room /stɔ́ːrrùːm ストールーム/ 名 C 貯蔵室, 物置

sto·rey /stɔ́ːri ストーリ/ 名 (複 **storeys** /stɔ́ːriz/)《英》(=story²)

sto·ried /stɔ́ːrid ストーリド/ 形 …階建ての (=《英》storeyed) ⇨**story**²

stork /stɔ́ːrk ストーク/ 名 C《鳥》コウノトリ

storm A2 高

/stɔ́ːrm ストーム/
名 (複 **storms** /stɔ́ːrmz/) C
❶ 嵐, 暴風雨
• A heavy [violent] **storm** broke. 激しい嵐が突然起こった
❷ 嵐のようなもの, …の嵐; 騒ぎ; (怒りなどの)激発

a storm in a teacup《英》コップの中の嵐, つまらないことでの大騒ぎ (=《米》a tempest in a teapot)

take ... by storm 〔敵陣など〕を強襲して占領する; 〔観客など〕をうっとりさせる, 心酔させる

— 動 (三単現 **storms** /stɔ́ːrmz/; 過去・過分 **stormed** /stɔ́ːrmd/; 現分 **storming**)
❶ 自 突入する
❷ 自 どなり声で…と言う
❸ 自 《it を主語として》嵐が吹く
派生 **stormy** 形

stórm dòor 名 C《米》風よけ戸, 防風用の補助ドア

stórm wìndow 名 C《米》防風窓, 雨戸

storm·y B1 /stɔ́ːrmi ストーミ/ 形 (比較級 **stormier**; 最上級 **stormiest**) 嵐の, 暴風雨の; 荒れ狂う, 激しい (↔**calm**)
• a **stormy** night 嵐の夜
• a **stormy** discussion 激しい議論
派生 **storm** 名

sto·ry[1] A1 中

/stɔ́ːri ストーリ/ 名 (複 **stories** /stɔ́ːriz/)
❶ C 物語, 話; 小説; 記事
• a horror **story** 怖い話, 恐ろしい話
• a success **story** 成功談, サクセスストーリー
• a short **story** 短編小説
• a news **story** 新聞記事
• a **story** telling technique 物語の技術, 物語の話し方のテクニック
• Grandpa told us **stories** about his childhood. おじいちゃんは私たちに自分の子どものころの話をしてくれた
• This is a true **story**. これは実話です
❷ U C (小説などの) 筋, プロット
❸ C《口語》作り話, うそ (=lie) (❗ふつう子どもの間で, あるいは子どもに対して用いる)

be a different story (それについては)事情は異なる

to make [cut] a long story short 手短に言えば

sto·ry² /stɔ́ːri ストーリ/ 名 (複 **stories** /stɔ́ːriz/) C《米》(建物の)階 (=《英》storey) (❗建物の高さに重点を置いてその階層をいうときに用いる)
• a **two-story** house 2階建ての家

どっち
story と **floor**
story は建物が「…階建て」というときに, **floor** は建物の特定の「…階」に使う:
a three-**story** house 3階建ての家
Our office is on the fifth **floor**. 私たちのオフィスは5階にあります (❗《英》では6階)

sto·ry·board /stɔ́ːribɔ̀ːrd ストーリボード/ 名 C ストーリーボード, 絵コンテ

sto·ry·book /stɔ́ːribùk ストーリブク/ 名 C 物語の本, 童話の本, お話の本; 《形容詞的》お話に出てくるような

sto·ry·tell·er B1 高 /stɔ́ːritèlər ストーリテラ/ 名 (複 **storytellers** /stɔ́ːritèlərz/) C ❶物語をする人; 物語作家 ❷うそつき (■特に子ども)

sto·ry·tell·ing /stɔ́ːritèliŋ ストーリテリング/ 名 U 物語を話す[書く]こと; 《口語》(特に子どもが)うそをつくこと

stout /stáut スタウト/ 形 (比較級 **stouter**; 最上級 **stoutest**) ❶太った (■fat の遠回しな言い方) ❷じょうぶな, 頑丈な ❸勇敢な

━名 U スタウト, 黒ビール

stove A2

/stóuv ストウヴ/ 名 (複 **stoves** /stóuvz/) C ❶(料理用)こんろ, レンジ (■通常オーブンがついている)
❷ストーブ; 暖炉 (=heater)

注意› 「石油ストーブ」「電気ストーブ」「ガスストーブ」などは stove を使わず, oil heater, gas heater, electric heater のように heater を使う

stow /stóu ストウ/ 動 他 きっちりとしまう, 詰め込む 《*in, into*》

stow away ①(密航する目的で)船内[機内]にもぐり込む ②しまい込む

stow·a·way /stóuəwèi ストウアウェイ/ 名 (複 **stowaways** /stóuəwèiz/) C 密航者

St. Pául's (Cathédral) /pɔ́ːlz ポールズ/ 名 セントポール大聖堂

St. Pe·ter's /píːtərz ピータズ/ 名 サンピエトロ大聖堂 《◆ローマのバチカン市国にあるカトリック教会の総本山》

strad·dle /strǽdl ストラドル/ 動 ❶他 (物・事が)またがる; (空間的・時間的に)またがる ❷他 (両脚を)広げる; 自 両脚を広げて座る[立つ, 歩く]; (両脚が)大きく開いている ❸自 《米》《口語》(ある問題に)日和見を決め込む; 他 どっちつかずの態度をとる

strag·gle /strǽgl ストラグル/ 動 自 ❶(進路などから)それる, はぐれる ❷ばらばら[ちりぢり]になる

strag·gly /strǽgli ストラグリ/ 形 (比較級 **stragglier**; 最上級 **straggliest**) だらしなく伸びた

straight A1 中

/stréit ストレイト/ (発音 strait と同音) 副 (比較級 **straighter**; 最上級 **straightest**)
❶まっすぐに; 直接に; 直立して
• go **straight** up [on] まっすぐに上昇する[進んで行く]
• go **straight** home (どこにも寄らずに)まっすぐ家へ帰る
❷すぐに; 続けて, ぶっつづけに
❸正直に, 率直に

straight away [***off***] 即座に, すぐに
straight out 率直に, あからさまに
straight up 《英》《口語》本当(に)

━形 (比較級 **straighter**; 最上級 **straightest**) ❶まっすぐな; 直立した; 連続した; 水などで割らない
• a **straight** line 直線
• Stock prices kept rising for six **straight** months. 株価は連続6か月も上がりつづけた
❷正直な, 率直な; きちんとした; まともな • a **straight** face まじめな顔

━名 (複 **straights** /stréits ストレイツ/) C ❶《ふつう単数形で》まっすぐ, 一直線; 《**the straight**》(競技場の)直線コース ❷(ポーカーの)ストレート; (ボクシングの)ストレート

straight-a·way /stréitəwèi ストレイタウェイ/ 副 すぐに; ただちに

━名 《単数形で》直線コース

straight·en B2 /stréitn ストレイトン/ 動 ❶他 まっすぐにする; 自 まっすぐになる ❷他 きちんとする; 自 きちんとなる

straight·for·ward B2 /strèitfɔ́ːrwərd ストレイトフォーワド/ 形 正直な, 率直な; まっすぐな

straightfórwardly 副 正直に; 率直に

strain[1] B1 /stréin ストレイン/ 名 (複 **strains** /stréinz/) U C
❶ 精神的緊張，負担
❷ 問題，きしみ
❸ 張力，張り ❹ 筋肉の損傷
― 動 (三単現 **strains** /stréinz/; 過去・過分 **strained** /stréind/; 現分 **straining**)
❶ 他 (筋肉などを)酷使する; (使いすぎて)痛める，(筋などを)ちがえる，くじく
• **strain** *one's* ears 耳をそばだてる
❷ 他自 (綱などを)ぴんと張る，引っ張る ❸ 自 全力を尽くす; 精一杯努力する ❹ 他 (液体を)こす
❺ 他 (規則・関係などを)ねじ曲げる，困難にする，拡大解釈する

strain[2] /stréin ストレイン/ 名 C 血統，家系; 《**a strain**》気質，傾向

strained /stréind ストレインド/ 形 張り詰めた，緊張した; 不自然な; こじつけの; 疲れた，神経質になった

strain·er /stréinər ストレイナ/ 名 C 濾(こ)し器，濾過(ろか)器

strait B2 /stréit ストレイト/ (発音 straight と同音) 名 C 海峡(かいきょう)

strait·jack·et /stréitdʒæ̀kət ストレイトヂャケト/ 名 C (囚人・精神病患者などの)拘束服; (物事を)抑止するもの

strand[1] /strǽnd ストランド/ 動 他 《ふつう **be stranded**》(船が)座礁する; (魚などが)陸に取り残される; (人が)窮地に追い込まれる，立ち往生する
― 名 C 《文章》岸辺，浜辺

strand[2] B2 /strǽnd ストランド/ 名 C (糸・縄などにする)より糸; (より合わせた)糸，ひも; (頭髪の)房; (真珠などの)連

strange A1 中

/stréindʒ ストレインヂ/ 形 (比較級 **stranger**; 最上級 **strangest**)
❶ 奇妙な，変な，不思議な
• There is something **strange** about him. 彼には何か変なところがある
• **It is strange that** John is not here. He always comes at this time. ジョンがここにいないとは変だ. 彼はいつもこの時間に来るのに (❗It = that 以下)
❷ 見知らぬ，見た[聞いた]ことのない; 未知の，未経験で; 不慣れな (❗この意味では比較変化なし)
• I took the wrong train and arrived at a **strange** place. 間違った電車に乗ってしまい，見知らぬ場所に着いた
feel strange (目まいなどがして)からだの調子が変だ; (いつもと)勝手が違って変な気がする，落ち着かない
strange to say 不思議な話だが

strange·ly B1 高 /stréindʒli ストレインヂリ/ 副 ❶ 奇妙に; 不思議そうに
❷ 《文全体を修飾して》奇妙にも; 不思議なことに

strange·ness /stréindʒnəs ストレインヂネス/ 名 U 不思議

stran·ger A2 高

/stréindʒər ストレインヂャ/
名 (複 **strangers** /stréindʒərz/) C
❶ 見知らぬ人; よその人，他人 (↔**acquaintance**)
• We were **strangers to** each other. 私たちはおたがいに他人どうしだった
❷ (場所に)不慣れな人; 不案内の人; 経験のない人

stran·gle B2 /strǽŋgl ストラングル/ 動 他 窒息(死)させる，絞め殺す; (笑い・あくびなどを)抑える，かみ殺す; 押さえつける; 抑圧する

stran·gle·hold /strǽŋglhòuld ストラングルホウルド/ 名 C […への]統制，管理 《*on*》

strap 高 /strǽp ストラプ/ 名 C 革ひも，ストラップ; 革おび; (電車などの)つり革
― 動 (三単現 **straps** /strǽps/; 過去・過分 **strapped** /strǽpt/; 現分 **strapping**) 他 (革)ひもで縛る

strap·ping /strǽpiŋ ストラピング/ 形 《口語》長身でがっしりした，大柄の

stra·ta /stréitə ストレイタ/ 名 stratum の複数形

strat·a·gem /strǽtədʒəm ストラタヂャム/ 名 C 《文章》戦略，軍略; (一般に)策略，術策

stra·te·gic B1 /strətí:dʒik ストラティーヂク/ 形 戦略(上)の; 戦略上重要な (❗

「戦術上」は tactical)
stratégically 副 戦略的に, 戦略上

strat·e·gy A2 高 /strǽtədʒi ストラテヂ/ 名 (複 **strategies** /strǽtədʒiz/) U C (長い時間をかけた)戦略, 戦術, 作戦, 攻略法; U 兵法
- marketing **strategy** 販売戦略

strat·o·sphere /strǽtəsfìər ストラトスフィア/ 名 《**the stratosphere**》《気象》成層圏

stra·tum /stréitəm ストレイタム/ 名 (複 **strata** /stréitə/, **stratums** /stréitəmz/) C 《地質》地層, 岩層; 《文章》(社会的な)階級, 階層

straw B1 /strɔ́: ストロー/ 名 (複 **straws** /strɔ́:z/)
❶ U 麦わら, わら; C わら1本
- a **straw** hat 麦わら帽子
- A drowning man will catch at a **straw**. 《ことわざ》おぼれる者はわらをもつかむ

❷ C (飲み物用の)ストロー
❸ ごくわずか (❗否定文・疑問文で用いる)
the last* [*final*] *straw (我慢の限界を超えさせる)決定的なとどめ

straw·ber·ry B1 高 /strɔ́:bèri ストローベリ | strɔ́:bəri ストローベリ/ (×ストロベリー) 名 (複 **strawberries** /strɔ́:bèriz/) C 《植物》イチゴ

stray /stréi ストレイ/ 動 (三単現 **strays** /stréiz/; 過去・過分 **strayed** /stréid/; 現分 **straying**) 自 道に迷う, はぐれる; さまよう
━ 形 道に迷った, 迷い出た (❗名詞の前に用いる) ⇨**astray**

streak /strí:k ストリーク/ 名 C 筋, しま; 傾向, 気味; ひと続き
━ 動 ❶ 他 筋[しま]をつける; 自 しま[筋]になる ❷ 自 疾走する ❸ 自 ストリーキングをする

streak·er /strí:kər ストリーカ/ 名 C ストリーキングをする人

streak·ing /strí:kiŋ ストリーキング/ 名 U ストリーキング《◆注意を引こうと全裸で戸外を走り回ること》

streak·y /strí:ki ストリーキ/ 形 (比較級 **streakier**; 最上級 **streakiest**) 筋[しま]のある

stream B1 高 /strí:m ストリーム/ 名 (複 **streams** /strí:mz/) C
❶ 小川; (川・液体などの)流れ
- a **stream** of tears 流れ出る涙

❷ (人・車などの)流れ ❸ 《ふつう **the stream**》(時勢などの)流れ, 風潮
go against* [*with*] *the stream 時勢に逆行[順応]する
stream of consciousness 《心理》意識の流れ
━ 動 (三単現 **streams** /strí:mz/; 過去・過分 **streamed** /strí:md/; 現分 **streaming**)
❶ 自 流れる; 流れるように動く; (光が)さっとさしこむ; (目・額などから)〔涙・汗などが〕流れる 《*with*》
❷ 他 (旗・髪などを)なびかせる

stream·er /strí:mər ストリーマ/ 名 C 細長い旗, 長旗; 飾りリボン; 吹き流し; (パレードなどに用いる)紙テープ

stream·line /strí:mlàin ストリームライン/ 動 他 流線型にする; (組織・機械などを)能率化[合理化, 簡素化]する

street A1 中 /strí:t ストリート/ 名 (複 **streets** /strí:ts ストリーツ/) ❶ C 通り, 街路
- walk **along** [**up**, **down**] a **street** 通りを歩く
- I met Bob **on** [**in**] the **street**. 私は通りでボブに出会った (❗ふつう《米》では on, 《英》では in が用いられる)
- The store is across the **street**. その店はその通りの向かい側です

コロケーション
形+**street**
a busy *street* にぎやかな通り
a crowded *street* 混雑した通り
a narrow *street* 狭い通り
a one-way *street* 一方通行の通り
a quiet *street* 静かな通り

❷ 《**Street**》…通り, …街 (❗あて名で書く時はしばしば St. と略す)
- Wall **Street** (ニューヨークの)ウォール街

street·car /strí:tkɑ̀:r ストリートカー/ 名 C 《米》市街電車，路面電車（=《英》tram(car))

street·light /strí:tlàit ストリートライト/ 名 C 街灯

street·wise /strí:twàiz ストリートワイズ/ 形 都会生活を生き抜く知恵がある，世慣れた（!危険な場所に近づかないなど）

strength A2 高

/stréŋkθ ストレング(ク)ス/

名（複 **strengths** /stréŋkθs/）U C

❶（肉体的な）力，強さ，体力；（酒・薬などの）強さ • physical **strength** 体力

❷（物の）強度

❸（精神的な）強さ

❹（軍隊・経済・政治などにおける）勢力，力

• military **strength** 軍事力

❺（性格などの）長所，強み

at full strength 欠員がなく；全員そろって

below strength 欠員があって

go from strength to strength ますます力をつける，強力になる

on the strength of... …を頼りにして；…に後押しされて

派生 **strong** 形

strength·en B1 /stréŋkθən ストレング(ク)スン/ 動（三単現 **strengthens** /stréŋkθənz/；過去・過分 **strengthened** /stréŋkθənd/；現分 **strengthening**）❶ 他 補強する；自 強くなる（↔**weaken**）

❷ 他 活性化する；自（経済などが）活発になる

stren·u·ous /strénjuəs ストレニュアス/ 形 非常な労力を要する，骨の折れる；精力的な，活発な，熱心な

strénuously 副 精力的に，熱心に

stress B1 高 /strés ストレス/ 名（複 **stresses** /strésəz/）

❶ U C（精神的）緊張感，ストレス

• mental **stress** 精神的ストレス

• suffer from **stress** ストレスで苦しむ

❷（物理的な）圧力，圧迫

❸ U 強調，重点 ❹ U C（発音する時の）強勢，アクセント（=accent）

— 動（三単現 **stresses** /strésəz/；過去・過分 **stressed** /strést/；現分 **stressing**）

❶ 強調する，力説する ❷ 強勢[アクセント]を置く，強く発音する

stressed B1 /strést ストレスト/ 形 とても不安[心配]な，ストレスのたまった

stress·ful B1 /strésfəl ストレスフル/ 形（仕事などが）ストレスのたまるような；ストレスの多い

stretch B1 高 /strétʃ ストレチ/ 動（三単現 **stretches** /strétʃəz/；過去・過分 **stretched** /strétʃt/；現分 **stretching**）

❶ 他（いっぱいに）引き伸ばす，広げる，張る《*out*》；自 伸びる，広がる

• The forest **stretches** for miles. 森は何マイルも伸びている[続いている]

❷ 他（手足などを）伸ばす《*out*》；自 手足を伸ばす《*out*》

• **stretch** *one*self on the toes 背伸びする

• I **stretched** myself **out** on the grass. 芝生の上に長々と寝そべった

❸ 他（金・食料などを）もたせる，長持ちさせる

— 名（複 **stretches** /strétʃəz/）C

❶（広々とした）広がり；（時間などの）一続き；直線コース

❷《ふつう単数形で》伸ばす[広げる]こと；（体などの）伸び

❸（能力などを）精一杯[無理に]使うこと；（法律などの）乱用

at a stretch 連続して

at full stretch 全力をあげて

by any stretch of imagination 《否定文で》どんなに想像をたくましくしても…ない

stretch·er /strétʃər ストレチャ/ 名 C 担架(たんか)

strew /strú: ストルー/ 動（三単現 **strews** /strú:z/；過去 **strewed** /strú:d/；過分 **strewed** /strú:d/, **strewn** /strú:n/；現分 **strewing**）他 まき散らす；ばらまく

strewn /strú:n ストルーン/ 動 strewの過去分詞

strick·en B1 /stríkn ストリクン/ 形（災害

などに)襲われた; (病気に)かかった; 苦しんだ

strict A1 高

/stríkt ストリクト/

形 (比較級 **stricter**; 最上級 **strictest**)

❶ 厳しい, 厳格な; 厳重な

• My father was **strict with** me. 父は私にとても厳しかった

❷ 厳密な, 正確な

❸ 完全な, まったくの

strict·ly B2 /stríktli ストリクトリ/ 副 厳しく; 厳密に

strictly speaking 厳密に言えば

strict·ness /stríktnəs ストリクトネス/ 名 U 厳しさ, 厳格; 厳密さ

stric·ture /stríktʃər ストリクチャ/ 名 C 《しばしば **strictures**》《文章》〔…に対する〕非難, 酷評 《*on, upon*》

strid·den /strídn ストリドン/ 動 stride の過去分詞

stride B2 /stráid ストライド/ 動 (三単現 **strides** /stráidz ストライヅ/; 過去 **strode** /stróud/; 過分 **stridden** /strídn/; 現分 **striding**) 自 大またに歩く, またぐ

— 名 C 大また(の歩き方); 大また(の1歩), ひとまたぎ; 《**strides**》進歩

hit [***get into***] ***one's stride*** ふだんの調子に戻る, ペースを取り戻す

stri·dent /stráidənt ストライデント/ 形 《文章》(声・音が)甲高い, 耳障りな; (要求などが)容赦のない

strife /stráif ストライフ/ 名 U 争い, 闘争, けんか; 不和

strike A2 高

/stráik ストライク/

名 (複 **strikes** /stráiks/) C

❶ (労働運動の)ストライキ

• **go on strike** ストライキをする

❷ 攻撃

❸ 《野球》ストライク (⇔**ball**[1])

have two strikes against one 《口語》不利な立場に追い込まれている

— 動 (三単現 **strikes** /stráiks/; 過去・過分 **struck** /strʌ́k/; 現分 **striking**)

❶ 他 …にぶつかる; 〔…に〕ぶつける 《*against*》; 自 〔…に〕ぶつかる 《*against, on, upon*》; 他 偶然行き当たる, 偶然見つける

• A stone **struck** me **on** the head. 石が私の頭にあたった

❷ 他 なぐる, 打つ, たたく (=hit); 自 〔…に向かって〕打つ, なぐる 《*at*》; 他 (くぎ・短刀などを)打ち込む, 突き刺す; 他 (人などを)〔…で〕刺す 《*with*》

• **Strike** while the iron is hot. 《ことわざ》鉄は熱いうちに打て (!「機会を逸(いっ)するな」という意味)

❸ 自 ストライキをする

❹ 他 …の心に浮かぶ, …に思いつく; 心を打つ, 感銘を与える; …と思わせる

• A good idea just **struck** me. 今ちょうどいい考えが浮かんだ

❺ 他 (マッチを)する; (火花を)出す

❻ 他 (災害・死などが)急に襲う; 〔恐怖などで〕苦しめる 《*with*》

❼ 他自 (時計が時を)打つ

❽ 他 (貨幣などを)鋳造する

❾ 他 (契約などを)取り決める

strike A as B A(人)にBという印象を与える

strike back 打ち返す; 逆襲する, 反撃する

strike it rich (うまく山を当てて)大もうけする; 急に金持ちになる

strike off (名前・語句などを)削除する; 除名する

strike A off B AをBから削る, 削除する

strike on ... …を急に思いつく; …を不意に見つける

strike out (野球で)三振させる[する]; 失敗する; (文字などを)消す, 削除する

strike up (曲を演奏し)始める; (会話を)始める

within striking distance すぐ近くに, 射程内で

派生 **stroke**[1] 名

strike·out /stráikàut ストライカウト/ 名 C 《野球》三振

strik·er /stráikər ストライカ/ 名 C ストライキ参加者;《サッカー》ストライカー, フォワード

strik·ing B2 /stráikiŋ ストライキング/ 形 著しい; 目立つ, 人目をひく
- a **striking** difference 著しい相違

stríkingly 副 著しく, 際立って

string A2 高

/stríŋ ストリング/ 名 (複 **strings** /stríŋz/)

❶ U C ひも, 糸 (! thread よりも太く, cord よりも細いもの)
- **a piece of string** 1本のひも

❷ 一連, 一群, たくさん

❸ C (ひもに通した)ひとつなぎ, じゅずつなぎ

❹ C (楽器の)弦(げん), (弓の)弦(つる);《**the strings**》《集合的》弦楽器, (オーケストラの)弦楽器部, ストリングス

have ... on a string《口語》…を思いのままに操る

no strings (attached) 付帯条件のないこと

pull (the) strings 裏工作をする

— 動 (三単現 **strings** /stríŋz/; 過去・過分 **strung** /strʌ́ŋ/; 現分 **stringing**) 他 …に糸[ひも]を通す; (楽器・弓などに)弦を張る; (ロープなどを)張ってつるす

string out 間隔を置いて1列に並べる;《口語》(演説などを)引き延ばす

string (...) together (…を)つなぎ合わせる, (…を)1つにまとめる

string up ひもで結ぶ; ひもでつるす

stríng bèan 名 C《植物》サヤエンドウ, サヤインゲン

strínged ínstrument /stríŋd ストリングド/ 名 C 弦楽器

strin·gent /stríndʒənt ストリンヂャント/ 形《文章》(規則などが)厳しい, 厳格な; (金融市場などが)金詰まりの

string·y /stríŋi ストリンギ/ 形 (比較級 **stringier**; 最上級 **stringiest**) 糸の, 糸のような; 繊維の多い, 筋のある

strip[1] B2 /stríp ストリプ/ 動 (三単現 **strips** /stríps/; 過去・過分 **stripped** /strípt/; 現分 **stripping**) ❶ 他 (皮・衣服などを)はぐ, ぬがせる, 取り除く《*off*》; (人・木などを)裸にする; 自 裸になる; 文型 [**strip A from B = strip B of A**] BからAをはぐ

❷ 他 〔…を〕奪い取る《*of*》

strip away (慣習などを)やめる

strip[2] B1 /stríp ストリプ/ 名 (複 **strips** /stríps/) C 細長い1片; (土地などの)細長い区画
- a **strip** of paper 細長い紙切れ

stripe B1 /stráip ストライプ/ 名 (複 **stripes** /stráips/) C

❶ 筋(すじ); しま, ストライプ

❷《**stripes**》(軍人の)袖(そで)章《♦筋の数で階級を表すもの》

— 動 (三単現 **stripes** /stráips/; 過去・過分 **striped** /stráipt/; 現分 **striping**) 他 筋[しま模様]をつける

striped /stráipt ストライプト/ 形 筋が入った, しま模様の

strip·per /strípər ストリパ/ 名 C
❶ ストリッパー ❷ (塗料などを)はがす薬剤[機器]; 皮むき器

strip·tease /strípti:z ストリプティーズ/ 名 C U ストリップ(ショー)

strive B2 /stráiv ストライヴ/ 動 (三単現 **strives** /stráivz/; 過去 **strove** /stróuv/, **strived** /stráivd/; 過分 **striven** /strívən/, **strived**; 現分 **striving**) 自 〔…を求めて; …しようと〕努力する《*for, after; to do*》

striv·en /strívən ストリヴン/ 動 strive の過去分詞

strode /stróud ストロウド/ 動 stride の過去形

stroke[1] B2 高 /stróuk ストロウク/ 名 C

❶ (病気の)発作, 脳卒中
- have a **stroke** 脳卒中を起こす

❷ (水泳の)ひとかき, (ボートの)ひとこぎ; (テニスなどの)ひと打ち; (ペンの)ひと筆 (! 規則的にくり返す動作の1回分の動き・そのやり方)

❸ 打つこと, 一撃; (時計・鐘の)打つ音; 脈拍 ❹《**a stroke**》(幸運などの)突然の[思いがけない]こと

at a stroke = in one stroke 一撃

で; 一挙に

stroke[2] B2 /stróuk ストロウク/ 動 他 なでる, さする

stroll /stróul ストロウル/ 動 自 ぶらぶら歩く, 散歩する

— 名 C ぶらぶら歩き, 散歩

stroll·er /stróulər ストロウラ/ 名 C ❶ぶらぶら歩く人 ❷《米》ベビーカー

strong A1 中

/strɔ́:ŋ ストローング|strɔ́ŋ ストロング/ 形

(比較級 **stronger**; 最上級 **strongest**)

意味マップ
❶強い; 頑丈な
❷有力な; 激しい
❸得意な
❹濃い
❺兵力[人員]…の

❶(力が)強い, 体力のある; 頑丈な

- a **strong** wind 強い風
- I have a **strong** stomach. 胃は丈夫です
- She took a long, deep breath and felt **strong** again. 彼女は深呼吸をすると再び元気が出た

❷(議論・証拠などが)有力な; (可能性などが)大きい; (程度が)著しい, 激しい, 強烈な

- the enemy's **strong** resistance 敵の激しい抵抗

❸〔…が〕得意な《*in, on*》

- Speaking English is his **strong** point. 英会話は彼の得意とするところだ

❹(味・においなどが)濃い, 強い

❺《数詞のあとに置いて》兵力[人員]…の, 総勢…の

(as) strong as a horse [an ox] とても力が強い, 丈夫な

be (still) going strong (年などにめげず)達者である; (相変わらず)活躍している

派生 **strength** 名

strong·hold /strɔ́:ŋhòuld ストローングホウルド/ 名 C とりで, 要塞(ようさい) (=fortress); 〔思想・活動などの〕本拠地, 拠点《*of*》

strong·ly A2 高

/strɔ́:ŋli ストローングリ|strɔ́ŋli ストロングリ/ 副

強く, 熱心に; 激しく; 強固に, 頑丈に

strong-willed /strɔ́:ŋwíld ストローングウィルド/ 形 意志の強い; 強情な

stron·ti·um /strάnʃiəm ストランシアム/ 名 U 《化学》ストロンチウム《◆記号 Sr》

strove /stróuv ストロウヴ/ 動 strive の過去形

struck /strʌ́k ストラク/ 動 strike の過去形・過去分詞

struc·tur·al /strʌ́ktʃərəl ストラクチュラル/ 形 構造の; 構成の; 構造上の

strúcturally 副 構造上; 構成的に

struc·ture A2 高

/strʌ́ktʃər ストラクチャ/

名 (複 **structures** /strʌ́ktʃərz/)

❶ U 構造, 構成; 組織

- the **structure** of the building [human body] 建物[人体]の構造
- the **structure** of DNA DNAの構造

❷ C 建物, 建造物 (=building)

— 動 (三単現 **structures** /strʌ́ktʃərz/; 過去・過分 **structured** /strʌ́ktʃərd/; 現分 **structuring** /strʌ́ktʃəriŋ/) 他 (組織・考えなどを)組織立てる, 組み立てる

strug·gle B1 高 /strʌ́gl ストラグル/ 名 (複 **struggles** /strʌ́glz/) C 戦い; 闘争; 苦闘; 努力

- a power **struggle** 権力闘争

— 動 (三単現 **struggles** /strʌ́glz/; 過去・過分 **struggled** /strʌ́gld/; 現分 **struggling**) もがく; 戦う; 努力する, 奮闘する

- **struggle for** ... …を得ようとして戦う[苦闘する, 努力する]
- I **struggled** to solve the problem. その問題を解決しようと努力しました

struggle through ... …の中を苦労して進む

struggle with ... …と戦う; …に取り組む

strum /strʌ́m ストラム/ 動 (三単現 **strums** /strʌ́mz/; 過去・過分 **strummed** /strʌ́md/;

現分 **strumming**) 他 (弦楽器・曲を)つま弾く, かき鳴らす; 自 〔ギターなどを〕つま弾く《*on*》

strung /strʌ́ŋ ストラング/ 動 string の過去形・過去分詞

strut /strʌ́t ストラト/ 動 (三単現 **struts** /strʌ́ts ストラツ/; 過去・過分 **strutted** /strʌ́təd/; 現分 **strutting**) 自 (人が)気取って歩く, 反り返って歩く

━ 名 C 《ふつう **a strut**》気どって歩くこと, もったいぶった歩き方

stub /stʌ́b スタブ/ 名 C (木の)切り株; (鉛筆などの)使い残り; (たばこの)短い吸いさし; (受領証の)控え; (入場券などの)半券

━ 動 (三単現 **stubs** /stʌ́bz/; 過去・過分 **stubbed** /stʌ́bd/; 現分 **stubbing**) 他 (つま先を)ぶつける

stub·ble /stʌ́bl スタブル/ 名 U 《集合的》《単数扱い》(刈り取りあとの麦などの)刈り株; 無精ひげ

stub·born B1 /stʌ́bərn スタボン/ 形

❶ がんこな, 強情な

❷ 頑強な, しぶとい

❸ 扱いにくい, 手に負えない

stúbbornly B2 副 頑固に, 強情に

stúbbornness 名 U 頑固, 強情

stuc·co /stʌ́kou スタコウ/ 名 U (外装の)石目塗りしっくい; 化粧しっくい

stuck B1 /stʌ́k スタク/ 形

つっかえた, 行き詰まった

• We got **stuck** in traffic. 渋滞にはまってしまった

━ 動 stick の過去形・過去分詞

stuck-up /stʌ́kʌ́p スタクアプ/ 形 《口語》(人が)つんと澄ました; 思い上がった, うぬぼれた

stud[1] /stʌ́d スタド/ 名 C (扉・ベルトなどの)飾りびょう; (ワイシャツの)飾りボタン, カフスボタン; スタッド

━ 動 (三単現 **studs** /stʌ́dz/; 過去・過分 **studded** /stʌ́dəd/; 現分 **studding**) 他

❶ 飾りボタン[びょう]をつける

❷ 《ふつう **be studded**》《文章》〔…を〕ちりばめた《*with*》

stud[2] /stʌ́d スタド/ 名 U C 《集合的》繁殖用の動物; 種馬

stu·dent A1 中

/stjú:dənt ステューデント/ 名 (複 **students** /stjú:dənts ステューデンツ/) C

❶ 学生, 生徒 ⇨**pupil**[1]

• a high school **student** ハイスクールの学生

• I'm a second year **student**. 私は2年生です

• a **student** council (高校の)生徒会

❷ 研究者, 研究家

stud·ied /stʌ́did スタディド/ 動 study の過去形・過去分詞

stud·ies /stʌ́diz スタディズ/ 動 study の三人称単数現在形

━ 名 study の複数形

stu·di·o B1 高 /stjú:diòu ステューディオウ/ (×スタディオ) 名 (複 **studios** /stjú:diòuz/) C (芸術家の)(映画の) 撮影所; (テレビなどの)スタジオ, (楽曲などの)録音室; 仕事場, 制作室, スタジオ, アトリエ

stúdio apàrtment 名 C 《米》1室型アパート, ワンルームマンション

stu·di·ous /stjú:diəs ステューディアス/ 形 学問好きな; 熱心な; 注意深い

stud·y A1 中

/stʌ́di スタディ/

意味マップ

動 ❶ 勉強する, 研究する
　❷ よく調べる; よく見る

名 ❶ 勉強; 研究(活動)
　❷ 書斎(しょさい)
　❸ 習作; 練習曲

━ 動 (三単現 **studies** /stʌ́diz/; 過去・過分 **studied** /stʌ́did/; 現分 **studying**)

❶ 他 自 勉強する, 研究する ⇨**learn**

• **study** abroad 外国で勉強する, 海外留学をする

• She **has studied** mathematics for two years. 彼女は数学を2年間勉強した

• He **is studying** at his desk. 彼は自分の机に向かって勉強している

• **study** the health effects of cell phones 携帯電話の健康への影響を研究す

る
❷ 他 よく調べる; (人の顔などを)よく見る
• We'd better **study** the map before we go driving. ドライブに出かける前に地図をよく調べたほうがいい
— 名 (複 **studies** /stʌ́diz/)
❶ U 勉強; UC 《しばしば **studies**》研究(活動), 学業; C 学科

コロケーション
形, 名+**study**
a case *study* 事例研究
a detailed *study* 詳細な研究
pilot *studies* 予備研究
a further *study* さらなる研究
a scientific *study* 科学的な研究[調査]
動+**study**
begin *one's studies* 研究を始める
conduct [do, make, carry out] a *study* 研究[調査]をする
finish *one's studies* 研究を終える
pursue *one's studies* 研究を続ける

❷ C 書斎(しょさい)
❸ C (文学・美術などの)習作, スケッチ; 《音楽》練習曲, エチュード

stúdy hàll 名 C 《米》(学校の)自習室

stúdy pèriod 名 C (時間割に組み込まれている)自習時間

stuff A2
/stʌ́f スタフ/ 名 U
❶ (ばく然と)もの; 持ちもの; こと
• Do you have some **stuff** to polish the furniture with? 家具を磨くもの何か持ってる?
• That's serious **stuff**. それは深刻だね (←深刻なことだね)
❷ (人の)素質; (物事の)本質
❸ 材料, 原料
... and stuff (like that) 《口語》…など, …のようなもの[こと]
do one's stuff 《口語》本領を発揮する
know one's stuff 《口語》自分の仕事をよくわきまえている
— 動 (三単現 **stuffs** /stʌ́fs/; 過去・過分 **stuffed** /stʌ́ft/; 現分 **stuffing**)
❶ 他 ぎっしり詰める, 詰め込む; (鳥に)野菜・調味料などの詰めものをする;
文型 [**stuff A with B** = **stuff B into A**] AにBを詰め込む
❷ 他 (鳥などを)剥製(はくせい)にする
❸ 他 《口語》〔…を〕…にたらふく食わせる 《*with*》; 自 《口語》たらふく食う

stuffed B1 /stʌ́ft スタフト/ 形
❶ (人が)腹がいっぱいで
❷ (クッションなどが)詰めものをした
❸ (トイレ・鼻が)詰まった 《*up*》

stúffed ánimal 名 C (動物の)ぬいぐるみ

stuff·ing /stʌ́fiŋ スタフィング/ 名 U (クッションなどの)詰めもの; (料理で鳥などに詰める)詰めもの

stuff·y /stʌ́fi スタフィ/ 形 (比較級 **stuffier**; 最上級 **stuffiest**) ❶ 風通しの悪い, むっとする; (鼻が)詰まった ❷ 旧弊な, 融通の利かない; 《口語》不機嫌な

stum·ble B1 /stʌ́mbl スタンブル/ 動 (三単現 **stumbles** /stʌ́mblz/; 過去・過分 **stumbled** /stʌ́mbld/; 現分 **stumbling**)
自 ❶〔…に〕つまずく 《*over, on, at*》; よろける • **stumble over** [**on**] a stone 石につまずく
❷〔ことばなどを〕つっかえながら言う, どもる 《*at, over*》
stumble across [***on, upon***] ... …に偶然出くわす; …を偶然見つける
— 名 (複 **stumbles** /stʌ́mblz/) C つまずき; よろめき; 失敗, 間違い

stúmbling blòck 名 C 障害(物) 《*to*》

stump /stʌ́mp スタンプ/ 名 C 切り株; 演壇; (一般に)短い切れはし 《♦ろうそくの燃えさしなど》 — 動 他 切り株にする; 遊説する; まごつかせる

stun B1 /stʌ́n スタン/ 動 (三単現 **stuns** /stʌ́nz/; 過去・過分 **stunned** /stʌ́nd/; 現分 **stunning**) 他
❶ 肝をつぶさせる, びっくりさせる; 文型 [**be stunned**] びっくり仰天する ❷ (打って)気絶させる

stung /stʌ́ŋ スタング/ 動 stingの過去形・過去分詞

stún gùn 名C スタンガン《♦電気ショックを利用した護身具》

stunk /stʌ́ŋk スタンク/ 動 stink の過去形・過去分詞

stun·ning B1 /stʌ́niŋ スタニング/ 形
❶《口語》(人・物が)すばらしい, とても美しい ❷気絶させるほどの

stunt[1] /stʌ́nt スタント/ 動 他 …の成長を妨げる; 妨げる

stunt[2] /stʌ́nt スタント/ 名C 離れ業, 曲芸, スタント; 人目を意識した行為

stúnt màn 名C スタントマン

stúnt wòman 名C スタントウーマン

stu·pen·dous /stjuːpéndəs ステューペンダス/ 形 すばらしい, とてつもない; 巨大な, 巨額の

stu·pid B1 /stjúːpəd ステューピド/ 形 (比較級 **stupider**, **more stupid**; 最上級 **stupidest**, **most stupid**)
ばかな, 頭の悪い, 愚かな (=foolish); ばかげた, くだらない
- a **stupid** answer ばかげた返事
- **It was stupid of** me **to** make such a mistake. そんな間違いをしちゃうなんて私もばかだった

stu·pid·i·ty /stjuːpídəti ステューピディティ/ 名 (複 **stupidities** /stjuːpídətiz/) U 愚かさ; C《ふつう **stupidities**》ばかな言動

stu·por /stjúːpər ステューパ/ 名UC《ふつう **a stupor**》無感覚, 人事不省, ぼうっとした状態

stur·dy /stə́ːrdi スターディ/ 形 (比較級 **sturdier**; 最上級 **sturdiest**) 屈強な; たくましい; 丈夫な, しっかりした

stut·ter /stʌ́tər スタタ/ 動 自 最初の子音がよく出ない, どもる; 他 どもりながら言う (**!** stutter はくせでどもること; 一般にどもるは stammer)
— 名C《ふつう **a stutter**》どもること

St. Válentine's Dày 名 聖バレンタインの祭日, バレンタインデー

St. Vin·cent and the Gren·a·dines /sèint vínsənt ən ðə grenədíːnz セイント ヴィンスント アン ザ グレナディーンズ/ 名 セントビンセントおよびグレナディーン諸島《♦カリブ海東部の共和国; 首都キングスタウン (Kingstown)》

sty /stái スタイ/ 名 (複 **sties** /stáiz/) C 豚小屋; 汚い[不潔な]場所

style A2 中

/stáil スタイル/ 名 (複 **styles** /stáilz/)
❶ UC (生活・行動・芸術などの)様式, 流儀, やり方, スタイル
- a church **in** Gothic **style** ゴシック様式の教会
- Japanese **style** of living 日本式の生活

❷ C (服装などの)型, デザイン; スタイル; UC 流行(型) (**!** 日本語では「スタイル」はおもに容姿や体つきについて用いるが, 英語では style を用いないで figure を使う)
❸ UC 表現のしかた, 文体
❹ U (作法・態度などの)上品さ, 品位

in style 流行に合った, 流行の; 立派に, 堂々と

out of style 流行遅れの

— 動 (三単現 **styles** /stáilz/; 過去・過分 **styled** /stáild/; 現分 **styling**) 他 (衣服・家具などを)一定の様式に合わせて作る; デザインする

styl·ing /stáiliŋ スタイリング/ 名U スタイル; 整髪, スタイリング

styl·ish B1 /stáiliʃ スタイリシュ/ 形 流行の; おしゃれな, かっこいい
stýlishly 副 かっこよく

styl·ist B2 /stáilist スタイリスト/ 名C《複合語で》美容師 (=hair stylist); (服飾・室内装飾などの)デザイナー; 名文家; 名演説家

sty·lis·tic /stailístik スタイリスティク/ 形 文体(上)の, 文体論の; 様式(上)の

sty·mie /stáimi スタイミ/ 名C《ゴルフ》スタイミー;《口語》困難な障害[状況, 問題] — 動 他《口語》じゃまする

suave /swάːv スワーヴ/ 形 (比較級 **suaver**; 最上級 **suavest**) 人当たりのよい, いんぎんな

sub /sʌ́b サブ/ 名C ❶潜水艦 (=submarine) ❷代用品 (=substitute) ❸《英》会費 (=subscription)

❹《米》サブマリンサンド (=submarine sandwich)

sub·com·mit·tee /sʌ́bkəmìti サブカミティ/ 名C 《単数形で》《集合的》小委員会

sub·con·scious B1 /sʌ̀bkɑ́nʃəs サブカンシャス/ 形 (!比較変化なし)
潜在意識の; おぼろげに意識している
— 名U 潜在意識
sùbcónsciously 副 潜在意識的に, おぼろげに

sub·con·ti·nent B2 /sʌ̀bkɑ́ntənənt サブカンティネント/ 名C 亜大陸 (♦インド・ニューギニアなど)

sub·con·tract /sʌ̀bkɑ́ntrækt サブカントラクト/ 名C 下請負; 下請け契約
— /sʌ̀bkəntrǽkt サブカントラクト/ (発音 名とのアクセントの違いに注意) 動他 下請け契約をする; 〔…に〕下請けに出す《to》

sub·cul·ture B2 /sʌ́bkʌ̀ltʃər サブカルチャ/ 名C サブカルチャー, 下位文化

sub·di·vide /sʌ̀bdəváid サブディヴァイド/ 動他 再分割する

sub·di·vi·sion B2 /sʌ̀bdivíʒən サブディヴィジョン/ 名U 再分割(すること), 細分化(すること), 小分け; C 下位区分; 《米》U (土地の)区画割り; C 分譲地

sub·due /səbdjúː サブデュー/ 動他 征服する; 抑える

sub·dued /səbdjúːd サブデュード/ 形 (声などが)抑えられた, 元気のない; 沈んだ; (光・色などが)やわらげられた

sub·group /sʌ́bgrùːp サブグループ/ 名C (群を分割した)小群, 下位集団; 《化学》亜族; 《数学》部分群

sub·ject A1 中
/sʌ́bdʒikt サブヂクト/

意味マップ
名 ❶ 主題, テーマ
❷ 教科, 科目
❸ (絵画の)題材, (写真の)被写体
❹ 被験者, 実験動物
❺ 《文法》主語
❻ 臣民, 総統治者
形 被りやすい; 受けやすい
動 服従させる; 受けさせる

— 名 (複 **subjects** /sʌ́bdʒikts サブヂクツ/) C ❶ (論文・研究・話などの) **主題, テーマ, 題目, 話題**
- The **subject for** our composition is "My Dream." 私たちの作文の題は「私の夢」だ
- Let's change the **subject**. 話題を変えましょう

コロケーション
形+**subject**
a primary [main] *subject* 主題
a particular *subject* 特定の話題
a favorite *subject* 好きな話題

❷ **教科, 科目, 学科**
- English is my favorite **subject**. 英語は私の大好きな教科です

関連語▶ 単語力
art 美術
biology 生物
chemistry 化学
French フランス語
geography 地理
German ドイツ語
history 歴史
home economics 家庭科
math, mathematics 数学
music 音楽
PE 体育
physics 物理
science 理科
social studies 社会
(!国語は日本なら Japanese)

❸ (絵画の)題材, (写真の)被写体
❹ 被験者, 実験動物
❺ 《文法》(文の)主語, 主部 (!「目的語」は object)
❻ 臣民, 被統治者

— 形 文型 [**be subject to A**] Aを被りやすい; Aになることがある; Aを受けやすい, Aにかかりやすい, Aに左右される; Aを条件とする; Aに従うものとする
- Prices **are subject to** change without notice. 価格は予告なしに変更になることがあります

subject to ... 《接続詞的》…を条件と

して

— /səbdʒékt サブチェクト/ (発音 名・形 とのアクセントの違いに注意) 動 (三単現 **subjects** /səbdʒékts サブチェクツ/; 過去・過分 **subjected** /səbdʒéktəd/; 現分 **subjecting**) 他 文型 [**subject A to B**] A(他国など)をB(支配など)に服従させる; AにB(批判など)を受けさせる

sub·jec·tive /səbdʒéktiv サブチェクティヴ/ 形 主観の, 主観的な (↔**objective**); (文法で)主語の, 主格の (❗「目的格の」は objective)

sub·jec·tive·ly /səbdʒéktivli サブチェクティヴリ/ 副 主観的に (↔**objectively**)

sub·jec·tiv·i·ty /sʌ̀bdʒektívəti サブチェクティヴィティ/ 名 U 主観的なこと, 主観性 (↔**objectivity**)

súbject màtter 名 U (論文などの)主題, 題材

sub·ju·gate /sʌ́bdʒugèit サブチュゲイト/ 動 他 《文章》 支配下[統治下]に置く, 制圧する; (欲望などを)抑える

sub·junc·tive B2 /səbdʒʌ́ŋktiv サブチャンクティヴ/ 名 《**the subjunctive**》《文法》仮定法 — 形 《文法》 仮定法の

文法› 仮定法 (**subjunctive**)
話者が仮定して述べるときの動詞の形を仮定法という. 仮定法過去は現在の事実に反することを, 仮定法過去完了は過去の事実に反することを仮定して述べる言い方:
If I **were** you, I **would** study harder. もし私が君であれば, もっと勉強するのに (❗仮定法過去)
If you **had studied** harder, you **would have** passed the exam. もし君がもっと勉強していれば, 試験に受かっただろうに (❗仮定法過去完了)
次のように if を使わない仮定法の言い方がある:
He **would** never tell such a thing. 彼ならそんなことをぜったいに言わない (❗主語に仮定条件が含まれる)

sub·lease /sʌ́blìːs サブリース/ 名 C (部屋などの)転貸し, また貸し[借り]

— /sʌblíːs サブリース/ (発音 名 とのアクセントの違いに注意) 動 他 また貸し[借り]する

sub·let /sʌ̀blét サブレト/ 動 (三単現 **sublets** /sʌ̀bléts サブレツ/; 過去・過分 **sublet**; 現分 **subletting**) 他 (家・土地などを)また貸し[借り]する; (請負仕事の一部を)下請けに出す

sub·lime /səbláim サブライム/ 形 (比較級 **sublimer, more sublime**; 最上級 **sublimest, most sublime**) 荘厳な, 崇高な; 抜群の, 卓越した

sub·lim·i·nal /sʌ̀blímənəl サブリミナル/ 形 《心理》 意識下の, 潜在意識の

sub·ma·rine B1 /sʌ́bmərìːn サブマリーン/ 名 (複 **submarines** /sʌ́bmərìːnz/) C 潜水艦

— 形 海底の

súbmarine sándwich 名 C 《米》 サブマリンサンド (◆細長いロールパンで作るサンドイッチ)

sub·merge /səbmə́ːrdʒ サブマーヂ/ 動
❶ 他 水中に沈める; おおい隠す, 消し去る; 自 水没する; (潜水艦などが)潜水[潜航]する
❷ (**be submerged** または **submerge** *oneself*) (人が)〔…に〕没頭する 《*in*》

sub·merged /səbmə́ːrdʒd サブマーヂド/ 形 水中の, 水中に沈んだ; 隠された

sub·mis·sion /səbmíʃən サブミション/ 名 U 服従, 降服; 提出

sub·mis·sive /səbmísiv サブミスィヴ/ 形 〔…に対して〕従順な; 服従的な 《*to*》

sub·mit B2 /səbmít サブミト/ 動 (三単現 **submits** /səbmíts サブミツ/; 過去・過分 **submitted** /səbmítəd/; 現分 **submitting**)
❶ 自 〔…に〕服従する, 屈する 《*to*》; 他 〔…に〕服従させる, 従わせる 《*to*》
❷ 他 〔…に〕(計画書などを)提出する 《*to*》; 文型 [**submit that ...**] 《法律》 …ではないかと意見を出す[申し立てる]

submit oneself to ... (権力などに)屈服する

sub·nor·mal /sʌ̀bnɔ́ːrməl サブノーマル/ 形 水準以下の, 知恵遅れの

sub·or·di·nate /səbɔ́ːrdənət サボーディネト/ 形 〔…より〕下位の 《*to*》; 〔…に〕従属的な 《*to*》

— 名 C 従属するもの, 部下

— /səbɔ́ːrdənèit サボーディネイト/ 動 他〔…より も〕下位に置く《to》;〔…に〕従属させる《to》

sub·or·di·na·tion /səbɔ̀ːrdənéiʃən サボーディネイション/ 名 U 従属, 従位; 下位; 《文法》従属関係

sub·poe·na, sub·pe·na /səpíːnə サピーナ/ 名 C 《法律》召喚状
— 動 他 (証人として法廷に)召喚する

sub·scribe /səbskráib サブスクライブ/ 動 ❶ 自〔新聞・雑誌などを〕定期購読する《to, for》 ❷ 他 自〔…に〕(金を)寄付する《to, for》 ❸ 他 自〔…に〕署名する《to》

sub·scrib·er /səbskráibər サブスクライバ/ 名 C 定期購読者; 寄付者, 寄付申込者

sub·scrip·tion /səbskrípʃən サブスクリプション/ 名
❶ U C (定期)購読; C 購読料
❷ U C 寄付の申し込み; C 寄付金

sub·se·quent /sʌ́bsəkwənt サブスィクワント/ 形 次の; その後の;〔…の〕次に起こる《to》(↔**previous**)
súbsequently 副 その後; それに続いて

sub·ser·vi·ent /səbsə́ːrviənt サブサーヴィアント/ 形〔…に〕卑屈な, こびへつらう, ぺこぺこする《to》

sub·side B2 /səbsáid サブサイド/ 動 自 (地面・水位などが)沈下する, 陥没する; (怒り・痛みなどが)やわらぐ; (風・海などが)おさまる

sub·sid·ence /səbsáidəns サブサイダンス, sʌ́bsidəns サブスィダンス/ 名 U (地面などの)沈下; 減退, 鎮静

sub·sid·i·ar·y /səbsídièri サブスィディエリ/ 形 補助の; 副次的な, 従属的な; 派生する; 傘下(さんか)の
— 名 (複 **subsidiaries** /səbsídièriz/) C 補助者[物]; 子会社

sub·si·dize /sʌ́bsidàiz サブスィダイズ/ 動 他 (政府などが)補助[奨励]金を与える; (産業などを)援助[助成]する

sub·si·dy /sʌ́bsədi サブスィディ/ 名 (複 **subsidies** /sʌ́bsədiz/) C (国家が交付する)助成[補助, 奨励]金, (一般に)交付金; 寄付金

sub·sist /səbsíst サブスィスト/ 動 自 《文章》〔…で〕かろうじて生きていく《on》; (風習などが)残存[存続]する

sub·sist·ence /səbsístəns サブスィステンス/ 名 U 生きながらえること, 生存; 生命維持; ぎりぎりの生活, 最低生活

sub·stance B2 高 /sʌ́bstəns サブスタンス/ 名 ❶ C 物質, (ばく然と)物
• chemical **substances** 化学物質
❷ U 本質; 実体
❸ U 内容, 中身, 実質; 重要性
❹《**the substance**》趣旨, 要点

in substance 《文章》実質的には, 事実上
派生 **substantial** 形

sub·stand·ard /sʌ̀bstǽndərd サブスタンダド/ 形 標準以下の; (製品などが)規格外れの; (発音などが)非標準的

sub·stan·tial B1 /səbstǽnʃəl サブスタンシャル/ 形 実体のある; 本質的な, 実質上の; かなりの
• a **substantial** amount 相当量
• a **substantial** number かなりの数
派生 **substance** 名

sub·stan·tial·ly /səbstǽnʃəli サブスタンシャリ/ 副 概して, 大体は; 本質上, 実質的に; 十分に, たっぷりと; 大いに

sub·stan·ti·ate /səbstǽnʃièit サブスタンシエイト/ 動 他 実証する, 証拠立てる

sub·stan·tive /səbstǽntiv サブスタンティヴ/ 形 《文章》実質的な; 現実の

sub·sti·tute B1 /sʌ́bstətjùːt サブスティテュート/ (×サブスティテュート) 名 (複 **substitutes** /sʌ́bstətjùːts サブスティテューツ/) C〔…の〕代わりをする物[人], 代用品, 代理人, 代役《for》
• There is no **substitute for** a person like her. 彼女のような人に代われる人はいません
— 動 (三単現 **substitutes** /sʌ́bstətjùːts サブスティテューツ/; 過去・過分 **substituted** /sʌ́bstətjùːtəd/; 現分 **substituting**)
❶ 他 …の代わりに使う, …代用する; 文型 [**substitute A for B**] AをBの代わりに使う, AにBの代理をさ

せる
❷ 自 〔仕事などの〕代理を務める, 代わりになる《*for*》
sub·sti·tu·tion /sʌ̀bstətjúːʃən サブスティテューション/ 名 U C 代用, 代理; 入れ換え; 置換
in substitution for ... …の代用に; …の代理として
sub·ter·fuge /sʌ́btərfjùːdʒ サブタフューヂ/ 名 U C 言い逃れ, 口実; ごまかし
sub·ter·ra·ne·an /sʌ̀btəréiniən サブテレイニアン/ 形 地下の, 地中の (=underground); 地下で働く; 隠れた, 秘密の
sub·ti·tle B2 /sʌ́btàitl サブタイトル/ 名 C 副表題, サブタイトル; 《**subtitles**》(映画・テレビの)字幕, スーパー
sub·tle B2 /sʌ́tl サトル/ (×サブトル) 形 (比較級 **subtler**; 最上級 **subtlest**) 微妙な; かすかな; 難解な; 敏感な; 細(こま)やかな •a **subtle** difference [distinction] 微妙な違い
sub·tle·ty /sʌ́tlti サトルティ/ 名 (複 **subtleties** /sʌ́tltiz/) ❶ U 微妙; 難解; C 《しばしば **subtleties**》細かい区別立て, 微細な点 ❷ U 敏感; 巧みさ
sub·tly /sʌ́tli サトリ/ 副 微妙に; 難解に; 敏感に; 巧みに
sub·total /sʌ̀btóutəl サブトウタル/ 名 C (勘定書などの)小計
━ 形 ほぼ全面的な, 完全に近い
━ 動 他 自 小計する
sub·tract B2 /səbtrǽkt サブトラクト/ 動 他 〔…から〕引く, 減ずる, 引き算する《*from*》(↔**add**); 自 引き算をする
sub·trac·tion /səbtrǽkʃən サブトラクション/ 名 U C 引き算 (↔**addition**); 控除
sub·trop·i·cal /sʌ̀btrɑ́pikəl サブトラピカル/ 形 亜熱帯の
sub·urb B2 高 /sʌ́bəːrb サバーブ/ 名 C 《しばしば **the suburbs**》郊外, 郊外(住宅)地域
sub·ur·ban /səbə́ːrbən サバーバン/ 形 郊外の, 都市周辺の
sub·ur·ban·ite /səbə́ːrbənàit サバーバナイト/ 名 C 郊外居住者
sub·ur·bi·a /səbə́ːrbiə サバービア/ 名 U 《集合的》郊外; 郊外居住者; 郊外居住者特有の生活[思考]様式
sub·ver·sion /səbvə́ːrʒən サブヴァージョン/ 名 U 《文章》(政体などの)転覆, 打倒; 破壊
sub·ver·sive /səbvə́ːrsiv サブヴァースィヴ/ 形 《文章》転覆[打倒]しようとする, 破壊的な
━ 名 C 《文章》危険人物, 破壊分子
sub·vert /səbvə́ːrt サブヴァート/ 動 他 《文章》(政府などの)転覆をねらう, 覆す, 打倒する; (宗教などを)破壊する

sub·way A1 高

/sʌ́bwèi サブウェイ/
名 (複 **subways** /sʌ́bwèiz/) C
❶《米》地下鉄 (=《英》tube, underground) ⇨**tube** ❷
❷《英》地下道 (=《米》underpass)

suc·ceed A2 高

/səksíːd サクスィード/ 動 (三単現 **succeeds** /səksíːdz サクスィーヅ/; 過去・過分 **succeeded** /səksíːdəd/; 現分 **succeeding**)
❶ 自 〔…に〕成功する《*in*》; うまく…する (↔**fail**)
• **succeed in** an examination 試験に成功[合格]する
❷ 他 …のあとを継ぐ; 自 〔…を〕継承する《*to*》(❗「連続, 継承」は succession)
• When the king died, his son **succeeded** him [**to** the throne].
王が死ぬと王子が彼のあと[王位]を継いだ (❗succeed+「人」; succeed+to+「称号・財産・職業」の形に注意)
❸ 他 …に続く, 次いで起こる
派生 **success** 名
suc·ceed·ing /səksíːdiŋ サクスィーディング/ 形 次の (=following) (↔**preceding**)

suc·cess A2 高

/səksés サクセス/ (×サクセス) (発音 アクセントに注意) 名 (複 **successes** /səksésəz/)
❶ U 〔…における〕成功, うまくやるこ

と《*in*》(↔**failure**)
- achieve **success** 成功する
- I wish you **success**. ご成功をお祈りいたします

❷ Ⓒ 大当たり, 成功した事; 成功した人, 成功者
- She is a great **success** as a singer. 彼女は歌手としてたいへんな成功者だ

make a success of ... …を立派にやる, 成功する

派生 **succeed** 動; 派生 **successful** 形

suc·cess·ful A1 高

/səksésfəl サクセスフル/ 形 〔…に〕成功した, うまくいった《*in*》; 合格した; 出世した; 大当たりの (↔**unsuccessful**)
- He was **successful in** the examination. 彼は試験に合格した

派生 **success** 名

suc·cess·ful·ly

A2 高 /səksésfəli サクセスフリ/ 副 うまく, 見事に, 首尾よく; 成功のうちに
- Everything turned out **successfully**. 何もかもうまくいった

suc·ces·sion /səkséʃən サクセション/ 名 Ⓤ 連続(すること); Ⓒ ひと続き; Ⓤ あとを継ぐこと, 相続, 継承

in succession 連続して, 次々に

suc·ces·sive B2 /səksésiv サクセスィヴ/ 形 連続する, 続いての

succéssively 副 引き続いて

suc·ces·sor /səksésər サクセサ/ 名 Ⓒ 後継者, 後任者 (↔**predecessor**); 相続者

suc·cinct /səksíŋkt サクスィンクト/ 形 (文章・文体などが)簡潔な, 簡明な

suc·cor, 《英》 **suc·cour** /sʌ́kər サカ/ 名 Ⓤ 《文章》 (危急の際の)救助, 救援

suc·cu·lent /sʌ́kjulənt サキュラント/ 形 (果物・肉などが)汁がたっぷりでうまい (=juicy); 《植物》 多肉多汁の

suc·cumb /səkʌ́m サカム/ 動 自 《文章》 〔…に〕屈服する, 屈する, 負ける《*to*》; 〔…で〕死ぬ《*to*》

such A2 中

/《弱》 sətʃ サチ; 《強》 sʌ́tʃ サチ/ 形

❶《前に述べたことをさして》そのような, そんなふうな (❗名詞の前には用いない)
- If **such** is the case, ... もし事実がそうであるなら

❷《**such** (**a**)+名詞》そんなに[こんなに], こういう, そんな, こんな
- **such a** thing そんな事 (×*a* such thing としない)
- I have never read **such an** interesting book. 私はこんなおもしろい本を読んだことがない

使い方› **such** の語順

(**1**) such を数えられる名詞の単数形と使うときは「such+a [an]+(形容詞+)名詞」の順序:

such a book このような本

I can't answer **such a difficult** question. こんな難しい問題には答えられない (×a such difficult question)

(**2**) all, some, no, any, many などは such の前につく:

All such books are useful. そういう本はすべて有益です

I said **no such** thing. 私はそんなことは一切申しませんでした

❸《**such** (**a**)+形容詞+名詞》非常に, とても, すごく; 《**such** (**a**) +名詞》非常な, すごい, 大変な
- He is **such a** nice person. 彼はとてもいい人だ

比較 He is **so** nice. 彼はとても人柄がいい (❗形容詞の修飾には so を使う; He is so nice a person. ともいえるが形式ばった表現)
- She has **such** gorgeous dresses. 彼女はたいへん豪華なドレスを持っている (❗×so gorgeous dresses とはいえない)

such and such これこれの, しかじかの

such as ... たとえば…; …のような

• Autumn gives us fruits, **such as** pears, apples, and grapes. 秋は私たちにナシ, リンゴ, ブドウといった果物を恵んでくれる

such A as B BのようなA

• **such** a book **as** this = a book **such as** this このような本

such A as to do …するような A, …するほどAで

such A that … とてもAなので…

• He is **such** a good boy **that** everybody likes him. 彼はとてもいい子なのでだれでも彼が好きだ (=He is so good (a boy) that everybody likes him.)

— 代 《単数・複数両扱い》そのような人[もの, こと]

… and such …など

as such そのようなものとして; それ自体では

such as it is 大したものではないが

… such that … = Such … that … …が非常なものなので…

such-and-such /sʌ́tʃənsʌ̀tʃ サチャンサチ/ 形 これこれの, しかじかの

suck B2 /sʌ́k サク/ 動 他 自 ❶ (汁・みつ・空気などを)吸う, すする ❷ (あめ・指などを)しゃぶる ❸ 吸い込む, 吸い取る ❹ 自 《口語》(物・事が)最悪である

suck up to … 《口語》人におべっかを使う

— 名 C 吸うこと; ひと吸い

suck·er /sʌ́kər サカ/ 名 C ❶ 乳児; 吸う人, (クジラ・ブタなどの)乳離れしない子 ❷ 《口語》だまされやすい人, かも; 〔…に〕夢中になる人 《*for*》 ❸ 《動物》吸盤; (ゴム製で壁につける)吸着盤

suck·le /sʌ́kl サクル/ 動 他 乳を飲ませる, 授乳する; 自 乳を飲む

suc·tion /sʌ́kʃən サクション/ 名 U 吸うこと, 吸引; 吸引力

Su·dan /su:dǽn スーダン/ 名 《**the Sudan**》スーダン 《♦アフリカ北東部の共和国; 首都ハルツーム (Khartoum)》

sud·den A2 高

/sʌ́dn サドン/ 形 突然の, 急の

• There was a **sudden** change in the weather. 天気が急に変わった

all of a sudden 突然, 急に, だしぬけに (=suddenly)

sud·den·ly B1 中 /sʌ́dnli サドンリ/ 副 突然, 急に

• **Suddenly** she started crying. 突然彼女は泣き始めた

suds /sʌ́dz サヅ/ 名 《複数扱い》せっけんの泡; せっけん水

suds·y /sʌ́dzi サヅィ/ 形 (比較級 **sudsier**, 最上級 **sudsiest**) 泡だらけの, 泡立っている; 泡に似た

Sue /sjú: スュー/ 名 スー 《♦女性名; Susan の愛称》

sue B2 /sjú: スュー/ 動 他 〔…のかどで, …を求めて〕訴える, 告訴する 《*for*》

suede /swéid スウェイド/ 名 U スエード革; スエードのような生地

suf·fer B1 高 /sʌ́fər サファ/ (×サファー) 動 (三単現 **suffers** /sʌ́fərz/; 過去・過分 **suffered** /sʌ́fərd/; 現分 **suffering** /sʌ́fəriŋ/) ❶ 他 (苦痛・損害などを)受ける, こうむる; (事態などを)経験する; 直面する (! 目的語には pain (苦痛), loss (損失), grief (悲しみ)など「苦痛・不快」を表す語をとる)

• **suffer** pain 苦痛を受ける, 苦しむ

• **suffer** a great loss 大損害をこうむる

• San Francisco **suffered** a deadly earthquake. サンフランシスコはものすごい地震に見舞われた

❷ 自 〔…で〕悩む, 苦しむ 《*from*》; 〔病気などを〕わずらう 《*from*》 (! from の次には「病気・貧困・飢え」など「苦痛」の原因を示す語がくる)

• **suffer from** a headache 頭痛がする

❸ 他 …に耐える (! おもに否定文・疑問文で用いる)

suf·fer·er /sʌ́fərər サファラ/ 名 C 〔病気などで〕苦しむ人, 悩む人 《*from*》

suf·fer·ing B2 高 /sʌ́fəriŋ サファリング/ 名 U 苦しみ, 苦痛; C 《しばしば **sufferings**》苦難, 苦労

suf·fice /səfáis サファイス/ 動 自 十分である; 他 (必要を)満たす

suf·fi·cien·cy /səfíʃənsi サフィシェンスィ/ 名U 十分; 《a sufficiency》〔…の〕十分な量《of》 派生 sufficient 形

suf·fi·cient B1 /səfíʃənt サフィシェント/ (×サフィシャント) 形〔…に; …するのに〕十分な, 必要なだけの《for; to do》(=enough) (↔insufficient)
- **sufficient** time 十分な時間
- **sufficient** evidence 十分な証拠

派生 sufficiency 名

suf·fi·cient·ly B2 /səfíʃəntli サフィシャントリ/ 副 十分に, たっぷりと

suf·fix B1 /sʌ́fiks サフィクス/ 名 (複 suffixes /sʌ́fiksəz/) C 接尾辞《◆-ness や -ment などのように語のあとについて単語をつくる》

suf·fo·cate /sʌ́fəkèit サフォケイト/ 動 他 窒息死させる, 息を詰まらせる; 自 窒息死する

suf·fo·ca·tion /sʌ̀fəkèiʃən サフォケイション/ 名U 窒息

suf·frage /sʌ́fridʒ サフリヂ/ 名U 投票[選挙]権; C《文章》賛成票; 投票

by suffrage 投票で

su·gar A1 高

/ʃúgər シュガ/ 名 (複 sugars /ʃúgərz/) U 砂糖; C 砂糖1さじ分, 角砂糖1個
- Do you like **sugar** in your coffee? コーヒーに砂糖を入れますか？

会話 "How many **sugars**?" "Two, please."「お砂糖何杯入れる？」「2杯」

— 動 (三単現 sugars /ʃúgərz/; 過去・過分 sugared /ʃúgərd/; 現分 sugaring /ʃúgəriŋ/) 他 砂糖を入れる, 甘くする

súgar cándy 名 (複 sugar candies /kǽndiz/) UC《英》氷砂糖 (=《米》rock candy)

súgar càne 名U《植物》サトウキビ

sug·ar·y /ʃúgəri シュガリ/ 形 砂糖でできた; 甘い; 甘ったるい

sug·gest A2 高

/səgdʒést サグチェスト | sədʒést サヂェスト/ 動 (三単現 suggests /səgdʒésts サグチェスツ/; 過去・過分 suggested /səgdʒéstəd/; 現分 suggesting) 他

❶〔…に〕(こうしてはどうかと) 提案する《to》
- **suggest** a plan 計画を提案する
- Can you **suggest** an alternative? 代案を出してもらえますか

文型 [**suggest** (**to** A) (**that**)...] A (人)に…ということを提案する
- He **suggested that** we (should) go on a picnic. ピクニックに行こうと彼は提案した (=He said, "Let's go on a picnic.") (❗ that ... の中の動詞は原形(仮定法現在)で should を入れるのはおもに《英》)

❷〔職などに〕(人を) 推薦する《for》

❸ 暗示する, ほのめかす, それとなく言う; 思いつかせる; 文型 [**suggest** (**that**)...] …ということをほのめかす, …ということをそれとなく示す

派生 suggestion 名

sug·gest·i·ble /səgdʒéstəbl サグチェスタブル/ 形《文章》暗示的に, 人の影響を受けやすい

sug·ges·tion A1 高

/səgdʒéstʃən サグチェスチョン | sədʒéstʃən サヂェスチョン/

名 (複 suggestions /səgdʒéstʃənz/)

❶ C (こうしてはどうかという) 提案, サジェスチョン; U 提案すること
- Do you have any **suggestions**? 何か提案がありますか
- I made a **suggestion that** we (**should**) go on a picnic next Sunday. こんどの日曜日にピクニックへ行こうと私は提案した

コロケーション

動+**suggestion**

accept a *suggestion* 提案を受け入れる
ask for a *suggestion* 提案を求める
follow a *suggestion* 提案に従う
offer a *suggestion* 提案する
reject a *suggestion* 提案を退ける

❷ C 気味, かすかなしるし, 気配; 可能性 ❸ U 暗示

at A's suggestion A(人)の勧めで

sug·ges·tive /səgdʒéstiv サグチェスティヴ/ 形 〔…を〕暗示する, 示唆する《*of*》; 思わせぶりな

suggéstively 副 思わせぶりに

su·i·cid·al /sù:əsáidl スーイサイドル/ 形 自殺の; 自殺しそうな; 自殺的な

su·i·cide B1 /sú:əsàid スーイサイド | sjú:əsàid スューイサイド/ 名 (複 **suicides** /sú:əsàidz スーイサイヅ/) U 自殺(的行為); C 自殺者, 自殺行為

• a **suicide** bombing 自爆テロ

commit suicide 自殺する

suit A2 高

/sú:t スート | sjú:t スュート/ 名 (複 **suits** /sú:ts スーツ/) ❶ C スーツ, 上下一そろいの服, 背広

• She had a new **suit** on. 彼女は新しいスーツを着ていた

❷ C …用の服, …着

• a swim **suit** 水着

❸ C《トランプ》組み札《◆同種類の 13 枚》 ❹ U C 訴訟

• a civil **suit** 民事訴訟

follow suit 人のまねをする; ならう

— 動 (三単現 **suits** /sú:ts スーツ/; 過去·過分 **suited** /sú:təd/; 現分 **suiting**)

❶ 他 自 文型 [**be suited for** [**to**] **...**] …に適している, …に好都合である; 文型 [**be suited to** *do*] …するのに適している, …するのに好都合である

会話 "What time **suits** you best?" "Five o'clock (**suits** me best)." 「何時がいちばん好都合ですか」「5時です」

❷ 他 …に似合う

suit A fine A(人)にぴったりである, 都合がよい

Suit yourself! 《口語》勝手にしなさい

suit·a·bil·i·ty /sù:təbíləti スータビリティ/ 名 U 適当, 適合性

suit·a·ble A2 高

/sú:təbl スータブル | sjú:təbl スュータブル/ 形 〔…に〕適切な, 適した, ふさわしい《*for*》(⇔**unsuitable**)

• His clothes were not **suitable** for the party. 彼の服装はパーティーにふさわしくなかった

suit·case A2 高

/sú:tkèis スートケイス | sjú:tkèis スュートケイス/ 名 (複 **suitcases** /sú:tkèisəz/) C スーツケース, 旅行カバン ⇨**trunk** ❸

suite /swí:t スウィート/ 名 C (ホテルなどの)スイートルーム; 家具のセット; ひと組, ひとそろい; 《音楽》組曲; 《集合的; 単数または複数扱い》(要人の)側近, 随行員

suit·or /sú:tər スータ/ 名 C 《法律》提訴者, 原告 (=plaintiff); 請願者

sul·fur B2 /sʌ́lfər サルファ/ 名 U 《化学》イオウ《◆元素記号 S》

sulk /sʌ́lk サルク/ 動 自 (子どもなどが)すねる, ふくれる

— 名 《**the sulks**》すねること, 不機嫌

sulk·y /sʌ́lki サルキ/ 形 (比較級 **sulkier**; 最上級 **sulkiest**) 不機嫌な, すねた

sul·len /sʌ́lən サレン/ 形 不機嫌な, すねた, むっつりした

súllenly 副 不機嫌に, むっつりして

sul·phur /sʌ́lfər サルファ/ 名 (=sulfur)

sul·tan /sʌ́ltən サルタン/ 名 C (イスラム教国の)君主, スルタン; 《歴史》《**the Sultan**》トルコ皇帝

sul·try /sʌ́ltri サルトリ/ 形 (比較級 **sultrier**; 最上級 **sultriest**) 蒸し暑い; (女性が)情熱的な

sum A1

/sʌ́m サム/ (発音 some と同音) 名 (複 **sums** /sʌ́mz/) C

❶ (お金の)金額, 額(がく)

• a large **sum** (of money) 多額の金

❷ 《**the sum**》合計, 総計

❸ 《**the sum**》概略, 要点

❹ 《しばしば **sums**》《英》(算数の)計算

in sum 要するに, つまり

— 動 (三単現 **sums** /sʌ́mz/; 過去·過分 **summed** /sʌ́md/; 現分 **summing**)

他 自 《ふつう **sum up**》

❶ 要点を述べる, 要約する

❷合計する, 合計がなる
to sum up 要するに
派生 summary, summation 名

sum·ma·rize B1 高 /sʌ́məràiz サマライズ/ 動 (三単現 **summarizes** /sʌ́məràizəz/; 過去·過分 **summarized** /sʌ́məràizd/; 現分 **summarizing**) 他
要約する, まとめる; 手短に言う

sum·ma·ry A2 高
/sʌ́məri サマリ/ 名 (複 **summaries** /sʌ́məriz/) C 要約, まとめ, 概略
• a brief **summary** 簡潔な要約
in summary 要約すると
― 形 概略の; 略式の
派生 sum 動

sum·ma·tion /sʌméiʃən サメイション/ 名
❶ U 足し算すること; C 合計
❷ C 総括 派生 sum 動

sum·mer A1 中
/sʌ́mər サマ/
名 (複 **summers** /sʌ́mərz/)
❶ U C 《ふつう無冠詞単数形で, または the summer》 夏 ⇨season
• **this summer** 今年の夏(に) (×*in* this summer としない)
• **last summer** 去年の夏(に)
❷ 《the summer》 (人生の)盛り
― 形 夏の

súmmer schòol 名 C U (大学などの)夏期講習(会)

sum·mer·time /sʌ́mərtàim サマタイム/ 名 U 夏, 夏季

sum·mit B1 高 /sʌ́mət サミト/ 名 (複 **summits** /sʌ́məts サミツ/)
❶ U 《the summit》 C 首脳会議, サミット
• **summit** meeting [conference] 首脳会議
❷ C (山などの)頂上 (=top)
❸ U 《the summit》 頂点

súmmit cònference 名 C 首脳会議

sum·mon /sʌ́mən サモン/ 動 他 呼び寄せる; 招集する; 奮い起こす

sum·mons /sʌ́mənz サモンズ/ 名 C (法廷への)召喚状 ― 動 他 召喚する

sump·tu·ous /sʌ́mptʃuəs サンプチュアス/ 形 ぜいたくな; 豪華な
súmptuously 副 ぜいたくに

sun A1 中
/sʌ́n サン/ (発音 son と同音)
名 (複 **suns** /sʌ́nz/)
❶ C 《ふつう **the sun**》 太陽 (❗ solar (太陽の); 「月」は moon, 「地球」は earth)
• The **sun** is rising. 太陽がのぼってきた
• The **sun** sets. 日が沈む
• The **sun** comes up [goes down]. 日が昇る[沈む]
❷ U 《しばしば **the sun**》 日光; 太陽熱; ひなた
• sit **in the sun** ひなたにすわる, ひなたぼっこをする
❸ C 恒星
a place in the sun 日の当たる場所; 有利な立場
take the sun 日光浴をする
under the sun この世で; 《疑問文を強めて》 一体全体
― 動 (三単現 **suns** /sʌ́nz/; 過去·過分 **sunned** /sʌ́nd/; 現分 **sunning**)
他 日に当てる; 自 日光浴する

Sun. 《略》 Sunday 日曜日

sun·bathe B1 /sʌ́nbèið サンベイズ/ 動 (三単現 **sunbathes** /sʌ́nbèiðəz/; 過去·過分 **sunbathed** /sʌ́nbèiðd/; 現分 **sunbathing**) 自
日光浴をする, ひなたぼっこする

sun·beam B2 /sʌ́nbìːm サンビーム/ 名 C 太陽光線

sun·block /sʌ́nblɑ̀k サンブラク/ 名 U C 日焼け止め (=sunscreen)

sun·burn /sʌ́nbə̀ːrn サンバーン/ 名 U C (ひりひりする)日焼け (❗ suntan は「健康そうな日焼け」)

sun·burned /sʌ́nbə̀ːrnd サンバーンド/ 形 (=sunburnt)

sun·burnt /sʌ́nbə̀ːrnt サンバーント/ 形 日に焼けて火ぶくれが出来た ⇨**suntanned**

sun·dae /sʌ́ndi サンディ, sʌ́ndei サンデイ/ 名C サンデー《◆アイスクリームの一種》

Sun·day A1中 /sʌ́ndei サンデイ, sʌ́ndi サンディ/ 名(複 **Sundays** /sʌ́ndeiz/) CU 日曜日 (! 週の第1日; 詳しい用法は Tuesday を参照); 《形容詞的》日曜日の; 《副詞的》日曜日に
- **on Sunday** 日曜日に
- **next Sunday** 来週の日曜日(に) (×*on* next Sunday としない)
- **last Sunday** この前[先週]の日曜日(に)

Súnday schòol 名CU (教会の)日曜学校

sun·di·al B1 /sʌ́ndàiəl サンダイアル/ 名(複 **sundials** /sʌ́ndàiəlz/) C 日時計

sun·down /sʌ́ndàun サンダウン/ 名U 《米》日没(時) (=sunset)

sun-dried /sʌ́ndràid サンドライド/ 形 日干しの; 干上がった

sun·dry /sʌ́ndri サンドリ/ 形 雑多な, いろいろな (! 名詞の前に用いる)

sun·flow·er A2 /sʌ́nflàuər サンフラウア/ 名(複 **sunflowers** /sʌ́nflàuərz/) C 《植物》ヒマワリ

sung /sʌ́ŋ サング/ 動 singの過去分詞

sun·glass·es A2 /sʌ́nglæ̀səz サングラスィズ/ 名《複数扱い》サングラス

sunk /sʌ́ŋk サンク/ 動 sinkの過去分詞

sunk·en /sʌ́ŋkən サンクン/ 動 sinkの過去分詞

sun·lamp /sʌ́nlæ̀mp サンランプ/ 名C 太陽灯

sun·light A2高 /sʌ́nlàit サンライト/ 名U 日光

sun·lit /sʌ́nlìt サンリト/ 形 日光に照らされた, 日の当たる

sun·ny A1中 /sʌ́ni サニ/ 形(比較級 **sunnier**; 最上級 **sunniest**)
❶日の照っている, 晴れ渡った; 日当たりのよい
- a **sunny** room 日当たりのいい部屋

❷陽気な, 明るい

súnny-sìde úp 形《米》(卵が)片面だけ焼いた, 目玉焼きの (! egg の直後に用いる)

sun·rise B1高 /sʌ́nràiz サンライズ/ 名(複 **sunrises** /sʌ́nràizəz/) UC 日の出; 朝焼け; 日の出時 (↔**sunset**)

sun·roof /sʌ́nrù:f サンルーフ/ 名(複 **sunroofs** /sʌ́nrù:fs/) C (自動車の)サンルーフ

sun·screen /sʌ́nskrì:n サンスクリーン/ 名UC 日焼け止めクリーム

sun·set B1高 /sʌ́nsèt サンセト/ 名(複 **sunsets** /sʌ́nsèts サンセツ/) UC
❶日没, 日の入り; 夕焼け; 日暮れ時 (↔**sunrise**)
- **at sunset** 日没時に

❷晩年, 衰退期

sun·shine A1高 /sʌ́nʃàin サンシャイン/ 名U
❶(直射する)日光, 陽光; ひなた
- enjoy the **sunshine** 日光を楽しむ, 日なたぼっこをする,

❷陽気, 快活; 陽気[幸福]にするもの

sun·spot /sʌ́nspɑ̀t サンスパト/ 名C 太陽黒点

sun·stroke /sʌ́nstròuk サンストロウク/ 名U 日射病

sun·tan /sʌ́ntæ̀n サンタン/ 名C (健康的な)日焼け ⇨**sunburn**

sun·tanned /sʌ́ntæ̀nd サンタンド/ 形 日焼けした ⇨**sunburnt**

sun·up /sʌ́nʌ̀p サナプ/ 名U 《米》日の出(時) (=sunrise)

su·per A1高 /sú:pər スーパ|sjú:pə スューパ/ 形《口語》すばらしい; 特大の; 最高の, とび抜けた
- He's a **super** cook. 彼は最高の料理人だ

━副《口語》たいへん, とても

━名(複 **supers** /sú:pərz/) C《口語》監

督者; エキストラ; 《英》警視

su·perb B2 /supə́:rb スパーブ/ 形 すばらしい; 見事な; 壮大な

supérbly 副 見事に; 荘厳に; 豪華に

Súper Bòwl 名 《the をつけて》スーパーボウル《◆全米プロフットボール王座決定戦》

su·per·cil·i·ous /sù:pərsíliəs スーパスィリアス/ 形 人を見下すような, 尊大な

sùpercíliously 副 高慢に; 尊大に

su·per·com·put·er /sú:pərkəmpjù:tər スーパコンピュータ/ 名 C スーパーコンピュータ

su·per·fi·cial /sù:pərfíʃəl スーパフィシャル/ 形 表面の; 上辺だけの, 浅薄な

superfícially 副 表面上(は)

su·per·fi·ci·al·i·ty /sù:pərfìʃiǽləti スーパフィシアリティ/ 名 U 表面的なこと; 浅はかであること

su·per·flu·ous /su:pə́:rfluəs スーパーフルアス/ 形 必要以上の, 余分な; 不必要な

su·per·he·ro /sú:pərhìərou スーパヒアロウ/ 名 (複 **superheroes** /sú:pərhìərouz/) C スーパーヒーロー

su·per·high·way /sù:pərháiwei スーパハイウェイ/ 名 (複 **superhighways** /sù:pərháiweiz/) C 高速道路 (=expressway)

su·per·hu·man /sù:pərhjú:mən スーパヒューマン/ 形 (行為などが)超人的な, 人力を超えた, 神業の; 神的な

su·per·im·pose /sù:pərimpóuz スーパリンポウズ/ 動 他 〔…の〕上に置く《*on*》; 重ねる; 《映画・テレビ》(像・文字を)重ねる; (字幕(スーパー)を)焼き付ける

su·per·in·tend·ent B2 /sù:pərinténdənt スューパリンテンデント/ 名 C 監督者; 管理者; 《英》警視

su·pe·ri·or B1 /supíəriər スピアリア | sjupíəriə スュピアリア/ 形

❶〔…より〕すぐれた; 上等の; 上位の, 上級の; 優勢な《*to*》(↔**inferior**)

• My dictionary is **superior to** yours. 私の辞書はあなたのものよりもすぐれている

❷ 高慢な, えらぶった

━ 名 (複 **superiors** /supíəriərz/) C 目上の人, 上司, 先輩; 〔…に〕すぐれた人《*in*》

su·pe·ri·or·i·ty /supìəriɔ́:rəti スピアリオーリティ/ 名 U 優越; 優れていること (↔**inferiority**)

su·per·la·tive A2

/supə́:rlətiv スパーラティヴ | sjupə́:rlətiv スューパーラティヴ/ 名 (複 **superlatives** /supə́:rlətivz/) C

最高の人[もの]; 《文法》最上級

━ 形 最高の; 《文法》最上級の

Su·per·man /sú:pərmæ̀n スーパマン/ 名 スーパーマン

su·per·mar·ket

A1 中 /sú:pərmà:rkət スーパマーケト | sjú:pəmà:rkət スューパマーケト/ (×スーパーマーケット)

名 (複 **supermarkets** /sú:pərmà:rkəts スーパマーケツ/) C

スーパーマーケット, スーパー

su·per·mod·el /sú:pərmɑ̀dl スーパマドル/ 名 C スーパーモデル

su·per·nat·u·ral B2 /sù:pərnǽtʃərəl スーパナチュラル/ 形 超自然の

su·per·pow·er /sú:pərpàuər スーパパウア/ 名 C 超大国

su·per·sede /sù:pərsí:d スーパスィード/ 動 他 《文章》《しばしば **be superseded**》(古いものが)取って代わられる; 地位を奪う (=displace); 〔…として〕代わって就任する《*as*》

su·per·son·ic /sù:pərsɑ́nik スーパサニク/ 形 超音速の, 超音速で飛ぶ

su·per·star A2

/sú:pərstà:r スーパスター | sjú:pəstà:r スューパスター/ 名 (複 **superstars** /sú:pərstà:rz/) C (映画・音楽・スポーツなどの) 大スター, スーパースター

su·per·sti·tion B1 /sù:pərstíʃən スーパスティション | sjù:pəstíʃən スューパスティション/ 名 (複 **superstitions** /sù:pərstíʃənz/) U C 迷信, 迷信的行為; 俗信(ぞくしん)

su·per·sti·tious /sù:pərstíʃəs スーパスティシャス/ 形 迷信を信じやすい, 迷信的な; 迷信の

su·per·struc·ture /sú:pərstrʌ̀k-tʃər スーパストラクチャ/ 名 C 上部構造

su·per·vise B2 /sú:pərvàiz スーパヴァイズ/ 動 他 監督する

su·per·vi·sion B2 /sù:pərvíʒən スーパヴィジャン/ 名 U 監督(すること), 管理, 指揮 ― 動 他 指図する, 監督する

su·per·vi·sor B2 /sú:pərvàizər スーパヴァイザ/ 名 C 監督(者), 管理者; 《米》指導主事

su·per·vi·so·ry /sù:pərváizəri スーパヴァイザリ/ 形 監督の, 管理の

su·pine /su:páin スーパイン/ 形 《文章》あおむけの; 無気力な
supínely 副 無気力に

sup·per A2

/sʌ́pər サパ/ 名 (複 **suppers** /sʌ́pərz/)
U C 夕食, 晩ごはん (! 特に家で食べる食事)

sup·plant /səplǽnt サプラント/ 動 他 《文章》取って代わる (=replace); 地位を奪う, 乗っ取る

sup·ple /sʌ́pl サプル/ 形 (比較級 **suppler**; 最上級 **supplest**) (からだ・部位が)柔軟な, よく曲がる, しなやかな; 融通のきく, 順応性のある

sup·ple·ment B2 /sʌ́pləmənt サプレメント/ 名 C 〔…への〕補足, 追加; (本の)増補, 補遺(ほい), 付録; (一般に)補う物《to》
― /sʌ́pləmènt サプレメント/ (発音 名との違いに注意) 動 他 補う, 補足する

sup·ple·men·tal /sʌ̀pləméntl サプレメンタル/ 形 (=supplementary)

sup·ple·men·ta·ry /sʌ̀pləméntəri サプレメンタリ/ 形 〔…への〕補遺(ほい)の, 増補の, 追加の, 付録の《to》

sup·pli·er B2 /səpláiər サプライア/ 名 C 《しばしば **suppliers**》供給者, 供給業者 (! 会社や国家にも用いる)

sup·ply B1 高 /səplái サプライ/ 名 (複 **supplies** /səpláiz/)
❶ C 《ふつう単数形》供給物[量]; (供給するために)たくわえてある量; 在庫品, 蓄え, ストック; 糧食
❷《**supplies**》生活必需品
❸ U 供給 (↔**demand**)
• **supply** and demand 需要と供給 (! 英語では日本語の「需要と供給」と語順が逆である)
• An increased blood **supply** brings the extra oxygen. 血流が良くなると酸素が増える

in short supply 供給が不足している

― 動 (三単現 **supplies** /səpláiz/; 過去・過分 **supplied** /səpláid/; 現分 **supplying**) 他 ❶ (必要な物・不足の物を)供給する, 支給する, 提供する; 文型 [**supply A with B** = **supply B to** [**for**] **A**] AにBを供給する
• They **supplied** the victims **with** food. = They **supplied** food **to** [**for**] the victims. 彼らは被災者に食糧を供給した
❷ (必要などを)満たす; (損失などを)補う

sup·port A2 中

/səpɔ́:rt サポート/ (×サポート)
名 (複 **supports** /səpɔ́:rts サポーツ/)
❶ U 支持, 支援
• The team gets a lot of **support** from its fans. そのチームはファンから多大な支持を受けている
❷ U (経済的な)援助
❸ U 支え(られ)ること; C 支え, 支柱

in support of ... …を支持して, …に賛成して

― 動 (三単現 **supports** /səpɔ́:rts サポーツ/; 過去・過分 **supported** /səpɔ́:rtəd/; 現分 **supporting**) 他
❶ (人・チーム・組織などを)支持する, 支援する, 味方する, (精神的に)支える
会話 "Which football team do you **support**?" "I **support** Manchester United." 「どのサッカーチームを応援していますか?」「マンチェスター・ユナイテッドです」

• My parents always **support** me. 私の両親はいつも私の味方でいてくれます
❷(下から)支える • This chair won't **support** Tom's weight. このいすではトムの体重を支えきれないだろう
❸(家族など)扶養する, 養う
❹裏付ける, 立証する
派生 **supportive** 形

sup·port·er B1 高 /səpɔ́ːrtər サポータ/ 名 (複 **supporters** /səpɔ́ːrtərz/) C
❶支持者, 味方
❷(スポーツの)サポーター
• a football **supporter** サッカーのサポーター

sup·port·ive B1 /səpɔ́ːrtiv サポーティヴ/ 形 協力的な, 支持[支援]してくれる; 後援する 派生 **support** 動

sup·pose B1 高 /səpóuz サポウズ/ 動 (三単現 **supposes** /səpóuzəz/; 過去·過分 **supposed** /səpóuzd/; 現分 **supposing**) 他 ❶(…ではないかと)思う, 考える, 推定する
• You are Mr. Jones, I **suppose**. あなたはジョーンズさんじゃありませんか
文型 [**suppose** (**that**) ...] …だと思う; 文型 [**suppose A** (**to be**) ...] Aは…だと思う[仮定する]
• I had **supposed** him (**to be**) guilty. 私は彼は有罪だと思っていた
会話 "Is he right?" "I **suppose** so [I **suppose** not]." 「彼の言っていることは正しいだろうか」「正しいんじゃないの[正しくないと思うよ]」
❷《命令文で, 提案を表して》…するのはどうだろうか; 《命令文で, 仮定を表して》かりに…とすれば, もし…なら (=if) ⇨**supposing** • **Suppose** we go for a walk. 散歩に行こうよ
❸ 文型 [**be supposed to** *do*] (約束·義務·規則などから)…することになっている, …するはずだ; …と考えられている
• He **is supposed to** be here at seven. 彼は7時にここに来ることになっている

I don't suppose ... 《英》…していただけませんか

sup·posed /səpóuzd サポウズド/ 形 想定された, 仮定の; 推定上の; 想像上の (❗名詞の前に用いる)

sup·pos·ed·ly B1 /səpóuzədli サポウズィドリ/ (×サポウズドリ) 副 たぶん, おそらく; 推定では

sup·pos·ing /səpóuziŋ サポウズィング/ 接 もし…なら(どうするか) (=if)

sup·po·si·tion /sʌ̀pəzíʃən サポズィション/ 名 U 想像, 推測; C 仮説

sup·press B2 /səprés サプレス/ 動 他 鎮圧する, 抑圧する; (感情などを)抑える; (事実などを)隠す

sup·pres·sion /səpréʃən サプレション/ 名 U 鎮圧; 抑制; 隠蔽(いんぺい)

su·prem·a·cy /sjupréməsi スプレマスィ/ 名 U 主権; 絶対的優位; 至高, 最高位

su·preme /sjupríːm スプリーム/ 形 (❗比較変化なし)最高の, 至上の, 絶大な; 最大の, この上ない
suprémely 副 最高に

Supréme Cóurt 名 《**the** をつけて》《米》(国および各州の)最高裁判所

sur·charge /sə́ːrtʃɑ̀ːrdʒ サーチャージ/ 名 C 追加[不足]料金; 追徴[課徴]金; (荷物などの)積みすぎ ━ 動 他 〔…に対する〕追加[不足]料金を払わせる; 追徴金を徴収する 《*on*》; (荷物を)積みすぎる

sure A1 中

/ʃúər シュア/ 形 (比較級 **surer** /ʃúərər/; 最上級 **surest** /ʃúərəst/)
❶確信して (↔**unsure**)
• I think it's true, but I'm not **sure**. 私はそれはほんとうのことだと思うけれど確かではありません
文型 [**be sure of** [**about**] ...] …を確信している
• If you **are** not **sure of** the meaning of the word, all you have to do is to look it up in a dictionary. その単語の意味に確信がないのなら, 辞書を引けばよい
文型 [**be sure** (**that**) ...] 本気で…だと思う, 確信している
• I'**m sure** (**that**) she will succeed. = I'**m sure of** her success. 彼女の成功を

確信しています
文型 [**be sure wh- ...**] …かを確信している (**!** ふつう否定文で使う)
• I'**m not sure if** I can come tomorrow. あした来られるかどうか確かでない
❷ 確かな, 信頼できる (**!** 名詞の前に用いる)
• It's a **sure** thing. それは確かなことです
❸ 文型 [**be sure of ...**] 必ず…が得られる
• Anyone who reads the book **is sure of** laughs. その本を読めば必ず笑えますよ
❹ 文型 [**be sure to** *do*] きっと[必ず]…する
• She **is sure to** *win* the competition. 彼女はきっと競技会で優勝する
be* [*feel*] *sure of oneself 自信がある
for sure 確かに, 確実に
make sure 確かめる, …するように手配する, 注意する
• **Make sure** (**that**) you have the key. かぎを持っていることを確かめなさい
make sure of ... …を確かめる; …を確実に手に入れる
sure thing 《米》もちろん, いいとも
to be sure 確かに, なるほど(…だが) (**!** ふつう譲歩的に用いる)
Well, I'm sure. おやまあ, これはこれは
— 副 確かに, そのとおり (=surely); 《返事で》もちろん, はい, いいですとも

CAN-DO Tips› 承諾する
Sure. という表現を使うと, 会話などで相手の求めを承諾することができるようになります
会話 "Will you take me to the nearest station?" "**Sure.**" 「最寄りの駅まで連れていってくれるかな」「いいよ」

sure enough 予期したとおり, やっぱり, 果たして; 確かに
派生 **ensure** 動
sure-fire /ʃúərfàiər シュアファイア/ 形 《口語》確実な, 成功確実の
sure·ly B1 高 /ʃúərli シュアリ/ 副
❶ 確かに, きっと
• Jim will **surely** come here. ジムはきっとここに来るだろう
❷ 確実に, 着実に ❸《否定文で》まさか, よもや ❹ いいとも; そのとおり

surf A1

/sɔ́ːrf サーフ/ 名 U (岸にくだける)寄せ波
— 動 (三単現 **surfs** /sɔ́ːrfs/; 過去・過分 **surfed** /sɔ́ːrft/; 現分 **surfing**)
❶ 自 波乗り[サーフィン]をする ⇨ **surfing**
❷ 他 《コンピュータ》(インターネットの)サイトを見て回る, ネットサーフィンをする
sur·face B1 高 /sə́ːrfəs サーフェス/ (発音 -face は /fəs フェス/ と発音する) 名 (複 **surfaces** /sə́ːrfəsəz/) C
❶ 表面; 水面; 地面
• the **surface** of the moon [earth] 月[地球]の表面
❷ 外見, うわべ
come* [*rise*] *to the surface (秘密などが)浮かびあがる
on the surface 外面(上)は, うわべは
surface mail 船便, 陸上輸送
work surface (テーブルなど加工したものの)表面
— 動 (三単現 **surfaces** /sə́ːrfəsəz/; 過去・過分 **surfaced** /sə́ːrfəst/; 現分 **surfacing**)
自他 ❶ (水中から)浮上する
• The diver **surfaced** slowly. ダイバーはゆっくりと浮上した
❷ (秘密・問題などが)表面化する, 明らかになる ❸ (道路を)舗装する
surf·board /sɔ́ːrfbɔ̀ːrd サーフボード/ 名 C 波乗り板, サーフボード
sur·feit /sə́ːrfət サーフィト/ 名 C 《ふつう **a surfeit**》《文章》〔…の〕過多, はんらん《*of*》
surf·er /sə́ːrfər サーファ/ 名 C サーファー

surf·ing A2 高

/sə́ːrfiŋ サーフィング/ 名 U
❶ 波乗り, サーフィン (**!** surf-riding

ともいう)
❷《コンピュータ》ネットサーフィン

surge B2 /sə́ːrdʒ サーヂ/ 名 C 《ふつう **a** [**the**] **surge**》大波(の打ち寄せ); (人・車などの)襲来, 殺到; 〔…の〕(感情などの)高まり; (需要などの)急増, 急騰《*of, in*》
— 動 自 (波が)打ち寄せる; 殺到する; (感情などが)込み上げる《*up*》

sur·geon B1 /sə́ːrdʒən サーヂャン/ 名 (複 **surgeons** /sə́ːrdʒənz/) C ❶外科医 ❷軍医 ⇨**physician**

sur·ger·y B1 高 /sə́ːrdʒəri サーヂャリ/ 名 (複 **surgeries** /sə́ːrdʒəriz/) U 外科; 外科手術; C 外科手術室

sur·gi·cal /sə́ːrdʒikəl サーヂカル/ 形 外科の **súrgically** 副 外科的に

Su·ri·name /sùərináːm スアリナーム/ 名 スリナム《◆南アメリカ北部の共和国; 首都パラマリボ(Paramaribo)》

sur·ly /sə́ːrli サーリ/ 形 (比較級 **surlier**; 最上級 **surliest**) 不機嫌な, 無愛想な

sur·mise /sərmáiz サマイズ, sə́ːrmaiz サーマイズ/ 動 自 他 《文章》〔…(か)と〕憶測[推測]する《*that* ... [*wh-* ...]》

sur·mount /səːrmáunt サーマウント/ 動 他 打ち勝つ, 乗り越える; 上に置く

sur·mount·a·ble /səːrmáuntəbl サーマウンタブル/ 形 打ち勝つことができる, 乗り越えられる

sur·name A2

/sə́ːrnèim サーネイム/
名 (複 **surnames** /sə́ːrnèimz/) C
姓(せい), 名字 (=family [last] name) ⇨ **name**

sur·pass /səːrpǽs サーパス/ 動 他 〔…において〕しのぐ, まさる《*in*》

sur·plus /sə́ːrpləs サープラス/ 名 C 余り, 余剰; 余剰金 (↔**deficit**)
— 形 余った, 余剰の

sur·prise A1 高

/sərpráiz サプライズ/
名 (複 **surprises** /sərpráizəz/)
❶ C びっくりさせる事[物], 思いがけない事, 驚くべきこと
● I have a **surprise** for you. 君をびっくりさせるものを持っているんだ
❷ U 驚き
● **show** no **surprise** 驚きの色を見せない
❸《形容詞的》不意の, だしぬけの

catch ... by surprise …を驚かす
in surprise びっくりして, 驚いて
take ... by surprise …を奇襲して占領する; …の不意を打つ, …を驚かす
to A's surprise Aが驚いたことには

— 動 (三単現 **surprises** /sərpráizəz/; 過去・過分 **surprised** /sərpráizd/; 現分 **surprising**) 他
❶驚かせる, びっくりさせる
● Their sudden marriage **surprised** us. 彼らの突然の結婚が私たちを驚かせた
文型 [**be surprised at** [**by**] ...] …に驚く, あきれる
● We **were surprised at** the news. 私たちはその知らせにびっくりした
文型 [**be surprised to** *do*] …して驚く
● I **was** very (much) **surprised to** *hear* of his sudden death. 彼の突然の死のことを聞いて私はとてもびっくりした (❗surprised を強めるには, very あるいは very much を用いる)
文型 [**be surprised that ...**] …ということに驚く
❷不意に襲う, 不意打ちする

sur·prised A2 中

/sərpráizd サプライズド/ 形
〔…に〕驚いた《*at*》⇨**surprise**
● We were greatly **surprised at** the news. 私たちはそのニュースにとても驚いた

sur·pris·ing A2 高

/sərpráiziŋ サプライズィング/ 形
驚くべき, 意外な, 思いも寄らない
● some **surprising** conclusions 思いも寄らない結末

sur·pris·ing·ly B1 高 /sərpráiziŋli サプライズィングリ/ 副 ❶驚くほど, 意外に

❷《文全体を修飾して》驚いたのは，意外にも

sur·re·al·ism /sərí:əlìzm サリーアリズム/ 名U (芸術・文学などの)超現実主義，シュールレアリスム

sur·re·al·ist /sərí:əlist サリーアリスト/ 名C シュールレアリスト

sur·re·al·is·tic /sərì:əlístik サリーアリスティク/ 形 (作品が)シュールレアリスムの

sur·ren·der B2 /səréndər サレンダ/ 動
❶ 自〔…に〕降伏する，降参する；投降する《*to*》 ❷ 他 引き渡す，放棄する；(希望などを)捨てる (=give up)

surrender* (*oneself*) *to ... 〔感情・状況など〕に身を任せる，にふける；〔警察〕に自首する

— 名UC 降伏，自首；引き渡し

sur·rep·ti·tious /sə:rəptíʃəs サーレプティシャス/ 形 秘密の；こそこそした

sur·ro·gate /sə́:rəgèit サーラゲイト，sə́:rəgət サーラガト/ 名C《文章》〔…の〕代理人；代用品《*of, for*》；《米》遺言検認判事

— 形《文章》代理の；代用の (❗名詞の前に用いる)

súrrogate móther 名C 代理母

sur·round B1 中 /səráund サラウンド/ 動 (三単現 **surrounds** /səráundz サラウンヅ/; 過去・過分 **surrounded** /səráundəd/; 現分 **surrounding**) 他
❶ 囲む，取り巻く；包囲する
• The police **surrounded** the car. 警察はその車を取り囲んだ
文型 [**be surrounded by** [**with**] **...**] …で囲まれている
• The prison **is surrounded by** a high wall. 高いへいが監獄を囲んでいる
❷ (状況や出来事を)取り巻く
❸ 文型 [**surround** *one***self with ...**] …を常に自分の周囲に置く

— 名 (複 **surrounds** /səráundz サラウンヅ/) C 飾り縁

sur·round·ing B1 /səráundiŋ サラウンディング/ 形 周囲の，付近の

— 名 (複 **surroundings** /səráundiŋz/) 《**surroundings**》(自分のいる周辺・周囲の)状況，環境

sur·veil·lance B2 /sərvéiləns サヴェイランス/ 名U《文章》監視，見張り

under surveillance 監視を受けて，見張られて

sur·vey A1 高

/sə́:rvei サーヴェイ/
名 (複 **surveys** /sə́:rveiz/)
❶ UC 調査；測量
• **conduct** [**make, carry out**] a **survey of ...** …の調査を行う
❷ C 見渡すこと，概観

— /sərvéi サヴェイ/ (発音 名とのアクセントの違いに注意) 動 (三単現 **surveys** /sərvéiz/; 過去・過分 **surveyed** /sərvéid/; 現分 **surveying**)
❶ (実地に)調査する；測量する
• 20 percent of those **be surveyed** rated "very good". 調査した20%の人が「とても良い」と評価した
❷ 見渡す；観察する；概観する

sur·vey·or /sərvéiər サヴェイア/ 名C 測量技師；《英》不動産鑑定士；《米》税査定官；検査官，監督者

sur·viv·al B1 高 /sərváivəl サヴァイヴァル/ 名 (複 **survivals** /sərváivəlz/) U 生き残ること，生存；C 遺物

sur·vive A2 高

/sərváiv サヴァイヴ/ 動 (三単現 **survives** /sərváivz/; 過去・過分 **survived** /sərváivd/; 現分 **surviving**)
❶ 他 (災害・事故・危機などを)切り抜けて生き残る；自 生き残る；何とかやっていく；存続する
• Only a few houses **survived** the earthquake. その地震で残った家はほんの数軒しかなかった
❷ 他 …より長生きする

survive on (少ない金・食糧などで)やっていく

sur·vi·vor B1 高 /sərváivər サヴァイヴァ/ 名 (複 **survivors** /sərváivərz/) C 生存者；遺族；残ったもの，遺物

Su·san /sú:zən スーザン/ 名 スーザン《♦女性名》

sus·cep·ti·bil·i·ty /səsèptəbíləti サセプティビリティ/ 名 (複 **susceptibilities** /səsèptəbílətiz/) UC 感染しやすいこと; 〔…に対する〕感受性, 敏感さ《to》; 《**susceptibilities**》感情

sus·cep·ti·ble /səséptəbl サセプティブル/ 形 (人・性格が)感受性の強い, 多感な; (人が)〔…に〕影響されやすい《to》; 〔…の〕余地がある《of》

su·shi /súːʃi スーシ/ 名 U 寿司
- a **sushi** bar 寿司屋, 寿司屋のカウンター

Su·sie /súːzi スーズィ/ 名 スージー《◆女性名; Susan の愛称》

sus·pect B1 /sʌ́spekt サスペクト/ 名 (複 **suspects** /sʌ́spekts サスペクツ/) C 容疑者, 疑わしい人

— /səspékt サスペクト/ (発音 名とのアクセントの違いに注意) 動 (三単現 **suspects** /səspékts サスペクツ/; 過去・過分 **suspected** /səspéktəd/; 現分 **suspecting**) 他

❶ 文型 [**suspect that ...**] (好ましくないことについて)…だろう[ではないか]と思う
- I **suspect that** she is ill, but I'm not sure. 彼女は病気だろう[じゃないか]と思うのだが, 確かじゃない

文型 [**suspect A to** *do*] Aが…である[する]のではないかと思う
- I **suspect** him **to** be a liar. 彼はうそつきではないかと思う

比較 I **doubt** he'll tell us the truth. 彼は私たちに真実を言わないのではないだろうか (! suspect が「…だろう」と疑うのに対し, doubt は「…ではないだろう」と疑う)

❷ 嫌疑をかける, あやしいと思う, (真実味を)疑う; 文型 [**suspect A of B**] AにBの嫌疑をかける; AがBをしたのではないかと疑う

❸ (危険・陰謀などを)うすうす感じる

— /sʌ́spekt サスペクト/ (発音 アクセントは名と同じで動とは違う) 形 疑わしい

派生 **suspicion** 名

sus·pect·ed /səspéktəd サスペクテド/ 形 (…であると)疑われている, (…の)疑いのある

sus·pend B2 /səspénd サスペンド/ 動 他

❶ (一時的に)中止[停止]する; 保留する
❷ 停学[停職]にする (! ふつう受け身で)
❸ 〔…から〕つるす, ぶら下げる《from》(=hang)

派生 **suspense**, **suspension** 名

sus·pen·ders /səspéndərz サスペンダズ/ 名《複数扱い》 ❶《米》ズボンつり, つりスカートのつりひも, サスペンダー (=《英》braces) ❷《英》靴下止め, ガーター (=《米》garter)

sus·pense /səspéns サスペンス/ (×サスペンス) 名 U 気がかり, 不安; (映画などの)サスペンス; 宙ぶらりん

派生 **suspend** 動

sus·pen·sion /səspénʃən サスペンション/ 名 ❶ U つるすこと, 宙に浮かせる[浮く]こと
❷ U 中止[停止]; 停学, 停職
❸ UC (自動車の)サスペンション

派生 **suspend** 動

suspénsion brìdge 名 C つり橋

sus·pi·cion B1 /səspíʃən サスピション/ 名 (複 **suspicions** /səspíʃənz/)

❶ UC 疑惑, 嫌疑; 不信感 ⇨ **suspect**
- under **suspicion** 疑いをかけられて
- This aroused her a **suspicion**. このことが彼女に疑念を抱かせた

❷ C 〔…ではないかと〕思うこと《*that ...*》
❸《単数形で》ごくわずか, 気味

on* (*the*) *suspicion of ... …の疑いで, 容疑で

派生 **suspect** 動

sus·pi·cious B2 /səspíʃəs サスピシャス/ 形 ❶〔…を〕疑う, 怪しいと思う《of》
❷ あやしい, 疑わしい
❸ 疑い深い, 疑うような

sus·pi·cious·ly B2 /səspíʃəsli サスピシャスリ/ 副 疑わしげに, うさんくさそうに; いやに, やけに

Sus·sex /sʌ́siks サスィクス/ 名 サセックス《◆イングランド南東部の旧州》

sus·tain B2 /səstéin サステイン/ 動 他 支える; 耐える; (損害などを)受ける; 維持する; 扶養する; 持続させる

sus·tain·a·bil·i·ty /səstèinəbíləti サステイナビリティ/ 名U 持続可能性, サスティナビリティ《◆資源や環境が長期的に維持可能であること》

sus·tain·a·ble 高 /səstéinəbl サステイナブル/ 形 支えうる; 持続できる

sus·tained /səstéind サステインド/ 形 維持された, 長続きする

sus·te·nance /sʌ́stənəns サステナンス/ 名U (生命の)維持, 食物; 生計

su·ture /súːtʃər スーチャ/ 名U 《外科》(傷口などの)縫合(術); C (縫合のための)糸 ━動他 (傷口を)縫合する

SW, S.W. 《略》 southwest 南西, southwestern 南西の

swab /swάb スワブ/ 名C 棒ぞうきん (=mop); (治療用・塗布用の)消毒綿, 綿棒
━動 (三単現 **swabs** /swάbz/; 過去・過分 **swabbed** /swάbd/; 現分 **swabbing**) 他 モップでそうじする《*down*》; (薬などを)綿棒で塗る, (患部などに)綿棒で薬を塗る《*out*》

swag /swǽg スワグ/ 名C 飾り綱, ひも飾り; 花綱; 花環, 花飾り

swag·ger /swǽgər スワガ/ 動自 いばって[ふんぞり返って]歩く; 偉そうにふるまう; 自慢する
━名《**a swagger**》いばって歩くこと

Swa·hi·li /swɑːhíːli スワーヒーリ/ 名 (複 **Swahilis** /swɑːhíːliz/, **Swahili**)
❶C スワヒリ族の人《◆アフリカのタンザニアおよびその近隣に住む種族の人》
❷U スワヒリ語《◆中央アフリカ東部で使われている国際語》

swal·low[1] /swάlou スワロウ/ 名C 《鳥》ツバメ(燕)

swal·low[2] A2 高

/swάlou スワロウ|swɔ́lou スウォロウ/
動 (三単現 **swallows** /swάlouz/; 過去・過分 **swallowed** /swάloud/; 現分 **swallowing**)
❶他自 飲み込む, ごくっと飲む
• A snake **swallowed** the frog. ヘビがそのカエルを飲み込んだ
❷他《口語》真に受ける, うのみにする
❸他 (侮辱などを)我慢する; (感情を)抑える

swallow up (すっかり)飲み込む, 飲みつくす
━名 (複 **swallows** /swάlouz/) C 飲みこむこと, ひと飲み

swam /swǽm スワム/ 動 swim の過去形

swamp /swάmp スワンプ/ 名UC 沼地, 湿地 ━動他 水浸しにする; 押し寄せる, 圧倒する

swamp·y /swάmpi スワンピ/ 形 (比較級 **swampier**; 最上級 **swampiest**) (土地が)沼の多い, 沼沢地の; じめじめした

swan B2 /swάn スワン/ 名C 《鳥》ハクチョウ《◆白鳥》

swank /swǽŋk スワンク/ 動自 見せびらかす, いばる, 気取る ━名U 見せびらかし, 気取り; C 気取り屋

swap /swάp スワプ/ 名C 《ふつう **a swap**》《口語》〔他のものとの〕交換, 取り換え《*for*》; 交換品
━動 (三単現 **swaps** /swάps/; 過去・過分 **swapped** /swάpt/; 現分 **swapping**) 《口語》他 交換する; 文型 [**swap A for B**] A(もの)をB(他のもの)と取り換える; 文型 [**swap A with B**] A(もの・場所など)をB(人)と交換し合う; 自 場所を替わる《*over, round*》

swarm B1 /swɔ́ːrm スウォーム/ 名 (複 **swarms** /swɔ́ːrmz/) C (ミツバチなどの)群れ; (動いている人の)群れ, 群衆; 多数
━動 (三単現 **swarms** /swɔ́ːrmz/; 過去・過分 **swarmed** /swɔ́ːrmd/; 現分 **swarming**) 自 ❶群がる, たかる
❷(場所が)〔…で〕いっぱいである《*with*》

swarth·y /swɔ́ːrði スウォーズィ/ 形 (比較級 **swarthier**; 最上級 **swarthiest**) (人・皮膚が)黒ずんだ, 浅黒い; 日に焼けた

swat /swάt スワト/ 動 (三単現 **swats** /swάts スワツ/; 過去・過分 **swatted** /swάtəd/; 現分 **swatting**) 他 (ハエ・カなどを)ピシャリと打つ

Swatch /swάtʃ スワチ/ 名C 《商標》ス

ウォッチ

swatch /swɑ́tʃ スワチ/ 名 C (服地などの)材質見本, スワッチ

sway /swéi スウェイ/ 動 (三単現 **sways** /swéiz/; 過去・過分 **swayed** /swéid/; 現分 **swaying**) ❶ 自 揺れる, 揺れ動く; 他 揺らす, 揺り動かす, ゆさぶる
❷ 他 (意見などを)変えさせる, 左右する; 自 (意見などが)一方に傾く
— 名 U 揺れ, 動揺(どうよう); 影響力

Swa·zi·land /swɑ́:zilæ̀nd スワーズィランド/ 名 スワジランド《♦エスワティニ王国(Eswatini)の旧称》

swear B1 /swéər スウェア/ 動 (三単現 **swears** /swéərz/; 過去 **swore** /swɔ́:r/; 過分 **sworn** /swɔ́:rn/; 現分 **swearing** /swéəriŋ/) ❶ 自 〔…に対して〕口ぎたなくののしる, 毒づく《*at*》(=curse)
❷ 自 他 誓う, 宣誓する; 文型 [**swear to** *do*] …すると誓う; 文型 [**swear that ...**] …と誓う
• **swear to** *tell* the truth 真実を語ることを誓う
❸ 自 他 《口語》 断言する; 文型 [**swear that ...**] …だと断言する
❹ 他 文型 [**swear A to B**] (法廷などで)A(人)にBを誓わせる

swear by ... 《口語》…を大いに信頼する

swear in 《*as*》 宣誓させて任命する (❗ふつう受け身で)

sweat A2

/swét スウェト/ (×スウィート)
動 (三単現 **sweats** /swéts スウェツ/; 過去・過分 **sweat**, **sweated** /swétəd/; 現分 **sweating**)
❶ 自 汗をかく; 他 汗をかかせる
❷ 自 汗水流して働く; イライラする

sweat blood 《口語》 汗水たらして働く; はらはらする

sweat it out
① 最後までがんばり通す
② 激しい運動をする

— 名 (複 **sweats** /swéts スウェツ/)
❶ U 汗; 《単数形で》 汗をかいている状態 (❗sweat はあまり上品な語ではないので, 特に女性に用いる場合は perspiration のほうが好まれる)
• be covered with **sweat** 汗びっしょりである
❷ 《**sweats**》《口語》(=sweat suit)

in a (cold) sweat 冷や汗をかいて; 心配して, いらだって

no sweat 《口語》《受け答えで》何でもないよ, 簡単なことさ

sweat·er A2 高

/swétər スウェタ/ (×セータ, ×スウィータ)
名 (複 **sweaters** /swétərz/) C
セーター; 汗をかかせる物

swéat pànts 名 《複数扱い》トレーニングパンツ

sweat·shirt B1 /swétʃə̀:rt スウェトシャート/ 名 (複 **sweatshirts** /swétʃə̀:rts スウェトシャーツ/) C
スウェットシャツ, トレーナー

sweat·shop /swétʃɑ̀p スウェトシャプ/ 名 C 労働搾取(さくしゅ)工場《♦低賃金で長時間労働させる工場》

sweat·y /swéti スウェティ/ 形 (比較級 **sweatier**; 最上級 **sweatiest**) (びっしょり)汗をかいた; 汗まみれの; 汗くさい; 汗をかかせるような

Swede /swí:d スウィード/ 名 C スウェーデン人 (❗個人を指す場合) ⇨**Swedish**

Swe·den /swí:dn スウィードン/ 名 スウェーデン《♦ヨーロッパ北部の王国; 首都ストックホルム(Stockholm)》

Swed·ish /swí:diʃ スウィーディシュ/ 形 スウェーデンの; スウェーデン人[語]の
— 名 ❶ U スウェーデン語 ❷ 《集合的》《**the Swedish**》スウェーデン人

sweep B2 高 /swí:p スウィープ/ 動 (三単現 **sweeps** /swí:ps/; 過去・過分 **swept** /swépt/; 現分 **sweeping**)
❶ 他 自 掃く, そうじする; (ちりなどを)払う; 文型 [**sweep A C**] Aをそうじして C(状態)にする
• I **swept** the dust **off** my desk. 机のほこりをそうじしました
❷ 自 (群集が)殺到する ❸ 他 一掃(いっ

そう)する,(掃くように)押し流す, 吹き飛ばす; 自 さっと通り過ぎる; 急速に広まる ❹自(手・腕を)さっと動かす, 伸ばす ❺他(選挙・競技などに)圧勝する
sweep A off A's feet A(人)の足をさらう; A(人)を夢中にさせる
sweep ... under the carpet [rug] 《英》…を隠す, 秘密にする
— 名 C 掃くこと, そうじ; さっと動かす[動く]こと; 一掃, 圧勝
make a clean sweep of ... ① 一掃する ②(賞などを)総なめにする

sweep·er /swí:pər スウィーパ/ 名 C ❶ そうじ人; そうじ機 ❷《サッカー》スウィーパー

sweep·ing /swí:piŋ スウィーピング/ 形 一掃する; 広範な; 徹底的な
— 名 ❶ U そうじ; 一掃 ❷《sweepings》掃き集めたもの, ごみ, くず
swéepingly 副 一括して; 全面的に

sweep·stakes /swí:pstèiks スウィープステイクス/ 名《単数・複数扱い》(勝者が全賞金を取る)競馬; とみくじ; 賭け金;(競争者の出す賭け金による)賞金レース; その(総)賭け金

sweet A1 中
/swí:t スウィート/
形 (比較級 **sweeter**; 最上級 **sweetest**)
❶(味が)甘い;(酒が)甘口の(↔**dry**)
• taste **sweet** 甘い味がする,(味が)甘い
• I like **sweet** things very much. 私は甘い物が大好きです[大の甘党です]

関連語› 単語力
bitter にがい
hot (ぴりっと)からい
salty 塩からい
sour すっぱい

❷(香り・声・音などが)こころよい, 美しい;(姿・形などが)かわいらしい
❸(気だての)やさしい, 親切な
have a sweet tooth 甘いものが好きである
— 名 (複 **sweets** /swí:ts スウィーツ/)
❶ C《英》《ふつう **sweets**》甘い菓子, キャンディー(=《米》candy)
❷ U C《英》(食後のデザートで出す)甘い物
❸《しばしば **my sweet**》《呼びかけ》かわいい人, いとしい人

sweet·en /swí:tn スウィートン/ 動 他 甘くする; 自 甘くなる

sweet·en·er /swí:tənər スウィートナ/ 名 C ❶ 甘味料, 人工甘味料 ❷《口語》魅力的な策略; わいろ

sweet·heart A2
/swí:thà:rt スウィートハート/ 名 (複 **sweet-hearts** /swí:thà:rts スウィートハーツ/) C 恋人;《呼びかけ》ねえ, きみ, あなた(❗男性についても女性についても用いる)

sweet·ie /swí:ti スウィーティ/ 名 C《女性語》愛らしい人[物];《**sweeties**》《英》《口語》キャンディー(❗幼児語, またおとなが子どもに向けて用いる); ねえ, いい子(❗女性や子どもへの呼びかけ)

sweet·ly /swí:tli スウィートリ/ 副 こころよく, 美しく; やさしく, 愛らしく

sweet·ness /swí:tnəs スウィートネス/ 名 U 甘さ; かぐわしさ, 芳香(ほうこう); 美しさ, やさしさ, かわいらしさ

swéet pèa 名 C《植物》スイートピー(◆いい香りの花をつけるマメ科の植物)

swéet potáto 名 C《植物》サツマイモ

swell B1 /swél スウェル/ 動 (三単現 **swells** /swélz/; 過去 **swelled** /swéld/; 過分 **swelled** /swéld/, **swollen** /swóulən/; 現分 **swelling**) ❶ 自 ふくれる, はれる; 他 ふくらませる ❷ 自 増える; 他 増やす ❸《口語》〔…(特別な感情)で〕(胸が)いっぱいになる《*with*》
— 名《単数形で》(土地・体の)ふくらみ; 隆起; 増大;(暴風雨後などの)うねり
— 形 (比較級 **sweller**; 最上級 **swellest**)《米》大した, すてきな; 一流の

swell·ing /swéliŋ スウェリング/ 名 U ふくらむこと; 膨張, 増大; 増水; C はれもの, こぶ; U はれ上がり

swel·ter /swéltər スウェルタ/ 動 自 (蒸し暑さで)うだる

— 名 U うだるような暑さ

swel·ter·ing /swéltəriŋ スウェルタリング/ 形 (場所・天候などが)うだるように暑い; (人が)暑さで参って

swept /swépt スウェプト/ 動 sweepの過去形・過去分詞

swerve /swə́ːrv スワーヴ/ 動 自 (人・車などが, 衝突を避けて)〔…の方に〕急に向きを変える, 急カーブを切る《*to, toward*》; 《ふつう否定文で》〔目的などから〕踏み外す《*from*》

— 名 C 急にそれる[カーブを切る]こと

swift B2 /swíft スウィフト/ 形 (比較級 **swifter**; 最上級 **swiftest**) 速い, すばやい (= fast, quick) (↔**slow**); 即座の

swift·ly /swíftli スウィフトリ/ 副 速く, すばやく, すみやかに, さっそく

swift·ness /swíftnəs スウィフトネス/ 名 U 迅速; 敏速さ

swig /swíg スウィグ/ 名 C 《口語》ぐいと一息に飲むこと

— 動 (三単現 **swigs** /swígz/; 過去・過分 **swigged** /swígd/; 現分 **swigging**) 他 《口語》ぐいと一息に飲む

swill /swíl スウィル/ 動 他 《口語》がぶがぶ飲む; 水洗いする

— 名 U (台所の)残飯, 流し汁

swim A1 中

/swím スウィム/ 動 (三単現 **swims** /swímz/; 過去 **swam** /swǽm/; 過分 **swum** /swʌ́m/; 現分 **swimming**)

❶ 自 泳ぐ, 水泳する; すいすい進む; 他 (川・海峡などを)泳ぐ, 泳いで渡る

- **swim** (across) the river 川を泳いで渡る
- Let's go **swimming** in the sea. 海へ泳ぎに行こう (❗「海へ」を ×*to* the sea としない)

❷ 自 〔…で〕あふれている; おおわれている《*with, in*》

❸ 自 めまいがする, ふらふらする, (頭が)くらくらする

swim with* [*against*] *the tide 時流に従う[逆らう]

— 名 (複 **swims** /swímz/) C 《ふつう単数形で》泳ぎ, 水泳; ひと泳ぎ

in the swim 時流に乗って; 情勢に通じて

out of the swim 時勢に取り残されて; 時勢に疎く

swim·mer B1 高 /swímər スウィマ/ 名 (複 **swimmers** /swímərz/) C 水泳選手; 泳ぐ人; 泳ぎの…な人

swim·ming A1 高

/swímiŋ スウィミング/ 名 U 水泳, 泳ぐこと

— 動 swimの現在分詞・動名詞

swímming pòol A1

名 C (水泳用の)プール (=pool)

swim·suit A2

/swímsùːt スウィムスート/ 名 (複 **swimsuits** /swímsùːts スウィムスーツ/) C 水着; (女性用の)水着 (=bathing suit)

swim·wear /swímwèər スウィムウェア/ 名 U 水着

swin·dle /swíndl スウィンドル/ 動 他 (人・会社などを)詐欺にかける; (人から)〔金品を〕だまして取る《*out of*》; (金品を)〔人から〕だまし取る《*out of*》

— 名 C かたり, 詐欺

swin·dler /swíndlər スウィンドラ/ 名 C 詐欺師

swine /swáin スワイン/ 名 C (複 **swine**) 《集合的》ブタ (❗《英》では《古風》); (複 **swines**)いやなやつ

swing B2 高 /swíŋ スウィング/ 動 (三単現 **swings** /swíŋz/; 過去・過分 **swung** /swʌ́ŋ/; 現分 **swinging**) ❶ 他 揺り動かす, 振る, ぶらぶらさせる; 自 揺れ動く, ぶらぶらする, ぶらさがる (❗固定された一端を基点にして「揺り動かす, 揺れる」こと)

- **swing** *one's* arms 両腕を振る

❷ 他 すばやく動かす; ぐるっと回す; 自 ぐるっと回る; 急に動く; 文型 [**swing C**] ぐるっと回ってCになる; 文型 [**swing A C**] AをぐるっとまわしてCにする

- He **swung** the door shut. 彼はドアを

パタンと閉めた
❸ 自 ぶらんこに乗る
❹ (体をゆすって)勢いよく歩く
swing at ... …に殴りかかる
━ 名 ❶ C ぶらんこ; ぶらんこに乗ること ❷ U C 揺れ, 振動; 振り回すこと; C 振幅 ❸ C 変動; (急激な)変化 ❹ U スウィング《◆ジャズの一種》
get in [into] the swing of ... 《口語》(事情・様子などに)慣れる, …に自信を持つ
in full swing 最高潮で

swing·ing /swíŋiŋ スウィンギング/ 形 揺れる, 揺れ動く; 《口語》活気のある; いきな

swipe /swáip スワイプ/ 名 C 《ふつう **a swipe**》〔…を目がけた〕大振りの打撃, 強打《*at*》; 〔…に対する〕鋭い批評, 非難《*at*》
━ 動 他 自 ❶ 大振りで打つ, 強打する ❷ 《口語》盗む ❸ 《コンピュータ》指でさっとこする, スワイプする ❹ (磁気カードなどを)機械に通す

swirl /swɔ́:rl スワール/ 動 自 渦巻く; (頭が)ふらふらする ━ 名 C 渦巻き

swish /swíʃ スウィシュ/ 動 他 ヒュッといわせる[振る]; 自 ヒュッと鳴る

Swiss /swís スウィス/ 形 スイスの; スイス人の; スイス産の
━ 名 (複 **Swiss**) ❶ C スイス人
❷ 《**the Swiss**》《複数扱い》《集合的》スイス人, スイス国民 (=the people of Switzerland)

switch B1 /swítʃ スウィチ/ 名 (複 **switches** /swítʃəz/) C
❶ (電気の)スイッチ
• turn on [off] the **switch** スイッチを入れる[切る]
❷ (突然の)変化; 交換, 切りかえ
❸ 転轍(てつ)機, ポイント (=《英》points)
━ 動 (三単現 **switches** /swítʃəz/; 過去・過分 **switched** /swítʃt/; 現分 **switching**)
❶ 他 自 変更する; 他 切りかえる; 取りかえる, 交換する
• **switch** the talk to another topic 話題を変える
❷ 他 自 スイッチをひねる, スイッチで切り替える; 文型 [**switch on [off]**] スイッチを入れる[切る]; スイッチをひねってつける[消す]
switch over ① (チャンネルを)切り替える ② 転換する

switch·board /swítʃbɔ̀:rd スウィチボード/ 名 C 《電気》交換器, 配電盤; (電話)交換台

swítch hítter 名 C 《野球》スイッチヒッター; 《米》両性愛者

Switz·er·land /swítsərlənd スウィツァランド/ 名 スイス《◆西ヨーロッパ中部の共和国; 首都はベルン(Bern)》

swiv·el /swívəl スウィヴェル/ 動 (三単現 **swivels** /swívəlz/; 過去・過分 **swiveled**, 《英》**swivelled** /swívəld/; 現分 **swiveling**, 《英》**swivelling**) 他 〔…の方へ〕ぐるりと回る, 向き直る《*toward*》; 自 (回転いすなどを)回す; (目・首などを)〔…の方へ〕回転させる《*to, toward*》
━ 名 C (回転いすの)回転台

swol·len /swóulən スウォウルン/ 動 swell の過去分詞

swoon /swú:n スウーン/ 動 自 気絶する, 卒倒する

swoop /swú:p スウープ/ 動 ❶ 自 〔…に〕(鳥が上から)飛びかかる《*on*》; 〔…を〕(軍隊などが)急襲する《*on*》 ❷ 他 ひったくる《*up*》 ━ 名 C 急襲

sword B1 高 /sɔ́:rd ソード/ (×スウォード) 名 (複 **swords** /sɔ́:rdz ソーヅ/) C 剣, 刀; 《**the sword**》武力
• The pen is mightier than **the sword**. 《ことわざ》ペンは剣よりも強し
cross swords with ... ① …と剣を交える ② 論争する

sword·fish /sɔ́:rdfìʃ ソードフィシュ/ 名 (複 **swordfishes** /sɔ́:rdfìʃəz/, **swordfish**) C 《魚》メカジキ

swore /swɔ́:r スウォー/ 動 swear の過去形

sworn /swɔ́:rn スウォーン/ 動 swear の過去分詞

swum /swʌ́m スワム/ 動 swim の過去分詞

A B C D E F G H I J K L M N O P Q R S T U V W X Y Z

swung /swʌ́ŋ スワング/ 動 swingの過去形・過去分詞

syc·a·more /síkəmɔ̀ːr スィカモー/ 名 ❶C 《英》《植物》シカモア《◆欧州産のカエデ》; U シカモア材《◆堅材で楽器に用いる》 ❷C 《米》《植物》アメリカスズカケノキ

Syd·ney 中 /sídni スィドニ/ 名 シドニー《◆オーストラリア最大の都市》

syl·la·ble B2 /síləbl スィラブル/ 名C 音節, シラブル《◆ひと息に発音される音の単位; 辞書では音節の切れ目を・で示してある; syllable は3音節語》

syl·la·bus /síləbəs スィラバス/ 名 (複 **syllabuses** /síləbəsəz/, **syllabi** /síləbài/) C (講義の)要旨, 概要, 講義要綱, シラバス; (講義の)時間割り

sym·bol A2 中

/símbəl スィンボル/ (発音 cymbal と同音)
名 (複 **symbols** /símbəlz/) C
❶象徴, シンボル
❷記号, 符号, しるし

sym·bol·ic, sym·bol·i·cal B2 /simbálik スィンバリク, simbálikəl スィンバリカル/ 形 象徴的な

symbólically 副 象徴的に

sym·bol·ism /símbəlìzm スィンバリズム/ 名U 象徴主義, 象徴派

sym·bol·ize 高 /símbəlàiz スィンボライズ/ 動 他 象徴する; 記号で表す

sỳmbolizátion 名U 象徴化

sym·met·ric, sym·met·ri·cal /simétrik スィメトリク, simétrikəl スィメトリカル/ 形 左右対称の, 対称的な; 釣り合いの取れた

symmétrically 副 対称的に; 釣り合いが取れて

sym·me·try /símətri スィメトリ/ 名U (左右の)対称; 釣り合い; 調和[均整]美

sym·pa·thet·ic B2 /sìmpəθétik スィンパセティク/ 形 ❶〔…に対して〕思いやりのある; 同情的な《*to, toward*》 ❷(考え・気持ちが)〔…に〕一致して, 共鳴[共感]して《*to*》; 〔…に〕賛成で《*to, toward*》; 気の合った 派生 **sympathy** 名

sympathétically 副 同情して

sym·pa·thize B2 /símpəθàiz スィンパサイズ/ 動 自 ❶(人の気持ちなどに)共感する, 共鳴する, 賛成する《*with*》
❷〔…に〕同情する《*with*》; 〔…を〕気の毒に思う《*with*》

sym·pa·thiz·er /símpəθàizər スィンパサイザ/ 名C 同情する人; 〔主義・運動の〕支持者, シンパ《*of*》

sym·pa·thy B1 高 /símpəθi スィンパスィ/ 名 (複 **sympathies** /símpəθiz/)
❶U 〔…への〕同情, 思いやり《*with, for*》 •I feel much **sympathy for** poor people. 貧しい人たちには大いに同情します
❷UC 《ふつう **sympathies**》お悔やみ; 同情の言葉[気持ち]
❸UC 〔…への〕共感, 共鳴; 支持, 賛成《*with, for*》

in sympathy with ... …に同情して; …に共鳴[賛成]して

out of sympathy with ... …に共鳴[賛成]しないで

派生 **sympathetic** 形

sym·phon·ic /simfánik スィンファニク/ 形 交響曲の

sym·pho·ny A2 高

/símfəni スィンフォニ/
名 (複 **symphonies** /símfəniz/) C
《音楽》交響曲, シンフォニー

sýmphony órchestra 名C 交響楽団

sym·po·si·um /simpóuziəm スィンポウズィアム/ 名 (複 **symposiums** /simpóuziəmz/, **symposia** /simpóuziə/) C シンポジウム《(同じテーマに関する学者・専門家の)評論[論文]集》

symp·tom B1 /símptəm スィンプトム/ 名 (複 **symptoms** /símptəmz/) C
(病気の)徴候, 症状; (よくない事の)徴候, きざし

symp·to·mat·ic /sìmptəmǽtik スィンプトマティク/ 形 徴候がある

syn·a·gogue /sínəgàg スィナガグ/ 名C ユダヤ教の礼拝堂; 《**the synagogue**》

ユダヤ教徒の集会

syn·apse /sínæps スィナプス, sinǽps スィナプス/ 名C 《生理》シナプス《♦神経細胞の連接部》

syn·chro·nize /síŋkrənàiz スィンクラナイズ/ 動他〔…と〕同時に動かす, 一致させる《*with*》;《映画・テレビ》(音声を)映像と同調させる;《映画》音声と映像を同調させる

sýnchronized swímming 名U 《スポーツ》シンクロナイズドスイミング ⇨**artistic swimming**

syn·di·cate /síndikət スィンディカト/ 名C《単数または複数扱い》《集合的》企業連合, シンジケート; 通信社;《米》組織的暴力団, 犯罪シンジケート

— /síndikèit スィンディケイト/ (発音 名との違いに注意) 動他 (企業などを)シンジケート(組織)にする; (記事・写真などを)通信社を通して売る[供給する]

syn·drome B1 /síndroum スィンドロウム/ 名 (複 **syndromes** /síndroumz/) C 症候群; シンドローム, (社会のある状態の特徴を示すような)一連の徴候[行動様式]

syn·er·gy /sínərdʒi スィナヂ/ 名U《経済》相乗効果, シナジー; 共同[共働]作用《♦人・組織などが共同することで得られる効果》

syn·od /sínəd スィナド/ 名C《キリスト教》教会会議, 宗教会議

syn·o·nym B2 /sínənìm スィノニム/ 名C 類義語, 同意語 ⇨**antonym**

syn·on·y·mous /sinάnəməs スィナニマス/ 形 同義[同意]語の, 類義の;〔…と〕同じことを表す《*with*》

syn·op·sis /sinάpsis スィナプスィス/ 名 (複 **synopses** /sinάpsi:z/) C《文章》大意, 概要

syn·tax /síntæks スィンタクス/ 名U《文法》統語論[法], 構文法, シンタックス

syn·the·sis /sínθəsis スィンサスィス/ 名 (複 **syntheses** /sínθəsì:z/)《文章》U 総合(すること) (↔**analysis** 分析); C 総合体; U《化学》合成

syn·the·size /sínθəsàiz スィンササイズ/ 動他《文章》(知識などを)〔…に〕総合[統合]する《*into*》;《化学》合成する

syn·the·siz·er /sínθəsàizər スィンセサイザ/ 名C 総合する人[もの];《楽器》シンセサイザー《♦電子楽器の一種》

syn·thet·ic /sinθétik スィンセティク/ 形 総合的な; 合成の — 名C 合成物質

sy·phon /sáifən サイフォン/ 名動 (＝siphon)

Syr·i·a /síriə スィリア/ 名 シリア《♦地中海に臨む西アジアの共和国; 首都ダマスカス(Damascus)》

sy·ringe /siríndʒ スィリンヂ, ╌́╌/ 名C 注射器; 洗浄器, かん腸器; 注入器, スポイト

— 動他 (液を)注射する; (傷などを洗浄器で)洗浄する

syr·up /sírəp スィラプ/ 名U シロップ, 糖蜜

sys·tem A2 中

/sístəm スィステム/

名 (複 **systems** /sístəmz/)

❶ C 仕組み; 体系, 系統, …網; 装置

- the solar **system** 太陽系
- an alarm **system** 警報装置

❷ C 制度, 組織, …制

- the education **system** 教育制度

❸ UC 方式, 体系的方法; 一貫した手順

- the metric **system** メートル法

❹《**the** [*one's*] **system**》(人の)身体

❺《コンピュータ》システム

get ... out of one's system《口語》(悩みなどを)頭から追い払う

sys·tem·at·ic B1 /sìstəmǽtik スィステマティク/ 形 組織的な; 体系的な; 順を追って系統立てた, きっちりとした

- We need **systematic** research on this problem. この問題には系統だった研究が必要である

sys·tem·at·i·cal·ly /sìstəmǽtikəli スィステマティカリ/ 副 組織的に; 体系的に; 整然と

sys·tem·a·tize /sístəmətàiz スィステマタイズ/ 動他 組織化する, 体系化する

T t *T t*

T, t /tíː ティー/ 名 (複 **T's, t's** /tíːz/)
❶ U C 英語アルファベットの第20番目の文字 ❷ 《T》T字形のもの

ta /tάː ター/ 間 《英》《口語》ありがとう

tab /tǽb タブ/ 名 C ❶つまみ, タブ; 付け札; 《口語》勘定書き, 請求書 ❷(キーボードの)タブキー (! tab key ともいう)

Ta·bas·co /təbǽskou タバスコウ/ 名 U 《商標》タバスコ

tab·by /tǽbi タビ/ 名 (複 **tabbies** /tǽbiz/) C (灰色・茶色のまだらのある)ぶちネコ

ta·ble A1 中

/téibl テイブル/ 名 (複 **tables** /téiblz/)
❶ C テーブル, 食卓 (! 勉強・事務用の「机」は desk); 《形容詞的》テーブルの
- sit at the dining **table** 食卓につく
- a coffee **table** コーヒーテーブル
- a **table** lamp 卓上スタンド
- Put all the plates **on** the **table**. お皿を全部テーブルの上に並べてください

❷ C (各種の)表, 一覧表
- a **table** of contents (本の)目次

❸《単数形で》(食卓の)食べ物; テーブルを囲んでいる人々

at (the) table テーブルで, 食卓について ⇨❶; 食事中で[に] (! 《米》では the をつける)
- They looked happy **at table**. 彼らは食事中うれしそうな顔をしていた

bring ... to the table (議題などを)会議に出す

clear the table (食後に)食卓をかたづける, 食事のあとかたづけをする

drink ... under the table (飲みくらべで)…を酔いつぶす

lay ... on the table
① 《米》(議案・考えなどを)棚上げにする
② 《英》(議案・考えなどを)審議する

on the table (問題が)棚上げされて
- put the issue **on the table** 問題を棚上げにする

set [lay] the table 食卓の用意をする (! set [lay] the table は食事のためにテーブルを整えること, あるいは整えて食器や料理を並べること; spread the table は後者の意味だけ)

turn the tables on ... 〔人〕に対して形勢を逆転する

under the table こっそりと; 不正に

wait table 《おもに米》ウェイターとして働く

tab·leau /tǽblou タブロウ/ 名 (複 **tableaux** /tǽblouz/, **tableaus** /tǽblouz/) C 絵画, タブロー; 劇的な場面[瞬間]

ta·ble·cloth B2 /téiblklɔ̀ːθ テイブルクロース/ 名 (複 **tablecloths** /téiblklɔ̀ːθs, téiblklɔ̀ːðz/) C テーブルクロス
- **put [spread] a tablecloth on** the table テーブルにテーブルクロスをかける

táble mànners 名 《複数扱い》食事の作法, テーブルマナー

ta·ble·spoon A2

/téiblspuːn テイブルスプーン/
名 (複 **tablespoons** /téiblspuːnz/) C (取り分け用の)大さじ, スプーン (◆teaspoon (小さじ)3杯分と同じ分量)

ta·ble·spoon·ful /téiblspùːnfùl テイブルスプーンフル/ 名 (複 **tablespoonfuls** /téiblspùːnfùlz/, **tablespoonsful** /téiblspùːnzfùl/) C 大さじ1杯(分)

tab·let B1 高 /tǽblət タブレト/ 名 (複 **tablets** /tǽbləts タブレツ/) C
❶(平らな)錠剤, タブレット
- take two aspirin **tablets** アスピリンの錠剤を2錠飲む

- on **tablets** 薬を服用中で

❷《コンピュータ》タブレット(コンピュータ)(❗tablet PC [computer]ともいう) ❸(はぎ取り式)メモ帳, 便せん ❹銘(めい)板

táble tènnis A2 中

名U 卓球, ピンポン

ta·ble·top /téibltàp テイブルタプ/ 名C テーブルの上面 ━形 卓上の, 卓上用の (❗名詞の前に用いる)

ta·ble·ware /téiblwèər テイブルウェア/ 名U 《集合的》卓上食器類《◆皿・ナイフ・フォーク・スプーンなど》

tab·loid B2 /tǽblɔid タブロイド/ 名C タブロイド新聞《◆ふつうの新聞紙の半分ほどの大きさで, センセーショナルな記事が多い; 日本の夕刊紙がこれに相当》

ta·boo /təbúː タブー/ 名 (複 **taboos** /təbúːz/) (❗tabu ともつづる) UC ❶禁制, タブー, 禁忌 ❷(一般に)してはいけない事, 禁止

━形 禁制で, 禁じられて, タブーの

tab·u·late /tǽbjəlèit タビュレイト/ 動他 (情報・数字などを)表にする, 一覧表で示す

tab·u·la·tion /tæ̀bjəléiʃən タビュレイション/ 名U 一覧表作成

tac·it /tǽsət タスィト/ 形 暗黙の; 無言の

tácitly 副 暗黙のうちに; 無言で

tac·i·turn /tǽsətə̀ːrn タスィターン/ 形 口数の少ない, むっつりした

tack B2 /tǽk タク/ 動他 びょうで留める; (仮に)ぬい付ける

━名 ❶C (画)びょう ❷UC 方針; 政策 ❸UC 《海事》(帆の)開き《◆風上に向かう時の帆の構え》

tack·le B2 /tǽkl タクル/ 動他 ❶(問題・仕事に)取り組む ❷タックルする, 組みつく, 組みふせる

━名 ❶C (ラグビー・アメフトの)タックル ❷U 《集合的》(釣(つ)り・スポーツ用)道具, 用具

tack·y /tǽki タキ/ 形 (比較級 **tackier**; 最上級 **tackiest**) 趣味の悪い; みすぼらしい

ta·co /tάːkou ターコウ/ 名 (複 **tacos** /tάːkouz/) C 《料理》タコス《◆トルティーヤに肉・野菜などをはさんだメキシコ料理》

tact /tǽkt タクト/ 名U 気転, 如才(じょさい)なさ, 臨機応変の才; こつ

tact·ful /tǽktfəl タクトフル/ 形 機転のきく, 如才ない (↔**tactless**)

táctfully 副 如才なく

tac·tic /tǽktik タクティク/ 名C 《ふつう **tactics**》戦術, 兵法; 駆け引き, 策略

tac·ti·cal /tǽktikəl タクティカル/ 形 戦術の, 戦術上の

táctically 副 戦術的に, 戦術上

tac·ti·cian /tæ̀ktíʃən タクティション/ 名C 戦術家; 策略家, 策士

tac·tile B2 /tǽktəl タクティル/ 形 触覚の; 触覚による

tact·less /tǽktləs タクトレス/ 形 機転の利かない, へまな

tad /tǽd タド/ 名C 《**a tad**》《米》少しの量, わずか; 男の子

tad·pole /tǽdpòul タドポウル/ 名C 《動物》オタマジャクシ

tae·kwon(-)do, tae kwon do /tàikwandóu/ 名U テコンドー《◆朝鮮半島発祥の武術; Tae Kwon Do, taekwondo ともつづる》

taf·fy /tǽfi タフィ/ 名 (複 **taffies** /tǽfiz/) UC 《米》タフィー《◆キャラメルの一種》

tag[1] B2 /tǽg タグ/ 名C ❶(値段・名前・番号の)付け札, 下げ札

- a price [name] **tag** 値札[名札]

❷(ひもの先の)金具

━動 (三単現 **tags** /tǽgz/; 過去・過分 **tagged** /tǽgd/; 現分 **tagging**) 他 札をつける; 〔…の〕レッテルを貼る《*as*》

- The bag **was tagged** at fifty dollars. そのかばんには50ドルの値札がついていた

tag along 《口語》いっしょに行く, ついて行く

tag on 付け加える

tag[2] /tǽg タグ/ 名 ❶U 鬼(おに)ごっこ

- play **tag** 鬼ごっこをする

❷C 《野球》タッチアウト

— 動 (三単現 **tags** /tǽgz/; 過去・過分 **tagged** /tǽgd/; 現分 **tagging**) 他 (鬼ごっこで)つかまえる; (野球で)タッチアウトにする

Ta·ga·log /təgɑ́ːləg タガーログ/ 名
❶ C タガログ人 (♦フィリピンの主要民族) ❷ U タガログ語

tág quèstion 名 C 《文法》付加疑問

文法› 付加疑問 (**tag question**)
He is American, **isn't he?** (彼はアメリカ人ですよね)の isn't he? のように文末に付け加える疑問文を付加疑問文という. ふつうは軽く念を押すための言い方で, 文の終わりを下げ口調で言う. 上昇調で言うと確認を求める問いかけの意味になる.
肯定文には否定の付加疑問文を, 否定文には肯定の付加疑問文をつけるのが原則:
You like chocolate, **don't you?** 君はチョコレートが好きですよね (! 短縮形を使う; ×do not you? としない)
Your sister isn't a student, **is she?** 君のお姉さんは学生ではないですよね (! 付加疑問では代名詞に変える)

Ta·hi·ti /təhíːti タヒーティ/ 名 タヒチ(島) (♦南太平洋にあるフランス領ポリネシアの島)

tail B2 高 /téil テイル/ (発音 tale と同音) 名 C ❶ (動物の)尾; しっぽ
• The dog is wagging its **tail**. 犬がしっぽを振っている
❷ 尾に似たもの, (シャツなどの)すそ; 尾部; 後部, 末尾
• Tuck in your shirt **tail**(**s**). シャツのすそを(ズボン[スカート]の)中へ入れなさい
❸ (**tails**) 《口語》 えんび服 (=tailcoat)
❹ (**tails**) 硬貨の裏面
• "**Heads** or **tails**?" he called, tossing a coin. 「表か裏か？」と彼はコインをはじき上げながら叫んだ

tuck one's tail 恥をかく, うろたえる

turn tail (背中を向けて)逃げ出す

with one's tail between one's legs しっぽをまいて, 恐れをなして

— 動 他 《口語》 尾行する (=shadow)

tail off [***away***] 次第に細くなる[少なくなる, 消える]

tail·coat /téilkòut テイルコウト/ 名 C えんび服

tailed /téild テイルド/ 形 尾のある; 《複合語で》 尾が…の
• long-**tailed** 尾の長い

táil énd 名 《ふつう **the tail end**》 後尾, 末端

tail·gate /téilgèit テイルゲイト/ 名 C 《米》 (トラックなどの)尾板

tail·light /téillait テイルライト/ 名 C (車などの)テールランプ, 尾灯

tai·lor /téilər テイラ/ 名 C (紳士服の)洋服屋さん ⇨**dressmaker**

— 動 他 ❶ 〔…に〕合わせる 《*for, to*》
❷ (服を)仕立てる

tai·lored /téilərd テイラド/ 形 (服が)注文仕立ての; 〔…に〕おあつらえ向きの, ぴったりの 《*for*》

tai·lor-made /téilərméid テイラメイド/ 形 (衣服が)あつらえの; 〔人などに〕合わせた 《*for*》

tail·pipe /téilpàip テイルパイプ/ 名 C 《米》 (車・ジェット機などの)排気管

tail·spin /téilspìn テイルスピン/ 名 C (飛行機の)きりもみ降下 (=spin); 事態の急激な悪化, 落ち込み

tail·wind /téilwìnd テイルウィンド/ 名 C (航空機・船舶の)追い風, 尾風

taint /téint テイント/ 名 C U 汚点, 汚れ; 不名誉, 名折れ; 《**a** [**the**] **taint**》 気味

— 動 他 腐敗[堕落]させる, 悪に染める; 〔…によって〕(名声などを)汚す 《*with, by*》 (! ふつう受け身で用いる); (食べ物などを)腐らせる; 汚染する, 汚す

Tai·wan /tàiwɑ́ːn タイワーン/ 名 台湾

Tai·wa·nese /tàiwəníːz タイワニーズ/ 形 台湾(人)の

— 名 (複 **Taiwanese**) C 台湾人

Ta·jik·i·stan /tɑːdʒìkistǽn ターヂキスタン/ 名 タジキスタン (♦中央アジア西部の共和国; 首都ドゥシャンベ (Dushanbe))

Taj Ma·hal /tɑ̀ːdʒ məhɑ́ːl ターヂ マハール/ 名 《**the** をつけて》 タージマハール (♦インドのアグラ市にある白大理石の霊廟(れいびょう))

take

A1 動 名

中 /téik テイク/

三単現 **takes** /téiks テイクス/ 過去 **took** /túk トゥク/

過分 **taken** /téikən テイクン/ 現分 **taking**

共通イメージ

持って行く

意味マップ

動 ❶ **持って行く, 連れて行く**
❷ **乗る**
❸ (ある行動を) **する, とる**
❹ (時間などを) **とる; かかる**
❺ (授業などを) **受ける**
❻ **耐える**
❼ **受け取る; 感じる**
❽ …を…と理解する, みなす
❾ **受け取る; 勝ち取る**
❿ **容積がある, 収容力がある**
⓫ **取る**
⓬ (写真などを) **とる**
⓭ (場所を) とる; (席などに) つく
⓮ (定期的に) **とる**
⓯ **飲む; 吸い込む**
⓰ …から…を取る

名 ❶ 1回に撮影される場面
❷ 捕獲量; 売り上げ高

使えるコーパスフレーズ

take＋名詞

1 **take place**
起こる, 開催される

2 **take care (of ...)**
(…の)世話をする

3 **take time**
時間がかかる

4 **take advantage (of ...)**
(…を)利用する

5 **take a look**
見る

take＋人・物＋to＋名詞

6 **take ... to court**
…を訴える

7 **take ... to school**
…を学校に送っていく,
…に乗って学校に行く

8 **take ... to the station**
…を駅まで連れて行く,
…に乗って駅まで行く

9 **take ... to the hospital**
…を病院に連れて行く,
…に乗って病院に行く

take A1 中

/téik テイク/ 動 (三単現 **takes** /téiks/; 過去 **took** /túk/; 過分 **taken** /téikən/; 現分 **taking**) 他

共通イメージ 持って行く

チャンクでおぼえよう！

❶ 彼を映画に連れて行く take him to a movie
❷ 間違った列車に乗る take a wrong train
❸ 熱いおふろに入る take a hot bath
❸ 行動をとる take action
❹ 3時間かかる take three hours
❺ 英語の授業を受ける take an English class
❼ 勉強に楽しみを見出す take pleasure in studies
⓬ 写真を撮る take photos
⓯ 薬を飲む take medicine

❶ (手に取って)〔…に〕**持って行く, 連れて行く** 《*to*》 (↔**bring**)
- **Take** an umbrella **with** you. かさを持って行きなさい
- He **takes** his dog **for** a walk every day. 彼は毎日犬を散歩に連れて行く
- Daddy will **take** us **to** the ball game. 父がぼくたちを野球の試合に連れて行ってくれる
- He **took** me **home** in his car. 彼は車で私を家まで送ってくれた
- Who **has taken** my bicycle? だれがぼくの自転車を持って行ったんだ, ぼくの自転車を盗んだのはだれだ
- We **are taking** some sandwiches on our picnic. 私たちはピクニックにサンドイッチを持って行きます

❷ 《交通手段としてとる》 **乗る; …に乗って行く, 用いる;** (道・コースを)**とって行く**
- I always **take** a bus **to** school. ⇨ フォーカス 7 私はいつも学校へバスで行きます (❗take は交通手段として利用すること)

比較 I think we **got on** the wrong bus. 私たちは違うバスに乗ってしまったようだ (❗get on [in, into] は「乗り込む」動作を表す)
- Let's **take** a taxi **to** the station. ⇨ フォーカス 8 駅までタクシーに乗ろう

❸ 《**take a**＋行動を表す名詞》《口語》(ある行動を)**する, とる** (❗take 自体にはそれほどはっきりした意味がなく, 次の名詞と同形の動詞とほぼ同じ意味になる; take の代わりに have を用いてもよい)
- **take a walk** 散歩をする, 一歩きする
- **take a rest** [**break**] 休息をとる
- **take a bath** [**a shower**] ふろに入る[シャワーを浴びる]
- **take a drive** [**a trip**] ドライブ[旅行]をする
- **take a look** (at ...) ⇨ フォーカス 5 (…を)見る
- **take** action [measures] 措置をとる

❹ (時間・手間などを)**とる; とらせる,** 〔…するのに〕(時間が)**かかる** 《*to do*》; 〔…するのに〕**必要とする** 《*to do*》 (=need)
- **Take** your time. ⇨ フォーカス 3 ゆっくり時間をかけてやりなさい
- Repairs **took** time **to** *complete*. ⇨ フォーカス 3 修理は時間がかかった
- **take** (you) forever [ages] とんでもなく時間がかかる
- **It took** four men **to** *carry* the stone. その石を運ぶのに4人の男が必要だった
- How long does **it take to** *get* to school by bus? バスで学校へ行くのにどのくらいかかりますか

文型 [**take A B**] A(人)に B(時間・金など)がかかる
- The game **took** us two hours. その試合に私たちは2時間かかった (←その試合は私たちに2時間とらせた)

❺ (授業・試験などを)**受ける;** (クラスを)**受け持つ;** (責任などを)**引き受ける, とる**
- **take** piano lessons ピアノのレッスンを受ける

• I have to **take** a history test today. きょう歴史の試験を受けなければならない
• **take** responsibility 責任をとる
❻(侮辱などを)しのぶ, 耐える
• His rude words were more than I could **take**. 彼の無礼なことばには我慢できなかった
❼(人のことばなどを)(悪く[良く])とる; (…と)受け取る[考える]; (ある感情を)持つ, 感じる
• **take** his words badly [well, seriously] 彼のことばを悪く[良く, まじめに]とる[解釈(かいしゃく)する]
• **take** A lightly [personally] Aを軽く[個人的に]受け止める
❽ 文型 [**take A to be C**] AをCと理解する, みなす
• I **take** it **to be** true. それは本当だと思う
文型 [**take A for B**] AをBと思う, AをBと間違う
• I **took** him **for** his brother. 私は彼を彼の兄[弟]だと思った
❾受け取る; もらう; 勝ち取る, 獲得する; とらえる, つかまえる; (力ずくで)うばい取る (❗いずれも「自分の物にする」ことを表す)
• He didn't **take** my advice. 彼は私の忠告を取り入れなかった
• He **took** first prize in the flower show. 彼は花の品評会で1等を取った
❿容積がある, 収容力がある
• The plane can **take** only ten passengers. その飛行機には客は10人しか乗れない
⓫(手に)取る, つかむ ⇨**seize, grasp, grab, snatch**
• **take** a card トランプの札(ふだ)を1枚(選んで)取る
• **take up** the receiver 受話器を取り上げる
• **Take** my hand. 私の手を取って
• She **took** me **by** the hand. 彼女は私の手をとった
• She **took** the baby **in** her arms. 彼女は両腕に赤ちゃんをだきあげた
⓬(写真・コピー・記録などを)とる, 書き取る; (寸法・脈などを)とる
• Could you **take a picture** of us? 写真撮ってくださる?
• The policeman **took** (**down**) the number of our car. 警察官は私たちの車のナンバーを書きとめた
• The nurse **took** my temperature. 看護師が私の体温を計った
⓭(物が場所を)とる; (人が席・地位などに)つく
• This bed **takes** (**up**) too much room. このベッドは場所をとりすぎる
• Ben **took** a seat in the front [the rear] of the bus. ベンはバスの前[後ろ]の方に席をとった[すわった]
⓮(新聞などを定期的に)とる; (席などを)予約して取る; (部屋などを短期間)借りる, (品物を選んで)買う; (例として)取り上げる
• **I'll take** this one. (店で)これをもらい[買い]ます
• **Take** the population, for example. たとえば人口問題を取り上げてみよう
⓯(薬などを)飲む; (塩分などを)とる, (空気を)吸い込む
• Don't forget to **take** your medicine. 薬を飲むのを忘れないでね (❗液体の薬でも ×*drink* ... といわない)
• **take** a deep breath 深く息を吸い込む, 深呼吸をする
⓰ 文型 [**take A from B**] BからAを取る[引く]
• If you **take** 4 (**away**) **from** 10, you have [get] 6. 10から4を取れ[引け]ば6が残る
• The book **takes** its title **from** the Bible. その本は書名を聖書から取っている
文型 [**take A off B**] BからAを取りはずす[取り下ろす]
• **take** the camera **off** its tripod カメラを三脚(さんきゃく)から取りはずす

be taken ill = take ill (急に)病気にかかる
• Ben **was taken ill** at school today. ベンはきょう学校でぐあいが悪くなった

take advantage of ... (機会などを)

利用する; (人の)親切につけこむ
● He **takes advantage of** your kindness. ⇨フォーカス 4 彼はあなたの親切につけこんでいる

take after ... (親類などに)似る
● Mary really **takes after** her mother. メアリーは母親によく似ている

take apart ばらばらにする, 分解する

take away ① 持って[連れて]行ってしまう, 取り上げる; うばう; かたづける
● The teacher **took** the comic book **away from** me. 先生は漫画の本を私から取り上げた
② 《英》 (ハンバーガー店などで注文した飲食物を)**持って帰る** (=《米》 take out)
③ (数を)引く ⇨⑯

take back ① (発言を)取り消す
② (もとへ)もどす, (買った物を)返品する; (売り手が返品を)引き取る
③ (人に)昔を思い出させる

take care (of ...) (…に)**気をつける**, (…の)**世話をする** ⇨**care** (成句)
● **Take care of** yourself while we're away. ⇨フォーカス 2 留守の間, 気をつけてね (! Take care! とも言う)

take down ① (ズボンなどを手に取って)降ろす, 下げる ② 取りこわす; はずす, 解体する ③ 書き取る[とめる] ⇨⑫

take in ① 理解する, わかる
② 《口語》 だます, ひっかける

take it ① (…と)思う 《*that* ...》 ② 《口語》 罰[困難, 批判など]によく耐える

take it easy 《口語》 気楽に[ゆっくり, ほどほどに]やる, リラックスする
● **Take it easy**. The roads are icy. ゆっくりやれ[運転しろ]. 道が凍ってるぞ
会話 "What are you doing now?" "Just **taking it easy**." 「君今なにしてるの」「のんびりしているだけ」

take off ① **脱**(ぬ)**ぐ; はずす, 取り[連れ]去る**
● She **took off** her glasses. 彼女はメガネをはずした
② (飛行機などが[で])**離陸する**; 《口語》 (人が)**立ち去る** ⇨**takeoff**
● Flight 123 to Paris will **take off** in five minutes. パリ行き123便はあと5分で離陸します
③ 《口語》 (人の)**物まねをする**
④ …**の休暇を取る**

take on ① やとう; (仕事・責任などを)引き受ける; 相手にする ② (…の様子を)見せ始める, 帯びる, (外観を)呈する

take out ① **取り出す; 連れ出す**; (歯・しみなどを)**抜く, 取り除く**
● I'll **take** her **out** for dinner tonight. 今夜彼女を夕食に誘おう
② 《米》 (店などで注文した飲食物を)**持って帰る** (=《英》 take away) ③ (免許状などを)**受ける**; (保険などを)**契約する**

take A out of B AをBから取り出す ● He **took** 30,000 yen **out of** his bank account. 彼は銀行から3万円を引き出した

take over (仕事などを)引きつぐ, (…から交代で)引き受ける; (経営などを)取りしきる(ようになる), 乗っ取る

take place 起こる, 行われる ⇨**place** (成句)
● The meeting will **take place** in the afternoon. ⇨フォーカス 1 会議は午後におこなわれます

take to ... ① …を好きになる, …になつく ● The children soon **took to** their new teacher. 子どもたちは新しい先生がすぐに好きになった
② …するようになる, …を始める, …にふけるようになる

take up ① (時間・場所を)とる ⇨⑬
● That refrigerator **takes up** too much space. あの冷蔵庫は場所を取りすぎる
② **取り上げる, 拾い上げる, 持ち上げる, すい上げる**, (上の方へ)**持って[連れて]行く; すそを上げる**
③ (新たに)**やり始める**; (中断したものを再び)**続ける**

take up with ... (不満などを)人に相談する

— 名 (複 **takes** /téiks/) C ❶ 1回に撮

影される場面，テイク；1回分の録音 ❷捕獲[漁獲]量；《ふつう単数形で》売り上げ高

take·a·way /téikəwèi テイカウェイ/ 名 形 《英》(=takeout)

tak·en /téikən テイクン/ 動 takeの過去分詞

take·off B1 /téikɔ̀:f テイコーフ, téikɑ̀:f ティカーフ｜téikɔ̀f テイコフ/ 名 (複 **takeoffs** /téikɔ̀:fs/) U C ❶(飛行機の)離陸，出発；(跳躍の)踏み切り ⇨**take off** (takeの成句) ❷ものまね；パロディー

take·out B1 /téikàut テイカウト/ 名 (複 **takeouts** /téikàuts テイカウツ/) C 《米》持ち帰り用料理，テイクアウト；テイクアウトできる店

— 形 《米》(料理が)持ち帰り用の，テイクアウトの

take·o·ver /téikòuvər テイコウヴァ/ 名 U C (管理[支配]権などの)奪取；(会社などの)乗っ取り

takes /téiks テイクス/ 動 takeの三人称単数現在形

tak·ing /téikiŋ テイキング/ 動 takeの現在分詞・動名詞

tak·ings /téikiŋz テイキングズ/ 名 《複数扱い》収入，売上高

tál·cum pòwder /tǽlkəm タルカム/ 名 U (化粧用の)タルカムパウダー

tale B1 高 /téil テイル/ (発音 tailと同音) 名 (複 **tales** /téilz/) C

❶お話，物語 (=story)；実話

• a fairy **tale** おとぎ話，童話

❷作り話，うそ

tell a tale 話をする

tell its own tale (おのずと)明らかだ

tell tales 人の秘密を言いふらす[もらす]，告げ口をする；うそをつく

派生 **tell** 動

tal·ent A2 高

/tǽlənt タレント/

名 (複 **talents** /tǽlənts タレンツ/)

❶U C〔…に対する〕(生まれながらの)才能《*for*》

• a person **with** [**of**] many **talents** 多くの才能がある人

• Ann **has** a great **talent for** music. アンはすぐれた音楽の才能がある

❷U C 才能のある人(たち)，人材 (❗集合的にも一個人にも用いる) ⇨**personality** ❷

• There is a great deal of **talent** on the soccer team this year. 今年のサッカー部にはたくさんの人材がいる

tal·ent·ed B1 高 /tǽləntəd タレンテド/ 形 (生まれつき)才能のある，有能な

Ta·li·ban, Ta·li·baan /tɑ́:ləbɑ̀:n ターリバーン｜tǽləbæ̀n タリバン/ 名 《**the Taliban**》《集合的》《複数扱い》タリバン，タリバーン《♦アフガニスタンのイスラム原理主義武装集団》

tal·is·man /tǽləsmən タリスマン, tǽləzmən タリズマン/ 名 C お守り，魔よけ

talk A1 中

/tɔ́:k トーク/

意味マップ

動 ❶話す，しゃべる，話をする
❷話し合う；相談する
❸…のことを話す
❹ものを言う；口をきく
❺効果を発揮する
❻意志を通じる

名 ❶話；おしゃべり
❷会談
❸短い講演
❹うわさ(の種)

— 動 (三単現 **talks** /tɔ́:ks/；過去・過分 **talked** /tɔ́:kt/；現分 **talking**)

❶自〔…について〕話す，しゃべる，話をする《*about, on*》⇨**speak**；〔…と〕話をする《*to, with*》；うわさ話をする

• **talk** together いっしょに話す

• **talk in** English 英語で話をする

比較 She **speaks** English. 彼女は英語を話す (×She talks English.)

• You mustn't **talk** while the principal is **speaking**. 校長先生がお話をしている間はおしゃべりをしてはいけません (❗talkは「おしゃべりする」，speakは「まと

まった内容を口に出して伝える」)
- He often **talks** in his sleep. 彼はよく寝言を言う
- She **talks** a lot. 彼女はよくしゃべる
- It was nice **talking to** [**with**] you. あなたとお話できて楽しかったです (❗with はおもに《米》で用いられる)
- He **talked to** me **about** his hobbies. 彼は自分の趣味について私に話した (×He talked me about ...)

比較 She **told** me **about** the plan. 彼女はその計画について話した
- Who did you **talk with**? あなたはだれと話したのですか
- Let's **talk** over a cup of coffee. コーヒーを飲みながら話そう
- No **talking** in the library. 《掲示》図書館の中で私語はしないこと

❷ 自 (重要なことについて)**話し合う**; 〔…に〕**相談する** 《*to, with*》
- **talk to** a doctor 医者に相談する

❸ 他 …**のことを話す** (❗that節を目的語にとらない)
- The men at the party were **talking** politics all night. そのパーティーにいた男たちは一晩中政治の話をしていた

❹ 自 (赤ちゃん・鳥・機械などが)**ものを言う**; (重病人が)**口をきく**
- Can the baby **talk** yet? 赤ちゃんはもうしゃべれますか

❺ 自 **効果を発揮する, ものを言う; 影響がある**
- Money **talks**. 金がものをいう

❻ 自 (身振りなどで)**意思を通じる**
- We **talked** in sign language. 我々は手話で話した

Look who's talking! よく言うよ

会話 "You shouldn't eat so much." "**Look who's talking!**" 「食べ過ぎない方がいいよ」「よく言うよ」

talk about ... …**について話す**, …**のうわさをする**

talk around 《米》(人を)説得して従わせる

talk back 《口語》口答えする

talk big 《口語》大きいことを言う, ほらを吹く; いばって話す

talk down けなす, しゃべり負かして黙らす

talk down to ... 〔人〕に見下したような話し方をする

Talking of ... 《口語》…といえば [CAN-DO Tips 話題を変える]
- **Talking of** movies, have you seen "Harry Potter"? 映画といえば, 君は「ハリーポッター」を見たかい

talk A into [***out of***] ***...*** …するように[しないように]A(人)を説得する, A(人)を説きふせて…させる[…するのをやめさせる]
- He **talked** her **into** joining the club. 彼はクラブに入るよう彼女を説得した

talk of ... …のことについて話す[うわさする]

talk out …を徹底的に論じる, …を話し合って決着をつける

talk over …について話し合う, 相談する

talk sense 理にかなったことを言う

talk to ... ① …**に話しかける**; …**と話す** ⇨❶
- Who did you **talk to**? だれと話をしていたのですか (×Who did you talk? としない)

② 《口語》…をしかる

talk to oneself ひとり言を言う

talk up 大声で話す, はっきり意見を言う

talk one's way out 口[ことば]で切り抜ける

talk with ... 〔人〕**と話す, 相談する** ⇨❶, ❷

―名 (複 **talks** /tɔ́:ks/)

❶ C **話; おしゃべり; 話し合い**
- I **had** a nice long **talk with** my cousin on the phone. 私はいとこと電話で長時間楽しいおしゃべりをした
- small **talk** 世間話, おしゃべり

❷ 《**talks**》**会談**
- peace [summit] **talks** in Paris パリでの和平[首脳]会談

❸ C 〔…についての〕(時に放送などの)**短い**

講演《about, on》
❹Ⓤ うわさ; Ⓒ《the talk of ...》話の種(たね), うわさの種
be all talk 口先だけである
• Tom **is all talk** and can't be trusted. トムは口先だけで信用ならない

tal̸k·a·tive B1 /tɔ́ːkətiv トーカティヴ/ 形 おしゃべりの, 話好きな

tal̸k·er /tɔ́ːkər トーカ/ 名Ⓒ 話し手; よくしゃべる人

tál̸k shòw 名Ⓒ《米》有名人のインタビュー番組, トークショー (=《英》chat show)

tall A1 中

/tɔ́ːl トール/
形 (比較級 **taller**; 最上級 **tallest**)
❶**背が高い**, (細長く)**高い** (↔**short**) (❗「(物が)高い」という意味では, 細く高いものに用いる. 山のような幅のあるものには high を用いる)

• a **tall** boy 背の高い男の子 (❗tall＋名詞; ×a *high* boy とはいわない)
• My brother is **as tall as** Dad. 兄は父と同じくらい背が高い
• I am **taller than** my little sister. ぼくは妹よりは背が高い
• Ken is **the tallest in** the class. ケンはクラスの中ではいちばん背が高い
❷**身長[高さ]が…ある** (❗背の高い・低いに関係なく用いる)
会話 "**How tall** are you?" "I'm 6 feet **tall**." 「君は身長はどれくらいですか」「(身長は)6フィートです」
❸《口語》法外な; おおげさな, 信じられない
• a **tall** tale [《英》story] おおげさなほら話

tal·ly /tǽli タリ/ 名 (複 **tallies** /tǽliz/) Ⓒ (用途・所有者などを示す)付け札, ラベル, プレート; 勘定, 計算; (競技の)得点, 記録
— 動 (三単現 **tallies** /tǽliz/; 過去・過分 **tallied** /tǽlid/; 現分 **tallying**) 自 (話・数字などが)〔…と〕符合する, 一致する《with》; 他 計算する, 合計する《up》

Tal·mud /tɑ́ːlmud タールムド/ 名《the Talmud》タルムード《◆ユダヤ教の律法集》

tal·on /tǽlən タロン/ 名Ⓒ《ふつう talons》(ワシのような猛鳥の)つめ

tam·bou·rine /tæ̀mbəríːn タンバリーン/ 名Ⓒ《楽器》タンバリン

tame B2 /téim テイム/ 形 (比較級 **tamer**; 最上級 **tamest**) ❶(動物が)飼いならされた, 人によくなれた, おとなしい, 従順な (↔**wild**)
• a **tame** bear 人に飼いならされたクマ
❷《口語》活気のない; つまらない
— 動 他 ❶(動物を)飼いならす; 従わせる
• **tame** a wild horse 野生の馬を飼いならす ❷(自然・危険などを)制御する

Tam·il /tǽmil タミル/ 名 ❶Ⓒ タミール人《◆インド南部・セイロン島の主要民族の1つ》❷Ⓤ タミール語

tam·per /tǽmpər タンパ/ 動 他 〔…を〕勝手に手を加える, いじくり回す《with》

tam·pon /tǽmpɑn タンパン/ 名Ⓒ (生理用・止血用の)綿球, タンポン

tan B2 /tǽn タン/ 名Ⓒ 日焼け; Ⓤ 日焼け色, 黄(おう)褐色
— 動 (三単現 **tans** /tǽnz/; 過去・過分 **tanned** /tǽnd/; 現分 **tanning**) ❶他 (日光などが皮ふを)日焼けさせる; 自 (人が)日焼けする ⇨**suntanned** ❷他 (皮を)なめす

tan·dem /tǽndəm タンデム/ 名Ⓒ (二人(以上)乗り用)タンデム式自転車

tan·gent /tǽndʒənt タンヂェント/ 名Ⓒ《数学》接線; タンジェント, 正接《◆略 tan》
go off on [《英》***at***] ***a tangent*** 《口語》(話, 行動が)急にわき道へそれる, 急転換する

tan·ge·rine /tændʒəríːn タンチェリーン/ 名 C 《植物》タンジェリン《♦オレンジの一種》

tan·gi·ble /tǽndʒəbl タンヂブル/ 形 実体のある; 現実の; 明白な

tángibly 副 明白に

tan·gle /tǽŋgl タングル/ 動 他 自 もつれ(させ)る; 紛糾させる[する]

— 名 C もつれ, 混乱

in a tangle もつれて; 混乱して

tan·gled /tǽŋgld タングルド/ 形 《しばしば **tangled up**》(糸・髪などが)もつれた, からんだ; (事態などが)複雑な, こみいった

tan·go /tǽŋgou タンゴウ/ 名 (複 **tangos** /tǽŋgouz/) C 《音楽》タンゴ(の曲); (舞踊の)タンゴ《♦南米発祥の舞踏音楽》

tang·y /tǽŋi タンギ/ 形 (比較級 **tangier**; 最上級 **tangiest**) 風味[香り]の強い, ぴりっとする, つんとくる

tank B1 高 /tǽŋk タンク/ 名 (複 **tanks** /tǽŋks/) C

❶ (貯蔵用)タンク ⇨**think tank**

• a water [fuel] **tank** 貯水[燃料]タンク

❷ 戦車, タンク

tank·ard /tǽŋkərd タンカド/ 名 C (ふた・取っ手つきの)ビール用大型ジョッキ

tank·er /tǽŋkər タンカ/ 名 C (石油などを運ぶ)油送船, タンカー; タンクローリー車; 空中給油機

参考 日本語の「タンカー」は,「原油を運ぶ船」の意味だが, tanker には「タンクローリー(車)」や「給油(飛行)機」の意味もある

tan·ner·y /tǽnəri タネリ/ 名 (複 **tanneries** /tǽnəriz/) C 皮なめし工場

tan·nin /tǽnən タニン/ 名 U 《化学》タンニン

tan·ta·lize /tǽntəlàiz タンタライズ/ 動 他 (人を)じらす

tan·ta·liz·ing /tǽntəlàiziŋ タンタライズィング/ 形 じれったがらせる

tan·ta·mount /tǽntəmàunt タンタマウント/ 形 等しい, […(するの)に]同等である《to (doing)》(❗名詞の前には用いない; to のあとには望ましくない事・物がくる)

tan·trum /tǽntrəm タントラム/ 名 C (子どもの)かんしゃく; 不機嫌, むかっ腹

Tan·za·ni·a /tænzəníːə タンザニーア/ 名 タンザニア《♦アフリカ中央東部の国; 首都ドドマ(Dodoma)》

tap[1] B2 /tǽp タプ/ 動 (三単現 **taps** /tǽps/; 過去・過分 **tapped** /tǽpt/; 現分 **tapping**)

❶ 他 自 軽くたたく, コツコツたたく

• **tap on** [**at**] the door ドアを軽くたたく

• **tap** him **on the** shoulder = **tap** his shoulder 彼の肩をポンとたたく

❷ 他 トントン[コツコツ]たたいて…を作る; (指・足などを)トントン打ちつける; たたいてリズムを取る

• **tap** a hole in a tree (キツツキなどが)木をコツコツつついて穴をあける

• The teacher **tapped** the blackboard **with** the chalk. 先生はチョークで黒板をトントンとたたいた

— 名 C 〔…を〕軽くたたくこと, コツコツ[トントン]たたく音《*at, on*》

• I heard a **tap on** the window. 窓をそっとたたく音が聞こえた

tap[2] A2

/tǽp タプ/ 名 (複 **taps** /tǽps/) C

❶ 《英》(水道・ガスなどの) 蛇口(じゃぐち), コック (=《米》faucet); (酒だるなどの)飲み口, 栓(せん)

• **turn on** [**off**] the hot [cold] **tap** = **turn** the hot [cold] **tap on** [**off**] お湯[冷水]の蛇口をあける[しめる]

• **tap** water 水道水

• a gas **tap** ガス栓

❷ (電話の)盗聴器

on tap (ビールなどが)たるから注ぐばかりになって; すぐ使える状態で

— 動 (三単現 **taps** /tǽps/; 過去・過分 **tapped** /tǽpt/; 現分 **tapping**) 他 ❶ (天然資源を)利用する; 開拓[開発]する ❷ (電話などを)盗聴する ❸ 栓を抜く

tap into (資源・能力などを)うまく利用する

táp dànce 名 C タップダンス

tape A2

/téip テイプ/ 名 (複 **tapes** /téips/)

❶ U C 磁気テープ; U 接着[粘着]

テープ; C (ビデオ)テープ; ゴールテープ • adhesive **tape** ばんそうこう; 接着[粘着]テープ
• Scotch **tape** セロテープ (=《英》 sellotape)
• record the program **on** (a) **tape** その番組をテープに録音[録画]する
❷ C 巻き尺, メジャー
❸ U (包装などに使う)平ひも, 紙テープ
— 動 (三単現 **tapes** /téips/; 過去・過分 **taped** /téipt/; 現分 **taping**) 他
❶テープに録音[録画]する
• I **taped** the FM program on my tape recorder. 私はFM番組を私のテープレコーダーで録音した
❷テープ[リボン]でしばる[くくる], テープではる[とめる], (…に)テープ[ばんそうこう, 包帯]をはる[巻く]

tápe dèck 名 C テープデッキ

tápe mèasure 名 C 巻尺

ta·per /téipər テイパ/ 名 C (長いものの)先細り; (先細の)小ろうそく; ろう引きの灯心 《♦点火用》
— 動 自 他 先細りする[させる], だんだん細くなる[する]; (音・勢力などが)しだいに弱まる[弱める] 《*off*》

tape-re·cord /téiprikɔ́:rd テイプリコード/ 動 他 テープに録音する

tápe recòrder 名 C テープレコーダー

tap·es·try /tǽpistri タピストリ/ 名 (複 **tapestries** /tǽpistriz/) U C つづれ織り, タペストリー

tape·worm /téipwə̀:rm テイプワーム/ 名 C 《動物》 サナダムシ

ta·pir /téipər テイパ/ 名 C 《動物》 バク

tap·root /tǽprù:t タプルート/ 名 C 《植物》 主根, 直根; 主因

táp wàter 名 U (蛇口から出る)水道水

tar /tá:r ター/ 名 U 《化学》 タール; (たばこの)やに

ta·ran·tu·la /tərǽntʃələ タランチュラ/ 名 C 《動物》 タランチュラ 《♦毒グモ》

tar·dy /tá:rdi ターディ/ 形 (比較級 **tardier**; 最上級 **tardiest**) 《米》 遅れた, 遅刻した; 《文章》 遅い; 緩慢な

tar·get A2 高

/tá:rgət ターゲト/ 名 (複 **targets** /tá:rgəts ターゲツ/) C ❶的, 標的
• **aim at** the **target** 的にねらいをつける
• **hit** [**miss**] the **target** 的に命中する[をはずす]
❷(仕事・生産などの)達成目標(額)
• set a **target** 目標をたてる
• meet [achieve] a **target** 目標を達成する • a **target** figure 達成目標額
• a **target** market 目標市場
❸(非難, 嘲(ちょう)笑などの)的
• He became the **target** of their criticism. 彼が連中の批判の的になった

on target 的中した, ねらいどおりの; 問題から離れずに

tar·iff /tǽrəf タリフ/ 名 (複 **tariffs** /tǽrəfs/) C 関税; 関税率

tar·nish /tá:rniʃ ターニシュ/ 動 他 (金属などを)曇らせる, 変色させる; (評判・名声などを)汚す; 自 曇る, 変色する; 価値が下がる

ta·rot /tǽrou タロウ/ 名 C タロットカード 《♦占い用の78枚一組のカード》

tar·pau·lin /ta:rpɔ́:lin ターポーリン/ 名 U C (厚い)防水布, 防水シート

tar·ry[1] /tǽri タリ/ 動 (三単現 **tarries** /tǽriz/; 過去・過分 **tarried** /tǽrid/; 現分 **tarrying**) 他 《文章》 とどまる, 長居する; 遅れる

tar·ry[2] /tá:ri ターリ/ 形 タールを塗った

tart[1] /tá:rt タート/ 名 C 《料理》 タルト 《♦フルーツやジャムをくるんだパイケーキ》

tart[2] /tá:rt タート/ 形 ❶(食べ物が)すっぱい ❷痛烈な, 辛らつな

tar·tan /tá:rtən タータン/ 名 U タータン 《♦格子じまの毛織物》; C 格子じま, タータンチェック

tar·tar /tá:rtər タータ/ 名 U 歯石; C 手に負えない人

tártar sàuce 名 U 《料理》 タルタルソース 《♦マヨネーズベースのソース》

task A2 高

/tǽsk タスク | tá:sk タースク/ 名 (複 **tasks**

/tǽsks/) C (親・先生・上役などに言われた) 仕事; すべきこと, つとめ, 任務; 職務
• I was given the **task** of guiding her to the office. 私は彼女をオフィスまで案内する役を与えられた
• The most urgent **task** is making the funeral arrangements now. 今最も緊急なことは葬式の手配をすることです

コロケーション
動+**task**
accomplish [complete] a *task* 仕事を成し遂げる
carry out [do, perform, cope with] a *task* 仕事をする
undertake a *task* 仕事を引き受ける

take ... to task 〔…のことで〕…をしかる, 非難する《*for, about*》

tásk fòrce 名 C 《米軍》機動部隊, 特別編成艦隊; 対策本部, 特別研究班

tas·sel /tǽsəl タセル/ 名 C (旗・カーテンなどの)飾り房

taste B1 中 /téist テイスト/ 名 (複 **tastes** /téists テイスツ/) ❶ U C 味; 味覚
• This cake **has** a sweet **taste**. このケーキは甘い味です
• This jelly **has** no **taste**. このゼリーには味がない
❷ U C 〔…に対する〕好み, 趣味《*for, in*》; U (…のよさがわかる)センス, 鑑賞力
• **have** a **taste for** ... …の味[よさ]がわかる, …に趣味を持つ, …が好きだ
• Diana **has** good **taste in** clothes. ダイアナは服装のセンスがいい
• There is no accounting for **taste**. 《ことわざ》人の好みは説明できない (❗「タデ食う虫も好き好き」に相当)
❸《**a taste of ...**》…のひと口, …の味見, …を少し • **have a taste of** a pie パイをひと口食べる

in good [***bad, poor***] ***taste*** いい[悪い]趣味で, いい[ひどい]センスで
leave a bad [***nasty***] ***taste in the*** [*one's*] ***mouth*** 後味が悪い
to taste 好みに応じて
to A's taste Aの好み[趣味]に合って[合うように]
• This sweater is not **to my taste**. このセーターは私の好みじゃないわ

— 動 (三単現 **tastes** /téists テイスツ/; 過去・過分 **tasted** /téistəd/; 現分 **tasting**)
❶ 自 (食物が)〔…の; …のような〕味がする《*of; like*》; 他 (人が)味を感じる
• This soup **tastes of** garlic. このスープはニンニクの味がする
• **What** does it **taste like**? それはどんな味がするの
文型 [**taste C**] Cの味がする (❗Cは形容詞)
• This candy **tastes** good [sweet]. このキャンディーはおいしい[甘い(味がする)]
❷ 他 味わう; 味をみる; (少し)食べる[飲む] • **Taste** this soup to see if it is good. このスープおいしいかどうかちょっと味見をしてちょうだい

taste·ful /téistfəl テイストフル/ 形 趣味のいい, 上品な
tástefully 副 上品に

taste·less B1 /téistləs テイストレス/ 形 (飲食物が)味のない, まずい; 趣味の悪い, 下品な

tast·er /téistər テイスタ/ 名 C (ワインなどの)鑑定人, 味利き

tast·y B1 高 /téisti テイスティ/ 形 (比較級 **tastier**; 最上級 **tastiest**) (飲食物が)風味のいい, おいしい; 面白い, 興味をひく

tat·ter B2 /tǽtər タタ/ 名 C 《**tatters**》ぼろ; ぼろ服
in tatters ぼろぼろになって

tat·tered /tǽtərd タタド/ 形 ぼろぼろの

tat·tle /tǽtl タトル/ 名 U うわさ話, むだ口; 告げ口

tattle·tale /tǽtltèil タトルテイル/ 名 C 《米》《口語》(特に子どもの)おしゃべり, 告げ口屋 (=《英》telltale)
— 形 秘密を漏らす, 暴露する

tat·too B2 /tætú: タトゥー/ 名 (複 **tattoos** /tætú:z/) C 入れずみ

taught /tɔ́:t トート/ 動 teachの過去形・過去分詞

taunt B2 /tɔ́:nt トーント/ 動 他 あざける, からかう, ばかにする

Tau·rus /tɔ́:rəs トーラス/ 名 U 《天文》おうし座; 《占星》金牛宮; C おうし座生まれの人 《♦4月21日から5月22日生まれ》

taut /tɔ́:t トート/ 形 (比較級 **tauter**; 最上級 **tautest**) (ロープ・針金などが)ぴーんと張ってある; (神経などが)張り詰めた; 緊張した

tav·ern /tǽvərn タヴァン/ 名 C 《英》《古風》居酒屋 《♦今の pub にあたる》; 宿屋 (=inn)

taw·dry /tɔ́:dri トードリ/ 形 (比較級 **tawdrier**; 最上級 **tawdriest**) 安ぴかの, けばけばしい, 悪趣味の; 不道徳な, 不品行な

taw·ny /tɔ́:ni トーニ/ 形 (比較級 **tawnier**; 最上級 **tawniest**) 黄褐色の

tax B1 高 /tǽks タクス/ 名 (複 **taxes** /tǽksəz/) ❶ U C 〔…に対する〕税, 税金 《*on, upon*》
- The government raised (the) income **tax**. 政府は所得税を引き上げた
- Everyone must pay (a) **tax on** their income. だれもが所得税を払わなければなりません
- impose [put] a **tax on** cigarettes タバコに税金を課す

❷ 《単数形で》《文章》〔…に対する〕重い負担, 責任 《*on, upon*》

— 動 (三単現 **taxes** /tǽksəz/; 過去・過分 **taxed** /tǽkst/; 現分 **taxing**) 他 (人・収入・品物に)税金をかける, 課税する; 重い負担をかける
- The peasants were heavily **taxed**. 農民は重税を課せられていた
- This work is very **taxing**. この仕事はとてもきつい

派生 **taxation** 名

tax·a·ble /tǽksəbl タクサブル/ 形 税金がかかる; 課税対象となる

tax·a·tion /tækséiʃən タクセイション/ 名 U 課税, 徴税; 税額 派生 **tax** 動

táx evàsion 名 U C 脱税

táx èxile 名 C 《おもに英》(税金逃れの)国外移住者

tax-free /tǽksfrí: タクスフリー/ 形 副 免税の[で], 非課税の[で]

táx hàven 名 C 租税回避地 《♦税金があまりかからない国など》

tax·i A1 高

/tǽksi タクスィ/ 名 (複 **taxis**, **taxies** /tǽksiz/) C タクシー (=cab, taxicab)
- call (for) a **taxi** タクシーを呼ぶ
- I **took** a **taxi** from the airport to the hotel. 私は空港からホテルまでタクシーに乗った

— 動 (三単現 **taxis**, **taxes** /tǽksiz/; 過去・過分 **taxied** /tǽksid/; 現分 **taxiing**, **taxying**) 自 《米》タクシーで行く; (飛行機が滑走路などを)移動する

tax·i·cab /tǽksikæ̀b タクスィキャブ/ 名 C タクシー

tax·i·der·mist /tǽksədə̀:rmist タクスィダーミスト/ 名 C 剝(はく)製師

táxi drìver 名 C タクシーの運転手

tax·ing /tǽksiŋ タクスィング/ 形 (仕事が)苦労の多い, やっかいな

táxi stànd 名 C 《米》タクシー乗り場 (=《英》a taxi rank)

tax·man /tǽksmæ̀n タクスマン/ 名 (複 **taxmen** /tǽksmèn/) C 収税吏(り), 税務署員

tax·pay·er /tǽkspèiər タクスペイア/ 名 C 納税者

táx retùrn 名 C 納税申告書

T.B. 《略》tuberculosis 結核

tea A1 中

/tí: ティー/ 名 (複 **teas** /tí:z/)

❶ U 茶; ティー; (特に)紅茶; お茶の葉; C 1杯のお茶 (=a cup of tea); お茶の木
- **a cup** [two cups] **of tea** お茶1杯[2杯]
- Two **teas** and two coffees, please. 《口語》紅茶を2つとコーヒーを2つください
- **tea with** milk [lemon] ミルク[レモン]ティー (×*milk* [*lemon*] *tea* とはいわない)
- **make tea** お茶をいれる
- **serve** him herb [herbal] **tea** 彼にハー

ブティーを出す
• Won't you have **a cup of tea**? お茶を1杯いかがですか
• Let's have a **tea break**. お茶の時間にしようか
❷ U C (午後の)お茶の会; 《英》 午後のお茶, ティー (=afternoon tea) 《♦夕方の3時ごろクッキーやサンドイッチなどを食べながらお茶を飲むこと. また, high tea と呼ばれる昼食と夕食の間の食事もある》
one's cup of tea 《口語》《ふつう否定文で》 好みのもの

téa bàg 名 C ティーバッグ

téa cèremony 名 C (日本の)茶道(さどう)

teach A1 中

/tíːtʃ ティーチ/ 動 (三単現 **teaches** /tíːtʃəz/; 過去・過分 **taught** /tɔ́ːt/; 現分 **teaching**) 他 自
❶ (人を)(人に知識・技術・教科などを)教える; (…の仕事を)教える; 教師をする
• He **teaches** music. 彼は音楽の先生をしている (=He is a teacher of music.)
• She likes **teaching** children. 彼女は子どもたちを教えることが好きです
文型 [**teach A B = teach B to A**] AにBを教える
• Miss Mori **teaches** us English. = Miss Mori **teaches** English **to** us. 森先生が私たちに英語を教えます
• He **teaches** at Tokyo University. 彼は東京大学で教えています
文型 [**teach A how ...**] A(人)に…の方法を教える • **teach** him **how to** cook 彼に料理のしかたを教える
文型 [**teach A to** *do*] A(人)に…の仕方を教える; 《口語》 A(人)に…する報いを教える
• She **taught** me **to** *play* tennis. 彼女はぼくにテニスを教えてくれた
❷ (行動やふるまい・考え方を)教える, しつける
• Students are **taught** to keep quiet in their classroom. 生徒は教室では静かにするように教えられています
❸ (経験などが)(人に)学ばせる, 教える, さとらせる
teach oneself 〔…することを〕自分で勉強する, 独学する 《*to do*》
• I **taught myself** English. 私は独学で英語を勉強した

teach·er A1 中

/tíːtʃər ティーチャ/
名 (複 **teachers** /tíːtʃərz/) C
先生, 教師, 教員 ⇨**teach**
• a class [school] **teacher** クラス担任の[学校の]先生
• a head **teacher** 主任の先生, 教頭
• He is an English [a math] **teacher** at a local high school. 彼は地元の高校の英語[数学]の教師です
• **teacher** training 教員研修
日英比較 日本語とは違い, 英語で「先生」と呼びかけるときには, ×Teacher! とはいわずに, Mr. や Ms. を前につけて Mr. [Ms.] Mori (森先生)などとする

téachers còllege 名 C 《米》 教育大学 (=《英》 training college)

teach·ing B1 高 /tíːtʃiŋ ティーチング/ 名 (複 **teachings** /tíːtʃiŋz/)
❶ U 教えること, 教授; 教職; 授業
• Our music teacher is very good at **teaching**. 私たちの音楽の先生は教え方[授業]がとてもじょうずです
❷ C 《しばしば **teachings**》 教訓, 教え
— 動 teach の現在分詞・動名詞

tea·cup /tíːkʌp ティーカプ/ 名 C 紅茶茶わん, 茶飲み茶わん

teak /tíːk ティーク/ 名 C 《植物》 チーク 《♦南部アジア産の高木》; U チーク材 《♦造船・家具用の高級材》

tea·ket·tle /tíːketl ティーケトル/ 名 C やかん, 湯わかし

team A1 中

/tíːm ティーム/ 名 (複 **teams** /tíːmz/) C
❶ チーム; (いっしょに活動する)団, 組, 班 • He is [plays] **on** [《英》 **in**] our school soccer **team**. 彼はわが校のサッカーチームにいる

• an international **team** of scientists 科学者の国際的なチーム

❷ (荷車やそりを引く, 牛・犬などの)組

• The stagecoach was pulled by a **team** of four horses. 駅馬車は4頭の馬で引かれていた

— 動 (三単現 **teams** /tíːmz/; 過去・過分 **teamed** /tíːmd/; 現分 **teaming**) 他自 協力する, チームをつくる

• The artist recently **teamed up with** a famous novelist. その芸術家は有名な作家と最近協力関係を結んだ

team·mate B1 中 /tíːmmèit ティームメイト/ 名 (複 **teammates** /tíːmmèits ティームメイツ/) C チームメイト, 同じチームのメンバー

team·work B1 中 /tíːmwə̀ːrk ティームワーク/ 名 U チームワーク, 協同作業

téa pàrty 名 C (午後の)お茶会

tea·pot /tíːpàt ティーパト/ 名 C (紅茶を入れる)ティーポット

tear[1] A2 中

/tíər ティア/ (発音 tear[2]との違いに注意) 名 (複 **tears** /tíərz/) C 《しばしば **tears**》 涙, 泣くこと

• **with tears** in *one's* eyes 目に涙を浮かべて

• His eyes were filled with **tears** of joy. 彼の目は喜びの涙であふれていた

• **Tears ran** [**rolled**] **down** her cheeks. 涙が彼女のほおを伝って流れた

• **Tears came to my eyes** when I heard the sad news. その悲しい知らせを聞いた時私は涙が出てきた

• fight back *one's* **tears** 涙をこらえる

• hold back *one's* **tears** 涙を抑える

• shed **tears** (over [for] ...) (…のため)涙を流す

• dry [wipe (away)] *one's* **tears** 涙をふく • be close to **tears** 今にも泣き出しそうである

with tears 涙ながらに

burst [***break***] ***into tears*** わっと泣きだす

in tears 涙を流して, 泣いて

between tears 涙を流しながら

派生 **tearful** 形

tear[2] B1 高 /téər テア/ (発音 tear[1]との違いに注意) 動 (三単現 **tears** /téərz/; 過去 **tore** /tɔ́ːr/; 過分 **torn** /tɔ́ːrn/; 現分 **tearing**) ❶ 他 引きさく, 破る, 引きさいて(穴を)あける; 自 さける, 破れる

• **tear** the paper **in** two [half] その紙を2つ[半分]にさく

• **tear** open the envelope 封筒を破って開ける

• **tear up** a letter 手紙を引きさく

• Her skirt **was torn** on a nail. 彼女のスカートはくぎに引っかかって破れた

❷ 他 引きちぎる[はがす], むし(りと)る 自 (乱暴に)引っぱる

• **tear** the poster **off** the wall 壁からポスターをはぎとる

❸ 他 《ふつう受け身で》 (家族などが)分裂する; (心などを)悩ます

• His heart **was torn** with sorrow. 彼の心は悲しみで打ちひしがれていた

❹ 自 大急ぎで動く; 疾走[突進]する (! 方向を示す副詞(句)を伴って)

tear apart 引きさく

tear around (興奮して)走り回る; 騒ぐ

be torn between A and B AとBの板挟みになる

• I **am torn between** money **and** art. 私はお金と芸術のはざまで苦しんでいる

tear at ... …を引きさこう[引きちぎろう]とする

tear away やめさせる, 去らせる

tear down 引きはがす[おろす]; (建物などを)取りこわす, 分解する

tear into ... ① …を攻撃[非難]する ② …をがつがつ食べ始める

tear off 引きはがす, もぎ取る

tear up ① 細かく引きさく ② 根こそぎにする

— 名 (複 **tears** /téərz/) C さけ目, かぎざき, ほころび

発音に注意› 単語力

tear /téər テア/ 動 裂く, 裂ける

tear /tíər ティア/ 名 涙

tear·drop /tíərdràp ティアドラプ/ 名C 涙(のしずく), 大粒の涙

tear·ful /tíərfəl ティアフル/ 形 涙ぐんだ; 涙もろい; 悲しい 派生 tear[1] 名

téarfully 副 涙ながらに

tea·room /tí:ru:m ティールーム/ 名C 喫茶店; (ホテルなどの)喫茶室 (=《英》tea-shop) (！軽食もできる)

tease B1 /tí:z ティーズ/ 動 (三単現 **teases** /tí:zəz/; 過去·過分 **teased** /tí:zd/; 現分 **teasing**) 他自 ❶(ふざけて)からかう, ひやかす, かまう, (しつこく)いじめる ❷(性的に)じらす

tease out ①(髪のほつれなどを)すく ②(情報を)引き出す

teas·er /tí:zər ティーザ/ 名C からかう人, 軽くいじめる人; 《口語》難問, 難題

téa sèt [**sèrvice**] 名C 紅茶道具一式

tea·spoon B2 /tí:spù:n ティースプーン/ 名C 小さじ, 茶さじ, ティースプーン (♦teaspoon 3杯分が tablespoon (大さじ) 1杯分)

tea·spoon·ful /tí:spu:nfùl ティースプーンフル/ 名 (複 **teaspoonfuls** /tí:spu:n-fùlz/, **teaspoonsful** /tí:spu:nzfùl/) C 小さじ[茶さじ]1杯分(の量)

teat /tí:t ティート/ 名C 乳首

tea·time /tí:taim ティータイム/ 名U (午後の)お茶の時間 ⇨tea ❷

tech /ték テク/ 名C 《口語》《英》実業専修学校 (=technical college)

tech·ni·cal B2 高 /téknikəl テクニカル/ 形 ❶工業(技術)の, 科学技術の; 技術上の, 技術的な

• **technical** support テクニカル[技術]サポート

• The experts solved the company's **technical** problems. 専門家が会社の技術的な問題を解決しました

• **technical** training 技術訓練

❷専門の, 専門的な

• **technical** terms 専門用語

tech·ni·cal·i·ty /tèknəkǽləti テクニキャリティ/ 名 (複 **technicalities** /tèknə-kǽlətiz/) C 専門的事項[細則], 専門用語

tech·ni·cal·ly B2 /téknikəli テクニカリ/ 副 技術的に, 技術的には; 厳密には

tech·ni·cian /tekníʃən テクニシャン/ 名C 技術家; 技師; 専門家, (音楽·美術などの)技巧派

tech·nique B1 高 /tekní:k テクニーク/ (×テクニック) 名 (複 **techniques** /tek-ní:ks/) UC (専門)技術, 技法, 技巧(ぎこう), テクニック; 手法 ⇨**skill**, **art**

• Andy has a wonderful **technique** for bargaining over goods. アンディーは買い付け交渉の腕がとてもいい

• develop a new **technique** of cloning 新しいクローン技術を開発する

tech·no·log·i·cal B1 /tèknəládʒikəl テクノラヂカル | tèknəlɔ́dʒikəl テクノロヂカル/ 形 科学技術の; 工学の

• **technological** development 技術開発

tech·no·log·i·cal·ly /tèknəládʒikəli テクノラヂカリ/ 副 工学的に, 科学技術的に

tech·nol·o·gy A1 高

/teknálədʒi テクナロヂ | teknɔ́lədʒi テクノロヂ/ 名 (複 **technologies** /teknálədʒiz/) UC 科学技術, テクノロジー; 工学, 応用科学

• information **technology** 情報科学技術 (！略 IT)

Ted /téd テド/ 名 テッド (♦男性名; Edward, Theodore の愛称)

Ted·dy /tédi テディ/ 名 テディー (♦男性名; Edward, Theodore の愛称)

téd·dy bèar /tédi テディ/ 名C ぬいぐるみのクマ, テディベア

te·di·ous /tí:diəs ティーディアス/ 形 退屈な, うんざりさせるような

tédiously 副 うんざりさせるほど

te·di·um /tí:diəm ティーディアム/ 名U 《文章》退屈; 単調

tee[1] /tí: ティー/ 名C 《ゴルフ》ティー (♦打ち始めに地面に刺してボールを載せるピン)

━動 《次の成句で》

tee off ①《ゴルフ》ティーから第1打を打つ ②《米》《口語》〔…を〕始める

《*with*》; (人を)いらいらさせる, うんざりさせる; 〔人・行為などを〕厳しく責める[しかる]《*on*》

tee up 《ゴルフ》ボールをティーに載せる; ティーアップする

tee[2] /tíː ティー/ 名 C (アルファベットの)T, t; T字形のもの

teem[1] /tíːm ティーム/ 動 自 《おもに文章》(場所などが)〔…で〕いっぱいである, 満ち満ちている《*with*》

teem[2] /tíːm ティーム/ 動 自 (雨などが)降り注ぐ; 《it が主語で》雨がどしゃ降りに降る《*down*》(❗ふつう進行形で)

teen B1 高 /tíːn ティーン/ 名 (複 **teens** /tíːnz/) 《米》(=teenager)

teen·age, teen·aged

A2 高 /tíːnèidʒ ティーネイチ, tíːnèidʒd ティーネイヂド/ 形

10代の; 10代向けの ⇨**teens**

- **teenage** boys 10代の少年たち

teen·ag·er A2 高

/tíːnèidʒər ティーネイヂャ/

名 (複 **teenagers** /tíːnèidʒərz/) C

10代の少年[少女], ティーンエイジャー《♦13歳から19歳まで》

teens /tíːnz ティーンズ/ 名 《複数扱い》(年齢の) 10代《♦語尾に -teen のつく thirteen から nineteen までの年齢》

tee·ny /tíːni ティーニ/ 形 (比較級 **teenier**; 最上級 **teeniest**) 《口語》小さな, ちっぽけな

tée shìrt 名 C Tシャツ (=T-shirt)

tee·ter /tíːtər ティータ/ 動 自 (物が)ぐらぐらする; ふらふらする, (心理的に)動揺する, ためらう; 《米》シーソーに乗る (=seesaw)

be teetering on the brink [edge] of ... 〔悪い状況〕がいまにも起こりそうである, に瀕(ひん)している

teeth /tíːθ ティース/ 名 《tooth の複数形》

❶ 歯

- **brush** [**clean**] *one's* **teeth** 歯をみがく

❷ (くし・のこぎり・歯車などの)歯

teethe /tíːð ティーズ/ 動 自 (乳児が)歯が生える

Tef·lon /téflɑn テフラン/ 名 U 《商標》テフロン《♦合成樹脂の一種》

tele·cast /téləkæst テレキャスト/ 名 C テレビ放送[番組]

tel·e·com·mu·ni·ca·tions B1 /tèləkəmjùːnəkéiʃənz テレコミューニケイションズ/ 名 《複数扱い》(電話・テレビなどによる) 遠距離通信, 電気通信(技術)

tel·e·com·mut·er /téləkəmjùːtər テレコミュータ/ 名 C (通信ネットワークなどを利用する)在宅勤務者

tel·e·gram B1 /téləgræ̀m テレグラム/ 名 (複 **telegrams** /téləgræ̀mz/) C

電報; 電文《♦telegraph によって送られる通信文をいう》

- **send** (him) a **telegram** (彼に)電報を打つ

tel·e·graph /téləgræ̀f テレグラフ/ 名 U 電信(機), 電報《♦telegram を送るシステム全体をいう》

— 動 他 自 電報を打つ; 電報で伝える

tel·e·graph·ic /tèləgrǽfik テレグラフィク/ 形 電報の, 電信の; (電文のように)簡潔な

te·lep·a·thy /təlépəθi テレパスィ/ 名 U テレパシー, 精神感応; 《口語》テレパシーの能力

tel·e·phone A1 高

/téləfòun テレフォウン/ 名 (複 **telephones** /téləfòunz/) U 電話; C 電話機, (特に)受話器; 《形容詞的》電話の (❗《口語》では phone が多い)

- a public **telephone** 公衆電話
- answer the **telephone** 電話に出る
- talk over the **telephone** 電話で話す

参考〉 電話番号の言い方

03-3210-987 なら zero /ズィアロウ/ three, three two one zero, nine eight seven のようにと数字を1つ1つ言うのがふつう. ただし, 最後の下3けた, 下2けたが0のときは, 3000 なら three thousand, 7400 なら seventy-four hundred などと言うことが多い. 0 は《英》では /オウ/ とも読む. また同じ数字が続くときは, 2235 な

ら double two three five, 2223 なら triple two three とも読む

on the telephone 電話で; 電話口に(出て), 電話中で

— 動 (三単現 **telephones** /téləfòunz/; 過去・過分 **telephoned** /téləfòund/; 現分 **telephoning**) 《文章》 他 自
電話をかける (=《米》《口語》 call (up), 《英》《口語》 ring (up)) (❗改まった言い方); 電話で言う[伝える]

- Bob **telephoned** me the result. = Bob **telephoned** the result **to** me. ボブは私にその結果を電話で知らせてくれた

関連語› 単語力
local call 市内電話
long-distance call 長距離電話
international call 国際電話
pay phone 公衆電話
phone booth [《英》 box] 電話ボックス
cellphone, cellular phone 《米》 携帯電話
mobile (phone) 《英》 携帯電話
smartphone スマートフォン
answering machine, 《英》 answerphone 留守番電話
toll-free [《英》 freephone] number フリーダイヤル
collect call コレクトコール
phone number 電話番号
area [《英》 dialling] code 市外局番
phone book, telephone directory 電話帳

télephone bòok 名 C 電話帳

télephone bòoth [《英》 **bòx**] 名 C 公衆電話ボックス

télephone dirèctory 名 (=telephone book)

télephone nùmber 名 C 電話番号

télephoto léns 名 C 望遠レンズ

tel·e·scope B2 /téləskòup テレスコウプ/ 名 C 望遠鏡

- I looked at the moon **through** a **telescope**. 望遠鏡で月を見た

tel·e·scop·ic /tèləskɑ́pik テレスカピク/ 形 望遠鏡の; 望遠鏡で見た; 伸縮できる

tel·e·thon /téləθɑ̀n テレサン/ 名 C テレソン 《◆チャリティーなどの長時間テレビ番組; *tele*vision+mara*thon* から》

tel·e·vise /téləvàiz テレヴァイズ/ 動 他 テレビで放送する

tel·e·vi·sion A1 高

/téləvìʒən テレヴィジョン/
名 (複 **televisions** /téləvìʒənz/) U テレビ, テレビジョン(放送); テレビの番組; テレビ業界; C テレビ受像機 (=television set) (❗TV と略す)

- **watch television** テレビを見る (❗この television は「テレビ放送」の意味なので ×*a* [*the*] television としない)
- **watch** a baseball game **on television** テレビで野球の試合を見る
- What's **on television** tonight? 今晩はテレビでどんな番組がありますか
- **turn on** [**off**] the **television** (set) テレビをつける[消す]

tell A1 中

/tél テル/ 動 (三単現 **tells** /télz/; 過去・過分 **told** /tóuld/; 現分 **telling**)
共通イメージ 人と人の間を情報が行き来する

チャンクでおぼえよう!

❶ 真実を言う	tell the truth
❶ 大うそをつく	tell a big lie
❶ 私たちに本当の話を教える	tell us a true story
❷ あなたに重要なことを言う	tell you something important
❷ 彼らに間違った住所を教える	tell them a wrong address
❷ 君の率直な意見を私に話す	tell me your frank opinion
❹ 私たちに外で遊ぶようにと言う	tell us to play outside
❹ 私たちにその本を読むようにと言う	tell us to read the book

tell

A1 動
中 /tél テル/

三単現 **tells** /télz テルズ/　過去・過分 **told** /tóuld トウルド/
現 分 **telling**

共通イメージ
人と人の間を
情報が行き来する

意味マップ

動 ❶言う, 話す
❷知らせる, 教える
❸わかる; 見分ける
❹…するように言う［命令する］
❺影響を及ぼす

使えるコーパスフレーズ

tell＋名詞

1 **tell the truth**
本当のことを言う
2 **tell a story**
話をする
3 **tell time**
時計の読み方がわかる
4 **tell a lie**
うそをつく
5 **tell a difference**
違いがわかる

tell＋A(人)＋to 動詞

6 **tell A to get ...**
…を手に入れるようにAに言う
7 **tell A to do ...**
…をするようにAに言う
8 **tell A to go ...**
…に行くようにAに言う
9 **tell A to come ...**
…に来るようにAに言う
10 **tell A to put ...**
…を置くようにAに言う

ネイティブはこういう！

◆ **(I [I'll]) Tell you what.** じゃあこうしよう
◆ **I'll tell you one thing.** 一言言わせてもらうけど
◆ **Just do as you're told.** ただ言われたとおりにしなさい

ワンポイント・アドバイス

tellはsay, speak, talkなどと同様「コミュニケーション」に関する動詞.
tellは特に何か相手に伝えたい内容が具体的にある場合に使う.「情報を言葉で伝える」というのがtellのポイント.
これに対して, talkなどは内容にはあまり重点が置かれていない. 話す内容は何でもよくてただ「おしゃべりする」という意味が強い.

フォーカスページ

❶ 他自〔…について〕言う，話す，話して聞かせる《*of, about*》

• I'm going to **tell** (you) the truth. ⇨ フォーカス 1 本当のことを言います

• Have you ever **told** a lie? ⇨ フォーカス 4 うそをついたことがありますか？

• My uncle often **tells** me **about** UFOs.
おじはよくぼくにユーフォーの話をしてくれます

文型 [**tell A B = tell B to A**] A(人)にB(物語など)を知らせる

• He **told** us a story. = He **told** a story **to** us. ⇨ フォーカス 2
彼は私たちにある物語を語った

文型 [**tell A that ...**] A(人)に…と述べる (! 《口語》ではふつう that を省く)

• She **told** me **that** she got a perfect score in mathematics.
彼女は「数学で満点をとった」と言った (= She said to me, "I got a perfect score in mathematics.") (! tell は say の間説話法に用いられる)

❷ 他自〔相手が知らない事を〕知らせる，教える，告げる《*about, of*》(=teach) ⇨**inform**, **report**

• Don't **tell** anyone. It's a secret.
だれにも言わないで. 秘密よ

• **tell** (him) *one's* name [address]
(彼に)自分の名前[住所]を教える

文型 [**tell A B = tell B to A**] A(人)にB(秘密など)を知らせる

• Please **tell** me the way to the post office.
郵便局へ行く道を教えてください (! 口で教えてもらう意味; 地図を書いたり案内して教えてほしい時は *show* me the way という; ×*teach* me the way ... とはいわない)

文型 [**tell A that ... [wh- ...]**] A(人)に…と[…かを]知らせる

• He **told** me (**that**) he was a spy.
彼は自分はスパイだと私に知らせた (! (that) ... が続くとき，伝える相手を省いて ×He told (that) he was a spy. とはいえない)

比較 He **said** (**to** me **that**) Jane was sick in bed.
彼はジェーンが病気で寝ていると言った (! say の場合は伝える相手を示すときは to ... とする) ⇨**say** どっち

• **Tell** me **who** that girl is. あの女の子がだれか教えてよ

❸ 他自《**can tell**》わかる; 見分ける

• **Can** you **tell** the difference between margarine and butter? ⇨ フォーカス 5
あなたはマーガリンとバターの違いがわかりますか

文型 [**tell A from B**] AとBを区別する，AとBの見分けがつく

• **Can** you **tell** a duck **from** a goose?
アヒルとガチョウの区別がつきますか

❹ 他 文型 [**tell A to** *do*] A(人)に…するように言う[命令する]

• **Tell** her **to** *get* a ticket for me. ⇨ フォーカス 6 彼女にチケットを手に入れるように言って

• Don't **tell** me what **to** *do* all the time. ⇨ フォーカス 7 いちいち指図するのをやめてくれないか

• Mother **told** me **not to** *go* with him. ⇨ フォーカス 8 母は私に彼と行ってはいけないと言った

• I was **told** not **to** *go* there with him.
私は彼とそこへ行ってはいけないと言われた

• **Tell** him **to** *come* at once. ⇨ フォーカス 9 彼にすぐ来るように言え

• She **told** me **to** *put* the phone down. ⇨ フォーカス 10 彼女は私に電話を置くように言った

❺ 自〔…に〕影響を及ぼす，ききめがある《*on, upon*》

all told 全部で，合計で

I* (*can*) *tell you. 《口語》ほんとうに，確かに，絶対に

I can't tell you 《口語》本当に…ですよ

• **I can't tell you** how happy I am to see you. あなたに会えて本当にうれしい

(***I'll*** [***I***]) ***Tell you what.*** 《口語》いいことがあるよ，こうしてはどうだろう

か

I'm not telling you. 《口語》それは言いたくない, それはないしょ

I told you (so). 《口語》だから言ったじゃないの, 私が言ったとおりでしょ

tell ... apart …を見分ける

tell off (人を)きつくしかる

tell on [upon] ... ①《口語》…の告げ口をする, …を言いつける
②…に悪い[大きな]影響を与える, (寒さなどが)〔体〕にこたえる, ひびく

tell tales 他人の秘密を言いふらす, 告げ口をする; うそをつく ⇨**tale** (成句)

tell time [《英》***the time***] (時計などを見て)時刻がわかる, 時計が読める

There is no telling ... …を予測することはできない, …がわからない

to tell (you) the truth ほんとうのことを言うと, 実を言うと, 実は

You never can tell. (先の事は)わからないものです (❗You can never tell. がふつうの語順. 語順転倒によって強調される)

You're telling me! 《口語》君の言う通りです; 言わなくてもわかっているよ

派生 **tale** 名

tell·er B1 /télər テラ/ 名 (複 **tellers** /télərz/) C
❶(銀行窓口の)金銭出納(すいとう)係; 現金自動預払機
❷(選挙などの)投票集計係
❸話す人, 語り手

tell·ing /téliŋ テリング/ 動 tellの現在分詞・動名詞 ━形 効果的な, 著しい

tells /télz テルズ/ 動 tellの三人称単数現在形

tell·tale /téltèil テルテイル/ 形 (秘密などを)明らかにする ━名C 密告者

te·mer·i·ty /təmérəti テメリティ/ 名U 無鉄砲, 向こう見ず; 無遠慮

temp /témp テンプ/ 名C 《口語》臨時雇い, 臨時職員

tem·per B1 /témpər テンパ/ 名 (複 **tempers** /témpərz/)
❶CU (特に)不きげん, 短気, かんしゃく, おこりっぽい性格
• **have** a gentle [short, violent] **temper** やさしい[気短な, 暴力的な]性格である
❷C 気質, 気性; 気分, きげん (❗具体例では単数形で)
❸U 平静な気分, 落ち着き, 自制心

fly into a temper かっと怒り出す

lose [keep] one's temper 平静さを失う[保つ], かんしゃくを起こす[おさえる]

tem·per·a·ment /témpərəmənt テンペラメント/ 名UC 気質; 気性

tem·per·a·men·tal /tèmpərəméntl テンパラメントル/ 形 気質の[による]; 個性の強い; 気むずかしい, 神経質な, 気まぐれな

tem·per·ance /témpərəns テンペランス/ 名U 《文章》節制, 自制; 禁酒

tem·per·ate B2 /témpərət テンペレト/ 形 (気候が)温暖な, おだやかな; (人, 生活が)節度のある
témperately 副 節度をもって

Témperate Zòne 名 《**the** をつけて》温帯

tem·per·a·ture A2 高

/témpərətʃər テンパラチャ/ 名 (複 **temperatures** /témpərətʃərz/) UC
❶温度, 気温
会話 "What's the temperature today?" "It's 30℃." 「きょうの気温は何度ですか」「(セ氏)30度です」

参考〉温度の言い方
日本ではセ氏を用い, 米では カ氏を用いることも多いが, セ氏が世界基準の単位. 96°F(カ氏96度)は ninety-six degrees Fahrenheit /fǽrənhàit ファレンハイト/, 25℃(セ氏25度)は twenty-five degrees centigrade と言う.
0℃ = 32°Fで, 1℃分が1.8°F分にあたる (10℃なら10×1.8+32で50°F)

❷体温, (平熱以上の)熱 (=fever)

take A's temperature A(人)の体温[熱]を計る

tem·pered /témpərd テンパド/ 形 《通例

複合語》…の気質の; 和らげられた, 適度の; 《冶金》鍛えられた

tem·pest /témpəst テンペスト/ 名C 《文章》大暴風雨, 大嵐(あらし)

a tempest in a teapot 《米》コップの中のあらし, つまらぬことでの大騒ぎ

tem·pes·tu·ous /tempéstʃuəs テンペスチュアス/ 形 《文章》大嵐の; 激しい, 狂暴な **tempéstuously** 副 激しく, 狂暴に

tem·pi /témpiː テンピー/ 名 tempo の複数形

tem·plate /témplət テンプラト/ 名C 型版, 枠組み; 《コンピュータ》テンプレート, ひな型ファイル

tem·ple[1] A1 中

/témpl テンプル/

名 (複 **temples** /témplz/) C

神殿(しんでん); 寺院, 聖堂 (! キリスト教以外の宗教のもの)

● the Horyuji **Temple** 法隆寺

tem·ple[2] /témpl テンプル/ 名C こめかみ

tem·po /témpou テンポウ/ 名C

❶ (複 **tempos** /témpouz/)《ふつう単数形で》(一般に)速さ, 速度, テンポ

❷ (複 **tempos** /témpouz/, **tempi** /témpiː/) 《音楽》拍子(ひょうし), テンポ

tem·po·ral /témpərəl テンポラル/ 形 《文章》時の, 時間の; この世の, 現世の; 世俗の, 俗界の

tem·po·rar·i·ly B2 /tèmpərérəli テンポレリリ/ 副 一時的に, ほんのしばらく; 仮に, 臨時に

tem·po·rar·y B1 高 /témpərèri テンポレリ|témpərəri テンポラリ/ 形

一時的な, つかの間の, 仮の, 臨時の (↔**permanent**)

● a **temporary** job 臨時の仕事

● arrange **temporary** accommodation 仮の住まいを手配する

tem·po·rize /témpəràiz テンポライズ/ 動 自 《文章》一時しのぎをする, ぐずぐず時間かせぎをする

tempt B1 /témpt テンプト/ 動 (三単現 **tempts** /témpts テンプツ/; 過去・過分 **tempted** /témptəd/; 現分 **tempting**) 他

誘惑する, 誘う; (…の気持ち・心を)引きつける; 文型 [**tempt A to** *do* = **tempt A into ...**] Aをそそのかして…させ(ようとす)る

● I **was tempted to** *spend* money on things I really don't need. 本当は必要ないものにお金をつぎこんでしまいたくなった

temp·ta·tion B2 /temptéiʃən テンプテイション/ 名U 誘惑; C 誘惑するもの

tempt·ing /témptiŋ テンプティング/ 形 誘惑する, 心をそそる

témptingly 副 そそるように

tem·pu·ra /tempúərə テンプ(ア)ラ/ 名U てんぷら

ten A1 中

/tén テン/ 名 (複 **tens** /ténz/) U C

(! 詳しい用法は three を参照)

10; 10時, 10分; 10歳; 《複数扱い》10個, 10人

● It's **ten** past **ten**. 今10時10分です

● a girl of **ten** 10歳の少女

take ten 《口語》(仕事などを)10分間休む

ten to one 十中八九, きっと, 九分九厘(りん)

━ 形 10の; 10個の, 10人の; 10歳で

ten times 10倍も; はるかに…

ten·a·ble /ténəbl テナブル/ 形 支持できる; 維持し得る

te·na·cious /tənéiʃəs テネイシャス/ 形 (人が)粘り強い, しつこい; (握りが)固い, なかなか放さない; (記憶などが)いつまでも残る; しっかりしがみついている, 固執する

te·nac·i·ty /tənǽsəti テナスィティ/ 名U 粘り強さ, 不屈さ

ten·an·cy /ténənsi テナンスィ/ 名 (複 **tenancies** /ténənsiz/) U (土地・建物の)借用, 賃借; C 借用[賃借]期間

ten·ant /ténənt テナント/ 名C テナント, 賃借人, 借地人

tend B1 高 /ténd テンド/ 動 (三単現 **tends** /téndz テンヅ/; 過去・過分 **tended** /téndəd/; 現分 **tending**) 自
❶ …しがちである, 〔…する; …の〕傾向がある《*to do; to, toward*》
• He **tends to** indulge his children. 彼は自分の子どもたちを甘やかす傾向がある
• Fruits **tend to** decay. 果物はいたみやすい
• I **tend not to** watch too much television. 私はふだんテレビはそれほどたくさん見ない
❷ (考えなどが)…の傾向にある, …に行く ❸《副詞(句)をつけて》(ある方向へ)向かう, 至る
派生 **tendency** 名

tend·en·cy B1 /téndənsi テンデンスィ/ 名 (複 **tendencies** /téndənsiz/)
❶ C 〔…する〕傾向《*to do*》; 〔…への〕性癖, 性向《*to, toward*》
• The birthrate shows a **tendency to** decrease. 出生率は減少傾向にある
❷ (芸術などの)素質, 才能

ten·der[1] B2 /téndər テンダ/ 形 (比較級 **tenderer**; 最上級 **tenderest**)
❶ (肉などが)やわらかい (↔**tough**)
• This steak is very **tender**. このステーキはとてもやわらかい
❷ (体の一部が)敏感な; さわると痛い; (話題など)触れてほしくない; か弱い, デリケートな ❸ (心の)やさしい, 思いやりのある; 感じやすい
• Babies have **tender** skin. 赤ちゃんは肌がやわらかい
• have a **tender** heart 思いやりがある
❹ 幼い, 未熟な (❗名詞の前に用いる)

ten·der[2] /téndər テンダ/ 動 他 (代金を)支払う; 差し出す; 自 〔…に〕入札をする《*for*》 ━ 名 C 《商業》見積書, 入札

ten·der[3] /téndər テンダ/ 名 C 世話人, 看護人

ten·der-heart·ed /téndərhá:rtəd テンダハーテド/ 形 心の優しい, 情け深い

ten·der·ize /téndəràiz テンダライズ/ 動 他 (肉などを)柔らかくする

ten·der·ly B2 /téndərli テンダリ/ 副 やさしく, 柔らかく; 愛情をこめて; 親切に, 慎重に

ten·der·ness B2 /téndərnəs テンダネス/ 名 U やわらかさ; やさしさ; か弱さ; 扱いにくさ

ten·don /téndən テンドン/ 名 C 《解剖》腱(けん)

ten·dril /téndrəl テンドリル/ 名 C (植物の)巻きひげ; つる

ten·e·ment /ténəmənt テネメント/ 名 C 住居, 家屋; 借家, アパート; (特に大都市の貧民街の)安アパート

ten·et /ténət テネト/ 名 C (個人・政党・宗教団体の)主義, 信条, 教義

Ten·nes·see /tènəsí: テネスィー/ 名 テネシー《◆米国南東部の州; Tenn., (郵便で) TNと略す》

ten·nis A1 中

/ténəs テニス/ 名 U
テニス ⇨次ページ図
• **play tennis** テニスをする (❗スポーツ名には冠詞をつけないので, ×play *a* [*the*] tennis としない)
• a good **tennis** player テニスのうまい人

参考〉
base line ベースライン; center line センターライン; service line サービスライン; singles sideline シングルスサイドライン; doubles sideline ダブルスサイドライン; net ネット; net post ネットポスト; center mark センターマーク; forecourt フォアコート; backcourt バックコート

ténnis còurt 名 C テニスコート

ten·or /ténər テナ/ 名 C 《音楽》テノール; テナー歌手[楽器]

tense[1] B1 /téns テンス/ 名 (複 **tenses** /ténsəz/) U C 《文法》時制, テンス
• present [past, future] **tense** 現在[過去, 未来]時制

tense[2] B1 /téns テンス/ 形 (比較級 **tenser**; 最上級 **tensest**)
❶ 緊張した, (神経・時間などが)張りつめた; 神経質な
• in a **tense** voice 緊張した声で
• I am always **tense** before a test. 私

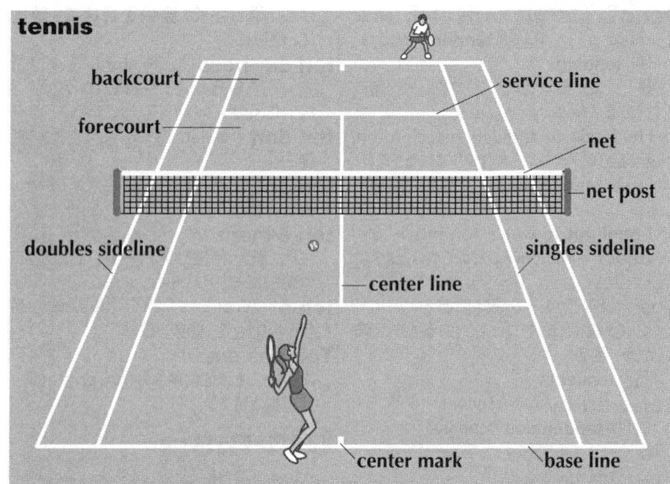

はテストの前はいつも緊張します
❷(ロープなどが)ぴんと張った; (体・筋肉などが)硬直した

ten·sion B1 /ténʃən テンション/ 名 (複 **tensions** /ténʃənz/)
❶ U (精神的な)緊張; 不安
• increase **tension** 緊張を増す
❷ U C 《ふつう **tensions**》(個人, 国家間の)緊張した状態
• international **tensions** 緊迫した国際関係
❸ U (綱などを)ぴんと張ること
❹ U 《物理》張力

tent B1 /tént テント/ 名 (複 **tents** /ténts テンツ/) C テント, 天幕; テント状のもの
• pitch [put up] a **tent** テントを張る
• strike a **tent** テントをたたむ

ten·ta·cle /téntəkl テンタクル/ 名 C 《動物》《昆虫》触手, 触角; 《植物》触糸, 触毛

ten·ta·tive /téntətiv テンタティヴ/ 形 試験的な, 仮の, 一時的な, 確定的でない; ためらいがちな
téntatively 副 とりあえず, 仮に, 試験的に

tenth 中 /ténθ テンス/ 形 (! 10th と略す; 詳しい用法は third を参照)
❶《ふつう **the tenth**》第10の, 第10番目の
❷10分の1の
━ 名 (複 **tenths** /ténθs/) C
❶《ふつう **the tenth**》第10番目(の人[物]); (月の)10日
❷10分の1

ten·u·ous /ténjuəs テニュアス/ 形 薄い, か細い; 希薄な; 実質のない

ten·ure /ténjər テニャ, ténjuər テニュア/ 名 U (不動産などの)保有; 保有権[期間]; 任期, 在職期間; (大学教員の)終身在職権

te·pee /tíːpiː ティーピー/ 名 C ティピー《◆北米先住民の円すい形のテント》

tep·id /tépid テピド/ 形 なまぬるい, 微温の; 気持ちのこもらない

te·qui·la /təkíːlə テキーラ/ 名 U テキーラ《◆メキシコ・ハリスコ州産の蒸留酒》

Te·re·sa /təríːsə テリーサ/ 名 テレサ《◆女性名》; 《**Mother Teresa**》マザー・テレサ(1910-97)《◆現在の北マケドニア出身の修道女; インドで貧しい人々のために活動

した; 1979年ノーベル平和賞受賞》

term B1 高 /tə́ːrm ターム/ 名 (複 **terms** /tə́ːrmz/)

❶ C 専門用語, 術語; 《**terms**》言い方, ことば(づかい)
- technical **terms** 専門用語
- medical **terms** 医学用語

❷ C (学校の) 学期 ⇨**semester**; (一定の)期間; 任期; (裁判所の)開廷期間; (国会などの)会期; 刑期
- for a **term** of one year 1年の期間
- a full four-year **term** 丸々4年間
- 20-year prison **terms** 20年間の刑期
- the first [autumn] **term** 第1[秋]学期
- Barack Obama won a second **term** as president. バラク・オバマは大統領として2期目の当選を果たした

日英比較 日本の新学期は4月からで3学期制が一般的だが, 欧米の学校の新学期は9月, 学年末は7月; アメリカは2または3学期制, イギリスは3学期制が多い

❸ 《**terms**》(支払いなどの)条件, 料金
- I have understood all the **terms** and conditions of the contract. 私はこの契約についてのすべての条件を理解しました

❹ 《**terms**》(人との)間柄, (人間)関係

❺ 《数学》項

be on ... terms with A A(人)と…な仲である
- They **are on** good **terms with** their neighbors. 彼らはご近所と仲よくやっている

come to terms with ...
①〔人〕と合意に達する
②〔嫌なことなど〕を甘受する

in ... terms 《形容詞を伴って》…の観点から • **in** financial [economic, practical] **terms** 金銭[経済, 実際]面で

in terms of ... …のことばで; …の観点から; …に換算して

in the long [short] term 長[短]期的には

— 動 (三単現 **terms** /tə́ːrmz/; 過去・過分 **termed** /tə́ːrmd/; 現分 **terming**) 他 《文章》名づける

ter·mi·nal B1 /tə́ːrmənəl ターミナル/ 名 (複 **terminals** /tə́ːrmənəlz/) C

❶ (鉄道・バスなどの)終点, 終着駅[地], 始発駅; (空港の)ターミナル

❷ 《コンピュータ》端末(装置)

— 形 ❶ (病気が)末期の
- **terminal** cancer 末期がん

❷ 最終的な; 終点の

❸ 学期ごとの, 学期末の; 毎期の

ter·mi·nate /tə́ːrmənèit ターミネイト/ 動 《文章》他 終わらせる, 自 終わる

ter·mi·na·tion /tə̀ːrmənéiʃən ターミネイション/ 名 U C 《文章》終了, 結末

ter·mi·nol·o·gy /tə̀ːrmənɑ́lədʒi ターミナロヂ/ 名 (複 **terminologies** /tə̀ːrmənɑ́lədʒiz/) U 《集合的》(特定の分野の)術語, 専門用語; C 個々の術語

ter·mi·nus /tə́ːrmənəs ターミナス/ 名 (複 **termini** /tə́ːrmənài/, **terminuses** /tə́ːrmənəsəz/) C 《英》(鉄道・バスの)終点, 終着駅 (=terminal)

ter·mite /tə́ːrmait ターマイト/ 名 C 《昆虫》シロアリ

tern /tə́ːrn ターン/ 名 C 《鳥》アジサシ 《♦カモメ科の鳥》

ter·race B2 /térəs テラス/ 名 C

❶ テラス 《♦部屋の前に張り出して, 石だたみやれんがを敷(し)いた壇》

❷ 《英》連棟式集合住宅

❸ (段々畑のように)ひな段式[階段状]になった土地, (頂上を平たくならした)高台, 台地

térraced hóuse 名 C 《英》テラスハウス 《♦連棟式集合住宅 (terrace ❷)の1戸》

ter·ra·cot·ta, ter·ra-cot·ta /tèrəkɑ́tə テラカタ/ 名 U テラコッタ 《♦赤土の素焼き》; テラコッタ色 《♦赤褐色》

ter·ra·form·ing /térəfɔ̀ːrmiŋ テラフォーミング/ 名 U 惑星地球化 《♦惑星を生命が生存できる環境にしていくこと》

ter·rain /təréin テレイン/ 名 U (軍事・自然地理的観点から見た)地形, 地勢

ter·ra·pin /térəpən テラピン/ 名 C 《動物》テラピン 《♦北米産の淡水ガメ; 食用》

ter·res·tri·al /təréstriəl テレストリアル/ 形

地球の; 陸(上)の; (動植物が)陸生の

ter·ri·ble A1 中
/térəbl テリブル/ 形
❶《口語》猛烈な, ものすごい, ひどい; 気分が悪い (=very bad)
• I had a **terrible** time at the party. そのパーティーではとてもつまらなかった
• That film was **terrible**. あの映画はひどいものだった
• I feel **terrible**. 気持ち悪いです
• She looks **terrible**. 彼女はひどく具合がわるそう
❷恐ろしい, こわい
• a **terrible** accident 恐ろしい出来事

ter·ri·bly B1 /térəbli テリブリ/ 副《口語》ひどく, ものすごく, とても (=very)
• I miss you **terribly**. あなたがいなくてすごくさびしい

ter·ri·er /tériər テリア/ 名C《動物》テリア(犬)

ter·rif·ic B1 /tərífik テリフィク/ 形
❶《口語》すばらしい, ものすごくいい
• I had a **terrific** time at the party. そのパーティーではとても楽しかった
❷ものすごい, たいへんな; 恐ろしい
• a **terrific** earthquake 恐ろしい[すさまじい]地震
派生 **terror** 名
terrífically 副 すばらしく; ものすごく

ter·ri·fied B1 /térəfàid テリファイド/ 形
文型 [**be terrified of** [**at**] **A**] Aをこわがっている, Aにおびえている
• The little children **were terrified at** the man. 小さい子どもたちはその男をこわがった
文型 [**be terrified of** *do***ing**] …するかと心配だ
文型 [**be terrified to** *do*] …するのがこわい

ter·ri·fy A2
/térəfài テリファイ/ 動 (三単現 **terrifies** /térəfàiz/; 過去・過分 **terrified** /térəfàid/; 現分 **terrifying**) 他
(身がすくむほど)おびえさせる, こわがらせる
• Thunder **terrifies** our dog very much. うちの犬は雷にひどくおびえます (←雷がうちの犬を非常におびえさせる)
派生 **terror** 名

ter·ri·fy·ing B2 /térəfàiiŋ テリファイイング/ 形 恐ろしい, ぞっとする
térrifỳingly 副 ぞっとするくらいに, すごく

ter·ri·to·ri·al /tèrətɔ́:riəl テリトーリアル/ 形 領土の; 土地の; 地域の; (米国・カナダ・オーストラリアで)準州の

ter·ri·to·ry B2 高 /térətɔ̀:ri テリトーリ/ 名 (複 **territories** /térətɔ̀:riz/)
❶UC (一国の)領土; (広大な)地域; 地方
• Spanish **territory** in the sixteenth century 16世紀のスペイン領
❷C《**Territory**》(米国・カナダ・オーストラリアなどの)準州
❸UC (動物などの)なわ張り, 領分; (学問などの)領域, 分野; (セールスマンなどの)受け持ち地域

ter·ror B1 /térər テラ/ 名 (複 **terrors** /térərz/)
❶《単数形で》(身がすくむほどの)恐怖, 恐ろしさ
• I have **a terror** of insects. 私は虫に恐怖をおぼえます
❷U 暴力行為, テロ
• **terror** attacks テロ攻撃
❸C 恐ろしい物[人];《口語》(特に子どもの)厄介者
• Her son is a real **terror**. 彼女の息子は本当に手におえない
派生 **terrible**, **terrific** 形

ter·ror·ism B1 高 /térərìzm テロリズム/ 名U (政治目的達成のための)テロ(行為), テロリズム; 恐怖政治

ter·ror·ist A2 高
/térərist テラリスト/
名 (複 **terrorists** /térərists テラリスツ/) C テロリスト, 暴力革命主義者;《形容詞的》テロリストによる

ter·ror·ize /térəràiz テロライズ/ 動 他 恐がらせる; テロ行為を行う
派生 **terror** 名

terse /tə́ːrs タース/ 形 (比較級 **terser**; 最上級 **tersest**) (文章などが)簡潔な, きびきびした; (人・口調が)そっけない
térsely 副 ぶっきらぼうに; 簡潔に

test A1 中

/tést テスト/ 名 (複 **tests** /tésts テスツ/) C
❶ (学力・知識・技術を測る)試験; テスト
• pass [fail] a **test** テストに合格する[落ちる]
• take a **test** テストを受ける
• He did very well **on** [**in**] the English **test**. 彼は英語の試験で非常によい成績だった
• I will **have** a driving **test** tomorrow. 私はあす運転免許試験がある
❷ (医学的な)検査
• **run** a blood [an eyesight] **test** 血液[視力]検査をする
❸ (製品・機械などの)検査, 試験, 実験
• a nuclear **test** 核実験
• Can I take it for a road **test**? 試乗してもいいですか?
❹ 試練, (人・物を)試すもの; 試金石

put ... to the test …を試す

━ 動 (三単現 **tests** /tésts テスツ/; 過去・過分 **tested** /téstəd/; 現分 **testing**) 他
❶ (学力・知識・技術などを)テストする, 試験する
• Our teacher **tested** us **in** history. 先生は歴史の試験をした
❷ 実験する; 検査する, 試す
• The medicine was **tested** on animals. その薬は動物を使って検査されています
• **test** the hypothesis 仮説を検証する
• I want to **test** the motorbike before I buy it. 私は買う前にそのバイクを試してみたい
❸ (意志・忍耐力などを)試す
❹ 〔…を見つけるために〕分析する, 調べる《*for*》

tes·ta·ment /téstəmənt テスタメント/ 名 C ❶《法律》遺言(ゆいごん)書
❷《キリスト教》(神が人間に与えた)契約

tést bàn 名 C 核実験禁止協定

tést drìve 名 C (自動車の)試乗

tes·ti·cle /téstikl テスティクル/ 名 C《ふつう **testicles**》《解剖》睾丸(こうがん)

tes·ti·fy B2 /téstəfài テスティファイ/ 動 (三単現 **testifies** /téstəfàiz/; 過去・過分 **testified** /téstəfàid/; 現分 **testifying**) 他 自 証言する; 証拠となる

tes·ti·mo·ni·al /tèstəmóuniəl テスティモウニアル/ 名 C 人物証明書, 推薦状; 表彰状, 感謝状; 記念品

tes·ti·mo·ny B2 /téstəmòuni テスティモウニ/ 名 (複 **testimonies** /téstəmòuniz/) 《単数形で》〔…の; …という〕証明, 証拠《*to, of; that ...*》; U C (宣誓して行う法廷での)証言, 供述; 〔…という〕言明《*that ...*》

bear testimony to ... 《文章》…を証言する, …の証人となる; …の証拠となる

test·ing /téstiŋ テスティング/ 名 U 試験[実験]すること
━ 形 真価を試されるような

tést pìlot 名 C (航空機の)テストパイロット

tést tùbe 名 C 試験管

tes·ty /tésti テスティ/ 形 (比較級 **testier**; 最上級 **testiest**) 《文章》怒りっぽい, いらいらした

tet·a·nus /tétənəs テタナス/ 名 U 《医学》破傷風

teth·er /téðər テザ/ 名 C (動物の)つなぎ綱[鎖]

at the end of one's tether 万策尽きて, 精も根もつき果てて

━ 動 他 (動物を)つなぎ綱[鎖]でつなぐ

Tex·as /téksəs テクサス/ 名 テキサス州《◆アメリカ南西部の州; Tex., (郵便で) TX と略す》

text A2 高

/tékst テクスト/ 名 (複 **texts** /téksts テクスツ/) ❶ U C (本の注・さし絵などに対して)本文, テキスト

❷ U C 原文, 原典, テキスト
• the full **text** of the legislation その法律の全文
❸ C 教科書 (=textbook)
❹ C (コンピュータの)テキスト
• Will you send the file in **text** format? ファイルをテキスト形式で送ってくださいませんか
— 動 (三単現 **texts** /téksts/; 過去・過分 **texted** /tékstəd/; 現分 **texting**) 他 携帯電話でメールを送る (=text message)
派生 **textual** 形

text·book A2 中

/tékstbuk テクストブク/ 名 (複 **textbooks** /tékstbuks/) C 教科書, テキスト
• my English [Japanese] **textbook** 私の英語[国語]の教科書

tex·tile /tékstail テクスタイル/ 名 C 《ふつう **textiles**》 織物, 布(地) (! cloth より改まった感じの語)
— 形 織物の

téxt mèssage A2

名 C (携帯電話で送受信する)メール
— 動 他 自 携帯電話でメールを送る

tex·tu·al /tékstʃuəl テクスチュアル/ 形 本文の; 原文どおりの
派生 **text** 名

tex·ture /tékstʃər テクスチャ/ 名 U C きめ, 手触り; 織り方, 生地

-th 接尾 ❶《1, 2, 3 以外の数詞につけて序数をつくる》 ❷《形容詞・動詞から抽象名詞をつくる》

Thai /tái タイ/ 名 C タイ人; U タイ語
— 形 タイ人の; タイ語の; タイの (!「タイ国」は Thailand)

Thai·land /táilænd タイランド/ 名 タイ 《♦アジア南東部の王国; 首都はバンコク (Bangkok); 公用語はタイ語 (Thai)》

Thames /témz テムズ/ 名 《**the Thames**》 テムズ川 《♦ロンドンを流れる川》

than A1 中

/《弱》 ðən ザン; 《強》 ðǽn ザン/
(! 形容詞・副詞の比較級のあとに用いる)
共通イメージ 2つのものを比べる

意味マップ
接 ❶ …より(も), …以上(に)
❷ …よりほかの
❸ …するよりはむしろ
前 …より

— 接 ❶《比較級に続いて》 **…より(も), …以上(に)**
• I am **taller than** my father (is). ぼくは父よりも背が高い (! than より後の部分では文脈から分かるところは省略することが多い. その際は前置詞とも考えられる)
• Carl runs **faster than** I (do). カールはぼくよりも速く走ります
• I like coffee **better than** tea. 私は紅茶よりコーヒーのほうが好きです
• She got **thinner than before**. 彼女は前よりもやせた
• He is **taller than any other** student in his class. 彼はクラスの他のどの生徒より背が高い
比較 He is **the tallest** (student) in his class. 彼はクラスでいちばん背が高い(生徒だ) (! 比較級＋than any other＋単数名詞は最上級で同じ内容を表せる)

使い方› than に続く代名詞
(**1**) than のあとに代名詞が続くとき, 《口語》では I, he, she などよりも me, him, her などのことが多い:
My girlfriend is a little bigger **than I** (am) [《口語》 **than me**]. ぼくのガールフレンドはぼくより少し大きい (! than me の than は前置詞とも考えられる)
(**2**) 次の例のように意味が違ってくることもあるので注意:

I love you more **than he** does. 私は彼(が君を愛している)よりももっと君を愛している
I love you more **than** (I love) **him**. 私は彼(を愛している)よりもあなたのほうをもっと愛している

❷《other, otherwise, else などのあとに続いて》…**よりほかの, …以外に(は)**
• I have no **other** friend **than** you. = I have no friend **other than** you. ぼくには君よりほかに友達はいないんだ

❸《rather などのあとに続いて》…**するよりはむしろ, するくらいならいっそ**
• Many children like to play videogames **rather than** play outside. 外で遊ぶよりもテレビゲームをするのが好きな子どもが多い

***know better* (*than* ...)** (…するほど)ばかではない ⇨**know** (成句)

— 前《比較級に続いて》《口語》…**より**
• There are **more than** twenty people in the room.
その部屋には20人以上の人がいます (❗正確には21人以上 ⇨**more**)
• We'll get there in **less than** an hour. 1時間以内でそこに着くでしょう (← 1時間よりも短い時間で)

ワンポイント・アドバイス›
than は比較の表現で使う接続詞(名詞だけが続く場合は前置詞とも考えられる)
どんな副詞や形容詞といっしょに使うかをチェックして, よく出てくる組み合わせを例文で使えるようにするのがポイント. それ以外に, rather than, than any other など頻度の高い便利な表現があるので, これらの典型的な例文をまるごと覚えてしまおう！

使えるコーパスフレーズ
副詞[形容詞]＋than
(**1**) more *than* ... …より多く; …以上で
(**2**) better *than* ... …よりよく
(**3**) longer *than* ... …より長く
(**4**) less *than* ... …より少なく; …以下で
(**5**) higher *than* ... …より高く
(**6**) greater [larger] *than* ... …より大きく
(**7**) worse *than* ... …より悪く

コーパス この順番でマスター
than の重要構文
(**1**) ～ rather *than* ... …よりむしろ～
(**2**) *than* any other ... 他のどんな…より
(**3**) more ～ *than* ... …よりもっと～
(**4**) ～ *than* I expected 予想していたよりも～

thank A1 中

/θǽŋk サンク/ 動 (三単現 **thanks** /θǽŋks/; 過去・過分 **thanked** /θǽŋkt/; 現分 **thanking**) 他〔…に対して〕**感謝する, ありがたいと思う, 礼を言う**《*for*》
• Susie **thanks** you very much **for** sending her such a pretty doll. スージーはあなたがあんなかわいいお人形を送ってくれたのでとても感謝しています
• People **thanked** God **for** their harvest. 人々は収穫を神に感謝した

have ... to thank 《皮肉で》…のおかげだ, …のせいだ

I'll thank you for ... [*to do*] …を[…して]ください (❗表現上はていねいだが, しばしば乱暴な依頼, 皮肉のこもった命令になる) • **I'll thank you for** not interrupting. じゃまをしないように頼むぞ

No, thank you. いいえ, けっこうです (❗相手の申し出を断るとき)

CAN-DO Tips› 断る
No, thank you. という表現を使うと, 人からの申し出を断ることができるようになります

会話 "Do you want some more tea?" "**No, thank you.**" 「もう少しお茶はいかがですか」「いいえ, けっこうです」

Thank God! ありがたい！
• **Thank God**, my father is safe. ああ, よかった. 父は無事だった

Thank you. **ありがとう, 感謝します** (❗演説の終わりなど改まった場合には I thank you. と言うこともある); (軽く感謝して)**すみません**; (物をすすめられて)**いただきます** • **Thank you** very much **for** your nice present. すてきな贈り物をどうもありがとうございます

会話 "How are you?" "Very well,

thank you. And you?" "Very well, **thank you**."「お元気ですか」「ありがとう, おかげさまで元気です. あなたは?」「ありがとう, 元気でやってます」

会話 "Would you like to stop at a coffee shop?" "No, I'm in a hurry, **but thank you all the same**."「喫茶店に寄っていきませんか」「いや, 急いでいるので, でも(さそってくれて)ありがとう」

会話 "I'll help you." "Oh, **thank you very much**." "You're welcome."「お手伝いしましょう」「ああ, どうもありがとうございます」「どういたしまして」(❗「どういたしまして」はほかに Not at all., Don't mention it. などもあり《英》ではこちらが一般的)

使い方› (**1**) Thank you. は物をもらったとき, 何かをしてもらったときや, 親切な行為やことばに対して, 相手に感謝の気持ちを表す最もふつうの言い方. 強調した言い方は Thank you very much. (どうもありがとう)や That's very kind of you. (たいへんご親切にありがとう)で, くだけた間柄では Thanks a lot. や That's really nice of you. も用いる

(**2**) 何かを勧められて受け入れるときにも Thank you. を用いる. 断るときは No, thank you. と言う:
"Would you like a cookie?" "Thank you [No, thank you]."「クッキーはいかが」「ありがとう, いただきます[いいえ, けっこうです]」(❗ Thank you. の代わりに Yes, please. (ええ, お願いします)も用いる)

— 名 (複 **thanks** /θǽŋks/) 《**thanks**》 感謝

• They **gave thanks to** God for their harvest. 彼らは収穫を神に感謝した

No, thanks. いいえ, 結構です (❗ No, thank you. のくだけた表現)

CAN-DO Tips› 断る
No, thanks. という表現を使うと, **No, thank you.** よりもくだけた言い方で, 人からの申し出を**断ることができる**ようになります

no thanks to ... …のおかげではないが

• **No thanks to** you, we still managed to get the job done on time. 君のおかげじゃないけど, なんとか仕事を間に合わせることができたよ (❗ 皮肉な表現)

Thanks. 高 ありがとう (❗ Thank you. のくだけた表現)

• **Thanks very much**. = **Thanks a lot**. = **Many** thanks. ほんとにありがとう

• **Thanks for** your letter. お手紙ありがとう

thanks to ... …のおかげで, …のせいで • **Thanks to** the doctor, I'm well again. お医者さんのおかげで私はまたよくなりました

thank·ful B1 /θǽŋkfəl サンクフル/ 形
❶〔…に; …して〕**感謝して(いる), ありがたく思って(いる)** 《*to, for; to do*》
❷ 感謝に満ちた (❗ 名詞の前に用いて)

thank·ful·ly /θǽŋkfəli サンクフリ/ 副 感謝して; 幸いなことに

thank·less /θǽŋkləs サンクレス/ 形 (仕事が)感謝されない, 割に合わない; (人が)感謝しない, 恩知らずの

thanks·giv·ing /θæ̀ŋksgíviŋ サンクスギヴィング, ´–´–/ 名 U (神への)感謝; C 感謝の祈り, 感謝の祭典; 《**Thanksgiving**》感謝祭 (=Thanksgiving Day)

Thanksgíving Dày 名 《米》 感謝祭
文化› 米国では11月の第4木曜日, カナダでは10月の第2月曜日. 秋の収穫を神に感謝する祭日で, 家族で集まり, 七面鳥やカボチャパイなどのごちそうを食べて祝う

thank-you /θǽŋkju: サンキュー/ 形 感謝の, お礼の (❗ 名詞の前に用いる)
— 名 C 感謝のことば[贈り物, 行為]

that

A1 代 形 接 副

中 /《弱》ðət ザト;《強》ðǽt ザト/

意味マップ

代 ❶ それ[あれ]は[が], あの人は[が]
❷ それ[あれ]を[に]
❸《that of ...》…のそれ
❹ 前者
❺ (…する[である])ところの

形 ❶ その, あの
❷《関係代名詞の先行詞につける》

接 ❶ (…する[である])ということ
❷ …なので, …して
❸《前置詞の後で》…という点
❹ …という
❺ 非常に[とても]…なので
❻ …するために, …する[できる]ように
❼ その結果, それで
❽ …とは
❾ …するかぎりでは
❿ …であるけれども

副 そんなに, それほど(に)

ワンポイント・アドバイス

thatは会話でも書き言葉でもよく出てくる. That is my house.(あれが僕の家です)というようなthatは代名詞になるが, ここでは接続詞のthatだけを取り上げよう. というのは, 高校になるとこの用法が本当に重要だからだ. thatの後ろに文がくる用法は大きく分けて次の2つ:

(a) **動詞の直後にthatが来る場合:**

I think that he likes me.　彼は私に気があるって思うの

(b) **名詞の直後にthatが来る場合:**

I get the feeling that he likes me.　彼は私に気があるような感じがする

下の「使えるコーパスフレーズ」を見ると, say, know, thinkのようにthat節の中身を考えるようなタイプの動詞が多いことが特徴. 具体的な例文を辞書本文から読み取ってよく整理しておこう.

使えるコーパスフレーズ

動詞＋that

1 **say that ...**　…だと言う
2 **know that ...**　…だと知っている, わかる
3 **believe that ...**　…だと信じる, 考える
4 **think that ...**　…だと思う

名詞＋that

5 **fact that ...**　…という事実
6 **way that ...**　…という方法
7 **sense that ...**　…という感じ
8 **view that ...**　…という見方

that A1 中

/《弱》ðət ザト; 《強》ðǽt ザト/ 代

❶ **それは[が], あれは[が], あの人は[が]**

- **That's all** for today. きょうはこれでおしまいにしよう (× *This* is ... としない)
- She's always honest. **That**'s why I like her. 彼女はいつも正直なんだ. だから好きなんだよ

会話 "I'm sorry. I broke your glass." "**That's OK** [**all right**]." 「すみません. あなたのグラスを割ってしまいました」「気にしないで. 大丈夫」

使い方› **that と this, it**

(**1**) that は話し手から離れた所にあるもの, また少し前に見たり聞いたりしたもの, 相手が言ったことなどをさす. 近くのものをさすのは this:

This is my umbrella and **that** is yours. これはぼくのかさで, あれが君のだ

(**2**) 特に「あれ」とさし示すのでなく, 単に前に話題に出たものを受けるときは it を用いる. ⇨**it** ❶ 注意:

"What is **that**? Is **that** a bird or a plane?" "**It**'s Superman." 「あれは何だ? 鳥ですか, それとも飛行機ですか」「(あれは)スーパーマンだ」

❷ **それを[に], あれを[に]** (❗人を指すことはない)

- Give me **that**. それを私にください (❗Give (動詞)+me (間接目的語)+that (直接目的語)の形)
- I'm sorry. I don't understand. Please say **that** again. すみません. よくわからないので, もう一度それを言ってください
- We played baseball and **after that** we went home. ぼくたちは野球をして, そのあと家に帰った (❗前置詞+that)

❸ 《**that of ...**》 **…のそれ** (❗前にある「(the+)名詞」をくり返す代わりに用いる; 複数名詞の場合は those を使う) ⇨**those** 代 ❸

- The population of Tokyo is larger than **that of** New York. 東京の人口はニューヨーク(の人口)より多い

❹ (前に出た 2 つの物事のうち) **前者** (❗this (後者)に対して)

❺ (…する[である])**ところの** (❗前にある名詞を修飾する関係代名詞の用法; この場合の that は日本語には訳さない; 人・物両方に使える)

- This is the dog **that** bit me. これが私にかみついた犬です
- This is the letter (**that**) she gave me. これが彼女が私にくれた手紙です
- This is **the best** movie (**that**) I have ever seen. これは私が今までに見た最もすぐれた映画だ (❗最上級形容詞や, first, only, all, every などが先行詞を修飾するときは先行詞が人・物であっても that を用いることが多い)
- This is **all** (**that**) I can do for you. これが君のために私がしてやれるすべてだ

and (***all***) ***that*** しかも, その上, その他いろいろ

It is *A* ***that ...*** …なのは A である ⇨**it** 使い方

- **It is** I **that** am to blame. 悪いのは私です

like that そのような, そんなふうに

that is (***to say***) **すなわち, 換言すれば**

- He died the next year, **that is**, in 2015. 彼はその翌年, すなわち 2015 年に死んだ

that is why ... それが…の理由だ, そんなわけで

That's it. ああそれだ; それでおしまいだ, それだけのことだ

会話 "Are you talking about the Pyramids?" "**That's it**." 「君はピラミッドのことを言っているの?」「ああそれだ」

that's that それで終わりだ, そういったらそうなんだ

with that そうして, そう言って

— 形 (複 **those** /ðóuz/) ❶ **その, あの**

- **that** star あの星, その星 (❗that+単数形の名詞)
- **that** cat and **those** kittens あのネコとあの子ネコたち (❗複数形の名詞の前では

that は those に変化する)
- **that** day [night, year] あの日[夜, 年](に) (❗ on などの前置詞をつけないでも, 「あの日に(は)」などの意味にもなる)
- **that** bag **of** yours 君のあのカバン (×*your that* bag, ×*that your* bag などといわない)
- What is **that** animal? あの動物はなんですか

❷《関係代名詞の先行詞につける》
- It is warmer in **that** part of the country **which** lies south of the Thames. テムズ側から南にある地方は気候が比較的に温暖だ

— /ðət ザト/ 接

❶(…する[である])**ということ**
- He **said** (**that**) he would be late. ⇨ フォーカス 1 彼は自分は遅れるだろうと言った
- I **know** (**that**) she is telling a lie. ⇨ フォーカス 2 彼女がうそをついていることはわかっている
- Can you **believe** (**that**) he said such a thing? ⇨ フォーカス 3 彼がそんなことを言ったなんて信じられる?
- I **think** (**that**) I made a mistake. ⇨ フォーカス 4 自分は間違いを犯したと思う
- **It is** true **that** he did it. 彼がそれをしたということはほんとうだ (❗ It = that 以下)

❷**…なので, …して** (❗ be 動詞+形容詞+that+主語+*do* の形で)
- I **am glad** (**that**) you came. 君が来てぼくはうれしい
- I **am sorry** (**that**) you can't come. 君が来られなくて[来られないとは]残念だ

❸《前置詞の後で》**…という点**
- He is a useful guy **in that** he can speak Italian. 彼はイタリア語がしゃべれるという点で役に立つ男だ
- **except that**… …という点を除いて ⇨ **except** 接

❹**…という** (❗ 名詞+that+主語+*do* の形で; that 以下はその前の名詞の内容を述べていて, その名詞と that 以下は同格)
- I must acknowledge **the fact that** he is right. ⇨ フォーカス 5 彼が正しいという事実を認めなければならない
- I will help in **any way that** I can. ⇨ フォーカス 6 自分のできるあらゆる方法でお手伝いしますよ
- He had **a sense that** something went bad. ⇨ フォーカス 7 彼は何か変だという感じを抱いた
- I take **the view that** if I can do it, anyone can. ⇨ フォーカス 8 私ができればだれにでもできるという考えです

❺**非常に[とても]…なので** (❗ so [such] ... that+主語+*do* の形で)
- She is **so** kind **that** everybody likes her. = She is **such** a kind girl **that** everybody likes her. 彼女はとてもやさしいのでみんな彼女が好きだ (❗ so+形容詞[副詞], such+(形容詞+)名詞)
- He is **so** busy **that** he can't come to the party. 彼はとても忙しいのでパーティーに来られません (=He is too busy to come to the party.)
- It was **such** a heavy rain **that** the game was put off. とても激しく雨が降ったのでゲームは延期された

❻**…するために, …する[できる]ように** (❗ so that+主語+will [can, may] *do* の形で) ⇨**so**[1] (成句)

❼**その結果, それで** (❗ so that+主語+*do* の形で; ふつう so の前にコンマ(,)がある)
- He got up very late, **so that** he missed the train. 彼は寝ぼうしてしまった. その結果[それで]列車に乗り遅れた

❽《判断の根拠を示す説を伴って》**…とは**
- You are crazy **that** you should lend money to him. あんな男に金を貸すとは, 君はどうかしている

❾《否定語のあとで》**…するかぎりでは**
- Nothing is missing **that** I can see. 私の見る限り何もなくなっていない

❿《譲歩・理由を表す節を導いて》**…であるけれども; …であるので**
- Terrible liar **that** she was, she had no friends. 彼女はひどいうそつきなため, 友達がいなかった

a b c d e f g h i j k l m n o p q r s t u v w x y z

It is A that ... 《強調構文》…ということはAである ⇨**it** 使い方

not that ... …というわけではないが

— 副 《口語》そんなに, それほど(に) (= so[1]) ● The test wasn't **that** hard. テストはそんなに難しくなかった

thatch /θǽtʃ サチ/ 名 U C わらぶきの屋根; 屋根をふく[作る]ためのわら

thatched /θǽtʃt サチト/ 形 わらぶきの

that'll /ðǽtl ザトル/ that will の短縮形 ⇨**that** 代❶

that's 中 /ðǽts ザツ/ that is, that has の短縮形 ⇨**that** 代❶

thaw /θɔ́ː ソー/ 動 ❶ 自 (雪・氷が)解ける; 他 解かす ⇨**melt** ❷ 自 (態度, 気持ちが)打ち解ける **—** 名 C 雪解け

the A1 中

/ðə ザ; 《強》ðíː ズィー/ 冠

❶ その, あの

● **the** dog その犬 (❗ the+数えられる名詞の単数形; 聞いて[読んで]いる人が, どの犬かすでに知っている時, またはその人にどの犬かを示したい時に言う; 強く「その犬」とさす時は *that* dog という)

● **the** cats そのネコたち (❗ the+数えられる名詞の複数形; 特定のネコたち全部をいう; the をつけずに単に cats というと「あらゆるネコ, ネコというもの」の意味)

比較 I like **cats** better than **dogs**. 私は犬よりネコが好きだ (❗ cats, dogs は一般的なネコ, 犬をさす) ⇨❽

● **the** old dog その年老いた犬 (❗ the+形容詞+名詞; ×*old the* dog とはいわない; この the は母音の前なので発音は /ði ズィ/)

● Please shut **the** door. どうぞ(その開いている)ドアをしめてください

● **The** school is over there. (その)学校は向こうにある

どっち

the と a

the は特定の人・物, **a** は不特定の人・物につける:

I have **a** dog and three cats. **The** dog is white and the cats are black. 私は1ぴきの犬と3びきのネコを飼っている. (その)犬は白くて(その)ネコたちは黒いです (❗ 初めて犬のことを相手に話すときは **a** dog, 相手がすでにどの犬か知っている2度目からは **the** dog となる; 最初から the dog と言っても相手にはどの犬なのかわからない)

❷《前後の説明語句で名詞が限定される場合》(❗ 日本語には訳さないことが多い)

● **the** cat **on the roof** 屋根の上の(あの)ネコ

● **the tallest** boy in our class 私たちのクラスでいちばん背の高い少年 (❗ the+最上級)

● **the first** train 1番[始発]列車 (❗ the+序数詞)

● **The** principal **of our school** is Mr. White. わが校の校長はホワイト先生だ

● **The** January **of** 2013 was very cold. 2013年の1月はとても寒かった (❗ 曜日・休日・月にはふつう ×*a*, ×*the* をつけないが, 特定の時の曜日・月になると the がつく)

参考》 日付を言うときは the を入れることもあるが, 書くときは the を入れない:
《米》May 5 [5th] (❗ May (the) fifth と言う)
《英》5 [5th] May (❗ the fifth of May と言う)

❸《**the**+ただひとつしかないもの・自然現象・方角など》(❗ 日本語には訳さない)

● **the sun** [**moon**] 太陽[月]

● **the sky** [**sea**] 空[海]

● **the earth** [**world**] 地球[世界]

● **the east** [**west**] 東[西]

❹《**the**+固有名詞》(❗ 人名・地名などの固有名詞はふつう ×*the* をつけないが, 次の場合には the をつける; the は日本語には訳さない)

● **the** Mississippi ミシシッピ川 (❗ the+川の名前)

● **the** Pacific (Ocean) 太平洋 (❗ the+海の名前)

● **the** Alps アルプス山脈 (❗ the+山脈や群島など複数形の固有名詞)

● **the** White House ホワイトハウス (❗ the+公共の建物, 特に官庁・美術館・博物館・図書館・映画館・ホテル・動物園などの名)

- **the** United States of America アメリカ合衆国 (❗固有名詞だけの国名, たとえば「アメリカ」は ×*the* をつけず, America という)
- **the** University of Oxford オックスフォード大学 (❗A of B の形など, 修飾語句で限定された固有名詞には the がつく; Oxford University という時は ×*the* をつけない)
- **the** Japanese 日本人(全体) (❗「1人[2人]の日本人」は a [two] Japanese)
- **the** Americans アメリカ人(全体) (❗the＋複数形の国民名; 「1人[2人]のアメリカ人」は an American [two Americans])
- **the** Beatles ザ・ビートルズ

❺《前置詞＋**the**＋身体の部分を表す語》(❗日本語には訳さない, 前置詞には in, on, by, over などを用いる)

- She hit me **on the head**. 彼女はぼくのことぶったんだ, 頭を (❗ぶたれた人に重点を置く言い方; She hit my head. (ぼくの頭をぶった)は場所に重点がある)

❻《期間・時期・時を表す語の前で》**…(年)代; 今…, 当…**

- in **the** thirties 30年代に
- He was the man of **the** hour. 彼は時の人だった

❼《比較級の前で》(2つのうちより)**…な方**

- Tom is **the taller** of the two. トムは2人のうち背の高い方です

❽《**the**＋単数普通名詞または集合名詞》**…というもの** (❗動植物・機械・楽器など, 同じ種類のもの全部を代表する; 日本語には訳さなくてもよい)

- **The horse** is a beautiful animal. 馬(という動物)は美しい動物である (❗形式ばった言い方; ふつう《口語》では Horses are beautiful animals. または A horse is a beautiful animal.) ⇨**a** ❸
- I can play **the piano**. 私はピアノがひける (❗「楽器をひく」という時の楽器名には the をつける)
- I like to listen to **the radio**. ぼくはラジオを聞くのが好きだ (❗「テレビを見る」は watch television で, ×*the* をつけない)

❾《**the**＋形容詞》**…な人々, …のもの** (❗この形で用いられる形容詞はだいたい決まっていて, どんな形容詞にも the をつけると「…の人々」の意味になるわけではなく, 「幸福な人々」は ×*the happy* といわずに happy people という)

- **the poor** 貧しい人々 (❗poor people を表すので複数扱い; 「貧しい人」は a [the] poor person)
- **the rich** 金持ちたち (=rich people)
- **the beautiful** 美しい人々; 美

❿《姓の複数形の前で》**…家, …夫妻**

- **the** Browns ブラウン家(の人々) (❗the＋複数形の家族名; 「1人のブラウン家の人」は a Brown)

⓫《**by the**＋単位を表す語》**…単位で, …につき**

- hire a car **by the hour** 車を1時間いくらで[時間ぎめで]借りる
- In this job, I am paid **by the day**. この仕事では私は1日いくらで[日給で]支払われています

⓬ /ðíː ズィー/ **例の; 有名な; 最良の**

- He's **the** man for the job. 彼はその仕事にうってつけの男だ

— 副 ❶《**the**＋比較級, **the**＋比較級》**もっと…すればするほど, それだけますます…する**

- **The more** I studied psychology, **the more** interesting I found it. 研究するにつれてますます心理学が面白く感じるようになった
- **The sooner**, **the better**. 早ければ早いほどよい

❷《(**all**) **the**＋比較級》**それだけいっそう, ますます**

the·a·ter A1 中

/θíːətər スィーアタ | θíətər スィアタ/ (×シアター)

名 (複 **theaters** /θíːətərz/)

❶ C **劇場; 《米》映画館** (= movie theater, 《英》cinema)

- We saw a play **at the theater**. 私たちは劇場で芝居を見た

❷《**the theater**》**演劇; 演劇界; 演劇作品** ❸ C **階段教室; 《英》手術室**

❹ C (重要な事件などの)**舞台; 《軍事》戦**

域《♦個々の戦場を含む広い地域》

the·a·ter·go·er /θíːətərgòuər スィーアタゴウア/ 名C 演劇ファン，芝居好き，芝居の常連，芝居通

the·a·tre /θíːətər スィーアタ | θíətər スィアタ/ 名 《英》(=theater)

the·at·ri·cal /θiǽtrikəl スィアトリカル/ 形 劇場の，演劇の；芝居がかった

thee /ðíː ズィー/ 代 《古風》汝(なんじ)を[に] (❶ you の古語)

theft B1 /θéft セフト/ 名 (複 **thefts** /θéfts セフツ/) UC 盗み，窃盗；C《野球》盗塁 • car **theft** 自動車の窃盗

their A1 中

/《弱》ðər ゼ；《強》ðéər ゼア/

(発音 there と同音) 代

❶ 彼(女)らの；それらの (❶「彼(女)らは」は they，「彼(女)らを，彼(女)らに」は them)

• **their** car 彼ら(みんな)の車 (×*a* [*the*] their car とはいわない)

• that car of **their** father's 彼らの父のあの車 (×*that their father's* car，×*their father's that* car としない)

❷《everyone, someone などを受けて》(その)人の，自分の

• Has **everyone** got **their** tickets? みなさんチケットは持ちましたか？

theirs A2 中

/ðéərz ゼアズ/ 代

❶ 彼(女)らのもの；それらのもの (❶ 単数のものも，複数のものもいう；「彼のもの」は his，「彼女のもの」は hers)

• This dog is **theirs**. この犬は彼らのものです (=This is their dog.)

• Your hands are big, but **theirs** (=their hands) are small. 君の手は大きいけれど彼らのは小さい

❷《**of theirs**》彼らの…

• a friend **of theirs** 彼らの友人(の1人) (=one of their friends)《♦ ×*a their friend* としない》

❸《everyone, someone などを受けて》(その)人のもの，自分のもの

them A1 中

/《弱》ðəm ゼム；《強》ðém ゼム/

代《動詞＋**them**》

❶ 彼(女)らを[に]，それらを[に]；《前置詞＋**them**》彼ら，彼女ら，それら (❶「彼らは」は they，「彼らの」は their)

• Ken and Jun love their mother. She loves **them** (=Ken and Jun), too. ケンとジュンはお母さんが大好きです．お母さんも2人を愛しています

• I gave **them** two apples. = I gave two apples **to them**. 私は彼ら[その人たち]にリンゴを2個あげた

❷《everyone, someone など男女を区別しない単数の代名詞を受けて》(その)人の*も*の，自分のもの ⇨**they**

• If **someone** calls me while I am out, tell **them** I'll call back. だれかが外出中に電話してきたら，かけなおすと伝えてください

theme B2 高 /θíːm スィーム/ 名C

❶ (芸術作品・研究などの)主題，テーマ，題目，中心[基本]思想；《音楽》主旋律

• The **theme of** this book is love. この本のテーマは愛である

❷《米》(学校で課せられる)作文，小論文

théme mùsic [**sòng, tùne**] 名C (映画・ミュージカルの)主題歌[曲]，(ラジオ・テレビ番組の)テーマソング

théme pàrk 名C テーマパーク《♦テーマに基づいて作られた遊園地》

them·selves A2 中

/ðəmsélvz ゼムセルヴズ/

代 (❶ himself (彼自身)，herself (彼女自身)，itself (それ自体)の複数形)

❶《動詞，前置詞の目的語》彼(女)ら自身(を[に])；それら自体(を[に]) (❶ 強勢は置かれず動詞の方を強く発音する)

• They found **themselves** lost. 彼らは自分たちが迷ってしまったことに気づいた

• The children kept all the ice cream for **themselves**. 子どもらはアイスクリームを全部自分らのためにとっておいた

❷《強調用法》彼(女)ら自身(で[が]) (❶

自分でという意味を強めて)
● In the camp the children made a meal **themselves**. キャンプで子どもたちは自分たちで食事を作った
❸ 本来[いつも]の彼(女)ら, ほんとうの自分たち
(all) by themselves 自分たちだけで (=alone); 独力で
● The family live in a large castle **all by themselves**. その一家は大きな城に彼らだけで住んでいる
for themselves 自分たちの力で; 独力で; 自分たちのために ⇨❶

then A1 中

/ðén ゼン/

意味マップ
副 ❶ その時
❷ それから, 次に
❸ それなら
❹ そのほかに
❺ その場合には
❻ それでは
名 その時
形 その当時の

━ 副 ❶ その時, (その)当時 (=at that time)
● **by then** その時まで
● **from then on** その時以来
● I heard a strange sound **then**. その時妙な物音がした
● I first met Meg in 2007. I was nine **then**. ぼくは2007年に初めてメグと会った. その時ぼくは9歳でした
会話 "See you this evening." "OK. I'll see you **then**." 「今晩お会いしましょう」「わかりました. ではその時に」
● We will meet next week. **Until then**, good-bye. 来週お会いしましょう. その時までさようなら
● Back **then** we didn't have washing machines or refrigerators. その当時は洗濯機も冷蔵庫もなかった
❷《**and then** とも》 それから; 次に, そのあと(で) (❗「すぐあと」の場合と, 「しばらくしてあと」の場合とがある)
[CAN-DO Tips 過去の出来事を時系列で話す]
● I had a bath **and then** went to bed. 私はふろに入ってそれから寝ました
● Keep going till you pass the church, **and then** go left. 教会を通り越すまでずっと進んでください. そして左に行ってください.
● **And then**, all of a sudden, he stopped walking. そして突然彼は立ち止まった
❸《口語》 それなら; それでは, そうすると (❗ふつう, 文頭[節の始め]または文末にくる)
会話 "It is not an animal, a plant, or a mineral." "What is it, **then**?" 「それは動物でも植物でも鉱物でもありません」「それではそれは何ですか」
会話 "I'm very busy today." "Well, **then**, come some other day." 「私はきょうはとても忙しいのです」「ではいつかほかの日にいらっしゃい」
● If you accept that, **then** you can ask any questions you like. もしそれを受け入れるなら何でも質問していいよ
❹ そのほかに, そのうえ
● He gained wealth, fame and **then** power. 彼は富と名声, それに加えて権力まで手に入れた
❺ その場合には, そうすれば
● If I had enough time, **then** I'd go with you. 時間があればいっしょに行くのですが
❻《口語》 それでは, ということで (❗文末で用いる) ● Right **then**. Let's start. では始めましょう
back then 当時は
but then しかし一方では; しかし…なのだから(仕方がない)
(every) now and then 時たま, 時おり ⇨**now** (成句)
then and only then そうして初めて
then and there = ***there and then*** すぐその場で, 直ちに
━ 名 U 《おもに前置詞の目的語として》 その

時, そのころ
— 形 《the then ...》その当時の
• the then Prime Minister その当時の総理大臣

The·o·dore /θíːədɔ̀ːr スィーオドー/ 名 セオドア《♦男性名; 愛称は Ted, Teddy》

the·o·lo·gi·an /θìːəlóudʒiən スィーオロウヂアン, θìːəlóudʒən スィーオロウヂャン/ 名 C 神学者

the·o·log·i·cal /θìːəládʒikəl スィーオラヂカル/ 形 神学の; 神学上の

the·ol·o·gy /θiálədʒi スィアラヂ/ 名 (複 **theologies** /θiálədʒiz/) U 神学; U C (特定の)神学体系

the·o·rem /θíːərəm スィーオレム/ 名 C 《数学》定理 (❗「公理」は axiom); 一般原理, 法則

the·o·ret·i·cal /θìːərétikəl スィーオレティカル/ 形 理論的な; 理論の, 理論上の
派生 **theory** 名

the·o·ret·i·cal·ly /θìːərétikəli スィーオレティカリ/ 副 理論的には, 理論上は

the·o·rist B2 /θíːərist スィーオリスト/ 名 C 理論家

the·o·rize /θíːəràiz スィーオライズ/ 動 自 他 理論を立てる; 《**theorize that ...**》…であると理論づける

the·o·ry B1 高 /θíːəri スィーアリ | θíəri スィアリ/ (×セオリー) 名 (複 **theories** /θíːəriz/)
❶ C 学説, 説, 論
• the **theory** of evolution 進化論
❷ U (実際に対して)理論 (↔**practice**)
❸ C 推論; 個人的見解, 持論
in theory 理論的には
派生 **theoretical** 形

ther·a·peu·tic /θèrəpjúːtik セラピューティク/ 形 治療(上)の; 治療に役立つ

ther·a·pist B2 /θérəpist セラピスト/ 名 C 治療専門家; 治療士, セラピスト

ther·a·py B2 /θérəpi セラピ/ 名 U (病気・障がいなどの)治療, 療法

there A1 中

/ðéər ゼア/ (発音 副 ❶❷では /ðər ゼ/ と弱く発音する) 副
❶ 《There is [are]+主語》…がある, …がいる
[CAN-DO Tips 場所を描写する]
• **There is** [《口語》 **There's**] a man [someone] at the door. 玄関に男の人が一人[だれか]来ています
• **There is** not a cloud in the sky. 空には雲一つありません
• **There was** a big fire last night. 昨夜大きな火事があった
• **There will** [《口語》 **There'll**] **be** a concert by Rihanna next month. 来月リアーナのコンサートがあります
• **There used to be** a movie theater on that corner. あの角には以前映画館があった
会話 "**Is there** a coffee shop near here?" "Yes, **there is** [No, **there isn't**]." 「この近くにコーヒーショップはありますか」「ええ, あります[いいえ, ありません]」

使い方〉 **there is** [**are**] ...
(**1**) 初めて話題に上るもの・人が存在する[しない]ことを表す言い方
(**2**) この there には「そこに」の意味はない. 主語の位置にあるが主語ではなく, あとに続く語句が主語
(**3**) be 動詞は主語の単数・複数や現在・過去などに合わせて使い分ける:
There is a cat [**There are** two cats] on the roof. 屋根の上にネコが1ぴき[2ひき]います (❗「そのネコ[君のネコ]は屋根の上にいる」などと特定のもの・人の居場所を表すときは The [Your] cat is on the roof. のようにいう)
(**4**) 《口語》では there is は there's, there are は there're などと短縮形が用いられる
(**5**) 否定文は be 動詞のあとに not を入れ, 疑問文は be 動詞を文の最初に出す:
There aren't any books on the desk. 机の上には本は(1冊も)ない (❗ **There are no** books on the desk. ともいえる)
Are there any books on the desk? 机の上に本がありますか

❷ 《**there**+be 以外の動詞+主語で》…する (❗ ❶ の There is [are]+主語の変形;

is [are] のところに live, come など存在や到着を表す動詞が来る)

• Once upon a time **there lived** an old man and his old wife. 昔々おじいさんとおばあさんが住んでいました

• **There appeared** a car in the distance. 遠くに車が1台現れた

❸ **そこに, そこで, そこへ, あそこに[で, へ]; そこの**

• We're getting **there**. もうすぐ着きますよ

• go **there** そこへ行く (❗ 動詞+there; ×go *to* there としない)

• live **there** そこに住んでいる

• Sit **there**, not **here**. ここでなくそこにすわりなさい

• **Are you there**, Tom? (となりの部屋などに向かって)トム, あなたそこにいるの; (電話口で)トム, あなた聞いているの

• I'll be **there** by nine. 9時までにはそこへ行っております

• Our teacher read to page 50 and **there** he stopped.
私たちの先生は50ページまで読んでそこで(読むのを)やめた

• I like Okinawa; the people **there** are very kind.
私沖縄が好き. あそこの人たちってとても親切なんですもの (❗ 名詞+there で形容詞的な用法)

• Put the books **over there** on the shelf. それらの本を向こうのたなの上に置いてくれ

❹《相手の注意をうながして》**ほら, …がある[いる], …している**

• **There** goes the bus. ほら, バスが行ってしまった

be there for ... …の力になる

get there 《口語》うまくいく, 目的を遂げる

here and there あちらこちらに ⇨**here** (成句)

not all there 《口語》(頭が)どうかしている

there and then = then and there すぐその場で, 直ちに

There is no doing 《口語》…することはとてもできない

there it is 《口語》それが現実なんだ, それで困っている

There's a good boy [girl]. いい子(だから)ね

There you are! はい, これを(どうぞ), ほらここにある (❗ 相手がほしがっていたものなどを出しながら言うことば)

会話 "Two iced coffees please." "**There you are**, that'll be 7 dollars please." 「アイスコーヒーを2つください」「はいどうぞ. 7ドルになります」

There you go again! 《口語》そらまた始まった

— 名 U 《前置詞や他動詞の目的語として》**そこ; あそこ**

• What are you doing **in there**? そこで何をしているの?

• He will go to London first and **from there** to Paris. 彼はまずロンドンに行きそこからパリへ行くでしょう

— 間 **そら!, それ見ろ; よしよし!** 《♦確認, 満足, 励まし, 慰めなどを表す》

• **Hi [Hello] there!** How are you today? やあ, きょうはどうだい (❗ 親しい相手の名前の代わりに用いる)

there·a·bout, there·a·bouts /ðèərəbáut ゼアラバウト, ðèərəbáuts ゼアラバウツ/ 副 **その辺に, そこらあたりに; そのころ**

there·af·ter B2 /ðèərǽftər ゼアラフタ/ 副 **そのあとは; それ以来**

there·by /ðèərbái ゼアバイ/ 副 《文章》**それによって; それに関連して**

there·fore A2 高

/ðéərfɔ̀ːr ゼアフォー/ 副

それゆえに, したがって; その結果

[CAN-DO Tips 話の原因・結果を言う]

• Mary had a cold, and **therefore** could not go to school. メアリーはかぜをひき, それで学校に行けませんでした

there·in /ðèərín ゼアリン/ 副 《文章》**その中に, そこに, その点で;** 《古風》**その文書の中に, そこに**

there'll /ðéərl ゼアル/ there will の短縮形 ⇨there ❶

there're /ðéərər ゼアラ/ there are, there were の短縮形 ⇨there ❶

there's 中 /《弱》ðərz ゼズ; 《強》ðéərz ゼアズ/ there is, there has の短縮形 ⇨ there ❶

there·up·on /ðèərəpán ゼアアパン/ 副 《文章》その結果; そのすぐ後

ther·mal /θə́:rməl サーマル/ 形 熱の, 熱による; 温度の; 熱い, 温かい
━名C 上昇温暖気流

ther·mom·e·ter B2 /θərmámətər サマメタ/ 名C 温度計, 寒暖計; 体温計
• The **thermometer** stands at [reads] 20℃. 温度計は20℃を示している

ther·mos /θə́:rməs サーモス/ 名C 魔法びん (=《米》thermos bottle, 《英》(thermos) flask)

ther·mo·stat /θə́:rməstæ̀t サーマスタト/ 名C サーモスタット, 自動温度調節器

the·sau·rus /θisɔ́:rəs スィソーラス/ 名C 類義語辞典, シソーラス

these A1 中

/ðí:z ズィーズ/ 代 ❶ これらのもの[人] (❗these は this の複数形)
• **This** is my mother and **these** are my sisters. これは私の母で, これらは私の姉妹たちです
❷ 《動詞+these》これらを[に]; 《前置詞+these》これら
• Read **these** — they are interesting. これらを読んでごらん. おもしろいから
━形 ❶ これらの; この (❗this の複数形)
• **this** dog and **these** puppies この犬とこれらの子犬たち
❷ このごろの; 近ごろの, 最近の; (あとに続くものをさして)次の
• It's cold **these days**. このごろは寒い (×*in* these days としない; 「そのころは」は *in* those days)
one of these days いつか近いうちに

the·ses /θí:sì:z スィースィーズ/ 名 thesis の複数形

the·sis B2 /θí:səs スィースィス/ 名 (複 **the·ses** /θí:sì:z/) 主題, 論題; 論文

they A1 中

/ðéi ゼイ/ 代
❶ 彼[彼女]らは[が], それらは[が] (❗he (彼は), she (彼女は), it (それは)の複数形; 所有格 their, 目的格 them, 所有代名詞 theirs)
• Ken and Naomi are friends. **They** play together. ケンとナオミは友達です. 彼らはいっしょに遊びます
会話 "I put three books here; where are **they** (= three books)?" "**They**'re (= **They** are) on your desk." 「ぼくここに本を3冊置いたんだけど, (それらは)どこにあるかな」「(それらは)あなたの机の上にあるわよ」

参考› they, their, them, themselves は複数の人・ものを受けるのに用いるが, 男女が特定されない単数の代名詞を受けるときにも用いることがある:
Everybody did **their** best. みんな最善を尽くした
この種の語句はほかに anybody, anyone, somebody, someone, no one などがある

❷ (ばく然と) 人々(は), 世間の人(は); (ある地域・場所の)人たち(は), 関係者は (❗日本語に訳さないことが多い)
• **They** sell wine at that store. あの店(の人々)はワインを売っている
• **They say** (**that**) Mr. White is going to close up shop. ホワイトさんは店をたたむつもりだそうだ
• **They** speak English and French in Canada. カナダでは(人々は)英語とフランス語を話す

they'd /ðéid ゼイド/ they had, they would の短縮形 (❗they had が they'd と省略されるのは had が助動詞の時だけ; たとえば They had a car. を ×They'd a car. としない)

they'll 中 /ðéil ゼイル/ they will, they

shall の短縮形

they're 中 /ðéiər ゼイア/ they are の短縮形

they've /ðéiv ゼイヴ/ they have の短縮形 (❗ they have が they've と省略されるのは have が助動詞の時だけ; たとえば They have a car. を ×They've a car. としない)

thick A1 高

/θík スィク/

形 (比較級 **thicker**; 最上級 **thickest**)

❶ 分厚い (↔**thin**); (数を表す語+**thick**) 厚さが…で

• a **thick** slice of bread パンの厚切り1枚

• This wood is 30 cm **long**, 20 cm **wide**, and 2 cm **thick**. この木材は縦30センチ, 横20センチ, 厚さ2センチだ

• a **thick** layer of snow 厚い雪の層

❷ 太い (❗「太った」とは違うことに注意)

• a **thick** rope 太い綱

❸ すきまなく生えた[集まった], (木・毛などが)密生した; (液体・気体などが)濃い, 濃厚な

• a **thick** forest うっそうとした森

• **thick** hair 濃い[ふさふさした]髪

• a **thick** fog 濃い霧, 濃霧(のうむ)

• **thick** soup 濃い[どろどろの]スープ

❹ (声などが)だみ声の; わかりにくい

• a **thick** accent 強いなまり

❺ […で]おおわれた, 一杯な (*with*) (❗名詞の前には用いない)

• The desk was **thick with** dust. 机にはほこりが厚く積もっていた

❻ (口語) (頭が)鈍い, ぼうっとした

• He's a bit **thick**. 彼はちょっと鈍い

have* ((英) *a*) *thick skin (人が批判に対して)鈍感である

thick on the ground うようよ[はいて捨てるほど]いて

thick with … …と親密で

— 副 (比較級 **thicker**; 最上級 **thickest**)

厚く; 濃く; 太く

• Slice the cheese **thick**. チーズを厚く切ってください

thick and fast ひっきりなしに

— 名 U (ふつう **the thick**) (一番)厚い[太い]部分; 最も密集した場所; (活動の)最中

through thick and thin どんなことがあっても

in the thick of … …の真っ最中で

thick·en /θíkən スィクン/ 動 他自 厚く[太く, 濃く]する[なる] (↔**thin**)

thick·et /θíkət スィケト/ 名 C 低木の茂み, やぶ

thick·ly B2 /θíkli スィクリ/ 副

❶ 厚く; 太く; 濃く; 密に

• a **thickly** populated area 人口密集地域

❷ 聞き取りづらく(言うなど)

thick·ness B2 /θíknəs スィクネス/ 名

❶ U C 厚さ; 太さ; 濃さ; 繁茂, 密生

❷ C 枚, 層

thíck-skínned 形 神経が太い, 無神経な; 皮膚[皮]の厚い

thief A2

/θíːf スィーフ/ 名 (複 **thieves** /θíːvz/) C (こっそり盗む)どろぼう, こそどろ (❗「行為」でなく「人」)

thiev·er·y /θíːvəri スィーヴェリ/ 名 (文章) U 盗み; 盗品

thieves /θíːvz スィーヴズ/ 名 thief の複数形

thigh B2 /θái サイ/ 名 C (解剖) 太もも, もも

thigh·bone /θáibòun サイボウン/ 名 C (解剖) 大腿(だいたい)骨

thim·ble /θímbl スィンブル/ 名 C 指ぬき

Thim·phu /tímpuː ティンプー/ 名 ティンプー (◆ブータン王国の首都)

thin A1 高

/θín スィン/ 形 (比較級 **thinner**; 最上級 **thinnest**) ❶ 薄い (↔**thick**)

• a **thin** slice of bread パンの薄切り1枚

• The ice on the pond is too **thin** for skating. 池の氷はスケートには薄すぎる

❷ やせた (↔**fat**); (声が)か細い

• a tall **thin** boy 背が高くてやせた少年

• a **thin** voice か細い声

似ている単語
やせた－**thin**, **slim**, **slender**, **skinny**
thin は「やせた」を表す一般的な語だが, 病後のやつれた状態などを表すこともある. **slim** と **slender** は魅力的なやせ方で「ほっそりした, スマートな」, **skinny** は悪い意味で「やせすぎの」

❸ 細い, 細長い (↔**thick**)
• a **thin** needle 細い針
❹ (液体などが)薄い, 水っぽい, (気体などが)希薄な; (毛・聴衆などが)まばらな (↔**thick**, **dense**)
• a **thin** mist 薄(い)もや

disappear [***vanish***] ***into thin air*** あとかたもなく消える
thin on the ground 乏しくて, 少なくて
wear thin ① (衣服が)すりへって薄くなる ② 《ふつう進行形で》(がまんなどが)続けられなくなる

― 副 薄く • Slice the ham **thin**. ハムを薄く切ってください
― 動 (三単現 **thins** /θínz/; 過去・過分 **thinned** /θínd/; 現分 **thinning**) 他 薄くする, 細くする; まばらにする; 自 薄くなる, 細くなる; まばらになる (↔**thicken**)
thin down 薄くなる; 体重が減る
thin out まばらになる

thing A1 中

/θíŋ スィング/ 名 (複 **things** /θíŋz/)
❶ C 物; 事
• living **things** 生き物
• buy a lot of **things** at the store 店でたくさんの物を買う
• She likes sweet **things**. 彼女は甘い物が好きだ
• What's this **thing** here? ここにあるものは何ですか？
• I've got so many **things** to do today. 今日はやるべき事がたくさんある
❷ 《否定文で》何も…ない
• I could**n't** see a **thing** in the dark. 暗がりで何も見えなかった
❸ 行動, ふるまい
• That's a very bad **thing** to do. それは絶対にしてはいけない事ですよ
❹ 《**things**》物事; 様子, 事態
• go over every little **things** どんな些細なことも一つ一つよく調べる
• He takes **things** too seriously. 彼は物事をまじめに考えすぎる
• **How are things** (**going**) at school? 学校(の様子)はどうですか
• **Things** will get better soon. 状況はすぐによくなるでしょう
❺ 《**things**》《形容詞が続いて》…の事物, 風物
• John has a liking for **things Japanese**. ジョンは日本の風物を好む
❻ C (あわれみや愛情を込めて)人, もの
• A kitten is a soft little **thing**. 子ネコはやわらかでかわいいものだ
❼ 《*one's* **things**》(…の)持ち物, 身の回りの品, 着る物; 《**... things**》…用品
• pack *one's* **things** 荷物をまとめる
• Don't forget to bring **your tennis things** with you. 忘れずにテニス用具を持ってこいよ
❽ 《**the thing**》適切[必要]な物[事]
• This is just **the thing** for me. これは私におあつらえむきだ
❾ 《**the thing**》〔…の〕流行型 《*in*》
• the latest **thing in** cars 最新型の車

as [***the way***] ***things are*** [***go***, ***stand***] こういう事態では
first thing 《口語》まず第一に
for one thing 《口語》1つには
have a thing about ... 《口語》…が大嫌い[大好き]である (❗どちらかの意味かは前後関係による)
last thing 《口語》最後に
make a (***big***) ***thing of ...*** 《口語》…を問題[重大]視する
of all things 《口語》こともあろうに, 驚いたことに
(***just***) ***one of those things*** しかたのないこと
there is no such thing (***as ...***) (…など)ある[起きる]はずがない
the thing is ... 実は…; 大事なのは…

think

A1 動 名
中 /θíŋk スィンク/

三単現 **thinks** /θíŋks スィンクス/ 過去・過分 **thought** /θɔ́:t ソート/
現 分 **thinking**

共通イメージ
頭の中で考えが
いろいろ進行している

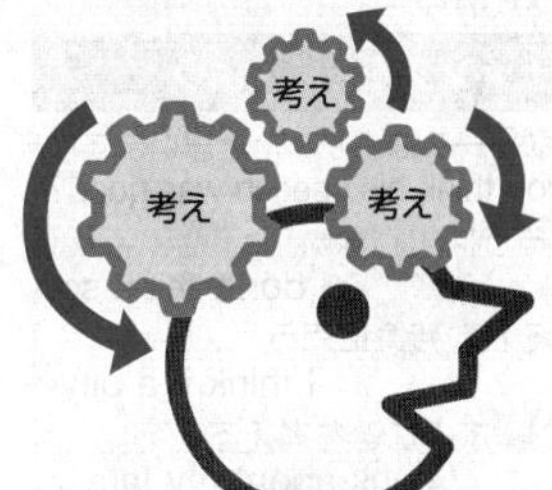

意味マップ

動 ❶考える, 思う
❷考える; わかる
❸予想する
❹…かわからない
❺(…しようと)思う
名 考えること

使えるコーパスフレーズ

thinkを含むフレーズ

1 **I don't think ...** …とは思わない
2 **I think it's ...** それは…だと思う
3 **What do you think ...?** …はどう思う?
4 **Do you think ...?** …だと思う?
5 **I think I'll ...** 私は…しようと思う

think＋副詞

6 **think so** そう思う
7 **think again** 考え直す[を改める]
8 **think out** (問題などを)よく考える
9 **think back** 思い起こす, ふり返る
10 **think through** (行動などを起こす前に)よく考える

コーパス この順番でマスター　thinkの重要構文

(1) **think＋that**節
(2) **think**のみ
(3) **think of [about]**
(4) **think＋how [wh**節**]**
(5) **think＋**副詞(! **so, straight, ahead, hard**など)

ネイティブはこういう!

◆ **Just think ...** 考えてもみなよ
◆ **Think big!** 夢は大きく持て!
◆ **I wasn't thinking.** (謝るときに)うっかりしていました
◆ **I'll be thinking of you.** あなたのことを思っています

フォーカスページ

a b c d e f g h i j k l m n o p q r s **t** u v w x y z

think A1 中

/θíŋk スィンク/ 動 (三単現 **thinks** /θíŋks/; 過去・過分 **thought** /θɔ́ːt/; 現分 **thinking**)

共通イメージ 頭の中で考えがいろいろ進行している

チャンクでおぼえよう！

❶ 彼のスピーチはよかったと思いますか	Do you think his speech was good?
❶ 私はそうは思わない	I don't think so.
❶ 私はそれを残念に思う	I think it a pity.
❷ (私の)家族のことを考える	think about my family
❷ 彼らの考え方	their way of thinking
成句 その計画について考え直す	think again about the plan

❶ 他自 **考える, 思う** (❗この意味ではふつう進行形にしない)

- I **think** so. ⇨フォーカス 6 私はそう思います

CAN-DO Tips› 反対する
I don't think so. という表現を使うと, 反対意見を述べることができるようになります

- **I don't think so.** ⇨フォーカス 1 6 私はそうは思いません, 私はそうではないと思います

文型 [**think (that)...**] …と思う, …と考える

- I **don't think** Ken will come today. ⇨フォーカス 1 私はきょうケンは来ないと思う (❗「…しないと思う」は英語ではふつう「…するとは思わない」のように表す)
- **Do you think** Ken will come today? ⇨フォーカス 4 ケンはきょう来ると思う?
- I **think** it's nice. = It's nice, I **think**. ⇨フォーカス 2 すてきだと思う
- She **thought** (**that**) Robert was nice. ⇨フォーカス (1) 彼女はロバートがすてきだと思った (❗主節の動詞 (thought) が過去なのでそれに合わせて, 従属節の動詞も過去の was にする; 「ロバートがすてき**だった**と思った」と訳さない)

文型 [**think about** [**of**] **A**] Aのことを思う; Aを考えつく

- What do you **think of** [**about**] this tie? ⇨フォーカス (3) このネクタイどう思う? (×How do you think of ...? としない)
- I'll be **thinking of** [**about**] you. あなたのことを思い続けます
- **think of** a good plan 名案を思いつく

文型 [**think about** [**of**] *doing*] …しようかと考えている

- I **never thought of seeing** you again. また君に会うとは思わなかった
- We **are thinking of going** on a picnic. 私たちはピクニックに行こうかと思っている

文型 [**think A C** = **think A to be C**] AをCとみなす

- I **think** Robert **to be** honest. = I **think that** Robert is honest. 私はロバートは正直者だと思う (❗後者のほうがふつう)

使い方› **think の疑問文**
what, who, why のような疑問詞のある疑問文の中では, do you think は疑問詞の次にくる:
"**What do you think** this is?" "I think it's a kind of shark." 「これは何だと思う?」「サメの一種だと思う」(❗このような疑問文には Yes, No で答えない; ×Do you think what this is?)
比較 **Do you know what** this is? これは何だか知っていますか
Who do you think broke the vase? だれが花びんを割ったと思いますか?
比較 **Do you know who** broke the vase? だれが花びんを割ったか知っていますか

❷ 他自 (いろいろと頭を使って) **考える; わかる**

- I have to **think about** what he said. 私は彼の言ったことを考えてみなければなるまい
- He did it without **thinking**. 彼は考えないでそれをやった

会話 "May Jimmy come to our

party?" "I'll **think about** it."「ジミーも私たちのパーティーに来ても[呼んでも]いい?」「(そのことについては)考えておこう」(❗断るときの遠回しの言い方)

❸ ㊀〔…ということを; …すると〕予想する, 予期する《*that* ...; *to do*》

• I never **thought to** see you here. ここで君と会うなんて思いもしなかった

❹ ㊀《cannot, could not に続いて》…かわからない, 見当がつかない《*wh-* ...》

• I **cannot think why** she married him. ⇨フォーカス(4) なぜ彼女が彼と結婚したのか見当もつかない

❺ ㊀〔…しようと〕思う, 〔…する〕つもりである《*that* ..., 《文章》 *to do*》

• I **think** (**that**) I'll tell him. 彼に話をしようと思う

come to think of it そう言えば

Do you think I could ...? 《口語》…してもよろしいでしょうか?

Do you think you could ...? 《口語》…していただけませんか?

I think I'll ... …するつもりです

just think ... 考えてもみなよ

think again 考えを直す, 考えを改める

• You'd better **think again**. ⇨フォーカス 7 考え直したほうがいいよ

think back 思い起こす, ふり返る

• **Think back**, and be honest with yourself. ⇨フォーカス 9 ふり返って, 自分に正直になってみて

think big でかいことを考える

think ill [***badly***] ***of ...*** …を悪く思う

think little [***lightly***] ***of ...*** …を軽く[低く]評価する

think much [***highly***] ***of ...*** …を高く評価する

think nothing of doing …することをなんとも思わない

think of A as B AをBとみなす

think out [《米》 ***through***] (問題などを)考え抜く

• This plan **is** well **thought out**. ⇨フォーカス 8 この計画はよく考えられている

think over ... …のことをよく考える, 熟考する

think the world of ... …をこの上なく評価している

think through ... (行動する前に)…についてよく考える, 熟考する

• I had no time to **think through** what to say. ⇨フォーカス 10 何を言うべきかじっくり考える時間がなかった

think to oneself 心の中で(ひそかに)思う

think up 考え出す, 考案する

— 名 C 《単数形で》《英》《口語》考えること

• **have a think** about a question 問題をひと思案する

派生 **thought** 名

think·a·ble /θíŋkəbl スィンカブル/ 形 考えられる

think·er B2 /θíŋkər スィンカ/ 名 C 思想家; 考える人; 《複合語で》…な考えの人

think·ing 高 /θíŋkiŋ スィンキング/ 動 think の現在分詞・動名詞

— 名 U 考え(ること); 思考; 意見

• logical **thinking** 論理的思考

— 形 考える; 思考力のある (❗名詞の前に用いる)

thínk tànk 名 C シンクタンク《◆研究開発などのための専門家集団》

thinks /θíŋks スィンクス/ 動 think の三人称単数現在形

thin·ly /θínli スィンリ/ 副 薄く; 浅薄に; 希薄に

thin·ner /θínər スィナ/ 名 U (ペンキなどの)希釈液, シンナー

thin·ness /θínnəs スィンネス/ 名 U 薄さ, 細さ; 貧弱

thín-skínned 形 感じやすい; 怒りっぽい; 皮膚[皮]の薄い

third A2 中

/θə́ːrd サード/ 形 (❗3rd と略す)

❶《ふつう **the third**》第3の, 3番目の

• **the third** floor 《米》3階, 《英》4階

❷ 3分の1の

• **a third** part 3分の1(の部分)

―名 (複 **thirds** /θə́ːrdz サーヅ/)
❶C《ふつう **the third**》3番目の人[もの]; (月の)3日
• **the third** of May 5月3日 (❗手紙の日付などで書く時は, 《米》May 3 (May (the) third, May three と読む), 《英》3(rd) May (the third of May, May the third と読む)とするのがふつう)
• He came **on the third**. 彼は今月の3日に来ました
❷C 3分の1
• a [one] **third** of the money その金の3分の1
❸U《野球》サード (=third base); 《自動車》サードギア
―副 3番目に[で]
• Chicago is the **third** largest city in the United States. シカゴは合衆国で3番目に大きな都市です (❗最上級の前におくことに注意)

thírd báse 名U《野球》三塁, サード

thírd degrée 名《the をつけて》過酷な尋問

third·ly B2 /θə́ːrdli サードリ/ 副 第3に; 3番目に

thírd pérson B2 名《the をつけて》《文法》三人称

thírd-ráte 形 3等[流]の; 劣等な, 下等な

Thírd Wórld 名《the をつけて》第三世界《◆発展途上国のこと》

thirst B1 /θə́ːrst サースト/ 名《単数形で》
❶のどのかわき, かわき
• quench one's **thirst** かわきをいやす
❷〔…に対する〕渇望《*for*》
• **a thirst for** knowledge 知識欲

thirst·y A2 中

/θə́ːrsti サースティ/
形 (比較級 **thirstier**; 最上級 **thirstiest**)
❶のどのかわいた; のどがかわいて
• I **am** [**feel**] very **thirsty**. 私はとてものどがかわいた
❷〔…を〕渇望して《*for*》
❸のどのかわく, のどをかわかせる (❗名詞の前に用いる)

thir·teen A1 中

/θəːrtíːn サーティーン/
名 (複 **thirteens** /θəːrtíːnz/) UC (❗詳しい用法は three を参照)
13; 13時, 13分; 13歳; 《複数扱い》13個, 13人
• Some people think **thirteen** is an unlucky number. 13が不吉な数だと思っている人もいる
―形 13の; 13個の; 13人の; 13歳で

thir·teenth 中 /θəːrtíːnθ サーティーンス/ 形 (❗13th と略す; 詳しい用法は third を参照)
❶《ふつう **the thirteenth**》第13番目の
• It's Ken's **thirteenth** birthday on Sunday. 日曜はケンの13回目の誕生日だ
❷13分の1の
―名 (複 **thirteenths** /θəːrtíːnθs/) C
❶《ふつう **the thirteenth**》13番目の人[もの]; (月の)13日
• Friday **the 13th** 13日の金曜日
❷13分の1

thir·ti·eth 中 /θə́ːrtiəθ サーティイス/ 形 (❗30th と略す; 詳しい用法は third を参照) ❶《ふつう **the thirtieth**》30番目の
❷30分の1の
―名C ❶《ふつう **the thirtieth**》30番目; (月の)30日
• **the 30th** of May 5月30日
❷30分の1

thir·ty A1 中

/θə́ːrti サーティ/ 名 (複 **thirties** /θə́ːrtiz/) (❗詳しい用法は three を参照)
❶U 30; 30歳; 《複数扱い》30個; 30人
• It's two **thirty**. 今2時30分です
❷《**thirties**》(世紀の)30年代; (年齢の)30歳代
• He is in his late **thirties**. 彼は30代後半だ
―形 30の; 30個の, 30人の; 30歳で

this A1 中
/ðís ズィス/ 代 (複 **these** /ðíːz/)
❶ これは[が], この人は[が]; (電話などで)こちら, そちら
• **This** is my coat and **that** is yours. これが私のコートであれがあなたのよ (❗(少し)離れた物・人などをさすのは that)

• [CAN-DO Tips 相手を紹介する] Mother, **this** is Naomi. Naomi, **this** is my mother. お母さん, こちらがナオミさんです. ナオミ, こちらが母です (❗人を紹介する時の言い方; ×*she* [*he*] is ... としない)
会話 "What is **this**?" "It's a CD player." 「これは何ですか」「(これは) CD プレーヤーです」(❗特に「これは」とさし示すのでなく, 単に前に話題に出たものを受けるだけの時は it を用いる)
• **This** is what I like. これが私の好きなものです
❷《動詞＋**this**》これを[に];《前置詞＋**this**》これ
• Now **hear this**! ねえ, これから話すこと聞いてよ
• **At this**, he left the room. こう言って[これを聞いて]彼は部屋を出ていった
❸ 今; この時, きょう; ここ; この場所
• **This** is my sixteenth birthday. きょうは私の16回目の誕生日です
• **This** is a nice place. ここはすてきなところです
• **This** is where we camped last year. ここが私たちが昨年キャンプをした場所です
❹ 今述べたこと; 次に述べること
• What I'm going to say is **this** ... 私が言おうとする事はこういうことです…
❺ (前に出た2つの物事のうち)後者 (❗前者 (that) に対して)

this and that = ***this, that and the other*** 《口語》あれやこれや
This is it. 《口語》これを求めていたんだ; その通り
with this こう言ってから; これとともに

━ 形 ❶ この; こちらの; その; 例の
• **this** dog この犬 (❗this＋単数形の名詞; ×*a* [*the*] this dog としない)
• **this** dog and **these** puppies この犬とこの子犬たち (❗複数形の前では this は these に変化する)
• **This** boy is Bob's brother. この子はボブの兄弟です
• **This** book is mine and **that** (one) is yours. この本は私ので, あれが君のだ
• Come [Do it] **this way**. こちらへいらっしゃい[こういうふうにしなさい]
• **This** bag of mine is too small. ぼくのこのカバンは小さすぎる (×*my this* bag, ×*this my* bag としない)
❷ 今の, 今(こん)…, この, きょうの, 現在の
• **this** morning きょうの朝, けさ (❗in などの前置詞をつけないで「きょうの朝に[は]」などの意味にもなる)
• **this** week [month, year] 今週[今月, 今年] (に[は])
• **this** coming Saturday 今度の土曜日(に[は])
• **this** time 今時分(は), 今度(は)
• I'm going to Hawaii **this** summer. 私はこの夏ハワイに行く予定です
❸ (あとに続く内容をさして) 次の
• **This** claim I make ... これだけは(以下のことを)主張します…
❹《口語》ある1人[1つ]の
at this point 現在, 今や
━ 副 《口語》こんなに, これだけ (=so[1])
• No kidding, it was **this** big. 冗談なんかじゃない, それはこんなに大きかったんだ

this·tle /θísl スィスル/ 名 C 《植物》アザミ, アザミの花《◆スコットランドの国花》

Thom·as /tɑ́məs タマス/ 名 トマス《♦男性名》

thong /θɔ́:ŋ ソーング/ 名C 革ひも; Tバック(のパンティ);《**thongs**》ビーチサンダル

tho·rax /θɔ́:ræks ソーラクス/ 名 (複 **tho·raxes** /θɔ́:ræksəz/, **thoraces** /θɔ́:rəsì:z/) C《解剖》(人間・動物の)胸部, 胸郭; (昆虫の)胸部

thorn /θɔ́:rn ソーン/ 名C ❶(植物の)とげ, 針 ❷とげ植物, イバラ, (特に)サンザシ(=hawthorn)

thorn·y /θɔ́:rni ソーニ/ 形 (比較級 **thorn·ier**; 最上級 **thorniest**) (植物が)とげの多い; とげのような; (問題などが)やっかいな, 困難な

thor·ough B1 /θə́:rou サーロウ, θə́:rə サーラ|θʌ́rə サラ/ 形 ❶(仕事などが)徹底的な, 完全な; (人が)とても綿密[ち密]な, きちょう面な

- a **thorough** reform 抜本的な改革

❷しんからの, まったくの(❗名詞の前に用いる)

thor·ough·bred /θə́:roubrèd サーロウブレド, θə́:rəbrèd サーラブレド/ 名C 純血種の動物;《**Thoroughbred**》サラブレッド

thor·ough·fare /θə́:roufèər サーロウフェア, θə́:rəfèər サーラフェア/ 名C《文章》公道; 大通り; U 通行, 往来

thor·ough·ly B2 /θə́:rouli サーロウリ, θə́:rəli サーラリ/ 副 徹底的に, すっかり, まったく

those A1中

/ðóuz ゾウズ/ 代

❶それらは[が], あれらは[が], その[あの]人たちは[が](❗those は that の複数形)

- **Those** were my happiest days. そのころは私の最も幸福な時代だった(❗those は文の主語)

❷《動詞＋**those**》それらを[に], あれらを[に];《前置詞＋**those**》それら, あれら

- I like **those** better than **these**. 私はこれらよりもそれらのほうが好きだ

❸《**those of ...**》(…の)それ(ら) ⇨**that** 代❸

- Her eyes are like **those** (=the eyes) **of** a cat. 彼女の目はまるでネコのそれ[目]のようだ

❹《**those who ...**》(…する)人々

- **those** (**who** are [were]) present いあわせた人々(❗present は形容詞)

— 形 ❶その; それらの; あの; あれらの; そういった

- **Those** birds over there are crows and **these** birds here are hens. 向こうにいるあれらの鳥はカラスで, ここにいるこれらの鳥はめんどりです
- **those** shoes of yours あなたのあの靴(×*your those* shoes, ×*those your* shoes とはいわない; those shoes は「1足の靴」をさしている)

❷《関係代名詞の先行詞につける》

- one of **those** great events in English history **that** every child knows どんな子どもでも知っている英国史上の大事件の1つ

in those days そのころは, 当時は

thou /ðáu ザウ/ 代 (複 **ye** /ji, jí:/)《古風》なんじ, そなた(=you)(❗2人称代名詞単数主格; 所有格は thy または thine,目的格は thee)

though A2中

/ðóu ゾウ/ 接

❶だが; …にもかかわらず(❗《口語》では although より though を用いる)

- I'm happy, **though** I'm poor. = **Though** I'm poor, I'm happy. 私はお金はないけれど幸せです

比較 I'm poor, **but** I'm happy. 私はお金はないが幸せです

- **Though** (it is) cold, it's a nice day for playing tennis. きょうは寒いけれどテニスをするには絶好の日だ
- **Though** he is injured, he will play in the game. 彼はけがをしているけれど試合に出るだろう(=In spite of his injury, he will play in the game.)

❷もっとも…ではあるけれど
• I like painting, **though** I'm not good at it. 絵を描くことが好きです. もっとも得意ではありませんが
❸たとえ…であっても (=even if, even though)

as though ... まるで…のように (=as if) • He talks **as though** he knew everything. 彼はまるで何でも知っているかのような話し方だ (❗ as though 以下は過去形にする)

even though ... ①たとえ…でも (=even if ...)
• **Even though** he may apologize, I can never forgive him. たとえ彼が謝っても絶対に許さない
②…であるのに, …するのに (❗ even は though の意味を強めているだけ)
• She started on the project **even though** we told her not to. われわれがよせといったのに彼女はそのプロジェクトを始動させた

— 副 《口語》《文末に用いて》でも, …だけど, もっとも
• I liked the sweater. I didn't buy it, **though**. そのセーターは好みだった. もっとも買いはしなかったけどね

thought A2 中

/θɔ́ːt ソート/ 名 (複 **thoughts** /θɔ́ːts ソーツ/) ❶C 考え, 意見; 思いつき; 提案
• A **thought** came into his head. 1つの考えが彼の頭に浮かんだ
• a passing **thought** ふと浮かんだ考え
• I had a **thought** of asking him to dinner. 彼を夕飯にさそってみようと思いついた

コロケーション
動+thought
collect a *thought* 考えをまとめる
express [present] a *thought* 考えを述べる
give up a *thought* 考えを捨てる

❷U C 気持ち; 〔…に対する〕気づかい, 配慮 《*for*》; 〔…の〕意図 《*of*》
• He **shows** no **thought for** others. 彼は他人に対して思いやりがない
❸U 考えること, 思考(力), 物思い; 考慮 (=thinking)
• after much **thought** よく考えてから
• **at the thought of ...** …のことを考えて, …を思うと
• He is deep **in** [**in** deep] **thought**. 彼は物思いにふけっている
❹U (ある個人, 時代, 国などの)思想
• modern **thought** 近代思想

(as) quick as thought たちまち, ただちに

a thought 《口語》《副詞的》ほんの少し (=a little)

be deep [lost] in thought 物思いにふけっている ⇨❸

give a thought to ... …のことを考える

on second thought [《英》 ***thoughts***] もう一度考えてみると, (考え直して)やはり ⇨**second thought** (成句)

That's a thought. 《口語》それはいい考えだね

without a moment's thought ただちに, 即座に

— 動 thinkの過去形・過去分詞
派生 **think** 動; 派生 **thoughtful** 形

thought·ful B2 /θɔ́ːtfəl ソートフル/ 形
❶考え込んでいる; 考え深い, 思慮深い; (物事が)よく考え(られ)た
• a **thoughtful** look [essay] 考え込んでいる表情[思慮に富んだエッセイ]
❷思いやりがある • a kind and **thoughtful** man 親切で思いやりのある男
❸用心深い

thought·ful·ly /θɔ́ːtfəli ソートフリ/ 副 考え込んで; 思慮深く; 親切に

thought·ful·ness /θɔ́ːtfəlnəs ソートファルネス/ 名U 思いやりのあること, 親切さ; 思慮深さ

thought·less B2 /θɔ́ːtləs ソートレス/ 形
❶考えのない, 無分別(むふんべつ)な, 軽率な ❷思いやりのない, 自分のことしか考えない
thóughtlessly 副 考えなしに; 軽

率に; 不親切に

thóughtlessness 名U 思慮のなさ; 軽率

thou·sand A2 中

/θáuzənd サウザンド/ 名 (複 **thousands** /θáuzəndz サウザンヅ/) C

1000, 千; 《複数扱い》1000個, 1000人

- a [one] **thousand** 1000
- ten **thousand** (1000×10で) 1万 (! 英語には「万」という単位の語はないので, このような言い方をする)
- a [one] hundred **thousand** (1000×100で) 10万

a thousand to one きっと, 確かに

by (the) thousands 幾千となく, 千億単位で

hundreds of thousands of ... 何十万の…

one in a thousand 千に1つ, 千人に1人, ずばぬけたもの

thousands of ... 数千の…, 非常に多数の…

- **thousands of** people 何千という人々

━形 ❶ 千の, 1000個[人]の

- a [one] **thousand** students 千人の学生 (! a thousand+数えられる名詞の複数形)
- two **thousand** dollars [yen] 2千ドル[円] (×two thousands ... としない; yen は単数も複数も同じ形)

❷ とてもたくさんの, 無数の

a thousand and one ... 無数の…

Thóusand and Óne Níghts 名 《the をつけて》『千夜一夜物語』,『アラビアンナイト』(=the Arabian Nights) 《♦アラビア民話集》

thou·sandth /θáuzəntθ サウザントス/ 形 ❶《ふつう **the thousandth**》千番目の ❷ 千分の1の

━名C ❶《ふつう **the thousandth**》千番目 ❷ 千分の1

thrash /θræʃ スラシュ/ 動 他 (子どもを)(体罰として棒などで)打つ; 《口語》徹底的にやっつける, 完敗させる; 自 もがく, のたうつ《*about, around*》

thrash out 徹底的に議論する

thrash·ing /θrǽʃiŋ スラシング/ 名C

❶ (罰としての)むち打ち

❷ (試合での)敗北 ❸ 脱穀

thread B2 /θréd スレド/ (×スリード) 名

❶ UC 糸, ぬい糸 (! 織物用の糸は yarn)

- **put thread through** a needle 針に糸を通す (×*a* thread, ×thread*s* としない)
- sew with **thread** 糸でぬう

❷ C (話の)筋, 筋道

- lose the **thread** of the conversation 話の流れが分からなくなる

❸ C (光・煙などの)細い線[筋]

- a **thread** of light 一条の光

hang by a thread 危機的状況にある

━動 ❶ (針に)糸を通す; (ビーズなどを)糸に通す

- **thread** a needle 針に糸を通す

❷ …を突き通す ・**thread** a cable through a hole 穴にケーブルを通す

thread *one's* ***way through ...*** …の間をぬうように進む

thread·bare /θrédbèər スレドベア/ 形 (衣服などが)すり切れた, 着古した; みすぼらしい身なりの; 陳腐な, 言い古された

threat B1 高 /θrét スレト/ 名 (複 **threats** /θréts スレツ/)

❶ UC おどし, 脅迫(きょうはく)

- **make threats** (**against** ...) (…を)おどす[脅迫する]
- an empty **threat** 口先だけのおどし

❷ C 《ふつう単数形で》〔悪い事になりそうな〕前兆, きざし, 恐れ《*of*》

- There is **a threat of** rain in the air. あたりの空気には今にも雨になりそうな気配がある[一雨来そうな風の様子だ]

❸ C 《ふつう単数形で》脅威となるもの[人]〔…に対する〕脅威, 《*to*》

- Cholesterol is a **threat to** human health. コレステロールは人の健康にとって危険なものだ

under threat (***of ...***) (…で)おどさ

れて
派生 threaten 動
threat·en B2 高 /θrétn スレトン/ 動
❶ 他自 〔…するぞと; …すると言って〕おどす, 脅迫(きょうはく)する《with; to do》
• **threaten** him **with** death 殺すぞといって彼をおどす
• The terrorists **threatened to** blow up the plane. テロリストたちは航空機を爆破すると脅迫した
❷ 他 (平和などを)おびやかす, 危険にさらす; 《受け身で》危機に瀕(ひん)している • **threaten** the survival of elephants 象の生存をおびやかす
❸ 他自 (悪いことが)せまっている; 〔…する〕恐れがある《to do》
• The disease **threatens to** spread. その病気が広がる恐れがある
派生 threat 名
threat·en·ing B1 /θrétniŋ スレトニング/ 形 ❶ おどしの, 脅迫的な
• a **threatening** comment おどしのような意見
❷ (天気などが)荒れ模様の
thréateningly 副 脅迫的に
three A1 中
/θríː スリー/ 名 (複 **threes** /θríːz/) U C 3; 3時, 3分; 3歳; 《複数扱い》3個, 3人; 3つ
• It's **three** minutes past **three** now. 今3時3分です (❗最初の three は形)
• **Three** and **three** is [are, make(s)] six. 3たす3は6
━ 形 3の; 3個の, 3人の; 3歳で
• Tricycles have **three** wheels. 3輪車には3つの車輪がある ⇨**tricycle**
three-D, 3-D /θríːdíː スリーディー/ 形 三次元の, 立体映像[写真]の (=three-dimensional)
━ 名 U 三次元, 立体映像[写真]
thrée-diménsional 形 三次元の; (映画・写真などが)立体の, 立体感のある; (登場人物などが)生き生きとした
three·fold /θríːfòuld スリーフォウルド/ 形 3部からなる, 三重の, 3倍の
━ 副 3重[倍]に ━ 名 U 3(倍)
three-leg·ged /θríːlégəd スリーレグド/ 形 3本足の
• a **three-legged** race 二人三脚(競走)
thrée-quárter 形 4分の3の(長さの); (上着などが)7分の
thresh /θréʃ スレシュ/ 動 他 (穀物を)脱穀する; 自 脱穀する
thresh·er /θréʃər スレシャ/ 名 C 脱穀機, 脱穀する人
thresh·old /θréʃhould スレシュホウルド/ 名 C ❶ 敷居; 玄関口 ❷《心理》閾(いき)《♦刺激を意識しはじめる限界点》
on the threshold of ... まさに…しようとして
threw /θrúː スルー/ (発音 through と同音) 動 throwの過去形
thrift /θríft スリフト/ 名 U 倹約, 節約
thríft shòp [stòre] 名 C (慈善で活動する)中古品店, 古着屋
thrift·y /θrífti スリフティ/ 形 (比較級 **thriftier**; 最上級 **thriftiest**) 質素な, 倹約な
thrill B2 /θríl スリル/ 名 C (喜び・興奮・恐怖などで)わくわく[ぞくぞく, どきどき]すること[気持ち], スリル; 身震い
• The roller coaster always **gives** me a **thrill**. ジェットコースターはいつでもぼくをぞくぞくさせる
━ 動 他 (喜び・興奮・恐怖などで)わくわく[ぞくぞく, どきどき]させる; 自 わくわく[ぞっと, どきどき]する
• The children were **thrilled by** the tightrope walker. 子どもたちは綱渡り師にはらはらさせられた[はらはらした]
thrill·er B1 /θrílər スリラ/ 名 (複 **thrillers** /θrílərz/) C スリラー映画[小説, 劇]
thrill·ing B2 /θríliŋ スリリング/ 形 スリル満点の, ぞくぞくさせる
thríllingly 副 ぞくぞくするほど
thrive /θráiv スライヴ/ 動 (三単現 **thrives** /θráivz/; 過去 **thrived** /θráivd/, **throve** /θróuv/; 過分 **thrived**, **thriven** /θrívən/; 現分 **thriving**) 自 ❶ (動植物が)よく育つ, 茂る ❷ 繁栄する
thriv·en /θrívən スリヴン/ 動 thriveの過

去分詞

thri·ving /θráiviŋ スライヴィング/ 形 繁栄している; (子どもなどが)すくすく育つ

throat B2 高 /θróut スロウト/ 名 C のど《♦首(neck)の前面・内部をいう》

• I **have** a cold and **a sore throat**. 私はかぜをひいてのどが痛いのです

clear *one's* ***throat*** せき払いをする

cut *one's* (***own***) ***throat*** 《口語》自滅する, 墓穴を掘る

stick in *one's* ***throat*** (骨・ことばなどが)つかえてなかなか出てこない

thrust [***force, ram***] ***... down*** *A's* ***throat*** (自分の意見などを)A(人)にむりやり認めさせる

throb /θráb スラブ/ 動 (三単現 **throbs** /θrábz/; 過去・過分 **throbbed** /θrábd/; 現分 **throbbing**) 自 鼓動する, 動悸(どうき)がする; ずきずきする

━ 名 C 鼓動, 動悸

throm·bo·sis /θrambóusis スラムボウスィス/ 名 (複 **thromboses** /θrambóusi:z/) U C 《医学》血栓症

throne /θróun スロウン/ (発音 thrown (throw の過去分詞)と同音) 名 ❶ C 王座, 玉座 ❷《**the throne**》王位, 王権

throng /θrɔ́:ŋ スローング/ 名 《文章》群衆

━ 動 他 自 群がる; 殺到する

throt·tle /θrátl スラトル/ 名 C 《機械》絞り弁, スロットル; U 絞り《♦絞り弁の開き具合》 ***at*** [***in***] ***full throttle*** 全速力で; 全力で

━ 動 他 絞め殺す; 窒息させる

throttle back [***down***] 減速する

through A1 中

/θrú: スルー/ (発音 threw と同音)

共通イメージ 場所を通り抜けて

意味マップ

前 ❶《通り抜け》…を(通り抜けて)
❷《手段・経由・原因》…を通じて
❸《経験》…を経験して, …を経て
❹《期間》…を通じて, …じゅう
❺《ある時点まで》…まで(ずっと)
❻《終了》…を終えて
❼《いたる所》…じゅう

副 ❶《通り抜け》通り抜けて
❷《状態の継続》終わりまで; 《完全》すっかり; 《終了》終えて
❸《電話》電話が通じて

形 ❶《終了》終わって
❷ 直通の; 通しの

━ 前 ❶《通り抜け》(はしからはしまで)(穴・物の内部・場所)を(**通り抜けて**), …を通って

• look **through** a hole 穴からのぞく (←穴を通して見る)

• The train is going **through** a tunnel. 列車はトンネルを通過中です

• We walked **through** the tall sunflowers. 私たちは背の高いヒマワリの花の中を歩いて抜けた

• He was shot **right through** the heart. 彼は心臓をうち抜かれた (❗受け身の文; right は貫通の強調)

• This street runs **straight through** the area. この通りはこの地域をまっすぐに走っている

❷《手段・経由・原因》**…を通じて; …によって, …のおかげで, …のために**

• I heard the news **through** Ken. 私はケンを通してそのニュースを聞いた

• **Through** his help I was able to connect my PC to the Internet. 彼の手助けのおかげで私はパソコンをインターネットに接続することができた

❸《経験》(状態・過程)**を経験して, …を経て**

• **go through** an operation 手術を受ける

• They gave him enough to **get through** the winter. 彼らは冬を乗り越えるのに十分なだけのものを彼に与えた

❹《期間》**…を通じて, …じゅう**

• **through** the years 何年もの間

• **all** (**the way**) **through** the winter 冬じゅうずっと (❗all (the way) は意味を強める; = throughout the winter)

❺《ある時点まで》《米》 文型 [(**from**) **A through B**] AからBまで(ずっと)

• The shop is open (**from**) Monday **through** Saturday. その店は月曜日から

前❶副❶ (…を) 通り抜けて

look through a hole

前❷((手段・経由・原因))…を通じて

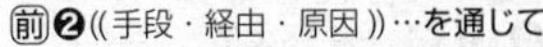

I heard the news through Ken.

通った場所を経緯と見る

共通イメージ

場所を通り抜けて

一定の状態が続く期間に注目

途中で通る
すべての場所に注目

前❹((期間))…を通じて
副❷((状態の継続)) 終わりまで

all through the winter

前❼((いたる所))…じゅう

read through a book

通った場所を経験と見る

終わりのはっきりした期間

前❸((経験))…を経て
前❻副❷形❶ ((終了))
(…を) 終えて (終えた結果に注目)

前❺((ある時点まで))…までずっと

from Monday through Saturday

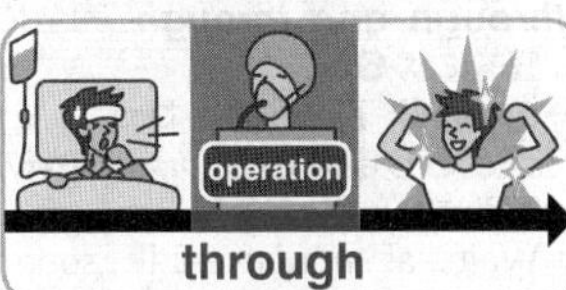

go through an operation

土曜日まで営業しています
❻《終了》…を終えて
• We are **through** school at 3:30. 学校は3時半に終わる
❼《いたる所》…じゅう，…のいたる所を[に]，…をくまなく
• They traveled **through** Europe. 彼らはヨーロッパじゅうを旅行した
• read **through** a book 本を始めから終わりまで読む

cut through ... …を切り開く；…を切るように進む

━ 副 ❶《通り抜け》通り抜けて；通して；つき抜けて
• I opened the door, and the cat went **through**. 私が戸を開けてやるとネコは(そこから)出ていった (❗動詞＋through)
• Please let me **through**. 通してください
• Can I get **through** by this road? この道を行って通り抜けられますか
❷《状態の継続》(初めから)終わりまで；ずっと；ぶっ通しで；《完全》すっかり，全部；《終了》終えて
• This train goes **through to** Osaka. この列車は大阪まで行きます
• The baby cried **all night through**. 赤ちゃんは一晩中泣いていた
❸《電話》《米》(通話が)終わって；《英》(相手に)電話が通じて，つながって
• I can't **get through** to her. 彼女に電話がつながらない
会話 "Will you **put** me **through to** Mr. Smith?" "Certainly, ... you are **through**." 「スミス氏につないでくれませんか」「かしこまりました…先方がお出になりました」

through and through 完全に，徹底的に ⇨❷

━ 形 ❶《終了》〔…を〕終わって《*with*》，〔人と〕おしまいで《*with*》(❗名詞の前には用いない)
• Wait a minute. I'll soon be **through**. ちょっと待って．すぐ終わるよ
• Are you **through with** your homework yet? もう宿題はすんだの？
❷直通の；(切符など)通しの，最終目的地まで行ける；(道が)通り抜けられる (❗名詞の前に用いる)

使えるコーパスフレーズ
動詞＋**through**
(**1**) go *through* ... …を経験する
(**2**) get *through* ... (苦難を)乗り越える
(**3**) come *through* (知らせなどが)届く
(**4**) pass *through* ... …を通り抜ける
(**5**) run *through* ... …にざっと目を通す

through·out B1 高 /θruːáut スルーアウト/
共通イメージ 一定範囲の場所や時間の全部
━ 前 ❶《時間》…じゅう，…を通じて
• **throughout** the **year** [**day**] 一年[日]じゅう
• It rained heavily **throughout** the night. 一晩じゅう激しい雨が降った
❷《場所》…のいたるところに[を，で]
• people **from throughout** the **world** 世界じゅうからやってきた人々
• The rumor spread **throughout** the town. 噂は町じゅうに広まった
━ 副 まったく，すっかり；(初めから終わりまで)ずっと，最後まで；いたるところに[を，で]

through·way /θrúːwèi スルーウェイ/ 名 《米》(＝thruway)

throve /θróuv スロウヴ/ 動 thriveの過去形

throw A1 中

/θróu スロウ/ 名 (複 **throws** /θróuz/) C
❶投げること，投球；ふること
• a **throw of** dice さいころをふること
• the hammer **throw** ハンマー投げ
❷投げられた距離；投げて届く距離
• My school is only **a stone's throw from** [**of**] the station. 私の学校は駅から石を投げても届くぐらいの近さです
━ 動 (三単現 **throws** /θróuz/; 過去 **threw** /θrúː/; 過分 **thrown** /θróun/; 現分 **throwing**)

❶ 他自 投げる, ほうる ⇨**fling, toss, hurl, pitch**[1]
会話 "How far can you **throw** this ball?" "I can **throw** it eighty meters."
「君はこのボールをどのくらい遠くに投げられる?」「80メートルは投げられるよ」
文型 [**throw A to B = throw B A**] BにAを投げる
• **Throw** a ball **to** me [**Throw** me a ball], and I'll **catch** it. ぼくにボールを投げてよ. ぼくが受けるから

注意› throw A to B は「Bに投げて渡す, 投げてあげる」, throw A at B は「Bをめがけて投げつける」:
He **threw** the ball **to** the dog. 彼は犬にボールを(口でキャッチするように)投げた ⇨図
He **threw** the ball **at** the dog. 彼は犬にボールを(ぶつけようと)投げつけた ⇨図

❷ 他 無造作に置く, ほうり投げる
• He **threw** his clothes down carelessly. 彼は自分の服をぞんざいにほうり投げた
❸ 他 投げ出す; (乱暴に)押す
• I **was thrown from** my bicycle when it hit a rock. 自転車が大きな石にぶつかって自転車から投げ出された
❹ 他 《副詞(句)をつけて》(体の一部などを)急に動かす
• She **threw** her head **back**. 彼女は頭をぐいと後ろにそらした
❺ 他 《副詞(句)をつけて》(…の状態に)(人, 物を)投ずる, おとしいれる
• The new system has **thrown** us **into** confusion. 新しい方式は私たちを混乱させている
❻ 他 (視線などを)投げかける, 向ける, 浴びせる; 文型 [**throw A B = throw B at A**] AにBを向ける
• **throw** him an angry look = **throw** an angry look **at** him 彼に怒りの視線を投げかける
❼ 他 《口語》(パーティーなどを)催す, 開く

throw about [***around***] ① 投げ散らかす ②(金などを)乱費する
throw aside (考え・主張を)放棄する
throw oneself at ... 〔人など〕に飛びかかる
throw away (不要品を)(投げ)捨てる; (チャンスなどを)ふいにする
会話 "What did you do with that old bicycle?" "I **threw** it **away**." 「あの古い自転車, どうしたの」「捨てました」
throw ... back at *A* A(人)に過去を思い出させる
throw down (投げ)倒す; 捨てる
throw in ① 投げ込む, 投げ入れる; (ことばを)さしはさむ ②《口語》おまけとして付け加える
throw oneself into ... …に没頭する, …に打ち込む
throw off ① 急いで[さっと]脱ぐ ②(やっかいなものを)さっと振り捨てる[落とす]
• I've had a cold for weeks and just can't **throw** it **off**. 私はもう何週間もかぜをひいていて抜け切れないのです
③(追っ手・かぜなどを)振りきる, …からのがれる
throw on (服を)さっと着る
throw open (❗open は形容詞) ①(ドア・窓を)パッと開ける ②(一般の人に)開放[公開]する
throw out ① 投げ出す, ほうり出す, (不要品を)捨てる ②(外に)出す, 追い出す
throw over ①(恋人を)捨てる ②(条約を)破棄する
throw up ① パッと(投げ)上げる, ほうり上げる ②《口語》(食べた物を)はく

- I felt like **throwing up**. 私ははきそうだった

③《英》《口語》(仕事などを)ほうり投げる

throw·a·way /θróuəwèi スロウアウェイ/ 形 (製品が)使い捨ての; (ことばなどが)さりげない, 無造作な

throw·back /θróubæ̀k スロウバク/ 名 C《ふつう **a throwback**》投げ返し; (生活などの)後戻り, (流行などの)復活

thrown /θróun スロウン/ (発音 throne と同音) 動 throwの過去分詞

thrush /θrʌ́ʃ スラシュ/ 名 C 《鳥》ツグミ(の類)

thrust /θrʌ́st スラスト/ 動 (三単現 **thrusts** /θrʌ́sts スラスツ/; 過去·過分 **thrust**; 現分 **thrusting**) (❗原形·過去形·過去分詞ともに同形なので注意) ❶ 他自 ぐっと押す, (物を)突っ込む; 押しつける; 押しのけて進む, 突き進む

- I **thrust** the chair back. 私はいすを後ろに押しやった
- She **thrust** the job on him. 彼女は彼にその仕事を押しつけた

❷ 他自 (ナイフなどを)突きさす[たてる], 突っ込む; (物が)突き出る

- He **thrust** his sword **into** the monster. 彼は刀を怪物に突きたてた

thrust ... aside (意見などを)却下する

thrust** one's **way 押し分けて進む

━ 名 ❶ C 強く押すこと, ひと突き, ひと押し ❷《**the thrust**》要点

- I don't get **the thrust of** what you are saying. あなたの言っていることのポイントがわからない

❸ U (ロケットなどの)推進力

thru·way /θrúːwèi スルーウェイ/ 名 (複 **thruways** /θrúːwèiz/) C《米》高速道路

thud /θʌ́d サド/ 名 C ドサッと落とす[落ちる]音

━ 動 (三単現 **thuds** /θʌ́dz サヅ/; 過去·過分 **thudded** /θʌ́dəd/; 現分 **thudding**) 自 ドサッと音を立てる[落ちる, ぶち当たる]; ずしんと響く

thug /θʌ́g サグ/ 名 C 悪漢; 殺し屋, 凶悪犯

thumb B1 高 /θʌ́m サム/ 名 (複 **thumbs** /θʌ́mz/) C (手·手袋·グローブの)親指 (❗finger に入れないこともある); (手袋などの)親指の部分

a rule of thumb だいたいの目安, 大ざっぱな計算

be all thumbs《口語》不器用である, 指が思うように動かない

thumbs down《口語》《親指を下に向けて》拒絶[不賛成](の意思表示)

- give a **thumbs down** だめだと合図する, だめだと言う

stick [stand] out like a sore thumb ひどく人目につく, 場違いである

thumbs up《口語》《親指を上に向けて》承諾(しょうだく)[賛成, 満足](の意思表示); 勝利の合図

- **Thumbs up**! よろしい!, いいぞ!

thumbs down thumbs up

under A's thumb A(人)の言いなりになって

━ 動 (三単現 **thumbs** /θʌ́mz/; 過去·過分 **thumbed** /θʌ́md/; 現分 **thumbing**)
❶ 他《口語》文型 [**thumb a ride** [《英》**lift**]] ヒッチハイクする
❷ 他自 (本などを)親指でぱらぱら[手早く]めくる《*through*》

thumb·nail /θʌ́mnèil サムネイル/ 名 C 親指のつめ; つめかけ; (ホームページなどの)サムネイル《◆プレビュー用の小画像》

━ 形 (記述などが)手短な

thumb·tack /θʌ́mtæ̀k サムタク/ 名 C《米》画びょう (=《英》drawing pin)

thump B1 /θʌ́mp サンプ/ 動 (三単現 **thumps** /θʌ́mps/; 過去·過分 **thumped** /θʌ́mpt/; 現分 **thumping**) 他自

ゴツンと殴る; 強くたたきつける; ドスンと置く; 自 (心臓が)ドキドキする
— 名 (複 **thumps** /θʌ́mps/) C ゴツンと殴ること; ゴツン, ドスン (♦音を表す)

thun·der B1 /θʌ́ndər サンダ/ 名 (複 **thunders** /θʌ́ndərz/)
❶ U 雷(かみなり), 雷鳴(らいめい) (! 「雷が落ちた」は, 英語では thunder ではなく lightning (稲妻) を使い, lightning struck... のように表現する. 落雷[雷電]は thunderbolt という)
• **a clap of thunder** 雷鳴
❷ U C 雷のような音, とどろき
• the **thunder** of a freight train 貨物列車の(通過する)轟音(ごうおん)
like thunder 《口語》ひどく怒って
steal A's thunder A(人)を出し抜く
— 動 (三単現 **thunders** /θʌ́ndərz/; 過去・過分 **thundered** /θʌ́ndərd/; 現分 **thundering**) 自 ❶ 《it が主語で》雷が鳴る
• Outside **it** was **thundering**. 外は雷が鳴っていた
❷ 雷のような音をたてる; 〔…を〕叫ぶ, どなる 《*at, against*》

thun·der·bolt /θʌ́ndərbòult サンダボウルト/ 名 C 落雷

thun·der·clap /θʌ́ndərklæ̀p サンダクラプ/ 名 C 雷鳴

thun·der·cloud /θʌ́ndərklàud サンダクラウド/ 名 C 雷雲

thun·der·ing /θʌ́ndəriŋ サンダリング/ 形 雷鳴のする; 雷鳴を伴う; (声・音が)雷のようにとどろく

thun·der·ous B1 /θʌ́ndərəs サンダラス/ 形 雷のような; とどろき渡る; 激しく怒った

thunder·shower /θʌ́ndərʃàuər サンダシャワ/ 名 C 雷雨

thun·der·storm A2

/θʌ́ndərstɔ̀ːrm サンダストーム/ 名 (複 **thunderstorms** /θʌ́ndərstɔ̀ːrmz/) C 激しい雷雨

thun·der·struck /θʌ́ndərstrʌ̀k サンダストラク/ 形 非常に驚いた, 仰天した

thun·der·y /θʌ́ndəri サンダリ/ 形 雷が鳴りそうな

Thurs. 《略》Thursday 木曜日

Thurs·day A1 中

/θə́ːrzdei サーズデイ, θə́ːrzdi サーズディ/ 名 (複 **Thursdays** /θə́ːrzdeiz/) C U 木曜日; 《形容詞的》木曜日の; 《副詞的》木曜日に (! 詳しい用法は Tuesday を参照)
• I saw Ken **last Thursday**. 私はこの前の木曜日にケンに会った (×*on* last Thursday としない; next Thursday も同様)
• See you (**on**) **Thursday morning**. 木曜の朝会おう
• I go to the supermarket to buy food **on Thursday**(**s**). 木曜日には食料を買いにスーパーに行く

thus B1 高 /ðʌ́s ザス/ 副 《文章》
❶ このようにして, こうして; こういうわけで, したがって; この程度まで
• **Thus** our society has changed dramatically. かくして我々の社会は劇的に変化した
• Push the button **thus**. このようにしてボタンを押しなさい
❷ この程度まで (! 形容詞・副詞を修飾して)
thus far これまで

thwart /θwɔ́ːrt スウォート/ 動 他 《文章》(計画などを)じゃまする, 妨げる

thy /ðái ザイ/ 代 《古風》汝(なんじ)の, そなたの (! your の古語)

thyme /táim タイム/ 名 U C 《植物》タイム, タチジャコウソウ

thy·roid /θáirɔid サイロイド/ 名 C 《解剖》甲状腺(せん)

thy·self /ðaisélf ザイセルフ/ 代 《古風》汝(なんじ)自身を[に] (! yourself の古語)

ti·ar·a /tiǽrə ティアラ/ 名 C
❶ ティアラ 《♦女性用の装飾冠》
❷ ローマ教皇の3重冠

Ti·bet /tibét ティベト/ 名 チベット 《♦中国南西部に位置する広大な高原地帯; 一部は中国の自治区; 主都ラサ (Lhasa)》

Ti·bet·an /tibétn ティベトン/ 形 チベットの; チベット人[語]の

— 名 C チベット人; U チベット語

tic /tík ティク/ 名 C 《ふつう a tic》《医学》(特に顔面筋肉の)けいれん

tick[1] B1 /tík ティク/ 名 (複 **ticks** /tíks/) C ❶(時計などの)カチカチ(という音) ❷《英》(照合・点検の)チェックの印 《♦✓など》(=check)

— 動 (三単現 **ticks** /tíks/; 過去・過分 **ticked** /tíkt/; 現分 **ticking**) ❶自 カチカチいう; (時が)過ぎる 《*away, by*》; (機械などが)うまく動く ❷他 《英》チェックの印をつける 《*off*》(=check (off))

what makes A tick A(人)の行動の動機

tick[2] /tík ティク/ 名 C 《動物》(大型の)ダニ

tick·et A1 中

/tíkət ティケト/

名 (複 **tickets** /tíkəts ティケツ/) C

❶ 切符, 乗車券, 入場券, チケット

- a concert **ticket** コンサートの切符
- an advance **ticket** 前売券
- a season **ticket** 定期券
- 《米》a round trip **ticket** (=《英》a return ticket) 往復切符
- 《米》a one-way **ticket** (=《英》a single ticket) 片道切符
- a **ticket** office 切符売場

❷《口語》交通違反カード[チケット]

- **get** a parking **ticket** 駐車違反切符を切られる

❸(定価・サイズなどを示す)札, 値札, 正札, ラベル (=tag)

- a price **ticket** 定価札, 正札

❹《米》公認候補者(名簿)

That's just the ticket. 《口語》そいつはいい

— 動 (三単現 **tickets** /tíkəts ティケツ/; 過去・過分 **ticketed** /tíkətəd/; 現分 **ticketing**) 他 …に札をつける; レッテルをはる; 交通違反切符を切る

tícket òffice 名 C 切符[チケット]売場 (=《英》booking office)

tick·ing /tíkiŋ ティキング/ 名 U (マットレス・まくらなどに用いる)丈夫な綿布

tick·le B2 /tíkl ティクル/ 動 他 くすぐる; 自 くすぐったいと感じる

tick·lish /tíkliʃ ティクリシュ/ 形 くすぐったい; くすぐったがり屋の; 《口語》(人・問題などが)やっかいな

tick-tack-toe /tìktæktóu ティクタクトウ/ 名 U 三目並べ

tick-tock /tíktɑ̀k ティクタク/ 名 C (時計の)チクタクという音

tid·al /táidl タイダル/ 形 潮の, 潮の干満による 派生 **tide** 名

tídal wàve 名 C 高波, 津波; (世論などの)動向, 趨勢(すうせい); 激しい動き

tid·bit /tídbìt ティドビト/ 名 C 《米》うまいもののひと口; 《口語》とっておきの話

tide B1 /táid タイド/ (発音 tied と同音) 名 (複 **tides** /táidz タイヅ/) C

❶ 潮(しお), 潮の干満; 潮流

- at **high** [**low**] **tide** 満ち[引き]潮に

❷ 形勢, 傾向, 時流 • swim against [with] the **tide** 時勢に逆らう[従う]

❸《単数形で》多数の人, 物の流れ

turn the tide 形勢を(よい方に)変える

— 動 (三単現 **tides** /táidz タイヅ/; 過去・過分 **tided** /táidəd/; 現分 **tiding**) 《次の成句で》

tide A over (*B*) A(人)に(B(逆境など)を)乗り切らせる

派生 **tidal** 形

ti·dy A2

/táidi タイディ/

形 (比較級 **tidier**; 最上級 **tidiest**)

❶ きちんとした, かたづいた, よく整頓(せいとん)された

- a **tidy** room きちんとした部屋

❷ きれい好きな

- a **tidy** girl きれい好きな女の子

❸《口語》(金額などが)かなりの

- a **tidy** sum of cash 相当な額の現金

— 動 (三単現 **tidies** /táidiz/; 過去・過分 **tidied** /táidid/; 現分 **tidying**) 他自 きちんとする, 整頓する; 身なりを整える

- **Tidy** up your room before he

comes. 彼が来る前に部屋をかたづけろ

tidy ... out (机などの中を)整理する

― 名 (複 **tidies** /táidiz/) C 小物入れ; (台所の流しの)ごみ入れ; いすカバー

tie A2 高

/tái タイ/ 名 (複 **ties** /táiz/) C

❶ タイ, ネクタイ (=《米》necktie)

• He is **wear**ing a blue **tie** today. 彼はきょうはブルーのネクタイをしています

❷《ふつう **ties**》つながり; きずな, 結びつき; (自由を束縛する)重荷, 足手まとい

• family **ties** 家族のきずな

❸ ひも; 結ぶもの; 結び目

❹ (競技の)同点, 引き分け, タイ

• The game was [ended in] a **tie**. その試合は引き分けだった[に終わった]

― 動 (三単現 **ties** /táiz/; 過去・過分 **tied** /táid/; 現分 **tying**)

❶ 他 結ぶ, しばる; つなぐ, 結びつける, くくりつける, 束ねる (↔**untie**); 自 結ばれる, 結べる

• **tie** *one's* necktie ネクタイを結ぶ

• **tie** *one's* hair **with** a ribbon リボンで髪を束ねる

• **Tie** your shoes [shoelaces]. 靴のひもを結びなさい

• **tie** a dog to a post 犬をくいにつなぐ

❷ 関連させる, 結びつける

• Politics are closely **tied** to economics. 政治は経済と密接に関連している

❸ 他 束縛する; 〔仕事などに〕拘束する《*to*》 • We **are tied to** time. 我々は時間に縛られている

❹ 他 (相手と)同点になる, (試合・記録・得点と)タイになる; 自 〔…と〕同点になる, タイになる《*with*》; 引き分ける

• The two teams were **tied** for the top spot. 両チームは同点で首位に立った

tie down 縛り付ける; 束縛する

tie in 〔…と〕密接に関連する, 一致する《*with*》

tie together (話などが)合致する

tie up ① …をひも(など)でしばる, (犬・馬などを)つなぐ; しっかりしばる

• A boat was **tied up** to a pile on the shore. ボートが岸の杭(くい)につながれていた

② (時間的に)拘束する, 忙しくさせる

• I'm **tied up** at work so I'll be late home. 仕事が忙しいから今日は帰りが遅くなる

③ 関連づける, 提携させる[する]

• The police **tied up** his escape with the murder. 警察は彼の脱走とその殺人事件を結びつけた

tie-pin /táipin タイピン/ 名 C ネクタイピン, タイピン (=《米》stickpin) (! 「ネクタイピン」は和製英語で, ×necktie pin とはいわない. stickpin や tie clasp, tie clip などともいう)

tier /tíər ティア/ 名 C (階段式座席の)段, 列; (ケーキなどの)層

tíe-ùp 名 C 《口語》〔…との〕提携, 協力, タイアップ《*with*》; 《英》〔…の間の〕つながり, 関係《*between*》; 一時的停止[停滞]《♦スト・事故などによる》

ti·ger A1

/táigər タイガ/ 名 (複 **tigers** /táigərz/) C 《動物》(雄(おす)の)トラ (! 雌(めす)のトラは tigress, トラの子は cub)

tight A1

/táit タイト/

形 (比較級 **tighter**; 最上級 **tightest**)

❶ (すきまがなくて)きつい, ゆとりのない, ぴったり合った (↔**loose**); ぴんと張った (↔**slack**); すきまのない; しっかり締まった; 水の漏らない

• a **tight** rope きつく[ぴんと]張った綱

• a **tight** knot かたい結び目

• a **tight** schedule (ゆとりがなくて)きついスケジュール, つまっている予定

• These shoes are too **tight** for me. この靴は私にはきつすぎる

❷ 厳重な, 厳しい

• **tight** security 厳重な警戒

❸ (金銭面で)ぎりぎりの, 厳しい

• the budget is **tight** 予算はぎりぎりだ

• a **tight** money policy 金融引締め政策

● Money is **tight** this week. 今週は家計が苦しい

❹ 互角の, 接戦の

keep a tight grip* [*hold, rein*] *on ... …を厳しく管理する

— 副 (比較級 **tighter**; 最上級 **tightest**) きつく, ぴったり, しっかりと, かたく, ぴんと

● Hold me **tight**. 私をしっかりだいて

● Please shut the door **tight**. ドアをぴったりしめてください

hold tight しっかりつかまる

● **Hold** (on) **tight** (to the railing). (手すりに)しっかりつかまっていなさい

sit tight その場を動かない; 意志を貫く

Sleep tight. ぐっすりおやすみ

派生 **tighten** 動

tight·en B1 /táitn タイトン/ 動 (三単現 **tightens** /táitnz/; 過去·過分 **tightened** /táitnd/; 現分 **tightening**) 他 (きつく)締める, きつくする, ぴんと張る, 引き締める; 自 (きつく)締まる, きつくなる

● **tighten** a screw ねじくぎをきつく締める

● Please **tighten** your seat belt. シートベルトをしっかりお締めください

派生 **tight** 形

tíght-físted 形 《口語》 けちな, しみったれの

tíght-lípped 形 口を堅く閉じた; 無口な; (怒って)口をへの字にした

tight·ly B1 高 /táitli タイトリ/ 副 きつく, しっかりと, かたく; ぎっちりと; 厳しく

● Her eyes were **tightly** shut. 彼女の目はきつく閉じられていた

tight·rope B2 /táitroup タイトロウプ/ 名 C (綱渡りの)綱

tights A2

/táits タイツ/ 名 《複数扱い》 (体操選手などの) タイツ; レオタード; 《英》 パンティーストッキング (=《米》 panty hose)

tight·wad /táitwàd タイトワド/ 名 C 《米》《口語》 けちんぼう, しみったれ

ti·gress /táigris タイグレス/ 名 C 雌(めす)トラ ⇨**tiger**

tile B1 /táil タイル/ 名 (複 **tiles** /táilz/) C タイル; 屋根がわら

— 動 (三単現 **tiles** /táilz/; 過去·過分 **tiled** /táild/; 現分 **tiling**) 他 タイルをはる; かわらでふく

till[1] A2 高

/tíl ティル/

共通イメージ ある時点までずっと

使い方› until と同じ意味だが, 書き言葉や改まった場面では until が多く, 文頭ではふつう until を使う. また, until はしばらく続いている動作よりも, それが終わったあとで起こるできごとを意識している場合に用いることが多い. スペルでは until は l が1つ, till は2つあることに注意 ⇨**until**

— 前 ❶ …まで(ずっと)

● **wait till the end** of this week 今週末まで待つ

● **up till** now これまで(ずっと) (❗up は強調)

❷ 《否定文で》 …まで(は)(…ない), になってから(ようやく)

● I could**n't** get to sleep **till** four in the morning. 4時まで寝つけなかった[4時になってようやく寝つけた]

— 接 ❶ …(する)まで(ずっと); …するほどまでに, …してついに

● Let's **wait till** the rain stops. 雨がやむまで待とう (❗till のあとは未来のことでも現在形で表す; ×till the rain will stop としない)

❷ 《否定文で》 …するまで(は)(…ない); …してから(ようやく)

● We did**n't** leave the stadium **till** the game was over. 我々が球場を出たのは試合が終了してからだった (←試合が終わるまで球場を出なかった)

till[2] /tíl ティル/ 名 C 《米》 現金用[レジの]引出し; 《英》 金銭登録器 (=cash register)

till·er /tílər ティラ/ 名 C 《海事》 舵(かじ)の柄

tilt /tílt ティルト/ 動 他 傾ける; 自 傾く
━名 U C 傾き, 傾斜

Tim /tím ティム/ 名 ティム (◆男性名; Timothy の愛称)

tim·ber /tímbər ティンバ/ 名 ❶ U 《英》(建築用)材木, 木材 (=《米》lumber)
❷ U (木材用)森林地, 樹木
❸ C 横木, 梁(はり)木

tim·bre /tǽmbər タンバ, tímbər ティンバ/ 名 U 《音楽》(声・楽器の)音色, 音質

time A1 中
/táim タイム/

意味マップ
名 ❶ 時刻, 時間; …すべき時
❷ (過ぎてゆく)時, 時間; 必要な時間
❸ 期間; …なひと時
❹ …度, …回
❺ …倍
❻ 時代; 情勢
❼ 拍子, テンポ
動 ❶ …の時刻を決める
❷ (…するよう)時間を調整する

━名 (複 **times** /táimz/)
❶ U **時刻, 時間**; (特定の)**時, 折, …する時[時間]; 標準時; 時期, ころ; …すべき時; …にふさわしい時**

- The **time** is now 7:10 a.m. 時刻は今午前7時10分です
- the **time of** his arrival 彼の到着時間
- What **time** do you have? = 《米》《口語》Do you have the **time**? 今何時ですか
- It is **time for** lunch [bed]. 昼食の[寝る]時間です
- It's **time to** go. 行く時間です
- **at** Christmas **time** クリスマスのころに(は)

会話 [CAN-DO Tips 何時かたずねる・答える] "What **time** is it? [What is the **time**?]" "It's three (o'clock). It's tea **time**." 「今何時」「3時. お茶の時間だ」

会話 [CAN-DO Tips 日課を聞く・言う] "What **time** do you get up every day?" "(I get up) At six." 「君は毎日何時に起きるの?」「6時に起きます」

参考〉 時刻の言い方
6:00 six (o'clock)
7:05 seven o/オウ/five, five (minutes) past [after] seven
8:13 eight thirteen, thirteen minutes past [after] eight
9:15 nine fifteen, (a) quarter past [after] nine
10:30 ten thirty, half past ten (×a half としない)
11:45 eleven forty-five, (a) quarter to [of, before] twelve
12:00 twelve (o'clock), (twelve) noon (正午), (twelve) midnight (午前0時) (❗あとに a.m., p.m. がつくときは, past ..., to ... などの言い方はしない; 12:00 には a.m., p.m. をつけない)

関連語〉 単語力
second は「秒」, 60 seconds で minute「分」, 60 minutes で hour「時間」, 24 hours で day「日」, 7 days で week「週」, 28-31 days で month「月」, 12 months で year「年」, ten years は decade「10年」, a hundred years は century「100年, 世紀」, a thousand years は millennium「1000年」

❷ U (過ぎてゆく)**時, 時間**; (…するための)**必要な時間, ひま; 持ち時間**

- Don't **waste** (your) **time**. 時間をむだにするな
- I have no [little] **time** for reading. 読書の時間がまったく[ほとんど]ない
- There is [We have] no **time** to lose. ぐずぐずしてはいられない

❸ 《単数形で》(ある長さの)**時間, 期間; 間; …なひと時; 経験**

- **for a** [**some**] **time** しばらくの間
- **after** a (short) **time** しばらくして
- We waited (**for**) a long **time**. 私たちは長い間待ちました
- He left **some time ago**. 彼はちょっと前に立ち去った

会話 "**How much time** do you need?" "That will **take** (a long) **time**." 「どのぐらいの時間が必要ですか」「時間が(長く)かかりますよ」(❗How

many times ... は「何回…」) ⇨❹
- I had a hard **time** catching a taxi. タクシーをつかまえるのに苦労した
- Did you have a good **time** last night? 昨日の晩は楽しかった？（←楽しい時を過ごした？）

❹ Ⓒ …度，…回
- three **times** 3度，3回，三たび（❗回数は「数＋times」で表すが，「1回，2回」は ×*one time* ではなく once, *two times* よりも，ふつう twice という）
- many **times** 何度も，しばしば
- **last time** この前，前回(は)
- **for** the first [third] **time** 初めて[3度目に]
- for the last **time** これを最後にして
- I'm going to catch a big fish **this time**. 今度(こそ)は大物をつるぞ
- I'll go by bus **next time**. 今度[この次]はバスで行くことにしよう

会話 "**How many times** (= How often) have you seen that movie?" "Ten times." 「君は何回その映画を見たの」「10回見た」

❺ Ⓒ …倍
- Cinderella is a hundred **times** prettier than her sisters. シンデレラは姉たちより100倍は美しい
- 3 **times** 4 is [are, make(s), equal(s)] 12. 4の3倍は12です

参考› 倍数の表現
0.5倍: A is half as large as B. AはBの半分の大きさだ
1倍: A is as large as B. AはBと同じ長さだ
2倍: A is twice [《口語》two times] as large as B. AはBの2倍の大きさだ
3倍: A is three times as large as B. AはBの3倍の大きさだ（❗3倍以上は ... times で表す）

❻ Ⓒ《ふつう **times**》時代；(世の中の)情勢，時勢
- **in** Roman **times** ローマ時代に(は)
- modern [ancient] **times** 現代[古代]
- dark **times** 暗い時代
- **Times** have changed. 時代が変わった
- Millet /ミレイ/ was the most famous painter of his **time**. ミレーは彼の時代の最も有名な画家だった

❼ Ⓤ《音楽》拍子，テンポ

ahead of time (予定の)時間より早く，前もって

***ahead of** one's **time** [the times]* 時代に先んじて

all the time (初めから終わりまで)**ずっと；いつも**
- The baby kept crying **all the time**. 赤ちゃんはずっと泣きどおしだった

any time ① いつでも
- Come and see me **any time**. いつでも遊びにいらっしゃい

② 今すぐにも

any time ... …する時はいつでも

at all times いつでも，いつも (=always)

at a time **一度に；続けざまに**

at no time (いかなる時も)決して…ない

at one time ① 一時は，ひところは，かつて(は)
- **At one time** they were friends. かつては彼らは友達同士だった

② 一度に，いっぺんに

at that time その時には，当時は

at the same time 同時に；しかしながら，とはいうものの

at this time of ... …の今ごろは[になって]
- **At this time of** the year we have a lot of snow. (1年の)今ごろはここではたくさん雪が降ります

at times 時々，時おり

before** one's **time …の生まれる以前に；時代に先がけて

behind the times 時代に遅れて

behind** (one's) **time (予定の)時間に遅れて，遅刻して

be out of time もう残り時間がありません（❗テレビ・ラジオで）

by the time ... …する時までに

by this time (もう)今ごろは；この時はもう

each [***every***] ***time*** そのたびに

each [***every***] ***time ...*** …するたびごとに ⇨**every**(成句)

for a long time 長い間

for a short time 短い間

for a time しばらくの間, 少しの間

for the first time 初めて

for the time (***being***) 今のところ, 当分の間, さしあたり

• **For the time being**, my sister stays in my room. 当分の間妹は私の部屋に泊まる

from time to time 時たま, 時おり (=now and then)

• I meet him **from time to time**. 私は彼に時々会う

gain time (口実を設けたりして)時をかせぐ; (時計が)進む

half the time その半分の時間; 《口語》たいてい

have no time for ... 《口語》…をかまってやらない; …を嫌う

have the time 何時か時刻がわかる

in no time (***at all***) あっという間に, たちまち

• He answered all questions **in no time**. 彼はすぐに全ての質問に答えた

in the course of time 時がたつにつれて, やがて

in time ① 時間に間に合って

• You're just **in time**. 君はちょうど間に合った

② やがて, そのうちに

• You'll understand me **in time**. そのうちぼくの(言う)ことがわかるよ

It is (***high***) ***time*** (***that***)***...*** …するのに適した時だ, …する時期だ ⇨**high**(成句)

It is the first time (***that***)***...*** …するのは初めてだ

keep good [***correct***] ***time*** (時計が)時間が正確である

• My watch **keeps good time**. 私の時計は時間が正確だ

keep time 拍子を取る, 拍子に合わせて歌う[踊る]; 就業時間を記録する

keep up with the times 流行についていっている

kill time 時間をつぶす

lose no time in *doing* 直ちに…する

lose time 時間をむだに費やす

make good time (予定よりも)早く進む; 早く着く

once upon a time 昔々 ⇨**once** 副(成句)

on time (決められた)**時間どおりに**[**で**], **定刻に**; 《米》**分割払いで**

• The train was [arrived] **on time**. 列車は時間どおりに到着した

out of time

① (期限などに)遅れて; 拍子が外れて

② 時間がなくなって; 時間切れの

some time ① いつかそのうちに

② しばらく

take *one's* ***time*** ゆっくりと[のんびりと]やる

会話 "Wait a minute. I'll come soon." "OK. **Take your time**." 「ちょっと待ってください. すぐ行きます」「いいですよ. どうぞごゆっくり」

take time off 暇をみつける, (何かするための)時間を作る

take time to *do* …するのに時間がかかる

(***the***) ***next time ...*** 今度…するときに

time after time = ***time and*** (***time***) ***again*** 何度も何度も, くり返し

... times again …回くり返して

with times 時が経つにつれて

— 動 (三単現 **times** /táimz/; 過去・過分 **timed** /táimd/; 現分 **timing**) 他

❶ **…の時刻を決める**; (競争・選手などの)時間[速度]を計る

❷ (…するよう)時間を調整する

• The broadcast was **timed** to coincide with the dinner time. 放送は夕食の時に重なるように調整されていた

tíme bòmb 名 C 時限爆弾; 危機的な状態

tíme càpsule 名C タイムカプセル

tíme càrd 名C タイムカード

time-con·sum·ing /táimkənsùːmiŋ タイムコンスーミング/ 形 時間のかかる, 時間を食う

tíme dìfference 名C 時差

time·keep·er /táimkìːpər タイムキーパ/ 名C (競技会での)時間記録係

time·less B2 /táimləs タイムレス/ 形 永久の; 時間に影響されない

tímelessly 副 永久に

tíme lìmit 名C タイムリミット, 期限

time·ly B1 /táimli タイムリ/ 形 (比較級 **timelier**; 最上級 **timeliest**)
ちょうどよい時の, おりよい, タイムリーな, タイミングのいい, 時を得た
• Your arrival is **timely**. ちょうどよいときに来た

tíme machìne 名C タイムマシン

time-out /táimáut タイマウト/ 名UC 《米》(作業中の)短時間の中断, 一時中止; 《スポーツ》タイムアウト

time·piece /táimpìːs タイムピース/ 名C 計時器, クロノメーター; 《古風》時計 (=clock, watch)

tim·er /táimər タイマ/ 名C 作業時間記録係; (競技の)計時員; ストップウォッチ; タイムスイッチ, タイマー

times B2 /táimz タイムズ/ 前 …掛ける, …倍した ⇨**time** ❺

time·ta·ble A2

/táimtèibl タイムテイブル/
名 (複 **timetables** /táimtèiblz/) C
時刻表, 時間割; (仕事の)予定表
• a railroad [school] **timetable** 鉄道時刻表[学校の時間割]

tíme zòne 名C 時間帯 (♦域内では同一標準時 (standard time) を用いる)

tim·id /tímәd ティミド/ 形 (比較級 **timider**; 最上級 **timidest**) おくびょうな, 内気な, 自信のない

ti·mid·i·ty /timídəti ティミディティ/ 名U おくびょうさ; 内気

tim·id·ly /tímәdli ティミドリ/ 副 おくびょうに, おずおずと

tim·ing B2 /táimiŋ タイミング/ 名U 間(ま)の取り方, タイミング

Ti·mor-Les·te /tìːmɔːrléstì ティーモーレスティ/ 名 東ティモール (♦東南アジアの共和国; 正式名 the Democratic Republic of Timor-Leste; 首都ディリ (Dili))

Tim·o·thy /tíməθi ティモスィ/ 名 ティモシー (♦男性名)

tin B1 /tín ティン/ 名 (複 **tins** /tínz/)
❶ U すず; (すずめっきをした)ブリキ
• a **tin** toy ブリキのおもちゃ
❷ C 《英》(ブリキ)かん; かんづめ (=《米》can)
• a **tin** of peaches もものかんづめ
━ 動 (三単現 **tins** /tínz/; 過去・過分 **tinned** /tínd/; 現分 **tinning**) 他 《英》かんづめにする; すずめっきする

tin·der /tíndər ティンダ/ 名U 火のつきやすい材 (♦火口(ほくち)などのこと)

tinder·box /tíndərbὰks ティンダバクス/ 名C 火口(ほくち)箱; 激しやすい人; (一触即発の)危険な場所[状態]

tín fòil 名U (物を包む)銀紙, アルミホイル

ting /tíŋ ティング/ 動 自 チリンと鳴る; 他 チリンと鳴らす
━ 名C チリンという音

tinge /tíndʒ ティンヂ/ 名 《単数形で》淡い色; 色合い; 〔…の〕気味 《*of*》
━ 動 他 淡く着色する

tin·gle /tíŋgl ティングル/ 動 自 (耳や手が)ひりひりする, ずきずき痛む, (耳が)がんがんする; 〔興奮などで〕わくわくする 《*with*》 ━ 名C 《ふつう **a tingle**》 ひりひり[ずきずき]する痛み

tink·er /tíŋkər ティンカ/ 名C (巡回の)鋳掛け屋; よろず修理屋; 《**a tinker**》 いじくり回すこと ━ 動 他 〔機械などを〕いじくり回す 《*with*》

tin·kle /tíŋkl ティンクル/ 動 自 (鈴などが)チリンチリン鳴る; 他 (鈴などを)チリンチリン鳴らす ━ 名C 《ふつう単数形》 チリンチリン(という音)

tin·ny /tíni ティニ/ 形 (比較級 **tinnier**;

[最上級] **tinniest**) すずの[を含む]; (音が)ブリキをたたくような, 耳障りな

tin·sel /tínsəl ティンセル/ [名][U] ティンセル《♦ぴかぴか光る金属片・金銀糸などの飾り》; 安ぴか物; 虚飾

tint /tínt ティント/ [名][C] 色合い, ほのかな色; (色の)色調, 濃淡; [U][C] 毛染め; (淡い色合いの)染髪剤

— [動] ㊀ 色を(薄く)つける, 陰影をつける; (髪を)〔…で〕染める《*with*》

tint·ed /tíntəd ティンテド/ [形] 色つきの

ti·ny [B1][高] /táini タイニ/ [形] ([比較級] **tinier**; [最上級] **tiniest**) とても小さい, ちっちゃな, ちっぽけな; ごくわずかの (= very small) (↔**huge**)

• a **tiny** apartment 小さなアパート

tip[1] [A2]

/típ ティプ/ [名] ([複] **tips** /típs/) [C] (細長い物の)先, はし, 先端; 先端に付いている物

• the **tip** of *one's* finger [nose, tongue] 指[鼻, 舌]の先

on the tip of one's tongue のどまで出かかって ⇨**tongue** (成句)

— [動] ([三単現] **tips** /típs/; [過去・過分] **tipped** /típt/; [現分] **tipping**) ㊀ 〔…を〕先端に付ける《*with*》; (…に)先をつける

tip[2] [A2][高]

/típ ティプ/ [名] ([複] **tips** /típs/) [C]

❶ (ウェイターなどへの)チップ, 心づけ

• Here's a **tip for** you. はい, これはチップです

• I gave the waiter a 5-dollar **tip**. 私はウェイターに5ドルのチップをあげた

❷ 秘訣(ひけつ), こつ; アドバイス, (役立つ)情報

• He gave me some **tips about** [**on**] gardening. 彼は私に園芸のことでいくつか役にたつことを教えてくれた

— [動] ([三単現] **tips** /típs/; [過去・過分] **tipped** /típt/; [現分] **tipping**) ㊀ …にチップをやる

• I **tipped** the waiter 5 dollars. ウェイターに5ドルのチップをやった

tip off (警察・人に)内報する, 警告する

tip[3] /típ ティプ/ [名] 《単数形で》 傾けること, 傾くこと

— [動] ([三単現] **tips** /típs/; [過去・過分] **tipped** /típt/; [現分] **tipping**) ㊀ 傾ける; ㊁ 傾く

tip-off /típɔ̀ːf ティポーフ/ [名][C] 内報, 情報; 警告

tip·sy /típsi ティプスィ/ [形] ([比較級] **tipsier**; [最上級] **tipsiest**) 《口語》 ほろ酔いの

tip·toe [B2] /típtòu ティプトウ/ [動] ㊁ つま先で歩く; そっと[忍び足で]行く

— [名][U] つま先

on tiptoe つま先で; 忍び足で

tip-top /tìptáp ティプタプ/ [形] 最高の, 飛び切り上等の

ti·rade /táireid タイレイド/ [名][C] 《文章》 激しい攻撃の長演説, 長広舌

tire[1] [高] /táiər タイア/ [名] ([複] **tires** /táiərz/) [C] タイヤ (=《英》 tyre)

• I **have a flat tire on** my bicycle = My bicycle **has a flat tire**. ぼくの自転車がパンクした

• inflate [pump up] a **tire** タイヤに空気を入れる

tire[2] [B1] /táiər タイア/ [動] ❶ ㊀ 疲れさせる; ㊁ 疲れる (**!** make ... tired (…を疲れさせる); get [be] tired (疲れる)を用いるほうがふつう)

• Too much walking **tired** her. 歩きすぎて彼女は疲れてしまった

❷ ㊀ あきさせる, うんざりさせる; ㊁ 〔…に〕あきる《*of*》

• You **tire** me. 君にはもううんざりだ

tire out へとへとに疲れさせる; 完全にうんざりさせる

• The many silly questions **tired** me **out**. ばかばかしい質問ばかりで私はうんざりした

tired [A1][中]

/táiərd タイアド/ [形]

❶ 疲れて[た], くたびれて[た]

• Mom **looks tired**. お母さんは疲れているみたいだ

• I was very **tired with** walking [**after**

the long drive]. 歩いたので[長いドライブで]すごく疲れてしまった
❷〔…に〕あき(てい)る, うんざりする《*of*》
• I'm **tired of** this game. ぼくはこのゲームはあきちゃった
• I **got tired of** her arrogance. 彼女の傲慢(ごうまん)にはうんざりした
sick and tired of ... …がすっかり嫌になって
tired out 疲れ果てて, くたくたで
派生 **tire**² 動
tíredly 副 疲れたように; うんざりして
tíredness B2 名 U 疲労, 倦怠(けんたい)

tire·less /táiərləs タイヤレス/ 形 疲れを知らない; たゆみない
tírelessly 副 たゆまず; 疲れずに

tire·some B2 /táiərsəm タイアサム/ 形 退屈な; 厄介な, うるさい

tir·ing B1 /táiəriŋ タイアリング/ 形 (仕事などが)骨の折れる, きつい; (話などが)退屈させる

'tis /tiz ティズ/ it is の短縮形

tis·sue B1 高 /tíʃuː ティシュー/ 名 (複 **tissues** /tíʃuːz/)
❶ U C (動植物の細胞の)組織
❷ C ティッシュペーパー, ちり紙
• a box of **tissues** ティッシュペーパー1箱
❸ U 薄葉紙(うすようし) (=tissue paper)

Ti·tan /táitən タイタン/ 名 C 《ギリシャ神話》タイタン《◆巨人族》

ti·tan·ic /taitǽnik タイタニク/ 形 (人が)巨大な, 大力無双の
— 名 《**the Titanic**》タイタニック号《◆1912年に処女航海で沈没した英国の豪華客船》

ti·ta·ni·um /taitéiniəm タイテイニアム/ 名 U 《化学》チタン, チタニウム《◆元素記号 Ti, 原子番号22》

tithe /táið タイズ/ 名 C 《時に **tithes**》(昔教会に納めた)10分の1税; (一般に)10分の1税; 《文章》10分の1

tit·il·late /títəlèit ティティレイト/ 動 他 くすぐる

ti·tle A2 高

/táitl タイトル/ 名 (複 **titles** /táitlz/)
❶ C タイトル, 題名, 表題, 書名
• the **title** of a book 本の題名
❷《ふつう **titles**》本, 作品
• The company publishes about 200 **titles** a year. その会社は年に200点ほど本を出版する
❸ C 肩書き, 称号, 敬称《◆Mr. (…さん, …先生), Doctor (…博士), Professor (…教授), Captain (…船長)など名前の前につけ地位・身分・職業などを表す》
❹ U 〔土地・財産などの〕所有権《*of*》; 〔…を要求する〕正当な権利《*to*》
❺ C 選手権, タイトル (=championship)
• win [lose] the **title** タイトルを獲得する[失う]
❻《ふつう **titles**》(映画・テレビの)字幕 (=subtitles)
under the title of ... …という題名で; …という肩書きで
— 動 (三単現 **titles** /táitlz/; 過去・過分 **titled** /táitld/; 現分 **titling**) 他 文型 [**title A C**] AにCという表題をつける; AにCという肩書き[称号]を与える
• a movie **titled** "Titanic" 『タイタニック』というタイトルの映画

ti·tled /táitld タイトルド/ 形 爵位のある

títle ròle 名 C 主題役《◆映画などのタイトルと同じ配役名》

tit·ter /títər ティタ/ 動 自 くすくす笑う, 忍び笑いをする
— 名 C くすくす笑い, 忍び笑い

tit·u·lar /títʃulər ティチュラ/ 形 名目上の, 名ばかりの, 有名無実の

tiz·zy /tízi ティズィ/ 名 《単数形で》《口語》(つまらないことで)取り乱すこと
send [throw] A into a tizzy A(人)をあわてふためかせる

TLC 《略》《口語》tender loving care 優しい心づかい

TN 《略》Tennessee テネシー州

TNT 《略》《化学》trinitrotoluene トリニトロトルエン

to

A1 前《不定詞用法》副

中 /《子音の前の弱》tə トゥ;《母音の前の弱》tu トゥ;《強》tú: トゥー/

前❶《行き先・到着点》
…へ

go to school

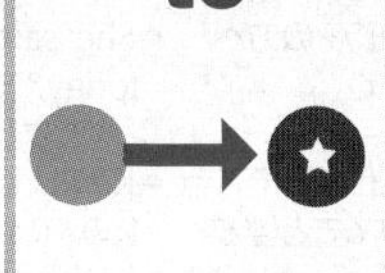

共通イメージ
到着点まで

範囲の終わりに注目

前❹《範囲の終わり側》
…まで

from Monday to Friday

移動した結果の状態に注目

前❽《接触・接続》…に

dance cheek to cheek

対応関係に注目

前❻《所属・付属・対応》…に
前❼《一致》…に合わせて

the key to the door

行為の向かう先に注目

前❷《相手・対象》…に対して,
…にとって(行為・動作の受け手)
前❸《結果・到達点》…になるまで
(原因を出発点,結果を到着点と見る)
前❾《目的》不定詞❷❸…のために

listen to the music

対応する他のものを基準として見る

前❺《対比・比較》
…に対して;…に比べて

prefer tea to coffee

意味マップ

前 ❶《行き先・到着点・方向》…へ, …に
❷《相手・対象》…に対して
❸《結果・到達点》…に(なるまで)
❹《範囲の終わり側》…まで
❺《対比・比較》…に対して
❻《所属・付属・対応》…に(属する)
❼《一致》…に合わせて
❽《接触・接続》…に
❾《目的》…(のため)に
《不定詞用法》❶−❻ 副 意識が戻って

to A1 中

/《子音の前の弱》tə トゥ; 《母音の前の弱》tu トゥ; 《強》tú: トゥー/ 前

共通イメージ **到着点まで**

❶《行き先・到着点》**…へ, …に, …まで(の), …への** (⇔from); 《方向》**…の方へ[を]**; 《対峙》**…と向かい合って**

- get **to** Kyoto 京都に着く
- go **to school** [**work**] 学校[仕事]へ行く (❗名詞が表す場所で本来的にすること(学校ならば勉強, 職場なら仕事)をしに行くという意味の場合には, 名詞に a(n) や the をつけない)
- **go to bed** 寝る (←ベッドに行く)
- I'll **go back to** Tokyo tomorrow. あす東京に戻ります
- run **to** the door 出入り口まで走る, 出入り口のところへ走って来る (❗run *for* [*toward*] the door は「出入り口の方をめがけて走る」)
- throw a ball **to** him 彼にボールを(渡そうと)投げる, 投げて渡す (❗throw a ball *at* him は「彼めがけてボールを投げつける」)
- a letter **to** me 私宛の手紙
- Is this the **way to** the station? 駅へはこの道でいいのですか
- All students have free **access to** the library. 学生は全員図書館を無料で利用できる (←図書館の無料利用権を持つ)
- Don't stand so **close to** the fire. そんなに火の近くに立たないでください
- Now let's **get down to** work. さあ仕事に取りかかろう
- Turn **to** the left. 左(の方)へ曲がれ
- My room looks **to** the south. 私の部屋は南の方に向いています[南向きです]

似ている単語

…へ —to, toward, for

to はある場所への到着・到達を意味する:
go **to** Paris パリへ[まで]行く
toward は単に方向を示す:
go **toward** Paris パリの方へ行く
for は出発地点から向かう行き先を示す:
leave **for** Paris パリへ向けてたつ
for と toward は実際に到達するかどうかは表さない

❷《相手・対象》**…に, …に対して; …に(とって)は**

- **listen to** the music 音楽に耳を傾(かたむ)ける
- She **said to** us, "Let's call it a day today." 彼女は私たちに「今日はこれで終わりにしましょう」と言った
- Ken is kind [good] **to** his dog. ケンは彼の犬にやさしくしてやる
- Beth is like a mother **to** me. ベスは私にとって母親のような人です
- It **seems to me** that's quite right. 私にはそれは全くその通りだと思われる

❸《結果・到達点》**…に(なるまで)**

- She tore the letter **to pieces**. 彼女はその手紙をずたずたに破った
- The poor cat was frozen **to death**. そのネコは気の毒にもこごえ死んだ
- These trees **grow to** a hundred feet. これらの木は100フィートの高さにまでなります

文型 [**to A's B**] **A が B(驚き・喜びなど)を感じたことには**

- **To my surprise** [**delight**], he won! 驚いた[うれしい]ことに, あいつが勝った!

❹《範囲の終わり側》**…まで** (⇔**from**); 《ある時刻まで…前》(…分)**前** (=before, 《米》of) (⇔**past**, 《米》**after**)

- **from** Monday **to** Friday 月曜から金曜まで
- I read the book **from** beginning **to** end. ぼくはその本を端から端まで読んだ
- **from** 100 **to** 150 people 100から150人
- It is ten (minutes) **to** six. 6時10分前です (❗It はばく然と「時間」を表す; 《米》では of を用いることも多い)

❺《対比》**…に対して**; 《比較》**…に比べて**

- Our class won the game (by the score of) 11 **to** 7. 私たちのクラスは11対7でそのゲームに勝った
- I **prefer** tea **to** coffee. ぼくはコーヒーよりも紅茶のほうがいい

❻《所属・付属・対応》…に(属する), …について(いる), …の; …につき, …あたり

- I **belong to** the tennis club. 私はテニス部に所属しています
- Is this the key **to** the door? これがそのドアのかぎですか

❼《一致》…に合わせて, …に合って

- sing **to** the piano ピアノに合わせて歌う, ピアノの伴奏で歌う
- His new album is not **to my taste** [**liking**]. 彼のニューアルバムはぼくの趣味[好み]に合わない
- **according to**… …によれば; …にしたがって ⇨**according to**

❽《接触・接続》…に;《付加》…(の上)に

- They were dancing **cheek to cheek**. ふたりはほおにほおを寄せて踊っていた
- She **put** her ear **to** the door. 彼女はドアに耳をくっつけた
- **Add** 30 **to** 20. 20に30を加えなさい

❾《目的》…(のため)に

- **Here's to your health**. 君の健康に乾杯!
- He **came to** our rescue. 彼は私たちを助けに来てくれた

(all) to oneself 1人で使うように, 自分専用に

━《**to**＋*do*(動詞の原形)》不定詞用法(❗「不定詞」は動詞の性質を持ち続けながら, いろいろな品詞の働きをする)

❶…すること(❗文の主語・補語・目的語になる名詞的用法)

- **To** swim is fun. 泳ぐことはおもしろい(❗不定詞To swimは文の主語)
- I want **to** swim. 私は泳ぎたい(❗to swimはwantの目的語)
- **It** is easy **for** me **to** swim across the river. その川を泳いで渡ることは私には簡単だ(❗It = to swim;「泳ぐ」のは「私」であることを表すのがfor me)
- Please **tell** [**ask**] them **to** be quiet. 彼らに静かにするように言って[頼んで]ください

❷《名詞＋**to** *do*》…するための(…), …すべき(…), …する(…)(❗すぐ前の名詞を修飾する形容詞的用法)

- a good place **to** swim 泳ぐためのよい場所(❗to swimは前の名詞placeを修飾する)
- something **to** eat [drink] 何か食べる[飲む]もの, 食べ物[飲み物](❗somethingはeat [drink]の目的語)
- Ken was the first [the last] **to** come. ケンが最初[最後]にやって来た(❗the first, the lastなどに不定詞が続く時は, その不定詞を「…した」と過去のように訳すとよい)

❸…するために, その結果…する[になる](❗前の動詞を修飾する副詞的用法)[CAN-DO Tips 目的を言う]

- go to Hawaii **to** swim ハワイへ泳ぎに行く(❗不定詞to swimは「目的」を表し, 前の動詞goを修飾する)
- He stopped **to** make a phone call. 彼は電話をかけるために立ち止まった
- He grew up **to** be a good pianist. 彼は成長してりっぱなピアニストになった(❗to beはgrewの結果「…になる」)

❹《形容詞＋**to** *do*》…して(…だ), …するのに(は)(…だ)(❗前の形容詞を修飾する副詞的用法)

- **Nice to** meet you. はじめまして(←会えてうれしいです)
- He was **surprised to** hear the news. 彼はその知らせを聞いて驚いた
- We weren't **able to** finish it in time. 私たちは時間内にそれを終えることができなかった
- Swimming is **easy to** learn. 水泳は習うのにやさしい[簡単に覚えられる]
- Today it is **too** cold **to** swim. きょうは泳ぐには寒すぎる ⇨**too** ❶
- Alan is not tall **enough to** ring the doorbell. アランはドアのベルを鳴らせるほど背が高くない ⇨**enough** 副 ❶

❺《疑問詞＋**to** *do*》…すればよいか(❗全体として名詞の働きをする. 動詞の目的語になることが多い)

- I am learning **how to** swim. 私は今泳ぎを習っているところです(←どのように泳げばよいか)

• I don't know **what to** do [say]. 私は何をしたら[言ったら]いいかわからない
❻《文頭で》…**すれば，…すると**（❗次の文全体を修飾する用法で，決まった言い方が多い）
• **To tell** (**you**) **the truth**, I don't really like him. 実を言えば，私彼のことほんとは好きじゃないの

参考〉 独立不定詞の例
needless to say 言うまでもなく
not to speak of ... …は言うまでもなく
so to speak 言ってみれば，いわば
to be frank with you 率直に言うと
to be honest 正直に言うと
to be sure 確かに
to begin with まず第一に

使い方〉 不定詞と to
(**1**) not, never などの否定語は to の前につける:
You must be careful **not to** make such a mistake again. 二度とそういう間違いをしないように注意しなければいけない（×to not make としない）
(**2**) 前後関係から意味がわかるときはくり返しを避けて to だけで動詞(以下)を省くことがある:
You can go there if you want **to**. そこへ行きたければ行っていい（❗to は to go there の意味）
(**3**) make ... do, see ... do などの表現では to なしの不定詞(原形不定詞)を用いるが，受け身にすると to が必要になる:
I **saw** him **run** across the street. 彼が通りを走って渡るのを見た
He **was seen to run** across the street. 彼は通りを走って渡るのを見られた

—副 **意識が戻って，正気に** ⇨**come to** (成句); (戸・窓などが)**閉まって**

come to 意識が戻る，正気に戻る
to and fro 《文章》(2か所を)あちらこちらへ，いったりきたり

toad /tóud トウド/ 名 C 《動物》ヒキガエル，ガマ

toad·stool /tóudstu:l トウドストゥール/ 名 C キノコ，(特に)毒キノコ ⇨**mushroom**

toast[1] A2 中
/tóust トウスト/ 名 U **トースト**
• eat [have] **two pieces** [**slices**] **of toast** for breakfast 朝食にトーストを2枚食べる

(***as***) ***warm as toast*** ほどよく暖かい

—動 (三単現 **toasts** /tóusts トウスツ/; 過去・過分 **toasted** /tóustəd/; 現分 **toasting**)
❶ 他 (パンを)**トーストにする**，(キツネ色に[こんがり])**焼く**; 自 **キツネ色に焼ける**
❷ 他 《口語》(冷えた足などを)**よく暖める**

toast[2] /tóust トウスト/ 名 C **乾杯**(のことば) —動 他 **乾杯する**

toast·er /tóustər トウスタ/ 名 C **トースター**

tóaster òven 名 C **オーブントースター**

toast·mas·ter /tóustmæstər トウストマスタ/ 名 C **乾杯の音頭をとる人; 宴会の司会者**

to·bac·co B1 /təbǽkou タバコウ/ (×タバコ) 名 (複 **tobaccoes**, **tobaccos** /təbǽkouz/) U C **たばこ**，(パイプ用)**きざみたばこ** ⇨**cigar**, **cigarette**
• **smoke tobacco** たばこを吸う

to·bac·co·nist /təbǽkənist タバコニスト/ 名 C **たばこ屋さん**

to·bog·gan /təbágən タバガン/ 名 C **トボガン，リュージュ** 《♦そりの一種》

to·day A1 中
/tədéi トゥデイ/ 名 U ❶ **きょう**
• a week ago [from] **today** (=《米》**today** last [next] week) 先週[来週]のきょう
• Have you read **today's** paper? きょうの新聞を読みましたか
• That's all **for today**. きょうはこれでおしまい
• a week [month, year] from **today** きょうから1週間[1ヶ月，1年]後
会話 "**What day is today?**" "**Today** is Monday."「きょうは何曜日ですか」

「きょうは月曜日です」
❷ 今日(こんにち), 現代
━副 ❶ きょう(は)
• **What day is it today?** It is Monday (today). 「きょうは何曜日ですか」「月曜日です」
• I'm busy **today**. 私はきょうは忙しい
❷ 今日(こんにち)では, このごろ(は)
• Many people use computers **today**. 今では多くの人がコンピュータを使っている

tod·dle /tádl タドル/ 動 自 (赤ちゃんなどが)よちよち歩く

tod·dler /tádlər タドラ/ 名 C よちよち歩きの幼児

to-do /tədú: タドゥー/ 名 《単数形で》《口語》大騒ぎ, 騒動

toe A2

/tóu トウ/ 名 (複 **toes** /tóuz/) C
❶ 足の指 (❗finger (手の指))
❷ (靴・靴下などの) つま先

get one's toe in the door (成功などの)足がかりをつかむ

keep A on A's toes A(人)の気を引きしめる, 警戒させる

on one's toes つま先立ち[歩き]で; 待ちかまえて, 気を張りつめて

tread [step] on A's toes 人の足を踏む ⇨❶; 《口語》人を怒らせる, 人の感情を害する

━動 (三単現 **toes** /tóuz/; 過去・過分 **toed** /tóud/; 現分 **toeing**) 他 …につま先で触れる

toe the line [mark] スタートラインに立つ; 《口語》命令に従う

TOEFL /tóufl トウフル/ 《商標》トフル《◆外国語としての英語力試験; Test of English as a Foreign Language の略》

toe·hold /tóuhòuld トウホウルド/ 名 C 《登山》足指がかり; 足がかり

toe·nail B2 /tóunèil トウネイル/ 名 C 足指のつめ

tof·fee /táfi タフィ/ 名 (=taffy)

to·fu /tóufu: トウフー/ 名 U 豆腐

to·ga /tóugə トウガ/ 名 C トーガ《◆古代ローマの長くてゆったりした外衣》

to·geth·er A1 中

/təgéðər トゲザ/ 副
❶ いっしょに, 共に; いっしょにして, 合わせて
• **come [get] together** 集まる (←いっしょに来る)
• play **together** いっしょに遊ぶ
• **mix** butter and sugar **together** バターと砂糖をまぜ合わせる
• Ken and Jun went out **together**. ケンとジュンはいっしょに出かけた
• I have to get my things **together**. 自分の物をまとめておかなくちゃ
❷ 結婚して; 恋愛関係にあって
❸ 同時に, いっせいに

all together 《口語》みんないっしょに

together with ... …といっしょに; …に加えて

━形 《口語》落ち着いた, 分別をわきまえた

to·geth·er·ness /təgéðərnəs トゲザネス/ 名 U 一体感, 連帯感[意識]

To·go /tóugou トウゴウ/ 名 トーゴ《◆アフリカ中西部の共和国; 首都ロメ (Lomé)》

toil B2 /tɔ́il トイル/ 動 自 苦労して働く
━名 U つらい仕事, 骨折り, 苦労

toi·let A1 高

/tɔ́ilət トイレト/ 名 (複 **toilets** /tɔ́iləts トイレツ/) C (ホテル・劇場などの) 化粧室, 洗面所, トイレ(ット); (水洗)便器

日英比較 (**1**) 日本とは違い, 英米では家庭のトイレは浴室の中にあることが多く, 《米》では家の中の「トイレ」は遠回しに **bathroom** という
(**2**) 公共の場所のトイレは《米》では **rest room**, **ladies' room**, **men's room**, 《英》では **the ladies**, **the gents** と呼ぶことが多く, 「便所」という直接的なことばの toilet はあまり使わない

tóilet pàper [tìssue] 名 U トイレットペーパー.

toi·let·ries /tɔ́ilətriz トイレトリズ/ 名 《複数扱い》(せっけん・歯磨き粉などの)洗面用具

tóilet wàter 名U 化粧水

to·ken /tóukən トウクン/ 名C ❶しるし; 記念の品, 形見 ❷コイン; 代用硬貨, トークン; 《英》商品(引換え)券
• a subway **token** 地下鉄用トークン
as a token of ... = in token of ... …のしるし[証拠]として; …の記念に
by the same token 《文章》同様に; その上

told /tóuld トウルド/ 動 tellの過去形・過去分詞

tol·er·a·ble /tálərəbl タララブル/ 形 我慢のできる, 耐えられる; まずまずの (↔**intolerable**)

tol·er·ance /tálərəns タラランス/ 名U 寛容; UC 我慢 (↔**intolerance**)

tol·er·ant B2 /tálərənt タララント/ 形 寛容な, 寛大な (↔**intolerant**)
tólerantly 副 寛大に

tol·er·ate B2 /tálərèit タラレイト/ 動他 我慢する; 寛大に扱う, 大目に見る

tol·er·a·tion /tàləréiʃən タレレイション/ 名U 寛容 (❗特に信仰に対する)

toll[1] B2 /tóul トウル/ 名C ❶(道路・橋・トンネル・港などの)通行料金[税], 使用料
• pay a **toll** 使用料を支払う
❷《ふつう単数形》損失, 犠牲; 死傷者数
take its toll on ... = take a heavy toll on ... …に損害をもたらす • Years of overwork have **taken their toll on** his health. 長年の働きすぎで彼は健康を壊した

toll[2] /tóul トウル/ 動自 (人の死を告げるため鐘が)静かに鳴り続ける; 他 (鐘を)ゆっくり鳴らし続ける

toll·booth /tóulbùːθ トウルブース/ 名C (有料道路の)料金徴収所

tóll-frée 形 《米》フリーダイヤルの, 電話料金受信者負担の (❗「フリーダイヤル」は和製英語で toll-free (phone) number [service] のようにいう)
━副 フリーダイヤルで

toll·gate /tóulgèit トウルゲイト/ 名C (有料道路・橋などにある)通行料金徴収所

tóll ròad 名C 有料道路

Tom /tám タム/ 名 トム《♦男性名; Thomas の愛称》

tom·a·hawk /táməhɔ̀ːk タマホーク/ 名C ❶トマホーク《♦北米先住民の使った軽い斧(おの)》 ❷《Tomahawk》《軍事》トマホーク《♦米国の巡航ミサイル》

to·ma·to A1 高

/təméitou トメイトウ | təmáːtou トマートウ/ (×トマト) 名 (複 **tomatoes** /təméitouz/) C 《植物》トマト(の実[木])
• **slice** a **tomato** トマトをうすく切る

tomb B2 高 /túːm トゥーム/ 名C 墓(はか) (=grave)

tom·boy /támbɔ̀i タムボイ/ 名 (複 **tom-boys** /támbɔ̀iz/) C おてんば娘

tomb·stone /túːmstòun トゥームストウン/ 名C 墓石; 墓碑

tom·cat /támkæ̀t タムキャト/ 名C 雄ネコ

tome /tóum トウム/ 名C 《文章》大冊, 大著

Tom·my /támi タミ/ 名 トミー《♦男性名; Thomas の愛称》

to·mor·row A1 中

/təmɔ́ːrou トモーロウ | təmɔ́rou トモロウ/ 名U ❶あした, あす
• the day after **tomorrow** あさって, 明後日 (←あしたの次の日)
• I'll call you **tomorrow** morning. あすの朝君に電話するよ (×*on* tomorrow morning としない)
• The news will be in **tomorrow's** newspaper. そのニュースはあしたの新聞に出るだろう
❷(近い)将来, 未来
━副 あした(は), あすは
• It's Friday **tomorrow**. あすは金曜だ
• (I'll) see you **tomorrow**. またあした
• We're leaving for Hong Kong **to-morrow**. あした, 香港に発ちます

Tom Yam Kung /tám jǽm kúŋ タムヤム クング/ 名U 《料理》トムヤムクン《♦タイ料理のスープ》

ton B2 高 /tʌ́n タン/ 名 (複 **tons** /tʌ́nz/, **ton**) C ❶トン《♦重量・船の容積などの

単位; 1トンは米国・カナダでは約907kg, 英国では1,016 kg》
• five **ton(s) of** coal 石炭5トン
❷《ふつう **tons**》たくさんの…

ton·al /tóunəl トウナル/ 形 音色の; 色調の 派生 **tone** 名

tone A2

/tóun トウン/ 名 (複 **tones** /tóunz/)
❶ C (音・声・色などの)**調子, 音色, 口調; 色調, 色合い**
• Mr. Brown speaks in low **tones**. ブラウン氏は低い声で話した
• The time **at** the **tone** will be two o'clock. 時報は2時をお知らせします
❷ U 気風; 風潮, 一般的傾向
❸ 格調, 気品
❹ U (心身の)正常な状態, 健康
— 動 (三単現 **tones** /tóunz/; 過去・過分 **toned** /tóund/; 現分 **toning**) 他 調子をよくする; ある色調[音色]を帯びさせる; 調子[色調]を変える; 自 調子[色調]を帯びる
tone down 調子を和らげる; トーンダウンする
tone in (***with*** ...) (…と)調和する
tone up 調子を上げる; 調子が上がる; 強める
派生 **tonal** 形

tóne-dèaf 形 音痴の; 〔…について〕無感覚な《*about*》

tongs /tɔ́ŋz トングズ/ 名《複数扱い》トング, …ばさみ

tongue B1 高 /tʌ́ŋ タング/ (発音 -gue は g と同じように /g グ/ と発音する) 名 (複 **tongues** /tʌ́ŋz/) ❶ C 舌
• **put** [**stick**] *one's* **tongue** out 舌を出す (! 診察や人を軽べつする時など)
❷ C《文章》ことば, 言語, 国語 (= language)
• My **mother** [**native**] **tongue** is Japanese. 私の母語は日本語です
❸ C 話しぶり, ことばづかい
• a slip of the **tongue** 失言
❹ U C (牛などの)タン ❺ C 舌状のもの《♦鐘の舌・靴の舌革など》
find** one's **tongue (落ち着いて)やっと口がきけるようになる
hold** one's **tongue 黙る, しゃべらない
keep a civil tongue (***in** one's **head***) ことばづかいに気をつける
lose** one's **tongue (恥ずかしさなどで)口がきけなくなる
(***on***) ***everybody's tongue*** 人のうわさ(になって)
on the tip of** one's **tongue のどまで出かかって; 思い出しかかって
set tongues wagging うわさの種になる
watch [***mind***] *one's* ***tongue*** 口を慎む
(***with***) (*one's*) ***tongue in*** (*one's*) ***cheek*** 《口語》皮肉に, ひやかし半分に

tóngue-làshing 名 C 厳しい叱責(しっせき)

tóngue-tìed 形 (人が)〔…恥ずかしさ・当惑・驚きなどで〕口のきけない《*with*》; 短舌の, 舌足らずの

tóngue twìster 名 C (舌がもつれて言いにくい)早口ことば

ton·ic /tánik タニク/ 名 C 強壮剤; 養毛剤, ヘアトニック; (精神的に)元気づけるもの; U C トニックウォーター (= tonic water); C《音楽》主音

tónic wàter 名 U C トニックウォーター

to·night A1 中

/tənáit トゥナイト/ 副 今夜(は), 今晩
• I'm going to a party **tonight**. = **Tonight** I'm going to a party. 今夜私はパーティーに行きます
— 名 U 今夜, 今晩

ton·nage /tʌ́nidʒ タニヂ/ 名 U C (船の)トン数

ton·sil /tánsəl タンスィル/ 名 C《解剖》扁桃腺(へんとうせん)

ton·sil·li·tis /tànsəláitəs タンスィライティス/ 名 U《医学》扁桃腺(へんとうせん)炎

To·ny /tóuni トウニ/ 名 トニー《♦男性名;

Anthony の愛称》

too A1 中

/tú: トゥー/ (発音 two と同音) 副

❶ あまりに(も)…すぎる, 必要以上に…すぎる

CAN-DO Tips› 苦情を言う
too＋形容詞という表現を使うと,「あまりに…すぎる」と苦情を言うことができるようになります

• **too** big あまりにも大きい (❗too＋形容詞) • There are **too** many people in this small room. この小さな部屋にあまりにもたくさんの人が入りすぎている

• **too** difficult a problem あまりに難しい問題 (❗語順に注意; ×a too difficult problem としない)

比較 such a difficult problem とても難しい問題

• drive **too** fast あまりに(も)速く運転する (❗too＋副詞)

文型 [**too A for B**] BにはAすぎる

• These shoes are **too** big **for** me. この靴は私には大きすぎる

文型 [**too A to** *do*] …するにはあまりにAすぎる, あまりにAすぎて…できない

• This tea is **too** hot (**for** me) **to** *drink*. このお茶はあまりにも熱すぎて(私には)飲めません

• It's **too** late **to** go now. 今から行ってももう遅い

❷ (…も)また, その上, しかも (❗also よりもくだけた表現)

使い方› **too**「…もまた」
(1) too はふつう文の終わりに置く. まぎらわしいときは修飾する語のすぐあとに置く. too の前にはコンマ(,)をつけてもつけなくてもよい
(2) too が修飾する語(「…もまた」の「…」にあたる語)を強く発音する:
We have a dog, and a cat, **too**. うちでは犬を飼っています. それからネコも飼っています (❗cat を強く言う)
He likes cats, and I do, **too**. 彼はネコ好きで, ぼくもです (❗I を強く言う)
(3) 肯定文・疑問文で使い, 否定文で「…もまた…ない」というときは either を用いる:
I don't like cats **either**. 私もネコは好きじゃない

• She is smart, and kind, **too**. 彼女は頭がよくておまけに親切です

• I can speak French, **too**. 《I を強く発音すると》私もフランス語が話せる; 《French を強く発音すると》私はフランス語も話せる

会話 "Naomi is very nice." "I think so **too**." 「ナオミってとてもすてきだね」「ぼくもそう思うよ」

会話 "I'm sleepy." "《口語》 **Me too** [I am **too**]." 「私眠いわ」「私もよ」

❸ 《口語》 とても, 非常に; 《否定文で》 あまり(…でない)

会話 "I have a cold." "**That's too bad**." 「私はかぜをひいているのです」「それはいけませんね」(←それは悪すぎる)

❹ 《米》《口語》(否定の言葉に対する強い肯定を示して)実際…なのだ, ところが…なのだ; 本当に

会話 "You did**n't** remember me." "I did **too**." 「君はぼくを覚えていなかっただろう」「いや本当に覚えていた」

all too ... あまりにも…

cannot do* [*be*] *too ... どんなに…しても[…であっても]しすぎる[でありすぎる]ことはない

• I **cannot thank you too** much. 私はあなたにはお礼の言いようもありません

none too ... 少しも…でない

only too 遺憾(いかん)ながら; この上なく ⇨**only** (成句)

too little, too late 手遅れの状態にある

***too much* (*for ...*)** (…の)手におえない; (…に)わからない; ひどすぎる

took /túk トゥク/ 動 takeの過去形

tool A1 高

/tú:l トゥール/ (×ツール)

名 (複 **tools** /tú:lz/) C

❶ (職人などが手で用いる)道具, 工具; (一般に仕事に必要な)道具, 手段

- the carpenter's **tools** 大工道具

❷(人の)手先; 道具のように使われる人

tool·box /tú:lbɑ̀ks トゥールバクス/ 名 C 工具箱

toot /tú:t トゥート/ 名 C (警笛・らっぱなどを)鳴らすこと ━動 他 自 (警笛・らっぱなどを)鳴らす; 鳴る

tooth A1 高

/tú:θ トゥース/ 名 (複 **teeth** /tí:θ/) C

❶歯

- My **front** [**back**] **tooth came out**. 私の前[奥]歯が1本抜けました
- have bad **tooth** 虫歯がある
- Brush your **teeth** after every meal. 毎食後歯磨きをしなさい

コロケーション

動+**tooth**

adjust *one's teeth* 歯を矯正する
fill a *tooth* 歯に詰め物をする
grit *one's teeth* 歯をくいしばる
pull [extract] a *tooth* 歯を抜く
treat *A's tooth* Aの歯を治療する

❷(歯車・のこぎりなどの)歯, 歯のようなもの

- This comb has lost two of its **teeth**. このくしは歯が2本欠けています

between *one's* ***teeth*** 歯を食いしばったまま(言う)

by the skin of *one's* ***teeth*** 《口語》命からがら, やっとのことで

get *one's* ***teeth into...*** …にかぶりつく; 〔仕事・問題など〕に没頭する, 熱心に取り組む

have a sweet tooth 甘いものが好きである, 甘党である

in the teeth of... …にもかかわらず, …に反対して, …をものともせず

set *A's* ***teeth in edge*** A(人)を不快にする

show *one's* ***teeth*** 歯をむき出しにする; 敵意を露骨に示す

tooth and nail 猛烈に, 必死に

to the teeth 完全に, 寸分のすきもなく

tooth·ache A2

/tú:θèik トゥーセイク/ 名 (複 **toothaches** /tú:θèiks/) U C 歯痛

- have (a) **toothache** 歯が痛む

tooth·brush A2

/tú:θbrʌ̀ʃ トゥースブラシュ/ 名 (複 **tooth-brushes** /tú:θbrʌ̀ʃəz/) C 歯ブラシ

tooth·less /tú:θləs トゥースレス/ 形 歯のない[抜けた]; (組織が)力のない

tooth·paste B1 /tú:θpèist トゥースペイスト/ 名 U ねり歯みがき

- a tube of **toothpaste** (チューブ入りのねり)歯みがき

tooth·pick /tú:θpik トゥースピク/ 名 C つまようじ

top[1] A1 中

/tɑ́p タプ|tɔ́p トプ/ 名 (複 **tops** /tɑ́ps/)

❶ C 《ふつう **the top**》最も高い所, いちばん上の部分, てっぺん, 頂上; 上部 (↔**bottom**)

- **the top** of a mountain 山の頂上
- at **the top** of the tree 木のてっぺんに

❷ C 《ふつう **the top**》(用紙などの)上部; (テーブルなどの)表面, 上面; (びんなどの)ふた

- wipe **the top** of a table テーブルの上(面)をふく
- The cake has a cherry **on top**. そのケーキは上にサクランボがのっている
- a bottle **top** びんのふた

❸《**the top**》(組織などの)最高位; 最高の席(次); (成績など)トップ(の人), 首位, 首席 (❗競走などの順位の「トップ」は top ではなく first という); 極限, 極度

- Ken is (**at**) **the top** of his class. ケンはクラスのトップです

❹ C (セーター, ブラウスなど)上着; 《ふつう **tops**》(ニンジン・ダイコンなどの地上に出た)葉の部分

at the top of *one's* ***lungs*** [《英》***voice***] あらんかぎりの声で, ありったけの声をはり上げて

blow *one's* ***top*** 《口語》怒る, 頭に来

る
come to the top 現れる; 他に抜きん出る
from top to toe [***bottom***] 頭のてっぺんからつま先まで[(物の)上から下まで]
on top 上に; 《英》バスの2階席に; 成功して, 勝って; 支配して
on (***the***) ***top of ...*** ①…に加えて ②…を掌握して
on top of the world 《口語》有頂天になって
—形 ❶いちばん上の; 最高(位)の; トップの; 上位…の
• the **top** floor [shelf] 最上階[最上段のたな]
• a **top** boxer 一流ボクサー
• Jane **came top** in the exam. ジェーンは試験でトップになった
❷(ページ・画面などの)上部の
—動 (三単現 **tops** /táps/; 過去・過分 **topped** /tápt/; 現分 **topping**) 他
頂上に達する, トップになる; 〔…で〕頂上をおおう, ふたをする《*with*》; 首位を占める; 上回る, 越える
top off …で仕上げる, 締めくくる
top up 《英》(ポットなどを)一杯にする, 注ぎ足す
to top it all 《口語》なおさら悪いことには
top[2] /táp タプ/ 名 C こま
• spin a **top** こまを回す
sleep like a top 《英》ぐっすり眠る
to·paz /tóupæz トウパズ/ 名 U C 《鉱物・宝石》黄玉(おうぎょく), トパーズ
top·coat /tápkòut タプコウト/ 名 C 仕上げ塗り; 《古風》オーバー
tóp hàt 名 C シルクハット
tóp-hèavy 形 (物・組織が)上部が重すぎる; 頭でっかちの, 不安定な; 幹部[管理職]が多すぎる

top·ic A1 高

/tápik タピク | tɔ́pik トピク/ 名 (複 **topics** /tápiks/) C 話題, トピック (=subject); (講演・エッセイなどの)テーマ, 題目
• Let's **change** the **topic** (of conversation). 話題を変えよう
• a hot **topic** 注目を集めている話題
top·i·cal /tápikəl タピカル/ 形 話題になっている, 時事問題の
top·less /tápləs タプレス/ 形 (水着・衣服が)乳房を露出した, トップレスの
tóp-lével 形 トップレベルの, 最高首脳部の (! 名詞の前に用いる)
top·most /tápmòust タプモウスト/ 形 最高の, いちばん上の
top·notch /tápnàtʃ タプナチ/ 形 《口語》一流の, 第一級の
—名 《**the topnotch**》《口語》最高(度)
top·o·graph·i·cal /tàpəgrǽfikəl タポグラフィカル/ 形 地形の
to·pog·ra·phy /təpágrəfi トパグラフィ/ 名 (複 **topographies** /təpágrəfiz/) U 地形[地誌]学; 地形測量; 地形; C 地形図
top·ping /tápiŋ タピング/ 名 U C トッピング
top·ple /tápl タプル/ 動 自 (物が)ぐらぐらする, ぐらぐら揺れて倒れる《*over*》; 他 倒す; (政府などを)転覆する
tóp-sécret 形 (情報・文書などが)最高機密(扱い)の
top·soil /tápsɔ̀il タプソイル/ 名 U 表土
top·sy-tur·vy /tàpsitə́ːrvi タプスィターヴィ/ 形 《口語》逆さまの; めちゃくちゃの; 混乱した
To·rah /tɔ́ːrə トーラ/ 名 《**the Torah**》トーラー, モーセ五書; 《時に **torah**》ユダヤ教の全律法; 旧約聖書
torch B2 高 /tɔ́ːrtʃ トーチ/ 名 C
❶たいまつ
❷《英》懐中電灯 (=《米》flashlight)
torch·bear·er /tɔ́ːrtʃbèərər トーチベアラ/ 名 C ❶たいまつを持つ人
❷指導者, 啓蒙家
tore /tɔ́ːr トー/ 動 tear[2]の過去形
tor·ment /tɔ́ːrment トーメント/ 名 U C 苦痛; 苦悩 —/tɔːrmént トーメント/ 動 他 ひどく苦しめる
tor·men·tor /tɔːrméntər トーメンタ/ 名 C 悩ます[苦しめる]もの

torn /tɔ́:rn トーン/ 動 tear²の過去分詞

tor·na·do B1 /tɔ:rnéidou トーネイドウ/ 名 (複 **tornadoes**, **tornados** /tɔ:rnéidouz/) C 大たつまき, 大つむじ風, トルネード

To·ron·to /tərántou トラントウ/ 名 トロント《◆カナダのオンタリオ州(Ontario)の州都》

tor·pe·do /tɔ:rpí:dou トーピードウ/ 名 (複 **torpedoes** /tɔ:rpí:douz/) C 魚雷, (魚形)水雷 ━動 他 (艦船を)魚雷で攻撃[撃沈]する; 《口語》粉砕する

tor·pid /tɔ́:rpəd トーピド/ 形 《文章》鈍い, 不活発な; 無感動な, 無気力な

tor·rent /tɔ́:rənt トーレント/ 名 C
❶ 急流, 激流 ❷《**torrents**》どしゃ降り; ほとばしり; 《**a torrent of …**》洪水のような…

tor·ren·tial /tɔ:rénʃəl トーレンシャル/ 形 どしゃ降りの

tor·rid /tɔ́:rəd トーリド/ 形 《文章》焼けつくような, 炎熱の

Tórrid Zòne 名 《**the** をつけて》熱帯

tor·si /tɔ́:rsi トースィ/ 名 torso の複数形

tor·so /tɔ́:rsou トーソウ/ 名 (複 **torsos** /tɔ́:rsouz/, **torsi** /tɔ́:rsi/) C ❶ (人の)胴 ❷《美術》トルソー《◆頭と手足のない人体像》

torte /tɔ́:rt トート/ 名 (複 **tortes** /tɔ́:rts トーツ/, **torten** /tɔ́:rtən/) C トルテ《◆ケーキの一種》

tor·til·la /tɔ:rtí:jə トーティーヤ/ 名 C 《料理》トルティーヤ

tor·toise /tɔ́:rtəs トータス/ 名 C 《動物》カメ (❗陸や川・湖などに住むもの; 「ウミガメ」は turtle)

tor·tu·ous /tɔ́:rtʃuəs トーチュアス/ 形 曲がりくねった; 回りくどい

tórtuously 副 回りくどく

tor·ture B2 /tɔ́:rtʃər トーチャ/ 動 他 拷問(ごうもん)にかける; 激しく痛めつける, 悩ます

━名 U 拷問(ごうもん); UC 激しい苦痛, 苦悶(くもん)

toss B1 /tɔ́:s トース | tɔ́s トス/ 動 (三単現 **tosses** /tɔ́:səz/; 過去・過分 **tossed** /tɔ́:st/; 現分 **tossing**)
❶ 他 (上または横に)ぽいと(軽く)投げる, ほうる; ほうり上げる
• He **tossed** the magazine on to the bed. 彼はベッドの上に雑誌を投げた
文型 [**toss A to B = toss B A**] A(物)をB(人)に投げてやる, A(ボール)をB(人)にトスする
❷ 他 (上下左右に)ゆさぶる; 急に動かす; 自 (上下左右に)ゆれる; 激しく動く; 寝返りをうつ ❸ 他自 (順番などを決めるために硬貨を)指ではじき上げる (❗ Heads or tails? (表か裏か)と聞いてからはじき上げる) ❹ 自他 (サラダなどを)軽く混ぜ合わせる, あえる

toss and turn (何度も)寝返りを打つ

toss off (馬が人を)振り落とす; (仕事などを)手早くやってのける; (酒などを)一気に飲み干す

toss up ① (料理を)手早く作る
② (硬貨を)投げる, コイン投げをする

━名 (複 **tosses** /tɔ́:səz/) ❶ C 軽く投げ(上げ)ること; 《**the toss**》コイン投げ ❷ C (頭を)つんとそらせること; ゆれ(ること); 急に動かすこと

argue the toss 《英》《口語》(すでに決まったことに)言いがかりをつける

toss-up /tɔ́:sʌ̀p トーサプ/ 名 《ふつう **a toss-up**》《口語》コイン投げ; 五分五分の見込み

tot¹ /tát タト/ 名 C 《口語》幼児; 《ふつう **a tot**》(強い酒の)1杯, 一口

tot² /tát タト/ 動 (三単現 **tots** /táts タツ/; 過去・過分 **totted** /tátəd/; 現分 **totting**) 他 合計する 《*up*》

to·tal B1 高 /tóutl トウタル/ 名 (複 **totals** /tóutlz/) C 合計, トータル, 総額, 総計 • **A total of** 31 people were arrested. 合計31人が逮捕された

in total 合計して, 全部で
• I've been there five times **in total**. 全部で5回そこに行った

━形 ❶ まったくの, 完全な
• a **total** failure まったくの失敗
❷ 全体の, 合計の, 総計の
• the **total** cost of the film その映画の総

費用 • the **total** number of students 生徒総数

— 動 (三単現 **totals** /tóutlz/; 過去・過分 **totaled**, 《英》 **totalled** /tóutld/; 現分 **totaling**, 《英》 **totalling**)
㊉ 合計する; 総計で…になる; 自 合計〔…に〕なる《*up to*》
会話 "Please **total** this bill for me." "Your bill **totals** twenty dollars." 「この伝票を合計してください」「お会計は合計で20ドルになります」

to·tal·i·tar·i·an /toutæ̀lətéəriən トウタリテアリアン/ 形 全体主義の

to·tal·i·ty /toutǽləti トウタリティ/ 名 U 全体であること; 合計, 総計

to·tal·ly B1 高 /tóutəli トウタリ/ 副 完全に, まったく, すっかり
• I **totally** forgot it. すっかり忘れてた!

tote /tóut トウト/ 動 他 《口語》 運ぶ, 携帯する

tóte bàg 名 C トートバッグ

tótem pòle /tóutəmpóul トウテムポウル/ 名 C トーテムポール《◆北米先住民の彫刻柱》

tot·ter /tátər タタ/ 動 自 おぼつかない足取りで歩く, よろよろ歩く《*down, along*》; ぐらつく, 倒れかかる; (政府などが)揺らぐ

touch A1 中

/tʌ́tʃ タチ/ 名 (複 **touches** /tʌ́tʃəz/)
❶ U 触覚; さわ(られ)ること, 接触; C 手ざわり, 感触
• Blind people read **by touch**. 目のみえない人は手でさわって字を読む
• Velvet has a soft **touch**. = Velvet is soft **to the touch**. ビロードは手ざわりがやわらかい
❷《単数形で》(楽器のひき方・筆の使い方などの)タッチ, 指[筆]の使い方; 技量, 手法; 手口; C (仕上げの)ひと筆
• She plays the piano **with** a light **touch**. 彼女は軽いタッチでピアノをひく
❸《ふつう **a touch**》《口語》 少し, 気味
• Add **a touch of** salt to the soup. スープにお塩を少々入れてごらん
❹ U 《ラグビー・サッカー》 タッチ

in touch (***with*** ...) (…と)接触を保って, 連絡をとって; (…の)事情に通じていて
• Good-bye, Fred. **Keep in touch**. さようならフレッド. これからも連絡をとり続けよう

lose touch (***with*** ...) (…と)接触を失う; (…の)事情にうとくなる

out of touch (***with*** ...) (…と)接触がなくなって; (…の)事情にうとくなって

— 動 (三単現 **touches** /tʌ́tʃəz/; 過去・過分 **touched** /tʌ́tʃt/; 現分 **touching**)
❶ 他 自 触(ふ)れる, さわる, 接触する, 接する; 軽く打つ; 届く
• **touch** the keys of a piano ピアノのキーをたたく
• **touch** him **on the** shoulder 彼の肩に触れる, 彼の肩を軽くたたく
• Please don't **touch**. 《掲示》 さわらないでください (**!** 展覧会, 商店などで)
❷ 他 胸[心]を打つ, 心に触れる, 感動させる; (心を)動かす
• The movie **touched** my heart. 私はその映画に感動した
文型 [**be touched by ...**] …に感動する
• We **were** deeply **touched by** her sad story. 彼女の悲しい話に私たちは強く胸打たれた
❸ 他 (飲食物に)手をつける
❹ 他 言及する
❺ 他 関係する; (悪い)影響を及ぼす, 害する

touch at ... (船などが)…に寄港する

touch down (ラグビー・アメフトなどで)タッチダウンする; (飛行機が)着陸する

touch off 引き起こす

touch on [***upon***] ***...*** (話の中でちょっと)…に触れる

touch up (修正を加えて)仕上げる

touch-and-go /tʌ́tʃəndgóu タチャンドゴウ/ 形 《口語》 (行動・状態などが)危険な, きわどい; 急いでなされた, 大ざっぱな

touch·down /tʌ́tʃdàun タチダウン/ 名 U C ❶(ラグビー・アメフトなどの)タッチダウン ❷(飛行機の)着陸, 着地

touch·ing /tʌ́tʃiŋ タチング/ 形 胸を打つ, 感動的な, 涙ぐましい, ほろりとさせる, いじらしい

touch·y /tʌ́tʃi タチ/ 形 (比較級 **touchier**; 最上級 **touchiest**) 〔…について〕怒りっぽい; 神経質な, いちいち気にする《*about*》; (問題などが)細心の注意を要する, 取り扱いにくい

tóuchily 副 神経質に, 怒りっぽく

tough B2 高 /tʌ́f タフ/ 形 (比較級 **tougher**; 最上級 **toughest**)
❶(仕事などが)つらい, やっかいな, 骨の折れる; (町などが)あらっぽい
- a **tough** customer 扱いにくい客
- be faced with a **tough** problem やっかいな問題に直面する

❷ねばり強い, タフな; 気丈な; 頑固な; 厳しい; 強じんな, じょうぶな, 強い
- a **tough** guy たくましい男
- a **tough** cloth じょうぶな布地

❸(法律・規則などが)厳しい, 厳重な
- They are **tough** on crime. 彼らは犯罪に対して厳しい

❹(肉などが)かたい, なかなかかめ[切れ, 折れ]ない (↔**tender**[1])

get tough with ... …に厳しくする; つらくあたる

tough luck 《口語》気の毒で, かわいそうで

tough·en /tʌ́fən タフン/ 動 他 自 堅くする[なる], 丈夫にする[なる]

tough·ness /tʌ́fnəs タフネス/ 名 U 堅いこと, 頑丈なこと; 粘り強さ

tou·pee /tuːpéi トゥーペイ/ 名 C トゥーペ《◆男性用のかつら》

tour A2 中

/túər トゥア | tɔ́ː トー/ 名 (複 **tours** /túərz/) C ❶(観光)旅行, (バンド・劇団などの)ツアー; 旅回り, 巡業
- **go on a tour** (観光)旅行にでかける
- **make a cycling tour of** [**through**, **in**] Canada カナダを自転車旅行する

❷(短期間の)見学, 見物, 見て回ること

on tour 旅行中の; 巡業中の

━ 動 (三単現 **tours** /túərz/; 過去・過分 **toured** /túərd/; 現分 **touring** /túəriŋ/) 他 自 (観光)旅行する; 巡業する

tour·ism B1 高 /túərizm トゥアリズム | tɔ́ːrizm トーリズム/ 名 U 旅行, (特に)観光旅行; 観光(事業), 旅行案内業; 《集合的》観光客
- the **tourism** industry 観光産業

tour·ist A2 高

/túərist トゥアリスト | tɔ́ːrist トーリスト/ 名 (複 **tourists** /túərists トゥアリスツ/) C 観光客, 旅行者

━ 副 ツーリストクラス(の運賃)で

tóurist bùreau 名 C 旅行案内所

tóurist clàss 名 U (もっとも安い)ツーリストクラス

tóurist (**informátion**) **òffice** 名 C 旅行案内所

tour·na·ment B1 中 /túərnəmənt トゥアナメント, tə́ːrnəmənt ターナメント, tɔ́ːrnəmənt トーナメント/ 名 (複 **tournaments** /túərnəmənts トゥアナメンツ/) C (リーグ戦に対して)トーナメント, 勝ち抜き戦, 選手権大会
- **take part in** a tennis **tournament** テニストーナメントに出場する

tour·ni·quet /tə́ːrnikət ターニケト/ 名 C 《医学》止血帯

tout /táut タウト/ 動 他 〔…を〕しつこく勧誘する, 押し売りする《*for*》; 《英》切符をプレミアム付きで売る; 《米》(競馬の)予想屋をする; 自 《英》(切符を)プレミアム付きで売る; 《米》(競走馬の)情報を探る[売る]

━ 名 C 押し売り(人); 《英》ダフ屋 (=《米》scalper); 《米》(競馬の)予想屋

tow /tóu トウ/ 動 他 (自動車・船などを)(ロープ・チェーンで)引く, 引っ張って行く, 曳航(えいこう)する ━ 名 C 《ふつう **a tow**》引く[引かれる]こと

in tow ①(ロープなどで)引かれて ②《口語》引率されて, すぐあとに従って

to·ward A2 高

/tɔ́ːrd トード, təwɔ́ːrd トゥウォード/

共通イメージ 向かう方向

—前 ❶《方向》…の方へ, …に向かって; …に近づいたところで, …の近くで

• **go toward** town 町の方へ行く (! toward は大ざっぱに方向を示すだけで, 町まで行ったかどうかはわからない; go *to* town は「町まで行く」)

• look **toward** the door ドアの方を見る

• The house **faces toward** the south. その家は南向きです

❷《目的》…の(目的の)ために[の], …に向けて[た]

• We are gradually moving **toward** our goal. 私たちは目標に徐々に近づいている

❸《感情・方針の対象》…に対して(の)

• Her **attitude toward** him has changed. 彼に対する彼女の態度が変わった

❹《時間》…ごろ, …近く, …方(がた)

• I'll have time **toward the end of** this month. 今月の末ごろには時間がとれます

to·wards /tɔ́ːrdz トーヅ, təwɔ́ːrdz トゥウォーヅ/ 前 (=toward) (! おもに《英》で使う)

tow·el A1 高

/táuəl タウアル/ 名 (複 **towels** /táuəlz/) C タオル, (タオル地の)手ぬぐい

• a bath [face] **towel** バス[フェイス]タオル

throw in the towel 《口語》敗北を認める, 降参する

tówel ràck 名C タオル[ふきん]かけ

tow·er A1 中

/táuər タウア/ (×タワー) 名 (複 **towers** /táuərz/) C 塔, タワー

• the Leaning **Tower** of Pisa ピサの斜塔

• a control **tower** (航空)管制塔

• a television [clock] **tower** テレビ塔[時計台]

—動 (三単現 **towers** /táuərz/; 過去・過分

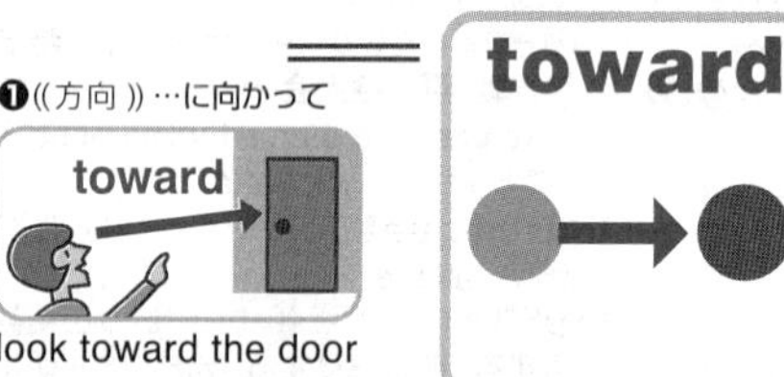

look toward the door

行為・意識の向かう先に注目

ある時点に近づいたところに注目

her attitude toward him

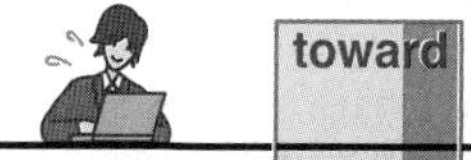

toward the end of this month

towered /táuərd/; 現分 **towering** /táuəriŋ/) 自
高くそびえ立つ; (人・組織などが)抜きんでる

tow·er·ing /táuəriŋ タウアリング/ 形 高くそびえる; 傑出した; (怒りなど)激しい

Tówer (of Lóndon) 名 《the をつけて》ロンドン塔 《♦ロンドン市内にある古い城; 昔は王宮, その後は牢獄(ろうごく), 現在は博物館》

town A1 中

/táun タウン/ 名 (複 **towns** /táunz/)

❶ C (村・市に対して)町 ⇨**city, village**

- a small [large] **town** 小さな[大きな]町
- I live **in** a **town** near Nagoya. 私は名古屋の近くの町に住んでいます
- New York is a wonderful **town**. ニューヨークはすばらしい町です (❗実際には市 (city) でも, 住民のふだんの会話では town と呼ぶことが多い)

❷ U 《ふつう無冠詞》(郊外・市外に対してにぎやかな)町, 市街, 都心(部), 繁華街

- He works **in town** and lives **in the suburbs**. 彼は町[都心]で仕事をし郊外に住んでいます

❸ 《the town》町の人々, 町民, 市民

❹ U 《ふつう無冠詞》(自分の住む)町; (その地方の)主要都市; 《英》ロンドン

❺ U 《ふつう **the town**》(いなかに対して) 都会, 町 (↔**the country**); 《形容詞的》都会の

- I like **the town** than the country. 田舎より都会が好きだ

go to town 町へ行く ⇨❷; 上京する; 《口語》(はしゃいで)金を使いまくる

on the town 《口語》夜遊びして

tówn háll 名 C 町役場, 市役所, 市庁; (町役場[市役所]の中の)公会堂

tówn hòuse 名 C (いなかの本邸に対して)都会の別邸; 《米》タウン[テラス]ハウス (❗《英》terraced house)

towns·folk /táunzfòuk タウンズフォウク/ 名 (=townspeople)

town·ship /táunʃip タウンシプ/ 名 C 《米》郡区 《♦county の下位の行政区分》; (かつての南アフリカの)非白人居住地区

towns·peo·ple /táunzpì:pl タウンズピープル/ 名 《the townspeople》《複数扱い》《集合的》(ある特定の町の)町民, 市民; 都会人

tów trùck 名 《米》(=wrecker)

tox·ic B2 /táksik タクスィク/ 形 毒性の, 有毒な

tox·i·col·o·gy /tàksikálədʒi タクスィカロヂ/ 名 U 毒物学

tox·in /táksən タクスィン/ 名 C U (バクテリアの)毒素

toy A1 中

/tɔ́i トイ/ 名 (複 **toys** /tɔ́iz/) C
おもちゃ; 《形容詞的》おもちゃの

- make a **toy** of ... …をおもちゃにする
- The baby is **playing with** a **toy**. 赤ちゃんはおもちゃで遊んでいます

— 動 (三単現 **toys** /tɔ́iz/; 過去・過分 **toyed** /tɔ́id/; 現分 **toying**) 自
〔…を〕もてあそぶ, いじくる; 軽い気持ちで考える 《*with*》

toy·shop /tɔ́iʃàp トイシャプ/ 名 C おもちゃ屋さん

trace B1 /tréis トレイス/ 名 (複 **traces** /tréisəz/) ❶ U C (動物などがいた[通った])跡, 足跡; 形跡

- **find traces of** a bear [an ancient city] クマの足跡[古代都市の遺跡]を見つける

❷ C 〔…の〕わずか[少量] (の…) 《*of*》

— 動 (三単現 **traces** /tréisəz/; 過去・過分 **traced** /tréist/; 現分 **tracing**)

❶ 他 (由来・原因などを)突き止める; さかのぼ(って調べ)る, …の起源を調べる; 自 さかのぼる, 由来する

- The system can be **traced** (back) to the 17th century. その制度は17世紀までさかのぼることができる

❷ 他 追跡する, 跡をたどる; さがし出す, 見つけ出す

- **trace** a missing person 行方不明の人をさがす

❸ 他 なぞって写す, トレースする

❹ 他 (指などで)輪郭[線]を描く

in the traces 業務に従事して
without trace 跡形もなく
trace·a·ble /tréisəbl トレイサブル/ 形 追跡可能な，さかのぼることが出来る
tra·che·a /tréikiə トレイキア/ 名 (複 **tracheae** /tréikiiː/, **tracheas** /tréikiəz/) C 《解剖》気管

track A2 中

/træk トラク/ 名 (複 **tracks** /træks/) C
❶ (ふまれてできた)小道; 《ふつう **tracks**》(動物などの)通った跡(あと), 足跡
• rabbit **tracks** in [on] the snow 雪上に残されたウサギの足跡
❷ (レース用の楕(だ)円の)走路, トラック; トラック競技
• run **on** a **track** トラックを走る
❸ (鉄道などの)線路, 軌(き)道
• railroad **tracks** 鉄道線路
❹ (CD・DVD などに録音された)曲(の 1 つ); (CD などの)録音帯(の 1 つ), トラック
get off the tracks わき道にそれる，本題からそれる
in one's tracks 《口語》その場で; 突然
keep [lose] track of ... …の消息を知っている[…を見失う]
make tracks 《俗語》急いで立ち去る; 〔…の方へ〕急いで行く《*for*》
off the track 脱線して; 本題を離れて, 誤って; 手がかりを失って
on the right [wrong] track (考え方などが)正しい[間違った]方向に進んで
on the track of ... …を追跡して
on track 軌道に乗って，順調に進んで
— 動 (三単現 **tracks** /træks/; 過去・過分 **tracked** /trækt/; 現分 **tracking**) 他 〔…まで〕(人・動物などの)跡をつける, 追う, 追跡する《*to*》
track down 追い詰める; (原因・紛失物などを)突き止める, さがし出す
tráck and fíeld 名 U 《集合的》陸上競技
tráck rècord 名 C
❶ 競技場での記録
❷ (個人または組織の)過去の実績, 業績
tract[1] /trækt トラクト/ 名 C (土地・海・空などの)広がり; 広大な土地[地域]; 《解剖》(器官の)管; (神経の)索
tract[2] /trækt トラクト/ 名 C (宗教・政治などの宣伝用の)小冊子, パンフレット
trac·tion /trækʃən トラクション/ 名 U けん引(力); 引っ張られた状態
trac·tor /træktər トラクタ/ 名 C トラクター, 牽引(けんいん)車

trade A2 高

/tréid トレイド/ 名 (複 **trades** /tréidz トレイヅ/) ❶ U C 商取り引き, 商売; 貿易
• foreign **trade** 外国貿易
• be in **trade** 商売をしている
❷ C 《米》交換 (=exchange); (スポーツ選手の)トレード
❸ 《**the trade**》…業
• the tourist **trade** 観光業
❹ U C (特に手先を用いる技術的な)職業, 商売
• What's your father's **trade**? お父さんの仕事は何ですか
• **Jack of all trades** なんでも屋
by trade 商売は, 職業は
— 動 (三単現 **trades** /tréidz トレイヅ/; 過去・過分 **traded** /tréidəd/; 現分 **trading**)
❶ 自 〔…と〕取引きする, 貿易をする《*with*》; 〔…を〕商う, 売買する《*in*》
• **trade with** foreign countries 外国と貿易をする
• My father **trades in** coffee. 父はコーヒー豆の商売をしています
❷ 自 《米》《口語》〔特定の店で〕買い物をする《*at, with*》
❸ 他 〔人と〕(物を) 交換する《*with*》; 文型 [**trade A for B**] AをBと交換する
• **trade** seats **with** him 彼と席を交換する
trade in 下取りに出す
trade on [upon] ... 〔人の同情など〕につけ込む, …を利用する
trade off 相殺する; …を売り払う

trade-in /tréidìn トレイディン/ 名C 下取り品; 下取り取り引き(価格)

trade·mark /tréidmὰːrk トレイドマーク/ 名C 商標, トレードマーク

trade·name /tréidnèim トレイドネイム/ 名C 商品名; 商標名; 屋号, 社名

trade-off /tréidɔ̀ːf トレイドーフ/ 名C 兼ね合い, 折り合い

trad·er B2 /tréidər トレイダ/ 名C 貿易業者, 商人, …商

trades·man /tréidzmən トレイヅマン/ 名 (複 **tradesmen** /tréidzmən/) C 《英》 (小売り)商人

tráde(s) únion 名C 《英》労働組合 (=《米》 labor union)

tráde wìnd 名C 《ふつう **the** をつけて》 貿易風

trad·ing /tréidiŋ トレイディング/ 名U 貿易, 通商, 取り引き

tra·di·tion A2 中

/trədíʃən トラディション/

名 (複 **traditions** /trədíʃənz/) UC

❶ (語り伝えられた)伝統, 慣習, しきたり

- Our school has a long **tradition**. 私たちの学校は長い伝統を持っている
- follow [break with] **tradition** 伝統にのっとる[逆らう]

コロケーション

形+**tradition**

a family *tradition* 家族のしきたり

an old *tradition* 古くからの伝統

a religious *tradition* 宗教的な伝統

動+**tradition**

cherish *tradition* 伝統を大事にする

hand down a *tradition* 伝統を伝える

maintain *tradition* 伝統を守る

❷ 言い伝え, 伝承

- an oral **tradition** 昔からの言い伝え, 伝説

tra·di·tion·al A2 中

/trədíʃənəl トラディショナル/ 形

❶ 伝統的な, しきたりの

- Sumo is a **traditional** Japanese sport. 相撲は日本の伝統的なスポーツだ

❷ 語り伝えられた, 伝説の

❸ 従来(型)の (! 時に否定的な意味で)

tra·di·tion·al·ist /trədíʃənəlist トラディショナリスト/ 名C 伝統主義者

tra·di·tion·al·ly B1 高 /trədíʃənəli トラディショナリ/ 副 伝統的に(は), 伝統にしたがって; 慣習にならって

traf·fic A2 中

/trǽfik トラフィク/ 名U

❶ (車・人などの)交通(量); 行き来, 往来

- There is **a lot of traffic** today. きょうは交通[人通り]が多い (=The **traffic** is heavy today.)
- **control traffic** 交通整理をする
- a **traffic** accident 交通事故

❷ (客・貨物の)輸送; 運輸業; 乗客, 貨物

❸ 《コンピュータ》 トラフィック (! ネットワーク上などのデータの転送量)

- Internet **traffic** インターネットのデータ転送量

❹ 取引 (! 違法な取引をさすことが多い)

- the **traffic** in drugs 麻薬取引

— 動 (三単現 **traffics** /trǽfiks/; 過去・過分 **trafficked** /trǽfikt/; 現分 **trafficking**) 自 〔…を; …と〕取引する, (とくに不正に) 売買する 《*in; with*》

tráffic jàm B1 名C 交通渋滞

traf·fick·er /trǽfikər トラフィカ/ 名C 密売人

tráffic lìghts A2

名 《複数扱い》 交通信号(灯) (! 2色または3色の信号をまとめた言い方; 1色ずつについて言う場合は単数になる)

tráffic sìgnals 名 (=traffic lights)

trag·e·dy B1 高 /trǽdʒədi トラヂェディ/ 名 (複 **tragedies** /trǽdʒədiz/) UC

❶ 悲劇 (! 「喜劇」は comedy)

❷ 悲劇的な事, 悲しい出来事; 惨劇

派生 **tragic** 形

trag·ic B1 /trǽdʒik トラヂク/ 形 ❶ 悲劇の (↔**comic**) (! この意味では比較変化なし) ❷ 悲惨な, 痛ましい

派生 **tragedy** 名

trag·i·cal·ly /trǽdʒikəli トラヂカリ/ 副 悲劇(的)に; 悲惨なことに

trail B1 高 /tréil トレイル/ 名 (複 **trails** /tréilz/) C ❶ (荒野・山地の)踏みつけられて出来た道, 小道
❷ (動物などの通った)跡; においの跡; 手がかり
❸ 後に長く引きずっている物 《♦走り去る車の後に長く引いた土ぼこり, 船や飛行機の航跡など》

hot on the trail of ... …の直後に迫って, …を追跡して

— 動 (三単現 **trails** /tréilz/; 過去・過分 **trailed** /tréild/; 現分 **trailing**)
❶ 他 …の跡を追う
• **trail** the murder suspect 殺人容疑者の跡を追う
❷ 他 引きずる; 自 (着物などが)引きずる 《*along, behind*》; (つる草・ヘビなどが)はう; (煙など)たなびく
❸ 自 〔…の後を〕足を引きずるように歩いていく 《*behind*》; (競争相手に)遅れをとる, リードされる

trail off [***away***] (声・音などが)次第に消える

trail·blazer /tréilblèizər トレイルブレイザ/ 名 C (未開地などの)新しい道の発見者; (ある分野の)開拓[先駆]者

trail·er B2 /tréilər トレイラ/ 名 C
❶ (トラクター・トラックなどに引かれる貨物用)トレーラー ❷ 《米》 (車に引かれる)トレーラーハウス, キャンピングカー (= house trailer, 《英》 caravan)

tráiler pàrk 名 C 《米》 トレーラーハウス用キャンプ場

train A1 中

/tréin トレイン/

意味マップ
名 ❶ 列車
❷ 連続
❸ 長い列
❹ 引きすそ
動 ❶ 訓練する; 訓練を受ける
❷ 練習する[させる]
❸ 向ける

— 名 (複 **trains** /tréinz/) C
❶ 列車, 汽車, (連結した)電車

関連語› 単語力
《米》 car, 《英》 carriage, coach (1台1台の)車両
dining car, 《米》 diner, 《英》 buffet car 食堂車
sleeping car, sleeper 寝台車
locomotive 機関車

• go to school **by train** 電車で通学する (×by *a* [*the*] train としない)
• **take** [**catch**, **miss**] the last **train** 最終電車に乗る[間に合う, 乗りそこねる]
• **change trains** at Tokyo Station 東京駅で電車を乗り換える (❗複数形になる)
• Is this the (right) **train for** Osaka? これは大阪行きの列車ですか
• I'll get on the 5:30 p.m. **train** at Sapporo Station. 私は札幌駅で[から]午後5時30分の列車に乗ります

コロケーション
形+**train**
an express *train* 急行列車
a passenger *train* 旅客列車
a steam *train* 蒸気機関車
a freight *train* 《米》 貨物列車

❷ (思考・出来事などの)連続, 連鎖; (事件などの)続き, あと
• a **train** of events 一連の出来事
❸ (隊列を組んで進む動物・馬車の)長い列, 隊
❹ (ドレスの)引きすそ

in train 順調に進んで

— 動 (三単現 **trains** /tréinz/; 過去・過分 **trained** /tréind/; 現分 **training**)
❶ 他 (動物・人を)訓練する, しつける; 教育する; 自 訓練を受ける
• a **trained** lawyer 熟練の弁護士
• She **was trained** as a nurse. 彼女は看護師になる訓練を受けた
文型 [**train A to** *do*] Aを…するように訓練する
• I have **trained** my dog **to** *sit up*. 私は愛犬におすわりするようにしつけた
❷ 自 他 〔試合に備えて〕練習[トレーニング]する[させる]《*for*》
• I am **training** hard **for** the race. 私はそのレースに備えて一生懸命トレーニングをしています
❸ 他 〔…に〕(カメラなどを)向ける, 構える《*on, upon*》

train·ee B2 /treiníː トレイニー/ 名 C 訓練生, 職業訓練中の人

train·er B2 中 /tréinər トレイナ/ 名 C ❶ (選手などを)訓練する人, コーチ, トレーナー; (動物の)調教師 ❷《英》《**trainers**》スニーカー (=《米》sneaker)

train·ing A2 高

/tréiniŋ トレイニング/ 名 U
訓練, トレーニング, 練習; 研修; (体の)コンディション
• in [during] **training** トレーニング中に
• be **in** [**out of**] **training** コンディションがいい[悪い]

tráining còllege 名 C 《英》教育大学 (=《米》teachers college)

traipse /tréips トレイプス/ 動 自 《口語》ほっつき歩く, だらだら歩く《*along, about*》; 〔…を〕歩き回る《*around, round*》

trait B2 /tréit トレイト/ 名 C 特性, 特色

trai·tor B2 /tréitər トレイタ/ 名 C 裏切り者, 反逆者

tra·jec·to·ry /trədʒéktəri トラチェクトリ/ 名 (複 **trajectories** /trədʒéktəriz/) C (ミサイルなどの描く)弾道; 《天文》(惑星の)軌道

tram A2

/træm トラム/ 名 (複 **trams** /træmz/) C 《英》路面電車, 市街電車 (=《米》streetcar)

tram·car /træmkɑ̀ːr トラムカー/ 名 《英》(=tram)

tramp B2 /træmp トランプ/ 名 C 浮浪者, ホームレス; 《**the tramp**》重い足音
— 動 自 どしどし歩く; 徒歩で行く

tram·ple B2 /træmpl トランプル/ 動 他 踏みつける; 自 〔…を〕踏みつける, 踏みにじる《*on, upon, over*》

tram·po·line /træmpəliːn トランポリーン/ 名 C トランポリン

trance /træns トランス/ 名 C 催眠状態; 夢うつつ; 恍惚(こうこつ)

tran·quil /træŋkwəl トランクウィル/ 形 静かな, 穏やかな

tran·quil·i·ty, 《英》 **tran·quil·li·ty** /træŋkwíləti トランクウィリティ/ 名 U 平穏, 平静

tran·quil·ize, 《英》 **tran·quil·lize** /træŋkwəlàiz トランクウィライズ/ 動 他 (薬剤を使って)静かにさせる, 落ち着かせる

tran·quil·iz·er, 《英》 **tran·quil·liz·er** /træŋkwəlàizər トランクウィライザ/ 名 C 精神安定剤, 鎮静剤, トランキライザー

trans·act /trænsǽkt トランサクト, trænzǽkt トランザクト/ 動 他 《文章》(業務などを)行う, 処理する; (交渉・取引などを)〔…と〕する《*with*》

trans·ac·tion /trænsǽkʃən トランサクション/ 名 C 取引

trans·at·lan·tic /trænsətlǽntik トランサトランティク/ 形 大西洋の向こうの[に起こる]; 大西洋横断の

tran·scend /trænsénd トランセンド/ 動 他 《文章》限界を越える, 超越する; (質などの点で)勝る, しのぐ (=exceed)

tran·scen·den·tal /trӕnsendéntəl トランセンデンタル/ 形 人智を超えた, 神秘的な

trans·con·ti·nen·tal /trӕnskɑntənéntəl トランスカンティネンタル/ 形 大陸横断

の

tran·scribe /trænskráib トランスクライブ/ 動 他 《文章》(古写本などを)書き写す, 書写する; (テープ・発言などを)文字[タイプ]化する; 《音声》発音記号で表す; 〔他の言語の文字に〕書き換える《*into*》

tran·script B2 /trǽnskript トランスクリプト/ 名 C 〔…の〕写し, 写本, 謄本《*of*》; 《米》成績証明書

tran·scrip·tion /trænskrípʃən トランスクリプション/ 名 U 書き写すこと, 転写, 謄写; C 複写, 写し; 《音声》U 発音記号への書換え; C 発音記号; U C 《音楽》編曲(作品); U 《放送》録音, 録画; C 録音[録画]テープ

trans·fer B1 高 /trænsfə́ːr トランスファー/ 動 (三単現 **transfers** /trænsfə́ːrz/; 過去・過分 **transferred** /trænsfə́ːrd/; 現分 **transferring**) ❶ 他 (人・物を)〔AからBへ〕移動させる, 運ぶ; 転校[転任]させる《*from A to B*》; 自 〔AからBへ〕転校[転任]する《*from A to B*》

- He **was transferred to** the sales department. 彼は営業部に異動になった

❷ (金を)振り込む, 送金する

- **transfer** $1,000 into his bank account 千ドルを彼の口座に振り込む

❸ 他 (財産などを)譲渡する ❹ 他 (絵・模様を)写す, 転写する ❺ 自 〔…に〕(電車などを)乗り換える《*to*》(=change)

— /trǽnsfəːr トランスファー/ (発音 動とのアクセントの違いに注意) 名 (複 **transfers** /trǽnsfəːrz/) ❶ U C 移転, 移動, 転任, 転校; C 転校生, 転任者 ❷ U C 振り込み, 送金 ❸ C (財産などの)譲渡 ❹ C 《米》(バスなどの)乗り換え切符 ❺ C 転写図; 写し絵

trans·fer·a·ble /trænsfə́ːrəbl トランスファーラブル, trǽnsfərəbl トランスファラブル/ 形 移動[譲渡, 転写]可能な

trans·fer·ence /trænsfə́ːrəns トランスファーレンス, trǽnsfərəns トランスファレンス/ 名 U 移転; 譲渡; 転写

trans·fix /trænsfíks トランスフィクス/ 動 他 《文章》〔…で〕突き通す[刺す]《*with*》; (人を)立ちすくませる

trans·form B1 高 /trænsfɔ́ːrm トランスフォーム/ 動 (三単現 **transforms** /trænsfɔ́ːrmz/; 過去・過分 **transformed** /trænsfɔ́ːrmd/; 現分 **transforming**) 他 ❶〔…に〕(形・様子などをすっかり)変化させる, 変える, 変形[変質]させる《*into*》(❗ change よりかたい語)

- The area **was transformed into** a shopping mall. その地域はショッピングセンターになった

❷ 《生物》変態させる; 《物理》(エネルギーを)変換する; 《電気》(電流を)変圧する; 《言語学》(文を)変形する

trans·for·ma·tion B1 /trænsfərméiʃən トランスフォメイション/ 名 (複 **transformations** /trænsfərméiʃənz/) U C 変形; 変質, 変化; (昆虫などの)変態; 《言語》変形

trans·form·er /trænsfɔ́ːrmər トランスフォーマ/ 名 C 《電気》変圧器

trans·fu·sion B2 /trænsfjúːʒən トランスフュージョン/ 名 U C 《医学》輸血

trans·gen·der /trænsdʒéndər トランスヂェンダ/ 名 C 形 トランスジェンダー(の)

trans·gress /trænsgrés トランスグレス, trænzgrés トランズグレス/ 動 他 自 《文章》(限界などを)越える; (法律・規則などを)犯す, 破る; (戒律などを)破る

trans·gres·sion /trænsgréʃən トランスグレション, trænzgréʃən トランズグレション/ 名 U C 《文章》違反すること, …違反; (道徳・宗教上の)罪

trans·gres·sor /trænsgrésər トランスグレサ, trænzgrésər トランズグレサ/ 名 C 《文章》違反者; (宗教上の)罪人

tran·sient B2 /trǽnʃənt トランシャント, trǽnziənt トランズィエント/ 形 《文章》一時的な, はかない; 短期滞在の

— 名 C 《米》(ホテルなどの)短期滞在客

tran·sis·tor B2 /trænzístər トランズィスタ/ 名 C ❶ トランジスター ❷ トランジスターラジオ

tran·sit /trǽnsət トランスィト, trǽnzət トランズィト/ 名 U 通過; 通行; 運送, 輸送

in transit 輸送中に; 乗り換えで

tran·si·tion B2 /trænzíʃən トランズィションl 名 U C 移り変わり, 推移, 移行, 変遷

tran·si·tion·al B1 /trænzíʃənəl トランズィショナル/ 形 (! 比較変化なし)移り変わる, 過渡的な, 過渡期の

transítionally 副 過渡的に

tran·si·to·ry /trǽnsətɔ̀ːri トランスィトーリ/ 形 《文章》つかの間の, はかない

trans·late B1 高 /trǽnslèit トランスレイト, ―ˊ/ 動 (三単現 **translates** /trǽnsleits トランスレイツ/; 過去・過分 **translated** /trǽnslèitəd/; 現分 **translating**)

❶ 他 自 訳す, 翻訳する; 通訳する ⇨ interpret

• **translate** a poem **from** English **into** [**to**] Japanese 詩を英語から日本語に翻訳する

❷ 他 文型 [**translate A into B**] AをBに変える; AをBに言い換える

❸ 他 解釈する; 説明する; 文型 [**translate A as B** [**A to** *do*]] A(言動など)をBであると[…すると]解釈する[説明する]

派生 **translation** 名

trans·la·tion B2 高 /trænsléiʃən トランスレイション/ 名 ❶ U 翻訳(すること); U C 翻訳(されたもの); C 訳書[文]; U 通訳 • do a **translation** 翻訳する

• I have read this English novel **in** Japanese **translation**. 私はこの英語の小説を日本語訳で読んだことがあります

❷ U 解釈, 言い換え, 変換, 移行

派生 **translate** 動

trans·la·tor B2 高 /trǽnsleitər トランスレイタ/ 名 C 翻訳者[家]; 通訳(者); 訳者

trans·lu·cent /trænslúːsənt トランスルーサント, trænzlúːsənt トランズルーサント/ 形 《文章》半透明の; (肌などが)透き通ったような

trans·mis·sion B2 /trænsmíʃən トランスミション/ 名 ❶ U 伝えること, 伝送; (病気の)伝染 ❷ C 放送 ❸ C (自動車の)変速装置 派生 **transmit** 動

trans·mit B2 /trænsmít トランスミト/ 動 ❶ 他 自 送信[放送]する

❷ 他 伝える; 伝染させる

派生 **transmission** 名

trans·mit·ter /trænsmítər トランスミタ/ 名 C 伝える人; (病気の)媒介者; 伝達装置, 送信器

tran·som /trǽnsəm トランサム/ 名 C 《建築》無目(むめ); 《米》(ドアの上の)明かり取り窓

trans·par·en·cy /trænspéərənsi トランスペアレンスィ/ 名 U 透明であること, 透明度; C 透明なもの 《♦OHPのフィルムなど》

trans·par·ent B2 /trænspéərənt トランスペアレント/ 形 透明な; 透き通った; 見えすいた, あからさまな; わかりやすい, 明快な; 率直な (↔**opaque**)

• **transparent** excuses 見えすいた言い訳

transpárently 副 透明に; 透き通って

tran·spire /trænspáiər トランスパイア/ 動 自 水蒸気を発散する, (水分が)蒸発する; 《it が主語で》《文章》しだいに明らかになる, もれる; 《口語》(事が)起こる, 生じる

trans·plant 高 /trænsplǽnt トランスプラント/ 動 他 移植する; 移住させる

― /trǽnsplæ̀nt トランスプラント/ (発音 動とのアクセントの違いに注意) 名 C 移植されたもの; 移植手術

trans·plan·ta·tion /træ̀nsplæntéiʃən トランスプランテイション/ 名 U 移植

trans·port B1 高 /trǽnspɔːrt トランスポート/ 名 (複 **transports** /trǽnspɔːrts トランスポーツ/) ❶ U 《英》輸送, 運送; 輸送[交通]機関 (=《米》transportation)

❷ U 《英》《口語》交通の便

❸ C (兵員や物資の)輸送船, 輸送機

― /trænspɔ́ːrt トランスポート/ (発音 名とのアクセントの違いに注意) 動 (三単現 **transports** /trænspɔ́ːrts トランスポーツ/; 過去・過分 **transported** /trænspɔ́ːrtəd/; 現分 **transporting**) (乗客・貨物を)輸送[運送]する, 運ぶ (! carry, take よりかたい語)

• **transport** the baggage from the airport to the island 空港から島へ荷物を輸

送する
派生 **transportation** 名

trans·por·ta·tion B1 高 /trænspərtéiʃən トランスポテイション/ 名 U
❶ 《米》(乗客・貨物の)輸送, 運送; 輸送[交通]機関 (=《英》transport)
• public **transportation** 公共交通機関
❷ 交通の便
派生 **transport** 動

trans·verse /trænsvə́ːrs トランスヴァース/ 形 横の, 横切る **transvérsely** 副 横に, 横切るように

trap A2 高

/trǽp トラプ/ 名 (複 **traps** /trǽps/) C
❶ わな, 落とし穴; 計略, 策略
• **fall into a trap** = **be caught in a trap** わなにかかる
• **set a trap for** ... …にわなをかける
❷ 《ふつう単数形で》窮地
❸ (排水パイプの)防臭弁

━動 (三単現 **traps** /trǽps/; 過去・過分 **trapped** /trǽpt/; 現分 **trapping**) 他
❶ 《ふつう受け身で》(人・動物を)閉じ込める
• I was **trapped** in a burning house. 私は燃えている家の中に閉じ込められた
❷ わなにかける, わなでつかまえる; 計略にかける, だます; 文型 [**trap** A **into** *do*ing] Aをだまして…させる
• We **trapped** rats. 私たちはわなをかけてネズミを捕まえた

trap·door /træpdɔ́ːr トラプドー/ 名 C (天井・屋根の)はねあげ戸; (床・舞台などの)上げぶた, 落とし戸

tra·peze /træpíːz トラピーズ/ 名 C (曲芸・体操用の)ぶらんこ

trap·per /trǽpər トラパ/ 名 C わなを使う猟師

trap·pings /trǽpiŋz トラピングズ/ 名 《複数扱い》装飾的な馬具, 馬飾り; (官位を示す)美服, 式服; 虚飾

trash B1 高 /trǽʃ トラシュ/ 名 U
❶ 《米》ごみ, くず
❷ くだらない人[もの], 駄作

trash·can /trǽʃkæ̀n トラシュキャン/ 名 C 《米》ごみ箱, くず入れ (=《英》dustbin); (公共の場所の)くずかご

trash·y /trǽʃi トラシ/ 形 (比較級 **trashier**; 最上級 **trashiest**) くだらない

trau·ma /tráumə トラウマ, trɔ́ːmə トローマ/ 名 C U 《医学》外傷; 《心理》精神的外傷, トラウマ

trau·mat·ic /trəmǽtik トラマティク, trɔːmǽtik トローマティク/ 形 いたましい, 衝撃的な; 精神的外傷に基因する; 外傷性の; 外傷用の

trau·ma·tize /tráumətàiz トラウマタイズ, trɔ́ːmətàiz トローマタイズ/ 動 他 精神的外傷[トラウマ]を与える

trav·el A1 中

/trǽvl トラヴル/ 動 (三単現 **travels** /trǽvlz/; 過去・過分 **traveled**, 《英》**travelled** /trǽvld/; 現分 **traveling**, 《英》**travelling**)
❶ 自 他 旅行する, 旅をする; 移動する, (遠方へ乗り物で)行く
• **travel abroad** 外国を旅する
• **travel around** Europe ヨーロッパじゅうを旅する • **travel by** air [sea, land] 空[海, 陸]路で旅をする
❷ 自 進む, 動いていく, (光・音・ニュースなどが)伝わる
• Light **travels** faster than sound. 光は音より速く進む[伝わる]
❸ 自 (販売員が)巡回する, 外回りする

━名 (複 **travels** /trǽvlz/)
❶ U 旅行(すること), 旅; 《*one's* **travels**》(各地を回る)長い(外国)旅行
• Did you enjoy **your travels** in China? 中国各地の旅行は楽しかった?

似ている単語
旅行 − **travel**, **journey**, **tour**, **trip**, **voyage**
travel は「旅行」を意味する一般的な語:
foreign **travel** 海外旅行
journey はふつう長旅をさし, 「旅程, 行程」の意味でも用いる:
a five-day **journey** 5日の旅程
tour はあちこちを見て回る「周遊旅行」:
a **tour** of Europe ヨーロッパ周遊旅行

trip は特に「短い旅行」をさす:
a business [weekend] trip 出張[週末の旅行]
voyage は「船の旅, 航海」「宇宙旅行」:
the voyage from Hawaii to LA ハワイからロサンゼルスまでの航海
❷《travels》旅行記
• Gulliver's Travels『ガリバー旅行記』

trável àgency 名C 旅行会社

trável àgent B1 名C 旅行会社(の社員), 旅行業者

trav·el·er A2 高

/trǽvlər トラヴラ/
名(複 **travelers** /trǽvlərz/) C
❶ 旅行者, 旅人; 旅行の好きな人
❷ ジプシー (=Gypsy); 移動して生活する人

tráveler's chèck, 《英》 **tráveller's chèque** 名C 旅行者小切手, トラベラーズチェック

trav·el·ing, 《英》 **trav·el·ling** /trǽvliŋ トラヴリング/ 形 旅行(用)の; 移動する; (劇団など)旅回りの, 巡業の
— 名U 旅行; 巡業

trav·el·ler /trǽvlər トラヴラ/ 名C 《英》(=traveler)

trav·erse B2 /trǽvəːrs トラヴァース/ 動 他 横断する; 前後[左右]に動く

trav·es·ty /trǽvəsti トラヴェスティ/ 名(複 **travesties** /trǽvəstiz/) C《ふつう **a travesty**》茶化したもの, (名作などの)パロディー

trawl /trɔ́ːl トロール/ 名C《漁業》トロール網; はえなわ (=trawl line)
— 動 自 他 トロール網[はえなわ]でとる

trawl·er /trɔ́ːlər トローラ/ 名C《漁業》トロール[はえなわ]船

tray B2 /tréi トレイ/ 名(複 **trays** /tréiz/) C 盆(ぼん), 浅い皿, トレー

treach·er·ous /trétʃərəs トレチャラス/ 形 裏切りの; 当てにならない
tréacherously 副 裏切って

treach·er·y /trétʃəri トレチャリ/ 名(複 **treacheries** /trétʃəriz/) U 裏切り, 背信; 不実; C 裏切り行為

tread B2 /tréd トレド/ 動 (三単現 **treads** /trédz トレヅ/; 過去 **trod** /trɑ́d/; 過分 **trod** /trɑ́d/, **trodden** /trɑ́dn/; 現分 **treading**) ❶ 他 踏(ふ)む, 踏みつぶす; 自〔…を〕踏む, 踏みつぶす《*on, upon*》
❷ 他 (道などを)歩く; 自 歩く

tread·mill /trédmìl トレドミル/ 名C 踏み車; トレッドミル《♦トレーニング用》; 《**a treadmill**》単調な仕事

trea·son /tríːzən トリーズン/ 名U 背信; 反逆[売国]行為 ⇨**betrayal**

trea·son·a·ble /tríːzənəbl トリーゾナブル/ 形 反逆の, 国事犯の
tréasonably 副 反逆して, (国を)裏切って

treas·ure A2 中

/tréʒər トレジャ/
名(複 **treasures** /tréʒərz/)
❶ U 財宝, 富; C 貴重品, 宝物
• national **treasures** 国宝
❷ C《口語》大切な人, 最愛の人
— 動 (三単現 **treasures** /tréʒərz/; 過去・過分 **treasured** /tréʒərd/; 現分 **treasuring** /tréʒəriŋ/) 他 宝として蓄える; 秘蔵する, 大事にする; 心にしまっておく

treas·ur·er /tréʒərər トレジャラ/ 名C 会計係

treas·ur·y /tréʒəri トレジャリ/ 名(複 **treasuries** /tréʒəriz/) C 〔知識などの〕宝庫《*of*》; C 国庫; 《**the Treasury**》《米》財務省, 《英》大蔵省

treat B1 高 /tríːt トリート/ 名(複 **treats** /tríːts トリーツ/) C
楽しみ, うれしい出来事; (食べ物・映画などを)おごること, おごる番
• This is my **treat**. これは私のおごりだ
stand treat 《口語》おごる
— 動 (三単現 **treats** /tríːts トリーツ/; 過去・過分 **treated** /tríːtəd/; 現分 **treating**)
❶ 他 (人を)扱う, 待遇する; (物事を)取り扱う; (問題などを)論ずる
• Please don't **treat** me like a child. お願いだから私を子ども扱いしないで
• **treat** the problem seriously その問題を慎重に扱う

❷ 他 治療する, 手当する
- He was **treated** for a minor cut. 彼は軽い切り傷の手当を受けた

❸ 他 文型 [**treat A as B**] A(考え・行動など)をBとみなす

❹ 他自 与える; おごる, ごちそうする; 文型 [**treat A to B**] AにBをおごる
- I'll **treat** you **to** dinner. 君に晩ごはんをおごるよ

❺ 他 《ふつう受け身で》(薬品などで)(化学)処理する

treat of ... …を奮発する, …を奮発して買う[食べる]

treat oneself to ... (本・生地などが)…について論じる, 取り扱う

派生 **treatment** 名

trea·tise /tríːtəs トリーティス/ 名 C 《文章》〔…に関する〕論文, 学術書 《*on*》

treat·ment B1 高 /tríːtmənt トリートメント/ 名 (複 **treatments** /tríːtmənts トリートメンツ/)

❶ U 治療, 手当; C 治療法
- medical **treatment** 医療
- be **under treatment** 治療を受けている

❷ U 取り扱い(方), 待遇
- receive fair **treatment** 公平な扱いを受ける

派生 **treat** 動

trea·ty B2 /tríːti トリーティ/ 名 (複 **treaties** /tríːtiz/) C (国家間の)条約, 協定; 条約[協定]文書
- conclude a peace **treaty** with Russia ロシアと平和条約を締結する

tre·ble /trébl トレブル/ 形 3倍の, 三重の (=triple); 《音楽》 最高音部の, ソプラノの; (声が)甲高い

— 名 C 3倍[三重]のもの; 《音楽》 U 最高音部, ソプラノ; C ソプラノ歌手, 最高音域の楽器; C 甲高い声

— 動 他 3倍にする; 自 3倍になる

tree A1 中

/tríː トリー/ 名 (複 **trees** /tríːz/) C

❶ (立ち)木, 樹木, 高木 ⇨**wood**
- **climb** (**up**) a **tree** 木に登る

コロケーション
動+**tree**
cut down a *tree* 木を切り倒す
grow a *tree* 木を育てる
plant a *tree* 木を植える
trim [clip] a *tree* 木を刈り込む

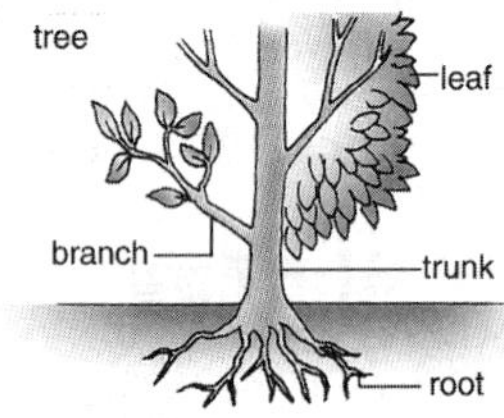

❷ 木の形の物; 木で出来た物; 系図

up a tree 木の上に追い上げられて, 進退きわまって

tree·less /tríːləs トリーレス/ 形 樹木のない

tree·top /tríːtɑ̀p トリータプ/ 名 C こずえ

trek B2 /trék トレク/ 名 C 長く骨の折れる旅; 《口語》 徒歩旅行

— 動 (三単現 **treks** /tréks/; 過去・過分 **trekked** /trékt/; 現分 **trekking**) 自 長く骨の折れる旅をする; 《口語》 徒歩で行く, トレッキングをする

trel·lis /trélis トレリス/ 名 C (ツタなどをはわせる)格子垣, つる棚

trem·ble B1 /trémbl トレンブル/ 動 (三単現 **trembles** /trémblz/; 過去・過分 **trembled** /trémbld/; 現分 **trembling**) 自 ❶震える, 身震いする, (大地などが)ゆれる; (木の葉が)そよぐ
- **tremble for** fear [**with** cold] こわくて[寒さで]身ぶるいする
- in a **trembling** voice ふるえ声で

❷ ひどく心配する, 気をもむ 《*for*》

— 名 《単数形で》 震え; おののき; 振動

tre·men·dous B1 /triméndəs トリメンダス/ 形 ものすごい, すさまじい; 途方もない, 巨大な; すばらしい; 恐ろしい
- Tom did a **tremendous** job. トムはすばらしい仕事をした
- a **tremendous** earthquake 巨大地震

tre·men·dous·ly B2 /triméndəsli トリメンダスリ/ 副 恐ろしく, ものすごく;《口語》とても, 非常に

trem·or B2 /trémər トレマ/ 名C (地面などの)震動, 揺れ, 微動; (恐怖・興奮などによるからだ・声などの)震え, 身震い

trem·u·lous /trémjələs トレミュラス/ 形 身震いする; 臆病(おくびょう)な

trémulously 副 びくびくして

trench /tréntʃ トレンチ/ 名C (深く長い)溝, 堀; 塹壕(ざんごう)

一 動 他自 溝[堀, 塹壕]を掘る

trénch còat 名C トレンチコート

trend B1 高 /trénd トレンド/ 名 (複 **trends** /tréndz トレンヅ/) C 傾向, 動向, なりゆき; 流行, トレンド

• the **trend** of business 景気の動向

• Stock prices are on an upward [a downward] **trend**. 株価は上昇[下降]傾向にある

reverse the trend 傾向を逆転させる

set* [*start*] *the trend 流行を作り出す

trend·y /tréndi トレンディ/ 形 (比較級 **trendier**; 最上級 **trendiest**)《口語》(衣服などが)流行の先端を行く, トレンディーな; 流行を追いかける

trep·i·da·tion /trèpədéiʃən トレピデイション/ 名U《文章》恐怖, おののき; 不安, 動揺

tres·pass /tréspəs トレスパス/ 動自

❶〔他人の土地などに〕(不法に)侵入する, 侵害する《*on, upon*》

❷〔他人の時間などを〕邪魔する;〔他人の好意に〕つけ込む《*on, upon*》

一 名UC (不法)侵害

tres·pass·er /tréspəsər トレスパサ/ 名C 不法侵入者

tres·tle /trésl トレスル/ 名C 架台, うま《♦2つ並べて板を載せるとテーブルになる》; (陸橋などの)構脚

tri·al B2 高 /tráiəl トライアル/ 名

❶UC 裁判, 公判

• stand **trial** 裁判を受ける

❷UC 試してみること, 試験, テスト; 試用期間;《形容詞的》試験的な

• give a new car a **trial** 新車を試してみる • a **trial** flight 試験飛行

❸C 試練, 苦労; 迷惑, やっかいな人[物]

be a trial to ... (…にとって)苦労の種である

on trial 試しに, 試してみると, 試験的に; 裁判にかけられて, 公判中で, 審理中で • We employed him for a month **on trial**. 私たちは彼を1か月間試験的に雇ってみた

trial and error 試行錯誤

一 形 試しの, 試験的

派生 **try** 動

trìal rún 名C 試運転, 試行

tri·an·gle B2 高 /tráiæŋgl トライアングル/ 名C ❶三角形

• the area of a **triangle** 三角形の面積

❷三角形のもの; 三角定規 ❸《楽器》トライアングル ❹(男女の)三角関係

tri·an·gu·lar /traiǽŋgjələr トライアンギュラ/ 形 三角形の; 3者[国]間の

tri·ath·lon /traiǽθlən トライアスロン/ 名C《スポーツ》トライアスロン《♦三種競技のこと; 一般には水泳・自転車・長距離走の複合競技》

trib·al /tráibəl トライバル/ 形 種族の, 部族の

tribe B2 /tráib トライブ/ 名C

❶部族, 種族

• Native American **tribes** 北米先住民諸部族

❷《口語》集団; 連中

trib·u·la·tion /trìbjuléiʃən トリビュレイション/ 名UC《文章》苦難, 試練; (大きな)悩み事

tri·bu·nal /traibjú:nəl トライビューナル, tribjú:nəl トリビューナル/ 名C《単数または複数扱い》《文章》裁判所, 法廷

trib·une /tríbju:n トリビューン/ 名C (古代ローマの)護民官; C 人民の擁護者;《**Tribune**》トリビューン《♦新聞名》

trib·u·tar·y /tríbjətèri トリビュテリ/ 形〔…へ〕貢ぎ物を納めている, 従属している《*to*》; 支流の 一 名 (複 **tributaries**

/tríbjətèriz/) C 属国; 支流

trib·ute /tríbju:t トリビュート/ 名 U C 貢ぎ物; 賛辞; 感謝

trick A2 高
/trík トリク/ 名 (複 **tricks** /tríks/) C
❶たくらみ, 計略, ごまかし; いたずら • They **played a trick on** the teacher. 彼らはその先生をからかった
• **Trick** or treat! お菓子をくれないといたずらするぞ《♦ハロウィーンで子どもたちが家々を回って言うことば》⇨**Halloween**
❷こつ, 秘訣(ひけつ)
❸手品, トリック; (動物の)芸当
❹癖, 習慣

do the trick 《口語》目的を遂げる, うまく行く; (薬などが)効く

know a trick worth two of that それよりずっとよい方法を知っている

not miss a trick 《口語》どんなことも見逃さない

— 動 (三単現 **tricks** /tríks/; 過去・過分 **tricked** /tríkt/; 現分 **tricking**) 他 だます (=cheat); 飾り立てる; 文型 [**trick A into** [**out of**] **B**] AをだましてBをさせる[巻き上げる]
• The man was **tricked out of** his savings. その男は貯金をだましとられた

trick·er·y /tríkəri トリカリ/ 名 U 策略; 詐欺

trick·le /tríkl トリクル/ 動 自 したたる; 少しずつ来る[行く, 動く]
— 名 C したたり; 細い流れ

trick·ster /tríkstər トリクスタ/ 名 C ぺてん師, 詐欺師

trick·y B2 /tríki トリキ/ 形 (比較級 **trick-ier**; 最上級 **trickiest**) 計略を用いる, ずるい, 狡猾(こうかつ)な; 扱いにくい

tri·cy·cle /tráisikl トライスィクル/ 名 C 三輪車 (❗tri- は「3つの」, cycle は「輪」)

tried /tráid トライド/ 動 try の過去形・過去分詞 — 形 試験済みの; 頼りになる

tri·en·ni·al /traiéniəl トライエニアル/ 形 3年ごとの[に起こる]; 3年続く
— 名 C 3年ごとの行事日[祭]

tries /tráiz トライズ/ 動 try の三人称単数現在形 — 名 try の複数形

tri·fle /tráifl トライフル/ 名 ❶C くだらない事, つまらない物 ❷《**a trifle**》少し, 少々, 少量; 小額の金
— 動 自 〔を〕いいかげんに扱う, もてあそぶ《*with*》; 他 浪費する《*away*》

tri·fling /tráifliŋ トライフリング/ 形 つまらない, くだらない; わずかの, ふざけた
• a **trifling** matter ささいな事

trig·ger B1 /trígər トリガ/ 名 (複 **trig-gers** /trígərz/) C (銃の)引き金; きっかけ
— 動 (三単現 **triggers** /trígərz/; 過去・過分 **triggered** /trígərd/; 現分 **triggering** /trígəriŋ/) 他
引き起こす, …のきっかけとなる

trig·o·nom·e·try /trìgənámətri トリガナメトリ/ 名 U 《数学》三角法

trill /tríl トリル/ 名 C 《音楽》トリル, 顫音(せんおん); (鳥の)さえずり
— 動 他 自 トリルで歌う[演奏する]; 自 (鳥が)さえずる

tril·lion /tríljən トリリョン/ 名 C 1兆《♦ million の2乗》

tril·o·gy /trílədʒi トリロヂ/ 名 (複 **trilo-gies** /trílədʒiz/) C (劇・小説・オペラなどの)3部作

trim B1 /trím トリム/ 動 (三単現 **trims** /trímz/; 過去・過分 **trimmed** /trímd/; 現分 **trimming**) 他 ❶(刈(か)ったり切ったりして)きちんと形を整える, 手入れする, (はさみなどで)切り取る, 刈り込む
❷(不要な部分を)切り取る; (予算などを)削減する
❸(…のふちに)飾(かざ)りを付ける, 飾る
— 名 ❶《単数形で》刈り込み, 手入れ; 調髪; U きちんとした状態
❷U 装飾, 飾り
— 形 (比較級 **trimmer**; 最上級 **trimmest**) きちんとした, 整った

tri·mes·ter /traiméstər トライメスタ/ 名 C 《米》(学校の)3学期制の1学期; 3か月の期間

trim·ming /trímiŋ トリミング/ 名 U 整理, 刈り込み; 削減; U C 《写真》トリミング; 《**trimmings**》(服などにつける色・

生地の違った)飾り; (料理の)添え物, つけ合わせ; 裁ちくず

Trin·i·dad and To·ba·go /trínədæd ən təbéigou トリニダド アン トベイゴウ/ 名 トリニダードトバゴ《♦カリブ海南東部にある共和国; 首都ポートオブスペイン(Port-of-Spain)》

trin·ket /tríŋkət トリンケト/ 名 C (安物の)ちょっとした装身具[宝飾品]

tri·o B2 /trí:ou トリーオウ/ 名 (複 **trios** /trí:ouz/) C ❶三人組; 三つ組み (! 単数形で複数扱いもある)
❷三重奏[唱]団, トリオ (! 単数形で複数扱いもある); 三重奏[唱]

trip A1 中

/tríp トリプ/ 名 (複 **trips** /tríps/) C
❶旅行, 《英》短い旅行 ⇨**travel**
• **a** day [boat] **trip** 日帰り旅行[船旅]
• **go to** Kyoto **on** a school **trip** 修学旅行で京都へ行く
• **go on** a business **trip** 出張に行く
• **take** [**make**] a **trip** to Okinawa 沖縄へ旅行する
❷(近くまでちょっと)行くこと, 出かけること, 外出
• a shopping **trip** 買い物に行くこと
❸(幻覚剤使用による)幻覚体験[症状], トリップ

━ 動 (三単現 **trips** /tríps/; 過去・過分 **tripped** /trípt/; 現分 **tripping**)
❶自 つまずく《*over, on*》; 他 つまずかせる《*up*》
• **trip over** a stone 石につまずく
❷自 やり損なう《*up*》; 他 しくじらせる《*up*》

tripe /tráip トライプ/ 名 U
❶《口語》くだらないもの[話, 考え]
❷(牛・ブタなどの)胃

tri·ple /trípl トリプル/ 形 三重の; 3倍の
━ 名 C ❶3倍 ❷《野球》3塁打
━ 動 ❶他 3倍にする; 自 3倍になる
❷《野球》3塁打を打つ

tríple jùmp 名 U 《**the** をつけて》《スポーツ》三段跳び

tríple pláy 名 C 《野球》三重殺, トリプルプレー

tri·plet /tríplət トリプレト/ 名 C 三つ組, 三つぞろい; 三つ子の1人; 《**triplets**》三つ子; 《野球》3塁打

trip·li·cate /tríplikət トリプリカト/ 名 C (同一書類の)3通のうちの1通

tri·pod /tráipɑd トライパド/ 名 C 三脚《♦3本脚のテーブル・いすなど》

trite /tráit トライト/ 形 (比較級 **triter**; 最上級 **tritest**)《文章》(表現・発想などが)ありふれた, 陳腐な

tri·umph B1 /tráiəmf トライアンフ/ 名 (複 **triumphs** /tráiəmfs/)
❶ C 大勝利, 大成功; 偉業
• achieve great **triumphs** 大成功をおさめる
❷ U 勝利[成功]の喜び, 勝利[満足]感, 勝ち誇(ほこ)った[得意の]表情

in triumph 勝利をおさめて; 勝ち誇って, 意気揚々と

━ 動 (三単現 **triumphs** /tráiəmfs/; 過去・過分 **triumphed** /tráiəmft/; 現分 **triumphing**) 自 勝利を得る; 勝ち誇る

triumph over ... …に打ち勝つ

tri·um·phal /traiʌ́mfəl トライアンファル/ 形 勝利の, 勝利を祝う, 凱旋(がいせん)の
• a **triumphal** arch 凱旋門

tri·um·phant /traiʌ́mfənt トライアンファント/ 形 勝利を得た; 勝ち誇った, 意気揚々とした

triúmphantly 副 意気揚々と; 勝ち誇ったように

triv·i·a /tríviə トリヴィア/ 名 U 《複数扱い》ささいなこと, 小事 (=trifles)

triv·i·al B2 /tríviəl トリヴィアル/ 形 つまらない, 取るに足らない, ささいな

triv·i·al·i·ty /trìviǽləti トリヴィアリティ/ 名 (複 **trivialities** /trìviǽlətiz/) C つまらないこと, 取るに足らない[ささいな]こと; U つまらなさ

trod /trɑ́d トラド/ 動 treadの過去形・過去分詞

trod·den /trɑ́dn トラドン/ 動 treadの過去分詞

troll /tróul トロウル/ 名 C トロール《♦北欧の神話中の巨人[小人]》

A B C D E F G H I J K L M N O P Q R S **T** U V W X Y Z

trol·ley B2 /tráli トラリ/ 名 (複 **trolleys** /tráliz/) C ❶(2輪の)手押し車 ❷触輪(しょくりん), 集電輪 ❸トロリーバス (=trolley bus); 市街電車 (=trolley car) ❹《英》(食器などを運ぶ)ワゴン

trom·bone /trambóun トランボウン/ 名 C 《楽器》トロンボーン《◆大きな金管楽器》

troop B2 /trú:p トループ/ 名 ❶《troops》軍隊, 兵士たち ❷C (人・動物の)一群, 一隊, 集団, 群れ (!おもに移動中のもの)
• **a troop of** deer シカの一群
— 動 自 《口語》(群れをなして)ぞろぞろ歩く, 集まる

troop·er /trú:pər トルーパ/ 名 C 騎兵, 戦車兵; 《米》騎馬警官; 州警察官
swear like a trooper 《口語》口汚くののしる

tro·phy B2 /tróufi トロウフィ/ (×トロフィー) 名 (複 **trophies** /tróufiz/) C (競技の)優勝記念品, トロフィー, 賞品; 戦利品; 記念品

trop·ic B2 /trápik トラピク/ 形 熱帯の
— 名 C ❶《しばしば **Tropic**》回帰線 ❷《**the tropics**》熱帯(地方)

trop·i·cal B1 高 /trápikəl トラピカル | trɔ́pikəl トロピカル/ 形
❶熱帯の, 熱帯地方の; 熱帯産の
• **tropical** countries 熱帯地方の国々
❷(熱帯のように)蒸し暑い

trot /trát トラト/ 名 ❶《単数形で》(馬の)速足 ❷《単数形で》(人の)小走り; C 急ぎ足の散歩
— 動 (三単現 **trots** /tráts トラツ/; 過去・過分 **trotted** /trátəd/; 現分 **trotting**)
❶自 速足で走る; 他 速足で走らせる
❷自 (人が)小走りに行く, 急いで行く

trou·ble A2 中

/trʌ́bl トラブル/ 名 (複 **troubles** /trʌ́blz/)
❶U C 心配(事), 悩み(の種), 困る事; 苦労; 問題点
• His son is a great **trouble to** him. 彼の息子は彼には大きな悩みの種です
• **What's the trouble** (**with** you)? 何が心配なの?
❷U C やっかいな事態, 困難; 苦しい状況; 《しばしば **troubles**》もめ事, 紛争, トラブル
• The family had a lot of **trouble** with their neighbors. その家族は近所といろいろなトラブルを起こした
❸U C 体の不調; (機械の)不調, 故障
• heart **trouble** 心臓病
• engine **trouble** エンジントラブル
❹U 余分な手間, 面倒なこと, 迷惑; やっかい, ほねおり
• Thanks [Sorry] for your **trouble**. わざわざありがとうございます[すみません]

ask for trouble 自ら災難[苦労]を招く
be in trouble (***with ...***) (…の)トラブルに巻き込まれている
• He **is in trouble with** the police. 彼は(悪いことをして)警察ざたになっている
get into trouble トラブルに巻き込まれる, 困ったことになる
go to trouble to *do* ほねおって…する
have trouble (***in***) *doing* …するのに苦労する
have trouble with ... …が故障している
make [***cause***] ***trouble*** 面倒[ごたごた]を起こす, 困らせる
take the trouble to *do* 労をおしまず…する, わざわざ…する
take trouble (面倒を引き受けて)ほねをおる; 気にかける
The trouble is (***that***)... 困ったことに…である
without (***any***) ***trouble*** わけなく

— 動 (三単現 **troubles** /trʌ́blz/; 過去・過分 **troubled** /trʌ́bld/; 現分 **troubling**)
❶他 心配させる, 悩ます; (病気が)苦しめる; 自 心配する
• The old woman was **troubled** by aches and pains. そのおばあさんはいろいろな痛みに悩まされた
❷他 迷惑[手間]をかける, わずらわす, 面倒をかける; 自 わざわざ…する《*to do*》

- **I am sorry to trouble you, but** can you tell me the way to the station? ご面倒かけてすみませんが駅へ行く道を教えていただけませんか
- **Don't trouble to** come if you are busy. 君が忙しければわざわざ来なくてもいいよ

文型 [**trouble A for B**] AにBを頼む

- Could I **trouble** you **for** a receipt? 領収書をいただけますか

文型 [**trouble A to** *do*] Aに…するように頼む

trouble oneself (***about ...***) (…を)心配する

trouble oneself to do わざわざ…する

派生 **troublesome** 形

trou·bled /trʌ́bld トラブルド/ 形 ❶心配な, 不安な, 悩んでいる, 困ったような ❷《文章》さわがしい, 騒然とした, 多難な; (海などが)荒れた

trou·ble·mak·er /trʌ́blmèikər トラブルメイカ/ 名 C トラブルを起こす人

trou·ble·shoot·er /trʌ́blʃùːtər トラブルシュータ/ 名 C (紛争の)解決者, 調停者, まとめ役

trou·ble·some B2 /trʌ́blsəm トラブルサム/ 形 うるさい, 面倒な, やっかいな, 迷惑な; 難しい 派生 **trouble** 名

trough /trɔ́ːf トローフ/ 名 C (家畜用の細長い箱形の)水おけ, かいばおけ; (景気の)谷; (グラフ曲線の)谷; 《気象》気圧の谷; (波と波の間の)波くぼ; 《地学》トラフ

trounce /tráuns トラウンス/ 動 他 (試合・選挙などで)圧勝する

troupe /trúːp トループ/ 名 C 《集合的》《単数または複数扱い》〔軽業師・役者などの〕一座, 一団 《*of*》

trou·sers A1

/tráuzərz トラウザズ/ 名 《複数扱い》
(男物の) ズボン (=《米》《口語》pants)
(❗足を入れる部分 (trouser) が2つあるので複数形の形で用いる)

- **a pair of trousers** ズボン1着 (❗数える時は ×*a* trousers でなく, この形を用いる)
- **put on** [**take off**] *one's* **trousers** ズボンをはく[脱ぐ]

trout /tráut トラウト/ 名 (複 **trout**, **trouts** /tráuts トラウツ/) C 《魚》マス

trow·el /tráuəl トラウアル/ 名 C (左官の使う)こて; (園芸用の)移植ごて

Troy /trɔ́i トロイ/ 名 トロイ, トロイヤ 《◆小アジア(現在のトルコ)北西部の古代都市: トロイ戦争が行われた》

tru·an·cy /trúːənsi トルーアンスィ/ 名 U 無断欠席

tru·ant /trúːənt トルーアント/ 名 C ずる休みする生徒, 無断欠席者; 仕事を怠ける人

play truant 《英》ずる休みする; 仕事をさぼる

truce /trúːs トルース/ 名 C 休戦, 停戦; 休戦[停戦]協定 (=armistice)

truck[1] A1 高

/trʌ́k トラク/ 名 (複 **trucks** /trʌ́ks/) C
❶トラック (=《英》lorry) 《◆4輪以上の貨物運送用; タンクローリー, トレーラー, ミキサー車, フォークリフト車などもふくむ》

- a dump [《英》dumper] **truck** ダンプカー (❗「ダンプカー」は和製英語)
- a **truck** driver トラック運転手

❷《英》(鉄道の)屋根なしの貨車
❸手押し車, 台車, トロッコ

— 動 (三単現 **trucks** /trʌ́ks/; 過去・過分 **trucked** /trʌ́kt/; 現分 **trucking**) 他 トラックで運ぶ; 自 トラックを運転する

truck[2] /trʌ́k トラク/ 名 U ❶(物々交換の)品物 ❷《米》市場向け野菜 ❸(賃金の)現物支給

have no truck with ... …とまったく関わらない

truck·er /trʌ́kər トラカ/ 名 C 《米》トラック運転手; トラック運送業者

trúck fàrm 名 C (小規模の)市場向け野菜農園

trudge /trʌ́dʒ トラヂ/ 動 自 重い足どりで歩く, とぼとぼ歩く

— 名 C 重い足取り

true A1 中

/trú: トルー/ 形
(比較級 truer; 最上級 truest)
❶ほんとうの[で], 真実の[で], 真の(⇔false, untrue); 文型 [**It is true (that) ...**] …ということは本当だ
• **It is true that** he is getting married soon. 彼がもうすぐ結婚するというのはほんとうよ (❗ It = that 以下)
• a **true** story ほんとうの話, 実話
• **true** love [nature] 真実の愛[本性]
❷実物そのままの, 正確な, 本物の; 純粋な; 本物そっくりで, …どおりで, あてはまる
• a **true** copy of his will 彼の遺言状の真正(しんせい)な写し
❸ほんとうの心[真心]を持った, 誠実な; 忠実な
• He remains **true to** his principles. 彼は相変わらず自分の主義に忠実である

be true of ... …についてあてはまる
be true to ... …に忠実[誠実]な
• She **is true to** her promise. 彼女は自分の約束に誠実です

come true (希望・予言などが)ほんとうになる, 実現する, 的中する
• His dream [wish] **came true**. 彼の夢[望み]はかなった

hold true 当てはまる
***It is true that** A, **but** B* なるほどAだが, しかしBである

派生 truth 名

truf·fle /trʌ́fl トラフル/ 名 C トリュフ《◆土中で成育する高級きのこ》

tru·ism /trú:izm トルーイズム/ 名 C 自明の理, 言うまでもないこと

tru·ly A2 高

/trú:li トルーリ/ 副
ほんとうに, 真に, いつわりなく; 誠実に; 正確に; 正直なところ
• We are **truly** grateful for your kind invitation. あなたの親切なご招待には心より感謝しております

Trump /trʌ́mp トランプ/ 名 《Donald John Trump》ドナルド・トランプ(1946–)《◆米国の第45代大統領(2017–)》

trump /trʌ́mp トランプ/ 名 C 《トランプ》切り札 (❗ 英語の trump には日本でいう「トランプ」の意味はなく, それは (playing) cards という)

turn* [*come*] *up trumps 《英》予想以上にうまくいく, 幸運に恵まれる

— 動 他 (札を)切り札で取る; 自 切り札を出す[出して勝つ]

trump up (口実・罪などを)でっち上げる

trum·pet B1 /trʌ́mpət トランペト/ 名 (複 **trumpets** /trʌ́mpəts トランペツ/) C
❶トランペット
• **play** the **trumpet** トランペットを演奏する[吹く]
❷(トランペットのような)象の鳴き声
❸らっぱのようなもの

blow one's own trumpet 《英》《口語》自慢をする

— 動 (三単現 **trumpets** /trʌ́mpəts/; 過去・過分 **trumpeted** /trʌ́mpətəd/; 現分 **trumpeting**) 自 トランペット[らっぱ]をふく; 他 吹聴(ふいちょう)する

trun·dle /trʌ́ndl トランドル/ 動 他 (ベビーカーなどを)転がして[押して]行く
— 動 自 のろのろ動く; 転がる

trunk B2 高 /trʌ́ŋk トランク/ 名 C ❶(木の)幹; (人間・動物の)胴(どう), 胴体 ❷《米》(自動車後部の)トランク (=《英》boot) ❸(旅行用などの)トランク, 大きなかばん
• I'm **packing** my **trunk**. 今トランクに荷物をつめているところです
❹(木の幹のような)象の鼻
❺《trunks》(水泳・ボクシングなどの)パンツ, トランクス

truss /trʌ́s トラス/ 名 C 《建築》トラス, けた構え《◆屋根・橋などを支える》; 《医学》脱腸帯, ヘルニアバンド
— 動 他 (ひも・ロープなどで)縛り上げる《*up*》; (料理前に)翼や足を胴に縛りつける《*up*》; (屋根・橋などを)トラスで支える

trust A2 高

/trʌ́st トラスト/ 動 (三単現 **trusts** /trʌ́sts

トラスツ/; 過去・過分 **trusted** /trʌ́stəd/; 現分 **trusting**)

❶ 他 信頼する, 信用する; 自〔…を〕信じる《*in*》(↔**distrust**)

• Don't **trust** him. He is a liar. 彼を信用するな. 彼はうそつきだ

• I **trust** (**in**) God. 私は神を信じます

文型 [**trust A to** *do*] Aを信頼して…させる; Aが…すると確信する; 安心してAに…させられる

• Can we **trust** her **to** *keep* a secret? 彼女は秘密を守るとあてにできますか

❷ 他 頼りにする; (信用して)預ける, 任せる, 委託する; 文型 [**trust A with B = trust B to A**] AにBを委託する[預ける, 任す]

• I'll **trust** him **with** my money. = I'll **trust** my money **to** him. 私は金を彼に預けよう

❸ 他〔…と〕信ずる,〔…であれば〕よいと思う《*that* ...》

― 名 (複 **trusts** /trʌ́sts トラスツ/)

❶ U 信頼, 信用; C 信頼する人[物] (↔**distrust**)

• I **have** [**put**, **place**] complete **trust in** him. 私は彼をすっかり信用している

❷ U (信用されて)預かること, 世話(をすること); 委託, 《法律》信託

❸ U (信頼・委託にこたえる)責任, 義務

❹ C トラスト, 企業合同

take ... on trust 〔人の言うことなど〕をそのまま信用する

trus·tee /trʌstíː トラスティー/ 名 C (他人の財産の)受託者, 保管人; (学校など法人の)評議員, 理事

trust·ful /trʌ́stfəl トラストフル/ 形 信じやすい, (容易に)他人を信じる

trústfully 副 信頼して

trust·ing /trʌ́stiŋ トラスティング/ 形 (人・性格などが)信頼して疑わない, 人をすぐ信用する

trust·wor·thi·ness /trʌ́stwəːrðinəs トラストワーズィネス/ 名 U 信頼に値すること, 頼もしさ

trust·wor·thy B1 /trʌ́stwəːrði トラストワーズィ/ 形 信頼できる, 頼れる; 当てになる

trust·y B2 /trʌ́sti トラスティ/ 形 (比較級 **trustier**; 最上級 **trustiest**) 信頼できる, 頼りになる; (道具・動物が)当てになる (❗名詞の前に用いる)

truth A2 高

/trúːθ トルース/ 名 (複 **truths** /trúːðz, trúːθs/) ❶ U 真実, ほんとうのこと, 事実; 真実性 (↔**lie**[2])

• **tell** [**speak**] the **truth** ほんとうのことを言う, 真実を語る

• discover [find out, reveal] the **truth** 真実を見いだす[明らかにする]

❷ C 真理, (証明された)事実

• the scientific **truth that** the earth is round 地球は丸いという科学的真理

❸ U 誠実; 正直

in truth 実は; 本当は

The truth is that ... = The truth is, ... 実は…である

to tell (you) the truth = truth to tell ... 実を言えば ⇨**to**《不定詞用法》

派生 **true**, **truthful** 形

truth·ful B2 /trúːθfəl トルースフル/ 形 真実の; 真実を言う, うそをつかない, 正直な

派生 **truth** 名

truth·ful·ly /trúːθfəli トルースフリ/ 副 正直[誠実]に; 正直に言えば

truth·ful·ness B2 /trúːθfəlnəs トルースフルネス/ 名 U 真実(性); 誠実, 正直

try A1 中

/trái トライ/

共通イメージ 目標に向けて努力する

意味マップ
名 ❶試み, 試し; 努力
❷《ラグビー》トライ
動 ❶努力する, 努める
❷試す, テストしてみる
❸裁判にかける, 審理(しんり)する
❹苦しめる

━名 (複 **tries** /tráiz/) C ❶やってみること, 試み, 試し; 努力 (=trial)
• **give it a try** やってみる
• Come on. Just **have** a **try**. さあ, ちょっとやってごらんよ
❷《ラグビー》トライ

━動 (三単現 **tries** /tráiz/; 過去・過分 **tried** /tráid/; 現分 **trying**)
❶他 努力する, 努める
• We **tried** our best. 私たちはやるだけのことはやった
会話 "Can you do it?" "**I'll** [**Let me**] **try**." 「君それできますか」「やってみます[やらせてください]」
文型 [**try to** *do*] …しようと努める, 努力する
• She **tried to** *persuade* him to quit smoking. 彼女は彼にたばこをやめるように説得しようとした

使い方》
try to do は「…しようとする」(実際にしたかどうかは不明), **try doing** は「(実際に)…してみる」⇨❷:
John **tried eating** raw fish and liked it. ジョンは生の魚を食べてみてそれが気に入った
John **tried to eat** raw fish, but he couldn't. ジョンは生の魚を食べようとしたができなかった (❗過去形ではふつう「しようとしたができなかった」ことを表す)

❷他自 (いいかどうかを)試す, テストしてみる; 〔…することを〕試しにやってみる, 試みる《*doing*》
• **try** the brakes ブレーキ(がきくかどうか)を試す
• **try** something new [different] 新しい[違う]ことを試す
• Won't you **try** this cheese? このチーズを召し上がりませんか
• She **tried playing** the piano. 彼女は試しにピアノを弾いてみた
❸他 (人を)裁判にかける, (事件を)審理(しんり)する • He **was tried for** murder. 彼は殺人罪で裁判にかけられた
❹他 苦しめる; 無理をさせる; 疲れさせる

try and do 《口語》…するように努める (=try to do) (❗ふつう命令文で用いる; try to do のくだけた表現)

try on 試しに着て[はいて]みる, 試着してみる • This jacket looks nice. May I **try** it **on**? この上着はすてきだ. 着てみてもいいですか

try out (機械・計画などを)実際に試してみる

try out for ... …に入るテストを受けてみる, 〔選手・俳優など〕のオーディションを受ける

参考》 tr のあとに母音がくると t は日本語では「チュ」の音に近く聞こえるので try はどちらかというと「チュライ」と聞こえる. 同じように, travel は「チュラヴェル」, true は「チュルー」のように聞こえる

使えるコーパスフレーズ

try to＋動詞
(1) *try to* get ... …を手に入れようとする
(2) *try to* make ... …を作ろうとする
(3) *try to* find ... …を見つけようとする
(4) *try to* think ... …と考えようとする
(5) *try to* say ... …を言おうとする

try＋名詞・代名詞
(1) *try* it それをやってみる
(2) *try* something new 何か新しいことをやってみる
(3) *try* one's hand at ... …に挑戦してみる
(4) *try* one's best ベストを尽くす
(5) *try* one's luck 一か八かやってみる

コーパス この順番でマスター

try の重要構文
(1) *try* to 動詞
(2) *try*＋名詞
(3) *try* のみ
(4) *try*＋名詞＋前置詞句
(5) be *tried*

ネイティブはこういう！›
But at least I tried. 少なくとも努力はしたよ
You should try it. 試しにやってみたらいいよ
I'm trying to forget her. 彼女のことを忘れようとしているんだ
Try hard! 一生懸命がんばれ！

派生 **trial** 名

try·ing /tráiiŋ トライイング/ 動 try の現在分詞・動名詞
— 形 つらい, 苦しい; しゃくにさわる

try·out /tráiàut トライアウト/ 名 C 予行; (俳優・スポーツ選手などの)オーディション, トライアウト; 試演, 試験興行

tsar /záːr ザー, tsáːr ツァー/ 名 (=czar)

T-shirt A1 中

/tíːʃəːrt ティーシャート/ 名
(複 **T-shirts** /tíːʃəːrts ティーシャーツ/) C
Tシャツ

tsu·na·mi /tsunáːmi ツナーミ/ 名 (複 **tsunami**, **tsunamis** /tsunáːmiz/) C 津波

tub B2 /tʌ́b タブ/ 名 C
❶ たらい, おけ; 小型容器
❷ ふろおけ, 浴そう; ひとふろ

tu·ba /tjúːbə テューバ/ 名 C 《楽器》チューバ 《◆大型の金管楽器》

tub·by /tʌ́bi タビ/ 形 (比較級 **tubbier**; 最上級 **tubbiest**) ずんぐり太った

tube A1

/tjúːb テューブ/ 名 (複 **tubes** /tjúːbz/) C
❶ (細長い)管, 筒; (絵の具・歯みがきの)チューブ; 真空管; (テレビの)ブラウン管; 《**the tube**》《米》《口語》テレビ
• a rubber **tube** ゴムのチューブ, ゴム管
❷ (地下鉄などの)地下トンネル; 《**the Tube**》ロンドンの地下鉄 (=《米》subway, 《英》underground)
• go by [on] **the tube** 地下鉄で行く

tu·ber·cu·lo·sis B2 /tjubə̀ːrkjəlóusəs テュバーキュロウスィス/ 名 U 《医学》結核, 肺結核 《◆T.B. と略す》

tub·ing /tjúːbiŋ テュービング/ 名 U 管の材料; 《集合的》管類 (=tubes)

tu·bu·lar /tjúːbjələr テュービュラ/ 形 管状の, 管のある

tuck /tʌ́k タク/ 動 他 ❶ (そで・すそを)まくり(上げ)る 《*up*》; (シャツ・シーツの端などを)押し込む, はさみ込む
❷ (せまい所にむりに)押し込む; 隠す
tuck in 差し込む; くるむ; たらふく食う[飲む]
tuck up (夜具などに)くるむ
— 名 C (服の)タック, ぬいひだ

Tue(s). 《略》Tuesday 火曜日

Tues·day A1 中

/tjúːzdei テューズデイ, tjúːzdi テューズディ/ 名 (複 **Tuesdays** /tjúːzdeiz/) C U
火曜日; 《形容詞的》火曜日の; 《副詞的》火曜日に
• Today is **Tuesday**. きょうは火曜日です (❗×*a* [*the*] Tuesday としない)
• See you (**on**) **Tuesday** morning. 火曜の朝会おう

使い方› 「…曜日に」の言い方
(**1**) **on Tuesday** 火曜日に (❗文によって「この前の火曜日」「次の火曜日」「火曜日はいつも」などの意味になる):
I met him **on Tuesday**. (この前の)火曜日に彼に会った
I will meet him **on Tuesday**. (次の)火曜日に彼に会います
We meet **on Tuesday**(**s**). 私たちは火曜日ごとに会う (❗**on Tuesdays** とすると習慣を表す気持ちが強い)
(**2**) **last**, **next** などといっしょだと on をつけずに副詞的に用いる:
I went there **last Tuesday**. この前の火曜日にそこへ行った (❗「先週の火曜日に」とはっきり示すときは I went there **on Tuesday last week**. とする)
I will go there **next Tuesday**. 次の火曜日にそこへ行きます
I go there **every Tuesday**. 火曜日ごとにそこへ行きます

tuft /tʌ́ft タフト/ 名 C 房; 茂み, やぶ

tug B2 /tʌ́g タグ/ 名 C 力いっぱい引くこと, ぐいと引っぱること

— 動 (三単現 **tugs** /tʌ́gz/; 過去・過分 **tugged** /tʌ́gd/; 現分 **tugging**)
❶ 他 力をこめて引っぱる, 強く[ぐいと]引く; 自 〔…を〕力をこめて引っぱる《*at*》
❷ 他 引き船で引っぱる

tug·boat /tʌ́gbòut タグボウト/ 名 C タグボート, 引き船

tug-of-war, tug of war /tʌ́gəvwɔ́r タグオヴウォー/ 名 U C 《単数形で》綱引き(競技); 争奪戦, 勢力[主導権]争い

tu·i·tion B2 /tjuːíʃən テューイション/ 名 U 授業料 (♦tuition fee ともいう); 《文章》〔…の〕授業, (個人)教授《*in*》

tu·lip B2 /tjúːləp テューリプ/ 名 C 《植物》チューリップ

tum·ble B1 /tʌ́mbl タンブル/ 動 (三単現 **tumbles** /tʌ́mblz/; 過去・過分 **tumbled** /tʌ́mbld/; 現分 **tumbling**) 自 ころぶ, 倒れる, ころがる, ころげ回る; 急落する; 他 倒す, ひっくり返す; 投げちらかす

— 名 (複 **tumbles** /tʌ́mblz/) C 転倒, 転落; 暴落, 下落

tumble·down /tʌ́mbldàun タンブルダウン/ 形 朽(く)ちかけた, (建物など)荒れ果てた (❗名詞の前に用いる)

tum·bler /tʌ́mblər タンブラ/ 名 C 大型コップ, タンブラー, グラス

tum·my /tʌ́mi タミ/ 名 (複 **tummies** /tʌ́miz/) C 《幼児語》おなか, ぽんぽん (=stomach)

tu·mor B2 /tjúːmər テューマ/ 名 C 《米》腫れ; 《医学》腫瘍(しゅよう)

tu·mour /tjúːmər テューマ/ 名 《英》(=tumor)

tu·mult /tjúːmʌlt テューマルト/ 名 U C 大騒ぎ, 騒動; 混乱

tu·mul·tu·ous /tjuːmʌ́ltʃuəs テューマルチュアス/ 形 《文章》大騒ぎする, わき立った; 動揺する

tu·na B1 /tjúːnə テューナ/ 名 (複 **tuna, tunas** /tjúːnəz/) C 《魚》マグロ; U ツナ, マグロの肉

tun·dra /tʌ́ndrə タンドラ/ 名 U C ツンドラ (♦凍土地帯)

tune A2 高

/tjúːn テューン/ 名 (複 **tunes** /tjúːnz/)
❶ C (音楽の)メロディ, 節, 調べ; 曲, 歌
• sing [play] a merry **tune** 楽しい曲を歌う[演奏する]
❷ U (声・楽器の)正しい音の高さ, 調子

call the tune 決定権を持つ, 命令[指揮]する立場にある
change** one's **tune 意見[態度]を変える
in tune with ... …と調和して
out of tune 調和しないで, 仲が悪く
to the tune of ... …の曲に合わせて; 《口語》…もの高額で[の]

— 動 (三単現 **tunes** /tjúːnz/; 過去・過分 **tuned** /tjúːnd/; 現分 **tuning**)
(楽器・声の)調子を合わせる, 調律する《*up*》; (エンジンの)調子を整える《*up*》; 〔局・番組に〕(ラジオ・テレビの)チャンネルを合わせる《*to*》
• **tune** a piano ピアノを調律する
• **tune** the radio ラジオのチャンネルを合わせる

stay tuned チャンネルを変えずにいる, 番組を見[聞き]続ける
tune in (ラジオ・テレビの局・番組に)チャンネル[波長]を合わせる; じっと聞く
tune out ① チャンネルを合わせない ② …を無視する
tune up (オーケストラが)楽器の調子を合わせる; (機械などの)調子を整える

tune·ful /tjúːnfəl テューンフル/ 形 調べの美しい, 音楽的な; (鳥などが)美しい調べをかなでる
túnefully 副 音楽的に

tun·er /tjúːnər テューナ/ 名 C (テレビ・ラジオの)チューナー; (ピアノなどの)調律師

tune-up /tjúːnʌ̀p テューナプ/ 名 C 《米》(モーターなどの)調整, チューンアップ; 準備運動; 予選

tung·sten /tʌ́ŋstən タングスタン/ 名 U 《化学》タングステン (♦元素記号 W, 原子番号 74)

tu·nic /tjúːnik テューニク/ 名 C チュニッ

ク《♦ひざ上まで届く長い上衣》

tun·ing /tjúːniŋ テューニング/ 名U 調律; 同調

Tu·ni·sia /tjuːníːʒə テューニージャ/ 名 チュニジア《♦アフリカ北部の共和国; 首都チュニス(Tunis)》

tun·nel B2 /tʌ́nl タヌル/ (×トンネル) 名C トンネル, 地下道, 坑道; (動物が掘った)穴 • go through a long **tunnel** 長いトンネルを抜ける

— 動 (三単現 **tunnels** /tʌ́nlz/; 過去・過分 **tunneled**, 《英》 **tunnelled** /tʌ́nld/; 現分 **tunneling**, 《英》 **tunnelling**) 他自 トンネルを掘る

tur·ban /tə́ːrbən ターバン/ 名C ターバン《♦中東・インドなどで用いられる頭部に巻く布》

tur·bine /tə́ːrbən タービン/ 名C タービン(機関[モーター])

tur·bo·jet /tə́ːrboudʒèt ターボウヂェト/ 名C ターボジェット機[エンジン]

tur·bu·lence B1 /tə́ːrbjələns タービュレンス/ 名U 《気象》乱気流; 大荒れ; 騒乱

tur·bu·lent B2 /tə́ːrbjələnt タービュレント/ 形 荒れ狂う; 動乱の, 不穏な

túrbulently 副 荒れ狂って; 騒いで

turf /tə́ːrf ターフ/ 名 (複 **turfs** /tə́ːrfs/, **turves** /tə́ːrvz/) ❶U 芝草の生えた土地, 芝地, 芝生; C (移植のため切り取った土付きの)芝, 芝土
❷U 《俗語》(自分の)地盤, 縄張り

Turk /tə́ːrk ターク/ 名C トルコ人

Tur·key /tə́ːrki ターキ/ 名 トルコ《♦アジア・欧州にまたがる共和国; 首都アンカラ(Ankara); 公用語はトルコ語》

tur·key A1

/tə́ːrki ターキ/ 名 (複 **turkeys** /tə́ːrkiz/) C 《鳥》シチメンチョウ; U シチメンチョウの肉《♦米国では Thanksgiving Day に欠かせないもの》

talk turkey 《口語》(商談などで)率直にものを言う

Turk·ish /tə́ːrkiʃ ターキシュ/ 形 トルコの; トルコ人[語]の; トルコ風の

— 名U トルコ語

Turk·men·i·stan /təːrkmenəstǽn タークメニスタン/ 名 トルクメニスタン《♦中央アジアの共和国; 首都アシガバット(Ashgabat)》

tur·moil /tə́ːrmɔil ターモイル/ 名 《単数形で》大騒ぎ, 大混乱; (精神的)動揺

in turmoil 大混乱で, 紛争中で

turn A1 中

/tə́ːrn ターン/

意味マップ

動 ❶回る; 回す
❷向きを変える; 曲がる; 向く
❸ひっくり返る; ひっくり返す
❹変わる; …になる; 変える
❺越す
❻調子を狂わす

名 ❶回転
❷曲がること; 方向転換
❸曲がりかど
❹順番
❺転機; 転換
❻性向; 才能

— 動 (三単現 **turns** /tə́ːrnz/; 過去・過分 **turned** /tə́ːrnd/; 現分 **turning**)

❶自 回る, 回転する; 他 回す, 回転させる

• **turn** the knob (ドアの)取っ手を回す

• I **turned** the key and opened the door. 私はかぎを回し戸を開けた

❷自他 向きを変える; 曲がる; 向く, 振り返る; 向ける; 曲げる

• **turn to** the right = **turn** right 右に向く, 右に曲がる

• **turn** a corner かどを曲がる

• He **turned to** his wife and waved good-bye. 彼は妻の方をふり向いてさよならと手をふった

❸自 (上下に)ひっくり返る; 寝返りを打つ; 他 (上下に)ひっくり返す; 裏返す; (ページを)めくる

• **turn** a page ページをめくる

❹自 変わる; …になる《*into, to*》; 他 〔…に〕変える《*into, to*》

• The rain **turned into** snow. 雨が雪に変わった

文型 [**turn C**] Cになる
● The policy **turned** sour. その政策はうまくいかなくなった
文型 [**turn A C**] AをCに変える
● Care **turned** his hair gray. 心配で彼の髪は白くなった
❺ 他 (時刻などを)越す, 回る, (…歳に)なる ● Ken will **turn** six on his next birthday. 健は次の誕生日で6歳になる
❻ 他 (頭などの)調子を狂わす; (胃を)むかつかせる

turn against ... …に反抗する; …を嫌う; …に不利になる

turn around 振り向く
● He **turned around** and waved. 彼は振り返って手を振った

turn aside 顔をそむける, わきを向く; よける, そらす, わきへそれる

turn ... away 追い払う, 追い返す; (顔などを)そむける

turn away from ... …から顔をそむける, …にそっぽを向く

turn back 引き返す, 戻る

turn down (つまみを回して音量・火力などを)小さくする; 衰退[低下]する, 下げる; 下に曲がる[曲げる]; (ページの端を)折り曲げる, (ベッドカバーなどを)折り返す; (申し出などを)断る, はねつける
● Please **turn down** the TV. テレビの音を小さくして

turn in (答案などを)提出する, 手渡す, (不要物を)返す; 《口語》ベッドに入る, 寝る; 中に曲がる[曲げる]; (向きを変えて中へ)入る, (…に)立ち寄る

turn ... inside out (ポケットなどを)裏返しにする

turn off (栓(せん)・スイッチをひねって)止める, 消す; …からわき道へ入る
● **Turn off** the gas before you go out. 外出する前はガスを消しなさい

turn on (栓・スイッチをひねって)つける, 出す
● **Turn on** the TV. テレビをつけてよ
● **turn on** [**off**] the tap 水道の蛇口を開く[閉める]

turn out (電灯などを)消す (=turn off); 外へ(追い)出す; 生産する; 出て来る; (結局)…になる, …である; 裏返しにする[なる]
● **Turn out** the lights. 明かりを消しなさい
● **It turned out that** Jim was right. 結局ジムが正しいということがわかった

turn over ひっくり返る[返す]; (ページなどを)めくる; …を思い巡らす, よく考える; 渡す, 引き渡す; 寝返りを打つ
● I **turned over** the pages of my diary. 私は日記のページをめくった

turn to** A* (for** B*) (Bを求めて)Aに頼る

turn up 上に向ける; 折り返す; 掘り起こす; (音量・ガスの火などを)大きくする; (不意に)現れる, やって来る; あばきだす ● She **turned up** late. 彼女は遅くになって現れた

turn ... upside down …をひっくり返す; …を引っかき回す

━ 名 (複 **turns** /tə́ːrnz/) C
❶ 回転; 回すこと
❷ 曲がること, 曲げること; ターン; 方向転換
● make a left **turn** 左に曲がる
❸ 曲がりかど, カーブ
● a sharp **turn** in the road 急カーブ
❹ 順番, 番
● It is your **turn** to sing. 君が歌う番だ
❺ 《単数形で》(事態などの)転機; 転換, 新発展; 《**the turn**》変わり目
❻ 《単数形で》(生まれつきの)性向; 才能

at every turn いつでも; いたる所で

by turns かわるがわる, 交替に, 交代で ● We went to New York, driving **by turns**. 私たちは運転を交替しながらニューヨークまで行った

in turn 順番に, 順次, 交替で; 代わって今度は

in one's turn 自分の番に; 入れ替わって, 今度は逆に

on the turn 変わり目にさしかかって

out of turn 順番を無視して; 時[場所

柄]をわきまえずに

serve *A's* ***turn*** A(人)の役に立つ

take turns doing 交替で…する

• They **took turns driving** the car. 彼らは交替で車を運転した

turn·a·bout /tə́ːrnəbàut ターナバウト/ 名 C 方向転換, 旋回; (方針などの)百八十度の転換; (思想上の)変節, 転向

turn·a·round /tə́ːrnəràund ターナラウンド/ 名 C (状況の)好転, 改善; 方向転換; 変節, 転向

turn·coat /tə́ːrnkòut ターンコウト/ 名 C 変節者, 裏切り者

turn·ing B1 /tə́ːrniŋ ターニング/ 名 (複 **turnings** /tə́ːrniŋz/) U 回転; C 曲がり角

túrning pòint 名 C 転換点, 転機, 分岐点, 変わり目; (病気の)峠

tur·nip /tə́ːrnəp ターニプ/ 名 C 《植物》カブ

turn·off /tə́ːrnɔ̀ːf ターノーフ/ 名 C わき道; 《口語》興味をそぐもの, 不快な人

turn·out /tə́ːrnàut ターナウト/ 名 C 《ふつう **a turnout**》(集会の)出席者(数), (選挙の)投票(者)数

turn·o·ver /tə́ːrnòuvər ターノウヴァ/ 名 《単数形で》商品の回転率; (一定期間内の)取引[売り上げ]高; (一定期間内の)(新規労働者による)補充率; C 折り重ねパイ《♦中に果物などが入っている》

turn·pike /tə́ːrnpàik ターンパイク/ 名 C 《米》有料高速道路

túrn sìgnal 名 C (自動車の)方向指示器, ウインカー

turn·stile /tə́ːrnstail ターンスタイル/ 名 C 回転出入り口, 自動改札口《♦硬貨などを入れると回転して通過できる》

turn·ta·ble /tə́ːrntèibl ターンテイブル/ 名 C 《鉄道》転車台《♦機関車などの向きを変える装置》; (レコードプレーヤーの)回転盤

tur·pen·tine /tə́ːrpəntàin ターペンタイン/ 名 U テレピン油

tur·quoise /tə́ːrkwɔiz タークウォイズ/ 名 U C トルコ石《♦青緑色の宝石; 12月の誕生石》; U 青緑色 ━形 青緑色の

tur·ret /tə́ːrət ターレト/ 名 C (城壁・建物の一角に設けた)小塔, やぐら; (軍艦・戦車などの)回転砲塔

tur·tle B1 高 /tə́ːrtl タートル/ 名 (複 **tur·tles** /tə́ːrtlz/) C 《動物》カメ, ウミガメ ⇨**tortoise**

tur·tle·neck /tə́ːrtlnek タートルネク/ 名 C (カメの首に似た)タートルネック(のセーター)

turves /tə́ːrvz ターヴズ/ 名 turf の複数形

tusk /tʌ́sk タスク/ 名 C きば《♦象のように口の外に突き出たもの》⇨**fang**

tus·sle /tʌ́sl タスル/ 名 C 《口語》格闘, つかみ合いのけんか

━動 自 取っ組み合いをする

tu·te·lage /tjúːtəlidʒ テューテリヂ/ 名 U 《文章》保護, 後見; 指導; 保護[後見]されること[期間]

tu·tor B2 /tjúːtər テュータ/ 名 C ❶ 家庭教師《♦住み込みのこともある》❷《英》(大学の)チューター, 個別指導教官; 《米》(大学の)助講師

━動 他 自 家庭教師として教える

tu·to·ri·al /tjuːtɔ́ːriəl テュートーリアル/ 形 《文章》家庭教師の; (特に大学で)個別指導の

━名 C ❶《コンピュータ》チュートリアル《♦操作説明のためのプログラム》❷ 家庭教師に教わる時間; (大学の)個別指導時間

Tu·va·lu /túːvəlùː トゥーヴァルー/ 名 ツバル《♦太平洋中部の島国; 首都フナフティ(Funafuti)》

tu-whit tu-whoo /tuhwìt tuhwúː トゥウィト トゥウー/ 間 ホーホー

━名 C ホーホー《♦フクロウの鳴き声》

tux·e·do /tʌksíːdou タクスィードウ/ 名 C 《米》タキシード《♦男子の夜間用略礼服》(=《英》dinner jacket)

TV A1 中 /tìːvíː ティーヴィー/ 名 (複 **TVs, TV's** /tìːvíːz/) 《口語》U テレビ(放送); テレビ番組; C テレビ(受像機) (I television の略)

• **turn on** [**off**] the **TV** テレビをつける[消す]

• **watch TV** テレビを見る
• I saw a movie **on TV** last night. 昨夜はテレビで映画を見た
• What is your favorite **TV** program? 好きなテレビ番組は何ですか

TV dínner 名C テレビディナー《♦調理済みの冷凍食品》

Twain /twéin トウェイン/ 名 《**Mark Twain**》トウェイン (1835–1910)《♦米国の作家》

twang /twǽŋ トワング/ 名C (弦楽器などの)ブーン[ビーン]と鳴る音; 鼻にかかった声, 鼻声
— 動他 (弦などを)ブーン[ビーン]と鳴らす; 自 (弦などが)ブーン[ビーン]と鳴る

tweak /twíːk トウィーク/ 動他 つまんでひねる; 少し手直しする
— 名C ひねる[つまむ]こと

tweed /twíːd トウィード/ 名U ツイード《♦数色の糸で織った目の粗い羊毛生地》; 《**tweeds**》ツイードの服

tweez·ers /twíːzərz トウィーザズ/ 名 《複数扱い》ピンセット, 毛抜き

twelfth 中 /twélfθ トウェルフス/ 形 (! 12th と略す; 詳しい用法は third を参照)
❶《ふつう **the twelfth**》第 12 の, 12 番目の ❷ 12 分の 1 の
— 名 (複 **twelfths** /twélfθs/) C
❶《ふつう **the twelfth**》第 12 番目の人[物]; (月の) 12 日 ❷ 12 分の 1

twelve A1中

/twélv トウェルヴ/
名 (複 **twelves** /twélvz/) UC
(! 詳しい用法は three を参照)
12; 12 時, 12 分; 12 歳; 《複数扱い》12 個; 12 人
— 形 12 の; 12 個の; 12 人の; 12 歳で

twen·ti·eth 中 /twéntiəθ トウェンティイス/ 形 (! 20th と略す; 詳しい用法は third を参照)
❶《ふつう **the twentieth**》第 20 の, 20 番目の
• **the twentieth** century 20 世紀
❷ 20 分の 1 の
— 名 (複 **twentieths** /twéntiəθs/) C
❶《ふつう **the twentieth**》第 20 番目(の人[物]); (月の) 20 日 ❷ 20 分の 1

twen·ti·eth-cen·tu·ry /twéntiəθ-séntʃəri トウェンティイスセンチュリ/ 形 20 世紀の

twen·ty A1中

/twénti トウェンティ/ 名 (複 **twenties** /twéntiz/) (! 詳しい用法は three を参照)
❶ U 20; 20 分; 20 歳; 《複数扱い》20 個; 20 人
• It's **twenty** past ten. 10 時 20 分です
❷《**twenties**》(世紀の) 20 年代; (年齢の) 20 歳代
— 形 20 の; 20 個の; 20 人の; 20 歳で

twice A2中

/twáis トワイス/ 副
❶ 2 度, 2 回 (! two times よりこの語の方がふつう) ⇨**time** ❹
• I have been there **once** or **twice**. 私はそこへ 1, 2 回行ったことがある
• We have English (classes) **twice** a week. 私たちは英語(の授業)が 1 週間に 2 回ある
❷ 2 倍 ⇨**time** ❺
• **Twice** two is four. 2 の 2 倍は 4《♦2×2=4》

twid·dle /twídl トウィドル/ 動他 (手で)いじる, もてあそぶ
twiddle** one's **thumbs 《口語》(手持ちぶさたで)両手の親指をまわす

twig /twíg トウィグ/ 名C 小枝 ⇨ **branch**, **tree**

twi·light /twáilàit トワイライト/ 名U (日没後・時には日の出前の)薄(うす)明かり; 夕暮れ, たそがれ, 薄暮

twin B1 /twín トウィン/ 名 (複 **twins** /twínz/) C ❶ ふたごの片方; 《**twins**》ふたご, よく似ている物
• Davy and Danny are **twins**. デイビーとダニーはふたごです
❷《**the Twins**》ふたご座
— 形 ふたごの, 1 対(つい)をなす

• twin brothers ふたごの兄弟

twine /twáin トワイン/ 名U より糸, ひも ━動他 巻きつける, からみつかせる; 自 巻きつく, からみつく

twinge /twíndʒ トウィンヂ/ 名C (からだの部位の)ずきんとする痛み, うずき; (心の)痛み

twin·kle B2 /twíŋkl トウィンクル/ 名《単数形で》輝き, きらめき ━動自 (星などが)ぴかぴか[きらきら]光る[輝く]

twin·kling /twíŋkliŋ トウィンクリング/ 名《単数形で》またたき; 瞬間

in the twinkling of an eye またたく間に, あっという間に

twirl /twə́:rl トワール/ 動他 くるくる回す; 自 くるくる回る

━名C くるくる回る[回す]こと

twirl·er /twə́:rlər トワーラ/ 名C バトントワラー, バトンガール (!「バトンガール」は和製英語)

twist B1 /twíst トウィスト/ 動 (三単現 twists /twísts トウィスツ/; 過去・過分 twisted /twístəd/; 現分 twisting) ❶他 (糸などを)よる, より合わせる; 巻く, 巻きつける; 自 巻きつく; 文型 [twist A into B] Aをより合わせてBを作る

❷他 (力を入れて)ねじ曲げる, ねじる; 回す, ひねる 自 ねじ曲がる

• twist the knob ノブをひねる

❸自 曲がりくねる; 身をよじる; もがく ❹他 ねんざする, くじく

• twist one's leg 足をねんざする

❺他 (事実などを)歪める

twist *A's* ***arm*** 人の腕をねじ上げる; 人に無理強(じ)いする

twist *A* ***around*** *one's* ***little finger*** A(人)を思いのままあやつる

twist *one's* ***way*** 縫って通る

━名 (複 twists /twísts トウィスツ/)

❶C よること, よれること, ねじる[ひねる]こと; ねじれ, ねんざ; UC より糸[ひも]

❷C (道路の)カーブ; (川などの)湾曲

❸C (事件などの)意外な展開

❹《the twist》ツイスト (♦ダンスの一種)

twists and turns 曲がりくねり; 紆余(うよ)曲折

twist·ed B2 /twístəd トウィステド/ 形 ねじれた, らせん状の; 異常な, ひどい; ねじくれた, ゆがんだ

twist·er /twístər トウィスタ/ 名C《米》大たつまき (=tornado)

twit /twít トウィト/ 名C《口語》まぬけ, 愚か者

twitch /twítʃ トウィチ/ 動自 ぴくぴく震える, けいれんする; 他 ぴくぴく動かす ━名C けいれん

twit·ter /twítər トウィタ/ 動自 (小鳥が)さえずる; くすくす笑う

━名 ❶《単数形で》さえずり; C くすくす笑い ❷《Twitter》《コンピュータ》《商標》ツイッター (♦短い文章などを投稿するSNS)

two A1 中

/tú: トゥー/ (発音 too と同音)

名 (複 twos /tú:z/ (×twoes)) UC (! 詳しい用法は three を参照)

2; 2時, 2分; 2歳; 《複数扱い》2個, 2人

• School is over **at two** (o'clock). 学校は2時に終わります

a ... or two 1, 2の…; 少しの…

by [***in***] ***twos and threes*** 三々五々, ちらほら

in two 2つに

put two and two together あれこれ突き合わせて推測する

That makes two of us 《口語》私も同じ考えだ

━形 2の, 2個の; 2人の; 2歳で

twó-bìt 形《米》《口語》おそまつな, 安っぽい; つまらない (! 名詞の前に用いる)

twó-by-fòur 形 (材木が)厚さ2インチ幅4インチの; (建築法が)ツーバイフォーの

twó-diménsional 形 二次元の; (小説・思想などが)深みのない

twó-fàced 形《口語》(人が)二心[表裏]のある, 偽善的な; 両面のある

two-fold /tù:fóuld トゥーフォウルド/ 形 2倍の; 二重の 一副 2倍に; 二重に

two·pence /tʌ́pəns タペンス/ 名U 2ペンス, 2ペンスの金額; C 2ペンス銅貨

twó-píece 形 (衣服が)ツーピースの

twó-séater 名C 2人乗り自動車[飛行機]

two·some /tú:səm トゥーサム/ 名C 2つ組, 2人組; 《ゴルフなど》ツーサム《◆2名1組でする試合》

twó-wáy 形 (道路など)両面[二方向]交通の; (無線機など)送受信両用の; 《コンピュータ》双方向の

TX 《略》Texas テキサス

ty·coon /taikú:n タイクーン/ 名C 実業界の大立て者

ty·ing /táiiŋ タイイング/ 動 tie の現在分詞・動名詞

tyke /táik タイク/ 名C 《米》《口語》子ども, いたずら小僧; のら犬, 雑種犬

type A1 高

/táip タイプ/ 名 (複 **types** /táips/)

❶ C 型, タイプ, 種類; 典型, 類型; …なタイプの人

- a new **type** (**of**) car 新しいタイプの車 (**!** of を省略するのは《米》《口語》; ×a new type of *a* car としない)
- You are not the teacher **type**. 君は先生タイプではないね
- She is the **type** of person I like. 彼女は私の好きなタイプの人です

❷ UC 活字; U (印刷された)文字

be** one's **type …の好み(のタイプ)である ● He **is my type**. 彼は私の(好みの)タイプです

true to type 予想通り, 例のごとく

一動 (三単現 **types** /táips/; 過去・過分 **typed** /táipt/; 現分 **typing**) 他 ワープロ[タイプ(ライター)]で打つ; 自 ワープロ[タイプ(ライター)]を打つ

派生 **typical** 形

type·face /táipfèis タイプフェイス/ 名UC 《印刷》(活字の)書体, タイプフェース

type·writ·er /táipràitər タイプライタ/ 名 C タイプ(ライター)

type·writ·ten /táiprìtən タイプリトン/ 形 タイプ[ワープロ]で打った

ty·phoid B2 /táifɔid タイフォイド/ 名U 《医学》腸チフス

ty·phoon 高 /taifú:n タイフーン/ 名C 《気象》台風

ty·phus /táifəs タイファス/ 名U 《医学》発疹(はっしん)チフス

typ·i·cal B1 高 /típikəl ティピカル/ 形 典型的な, いかにも…らしい; 〔…を〕代表する《*of*》; 〔…に〕特有の《*of*》

- a **typical** Japanese 典型的な日本人
- The clear answer was very **typical** of her. はっきりした返事はいかにも彼女らしかった

派生 **type** 名

typ·i·cal·ly B1 /típikəli ティピカリ/ 副 一般的に, だいたい; 典型的に, いかにも…らしく, いつもきまって

- **Typically**, he made no comment. いつものように彼はまったくコメントしなかった

typ·i·fy /típəfài ティピファイ/ 動 (三単現 **typifies** /típəfàiz/; 過去・過分 **typified** /típəfàid/; 現分 **typifying**) 他 典型的に示す, 代表する, 象徴する

typ·ing /táipiŋ タイピング/ 名U (ワープロなどで)タイプすること

typ·ist /táipist タイピスト/ 名C タイピスト; タイプライターを打つ人

ty·po /táipou タイポウ/ 名C 《口語》誤植, 誤打 (=typographic error)

ty·po·graph·i·cal /tàipəgrǽfikəl タイポグラフィカル/ 形 (活版)印刷術の, 印刷上の

ty·ran·ni·cal /tərǽnikəl ティラニカル/ 形 暴君的な; 暴虐な

tyránnically 副 暴君的に

tyr·an·ny B2 /tírəni ティラニ/ 名 (複 **tyrannies** /tírəniz/) U 専制政治, 暴政, 圧制; C 残虐(ざんぎゃく)(行為)

ty·rant B2 /táiərənt タイアラント/ 名C 暴君; 専制君主

tyre /táiər タイア/ 名 《英》(=tire[1])

tzar /zá:r ザー/ 名C 皇帝 (=czar)

U u *U u*

U, u /júː ユー/ 名 (複 **U's, u's** /júːz/) ❶ U C 英語アルファベットの第21番目の文字 ❷ C《U》U字形のもの ❸《U》(口語) you あなた(たち)

UAE /júːèiíː ユーエイイー/《略》《**the UAE**》アラブ首長国連邦 (=the United Arab Emirates)

u·biq·ui·tous /juːbíkwitəs ユービクウィタス/ 形《文章》同時に至る所に存在する[起こる], 遍在する

ud·der /ʌ́dər アダ/ 名 C (牛・羊・ヤギなどの)乳房

UFO /júːfou ユーフォウ, júːèfóu ユーエフオウ/ 名 (複 **UFO's, UFOs** /júːfouz/) C 未確認飛行物体, ユーフォー

U·gan·da /juːgǽndə ユーギャンダ/ 名 ウガンダ《◆アフリカ中東部の共和国; 首都カンパラ (Kampala)》

ugh /úh ウフ, úːh ウーフ, ʌ́g アグ/ 間 わっ, うっ《◆恐怖・嫌悪を表す》

ug·li·ness /ʌ́glinəs アグリネス/ 名 U みにくいこと, 見苦しいこと; 醜悪

ug·ly A1 高

/ʌ́gli アグリ/

形 (比較級 **uglier**; 最上級 **ugliest**)

❶ みにくい; 見苦しい, ぶかっこうな (↔**beautiful**)

• an **ugly** person 見苦しい人

❷ 不快な, いやな, ひどい

• an **ugly** sound 不快な音

❸ (天候, 事態などが)荒れ模様の, 険悪な

uh 高 /ʌ́ ア/ 間《ことばの間などにはさんで》えー; あー

UHF《略》ultrahigh frequency 極超短波

uh-huh /əhʌ́ アハ/ 間 ❶ うんうん, なるほど ❷ (=uh-uh)

uh-oh /ʌ́ou アオウ/ 間《ちょっとした失敗の時に》あれれ, おっといけない

uh-uh /ʌ́ʌ アア/ 間《否定・不賛成を表して》いやー, うーん

U.K., UK 中 /júːkéi ユーケイ/《略》《**the U.K.**》英国, 連合王国, イギリス (=the United Kingdom)

U·kraine /juːkréin ユークレイン/ 名《**the Ukraine**》ウクライナ《◆ヨーロッパ東部の共和国; 首都キエフ (Kiev)》

u·ku·le·le /jùːkəléili ユークレイリ/ 名 C《楽器》ウクレレ

ul·cer /ʌ́lsər アルサ/ 名 C《医学》潰瘍(かいよう)

ul·te·ri·or /ʌltíəriər アルティアリア/ 形《文章》(動機・目的などが)表面に出ない, (意図的に)隠された, 裏の

ul·ti·mate B2 /ʌ́ltəmət アルティメト/ 形 ❶ 究極の; 最終的な, 最後の ❷ 根本的な ━ 名《**the ultimate in ...**》…の究極[最高]のもの

ul·ti·mate·ly B2 /ʌ́ltəmətli アルティメトリ/ 副 究極的には; 結局のところ

ul·ti·ma·tum /ʌ̀ltiméitəm アルティメイタム/ 名 (複 **ultimatums** /ʌ̀ltiméitəmz/, **ultimata** /ʌ̀ltiméitə/) C《文章》(外交上の)最後通牒(つうちょう)[通告]; (一般に)最終提案[条件]

ul·tra /ʌ́ltrə アルトラ/ (×ウルトラ) 形 (人・思想・主義などが)極端な, 過激な ━ 名 C 急進的な人, 過激論者

ultra- 接頭「極端な」「超…」「過…」

ul·tra·son·ic /ʌ̀ltrəsɑ́nik アルトラサニク/ 形 超音波の

ul·tra·sound /ʌ́ltrəsàund アルトラサウンド/ 名 U 超音波《◆調査・診療用》

ul·tra·vi·o·let /ʌ̀ltrəváiələt アルトラヴァイオレト/ 形 紫外線の

U·lu·ru /úːlurùː ウールルー/ 名 ウルル《◆エアーズロック (Ayers Rock) のオーストラリア先住民の呼び名》

um /ʌ́m アム, əm アム/ 間 うーん《◆言おう

としてためらったり，話の途中でことばにつまったりするときに発する音》

um·ber /ʌ́mbər アンバ/ 名U アンバー《♦茶色の土; 顔料として用いる》; こげ茶色
━形 こげ茶色の

um·bìl·i·cal córd /ʌmbìlikəl アンビリカル/ 名C へその緒

um·brel·la A1中 /ʌmbrélə アンブレラ/ 名 (複 **umbrellas** /ʌmbréləz/) C かさ，雨がさ《♦ふつう雨がさだが，米では日がさをさすこともある》
• **put up** [**open**] an **umbrella** かさをさす[広げる]
• **put down** an **umbrella** かさをたたむ
under the umbrella of A* = *under A's umbrella Aに保護されて

um·pire /ʌ́mpaiər アンパイア/ (発音アクセントに注意) 名C 審判員，アンパイア
━動 他自 審判をする，アンパイアをつとめる

UN, U.N. /júːén ユーエン/《略》《ふつう **the** U.N.》国際連合 (=the United Nations)

un- 接頭 ❶「…でない」「不…」「非…」 ❷「逆の動作」

un·a·ble B1高 /ʌnéibl アネイブル/ 形《**be unable to** *do*》…することができない (=cannot *do*) (↔**be able to** *do*) (❗can not には未来形，完了形がないため unable を用い，will be unable to, have been unable to などで代用する)
• I **was unable to** finish reading the book in time. 私は時間内にその本を読み終えられなかった (=I **couldn't** finish reading the book in time.)

un·a·bridged /ʌ̀nəbrídʒd アナブリヂド/ 形 省略[要約]していない

un·ac·cept·a·ble B2 /ʌ̀nəkséptəbl アナクセプタブル/ 形 受け入れられない，容認できない

un·ac·com·pa·nied /ʌ̀nəkʌ́mpənid アナカンパニド/ 形 同伴者のない;《音楽》無伴奏の

un·ac·count·a·ble /ʌ̀nəkáuntəbl アナカウンタブル/ 形 わけのわからない，説明がつかない; 責任がない

un·ac·cus·tomed /ʌ̀nəkʌ́stəmd アナカスタムド/ 形 ❶〔…に〕不慣れな《*to*》 ❷ふつうでない

un·af·fect·ed /ʌ̀nəféktəd アナフェクテド/ 形 変わらない，影響を受けない;（振る舞いが）飾らない，気どらない

un·aid·ed /ʌ̀néidəd アネイデド/ 形副 手助けなしの[で]

un·am·big·u·ous /ʌ̀næmbígjuəs アナンビギュアス/ 形 あいまいでない，明白な

u·na·nim·i·ty /jùːnəníməti ユーナニミティ/ 名U《文章》(意見などの)完全な一致，全員の合意《*in*》

u·nan·i·mous /juːnǽnəməs ユーナニマス/ (×アンアニマス) 形 (全員が)同意見の，全員異議のない，満場一致の
unánimously 副 全員一致で

un·an·nounced /ʌ̀nənáunst アナナウンスト/ 形 発表されてない; 予告なしの

un·an·swer·ed /ʌ̀nǽnsəːrd アナンサード/ 形 答えのない，応答のない，返事のない

un·armed /ʌ̀náːrmd アナームド/ 形 武器を携行しない，(車両が)非武装の;《副詞的》無防備のまま

un·as·sum·ing /ʌ̀nəsjúːmiŋ アナスューミング/ 形 謙虚な，でしゃばらない
ùnassúmingly 副 謙虚に，でしゃばらず

un·at·tached /ʌ̀nətǽtʃt アナタチト/ 形 婚約[結婚]していない，独身の; 結びついていない，別々の

un·at·tain·a·ble /ʌ̀nətéinəbl アナテイナブル/ 形 到達できない; 得がたい

un·at·tend·ed /ʌ̀nəténdəd アナテンデド/ 形 付き添い[連れ]のない，世話されていない

un·at·trac·tive B2 /ʌ̀nətrǽktiv アナトラクティヴ/ 形 魅力のない，人を引き付けない

un·au·thor·ized B2 /ʌ̀nɔ́ːθəràizd アノーソライズド/ 形 認可されていない

un·a·vail·a·ble B2 /ʌ̀nəvéiləbl アナヴェイラブル/ 形 (品物が)入手できない，利用

できない; (人が)面会できない

un·a·void·a·ble /ʌ̀nəvɔ́idəbl アナヴォイダブル/ 形 避けられない

ùnavóidably 副 やむをえず

un·a·ware B2 /ʌ̀nəwéər アナウェア/ 形 〔…に〕気がつかない《*of*》; 〔…を〕知らない《*of, that ...*》

un·a·wares /ʌ̀nəwéərz アナウェアズ/ 副 不意に; うっかり

un·bal·anced /ʌ̀nbǽlənst アンバランスト/ 形 ❶平衡を失った, 不安定な ❷取り乱した, 錯乱した ❸偏った

un·bear·a·ble B2 /ʌ̀nbéərəbl アンベアラブル/ 形 がまんできない; 耐えられないほどひどい

ùnbéarably 副 耐えられないほど

un·beat·a·ble B2 /ʌ̀nbí:təbl アンビータブル/ 形 負けない; 最良の

un·beat·en /ʌ̀nbí:tən アンビートン/ 形 負けたことのない, 無敗の

un·be·com·ing /ʌ̀nbikʌ́miŋ アンビカミング/ 形 《文章》(色・服装などが)似合わない; (行為などが)ふさわしくない

un·be·liev·a·ble B1 高 /ʌ̀nbilí:vəbl アンビリーヴァブル/ 形 信じられない(ほどの), 驚くべき ⇨**believe**

ùnbelíevably 副 信じられないほど, 驚くほど

un·born /ʌ̀nbɔ́:rn アンボーン/ 形 まだ生まれていない, 未来の, 後世の

un·bro·ken /ʌ̀nbróukən アンブロウクン/ 形 壊れていない; とぎれない; (記録などが)破られない

un·but·ton /ʌ̀nbʌ́tn アンバトン/ 動 他 (服の)ボタンをはずす

un·but·toned /ʌ̀nbʌ́tnd アンバトンド/ 形 ❶ボタンを外した[のない] ❷抑制されていない; 打ち解けた

un·called-for /ʌ̀nkɔ́:ldfɔ̀:r アンコールドフォー/ 形 (言動などが)不必要な, 差し出がましい; いわれのない

un·can·ny /ʌ̀nkǽni アンキャニ/ 形 (比較級 **uncannier**; 最上級 **uncanniest**) 薄気味悪い; 驚異的な

un·car·ing /ʌ̀nkéəriŋ アンケアリング/ 形 面倒見の悪い, ほったらかしの

un·ceas·ing /ʌ̀nsí:siŋ アンスィースィング/ 形 絶え間のない, ひっきりなしの

ùncéasingly 副 絶え間なく, ひっきりなしに

un·cer·e·mo·ni·ous /ʌ̀nsèrəmóuniəs アンセレモウニアス/ 形 儀式ばらない, 略式の; ぞんざいな

ùnceremóniously 副 儀式ばらずに; ぞんざいに

un·cer·tain A2

/ʌ̀nsə́:rtn アンサートン/ 形

❶ 文型 [**be uncertain of** [**about**] ...] (人が)…について確信[自信]がない, 確かでない

❷(物事が)不確実な; はっきりしない; あやふやな (↔**certain**)

● It is **uncertain** if it will be sunny tomorrow. あした晴れるかどうかはっきりしない

❸当てにならない; (天候などが)変わりやすい, 不安定な

in no uncertain terms きっぱりと, はっきりと

ùncértainly 副 不確実に

un·cer·tain·ty B1 /ʌ̀nsə́:rtnti アンサートンティ/ 名 (複 **uncertainties** /ʌ̀nsə́:rtntiz/) U 不確実(性), 不安定; 半信半疑; C 《**uncertainties**》不確実なこと, あやふやなこと

un·change·a·ble /ʌ̀ntʃéindʒəbl アンチェインヂャブル/ 形 不変の, 安定した

un·changed B2 /ʌ̀ntʃéindʒd アンチェインヂド/ 形 (元と)変わらない, 元のままの ⇨**change**

un·chang·ing /ʌ̀ntʃéindʒiŋ アンチェインヂング/ 形 変わらない, 不変の

un·chart·ed /ʌ̀ntʃɑ́:rtəd アンチャーテド/ 形 《文章》地図にない; 未知の

un·civ·i·lized /ʌ̀nsívəlàizd アンスィヴィライズド/ 形 未開の; 野蛮な

un·cle A1 中

/ʌ́ŋkl アンクル/ 名 (複 **uncles** /ʌ́ŋklz/) C

❶おじ《◆父母の兄弟; おば (aunt) の夫》

❷(よその)おじさん

un·clean /ʌ̀nklíːn アンクリーン/ 形 汚い, 不潔な; ふしだらな

un·clear B1 /ʌ̀nklíər アンクリア/ 形 はっきりしない, 明らかでない

Úncle Sám 名 《単数扱い》《口語》アンクルサム《◆米国(政府)の擬人化または典型的米国人のこと》⇨**John Bull**

Úncle Tóm 名 C 白人のご機嫌とりをする黒人

un·com·fort·a·ble

A2 高 /ʌ̀nkʌ́mfərtəbl アンカンフォタブル/ 形

❶ 心地よくない, 不快に感じさせる, しっくりこない; (事が)気詰まりするような, 気まずい (↔**comfortable**)

• an **uncomfortable** bed 寝心地のよくないベッド

❷ (人が)心地よく感じない, 不快な, 気持ちが落ち着かない

ùncómfortably B2 副 ぎこちなく

un·com·mon B2 /ʌ̀nkámən アンカモン/ 形 まれな, 珍しい; ふつうではない (=rare) (↔**common**)

un·commonly /ʌ̀nkámənli アンカモンリ/ 副 《文章》並外れて, 珍しく

un·com·pro·mis·ing /ʌ̀nkámprəmaiziŋ アンカンプロマイズィング/ 形 融通の利かない, 妥協しない

ùncómpromisingly 副 非妥協的に, 強硬に

un·con·cerned B2 /ʌ̀nkənsə́ːrnd アンカンサーンド/ 形 〔…に〕心配しない, 無関心な《*with, about*》

un·con·di·tion·al /ʌ̀nkəndíʃənəl アンコンディショナル/ 形 無条件[無制限]の

ùnconditíonally 副 無条件に

un·con·scious B2 /ʌ̀nkánʃəs アンカンシャス/ 形 ❶ 意識を失った, 意識不明で[の], 気絶して[た] (↔**conscious**)

• He was knocked **unconscious**. 彼はなぐられて気絶した

❷ 文型 [**be unconscious of ...**] …に気づいていない, …を意識してない ❸ 《心理》無意識の

― 名 《**the unconscious**》《単数扱い》《心理》無意識

ùncónsciously 副 無意識に

ùncónsciousness 名 U 無意識

un·con·sti·tu·tion·al /ʌ̀nkɑnstətjúːʃənəl アンカンスティテューショナル/ 形 憲法違反の, 違憲の

un·con·trol·la·ble B1 /ʌ̀nkəntróuləbl アンコントロウラブル/ 形 (感情などが)制御できない; (人などが)手に負えない

un·con·trolled /ʌ̀nkəntróuld アンコントロウルド/ 形 抑制[規制]されていない, 野放しの

un·con·ven·tion·al /ʌ̀nkənvénʃənəl アンカンヴェンショナル/ 形 慣例[因襲]にとらわれない, 型にはまらない, 自由な

un·con·vinc·ing /ʌ̀nkənvínsiŋ アンコンヴィンスィング/ 形 説得力のない

ùnconvíncingly 副 説得力なく

un·cork /ʌ̀nkɔ́ːrk アンコーク/ 動 他 (びん・たるなどの)コルク栓を抜く

un·count·a·ble /ʌ̀nkáuntəbl アンカウンタブル/ 形 数えられない; 《文法》不可算の ― 名 C 《文法》不可算名詞 (❗この辞書では U で表示)

un·cov·er B1 /ʌ̀nkʌ́vər アンカヴァ/ 動 (三単現 **uncovers** /ʌ̀nkʌ́vərz/; 過去・過分 **uncovered** /ʌ̀nkʌ́vərd/; 現分 **uncovering** /ʌ̀nkʌ́vəriŋ/) 他

❶ (秘密などを)あばく, 明るみに出す, 暴露する; 打ち明ける

❷ おおい[ふた]を取る (↔**cover**)

❸ 発掘する

un·crit·i·cal /ʌ̀nkrítikəl アンクリティカル/ 形 批判的でない, 無批判の; 批判力に欠ける

ùncrítically 副 無批判に

un·daunt·ed /ʌ̀ndɔ́ːntəd アンドーンテド/ 形 恐れない, 勇敢な (=fearless); 〔失敗・困難などで〕くじけない《*by*》

un·de·cid·ed /ʌ̀ndisáidəd アンディサイデド/ 形 決心のついていない; 未決定の; 決着がついていない

un·de·ni·a·ble /ʌ̀ndináiəbl アンディナイアブル/ 形 否定できない; (否定しようもないほど)明白な

ùndeníably 副 言うまでもなく

un·der

A1 前 副
中 /ʌ́ndər アンダ/

(…の) 下に

He has a book under his arm.

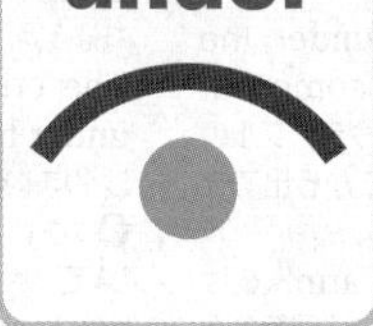

共通イメージ

真下に

影響力を上下関係と見る

おおわれたものは外から見えない

数量の上下を空間の上下と見る

前❸ 副❷((数量))
(…) 未満で

children under six (years old)

前❷((支配・保護・影響などを受けて)) …のもとで
前❹((されている最中)) …中で
前❺((条件)) …のもとで, ((所属・分類)) …に属して

We are under a lot of stress.

前❻((名目)) …の (名の) もとに
(実体がおおい隠されている)

He was known under the name of Harry.

意味マップ

前 ❶ …の下に　❷ …を受けて
❸ …未満で　❹ …されていて
❺ ((条件・所属・分類)) …のもとで
❻ …の名のもとに

副 ❶ 下へ　❷ 未満で

使えるコーパスフレーズ

under＋名詞(…中)

1 **under investigation**
(問題が)調査されている最中

2 **under construction**
(建物が)建設されている最中

3 **under consideration**
(問題が)考慮されている最中

フォーカスページ

a b c d e f g h i j k l m n o p q r s t u v w x y z

un·der A1 中
/ʌ́ndər アンダ/ 前
共通イメージ 真下に
❶《位置・方向》…の下に, …の下を[の, で]; …の下へ (↔**over**)
● Our cat is now hiding **under** the table, but she will soon come out **from under** it. うちのネコは今テーブルの下に隠れていますが, すぐにそこから出てきますよ
● He has a book **under** his arm. 彼は本を1冊かかえている (←彼は本を1冊腕の下に持っている)
● The remains lie **under** the sea [ground] around here. 遺跡はこのあたりの海中[地中]にある
● They went **under** (the) **water** to catch fish. 彼らは魚をとりに水にもぐった (←水面の下に行った)

似ている単語
…の下に－**under** と **below**
under はあるものの「真下に, 覆われたところに」, **below** はあるものより「下の方に」を表す. **under**⇔**over**, **below**⇔**above** の関係にある:
under [**below**] the bridge 橋の真下[下流]に
I heard someone shouting **below** the window. だれかが窓の下で叫んでいるのが聞こえた
The cat crawled **under** the fence. ネコはさくの下をくぐりぬけた

❷《支配・保護・影響などを受けて》…のもとで[に], …のもとに, …を受けて, …に従って
● My sister is **under** the care of a doctor. 妹は医師の治療を受けている
● We are **under** a lot of **stress** [**pressure**]. 私たちは大きなストレス[重圧]を受けている ● My brother was unable to bring his anger **under control**. 私の兄は怒りを抑えることができなかった (←怒りを制御下に置く)
❸《数量》…より下で, …未満で[の] (↔**over**)
● children **under** six (years old) 6歳未満の子ども (❗厳密には6歳は含まない)
● He can run 100 meters in **under** 10 seconds. 彼は100メートルを10秒以内で走ることができます
● It cost **under** ten thousand yen. それは1万円もかからなかった
● The crime rate in this city is **well under** the average. この市の犯罪発生率は平均よりもだいぶ低い
❹《されている最中》…中で, …されていて ● The cause of the accident is now **under investigation**. ⇨フォーカス 1 事故の原因は現在調査中です
● Our library is **under construction**. ⇨フォーカス 2 図書館は建築中です
❺《条件》…のもとで(は);《所属・分類》…に属して, …のもとに
● **under** certain **conditions** [**circumstances**] 特定の状況で(は), 一定の条件を満たせば, 場合によっては
● The details are explained **under** the following **section**. 詳細は次の節で説明されます
❻《名目》(特に実名とは違う)…の名のもとに, (口実など)にかこつけて
● He was known **under** the name of Harry. 彼はハリーという名で知られていた

under way ①(事が)進行中で ② 航行中で

━ 副 ❶《方向・位置》下へ, 下(の方)に, 真下に; 水中に[で] ● The boat went **under**. その船は沈んでいった
❷《数量》未満で

under- 接頭 「下の, 下に」「劣った」「不十分な」など

un·der·age B1 /ʌ̀ndəréidʒ アンダレイヂ/ 形 未成年の, 未成年による

un·der·brush /ʌ́ndərbrʌ̀ʃ アンダブラシュ/ 名 U 《米》(=undergrowth)

un·der·charge /ʌ̀ndərtʃɑ́ːrdʒ アンダチャーヂ/ 動 他 自 〔…の〕料金以下の請求をする《*for*》(↔**overcharge**)

un·der·clothes /ʌ́ndərklòuz アンダクロウズ/ 名《集合的》《複数扱い》下着(類) (=underwear)

un·der·cov·er /ʌ̀ndərkʌ́vər アンダカヴァ/ 形 スパイ活動をする; 秘密の

un·der·cur·rent /ʌ́ndərkə̀:rənt アンダカーレント/ 名 C 下層流; 底流

un·der·cut /ʌ̀ndərkʌ́t アンダカト/ 動 (三単現 **undercuts** /ʌ̀ndərkʌ́ts アンダカツ/; 過去・過分 **undercut**; 現分 **undercutting**) 他 (競争相手より)安く売る; 低賃金で働く

un·der·de·vel·o·ped /ʌ̀ndərdivéləpt アンダディヴェラプト/ 形 (国などが)低開発の; 発達[育]不十分の

un·der·dog /ʌ́ndərdɔ̀:g アンダドーグ/ 名 C 《ふつう **the underdog**》(試合などで)勝ち目のない人, 敗者, 負け犬

un·der·done /ʌ̀ndərdʌ́n アンダダン/ 形 (肉などが)生焼けの (↔**overdone**)

un·der·es·ti·mate B2 /ʌ̀ndəréstəmeit アンダレスティメイト/ 動 他 安く見積もる; 過小評価する, 見くびる (↔**overestimate**)

— /ʌ̀ndəréstəmət アンダレスティメト/ (発音 動 との違いに注意) 名 C 安すぎる見積もり, 過小評価

un·der·ex·pose /ʌ̀ndərikspóuz アンダリクスポウズ/ 動 他 《写真》露出不足にする

ùnderexpósure 名 U 露出不足

un·der·foot /ʌ̀ndərfút アンダフト/ 副 足の下に; 踏みつけて; 邪魔になって

un·der·go B1 /ʌ̀ndərgóu アンダゴウ/ 動 (三単現 **undergoes** /ʌ̀ndərgóuz/; 過去 **underwent** /ʌ̀ndərwént/; 過分 **undergone** /ʌ̀ndərgɔ́:n | ʌ̀ndərgɔ́n/; 現分 **undergoing**) 他 ❶ (変化・試練などを)経験する ❷ (検査・治療などを)受ける

• **undergo** an operation 手術を受ける

un·der·goes /ʌ̀ndərgóuz アンダゴウズ/ 動 undergo の三人称単数現在形

un·der·gone /ʌ̀ndərgɔ́:n アンダゴーン/ 動 undergo の過去分詞

un·der·grad·u·ate B2 /ʌ̀ndərgrǽdʒuət アンダグラヂュエト/ 名 C (大学の)学部学生, 在学の学生

un·der·ground B2 高 /ʌ́ndərgràund アンダグラウンド/ 形 ❶ 地下の ❷ 地下組織の, 秘密の, 非合法の

— /ʌ̀ndərgráund アンダグラウンド/ (発音 副 はアクセントが異なる) 副 ❶ 地下で[に] ❷ 地下に(もぐって), 隠れて, ひそかに

— /ʌ́ndərgràund アンダグラウンド/ 名 ❶ C 《単数形で》《英》地下鉄 (=《米》subway); 《**the Underground**》ロンドン市地下鉄 (=the tube) ❷ C 《**the underground**》地下抵抗組織

un·der·growth /ʌ́ndərgròuθ アンダグロウス/ 名 U (森林の)下生え, やぶ

un·der·hand /ʌ̀ndərhǽnd アンダハンド/ 形 ❶ 秘密の, 不正な ❷ (球技で)下手投げの (↔**overhand**)

— 副 秘密に; (球技で)下手投げで

un·der·hand·ed /ʌ̀ndərhǽndəd アンダハンデド/ 形 不正な (=underhand); 人手不足の

un·der·lain /ʌ̀ndərléin アンダレイン/ 動 underlie の過去分詞

un·der·lay /ʌ̀ndərléi アンダレイ/ 動 underlie の過去形

un·der·lie /ʌ̀ndərlái アンダライ/ 動 (三単現 **underlies** /ʌ̀ndərláiz/; 過去 **underlay** /ʌ̀ndərléi/; 過分 **underlain** /ʌ̀ndərléin/; 現分 **underlying**) 他 《文章》下にある; 基礎[土台]となる

un·der·line A1 高

/ʌ́ndərlàin アンダライン/ 名 (複 **underlines** /ʌ́ndərlàinz/) C 下線, アンダーライン

— /ʌ̀ndərláin アンダライン/ (発音 名 とのアクセントの違いに注意) 動 (三単現 **underlines** /ʌ̀ndərláinz/; 過去・過分 **underlined** /ʌ̀ndərláind/; 現分 **underlining**) 他 ❶ アンダーライン[下線]を引く

• **underline** the word 語に下線を引く

❷ …を強調する

un·der·ly·ing /ʌ̀ndərláiiŋ アンダライイング/ 動 underlie の現在分詞・動名詞

— 形 《文章》下にある; 基本的な (=fundamental)

un·der·manned /ʌ̀ndərmǽnd アンダマンド/ 形 人手不足の, 人員不足の

un·der·mine /ʌ̀ndərmáin アンダマイン/

動 他 …の下を掘る, …の土台を浸食する; 徐々に弱める; (人・地位・名声などを)ひそかに傷つける

un·der·neath B1 /ʌ̀ndərníːθ アンダニース/ 前 ❶ …の(真)下に[の, を], …の下側[下面]を ❷ (態度・性格・感情・外観など)の裏に, …に隠れて
— 副 下[真下]に[を], 下側[下面]に[を]; (表面上は違うが)実は, 内面は
— 名 《the underneath》 底部, 底面

un·der·nour·ished /ʌ̀ndərnə́ːriʃt アンダナーリシュト/ 形 栄養不良の

un·der·paid /ʌ̀ndərpéid アンダペイド/ 動 underpayの過去形・過去分詞
— 形 薄給の, 不当に安い賃金の

un·der·pants B1 /ʌ́ndərpæ̀nts アンダパンツ/ 名 《複数扱い》(下着の)パンツ

un·der·pass /ʌ́ndərpæ̀s アンダパス/ 名 (複 **underpasses** /ʌ́ndərpæ̀səz/) C (立体交差する)下の道路; ガード[高架]下通路; 《米》地下道

un·der·pay /ʌ̀ndərpéi アンダペイ/ 動 (三単現 **underpays** /ʌ̀ndərpéiz/; 過去・過分 **underpaid** /ʌ̀ndərpéid/; 現分 **underpaying**) 他 (給料を正当な額よりも)少なく支払う (↔**overpay**)

un·der·pop·u·lat·ed /ʌ̀ndərpɑ́pjəlèitəd アンダパピュレイテド/ 形 過疎の; 人口の少ない (↔**overpopulated**)

un·der·priv·i·leged /ʌ̀ndərprívəlidʒd アンダプリヴィリヂド/ 形 (社会的・経済的に)恵まれない

un·der·pro·duc·tion /ʌ̀ndərprədʌ́kʃən アンダプロダクション/ 名 U 生産不足 (↔**overproduction**)

un·der·rate /ʌ̀ndərréit アンダレイト/ 動 他 安く見積もる, 見くびる, 軽視する (↔**overrate**)

un·der·score /ʌ́ndərskɔ̀ːr アンダスコー/ 動 他 強調する; 下線を引く

un·der·shirt /ʌ́ndərʃəːrt アンダシャート/ 名 C 《米》(男性用)アンダーシャツ, はだ着 (=《英》vest)

un·der·side /ʌ́ndərsàid アンダサイド/ 名 C 《ふつう **the underside**》 下側, 下面, よくない面

un·der·sized /ʌ̀ndərsáizd アンダサイズド/ 形 普通より小さい

un·der·spec·i·fy /ʌ̀ndərspésəfài アンダスペスィファイ/ 動 他 あいまいに述べる

un·der·staffed /ʌ̀ndərstǽft アンダスタフト/ 形 人員不足の

un·der·stand A2 中

/ʌ̀ndərstǽnd アンダスタンド/ 動 (三単現 **understands** /ʌ̀ndərstǽndz アンダスタンヅ/; 過去・過分 **understood** /ʌ̀ndərstúd/; 現分 **understanding**)

❶ 他 自 理解する, わかる; (感情・状況などを)察する (❗ understand は進行形にはしない)

- I'm sorry. I don't **understand** Chinese. すみません. 中国語はわかりません
- Please ask a question if you don't **understand** my explanation. もし私の説明がわからなければ質問して下さい

文型 [**understand wh-...**] …かを理解する • I **understand how** you feel. あなたの気持ちはわかります

- [CAN-DO Tips 理解を確認する] Do you **understand what** I mean? 私の言っていることがわかりますか

❷ 他 文型 [**I** [**We**] **understand** (**that**) **...**] …と聞いて(知って)います, …だそうですね (❗ ていねいな言い方)

❸ 他 (ことばなどの意味を)解釈する

give A to understand that ... A (人)に…であると思わせる

make oneself understood 自分の考えを人にわからせる

un·der·stand·a·ble B2 /ʌ̀ndərstǽndəbl アンダスタンダブル/ 形 理解できる, 納得できる

un·der·stand·ing B2 高 /ʌ̀ndərstǽndiŋ アンダスタンディング/ 名

❶ 《単数形で》 知識, 理解

- Ben **has a** good **understanding of** computers. ベンはコンピュータのことがよくわかっています

❷ 《単数形で》(おたがいに)理解し合うこと, 相互理解; 思いやり; C (意見の)一致, 了解

on the understanding that ... …という了解のもとに

━ 形 理解のある, 思いやりのある

━ 動 understand の現在分詞・動名詞

un·der·state /ʌ̀ndərstéit アンダステイト/ 動 他 控えめに表現する; 少なめに言う (↔**overstate**)

un·der·state·ment /ʌ̀ndərstéitmənt アンダステイトメント/ 名 U 控えめに述べること; C 控えめなことば, 控えめな表現

un·der·stood /ʌ̀ndərstúd アンダストゥド/ 動 understandの過去形・過去分詞

un·der·stud·y /ʌ́ndərstʌ̀di アンダスタディ/ 名 (複 **understudies** /ʌ́ndərstʌ̀diz/) C 代役の俳優[女優]

un·der·take B2 /ʌ̀ndərtéik アンダテイク/ 動 (三単現 **undertakes** /ʌ̀ndərtéiks/; 過去 **undertook** /ʌ̀ndərtúk/; 過分 **undertaken** /ʌ̀ndərtéikən/; 現分 **undertaking**) 他 《文章》

❶ (仕事, 地位, 責任などを)引き受ける; 文型 [**undertake to** *do*] …すると約束する, …することに同意する

❷ (仕事などに)着手する, 始める; 企てる

un·der·tak·en /ʌ̀ndərtéikən アンダテイクン/ 動 undertakeの過去分詞

un·der·tak·er /ʌ́ndərtèikər アンダテイカ/ 名 C 葬儀業者 (=funeral director, 《米》 mortician)

un·der·tak·ing /ʌ̀ndərtéikiŋ アンダテイキング/ 動 undertake の現在分詞・動名詞 ━ 名 ❶ C 《ふつう単数形で》 仕事, 事業, 企て ❷ C 《文章》 約束, 保証 ❸ U 葬儀屋業

un·der·tone /ʌ́ndərtòun アンダトウン/ 名 C 低音, 小声; 潜在的性質, 底にある感情

un·der·took /ʌ̀ndərtúk アンダトゥク/ 動 undertakeの過去形

un·der·wa·ter A2

/ʌ̀ndərwɔ́:tər アンダウォータ/ 形 水中(で)の, 水中用の, 水面下の (❗名詞の前に用いる)

━ 副 水中を[で, に], 水面下で[に]

un·der·way /ʌ̀ndərwéi アンダウェイ/ 形 航行中で; 進行中で

un·der·wear B2 /ʌ́ndərwèər アンダウェア/ 名 U 《集合的》 下着(類) (=underclothes)

un·der·weight /ʌ̀ndərwéit アンダウェイト/ 形 重量不足の (↔**overweight**)

un·der·went /ʌ̀ndərwént アンダウェント/ 動 undergoの過去形

un·der·world /ʌ́ndərwə̀:rld アンダワールド/ 名 《**the Underworld**》《ギリシャ神話》《ローマ神話》 あの世, 黄泉(よみ)の国 (=Hades); 暗黒街, 犯罪社会

un·der·write /ʌ̀ndərráit アンダライト/ 動 (三単現 **underwrites** /ʌ̀ndərráits アンダライツ/; 過去 **underwrote** /ʌ̀ndərróut/; 過分 **underwritten** /ʌ̀ndərrítən/; 現分 **underwriting**) 他 《文章》 (書類に)保証の署名をする; (証券を)引き受ける, …の保険を引き受ける

under·writer /ʌ́ndərràitər アンダライタ/ 名 C 保険業者; 証券引受業者

un·de·served /ʌ̀ndizə́rvd アンディザーブド/ 形 受けるに値しない, 不相応な, 不当な

un·de·sir·a·ble /ʌ̀ndizáiərəbl アンディザイアラブル/ 形 望ましくない; 好ましくない

un·de·vel·oped /ʌ̀ndivéləpt アンディヴェロプト/ 形 未開発の, 未発展の

un·did /ʌndíd アンディド/ 動 undo の過去形

un·di·gest·ed /ʌ̀ndədʒéstəd アンディチェステド, ʌ̀ndaidʒéstəd アンダイチェステド/ 形

❶ (食べ物が)消化されていない

❷ 理解されていない

un·dis·closed /ʌ̀ndisklóuzd アンディスクロウズド/ 形 未公開の

un·dis·put·ed /ʌ̀ndispjú:təd アンディスピューテド/ 形 確実な, 押しも押されもしない

un·dis·turbed /ʌ̀ndistə́:rbd アンディスターブド/ 形 悩まされない, じゃまされない; 平穏な

un·di·vid·ed /ʌ̀ndəváidəd アンディヴァイデド/ 形 分割されない; 集中した

un·do B1 /ʌndúː アンドゥー/ 動 (三単現 **undoes** /ʌndʌ́z/; 過去 **undid** /ʌndíd/; 過分 **undone** /ʌndʌ́n/; 現分 **undoing**) 他 ❶(ボタンなどを)**はずす**, (ひもなどを)ほどく, (包みを)あける, (服やネクタイなどを)ゆるめる ❷(一度したことを)元の状態にもどす; なかったことにする, 帳消しにする, 元どおりにする ❸《コンピュータ》直前の操作を無効にする

un·does /ʌndʌ́z アンダズ/ 動 undo の三人称単数現在形

un·do·ing /ʌndúːiŋ アンドゥーイング/ 名U 《文章》破滅, 滅亡; 《ふつう *one's* **undoing**》失敗[破滅]の原因

un·done /ʌndʌ́n アンダン/ 形 ❶《**be undone**》ほどけた, 緩まった ❷未完成の ━動 undoの過去分詞

un·doubt·ed /ʌndáutəd アンダウテド/ 形 疑う余地のない; 本物の

un·doubt·ed·ly B2 /ʌndáutədli アンダウテドリ/ 副 疑いなく, 疑問の余地なく, 確かに, きっと (❗doubtless より確信の度合が強い) (=certainly)

un·dress B1 /ʌndrés アンドレス/ 動 (三単現 **undresses** /ʌndrésəz/; 過去·過分 **undressed** /ʌndrést/; 現分 **undressing**) 他 服を脱がせる; おおいを取る, あばく; 自 服を脱ぐ (↔**dress**)

undress oneself* = *get undressed 服を脱ぐ

━名U 《文章》裸(同然)の状態; 普段着

un·due /ʌndjúː アンドゥー/ 形 《文章》過度の; 不当な, 不適当な

un·du·ly /ʌndjúːli アンドゥーリ/ 副 《文章》過度に, 不当に, 不必要に; いわれなく

un·dy·ing /ʌndáiiŋ アンダイイング/ 形 《文章》終わることのない, 不滅の, 永遠の (=eternal)

un·earned /ʌnə́ːrnd アナーンド/ 形 労せずして得た

un·earth /ʌnə́ːrθ アナース/ 動 他 《文章》❶発掘する, 掘り出す ❷(事実·秘密などを)明るみに出す, 暴く

un·earth·ly /ʌnə́ːrθli アナースリ/ 形 超自然的な; 気味悪い; とんでもない

un·eas·i·ly B2 /ʌníːzili アニーズィリ/ 副 不安そうに, 心配して; 落ち着きなく

un·eas·i·ness /ʌníːzinəs アニーズィネス/ 名U 不安; 心配; 窮屈; 当惑

un·eas·y A2

/ʌníːzi アニーズィ/ 形 (比較級 **uneasier**; 最上級 **uneasiest**) ❶〔…のことで〕**不安な**, **心配な** 《*about*》(↔**easy**) ❷不安定な, 危うい

un·ed·u·cat·ed /ʌnédʒukèitəd アネヂュケイテド/ 形 教育のない, 無教養な; 無学を示すような

un·em·ployed B1 /ʌnimplɔ́id アニンプロイド/ 形 (❗比較変化なし) **失業した**, **仕事のない**; 《**the unemployed**》《複数扱い》《名詞的》失業者

un·em·ploy·ment B1 /ʌnimplɔ́imənt アニンプロイメント/ 名U **失業**; **失業者数**, **失業率**

un·end·ing /ʌnéndiŋ アネンディング/ 形 《文章》終わりのない, 永遠の; ひっきりなしの

un·e·qual /ʌníːkwəl アニークワル/ 形 等しく[同等で]ない 《*in*》; 《文章》〔仕事などに〕適さない, 耐えられない 《*to*》

un·e·quiv·o·cal /ʌnikwívəkəl アニクウィヴォカル/ 形 紛らわしくない, あいまいでない; 明瞭な

un·err·ing /ʌnə́ːriŋ アナーリング/ 形 間違えない, 正確な

UNESCO 高 /juːnéskou ユーネスコウ/ 名 ユネスコ, 国際連合教育科学文化機構 《◆国際連合の一機関; the United Nations Educational, Scientific, and Cultural Organization の略語》

un·eth·i·cal /ʌnéθikəl アネスィカル/ 形 道義に反する

un·even B2 /ʌníːvən アニーヴン/ 形 ❶平らでない, でこぼこの (=rough) (↔**even**) ❷(レベルが)同じでない, ふぞろいの, 不規則な

ùnévenly 副 一様でなく; 不規則に

unèven (pàrallel) bárs 名UC 《スポーツ》(体操競技の)段違い平行棒

un·ex·pect·ed B1 高 /ʌnikspéktəd アニクスペクテド/ 形 予期しない, 思いがけ

ない，意外な

un·ex·pect·ed·ly B1 /ʌ̀nikspéktədli アニクスペクテドリ/ 副 思いがけなく；《文を修飾して》意外にも

un·ex·press·ed /ʌ̀niksprést アニクスプレスト/ 形 表現されない，言い表されない；暗黙の

un·fail·ing /ʌ̀nféiliŋ アンフェイリング/ 形 《ほめて》常に変わらない；間違いのない；頼むに足る

un·fair A2 高 /ʌ̀nféər アンフェア/ 形 (比較級 **unfairer**; 最上級 **unfairest**) 不公平な；不正な，ずるい，偏った（↔**fair**[1]）

- an **unfair** trial 不公平な裁判

ùnfáirly B1 副 不公平に；不当に

ùnfáirness 名 不公平，不当

un·faith·ful /ʌ̀nféiθfəl アンフェイスフル/ 形 (恋人・配偶者に)不貞な，不実な《*to*》(=adulterous)；不誠実な

un·fa·mil·iar B2 /ʌ̀nfəmíljər アンファミリャ/ 形 よく知らない；見覚えのない；見[聞き]なれない；経験のない

un·fash·ion·a·ble B2 /ʌ̀nfǽʃənəbl アンファショナブル/ 形 流行遅れの

un·fas·ten /ʌ̀nfǽsn アンファスン/ 動 他 (ベルト・ボタンなどを)はずす，(結んだものを)ほどく，(服の)ボタンをはずす；自 はずれる，ほどける（↔**fasten**）

un·fa·vor·a·ble /ʌ̀nféivərəbl アンフェイヴァラブル/ 形 好意的でない；不都合な；不利な

ùnfávorably 副 不利に；否定的に

un·fa·vour·a·ble /ʌ̀nféivərəbl アンフェイヴァラブル/ 形 (=unfavorable)

un·feel·ing /ʌ̀nfíːliŋ アンフィーリング/ 形 感覚のない；思いやりのない

ùnféelingly 副 無情に，冷酷に

un·fin·ished /ʌ̀nfíniʃt アンフィニシュト/ 形 出来上がっていない，未完成の；仕上げが済んでいない

un·fit B1 /ʌ̀nfít アンフィト/ 形 (比較級 **unfitter**; 最上級 **unfittest**) ❶〔…に〕適さない《*for*》，〔…するのに〕向いていない《*to do*》 ❷健康でない《*for*》

un·fo·cused /ʌ̀nfóukəst アンフォウカスト/ 形 (輪郭などが)ぼやけた，ぼかした，ピントが合っていない；散漫な（❗unfocussed ともつづる）

un·fold B1 /ʌ̀nfóuld アンフォウルド/ 動 (三単現 **unfolds** /ʌ̀nfóuldz アンフォウルヅ/; 過去・過分 **unfolded** /ʌ̀nfóuldəd/; 現分 **unfolding**) ❶ 他 広げる，開く（↔**fold**[1]） ❷ 他 (話・計画などを)知らせる；自 明らかになる

un·fore·seen B2 /ʌ̀nfɔːrsíːn アンフォースィーン/ 形 予期しない，思いがけない (=unexpected)，不慮の

un·for·get·ta·ble A2 /ʌ̀nfərgétəbl アンフォゲタブル/ 形 忘れられない；(いつまでも)記憶に残る

un·for·giv·a·ble /ʌ̀nfərgívəbl アンフォギヴァブル/ 形 許せ[許容でき]ない

un·for·tu·nate B1 /ʌ̀nfɔ́ːrtʃənət アンフォーチュネト/ 形 ❶不運な，不幸な（↔**fortunate**） ❷不成功の ❸(ことばなどが)不適切な；適切でない；(事が)残念な

un·for·tu·nate·ly A2 高 /ʌ̀nfɔ́ːrtʃənətli アンフォーチュネトリ/ 副 不幸にも，運悪く，あいにく，残念ながら（↔**fortunately**）（❗文を修飾する）

un·found·ed /ʌ̀nfáundəd アンファウンデド/ 形 根拠のない，いわれのない，事実無根の (=groundless)

un·friend·ly B1 /ʌ̀nfréndli アンフレンドリ/ 形 (比較級 **unfriendlier**; 最上級 **unfriendliest**) 友好的でない，友情[あいそう]のない；不親切な；よそよそしい，親しみ[つきあい]にくい

un·ful·filled /ʌ̀nfulfíld アンフルフィルド/ 形 果た[満た]されていない

un·furl /ʌ̀nfə́ːrl アンファール/ 動 他 (旗・帆などを)広げる

un·gain·ly /ʌ̀ngéinli アンゲインリ/ 形 ぶかっこうな；扱いにくい

un·grate·ful /ʌ̀ngréitfəl アングレイトフル/ 形 恩知らずな

ùngrátefully 副 恩知らずにも

ùngrátefulness 名U 忘恩

un·guard·ed /ʌ̀ngɑ́:rdəd アンガーデド/ 形 《文章》油断した; 率直な

un·hap·pi·ly /ʌ̀nhǽpili アンハピリ/ 副 不幸に, みじめに; 悲しそうに (↔happily)

un·hap·pi·ness B2 /ʌ̀nhǽpinəs アンハピネス/ 名 不幸; 不運 (↔happiness)

un·hap·py A2 高

/ʌ̀nhǽpi アンハピ/ 形 (比較級 **unhappier**; 最上級 **unhappiest**)

❶ 不幸な; 悲しい (=sad) (↔happy)

• an **unhappy** marriage 不幸な結婚(生活)

❷〔…について〕不満な, うれしくない, 不安で《*about, at, with*》

un·harmed /ʌ̀nhɑ́:rmd アンハームド/ 形 無傷の, 無事な

UNHCR 《略》United Nations High Commissioner for Refugees 国連難民高等弁務官

un·health·y A2

/ʌ̀nhélθi アンヘルスィ/ 形 (比較級 **unhealthier**; 最上級 **unhealthiest**)

健康によくない, 不健全な; 病弱な

un·heard-of /ʌ̀nhə́:rdʌ̀v アンハーダヴ/ 形 聞いたことがない, 無名の; 前代未聞の

un·hook /ʌ̀nhúk アンフク/ 動 他 ホック[かぎ]をはずす

un·hurt /ʌ̀nhə́:rt アンハート/ 形 けが[傷]のない, 損害を受けていない

uni- 《他の語と結びついて》「一つの」「単一の」の意味を表す

UNICEF /jú:nəsèf ユーニセフ/ 名 ユニセフ, 国連児童基金

u·ni·corn /jú:nəkɔ̀:rn ユーニコーン/ 名C 一角獣《◆1本角の空想上の動物》

u·ni·cy·cle /jú:nəsàikl ユーニサイクル/ 名C 一輪車

un·i·den·ti·fied /ʌ̀naidéntəfaid アナイデンティファイド/ 形 未確認の, 身元不明の, 正体不明の

u·ni·fi·ca·tion /jù:nəfəkéiʃən ユーニフィケイション/ 名U 統一; 一体化

u·ni·form A2 中

/jú:nəfɔ̀:rm ユーニフォーム/ (×ユニフォーム)

名 (複 **uniforms** /jú:nəfɔ̀:rmz/) UC 制服, ユニフォーム

— 形 (質・量などが)均等な; 一定の, 規則正しい; いつも変わらない

u·ni·formed /jú:nəfɔ̀:rmd ユーニフォームド/ 形 制服を着た

u·ni·form·i·ty /jù:nəfɔ́:rməti ユーニフォーミティ/ 名U 均一性; 一様; 一律

u·ni·fy B1 /jú:nəfài ユーニファイ/ 動 (三単現 **unifies** /jú:nəfàiz/; 過去・過分 **unified** /jú:nəfàid/; 現分 **unifying**) 他自

一体化する, 1つになる; 統一する; 同一化する

u·ni·lat·er·al /jù:nilǽtərəl ユーニラテラル/ 形 一方のみの, 一方的な ⇨**bilateral**

un·im·ag·i·na·ble B2 /ʌ̀nimǽdʒənəbl アニマヂナブル/ 形 想像できない; 想像を絶する; 思いも寄らない

ùnimáginably B2 副 想像できないほど

un·im·por·tant A2

/ʌ̀nimpɔ́:rtənt アニンポータント/ 形

重要でない, 取るに足りない (↔important)

un·in·hab·it·a·ble /ʌ̀ninhǽbətəbl アニンハビタブル/ 形 (場所が)居住に適さない, (人が)住めない

un·in·hab·it·ed /ʌ̀ninhǽbətəd アニンハビテド/ 形 人の住まない, 無人の

un·in·tel·li·gent /ʌ̀nintélədʒənt アニンテリヂェント/ 形 知性のない; 愚かな

un·in·tel·li·gi·ble /ʌ̀nintélidʒəbl アニンテリヂブル/ 形 理解できない, わけのわからない

un·in·ten·tion·al /ʌ̀ninténʃənəl アニンテンショナル/ 形 意図的[故意]でない

ùninténtionally 副 故意でなく

un·in·ter·est·ed B1 /ʌ̀níntrəstəd アニンタラステド/ 形〔…に〕無関心な; 興味のない《*in*》(❗ disinterested は「公平な」の意味)

un·in·ter·est·ing B1 /ʌníntrəstiŋ アニンタレスティング/ 形 面白くない; 退屈な

un·in·ter·rupt·ed /ʌ̀nintərʌ́ptəd アニンタラプテド/ 形 とぎれない; 連続した

un·ion B1 高 /júːnjən ユーニョン/ 名 (複 **unions** /júːnjənz/)
❶ C 労働組合 (❗単数形で複数扱いのときもある; 《米》では labor union, 《英》では trade union ともいう)
❷ C 連合国家, 国家連合, 連邦
• The European **Union** 欧州連合
❸ U C 結びつき, 結合(すること), 合併; 一致, 調和; 同盟, 団結
❹ U C 《文章》 結合, 結婚 ❺ 《the Union》 アメリカ合衆国 《♦特に米国南北戦争時の北部諸州》 派生 **unite** 動

un·ion·ist /júːnjənist ユーニャニスト/ 名 C 労働組合主義者; 労働組合員; U 《Unionist》《米史》(南北戦争当時の)連邦主義者; 《Unionist》《英史》アイルランド統一主義者

un·ion·ize /júːnjənàiz ユーニャナイズ/ 動 他 …を労働組合に加入させる; 自 労働組合を結成する

Únion Jáck 名 《the をつけて》 ユニオンジャック, 英国国旗

u·nique B1 高 /juːníːk ユーニーク/ (×ユニーク) 形 ❶ 独特な, ユニークな, とても珍しい • It was quite a **unique** event. それはとても珍しい催しだった
❷ 唯一の, たった1つしかない; 類のない ❸ […に]特有の, しか見られない 《*to*》 **uníquely** 副 比類なく
uníqueness 名 U 唯一無二; 独特さ; 比類のなさ

u·ni·sex /júːnisèks ユーニセクス/ 形 (服装・髪型などが)男女両用の, 男女差のない, ユニセックスの

u·ni·son /júːnisən ユーニサン, júːnizən ユーニザン/ 名 U 調和, 一致; 《音楽》 斉唱, ユニゾン
in unison ① いっしょに, 同時に; 調和して ② 斉唱[斉奏]で

u·nit A2 高

/júːnət ユーニト/ 名 (複 **units** /júːnəts ユーニツ/) C ❶ (全体を構成する)単位
• The family is a basic social **unit**. 家族は社会を構成する1つの基本単位だ
❷ (長さ・重さなどを測る標準の)単位
❸ (家具・機械の)設備一式; ユニット; 《形容詞的》 ユニット式の
❹ (全体を分けた)部門, 部署
❺ (ひとまとまりの内容を学習する)単元

u·nite B1 高 /juːnáit ユーナイト/ 動 (三単現 **unites** /juːnáits ユーナイツ/; 過去・過分 **united** /juːnáitəd/; 現分 **uniting**) ❶ 他 結合させる, 結びつける, 1つにする; 自 結合する, 1つになる (❗combine より結合度が高い); 文型 [**unite A and B**] AとBを結びつける ❷ 他 団結させる; 自 団結する ❸ 他 (性質などを)合わせ持つ 派生 **union** 名

u·nit·ed B2 高 /juːnáitəd ユーナイテド/ 形
❶ (政治的に)連合した
• a **united** front 統一戦線
❷ (一致)団結した, まとまった; 愛で結ばれた, 仲のよい
• a **united** family 仲のよい家族

Uníted Árab É·mir·ates /émərəts エミレツ/ 名 《the をつけて》 アラブ首長国連邦 《♦ペルシャ湾の首長国; 首都アブダビ(Abu Dhabi); UAEと略す》

Uníted Kíngdom 高 名 《the をつけて》《単数扱い》 連合王国, 英国, イギリス 《♦西ヨーロッパの島国で立憲君主国; 首都ロンドン(London)》

Uníted Nátions 高 名 《the をつけて》《単数扱い》 国際連合

Uníted Státes (of América) 中 名 《the をつけて》《単数扱い》 (アメリカ)合衆国, 米国, アメリカ
参考› 50の州(States)と首都ワシントンD.C.(Washington, D.C.)から成る. 正式名は the United States of America (アメリカ合衆国). US, U.S., USA, U.S.A. と略す. 単に America ともいうが, これは南北アメリカ大陸全体をもさすので, 米国人は the (United) States を多く使う

u·ni·ty /júːnəti ユーニティ/ 名 (複 **unities** /júːnətiz/) U C 単一; 統一体; 一致; 協調

u·ni·ver·sal B2 高 /jù:nəvə́:rsəl ユーニヴァーサル/ 形 ❶ 普遍的な，一般的な
• **universal** truth 普遍的真理
❷ 全世界の，世界的な；万人に通じる，すべての人々の(ための)，全員の

u·ni·ver·sal·ly /jù:nivə́:rsəli ユーニヴァーサリ/ 副 普遍的に，一般的に；至る所に

u·ni·verse B1 高 /jú:nəvə̀:rs ユーニヴァース/ 名 (複 **universes** /jú:nəvə̀:rsəz/)
❶《the universe》宇宙，天地万物，森羅万象 (=cosmos)
❷《the universe》全人類

u·ni·ver·si·ty A2 中

/jù:nəvə́:rsəti ユーニヴァースィティ/
名 (複 **universities** /jù:nəvə́:rsətiz/) C
❶ (いろいろな学部 (college) のある総合)大学 ⇨college • go to a [the] **university** 大学へ行く[行っている] (! 《英》では a, the を略すのがふつう；《米》では go to college ともいう)
❷《形容詞的》大学の

un·just /ʌ̀ndʒʌ́st アンヂャスト/ 形 フェアでない，不公平な；ずるい，不当な，不正な (=unfair) (↔just)

un·jus·ti·fi·a·ble /ʌ̀ndʒʌ́stəfàiəbl アンヂャスティファイアブル/ 形 筋の通らない；不当な

un·kempt /ʌ̀nkémpt アンケンプト/ 形 (髪・ひげが)もじゃもじゃの，くしを入れていない；(外見などが)だらしない

un·kind B2 /ʌ̀nkáind アンカインド/ 形 (比較級 **unkinder**; 最上級 **unkindest**) 〔…に対して〕不親切な；思いやりのない，やさしくない，冷酷な《to》(↔kind[1])

un·know·ing·ly /ʌ̀nnóuiŋli アンノウイングリ/ 副 知らずに，気づかずに

un·known A2 高

/ʌ̀nnóun アンノウン/ 形
❶ 知られていない，不明の，未知の
❷ (人が)無名の，名の売れていない
─ 名 (複 **unknowns** /ʌ̀nnóunz/) C
❶《the unknown》未知のもの[事]
❷ C 無名の人

un·law·ful /ʌ̀nlɔ́:fəl アンローフル/ 形 違法の，非合法の
ùnláwfully 副 違法に，非合法に

un·lead·ed /ʌ̀nlédəd アンレデド/ 形 (ガソリンが)無鉛の

un·leash /ʌ̀nlí:ʃ アンリーシュ/ 動 他 (抑えられた力などを)爆発させる《on, upon》；…の革ひも[いましめ]を解く

un·less B1 高 /ənlés アンレス/ 接
もし…でなければ，…でない限り (=if not) • **Unless** you go (=**If** you do **not** go) at once, you will be late. すぐ行かなければ遅れるよ (! 未来のことをいうときも unless のあとは現在形；×Unless you *will* go ... としない)
比較 Go at once, **or** you will be late. すぐに行って，でないと遅れるよ
• I won't go **unless** you do (=go). 君が行かないのならぼくも行かない

un·like A2 高

/ʌ̀nláik アンライク/ 形
似ていない，違って (↔like[2])
• The twins are quite **unlike** (each other). そのふたごは(たがいに)まったく似ていません
─ 前 …に似ていないで，…と違って；…らしくない，…にふさわしくない (↔like[2])

un·like·ly B1 /ʌ̀nláikli アンライクリ/ 形 (比較級 **unlikelier**; 最上級 **unlikeliest**)
❶ ありそうもない，起こりそうにない (↔likely)；文型 [**be unlikely to** *do*] …しそうもない
• It is **unlikely to** *rain* today. きょうは雨が降りそうにない
❷ (成功する)見込みのない；考えられない，思いもよらない；似つかわしくない 派生 **unlike** 形

un·lim·it·ed B2 /ʌ̀nlímətəd アンリミテド/ 形 限りない，無限の；果てしない；無制限の；無条件の

un·load B2 /ʌ̀nlóud アンロウド/ 動 他 自
❶ (荷を)降ろす；抜き取る ❷ 取り除く

un·lock B2 /ʌ̀nlák アンラク/ 動 他 鍵(かぎ)をあける，開放する；(問題を)解く手がかりを与える (↔lock[1])

un·luck·i·ly /ʌ̀nlʌ́kəli アンラキリ/ 副 不運にも, あいにく, 不幸にも (❗しばしば文を修飾して)

un·luck·y B1 /ʌ̀nlʌ́ki アンラキ/ 形 (比較級 **unluckier**; 最上級 **unluckiest**) ❶ 不運な, 運の悪い; ついてない, うまくいかない (↔**lucky**) ❷ 時期の悪い, あいにくの ❸ 不吉な; 縁起の悪い

un·mar·ried /ʌ̀nmǽrid アンマリド/ 形 独身の; 未婚の

un·mask /ʌ̀nmǽsk アンマスク/ 動 他 …の正体をあばく; (犯罪を)暴露する

un·men·tion·a·ble /ʌ̀nménʃənəbl アンメンショナブル/ 形 口に出せない; (下品で)口にすべきでない

un·mind·ful /ʌ̀nmáindfəl アンマインドフル/ 形 《文章》〔…を〕心に留めない《*of, that ...*》

un·mis·tak·a·ble B2 /ʌ̀nmistéikəbl アンミステイカブル/ 形 間違えようのない; 明白な **ùnmistákably** B2 副 間違えようもなく

un·moved /ʌ̀nmúːvd アンムーヴド/ 形 (人が)物に動じない《*by*》; 冷静な; (目的・決意などが)確固とした, 不動の

un·named /ʌ̀nnéimd アンネイムド/ 形 名前が明らかにされていない, 無名の

un·nat·u·ral B2 /ʌ̀nnǽtʃərəl アンナチュラル/ 形 不自然な; 異常な; わざとらしい **ùnnáturally** 副 不自然に

un·nec·es·sar·i·ly /ʌ̀nnèsəsérəli アンネセセリリ/ 副 不必要に; 必要以上に, むだに, 余計なことに

un·nec·es·sa·ry A2

/ʌ̀nnésəsèri アンネセセリ | ʌ̀nnésəsəri アンネセサリ/ 形 不必要な, 無用な, 必要以上の, 余計な (↔**necessary**)

un·no·ticed /ʌ̀nnóutist アンノウティスト/ 形 人目につかない, 気づかれない

un·ob·tru·sive /ʌ̀nəbtrúːsiv アノブトルースィヴ/ 形 でしゃばらない, 控えめな, 地味な, 人目を引かない

un·oc·cu·pied /ʌ̀nákjupàid アナキュパイド/ 形 (家・敷地などが)空いている; (領土などが)占領されていない

un·of·fi·cial B2 /ʌ̀nəfíʃəl アナフィシャル/ 形 公式でない, 私的な; 非公認の **unofficially** 副 非公式に

un·or·tho·dox /ʌ̀nɔ́ːrθədàks アノーソダクス/ 形 正統でない; 変則の

un·pack B1 /ʌ̀npǽk アンパク/ 動 (三単現 **unpacks** /ʌ̀npǽks/; 過去・過分 **unpacked** /ʌ̀npǽkt/; 現分 **unpacking**) 他 自 (包み・荷を)解く, …から中の物を出す

un·paid /ʌ̀npéid アンペイド/ 形 ❶ 未払いの, 未納の ❷ 無給の; 名誉職の

un·par·al·leled /ʌ̀npǽrəlèld アンパラレルド/ 形 《文章》並ぶものがない, 無比の

un·pin /ʌ̀npín アンピン/ 動 (三単現 **unpins** /ʌ̀npínz/; 過去・過分 **unpinned** /ʌ̀npínd/; 現分 **unpinning**) 他 ピンを抜く; ピンを抜いて緩める

un·pleas·ant A2

/ʌ̀nplézənt アンプレズント/ 形 不愉快な, いやな (↔**pleasant**) **ùnpléasantly** 副 不愉快に **ùnpléasantness** 名 U 不(愉)快; C 不愉快なこと

un·plug /ʌ̀nplʌ́g アンプラグ/ 動 (三単現 **unplugs** /ʌ̀nplʌ́gz/; 過去・過分 **unplugged** /ʌ̀nplʌ́gd/; 現分 **unplugging**) 他 プラグを抜く

un·plugged /ʌ̀nplʌ́gd アンプラグド/ 形 (バンドなどが)電気楽器を使わない

un·pop·u·lar B2 /ʌ̀npápjələr アンパピュラ/ 形 人気がない, 評判の悪い (↔**popular**)

un·prec·e·dent·ed /ʌ̀nprésədèntəd アンプレサデンテド/ 形 《文章》先例のない, 空前の

un·pre·dict·a·ble B1 /ʌ̀npridíktəbl アンプリディクタブル/ 形 予測できない; 意表をついた, 気まぐれな; 変わりやすい

un·pre·pared /ʌ̀npripéərd アンプリペアド/ 形 準備なしの; 即席の; 準備[覚悟]ができていない

un·prof·it·a·ble /ʌ̀nprɑ́fitəbl アンプラフィタブル/ 形 利潤を上げない, 利益のな

い, むだな

un·pro·tect·ed /ʌ̀nprətéktəd アンプロテクテド/ 形 保護(者)のない; 関税保護を受けていない; 無防備の

un·qual·i·fied /ʌ̀nkwɑ́lifàid アンクワリファイド/ 形 ❶資格のない, 無資格の; 不適任な《*for; to do*》 ❷制限されない, 無条件の

un·ques·tion·a·ble /ʌ̀nkwéstʃənəbl アンクウェスチョナブル/ 形《文章》疑う余地のない, 確かな; 申し分ない

unquéstionably 副 疑いなく, 確かに

un·quote /ʌ̀nkwóut アンクウォウト/ 動 自 引用(文)を終わる

un·rav·el /ʌ̀nrǽvəl アンラヴェル/ 動 (三単現 **unravels** /ʌ̀nrǽvəlz/; 過去·過分 **unraveled**, 《英》 **unravelled** /ʌ̀nrǽvəld/; 現分 **unraveling**, 《英》 **unravelling**) 他 (もつれた糸などを)解く, ほどく; (難問などを)解明する

un·read·a·ble /ʌ̀nríːdəbl アンリーダブル/ 形 ❶判読できない, 読みにくい (=illegible) ❷読んで面白くない ❸不可解な

un·re·al /ʌ̀nríːəl アンリーアル/ 形 非現実的な, 架空の; 真実味のない

un·re·al·is·tic B2 /ʌ̀nrìːəlístik アンリーアリスティク/ 形 非現実的な, 現実味のない; 非写実的な

un·rea·son·a·ble B2 /ʌ̀nríːzənəbl アンリーズナブル/ 形 ❶(人が)道理をわきまえない, 非常識な, 理性的でない ❷(要求などが)理不尽(りふじん)な, むちゃな; 不当な, 法外な

ùnréasonably 副 法外に; 不当に

un·re·lat·ed B1 /ʌ̀nriléitəd アンリレイテド/ 形 関係のない; 親類でない

un·re·li·a·ble B2 /ʌ̀nriláiəbl アンリライアブル/ 形 当てにならない, 信頼できない

un·re·served /ʌ̀nrizə́ːrvd アンリザーヴド/ 形 制限のない; 予約していない

un·rest B2 /ʌ̀nrést アンレスト/ 名 U (社会的な)不安, 騒乱; (心の)不安, 心配

un·ri·valed /ʌ̀nráivəld アンライヴァルド/ 形《文章》匹敵するもののない

un·roll /ʌ̀nróul アンロウル/ 動 他 広げる, 開く; 自 解ける, 広がる

un·ru·ly /ʌ̀nrúːli アンルーリ/ 形 (比較級 **unrulier**; 最上級 **unruliest**) 規律を守らない; 手に負えない; 御しがたい

un·safe B2 /ʌ̀nséif アンセイフ/ 形 安全でない, 危険な (=dangerous)

un·said /ʌ̀nséd アンセド/ 形 (心に思ったが)言わない, 口に出さない

un·sat·is·fac·to·ry B2 /ʌ̀nsætisfǽktəri アンサティスファクトリ/ 形 不満足な; 不十分な

un·sa·vor·y /ʌ̀nséivəri アンセイヴォリ/ 形 (道徳的に)受け入れがたい, 悪い

un·scathed /ʌ̀nskéiðd アンスケイズド/ 形 無傷で, けがなしの

un·scientific /ʌ̀nsàiəntífik アンサイエンティフィク/ 形 非科学的な; 科学的知識を欠いた

un·screw /ʌ̀nskrúː アンスクルー/ 動 他 ねじを抜く[ゆるめる]; ねじを抜いてはずす; 自 ねじが抜ける[ゆるむ]

un·scru·pu·lous /ʌ̀nskrúːpjələs アンスクルーピュラス/ 形 良心のない, 不謹慎な; 恥知らずな

ùnscrúpulously 副 不謹慎にも

un·seen /ʌ̀nsíːn アンスィーン/ 形 気づかれない; 目に見えない; 即席の

un·self·ish B2 /ʌ̀nsélfiʃ アンセルフィシュ/ 形 利己的でない; 無私の; 思いやりのある (↔**selfish**)

un·set·tled /ʌ̀nsétld アンセトルド/ 形 ❶不安定な; 不穏な ❷(問題などが)未解決の; 未払いの ❸定住しない

un·sight·ly /ʌ̀nsáitli アンサイトリ/ 形 見苦しい, みっともない, みにくい

un·skilled /ʌ̀nskíld アンスキルド/ 形 〔…に〕経験[技量]不足な, 未熟な《*in*》

un·so·cia·ble /ʌ̀nsóuʃəbl アンソウシャブル/ 形 非社交的な; 無愛想な

un·sound /ʌ̀nsáund アンサウンド/ 形 ❶(体が)健康でない, 不健全な ❷堅固でない; (根拠などが)あやふやな

un·spar·ing /ʌ̀nspéəriŋ アンスペアリング/ 形 気前がいい, 金離れがいい

ùnspáringly 副 気前よく, けちけ

ちせずに

un·speak·a·ble /ʌ̀nspíːkəbl アンスピーカブル/ 形 言語に絶する, ことばにならない **ùnspéakably** 副 ことばにならないほど(ひどく)

un·spo·ken /ʌ̀nspóukən アンスポウクン/ 形 言外の; 暗黙の; 無言の

un·sta·ble /ʌ̀nstéibl アンステイブル/ 形
❶ 不安定な, ぐらぐらした
❷ 気まぐれな, 落ち着きのない

un·stead·y /ʌ̀nstédi アンステディ/ 形
❶ 不安定な; ふらつく ❷ (態度などが) 変わりやすい; 不規則な; 一様でない

un·stuck /ʌ̀nstʌ́k アンスタク/ 形 くっついていない, ばらばらになった
come unstuck ① (物が)はがれる ② 《英》失敗する; (人が)だめになる

un·suc·cess·ful B2 /ʌ̀nsəksésfəl アンサクセスフル/ 形 不成功の, 失敗に終わった **ùnsuccéssfully** 副 不成功に, 失敗して

un·suit·a·ble B2 /ʌ̀nsjúːtəbl アンスータブル/ 形 不適当[不向き]な; 似合わない

un·sure B2 /ʌ̀nʃúər アンシュア/ 形 確信のない, 自信のない; あやふやな

un·sus·pect·ing /ʌ̀nsəspéktiŋ アンサスペクティング/ 形 怪しまない, 疑わない

un·tan·gle /ʌ̀ntǽŋgl アンタングル/ 動 他 もつれを解く[ほどく], (紛糾などを)解決する

un·tapped /ʌ̀ntǽpt アンタプト/ 形 (たるの)栓があいていない; 未開発の; (資源などが)まだ利用されていない, 今後活用される

un·think·a·ble /ʌ̀nθíŋkəbl アンスィンカブル/ 形 まったく考えられない, 思いもよらない

un·think·ing /ʌ̀nθíŋkiŋ アンスィンキング/ 形 思慮のない, 心ない, 軽率な
ùnthínkingly 副 心なく, 軽率に

un·ti·dy B1 /ʌ̀ntáidi アンタイディ/ 形 (比較級 **untidier**; 最上級 **untidiest**) きちんとしていない, だらしない; 乱雑な, 散らかった

un·tie B2 /ʌntái アンタイ/ 動 他 ほどく, 解く; (犬などを)放してやる (↔**tie**)

un·til A1 中

/əntíl アンティル/

共通イメージ ある時点までずっと

使い方› till と同じ意味だが, 書きことばや改まった場面では until が多く, 文頭ではふつう until を使う. また, until はしばらく続いている動作よりも, それが終わったあとで起こるできごとの方を意識している場合に用いることが多い. スペルでは until は l が1つ, till は2つあることに注意 ⇨**till**[1]

— 前 ❶ …まで(ずっと)

- **from** morning **until** night 朝から晩までずっと
- **until recently** 最近まで(は) (❗until のあとに副詞や前置詞句が続くこともある; 現在は違うというニュアンスを持つことが多い)
- I'll be **waiting** here **until** six. 6時までここで待っています
- **Up until** that time, I don't want you to say anything about it. その時までは, それについて何も言わないでほしいんです (❗up は強調; その時を過ぎたら言ってもよいというニュアンス)
- Stay on the train **until** (you get to) Shinjuku. 新宿まで電車に乗って行ってください (❗until はふつう場所には使わないが, 移動状態が続いていて「ある場所に行くまでは」という場合には使える)

どっち

until, till と by

until, till は継続中の動作が終わる時点を示し,「ある時までずっと」動作・状態が続くことを表す. **by** は期限・締め切りを示し,「ある時までに」動作・状態が完了することを表す:
I will come here **by** four, so please wait **until** then. 私は4時までにここへ来ますから, それまで待っていてください

❷ 《否定文で》 …まで(は)(…ない), …になってから(ようやく)

- My sister did **not** come back **until** midnight. 妹[姉]は真夜中になってやっと帰ってきた (←真夜中まで帰って来なかった)

— 接 ❶ (…する)まで(ずっと); …するほどまでに, …してついに

- Let's wait **until** he comes. 彼が来るま

で待っていようよ（❗ until のあとは未来のことでも現在形で表す; ×until he will come としない）
● The baby kept crying, **until** (at last) she went to sleep. 赤ちゃんはわんわん泣いて，そしてついに眠った（←眠るまでずっと泣いていた）（❗ until の前にコンマ(,)がある時は，前の方から訳して「そしてついに」とするとわかりやすい）
❷《否定文で》…するまで(は)(…ない)，…してから(ようやく)
● We will **not** depart **until** he comes. 彼が来るまでは私たちは出発しません[彼が来たら私たちは出発します]
It is not until A that ... Aまで…しない; Aしてはじめて…する（❗ Aには名詞または文が入る．名詞の場合は until は前置詞，文の場合は until は接続詞）

un·time·ly /ʌ̀ntáimli アンタイムリ/ 形《文章》早すぎる; 時期はずれの

un·tir·ing /ʌ̀ntáiəriŋ アンタイアリング/ 形 たゆみない; 不屈の，疲れを知らない (=tireless) **ùntíringly** 副 たゆまず

un·to B2 /ʌ́ntu アントゥ/ 前《古語》…に，…へ，…まで（❗ 今では to を用いる）

un·told /ʌ̀ntóuld アントウルド/ 形 話されない，明かされない; 数え切れない，多大な

un·touch·a·ble /ʌ̀ntʌ́tʃəbl アンタチャブル/ 形 手で触れることのできない; 非難のおよばない; 手を触れてはならない ― 名 C《時に **Untouchable**》不可触賤民（♦もとインドの最下層民）

un·touched /ʌ̀ntʌ́tʃt アンタチト/ 形
❶ 触られていない; 元のままの[で]
❷ 影響されない; 言及されていない

un·to·ward /ʌ̀ntóuərd アントウアド，ʌ̀ntɔ́:rd アントード/ 形 運の悪い，間の悪い

un·trained /ʌ̀ntréind アントレインド/ 形 訓練されていない，未熟な

un·true /ʌ̀ntrú: アントルー/ 形 ❶ 真実でない，事実に反する; 忠実でない; いつわりの，不誠実な ❷ 標準でない，寸法に合わない

un·truth /ʌ̀ntrú:θ アントルース/ 名 U 真実でないこと，虚偽; C 偽言，うそ

un·truth·ful /ʌ̀ntrú:θfəl アントルースフル/ 形 不正直な，真実でない

un·us·a·ble /ʌ̀njú:zəbl アニューザブル/ 形 使えない; 使い物にならない

un·used[1] /ʌ̀njú:st アニュースト/ 形〔…に〕慣れていない，経験がない《*to*》

un·used[2] /ʌ̀njú:zd アニューズド/（発音 unused[1]との違いに注意）形 使われていない; 未使用の; 新しい

un·u·su·al A2 高

/ʌ̀njú:ʒuəl アニュージュアル/ 形
ふつうでない，まれな，珍しい，異常な; 並外れた（↔**usual**）● in **unusual** circumstances 異常な状況で

un·u·su·al·ly B1 /ʌ̀njú:ʒuəli アニュージュアリ/ 副（❗ 比較変化なし）
❶ ふつう以上に，非常に，とても，著しく (=extremely, very)
❷ 異常に，いつもと違って，珍しく

un·ut·ter·a·ble /ʌ̀nʌ́tərəbl アナタラブル/ 形 言語に絶する，言うに言えない; お話にならない
ùnútterably 副 言うに言われず

un·var·y·ing /ʌ̀nvéəriŋ アンヴェアリング/ 形 変わらない，不変の

un·veil /ʌ̀nvéil アンヴェイル/ 動 他 ❶ ベールをとる，覆いをとる ❷（秘密などを）明らかにする; 正体を現す

un·want·ed B1 /ʌ̀nwántəd アンワンテド｜ʌ̀nwɔ́ntəd アンウォンテド/ 形 望まれていない; 無用の

un·war·rant·ed /ʌ̀nwɔ́:rəntəd アンウォーランテド/ 形 許せない; 根拠のない，不当な

un·war·y /ʌ̀nwéəri アンウェアリ/ 形 用心していない，不注意な

un·wel·come /ʌ̀nwélkəm アンウェルカム/ 形 歓迎されない，もてない; いやな，うれしくない

un·well B1 /ʌ̀nwél アンウェル/ 形 気分がすぐれない，体調不良の; 生理中の

un·wield·y /ʌ̀nwí:ldi アンウィールディ/ 形（物が）(大きくて・重くて)扱いにくい; うまく機能しない

un·will·ing B2 /ʌ̀nwíliŋ アンウィリング/ 形

気が進まない, いやいやながらの (↔ willing) **ùnwíllingly** 副 いやいやながら, 不承不承

un·wind /ʌ̀nwáind アンワインド/ 動 (三単現 **unwinds** /ʌ̀nwáindz アンワインヅ/; 過去・過分 **unwound** /ʌ̀nwáund/; 現分 **unwinding**) 他 ほどく; 自 ほどける, 解ける; 《口語》緊張がほぐれる, くつろぐ

un·wise B2 /ʌ̀nwáiz アンワイズ/ 形 愚かな, 無分別な

un·wise·ly /ʌ̀nwáizli アンワイズリ/ 副 愚かに(も), 無分別に(も)

un·wit·ting /ʌ̀nwítiŋ アンウィティング/ 形 無意識の

unwíttingly 副 無意識に

un·wor·thy /ʌ̀nwə́ːrði アンワーズィ/ 形 (比較級 **unworthier**; 最上級 **unworthiest**) 値しない; ふさわしくない; 卑劣な, 恥ずべき

un·wound /ʌ̀nwáund アンワウンド/ 動 unwind の過去・過去分詞

un·wrap /ʌ̀nrǽp アンラプ/ 動 (三単現 **unwraps** /ʌ̀nrǽps/; 過去・過分 **unwrapped** /ʌ̀nrǽpt/; 現分 **unwrapping**) 他 …の包みを解く, 開ける; 自 包みが開く[解ける]

un·writ·ten /ʌ̀nrítən アンリトン/ 形
❶ 書かれていない, 記録していない
❷ 成文化していない, 慣習の

unwrìtten láw 名 C 不文律; 不文法, 慣習法

up A1 中

/ʌ́p アプ/ ⇨次ページ 図

共通イメージ 上に

意味マップ

副 ❶《方向・位置》上へ
❷《起立》立ち上がって
❸《目が覚めて》起きて, 目が覚めて
❹《増加》増加[増大]して
❺《完了・完全》最後まで
❻《接近》…の方へ
❼《活動》活動して
❽ まとめて

前 ❶ …を上がって
❷ …に沿って

形 上に向かう; 上りの
名 上り; 上昇
動 …を増やす; …を上げる

一 副 ❶《方向》**上へ, 上の方へ, 上がって, 高い方へ;**《位置》**上(の方)に[で, の, を]** (↔**down**[1])

• **look up** 上の方を見る, 見上げる

• **up there** 上のあそこに[で], あの高い所に[で] (❗ up＋場所を示す副詞句; up でだいたいの方向を示し, there でさらに詳しい場所を示す)

• **high up** in the sky 上の(方の)空高くに, はるか上空に[で]

• The balloon **went up**. 風船は上へとのぼっていった

• The sun is **up**. 太陽が(地平線から)のぼっている[のぼった]

• THIS SIDE **UP** こちら側が上 (❗ こん包用のダンボール箱などに書いてある文句)

❷《起立》**立ち上がって, 起き上がって, まっすぐ立てて** (↔**down**[1])

• **stand up** 立ち上がる, 起立する

• **sit up** (ベッドの上などで)起き上がる, 体を起こす; まっすぐに[しゃんと]すわる; 寝ないで起きている ⇨❸

❸《目が覚めて》**起きて, 目が覚めて**

• I **get up** at six in the morning. 私は朝6時に起きる • **Wake up**! 起きなさい

• She was [stayed, sat] **up** all night, reading a book. 彼女は一晩中起きて本を読んでいました

会話 "Is he **up** yet?" "Yes, he's **up** but not down yet." 「彼はもう起きましたか」「ええ, 起きていますがまだ下に降りて来ていません」

❹《増加》(量・程度などが)**上がって, 増加[増大]して; 値上がりして** (↔**down**[1]); **成長して**

• The prices are gradually **going up**. 物価は徐々に上がっている

• **Speak up**! もっと声を上げて!

• What do you want to be when you **grow up**? 大きくなったら何になりたいの

❺《完了・完全》(強意的に)**最後まで, すっかり, つきて; 終わって** (❗ ある状態・動作がいちばん最後の行きつく所まで行くこと

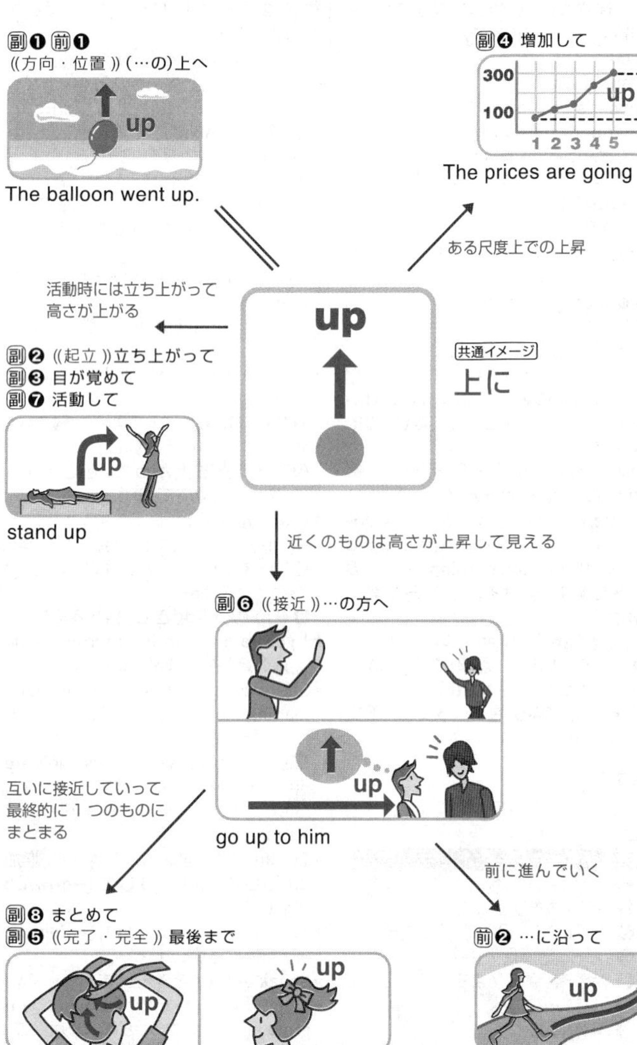
副❶ 前❶
((方向・位置)) (…の)上へ
up
The balloon went up.
副❹ 増加して
300
100
1 2 3 4 5
up
The prices are going up.
ある尺度上での上昇
活動時には立ち上がって
高さが上がる
up
共通イメージ
上に
副❷ ((起立))立ち上がって
副❸ 目が覚めて
副❼ 活動して
up
stand up
近くのものは高さが上昇して見える
副❻ ((接近))…の方へ
up
go up to him
互いに接近していって
最終的に 1 つのものに
まとまる
前に進んでいく
副❽ まとめて
副❺ ((完了・完全)) 最後まで
up
up
She tied up her hair with a ribbon.
前❷ …に沿って
up
go up the street

を表す) ●**drink up** (飲み物を)全部飲んでしまう, 飲みほす
●Who **ate up** all the pudding? プリンを全部食べちゃったのはだれ?
●(Your) time is **up**. もう時間です[時間切れです]

❻《接近》(話題になっている場所・話し手など)**の方へ; …へ, …に近づいて** (❗遠くから話題の中心地へ心理的にのぼっていくこと; 実際の位置が上にある必要はない); **中心地へ**, (南から)**北へ**, (下町から)**山の手へ** (↔**down**[1]) ●Come **up**, children. みんなこっちへおいで
●go **up to** him 彼のところまで行く
●She walked **right** [**straight**] **up to** me. 彼女は私の方にまっすぐ歩いてきた

❼《活動》(気持ちが)**高まって**; (機械などが)**動いて**; (店などが)**営業して**, (組織などが)**活動して**; (問題などが)**起こって** (↔**down**[1]); 《米》《野球》**打つ番で, 打席に立って** (=at bat) ●She **cheered** me **up**. 彼女がぼくを元気づけてくれた
●I finally had my computer **up and running** successfully. やっとコンピュータを動かすことができた
●I noticed something was **up**. 何か問題があることに気が付いた

❽**まとめて, まとまるように**
●She **tied up** her hair with a ribbon. 彼女は髪をリボンで束ねた

be all up with ... …はもうだめだ, 万事休すである

be up for ... (販売・選挙など)の対象になって

be up to ... ①《ふつう否定文・疑問文で》《口語》…する力がある, …することができる, …に耐えられる ②《口語》(悪い事)をしようとして[たくらんで]いる ③…の責任[義務]である; …しだいである, …に任せる
●**It's up to you.** あなたに任せます
④…に匹敵している

up against ... …に立ち向かって, 直面して

up and around [***about***] (病気が治って)起き出して; また活動を始めて

up and down ①上がったり下がったり, 上下に ②いったりきたり, あちこちと ③良い時と悪い時があって, 浮き沈みがはげしく

up to ... (時間・程度・数量・価値などが)**最高…まで, …に達して**
●The water came **up to** my chin. 水は私のあごの所まで達した ●This car will hold **up to** five people. この車は最高5人まで乗せることができる

up to [***till, until***] ***...*** (ある時刻)までずっと, …までに

up to now 今までのところ

What's up? 《口語》どうしたのですか, 何が起こったのか
●**What's up?** Why are they crying? どうしたんだ. なぜ彼らは泣いているんだ

コーパス この順番でマスター
up の重要成句
(**1**) pick *up* 取り上げる
(**2**) make *up* 作り上げる
(**3**) set *up* 設立する
(**4**) come *up* with 思いつく
(**5**) give *up* やめる

━前 ❶**…を上がって, …の上(の方)へ[に]**; (川)**の上流へ[に]** (↔**down**[1])
●run **up** the stairs 階段をかけ上がる
●climb **up** a tree 木に登る
●A ski lift carries you **up** the mountain. リフトが山の上まで君を運ぶ

❷(道路など)**に沿って**, (道)**を** (=along)
●[CAN-DO Tips **道案内する**]
Go **up** the street to the bank and turn left. 銀行の所までこの通りをずっと行ってそこで左に曲がりなさい

up and down ... ①…を上がったり下がったり, …を上下に
●I went **up and down** the stairway. 私は階段を上がったり降りたりしていた
②…をいったりきたり, …のあちこちを

━形 **上に向かう**; (電車が)**上りの** (↔**down**[1]) (❗名詞の前に用いる)
●an **up** escalator [train] 上りのエスカレーター[上り列車]

注意〉「アップダウンの激しい」は ×up down ではなく, up-and-down を使う ⇨**up-and-down**

― 名 (複 **ups** /ʌ́ps/) C 上り; 上昇; 値上がり (↔**down**[1])

on the up and up ① 《米》《口語》正直で ② 《英》《口語》持ち直して

ups and downs ① 浮き沈み, 栄枯盛衰 ② (価格などの)上がり下がり

― 動 (三単現 **ups** /ʌ́ps/; 過去·過分 **upped** /ʌ́pt/; 現分 **upping**) 他 《口語》(量)を増やす; (程度)を上げる, 高める (=raise)

up and do いきなり…する, 思い切って…する

up-and-com·ing /ʌ̀pənkʌ́miŋ アパンカミング/ 形 将来性のある, 精力的な

up-and-down /ʌ̀pəndáun アパンダウン/ 形 上がったり下がったりの; 起伏のある; 浮き沈みのある ● an **up-and-down** road [season] 起伏のある道[(スポーツの成績などの)変動が大きいシーズン]

up·beat /ʌ́pbìːt アプビート/ 形 楽天的な; 楽しい; 陽気な

up·braid /ʌ̀pbréid アプブレイド/ 動 他 《文章》〔…のことで〕ひどく叱る, 非難[批判]する 《*with*》; 文型 [**upbraid A for** *do***ing**] …することについてA(人)をひどく叱る

up·bring·ing B2 /ʌ́pbrìŋiŋ アプブリンギング/ 名 U 《しばしば **an upbringing**》(親から受ける幼少期の)教育, しつけ

up·com·ing /ʌ́pkʌ̀miŋ アプカミング/ 形 《米》近づいている, やがて起こる[現れる] (=forthcoming)

up·date B1 /ʌ̀pdéit アプデイト/ 動 (三単現 **updates** /ʌ̀pdéits アプデイツ/; 過去·過分 **up-dated** /ʌ̀pdéitəd/; 現分 **updating**) 他 (記事·数字·型などを)最新のものにする; アップデートする

― /ʌ́pdèit アプデイト/ (発音 動とのアクセントの違いに注意) 名 (複 **updates** /ʌ́pdèits アプデイツ/) U C 最新のものにすること; アップデート, 更新; 最新情報

up·front /ʌ́pfrʌ̀nt アプフラント/ 形 《口語》〔…に関して〕率直な, 正直な 《*about*》

up·grade B2 /ʌ́pgrèid アプグレイド/ 名 C 《米》上り坂, 上り勾配(こうばい)

― /ʌ̀pgréid アプグレイド/ (発音 名とのアクセントの違いに注意) 動 他 昇進[昇格]させる; (製品などの)品質を上げる, アップグレードする (■「グレードアップ」は和製英語で ×grade up とはいわない)

up·heav·al /ʌ̀phíːvəl アプヒーヴァル/ 名 U C 持ち上がること; 《地質》隆起; 激変, (社会などでの)大変動

up·held /ʌ̀phéld アプヘルド/ 動 uphold の過去形·過去分詞

up·hill /ʌ̀phíl アプヒル/ 形 上りの, 上り坂の (↔**downhill**); 骨の折れる (↔easy) ― 副 坂[丘]の上へ (=upward) (↔**downhill**)

up·hold /ʌ̀phóuld アプホウルド/ 動 (三単現 **upholds** /ʌ̀phóuldz アプホウルヅ/; 過去·過分 **upheld** /ʌ̀phéld/; 現分 **upholding**) 他 支持する; 是認する, 確認する; 擁護する; 維持する

up·hol·ster /ʌ̀phóulstər アプホウルスタ/ 動 他 クッションなどを取り付ける; (室内に)カーテンを取り付ける

up·keep /ʌ́pkìːp アプキープ/ 名 U (土地·建物·機械などの)維持, 保存; 維持費

up·land /ʌ́plənd アプランド/ 名 ❶《しばしば **uplands**》高地; 台地; 高原地方 ❷《形容詞的》高地の, 高地に住む

up·lift /ʌ̀plíft アプリフト/ 動 他 《文章》 ❶ 精神を高揚させる, (意気を)盛んにする ❷ (道徳的·知的に)向上させる

― /ʌ́plìft アプリフト/ (発音 動とのアクセントの違いに注意) 名 U 精神的高揚; U C (道徳的·知的)向上(運動)

up·lift·ing /ʌ̀plíftiŋ アプリフティング/ 形 気持ちを高揚させる, 向上させる

up·load B1 /ʌ́plòud アプロウド/ 動 (三単現 **uploads** /ʌ́plòudz アプロウヅ/; 過去·過分 **up-loaded** /ʌ́plòudəd/; 現分 **uploading**) 他 《コンピュータ》(プログラム·データなどを)アップロードする (↔**download**)

― 名 (複 **uploads** /ʌ́plòudz アプロウヅ/) C U アップロード; C アップロードしたファイル[プログラム]

up·mar·ket /ʌ̀pmɑ́ːrkit アプマーケト/ 形 《おもに英》高級な, 高額所得層(向け)の

(=upscale)

up·on A2 高
/əpán アパン|əpɔ́n アポン/ 前 《文章》(=on) (❗ upon は on よりも書きことばで使われることが多いが, 文の中で on より音のひびきがよい時には話しことばでも使われる; また once **upon** a time (昔々), come **upon** ... (…に偶然出会う), **on** Sunday (日曜日に), **on** television (テレビで)などのように動詞や成句によってはどちらを使うか決まっている場合もある)
- depend **upon** [**on**] ... …次第である
- be **based upon** [**on**] ... …に基づく
- He was **called upon** [**on**] **to** take part in the national team. 彼は国の代表チームに参加するよう要請された

once upon a time 昔々 ⇨**once** 副 (成句)

up·per B1 高 /ʌ́pər アパ/ 形
❶ 上の方の, 上の (↔**lower**)
- the **upper** lip [jaw] 上くちびる[上あご] ⇨**lip** ● the **upper** floor 上の階

❷ 上位の, 上級の; 上流の

úpper cláss 名 U 《**the upper class**(**es**)》《単数・複数扱い》《集合的》上流社会

up·per·class /ʌ̀pərklǽs アパクラス/ 形
❶ 上流階級の ❷《米》学年が上の《◆高校・大学の3・4年生》

Úpper Hóuse 名 《**the** をつけて》(二院制議会の)上院 (↔**Lower House**)

up·per·most /ʌ́pərmòust アパモウスト/ 形 最高の; 最上の; 真っ先に浮かぶ, 最重要の
— 副 最高に, 最上に; 真っ先に

up·right B2 /ʌ́pràit アプライト/ 形
❶ (姿勢が)まっすぐな, 垂直な; (背もたれが)起きている
- stand **upright** まっすぐに立つ

❷ 正直な, 道徳心のある
— /ʌ̀práit アプライト/ (発音 副 はアクセントが異なる) 副 まっすぐに; 直立して
— /ʌ́pràit アプライト/ 名 U 垂直, 垂直な状態; C まっすぐなもの

úpright piáno 名 C 《楽器》アップライトピアノ ⇨**grand piano**

up·ris·ing /ʌ́pràiziŋ アプライズィング/ 名 C 暴動, 反乱

up·roar /ʌ́prɔ̀ːr アプロー/ 名 U 《単数形で》大騒ぎ, 騒動; わめき声

up·roar·i·ous /ʌprɔ́ːriəs アプローリアス/ 形 騒々しい; 大笑いさせる
upróariously 副 騒がしく

up·root /ʌprúːt アプルート/ 動 他
❶ 根こそぎ引き抜く; 根絶する
❷ 追い立てる, 立ち退かせる

up·scale /ʌ́pskèil アプスケイル/ 形 《おもに米》高級な, 高額所得層(向け)の (=upmarket)

up·set A2 高
/ʌpsét アプセト/ 形
❶ 〔…に; …して; …ということで〕取り乱した, うろたえた; あわてふためいた; 腹を立てた《*about, by, with, at, over; to do; that ...*》 ❷ (胃の)調子が悪い
— 動 (三単現 **upsets** /ʌpséts アプセツ/; 過去・過分 **upset**; 現分 **upsetting**) 他
❶ 動転させる, うろたえさせる; 心配させる
- The news of his friend's death **upset** him greatly. 友人が死んだという知らせを聞いて, 彼はひどく動転した

❷ (決まっていた計画などを)だめにする, 狂わす, めちゃめちゃにする
❸ ひっくり返す, 倒す (= knock over)
❹ (悪い食べ物が胃を)こわす, 具合を悪くする, だめにする; 体調を狂わせる
— /ʌ́psèt アプセト/ (発音 名 はアクセントが異なる) 名 (複 **upsets** /ʌ́psèts アプセツ/)
❶ U C 転倒; 混乱; 狼狽(ろうばい)
❷ C (競技などの)番狂わせ
❸ C (体, 特に胃の)不調

up·shot /ʌ́pʃɑ̀t アプシャト/ 名 U 《**the upshot**》結末, 結果; 結論

up·side /ʌ́psàid アプサイド/ 名 C 上側; (物事の)良い[明るい]側面
— 形 上昇傾向を示す
upside down B2 さかさまに, ひっくり返って; めちゃめちゃに, 混乱して

úpside-dówn B2 形 さかさまの; 乱雑な

up·stage /ʌ́pstéidʒ アプステイヂ/ 副 舞台の奥で ━形 舞台の奥の
━動他 (人・物から)注目[関心]を奪う

up·stairs A2
/ʌ́pstéərz アプステアズ/ 副 上の階へ[で], 2 階へ[で] • Go **upstairs** to your bedroom. 2階[上]の君[自分]の寝室へ行きなさい (×go *to* upstairs)
━形 2階の, 上の階の, 階上の (❗名詞の前に用いる)
━名U《**the upstairs**》《口語》2階, 上の階, 階上 (↔**downstairs**)

up·stand·ing /ʌ̀pstǽndiŋ アプスタンディング/ 形《文章》直立した; すらりとした; 正直な, りっぱな

up·start /ʌ́pstɑ̀ːrt アプスタート/ 名C 成り上がり者, 成り金

up·stream /ʌ́pstríːm アプストリーム/ 副 上流に; 川をさかのぼって; 流れに逆らって ━形 上流の; 川をさかのぼる (↔**downstream**)

up·surge /ʌ́psə̀ːrdʒ アプサーヂ/ 名C 盛り上がり《*in*》; 急な高まり《*of*》

up·take /ʌ́ptèik アプテイク/ 名UC 摂取, 吸収; 理解力

up·tight /ʌ́ptáit アプタイト/ 形《口語》〔…のことで〕不安になった, いらいらした, 気にやんでいる《*about*》

up-to-date B1 /ʌ́ptədéit アプトゥデイト/ 形 ❶最新の情報を含んだ; 《ふつう **be up-to-date**》〔…について〕最新の情報に通じた《*on, with*》
❷最新式の, 最新の手法による; 今風の (↔**out-of-date**)

up·town /ʌ́ptáun アプタウン/ 名U《米》住宅地区, 山の手
━形《米》住宅地区にある, 山の手の

up·turn /ʌ́ptə̀ːrn アプターン/ 名C 上に向くこと; 〔…の〕上昇《*in*》

up·ward B1 /ʌ́pwərd アプワド/ 形 上向きの, 上の方に向かった, 上の方の; 高い位置にある
━副 ❶上に向かって, 上の方へ[を]
❷(価格・割合などが)上昇して; (地位などが)上の方へ
• Oil prices are moving **upward**. 石油の値段が上昇している
❸《**from A upward**》Aから上はずっと, A以上[以来]; 《**A and upward**》A(およびそれ)以上

upward of ... …より多くの (=more than)

up·wards /ʌ́pwərdz アプワヅ/ 副《英》(=upward)

u·ra·ni·um /juəréiniəm ユアレイニアム/ (×ウラニューム) 名U《化学》ウラニウム《♦放射能を含む元素; 元素記号U》

U·ra·nus /júərənəs ユアラナス/ 名《天文》天王星

ur·ban B2 高 /ə́ːrbən アーバン/ (発音 urbane との違いに注意) 形 都市の; (いなかに対して)都会(ふう)の, 都会的な; 都会に住む; 都市特有の; 都市化した (↔**rural, rustic**)

ur·bane /əːrbéin アーベイン/ (発音 urban との違いに注意) 形 都会的な; 洗練された (↔**rustic**)

ur·ban·ize /ə́ːrbənàiz アーバナイズ/ 動他 都会[都市]化する; 都会的にする, 洗練する (❗しばしば受け身で使う)

ùrban légend, 《おもに英》 **ùrban mýth** 名C 都市伝説

ur·chin /ə́ːrtʃən アーチン/ 名 ❶《古風》わんぱく坊主, 悪がき; 浮浪児 ❷《動物》ウニ (=sea urchin)

urge B1 /ə́ːrdʒ アーヂ/ 名C 《ふつう単数形》衝動, 切迫した気持ち《*to do*》
━動 (三単現 **urges** /ə́ːrdʒəz/; 過去・過分 **urged** /ə́ːrdʒd/; 現分 **urging**) 他
❶強く勧(すす)める, しきりに勧める; せがむ; 文型 [**urge A to** *do*] A(人)に…するよう強く迫る[しきりに促す] ❷主張する, 〔人に〕力説する《*on*》
❸急がせる, かりたてる, 追いたてる, せかせる, せきたてる《*on*》; (事業などを)推進する

ur·gen·cy /ə́ːrdʒənsi アーヂェンスィ/ 名U
❶緊急(性), さしせまった事態
❷しつこさ

ur·gent B1 /ə́ːrdʒənt アーヂェント/ 形 ❶急を要する, 緊急の, さしせまった, 切迫した ❷しきりに催促する 派生 **urgency** 名

ur·gent·ly B2 /ə́ːrdʒəntli アーヂェントリ/ 副 緊急に; 執拗に 派生 **urgent** 形

u·ri·nar·y /júərənèri ユアリネリ/ 形 尿の; 泌尿(器)の

u·ri·nate /júərənèit ユアリネイト/ 動 他 《医学》排尿する, 小便をする

u·rine /júərən ユアリン/ 名 U 小便; 尿

urn /ə́ːrn アーン/ 名 C (台座付きの)つぼ, (特に)骨つぼ; 大型のコーヒー[紅茶]ポット

U·ru·guay /júərəgwài ユアラグワイ/ 名 ウルグアイ《◆南米南東部の共和国; 首都モンテビデオ(Montevideo)》

U.S., US 中 /júːés ユーエス/ 《略》《**the** US [U.S.]》(アメリカ)合衆国(=the United States (of America));《形容詞的》合衆国の

us A1 中

/əs アス; 《強》 ʌ́s アス/ 代

私たちを, 私たちに; 私たち

• Please help **us**. どうぞ私たちを助けて[手伝って]ください • **All** [**Many**, **Some**] **of us** will go to college. 私たちのすべて[多く, 何人か]は大学へ行きます

USA, U.S.A. 高 /júːèséi ユーエスエイ/ 《略》《**the USA** [**U.S.A.**]》アメリカ合衆国(=the United States of America)

us·a·ble /júːzəbl ユーザブル/ 形 使用できる; 使用可能な

us·age B1 /júːsidʒ ユースィヂ/ 名 (複 **usages** /júːsidʒəz/) ❶U C (言語の)慣用; 語法 ❷U 使用法, 扱い方; 使用量 ❸U C 慣習, しきたり

use A1 中

動 /júːz ユーズ/ 名 /júːs ユース/ (発音 動と名の違いに注意)

意味マップ
動 ❶使う, 使用する
❷消費する
❸(人を)扱う
❹(人を)利用する
名 ❶使う[使われる]こと, 使用
❷使いみち, 用途
❸役に立つこと
❹使う能力

━動 (三単現 **uses** /júːzəz/; 過去・過分 **used** /júːzd/; 現分 **using**) 他

❶使う, 使用する, 利用する; (体・能力などを)働かせる

• **use** his dictionary 彼の辞書を(借りて)使う(❗「人の物をその場でちょっと借りて使う」も use) ⇨**borrow**
• **use** a bus バスを使う[利用する]
• **Use** your head. 頭を使い[働かせ]なさい
• Do you know **how to use** a sewing machine? 君はミシンの使い方を知っているの?
• English and French **are** both **used** in Canada. カナダでは英語とフランス語の両方が使われる

❷費やす, 消費する

• **use** electricity 電気を消費する

❸《副詞(句)をつけて》《文章》(人を)扱う

❹(自分のために, 人などを)利用する, 悪用する

• He's just **using** you. 彼はただ君を利用しているだけだ

use up ① 使いはたす
② 《口語》…をへとへとにする

━名 (複 **uses** /júːsəz/)

❶U 使う[使われる]こと, 使用; 使用法(⇔**disuse**)

• **for the use of** students 学生の使用のために[の], 学生が使うために[の]
• This playground is **for** the **use of** children only. この運動場は子ども専用だ

❷U C 使いみち, 用途

• This tool has many **uses**. この道具には多くの使いみちがある(=You can do many things with this tool.)

❸U 役にたつこと, 効用

• It has its **uses**. それなりに役立つ

❹U 使う能力; (手足などが)きくこと, 働き

be of use 役にたつ, 有用である(=

be useful)

come into use 使われるようになる

have no use for ...
①…には用がない, …などいらない
②…にがまんできない

in use 使われて, 使用されて
• This new machine is already **in use**. この新しい機械はすでに使用されている

It is no use** doing* [*to do*] = ***There is no use (***in***) *doing* …してもむだである

make use of ... …を利用[使用]する, …を使う, …を食い物にする

out of use 使われないで, 使用されなくなって

put ... to use …を使う, …を利用する, …を有効に使う

***What's the use of** doing ...?* …するのが何の役に立つのか, …してもむだである (=It is no use *doing* ...)

派生 **usage** 名; 派生 **useful** 形

used[1] A2 中

/júːst ユースト/ 形 文型 [**be used to** /ユーストゥ/] …に慣れている; 文型 [**get** [**become**] **used to ...**] …に慣れ(て く)る (! この to は前置詞だから後には名詞(句)か動名詞が続く)

— 動 自 文型 [**used to** *do*]
❶《現在と違う過去の習慣》よく…したものだ; 以前はよく…した(ものだ)
• I **used to** *go* to the cinema a lot before. 以前はよく映画にいったものだ
❷《現在と違う過去の状態・事実》以前は…であった, かつては…だった (! 長い期間の習慣や状態に用いられる表現; 短い期間にくり返して行われた場合には would を用いる)
• He is not what he **used to** *be*. 彼は昔の彼ではない

使い方〉 **used to do**
(**1**) **used to** *do* の否定文は A **didn't use**(**d**) **to** *do* ..., 疑問文は **Did** A **use**(**d**) **to** *do* ...? を使うのがふつう:
My father **didn't use**(**d**) **to** smoke, but now he does. 父は昔はたばこを吸わなかったのですが, 今は吸います
(**2**) ばく然と過去のことをいうのに使うので, はっきりとした回数や期間を表す語句といっしょに使わない

used[2] A2

/júːzd ユーズド/ 形 使われた, お古の, 中古の, 使用済みの (↔**new**) (=second hand) (! 名詞の前に用いる)
• a **used** book 古本

— 動 useの過去形・過去分詞

発音に注意〉 単語力
used /ユーズド/
use の過去形・過去分詞; 中古の
used /ユースト/
慣れて; よく…したものだ

use·ful A2 中

/júːsfəl ユースフル/ 形
役に立つ, 便利な, 有益な (↔**useless**)
• **useful** information 役に立つ情報
• a **useful** dictionary **to** [**for**] students [**for** studying English] 学生にとって[英語を勉強するために]役に立つ辞書

make oneself useful 手伝う

派生 **use** 名

úsefully 副 役立つように, 有効に

use·ful·ness /júːsfəlnəs ユースフルネス/ 名 U 役に立つこと; 有用性

use·less B1 /júːsləs ユースレス/ 形
❶ 役に立たない, 不用な (↔**useful**)
• a **useless** book [effort] 役に立たない本 [むだな努力]
❷ むだな, 無益な
❸《口語》〔…が〕苦手な, 下手な《*at*》

úselessly 副 むだに, 無益に

úselessness 名 U 役に立たないこと; 無用, 無益

us·er B2 高 /júːzər ユーザ/ 名 C 使用者, 利用者; 消費者
• a computer **user** コンピュータのユーザー • **user** fee (サービスなどの)利用料
• **user** interface ユーザーインターフェース《◆コンピュータの情報表示》

úser-fríendly 形 (コンピュータ・辞書などが)使い勝手のよい, 使用者に便利[親切]な, 操作しやすい

ush·er B2 /ʌ́ʃər アシャ/ 動 他 (席・部屋へ)案内する, 先導する

usher in (…の)先触れになる

— 名 C (劇場・教会などで)案内する人, 案内係

u·su·al A2 高

/júːʒuəl ユージュアル/ 形 いつも(どおり)の, ふつうの (↔**unusual**)

● by the **usual** route いつもの道筋をたどって; いつものルートで

会話 "What is your **usual** bedtime?" "(It is) Ten o'clock, unless something **unusual** happens." 「君がいつも寝る時間は何時ですか」「10時です, 変わったことでもない限りはね」

as is usual with [in, for] ... …にはいつものことだが

as usual いつものように, 相変わらず, 例によって例のごとく

● His grandfather went to bed at seven **as usual**. 彼の祖父はいつものように7時に寝た

than usual いつもよりも, 常よりも

— 名 《**the usual**》《口語》(料理・飲み物の注文で)いつもの

u·su·al·ly A1 中

/júːʒuəli ユージュアリ/ 副 たいてい, ふつう, 通常, いつも(は) (↔**unusually**) (! always (いつも)ではないが, often (しばしば)よりは多いことを示す)

● I **usually** go to bed at ten. 私はいつも10時に寝る

more than usually 異常(なまで)に; いつにも増して

u·surp /juzə́ːrp ユザープ/ 動 他 《文章》(権力・地位などを)不当に手に入れる, 強奪する; (権限などを)不法使用する

UT 《略》Utah ユタ州

U·tah /júːtaː ユーター/ 名 ユタ (◆米国西部の州; 州都 Salt Lake City; UT., (郵便で) UTと略す)

u·ten·sil /juːténsəl ユーテンスィル/ 名 C (家庭で使う小型の)用具, 道具, 器具 ⇨ tool

u·ter·us /júːtərəs ユーテラス/ 名 (複 **uteri** /júːtəràì/, **uteruses** /júːtərəsəz/) C 《解剖》子宮

u·til·i·tar·i·an /juːtìlətéəriən ユーティリテアリアン/ 形 実利優先の, 功利的な; 功利説[主義]の

u·til·i·ty B2 /juːtíləti ユーティリティ/ 名 (複 **utilities** /juːtílətiz/) ❶ C 《しばしば **utilities**》(水道, ガス, 電気などの)公益施設, 公益事業 ❷ U 《文章》有用性; 実用性 ❸ 《形容詞的》実用的な, 万能の

utílity ròom 名 C ユーティリティールーム, 家事作業室 (◆洗濯機・そうじ機などを設置してある部屋)

u·ti·li·za·tion /jùːtələzéiʃən ユーティリゼイション/ 名 U 《文章》役立たせること, 利用

u·ti·lize B2 /júːtəlàiz ユーティライズ/ 動 他 《文章》〔…として; …のために〕(物を)用いる, 使う 《*as; for*》

ut·most /ʌ́tmòust アトモウスト/ 形 最大限の; 極度の

— 名 《ふつう **the utmost**》最大限; 極限

U·to·pi·a /juːtóupiə ユートウピア/ 名 ユートピア, 理想郷(きょう)

u·to·pi·an /juːtóupiən ユートウピアン/ 形 ユートピア的な, 空想[夢想]的な

— 名 C 《ふつう **Utopian**》ユートピアの住人; 空想的政治[社会]改良家; 夢想家

ut·ter[1] /ʌ́tər アタ/ 形 まったくの, 完全な, 真の (! 名詞の前に用いる)

ut·ter[2] B2 /ʌ́tər アタ/ 動 他 《文章》(ことばなどを)発する, 述べる

ut·ter·ance /ʌ́tərəns アタランス/ 名 《文章》U (ことばを)発する[口に出す]こと; C ことば, 表現; 《言語》発話

ut·ter·ly B2 /ʌ́tərli アタリ/ 副 まったく; すっかり; 完全に

U-turn /júːtəːrn ユーターン/ 名 C ❶ Uターン ❷ 方針を変えること

Uz·bek·i·stan /ùzbekistǽn ウズベキスタン/ 名 ウズベキスタン (◆中央アジアにある共和国; 首都タシケント (Tashkent))

V v *V v*

V, v /víː ヴィー/ 名 (複 **V's, v's** /víːz/)
❶ U C 英語アルファベットの第22番目の文字 ❷ C 《V》V字形のもの
❸ U 《V》ローマ数字の5

v. 《略》versus …対; verb 動詞

VA 《略》Virginia バージニア州

va·can·cy B1 /véikənsi ヴェイカンスィ/ 名 (複 **vacancies** /véikənsiz/)
❶ C あき; あいた所
❷ C (地位などの)空席
❸ U 放心状態
派生 **vacant** 形

va·cant B2 /véikənt ヴェイカント/ 形
❶ (家・時間などが)あいている, 人が入ってない ❷ (地位などが)空席の, 欠員の
❸ (心などが)うつろな, ぼんやりとした
❹ (時間などが)あいている, ひまな
派生 **vacancy** 名
派生 **vacate** 動
vácantly 副 放心して; うわの空で

va·cate /véikeit ヴェイケイト/ 動 他 《文章》立ち退く, あける, 引き払う; 辞する
派生 **vacant** 形

va·ca·tion A1 中

/veikéiʃən ヴェイケイション | vəkéiʃən ヴァケイション/ 名 (複 **vacations** /veikéiʃənz/)
U C 《米》休暇, 休み, バカンス; 《形容詞的》休暇(のための)の

似ている単語
休暇・休日—vacation と holiday
《米》では学校の夏[春]休みや会社などで個人的にとる休暇を **vacation** といい, 《英》では **holiday(s)** を使う. 学校の休暇の場合, 《英》では vacation は大学のものをいう. また, national holiday (国の祝日)など, 法で定められた休日には《米》《英》とも holiday を使う

on vacation 《米》休暇で[の], 休暇をとって, 休暇を利用して, バカンスで[の], (仕事でなく)遊びで

— 動 (三単現 **vacations** /veikéiʃənz/; 過去・過分 **vacationed** /veikéiʃənd/; 現分 **vacationing**) 自 《米》休暇をとる; 休暇を過ごす

vac·ci·nate /væksənèit ヴァクスィネイト/ 動 他 〔病気に対する〕予防接種を受けさせる《*against, for*》(❗ふつう受け身で用いる)

vac·ci·na·tion /væksənéiʃən ヴァクスィネイション/ 名 U C 〔病気に対する〕予防接種, ワクチン注射, 種痘《*against*》

vac·cine B2 /væksíːn ヴァクスィーン/ (発音 アクセントに注意) 名 U C 《医学》ワクチン; 痘苗(とうびょう)

vac·il·late /vǽsəlèit ヴァスィレイト/ 動 自 〔…の間で〕(意見・考えなどが)ぐらつく, 動揺する, ためらう《*between*》

vac·u·um /vǽkjuəm ヴァキュアム/ (×ヴァキューム) 名 ❶ C 真空, 真空状態
• Sound does not travel **in a vacuum**. 真空では音は伝わらない
❷ U 《単数形で》空白, 空虚
❸ C 《口語》電気そうじ機 (=vacuum cleaner)

in a vacuum 孤立した状態で

— 動 《口語》電気そうじ機でそうじする

vácuum bòttle [《英》**flàsk**] 名 C 《米》魔法びん

vácuum clèaner 名 C 電気そうじ機

vac·u·um-packed /vǽkjuəmpǽkt ヴァキュアムパクト/ 形 真空包装された

vag·a·bond /vǽgəbɑ̀nd ヴァガバンド/ 名 C 《文章》放浪者; 浮浪者
— 形 放浪の; 放浪生活をする

va·gi·na /vədʒáinə ヴァヂャイナ/ 名 C 《解剖》膣(ちつ), ワギナ

va·grant /véigrənt ヴェイグラント/ 名 C 《文章》放浪者, 浮浪者

vague B1 /véig ヴェイグ/ (×ヴァーグ) (発音 -gue は g と同じように /g グ/ と発音する) 形 (比較級 **vaguer**; 最上級 **vaguest**)
❶ (考え・意味などが)不明確な, あいまいな, あやふやな
• I have only a **vague** idea where I left my umbrella. 私はかさをどこへ置いてきたかぼんやりとしか覚えていない
❷ (物の形・色などが)ぼんやりした, はっきりしない

vague·ly /véigli ヴェイグリ/ 副 ぼんやりと; あいまいに

vain B1 高 /véin ヴェイン/ (発音 vein と同音) 形 (比較級 **vainer**; 最上級 **vainest**)
❶ うぬぼれた, うぬぼれ[虚栄(きょえい)心]の強い ❷ むだな, むなしい

in vain むだに, むなしく, うまくいかないで; いたずらに (=vainly)
• She tried to save the drowning boy, but **in vain**. = She tried **in vain** to save the drowning boy. 彼女はおぼれかけている少年を助けようとしたがむだだった

派生 **vanity** 名

vain·ly /véinli ヴェインリ/ 副 むだに, 無益に (=in vain); うぬぼれて

val·ance /vǽləns ヴァランス/ 名 C 垂れ布; 《米》(カーテンの)金具隠し, 飾りカーテン

vale /véil ヴェイル/ (発音 veil と同音) 名 C 《文章》谷; 谷間

val·en·tine B2 /vǽləntàin ヴァレンタイン/ 名 C ❶ バレンタインカード[プレゼント]
日英比較 2月14日の聖バレンタインの日 (**Saint Valentine's Day**) には友人, 家族, 先生, 恋人などにカードや菓子, 花など (**valentine**) を贈る. 日本のように女性からチョコレートを贈るとか, それに対する男性からのお返しのホワイトデーなどの習慣は英米にはない
❷ (バレンタインの)恋人 (♦❶を贈られる相手)

Válentine's Dày 名 (=St. Valentine's Day) ⇨**valentine**

val·et /vəléi ヴァレイ, vǽlət ヴァレト/ 名 C 従者, 付き人; (ホテルの)ボーイ

val·iant /vǽljənt ヴァリャント/ 形 勇気のある, 勇敢な

val·iant·ly /vǽljəntli ヴァリャントリ/ 副 勇敢に, 雄々(おお)しく

val·id B2 /vǽləd ヴァリド/ 形 妥当な, 有効な; 法的に有効な (↔**invalid**², **void**)

val·i·date /vǽlədèit ヴァリデイト/ 動 他 《文章》正当と認める; 法的に有効にする; 批准(ひじゅん)する

va·lid·i·ty /vəlídəti ヴァリディティ/ 名 正当性; 妥当性; (法的な)有効性, 効力

val·ley A2 高

/vǽli ヴァリ/ 名 (複 **valleys** /vǽliz/) C
❶ 谷(間), 渓谷(けいこく), 山あい
日英比較 日本語の「谷間」がもつ急峻(きゅうしゅん)なイメージとは異なり, valley は比較的なだらかなものをいう
❷ 《ふつう単数形》(川の)流域

val·or /vǽlər ヴァラ/ 名 U 《文章》武勇, 勇敢さ, 勇猛

val·u·a·ble B1 高 /vǽljəbl ヴァリャブル | vǽljuəbl ヴァリュアブル/ 形 ❶ 高価な, (値段が)高い (=costly) (**!** 値段が高いことや効果があることを強調する語)
❷ 〔…にとって〕貴重な, 価値の高い, 重要な, 大切な 《*for, to*》 (↔**valueless**, **worthless**) ⇨**invaluable**
• He is a **valuable** player on the team. 彼はチームの貴重な選手です

— 名 (複 **valuables** /vǽljəblz/) C 《ふつう **valuables**》貴重品

派生 **value** 名

val·u·a·tion /væ̀ljuéiʃən ヴァリュエイション/ 名 U 評価, 価値判断; C 評価額, 査定額

val·ue A2 高

/vǽlju: ヴァリュー/
名 (複 **values** /vǽlju:z/)
❶ U C 評価額, 価格, 値段
• the market **value** 市場価格
❷ U 価値, 値打ち (=worth)
• Your old car has little **value**. 君の古い車はほとんど値打ちがない

❸《values》価値観, 価値基準

of value 貴重な, 価値がある (=valuable)

— 動 (三単現 **values** /vǽlju:z/; 過去・過分 **valued** /vǽlju:d/; 現分 **valuing**) 他

❶ 尊重する, 大切にする

❷〔…と〕評価する, …の価値を見つもる《*at*》

派生 **valuable** 形

派生 **evaluate** 動

válue-ádded tàx 名 U 《英》付加価値税《♦VATと略す; 米国の sales tax, 日本の消費税に相当する売上税》

val·ue·less /vǽlju:ləs ヴァリューレス/ 形 価値のない; 役に立たない; 取るに足りない (↔**valuable**)

valve /vǽlv ヴァルヴ/ 名 C (水・ガスの流れる量を調節する)バルブ; 《解剖》(心臓の)弁

vam·pire /vǽmpaiər ヴァンパイア/ 名 C 吸血鬼, バンパイア

van B1 高 /vǽn ヴァン/ 名 (複 **vans** /vǽnz/) C

❶ (有蓋(ゆうがい)の)小型トラック, バン

• a police **van** (囚人)護送車

❷《英》(鉄道の)屋根付き貨車

Van·cou·ver /vænkú:vər ヴァンクーヴァー/ 名 バンクーバー《♦カナダ南西部の大都市》

van·dal /vǽndəl ヴァンダル/ 名 C (公共物・芸術品の)心ない破壊者, 野蛮人

van·dal·ism /vǽndəlìzm ヴァンダリズム/ 名 U (公共物・芸術品などへの)心ない破壊

van·dal·ize /vǽndəlàiz ヴァンダライズ/ 動 他 (公共物・芸術品などを)故意に破損する

vane /véin ヴェイン/ 名 C 風見(かざみ), 風向計 (=weather vane)

van Gogh /vən góu ヴァン ゴウ/ 名《**Vincent** /ヴィンセント/ **van Gogh**》ファン・ゴッホ (1853-90)《♦後期印象派のオランダの画家》

van·guard /vǽngà:rd ヴァンガード/ 名

❶《**the vanguard**》(軍隊・艦隊などの)先陣, 前衛

❷ C《**a vanguard**》《集合的》先遣部隊

❸《**the vanguard**》先駆的役割; 《集合的》先駆者

va·nil·la /vənílə ヴァニラ/ 名 U バニラ(エッセンス)《♦アイスクリーム・菓子などに使う香料》

van·ish B2 /vǽniʃ ヴァニシュ/ 動 自 (急に)消える, (完全に)消えて見えなくなる; なくなる; 消滅する (❗disappear と比べて消える「唐突さ」「不思議さ」を強調する)

vánishing pòint 名《ふつう単数形》《美術》(透視画法の)消点

van·i·ty B2 /vǽnəti ヴァニティ/ 名 (複 **vanities** /vǽnətiz/)

❶ U うぬぼれ; 虚栄(きょえい)心

❷ U むなしさ, C むなしいもの

派生 **vain** 形

van·quish /vǽŋkwiʃ ヴァンクウィシュ/ 動 他《文章》征服する; 負かす

van·tage /vǽntidʒ ヴァンティヂ/ 名 U《文章》有利, 優勢, 有利な位置; 《英》《テニス》アドバンテージ

vántage pòint 名 C 有利な地点; 見晴らしのよい所; 観点, 立場

Va·nu·a·tu /vænuá:tu: ヴァヌアートゥー/ 名 バヌアツ《♦太平洋南西部の島国で共和国; 首都ポートビラ (Port-Vila)》

va·por /véipər ヴェイパ/ 名 U C

❶ 蒸気, 水蒸気, 湯気

❷《物理》気体

va·por·ize /véipəràiz ヴェイポライズ/ 動 他 自 蒸発[気化]させる[する]

va·por·ous /véipərəs ヴェイポラス/ 形《文章》蒸気の多い, 蒸気のような; もやのかかった

va·pour /véipər ヴェイパ/ 名《英》(=vapor)

var·i·a·ble /véəriəbl ヴェアリアブル/ 形

❶ 変化しやすい; 変更できる (↔**invariable**, **constant**)

❷ むらがある

— 名 C ❶ 変わりやすいもの, 変化するもの ❷《数学》変数

var·i·a·bly /véəriəbli ヴェアリアブリ/ 副 変わりやすく (↔**invariably**)

var·i·ance /véəriəns ヴェアリアンス/ 名 U《文章》変動, 変化

be at variance ① 意見が合わない;

不仲である《*with*》②(行為・意見などが)〔…と〕矛盾している《*with*》

var·i·ant /véəriənt ヴェアリアント/ 形 異なった ━ 名 C 変種, 変形; 変異体

var·i·a·tion B2 /vèəriéiʃən ヴェアリエイション/ 名 ❶ U C 変化, 変動; 変化量 ❷ C《音楽》変奏曲, 変奏部

派生 **vary** 動

var·ied B2 /véərid ヴェアリド/ 形 さまざまな, 種々の; 多様な, 変化のある

var·i·e·gat·ed /véəriəgèitəd ヴェアリアゲイテド/ 形 (花・葉などが)まだらの, 斑点(はんてん)がある

va·ri·e·ty B1 高 /vəráiəti ヴァライエティ/ (発音 various との違いに注意)

名 (複 **varieties** /vəráiətiz/)

❶ C〔…の〕種類《*of*》(= kind);《**a variety of ...**》いろいろな(種類の)…, 様々な

• Everyone arrived late to the party, for **a variety of** reasons. みんながそれぞれの理由でパーティーに遅刻した

• They discussed **a** wide **variety of** topics. 彼らは様々な話題を話し合った

❷ U 多様性, 変化に富んでいること

❸ U《英》バラエティーショー (=variety show)《◆歌・踊り・コント・手品などいろいろな芸で構成されるショー》

var·i·ous B1 高 /véəriəs ヴェアリアス/ (発音 variety との違いに注意) 形

❶ さまざまな; いろいろな; 異なった

• people from **various** parts of the world 世界の様々な地域から集まった人々

❷ いくつかの, たくさんの (! 名詞の前に用いる)

派生 **vary** 動

派生 **variety** 名

var·i·ous·ly /véəriəsli ヴェアリアスリ/ 副 いろいろに, さまざまに

var·nish /vɑ́ːrniʃ ヴァーニシュ/ 名

❶ U C ニス ❷ U《**the varnish**》(ニスの)上塗り, 光沢面

━ 動 他 ニスを塗る

var·si·ty /vɑ́ːrsəti ヴァースィティ/ 名 (複 **varsities** /vɑ́ːrsətiz/) C《米》(大学などの)代表チーム;《英》《口語》大学 (=university)

var·y B1 /véəri ヴェアリ/ 動 (三単現 **varies** /véəriz/; 過去・過分 **varied** /véərid/; 現分 **varying**)

❶ 自 (同種類の物の間で)異なる, いろいろである

• These stars **vary in** brightness. これらの星は明るさが異なる

❷ 自 (いろいろに)変わる, 変化する; 他 変える, 変化を与える (! change に比べて変化のし方が漸次的)

派生 **various**, **variable** 形

派生 **variation** 名

vas·cu·lar /vǽskjulər ヴァスキュラ/ 形《解剖》《生物》脈管[血管, 導管]の

vase A1 高

/véis ヴェイス | vɑ́ːz ヴァーズ/

名 (複 **vases** /véisəz/) C

花びん; つぼ; びん

• put flowers **in a vase** 花を花びんにいける

va·sec·to·my /vəséktəmi ヴァセクトミ/ 名 (複 **vasectomies** /vəséktəmiz/) U C《医学》(避妊のための)精管切除(術)

vast B1 高 /vǽst ヴァスト | vɑ́ːst ヴァースト/ 形 (比較級 **vaster**; 最上級 **vastest**)

❶ 巨大な, 広大な

• the **vast** network of computers コンピュータの巨大なネットワーク

❷ (数・量・程度などが)とほうもなく大きな, ばく大な

vast·ly /vǽstli ヴァストリ/ 副 広々と, とてつもなく

vast·ness /vǽstnəs ヴァストネス/ 名 U 広大さ

VAT /víːèitíː ヴィーエイティー, vǽt ヴァト/《略》value-added tax 付加価値税

vat /vǽt ヴァト/ 名 C (液体貯蔵用の)大だる, 大おけ

Vat·i·can /vǽtikən ヴァティカン/ 名《**the Vatican**》バチカン宮殿《◆ローマカトリック教会の総本山》

Vátican Cíty 名《the をつけて》バチカン市国《◆ローマ市内にある教皇を元首とする世界最小の独立国》

vaude·ville /vɔ́:dəvəl ヴォーダヴィル/ 名 U 《米》ボードビル《♦歌・踊り・曲芸・寸劇などのショー》(=《英》variety)

vault[1] /vɔ́:lt ヴォールト/ 名 C
❶ (銀行の)地下金庫室; (ワインなどの)地下貯蔵室; (教会の)地下納骨室
❷ アーチ形天井, 丸天井; アーチ型の屋根

vault[2] /vɔ́:lt ヴォールト/ 動 他 自 (手・棒を使って)飛び越える, 跳ぶ; 跳躍する《*over*》
━ 名 C U 跳躍; 《**the vault**》《スポーツ》(体操競技の)跳馬 ⇨**pole vault**

V-chip /ví:tʃìp ヴィーチップ/ 名 C Vチップ《♦暴力・セックス場面のある番組をカットするためのテレビ内臓装置》

VCR /ví:sì:ɑ́:r ヴィースィーアー/ 《略》《米》video cassette recorder ビデオデッキ

VD 《略》venereal disease 性病

VDU 《略》visual display unit ディスプレイ装置

've 動 have の短縮形

veal /ví:l ヴィール/ 名 U 子牛(calf)の肉

vec·tor /véktər ヴェクタ/ 名 C 《数学》ベクトル, 方向量; (飛行機・ミサイルなどの)進路, 弾道

veer /víər ヴィア/ 動 他 (人・乗り物・道路などが)方向を(急に)変える, 曲がる

veg /védʒ ヴェヂ/ 名 (複 **veg**) U C 《英》《口語》野菜

ve·gan /ví:gən ヴィーガン/ 名 C 完全な菜食主義者 ⇨**vegetarian**

veg·e·ta·ble A1 中

/védʒətəbl ヴェヂタブル/
名 (複 **vegetables** /védʒətəblz/)
❶ C 《**vegetables**》野菜
• green **vegetables** 青野菜類, 青物類
• I **grow vegetables** in my backyard. 私は裏庭で野菜を作っています
• You should eat more **vegetables**. もっと野菜を食べなさい

関連語› 単語力
「八百屋さん, 青果店」は《英》では **greengrocer's** という. 《米》では **vegetable store** というが **grocery** (食料雑貨店)でも野菜類を扱う

❷ U 植物

live on vegetables 菜食する

━ 形 ❶ 野菜の
• **vegetable** juice 野菜ジュース
❷ 植物性の

veg·e·tar·i·an B1 /vèdʒətéəriən ヴェヂテアリアン/ 名 (複 **vegetarians** /vèdʒətéəriənz/) C 菜食主義者, ベジタリアン《♦卵・乳製品は食べる》
━ 形 菜食主義の; 野菜だけの

veg·e·tar·i·an·ism /vèdʒətéəriənìzm ヴェヂテアリアニズム/ 名 U 菜食主義

veg·e·tate /védʒətèit ヴェヂテイト/ 動 自 《口語》無気力で単調な生活を送る

veg·e·ta·tion /vèdʒətéiʃən ヴェヂテイション/ 名 U 《集合的》(ある地域の)植物, 植生, 草木

veg·gie /védʒi ヴェヂ/ 名 C 《口語》野菜
━ 形 《口語》菜食主義者の(ための)

ve·he·mence /ví:əməns ヴィーアマンス/ 名 U 《文章》熱烈, 激情

ve·he·ment /ví:əmənt ヴィーイメント/ 形 激しい; 強烈な; 熱烈な; 猛烈な
véhemently 副 激しく, 熱烈に

ve·hi·cle B1 高 /ví:ikl ヴィーイクル/ (×ヴェヒクル) 名 (複 **vehicles** /ví:iklz/) C
❶ 乗り物; 輸送機関《♦特に陸上用のものをいう》
• a motor **vehicle** 自動車(類)《♦ car, bus, truck などを含む》
❷〔思想などの〕伝達手段, 媒体《*of, for*》
• Language is **vehicle of** communication. 言語は情報の伝達手段だ

ve·hic·u·lar /vi:híkjələr ヴィーヒキュラ/ 形 《文章》乗り物の

veil /véil ヴェイル/ (発音 vale と同音) 名 C
❶ (女性が顔にかける)ベール
• a wedding [bridal] **veil** 花嫁のベール
❷ 《単数形で》おおい

take the veil 《古風》修道女になる

under the veil of ... …に隠れて, …という口実で

━ 動 他 ❶ ベールでおおう (⇔**unveil**)
❷ 秘密にする

veiled /véild ヴェイルド/ 形 (女性が)ベールをかぶった; 包み隠した; 隠された

vein B1 /véin ヴェイン/ (発音 vain と同音) 名 (複 **veins** /véinz/)
❶ C 《解剖》静脈(じょうみゃく) (↔**artery**); 血管
❷ C 葉脈; (昆虫の羽の)翅(し)脈; (大理石などの)しま; 木目; 鉱脈
❸ 《単数形で》気分, 調子
❹ 《単数形で》(人・作品などのちょっとした)特徴, 傾向

Vel·cro /vélkrou ヴェルクロウ/ 名 U 《商標》ベルクロ 《♦マジックテープ》

veld, veldt /vélt ヴェルト/ 名 《the をつけて》(南アフリカの)草原(地帯)

ve·loc·i·ty /vəlásəti ヴェラスィティ/ 名 (複 **velocities** /vəlásətiz/) U C 速さ, 速度 (=speed)

ve·lour, ve·lours /vəlúər ヴァルア/ 名 U ベロア 《♦ビロード風の織物》

vel·vet /vélvət ヴェルヴェト/ 名 U ビロード, ベルベット
— 形 ベルベット[ビロード]の, ビロード製の

vel·vet·y /vélvəti ヴェルヴェティ/ 形 (比較級 **velvetier**; 最上級 **velvetiest**) ビロードのような, 柔らかく滑らかな

vend /vénd ヴェンド/ 動 他 《文章》売り歩く, 行商する

vend·er /véndər ヴェンダ/ 名 C ❶行商人 ❷自動販売機 (=vending machine)

ven·det·ta /vendétə ヴェンデタ/ 名 C (2家族間の)あだ討ち; 根深い確執

vénding machíne 高 名 C 自動販売機

ven·dor /véndər ヴェンダ/ 名 (=vender)

ve·neer /vəníər ヴァニア/ 名
❶ U (家具などに張る)化粧板, 張り板
❷ C 薄板, 単板 《♦日本語のベニヤ(板)は plywood (合板)》
❸ C 《文章》うわべの飾り, 見せかけ
— 動 他 (家具などに)〔…で〕化粧張りする 《*with*》

ven·er·a·ble /vénərəbl ヴェネラブル/ 形 《文章》(威厳・高位などで)尊敬[崇拝]すべき, 尊敬に値する, りっぱな

ven·er·ate /vénərèit ヴェナレイト/ 動 他 《文章》(高徳の人などを)尊敬[崇拝]する, あがめる

ven·er·a·tion /vènəréiʃən ヴェネレイション/ 名 U 《文章》崇拝, 尊敬

ve·ne·re·al /vəníəriəl ヴァニアリアル/ 形 《医学》(病気が)性交の, 性交が原因の

venéreal diséase 名 《医学》性病 《♦略 VD, V.D.》

Venetian blind /vəní:ʃən bláind ヴェニーシャンブラインド/ 名 C (窓の日よけ用)ブラインド

Ven·e·zue·la /vènəzwéilə ヴェネズウェイラ/ 名 ベネズエラ 《♦南米北部の共和国; 首都カラカス (Caracas)》

venge·ance /véndʒəns ヴェンヂェンス/ 名 U 復讐(ふくしゅう), あだ討ち
with vengeance いつもより激しく, 極端に

venge·ful /véndʒfəl ヴェンヂフル/ 形 《文章》復讐心に燃えた, 執念深い

Ven·ice /vénis ヴェニス/ 名 ベネチア, ベニス 《♦イタリア北東部の都市》

ven·i·son /vénisən ヴェニソン, vénizən ヴェニゾン/ 名 U シカ肉

ven·om /vénəm ヴェノム/ 名 U (蛇などの)毒, 毒液; 《文章》悪意, 憎悪

ven·om·ous /vénəməs ヴェノマス/ 形 毒液を出す, 有毒な

ve·nous /ví:nəs ヴィーナス/ 形 静脈の; 葉脈の多い

vent /vént ヴェント/ 名
❶ C 換気口(こう), 通風孔
❷ U (感情の)はけ口
— 動 他 ❶穴をあける, (液体・煙などを)放出する ❷(感情の)はけ口を与える, (感情を)ぶちまける

ven·ti·late /véntilèit ヴェンティレイト/ 動 他 換気する, 風通しをよくする

ven·ti·la·tion /vèntəléiʃən ヴェンティレイション/ 名 U 換気, 風通し; 換気装置

ven·ti·la·tor /véntəlèitər ヴェンティレイタ/ 名 C 換気装置 《♦換気扇など》

ven·tril·o·quism /ventríləkwìzm ヴェントリロクウィズム/ 名 U 腹話術

ven·tril·o·quist /ventríləkwist ヴェントリロクウィスト/ 名C 腹話術師

ven·ture B2 /véntʃər ヴェンチャ/ 名C 冒険; 冒険的な事業, ベンチャー事業
- a joint **venture** 合弁事業

— 動 《文章》他 危険にさらす; 賭(か)ける; あえて…する; 自〔…を〕危険を冒してする[行く]《*on, upon*》
派生 **venturesome** 形

ven·ture·some /véntʃərsəm ヴェンチャサム/ 形 冒険的な; 向こう見ずな
派生 **venture** 名

ven·ue B2 /vénju: ヴェニュー/ 名C (競技・会議などの)開催地[場所]; 《法律》(陪審裁判の開かれる)裁判地

Ve·nus /ví:nəs ヴィーナス/ 名 ❶《ローマ神話》ビーナス《◆美と愛の女神》 ❷《天文》金星

ve·rac·i·ty /vərǽsəti ヴェラスィティ/ 名U 《文章》正直; 真実性, 正確さ

ve·ran·da, ve·ran·dah /vərǽndə ヴェランダ/ 名C ベランダ, 縁側 (=《米》porch) ⇨**balcony**

verb A2 高

/vɔ́:rb ヴァーブ/ 名 (複 **verbs** /vɔ́:rbz/) C 《文法》動詞
- a regular [an irregular] **verb** 規則[不規則]動詞

派生 **verbal** 形

ver·bal B2 高 /vɔ́:rbəl ヴァーバル/ 形
❶ 口頭の (=oral)
- a **verbal** promise 口約束

❷ ことばによる, ことばの; 文字どおりの ❸《文法》動詞の
派生 **verb** 名
vérbally B2 副 言葉で, 口頭で

ver·bal·ize, 《英》 **ver·bal·ise** /vɔ́:rbəlàiz ヴァーバライズ/ 動 他 《文章》(思考などを)ことばで表す

ver·ba·tim /vərbéitim ヴァーベイティム/ 形 副 逐語的な[に]

ver·bose /və:rbóus ヴァーボウス/ 形 《文章》(人・表現が)くどい, ことば数が多すぎる

ver·dant /vɔ́:rdnt ヴァーダント/ 形 《文章》植物で青々とした; 緑色の

ver·dict /vɔ́:rdikt ヴァーディクト/ 名
❶ (陪審員による)評決 ❷ 判断, 意見

verge /vɔ́:rdʒ ヴァーヂ/ 名 ❶ C 縁; 端 ❷《**the verge**》瀬戸際(せとぎわ)

on the verge of ... …の間際に, …の寸前で

— 動 自〔…と〕端が接する, 隣接する《*on, upon*》; 〔…に〕近い《*on, upon*》

ver·i·fi·ca·tion /vèrəfəkéiʃən ヴェリフィケイション/ 名U 立証; (立証するための)根拠

ver·i·fy /vérəfài ヴェリファイ/ 動 他 (正しいことを)立証する; 確認する

ver·i·ta·ble /vérətəbl ヴェリタブル/ 形 《文章》ほんとうの, 紛れもない, 真の

Ver·meer /vərméər ヴァメア/ 名 《**Johannes** /ジョウハネス/ **Vermeer**》フェルメール (1632-75)《◆バロック期を代表するオランダの画家》

ver·mil·ion, ver·mil·lion /vərmíljən ヴァミリョン/ 名U 朱色; 朱
— 形 朱色の, 朱の

ver·min /vɔ́:rmən ヴァーミン/ 名U 《集合的》《ふつう複数扱い》
❶ 害獣《◆イタチ・モグラ・ネズミなど》; 害鳥; 害虫
❷ 社会の「ダニ」ども, 人間のくず

Ver·mont /və:rmánt ヴァーマント/ 名 バーモント《◆米国東北端の州; Vt., (郵便で) VTと略す》

ver·nac·u·lar /vərnǽkjulər ヴァナキュラ/ 形 (言語が)その土地[国]の, 自国の; その土地[国]特有の
— 名C 《しばしば **the** [*one's*] **vernacular**》(外国語に対して)自国語; (公用語に対して)地方語, お国ことば; C 《ふつう **a vernacular**》お国ぶり; (建築などの)民芸調; U (職業特有の)専門語, 術語

ver·nal /vɔ́:rnəl ヴァーナル/ 形 春の; 春のような

vèrnal équinox 名 《**the** をつけて》春分 (↔**autumnal equinox**)

ver·sa·tile /vɔ́:rsətl ヴァーサトル/ 形
❶ (人が)多才な, 何でもできる, 多方面にわたる ❷ (物が)用途が広い; 融通の

きく

ver·sa·til·i·ty /vɚ̀ːrsətíləti ヴァーサティリティ/ 名 U 万能

verse B2 /vɚ́ːrs ヴァース/ 名

❶ U 韻(いん)文, 詩 (↔**prose**)

❷ C (詩・歌詞の)節(せつ), 連(れん), 1行

versed /vɚ́ːrst ヴァースト/ 形 《次の成句で》

be versed in ... …に詳しい, …に熟練している

ver·sion B2 高 /vɚ́ːrʒən ヴァージョン/ 名 C

❶ …版; (品物などの)改良型, バージョン

• the latest **version** of the software そのソフトウェアの最新バージョン

❷ (個人的な)見解, 説明, 意見

ver·sus B2 /vɚ́ːrsəs ヴァーサス/ 前 (訴訟・試合などで)…対 (■ v., vs. と略す)

ver·te·bra /vɚ́ːrtəbrə ヴァータブラ/ 名 (複 **vertebrae** /vɚ́ːrtəbrìː/, **vertebras** /vɚ́ːrtəbrəz/) C 《解剖》《動物》 脊椎(せきつい)骨

ver·te·brate /vɚ́ːrtəbrit ヴァーテブリト, vɚ́ːrtəbrèit ヴァーテブレイト/ 名 C 脊椎(せきつい)動物 ━形 《解剖》 脊椎のある

ver·ti·cal 高 /vɚ́ːrtikəl ヴァーティカル/ 形 垂直な, 垂直の; 直立の; 縦の (↔**horizontal**) (■ 必ずしも垂直とは限らない)

• a **vertical** line 垂直線

━名 C 垂直線, 垂直面

vértically 副 垂直に

ver·ti·go /vɚ́ːrtigòu ヴァーティゴウ/ 名 U C 《医学》 めまい

verve /vɚ́ːrv ヴァーヴ/ 名 U 《文章》 (芸術作品などの)気迫, 情熱, 活気

ver·y A1 中

/véri ヴェリ/

意味マップ

副 ❶ とても, 非常に
❷ 《否定文で》 あまり(…ではない)
❸ まったく, まさに

形 ❶ まさにその…
❷ …でさえ

━副 ❶ **とても, 非常に, たいへん, 本当に**

• a **very** interesting story とてもおもしろい話

• She can play the piano **very well**. 彼女はとてもうまくピアノがひける

• Thank you **very much**. どうもありがとうございます

使い方〉 (**1**) **very** は形容詞, 副詞, 形容詞的な分詞を修飾して意味を強める:

a **very** nice boy とてもすてきな男の子 (■ nice は形容詞)

run **very** fast とても速く走る (■ fast は副詞)

I was **very** (**much**) surprised [interested, excited, pleased]. 私はとても驚いた[興味をもった, 興奮した, 喜んだ] (■「be＋過去分詞(受け身)」で感情を表す場合, その過去分詞は形容詞になったと感じられ, 特に《口語》では very で強める)

(**2**) 比較級を強めるには very ではなく **much** を使う

注意〉 強い意味をもつ形容詞・過去分詞を修飾するのに very は使えない. The stadium is very large. (その競技場はとても大きい)といえるが, ×The stadium is very huge. とはいえない (huge は「巨大な＝very large」). boiling (とても暑い＝very hot), exhausted (とても疲れて＝very tired) といった語を強めるには absolutely などを使う

❷ 《否定文で》 **あまり(…ではない), たいして(…ではない)**

• She **can't** play the piano **very** well. 彼女はピアノがあまりうまくない

❸ **まったく, まさに** (■ 形容詞の最上級, first, last, next など限定的意味の強い語に添えて用いる)

• He is the **very best** person for the position. 彼はその職にまさにうってつけの人物だ

very good [***well***] ① とてもいい ② 《口語》 承知しました (■ very well のほうはしぶしぶ同意する気持ちを表すことがある)

━形 ❶ **まさにその…, ちょうどその…** (■ ふつう the, this, that, my, his などが前につく)

• This is **the very** dictionary (that) I

wanted. これは私がほしかったまさにその辞書だ

❷ …でさえ (=even); …しただけで; ただ…だけで (=mere)

• The **very** thought of his family made him homesick. 家族のことを考えただけで彼はホームシックになった

ves·sel B1 /vésəl ヴェスル/ 名 (複 **ves·sels** /vésəlz/) C

❶《文章》(比較的大きな)船, 船舶(せんぱく) (! ふつう ship, boat を使う)

❷《文章》容器, 入れ物, うつわ《♦つぼ, びん, はち, 皿, バケツ, たるなど》

❸《解剖》(生物体内の)管, 導管

vest /vést ヴェスト/ 名 C ❶《米》ベスト, チョッキ (=《英》waistcoat)

❷《英》はだ着, アンダーシャツ (=《米》undershirt)

— 動《文章》(財産や権利を)〔…に〕授ける《*in*》

vest·ed /véstəd ヴェステド/ 形《法律》(権利・財産が)既得の, 帰属の確定した

vésted ínterest 名 C《法律》既得権(益); 確定権利

ves·ti·bule /véstəbjù:l ヴェスティビュール/ 名 C《文章》玄関, 入り口ホール;《米》(客車の)デッキ

ves·tige /véstidʒ ヴェスティヂ/ 名 C《文章》〔…の〕痕跡(こんせき), 跡, 名残《*of*》

vet B1 高 /vét ヴェト/ 名 (複 **vets** /véts ヴェツ/) C《口語》獣医 (=veterinarian)

vet·er·an B2 /vétərən ヴェテラン/ 名 C

❶《米》元軍人[兵隊], 退役軍人 (! 年齢(ねんれい)に関係なく使う)

❷ (その道の)ベテラン, 老練家, 経験豊富な人

Véterans' Dày 名《米》復員軍人の日《♦11月11日で法定休日》

vet·er·i·nar·i·an /vetərinéəriən ヴェテリネアリアン/ 名 C《米》獣医

vet·er·i·nar·y /vétərənèri ヴェテリネリ/ 形 家畜の病気治療に関する, 獣医(学)の

véterinary súrgeon 名 C《英》《文章》獣医 (=vet)

ve·to /ví:tou ヴィートウ/ 名 (複 **vetoes** /ví:touz/) U C 拒否権(の行使)

— 動 (三単現 **vetoes** /ví:touz/; 過去・過分 **ve·toed** /ví:toud/; 現分 **vetoing**) 他 (職権で法案などを)拒否[否認]する

vex /véks ヴェクス/ 動《文章》他 いらだたせる, うるさがらせる; 悩ませる; 困らせる

vex·a·tion /vekséiʃən ヴェクセイション/ 名《文章》U いらだたしさ, 腹立たしさ; C しゃくの種, 悩みの元

VHF《略》very high frequency 超短波

VHS《略》《商標》video home system ブイエイチエス

vi·a B1 /váiə ヴァイア, ví:ə ヴィーア/ 前

❶ …経由で, …回りで (=by way of)

• fly to London **via** Rome ローマ経由でロンドンへ(飛行機で)飛ぶ

❷ …を介して, …によって

vi·a·ble /váiəbl ヴァイアブル/ 形 (計画などが)実行できる, 望みのある

vi·a·duct /váiədʌ̀kt ヴァイアダクト/ 名 C (谷などにかかった)陸橋, 高架橋

vi·al /váiəl ヴァイアル/ 名 C (薬・香水などを入れるガラス製の)小瓶

vi·brant /váibrənt ヴァイブラント/ 形 響き渡る; 活気にあふれた; (色が)鮮やかな

vi·brate B2 /váibreit ヴァイブレイト/ 動 自 震動する, 揺れる; 他 震動させる

vi·bra·tion B2 /vaibréiʃən ヴァイブレイション/ 名 ❶ U C 振動すること, 振動させること ❷ C《口語》《ふつう **vibra·tions**》感じ, 印象 (=vibes)

vi·bra·tor /váibreitər ヴァイブレイタ/ 名 C 振動する[させる]もの; 電気マッサージ器, バイブレーター

vic·ar /víkər ヴィカ/ 名 C《キリスト教》(英国国教会)教区牧師[司祭]; (ローマカトリック教会)司教代理; (米国監督教会)伝道牧師

vi·car·i·ous /vaikéəriəs ヴァイケアリアス, vikéəriəs ヴィケアリアス/ 形《文章》他人の身になって感じる; 身代わりの; 代理の

vice B1 /váis ヴァイス/ 名 (複 **vices** /váisəz/) ❶ U C (売春や麻薬などの)悪徳, 悪, 不道徳な行い, 非行, 悪習

(↔**virtue**) ❷ Ⓒ 悪い[よくない]くせ; 欠点, 悪い所

vice- /váis ヴァイス/ 接頭 「副…, …代理」の意味の名詞を作る

více présìdent B1 名 Ⓒ 《しばしば **Vice President**》 副大統領; 副会長, 副社長

vice-prin·ci·pal /váisprínsəpəl ヴァイスプリンスィパル/ 名 Ⓒ 教頭, 副校長

vi·ce ver·sa /vàisivə́ːrsə ヴァイスィヴァーサ/ 副 《ふつう and に続けて》 逆に, 反対に, その逆も同じ 《◆略 v.v.》

vi·cin·i·ty /visínəti ヴィスィニティ/ 名 (複 **vicinities** /visínətiəz/) Ⓤ Ⓒ 《しばしば **vicinities**》 付近, 近辺; 近接

in the vicinity of ... …の付近に

vi·cious /víʃəs ヴィシャス/ 形

❶ 悪意のある, 意地の悪い

❷ (動物が)扱いにくい; ひどい

víciously 副 意地悪く; 荒々しく

vìcious círcle 名 Ⓒ 《単数形で》 悪循環

vic·tim B1 高 /víktəm ヴィクティム/ 名 (複 **victims** /víktəmz/) Ⓒ

❶ (戦争などで死んだ)犠牲者, (災害などの)被害者, 被災者

• help the **victims** of the earthquake 地震の被災者を助ける

❷ いけにえ, とりこ

fall (a) victim to ... …の犠牲となる, …のとりこになる

vic·tim·ize /víktəmàiz ヴィクティマイズ/ 動 他 犠牲者にする; (弱みにつけこんで)だます

vic·tor /víktər ヴィクタ/ 名 Ⓒ 《文章》 (戦いの)勝者; (試合の)優勝者

Vic·to·ri·a /viktɔ́ːriə ヴィクトーリア/ 名 ビクトリア 《◆女性名》; 《**Queen Victoria**》 ビクトリア女王 (1819–1901) 《◆英国の女王》

Vic·to·ri·an /viktɔ́ːriən ヴィクトーリアン/ 形 ❶ ビクトリア朝[時代]の
❷ ビクトリア朝[時代]風の

— 名 Ⓒ ビクトリア時代の人 《◆特に文学者》

vic·to·ri·ous /viktɔ́ːriəs ヴィクトーリアス/ 形 〔相手に〕勝利を得た, 勝った 《*over*》; 〔競技会で〕勝利をおさめる 《*in*》

victóriously 副 勝って; 勝ち誇って

vic·to·ry B1 高 /víktəri ヴィクトリ/ 名 (複 **victories** /víktəriz/) Ⓤ Ⓒ 〔…に対する〕勝利 《*over*》; 〔…における〕優勝 《*in*》 (↔**defeat**); 征服; 克服

• We gained [won] a **victory over** the other team. 私たちは相手チームに勝った

派生 **victorious** 形

vid·e·o A1 中

/vídiòu ヴィディオウ/ (×ヴィデオ)

名 (複 **videos** /vídiòuz/) Ⓤ Ⓒ

❶ ビデオ 《◆DVD やテープなどに録画されたり, 配信された映画やテレビ番組のこと》

• We will watch two **videos** tonight. 私たちは今晩ビデオを2本見るつもりです

❷ ビデオテープ

❸ 動画, ビデオ映像; ビデオクリップ

❹ ビデオデッキ

— 形 テレビ(用)の, テレビ映像の; ビデオの; 動画の

• a **video** camera ビデオカメラ

• a **video** clip ビデオクリップ

— 動 (三単現 **videos** /vídiòuz/; 過去・過分 **videoed** /vídiòud/; 現分 **videoing**) 他 ビデオに撮る[録画する]

vid·e·o·cas·sette /vídioukəsét ヴィディオウカセト/ 名 Ⓒ ビデオカセット

vídeocassette recòrder 名 Ⓒ ビデオカセットレコーダー, ビデオデッキ (❗略は VCR)

vid·e·o·con·fer·ence /vídioukɑ̀nfərəns ヴィディオウカンファレンス/ 名 Ⓤ Ⓒ テレビ会議

vid·e·o·disc, vid·e·o·disk /vídioudìsk ヴィディオウディスク/ 名 Ⓒ ビデオディスク

vídeo gàme A2

名 Ⓒ テレビゲーム (❗「テレビゲーム」は和製英語)

vídeo recòrder 名 Ⓒ ビデオデッ

キ

vid·e·o·tape /vídioutèip ヴィディオウテイプ/ 名 (複 **videotapes** /vídioutèips/) UC ビデオテープ

— 動 他 ビデオテープに録画する

vie /vái ヴァイ/ 動 (三単現 **vies** /váiz/; 過去·過分 **vied** /váid/; 現分 **vying**) 自《文章》〔…と; …を目ざして; …しようと〕争う, 張り合う, 競争する《*with; for; to do*》

Vi·en·na /viénə ヴィエナ/ 名 ウィーン《◆オーストリア (Austria) の首都》

Vi·et·nam /vìètnɑ́:m ヴィエトナーム/ 名 ベトナム《◆東南アジアの社会主義共和国; 首都はハノイ (Hanoi)》

Vi·et·nam·ese /vìètnɑ:mí:z ヴィエトナーミーズ/ 形 ベトナムの

— 名 (複 **Vietnamese**) C ベトナム人; U ベトナム語

view A2 中

/vjú: ヴュー/ 名 (複 **views** /vjú:z/)

❶ C (物の)見方, 考え方, 見解 (=opinion), 意見, 意図

• Tell me your **view**(s) **on** [**about**] this matter. この件に関して君の意見を言ってくれ

• **In** my **view**, the decision was right. 私の考えではその決定は正しかった

❷ U《見える範囲》視界, 視野, 視覚

• A wide plain **came into view**. 大平原が見えてきた

❸ UC《見えるもの》景色, ながめ; 見ること, 一見

• That was my first **view** of Lake Biwa. 琵琶湖を見るのはそれが初めてでした

似ている単語

景色－**view** と **scenery**, **scene**

view はある場所から見える景色全体(数えられる名詞), **scenery** は自然の風景(の特徴全体)(数えられない名詞), **scene** は(写真のような)ひとつの情景場面(数えられる名詞):

The **view from** the hilltop is beautiful. その丘からの景色[ながめ]はすばらしい

spectacular mountain **scenery** すばらしい山の風景

She painted a **scene** of the street. 彼女は通りの景色を描いた ⇨**landscape, sight**

in view 見える所に[で]

in view of ... ① …の[から]見える所に ② …を考慮して; …から考えると

on view 展示して, 公開して

point of view B2 見地, 意見 ⇨**point** 名 (成句)

• **from** my **point of view** 私の意見では

with a view to doing 《文章》…する目的で; …するつもりで

— 動 (三単現 **views** /vjú:z/; 過去·過分 **viewed** /vjú:d/; 現分 **viewing**)《文章》

❶ 眺める; (テレビを)見る

❷ 考察する, 考える; 文型 [**view A as B**] AをBとみなす

• I **view** his action **as** a breach of contract. 私は彼の行為を契約違反とみなす

view·er B2 /vjú:ər ヴューア/ 名 C

❶ 見物人, 観察者

❷ (テレビの)視聴者《◆「ラジオの聴取者」は listener》

víew·finder 名 (=finder)

view·ing /vjú:iŋ ヴューイング/ 名 UC 見ること, 鑑賞; 《集合的に》テレビ番組

view·point B1 /vjú:pɔ̀int ヴューポイント/ 名 (複 **viewpoints** /vjú:pɔ̀ints ヴューポインツ/) C

見地, 観点; 立場 (=point of view)

• **from** an economic **viewpoint** 経済的見地からすると

vig·il /vídʒəl ヴィヂャル/ 名 U 《文章》寝ずの番, 徹夜; 寝ずに起きていること

vig·i·lance /vídʒələns ヴィヂランス/ 名 U 《文章》警戒, 用心, 寝ずの番

vig·i·lant /vídʒələnt ヴィヂラント/ 形 《文章》警戒を怠らない, 油断のない, 用心深い

vig·i·lan·te /vìdʒəlǽnti ヴィヂランティ/ 名 C 自警団員

vig·or B2 /vígər ヴィガ/ 名 U 活力, 活気, 精力; 体力, 元気

vig·or·ous B2 /vígərəs ヴィゴラス/ 形 精力旺盛(おうせい)な; 活発な, はつらつとした; 力のこもった

vig·our /vígər ヴィガ/ 名 《英》(=vigor)

Vi·king, vi·king /váikiŋ ヴァイキング/ 名 C バイキング《◆8-10世紀ごろヨーロッパ北部・西部の海岸地方を荒らし回ったスカンジナビア人》(! 日本語の「バイキング料理」は buffet)

vile /váil ヴァイル/ 形 とても悪い, ひどい, 下劣な; 卑しい (=nasty)

vil·i·fy /víləfài ヴィリファイ/ 動 (三単現 **vilifies** /víləfàiz/; 過去・過分 **vilified** /víləfàid/; 現分 **vilifying**) 他 《文章》(人を)中傷する

vil·la B2 /vílə ヴィラ/ 名 C 別荘; (いなかの)邸宅

vil·lage A2 中

/vílidʒ ヴィリヂ/

名 (複 **villages** /vílidʒəz/)

❶ C 村, 村落; 《形容詞的》村の

• a fishing **village** 漁村

• a little mountain **village** in Nagano 長野の小さな山村

❷ 《the village》《集合的》村の人みんな, 村民たち (! ときに複数扱い)

• All **the village** welcomed him. 村人みんなが[村をあげて]彼を歓迎した

vil·lag·er B2 高 /vílidʒər ヴィリヂャ/ 名 C 村人, 村の人, 村民

vil·lain /vílən ヴィレン/ 名 C

❶ 《the villain》(映画・物語の中の)悪者, 悪漢(あっかん), 悪役, かたき役

❷ 悪党; 《英》《口語》罪人 (=criminal)

vim /vím ヴィム/ 名 U 《口語》精力, 活気, 元気; 熱意

vin·di·cate /víndəkèit ヴィンディケイト/ 動 他 《文章》(人の)疑惑を晴らす; (名誉を)回復する; 正しさを立証する

vin·di·ca·tion /vìndəkéiʃən ヴィンディケイション/ 名 U 《文章》(正しさの)証明; 弁護

vin·dic·tive /vindíktiv ヴィンディクティヴ/ 形 《文章》復讐(ふくしゅう)心のある; 執念深い

vine /váin ヴァイン/ 名 C 《植物》

❶ ブドウの木 (! grapevine ともいう; vine の実が grape)

❷ つる, ブドウのつる; つる草; つる性植物

vin·e·gar B2 /vínigər ヴィニガ/ 名 U 酢(す), ビネガー

vin·e·gared /vínigərd ヴィニガド/ 形 酢で味付けされた, 酢漬けの

vine·yard /vínjərd ヴィニャド/ (発音 vine との違いに注意) 名 C ブドウ畑

vin·tage /víntidʒ ヴィンティヂ/ 名

❶ U C 優良[銘柄]ワイン, 当たり年のワイン, …年もの

❷ C 《ふつう a vintage》(ある地域の毎年の)ブドウ収穫期; ブドウ収穫高

— 形 ❶ (ワインが)当たり年の, 年代ものの ❷ 最盛期に作られた; 最も優れた; 由緒ある

vi·nyl /váinəl ヴァイニル/ 名 U 《化学》ビニール(基)

vi·o·la[1] /vióulə ヴィオウラ/ 名 C 《楽器》ビオラ《◆バイオリンとチェロの中間ほどの大きさの弦(げん)楽器》

vi·o·la[2] /váiələ ヴァイオラ/ 名 C 《植物》ビオラ《◆スミレ属の植物》

vi·o·late B2 /váiəlèit ヴァイオレイト/ 動 他

❶ (法律などを)破る, 違反する

❷ 侵害する; けがす

❸ (女性を)(性的に)犯す

vi·o·la·tion /vàiəléiʃən ヴァイオレイション/ 名 U (法律などの)違反; C 違反行為; U C 侵害

vi·o·lence B1 高 /váiələns ヴァイオレンス/ 名 U ❶ 暴力, 乱暴, 暴行; 暴力行為

• domestic **violence** 家庭内暴力

❷ 激しさ, 荒々しさ, 猛威(もうい)

• the **violence** of the storm 嵐の猛威

派生 **violent** 形

vi·o·lent A2 高

/váiələnt ヴァイオレント/ 形

❶ 乱暴な, 荒々しい

• a **violent** street demonstration 荒々しい街頭デモ

❷ 激しい, 猛烈な

• a **violent** storm 激しい嵐

• a **violent** argument 激烈な議論

❸ 暴力による (! 名詞の前に用いる)

- an increase in **violent** crime 暴力犯罪の増加

派生 **violence** 名

vi·o·lent·ly B1 /váiələntli ヴァイオレントリ/ 副 激しく, ひどく; 乱暴に, 荒々しく, 暴力によって

派生 **violent** 形

vi·o·let /váiələt ヴァイオレト/ 名

❶ C 《植物》スミレ, スミレの花 (! 「つつしみ深さ」「誠実な愛」のイメージがある)

❷ U スミレ色, 青紫色

vi·o·lin A2 中

/vàiəlín ヴァイオリン/ (発音 アクセントに注意) 名 (複 **violins** /vàiəlínz/) C 《楽器》バイオリン

関連語› 単語力
violinist バイオリニスト
string バイオリンの弦(げん)
bow バイオリンの弓

vi·o·lin·ist /vàiəlínist ヴァイオリニスト/ 名 C バイオリン奏者, バイオリニスト, バイオリンをひく人

VIP /víːàipíː ヴィーアイピー/ 《略》very important person 要人(ようじん)

vi·per /váipər ヴァイパ/ 名 C 《動物》クサリヘビ類の毒ヘビ《♦マムシ・ガラガラヘビなど》; (一般に)毒ヘビ

vi·ral /váiərəl ヴァイアラル/ 形 ウイルス性の, ウイルスによって起こる

vir·gin /vɑ́ːrdʒən ヴァーヂン/ 名 C

❶ 処女, 乙女, バージン; 童貞

❷ 《the Virgin》聖母マリア (=Virgin Mary)

━ 形 ❶ 処女の, 処女にふさわしい; 汚れのない, 清純な

❷ まだだれも手をつけていない, 人が足を踏(ふ)み入れた[手をふれた]ことのない; 初めての

Vir·gin·ia /vərdʒínjə ヴァヂニア/ 名 バージニア《♦アメリカ東部の州; Va., (郵便で) VAと略す》

Vir·gin·i·an /vərdʒínjən ヴァヂニアン/ 名 C (米国)バージニア州の人

━ 形 バージニア州の

vir·gin·i·ty /vərdʒínəti ヴァヂニティ/ 名 U 処女[童貞]であること; 処女性; 純潔

Vírgin Máry 名 《the をつけて》処女[聖母]マリア

Vir·go /vɑ́ːrgou ヴァーゴウ/ 名 U 《天文》おとめ座; 《占星》処女宮; C おとめ座生まれの人《♦8月23日から9月22日生まれ》

vir·ile /vírəl ヴィリル/ 形 男らしい, たくましい; 性的に強い; 力強い

vi·rol·o·gy /vàiərɑ́lədʒi ヴァイアラロヂ/ 名 U ウイルス学

vir·tu·al B1 高 /vɑ́ːrtʃuəl ヴァーチュアル/ 形 (! 比較変化なし)

事実上の, 実際上の, 実質上の; 《コンピュータ》仮想の, バーチャルの

vir·tu·al·ly B2 /vɑ́ːrtʃuəli ヴァーチュアリ/ 副 事実上, 実際には; ほとんど

- The country is **virtually** bankrupt. その国の財政は事実上破綻(はたん)している

vírtual reálity B2 名 U 《コンピュータ》仮想現実, バーチャル・リアリティ

vir·tue B2 /vɑ́ːrtʃuː ヴァーチュー/ 名

❶ U C 美徳, 徳, (道徳的な)正しさ, モラル (↔**vice**)

- a person of **virtue** 道徳[モラル]をわきまえた人

❷ C 美点, 長所, 利点 (↔**fault**)

by virtue of... …によって, …のおかげで

vir·tu·o·so /vɑ̀ːrtʃuóusou ヴァーチュオウソウ/ 名 (複 **virtuosos** /vɑ̀ːrtʃuóusouz/, **virtuosi** /vɑ̀ːrtʃuóusiː/) C 名演奏家, 音楽の名手; (一般に)名人, 巨匠

vir·tu·ous /vɑ́ːrtʃuəs ヴァーチュアス/ 形

❶ 有徳の, 高潔な (↔**vicious**)

❷ 《軽べつ的に》有徳者面(づら)した

vir·u·lent /vírjulənt ヴィリュレント/ 形 《文章》猛毒の; 《医学》(病気が)悪性の; (行為・ことばなどが)憎悪[悪意]に満ちた

vi·rus B1 /váiərəs ヴァイアラス/ (×ヴィールス, ×ウイルス) 名 (複 **viruses** /váiərəsəz/) C ❶ウイルス, 濾過(ろか)性病原体; ウイルス性の病気
• the Ebola **virus** エボラウイルス
❷コンピュータウイルス

vi·sa B1 高 /ví:zə ヴィーザ/ 名 (複 **visas** /ví:zəz/) C ビザ, (出入国)査証
• apply for a Russian **visa** ロシアへのビザを申し込む[申請する]

vis·age /vízidʒ ヴィズィヂ/ 名 C 《ふつう **a visage**》《文章》顔, 顔つき, 容貌; 様相

vis-à-vis /vì:zəví: ヴィーザヴィー/ 前 《文章》…と向かい合って; …に関して; …と比較して

vis·cer·a /vísərə ヴィサラ/ 名 《ふつう **the viscera**》《複数扱い》《解剖》内臓; 《口語》はらわた

vis·cer·al /vísərəl ヴィセラル/ 形 内臓の; 《文章》感動的な; 本能的な, 直観の

vis·cos·i·ty /viskάsəti ヴィスカスィティ/ 名 U C ねばねばすること, 粘着性; U 《物理》(液体の)粘性

vis·count /váikàunt ヴァイカウント/ (×ヴィスカウント) 名 C 子爵

vis·cous /vískəs ヴィスカス/ 形 粘着性の; どろどろ[べとべと]した

vise /váis ヴァイス/ 名 C 《米》万力

Vish·nu /víʃnu: ヴィシュヌー/ 名 《ヒンドゥー教》ビシュヌ (♦最高神の1つ)

vis·i·bil·i·ty /vìzəbíliti ヴィズィビリティ/ 名 U 目に見えること; 視界 (↔**invisibility**)
派生 **visible** 形

vis·i·ble B1 高 /vízəbl ヴィズィブル/ 形
❶目に見える (↔**invisible**)
• Stars are only **visible** at night. 星は夜だけしか目に見えない
❷明白な, はっきりとした, 明らかな
• show a **visible** improvement 目に見えて進歩する
派生 **visibility** 名
visibly B2 副 目に見えて; 明らかに

vi·sion B1 高 /víʒən ヴィジョン/ 名 (複 **visions** /víʒənz/)
❶ U 《実際の目で見る力》視力, 視覚
• have good [poor, weak] **vision** 視力がいい[悪い]
❷ U 《心の目で見る力》(鋭い)想像力, 先見の明, ビジョン
• He had no clear **vision** of what he wanted to be. 彼には自分が将来何になりたいのか, 明確な見通しがなかった
❸ C 《心の中に見えるもの》(未来の)理想像, (将来の)夢; (夢うつつで見る)まぼろし, 幻影, 幻想
派生 **visionary** 形

vi·sion·ar·y /víʒənèri ヴィジョネリ/ 形 先見の明のある, ビジョンをもった; 幻想的な, 非現実的な
— 名 (複 **visionaries** /víʒənèriz/) C 夢想家; 幻視者 派生 **vision** 名

vis·it A1 中

/vízət ヴィズィト/

意味マップ
動 ❶(人を)訪問する
❷(場所を)訪れる, 見物に行く
❸視察する
❹(災害などが)襲う
名 ❶訪問; 見物
❷おしゃべり

— 動 (三単現 **visits** /vízəts ヴィズィツ/; 過去・過分 **visited** /vízətəd/; 現分 **visiting**)
❶ 他自 (人を)訪問する, 訪ねる; 会いに行く[来る]; …の所へ泊まりに行く[来る]; (病人を)見舞う
• Please come to **visit** me. どうぞ私のところへ遊びに来て下さい
• **visit** a dentist 歯医者に(みてもらいに)行く
• I would like to **visit** a patient. (病院の受付で)お見舞いに来たのですが
❷ 他自 (場所を)訪れる, 見物[見学]に行く[来る]
• **visit** Kyoto 京都を訪れる, 京都見物に行く (❗ visit はその場所で過ごすことを表す; ×visit to Kyoto としない) ⇨名
• I **have** never **visited** Hawaii. 私はま

だハワイに行ったことがない
❸ 他 視察する, 調査に行く; (医者が, 患者を)往診する
❹ 他 《文章》(災害・病気などが)…を襲う, …にふりかかる (! しばしば受け身で使う)
• The region **was** often **visited** with typhoons last year. その地方は去年いくつもの台風に見まわれた
visit with ... 《米》〔人〕とおしゃべりをする; 〔人〕の所に泊まる[滞在する]
— 名 (複 **visits** /vízəts ヴィズィツ/) C
❶ 訪問; 見舞い; 見物, 見学; 滞在; 視察
• a doctor's **visit** 医者の往診
• This is my first **visit** to London. 私がロンドンへ来たのはこれが初めてです

コロケーション
形+visit
a brief [short] *visit* 短い訪問
a formal [an official] *visit* 公式訪問
a friendly *visit* 親善訪問
an informal [unofficial] *visit* 非公式訪問
a scheduled *visit* 予定の訪問
an unscheduled [unexpected] *visit* 予定外の訪問

❷ 《米》《口語》おしゃべり, 雑談
have a visit from ... (人)の訪問を受ける
on a visit to ... …を訪問しに[して, 中で]; …に滞在中で
pay [make] a visit to ... = pay [make] ... a visit …を訪れる, …を訪問する
vis·it·a·tion /vìzətéiʃən ヴィズィテイション/ 名 C ❶《文章》(公式)訪問 ❷《文章》天罰; 災難 ❸《口語》長居
vis·it·ing /vízitiŋ ヴィズィティング/ 動 visit の現在分詞・動名詞
— 形 訪問(の), 視察(の)

vis·i·tor A2 中

/vízətər ヴィズィタ/
名 (複 **visitors** /vízətərz/) C
❶ 訪問者, 訪問客, 来客; 見舞い客; (旅館などの)泊まり客, 宿泊客
• We **had** two **visitors at** [**to**] our house this afternoon. きょうの午後うちには2人お客があった
• No **visitors** 《掲示》面会謝絶
❷ 観光客; 見学者, 見物者
会話 "Do you live here?" "No, we are just **visitors**." 「みなさんは土地の方ですか」「いいえ, 観光客です」
vi·sor /váizər ヴァイザ/ 名 C (帽子の)つば, まびさし, サンバイザー
vis·ta /vístə ヴィスタ/ 名 C 《文章》見通し; (高所などからの)景観, 眺望
vis·u·al B1 /víʒuəl ヴィジュアル/ 形
❶ 視覚(用)の, 視覚に関する
• take a **visual** test 視力検査を受ける
❷ 視覚に訴える, 物を見るための; 目の, 目に見える; 視覚教材の
• **visual** impression 見た印象
派生 **visually** 副
vísual áid 名 C 《しばしば **visual aids**》視覚教材
vis·u·al·ize /víʒuəlàiz ヴィジュアライズ/ 動 他 《文章》視覚化する; ありありと心に描く[思い浮かべる]
vis·u·al·ly B1 /víʒuəli ヴィジュアリ/ 副 見かけは, 見た目には; 視覚的に, 目に見えるように
vi·tal B2 /váitl ヴァイトル/ 形
❶〔…にとって〕きわめて重要[必要]な, きわめて重大な 《*to, for*》
• Your support **is vital to** the success of my plan. 私の計画の成就には君の助けが不可欠だ
❷ 活気のある, 生き生きした
❸ 生命の, 生命に欠くことのできない, 生命維持に必要な
• The heart is a **vital** organ. 心臓は人間の生命に欠くことのできない器官である
❹ 致命(ちめい)的な, 命にかかわる, 生死に関わる
• a **vital** wound 致命傷
派生 **vitality** 名
vi·tal·i·ty /vaitǽləti ヴァイタリティ/ 名 U 生命力, 生気; 活力, 活気
派生 **vital** 形

vi·tal·ize /váitəlàiz ヴァイタライズ/ 動 他 活力[生命]を与える, 活気を与える, 元気づける

vítal statístics 名《単数・複数扱い》人口動態統計《♦出生・死亡などの統計》

vi·ta·min B2 高 /váitəmən ヴァイタミン/ (×ヴィタミン) 名 C ビタミン《♦生物に必要な栄養素の1つ》
- Strawberries are rich in **vitamin** C. イチゴにはビタミンCが豊富です

vi·va·cious /vivéiʃəs ヴィヴェイシャス/ 形 快活[活発, 陽気]な, 元気のよい
vivácìously 副 活発に, 陽気に

vi·vac·i·ty /vivǽsəti ヴィヴァスィティ/ 名 U 活発, 陽気

viv·id B1 /vívəd ヴィヴィド/ 形
❶ (印象・描写などが) 生き生きした, はっきりした
❷ (色彩・光が) あざやかな, 鮮明な
vívidness 名 U 鮮やかさ; 活発さ

viv·id·ly B1 /vívədli ヴィヴィドリ/ 副 鮮やかに, はっきりと; 生き生きと; 生々しく

viv·i·sec·tion /vìvəsékʃən ヴィヴィセクション/ 名 U 生体解剖(実験)

vix·en /víksən ヴィクスン/ 名 C
❶ 雌ギツネ ⇨**fox**
❷ 意地悪な女, 悪女

V-neck /víːnèk ヴィーネク/ 名 C Vネック, V字形の襟

VOA 《略》Voice of America ボイスオブアメリカ《♦米国の海外向け放送》

vo·cab·u·la·ry A2 高 /voukǽbjəlèri ヴォウキャビュレリ | voukǽbjələri ヴォウキャビュラリ/ 名 (複 **vocabularies** /voukǽbjəlèriz/)
❶ U C 語彙(ごい), 用語範囲, ボキャブラリー《♦ある言語・社会・個人などが使用する全単語》
- He has **a small vocabulary**. 彼は語彙が貧弱だ[彼はことばをあまり知らない]

❷ C 単語集, 用語集

vo·cal /vóukəl ヴォウカル/ 形 ❶ 声の, 音声の; 声を使う; 声に出した
❷《音楽》ボーカル(曲)の, 声楽の
— 名 C《しばしば **vocals**》(楽器演奏に対する)ボーカル
派生 **voice** 名

vócal còrds [chòrds] 名《複数扱い》《解剖》声帯

vo·cal·ist B2 /vóukəlist ヴォウカリスト/ 名 C 歌手, ボーカリスト

vo·cal·i·za·tion /vòukəlaizéiʃən ヴォウカライゼイション/ 名 U 発声(法)

vo·cal·ize,《英》**vo·cal·ise** /vóukəlàiz ヴォウカライズ/ 動 他 自 声に出す, 口にする, 歌う

vo·ca·tion /voukéiʃən ヴォウケイション/ 名 U C 天職, 使命(感); C 職業, 仕事;《単数形で》適性, 才能

vo·ca·tion·al /voukéiʃənəl ヴォウケイショナル/ 形 職業上の, 職業の

vo·cif·er·ous /vousífərəs ヴォウスィファラス/ 形《文章》大声で叫ぶ, 口々に言い立てる, やかましい

vod·ka /vɑ́dkə ヴァドカ/ 名 U ウォッカ《♦ロシア原産の蒸留酒》

vogue /vóug ヴォウグ/ 名 U C《単数形で》〔…の〕流行, はやり《*for*》; 流行品
come into vogue 流行し出す
in vogue 流行して, はやっている

voice A2 中 /vɔ́is ヴォイス/ 名 (複 **voices** /vɔ́isəz/)
❶ U C 声, 音声; 声の質[状態, 調子]
- **in** a loud [small] **voice** 大きな[小さな]声で (×*with* a loud [small] voice)
- **lose** *one's* **voice** (のどをからして)声が出なくなる

コロケーション
形+**voice**
a clear *voice* 澄んだ声
a deep *voice* 太い声
a gentle *voice* やさしい声
a harsh *voice* 耳ざわりな声
a hoarse *voice* しゃがれ声
a loud *voice* 大きな声
a low *voice* 低い声

❷ U《音声学》有声, 声《♦ただの息ではなく, 声帯の振動によって起こる響き》
❸ U C 発言権; 意見 (=opinion)

❹ C 《ふつう単数形》《文法》態(たい)
• the passive **voice** 受動態
have a [no] voice in ... …に関して発言権をもつ[もたない]
— 動 (三単現 **voices** /vɔ́isəz/; 過去・過分 **voiced** /vɔ́ist/; 現分 **voicing**) 他
❶ ことばに表す, 表明する
❷ 《音声学》(特に子音を)有声音で発音する
派生 **vocal** 形
voiced /vɔ́ist ヴォイスト/ 形 《音声学》有声の (↔**voiceless**)
voice·less /vɔ́isləs ヴォイスレス/ 形
❶ 無言の, 声に出さない; 意見を言わない ❷ 《音声学》無声の (↔**voiced**)
vóice màil 名 C ボイスメール 《◆不在相手向けに伝言を残す電話システム》
voice-o·ver /vɔ́isòuvər ヴォイソウヴァ/ 名 C ナレーターの声, 語り 《◆姿がなく, 声だけが画面から聞こえる》
void /vɔ́id ヴォイド/ 形
❶ 《法律》(切符・契約などが)無効の
❷ 〔…が〕欠けている 《*of*》
— 動 他 《法律》無効にする
— 名 ❶ 《**the void**》空虚, (宇宙)空間
❷ C 《ふつう単数形》空虚感, むなしさ
vol·a·tile /válətl ヴァラトル/ 形 ❶ 揮発性の ❷ (人, 性質などが)移り気な, 気まぐれな
vol·can·ic /valkǽnik ヴァルキャニク/ 形
❶ 火山の; 火山性の; 火山の多い
❷ 非常に激しい
vol·ca·no B1 /valkéinou ヴァルケイノウ | vɔlkéinou ヴォルケイノウ/ 名 (複 **volcanoes, volcanos** /valkéinouz/) C 火山
• an active [a dormant, an extinct] **volcano** 活[休, 死]火山
vo·li·tion /voulíʃən ヴォウリション/ 名 U 《文章》意志作用, 意欲, 決断[力], 意志力
of [on] one's own volition 《文章》自分の意志で, 自発的に
vol·ley /váli ヴァリ/ 名 C 《ふつう **a volley**》一斉射撃; 《球技》ボレー 《◆ボールが地につく前に打つ[ける]こと》

vol·ley·ball A1 中

/válibɔ̀:l ヴァリボール | vɔ́libɔ̀:l ヴォリボール/
名 (複 **volleyballs** /válibɔ̀:lz/)
❶ U バレーボール
❷ C バレーボール用の球

参考›
side line サイドライン;
end line エンドライン;
attack area アタックエリア;
service area サービスエリア;
net ネット; net post ネットポスト
front row players 前衛
outside hitter フロントレフト;
middle blocker フロントセンター;
setter フロントライト
back row players 後衛
opposite バックレフト;
defensive specialist バックセンター;
serving outside hitter バックライト

volt /vóult ヴォウルト/ 名 U ボルト 《◆電圧の単位; 単位記号は V》
volt·age /vóultidʒ ヴォウルティヂ/ 名 U 電圧; ボルト数
vol·u·ble /váljəbl ヴァリュブル/ 形 《文章》舌のよく回る, おしゃべりな
vol·ume B1 高 /váljəm ヴァリュム | vɔ́ljəm ヴォリュム/ (×ボリューム)
名 (複 **volumes** /váljəmz/) C
❶ U 体積, 容積; 音量, ボリューム
• Please **turn down** [**up**] the **volume on** [**of**] your stereo. ステレオのボリュームを下げて[上げて]ください
❷ C 《しばしば **volumes**》〔通例液体の〕大量, 多量, たくさん 《*of*》
❸ (全集物の中の)1巻(かん); 本
• the first **volume** [**volume** one] of the encyclopedia 百科事典の第1巻
派生 **voluminous** 形
vo·lu·mi·nous /vəljú:mənəs ヴォリューミナス/ 形 容量の大きい; 大量の; 多作の; だぶだぶの
派生 **volume** 名
vol·un·tar·i·ly /vàləntéərəli ヴァランテアリリ/ 副 自発的に; 自分の意志で; 任意に

vol·un·tar·y /vɑ́ləntèri ヴァランテリ/ 形
❶(強制でなく)自発的な, 自分から進んでする, ボランティアの, 自由意志による, 志願の
• Ken gave **voluntary** help. ケンは自発的に手伝った
❷(病院・学校などが)任意の寄付によって維持される
❸《生理》随意的な《◆自分の意志で動かせる》
派生 **volunteer** 動

vol·un·teer B1 中 /vɑ̀ləntíər ヴァランティア|vɔ̀ləntíər ヴォランティア/ (×ボランティア)
動 (三単現 **volunteers** /vɑ̀ləntíərz/; 過去・過分 **volunteered** /vɑ̀ləntíərd/; 現分 **volunteering** /vɑ̀ləntíəriŋ/) 他
❶(奉仕などを)進んでする; 〔…すると〕自発的に申し出る《*to do*》; 自 〔…を〕自発的に申し出る《*for*》
❷自 (軍隊に)志願する
━名 (複 **volunteers** /vɑ̀ləntíərz/) C
❶自分から進んでやる人, ボランティア, 志願者
• Are there any **volunteers for** cleaning the blackboard? だれか黒板をふいてきれいにするのを進んでやってくれる人はいませんか
❷志願兵, 義勇兵《◆徴集兵と区別して》⇨**conscript** 名 ❸《形容詞的》ボランティアの, 有志の; 志願兵の
• A group of young people began doing **volunteer** work. 若者のグループが自分たちから進んで作業をやり始めた
派生 **voluntary** 形

vol·un·teer·ism /vɑ̀ləntíərizm ヴァランティアリズム/ 名 U ボランティア活動, ボランティア精神

vo·lup·tu·ous /vəlʌ́ptʃuəs ヴァラプチュアス/ 形 (人・生活態度が)享楽的な; (女性が)肉感的な, 豊満な; (芸術品などが)官能的に快い

vom·it B2 /vɑ́mət ヴァミト/ 名 U 吐き出した物, 嘔吐(おうと)物
━動 自 他 ❶(食べ物を)吐く, もどす (! 《口語》では throw up という)
❷勢いよく吹き出す[出る]

voo·doo /vúːduː ヴードゥー/ 名 U 《しばしば **Voodoo**》ブードゥー教《◆おもにハイチで信仰されている宗教》

vo·ra·cious /vɔːréiʃəs ヴォーレイシャス,

vəréiʃəs ヴァレイシャス/ 形 《文章》むさぼり食う, 大食いの; どん欲な

vor·tex /vɔ́ːrteks ヴォーテクス/ 名 (複 **vortexes** /vɔ́ːrteksəz/, **vortices** /vɔ́ːrtəsìːz/) C 《文章》渦, 渦巻き, 旋風; 《**the vortex**》《比喩的》〔…の〕渦, 渦中 《*of*》

vote A1 高

/vóut ヴォウト/

名 (複 **votes** /vóuts ヴォウツ/)

❶ C 投票; (投票・声・挙手・起立などによる)票決, 採決, 決議

- **give** a **vote** to ... …に1票を投じる, …に投票する
- decide ... **by** a **vote** …を票決する
- **take a vote** 採決する

❷ C (投票で入った)票; 《単数形で》投票総数[結果], 得票数

- He **had** 15 **votes**. 彼は15票をとった
- He was elected captain **with** [**by**] 20 **votes**. 彼は20票を得て[の差で]キャプテンに選ばれた
- count the **votes** 得票数を数える

❸ 《ふつう **the vote**》選挙権, 投票権

- have **the vote** 選挙権がある

━ 動 (三単現 **votes** /vóuts ヴォウツ/; 過去・過分 **voted** /vóutəd/; 現分 **voting**) 自 投票する; 他 投票で決める[選ぶ], 〔…することを〕議決[可決]する 《*to do*》

- the right to **vote** 選挙権
- **vote for** [**against**] the bill 法案に賛成[反対]の投票をする
- **For** whom did you **vote** in the election? 選挙で君はだれに投票したの

vot·er B2 /vóutər ヴォウタ/ 名 C 投票者, 有権者, 選挙人

vot·ing /vóutiŋ ヴォウティング/ 名 U 投票

━ 形 投票の, 選挙の

vouch /váutʃ ヴァウチ/ 動 他 〔…を〕保証する, 請け合う 《*for*》; 〔…のことの〕保証になる 《*for*》

vouch·er /váutʃər ヴァウチャ/ 名 C ❶ 保証人, 証人 ❷ 領収書 ❸ 《英》クーポン券, 引換券

vow B2 /váu ヴァウ/ 名 C 誓(ちかい)い, 誓約(せいやく)

━ 動 他 〔…することを〕誓う 《*to do*》; 〔…と〕誓約する 《*that* ...》

vow·el B1 /váuəl ヴァウエル/ 名 (複 **vowels** /váuəlz/) C 母音; 母音字 (⇔**consonant**) (◆日本語の「ア」「イ」「ウ」「エ」「オ」のように舌・くちびる・歯などにじゃまされないで出る音声)

voy·age B1 高 /vɔ́iidʒ ヴォイイヂ/ 名 (複 **voyages** /vɔ́iidʒəz/) C 航海; 船の旅; 空の旅; 宇宙旅行 (◆かなりの期間を要する旅を暗示)

- a **voyage around** the world 世界一周航海

━ 動 (三単現 **voyages** /vɔ́iidʒəz/; 過去・過分 **voyaged** /vɔ́iidʒd/; 現分 **voyaging**) 自 《文章》航海する

voy·ag·er /vɔ́iidʒər ヴォイイヂャ/ 名 C ❶ 《やや古風》船で旅する人, 旅行者 ❷ 《**Voyager**》ボイジャー (◆米国の無人宇宙探査機)

vo·yeur /vwɑːjə́ːr ヴワーヤー/ 名 C のぞき趣味のある人, のぞき屋

vs. /və́ːrsəs ヴァーサス/ 《略》versus …対

V-sign /víːsàin ヴィーサイン/ 名 C (手のひらを相手に向けると)勝利 (victory) のVサイン; 《英》(手のひらを自分に向けると)相手をばかにするジェスチャー

VT 《略》Vermont バーモント(州)

vul·gar /vʌ́lgər ヴァルガ/ 形 ❶ 下品な, 俗悪な ❷ 野卑(やひ)な, 卑猥(ひわい)な ❸ 《文章》通俗的な; 一般大衆の

vul·gar·i·ty /vʌlgǽrəti ヴァルギャリティ/ 名 (複 **vulgarities** /vʌlgǽrətiz/) U 下品, 粗野, 低俗; C 《ふつう **vulgarities**》下品なことば遣い, 俗悪な行動

vul·ner·a·bil·i·ty /vʌ̀lnərəbíliti ヴァルネラビリティ/ 名 U もろさ, 脆(ぜい)弱性

vul·ner·a·ble /vʌ́lnərəbl ヴァルネラブル/ 形 傷つきやすい, もろい; 攻撃を受けやすい; 〔…に〕弱い 《*to*》

vul·ture /vʌ́ltʃər ヴァルチャ/ 名 C 《鳥》ハゲワシ, ハゲタカ

vy·ing /váiiŋ ヴァイイング/ 動 vie の現在分詞

W w *W w*

W[1], **w**[1] /dʌ́blju: ダブリュー/ 名 (複 **W's**, **w's** /dʌ́blju:z/) ❶ U C 英語アルファベットの第23番目の文字
❷ C W字形のもの

W[2], **w**[2] 《略》watt ワット

W. 《略》Wednesday 水曜日; west 西; western 西の

WA 《略》Washington ワシントン(州)

wack·y /wǽki ワキ/ 形 (比較級 **wackier**; 最上級 **wackiest**) 《口語》風変りな; 狂気じみた; ばかげた

wad /wɑ́d ワド/ 名 C (やわらかい物を)丸めた玉, 小さいかたまり; つめ物, パッキング

wad·dle /wɑ́dl ワドル/ 動 自 (アヒルのように)よたよた[よちよち]歩く
— 名 C 《単数形で》よちよち歩き

wade /wéid ウェイド/ (発音 weighed と同音) 動 自 (水の中を)歩く; (川の中を)苦労して進む, 骨を折って進む; 他 自 (浅瀬などを)歩いて渡る
wade in 勢いよく取りかかる
wade into ... 《口語》…に勢いよく取りかかる; …を攻撃する
wade through ... (困難など)を切り抜ける

wa·fer /wéifər ウェイファ/ 名 C ウエハース (♦軽い薄焼き菓子)

waf·fle[1] /wɑ́fl ワフル/ 名 C ワッフル (♦特別の焼き型で焼く菓子)

waf·fle[2] /wɑ́fl ワフル/ 動 自 むだ口をたたく, 駄文を書き連ねる

waft /wɑ́:ft ワーフト/ 動 《文章》他 ふわりと運ぶ, 漂わせる 《*along, off*》; 自 (空中・水上を)ふわりと動く, 漂う 《*along*》
— 名 C 《文章》そこはかとなく漂うにおい

wag /wǽg ワグ/ 動 (三単現 **wags** /wǽgz/; 過去・過分 **wagged** /wǽgd/; 現分 **wagging**) 他 振る, ゆする; 絶えず動かす; 自 振れる, ゆれる
a case of the tail wagging the dog 下のものが上のものを支配すること, 下剋上の状態

wage B2 高 /wéidʒ ウェイヂ/ 名 C 《ふつう wages》 ❶ 賃金 (❗一般的な賃金のほかに, 時給・日給・週給のように短い間隔で払われるような, 肉体労働に対する賃金をいうことが多い) ⇨**salary**
• get high [low] **wages** 高[低]賃金を得る
❷ 《**wages**》《単数扱い》報い, 報償
— 動 他 (戦争・キャンペーンなど)に参加する[を行う]

wáge èarner 名 C かせぎ手

wáge frèeze 名 C (政府による)賃金凍結

wa·ger /wéidʒər ウェイヂャ/ 名 C 《文章》賭(か)け, 賭け事
— 動 他 《文章》〔…に〕(お金・物を)賭ける 《*on*》

wag·gon /wǽgən ワゴン/ 名 《英》(= wagon)

wag·on B1 /wǽgən ワゴン/ 名 (複 **wagons** /wǽgənz/) C ❶ (4輪の)荷(馬)車
❷ 《英》屋根なし貨車
❸ 小型の運搬自動車, バン, ワゴン車
❹ 《米》(食器や飲食物を運ぶ)ワゴン
be [go] on the wagon 《口語》禁酒している[する]
fall off the wagon 《口語》禁酒をやめる

wag·tail /wǽgtèil ワグテイル/ 名 C 《鳥》セキレイ

waif /wéif ウェイフ/ 名 (複 **waifs** /wéifs/) C 《文章》浮浪者, (特に)浮浪児; 宿無しの動物

wail /wéil ウェイル/ 動 自 声をあげて泣く, 泣き叫ぶ; 他 嘆き悲しむ
— 名 C 嘆き; 泣きわめく声

waist B2 /wéist ウェイスト/ (×ウエスト) (発音

waste と同音) 名C ❶腰(のくびれた部分), ウエスト ⇨hip[1] ❷(衣服の)ウエストの寸法; 胴回り

waist·band /wéistbæ̀nd ウェイストバンド/ 名C ウエストバンド

waist·coat B2 /wéistkòut ウェイストコウト/ 名C 《英》ベスト (=《米》vest)

waist-high /wèisthái ウェイストハイ/ 形 腰までの高さの

waist·line /wéistlàin ウェイストライン/ 名C 腰のくびれ, 腰線; (婦人服の)胴回り, ウエストライン

wait A1 中

/wéit ウェイト/ (発音 weight と同音)

動 (三単現 **waits** /wéits ウェイツ/; 過去・過分 **waited** /wéitəd/; 現分 **waiting**)

❶ 自 〔…を, …の間〕**待つ, 待ち望む** 《*for*》; 〔…まで〕**待つ** 《*till, until*》; 〔…するために〕**待つ**

• **Wait** a minute [a moment]. ちょっと待ってくれ

• **wait** (for) one hour 1時間待つ (❗ wait+(for+)時間の長さを表す語)

• I decided to **wait for** Ken. ケンを待つことに決めた (❗ wait for+人・物を表す名詞; ×wait Ken としない)

• I'm sorry I've **kept** you **waiting** so long. 長い間お待たせしてすみません

• I'll **wait** to see what he will do next. 次の彼の行動を見届けるために私は待つ

• I cannot **wait until** this is all done. これが全部終わるまでなんて待てない

文型 [**wait for A to** *do*] Aが…するのを待つ

• I can't **wait for** the summer vacation **to** *start*. 夏休みが始まるのを待ちきれない

❷ 他 (順番・チャンスなどを)**待つ, 待機する** • **Wait** your turn. 君の番(が来る の)を待ちなさい

can't wait to *do* …するのが待ちどおしい

keep *A* ***waiting*** A(人)を待たせておく

wait about ぶらぶらして待つ

wait and see じっくり待って様子を見る, 静観する 《命令文で》待ってて[見てて]ごらんなさい

wait on [***upon***] ***...*** …に給仕をする, (店で)〔客〕の用を聞く; …に仕える

wait up for ... 《口語》…を寝ないで待つ

— 名 《単数形で》**待つこと, 待ち時間**

lie in wait for ... …を待ちぶせする

wait·er A1 高

/wéitər ウェイタ/ 名 (複 **waiters** /wéitərz/) C **ウェイター** (❗ 女性形「ウェイトレス」は waitress), **給仕, ボーイ**

wait·ing /wéitiŋ ウェイティング/ 名U 待つこと; 給仕すること

— 形 待っている; 仕えている

wáiting gàme 名C 待機[持久]戦術

wáiting lìst 名C 順番待ちの人名簿

wáiting ròom 名C (駅・病院などの)待合室

wait·per·son /wéitpə̀ːrsən ウェイトパースン/ 名C 給仕人

wait·ress A1

/wéitrəs ウェイトレス/

名 (複 **waitresses** /wéitrəsəz/) C **ウェイトレス**, (女性の)**給仕** ⇨**waiter**

waive /wéiv ウェイヴ/ 動 他 《文章》(権利などを)**自分から放棄する** (=give up); (規則などの)**適用を見送る**

wake[1] B1 高 /wéik ウェイク/ 動 (三単現 **wakes** /wéiks/; 過去 **woke** /wóuk/, **waked** /wéikt/; 過分 **woken** /wóukən/, **woke, waked**; 現分 **waking**)

❶ 自 **目をさます, 起きる, 目がさめる** 《*up*》 (↔**sleep**) (❗ get up は「目をさまして寝床から離れる」ことまでいう); (精神的に)**目ざめる**

• I **wake** (**up**) at seven every morning. 私は毎朝7時に目がさめる

❷ 他 **目をさまさせる, 起こす**; (精神的に)**目覚めさせる** ⇨**waken, awake, awaken**

Wake up! 注意しなさい

wake[2] /wéik ウェイク/ 名 C 航跡; (物が)通った跡

in the wake of... …の跡を追って; …に続いて; …の結果として

wake·ful /wéikfəl ウェイクフル/ 形 眠れない, 不眠の; 目がさめている; 不寝番の **wákefully** 副 眠れずに

wak·en /wéikən ウェイクン/ 動 他 目をさまさせる; 自 目をさます (! wake を用いるほうがふつう)

wak·ing /wéikiŋ ウェイキング/ 形 目がさめている, 起きている

Wales /wéilz ウェイルズ/ 名 ウェールズ 《♦大ブリテン島南西部にある, イギリスを構成する4つの国の1つ》

walk A1 中

/wɔ́:k ウォーク/ 動 (三単現 **walks** /wɔ́:ks/; 過去·過分 **walked** /wɔ́:kt/; 現分 **walking**)

❶ 自 他 歩く, 歩いて行く; 自 散歩をする

• **walk to** school 学校へ歩いて行く, 歩いて通学する • **walk down** the street 通りを歩いて行く

• My sister **walks** for an hour every morning. 姉は毎朝1時間散歩する

❷ 他 (犬などを)散歩させる; 連れて歩く; 歩いて送る

• I'll **walk** you **home** [**to** the bus stop]. あなたを家まで[バス停まで] (歩いて)送って行きましょう

❸ 《野球》 自 (打者がフォアボールで1塁に)歩く, 他 (投手が打者を)歩かせる

walk about 歩き回る, ぶらつく

walk away 歩き去る, 逃げる

walk away with... ① 楽勝する ② …を持ち逃げする

walk into... ① …に入る ② 《口語》 (仕事などを)楽に手に入れる ③ 《口語》 (罠(わな)などに)うっかりひっかかる

walk off (急に)立ち去る

walk out 《口語》 ストライキする

walk out on... …を見捨てる

walk over... 《口語》 (人を)しいたげる

— 名 (複 **walks** /wɔ́:ks/) C

❶ 歩き, 歩くこと, 散歩; ハイキング

• take a dog **for a walk** 犬を散歩に連れて行く

• Let's **go for a walk** in the nearby woods. 近くの森へ散歩に行こう (! ×go *to* a walk としないこと)

❷ 歩く道のり, 歩行距離

❸ 歩道; (特に公園などの)散歩道

❹ 歩き方

❺ 《野球》 フォアボール(で歩くこと) (! 野球の「フォアボール」は和製英語で ×four ball とはいわない)

a walk of life 職業; 階級, 身分

walk·er B2 /wɔ́:kər ウォーカ/ 名 C

❶ (娯楽·運動のために)歩く人; 散歩好きな人

❷ 《米》 (リハビリ·赤ちゃん用)歩行器

walk·ie-talk·ie /wɔ́:kitɔ́:ki ウォーキトーキ/ 名 C 携帯型トランシーバー

walk·ing A2

/wɔ́:kiŋ ウォーキング/ 名

❶ U 歩くこと, ウォーキング; 《スポーツ》 競歩

❷ 《形容詞的》 徒歩の; 歩行用の

• The station is within **walking** distance. 駅は歩いていける距離にあります

❸ 《形容詞的》 歩く…, …さながらの人

• a **walking** dictionary 生き字引 (! おどけた言い方)

— 動 walk の現在分詞·動名詞

wálking stìck 名 C ステッキ, つえ (=cane)

Walk·man /wɔ́:kmən ウォークマン/ 名 (複 **Walkmans** /wɔ́:kmənz/) C 《商標》 ウォークマン

walk·out /wɔ́:kàut ウォーカウト/ 名 C ストライキ; (抗議のための)退場

walk-up /wɔ́:kʌ̀p ウォーカプ/ 名 C 《米》 《口語》 エレベーターのない建物[アパート]; その部屋; 《競馬》 ラインぎりぎりからの出発

— 形 エレベーターのない (! 名詞の前に用いる)

walk·way /wɔ́:kwèi ウォークウェイ/ 名 C 《米》 (公園内などの)歩行者用通路

wall A1 中
/wɔ́ːl ウォール/ 名 (複 **walls** /wɔ́ːlz/) C
❶ 壁; 壁状のもの
• hang a picture **on** the **wall** 壁に絵をかける
❷ (石・れんが・板などの) へい; 《しばしば walls》 城壁
• the Great **Wall** (of China) (中国の)万里の長城
❸ (器官・容器などの)内壁
drive [***push, send***] ***A to the wall*** A(人)を窮地に追い込む
drive [***send***] ***A to the wall*** A(人)をかんかんに怒らせる
go to the wall (試合・事業などで)負ける, 失敗する
━ 動 (三単現 **walls** /wɔ́ːlz/; 過去・過分 **walled** /wɔ́ːld/; 現分 **walling**) 他 壁で仕切る, へいで囲う

wall·board B2 /wɔ́ːlbɔ̀ːrd ウォールボード/ 名 U C 化粧ボード, 壁板

wal·let A2 高
/wálət ワレト|wɔ́lət ウォレト/
名 (複 **wallets** /wáləts ワレツ/) C
さいふ, (=《米》 billfold) 札入れ, 紙入れ ⇨**purse**

wall·ing /wɔ́ːliŋ ウォーリング/ 名 U 壁材; 壁造り

wall-mount·ed /wɔ́ːlmáuntəd ウォールマウンテド/ 形 壁に取付けられた

wal·lop /wáləp ワロプ/ 動 他 《口語》 ぶん殴る ━ 名 C 《口語》 強打

wal·low /wálou ワロウ/ 動 他 (人・動物が)〔泥・水などの中で〕(うれしそうに)転がり回る 《*in*》; (船が)荒海にもまれる; (人が)〔快楽などに〕ふける, おぼれる 《*in*》; 〔お金などを〕余るほど持つ 《*in*》
━ 名 C 《ふつう **a wallow**》 転げ回ること; 動物が転げ回る場所

wall·pa·per /wɔ́ːlpèipər ウォールペイパ/ 名 U 壁紙 ━ 動 他 壁紙をはる

Wáll Strèet 名 ウォール街 《♦ニューヨーク市の南にあり, 株式取引所・銀行・証券会社などが集まる》

wáll-to-wáll 形 (じゅうたんなどが)床いっぱいに敷きつめた (❗名詞の前に用いる); 《口語》 その場を埋めつくす, 広範囲に及ぶ; 総合的な; それ一色の

wal·nut B2 /wɔ́ːlnʌ̀t ウォールナト/ 名 C 《植物》 クルミ(の木); U クルミ材, ウォールナット; U クルミ色

wal·rus /wɔ́ːlrəs ウォールラス/ 名 (複 **walruses** /wɔ́ːlrəsəz/, **walrus**) C 《動物》 セイウチ 《♦北極海にいる巨大海獣》

Wal·ter /wɔ́ːltər ウォールタ/ 名 ウォルター 《♦男性名》

waltz /wɔ́ːlts ウォールツ/ 名 C 《音楽》 ワルツ(曲), 円舞(えんぶ)曲 《♦3拍子のダンス(曲)》 ━ 動 自 ワルツを踊る

wan /wán ワン/ 形 (比較級 **wanner**; 最上級 **wannest**) 《文章》 (人・表情が)青白い, 青ざめた; 弱々しい

wand /wánd ワンド/ 名 C (魔法使い・奇術師などが使う)細いつえ, 棒

wan·der A2 高
/wándər ワンダ|wɔ́ndər ウォンダ/
動 (三単現 **wanders** /wándərz/; 過去・過分 **wandered** /wándərd/; 現分 **wandering** /wándəriŋ/)
❶ 自 他 (あてもなく)歩き回る, ぶらつく, さまよう, ぶらぶら歩く
• They were **wandering** around the halls. 彼らは会場のまわりをぶらついていた
❷ 自 道に迷う, (あるべき所から)はぐれる, 迷子になる; (話などが)横道にそれる; 脱線する 《*away, off*》
❸ (心・考えが)散漫になる, 集中しない; 混乱する

wan·der·er /wándərər ワンダラ/ 名 C さまよう人; 放浪者

wan·der·ing /wándəriŋ ワンダリング/ 形 歩き回る, さすらう, (民族が)遊牧の; (道・川などが)曲がりくねった; (考えなどが)取り留めのない
━ 名 U C さすらい, 放浪; 漫遊; 《ふつう **wanderings**》 《文章》 当てのない旅; 《ふつう **wanderings**》 支離滅裂の思考[ことば]; うわごと; (常軌)逸脱

wan·der·lust /wándərlʌ̀st ワンダラスト/

名 U 旅行熱, 放浪癖

wane /wéin ウェイン/ 動 自 (月が)欠ける (↔**wax**[2]); (勢力が)弱まる, 衰える

— 名 U (月の)欠け; 減少, 衰退

on the wane 衰えて

wan·gle /wǽŋgl ワングル/ 動 他 《口語》(説得・おどしによって)〔…から〕まんまと手に入れる《*out of*》

wan·na /wánə ワナ/ 動 《口語》want to の短縮形; want a の短縮形

want A1 中

/wánt ワント | wɔ́nt ウォント/

動 (三単現 **wants** /wánts ワンツ/; 過去・過分 **wanted** /wántəd/; 現分 **wanting**)

共通イメージ 何かをほしいと思う心の状態

チャンクでおぼえよう!

❶ 建築学を学びたい want to study architecture

❶ 技師になりたい want to be an engineer

❶ 自分の家を持ちたい want to have my own home

❶ 自由になりたいと思う want to be free

❷ 彼女に仕事を見つけてもらいたい want her to find a job

❸ 軽い食事がほしい want a light meal

❸ 何かほかのものがほしい want something else

❸ ちょうど私のほしいもの exactly what I want

❶ 他 文型 [**want to** *do*] …することを望む, …したい

• I **want to** *know* more about Japan. ⇨フォーカス 1 日本についてもっと知りたい

• I **want to** *go* to the movies. ⇨フォーカス 2 私は映画を見に行きたい (❗ would like to *go* のほうがていねいな表現)

• I don't **want to** *see* him now. ⇨フォーカス 3 今は彼に会いたくない

• I **want to** *get* a ticket for the concert. ⇨フォーカス 4 私はそのコンサートの切符を手に入れたい

• I **want to** *make* you happy. ⇨フォーカス 5 君を幸せにしたい

• You can go there if you **want to** (*go*). もし行きたければそこへ行ってもいいよ (❗ go はくり返しになるので省いてもよい)

注意› **want** (to *do*) はややぶしつけに響くので, 親しい間柄以外では勧めたり誘ったりする場合は Do you want (to *do*)? を使わずに, **Would you like** (to *do*)? を使うほうがよい:

Would you like to *come* with me? いっしょにいらっしゃいますか?

❷ 他 文型 [**want A to** *do*] Aに…してもらいたい, Aに…することを要求する (❗ 希望というよりも, 軽い命令を表すことが多い)

• I **want** you **to** *come* and help me. 私は君に助けに来てもらいたい (×I want that you come… とはいわない)

• She **wanted** her son **to** *be* an artist. 彼女は息子に芸術家になってもらいたかった[息子を芸術家にしたいと願った]

• What do you **want** me **to** *do*? 君は私に何をしてもらいたいのですか[どんなご用をしましょうか]

❸ 他 (…が) ほしい, (…を) ほしがる, 望む, 望んでいる

• I don't **want** any money. ⇨フォーカス 6 金はいらない

• Do you **want** a drink? ⇨フォーカス 7 何か飲む? (❗ 親しい間柄での言い方; ⇨❶ 注意)

• Who **wants** a cup of tea [coffee]? ⇨フォーカス 8 だれかお茶[コーヒー]を飲みたい人いる?

• Do you **want** some help? ⇨フォーカス 9 手伝ってあげようか?

• I **want** a friend. 友だちがほしい

• Everyone **wants** peace. だれもが平和を望んでいる (❗ want はふつう進行形にならないから, 「望んでいる」を ×*is wanting* としない) • whatever you **want** ほしいものは何でも

want

A1 動 名

中 /wάnt ワント | wɔ́nt ウォント/

三単現 **wants** /wάnts ワンツ/ 過去・過分 **wanted** /wάntəd ワンテド/

現 分 **wanting**

共通イメージ

何かをほしいと思う
心の状態

意味マップ

動 ❶…することを望む, …したい
❷…に…してもらいたい, …に…することを要求する
❸ほしい, ほしがる, 望む
❹…が…であるのを望む, …が…されるのを望む
❺用がある, 求める
❻欠けている, 足りない

名 ❶不足, 欠乏
❷必要; 必需品
❸困窮

使えるコーパスフレーズ

want to＋動詞

1 **want to know** 知りたい
2 **want to go** 行きたい
3 **want to see** 見たい
4 **want to get** 手に入れたい
5 **want to make** 作りたい

want＋名詞

6 **want money** お金がほしい
7 **want a drink** 飲み物がほしい
8 **want tea [coffee]** お茶[コーヒー]がほしい
9 **want some help** 助けがほしい
10 **want bread** パンがほしい

ネイティブはこういう!

◆ **if you want** 何なら, よかったら; ご自由に
◆ **Who wants ...?** …がほしい人いる?
◆ **I just wanted to ask ...** ちょっと聞きたかったんだけど…
◆ **All I want is ...** …だけあればそれでいいんです
◆ **I've always wanted ...** …をずっとほしいと思っていたんだ

- They **wanted** something to eat. 彼らは食べる物[食べ物]がほしかった
- What do you **want** for your birthday? 誕生日プレゼントに何がほしいの？
- All I **want** is love. ⇨フォーカス 私がほしいのは愛だけだ

❹ 他 文型 [**want A** (**to be**) **C**] AがCであるのを望む, AがCされるのを望む, AをCしてもらいたい (❗Cは形容詞・過去分詞・現在分詞など)

- I **want** my lemonade very **cold**. ぼくはレモネードはよく冷えたのがいい
- I **want** this letter **mailed** at once. この手紙をすぐ(郵便で)出してもらいたい

❺ 他 (…に)用がある, 求める; 《英》必要とする (=need)

- The teacher **wants** you. 先生が君に用があるって
- You are **wanted** in the office. 事務所で君を呼んでいるよ
- **Wanted**: a cook. 《掲示・広告》料理人求む (❗求人広告; A cook wanted. (=A cook is wanted.)とも表記する)

文型 [**want** *do***ing**] …される必要がある

- This radio **wants repairing**. このラジオは修理しなければならない (×This radio wants to repair.) (❗want, need のあとに続く *do*ing は受け身の意味; to be *done* はふつう need のみ)

❻ 自 [… が]欠けている, 足りない 《*for*, *in*》

if you want 何なら, ご自由に
want for nothing 何一つ不自由しない, ないものは何もない
You (***might***) ***want to ...*** …するほうがいいでしょう

- You **might want to** see a doctor about that headache. 医者に行って頭痛を診てもらったほうがいいでしょう

You wouldn't want to ... …するのはやめたほうがいいでしょう

— 名 (複 **wants** /wánts ワンツ/)

❶《単数形で》不足, 欠乏 (=lack)

- I'm sick **for want of** sleep. 私は睡眠不足で気分が悪い

❷ U 必要 (=need); C 《**wants**》ほしいもの, 必需品

- **wants** and needs ほしいもの, 必要なもの
- The house is **in want of** repair. その家は修繕が必要だ

❸ U 困窮

wánt àd 名 C 《米》求人[求職]広告 (=classified ad)

want·ed /wántəd ワンテド/ 動 want の過去形・過去分詞

— 形 (広告文などで)求む; 指名手配の

want·ing /wántiŋ ワンティング/ 動 want の現在分詞・動名詞

— 形 欠けている

wan·ton /wántən ワントン/ 形 ❶《文章》理不尽な, いわれもない, 不当な, むちゃな ❷《文章》いたずらな, 気まぐれの ❸ (女性が)不貞な, 浮気な ❹《文章》伸び放題の, はびこった

wants /wánts ワンツ/ 動 want の三人称単数現在形

war A1 中

/wɔ́ːr ウォー/ (×ワー) (発音 wore (wear の過去形)と同音) 名 (複 **wars** /wɔ́ːrz/)

❶ U 戦争 (↔**peace**) ⇨ **battle**; C (個々の)戦争

- a civil **war** 内乱, 内戦
- win [lose] a **war** 戦争に勝つ[負ける]
- A **war broke out** between the two nations. その2国間で戦争が起こった
- Soldiers fight a lot of **battles** in a **war**. 兵士は1度の戦争中にたくさんの戦闘をする (❗war は「戦争全体」をさし, battle は「個々の戦闘」をいう)

❷ UC 闘い, 闘争

- a **war on** [**against**] ignorance [poverty, prejudice] 無知[貧困, 偏見]との闘い

be at war (***with ...***) (…と)交戦[戦争]中である; 不仲である
go to war (***with*** [***against***] ***...***) (国が)(…と)戦争を開始する; (人が)戦争に行く
make war on [***against***] ***...*** …に戦争をしかける, …と闘う

war·ble /wɔ́:rbl ウォーブル/ 動 他 (鳥が)さえずる; (人が)声を震わせてきれいに歌う; 自 声を震わせて歌う
— 名 C 《ふつう a warble》 さえずり; さえずるような歌声

war·bler /wɔ́:rblər ウォーブラ/ 名 C さえずる鳥 (◆ウグイス科の鳥など); 声を震わせて歌う人 (! 特に女性)

wár crìme 名 C 戦争犯罪

wár crìminal 名 C 戦争犯罪人

ward B1 /wɔ́:rd ウォード/ 名 (複 **wards** /wɔ́:rdz ウォーヅ/) ❶ C 病棟; 共同病室 ❷ C (都市の行政区画である)区; 選挙区 ❸ U 保護; C 被後見人 (↔**guardian**)
— 動 (三単現 **wards** /wɔ́:rdz ウォーヅ/; 過去·過分 **warded** /wɔ́:rdəd/; 現分 **warding**) 他 (危険, 攻撃などを)かわす, よける 《*off*》

-ward 接尾 「…の方へ(の)」(! 形容詞・副詞)

war·den /wɔ́:rdən ウォーデン/ 名 C 管理人; 監視員; 《米》 刑務所長 (=《英》 governor); 《英》 学長, 校長

ward·robe B1 /wɔ́:rdròub ウォードロウブ/ 名 (複 **wardrobes** /wɔ́:rdròubz/) C (個人の)衣装[衣類]全部, 持ち衣装; (たけの高い)洋服だんす

-wards 接尾 (=-ward)

ware /wéər ウエア/ 名 《**wares**》 商品; U 《集合的》 製品 (! おもに複合語で用いる)

ware·house /wéərhàus ウエアハウス/ 名 (複 **warehouses** /wéərhàuzəz/) C 倉庫

war·fare /wɔ́:rfèər ウォーフェア/ 名 U 戦争; 交戦状態; 戦闘行為

war·head /wɔ́:rhèd ウォーヘド/ 名 C (ミサイル・魚雷などの)弾頭

war·i·ly /wéərəli ウエアリリ/ 副 用心深く, 油断なく

war·like /wɔ́:rlàik ウォーライク/ 形 好戦的な, 挑戦的な; 戦争の, 軍事の

war·lock /wɔ́:rlɑ̀k ウォーラク/ 名 C (男の)魔法使い, 魔術師

warm A1 中

/wɔ́:rm ウォーム/ (×ワーム)
形 (比較級 **warmer**; 最上級 **warmest**)
❶ 暖[温]かい (↔**cold**); 暖[温]かく感じる
• a **warm** weather 穏やかな天候
• How did they keep **warm** at night? どのようにして彼らは夜暖かくしていたのだろうか
❷ (心が)温かい; 思いやりのある; 熱烈な (↔**cool**); (色が)暖色の
• a **warm** heart 温かい心
• a **warm** atmosphere 温かい雰囲気
— 動 (三単現 **warms** /wɔ́:rmz/; 過去·過分 **warmed** /wɔ́:rmd/; 現分 **warming**) 他 暖[温]かくする (↔**cool**); 自 暖[温]かくなる, 暖[温]まる; 暖[温]められている • He **warmed** his hands **at** the fire. 彼は火で手を暖めた

warm over (料理などを)温め直す; (考えを)蒸し返す

warm up 暖まる; (競技などの前に)軽い準備運動をする, ウォーミングアップする; 暖める; 盛り上がる[上げる]

派生 **warmth** 名

wárm-blóoded 形 (動物が)温血の; 熱血の (↔**cold-blooded**)

warm·er /wɔ́:rmər ウォーマ/ 名 C 温める人[もの], 加温器

wárm-héarted 形 心の温かい, 思いやりのある, 親切な (↔**cold-hearted**)
wárm-héartedly 副 親切に

warm·ing /wɔ́:rmiŋ ウォーミング/ 形 暖める — 名 U 暖める[暖まる]こと

warm·ly B1 /wɔ́:rmli ウォームリ/ 副 暖[温]かく; 心から, 思いやりをこめて; 熱心に, 熱烈に (↔**coldly**)

war·mon·ger /wɔ́:rmʌ̀ŋgər ウォーマンガ/ 名 C 戦争挑発者, 戦争屋, 主戦論者

warmth B1 /wɔ́:rmθ ウォームス/ 名 U 暖[温]かさ; 保温性; 思いやり; 熱意
派生 **warm** 形

wárm-ùp 名 U 準備運動, ウォーミングアップ

warn B1 高 /wɔ́:rn ウォーン/ (×ワーン) (発音 worn (wear の過去分詞)と同音) 動 (三単現 **warns** /wɔ́:rnz/; 過去·過分 **warned**

/wɔ́ːrnd/; 現分 **warning**) 他自 〔…を〕警告する, 注意する《*of*》; 他 〔…を〕前もって知らせておく, 通告する, 予告する《*of*》; 〔…に対して〕用心させる《*against*》
- **warn** patients **of** possible side effect 患者に副作用の可能性を警告する
- My friend **warned** me **against** her. 友人は彼女には気をつけろと私に警告した

文型 [**warn A to** *do*] Aに…するように注意する, 警告する
- He **warned me to** *stay* away from the dog. 彼は私にその犬から離れているよう注意した

文型 [**warn A that ...**] Aに…と警告[通告]する

warn away ... …を警告して去らせる[遠ざける]

warn A off B [***doing***] 警告してA(人)をBから遠ざける[…するのをやめさせる]

warn·ing B1 高 /wɔ́ːrniŋ ウォーニング/ 名 (複 **warnings** /wɔ́ːrniŋz/) U C
❶ 警告, 警報, 注意; 戒(いまし)め
- **give** [**receive**] a **warning** 警告を与える[受ける]

❷ (悪い事の)前兆

take warning from ... …を戒めとする

warp /wɔ́ːrp ウォープ/ 名 C《**the warp**》(織物の)縦糸 (❗「横糸」は weft, woof)
— 動 他 そらせる; (物が)そる

war·path /wɔ́ːrpæθ ウォーパス/ 名 C (北米先住民の)戦に行く道《次の成句で》

on the warpath 《口語》怒って; けんか腰で

warped /wɔ́ːrpt ウォープト/ 形 (心・考えなどが)ゆがんだ, ひねくれた; (物が)そった, ゆがんだ, 曲がった

war·plane /wɔ́ːrplèin ウォープレイン/ 名 C 軍用機

war·rant /wɔ́ːrənt ウォーラント/ 名 C 令状; C 保証; U 正当な理由, 根拠
— 動 他 正当であるとする; 保証する, 請け合う

war·ran·ty B1 /wɔ́ːrənti ウォーランティ/ 名 (複 **warranties** /wɔ́ːrəntiz/) U C 保証 (=guarantee); 保証書

war·ren /wɔ́ːrən ウォーレン/ 名 C 養兎(ようと)場; ウサギの群棲(せい)地; 入り組んだ[ごみごみした]地区[建物]

war·ring /wɔ́ːriŋ ウォーリング/ 形 交戦中の; いがみ合う (❗名詞の前に用いる)

war·ri·or B1 /wɔ́ːriər ウォーリア/ 名 (複 **warriors** /wɔ́ːriərz/) C 戦士, 武士, つわもの; (社会運動などの)闘士

War·saw /wɔ́ːrsɔː ウォーソー/ 名 ワルシャワ《♦ポーランドの首都》

war·ship B2 /wɔ́ːrʃip ウォーシプ/ 名 C 軍艦

wart /wɔ́ːrt ウォート/ 名 C いぼ; (木の)こぶ ***warts and all*** 《口語》欠点をすべてさらけ出して, 生地のままに

wart·hog /wɔ́ːrthɔ̀ːg ウォートホーグ/ 名 C 《動物》イボイノシシ

war·time B2 /wɔ́ːrtàim ウォータイム/ 名 U 戦時 — 形 戦時の

war·y /wéəri ウェアリ/ 形 (比較級 **warier**; 最上級 **wariest**) 〔…に対して〕用心深い, 油断のない《*of*》; 慎重な

was A1 中

/《弱》wəz ワズ; 《強》wáz ワズ | wɔ́z ウォズ/ 動 (❗be の一・三人称単数 (am, is) の過去形) ⇨**be**

❶ (…で)あった, …でした, …だった
- **I** [**He**] **was** a little child then. そのころ私[彼]は小さな子どもでした (❗主語には I, he, she, it, 単数の名詞がなる)

❷ (…に)いた; (…に)あった (❗〈S〉+was+場所を示す副詞(句))

❸《仮定法過去で》…だとしたら (❗主語が一・三人称・単数の場合, 口語的に were の代わりとしてしばしば使われる)

— 助 ❶《**was**+現在分詞で》…していた; …しようとしていた (❗過去進行形)

❷《**was**+過去分詞で》…された (❗過去の受け身)

wash A1 中

/wáʃ ワシュ, wɔ́ːʃ ウォーシュ | wɔ́ʃ ウォシュ/ 動 (三単現 **washes** /wáʃəz/; 過去・過分

washed /wɑ́ʃt/; 現分 washing)
❶ 他 洗う; 洗たくする; 自 体(の一部)を洗う; 文型 [wash A C] A を洗ってC(状態)にする
• wash the dishes (食後の)食器類を洗う
• He usually **washes** the clothes on Saturday. 彼はふつう土曜日に洗たくをします
❷ 他 (人が汚れなどを)洗い落とす; (…に)打ち寄せる; (流れが)さらっていく; (洗い)流す, 押し流す; 自 (水に)流される; (波が岸を)洗う, 洗い流される
❸ 信用を得る (! ふつう否定文で用いる)
❹ 自 (生地など)洗たくがきく, 洗える (! この wash は受け身の意味を表す)
wash down ① (大きなものを)ざぶざぶ洗う ② (薬などを)のどへ流し込む
wash off (汚れなどを)洗い落とす
wash out 洗い落とす; 押し流す; (試合などを)中止させる; 落第させる
wash up 《米》(食事前に)手(や顔)を洗う; 《英》(使った食器類を全部)洗う, 皿洗いをする; (波が…を)打ち上げる
— 名 (複 **washes** /wɑ́ʃəz/)
❶ 《単数形で》 体を洗うこと, 洗たく
• **have a wash** 体[顔・手]を洗う
❷ U 《**the wash**》 岸を洗う波の音; 打ち寄せる波
❸ C 洗浄剤 (! 合成語で用いることが多い) ❹ C 薄い皮膜, めっき
❺ 《単数形で》《集合的》 洗たく物

wash·a·ble /wɑ́ʃəbl ワシャブル/ 形 (生地などが)洗たくのきく, (色落ち・縮みを起こさず)洗える

wásh-and-wéar 形 洗ってすぐ着られる, ノーアイロンの (=drip-dry)

wash·ba·sin /wɑ́ʃbèisn ワシュベイスン/ 名 C 《英》 洗面台, 洗面器 (=《米》 washbowl)

wash·bowl B1 /wɑ́ʃbòul ワシュボウル, wɔ́:ʃbòul ウォーシュボウル | wɔ́ʃbòul ウォシュボウル/ 名 (複 **washbowls** /wɔ́:ʃbòulz/) C 《米》 洗面台, 洗面器 (= sink, 《英》 washbasin)

wash·cloth /wɑ́ʃklɔ̀:θ ワシュクロース/ 名 C 《米》 (入浴用の)小さいタオル (! towel とはいわない)

wash·day /wɑ́ʃdèi ワシュデイ/ 名 (複 **washdays** /wɑ́ʃdèiz/) U C 洗たく日 (=《英》 washing day)

wáshed-óut 形 ❶ 色あせた; 洗いざらしの ❷ 《口語》 疲れ切った

wáshed-úp 形 だめになった

wash·er /wɑ́ʃər ワシャ/ 名 C ❶ 洗う人 ❷ 洗たく機 (=washing machine); 皿洗い機

wash·ing /wɑ́ʃiŋ ワシング/ 名 U C
❶ 洗たく, 洗うこと (=laundry)
❷ 《**the washing**》《集合的》 洗たく物 (! 洗う前, 洗ったあとのものもさす)

wáshing machìne
A2 名 C 洗たく機

Wash·ing·ton 固 /wɑ́ʃiŋtən ワシントン/ 名 ❶ ワシントン (◆米国の首都; どの州にも属さない特別区 (the District of Columbia) で, Washington, D.C. とし, ワシントン州と区別する) ❷ ワシントン州 (! 米国北西端の州; Wash., (郵便で) WA と略す) ❸ 《**George Washington**》 ジョージ・ワシントン (1732-99) (◆米国独立戦争の総司令官; 米国初代大統領)

Wáshington's Bírthday 名 ワシントン誕生日 (◆2月22日; 米国の大多数の州では2月の第3月曜日を Presidents' Day とし, 法定休日として祝う)

wash·out /wɑ́ʃàut ワシャウト/ 名
❶ U (洪水などによる)路床の流失, (堤防などの)決壊; C 流出[決壊]箇所
❷ C 《ふつう **a washout**》《口語》 大失敗, 大しくじり; 失敗者, 落ちこぼれ

wash·room /wɑ́ʃrù:m ワシュルーム/ 名 C 《米》《古風》 (公共施設の中の)洗面所

was·n't 中
/wɑ́znt ワズント | wɔ́znt ウォズント/
was not の短縮形 ⇨**was**

WASP, Wasp /wɑ́sp ワスプ/ 名 C ワスプ (◆米国のアングロサクソン系白人新教徒)

wasp B2 /wɑ́sp ワスプ/ 名 C 《昆虫》 スズメバチ, ジガバチ

waste B1 中 /wéist ウェイスト/ (発音 waist と同音) 動 (三単現 **wastes** /wéists ウェイスツ/; 過去・過分 **wasted** /wéistəd/; 現分 **wasting**)
❶ 他 むだに使う, 浪費する; 自 むだづかいする
• Don't **waste** your time. 時間をむだにするな
❷《ふつう受け身で》(機会・能力・善意などを)無にする, 生かさない
❸ 他 (病気が体力を)衰弱させる, 弱らせる; 荒らす; 自《しばしば **waste away**》衰弱する ❹ (土地・国を)荒らす
━ 名 (複 **wastes** /wéists ウェイスツ/)
❶《単数形で》むだ(づかい), 浪費
❷ U C 《しばしば **wastes**》廃物(はいぶつ), くず; C 荒れ地
• industrial **wastes** 産業廃棄物
go to waste むだになる
━ 形 ❶ 荒れた, 不毛の, 耕してない
❷ 廃物の, くずの, 不用の, いらなくなった (! 名詞の前に用いる)
lay ... waste (土地・町を)荒らす, 荒廃させる

waste·bas·ket /wéistbæ̀skit ウェイストバスケト/ 名 C 《米》紙くずかご (=《英》waste-paper basket)

waste·ful B1 /wéistfəl ウェイストフル/ 形 むだに使う, 浪費する; むだの多い, 不経済な
wástefully 副 むだに, 不経済に
wástefulness 名 U むだ使い, 浪費

waste·land /wéistlæ̀nd ウェイストランド/ 名 U C 荒れ地, 未開墾地, 不毛の土地; 荒廃した地域

waste·pa·per /wéistpèipər ウェイストペイパ/ 名 U 紙くず

wástepaper bàsket 名 C 《英》(= wastebasket)

waste·wa·ter /wéistwɔ̀ːtər ウェイストウォータ, wéistwɑ̀ːtər ウェイストワータ/ 名 U 廃水, 汚水

watch A1 中
/wɑ́tʃ ワチ | wɔ́tʃ ウォチ/

意味マップ
名 ❶ 腕時計, 時計
❷ 見張り; 警戒; 見張り番
動 ❶ 注意して見る, Aが…する[している]のを見守る
❷ 見張る; 注意する; 世話をする
❸ 期待して待つ

━ 名 (複 **watches** /wɑ́tʃəz/)
❶ C (携帯用の)腕時計, 時計 (! 「置き時計, 掛け時計」は clock)
• a digital **watch** デジタル時計
• check *one's* **watch** 《米》時間を確かめる
• My **watch** is two minutes **slow** [**fast**]. 私の時計は2分遅れて[進んで]いる
❷《単数形で》見張り; 警戒, 用心; 見張り番, 警備員[隊]
be on the watch for ... …を見張っている, …を警戒している, …によく気をつける
keep (a) watch on ... …の見張りをする, …を注意[警戒]する
on [off] watch 当直[非番]で
━ 動 (三単現 **watches** /wɑ́tʃəz/; 過去・過分 **watched** /wɑ́tʃt/; 現分 **watching**)
❶ 自 他 注意して見る, じっと見る, 気をつけて見る, 見守る (! ふつう動いている物を見つめることをいう)
• **watch** a football game (on TV) (テレビで)サッカーの試合を見る
文型 [**watch A** *do* [*do***ing**]] Aが…する[している]のを見守る
• He **watched** his son *swim*. 彼は息子が泳ぐのを見守った
❷ 自 他 見張る, 番をする; 他 注意する; 他 (病人などの)世話をする

❸ 自 〔…を〕期待して待つ, 気をつけて待ちかまえる《for》
watch out 〔…を〕警戒[用心, 監視]する《for》
watch over ... …を監視する, 見守る

watch·band /wátʃbæ̀nd ワチバンド/ 名 C 《米》腕時計のバンド (=《英》watchstrap)

watch·dog /wátʃdɔ̀:g ワチドーグ/ 名 C 番犬

watch·er /wátʃər ワチャ/ 名 C 番人, 監視人; 看護人; 《複合語で》…を観察する人

watch·ful /wátʃfəl ワチフル/ 形 〔…に対して〕警戒[注意]している, 用心[注意]深い《*about, against, for, of*》
wátchfully 副 用心深く; 油断なく
wátchfulness 名 U 用心深さ; 警戒

watch·ma·ker /wátʃmèikər ワチメイカ/ 名 C 時計を作ったり修理したりする人, 時計工; 時計メーカー

watch·man /wátʃmən ワチマン/ 名 (複 **watchmen** /wátʃmən/) C 夜警, ガードマン, 警備員; 見張り

watch·tower /wátʃtàuər ワチタウア/ 名 C 望楼, 見張り塔

watch·word /wátʃwə̀:rd ワチワード/ 名 C 標語, 合い言葉

wa·ter A1 中

/wɔ́:tər ウォータ, wá:tər ワータ | wɔ́:tə ウォータ/ 名 (複 **waters** /wɔ́:tərz/)
❶ U 水
• **some** [**much**] **water** いくらかの[たくさんの]水 (×*many* waters としない)
• (a) mineral **water** ミネラルウォーター (1本, 1杯)

注意》 water は「液体の水」を温度に関係なくさす. 日本語の「湯」は hot water,「熱湯」は boiling water という

コロケーション
動+water
boil *water* 水[湯]をわかす
pour *water* 水を注ぐ
absorb *water* 水を吸収する
water+動
water boils 水が沸騰する
water evaporates 水が蒸発する

❷ U 《**the water**》(空や陸に対して)水(圏); 水中; U 水面; 水位; 《(**the**) **waters**》川[湖, 海](の水); 《**waters**》海域, 水域
• the flood **water**(**s**) 洪水
above water 困難を免れて
by water 海路で, 船で (=by ship)
hold water 水をもらさない; 《ふつう否定文で》(議論が)筋が通っている, 理に適う
in hot water 難しい立場で
like water 《口語》大量に; 惜しげなく
put cold water on ... 《口語》…に水を差す, 難点を突く
under water 水没して
— 動 (三単現 **waters** /wɔ́:tərz/; 過去・過分 **watered** /wɔ́:tərd/; 現分 **watering** /wɔ́:təriŋ/)
❶ 他 水をやる[まく], 給水する
❷ 自 (目から)涙が出る, うるむ; (口が)つば[よだれ]を出す
water down 水で薄める; (報告などを)手加減する

wáter bìrd 名 C 水鳥 (♦白鳥など)

wa·ter·borne /wɔ́:tərbɔ̀:rn ウォータボーン/ 形 (病気が)水から感染する; 水上輸送の

wáter bòttle 名 C 《英》水差し; 水筒

wáter bùffalo 名 C 水牛 (=buffalo)

wáter chùte 名 C (遊園地の)ウォーターシュート

wa·ter·col·or, 《英》 **wa·ter·col·our** /wɔ́:tərkʌ̀lər ウォータカラ/ 名 《**watercolors**》水彩絵の具; C 水彩画; U 水彩画法

watered-down /wɔ́:tərddáun ウォータドダウン/ 形 (計画などが)効果の薄い; (水で)薄めた

wa·ter·fall B1 /wɔ́:tərfɔ̀:l ウォータフォール, wá:tərfɔ̀:l ワータフォール | wɔ́:təfɔ̀:l ウォータ

フォール/ 名 (複 **waterfalls** /wɔ́:tərfɔ̀:lz/) C 滝 (=fall)

wáter flèa 名 C 《動物》ミジンコ

wa·ter·fowl /wɔ́:tərfàul ウォータファウル/ 名 (複 **waterfowls**, 《集合的に》 **waterfowl**) C 水鳥

wa·ter·front /wɔ́:tərfrʌ̀nt ウォータフラント/ 名 C 水際の土地 《◆海岸・湖岸・川岸など》; 河岸(かし); 海岸通り

wa·ter·ing /wɔ́:təriŋ ウォータリング/ 名 U C 水まき, 散水; (織物の)波形, 波紋

— 形 水を供給する, 水を注ぐ[まく]; 温泉[鉱泉]の; 海水浴場の; 涙ぐんだ; よだれをたらした

wátering càn 名 C (水まきに使う)じょうろ (=《米》 watering pot)

wáter lìly 名 C 《植物》スイレン

water·line /wɔ́:tərlàin ウォータライン/ 名 C 《海事》喫水線; (船の)水線 (=water level); (水が引いた跡に残る)水位線

wa·ter·logged /wɔ́:tərlɔ̀:gd ウォータローグド/ 形 水浸しの; (材木が)水をたっぷり吸った; (船が)浸水した

wa·ter·mark /wɔ́:tərmà:rk ウォータマーク/ 名 C (川・湖・海などの)水位標; (紙の)透かし模様

— 動 他 (紙に)透かし模様を入れる

wa·ter·mel·on /wɔ́:tərmèlən ウォータメロン/ 名 U C 《植物》スイカ

wáter pòlo 名 U 《球技》水球

wáter pòwer 名 U 水力

wa·ter·proof B2 /wɔ́:tərprù:f ウォータプルーフ/ 形 水を通さない, 防水の ⇨ **-proof**

wáter ràil 名 C 《鳥》クイナ 《◆湿地・水辺の草むらにすむ渉禽(しょうきん)類の鳥》

wa·ter·shed /wɔ́:tərʃèd ウォータシェド/ 名 C 分水界; 《米》(河川の)流域; 《ふつう **a** [**the**] **watershed**》(人生・事態などの)分岐点

wa·ter·side /wɔ́:tərsàid ウォータサイド/ 名 《**the waterside**》(川・湖の)水際, 水辺

wáter skì 名 C 水上スキー板

water-ski /wɔ́:tərskì: ウォータスキー/ 動 自 水上スキーをする

water-skiing /wɔ́:tərski:iŋ ウォータスキーイング/ 名 U 水上スキー

wa·ter·tight /wɔ́:tərtàit ウォータタイト/ 形 水を通さない, 防水の; 《文章》(議論・計画などが)水ももらさぬ, 堅実な

wa·ter·way /wɔ́:tərwèi ウォータウェイ/ 名 (複 **waterways** /wɔ́:tərwèiz/) C (自然の)水路, 運河

wa·ter·wheel /wɔ́:tər*h*wì:l ウォータ(ホ)ウィール/ 名 C 水車

wa·ter·works /wɔ́:tərwə̀:rks ウォータワークス/ 名 《複数扱い》水道, 給水設備; 《単数扱い》給水所

turn on the waterworks 《口語》(同情・注意を引くために)涙を流す

wa·ter·y /wɔ́:təri ウォータリ/ 形 (比較級 **waterier**; 最上級 **wateriest**) 水の, 水のような; 水っぽい 派生 **water** 名

Watt /wát ワト/ 名 《**James Watt**》ワット (1736–1819) 《◆スコットランドの技師; 蒸気機関を完成した》

watt /wát ワト/ 名 C 《電気》ワット (! 電力の単位; W または w と略す; Watt の名前から)

wat·tle /wátl ワトル/ 名 U (垣根・屋根などの)編み枝; 《**wattles**》編み枝用材料; C (ニワトリなどの)肉垂(にくすい)

wave A2 中

/wéiv ウェイヴ/ 名 (複 **waves** /wéivz/) C

❶ 波; 《物理》波動

• sound [light, electric] **waves** 音波[光波, 電波]

• **wave** power 波力エネルギー

❷ (手などを)振ること, ひとふり

• She gave me a **wave**. 彼女は私に手を振った

❸ 高まり; 急増

❹ (髪の)ウェーブ

❺ (気象などの)急激な変動

in waves 波状的に; 次から次へと

— 動 (三単現 **waves** /wéivz/; 過去・過分 **waved** /wéivd/; 現分 **waving**)

❶ 他 振る; (合図に)手を振る, 振り回す; 振って合図[あいさつ]する; 文型 [**wave A B = wave B to A**] A(人)

に手を振ってB(合図など)をする
• **wave** *one's* hand (別れのあいさつに)手を振る
❷ 自 (波のように)ゆれる, (旗などが)ひらひらする; (髪が)ウェーブしている; 他 ウェーブをつける

wave·length /wéivlèŋkθ ウェイヴレンクス/ 名 C 《物理》波長
be on the same wavelength (2人が)互いにしっくりいっている《♦波長が合っている》

wa·ver /wéivər ウェイヴァ/ 動 自 ゆれる; (声などが)震える; 迷う

wav·y /wéivi ウェイヴィ/ 形 (比較級 **wavier**; 最上級 **waviest**) 波の(ような), 波状の; 波うつ, 波立った, うねっている; ウェーブのついた

wax[1] B1 /wǽks ワクス/ 名 U ❶ ろう; 《形容詞的》ろう製の; (床・家具などをみがく)ワックス ❷ 耳あか (=earwax)
— 動 (三単現 **waxes** /wǽksəz/; 過去・過分 **waxed** /wǽkst/; 現分 **waxing**) 他 ワックスで磨く, ワックスをかける; ろうを塗る

wax[2] /wǽks ワクス/ 動 自 大きくなる; 増大する (↔**wane**)
wax and wane (月が)満ち欠けする; 盛衰する

wáx pàper 名 U パラフィン紙, ろう紙

wax·y /wǽksi ワクスィ/ 形 (比較級 **waxier**; 最上級 **waxiest**) すべすべした, 青白い; ろう製の, ろう引きの

way[1] A1 中

/wéi ウェイ/ (発音 weigh と同音)
名 (複 **ways** /wéiz/)

意味マップ
❶ 方法, …する方法, やり方, しかた, ふう; 習慣, くせ; 行動様式
❷ 道
❸ 方向, 方角
❹ 進行, 前進, 行く手; 人生の道
❺ 道のり, 距離; (時間の)隔たり
❻ 点, 観点
❼ 状態

❶ C 方法, …する方法, やり方, しかた, ふう; 習慣, くせ; 行動様式 (=method); しきたり
• the best **way to** learn [**of learning**] English 英語を学ぶ最もいい方法
• Do it (in) **this way** [**that way**]. それをこういうふうに[そういうふうに]してやってごらん
• **In this way**, the story of Peter Rabbit was born. このようにしてピーターラビットのお話は生まれた
• They discussed various **ways** of saving the earth. 彼らは地球を守る様々な方法を議論した
• Where there's a will, there's a **way**. 《ことわざ》(やろうという)意志のあるところには(何らかの)道がある

❷ C 〔…へ行く〕道《*to*》
• Could you tell me the **way to** the subway station? 地下鉄の駅へ行く道を教えてくれませんか
• the **way home** [**back**] 帰り道

注意› way は「道」を一般にさす語だが, 必ずしも道路そのものをいうわけではない. 道路そのものの意味では highway (幹線道路)のような合成語や road, path などの語が使われる:
the main **road** 幹線道路
a gravel **path** 砂利道

❸ C 《ふつう単数形で》方向, 方角 (=direction)
• One **Way** 一方通行《♦道路標識》
• Please come this **way**. こちらへどうぞ (×*to* this way としない)

❹ U 《*one's* **way**》進行, 前進, 行く手; 人生の道

参考› 動詞+**one's way**
fight *one's* way 苦労して進む
force *one's* way (強引に)押し進む
inch *one's* way 少しずつ進む

❺ 《単数形で》道のり, 距離 (=distance); (時間の)隔たり
• a long **way** 長い道のり; 《副詞的》遠くに

❻ C 点, 観点
• This book is better than that one **in** many **ways**. この本はいろいろな点であの

本よりよい
❼《単数形で》(健康, 事情などの)状態
all the way (その道を)ずっと; はるばる; いろいろと; 完全に
• He ran **all the way** to school. 彼は学校までずっと走った
along the way = ***on the way*** 途中で, 道すがら
by the way
① ついでながら, ところで
[CAN-DO Tips 話題を変える]
• Oh, **by the way**, do you have my new phone number? ああ, ところで, 私の新しい電話番号, お知らせしましたかしら
② 途中で, 道ばたで
by way of ... ① …を通って, …経由で (=via) ② …のつもりで
clear the way 道を開ける, 障害物を取り除く
find *one's* ***way*** 何とかして進む, やっとたどり着く ⇨❹
get in the way of ... …のじゃまをする
give way ①〔…に〕道をゆずる《*to*》; 〔…に〕譲歩する, ゆずる, 折れる《*to*》; 〔…に〕屈する, 負ける, 身をまかせる《*to*》
②(重みで)くずれ落ちる, こわれる
go out of *one's* ***way*** 回り道をする; わざわざ…する《*to do*》
go [***take***] *one's* (***own***) ***way*** わが道を行く, 自分の思いどおりにする
have a way with ... …を扱うのがうまい
have [***get***] *one's* (***own***) ***way*** 自分のやり方[流儀(りゅうぎ)]でやる, 好き(勝手)にする, 自分の思い通りにする
in a big way 《口語》大規模に, 派手に
in a small way 《口語》小規模に
in a way ある点[意味]で, ある程度
in no way 決して…ない
(***in***) ***one way or the other*** [***another***] どうにかして; いずれにしろ
in *one's* ***own way*** 自分のやり方で; それなりに
in the [*A's*] ***way*** (Aの)じゃまになって, 行く手をふさいで ⇨**out of the way**
lead the way 道案内をする; 〔…で〕手本を示す, 指導する《*in*》
lose *one's* ***way*** 道に迷う
make way 〔…のために〕道をゆずる[あける]《*for*》
make *one's* ***way*** 進む, 行く (=go) (❗ make の代わりにほかの動詞を用いて「いろいろな進み方」を表すことがある) ⇨❹; 成功する, 出世する
no way いやだ, 絶対むり, 冗談じゃない; …なんてありえない
会話 "Can you lend me some money?" "**No way.**" 「お金を少し貸してくれるかな」「絶対むりだ」
not ... in any way (=in no way)
on the [*one's*] ***way*** 〔…から[へ]の〕途中で《*from* [*to*]》; 〔…に〕進行中で《*to*》
• He was **on the way** back **from** school. 彼は学校から帰る途中だった
• **on the way** home 家へ帰る途中で (❗この home は副詞なので to は不要)
out of the [*A's*] ***way*** じゃまにならない所に; かたづけて
put ... in the way of ... 人に…を得られるようにしてやる
the other way around [***round, about***] 反対に[の]
the way ... …のやり方; 《接続詞的》…のように (=as); …するところでは
under way 航行中で; (事が)始まって, 進行して

way² /wéi ウェイ/ 副 《口語》ずっと, はるかに

way·lay /wèiléi ウェイレイ/ 動 (三単現 **waylays** /wèiléiz/; 過去・過分 **waylaid** /wèiléid/; 現分 **waylaying**) 他 待ち伏せする; 待ち受けて呼び止める

wáy óut 名 (複 **ways out**) Ⓒ 出口; 解決策

way-out /wéiáut ウェイアウト/ 形 風変わりな; 前衛的な

way·side /wéisàid ウェイサイド/ 名 《**the wayside**》道端
━ 形 道端の, 路傍の
fall [***go***] ***by the wayside*** 中途であきらめる, 落後する

way·ward /wéiwərd ウェイワド/ 形 言うことを聞かない, 強情な, わがままな; (行為などが)気まぐれな

WC /dʌ́blju:sí: ダブリュースィー/ 《略》《英》water closet (水洗式)便所 ⇨**toilet**

we A1 中

/《弱》wi ウィ; 《強》wí: ウィー/ 代 (❗所有格 our, 所有代名詞 ours, 目的格 us, 再帰代名詞 ourselves)
❶ 私たちは, 私たちが, われわれは[が] (❗our (私たちの), us (私たちを[に]), ours (私たちのもの))
• **We** are [《口語》**We're**] brothers. 私たちは兄弟です
❷ 私たちは (❗「同じ国・地域・会社・店などにいる, 自分をふくめた人々」を指す)
• In Japan, **we** have a lot of rain in June. 日本では6月は雨が多い
❸ 私たちはみな, 人は (❗「自分をふくめた一般の人々」を指す) ⇨**one** 代❷, **you** ❹
• When **we** grow up, **we** easily forget the wonders of nature. 人は大人になると自然のすばらしさをあっさり忘れる
❹ (新聞・雑誌・論文などの筆者[話者]として) 私(たち)は (=I)
❺ 《小さな子ども・患者などにやさしく呼びかけて》あなたは (=you)
❻ 《文章》(君主が)余は (=I)

weak A2 中

/wí:k ウィーク/ (発音 week と同音)
形 (比較級 **weaker**; 最上級 **weakest**)
❶ 弱い; 力のない, 虚弱な; へたな, 不得意な; (音・光などが)かすかな (↔**strong**)
• a **weak** position 弱い立場
• a **weak** point (=a **weak** spot) 弱点, ウィークポイント
• have **weak** eyes [sight, eyesight] 視力が弱い
• a **weak** link 弱いつながり
• Science is my **weak** subject. 理科は私の弱い[不得意の]教科です
❷ (精神的に)弱い, (意志・性格などが)薄弱な; 説得力の弱い (↔**strong**)
• a **weak** leader 指導力のない指導者
• a **weak** argument 説得力に欠ける論拠
❸ (液体などが)薄い (↔**strong**)
• This coffee is too **weak**. このコーヒーは薄すぎる
派生 **weaken** 動

weak·en B2 /wí:kən ウィークン/ 動 他
❶ 弱める, 弱くする; (意志などを)ぐらつかせる; 自 弱くなる, 弱る; (意志などが)ぐらつく, もろくなる (↔**strengthen**) ❷ 他 (飲み物を)薄める

weak·ling /wí:kliŋ ウィークリング/ 名 C 虚弱な人, 病身の人; ひよわな動物; 弱虫, おくびょう者

weak·ly B2 /wí:kli ウィークリ/ (発音 weekly と同音) 副 弱く, 弱々しく, 力なく
━ 形 (比較級 **weaklier**; 最上級 **weakliest**) 弱々しい, 病弱な

weak·ness B1 高 /wí:knəs ウィークネス/ 名 (複 **weaknesses** /wí:knəsəz/)
❶ C 弱点, 短所 U 弱さ, 弱いこと; (体力の)衰弱(すいじゃく), 病弱; 意志の弱さ (↔**strength**) ❷ C 大好き(な物)

wealth A2 高

/wélθ ウェルス/ 名
❶ U 富, 財産 (=riches)
• a man of (great) **wealth** (大)資産家
❷ 《**a wealth of ...**》豊富な…, 多量の…
• There is **a wealth of** information in dictionaries. 辞書には豊富な情報が入っている
派生 **wealthy** 形

wealth·y B2 高 /wélθi ウェルスィ/ 形 (比較級 **wealthier**; 最上級 **wealthiest**)
❶ 裕福な, 金持ちの (=rich)
• **the wealthy** = **wealthy** people 裕福な人々 (❗複数扱い) ⇨**the** ❾
❷ 〔…に〕富んだ 《*in*》

派生 **wealth** 名

wean /wíːn ウィーン/ 動 他 (赤ちゃん・動物の子を)離乳させる; (人を)〔仲間などから〕引き離す《*from*》; (人に)〔…することから〕思い切らせる《*from*》

***be weaned on** A* (人が幼い時から) A (人・事)の影響下で育つ

***wean** A **off** B* A(人)にB(よくない物・事)を徐々にやめさせる

weap·on B1 高 /wépən ウェポン/ (×ウィーポン) 名 (複 **weapons** /wépənz/) C 武器, 兵器 (❗ピストル・ナイフ・ミサイルなどふつうの戦闘用武器のほか, こぶし・石・ネコのつめなども weapon になる)

• nuclear **weapons** 核兵器

• a lethal **weapon** 凶器, 殺傷兵器

• carry a **weapon** 武器を携行する

weap·on·ry /wépənri ウェパンリ/ 名 U 《集合的》兵器類

wear A1 中

/wéər ウェア/ (×ウィア) 動 (三単現 **wears** /wéərz/; 過去 **wore** /wɔ́ːr/; 過分 **worn** /wɔ́ːrn/; 現分 **wearing** /wéəriŋ/)

❶ 他 身につけている; 着ている, はいている, かぶっている, (ひげ・髪を)はやしている; 化粧をしている; 文型 [**wear A C**] A(髪など)をCにしている

• She is **wearing** a blue blouse today. 彼女は今日は青いブラウスを着ている (=She **has** a blue blouse **on**.)

比較 She **put on** a blue blouse. 彼女は青いブラウスを着た (❗「身につける」動作は put on)

• He is **wearing** contact lenses. 彼はコンタクトレンズをしている

注意› **wear** に対応する日本語が「着ている」以外のさまざまな表現になる:

wear black shoes 黒い靴をはいている

wear a ring 指輪をはめている

wear a necklace [jewels] ネックレス[宝石]をつけている

wear glasses めがねをかけている

wear a beard あごひげをはやしている

wear perfume 香水をつけている

wear makeup 化粧している

❷ 他 使い古す, すり減らす; (人を)疲れさせる《*out, away, down*》; 自 すり切れる, すり減る ⇨成句 **wear out**

• Tony **has worn** his socks **into** holes. トニーは穴があくまでソックスをはいた

❸ 自 (長く)もつ, 長もちする

❹ 他 (表情・態度などを)示している; 浮かべる

❺ (時が)ゆっくり経過する《*on*》

wear away …をすり減らす

wear down (人を)弱らせる

wear off (痛み・感情などが)徐々になくなる

wear out すり減らす ⇨❷; 使い古す; すり切れる; 疲れ切らせる

— 名 U ❶《集合的》(ある目的・種類の)衣服 (=clothing); ウェア

❷ 身につけ(られ)ること, 着用, 使用

❸ すり切れ, 着古し, 使い古し, いたみ

wear and tear すり切れ; 疲労

wear·a·ble /wéərəbl ウェアラブル/ 形 着用できる, すぐ身に着けられる

wea·ri·ly /wíərili ウィアリリ/ 副 疲れて; 飽き飽きして

wea·ri·ness /wíərinəs ウィアリネス/ 名 U 疲労; 飽き飽きすること

wea·ri·some B2 /wíərisəm ウィアリサム/ 形 疲れさせる; 退屈な

wea·ry B2 /wíəri ウィアリ/ (×ウェアリ) 形 (比較級 **wearier**; 最上級 **weariest**)

❶ とても疲れた (=very tired) ❷ あきあき[うんざり]して; たいくつな

wea·sel /wíːzl ウィーズル/ 名 C 《動物》イ

タチ

weath·er A1 中

/wéðər ウェザ/ 名 U ❶(そのときどきの)天気, 天候, 気象, 空模様 (×*a* weather, ×weather*s* としない) ⇨**climate**

- **The weather was** hot [cold] yesterday. = We **had** hot [cold] **weather** yesterday. きのうは暑[寒]かった
- It's nice eating outside in sunny **weather**. 天気のよい日には戸外で食べると気持ちがいい (! 形容詞がついて, 一般的な天気・天候をいう場合は無冠詞; また ×on ... weather としない)

比較 It's nice eating outside **on** such a sunny **day**. こんな天気のよい日には戸外で食べると気持ちがいい

コロケーション
形+**weather**
beautiful *weather* すばらしい天気
clear [fair] *weather* 晴れた天気
cloudy *weather* 曇った天気
mild *weather* 穏やかな天気

❷《**the weather**》《口語》(テレビなどの)天気予報

in all weathers どんな天候でも

make heavy weather of ... …を必要以上に難しくする

under the weather 《口語》健康がすぐれないで

weather permitting 天候がよければ

weather-beaten /wéðərbìːtən ウェザビートン/ 形 風雨にさらされた; (顔などが)日に焼けた

weath·er·cock /wéðərkɑ̀k ウェザカク/ 名 C (おんどり(cock)の形をした)風見(かざみ), 風見鶏, 風向計; お天気屋

wéather fòrecast B1 名 C 天気予報

wéather fòrecaster 名 C (テレビ・ラジオの)気象予報士

weath·er·man /wéðərmæ̀n ウェザマン/ 名 (複 **weathermen** /wéðərmèn/) C (テレビ・ラジオの)お天気キャスター, お天気おじさん

wéather màp [chàrt] 名 C 天気図

weath·er·proof /wéðərprùːf ウェザプルーフ/ 形 (衣服などが)風雨に耐える, 全天候型の ━動 他 (生地を)風雨に耐えられるように加工する

wéather repòrt 名 C 天気予報

wéather vàne 名 C 風見(かざみ), 風向計 ⇨**weathercock**

weave B2 /wíːv ウィーヴ/ 動 (三単現 **weaves** /wíːvz/; 過去 **wove** /wóuv/; 過分 **woven** /wóuvn/, **wove**; 現分 **weaving**) 他 ❶織る, 編む ❷(話を)作り上げる; 組み立てる ❸(計画などに新しいものを)入れ込む, 織り込む

get weaving 《英》《口語》急ぐ

weave one's way 縫うようにして進む

weav·er /wíːvər ウィーヴァ/ 名 C 織り手, 織工; 編む人

web A2 高

/wéb ウェブ/ 名 (複 **webs** /wébz/) C

❶《**the Web**》《コンピュータ》インターネット(上の情報通信網) (=the World Wide Web)

- surf **the Web** ネットサーフィンをする

❷クモの巣 (=cob-web)

❸《**a web of ...**》絡み合った…; 網状のもの

❹(アヒルなど水鳥の)水かき

webbed /wébd ウェブド/ 形 (足が)水かきのある

web·cam B1 /wébkæm ウェブキャム/ 名 (複 **webcams** /wébkæmz/) C 《コンピュータ》ウェブカメラ《◆撮影した動画などをインターネット経由で利用するためのカメラ》

web·cast /wébkæst ウェブキャスト/ 名 C 《コンピュータ》ウェブキャスト, ウェブ放送《◆インターネットで視聴できる放送[番組]》 ━動 (三単現 **webcasts** /wébkæsts ウェブキャスツ/; 過去・過分 **webcast**; 現分 **webcasting**) 自 他 《コンピュータ》インターネット[ウェブキャスト]で放送する

web·site A2 中
/wébsàit ウェブサイト/ 名 (複 **websites** /wébsàits ウェブサイツ/) C 《コンピュータ》 ウェブサイト 《◆インターネット上で情報公開するホームページなどのこと》 ⇨ **World Wide Web** (! Website, Web site ともつづる)

Web·ster /wébstər ウェブスタ/ 名 《**Noah Webster**》 ウェブスター (1758-1843) 《◆米国の辞書編集者》

Wed. 《略》 Wednesday 水曜日

we'd /《弱》 wid ウィド; 《強》 wí:d ウィード/ we had, we would の短縮形

wed B2 /wéd ウェド/ 動 (三単現 **weds** /wédz ウェヅ/; 過去・過分 **wedded** /wédəd/, **wed**; 現分 **wedding**) 他 結婚させる (! ふつう marry を用いる); 自 結婚する

wed·ding A2 高
/wédiŋ ウェディング/ 名 (複 **weddings** /wédiŋz/) C ❶ 結婚式, 婚礼

参考〉 英米では, ふつう教会で式を行い, その後披露(ひろう)パーティーを行う. 式とパーティーを合わせて wedding という

- attend a **wedding** 結婚式に出る
- **wedding** party 結婚披露宴

関連語〉 単語力
bride 花嫁, 新婦
bridegroom 花むこ, 新郎
engagement 婚約
marriage 結婚
honeymoon 新婚旅行, ハネムーン

❷ 《ふつう修飾語をつけて》 結婚記念日

wédding bèll 名 C ウェディングベル

wédding càke 名 C ウェディングケーキ

wédding dày 名 C 結婚式の日; 結婚記念日

wédding drèss 名 C ウェディングドレス, 結婚衣装

wédding màrch 名 C 《**the** をつけて》 結婚行進曲

wédding rìng 名 C 結婚指輪

wedge /wédʒ ウェヂ/ 名 C くさび; くさび形の物
— 動 他 くさびを打ち込む; くさびで固定する; 無理に押し込む

wed·lock /wédlɑ̀k ウェドラク/ 名 U 《古風》 結婚生活; 《法律》 婚姻関係

born in wedlock 《古風》 嫡(ちゃく)出の 《◆正式の結婚によって生まれた》

born out of wedlock 《古風》 非嫡出の

Wednes·day A1 中
/wénzdei ウェンズデイ, wénzdi ウェンズディ/ (×ウェドネスデイ)
名 (複 **Wednesdays** /wénzdeiz/) C U 水曜日 (! 詳しい用法は Tuesday を参照); 《形容詞的》 水曜日の; 《副詞的》 《口語》 水曜日に

wee /wí: ウィー/ 形 (比較級 **weer**; 最上級 **weest**) ちっぽけな; ごくわずかの

weed B2 /wí:d ウィード/ 名 C ❶ 雑草 ❷ 《英》 《口語》 弱いやつ, ひょろひょろした人

like weeds 多数

— 動 他 自 草取りをする, 雑草を取る[抜く]; 他 (不要なものを) 取り除く 《*out*》

weed out ... 取り除く

weed·y /wí:di ウィーディ/ 形 (比較級 **weedier**; 最上級 **weediest**) 雑草だらけの; 雑草の

week A1 中
/wí:k ウィーク/ (発音 weak と同音)
名 (複 **weeks** /wí:ks/)
❶ C (日曜から始まる) 週; (特定の日からの) 1週間, 7日間 (! ふつう新しい週は日曜から始まるが, 月曜からとすることもある)

- **this week** 今週
- **next** [**last**] **week** 来[先]週
- **every week** 毎週
- **for a week** 1週間
- **the week before last** 先々週
- **the week after next** さ来週
- **day of the week** 曜日
- a **week** from [ago] today 来週[先週]のきょう

- **weeks** [two weeks] **ago** 数週間[2週間]前に
- He has been absent from school **for weeks**. 彼は数週間学校を休んでいる

会話 "What day (of the **week**) is it today?" "It's Monday." 「きょうは何曜日ですか」「月曜です」(❗ it はばく然と「時」を表す)

使い方〉 **week と前置詞**
「今[来, 先, 毎]週…する」というときは ×in this [next, last, every] week などと前置詞をつけずに副詞的に使う:
She went out **last week** and will come back **this week**. 彼女は先週出かけていって, 今週帰ってきます
比較 Please give me your answer **by next week**. 来週までに返事をください (❗ この next week は名詞的)

❷ C (仕事・学校のある)**平日, ウィークデー** 《♦日曜日(または土曜日と日曜日)以外の日々》
❸ U 《**... Week**》 **…週間**

by the week 週単位で, 週ぎめで
every other [***second***] ***week*** 1週おきに
week after week = ***week in,*** (***and***) ***week out*** 毎週毎週
派生 **weekly** 形

week·day A2

/wíːkdèi ウィークデイ/
名 (複 **weekdays** /wíːkdèiz/)
❶ C **平日, ウィークデー, 週日** 《♦日曜日(または土曜日と日曜日)以外の日》
- My father is busy **on weekdays**. 私の父はウィークデーは忙しい

❷ 《**weekdays**》《副詞的》《米》 **平日に(は)**

week·end A1 中

/wíːkènd ウィーケンド/
名 (複 **weekends** /wíːkèndz ウィーケンヅ/)
❶ C **週末, ウィークエンド** 《♦金曜日の夜または土曜日の午後から月曜日の朝までの間》; 《形容詞的》 **週末の**
- a **weekend** trip 週末旅行
- **weekend** break 週末の休息
- We are going skiing this **weekend**. 私たちは今週末にスキーに行きます (×*on* this weekend などとしない)

会話 "When are you moving?" "This coming **weekend**." 「いつ引っ越すの」「今度の週末だよ」

❷ 《**weekends**》《副詞的》《米》 **週末に(は)**

week·ly A2

/wíːkli ウィークリ/ (発音 weakly と同音) 形 《名詞の前で》 **毎週の; 週に1回の, 週刊の; 1週間分の**
- a **weekly** magazine 週刊誌

— 副 《動詞のあとで》 **毎週** (= every week); **週1回** (=once a week)
— 名 (複 **weeklies** /wíːkliz/) C **週刊誌[紙]**
派生 **week** 名

weep A2

/wíːp ウィープ/ 動 (三単現 **weeps** /wíːps/; 過去・過分 **wept** /wépt/; 現分 **weeping**) 自
❶ (悲しみのあまり涙を流して)**泣く**; 他 (涙を)**流す** (❗「(声を出して)泣く」は cry, 「すすり泣く」は sob)
- She **wept** tears of sorrow [joy]. 彼女は悲しみ[歓喜]の涙を流した

❷ **しずくを垂らす**; (傷口などから)**血がしたたる**

weep·ing /wíːpiŋ ウィーピング/ 形 **涙を流して嘆く, 涙を流す; 液体をしたたらせる; (木が)枝のしだれている**

weft /wéft ウェフト/ 名 C 《**the weft**》(織物の)**横糸** ⇨**warp**

weigh A2 高

/wéi ウェイ/ (発音 way と同音) 動
(三単現 **weighs** /wéiz/; 過去・過分 **weighed** /wéid/; 現分 **weighing**)
❶ 自 **…の重さがある**
- **How much** do you **weigh**? 君は体重がどれだけありますか

❷ 他 **…の重さをはかる**
❸ 他 **よく考えて[調べて]みる** 《*up*》;

〔…を〕比較する《*with, against*》
❹(有利に[不利に])影響する; 〔…に〕重荷[負担]となる《*on, upon*》; 〔…(人)に〕重要視される《*with*》
weigh down 気を重くさせる
weigh in ① ボクサーが試合の前の計量を受ける ②《口語》議論に加わる
weigh on …の重荷となる
weigh out (一定量を)量って分ける
weigh up 理解しようと努める; 値打ちを計る
派生 **weigh**t 名

weight A2 高

/wéit ウェイト/ (発音 wait と同音)
名 (複 **weights** /wéits ウェイツ/)
❶ U 重さ; 目方, 体重
• **lose weight** 体重がへる, やせる
• **gain** [**put on**] **weight** 体重がふえる, 太る
会話 "**What's your weight?**" "**My weight is** 55 kilograms. I've **gained weight** a little." 「君体重はどれくらいあるの」「55キロです. 少し体重がふえました」(=I weigh 55 kilograms)

関連語〉 単語力
depth 深さ
height 高さ, 身長
width 幅
length 長さ
area 面積
volume 体積

❷ C 重い物; 分銅(ふんどう), おもり; (重量あげの)ウエイト; 文鎮(ぶんちん) (=paperweight) ❸ C U 重量の単位
❹ C 《ふつう単数形で》重荷, 重圧, 負担
❺ U 重要さ, 重要性, 重み
pull *one's* ***weight*** 自分の職務を果たす
throw *one's* ***weight about*** [***around***] 《口語》いばり散らす
— 動 (三単現 **weights** /wéits ウェイツ/; 過去・過分 **weighted** /wéitəd/; 現分 **weighting**) 他
重くする, 重みを加える; (人に)重荷を負わせる; (人の心に)重くのしかかる

派生 **weigh** 動
weight·less /wéitləs ウェイトレス/ 形 重さが(ほとんど)ない; 無重力の
weight·less·ness /wéitləsnəs ウェイトラスネス/ 名 U 重さのなさ; 無重力状態
weight·lift·er /wéitlìftər ウェイトリフタ/ 名 C 重量挙げ選手
wéight lìfting 名 U 重量挙げ
weight·y /wéiti ウェイティ/ 形 (比較級 **weightier**; 最上級 **weightiest**) 重い; 重大な; 負担になる
weird B1 /wíərd ウィアド/ 形 (比較級 **weirder**; 最上級 **weirdest**)
気味の悪い, 不気味な; 《口語》わけのわからない, 変な, 奇妙な

wel·come A1 中

/wélkəm ウェルカム/ 間
ようこそ!, いらっしゃい!
• **Welcome to** my house. わが家へようこそ
• **Welcome home** [**back**, **back home**]! お帰りなさい (❗旅行などで長くるすをしていた人などにいう; 毎日帰ってくる人には hello, hi などという)
— 動 (三単現 **welcomes** /wélkəmz/; 過去・過分 **welcomed** /wélkəmd/; 現分 **welcoming**) (❗過去形が welcame, 過去分詞が welcome にならないことに注意)
他 歓迎する; 迎える; (考えなどを)喜んで受け入れる
• The host family **welcomed** him warmly. ホストファミリーは彼を温かく迎え入れた (=The host family gave him a warm welcome.)
— 形 ❶歓迎される; (もらって)うれしい, ありがたい ❷〔…を〕自由に使える《*to*》; 文型 [**be welcome to** *do*] 自由に…していい
make ... welcome …を温かく迎える
You are [***You're***] ***welcome.*** 《米》どういたしまして (=《英》Not at all., That's all right.)
会話 "Thank you very much for your kind help, Mr. Smith." "**You**

are welcome."「スミスさん, ご助力どうもありがとうございました」「どういたしまして」

─ 名 (複 **welcomes** /wélkəmz/) C 歓迎; 歓迎のあいさつ

wel·com·ing /wélkəmiŋ ウェルカミング/ 形 歓迎する, 友好的な

weld /wéld ウェルド/ 動 他 ❶ (金属などを)溶接する; 自 溶接される[できる] ❷《文章》(人々を)[…に]結合[融合]させる《*into*》 ─ 名 C 溶接部

wel·fare B2 /wélfèər ウェルフェア/ 名 U ❶ 福祉; 健康で幸せな状態

• child **welfare** 児童福祉

❷《米》(貧困者・失業者のための)生活保護(=《英》social security); 福祉手当

wélfare stàte 名 C 福祉国家

well[1] A1 中

/wél ウェル/

意味マップ

副 ❶ うまく, じょうずに; りっぱに
❷ よく; 十分に; 都合よく
❸ かなり, 相当に
❹ おそらく; …の可能性が十分ある

形 ❶ 健康で[な], 元気で[に]; (気分が)よい
❷ (都合などが)よい, 満足な

間 さあ; えーと; さて; やれやれ

─ 副 (比較級 **better**; 最上級 **best**)

❶ うまく, じょうずに; りっぱに (⇔ **badly**)

• You **dance** [**swim**, **sing**] **well**. 君は踊る[泳ぐ, 歌う]のがうまいね (=You are a good dancer [swimmer, singer].) (← 君はじょうずに踊る[泳ぐ, 歌う]ね)

• Everything is going **well**. 万事うまく[順調に]いってる

• Akiko speaks English **best** in our class. 私たちのクラスでは晶子さんがいちばんじょうずに英語を話します

どっち

well と **good**

どちらも「じょうず」を表すが, **well** は副詞で動詞を修飾, **good** は形容詞で名詞を修飾する:

She plays tennis **well**. 彼女はテニスがじょうずだ (=She is a **good** tennis player.) (❗ She is good at (playing) tennis. と be動詞+good の形も使う)

❷ (程度が) よく; 十分に; 都合よく; 好意的に

• Did you **sleep well** last night? ゆうべはよく眠りましたか

会話 "How about seven o'clock?" "That'll suit me **well**."「7時ではどうですか」「それなら都合いいです」

❸ かなり, 相当に

❹ おそらく; …の可能性が十分ある

⇨**may** [**might**] **well** *do* (成句)

as well 《口語》…もまた, その上…も (=too) (❗ 文の終わりに来る)

• Cindy can dance and sing **as well**. シンディーは踊りもできるし歌も歌える

会話 "I'm sleepy." "I am **as well**."「眠くなっちゃった」「私も」(=I am too., So am I., Me too.)

A as well as B ① B と同様に A も, B はもちろん A も, B だけでなく A

• **As well as** being an actress, she is a good singer. 彼女は女優であるだけでなく, よい歌手でもある

使い方› **as well as**

(**1**) A **as well as** B の A と B には文法的に同等な語句がくる

(**2**) A **as well as** B は **not only** B **but** (**also**) A で言い換えられることが多いが, これらが主語にきたときの動詞は A の人称・数に合わせる (B は比較のためについでに述べられたもので, A に重点が置かれる):

She is smart **as well as** beautiful. 彼女は美しいだけでなく頭もいい (❗ 形容詞と形容詞)

He can speak German **as well as** English. 彼は英語はもちろんドイツ語も話せます (❗ 名詞と名詞)(= He can speak **not only** English **but** (**also**) German.)

You **as well as** I are wrong. 私と同様君もまちがっている (❗ 代名詞と代名詞)(= **Not only** I **but** (**also**) you are wrong.)

②Bと同じくらいうまく
• I can swim **as well as** my brother. ぼくも兄さんと同じくらいうまく泳げるよ
be well off 裕福である, 順調である
be well up in [***on***] …をよく知っている
do well うまくいく, 成功する; 〔…するのが〕賢明である《*to do*》
may [***might***] ***as well*** *do* …しても同じだ; …したほうがよい
• He is in trouble, and you **may as well** give him a helping hand. 彼は困っているのだから, 手を貸してやってもいいんじゃないか (!「しなくてもいいけど」という含みがある)
may [***might***] (***just***) ***as well*** *do* ***as*** *A* Aするのは…するのも同じだ; Aするなら…するのがよい[するほうがよい] (! Aは原形を含む動詞句; mightを用いる方が遠まわしで控えめな表現になる)
may [***might***] ***well*** *do* …するのももっともだ; おそらく…だろう; …する可能性がある
Well done! よくできた！, よくやった(, おめでとう)！, うまい！, でかした！ (!試験の答案にもよく先生が書く) ⇨ **well-done**
Well said! よく言った
wish ... well …の幸運を祈る
— 形 (比較級 **better**; 最上級 **best**)
❶ **健康で**[**な**], **元気で**[**に**]; (元気・気分が) **よい** (↔**ill**, **sick**) (!名詞の前には用いない; 「健康な人」はふつう a healthy man などという)
• **get well** (病気が)直る, よくなる
• **feel well** 気分がよい, 具合がよい
• **look well** 顔色がよい, 元気そうにみえる
• Are you still **sick** [《英》**ill**] or are you **well**? 君はまだぐあい悪いですか, それとも元気になりましたか
会話 "How are you?" "**I am very well, thank you.**" 「いかがですか」「ありがとう, とても元気です」
❷ (具合・都合などが) **よい**, **満足な**; **適当な**
... all being well 万事うまくいけば
... all very well, but ... …もけっこうだが, しかし…
be (***just***) ***as well*** (***that ...***) (…が) 一番いい, 最も適当な
very well ①とてもよく[よい] ⇨副 形❶ ②(同意して)よろしい, わかりました, けっこうです (!積極的に同意する場合としぶしぶ同意する場合とがある)
— 間 さあ; えーと; さて, ところで; まあ, そう(です)ね; おや; それで, それから; やれやれ • **Well**, I must go now. さてと, そろそろ帰らなければ
会話 "How much was it?" "**Well**, let me see, er, ..." 「それいくらだったの」「えーと, そうですね, えーと, …」

well[2] /wél ウェル/ 名 C (水・石油・ガスなどを採取するための)**井戸**; **油井**(ゆせい)

we'll 中 /《弱》wil ウィル; 《強》wíːl ウィール/ we will, we shall の短縮形

well-ad·just·ed /wélədʒʌ́stəd ウェラヂャステド/ 形 (社会などに)よく順応した, 心理的に健全な (↔**maladjusted**)

wéll-advísed 形 思慮のある; 用心深い

well-ap·point·ed /wéləpɔ́intəd ウェラポインテド/ 形 《文章》(ホテル・住宅などが) 設備の整った

wéll-bálanced B2 形 (食事などが)バランスのとれた; (人・性格が)分別のある, 常識をわきまえた

wéll-beháved 形 行儀のよい, しつけの行き届いた

wéll-béing 名 U 幸福な状態, 健康

wéll-bréd 形 育ち[しつけ, 行儀]のよい, 上品な; (動物が)血統のよい

wéll-búilt B2 形 体格のいい, がっしりした

wéll-chósen 形 精選した; (ことばなどが)適切な

wéll-defíned 形 とても分かりやすい, はっきりした

wéll-dóne 形 ❶りっぱに行われた, よくできた ⇨**Well done!** (**well**[1]の成句) ❷(肉が)よく焼けた, 十分に煮えた ⇨**rare**[2]

wéll-dréssed B1 形 身なりのよ

い, 高級な服を着た

wéll-éducated 形 教育を受けた; 教養のある

wéll-féd 形 栄養[食べ物]の十分な

wéll-fóunded 形 (意見・証拠などが)事実に基づいた, 根拠の確かな

wéll-gróunded 形 十分な理由[根拠]のある; 基礎がしっかりした

wéll-héeled 形 《口語》金持ちの

well-in·formed /wélinfɔ́ːrmd ウェリンフォームド/ 形 物知りの, 博識の; (特定の問題に)通じている

Wel·ling·ton /wéliŋtən ウェリントン/ 名 ウェリントン《◆ニュージーランド (New Zealand) の首都》

well-in·ten·tioned /wélinténʃənd ウェリンテンションド/ 形 (人が)善意の; (行為などが)善意から出た

well-known A2 高

/wélnóun ウェルノウン/ 形 (比較級 **better-known**, **more well-known**; 最上級 **best-known**, **most well-known**) (❗ better-known, best-known はかたい表現)(一般的に)**よく知られている**; **有名な**, (=famous); **なじみ深い**

• It's **a well-known** fact that ... …というのは周知の事実である

well-man·nered /wélmǽnərd ウェルマナド/ 形 行儀のよい, 礼儀正しい

wéll-méaning 形 善意の, 善意でする

well-off /wélɔ́ːf ウェルオーフ/ 形 裕福な, 暮らし向きのよい; 〔…を〕たっぷり持っている《*for*》; (人が)順境にある

wéll-páying 形 給料のいい

well-read /wélréd ウェルレド/ 形 (人が)〔…に〕博識の, 精通した《*in*》; (本・雑誌などが)よく読まれている

wéll-regárded 形 評判のよい, 高く評価された

wéll-respécted 形 (多くの人々から)尊敬された

well-spo·ken /wélspóukən ウェルスポウクン/ 形 ことばづかいがていねいな; (ことばが)適切に言われた, 言い得て妙な; 《英》(人が)標準発音をする, なまりのない

wéll-tímed 形 (行動などが)タイミングのよい

wéll-to-dó 形 裕福な

wéll-wìsher 名 C 支持者, 支援者

wéll-wórn 形 使い古した, 着古した; 言い古された, 陳腐な

Welsh /wélʃ ウェルシュ/ 形 ウェールズ (Wales) の; ウェールズ人の; ウェールズ語の

― 名 ❶《**the Welsh**》《集合的》ウェールズ人 ❷ U ウェールズ語 ⇨**Wales**

wel·ter /wéltər ウェルタ/ 名 《単数形で》ごった返し, 混乱

went /wént ウェント/ 動 go の過去形

wept /wépt ウェプト/ 動 weep の過去形・過去分詞

were A1 中

/《弱》wər ワ; 《強》wə́ːr ワー/ 動 (❗ be の二人称単数, 複数過去形; be の仮定法過去形)

❶ …**であった**, …**でした**, …**だった**

• **We were** little children then. そのころ私たちは小さな子どもだった

❷ (…に)**いた**; (…に)**あった**

> 使い方〉 仮定法の **were**
> 現在の事実に反する仮定(仮定法過去)を表す if ... の中の be 動詞は主語の人称・数に関係なく were を使う:
> If I **were** a bird, I could fly in the sky. 私がもし鳥なら, 空を飛べるのに (❗ 口語では If I was ... ともいう)

as it were いわば

if it were not for …が(もし)いなければ

― 助 ❶《**were**＋現在分詞》…**していた**; …**しようとしていた** (❗ 過去進行形)

❷《**were**＋過去分詞》…**された** (❗ 過去の受け身)

we're 中 /wíər ウィア/ we are の短縮形

weren't 中 /wə́ːrnt ワーント/ were not の短縮形 ⇨**were**

were·wolf /wéərwùlf ウェアウルフ/ 名 (複 **werewolves** /wéərwùlvz/) C (伝説中の)狼男

west A2 中 /wést ウェスト/ 名 U
❶《the west》西, 西方; 西部(地方)(↔east)
❷《the West》(東洋に対して)西洋, 欧米; 西側諸国
❸《the West》《米》(アメリカ)西部《♦ミシシッピ川より西の地域》
in the west of ... …の西部[側]に
• **in the west of** Tokyo 東京の西部に
to the west of ... …の西方に
• **to the west of** Tokyo 東京の西方に
— 形 西の, 西部の; 西向きの; (風が)西から吹く (↔east)
• the **west** coast (of the United States) (アメリカ)西海岸
— 副 西へ[に], 西方へ[に] (↔east)
派生 western 形

west·er·ly /wéstərli ウェスタリ/ 形 西(寄り)の; 西への, 西向きの; (風が)西からの

west·ern B2 高 /wéstərn ウェスタン/ 形
❶西の, 西にある, 西方の, 西部の; 西からの (!「東の」は eastern)
• **western** Europe 西ヨーロッパ
❷《Western》西洋(風)の, 欧米の
• **Western** countries = **the Western** world 西側[欧米]諸国
❸《米》《Western》(アメリカ)西部の
— 名 C 《しばしば **Western**》(劇・映画などの)西部劇, ウェスタン 派生 west 名

west·ern·er /wéstərnər ウェスタナ/ 名 C 西部地方の人; 《**Westerner**》西部出身者; 《**Westerner**》西洋人

Wéstern Hémisphere 名 《the をつけて》西半球

west·ern·i·za·tion /wèstərnəzéiʃən ウェスタニゼイション/ 名 U 西洋化, 欧米化

west·ern·ize /wéstərnàiz ウェスタナイズ/ 動 他 西洋化する, 欧米化する

Wést Ín·dies /índiz インディズ/ 名 《the をつけて》西インド諸島《♦キューバ, ジャマイカなど米国フロリダ州と南米の間に散在する諸島》

West·min·ster /wéstmìnstər ウェストミンスタ/ 名 ウェストミンスター《♦ロンドン中央部の一地区; 国会議事堂, バッキンガム宮殿などがある》

West·min·ster Ab·bey /wéstminstər ǽbi ウェストミンスタ アビ/ 名 ウェストミンスター寺院《♦英国の首都ロンドンにあるゴシック式教会堂; the Abbey とも呼ばれる》

Wést Vir·gín·ia /vərdʒíniə ヴァーヂニア/ 名 ウェストバージニア《♦米国中東部の州; W.Va. または(郵便で) WV と略す》

west·ward B1 /wéstwərd ウェストワド/ 副 西方へ[に], 西へ[に] (↔**eastward**)
— 形 西方の; 西への, 西に向かう; 西向きの (↔**eastward**)

west·wards /wéstwərdz ウェストワヅ/ 副 (=westward)

wet A2 高 /wét ウェト/ 形 (比較級 **wetter**; 最上級 **wettest**) ぬれた, しめった (↔**dry**); 雨(降り)の; まだ乾いていない
• a **wet** towel ぬれたタオル
• Her eyes were **wet with** tears. 彼女の目は涙でぬれていた
• **get wet to the skin** = **get wet through** びしょぬれになる
• the **wet** season 雨季
• **Wet** Paint 《掲示》ペンキぬりたて
all wet 《米》《口語》すっかり間違って
wet through びしょぬれになって
— 動 (三単現 **wets** /wéts ウェツ/; 過去・過分 **wetted** /wétəd/; 現分 **wetting**)
❶他 ぬらす; 湿らせる; …に小便をもらす ❷自 ぬれる; 湿る; おもらしをする (↔**dry**) ⇨ **damp**, **moist**, **humid**

wét blánket 名 C 《口語》一座の雰囲気をだいなしにする人

wet·land B1 /wétlæ̀nd ウェトランド/ 名 (複 **wetlands** /wétlæ̀ndz ウェトランヅ/) U C 《しばしば **wetlands**》湿地帯, 沼沢(しょうたく)地

wét sùit 名C (サーファー・ダイバーなどの着る)ウェットスーツ

we've 中 /《弱》wiv ウィヴ; 《強》wíːv ウィーヴ/ we have の短縮形

whack /hwǽk (ホ)ワク/ 動他 《口語》(人・ボールなどを)ピシッと打つ

— 名C ❶《ふつう **a whack**》ピシッと打つこと, 強く打つこと; その音

❷《ふつう **a whack**》《英》《口語》試み

❸《ふつう **a** [*one's*] **whack**》《英》(平等な)分け前

out of whack 《米》《口語》調子が悪い, 故障して

whale B1 高 /hwéil (ホ)ウェイル/ 名 (複 **whale**, **whales** /hwéilz/) C 《動物》クジラ

● a blue **whale** シロナガスクジラ

● a **school** of **whales** クジラの群れ

a whale of a ... 《口語》すごく大きな…; すばらしい…

whal·er /hwéilər (ホ)ウェイラ/ 名C 捕鯨船(員)

whal·ing /hwéiliŋ (ホ)ウェイリング/ 名U 捕鯨, 捕鯨業

wham /hwǽm (ホ)ワム/ 名C 《口語》ドカン[バーン](という音)

wharf /hwɔ́ːrf (ホ)ウォーフ/ 名 (複 **wharves** /hwɔ́ːrvz/, **wharfs** /hwɔ́ːrfs/) C 波止場, 埠頭(ふとう)

wharves /hwɔ́ːrvz (ホ)ウォーヴズ/ 名 wharf の複数形

what A1 中 ⇨p.1533 フォーカス

/hwát (ホ)ワト|hwɔ́t (ホ)ウォト/ 代

❶ 何, どんなもの[こと]

● **What** is your address [phone number]? 君の住所はどこ[電話番号は何番]ですか

● **What** is the capital of Canada? カナダの首都はどこですか (×*Where* is the capital ...? としない)

● **What** is the time [the date]? 今何時[きょうは何日]ですか (❗date は日付)

会話 "**What** is her name?" "It's Sylvia." 「彼女の名前は何というのですか」「彼女の名前はシルビアです」

注意› 目の前の相手に What's your name? と聞くのは失礼なので, ふつうは **May I have your name?** などという

会話 "**What** is your father?" "He's a teacher." 「君のお父さんは何をしている人ですか」「父は教師です」(❗「職業・身分」を聞く時の言い方; ただし, What is your father's job? または What does your father do? というほうがふつう) ⇨**who** ❶会話

❷ 何が (❗主語)

● **What** happened? 何が起こったのでしょうか (❗What 〈主語〉+ happened 〈動詞〉?; この What もいつも文の最初に来る)

● **What's** (= What is) on the moon? 月には何がいますか

● **What** makes you so sad? なぜ君はそんなに悲しいの (←何が君をそんなに悲しくするのか) (❗make A C は「AをCの状態にさせる」)

どっち

what と how

日本語に訳すと「どう」「どんな」となる場合でも, 次のような場合 **how** ではなく **what** を使う:

What is this fish called in English? この魚は英語でどう言いますか[何と呼ばれていますか] (×How is this fish called ...?)

❸ 何を (❗他動詞の目的語)

● **What** do you have? 君は何を持っているのですか (❗What 〈目的語〉+do+you 〈主語〉+have 〈動詞〉?; この What もいつも文の最初に来る)

● **What** do you think of this movie? この映画をどうお考えですか (×*How* do you think ...? としない)

● I didn't know **what to do**. ぼくは何をすべきか[どうしていいか]わかりませんでした

会話 "**What** are you doing [reading], Bob?" "Sorry. **What** did you say?" 「ボブ, 何をしているの[読んでいるの]」「すみません, 今何ておっしゃったのですか」(❗親しい友人などには, 単に What? ともいう) ⇨代❺

what

A1 代 形
中 /hwát (ホ)ワト | hwɔ́t (ホ)ウォト/

意味マップ

代 ❶何, どんなもの[こと]
❷何が ❸何を
❹…する[…である]もの[こと]
❺何だって

形 ❶何の, 何という, どんな; どれだけの
❷なんと(いう)…!, なんたる!
❸…するすべての

ワンポイント・アドバイス

whatは「何?」という意味だが, 文法的には複雑. 名詞の代わりに使うだけでなく, 形容詞としてwhat time(何時?), 関係代名詞としてwhat I need(私が必要なもの)のように使う.「使いこなしランキング」の4パターンを高校卒業までにしっかりおさえておこう. 特に(1)の用法は英会話でも基本になるので, 使いこなせるようになろう.

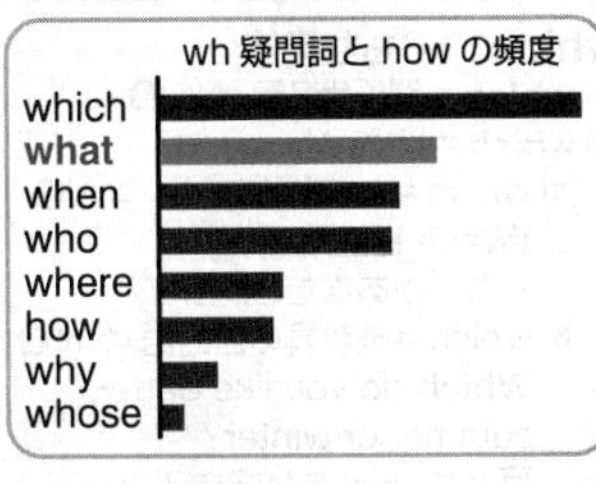

関係代名詞のwhatは, この辞書に載っている定型パターンは暗記しておこう.

使いこなしランキング

what のおもな用法

(1) **what**=「どんなもの[こと]?」
(a) what = be動詞の補語 ⇨ 代❶ **What** is your hobby? 君の趣味は何?
(b) what = 他動詞の目的語 ⇨ 代❸ **What** did you eat? 何を食べた?
(c) what = 主語の位置 ⇨ 代❷ **What** happened? 何が起きたの?

(2) **what** + 名詞 =「何の[どんな, どれだけの]…」⇨ 形❶
What day is today? きょうは何曜日? **What time** is it? 何時ですか

(3) **what** = 関係代名詞
whatが「…なもの[こと]」で the thing(s) which ... と同じような意味で使われる ⇨ 代❹
This is **what** I want. これが私のほしいものです

(4) **what** =「なんと…!」(感嘆文で使う) ⇨ 形❷
What a wonderful picture! なんとすばらしい絵だ!

ネイティブはこういう!

◆ **What's up?** 元気?, 調子どう?
◆ **What about dinner after this?** この後夕食でもどう?
◆ **What did you say?** 何て言ったの?(! What? だけでもよい)

フォーカスページ

which

A1 代 形

中 /hwítʃ (ホ)ウィチ/

意味マップ

代 ❶ どちらが, どれが
❷ どちらを, どれを
❸ …する(ところの)…
❹ そしてそれは…
形 どちらの, どの; そしてその

使いこなしランキング

which のおもな用法

(1) **which** =関係代名詞 ⇨ 代❸
(2) **which** =「どれ?」
(a) which = be動詞の主語 ⇨ 代❶
Which is your bag?
どちらがあなたのバッグ?
(b) which =他動詞の目的語 ⇨ 代❷
Which do you like better, summer or winter?
夏と冬, どっちが好き?
(c) which +名詞 ⇨ 形
Which color do you like best?
どの色が一番好き?
(d) which =一般動詞の主語 ⇨ 代❶
Which of you broke the window?
どっちが窓ガラスを割ったの?

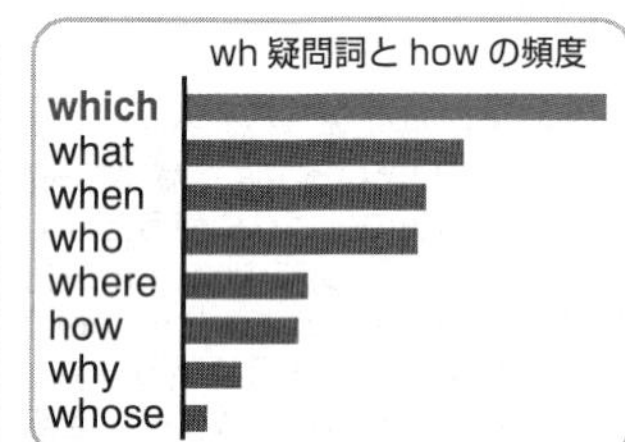

参考 wh 疑問詞とhowの頻度
これらは副詞, 代名詞, 接続詞などの用法をすべて含んでいるが, 英語全体でどのようなwh語が使われているかがわかるだろう. wh語のナンバー1はwhichである. whichは疑問詞だけでなく, 関係代名詞としての頻度がとても高い.

使えるコーパスフレーズ

関係代名詞**which**の先行詞

1. **one which ...** …なもの[こと]
2. **that which ...** …なもの[こと]
3. **those which ...** …なもの[こと]
4. **something which ...** …なもの[こと]
5. **things which ...** …なもの[こと]
(! 一般的な物を表す語が多い)

教科書フレーズ

◆ **Which area is the best to live in?** どの場所が住むのに最適だろうか
◆ **Which is the largest lake in Japan?**
日本で一番大きな湖はどこですか
◆ **Don't buy things which aren't necessary.**
必要でないものは買うな

ネイティブはこういう!

◆ **Which is your coat?** どれがあなたのコート?
◆ **Which school does your friend go to?** 友達はどの学校に行っているの?

フォーカスページ

who

A1 代
中 /hú: フー/

意味マップ

代 ❶だれ, だれが
❷だれを, だれに
❸…する(ところの)…
❹そしてその人は…

使いこなしランキング

who のおもな用法

(1) **who**=「だれ？」(! 疑問詞)
(a) who = be動詞の補語 ⇨ 代❶
Who is he? 彼はだれ？
(b) who =一般動詞の主語 ⇨ 代❶
Who opened the door?
だれがドアを開けたの？
(c) who =目的語 ⇨ 代❷
Who did you meet?
だれに会ったの？
(2) **who**=関係代名詞 ⇨ 代❸
He is a boy **who** came to the party.
彼がパーティーに来た子だよ

使えるコーパスフレーズ

関係代名詞 who の先行詞

1 **those who ...** …な人たち
2 **people who ...** …な人たち
3 **a man who ...** …な人
4 **a person who ...** …な人
5 **anyone who ...** …な人はだれでも
(! 一般的な人を表す語が多い)

ネイティブはこういう！

◆ **Who's there?** そこにいるのはだれ?
◆ **You know who they are.**
彼らがだれかご存じでしょう

whose

A1 代
中 /hú:z フーズ/

意味マップ

代 ❶だれの
❷だれのもの
❸その…が…する(ところの)
❹そしてその A は…する

使いこなしランキング

whose のおもな用法

(1) **whose** +名詞
これ, だれの…？(! 疑問代名詞)
(2) [名詞 1], **whose** +[名詞 2]...
[名詞 1], その[名詞 2]が…(! 関係代名詞)
(3) **whose**単独 だれのもの(! 疑問代名詞)

教科書フレーズ

◆ **Whose dictionary is this?**
これはだれの辞書ですか

ワンポイント・アドバイス

whoseは「だれの…」という意味. 人以外にものにも使える. whoやwhichの所有格. heがhisになるのとwhoがwhoseになるのは似ている.
「彼の本」がhis bookとなるのと同じように「だれの本」だとWhose book?になる. whoseは関係代名詞にもなり, その場合は人やものどちらでも修飾できる.

ネイティブはこういう！

◆ **Whose shoes are those?**
あれはだれの靴かな?

when

A1 副 接 代
中 /hwén (ホ)ウェン/

意味マップ

副 ❶いつ
❷ Bが…するA
❸ するとその時Aは…する

接 ❶…する時(には)；…すると
❷…する[である]にもかかわらず

代 いつ

ワンポイント・アドバイス

whenは多機能で，3つの使い方がある：

(a)「いつ？」と時間を聞くふつうの疑問副詞
(b)「…する時；…したら」という意味の接続詞
(c) 時間を表す名詞の後で「…の(時)」という意味の関係副詞

(a)と(b)は中学校で，(c)は高校で習う．日常会話では(a)と(b)がよく出てくるが，文章を読む場合には逆に(c)がしっかりわかっていないといけない．
特に長い文同士をつなげる役割があるので，それぞれの文の意味をわかったうえで，どう論理的につながっているのかをしっかり理解しよう．

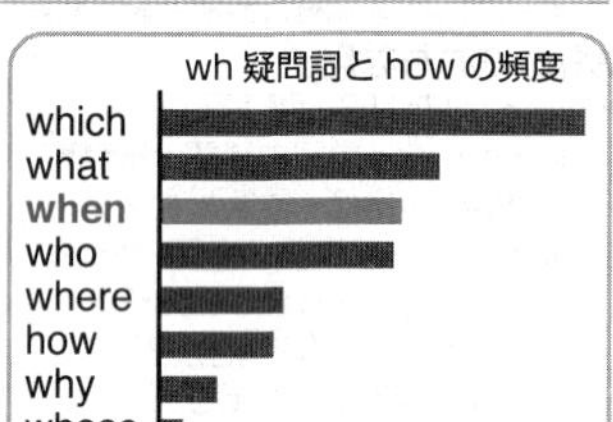

教科書フレーズ

◆ **When did you start to play the piano?** いつピアノを始めたの？
◆ **When will your brother come back?** お兄さんはいつ帰ってくるの？
◆ **When is your birthday?** 誕生日はいつ？

使いこなしランキング

when のおもな用法

(1) いつ？(疑問副詞 ⇨ 副❶)
When are you leaving?　いつ帰るんですか
(! where に比べると間接疑問文の用法はずっと頻度が低い)

(2) …する時(接続詞 ⇨ 接❶)
When I was five, I got the measles.　5歳の時にはしかにかかった

(3)「時間を表す名詞」+ **when** ...(関係副詞の制限用法 ⇨ 副❷)
There was a time **when** everyone could look forward to a bright future.
かつてだれもが明るい未来を待ち望めた時代があった

ネイティブはこういう！

◆ **When did you last see them?**　彼らに最後に会ったのはいつ？
◆ **I used to do that when I was a little girl.**
子どものころによくそれをやってたわ

フォーカスページ

where

A1 副 接 代

中 /hwéər (ホ)ウェア/

意味マップ

副 ❶どこに, どこで, どこへ
❷ Bが…する(ところの) A
❸そしてそこでAは…する
接 …する所に[へ] 代 どこ

使いこなしランキング

where のおもな用法

(1) 「場所」+, **where** ...「場所, そこでは…」(関係副詞の非制限用法 ⇨ 副❸)
I visited Kyoto, **where** I met my son. 京都を訪ねて, そこで息子に会った

(2) **know [see] + where ...**「どこに…かを知る[わかる]」(間接疑問文 ⇨ 副❶)
I don't know **where** she is.
彼女がどこにいるかわからない

(3) **where** =「どこ?」(副詞 ⇨ 副❶)
Where is your boyfriend? 君のボーイフレンドはどこ? (! where + be動詞)
Where do you live? どこに住んでるの? (! where + 一般動詞)

(4) 接続詞の用法
Stay **where** you are. そこにいてね

ネイティブはこういう!

◆ **Where was I?**
今どこまで話した[やった]んだっけ?
(! 中断して再開する時)

◆ **"We're going on holiday." "Where to?"**
「休暇で出かけるんだ」「どこへ?」

◆ **Do you know where my glasses are?**
ぼくのメガネ知らない?

教科書フレーズ

◆ **Where do you want to go?**
どこに行きたいですか

◆ **Where were you?** どこにいたの?

◆ **I should stay where I am.**
今いるところにいるべきだ

why

A1 副 間 名

中 /hwái (ホ)ワイ/

意味マップ

副 ❶なぜ, どのようなわけで
❷…である理由
❸…しないほうがよい
間 おや, まあ; どうして 名 理由

使いこなしランキング

why のおもな用法

(1) **why** =「なぜ?」(疑問副詞 ⇨ 副❶)

(2) **That's [This is] why ...**「これが…の理由」(関係副詞 ⇨ 副❷)

(3) **Why don't we [you] ...?**
「…しませんか」

ネイティブはこういう!

◆ **I don't understand why they keep doing this to me.**
なぜ彼らが私に対してこんなことをし続けるのかわからない

◆ **"Let's go get something to eat." "OK, why not?"**
「何か食べに行こう」「いいよ, もちろん」

❹…する[…である]もの[こと] (❗関係代名詞用法)
• **what** he says [said] 彼が言う[言った]こと • This is **what** I want. これは私がほしいものです
• He is not **what** he was. 今の彼は昔の彼ではない
• **What** seems easy at first often turns out to be difficult. 最初はやさしいと思われるものが, あとで難しくなることがよくある
❺《口語》 **何だって** (❗間投詞的に用いておどろきや怒りの気持ちを表す); **何, 何だい** (❗呼びかけに対する返事); **何だって** (❗聞き直す言い方)
• **What**! You're late again? 何, 君はまた遅刻したのかい?

注意〉 相手に「何と言いましたか」「もう一度言ってください」と聞き返すとき, 単に **What?** はぶっきらぼうな言い方なので親しい間柄以外では使わない. ていねいな表現の **I beg your pardon?** または **Pardon?** / 《米》 **Excuse me?** / 《英》 **Sorry?** などを使うほうがよい

and what have you = and what not 《口語》 (名称を列挙して)その他いろいろ, …など
(***and***) ***what is more*** [***worse***] その上, おまけに, さらに[さらに悪いことには]
• This dictionary is interesting, and **what is more**, very useful. この辞典はおもしろい. その上とても役にたつ
Do you know what? = Guess what!
for what it is ありのままに, 実質どおりに
Guess what! 《口語》 ねえ, 聞いて, 何だと思う?
have what it takes 《口語》 必要なものを備えている
I know what. = I'll tell you what. 《口語》 いい話[考えなど]がある
A ***is to*** *B* ***what*** *C* ***is to*** *D* AのBに対する関係はCのDに対する関係と同じである
• The moon **is to** the earth **what** the earth **is to** the sun. 月と地球の関係は地球と太陽の関係と同じだ
know what's what 《口語》 (世の中のことを)よく心得ている, よくわかっている, 抜けめがない
Like what? たとえば(どんなの?)
Now what? 《口語》 さて次は?; 今度は何だろう
or what 《口語》 (いらだって)それとも何か, どうなんだ; (同意を求めて)そうだろう
So what? 《口語》 だからなんだって言うの, それがどうしたの (❗相手の言うことに関心がなかったり, 相手に責められて開き直る時のことば)
That's what *A* ***is all about.*** 《口語》 結局Aとはそういうことなのです
What about ...? **…についてあなたはどう思いますか; …はどうですか** (❗提案したり, 相手の意見や情報を求めたり, 忘れていたことを思い出させたりする言い方; How about ...? ともいう)
• **What about** going out for dinner? 食事に出かけるというのはいかがでしょうか
• The movies? **What about** your homework? 映画ですって? あなた宿題はどうするの?
What about it? 《口語》 それがどうかしましたか?; (怒って)それが何か?
What about you? 次はあなたの番だ; あなたはどうなの?
What do you say to ...? 《口語》 …はどうですか, …しませんか
What (...) ***for?*** 何のために, なぜ (= why) • **What** do you study French **for?** あなたはどうしてフランス語を勉強しているのですか
会話 "Did you come here alone?" "**What for?**" 「あなたはここにひとりで来たのですか」「何で(そんなこと聞くの)?」
what if ... もし…したらどうなるだろうか; …してもかまうものか
• **What if** I should fail? もし万一私が失敗したらどうなるだろう

what is called = what we [you, they] call いわゆる
- She is **what you call** a lady. 彼女はいわゆる淑(しゅく)女だ

What is it? (呼びかけ・質問などに答えて) 何の用だ?, 何だい?

What is *A* ***like?*** Aはどんな人[物]ですか?

What is the matter (***with you***)**?** どうしたの, どうかしたの

What next? いやあ驚いたよ, あきれたよ

What of it? = What about it?

What's it to you? 《口語》それが何だというんだ, 大きなお世話だ

What's new? 《口語》どう(, お変わりない)?; (最近) 何かおもしろいことがありますか (=Anything new?)

What's on? (テレビなどで)今何をやっているの?

What's up? 《口語》何があったのですか?, どうしたの?

What's up with ...? …はどうしたの?

what with *A* ***and*** (***what with***) *B* AやらBやらで

— 形 ❶何の, 何という, どんな; どれだけの
- **What** shape is it? それはどんな形をしていますか

会話 "**What** time is it?" "It's six thirty." 「今何時ですか」「6時半です」(❗ it, It はばく然と「時間」を表す; what+名詞はいつも文頭に来る)

会話 "**What** day is today?" "Today is Friday." 「きょうは何曜日?」「きょうは金曜日だ」(❗ 単に What day といえば「曜日」を聞くことになる)

どっち

what と which

どちらも選ぶものを聞く疑問文で使うが, **what** は選択肢が限定されていないとき, **which** は限られた選択肢中から選ぶときに使う:

What color do you like best? 君は何色がいちばん好きですか

Which color do you like, green, red, or white? どの色が好きですか, 緑, 赤, それとも白?

❷《感嘆文で》なんと(いう)…!, なんたる!
- **What** a fool (you are)! なんというばかだ(おまえは) (❗ What+a(+形容詞)+名詞(+主語+動詞)!; 同じ意味を How foolish (you are)! ともいえる) ⇨**how** ❺
- **What** beautiful flowers they are! あれはなんてきれいな花なんでしょう

❸ …するすべての

what·ev·er A2 高

/*h*wɑtévər (ホ)ワテヴァ | *h*wɔtévər (ホ)ウォテヴァ/ 代 ❶《関係代名詞》…するもの[こと]は何でも
- **whatever** you want 君がほしいものは何でも (❗ what you want (あなたがほしいもの)を強めた言い方) ⇨**what** 代❹
- **Whatever** he says is not true. 彼の言うことは何でもほんとうじゃない

❷ 文型 [**whatever** (**may**) *do*] 何が…しようと (❗ no matter what のほうが口語的)
- **Whatever** *happens* [**may** *happen*], I'll trust you. たとえ何が起ころうと, 私はあなたを信頼します (=No matter what happens, I'll trust you.)

文型 [**whatever A** (**may**) *do*] (たとえ) Aが何を…しようとも

❸《口語》(何であるかよくわからないが)そういうもの[事・人]

❹《口語》いったい何が

❺《口語》何でも, どちらでも(いいよ)

会話 "Which do you want, red or green?" "**Whatever**." 「赤と緑どっちがほしい?」「どっちでも」

— 形 ❶…する何の[どの]…でも
- **Whatever** career plans you may have, we wish you the best. あなたのキャリアプランが何であれ, 私たちはあなたのご活躍を祈ります (←あなたがどんな職業につこうとしているにせよ…)

❷ どんな…が…しても, どんな…を…しても

❸《否定文・疑問文で》少しの[何の]…も

what're /hwátər (ホ)ワタ/ what are の短縮形

what's 中 /hwáts (ホ)ワツ | hwɔ́ts (ホ)ウォツ/ what is, what has の短縮形

what·so·ev·er /hwàtsouévər (ホ)ワトソウエヴァ/ 代 形 whatever の強調形

wheat B2 高 /hwíːt (ホ)ウィート/ 名 U 小麦 • a field of **wheat** 小麦畑

関連語› 単語力
barley 大麦
rye ライ麦
oats カラス麦
flour 小麦粉
rice 米
cereal 穀物
corn《米》トウモロコシ
sweet corn, maize《英》トウモロコシ

wheat·en /hwíːtn (ホ)ウィートン/ 形 小麦の; 小麦粉で作った

whee·dle /hwíːdl (ホ)ウィードル/ 動 他 (人を)口車に乗せる; (人に)〔…(するよう)に〕うまいことを言う《*into* (*doing*)》; (物を)〔人から〕うまいことを言ってせしめる《*from, out of*》; 自 甘言で巻き上げる

wheel A1 高

/hwíːl (ホ)ウィール/ 名 (複 **wheels** /hwíːlz/) ❶ C 車輪
• a four-**wheel**-drive vehicle 四輪駆動車(4WD)
❷ C《**the wheel**》(車などの)ハンドル(=steering wheel), (船の)舵輪(だりん)
❸ C《**wheels**》《口語》自動車;《米》自転車
❹ U C 回転, 旋回

at* [*behind*] *the wheel (車・船などを)運転[操縦]して, ハンドルを取って

go on wheels すらすら進む, (事が)順調に運ぶ

on wheels 車輪の付いた

wheels within wheels 複雑な構造[事情]

wheel·bar·row /hwíːlbæ̀rou (ホ)ウィールバロウ/ 名 C 1輪の手押し車, カート

wheel·chair A2 高

/hwíːltʃèər (ホ)ウィールチェア/ 名 (複 **wheelchairs** /hwíːltʃèərz/) C 車いす
• sit in a **wheelchair** 車いすに座る

wheel·ie /hwíːli (ホ)ウィーリ/ 名 C《口語》(オートバイ・自転車などの)後輪走行, ウィリー

wheeze /hwíːz (ホ)ウィーズ/ 動 自 (ぜんそくなどで)(苦しそうに)ぜいぜい息をする; ぜいぜい音を立てる; 他 息を切らして言う《*out*》 — 名 C 息を切らすこと; ぜいぜいいう音

wheez·y /hwíːzi (ホ)ウィーズィ/ 形 (比較級 **wheezier**; 最上級 **wheeziest**) ぜいぜい言う

when A1 中 ⇨p.1536 フォーカス

/hwén (ホ)ウェン/ 副 ❶ いつ
• **When** is your birthday? 君の誕生日はいつですか (! When+is〈動詞〉+your birthday〈主語〉?; この When はいつも文の最初に来る)
• **When** was that? それはいつ(のこと)でしたか
• Ask him **when** he will come. 彼にいつ来るか聞いてごらん (! when 以下は文の一部に組み入れられるとこの語順になる)
• He didn't tell me **when to come.** 彼は私にいつ来るべきかを[いつ来いとは]言わなかった

❷ 文型 [**A when B** *do*] Bが…するA (! 前にある「時を表す名詞A」を修飾する関係副詞の制限用法; この場合の when は日本語には訳さない)
• Autumn is the season **when** school festivals *are held*. 秋は学園祭が行われる季節です
• The day has come **when** we *take* action. いよいよ行動を起こす日がきた (! when ... は The day にかかる)
• He finished it in time. **That was when** his boss *began* to rely on him. 彼はそれを期限内に終えた. その時から彼の上司は彼に頼りはじめた

❸ 文型 [, **when A** *do*] するとその時Aは…する (=and then *A do*) (❗前の文につけ足しの説明をする関係副詞の非制限用法)

● He was leaving the room, **when** the telephone *rang*. 彼が部屋を出ようとしたら, その時電話が鳴った

— 接 ❶ …する時(には); …すると, …したら; …する時はいつでも

● I am happy **when** I am with you. = **When** I am with you, I am happy. 君といっしょにいると(き)私は楽しい

● He was not happy **when** (he was) a boy. 彼は子どもの時は幸福ではなかった (❗主語と when 節の主語が同一の時, when 以下の「主語+be動詞」が省略されることがある)

● He welcomes me **only when** he is running short of money. 彼はお金がないときだけ私を歓迎する

使い方› **when** (接続詞)
未来のことを表す when ... (…したら)の中では未来形は使わずに現在形を使う:
I'll leave **when** he **comes**. 彼が来たら私は出かける (❗×when he will come としない; when 以下は副詞の働きをする節)
比較 I don't know **when** he **will come**. 彼がいつ来るか知りません (❗この when は疑問副詞で, when 以下が know の目的語(名詞)の働きになっているので will を用いて未来形にする)

❷ …する[である]にもかかわらず, なのに

● He came to help me **when** he was very busy. 彼はとても忙しいのに私の手伝いに来てくれた

● How can you say that **when** you know nothing about it? それについて君は何も知らないのにどうしてそんなことが言えるのか

when it comes to ... …のこととなると

● **When it comes to** English, he is second to none in his school. 英語のこととなると彼は学校のだれにも引けは取らない (←だれの次にもならず, その上をいく)

— 代 いつ

● Since **when** have you been waiting here? いつからここで待っていたの

Say when. よい時になったら言ってください (❗飲み物をついだり, 写真をとる時などに用いる表現; よい時になったらふつう "That's enough." (十分です), "Ready" (用意できました)などと言う)

whence /*h*wéns (ホ)ウェンス/ 副 どこから; そこから…する(ところの) (❗関係副詞の制限用法)

when·ev·er B1 高 /*h*wenévər (ホ)ウェネヴァ/ 接 ❶ …する時はいつでも; …するときは必ず (❗when 接 を強めたもの) ● Come **whenever** you like. 君が好きな時にいつでもいらっしゃい (=Come any time you like.)

● Lucy listens to music **whenever** she feels sad. ルーシーは悲しくなると音楽を聴きます

❷ たとえいつ…しようとも

● **Whenever** you come, you will be welcome. いつおいでになっても, あなたは歓迎されます (=No matter when you come, you will be welcome.)

— 副 いったいいつ

where A1 中 ⇨p.1537 フォーカス

/*h*wéər (ホ)ウェア/ 副

❶ どこに, どこで, どこへ

● **Where** is the bus stop? バス停はどこですか (❗Where + is 〈動詞〉 + the bus stop 〈主語〉?; この Where はいつも文の最初に来る)

● I didn't know **where to park** my car. 私は車をどこに駐車すべきか[駐車したらいいか]わからなかった

● Do you know **where my glasses are**? メガネがどこにあるか知ってるかい (❗where 以下は文の一部に組み入れられるとこの語順になる)

会話 "**Where** am I [are we], officer?" "You [We] are in Oxford Street." 「おまわりさん, ここはどこですか」「ここはオックスフォードストリートです」 (←私[私たち]はどこにいるのか; ×*Where* is here [this]? などといわない)

会話 "**Where** do you live?" "I live in Kyoto." 「君はどこに住んでいるのですか」「私の住まいは京都です」(❗Where+do+you〈主語〉+live〈動詞〉?)

会話 "**Where do you come from?** [**Where are you from?**]" "I come [am] from Okinawa." 「君はどこの出身ですか」「沖縄の出身です」⇨**come from** (**come** の成句)

会話 "**Where to**, madam?" "To Victoria Station, please." 「どちらまでですか, 奥さま?」「ビクトリア駅までお願いします」(❗タクシー運転手との会話)

❷ 文型 [**A where B** *do*] Bが…する(ところの) A (❗前にある「場所を表す名詞A」を修飾する**関係副詞の制限用法**; この場合の where は日本語には表現しない)

• the house **where** I *live* 私が住んでいる家 ⇨**which** 代❸

• That's (the place) **where** I first *met* her. あそこが私が彼女に初めて会った所です (❗《口語》では the place を省略することが多い)

会話 "What? I can hardly hear you." "Let's go somewhere **where** it's quieter." 「なあに, 聞こえないよ」「どこかもっと静かなところへ行こう」

❸ 文型 [**, where A** *do*] そしてそこでAは…する (=and there *A do*) (❗前の文につけ足しの説明をする**関係副詞の非制限用法**)

• He came to Japan, **where** he *stayed* for the rest of his life. 彼は日本にやって来た. そして死ぬまで日本に滞在した

―接 …する所に[へ]; …する所ではどこでも; …する場合には

• Stay **where** you are. 君が今いる所にいなさい

• Go **where** you like. I don't mind. 君は好きな所へ行きなさい. 私はかまわない

• **Where** there's smoke, there's fire. 《ことわざ》煙があるところには火がある (❗「火のないところに煙は立たない」に相当) ⇨ **smoke**

―代 どこ

ワンポイント・アドバイス›

where は「どこ?」という意味の疑問詞. 一番基本は Where is ...? (…はどこ?)と場所をたずねる表現. 実際には直接たずねる以外に I don't know where he is. (彼がどこにいるのかわからない)のように間接疑問文で出てくることが多い.

そしてもう1つの重要な用法が関係副詞の用法. 学校では the place where のように先行詞といっしょに制限用法で習うことが多いが, 会話では前の名詞がなく where 単独で現れたり, 書き言葉ではカンマがついた非制限用法が圧倒的に多い. いずれにしても, 前の名詞に場所的にコメントを加えたいような時に使える. ぜひマスターしよう!

where·a·bouts /*h*wéərəbàuts (ホ)ウェアラバウツ/ 名U いどころ, ありか (❗単複両扱い)

where·as B2 /*h*wèərǽz (ホ)ウェアラズ/ 接 ❶ (その)一方で…, …だけれども

• He is quite shy, **whereas** his sister is lively and talkative. 彼は無口で恥ずかしがりだけど, 妹は活発でおしゃべりだ

❷《法律》…であるがゆえに (❗文頭に置かれ, 公文書などで使われる)

where·by /*h*wèərbái (ホ)ウェアバイ/ 副 《文章》《疑問副詞》どういう手段で (=how); 《関係副詞》それによって…する (=by means of which)

where·in /*h*wèərín (ホ)ウェアイン/ 副 《文章》《疑問副詞》どの点で; 《関係副詞》(そこで)…する(ところの)

where're /*h*wéərər (ホ)ウェアラ/ where are の短縮形

where's 中 /*h*wéərz (ホ)ウェアズ/ where is, where has の短縮形

where·up·on /*h*wèərəpán (ホ)ウェアラパン/ 副 《文章》《疑問副詞》何の上に; 《関係副詞》そこで, それから, その結果

wher·ev·er B1 高 /*h*weərévər (ホ)ウェアレヴァ/ 接 ❶ …する所へはどこ(へ)でも; どこであれ

• **Wherever** he goes, his dog follows. 彼がどこへ行こうとも彼の犬はついて行く

❷ どこに[へ]…しようとも

• I'll think of you **wherever** you go. 君がどこへ行ってもぼくは君のことを思っている (=I'll think of you, **no matter where** you go.)

―副《疑問副詞》いったいどこに[へ, で]

or wherever 《口語》…かどこだったか, どこかに

whet /*h*wét (ホ)ウェト/ 動 (三単現 **whets** /*h*wéts (ホ)ウェツ/; 過去・過分 **whetted** /*h*wétəd/; 現分 **whetting**) 他 (刃物を)研ぐ; (食欲・興味を)そそる

wheth·er B1 高 /*h*wéðər (ホ)ウェザ/ 接

❶ …かどうか; 文型 [**whether A or B**] AかBか

• I wondered **whether** to stay **or** to go home. 私は残るべきか家に帰るべきかどうしようかと思った

文型 [**whether A** (**or not**)] Aかどうか

• Ask your mother **whether** you can go. お母さんに君が行ってもいいかどうか聞いてごらん (**!** この whether の代わりに if を用いてもよい) ⇨**if** ❸

• Please let me know **whether** you can come **or not**. あなたが来られるか来られないかお知らせください

注意› whether と if は常に置き換えられるわけではなく, if ... は ask, know などの動詞の目的語になる場合だけに使われる ⇨**if** ❸

❷ 文型 [**whether A or not**] Aであろうとなかろうと; 文型 [**whether A or B**] AであろうとBであろうと • **whether** you like it **or not** 君が好もうと好むまいと

• I will go, **whether** you come with me **or** stay at home. 君がいっしょに来ようが家に残ろうがぼくは行く

whet·stone /*h*wétstòun (ホ)ウェトストウン/ 名 C 砥石(といし)

which

which A1 中 ⇨p.1534 フォーカス

/*h*wítʃ (ホ)ウィチ/ 代

❶ **どちらが, どれが**

• **Which** is your umbrella? どれ[どっち]が君のかさですか (**!** Which〈主語〉+ is〈動詞〉+ your ...〈補語〉?; この Which は疑問文ではいつも文の最初に来る)

• **Which** is stronger, a lion **or** a tiger? ライオンとトラではどっちが強い?

• **Which** of you broke my camera? 君たちのうちのだれがぼくのカメラをこわしたんだい? (×*Who* of you ...? としない; of you がなければ, 人を表すにはふつう which より who が用いられ, Who broke my camera? となる)

❷ **どちらを, どれを**

• **Which** will you buy, this or that? 君どっちを買う, これ, それ?

会話 "**Which** do you like better, dogs or cats?" "I like cats better." 「犬とネコとではどちらが好きですか」「ネコのほうが好きです」(**!** Which〈目的語〉+ do + you〈主語〉+ like〈動詞〉+ ...?; この Which も疑問文ではいつも文の最初にくる)

どっち

which と what, who

(**1**) **which** は選択範囲が限られた疑問文で使う. **what** は選択の範囲は限られない:

Which do you prefer, tea or coffee? 紅茶とコーヒーではどちらがいいですか

What would you like to drink? 何をお飲みになりますか

人について聞くときは, 選択が制限されていてもふつう **who** を使う:

Who can run faster, Jim or John? ジムとジョンではどちらが速く走れますか

(**2**) **which of ...** とはいうが, ×what of ..., ×who of とはいわない:

Which of you hit a home run? 君たちのうちのだれがホームランを打ったんだ?

Who hit a home run? だれがホームランを打ったんだ?

❸ 文型 [**A which** (**B**) *do*] (Bが)…する(ところの) A (**!** 前にある「人以外のものを表す名詞A」を修飾する**関係代名詞の制限用法**; この場合の which は日本語には表現しない)

• the cat **which** is sleeping 眠っているネコ (**!** which は is sleeping の主語の働きをして主格)

- the cat (**which**) I like best 私がいちばん好きなネコ (❗ which は like の目的語の働きをして目的格; 目的格の which は省略できる)
- The songs (**which**) Paul wrote are really beautiful. ポールが書いた歌はほんとうに美しい

❹ 文型 [**, which** (**A**) *do*] **そしてそれは…, そしてそれをAは…** (❗ 前の語につけ足しの説明をする**関係代名詞の非制限用法**) • That's Mt. Fuji, **which** is the highest mountain in Japan. あれが富士山だ. そしてそれは日本で最も高い山だ

- My bicycle, **which** my father had given me, was broken. 私の自転車は, 父からもらったものなのだが, 壊れてしまった • Tom said he was ill, **which** was a lie. トムは病気だと言ったが, それはうそだった (❗ 先行詞は前の節 (Tom said he was ill))

使い方› **which** (関係代名詞)
(**1**) **which** の先行詞は人以外のもの. 人には **who**, **that** を使う
(**2**) which は非制限用法を除いて, that と置き換えられる
(**3**) 目的格の which は省けるが, 「前置詞＋which」は省けない:
the house (**which**) we live in = the house **in which** we live 私たちが住んでいる家 (❗ the house **that** we live **in** とはいえるが, ×the house in that we live とはいえない)

— 形 **どちらの, どの**; 《関係形容詞》 **そして[しかし]その**

- **which** book どちらの[どの]本 (❗ which＋名詞; この which も疑問文ではいつも文の最初に来る; 次の用例参照)
- **Which** book is yours, this **or** that? どちらの本が君のか. これか, あれか
- **Which** watch will you buy, this one or that one? 君どっちの時計を買う, これそれともそれ? (❗ one = watch)
- Please tell me **which** watch **to** buy. どちらの時計を買うべきか教えてください
- Wait till Monday, by **which** time I will give you the answer. 月曜日まで待って, それまでに答えを出すから

which·ev·er B1 高 /*h*witʃévər (ホ)ウィチェヴァ/ 代 形

❶ 《関係形容詞・関係代名詞》 **どちらの…でも; …するどちらでも** (❗ which ❸を強めた言い方; whichever の次に名詞(例文では book)が来れば 形, 単独なら 代)

- Here are two books. Take **whichever** (book) you like. ここに2冊本があります. どちら(の本)でも君の好きなほうを取りなさい

❷ 《譲歩節で》 **どちらが[を]…しようとも; どちらの…が[を]…しようとも** (❗ whichever の次に名詞(例文では book)が来れば 形, 単独なら 代)

- **Whichever** (book) you take, you will like it. たとえ君がどちら(の本)を取っても, 君はそれを気にいるだろう (=No matter which (book) you take, you will like it.)

whiff /*h*wif (ホ)ウィフ/ 名 C 《ふつう **a whiff**》 **一吹き; ほのかなにおい; 気配, 気味**

while A2 中

/*h*wáil (ホ)ワイル/ 接 ❶ **…する[している]間に; …の間ずっと**

- Please sit down **while** you wait. お待ちになる間どうぞおすわりください
- **While sleeping**, I was dreaming of her. 寝ている間に彼女の夢を見ていた
- Make hay **while** the sun shines. 《ことわざ》 太陽が照っているうちに干草を作れ (←好機を逃すなという意味)

❷ **…なのに対して** (❗ 2つの事柄を対比して)

- **While** Richard is keen on sports, his wife is utterly indifferent to it. リチャードはスポーツに熱心なのに対して彼の妻は全く無関心だ

❸ **…なのに, …だけれども** (=although)

- **While** I agree with him, it's not so simple. 私は彼に賛成だけれどもそんなに簡単ではない

— 名 《単数形で》 **時間; 間; しばらく**

- for a long **while** 長い間
- for a **while** しばらくの間
- I called him back **after a while**. しばらくして彼に電話をかけ直した
- We waited for a bus (**for**) quite a **while**. 私たちはかなり長い間バスを待った

all the while その間ずっと; …する間じゅうずっと

be worth (*A's*) ***while*** (時間をかけて)(Aが)するだけの価値がある ⇨**worth** 成句

once in a while 時々, たまに

—動 (三単現 **whiles** /*h*wáilz/; 過去・過分 **whiled** /*h*wáild/; 現分 **whiling**) 他《次の成句で》

while away (時を)ぶらぶらして[のんびり]過ごす

whim /*h*wím (ホ)ウィム/ 名C 気まぐれ, むら気, 移り気

whim·per /*h*wímpər (ホ)ウィンパ/ 動自 しくしく泣く; (犬などが)クンクン鳴く

whim·si·cal /*h*wímzikəl (ホ)ウィムズィカル/ 形 (人・行為が)気まぐれな, むら気な; (物事が)とっぴな, 風変わりな

whim·sy, whim·sey /*h*wímzi (ホ)ウィムズィ/ 名U 気まぐれな気分; 奇抜な表現; 奇想, 奇行

whine /*h*wáin (ホ)ワイン/ 動自 (犬が)(悲しそうに)クーンと鼻を鳴らす; (子どもが)ピーピー泣く, むずかる; (サイレン・エンジンなどが)ピューンと音を立てる; (人が)〔…について〕泣きごとを言う, ぐちをこぼす《*about*》

—名C クーンと鳴く声; むずかる声; ピューンと鳴る音; 泣きごと

whin·ny /*h*wíni (ホ)ウィニ/ 名 (複 **whinnies** /*h*wíniz/) C (馬の)いななき

—動 (三単現 **whinnies** /*h*wíniz/; 過去・過分 **whinnied** /*h*wínid/; 現分 **whinnying**) 自 (馬が)いななく

whip B2 /*h*wíp (ホ)ウィプ/ 動 (三単現 **whips** /*h*wíps/; 過去・過分 **whipped** /*h*wípt/; 現分 **whipping**) 他 ❶むちで打つ, むちを当てる ❷さっと動かす, ひったくる ❸(卵・クリームをかき回して)あわ立たせる ❹《口語》やっつける

whip up ①(感情などを)かき立てる ②(風などが)舞い上がる ③《口語》(食事などを)手早く作る

—名 ❶C むち ❷U《英》ホイップ《♦デザート用の菓子》

whip·lash /*h*wíplæʃ (ホ)ウィプラシュ/ 名C むち先, むちひも; むち打ち症 (= whiplash injury)

whip·ping /*h*wípiŋ (ホ)ウィピング/ 名U C むち打つこと, むち打ちの刑; U (卵・クリームなどを)あわ立てること

whípping bòy 名C 他人の罪を負う人, 身代わり

whípping crèam 名U ホイップ用クリーム

whir /*h*wə́ːr (ホ)ワー/ 動自 (三単現 **whirs** /*h*wə́ːrz/; 過去・過分 **whirred** /*h*wə́ːrd/; 現分 **whirring**) (鳥・昆虫が)ブンブンいう(音をたてる)

—名C ブンブンいう音

whirl /*h*wə́ːrl (ホ)ワール/ 動自 ぐるぐる回る; 他 ぐるぐる回す

—名C《単数形で》(速い)回転; 次々に起こる出来事; 騒動

whirl·pool /*h*wə́ːrlpùːl (ホ)ワールプール/ 名C (水流の)渦, 渦巻き; 渦中

whirl·wind /*h*wə́ːrlwìnd (ホ)ワールウィンド/ 名C ❶旋風, つむじ風 ❷目まぐるしい行動; (感情の)嵐(あらし) ❸《形容詞的》あわただしい, 大急ぎの

whisk /*h*wísk (ホ)ウィスク/ 名C ❶(針金を輪にした卵・クリームなどの)あわ立て器 ❷《ふつう **a whisk**》〔はたき・動物の尾などの〕一払い, 一握り《*of*》

—動他 ❶…をさっと払うように振る; …を払い落とす; 〔…から; …へ〕さっと連れて[持って]行く《*from, out of; to*》; 自 さっと動く[いなくなる] ❷他 (卵・クリームなどを)あわ立てる《*up*》

whisk·er /*h*wískər (ホ)ウィスカ/ 名C ❶《ふつう **whiskers**》ほおひげ ❷(犬・ネコ・ネズミなどの)ひげ

whis·key B2 /*h*wíski (ホ)ウィスキ/ 名 (複 **whiskeys** /*h*wískiz/) U ウイスキー; C ウイスキー1杯

whis·ky /*h*wíski (ホ)ウィスキ/ 名 (複

whiskies /hwískiz/) (=whiskey)

whis·per B1 高 /hwíspər (ホ)ウィスパ/ 名 (複 **whispers** /hwíspərz/) C
❶ささやき(声); ひそひそ話 ❷(風・川などの)サワサワ[サラサラ]いう音
— 動 (三単現 **whispers** /hwíspərz/; 過去・過分 **whispered** /hwíspərd/; 現分 **whispering** /hwíspəriŋ/) 自他
❶〔…に〕ささやく《to》; 小声で話す, ひそひそ話す; ないしょ話をする
❷(風・川などが)サラサラと音を立てる

whis·per·er /hwíspərər (ホ)ウィスパラ/ 名 C ささやく人; うわさを言いふらす人

whis·per·ing /hwíspəriŋ (ホ)ウィスパリング/ 名 U C ささやき; うわさ, ゴシップ; (風などの)ささやくような音
— 形 ささやくような; ささやき声の; うわさ好きの

whis·tle B1 /hwísl (ホ)ウィスル/ (×ホイストル) 名 (複 **whistles** /hwíslz/) C 口笛; (合図用の)笛, ホイッスル; 汽笛
— 動 (三単現 **whistles** /hwíslz/; 過去・過分 **whistled** /hwísld/; 現分 **whistling**)
❶自 口笛を吹く; 笛[汽笛(きてき)]を鳴らす; (風が木々の間を)ヒューと音を立てて吹く; (やかんなどが)ピーピー音を立てる ❷他 口笛で吹く
whistle for ①…を口笛で呼ぶ ②《英》《口語》…を要求してもむだだ

whis·tler /hwíslər (ホ)ウィスラ/ 名 C 口笛を吹く人

white A1 中

/hwáit (ホ)ワイト/
形 (比較級 **whiter**; 最上級 **whitest**)
❶白い, 白色の; 白色人種の; 白髪の
• a **white** bear [lily] 白クマ[白ユリ]
• **white** people 白人
• (as) **white** as snow 雪のように白い
❷(顔色が)青白い, 真っ青で[の]
❸《米》(コーヒーなどが)ミルク入りの
❹(ワイン・ガラスなどが)無色の, 透明な
(as) white as a sheet (白いシーツのように)顔面蒼白で, 真っ青で
— 名 (複 **whites** /hwáits (ホ)ワイツ/)
❶U 白, 白色 ❷U 白い服, 白衣; U C 白ペンキ; C 白人 ❸U C 卵の白身; C (目の)白目

white·board /hwáitbɔ̀ːrd (ホ)ワイトボード/ 名 C 白板, ホワイトボード

white-col·lar /hwáitkálər (ホ)ワイトカラ/ 形 事務仕事をする, 事務職の, ホワイトカラーの; 頭脳労働者の ⇨**blue-collar**

white-hot /hwáithát (ホ)ワイトハト/ 形 非常に熱い; (金属が)白熱状態の; 熱烈な; 非常に興奮した

Whíte Hòuse 名《the をつけて》ホワイトハウス

whíte líe 名 C 悪意のないうそ

whit·en /hwáitn (ホ)ワイトン/ 動 他 白くする; 自 白くなる

white·ness /hwáitnəs (ホ)ワイトネス/ 名 U 白さ

white·wash /hwáitwɔ̀ːʃ (ホ)ワイトウォーシュ/ 名 U しっくい; U C (失敗を)とりつくろうもの — 動 他 しっくいを塗る; (失敗を)とりつくろう

white·wa·ter /hwáitwɔ́ːtər (ホ)ワイトウォータ/ 名 U (波が白く泡立つ)急流

whit·ish /hwáitiʃ (ホ)ワイティシュ/ 形 やや白い, 白っぽい; 《色を表す語とともに用いて》淡い, 薄い

whit·tle /hwítl (ホ)ウィトル/ 動 他 (木材を)ナイフで少しずつ削る, そぐ《down》; 自 木彫りをする
whittle away 徐々に減らす, 削減する
whittle down 〔…に〕小さく[少なく]する, 減らす《to》

whiz, 《英》 **whizz** /hwíz (ホ)ウィズ/ 動 (三単現 **whizzes** /hwízəz/; 過去・過分 **whizzed** /hwízd/; 現分 **whizzing**) 自 《口語》(車・飛行機・弾丸などが)ヒュッ[ピュッ]と風を切って動く[飛ぶ]
— 名 (複 **whizzes** /hwízəz/) C 《口語》
❶(弾丸などの)ヒュッ[ピュッ]という音
❷《ふつう **a whiz**》達人, エキスパート

whíz kìd, 《英》 **whízz kìd** 名 C 《口語》(若くして事業などに成功した)切れ者, 若手のやり手; 神童

who A1 中 ⇨p.1535 フォーカス

/hú: フー/ 代

(❗所有格 whose, 目的格 whom)

❶ だれ, だれが

- **Who** is calling, please? そちらはどなたですか (←だれが電話をかけているか)
- **Who knows**? だれにわかるだろう(だれにもわからない)

会話 "**Who** is he?" "He is John."「彼はだれですか」「彼はジョンです」

会話 "Do you know **who he is**?" "Yes, I do. He is Paul."「彼がだれだか君は知っていますか」「ええ, 知っています. 彼はポールです」(❗who 以下は文の一部に組み入れられるとこの語順になる)

会話 "**Who** plays the guitar?" "Paul does."「だれがギターをひくのですか」「ポールです」(❗Who〈主語〉+plays〈動詞〉(+...)?; 主語と動詞の語順は平叙文と同じ)

注意› 相手に面と向かって Who are you? (お前はだれだ?)と言うのは失礼になるので May I have [ask] your name, please? (お名前をお聞かせください)などという

❷《口語》だれを, だれに ⇨whom ❶

- **Who** do you like best? 君はだれがいちばん好きですか (❗Who〈目的語〉+do+you〈主語〉+like〈動詞〉?; この Who も疑問文では文の最初に来る; 文法的には Whom だが, 実際には who を用いる)
- **Who** were you talking with? 君はだれと話していたのですか

使い方› 疑問詞と語順

(**1**) who, what などの疑問詞は文の始めにくるが, 主語 (S) のときと補語 (C)・目的語 (O) のときでは, あとの語順が異なる:

Who played the guitar? だれがギターをひきましたか (❗Who は主語; S+V+O; ×Who did play the guitar? などと助動詞は使わない)

Who is she? 彼女はだれですか (❗Who は補語; C+V+S)

What did you say? 何と言ったのですか (❗What は目的語; O+助動詞+S+V)

(**2**) 文の中に疑問文が組み入れられる場合(間接疑問文)は主語が前になる:

I don't know **who** played the guitar. だれがギターをひいたのか知りません

❸ 文型 [**A who** *do*] …する(ところの) A (❗前にある「人を表す語」を修飾する**関係代名詞の制限用法**; この場合の who は日本語には表現しない; 関係代名詞の詳しい説明は that 代 ❺を参照)

- The boy **who** is playing the guitar now is my brother. 今ギターをひいている男の子はぼくの兄[弟]です (❗who は is playing の主語の働きをして主格)
- Paul is a person **who** can do anything. ポールは何でもできる人です
- He **who** laughs last laughs best.《ことわざ》最後に笑うものがいちばん笑う

使い方› **who** (関係代名詞)

(**1**) 先行詞には人がくる. 主格(あとに続く文の主語の働きをする)の関係代名詞で, ふつう省略しない:

the boy **who** is playing the guitar ギターをひいている少年

(**2**) 目的格では whom で, who を代わりに使うこともあるがふつう省かれる:

the friend (**whom** [**who**]) I went there **with** = the friend **with whom** I went there 私とそこへいっしょに行った友人 (❗前置詞+whom は省略できない; ×前置詞+who としない)

❹ 文型 [**, who** *do*] そしてその人は… (❗前の語につけ足しの説明をする**関係代名詞の非制限用法**)

- This is Mr. Smith, **who** is the principal of our school. こちらはスミス先生で, 先生はわが校の校長先生です

ワンポイント・アドバイス›

who は「だれ?」という疑問文を作る用法と, a man who has ... (…を持っている男)のような関係代名詞を作る用法とに分かれる. 特に疑問文を作るときは, who が動詞の主語の位置にある場合にだけ, who の後の語順に何も変化がない. それ以外はすべて do, can, be 動詞 のような助動詞類が Who did you see there? (だれとそこで会ったの?)のように前に出るから注意.

関係節の場合は who has [had] ...(…を持っている)という言い回しの頻度が高く, 先行詞は those, person, people など一般的な人を表す名詞がくることが多い.

whoa /hwóu (ホ)ウォウ, hóu ホウ/ 間 (馬を止めようとして)**どうどう**; 《口語》(たたみかけて話す人に)**もっとゆっくり**

who'd /hú:d フード/ who had, who would の短縮形

who·dun·it, who·dun·nit /hu:dʌ́nət フーダニト/ 名 C 《口語》**推理小説[映画, 劇]**

who·ev·er B1 高 /hu:évər フーエヴァ/ 代
❶ …**する[である]人はだれでも, だれであれ…する人** (❗ who ❸を強めた言い方) • **Whoever** comes here will be welcome. ここに来る人はだれでも歓迎されます
❷ **だれが[を]…しようとも; だれであっても**
• Don't open the door, **whoever** comes. たとえだれが来てもドアをあけるなよ (=Don't open the door, no matter who comes.)
❸《英》**いったいだれが**

whole A2 中

/hóul ホウル/ (発音 hole と同音) 形
❶《**the** [one's] **whole**＋単数名詞》**全部の, 全体の, 全…**

似ている単語
全部の－**whole** と **all**
whole は全体をひとまとまりとみて「全部」で, この意味では必ず単数名詞につく. **all** はひとまとまりでもばらばらでも, とにかく「全部」:
the **whole** school 学校全体
all the students in the school 学校の全生徒 (❗ the の位置の違いに注意; ×the whole students や ×whole the school とはいわない)

• **the whole** world 全世界 (=all the world)
• **his whole** life 彼の生涯 (=all his life)
• **the whole** story そのことの一部始終[真実]
❷(時間など)**丸…の; 1つ丸ごとの**
• the **whole** afternoon [morning] 午後[午前]全部, 午後[午前]まるまる
• He ate the **whole** cake. そのケーキを全部食べた
❸《**a** [**the**] **whole** A》**たいへんな A, 大事な A**
• That's **the whole** point. それが大事なんだ
❹ **完全な; 無傷で**
━ 名 C ❶《ふつう **the whole**》**全体, 全部** • She put **the whole** of her money into the bank. 彼女はお金の全額を銀行に入れた
❷ **統一体, 完全体**

as a whole (ばらばらでなく)ひとまとまりのものとして(の), 全体として(の)

on the whole 全体として考えると, だいたい(において), 概して

whole·heart·ed /hòulhá:rtəd ホウルハーテド/ 形 **心を込めた, 心からの, 熱心な** **whòleheártedly** 副 心をこめて, 心から

whóle nùmber 名 C 《数学》**整数**

whole·sale /hóulsèil ホウルセイル/ 名 U **卸**(おろし)**売り**
━ 形 **卸売りの; 大規模な**
━ 副 **卸売りで; 大規模に**
━ 動 他 自 **卸売りする**

whole·sal·er /hóulsèilər ホウルセイラ/ 名 C **卸し売り業者, 問屋**

whole·some /hóulsəm ホウルサム/ 形 **健康によい; 健全な**

whole-wheat /hóulhwí:t ホウル(ホ)ウィート/ 形 (小麦粉が)**全粒粉の**

who'll /hú:l フール/ who will の短縮形

whol·ly /hóu(l)li ホウルリ/ 副 **完全に, すっかり, まったく, 全面的に** (↔ **partly**)

whom A2 高

/《弱》hum フム; 《強》hú:m フーム/ 代
❶《文章》**だれを, だれに** (❗ who の目的格) ⇨**who** ❷

使い方〉 **whom** (疑問代名詞)
(**1**) 動詞や前置詞の目的語にあたる疑問詞だ

が, 形式ばった語で, 話しことばではふつう who を使う:
Whom do you like best? = 《口語》 **Who** do you like best? 君はだれがいちばん好きですか
(**2**) 前置詞+whom を文の始めに置くことがあるが, これも形式ばった言い方. who を使って前置詞はあとに置くことが多い:
With whom will you go? = 《口語》 **Who** will you go **with**? 君はだれと(いっしょに)行くの (×With who ...? としない)

会話 "I am going to buy a ring." "For **whom**?" "For my wife." 「ぼくは指輪を買おう」「だれのために」「妻にだよ」

❷ 《文章》 …する(ところの) (❗前にある「人を表す名詞」を修飾する関係代名詞の制限用法; who の目的格でふつうは省略される; 関係代名詞の詳しい説明は that 代❺を参照)
- That is the girl (**whom**) Bob loves. あれがボブが愛してる女の子だよ
- The boy with **whom** I went to the movies [《口語》 who I went to the movies with] is Jimmy. 私がいっしょに映画に行った男の子はジミーよ
- He is the man to **whom** she talked yesterday. 彼が昨日彼女が話しかけていた人です (❗前置詞が前にくると who は使えず, 省略もできない)

❸ そして[しかし]その人を[に] (❗前の語につけ足しの説明をする関係代名詞の非制限用法; この whom は省略できず, that で代用することもできない)
- My brother, **whom** [《口語》 who] you met yesterday, is a doctor. 私の兄は, きのうあなたが会った人ですが, 医者をしています

To whom it may concern 担当者殿, 関係者各位(殿) (❗推薦状・ビジネスレターなどの冒頭に置く決まり文句)

whoop /húːp フープ/ 名 C 大声, 歓声
— 動 自 大声で叫ぶ, 歓声をあげる

whop·per /hwɑ́pər (ホ)ワパ/ 名 C 《口語》《古風》 でっかいもの; 大うそ, 大ぼら

whore /hɔ́ːr ホー/ 名 C 売春婦; ふしだらな女

who're /húːər フーア/ who are の短縮形

whorl /hwə́ːrl (ホ)ワール/ 名 C (葉・花の)輪生, 環生; (巻き貝の)渦巻き(のひと巻き); (指紋の)渦状紋

who's 中 /húːz フーズ/ who is, who has の短縮形 ⇨**who**

whose A1 中 ⇨p.1535 フォーカス
/húːz フーズ/ 代

❶ だれの (❗who, which の所有格)
- "**Whose** car is this?" "It's mine [my car]." 「これはだれの車ですか」「それは私の[私の車]です」
- **Whose** camera is missing? だれのカメラがなくなったのですか (❗Whose camera 〈主語〉 + is 〈動詞〉 + missing 〈補語〉?)
- **Whose** umbrella did you borrow? 君はだれのかさを借りたのですか (❗Whose umbrella 〈目的語〉 + did + you 〈主語〉 + borrow 〈動詞〉?)
- Do you know **whose book this is**? これはだれの本だか君は知っていますか (❗whose 以下は文の一部に組み入れられるとこの語順になる)

❷ だれのもの
会話 "**Whose** is this?" "It's Ann's." 「これはだれの(もの)ですか」「それはアンのです」 (❗Whose 〈補語〉 + is 〈動詞〉 + this 〈主語〉?; この Whose も疑問文ではいつも文の最初に来る)

❸ その…が…する(ところの) (❗前にある「人または物を表す語」を修飾する関係代名詞の制限用法; この場合の whose は日本語には表現しない; 関係代名詞の詳しい説明は that 代❺を参照)
- a boy **whose** hair is very long (その)髪がとても長い男の子 (❗whose hair は is の主語)
- a friend **whose** sister I like very much その妹を私がとても好きな友人 (❗whose sister は like の目的語)
- children **whose** parents work full-

time 両親が常勤で働く子どもたち

• I have a friend **whose** father is a doctor. 私にはお父さんが医者をしている友達がいます

❹ 文型 [**, whose A** *do*] そしてそのAは…する (❗前の語につけ足しの説明をする関係代名詞の非制限用法; Aは *do* の主語) • My cousin, **whose** hair is gray, is younger than I. いとこは, 髪は白髪なのですが, 私より若いのです

文型 [**, whose A B** *do*] そしてBはそのAを[に]…する (❗Aは *do* の目的語; Bは *do* の主語)

Whó's Whó 名 C 紳士録 (❗「だれはだれ」の意味; 現在生きている重要な人物の略歴を記した事典)

who've /húːv フーヴ/ 《口語》 who have の短縮形

why

A1 中 ⇨p.1537 フォーカス

/*h*wái (ホ)ワイ/ 副

❶《疑問副詞》なぜ, どのようなわけで • **Why** are you late? 君はどうして遅れたのですか

会話 "**Why** is he absent?" "**Because** he is sick." 「なぜ彼は休んでいるのですか」「病気だからです」(❗理由を答える時は, Because ...)

• I don't know **why he is** absent. 彼がなぜ休みなのか私は知りません

会話 "I'm very happy now." "**Why**?" 「ぼく今とてもうれしいんだ」「どうして」(❗文脈から明らかな時は why 以下を省略することがある)

会話 "**Why** do you think **he is** absent?" "I think he is sick." 「なぜ彼が休んでいると思いますか」「彼は病気なのだと思います」(❗上から2番目の例との違いに注意)

❷ 文型 [**the reason why A** *do*] なぜAが…するかという理由, …である理由 (❗前にある語 reason (理由)を修飾する関係副詞用法; ふつう why か the reason のどちらかが省略される)

• I want to know why [**the reason**] you were absent yesterday. きのう君が休んだ理由を私は知りたい

• That's **why** everyone likes him. それがみんなが彼を好きな理由です

❸《**why**＋動詞の原形》どうして…するのか, …しないほうがよい

• **Why** take a taxi? The stadium is only a short walk from here. タクシーはいらないよ. スタジアムはここから歩いてすぐだよ

Why don't I *do*? 私が…するのはどう?, …しましょうか

Why don't we *do*? (いっしょに)…しませんか, …しようか

Why don't you *do*? = ***Why not*** *do*? = ***Why not ...?*** …してはどうか, …しませんか (❗親しい人に提案したり, 申し出たりするくだけた言い方)

• **Why don't you** [**Why not**] come and see us next Friday? 次の金曜日にうちに遊びに来ないか

Why not? 《口語》どうしてだめなのか, いいですとも, もちろんさ (←なぜだめなのか)

会話 "Sorry, I can't go out." "**Why not**?" "I'm very busy now." 「ごめん, 出かけられないんだ」「どうしてだめなの?」「今とてもいそがしいんだ」

— 間 《驚き》おや, まあ, なに; 《抗議・反対》どうして, でも; 《承認》ええ, もちろん

• **Why**, look, it's Takeshi. おや, ねえ見てよ, タケシだわ

— 名 (複 **whys** /*h*wáiz/) C 《ふつう複数形で》理由 • She gave several **whys**. 彼女はいくつか理由をあげた

WI 《略》Wisconsin ウィスコンシン

wick /wík ウィク/ 名 U C (ろうそく・石油ストーブなどの)芯(しん)

wick·ed /wíkəd ウィキド/ (×ウィクト) (発音 -ed は /əd イド/ と発音する) 形 (比較級 **wickeder**; 最上級 **wickedest**) 悪い, よこしまな; 悪がしこい, 意地悪な; いたずらな, いたずらっぽい

wíckedly 副 意地悪く; よこしまに; 不正に

wick·ed·ness /wíkidnəs ウィキドネス/

名U 邪悪, 不正; 意地悪

wick·er /wíkər ウィカ/ 名C 小枝(の編み細工)

wick·et /wíkit ウィキト/ 名C 小門, くぐり《◆大きな門の側に設ける》; (銀行・切符売り場などの)窓口; (駅の)改札口; 《クリケット》三柱門, 投球場

wícket kèeper 名C 《クリケット》ウィケットキーパー

wide A2 中

/wáid ワイド/

形 (比較級 **wider**; 最上級 **widest**)

❶ 幅の広い (↔**narrow**); 幅が…ある; (衣服などが)ゆったりとした

• a **wide** street 広い通り

会話 "How **wide** is this street?" "It is twenty meters **wide**."「この通りは幅がどれだけありますか」「幅 20m です」

注意› **wide** は「幅の広い」を表し, 部屋などの「面積が広い」ことには **big** や **large** を使う. また, 体の部分について「幅の広い」は **broad** をよく使う:
a **wide** river 広い川
a **large** room 広い部屋
broad shoulders 広い肩幅

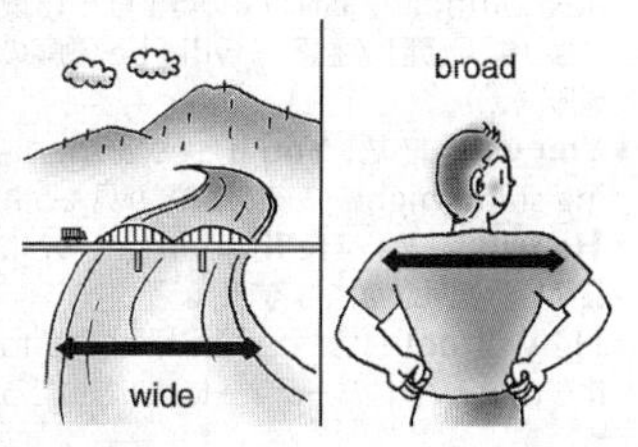

❷ (範囲などが)広い, 広大な; 広範な; 豊富な

• a **wide** knowledge of music 音楽に関する幅広い知識

❸ (目・口・ドアなどが)大きく開いた

❹ (的などが)遠く離れた, 見当違いの

━副 広く; 大きく[十分に]開いて; 外れて

• far and **wide** 広くほうぼうを[に], 四方八方を[に], くまなく

• The window was **wide** open. 窓は広く開いていた

派生 **width** 名

wide-a·wake /wáidəwéik ワイダウェイク/ 形 すっかり目を覚ました; 油断のない

wide-eyed /wáidàid ワイドアイド/ 形 (驚いて)目を見開いた; 純真な

wide·ly A2 高

/wáidli ワイドリ/ 副

広く, 遍(あまね)く; 大いに, はなはだしく

• Their opinions are **widely** different. 彼らの意見はかなり異なっている

wid·en B2 /wáidn ワイドン/ 動 他 (幅(はば)を)広げる, 広くする; 自 (幅が)広くなる, 広がる (↔**narrow**)

wíde-scréen 形 ワイドスクリーンの, 広画面の

wide·spread B1 /wáidspréd ワイドスプレド/ 形 広範囲にわたる; 広く普及した

wid·ow B2 /wídou ウィドウ/ 名C 未亡人

wid·owed /wídoud ウィドウド/ 形 未亡人になった

wid·ow·er /wídouər ウィドウア/ 名C 妻を亡くした男性, 男やもめ

width B2 /wídθ ウィドス/ (×ワイズ) 名UC ❶ 幅, 広さ, 大きさ ❷ (心・知識の)広さ

派生 **wide** 形

wield /wí:ld ウィールド/ 動 他 《文章》(武器・道具などを)使いこなす, 用いる; (権力・武力などを)振るう, 行使する

wie·ner /wí:nər ウィーナ/ 名UC 《米》ウィンナー[フランクフルト]ソーセージ (=frankfurter)

wife A1 中

/wáif ワイフ/ 名 (複 **wives** /wáivz/) C 妻, 奥さん, 夫人, 女房 (❗「夫」は husband) • husband and **wife** 夫妻

Wi-Fi /wáifái ワイファイ/ 名U 《通信・電気》ワイファイ《◆無線 LAN の標準規格; *wi*reless *fi*delity の略語》; C ワイファイ装置 ━形 ワイファイの

wig /wíg ウィグ/ 名C かつら, (部分的な)

ヘアピース

wig·gle /wígl ウィグル/ 動 《口語》他 小刻みに[ぴくぴく]揺する; くねくね動かす; 自 小刻みに[ぴくぴく]揺れる; くねくね動く

━ 名 C 《ふつう **a wiggle**》《口語》ぴくぴくした動き; くねくねすること

wig·wam /wígwɑm ウィグワム/ 名 C (昔の北米先住民の)ドーム型テント小屋

wild A2 中

/wáild ワイルド/ (×ウィルド)

形 (比較級 **wilder**; 最上級 **wildest**)

❶ (動物・植物が) 野生の, 自然に山野で育つ (↔**domestic**, **tame**)

• **wild** birds [roses] 野鳥[野バラ]

❷ (土地・人が)文明化されていない, 未開の, 野蛮な; 自然のままの, 荒れはてた, 荒涼とした

❸ 狂気じみた, 熱狂的な; 夢中の; 《英》《口語》怒り狂って

❹ (天候・海などが)荒れ狂う, 荒れた; (髪が)みだれた; (人・行動などが) 乱暴な

❺ とんでもない, とてつ[途方]もない; いいかげんな, でたらめな

• a **wild** idea 途方もない考え

go wild (人が)熱狂する; 怒り狂う, すごく怒る; 夢中になる

run wild (植物が)はびこる, (人が)やりたい放題にやる

━ 名 (複 **wilds** /wáildz ワイルヅ/)

❶ 《**the wild**》野生(の状態) ❷ 《ふつう **the wilds**》荒野, 荒地, 未開拓地

wild·cat /wáildkæ̀t ワイルドキャト/ 名 C 《動物》ヤマネコ

wil·de·beest /wíldəbìːst ウィルダビースト/ 名 (複 **wildebeest**, **wildebeests** /wíldəbìːsts ウィルダビースツ/) C 《動物》ヌー (=gnu)

wil·der·ness B2 /wíldərnəs ウィルダネス/ (×ワイルダネス) 名 C 荒野, 荒れ地

wild·fire /wáildfàiər ワイルドファイア/ 名 U 野火(のび)

spread* [*run*] *like wildfire (ニュース・うわさなどが)たちまち広まる

wild·flow·er /wáildflàuər ワイルドフラウア/ 名 C 野の花; 野草

wíld góose 名 C 《鳥》ガン ⇨**goose**

wíld-góose chàse 名 C 見込みのない探求[企画]

wild·life B1 高 /wáildlàif ワイルドライフ/ 名 U 《集合的》野生動物

• **wildlife** protection 野生動物保護

wild·ly B1 /wáildli ワイルドリ/ 副 興奮して, 野生的に; 激しく, 乱暴に; でたらめに; とても

• He is **wildly** popular in Japan. 彼は日本でとても人気がある

will[1] A1 中

/wəl ウィル; 《強》 wíl ウィル/

助 (過去 **would** /wəd ウド; 《強》 wúd ウド/)

> 参考› **will の短縮形**
> will not→**won't**; I will→**I'll**;
> you will→**you'll**; he will→**he'll**;
> she will→**she'll**; it will→**it'll**;
> we will→**we'll**; they will→**they'll**
> (❗'ll は /l ル/ と発音)

❶ 《平叙文・単純未来》(自然のなりゆきでこの先)…(する)でしょう, …(する)だろう

• **I will** [《口語》**I'll**] be fifteen on my next birthday. 私は今度の誕生日で15歳になります (❗I 〈主語〉+will+be (動詞の原形)+...)

• **You will** [《口語》**You'll**] see a shooting star tonight. 今夜は流れ星が見えるよ

• **He will** [《口語》**He'll**] soon get well. 彼はじき(病気が)よくなるでしょう

• He **will not** [《口語》**won't**] come to the party. 彼はパーティーには来ないだろう

• Perhaps **it will** [《口語》**it'll**] snow tomorrow. あすは多分雪が降るだろう (❗It's going to snow tomorrow. もほぼ同じ意味だが,「(この寒さでは)きっとあすは雪だ」などと, より確実な予測を暗示する; it はばく然と「天候」を表す)

• **There will be** a school play next week. 来週学校劇があります

会話 "**Will you** be free next Sunday?" "Yes, **I will**." ⇨ フォーカス 1 「君

will[1]

A1 助

中 /wəl ウィル;《強》wíl ウィル/

過去 **would** /wəd ウド;《強》wúd ウド/

意味マップ

助 ❶…するでしょう
❷…するつもりである, …しようと思う
❸…してくれる; …しなさい; …するものである
❹…しますか; …してくれませんか

ワンポイント・アドバイス

willは助動詞の中で最も頻度の高い語で, 一般的用法は次の2つ:

(a) 未来: What time will he come? 彼は何時に来ますか

(b) 意思: I will do it. 私がやります

ただ, 実際には I will …の場合, 未来か意思かの区別はあまりはっきりしないことも多い.

未来を表す場合には会話では, 特に《米》ではwillよりbe going toが好まれる. 逆に書きことばではbe going toはほとんど使われず, willが好まれる.

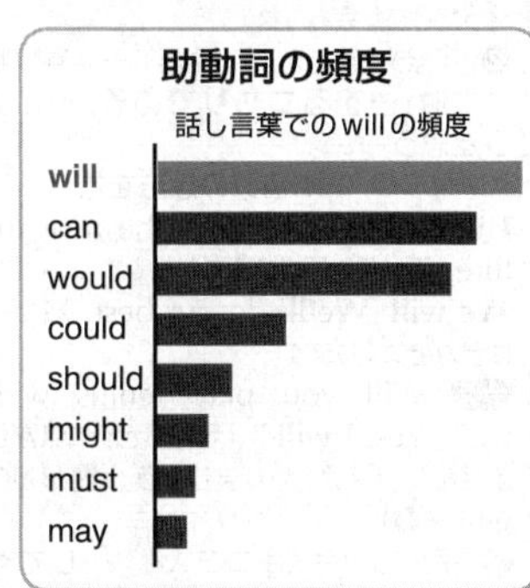

Will you …?で「…してくれませんか」と依頼を表す表現もよく使う.

使えるコーパスフレーズ

Will you＋動詞 …?

1 **will you be** When will you be back? いつ戻ってきますか

2 **will you have** Will you have coffee? コーヒーいかが?

3 **will you do** Will you do that? やってくれる?

4 **will you come** Will you come with me? いっしょに来てくれますか

5 **will you get** Will you get undressed? 服を脱いでいただけますか

ネイティブはこういう!

◆ **I'll be right back.** すぐに戻ってくるよ

◆ **That'll be 54 dollars.** 54ドルになります

◆ **That'll be my friend.** (戸口に来た人を推測して)私の友達だと思う

◆ **"Will you take Tom to be your husband?" "I will."** 「あなたはトムを夫としますか」「はい」(! 結婚式の誓約)

フォーカスページ

は来週の日曜日はひまですか」「はい, ひまです」(❗Will＋you〈主語〉＋動詞の原形で疑問文)

注意› (1)条件などを表す節では, 未来のことをいう場合も will は使わない:
If it rains tomorrow, I'll stay home. あした雨が降れば私は家にいます(×If it will rain ...)
(2)時を表す when, after, before, until などの接続詞で始まる節の中でも will は用いない:
I'll see you when I get home. 家に帰ったらまた会おうね

❷《平叙文・意志未来》《主語は一人称》(私(たち)は)…**するつもりである, …しようと思う**

• [CAN-DO Tips 自分の意志を言う]
I will study abroad in the near future. 近い将来留学するつもりです

• **We will** [**We'll**] do our best. 私たちは全力をつくします

会話 "Will you play tennis with us?" "Yes, I **will**." 「私たちとテニスをしませんか」「ええ, やりましょう」(❗最初の will は❹)

❸《平叙文》《主語は二・三人称》…**してくれる, どうしても…しようとする**(❗意志未来); …**しなさい**(❗命令・依頼); …**するものである**(❗習慣・習性) ⇨ **would ❷❸**

• This door **won't** open. このドアはどうしても開かない(❗ふつう短縮形)

• Oil **will** float on water. 油は水に浮く

❹《疑問文》《主語は二人称》文型 [**Will you** *do*?] (君は)…**しますか**(❗意志未来); …**しませんか**(❗勧誘); …**してくれませんか**(❗依頼)(❗もっとていねいに言う時は Would you *do*? を用いる)

• **Will you** *have* some cake? ⇨ フォーカス 2 ケーキを召し上がりますか[いかがですか]

• **Won't you** *come* in? ⇨ フォーカス 4 どうぞお入りなさいよ(←お入りになりませんか)(❗won't = will not; Will you come in? よりも強くすすめる言い方)

• Pass (me) the salt, **will you**? 塩を回して[取って]くださいませんか(❗命令文のあとにつける; ..., will you? を上昇調でいうと相手にたのむ言い方になり, 下降調でいうと「…してください」と軽い命令の言い方になる)

CAN-DO Tips› 依頼する
Will you ...? という表現を使うと, 人に何かをしてもらうよう頼むことができるようになります

会話 "**Will you** please lend me the book?" "All right." 「私にその本を貸してくれませんか」「いいですよ」

will have done ... …してしまっているだろう(❗未来の時点での完了, 過去に対する現時点での推量などを表す)

• The letter **will have arrived** by now. 手紙は今ごろにはもう着いているだろう

will[2] B2 /wíl ウィル/ 名 ❶《単数形で》**意志(力), 決意; 望み** ⇨**willing**

• **against** *one's* **will** 意志に反して, いやいや, 心ならずも

• Where there's a **will** there's a way. 《ことわざ》(やろうという)意志のあるところには(何らかの)道がある(❗「精神一到何事か成らざらん」に相当)

❷ C **遺言**(ゆいごん), **遺言書**

at will 意のままに, 自分の思い通りに, 好きなように, 自由に

do the will of ... …の望みに従う

have** one's **will 思い通りにする

of** one's **own** (**free**) **will 自分の意志で

with a will 本腰を入れて

with the best will in the world 《口語》《ふつう否定文で》どんなに努力を尽くしても

will·ful /wílfəl ウィルフル/ 形 ❶**わがままな, 強情な** ❷**故意の, わざとした**(❗名詞の前に用いる)

willfully 副 わがままに; 故意に

Wil·liam /wíljəm ウィリャム/ 名 ウィリアム《◆男性名》

Wil·lie /wíli ウィリ/ 名 ウィリー《◆男性名; William の愛称; 女性名》

will·ing B2 高 /wíliŋ ウィリング/ 形 ❶(要

望にこたえて)…する意思がある, いやがらないで…する, …する用意がある, …するのをいとわない《*to do*》(↔**unwilling**) (❗名詞の前には用いない)
● Many shoppers **are willing to** pay more for organic food. 多くの買い物客は自然食品を購入するのに多く支払うことをいとわない
❷《名詞の前で》自ら進んで行う, 自発的な

will·ing·ly B2 /wíliŋli ウィリングリ/ 副 喜んで, 快く, 進んで (↔**unwillingly**)

will·ing·ness B1 /wíliŋnəs ウィリングネス/ 名 U 快く[喜んで]…すること; 喜んでする気持ち
● She appreciated his **willingness** to help. 彼が進んで手伝おうとする気持ちに彼女は感謝した

wil·low /wílou ウィロウ/ 名 C 《植物》ヤナギ; U ヤナギ材

will·pow·er /wílpàuər ウィルパウア/ 名 U 意志力, 自制力

Wil·ly /wíli ウィリ/ 名 ウィリー《♦男性名; William の愛称; 女性名》

wilt /wílt ウィルト/ 動 自 (草花が)しおれる; (人が)弱る, しょげる; 他 しおれさせる

wil·y /wáili ワイリ/ 形 (比較級 **wilier**; 最上級 **wiliest**) ずるい, 巧妙な; (行為が)策を用いた, 狡猾(こうかつ)な

wimp /wímp ウィンプ/ 名 C 《口語》意気地なし《♦人》

win A1 中

/wín ウィン/ 動 (三単現 **wins** /wínz/; 過去・過分 **won** /wʌ́n/; 現分 **winning**)
❶ 自 他 (戦争・競技などに)勝つ (↔**lose**) (❗試合などに勝つことに用い, 人に勝つ場合は beat, defeat を用いる)
● **win** a race [a battle, an election] 競走[戦い, 選挙]に勝つ
● Our team **won** the baseball game (by) 10 to 1. わがチームはその野球の試合に10対1で勝った
比較 We **beat** them. 私たちは彼らに勝った (❗×We won them.; 「人・チームに勝つ」には beat を使う)
❷ 他 (賞・賞金[品]などを)獲得する, 受賞する; (勝利・名声などを)手に入れる, 勝ち取る ● **win** 20 seats in the election 選挙で20議席を得る
文型 [**win A B** = **win B for A**] A(人)にBを得させる
● Her performance **won** her an Oscar. そのすばらしい演技で彼女はオスカーを受賞した

can't win 《口語》どうやってもうまくいかない
win back 取り戻す
win or lose 勝っても負けても, 結果はどうあれ
win out 《口語》勝つ; やり抜く, 成功する
win over ... …を説き伏せる, (味方に)引き込む
win through 《口語》勝ち進む; 成功する
win one's way 苦労して進む; 努力して成功する
You win. 《口語》君の言う通りだ

━名 (複 **wins** /wínz/) C 勝ち, 勝利; 成功 (↔**loss**) ● The team got their first **win** of the season yesterday. そのチームは昨日, 今シーズン初勝利を得た

wince /wíns ウィンス/ 動 自 一瞬ぴくりとする, すくむ; ひるむ, たじろぐ《*at*》
━名《**a wince**》たじろぎ, ひるみ

winch /wíntʃ ウィンチ/ 名 C 巻き上げ機, ウィンチ; 曲がり柄, クランク
━動 他 ウィンチで巻き上げる

wind[1] A1 中

/wínd ウィンド/ 名 (複 **winds** /wíndz ウィンヅ/) ❶ U C 風
● **wind** power (発電などに使う)風力
● A strong **wind** was blowing from the sea. 海辺から強風が吹いていた

コロケーション
形+**wind**
a cold [chilly] *wind* 冷たい風
a gentle *wind* やさしい風

A B C D E F G H I J K L M N O P Q R S T U V W X Y Z

an icy [a freezing] *wind* 凍てつく風
a biting *wind* 身を切るように寒い風
a stormy *wind* 暴風
❷ U 呼吸, 息 (=breath); 呼吸する力
• lose one's **wind** 息が切れる
❸ U《英》おなかにたまるガス (=《米》gas)
against the wind 風に逆らって
before the wind 追い風で, 順風を受けて
get [***catch***] ***wind of ...***《口語》…を知る, かぎつける; 気がつく
in the wind ① 風を受けて ② 起こりかけて
like the wind (風のように)速く
on the wind 風に乗って
put the wind up《口語》(人を)ぎょっとさせる, 驚かせる
see how the wind blows 世論の動向を見る
throw A to the wind(***s***) A(不安など)をきっぱり捨て去る
派生 **windy** 形

wind² B2 /wáind ワインド/ (発音 wind¹ との違いに注意) 動 (三単現 **winds** /wáindz ワインヅ/; 過去・過分 **wound** /wáund/; 現分 **winding**) ❶ 他 (時計のねじ・包帯などを)巻く; (取っ手などを)回す; (ぐるぐる)巻きつける; 自 (つるなどが)巻きつく
• **wind** a scarf **around** *one's* neck 首にスカーフを巻く
❷ 自 (道や川が)うねる, 曲がる, 曲がりくねっている
wind down ①(ぜんまいが)ゆるんで止まる; (活動などが)終わりに向かう ②(仕事のあとなどで)くつろぐ
wind up ①(腕時計などを)巻く ⇨❶ ② 終わりにする, しめくくる; 解散する

wind-borne /wíndbɔ̀ːrn ウィンドボーン/ 形 (種子・花粉などが)風で運ばれた

wind·break /wíndbrèik ウィンドブレイク/ 名 C 防風林; 風よけ

wind·break·er /wíndbrèikər ウィンドブレイカ/ 名 C ウィンドブレーカー (♦スポーツ用ジャンパー)

wind·ed /wíndəd ウィンデド/ 形 息を切らした, 息のできない

wind·fall /wíndfɔ̀ːl ウィンドフォール/ 名 C 風で落ちた果実; 予期しない授かりもの, (遺産・宝くじなどの)棚ぼた

wind·ing B2 /wáindiŋ ワインディング/ 形 うねる, 曲がりくねった; らせん状の — 名 U 巻くこと, 巻き上げること; C (コイルなどの)巻いたもの; U 曲がること, 屈曲; C 曲がった部分

wínd ìnstrument 名 C 管楽器, 吹奏楽器

wind·mill /wíndmìl ウィンドミル/ 名 C
❶ 風車, 風車小屋
❷《英》風ぐるま (=《米》pinwheel)

win·dow A1 中

/wíndou ウィンドウ/ 名 (複 **windows** /wíndouz/) C ❶ 窓
• **open** [**close**, **shut**] the **window** 窓をあける[しめる]
❷ 窓ガラス (=windowpane)
• break the **window** 窓ガラスを割る
❸ 窓口; (店の)ショーウィンドウ (=show window)
❹《コンピュータ》ウィンドウ (■画面上で情報を表示する四角形の領域)

wíndow bòx 名 C ウィンドウボックス, プランター

win·dow·pane /wíndoupèin ウィンドウペイン/ 名 C (1枚の)窓ガラス

wíndow shàde 名 C《米》窓の日おおい, ブラインド

win·dow-shop·ping /wíndouʃɑ̀piŋ ウィンドウシャピング/ 名 U ウィンドウショッピング

wíndow sìll 名 C 窓台, 窓の下枠

wind·pipe /wíndpàip ウィンドパイプ/ 名 C 気管

wind·screen B1 /wíndskrìːn ウィンドスクリーン/ 名 (複 **windscreens** /wíndskrìːnz/) C《英》(=windshield)

wind·shield B2 /wíndʃìːld ウィンドシールド/ 名 C《米》(自動車などの)フロントガラス, 風防ガラス (■「フロントガラス」は和製英語で ×front glass とはいわない)

Wind·sor /wínzər ウィンザ/ 名 ❶ ウィンザー《◆イングランド南部の都市》 ❷ ウィンザー王家《◆現在の英国の王室》

wind·storm /wíndstɔ̀ːrm ウィンドストーム/ 名 C (雨を伴わない)暴風

wind·surf·ing B1 /wíndsə̀ːrfiŋ ウィンドサーフィング/ 名 U 《スポーツ》 ウィンドサーフィン

wind·swept /wíndswèpt ウィンドスウェプト/ 形 (場所が)吹きさらしの; (風で)髪[服]が乱れた

wind·up /wáindʌ̀p ワインダプ/ 名 C 《口語》 終結(する[させる]こと); 結末; 《野球》 ワインドアップ

wind·ward /wíndwərd ウィンドワド/ 名 U 風上 ━ 形 風上の, 風上にある ━ 副 風上に, 風上へ

wind·y A2

/wíndi ウィンディ/

形 (比較級 **windier**; 最上級 **windiest**)

❶ 風の強い, 風の吹きさらす (❗ wind[1](風)の形容詞形)

- a **windy** day 風の強い日

❷ (話などが)内容のない, 多言な

- a long, **windy** speech 冗長な演説

派生 **wind**[1] 名

wine A2 高

/wáin ワイン/ 名 (複 **wines** /wáinz/) U C ❶ ワイン, ぶどう酒; (ワイン以外の)果実酒

- I like red [white] **wine**. 私は赤[白]ワインが好きだ (❗ wine は物質を表す語なので ×*a* wine, ×wines としない. ただし注文するときや種類を示す場合に「1杯のワイン」というときは, a fine French wine のように言う)
- **A glass [A bottle] of wine**, please. ワイン1杯[1本]ください

❷ ワインレッド, 暗赤色

put new wine in old bottles 古い革袋に新酒を入れる (←古い形式をそのままにして新しいことを試みるたとえ)

wine·glass /wáinglæ̀s ワイングラス/ 名 C ワイングラス

win·er·y /wáinəri ワイナリ/ 名 (複 **wineries** /wáinəriz/) C ワイナリー, ワイン醸造所

wing B1 高 /wíŋ ウィング/ 名 (複 **wings** /wíŋz/) C ❶ (鳥・飛行機の)翼; (昆虫などの)羽 ❷ (家・建物のおも屋から横に突き出た)翼(よく), そで; 《ふつう **wings**》 (舞台の両すみの)そで

- the west **wing** of a hospital 西側病棟

❸ (政治の)党派

❹ 《サッカーなど》 ウィング; ウィングの選手 ❺ 《英》 (自転車の)フェンダー

on the wing 飛んで(いる)

spread one's wings 一人立ちする, 自分の力を試す

take ... under one's wing …を保護する, 面倒を見る

take wing 飛び去る[立つ]

winged /wíŋd ウィングド/ 形 翼[羽]のある, 有翼の, 有翅(ゆうし)の

wing·span /wíŋspæ̀n ウィングスパン/ 名 C 《航空》 翼スパン, 翼幅 《◆鳥・昆虫・飛行機の両翼の端から端までの長さ》

wing·spread /wíŋsprèd ウィングスプレド/ 名 C (鳥・飛行機などの)翼幅

wink B2 /wíŋk ウィンク/ 名

❶ C ウィンク, 目くばせ; まばたき
❷ 《単数形で》 一瞬, またたく間

━ 動 自 他 ❶ (人に)ウィンクする, ウィンクで伝える

> 参考› 日本とは違い, 英米ではさまざまな意味を込めて, 異性だけでなく同性にも wink する; たとえば「これはほんの冗談さ」「これは秘密にしてね」「がんばれよ」「よくやった」「わかってるよ」など

❷ (星や光が)きらきらする, またたく; (ライトが[を])点滅する[させて知らせる]
❸ (両目が)まばたきする

win·ner A2 高

/wínər ウィナ/

名 (複 **winners** /wínərz/) C

❶ 勝った人, 勝利者 ⇨**win**

- Who was the **winner** of the women's singles? 女子シングルスの優勝

者はだれでしたか
❷受賞者, 入賞者; 受賞作品
• Barack Obama was the **winner** of the Nobel Prize for Peace in 2009. バラク・オバマは2009年度のノーベル平和賞受賞者だ

Win·nie-the-Pooh /wíniðəpúː ウィニザプー/ 名『くまのプーさん』《♦英国の作家ミルン(Milne)の童話》; その主人公のクマ

win·ning /wíniŋ ウィニング/ 形 勝った, 優勝の; 決勝の ⇨**win**
━名 ❶U 勝つこと, 勝利
• **winning** home run 決勝ホームラン
❷《**winnings**》賞金, (かけの)もうけ

win·ter A1 中

/wíntər ウィンタ/
名 (複 **winters** /wíntərz/)
❶UC 《ふつう無冠詞単数形》冬, 冬期
• It was a very cold **winter**. とても寒い冬でした (❗形容詞がつくと a(n)+形容詞+winter; It はばく然と「その時は」ほどの意味で, 日本語には訳さない)
❷《形容詞的》冬(用)の, 冬期の
━動 (三単現 **winters** /wíntərz/; 過去・過分 **wintered** /wíntərd/; 現分 **wintering** /wíntəriŋ/) 自 冬を過ごす

win·ter·ize /wíntəràiz ウィンタライズ/ 動 他 《米》(車・家・植物などに)冬期装備を施す; 防寒処置をする, 冬に備える

win·ter·time /wíntərtàim ウィンタタイム/ 名U 冬, 冬期, 冬季

win·try /wíntri ウィントリ/ 形 冬の; 冬のような 派生 **winter** 名

win-win /wìnwín ウィンウィン/ 形 双方[全員]にとって好ましい (❗名詞の前に用いる)

wipe B2 /wáip ワイプ/ 動 他 ❶〔…で〕(…の表面を)ふく, ぬぐう《*with, on*》(❗しばしば副詞 off をともなう)
• **wipe** *one's* hands **with** [**on**] a towel タオルで手をふく
❷〔…から〕(汚れ・水分などを)ぬぐい去る, ふき取る《*from, off*》(❗しばしば副詞 off, away, up をともなう)
❸〔…から〕(データなどを)消去する《*from, off*》; 〔…から〕(不快な事柄を)消し[ぬぐい]去る《*from, out of*》

wipe down ものをきれいにふく
wipe out (中を)きれいにふく, ぬぐい取る; (敵などを)一掃する, 全滅させる; (利益などを)損失させる
wipe up (皿などを)ふいて乾かす
━名C ふくこと, ぬぐうこと

wip·er /wáipər ワイパ/ 名C ふく人; ふく物 (❗タオル・ハンカチなど); 黒板ふき; (車の)ワイパー

wire B1 /wáiər ワイア/
名 (複 **wires** /wáiərz/) UC
❶針金; ワイヤー; 電線, ケーブル
• tie ... with (a piece of) **wire** 針金で…をしばる
❷《米》《口語》電報 (=telegram)
• **by wire** 電報で (×by *a* wire としない)

down to the wire 《米》《口語》最後[とことん]まで
pull* (*the*) *wires 操り人形を操る; 陰で糸を引く

━動 (三単現 **wires** /wáiərz/; 過去・過分 **wired** /wáiərd/; 現分 **wiring** /wáiəriŋ/) 他 ❶(家などに)配線を行う, 回線を通す; 針金でつなぐ
• **wire** a house for the Internet 家にインターネットの回線を引く
❷《口語》電報で知らせる, 電報を打つ
❸(金を)振り込む, 電信で送る

wire·less /wáiərləs ワイアレス/ 形 無線の (❗名詞の前に用いる)

wire·tap /wáiərtæ̀p ワイアタプ/ 動 (三単現 **wiretaps** /wáiərtæ̀ps/; 過去・過分 **wiretapped** /wáiərtæ̀pt/; 現分 **wiretapping**) 他 …を盗聴して情報を集める; (電話・電信を)盗聴する
━名C 盗聴器
wíretàpping 名U 盗聴

wir·ing /wáiəriŋ ワイアリング/ 名U (建物などの)電気配線(工事)

wir·y /wáiəri ワイアリ/ 形 (比較級 **wirier**; 最上級 **wiriest**) 針金のような; (髪などが)ごわごわした

Wis·con·sin /wiskάnsin ウィスカンスィン/ 名 ウィスコンシン (❗米国中央北部の州; Wis., Wisc., (郵便で) WI と略す)

wis·dom A2 高

/wízdəm ウィズダム/ (×ワイズダム) 名 U

❶ (長年の経験に基づく)**賢明(さ), 知恵, 分別**

- a man **of wisdom** 賢者

❷ (過去から蓄積された)**知恵, 知識, 賢い教え; 金言**

派生 **wise** 形

wísdom tòoth 名 知恵歯, 親知らず

cut one's wisdom teeth 親知らずが生える; 成熟する

wise A2 高

/wáiz ワイズ/

形 (比較級 **wiser**; 最上級 **wisest**)

❶ (知識・経験・判断力があって)(判断・行為・人などが)**賢い, 賢明な, 分別のある** (❗単に「頭がいい」「記憶力がいい」の意味ではない)

- It's not **wise** to cut a class. 授業をサボるのはまずいよ

❷ 〔…に〕**詳しい, 通じた; 博識な, 学識がある** 《*in*》

似ている単語

賢い・利口な－wise, clever, bright

wise は知識や経験に裏打ちされて正しい判断ができる賢さをいう. **clever** は頭のよさ・回転の速さをいい,「ぬけめのない」の意味にもなる. **bright** は頭のよさをいい, 子どもに使うことが多い:

a **wise** decision 賢明な決定

make a **clever** suggestion 気のきいた提案をする

a **bright** boy 頭のいい男の子, 秀才

be wise after the event 事後に気づいて

- It is easy to **be wise after the event**. 《ことわざ》事が済んでから賢くなるのは簡単だ (❗「愚者の後知恵」に相当)

get wise to ... 《口語》…に気づく, …を知る

put A wise to ... 《口語》A(人)に…を知らせる

派生 **wisdom** 名

-wise 接尾 「…のように」「…の方向[位置]に」(❗副詞)

wise·a·cre /wáizèikər ワイゼイカ/ 名 《米》《口語》(=wise guy)

wise·crack /wáizkræ̀k ワイズクラク/ 名 C 《口語》気の利いたせりふ, 皮肉, いやみ ━動 自 《口語》〔…について〕しゃれた一言[いやみ]を言う 《*about*》

wíse gùy 名 C 《口語》知ったかぶりする人

wise·ly /wáizli ワイズリ/ 副 **賢明**(けんめい)**に(も), 賢く, 抜け目なく** (↔**foolishly**)

派生 **wise** 形

wish A1 中

/wíʃ ウィシュ/ 名 (複 **wishes** /wíʃəz/)

❶ U C **願い, 望み**; C **望みの物; 夢, 願い事**

- **My wish is to** be an actress. 私の望みは女優になることです
- against *A's* **wishes** Aの意志[願い]に背いて
- Close your eyes and **make a wish**. 目を閉じて願い事をしなさい
- You have to respect your parent's **wishes**. 親の望みは尊重しなければいけません

❷ C 《**wishes**》**人のしあわせを願う気持ち, 祝福のことば**

- Aunt Betsy **sends** us **good wishes for** a Happy New Year. ベツィーおばさんから私たちに新年おめでとうですって
- Please **give** your mother my **best wishes**. = Please **give** my **best wishes to** your mother. お母様によろしくお伝えください
- **Best wishes**, Mayumi Ando. それではお元気で[ご幸福を祈りながら, 愛を込めて], 安藤まゆみより (◆手紙の結びやプレゼントにそえて書くことば)

━ 動 (三単現 **wishes** /wíʃəz/; 過去・過分 **wished** /wíʃt/; 現分 **wishing**)

❶ 他 **…であればなあ, …すればいいと思う; …してほしい** (が, 実際はそ

うでないのが残念だ)
[CAN-DO Tips 願望を言う]

使い方》
(1) wish のあとは過去形になる
wish の意味である「…であればいいと願う」の「…」には事実とは異なる願望・理想が入る. 英語では, 現在の事実に反することをいうときは過去形(仮定法過去という), 過去の事実に反することをいうときは過去完了形(仮定法過去完了という)を使う
(2) be 動詞は were になる
wish に続く that 節中の動詞が be 動詞の時は主語に関係なく were を用いる. ただし that 節中の主語が単数の時, 口語では was を用いることもある

• I **wish** I **were** rich. お金持ちだったらいいのに
• I **wish** I **had listened** to her more carefully. 彼女の話をもっと注意深く聞いておけばよかったなあ
• Beth **wishes** that she **could** have helped him. ベスは彼を助けることができたらよかったのにと思っている

文型 [**wish** (**that**) **A would** *do*] (いらだちを示して)
• I **wish** he **would** *study* harder. 彼にもっと勉強してほしいと思う
比較 I **hope** the plan (will) succeed. 計画が成功するといいですね (❗ hope (that) ... も「…だといいと願う」を表すが, wish とは異なり可能性のあること, そうなりそうなことに使う)

❷ 他 〔…することを〕**願う, …したいと思う; …してほしい** 《*to do*》〔…であることを〕**望む** 《*that* ...》
• I **wish to** go abroad some day. 私はいつか外国へ行きたい
文型 [**wish A to** *do*] A に…してほしい
• He **wishes** Cathy **to** *attend* the party. 彼はキャシーにパーティーに出席してほしいと思っている
• Anne **wished that** she could *get* a new doll. アンは新しいお人形がもらえますようにと祈った

❸ 他 文型 [**wish A B**] A(のため)に B を切に祈る[願う]
• I **wish** you all the best. あなたのご多幸を祈ります
• I **wish** you luck [success]. あなたのご幸福[ご成功]を祈ります
• I **wish** you a Merry Christmas. クリスマスおめでとう (←君に楽しいクリスマスを祈る) (❗ クリスマスカードなどに書く文句; 会話では単に Merry Christmas! という)

❹ 他 自 〔…を〕**願う, 望む, ほしがる, 切望する, 思いこがれる** 《*for*》; 〔…に〕**願い事をする** 《*on, upon*》 (❗ want より改まったていねいな言い方)
• You can come with me, **if you wish**. もし君が来たければいっしょにおいでよ • He **wished for** world peace [the end of the war]. 彼は世界平和[終戦]を熱望した
• **wish on** a falling star [the first star, a new moon] 流れ星[一番星, 新月]に願いをかける

as one wishes 望みなら
会話 "Keep it a secret, please." "**As** you **wish**." 「秘密にしておいてください」「お望みどおりに」

wish away (いやな事が)消え去ることを願う

派生 **wishful** 形

wish·bone /wíʃbòun ウィシュボウン/ 名 C (鳥の胸にある Y 字形の)叉骨(さこつ), **願いの骨** 《◆引っぱり合って長い方 (a lucky break) を取った人の願い事がかなえられるといわれる》

wish·ful /wíʃfəl ウィシュフル/ 形 **望んでいる, 物ほしそうな** 派生 **wish** 名

wíshful thínking 名 U **希望的観測**

wish·y-wash·y /wíʃiwɑ̀ʃi ウィシワシ/ 形 (スープ・紅茶などが)**水っぽい, 薄い**; (人・考えなどが)**やる気のない, 煮え切らない**

wisp /wísp ウィスプ/ 名 C (毛髪・わらなどの)**房, ひと握り, 小さな束**; (煙・雲などの)**ひとひら, ひとすじ**

wis·te·ri·a /wistíəriə ウィスティ(ア)リア/ 名 C U 《植物》 **フジ**

wist·ful /wístfəl ウィストフル/ 形 **物ほし**

そうな, 物足りなそうな; 物思いに沈んだ **wístfully** 副 物ほしそうに

wit B2 /wít ウィト/ 名
❶ U 機知, ウィット, とんち
• Mark Twain was a man of **wit**. マーク・トウェインはウィットに富んだ人だった

似ている単語
おかしみ－**wit** と **humor**
wit はひらめきで出る知的なおかしみで, 聞いた人が感心しながらどっと笑う (laugh) ようなもの. **humor** は物事のおかしさをやさしい心で感じるもので, あとになっても微笑 (smile) が出てくるようなもの:
Wit causes sudden laughter, but **humor** produces a smile. 機知は爆笑を引き起こすが, ユーモアはほほえみを引き出す

❷ C 機知に富んだ人, ウィットのある人, 才人
❸ C 《**wits**》 知力, 思考力
• He had the **wits to** open the windows as soon as he smelt gas. ガスのにおいをかぐやいなや彼はとっさの気転で窓をあけた

at** one's **wit's** [**wits'**] **end 途方に暮れて
• He was quite **at his wit's end** as to how to act. 彼はすっかり途方に暮れてどうしてよいかわからなかった

***have** [**keep**] one's **wits about** one* 抜け目がない; 状況判断が早い; 冷静に対処する

live by** one's **wits (まともに働かず)うまく世渡りする

out of** one's **wits 正気を失って

派生 **witty** 形

witch /wítʃ ウィチ/ 名 C 女の魔法使い, 魔女 ⇨**wizard**

witch·craft /wítʃkræ̀ft ウィチクラフト/ 名 U 魔法, 魔術, 魔力

with A1 中
/wíð ウィズ/ 前

共通イメージ 同じ時間・場所で

❶ 《共同》 …と(いっしょに), …とともに • **with** a dog 犬と(いっしょに), 犬をつれて(いる)
• Jim was not **with** me yesterday. きのうはジムは私といっしょではなかった (❗ ×with I としない)
• I will send you some pictures **with** this letter. 私はこの手紙とともに[に同封して]写真を何枚か送ります

❷ 《所有・付属》 …を持っている, …の付いている; …を持ったままで, …を持って, …の身につけて
• a girl **with** long hair 長い髪の女の子
• a woman **with** her baby in her arms 赤ちゃんを腕に抱いた女の人
• a person **with** no sense of humor ユーモアのセンスのない人
• **Take** an umbrella **with** you. かさを持って行きなさい
• I **have** no money **with** me. 私は(手もとに)今お金をぜんぜん持ち合わせていない (❗ with me をつけないと「私は(ここにも銀行にもどこにも)まったくお金がない」の意味)

❸ 《相手・対応》 …と, …に(対して), …を相手に
• He **talked with** his father. 彼は父と話をした, 父に相談した
• I am **in love with** her. 私は彼女に恋をしている
• Let's not **fight with** each other today. 今日はけんかはよそう (←お互いとけんかをする)
• Four-leaf clovers are **associated with** good luck. 四つ葉のクローバーは幸運を連想させる

❹ 《手段・道具・材料・内容》 …を使って, …で (=using)
• cut an apple **with** a knife ナイフでリンゴを切る
• The streets were crowded **with** people. 通りは人でこみあっていた
• The top of Mt. Everest is **covered with** snow all year long. エベレストの頂上は一年中雪で覆われている
• This course provides you **with** necessary knowledge and skills. このコースを受講すると必要な知識と技術が得ら

with

A1 前
中 /wíð ウィズ/

意味マップ

前 ❶《共同》…と(いっしょに)
❷《所有・付属》…を持っている
❸《相手・対応》…と, …に(対して)
❹《手段・道具など》…を使って
❺《一致・協調》…に賛成して; …とよく合って
❻《様態》…を伴って
❼《付帯状況》…した状態で
❽《立場・関連》…にとって(は); …について
❾《原因・理由》…(のせい)で
❿《結合・混合》…と(くっついて)
⓫《同時》…とともに

使えるコーパスフレーズ

動詞＋with

1 **do ~ with ...**　…について～する
2 **deal with ...**　…を扱う
3 **come up with ...**　…を思いつく
4 **agree with ...**　…に賛成する
5 **get on with ...**　…に取りかかる

withの重要成句

with all ...
あれほど…がありながら
along with ...
…といっしょに ⇨**along**
go with ...　…と合う ⇨**go**
together with ...
…といっしょに ⇨**together**

ネイティブはこういう！

◆ **I'll be with you in a minute [moment].**
すぐにまいります(! 客などを短時間待たせる際に)
◆ **What's the matter with you?**
いったいどうしたの(! 相手の様子を気づかう表現)
◆ **I would like to take this book with me, if that's all right with you.**
差し支えなければ, この本を持ち帰りたいんだけど
◆ **Are you with me, Robert?**
ロバート, わかってるの?(! 先生が生徒などに, 相手が理解しているかを確認する);
どうだい, ロバート, 賛成かい?(! 自分の申し出に対しての同感・賛成を問う)
◆ **This soup goes well with our home-baked bread.**
このスープは, 当店の自家製パンにぴったりですよ(! レストランの店員が客に)
◆ **a suite room complete with a kitchen**　キッチン完備のスイートルーム

フォーカスページ

❶((共同)) ❸((相手・対応))…と(いっしょに)
❺((一致・協調)) …に賛成して
(意見が近い・近くにあるのがふさわしい)

I am in love with her.

⓫((同時))…とともに

With those words, he left.

時間的にくっついている

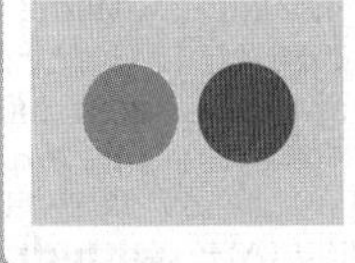

共通イメージ
同じ時間・場所で

持っていること・同時に
成立していることに注目

❷((所有・付属))…を持っている
❹((手段・道具など))…を使って
❻((様態))…を伴って
❼((付帯状況))…した状態で

a woman with her baby
in her arms

原因をいっしょにあるものと見る

❾((原因・理由))…のせいで

He was in bed with a cold.

いっしょにあるものに注目

❽((立場))…にとって,
((関連))…について

Something is wrong with this radio.

最終的にくっつくように

❿((結合・混合))
…と(くっついて)

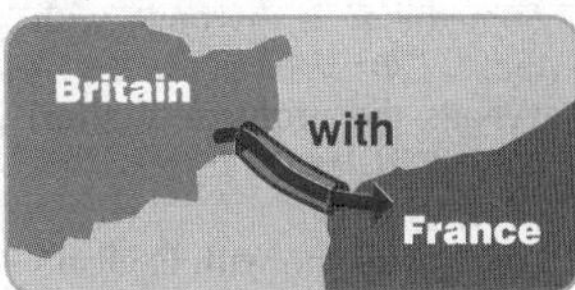

connect Britain with France

フォーカスページ

れます (←必要な知識と技術を与えます)

❺《一致・協調》…に賛成して, …に同調して; …とよく合って

• Are you **with** me or **against** me? 君はぼくに賛成, 反対?

• I **agree with** you [her idea]. ⇨ フォーカス❹ 君[彼女の考え]に賛成だ

• Your tie goes very well **with** your coat. 君のネクタイは君の上着にとてもよく合ってるね

❻《様態》…を伴って; …しながら, …して

• **with** ease 簡単に, やすやすと (=easily)

• **with** (**great**) **care** (とても)慎重に

• She looked at him **with** mocking eyes. 彼女はばかにするような目で彼を見た

会話 "Will you help me?" "Yes, **with pleasure**."「手伝ってくれますか」「はい, 喜んで」

❼《付帯状況》《ふつう **with**＋目的語 (A)＋形容詞・副詞(句)・分詞》Aを…の状態にして, …した状態で

• sleep **with** the windows open 窓をあけたまま眠る (❗ open は「あいている」の意味の形容詞)

• Don't speak **with** your mouth full. 口に食べ物をいっぱい入れたまましゃべるな

• She said good-bye **with** tears in her eyes. 彼女は目に涙を浮かべて別れを告げた

• She was standing **with** her back to the camera. 彼女はカメラに背を向けて立っていた

❽《立場》…にとって(は);《関連》…について, …に関して • It's **all right with** me. 私(について)はそれでけっこう

• What did you **do with** my book? ⇨ フォーカス❶ 私の本はどうしたの?

• Something is **wrong with** this radio. このラジオはどこかが故障している

• What's **the problem** [**matter**] **with** you? どうしたのですか (←あなたについての問題は何ですか)

• Anne **helps** me **with** English. アンが私の英語の勉強を助けてくれます (←アンが英語について私を助ける)

• Now let's **get on with** our homework. ⇨ フォーカス❺ さあ宿題に取りかかろう

❾《原因・理由》…(のせい)で, …が原因で • He was in bed **with** a cold. 彼はかぜで寝ていた

• He turned red **with** anger [embarrassment]. 彼は怒りで[気恥ずかしくて]真っ赤になった

❿《結合・混合》…と(くっついて)

• The channel tunnel connects Britain **with** France. (英仏)海峡トンネルはイギリスをフランスとつなぐ

• mix blue **with** red 青と赤を混ぜる

⓫《同時》…とともに, …と同時に

• **With** those words, he left. 彼はそのことばとともに[そう言って]去って行った

with all ... ① あれほど…がありながら, あんな…にもかかわらず
② …がいっぱいあるので

with·draw B2 /wiðdrɔ́ː ウィズドロー/ 動 (三単現 **withdraws** /wiðdrɔ́ːz/; 過去 **withdrew** /wiðdrúː/; 過分 **withdrawn** /wiðdrɔ́ːn/; 現分 **withdrawing**)

❶ 他 (預金を)引き出す, 下ろす (↔**deposit**) • My mother **withdrew** some money from her account. 母親は口座からのお金をいくらか下ろした

❷ 他 (商品などを)回収する; 自 引き下がる; 引っ込む; 退く

❸ 他 (手足などを)引っこめる; (視線などを)そらす; (物を)取り出す《*from*》; (カーテンなどを)引く

❹ 自 〔活動・組織などから〕退く, 身を引く; (競技などへの)出場を取り消す《*from*》

❺ 他 (援助・支持などを)取りやめる《*from*》, (申し出・要求などを)取り消す; (訴訟を)取り下げる ❻ 他 (発言・陳述などを)撤回する ❼ 他 (活動などから)(人などを)退かせる, はずす; 〔競技から〕…の出場を取り消す; 〔場所から〕(軍隊などを)退却させる《*from*》 ❽ 自 〔…から[…に]〕(1人になろうと静けさを求め)立ち去る, 引っこむ《*from, into, to*》

with·draw·al B2 /wiðdrɔ́ːəl ウィズドローアル/ 名 U C 引っ込めること, 引っ込む

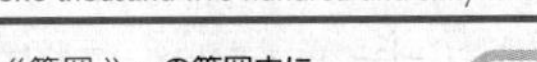

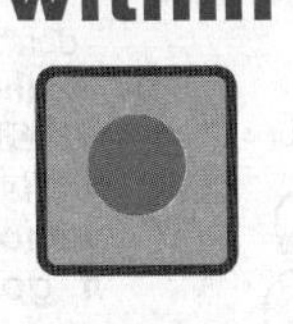

drive within the speed limit

I'll be back within ten minutes.

I live within ten minutes' walk of the school.

こと; (預金の)引き出し; 取り消し, 撤回; 撤退

with·drawn /wiðdrɔ́ːn ウィズドローン/ 動 withdrawの過去分詞

with·drew /wiðdrúː ウィズドルー/ 動 withdrawの過去形

with·er B1 /wíðər ウィザ/ 動 (三単現 **withers** /wíðərz/; 過去・過分 **withered** /wíðərd/; 現分 **withering** /wíðəriŋ/) 自 《しばしば **wither up** [**away**]》しぼむ, しおれる, 枯れる; 他 しぼませる, 枯らす, しおれさせる

with·held /wiðhéld ウィズヘルド/ 動 withholdの過去形・過去分詞

with·hold /wiðhóuld ウィズホウルド/ 動 (三単現 **withholds** /wiðhóuldz ウィズホウルヅ/; 過去・過分 **withheld** /wiðhéld/; 現分 **withholding**) 他 与えずにおく; 抑える

with·in A2 高

/wiðín ウィズィン/

共通イメージ 範囲の外に出ない

━ 前 《時間・距離》…以内に[で]; 《範囲》…の範囲内に[で]; 《場所》…の内部[内側]に

- **within the next** three years 今後[その後]3年以内に
- I'll be back **within** ten minutes. 10分以内にもどります

比較 I'll be back **in** ten minutes. 10分でもどります (! in は「10分後に」, within は「10分にならないうちならいつでも」の意味)

- I live **within** ten minutes' walk **of** the school. 私は学校から歩いて10分以内の所に住んでいます
- My mom always drive **within** the speed limit. うちのママはいつも制限速度を守って運転する
- I was **within** the house when the earthquake occurred. 地震が起きた時私は家の中にいた

from within 内部[内側]から

with·out A2 中

/wiðáut ウィザウト/ 前

❶…なしで[に], …をつれずに, …を使わずに (↔**with**); 《仮定法の条件として》…がなくては, …がなければ

• eat *without* a knife and fork ナイフとフォークを使わずに食べる (❗ 動詞+without+(代)名詞)

• **without** warning 何の前触れ[警告]もなく • I can't live **without** you. 私は君なしでは生きられない

• **Without** doubt I say he is my friend. 疑いなく彼は私の友達[味方]だと言える • **Without** water, no living thing could live. 水がなければ, どんな生物も生きられないだろう (=**If it were not for** water [**But for** water], no living thing could live.)

❷《without *doing*》…しないで, …せずに (↔**with**)

• speak **without thinking** 考えずにしゃべる (←考えることなしに)

• He went out of the room **without saying** a word. 彼は一言も言わずに部屋から出て行った (=... without a word. ❶) • He spoke long **without ever coming** to the point. 彼は長々と話したがついに核心には触れなかった (←決して核心に触れることなく)

❸ …のない (=with no ...) (↔**with**)

• marriage **without** love 愛のない結婚 (❗ 名詞+without+名詞)

• I can't drink coffee **without** sugar. 私は砂糖が入っていないコーヒーは飲めない

***do* [*go*] *without* (...)** (…)なしですませる, (…が)なくてもなんとかやっていく • Even if there is not enough money, we'll have to **do without**. 十分なお金がなくてもそれでなんとかやっていかなくてはならない

***not* [*never*] *do without doing* …** せずには(決して)…しない; …すれば必ず…する • You ca**n't** really understand what's happening now **without** understanding the past. 過去を理解せずには今起きていることを本当に理解することはできない

without fail まちがいなく, 必ず

It goes without saying that ... …ということは言うまでもない ⇨**say** (成句)

with·stand /wiðstǽnd ウィズスタンド/ 動 (三単現 **withstands** /wiðstǽndz ウィズスタンヅ/; 過去·過分 **withstood** /wiðstúd/; 現分 **withstanding**) 他 抵抗する; 耐える, 持ちこたえる

with·stood /wiðstúd ウィズストゥド/ 動 withstandの過去形・過去分詞

wit·ness B1 /wítnəs ウィトネス/ 動 (三単現 **witnesses** /wítnəsəz/; 過去·過分 **witnessed** /wítnəst/; 現分 **witnessing**) ❶ 他 目撃する; 自 証言する

• **witness** a traffic accident 交通事故を目撃する

❷ 他 署名する

— 名 (複 **witnesses** /wítnəsəz/) C (事件などの)**目撃者**, (法廷などの)**証人**; U 証拠; 立会人, 連署人 • There were three **witnesses to** [**of**] the accident. その事故の目撃者が3人いた

bear witness 証言する; 証明する

call ... to witness …を証人として呼ぶ

wítness stànd 名 C 証人席

wit·ti·cism /wítisìzm ウィティスィズム/ 名 C 《文章》気の利いたことば, 名言, 警句

wit·ty B2 /wíti ウィティ/ 形 (比較級 **wittier**; 最上級 **wittiest**) 気のきいた, 機知に富んだ 派生 **wit** 名

wives /wáivz ワイヴズ/ 名 wife の複数形

wiz·ard B1 /wízərd ウィザド/ 名 (複 **wizards** /wízərdz ウィザヅ/) C ❶ (男の)魔法使い (❗ 魔女は witch); 奇術師

❷《コンピュータ》ウィザード (◆操作ガイド)

wiz·ard·ly /wízərdli ウィザドリ/ 形 魔法

使いのような; すばらしい, 抜群の

wiz·ard·ry /wízərdri ウィザドリ/ 名 U 魔法[術], 呪術(じゅじゅつ); 非凡な才能; (仕事などの)妙技

woad /wóud ウォウド/ 名 U 《植物》ホソバタイセイ《◆ヨーロッパ原産のアブラナ科の植物》

wob·ble /wábl ワブル/ 動 自 (人が)よろよろする; よろよろ進む《*along, off*》; (いす・テーブルなどが)ぐらぐらする; (意見・気持ちなどが)ぐらつく, 動揺する

— 名 C 《ふつう **a wobble**》ぐらつき; (心の)動揺

wob·bly /wábli ワブリ/ 形 (比較級 **wob-blier**; 最上級 **wobbliest**) (いすなどが)ぐらぐらする; 《口語》(人が)ふらつく

woe /wóu ウォウ/ 名 ❶ U 悲哀, 悲痛 (! 古風な語) ❷ C 災難

woe·ful /wóufəl ウォウフル/ 形 《文章》(人・表情・物事が)悲しい, 悲しみに満ちた, 痛ましい; (物・事が)情けない, ひどい

wok /wák ワク/ 名 C 中華なべ

woke /wóuk ウォウク/ 動 wake[1] の過去形・過去分詞

wok·en /wóukən ウォウクン/ 動 wake[1] の過去分詞

wolf B2 高 /wúlf ウルフ/ 名 (複 **wolves** /wúlvz/) C 《動物》オオカミ; 貪欲[残忍]な人

a wolf in sheep's clothing 羊の皮を着たオオカミ, ネコをかぶっている人, 偽善者 (! 聖書から来たことば)

cry wolf うそを言って人をさわがせる, 人さわがせなデマをとばす (!『イソップ物語』から)

keep the wolf from the door 《口語》最低限の収入を得る, 飢えをしのぐ

wolf·ish /wúlfiʃ ウルフィシュ/ 形 オオカミのような; 残忍な

wol·ver·ine /wùlvəríːn ウルヴァリーン/ 名 (複 **wolverines** /wùlvəríːnz/, **wolver-ine**) C 《動物》クズリ(屈狸)《◆北米産》; U その毛皮

wolves /wúlvz ウルヴズ/ 名 wolf の複数形

wom·an A1 中

/wúmən ウマン/ (発音 -o- は /u ウ/ と発音する) 名 (複 **women** /wímin/)

❶ C (おとなの)女, 女性, 婦人 ⇨**lady, female**

• a young **woman** 1人の若い女性
• an attractive **woman** 魅力的な女性

❷《形容詞的》女性の, 婦人の, 女流の

❸ U (総称して)女性(というもの)

wom·an·hood /wúmənhùd ウマンフド/ 名 U 女性(であること)

wom·an·kind /wúmənkàind ウマンカインド/ 名 U (集合的に)女性

wom·an·ly /wúmənli ウマンリ/ 形 女らしい; 女性にふさわしい (! よい意味での女性らしさを指す)

womb /wúːm ウーム/ 名 C 《解剖》子宮

wom·bat /wámbæt ワンバト/ 名 C 《動物》ウォンバット

wom·en /wímən ウィメン/ (発音 -o- は /i イ/ と発音する; woman との違いに注意) 名 woman の複数形

won /wʌ́n ワン/ 動 win の過去形・過去分詞

won·der A2 中

/wʌ́ndər ワンダ/ 動 (三単現 **wonders** /wʌ́ndərz/; 過去・過分 **wondered** /wʌ́n-dərd/; 現分 **wondering** /wʌ́ndəriŋ/)

❶ 他 〔…〕かしら(と思う), だろうか《*wh-* …》

• I **wonder who** she is. あの女の人はだれかしら (=Who is she, I **wonder**?)
• I'm **wondering what** to do next. 次に何をしようかと考えている

❷ 他 〔…ということに〕驚く, 〔…を〕不思議に思う《*that* …》

❸ 自 不思議に思う; 〔…を〕疑う, 〔…について〕思いをめぐらす《*about*》; 〔不思議さ・すばらしさに〕驚く, 驚嘆(きょうたん)する《*at*》 • Everybody is **wondering about** global warming. だれもが地球温暖化について思いをめぐらしている

(***I was***) ***Just wondering.*** 気になったもんでね, ちょっとききたいんだけ

どね

I wonder. …かと疑問に思う

I wonder if [***whether***] ***...*** 《口語》どうしたものか; さあどうだか

• I **wonder if** it is true. それはほんとうのことかしら

I [***We***] ***wonder*** [***I wondered, I was wondering***] ***if*** [***whether***] ***...*** 《口語》…していただけないかと思って (! ていねいな依頼の言い方)

• I **wonder if** you could help me. 手伝っていただけるかしら (! could は仮定法過去; can よりもていねいな言い方)

— 名 (複 **wonders** /wʌ́ndərz/)

❶ U (すばらしい物・不思議な物への)**驚き(の気持ち), 驚嘆, 驚異の念, 不思議;** 《形容詞的》**驚異の** ❷ C **不思議な物[事], 驚くべき事[人], 驚異**

do [***work***] ***wonders*** 奇跡をおこなう; すばらしい効果がある

(***It is***) ***No wonder*** (***that ...***) …は少しも不思議ではない, …なのは当たり前だ

won·der·ful A1 中

/wʌ́ndərfəl ワンダフル/ 形

❶ (びっくりするほど)**すばらしい, とてもすてきな** (=great)

• a **wonderful** time [life, idea] とてもすばらしい時間[人生, 考え]

• You did a **wonderful** job. すばらしい仕事をしたね, よく頑張ったね

• You look **wonderful** today. 今日はとってもすてきですね

❷ **驚異的な, 不思議な, 驚嘆すべき**

• a **wonderful** invention 驚くべき発明 (! 場合によっては「すばらしい発明」にもなる)

won·der·ful·ly /wʌ́ndərfəli ワンダフリ/ 副 **驚くほど, 非常に, すばらしく; 不思議なほど**

won·der·land /wʌ́ndərlæ̀nd ワンダランド/ 名 C (童話の)**不思議な国, おとぎの国; すばらしい所**

wont /wɔ́ːnt ウォーント/ 形 《文章》〔…するのに〕**慣れている, 習慣である** 《*to do*》

— 名 U 《ふつう *one's* **wont**》《文章》**習慣**

won't 中 /wóunt ウォウント/ will not の短縮形

woo /wúː ウー/ 動 他

❶ (人の)**支持を得ようと努める, アピールする;** (名誉・財産などを)**求める**

❷ 《古風》(女性に)**求愛する, 求婚する**

wood A2 中

/wúd ウド/ (発音 would と同音)

名 (複 **woods** /wúdz ウヅ/)

❶ U 《種類では C 》(切った)**木, 木材, 材木** 《♦立ち木(tree)でなく, 家や家具を作る用材》

• **a piece of wood** 小さな木片 (×a wood, ×woods としない)

• a pile of **wood** 木片の山

• a room with a **wood** floor フローリングの部屋, 板敷きの部屋

• My house is made **of wood**. 私の家は木造です

❷ 《しばしば **woods**》**小さな森, 林** (=forest)

❸ C **まき, たきぎ**

cannot see the wood for the trees 木を見て森を見ない (←小さいことにとらわれて大局が見えない)

knock (***on***) ***wood*** 《米》(こう言っても)悪いことが起こりませんように, くわばらくわばら

out of the woods 危険[困難]を脱して

touch wood 《英》(= knock (on) wood)

派生 **wooden** 形; 派生 **woody** 形

wood·block /wúdblὰk ウドブラク/ 名 C

❶ **木版(画)** ❷ (建材の)**木れんが**

❸ 《楽器》**ウッドブロック**

wóod càrving B2 名 U **木彫り, 木彫(術);** C **木彫品**

wood·chuck /wúdtʃʌ̀k ウドチャク/ 名 C 《動物》**ウッドチャック** 《♦北米産のマーモット》

wood·cut·ter /wúdkʌ̀tər ウドカタ/ 名 C **木こり**

wood·ed /wúdəd ウデド/ 形 **森の多い;**

樹木のしげった

wood·en A2 高

/wúdn ウドン/ 形

❶木製の，木造の，木でできた

• a **wooden** box [table, bench, door] 木の箱[テーブル，ベンチ，ドア]

❷(動作・表情などが)ぎこちない；生気のない

派生 wood 名

wood·land /wúdlæ̀nd ウドランド/ 名 U 森林地帯

wood·peck·er /wúdpèkər ウドペカ/ 名 C 《鳥》キツツキ

wood·pile /wúdpàil ウドパイル/ 名 C まき[たきぎ]の山

wood·wind /wúdwìnd ウドウィンド/ 名 C 木管楽器；《**the woodwinds**》(オーケストラの)木管楽器部

wood·work /wúdwə̀ːrk ウドワーク/ 名 U 《英》木工 (=《米》woodworking)；《集合的》木工品；家屋の木造部分

wood·work·ing /wúdwə̀ːrkiŋ ウドワーキング/ 名 U 《米》木工 (♦木で家具などを作ること)

wood·y /wúdi ウディ/ 形 (比較級 **woodier**; 最上級 **woodiest**) 木の茂った；森の多い 派生 wood 名

woof[1] /wúf ウフ/ 名 C 《**the woof**》(織物の)横糸 ⇨**warp**

woof[2] /wúːf ウーフ/ 間 《口語》ウー (♦犬などのうなり声)

wool A2

/wúl ウル/ (×ウール) 名 U

❶羊毛，羊[ヤギなど]の毛

❷ウール(製品)，毛織物；毛織の衣類；《形容詞的》ウールの

• a **wool** blanket ウールの毛布

❸毛糸

wool·en /wúlən ウルン/ 形 《米》羊毛(製)の，ウールの

wool·len /wúlən ウルン/ 形 《英》(=woolen)

wool·ly /wúli ウリ/ 形 (比較級 **woollier**; 最上級 **woolliest**) 羊毛(製)の

word A1 中

/wə́ːrd ワード/ 名 (複 **words** /wə́ːrdz ワーヅ/) ❶ C 単語，語

• What does this **word** mean? この単語の意味は何ですか

• The **word** "chair" has five **letters**. chair という語は5つの文字から出来ている (←5つの文字を持っている)

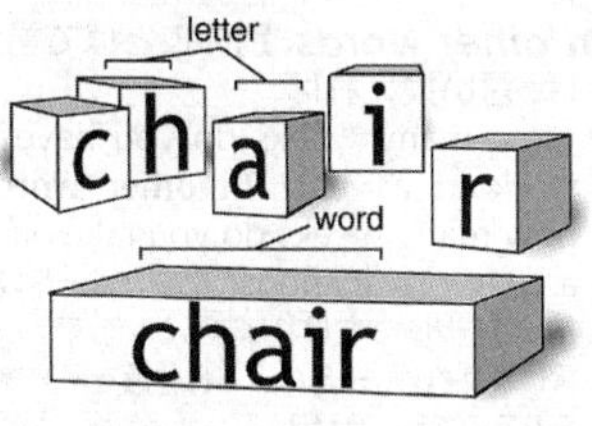

❷ C ことば；一言，手短な話，短いことば；表現《否定文で》一言も…ない

• a **word** of advice [thanks, caution, warning] 忠告[お礼，警告，戒め]のことば

• She did**n't** say a **word** about it. 彼女はそれについては一言も言わなかった

❸ C 《*one's* **word**》約束，自分の言った事 (❗複数形にしない)

• keep [break] *one's* **word** 約束を守る[破る]

❹ U 《無冠詞または **the word**》知らせ，たより；うわさ

❺《**words**》口論，言い争い

❻《**words**》歌詞；(劇の)せりふ

at a word (頼めば)すぐに，一言で

a word to the wise 《ことわざ》賢者には一言で十分である (❗「一を聞いて十を知る」に相当)

be as good as *one's* ***word*** 必ず約束を守る，ことばどおり実行する

beyond words ことばでは言い表せない

break *one's* ***word*** 約束を破る

by word of mouth (書面でなく)口頭で，口伝えで

choose *one's* ***words*** (慎重に)ことばを選ぶ

eat** one's **word 自分の誤りを認める, 前言を撤回する
give ... one's word …に約束する
hang on** A's **words Aの話に聞き入る
have a word with ... …と少し話す, ちょっと話し合う
have words with ... …と口論する
in a word ひとことで言えば, 要するに
in other words 別のことばで言えば, 言い換えれば
• How many weeks do you have to work in a year? **In other words**, how many weeks do you take off in a year for vacations? あなたは一年のうちに何週間働かなければならないのですか? 言い換えれば, 一年のうちに休暇を何週間とられるのでしょうか?
in as [so] many words はっきりと, 露骨に
keep** one's **word 約束を守る
***put in [say] a good word for** A* A(人)のことをよく言ってあげる, Aのために口添えする, Aを推薦する
put** A **into words Aをことばで表現する
say the word 《口語》しなさい[そうだ]と言う • Just **say the word**, and I'll teach you how to use it. 頼むと一言言えば使い方を教えてやる
send word 伝言する
take** A **at** A's **word A(人)の言うことを真に受ける
take** A's **word for it A(人)の言うことが正しいと認める
upon my word 誓って, 確かに
word by word 1語ずつ; 逐語的に
word for word 逐語的に

wórd gàme 名 C ことば遊び
word·ing /wə́ːrdiŋ ワーディング/ 名 U 言い回し, ことば遣い
wórd òrder 名 U 語順
wórd pròcessing 名 U (パソコン・ワープロによる)文書作成[編集]
wórd pròcessor 名 C ワードプロセッサー, ワープロ
word·y /wə́ːrdi ワーディ/ 形 (比較級 **wordier**; 最上級 **wordiest**) 口数の多い, くどくど言う; ことばの, ことばによる
wore /wɔ́ːr ウォー/ 動 wearの過去形

work A1 中

/wə́ːrk ワーク/
共通イメージ 働く, 作動する

意味マップ
動 ❶ 働く, 勤めている; 勉強する
❷ (機械などが)動く; うまくいく
❸ 動かす, 働かせる
名 ❶ 仕事, 労働; 勉強
❷ 作品
❸ 機械(部分)

— 動 (三単現 **works** /wə́ːrks/; 過去・過分 **worked** /wə́ːrkt/; 現分 **working**)
❶ 自 〔…で〕**働く, 仕事をする,** 〔…に〕**勤めている** 《*at, for*》; 〔…の〕**勉強する, 研究する, 努力する** 《*at*》
• **work** hard 熱心に働く; 熱心に勉強する, 努力する • **work** late 残業する
• **work** around the clock 昼夜ぶっ通しで働く
• **work for** a computer company コンピュータ会社に勤めている
• **work** in a bank 銀行に勤める
• **work at** the university 大学に勤める
• **work** full time フルタイムで働く
• **work** part-time パートタイムで働く
• He **worked as** an engineer. 彼は技術者として働いた
• Some farmers **are working on** the farm. 農夫たちが農場で働いている
• **Working** in a restaurant must be a

hard job. レストランで働くのは大変な仕事に違いない (! working は動名詞(働くこと)で文の主語)

❷ 自 (機械などが調子よく)**動く** (=run); **効果がある, 作動[機能]する**; (計画などが)**うまくいく**, (薬などが)**きく**

- This machine doesn't **work**, but that one is **working** all right. この機械は動きません[調子がよくありません]が, あっちの機械はちゃんと動いています
- My plan didn't **work** well. 私の計画はうまくいかなかった
- This drug **works** against heart trouble. この薬は心臓病にきく

❸ 他 (機械を)**動かす, 運転する**, (人を)**働かせる; 勉強させる**

- Please show me how to **work** this washing machine. この洗たく機の動かし方を教えてください

work at ... …に従事する, 取り組む ⇨**work on**

work in (情報などを)盛り込む; 時間の都合をつける

work in with ... …と協力する

work it 《口語》うまくやる

work like magic 驚くほどうまくいく[効果がある]

work off (怒りなどを)晴らす; (食物を)消化する

work on 働き続ける

work on ... …で働く; …の仕事[勉強]をする, …に取り組む; …に働きかける, …に影響を与える, …を説得する; …に効く

- He is **working on** a new dictionary. 彼は新しい辞書の仕事をしている

work out 算出する; (問題を)解く; 理解する; (計画などを)立てる; (方法などを)考え出す; (合計が)〔…に〕なる, 合わせて…になる《*to*》; (計画などが)うまくいく, 結果が…になる, …の結果となる; 体を鍛える

- He **worked out** a solution to the problem. 彼はその問題を解決した
- I **work out** three times a week. 週に3回トレーニングする

work up (興味などを)かき立てる, 奮い起こす; (人を)興奮させる

— 名 (複 **works** /wə́ːrks/)

❶ U **仕事, 労働; 勉強; 職業** (! 日本語の「仕事」より意味の幅(はば)が広い)

- interesting [boring] **work** おもしろい[たいくつな]仕事
- look for [find] **work** 仕事の口をさがす[見つける] (! この work は「仕事の口, 職, 勤め先」の意味で job と同じ; ただし job は a job となる)
- **a piece [a lot] of work** 一つ[たくさん]の仕事 (×*a* work, ×*many* works などとしない)
- a line of **work** 業種
- All **work** and no **play** makes Jack a dull boy. 《ことわざ》勉強ばかりして遊ばなければ人はばかになる (!「よく学びよく遊べ」に相当)

会話 "What **work** does he do? [What is his **work**?]" "His **work** is teaching." 「彼はどんな仕事をしているのか[彼の職業は何か]」「彼の職業は教師です」

コロケーション

形+**work**

dirty *work* 汚い[人のいやがる]仕事

easy [light] *work* 楽な仕事

hard [heavy, tiring] *work* 骨の折れる仕事

paid [unpaid] *work* 有給[無給]の仕事

動+**work**

begin [start] *work* 仕事を始める

do [carry out] *work* 仕事をする

finish *work* 仕事を終える

quit *work* 仕事をやめる

❷ C **作品; 作ったもの**

- a (beautiful) **work** of art (見事な)芸術作品[美術品]
- the **works** of [by] Picasso [Soseki] ピカソ[漱石]の作品

❸ 《**works**》(時計などの)**機械(部分)**

at work 働いて, 〔…の〕仕事中で《*on*》(=working); 仕事場に[で]; (機械が)運転中で; 職場で ● Men **at Work** 《掲示》工事[作業]中 (=Men Working)

be in the works 《口語》計画[準備]

中である

get* (*down*) *to work 仕事にとりかかる

go to work 仕事に出かける[行く], 出勤する; 仕事にとりかかる (=set [get] to work)

out of work 失業して(いる)

set to work (=get to work)

使えるコーパスフレーズ

work＋前置詞

(**1**) *work* in ... …で働く

work in a bank 銀行で働く

work in education 教育関係の仕事をする

(**2**) *work* with ... …といっしょに働く

work with children 子ども相手の仕事をする

(**3**) *work* on ... …に取り組む

work on his car 車の手入れをする

(**4**) *work* for ... (人)のところで働く; (会社など)に勤めている

work for an insurance company 保険会社に勤めている

(**5**) *work* at ... …で働く; …に勤めている

work at the university その大学で働いている

work＋副詞

(**1**) *work* hard 一生懸命働く

(**2**) *work* late 残業する

(**3**) *work* well きちんと機能する

(**4**) *work* part-time パートタイムで働く (⇔ work full-time フルタイムで働く)

(**5**) *work* together 協力する

ネイティブはこういう！

How long have you worked in journalism? 報道関係のお仕事はもうどのくらいでいらっしゃいますか

He worked his way through university. 彼は働きながら大学を出た

It works like magic! 驚くほど効果があるんだよ！

Works for me. (予定などが)私は大丈夫です, 都合はいいです

work·a·ble /wə́ːrkəbl ワーカブル/ 形 実行可能な; (機械などが)運転できる, 動かせる

work·a·hol·ic B2 /wə̀ːrkəhɔ́ːlik ワーカホーリク/ 名 C 《口語》仕事の虫

work·bench B2 /wə́ːrkbèntʃ ワークベンチ/ 名 C (職人などの)仕事台, 作業台

work·book /wə́ːrkbùk ワークブク/ 名 C (学習用)ワークブック, 練習問題帳

work·day /wə́ːrkdèi ワークデイ/ 名 C (日曜・祭日以外の)仕事日, 勤務日, 平日; 1日の労働時間

worked /wə́ːrkt ワークト/ 動 work の過去形・過去分詞

work·er A1 高

/wə́ːrkər ワーカ/ 名 (複 **workers** /wə́ːrkərz/) C ❶ 働く人, 労働者, 従業員; 勉強する人

• an office **worker** 事務員, 会社員, サラリーマン

• a factory **worker** 工場労働者, 工員

コロケーション

形＋**worker**

a diligent *worker* 勤労者

a full-time *worker* 常勤の労働者

a hard *worker* よく働く労働者

a part-time *worker* パートタイマー

a retired *worker* 退職社員

a skilled [trained] *worker* 熟練工

❷ 《ふつう複合語で》活動家, 研究家

wórk fòrce 名 C 《単数形で》全従業員; 全労働人口, 労働力

work·horse /wə́ːrkhɔ̀ːrs ワークホース/ 名 C 馬車馬のように働く人, 働き者; 使役馬

work·ing B1 高 /wə́ːrkiŋ ワーキング/ 形 (比較変化なし)働く, 働いている, 労働[仕事]をしている; 仕事の, 作業(用)の, 労働の; 実用的な

— 名 U 労働; 動かし方

— 動 work の現在分詞・動名詞

wórking clàss(es) 名 《**the** をつけて》賃金労働者; 労働者階級

work·ing-class /wə́ːrkiŋklǽs ワーキングクラス/ 形 労働者階級の

work·ing·man /wə́ːrkiŋmæ̀n ワーキングマン/ 名 (複 **workingmen** /wə́ːrkiŋmèn/) C 労働者, 工員

wórk lòad 名C 作業負荷，標準仕事量

work·man B2 /wə́ːrkmən ワークマン/ 名（複 **workmen** /wə́ːrkmən/）C （建築・修理関係の）(肉体)労働者，職人

work·man·like /wə́ːrkmənlàik ワークマンライク/ 形 職人気質(かたぎ)の; 腕のいい; 技巧的な

work·man·ship /wə́ːrkmənʃìp ワークマンシプ/ 名U
❶（職人の）手腕，技量; できばえ，手際
❷《集合的》作品，製品，細工品

work·out B1 /wə́ːrkàut ワーカウト/ 名（複 **workouts** /wə́ːrkàuts ワーカウツ/）C 《口語》練習，トレーニング

work·place B1 /wə́ːrkplèis ワークプレイス/ 名（複 **workplaces** /wə́ːrkplèisəz/）C 職場

works /wə́ːrks ワークス/ 動 work の三人称単数現在形

work·sheet /wə́ːrkʃìːt ワークシート/ 名C （練習）問題用紙，プリント; 作業（進行）表

work·shop B1 高 /wə́ːrkʃàp ワークシャプ | wə́ːrkʃɔ̀p ワークショプ/ 名（複 **workshops** /wə́ːrkʃàps/）C ❶（工作・修理用の）仕事[作業]場，（小さな）工場，工房
❷（小グループの）研究会，研修会，ワークショップ

work·sta·tion /wə́ːrkstèiʃən ワークステイション/ 名C 《コンピュータ》ワークステーション;（オフィス内での個人の）仕事場所

world A1 中

/wə́ːrld ワールド/

名（複 **worlds** /wə́ːrldz ワールヅ/）C

❶《the world》世界;《the world》世界中(じゅう)の人々，人類;《形容詞的》世界の，世界的な

• **all over the world** 世界中，世界中で[の]

• throughout **the world** 世界中で，世界を通して

• **The whole world** [**All the world**] **is** waiting for an end to the war. 世界中の人々がその戦争の終結を待っている（❗「世界中の人々」をひとまとまりに考えて，単数に扱う）

• set the new **world** record 世界新記録を樹立する

❷《the world》世の中，世間（の人々）

• He knows **the world**. 彼は世の中のことを知っている

❸（特定の分野の）世界，…界; …の分野

be all the world to ... …にとってすべてである

bring ... into the world 〔子どもなど〕を産む，世に送り出す

come into the world 生まれる

for all the world as if [***like***] ***...*** まるで…であるかのように

in the world ①《疑問文を強めて》いったいぜんたい（=on earth）

• **What in the world** are you doing? いったいぜんたい君は何をしているのか

②世界（中）で[の]

move [***go***] ***up in the world*** 出世する

not ... for the world どんなことがあっても…ない，決して…しない

see the world 見聞を広める

set the world on fire 《口語》大成功する，世間をあっと言わせる（❗おもに否定文で用いる）

wórld-cláss 形 世界的レベルの，超一流の

Wórld Cúp 名《the をつけて》ワールドカップ（♦世界選手権大会）

wórld-fámous 形 世界的に有名な

Wòrld Héritage Sìte 名C 世界遺産（登録地）

world·ly B2 /wə́ːrldli ワールドリ/ 形（比較級 **worldlier**; 最上級 **worldliest**）この世の; 世俗的な

Wórld Séries 名《the をつけて》《単数扱い》ワールドシリーズ（♦米国の2つのメジャーリーグの優勝チーム同士で争う全米プロ野球選手権大会）

Wórld Wár I 名 第一次世界大戦《1914-18》（❗I は /ワン/ と読む;《英》では the First World War ともいう）

Wórld Wár II 名 第二次世界大戦《1939-45》（❗II は /トゥー/ と読む;《英》

では the Second World War ともいう)

world·wide A2 高
/wə̀:rldwáid ワールドワイド/ 副 (❗比較変化なし) 世界中(じゅう)に, 世界的に
- The fashion spread **worldwide**. その流行は世界中に広がった

— 形 (❗比較変化なし)世界中に広がった, 世界的な, 世界規模の
- millions of people **worldwide** 世界中の何百万もの人々

Wórld Wíde Wéb 名 《the をつけて》《インターネット》ワールドワイドウェブ (◆ハイパーテキスト情報システム) (❗略 WWW, W3, Web)

worm B2 高 /wə́:rm ワーム/ (×ウォーム) 名 C ❶虫 (◆ミミズ(earthworm)など足のない虫・昆虫の幼虫など); 寄生虫; 虫けらのような人 ❷《コンピュータ》ワーム (❗ネットワーク経由で自己増殖するプログラム; コンピュータウイルスの一種)

— 動 他 自 身をくねらせて進む, はうように進む

worm A out of [from] B (ことば巧みに) B(人)から A(情報・秘密など)を徐々に引き出す

worm oneself into ... …にこっそり入り込む; 巧みに取り入る

worn B1 /wɔ́:rn ウォーン/ (発音 warn と同音) 形 ❶やつれた; 疲れ切った ❷(衣服などが)すり切れた; 使い古した (❗名詞の前に用いる)

— 動 wear の過去分詞

worn-out B2 /wɔ́:rnáut ウォーンアウト/ 形 すり切れた, 使い古した; (表現が)陳腐な; へとへとに疲れきった

wor·ried A2 中
/wə́:rid ワーリド | wʌ́rid ワリド/ 形 (人が)不安で; 〔…ということを〕心配して《*about, that ...*》, 〔…で〕不安に思って《*by*》; 《名詞の前で》不安そうな, 困った(表情)
- He has a **worried** look. 彼は心配そうな顔をしている

wor·ri·some /wə́:risəm ワーリサム/ 形 気にかかる, 心配な

wor·ry A1 中
/wə́:ri ワーリ | wʌ́ri ワリ/ 名 (複 **worries** /wə́:riz/) U 心配, 気苦労; C 《ふつう worries》心配事, 心配[苦労]の種
- What's your biggest **worry**? あなたの一番の心配事は何ですか?

— 動 (三単現 **worries** /wə́:riz/; 過去・過分 **worried** /wə́:rid/; 現分 **worrying**)
❶自〔…を〕心配する, 気をもむ, くよくよする《*about, over*》; 他 心配させる, 気をもませる
- Don't **worry**. She'll soon come back. 心配するな. 彼女はすぐ帰って来る
- Susan **worries about** her boyfriend. スーザンは自分の彼のことで心配している

❷他 悩ませる, うるさくする, 困らせる, 面倒をかける
- Don't **worry** your father; he is busy. お父さんを困らせちゃだめ. 忙しいのよ

be worried about ... …のことで心配している[悩んでいる]

worry at ... …の解決を図る

wor·ry·ing B2 /wə́:riiŋ ワーリイング/ 形 やっかいな, 心配にさせる

worse A2
/wə́:rs ワース/ 形
❶より悪い[へたな, ひどい] (↔bet-ter¹) (❗bad の比較級) ⇨**worst**
❷より重い病気で (❗ill の比較級)

could be worse このくらいですんでよかった

none the worse for wear 《口語》疲れ果てている; ぼろぼろになっている

to make matters worse = (and) what is worse さらに悪い[困った]ことに(は)

— 副 もっとひどく; より劣って (❗badly, ill の比較級)

none the worse for ... …にもかかわらず(同じ状態で)

— 名 U いっそう悪いもの[状態]

for better or worse よかれあしかれ

for the worse いっそう悪いほうへ
have the worse 負ける
wors·en B2 /wə́ːrsən ワースン/ 動 他 いっそう悪くする, 悪化させる; 自 いっそう悪くなる, 悪化する
wor·ship B2 /wə́ːrʃip ワーシプ/ 名 U
❶ (神・神聖なものなどに対する)崇拝《*of*》
❷ 礼拝(式), 参拝
— 動 (三単現 **worships** /wə́ːrʃips/; 過去・過分 **worshiped**, 《英》 **worshipped** /wə́ːrʃipt/; 現分 **worshiping**, 《英》 **worshipping**) ❶ 他 自 (神・人・物を)崇拝する; 他 (映画スターなどを)賛美[尊敬]する
❷ 他 (教会などで)礼拝する; 自 礼拝に行く
wor·ship·er /wə́ːrʃipər ワーシパ/ 名 C 礼拝者, 参拝者
wor·ship·ful /wə́ːrʃipfəl ワーシプフル/ 形 尊敬すべき; 敬虔(けいけん)な

worst A2

/wə́ːrst ワースト/ 形
❶ 最も悪い, 最もひどい; 最悪の; 最もへたな (↔**best**) (**!** bad の最上級)
• Ken is the **worst in** the class **at** swimming. = Ken is the **worst** swimmer in the class. ケンはクラスでいちばん水泳がへたです
❷ 最も症状が悪い (**!** ill の最上級)
— 名 U 《**the worst**》 最悪の事[物, 人], 最悪の事態[場合] (↔**best**)
at *one's* ***worst*** 最悪の状態で
at (***the***) ***worst*** 最悪の場合で, へたをすると
get the worst of it (戦いなどに)負ける
if the worst comes to the worst いよいよ最悪の場合には
The worst (***of it***) ***is that...*** いちばん困るのは…
— 副 最もひどく[悪く]; 最もへたに (↔**best**)
worst of all 最も悪い[困った]ことに
worth B1 高 /wə́ːrθ ワース/ (発音 -th は /θ ス/ と発音する; worthy との違いに注意) 形 …の[に匹敵する]価値がある, …の値うちがある, …に値(あたい)する, …の値段である; 〔…するだけの〕価値がある《*doing*》
• It's **worth** a try. やってみる価値がある
会話 “How much is this pair of old jeans **worth**?” “It is **worth** 100,000 yen today.” 「この古着のジーンズはいくらの値うちがあるの?」「それは今では10万円の値うちがある」
• This web site is **worth looking at**. このサイトは見る価値のあるものです (**!** 文末に at が必要なことに注意)
be worth *one's* ***time*** …の時間を費やすだけの価値がある
be worth (*A's*) ***while*** ((A が)時間をかけるだけの)価値がある, むだではない • That movie **is worth** (your) **while**. = It **is worth while** seeing [to see] that movie. その映画は一見の価値がある (=That movie is **worth** seeing.)
for all *one* ***is worth*** おもいっきり, 懸命に
for what it's worth 価値があるかどうかはわからないが, 本当かどうか定かでないが
— 名 U ❶ 価値, 値うち
• 100,000 dollars' **worth** of jewelry 10万ドルの価値のある宝石
❷ (ある期間)分の量
派生 **worthy** 形
worth·less B2 /wə́ːrθləs ワースレス/ 形 価値のない, 役にたたない, つまらない **wórthlessness** 名 U 無価値; 無益
worth·while B1 /wə̀ːrθhwáil ワース(ホ)ワイル/ 形 (時間[金]をかける)価値のある, 骨を折るかいのある
• a **worthwhile** charity 価値のあるチャリティー(活動)
wor·thy B1 /wə́ːrði ワーズィ/ (×ワースィ) (発音 -th- は /ð ズ/ と発音する; worth との違いに注意) 形 (比較級 **worthier**; 最上級 **worthiest**)
❶ 文型 [**be worthy of A** [**to** *do*]] A[…する]に値する, ふさわしい (↔

unworthy, **worthless**)

- That book **is worthy to** *buy*. あの本は買う価値がある

❷ 立派な, 尊敬すべき (❗名詞の前に用いる) 派生 **worth** 名

would A1 中

/wəd ウド; 《強》 wúd ウド/

(発音 wood と同音) 助

参考› **would** の短縮形
would not→**wouldn't**; I would→**I'd**; you would→**you'd**; he would→**he'd**; she would→**she'd**; it would→**it'd**; we would→**we'd**; they would→**they'd** (❗'d は /d ド/ と発音)

❶《直説法過去・未来》(…する)だろう, …でしょう (❗単純未来); (…する)つもりだ, …しよう (❗意志未来)

- I thought (that) it **would** rain. 私は雨が降るだろうと思った (❗主節の動詞 (thought) が過去なのでそれに合わせて that 以下の(助)動詞も過去の would になる; 「雨が降っただろうと思った」と訳さないこと)
- I said I **would** [**I'd**] do my best. (=I said, "I will do my best.") 私はベストをつくすつもりだと言った (❗《口語》では I would は I'd と短縮される)

❷《直説法過去・強い意志》どうしても…しようとした

- The door **wouldn't** [would not] open. 戸はどうしてもあかなかった

❸《直説法過去・過去のくり返し・習慣》よく…したものだ ⇨**used**[1]

- He **would** wait for her outside the school gate every day. 彼は毎日校門の外で彼女を待っていたものだ

❹《仮定法》(もし…ならば)…するだろうに, …であろうに, …するのだが (❗本当はできないことを「…するだろう」と, 頭の中で想像して言う)

- **If** I **were** rich [I **had** a lot of money], I **would** travel around the world. ⇨フォーカス 5 もしぼくがお金持ち[たくさんお金がある]なら, 世界一周旅行をするのだけど(実際はお金がないからできない)

比較 If you are late again, I'll (=I will) be very angry. もしまた遅れたらまじで怒るからね (❗将来のことを仮定する)

- If I had been there, I **would have** struck him down. もし私がそこにいたなら彼をなぐり倒していただろう (❗would have *done* で「…したであろうに」)

❺《弱い仮定法・ていねいな依頼》文型 [**Would you** *do*?] …してくださいませんか, …していただけませんか (❗Will you *do*? よりていねいな言い方)

CAN-DO Tips› ていねいに依頼する
Would you …? という表現を使うと, 人に何かをしてもらうよう頼むときにていねいに頼むことができるようになります

- **Would you** please *help* me**?** = Help me, **would you** (please)**?** どうか私を手伝っていただけませんか

would like *A* Aをほしいと思う, Aをいただきたい (❗ていねいな言い方; want を用いるとぶしつけな言い方になることが多い)

would like to *do* …したいと思う, …させてもらいたい (❗want to do よりていねいな言い方)

- I **would like to** read the book. ⇨フォーカス 1 ぼくはその本を読みたいのですが
- [CAN-DO Tips 招待する] **Would you like to** come in? 中へお入りになりませんか

would like *A* ***to*** *do* Aに…してほしいと思う

would rather *do* (***than*** *do*) どちらかと言えば(…するより)…したいと思う (❗ていねいな言い方)

- **I'd rather** not go. ⇨フォーカス 3 できれば行きたくないのですが

Would you like …? …はいかがですか

CAN-DO Tips› 好みをたずねる
Would you like …? という表現を使うと, 食事などの場面で相手の好みをていねいにたずねることができるようになります

would

A1 助
中 /wəd ウド;《強》wúd ウド/
(発音 woodと同音)

意味マップ

助 ❶ (…する)だろう;
(…する)つもりだ
❷どうしても…しようとした
❸よく…したものだ
❹ (もし…ならば)…するだろうに,
…であろうに
❺…してくださいませんか

ワンポイント・アドバイス

wouldは助動詞の中でwill, canについで頻度の高い語で, いろいろな用法がある:

(a) say, knowなどの動詞に続くthat節の中で, 主節が過去形の場合, 時制の一致でwillの過去形として:
I knew he would cause a problem.　彼が問題を起こすだろうことはわかっていた

(b)「(…だったら)…するだろうに」という条件節の結果部分を述べるとき:
I'd [I would] be happy if you could go.　あなたが行けるならばうれしいですけど

(c)「かつて…していた」という過去の習慣:
We would often take a walk along this river.　よくこの川に沿って散歩したものだった

(d) say, suggest, thinkなどといっしょに使って提案などがダイレクト過ぎないようにソフトにする:
I would think she'd be happier in a different job.　彼女は違う仕事の方がいいんじゃないかと思うけど

助動詞の頻度

話し言葉でのwouldの頻度

will
can
would
could
should
might
must
may

使えるコーパスフレーズ

1 **I'd like to** go to karaoke.　カラオケに行きたい
2 **Would you like** tea?　お茶はどうですか
3 **I'd rather** stay home.　家にいるほうがいい
4 **Would you mind** holding the door?　ドアをあけておいていただけませんか
5 **I would** go see a doctor **if I were you**.　ぼくだったら医者に行きます

- Would you like some coffee? ⇨ フォーカス 2 コーヒーはいかがですか

would-be /wúdbìː ウドビー/ 形 …志望の, 自称…, …のつもりの

would·n't /wúdnt ウドント/ would not の短縮形

would've /wúdəv ウダヴ/ would have の短縮形

wound[1] /wáund ワウンド/ wind[2]の過去形・過去分詞

wound[2] B1 /wúːnd ウーンド/ (×ワウンド) 名 (複 **wounds** /wúːndz ウーンヅ/) C 傷, けが, 負傷; 精神的痛手

- a deep [serious] **wound** 深い傷[重傷]
- a slight **wound** 軽傷

一 動 (三単現 **wounds** /wúːndz ウーンヅ/; 過去・過分 **wounded** /wúːndəd/; 現分 **wounding**) 他 ❶傷つける, 負傷させる ⇨**injure** 似ている単語

- The explosion **wounded** five persons. その爆発で5人が負傷した

❷(心を)傷つける; (感情などを)害する

wound·ed /wúːndəd ウーンデド/ 形 負傷した, けがをした; 傷つけられた

wove /wóuv ウォウヴ/ 動 weave の過去形・過去分詞

wov·en /wóuvn ウォウヴン/ 動 weave の過去分詞

wow 中 /wáu ワウ/ 間 《口語》うわー!, まあ!, あっ! 《♦驚き・喜びなどを表す》

一 名 C 《単数形で》《俗語》大成功

wran·gle /rǽŋgl ラングル/ 名 C 〔…との〕激論, 猛烈な言い争い 《*with*》

一 動 自 〔人と; …について〕激論する, 激しく言い争う 《*with; over*》

wran·gler /rǽŋglər ラングラ/ 名 C 《米》《口語》カウボーイ

wrap B1 中 /rǽp ラプ/ (発音 rap と同音) 動 (三単現 **wraps** /rǽps/; 過去・過分 **wrapped** /rǽpt/; 現分 **wrapping**) 他 包む, くるむ; 巻く, 巻きつける

be wrapped up in ... ①…に没頭している, 夢中になっている ②…に深い関係がある

wrap up (暖かい衣服を)着込む 《*in*》; 《おもに米》《口語》(ニュースなどを)まとめる, 要約する; (仕事などを)終える

wrap·per /rǽpər ラパ/ 名 C 包み紙, 包装紙; 包装する人; (新聞・雑誌の郵送用の)帯封; 本のカバー

wrap·ping B1 高 /rǽpiŋ ラピング/ 名 (複 **wrappings** /rǽpiŋz/) U C 《しばしば **wrappings**》包装材料, 包装紙

wrápping pàper 名 U 包装紙, 包み紙

wrap-up /rǽpʌ̀p ラプアプ/ 名 C 《米》《口語》ニュースの要約

wrath /rǽθ ラス, rɑ́ːθ ラース/ 名 U 《文章》憤怒, 激怒; 天罰

wreak /ríːk リーク/ 動 他 《文章》(復讐を)〔人に〕加える 《*on, upon*》; (被害・損害を)〔人・物に〕与える 《*on, upon*》

wreath /ríːθ リース/ 名 (複 **wreaths** /ríːðz/) (発音 複 では /θ ス/ が /ð ズ/ になる) C 花輪, 花の冠(かんむり)

wreathe /ríːð リーズ/ 動 他 《おもに文章》(花などを)花輪にする; 〔花などで〕飾る 《*with*》; (煙・霧などが)おおう, 包む

wreck B2 /rék レク/ 名
❶ U 難破, 海難 C 難破船; 残がい
❷ U 破壊; 破滅; 挫折(ざせつ)
❸ C やつれた[疲れはてた]人

一 動 ❶ 他 (計画・好機などを)台無しにする, だめにする ❷ 他 (建物・乗り物などを)大破させる, 解体する
❸ 他 自 (船が)難破する

wreck·age /rékidʒ レキヂ/ 名 U (難破船・壊れたものなどの)残骸

wreck·er /rékər レカ/ 名 C 《米》レッカー車 (=tow truck)

wren /rén レン/ 名 C 《鳥》ミソサザイ 《♦スズメ目の小鳥》

wrench /réntʃ レンチ/ 動 他 ❶(急激に)ねじる, ひねる; ねじり取る, もぎ取る
❷くじく, ねんざする

一 名 C ❶《ふつう単数形で》(急激に・強く)ねじること; ねんざ
❷《米》スパナ (=《英》spanner)

wrest /rést レスト/ 動 他 《文章》〔…から〕ねじ取る, もぎ取る 《*from, out of*》; (権力などを)〔…から〕力ずくで手に入れる 《*from, out of*》

wres·tle /résl レスル/ 動 ❶ 自他〔…と〕レスリングをする, すもうをとる, とっくみ合いをする, 格闘する《*with*》 ❷ 自〔…と〕取り組む《*with*》
— 名C レスリング; 格闘; 奮闘

wres·tler /réslər レスラ/ 名C レスリング選手, レスラー; (日本などの)力士

wres·tling /résliŋ レスリング/ 名U レスリング; すもう (=sumo wrestling)

wretch /rétʃ レチ/ 名C《古風》みじめな人, 哀れな[気の毒な]人; 困った人[動物]

wretch·ed /rétʃəd レチド/ (×レチト) 形 哀れな, 悲惨な, みじめな; 劣った; いやな, 不快な

wrétchedly 副 みじめに

wrétchedness 名U みじめさ

Wright Brothers /ráit brʌ́ðərz ライト ブラザーズ/ 名《**the** をつけて》ライト兄弟 (◆米国の飛行家; 人類初の飛行に成功)

wring /ríŋ リング/ (発音 ring と同音) 動 (三単現 **wrings** /ríŋz/; 過去・過分 **wrung** /rʌ́ŋ/; 現分 **wringing**) 他 (タオルなどを)しぼる; (水を)しぼり出す; 搾取(さくしゅ)する, むりやり取る
— 名C しぼること

wrin·kle /ríŋkl リンクル/ 名C (ひふ・布の)しわ
— 動 自 しわが寄る; 他 しわを寄せる

wrin·kled /ríŋkld リンクルド/ 形 しわの寄った

wrin·kly /ríŋkli リンクリ/ 形 (比較級 **wrinklier**; 最上級 **wrinkliest**) しわの寄った, しわの寄りやすい

wrist B1 /ríst リスト/ 名 (複 **wrists** /rísts リスツ/) C 手首; 手首の部分 (❗「足首」は ankle)

wrist·watch B1 /rístwɑ̀tʃ リストワチ/ 名 (複 **wristwatches** /rístwɑ̀tʃəz/) C 腕時計

writ /rít リト/ 名C《法律》令状

write A1 中

/ráit ライト/ (発音 right, rite と同音)
動 (三単現 **writes** /ráits ライツ/; 過去 **wrote** /róut/; 過分 **written** /rítn/; 現分 **writing**) 他自

❶ 書く, 文字[文章]を書く, 著述する

• **Write** your name and address in capital letters. 大文字で名前と住所を書いてください

• **write** a story [poem, book, song] お話[詩, 本, 歌]を書く

❷ 手紙を書く; 手紙を出す, たよりをする; 文型 [**write A B** = **write B to A**] A(人)にB(手紙など)を書く

• **write** him a letter = **write** a letter **to** him 彼に手紙を書く

write away …を手紙で求める

write back 返事を書く

write down ① 書きとめる, 書いておく, 記録する ② わかりやすく書く ③ こきおろす

write in ① 書き込む ② (新聞社などへ)手紙を書く, 投書する;〔…を〕手紙で申し込む[請求する]《*for*》

write off ① 清算する; ご破算にする ② (会社などに)…を求めて手紙を出す

write out 詳しく(全部)書く, 書き上げる; 必要事項を記入する; 清書する

write up 清書する, きちんとまとめる

write-in /ráitìn ライティン/ 名C《米》候補者名簿にない候補者; それに投じられた票 — 形 記名の

write-off /ráitɔ̀:f ライトーフ/ 名C (負債の)帳消し; (税金の)控除

writ·er A1 中

/ráitər ライタ/
名 (複 **writers** /ráitərz/) C
書き手; 作家; 著者, 筆者; ジャーナリスト, 記者

• a fiction [story] **writer** 小説家

• a freelance **writer** フリーライター

write-up /ráitʌ̀p ライタプ/ 名C《口語》(雑誌・新聞の)記事, 好意的な記事

writhe /ráið ライズ/ 動自《文章》〔痛み・苦しみで〕身もだえする, のたうち回る《*in, with*》〔…恥辱などで〕いたたまれない思いをする《*at, under*》

writ·ing A2 高
/ráitiŋ ライティング/
名 (複 **writings** /ráitiŋz/)
❶ U 書かれた物, 文書
❷ U (特定の書き手の)著作, 作品; 文体, スタイル; C 《**writings**》(特定の書き手の)著作集; 作品群
• a great piece of **writing** 名著
❸ U 書くこと; (本などの)執筆; 著述業
❹ U 筆跡(ひっせき), 書かれた文字(など); 書き方; 書体 (=handwriting)
━ 動 write の現在分詞・動名詞

wríting dèsk 名 C 書き物机

wríting pàper 名 U 便せん; 原稿用紙

writ·ten B1 /rítn リトン/ 形
書かれた, 筆記による; 書面[文書]の
━ 動 write の過去分詞

wrong A1 中
/rɔ́:ŋ ローング|rɔ́ŋ ロング/

意味マップ
形 ❶ 間違った; 不適切な; 違う
❷ 悪い; …するのは誤っている
❸ 調子[具合]が悪い
副 間違って, 誤って
名 悪, 不正; 悪い事, 不当行為

━ 形 (比較級 **more wrong, wronger** /rɔ́:ŋgər|rɔ́ŋgə/; 最上級 **most wrong, wrongest** /rɔ́:ŋgəst|rɔ́ŋgəst/)
❶ 間違った[ている], (↔**right, correct**); 適当でない, 不適切な, ふさわしくない; 違う (↔**right**); 裏(側)の, 逆の (↔**right**)
• the **wrong** answer 間違った答え (❗通例, the+wrong+名詞)
• take the **wrong** train 電車を間違える
• You have the **wrong** number. 電話番号を間違えてますよ
❷ (道徳的に)悪い, 正しくない, 不正の; …するのは誤っている (↔**right**) (❗名詞の前には用いない)
❸ 調子[具合]が悪い, 故障した (❗名詞の前には用いない)
• **Something** [**Nothing**] **is wrong with** the TV. = **There is something** [**nothing**] **wrong with** the TV. そのテレビはどこかがおかしい[どこもおかしい所はない]

***What's wrong* (*with A*)?** (A は)どうかしたの? (❗調子の悪そうな人にかけることば); (A(機械など)が)なぜ調子が悪いの?

━ 副 間違って, 誤って (❗ふつう動詞(とその目的語)のあとに用いる)

get ... wrong …を誤解する

go wrong ① 間違う; 道を誤る, 道に迷う; 悪の道に入る, 正道を踏み外す ②(事が)まずくいく, うまくいかない ③(機械などの)調子が悪くなる[おかしい]

right or wrong 良かれ悪しかれ

━ 名 (複 **wrongs** /rɔ́:ŋz/) U 悪, 不正 (↔**right**); C 悪い事, 悪事, 不当行為

in the wrong 悪い; 誤って; (道徳上)責任がある

do ... wrong (人を)不当に扱う

wrong·doer /rɔ́:ŋdù:ər ローングドゥーア/ 名 C 悪事を働く者, 罪人; 《法律》違犯者, 犯罪者

wrong·do·ing /rɔ́:ŋdù:iŋ ローングドゥーイング/ 名 U 悪事[不正]を働くこと; C (個々の)悪行, 悪事, 犯罪

wrong·ly B2 /rɔ́:ŋli ローングリ/ 副 不当に; 誤って (❗過去分詞の前に用いることが多い) • He was **wrongly** accused. 彼は不当に告訴された

wrote /róut ロウト/ 動 write の過去形

wrung /rʌ́ŋ ラング/ (発音 rung (ring の過去分詞)と同音) 動 wring の過去形・過去分詞

wry /rái ライ/ 形 《文章》ゆがんだ, しかめつらの; 皮肉っぽくおかしい

WV 《略》West Virginia ウェストバージニア(州)

WWW 《略》World Wide Web ワールドワイドウェブ

WY 《略》Wyoming ワイオミング(州)

Wy·o·ming /waióumiŋ ワイオウミング/ 名 ワイオミング 《◆アメリカ北西部の州; Wyo., Wy., (郵便で) WY と略す》

X x *𝒳 𝓍*

X, x /éks エクス/ 名 (複 **X's, x's** /éksəz/) ❶ U C 英語アルファベットの第 24 番目の文字 ❷ U 《X》 ローマ数字の 10 ❸ C 《数学》 未知数; 未知の人[もの] ⇨y ❷ ❹ C (大文字で) X 字形のもの; X[x] 印 《◆投票用紙などの選択の印・キスの符号などを表す》

xen·o·pho·bi·a /zènəfóubiə ゼノフォウビア/ 名 U 《文章》 (極度の) 外国人嫌い, 外国恐怖症

xe·rog·ra·phy /zirágrəfi ズィラグラフィ/ 名 U ゼログラフィ, 乾式複写

Xer·ox /zíəraks ズィアラクス/ 名 U C 《しばしば **xerox**》 《商標》 ゼロックス 《◆複写機の名》; C コピー

- Please **take** [**make**] two **Xerox** copies of this page. このページのコピーを 2 部とってください

— 動 他 《しばしば **xerox**》 ゼロックス(など) でコピーする

X·ing /krɔ́:siŋ クロースィング/ 名 C 《米》 横断歩道; 踏切 (❗ 道路標識; crossing の略)

Xmas /krísməs クリスマス/ 名 U C 《口語》 クリスマス (=Christmas) (❗ X は「キリスト」の意味のギリシャ語の頭文字, mas はキリスト教の「ミサ (mass)」; 特にカードに書く時に使われる; ×**X'mas** と書くことは少ない)

- Merry **Xmas**! メリークリスマス！

X-ray B2 /éksrei エクスレイ/ 名 (複 **X-rays** /éksreiz/) C ❶ 《**X-rays**》 レントゲン線, X 線 ❷ レントゲン写真

— 形 レントゲン線の, X 線の

— 動 (三単現 **X-rays** /éksreiz/; 過去・過分 **X-rayed** /éksreid/; 現分 **X-raying**) 他 …のレントゲン写真をとる; X 線で治療する; X 線で調べる

xy·lo·phone /záiləfòun ザイロフォウン/ 名 C 《楽器》 木琴(もっきん), シロホン

Y y *𝒴 𝓎*

Y, y /wái ワイ/ 名 (複 **Y's, y's** /wáiz/) ❶ U C 英語アルファベットの第 25 番目の文字 ❷ C (数学などで) 未知数 ⇨x ❸

¥ /jén イェン/ 《略》 円 (=yen)

ya /jə ヤ/ 代 《口語》 あなた(たち)は (=you)

yacht B2 /ját ヤト/ 名 C ❶ 大型クルーザー 《◆レジャー用》 ❷ ヨット

— 動 自 ヨットに乗る, ヨットで走る

- **go yachting** ヨットに乗りに行く

yak /jǽk ヤク/ 名 C 《動物》 ヤク 《◆チベット山地の野牛の一種》

yam /jǽm ヤム/ 名 C 《植物》 ❶ ヤム 《◆熱帯産のつる植物》; ヤムイモ ❷ 《米》 サツマイモ (=sweet potato)

Yang·tze /jǽŋtsi ヤンツィ/ 名 《**the Yangtze**》 揚子江(ようすこう), 長江(ちょうこう) 《◆中国最大の川》

Yank /jǽŋk ヤンク/ 名 《口語》 (=Yankee)

yank /jǽŋk ヤンク/ 動 他 自 《口語》 ぐいと引っ張る[抜く] — 名 C 《口語》 ぐいと引っ張る[抜く]こと

Yan·kee /jǽŋki ヤンキ/ 名 C 《口語》 ヤンキー 《◆ニューイングランド (New England) (出身の) 人; 北部諸州の人をさす》; 《米》 (南北戦争のときの南軍から見た) 北軍兵士; 《英》 アメリカ人 (❗ 多少軽べつを

こめていう) ━形 ヤンキー(流)の

Yánkee Dóodle 名 ヤンキードゥードル《◆米国独立戦争当時の流行歌》

yap /jǽp ヤプ/ 動 (三単現 **yaps** /jǽps/; 過去・過分 **yapped** /jǽpt/; 現分 **yapping**) 自 (子犬が)キャンキャンほえる

━名C (子犬の)キャンキャン(いうほえ声)

yard[1] A1 高

/já:rd ヤード/

名 (複 **yards** /já:rdz ヤーヅ/) C

❶ (仕事用の) **作業場**; (囲いをした) **置き場** ⇨**shipyard**

❷ (家などの周りの) **庭**, **中庭**, **裏庭**; (学校の) **校庭**, **運動場**, **構内** ⇨**farmyard**, **schoolyard**

• a back [front] **yard** 裏[前]庭

yard[2] A1

/já:rd ヤード/ 名 (複 **yards** /já:rdz ヤーヅ/) C **ヤード**《◆長さの単位; 1 yard = 3 feet = 0.914 m; y., yd. と省略; 米国の日常生活ではメートルよりもヤードを使う方が一般的》

• walk a few **yards** 数ヤード歩く

yárd sàle 名C《米》(自宅の庭で行う) 不用[中古]品即売会

yard·stick /já:rdstìk ヤードスティク/ 名C ヤード差し, ヤード尺; 《ふつう **a yardstick**》(判断などの)基準, 尺度

yarn /já:rn ヤーン/ 名U 毛糸, 編み糸

yawn B2 /jɔ́:n ヨーン/ 動 自

❶ **あくびをする**

• **yawn** loudly 大あくびをする

❷ (淵・割れ目などが)口を大きく開けている

━名C あくび

• with a **yawn** あくびしながら

yd, yd. 《略》yard(s) ヤード

ye /ji イ; 《強》jí: イー/ 代《古風》汝(なんじ)らは; そなたたちは《◆you の古語》

yea /jéi イェイ/ 名C 賛成; 賛成投票(者) (↔**nay**)

━副《古風》しかり; さよう; 実に; 本当に; それどころか (↔**nay**) (❗古い言い方で, 形式ばった語)

━間《米》がんばれ!, フレー

参考› 運動選手やチームなどを応援する時のかけ声の日本語の「フレー」は英語の hurrah から

yeah A2 高

/jéə イェア/ 副《口語》**ああ**; **わかっているよ** (=yes)《◆同意や賛成を表すあいづち》

• Oh **yeah**! そうさ, もちろん

• **Yeah, yeah.** そう, そう

year A1 中

/jíər イア/ 名 (複 **years** /jíərz/) C

意味マップ

❶ 年, 1年(間)

❷ …歳; 年齢

❸ 長い間

❹ 学年; 年度

❶ (ある特定の) **年**, **1年(間)**

関連語› 単語力

decade 10年

century 100年, 世紀

millennium 1000年

• There are 366 days **this year**. 今年は366日ある (❗昨年は last year, 来年は next year, 毎年は every year. いずれも副詞的に用いられる ⇨注意)

• three **years ago** (今から)3年前

• **in** two **years** (今から)2年後に

• five **years before** [**later**] (過去または未来のある時点から)5年前[後]

• **in recent years** 近年(は), ここ数年

• a leap [common] **year** うるう年[平年]

• A ten **years** has passed since the accident. 事故から10年がたちました (❗ten years を1つの単位と考えて単数に扱う)

• I have studied English **for** three **years**. 私は英語を3年間勉強しました

会話 "(A) **Happy New Year**!" "(The) **Same to you**!" 「新年おめでとう」「おめでとう」

注意› this year, last year, next year, every year などは前置詞をつけずに副詞的に使われる:

We've had a lot of snow **this year**. 今年は雪が多かった (×in this year)

❷ …歳, (作られてから)…年たっている; 《**years**》 年(とし), 年齢 (=age); 老年

• Jack is two **years** older than I. ジャックは私より2歳年上です

• a **three-year-old** child = a child (of) three **years** old 3 歳の子 (×three-years-old … としない; of は省略することが多い)

会話 "How old are you?" "I am fifteen (**years** old)." 「君はいくつですか」「15歳です」

❸ 《**years**》 長い間

• **years ago** 数年前に, 何年も前に (❗ **many years ago** といえばもっとはっきり「長い年月」を表す)

• I haven't seen her **for years**. 久しく[何年もの間]彼女に会っていない

❹ 学年; 年度

• I am in the third **year** of junior high school. 私は中学3年生です (×*three years* … としない)

• The new school **year** begins in September in America. アメリカでは新学年は9月に始まる

all* (*the*) *year* (*a*)*round* = *all* (*the*) *year* = *the year* (*a*)*round 一年中

from year to year* = *year after* [*by*] *year 来る年も来る年も; 年々

year in, year out 年がら年中

派生 yearly 形

year·book /jíərbùk イアブク/ 名 C ❶ 年鑑, 年報 ❷ 《米》 卒業記念アルバム

year-end /jíərénd イアレンド/ 名 U 年末; 学年末

━ 形 年末の; 学年末の (❗ 名詞の前に用いる)

year·ling /jíərliŋ イアリング/ 名 C (動物の)1年子; 《競馬》 1歳馬

year·long /jíərlɔ́:ŋ イアローング/ 形 1年間続く; 1年間の (❗ 名詞の前に用いる)

year·ly /jíərli イアリ/ 形 年1回の, 毎年の; 1年の, 1年間続く

• a **yearly** income 年収

━ 副 年1回 (=once a year); 毎年 (=every year)

派生 year 名

yearn B2 /jə́:rn ヤーン/ 動 自 《文章》〔…を〕あこがれる, 慕う, 切望する 《*for*》

yearn·ing /jə́:rniŋ ヤーニング/ 名 U C 〔…に対する; …したいという〕あこがれ, 思慕, 熱望 《*for*; *to do*》

yeast /jí:st イースト/ 名 U 酵母(こうぼ)(菌(きん)), イースト; パン種

yell B1 /jél イェル/ 名 C ❶ 叫び声, わめき, 金切り声 ❷ 《米》 エール

━ 動 (三単現 **yells** /jélz/; 過去・過分 **yelled** /jéld/; 現分 **yelling**) 自 大声をあげる, わめく, 金切り声をあげる (=shout loudly); 他 大声で言う 《*out*》

• You don't have to **yell**. 大声を出す必要はない

yel·low A1 中

/jélou イェロウ/

形 (比較級 **yellower**; 最上級 **yellowest**)

❶ 黄色の, 黄色い

• a bright [pale] **yellow** flower 明るい[薄い]黄色の花

❷ 《軽べつ的に》 黄色人種の

❸ 《口語》 おく病な

━ 名 (複 **yellows** /jélouz/)

❶ U C 黄色 《♦人に注意をよびかける色としてよく使われる》; U 黄色の服[絵の具, ペンキ]

• a woman in **yellow** 黄色の服を着た女の人

❷ U C 《米》 (卵の)黄身(きみ) (=yolk)

━ 動 (三単現 **yellows** /jélouz/; 過去・過分 **yellowed** /jéloud/; 現分 **yellowing**) 他 黄色にする; 自 黄色くなる

yéllow cáb, Yéllow Cáb 名 C イエローキャブ 《♦米国 New York 市の公認タクシーの通称; 車体が黄色》

yel·low·ish /jélouiʃ イェロウイシュ/ 形 黄色っぽい

yéllow páges 名 《**the** をつけて》《複数扱い》 職業別電話帳[欄(らん)] 《♦ページが黄色い》

yelp /jélp イェルプ/ 動 自 (犬が痛がったりし

て)キャンキャン鳴く
— 名 C キャンキャンと鳴く声

Yem·en /jémən イエメン/ 名 イエメン《♦アラビア半島南部の共和国; 首都サヌア(San'a)》

yen[1] 中 /jén イェン/ 名 (複 **yen**) C 円《♦日本の貨幣単位; ¥という記号を使う》(❗yen は複数形も同じ形で ×yens としない);《**the yen**》円相場

yen[2] /jén イェン/ 名 C 《ふつう単数形で》〔…への; …することへの〕**熱望**, (強い)**願望**《*for; to do*》

yeo·man /jóumən ヨウマン/ 名 (複 **yeo-men** /jóumən/) C 《英》**小地主**, **自作農**; 《英史》**ヨーマン**《♦gentleman の下の自由保有農》; **義勇農騎兵**; (=Yeoman of the Guard)

Yéoman of the Guárd 名 (複 **Yeomen of the Guard**) C (英国王の)**衛兵**《♦ロンドン塔の守衛にあたる》

yep /jép イェプ/ 副 《口語》**ええ** (=yes)

yes A1 中

/jés イェス/ 副

❶《質問に答えて》**はい**, **ええ**, **そうです** (❗否定形の質問に対しては「いいえ」の意味になる→ 注意); 《相手に同意して》**そのとおりです**

会話 "Are you tense?" "**Yes.**"「緊張しているの」「はい」

会話 "Would you like a cup of tea?" "**Yes, please.**"「お茶を1杯いかが」「はい, いただきます」

会話 "Do you love me?" "**Yes**, I do."「あなた私のこと愛してる?」「うん, 愛してる」

会話 "You don't think so, I suppose." "**Yes**, I do."「そうは思わないでしょう?」「いいえ, そう思っていますよ」(❗同意する時は No, I don't. (ええ, そうは思いません)と答える)

注意》 英語では, 質問が「…ですか」でも「…ではないですか」でも, 答えの内容が「…です」と肯定の場合は yes を使う. 相手と同じ考えかどうかで使い分ける日本語の「はい」「いいえ」の使い方と逆になる場合がある ⇨ no なぜ

❷《呼びかけられて》**はい**

会話 "Bob!" "**Yes**, Mother. What do you want?"「ボブ!」「はい, お母さん, 何か用?」

❸《**Yes?**》**何でしょう**, **え?**; **それで?** (❗相手の呼びかけに応えたり, 話の先をうながしたりするのに使う; 語尾を上げて言う)

yes and no さあどうかな, どちらとも言えない

— 名 (複 **yeses**, **yesses** /jésəz/)

❶ U C **はいという返事**, **イエス**

会話 "Did you answer **yes** or **no**?" "**I said yes.**"「君はイエスと返事したのノーと言ったの?」「イエスと言った」

❷ C **賛成投票**(**者**)

• How many **yeses** were there? 賛成票は何票ありましたか

yes·ter·day A1 中

/jéstərdi イェスタディ, jéstərdèi イェスタデイ/

副 **きのう**(**は**); **つい昨日**, **つい最近**

• It was Sunday **yesterday**. きのうは日曜日でした (=Yesterday was Sunday.) (❗It はばく然と「時」を表す; あとの文の yesterday は名)

• It was very hot **yesterday**. = **Yesterday** it was very hot. きのうはとても暑かった (❗It はばく然と「気温」を表す)

• Did you meet him **yesterday**? きのう彼に会いましたか

• It seems like it was **only yesterday** that we first met. 私たちが初めて会ったのはついきのうのことのようだ

— 名 (複 **yesterdays** /jéstərdiz/)

❶ U **きのう**, **昨日**

• **Today** is Monday, so **yesterday** was Sunday. きょうは月曜だから, きのうは日曜だった

❷《形容詞的》**きのうの**

• I called him early **yesterday morning**. 私はきのうの朝早く彼に電話をした (❗「きのうの朝…した」というとき, ×on yesterday morning などと前置詞をつけない)

注意》 yesterday morning [afternoon, evening] (きのうの朝[午後, 晩])と

はいうが, ×yesterday night とはいわない.「きのうの夜」は **last night**

❸ U C (そう遠くない)過去, 昔

the day before yesterday おととい (←きのうの前の日)

yet A1 中

/jét イェト/

意味マップ

副 ❶《否定文で》まだ(…ない)
❷《肯定文で》まだ; さらに
❸《肯定の疑問文で》もう(…したか)
❹今までに
❺そのうち

接 それにもかかわらず

━ 副 ❶《否定文で》(今まで[その時まで]には)まだ(…ない); 今はまだ(…ない)

• He is **not** here **yet**. = He is **not yet** here. 彼はまだここに来ていません (! yet はふつう文末にくる; あとの文は文語的)

• **Don't** eat your dessert **yet**. まだデザートを食べちゃだめよ

• Bob is **still** playing baseball. He is**n't** studying **yet**. ボブはまだ野球をしてます. まだ勉強にとりかかっていません (! 肯定文の「まだ(…だ)」は still)

会話 "Have you finished your lunch?" "No, **not yet**."「昼食は済ませた?」「いいえ, まだです」(! not yet は I have **not** finished it **yet**. を短くした言い方)

❷《肯定文で》まだ, 今でも (!「まだ」という気持ちを強調するときに使う);《比較級, another などと用いて》さらに, まだそのうえに (! still のほうがふつう)

• He has **yet** much to say. 彼はまだ言うことがたくさんある

❸《肯定の疑問文で》もう(…したか), すでに

• Are you homesick **yet**? 君はもう家が恋しくなったの?

比較 Are you **still** homesick? 君はまだ家が恋しいのか (! still は疑問文でも「(以前と同じで)まだ」)

会話 "Have you finished your homework **yet**?" "Yes, I have **already** finished it."「もう宿題は終わったのですか」「はい, もう終わりました」(! 肯定の平叙文の「もう(…した)」は already) ⇨**already** 使い方

❹《最上級のあとで》今までに, これまでのところ

❺そのうち, いつかは

and yet それでも, だが

as (of) yet 《文章》今まで[それまで]のところでは(…ない), まだ(…ない)

• We haven't succeeded **as yet**. 私たちは今のところ成功していない

be yet to do まだ…していない, まだ…したことがない

• a film that **is yet to** *be* released まだ公開されていない映画

have yet to do まだ…したことがない

━ 接 それにもかかわらず; けれども

• She tried as hard as she could. **Yet**, things did not go well. 彼女は最大限の努力をしたが, それにもかかわらず事態は好転しなかった

yew /júː ユー/ 名 C 《植物》イチイ《◆イチイ科の常緑樹》

Yid·dish /jídiʃ イディシュ/ 名 U イディッシュ語《◆ドイツ語・ヘブライ語などの混成言語》

yield B2 /jíːld イールド/ 動

❶ 他 自 (作物を)産み出す (=produce); (利益などを)もたらす ❷ 他《文章》(権利などを)ゆずり渡す, 放棄する; 自〔…に〕屈す, 降参する《*to*》; 文型 [**yield A B** = **yield B to A**] AにBをゆずる

• **yield to** pressure 圧力に屈する

❸ 自《米》道をゆずる (=《英》give way) ❹ 自 (押されて)曲がる, たわむ

yield oneself (up) to ... 〔快楽・誘惑など〕に身を任せる

━ 名 U C 生産; 生産高; 収穫; 収穫高; 利回り

yield·ing /jíːldiŋ イールディング/ 形 曲がりやすい, 柔軟な; 従順な

yip·pee /jípi イピ/ 間 わあ, やった《◆喜んだり興奮したときに発することば》

Y.M.C.A. /wáiemsiːéi ワイエムスィーエイ/ 名

《the をつけて》キリスト教青年会《♦the Young Men's Christian Association の頭字》⇨**Y.W.C.A.**

yo /jóu ヨウ/ 間 《口語》やあ, よう《♦知人同士のあいさつのことば》

yo·del /jóudl ヨウドル/ 名 C ヨーデル《♦アルプス山岳地方の地声と裏声をまぜて歌う歌い方; またその歌》

— 動 (三単現 **yodels** /jóudlz/; 過去・過分 **yodeled**, 《英》 **yodelled** /jóudld/; 現分 **yodeling**, 《英》 **yodelling**) 自 ヨーデルを歌う; 他 …をヨーデル風に歌う

yo·ga B1 /jóugə ヨウガ/ 名 U ヨガ《♦宇宙との合一を目指そうとするヒンドゥー教の教え, またそれにもとづいた修行》

- do **yoga** ヨガをする

yo·gurt, yo·ghurt

A1 /jóugərt ヨウガト | jɔ́gət ヨガト/

名 (複 **yogurts** /jóugərts ヨウガツ/) U ヨーグルト; C ヨーグルト１パック

- low-fat [nonfat] **yogurt** 低脂肪[無脂肪]ヨーグルト

yoke /jóuk ヨウク/ 名 C くびき; 《ふつう **the yoke**》《文章》〔…の〕束縛, 支配; きずな《*of*》; ヨーク

pass [***come***] ***under the yoke*** 屈服する, 支配下にはいる

— 動 他 (雄牛などの労役動物に)くびきをかける, 〔…に〕くびきでつなぐ《*to*》; 《文章》(人・考えなどを)結びつける, いっしょにする《*together*》

yo·kel /jóukəl ヨウケル/ 名 C いなか者

yolk /jóuk ヨウク/ 名 U C (卵の)黄身(きみ) (=《米》yellow)

Yom Kip·pur /jɔ́:m kípər ヨーム キパ/ 名 贖罪(しょくざい)の日《♦ユダヤ教の大祭日》(=Day of Atonement)

yon·der /jándər ヤンダ/ 形 《古風》あそこの, 向こうの

— 副 《古風》あそこに, 向こうに

you A1 中

/ju ユ, jə ヤ; 《強》 jú: ユー/ 代

❶ あなたは[が]; あなたたちは[が] (❗主格として, 主語や補語に使う)

- **You and I** are good friends, aren't we? あなたと私は親友でしょう (×*I and you* とせず, You and ... の語順がふつう)
- **Are you** Mr. Green? あなたはグリーンさんですか
- Jim, **yóu** go away! ジム, (おまえ)とっとと行っちまえ! (❗特に you と名指して注意をひく命令文)

会話 "How áre **you**, Mr. Smith?" "Fine, thank you, and how are **yóu**?" 「スミスさんお元気ですか」「ありがとう, 元気です, あなたは?」(❗最後の you は /jú: ユー/; thank you の you は ❷)

❷ あなたを[に]; あなたたちを[に] (❗目的格として動詞・前置詞の目的語に使う)

- I love **you**. 私はあなた(たち)を愛しています (❗you は動詞 (love) の直接目的語)
- I'll give **you** this book. = I'll give this book to **you**. 私は君にこの本をあげます (❗前文は I 〈主語〉 +give 〈動詞〉 + you 〈間接目的語〉 +this book 〈直接目的語〉; 後文の you は前置詞 (to) の目的語)

会話 "**Thank you.**" "**You are welcome.**" 「ありがとう」「どういたしまして」(❗2番目の You は ❶)

❸ あなた方は (❗「同じ国・地域・会社・店などにいる, 相手をふくめた人々」を表す)

- Do **you** speak English in Canada? (あなたの国)カナダでは英語を話しますか

❹ 《一般的に》人は, だれでも (❗ばく然と「相手をふくめた人々」をさす; 訳出しない場合が多い) ⇨**one** 代 ❷, **we** ❸

- **You** cannot live without air. (人は)空気がなければ生きられない

you know ⇨**know** (成句)

you see いいですか, ほら, ね ⇨**see** (成句)

you'd /jud ユド; 《強》 jú:d ユード/ you had, you would の短縮形 (❗you had が短縮形になるのは had が助動詞のときだけで, 本動詞のときは短縮形を用いない)

- **You'd** [You had] better go right now. あなたは今すぐに行ったほうがいい

you'll 中 /jul ユル; 《強》 jú:l ユール/ you will, you shall の短縮形

- **You'll** [You will] never regret it. あ

なたは決してそれを後悔しないでしょう

young A1 中

/jʌ́ŋ ヤング/ (発音 -ou- は /ʌ ア/ と発音する)
形 (比較級 **younger**; 最上級 **youngest**)
❶ (人・動物などが)若い, 幼い (↔**old**)
• a **young** man 若い男の人, 若者, 青年
• a **young** boy [girl] 男の子[女の子]
• a **young** child 幼い子ども, 幼児
❷ 《**younger**》 年下の; 《**youngest**》 いちばん年下の; 《同名の人・父子・兄弟などを区別して》 年下のほうの
• my **younger** brother 私の弟
• my **youngest** sister 私のいちばん下の妹
• He is (two years) **younger than** you. 彼は君よりも(2歳)年下だ
❸ 若々しい (=youthful), 元気な; 若い人向きの • How does she stay so **young**? どうやって彼女はあんなに若々しさを保っているのだろう
❹ 新しくできた, できたばかりの
• a **young** nation 新興国家
***young and old* (*alike*)** 老いも若きも, みんな
━ 名 《複数扱い》 ❶ 《**the young**》 若い人たち (❗話しことばでは young people を使うほうがふつう)
❷ 《集合的》 (動物・鳥などの)子, ひな
with young (動物が)子をはらんで
派生 **youth** 名

young·ster /jʌ́ŋstər ヤングスタ/ 名 C 若者, 子ども; (特に)少年, 少女

your A1 中

/jər ヤ; 《強》 júər ユア | jɔ́ː ヨー/ 代
❶ あなたの; あなたたちの (❗you (あなた(たち)は)の所有格; 「あなた(たち)を[に]」 は you, 「あなた(たち)のもの」 は yours)
• **your** pen あなたの (所有している) ペン (×*a* [*the*] your pen としない)
• **your** book 君の持っている本; あなたの書いた本 (❗「所有」 のほかに, 「意味上の主語 (あなたが書いた)」 も表す)
• Just do it in **your own** way. 自分の[あなた自身の]やり方でやってみなさい
❷ 人の (❗一般的に人全体を表す場合には訳出しない)
• good for **your** health 健康によい
❸ 君たちの言う, 例の (❗しばしば非難の意味を含む); ふつうの, 典型的な

you're 中 /jər ヤ; 《強》 júːər ユーア/ you are, you were の短縮形

yours A1 中

/júərz ユアズ/ 代
❶ あなたのもの; あなたたちのもの (❗you の所有代名詞; 話し相手の所有物について1つのものにも2つ以上のものにもいう)
• This racket is mine and that is **yours** (=your racket). このラケットは私の(もの)であれが君の(もの)です
❷ 《**of yours**》 あなた(たち)の…
• Is Ken a friend **of yours**? ケンは君の友人(の1人)ですか (×*a your* friend としない)
❸ 《**Yours** (**ever** [**always**])》 (いつまでも)あなたのもの (❗親しい人への手紙の最後で, 自分のサインを書く前に記すことば)
• **Yours** sincerely, = Sincerely **yours**, 敬具 (❗ふつうの知人に使う)

your·self A1 中

/jərsélf ヨセルフ, juərsélf ユアセルフ/
代 (複 **yourselves** /jərsélvz/)
❶ 《再帰用法》 あなた自身を[に]; 自分 (❗you の再帰代名詞. 主語が you で, 動詞・前置詞の目的語が主語と同じ人のときに使う)
• Ken, please introduce **yourself**. ケン, 自己紹介をどうぞ (←自分自身を紹介してください) (❗他動詞＋yourself; 命令文の主語は表現されていない you なので ×introduce you ではなく introduce yourself とする)
• Take care of **yourself**. おからだを大切にしてください
❷ 《強意用法》 あなた自身で[が], (あなたが)自分で
• Do it **yourself**. (人の助けを借りないで)自分でそれをしなさい

- You said so **yourself**. = You **yourself** said so. (ほかの人ではない)君自身がそう言ったのだ (❗ yourself を文末に置くほうが口語的)

❸ いつも[ほんとう]のあなた

- You're not **yourself** today. きょうはいつものあなたらしくないね
- Relax. (Just) Be **yourself**. リラックスして，ふだんのままにしていればいいんだ

by yourself (あなた)ひとり(ぼっち)で (=alone); 独力で

for yourself 独力で; ひとりで; 自分のために

- Check it out **for yourself**. 自分で確かめなさい

help yourself (to ...) (…を)あなたが自分で取って食べる[飲む] ⇨**help** *one*self (to ...) (help の成句)

your·selves 高 /jərsélvz ヨセルヴズ, juərsélvz ユアセルヴズ/ 代 あなたたち自身を[に]; あなたたち自身で[が] (❗ yourself の複数形; 詳しい用法は yourself を参照)

youth A2 高

/júːθ ユース/ 名 (複 **youths** /júːðz, júːθs/)

❶ U 若い時，青春[青年]時代

- **In** his **youth** [When he was **young**], he was a good runner. 彼は若いころは名ランナーだった

❷ U 若さ，若いこと

- You have both **youth** and hope. 君には若さと希望がある (×*a* youth としない)

❸ C 若い男，(10代の)男の子 (=young man) (❗《英》では「若いやつ」と軽べつ的に使われることが多い)

❹ U ((the) **youth**)《集合的》若い人々，青年男女 (=young people) (❗ ふつうは複数扱いだが，均質な集団として見る場合には単数扱いにすることもある);《形容詞的》若者の

- **The youth** of today like going to karaoke. 今日(こんにち)の若者たちはカラオケに行くのが好きだ (❗ 複数扱い)

派生 **young, youthful** 形

yóuth cènter [clùb] 名 C 青少年センター[クラブ] (♦ふつう教会・市などが運営する)

youth·ful B2 /júːθfəl ユースフル/ 形

❶ 若々しい，はつらつとした

❷ 若者の，若者らしい

- a face with **youthful** energy 若いエネルギーに満ちた顔

yóuthfully 副 若々しく

yóuthfulness 名 U 若々しさ; (実際に)若いこと

yóuth hòstel 名 C ユースホステル (♦青年たちのための安い宿泊施設)

you've 中 /juv ユヴ; (強) júːv ユーヴ/ you have の短縮形 (❗ この形を用いるのは have が助動詞のときだけで，本動詞のときは短縮形を用いない)

yo·yo /jóujou ヨウヨウ/ 名 (複 **yoyos** /jóujouz/) C (おもちゃの)ヨーヨー

yr. (略) year 年; your あなたの

yuck /jʌ́k ヤク/ 間 オエッ，ゲェー (♦ひどい不快を表す)

yuck·y /jʌ́ki ヤキ/ 形 (比較級 **yuckier**; 最上級 **yuckiest**) 《口語》ひどく嫌な，むかつく

Yu·go·sla·vi·a /jùːgouslάːviə ユーゴウスラーヴィア/ 名 ユーゴスラビア (♦ヨーロッパ南東部にあった連邦共和国)

Yu·kon /júːkɑn ユーカン/ 名 (**the Yukon**) ユーコン川 (♦アラスカの大河)

Yule /júːl ユール/ 名 U (しばしば **yule**) 《古風》クリスマス (=Christmas)

Yule·tide /júːltàid ユールタイド/ 名 U 《古風》クリスマスの季節

yum·my B2 /jʌ́mi ヤミ/ 形 (比較級 **yummier**; 最上級 **yummiest**) 《口語》うまい，おいしい; すてきな

yup·pie, yup·py /jʌ́pi ヤピ/ 名 (複 **yuppies** /jʌ́piz/) C ヤッピー (♦都会に暮らす高級志向の若手エリート層; (← *y*oung *u*rban *p*rofessional))

Y.W.C.A. /wáidʌ̀bljusìːéi ワイダブリュスィーエイ/ 名 (the をつけて) キリスト教女子青年会 (♦ the Young Women's Christian Association の頭字) ⇨ Y.M.C.A.

Zz 𝒵𝓏

Z, z /zíː ズィー | zéd ゼド/ 名 (複 **Z's, z's** /zíːz/) U C 英語アルファベットの第26番目の文字

Za·ire /záiər ザイア, zɑːíər ザーイア/ 名 ザイール《♦コンゴ民主共和国の旧名》

Zam·bi·a /zǽmbiə ザンビア/ 名 ザンビア《♦アフリカ南部の共和国; 首都ルサカ(Lusaka)》

Za·men·hof /zǽmənhɔ̀ːf ザメンホーフ/ 名《**Ludwik** /ルードヴィク/ **Zamenhof**》ザメンホフ(1859-1917)《♦エスペラント語を作ったポーランドの言語学者》

za·ny /zéini ゼイニ/ 形 (比較級 **zanier**; 最上級 **zaniest**)《口語》(人が)いかれた; (物・事が)ばかばかしい(=absurd)

zap /zǽp ザプ/ 動 (三単現 **zaps** /zǽps/; 過去・過分 **zapped** /zǽpt/; 現分 **zapping**) 他《口語》(特にコンピュータゲームで)(すばやく)やっつける, 殺す, 攻撃する;《米》(食べ物を)電子レンジで調理する[温める]

zeal /zíːl ズィール/ 名 U 熱意; 熱心さ; 熱中

zeal·ot /zélət ゼロト/ 名 C 熱中[熱狂]する人; (特に宗教的・政治的)狂信者

zeal·ous /zéləs ゼラス/ (×ズィーラス) 形〔…に〕熱心な; 熱中した; 熱狂する《*for*》

zéalously 副 熱心に; 熱狂的に

ze·bra B2 /zíːbrə ズィーブラ/ 名 (複 **zebra, zebras** /zíːbrəz/) C《動物》シマウマ, ゼブラ

zébra cróssing 名 C《英》横断歩道

ze·nith /zíːnəθ ズィーニス/ 名 C《**the zenith**》《天文》天頂;《ふつう単数形で》頂点, 絶頂

zeph·yr /zéfər ゼファ/ 名 C《詩語》そよ風, 微風;《**Zephyr**》《文章》(擬人化された)西風; U C ゼファー《♦薄地で軽い織物・糸など》

ze·ro 中 /zíərou ズィアロウ/ (×ゼロ) 名 (複 **zeroes, zeros** /zíərouz/) ❶ U C 零(れい), ゼロ, 0; U (目盛りの)零度

● I **got** a **zero** on the English test. 私は英語のテストで0点をとった

● ten degrees **below zero** 零下10度

参考› 数字0の言い方・読み方

(**1**) zero /ズィアロウ/ 一般的な数値, 数学や理科など: five, four, three, two, one, **zero** 5, 4, 3, 2, 1, 0 (❗ロケット発射時などの秒読み)

Two minus two is **zero**. 2引く2は0 [2−2=0]

(**2**) o /オウ/ 電話[郵便]番号, 部屋の番号など: 500-3026 = five o o [double o], three o two six

(**3**) nothing スポーツの得点でしばしば使う: France beat Japan 5-0. フランスは日本を5対0で破った (❗5-0はfive (to) nothing またはfive (to) zero)

❷ U 無(=nothing)

❸《形容詞的》ゼロの, 無の

zest /zést ゼスト/ 名 U《単数形で》
❶〔…への〕熱意; 強い興味《*for*》
❷ 風味, 趣き

zest·ful /zéstfəl ゼストフル/ 形 風味のある, 味のある; 興味深い; 熱心な

Zeus /zúːs ズース/ 名《ギリシャ神話》ゼウス《♦神々の王; ローマ神話のJupiterにあたる》

zig·zag /zígzæ̀g ズィグザグ/ 名 C ジグザグ, ジグザグ線[模様], Z字形; ジグザグ形の物 ━ 形 ジグザグの, ジグザグ線[模様]の, Z字形の ━ 副 ジグザグに ━ 動 (三単現 **zigzags** /zígzæ̀gz/; 過去・過分 **zigzagged** /zígzæ̀gd/; 現分 **zigzagging**) 自 ジグザグに進む, ジグザグに動く

zil·lion /zíljən ズィリョン/ 名 C《口語》無数, ばく大な数《*of*》

Zim·ba·bwe /zimbá:bwi ズィンバーブウィ/ 名 ジンバブエ《◆アフリカ南部の共和国; 首都ハラーレ(Harare)》

zinc /zíŋk ズィンク/ 名U《化学》亜鉛(あえん)

zin·ni·a /zíniə ズィニア/ 名C《植物》ヒャクニチソウ(百日草)《◆キク科; 米国Indiana州の州花》

zip B2 /zíp ズィプ/ 名 ❶《英》(=zipper) ❷C《口語》元気 ❸C ビュッ(という音)

— 動 (三単現 **zips** /zíps/; 過去・過分 **zipped** /zípt/; 現分 **zipping**) ❶ 他 (…の)ファスナー[ジッパー]をしめる[あける] ❷ 自 ビューンと飛ぶ(ように進む), 勢いよく進む ❸ 他《コンピュータ》(ファイルをzip形式で)圧縮する

zíp còde 名C《米》郵便番号(制度)《◆10006のように5個の数字で, 住所のあとに書く; zipは **z**oning **i**mprovement **p**lan (郵便区改善計画)の頭字に, zip (ビューンと飛ぶ)をかけたもの;《英》ではpostcodeという》

zíp fástener 名《英》(=zipper)

zip·per /zípər ズィパ/ 名C《米》ジッパー, ファスナー(=fastener)

zo·di·ac /zóudiæ̀k ゾウディアク/ 名《**the zodiac**》《天文》黄道帯(こうどうたい); 黄道十二宮(きゅう)図

参考› 地球から見て太陽が運行すると見られる天球の道が「黄道帯」で, これを12等分したものを「十二宮」(**the signs of the zodiac**)と呼び, それぞれに星座の名をつけてある. 星占いではここにある太陽などの位置を重視する

zom·bie /zámbi ザンビ/ 名C《口語》ぼんやりした人, まぬけ; (呪術で)生き返った死体, ゾンビ

like a zombie 《口語》(疲れなどで)ぼーっとして

zon·al /zóunəl ゾウナル/ 形 帯状の; 地帯に分けられた 派生 **zone** 名

zone A2 高

/zóun ゾウン/ (×ゾーン)

名 (複 **zones** /zóunz/) C ❶ 地帯, 地域, 地区, 区域, ゾーン

- a safety **zone** 安全地帯
- a no-parking **zone** 駐車禁止地帯

❷《地理》(温帯・熱帯などの)帯

- the Temperate [Frigid, Torrid] **Zone** 温帯[寒帯, 熱帯]

— 動 (三単現 **zones** /zóunz/; 過去・過分 **zoned** /zóund/; 現分 **zoning**) 他 区域に分ける; 区画する 派生 **zonal** 形

zoo A1 中

/zú: ズー/ (発音 -ooは/u: ウー/と発音する; zoologyとの違いに注意) 名 (複 **zoos** /zú:z/) C ❶ 動物園

- We **went to** [**visited**] the **zoo** yesterday. 私たちはきのう動物園に行った

❷《**the Zoo**》ロンドン動物園

zoo·keep·er /zú:kì:pər ズーキーパ/ 名C (動物園の)飼育係

zo·o·log·i·cal /zòuəládʒikəl ゾウオラヂカル/ (×ズーロヂカル) 形 動物の, 動物に関する; 動物学の

zóological gárden(s) 名《文章》動物園 (■ 複数形は《英》で多い; 話しことばでは短く **zoo** というほうがふつう)

zo·ol·o·gist /zouálədʒist ゾウアロヂスト/ 名C 動物学者

zo·ol·o·gy /zouálədʒi ゾウアロヂ/ (×ズーロジ) 名U 動物学

zoom B2 /zú:m ズーム/ 動 自 ❶ (飛行機が)急上昇する; (物価が)急騰する; (車などが)ビューンと走る, ぶっとばす ❷ (カメラが)急にクローズアップになる; (撮影で)ズームする

zoom in (すばやく)クローズアップする

zoom out (すばやく)ロングショットにする

zóom lèns 名C ズームレンズ

zuc·chi·ni /zukí:ni ズキーニ/ 名 (複 **zucchini**) C《米》《植物》ズッキーニ

Zu·rich /zúərik ズアリク/ 名 チューリッヒ《◆スイス北部の都市》

zzz, ZZZ /z: ズー/ 間 グーグー, ガーガー《◆漫画などで眠っていることやいびきの音を表す》

和英小辞典

＊中高生にとって必要な語を中心に，計約 24,000 項目を収録しています．
＊そのうち，高校実業科の商業科，工業科，農業科で用いられる専門的な語，および ICT 関連用語は，後ろにまとめて掲載しました．
＊見出し語は 50 音順で並んでいます．長音（伸ばす音）は直前の母音をカナに置き換えたとして配列しました．
＊具体的な使い方は英和辞典を参照すると，よりいっそう理解が深まります．ただし，訳語や用例が英和辞典にそのままの形でのっていないこともあります．
＊例文のうち，覚えておくと日常会話に使えるものは 会話 で示しました．
＊複合語は ■ で，いっしょに覚えておくべき派生語は ▶ で示しました．
＊特に参考にすべき英和辞典のコラムは ⇨ とロゴマークで示しました．
＊コラムについて

チャンクで英作文　おもに英和のフォーカスページで示したチャンクを用いた作文の例です．色がついた語のフォーカスページで他のチャンクも確認してください．

そのまま使えるフレーズ　日常すぐ使える表現をまとめました．

‖～を表すディスコースマーカー›　「結果」「比較」などまとまった文章を論理的に書くための表現をまとめました．

‖関連›　関連する語をまとめました．

あ

ああ ah; oh
ああいう such ～こと things like that
アーカイブ archive
アーカンソー (米国の州) Arkansas
アーケード arcade
アーチ arch
アーチェリー archery
アーティスティックスイミング artistic swimming
アーティスト artist
アート art
アーバン urban
アーム arm ■アームチェア armchair アームレスリング arm wrestling
アーメン Amen
アーモンド almond
愛 love; affection ～する love ■愛すべき lovable 愛らしい lovely
あい色 indigo
相打ち(あいうち) strike each other at the same time
アイエス IS, ISIL (Islamic State of Iraq and the Levant)
アイオワ (米国の州) Iowa
合いかぎ spare key, duplicate key
相方 *one's* partner
相変わらず as usual; as ... as before [ever]
合気道 aikido
愛敬のある charming
愛犬 *one's* dog
愛護 protection
愛好家 lover, devotee
愛国心 patriotism; patriotic spirit
合いことば password; slogan
アイコン icon
アイコンタクト eye contact
あいさつ greeting; (演説) speech ～する greet ■あいさつ状 greeting card

•••• そのまま使えるフレーズ ••••

あけましておめでとう Happy New Year!
ありがとう Thank you.
お帰りなさい Hi!/Welcome home.
お元気ですか How are you?
おはよう Good morning.
おめでとう Congratulations!
おやすみ Good night.
ごめんなさい I'm sorry.
こんにちは Hello./Good afternoon.
こんばんは Good evening.
さようなら Good-by(e)!/Bye now!
ただいま I'm home.
どういたしまして You are welcome.
…によろしく say hello to ...
また明日 See you tomorrow.
もしもし Hello.
やあ Hi!

アイシーティー ICT (Information and Communication Technology)
アイシーレコーダー IC recorder, digital

voice recorder
愛車 *one's* car
アイシャドウ eye shadow
哀愁(あいしゅう) sadness, sorrow; pathos
愛称 nickname; pet name
相性 chemistry; compatibility
愛情 affection ～のこもった affectionate
愛人 lover, *one's* man [woman]
アイス (氷) ice ■アイスクリーム ice cream アイスコーヒー ice(d) coffee アイススケート (競技) ice skating; (靴) ice skate アイスティー ice(d) tea アイスボックス icebox アイスホッケー ice hockey
合図 (しぐさ) motion; (手まねなど) sign; (信号など) signal ～する make [give] a sign
アイスランド Iceland
相席する share a table
あいそ(う)のよい friendly; sociable
空いた (座席などが) vacant; (空の) empty
間 (2つ) between, (3つ以上) among ⇨比較; (時間) while, during; (ずっと) for, during ⇨どっち 夏休みの～に during the summer vacation ロンドンにいた間に during my stay in London ここ3年の間 for the last three years
間柄 relationship
アイダホ (米国の州) Idaho
愛着 attachment, affection
あいつ that guy, he
相づちを打つ nod; chime in
相手 company; (試合の) opponent; (踊りの) partner; (対抗者) rival
アイデア idea
アイディーカード ID card (identity card)
開いている (店・扉などが) be open
空いている (時間が) be free; (席が) be not taken; (ホテルなど) vacant 会話 この席は空いていますか Is this seat taken?
アイテム item
アイデンティティー identity
愛読書 *one's* favorite book
アイドル idol
あいにく unfortunately; unluckily
アイヌ the Ainu; Ainu people
アイピー IP (Internet Protocol)
アイフォン 《商標》 iPhone
アイブロー (眉) eyebrow
相棒 associate; partner; mate, buddy
アイボリー ivory
合間 interval ～に in the meantime
あいまいな ambiguous; unclear; vague
愛用の favorite 愛用する use ... habitually
アイライン eyeliner
愛らしい lovely
アイルランド Ireland ～の[語] Irish ■アイルランド人 Irishman [Irishwoman]; the Irish
アイロン iron ～をかける iron
会う meet; see; (公式に) meet with; (偶然に) run into, come across 会話 会えてうれしいです Nice [Good] to see you. いつ会いましょうか When shall we meet?

チャンクで英作文

●またね **see** you
→わかった, また明日ね.
OK, see you tomorrow.

合う (意見などが) agree 《*with*》; (体などに) fit, suit; (調和する) go [harmonize] 《*with*》, match; (時間などが) be right [correct]
遭う encounter; (事故に) have; meet 《*with*》; (雨などに) be caught (in the rain)
アウェー away, visiting
アウト out
アウトコース (陸上) outside track; (野球) outside
アウトソーシング outsourcing
アウトドア outdoor
アウトプット output ～する output
アウトライン outline
アウトレット(ショップ) outlet
アウトロー (無法者) outlaw; (野球で) on and outside, down and away
あえぐ pant; gasp
あえて…する dare to do
あえる dress, add dressing and mix
青 blue ▶青い blue; (顔色が) pale 顔が～いよ. You look pale. ■青信号 a green light 青葉 green leaves
青々と lush green
青カビ blue mold
あおぐ (扇などで) fan
青ざめた pale
青ざめる turn pale
青白い (顔色が) pale
青空 blue sky ■青空市場 open-air market 青空コンサート open-air concert
あおむけに on *one's* back
あおる fan; stir ... up; kindle; inflame
あか dirt, grime; (耳垢) earwax
赤 red ～の他人 total [complete] stranger 顔を～らめる blush; turn red ▶赤い red
赤々と bright, brightly
アカウンタビリティー accountability
あがく struggle
赤字 the red; deficit; loss
アカシア acacia
赤信号 red light
明かす spend a night; tell; reveal
赤茶色 reddish brown
赤ちゃん baby
アカデミー academy ■アカデミー賞 Academy Award
赤点 failing mark
赤札 sale tag
アカペラ a cappella
赤身 lean meat; red flesh
あがめる worship

あからさまな plain ～に plainly
明らむ grow light; dawn
明かり (電気) light ～をつける[消す] switch on [off] a light
上がる (昇る, 上昇する) go up, rise; (向上する) improve; (緊張する) get nervous
明るい bright; light; (性格が) cheerful; sunny
明るさ brightness; light
赤んぼう baby; infant
空き vacancy; opening
秋 autumn; 《米》 fall ■秋晴れ nice fall weather
あきあきする get fed up; get bored
空き缶 empty can
空き地 vacant lot; vacant land
空きびん empty bottle
あきらか ～な evident; obvious; apparent ～に clearly; evidently; obviously …は～である It is clear that ...
あきらめ resignation; abandonment
あきらめる abandon ～な Don't give up!
あきる lose interest; get tired 《of》; be tired [sick] 《of》; (うんざりする) be fed up 《with》
アキレスけん Achilles(') tendon
あきれる (嫌になる) be disgusted; (あっけにとられる) be amazed; be surprised
悪 evil; vice; (悪意) malice; ill-will
開く open 会話 何時まで開いていますか Until what time are you open?
空く (時間が) be free; (からになる) be empty; (ホテルなど) vacant
悪意 ill will
悪影響 bad influence
悪事 wrongdoing; crime
悪質な dishonest; malicious
握手 handshake ～する shake hands 《with》
悪臭 bad smell
悪趣味 bad taste
悪循環 vicious circle
悪女 bad woman, man-eater, vamp
アクション action
悪性の bad; malignant
アクセサリー accessories
アクセシビリティー accessibility
アクセス access
アクセル accelerator
アクセント accent, stress
あくどい vicious; dishonest; gaudy
悪党 villain
悪人 bad [wicked] person
あくびをする yawn
悪評 bad reputation
悪魔 devil, demon, Satan
あくまでも to the end; persistently
悪夢 nightmare
悪友 undesirable friend, bad company
あぐらをかく sit cross-legged
握力 grip
アクロバット (わざ) acrobatics
明け方 dawn
あけっぴろげな frank; open
アゲハチョウ swallowtail
あけまして 会話 明けましておめでとう Happy New Year!
揚げもの deep-fried food
開ける open; (錠を) unlock; (包みなどを) unpack
空ける (場所を) make room 《for》; (からにする) empty
明ける (夜が) break; dawn; (年が) begin; (終わる) be over
上げる raise; (持ち上げる) pull ... up; lift; (やる) give; (向上させる) improve
揚げる deep-fry; (凧を) fly
あご jaw; (あごの先) chin
アコースティック acoustic; sound effects
アコーディオン accordion
あこがれる long 《for》; yearn 《for》; (崇拝する) admire, adore ▶あこがれ longing
あごひげ beard
朝 the morning ～に in the morning ～8時に at eight (o'clock) in the morning きのう[あした]の～ yesterday [tomorrow] morning
麻 hemp
あざ (生まれつきの) birthmark; (打ち身による) bruise
浅い (深さが) shallow; (知識が) superficial, shallow; (眠りが) light; (傷が) slight
朝帰りする get home in the morning
アサガオ morning glory
朝方 early in the morning, in the early morning
浅黒い rather dark, swarthy
朝ごはん breakfast
浅瀬 ford, shallows, shoal
あさって the day after tomorrow
朝ねぼう late rising ～する get up late
浅はか silly, foolish; thoughtless; shallow
朝日 the morning sun; the rising sun
鮮やかな (色彩が) bright, vivid; (巧みな) skillful
アザラシ seal
アサリ Japanese littleneck; clam
あさる look; scavenge
朝練 early morning practice
アシ (植物) reed
足, 脚 (足) foot; (脚) leg; (犬猫の) paw; (いすの) leg; (いか・たこの) arm
味 taste; (風味) flavor ～がよい taste good; tasty ～が悪い taste bad 会話 スープの～はいかがですか What do you think of the soup? ■味付け seasoning ～する season

関連▸
あっさりした plain; 甘い sweet; おいしい delicious; 辛い hot, spicy; こってりした thick; しょっぱい salty; 酸っぱい sour; 苦い bitter; まずい don't taste good

アジア Asia ～の Asian

足跡 footprint; track
アジェンダ (課題, 議題) agenda
足音 footsteps; steps
アシカ seal, sea lion
足首 ankle
アジサイ hydrangea
アジスアベバ Addis Ababa
アシスタント assistant, aide, associate, helper
アシスト assist
あした tomorrow ～の朝 tomorrow morning 会話 また～ See you tomorrow.
足取り step ～も軽く with a light step
足並み step; pace
足場 scaffolding; foothold, footing
足踏み be stuck ～する stamp; stomp
味見 tasting; sampling
足元 ～に注意 Watch your step!
あしらう treat; garnish
味わう taste, enjoy; (経験する) experience
預かる keep; look after; take care of ...
アズキ red bean
預ける leave; (荷物などを) check; (銀行に) deposit; (委託する) entrust
アステリスク asterisk
アスパラガス asparagus
アスピリン aspirin
アスファルト asphalt
アスベスト asbestos
アスリート athlete
アスレチック athletics
汗 sweat, perspiration ～をかく sweat
あぜ ridge between rice field
アセアン (東南アジア諸国連合) ASEAN
汗臭い sweaty
アセスメント assessment
あせる (色が) fade
焦る rush; be in a hurry; be in haste
アゼルバイジャン Azerbaijan
アセロラ acerola
あそこ (over) there
遊び game, play; (娯楽) amusement
遊び歩く go out here and there
遊び回る fool around; play around
遊ぶ play; (何もしないでいる) be idle
値 (値段) price (…に)～する worth (doing)
与える give, provide; (えさなどを) feed; (損害などを) cause; (賞などを) award
あたかも as if
暖[温]かい warm; (心が) warm-hearted ▶暖[温]かさ warmth
暖[温]まる warm (up), warm *oneself*
暖[温]める warm; (熱くする) heat; (エンジンなどを) warm up
アタッカー attacker
アタック attack
アタッシェケース attaché case
あだな nickname
アダプター adapter, adaptor
あたふたと in a hurry, hurriedly, hastily
頭 head 人の～をなぐる hit a person on the head ～のよい bright, smart ～の鈍い dull
頭金 deposit; down payment
頭ごしに over *one's* head
頭出し cueing (up)
新しい new; (新鮮な) fresh; (最新の) latest; (ニュースなどが) hot
…あたり (…につき) per; a
当たり (成功) hit, success
辺り この～で around here
あたりさわりのない noncommittal; neutral
あたりまえの natural …をあたりまえのことと考える take ... as a matter of course
当たる hit, strike; (相当する) correspond (to); (成功する) make a hit, succeed; (予想が) be right; (くじで) win; (かち合う) fall on ... (推量)が当たった I guessed right.
アダルト adult ■アダルトサイト porn site アダルトビデオ porn video
あちこち ～に[で, を] here and there, from place to place, in many places
あちら (over) there
あっ look; listen; oh; ouch
熱々 piping hot
厚い thick; (人情が) warm, kind, friendly, warm-hearted ▶厚み thickness
熱[暑]い hot; (やや暑い) warm; (加熱した) heated 暑苦しい sultry; (人が熱心な) enthusiastic ▶熱[暑]さ heat
扱い use; operation; treatment
扱う (操作する) operate, handle, treat, deal with; (品物を) handle; (人などを) treat
厚かましい cheeky; pushy; shameless
厚紙 thick paper; card-board
厚着 thick layers of clothing; dress heavily
厚化粧 heavy make-up
あっけない disappointing; unexpected
厚さ thickness ～はどのくらいですか How thick is it?
あっさり (楽に) easily ～した simple
圧縮する condense
圧勝 overwhelming victory
圧政 tyranny; despotism
あっせんする help ... to *do*
あっち ～に[へ] (over) there
あっという間に in a flash; in an instant
圧倒する overwhelm ～的な overwhelming
アットホームな homey
アットマーク at sign
圧迫 (圧力) pressure; (重圧) oppression
アップ raise; up; (顔のアップ) close-up; (ネット上にアップする) upload
アップグレードする upgrade
アップダウン up-and-down
アップデートする update
アップルパイ apple pie
アップロード upload
集まり meeting, gathering

集まる gather, get together; (群がる) crowd; (お金などが) be collected [raised]; (関心・注意が) be focused (on), be centered (on)
集める collect; (お金を) raise, collect
あつらえる order
圧力 pressure ～を加える press
…あて for ..., to ...
当て ～にする rely [depend, count] on ... ～もなく aimlessly
あてさき address
あて名 *one's* name and address
アテネ Athens
当てはまる apply 《*to*》; fit, be applicable
当てはめる apply ... 《*to*》
当てる (ぶつける) hit, strike; (推測する) guess 会話 手に何を持ってるか当ててみな Guess what I have in my hand.
跡 trace, track, mark
あと味 aftertaste
あと押し push from behind
あとかたづけ ～をする clear
あとくされ trouble in the future
あどけない innocent, childlike
あとつぎ successor
あとで later 宿題をやった～テレビを見た After finishing my homework, I watched TV. 会話 ～電話するよ I'll call you later. じゃあ～ね See you later.
アドバイザー adviser
アドバイス advice ～する advise
アドバルーン advertising balloon
アドバンテージ advantage
アトピー atopy
アドベンチャー adventure
あともどりする get back; turn back
アトラクション attraction
アトランダム at random
アトリエ studio; atelier
アドリブ ad lib
アドレス (email) address
穴 (くぼみ) hole, gap; (欠員) vacancy; (欠陥) flaw
アナーキスト (無政府主義者) anarchist
穴うめをする (補償する) make up 《*for*》 ■穴うめ問題 a fill-in-the-blanks question
アナウンサー announcer; (ニュースキャスター) newscaster
アナウンス announcement
あなた(がた) you ～(がた)は[が] you ～(がた)の your ～(がた)に[を] you ～(がた)のもの yours ～自身 yourself
あなどる make light of ...; underestimate
穴場 good unknown spot
アナリスト analyst
アナログ analog 《英》 analogue
兄 brother, big brother, older brother
兄貴 (先輩の人) *one's* elder [senior]
アニメ(ーション) animation
アニメキャラクター cartoon character
姉 sister, big sister, older sister
アネモネ (植物) anemone
あの that; those あの頃 in those days あの時 at that time; then
あの(う) Excuse me.
あの手この手 every possible means
あのね well; listen; say; look 《*here*》
あのような such, like that
あのように like that, 《*in*》 that way
アパート 《米》 apartment; 《英》 flat
アバウトな sloppy; rough
あばく disclose
アパルトヘイト apartheid
あばれる act violently; (もがく) struggle
アパレル apparel
アピール appeal
アヒル duck
浴びる 水を～ pour water over *oneself* シャワーを～ take a shower
アフィリエイト affiliate (program; website)
アフガニスタン Afghanistan
アフターケア aftercare
アフターサービス (after-sales) service
アブダビ Abu Dhabi
危ない dangerous ～！ Watch out!
油 oil; (脂肪) fat; (機械用の) grease ～でいためた fried
油絵 oil painting ～を描く paint in oils
あぶらぎる greasy
あぶらっこい fatty, greasy
あぶらとり紙 oil blotting paper
あぶらみ fat
アブラムシ cockroach
アフリカ Africa ～の African
アプリケーション application
あぶる roast; broil; grill
あふれる overflow; (人で) be full of ...
アフロ (髪型) Afro
アプローチ approach
アベック (二人連れ) couple
アベレージ average
アポ appointment
アボカド avocado
アポストロフィー apostrophe
アボリジニ aborigine
アポロ Apollo
尼 nun
甘い sweet; (厳しくない) indulgent, lenient ～ものに目がない have a sweet tooth
甘え dependence
甘える behave like a baby; (好意などにつけ込む) depend on; take advantage 《*of*》
甘口 sweet; mild
雨ぐつ rain shoes
雨雲 rain cloud
アマゾン川 Amazon
雨だれ raindrop
アマチュア amateur
甘ったれる act like a baby

雨戸 shutter, storm window
天の川 the Milky Way
甘やかす indulge; (駄目にする) spoil
雨やどりする take shelter from the rain
あまり (過度に) too (much) 会話 ～食べるとおなかが痛くなるよ If you eat too much, you'll have a stomachache. それは～好きではない I don't like it very much. ■あまりに too ～に忙しくて本を読む暇もない I'm too busy to have time to read.
余り the remainder; the rest
余る (残る) remain それは私の手に～ It's beyond my ability.
網 net ■網棚 rack 網戸 screen door
編み出す (見つけ出す) think out; devise
アミノ酸 amino acid
編みもの knitting
編む knit, weave; (髪を) braid
アムステルダム Amsterdam
あめ candy, sweets
雨 rain ～が降る It rains. ～になりそうだ It looks like rain. ～がやんだ It has stopped raining. ～の(多い) rainy 大～ heavy rain
アメーバ amoeba
アメジスト amethyst
アメニティ amenity
アメリカ America; (アメリカ合衆国) the United States (of America) ～人 American ■アメリカ英語 American English アメリカザリガニ crayfish
アメリカンコーヒー weak [mild] coffee
アメリカンフットボール American football
あやうく almost, nearly
あやしい (疑わしい) doubtful, suspicious; (変な) strange その証拠は～と思った I was suspicious of that evidence. 会話 彼が来るかどうか～もんだ I doubt whether he will come. ▶あやしむ (…だろうと思う) suspect; (…ではないらしいと思う) doubt
操る manipulate; handle
あやとり string figure; cat's cradle
あやふやな uncertain; indefinite
あやまち fault; mistake; error
誤って by mistake; by accident
誤り mistake; error
誤る ⇨間違える
謝る apologize 《*to*》

•••• そのまま使えるフレーズ ••••

ごめんなさい I'm sorry.
私が悪いんです It's my fault.
許してください Forgive me.
おおっと Oops.
すいません Pardon.

••••••••••••••••••••••••••••

アヤメ iris
あら Oh!/Oh, my!/Oh, dear!
アラー (イスラム教の神) Allah
アラーム alarm
荒い (乱暴な) rough; (気性が) violent
粗い coarse; (手触りが) rough
アライグマ raccoon
洗い物 (食器) dishes; (洗濯物) laundry, washing ～をする do the dishes
洗う wash; rinse ... (out); (ごしごしと) scrub
アラカルト à la carte
嵐 storm
荒らす ruin; destroy; damage
アラスカ (米国の州) Alaska
あらすじ outline
争い fight; conflict; (競争) competition
争う fight; (論争する) argue; quarrel
新たな new; fresh
改まる (変わる) be changed; (改善される) be improved; (儀式ばる) be formal
改めて (もう一度) again, once more; (別の日に) some other time
改める change, renew; (訂正する) correct; (改善する) reform; (改正する) amend
荒っぽい violent, rough
アラバマ (米国の州) Alabama
アラビア Arabia
アラブ首長国連邦 United Arab Emirates
アラブ人 Arab ■アラビア語 Arabic アラビアの Arabian
アラモード à la mode
あらゆる all, every
あられ hail ～が降る It hails.
現す show
表す (表現する) express; (意味する) represent, stand for; (表に出す) show, display
現れる appear; (表に出る) come out
アリ ant
ありありと clearly; vividly
アリーナ arena
ありうる possible
ありえない impossible
ありがたい grateful; (歓迎すべき) welcome ありがたく思う appreciate
ありがちな common; frequent
ありがとう Thank you./Thanks. 会話 ～ございます—どういたしまして Thank you very much.—You're welcome.
ありきたりの common; ordinary
アリクイ anteater
アリストテレス Aristotle
ありそうな likely ありそうにない unlikely
アリゾナ (米国の州) Arizona
ありのままに frankly, plainly; honestly
アリバイ alibi
ありふれた common; familiar
アリューシャン列島 Aleutians
ある certain; some ～程度 to some extent
ある there is [are]; (存在する) be, exist; (…である) be ...; (所有する) have; (位置する) lie; (起こる) happen; (会合などが) be held 会話 靴売り場はどこにありますか Where is the shoe department?

チャンクで英作文

●…であるかもしれない It may **be**
→それは本当(である)かもしれない.
It may be true.
●授業がある **have** a class
→金曜は(授業が)5時間あります.
We have five classes on Friday.

あるいは or; (もしかすると) maybe, perhaps
アルカイダ Al-Qaeda
アルカリ alkali
アルキメデス Archimedes
歩く walk; (歩いて) on foot 学校へ歩いて通う go to school on foot 会話 歩いて行けますか Can I walk there?
アルコール alcohol
アルザス Alsace
アルジェリア Algeria
アルゼンチン Argentina
アルツハイマー病 Alzheimer's disease
アルデンテ al dente
アルト alto
アルバイト part-time job ～をする work part-time
アルバニア Albania
アルバム album
アルファベット alphabet ～順に in alphabetical order, alphabetically
アルプス Alps
アルペン alpine
アルミニウム 《米》aluminum; 《英》aluminium
アルミフォイル aluminum foil
アルメニア Armenia
あれ that, those ～から since then
アレキサンドリア Alexandria
あれら those
荒れる (天候が) be stormy; (人が) be wild
アレルギー allergy ～性の allergic
アレルゲン allergen
アレンジ arrangement
アロエ aloe
アロハシャツ aloha shirt
アロマセラピー aromatherapy
泡 bubble; foam ～立つ bubble; foam
合わせる combine; (合計する) add [sum] up; (波長を) tune; (時計を) set; (予定を) fit
あわただしい busy; hasty; hurried
あわてる hurry, panic; (うろたえる) be confused あわてて hastily, in a hurry
アワビ abalone
哀れな poor; miserable ▶哀れみ pity
哀れむ feel [take] pity, have mercy
案 plan; idea; (提案) proposal
あん(こ) sweet bean paste
安易な easy; easygoing
アンカー anchor
案外 unexpectedly; surprisingly
暗記する learn by heart [rote], memorize
アングロサクソン Anglo-Saxon
アンケート questionnaire
アンコール encore
アンコールワット Angkor Wat
アンゴラ Angola
暗殺 assassination
暗算 mental arithmetic ～する do calculations in *one's* head
暗示 hint; suggestion
暗室 darkroom
暗唱 recitation ～する recite
暗証番号 PIN (number)
案じる worry; be anxious
安心 relief; easiness ～する feel relieved
アンズ apricot
安静 rest
安全 safety, security ～な safe, secure ～に safely ■安全運転 safe driving 安全地帯 (街路の) safety island 安全ピン safety pin 安全保障 (national) security
アンソロジー anthology
アンダーシャツ undershirt
アンダーライン underline
アンティーク antique
アンティグア・バーブーダ Antigua and Barbuda
安定した stable ■安定感 sense of stability
アンデス山脈 Andes
アンテナ antenna
アンドラ Andorra
アンドロイド android
あんな such, ... like that
案内する (旅行などで) guide; (先に立って) lead; (部屋などに) show; (知らせる) inform ■案内書 guide (book) 案内人 guide
アンパイア umpire
アンバランス imbalance
アンプ amplifier
アンフェアな unfair
アンペア ampere
アンマン Amman
安眠 sound sleep
アンモニア ammonia
安楽死 euthanasia; mercy killing
安楽な comfortable ■安楽いす easy chair
アンラッキー unlucky

位 place 1～になる win first place
胃 stomach ～が痛い have a stomachache
いあわせる (たまたま) happen to be
慰安 recreation ■慰安婦 comfort woman
いい ⇨良い・善い
言いあう quarrel, argue
言い争い quarrel; argument
言い争う quarrel [argue] 《*with*》
言い表す express
いいえ no; (否定疑問に対して) yes; (感謝・わび

に対して) That's all right.
言いかえ paraphrase ～ると in other words

言いかえを表すディスコースマーカー▶
厳密に言えば strictly speaking
大まかに言えば broadly speaking
正確に言えば to be precise
簡単に言えば to put it simply
つまり that is to say, namely
要約すれば in summary, in short, in brief, briefly
いずれにせよ anyway, anyhow

言い返す talk [answer] back; retort
言いがかり false accusation
言いかける be about to say; start to say
いいかげんな irresponsible
言い方 expression; way of speaking
いい気 easygoing ～に be conceited about
イージーリスニング easy listening
イージス艦 aegis
言い過ぎ too much to say
イースター Easter
言い付ける (命じる) order, tell
言い伝え tradition; (伝説) legend
言い直す correct *oneself*
言い逃れ evasive answer, evasion
言い張る insist
言いふらす tell everybody; spread a rumor
イーブン even
言い回し expression
イーメール email, e-mail, E-mail
言い寄る make advances to; proposition
言い訳 excuse ～(を)する make an excuse
委員 member of a committee ■委員会 committee 委員長 chairperson
医院 doctor's office; (診療所) clinic
言う say, (話す) speak, (語る) talk, (伝える) tell; (呼ぶ) call これは何て言うのですか What do you call this?

チャンクで英作文
●何も言わない **say** nothing
→彼はそれについて何も言わなかった.
He said nothing about it.
●本当のことを言う **tell** you the truth
→君に本当のことを言うよ.
I'll tell you the truth.

言うことなし leave nothing to be desired
言うなれば so to speak
言うまでもない needless to say 言うまでもなく not to mention
家 home, house 会話 昨日は一日～にいたよ I stayed (at) home all day yesterday. ■家中 the whole house
イエス(キリスト) Jesus (Christ)
家出する run away ■家出少年[少女] runaway boy [girl]
言えてる That's it.
いえども though ..., although ...; even
イエメン Yemen
イエローカード yellow card
イエローページ Yellow Pages
イオウ sulfur
イオン ion
イカ squid; cuttlefish
以下 (数量・程度) below, under, less than; (下記) the following 15歳～の子ども children of 15 and under
以外 (除いて) except; but; (ほかに) besides
意外な unexpected 意外にも unexpectedly
いかが how (気分は)～ですか How do you feel now? 紅茶でも～ですか How [What] about a cup of tea?
医化学 medical chemistry
いかがわしい suspicious; questionable
医学 medicine ～の medical ■医学部 medical school
いかさま fake; fraud
生かす let ... live; (活用する) make use of ...
いかだ raft
いかに (どう) how
いかにも just; very; so; indeed; to be sure
いかり anchor
怒り anger
怒る get angry
いかれた crazy; mad
遺憾 regret
意気 spirits, heart; morale
遺棄 abandonment; desertion
行き (bound) for
息 breath; (呼吸) breathing ～をする breathe ～を吸う breathe in ～が合う getting along well ～を飲む take [catch] *one's* breath away ～が長い long-term; lasting
意義 meaning ～深い significant
異議 objection ～を唱える object 《*to*》, raise an objection
行き当たりばったりの hit-or-miss
生き生きした vivid; fresh; lively
生き写し be the very image of ...
生き埋めにする bury alive
勢い force, power; (活力) energy
生き甲斐 reason for living
行き帰り both ways; to and from
生き返る come back to life, revive
行き方 way; access
生き方 how to live; *one's* lifestyle
いきがる show off; putting on air
息切れする lose *one's* breath
いきさつ details
行きすぎ excess; extreme
息詰まるような breathtaking
意気投合する hit it off
行き届く give good service
行き止まり dead end; blind alley
粋な smart; stylish
いきなり suddenly, all of a sudden, abruptly
息ぬき break, breather; relaxation
生き残る survive 事故にあったが生き残った

He survived the accident.
行き場 where to go
生き物 creature; living thing
関連》
アヒル duck; イヌ dog; ウサギ rabbit; ウシ cow, bull, ox; cattle ウマ horse; オタマジャクシ tadpole; カブトムシ beetle; カメ tortoise, turtle; キツネ fox; 金魚 goldfish; 昆虫 insect; 魚 fish; サル monkey; ゾウ elephant; 鳥 bird; ネコ cat; ネズミ mouse; パンダ (giant) panda; ヒツジ sheep; ブタ pig; モルモット guinea pig; ヤギ goat; ライオン lion
異教 heresy ■異教徒 heretic
イギリス the United Kingdom, (Great) Britain ～の British ■イギリス人 Briton; the British
生きる (生存する) exist; (暮らす) make a living; (効力をもつ) be valid 生きている alive, living ■生き物 living thing
生き別れ become separate for life
行き渡る spread; prevail
行く go; (相手の方へ) come; (訪れる) visit; (物事が進む) go 会話 学校へはどうやって行っていますか—自転車で行きます How do you go to school?—By bicycle. 今行きます I'm coming.

チャンクで英作文
- あなたの家に行く **come** to your house
  →お宅に行きます.
  I will come to your house.
- …に行ったことがある have **been** to ...
  →京都に行ったことある？
  Have you ever been to Kyoto?

イグアナ iguana
戦 battle; war
育児 child care
意気地なし coward
育成 training ～する train; grow
いくつ how many; (年齢が) how old ■いくつかの some; several
イグニッション ignition ■イグニッションキー ignition key
いくぶん somewhat
いくら how much; いくら…でも however; no matter how 会話 ～ですか How much (is it)?
イクラ salmon roe
いくらか a little; a bit; any ～の some; any; a little; a few
池 pond
いけがき hedge
生けどりにする catch ... alive
いけない (禁止) mustn't; may not; (悪い) bad; (間違った) wrong
いけにえ sacrifice
生け花 flower arrangement
イケメン good-looking man [boy]
生ける (花を) arrange
意見 opinion
意見を表すディスコースマーカー》
賛成する agree
反対する disagree
～すべきだ should, ought to
私の意見では in my opinion, in my view, from my point of view
～は確かだ I am sure that
～のように思われる It seems to me that
違憲 violation of the constitution
威厳 dignity
以後 from now on; after this
囲碁 go
いこい rest
以降 《*on and*》 after
意向 intention; opinion; view
移行 changeover
イコール equal
異国 foreign country
居心地のよい comfortable
遺骨 ashes
いさかい conflict, quarrel
居酒屋 bar; 《英》 pub
潔い manly
遺作 posthumous
いざこざ trouble
いざという時 in case of emergency
勇ましい brave
遺産 inheritance, heritage
意志 will ～が強い be strong-willed
意思 intention; wish; mind
医師 doctor
石 stone; (小石) pebble ～の多い stony
意地 pride ～の悪い nasty; ～を通す have *one's* own way 会話 そんなに～を張るな Don't be so stubborn.
維持 maintenance ～する maintain
いじいじした nervous
意識 consciousness ～している conscious ～的に intentionally ～を失う pass out ～のある conscious ～不明の unconscious
いじける shrink; become timid
異質の heterogeneous; different
意地っ張りな obstinate, stubborn
遺失物 lost article; lost property
いじめ bullying ■いじめっ子 bully
いじめる bully; mistreat; (からかう) tease
医者 doctor ～に行く go to the doctor's 会話 ～に診てもらうほうがいいよ You'd better see [consult] a doctor.
異臭 (bad) smell
移住する move; (他国から) immigrate; (他国へ) emigrate
遺書 will
衣装 clothes, costume
以上 (数量・程度が) above, over, more than 16歳～の女の子 girls of 16 and above
異常な unusual; abnormal ■異常気象 ex-

traordinary weather
異状 trouble; disorder
移植 transplant
衣食住 food, clothing and shelter
異色の unique ■異色作 rare work
いじる finger; touch; play《with》
石綿 asbestos
意地悪な nasty
偉人 great person
いす chair; (ひじ掛けいす) armchair
イスタンブール Istanbul
泉 fountain, spring
イスラエル Israel ～の Israeli ■人 Israeli
イスラマバード Islamabad
イスラム(教) Islam ～の Muslim, Islamic イスラム教徒 Muslim イスラム原理主義 Islamic fundamentalism
いずれか (…か～か) either ... or ～
居すわる stay on; remain in office
異性 the opposite sex
異星人 alien
威勢のいい dashing
移籍(する) transfer
遺跡 ruins
以前 before; (かつて) once ～の former ～は formerly
いぜん(として) still
磯 beach, seashore
いそいそ lightheartedly, cheerfully
居そうろう freeloader; parasite
忙しい busy; occupied 忙しく busily 試験の準備に～ be busy preparing the exam 会話 今は～のです I'm busy now.
急ぎの urgent
イソギンチャク sea anemone
急ぐ hasten; 急いで in a hurry 会話 急いでください Please hurry. 今はだめです, 急いでいますので Not now. I'm in a hurry.
遺族 bereaved (family), survivor
イソップ Aesop
異存 objection
依存する depend《on》
板 board ～につく be quite at home
遺体 (dead) body; remains; corpse
痛い sore; hurt のどが～ have a sore throat 会話 頭[胃]が～です I have a headache [a stomachache]. どこが～の―足が～んです Where does it hurt?—My foot hurts.
医大 medical college ■医大生 medical student
痛々しい (哀れを誘う) pitiful
偉大な great
委託(する) entrust; consign
抱く hold
いたずら mischief; trick ～な mischievous ～をする do mischief; play a trick
いたずらに uselessly; in vain; idly
いただき (頂) mountaintop, top
いただきます Let's eat./(お祈り) We thank thee for this food.
いただく (もらう) get; (食べる) have, eat もう十分いただきました I've had enough, thank you. (…して)いただけませんか Would you please ... ?
イタチ weasel
板チョコ bar of chocolate
痛手 damage, blow
板ばさみ dilemma
いたぶる extort
痛み pain; ache ～を感じる have a pain
いたむ (死を) lament; mourn; grieve
傷む be damaged; (腐る) go bad
痛む ache; hurt
傷める damage; hurt
痛める hurt; injure
炒める fry
至らない incompetent; careless
イタリア Italy ～の Italian ■イタリア人[語] Italian
イタリック italics
至る get《to》; reach; lead《to》
至る所で everywhere
いたわり kindness
いたわる take good care of ...
位置 position ～する be located ～について, 用意, どん！ On your mark(s), get set, go!

位置を表すディスコースマーカー▸
～の上に at the top of, above
～の下に at the bottom of, below, under
～の前に in the front of
～の後ろに in the back of
～の中心に in the middle of, in the center of
～の右に in the right of
～の左に in the left of
～の北に in the north of
～の南に in the south of
～の東に in the east of
～の西に in the west of
～の中に within
～の周りに around
～の間に between

一 one; (一番の) first ■一時間 an hour
市 market; fair
一位 first place; first prize
いちいち one by one; (詳細に) in detail
一員 member
一応 (念のために) just to make sure; just in case; (さしあたり) for the present
いちおし strongly recommend
一月 《in》 January
一丸となって all together
一軍 first team, major league [club]
一撃 blow; stroke
イチゴ strawberry ■イチゴジャム strawberry jam
一時 one o'clock; (かつて) once; (しばらく) for a time; temporarily ～的な temporary

一次(の) primary
イチジク fig
いちじるしい remarkable, striking ▶いちじるしく remarkably
一途な single-minded; intent
一対一 one-to-one
一大事 matter of serious concern
一段と much, far, even, still
位置づける rank
一度 once 一度に at a time, at once
一日 a day ■一日中 all day (long)

daytime

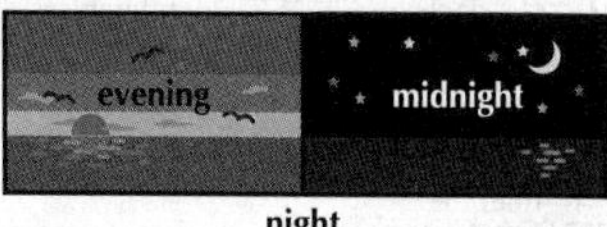

night

関連›
夜明け dawn; 朝 morning; 正午 noon; 午後 afternoon; 日中 daytime; 夕方 evening; 夜 night; 真夜中 midnight

一人前 (1人分) one helping; (成人) adult
一人称 first person
一年 a year ■一年生 first-year student [pupil]; 《米》(大学の) freshman 一年中 all (the) year round
市場 market
いちはやく quickly
一番 (番号) number one; (順番) the first; (最高) the best, the top; (最も) most
一部 (一部分) part; (1冊) a copy
一瞥(いちべつ) glance, glimpse
一枚 a sheet; a slice
一万 ten thousand
一味 gang; ring
一面 (一方の面) one side [aspect]; (新聞) front page ～に all over
一問一答 Q and A
いちゃつく flirt; neck
イチョウ ginkgo
胃腸 *one's* stomach
一様に uniformly; unanimously
一卵性双生児 identical twins
一覧表 list, table
一律 across-the-board; uniform; equal
一流の first-class; leading; expert
一輪車 monocycle
一塁 first base
一連 a chain [series] of ..., serial
いつ when, what time ～から how long ～の間にか before *one* knows it
一家 *one's* family
いつか (未来の) someday; (かつて) once いつかそのうち one of these days 会話 また～会いたいね I hope to see you again sometime.
五日 five days; (月の) fifth
一回 once
一階 the first floor
一角 corner
一過性 passing; temporary
一喝 bark
一括 lump
一巻 volume
一貫 consistent
一気に without stopping; (ひと飲みに) in one gulp
一級 first class; one class
一挙に at a stroke; at once; suddenly
居つく settle
いつくしむ love; take care ... tenderly
一見 one glance; seemingly, apparently
一個 one, a piece
一行 party; company
いっこうに (少しも) (not) at all, (not) a bit
一戸建て house
一切 all, everything
一昨日 the day before yesterday
一昨年 the year before last
一酸化炭素 carbon monoxide
一式 set; outfit; suite
一種(の) a kind of ...
一周 lap …を一周する go around ...
一週間 a week; for a week
一周忌 first anniversary of death
一瞬 a moment, an instant
いっしょ same ～に together …と～に with ... 会話 ～に行きませんか Won't you come along?
一生 lifetime; (all) *one's* life
一生懸命 hard ～勉強する[働く] work hard ～やる do *one's* best
一笑に付す laugh ... away
一神教 monotheism
一新する renew completely, turn over a new leaf
一心に earnestly, wholeheartedly
いっせいに (同時に) at the same time
いっそ rather
一層 all the more
一掃する sweep; clear 《*away*》; eradicate
一足 a pair 《*of shoes*》
一体(全体) on earth, in the world
いったん for a time いったん…すれば once
一致 agreement ～する correspond
一昼夜 whole day and night
一直線 straight line
五つ five
一対 a pair

一定の fixed; regular; constant
一滴 drop
いってきます 会話 行ってきます Good-bye.
いつでも always; at any time; (…のときはいつも) whenever
いってらっしゃい 会話 行ってらっしゃい Bye./Goodbye./See you later.
一転する turn around
一等 (the) first place [prize]; (乗り物の) the first class ■一等賞 first prize
一杯 (コップなどの) a glass [cup] 《*of*》; (飲み物) a drink お水[牛乳]～ a glass of water [milk] コーヒー[紅茶]～ a cup of coffee [tea] ～である (満ちている) be full 《*of*》
一泊する stay overnight [for a night]
一般の general 一般の人々 people in general 一般に generally ■一般教養 general culture 一般職 (企業の) clerical work 一般論 generalization
逸品 rarity; gem
いっぺん (一度) once ～に at once
一変する change completely
一歩 a step
一報 first report ～する let ... know
一方 (片方) one; the other; one side ～では on the one hand, on the other hand ▶一方的な one-sided ■一方通行 One Way
いつまでも forever
いつも always; (始終) all the time; (通常) usually; commonly ～の usual; regular
偽りの false
偽る lie, tell a lie; pretend
イディオム idiom
イデオロギー ideology
いて座 Sagittarius, Archer
いてつく freeze
遺伝 heredity ～の hereditary ■遺伝学 genetics 遺伝子 gene
移転する move
意図 intention ～する intend ～的に intentionally; on purpose; deliberately
糸 thread; line 針に～を通す thread a needle
緯度 latitude
井戸 well
異同 difference
異動 (配置転換) transfer
移動する move; (配置転換, 異動) transfer
いとこ cousin
居所 *one's* address; *one's* whereabouts
愛しい dear
イトスギ cypress
営む (生活を) lead; (経営する) run; keep
いとま (辞去) leaving; (ひま) leisure time
挑む challenge
以内 within ...; (未満) less than ...
田舎 country; (故郷) hometown ～の rural
イナゴ locust
稲作 (栽培) rice growing; (作柄) rice crop
稲妻 lightning

イニシアチブ initiative
イニシャル initial
イニング inning
委任する leave 《*to*》
イヌ dog; (猟犬) hound ■犬小屋 doghouse

関連▶
シェパード German shepherd; ダックスフント dachshund; チワワ chihuahua; ハスキー husky ポメラニアン Pomeranian; プードル poodle; ブルドッグ bulldog レトリバー retriever

イヌイット Inuit
イネ rice
居眠りする doze
居残る stay behind; work overtime
イノシシ (wild) boar
命 life ～がけで at the risk of *one's* life
命綱 lifeline
イノベーション innovation
祈り prayer
祈る pray; (願う) wish 会話 幸運を～ I wish you good luck.
位はい Buddhist memorial tablet
居場所 *one's* whereabouts
いばる act big ▶いばった proud
違反 violation ～する violate
いびき snore
遺品 article left by ...
畏怖(いふ) awe; fear
異父[母]兄弟[姉妹] half-brother [half-sister]
衣服 clothes
異物 foreign substance; foreign matter
イブニングドレス evening dress
異文化 different culture
イベリア Iberia
イベント event

関連▶
大みそか New Year's Eve; 元日 New Year's Day クリスマス Christmas; 結婚式 wedding; 正月 New Year Holidays 葬式 funeral; 七夕 Star Festival; 誕生日 birthday; ハイキング hiking; 花火 fireworks; バレンタインデー (Saint) Valentine's Day; 祭り festival

違法の illegal; unlawful
居間 living room
今 now ～しがた a moment ago ～すぐ right

now ～に before long ～にも at any moment ～のところ for the present ～まで till now たった～ just
今ごろ about [by] this time; by now 来年の～ at this time next year
いまさら now; again
イマジネーション imagination
戒める admonish; scold
未だ yet; as yet
いまどき these days
意味 meaning, sense ～する mean ～のない senseless 会話 それはどういう～ですか What does that mean?
意味深長な meaningful
イミテーション imitation
移民 (他国からの) immigrant; (他国への) emigrant
イメージ image イメージアップさせる improve the image 《*of*》 イメージダウンさせる damage the image 《*of*》
イメージチェンジ makeover ～する change *one's* look
イメージトレーニング imagery rehearsal
イモ (ジャガイモ) potato; (サツマイモ) sweet potato; (タロイモ類) taro
妹 sister, little [younger] sister
イモムシ caterpillar
イモリ newt
いや (否定の返事) no; (言い直し) well; even
嫌々 reluctantly, unwillingly
いやおうなしに by force
嫌がらせ harassment
嫌がる be unwilling; don't like; hate
違約金 penalty
医薬品 medicine; medical supplies
医薬部外品 quasi-medicine
嫌気がさす be disgusted with
いやし healing
いやしい (身分が) humble; (下品な) mean
いやす (けがを) heal; (病気を) cure
嫌な unpleasant; disagreeable …がいやになる be [get] tired of ...
イヤフォン earphone
嫌味 sarcastic; irony
嫌らしい unpleasant; dirty; obscene
イヤリング earring
いよいよ at last; (ますます) more and more
異様な strange, eccentric
意欲 will; desire; drive; eagerness
以来 since ...; from ... (on)
依頼(する) request ■依頼人 client
いらいらした irritated, annoyed
いらいらする be nervous
イラク Iraq ～の Iraqi ■イラク人 Iraqi
イラスト illustration ▶イラストレーター illustrator
いらつく get irritated
いらっしゃい Welcome! 会話 ～ませ (店員が) May I help you?
イラン Iran ～の Iranian ■イラン人 Iranian
入り江 inlet
入口 entrance; (戸口) door(way); (門) gate
入り組んだ complex, complicated
いり卵 scrambled egg
イリノイ (米国の州) Illinois
入りびたる frequent
衣料 clothes, clothing
医療 medical care ■医療過誤[ミス] medical malpractice 医療器具 medical instrument 医療費 medical expenses 医療保険 medical insurance
威力 (力) power; (権威・権力) authority
いる (火で) roast; parch
居る be, there is [are]; (留まる) stay 会話 だれかいますか Is there anybody there? もしもし, ジョーンズさんはいらっしゃいますか Hello. Is Mr. Jones there? (電話で)デイブはいますか May I speak to Dave?
射る shoot; hit
要る need; want; (時間・金が) take; cost
衣類 clothes; (集合的) clothing
イルカ dolphin
居留守を使う pretend to be out [be not in]
イルミネーション illumination
…入れ case; holder
異例の exceptional
慰霊碑 memorial monument
入れ替える replace 《*with*》
イレギュラー irregular
入れ墨 tattoo
入れちがいになる cross
入れ歯 artificial tooth
入れ物 container; (箱) box, case
入れる (物を) put; (液体を) pour; (加える) insert スイッチを～ turn [switch] on
色 color; hue ■色鉛筆 colored pencil 色紙 colored paper 色違い different color 色とりどり various colors

> 関連▸
> 青 blue; 赤 red; オレンジ orange; 黄色 yellow; 金 gold; 銀 silver; 黒 black; 紺 dark blue; 白 white; 空色 sky blue; 茶 brown; 灰色 gray [grey]; ピンク pink; 緑 green; 紫 purple; ライム lime

色あせる fade
色々な various
色白の fair(-skinned)
彩り coloring; spice
彩る color; tinge; decorate
色めがね sunglasses, dark glasses ～で見る look through colored spectacles, be prejudiced [have a prejudice] against ...
異論 different opinion; (反対) objection
岩 rock ～の多い rocky
祝い celebration; (祝いの品) present, celebration gift
祝う celebrate; congratulate

違和感 (不調和) Be out of place, don't belong there; (体調) feel uncomfortable, feel something wrong
イワシ sardine
いわば so to speak, as it were
いわゆる what is called, what you call, so called
因果関係 relation between cause and effect
インカレ intercollegiate
印鑑 seal
陰気な gloomy
インキュベーション (起業支援) incubation
インク ink ■インクジェット ink-jet インクリボン ribbon
イングランド England ～の English ■イングランド人 Englishman, Englishwoman, the English
陰険な sinister, crafty
インコ parakeet
インコース inside track
インサイダー insider ■インサイダー取引 insider trading
印刷 printing 印刷する print
飲酒 drinking
因習 convention
印象 impression ～を与える impress 彼の～はどうでしたか What was your impression of him?
飲食 eating and drinking ■飲食店 restaurant
インスタグラム《商標》Instagram
インスタ映え look good on Instagram, instagrammable
インスタント(の) instant ～コーヒー instant coffee
インストーラー installer
インストール installation ～する install
インストラクター instructor
インスピレーション inspiration
隕石 meteorite
インセンティブ incentive
引率する lead
インターチェンジ interchange
インターネット the Internet, the net
インターハイ inter-high-school athletic competition
インターバル interval
インターホン intercom
インターン intern ■インターンシップ internship
引退する retire
インダス川 Indus
インタビュー(する) interview
インタラクティブ interactive
インチ inch
院長 (病院の) director; (学院の) president
インチョン (仁川) Inchon
インディアナ (米国の州) Indiana
インディアン Native American; Indian
インデックス index
インテリ intellectual; high-brow
インテリア interior design ■インテリアデザイナー interior designer
インデント indent
インド India ～の Indian ■インド人 Indian
インドア indoor
インドシナ Indochina
イントネーション intonation
インドネシア Indonesia
インドヨーロッパ語(族) Indo-European
イントラネット intranet
イントロダクション introduction
インパクト impact
インフォームドコンセント informed consent
インフォメーション information
インプット input
インフラ infrastructure
インフルエンザ influenza, flu
インフレ(ーション) inflation
陰謀 plot; scheme
引用 quotation ～する quote; cite
飲料水 drinking water
引力 gravity

う

ウィークエンド weekend
ウィークデー weekday
ウィークポイント weak point
ウィークリー weekly ■ウィークリーマンション apartment rented by week
ウィーン Vienna
ういういしい innocent; fresh
ウイグル Uyghur /wíguər/
ウィザード wizard
ウィスキー whiskey
ウィスコンシン (米国の州) Wisconsin
ウィット wit
ウイルス virus ■抗ウイルス薬 antiviral drug
ウィンカー turn signal; blinker
ウィンク wink ～する wink
ウィンザー Windsor ～城 Windsor Castle
ウィンタースポーツ winter sports
ウィンドウズ《商標》Windows
ウィンドー window
ウィンドーショッピング window-shopping ～(を)する window-shop
ウィンドサーフィン windsurfing ～をする go windsurfing
ウィンドブレーカー windbreaker
ウィンナソーセージ wiener
ウィンブルドン Wimbledon
ウール wool ～の woolen
ウーロン茶 oolong tea
ううん (困って) Ugh./(感心して) Mmm.

飢え hunger
上 top; (上位) superior 《to》 …の上に[へ] on; above; over; up
ウェイター waitperson, server; waiter
ウェイトトレーニング weight training
ウェイトリフティング weight lifting
ウェイトレス waitperson, server; waitress
ウェーブ wave
ウェールズ Wales ~の[語] Welsh ■ウェールズ人 Welshman [Welshwoman]; the Welsh
植木 garden tree ■植木ばち flowerpot 植木屋 gardener
植え込み shrubbery
ウエスト waist
ウェストバージニア (米国の州) West Virginia
ウェストミンスター寺院 Westminster Abbey
ウェットスーツ wet suit
ウェットティッシュ wipe
ウェディング wedding ■ウェディングケーキ wedding cake ウェディングドレス wedding dress
ウエハース wafer
ウェブ Web
ウェブカメラ webcam
ウェリントン Wellington
飢える starve 飢えた hungry
植える plant; transplant
ウェルダン well-done
ウォーキング walking, brisk walking
ウォータープルーフ waterproof
ウォーミングアップ warm-up ~をする have a warm-up
ウォームビズ "Warm Biz" campaign
ウォール街 Wall Street
うお座 Pisces, Fishes
ウォシュレット 《商標》 Washlet
ウォッチャー watcher
ウォッチング watching
ウォンバット wombat
うがい(する) gargle
う回する make a detour, detour
うかうか carelessly; idly
うかがう (のぞく) peep; (顔色を) study
伺う (問う) ask; (訪問する) visit
うかつに carelessly
浮かぶ float; (考えが) occur ▶浮かべる float; (顔つき) look; show
受かる pass
浮かれる be in high spirits; go on spree
ウガンダ Uganda
雨季 rainy [wet] season
浮き float
浮き浮きした cheerful; happy ▶浮き浮きして cheerfully
浮き輪 float; life ring
浮く (水・空中に) float; (節約になる) be saved
ウグイス bush warbler
ウクライナ Ukraine
ウクレレ ukulele
うけあう guarantee
受け入れる accept; grant; agree
受け売りをする repeat
受け答え answer, reply
受け継ぐ succeed 《to》
受付 reception desk ■受付係 receptionist
受け取り receipt
受け取る receive, accept
受け流す ward off; parry
受け身の passive
受け持ち charge
受け持つ be in charge 《of》
受ける receive; (被る) suffer; (試験を) take
動かす move; shift; (機械を) operate, work
動き motion, movement; (動向) trend
動く move; (機械などが) work, run; (心が) be moved; (行動する) act
ウサギ rabbit; (野うさぎ) hare
うざ(った)い annoying
うさんくさい shady; fishy
ウシ (雌牛) cow; (雄牛) bull, ox; (総称) cattle
うじうじした hesitant; indecisive
失う lose; miss
うじゃうじゃ swarm
後ろ the back …の後ろに behind ■後ろ足 hind leg 後ろ姿 *one's* back view
後ろめたい guilty
うず swirl; whirl; (小さい) eddy
薄味 lightly seasoning
薄い thin; (お茶が) weak 薄く切る slice ■薄暗い dim 薄茶色 light brown
薄々 vaguely; slightly
うずうずする be itching
薄着 light dress
薄気味悪い weird; eerie
うずくまる crouch; squat; hunker
薄化粧 little makeup
薄っぺらな thin; shallow
薄手の thin
ウズベキスタン Uzbekistan
うずまく whirl
薄める water down; dilute; thin down
ウズラ quail
右折する turn (to the) right
うそ lie ~の false, untrue ~をつく lie, tell a lie 会話 ~でしょう? Really?/You're kidding. ■うそつき liar
歌 song; singing ■歌声 singing voice 歌姫 female singer; diva
うたい文句 catchphrase
歌う sing; (鼻歌を) hum; (詩などを) recite
疑い doubt ~深い suspicious 疑わしい suspicious; doubtful
疑う doubt; suspect; (信用しない) distrust
うたたね doze; nap
家 home, house; (家族) family

内 inside; (時間内) in ... …の～(で) between; among …するうちに while, during
打ち明け話 confidential talk
打ち明ける tell, confide; confess
打ち上げる set off, launch ▶打ち上げ (空高く上げること) launch; (終了) close
打ち合わせ arrangement
打ち合わせる arrange, make arrangements
打ち勝つ overcome, get over
内側 inside
内気な shy; bashful; timid
打ち切る break ... off; stop, cut ... off; drop
打ち込む (データを) input; (一生懸命になる) apply *oneself* to ...
家中 (家族全員) all the family, whole family
打ち解ける (心を開く) open up; (親しくなる) get friendly, make friends with
打ち所が悪い hit in a vital spot
内なる hidden
内幕 inside information
打ち身 bruise
内モンゴル自治区 Inner Mongolia Autonomous Region
宇宙 space ■宇宙開発 space development 宇宙食 space food 宇宙人 alien 宇宙ステーション space station 宇宙船 spaceship 宇宙飛行士 astronaut 宇宙服 space suit 宇宙旅行 space travel
有頂天 rapture; ecstasy
打ち寄せる lap; wash
うちわ fan
内訳 breakdown; details
内輪の family
うっ (恐怖などの声) ugh
うつ depression
撃つ shoot; (銃を) fire
打つ hit; beat; pat (心を) move
うっかり carelessly; by accident
美しい beautiful ⇨似ている単語; pretty; lovely ▶美しさ beauty
写し copy
写し取る copy; transcribe; trace
移す transfer; move; (病気を) infect
映す (反射する) reflect; (投影する) project
写す copy; (写真を) take; (描写する) describe
うっすら slightly, lightly; thinly; faintly
うっそう thick, dense
訴え appeal
訴える accuse; charge; complain; (気持ちに) appeal (to); (手段に) resort (to)
うってつけ most suitable
うっとうしい (天候・気分が) gloomy
うっとり ～する be fascinated ～させる charm
うつぶせになる lay *oneself* face down
うっぷん frustration
うつむく drop *one's* eyes; look down
うつらうつらする doze; nod
移り変わり change; transition
移り気な fickle
移る move; transfer; turn
映る be reflected; be projected
写る (写真などに) come out
虚ろな hollow
器 (容器) container; (才能) capacity
腕 arm; (能力) ability; (腕前) skill ～を組んで arm in arm ～組みして with folded arms ～を振るう show *one's* talent ～を磨く develop *one's* skill ■腕立て伏せ push-up 腕時計 watch 腕輪 bracelet
腕ずくで by force
雨天 rainy weather
うとい not well-informed; unfamiliar
うとうとする doze (off)
うどん noodles
うながす urge; press; stimulate; promote
ウナギ eel
うなじ nape of neck
うなずく nod
うなる (犬などが) growl; (うめく) groan
ウニ sea urchin
うぬぼれ pride うぬぼれた proud
うねる (波などが) roll
うのみにする swallow; believe blindly
乳母 nurse
奪う (人から～を) rob ... of ～, deprive ... of ～
乳母車 baby carriage
うぶごえ first cry of a newborn baby
うぶな innocent
うふふ chuckle, giggle, titter
ウマ horse; (雌馬) mare; (小型の馬) pony
うまい good うまく well
埋まる be buried
生まれ 会話 何年～ですか ― 2005年です When were you born? ―I was born in 2005. ■生まれ故郷 birth place
生まれ変わる be born again
生まれつき by nature
生まれる be born; (物事が) be formed
海 sea; (大洋) ocean ■海開き beginning of a sea-bathing season 海辺 beach, seaside
ウミガメ turtle
生み出す produce
ウミネコ black-tailed gull
生[産]む give birth to ...; (出産する) have a baby; (産み出す) produce; (卵を) lay
ウメ Japanese apricot
埋め合わせる make up 《*for*》
うめく moan, groan
埋め立て reclamation ■埋め立て地 reclaimed land
埋め立てる (海を) reclaim; (池などを) fill in
埋める bury; (空白を) fill ... (in)
羽毛 feather, plumage, down
埋もれる be buried; hidden
敬う respect
うやむやな vague ～に leave ... unsettled
うようよ swarming; wriggling

右翼(の) right (wing)
裏 back, reverse (野球)裏 the bottom …の裏に behind…
裏表 both sides ～のある(人) two-faced ～のない(人) honest
裏返しに《*wear a shirt*》inside out
裏返す turn over
裏切る betray; (期待を) disappoint
裏口 back door
裏声 falsetto
ウラジオストック Vladivostok
占い fortune-telling ▶占う tell a *person's* fortune
裏庭 backyard
裏番組 program broadcast on the same hour on a different channel
恨み grudge
恨む bear a grudge
うらやましい (うらやましがらせる) enviable
うらやむ envy; be envious《*of*》
ウラン uranium
ウランバートル Ulan Bator
ウリ melon うりふたつ like as two peas
売り上げ sales, turnover
売り切れる be sold out
売り込む sell; promote; advertise
売り出し sale
売り出す put … on sale, be on the market
売り場 counter; shop
売り物 article for sale
雨量 rainfall
売る sell; (取り扱う) deal in; (裏切る) betray
うるう年 leap year
うるおう (湿る) be moistened; get wet
うるおす moisten, wet
ウルグアイ Uruguay
うるさい (音が) noisy; (煩わしい) annoying
うるし (Japanese) lacquer; japan
ウルル Uluru
うれえる be anxious [concerned]《*about*》
うれしい happy; glad; joyful; delighted ▶うれしがらせる delight; please
うれし涙 tears of joy
売れ残り goods left unsold
熟れる ripen
売れる sell well
うろうろする hang around
うろ覚えである have a dim memory
うろこ scale
うろたえる panic, be upset; be confused
うろちょろする hang around
うろつく wander; hang around [about]
上着 coat; jacket; (総称) outerwear
浮気する cheat on …; have an affair with …
うわさ rumor; gossip ～をする talk《*of*》
うわっ Oh!/Wow!
うわて be a cut above
上の空 absent-minded; inattentive
上ばき slippers, indoor shoes
うわべ surface
上目づかい upturned eyes; upward glance
うん yes, OK, sure
運 luck; fortune; chance ～のいい fortunate, lucky ～の悪い unlucky
運営する manage
運河 canal
運休 suspension of service ～する suspend
うんこ poop, stools, shit
うんざりする be sick [disgusted]
運勢 fortune
運送 transportation ■運送会社 express company
運賃 fare
運転する (車を) drive; (機械を) operate, run ■運転手 driver
うんと very hard; as much as
運動 exercise; sport(s); (物体の) motion; (社会的な) movement ～する take [get] exercise ■運動会 field [sports] day, athletic meet 運動場 playing field, playground 運動選手 athlete
雲南省 Yunnan Province
運命 fate; destiny; fortune

え

絵 picture, painting; (線画) drawing ～をかく draw, paint ■絵の具 paints 絵葉書 (picture) postcard 絵本 picture book
柄 handle, grip
エア air
エアーズロック Ayers Rock
エアクリーナー air cleaner
エアコン air conditioner
エアバス airbus
エアバッグ air bag
エアフォースワン Air Force One
エアメール airmail
エアライン airline
エアロビクス aerobics
エイ ray, skate
永遠の eternal 永遠に forever; eternally
映画 movie ～を見に行く go to the movies テレビで～を見る watch a movie on TV 会話～に行きませんか Shall we go to the movies? ■映画音楽 film music 映画館 movie theater 映画撮影所 (movie) studio 映画制作 movie making 映画評 movie review 映画ファン movie fan
英会話 English conversation
永久の permanent; eternal 永久に forever
影響(する) influence ■影響力 influence
営業 business ～中の open ■営業時間 business hours 営業所 office
英語 English ■英語圏 English speaking world
栄光 glory
英国 United Kingdom, England ■英国放送

協会 British Broadcasting Corporation
英才 gifted person [child]
英作文 English composition
英字 English letter ■英字新聞 English newspaper
映写 projection
永住 permanent residence ～する live in ... forever
エイズ (後天性免疫不全症候群) AIDS
衛星 satellite ■衛星都市 satellite city 衛星放送 satellite broadcasting 通信衛星 communication satellite 気象衛星 weather satellite
衛生 ～的な hygienic 公衆～ public health
永世中立国 permanently neutral nation
映像 picture; image
永続的な everlasting
鋭敏な sharp; keen
英文 English, English sentence ■英文科 Department of English 英文学 English literature 英文法 English grammar
英米 Britain and America
英訳する put ... into English
英雄 hero; (女性) heroine
栄誉 honor
栄養 nutrition, nourishment ～のある nutritious, nourishing ■栄養失調 malnutrition
営利 profit
英和辞典 English-Japanese dictionary
エーカー acre
エーゲ海 Aegean Sea
エージェンシー agency
エージェント agent
エース ace
ええっと Let me [Let's] see,/Well,
エープリルフール April Fools' Day
エール yell
笑顔 smile; smiling face
描く draw; (絵筆) paint; (描写) describe
駅 station ■駅員 station employee 駅長 stationmaster 駅ビル train station building
液化 liquefaction ■液化石油ガス liquefied petroleum gas 液化天然ガス liquefied natural gas
エキサイト ～する be excited
エキシビション exhibition
液晶 liquid crystal ■液晶ディスプレー liquid crystal display 液晶テレビ liquid crystal television
液状化 liquefaction
エキストラ extra
エキスパート expert
エキスポ exposition, expo
エキゾチックな exotic
液体 liquid; fluid
駅前 station plaza
エクアドル Ecuador
エクステリア exterior
エグゼクティブ executive
えくぼ dimple
エクレア eclair
エコ ecology ～の ecological ■エコグッズ ecological goods
エゴイスト egoist
エゴイズム egoism
エコー (反響) echo; (音響効果) echo effect
エコノミー economy
エコノミスト economist
えこひいき(する) favor
エコロジー ecology
えさ feed; food; (釣りの) bait
餌食 prey
エジプト Egypt ～の[人] Egyptian
会釈(する) nod
エス (サイズ) S; small size
エスカレーター escalator
エスカレート ～する escalate
エスコート escort
エステ beauty salon; (全身美容) (health) spa, day spa, 《英》 health farm
エステティシャン (a)esthetician; beautician
エステティック (美学) aesthetic
エストニア Estonia
エスニックの ethnic
エスプリ esprit
エスワティニ (旧スワジランド) Eswatini
枝 branch; (大枝) bough; (小枝) twig
エチオピア Ethiopia
エチケット etiquette; good manners
えっ What?/Pardon?/Huh?
越境する cross the border
エックス線 X-rays
エッセー essay
エッセンス essence
エッチな dirty; (好色な) lecherous
エッチング etching
越冬する winter, spend a winter
エッフェル塔 Eiffel Tower
閲覧する read ■閲覧室 reading room
エディンバラ Edinburgh
エデン Eden
エナメル enamel; (革) patent leather
エヌジー No good.
エネルギー energy 太陽[核]～ solar [nuclear] energy 代替～ alternative energy ～を節約[むだに]する save [waste] energy
エネルギッシュな energetic
絵の具 colors, paints
絵葉書 picture postcard
エビ lobster; prawn; shrimp
エピソード episode, anecdote
エフエー (自由契約) free agent
絵筆 brush
エプロン apron
エフワン F1 (Formula One)
エベレスト Mount Everest
えへん hem, ahem
エボラ出血熱 Ebola hemorrhagic fever,

Ebola virus disease,
絵本 picture book
エミー賞 Emmy Awards
エム (サイズ) M; medium size
エメラルド emerald
獲物 game, catch, prey
えら gill
エラー error
偉い great; important; big; admirable
選ぶ choose, select; pick; (選挙) elect
えり collar; (襟元) neck
エリート elite
エリトリア Eritrea
選り抜きの select(ed), best, choice, elite
エル (サイズ) L; large size
得る get; gain; (名声などを) earn; win
エルイーディー (発光ダイオード) LED (light-emitting diode)
エルエル (超大型の) extra-large; (語学実習室) language laboratory
エルサルバドル El Salvador
エルサレム Jerusalem
エルジービーティー LGBT (lesbian, gay, bisexual and transgender)
エルディー (学習障害) learning disability
エルニーニョ El Niño
エルバ島 Elba
エルピーガス LPG (liquid propane gas)
エレキ(ギター) electric guitar
エレクトロニクス electronics
エレベーター elevator; 《英》 lift
エロ(チック)な erotic; dirty; pornographic
エロ本 dirty book; pornography
円 circle; (通貨) yen
縁 relation ～を切る break off relations
延々と endless; continuous
演歌 *enka*; Japanese ballad
宴会 (dinner) party; banquet; feast
円滑な smooth
縁側 veranda(h), porch
沿岸 coast
演技 performance
縁起 luck ～のいい lucky ～が悪い unlucky
延期する put off, postpone; delay
えんきょく euphemism
遠距離 long distance
円グラフ circle graph, pie chart
園芸 gardening ■園芸植物 garden plant
演芸 entertainment; performance
エンゲージリング engagement ring
演劇 drama; play; theater
縁故 connections
えん罪 false accusation [charge]
遠視 farsightedness
園児 kindergarten child
エンジニア engineer
円周 circumference
演習 seminar; (軍隊の) maneuvers
円熟した mature
演出する direct ■演出家 director
援助(する) help; aid; (支援) support
炎症 inflammation
炎上 flaming
演じる play, act; perform
エンジン engine
遠心力 centrifugal force
円すい cone
エンストする stall
遠征 expedition
遠赤外線 far infrared radiation
演説 address; speech ～する speak; make [deliver, give] a speech ■演説者 speaker
沿線 along the railroad
塩素 chlorine
演奏する play; perform ■演奏会 concert
遠足 excursion, outing; (ピクニック) picnic
エンターテイナー entertainer
エンタイトルツーベース ground-rule double
円高 appreciation of the yen, strong yen
演壇 platform; (説教壇) pulpit
円柱 column; 《数学》 cylinder
延長する extend; prolong ■延長戦 extended game
エンディング ending
円筒 cylinder
沿道 route
エンドウマメ pea
えんとつ chimney; (汽船などの) funnel
エンドユーザー end user
エントリー entry ～する enter 《*in, for*》
エンドレス endless
縁日 temple [shrine] fair, temple [shrine] celebration day
円盤 disk ■円盤投げ the discus throw
鉛筆 pencil ■鉛筆けずり pencil sharpener
塩分 salt
遠方に in the distance; far away [off]
円満な happy; peaceful; (友好的な) amicable
縁結び matchmaking
円安 depreciation of the yen, weak yen
遠慮 reserve ～なく without reserve ～する (控える) refrain; (ためらう) hesitate

お

尾 tail
オアシス oasis
オアフ島 Oahu
おい! Hey!/Hi!/Look!
おい (甥) nephew
追々 gradually
追い返す turn ... back; turn ... away
追いかける chase; (追求する) pursue
追い越す pass; (先んじる) get ahead 《*of*》 ▶追い越し ～禁止 No Passing
美味しい good, delicious
生い茂る grow thick

a b c d e f g h i j k l m n o p q r s t u v w x y z 和英

追い出す get ... out, put ... out
生い立ち *one's* background
追い付く catch up《*with*》
おいで Come《*on*》.
置いていく leave
置いてきぼりにする leave ... behind
お祈り prayer
追い払う drive away
追い回す chase ..., run after ...
オイル oil
老いる get old; age
お祝い celebration
王 king ■王冠 crown 王国 kingdom 王室 royal family
追う run after ...; chase; (追い求める) pursue
負う (責任を) assume, take; (恩恵を) owe
応援する cheer ■応援団 cheering party
横かくまく diaphragm
謳歌する enjoy
おうぎ fan
応急の first-aid
黄金(の) gold ■黄金時代 golden age
王様 king
雄牛 (去勢した) ox; (去勢していない) bull
王子 prince
おうし座 Taurus, Bull
欧州 Europe ～の European
押収する confiscate; seize
王女 princess
応じる answer; (承諾する) accept; agree
往診する make a house visit
おう盛である have a strong desire to ...
応接室 reception [living] room
応対する see; serve
横断する cross ■横断禁止 No Crossing 横断歩道 pedestrian crossing
横着な lazy
王手 check 王手！ Checkmate!
応答 response ～する respond
王妃 queen
往復する go back and forth ■往復切符 round-trip ticket 往復葉書 return postal card
欧米 Europe and America
おうへいな arrogant; haughty
応募する apply for ... ■応募者 applicant
オウム parrot
応用 application ～する apply (to) ■応用問題 applied question
往来 traffic
横領する embezzle
凹レンズ concave lens
オウンゴール own goal
終える finish; end; (課程を) complete
おお Oh!
大… big, large, great
大当たり big hit; great success
大雨 heavy rain
大あわて in a panic
おおい Hello!/Hey!
多い (数が) many; (量が) much; (数量ともに) a lot of, lots of
覆い隠す conceal; cover up
大急ぎで in a great hurry
大いに greatly; very much
覆う cover [up] ▶覆い cover
大うけ hit; good reception
大売り出し sale
オーエー office automation ■オーエー機器 office automation equipment
オーエル female [woman] office worker
大がかりな large-scale
大型の large, big, large-sized, large-scale
オーガニック organic ■オーガニック食品 organic food
オオカミ wolf
大きい big, large; (偉大な) great; (背が) tall; (音量が) loud
大きさ size; (声・音の) loudness
オーク oak
大食い gluttony; (人) glutton
オークション auction
多くの many; much; a lot of
オークランド Auckland
オーケー OK, okay
おおげさな exaggerated おおげさに言う exaggerate
オーケストラ orchestra
大声で in a loud voice
大事 serious matter
おおざっぱな rough; broad; general
大騒ぎ fuss; uproar; sensation
オージー (卒業生) woman graduate; alumna
オーストラリア Australia ～の Australian
オーストリア Austria ～の Austrian
大相撲 grand sumo tournament
大勢 (large) crowd ～で in great numbers, in crowds ～の a great number of ...
大掃除 general cleaning
オーソドックスな orthodox
オーダー order
オーダーメイドの custom-made
大違い big difference
大っぴらに openly; publicly; freely
オーディオ audio, audio systems
オーディション audition
オーデコロン cologne
大通り main street
オートクチュール high fashion; haute couture (フランス語)
オートバイ motorcycle
オートフォーカス autofocus
オードブル starter; appetizer; hors d'oeuvre (フランス語)
オートマチックの automatic
オートミール oatmeal
オートメーション automation
オートロック self-locking

オーナー owner
オーバー (外とう) overcoat
オーバーアクション overacting
オーバーオール overalls
オーバーな (誇張された) exaggerated
オーバーラップする overlap
オービー (卒業生) graduate, alumnus
オープニング opening
オーブン oven
オープンな open オープンする open ■オープンカー convertible オープン価格 open price オープンスペース open space
オーボエ oboe
大まかな rough
大みそか New Year's Eve
オーム (電気抵抗の単位) ohm
オオムギ barley
大目に見る overlook
大文字 capital letter
大物 big name; (獲物) big game
大盛り big helping, large serving
大家 (男性の) landlord; (女性の) landlady
公の (公衆の) public; (公式の) official
オーラ aura
オーライ all right
大らかな broad-minded, generous
オーラル oral ■オーラルコミュニケーション oral communication
オーラルケア oral care [hygiene]
オール (船の) oar
オール (全部) all
オールインワン all-in-one
オールシーズン all seasons
オールスター all-star
オールドファッション old-fashioned
オールナイトの all-night
オールバック straight back
オールマイティ almighty
オーロラ aurora
大笑いする give a good laugh
丘 hill
お母さん mother; (呼びかけ) Mom
お返しに in return
お帰りなさい Hi!/Welcome home.
(…の)おかげで thanks to ...
おかしい (こっけいな) funny, comical; (おもしろい) amusing; (奇妙な) strange, odd, 《口語》 weird
侵す (権利を) violate; (侵略する) invade
犯す (罪を) commit; (法律を) break
冒す (危険を) risk; run; (病気が) affect
おかず (side) dish; food
おかっぱ bobbed hair
拝む worship, pray
おかゆ rice porridge
オカルト occult
小川 brook, stream
おかわり another helping
悪寒 chill
…おき every; interval
沖 offing ～に offshore; off the coast
起き上がる get up; (上半身で) sit up
置きかえる rearrange; move; replace
置き傘 spare umbrella
置き去りにする leave behind
おきて rule
置き手紙 note; message
置き時計 clock
補う make up for ...; compensate for ...
お気に入り pet ～の favorite
お決まりの usual; customary
置き物 ornament
おぎゃあ bawling
起きる get up; (事件などが) happen

チャンクで英作文
●…時に起きる **get up** at
→毎朝6時に起きている.
I get up at six every morning.

置き忘れる leave
奥 inner part; depth; (背後) back
億 one [a] hundred million; (10億) a billion
置く put (down), place; (受話器を) hang up
屋外の outdoor 屋外で[へ] outdoors
奥さん (a person's) wife
屋上 roof, rooftop
憶測する guess; speculate
オクターブ octave
屋内 indoor ■屋内スポーツ indoor sports 屋内競技場 gymnasium 屋内プール indoor pool
臆病な timid; (いくじがない) cowardly ■臆病者 coward
おくやみ condolence; sympathy
奥行き depth
オクラ okra
オクラホマ (米国の州) Oklahoma
送り先 receiver; destination
送り出す send ... off; see ... off
送り迎え take ... to ... and back
贈りもの present, gift
送る send; (見送る) see off; (車で) drive
贈る present, give
遅れ delay
おくれ毛 loose hair
遅れる, 後れる (定刻・期限に) be late 《*for*》; (時計が) lose; (列車などに) miss 会話 急がないと～よ Hurry up, or you'll be late. 遅れてすみません Sorry [I'm sorry] I'm late.
おけ bucket; (風呂おけ) (bath)tub
おける (位置) in ...; (所属) of ...
お子様ランチ special dish for children
起こす raise; (眠りから) wake; (事故を) cause
おごそか solemn
おこたる neglect; be lazy
行い (行為) act; conduct; (態度) behavior
行う do; act; (催す) hold, have
おこぼれ *one's* share; leftovers

怒りっぽい short-tempered; bad-tempered
起こる happen ⇨どっち, occur; (勃発する) break out 起こりうる possible
怒る get angry [mad]; (叱る) scold 怒った angry ▶怒らせる make ... angry
おごる treat; buy ▶おごり treat
押さえる hold; (捕らえる) catch; seize
抑える control; (量などを) keep ... down
お下がり hand-me-downs
お先に 会話 お先にどうぞ After you.
お下げ braid
お下げ髪 pigtails; (三つ編みの) braids
幼い very young; (幼稚な) childish
幼なじみ childhood friend
治まる be settled; end; (静まる) die down
収まる fit; be settled; be put down
治める rule; govern; (鎮静する) suppress
収める (入れる) put; (得る) gain, win
修める complete; acquire, master
納める (支払う) pay; (受け取る) accept
おさらい review; rehearsal
お産 childbirth, delivery
押し push; weight; aggressiveness
叔父, 伯父 uncle
押し合いへし合い push and shove
押し開ける push ... open
押し上げる push [press] up
押し当てる press ... 《*against* [*to*]》
惜しい regrettable; be too good
おじいさん grandfather; (老人) old man
押し入る break into ...
押し入れ closet
押し売り hard sell; high-pressure salesperson
教え teaching
教え子 (former) student [pupil]
教える teach; (道などを) show, tell
押しかける come uninvited; gatecrash
おじぎ(する) bow
惜しくも to *one's* regret
押し込める jam into
押し殺す suppress; subdue
おじさん (よその男性) gentleman
押し付けがましい pushy
押し付ける push, press; (強制する) force
おしっこ urine; piss; pee
押しつぶす crush, smash
押しとおす push ... through; insist, persist
お忍びの[で] incognito
押し花 pressed flower
おしべ stamen
押しボタン button, push button
おしまい end
惜しむ spare
おしめ diaper
おしゃべり chat, chatter; (人) chatterbox ～をする chat, chatter, talk ～な talkative
おしゃれな fashionable
お嬢さん *one's* daughter; (呼びかけ) Miss

汚職 graft ■汚職事件 corruption case
押し寄せる crowd; throng; flock; swarm
おしろい face powder
押す push; press; (乱暴に) shove
推す recommend
雄(の) male
汚水 filthy water; polluted water
オスカー Oscar
オスロ Oslo
オセアニア Oceania
おせじ compliment; (おべっか) flattery
おせち料理 special dishes for the New Year
おせっかいな meddlesome; nosy
汚染 pollution
遅い (時刻が) late; (速度が) slow 夜遅くに late at night ■遅くとも at the latest
襲う attack; (台風などが) hit
遅かれ早かれ sooner or later
遅くとも at latest
遅咲きの late-blooming
お供え offering
遅番 afternoon shift
恐らく perhaps, maybe
恐る恐る fearfully; timidly
恐れ fear
恐れ入る 恐れ入りますが… Excuse me
恐れる fear; be afraid of
恐ろしい horrible, terrible; dreadful
教わる learn, be taught
オゾン ozone ■オゾン層 ozone layer オゾンホール ozone hole
お大事に (別れのあいさつ) Take care.
お高い haughty; conceited
お互い(に) each other
おたく (相手の家) your home; (マニア) nerd
おだちん reward
おだて flattery
おだてる flatter
おたふく風邪 mumps
オタマジャクシ tadpole
穏やかな calm; gentle; (気候が) mild
オタワ Ottawa
落ち omission; (冗談の) punch line
落ち合う meet
おちいる fall [go, sink] into ...
落ちこぼれ dropout
落ちこぼれる be left behind, drop out
落ち込む get depressed
落ち着いた calm
落ち着き calmness ～のない restless
落ち着く settle; (気持ちが) calm (down)
落ち度 *one's* fault
落ち葉 fallen leaf
落ち目の declining
お茶 tea
お調子者 easily flattered; light-minded
落ちる fall, drop; (試験に) fail 階段から～ fall down the stairs
おつかい errand

追っかけ groupie
オックスフォード Oxford ■オックスフォード大学 Oxford University
おっちょこちょい careless person
おっと (失敗して) Oops!
夫 *one's* husband
オットセイ fur seal
おっとりした gentle; quiet
おっぱい (母乳) milk; (乳房) breast
おつり change
お手洗い bathroom; restroom
おでき boil
おでこ forehead
お手玉 beanbag
オデッサ Odessa
お手伝いさん《米》helper; 《英》housekeeper
おでん *oden*, Japanese hodgepodge (fried fish paste, eggs, vegetables, etc., simmered in ample soup)
おてんば active girl, tomboy
音 sound; (騒音) noise; (音調) tone
音合わせ tuning
お父さん father; (呼びかけ) Dad, Daddy
弟 brother, younger [little] brother
おどおどした timid, shy
脅かす frighten; scare; (脅迫) threaten
おとぎ話 fairy tale
おどける clown; play the fool
男 man ～の male 男らしい manly
男の子 boy
音さた news
落とし穴 pitfall, pit; trap
お年玉 New Year's gift
落し物 lost article
落とす drop; reduce; (科目を) fail
脅す threaten; scare ▶脅し threat
訪れる visit ▶訪れ visit; coming
一昨日 the day before yesterday
一昨年 the year before last
おとな grown-up; adult ～になる grow up
おとなげない childish
おとなしい quiet; mild; gentle
乙女 girl
おとめ座 Virgo, Virgin
踊り (踊ること) dancing; (1回の) dance
踊り場 (階段の) landing
劣る be inferior 《*to*》; be below ...
踊る dance
衰える become weak, weaken
驚き surprise, astonishment; amazement
驚く be surprised, be astonished ▶驚かす surprise ■驚くべき surprising
同い年 same age
おなか stomach ～がすく be hungry ～が痛い have a stomachache
同じ same ～くらい… as ... as
同じく in the same way
おなじみの familiar
オナニー masturbation
おなら fart ～をする break wind, fart
鬼 ogre ■鬼ごっこ tag
お兄さん *one's* older [elder, big] brother
おにぎり rice ball
お荷物 burden; drag
お姉さん *one's* older [elder, big] sister
お願い please
おねしょ bed-wetting
おの ax; (手おの) hatchet
叔母, 伯母 aunt
おばあさん grandmother, grandma
オパール opal
オハイオ (米国の州) Ohio
おばけ ghost ■おばけ屋敷 haunted house
おばさん (よその女性) lady
おはじき small disk of glass used in a children's game
おはよう 会話 おはよう Good morning.
帯 belt; (肩からかける) sash
おびえる be frightened
おびき寄せる lure
おひつじ座 Aries, Ram
お人好し good-natured person, sucker
おひなさま Girls' Festival doll
オピニオンリーダー opinion-makers
脅かす threaten; frighten
オフ off
オファー offer
オフィシャル official
オフィス office
オフサイド offside
オプショナル optional
オプション option
オフタイム *one's* free time; day off
オブラート wafer
オフライン off-line
オフレコ off-the-record
オフロード off-road
オペック (石油輸出国機構) OPEC
オペラ opera
オペレーション operation
オペレーター operator
覚え memory; learning; experience
覚える learn; (記憶する) learn ... by heart, memorize; 覚えている remember 会話 私を覚えていますか Do you remember me?
オホーツク海 Sea of Okhotsk
おぼれ死ぬ drown
おぼれる nearly drowned; (be) drowning
オマーン Oman
お参りする (墓を) visit
お前 you
おまけ (景品) giveaway
おまけに (その上) besides
お祭り festival
お守り charm
おまる potty
おまわりさん police officer
おみくじ fortune paper; fortune slip

おみこし portable shrine
お宮 shrine
おむつ diaper
オムニバス omnibus
オムレツ omelet
汚名 disgrace, dishonor; bad name
おめでたい happy, joyful; (単純な) simple
おめでとう Congratulations! 卒業～ Congratulations on your graduation! 誕生日～ Happy birthday (to you)!
思い thought ～もよらない unexpected
重い heavy; (病気などが) serious; (気分が) depressed 重そうに heavily
思い入れ feel deeply attached
思い浮かぶ come to *one's* mind; remember
思い思い just as *one* likes
思いがけず unexpectedly 思いがけない unexpected
思い切って(…する) dare to *do*
思い切り as ... as *one* can; (思う存分) to *one's* heart's content
思い込み *one's* one-sided belief; prejudice
思い込む convince; take ... for granted
思い知る fully realize; learn a lesson
思い過ごし imagination
思い出す remember; remind 《*A of B*》 会話 それで思い出した That reminds me.
思い違い misunderstanding ～をする misunderstand
思いつき idea; notion
思いつく think of; occur 《*to a person*》
思いつめる brood; worry
思い出 memory; recollection
思い通りにする have *one's* own way
思い直す change *one's* mind
思い悩む worry 《*about*》
思いやり consideration ～のある considerate
思う think ⇨使い方; (見なす) consider, regard; (確信する) believe; (推測する) suppose, guess; (感じる) feel; (望む) hope

チャンクで英作文

●…と思う? do you **think** (that) ...?
→きょう彼は来ると思う?
Do you think he will come today?
●そう思わない don't **think** so
→私はそう思わない. I don't think so.
●…はどう思う? what do you **think** ...?
→このシャツどう思う?
What do you think of this shirt?
●どう思う? how do you **feel** ...?
→それについてどう思う?
How do you feel about that?

思うつぼ fall right into *one's* trap
重々しい grave; solemn
おもかげ *one's* face; image; trace
重苦しい heavy, depressing
重さ weight
面白い interesting; amusing; (おかしい) funny
面白おかしい funny; comical; amusing
面白がる be amused 《*at, by*》
面白味 fun; humor
主だった main, chief
おもちゃ toy, plaything
表 front, face; (戸外) outside; (野球の)表 the top
表通り main street
主な chief, main ▶主に mainly
おもなが oval face
重荷 burden
重み weight; dignity; importance
おもむき charm, taste, flavor
おもらし wet *one's* pants
おもり baby-sitting
重り weight; (釣り糸の) sinker
おもわく expectation; calculation
思わず unconsciously, in spite of *oneself*
思わせぶりな significant; suggestive
重んじる value; respect; make much of
おや Oh!/Oh, dear!/Boy!/Well!
親 parent; (トランプの) dealer
おやおや Dear!
親子 parent and child
親孝行 filial piety
親知らず wisdom tooth
おやすみ Good night.
おやつ snack, refreshments
親離れしている be independent of *one's* parent
親不孝な undutiful
おやまあ Oh!
親指 thumb; (足の) big toe
泳ぐ swim
およそ (約) about, approximately; roughly
お呼ばれ be invited to ...
及び and
及ぶ (ある範囲に) reach, extend 《*to*》 彼には遠く及ばない I'm no match to him.
お嫁さん bride
オランウータン orangutan
オランダ Holland, Netherlands ～の [語] Dutch ■オランダ人 Dutchman [Dutchwoman]; the Dutch
折 (機会) opportunity, chance; occasion
檻 cage; hutch
折り合い agreement, understanding
折り合う agree, compromise, get along
オリーブ(オイル) olive (oil)
オリエンタル oriental
オリエンテーション orientation
オリエンテーリング orienteering
オリエント Orient
オリオン Orion
折り返し (水泳・マラソンなどの) turn
折り紙 paper folding
オリジナリティー originality
オリジナルな original

折り目 fold
織り物 fabric, textile
下[降]りる come down, go down; (乗り物から) get out of, get off; (身を引く) quit

チャンクで英作文

●(電車などから)降りる **get off**
→次の駅で降ります.
I'm getting off at the next station.

オリンピア Olympia
オリンピック Olympic Games, Olympics
織る weave
折る break; (畳む) fold ■折り返す turn around 折り畳む fold 折り曲げる bend
オルガン organ
オルゴール music box
俺 I
お礼 gratitude; thanks
オレゴン (米国の州) Oregon
折れる break; (妥協する) give in
オレンジ orange
おろおろする be flustered, be rattled, dither over [about] ...
愚かな foolish, silly, stupid
おろし売り wholesale
下[降]ろす take [get] down; (荷物を) unload; (幕を) pull down; (お金を) withdraw
負わせる (傷を) wound; (責任などを) put responsibility on
おわび apology
お笑い humorous story; joke; comedy
終わり end; close …の〜に at the end of ...
終わる end, finish, be over; (結果) result in
追われる be expelled
おわん bowl
恩 (好意) favor; (恩義) obligation
オンエア on the air
音階 scale
恩返しをする repay
音楽 music ■音楽家 musician 音楽会 concert 音楽学校 music school 音楽室 music room
音感 sense of pitch
音響 sound, noise
恩恵 benefit
穏健な moderate
温厚な gentle
恩師 *one's* (former) teacher
温室 greenhouse ■温室効果 greenhouse effect
恩赦(おんしゃ) pardon, amnesty
恩人 benefactor
オンス ounce
温水 warm water ■温水プール heated pool, warm swimming pool
オンステージ on-stage
音声 sound
音節 syllable
温泉 hot spring, spa
温存 keep; save
温帯 temperate zone
温暖な warm, mild ■温暖化 warming
音痴な tone-deaf
音調 intonation
音程 tune
オンデマンド on demand
温度 temperature ■温度計 thermometer 温度差 difference in temperature
音読 read aloud
おんどり cock
女 woman 〜の female 〜らしい womanly
女の子 girl
音波 sound waves
オンパレード on parade
音符 note
おんぶする carry ... on *one's* back
おんぼろの worn-out
温野菜 hot vegetables
オンライン on-line
オンリー only
音量 volume
穏和な mild

か

…か or; or something
カ (蚊) mosquito
可 (成績で) C
科 (生物) family; (学問の) course
課 (教科書などの) lesson; (会社などの) section
…が but; however; (and) yet; though
ガ (蛾) moth
かあ (カラスの鳴き声) caw
カーキ khaki
カースト caste
ガーゼ gauze
カーソル cursor
カーディガン cardigan
カーディフ Cardiff
ガーデニング gardening
カーテン curtain
カーテンコール curtain call
カート cart
カード card
ガード (護衛) guard ■ガードマン guard ガードレール guardrail
ガード (鉄橋) railroad bridge; (高架下) railroad overpass, elevated railroad
カートリッジ cartridge
ガーナ Ghana
カーナビ car navigation system
カーニバル carnival
カーネーション carnation
ガーネット garnet
カーブ curve
カーペット carpet
カーボベルデ Cabo [Cape] Verde
カーラー curler, roller

ガーリック garlic
カール curl ～する curl
ガールスカウト girl scout
ガールフレンド girlfriend
かーん (擬音語) clang
がーん (衝撃音) crash
会 (会合) gathering; (団体) society
回 time; (野球で) inning 1～ once 2～ twice, two times
怪 mystery
階 floor; story ⇨どっち 1～《米》the first floor, 《英》the ground floor
貝 shellfish; (貝殻) shell
甲斐 worth; worthwhile
…街 street; district; quarter; center
害 harm; (損害) damage ～する harm
ガイアナ Guyana
会員 member ■会員証 membership card
開園 opening
海王星 Neptune
絵画 picture
外貨 foreign currency
開会 the opening (of a meeting) ～する open ■開会式 opening ceremony
海外に[へ] abroad; overseas 海外の foreign; overseas ■海外事情 foreign affairs 海外旅行 overseas travel; trip abroad
改革(する) reform
外角 outside
開花する blossom, bloom
快活な cheerful; lively; open
階下に downstairs
貝がら shell
会館 hall
快感 pleasant feeling; pleasure
海岸 shore; seaside; beach; coast
外観 appearance
会期 session
会議 meeting; conference
怪奇な weird, mysterious
階級 class; rank ■階級社会 class society
回教 Islam
海峡 strait; channel
開業する practice ■開業医 practitioner
皆勤 perfect attendance ■皆勤賞 prize of perfect attendance
海軍 navy
会計 accounting ■会計係[士] accountant
解決 solution; (争いの) settlement ～する settle
会見 interview, (press) conference
改元 era name change
外見 appearance; look; show
戒厳令 martial law
カイコ silkworm
解雇 dismissal ～する dismiss, fire; 《英》sack
介護 nursing, care; nursing care ～する nurse, care for ... ■介護人 a care-giver
会合 meeting
外交 diplomacy ■外交員 salesman 外交官 diplomat 外交辞令 diplomatic language
開校する found school, open school
外向的な extroverted 外向的な人 extrovert
外国 foreign country ～の foreign ～へ行く go abroad ■外国語 foreign language 外国人 people from abroad [other countries], foreigner
がいこつ skeleton
介護保険 long-term care insurance (for elderly)
買い込む lay ... in; stock up
開こんする cultivate
開催する hold
改札口 (ticket) gate
解散 (号令) dismiss ～する break up
海産物 seafood
開始 start, opening ～する start, begin
概して generally, on the whole
買い占め corner ▶買い占める buy up
会社 company, firm, office ～へ行く go to work ■会社員 office worker
外車 imported car
解釈 interpretation ～する interpret
改宗 conversion ～する convert
怪獣 monster
回収する collect
改修する repair
外出する go out 外出している be out
解除 cancellation ～する cancel
解消 cancellation; dissolution ～する cancel, dissolve
会場 meeting place; (集会場) hall; venue
海上で[に] on the sea 海上の marine 海上輸送 marine transportation
階上に upstairs
海上保安庁 Japan Coast Guard
外食する eat out
介助犬 service dog
改心する reform
海図 chart
海水 seawater ■海水着 swimming [bathing] suit, swimsuit, swimwear 海水パンツ swimming [bathing] trunks 海水浴 sea bathing
回数 the number of times ■回数券 coupon ticket, carnets [carnet ticket]
快晴 fair [clear] weather
改正する revise; (法律を) amend
解説する comment, explain 解説者 commentator
回線 circuit, line
改善 improvement ～する improve
外線 outside line [call], call outside
回想 recollection ～する look back (on ...)
回送 out of service ～する forward
海草 seaweed
階層 stratum
改装する remodel, renovate, refurbish

改造する adapt, remodel
解像度 resolution
海賊 pirate ■海賊船 pirate ship
快速の high speed, express
解体 demolition; dismantlement ～する dismantle, take down
開拓 development, pioneer ■開拓者 pioneer
会談 talks
怪談 ghost story
階段 (屋内の) stairs, staircase; (屋外の) steps
ガイダンス guidance; (入学時の) orientation
改築する rebuild, remodel
海中 undersea
外注 outsourcing
害虫 harmful insect, pest
懐中電灯 flashlight
会長 president, chairperson
快調である be in good condition
買い手 buyer
海底 seabed ～の submarine
改訂する revise ～版 revised edition
快適な comfortable
回転(する) turn ■回転競技 (スキー) slalom
開店する open
ガイド guide ■ガイドライン guideline
解答 answer
回答 reply; answer; response
街道 highway
街灯 street light
街頭 street
解凍する thaw; (データ) decompress
ガイドブック guide (book)
飼いならす tame
介入 intervention
解任 dismissal
飼い主 owner
概念 idea, concept
外泊する stay overnight [over]
開発 development ～する develop
海抜 above sea level
会費 membership fee
回避する avoid
海浜 beach; shore; sea shore
外部 the outside [exterior] ～の outside
回復 recovery ～する recover, get well
怪物 monster
解放 liberation ～する set free
介抱する attend, look after ...
開放する (throw) open
解剖する dissect
開幕する open
外務省 Ministry of Foreign Affairs
解明 solution
海綿 sponge
海面 sea level; surface of sea ■海面上昇 sea level rise
買い物 shopping ～をする shop; do (*one's*) shopping
外野 the outfield ■外野手 outfielder
解約 cancellation ～する (取り消す) cancel
外来語 loanword, word of foreign origin
快楽 pleasure
回覧 circulation
概略 outline
海流 ocean current
改良 improvement ～する improve
カイロ Cairo
回路 circuit
街路 street ■街路樹 street tree
会話 conversation, talk ～をする talk 《*with*》, have a conversation 《*with*》
下院 lower house; (米国) the House of Representatives; (英国) the House of Commons ～議員 (米国) Representative; (英国) Member of Parliament, MP
飼う have; (飼育) raise ■飼い主 master
買う buy, get, purchase

チャンクで英作文
●自転車を買う get a bike
→新しい自転車を買った. I got a new bike.

カウチポテト couch potato
カウボーイ cowboy
ガウン gown
カウンセラー counselor
カウンセリング counseling
カウンター counter
カウント count ■カウントダウン countdown
替え change; substitute
替え歌 parody
かえす (卵を) hatch
返す return, take back; (借金を) pay back
かえって on the contrary, rather
カエデ maple
帰り return
帰りがけに on *one's* way home
かえりみる (回顧する) look back on, (反省する) reflect, (気にかける) take notice of
かえる (卵が) hatch
カエル frog; (ガマガエル) toad
換える exchange, change
帰る return, go back [home], come back [home] 会話 何時に～? What time are you coming home?

チャンクで英作文
●家に帰る go home
→家に帰る時間だ. It's time to go home.

代[替]える substitute
変える change, turn; (変換する) convert
返る return
火炎 flame, fire, blaze
顔 face; (頭部) head 窓から～を出す put *one's* head out of the window
顔色 complexion; face
家屋 house; building

顔写真 head-and-shoulders photo
カオス chaos
顔つき look
顔なじみ familiar face
顔見知り acquaintance
香り smell, aroma
画家 painter, artist
加害者 assailant
課外の extracurricular ■課外活動 extracurricular activities
抱える hold; carry in *one's* arm(s)
カカオ cacao
価格 price
化学 chemistry ～の chemical ■化学者 chemist
科学 science ～的な scientific ■科学者 scientist 科学技術 technology
かかげる (高く上げる) put ... up; (旗を) fly; (主義などを) hold ... up; (掲載する) carry
かかし scarecrow
かかと heel
鏡 mirror ～を見る look into the mirror
かがむ bend, stoop
輝かしい brilliant; glorious
輝き brightness; brilliance
輝く shine; (ちかちかと) twinkle; glitter
係 person in charge
かかる (病気に) have, get, catch
掛かる, 懸かる (ぶらさがる) hang; (時間が) take; (費用が) cost; (電話が) have a call 鍵がかかっている be locked
(…にも)かかわらず in spite of ..., though
係[関]わり connection; involvement
係[関]わる concern; (関係を持つ) have to do with ...; (巻き込まれる) be involved in ...
カキ (くだもの) persimmon
カキ (貝) oyster
夏期, 夏季 summer, summertime
鍵 key ～をかける lock ■鍵穴 keyhole
書き写す copy
書き下ろしの newly-written
かき傷 scratch
かき消す drown ... ⦅*out*⦆
かき氷 shaved ice with syrup on the top
書き込む write in; (書類に) fill in
かき立てる stir ... up, fire, arouse, provoke
書き立てる write in; (書類に) fill in
書留 registered mail
書きとめる write down
書き取り dictation
書き直す rewrite
かきね fence; (生垣) hedge
下記の following
かきのける push *one's* way through
かき混ぜる stir; (混ぜる) mix; (卵などを) beat
かき回す stir
かき乱す disturb
下級の lower ■下級生 lower-class student; underclassman
限らない not necessarily ...; not always ...
限られた limited
限り (限界) limit …する～ as far as ...
限る limit
課金 charging
かく scratch かき傷 scratch
各 each; every
格 case; (格式) status
核(の) nuclear ■核拡散防止条約 the nuclear nonproliferation treaty 核実験 nuclear test 核兵器 nuclear weapon 核抑止力 nuclear deterrent 部分的核実験禁止条約 the partial nuclear test ban treaty
角 angle
欠く lack
書く write; (つづる) spell 会話 ここに書いてください Could you write that down?
描く draw; paint; (描写する) describe
家具 furniture
嗅ぐ smell; (鼻を鳴らして) sniff
額 frame; (金の) sum, amount
格上げ rise in rank; promotion
学位 degree
架空の imaginary
各駅停車 local (train)
学園 school ■学園祭 campus festival 学園生活 campus life
学外 outside university [campus]
閣議 cabinet meeting
学業 schoolwork; studies
格言 proverb, saying
覚悟する prepare (*oneself*)
格差 gap; difference
角砂糖 lump, cube sugar
各自 each (person); everyone
学識 scholarship, learning
格式ばった formal
隠し事 secret
隔日で every other day
確実な sure, certain
各自の each, respective
学者 scholar
学習 learning, study ～する learn, study
隔週の biweekly
各種の various; several kinds of
学食 school cafeteria
革新 innovation, reform
確信する be sure [certain]
隠す hide, conceal 隠された hidden
学生 student 会話 私は～です I am a student. ■学生服 school uniform
拡声器 loudspeaker
学説 doctrine, theory
学則 school rule [regulation]
拡大する expand, magnify ■拡大鏡 magnifying glass
楽団 band
学長 president
拡張する expand, extend

格付け ranking ～する rank
確定 decision
カクテル cocktail
角度 angle
格闘する fight
獲得する get, obtain; (賞品などを) win
学内 on campus [school premises]
確認する make sure, confirm
学年 school year, grade; 《英》 form
角ばった square
学費 school expenses, tuition (fee)
楽譜 music, score; sheet music
学部 department
確保する secure
革命 revolution ～的な revolutionary
学名 scientific name
学問 learning, study ～的な academic
楽屋 dressing room
格安 special [bargain] price
学用品 school supplies
確率 probability
確立する establish
学力 scholastic ability
学歴 *one's* academic background
隠れる hide ■隠れん坊 hide-and-seek
学割 student discount
がくんと with a jerk, suddenly
かけ bet ■かけ事 gambling
陰 shade
影 shadow
がけ cliff
かけ足 run, (馬の) gallop
家系 ancestry, descent
家計 family budget
影絵 silhouette
かけがえのない precious
歌劇 opera
過激な extreme
陰口 backbiting
かけ声 shout, call
駆けこむ run into
かけ算 multiplication
かけ出し novice; beginner
かけっこ race
可決する pass, approve
(…から…に)かけて from ... to ...
かけぶとん 《米》 comforter; 《英》 duvet, (continental) quilt
影武者 double, decoy
かけら broken piece
かげり shadow; shade
かける (つるす) hang; (覆う) cover; (電話を) call; (音楽などを) play; (座る) sit down; (眼鏡を) put on 会話 何番におかけですか What number are you calling? あとでこちらからかけなおします I'll call you back later.
駆ける run
欠ける lack
賭ける bet; (命を) risk
加減 (程度) extent, degree; (具合) condition
過去 the past
かご basket; (鳥かご) cage
囲い fence; pen
下降 descent; decline; fall
河口 mouth
火口 crater
化合 combination
加工する process
過酷な severe
囲む surround, enclose; (丸で) circle
傘 umbrella; (日傘) parasol ■折り畳み傘 folding umbrella 傘立て umbrella stand
火災 fire ■火災報知機 fire alarm
かさかさ rustle, dry
がさがさ rustle; rough
風車 pinwheel, windmill
風下 leeward, downwind
がさつ unrefined, rough and unpolished
重なる (上に) be piled up; (重複) fall on
重ね着 layering
重ねる overlap, pile (up); (繰り返す) repeat
かさばった bulky
かさばる be bulky, unwieldy
カザフスタン Kazakhstan
かさぶた scab
カサブランカ Casablanca
風見どり weathercock
飾り decoration
飾り気のない frank; unaffected
飾る decorate; (陳列する) display
加算 adding; addition
火山 volcano
カシ oak
歌詞 lyrics
華氏 Fahrenheit
菓子 《米》 candy, 《英》 sweets

関連›
アイスクリーム ice cream; あめ candy; ガム (chewing) gum; キャラメル caramel; クッキー cookie; ケーキ cake; ゼリー jelly; チョコレート chocolate; ドーナツ doughnut; プリン custard pudding; ポテトチップス potato chips

貸し loan
家事 housework, housekeeping ～をする do housework, keep house
火事 fire
舵 (舵) rudder, (舵輪) helm
餓死 starvation
かじかむ be numb
かじかんだ numb
貸し切りの (飛行機など) chartered, (レストランなど) wholly reserved
かしこい clever, wise
かしこまりました Certainly.
貸し出し loan; advance
貸し出す lend ... out, check ... out, rent
過失 mistake, error, fault, slip, lapse

果実 fruit ■果実酒 wine
画質 picture [image] quality
加湿器 humidifier
カジノ casino
菓子パン sweet roll
カシミール Kashmir
カシミヤ cashmere
貨車 freight car
貸家 house for rent
歌手 singer
カジュアル casual
果汁 fruit juice
画集 book of painting
カシューナッツ cashew (nut)
果樹園 orchard
箇条 article, item
過剰 excess
箇条書き itemize, list ～にする itemize
過小評価 underestimation
過食症 bulimia
…かしら I wonder...
頭 the head, the chief, leader
頭文字 initial
かじる bite
かす dregs, lees; (コーヒーなどの) grounds
課す impose, put
貸す lend ⇨似ている単語; (お金を) lend, loan; (有料で) rent
数 number 数に入れる count in
ガス gas ■ガスストーブ gas heater ガスレンジ gas range
数々の many, a lot of
かすかな faint; (わずかな) slight
カスタード custard ■カスタードプリン custard pudding
カスタネット castanets
カスタマー customer
カスタマイズ customize
カスタムメイド custom-made
カステラ sponge cake
数の子 herring roe
カスピ海 Caspian Sea
かすみ haze
かすむ be misty [hazy]; (見えにくい) be dim
かすめる graze, glance off
かすり傷 scratch; scrape
かすれる get hoarse; get blurred
風 wind; (そよ風) breeze
風邪 cold ～を引く catch a cold
家政 housekeeping ■家政科 course in home economics
火星 Mars
課税 taxation
化石 fossil
稼ぐ earn
仮説 hypothesis
仮設住宅 temporary dwelling [housing]
カセット cassette
風通し ventilation
下線 underline
河川 river
河川盲目症 river blindness
過疎 depopulation
仮想 imagination ■仮想現実 virtual reality
火葬 cremation
画像 image, graphics; picture
仮装行列 fancy dress parade
仮想通貨 virtual currency; (暗号通貨) crypto-currency; (暗号資産) crypto assets
数える count
加速 acceleration
家族 family

関連》
兄 big brother; 姉 big sister; いとこ cousin; 妹 little sister; おい nephew; めい niece; 叔父, 伯父 uncle; 夫 husband; 弟 little brother; 叔母, 伯母 aunt; 親 parent; 兄弟 brothers; 姉妹 sisters; 子供 child; 親戚 relative; 祖父 grandfather; 祖母 grandmother; 孫 grandchild; 曾祖父 great-grandfather; 曾祖母 great-grandmother; ひ孫 great-grandchild; 父 father; 妻 wife; 母 mother; 息子 son; 娘 daughter;

ガソリン gasoline, 《米》 gas, 《英》 petrol ■ガソリンスタンド gas station
…方 (気付) care of, c/o
過多 excess
型 model; pattern
肩 shoulder
カタール Qatar
堅い hard; firm; (肉など) tough 堅く tight
固い hard, solid; (きつい) tight
硬い (こわばった) stiff; (表情が) stern
課題 assignment
片一方 one of the...
過大な excessive 過大評価する overestimate
片思い one-sided love
片親 single parent; one of *one's* parent
肩書き title
敵 foe, enemy
固く, 硬く, 堅く (固まって) hard; (しっかりと) tightly; (強固に) firmly
かたくなな obstinate
堅苦しい formal
肩越し over *one's* shoulder
固さ, 硬さ, 堅さ hardness; firmness
かたすみ corner
形 shape, form
形づくる form, make
かたづける put in order; clear; put away
カタツムリ snail
片手 one hand
刀 sword
かたぶつ strait-laced person
片方 (片側) one side
固まり (小) lump; (大) mass; (石など) block
固まる harden

形見 keepsake, memento
肩身がせまい feel small [ashamed]
片道 one way; 《英》 single ■片道切符 one-way ticket
傾き inclination, slope, tilt
傾く lean, tilt
傾ける lean; (努力を) put in
固結び tight-knot
固める harden; (強固にする) strengthen; (凝固させる) solidify; (決定する) fix
型やぶり unconventional, eccentric, unorthodox
固ゆで hard-boiled
かたよった biased
かたよる be partial, (偏見がある) be prejudiced [biased], (一面的な) be one-sided
語る talk, tell; (物語る) narrate
カタログ catalog(ue)
花壇 flower bed
価値 value, worth ～のある valuable ■価値観 values
勝ち victory
…がち tend, be apt, be liable
勝気な strong-minded; (悪い意味) obstinate
家畜 domestic animal, livestock
勝ち取る win, gain
勝ち抜き戦 tournament
勝ち負け victory or defeat
勝ち目 chance of winning, odds
課長 section chief, manager
ガチョウ goose
カツ cutlet
勝つ win; (人に) beat
カツオ bonito
学科 subject
学会 learned society
学活 homeroom activities
がつがつ devouringly; hungrily
かっかと hotly, burningly
がっかりする be disappointed
学期 (school) term; semester
楽器 (musical) instrument

関連›
アコーディオン accordion; オルガン organ; カスタネット castanets; キーボード keyboard; ギター guitar; サックス sax, saxophone; 縦笛 recorder, pipe; ドラム drum; トランペット trumpet; ハープ harp; ハーモニカ harmonica; バイオリン violin; ピアノ piano; フルート flute; マンドリン mandolin; 木琴 xylophone

画期的な epoch-making
活気のある lively
学級 class ■学級委員 class representative 学級担任 class teacher 学級日誌 class diary
かつぐ carry ... on *one's* shoulder
学区 school district
がっくりする be very disappointed
かっこ 《米》 parentheses 《英》 brackets 角～ 《米》 brackets 《英》 square brackets
かっこいい cool; nice
カッコウ cuckoo
格好 figure; (外見) appearance
学校 school
各国 every [each] country
かっこつける put on airs
かっさいする cheer
合作 collaboration
活字 print, type
滑車 pulley
合衆国 United States (of America)
合宿する lodge together
合唱 choir ～する sing in chorus ■合唱隊 chorus, choir
褐色 brown ▶褐色の brown
がっしりした sturdy; strong and firm
活性化 activation
滑舌 articulation
合奏 ensemble
滑走路 runway
カッター cutter
合体 union ～する unite
がっちり firmly, tight(ly)
ガッツ courage, guts
がっつく be greedy [grabby]
かつて once, before
勝手な selfish 勝手に without permission [asking] 勝手にする have *one's* own way
カット cut; (挿絵) illustration; (髪) haircut
ガット (かつての貿易協定) GATT (General Agreement on Tariffs and Trade)
カットアンドペースト cut and paste
活動 activity ～する be [become] active ～的な active ■活動力 energy
カットソー cut-and-sewn
かっとなる get angry, lose *one's* temper
カッパ Japanese water imp
活発な active, lively
かっぱらい snatching; snatcher
カップ cup
カップル couple
合併 merger ～する merge
渇望 thirst (*for*)
活躍する play an active part [role]
活用する make use (*of*), (語学) conjugate
かつら wig; (部分の) hairpiece
活力 energy, vitality
家庭 home, family ～的な domestic 家庭科 home economics 家庭教師 tutor 家庭内暴力 domestic violence
課程 course
過程 process
仮定する suppose
カテゴリー category
家電, 家電製品 home electrical appliances

関連›
アイポッド《商標》iPod; アイロン iron; 衣

類乾燥機 (clothes) dryer; エアコン air conditioner; オーブン oven; 加湿機 humidifier; カメラ camera; 空気清浄機 air purifier; 携帯電話 cellphone, mobile (phone), smartphone; 除湿機 dehumidifier; 食器洗い機 dishwasher; ステレオ stereo; ストーブ heater; スマートウォッチ smartwatch; スマートスピーカー smart speaker; 洗濯機 washing machine [米 washer]; せんぷうき (electric) fan; デジ(タル)カメ(ラ) digital camera; テレビ television; 電気掃除機 vacuum (cleaner); 電子レンジ microwave (oven); 電話 telephone; ドライヤー dryer; ミシン sewing machine; 湯沸かしポット electric water kettle, water boiler and warmer; ラジオ radio; 冷蔵庫 refrigerator; ロボット掃除機 robot vacuum [mop]; ワインセラー wine cellar;

角 corner; (へり) edge
稼働 operation
華道 flower arrangement
ガトウィック Gatwick
…かどうか if, whether
下等な low, lower, inferior
過度の excessive
カトマンズ Kathmandu, Katmandu
カドミウム cadmium
カトリック(の) Catholic ■カトリック教 Catholicism カトリック教徒 Catholic
…かな I wonder ...
仮名 kana, Japanese syllabary
かなう (望みが) come true; (匹敵する) match, be equal; (条件に) suit, meet
かなえる realize
金切り声 scream
金具 (家具などの) metal fittings, metal parts
悲しい sad
悲しみ sorrow
悲しむ grieve, regret
カナダ Canada ～の Canadian ■カナダ人 Canadian
かなづち hammer
奏でる play
金物 hardware, ironmongery
必ず surely ～…する never fail to *do*
必ずしも (…とは限らない) not always
かなり rather ～の considerable
カナリア canary
かなわない be no match 《*for*》
カニ crab
かに座 Cancer, Crab
がに股 bandy legs, bowlegs
加入する enter
カヌー canoe
金 money ■金持ち rich (person), the rich, the wealthy; (億万長者) billionaire; (百万長者) millionaire
鐘 bell, chime
加熱 heating
過熱 overheating
金持ちの rich, wealthy
兼ねる serve both as ... and 《*as*》...
可燃性 combustibility
可能な possible ■可能性 possibility
彼女 she; (恋人) girlfriend; love ～の[を, に] her ～のもの hers ～自身 herself
カバ hippopotamus, hippo
カバー cover; (本の) jacket
かばう protect; (弁護する) speak up (for)
ガバナンス governance
かばん bag; (学生用) satchel
過半数 majority
カビ mold, mildew
がびょう thumbtack, drawing pin
花びん vase
過敏な (hyper)sensitive
カブ turnip
株 (会社の) stock, share; (切り株) stump
カブール Kabul
カフェ café, coffee house
カフェイン caffeine
カフェオレ café au lait
カフェテリア cafeteria
カフカズ山脈 Kavkaz Mountains
がぶがぶ飲む swill, guzzle
歌舞伎 kabuki (drama)
かぶせる cover
カプセル capsule
かぶと (war)helmet
カブトムシ beetle
かぶりもの headgear, headdress
かぶる put on かぶっている wear
かぶれ rash
花粉 pollen ■花粉アレルギー pollen allergy 花粉症 hay fever, pollinosis
壁 wall ■壁紙 wallpaper
貨幣 money
花弁 petal
河北省 Hebei Province
過保護 overprotection
カボチャ pumpkin
ガボン Gabon; Gabonese Republic
釜 iron pot 電気～ electric rice cooker
鎌 sickle
構う mind, care (about)
構え (作り) structure; (態度) attitude
構える take; at ready; set up
カマキリ mantis
構わない do not mind
がまん patience ～する stand; put up with ■がまん強い patient
カマンベール Camembert (cheese)
紙 paper
神 god; (女神) goddess; (キリスト教の) God
髪 hair
髪形, 髪型 hairstyle; haircut
がみがみ言う nag [snap] 《*at* ...》

かみ傷 bite
紙切れ (a piece of) paper
紙くず wastepaper; litter
かみしめる (ぐっとかむ) bite
かみそり razor
かみつく bite
雷 thunder; (稲光) lightning
仮眠 doze; nap
かむ chew; (がぶりと) bite; (鼻を) blow
ガム (chewing) gum
ガムテープ gummed tape; packing tape
カムフラージュ camouflage
かめ jar, pot
カメ (海亀) turtle; (陸亀) tortoise
仮名 pseudonym; made-up name
加盟する join
カメラ camera ■カメラマン, 写真家 photographer フィルムカメラ film camera
カメルーン Cameroon
カメレオン chameleon
仮面 mask
画面 screen, picture
カモ (wild) duck
科目 subject

関連›
英語 English; 化学 chemistry; 家庭科 home economics 国語 Japanese; 算数 arithmetic; 社会 social studies; 情報(科) Information 数学 mathematics; 生物 biology; 体育 physical education; 地学 earth science; 地理 geography; 物理 physics; 理科 science; 歴史 history

カモシカ antelope
…かもしれない may; might
貨物 freight ■貨物船 freighter 貨物列車 freight train
カモノハシ platypus; duckbill
カモミール chamomile, camomile
カモメ (sea) gull
がやがや noisily, clamorously
火薬 gunpowder
かゆい itchy
通う go to《*school*》; (通勤する) commute

チャンクで英作文
●学校に行く **go** to school
→バスで学校に行っている.
I go to school by bus.

歌謡曲 popular song
画用紙 drawing paper
火曜日 Tuesday
か弱い weak, feeble
…から from; (以来) since
殻 (貝などの) shell; (穀物の) hull
柄 (権利) right; (体格) build; (模様) pattern
カラー (色) color; (襟) collar
唐揚げ ■若鶏の唐揚げ deep-fried chicken
カラーリング coloring; hair coloring
辛い hot; (塩辛い) salty; (厳しい) severe, strict
カラオケ karaoke
からかう tease, make fun of ...
カラカス Caracas
からから completely dry
ガラガラヘビ rattlesnake
がらくた junk
からし mustard
カラス crow
枯らす kill; blight; wither; season
ガラス glass
体 body

関連›
あご jaw; 頭 head; 腕 arm; ひたい forehead; 顔 face; かかと heel; 髪の毛 hair; 口 mouth; 唇 lip; 首 neck; 腰 waist; こぶし fist; 舌 tongue; 心臓 heart; 爪 nail; 手 hand; 脳 brain; 鼻 nose; ひざ knee; ひじ elbow; まつ毛 eyelash; まゆ毛 eyebrow; 耳 ear; 胸 chest; 目 eye; 指 finger; (足の)指, つまさき toe;

カラチ Karachi
カラット (金の) karat; (宝石の) carat
からっぽ empty
空手 karate
空の empty 空にする empty
からぶり a swing and a miss
カラフル colorful
からまる twist, twine, catch
からみつく twist, get tangled《*up*》
からむ (言いがかりをつける) pick a quarrel; (関係する) involved in; (巻き付く) twine
駆られる be driven《*to do; into*》
借り debt ～がある owe
狩り hunt ～をする hunt
刈り入れ harvest
カリウム potassium
カリキュラム curriculum
カリスマ charisma
駆り出す get [bring] (him) out《*to; to do*》
仮に if, suppose; even if
仮の temporary
カリフォルニア (米国の州) California
カリブ海 Caribbean (Sea)
カリフラワー cauliflower
がり勉 grind
下流に down the river, downstream
借りる borrow ⇨似ている単語; (お金を払って) rent, lease; (電話・手洗いを) use
刈る cut; (芝などを) mow
軽い light; (痛みなどが) slight
軽々と easily, lightly
カルシウム calcium
カルタ cards
カルチャー culture
カルテ a medical record
カルト集団 (religious) cult
軽はずみ thoughtless; careless
カルビ kalbi, Galbi
彼 he ～の his ～を[に] him ～のもの his ～

自身 himself
カレイ flatfish
加齢 aging, ageing
カレー curry ■カレーライス curry and rice
カレー Calais
ガレージ garage
彼ら they ～の their ～を[に] them ～のもの theirs ～自身 themselves
かれる (声が) get husky; (川などが) dry up, go dry
枯れる die, wither 枯れた dead
カレンダー calendar
過労 overwork ■過労死 die from overwork
画廊 gallery
かろうじて barely, narrowly
カロリー calorie
川 river, stream ■川岸 bank 川床 riverbed
皮 skin; (革) leather; (果物の) peel
側 side, part
可愛い pretty, lovely, cute; (いとしい) dear
可愛がる love
かわいそうな poor かわいそうに思う feel sorry
乾いた, 渇いた dry; (のどが) thirsty
可愛らしい lovely
カワウソ otter
乾かす dry
渇き thirst
渇く be thirsty
乾く dry, get [become] dry 乾いた dry
かわす dodge
為替 exchange
変わった (風変わりな) strange
かわら tile
変わらない steady; constant; eternal
代わりに in place of, on behalf of, for…
かわるがわる by [in] turns
換わる change
代わる take the place of, replace
変わる change; vary
代わる代わる by turns, in turn, alternately
勘 intuition; hunch
巻 volume
感 feeling; sense
管 pipe, tube
缶 can, 《英》tin, tin can ■缶切り can opener 缶ビール canned beer
間 during; for; in; between
がん cancer
ガン wild goose
岩塩 rock salt; halite
かんおけ coffin
感化(する) influence
眼科 ophthalmology
かんがいする irrigate
考え thought, idea; (意見) opinion ■考え方 (way of) thinking; point of view, viewpoint 考え事 something to think about; worry 考え込む be lost [absorbed] in thought 考え出す work out, figure out 考えつく think of… 考え直す think about…again
考える think ⇨[使い方], consider; (想像する) imagine; (見なす) regard 考えられない unlikely
感覚 feeling, sense
間隔 interval
管楽器 wind instrument
カンガルー kangaroo
乾季 dry season
換気 ventilation ■換気扇 ventilator
歓喜 (great) joy; delight
かんきつ類 citrus
観客 audience, spectator ■観客席 seat
眼球 eyeball
環境 environment, surroundings ■環境汚染 environmental pollution 環境省 Ministry of the Environment 環境問題 environmental problems
換金 cashing
監禁 confinement
関係 relation(ship) ～している be related 《*to*》 ～づける relate; connect
歓迎(する) welcome ■歓迎会 welcome party
感激する be moved, be touched
完結 completion
簡潔な brief, concise
還元 (化学) reduction; (利益など) return
管弦楽 orchestral music ■管弦楽団 (symphony) orchestra
看護 nursing, care
刊行 publication
観光 sightseeing ～をする see the sights ～に行く go sightseeing ■観光客 tourist
官公庁 government and municipal offices
韓国 South Korea
勧告する advise; (薦める) recommend
看護師 nurse
頑固な stubborn
監査 inspection; audit
幹細胞 stem cell
カンザス (米国の州) Kansas
観察 observation ～する observe
換算 conversion
冠詞 article
監視 watch, guard
感じ feeling; (印象) impression; (感触) touch
漢字 Chinese character
ガンジス川 Ganges
元日 New Year's Day
関して about; on;
感謝 thanks ～する thank; be grateful
患者 patient
かんしゃく temper
慣習 custom
監修 supervision
観衆 spectator; audience
完熟の fully-ripened

感受性 sensitivity; receptivity
願書 application (form)
干渉 interference ～する interfere
感傷 sentiment
勘定 account, check 会話 お～をお願いします Check, please. ■勘定書き bill, check
感情 feeling(s) ■感情移入 empathy
関連›
愛 love; 憧れ longing; 安心 relief; うらやむ envy; 嬉しさ joy; 悲しさ sadness; 感謝 thanks, gratitude; 恐怖 fear; くやしさ regret; 興奮 excitement; 寂しさ, 淋しさ loneliness; 幸せ happiness; 憎しみ hatred; 誇り pride; 友情 friendship
鑑賞する appreciate
頑丈な strong, tough, sturdy
寒色 cool color
感触 touch, [a] feel
間食する eat between meals
感じる feel
関心 interest ～がある have an interest
感心する admire, be deeply impressed
かんじんな important, vital; essential
関数 function
関する about, on
感性 sensibility; sensitivity
歓声 cheer
関税 customs, tariff
完成する complete, finish
岩石 rock
関節 joint
間接の indirect
感染症 infectious disease
感染する catch, be infected
観戦する watch
幹線道路 highway
完全な complete 完全に completely
元祖 originator
乾燥 drying ～した dry ～する dry (up) ■乾燥機 dryer
感想 impression
間奏 interlude
肝臓 liver
観測 observation ～する observe
簡素な simple, plain
艦隊 fleet; (小艦隊) squadron
歓待する give a warm welcome
寛大な generous
甲高い shrill, piping
干拓 reclamation ～する reclaim ■干拓地 reclaimed land
カンタベリー Canterbury
感嘆 admiration
元旦 New Year's Day
寒暖計 thermometer
簡単な (容易な) easy, simple; (手短な) brief
勘違い mistake
がんちく implication; significance
眼中にない don't care
官庁 government office
干潮 low tide
貫通 penetration
缶詰 canned food
官邸 official residence
鑑定 judgment
観点 point of view, viewpoint
感電 electric shock
乾電池 dry cell, dry battery
間投詞 interjection
広東省 Guangdong Province
感動する be moved 感動的な moving
監督 director ～する supervise
カントン (広東) Guangdong
かんな plane
カンニングする cheat ■カンニングペーパー crib sheet [note], cheat sheet, trot
カンヌ Cannes
かんぬき bar
観念 concept, idea, notion, sense
寒波 cold wave
乾杯 toast
完売した be sold out
カンバス canvas
カンパする donate, contribute
干ばつ drought
頑張る work [try] hard がんばれ！ Hold out!
看板 signboard
乾パン hardtack, sea biscuit, ship biscuit
甲板 deck
ガンビア Gambia
看病する take care of, look after, nurse
幹部 leader; leading member
完封 shutout
漢文 (classical) Chinese writings
完璧な perfect
かんべんする forgive, pardon
願望 desire, wish
カンボジア Cambodia
冠 crown
感銘 impression
顔面 face
勧誘 invitation, recruitment
寛容 tolerance
慣用句 idiom
観葉植物 foliage plant
元来 originally
陥落する fall
観覧車 Ferris wheel
管理 administration, control, management, supervision ～する manage ■管理人 janitor, caretaker, superintendent
簡略 simple; concise ～化する simplify
官僚 government official
完了する complete, finish
慣例 custom; convention
寒冷前線 cold front
関連 relation ～する have relation to ...
緩和 relaxation, ease

き

気 (心) mind, heart; (気分) feeling ～が強い strong-minded ～が小さい timid ～が短い short-tempered ～が長い patient
木 tree; (材木) wood
ギア gear
気合い (かけ声) yell, shout; (気力) spirit
気圧 atmospheric [air] pressure 高～ high pressure ■気圧計 barometer
ギアナ高地 Guiana Highlands
議案 bill
キー key
キーパー (goal)keeper
キーボード keyboard
キーホルダー key ring, key chain
黄色 yellow ～い yellow
キーワード keyword
議員 (国会議員) member of the Diet, 《米》 Congressman, Congresswoman, 《英》 member of Parliament (MP)
議院 House
キウイ kiwi
キエフ Kiev
消える go out, die; (姿が) disappear
記憶 memory ～する memorize, keep in mind ■記憶力 memory
気負っている be very keen
気温 temperature
擬音語 onomatopoeia
帰化 naturalization ～する be naturalized
飢餓 starvation, hunger
器械 (道具) instrument; (装置) apparatus
機会 chance, occasion; (よい) opportunity
機械 machine, (総称) machinery
危害 ～を加える hurt; harm ～のない harmless
議会 assembly; (日本の) Diet; (米国の) Congress; (英国の) Parliament
着替え change of clothes; spare clothes
着替える change (*one's* clothes)
幾何学 geometry
気がかり anxiety; worry; care
企画 plan; project; planning
規格 standard
器楽 instrumental music
気化する evaporate, vaporize, gasify
気がする feel …したい～ feel like *doing*
気が付く become aware 《*of*》, notice; (見出す) find; (意識が戻る) come to *oneself*
気軽に freely, readily
器官 organ
期間 period, term, span
機関 engine; (政府などの) agency ■機関車 locomotive 機関銃 machine gun
気管 windpipe, trachea
季刊誌 quarterly
危機 crisis
聞き入る listen attentively
聞き込み interview; legwork
聞き取り hearing
聞き取る hear, catch
効き目 effect
聞きもらす fail to catch
気球 balloon
企業 business, enterprise
起業する start new venture ■起業家 entrepreneur
戯曲 drama
基金 fund
飢きん famine
貴金属 precious metal; (宝石類) jewelry
キク chrysanthemum
効く work, be effective, be good
聞く hear, listen to …; (問う) ask; (従う) obey

チャンクで英作文

●あなたの名前を聞く **ask** your name
→名前を聞いてもいい？
Can I ask your name?

器具 (電気器具など) appliance
ぎくしゃくした troubled; uneasy
着くずれ come loose; get untidy
気配り attention, consideration
気位 pride
喜劇 comedy
危険 danger, risk ～な dangerous, risky
棄権 abstention ～する abstain
期限 time limit; (締め切り) deadline
機嫌 mood, temper ～がいい[悪い] be in a good [bad] mood
紀元 era; epoch
起源 origin
奇行 eccentricity
機構 institution, organization; mechanism
気候 climate ■気候変動 climate change
記号 sign
技巧 technique, art, skill
寄稿する contribute 《*to*》
聞こえ hearing; reception; reputation
聞こえよがしに loud enough for … to hear
聞こえる hear; (響く) sound 会話 よく聞こえません I can't hear you.
帰国する return to *one's* country
着心地 ～がよい be comfortable
ぎこちない awkward, clumsy
着こなす wear a dress well
既婚の married
気さくな friendly; frank, candid
兆し sign; symptom
きざな affected; pretentious; snobbish
刻む cut; (肉などを) mince; (野菜を) chop
岸 shore, beach, coast; (川岸) bank
騎士 knight
キジ pheasant
記事 article, item
生地 (布地) cloth; (服地) material

技師 engineer
儀式 ceremony, rite, service
期日 date
汽車 train
記者 reporter, journalist ■記者会見 press conference 記者団 press
機種 model
機首 nose
騎手 jockey
奇襲 surprise attack
寄宿 lodging; room and board ■寄宿学校 boarding school 寄宿舎 dormitory
奇術 magic
技術 technique, technology ～的な technical, technological ■技術者 engineer (教科の)技術科 industrial arts
基準 standard
気象 weather ■気象衛星 weather satellite 気象台 weather station
気性 disposition; temperament
起床する get up, rise
キシリトール xylitol
議事録 proceedings
キス kiss ～をする kiss
傷 wound, injury; (切り傷) cut ～つける injure, hurt; (身体) wound ■傷跡 scar 傷口 wound
奇数 odd number
築く build, construct
傷つく get hurt [wounded, injured]
きずな bond
寄生 parasitism
規制 regulation ～する regulate ■規制緩和 deregulation
犠牲(にする) sacrifice ■犠牲者 victim
帰省する go [come] home
寄生虫 parasite
既成の established, existing, present
既製の ready-made
奇跡 miracle
季節 season 会話 ～でいちばん好きなのはどれですか―春[秋]がいちばん好きです Which season do you like best?—I like spring [fall] best.

関連›
春 spring; 梅雨 the rainy season; 夏 summer; 秋 autumn, fall; 冬 winter

気絶 faint
着せる dress
汽船 steamer, steamship
偽善 hypocrisy
基礎 base, basis; (建物の) foundation ～の basic, fundamental ～的な fundamental
競う compete; contest
偽造する forge, counterfeit, fabricate
規則 rule, regulation ～的な regular
貴族 noble, nobleman, noblewoman
起訴する prosecute, indict, press charges
既存の existing
北 north ～の north, northern
ギター guitar ～を弾く play the guitar
北アイルランド Northern Ireland
北アメリカ North America
期待 expectation ～する expect, hope
機体 body (of an airplane)
気体 gas
議題 subject, topic
きたえる train, build up, drill
帰宅する go [come] home
北大西洋条約機構 North Atlantic Treaty Organization (NATO)
北朝鮮 North Korea
気立てのよい good-natured, kind
汚い dirty, filthy; (卑劣な) mean
北マケドニア North Macedonia
ギタリスト guitarist
基地 base
吉 good fortune
機長 captain
議長 chairperson, chairman
貴重な valuable, precious
几帳面な precise, methodical
きちんと neatly, orderly ～した tidy; (適切な) properly
きつい tight; (つらい) hard; (規律が) strict
喫煙 smoking
気遣う care, be anxious, worry
きっかけ (機会) chance; (動機) motive
きっかり precisely, exactly; flat
気疲れ mental fatigue
キック kick
気付く notice; (発見する) find; (悟る) realize
キックオフ kickoff
キックバック kickback
キックボクシング kickboxing
喫茶店 coffee shop, tearoom
ぎっしり (～詰まった) jammed, full
きっちり tight(ly); precisely, exactly
キッチン kitchen
キツツキ woodpecker
切手 (postage) stamp
きっと (必ず) surely; (疑いなく) undoubtedly
キット kit
キツネ fox
きっぱり flatly; (完全に) completely
切符 ticket ■切符売り場 ticket office
規定 regulation, provision, prescription
議定書 protocol
着ている be wearing
機転 wit, tact
軌道 orbit
起動する start, boot
機動隊 riot police
危篤の critical
気取った affected
気取る put on airs
ギニア Guinea
ギニアビサウ Guinea-Bissau

気に入る like, be pleased《*with*》
気にする care, mind; worry《*about*》 会話 気にしなくていいです Don't worry about it.
気になる (気にかかる) be anxious《*about*》
記入する write down, fill out [in]
絹 silk
記念 commemoration …を～して in commemoration of ■記念品 souvenir 記念写真 souvenir picture 記念碑 monument 記念日 memorial day, anniversary
機能(する) function ～的な functional
昨日(は) yesterday ～の夜 last night
技能 skill, technique
キノコ mushroom
気の毒な (かわいそうな) poor; (不幸な) unfortunate 気の毒に思う be [feel] sorry
牙 fang; (象の) tusk
揮発性の volatile
奇抜な novel, eccentric, fanciful
気晴らし pastime; (気分転換) diversion
規範 standard
基盤 base; basis
きびきびした brisk
厳しい strict, severe, hard
気品 grace
義父 (夫または妻の父) *one's* father-in-law
ギブアップ give ... up
ギブアンドテイクで on a give-and-take principle
着ぶくれる look fat with layers of clothes
ギプス, ギブス (plaster) cast
寄付する contribute, donate
キプロス Cyprus
気分 feeling ～がいい[悪い] feel good [bad]
規模 scale
義母 (夫または妻の母) *one's* mother-in-law
希望(する) hope, wish
喜望峰 Cape of Good Hope
基本 basis ～的な basic
気前のよい generous
気まぐれな capricious
気まずい awkward; strained
期末試験 term examination
決まって always, without fail
決まり rule ■決まり文句 set phrase
決まる be decided [fixed]
黄身 (egg) yolk
君 you
…気味 tend; a little; a touch of
機密 secret
奇妙な strange, odd
義務 duty ■義務教育 compulsory education
気難しい difficult, hard to please
キムチ kimchi; kimchee
きめ (～の粗い) coarse; (～の細かい) fine
偽名 false name, alias
決め手 conclusive evidence; decisive factor
決める (決心する) decide, make up *one's* mind; (選ぶ) choose; (日取りなどを) fix
きもだめし test of *one's* courage
気持ち feeling ～のよい pleasant
着物 kimono; (衣服) clothes, clothing
疑問 question; (疑い) doubt ～の (疑わしい) questionable, doubtful
ギヤ gear
きゃあ (叫び声) eek
きゃあきゃあ言う scream; shriek
きゃいんと鳴く yelp
客 guest; visitor; (商店の) customer ⇨ 似ている単語; (乗り物の) passenger; (弁護士などの) client ■客車 passenger car 客船 passenger boat
ギャグ gag
客足 customers
逆効果 contrary effect
虐殺 massacre, slaughter, carnage
逆算する count backward
逆説 paradoxical saying, paradox
虐待 abuse, ill-treatment, battering
脚注 footnote
逆の opposite, reverse
客引き tout; barker
脚本 scenario, book ■脚本家 playwright
ギャザー gathers
きゃしゃな delicate
キャスター (ニュース) newscaster; (車輪) caster
キャスティングボート casting vote
キャスト cast
却下 dismissal; rejection
客観 objectivity ～的な objective
キャッシュ cash ■キャッシュカード《英》cash card, 《米》ATM card キャッシュバック paying back money
キャッシング cash advance; small loan
キャッチコピー catchy saying
キャッチフレーズ catchphrase; slogan
キャッチボール catch ～をする play catch キャッチャー catcher
キャッチホン call-waiting (service)
キャップ (鉛筆・ペンの) cap
ギャップ gap
キャビア caviar
キャビネット cabinet
キャビン・アテンダント flight attendant, cabin crew
キャプテン captain
キャベツ cabbage
キャミソール camisole
ギャラ performance fee
キャラクター character
キャラメル caramel
ギャラリー gallery
キャリア career
ギャル gal, girl
ギャング gangster
キャンセル cancellation

キャンディー candy
キャンバス canvas
キャンパス campus
キャンピングカー camper
キャンプ camp ～に行く go camping
キャンプ場 campsite キャンプファイヤー campfire
ギャンブル gamble
キャンペーン campaign
キャンベラ Canberra
級 class, grade, rank
九 nine ～番目の ninth
救援 relief ■救援投手 relief pitcher
休暇 vacation
嗅覚 sense of smell
九官鳥 myna(h) bird
球技 ball game
救急 emergency ■救急処置 first aid 救急病院 emergency hospital
救急車 ambulance
救急箱 first-aid kit
急きょ in a hurry
休業する close 本日休業 Closed (today).
究極の ultimate
きゅうくつな tight, small
休憩 rest; (短い) break ～する take a rest, take [have] a break
求刑する demand
急激な sudden, abrupt
吸血 (～動物) bloodsucker; (～鬼) vampire; (～コウモリ) vampire bat
急行 (列車) express (train)
急降下する dive
休校する close school
球根 bulb
救済 relief; help
休止 pause, rest
急死 sudden death
旧式の old-fashioned
休日 holiday
九十 ninety ～番目の ninetieth
吸収する absorb
救出 rescue
急所 vital spot; groin; point
救助(する) rescue
球場 ballpark, stadium
急上昇 sharp rise; boost
給食 school lunch
牛耳る control, dominate
旧姓 maiden name
救世主 Savior
急成長 fast growth
急性の acute
休戦 armistice, truce; (一時的) cease-fire
休息 rest
急速な rapid; (すばやい) fast, quick
球団 ball club
窮地 fix, (tight) corner, difficult situation
宮廷 court, palace
急停車 sudden stop
宮殿 palace
キュート cute
急な sudden; (傾斜) steep 急に suddenly
牛肉 beef
牛乳 milk
キューバ Cuba
急場しのぎの stopgap, makeshift
キューピッド Cupid
休部する stop; do not attend
救命 lifesaving ■救命ボート lifeboat
級友 classmate
旧友 old friend
給油する refuel
休養(する) rest
急用 urgent business
キュウリ cucumber
急流 rapid stream
丘陵 hill
給料 pay, salary ■給料日 payday
清い clean, clear; (けがれのない) pure
…強 little more than ..., little over
…狂 maniac; fan, buff
今日 today
…業 industry; business; profession
行 line
胸囲 chest measurement
脅威 threat
驚異 wonder, marvel
教育 education ～する educate ～的な educational ■教育委員会 board of education 教育ママ grade-conscious mother
教員 teacher; (教授) professor (個別) tutor ■教員免許状 teacher's certificate
競泳 swimming race
共演する co-star《*with*》■共演者 co-star, colleague
教科 subject
協会 association, society
境界 border
教会 church
共学 coeducation
教科書 textbook
強化する reinforce
恐喝 blackmail
共感 sympathy
凶器 weapon
狂気 madness, insanity, lunacy
競技 game, contest ■競技場 stadium
協議 discussion; consultation
行儀 manners, behavior ～のよい well-mannered ～の悪い ill [bad]-mannered
供給(する) supply
狂牛病 BSE, mad cow disease
境遇 circumstances, situation
教訓 lesson
狂言 Noh play; (偽りの) fake
狂犬病 rabies
凝固 coagulation

恐慌 panic; (経済不況) depression
競合 competition; conflict
強行する (en)force, resort to force
強硬な firm, strong
峡谷 canyon, gorge, ravine
教材 teaching material
共産 ■共産主義 communism 共産主義者 communist 共産党 communist party
協賛 cooperation
教師 teacher
凝視 (steady) gaze; (fixed) stare
行事 event
教室 classroom
業者 dealer, trader; maker
強弱 strength and weakness
教授 professor
教習所 school
凝縮 condensation
恐縮する (感謝する) be grateful; (恥じいる) be ashamed; (申し訳ない) be sorry
教書 message
教職員 staff of a school; faculty
強勢 stress
教育実習生 intern [trainee] teacher
行政 administration
強制する force, compel ■強制送還 forced repatriation
矯正する correct; (歯を) straighten
業績 achievement
競争 competition, race 〜する compete 生存〜 struggle for existence ■競争率 admit rate, acceptance ratio
競走(する) race
胸像 bust
形相 look
協奏曲 concerto
共存 coexistence
兄弟 brothers; (女の) sisters
教卓 teacher's desk
驚嘆 wonder, admiration
教壇 platform
協調 cooperation; harmony
強調 emphasis 〜する emphasize
共通の common ■共通点 common point
協定 agreement, convention
教頭 vice president, deputy head teacher
共同 cooperation, collaboration ■共同会見 joint interview 共同体 community 共同募金 collaborative fundraising
器用な skillful
脅迫 threat
共犯 complicity
恐怖 fear, terror
競歩 race walking
共謀 conspiracy
凶暴 ferocity; brutality
教本 textbook; manual
興味 interest 〜がある be interested 《*in*》 〜深い interesting
業務 business; work
共鳴 (音) resonance, (思想) sympathy
共有する share
共用 common use, share
教養 culture, education
恐竜 dinosaur
協力 cooperation 〜する cooperate
強力な strong, powerful
行列 procession, parade 〜する line up
強烈な intense
共和 ■共和国 republic 共和党 (米国の) Republican Party
虚栄心 vanity
許可 permission 〜する permit
魚介類 fish and shellfish; seafood
巨漢 giant
虚偽 falsehood
漁業 fishery, the fishing industry
局 (官庁の) bureau; (放送局) station
曲 a piece of music, tune
極 pole
極限 limit, maximum
曲線 curve
極端な extreme
局地的な local
曲調 characteristic of the melody [tune]
極度 extreme
極東 Far East
局部的な local ■局部麻酔 local anesthesia
局面 phase, aspect, situation
極力 to the best of *one's* ability, as ... as possible
居住 residence
巨匠 (great) master
拒食症 anorexia
巨人 giant
寄与する contribute 《*to*》
拒絶 refusal, rejection
漁船 fishing boat
巨大な huge, gigantic, enormous
ぎょっとする be startled
きょときょとする look around restlessly
去年 last year
拒否 refusal, rejection; denial
清める purify, cleanse
清らかな clean, pure, innocent
距離 distance
ぎょろっとにらむ glare at; stare at
キラー killer
嫌い dislike; distaste; hatred
嫌う dislike; (ひどく嫌う) hate
キラウエア Kilauea
ぎらぎらする glaring
きらきら光る twinkle; glitter
気楽な easy, carefree, easygoing 気楽にやる take it easy 楽にする make *oneself* at home
切らす run out of ...
きらめく glitter, twinkle

きり drill, awl, gimlet
霧 fog, mist
義理 duty, obligation
切り株 stump
切り刻む cut ... into small pieces
切り傷 cut
キリギリス grasshopper
ギリシャ Greece ～の Greek ■ギリシャ人[語] Greek
キリスト Jesus Christ ■キリスト教 Christianity キリスト教徒 Christian
切り倒す cut down
規律 discipline
起立する stand up
切り詰める cut down
切り取る cut《off》
切り抜き clipping, cutting
切り抜く cut out, clip
切り抜ける get through ...
キリバス Kiribati
切り離す separate
キリマンジャロ Mount Kilimanjaro
切り身 (魚) slice, fillet (肉) cut, steak
気流 air current
気力 willpower, spirit, energy, vigor
キリン giraffe
切る cut; (薄く) slice; (たたくように) chop; (切断する) break; (電源を) switch [turn] off; (電話を) hang up; (携帯電話を) end call
切り倒す cut down 切り詰める cut down 切り取る cut (off) 切り抜く cut out 切り離す separate
着る put on; (着ている) wear ⇨注意

チャンクで英作文
●Tシャツを着る **put** on a T-shirt
→お気に入りのTシャツを着た.
I put on my favorite T-shirt.

キルギス Kyrgyz, Kyrgyzstan
キルティング quilting
キルト quilt; kilt
切れ piece, slice
切れ味が良い[悪い] be sharp [dull]
きれい beautiful, pretty ～にする clean
きれい好きな (neat and) tidy
亀裂 crack
切れる cut well; break; (期限などが) run out
キロ (キロメートル) kilometer; (キログラム) kilogram
記録 record; document ～する record
キロバイト kilobyte
議論 discussion ～する discuss
きわ side; edge
疑惑 suspicion, doubt
きわだつ stand out; contrast
きわどい narrow, close
極まりない extremely
極めて very (much), extremely
究める, 極める, 窮める master
気をつける be careful; take care, look out《for》 会話 気をつけろ Watch out!
菌 germ; bacterium
金(の) gold
銀(の) silver
禁煙 (掲示) No Smoking ～する give up smoking
銀河 the Milky Way, the Galaxy
金額 sum of money
近眼の nearsighted
緊急 emergency ～の urgent ■緊急事態 emergency 緊急着陸 emergency landing
金魚 goldfish
近況 present state
禁句 taboo words
金欠 poverty; lack of money
金庫 safe, strongbox
均衡 balance
近郊 suburbs
銀行 bank ■銀行員 bank clerk
禁止する forbid, prohibit, ban
均質 homogeneity
近日 soon; in a few days
近視の nearsighted
近所 neighborhood ～に in the neighborhood ～の人 neighbor
禁じる forbid
謹慎 good behavior
金星 Venus
金銭 money
金属 metal
近代の[的な] modern
緊張する feel nervous 緊張を解く relax 緊張した nervous ■緊張状態 (情勢などの) tension
均等 equality
ギンナン ginkgo nut
筋肉 muscle
近年 in recent years; lately
金髪 golden [blond] hair
金品 money and (valuable) goods
近辺 neighborhood
勤勉な diligent
勤務 duty
金融 finance; money ■金融機関 a financial [banking] institution
金曜日 Friday
金利 rate of interest, interest rate
勤労感謝の日 Labor Thanksgiving Day

く

句 phrase
区 (都市の) ward, borough; (区域) area, zone
具 (料理の) ingredients
具合 (調子, 状態) condition; (都合) convenience, (方法) way, manner
グアテマラ Guatemala
グアム Guam

クアラルンプール Kuala Lumpur
悔い regrets; repentance
杭 stake, pole
クイーン queen ■クイーンズイングリッシュ Queen's English
区域 zone, district
食いしばる 歯を～ clench *one's* teeth
食いしん坊 big [heavy] eater, glutton
クイズ quiz ■クイズ番組 quiz show
食い違う be different, clash, conflict
食い逃げする get away; eat and run
食う eat; (虫が刺す) bite; (消費) consume
ぐう (じゃんけんで) rock
クウェート Kuwait
空間 space
空気 air; atmosphere ■空気銃 air gun
空虚 emptiness
空軍 air force
空港 airport
偶数 even number
空席 vacant seat
偶然 chance, accident ～に by chance, by accident 偶然…する happen to *do*
空前の all-time; incomparable; record; record-breaking
空想 fancy, fantasy, daydream; imagination ～する imagine ～上の imaginary
偶像 idol
ぐうたらな lazy, idle
空中に in the air ～高く high (up) in the air
空調 air-conditioning
クーデター coup d'état
空白 blank
空腹 hunger ～の hungry
クーポン coupon
クーラー air conditioner
空欄 blank
クーリングオフ cooling-off system
クール cool; cool-headed
クールダウン cool-down
クールビズ "Cool Biz" campaign
ぐう話 fable
クォーツ quartz
クオリティ quality
九月 September
茎 stem
くぎ nail
区切り end; pause; (文章の) punctuation
区切る divide
くくる tie ... 《*up*》; bind ... 《*up*》
潜る (下を抜ける) go [pass] under
草 grass; (雑草) weed
臭い smell (bad), stink
腐った bad, rotten
草花 flowers
くさび wedge; chock
鎖 chain
腐る rot, go bad 腐った rotten, bad
草分け pioneer, trailblazer
くし comb 髪を～でとかす comb *one's* hair
串 skewer
くじく (気持ち) frustrate; (足を) twist
くじける get discouraged, lose heart
駆使する make full use of
クジャク peacock
くしゃみ sneeze ～をする sneeze
駆除 extermination
苦情 complaint
クジラ whale
くじを引く draw [cast] lots
苦心する take pains
くず rubbish ■くずかご wastebasket
くすくす ～笑う chuckle, giggle
ぐずぐずする delay
くすぐったい feel [be] ticklish
くすぐる tickle
崩す (壊す) break; (両替する) change
ぐずつく (天気) be unsettled; (動作) be slow
くすぶる smolder; smoke
薬 medicine, drug; (丸薬) pill
薬指 third finger
崩れる collapse, break; (建物) fall down
癖 habit
癖毛 curly hair; unruly hair; naturally curled hair
曲者 suspicious person; tricky person
糞 shit, crap
くそっ！ Darn!
管 pipe, tube
具体化する take form; take shape
具体的な concrete
砕く break
くたくたな exhausted, tired out
くだけた friendly; familiar; informal
ください Give me .../I would like ... …して～ Please kindly *do*/Will [Would] you *do*?
会話 これを～ I'll take this, please.
下す (命令など) order; (判決) pass; beat
くたびれる get [be] tired
果物 fruit

> 関連›
> イチゴ strawberry; オレンジ orange; グレープフルーツ grapefruit; サクランボ cherry; スイカ watermelon; バナナ banana; ブドウ grape; ミカン mandarin [tangerine] orange; メロン melon; モモ peach; リンゴ apple; レモン lemon

くだらない worthless; (ばかげた) ridiculous
下り坂 downhill road, downward slope
下る go down, descend
口 mouth; (開口部) opening ～に合う be to *one's* taste ■口げんか quarrel
ぐち grumble; (useless) complaint
口軽い talkative
口癖 *one's* favorite phrase
口々に unanimously
口答えをする talk [answer] back 《*to*》
口コミの word-of-mouth

くちばし bill, beak
口ひげ mustache
唇 lip 上[下]～ the upper [lower] lip
口笛 whistle
口紅 lipstick ～をつける wear lipstick
口元 mouth, lips
口調 tone
朽ちる rot《*away*》, decay; die in obscurity
靴 shoes; (長靴) boot ～1足 a pair of shoes ■靴墨 shoe polish 靴ひも shoelace 靴べら shoehorn 靴屋 shoe store
苦痛 pain
くつがえす overturn; overthrow; reverse
クッキー《米》cookie,《英》biscuit
くっきりと clearly, distinctly
クッキング cooking
靴下 (短い) socks; (女性用の長い) stockings
屈辱 humiliation; disgrace; insult
クッション cushion
屈伸 bending and stretching
グッズ goods
ぐっすり ～眠っている be fast asleep
屈する give《*in*》, yield, surrender
靴ずれ shoe sore, (まめ) blister
屈折 refraction
ぐったり ～疲れている be exhausted
くっつく stick; (そばにいる) be close together
くっつける join ... together; attach
グッドラック Good luck!
グッ(ド)バイ Good-by./See you.
靴ひも shoelace, lace, shoestring
屈服 surrender; submission
靴みがき shoeshine, shoe polishing
くつろぐ relax
くどい wordy; lengthy
句読点 punctuation mark
宮内庁 Imperial Household Agency
国 (国家) country, state ～の national
国柄 national character
くねる twist; (道などが) wind
苦悩 agony, pain, distress, torture
配る distribute; hand [give] out; (配達) deliver
首 neck; (頭) head ～にする fire ■首飾り necklace 首輪 (犬の) collar
工夫 device; (考え) idea ～する devise
区別する distinguish《*from*》; tell《*from*》
くぼみ hollow
くぼむ sink《*in*》; become hollow; cave in
くぼんだ hollow
クマ bear
熊手 rake
組 (学級) class; (グループ) group; (1対) pair
グミ gummy candy
組合 union ■労働組合《米》labor [《英》trade] union
くみ上げる draw; pump ... up; dip
組み合わせ combination
組み合わせる put ... together; combine
組替え reorganization of classes
組み立てる assemble, put together
汲む draw; pump; scoop
組む cooperate; (手・足を) cross; (腕を) fold; 組み立てる assemble
クモ spider ■クモの巣 cobweb
雲 cloud
くもつ (供物) votive offering; offering
くもった (くもりの) cloudy
くもりの cloudy
くもる become cloudy くもりの cloudy
区役所 ward office
くやしい be frustrated
くやしがる be mortified [chagrined]《*at*》
くやしさ frustration; regret
くやみ regret; condolence
くやむ (後悔する) regret; (死を悼む) mourn
くよくよする worry《*about*》, dwell on ...
くら saddle
…くらい (約) about, around
暗い dark; (陰気な) gloomy
位 rank, grade; (数字の) digit
クライアント client
クライストチャーチ Christchurch
グライダー glider
クライマックス climax
クラウチングスタート a crouch(ing) start
クラウド (IT用語) the cloud
クラウドコンピューティング cloud computing
グラウンド ground, playground
暗がり dark
クラクション klaxon, (vehicle) horn
くらくらする feel dizzy
クラゲ jellyfish
暮らし life, living
クラシック音楽 classical music
クラス class ■クラス会 class meeting, class reunion クラスメート classmate
暮らす live, get along
グラス glass
グラスゴー Glasgow
グラタン gratin
クラッカー cracker
ぐらつく totter; shake; wobble; get loose
クラッシュ crash
クラッチ clutch
グラデーション gradation
グラナダ Granada
グラビア (凹版印刷) gravure
クラブ (サークル活動) club
クラブ (飲食店) nightclub; restaurant with a dance floor
グラフ graph
グラブ glove
グラフィック graphics
比べる compare
グラマー (文法) grammar
グラミー Grammy (Award)

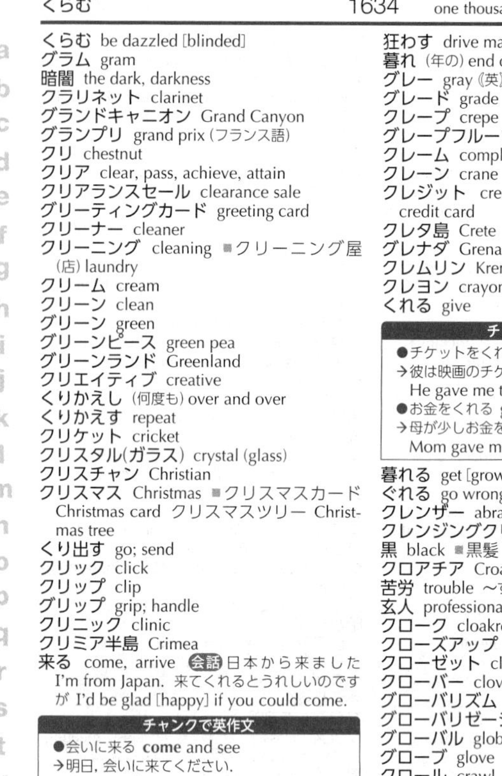

くらむ be dazzled [blinded]
グラム gram
暗闇 the dark, darkness
クラリネット clarinet
グランドキャニオン Grand Canyon
グランプリ grand prix (フランス語)
クリ chestnut
クリア clear, pass, achieve, attain
クリアランスセール clearance sale
グリーティングカード greeting card
クリーナー cleaner
クリーニング cleaning ■クリーニング屋(店) laundry
クリーム cream
クリーン clean
グリーン green
グリーンピース green pea
グリーンランド Greenland
クリエイティブ creative
くりかえし (何度も) over and over
くりかえす repeat
クリケット cricket
クリスタル(ガラス) crystal (glass)
クリスチャン Christian
クリスマス Christmas ■クリスマスカード Christmas card クリスマスツリー Christmas tree
くり出す go; send
クリック click
クリップ clip
グリップ grip; handle
クリニック clinic
クリミア半島 Crimea
来る come, arrive 会話 日本から来ました I'm from Japan. 来てくれるとうれしいのですが I'd be glad [happy] if you could come.

チャンクで英作文

●会いに来る **come** and see
→明日, 会いに来てください.
Come and see me tomorrow.

クルー crew
狂う go mad; (計画などが) go wrong
クルージング cruise
グループ group
くるくる, ぐるぐる (～巻く) bind; (～回る) spin
グルジア (ジョージアの旧名) Georgia
苦しい (苦痛な) painful; (困難な) hard
苦しみ pain; suffering; hardship
苦しむ suffer, feel [be in] pain
クルド人 Kurd ～の Kurdish
クルトン crouton
くるぶし ankle
車 car; vehicle ■車椅子 wheelchair
クルミ walnut
包む cover [wrap] up
グルメ gourmet
ぐるりと (回って) around
狂わす drive mad; put out of order
暮れ (年の) end of year
グレー gray《英》grey
グレード grade
クレープ crepe
グレープフルーツ grapefruit
クレーム complaint ～をつける complain
クレーン crane
クレジット credit ■クレジットカード credit card
クレタ島 Crete
グレナダ Grenada
クレムリン Kremlin
クレヨン crayon
くれる give

チャンクで英作文

●チケットをくれる **give** me a ticket
→彼は映画のチケットを2枚くれた.
He gave me two tickets for the movie.
●お金をくれる **give** me money
→母が少しお金をくれた.
Mom gave me some money.

暮れる get [grow] dark
ぐれる go wrong
クレンザー abrasive cleaner [cleanser]
クレンジングクリーム cleansing cream
黒 black ■黒髪 black [dark] hair
クロアチア Croatia
苦労 trouble ～する have trouble [difficulty]
玄人 professional, expert
クローク cloakroom
クローズアップ close-up
クローゼット closet
クローバー clover
グローバリズム globalism
グローバリゼーション globalization
グローバル global
グローブ glove
クロール crawl
クローン clone
黒砂糖 (unrefined) brown sugar
黒字 surplus ～である be in black
クロスカントリー cross-country
黒ずむ blacken, become black
クロスワード crossword (puzzle)
グロッサリー (語彙集) glossary
グロテスク grotesque, strange, weird
クロワッサン croissant
くわ hoe
クワ mulberry
加えて besides; on top of; including
くわえる (口に) have [hold] in *one's* mouth
加える add, include
クワガタムシ stag beetle
詳しい detailed 詳しく in detail
企て plan; plot; attempt
企てる attempt
加わる (参加する) participate in ..., join

軍 army; forces; troops
郡 county
軍艦 warship
ぐんぐん quickly; (大いに) remarkably
軍事 military affairs ～の military, martial
君主 lord, monarch, sovereign
群衆 crowd
軍縮 disarmament
勲章 decoration; order; medal
軍人 (陸) soldier; (海) sailor; (空) airman
くん製 smoked meat [fish]
軍曹 sergeant
軍隊 army, armed forces
軍団 corps
軍備 armaments; arms
軍服 military uniform
訓練 training, drill ～する train, drill

け

毛 hair; (羽毛) feather
ケア care
毛穴 pores
ケアレスミス careless mistake
刑 sentence; punishment
計 (合計) sum, total (計画) plan, (計器) meter, gauge
ゲイ gay
芸 trick, art, (イヌなど) performance
敬意 respect; honor
経緯 details; progress, course
経営 management ～する (会社を) manage; (店を) run ■経営コンサルタント a management consultant 経営者 executive, manager 経営方針 a business policy
軽音楽 light music
経過 (事の) progress, course; (時の) passage
警戒 watch; (警備) guard; (用心) care
軽快に lightly
計画 plan, scheme ～する plan ～どおりに as scheduled, according to plan
景観 scene; scenery; view
警官 police officer
景気 (商況) business (conditions); (経済) economy ～が良い Business is good [booming]. ～が悪い Business is slow [bad]. ■景気回復 economic recovery 景気刺激策 economic stimulus 景気低迷 recession 景気見通し economic outlook
計器 instrument, meter
敬具 Sincerely yours,
経験 experience ～する experience ～の豊富な experienced
軽減 reduction ～する reduce
敬けんな devout; pious
けいこ practice, lesson ～をする practice, train
敬語 honorific
傾向 tendency, trend
蛍光灯 fluorescent lamp
警告 warning ～する warn
経済 economy; (財政) finance ～の economic ～的な economical ～上の economic 経済学 economics 経済活動 economic activities 経済危機 economic crisis 経済協力開発機構 Organization for Economic Cooperation and Development (OECD) 経済産業省 Ministry of Economy, Trade and Industry 経済面 (新聞の) financial page 経済力 economic power
掲載する carry, run; print
警察 police ■警察官 police officer 警察犬 a police (tracker) dog 警察署 police station
計算 calculation ～する calculate
刑事 detective
掲示 notice ■掲示板 bulletin board
形式 form ～的な formal ～的に formally
形而(けいじ)上 metaphysical
軽視する make light of ...
傾斜 slant, slope, list, inclination
芸術 art, fine arts ■芸術家 artist 芸術作品 a work of art, art

> **関連》**
> 映画 movie; 演劇 play; 音楽 music; 絵画 picture; クラシック音楽 classical music; 詩 poem; ジャズ jazz; 陶芸 pottery; 彫刻 sculpture; ヒップホップ hip hop; ブルース blues; 文学 literature; レゲエ reggae; ロック rock

軽傷 slight injury
軽症 slight sickness, mild case
軽食 snack
形勢 situation, state, things
形跡 trace, mark, sign, evidence
計測 measurement
継続 continuation; (期間) duration; (更新) renewal
軽率に carelessly
携帯する carry 携帯用の portable ■携帯電話 《米》 cellphone; 《英》 mobile, (スマートフォン) smartphone 携帯メール text message, texting
警笛 horn
毛糸 wool
経度 longitude
系統 (組織) system; (血統) descent
芸当 trick
芸人 entertainer; performer
芸能 entertainment ■芸能界 show business 芸能人 entertainer
競馬 horse racing ■競馬場 《米》 racetrack; 《英》 racecourse
刑罰 penalty, punishment
経費 expenses
警備する guard ■警備員 guard
景品 giveaway
軽蔑 contempt ～する despise

警報 alarm, warning
刑務所 prison
芸名 stage name; screen name; professional name; pseudonym
啓もう enlightenment
契約(する) contract
…経由で via ...; by way of ...; through ...
形容詞 adjective
形容する describe
経理 accounting
計略 trap, trick, strategy, plan
競輪 bicycle race
経歴 career, record
けいれん cramp
敬老の日 Senior Citizens' Day
ケーキ cake
ゲージ gauge
ケース case ～バイ～で on a case-by-case basis
ケースワーカー caseworker
ケータリング catering
ゲート gate
ケープタウン Cape Town
ケーブル cable ■ケーブルカー cable car ケーブルテレビ cable television [TV]
ゲーマー gamer
ゲーム game ■ゲームセンター《米》video arcade;《英》amusement arcade
ゲーム機 (携帯型) handheld game console
けが (事故などでの) injury; (切り傷など) hurt ～をする get hurt [injured]
外科 surgery ■外科医 surgeon
汚す (名誉を) disgrace, dishonor
汚らわしい dirty; (不浄な) unclean
毛皮 fur ～のコート fur coat
劇 play ～的な dramatic
激化する intensify
劇場 theater
激情 passion
劇的な dramatic
激怒 rage; great anger; fury
激突 crash
激務 hard work; busy post
激励 encouragement
下校する go home from school 下校の途中で on *one's* way home from school
今朝 this morning
ケシ poppy
夏至 summer solstice
消印 postmark, stamp
景色 scene; scenery; (眺め) view
消しゴム《米》eraser,《英》rubber
消し去る delete, erase, remove
けじめ (区別) distinction; (収拾) settlement
下車する get off
下宿する room, board
化粧 makeup ～(を)する make up ■化粧品 cosmetics
消す (明かりなどを) turn [switch] off; (火を) put out; (消しゴムで) erase
下水 sewage
ゲスト guest
削る (鉛筆を) sharpen; (横線などで) cross out
けた digit, figure
気高い noble
けたたましい noisy; loud; sharp, shrill
毛玉 (セーターなどの) pilling, (動物) hairball
けだもの beast
けち stinginess; miser ～な stingy ～る skimp (on) ➊けちんぼう miser
ケチャップ ketchup
血圧 blood pressure
決意 resolution
欠員 vacancy; vacant post
血液 blood ■血液型 blood group [type]
血縁 blood relation(ship); blood relative
結果 result

> **結果を表すディスコースマーカー▸**
> 従って therefore, thus, hence, so; ～の結果として as a result of; 結局 in the end

決壊する burst
欠陥 defect
血管 blood vessel
月刊の monthly ■月刊誌 monthly (magazine)
決議する resolve
月給 monthly pay; salary
結局 after all, in the end
毛づくろい grooming
月桂樹 laurel
欠航 cancellation of a flight [a sailing]
結構 (かなり) pretty, quite ～です (同意) All right. / (断り) No, thank you. ～な (よい) fine 会話 いいえ, ～です No, thank you.
結合 combination, union
月光 moonlight
結婚 marriage ～する get married ■結婚式 wedding
結婚指輪 marriage ring
決済 settlement
傑作 masterpiece
決算 financial result, settlement (of accounts); closing
決して never, by no means, not at all
月謝 monthly fee
決勝 finals 準～ semifinal 準々～ quarterfinal ■決勝戦 final
結晶 crystal
血色 complexion
月食 lunar eclipse
げっ歯類 rodents
決心 decision, resolution ～する decide, resolve
結成する form, organize
欠席 absence ～する be absent 《*from*》
決戦 (戦争の) decisive battle; (決勝戦) final
決断 decision; determination
決着 settlement; end ～をつける settle

決定 decision ～する decide
欠点 fault; (欠陥) defect
ゲット get; buy; (得点する) score a goal
決闘 duel
血統 blood ■血統書 pedigree
潔白 innocence; guiltlessness
げっぷ(をする) belch, burp
潔癖な tidy, cleanly; upright
欠乏 deficiency; want, lack, shortage
結末 conclusion, end(ing)
月末 《*at*》 the end of the month
月曜日 Monday
月例の monthly
決裂 breakdown; rupture
結論 conclusion ～を出す conclude
ゲティスバーグ Gettysburg
けとばす kick (away)
けなす speak ill [badly] of
ケニア Kenya
ゲノム genome
気配 sign; indication; touch
けばけばしい, けばい gaudy, flashy
仮病 pretended sickness
下品な vulgar
毛深い hairy
ケベック Quebec
ケミカル chemical
毛虫 caterpillar
煙 smoke
獣 beast
下痢 diarrhea ～をする have diarrhea
ゲリラ guerrilla
蹴る kick; (断る) refuse
ケルト族 Celts
ゲルニカ Guernica
ゲルマン民族 Germanic peoples
ケルン Cologne
けれども but, however, though, although
ゲレンデ slope
げろ vomit
ケロイド keloid
けわしい steep
件 (事柄) matter; (事件) case
券 ticket, coupon 乗車～ ticket
剣 sword; dagger; rapier
県 prefecture ～立の prefectural
弦 (音楽の) string; (円の) chord
現 present
権威 authority
原因 cause
検疫 quarantine
現役 on active service, on regular fulltime service ～合格 a high school graduate who entered college right after graduation
検閲 censorship; (検査) inspection
嫌悪 dislike; disgust; (憎悪) hatred
けんか (口論) quarrel, argument; (取っ組み合い) fight, fighting ～(を)する quarrel 《*with*》; fight 《*with*》
原価 cost (price)
圏外 (携帯) out of (service) range
限界 limit
幻覚 hallucination, illusion
見学する visit
厳格な stern, severe, strict
玄関 the front door, entrance, hall
嫌疑 suspicion
元気 vigor ～な vigorous, fine, well ～になる get well ～づける cheer up 会話 お～ですか―ええ, ～です. あなたは? How are you?—Fine, thank you. And you?
研究(する) study, research
原級 positive degree
言及 reference; mention ～する refer to ...
検挙 arrest
謙虚 modesty ～な (控えめな) modest
現況 present state [condition]
献金 contribution, donation
厳禁 strict prohibition
現金 cash ～で in cash
原型 prototype; original; model
原形不定詞 bare infinitive
献血 blood donation
権限 authority, power
原語 original language; (原文, 原書) original
言語 language
健康 health ～な healthy, well, fine ■健康診断 checkup, 《米》 physical [《英》 medical] (examination) 健康食品 health food 健康保険 health insurance
原稿 manuscript; (草稿) draft
元号 imperial [Japanese] era name
建国 foundation of a nation ■建国記念の日 National Foundation Day
原告 plaintiff, accuser
げんこつ fist; punch
検査 examination; check ～する examine
現在 the present; now ～の present
原材料 raw materials
検索 search
原作 original (work)
原産 origin ■原産地 place of origin
検事 prosecutor
原子 atom ■原子核 nucleus 原子時計 atomic clock 原子爆弾 atomic bomb 原子力 nuclear energy 原子力潜水艦 nuclear submarine 原子力発電所 nuclear power plant 原子炉 (nuclear) reactor
見識 judgment; insight; view
現実 reality ～的な realistic ～の actual
堅実な steady
原始的な primitive
現時点 at present time
原始の primitive
研修 study; training
拳銃 gun, pistol
厳重な strict; severe; (綿密な) close
原住民 native

厳粛な grave, solemn
憲章 charter
懸賞 prize; reward
現象 phenomenon
現状 present conditions, status quo
減少する decrease
原色 primary color
原子力 nuclear energy [power]
検診 (medical) checkup
献身 devotion
原人 primitive (man)
懸垂 (運動) pull-up, 《米》 chin-up
減税 tax reduction [cut]
厳正な fair, impartial, just, lawful
原生林 primeval [virgin] forest
建設 construction ～する construct, build
厳選する select (carefully), cherry-pick
健全な healthy
元素 element
幻想 illusion
現像する develop
原則 principle
けんそんする be modest
現存の existing; in existence; present
倦怠 fatigue, weariness
現代 the present day ～の modern
ケンタッキー (米国の州) Kentucky
けんだま (遊び) cup and ball
見地 viewpoint, standpoint, point of view
現地 on the spot, local
建築 architecture ■建築家 architect
顕著な noticeable, remarkable, striking
検定 test ■検定試験 certification test, assessment
限定 limitation; restriction ～する limit
限定詞 determiner
限定用法 attributive use
原点 starting point; beginning
減点する subtract
限度 limit
検討 examination; (考慮) consideration ～する (調べる) examine; (話し合う) discuss
見当 (見積もり) estimate ～をつける guess
剣道 kendo, Japanese fencing
原動力 motive power
現に actually; really
現場 (工事) construction site
原爆 A-bomb, atomic bomb
顕微鏡 microscope
見物 sightseeing ～する see the sights
現物支給 payment in kind
ケンブリッジ Cambridge ■ケンブリッジ大学 Cambridge University
見聞 (観察) observation; (経験) experience
原文 original (text), text
憲法 constitution
厳密 strictness ～な strict, exact
県民 citizen of a prefecture
賢明な wise
懸命に hard, as hard as possible
幻滅 disillusion ～する be disillusioned
原野 wilderness, moor
倹約 economy
原油 crude oil [petroleum]
権利 right
原理 principle
原料 raw materials
権力 power
言論 speech

こ

個 individual
故 *one's* late ...
子 child; (息子) son; (娘) daughter
…後 after; (…後で) later; (…後ずっと) since
五 five ～番目の fifth
碁 go
語 word; (用語) term; (言語) language
コア core
コアラ koala
コイ carp
濃い thick; (色が) dark; (お茶が) strong
恋(する) love
語彙 vocabulary
小石 pebble
恋しい (親愛な) dear; (最愛の) beloved
子イヌ puppy, pup
故意の intentional, deliberate
恋人 love, sweetheart, boyfriend, girlfriend
コイン coin ■コインランドリー《商標》Laundromat, launderette コインロッカー coin (operated-)locker
こう (このように) like this, (in) this way
請う (懇願する) beg; (頼む) ask
号 (雑誌などの) number, issue
高圧の high-pressure; (電気) high-voltage
考案する contrive, invent, devise
好意 kindness, favor ～的な friendly
行為 act, action
更衣室 locker room
後遺症 aftereffects; (医学) sequela
合意する consent
強引な forceful, high-handed
降雨 rainfall
豪雨 heavy [torrential] rain
幸運 good luck ～な fortunate, lucky
後衛 back (player)
光栄 honor; privilege
公営の public; (地方自治体の) municipal; government managed [controlled]
公園 park, garden
公演 performance
講演 lecture
後援する back up
高音 high tone, high pitch [frequency] sound, (楽音) high note.
効果 effect ～的な effective

校歌 school song
硬貨 coin
黄河 Yellow River
紅海 Red sea
航海 voyage, cruise ～する sail
公害 pollution, public nuisance
郊外 the suburbs ～に in the suburbs
号外 extra [special] (edition)
後悔する regret
公開する open, disclose
公会堂 public hall
豪快な big; hearty
光化学スモッグ photochemical smog
降格 demotion
光学 optics
工学 engineering
合格する pass
こうかつ cunning ～な cunning; crafty
高価な expensive
豪華な gorgeous
交換(する) exchange
好感 good [favorable] impression
後期 second half; second period 《of》
好機 good opportunity [chance]
校旗 school flag
抗議(する) protest
講義 lecture ～をする (give a) lecture
高気圧 high (atmospheric) pressure
好奇心 curiosity ～の強い curious
高給 high [large] salary; high pay
号泣 bitter cry
高級な high-class
皇居 Imperial Palace
工業 industry ～化 industrialization ～の industrial ■工業国 industrial country 工業用水 water for industrial use
鉱業 mining
交響曲 symphony
公共の public, common
合金 alloy
抗菌性の antibacterial
工具 tool
航空 aviation ■航空会社 airline 航空機 airplane, aircraft 航空券 airline ticket 航空(郵)便 airmail
光景 sight; (事故などの) scene
工芸 craft; (手工芸) handcraft
合計 sum, total ～する total, sum up
好景気 prosperity; (一時的な) boom
後継者 successor
攻撃(する) attack
高血圧 high blood pressure
高原 highlands
貢献する contribute
公言する declare
合憲の constitutional
口語 spoken language
高校 (senior) high school ■高校生 high school student
皇后 empress
神々しい divine, heavenly
孝行する be good to parents
考古学 archaeology
広告 advertisement, ad
交互に one the after other; by turns; alternately
口座 (bank) account
講座 course; lecture
交際 association, company ～する be friends with; have company 《with》; have a date 《with》
工作 handicraft; (働きかけ) maneuver
耕作 cultivation; farming
交差する cross ■交差点 crossing, intersection
公算 probability, chance
鉱山 mine
高山 high mountain ■高山植物 alpine plants
降参する surrender, give in
格子 lattice; (格子縞) check
光子 photon
公使 minister
公私 public and private matters [affairs]
孔子 Confucius
講師 lecturer
子ウシ calf; (子牛肉) veal
工事 construction ～中 under construction
公式 (数学) formula; (公式の) official
皇室 Imperial Family
口実 (言い訳) excuse; (偽りの理由) pretext
こうして (in) this way
後者 latter
校舎 school building, school house
侯爵 (英国の) marquess; (英国以外の) marquis
公爵 duke; (英国以外の) prince
コウシュウ (広州) Guangzhou; (杭州) Hangzhou
公衆 the public
口臭 bad [foul] breath; (医学) halitosis
講習 class, course
絞首刑 (death by) hanging
口述 dictation
交渉 negotiation ～する negotiate
校章 school badge [emblem]
向上 improvement
工場 factory, plant
高尚な refined, lofty
強情な stubborn
交信 communication; contact
更新 renewal
行進(する) march, parade ■行進曲 march
香辛料 spice

関連›
オレガノ oregano; カイエンペッパー cayenne pepper; カルダモン cardamon; クミン cumin; クローブ clove; コリアンダー coriander; シナモン cinnamon; ナ

‖ツメグ nutmeg; ターメリック turmeric; フェンネル fennel; マスタード mustard
降水 (降雨) rainfall; (雪も含めた) precipitation
香水 perfume
洪水 flood
厚生 welfare ■厚生労働省 Ministry of Health, Labour and Welfare
更正 rehabilitation
合成 composition, synthesis ～の compound, synthetic
校正する proofread
構成する compose, make up
公正な fair, just
好青年 good [pleasant] young man
高性能 high performance
抗生物質 antibiotic
功績 achievement
鉱石 ore, mineral
光線 ray
公然の open; public; (公式の) official
控訴 appeal
構想 plan; design, conception
構造 structure
高層の high-rise ■高層建築 high-rise 高層ビル high-rise building; skyscraper
光速 speed [velocity] of light
校則 school rules
高速 high speed
拘束する bind, restrain, restrict; take ... into custody
高速道路 《米》 freeway; 《英》 motorway
交替 shift, change, alternation ～で by turns, in turn ～する take turns, replace
抗体 antibody
皇太子(妃) Crown Prince(ss)
後退する retreat, move backward
広大な extensive; vast; immense
光沢 luster, gloss
強奪する rob
構築 building
紅茶 tea
好調 good condition
校長 principal
公聴会 public hearing
交通 traffic ■交通事故 traffic accident 交通渋滞 traffic jam 交通信号 (traffic) lights 公共交通機関 public transport(ation)
好都合な convenient, favorable
校庭 schoolyard; (運動場) playground
皇帝 emperor
行程 (旅程) journey
肯定する affirm, agree
公的な public, official
更迭 reshuffle; dismissal
鋼鉄 steel
後天的な acquired
高度 altitude, height
行動 behavior ～する act ～的な active
講堂 lecture hall, auditorium
強盗 robber, burglar; (行為) robbery
合同 combination; union ～の combined
高等な higher ■高等学校 (senior) high school
口頭の oral ■口頭試問 oral examination
購読 subscription
構内 (大学の) campus; (駅などの) premises
校(舎)内で at school
購入(する) purchase, buy
後任 successor; replacement
公認会計士 certified public accountant
公認の official, certified
高熱 high fever; intense heat
光年 light-year
更年期 menopause
効能 effectiveness
コウノトリ stork
光波 light waves
後輩 younger person, *one's* junior
交配 cross, crossbreeding, breeding
荒廃 ruin
勾配 slant; slope; inclination
公倍数 common multiple
後半 the latter half
公判 (public) trial
交番 police box
降板 resignation
広範囲の extensive, widespread
公表 announcement ～する announce
講評 comment
好評な popular
後部 rear, back
校風 school spirit [tradition]
幸福 happiness ～な happy ～に happily
降伏 surrender ～する surrender; give in
好物 *one's* favorite food
鉱物 mineral
興奮 excitement ～する get excited
公平な fair, impartial, just
候補(者) candidate
広報 public relations; publicity
合法的な lawful; legal; legitimate
公募する advertise 《*for*》; (役職など) invite entries [application]
子ウマ (雄) colt; (雌) filly
高慢 (自尊心) pride ～な proud; arrogant
傲慢な haughty, arrogant
巧妙な clever, smart; skillful
公民館 community center, public hall
公民権 civil rights
公務員 public servant
被る suffer
項目 item
コウモリ bat
校門 school gate
肛門 anus
拷問 torture
荒野 wilds; wilderness, heath
公約数 common divisor [denominator]

校友 (男性) alumnus; (女性) alumna
公用 public [government] business, official business
紅葉, 黄葉 red [yellow] leaves
甲羅 shell
行楽 picnic, excursion ■行楽地 resort, tourist [holiday] spot
小売り retail
効率 efficiency
公立の public
合理的な rational
交流 exchange; interchange
合流する join
香料 flavor; (香辛料) spice; (香水) perfume
考慮する consider
高齢 advanced [old] age ■高齢化社会 aging society 高齢者 old people, the aged
号令 order ～をかける give an order
恒例の (習慣的な) customary; (毎年の) annual
口論する argue, quarrel
声 (人の) voice; (鳥の) song, tweet; (虫などの) chirp
護衛 (body)guard; escort; protection
声変わり change [breaking] of voice
肥えた (土地が) fertile; (人が) fat
小枝 twig
越える go over, exceed
肥える (人などが) fat; (土地が) grow fertile
コーカサス[カフカス]山脈 the Caucasus [Kavkaz] (Mountains)
ゴーグル goggles
ゴーサイン green light, all clear
コース course, lane
コースター coaster
コーチ coach
コーチング coaching
凍った frozen
コーディネーター coordinator
コーディネート coordinate
コーティング coating
コーデュロイ corduroy
コート (衣服の) coat; (テニスの) court
コード (電気の) cord; (和音) chord
コートジボワール Côte d'Ivoire
コートダジュール Côte d'Azur
コードレス cordless electrical appliances
コーナー corner; (部門) department, section
コーヒー coffee 会話 ～はブラック[甘いの]がいいです I'd like my coffee black [sweet].
コーポレート corporate
コーラ cola, 《商標》Coca-Cola, Coke
コーラス chorus
コーラン Koran, Quran
氷 ice
凍る freeze 凍らせる freeze 凍った frozen
ゴール goal; (競走で) finish
コールスロー coleslaw
ゴールデンアワー prime time
ゴールデンウィーク Golden Week
ゴールド gold
コールドゲーム called game
ゴールドコースト Gold Coast
コオロギ cricket
コーン corn, maize
コーンフレーク cornflakes
戸外 open air
子会社 subsidiary (company)
誤解する misunderstand, take [get] wrong
語学 (foreign) language learning
互角の equal, even
焦がす burn
小型の small, mini, small-sized
五月 May
焦がれる long; be impatient
小切手 check
ゴキブリ cockroach
顧客 customer; patron
呼吸 breath, breathing; respiration; wind ～する breathe
故郷 home, hometown
こぎれいな neat; tidy, trim; smart
漕ぐ row
極悪 atrocity; villainy
極意 essence; mysteries; secret
国外へ abroad, overseas
国技 national sport
国語 (日本語) Japanese
国債 government bond
国際的な international 国際化 internationalization ■国際結婚 (an) international marriage 国際都市 a cosmopolitan city
国産の domestic ■国産品 domestic products; (日本製) products made in Japan
酷使 rough use ～する overwork
極上の best; choice
黒人 black
国政 government; administration
国勢調査 (population) census
国籍 nationality
告訴する charge, accuse
国土 country; (領土) territory ■国土交通省 Ministry of Land, Infrastructure, Transport and Tourism
国道 national highway
国内の domestic ■国内総生産 Gross Domestic Products, GDP
告白する confess
告発 charge
黒板 blackboard
国費 national expenditure(s)
極秘 top secret, confidential
克服する overcome
告別式 funeral
国民 nation, people ■国民所得 national income 国民性 national character 国民投票 a (national) referendum 国民年金 a national pension
穀物 grain

国有の national 国有化 nationalization
国立の national
黒竜江省 Heilongjiang Province
国連 the United Nations, UN ■国連安全保障理事会 UNSC 国連大学 United Nations University
ご苦労様 Thank you.
コケ moss
コケコッコー cock-a-doodle-doo
こげ茶色 dark brown
こける fall down
焦げる burn
語源 etymology
ここ here ～に[へ] here
午後 afternoon; p.m. P.M., pm ～に in the afternoon
ココア cocoa, chocolate
小声 soft [small] voice
凍える freeze
心地良い comfortable; pleasant
小言 scolding
ココナッツ coconut
個々の individual
九日 nine days; (月の) ninth
九つ nine
心 heart, (精神) mind
こころえ knowledge; rules
心がける try, endeavor
心変わり change of mind; betrayal
志 (意思) will; ambition; (好意) kindness
志す intend, aim
心して carefully; with care
心強い reassuring; encouraging
心残り regret; reluctance
心細い helpless, lonely; (不安な) uneasy
試み trial, try
試みる try, (make an) attempt
心ゆくまで to *one's* heart's content
快い comfortable, pleasant, nice
誤差 error
ござ (rush) mat
小魚 small fish
小雨 drizzle, light rain ～が降る It drizzles.
古紙 old paper; used paper
腰 waist ～が痛い have a backache
孤児 orphan
こじ開ける force open
腰かける sit (down)
こじき beggar
個室 private (dining) room
固執 persistence ～する stick to
ゴシック Gothic
ゴシップ gossip
腰抜け coward; weak-willed person
五十 fifty ～番目の fiftieth
コショウ pepper
故障 trouble, failure, breakdown ～している be out of order, not working ～する break down
誤植 misprint, typo
こしらえる (作る) make; (建てる) build; (準備する) prepare; (でっちあげる) invent
こじれる get complicated
小じわ fine wrinkles; crow's-feet
個人 individual ～的な individual, personal, private ～的に personally ■個人タクシー an owner-driven taxi 個人プレー an individualistic selfish behavior
故人 deceased
誤診 wrong diagnosis
こじんまりした ⇨こぢんまりした
こす filter, strain
個数 number
コスタリカ Costa Rica
コスチューム costume
コスト cost
ゴスペル gospel (music)
コスモス cosmos
こする rub, scrub
個性 personality
戸籍 family register
小銭 (small) change
午前 morning ～(中)に in the morning
五線紙 staff [《英》 stave] paper
こそこそ secretly; behind *one's* back
子育て child raising
固体 solid
五大湖 Great Lakes
古代の ancient
答え answer; (解決) solution
応える (要求に) meet; (期待に) meet, come up to
答える answer
ごたごた trouble; quarrel; dispute
こだま(する) echo
こだわる be particular 《*about*》
ごちそう feast 会話 ～しますよ I'll treat you.
ごちゃごちゃ untidy, messy; mixed-up
誇張 exaggeration
こちら here; (人をさして) this ～へどうぞ This way please. 会話 こちらは担任のブラウン先生です This is our class teacher Ms. Brown.
こぢんまりした cozy, snug; neat
こつ (技術などの) trick, knack
ごつい rough, craggy; sturdy, stout; rugged
国家 state, nation ■国家公務員 a government official 国家試験 a national examination
国歌 national anthem
国花 national flower
国会 (米国) Congress; (英国) Parliament; (日本の) the Diet ■国会議員 member of the Diet 国会議事堂 (日本) the Diet Building
こづかい pocket money; (月々の) allowance
骨格 build, frame; (建物の) framework
国旗 national flag

コック cook ■コック長 chef
コックピット cockpit
こっくりする nod
こっけいな funny
国交 diplomatic relations
ごつごつした rugged, rough
こつこつと steadily, diligently
骨髄 (bone) marrow
骨折 fracture (of a bone) ～する break《one's arm》
こっそり secretly, in secret
こっち here
小包 package, parcel; (小さな包み) packet
凝っている be crazy about ...
こってり heavily, thickly
骨董品 antique; curiosity
コットン cotton
コップ glass, (カップ) cup
固定する fix ■固定電話 fixed phone
個展 one-person exhibition
古典 classics, classic ～の classic(al)
こてんこてん completely, thoroughly
琴 *koto*, Japanese harp
事 thing, affair 事柄 matter
…ごと (together) with; and all ...
毎(に) every 4日～に every four days
鼓動 heartbeat
如く as if [though] ...
孤独な lonely, solitary
今年 this year
ことづけ message
異なる differ; vary
言葉 (単語) word; (言語) language
子供 child, kid; (赤ん坊) baby
小鳥 little [small] bird
ことわざ proverb, saying
ことわり reason, logic; matter of course
断り (拒絶) refusal
断る refuse, reject; (丁寧に) decline

•••• そのまま使えるフレーズ ••••

すみません I'm sorry.
結構です No, thank you./I'm OK.
嫌です I don't want to.
忙しい I'm busy.
急いでいます I'm in a hurry.
できればしたくないのですが I prefer not to.
申しわけありませんが～ I'm afraid ...

粉 powder ■粉せっけん laundry [washing] powder 粉ミルク powdered milk
粉々に《break》into pieces
こなす finish, complete; get own with ...
粉雪 powdery snow
小荷物 parcel, package
コネ connection
コネクター connector
子ネコ kitten, kitty
コネティカット (米国の州) Connecticut
こねる (練り粉などを) knead
ごねる complain
この this, (複数をさして) these
この間 the other day; (最近) recently
この辺りに near [around] here
この頃 these days, recently; nowadays
この際 now; on this occasion
この先 ahead; from now on; in future
このつぎ next (time)
この通り like this, 《in》 this way; as you see
木の葉 leaf
この辺 around here
この前の last (time); (以前の) former
好ましい pleasant; (望ましい) desirable
このまま as it is; as they are
好み taste, inclination, preference, likes
木の実 nut
好む like, be fond of ...; (より好む) prefer
この世 this world; this life
このように like this; in this way
こはく amber
小鼻 wings of a nose
拒む refuse; reject; turn ... down; decline
小春日和 Indian summer
ご飯 boiled [cooked] rice; (食事) meal ～をたく cook[boil] rice
コピー copy ～する make a copy ■コピー機 (photo)copier
子ヒツジ lamb
小人 dwarf
誤びゅう error; mistake
こびる flatter
こぶ bump
古風な old; old-fashioned, out-of-date
ごぶさた 会話 ～してます Long time no see.
こぶし fist
コブラ cobra
小降り light rain; drizzle
古文 (古典) (Japanese) classics
コペンハーゲン Copenhagen
ゴボウ burdock
こぼす spill 《*milk*》; (涙を) shed 《*tears*》
こぼれる spill; overflow; (涙が) drop
こま top; (チェス・将棋の) piece
ゴマ sesame 開け～ Open sesame!
コマーシャル commercial
細かい small, fine; (詳細な) detailed
ごまかし deception; trickery, trick
ごまかす (欺く) cheat, deceive
鼓膜 eardrum
ごますり soft-soaper
コマドリ robin
困らせる trouble; perplex; bother
困り者 nuisance; troublemaker
困る be in trouble; be at a loss
コマンド command
…込み included
ごみ trash ■ごみ箱 trash can
こみ上げる come to; (湧く) well up

こみ入った complicated
こみ入る be complicated [intricate]
小道 (路地) lane; (野山などの) path, trail
コミック (まんが) comic
コミッション commission
コミット commit
コミュニケーション communication
コミュニズム communism
コミュニティー community
込む be crowded; (道路が) be jammed (up)
ゴム rubber
小麦 wheat ■小麦粉 flour
米 rice
こめかみ temple
コメディアン comedian
コメディー comedy
コメディカル co-medical
込める (含む) include; (弾を) load
コメンテーター commentator
コメント comment
ごめんなさい I'm sorry./Excuse me.
小文字 small [lower-case] letter
子守 baby-sitting; (人) baby-sitter ～をする baby-sit ■子守歌 lullaby
こもる confine *oneself*; (充満する) be filled
コモロ Comoros
顧問 consultant, adviser
小屋 hut, cabin; (物置) shed
子ヤギ kid
子役 child actor; child's part
誤訳 mistranslation; incorrect translation
固有の proper 《*to*》, peculiar 《*to*》
小指 little finger
雇用 employment
雇用保険 employment insurance
暦 calendar, almanac
コラーゲン collagen
こらえる bear, put up with ...; hold back
娯楽 recreation, entertainment
こらしめる punish; teach a lesson
コラボレーション collaboration
コラム column
ご覧ください Please take a look (at it).
ごり押しする force ... through
孤立 isolation ～させる isolate
ゴリラ gorilla
こりる (もうたくさんだ) have enough
五輪 Olympic Games, Olympics, Olympiad
凝る (肩が) be stiff
コルカタ Kolkata
コルク cork
ゴルフ golf ■ゴルフ場 golf course
これ this; (複数をさして) these ～ら these
これから from now on; (将来) in future
これきり once and for all; not again
コレクション collection
コレクター collector
コレクトコール collect call ～する call collect
コレステロール cholesterol
これといった particular
これまでは so far
これら these
コレラ cholera
頃 time, when ...; (およそ) about, around
ゴロ grounder
転がす roll
転がる roll
コロケーション collocation
ごろごろする (雷が) rumble; (転がる) roll
殺し murder
殺し屋 (hired) killer; hit man
殺す kill; (殺意を持って) murder
コロッケ croquette
コロッセウム Colosseum
転ぶ fall (down)
コロラド (米国の州) Colorado
コロン colon
コロンビア (国) Colombia
コロンビア特別区 (米国特別区) District of Columbia
コロンブス Columbus
怖い terrifying, terrible, fearful
怖がる fear, be afraid of
壊す break, destroy; damage, ruin
こわばる stiffen, become stiff
壊れ物 breakables; (表示) Fragile
壊れる break, be broken; be out of order
紺 dark blue
婚姻 marriage
今回 this time
こんがらがる get tangled [confused]
根気 patience ～強く patiently
困窮 poverty; hardship
根拠 ground, evidence, proof 根拠のない groundless
コンクール contest
コンクリート concrete
コングロマリット conglomerate
今月 this month
混血の multiracial, mixed-race ■混血児 child of mixed parentage [race]
根源 root; source
コンゴ Congo; (民主共和国) the Democratic Republic of Congo; (共和国) the Republic of Congo
今後 from now on
混合 mixture ～する mix, blend
コンコース concourse
コンサート concert
混雑 (交通の) (traffic) jam
コンサルタント consultant
コンサルティング consulting
今週 this week
根性 spirit, guts ～がない have no guts
昏睡 coma
根絶する root out, eradicate, exterminate
コンセプト concept

コンセンサス consensus
コンセント outlet
コンソメ consommé
コンタクトレンズ contact lens
コンタクトを取る make contact 《*with*》
献立 menu
昆虫 insect, bug
コンディション condition
コンテキスト context
コンテスト contest
コンテナ container
コンデンスミルク condensed milk
コンテンツ content(s)
今度 (次回) next time; (そのうち) sometime
混同する confuse, mix up
コンドーム condom
コンドミニアム condominium
ゴンドラ gondola, car
コントラスト contrast
コントラバス double bass
コンドル condor
コントロール control
混沌 (こんとん) chaos
こんな such, this, like this
困難 difficulty; (苦難) trouble ～な difficult
今日 today, nowadays
こんにちは Hello!/Good morning!
コンパ party, class party; get together
コンパクト compact
コンパス (pair of) compasses
今晩 tonight, this evening
こんばんは Good evening!
コンビ partner; pair, duo
コンビーフ corned beef
コンビニ(エンスストア) convenience store
コンピューター computer ■コンピューターウイルス computer virus コンピューターグラフィックス computer graphics コンピューターゲーム computer game

関連› Eメール email; インターネット internet; スキャナー scanner; パソコン personal computer; プリンター printer; ホームページ home page; マウス mouse; モニター monitor; ワープロ word processor

コンブ kelp, (sea) tangle
コンプライアンス compliance
コンプレックス complex
コンベンション convention
こん棒 club
根本 root, basis, foundation
コンマ comma
今夜(は) tonight
婚約 engagement ～する be engaged ■婚約者 (男性の) fiancé; (女性の) fiancée 婚約指輪 engagement ring
混乱した disorganized
混乱する be confused
こんろ (portable) (cooking) stove, range
コンロ (調理用) stove, range; 《英》 cooker
困惑する be confused, be embarrassed

さ

差 difference; gap
座 seat; position
さあ (うながして) Come on!; (考えて) Well ...
サーカス circus
サーキット (car racing) circuit, racetrack
サークル club; circle
さあさあ there, there; now
サーチエンジン search engine
サーチライト searchlight
サード third base; (選手) third base player
サーバー server
サービス service ■サービスエリア service [rest] area サービス業 service industry サービス品 (special) bargain サービス料 service charge
サーブ serve ～する serve
サーフィン surfing ～をする surf
サーファー surfer サーフボード surfboard
サーモン salmon
サイ rhinoceros, rhino
歳 year(s) old; (年齢) age 会話 私は15～です I'm fifteen years old.
際 (とき) when; (場合) if, in case
財 fortune
最愛の beloved
罪悪 sin; crime
最悪の worst
ザイール Zaire
菜園 vegetable [kitchen] garden
サイエンス science
最下位 the lowest rank
災害 disaster

関連› 火事 fire; 洪水 flood; 地震 earthquake; 台風 typhoon; なだれ avalanche, snowslide; 日照り dry weather, drought

財界 the business world [circle]
再会する meet again
再開する reopen
在外の overseas
再開発 redevelopment
在学する be in school
再確認 reconfirmation ～する reconfirm
再起 comeback; recovery
さいぎ心 suspicion
再起動する reboot
最強 the strongest
再教育 reeducation
最近 recently, lately
細菌 bacteria ～の bacterial
細工 (職人技) workmanship ～する work
サイクリング cycling ～する[に行く] go cycling
サイクル cycle

サイクロン cyclone
歳月 time; years
採決する vote
採血する take blood
債券 bond
債権 credit, claim
再現 reproduction ～する reproduce
際限 limit
財源 financial resources; funds
再建する reconstruct
再検討 reexamination; reconsideration
サイコ psycho
最後 the last, the end ～の last, final ～まで to the last ～に(は) finally; in the end
在庫 stock
最高 maximum ～の the highest, the best
最高級 the highest class [grade]
最高裁 Supreme Court
再考する think ... over again
最高潮 climax; peak
最高峰 the highest mountain [peak]
最古の the oldest
再雇用 reemployment
さいころ dice
再婚 second marriage
採算 (利益) profit; gain; (～が取れる) pay, profitable
財産 fortune, property
妻子 *one's* wife and children
祭司 priest
再試験 makeup exam
祭日 holiday
際して on the occasion of ...; on ...
採集する collect
最終の last ■最終電車[列車] the last train 最終バス the last bus
採取する gather; pick ... 《*up*》
最初 the first, the beginning, ～の first ～に first まず～に first of all ～は at first
最小限 [the] minimum
最小の minimum; smallest
最上の best ■最上級 superlative degree
在職している hold office
菜食主義者 vegetarian
再審 review, retrial
最新の the latest, the newest; up-to-date
細心の very careful; prudent
サイズ size, measurement
再生 (録音・録画の) play ～する (録音・録画を) play ... (back) ■再生医療 regenerative medicine 再生紙 recycled paper
財政 finance ～の financial ～的に financially ■財政改革 fiscal reform 財政危機 financial crisis 財政再建 fiscal adjustment
最盛期 prime; the golden age
再生産 reproduction
在籍する be registered [enrolled]
再戦 return match
再選 reelection
最前線 the forefront
最先端の latest; state-of-the-art
最善の best 最善を尽くす do *one's* best
最前列 the front row
催促する press, urge
最速の fastest
最大限 [the] maximum
最大の biggest, largest, maximum
採択 adoption ～する adopt
在宅の at home ■在宅医療 home medical care 在宅医療制度 home-care system 在宅介護 nursing care at home 在宅福祉サービス home welfare services
最多の most
財団 foundation
最短の the shortest
最中に during, in the middle of
最長の the longest
最低の lowest ■最低価格 lowest price 最低賃金 the minimum wage
最適の best; perfect; most suitable
祭典 festival
採点する mark, grade
サイト website, site
サイド side ■サイドテーブル side table サイドバック side back サイドブレーキ parking [emergency] brake, handbrake サイドボード sideboard サイドライン side line サイドミラー side(view) mirror
再度 again
災難 misfortune
歳入 revenue, ways and means
罪人 criminal; offender; sinner
再認識する realize ... again
才能 talent, gift
サイバー cyber ■サイバーテロ cyberterrorism サイバースペース cyberspace サイバーマンデー cyber Monday
栽培する grow, raise, cultivate
再発見 rediscovery
再発行 reissue
再発する have a relapse [recurrence] 《*of*》
裁判 trial; (判決) judgment ■裁判員制度 the lay judge system 裁判官 judge 裁判所 court 裁判長 chief justice
サイパン Saipan
再評価 reevaluation; reassessment
財布 wallet, purse
細部 detail
再編成 reorganization
裁縫 sewing
細胞 cell
再放送 rebroadcast, repeat, rerun
サイボーグ cyborg
歳末の year-end
催眠 hypnosis ■催眠術 hypnotism
債務 debt; liabilities; obligation
財務 financial affairs ■財務省 Ministry of Finance; (米国の) the Division of the Treas-

ury 財務大臣 Minister of Finance
材木 lumber
採用する (案を) adopt; (人を) employ
材料 material
再利用する use ... again, reuse
サイレン siren
幸い fortunately, luckily
サイン signature ～する sign ■サイン会 autograph session サイン帳 autograph album [book] サインペン felt-tip pen
サウジアラビア Saudi Arabia
サウスカロライナ (米国の州) South Carolina
サウスダコタ (米国の州) South Dakota
サウスポー southpaw
サウナ sauna
サウンド sound
サウンドトラック soundtrack
…さえ even
遮る interrupt; (遮断) shut out
さえずる sing; (チュンチュンと) chirp
さえた clear, bright; (利口な) clever, bright
さお pole, rod
坂 slope ～を上る go up a slope
境 border, boundary
栄える prosper; flourish
逆さに (上下逆に) upside down
捜し出す search ... out; track ... down
探[捜]す look for; (辞典で) look up

チャンクで英作文

●探す **look** for
→何を探しているの？
What are you looking for?

逆立ち handstand; (頭をつけての) headstand ～する stand on *one's* hand [head]
魚 fish ■魚釣り fishing
魚屋 fish store; 《主に英》 fishmonger's
さかのぼる (起源が…に) date 《*from*》, date back to ...; (川を) go up [upstream]
酒場 bar, pub
坂道 slope, hill
酒屋 liquor store [shop]
逆らう resist; (流れなどに) go against
さかり height; peak
さかり場 entertainment area; busy streets
下がる go down; (後ろへ) step back
盛んである prosper; (人気がある) be popular
先 (先端) end, tip; (将来) future ～に (前方に) ahead; (以前に) previously
サギ heron
詐欺 swindle; fraud; (電話) telephone scam; (おれおれ詐欺) it's me scam
先がけ lead; initiative
先々 the (distant) future
詐欺師 swindler, con man [woman, artist]
先立つ precede …に先立って in advance of
先取りする take ... in advance
先払い prepayment, payment in advance
咲きほこる be in full bloom [blossom]
先ほど a little while ago
砂丘 (sand) dune
作業 operations ～をする work ■作業員 worker 作業時間 working hours 作業場 workshop
さく (柵) fence
割く (時間を) spare
咲く bloom 咲いている be in bloom
昨… last
策 plan; measures; policy
裂く split; tear
作為 artificiality
さくいん index
削減する cut down
作詞する write the lyrics ■作詞家 lyricist
昨日 yesterday
作者 (著者) author; (作家) writer
さく取 exploitation
削除する cut
作図する draw a figure [diagram]
作成する make
サクセスストーリー success story
作戦 operations
サクソフォン saxophone
昨年 last year
昨晩 last night
作品 work; (音楽などの) piece
作文 composition; essay writing
作物 crop
昨夜 last night
サクラ cherry tree; (花) cherry blossom
サクランボ cherry
探る search, feel in; investigate
ザクロ pomegranate
サケ salmon
酒 liquor, alcohol ～を飲む drink
さげすむ despise; look down (up)on
叫び(声) cry; shout; scream
叫ぶ cry, shout, scream
裂け目 crack; tear
避ける avoid
裂ける tear
さげる (提げる) hang
下げる lower; (減ずる) reduce
座高 sitting height
鎖国 seclusion; isolation
ササ bamboo grass
ささいな trivial; slight
支え support; prop
サザエ turban shell
支える support
ささくれ fine split; (甘皮の) hangnail
ささげる devote 《*to*》
さざ波(を立てる) ripple
ささやかな small; modest
ささやき whisper
ささやく whisper; murmur
刺さる stick
さじ spoon

差し上げる (人に上げる) give
差し当たり for the present [moment]
差し入れ presents
さし絵 illustration
差し押さえる seize; attach
差し替える replace《*with*》; change
ざしき (客間) drawing room
差し込む insert; (光が) come [shine] in
差しさわり offense; obstacle
指し示す point out; indicate
指図 directions ～する direct
差しせまった pressing; urgent; present
差し出す hold out ◗差し出し人 sender
差し支え an obstacle; inconvenience
差し支えない (差し支えなければ) if it's all right with you
差し支える interfere; affect
差し止める forbid; ban; suspend
差し歯 false tooth
差しはさむ (ことばを) put in
差し引き deduction; the balance
差し引く take ... (off), deduct ... (from)
刺身 sashimi; sliced raw fish
詐称 misrepresentation
差す (傘を) put up; (日が) shine
刺す stab; (蚊が) bite; (蜂が) sting
指す point; mention 指し示す indicate
挿す insert, put ... (in)
さすが (…に値する) worthy of ...; (期待どおりに) as might be expected (of ...)
授かる be blessed《*with*》
授ける award; grant; give
サスペンス suspense
サスペンダー suspenders
さすらい wander《*around*》
さする rub
座席 seat
挫折 failure; frustration; setback
左折する turn (to the) left
させる (強いる) make《*a person do*》; (許す) let《*a person do*》
さぞ very surely
誘い invitation
誘う invite, ask; (誘惑する) tempt

•••• そのまま使えるフレーズ ••••

夕食に行きませんか How about going out for dinner?
スキーに行こうよ！ Let's go skiing!
ご一緒しませんか Why don't you join us?
一緒にやりましょう We can do it together.

••••••••••••••••••••••••••••••••

サソリ scorpion
さそり座 Scorpio, Scorpion
定め law; rule; regulation
定める lay ... down; set
座談会 symposium
幸 happiness; good luck
冊 volume; (部数) copy
札 bill, note, banknote
撮影する shoot
雑音 noise
作家 writer; (著者) author
雑貨 miscellaneous goods, sundries ■雑貨店 grocer, druggist
サッカー soccer, football
殺害する murder; kill
錯覚 illusion
雑学 knowledge of various things
さっき a short time ago, some time ago
作曲 composition ～する compose ■作曲家 composer
サックス sax, saxophone
ざっくばらんな frank; informal
さっさと (速く) quickly; (急いで) in a hurry
察し guess; understanding
雑誌 magazine ■雑誌記事 magazine article 雑誌記者 magazine writer
雑種 hybrid, cross, cross-breed
刷新 reform; innovation
殺人 murder
殺人犯 murderer
察する (推測する) guess; (感じ取る) sense
雑草 weed ～を抜く[取る] pull up weeds
さっそうとした smartly-dressed さっそうと jauntily
さっそく at once, immediately
雑談 chat ～する (have a) chat
察知する (推測する) infer; (感づく) sense
殺虫剤 insecticide
さっと (すばやく) quickly; (急に) suddenly
ざっと (おおよそ) roughly; approximately
雑踏 crush; crowd, throng
殺到する rush, flood
雑な careless; rough
さっぱり (not) at all ～した neat; (味が) plain 会話 ああ～ Now I feel refreshed.
サツマイモ sweet potato
さて well, now; (ところで) by the way
査定する assess; value; estimate
サテライト satellite
里 (田舎) the country; (故郷) hometown
サトイモ *satoimo*, taro
砂糖 sugar ■砂糖きび sugarcane
茶道 tea ceremony
作動する operate; work; run
里親 foster parent
さとす admonish; persuade
さとる realize
サドル saddle
サナギ pupa; chrysalis
サバ mackerel
サバイバル survival
裁き judgment
砂漠 desert
裁く judge
サバナ(サバンナ) savanna(h)
さび rust

寂しい lonely 寂しがる feel lonely 会話 あなたがいなくて～ I miss you.
さびる rust, get rusty
寂れる decline
サファイア sapphire
サファリ safari
サブスクリプション subscription
サブタイトル subtitle
ざぶとん cushion
サプリメント supplement
差別 discrimination ～する discriminate
作法 manners
サポーター (人) supporter
サボテン cactus
サボる (授業を) cut 《*a class*》
サマースクール summer school
サマータイム daylight(-saving) time
様々な various; many kinds of
覚ます wake up; (酔いを) sober up
冷ます cool 冷めた cold
妨げ obstruction ▶妨げる disturb
さまよう wander
サマリー summary
サミット summit
寒い cold 会話 寒くないかい Don't you feel cold? ▶寒さ cold
寒気 chill 会話 少し～がする I have a slight chill.
サメ shark
覚める wake up; (酔いが) sober up
冷める get cold, cool
サモア Samoa
さもないと or (else); otherwise
左右 right and left ～する affect
座右の銘 motto
作用 action ～する act
さようなら See you later./Bye now.
左翼(の) left (wing)
皿 plate; dish; (受け皿) saucer
再来月 the month after next
再来週 the week after next
再来年 the year after next
さらう carry ... off; sweep ... away
サラエボ Sarajevo
サラ金 consumer loan business; payday loan
さらけ出す reveal; expose
ざらざら rough
さらす (日などに) expose
サラダ salad
さらに still; more; much; further
サラブレッド thoroughbred
サラミ(ソーセージ) salami (sausage)
サラリー salary
サラリーマン office worker
さらりと lightly; resolutely
ザリガニ crayfish
サリン sarin
サル monkey, ape
去る leave, go away
ざる (bamboo) colander
ザルツブルク Salzburg
サロン salon; reception hall
サワー sour
サワークリーム sour cream
騒がしい noisy
騒ぎ noise; fuss; (騒動) uproar
騒ぐ (音を立てる) make (a) noise
爽やかな refreshing, fresh
触る touch, feel
…さん (男性) Mr.; (未婚女性) Miss; (既婚女性) Mrs.; (未婚・既婚に関係なく女性) Ms.
…山 Mt. ..., Mount ...
三 three ～番目の third
酸 acid ■酸性(の) acid 酸性雨 acid rain
サンオイル suntan oil
三角(形) triangle
残額 balance; remainder
参加する join, take part 《*in*》
酸化する oxidize
三月 March
傘下の subsidiary; affiliated
参観する visit; observe
参議院 the House of Councilors
残虐 atrocity; brutality
産業 industry ～の industrial ■産業革命 Industrial Revolution 産業廃棄物 industrial waste
残業する work overtime
サンクスギビングデー Thanksgiving Day
サンクトペテルブルク Saint Petersburg
サングラス sunglasses
ざんげ confession
酸欠 lack of oxygen
サンゴ coral
参考 reference ■参考書 study aid
残酷な cruel, brutal
サンザシ hawthorn
惨事 disaster; tragedy
三次元 three dimensions
三十 thirty ～番目の thirtieth
産出 production; output
算出 calculation, computation
参照 reference ～する refer
サンショウウオ salamander
三振 strikeout ～する strike out
ざん新な new; original; fresh
算数 arithmetic, mathematics, math
サンスクリット Sanskrit
酸性 acidity ～の acid
参政権 (選挙権) voting right, right to vote
賛成する agree 会話 ～です I'm for it.

•••• そのまま使えるフレーズ ••••

はい Yes.
もちろん Of course.
そうだと思います I think so.
いいよ Sure.

オーケー OK, okay
多分ね Maybe.

●●●●●●●●●●●●●●●●●●●●●●●●●●●●●●●

酸素 oxygen
山荘 mountain cottage
サンタクロース Santa Claus
サンダル sandals
散弾 shot
三段跳び hop, step and jump
産地 producing district
山頂 summit, peak
サンティアゴ Santiago
サンディエゴ San Diego
暫定的な provisional; temporary
サンドイッチ sandwich
サンドバッグ punching bag
サントメ・プリンシペ São Tomé and Príncipe
参入 entry
三人称 third person
残念で sorry 残念なことに to *one's* regret …なのは残念だ I'm sorry that ...
サンバ samba
サンパウロ São Paulo
さん橋 pier, wharf
散髪 haircut ～する have *one's* hair cut
ザンビア Zambia
賛美歌 hymn
残部 rest, remainder
山腹 (mountain) side, hillside
散布する scatter; sprinkle; spray
産物 product
サンフランシスコ San Francisco
サンプリング sampling
サンプル sample
散文 prose
散歩 walk ～する take a walk ～に行く go for a walk ■散歩道 promenade, walk
サンマ saury (pike)
サンマリノ San Marino
山脈 (mountain) range
産油国 oil-producing country
散乱する be scattered; be littered
三輪車 tricycle
三塁 third base
参列する attend ■参列者 attendant

し

四 four
市 city
死 death
詩 poem, verse; (総称) poetry
…時 《*three*》... o'clock 会話 3時を回ったところです It's just after three (o'clock). 1時半です Half past one. 6時10分前です Ten to six.
字 (アルファベット) letter; character
地 (模様の) background
試合 game, match ～をする play
慈愛 affection, love
仕上げる finish
シアター theater
シアトル Seattle
幸せ happiness ～な happy
シーア派 Shia, Shiite
シーエム commercial, television [radio] advertisement
飼育する breed, raise
シージー CG (computer graphics)
シースルー see-through
シーズン season ■シーズンオフ off-season
シーソー seesaw
しーっ Sh(h)./Hush.
シーツ sheet
シート (座席) seat; (紙など) sheet
シード seed ■シード校 seeded school, seed
シートベルト seat belt
ジーパン jeans
ジーピーエス GPS (Global Positioning System)
ジープ 《商標》 jeep
シーフード seafood
シームレス seamless
シーラカンス coelacanth
シール (のり付きラベル) sticker; (封印) seal,
強いる force; impose
仕入れる buy, (大量に～) stock up
シーン scene
死因 cause of death
寺院 temple
ジーンズ jeans
シェア share
シェアウェア shareware
自衛 self-defense ■自衛隊 the Self-Defense Forces ■海上自衛隊 Maritime Self-Defense Force ■陸上自衛隊 the Ground Self-Defense Force. ■航空自衛隊 the Air Self-Defense Force.
市営の city-run; municipal
シェイプアップ beauty exercises
ジェーオーシー (日本オリンピック委員会) JOC (Japanese Olympic Committee)
シェーバー (電気カミソリ) shaver
シェービングクリーム shaving cream
ジェスチャー gesture
ジェット機 jet (plane)
ジェットコースター roller coaster
ジェトロ (日本貿易振興会) JETRO
ジェノバ Genoa
シェパード German shepherd
シェフ chef, main cook, skilled cook
ジェラシー jealousy
シエラレオネ Sierra Leone
シェルター shelter
支援する back up, support
ジェンダー gender
塩 salt ■塩辛い salty

潮 tide
仕送り remittance; allowance
潮時 high time
潮干狩りに行く go (to the beach) to gather shellfish
しおり bookmark, guide
しおれる wither
…しか only
シカ deer
歯科 dentistry ■歯科医 dentist 歯科医院 dentist's, dental clinic
自我 ego; *one's* self
司会(者) MC, (テレビ番組) host, (討論) moderator ～をする take the chair
死海 Dead Sea
視界 sight
市外 suburbs ■市外局番 area code 市外電話 long-distance call
市街 street; town, city
死がい (dead) body; carcass
次回 next time
紫外線 ultraviolet rays
仕返しをする revenge
四角(い) square
視覚 sight; vision
資格 qualification ～のある qualified
私学 private school; private college
自覚 consciousness; awareness ～する become aware [conscious]《*of*》
仕掛け (装置) device; (からくり) trick
仕掛ける begin, start; set, plant
シカゴ Chicago
しかし but, however, though
自画像 self-portrait
仕方 way, method, how to *do* 会話 どうにも～がない It can't be helped.
…しがち tend to do; be apt to do
四月 April
自活 self-support ～する support *oneself*
じかに directly; at first hand
ジカ熱 Zika fever; Zika virus disease
しがみ付く cling《*to*》
しかめる (顔を) frown
しかも moreover, besides, and yet
しかる scold; (責める) blame
士官 officer
時間 time ■時間割《米》(class) schedule;《英》timetable

> 時間を表すディスコースマーカー▸
> 前 before; 後 after; 間 during; ～な時 when; ～まで until; 今 now; 後で later; 同時に at the same time; すぐに right away; 最近 recently; 過去に in the past; 将来(に) in the future

志願する volunteer ■志願者 volunteer
四季 the four seasons
士気 morale; fighting spirit
式 (儀式) ceremony; (化学・数学の) formula
時期 time; (季節) season
磁器 porcelain, china (ware)
磁気 magnetism
敷居 threshold; doorsill
敷金 deposit
色彩 color ～豊かな colorful
指揮者 conductor
指揮する command ■指揮官 commander 指揮者 conductor
しきたり custom
敷地 ground; lot; site
色調 tone
式典 ceremony
直に soon
次期の next
直筆 *one's* own hand
識別 distinction; discrimination
指揮棒 baton
敷物 carpet; (小型の) rug
四球 walk, base on balls
子宮 womb; uterus
支給 (供給) supply; (支払い) payment
死球 (～を食らう) be hit by a pitch
至急 immediately
時給 hourly wage
自給自足 self-sufficiency, self-support
自供 confession
事業 business ■事業家 person of business
始業式 the opening ceremony
試供品 (free) sample
支局 branch (office)
仕切り partition
しきりに very often; (熱心に) eagerly
仕切る divide, partition, (管理する) manage
資金 (財源) funds; (資本金) capital
至近距離で at close range
敷く lay, spread
軸 (心棒) axis; (車軸) axle; pivot
しぐさ gesture
ジグザグの zigzag
しくしく泣く cry softly
しくじる fail
ジグソーパズル jigsaw puzzle
仕組み mechanism; (構造) structure
仕組む scheme; plot
シクラメン cyclamen
死刑 death penalty
刺激する stimulate; (興奮させる) excite
茂み thicket; bush
しける become damp
茂る grow thick
試験 examination ～を受ける take an examination ～に受かる[落ちる] pass [fail] the examination
資源 resources
事件 incident; case 殺人～ murder case
時限 period ■時限爆弾 time bomb
次元 dimension
死語 obsolete word; (絶滅言語) extinct [dead] language

私語 whisper
事故 accident 交通〜 traffic accident
自己 self ■自己紹介 self-introduction 〜紹介をする introduce *oneself*
し好 taste; liking
思考 thinking, thought
歯こう (dental) plaque
時刻 time ■時刻表 timetable
自国 *one's* (own) country
地獄 hell
仕事 job; work 〜をする work 会話 おばさんの仕事は何？ What does your aunt do?
仕込む train; (仕入れる) stock up
しこり lump; (感情の) bad feelings
自己流 *one's* own style
時差 time difference ■時差ぼけ jet lag
司祭 priest
示唆する suggest
自殺 suicide 〜する commit suicide
視察する inspect
資産 property, wealth
持参する take; (持ってくる) bring
しし (獅子) lion
私事 private matter; personal affairs
しし座 Leo, Lion
指示する indicate; direct
支持する support, back
資質 makings; talent
事実 fact; (真実) the truth
時事の current ■時事英語 current English 時事問題 current topics
使者 messenger
支社 branch office
死者 dead person
試写 preview ■試写会 preview
子爵 viscount
磁石 magnet
刺繍 (ししゅう) embroidery 〜をする embroider
四十 forty
始終 from beginning to end; (いつも) always
自習する study by *oneself*
支出 expenditure 〜する spend
自主的な voluntary 自主的に voluntarily
思春期 puberty
辞書 dictionary 〜を引く look up in [consult] the dictionary
地所 land; estate
次女 *one's* second daughter
師匠 teacher; master
支障 (じゃま物) obstacle
史上 in history; record; all-time
市場 market ■市場調査 market research
自称 self-styled; would-be
事情 circumstances; (理由) reason
死傷者 casualties
辞職 resignation 〜する resign
試食する sample
指針 guide; indicator
詩人 poet
自身 oneself
地震 earthquake
自信がある be confident
指数 index
静かな quiet 静かに quietly; silently ▶静けさ silence
しずく drop, drip
システマチック systematic
システム system ■システムアドミニストレーター system administrator
静まる become quiet
沈む sink; (太陽が) set
静める calm
沈める sink
姿勢 posture; (態度) attitude
時制 tense
自制 self-control 〜する control *oneself*
史跡 historic spot
自責 self-reproach
使節 envoy; delegate
施設 institution, facilities
視線 eye; look; glance
自然 nature 〜の natural 〜に naturally 自然界 natural world 自然科学 (natural) science 自然災害 natural disaster 自然淘汰 natural selection 自然保護 conservation of nature
慈善 charity
四川省 Szechwan Province
思想 thought, idea ■思想家 thinker
…しそうである be likely [going] to do
時速 speed [miles, kilometers] per hour
持続する last
…しそこなう fail to do
子孫 descendant, offspring
自尊心 pride
下 (…の)下に under, below; (下方へ) down
舌 tongue
…したい want to *do*; (希望など) would like to *do*

チャンクで英作文

●知りたい **want** to know
→日本についてもっと知りたい。
I want to know more about Japan.
●行きたくない don't **want** to go
→そこには行きたくない。
I don't want to go there.

死体 (dead) body, corpse
私大 private university
事態 situation, state of affairs
自体 itself
時代 times; age ■時代劇 historical play [TV drama, movie]
辞退する decline; (きっぱりと) refuse
次第に gradually …次第である depend on ...
慕う love; (思い焦がれる) long 《*for*》
舌打ちする click *one's* tongue

従う follow; (服従する) obey
下書き draft; (下絵) (rough) sketch
従って therefore; (…どおりに) according to …
したがる want; long; be eager to do
下着 underclothes; undershirt
自宅 *one's* house [home]
支度する get … ready; prepare
下心 hidden agenda
下ごしらえ preparations
仕出し catering
親しい friendly; familiar ▶親しみ friendly feeling
下敷き pencil board
したたる drop
下取り trade-in
舌なめずりする lick *one's* lips
じたばたする struggle; wriggle
下回る be below; be less than …
七 seven
自治 self-government ■自治体 self-governing body
七月 July
七十 seventy
シチメンチョウ turkey
試着 fitting ～する try on ■試着室 fitting room
シチュー stew
シチュエーション situation
市長 mayor
視聴覚の audiovisual
視聴者 (TV) viewer
視聴率 audience rating
シチリア Sicily
質 quality
実演 demonstration
失格 disqualification ～する be disqualified
しっかり(と) tightly; (堅実に) steadily ～した firm ～しろ Cheer up!
疾患 disease
質感 texture
実感する realize
実技 skill; practice
失業 unemployment ～する lose *one's* job
実業家 businessman
実況放送 (running) commentary
シック chic
じっくり carefully; without haste
しっくりする get along well; suit
湿気 humidity ～の多い humid
しつけ discipline; training
実刑 imprisonment, prison
実権 real power; (full) control
実験 experiment ～する experiment ～的な experimental ■実験室 laboratory
実現する realize; fulfill; come true
しつこい persistent; nosy; (食べ物が) heavy
執行 execution
実行 practice ～する carry out
実際の actual 実際に actually 実際は in fact
実在の real
失策 error; mistake
実施 practice ～する execute
実質 substance ～的な virtual
実習 practice; training
実情 actual situation
湿しん eczema
失神する faint; lose consciousness
実践(する) practice
失踪 disappearance
質素な simple; plain
実体 substance, reality
質的な qualitative
嫉妬 jealousy; envy ～する be jealous 《*of*》 ■嫉妬深い jealous
湿度 humidity
じっと still; (我慢強く) patiently
しっとりした moist; calm
じっとりした damp; sticky; wet
室内の indoor ■室内競技 indoor games
実に really; truly; quite
実の true; real; actual
実は in fact, as a matter of fact
ジッパー zipper
失敗 failure ～する fail
実費 actual expenses
執筆 writing
実物 (実際の物・人) real thing
尻尾 tail; (端) end
失望 disappointment; discouragement ～する be disappointed
実務 business
実名 real name
失明する lose *one's* sight, become blind
質問 question

チャンクで英作文
●あなたに質問をする ask you a question
→質問をしていい?
Can I ask you a question?

実用的な practical ～化する put … to practical use
執ような persistent
実力 *one's* ability ～のある capable
実例 example
失礼な impolite 失礼ですが… Excuse me, but …
失恋する be disappointed in love
実話 true story
シティー city; (ロンドンの) City
指定する appoint ■指定席 reserved seat
…している be doing
…しておく leave, keep
指摘する point out; show
史的な historical
私的な personal; private
…してくれませんか Will you … ?
私鉄 private railroad
…してみる try doing

…してもいい may; can
…してもらいたい I'd like you to do
支店 branch (office)
視点 point of view
事典 encyclopedia
自転 rotation
辞典 dictionary ～を引く look up in [consult] the dictionary
自伝 autobiography
自転車 bicycle, bike ～に乗る ride a bicycle ～で by bicycle
指導 guidance; coaching ～する lead; instruct; coach ■指導者 leader
児童 child; (生徒) pupil
自動 ～的な automatic ～的に automatically ■自動販売機 vending machine
自動車 car, 《米》automobile; 《英》motorcar
始動する[させる] start
児童相談所 child welfare office
児童養護施設 foster home
じとじとした damp; sticky; wet
シドニー Sydney
しとやかな graceful; modest
自撮り selfie ～棒selfie stick
品 (品物) article; (製品) product
…しない do not ...; will not ...
シナイ半島 Sinai Peninsula
し直す do over again
…しなくてはいけない have to do; must
…しなくてもよい do not have to do
…しなければならない have to do; must

チャンクで英作文

●…しなければならない **have to** do
→すぐに外出しなければならない.
I have to go out soon.

品不足である be in short supply
品物 article, goods
シナモン cinnamon
しなやか flexible; elastic
シナリオ scenario, screenplay ■シナリオライター screenplay writer, screenwriter
次男 *one's* second son
シニア senior citizen
死に神 Death
…しにくい hard to do
死人 dead person
辞任 resignation
死ぬ die; (事故で) be killed ▶死んだ dead
地主 landlord, landowner
シネコン (シネマコンプレックス) multiplex, cinema complex
シネマ movie, cinema
しのぐ (勝る) surpass; (耐える) bear
忍ばせる hide
忍び込む steal into ...
忍び寄る creep up
芝 turf; (芝生) lawn ■芝刈り機 lawn mower
ジハード jihad
支配(する) rule; govern; dominate ■支配者 ruler 支配人 manager
芝居 play; drama; theater
自爆 suicide bombing
自白する confess
しばしば often, frequently
始発 (電車) first train
自発的な voluntary
芝生 lawn, grass
支払う pay ▶支払い payment
しばらく for a while; for a moment
縛る bind; tie; (固定する) fasten
地盤 ground
慈悲 mercy; charity
自費 *one's* own expense(s)
シビアな severe
しびれる become [go] numb
支部 branch
渋い (味が) harsh; (色が) quiet
シフォン chiffon
しぶき splash, spray
渋々 reluctantly, unwillingly
ジブチ Djibouti
事物 things
シフト shift
しぶとい persistent; stubborn
ジブラルタル海峡 Strait of Gibraltar
渋る be unwilling; be reluctant
自分 oneself ～の *one's* (own) ～で for *oneself*, by *oneself*
紙幣 《米》bill; 《英》(bank) note
自閉症 autism
シベリア Siberia
司法 administration of justice
四方 (all) around; in all directions
志望 (望み) wish; desire ■志望校 college of *one's* choice
死亡 death ～する die ■死亡率 death rate
脂肪 fat
時報 time signal, chime
しぼむ wither, fade
絞[搾]る squeeze; (範囲を) narrow ... down
資本 capital ■資本家 capitalist 資本主義 capitalism
しま (縞) stripe; (細い) pinstripe
島 island ■島国 island country
しまい end
姉妹 sisters
しまい込む tuck ... away
しまう (片づける) put away; (保管する) keep
シマウマ zebra
字幕 subtitles
…しましょう Let's ...
…しましょうか Shall I ... ?
…しませんか Would you like to do?
始末する deal with; dispose of ...
しまった Oops!/Oh, dear!
締まりのない careless
閉まる, 締まる close; shut; (締まる) be tied

自慢する be proud 《*of*》; boast 《*of*》
しみ stain, spot
染み込む soak
しみじみ (深く) deeply; (心から) heartily
地道な steady; serious
地味な plain
シミュレーション simulation
市民 citizen ■市民権 citizenship
ジム gym
事務 office work ～的な businesslike ■事務員 clerk 事務所 office
使命 mission
氏名 name; full name
指名する nominate; name
締め切り deadline
閉め切る, 締め切る close; shut up
締めくくり conclusion; summary
じめじめした damp
示す show; (指し示す) point
閉め出す shut out
死滅 extinction
締め付ける tighten; squeeze
自滅する destroy *oneself*
湿る get wet ▶湿った wet 湿らせる moisten 湿気 moisture
占める occupy; (ある割合を) account for ...
閉める, 締める close; shut; (固定する) fasten
紙面 space; page
地面 ground; earth
霜 frost ■霜柱 frost
地元の local
霜焼け ～になる be frostbitten
指紋 fingerprint
自問自答する answer *one's* own question
視野 sight; field of vision
じゃあ well; now; (別れのあいさつ) Bye now!
ジャー rice cooker and warmer
邪悪な evil; wicked
ジャージー jersey
ジャーナリスト journalist
ジャーナリズム journalism
ジャーナル journal
シャープ sharp
シャープペンシル mechanical pencil
シャーベット sherbet
シャイな shy
社員 employee
謝恩会 thank-you party given by the graduates; testimonial dinner for teachers
釈迦 (シャカ) Buddha
ジャガー jaguar
社会 society ～的な social ～の social ■社会学 sociology 社会主義 socialism 社会主義者 socialist 社会人 member of society; (working) adult
ジャガイモ potato
しゃがむ squat, crouch
ジャカルタ Jakarta
弱視 (低視力) poor eyesight, (弱視) low vision, amblyopia.
弱者 the disadvantaged
市役所 city hall
弱小の (small and) weak
蛇口 faucet
弱点 weak point
尺度 measure; (規準) standard
弱肉強食 dog-eat-dog
しゃくに障る annoying; irritating
釈放(する) release
釈明 excuse; explanation
借家 rented house
借用する borrow
射撃 shooting, shot
ジャケット jacket
邪険な harsh; merciless; cruel
車庫 garage
社交的な sociable
謝罪 apology
写実的な realistic
車掌 conductor
写真 photograph, picture 会話 ここで～を撮ってもいいですか Is it all right to take pictures here? ～を撮っていただけませんか Could you please take a photo of us?
ジャズ jazz
…しやすい be easy to do; tend to
ジャスミン jasmine
写生 sketch
社説 editorial; leader
車線 lane
車窓 train window
社宅 company house
遮断する shut ... off; shut ... out
社長 president; chief executive officer
シャツ (下着) undershirt; (ワイシャツ) shirt
ジャッカル jackal
若干 somewhat
借金 debt; loan
しゃっくり hiccup
ジャッジ judge; judgment
シャッター shutter
シャットアウト shutout
射程 range
車道 roadway
シャドー shadow
ジャバスクリプト JavaScript
ジャパン Japan
じゃぶじゃぶ with a splash
しゃぶる suck
しゃべる talk; tell; (ある言語を) speak
シャベル shovel
シャボン玉 soap bubble
ジャマイカ Jamaica
邪魔する disturb 邪魔になる be in the way 会話 お邪魔でなかったらいいのですが I hope I'm not disturbing you.
ジャム jam
シャムネコ Siamese (cat)

斜面 slope
砂利 gravel
車両 (車) vehicle; (鉄道の) car
車輪 wheel
しゃれ joke ～た witty; stylish
謝礼 reward, fee
ジャワ Java
シャワー shower ～を浴びる take a shower
ジャンクション intersection; junction
ジャンクフード junk food
ジャンクメール junk mail; spam (mail)
ジャングル the jungle
ジャングルジム 《もと商標》jungle gym
じゃんけん rock-paper-scissors ～をする play rock-paper-scissors
シャンソン chanson
シャンデリア chandelier
ジャンパー jacket, windbreaker
ジャンパースカート 《米》jumper; 《英》pinafore
シャンパーニュ Champagne
シャンハイ (上海) Shanghai
ジャンプ(する) jump
シャンプー(する) shampoo
シャンペン champagne
ジャンボ(ジェット) jumbo (jet)
ジャンル genre
種 species
首位 first place
州 state
週 week
…中 (期間) throughout ...
十 ten ～番目の tenth
銃 gun; pistol; rifle
自由 freedom; liberty ～な free ～に freely ■自由化 liberalization 自由の女神像 Statue of Liberty 自由貿易 free trade
重圧 pressure
周囲 surroundings …の～に around
獣医 veterinarian
十一 eleven ～番目の eleventh
十一月 November
収益 earnings; proceeds; profit
終えん end; death
十億 billion
集会 meeting; assembly
収穫(する) harvest ■収穫高 crop
修学旅行 school excursion [trip]
十月 October
習慣 habit; (慣習) custom
週間 week
週刊の weekly ■週刊誌 weekly
衆議院 the House of Representatives
週休 weekly holiday
住居 house; residence
宗教 religion ■宗教改革 religious reformation, (キリスト教) the Reformation 宗教戦争 religious war
従業員 employee, worker
終業する close ■終業式 closing ceremony
集金する collect money
十九 nineteen ～番目の nineteenth
ジュークボックス jukebox
シュークリーム cream puff
ジュウケイ (重慶) Chongqing
銃撃 shooting
襲撃する attack
終結 end
十五 fifteen ～番目の fifteenth
重工業 heavy industry
集合する gather; assemble; meet
ジューサー juicer
秀才 bright person
十三 thirteen ～番目の thirteenth
修士 master
終始 all the time; from beginning to end
修辞 (～学) rhetoric
習字 calligraphy
十四 fourteen ～番目の fourteenth
十字架 cross
十字軍 Crusades
重視する (強調) put emphasis on ...
従事する engage, follow, occupy
十七 seventeen ～番目の seventeenth
終日 all day
週日 weekday
充実した full; complete; substantial
終止符 period
収集する collect; gather
収縮 contraction; shrinkage
柔順な obedient
住所 address
重傷 serious wound [injury]
重症 major [severe] sickness
就職活動 job hunting
就職する get a job
修飾する modify
十字路 crossroads
終身 lifetime ■終身刑 life imprisonment 終身雇用制度 lifetime employment system
囚人 prisoner
重心 center of gravity
シューズ shoes
ジュース juice; (スポーツ) deuce
習性 habit
修正する amend, correct
修繕 repair(s)
従属した subject, subordinate
渋滞 traffic jam
重体 serious [critical] condition
十代 *one's* teens
重大な important ➊重大さ importance
住宅 house; housing
集団 group ■集団下校 leaving school in groups 集団発生 outbreak
じゅうたん carpet; (一部用) rug
縦断する cut ... vertically, go through
羞恥心 shame; shyness

執着する insist; cling
集中 concentration ～する concentrate《on》 ～的な intensive ■集中治療室 intensive care unit
終点 terminal
終電 last train
重点 important point; emphasis
充電する charge
しゅうと father-in-law
シュート shot ～する shoot
柔道 judo
修道院 monastery
習得 acquisition ～する learn; master
修得する finish a course
しゅうとめ mother-in-law
柔軟な flexible, supple, soft
十二 twelve ～番目の twelfth
十二月 December
十二支 the twelve zodiac signs in Chinese astrology
収入 income; (国などの) revenue
就任 assumption ■就任式 inauguration
住人 inhabitant
執念 persistence ■～深い revengeful
私有の private ■私有財産 private property 私有地 private land
収納 storage
宗派 sect; denomination
終バス last bus
周波数 frequency, wavelength
十八 eighteen ～番目の eighteenth
重病 serious illness
修復 restoration, renovation
秋分 autumnal equinox
重文 compound sentence
十分な enough ～に sufficiently
週末 weekend
充満する be full《of》; be filled《with》
十万 a [one] hundred thousand
住民 inhabitant, resident
住民(国民)投票 referendum
襲名 succession to the name of ...
重役 corporate executive
集約する gather; collect
周遊 tour ■周遊券《米》circular ticket
収容する accommodate ■収容力 capacity
重要な important ■重要性 importance
十四 fourteen ～番目の fourteenth
襲来 attack; raid
従来 until [up to] now; so far
修理 repair ～する repair; mend
修了 completion
終了(する) end, finish; close
重量 weight ■重量あげ weight lifting
重力 gravity
重力波 (相対性理論) gravitational wave; (液体など) gravity wave
シュールな surrealistic
重労働 hard work
十六 sixteen ～番目の sixteenth
収録する record
収賄 bribery, graft
ジューンブライド June bride
守衛 guard
ジュエリー jewelry
主演する star; play the lead
主格 nominative case
主観 subjectivity ～的な subjective
手記 notes, memoirs
主義 principle; (宗教上の) doctrine
儒教 Confucianism
授業 class ～がある have classes ～がない have no classes ■授業料 school fee
塾 private-tutoring school
熟語 idiom
祝祭日 national holiday
祝辞 congratulatory speech
祝日 holiday
宿舎 lodging; hotel
縮尺 (reduced) scale
縮小 reduction ～する reduce
縮図 reduced drawing; miniature, epitome
熟す ripen ▶熟した ripe; mature
熟睡する sleep well
熟成 aging
宿題 homework ～をする do homework
熟知する know ... very well
祝典 celebration
祝杯 toast
宿泊 lodging; stay ～する stay
祝福する bless
宿命 destiny
熟練 skill ～した skilled ■熟練者 expert
手芸 handicraft
主権 sovereign power; sovereignty
受験する take an (entrance) examination ■受験生 examinee
主語 subject
趣向 idea; plan
受講する attend a course
主催する organize; promote; host
取材する cover; interview
趣旨 (目的) aim; (意味) meaning
手術 operation ～を受ける have an operation ～(を)する operate ■手術室 operating room
主将 captain
首相 prime minister
受賞する be awarded ■受賞者 winner
主食 staple food …を主食とする live on ...
主人 (店主) storekeeper; (夫) husband
受信 reception ～する receive ■受信機 receiver
主人公 hero; (女性) heroine
受診する consult [see] a doctor
受精(じゅせい) fertilization
種族 tribe
主題 subject; theme

受胎 conception
主体性 independence
手段 means; measure
受注 orders received
主張 claim ～する insist; claim
術 art; secret
出演する appear《on TV》
出火 outbreak of fire; fire
出荷 shipment; shipping
出願 application ～する apply《to》
出勤する go to work [one's office]
出欠 attendance
出血する bleed
出現 appearance ～する appear
述語 predicate
熟考 consideration; deliberation
出国 departure from a country ～する leave a country
出産 birth ～する give birth to《a boy》
出資 investment
出所 (情報などの) source
出場する enter, join
出身 hometown …の出身である be from
十進法 decimal system
出世 promotion ～する succeed in life
出生 birth ■出生地 place of birth
出席 attendance ～する attend ～をとる call the roll ■出席簿 roll (book)
出張する go on business
出典 source
出頭する report《to the police》
出動する be dispatched
出馬する run《for》
出発 departure ～する leave, start ■出発点 starting point
出版する publish ■出版社 publisher
出費 expense
出品する exhibit; display
出没する appear (frequently)
出力 output
首都 capital (city) ■首都圏 metropolitan area
主導権 initiative
受動的な passive ■受動喫煙 passive smoking
受動態 passive voice
手動の manual; hand-operated
主として mainly, chiefly
授乳する feed (a baby)
主任 chief
ジュネーブ Geneva
首脳 leader, top ■首脳会談 summit
シュノーケル snorkel
主犯 principal offender, initiator
守備 defense; (野球) fielding
首尾よく successfully
主婦 housewife
趣味 hobby; (好み) taste ～がよい[悪い] have a good [bad] taste

関連›
占い fortune-telling; スポーツ観戦 watching sport; テレビゲーム video game; 写真 photograph; 趣味: 切手収集 collecting stamps; 読書 reading; ドライブ drive; プラモデル plastic model; 手品 magic; 料理 cooking

寿命 life; lifetime, lifespan
種目 event
呪文 spell, charm
主役 leading roll [part]
需要 demand ～と供給 supply and demand
主要な chief; main; major
授与する award ...《to》
修羅場 battle scene; terrible sight
受理 acceptance
主流 mainstream
狩猟 hunting
主力の main
種類 kind, sort あらゆる～の all kinds of ...
シュレッダー shredder
手話 sign language
受話器 receiver
手腕 ability
旬 season
順 order; (順番) turn ～を追って in order
順位 place
巡回 (巡視) patrol; (歴訪) tour
瞬間 moment その～に at that moment
循環 circulation ～する circulate
瞬間湯沸かし器 tankless water heater
殉教者 martyr
准教授 associate professor
純潔 purity, chastity
準決勝 semifinal
巡査 police officer, policeman
順次 in order; in turn; by turns
順序 order; sequence ～よく in order
殉職する die while on duty
純真な innocent, naive, childlike
純粋な pure; (本物の) genuine
順調な smooth 順調に smoothly
純な pure; (純真な) innocent
順応する adjust (oneself) to ...
純白の snow-white
順番 turn; (順序) order ～に in turn
準備 preparation ～する prepare ■準備運動 warm-up
春分 vernal equinox
巡礼 pilgrimage
書 calligraphy; letter; book
ジョイントベンチャー joint venture
商 commerce; business
省 ministry; (米国の) department
章 chapter
賞 prize 1等～をとる win first prize
…しよう (勧誘) Let's ...; (意志) I'll ...
使用 use ～する use ■使用人 servant
試用 trial

…乗 (数の) power
情 emotion, affection
錠(をかける) lock
上院 the Upper House; (米国) Senate; (英国) House of Lords 上院議員 (米国) senator; (英国) lord
上映する show, run
省エネ energy saving
上演 performance ～する perform; stage
常温 normal temperature
消化 digestion ～する digest ～のよい digestible
生姜 (しょうが) ginger
浄化 purification; cleanup
商会 firm
照会 inquiry; reference
紹介 introduction ～する introduce 会話 自己～させてください May I introduce myself?
傷害 injury ■傷害事件 case of bodily injury
障害 (妨げ) obstacle; (身体の) handicap
生涯 lifetime 一～ for all *one's* life
昇格 promotion
奨学金 scholarship
消火する put out the fire ■消火器 fire extinguisher 消火栓 hydrant
正月 New Year's Day
小学校 elementary school ■小学生 《米》 elementary [《英》 primary] schoolchild
しようがない 会話 しょうがないね I can't help it.
召喚する summon, (証人) subpoena
正気 senses; sanity ～の sane
将棋 *shogi*, Japanese chess
蒸気 steam
定規 ruler
上機嫌 good hum(u)or [mood]
上記の above, above-mentioned
小規模の small-scale
乗客 passenger
昇給 (pay) raise
上級の advanced ■上級生 senior student
消去 deletion
商業 commerce; trade ～の commercial
状況 state; circumstances; situation
消極的な negative; passive
賞金 prize money
上空 sky, skies
将軍 general; (幕府の) shogun
情景 (光景) scene; (眺め) sight
衝撃 shock ～的な shocking
上下に up and down
証券 securities; bond
証言 testimony ～する testify
条件 condition; (必要条件) requirement ■条件反射 conditioned reflex
上限 upper limit; maximum
証拠 evidence; proof
正午 noon; midday ～に at noon
照合 check, collation
称号 title
条項 article
詳細 details ～に in detail
錠剤 tablet
称賛する praise
しょうじ sliding [paper] door
上司 boss; superior
常時 always
情事 (love) affair
少子化 declining birth rate
正直 honesty ～な honest ～に honestly
常識 common sense ～がある have common sense …は～だ It is common knowledge that …
消失する disappear; vanish
焼失する burn down
上質 fine quality
勝者 winner
商社 trading [commercial] company
乗車する get on 《*a bus*》 ■乗車券 ticket
成就 achievement; realization
召集 call; summons
招集する call; summon; convene
消臭する get rid of a bad smell
常習的な habitual; confirmed
証書 certificate, bond
少女 girl
少々 a little, a bit
症状 symptom
賞状 certificate ■感謝状 testimonial
上昇 rise; ascent ～する go up, rise
上々 excellent; (very) best
生じる happen, occur; take place
傷心 sorrow; broken heart
昇進 promotion ～する be promoted
正真正銘の genuine
小数 decimal ■小数点 decimal point
少数の minor ■少数派 minority 少数民族 minority
上手な good, skilled ～に well 料理が上手だ be good at cooking
情勢 situation; circumstances
小説 novel; fiction ■小説家 novelist
乗船 embarkation; boarding
肖像(画) portrait
上層 upper layer; (建物) upper stories [floor]
醸造する brew
消息 news; information
招待 invitation ～する invite ■招待状 invitation (card)
正体 *one's* true character [identity]
状態 condition; state
承諾 consent; (許可) permission
上達する improve
商談 business talks; negotiation
冗談 joke ～を言う tell a joke ～で[に] as a joke 会話 ～でしょう You're kidding.
承知する consent; (知っている) know
情緒 emotion; (様子) atmosphere

小腸 small intestine
省庁 ministries and other government agencies
象徴 symbol; emblem
上出来な very good; excellent
商店 《米》store; 《英》shop ■商店街 mall
焦点 focus
譲渡 transfer, handover
衝動 impulse 〜的な impulsive
上等な excellent; of high quality
消毒する disinfect; sterilize
衝突 crash; conflict 〜する crash
小児 infant ■小児科 pediatrics 小児科医 pediatrician
商人 storekeeper; merchant
承認 approval 〜する approve
証人 witness; eyewitness
少人数 small number of people
情熱 passion 〜的な passionate
少年 boy; (青少年) juvenile
乗馬 (horseback) riding
勝敗 victory or defeat
商売 business, trade
蒸発 evaporation 〜する (液体が) evaporate
消費 consumption 〜する consume ■消費行動 consumption behavior 消費者 consumer 消費者金融 consumer loan 消費税 consumption tax
常備の (常時ある) standing, always ready ■常備菜 preserved food 常備薬 household medicine
商標 trademark
商品 goods; merchandise
賞品 prize
上品な elegant; refined
勝負 game; match
上部 upper part
じょうぶな (健康な) healthy; (物が) firm
性分 nature; disposition
小便 urine, pee; (排尿) urination
譲歩 concession 〜する concede ■譲歩節 concessive clause
消防 fire fighting ■消防士 fire fighter 消防車 fire engine 消防署 fire station
情報 information ■情報(化)社会 information society 情報源 source of information 情報処理 information processing
賞味する relish ■賞味期限 best-before date
静脈 vein
乗務員 (総称) crew
照明 lighting; illumination
証明 proof 〜する prove ■証明書 certificate 証明写真機 photo booth
消滅する vanish, disappear
正面 front; facade
消耗する exhaust
条約 treaty
しょうゆ soy (sauce)
常用 habitual use
将来 the future 〜に in the future
勝利 victory 〜する win ■勝利者 winner
上陸する land
勝率 rate of winning
省略する omit; abbreviate
蒸留 distillation 〜する distill
上流へ up the river ■上流階級 the upper class 上流社会 polite [high] society
少量 a little, small amount 《*of*》
奨励 encouragement; stimulation
常連 regular customer
じょうろ watering can
小論文 essay
小惑星 asteroid
ショー show ■ショーウインドー display [store, shop] window ショールーム showroom
女王 queen
ジョーカー joker
ジョーク joke
ショーケース showcase
ジョージア (米国の州, 欧州の国) Georgia
ショーツ shorts
ショート 《野球》shortstop
ショートする (電気の) short-circuit
ショートニング shortening
ショートパンツ short pants
ショール shawl
初夏 early summer
除外 exclusion 〜する exclude; omit
書画カメラ document camera and projector
書簡 letter, correspondence
初期 beginning 〜化する initialize; format
書記 clerk, secretary
初級の elementary; beginners'
助教授 assistant professor
除去する remove; omit, get rid of
ジョギング jogging 〜をする jog
職 job; occupation ■職探し job hunting
食 food; meal ■食あたり food poisoning
私欲 self-interest; selfish desires
職員 staff, employee ■職員会議 (教員) teachers' meeting 職員室 (教員) teachers' room
食塩 salt
職業 occupation; profession

関連》
アナウンサー announcer; アルバイト part-time job; 医者 doctor; ウェーター waitperson, waiter, server; ウェートレス waitperson, server; エンジニア engineer; 画家 painter; 学者 scholar; 歌手 singer; 看護師 nurse; キャビン・アテンダント flight attendant; 教師 teacher; 銀行員 bank clerk; 警官 policeman; 公務員 public servant; コック cook; サラリーマン office worker; ジャーナリスト journalist; 俳優 actor; 女優 actress; セールスマン salesperson; 通訳 interpreter; パイロット

pilot; 美容師 beautician; プログラマー (computer) programmer
食事 meal ～をする have (a meal) 会話 ～に行きませんか Shall we go and eat together?
職種 kind [type] of job
食卓 (dining) table
食中毒 food poisoning
食通 gourmet; epicure
食堂 dining room; (店) cafeteria
職人 craftsman; artisan
職場 place of work, workplace
食パン bread loaf
食費 food expenses
食品 food; foodstuffs
関連›
牛肉 beef; 果物 fruit; 小麦 wheat; 米 rice; シーフード seafood; 卵 egg; チーズ cheese; 鶏肉 chicken; 豚肉 pork; 豆 bean; 野菜 vegetable; パン bread; 米 rice;
植物 plant ■植物園 botanical garden 植物学 botany
関連›
アサガオ morning glory; アジサイ hydrangea; イチョウ ginkgo; ウメ Japanese apricot; キク chrysanthemum; サクラ cherry blossom; チューリップ tulip; バラ rose; ヒマワリ sunflower
植民する settle, colonize ■植民地 colony
職務 duty
食物 food
食用の edible
食欲 appetite
食料 food ■食料品店 grocery store
植林 afforestation
職歴 work experience
処刑 execution ～する execute
しょげる be depressed; be in low spirits
所見 opinion
助言 advice ～する advise
徐行する slow down
諸国 various countries
書斎 study
所在 location; whereabouts
助産婦 midwife
女子 girl ■女子大学 women's college
書式 form
所持品 belongings
助手 assistant
初秋 early fall
初春 early spring
処女 virgin
徐々に gradually
初心 initial enthusiasm
初心者 beginner
序数(詞) ordinal number
女性 woman ～的な feminine
助成金 subsidy; grant
書籍 book
関連›
絵本 picture book; 季刊誌 quarterly; 月刊誌 monthly; 雑誌 magazine; 辞書 dictionary; 週刊誌 weekly; 小説 novel; 図鑑 illustrated book; 翻訳 translation; 漫画 comics
序説 introduction
しょせん in the end; after all
助走 approach run
所属する belong (*to*)
所帯 household; (家庭) family
処置 measure; step; (治療) treatment
暑中見舞い summer greeting card
食器 (集合的) tableware ■食器棚 cupboard
ジョッキ mug
ショッキングな shocking
ショック shock ～を受ける be shocked ～な shocking
職権 (official) authority; power
しょっちゅう very often, frequently
ショット (球技・撮影の) shot
しょっぱい salty
しょっぱなから from the very beginning
ショッピング shopping ■ショッピングセンター shopping center [(米) mall]
ショップ shop, store
書店 bookstore
初冬 early winter
書道 calligraphy
助動詞 auxiliary verb
初等の elementary
所得 income ■所得水準 level of income 所得税 income tax
初日 the first [opening] day
処分 disposal ～する dispose of…
序文 preface, foreword
処方箋 prescription
初歩の elementary
庶民 (ordinary [common]) people
署名 signature ～する sign
書面 writing; letter
女優 actress
所有する own ■所有格 possessive (case) 所有権 ownership 所有者 owner
処理 processing ～する handle
女流の woman
書類 papers; document; (記入用紙) form
ショルダー shoulder ■ショルダーバッグ shoulder bag
序論 introduction
しょんぼりした depressed, dejected
地雷 (land)mine
しらが gray hair
しらける be chilled
じらす irritate; tease
知らせ news, word
知らせる inform… (*of*); let… know
しらばくれる pretend not to know
シラバス syllabus

シラブル syllable
調べ investigation; examination
調べる check; investigate; (辞書で) look up
シラミ louse
白雪姫 Snow White
しり hips; buttocks
シリア Syria
知り合い acquaintance ～である be acquainted with ... ～が多い have a wide circle of acquaintances
知り合う get acquainted with
シリアル cereal(s)
シリーズ series
しりごみする hesitate; shrink
じりじり slowly; scorchingly
退く draw back; retire
退ける reject, turn ... down
自立 independence; self-support
市立の municipal
私立の private ■私立学校 private school
しりとり word chain game
支流 branch; tributary
時流 current of the times
思慮 thought; prudence; discretion
資料 material; data
視力 eyesight ■視力検査 eye test
汁 liquid; juice, soup
知る know; understand; realize ▶知っている know 知れる become known 会話 彼女の電話番号知ってるかい Do you know her telephone number?

チャンクで英作文

●…ということを知っている **know** that
→彼女は頭がいいのを知っている.
I know (that) she is smart.

シルエット silhouette
シルク silk ■シルクロード Silk Road
しるこ *shiruko*, sweet red bean porridge
しるし (きざし) sign; indication
印 mark; sign; (記念) token
印す mark
記す write ... down
シルバーシート priority sheet
司令 command
指令 order; command
じれったい irritating
し烈な fierce; keen
試練 trial
ジレンマ dilemma
城 castle
白 white ▶白い white
シロアリ white ant, termite
しろうと amateur
シロクマ polar bear
白黒 black-and-white
シロップ syrup
シロナガスクジラ blue whale
白バイ white police motorcycle
白身 (卵白) (egg) white; (肉) white meat
代物 stuff
しわ wrinkle; line; (服などの) crease
しわがれる become hoarse [husky]
仕分け classification
じわじわ slowly; gradually; steadily
師走 December
地割れ crack in the ground
新… new; neo-
芯 (果物の) core; (鉛筆の) lead
親… (～を支持する) pro-
真(の) true
親愛 love; affection ～な dear
人為的な artificial; man-made
陣営 camp
シンガーソングライター singer-songwriter
深海 deep sea; ocean depths
侵害 violation; breach
心外な unexpected; regrettable
新顔 newcomer; new face
神学 theology
人格 character; personality
進学する go on to (college)
進化する evolve
新型 new type
新学期 new (school) term
シンガポール Singapore
新幹線 Shinkansen (bullet train)
真偽 truth (or falsehood)
ジンギスカン Genghis Khan; (料理) Mongolian mutton barbecue
審議する discuss; consider
進級する move up to the next grade
心境 state of mind; mood
新疆ウイグル自治区 Xinjiang Uyghur Autonomous Region
しんきろう mirage
新記録 new record
親近感 sense of closeness
シンク sink
寝具 bedding; bedclothes
真空 vacuum
ジンクス jinx; popular belief
シンクタンク think tank
シングル (野球) single; (ホテルの) single
シングルス (競技) singles
シンクロナイズドスイミング ⇨アーティスティックスイミング
神経 nerve ～質な nervous ～が太い have [got] the nerve ■神経痛 neuralgia
新劇 modern Japanese play
新月 new moon; (二日月) crescent
親権 parental rights; custody
人権 human rights
震源地 hypocenter
真剣な serious; earnest
新語 new word
信仰 faith; belief
侵攻 invasion

親交 friendly relations
進行 progress ～する make progress
信号 signal, traffic light
人口 population ■人口密度 population density
人工(の) human-made, artificial ■人工衛星 artificial satellite 人工呼吸 artificial respiration 人工芝 artificial turf 人工知能 artificial intelligence
深呼吸する take a deep breath
申告する declare; register
深刻な serious; grave
新婚の newly-married ■新婚旅行 honeymoon
震災 (earthquake) disaster
人材 human resources, capable person; talented person
新作 new work; new composition
審査する examine; judge; inspect
診察 medical examination ～する examine
紳士 gentleman 紳士協定 gentleman's agreement
寝室 bedroom
真実 truth; reality ～の true; real
神社 (Shinto) shrine
ジンジャー ginger ■ジンジャーエール ginger ale
真珠 pearl
人種 race ■人種差別 racial discrimination
心中 (集団自殺) double [family, mass] suicide; (内心) in one's heart [mind]
伸縮 expansion and contraction
進出 advance ～する advance
心証 impression
信条 principle; belief
心情 feelings; thought
身障者 disabled [handicapped] person
浸食 erosion
信じる believe; (信用する) trust 会話 信じられません I can't believe it!
心身 mind and body
新人 new face; (スポーツの) rookie
信心深い religious
新人類 new breed of people
神髄 essence; spirit
浸水する be flooded
進水する (船が) be launched
申請 application
人生 life
新生児 newborn baby
神聖な sacred, holy
真性の genuine
親戚 relative
シンセサイザー synthesizer
新説 new theory; new idea
親切 kindness ～な kind 会話 ご～にありがとう Thank you for your kindness.
親善 friendship
新鮮な fresh, new
新装 refurbishment; remodeling
真相 truth; real facts
心臓 heart; (度胸) nerve ～まひ heart attack ■心臓移植 heart transplant
腎臓 kidney
人造の artificial, man-made
親族 kin; relative
身体 body
寝台 bed ■寝台車 sleeping car
新体操 rhythmic gymnastics
診断 diagnosis ～する diagnose ■診断書 medical certificate
陣地 position
新築 newly built, new house
真鍮(しんちゅう) brass
慎重な careful 慎重に carefully
身長 height 会話 あなたの～は？—180センチです How tall are you?—I'm 180 cm tall.
新陳代謝 metabolism; renewal
心的外傷 trauma
シンデレラ Cinderella
親展 (手紙などで) Confidential
神殿 shrine; pantheon
信徒 believer
進度 progress
しんどい tired; hard
浸透 penetration; infiltration
神道 Shinto(ism)
振動 vibration ～する vibrate
陣取る occupy
シンナー (paint) thinner
親日の pro-Japanese
侵入 invasion ～する invade
新入社員 new employee
新入生 freshman
新任の new; newly-appointed
信念 belief
新年 (the) New Year, new year
心配 worry; anxiety ～する worry 《*about*》 ■心配事 trouble
ジンバブエ Zimbabwe
シンバル cymbals
審判 judgment ■審判員 judge; referee
神秘 mystery ～的な mysterious
信ぴょう性 reliability
新品 new article
新婦 bride
神父 priest; (呼びかけで) Father
シンフォニー symphony
人物 person; character
シンプルな simple
新聞 newspaper; press ■新聞配達 newspaper delivery
進歩 progress ～する make progress
辛抱 patience; endurance ～する put up with ... ■辛抱強い patient
人望 popularity
シンポジウム symposium
シンボル symbol

新米 novice; fresh hand; beginner
じんましん hives
親密な close
人脈 human network, personal connection
人民 people
人命 (human) life
尋問 interrogation, questioning
深夜 《at》 midnight
親友 good [close, best] friend
信用 credit; trust; reliance ～できる trustworthy ～する trust
信頼 trust ～する trust; rely 《on》
辛らつな severe; sharp; bitter
心理(学) psychology ～的な mental
真理 truth
審理 trial, hearing
侵略 invasion ～する invade
診療 medical treatment ■診療所 clinic
人力 human power [strength]
森林 forest; wood ■森林破壊 destruction of forests, deforestation
親類 relative, relation
人類 humanity, humankind, the human race ■人類学 anthropology
心霊 psychic ■心霊能力 psychic power
進路 *one's* direction; course
心労 worry
新郎 bridegroom
神話 myth; (総称) mythology

す

酢 vinegar
巣 nest; (くもの) web; (蜂の) honeycomb
図 picture, figure; (図表) diagram
素足 bare feet
図案 design
吸い上げる suck ... up
水圧 water pressure
推移 change; transition
水位 water level
スイートコーン sweet corn
スイートハート sweetheart
スイートピー sweet pea
スイートポテト sweet potato
スイートルーム (hotel) suite
水泳 swimming ～をする swim ■水泳パンツ 《米》 bathing trunks
スイカ watermelon
水害 flood disaster
水球 water polo
スイギュウ (water) buffalo
水銀 mercury
水源 (～地) source; (川の) head
遂行 accomplishment ～する accomplish
吸い込む absorb; (息を) breathe in
水彩 watercolor ■水彩画 watercolor
推察 guess; imagination
ずい時 at any time; on demand
水死する drown
炊事する cook
水車 waterwheel ■水車小屋 water mill
衰弱する weaken; become weak
水準 level; standard
水晶 crystal
水蒸気 stream; vapor
水上スキー waterskiing
推進 promotion ～する promote; propel
スイス Switzerland ～の Swiss ■人 Swiss
すいすい(と) swiftly; (楽に) easily, smoothly
水星 Mercury
彗星 comet
スイセン narcissus
推薦 recommendation ～する recommend ■推薦状[文] recommendation
水洗便所 flush toilet
水素 hydrogen
水槽 (water) tank
吹奏楽団 brass band; concert band
推測 guess ～する guess; suppose
水族館 aquarium
衰退 decline ～する decline, decay
水中で underwater
垂直な vertical
吸い付く stick
スイッチ switch ～を入れる switch on
推定 estimation ～する estimate
水田 rice paddy, paddy (field)
水筒 canteen
水道 water supply ■水道水 tap water
吸い取る suck ... up; soak ... up
炊飯器 rice cooker
随筆 essay
水分 water; (湿気) moisture
ずいぶん pretty, fairly; quite
水兵 sailor
水平な level 水平線 the horizon
睡魔 drowsiness, sleepiness
睡眠 sleep ■睡眠不足 lack of sleep
スイミング swimming
水面 the surface of the water ～に on the water
水曜日 Wednesday
推理する guess ■推理小説 mystery
水力 water power ■水力発電所 hydroelectric power plant
スイレン water lily
水路 channel
推論 reasoning; inference; deduction
スイング swing
吸う breathe, inhale; (たばこを) smoke
スウェーデン Sweden ～の [語] Swedish ■スウェーデン人 Swede; the Swedish
数学 mathematics, math
数詞 numeral
数字 number; figure
数日 a few days
ずうずうしい cheeky, have a lot of nerve

スーダン Sudan
スーツ suit ■スーツケース suitcase
数年 a few years
スーパー(マーケット) supermarket
スーパーマン superman
崇拝(する) worship, admire
スープ soup
数量 quantity
末 (終わり) end; (後) after ... ⇨終わり
スエード suede
末っ子 youngest (child)
スエットシャツ sweatshirt
スエットパンツ sweatpants
すえる (据える) place; (据え付ける) install
図画 drawing; (絵の具で) painting, picture
スカート skirt
スカーフ scarf
図解 illustration ～する illustrate
頭がい骨 skull; cranium
スカイダイビング skydiving ▶スカイダイバー skydiver
スカイライン (地平線, 山などの輪郭) skyline, (自動車道) mountain drive
スカウト (talent) scout
透かす look at ... through ...
すがすがしい refreshing, fresh
姿 figure, shape; (外見) appearance
スカッシュ squash
すがりつく cling
すがる cling; hold (onto); depend
図鑑 picture [illustrated] book
スカンク skunk
スカンジナビア Scandinavia
隙 opening; (油断) carelessness
好き like; (大好き) love ～な favorite
…過ぎ (時間が) after; past; (年齢が) over
杉 (Japanese) cedar
スキー skiing; (板) ski ～をする ski ～に行く go skiing ▶スキーヤー skier
スキーム scheme
好き嫌い likes and dislikes, taste
ずきずきする throb
スキット skit
スキップする skip
透き通った transparent, clear
…すぎない only ...
すき間 gap, opening
すき間風 draft
スキャナー scanner
スキャン scan
スキャンダラスな scandalous
スキャンダル scandal
スキューバダイビング scuba diving
スキル skill
過ぎる (場所) pass; (越える) exceed
スキン (皮膚) skin; (コンドーム) condom
スキンシップ body contact
スキンダイビング skin diving
スキンヘッド skinhead

空く become less crowded
すぐ at once, right away 会話 ～そこです It's only a short distance.
スクイズ squeeze (play)
すくう scoop; trip ... up; sweep
救う save; help; rescue
スクーター scooter
スクープ scoop
スクール school ■スクールバス school bus スクーリング schooling
少ない (数が) few; (量が) little
少なくとも at least
すぐに at once …すると as soon as ...
…ずくめ all; full of ...
すくめる (肩を) shrug
スクラッチ scratch
スクラップ scrap; (切り抜き) clipping
スクラム scrum
スクランブル scramble ■スクランブルエッグ scrambled egg(s) スクランブル交差点 crossing where vehicles from all directions are stopped at a time for pedestrians
スクリーニング screening
スクリーン screen
スクリプト script
スクリュー screw
優れる be better ▶優れた excellent
スクロールする scroll《*down* [*up*]》
図形 figure
スケート skating ～をする skate ～をしに行く go skating ■スケート靴 skates スケートボード skateboard
スケープゴート scapegoat
スケール scale
スケジュール schedule
スケッチ sketch ■スケッチブック sketchbook
スケベ lecher
スコア score ■スコアボード scoreboard
すごい terrific; (恐ろしい) horrible
図工 arts and crafts
スコール heavy shower, squall
少し some; (量が) a little; (数が) a few ～ずつ little by little
少しも(…でない) not ... at all
過ごす pass; spend

チャンクで英作文

●楽しい時を過ごす have a good time
→クラブで楽しい時を過ごした。
We had a good time at the club.

スコットランド Scotland ～の[語] Scottish ■スコットランド人 Scotsman [Scotswoman]; the Scots
スコットランドの(人) Scottish
スコットランドヤード (ロンドン警視庁) Scotland Yard
スコップ scoop, shovel

すこやかな healthy
すごろく *sugoroku*, Japanese snakes and ladders
すさまじい terrible, horrible; violent
すし sushi
筋 line, stripe; (話の) story, plot
すす soot
スズ (金属の錫) tin
鈴 bell
ススキ susuki, Japanese pampas grass
すすぐ rinse
涼しい cool; (目・音などが) bright
進む go forward; progress, advance
スズムシ cricket
勧め recommendation; advice; suggestion
スズメ sparrow
スズメバチ hornet, wasp
勧める advise; suggest; recommend

•••• そのまま使えるフレーズ ••••

バスで行った方がいいよ You better take a bus.
この服はどう? How about this dress?
やってみませんか? Why not?
髪を切ったら? Why don't you have your hair cut?
どれがお勧め? Which do you recommend?
やるべきだよ You should do it.

••••••••••••••••••••••••••••

進める advance, go ahead 《*with*》
スズラン lily of the valley
すすり泣く weep softly
すする sip; (鼻を) sniff
進んで willingly; voluntarily
すそ (衣類の) hem; (山の) foot
スターズアンドストライプス (星条旗) Stars and Stripes
スターター starter; kick-start(er)
スターダスト stardust
スターダム stardom
スターティングメンバー starting lineup
スタート(する) start
スタイリスト stylist; fashion coordinator
スタイル style; (体型) figure
スタグフレーション stagflation
スタジアム stadium
スタジオ studio
スタッフ staff
スタミナ stamina
すたれた out of use [fashion], obsolete
すたれる go out of use [fashion]; get[go] out of date; die out
スタンダードな standard
スタンディングオベーション standing ovation
スタンド stand ■スタンドプレー grand-stand play
スタントマン stunt man [woman]
スタンバイ ～する stand by
スタンプ stamp
スタンフォード大学 Stanford University
スチーム steam
スチール (鉄) steel, (写真) still
…ずつ each; (一つずつ) one by one
頭痛 headache ～がする have a headache
すっかり quite; thoroughly; completely
ずっしり heavily; massively
ずっと (距離) all the way; (時間) all the time
酸っぱい sour; acid
すっぽかす break [miss] an appointment
素手 hand; bare hand
ステイ stay
ステーキ steak
ステージ stage
ステーション station
ステータス status
すてきな nice, wonderful, fine
ステッカー sticker
ステッキ stick; cane
ステップ step; stepping-stone
ステップバイステップ step-by-step
すでに (肯定文で) already; (疑問文で) yet
捨てる throw [cast] away; abandon
ステレオ stereo
ステレオタイプ stereotype
ステンドグラス stained glass
ステンレス stainless steel
スト ⇨ストライキ
ストア store
ストイックな stoic
ストーカー stalker
ストーブ heater; (石油) oil [kerosene]heater, (ガス) gas heater; (薪) firewood heater
ストーリー story; plot
ストッキング stockings
ストック stock
ストックホルム Stockholm
ストッパー stopper; closer
ストップ stop ■ストップウォッチ stop-watch
ストライキ strike ～をする (go on) strike
ストライク strike ツー～スリーボール three balls and two strikes
ストライプ stripe
ストラップ strap
ストリングス strings
ストレートの straight
ストレス stress
ストレッチする do stretching (exercises)
ストロー straw
砂 sand ■砂時計 hourglass 砂ぼこり dust
素直な obedient; (穏やかな) gentle, mild
スナック snack; (店) snack bar
スナップ (写真) snapshot
砂浜 sandy beach
すなわち that is (to say); namely
スニーカー sneakers
すね shin

すねる get sulky, sulk
頭脳 head; brain; mind ■頭脳プレー clever play 頭脳流出 brain drain
スノー snow ■スノーボード snowboard スノーモービル snowmobile
スパイ spy ■スパイ衛星 spy satellite
スパイク spike
スパイス spice
スパイラル spiral
スパゲッティ spaghetti
スパッツ leggings
スパム(メール) spam (mail)
すばやい quick, swift
すばらしい great; wonderful; fantastic
ずばり decisively, boldly, say bluntly; hit the nail on the head
スパルタ Sparta
スパン (期間) span
スパンコール spangle, sequin
スピーカー loudspeaker, speaker
スピーチ speech
スピード speed
図表 chart
スフィンクス sphinx
スプーン spoon
ずぶとい impudent; bold
ずぶぬれになる get wet to the skin, get soaking wet
スプリング spring
スプリンクラー sprinkler
スプレー spray
スペア spare; refill
スペイン Spain ～の[語] Spanish ■スペイン人 Spanish; Spaniard
スペース space; (余地) room
スペースシャトル space shuttle
スペード spade
スペシャリスト specialist
スペシャル special
すべて everything; all; whole, entire
滑り込む slide《*into*》
滑り台 slide
滑る slip, slide; (車が) skid
スペル spelling
スポイト dropper
スポークスマン spokesperson
スポーツ sport(s) ■スポーツマン athlete, sportsperson
スポットライト spotlight; spot
すぼめる make ... narrow
ズボン pants, trousers
スポンサー sponsor
スポンジ sponge
スマートな slim, slender; stylish
スマートフォン smartphone
住まい house, home
済ます finish; (間に合わせる) make do
澄ます purify 耳を～ listen carefully
スマッシュ smash
すみ corner
炭 charcoal
墨 India [China] ink
すみずみ all over; in every corner
住み着く settle《*down*》
すみっこ corner
すみません 会話 遅れて～ I'm sorry for being late. 何から何まで～でした Thank you for everything.
すみやかに quickly
スミレ violet
済む (終わる) be finished; (用が足りる) do
住む live (in); reside; inhabit; dwell
澄む become clear
スムーズな smooth
図面 plan, design
すもう sumo (wrestling)
スモッグ smog
スモモ plum
スライス slice
スライド slide
ずらす (動かす) move; (方向を) shift
すらすら(と) smoothly, fluently; easily
スラム slum
すらりとした slim, slender
スラング slang; slang word
スランプ slump
すり pickpocket
スリーディー 3-D, three-D (three dimensional)
スリーディープリンター 3D printer
すり切れる wear out; become worn-out
すり込む rub
スリット slit
スリッパ scuffs, slippers
スリップ (下着の) slip; (車の横すべり) skid
スリナム Suriname
すり減らす wear ... down [off]
すりむく skin; scrape
スリムな slim
スリラー thriller
スリランカ Sri Lanka
スリリングな thrilling
スリル thrill
する do; play; (ある状態に) make

チャンクで英作文

●宿題をする **do** my homework
→いつもまず宿題をする.
I always do my homework first.

する (刷る) print, run off
する (こする) rub; (マッチを) strike
する (犯罪) pick (pockets) 会話 財布をすられました I had my wallet stolen [lifted].
ずるい cunning, sly; (不公平な) unfair
…することになっている be going to do
…するために in order to do
…するだろう will
…するつもりだ be going to do

チャンクで英作文

●するつもりだ be **going** to
→ここに泊まるつもりだ.
I'm going to stay here.

すると then
鋭い sharp, pointed; (感覚などが) keen
…するところ be about to do
…するとすぐ as soon as …
…するな Don't …; (強めて) Never …
ずる休みする truancy; skip school
ずれ gap; difference
すれ違う pass each other
ずれる slip [be] (out of position)
スローイン throw-in
スローガン slogan
スローダウン slowdown
スロープ slope
スローフード slow food
スローモーション slow motion
スローライフ slow life
スロバキア Slovakia
スロベニア Slovenia
スワジランド (エスワティの旧名) Swaziland
座る sit; take a seat; (状態) be seated
すんなり smoothly; easily
スンニ派 Sunni
寸法 measurement

せ

背 back; (身長) height
…製(の) made in [of] …
せい blame; fault …の～で because of
姓 family name
性 sex; nature ～的な sexual ■性差別 sexual discrimination 性転換 sex change
正 right; justice; correctness
生 life
精 spirit; fairy; (精力) energy
聖 saint ～なる sacred; holy
静 stillness; quiet; quietness
税 tax, duty
制圧 control
西安 Xi'an
誠意 sincerity ～のある sincere; faithful
せいいっぱい as hard as possible [*one* can]
声援 cheer
西欧 West(ern), Europe; West
成果 outcome, result; fruit
聖歌 sacred song
聖火 Olympic Flame
青果 fruit(s) and vegetables
正解 correct answer
性格 character; personality

関連› 厚かましい cheeky; 意志の強い determine; strong-willed; 意地悪な nasty; エネルギッシュな energetic; 怒りっぽい short-tempered; おとなしい quiet; 活動的 active; 協力的な supportive; 頑固な stubborn; 気楽な easygoing; きれい好き tidy; 勤勉な diligent; 厳格な strict; 公平な fair; 傲慢な haughty; 親しみやすい friendly; 時間を守る punctual; 自立している independent; 独自性に富む unique; 努力家(の) hardworking; (人) hard worker; 人づきあいのよい sociable; 優しい gentle; 愉快な pleasant; 控え目な modest; 素直な humble;

声楽 vocal music
正確な correct; exact; accurate
生活 life ～する live ■生活水準 living standards 生活保護 livelihood protection; welfare aid 生活様式 way of life
税関 Customs
性感染症 STD (sexual transmission diseases)
世紀 century
性器 sex organ; (生殖器) genitals
生気 life, pep
正義 justice
正規の regular
請求する charge 請求書 bill
逝去 passing
制御 control
生協 co-op; cooperative
清教徒 Puritan
税金 tax, duty
政経 politics and economics
整形 (整形外科) plastic surgery
生計 livelihood, living
清潔な clean; neat
政権 political power; government
制限 restriction; limit ～する restrict; limit
性交 sex, (sexual) intercourse; love-making
成功 success ～する succeed, be successful
整合性 consistency
精巧な elaborate; sophisticated
正攻法 orthodox method
星座 constellation
制裁 sanction; punishment
制作, 製作 production ～する produce
政策 policy
生産 production ～する produce
清算する settle
せい惨な gruesome, spine-chilling; frightful
生死 life and [or] death
精子 sperm
政治 politics ～的な political ■政治家 politician 政治学 politics
セイシェル Seychelles
正式の formal; regular; official
制止する stop
静止する come to rest
性質 nature, disposition; (物事の) nature
誠実な sincere; honest; true
静じゃく silence; quiet(ness); stillness
税収 (tax) revenue

静粛な quiet
成熟する mature; ripen
青春 *one's* youth; adolescence
清純な pure
聖書 the Bible
清浄 cleanness
星条旗 Stars and Stripes
正常な normal
精神 mind; spirit ～的な mental; spiritual 精神分析 psychoanalysis
成人 adult, grownup, grown-up, adult 成人映画 adult movie 成人年齢 age of majority
聖人 saint
製図 drawing
生成 creation; formation
精製 refining ～する refine
せいぜい at most, at best
税制 taxation system; system of taxation
せいせいする be glad; feel relieved
正々堂々と fair (and square)
成績 results; (school) record, mark
聖戦 holy war; crusade; (イスラム教の) jihad
整然と systematically ～とした neat
清そな neat and clean
正装 full dress
清掃 cleaning ■清掃車 garbage truck
製造(する) manufacture
生息する live; inhabit ■生息地 habitat
生存 existence ～する live; exist ■生存者 survivor
生態 ecology ■生態系 ecosystem
盛大な grand
ぜいたくな luxurious; extravagant
生誕 birth
聖地 sacred place, holy ground
成長, 生長 growth ～する grow
精通している be familiar 《*with*》
制定 enactment ～する enact
晴天 fine [fair] weather
静電気 static electricity, static
青天のへきれき a bolt from the blue
生徒 pupil, student
制度 system; institution
政党 party
青銅 bronze
正当な fair; just ■正当防衛 self-defense
整とんする put ... in order; straighten up
西南 southwest
西南西 west-southwest
ぜい肉 flab; unwanted fat
成年 full age; adult
青年 young man [woman], youth
生年月日 the date of *one's* birth
性能 performance; power
制覇 conquest; domination
正反対 (exact) opposite
整備 maintenance; improvement
製品 product; manufactured goods
政府 government; (内閣) cabinet
西部 western part; (米国の) West
制服 uniform
征服する conquer
生物 living thing; creature; (総称的) life ■生物学 biology 生物学者 biologist
静物 still life ■静物画 still life painting
成分 ingredient, element
性別 sex; distinction of sex
聖母 Holy Mother [Virgin Mary]
正方形 square
西北 northwest
西北西 west-northwest
精密な precise; exact
税務署 tax office
姓名 *one's* full name
生命 life
声明 statement; proclamation
正門 the front gate
制約 restriction
誓約 oath; vow
声優 voice actor [actress]
西洋 West ～の Western
静養 rest; relaxation
性欲 sexual desire; lust
生理 (月経) period ■生理学 physiology
整理する put [set] ... in order; tidy up
税率 tax rate; rate of tax
成立する be formed; (樹立) be established
清涼飲料 soft drink
勢力 power; force; influence
精力 strength; vitality ～的な energetic
西暦 Christian era; (年数とともに用いて) A.D.
整列する line up
セーター sweater
セーヌ川 Seine
セーフ safe; safely
セーブ save
セーフガード safeguard
セーフティー safety ■セーフティーバント bunt for a base hit
セーラー服 middy blouse and skirt
セール sale; bargain sale
セールスマン salesman, salesperson
背負う carry [put] ... on *one's* back
背泳ぎ the backstroke
世界 the world ～的な international; worldwide; global ～的に internationally; globally ～中で all over the world
せかす hurry 《*up*》; rush; push
セカンド (野球) second base
席 seat 会話 この～はあいていますか Is this seat taken? 2[3]人ですが～はありますか Do you have a table for two [three]?
籍 family register; member
せき(をする) cough ■せき払いをする give a cough; clear *one's* throat
赤外線 infrared rays
赤十字 Red Cross
赤新月社 Red Crescent

脊ずい spinal cord
積雪 (fallen) snow; snowfall
石像 stone statue
せき立てる rush, urge
石炭 coal
脊つい動物 vertebrate
赤道 the equator
赤道ギニア Equatorial Guinea
せき止める dam 《*up*》; keep .... back
責任 responsibility ～がある be responsible ■責任者 person in charge
赤面 blush; flush
石油 oil ■石油輸出国機構 OPEC
セキュリティ security
セクシーな sexy, hot
セクシャルハラスメント sexual harassment
セクション section
セクター sector
セグメント segment
世間 the world; the public; people
せこい crafty; stingy
施行する[される] enforce; execute
…せざるをえない cannot help doing
施錠 locking
背すじ spine
…せずに without doing; instead of doing
…せずにいられない cannot help doing
世帯 household; family
世代 generation
節 (書物の) section
説 opinion; view; theory
石灰 lime
せっかちな impatient
石器 stone tool [implement] ■新[旧]石器時代 New [Old] Stone Age
説教 sermon ～する preach
絶叫 scream; shriek
積極的な active; positive; aggressive
接近 approach; access ～する approach
セックス sex
絶句する cannot find words (to say)
設計(する) plan, design ■設計図 plan
赤血球 red blood cell
石けん soap
ゼッケン number cloth
石こう plaster
絶交する break off 《*with*》
絶好の best; perfect; ideal
絶賛する praise highly
摂氏 centigrade, Celsius
切実な serious, urgent
接触 contact ～する contact
セッション session
節水 water saving
接する (接触する) contact, touch; (出会う) meet; (隣接する) border 《*on*》
せっせと hard, diligently, busily
接戦 close game [match]

接続詞 conjunction
接続する connect
絶対に absolutely 絶対的な absolute
切断する cut
設置する establish; set up; install
接着剤 glue, adhesive
絶頂 climax; height; peak
設定する establish, set ... up; assume
セッティング setting; arrangement
節電 (electric) power saving
セット set; (家具の) suit
節度 moderation; temperance
セットアップ setup
窃盗 theft
接頭辞 prefix
説得 persuasion ～する persuade
せつな instant; moment
切に from the bottom of *one's* heart
切迫した urgent
折半する go fifty-fifty
設備 facilities; (装備) equipment
接尾辞 suffix
絶壁 cliff; precipice
雪片 snowflake
絶望(する) despair 絶望した desperate 絶望的な hopeless
説明 explanation ～する explain ■説明書 explanatory note
絶滅する die out 絶滅した extinct ■絶滅危惧種 endangered species
節約する save, economize
設立する establish, set up; found
説話 tale; story; narrative
瀬戸物 china, chinaware
背中 back
セネガル Senegal
ゼネコン major construction company
ぜひ at all costs
セピア sepia
セビーリャ Seville
背広 suit
背骨 backbone
狭い (幅が) narrow; (面積が) small
迫る (近づく) approach; (強いる) press
セミ cicada
ゼミ seminar
セミコロン semicolon (;)
セミナー seminar
セミプロ semiprofessional, semipro
セメスター semester
責め立てる torture severely
せめて at least
攻める attack
責める accuse 《*of*》, blame; reproach
セメント cement
ゼラチン gelatin(e)
セラピー therapy
セラミックの ceramic
ゼリー jelly

せりふ lines
セル cell
セルビア Serbia
セルフケア self-care
セルフコントロール self-control
セルフサービス self-service
セルフタイマー self-timer
セルライト cellulite
セレブ celebrity, celeb
セレモニー ceremony
ゼロ zero; nothing; naught
セロテープ《商標》Scotch tape
セロハン《商標》cellophane
セロリ celery
世論 public opinion
世話 care ～をする take care of, look after ～の焼ける troublesome 会話 いろいろとお～になりました Thank you for everything.
せわしい busy
せわしない busy; restless
千(の) thousand
栓 stopper; tap ■栓抜き cap opener
線 line; (鉄道) track; (方針) principle
善 good
全… all; whole; entire
善悪 right and wrong
繊維 fiber
善意 good will
全域 whole area
船員 crew member; sailor
全員 all the members, all
前衛 vanguard; (芸術の) avant-garde
前科 police [criminal] record
全額 total amount
洗顔する wash *one's* face
選挙 election ～をする elect
専業 full-time job
専業主婦[夫] stay-at-home wife [husband]
占拠する take over
先駆者 pioneer, forerunner
全景 complete view
先月 last month
宣言 declaration ～する declare
全権 full powers, full authority
先見の明 foresight
戦後 postwar ～に after the war ■戦後世代 postwar generation
前後 back and forth
専攻 (科目) major ～する major in ...
線香 incense stick
選考 selection; screening
閃光 (せんこう) flash
善行 good deed; good conduct
全校 (whole) school
先行する precede, lead; (試合で) be ahead
宣告 (刑の) sentence ～する pronounce
全国に all over the country
センサー sensor
洗剤 detergent
潜在的な potential ■潜在意識 subconscious
繊細な delicate
戦死 death in war ～する be killed in action [battle]
戦時 wartime
船室 cabin
先日 the other day
全室 all room
前日 the day before
戦車 tank
前者 the former
選手 player ■選手権 championship
先週 last week
全集 complete works
先住民 aborigines
戦術 tactics
戦場 battlefield
洗浄する wash ...《*out*》; clean; rinse《*out*》
染色体 chromosome
前進 advance, progress ～する advance
全身 whole body; from head to foot
先進国 advanced country
センス taste; (感覚) sense
扇子 folding fan
潜水 diving ■潜水艦 submarine
前世 previous existence
先生 teacher; professor; (指導員) instructor
宣誓 oath ～する take the oath
全盛 height of prosperity
占星術 astrology
専制政治 tyranny; autocracy
センセーショナルな sensational
センセーション sensation
宣戦 declaration of war
前線 front
ぜんぜん (not) at all; never; quite
先々月 month before last
先々週 week before last
戦前の prewar 戦前に before the war
先祖 ancestor; (総称的) ancestry
戦争 war ■戦争犠牲者 war victim ■戦争犯罪人 war criminal
前奏(曲) introduction; prelude
ぜんそく asthma
全速力 full speed
センター (野球) center field
全体 the whole ～の whole
洗たく wash(ing), laundry ～する wash, do the washing ■洗たく機 washing machine 洗たくばさみ《米》clothespin
選択 choice, selection ～する choose
先端 point, tip; (学問の) frontiers
戦地 front, battlefield, war zone
全治 complete heeling, complete recovery
前置詞 preposition
センチメートル centimeter
センチメンタルな sentimental
船長 captain

前兆 sign; omen; symptom
前提 premise; assumption
宣伝 advertisement; publicity; propaganda ～する advertise ■宣伝活動 public relations 宣伝効果 advertising effectiveness
全店 all stores; whole store
先天的な innate, inborn, natural; congenital
セント cent
前途 future; outlook, prospect; promise
先頭 top, lead ～に立つ take the lead; (行列の) front …の～に立つ lead
戦闘 combat; battle; fighting ■戦闘機 fighter (plane)
銭湯 public bath
セントクリストファー[セントキッツ]・ネービス Saint Christopher [Kitts] and Nevis
セントビンセントおよびグレナディーン諸島 Saint Vincent and the Grenadines
セントラルパーク Central park
セントルイス St. Louis
セントルシア Saint Lucia
全日制 full-time schooling system
潜入する sneak [steal] 《*into*》
善人 good man
専任の full-time
栓抜き bottle opener
前年 previous year; (昨年) last year
専念する concentrate 《*on*》; devote *oneself*
洗脳 brainwashing
全能の almighty
専売(権) monopoly
先輩 elder person; *one's* senior
洗髪 hair-washing; shampoo
選抜する select
先発する start in advance ■先発投手 starting pitcher 先発メンバー starter
前半 the first half
全品 all goods
前部 first half
全部 all; everything 全部で in all
扇風機 (electric) fan
潜伏する hide out; hide *oneself*
せんべい Japanese (rice) cracker
選別する sort … 《*out*》; select
せん望 envy
全貌 whole picture
前方に ahead
ぜんまい (時計の) (clock) spring
鮮明な clear; vivid
全滅 total destruction, annihilation, extermination ～させる exterminate, annihilate
洗面器 washbasin, washbowl ■洗面所 bathroom; (トイレ) rest room 洗面台 sink
全面的な complete ～的に entirely
専門 specialty; (専攻科目) major ■専門家 expert 専門学校 professional school, vocational school 専門店 specialty store 専門用語 term
前夜 previous night ■前夜祭 eve
先約 previous engagement [appointment]
占有 occupation
専用 *one's* exclusive use ～の for the exclusive use of …
旋律 melody
戦略 strategy, plan
善良 goodness ～な good; honest
占領する occupy
全力(で) with all *one's* strength ～を尽くす do *one's* best
先例 precedent; previous instance
洗礼 baptism ■洗礼名 Christian name
前列 front row
洗練された refined
線路 (railroad) track [line]

そ

粗悪な poor, bad; inferior
…沿い (…に並行して) along; (…に面して) on
素因 primary cause; predisposition
…そう(だ) (伝聞) They say, It is said; (思える) look; appear; (…しそうだ) be likely to do

チャンクで英作文

●おいしそうだ **look** good
→あの寿司はおいしそうだ.
That sushi looks good.

そう so 会話 ～だと思います I think so.
僧 priest
層 layer; stratum
相 aspect
総… total, gross; general
添う meet; comply 《*with*》
象 elephant
像 statue; image; picture
創案 original idea; invention
相違 difference; contrast; distinction
そういう such, like that; that kind of …
そううつ病 manic-depression; (双極性障害) bipolar disorder
憎悪 hatred; detestation; loathing
相応の suitable; fit; becoming; adequate
騒音 noise ■騒音公害 noise pollution
増加 increase; growth ～する increase
造花 artificial flower
爽快 refreshment
総会 general assembly
総額 the sum (total)
総括 summary; review
双眼鏡 binoculars
送還する send … back
相関的な correlative ■相関関係 correlation
早期 early stage
争議 dispute
葬儀 funeral (service); funeral rites
臓器 internal organs ■臓器移植 organ transplant 臓器提供者 donor
早急な immediate; prompt; urgent

創業 foundation; establishment
操業 operation(s)
増強 reinforcement; strengthening; build-up
送金 remittance
ぞうきん rag, dust cloth; (床用) floor cloth
遭遇する meet with ...
ぞうげ ivory
総計 total, sum, sum total; total amount
草原 grasslands
増減 increase or decrease
倉庫 warehouse, storehouse
総合する put ... together 総合的な general ■総合学習 integrated studies 総合職 managerial track 総合大学 university 総合病院 general hospital
相互の mutual
操作 operation, handling 〜する operate
総裁 president
創作 creation; invention; (執筆) writing
捜索 search 〜する search, hunt
捜査する investigate
掃除 cleaning 〜する clean; (掃く) sweep; (拭く) wipe ■掃除機 (vacuum) cleaner
相似 similarity
葬式 funeral
創始者 founder; originator
喪失 loss
奏者 player
走者 runner
操縦する (機械を) operate ■操縦士 pilot
蔵書 library
装飾する decorate ■装飾品 ornament
送信 transmission
そうすれば and
増税 tax increase
創設する found
造船 shipbuilding ■造船所 shipyard
総選挙 general election
そうそう (思い出して) Now I remember.
創造 creation 〜する create 〜的な creative
想像 imagination 〜する imagine 〜上の imaginary ■想像力 imagination
そうぞうしい noisy
相続 inheritance; succession 〜する inherit ■相続人 heir; heiress
曾祖父[祖母] great-grandfather [mother]
総代 representative; delegate
早退する leave work [school] early
増大する increase; grow
相対的な relative
壮大な grand
相談 talk; consultation 〜する talk; consult
装置 device
装着する put ... on; fit
早朝 early morning
想定する assume, suppose
騒動 trouble; fuss; disturbance
相当な considerable; good; (適合した) fit; suitable
総督 governor general
遭難 (事故) accident; (船の難破) (ship)wreck ■遭難者 victim
ぞうに *zoni*; soup with rice cakes
挿入 insertion 〜する insert
相場 market price [value]; rate
送別 farewell ■送別会 farewell party
双方 both
双方向の two-way; interactive
総務 general affairs ■総務省 Ministry of Internal Affairs and Communications
ぞうり *zori*; Japanese sandals
総理大臣 prime minister
創立 foundation ■創立者 founder
僧侶 (Buddhist) priest
送料 postage; freight (rates); delivery charge
ソウル Seoul
ソウルミュージック soul (music)
添える attach 《*to*》; add 《*to*》
ソーシャル social
ソース sauce
ソーセージ sausage
ソーダ soda ■ソーダ水 soda water
ソート sorting 〜する sort
ソープ (石けん) soap
ソーホー SOHO
ソーラー solar
ゾーン zone, area
疎外 alienation 〜する alienate
…足 pair 靴2〜 two pairs of shoes
即 at once, immediately; as soon as ...
俗語 slang
即座に immediately
即死 instant death 〜する be killed instantly
即日 《*on*》 the same day
続出する arise in succession
促進 promotion; advancement; (奨励) encouragement 〜する promote
属する belong 《*to*》; be a member of ...
属性 attribute
即席の instant
続々(と) one after another
ぞくぞくする shiver; be thrilled, be excited
速達 special delivery; express
測定する measure
速度 speed, velocity
即答 immediate answer
俗に commonly
即売 spot sale
束縛する restrain; tie
速報 (news) flash; prompt report
側面 side; aspect; flank
ソクラテス Socrates
測量(する) survey
ソケット (light bulb) socket; wall socket
そこ there; over there; that place
底 bottom; bed; (靴の) sole
祖国 *one's* country
そこそこ or so; at most, not more than ...

そこで so, therefore
…損なう fail; miss
損なう spoil; injure
底無しの unlimited; extreme; hopeless
素材 material
組織 organization 〜する organize
阻止する stop; block; check
素質 the makings
そして and, and then
蘇州 Suzhou
訴訟 (law)suit, action
蘇生する come (back) to life; revive
祖先 ancestor
注ぐ pour 《*into*》; (川などが流れ込む) flow
そそくさ(と) hurriedly, in a hurry
そそっかしい careless
そそのかす tempt, egg ... on; incite
そそる excite; stimulate; whet
粗大ゴミ large-size refuse
育つ grow (up); be brought up; be raised
育てる bring up, raise; (作物を) grow
措置 measures
そちら there; that way; (相手) you
速記 shorthand; stenography
即興 improvisation
卒業 graduation 〜する graduate ■卒業式 graduation (ceremony) 卒業証書 diploma 卒業生 graduate
ソックス socks
そっくり (全部) all; (似ている) look exactly [just] like
そっけない curt; blunt; brusque; cold
続行 continuation 〜する continue; go on
測候所 weather station
そっち (over) there, that way
率直な frank; candid; open
沿って along
そっと softly; (こっそり) stealthily
卒倒(する) faint
ぞっとする (身ぶるいする) shudder, shiver
卒論 graduation thesis
そで sleeve; (舞台の) wings
外 the open air …の外に[へで] outside ...
外側 outside, exterior; appearance
供える offer ▶供え物 offering
備える prepare 《*for*》; equip ▶備え preparations; equipment
備わる be gifted; be equipped
その that; the; its; those 〜間に meanwhile
その上 besides; moreover
そのうち before long; someday
その代わり instead; but; so
そのくせ still; but; (and) yet
その後 after that
その頃 at that time
その他 others; rest; and so on
そのため for that reason; as a result
その都度 each time
その手 that trick
そのとおり 会話〜です That's right.
そのとき then
その場限りの temporary, stopgap
その辺に around there
そのほか others ⇨その他
そのまま as it is
その道 (方面・分野) field, realm; (同業者) trade
そのような such ..., like that
そば buckwheat noodles
そばかす freckle
そばに by; beside; near そばの nearby
ソビエト Soviet Union
そびえる tower, rise
祖父 grandfather, grandpa
ソファー sofa
ソフィア Sofia
ソフト (ソフトウェア) software 〜な soft
ソフトクリーム soft ice cream
ソフトタッチの soft to touch; amiable
ソフトボール softball
祖父母 grandparents
ソプラノ soprano
そぶり manner, attitude; air
祖母 grandmother, grandma
素朴な simple; unsophisticated
粗末な poor; coarse 粗末にする waste
ソマリア Somalia
染まる be dyed; (汚れる) be stained
そむく disobey; go against ...
そむける turn (*one's* face) away; look away
ソムリエ sommelier, wine steward
染める dye
そもそも first(ly); to begin with; basically
粗野な vulgar; coarse; rude
そよ風 breeze
そよぐ rustle; sway
空 sky; air ■空模様 look of the sky
空色 sky blue
そらす turn ... away [aside]; divert; distract
そり sled, sleigh
ソリューション solution
剃る shave
反る warp; lean backward
それ that, it 〜以来 since (then) 〜に besides 〜はそうと by the way
それから after that; (それ以来) since then
それぞれ each; respectively
それだけ that (much); all 言いたいことはそれだけよ That's all (I have to say).
それで and (then); so; therefore
それでは so, well, then
それでも but; still; (and) yet
それどころか on the contrary, actually
それとなく indirectly; casually
それとも or (else)
それなのに but; (and) yet
それなら if so; then
それに ⇨その上
それにしても still; even so; at any rate

それにもかかわらず nevertheless
それはそうと by the way
それほど so, that much
それまで until then; (それまでには) by then
それら those; they
それる (話が) digress; (弾が) miss
ソロ solo
そろい (一式) set
そろう get together; be complete
そろえる collect all; (並べる) put in order
そろそろ soon; slowly; gingerly
そろばん abacus
ソロモン諸島 Solomon Islands
そわそわする be restless, be nervous
損 loss; (不利) disadvantage ～をする lose
損害 damage; loss
尊敬 respect ～すべき honorable ～する respect, look up to
尊厳 dignity
存在 existence; being ～する exist
ぞんざいな rough; rude; impolite
損失 loss
損傷 damage
存続 continuation ～する continue
尊大な arrogant; self-important
尊重する respect; value
損得 profit and loss; interest
そんな such, like that
そんなに so much [many]; like that
存分に to *one's* heart's content

た

田 rice paddy, paddy (field), rice field
ターキー turkey
ターゲット target
タージマハール Taj Mahal
ダージリン Darjeeling
ダース dozen
ダーツ (ゲーム) darts
タートルネック turtleneck
ターニングポイント turning point
ターバン turban
ダービー Derby
ターボ… turbo ...
ターミナル terminal
ダーリン (my) darling
ターン turn
…たい want [would like] to do
タイ (魚) sea bream
タイ (国) Thailand ～の Thai ■タイ人[語] Thai
タイ (ネクタイ) (neck)tie
タイ(になる) (同点) tie
対 versus, vs.
隊 party, (軍隊) corps
代 generation 30～に in *one's* thirties 2020年～に in the 2020's
台 stand
題 title; (主題) subject, theme
タイアップ tie-up ～する tie up《*with*》
ダイアローグ 《米》 dialog; 《英》 dialogue
大意 outline; summary
体育 physical education ■体育館 gym(nasium) 体育祭 《米》 field day
第一言語 mother tongue, first language
第一の first 第一に first of all ■第一印象 first impressions
第一線 front; leading position
退院する leave (the) hospital
大英博物館 British Museum
ダイエット diet ～する go on a diet
対応する (相当する) correspond《*to*》; (反応する) respond《*to*》; (対処する) cope《*with*》
ダイオード diode
ダイオキシン dioxin
体温 temperature ～を計る take *one's* temperature
退化 degeneration
退会 withdrawal
大会 (mass) meeting; convention
たいがい mostly, generally, in general
対外的な foreign; external
体格 build
大学 university; college ■大学院 graduate school 大学生 college student
退学する leave school
対角線 diagonal
耐火性の fireproof
対岸 other side
大気 atmosphere ■大気汚染 air pollution
大企業 big [major] company
代議士 (日本の) Diet member
大規模な large-scale
退却する (敵が) retreat; (味方が) withdraw
耐久(性[力]) durability; endurance
大金 large sum of money
代金 price; (料金) charge, fee
大工 carpenter
待遇 treatment
たいくつな boring たいくつする be bored
大群 large group
体型 figure; physique

関連›
ほっそりした slender; ぽっちゃりした plump; 太った fat; がっしりした sturdy

A B C D E F G H I J K L M N O P Q R S T U V W X Y Z 和英

体系 system ～的な systematic
台形 trapezoid
対決 confrontation
体験 experience ～する go through
たいこ drum
対抗する match
大国 large [major] country
ダイコン (Japanese) radish
大差 great difference
滞在(する) stay
題材 theme, topic, subject
対策 measure(s)
第三者 third party, outsider
退散する disperse; run away
大使 ambassador ■大使館 embassy
ダイジェスト digest
退治する get rid of ...
大自然 nature
たいした great; serious; (否定) not much
体質 constitution, tendency
(…に)対して against, to, toward, for
たいして…でない not very ..., not much ...
だいじな important だいじにする cherish
体臭 body odor
大衆 the public, the masses
体重 (one's) weight ■体重計 (body weight) scales
対照 contrast
対称 symmetry
対象 object; (非難などの) target
大将 general; (海軍) admiral
大賞(グランプリ) grand prix
退場 exit; sent-off
大丈夫 all right, OK 会話 ～ですか──～です Are you all right?—I'm all right, thank you.
退職 leaving the company, (引退) retirement ～する leave, quit, (引退) retire
対処する deal, cope 《*with*》
大臣 minister
大震災 great earthquake disaster
耐震性の earthquake-proof
ダイズ soybean
代数(学) algebra
大好きな favorite
体制 system; structure; establishment
態勢 attitude; preparation
大西洋 the Atlantic (Ocean)
たい積 heap
体積 volume
退席する leave (*one's* seat)
大切な important 大切にする cherish
大戦 great war
対戦する play 《*against*》
体操 gymnastics, physical exercises
代走 pinch runner
大卒 college graduate
代打 pinch hitter
だいたい almost ～同じ about the same
だいだい色(の) orange
代々 for generations
代替の alternative
大多数 majority
怠惰な idle, lazy
対談 talk; interview
だいたんな bold
台地 tableland, plateau
大地 earth
体調 (physical) condition
隊長 captain, leader
大腸 large intestine
タイツ tights
たいてい on the whole; mostly; usually
態度 attitude, manner
台頭 rise
対等な equal
大統領 president ■大統領選挙 presidential election
台所 kitchen
タイトスカート straight skirt; pencil skirt
タイトル title
台なしにする[なる] spoil
ダイナマイト dynamite
ダイナミック dynamic
第二アクセント secondary accent
第二言語 second language
ダイニングキッチン kitchen-dining room
ダイニングルーム dining room
耐熱(性)の heatproof; heat-resistant
大脳 cerebrum
ダイバー diver
退廃 decay; decadence; corruption
体罰 physical punishment
大半 most, almost all
堆肥(たいひ) compost
対比 contrast
タイピスト typist
代表 representative ～する represent ～的な typical ■代表団 delegation
ダイビング diving
タイプ type
だいぶ very, pretty ⇨かなり
台風 typhoon
大仏 huge statue of Buddha, Great Buddha
大部分の most
タイプライター typewriter
タイペイ (台北) Taipei
太平洋 the Pacific (Ocean)
大変 very, awfully ～な terrible; serious
大便 stools; feces
逮捕(する) arrest ～します You are under arrest.
大砲 cannon, gun
待望の long-awaited, long-expected
大麻 (植物) hemp; marijuana
タイマー timer
たいまつ torch
怠慢 neglect ～な neglectful
タイミング timing ～のいい timely

盾 shield
縦書き vertical writing
たてがみ mane
立て続けに in succession; continuously
立て札 bulletin board
建前 (行動方針・原則) principles
建物 building

> 関連›
> 家 house; 駅 station; オフィス office; 学校 school; 銀行 bank; 空港 airport; 工場 factory; 交番 police box; 塾 private-tutoring school, cram school; 水族館 aquarium; スーパーマーケット supermarket; 大学 university, college; 図書館 library; 博物館 museum; 美術館 museum; マンション apartment, condominium; 遊園地 amusement park

縦横 length and width
建てる build; (看板などを) put up
立てる stand, put up; (計画を) make
打倒 overthrow
妥当な appropriate
たとえ(…でも) even if, no matter what
たとえば for example, for instance
たとえる compare 《*to*》; use a simile [metaphor]
だとしても even so
だとすると if so
たどる follow, trace
棚 shelf, rack
棚上げする (計画を) shelve, put aside
七夕 Star Festival
谷 valley
ダニ tick
他人 others; (見知らぬ人) stranger
他人事 other people's affairs
タヌキ raccoon dog
種 seed; (仕掛け) trick ～をまく sow
他の other, another
楽しい pleasant, happy 会話 楽しかった I've had a good time.
楽しみ pleasure; amusement
楽しむ enjoy ▶楽しませる entertain
頼み request, favor
頼む ask, request; (注文する) order

•••• そのまま使えるフレーズ ••••

すみませんが I'm afraid, but ...
手伝ってくれませんか Could you help me doing this?
お願いします Please.
静かにしてください Be quiet please.
少しお待ちください Could you wait for a second?
お願いがあるのですが Could you do me a favor?

••••••••••••••••••••••••••

たのもしい dependable, reliable; promising
たば bundle, bunch
煙草 cigarette, tobacco ～を吸う smoke
田畑 paddy and field
たばねる bundle; tie up ... in a bundle
旅 trip, journey
タピオカ tapioca
旅路 journey
旅立つ set off 《*for*》
度々 often, frequently, many times
タヒチ Tahiti
たびに (…する度に) whenever, every time
ダビングする dub
タブー taboo
だぶだぶ too large; loose
タフな tough
ダブリューティーオー (世界貿易機関) WTO (World Trade Organization)
ダブリン Dublin
ダブる overlap; fall together; repeat
ダブル double
ダブルクリックする double-click
ダブルス doubles
タブレット tablet
タブロイド tabloid
多分 maybe, perhaps, probably
食べ過ぎる eat too much
食べ残し leftovers
食べ物 food; something to eat
食べる eat, have

> **チャンクで英作文**
> ●昼食を食べる **have** lunch
> →昼食は何時に食べる？
> What time will you have lunch?

だべる gab
多忙 busyness
多方面 many directions
打ぼく bruise
たま (球) ball; (電球の) bulb
たま (弾) bullet
たまげる be very surprised
タマゴ egg
魂 soul
だまし取る cheat out of
だます cheat, deceive
ダマスカス Damascus
たまたま by chance
黙って in silence, silently
たまに once in a while
タマネギ onion
たまの occasional; rare
たま物 result; fruit
たまらない intolerable, unbearable
たまる gather; pile up, accumulate
黙る shut up, stop talking, become silent
たみ (民) people; citizen
ダミー dummy
ダム dam
ため ～になる do good …の～に for; (理由) because of …する～に (in order) to do

ため息 sigh 〜をつく sigh, give a sigh
ダメージ damage
ため込む store; hoard; save ... up
ためし (例) precedent; example
試し try, test, trial
試す try, test
だめな no good; useless; impossible …してはだめだ mustn't do だめにする spoil
ためになる instructive, useful
ためらい hesitation
ためらう hesitate
ためる store, keep
貯める (金を) save
多目的の multipurpose
保つ keep
絶やす exterminate
たやすい easy; simple
多様な various, diverse
便り letter; note; news
頼り reliance 〜になる trustworthy
頼りない unreliable, undependable
頼る rely 《*on*》, depend 《*on*》
…たら if ...; when ...
タラ cod, codfish
ダライラマ Dalai Lama
堕落 corruption
だらけ be full of 間違い〜の full of mistakes 泥〜だ be covered with mud
タラコ cod roe
だらしない loose, sloppy, untidy
たらす hang (down); (液体を) drip
…足らず(で) 《*in*》 less than; (以内に) within
ダラス Dallas
だらだらした (長たらしい) lengthy; lazy
タラップ (飛行機) ramp; (船) gangplank
ダリア dahlia
打率 batting average
足りない lack, be short 《*of*》
タリバン Taliban
多量の large quantity [great deal] of
足りる be enough [sufficient] 足りない lack
樽 barrel; (小さい) keg
だるい dull, tired; feel tired
タルタルソース tartar(e) sauce
だるま Dharma doll
たるむ slacken; get loose, sag
誰が who 誰か somebody, anybody 誰でも everybody 誰も…ない nobody
たれ込み tip-off
たれる (幕が) hang; (ぽたぽたと) drip
だれる become dull; drag; get bored
タレント TV personality
…だろう (想像) I think ...; (推量) I wonder ...
タワー tower
たわいない trivial; silly; innocent
たわむれる play 《*with*》; joke
団 group, party
壇 platform
段 step; stairs
弾圧 oppression; suppression
単位 unit; (学科の) credit
単一の single
たんか stretcher
タンカー tanker
段階 stage 〜的に in stages
断がい cliff, precipice
単科大学 college
嘆願 entreaty
弾丸 bullet, shot
短気な short-tempered 短気を起こす lose *one's* temper
短期の short-term ■短期大学 junior college
探究する pursue
短距離 short distance
タンク tank
ダンクシュート dunk shot
タンクトップ tank top
タンクローリー tank truck
団結 union 〜する unite
探検 exploration 〜する explore ■探検家 explorer
断言する assure
タンゴ tango
単語 word
断固 decisively; firmly
だんご dumpling
炭鉱 coal mine
たんこぶ bump; lump
ダンサー dancer
探索 search
タンザニア Tanzania
炭酸 carbonic acid
男子 man; boy ■男子生徒 schoolboy
断食 fast; (イスラム) Ramadan
断じて absolutely; never
短縮する shorten; abbreviate
単純な simple
短所 weak point, fault, shortcoming
男女 men and women ■男女共学 coeducation
誕生 birth 〜する be born
誕生日 birthday 〜おめでとう Happy birthday (to you)!
単色 single color; monochrome
短針 hour hand
単身赴任 relocation without *one's* family
たんす chest (of drawers), wardrobe
ダンス dance, dancing
淡水 fresh water
炭水化物 carbohydrate
単数 singular
男性 man, male 〜的な masculine
断然 by far, far and away
炭素 carbon
短足 short legs
断続的な intermittent
短大 junior college

団体 group ■団体競技 team sport [game] 団体旅行 group tour
段々 gradually; slowly; little by little
淡々とした calm; indifferent
団地 apartment complex
探知機 detector
短調 minor (key)
団長 the head of a party [group]
単調な monotonous
探偵 detective
断定 (firm) conclusion; decision
担当 charge ～する take charge (*of*)
暖冬 mild winter
単独で alone
だんトツ by far the best; outright
単なる mere
単に only, just, merely
担任 class teacher ～である be in charge
断念する give up
たん念に carefully; closely
短波 shortwave
たんぱく質 protein
淡白な plain
タンバリン tambourine
ダンピング dumping
ダンプカー dump truck
タンブラー tumbler
単文 simple sentence
ダンベル dumbbells
短編小説 short story
断片 fragment; scrap
田んぼ (rice) paddy
担保 guarantee, security
暖房 heating ■暖房器具 heater
段ボール (corrugated) cardboard
タンポポ dandelion
タンポン tampon
端末 terminal
たんまり(と) in plenty
断面 (cross) section
段落 paragraph
弾力 elasticity
暖炉 fireplace

ち

血 blood ～を流す bleed
地 ground; soil; place; (地球) earth
チアガール cheerleader
チアリーダー cheerleader
治安 peace; security
地位 post, position, rank, status
地域 area, district ～の regional ■地域社会 (local) community
小さい small, little; (年少) young; (背) short
小さめ little smaller; small-size(d)
チーズ cheese
チーター cheetah
チーフ chief
チーム team ■チームワーク teamwork
知恵 wisdom
チェーン chain ■チェーンストアー[店] chain store チェーンメール chain mail
チェコ Czech
チェコスロバキア Czechoslovakia
チェジュ島 Cheju Island; Chejudo
チェス chess
ちぇっ tut, phew ちぇっ! Darn!
チェック check
チェックアウト check-out ～する check out 会話～は何時ですか What time is check-out?
チェックイン check-in ～する check in 会話浅野です. ～をお願いします I'd like to check in. My name is Asano.
チェックする check
チェルノブイリ Chernobyl
チェロ (楽器) cello
チェンナイ Chennai
チェンバロ harpsichord; cembalo
チェンマイ Chiang Mai
地下 underground ■地下室 basement; (貯蔵用) cellar
地価 land price
近い near; (時間が) near, soon
誓い oath ▶誓う swear, vow
違い difference
違いない それは本当に～ It must be true.
治外法権 extraterritorial rights
違う (異なる) be different (from); (間違っている) be wrong 違った different
近く (近所) neighborhood ～の nearby
知覚 perception; sensation
地学 earth science; (地質学) geology
知覚動詞 verb of perception
近頃 recently, lately, these days
地下水 underground water, groundwater
近々 soon; shortly
近づく come up (*to*), come [draw] near, approach
地下鉄 (米) subway, (英) underground; (ロンドンの) tube 会話～の駅はどこですか Where is the subway station?
地下道 underpass; (英) subway
近道 shortcut
近寄る go [come] near; approach
力 power; energy ～いっぱい with all *one's* strength ～強い strong, powerful
力仕事 heavy work; manual labor
力ずくで by force, forcibly
ちかん groper
地球 the earth ■地球儀 globe
ちぎる tear
チキン chicken
地区 area, district
逐語訳 word-for-word translation
蓄積 accumulation ～する accumulate
ちぐはぐな inconsistent; incompatible

ちくび nipple; teat
チグリス川 Tigris
ちくる tell [snitch] 《on》; squeal, rat 《on》
チクングニア熱 Chikungunya fever
地形 configuration

関連›
池 pond; 海 sea; 丘 hill; 海岸 shore; がけ cliff; 川 river; 砂漠 desert; 山脈 mountains; 島 island; 半島 peninsula; 湖 lake; 港 port; 森 forest; 山 mountain; 湾 bay

チケット ticket
遅刻する be late 《for》
知事 governor
知識 knowledge
地軸 earth's axis
地質学 geology
致死の lethal, fatal
地上に on the earth [ground] 地上 30 メートル 30 meters above the ground
知人 acquaintance
地図 map, atlas ■地図帳 atlas
血すじ blood, stock, descent
知性 intellect
地層 stratum, layer
地帯 zone
乳 milk ～を絞る milk 《a cow》
父 father
ちぢこまる huddle 《up [together]》
ちぢむ shrink
ちぢめる shorten
地中海 Mediterranean (Sea)
ちぢれ毛 curly hair
ちぢれる curl, frizz(le)
秩序 order
チッ素 (窒素) nitrogen
ちっ息 suffocation; choke ～する suffocate
ちっとも ⇨少しも
チップ tip; chip
知的な intellectual
地点 spot, point
ちなみに by the way, incidentally
(…に)ちなんで after …
地熱の geothermal ■地熱エネルギー geothermal power
知能 intelligence, intellect ■知能指数 intelligence quotient
チノパン chinos
ちびっ子 little kid, tiny tot; moppet; brat
乳房 breast
地平線 the horizon
チベット Tibet
ちほう dementia
地方 region, district, province; (いなか) the country 近畿～ Kinki region ～の local ■地方税 local taxes 地方分権 decentralization
ち密 precision; accuracy
地名 place name, name of place
致命傷 fatal injury; fatal wound
致命的な fatal, mortal
茶 tea; (緑茶) green tea
チャーシュー roast pork
チャーターする charter
チャート chart
チャーハン fried rice
チャーミングな charming
チャームポイント *one's* best feature
チャイナ China
チャイム chime
チャイルドシート child car seat
茶色 brown ▶茶色の brown
ちゃかす turn … into joke; make fun of …
着実な steady
着手する start; (仕事に) get [go, set] to work
着色する color
着水する land (on water), splash down
着席する be seated, take a seat, sit down
着払い cash [collect] on delivery
着メロ music ringtone
着用する wear
着陸する land
チャコール charcoal
ちゃちな (安っぽい) cheap; (貧弱な) poor
チャック zipper
チャット chat
チャド Chad
茶の間 living room
チャペル chapel
ちやほやする make much of …; flatter
チャリティー charity
チャレンジ challenge
茶わん bowl; (お茶用の) teacup
チャンス chance, opportunity
ちゃんと properly; (整然と) neatly
チャンネル channel
ちゃんばら sword fight
チャンピオン champion
中 (期間) during, while; (…の中) in 工事～ under construction 10 人～8 人 eight out of ten persons
宙 in the air, midair
注 note
注意 attention; (警告) warning, caution; (忠告) advice; ～する be careful ～を払う pay attentions ■注意深い careful ～深く carefully
チューインガム (chewing) gum
中央 the center, the middle
中欧 Central Europe
中央アジア Central Asia
中央アフリカ (国) Central African Republic
中央アメリカ Central America
中核 core; kernel
中学 junior high school ■中学生 junior high school student
中学校 junior high school
中華の Chinese ■中華料理 Chinese food

中間 the middle ■中間試験 midterm examination
中級の intermediate
中距離 middle distance ■中距離競争 middle-distance race
中ぐらいの medium
中継 relay ～する relay
忠告 advice ⇨覚えよう ～する advise
中国 China ～の Chinese ■中国人[語] Chinese
中腰 half-rising posture
中古車 used car
中古の used, secondhand
仲裁 arbitration, mediation
駐在 residence
中産階級 middle class(es); bourgeoisie
中止する stop, cancel, suspend 中止になる (試合が) be canceled
忠実な faithful
注射 injection ～をしてもらう have an injection
駐車 parking ～する park ■駐車禁止 (掲示) No Parking 駐車場 parking lot
抽出 extraction; sampling
中旬に in the middle of ...
中傷 slander; libel ～する slander
中小企業 small and medium-sized enterprises
抽象的な abstract ■抽象画 abstract painting
昼食 lunch ～を取る have lunch ■昼食会 luncheon
中心 center ～の central
中枢 center
中世 the Middle Ages
中性 neutrality ～の neutral
忠誠 (個人的な) loyalty; (国家への) allegiance
中絶 abortion
抽選 drawing, lot; (宝くじ) lottery
中退する quit [leave] school, drop out 《*of*》
中断 interruption ～する interrupt
ちゅうちょする hesitate
中東 Middle East
中毒 poisoning
中途で halfway, midway, unfinished
中途半端な half done, unfinished, halfway
駐とんする be stationed
チューナー tuner
中南米 South and Central America
チューニング tuning
中年の middle-aged 中年太り middle-aged spread
チューバ tuba
チューブ tube; (タイヤ) inner tube
注目する pay attention to ... 注目すべき remarkable
注文(する) order 会話～したものがまだきません Our order hasn't arrived yet. これは～していません I didn't order this.
中立 neutrality
チューリップ tulip
チューリヒ Zurich
中流(階級) middle class
駐輪する park a bicycle ■駐輪場 bicycle parking lot
中和 neutralization; counteraction
チュニジア Tunisia
チュニス Tunis
チョウ butterfly
兆 trillion
町 town
腸 the bowels, the intestines
超… super ..., ultra ..., over ...
長 head; chief
超一流の first-rate; first-class; extremely fine
調印する sign
超越する transcend, rise above
超音波 ultrasound; supersonic waves
超過 excess ～する exceed
聴覚 (sense of) hearing, auditory sense
朝刊 morning paper
長官 director general; 《米》 secretary
長期の long-term, long-range
長距離の long-distance
徴候 symptom, sign
聴講生 auditor
超高層ビル skyscraper
彫刻 sculpture ■彫刻家 sculptor
調剤する prepare medicines
調査する investigate, research
調子 (具合) condition; (音の) tune ～はずれで out of tune ～がいい be in good condition 会話～はどう?—まあまあです How are you doing?—Just so-so.
長時間 《*for*》 a long time
聴取 hearing
長寿 long life
聴衆 audience
徴収する collect
長所 strong [good] point, merit, value
長女 first(-born) daughter
頂上 the top, the summit, the peak
嘲笑する ridicule, laugh at, sneer 《*at*》
朝食 breakfast ～を取る have breakfast
聴診器 stethoscope
調整する adjust; tune up
調節する control, adjust
挑戦 challenge ～する challenge; (試みる) try ■挑戦者 challenger
朝鮮 Korea ～の Korean ■朝鮮語 Korean
彫像 statue
町長 mayor
長調 major (key)
ちょうちん (paper) lantern
ちょうつがい hinge
調停 mediation, arbitration
頂点 top, peak, climax, summit
ちょうど just, exactly, right ～今 right now

超特急 super express
町内 community; block; street; area
長男 first(-born) son
蝶ネクタイ bow tie
超能力 supernatural power
挑発 provocation
徴兵 conscription ■徴兵制度 draft system
長編 long piece
長方形 rectangle
重宝な useful
調味する season; flavor
調味料 seasoning

> 関連›
> 油 oil; からし mustard; ケチャップ ketchup; 香辛料 spice; コショウ pepper; 塩 salt; 生姜 ginger; 醤油 soy sauce; 酢 vinegar; ウスターソース Worcester sauce; ニンニク garlic; マヨネーズ mayonnaise; 味噌 miso; わさび Japanese horseradish

跳躍(する) jump, leap
調理 cooking ～する cook
調律 tuning
聴力 hearing
聴力検査 hearing test
鳥類 birds
朝礼 morning assembly [meeting]
調和 harmony ～する harmonize ～している be in harmony 《*with*》 ～のとれた harmonious
チョーク chalk
ちょき (じゃんけんで) scissors
貯金 savings; (預金) deposit ～する save (money) ■貯金通帳 bankbook, passbook 貯金箱 moneybox, (piggy) bank
直撃する hit
直後 just [right, immediately] after ...
直接の direct, immediate 直接に directly
直説法 indicative mood
直線 straight line
直前 just [right, immediately] before ...
直通の through, nonstop
直面する face
直訳 literal translation
直立した erect, straight, upright
チョコレート chocolate
著作 writings ■著作権 copyright
著者 author
著書 book; work; writings
貯水池 reservoir
貯蔵 storage; preservation ～する store
貯蓄 savings
直角 right angle
直感 intuition; hunch
チョッキ vest
直径 diameter
ちょっと (程度・量) a little; (時間) a moment
ちょっぴり slightly
著名な famous, well-known
ちょろい very easy, as easy as pie
散らかす scatter
ちらし (ビラ) handbill, flier; (折り込み広告) leaflet, insert
散らす (まき散らす) scatter; (気を) distract
ちらつく glimmer; flicker
ちらっと見る glance 《*at*》
ちり dust ■ちり取り dustpan
チリ Chile, Chili
地理 geography ■地理学 geography
ちり紙 tissue
ちりぢりになる scatter
治療 (medical) treatment ～する treat, cure
知力 intellect, intellectual [mental] power(s)
散る fall; (散らばる) scatter
チルド chilled
チロル Tyrol, Tirol
チワワ Chihuahua
チン (鈴の音) ting, tinkle
鎮圧する suppress, put down
沈下する sink, subside
賃借りする hire, rent
賃金 wage; salary
陳述 statement
陳情 petition, representation
鎮静剤 sedative; tranquilizer
沈滞 stagnation; inactivity
賃貸の rental, for rent
チンタオ (青島) Qingdao
鎮痛剤 painkiller, analgesic
チンパンジー chimpanzee
ちんぴら hoodlum, punk
珍品 rarity; rare article
沈没する sink
沈黙 silence ～する fall [keep] silent
陳列する exhibit, display

つ

ツアー tour ■ツアーコンダクター tour conductor
つい (思わず) in spite of *oneself*; (うっかり) carelessly ～昨日 only yesterday
対 pair, couple
ツイード tweed
追加する add ■追加料金 additional charge, extra
追求 pursuit ～する pursue
追撃する chase; pursue
追試 make-up (exam)
追伸 postscript, P.S.
追跡する pursue
追体験する experience personally
一日 (月の) first
ツイッター twitter
…ついて (関して) about, on
ついで (ついでながら) by the way, incidentally; (次いで) after, next to
ついて行く (一緒に) go with; (後から) follow

ついている be lucky, have good luck
追悼 mourning
追突する strike ... from behind
ついに at last, finally; (最後に) in the end
追放 banishment, exile; (公職からの) purge
費やす spend《on》
墜落(する) crash
ツイン (部屋) twin room
通 authority; expert
通貨 money, currency
痛快な very enjoyable [pleasant]
通学する go to school 歩いて～ walk to school
通過する pass
通勤する commute
通行 passage ■通行人 passer-by 通行料金 toll
通告 notice
(…を)通じて through, throughout
通常 usually
通じる (道が) lead《to》; (理解される) be understood; (電話が) get through《to》
通信 (交信) communication ～する communicate ■通信員 correspondent 通信制学校 correspondence school 通信網 network of communications
通信衛星 communications satellite
通信販売 mail order; online shopping
通信簿《米》report card《英》report
痛切な poignant, bitter
通達 notice; notification
通知 notice ■通知表 report card
通帳 bankbook, passbook
ツーピース two-piece (suit)
痛風 gout
通風孔 vent(ilator)
通報(する) report
通訳 (人) interpreter ～する interpret
通用する hold good
ツーリング touring (by car [motorcycle])
ツール tool
通例 usually, generally, ordinarily
痛烈な bitter, sharp, poignant
通路 aisle, passage
通話 (telephone) call
つえ cane, (walking) stick
使い errand ～に行く go on an errand …を～にやる send ... on an errand
つがい pair, brace
使い捨ての disposable, throwaway
使い捨てる throw ... away after use
使い果たす exhaust, use up, run out of ...
使い古した shabby, worn-out
使い古す wear ... out
使い道 use
使いやすい (利用者に) user-friendly
使う use, make use of; (金・時間を) spend ▶使い果たす exhaust
つかえる (ひっかかる) get stuck, block
仕える attend, serve, wait on
使える usable, available; useful
つかの間の brief
つかまえる catch; (逮捕する) arrest
つかまる be caught; be arrested
つかみ grip; hold; grasp
つかむ catch, hold, grasp,
つかる be flooded
疲れ fatigue
疲れ目 eyestrain; tired eyes
疲れる get [be] tired ▶疲れた tired 疲れ切った exhausted
(…に)つき (…ごとに) a, per
…付き(の) and, with
つき (幸運) luck, fortune
月 the moon; (暦の) month

関連▸
一月 January; 二月 February; 三月 March; 四月 April; 五月 May; 六月 June; 七月 July; 八月 August; 九月 September; 十月 October; 十一月 November; 十二月 December; 満月 full moon; 半月 half-moon; 三日月 crescent; 新月 new moon; crescent

継ぎ patch ■継ぎ目 joint
付き合い (友達としての) friendship; (仲間の) fellowship
付き合う go along《with》, associate《with》
つきあたり end
つきあたる run《into, against》
突き落とす push down [off], push ... over
月ぎめの monthly
突き刺さる stick; pierce
突き刺す stick《into》
突き進む push *one's* way《through》
付きそい attendance ▶付きそう attend, take care of
突き出す push out; (舌などを) stick out
月々 every month
次々に one after another, in succession
突き出る stick out
突き止める locate, trace; find ... out
月並みな commonplace
次の next, following 次に next
月日 time; (日々) days
つきまとう haunt; follow ... around [about]
月見 moon viewing
継ぎ目 joint, seam
つき指をする sprain *one's* finger
つきる run out《of》
就く (職などに) get a job as ...
着く arrive at [in] ⇨参考, reach, get to
点く (明かりなどが) come [go] on; (火が) catch (fire)
突く push, thrust; (刃物などで) stab
付く stick [cling]《to》; attach 会話 朝食は付いていますか Is breakfast included?
継ぐ succeed to ..., come after ...
注ぐ pour, fill

机 desk
ツクシ field horsetail
尽くす (最善を) do [try] *one's* best
つくづく deeply; completely
つぐない compensation
つぐなう compensate, make up 《*for*》
つぐむ shut *one's* mouth; hold *one's* tongue
作り construction; structure; make
作り変える make ... over; alter, convert
作り方 how to make
作り声 disguised voice
作り事 fiction, invention
作り出す (創造) create
作り話 fiction, fable
作り笑い fake [forced] smile
作る make; (形成する) form, organize; (栽培する) grow, raise; (料理する) cook
造る (建てる) build, construct
つくろう mend
つけ bill; check; credit, account
つけ上がる get conceited; grow impudent
つけ入る take advantage of ...
付け替える replace, change; renew
つげ口をする tell 《*on*》
つけ加える add
つけ込む take advantage of ...
つけ足す add
付け根 root
つけ狙う follow; shadow, tail
つけまつげ false eyelashes
漬けもの pickle(s)
着ける put on, wear
漬ける soak, dip
点ける (明かり・テレビなどを) turn [switch] on; (火を) light
付ける fix, attach, put, apply
告げる tell, inform, notify; (公表する) announce
都合 convenience ～のいい convenient ～の悪い inconvenient 会話 7時は～はいいかい? Is seven o'clock convenient for you?
つじつま ～の合った consistent; coherent ～の合わない inconsistent; incoherent
ツタ ivy
伝え聞く hear [learn] from others
伝える tell, inform, convey; (報告する) report; (伝承する) hand down
伝わる (うわさなどが) spread; travel; (伝承される) be handed down
土 earth, soil; (地面) the ground; (泥) mud
土いじり playing in the mud; gardening
土色の muddy brown; sallow; pale
土踏まず arch of foot
筒 pipe, tube
つっかえる be blocked; get stuck
突っ掛かる lash out; turn on
続き continuation, succession; (続編) sequel
突っ切る go [run, cut] across
つつく poke; (鳥が) peck
続く continue, go on, last; (後に) follow
続け様(に) one after another; in succession; in a row
続ける continue, go [keep] on …し～ go on *doing*

チャンクで英作文

●続ける **go on**
→もう続けられない(やってられない).
I can't go on.

つっけんどん curt; blunt; brusque
突っ込む put [thrust] into
ツツジ azalea
つつしみ modesty; reserve
つつしみ深い modest
つつしむ refrain [abstain] 《*from*》
つつしんで respectfully
突っ走る dash 《*for*》; rush headlong
突っぱねる reject; turn ... down flatly
突っ伏す lie face down suddenly
つつましい modest, humble
包み package, parcel ■包み紙 wrapper
包む (包装する) wrap; (覆う) cover
つづり spelling ◐つづる spell
つて connections, contacts, pull
集い (social) gathering; meeting
集う gather; meet
務まる be equal to ...; be qualified
勤め work ■勤め口 job 勤め先 office
務め (義務) duty
努めて as ... as possible; do *one's* best
勤める (会社などに) work for ...; (任期・刑期を) serve 会話 父は銀行に勤めています My father works for a bank.
努める try to *do*, make efforts
務める (職などを) serve; (役目を果たす) act (as)
つな rope, cord ■つな引き tug of war
ツナ tuna (fish)
つながり relation, connection, link
つながる (関係する) connect
つなぎ止める keep; moor
つなぎ目 knot; joint
つなぐ tie; (結合する) join; (接続する) connect
津波 tsunami, tidal wave
つな渡り tightrope walking
つねに always, at all times
つねる pinch
角 horn; (鹿の) antler
角笛 horn
つのらす deepen; kindle; heighten
つのる grow; increase, gather; (募集) look for recruit; recruit
つば spit, saliva
ツバキ camellia
翼 wing
ツバメ swallow
ツバル Tuvalu
粒 grain; (雨粒) drop

つぶす smash, crush; (時間を) kill ▶つぶれる be crushed, collapse
つぶやき murmur; mutter
つぶやく murmur, mutter,
つぶらな つぶらな瞳 lovely round eyes
つぶる (目を) close, shut; (見逃す) overlook
つぼ pot
つぼみ bud
妻 wife
つまさき tiptoe
つまさき立ち stand on tiptoe(s)
つまずく stumble; (失敗する) fail
つまはじき outcast
つまみ knob; switch; lever
つまみ上げる pick《*up*》
つまみ出す throw ... out; turn ... out
つまむ pinch; (摘み取る) pick
つまようじ toothpick
つまらない dull, boring; (おもしろくない) uninteresting; (さまつな) small, trifling
つまり (要するに) in short; (換言すれば) in other words, that is (to say)
詰まる (一杯になる) be filled, be packed; (ふさがる) be blocked
つまるところ in short
罪 (法律上の) crime; (道徳・宗教上の) sin
積み上げる pile up, heap up
積み下ろし loading and unloading
積み重ね (観念) accumulation; (もの) stack
積み重ねる pile up, heap up
積み木 building blocks
積み込み shipping, shipment, loading
積み込む load
積み立て installment savings [deposit]
積み立てる make a deposit in [open up an] installment savings account
つみ取る pick; nip (off)
積み荷 load; freight, cargo
つむ pick; (集める) gather
積む (載せる) load; (積み上げる) pile
つむぐ spin
つむじ hair whorl on the head
つむじ風 whirlwind
爪 nail ■爪切り nail clippers 爪跡 scratch
つめあわせ assortment ～の assorted, mixed
つめえり standup-collar
つめ替える refill; repack
つめ込み cramming
つめ込む fill, pack; cram
冷たい cold
つめ物 padding; packing; filling; stuffing
つめる (場所を) move over; shorten; (衣服などの幅を) take in
…つもり (…する予定である) be going to do
つもり (意図) intention
積もる (堆積する) accumulate; (雪が) lie (thick)
つや gloss; polish
通夜 wake; sitting up with a dead all night, vigil for the deceased
つやつや luster
つやめく glossy; shiny; sexy, sexually
つややかな glossy, sleek; shiny; lustrous
梅雨 the rainy season
露 dew
強い strong, powerful 強く strongly ▶強さ strength
強がり bravado; bluff; sour grapes
強気の aggressive; strong, firm
強くする make ... strong(er), strengthen
強くなる get [grow, become] strong(er)
強火 high flame; high heat
強まる become strong(er), strengthen
強み strong point, strength
強める strengthen; intensify; confirm
つらい hard, painful
つらさ pain; hardship
つらなる range, stretch
貫く run through, penetrate, pierce
つらねる line (up); (名を) be (put) on the list
つらら icicle
釣り fishing; (釣り銭) change ～をする fish ～に行く go fishing
つりあい (均衡) balance; (組み合わせ) match
つりあう balance; (似合う) match
つり上げる lift; raise
釣り上げる land; catch
つり革 strap
つり銭 change
つり橋 suspension bridge
つり目 slant eyes
つる (植物) vine
ツル (鳥) crane
吊る hang, suspend
釣る fish
つるす hang
つるつる slippery; smooth
連れ companion, company
連れ込む bring in
連れ去る take away
連れ添う (結婚する) be married
連れ出す take out
連れ立って go [come] with
つれて (…に) as ...; with ...
連れて行く take, (相手の所へ) bring
連れて帰る bring back
連れて来る bring
つれない unkind, unfriendly
連れ戻す take back
連れる go with, be accompanied by; (according) as
つんざく pierce, rend ～ような ear-splitting
ツンドラ tundra

て

手 hand; (人手) hand, help; (手段) means ～

を振る wave ～で持てる hand-held
…で (場所) in, at, on; (手段・用具) by, on, with, in; (原因・理由) of, from, with
出 origins; background; appearance
出会い meeting
出会う meet; come across ..., run into ...
手足 hands and feet, arms and legs
出足 start; turnout
手厚い warm, cordial
手当て (治療) (medical) treatment; (賃金) pay, allowance
手編みの hand-knitted
手荒い rough; violent
出歩く go out; walk about [around]
…であれ whatever, no matter what
提案 suggestion, proposal ～する suggest, propose
ティー (茶) tea
ティーシャツ T-shirt
定位置 *one's* (regular) position
ティーバック thong
ティーバッグ tea bag
ディーラー dealer
定員 (収容力) capacity; fixed number
ティーンエイジャー teenager, teen
庭園 garden
帝王 monarch; emperor
帝王切開 Caesarean section
低音 low sound; low tone; bass
定価 regular [list, fixed] price
停学 suspension from school
定額 fixed fee
低下する fall (off)
定冠詞 definite article
定期 ～的な regular ■定期券 commutation ticket, pass
定義 definition ～する define
低気圧 low (atmospheric) pressure
定休日 closing days; (本日定休日) Closed today
提供する present, offer; (臓器を) donate
テイクアウト takeout 会話 ～です Takeout [To go], please. ～でハンバーガー2個をお願いします Two hamburgers to go, please.
ディクテーション dictation
提携 cooperation, tie-up
締結 (条約などの) conclusion
低血圧 low blood pressure
抵抗 resistance ～する resist
帝国 empire
定刻に on time
デイサービスセンター (老人) elderly day-care center
体裁 appearance
偵察 scouting
停止 stop; stoppage ～する stop
定時 fixed time; scheduled time
提示 presentation; offer ～する show
低姿勢 low profile
定時制 part-time course ■定時制高校 part-time high school
停車(する) stop
定住 settlement ～する settle (down)
提出する hand in, submit
定職 regular [steady] job
定食 set meal
低所得者 person with low income
ディスカウント discount ■ディスカウントストア discount store
ディスカッション discussion
ディスク disk, disc
ディスクジョッキー disk jockey
ディスコ disco
ディズニーランド Disneyland
ディスプレー display; (モニター) monitor ■ディスプレー画面 display screen
ディスる dis(s); disrespect
訂正 correction ～する correct
停戦 cease-fire, truce, armistice
手痛い severe; serious; costly
停滞する be delayed
定着する take root; settle; be established
ティッシュペーパー tissue
停電 power 《米》 outage [《英》 failure]; black-out
程度 degree; (水準) level; (限度) limit ある～ to some extent
抵当 mortgage; security
ディナー dinner
ていねいな polite, courteous ていねいに politely
定年 (compulsory) retirement age
ディフェンス defense
ディベート debate
堤防 bank; embankment
低迷している hang low; do not improve
出入り口 doorway, entrance; gateway
定率 fixed rate
停留所 (bus) stop
手入れ care; (修理) repair ～する take care of, repair, maintain
ディレクター director
ディレクトリー directory
ティンプー Thimphu
データ data ■データ処理 data processing データ通信 data communications データバンク data bank データ放送 data broadcasting
データベース database, data bank
デート date, dating ～する date
テープ tape; (紙テープ) paper streamer ■テープレコーダー tape recorder
テーブル table ■テーブルマナー table manners
テーマ theme, subject
テールライト taillight; tail lamp
手おくれ be beyond help; be too late
出遅れる get a late start

手がかり clue, key; track
手書き handwriting ～の handwritten
手がける deal with
出かける go out to [of]
でかした Well done!
手形 draft, bill
手堅い sure; sound; reliable
デカダンス decadence
手紙 letter ～を書く write (a letter)
手柄 achievement, credit
てかる shine; glisten
手軽 easiness ～な easy ～に easily
デカンター decanter
敵 enemy; (試合の) opponent
出来 result
出来合いの ready-made; ready-to-wear
出来上がる be done, be completed
敵意 hostility
テキーラ tequila
適応する adapt
適温 suitable temperature
的確な proper, accurate, exact, precise
適宜 at *one's* discretion; freely
出来心 impulse
出来事 event; incident; (日常の) occurrence
テキサス (米国の州) Texas
でき死する drown
適した suitable
テキスト (教科書) textbook
適する be fit [suitable] 《*for*》, be good 《*for*》
適性 aptitude
適正な right; proper; just; fair; reasonable
適切な suitable; (好ましい) good
出来そこない failure ～の poorly-made
敵対 hostility ～する oppose; be hostile
出来高 piece; yield; volume
出来立ての fresh, hot; brand-new
出来ちゃった(結)婚 shotgun wedding
的中する hit target; prove right
適当な (適切) proper, suitable, good; (いい加減) irresponsible, vague
適度の moderate
…できない cannot, be unable to
出来ばえ workmanship; performance
てきぱき briskly ～した businesslike
手厳しい (批評などが) severe
できもの swelling, boil
適役の suitable, suited; right
適用する apply
出来る can, be able to *do*; be possible (…で)できている be made from [of] ～だけ as ... as possible できれば if possible
手ぎわ efficiency; skill
出口 exit, way out
テクニック technique
テクノロジー technology
手首 wrist
出くわす come across ..., happen to meet
てこずる (手を焼く) have trouble 《*with*》
手ごたえ response; effect
でこぼこの uneven; (道路が) bumpy, rough
デコレーションケーキ fancy cake
手頃な reasonable; handy; convenient
手ごわい tough, stiff
デザート dessert
デザイナー designer
デザイン(する) design
手先 (指先) *one's* fingers ～が器用だ be good with *one's* hands
手先 (手下) pawn; *one's* henchman
手探りする grope
手ざわり touch, feel
弟子 pupil; apprentice
デジタルの digital
手品 magic, trick ■手品師 magician
でしゃばる poke [stick] *one's* nose 《*into*》
手順 (物事をする手続き) procedure; process
手錠 handcuffs, cuffs
手数 (面倒, 迷惑) trouble ～をかける trouble
手数料 (service) charge, commission
ですから so, therefore
デスクトップ desktop ～の desktop
デスクワーク desk work
テスト test, exam(ination); (小テスト) quiz ～を受ける take a test ～する test

> **関連》**
> 暗記する memorize; 回答する answer; カンニングする cheat; 採点する mark; 作文 essay writing; 試験 exam(ination); 成績 grade; 単語 word; 答案 (exam(ination)) paper; 復習する review; 文法 grammar; 予習する prepare; 落第 failure; リスニング listening

デスマッチ fight to the finish
手すり handrail
手製の handmade
手相 ～を見る read *a person's* palm
手出し involvement ～する be involved 《*in*》
出だし start
手助け(する) help
でたらめ (意味のないこと) nonsense; lie ～な random; haphazard; irresponsible
手違い slip-up, mistake
手近の[に] at hand
手帳 notebook
鉄 iron
撤回する withdraw; (発言を) take back
哲学 philosophy ～的な philosophical ■哲学者 philosopher
手つかず untouched; unused
鉄器 ironware
デッキ (船の) deck
鉄橋 railroad bridge
撤去する remove
鉄筋コンクリート reinforced concrete
手作りの handmade; (自家製) homemade
デッサン(する) sketch
撤収 withdrawal ～する withdraw

哲人 philosopher; person of wisdom
撤退 withdrawal ～する withdraw
手伝い (行為) help; (助手) assistant
手伝う help
でっちあげ fiction, frame-up
でっちあげる make up, invent, fake
手続き (手順) procedure, (法律などに基づく正式な) formalities; (訴訟の) proceedings
徹底 thoroughness ～的な thorough, complete ～的に thoroughly
鉄道 《米》 railroad, 《英》 railway
デッドボール (～を食らう) be hit by a pitch; (～を与える) hit with a pitch
手っ取り早い quick; simple; easy
撤廃する abolish, do away with ...
でっぱり projection; (window) ledge
でっぱる stick out, project
鉄分 iron
てっぺん the top; (山の) the summit
鉄棒 iron bar; (体操の) horizontal bar
鉄砲 gun, rifle
徹夜する stay up all night
出て行く go out
出所 source
デトロイト Detroit
テナー tenor
手直し modification; improvement
出直す come again; start (all) over again
手ならしに by way of practice; as a trial run; break in
テナント tenant
手に入れる get, obtain
手に負えない beyond *one's* capacity
テニス tennis ～をする play tennis ■テニスコート tennis court テニスラケット tennis racket
手に取る take
デニム denim
手荷物 《米》 baggage, 《英》 luggage
テネシー (米国の州) Tennessee
テノール tenor
手の込んだ elaborate
手のひら palm
…では (関して) when it comes to ...; as far as ...; (判断) (judging) from ...; (対比, 強調) in ...; at ...; by ...
では well (then), now, so
デパート department store
手配する arrange
手始めに first of all
手はずを整える arrange
手放す part with, give up; (売る) sell
手早い quick; simple; easy 手早く quickly
出払う be all out
出番 *one's* turn; time
手引き guide(book), handbook, manual
デビュー debut ～する make *one's* debut
デフォルト default
手袋 (a pair of) gloves; (二またの) mitten
出無精 homebody
手ぶらの empty-handed
デフレ(ーション) deflation
テヘラン Tehran
手本 (模範) model, pattern; (例) example
手間 (労力) labor; (時間) time; (苦労) trouble ～のかかる laborious
デマ demagoguery, demagogy; groundless [false] rumor
出前 home delivery service
手まねき beckoning
手回し preparations; arrangements
出回る be on the market; be around
手短な brief, short 手短に briefly 手短に言うと in brief [short]
出店 stand, stall
手土産 present, gift
出迎える meet, greet, receive
テムズ川 Thames
デメリット disadvantage; demerit
…ても (…としても) though; (たとえ…としても) even if
…でも (…さえ) even; (どんな…でも) any
でも (しかし) but, though
デモ demonstration ～をする demonstrate
手元に (near) at hand; on hand; at home
デュース (テニスなど) deuce
デュエット duet
寺 temple
デラウェア (米国の州) Delaware
照らし合わせる check; compare
テラス terrace
照らす shine; (照明で) light (up)
デラックスな deluxe
デリー Delhi
デリート deletion
デリケートな (肌が) sensitive; (問題が) delicate
テリトリー territory; *one's* domain
照る shine
出る go out; (去る) leave; (出席する) attend; (出演する) appear; (電話に) answer
テルアビブ Tel Aviv
照れくさい embarrassed
テレパシー telepathy
テレビ television, TV; (受像機) TV set ～を見る watch TV ■テレビ視聴者 viewer テレビ電話 videophone

> **関連›**
> クイズ番組 quiz (show); 芸能界 show business; 芸能人 entertainer; TV personality; ゴールデンアワー prime time; スター star; サスペンス suspense; テレビ番組 TV program; ドキュメンタリー documentary; ドラマ drama; バラエティー variety show; ヒーロー hero; ヒロイン heroine; テレビ局 TV station; マスコミ mass media; レポーター reporter

テレホンカード telephone card; phonecard

照れる be shy
照れ笑い embarrassed laugh; awkward laugh
テロ terror, terrorism
テロップ superimposed caption [subtitle, text] 《商標》 telop
テロリスト terrorist
テロリズム terrorism
手渡す hand (over)
天 (天国) heaven; (空) the sky
点 dot; (成績) grade; (得点) score, point
電圧 voltage
転移 change ～する spread 《*to*》
店員 salesclerk
田園 the country
点火 ignition, lighting ～する ignite; light
展開 (進展) development ～する develop
添加する add
転嫁する shift, lay the blame on
添加物 additive
てんかん epilepsy
転換 change; switch ～する convert, change, switch ■転換期 turning point
天気 weather ■天気図 weather map 天気予報 weather forecast [report]

関連›
暖[温]かい warm; 暑い hot; 雨 rain; 嵐 storm; あられ hail; 稲妻 lightening; 雷 thunder; 霧 mist; くもりの cloudy; 寒い cold; 晴れ sunny; ひょう hail; 吹雪 snowstorm; みぞれ sleet; 雪 snow

転機 turning point
伝記 biography
電気 electricity ～の electrical
テンキー keypad
電球 (light) bulb
転居 move, removal, change of address
転勤 transfer ～になる be transferred 《*to*》
てんぐ Japanese long-nosed genie ～になる get conceited
デング熱 Dengue fever
典型的な typical
電撃 electric shock; lightening attack ■電撃結婚 sudden marriage
電源 power supply
点検する check
点呼 roll call
天候 weather
転校(する) change *one's* school, transfer 《*to*》 ■転校生 transfer student
天国 heaven; (楽園) paradise
伝言 message ～する give a person a message
天才 genius
天災 natural disaster
添削 correction ～する correct
天使 angel
展示 display ～する exhibit, display, show
点字 Braille
電子 electron ■電子カルテ electronic (medical) record 電子工学 electronics 電子辞書 electronic dictionary 電子投票 electronic voting 電子メール email 電子レンジ microwave oven
電磁波 electromagnetic waves
電車 train 会話 この～は…に停まりますか Does this train stop at ...?
天井 ceiling ～に on the ceiling
添乗員 tour conductor, tour guide
天職 *one's* vocation
転職 change of job
テンション tension
電信 telegraph
天真爛漫な innocent
点数 mark
天性 nature
伝説 legend
点線 dotted line
電線 electric wire; (送電線) power line
伝染する infect 伝染性の infectious
転送 forwarding ～する forward
電送する transmit electronically; telex; fax
天体 heavenly body
電卓 electronic calculator
伝達 communication, transmission
伝達節 reporting clause
伝達動詞 reporting verb
電池 battery, cell
電柱 telephone [utility] pole
店長 store manager, store owner
天敵 natural enemy
点滴 drip, intravenous drip
テント tent ～を張る pitch [put up] a tent
伝統 tradition ～的な traditional
電灯 (electric) light [lamp]
伝道 mission, missionary work
転倒する fall (down), tumble
電動の electric-powered ■電動歯ブラシ electric toothbrush
テントウムシ ladybug
転任する be transferred 《*to*》
天然ガス natural gas
天然記念物 natural monument
天然の natural
天皇 emperor
天王星 Uranus
電波 electric [radio] waves ■電波障害 radio interference
伝票 (銀行など) slip, ticket; (レストラン) 《米》 check; 《英》 bill; (小包など) waybill
てんびん balance; scales
てんびん座 Libra, Balance
転覆させる overthrow, overturn
添付する attach; affix
テンプレート template
伝聞 hearsay
でんぷん starch
テンポ tempo

展望 view ■展望台 observation tower [platform]
電報 telegram ～を打つ send a telegram
デンマーク Denmark ～の[語] Danish ■デンマーク人 Dane
天命 fate; providence
点滅する flash [blink] (on and off)
天文学 astronomy ～(上)の astronomical
天文台 observatory
転落(する) fall
展覧会 exhibition
電流 electric current
電力 electric power
電話 telephone, phone; (通話) (phone) call ～をかける call, make a phone call ～する call 会話 今晩～します I'll call you tonight. ただ今ほかの～に出ております She is on another line right now. ～があったことを彼女にお伝えください Please tell her I called. ■電話帳 telephone directory, phone book 電話番号 telephone number

と

…と (そして) and; (…と一緒に) with; (…に対して) against; (…ということ) that
戸 door
都 metropolis
度 (回数) time; (温度・角度) degree
ドア door
問い question
問い合わせ inquiry; reference
問い合わせる ask, inquire
…と言うのに though; yet
…と言うのは because
…と言えば taking of ...
吐息 sigh
ドイツ Germany ～の German ■ドイツ人[語] German
問いつめる press for an answer
トイレ bathroom, toilet, rest room 会話 ～をお借りします Can I use the bathroom? ～はどこですか Where is the rest room?
トイレットペーパー toilet paper
党 party
塔 tower
等 (等級) class, grade 一等賞 (the) first prize
問う (尋ねる) ask, inquire; (問題にする) care
どう how …は～? How [What] about ...?
胴 trunk, torso; body; bodice; hull
銅 copper
東亜 East Asia; Far East
答案 (examination) paper
答案用紙 answer sheet
同意語 synonym
同意する agree《*with, to*》, consent《*to*》
等位節 coordinate clause
等位接続詞 coordinate conjunction
どういたしまして You are welcome.
統一 (一体化) unity, (一貫性) coherence ～する unite, unify, create [achieve] coherence
同一の same, identical
動員 mobilization
投影 projection
東欧 East(ern) Europe
同音異義語 homonym
(…か)どうか if, whether
どうか (どうぞ) please
同化 assimilation ～する assimilate
動画 movie, animation
倒壊 collapse ～する collapse; fall down
同格 apposition
同額 same amount of money; same price
統括 unification ～する unify
統轄 supervision ～する supervise
トウガラシ red pepper
同感 会話 まったく～です I quite agree.
童顔 boyish [girlish] face
投かんする《米》mail《英》post
投機 speculation
陶器 china; pottery
動機 motive
動悸(どうき) throb, palpitation
道義 morality
同義語 synonym
討議する discuss
投球 pitch; delivery ～する pitch (a ball)
等級 grade, rate, class, rank, degree
闘牛 bullfight(ing) ■闘牛士 bullfighter
同級生 classmate
同業他社 competing company; competitor
当局 authorities
同居する live with ...
道具 tool, instrument; (家事の) utensil
洞くつ cave
峠 pass
統計 statistics
陶芸 ceramic art ■陶芸家 potter
同形異義語 homograph
凍結 freeze; moratorium ～する freeze
投稿 contribution ～する contribute《*to*》
動向 trend; movement
同好会 club
登校する go to school ■登校拒否 school phobia, school refusal
統合する unite
同行する accompany, go with ...
投獄 imprisonment
頭骨 skull; cranial bones
闘魂 fighting spirit; fight
当座 (差し当たり) for the present
動作 movement
東西 (東と西) east and west; (東洋と西洋) the East and the West
搭載する have; carry; be equipped《*with*》
盗作 plagiarism ～する plagiarize
洞察(力) insight, penetration
倒産 bankruptcy ～する go bankrupt

投資 investment ～する invest
闘志 fight, fighting spirit
冬至 winter solstice
当時 then, in those days, at that time
動詞 verb
同士 comrade, fellow
陶磁器 ceramics; china
当事国 country concerned
当事者 person [party] concerned
凍死する freeze to death; die from cold
同時代 same age ～の contemporary
当日 that day; very day; appointed day
どうして why, How come ...?
どうしても at all costs; (どうしても…しない) will not ...
同時に at the same time ■同時通訳 simultaneous interpretation
党首 leader of a political party
投手 pitcher
投書 letter, contribution
当初(は) at first
凍傷 frostbite; chilblains
搭乗 embarkation ～する board ■搭乗券 boarding card 搭乗手続き check-in
同上 same as above; ditto
同情 sympathy ～する sympathize《with》 ～的な sympathetic; compassionate
登場する appear ■登場人物 character
どうしようもない hopeless, impossible
動植物 animals and plants
投じる (投げる) throw; (費やす) spend; pay; (票を) cast
動じる get upset
童心 child's mind
等身大の life-size
同数 same number
どうせ anyway, after all; (どうせ…なら) if ...; if ... at all; (どうせ…しても) even if ...
統制(する) control
同性 same sex ■同性婚 same-sex marriage
同性愛 homosexuality ～の homosexual
同棲する live together; cohabit《with》
当然 naturally; of course; no wonder ～の natural ～ことと思う take for granted
同然 as good as ...
当選する be elected
どうぞ please ～お入りください Please come in.
闘争 fight, struggle, strike; conflict
銅像 bronze statue
同窓会 class reunion
逃走する run away
同窓生 alumnus
同族目的語 cognate object
とうた selection ～する select, weed out
灯台 lighthouse
胴体 body; (人などの) trunk, torso; fuselage
到達する reach, come to ...
倒置 inversion
統治(する) rule
到着 arrival ～する arrive at, reach, get to
盗聴 (wire)tapping ～する (wire)tap
とうてい (どうしても…できない) can't possibly *do*; (少しも…ない) not (...) at all
どうでもよい do not care; it doesn't matter
読点 comma
同点 tie; draw
貴い, 尊い (貴重な) precious; (高貴な) noble
とうとう at last, finally
堂々とした grand, magnificent
同等の equal
道徳 morals, morality ～的な moral
唐突な sudden; unexpected
東南 southeast
盗難 theft
東南アジア Southeast Asia ■東南アジア諸国連合 ASEAN
東南東 east-southeast
どうにか somehow (or other) どうにか…する manage to *do*
どうにかして by any means, in some way
豆乳 soybean milk
導入する introduce
糖尿病 diabetes
党派 party; faction, clique
登板 mound appearance ～する pitch (game); take the mound
当番 turn ～で on duty
逃避(する) escape
投票(する) vote
豆腐 tofu, bean curd
東部 eastern part; (米国の) East
同封する enclose
動物 animal ■動物園 zoo
当分 for the time being, for the present
東方 east
逃亡 escape ■逃亡者 runaway; fugitive
東北 northeast; (東北地方) Tohoku district
動脈 artery
冬眠 hibernation ～する hibernate
島民 islander; island people
同盟 alliance
動名詞 gerund
透明な transparent; (透き通った) clear
どうも (感謝) Thanks.; (謝罪) (I'm) sorry.
どうも (どういうわけか) somehow; (どうやら…のようだ) It appears [seems] ...
どう猛な fierce, ferocious; savage
トウモロコシ corn《英》maize
どうやって how
どうやら (どうにか) somehow or other; (様子を見ていると) apparently, it appears that ...
灯油 《米・豪》kerosene,《英》paraffin
東洋 Orient, the East, East ～の Oriental, Eastern ■東洋史 Oriental history 東洋諸国 Eastern countries 東洋風[趣味, 学] Orientalism
童謡 nursery rhyme

動揺する be shaken
同様の same, similar 同様に similarly
到来 coming; arrival ～する (時などが) come
道理 reason ～に合った reasonable
同僚 fellow worker, coworker, colleague
動力 (motive) power
盗塁(する) steal
同類 same kind; associate; accomplice
道路 road; (街路) street ■道路工事 road repairing 道路情報 traffic information 道路標識 road sign 有料道路 toll road
登録する register ■登録商標 registered trademark
討論 discussion, debate ～する discuss
童話 children's story, fairy tale
当惑 puzzlement ～する be puzzled
遠い far, distant 会話 ここから駅までは～ですか Is it far from here to the station? ここからだと～です It's a long way from here.
トーイック《商標》TOEIC
十日 ten days; (月の) tenth
遠からず soon, before, long, shortly
遠く ～に far (away) ～の distant ～へ far
トークショー talk show
トーゴ Togo
遠ざかる go away
遠ざける keep away
…通し keep (on) doing
通す let through, pass; (電気を) conduct
トースター toaster
トースト toast
トータル total, sum
遠出 outing ～する go on an outing
トートバック tote bag
ドーナツ doughnut
トーナメント tournament
ドーバー海峡 Straits of Dover
トーフル《商標》TOEFL
遠吠えする howl
遠回しの roundabout 遠まわしに言う beat around the bush
遠回り roundabout way; detour
ドーム dome
…とおり (…のように) as; according to ...
通り street, avenue
通りかかる pass by
通り越す go past ..., pass; go over ...
通り過ぎる go through, pass
通り抜ける go through
通り魔 random killer, (street) slasher
通り道 way, passage
通る (通過する) pass, go; (合格する) pass
トーン tone ～ダウンする tone down
都会 city, town ～の urban
トカゲ lizard
とかす (髪を) comb
溶かす (水に) dissolve; (熱で) melt
とがった pointed, sharp
どかどか with loud footsteps
とがめる blame; reproach
とがる become sharp
トキ (鳥) Japanese crested ibis
時 time, hour; (瞬間) moment; (時代) time(s) …する～ when ... ～に by the way ～には sometimes 会話 ～と場合によります That depends.
ときおり occasionally
とぎすます sharpen ... (to perfection)
ときたま occasionally
どぎつい loud; garish; gaudy; heavy
どきっとする be given a start; be startled
時々 sometimes, once in a while
どきどきする beat fast, throb
時に sometimes; occasionally
とき放す release
説きふせる persuade
解きほぐす untangle; (謎を) unravel
どぎまぎする be confused; be embarrassed
ときめき beating; excitement
ドキュメンタリー documentary
ドキュメント document
度胸 courage
途切れ途切れの broken; intermittent
途切れる break
解く (ほどく) untie, undo; (問題などを) solve
説く (説明する) explain; (説得する) persuade; (説教する) preach
得 profit, gain ～する profit, gain ～な economical, profitable
徳 virtue
研ぐ sharpen, whet
退く get out(of a person's way)
毒 poison
得意科目 *one's* favorite subject
得意先 customer
得意な good at ...; (誇る) proud of ...
特異な unusual
独学 self-education
毒ガス poison gas
特技 *one's* specialty
独裁 dictatorship ■独裁者 dictator
特産物 special product, specialty
特質 characteristic
独自の (独創的な) original
特赦(とくしゃ) amnesty
読者 reader
特集 feature (article); (雑誌の) cover story ～する feature
特殊な special
読書 reading ～する read
独唱 solo (voice); solo singer
特色 feature ～のある characteristic
独身の single
特性 characteristic, properties
毒性 toxicity
特製の specially made; ... of special make
毒舌 barbed [sharp] tongue
独占 monopoly ～する monopolize ■独占

インタビュー exclusive interview 独占企業 monopoly 独占禁止法 Antitrust Law
独奏 solo
独創的な original
特待生 scholarship student
特大の outsize(d), oversize(d) ■特大号 special issue 特大品 outsize
特ダネ scoop
独断 arbitrary decision ～的な arbitrary
戸口 door, doorway
特注する order ... specially
特徴 characteristic
特長 strong [good] point, feature
特定の specific 特定する specify; pinpoint
得点 score, point; (野球) run
特典 privilege; benefit; bonus (feature)
独特の unique, peculiar
特に particularly, especially
特売 (bargain) sale ■特売品 bargain
特派員 (special) correspondent
特番 special program
得票 number of votes polled; vote
毒物 poison
特別国会 special session of the Diet
特別の special 会話 君だけ特別扱いするわけにはいかないよ I'm sorry, I can't make an exception for you.
特別養護老人ホーム intensive care home for the elderly
独房 (刑務所の) cell
匿名 anonymity ～の anonymous
毒薬 poison
特有の characteristic, unique, particular
徳用の economical
独立 independence ～した independent ～する become independent ■独立運動 independence movement 独立行政法人 incorporated administrative agency 独立宣言 the Declaration of Independence
独力で by [for] *oneself*
特例 special case; (例外) exception
トゲ (ばらの) thorn
時計 (置き時計) clock; (携帯用の) watch 会話 私の～は少し進んで[遅れて]います My watch is a little fast [slow].
解ける (ほどける) become loose, come untied [undone]; (問題などが) be solved
溶ける (水などに) dissolve; (熱で) melt
遂げる attain; achieve; accomplish
どける remove, move, take away
床 bed 床につく go to bed
どこ where ～かに somewhere ～にでも anywhere, everywhere ～まで how far どこにも…ない nowhere
渡航 travel abroad
どこかに somewhere
どこ(に)でも anywhere, anyplace
どことなく somehow; in some way
どこにも…ない nowhere, not ... anywhere
どこまで (場所・距離) how far; (程度・範囲) how much
どこまでも endlessly
床屋 (人) barber; (店)《米》barbershop
…ところ (…しているところだ) be *doing*; (…するところだ) be going to *do*; (…したところだ) have *done*
所 place; (特定の) spot; (現場) scene ～番地 address
ところが ⇨しかし
…どころか (…とは反対に) far from ...; (…は言うまでもなく) not to speak of ...
ところで by the way, incidentally
ところどころ here and there
どさくさ confusion; trouble
閉ざす close, shut
と殺 slaughter
どさっと with a thud
登山 climbing ～しに行く go climbing
都市 city, town ～の urban ■都市化 urbanization 都市開発 urban development
年 year; (年齢) age ～を取った old
どじ (へま) careless mistake
年上の older, elder
閉じこめる shut ... up; lock ... up
閉じこもる shut [lock] *oneself* 《*up*》
年下の younger
年月 years; time
…として as ...; for ...
…としては as (for) ...; (の割には) for ...
どしどし (遠慮せずに) without reserve
年取る grow old, age
どじな stupid, careless
戸締まりをする lock (all doors and windows)
土砂崩れ landslide
どしゃぶり downpour ～の雨だ It's pouring. [raining cats and dogs]
図書 book ■図書館 library, reading room
ドジョウ loach
土壌 soil
年寄り old [elderly] person; (総称的) the old
とじる (とじこむ) file
閉じる close, shut
トス(する) toss
度数 (温度) degree; (めがね) lens strength; (アルコール) percentage
土星 Saturn
塗装 painting; coating; paint
土足で with *one's* shoes on
土台 base; foundation
どたキャン cancellation at the last minute ～する cancel at the last minute
戸だな cupboard
どたばた noisily ～する make fuss
とたん ⇨すぐに
どたんばで at the last moment
土地 land; (大地) ground
土着の native

a b c d e f g h i j k l m n o p q r s t u v w x y z 和英

途中で on the way; (物事の) halfway 私が登校する途中 on my way to school ■途中下車する stop off; make stopover [layover]
どちら (どこ) where; (選択) which; (誰) who ～か either ～も both; (否定文で) neither
どちらか either; (A か B のどちらか) either A or B
どちらかと言えば if anything
どちらにしても in any case, anyway
どちらも (肯定) both; (…も…もどちらも) both ... and ...; (否定) not ... either, neither
とちる make a mistake
特価 special price
特化する specialize
突起 projection ～する stick out
特急 special [limited] express
特許 patent
ドッキング docking
ドック dock
とっくに long ago, already
特訓 special [intensive] training
突撃 charge; dash
特権 privilege
とっさに instantaneously
どっさり ⇨たくさん
ドッジボール dodge ball
とつじょ suddenly
どっしりした heavy, massive
突進 rush, dash ～する rush, dash
突然 suddenly ～の sudden
どっち which; (方角) which way [direction]
どっちつかずの noncommittal; neutral
どっちみち in any case, anyway
(…に)とって for, to
取っ手 handle; knob
取って置きの best kept; treasured; valuable
取っておく keep, save; preserve
取って代わる replace, take place of ...
取ってくる get, bring; go and get
取って付けた unnatural; artificial; false
ドット dot
突破する break through
突発 outbreak ～的な unexpected ～的に unexpectedly ～する break out
トップ top
トップレスの topless
トップレベル highest level
凸レンズ convex lens
土手 bank
とてつもない unreasonable
とても ⇨非常に
届く reach
届け report, notice
届ける (持って行く) take; (配達する) deliver
とどこおりなく without delay; smoothly
整う (用意ができる) be ready, be prepared 整った tidy; neat; decent
整える (きちんとする) tidy (up), arrange
とどまる stay
とどめる (残す) retain; (限定する) limit
とどろく roar ◐とどろき roar; rumble
ドナー donor
ドナウ川 Danube
トナカイ reindeer
隣 neighbor ～の next-door …の～に[の] next (door) to ... ■隣近所 neighborhood; (人) neighbors
どなる shout
となると in that case; if it is so
とにかく anyway, anyhow, in any case
どの which, what
どのくらい (数) how many; (量) how much; (距離) how far; (頻度) how often; (期間・時間) how long
どのように how
トパーズ topaz
とは言え but; although
飛ばす fly; (車を) speed, drive fast; (省く) leave out, skip (over)
トビ (鳥) (black) kite
跳び[飛び]上がる jump (up), leap (up)
トビウオ flying fish
跳び起きる jump out of the bed
跳び[飛び]降りる jump off [down]
跳び越える jump over
飛び込み dive; diving
飛び込む jump [dive] into ...
飛び去る fly away
飛び出す jump out; (突き出る) stick out
飛び立つ fly away; (離陸する) take off
飛び散る splash
飛びつく jump at
トピック topic
とびとび here and there; at intervals
飛びのく jump [leap] backward
飛び乗る jump on [into]
とび跳ねる jump up and down
飛び回る (空中を) fly around
扉 door
跳ぶ jump, leap
飛ぶ fly
どぶ gutter, drain, ditch
途方に暮れる be at a loss
途方もない extraordinary
土木工事 civil engineering
とぼける pretend not to know [ignorance]
乏しい poor 《*in*》
徒歩で on foot
トマト tomato
戸惑い confusion; embarrassment
戸惑う be puzzled; be confused
泊まり lodging; stay
止まり木 perch
止まる stop; (水道・電気などが) shut off
泊まる put up, stay
留まる (鳥などが) perch; (目に) come to *a person's* attention
富 wealth, fortune

ドミニカ Dominica
ドミニカ共和国 Dominican Republic
ドミノ dominoes; domino ■ドミノ効果(現象) domino effect
富む be rich《in》
とむらう mourn《for》
ドメイン名 (インターネット) domain name
ドメスティックバイオレンス domestic violence
とめどなく endlessly; incessantly
止める stop; (電気などを) turn off; (車を) park
泊める put ... up; let ... stay
留める fix, fasten; (ピンで) pin (down)
…とも (両方とも) both; (…ない) neither ... nor ...; (…を含めて) including ...
ともかく anyway; (別として) apart from ...
共食い cannibalism
共倒れする be ruined together
友達 friend, pal
伴う go (hand in hand)《with》; involve; accompany
共に with ..., together
共働きの double-income
どもる stutter; stammer
どやす (たたく) beat, thump; (しかる) roar
土曜日 Saturday
どよめき stir; excitement
トラ tiger; (雌) tigress
トライ(する) try
ドライアイス dry ice
トライアスロン triathlon
トライアングル triangle
ドライな businesslike; unemotional
ドライバー driver; (大工道具) screwdriver
ドライブ drive ～する drive, take a drive
ドライブウェー scenic drive [highway]
ドライブスルー drive-through
ドライヤー dryer
トラウマ trauma
とらえる catch, seize
ドラキュラ Dracula
トラクター tractor
トラスト (企業合同) trust
トラック (車) truck; (競技場の) track ■トラック競技 track race
ドラッグ (薬) drug; (マウスを～する) drag
ドラッグストア drugstore; (薬局) pharmacy
ドラッグする (コンピューター) drag
トラネコ tabby cat
トラフ trough
ドラフト draft
トラブる get into trouble
トラブル trouble
トラベラーズチェック traveler's check
ドラマ drama
ドラマー drummer
ドラマチックな dramatic
ドラム drum
捕らわれる (捕まえられる) be caught; be captured; (とりこになる) be seized
トランク suitcase, trunk
トランクス trunks
トランシーバー transceiver
トランジスター transistor
トランスジェンダー transgender
トランプ cards ～をする play cards
トランペット trumpet
トランポリン trampoline
取り last performer [program], main act
鳥 bird ■鳥インフルエンザ bird [avian] flu 鳥かご bird cage
取り合う (手を) join hands
とりあえず (一次的に) temporary; (すぐに) right away; (当面) for the time being
取り上げる (手に取る) pick [take] up; (奪う) take away; (扱う) take up
取り扱い handling; treatment ～注意 Handle with care.
取り扱う handle, treat
トリートメント hair treatment
取り入る gain favor《with》
取り入れ harvest
取り入れる take in; (収穫する) harvest
とりえ merit
トリオ trio
取り押さえる (逮捕) arrest
取り返す get [take] back
取り替える change; (付け替える) replace
取り掛かる begin, start
取り囲む surround
取り決め agreement ▶取り決める arrange; (会合などを) fix
取り組む tackle, grapple with
取り消し cancellation; withdrawal
取り消す cancel, call off
とりこ prisoner, captive
取り越し苦労をする be overanxious about
取り込む take ... in
取り壊す pull down
取り沙汰 rumor
取り皿 plate for individual serving
取り去る remove; take away《from》
取り締まり crackdown; (管理) control; (規制) regulation
取締役 director, executive ■取締役会 board of directors 取締役社長 president
取り締まる control; regulate; crackdown
取り調べ interrogation; interview
取りそこなう miss
取りそろえる provide; have
取り出す take out
取り立てて particularly; especially
取り立ての fresh; freshly picked
取り違える mistake《A for B》
トリック trick
取り付く haunt, possess
取り次ぐ (伝える) tell; (仲介する) mediate
取り付ける fix; (装置を) install, equip, fit up

都立の metropolitan
砦 (とりで) fort
とりとめのない pointless; incoherent
取り直す 気を〜 take heart
取り逃がす miss
鶏肉 chicken
トリニダード・トバゴ Trinidad and Tobago
トリノ Turin
取りのぞく remove, take away
取りはからう arrange; see to it that ...
取りはずす remove
鳥肌 goosebumps, goose pimples
取引 business
トリプル triple ■トリプルアクセル triple axel トリプルルーム triple room
ドリブル(する) dribble
取り分 share
トリポリ Tripoli
トリマー groomer
取り巻き hanger-on
取り巻く surround; (包囲する) besiege; (群がる) cluster around
取り乱す get [be] upset
トリミング trimming 〜する trim ... away
取り戻す regain, get back; (物を) take back
取り止める cancel
塗料 paint
努力 effort, endeavor 〜する make efforts
取り寄せる order, send for ...
ドリル drill
とりわけ especially
取り分ける serve; dish ... out
ドリンク drink
採る (採用する) adopt; (雇う) employ
撮る take (a picture)
取る take, pick up, get; (料金を) charge; (飲食する) have, eat; (場所などを) take up

チャンクで英作文

●100点を取る **get** a perfect score
→英語のテストで100点を取った.
I got a perfect score in the English test.

捕る catch
ドル dollar
トルクメニスタン Turkmenistan
トルコ Turkey 〜の[語] Turkish ■トルコ人 Turk
トルネード tornado
トルマリン tourmaline
どれ which, what
奴隷 slave
トレード trade
トレーナー (人) trainer; (シャツ) sweat suit
トレーニング training ■トレーニングパンツ sweat pants
トレーラー trailer
どれくらい (数) how many; (量) how much; (長さ・時間) how long; (距離) how far; (大きさ) how big [large]; (高さ) how tall [high]
ドレス dress
ドレスデン Dresden
トレッキング(する) trek
ドレッサー dresser
ドレッシーな elegant, dressy
ドレッシング dressing
どれでも any(one)
どれほど how, however
どれも every; all; any
取れる, 捕れる, 撮れる (得られる) be produced; be caught; (はずれる) come off; (除去される) be removed; (写真) come out
トレンチコート trench coat
トレンド trend
泥 mud; (汚れ) dirt
とろい dull, slow
トロイ Troy
ドロップ drop
ドロップアウト dropout
トロピカル tropical
トロフィー trophy
泥棒 thief; (強盗) robber; (夜盗) burglar
トロント Toronto
トロンボーン trombone
度忘れする can't remember ... right now
トン (単位) ton
トンガ Tonga
豚カツ pork cutlet
鈍感な dull
ドングリ acorn
鈍行 local train
どん底 depths
とんだ terrible; unexpected
とんちんかんな absurd; off the point
とんでもない (思いがけない) unexpected; (ひどい) awful, terrible
どんどん (次々と) on and on, one after another; (着実に) steadily
どんな what 〜…も any 〜風に how
トンネル tunnel
トンビ (鳥) (black) kite
どんぴしゃり just right
どんぶり bowl
トンボ (虫) dragonfly
ドンマイ Never mind./Don't worry.
問屋 (店) wholesale store; (人) wholesaler
貪欲な greedy
どんよりした leaden; dark; gloomy

な

名 name; (名声) fame
ナース nurse
ナーバスな nervous
…内 within ..., in ..., inside (of)...
無い be not ..., There is [are] no ...; (所有しない) have any ..., have no ...
ナイアガラの滝 Niagara Falls
ナイーブな innocent; sensitive

内科 internal medicine
内閣 cabinet ■内閣改造 cabinet reshuffle 内閣官房長官 the Chief Cabinet Secretary 内閣総理大臣 the Prime Minister
内向的な introverted
ナイジェリア Nigeria
内出血 internal bleeding
内職 sideline; side job
内緒の secret 内緒にする keep secret 内緒で in secret, secretly
内心 (心中) inner [inward] thoughts
内申書 report of *one's* school record
ナイス nice; good
内政 internal [domestic] affairs
内戦 civil war
内線 extension
内臓 internal organs
ナイター night game
ナイチンゲール Nightingale
内定 unofficial [informal] decision
ナイト (夜) night ■ナイトクラブ nightclub ナイトゲーム night game
ナイト (騎士) knight
ナイフ knife
内部 the inside; the interior
内密の confidential, secret
内面 the inner side; the interior
内野 the infield ■内野手 infielder
内容 (中身) contents; (意味) content
内乱 civil war; rebellion, revolt
内陸 inland
ナイル川 Nile
ナイロン nylon
ナウル Nauru
苗 young plant; seedling
なお still, yet; (さらに) still (more)
なおさら all the more
直し correction; repair
治す cure; (傷を) heal; (治療する) treat
直す (訂正する) correct; (修理する) repair; mend; fix; (変える) change
治る get well, recover; (傷が) heal
直る (修理される) be repaired [fixed]
中 (中央) the center, the middle; (内側) the inside …の～で[に] in …の～へ[に] into …の～に within …の～から out of …の～を通って through …の～で (2つの中で) between; (3つ以上の中で) among; (いくつかのうちで) of; (集団中で) in
仲 terms; (関係) relation ～がよい be good friends; be in good terms
長い long; (長たらしい) lengthy 長く long; for a long time 長くなる get long(er)
長居 long stay [visit]
長生き long life; longevity
長いす sofa, couch
長靴 boots
長さ length
流される be carried away; be washed away
流し (kitchen) sink
流す wash away; (水などを) run, flush
泣かせる make ... cry
長そで long sleeves
仲たがい quarrel
長たらしい lengthy
…なかったら (…でなければ) if ... not; (今…がないならば) if it were not for ...
長続きする last (for) a long time
なかでも above all; among other things
長電話 long telephone conversation [call]
仲直りする make friends again (with)
なかなか (かなり) pretty, quite ～…ない not easily
長々と for a long time; at (great) length
中庭 court
長年 for years
なかば (半分) half; (中ごろ) the middle
長引く drag 《*on*》; take a long time
中程で halfway; in the middle
仲間 friend; fellows; circle
中身 contents
眺め view; sight; scene
眺める look around; (凝視する) look at
長持ちする last; be durable
中指 middle finger
仲よくやっていく get along
仲良し good friend
…ながら as, while; (…だけれども) though
長らく for a long time
流れ flow, current, stream ■流れ星 shooting star
流れ込む flow
流れ作業 assembly line
流れる run, flow; (中止になる) call off
泣き顔 tearful face, tear-stained face
泣き声 cry
鳴き声 cry; (鳥の) song
泣き言 complaint
泣きさけぶ cry; scream
泣きじゃくる sob; blubber; sniffle
なぎ倒す mow [cut] down
泣き出す start to cry
泣きつく beg, implore
泣きどころ *one's* weak [vulnerable] point
泣きまね crocodile tears; false tears
泣き虫 crybaby
泣く (声を出して) cry; (涙を流して) weep; (すすり泣く) sob
鳴く (鳥が) sing, chirp; (動物が) cry; (猫が) mew; (虫が) chirp
なぐさめ comfort; consolation
なぐさめる comfort, console
亡くす lose
無くす lose 会話 パスポートをなくしました I lost my passport.
…なくて (…なしで) without ...; (…の欠乏のため) for lack [want] of ...
なくてはならない indispensable; essential

泣く泣く reluctantly
亡くなる die, pass away
無くなる be lost [missing], be gone; (尽きる) run out (of); (痛みなどが) go away
殴りかかる hit at
殴り書き scribble
殴り倒す knock ... down
殴る hit, strike, beat
なげうつ give ... up; quit
なげかわしい regrettable
嘆く grieve
投げ捨てる throw away
投げ出す throw out; (あきらめる) give up
投げつける throw at
投げ飛ばす throw [fling] ... away [down]
なげやり neglect; irresponsibility
投げる throw, pitch; (軽く) toss
…なければ (…なしでは) without ...; (もし…でなければ) if ... not; (…でない限り) unless ...
仲人 go-between; matchmaker
和やかな friendly
名残 trace, relic, aftermath
ナサ (《米》航空宇宙局) NASA
情け sympathy; pity; kindness
情けない miserable; (恥ずかしい) shameful
情け深い kindhearted; compassionate
ナシ (果物) pear
…なしで without ...
…なしですます do without ...
成しとげる accomplish; achieve
なじみの familiar
なじむ get used [accustomed] to; adapt [adjust] (*oneself*) to
ナショナリズム nationalism
ナショナル national ■ナショナルチーム the national team [side]
ナショナル・ギャラリー National Gallery
なじる blame
ナス eggplant
為す do
なすり合い recrimination(s)
なすり付ける rub; smear
なぜ why; (何のために) what for 会話 ～ですか Why? ■なぜならば because
なぜか somehow
謎 (神秘) mystery ～めいた mysterious
なぞなぞ riddle
なぞる trace
なた machete; (手斧) hatchet
名高い famous
なだめる soothe; calm ... down; appease
なだらかな gentle
なだれ avalanche, snowslide
ナチ(ス) the Nazis
夏 summer ■夏風邪 summer cold 夏服 summer clothes 夏祭り summer festival 夏休み summer vacation
なつかしい dear old, good
なつく take to ...; come to love; become attached to ...
名付け親 *one's* godfather [godmother]
名付ける name; call
夏時間 daylight(-saving) time
ナッツ nut
納豆 *natto*, fermented soybeans
納得する understand, accept; (同意する) be convinced 納得させる convince
夏ばて summer lethargy [fatigue] ～する suffer from the summer heat
ナップザック knapsack
夏ミカン Chinese citron
懐メロ popular song from good old days
夏物 summer wear; summer clothing
なでる stroke; pat; rub
など and so on [forth], etc.
ナトー (北大西洋条約機構) NATO
ナトリウム sodium
七 seven ～番目の seventh
七十 seventy ～番目の seventieth
七つ(の) seven
ななめの (傾いた) oblique; (対角の) diagonal
何か something, some; (疑問文で) anything
何かと (あれやこれやで) one thing or another; (いろいろな点で) in many ways
何が何でも at all costs
何かにつけ in various [many] ways
何から何まで all kinds [sorts] of things
何気ない casual, unintentional 何気なく casually, unintentionally
何事 what; something; anything
何しろ anyway, at any rate
何々 something; so-and-so
何もかも everything, every, all
何者 who; someone; anyone
何より of all, than anything else
ナノ nano- ■ナノテクノロジー nanotechnology
七日 seven days; (月の) seventh
…なので because; since
…なのに (al)though; in spite of; despite
名乗る give [tell] *one's* name
なびかせる stream
なびく wave; (草木・旗などが) bend
ナプキン napkin ■生理用ナプキン sanitary 《米》napkin [《英》towel]
名札 name tag
ナフタリン naphthalene
なべ pan; (深鍋) pot; saucepan
ナポリ Naples
ナポレオン Napoleon
なま暖かい uncomfortably warm
生意気な cheeky, impudent
名前 name; first name; (姓) family [last] name 会話 お～はなんとおっしゃいますか May I have your name please? お～はどう書きますか How do you spell your name?
なまぐさい fishy; bloody
なまけ者 lazy person; (動物) sloth

なまける be idle [lazy]; (怠る) neglect
生ごみ (kitchen) garbage; (kitchen) rubbish
ナマズ catfish
生中継 live relay broadcast
なまなましい vivid
なまぬるい lukewarm, tepid
生の raw, uncooked; (演奏が) live
生ハム uncooked ham
生ビール draft beer; beer on tap
生放送 live broadcast
なまめかしい sexy
なまもの (食品) uncooked food
なまやさしい easy; simple
なまり accent; (方言) dialect
鉛 lead
なまる speak with an accent
波 wave; (さざ波) ripple
波風 the wind and waves; (もめごと) trouble
並木 row [line] of trees ■並木道 tree-lined road; avenue
波線 wavy line
涙 tear ～を流す shed tears
並の average
波乗り surfing
並外れた extraordinary; unusual
ナミビア Namibia
ナメクジ slug
なめし革 leather
なめらかな smooth; (話し方が) fluent
なめる lick; (侮る) make light of
納屋 barn
悩ましい sexy; provocative
悩ます bother, trouble
悩み worry; trouble
悩む worry
…なら (…に関しては) as for …; (…と言えば) talking [speaking] of …; (仮定) if
習い事 accomplishment
ならう (まねる) follow
習う learn, study, take a lesson
ならす level … (off); make … level [even]
慣らす accustom; (訓練する) train
鳴らす sound; (鐘を) ring; (警笛を) blow
…ならない must; have to do; have got to do; should; ought to; be supposed to do
並び (横の) row
並ぶ line up; (縦に) stand in a line; (横に) stand in a row; (匹敵する) match
並べる arrange, set; (整列させる) line up; (陳列する) display
習わし custom
…なり (自己流のやり方で) in *one's* own way; (…するとすぐ) as soon as …
成り上がり upstart; new rich
成り上がる rise suddenly to power
成り代わる take the place of …
成り金 upstart; new rich
成り下がる come down in the world
成りすます disguise *oneself*; pretend
成り立ち origin
成り立つ consist (*of*); be made up (*of*)
鳴り響く ring (out); echo; resound
なりゆき (経過) the course; (進展) the development; (進行) the progress
なる (ある状態に) become, get; (次第に) grow; (変化する) change, turn; (職業につく) to be …
…するようになる come [get] to do

チャンクで英作文
●…になる **want** to be a
→私は医者になりたい.
I want to be a doctor.

なる (実が) bear fruit
鳴る sound; (鐘など) ring; (笛など) blow
ナル(シ)シスト narcissist
ナル(シ)シズム narcissism
なるべく as … as possible, as … as *one* can; (できれば) if possible
なるほど indeed, really; I see.
慣れ practice; experience; habit
なれ合い collusion; (相互依存) interdependence
ナレーション narration
ナレーター narrator
なれなれしい too friendly; too familiar
慣れる get used [accustomed] to
縄 rope, cord
縄飛び skipping [jumping] rope ～をする jump rope
なわばり territory; range of influence
何… what; (どれくらい) how many; (いくらかの) some, several; (多くの) many
難 difficulty; trouble; (不足) shortage
南欧 Southern Europe
何か what
何回 how often, how many times
軟化する soften
難関 difficulty; hurdle ■難関:難関大学 highly selective university
南極 the Antarctic ■南極海 the Antarctic Ocean 南極大陸 the Antarctic Continent; Antarctica 南極点 the South Pole
難局 (困難な状況) difficult situation
軟こう ointment, salve, balm
南国 southern country
難産 difficult delivery [labor]
何時 what time; when 会話 (今)～ですか What time is it (now)?
軟式テニス soft tennis
軟式野球 rubber ball baseball
軟弱な weak; soft
難所 dangerous spot [pass]
軟水 soft water
南西 southwest
ナンセンス nonsense
難題 difficult problem
何だか (何であるか) what; (どういうわけか) somehow

何だって why
南端 southernmost part; southern end
なんて (感嘆文) how, what
なんですって Pardon (me)?
何でも anything, any, whatever; (どれでも) everything
なんと (感嘆文) what, how
何度 (回数を尋ねて) how many times; (幾度も繰り返して) many times; often, frequently
南東 southeast
何とか somehow (or other); somehow ～…する manage to *do*
何としても at all costs; at any risk
何となく somehow, for some reason
何なら then; if you like [want]
何の (疑問文で) what; what kind of ...; (否定文で) any; at all; in the least
軟派 playboy; playgirl ナンパする pick up a girl [a boy]
ナンバー number; (車の) registration number ■ナンバープレート license plate
ナンバーワンの top, the number one
難破する be wrecked
難病 intractable disease
南部 southern part; (米国の) South
南米 South America ～の South American
南北 north and south
難民 refugee
難問 difficult problem [question]
何らかの some

に

…に (時刻) at; (日) on; (年・月) in; (場所) at; in; on; (含まれて) in; (方向) to, toward(s), for; (動作の対象) for, to
荷 pack; load ～を積む load
二 two ～番目の second ～分の1 half
似合いの人[物] match
似合う suit; match; look nice; go with ...
ニアミス near miss
二位 second place
兄さん *one's* older [big, elder] brother
ニーズ needs, demand
新妻 bride; newly married woman
ニート NEET (Not in Education, Employment training)
煮え切らない indecisive; uncertain
煮える boil
臭い, 匂い smell; (不快臭) odor; (芳香) fragrance いい～がする It smells good.
臭う, 匂う smell; stink
匂わす give off an odor [a scent]; (ほのめかす) hint; (暗示する) suggest
二回 twice, two times
二階 upstairs; the 《米》 second [《英》 first] floor
苦い bitter
にがうり (ゴーヤ) bitter melon; balsam pear
似顔絵 portrait
二か国語の bilingual
逃がす set free, let go; (機会を) miss
二月 February
苦手 weak point ～だ be bad [poor] at ...
苦み bitterness; bitter taste
似かよう resemble; be alike
ニカラグア Nicaragua
苦笑い wry smile [grin]
にきび acne; pimple
にぎやかな (場所が) busy; (騒々しい) noisy; (陽気な) cheerful, lively; merry
握り grip; handle ■握り鮨 *nigiri*, hand-shaped sushi 握り飯 rice ball
握りこぶし fist
握りしめる hold ... tightly; grasp, grip
握りつぶす crush ... in *one's* hand; (提案などを) shelve
握る hold, grasp, grip
にぎわう be crowded; (繁盛) prosper
にぎわす (活気づける) liven ... up; (新聞などで) hit [make] the headlines
肉 (人間・動物の) flesh; (食肉) meat; (牛の) beef; (豚の) pork ■肉屋 butcher's
肉厚の thick; plump
…にくい (困難である) hard; difficult
憎い hateful ▶憎しみ hatred
肉眼 naked eye
肉食 meat diet ■肉食動物 carnivorous animal; carnivore
肉親 relative
肉体 body ■肉体労働 manual labor [work] 肉体労働者 manual worker [laborer]
肉だんご meatball
肉離れ torn muscle
憎む hate
肉欲 carnal desires
憎らしい hateful; (腹の立つ) provoking
荷車 cart
逃げ遅れる fail to escape
逃げ切る make good *one's* escape; (最後までリードを保つ) keep the lead to the end
逃げ出す escape; get out; run away
逃げ回る run around trying to escape
逃げ道 escape
逃げる run [get] away, escape; get out 《*of*》; (回避する) evade; avoid
ニコチン nicotine
にこにこ ～する smile ～して with a smile
にごる become [get] muddy にごった muddy; (空気が) foul; (液体などが) turbid
二酸化炭素 carbon dioxide
西 west ～の west, western
虹 rainbow
ニジェール Niger
西側 the west [western] side
二次元 two dimensions
…にしては (…の割には) for ...; (考慮すると) considering

二次の second; secondary ■二次会 after-party 二次試験 the second stage examination
にじむ run, spread; (汗が) break out
二十 twenty ～番目の twentieth
二重の double; dual ■二重あご double chin 二重唱[奏] duet; duo 二重丸 double circle
二乗 square
二色 two colors
ニシン herring
ニス varnish
二世 (日系) Nisei; (子供) Jr.; (王など) the second
偽の false ■偽物 fake; imitation
似せる imitate; copy
荷台 carrier
煮立つ boil (up)
二段ベッド bunk beds, bunks
日時 the time and date
日常の everyday ■日常生活 daily life
日没 sunset
日夜 night and day
日曜大工 do-it-yourself; (人) do-it-yourselfer
日曜日 Sunday
日用品 daily necessaries
…について about ..., of ..., on ...
日課 daily work; daily lesson; routine
日刊の daily ■日刊紙 daily
日記 diary ～をつける keep a diary ～に書く write ... in a diary
…につき (単位) per; for ...; (理由) because of ...; (関して) about ..., on ...
ニックネーム nickname
荷づくり packing ～する pack
日系 ■日系企業 Japanese company 日系二世 Nisei 日系ブラジル人 Japanese-Brazilian 日系米人 Japanese-American
ニッケル nickel
日光 sunlight, sunshine ■日光浴 sunbathe
にっこりする smile broadly
日誌 diary, journal
日射病 sunstroke; (熱射病) heatstroke
日食 solar eclipse
日中 (昼間) daytime, day
日直 daytime duty
日程 (day's) schedule [program]; (旅の) travel plan; (議事の) agenda
ニット knitwear
日本 Japan ～の Japanese ■日本画 Japanese painting 日本史 Japanese history 日本時間 Japan time 日本酒 sake, Japanese rice wine 日本製品 Japanese products 日本茶 Japanese tea 日本刀 Japanese sword 日本びいき Japanophile 日本舞踊 Japanese [traditional] dance 日本料理 Japanese food [dishes, cooking]

日本文化》
刀 sword; 漢字 Chinese character; 着物 kimono; 書道 calligraphy; 柔道 judo; 神社 (Shinto) shrine; 神道 Shintoism; 相撲 sumo (wrestling); 寺 temple; 俳句 haiku (poem); 仏教 Buddhism

似ている look like ...; be like ...; resemble
二度 twice; second time; again
二等 (二番目) second; second place; (乗り物の) second class
二等分する divide ... into two equal parts
ニトログリセリン nitroglycerin(e)
になう (引き受ける) accept; take; (背負う) carry 《*it*》 on *one's* shoulder(s) [back]
二人三脚 three-legged race
二人称 second person
二年生 second-year student [pupil]; 《米》(大学の) sophomore
二の腕 the upper arm
二の次 secondary
…には (…にとっては) for ...; (…に対して) to ...; (…の時・場所には) on ..., in ..., at ...
二倍 double; twice ～にする[なる] double
二番 the second; number two
二部 (二つの部分) two parts; (第二の部分) the second part
にぶい dull; (動作が) slow; (刃が) blunt
荷札 label, tag
にぶる get dull; weaken
二分 division into two parts; half ～する divide (it) into two parts
日本海 the Sea of Japan
日本語 Japanese; the Japanese language
日本人 Japanese; (全体) the Japanese
二本立て double bill; double feature
二枚目 (美男) a good-looking man
荷物 (手荷物) baggage
にゃあにゃあ (猫の鳴き声) meow, mew
にやにやする grin; smirk
ニュアンス nuance
入院する go into [to] (the) hospital
ニューオーリンズ New Orleans
入荷 arrival of goods ～する arrive
入会 joining; entrance; admission ～する join; (会員になる) become member 《*of*》 入会金 entrance [admission] fee
入学 entrance ～する enter a school ■入学試験 entrance exam(ination)
乳がん breast cancer
乳牛 milk(ing) cow
入居 occupation ～する occupy; move in
入国 entry; immigration ～する enter; (移住) immigrate ■入国審査 immigration (control) 入国ビザ entry visa
乳児 baby
ニュージーランド New Zealand
入室する enter the room
ニュージャージー (米国の州) New Jersey
入社する join a company ■入社試験 employment exam
入手 acquisition ～する get; acquire; obtain

入場 entrance; (観客の) admission ～する enter, go in [into] ■入場券 admission ticket; (駅の) platform ticket 入場料 admission fee
入賞する win a prize
ニュース news ■ニュース解説 news commentary ニュース解説者 news commentator ニュースキャスター newscaster ニュース速報 flash

> **関連》**
> インフレ inflation; 汚染 pollution; 外交 diplomacy; 革命 revolution; 株 stock; 経済 economy; 憲法 constitution; 裁判 trial; 殺人 murder; 事故 accident; 自殺 suicide; 市場 market; 失業 unemployment; 渋滞 traffic jam; 戦争 war; 総理大臣 prime minister; 大統領 president; テロ terror, terrorism; 内閣 cabinet; 年金 pension; 犯罪 crime; 不況 depression; 麻薬 drug; 民族 nation; 誘拐 kidnapping; 容疑者 suspect

入籍 registration of marriage ～する register *one's* marriage
入選する win a prize
ニュータウン new town
ニュートリノ neutrino
ニュートン Newton
入念な careful
ニューハンプシャー (米国の州) New Hampshire
入部する join, become a member 《*of*》
ニューメキシコ (米国の州) New Mexico
入門書 guide, introduction
ニューヨーク (米国の州・都市) New York ■ニューヨークっ子 New Yorker
入浴 bath; bathing ～する take a bath
入力 input ～する input; enter
女房 *one's* wife
にらむ stare; (怒って) glare; (疑う) suspect; (目をつける) keep an eye on ...
にらめっこ stare-down
二流の second-rate
似る resemble; look like; be similar 《*to*》
煮る boil
二塁 second (base); (選手) second baseman
ニレ elm
庭 garden, yard ■庭師 gardener
にわかに suddenly ■にわか雨 shower
ニワトリ chicken; (雄) rooster; (雌) hen
任意の optional; arbitrary
認可 approval; permission
人気 popularity ～のある popular ■人気アイドル pop idle 人気歌手 popular singer 人気番組 popular [hit] program 人気者 popular person
任期 term of office [service]
人魚 mermaid
人形 doll; puppet
人間 human being; (人類) humankind
人間味のある humane; warmhearted
認識 recognition
忍者 ninja; Japanese warriors hired for covert operations
人情 heart; human feelings ～のある kind; humane ■人情味 human touch
妊娠 pregnancy ～する get pregnant
ニンジン carrot
人数 the number of people
人相 looks; features
忍耐 patience ■忍耐強い patient
認定する authorize; qualify
ニンニク garlic
…人乗り -seat, -passenger
妊婦 pregnant woman
任務 duty; (課せられた仕事) task
任命する appoint

ぬいぐるみ stuffed toy [doll]; rag doll
ぬう sew, stitch ▶ぬい目 seam ぬい物 needlework
ヌード nude
ヌードル noodles
ぬか bran
抜かす omit; skip; leave out
脱がせる undress
ぬか喜び short-lived joy
ぬかる (道などが) be muddy [slushy]
ぬかるみ mud
抜き打ちの[で] surprise; without notice
脱ぎ捨てる throw [cast] ... off
抜き出す draw out
抜き取る pull out
抜く pull [take] out; (追い抜く) pass; (省く) leave out
脱ぐ take off
ぬぐう wipe; (乾かす) dry
ぬくもり warmth
抜け穴 secret passage
抜けがら cast-off skin [shell]
抜け毛 fallen hair
抜け出す slip out of ...; get away from ...
抜けている (愚鈍な) be stupid [foolish]
ぬけぬけと impudently; shamelessly
抜け道 byway; shortcut
抜け目がない shrewd
抜ける come off; (通り抜ける) go through; (髪・歯が) fall out; (組織などから) leave
脱げる come off; slip off
主 master; owner
盗み theft, stealing
盗む steal, rob 盗まれる have ... stolen 会話 かばんを盗まれました Someone has stolen my bag./I had my bag stolen.
布 cloth
沼 swamp, marsh
ぬめりのある slimy; slippery

ぬらす wet, moisten
ぬり絵 coloring
ぬり替える paint again; (記録を) break
ぬり薬 ointment; liniment
ぬる (ペンキを) paint; (薬を) apply; (バターを) spread; (色を) color
ぬるい lukewarm ▶ぬるま湯 lukewarm water
ぬるぬるした slippery; slimy; greasy
ぬれる get wet ▶ぬれた wet; (ぐっしょりと) drenched; (湿った) moist

ね

…ね you know
音 (鐘などの) sound; (楽器の) tone; (虫などの) chirp
根 root
値 price; cost
値上がり increase in price, price increase
値上げする raise prices
寝汗 night sweat
ネイティブ native speaker
ネイビーブルー navy blue
ネイル nail ■ネイルアート nail art ネイルアーティスト nail artist ネイルサロン nail salon
寝入る fall asleep
音色 tone, timbre
値打ち value; (値段) price ～のある valuable; worth
ねえ (呼びかけ) Say!; (注意喚起) listen; look
ネーム *one's* name ■ネームカード name tag ネームプレート nameplate
ネオンサイン neon (sign)
願い wish; (依頼) request 会話 お～があるのですが Can I ask you a favor?
願う wish; (頼む) ask, request
寝返りをうつ turn over in bed
寝返る (裏切る) betray
寝顔 sleeping face
寝かす put to sleep; (横たえる) lay
ネガティブな negative
ネギ leek
値切る beat the price down; ask for discount
ネクタイ tie 蝶～ bow (tie)
ネグリジェ 《米》 nightgown; 《英》 nightdress
ネコ cat; (子猫) kitten
猫背 (slight) stoop
寝言 sleep talking; (寝言を言う) talk in *one's* sleep
寝込む fall asleep; (病気になる) be sick [ill]
寝転ぶ lie (down)
値下がり fall [drop] in price
値下げ price reduction
ねじ screw ■ねじ回し screwdriver
ねじ込む (突っ込む) thrust
ねじ曲げる bend, twist
寝小便 bed-wetting
ねじる twist
寝過ごす oversleep
ネズミ (小さい) mouse; (大きい) rat ■ネズミ取り mousetrap
ねずみ色 (dark) gray
寝そべる lie down
ネタ (新聞などの) news item; (小説などの) material
寝たきりの bedridden
ねたましい envious 《*of*》
ねたみ envy; jealousy
ねたむ be jealous [envious] 《*of*》
ねだる ask
値段 price
ねちっこい persistent
熱 heat; (体温) temperature; (病気による) fever 会話 ～があります I have a fever.
熱愛する love ... dearly
熱意 eagerness; enthusiasm
熱気 (熱い空気) hot air; (熱意) enthusiasm; (興奮) excitement
熱狂する get excited ～的な enthusiastic
ネック (首) neck; (障害) bottleneck
寝つく go to sleep, fall asleep
ネックレス necklace
熱血漢 hot-blooded person
根っこ root, stump
熱射病 heatstroke
熱唱する sing with deep emotion
熱心な enthusiastic, eager
熱する heat (up)
熱戦 exciting game; (接戦) close game
ねつ造 (偽造) forgery; (でっち上げ) invention; frame-up
熱帯 the tropics; tropical zone ■熱帯雨林 (tropical) rain forest 熱帯魚 tropical fish
熱中している be absorbed; be crazy
ネット (網) net
ネット (インターネット) the Internet, the Net [net] ■ネットオークション online auction ネットカフェ cybercafe, Internet cafe ネットショッピング Internet [online] shopping ネットバンキング Internet banking ネット犯罪 cybercrime
熱湯 boiling water
ねっとりしている sticky; gluey
ネットワーク network
熱波 heat wave
熱弁 impassioned speech
熱望 earnest desire ～する long; be eager
根強い deep-rooted
熱烈な enthusiastic; passionate
寝床 bed
ねとねとした sticky
寝泊まりする stay at night
ネパール Nepal
ネバダ (米国の州) Nevada
ねばっこい sticky
ねばねばした sticky

ねばり (ねばり強さ) tenacity
ねばり強い persistent
ねばる be sticky; (根気よく続ける) stick
値引き(する) discount
根深い deep-rooted
寝袋 sleeping bag
寝不足 lack of sleep
値札 price tag
ネブラスカ (米国の州) Nebraska
寝坊する get up late; (寝過ごす) oversleep
寝ぼける be half-asleep [-awake]
寝まき nightclothes, pajamas
眠い sleepy, drowsy
眠気 sleepiness; drowsiness
眠り sleep
眠り病 sleeping sickness
眠る sleep, go to sleep, fall asleep
根元 root
ねらい aim
ねらう aim (*at*); (得ようとする) be after ...; (機会をうかがう) watch for ...
寝る (眠る) sleep; go to sleep, fall asleep; (床につく) go to bed; (横たわる) lie down

チャンクで英作文
●寝る **go** to bed
→寝る時間だよ. It's time to go to bed.

練る knead
年 year; (学年) year, grade
念 (意識) sense; feeling; (注意) care, attention ～を入れて carefully
念入りな careful
年賀状 New Year's card
年鑑 yearbook, almanac
年間 year ～の annual, yearly
念願 wish; desire; dream
年金 pension ■年金制度 pension plan
年月 years; (時) time
ねんざ sprain ～する sprain; twist
…年祭 ... anniversary
年収 annual [yearly] income
年中 (一年中) all (the) year around
年中行事 annual [yearly] event
燃焼 combustion
年少の younger
…年生 ... grader
年代 (世代) generation; age; (時代) era
粘着 adhesion ■粘着テープ adhesive tape
年長の older, senior
年度 (学年度) academic year
粘土 clay
年内に within the year
年々 every year
念のため just to be [make] sure
年配 age ～の elderly
燃費 fuel efficiency [economy]
年表 chronological table
年末 the end of the year
燃料 fuel
年輪 (annual) ring
年齢 age ■年齢差別 age discrimination 年齢制限 age limit

の

…の (所有・所属) 's, of ...; (場所) at ..., in ..., on ...; (部分) of ...; (材料・手段) of ..., from ...; (…に関する) about ..., on ..., of ...
野 field; plain
ノアの箱舟 Noah's ark, the ark
ノイローゼ nervous breakdown, neurosis
能 (能力) ability; (能楽) Noh (play)
脳 brain ■脳死 brain death
農園 farm
農家 (家) farmhouse; (人) farmer
農学部 the department of agriculture
農業 agriculture, farming ■農業国 farming country 農業大学 agricultural college
濃厚な (液体など) thick; (味・色など) rich
濃紺 dark [navy] blue
農作業 farm work
農作物 crop
悩殺する bewitch
濃縮 concentration; (ウラン) enrichment ～する concentrate ■濃縮ウラン enriched uranium 濃縮(還元)ジュース concentrated juice
農場 farm ■農場主 farmer
納税 tax payment
農村 farm(ing) village
濃淡 shades; light and shade
農地 farmland
能天気な too easygoing
農道 road between the fields
能動態 active voice
能動的な active
ノウハウ know-how; expertise
濃密な rich; (関係など) close
農民 farmer; farm worker
濃霧 thick [dense] fog
農薬 pesticide; agricultural chemicals
能率 efficiency ～的な efficient
能力 ability, capacity …する～がある be able to *do*, be capable of *doing*
農林水産省 Ministry of Agriculture, Forestry and Fisheries
ノー… no; non-; -less ■ノーコメント No comment. ノーシード選手 unseeded player ノースリーブ sleeveless dress
ノーゲーム (野球) unofficial game
ノースキャロライナ (米国の州) North Carolina
ノースダコタ (米国の州) North Dakota
ノースモーキング no smoking
ノート notebook ～をとる take notes ノートパソコン notebook [laptop]
ノーブラ braless
ノーブランド generic brand

ノーベル賞 Nobel prize
ノーマークの uncovered; unmarked
ノーマル normal
のがす miss
のがれる escape
のき (軒) eaves
のけ者 outcast
のける remove; get rid of ...
のこぎり saw
残す leave
のこのこ shamelessly
残り remainder, the rest; (食べ残し) leftovers
残り物 leftovers
残る be left, remain; (留まる) stay
野宿する sleep in the open [out of doors]
ノズル nozzle
載せる put《on》; (記事を) carry
乗せる (車に) give a ride; (積む) load
のぞき peep
のぞき見する peep (at)
のぞく look into; peep
除く (除外) leave out, omit; (除去) take away, remove …を除いて except ...
望ましい desirable
望み wish; hope
のぞむ (出席する) attend; (面する) face
望む wish; (期待する) expect
後に later, afterwards; (将来) in future
後ほど later (on)
ノック (野球) fungo
ノック(する) (ドアを) knock (on)
ノックアウトする knock out
のっそりと slowly; lazily
乗っ取り (会社などの) takeover; (飛行機などの) hijack
乗っ取る (会社などを) take over; (飛行機などを) hijack; skyjack
…ので because ⇨似ている単語; as; since
のど throat
のどかな peaceful; (静かな) quiet
…のに though, although, in spite of
ののしる swear; curse
延ばす (延長する) extend; (延期する) put off
伸ばす stretch (out); (長く) make longer; (髪を) grow; (手を) reach; (発達させる) develop
野原 field
伸び (成長) growth; (発展) development
伸び悩む make little progress
のびのび freely
延びる get long(er); (延期される) be put off
伸びる grow; make progress
ノブ knob
のべ the total number
述べる state
ノボシビルスク Novosibirsk
のぼせる feel dizzy; be crazy
上り ascent ～の uphill; up ■上り坂 uphill slope 上り列車 up train
上る, 登る, 昇る go up; (山などに) climb; (太陽が) rise; (合計が…に) amount to
…のみ (…だけ) only, alone
のみ (工具) chisel
ノミ (虫) flea
飲み会 (drinking) party
飲み薬 medicine (to be taken orally)
飲み込み ～が速い[遅い] be quick [slow] to understand
飲み込む swallow; (理解する) understand
ノミネートする nominate
飲み干す drink ... down; gulp ... down
飲み水 drinking water
飲み物 drink; beverage

> 関連›
> アイスコーヒー ice(d) coffee; ウイスキー whiskey; 牛乳 milk; 紅茶 tea; コーヒー coffee; コーラ coke; ココア cocoa; サイダー soda pop; シャンペン champagne; ジュース juice; 日本酒 sake; ビール beer; 緑茶 green tea; ウーロン茶 oolong (tea); ワイン wine

飲み屋 bar; pub
飲む drink, have; (お茶を) have; (薬を) take 会話 コーヒーでも飲みませんか Would you like a cup of coffee?
のめり込む be (entirely) absorbed (in)
飲める drinkable
野良犬 stray dog
野良猫 stray cat
のり (接着用) paste, glue; (衣服用の) starch
のり (海苔) seaweed; laver
乗り遅れる miss, be late for
乗り換え transfer ■乗り換え駅 transfer station 乗り換え切符 transfer
乗り換える change (trains); transfer《*from A to B*》 会話 ～必要がありますか Do I need to transfer?
乗り気 enthusiasm
乗り切る get over ...; get through ...
乗組員 (総称的) crew
乗り越える get [climb] over; (克服する) overcome
乗り越す go [ride] past ...
乗り込む get in [into], get on
乗りつぎ transfer
乗りつぐ make a connection (with)
乗り場 (タクシーの) taxi stand
乗り回す drive [ride] around
乗り物 (陸の) vehicle; (水上の) vessel

> 関連›
> 一輪車 monocycle; オートバイ motorcycle; 救急車 ambulance; 車 car; 自転車 bicycle; 潜水艦 submarine; タクシー taxi; 地下鉄 subway; 電車 train; トラック truck; バス bus; 飛行機 plane; 船 ship; ヘリコプター helicopter; ヨット yacht; レンタカー rent-a-car

載る (本などに) appear
乗る (列車などに) get on; take; (馬に) ride

チャンクで英作文
●(電車などに)乗る **get on**
→あのバスに乗ったらいいよ.
You should get on that bus.

ノルウェー Norway 〜の Norwegian ■ノルウェー人[語] Norwegian
ノルマ assignment
のろい slow
呪い curse
呪う curse
のろけ話 boasting story
のろのろ slowly
のろまな dull; slow
のんきな easygoing
ノンストップ nonstop
飲んだくれ drunkard
のんびりした relaxed; carefree; peaceful
ノンフィクション nonfiction

は

歯 tooth ⇨ コロケーション
刃 edge
派 group, party
葉 leaf; (麦などの) blade; (針状の) needle
場 spot; (劇の) scene その〜で on the spot
ばあ Boo!
バー bar
ぱあ (じゃんけんで) paper
場合 case; occasion; (状況) circumstances この〜 in this case
パーカッション percussion instrument
パーキング parking
ハーグ Hague
把握する grasp; catch; understand
バーゲンセール sale
バーコード bar code
バージニア (米国の州) Virginia
バージョン version
バージョンアップ upgrade
バージン virgin
バースデー birthday
パーセンテージ percentage
パーセント percent, 《英》 per cent
パーソナリティー personality
パーソナル personal
バーター barter
バーチャル virtual ■バーチャルリアリティー virtual reality
パーツ parts
パーティー party
バーテン(ダー) bartender
ハート heart
ハード hard
ハードウェア hardware
バードウォッチング bird watching
ハードコピー hard copy
ハードスケジュール full schedule
パートタイマー part-timer
パートナー partner
パートの part-time
ハードボイルド hard-boiled
ハードル hurdle
バーナー burner
ハーネス harness
ハーバード大学 Harvard University
ハーフ half
ハーブ herb
関連› カモミール chamomile; タイム thyme; バジル basil; ローズマリー rosemary;
ハープ harp
ハーフタイム half time
バーベキュー barbecue, BBQ
パーマ permanent (wave) 〜をかける perm
バーミンガム Birmingham
ハーモニー harmony
ハーモニカ harmonica
パール (真珠) pearl
バーレーン Bahrain
ばーん (爆発音など) bang, balm
はい (返答) yes; (出席して) Here., Yes.
灰 ash(es)
杯 cup
肺 lung
…倍 ... times 倍の double; twice as ... as 2倍 two times, twice
パイ pie
灰色(の) gray
ハイウェー expressway, motorway
背泳 the backstroke
ハイエナ hyena
肺炎 pneumonia
バイオ bio ■バイオテクノロジー biotechnology
パイオニア pioneer
バイオリニスト violinist; fiddler
バイオリン violin; fiddle
媒介する mediate, act as intermediary
バイカル湖 Lake Baikal
排気 exhaust ■排気ガス exhaust (gas)
廃棄する scrap, dispose of ...
廃棄物 waste
廃墟 ruins
ばい菌 germ
ハイキング hiking 〜に行く go on a hike
バイキング (料理) buffet; (海賊) Viking
俳句 haiku (poem)
バイク motorbike
配偶者 spouse; (夫) husband; (妻) wife
ハイクラス high-class
拝啓 Dear ...
背景 background
背後 back, rear
配合 combination; mixture; scheme
灰皿 ashtray
廃止 abolition; repeal 〜する abolish; re-

peal; discontinue
歯医者 dentist; (医院) dental office [clinic], dentist's
敗者 loser
ハイジャック hijacking ～する hijack
買収する (選挙) bribe; (購入) buy, purchase; takeover
排出 discharge, emission ～する discharge
売春 prostitution
排除 exclusion; removal ～する exclude
賠償 compensation
陪審 jury
排水 drainage
バイセクシュアル bisexual
廃絶 abolition
敗戦 defeat, loss
配線 wiring, line
配送 delivery
ハイソックス long socks
敗退 defeat ～する be defeated
媒体 medium
配達 delivery ～する deliver
ハイタッチ high five
バイタリティー vitality
ハイチ Haiti
配置 layout
ハイテク high technology
ハイデルベルク Heidelberg
売店 stand; kiosk
バイト (アルバイト) part-time job
バイト (情報量単位) byte
配当(金) dividend
パイナップル pineapple
バイバイ bye-bye
売買 buying and selling ～する trade, deal
バイパス bypass
ハイヒール high heels
ハイビジョン high-definition television
ハイビスカス hibiscus
配布 distribution ～する hand out
パイプ pipe
パイプオルガン (pipe) organ
バイブル Bible
ハイフン hyphen
配分 distribution, share ～する distribute
ハイペース fast pace
敗北 defeat, loss
ハイヤー hired car
バイヤー buyer
配役 cast, role
俳優 actor; (女優) actress
ハイライト highlight
ハイリスク high-risk
配慮する consider
バイリンガル bilingual
入る go [come] in, enter; (加わる) join; (押し入る) break in [into]
配列 arrangement
パイロット pilot
バインダー binder
はう crawl, creep
パウダー powder
ハウツーもの how-to book
バウンド bounce, bound
ハエ fly
生え際 hairline
映える, 栄える shine; glow; look good in ...
生える grow
墓 grave, tomb ～参りをする visit a grave
墓石 gravestone
馬鹿 fool; ～な silly, foolish, stupid
破壊 destruction
葉書 postcard, postal card
破格の extraordinary
はがす tear (off), strip off
博士 doctor
はかどる going (along) well; make a good progress
はかない empty, vain
はがね steel
馬鹿馬鹿しい ridiculous
歯がゆい feel irritated
はかり (秤) scale, balance
ばかり only; just; about
はかる (計画する) plan, attempt
計る, 測る, 量る measure; (重さを) weigh; (土地を) survey; (時間を) time; (体温を) take
はがれる come off, peel (off)
バカンス vacation
覇気 spirit; drive; ambition
吐き気がする be [feel] sick; nauseous
パキスタン Pakistan
はぎ取る tear off
はきはき clear; decisive; outspoken; active
はき物 footwear
破局 breakup
はく (靴などを) put [have] on; wear
掃く sweep
吐く (息を) breathe out, exhale; (つばを) spit; (もどす) throw up, vomit
はぐ tear
ハグ hug
バグ (コンピューター) bug
迫害 persecution ～する persecute
歯茎 gums
育む bring up
爆撃 bombing
白菜 Chinese cabbage
拍車をかける spur
拍手 (hand) clapping ～する clap *one's* hands
白状する confess
爆笑する burst into laughter
薄情な cold-hearted
ハクション a(h)choo
白人 white ■非白人 nonwhite
ばく然と vaguely ～した vague
ばく大な vast, great, enormous, huge

バグダッド Baghdad
爆弾 bomb
白昼夢 daydream
ハクチョウ swan
バクテリア bacteria
爆破する blow
爆発 explosion ～する explode
博物館 museum
白米 polished rice
博覧会 exposition
迫力 power, punch ～のある powerful
ぱくる (盗作) plagiarize; (逮捕) arrest
歯車 gear
はぐれる (見失う) lose sight of ...
暴露 exposition ～する expose
はけ brush
はげ baldness; (部分) bald spot ～た bald
はげ頭 bald head
はけ口 vent, outlet
激しい violent, intense, severe
ハゲタカ vulture
バケツ bucket, pail
バゲット baguette
はげます encourage, cheer up
はげむ work [train] hard, strive ▶はげみ encouragement
化け物 (怪物) monster; (幽霊) ghost
はげる (色が) fade; (はげ落ちる) come off; (禿げる) go [become] bald
化ける turn *oneself*; disguise *oneself*
派遣社員 agency temp
派遣する send (away); dispatch
箱 box, case
箱庭 miniature garden
運ぶ carry; (輸送する) transport ■運び出す carry out
バザー bazaar
はさまる get between; be sandwiched
はさみ scissors; (大きな) shears
はさむ (間に置く) put between, insert; (指を) pinch; (口を) put in
破産する go bankrupt
橋 bridge
端 end; (縁) edge; (隅) corner
箸 chopsticks
恥 shame, disgrace ～をかかせる put ... to shame ■恥知らずな shameless
はしか measles
はし書き preface
はじく flick; (水を) repel
はじける burst open; crack open
はしご ladder
始まり beginning; (起源) the origin
始まる begin; start; (会などが) open; (戦争などが) break out
初め beginning ～から from the beginning ～は at first
初めて for the first time; (最初に) first
はじめまして 会話はじめまして How do you do?/Nice to meet you.
始める begin, start; (会を) open
覇者 conqueror; champion; winner
馬車 carriage
はしゃぐ romp about; (浮かれる) make merry
パジャマ pajamas ～のズボン pajama trousers
場所 place; (地点) spot; (位置) location; (現場) scene; (空間) room
はしょる tuck ... in; cut ... short
柱 post, pillar; (円柱) column; (電柱) pole ■柱時計 wall clock
走り running
走り書き hurried note
走り高跳び high jump
走り幅跳び long [broad] jump
走る run
恥じる be ashamed
ハス lotus
はず must, should, ought to *do* ～がない cannot be, It is impossible (that)...
バス bus ～に乗る get on a bus ■バス停 bus stop
バス (風呂) bath ■バスローブ (bath)robe
バス (歌手) bass (singer)
パス pass
端数 fraction
恥ずかしい ashamed; (恥ずべき) shameful; (きまりが悪い) embarrassed; 恥ずかしがりの shy
はずかしめる disgrace; put ... to shame
ハスキー husky
バスク人[語] Basque
バスケット (かご) basket
バスケット(ボール) basketball
はずす take off, remove; (ボタンなどを) undo; (席を) leave (*one's*) seat; (的を) miss
パスする pass
パスタ pasta
バスタオル bath towel
パステル pastel
バスト bust
パスポート passport
はずみ momentum; impetus
はずむ bounce
パズル puzzle
バスルーム bathroom
はずれ (終わり) end; (末端) edge; (郊外) suburbs
はずれる come [fall] off; (当たらない) miss
パスワード password
パセリ parsley
パソコン personal computer, PC
破損 damage; break, breakage
旗 flag, banner
肌 skin ■肌着 underwear
バター butter
パターン pattern
肌色 flesh color

裸の naked, nude; (むき出しの) bare
はたき duster
はたく (打つ) strike, hit, beat; (平手で) slap; (ほこりを) dust
畑 field
パタゴニア Patagonia
肌ざわり feel
はだし bare foot ～で barefoot(ed)
果たし合い duel
果たして really; (案の定) as expected
果たす (義務を) fulfill; (役割を) play
二十歳 twenty (years old)
バタフライ (蝶) butterfly; (水泳) butterfly stroke
はため others, other people
はためく wave
働き (仕事) work; (作用) working; (機能) function ■働き者 hard worker
働く (労働する) work; labor; (勤務する) work 《*in, at, for*》
破綻 failure; bankruptcy
ハチ (蜜蜂) bee; (すずめ蜂) wasp, hornet
八 eight ～番目の eighth
鉢 (食器) bowl; (植木鉢) pot, planter
鉢植え potted plant
八月 August
バチカン Vatican ■バチカン市国 the State of the City of Vatican, the Vatican city
はち切れる burst
八十 eighty ～番目の eightieth
ハチドリ hummingbird
ハチの巣 honeycomb
ぱちぱち clap; crackle; blink
はちまき headband
はちみつ honey
はちゃめちゃ incoherent; topsy-turvy
は虫類 reptile
パチンコ 《米》 slingshot, 《英》 catapult; (ゲーム機) pachinko machine
ばつ (×印) cross
ばつ ～が悪い feel awkward
罰 punishment; (ゲームなどの) penalty
発案 idea
発育 growth
発音 pronunciation ～する pronounce
ハッカ peppermint, menthol
発火 ignition; combustion
発芽 germination
ハッカー (インターネット) hacker
発覚 detection ～する be found out
発揮する show, exhibit
発狂する go mad
はっきり ～した clear; distinct, obvious ～と clearly, distinctly
罰金 fine; penalty
バッキンガム宮殿 Buckingham Palace
パッキング packing
バック (背景) background; (スポーツで) back 車を～させる back a car
バッグ bag
パック pack ～する (顔を) apply a pack to *one's* face
バックアップ backup
バックグラウンド background ■バックグラウンドミュージック background music
バックステージ dressing room
発掘 excavation ～する dig ... up, excavate
バックナンバー back issue [number]
バックネット backstop
バックパッカー backpacker
バックパック backpack, rucksack
バックパック旅行 backpacking
バックミラー rearview mirror
ばつぐんの outstanding
パッケージ package ～する pack
白血球 white blood cell, white corpuscle
白血病 leukemia
発見 discovery ～する discover
発言 speech, remark ～する speak, say
初恋 *one's* first love
発効する come into effect
発行する publish; (切手などを) issue
伐採 felling; deforestation
ばっさり drastically; once and for all
発散 emission ～する work off, vent
バッジ badge
発車 departure ～する leave, depart
発射する (打ち上げる) launch; (銃を) fire
パッションフルーツ passion fruit
発進する take off
抜粋する extract, excerpts
発する emit, give off
罰する punish
ハッスルする work hard, try *one's* best
発生する (起こる) happen, take place; (場所などから) originate
発想 idea, concept
発送 shipment ～する send 《*off, out*》
バッタ grasshopper
バッター batter
発達 development ～する develop
はったり bluff
ばったり suddenly; unexpectedly
発注 order placement ～する order
バッティング batting ■バッティングアベレージ batting average
抜てきする select, pick ... out
バッテリー battery
発展 development ～する develop ■発展途上国 developing country
発電 ■発電機 generator 発電所 power plant
はっと (急に) suddenly; (はっと驚かす) startle
バット bat
ぱっと quickly; in a flash
ハットトリック hat trick
発熱 fever
発売 sale; release ～する put ... on sale

ハッピーエンド happy ending
発表 announcement ～する announce
発病する be taken ill
発泡スチロール 《商標》 Styrofoam
発砲する fire
発泡性の foamy; fizzy; sparkling
抜本的 drastic; radical; sweeping
発明 invention ～する invent
はつらつとした lively, vigorous
発令 official announcement
果て end
派手 showiness ～な showy, loud, flashy
パティシエ confectioner
果てしない endless
はてな What!; Why!; well; let me see
ばてる be tired out
ハト dove, pigeon
パトカー squad car, police car
バドミントン badminton
歯止め brake
バトル battle
パトロール patrol
パトロン patron
バトン baton ■バトントワラー baton twirler
バトンタッチ baton pass ～する (リレーで) pass the baton; (仕事などを) have ... take over *one's* job
花 flower; (木に咲く) blossom; (観賞用の) bloom; (果樹の) blossom ～が咲く bloom ■花束 bouquet 花見 flower [cherry blossom] viewing 花輪 wreath, garland

関連›
花びら petal; つぼみ bud; 茎 stem; 葉 leaf; 種 seed

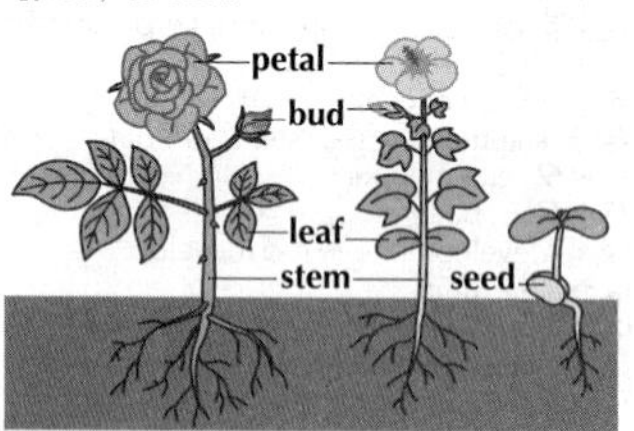

鼻 nose; (象の) trunk ■鼻声 nasal voice
鼻歌 hum
話 talk, conversation; (物語) story, tale 会話 ～が違うよ That's not what you said.
話し合い talk; (交渉) negotiations
話し合う talk, discuss
話し掛ける speak [talk] to
話し声 voice
話し言葉 spoken language
話し好き talkative
放す let go; (自由にする) set free
離す separate, part; (分割する) divide
話す speak ⇨どっち, talk, tell
花束 bunch of flowers; bouquet
鼻血 nosebleed
放つ emit, give ... off
バナナ banana
はなはだしい serious; intense; enormous
華々しい glorious; splendid; spectacular
花火 fireworks
花びら petal
パナマ Panama
花むこ bridegroom
華やかな bright
華やぐ become cheerful; be brightened
花嫁 bride
場慣れする be experienced in; be used to
離れ離れ separated; scattered
離れる (去る) leave; (分かれる) part 離れて apart, away, off
花輪 (ドーナツ型の) (flower) wreath
はにかみ bashfulness
はにかむ be shy
はにかんだ shy
パニック panic ～になる get into a panic
バニラ vanilla
バヌアツ Vanuatu
羽, 羽根 (羽毛) feather; (翼) wing; (バドミントンの) shuttlecock
ばね spring
跳ね返る rebound
跳ね掛かる splash; spatter
羽根突き battledore and shuttlecock
はねつける reject; (提案などを) turn down
ハネムーン honeymoon
パネラー panelist
パネリスト panelist
はねる (人を) hit; knock down
跳ねる jump (up), leap; (飛び散る) splash
パネル panel ■パネルディスカッション panel discussion
ハノイ Hanoi
パノラマ panorama
はは (笑い声) ha-ha!
母 mother
幅 width, breadth
パパ dad, daddy
パパイア papaya
はばかる hesitate; be diffident
羽ばたき flap
羽ばたく flap, flutter
派閥 faction
ハバナ Havana
幅広い wide, broad
バハマ Bahamas
はばむ keep ... from ...
パパラッチ paparazzi
ハバロフスク Khabarovsk
ハブ hub
パブ pub (house)
パプアニューギニア Papua New Guinea

パフェ parfait
パフォーマンス performance
はぶく leave out, omit; (取り除く) take out; (節約する) save
ハプニング happening
歯ブラシ toothbrush
バブル bubble ■バブル経済 bubble economy
破片 piece
葉巻 cigar
ハマグリ clam
浜辺 beach, shore
はまる fit in; fall into ...
歯磨き toothpaste 〜をする brush *one's* teeth
ハミングする hum
ハム ham
ハムスター hamster
破滅する be ruined
はめる (挿入する) fit, insert; (手袋・指輪を) put on; (だます) deceive
場面 scene
ハモる harmonize *one's* voice
早足 with quick steps; at a quick pace
早い early 早く early, soon
速い fast ⇨似ている単語; quick; rapid 速く fast, quickly, rapidly
早起きする get up early
早送り fast-forward
早く, 速く (時刻が) early; (すぐに) soon; (速度が) fast; (動作が) quick, quickly, rapidly
早食いする bolt; eat quickly
早口言葉 tongue twister
速さ speed, velocity
林 woods
はやす (ひげを) wear, grow
早まる (予定が) be advanced, be brought [put] forward; (あわてる) rush; (結論を急ぐ) jump [leap] to conclusions
早めに early
早める quicken; bring ... forward
はやり mode, fashion 〜の trendy; popular
はやる be popular; (病気が) be prevalent
腹 belly; (胃) stomach 〜いっぱいの full 〜のへった hungry
バラ (花) rose
バラード ballad
払い戻し refund
払い戻す pay ... back, repay; refund
払う pay; (ほこりを) dust (off)
バラエティー variety ■バラエティショー variety show
パラオ Palau
パラグアイ Paraguay
パラグライダー paraglider
パラグラフ paragraph
パラサイト parasite
パラシュート parachute
晴らす (疑いを) clear
ばらす (分解する) take ... apart
パラソル parasol
パラダイス paradise
腹立たしい irritating, annoying; offensive
腹立ち anger
原っぱ open field
パラドックス paradox
腹ばいになる lie on *one's* stomach
ばらばら(の) separate 〜になる go to pieces
はらはらする feel nervous
ばらまく scatter
パラリンピック Paralympics
波乱 trouble; disturbance
バランス balance
はり (梁) beam
針 needle; sting; hook; (時計の) hand
バリ Bali
パリ Paris
バリア barrier
張り合う compete
張り上げる raise *one's* voice
バリアフリーの barrier-free
ハリウッド Hollywood
バリエーション variation
針金 wire
はり紙 notice
はりきる be full of spirit, be in high spirits
バリケード barricade
ハリケーン hurricane
パリジャン Parisian (パリジェンヌ) Parisienne
はり出す (掲示する) put up
バリトン baritone
ハリネズミ hedgehog
バリュー value
春 spring
張る stretch; spread; (テントを) pitch
貼る post; (のりで) paste; (留める) stick
はるかに (程度) much, (by) far; (距離) far away [off], in the distance
バルコニー balcony
バルセロナ Barcelona
パルテノン Parthenon
バルト海 Baltic Sea
バルト三国 Baltic States
バルバドス Barbados
はるばる all the way
パルプ (wood) pulp
春休み spring vacation
晴れ sunny, fine, fair
バレエ ballet
バレー(ボール) volleyball
パレード parade
パレスチナ Palestine
晴れた sunny, fine, fair
破裂(する) burst
パレット palette
はれぼったい swollen; puffy
バレリーナ ballerina

はれる swell (up)
晴れる clear (up), be fine [nice]; (疑惑などが) be dispelled [clear]; (心が) cheer up
ばれる come [leak] out
パレルモ Palermo
ハレルヤ hallelujah
バレンタインデー (Saint) Valentine's Day
ハロウィーン Halloween
ハロー Hello
ハローワーク public employment security office
バロック Baroque
パロディー parody
バロメーター barometer
パワー power ～ハラスメント power harassment
パワーアップ become more powerful
パワーリフティング power lifting
ハワイ (米国の州) Hawaii
ハワイアン Hawaiian
パワフル powerful
判 seal; stamp
半 half 1時間～ an [one] hour and a half
反… anti ...; counter ...
班 group
バン (自動車) van
版 (本の) edition
晩 evening, night
番 turn 会話 君の～だ It's your turn.
パン bread ■パン屋 (人) baker; (店) bakery
範囲 extent, range
反意語 antonym
反映する reflect
繁栄する prosper
版画 print; (銅版画) etching
ハンガー hanger
ハンガーストライキ hunger strike
番外 extra
ばん回する recover
繁華街 downtown, busy street
半額 half (the) price
ハンカチ handkerchief
ハンガリー Hungary ～の Hungarian ■ハンガリー人[語] Hungarian
バンガロール Bangalore
反感 ill feelings
反逆 treason, rebellion
反響 echo; response
パンク (タイヤの) puncture ～する go flat
バンクーバー Vancouver
番組 program; show
バングラデシュ Bangladesh
ハングリー精神 strong motivation
パンクロック punk rock
半径 radius
反撃 counterattack
判決 judgment …に～を下す sentence
半月 half-moon
番犬 watchdog
ハンコ personal seal
反抗 resistance ～する resist, rebel
犯行 crime
番号 number
バンコク Bangkok
万国 all nations
晩ご飯 supper, dinner
犯罪 crime ■犯罪者 criminal
万歳 Cheers!, Hurrah! ～三唱する give three cheers
ハンサムな handsome
晩さん dinner
判事 judge
パンジー pansy
バンジージャンプ bungee jumping
反射 reflection ～する reflect
半熟 soft-boiled
繁盛 prosperity ～する flourish, prosper
繁殖する breed, multiply
ハンスト hunger strike
パンスト (パンティストッキング) pantyhose
半ズボン shorts, short pants
反する (反対である) be contrary 《*to*》; (逆らう) go against ...
反省する reflect on
帆船 sail(boat)
ばんそうこう 《商標》 Band Aid
帆走する sail
伴奏する accompany
反則 foul
半そでの short-sleeved
パンダ panda
反対 opposition; (正反対) opposite; (異議) objection; ～の opposite, contrary ～する disagree; oppose; be against

•••• そのまま使えるフレーズ ••••

いいえ No.
残念ながら I'm sorry.; I'm afraid (so [not]).
冗談じゃない No way.
そうは思いません I don't think so.
ありえません It's impossible.
どうかな I doubt it.
それはおかしい It doesn't make sense.
分からないよ I don't know.

バンダナ bandanna
判断 judgment ～する judge
番地 street number, house number
パンチ punch
パンチパーマ kinky perm
範ちゅう category
パンツ (下着) underpants; (男性用の) briefs; (女性用の) panties; (ズボン) pants
ハンデ handicap
判定 judgment
パンティー 《米》 panties, 《英》 knickers ■パンティーストッキング pantyhose
ハンディキャップ handicap

はん点 spot
反転 reversion
バント(する) (野球) bunt
バンド (楽団) band; (ベルト) belt
半ドア (自動車) car door not properly closed, car door ajar
半島 peninsula
反動 reaction
半導体 semiconductor
半年 half a year
ハンドバッグ handbag; purse
ハンドボール handball
パントマイム pantomime
ハンドル (車の) steering wheel; (自転車・オートバイの) handlebars ～を切る (車の) steer
犯人 criminal
番人 guard
反応 reaction; response ～する react
万能の almighty; all-around
ハンバーガー hamburger
ハンバーグ hamburger steak, hamburger
販売 sale ～する sell ■販売員 salesclerk
反発 repulsion; antipathy ～する repel
半端な odd
半開き half-open
反復 repetition
パンプス pumps
ハンブルク Hamburg
パンフレット pamphlet
半分 half
ハンマー hammer
判明 become clear; prove, turn out
反乱 rebellion
氾らんする flood
反論する argue 《*against*》

ひ

火 fire; (ライターの) light ～をつける light
灯 light
日 (1日) day; (太陽) the sun ～当たりがいい be sunny ～の当たる sunny
比 ratio
非 fault
美 beauty
干上がる dry up
ピアス pierced earring
日当たりのよい sunny
ピアニスト pianist
ピアノ piano
ヒアリング (語学) listening comprehension; (公聴会) public hearing
ひいおじいさん great-grandfather
ひいおばあさん great-grandmother
ビーカー beaker
ひいきの favorite
ピーク peak
ビーズ bead
ヒースロー Heathrow
ヒーター heater
ビー玉 marble
ビーチパラソル beach umbrella
ビート (拍子・リズム) beat; (植物) beet
ヒートアイランド heat island
ヒートアップ get excited
ビーナス Venus
ピーナッツ peanut
ビーバー beaver
ビーフ beef
ピーマン green pepper
ヒール heel
ビール beer
ヒーロー hero
冷える get cold [chilly]
ピエロ clown
ビエンチャン Vientiane
ビオラ viola
被害 damage, injury ■被害者 victim
控え copy; (副本) duplicate
控えめな modest
控える (減らす) cut down; (行動を) refrain
比較 comparison ～する compare ～的 comparatively

> **比較を表すディスコースマーカー›**
> 同様に likewise, equally, similarly, in the same way
> …と違って unlike, in contrast to, as opposed to
> 一方で on the one hand
> 他方で on the other hand
> …である一方 whereas, while
> …だけれども although, however
> 比較すれば in comparison with, as compared with

美学 aesthetic; (芸術) art
日陰 shade
東 east ～の east, eastern
東側 the east [eastern] side
東シナ海 East China Sea
東ティモール Timor-Leste; East Timor
非課税 tax-free
干潟 tideland
ぴかぴか ～光る shine, glitter; (星が) twinkle
ひがむ be jealous
干からびる dry up, go dry
光 light; (光線) ray ■光ファイバー optical fiber
光る shine; (ぴかっと) flash; (星が) twinkle
引かれる be attracted
悲観 pessimism ～的な pessimistic
引き合う (行為・仕事などが) pay
引き上げる pull up; (価格を) raise; (撤退する) withdraw
引き合わせる introduce 《*to*》
ひきいる command, lead
引き受ける take (on), undertake
引き起こす cause, bring about
引き返す turn back

a b c d e f g h i j k l m n o p q r s t u v w x y z 和英

引き換えに for, in exchange for
ヒキガエル toad
引き裂く tear, rip
引き下げる bring ... down, lower
引き算 subtraction ～をする subtract
引き潮 low tide, ebb (tide)
引きしめる tighten ...; shape up
引きずり出す pull ... out
引きずる drag, trail
引き出し drawer
引き出す (才能などを) bring out; (預金などを) withdraw; (引っ張って出す) draw [pull] out
引き立たせる show off
引き立てる set off
引き継ぐ take over, succeed
引き付ける draw, attract
引き留める keep
引き取る take ... back
ビギナー beginner
ビキニ bikini
ビキニ環礁 Bikini Atoll
ひき肉 《米》ground meat, 《英》mince
引き抜く (草などを) pull; (人材を) headhunt
引きのばす blow up; (時間を) draw ... out; extend; delay
ひきょうな (臆病な) cowardly; (不正な) unfair ■ひきょう者 coward
引き分け draw
引き渡す deliver, surrender, give over [up], hand over, yield; (逃亡犯を外国に) extradite
ひく (粉に挽く) grind; (車で轢く) run over
引く pull, draw; (減じる) subtract; (辞典で) consult; (風邪を) catch; (注意などを) attract
弾く play
低い low; (背が) short; 低くする[なる] lower
ピクセル pixel
ピクニック picnic
びくびく timidly; nervously; uneasily
ピクルス pickles
日暮れ sunset; nightfall
ひげ (あごひげ) beard; (口ひげ) mustache; (ほおひげ) whiskers; (もみ上げ) sideburns
悲劇 tragedy ～的な tragic
ひげそり shaver; (かみそり) razor
否決 rejection
秘訣(ひけつ) secret
非現実的 unrealistic
被験者 examinee
非行 delinquency
飛行 flight
非公開 secret; closed
飛行機 plane, airplane ～で行く fly, go by plane
非公式 unofficial
飛行場 airfield, airport
飛行船 airship
非合法 illegality
被告 defendant
ひ護する protect
日頃 always, usually
膝 (ひざ頭) knee; lap
ビザ visa
ピザ pizza
被災者 victim
被災する suffer; fall victim
日差し sunlight
ひさしぶりに after a long time 会話 ひさしぶりだね Long time no see.
ひざまずく kneel
悲惨な miserable, tragic; terrible
ひじ elbow
ひじ掛けいす armchair
ビジネス business
ビジネス英語 business English
ビジネスチャンス business opportunity
ビジネスマン (実業家) businessperson; (会社員) office worker
ビジネスライク businesslike
ビジュアル visual
比重 (relative) density; specific gravity
美術 art ■美術館 (art) museum
批准 ratification
秘書 secretary
美女 beauty
非常 emergency ■非常階段 emergency stairs; fire escape 非常口 emergency exit 非常事態 a state of emergency
微笑 smile
非常識な absurd; unreasonable; irrational
非情な cruel
非常に very much; so; greatly
避暑地 summer resort
びしょ濡れになる get soaked
ビジョン vision
美人 beauty
ビスケット cookie
ヒステリー hysteria
ヒステリック hysterical
ピストル pistol, gun
ヒスパニック Hispanic
非正規雇用 (期限付き) short-term employment (パートタイム) part-time employment
非制限的関係詞節 nonrestrictive relative clause
非制限用法 nonrestrictive use
微生物 microbe, microorganism
密かに secretly
ひそめる hide; lower
ひだ (折りひだ) fold
ひたい forehead
ひたす dip
ひたすら only
ビタミン vitamin
ひたむきな earnest
左 left ～の left
ぴたり right; just
左利き left-handed person
左手 left hand

ひたる (つかる) soak; (ふける) indulge *oneself* in ...
悲痛な sad, sorrowful
引っ掛かる get caught; (だまされる) be cheated
引っかく scratch
引っ掛ける hang; (かぎに) hook; (だます) cheat, take in
筆記 note-taking
棺 coffin
筆記試験 written test [examination]
筆記用具 writing materials
ひっきりなしに continually
ピッキング lock picking
ピックアップする pick out, choose
ビッグバン big bang
ビッグベン Big Ben
ひっくり返す upset; (裏返す) turn over; (上下に) turn upside down; (表裏に) turn inside out ひっくり返る be upset
びっくりする be surprised; be astonished
びっくり箱 jack-in-the-box
引っくるめる include
日付 date
引っ越し move, moving
引っ越す move 《*to*》
引っ込み思案の shy
引っ込む (退く) retire; (くぼむ) sink
引っ込める withdraw, draw in
ヒツジ sheep; (子羊) lamb
必死の desperate; 必死に desperately
筆者 writer
必修の required
必需品 necessaries, necessities
びっしょりの (汗で) all in a sweat
びっしり densely
必須 essential
筆跡 (hand)writing
必然的に necessarily
ひっそりと quietly
ひったくり (人) snatcher
ひったくる snatch
ぴったり (計算などが) exactly; (接近して) close(ly); (きつく) tightly 会話 (服などが)～です It fits me perfectly!
ピッチ pitch
ヒッチハイク hitchhike ～する hitchhike, thumb a ride
ピッチャー pitcher
ぴっちり tight
ピッチング pitching
匹敵 equality ～する equal; compare
ヒット hit ■ヒットマン hit man
ビット bit
ひっぱたく slap
引っ張る pull, draw; (重い物を) drag
ヒップ hip; (尻) buttocks
ひづめ hoof
必要 necessity, need ～な necessary ～とする need; require
否定 denial ～する deny
ビデオ video; (機材) video recorder
ビデオカメラ video camera; camcorder
美的 aesthetic
日照り drought; dry weather
人 person; (人々) people
ひどい (残酷な) cruel; (病気などが) bad; (雨などが) heavy; (大変な) terrible
一息に at a breath ～入れる rest, take a rest
非道 inhumanity; cruelty
一重 (まぶた) single eyelid; (花) single layer petal
一押し push ～する give ... a push
人影 figure; silhouette
人柄 personality
一きれ (薄い) slice
ひどく very; terribly
美徳 virtue
一口 mouthful; bite; (一すすり) sip
一組 pair
ヒトゲノム human genome
一言 a (single) word
人込み crowd
人殺し murder; (人) murderer
人差し指 forefinger, index finger
等しい equal 《*to*》; the same
一仕事 piece of work; (きつい仕事) hard work
人質 hostage ～にとる take ... hostage
人知れず secretly
人助け kind act, help ～をする be kind to
人違い take ... for somebody else
一つ one; a piece 《*of*》 ～の a(n); one
一つ置き every other
ひとつかみ handful
一つずつ one by one
人づて secondhand
一粒 grain
ヒトデ starfish
人手 (働き手) hand; (手助け) help
人出 crowd
人通り traffic
人懐っこい amiable
人並みの average
一握りの handful of ...
人々 people
人前で in public
ひとまず (差し当たり) for the time being
ひとまわり ～大きい one size larger
瞳 pupil
人見知り be shy
一目 a look, a glance ～で at a glance ～見る have a look
ひとめぐり round
一目ぼれ love at first sight ～する fall in love at first sight
一休み rest, break
一人 one person ～も…ない no one
ひとり親家庭 single-parent family

一人暮らし live alone
独り言を言う talk to *oneself*
一人っ子 only child
ひとりで alone, by *oneself*; for *oneself*
ひとりでに by itself
ひとりぼっちの lone(ly), solitary
ヒナ chick, baby bird
ヒナギク daisy
日向 sun ～で in the sun
ヒナドリ chicken
非難 blame ～する blame, criticize
美男 handsome man
避難訓練 evacuation [fire, earthquake, tornado, hurricane] drill
避難する shelter; evacuate
避難民 evacuee; (難民) refugee
ビニール plastic; vinyl ■ビニール袋 plastic bag
皮肉 irony ～な ironic ～にも ironically
日に日に day by day
避妊 contraception, birth control
否認する deny
ひねくれる get warped
微熱 slight fever
ひねる (栓などを) turn on [off]; (ねじる) twist
日の入り sunset
日の出 sunrise
被曝(ひばく) radiation exposure
被爆する be a victim of an atomic bomb
美肌 beautiful skin
火花 spark
ヒバリ skylark; lark
批判 criticism ～的な critical ～する criticize
非番の off (duty)
ひび (割れ目) crack ～が入る crack
日々 every day, day after day ～の daily
ひひーん (馬の鳴き声) neigh
響き (反響) echo; (音) sound
響く sound; (反響する) resound, echo; (聞こえる) sound
微々たる very few, only a few
批評 criticism ～する criticize; comment; review ■批評家 critic
びびる get cold feet; be scared
皮膚 skin
ビフテキ steak
疲へいする be exhausted
美貌 good looks; beautiful face
非凡な extraordinary
ひま time; (余暇) spare time ～な free
ひ孫 great-grandchild
日増しに day by day
ひま人 person of leisure
ヒマラヤ the Himalayas
ヒマワリ sunflower
肥満の fat
秘密(の) secret
美味な delicious
微妙な delicate
姫 princess
悲鳴(をあげる) scream
秘める keep to *oneself*
ひ免 dismissal ～する dismiss
ひも string, cord
ひもじい very hungry
冷や汗 cold sweat
ビヤガーデン beer garden
冷やかし teasing
冷やかす make fun of
百(の) hundred ～番目の hundredth
110番 call 110
百分率 percentage
百万 a [one] million
日焼け suntan, tan; (痛いほどの) sunburn ～する get a suntan, get tanned ■日焼け止め sunscreen
ヒヤシンス hyacinth
冷やす cool; (氷で) ice
百科事典 encyclopedia
百貨店 department store
日雇い day laborer
冷や冷やする be afraid (*of*)
冷ややかな cold
ヒヤリング (語学の) listening (comprehension) ■ヒヤリングテスト listening comprehension test
比喩 comparison; (直喩) simile; (隠喩) metaphor
ヒューズ fuse
ヒューストン Houston
ビューティー beauty
ヒューマニスト humanitarian
ヒューマニズム humanitarianism
ヒューマン human
ピューリッツァー賞 Pulitzer Prize
ビュッフェ buffet
費用 cost; (出費) expenses
ひょう (雹) hail
ヒョウ leopard; (黒ヒョウ) panther; (アメリカヒョウ) jaguar
票 vote
表 table, list; (図表) chart
びょう (留め具) thumb (tack)
秒 second ■秒針 second hand
美容 beauty treatment
美容院 beauty parlor
病院 hospital
評価 (能力などの) evaluation; (格付け) rating; (見積もり) estimation ～する evaluate; rate
氷河 glacier
病気 disease; sickness, illness ～の sick; ill

> **関連›**
> インフルエンザ influenza, flu; エイズ AIDS; 風邪 cold; がん cancer; 下痢 diarrhea; 高血圧 high blood pressure; 骨折 fracture (of a bone); 頭痛 headache; 斜視 squint; 心筋梗塞 heart attack; 低血圧

low blood pressure; 脳梗塞 cerebral infarction; 脳出血 brain hemorrhage; 脳腫瘍 brain tumor; 脳卒中 stroke; はしか measles; 白血病 leukemia; 腹痛 stomachache; 虫歯 bad tooth, tooth decay; 乱視 astigmatism;

ひょうきんな funny
氷結 frozen
表現 expression ～する express
標語 (団体の) slogan; (うたい文句) catchword
標高 altitude
表札 doorplate; nameplate
氷山 iceberg
拍子 time
表紙 cover
表示 show, display
美容師 beautician
標識 sign
病室 sickroom, hospital room
描写 description ～する describe
病弱な weak
標準 standard
表彰 commendation ～する commend 《*for*》, honor 《*for*》 ■表彰式 commendation ceremony 表彰状 commendation
表情 expression, look

関連》
にっこり笑う smile broadly; 怒る get angry; むっとする become sullen; しくしく泣く cry softly; にやにやする grin; びっくりする be surprised

smile broadly

get angry

become sullen

cry softly

grin

be surprised

病床 sickbed
病状 condition
病身 invalid; weak constitution
表題 title
ヒョウタン gourd
標的 target
評伝 critical biography
病棟 ward
平等 equality ～な equal ～に equally
病人 sick [ill] person; (患者) patient
漂白 bleaching
評判 reputation; (人気) popularity ～がよい be well reputed
ひょうひょうとした easygoing
豹変(ひょうへん)する change suddenly
標本 specimen
表明する express; state
表面 surface; (表側) right side, outside ～上は on the surface
秒読み countdown
病理学 pathology
漂流する drift
評論 criticism
日よけ blinds; shade
ヒヨコ chick, chicken; young bird
ひょろひょろ unsteadily; weakly
ひ弱な delicate, weak
ピョンヤン (平壌) Pyongyang
ビラ handbill; bill
平泳ぎ the breaststroke
平仮名 hiragana letter
開く open; (催す) hold, give, have; (花が) bloom, come out; (会などを) give; hold
開ける (広がる) spread; (発展する) develop
平たい flat; (水平な) level
ピラニア piranha
ピラフ pilaf(f), pilau
ピラミッド pyramid
ヒラメ flatfish
ひらめく flash
びり the last, the bottom
ピリオド period
比率 ratio, proportion
ぴりっとする (舌に) hot
ひりひりする (痛みで) irritate; smart
ビリヤード billiards
肥料 fertilizer
ヒル leech
昼 (正午) noon; (昼間) day, (the) daytime; (昼食) lunch 会話 お～は何を食べようか What shall we eat for lunch?
ビル building
ピル pill
ひるがえる fly
昼寝 nap ～をする take a nap
昼間 day, the daytime
ビルマ Burma
ひるむ flinch; wince
昼休み lunchtime
ひれ (魚の) fin
ヒレ (肉) fillet, 《米》 filet
比例 proportion ～する be in proportion
卑劣な mean; dirty
ピレネー山脈 Pyrenees
広い wide; large; (建物などが) spacious
拾い主 finder
ヒロイン heroine
拾う pick up; (見つける) find (out)
披露 announcement; introduction
疲労 fatigue
ビロード velvet
広がる spread (out), stretch; (幅が) widen; (規

a b c d e f g h i j k l m n o p q r s t u v w x y z 和英

模が) extend; expand
広げる spread (out); (幅を) widen; (規模を) extend; expand
広さ area; extent
広場 open space [place], plaza; (四角い) square; (円型の) circle
広々とした extensive, spacious
広間 hall
広まる spread; (うわさなどが) go around
広める spread
非論理的な illogical
ビワ (果物) loquat
品 (上品) grace, elegance; (洗練) refinement ～のいい graceful, elegant
ビン bottle; (広口の) jar
便 (飛行機の) flight; (郵便) mail
ピン(でとめる) pin
品位 dignity
敏感な sensitive
ピンク(の) pink
貧血 anemia
ビンゴ bingo
貧困 poverty
品詞 part of speech
瀕死 dying
品質 quality ■品質管理 quality control
貧弱な poor; meager
品種 kind
頻出する appear frequently
敏しょうな quick
ピンセット tweezers
便せん letter paper; writing pad
ピンチ pinch ■ピンチヒッター pinch hitter ピンチランナー pinch runner
ヒント hint
頻度 frequency
ピント focus (写真などの)～があう be in focus
ヒンドゥー教 Hinduism
ピンナップ pinup
頻繁に often, frequently
品評会 fair
ぴんぴん lively; alive
貧富 (the) rich and (the) poor
貧乏 poverty ～な poor
ピンポン ping-pong
便覧 manual

ふ

府 prefecture
部 (部分) part; (部門) department; (冊数) copy; (クラブ) club
ファースト (野球) first base; (選手) first base player [baseman]
ファーストクラス first class
ファーストネーム first name
ファーストフード fast food
ファーストレディー First Lady
歩合 rate
無愛想な blunt
ファイト fight, fighting spirit
ファイナル final
ファイバー fiber
ファイル file
ファインダー finder
ファインプレー fine play
ファウル foul
ファクシミリ facsimile
ファゴット fagott; (バスーン) bassoon
ファジーな fuzzy
ファシズム fascism ▶ファシスト fascist
ファスナー fastener
ぶ厚い thick
ファックス fax, facsimile ～で送る fax
ファッショナブル fashionable
ファッション fashion
ファミコン 《商標》 Family Computer; video [computer] game
ファミリー family
ファン fan
不安 anxiety, worry ～な worried
ファンクション function
ファンタジー fantasy
不安定な unstable, changeable
ファンデーション foundation
ファンド funds
ファンファーレ fanfare
ファンレター fan letter
フィアンセ (男性) fiancé; (女性) fiancée
フィート foot, (複数形) feet
フィールド field
フィギュアスケート figure skating
フィクション fiction
フィジー Fiji
不一致 disagreement
フィットネスクラブ gym
フィナーレ finale
不意に suddenly, unexpectedly
フィヨルド fjord, fiord
フィラデルフィア Philadelphia
フィリピン Philippines
フィルター filter
フィルム film
フィレンツェ Florence
部員 staff; (クラブの) member (of a club)
フィンランド Finland ～の[語] Finnish ■フィンランド人 Finn
封 seal
風 style, type; (やり方) way, manner 和風に in the Japanese fashion
ブーイング booing
風変わりな strange
風紀 public morals
封切り release
ブーケ bouquet
風景 landscape; scenery
封鎖する block

風刺 satire
風車 windmill
風習 custom
ブース booth
風船 balloon ■風船ガム bubble gum
風俗 manners; custom; public morals
風速計 wind gauge
ブータン Bhutan
風潮 trend; climate
ブーツ boots
フード (ずきん) hood; (食物) food
封筒 envelope
夫婦 husband and wife, couple
風味 flavor
ブーム boom
ブーメラン boomerang
フーリガン hooligan
風力 wind power
プール (水泳用の) (swimming) pool
プール (ためること) pool
不運な unlucky, unfortunate
笛 (横笛) flute; (縦笛) pipe; (口笛) whistle
フェアな fair
フェアプレー fair play
フェアリー fairy
フェイスブック 《商標》 Facebook
フェイドアウト fade-out
フェニックス phoenix
ブエノスアイレス Buenos Aires
フェミニズム feminism
フェリー ferry
増える increase; (体重が) gain weight
プエルトリコ Puerto Rico
フェンシング fencing
フェンス fence
フォアボール walk, base on balls
フォーク (食器) fork
フォークソング folk song
フォークダンス folk dance
フォーマット format
フォーマル formal
フォーラム forum
フォルダー folder
フォローアップ follow-up
フォワード forward
フカ shark
不可 (成績で) F, failure
部下 *one's* staff, subordinate
深い deep; (濃い) thick
不快感 unpleasantness
部外者 outsider
不快な unpleasant ■不快指数 discomfort index
深入りする go deep
深追いする chase too far; pursue further
不可解な mysterious; incomprehensible
付加疑問文 tag question
不可欠な essential, indispensable
不可抗力の inevitable

深さ depth 会話 ～はどれくらいですか How deep is it?
不可算名詞 uncountable (noun)
付加する add
部活 club activities
不可能 impossibility ～な impossible
ぶかぶか too big
深める deepen
ブカレスト Bucharest
不完全な incomplete; imperfect
武器 weapon; arms
吹き替え stand-in; dubbing
不機嫌な displeased; bad-tempered
吹き込む (風が) blow into; (録音する) record; (考えなどを) inspire
吹きさらしの exposed; windswept
拭き掃除 wiping
不規則な irregular
吹き出す (笑い出す) burst out laughing
吹きだまり drift
不吉な sinister; unlucky
吹き飛ばす blow off [away]
ふき取る wipe off
不気味な weird, ominous
普及 spread ～する become popular
不朽の everlasting
不況 depression
布教 propagation
不器用な awkward
ふきん dish towel
付近 neighborhood
不謹慎な immodest
ふく (表面を) wipe, dry
吹く (風が) blow; (楽器を) play, blow; (口笛を) whistle
副 (写し) duplicate; copy
副… vice- ～大統領 vice-president
服 clothes, clothing; (一そろいの) suit
福 luck
フグ globefish
不具合 defect, fault
福音 gospel
複眼 compound eye
複合関係代名詞 compound relative pronoun
複合語 compound
複合の complex; multiple
複雑な complicated, intricate
副作用 side effect
副産物 by-product
副詞 adverb
福祉 welfare ■福祉国家 welfare state
腹式呼吸 abdominal breathing
副次的 secondary
複写 copy
服従 obedience
復習する review
復讐する revenge
副収入 additional [side] income

a b c d e f g h i j k l m n o p q r s t u v w x y z 和英

複数 plural
複製 replica, reproduction
服装 clothes
腹痛 stomachache
不屈の indomitable
副読本 side reader
福引き lottery
含み implication
含む contain; include; (意味する) imply
ふく面 mask
服用する take
ふくよかな buxom
ふくらはぎ calf
ふくらます (空気を入れて) blow up, inflate
ふくらみ swell; bulge
ふくらむ swell, inflate; grow bigger
福利 welfare
ふくれっ面 pout
ふくれる swell; (怒る) be sulky
袋 bag, sack
フクロウ owl
袋小路 blind alley; dead end
ふけ dandruff
不景気 hard times; depression
不経済な (むだな) wasteful
不潔な dirty
ふける (熱中する) be absorbed in ...
更ける (夜が) get late
老ける age, grow old
不健康な unhealthy
不幸 unhappiness ～な unhappy
富豪 rich man
符号 sign, mark ～する agree; coincide
不合格 failure
不公平な unfair, partial
不合理 illogicality; unreasonableness
房 tuft; (ブドウの) bunch
ブザー buzzer
負債 debt
不在 absence
ぶさいく plain; ugly
ふさがる (閉ざされる) be closed; (使用される) be occupied; (遮られる) be blocked
ふさぎ込む be depressed
不作 poor harvest 米は～だ The rice crop is small [poor].
ふさぐ (閉ざす) stop (up); (占める) occupy; (道を) block
ふざける (冗談を言う) joke; (人をばかにする) make fun《*of*》
無作法な ill-mannered; rude
ふさわしい suitable
プサン (釜山) Pusan
不賛成 disagreement, disapproval
節 joint; knot; (曲) melody
フジ (植物) wisteria
不思議 wonder; (不可解) mystery ～な strange, mysterious; wonderful
不自然な unnatural
不時着 crash [forced] landing
部室 clubroom; clubhouse
無事な safe; peaceful 無事に safely
不死の immortal
不治の incurable
不死身の be immortal, have a charmed life
不自由な (体が) disabled, physically challenged
不十分な not enough, insufficient
不純 impurity
不順な (天候が) changeable, unsettled
部署 post; department
不詳 unknown; unidentified
負傷 injury ～する be injured [wounded] 負傷者 injured [wounded] person
不祥事 deplorable event; scandal
不正直な dishonest
浮上する surface; go up
無精な lazy ■無精ひげ stubble
不条理 absurdity
侮辱(する) insult
夫人 wife
婦人 woman, lady
不信感 distrust
不親切な unkind
不審な suspicious, doubtful
不信任 nonconfidence
不振の dull; depressed
ぶす plain, homely
風情 charm; taste
不正確な incorrect
不成功 failure
不誠実 insincerity
不正な unfair
防ぐ (妨げる) prevent; (保護する) protect
不摂生 neglect of *one's* health
伏せる lie down
付せん tag; label
不全 imperfection; insufficiency
不相応 unfit; unsuitable
武装する arm *oneself*《*with*》 武装した armed ■武装解除 disarmament
不測 unexpected
不足 lack; shortage ～した lacking ～する lack, run [be] short《*of*》
部族 tribe
付属する attached《*to*》 ■付属品 attachment, accessories
ふた lid, top, cover; (瓶の) cap
札 plate, card; (下げ札) tag
ブタ pig ■豚肉 pork
舞台 stage; (映画などの) scene ■舞台芸術 performing arts
双子 twins; (一人) twin
ふたご座 Gemini, Twins
不確かな uncertain
再び again; (二度) twice; (再度) once more
二つ two ～とも both
豚肉 pork

ブダペスト Budapest
二股 fork; branch
二人 two people, pair, couple
負担 burden
普段は usually ■普段着 casual wear
縁 edge; (カップなどの) brim; (眼鏡などの) rim, frame
プチ small; little; short; petit (フランス語)
ぶち当たる hit 《*against*》; run 《*into*》
縁飾り edging
縁取る (境界をつける) border; edge
不注意な careless
不調 bad condition
部長 (クラブの) president; (会社の) manager
不調和 lack of harmony
ぶつ (殴る) hit, slap
普通の ordinary; (ありふれた) common 普通は usually ■普通列車 local train
二日 two days; (月の) second
物価 prices
復活 revival ■復活祭 Easter
二日酔い hangover
ぶつかる (当たる) hit; (衝突する) run into; (車などが) collide 《*with*》
復帰 return; comeback
復旧 restoration
仏教 Buddhism
ぶっきらぼうな blunt
ブックカバー jacket
ブックマーク bookmark
ふっくら (ふかふか) fluffy; (丸々) plump
ブックレット booklet
ぶつける hit, bump; (投げつける) throw
物権 real right
福建省 Fujian Province
物質 matter; material
物色する look; search
仏像 Buddhist statue
物騒な (危険な) dangerous
物体 object
物的 material; physical
沸点 boiling point
沸とう boiling ～する boil
吹っ飛ぶ (風で) be blown off
フットボール football
フットワーク footwork
ぶつぶつ ～言う (つぶやく) mumble, mutter
物理(学) physics ～的(な) physical
不釣り合い ill-matched
筆 (絵画用の) paintbrush; (毛筆) (writing) brush ■筆箱 pencil case
不定期の irregular
不定詞 infinitive
ブティック boutique
不定の indefinite; (不確かな) uncertain
不適切な unsuitable; inappropriate
ふてくされる sulk
ふと suddenly, by chance
太い thick; (声が) deep ■太さ thickness
不当 injustice; unfairness ～な unjust, unfair ～に unjustly
ブドウ grape; grapevine ■ブドウ酒 wine
不統一 disunity, incoherency
舞踏会 (正装の) ball; (気軽な) dance
不登校 school refusal, school phobia
不動産 real estate
不道徳 immorality
浮動票 swing vote
不透明な opaque
不得意な not good, weak
不特定の indefinite; unspecified
太さ thickness
太め rather thick
太もも thigh
太る grow fat, gain weight 太った fat
ふとん bedclothes, bedding 掛け～ quilt
フナ crucian (carp)
ブナ beech
不仲 discord
船乗り sailor
船便 sea [surface] mail
船酔いする get seasick
不慣れな unaccustomed
無難な safe; acceptable
不似合いな unbecoming; unworthy
不妊 sterility
不人気な unpopular
船 ship, boat; vessel
不燃性 nonflammability
プノンペン Phnom Penh
腐敗する rot, decay
不備 defect
不必要な unnecessary; needless
不評 unpopularity
不平等 inequality
部品 part
吹雪 snowstorm
ふふん humph
部分 part
不平 complaint ～を言う complain 《*about*》
普遍 universality ～的な universal
不便な inconvenient
不変の unchangeable; (永遠の) eternal
父母 parents, father and mother
不法な illegal
不本意な unsatisfactory
不満 complaint; dissatisfaction ～である be dissatisfied 《*with*》
踏切 grade [railroad] crossing
踏み越える step over
踏み出す step forward
踏みつける stamp 《*on*》
踏みとどまる (残る) stay
踏みにじる trample 《*on*》
踏みはずす miss *one's* step
踏む step 《*on*》, tread 《*on*》
不向き unsuitable; unfit
不明な unclear

不名誉な disgraceful
不滅の immortal, undying
譜面 score, sheet music
不毛の barren
ふもと the foot
部門 (企業などの) department, division
増やす increase
冬 winter ■冬休み winter vacation
富裕 rich, wealthy
不愉快な unpleasant
不行き届き carelessness
扶養 support; maintenance
舞踊 dancing
不用意な careless, thoughtless
不用心な unsafe
不用の, 不要の unnecessary; useless
プラーク (歯垢) plaque
フライ (野球) fly
〜にする (揚げ物) deep-fry, fry
プライオリティー priority
プライス price
フライト flight
プライド pride
フライドチキン fried chicken
フライドポテト French fries
プライバシー privacy
フライパン frying pan
プライベート private
プライマリーバランス primary balance
プライムタイム prime time
フライング false start
ブラインド blinds; shade
ブラインドタッチ touch-typing
ブラウザー Internet [Web] browser
ブラウス blouse
プラカード placard
プラグ plug
ぶら下がる hang (down), dangle ➊ぶら下げる hang
ブラシ brush
ブラジャー bra; brassiere
ブラジリア Brasilia
ブラジル Brazil
プラス plus
フラスコ flask
プラスチック plastic
ブラスバンド brass band
プラズマ plasma
プラスマイナス plus or minus
フラダンス hula
プラチナ platinum
ふらつく be dizzy; stagger
ブラック black
ぶらつく stroll, wander
ブラックホール black hole
ブラックリスト blacklist
フラッシュ flashlight, flash
フラット (音楽) flat
プラットホーム platform
プラトン Plato
プラネタリウム planetarium
プラハ Prague
フラミンゴ flamingo
プラム plum
フラメンコ flamenco
プラモデル plastic model
ふられる be turned down; be refused
プラン plan
ブランク blank
プランクトン plankton
フランクフルト Frankfurt
ぶらんこ swing 〜に乗る sit on a swing
フランス France 〜の[語] French ■フランス人 Frenchman [Frenchwoman]; the French
フランチャイズ franchise
ブランデー brandy
ブランド brand
不利 disadvantage 〜な disadvantageous
…ぶり for the first time in ...
フリー(の) free(lance)
フリーウェア freeware
フリーエージェント free agent
フリーサイズ one size fits all
フリーズする freeze
フリースタイル freestyle
フリーター freelance worker
フリータイム free time
ブリーフ (パンツ) briefs
ブリーフケース briefcase
フリーマーケット flea market
フリーランス freelance
振り落とす throw, shake
ふり返る turn around, look back; (過去を) look back on ...
降りかかる fall on; (起こる) happen to ...
ブリキ tin
プリクラ photo sticker booth
振り子 pendulum
振り込む transfer
ブリストル Bristol
フリスビー 《商標》 Frisbee
ブリスベーン Brisbane
プリズム prism
振り付け choreography ■振付師 choreographer
ブリッジ bridge
プリペイドカード prepaid card
プリマス Plymouth
振り回す swing around
振り向く turn around
ブリュッセル Brussels
不良 (人) delinquent 〜の (天候・成績などが) bad; (素行が) delinquent
浮力 buoyancy
武力 (military) power [force], arms
フリル frill
ふりをする pretend, affect, make believe

不倫 love affair
プリン custard pudding
プリンス prince
プリンセス princess
プリンター printer
プリント print; handout ～する print
プリントアウト printout
降る (雨・雪が) fall 雨が～ It rains. 雪が～ It snows.
振る shake; (手を) wave; (尾を) wag
…ぶる (ふりをする) pretend, pose as, fake
古い old; (時代遅れ) old-fashioned; (中古) used
部類 group; class; category
振るう shake; wave; (行使する) use; show
ブルー(の) blue
ブルース blues
フルーツ fruit
フルーティー fruity
フルート flute
ブルーベリー blueberry
ブルーレイディスク Blu-ray disc
震える tremble, shake
ブルガリア Bulgaria
ブルキナファソ Burkina Faso
フルコース six-course dinner
ブルゴーニュ Bourgogne
ふるさと, 故郷 *one's* home(town), native place
ブルジョワ bourgeois
ブルゾン blouson
ブルターニュ Brittany
ブルドーザー bulldozer
ブルドッグ bulldog
プルトップ pull top
プルトニウム plutonium
ブルネイ Brunei
フルネーム full name
ブルペン bullpen
古本 secondhand [used] book
振る舞い behavior ▶振る舞う behave
震わせる shake
ブルンジ Burundi
触れ合い close relationship
触れ合う come into contact
フレアスカート flared skirt
無礼な rude; impolite
フレー Hooray!/Hurrah!
プレイ play
ブレーカー breaker
プレイガイド ticket agency
ブレーキ brake ～をかける brake
プレイボーイ playboy
ブレーン (識者) brains
ブレグジット Brexit
ブレザー blazer
ブレスレット bracelet
プレゼンテーション presentation
プレゼント present, gift
プレッシャー pressure
フレッシュ fresh
プレハブ住宅 prefabricated house
プレミア premium
触れる touch, feel
フレンチトースト French toast
ブレンド blend
フレンドリー friendly
ふろ bath ～に入る take a bath ■ふろ桶 bathtub ふろ場 bathroom
プロ professional, pro
浮浪者 tramp, bum, 《米》 hobo
ブロー(する) (髪を) blow-dry
ブローカー broker
ブロークン broken ■ブロークンイングリッシュ broken English
ブローチ brooch
ブロードウェー Broadway
ブロードバンド broadband
フローリング flooring
付録 supplement; extra
ブログ blog ▶ブロガー blogger
プログラミング programming ■プログラミング言語 programming language
プログラム program ▶プログラマー programmer
プロダクション production company
ブロック block
ブロックチェーン blockchain
ブロッコリー broccoli
プロテスタント (教義) Protestantism; (教徒) Protestant
プロデューサー producer
プロトコル protocol
プロバイダー provider, ISP
プロパティ property
プロパンガス propane gas
プロバンス Provence
プロファイリング profiling
プロフィール profile
プロペラ propeller
プロポーション proportion
プロポーズ proposal ～する propose
フロリダ (米国の州) Florida
プロレス professional wrestling ▶プロレスラー professional wrestler
プロローグ prologue
フロンガス chlorofluorocarbon, CFC
ブロンズ bronze
フロンティア frontier
フロント front desk; reception desk
ブロンド(の) blonde
フロントガラス windshield
ふん excrement; dung; (鳥の) droppings
分 minute
分 (割り当て) share, part; 3～の2 two thirds 2人～食べる eat enough for two
文 sentence
雰囲気 atmosphere

噴火 eruption 〜する erupt
文化 culture 〜の cultural ■文化祭 school festival
憤慨 indignation, rage, resentment
分解する resolve; (機械を) take apart
文学 literature 〜の literary
分割する divide ■分割払い payment by installments
奮起させる rouse, stir, awaken, spur
分岐点 fork; junction
文系 humanities course
文芸作品 literary work
文献 literature
文庫 library
文語 written language 〜的な literary
分校 branch school
分散 dispersion; breakup
分子 molecule; (分数の) numerator
分詞 participle
紛失する lose
文集 collection of compositions
噴出する jet, gush, erupt
文書 document, papers
文章 writing; (文) sentence; (作文) composition 〜がうまい be a good writer
分針 minute hand
噴水 fountain
分数 fraction
分析 analysis 〜する analyze
ふん装 makeup, costume, disguise
紛争 dispute
文体 style
ふんだん(に) in plenty
分断 divide ...; cut ... off
分担する share
文通 correspondence 〜する correspond 《*with*》, exchange letters 《*with*》
奮闘する struggle, strive
分配する distribute
分布 distribution
分別 (慎重さ) prudence, discretion; (判断力) sense; (賢明さ) wisdom 〜のある wise
分母 denominator
文法 grammar 〜上の grammatical
文房具 stationery

> 関連›
> 鉛筆 pencil; 鉛筆削り pencil sharpener; 画用紙 drawing paper; 教科書 textbook; クレヨン crayon; 消しゴム eraser; コンパス (pair of) compasses; シャープペンシル mechanical pencil; 修正液 correction fluid; 定規 ruler; セロテープ (Scotch) tape; 地図 map; 電卓 (electronic) calculator; ノート notebook; のり glue; はさみ scissors; 筆 (writing) brush; ボールペン ball-point pen; 虫眼鏡 magnifying glass

粉末 powder
文脈 context
文明 civilization ■文明社会 civilized society
文面 content of *one's* letter
分野 field
分離する separate
分離不定詞 split infinitive
分量 quantity
分類 classification, categorization 〜する classify, categorize
文例 model writing; example; citation
分裂する split
ふんわり softly; lightly

へ

…へ (方向) to, toward; (行き先) for; (対象) to, for; (…の上へ) on; (…の中へ) in, into
ヘア hair; (陰毛) pubic hair
ペア pair
塀 wall; (垣根) fence
兵役 military service
閉園 closing
ペイオフ (預金保護) deposit insurance (system)
平穏 peace, quiet
陛下 His [Her] Majesty
閉会 closing (of a meeting) 〜する close
弊害 bad effect; harmful influence
兵器 weapon
平気である do not mind, do not care
平均 average; (釣り合い) balance ■平均気温 average temperature 平均台 balance beam
平原 plain
米語 American English
平衡 (釣り合い) balance, equilibrium
平行した parallel ■平行線 parallel 平行棒 the parallel bars
米国 United States (of America)
閉鎖 closedown; shut down
兵士 soldier
平日 weekday
平常の usual
平叙文 declarative sentence
平静 calmness
平然と calmly
兵隊 soldier
閉店する close
平熱 normal temperature
平方(の) square
平凡な ordinary; (ありふれた) common
平面 plane
平野 plain
併用 use ... together; use both ... and ...
兵力 force
ベイルート Beirut
平和 peace 〜的な peaceful
ペインクリニック pain clinic
へえ Oh!/Well! へえ，そう Oh, really?

ベーカリー bakery
ベーコン bacon ～エッグ bacon and eggs
ページ page
ベージュ beige
ベース (基礎) basis; (楽器) bass; (野球) base
ペース pace
ペースト paste
ペースメーカー pacemaker
ペーパー paper
ベール veil
ベオグラード Belgrade
…べき (義務) must; have to; should
ペキン (北京) Beijing ■北京語 (標準中国語) Mandarin Chinese
ヘクタール hectare
へこむ be dented
ベジタリアン vegetarian
ベスト (最善) best; (チョッキ) vest
ベストセラー best-seller
ベスビオ山 Mount Vesuvius
へそ navel
へだたり distance, interval, gap
へだたる be ... away, be ... distant; be apart
べたつく be sticky
へだてる separate, divide
下手な poor 《*at*》, bad 《*at*》
べたぼめ praise ... to the skies; flatter
ペダル pedal
別居 separation
別人 another person
別世界 different world
別荘 vacation house, villa
ベッド bed
ペット pet ■ペットショップ pet shop
ヘッドハンティング headhunting
ペットボトル plastic bottle, PET bottle
ヘッドホン headphones
ヘッドライト headlight
別の different, another 別に particularly
別々に separately
別名 another name; (偽名) alias
へつらう flatter
ペディキュア pedicure
ヘディング header
ベテラン(の) expert
ペテン師 swindler, con man [woman, artist]
ベトナム Vietnam
べとべとする sticky, adhesive
ペナルティー penalty
ベナン Benin
ペナント pennant
紅 (深紅色) crimson
ペニー penny
ベニス Venice
ペニス penis
ベニヤ板 plywood
ベネズエラ Venezuela
ベネチア Venice
ベネルックス Benelux
ペパーミント peppermint
へばる get tired out, be pooped
ヘビ snake
ベビー baby
ベビーカー (椅子型) 《米》 stroller, 《英》 push-chair; (乳母車) 《米》 baby carriage, 《英》 pram, baby buggy
ベビーシッター babysitter
ヘブライ語 Hebrew
ヘブライ人(の) Hebrew
部屋 room 会話 今晩～はありますか Do you have a room for tonight?
減らす reduce, decrease; cut down
ベラルーシ Belarus
ベランダ veranda; balcony
へり edge
ベリーズ Belize
ベリーダンス belly dance
ペリカン pelican
へりくつ quibble
ヘリコプター helicopter
ヘリポート heliport
経る (経過する) pass; go by; (通過する) go through ...; (経験する) experience
減る decrease; (体重が) lose
ベル bell, buzzer ～を鳴らす ring the bell
ペルー Peru
ベルギー Belgium ～の Belgian
ベルサイユ宮殿 Palace of Versailles
ヘルシー healthy
ペルシャ Persia ～の Persian ■ペルシャ人[語] Persian
ヘルシンキ Helsinki
ベルト belt
ベルファスト Belfast
ベルボーイ hotel porter; 《米》 bellhop
ヘルメット helmet; (工事現場など) hard hat
ベルリン Berlin
ベレー帽 beret
ヘロイン heroin
辺 (あたり) part, region, district; (図形の) side
…弁 accent, dialect
便 (便宜) convenience
ペン pen
変化 change ～する change
弁解する excuse
変革 change; reform; revolution
ベンガル湾 Bay of Bengal
変換する change; switch; convert
返還する return
便器 toilet
便宜 convenience
ペンキ paint
返却する return, take [bring] back
勉強 study ～する study, work
編曲 arrangement
ペンギン penguin
偏屈な warped; eccentric; obstinate
変形する transform, change

偏見 prejudice, bias
変更 change ～する change; (一部を) alter
弁護する defend ■弁護士 lawyer
返済 (re)payment; return
偏差値 deviation, T-score, standard score
返事 answer; response ～をする answer
偏執狂 monomania
変質者 pervert
編集する edit ■編集者 editor 編集長 editor in chief
便所 bathroom, restroom; toilet
弁償 compensation ～する compensate《for》; (支払う) pay《for》
偏食 unbalanced diet
変色する discolor
ペンション resort inn; small hotel
ペンシルバニア (米国の州) Pennsylvania
返信 reply
変人 odd person, crank
編成 organization; formation
変装 disguise
変態 (昆虫など) metamorphosis; (人) pervert
ペンタゴン Pentagon
ペンダント pendant
ベンチ bench
ペンチ pliers; pincers
ベンチャー venture
弁当 lunch, box [packed] lunch
扁桃腺 tonsil
変な strange, odd
編入する transfer, be admitted in [as]
ペンネーム pen name
ペンパル pen pal
べんぴ constipation
辺ぴな remote, out-of-the-way
返品 returned goods
ペンフレンド pen pal
弁明 excuse; explanation
便利な convenient, useful; (手頃な) handy
弁論 speech ■弁論大会 speech contest

ほ

帆 sail
歩 step
穂 ear
保安官 sheriff
保育園 day nursery
保育士 nursery school teacher
ボイコット boycott
ぽい捨て toss ... away; throw ... away
ホイッスル whistle
ホイップ whipping
母音 vowel
ポイント (点) point; (要点) the point
ほう (間投詞) oh; well; why
方 (方角) direction, way; (方面) field, area 会話 こちらの～へどうぞ This way please.
法 law ～的な legal
棒 stick, pole; (こん棒) club
法案 bill
方位 direction; bearing
包囲する surround
防衛 defense ～する defend 防衛省 Ministry of Defense
放映する broadcast ... on television
貿易 trade ■貿易会社 trading company
望遠鏡 telescope
法王 Pope
防音の soundproof
放火 arson
邦画 Japanese film
法外 unreasonable; excessive
崩壊する fall down, collapse
妨害する disturb; obstruct
方角 direction

関連› 北 north; 南 south; 東 east; 西 west; 北東 northeast; 北西 northwest; 南東 southeast; 南西 southwest

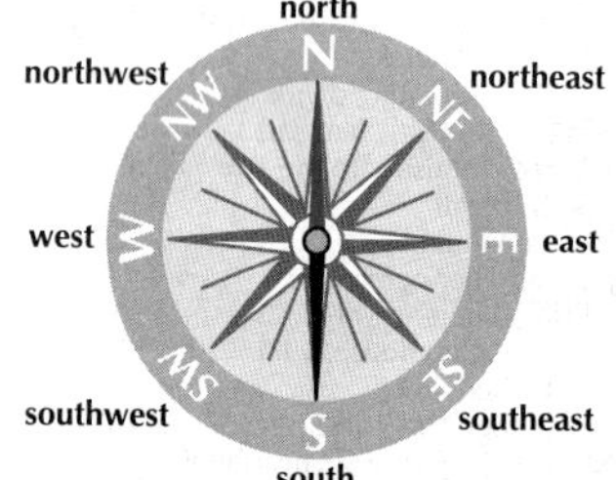

法学 law
放課後に after school
包括的な comprehensive, inclusive
方眼紙 graph paper
ぼう観する look on, stand by
ほうき broom
放棄 (権利・計画などの) abandonment; (権利などの正式の) renunciation ～する abandon, give up
蜂起 uprising
防御 defense ～する defend
棒グラフ bar chart
暴君 tyrant
方言 dialect; (訛り) accent
冒険 adventure ～する have an adventure
冒険家 adventurer
封建的な feudal
宝庫 treasury; (比喩的に) treasure trove
奉公 service; apprenticeship
方向 direction
芳香 fragrance, perfume
ぼうこう bladder
暴行 violence, outrage; rape

報告(する) report
防災 disaster prevention ■防災訓練 disaster drill
豊作 good [rich] harvest, good crop
奉仕 service
帽子 hat; (縁のない) cap
防止 prevention ～する prevent
方式 system; method
放射 radiation; emission ～する radiate
放射能 radioactivity
報酬 reward
放出する release
報償 compensation
放心 absent-mindedness ～状態の absent
方針 line; policy
法人 corporation; incorporation
邦人 Japanese national; Japanese people
防水の water proof
宝石 jewel; (総称) jewelry ■宝石商 jeweler
ぼう然 dumbfounded; stunned
放送 broadcasting ～する broadcast

関連》
放送局 broadcasting station 地上デジタルテレビ放送 terrestrial digital TV broadcasting BSデジタル放送(デジタル衛星テレビ放送) digital satellite TV broadcasting アナログ放送 analog broadcasting

暴走 reckless driving; joyride
法曹界 legal circles
包装する wrap ■包装紙 wrapping paper
暴走族 motorcycle gang
法則 law, rule
包帯 bandage
棒高跳び pole vault
報知 information; report; notice
法治国家 law-governed state
放置する leave
包丁 kitchen knife
傍聴 hearing; attendance
膨張する expand
放っておく leave alone; (無視) ignore
ぼうっと dimly; faintly; indistinctly
法廷 court
方程式 equation
法的な legal
暴徒 mob
報道 report, news, press ～する report, cover ■報道陣 press
冒頭 beginning, start; opening; head
暴動 riot
放任する give a free hand
忘年会 a year-end party
防波堤 breakwater
防犯 crime prevention ■防犯カメラ security camera
ほうび reward; (賞) prize
抱負 ambition; aspiration; plan
暴風 a storm
暴風雨 rainstorm, storm
報復する revenge
豊富な rich
方法 method, way
方々 here and there, everywhere
放牧 grazing
豊満 plump; voluptuous
法務省 Ministry of Justice
ほうむる bury
亡命 exile; defection
方面 area; direction; field
訪問 visit; (短い) call ～する visit; (人を) call on; (場所を) call at; ■訪問客[者] visitor
抱擁する embrace
棒読み read ... monotonously
崩落 collapse; cave-in; fall
暴落 sudden fall; slump, collapse, crash
放り込む throw ... in
放り出す throw ... out
法律 law
暴力 violence; (力) force ■暴力団 gang
ボウリング bowling ■ボウリング場 bowling alley
放る throw ⇨投げる
法令 act
亡霊 ghost, spirit
ホウレンソウ spinach
放浪する wander
吠える (犬が) bark; (狼が) howl; (猛獣が) roar
頬 cheek
ボーイ (レストランの) waitperson, server
ボーイスカウト the Boy Scouts
ボーイッシュ boyish
ボーイフレンド boyfriend
ポーカー poker
ポーカーフェイス poker face
ボーカリスト vocalist
ボーカル vocal
ポーク pork
ボージョレ Beaujolais
ホース hose
ポーズ (休止) pause; (姿勢) pose
ボーダーライン borderline
ポータブル portable
ポーチ (小物入れ) pouch
ホーチミン Ho Chi Minh
ポーツマス Portsmouth
ボート boat, rowboat
ボーナス bonus
頬紅 blusher
ホーム (駅の) platform; (野球の) home plate; (ホームグラウンド) home; (ホームグラウンドの試合) home game
ホームシック homesickness, homesick
ホームステイ homestay
ホームドクター family doctor
ホームページ home page; web site
ホームメイド homemade
ホームラン home run, homer
ホームルーム homeroom

ホームレス homeless person
ポーランド Poland ～の[語] Polish ■ポーランド人 Pole; the Polish
ホール hall
ボール (球) ball; (鉢) bowl
ボール紙 cardboard
ボールペン ball-point pen
保温 keep warm
他(の) another, other, others; (何か～のもの) something else …の～に besides ...
ぼかす blur, obscure
ほかほか warm; hot
ほがらかな cheerful, merry
保管 safekeeping; (倉庫などで) storage
簿記 bookkeeping
ボキャブラリー vocabulary
補給する supply
補強 reinforcement
募金する raise funds
北欧 Northern Europe
ボクサー boxer
牧師 clergyman
牧場 pasture; stock farm; (大規模な) ranch ■牧場主 stock farmer; rancher
北上(する) go north
ボクシング boxing
ほぐす (解く) disentangle; (和らげる) ease
北西 northwest
牧草 pasture, grass ■牧草地 meadow
牧畜 stock farming
北東 northeast
北斗七星 the Big Dipper
北部 northern part; (米国の) North
北米 North America
撲滅 eradication; extermination
ほぐれる get untied; loosen; relax
ほくろ mole
ぼけ senility
捕鯨 whaling ■調査捕鯨 research whaling 捕鯨船 whaler, whaling ship
補欠 substitute, reserve
ポケット pocket
ぼける (老化によって) become [go] senile; (ぼやける) be blurred [blurry]
保健 (preservation of) health ■保健体育 health and physical education
保険 insurance 生命 [健康, 自動車, 火災, 旅行] ～ life [health, car, fire, travel] insurance ■保険金 insurance 保険料 premium
保護 protection, preservation ～する protect, preserve ■保護者 parent; guardian 保護色 protective coloring
補語 complement
母語 mother tongue, first language
歩行 walking
母校 *one's* old school; alma mater
歩行者 pedestrian
母国 homeland, *one's* home country
ボゴタ Bogota
ボコ・ハラム Boko Haram
ほこり dust ～っぽい dusty
誇り pride …を～に思う be proud of ... ■誇り高い proud
誇る be proud of; (自慢する) boast of
ほころびる come apart, split
ボサノバ bossa nova
星 star; (惑星) planet ■星占い astrology
ポジ positive
星明かり starlight
欲しい want, desire, would like …して～ want *a person* to *do*
星占い astrology; (個々の占い) horoscope
母子家庭 fatherless family; (ひとり親家庭) single-parent family
干し草 hay
ポジション position
星空 starlit sky
ポジティブ positive
干しブドウ raisin
保守 (習慣などの維持) conservatism; (状態の維持) maintenance ～的な conservative ■保守党 Conservative Party
捕手 catcher
補修(する) repair
補習 supplementary (extra) lesson [class]
補充(する) (re)fill, supplement, supply
募集(する) recruit; raise
補助(する) aid; support ■補助金 subsidy
保証(する) guarantee; (請け負う) assure 1年間の～ a year guarantee
補償 compensation
干す dry; (虫干しする) air; (洗濯物を) hang out (to dry)
ボス boss
ポス POS (point of sale)
ポスター poster ～を貼る put up a poster
ポスト 《米》mailbox, 《英》postbox
ホストコンピューター host computer
ホストファミリー host family
ポストモダン postmodernism
ボストン Boston
ボストンバッグ travel bag
ボスニア・ヘルツェゴビナ Bosnia and Herzegovina
ホスピス hospice
母性 maternity, motherhood
細い thin; (狭い) narrow; (やせた) slim
舗装 pavement ～する pave ■舗装道路 paved road
補足(する) supplement
細長い long and narrow
細める narrow 目を～ narrow *one's* eyes
保存 preservation ～する preserve
ポタージュ thick soup; potage
母体 mother's body; basis
ホタテ(ガイ) scallop
ぽたり drop; drip
ホタル firefly

ボタン button
墓地 graveyard; cemetery; churchyard
ホチキス stapler
歩調 pace, step
補聴器 hearing aid
北海 northern sea
北極 the Arctic ■北極点 the North Pole 北極星 the polestar
ホッキョクグマ polar bear
ホック hook
ホッケー hockey
発作 fit; stroke
没収 confiscation ～する confiscate
欲する want; desire; wish for ...
発足 inauguration
ほっそりした slender
ポツダム Potsdam
ほったらかす leave ... undone, neglect
ぽっちゃりした plump; chubby
ホット hot; popular
ポット pot; (魔法瓶) vacuum flask, 《商標》 thermos
没頭する be absorbed in ...
ホットケーキ sweet pancake
ほっとする (安心する) give a sigh of relief
ホットドッグ hot dog
ポップコーン popcorn
ポップス pop music
没落 fall
ボツワナ Botswana
ボディー body ■ボディーガード bodyguard ボディーシャンプー liquid soap ボディーチェック body search, frisk ボディーボード body board
ポテト potato ■ポテトチップス potato chips [crisps]
ほてる burn, flush, glow
ホテル hotel, inn ～に泊まる stay at a hotel
…ほど (およそ) about, some; (…ほど…ではない) not as [so] ... as ...; (それほどの) such; (…ほど…だ) as [so] ... as ..., so ... that ...
歩道 《米》 sidewalk; 《英》 pavement ■歩道橋 footbridge
ほどく undo
仏 Buddha; (死者) dead person
ほどける come loose [undone, untied]
ほどこす (与える) give
ホトトギス little cuckoo
ほどほどに moderately
ポトマック Potomac
ボトムアップ bottom-up
ボトル bottle
ほとんど almost, nearly ～…ない hardly; (数が) few; (量が) little
ポニー pony
ポニーテール ponytail
母乳 mother's milk
ほ乳類 mammals
骨 bone; (傘などの) rib ～を折る (苦労する) take pains ～の折れる painstaking
骨折り trouble; pains; labor; effort
骨組み frame; physique; build
骨太 large-boned; sturdily built
炎 flame
ほのかな slight, faint, dim
ほのめかす hint; allude
ホノルル Honolulu
ホバリング hover
ポピュラー popular
ボブスレー bobsled
ポプラ poplar
ボヘミア Bohemia
頬 cheek
ほほえましい pleasant
ほほえむ smile
ほまれ honor
ポメラニアン Pomeranian
ほめる praise; (称賛する) admire

•••• そのまま使えるフレーズ ••••

おめでとう Congratulations!
可愛い Lovely!
格好いいね You look nice.
よくやったな Good Job!
素晴らしい Excellent.
いい考えだ That's a good idea.

ホモ (ホモセクシュアル) homosexual, gay; (ホモジナイズ) homogenize
ぼや small fire
ぼやく complain 《*about*》
ぼやけた dim, obscure, blurred
ぼやける dim, blur
ほやほや fresh; hot
保有 possession
保養 relaxation, rest
保養地 resort
ほら (間投詞) look; here; there
ほら (うそ) big talk ～を吹く talk big ■ほら吹き boaster
ホラー映画 horror film
ほら穴 cave
ボランティア volunteer
堀 moat
ポリシー policy
掘り出し物 bargain, (lucky) find, steal
ポリネシア Polynesia
ボリビア Bolivia
ポリビニルアルコール polyvinyl alcohol
保留 deferment; suspension ～する defer
ボリューム volume
捕虜 prisoner
掘る dig
彫る carve; (彫り込む) engrave
ボルチモア Baltimore
ボルテージ voltage
ボルト (電圧) volt; (ねじ) bolt
ボルドー Bordeaux

ポルトガル Portugal ～の Portuguese ■ポルトガル人[語] Portuguese
ボルネオ Borneo
ポルノ pornography, porn, porno
ホルモン hormone
ホルン horn
ボレー volley
ほれる fall in love《*with*》
ぼろ (布) rag; (服) rags
ぼろい worn-out; (粗悪な) poor, bad
ポロシャツ polo shirt
滅びる die out ▶滅ぼす destroy
ぼろぼろの (布などが) ragged, tattered
ぼろもうけ easy money
ホワイトハウス White House
本 book
ボン Bonn
盆 tray
ぽん pop; clap; crack; pat
本格的な real, full-scale
本気の serious 本気で seriously, in earnest
本拠 base; headquarters; stronghold; home
本国 *one's* own country
ホンコン (香港) Hong Kong
盆栽 bonsai, potted miniature [dwarf] tree
本質 (真髄) essence, (特質) nature
本日 today ～休業 Closed (today).
本質的な essential
本社 main [head] office; headquarters
ホンジュラス Honduras
本棚 bookshelf
盆地 basin
本土 mainland
ポンド pound
本島 main island
本動詞 main verb
本当(の) true 本当に really; indeed 本当は in fact, to tell the truth
本音 *one's* real intention
ボンネット《米》hood,《英》bonnet
ほんの just, only, merely ～少し just a little
本能 instinct ～的な instinctive ～的に instinctively
本場 home; center of production; birthplace
本部 headquarters
ポンプ pump
本文 text
ボンベ cylinder
ポンペイ Pompeii
本名 *one's* real name
本命 favorite
本物 real thing ～の real, genuine, true
本屋 bookstore
翻訳 translation ～する translate ■翻訳者[家] translator
ぼんやりと vaguely; absent-mindedly
本来 originally
本流 mainstream, main current
本領 characteristic; ability; specialty

ま

間 (時間) interval, pause; (空間) space, room
まあ (ちょっと) just; (やや) rather; about
まあ (驚きなど) oh; dear; well; come on; say
マーカー (目印, 記録係) marker; (ラインマーカー) highlighter (pen)
マーガリン margarine
マーク mark; symbol ～する cover
マークシート mark-sense
マーケット market
マーケティング marketing
マーシャル諸島 Marshall Islands
マージャン mahjong(g)
マージン (profit) margin
真新しい brand(-)new
マーチ march
まあね Well,/Yes,
まあまあ (程度) fair; decent; reasonable; (口語的) so-so; (なだめるとき) Come on.
マーマレード marmalade
…枚 sheet, piece, slice (紙・ガラスなど) a sheet of ...; a piece of ...; (パンなど) a slice of ... 紙 3 ～ three sheets [pieces] of paper トースト 1 ～ a slice of toast
毎… every, each
舞い上がる fly high; (風で) be blown up; (有頂天) very happy and excited
毎朝 every morning
マイアミ Miami
舞い降りる flutter down
マイカー *one's* own car; private car
マイクロ micro- ■マイクロバス《米》microbus;《英》minibus
マイクロプラスチック microplastic
マイクロホン microphone; mike
迷子 lost child ～になる get lost
毎週 every week; weekly
枚数 the number of sheets
埋葬 burial ～する bury
毎月 every month; monthly
毎度 every [each] time
毎年 every [each] year; annually; yearly
マイナー minor
マイナス minus
毎日 every day, daily ～の everyday, daily
マイノリティー the minority
毎晩 every evening [night]
マイペース *one's* own pace [way]
マイホーム *one's* house
マイル mile
参る (行く) go, (来る) come; (参詣する) visit; (負ける) give in; (困る) be embarrassed; (疲れ果てる) be tired out; (苦しむ) suffer《*from*》
マイルドな mild
マイレージサービス frequent-flier program
マインドコントロール mind control
舞う dance; (蝶・花びらが) flutter

真上に right [just] above
真後ろに right [just] behind
マウス (コンピューターの) mouse ■マウスパッド mouse pad
マウスピース (楽器・ボクサーの) mouthpiece
マウンテンバイク mountain bike
マウンド mound
前 (部分) front ～に (以前) before …～に ago, before …する～に before …の～に (場所) in front of ～の front; (時間的) previous, last, former ～へ forward, ahead
前売り (切符などの) advance sale ■前売り券 advance ticket
前書き preface
前髪 bangs, forelock
前金 advance payment
前倒し front-loading
前歯 front tooth
前払い advance payment ～する pay in advance
前触れ sign; omen
前向きの positive; constructive
前もって beforehand, in advance
負かす beat; defeat
任せる leave 《*to*》
曲がった bent
まかなう serve *a person* a meal
曲がり角 corner
曲がりくねる (川・道が) wind; meander
曲がる bend, curve; (方向が) turn 曲がった bent
マカロニ macaroni
薪 firewood; wood
巻き上げる roll up; (だまし取る) cheat
巻き起こす cause; create
巻き返し comeback
巻き返す come back
巻き毛 curly hair, curl
巻き込まれる get involved 《*in*》
まき散らす scatter ... around
巻き付く wind, coil
巻き付ける wind; (蛇などが) coil
牧場 pasture; meadow
巻き戻す rewind
まぎらわしい misleading; confusing
まぎれる get mixed up; be diverted
まく scatter; (水を) sprinkle ▶まき散らす scatter
まく (種を) sow
まく (粘膜) membrane; (薄い膜) film; skin
巻く roll; (ねじを) wind
幕 curtain; (劇の) act
マグカップ mug
幕切れ end
マクドナルド 《商標》 McDonald's
マグニチュード magnitude
マグネシウム magnesium
マグネット magnet
マグマ magma
枕 pillow
まくる roll up
まぐれ fluke; lucky guess
マクロ macro
マグロ tuna
負け defeat; loss
負け惜しみ sour grapes
負けず嫌いな competitive
マケドニア (北マケドニアの旧名他) Macedonia
負ける lose, be defeated [beaten]; (誘惑に) give in 《*to*》; (値段を) give a discount 《*of*》
曲げる bend; (歪曲する) distort
孫 grandchild; grandson, granddaughter
真心 sincerity
まごつく get confused
誠に really, truly; greatly
マザーグース Mother Goose
マザーコンプレックス[マザコン] (～の人) mama's [mommy's] boy
マザーテレサ Mother Theresa
まさか surely not; No kidding!
マサチューセッツ (米国の州) Massachusetts
マサチューセッツ工科大学 Massachusetts Institute of Technology
まさつ friction
まさに exactly; (確かに) surely, certainly ～…しようとしている be about to *do*
勝る be better than
混ざる mix
まし(な) better than; (…した方が～だ) might [may] (just) as well *do*, would rather *do*
まじ (それ)マジなの? Are you serious?
マジシャン magician
マジック (手品) magic
まじない charm, spell
真面目な serious, earnest
魔術 magic
マシュマロ marshmallow
魔女 witch
魔性の seductive
交[混]じる mix, blend 《*with*》
交わる cross; (道・川が) meet
マシンガン machine gun
マス trout
増す increase
まず first (of all), above all; (ともかく) anyway; (恐らく) probably
麻酔 anesthesia
まずい (味が) taste bad; (得策でない) unwise
マスカット muscat
マスカラ mascara
マスク mask
マスコット mascot
マスコミ mass media
貧しい poor
貧しさ poverty
マスター (店の) manager; owner
マスターする master

マスタード mustard
マスターベーション masturbation
マスト (帆) mast; (必須) must
ますます (多く) more and more; (少なく) less and less
まずまず not bad; so-so
マスメディア the (mass) media
混ぜ合わせる mix ... up
ませた precocious
交[混]ぜる mix, blend; (かき混ぜる) stir
また (再び) again …も〜 too, also, as well
股 crotch; (分岐) fork, prong
まだ (依然) still; (ほんの) only; (さらに) more まだ…ない not yet
マダガスカル Madagascar
股上 (pants) rise
またがる ride; (広がる) extend over
また聞き secondhand information
またぐ stride [step] over
股下 inseam (length)
待たせる keep ... waiting
またたく (星が) twinkle; (目を) wink またたく間に in a moment, in an instant
または or (else)
まだまだ still; (比較級を強めて) much, far
まだるっこい (回りくどい) roundabout
町 town, city; (街) street ■町工場 small-scale factory in a town 町役場 town office
待合室 waiting room
待ち合わせる meet
待ち受ける wait for
間違い mistake, error 〜である be wrong
間違える make a mistake [an error]; (誤解する) mistake AをBと〜 take A for B

チャンクで英作文
●間違える **make** a mistake
→大きな間違いをした.
I made a big mistake.

間違った mistaken, incorrect; (答えが) wrong; (事実に反する) false
街角で at [on] a street corner
間近に near, close at hand
待ち構える wait ⦅*for*⦆; watch ⦅*for*⦆
待ちくたびれる get [grow] tired of waiting
待ち時間 wait
待ち遠しい can hardly wait ⦅*for*⦆
町並み row of houses along the street
待ち望む wait eagerly; look forward to
マツ pine
待つ wait ⦅*for*⦆; (楽しみに) look forward to; (約束どおりに) expect 会話 待たせてすみません I'm sorry to have kept you waiting. ちょっと待って Wait [Just] a minute.
末えい descendant
真っ赤 deep red, bright red; (深紅の) crimson 〜なうそ downright lie
末期 end; last period 〜の terminal
真っ暗な pitch-dark, completely dark
真っ黒な coal-black, pitch-black
まつげ eyelashes
マッサージ massage ■マッサージ師 massager
真っ最中 (right) in the middle of ...
真っ青(な) deep blue; (顔色が) pale
真っ逆さまに headlong, headfirst
真っ先に first of all, first
抹殺する kill; murder
マッシュポテト mashed potatoes
マッシュルーム mushroom
真っ白(な) pure white, snow-white
真っ直ぐな straight
全く quite, entirely, completely; (実に) really, indeed 〜…ない not at all
末端 the end; (先端) the tip
マッチ (試合) match ■マッチプレー match play マッチポイント match point
マッチ match; 〜する (似合う) match
マッチ棒 match
マット mat
マットレス mattress
松葉 pine needle
真っ裸 stark-nakedness
松葉杖 crutch
祭り festival, fair
…まで (時間) to; till, until ⇨どっち; (場所) to, as far as
…までに by ⇨比較
…までに(は) until
的 target
窓 window ■窓口 window
窓際 near [beside, by] the window
窓口 window; desk; contact
まとまり coherence; unity; (解決) settlement
まとまる be unified; be collected; (考えが) take shape; (話が) reach an agreement
まとめ (要約) summary; (結論) conclusion
まとめ役 organizer
まとめる (集める) collect; put ... together; (整える) arrange; organize; (話を) settle
まとも (正面から) head-on; (ちゃんとした) respectable, proper, sane
マドリード Madrid
まどろっこしい roundabout
まどろむ doze (off)
惑わす confuse; seduce
まとわりつく follow ... around; cling to
マトン mutton
マドンナ (聖母) Madonna
マナー manners
まな板 (kitchen) chopping [cutting] board
まなざし look; glance
真夏 midsummer
学ぶ learn, study
マニア fan, enthusiast, maniac
間に合う be in time ⦅*for*⦆; (乗り物に) catch
間に合わせ makeshift; stopgap
間に合わせる get ... ready [done]; (代用する)

make do with ...
真に受ける (本気にする) take ... seriously
マニキュア manicure
マニュアル manual
マニラ Manila
まぬがれる escape
まぬけ fool; idiot ～な foolish, silly; stupid
まね imitation, mimicry ～する imitate, mimic, copy ～をする imitate; mimic
マネー money ■マネーロンダリング money laundering
マネージャー manager
招き invitation
マネキン mannequin
招く invite, ask; (引き起こす) cause
マネジメント management
まねる imitate; copy; (物まね) mimic
魔の fatal, dangerous
まばたき (無意識の) blink; (意識的な) wink
まばらな sparse, thin, scattered
麻痺する be paralyzed
真昼 broad daylight; midday; daytime, day
マフィア the Mafia
マフィン muffin
まぶしい dazzling, glaring
まぶた eyelid
真冬 midwinter
マフラー (えりまき) scarf; (車などの) muffler
魔法 magic ■魔法使い wizard; magician 魔法びん《商標》Thermos
まぼろし vision, phantom
まま (そのままにする) keep; leave; remain
ママ mom; mommy
ままごと遊びをする play house
ままちち (養父) stepfather
ままはは (養母) stepmother
真水 fresh water
まめ (足などの) corn; (水ぶくれ) blister
豆 bean; (大豆) soybean; (えんどう) pea
まめに hard, diligently
まもなく soon, shortly, before long
守り defense
守る defend, guard; (約束を) keep (word); (決まりを) obey; (規則を) observe
麻薬 drug, narcotic
まゆ (昆虫) cocoon
眉 eyebrow ～毛 eyebrow
迷い hesitation; illusion
迷う (道に) get lost; (ためらう) hesitate 会話 道に迷いました I think I got lost.
魔除け talisman; amulet, charm
真夜中 middle of the night; midnight
マヨネーズ mayonnaise
マラウィ Malawi
マラソン marathon ■マラソン選手 marathon runner
マラリア malaria
まり ball
マリ Mali
マリッジ (結婚) marriage ■マリッジブルー marriage blue マリッジリング wedding ring
マリネ marinade
マリファナ marijuana
魔力 magic, spell
マリン marine ■マリンスポーツ water [ocean] sports
まる… full; whole; (たっぷりの) good
丸 circle; (輪) ring ～で囲む circle
まる暗記 rote-learning
丸い, 円い round
丸顔 round face
マルタ Malta
丸太 log ■丸太小屋 log cabin
まるだし exposed
マルチーズ Maltese
マルチメディア multimedia
まるっきり completely; not ... at all
丸っこい roundish
まるで (あたかも) as if [though], just like
まる飲みする swallow ... (whole)
まる裸の stark-naked
丸秘の confidential
丸める roll; (くしゃくしゃに) crumple
マレーシア Malaysia
まれな rare まれに rarely
まろやかな smooth, mild
回す turn (around); spin; (渡す) pass
周り circumference; (状況) surroundings
回りくどい roundabout
周りに[を] around
回り道 detour
回る turn [go] around; (回転する) spin, circle
万 ten thousand
万一 emergency; the worst; (just) in case ～にそなえる prepare for the worst
満員の full; (込み合った) crowded, packed
漫画 manga; comics, cartoon; (風刺漫画) caricature; (劇画) story comics ■漫画家 cartoonist; caricaturist 漫画本 comic book
満開で in full bloom [blossom]
マングローブ mangrove (tree)
万華鏡 kaleidoscope
満月 full moon
マンゴー mango
満載 full load
満場一致 unanimity ～の unanimous
マンション apartment; condominium
慢性の chronic
満足 satisfaction ～している be satisfied 《*with*》 ～のゆく satisfactory ～させる satisfy ～する be satisfied
マンチェスター Manchester
満潮 high [flood] tide, high water
満点 perfect score
マント cloak
マンドリン mandolin
真ん中 the middle

マンネリ stereotype; mannerism
万年筆 fountain pen
満杯 be full
マンハッタン Manhattan
万引き shoplifting ～する shoplift
満票 the whole number of votes
満腹 full stomach
マンホール manhole
マンモス mammoth
満塁で with all the bases loaded ■満塁ホームラン grand slam

み

実 (果物) fruit; (いちごなどの) berry; (木の実) nut; (実質) substance
身 (身体) body; (魚・果実の) flesh; (肉) meat ～に着ける wear, put on ～にしみる feel deeply ～の回り品 belongings
見上げる look up
見当たる find
見誤る mistake *a person* for ...
見合わせる (顔を) look at each other; (取りやめる) give up, cancel
見い出す find (out), discover
ミーティング meeting
ミート meat ■ミートソース meat sauce ミートボール meatball
ミーハー (新しもの好き) dedicated fashion follower; (有名人好き) fan of celebrities
ミイラ mummy
見失う lose sight of
身内 (家族) family; (親戚) relative
みえ (見せびらかし) show; (虚栄心) vanity
見え透いた obvious; transparent; blatant
見える see …のように～ seem; look like ...
見送り (送別) send-off
見送る see off
見落とし oversight
見落とす overlook; miss
見下ろす look down 《*at*》
未解決の unsolved; unsettled
未開拓 unexplored field; frontier(s)
未開の uncivilized; primitive
未開発の undeveloped
見返す go over [check] again; look back
見返り reward
見限る give ... up; give up on ...
味覚 taste; palate
磨く polish; (靴などを) shine; (技術を) improve, brush up
未確認の unconfirmed
見掛け appearance
見かける happen to see
見方 point of view; viewpoint
味方 friend, supporter ～する take sides 《*with*》 会話 君はどっちの～なんだ Which side are you (on)?
三日月 crescent
身勝手 selfishness
見かねる cannot bear [stand] to see
身構える take a posture 《*of*》; get ready
身軽な light
身代わり scapegoat; substitute
ミカン *satsuma*; mandarin [tangerine] orange
未完 incompletion ▶未完成の unfinished; incomplete
幹 trunk
右 right ～の right ■右側通行 Keep (to the) right.
右腕 right arm
右側 the right (side)
右利き right-handed person; right-hander
ミキサー blender
右手 right hand
右回りの[に] clockwise
見極める watch ... to the end
見下す despise; look down on ...
見くびる underestimate, sell short
見比べる compare 《*with*》
見苦しい ugly, unsightly; indecent
ミクロネシア Micronesia
ミクロの micro
未経験の inexperienced
三毛猫 tortoiseshell (cat)
眉間 the middle of the eyebrows
みこし portable shrine
見事な excellent, splendid, wonderful
見込み prospect; promise ～のない hopeless
見込む (予想する) expect; (当てにする) rely on ...; (考慮する) take ... into account
未婚の unmarried; single
ミサ Mass
ミサイル missile
岬 cape
短い short; (簡潔な) brief
短めの rather short
ミシガン (米国の州) Michigan
ミシシッピ (米国の州) Mississippi
身支度する get dressed
みじめな miserable
未熟な immature; inexperienced
見知らぬ strange; unfamiliar
ミシン sewing machine
みじん fragment; piece; (みじん切り) chop finely; (みじんもない) not at all
ミス (敬称) Miss
ミス mistake ～をする make a mistake
ミズ (敬称) Ms., Ms
水 water; cold water
水揚げ (貨物) unloading; (漁業) catch, haul; (売上) taking
水浴び bathing; swim
水洗いする wash in [with] water; (すすぐ) rinse
未遂の attempted
水色 light [pale] blue

湖 lake
ミズーリ (米国の州) Missouri
見透す see through ...
みずがめ座 Aquarius, Water Bearer
自ら personally; in person
水着 swimming [bathing] suit, swimsuit, swimwear
水草 waterweed; (水生植物) water plant
見過ごす overlook
水先案内人 pilot
水差し pitcher
水資源 water resources
水しぶき splash; spray
ミスター (敬称) Mr.
水玉模様 polka dots
水たまり puddle; (大きな) pool
水鉄砲 water pistol
ミステリアスな mysterious
ミステリー mystery story
見捨てる desert, abandon
水鳥 water [aquatic] bird
水浸しになる be flooded; be submerged
水膨れ blister
ミスプリント misprint; typo
水辺 the waterside
水疱瘡(みずぼうそう) chicken pox
見すぼらしい shabby; miserable
水増し padding
ミスマッチ mismatch
みずみずしい fresh
水虫 athlete's foot
店 《米》store, 《英》shop

> 関連›
> おもちゃ屋 toy store; 喫茶店 coffee shop; ゲームセンター arcade; 《米》video arcade; 《英》amusement arcade; サウナ sauna; 魚屋 fish store; デパート department store; 肉屋 butcher; 病院 hospital; 美容院 beauty parlor; ブティック boutique; 文房具屋 stationary store; 本屋 bookstore; 八百屋 fruit and vegetable store, 《英》greengrocer's (shop); 薬局 pharmacy; 《米》drugstore; 《英》chemist's; レストラン restaurant

未成年 minor
未整理の unarranged; unsorted
見せ掛け pretense; (装い) show ～の pretended 見せ掛ける pretend
店じまいする close
見せしめ warning; (戒め) example
ミセス (敬称) Mrs.; (既婚女性) married woman
見せつける make a demonstration; show proudly
見せ場 highlight; climax
見せびらかす show off
見せ物 show
見せる show, let see; (展示する) display
味噌 miso, bean paste ■味噌汁 miso soup
みぞ ditch; (道の) gutter; (隔たり) gap
みぞおち pit of the stomach
三十路 the age of thirty
見初める fall in love with ... at first sight
みぞれ sleet
…みたいだ look; seem; appear; sound
…みたいな like ...; a kind of ...
見出し headline ■見出し語 headword
満たす fill; (満足) satisfy
乱す disturb
淫らな lewd; (わいせつな) obscene; (性的にふしだらな) promiscuous
乱れ (混乱) confusion; (秩序などの) disorder
乱れる (場所・物などが) disrupt the order, fall into disorder; (心・風紀が) be corrupted
道 (道路) road; (通り) street; (手段) means, way 会話 この～を行けば博物館へ出ますか Does this street lead to the museum? ～がわからなくなりました I think I got lost.
道案内 guidance; navigation
身近な familiar
満ち潮 high tide
道順 route; course; way
道標 guidepost
道連れ fellow traveler
満ちている be filled 《*with*》, be full 《*of*》
未知の unknown
道のり distance; journey
道ばたで by [beside] the roadside
道幅 the width of a road
導く lead
満ちる become full
蜜 (蜂蜜) honey; (花の) nectar ■ミツバチ honeybee, bee
三つ編み braids ～にする braid *one's* hair
三日 three days; (月の) third
密会 secret meeting
三日坊主 quitter
見つかる be found, be discovered
ミックス mix ～する mix ■ミックスサンド assorted sandwiches ミックスジュース mixed (fruit) juice
見つける find (out), discover

チャンクで英作文
●時間を見つける **find** the time
→手紙を書く時間が見つからない.
I can't find the time to write.

三つ子 triplet(s)
密告 information; tip-off
密集した dense; thick
ミッションスクール Christian school
密接な close
密着 adhesion ～する adhere to; stick to
三つ three
ミット mitt
密度 density
ミッドフィールダー midfielder
みっともない shameful, (みすぼらしい) shab-

by
見つめる stare 《*at*》
見積もり estimate; quotation
見積もる estimate
密輸 smuggling ～する smuggle
密漁[猟]する poach
密林 thick [dense] forest; jungle
ミディアム medium
未定の undecided, unfixed
診てもらう see a doctor
見通し (視界) perspective; visibility; (見込み) prospects; outlook
見通す see through ...
見所 highlight
認める (承認する) admit; (目に留まる) recognize
緑(の) green
見取り図 plan; (略図) sketch
見とれる be fascinated
皆 all, everybody, everyone; everything
見直し review
見直す (再考する) reconsider; (再認識する) think better of ...
みなぎる be full; be bursting
みなしご orphan
見なす regard, consider
港 port, harbor
南 south ～の south, southern
南アジア South Asia
南アフリカ (共和国) South Africa
南スーダン South Sudan
源 source; origin; the root
見習い (実習・修業) training; apprenticeship; (実習生・徒弟) trainee; apprentice
見習う follow a person's example
身なり appearance
見慣れた familiar 《*to*》
ミニ mini ■ミニカー miniature car ミニスカート miniskirt
醜い ugly, bad-looking, homely
ミニチュア miniature
ミニバン minivan
見抜く see through
峰 peak
ミネソタ (米国の州) Minnesota
ミネラル mineral ■ミネラルウォーター mineral water
身の上 (境遇) *one's* personal affairs; circumstances; (経歴) life; *one's* past
見逃す overlook, miss
身代金 ransom
実り harvest; crop
実る bear fruit
未発達の undeveloped
未発表 unpublished
見放す give up on ...; abandon
未払いの unpaid, outstanding
見晴らし view
見張り watch; guard
見張る watch, keep an eye 《*on*》
身振り gesture
身震い shudder; shiver
身分 position; status; *one's* identity
身分証明書 identity card; I.D. card
未亡人 widow
見本 sample; (手本) model, example
見舞い visit ...を～に行く visit ... in the hospital
見守る watch, keep *one's* eye 《*on*》
見回す look around
見回り round; patrol
見回る patrol; (視察する) inspect
…未満 under ...; less than ...
耳 ear ～が遠い be hard of hearing ～を傾ける listen 《*to*》
耳垢 earwax
耳かき earpick
ミミズ earthworm
ミミズク (horned) owl
耳栓 earplug
耳たぶ earlobe
みみっちい stingy; mean
耳慣れない unfamiliar; strange
身元 *one's* identity; *one's* background
脈 pulse
土産 souvenir; (贈り物) present, gift
都 capital
見やすい easy to see; clear
見破る find ... out; (見透かす) see through ...
ミャンマー Myanmar
ミュージアム museum
ミュージカル musical
ミュージシャン musician
ミュージック music
ミュール (履物) mules
名字 family name
妙な strange
ミラー mirror
未来 the future ～に in the future
ミラクル miracle
ミリ milli-
ミリオンセラー million seller
ミリメートル millimeter
魅了する fascinate; charm
魅力 charm ～的な charming, fascinating
見る see, look; watch; (ちらっと) glance 会話 (店で)見ているだけです I'm just looking. あれを見せてくれませんか Could you show me that one, please?

チャンクで英作文
●見る **look** at
→2ページを見てください. Look at page 2.
●私の…を見る **see** my …
→私のさいふ見なかった?
Have you seen my wallet?

診る see
ミルク milk

みるみる in a moment
未練 lingering attachment; regret
魅惑 fascination; charm ～的な fascinating
見分け distinction ～がつく can tell the difference
見分ける tell, distinguish
見渡す look out (over) ～限り as far as the eye can reach [see]
民意 the will of the people; public opinion
民営化 privatization ～する privatize
民家 (private) house
民間の private; civil ■民間企業 private enterprise 民間人 civilian
ミンク mink
民芸品 folkcraft
民事の civil
民主 ～的な democratic ■民主化 democratization 民主国家 democracy 民主主義 democracy 民主制 democratic system 民主党 (米国の) Democratic Party
民衆 people
民宿 tourist home; 《英》 guesthouse
民族 people; nation ～的な racial; national; ethnic ■民族衣装 native [national] costume 民族移動 racial migration 民族学 ethnology 民族自決 racial [national] self-determination
民俗学 folklore
ミンチ minced meat
ミント mint
みんな all; everyone, everybody; (物) everything ～で altogether; (全部で) in all
民放 commercial broadcasting
民法 civil law
民謡 folk song
民話 folk tale [story]; (集合的) folklore

む

無 nothing
六日 six days; (月の) sixth
無意識の unconscious 無意識に unconsciously
無意味な meaningless
ムース mousse
ムード atmosphere
無益な useless
向かい合う face each other
向かい合っての face-to-face
向かい風 head wind
無害な harmless
向かいの opposite
向かう go, leave 《*for*》; (面する) face
迎える welcome, meet, receive
無学の ignorant; uneducated; illiterate
昔(は) old days [times]; (ずっと昔) a long time ago ～の old; (以前の) former ■昔なじみの old 昔々 once upon a time
昔話 old tale; (伝説) legend
むかつく (吐き気がする) feel sick; (腹が立つ) be pissed off; disgusting
ムカデ centipede
無我夢中で be beside *oneself*
無関係である have nothing to do with...
無関心 indifference
無感動な unmoved; impassive
向き direction; (…に合った) (suitable) for ～を変える turn 西～の部屋 a room facing west 若い人～の衣服 clothes for the young
麦 (小麦) wheat; (大麦) barley; (ライ麦) rye ■麦わら straw
向き合う face each other
無期限の indefinite
無傷の flawless; perfect; unhurt
むき出しの bare
むきになる get unnecessarily angry [serious]
無許可で without permission
無気力 apathy ～な inactive; lethargic
麦わら straw ■麦わら帽子 straw hat
むく (手で) peel; (ナイフなどで) pare
向く turn, look; (面する) face; (適する) be fit [suitable] 《*for*》
報い punishment; reward
報いる reward
無口な quiet, silent 無口だ not talk much
むくむ swell ▶むくみ swelling
むくれる get sullen; (怒る) get angry
無計画な unplanned; reckless
無欠席 perfect attendance
むける (皮が) peel
向ける turn; direct; aim; point
無限の infinite; limitless
むこ (花婿) bridegroom; (娘の夫) son-in-law
むごい cruel; brutal; merciless
向こうに over there …の向こうに[へ] beyond ...
無効の invalid
向こう見ずな reckless
無国籍の stateless
無言の silent
むさい messy; untidy
無罪 innocence; (判決で) Not guilty. ～の innocent
むさ苦しい messy; untidy
無差別 indiscrimination; (非差別) nondiscrimination ～の indiscriminate
無残な horrible; cruel; tragic
虫 bug, worm; (昆虫) insect
蒸し暑い sultry, hot and humid
無自覚な unconscious
無視する ignore; neglect
無実 innocence
無地の plain
虫歯 bad [decayed] tooth
蝕む affect; erode; undermine
無慈悲な merciless, cruel
虫眼鏡 magnifying glass
無邪気な innocent

むしゃくしゃする get irritated
無重力 zero gravity
矛盾 contradiction ～する contradict
無条件の unconditional 無条件で unconditionally
無情な heartless; cold-hearted
無性に very (much)
無償の free
無職の jobless, unemployed
無色の colorless
無所属の independent
むしろ rather
無神経な insensitive
無人の vacant
蒸す steam; (天気が) sultry
無数の numberless; countless
難しい difficult, hard; (深刻な) serious
難しさ difficulty
息子 son
結びつき connection; ties
結び目 knot
結ぶ tie; (しばる) bind; (条約などを) conclude
むずむずする (かゆくて) have an itch
娘 daughter
無制限の unlimited
無税の tax-free
無脊つい動物 invertebrate
無責任 irresponsibility
むせる choke (on)
無線 radio
無造作に casually; carelessly
無駄 waste ～な useless, wasteful …しても～だ It is useless to *do*. 時間の～だ It's a waste of time.
無駄口 idle talk
無駄遣い waste
無断で without permission [leave]
むち(で打つ) whip
むち打ち症 whiplash
無知の ignorant
無茶な reckless; unreasonable
夢中である be lost 《*in*》, be crazy [mad] 《*about*》 夢中で preoccupied; (必死) frantically, desperately
六つ six
むっつりした sullen; glum
むっとする become sullen; get offended
無抵抗 nonresistance
無敵の unrivaled; unequaled
無鉄砲な rash; reckless
無添加の additive-free
無得点の scoreless
無とんちゃくな indifferent
胸毛 chest hair
胸騒ぎ uneasiness
空しい, 虚しい vain; empty; useless
空しさ, 虚しさ emptiness; vanity
胸元 chest; breast
胸 chest, breast; (心) heart
胸焼け heartburn
無農薬の organic
無能力な incompetent
無敗の undefeated
ムハンマド Muhammad
無批判の uncritical
無表情な impassive; blank, vacant
無謀な reckless
無防備の defenseless; unarmed
謀反 rebellion
無味乾燥な dull, boring, dry
無名の obscure
無免許の without a license
無目的な aimless
むやみに recklessly; excessively; unreasonably
無用の (役に立たない) useless; (不必要な) unnecessary
村 village ■村人 villager
群がる crowd
紫(の) purple
無理 (道理に合わないこと) unreasonableness; (不可能) impossibility ～な (道理に反した) unreasonable; (不可能な) impossible; (強制された) forced ～をする work too much
無理強い compulsion
無理心中 murder-suicide
無理やり by force
無料の[で] free
無力 helplessness ～な helpless
群れ group; (人の) crowd; (鳥などの) flock; (牛などの) herd; (ライオンなどの) pride; (虫の) swarm; (魚の) school
蒸れる (蒸し暑い) be sultry
ムンバイ Mumbai

め

芽 (花の) bud; (枝の) sprout ～が出る come into bud 芽を出す (草が) come up
目 eye; (網の) mesh
目当て aim; intention
めい niece
名案 good idea [plan]
名医 skilled doctor
命運 *one's* [the] destiny [fate]
名演 wonderful [excellent] performance
冥王星 Pluto
銘菓 famous [high-grade] sweets
名画 great picture, masterpiece
明解 clear [lucid] explanation ～な clear
明確な definite, clear
銘柄 brand; (株式の) name
名曲 good music; (musical) masterpiece
メイク makeup ⇨メークアップ
名言 (wise) saying; (格言) maxim
明細 details
名作 masterpiece; great work
名産 famous [special] product; specialty

名刺 visiting card; business card
名士 celebrity, personality
名詞 noun
目医者 eye doctor
名手 expert
名所 famous place, the sights
名称 name
命じる order
迷信 superstition ～深い superstitious
名人 master, expert
名声 fame; renown; reputation
明晰な brilliant; clear; clear-headed
瞑想 meditation; contemplation
命中(する) hit
名著 great [famous] book; masterpiece
メイド maid
明白な clear; obvious; evident
名盤 good record [CD]; masterpiece
名物 special product; (local) specialty
名簿 list
めいめい each ～の respective
命名する name
名目(上)の nominal; in name
名門 distinguished [famous] family
名優 great actor [actress]
名誉 honor ～ある honorable
明瞭な clear
滅入る be depressed
命令 order, command ～する order
迷路 maze, labyrinth
明朗な cheerful, clear
迷惑 trouble, disturbance ～な annoying, troublesome …に～をかける give … trouble
メイン (米国の州) Maine
メイン main ■メインイベント main event メインコース main course メインスタンド grandstand メインストリート main street メインディッシュ main course メインテーマ (main) theme
メーカー manufacturer
メークアップ makeup ～する make up
メーター[メートル] meter
メーデー May Day
メーリングリスト mailing list
メール (郵便物) mail, letter; (Eメール) email 会話 ～を送ってもらえますか Could you send me an email? ■メールアカウント e-mail account メールアドレス e-mail address メールサーバー mail server メールソフト e-mail software [client] メールボックス mailbox メールマガジン e-mail magazine
メガ… mega
目隠し blindfold ～をする put a blindfold
めがける aim (at)
めかす dress up
目方 weight
メカニズム mechanism
眼鏡 glasses, spectacles; (水泳用) goggles; (潜水用) scuba mask, diving mask ■眼鏡ケース glasses case 眼鏡屋(店) optical shop; optician's
メガバイト megabyte
メガヘルツ megahertz
メガホン megaphone
女神 goddess
目利き judgment, identification; (人) judge, connoisseur
メキシコ Mexico ～の Mexican ■メキシコ人 Mexican
めきめき remarkably; markedly; rapidly
目薬 eye lotion
目配せ winking
目配りする pay close attention to …
恵まれる be blessed with
恵み blessing
巡らす surround
巡り tour; circulation
巡り会う meet … by chance; come across …
めくる (ページを) turn (over)
巡る go around; (旅をする) travel around
めくるめく be dazzled
めくれる be turned up
めげる be disappointed; fell really down
メコン川 Mekong
目指す aim 《*at*》
目ざとい sharp-eyed
めざましい remarkable; amazing
目覚まし時計 alarm clock
目覚める wake 《*up*》; awake
目障り eyesore; distraction
飯 (お米) (cooked) rice; (食事) meal
召し上がる eat, have
目下 *one's* junior
召使い servant; maid
メジャー tape measure; (主な) major
メジャーリーグ major leagues, majors ▶メジャーリーガー major leaguer
目印 mark
雌(の) female
珍しい rare, unusual
メゾソプラノ mezzo-soprano
メソポタミア Mesopotamia
めそめそ tearfully
メダカ (Japanese) killifish
目立つ stand out
目立った outstanding, remarkable
メタボリックシンドローム metabolic syndrome
目玉 eyeball ■目玉焼き fried eggs; sunny-side up
メダル medal
メタンガス methane
めちゃめちゃな be terrible
メッカ Mecca
メッキ plating; gilding ～する plate
目つき look
めっきり very much, considerably

滅菌 sterilization
メッシュ mesh
メッセージ (伝言) message; (声明書) statement
メッセンジャー messenger
めったに…しない rarely; seldom
めっちゃ very
滅亡 fall, downfall
メディア media
めでたい happy
めど prospect; possibility
メドレー medley
メトロポリタン美術館 The Metropolitan Museum of Art
メニュー menu 会話 ～を見せてください Could I have a menu, please?
目の前 right in front of…
目鼻立ち (見かけ) looks; (顔立ち) features
目減り decrease; loss
めぼしい chief; important; valuable
めまいがする feel dizzy
目まぐるしい quick; dizzying
メモ note, memo ～する take a note
目盛り scale, graduation
メモリアル memorial
メモリー memory
目安 (rough) standard; rough idea
メリーゴーラウンド merry-go-round
メリーランド (米国の州) Maryland
メリット merit
めりはり change; distinction
メルボルン Melbourne
メローな mellow
メロディー melody
メロドラマ melodrama; soap opera; soap
メロン melon
綿 cotton
面 (顔) face; (仮面) mask; (表面) surface; (方面) aspect; side
麺 noodle
免疫 immunity
面会する see; visit
免許 license
面食らう be confused
面識 acquaintance
免除 exemption
免状 certificate
面する face
免税 tax exemption ～の tax-free, duty-free
面積 area
面接(する) interview
(…の)面前で in front of…
メンタルヘルス mental health
面談 face-to-face talk
メンチ minced meat
メンツ face; honor
メンテナンス maintenance
面倒 trouble; (世話) care ～な troublesome ～をかける trouble ～を見る take care of
メンドリ hen
メンバー member
綿棒 swab; 《商標》 Q-tip
面目 face; honor; reputation
綿密な close
麺類 noodles

も

…も (…もまた) too, also, as well; (AもBも) both A and B, not only A but (also) B; (…ほども) as many as…; (…さえ) even
喪 mourning
もう (すでに) already, yet; (～…ない) not… any more [longer]; (まもなく) soon
猛威 rage; violence
もう一度 (once) again 会話 ～おっしゃってください Could you say that again, please?
儲かる be profitable; pay
儲け profit
設ける set… up; establish; prepare
儲ける make money; make a profit 《*on*》
猛犬 fierce dog
申し合わせ agreement
申し入れ offer
申し込み (申し出) proposal; (応募) application; (挑戦) challenge; (予約) reservation
申し込む apply for; (結婚を) propose
申し立て statement
申し出 offer
申し出る offer
申し分ない perfect
猛獣 fierce animal
猛暑 intense heat
もうしわけない 会話 申し訳ない I'm sorry.
もうすぐ soon
もう少し a little more [longer]
もう少しで almost, nearly
猛省 serious reflection
猛然と fiercely; violently
妄想 delusion; wild fancy
盲腸 appendix
盲点 blind spot
盲導犬 《商標》 Seeing Eye dog; guide dog
猛毒 very strong [deadly] poison
もう一つ another, one more
毛布 blanket
猛勉強する study very hard; cram
盲目の blind
網羅 ～的な comprehensive ～する contain
猛烈な violent, terrible
猛練習 hard training
燃え上がる burn up; burst into flame
燃え盛る blaze
燃え尽きる burn up [out]
燃える burn
モーター motor ■モーターショウ auto [motor] show モーターボート motorboat
モーテル motel

モード mode, fashion
モーニング morning; (服) morning dress
モーニングコール wake-up call
モーニングサービス breakfast special
モーリシャス Mauritius
モーリタニア Mauritania
もがく struggle; writhe
もぎ取る break ... off; tear; pick
模擬の mock; simulated ■模擬試験 mock [practice] exam(ination)
もぐ pick; pluck
目撃する witness ■目撃者 witness
木材 lumber; wood
目次 contents
木星 Jupiter
木造の wooden
木炭 charcoal
目的 purpose, object, aim
目的地 destination
黙とう silent prayer ～する pray in silence
黙読 silent reading ～する read silently
黙認 tacit admission ～する admit tacitly
木馬 wooden horse
木版画 woodcut
目標 goal
もぐもぐ(食べる) munch
黙々と silently
木曜日 Thursday
もぐら mole
潜る dive; go under water
もくろみ[む] plan; scheme, design; plot
模型 model ■模型飛行機 model plane
もげる come off
もごもご(言う) mumble
猛者 tough guy
モザイク mosaic
モザンビーク Mozambique
もし(も) if ～…でなければ if not; unless
模試 mock [practice] exam
文字 (アルファベット) letter; (漢字) character
もしかしたら perhaps; maybe
もしかすると possibly; perhaps; maybe
文字盤 (時計・羅針盤の) dial
もしもし Hello. 会話 ～, ボブ君はいらっしゃいますか Hello. Is Bob there?
模写 copying; copy; reproduction
モジュール module
モスク mosque
モスクワ Moscow
模造 imitation ～する imitate
もたせかける lean
もたつく take time; be slow
もたもたする dawdle
もたらす bring; (結果を) lead 《*to*》
モダンな modern
餅 rice cake
持ち上げる lift
持ち味 special ability; what *one* has
持ち歩く carry
モチーフ motif
用いる use
持ち帰る take back
持ちこたえる hold, bear; last (out)
持ち込む (中へ) bring in
持ち去る take away
持ち出す take out; (運び出す) carry out
持ち直す rally; pick up
持ち逃げする make [run] off [away] with ...
持ち主 owner
持ちネタ (手品) *one's* tricks [gimmicks]; (冗談) original joke
持ち運ぶ carry
モチベーション motivation
持ち物 *one's* belongings
喪中 ～である be in mourning
持ち寄る bring
勿論 of course, surely, certainly
もつ (内臓) entrails; (レバー) liver
持つ have, hold; (天候が) last; (食糧が) keep; bear
目下の present
木管楽器 woodwind instrument
木琴 xylophone
木工 woodworking; carpentry
もったいない be wasteful; be too good
もったいぶる put on airs
以て with ...; by ...; (原因) because of ...
持って行く take; (相手のところへ) bring
持って生まれた inborn
持って来る bring, fetch
もっと (多く) more; (少なく) less
モットー motto
もっとも (理にかなった) natural, reasonable
最も (多く) (the) most; (少なく) (the) least
もっともらしい plausible
もっぱら only, exclusively
モップ mop
もつれる (糸などが) tangle; (事態が) get confused
もてあそぶ play [toy] with
もてなし hospitality; treatment
もてなす entertain
もてはやす praise; make much of ...
モデム (コンピューター) modem
もてる (人気がある) be popular
モデル model ■ファッションモデル fashion model モデルガン model gun モデルケース typical case モデルチェンジ model changeover
下 ～に under
元 (起源) origin ～は (最初は) first, originally; (以前は) before, once
もどかしい be irritated; be [feel] impatient
モトクロス motocross
元締め manager; boss
戻す (返す) return; (元の位置へ) put back
元栓 main cock
基づく be based 《*on*》

元通り (as ...) as before
求める ask for, demand; (探す) seek
元々 (初めから) from the beginning; (生来) by nature
戻る return, go [come] back, get back
モナコ Monaco
モニター monitor
モニタリング monitoring
モニュメント monument
者 person
物 thing
物置 storeroom; (納屋) barn
物怖じ ～する shy; timid ～しない fearless
物音 noise
物覚え memory
物書き writer
物陰 the shadow(s)
物語 story
ものぐさ laziness; (人) lazy person
モノクロ black-and-white
物乞い beggar
物事 things, matter
物差し ruler, measure
物静かな quiet; calm
物知り knowledgeable person
物好きな curious
ものすごい terrible, tremendous; horrible ものすごく extremely
物足りない be not satisfactory
モノトーン monotone ～の monotonous
物の怪 evil spirit; (生霊) wraith
物干し (綱) clothesline; (支柱) clothes pole
物真似 mimicry; (まね) imitation
ものものしい strict; pompous; stately
モノラルの monaural
モノレール monorail
物忘れ forgetfulness
モバイル mobile ■モバイルコンピューティング mobile computing モバイルバッテリー mobile battery
もはや now; (もはや…ない) no longer
模範 model, example
喪服 mourning
模倣 imitation, copy
もまれる be rubbed; be jostled
もみあげ sideburns
モミジ (カエデ) maple
もむ rub; (あんまで) massage
もめ事 strife; trouble
もめる have trouble; quarrel
木綿 cotton
もも (腿) thigh
モモ peach
桃色 pink
もや haze
もやし bean sprouts
燃やす burn
模様 (柄) pattern, design
催し event; entertainment; ceremony
催す hold (a party)
最寄りの nearest
もらい泣きする cry [weep] in sympathy
もらう get, have, be given; (…して～) have [get] done 会話 これをもらってもいいですか May I have this?
漏らす leak; (密告する) let out
モラトリアム moratorium
モラル morals
森 forest; woods; (小さな) grove
盛り上がる rise, arise
盛り上げる bring ... to life, warm ... up
盛り合わせ the assorted selection
盛り付け arrangement
もりもり(食べる) devour
盛る (積み上げる) heap (up); fill
モルジブ Maldives
モルタル mortar
モルドバ Moldova
モルヒネ morphine
モルモット guinea pig
漏れる leak (out)
もろい fragile; weak
モロッコ Morocco
もろに completely; right; straight
門 gate
モンキー monkey
文句 (不平) complaint; (語句) words, expression ～を言う complain 《*about*》
門限 curfew
モンゴル Mongolia
紋章 coat of arms
モンスーン monsoon
モンスター monster
モンタージュ montage
問題 problem; question; matter; issue 会話 それは別の～です That's another matter [thing].
問題集 workbook
モンタナ (米国の州) Montana
モンテカルロ Monte Carlo
モンテネグロ Montenegro
文部科学省 Ministry of Education(, Culture, Sports, Science and Technology)
悶々(もんもん) ～として worriedly

や

…や (…と) and; (または) or
矢 arrow
やあ (呼びかけ) Hello!/Hi!
ヤード yard
野営 camping
八百長 fix; (試合) fixed [rigged] game
八百屋 fruit and vegetable store, greengrocer's
野外(の) outdoor
夜学 night school
やがて soon, in due time, someday

やかましい noisy; (厳しい) strict
やかん kettle
夜間 night
ヤギ goat
焼きいも baked [roast] sweet potato
焼印(を押す) brand
やぎ座 Capricorn, Goat
焼き魚 grilled fish
焼きそば fried noodle
焼き付く (心に) be branded 《*on*》
焼き鳥 grilled chicken on a stick
焼肉 grilled meat
焼き払う burn ... down
焼き増し copy, print
やきもきして anxiously, with anxiety
焼きもち jealousy
焼き物 pottery; china, porcelain
野球 baseball ■野球場 baseball stadium, ballpark 野球選手 baseball player
野牛 bison, buffalo
夜勤 night duty [shift]
焼く burn; (パン) bake; (肉) roast; (魚) broil; (トースト) toast; (ねたむ) be jealous
役 (役割) part, role; (地位) post; (務め) duty, task ～に立つ useful ～に立たない useless
約 about, around, approximately
訳 translation
役員 executive
薬学 pharmacy; pharmacology
薬剤師 pharmacist, chemist, druggist
役者 actor; actress
訳者 translator
役所 public office; office
躍進する advance rapidly
訳す translate AをBに～ put A into B
薬草 herb
約束 promise, *one's* word; (面会などの) appointment ～する promise
役立たず useless; worthless
役立つ useful, helpful
役立てる make use of ...
躍動する lively; energetic
役人 officer; official
疫病 plague
薬品 medicine; (化学薬品) chemicals
薬物 medicine; drug
薬味 spice
役目 duty; (役割) role, part
薬用の medical
役割 role; part
やけ desperation; (～を起こす) get desperate
夜景 night view
火傷 burn; scald ～する get burnt, get scalded
やけに awfully
焼け残る escape the fire
焼ける burn; (食べ物が) be roasted [boiled]; (パンが) be baked; (日に) be tanned
夜行(列車) night train ■夜行性動物 animal active at night
野菜 vegetable

関連》
カブ turnip; キノコ mushroom; キャベツ cabbage; キュウリ cucumber; ジャガイモ potato; ダイコン Chinese radish; タマネギ onion; ナス eggplant; ニンジン carrot; ピーマン pepper; ホウレンソウ spinach; レタス lettuce

易しい easy, simple
優しい kind, nice; gentle
ヤシ palm ■ヤシの実 coconut
やじ heckling; booing
やじ馬 onlooker
屋敷 mansion; premises
養う (扶養する) support; (養育する) bring up
野手 fielder
夜襲 night attack
野獣 wild animal
矢印 arrow
野心 ambition ～的な ambitious
…易い be apt; be liable; easily
安い (品物が) cheap; inexpensive
易い easy; simple
安請け合い hurried promise
安売り sale
安っぽい cheap
休まる be rested; be relieved; feel at ease
休み (休息) rest; (休日) holiday; (休暇) vacation ■休み時間 break, recess
休む rest; (寝る) sleep; (欠席する) be absent
休める rest; give ... a rest; set at ease
安物 cheap thing
やすやす very easily; without difficulty
安らかな peaceful
安らぎ peace of mind
やすり file
野生的な wild; rough
野生の wild
やせこける become very thin
やせた lean, thin, slender, slim
やせる become thin; lose weight
屋台 booth; stall, stand
野鳥 wild bird
家賃 rent
奴 fellow, guy
八つ当たり ぼくに八つ当たりするなよ Don't take it out on me.
厄介な troublesome
薬局 pharmacy; 《米》 drugstore; 《英》 chemist's
やった Yippee!/I did it!/Well done!
八つ eight ～の eight
やっつける beat, defeat
やっていく (対応してやっていく) get along 《*with*》; manage
やってくる come; approach; come over; come along
やってみる (have a [give it a]) try

やっと at last, finally; with (great) difficulty
ヤッホー Yoo-hoo!/Yo-ho!
やつれる get haggard
宿 inn; hotel
雇う employ; hire
野党 opposition party
宿屋 inn
ヤナギ willow
家主 landlord
屋根 roof
屋根裏部屋 attic
やばい chancy; risky こりゃやばいぞ I'm in a fix.
やはり too; still; just as expected
夜半 night; middle of the night
野蛮な barbarous
やぶ thicket; bush
破る tear; (敵を) defeat; (約束を) break
破れる break, tear, rip
敗れる lose
野望 ambition
野暮な unsophisticated; insensitive
山 mountain; (小山) hill
病 sickness; illness
山火事 forest fire
山勘 guess; guesswork
山小屋 (mountain) hut
やましい feel guilty
山の手 hilly section
山場 climax
やまびこ echo
山道 mountain path
やまやま 行きたいのは～ですが I would very much like to go but ...
山分けする split ... equally
闇 (the) dark, darkness, obscurity
やみくもに at random; haphazardly
止む stop; (風などが) die down
病む be sick
やむをえない cannot be helped
止める stop; (断念する) give up, abandon
辞める retire, resign; (学校などを) quit
ヤモリ gecko
やや a little, a bit; more or less
ややこしい complicated, complex
やらせ put-up job
やらせる make ... *do*; (好きなように) let ... *do*
ヤリ spear
やり合う argue; quarrel; fight
やりがいのある worth *doing*; rewarding
やりかけの unfinished; half-finished
やり方 way; how to *do*
やりくりする manage; get along
やり手 capable person
やり通す carry out
やり遂げる carry out, accomplish
やり取り exchange
やり直す start over again; brush ... up
やり抜く carry out

やる (与える) give; (する) do; (演じる) play
やる気 drive; enthusiasm; motivation
やるせない miserable; wretched
ヤルタ Yalta
やれやれ well; oh, dear
野郎 man, fellow, guy
やわ not strong; soft; weak
やわらかい soft; (肉が) tender
やわらぐ soften, be eased
やわらげる soften; ease
ヤンゴン Yangon
やんわり softly; gently

ゆ

湯 hot water; (温泉) hot spring ■湯わかし器 water heater
唯一の only
遺言 will
結う tie
夕 evening
有意義な meaningful 有意義に meaningfully
ゆううつな depressed, blue, melancholic
遊泳 swimming
有益な useful, instructive
ユーエスビーメモリー USB flash drive; thumb drive
優越 superiority
優越感 sense of superiority
遊園地 amusement park
誘拐 kidnapping ～する kidnap ■誘拐犯 kidnapper
有害な harmful
夕方 evening ～に in the evening
優雅な graceful, elegant
ユーカリ eucalyptus
夕刊 evening paper
勇敢な brave, courageous
勇気 courage, bravery
遊戯 play, game
勇気づける encourage
有機(の) organic ～的な organic ■有機化学 organic chemistry 有機化合物 organic compounds 有機栽培 organic growing 有機野菜 organic vegetable
有給の paid ■有給休暇 paid vacation
遊具 playground equipment
優遇 good treatment
夕暮れ dusk; evening
有権者 voter; elector
有限の limited
融合 fusion ～する(させる) fuse
有効期限 term of validity
友好的な friendly
有効な effective; (切符などが) valid
ユーゴスラビア Yugoslavia
ユーザー user
有罪 guilt; (判決で) Guilty. ～の guilty
勇姿 brave figure

有志 volunteer; interested person
有資格の qualified; licensed; eligible
有識者 well-informed person; expert
融資する finance, loan
優秀な excellent
優柔不断 indecision 〜な indecisive
優勝 victory 〜する win the championship
友情 friendship
夕食 dinner, supper 〜を取る have dinner
友人 friend
有人の staffed, crewed
融通 accommodation 〜がきく flexible
有数の eminent; prominent; leading
ユースホステル youth hostel
優勢 predominance; superiority
遊説する canvass; stump
優先 priority
有線 cable
郵送する mail ■郵送料 postage
ユーターン U-turn
優待する treat ... hospitably
雄大な grand
夕立 shower
誘致 invitation
悠長な leisurely
優等 honors ■優等生 honor student
誘導する lead; guide
有毒な poisonous
ユートピア utopia
ゆうに (十分に) well; (たっぷり) good; (楽に) easily
有能な able
夕飯 dinner; supper
夕日 the setting sun
郵便 mail ■郵便箱 mailbox 郵便局 post office 郵便配達人 mail carrier 郵便番号 zip code 国際郵便 international mail
ユーフォニアム euphonium
裕福な rich; wealthy
ユーフラテス川 Euphrates
夕べ last night; (夕方) evening
幽閉 confinement
雄弁 eloquence
有望な promising
遊歩道 promenade
有名な famous; (悪名高い) notorious
ユーモア humor 〜のある humorous
ユーモラスな humorous
夕焼け evening glow
ゆうゆうとした calm, composed; leisurely
猶予 postponement; delay; extension
ユーラシア Eurasia
遊覧船 pleasure boat
有利な advantageous
有料 charge 〜の pay ■有料コンテンツ fee-charging contents 有料道路 toll road
優良な superior; excellent
有力な powerful; influential; important
幽霊 ghost
優劣 difference
ユーロ euro
誘惑する tempt
…ゆえ (理由) reason; cause
床 floor
愉快な pleasant; (ひょうきんな) funny
浴衣 *yukata*, informal summer kimono
床暖房 floor heating
ゆがみ warp; twist
ゆがむ be distorted, be twisted
ゆかり connection; relation
行き (bound) for
雪 snow; (降雪) snowfall 雪が降る It snows. ■雪だるま snowman 雪解け thaw
雪嵐 blizzard
雪かき snow shoveling
雪国 snowy country
行き先 destination
行き詰まり deadlock, dead end, standstill
行き止まり dead end
雪焼け tan by snow
行く go; (相手の所へ) come; (行ったことがある) have been to
行方 whereabouts
行方不明者 missing
ゆくゆくは sometime, someday
湯気 steam
輸血 blood transfusion
揺さぶる shake
輸出(する) export
輸出入 import and export
ゆすぐ rinse
…譲り inherit
ゆする extort; blackmail
揺する shake
譲る give; hand over; concede
油性の oil-based
輸送 transportation 輸送する transport; ship
ユタ (米国の州) Utah
豊かな (裕福) rich; (豊富) abundant
ゆだねる leave ... (to ...)
ユダヤ教 Judaism
ユダヤ人 Jew
油断する be careless, be off *one's* guard
湯たんぽ hot-water bottle
ゆっくり slowly, leisurely 会話 もう少し〜話してください Speak more slowly, please.
ゆったりした easy, relaxed; spacious; (衣類が) loose
ゆで卵 boiled egg
ゆでる boil
油田 oil field, (oil) well
ゆとり (空間の) space; (時間の) time (to spare)
ユニークな (唯一の) unique; (独特の) original
ユニオンジャック (英国国旗) Union Jack
ユニコーン unicorn
ユニセックスの unisex
ユニセフ (国連児童基金) UNICEF
ユニット unit

ユニバーサルデザイン universal design
ユニフォーム uniform
輸入(する) import
ユネスコ (国連教育科学文化機関) UNESCO
指 (手の) finger; (足の) toe ■指先 fingertip
ユビキタス ubiquitous
指差す point 《at》
指輪 ring
弓 bow
夢 dream ～を見る dream, have a dream ▶夢見る dream 《of》
由来 origin, source
揺らす shake; swing; sway
ユリ (植物) lily
揺りかご cradle
ゆるい loose 会話 ちょっと～です It's a bit loose.
揺るがす shake; undermine
揺るぎない firm; solid; secure; steady
ゆるく loosely
許し permission; leave; (罪の) pardon
許す (容赦する) forgive, pardon; (許可) allow; permit
ゆるむ get [become] loose, loosen; (気が) be relaxed
ゆるめる (張力を) loosen; (和らげる) relax, ease; (速度を) slow down
ゆるやか gentle, slow
揺れる shake; (ぶらんこ・振り子などが) swing
結わえる tie; knot; fasten

よ

世 (時代) times, age; the world
夜 night
夜明け dawn ～に at dawn
夜遊びする enjoy nightlife
宵 early evening
酔い drunkenness
良い, 善い good, nice; (適切な) good, correct もっと～ better 最も～ best …する方が～ had better do …しなくても～ don't have to do 会話 何曜日が～ですか What day will suit you? 私はそれで～です That suits me fine.
宵の明星 evening star
余韻 resonance; reverberation
…よう (…らしい) seem, look; (…に似た) like; (…のような) such as; (…と同じくらい…) as ... as …; (…のとおり) as, like
酔う (酒に) get drunk; (乗り物に) feel sick
用 (用事) something to do; business; work; errand; (…用) use
養育 upbringing ～する bring … up
用意する prepare; get [make] ready 会話 用意はいい？―まだ, あと10分かかる Are you ready?—No, I need ten more minutes.
容易な easy 容易に easily, with ease
要因 factor; cause
溶液 solution
八日 eight days; (月の) eighth
洋画 foreign movie
溶解 dissolution ～する dissolve; melt
洋楽 Western music
ようかん sweet bean jelly
溶岩 lava
容器 container
容疑 suspicion ■容疑者 suspect
陽気な merry
要求 demand ～する demand; claim
用具 tool, implement
用件 business
用語 term
養護 nursing; care ■特別支援学校 school for special needs education
溶鉱炉 blast furnace
養護教諭 (certified) nursing teacher
ようこそ Welcome!
容姿 (姿) figure; (顔立ち) features, looks
用紙 paper, sheet; form
要旨 point; summary; outline
養子 adopted child ■養子縁組 adoption
幼児 infant
楊枝 toothpick
用事 something to do ～で on business
様式 style, way
洋式 Western style
容赦 pardon ～する forgive; tolerate
洋書 foreign book
要所 key position; strategic point
養殖 culture ～する cultivate
用心 caution ～深い cautious ～する be careful
様子 appearance; manner ～を見る wait and see
揚子江 Yangtze River
要する require; need; (時間を) take
ようするに in short
妖精 fairy
要請 request ～する make a request
養成する train
陽性の cheerful; positive
容積 capacity
要素 element
様相 aspect
容体 condition
用地 site; land
幼稚園 kindergarten
幼稚な childish
幼虫 larva
要点 point
用途 use
…ような like; such ... as
洋ナシ pear
…ように as; (目的) (in order) to do
容認する accept
曜日 a day of the week 会話 今日は何～ですか What day (of the week) is it today?

関連›
月曜日 Monday; 火曜日 Tuesday; 水曜日 Wednesday; 木曜日 Thursday 金曜日 Friday; 土曜日 Saturday; 日曜日 Sunday

用品 utensil; goods; equipment
洋風の Western-style
洋服 clothes ■洋服だんす wardrobe
養分 nourishment
用法 how to use
容貌 looks
要望 request; demand
用務員 《米》janitor; 《英》caretaker
用命 order
羊毛 wool; fleece
ようやく at last, at length, finally
要約 summary; digest ～する summarize
容量 capacity
要領 (要点) the point; (こつ) (the) knack
葉緑素 chlorophyll
用例 example
ヨーグルト yogurt
ヨーヨー yo-yo
ヨーロッパ Europe ～の European
余暇 leisure ～に at *one's* leisure
ヨガ yoga
予感 hunch; premonition
予期する expect
余興 entertainment
預金(する) deposit ■預金通帳 bankbook
よく (しばしば) often; (十分に) completely; nicely
欲 desire; (貪欲) greed; (色欲) lust
翌… the next ...
抑圧 suppression; oppression
抑止 deterrence
浴室 bathroom
翌日 the next [following] day
抑制 control
浴槽 bathtub
良くなる (改善) improve; (体が) get better
欲張りな greedy
欲望 desire
抑揚 intonation
余計な unnecessary ～に too many [much]
よける (脇へ寄る) step aside; (避ける) avoid
予言 prophecy ～する prophesy ■予言者 prophet
横 (脇) side; (幅) width ～になる lie (down)
予行演習 rehearsal
横顔 profile
横切る cross, go across
予告 notice ～する announce
寄越す send; hand ... over; give
汚す get dirty; (汚染する) pollute
横すべり skid
横たえる lay (down) ▶横たわる lie (down)
横丁 alley; side street
横取りする snatch (away); steal; intercept
横道 side road
横やり interruption
汚れ dirt; (染み) stain
汚れる get dirty, stain; (汚染される) be polluted ▶汚れた dirty
良さ good point
余罪 additional crimes
予算 budget
善し悪し good or bad; right or wrong
予習する prepare *one's* lessons
余剰 surplus
よしよし Great!/Good boy [girl]!
よじれる be twisted
余震 aftershock
止す stop; cancel, call ... of; give ... up
寄せる (近づける) put [move] near
予選 preliminary
よそ another place ～で elsewhere
予想 expectation; (予測) guess ～する expect, guess ～外の unexpected
予測する predict; forecast
よそ見をする look away
よそゆき (晴れ着) best clothes; formal dress
よそよそしい cold; unfriendly; distant
よだれ saliva; drool
予知 prediction; forecast; foresight
余地 room, space
予兆 omen
四日 four days; (月の) fourth
欲求 desire
四つ(の) four
(…に)よって by
ヨット yacht; sailboat
酔っぱらい drunk ▶酔っ払う get drunk
予定 plan ～する plan ～の scheduled; appointed ■予定表 schedule
与党 the ruling party
夜通し all night long; throughout the night
世直し social reform
夜中に in the middle of the night
世に言う what is called, what they say
世の中 the world; (時代) times
余白 blank
ヨハネスバーグ Johannesburg
呼び集める call ... together
呼びかけ appeal; request
呼びかける call; (訴える) appeal
予備校 cram school
呼び出す call; (放送などで) page
予備の spare
呼び戻す recall
呼び物 feature
呼び鈴 bell; doorbell; buzzer
呼ぶ call; (招く) invite
夜ふかしする stay [sit] up late
余分な extra; spare
予報 forecast
予防 prevention, precaution ～する prevent
予防接種 inoculation; vaccination

よほど very (much), greatly
よぼよぼの frail; feeble; shaky
夜回り night patrol
読み (洞察力) insight
読み漁る read widely
蘇る come back to life again, revive
読み込み中 loading
夜店 night stall
読み出し readout
読み手 reader
読み通す read ... over
読み解く read and understand, read critically, read correctly
読み飛ばす skim through
読み取る read; grasp
読み物 reading; (本) book
読む read ▶読み上げる read out 読み終る read through
嫁 bride; daughter-in-law
余命 *one's* remaining days
読める legible; (読むに値する) readable
予約 reservation; appointment ～する reserve; make an appointment 会話 4時に歯医者の～があります I've got a dental appointment at 4 o'clock. ～が必要ですか Is an appointment necessary?
余裕 (空間) room; (時間) time to spare ～がない can't afford《*to*》do
…より (…から) from; (…よりも) than; (…以来) since
寄り集まる get together; gather
寄り掛かる lean
よりけり depend on ...
よりすぐる choose carefully
拠り所 foundation; authority; support
寄り道する drop in; hang around on the way
より分ける sort ... out; classify
因る depend on …によって by, through
寄る (近づく) come near《*to*》; (立ち寄る) drop in
拠る be based on, depend on
夜 night, evening ～に at night
ヨルダン Jordan
予鈴 first bell; warning bell
(…に)よれば according to ...
よれよれ worn-out; shabby; frayed
よろい armor
よろける stumble; (ふらつく) stagger
喜ばしい glad; happy
喜ばせる please; satisfy; delight
喜び joy, delight, pleasure
喜ぶ be glad 喜んで with pleasure 喜んで…する be glad [ready] to do

•••• そのまま使えるフレーズ ••••

すごい！ Great!
うれしいな I'm happy.
気分がいい I'm great./I feel good.
最高！ Couldn't be better!
今日はついてる I'm feeling lucky.

よろしい (…してよい) may *do*, can *do*; (承知した) OK, all right
よろしく (伝言) give best regards to
よろめく stagger; stumble; totter
世論 public opinion
弱い (体などが) weak; (音などが) faint; (得意でない) poor, weak; (雨・程度などが) light
弱い者いじめ bullying
弱気な weak; bear
弱さ weakness
弱火 low flame
弱まる get weak; weaken; fall; die down
弱み weak point
弱虫 coward
弱める weaken; turn ... down; slow ... down
弱々しい weak; feeble
弱る weaken, get [grow] weaker
四 four ～番目の fourth ～分の 1 fourth, quarter
四十 forty ～番目の fortieth

ら

ラード lard
ラーメン *ramen*, Chinese noodles in soup
来… next; coming ～年 next year
雷雨 thunderstorm
ライオン lion; (雌) lioness
来季 next season
来客 guest; (訪問者) visitor
来月 next month
来校 come to school
来週 next week
ライス rice
来世 next life
ライセンス license
ライター (火をつける) lighter; (作家) writer
ライト (照明) light; (野球) right field(er)
ライトアップ floodlight; illumination
ライトバン delivery van
ライナー line drive, liner
来日 come to Japan
ライバル rival
ライフ life ■ライフスタイル lifestyle
ライブ live
ライプツィヒ Leipzig
ライフライン lifeline
ライブラリー library
ライフル rifle
ライフワーク lifework
ライム (植物) lime
ライ麦 rye
雷鳴 thunder
ライラック lilac
ライン (線) line ■ライン引き (グラウンド用) line marker

ライン《商標》LINE
ライン川 Rhine
ラウンジ lounge
ラオス Laos
裸眼 naked eye
楽園 paradise
落書き scribble; graffiti 〜(を)する scribble
落伍する drop out
落札 successful bid
楽勝 easy win
落石 falling rocks
落選する be defeated, be rejected
ラクダ camel
落第 failure 〜する fail
落胆する be discouraged, lose heart
楽天的な optimistic
楽な easy; comfortable 楽でない uneasy
酪農 dairy (farming)
ラグビー rugby
落葉樹 deciduous tree
落雷 thunderbolt
楽々と easily
ラケット racket
…らしい (思われる) seem; appear; (見える) look like; (言われている) They say that…
ラジウム radium
ラジオ radio
ラジカセ radio cassette recorder
ラジコン radio control
ラスト last; final ■ラストシーン last scene
ラストベルト Rust Belt
ラスベガス Las Vegas
らせんの spiral
拉致する abduct ■拉致被害者 abductee
落下(する) fall
落下傘 parachute
楽観的な optimistic
ラッキー lucky
ラッコ sea otter
ラッシュアワー rush hour
らっぱ horn; trumpet
ラッピング wrapping
ラップ (包装) plastic wrap
ラップ(タイム) lap (time)
ラップトップ laptop
ラップ(ミュージック) rap (music)
ラテン Latin ■ラテンアメリカ Latin America
ラトビア Latvia
ラパス La Paz
ラブ love
ラフな rough; (普段着の) casual
ラブレター love letter
ラベル label
ラベンダー lavender
ラマ教 Lamaism
ラリー rally
羅列 enumeration
ラン (植物) orchid
欄 column スポーツ〜 the sports section
欄外 margin
ランキング ranking
ランク(する) rank
乱雑 disorder; clutter; confusion; mess
卵子 ovum; egg cell
ランジェリー lingerie
ランダム random
ランチ lunch
ランチョンマット place mat
ランドセル (school) satchel
ランナー runner
乱入 intrusion
ランニング running 〜をする run
ランプ lamp
乱暴な rough, violent; (無茶な) reckless
乱用(する) abuse

り

利 advantage; profit, gain; interest
理 reason
リアクション reaction
リアリスト realist
リアリズム realism
リアリティー reality
リアルタイム real time
リアルな real; realistic
リーグ league
リース lease
リーズナブル reasonable
リーダー (指導者) leader; (読者) reader
リーダーシップ leadership
リード lead
利益 benefit, profit, gains
リオデジャネイロ Rio de Janeiro
理科 science
理解 understanding 〜する understand, make out
利害 interest
力学 dynamics
力説する emphasize
リキッド liquid ■リキッドファンデーション liquid foundation
リキュール liqueur
力量 ability; competence; capacity
陸 land
リクエスト request
陸軍 army
陸上競技 track and field
理屈 reason
リクライニングシート reclining seat
リクルート recruitment
理系 science course
履行 fulfillment; execution
利口な smart, bright, clever, wise
リコーダー recorder
リコール recall
利己主義 egotism

利己的な selfish
離婚(する) divorce
リサイクルする recycle ■リサイクルショップ secondhand shop
リサイタル recital
利子 interest
理事 director
履修課目 subject to be studied
履修単位 credit
利潤 profit
離職する leave *one's* job
リス squirrel
リスク risk
リスト (一覧表) list
リストバンド wristband
リストラ restructuring; (縮小) downsizing
リスナー listener
リスボン Lisbon
リズミカルな rhythmic
リズム rhythm
リズムアンドブルース rhythm and blues
理性 reason ～的な rational
リセット reset
理想 ideal ～的な ideal, perfect
リゾート resort
利息 interest
リターナブルびん returnable bottle
リターンキー (コンピューター) return key
リタイアする retire
離脱する separate, drop out
率 rate
立案 planning ～する plan; draft
立憲君主国 constitutional monarchy
立候補する run for ... ■立候補者 candidate
立証する prove
立食パーティー buffet party
立体 three-dimensional; solid
リットル liter
立派な good, excellent; splendid 立派に nicely; excellently
リップクリーム lip-balm
リップスティック lipstick
立法 legislation; lawmaking
立方(体) cube
リテラシー literacy
利点 advantage; merit
リトアニア Lithuania
離島 isolated [remote] island
リニアモーターカー linear motor car
リニューアル renewal ～する renew
理念 philosophy; ideology
リハーサル rehearsal
リバーシブル reversible
リバイバル revival
リバウンド rebound
理髪師 barber 理髪店 barbershop
リハビリ rehabilitation
リバプール Liverpool
リビア Libya
リピーター repeater
リビエラ Riviera
リヒテンシュタイン Liechtenstein
リビングルーム living room
リフト chair [ski] lift
リフレッシュする refresh
リベート kickback; rake-off; rebate
リベラルな liberal
リベリア Liberia
利便 convenience
リボン ribbon
リマ Lima
利回り yield; interest
リミット limit
リムジン limousine
リメイク remake
リモコン remote control
略 (言葉の) abbreviation
略語 abbreviation
略称 abbreviation
略す abbreviate; shorten; omit
略奪(する) plunder
リヤド Riyadh
…流 fashion; way; style
竜 dragon
理由 reason こういう～で for this reason

> 理由を表すディスコースマーカー▶
> なぜなら because, for, since, as; …が理由で because of, due to, owing to, thanks to, on account of

流域 basin
留学する study abroad
留学生 overseas [foreign] student
流血 bloodshed
流行 fashion, vogue ～の fashionable, popular ～する come into fashion ～している be in fashion; be popular
流産 miscarriage
流出する flow out
流星 shooting star
留置場 jail
流暢な fluent 流暢に fluently
流通 distribution ～する circulate
流動的な fluid; mobile; not fixed
流入 inflow; influx ～する flow in
留年する remain in the same year [grade]
流氷 drift ice, floe
リュックサック rucksack, backpack
漁 fishing ■漁師 fisherman
寮 dormitory
猟 hunting ■猟師 hunter
量 quantity, amount
領域 area
凌駕 surpass
領海 territorial waters
了解する understand; agree; consent
両替 exchange ～する exchange, change
両側 both sides
猟奇的な bizarre, weird; abnormal

両極 two poles
両極端 both extremities
料金 charge, fee, rate; (乗り物の) fare
領空 airspace, territorial air
良好な good; excellent
量産 mass production
漁師 fisherman
猟師 hunter
領事 consul
良識 good sense
良質 good [high] quality
両者 both sides
領収書 receipt
了承 approval; understanding; consent
両親 parents
良心 conscience ～的な conscientious
利用する use, make use of, utilize
寮生 boarder
良性 benign
両生類 amphibian
両手 both hands
領土 territory
領土問題 territorial issue
療法 cure; remedy; therapy
両方(とも) (肯定文で) both ⇨使い方; (否定文で) neither ⇨使い方
療養 medical treatment ■療養所 sanatorium
料理 cooking; (個々の) dish ～する cook, make 中華～ Chinese food 会話 イタリア～なんかどうですか How about Italian dishes [food]?

関連›
おにぎり rice ball; カレーライス curry and rice; サラダ salad; シチュー stew; ステーキ steak; スパゲッティ spaghetti; そば buckwheat noodle; ハンバーガー hamburger; ハンバーグ hamburger steak; ピザ pizza; ラーメン *ramen*, Chinese noodles in soup

両立する (AとBを) cope with both A and B
両わきに on both sides
旅客 traveler; passenger ■旅客機 passenger plane
旅館 inn; hotel
緑地帯 green belt
緑茶 green tea
旅券 passport
旅行 trip, journey, tour; travel ～する travel; make a trip ■旅行案内 guidebook 旅行シーズン tourist season 旅行者 traveler, tourist 旅行代理店 travel agency

関連›
温泉 hot spring; 海外 overseas; 外国 foreign country; 外国人 foreigner; 観光 sightseeing; 景色 scene; 宿泊 accommodation; パスポート passport; ビザ visa; みやげ souvenir; 名所 famous place

旅費 (旅行費用) travel expenses [money]; (交通費) transportation (costs)
リヨン Lyon
リラックスする relax
リリース release
リリーフ relief pitcher
離陸する take off
凛々しい looks valiant [brave]
利率 interest rate
リレー relay
履歴 *one's* personal history ■履歴書 curriculum vitae, résumé
理論 theory ～的な theoretical
臨海学校 seaside summer school
輪郭 outline
林間学校 school camp
臨機応変に[の] according to circumstances; flexibly
林業 forestry
リンク link
リング ring
リンゴ apple
隣国 neighboring country
臨時の special; extra
臨床 clinical
臨場感 presence
隣人 neighbor
リンス(する) rinse
隣席 next seat
隣接する adjoining; neighboring
リンチ lynching
倫理 ethics; morals
りんりん ring

る

ルアー lure
塁 base
類 kind, sort; type ～のない unique
類義語 synonym
累計 total, sum
類型 type; pattern
類語 synonym
ルイジアナ (米国の州) Louisiana
類似した similar
類推 analogy ～する analogize
累積 accumulation
類比 comparison
ルーキー rookie
ルージュ rouge
ルーズな loose; careless
ルーツ roots
ルート (経路) route; (平方根) square root
ルーマニア Romania
ルームサービス room service
ルール rule
ルーレット roulette
ルクセンブルク Luxembourg
留守 absence ～にする be out [away]
留守番 caretaker ～をする take care of the

house while *a person* is out ■留守番電話 answering machine
ルックス looks
ルネッサンス the Renaissance
ルビー ruby
ルビコン川 Rubicon
ルポライター reporter
ルポルタージュ report
ルワンダ Rwanda
ルンバ rumba

れ

レア rare
例 example, instance ～を挙げれば for example [instance]

例を表すディスコースマーカー›
のような like, such as
一つには for one thing
もう一つには for another thing

礼 (お辞儀) bow; (感謝) thanks; (謝礼) reward; (礼儀) manners, etiquette ～を言う thank 会話 お礼の申し上げようもありません I can't thank you enough. ■礼状 letter of thanks 礼儀正しい polite

•••• そのまま使えるフレーズ ••••

ありがとう Thank you.
本当にありがとうございます Thank you very much.
どうも Thanks.
感謝します I appreciate it.

零 zero, naught
霊 spirit, soul
レイアウト layout
霊園 cemetery
レイオフ layoff
冷夏 cool summer
零下 below zero; minus
例外 exception
霊感 inspiration
礼儀 manners, etiquette
冷却する cool; refrigerate
霊柩車 hearse
冷酷な cruel
霊魂 soul, spirit
例示する give an example; exemplify
例証 illustration
冷笑 sneer
令状 warrant
礼状 letter of thanks
冷静な cool, calm
冷戦 cold war
冷蔵庫 refrigerator, fridge
例題 exercise
冷淡な cold
霊長類 primate
零点 zero
零度 zero
冷凍する freeze ■冷凍食品 frozen food 冷凍庫 freezer
例年 average year
例の usual; that; in question
礼拝 worship, church ■礼拝堂 chapel
レイプ rape
礼服 formal wear
例文 example (sentence)
冷房 air conditioning ■冷房装置 air conditioner
レインコート raincoat
レインシューズ overshoes
レインボー rainbow
レーサー racer
レーザー laser
レーザープリンター laser printer
レース (競走) race; (編み物) lace
レーズン raisin
レーダー radar
レール rail
レオタード leotard
レガッタ regatta
歴史 history ～的な historic ～上の historical ■歴史家 historian 歴史小説 historical novel
歴然とした obvious
歴代の successive
レギュラーの regular
レクイエム requiem
レクリエーション recreation
レゲエ reggae
レコーディング recording
レコード record
レザー leather
レジ register ■レジ係 cashier
レシート receipt
レシーバー receiver
レジスタンス resistance
レシピ recipe
レジャー leisure
レズビアン lesbian
レストラン restaurant
レスラー wrestler
レスリング wrestling
レセプション reception
レソト Lesotho
レタス lettuce
列 (縦の) line; (横の) row; (人の) line ～に並ぶ join the [get in] line
劣悪な poor, bad
レッカー車 wrecker
れっきとした respectable; well-recognized
列挙 enumeration ～する enumerate; list

列挙を表すディスコースマーカー›
まず第一に first, firstly, first of all
第二に second, secondly
第三に third, thirdly
最後に last, lastly, finally

‖次に, それから then, next
レッグウォーマー leg warmers
列車 train 普通～ local train 急行～ express train 特急～ limited express 寝台～ sleeper train
レッスン lesson ～を受ける take lessons
レッテル label
列島 archipelago, (chain of) islands
劣等感 inferiority complex
レディー (女性) lady
レトリック rhetoric
レトルト retort
レトロ retro
レバー (取っ手) lever; (肝臓) liver
レパートリー repertoire
レバノン Lebanon
レビュー review
レフェリー referee
レフト (野球) left field; (選手) left fielder
レベル level
レポーター reporter
レポート report, paper
レマン湖 Lake Leman
レモネード lemonade
レモン lemon
恋愛 love ～する fall in love ■恋愛小説 love story; romance
レンガ brick
連携 cooperation
連結 connection ～する connect; link
連結形 combining form
連結語 connective
連結詞 copula
連結動詞 linking verb
連語(関係) collocation
連合 union; coalition ～する unite; ally
レンコン lotus root
連載 serial ■連載小説 serial novel
連鎖反応 chain reaction
レンジ microwave
連日 every day, day after day
練習 practice, exercise, training; rehearsal ～する practice ■練習問題 exercise 練習試合 practice game[match]
連勝 successive victories
レンズ lens
連想する associate; remind
連続 succession; (一連) a series ～する continue ～して continuously
連帯感 sense of solidarity
レンタカー rent-a-car
レンタル rental ■レンタルビデオ店 video rental shop
連中 fellows, guys; company
レントゲン X-ray
連敗 successive losses
連発 succession
連邦 federation ■連邦捜査局 Federal Bureau of Investigation
連盟 league; federation
連絡 contact; (列車の) connection ～を取る get in touch ■連絡網 emergency call network
連立 coalition ■連立政権 coalition government

ろ

炉 fireplace
ロイヤル royal
ろう wax
牢 prison; jail
ろうあ deaf and mute
廊下 corridor, hallway
老化 aging, senility ～する age; get old
労使 labor and management
老人 old [elderly] people, the old; old man [woman] ■老人ホーム home for senior citizens
老衰 senility; aging
ろうそく candle
労働 labor ■労働組合 labor [trade] union 労働者 laborer 労働党 Labour Party 頭脳労働 brainwork 肉体労働 physical labor
朗読する read aloud
狼狽 confusion; panic
浪費(する) waste
労力 labor; effort; pains
老齢 old age
ローカルな local
ローション lotion
ロースト roast ■ローストビーフ roast beef
ロータリー rotary, roundabout
ローテーション rotation
ロードアイランド (米国の州) Rhode Island
ロードショー road show
ロープ rope ■ロープウェー cable car, aerial tramway
ローファット low-fat
ローマ Rome
ローマ字 Roman letter(s)
ローラー roller ■ローラースケート roller skating
ロールキャベツ (meat-)stuffed cabbage
ロールパン roll
ロールプレイングゲーム RPG, role-playing game
ローン loan
ろ過する filter
ロカビリー rockabilly
六 six ～番目の sixth
ログアウト log out [off]
ログイン log in [on]
録音 recording ～する record ■録音スタジオ recording room
録画する record on video (tape), videotape
六月 June
六十 sixty ～番目の sixtieth

ろくに ～英語もしゃべれない can hardly speak English
ロケーション location
ロケット (装身具) locket; (飛行体) rocket
ロゴマーク logotype, logo
ロサンゼルス Los Angeles
路地 (alley)way; lane
ロシア Russia ～の Russian ■ロシア人[語] Russian
ロジック logic
露出 exposure ～する expose
ロス loss; waste
路線 route
ロッカー (収納棚) locker; (ロック歌手) rocker
ロッキー山脈 Rocky Mountains
ロック (音楽) rock (music); (鍵) lock
ロッククライミング rock-climbing
ロックンロール rock'n'roll
ろっ骨 rib
ロッジ lodge
ロッテルダム Rotterdam
露店 stall; stand
露天風呂 open-air bath
ロバ donkey
ロハス LOHAS
ロビー lobby ▶ロビイスト lobbyist
ロボット robot
ロマンチックな romantic ▶ロマンチスト romanticist
路面 road surface
ロワール川 Loire
論 argument; (評論) criticism
論議 argument; discussion; debate
ロングシュート long shot
ロングセラー longtime best seller
論述 statement
論じる argue, discuss
論説 article; editorial
論争 argument; dispute ～する argue
ロンドン London ■ロンドン塔 Tower of London ロンドンっ子 Londoner
論評(する) comment
論文 paper; thesis; treatise
論理(学) logic ～的な logical 非～的な illogical

わ

輪 (円の) circle; (環状の) ring
和 (合計) sum, total; (調和) harmony
わあ whoopee; oh (my)
ワーカホリック workaholic
ワーキングホリデー the Working Holiday
ワークステーション workstation
ワークブック workbook
ワープロ word processor
ワールドカップ World Cup
ワールドシリーズ World Series
ワールドワイドな worldwide
ワイオミング (米国の州) Wyoming
ワイキキ Waikiki
わいきょくする distort, twist; falsify
ワイシャツ dress shirt
わいせつな obscene; dirty
ワイドな wide ■ワイドショー talk show
ワイパー (windshield) wiper
ワイヤー wire
ワイヤレス wireless
賄賂 bribe
ワイン wine ▶ワイナリー winery
和音 chord; harmony
若い young; (若々しい) youthful
和解 reconciliation ～する reach a reconciliation
若さ youth
沸かす boil
分かち合う share 《*with*》
若手の young; younger
若葉 young [fresh, new] leaves
わがままな selfish; egotistic
若者 young person [people], the youth
我が家 my [*one's*] home [house]; my family
分からず屋 obstinate person
わかる understand, see; realize; know; find; recognize 会話 わかりました I understand./I see.

チャンクで英作文

●大変だとわかる **find** it hard
→早起きするのは大変だとわかった.
I found it hard to get up early.

別れ farewell; (別れの言葉) good-by(e)
分かれ道 forked road, crossroad
分かれ目 turning point
分かれる divide; branch off
別れる part 《*from*》, separate; say goodby(e); break up
脇 side ■脇の下 armpit 脇腹 side
和気あいあい harmoniously
わき起こる arise
わきまえる (心得る) know; distinguish
湧き水 spring water
脇役 supporting role
沸く boil
湧く spring out; spring
枠 frame
惑星 planet
ワクチン vaccine
わくわくする get [feel] excited
わけ reason; (根拠) grounds
分け合う share 《*with, between, among*》
分け前 share
分け目 part; dividing line
分ける divide, separate; share
輪ゴム rubber band
ワゴン wagon
わざ (技術) technique; skill
わざと on purpose; intentionally

わざとらしい unnatural; intentional
わざわい disaster; misfortune; trouble
わざわざ specially ～…する take the trouble to do ～来る come all the way
ワシ eagle
和紙 (traditional) Japanese paper
和式の Japanese-style
和室 Japanese-style room
ワシントン (米国の州) Washington; (米国の首都) Washington, D.C.
わずか a few; a little
わずかに slightly; only; a little
患い sickness, illness
患う suffer 《*from*》
わずらわしい troublesome
わずらわす trouble
忘れっぽい forgetful
忘れな草 forget-me-not
忘れ物 thing left behind, lost article ～をする leave behind, forget *one's* belongings
忘れる forget; (置き忘れる) leave (behind)
わた (綿) cotton
話題 topic ～を変える change the subject
わだかまり bad [ill] feeling
私 I ～は[が] I ～の my ～を[に] me ～のもの mine ～自身 myself
私たち we ～は[が] we ～の our ～を[に] us ～のもの ours ～自身 ourselves
渡し船 ferry (boat)
渡す give, hand(over); (船で) ferry
渡り歩く go [wander] from place to place
渡り鳥 migratory [migrant] bird
わたる (ある範囲に) range; spread; cover
渡る cross, go over, pass
ワックス wax
ワット watt
ワッフル waffle
ワッペン emblem; badge
罠 trap, snare
輪投げ quoits
わななく shake; tremble
ワニ alligator; crocodile
詫び apology, excuse ～る apologize
わびしい miserable
和風 Japanese style [fashion]
和服 Japanese clothes, kimono
和平 peace ■和平交渉 peace talks [negotiations]
話法 narration
わめき声 shout, yell
わめく shout
和訳する translate ... into Japanese
ワラ straw
笑い laughter, laugh ■笑い声 laughter 笑い話 joke
笑い事 laughable matter
笑い物 laughing stock; (人) fool
笑う laugh; smile; chuckle; grin
ワラビ bracken
わらべ歌 traditional children's song
笑わせる make ... laugh
割 (割合) rate; (百分率) percentage 5～ fifty percent ～に合う pay
わりあい (比較的) relatively; comparatively
割合 rate, ratio, percentage, proportion
割り当て (仕事などの) assignment; allotment
割り当てる assign
割り勘 ～にする split the bill
割り切る decide rationally
割り切れない (数学) cannot be divided; (判断) cannot decide rationally
割り切れる (数が) be divisible
割り込む cut in
割り算 division ～をする divide
割高 comparatively expensive
割り付け layout
わりに rather; fairly; comparatively
割りばし throwaway [disposable] chopsticks
割引 discount ～する discount, reduce
割り振り assignment
割り増し料金 extra
割安 comparatively cheap [low]
割る (壊す) break; (分ける) split; (数を) divide; (水などで) mix with water; water down; (以下になる) fall [drop] below
悪い bad, evil; wrong; inferior; harmful; sick, ill
悪口 name-calling ～を言う speak ill of
悪さ mischief, prank
ワルシャワ Warsaw
悪だくみ trick; evil design
ワルツ waltz
悪のりする overdo
悪ふざけ trick; prank ～をする play a practical joke
悪者 bad [wicked] person
割れ目 crack
割れ物 fragile
割れる break; (数が) be divided
我々 we ⇨私たち
椀 bowl
湾 bay; gulf
湾岸 coast of a bay ■湾岸戦争 the Gulf War
湾曲 curve; bend
腕章 armband
腕白な naughty, mischievous
ワンパターンの repetitive
ワンピース dress
ワンポイント one point ■ワンポイントアドバイス (helpful) piece of advice; tip
ワンボックスカー minivan
ワンマン dictator ■ワンマンショー solo performance, one-person show
腕力 physical strength; (暴力) force
ワンルームマンション one-room [studio] apartment
ワンワン (犬の鳴き声) bowwow

実業科・ICT関連和英小辞典

＊高校実業科のうち商業科，工業科，農業科で扱われる専門用語およびICT関連用語を約1,100語掲載しました．
＊必要に応じて，英和辞典に掲載されていない語句でも取り上げています．
＊その他の事項は，和英小辞典の一般の部分と同じです．

商業

あ～お

アイピーオー (新規株式公開) IPO (Initial Public Offering)
赤字 the red; deficit; loss
頭金 deposit; down payment
後払い deferred payment
委託売買(業務) (証券会社) brokerage; agency trading; flow trading
市場 market
請け負う undertake, contract
裏書き endorsement ～する endorse
運送料，運賃 freight rate, fare, shipping cost
運賃着払い freight collect
エムアンドエイ M & A (Mergers and Acquisitions)
オーツーオー O to O (online to offline; offline to online)
オプション (選択売買権) option
卸売業者 wholesaler, wholesale merchant [dealer]
オンライン・ショッピング online shopping

か～こ

カーゴフレイター cargo freighter
海運 shipping, maritime transport ■海運業者 shipping company 海運仲立業者 shipping broker
外国為替 foreign exchange
外資 foreign capital ～系企業 foreign affiliated company
買い占める buy up
海上保険 marine insurance
買取銀行 negotiating bank
価格 price
確定申告 final tax return
額面 face value
家計 family budget
掛払い deferred payment
貸方票 credit note
貸し付け lending, loan
課税する impose a tax, tax
カテゴリーキラー category killer
株 《米》stock; 《英》share
株式会社 corporation
株主 stockholder, shareholder ■株主総会 stockholders' [shareholders'] meeting; general meeting 年次～ annual general meeting 臨時～ extraordinary general meeting
加盟店 franchisee
貨物 cargo, freight
貨物到着案内書 Arrival Notice, A/N
貨物引換証 Bill of Lading
貨物便 freighter; (貨物飛行機) cargo [freight] plane; (貨物船) cargo [freight] ship
借り入れ borrowing, loan
為替 exchange
為替手形 bill of exchange, draft
元金 (元本) principal
監査役 auditor
関税 customs, (custom) duties, tariff
間接金融 indirect finance
機関投資家 institutional investor, institution
企業 business, enterprise, company, corporation
起業家 entrepreneur
起業家精神 entrepreneurship
キャッシュ・フロー cash flow
供給 supply
競合他社 competitor
競争 competition
共同企業体 joint venture
競売 auction
金額 amount
銀行 bank
金融 finance
金融機関 financial institution
金融の financial
金利 interest rate
クレジットカード credit card
グローバル化 globalization
黒字 surplus, the black, profit
経済 economy
経費 expense, expenditure
契約 contract, (売買) bargain, covenant
決済 settlement, clearance, payment ～する settle, pay
現金 cash ～化する cash
現行価格 current price
銀行信用照会 bank reference
原材料 (raw) materials

検収 receiving after inspection; (検査) incoming [receiving] inspection
源泉徴収税 withholding tax
現場渡し価格 loco price, ex-factory [ex-warehouse] price
航空輸送 air transport, shipping by air, (貨物) air cargo [freight]
口座 account ■預金口座 savings account 銀行口座 bank account
公募 (株式など) (public) offering
小売業者 retailer
コーポレートガバナンス corporate governance
子会社 subsidiary
小切手 check; 《英》 cheque ～を振り出す draw [write] a check
顧客 customer, client, patron ■顧客データ customer data
個人企業 sole proprietorship, sole trader
コンテナリゼーション containerization
コンプライアンス compliance

さ～そ

債権 credit
在庫 stock
財産 fortune, property, wealth
債務 debt
財務 finance ～の financial
財務状態 financial position, economic and financial standing
サブスクリプション・コマース (定額制) subscription commerce
サプライ・チェーン・マネジメント supply chain management
差別化 differentiation
シーアイエフ価格 CIF (Cost, insurance and Freight) price
シーイーオー (最高経営責任者) CEO (Chief Executive Officer)
シーエス (顧客満足) CS (Customer Satisfaction)
シーエフオー (最高財務責任者) CFO (Chief Financial Officer)
仕入原価 purchase price [cost]
直積み prompt shipment
資金 (財源) funds; (資本金) capital ■運転資金 working capital
自己売買業務 (証券会社) proprietary trading
資産 property, asset
持参人払い payable to the bearer ～小切手 bearer check
地所 land, estate
市場価格 market price
市場占有率 share
市場調査 market research
指数 (経済・統計) index
地代 (ground) rent
支払い書類渡し Document Against payment, D/P
紙幣 《米》 bill; 《英》 note, banknote
資本 capital
借用証書 bond of debt [loan], IOU
社債 (corporate) bond
収益 (負債に対する利益) profit; (投資による利益) return, yield; (得た収入) earning
出荷 shipment, shipping, dispatch
出資[所有]と経営の分離 separation of ownership and management [control]
需要 demand
純益 net income [profit, earnings]
省エネルギー energy saving
償還 redemption
償還請求 recourse
商業 commerce
証券会社 securities company, brokerage company [firm]
商社 trading company
上場 (株式などの上場, 公開) public offering, going public
商店街 shopping street, mall, shopping center
消費 consumption
消費者ニーズ consumer needs
消費税 consumption tax
商標 trademark ■登録～ registered trademark
商品 merchandise, goods
消耗品 consumables
所得 income, earning
署名 signature
署名する sign
新会社 start-up, startup
人的資源 human resources, HR
信用状 Letter of Credit, L/C ■回転～ Revolving Letter of Credit 確認～ Confirmed Letter of Credit
税 tax, duty
税関 customs
税関送り状 customs invoice
請求 charge
請求書 bill, invoice
生産要素 factors of production
製造物責任法 Product Liability Act
生命保険 life insurance
設立 establishment, foundation
設立する establish, set up, found
繊維 fiber, (織物) textile
繊維会社 textile firm
繊維工業 textile industry
潜在顧客 potential customer
線引小切手 crossed check [《英》 cheque]
専門店 specialty store
倉庫 warehouse, storehouse
倉庫業 warehousing
倉庫業者 warehouse company
倉庫証券 warehouse receipt
関連›
倉荷証券 warehouse warrant; 預証券 a

‖ warehouse certificate; 質入証券 pledge receipt
相場 market price [value]; rate
損益額 profit and loss
損益計算書 profit and loss statement [account], P/L
損益分岐点 break-even point
損失(額) loss

た～と

代価 cost, price
貸借対照表 balance sheet, B/S
建値 quotation
担保 collateral, guarantee, security, pledge ～に入れる put up as collateral
単利 simple interest
着荷通知先 notify party
中央銀行 central bank
注文 order
注文請書 order confirmation
注文書 order sheet
調達する (資金) raise, get, procure
貯金 savings, deposit
賃貸契約 lease (contract)
賃貸料 rent, rental
通貨 currency
通関業者 customs broker
通信販売 mail [telephone] order; (インターネット通販) online shopping
積荷 cargo, freight
定款 articles of association [incorporation]
定期船 liner; (定期貨物船) scheduled freighter
ディスクロージャー disclosure
抵当 mortgage, pledge ～に入れる mortgage
手形 《米》 bill; 《英》 draft
手形貸付 loan on bills
手形割引 bill discounting
デビットカード debit card
電子記録債権 electronically recorded monetary claims
電子決済 electronic billing, electronic bill payment
電子商取引 electronic commerce, e-commerce
電子マネー electronic money
電信 (システム) telegraph, (電文) telegram, cable, wire
登記 register, registry
投機 speculation
登記する register
当座貸越 overdraft, cash credit
投資 investment ～する invest
督促状 demand letter, reminder
土地 land, (大地) ground
富 wealth, fortune
トランパー (不定期貨物船) tramper, tramp, tramp steamer
取り立て (手形, 為替などの集金) collect
取引総数[数量]最小化の原理 principle of minimum total transaction
トレード・オフ trade-off

な～の

仲買人 broker
ナショナルブランド national brand ■～商品 national brand goods
荷受け receipt of goods ～人 consignee
荷送り人 shipper, sender, consignor
荷降ろし unloading, disembarkation, discharge
荷為替信用状 documentary credit
日本銀行 Bank of Japan
荷積み loading, lading
荷渡指図書 delivery order, D/O
認可書 license, permission
値入れ markup ～率 markup rate
値引き discount, price-cutting
納品 delivery
納品書 statement of delivery
延べ払い deferred payment

は～ほ

配達 delivery ～する deliver
配当金 dividend
売買 trade, buying and selling
売買契約 bargain
売買契約の締結 make [strike] a bargain
売約書 sales note
破産 bankruptcy, failure; (支払い不能) insolvency ～した bankrupt ～する go bankrupt, go broke, fail
パレチゼーション palletization
ビーツービー取引 B to B (Business to Business)
引受業務 (証券会社) (securities) underwriting
引き換え払い cash [collect] on delivery, c.o.d.
不確実性プール原理 principle of pooling uncertainty, principle of massed reserve
複利 compound interest
複利現価 present value
複利終価 terminal value
負債 debt
物流 logistics, physical distribution
物流業者 logistics company
船荷 cargo, freight, lading
船荷証券 bill of lading, B/L
プライベートブランド private brand ～商品 private brand goods
フランチャイザー franchiser
フランチャイジー (加盟店) franchisee
フランチャイズチェーン franchise chain
ブランド brand
振り込み (bank) transfer
振り出し (小切手, 手形の) drawing, issuing, draft 振り出す draw, issue
プリペイドカード prepaid card
フレートライナー freight liner

ブローカー broker
不渡り dishonor 〜になる be dishonored
分割払い installment plan, payment by installments
返金 refund
返済 paying back, repayment 〜する pay back, repay
ベンチャー企業 venture business
ベンチャーキャピタル venture capital
変動相場制 (為替) floating [fluctuating, flexible] exchange rate system
返品する return
貿易 international [foreign, overseas] trade
貿易会社 import-export company (輸入業者) importer (輸出業者exporter)
貿易外収支 invisible balance; balance of trade on services
貿易収支 balance of trade, trade balance
法人 corporation, incorporation
包装 wrapping, packaging
保管 storage
募集売り出し業務 (証券会社) public offering and distribution of the securities
補償範囲 (保険)《米》coverage《英》cover 〜に含まれる cover
ポスシステム POS (Point of Sales system)
ボランタリーチェーン voluntary chain
本船受取証 Mate's Receipt, M/R
本船渡 Free on Board, FOB 〜価格 FOB price

ま〜も

マーケティング marketing
前払い advance (payment), advancement, prepaid
見積もり estimate, quotation 〜書 estimate
未払いの unpaid, outstanding, owing
見本 sample
民間金融機関 private financial [banking] institution [company]
無限責任 unlimited liability
無店舗販売 non-store retailing
銘柄 brand;《商標》trademark
持ち込み渡し価格 franco [delivered] price

や・ゆ・よ

約束手形 promissory note
有価証券 securities (複数扱い)
有限会社 limited (liability) company
有限責任 limited liability
融資 financing, loan 〜する loan, lend, finance
郵便為替 money [postal] order
輸出 export
輸出申告書 export declaration, E/D
輸入 import
輸入申告書 import declaration, I/D
要求する demand, claim
用船契約 charter, charterparty, affreightment
預金 savings, deposit ■普通〜 ordinary deposit; 当座〜 checking account; 定期〜 fixed term savings, time [term] deposit

ら〜ろ・わ

ライナー (定期船) liner
利益 profit ■粗〜 gross profit [margin]; 営業〜 operating income [profit]; 純〜 net profit
利益率 profit (margin) ratio, profitability (ratio)
履行する (約束など) fulfill; (義務・計画など) execute, carry out
利子, 利息 interest
流通(機構) distribution
流通経路 distribution channel, channel of distribution
領収書 receipt
利率 interest rate
ローカライゼーション localization
ロジスティックス logistics
割引 discount

工業

あ〜お

アイエスオー (国際標準化機構) ISO (International Organization for Standardization)
アイオーポート I/O port, input-output port
アイデアスケッチ draft, rough [first, original] draft
アクチュエーター actuator
圧接 pressure welding
安全靴 safety shoes
安全第一 safety first
安全帽 (保護帽, ヘルメット) hard hat
鋳型 mold
意匠権 (industrial) design right(s)
板目 flat grain
一次電池 primary battery
鋳物 casting
インターロック(回路) interlock (circuit)
インダストリアルデザイン industrial design
インパクトドライバー impact driver
エンバイロメントデザイン environmental design
オシロスコープ oscilloscope
織物 textile

か〜こ

回路 circuit
金切りばさみ tin snips; metal shears
かな床 anvil
かね尺 carpenter square
ガラス繊維 glass fiber
かんな plane
顔料 pigment

きり (工具) gimlet, drill, auger
金属材料 metallic material
関連▶
亜鉛 zinc; アルミニウム《米》aluminum, 《英》aluminium; スズ tin; 銅 copper; チタン titanium; ニッケル nickel; マグネシウム magnesium; ジュラルミン duralumin; 黄銅 brass; 青銅 bronze; 白銅 cupronickel; ピューター pewter
くぎ nail
くぎ抜き nail puller, nail claw
グラインダー angle [disc, side] grinder
クランプ (締め金具) clamp
検査 examination, check, inspection
検波 demodulation ～する demodulate
研磨剤 abrasive
合金 alloy
合成樹脂 ⇨プラスチック
交流 (電流) alternating current, AC
誤差 error
ゴム rubber
コンクリート concrete
コンデンサー capacitor
コンピューター制御 computer control

さ～そ

サーミスター thermistor
サイクル cycle
三角点 triangulation point [station]
シーケンス制御 sequential control
シーディーエス素子 cadmium sulfide cells, CDS cell [photoresistor]
自己保持回路 latch circuit
実用新案 utility model rights
集積回路 IC, integrated circuit ■大規模～ LSI, large-scale integrated circuit
周波数 frequency ～計 frequency meter
商標権 trademark rights
正面図 front view
真空管 vacuum tube
水準点 reference point, survey marker [mark]
スケール (定規) ruler
スコヤ ⇨直角定規
スパナ《米》wrench;《主に英》spanner
製作 production ～する make, produce, manufacture, create
製図 drawing
精密ドライバー precision screwdriver
整流する commutate
設計(する) design
切断トーチ cutting torch
接着剤 glue, adhesive
セメント cement
セラミックス ceramics
線 line
関連▶
実線 solid line; 破線 broken line; 太線 bold line; 細線 fine line; 点線 dotted line; 波線 wavy line; 一点鎖線 dash-dotted line; 二点鎖線 dash and double-dotted line
繊維 fiber
関連▶
天然繊維 natural fiber; 合成繊維 synthetic fiber; 麻 hemp; 亜麻 linen; 絹 silk; 綿 cotton; 羊毛 wool, fleece; アクリル acrylic; ナイロン nylon; ビニロン vinylon
繊維強化プラスチック fiber reinforced plastic
繊維板 fiberboard ■中密度～ MDF; medium-density fiberboard
センサー sensor
関連▶
温度～ temperature sensor; 磁気～ magnetic sensor; 赤外線～ (passive) infrared [IR] sensor; 光～ light sensor
染色 dyeing
旋盤 lathe
染料 dye
増幅 amplification ～する amplify
測定値 measurement
側面図 side view
測量 survey

た～と

ダイオード diode
ダイカスト die casting
第三角法 third angle projection method
ダイス (工具) die
タイマー timer
ダイヤルゲージ dial gauge
たがね cold chisel
タップ tap
鍛造 forging ～する forge
炭素繊維 carbon fiber
知的財産権 intellectual property right(s)
鋳造 casting ～する cast
直尺 straight edge ruler
直流 direct current, DC
直列接続 series connection
著作権 copyrights
直角定規 (スコヤ) square
抵抗 (電子部品) resistance
抵抗器 resistor
ディジタル信号 digital signal
データ処理 data processing
テキスタイル textile
デザイン(する) design
デザインプロセス design process
テスター (回路計) tester
鉄 iron
関連▶
鋼鉄 steel; 合金鋼(特殊鋼) alloy steel; ステンレス stainless steel; 銑鉄 pig iron; 炭素鋼 carbon steel; 鋳鋼 cast steel, cast iron; 亜鉛めっき鋼板 galvanized steel

‖ sheet; スズめっき鋼板 tinned steel sheet
電圧 voltage ～計 voltage meter
電子基準点 (測量) geodetic electronic reference point
電池 battery, cell
関連›
乾電池 dry battery; アルカリ電池 alkaline battery; ボタン電池 button cell; リチウム(イオン)電池 lithium(-ion) battery; 蓄電池 rechargeable battery, storage battery; 鉛蓄電池 lead-acid battery; ニッケル水素電池 nickel-metal hydride battery; 太陽電池 solar cell
電流 (electric) current ～計 current meter
電力 electric power ～計 wattmeter
電力量 electric energy
塗装 painting, coating
トタン (亜鉛めっき鋼板) galvanized steel
特許 patent
ドライバー (工具) screwdriver ■プラス～ Philips(-head) screwdriver マイナス～ slotted [standard] screwdriver トルクス(星型) Torx《商標》, star screwdriver 精密～ precision screwdriver
トランジスター transistor
塗料 paint
ドリル drill ■電気～ (electric) drill 手動～ hand drill

な～の

ナット (めねじ) nut
にかわ animal [fish] glue
二次電池 secondary battery
ニス varnish
ニッパー (cutting) nippers
人間工学 ergonomics
人間尺度 human scale
ねじ screw
熱電対 thermocouple
ノギス vernier calipers [calipers]
のこぎり saw
関連›
糸のこ coping saw, fretsaw, (電動) scroll saw, jigsaw; チェーンソー chainsaw; 丸のこ circular saw; 丸のこ盤 table saw; 弓のこ, 金切り～ hacksaw; 引き回し[挽き回し, 回し挽き]のこ keyhole saw, compass saw
のみ (工具) (wood) chisel

は～ほ

バーニャ (副尺) vernier scale
バール (かなてこ) crowbar
ハイトゲージ (副尺付き) (vernier) height gauge
はかり (秤) scale, scales (てんびん) balance
端金(はたがね) clamp
発振する oscillate
はんだ付け soldering ～する solder
ハンマー hammer
非金属材料 nonmetallic materials
表面処理 surface treatment
負荷 load
複合材料 composite materials
不織布 nonwoven fabric
不正競争防止法 the Unfair Competition Prevention Act
フライス盤 milling machine
プラスチック plastic, resin
関連›
エポキシ樹脂 epoxy resin; ＡＢＳ acrylonitrile butadiene styrene; 塩化ビニール vinyl (ヴァイナル) chloride; ポリエステル polyester; ポリエチレン polyethylene; ポリカーボネート polycarbonate; ポリプロピレン polypropylene
ブリキ (スズめっき鋼板) tinplate, tin plate ブリキの tin
プリント基板 printed circuit board
プログラマブルコントローラー programmable logic controller, PLC
平面図 top view
並列接続 parallel connection
ペンチ (cutting) pliers
ほうろう enamel, enamelware
ホール素子 Hall effect sensor, Hall element
保護具 protector
保護マスク safety mask; (防塵) dust mask; (溶接時用) welding helmet
保護めがね (safety) goggles
ホトトランジスター phototransistor
ボルト (おねじ) bolt
本尺 main scale

ま～も

マイクロメーター micrometer
巻尺 tape measure
柾目 edge [straight, vertical] grain
万力 《米》vise, 《英》vice
めっき plating 金～ gilding
目止め grain [pore] filler
杢 figured grain [wood]
木材 lumber, timber, wood
関連›
無垢材 solid wood; 集成材 glued laminated timber; 合板 plywood; パーティクルボード particle board; ウォールナット(クルミ) walnut; カシ oak; ケヤキ keyaki, Japanese zelkova; スギ Japanese cedar; ナラ nara, Japanese oak; ヒノキ hinoki, Japanese cypress; ブナ beech; 松 pine; メープル(カエデ) maple
木ねじ wood screw
モンキーレンチ adjustable wrench

や・ゆ・よ

やすり file 紙～ sand paper, abrasive paper
湯 (溶かした金属) molten metal

融接　fusion welding
ユニバーサルデザイン　universal design
溶解炉　furnace（るつぼ炉）crucible furnace
溶接　welding ■アーク～ arc welding; ガス～ gas welding; スポット～ spot welding; ～機 welding torch

ら～ろ

ラジオペンチ　needle-nose pliers
リードスイッチ　reed switch
力率　power factor
リレー　relay
ルータ（工具）router
レンチ　wrench《英》spanner ■トルク～ torque wrench; パイプ～ pipe wrench; 六角～ hex key
ろう付け　brazing ～する braze

農業

あ～お

アルカリ性土　alkaline soil
育種　breeding
育すう器　chick brooder
移植　transplanting, replanting ■移植栽培 transplant production
一毛作　single cropping
陰生植物　shade-loving [tolerant] plant
うるち種　non-glutinous rice
益虫　beneficial insect
塩類集積　soil salinity, salt accumulation
塩類濃度　concentration of salt
晩生(おくて)品種　late variety
遅植え栽培　late planting
落し水（水田）drainage
雄花　male flower
温室栽培　glasshouse farming, high tunnel farming

か～こ

開花　blooming, flowering ～する bloom, flower
害虫　pest, harmful insect
飼い葉　forage, fodder
花卉(かき)園芸　floriculture
果菜類　fruit vegetables
花菜類　inflorescence vegetables
果実　fruit
家畜　livestock
カリ（カリウム）potassium
刈り取り　cutting, mowing;（牧草の）clipping;（収穫する）harvest
カロテン（カロチン）carotene
稈(かん)（中空で節のある茎）culm
換羽《米》molting,《英》molting
干害　drought damage
換気　ventilation
干ばつ　drought
寄生生物（虫, 植物）parasite
絹糸　silk, silk thread
キュアリング　curing
給餌　feed, feeding
休眠　diapause, dormancy
菌類　fungus
茎　stem,（節のある茎）cane
苦土石灰　dolomitic [dolomite] lime
クモ　spider
クリーニングクロップ（塩分に耐性のある植物）halophyte, salt-tolerant plant
クローン　clone
欠乏症状　plant nutrient deficiency symptoms
検卵（光に透かす方法）(egg) candling
耕うん　cultivate, till
耕起　plowing
光合成　photosynthesis
交配　crossing, crossbreeding
広葉樹　broad-leaved [broad leaf] tree
穀物　grain《英》corn
米粉　rice flour
根圏微生物　rhizobacteria
根菜類　root vegetables [crops]
混作　mixed [multiple] cropping, intercropping
昆虫　insect, bug
コンパニオンプランツ　companion plants
根毛　root hair
根粒　nodule
根粒菌　rhizobia, nodule bacteria

さ～そ

細菌　bacteria; germ; microorganism; microbe
栽培　cultivation, culture
サイレージ　silage ロールベール～ (round) bale silage; baleage
作型　cropping type
搾乳　milking
作物　crop, farm products
挿し木　cutting propagation
挿し穂, 挿し芽　cutting
殺菌　sterilization;（牛乳などの低温殺菌）pasteurization;（高温短時間殺菌）flash pasteurization, HTST (High Temperature Short Time) ～剤 bactericide, germicide;

> 関連▸
> 防カビ剤 fungicide; 殺ダニ剤 miticide; 殺センチュウ剤 nematicide

雑草　weed
殺虫剤　insecticide, pesticide
酸性土　acid soil
産地直売　farm direct marketing, farm gate marketing
飼育　farming, breeding ～する raise, rear
直まき　direct seeding
自然ふ化　natural incubation
霜　frost

雌雄異花 (～の) diclinous
従属栄養生物 heterotroph
周年栽培 year-round cultivation
樹園地 (かんきつ類以外) orchard; (かんきつ類, オリーブなど) grove
樹冠 crown
宿主 (寄生生物の) host
種子 seed
受精 fertilization
受粉 pollination ■人工～ artificial pollination 自家受粉 self-pollination 他家～ cross-pollination
春化 vernalization
蒸散 transpiration
消毒薬 disinfectant
常緑樹 evergreen (tree)
食育 *shokuiku*, food education
植生 vegetation, flora
食物連鎖 food chain
初生びな baby [newly hatched] chick
除草 weeding
除草剤 weed killer, herbicide
飼料 feed ■粗～ roughage (feed) 濃厚～ concentrate (feed)
代かき flooding and plowing of the paddy
深耕 deep plowing
人工交配 artificial crossing
人工授精 artificial insemination ～師 inseminator
人工ふ化 artificial incubation
人工林 human-made (artificial) forest
針葉樹 conifer
水害 flood damage
水田 paddy (field), rice paddy, paddy
水稲 paddy, lowland rice
生産者 producer
生産履歴 traceability
整枝 trimming, pruning
生殖器官 reproductive organs [systems]
生態系 ecosystem
生乳 raw milk, unpasteurized milk
生物多様性 biodiversity
精米 rice polishing
施肥 fertilization
センチュウ (線虫) nematode (worm)
せん定 trimming, pruning

た～と

田 (水田) paddy field, rice paddy, rice field, paddy
対抗植物 resistant plants
堆肥 compost ～化 composting
耐病性品種 disease resistant variety
田植え rice transplanting
脱穀 threshing ～する thresh
ダニ tick, mite
種をまく sow
多量栄養素 macronutrient
多量元素 macronutrient
単作 monocropping, monoculture
短日植物 short-day plant
畜舎 barn
窒素 nitrogen
着蕾(ちゃくらい)期 bud stage
中耕 intertillage
中性植物 day-neutral plant
長日植物 long-day plant
追熟 post-harvest ripening, bletting
追肥 additional fertilizer
接ぎ木 graft, graftage
接ぎ穂 scion
つなぎ飼い方式 tie stall
定植する bed [《英》 plant] ... out
摘果 thinning
摘芽 bud picking
摘蕾(てきらい) bud picking
電気柵 electric fence
電照栽培 farming under artificial light
伝染病 (伝染性病害) infectious disease ■家畜～ Domestic Animal Infectious Diseases 監視～ monitored infectious diseases 届出～ Notifiable Infectious Diseases
天敵 natural enemy
天然林 natural forest
凍霜害 chilling injury, frost [freeze] injury [damage]
トウモロコシ corn; 《英》 maize
独立栄養生物 autotroph
土壌 earth, soil ～分析 soil analysis
トレーサビリティ traceability
トンネル tunnel, polytunnel
トンネル栽培 (low) tunnel farming

な～の

苗 seedling, young plant
中生(なかて)品種 medium variety
苗代 (なわしろ) rice nursery
肉牛 beef cattle
肉用種[肉用鶏] meat chicken, chicken breeds for meat
二酸化炭素施用 CO_2 enrichment,
二毛作 double cropping
乳牛 milk cow, dairy cattle
ニワトリ chicken; (雄鶏) rooster; (雌鶏) hen
ぬか bran
根 root
年輪 growth ring
農家 farming family, farmer, (家) farmhouse
農業生産工程管理 Good Agricultural Practice, GAP
農薬 agrochemical, agrichemical, (殺虫剤) pesticide

‖関連›
‖誘引剤 attractant 生物～ biopesticide

は～ほ

葉 leaf, (細長いもの) blade; (針状のもの) needle

a b c d e f g h i j k l m n o p q r s t u v w x y z

胚 (plant) embryo
胚乳 endosperm (外胚乳) perisperm
パスチャライズ pasteurization ～する pasteurize
バクテリア bacteria
畑 field
発芽 germination
発酵 fermentation
早植え栽培 early planting
バンカープランツ (おとり植物) bunker plants
繁殖 breeding
繁殖豚 pig for breeding
反すう rumination
反すう胃 rumen
肥育 fattening ～する fatten
肥育豚 pig for slaughter
微気候, 微気象 microclimate
必須栄養素 essential nutrients
必須元素 essential nutrients
非伝染性病害 noninfectious disease
ひな chick
病気 disease, (感染) infection
病原体 pathogen, disease germ
平飼い (鶏の) free-range [pastured] poultry farming
肥料 fertilizer ■～の3要素 three major nutrients 化学～ chemical fertilizer 無機質～ inorganic fertilizer 有機(質)～ organic fertilizer カリ～ potassium fertilizer 窒素～ nitrogen fertilizer リン酸～ phosphate fertilizer
微量栄養素 micronutrient
微量元素 micronutrient
品種 breed, (変種) variety
風害 wind damage
ふ卵器 incubator
フリーストール方式畜舎 free stall barn
フリーバーン方式畜舎 compost bedded pack barn, loose housing system
ブロイラー broiler
穂 ear, spike
防虫ネット anti insect netting [screen]
防鳥ネット anti bird netting, bird netting
放牧 grazing, (放し飼い) free range ～する pasture
牧草 grass
牧草地 pasture
干し草 hay
ポストハーベスト(技術) postharvest (technology)
ホモジェナイズ (均質化) homogenization ～するhomogenize

ま～も

間引き thinning
マルチ (耕地の覆い) mulch
水を張る put water in the paddy; flood
無精卵 unfertilized egg
芽 bud, sprout
芽かき (摘芽) bud picking
雌花 female flower
もち種 (米) glutinous rice, sticky rice
基肥[元肥] base fertilizer ～を施す preplant fertilization
籾(もみ) paddy ～殻 husk
籾すり hulling ～をする hull

や・ゆ・よ

誘引 training
有害鳥獣 harmful animal
有機農業 organic farming
有機農産物 organic farm products, organic crops
有精卵 fertilized egg
葉茎菜類 leaf vegetables and stem vegetables
陽生植物 heliophyte, sun-loving plant

ら～ろ・わ

酪農 dairy (farming)
落葉樹 deciduous tree
卵肉兼用種 dual-purpose breeds
卵用種, 採卵鶏 egg hen, laying chicken, chicken breeds for eggs
陸稲 upland rice
リコピン lycopene
立体飼い battery(-cage) farming
両性花 hermaphrodite, bisexual flower
林冠 canopy
輪作 (crop) rotation
リン酸 phosphoric acid
連作 continuous monocropping [monoculture] ～障害 monocrop problems, monoculture problems
早生(わせ)品種 early variety
ワラ straw

ICT

あ～お

アイピー IP (Internet Protocol) ～アドレス IP address
アクセシビリティ accessibility
アクセス制御 access control
圧縮 (データ) compression ～する compress; (zip形式) zip
アドオン add-on
アナログ analog, analogue
アルゴリズム algorithm
アンインストールする uninstall
暗号 code, cipher
暗号化 cipher, encryption
暗号資産 crypto assets
イーサーネット Ethernet
インストールする install, setup
インターネット the Internet, the net

和英(実業科・ICT)

インターフェース interface
ウイルス対策ソフトウェア antivirus software
ウェブサイト website, site
ウェブページ web page
エスイー SE (System Engineer)
エスエスディー SSD (Solid State Drive)
絵文字 emoji
エラー検出 error checking [detection]
エラー訂正 correction
エンコード encoding エンコーダー encoder
オペレーティングシステム operating system
音声合成 speech synthesis
音声認識 speech recognition

か～こ

解像度 resolution
階調 gradation (色数) color depth
解凍 (伸張) decompress; (書庫から抜き出す) extract; (zip形式) unzip
顔文字 emoticon
拡張現実 augmented reality, AR
拡張子 extension
画素 pixel
仮想現実 virtual reality, VR
仮想通貨 virtual currency [money]
機械学習 machine learning
機械翻訳 machine translation
キャッシュ (一時保存用メモリー) cache (memory)
共通鍵暗号方式 common [symmetric] key cryptosystem
クライアント client
クラウド cloud ■～コンピューティング cloud computing
グラフィカルユーザーインターフェース graphical user interface, GUI
繰り返し構造 (アルゴリズム) recursive algorithm, loop constructs
公開鍵暗号方式 public-key [asymmetric] cryptography
個人情報 personal data [information]
個人情報保護法 Act on the Protection of Personal Information Held by Administrative Organs
コマンドラインインターフェース command-line interface, CLI
コンピューター computer
コンピューターウイルス computer virus

さ～そ

サーバー server
サイバー犯罪 cybercrime
産業財産権 industrial property rights
三原色 (光の[色の]) three primary colors of light [pigment]
シェル shell ～スクリプト shell script
システム障害 computer system malfunction [error]
システムダウン system failure
シフトジスコード Shift JIS
シミュレーション simulation
ジャバスクリプト JavaScript
周辺機器 peripheral
16進数 hexadecimal (number) 16進法 the hexadecimal system
10進数 decimal (number) 10進法 the decimal system
順次構造 (アルゴリズム) sequential algorithm, serial algorithm
肖像権 portrait right
情報 information, data
情報格差 digital divide
情報漏洩 information leakage [leak]
シンクライアント thin client
深層学習 deep learning
真理値表 truth table
スクリプト言語 scripting language
ストリーミング streaming
ストレージ storage
セキュリテイ security
セキュリティパッチ security patch
セキュリティポリシー security policy
絶対参照 (表計算ソフト) absolute cell references
設定 setting; (個人用) preference
選択構造 (アルゴリズム) selection algorithm, conditional constructs
相対参照 (表計算ソフト) relative cell references
ソフトウエア software

た～と

タッチパネル touch screen
タブレットピーシー tablet (computer, PC)
チェックサム checksum
チップセット chipset
著作権 copyright
著作隣接権 neighboring rights, related rights
デイジー DAISY, Digital Accessible Information SYstem
ディジタル digital
ディジタルデバイド digital divide
データ data
データサイエンス data science
データベース database
手書き認識 handwriting recognition
デコード decoding デコーダー decoder
テキストマイニング text (data) mining
テキストメッセージ text message ～を使う texting
デスクトップ desktop (computer, PC)
電子タグ electronic tag
電子ペーパー electronic paper, e-paper
電子メール email, electronic mail
匿名性 anonymity
特許権 patent right

ドット dot
ドメイン名 domain name
トラックボール trackball

な〜の

2進数 binary (number) 2進法 the binary system
ネットワーク network
ノイズ noise
ノートパソコン laptop (computer), notebook (computer)

は〜ほ

ハードウェア hardware
ハードディスク hard disk drive
パール (プログラミング言語) Perl
パイソン (プログラミング言語) Python
バイト (データ量の単位) byte
ハイパーテキスト hypertext
ハイパーリンク hyperlink
配列 array
パケット (データの単位) packet
パスワード password
バックアップ backup
ハブ (ネットワーク機器) hub
パリティチェック parity bit checking
ピアツーピア peer to peer
ビービーエス (電子掲示板) BBS, Bulletin Board System,(electronic) bulletin board
光ファイバーケーブル optical fiber cable
ピクセル pixel
ビッグデータ big data
ビット (データ量の単位) bit
表計算ソフトウェア spreadsheet
標本化 sampling ■〜周期 sampling interval [period]; 〜周波数 sampling frequency, sample rate
標本点 sample point
平文(ひらぶん) (暗号化されていないテキスト) plaintext, cleartext
ファームウェア firmware
ファイアウォール firewall
フィッシング (詐欺の一種) phishing
ブイピーエヌ (仮想専用線) VPN (Virtual Private Network)
フィルタリング filtering
フォトレタッチ photo retouching
復号 decode; (暗号の平文化) decipher, decryption
符号化 encoding; (暗号化) encryption
不正アクセス unauthorized access
不正アクセス禁止法 Act on Prohibition of Unauthorized Computer Access
フッター footer
ブラウザー Internet [Web] browser
フラッシュメモリ flash memory
ブルートゥース Bluetooth
フレーム frame 〜レート frame rate
プレゼンテーションソフトウェア presentation software
フローチャート flowchart
ブログ blog
プログラミング言語 programming language
プログラム program, software, application, app
ブロックチェーン blockchain
プロトコル protocol
プロバイダー ISP (Internet Service Provider)
プロバイダー責任制限法 Act on the Limitation of Liability for Damages of Specified Telecommunications Service Providers and the Right to Demand Disclosure of Identification Information of the Senders
ヘッダー header
変数 variable
変数宣言 declaration of variables
補数 complement

ま〜も

マウス mouse 〜ホイール mouse [scroll] wheel 光学〜 optical mouse レーザー〜 laser mouse ワイヤレス〜 wireless mouse
マクロ macro
マザーボード motherboard, mainboard
無線ランアクセスポイント wireless access point
メーリングリスト mailing list
メールマガジン email newsletter
メディア media, medium
メモリー memory
文字コード character code
モデム modem
モデル model 〜化 modeling

や・ゆ・よ

ユーアールエル URL (Uniform Resource locator)
ユーエスビー USB (Universal Serial Bus)
ユーザーアイディー user ID (user identification)
ユーザーインターフェース user interface, UI
ユニコード Unicode
容量 capacity

ら〜ろ・わ

ランケーブル LAN cable, Ethernet cable
量子化 quantization
ルーター (ネットワーク機器) router
ルビー (プログラミング言語) Ruby
レコード record
論理演算 logical operation
論理回路 logic circuit
論理積 logical conjunction
論理和 logical sum
ワークステーション workstation
ワープロソフトウェア word processor

基礎英文法

英語を学ぶときに必要な文法を、ここでは基礎編と応用編の二部構成で説明しています。文法を学ぶときに気になる疑問をタイトルにしているので、知りたいところから読んだり、ひとつひとつ読んだり、勉強していて分からなくなったときに調べてみましょう。
◉の数で重要度を表しています。◉◉◉が最も重要です。

基礎編

応用編

基礎編

※◎◎◎の数は重要度を表します

英語の品詞と英語の文

名 形って何の記号？

英語の品詞

名…名詞　代…代名詞　動…動詞　助…助動詞　形…形容詞
副…副詞　接…接続詞　前…前置詞　冠…冠詞　間…間投詞（かんとうし）

英語の文

❶最初の語の最初の文字は大文字にします。
❷文の終わりには「.(ピリオド)」をつけます。「?(疑問符)」や「!(感嘆符（かんたんふ）)」がくることもあります。

例

Oh, I am really thirsty.　あぁ、本当にのどがかわいた。
(Oh 間 / I 代 / am 動 / really 副 / thirsty 形)

I will go and get a plastic bottle of juice.
(I 代 / will 助 / go 動 / and 接 / get 動 / a 冠 / plastic 形 / bottle 名 / of 前 / juice 名)

ペットボトルのジュースを買いに行ってくるよ。

名詞の種類

どんな単語が名（名詞）になるの？

❶名詞は以下の５種類に分けることができます。

普通名詞…人や動物、物を表す名詞

例 school（学校）、dog（犬）、student（生徒）

集合名詞…複数の人や物などが集まったものを表す名詞

例 family（家族）、class（クラス）、audience（観客）

物質（ぶっしつ）名詞…決まった形のない物質を表す名詞

例 water（水）、air（空気）、paper（紙）

抽象（ちゅうしょう）名詞…目に見えないものの性質を表す名詞

例 truth（真実）、history（歴史）、idea（考え）

固有名詞…人や物の固有の名前を表す名詞

例 Jennifer（ジェニファー）、Paris（パリ）、Tokyo Tower（東京タワー）

可算名詞・不可算名詞

a chickenとchickenって何が違う？

可算名詞 数字を使ってその数を表すことができる名詞

普通名詞と集合名詞は可算名詞になりますね。

❶単数（1つ）の場合は、名詞の前にa / anやthe、代名詞がつきます。

❶複数（1つではない）の場合は、名詞の最後に複数形を作る(e)sをつけます。

例 two friends（友達2人）、13 days（13日）、a chicken（ニワトリ1羽）

不可算名詞 それ自体を数えることができない名詞

物質名詞、抽象名詞、固有名詞は不可算名詞になりますね。

例 water（水）、paper（紙）、chicken（とり肉）

❶その量を伝えたいときは、単位を表す表現を使います。

例 a glass of water（コップ1杯の水）、two sheets of paper（2枚の紙）

ポイント I ate a chicken.は、aがついているので、chickenを可算名詞として使っています。つまり「１羽のニワトリを（丸ごと）食べた」という意味になるので、ふつうではありえない意味になります。ですから「とり肉」を食べたという場合は、I ate chicken.になります。

代名詞(だいめいし)の種類と働き

I - my - me - mineの使い分けは？ ◎◎◎

		主　格	所有格	目的格	所有代名詞
1人または1つ	私	I	my	me	mine
	あなた	you	your	you	yours
	彼	he	his	him	his
	彼女	she	her	her	hers
	それ	it	its	it	—
2人以上または2つ以上	私たち	we	our	us	ours
	あなたがた	you	your	you	yours
	彼ら／彼女ら／それら	they	their	them	theirs

❶主格とは文の中で主語の働きをします。

❶所有格とは名詞の直前にきて、その名詞が誰のものかを示すものです。

例 my book　私の本、their room　彼らの部屋

❶目的格とは文の中で、動詞や前置詞の直後で使われる形です。

例 We like him.　私たちは彼が好きです。

people around me　私の周りの人たち

❶所有代名詞とは「～のもの」を意味し、名詞を伴いません。

例 That is hers.　それは彼女のものです。

Lend me yours.　あなたのを貸して。

動作動詞・状態動詞

I'm belonging to ... ってどうしてNG？ 

動作動詞 目に見える動きを表す動詞

例 run（走る）、drink（飲む）、read（読む）

⇒I drink coffee every day.　私は毎日コーヒーを飲みます。

現在形だと、普段習慣的に行っていることを表すことになります。

状態動詞 具体的には目に見えにくい動き（状態）を表す動作

例 like（好きである）、belong（所属している）、know（知っている）

状態動詞は、ふつうある状態を表していて、「～である、している」という意味になります。

⇒I belong to the tennis team.　×I am belonging... .
私はテニス部に所属しています。

状態動詞はすでに「～している」という状態を表しているので、進行形にする必要はありません。

自動詞・他動詞

自とか他とかって何の記号？ ◎◎

自動詞 他の人や物事に動作が影響しない動詞

例 jump（飛ぶ）、walk（歩く）、run（走る）

例えば I walk.（私は歩くよ。）だけで、つまり「主語＋動詞」だけで文の意味は確定しますね。

他動詞 他の人や物事に動作が影響する動詞

例 make...（～を作る）、have...（～を持っている）、run...（～を経営する）

I make.だけだと、文の意味は不完全です。「何を？」と聞きたくなりますね。

runのように、同じ動詞が自動詞と他動詞の両方を持つ場合もあります。

原形（げんけい）

動詞を辞書で引くときはどの形で引く？ ◎◎◎

原　形 原形とは辞書に載っている形です。主に動詞について使います。

❢文の中で原形が使われる場合

❶ 助動詞（→p.1779）の後

例 I should leave soon.　すぐに行かなくては。

❷ to不定詞（→p.1782）のtoの後

例 I want to go to karaoke this evening.　今夜はカラオケに行きたいよ。

be動詞

be動詞(am/are/is/was/were)の使い分けは?

be動詞 主語の様子や状態を表すイコール(＝)記号のようなものです。

例 We are interested in fashion.
私たちはファッションに興味がある。

「weの状態＝ファッションに興味がある」というイメージ。

❶時制(現在・過去)と主語によって形が変わります。

時制	現在				過去		
主語	単数			複数	単数		複数
	I	I, you以外	you		you以外	you	
be動詞	am	is	are	are	was	were	were

❶否定(「～ない」という意味)文では、be動詞の後にnotが入ります。

例 We are not tired yet.　私たちはまだ疲れていないですよ。

❶be動詞以外の動詞を一般動詞と呼びます。

人称・単複・時制

「さんたんげん」って何?

人称 Iを一人称、youを二人称、それ以外(話し手でも聞き手でもない人)を三人称と呼びます。

単数・複数 名詞について、１人や１つの時は単数、２人や２つ以上のときは複数と呼びます。

三人称単数現在形 主語が三人称かつ単数で現在のことを表すときは、動詞に-(e)sをつけます。これを「三人称単数現在形の s」と呼びます。略して「さんたんげん」。

時制(現在・過去)と主語と動詞の形

時制	現在				過去		
主語の形	単数			複数	単数		複数
	I	I, you以外	you		you以外	you	
一般動詞 (例：play)	play	plays	play	play	played	played	
be動詞	am	is	are	are	was	were	were

※一般動詞の現在形の作り方(→p.1775)
※一般動詞の過去形の作り方(→p.1776)

一般動詞の現在形

doとかdoesはどんなときに使う?

現在形 現在や普段の内容について言い表すときの動詞の形

《作り方》

A 主語がI、you、複数の人や物の場合

❶ 肯定文…「主語＋動詞の原形と同じ形＋～」

例 You get up early in the morning.　君は朝早く起きるね。

このgetは「do＋原形のget」が1つにまとまったもの⇒doと動詞の原形がまとまると、doが隠れて動詞の原形と同じ形に見えます。

❷ 否定文…「主語＋do＋not＋動詞の原形＋～」

例 You do not get up early in the morning.　君は朝早く起きないね。

doとnotがまとまると、don'tと1語になることもできます。

❸ 疑問文…「Do＋主語＋動詞の原形＋～＋?」

例 Do you get up early in the morning?　君は朝早く起きるの？

疑問文の場合は最後に?(疑問符)をつけるのを忘れずに。

B 主語がI、you以外の単数の場合

❶ 肯定文…「主語＋『動詞の原形＋(e)s』＋～」

例 Tom gets up early.　トムは早く起きる。

このgetsは「does＋原形のget」が1つにまとまったもの⇒doesと動詞の原形がまとまると、doesの(e)sだけが動詞の後ろに残ります。

❷ 否定文…「主語＋does＋not＋動詞の原形＋～」

例 Tom does not get up early.　トムは早く起きない。

doesとnotがまとまると、doesn'tになることもできます。

❸ 疑問文…「Does＋主語＋動詞の原形＋～＋?」

例 Does Tom get up early?　トムは早く起きるの？

一般動詞の過去形①

didはどんなときに使う？ ◎◎◎

過去形 過去の内容について言い表すときの動詞の形

《作り方》

❶ 肯定文…「主語＋動詞の過去形＋～」（→「一般動詞の過去形②」）

例 I played soccer yesterday.　昨日サッカーをした。

このplayedは「did＋原形play」が1つにまとまったもの⇒didと動詞の原形がまとまると、didが変形した(e)dが動詞の後ろにきます。

❷ 否定文…「主語＋did＋not＋動詞の原形＋～」

例 I did not play soccer yesterday.　昨日サッカーはしていない。

didとnotがまとまると、didn'tになることもできます。

❸ 疑問文…「Did＋主語＋動詞の原形＋～＋？」

例 Did you play soccer yesterday?　昨日サッカーしたの？

一般動詞の過去形②

過去のことを語るとき、動詞はどんな形になる？ ◎◎◎

過去形 動詞を過去の場面で使うときに使います。

❶ 規則動詞　※ 過去分詞(→p.1782)も同じ形になります。

	発音が/ d /	発音が/ t /	発音が/ id /
つづりが +ed	listen	watch / walk / jump	end / visit
つづりが +d（eに続けて）	love / smile	hope	create
つづりが ie + d（yがieに変わる）	study / carry	—	—
つづりが +ed（子音字を重ねて）	pin	stop	nod

ポイント 母音（ぼいん）とは、a / e / i / o / uの５つの音のことで、子音（しいん）とはd / k / tなど、母音以外の音のことです。

❷ 不規則動詞…上のルールに当てはまらないで、その動詞独自の活用があるもの

例 come ⇒ came、have ⇒ had、keep ⇒ keptなど

❸ be動詞

am、is ⇒ was、are ⇒ were

疑問文(Yes / No)

「はい／いいえ」で答える質問の仕方と答え方は？ ◎◎◎

Yes / No で答える疑問文の作り方

❶ 動詞がbe動詞のとき

❗疑問文の語順：「be動詞＋主語＋～?」

❗答え方：「Yes, 主語＋be動詞.」／「No, 主語＋be動詞＋not.」

例 Are you a big fan of J-League?　君はＪリーグの大ファンですか。

Yes, I am.　そうだよ。／No, I am not.　そうではないね。

I am not.をI'm not.と短く言うこともできます。

❷ 動詞が一般動詞のとき

❗疑問文の語順：「Do / Does / Did＋主語＋動詞の原形＋～?」

❗答え方：「Yes, 主語＋do / does / did.」

「No, 主語＋don't / doesn't / didn't.」

例 Do you like comedy shows on TV?　テレビのお笑い番組は好きですか。

Yes, I do.　はい、好きです。／

No, I don't.　いいえ、好きではありません。

疑問文(疑問詞)

「だれ、何」などはどう聞く？ ◎◎◎

疑問詞(what, who, when, where, why, how, whose)を使った疑問文の作り方

ルール 疑問詞を文頭に置き、動詞がbe動詞であれば「疑問詞＋be動詞＋主語＋～」の語順にして、一般動詞であれば「疑問詞＋do (does, did)＋主語＋動詞の原形」の語順にして、それぞれ文の最後に?をつける

⇒ただし、主語の部分を聞きたい場合は、主語をwhatやwhoに置き換えるだけでよい(whatとwhoは単数扱いとする)

❶ what「もの」や「動作」などを聞きたいとき

例 Tony likes movies. ⇒ What does Tony like?
トニーは映画が好きです。 トニーは何が好きですか。

例 My favorite food is sushi. ⇒ What is your favorite food?
私の好きな食べ物は寿司です。 君の好きな食べ物は何ですか。

例 I learn the piano on Saturday.
私は土曜日にピアノを習っています。
⇒What do you do on Saturday?
土曜日は何をしていますか。

何をするかを聞きたいときは「疑問詞＋do(does, did)＋主語＋do」の語順です。

❷ who「人」を聞きたいとき

例 Our captain hit the home run.　私たちの主将がホームランを打った。
⇒Who hit the home run?　だれがホームランを打ったの？

例 Ms. Smith is my English teacher.　スミス先生が私の英語の先生です。
⇒Who is your English teacher?　だれが君の英語の先生ですか。

❸ when / where「時」や「場所」を聞きたいとき

例 Ken went to the concert last night.　ケンは昨夜コンサートに行った。
⇒When did Ken go to the concert?　ケンはいつコンサートに行ったの？
⇒Where did Ken go last night?　ケンは昨夜どこに行ったの？

❹ why「理由」を聞きたいとき

例 I was absent because I had a cold.　私は風邪を引いていたので欠席した。
⇒Why were you absent?　なぜ君は欠席したのですか。

❺ how「状態」や「方法」などを聞きたいとき

例 Ann came to school by bus today.　今日アンはバスで学校に来た。
⇒How did Ann come to school today?　今日アンはどう学校に来たの？

❻ whose「だれのものか」を聞きたいとき

例 This is Cathy's CD.　これはキャシーのCDです。
⇒Whose CD is this?　これはだれのCDですか。

whoseといっしょにＣＤという名詞も文の先頭に置きましょう。

助動詞

「～できる」や「～するつもり」はどう表す？ ◎◎◎

助動詞

❶ 動詞の前に置いて話し手の思いや心情を伝えます。

❷ 直後にくる動詞は原形（→p.1773）で使います。

❸ 助動詞にはcan（～できる、～してもよい）、will（～するつもり）、may（～してもよい、～かもしれない）、should（～すべき）、must（～しなくてはならない）などがあります。

例 You can go out with him if you try.　がんばれば彼と付き合えるわよ。

例 I will take my girlfriend to the movie.　彼女を映画に連れて行くつもりだ。

例 You should make it up with her.　彼女と仲直りすべきだよ。

進行形

「今していること」はどう表す？ ◎◎◎

現在進行形

❶ 現時点で行われている動作を表すときに使います。

❷ <be動詞（am, are, is）＋-ing>の形を用います。

例 I am watching a DVD in my room.　私は今部屋でDVDを見ています。

過去進行形

❶ 過去のある時点で行われていた動作を表すときに使います。

❷ <be動詞（was, were）＋-ing>の形を用います。

例 We were playing outside when the teacher came to the classroom.
僕たちは先生が教室に来たとき外で遊んでいました。

現在完了形

「ずっと～している」はどう表す？ ◎◎

現在完了形

❶ 現在のことを述べる⇒動詞の現在形を使います。

❷ 過去のことを述べる⇒動詞の過去形を使います。

❸過去のことが現在とどうつながっているかを述べます。

⇒<have / has＋過去分詞(→p.1781)>という形の現在完了形を使います。

例 I have wanted to have this computer since last year, but I don't have enough money to get it now.　去年からこのコンピューター欲しかったんだ。けれども、今それを買うお金がないよ。<継続を表す用法>

例 I have lost my car key, so I can't get into the car.　車のかぎをなくしてしまって、車に入れません。<完了・結果を表す用法>

例 I have been to Karaoke nine times this summer. So, this is going to be my tenth.　今年の夏カラオケに9回行ったので、これが10回目になるよ。<経験を表す用法>

形容詞と副詞

人や物や動作の様子を説明するには？ ◎◎◎

形容詞 主に名詞の性質や状態を説明します。

⇒a beautiful image（きれいな画像）

例 happy（うれしい）、cool（かっこいい）、cute（かわいい）

副　詞 主に動詞の様態を説明します。

⇒dance beautifully（美しく踊る）

例 slowly（ゆっくりと）、easily（簡単に）、suddenly（突然に）

例 here（ここで）、then（その時に）、sometimes（時々）

一般動詞の現在分詞

人や物の様子を詳しく説明するには？① ◎◎

現在分詞 -ingで終わる形

使い方

❶ be動詞の後で進行形(→p.1779)として

⇒We are studying how to use this dictionary now.
私たちは今この辞書をどう使えばよいか勉強しています。

❷ 名詞の直前や直後で、その名詞の説明(修飾(→p.1785))に

⇒Look at the star shining behind you.
後ろで輝いている星を見てごらん。

一般動詞の過去分詞

人や物の様子を詳しく説明するには？② ◎◎

過去分詞 -(e)dで終わる規則動詞と、-(e)dで終わらない不規則動詞（goの過去分詞はgone、speakの過去分詞はspokenなど）があります。

※規則動詞の過去分詞の作り方→一般動詞の過去形②（→p.1776）
※不規則動詞（→p.1781）

使い方

❶ have / hadのあとで現在完了［過去完了］形（→p.1779）として
⇒Takashi has never changed his cellphone.
タカシは一度も携帯電話を換えたことがない。

❷ be動詞の後で、受動態（→p.1782）として
⇒A lot of strange mails were sent to my cellphone.
変なメールがたくさん携帯電話に送られてきた。

❸ 名詞の直前や直後で、その名詞の説明（修飾（→p.1785））に
⇒Is that the strap given by your girlfriend?
それって彼女からもらったストラップかな。

不規則動詞

cut - cut - cutって何？

不規則動詞 動詞を過去形、過去分詞と活用させたとき、規則的なルールがない動詞です。 動詞ごとに活用を覚えましょう！

❗主な不規則動詞　※詳しくは巻末付録不規則動詞表を参照

原形	過去形	過去分詞
be	was / were	been
come	came	come
cut	cut	cut
go	went	gone
tell	told	told

受動態

「～される・された」はどう表す？

受動態

- ある動作について、その動作を受ける人や物の視点で語るときに使う形。
- ＜be動詞＋過去分詞(→p.1781)＞という形で使います。
- だれによって行われた動作かを述べるときは、「by ～」を最後につけます。

例 The window was broken by Tom.　窓はトムによって壊された。

動名詞

「～すること」はどう表す？

動名詞

- 動名詞は、文字通り名詞の１つで、-ingの形をしています。
- 意味は「～すること」になります。
- 名詞は、英語の文の中では、❶主語、❷補語(→p.1788)、❸目的語(→p.1787)の働きをしますが、動名詞も同じです。

❶ Watching music programs on TV is fun.
テレビで音楽番組を見るのは楽しい。

❷ My hobby is making cellphone straps.
私の趣味は携帯電話のストラップを作ることです。

❸ a) I enjoyed putting on several dresses at the store.
私は店で何着か洋服を着るのを楽しんだ。

b) I am interested in being a member of the cheerleading team.
私はチアリーディング部の部員になることに興味があります。

to不定詞

「～すること、するための、するために」はどう表す？

to不定詞

- to不定詞とは〈to＋動詞の原形〉の形をとるものです。
- 文の中で❶名詞、❷形容詞、❸副詞の働きをします。

❶ We like to study English on the 1st period of Monday.
私たちは月曜日の１時間目に英語の勉強をするのが好きです。

名詞の役割をするときは「～すること」という意味になります。

❷ I need a friend to help me with my homework.
私には宿題を手伝ってくれる友達が必要だ。

形容詞の働きでは主に「～するための」という意味になります。

❸ I went to school last Sunday to attend an extra lesson.
私は補習に出るために先週の日曜日に学校に行った。

副詞の役割をするときは、「～するために」という意味になります。

前置詞

「時」「場所」などを表すには?

前置詞 名詞の前に置く品詞(at、in、on、of、from、by、under、toなど)

例 at noon（正午に）、in summer（夏に）、at the station（駅で）、in my pocket（ポケットの中に）、on the desk（机の上に）

接続詞

「AとB」を言いたいときはどうする?

and / or / but 左右に文法的に同じ種類のものが来る接続詞です。

I like to play baseball or soccer.　野球かサッカーをしたいな。

I visited a music website and downloaded new songs.

音楽サイトに行って、新曲をダウンロードしました。

when / if / because / that など あとに「節」（「主語＋動詞～」の固まり）が来る接続詞です。

I was taking a shower when you sent me an email last night.

昨夜メールを送ってもらったときシャワーを浴びていたよ。

I think that he likes Maki.

彼はマキのことを好きだと思うよ。

冠詞

名詞につくaとtheはどう区別する?

a / an（不定冠詞） 話題に初めて登場する場合や、複数同じものがある中から１つ取り上げる場合、その名詞につけます。（anはつける名詞の頭文字が母音＜a, e, i, o, u＞の場合に使います。）

the（定冠詞） 話の中ですでに出てきたか、前後の文脈から具体的に何を指すかが分かっている名詞につけます。

例 Look at this. It's a picture of your favorite artist. I took it by my cellphone. I can send the picture to you via email.

これ見て。君の好きなアーティストの写真だよ。携帯電話で撮ったんだ。メールで送ってあげようか。

間投詞（かんとうし）

「おぉ」とか「あぁ」はどう表す?

間投詞 「おぉ」とか「あぁ」のように人の感情を表す品詞です。

例 oh（おぉ、あぁ）…驚き、喜び、悲しみなどを表す

ah（あぁ、あれ）…驚き、苦痛、納得などを表す

wow（うわぁ）…喜び、驚きなどを表すときの叫びを表す

well（さて、えっと）…話の切り替えのときなどに使う

比較表現

AとBはどう比べる?

比較表現

❶「AはBより…」の型

例 Tokyo Skytree is higher than Yokohama Landmark Tower.

東京スカイツリーは横浜ランドマークタワーより高い。

まずは比較のポイント（ここでは高さ）を表す表現に-erをつけて
そして、比較の相手をthanの後に持ってきて完成ですね。

❷「Aは一番…」の型

例 Mt. Fuji is the highest mountain in Japan.　富士山は日本で一番高い。

比較のポイント(ここでは高さ)を表す表現の前にtheを入れてその語の最後に-estをつけて、最後にどこで一番なのかを表す表現(ここではin Japan)をつけて完成ですね。

❸「AはBと同じくらい…」の型

例 Studying English is as interesting as studying math.
英語を勉強することは数学を勉強することと同じくらい楽しい。

まずは比較のポイント(ここでは楽しさ)を表す表現の前にasを入れて、そして比較の相手をもう1つのasの後に持ってきて完成ですね。

❗-erをつけたものを比較級、-estをつけたものを最上級といいます(→p.1796)。

修飾

英語での「修飾」とはどのようなもの?

修 飾 英文の基本パターンに、「どのように」、「どこ」、「いつ」、「なぜ」などをつけることができます。これらの情報は修飾語の働きをします。

例 I took the first train at the nearest station to attend the morning practice.
（at the nearest station：どこ／to attend the morning practice：なぜ）
私は朝の練習に出るために最寄の駅から始発電車に乗った。

例 Our homeroom teacher got angry when we came late to the class.
（when we came late to the class：いつ）
私たちの担任の先生は私たちが授業に遅刻したときに怒った。

例 We went from Tokyo to Osaka by a local train.
（from Tokyo to Osaka：どこ／by a local train：どのように）
私たちは東京から大阪まで各駅停車で行った。

応用編

※◎◎◎の数は重要度を表します

英文の基本パターン

「SV—」って何を表している?

❶英語の文の最初には原則として「主語＋動詞」のセットが入っています。その後に続くものは「動詞」によりいくつかのパターンに分けられます。

❷主語をS、動詞をV、目的語をO（→p.1787）、補語をC（→p.1788）という記号で表すことができます。

パターン1

「動詞」の後に何も続かなくても意味が通る≪SV≫

<動詞の例> run、smile、jumpなど

例 The baby smiled.　その赤ちゃんは笑いました。
（The baby = S、smiled = V）

パターン2

「動詞」の後に「主語」の様子や性質を表すものが来る≪SVC≫

<動詞の例> be (am/is/are/was/were)、becomeなど

例 My cat is cute.　私の猫は可愛い。
（My cat = S、is = V、cute = C）

パターン3

「動詞」の後に「だれを・何を」を表すものが来る≪SVO≫

<動詞の例> play、like、have、make、keepなど

例 I played the saxophone.　私はサックスを吹いた。
（I = S、played = V、the saxophone = O）

パターン4

「動詞」の後に「だれに＋何を」を表すものが来る≪SVOO≫

<動詞の例> bring、buy、give、teach、send、cookなど

例 I brought the teacher today's lunch dish.　私は先生に今日の給食を運んだ。
（I = S、brought = V、the teacher = O、today's lunch dish = O）

パターン５

「動詞」の後に「だれを＋どのように」を表すものが来る≪ＳＶＯＣ≫

＜動詞の例＞ call、makeなど

例 My coach made me a goalkeeper. コーチはぼくをゴールキーパーにした。
S V O C

目的語

「目的語」って何？

目的語 「〜を＿する」と言った場合、「〜」に当たる部分を目的語と呼びます。動作が向かう先と考えるとよいかもしれません。

❶ ＳＶＯ(→p.1786)の型

例 Mary had a quick lunch at the fast food restaurant.
S V O

メアリーはファーストフードの店で簡単な昼食を食べた。

この文では動詞はhad、その目的語がa quick lunchとなりますね。a quick lunchにhadという動作が向かうと考えます。

❷ ＳＶＯＯ(→p.1786)の型

例 My girlfriend cooked me lunch yesterday.
S V O O

彼女は昨日ぼくにお弁当を作ってくれた。

この文では、cookedという動作が向かっている先は、meとlunchの両方になりますね。「…に〜を」という形になる場合は、「…に」を間接目的語と呼び、「〜を」を直接目的語と呼びます。

❸ ＳＶＯＣ(→p.1787)の型

例 Your jokes make us really happy. 君の冗談は私たちを楽しくさせてくれるね。
S V O C

この文では、makeという動作が向かっている先は、usになります。その動作がusに及んだことによって、usがhappyという状態になると考えるとよいですね。

補語

「補語」って何?

補　語 文の主語や目的語の様子や状態を具体的に表す働きが補語にあります。「…は～だ」や「…は、＿が～だと思う」などと言った場合に、「～」に当たる部分が補語になります。

❶ 主語の様子や状態を説明するパターン

例 My mother was a nurse in her youth.　母は若いころ看護師でした。

> この文ではwasというbe動詞を使っていますね。そのあとのa nurseが、主語のmy motherの具体的な状態になっていて、補語の働きをしています。

❷ 目的語の様子や状態を説明するパターン

例 My teacher's kind words made me relaxed.
先生の優しい言葉が私を落ち着かせた。

> この文ではmadeという動詞の目的語のmeがどんな状態であるかを、relaxedが説明していますね。目的語のあとにその状態を説明するものが来たら、それが補語になります。

名詞の働き

名詞の働きとは?

名　詞 英語の文の中では、❶主語（→p.1793）、❷補語（→p.1788）、❸目的語（→p.1787）の働きをします。

❶ The train came late.　電車が遅れてきた。
<動詞（came）の主語>

❷ a) Toshiki is a very cool guy.　トシキはとってもカッコいい奴だ。

＜主語(Toshiki)の性質や状態を、be動詞(is)の後ろで説明する補語＞

b) My grandfather made me a doctor.　祖父が私を医者にさせた。

＜makeなどの動詞を用いて目的語(me)の性質や状態を、目的語の後ろで説明する補語＞

❸ I met your boyfriend at the festival.　あなたの彼氏にお祭りで会ったよ。

＜動詞(met)の動作を受けるものや人を表す目的語＞

関係代名詞which

「もの」を詳しく説明するには?

関係代名詞

❶関係代名詞には、ある名詞を具体的に説明する働きがあります。

❶説明される名詞を先行詞と呼びます。

❶＜先行詞＋関係代名詞＋関係代名詞が導く節(動詞を含む)＞というかたまりが出来上がりますが、主役は先行詞である名詞なのでこれを１つの名詞のかたまりととらえましょう。

❶「名詞(もの)⇒どんな?⇒(〜を)…する」の型

⇒whichを使う

例「通り⇒どんな?⇒駅に通じる」

the street which leads to the station　駅に通じる通り

⬇文中では

The street which leads to the station is behind this building.

駅に通じる通りはこのビルの裏にあります。

❷「名詞(もの)⇒どんな?⇒〜が…する」の型

⇒whichを使う　※ただしこのwhichは省略することができます。

例「本⇒どんな?⇒私が昨日読んだ」

the book which I read yesterday　私が昨日読んだ本

⬇文中では

This is the book which I read yesterday.　これは私が昨日読んだ本です。

❸「こと・もの⇒どんな？⇒（～を[が]）…する」の型

⇒whatを使う

例「こと・もの⇒どんな？⇒私を驚かせた」

what surprised me　私を驚かせたこと

⬇文中では

What surprised me was your decision.

私を驚かせたことは君の決断だよ。

ここでは先行詞の意味が「こと・もの」であり、その場合は先行詞と関係代名詞を１つにしたイメージで、whatという１語で表すことができます。

関係代名詞who

「人」を詳しく説明するには？

関係代名詞

❗関係代名詞には、ある名詞を具体的に説明する働きがあります。

❗説明される名詞を先行詞と呼びます。

❗＜先行詞＋関係代名詞＋関係代名詞が導く節（動詞を含む）＞というかたまりが出来上がりますが、主役は先行詞である名詞なので、これを１つの名詞のかたまりととらえましょう。

❶「名詞（人）⇒どんな？⇒（～を）…する」の型

⇒whoを使う

例「友達⇒どんな？⇒このＣＤを私に貸してくれた」

the friend who lent me this CD　このＣＤを私に貸してくれた友達

⬇文中では

The friend who lent me this CD is Tom.

このＣＤを私に貸してくれた友達はトムだよ。

❷「名詞(人)⇒どんな？⇒～が…する」の型

⇒who(m)を使う ※ただしこのwho(m)は省略することができます。

例「歌手⇒どんな？⇒私が大好きである」

the singer who(m) I love 私が大好きな歌手

⬇文中では

The singer who(m) I love is Ayaka.

私が大好きな歌手は絢香です。

関係副詞

「場所や時」を詳しく説明するには？

関係副詞

❶関係副詞には、場所や時を表す名詞を具体的に説明する働きがあります。

❶説明される名詞を先行詞と呼びます。

❶<先行詞＋関係副詞＋関係副詞が導く節（主語と動詞を含む）>というかたまりが出来上がりますが、主役は先行詞である名詞なのでこれを1つの名詞のかたまりととらえましょう。

❶「名詞(場所)⇒どんな？⇒～が…する」の型

⇒whereを使う

例「学校⇒どんな？⇒以前私が通っていた」

the school where I used to go 私が以前通っていた学校

⬇文中では

That is the school where I used to go.

あれは私が以前通っていた学校です。

❷「名詞(時や時間)⇒どんな？⇒～が…する」の型

⇒whenを使う

例「季節⇒どんな？⇒私がリラックスできる」

the season when I can relax 私がリラックスできる季節

⬇文中では

The season when I can relax is fall.

私がリラックスできる季節は秋です。

知覚動詞

知覚動詞って何?

知覚動詞 人の感覚（聞く、見る、嗅ぐ、触れる、など）を表す動詞を知覚動詞と呼びます。

例 hear、see、smell、feel

❗知覚動詞はＳＶＯＣ（→p.1787）の文のパターンを取ることができますが、その場合Ｃ（補語）に次の３種類の形が来ます。

❶Ｃが原形不定詞

例 I saw Yumi finish the race in first place.
私はユミが１位でレースを終えるのを見た。

> 補語が原形の場合は「だれかが～する（し終える）」のを見たり、聞いたりするという意味になりますね。

❷Ｃが現在分詞

例 I heard someone singing in the next room.
私は隣の部屋でだれかが歌っているのを聞いた。

> 補語が現在分詞の場合は「だれかが～している」のを見たり、聞いたりするという意味になりますね。動作の一部を見たり、聞いたりしているということです。

❸Ｃが過去分詞

例 I heard the door knocked by someone.
私はドアがだれかにノックされるのを聞いた。

> 補語が過去分詞の場合は「だれか・何かが～される」のを見たり、聞いたりしたという意味になりますね。

使役動詞

使役動詞って何?

使役動詞 「だれかに～させる」のような意味を持つ動詞を使役動詞と呼びます。

❗ここではＳＶＯＣ（→p.1787）の構文をとり、Ｃ（補語）に原形不定詞をとる❶make、❷let、❸haveの３つについて扱います。

❶ **make** 強制的にだれかに「～させる」というニュアンス

例 My coach made us run 10 km.　コーチは私たちに10km走らせた。

> 私たちは走りたくなかったのに、コーチが強制的に走らせたという雰囲気が出ていますね。

❷ **let** だれかが～したいと思っている場合に、「～させてあげる」というニュアンス

例 The teacher let the students discuss for another hour.
先生は生徒たちにもう１時間議論させてあげた。

> 生徒たちがもう１時間議論したかったという雰囲気が出ていますね。先生は許してあげたのですね。

❸ **have** 特に強制力はないが、だれかに「～してもらう」というニュアンス

例 I'll have my dog run on the field before feeding him.
エサをやる前に、犬を野原で走らせてやろう。

> 無理やり走らせるのでも、走りたがっているのでもなく、ご飯前だから運動させようという雰囲気が出ていますね。

名詞、名詞句、名詞節

主語はどこまで?

主　部 主語（ふつう1語）が入っている名詞のかたまり。

①主部が名詞１語

例 The sun rises in the east.　太陽は東から昇ります。

> 主部は冠詞を除くと、主語であるsun １語ですね。これは主語になる名詞１語に後ろからの説明語句がない場合です。この場合は簡単に主部がどこまでか分かりますね。

②主部が名詞句

例 A friend of mine gave me this present.
私の友達がこのプレゼントをくれました。

主部はa friend of mineという句（「主語＋動詞～」ではない、いくつかの単語のかたまり）で主語はfriendですね。これは主語になる名詞1語に、前あるいは後ろからの説明語句がある場合です。後ろから説明するのはofなどの前置詞、to不定詞、分詞などですね。

③主部が名詞節１

例 The cake we ate yesterday was from a popular store.
昨日食べたケーキは人気店のものだったんだ。

主部はthe cake we ate yesterdayで主語はcakeですね。これは主語になる名詞１語に、後ろからの説明がある場合ですが、②のように語句による説明ではなく、動詞が入った節による説明です。関係代名詞や関係副詞がつくこともあります。the cakeの後にwhichが省略されていると考えると関係代名詞ですね。we ateのateが文全体の動詞だと思わないようにしましょう。

④主部が名詞節２

例 What I need to finish this homework is your support.
この宿題を終えるのに必要なものは君の助けだよ。

この文には１語の主語は存在せず、what I need to finish this homework全体で１つの主語と考えます。whatが作る名詞のかたまり（「～なこと、もの」）の中に、needとfinishという動詞がありますがこれらが文全体の動詞だと思わないようにしましょう。

時制と未来を表す表現

英語には時間を表す表現はいくつあるの？

❶普段の状態や様子を表す⇒ 現在形

例 I wake up at 7:00.　私はいつも７時に起きます。

「いつも」とか「普段」という表現はありませんが、wakeという現在形を使っているので普段のことを表していますね。

❷今現在起きていることを表す⇒ 現在進行形(am / are / is＋- ing)

例 Cathy is playing tennis at the court.

キャシーは今コートでテニスをしています。

「今現在」という表現はありませんが、is playingという現在進行形を使っているので、今現在起きていることを表しています。

❸これから行われることを表す⇒ will / be going to / be＋- ingなど

例 Our school band is going to have a concert this Saturday.

今度の土曜日に学校のバンドがコンサートを開催します。

is going toを使っているので、これから行われることを表していますね。通常、未来のいつにその出来事が行われるかを表す表現がついてきます(ここでは「今度の土曜日」)。

❹過去に起きたことを現在とのつながりで表す

⇒ 現在完了形(have＋過去分詞)

例 I have been to Nara three times.　私は奈良に3度行ったことがあります。

have beenという形から、過去のある時点（ここでは生れたとき）から今までの期間の出来事を表していることが分かります。「3度」とあるので経験を表していますね。

❺過去に起きたことを表す⇒ 過去形

例 Our teacher gave us a lot of homework last week.

先生は先週宿題を多く出した。

gaveという動詞の過去形から、過去に行われたことだと分かりますね。通常、その過去がいつなのか(ここでは「先週」)を表す表現がついています。

❻過去のある時点に行われていたことを表す

⇒ 過去進行形(was/were+-ing)

例 Jack was sleeping when I called him last night.

私が昨夜電話をしたとき、ジャックは寝ていた。

was sleepingという形から、過去のある時点に行われていたことだと分かりますね。通常、その時点がいつなのか(ここでは「電話をしたとき」)を表す表現がついています。

❼過去のある時点よりさらに以前に起きたことを表す

⇒ 過去完了形(had+過去分詞)

例 I jogged ten miles this morning. I had never run such a long distance before.

今日の朝10マイルをジョギングした。こんなに長い距離を走ったことはかつてなかった。

had (never) runという形から、過去のある時点まで続いていたことが言われていると分かりますね。この形を使うときは必ず、基点となる過去の時点が示されています(ここでは「今朝」)。

比較級・最上級

moreやmostって何を表している? ◎◎

比較級と最上級の作り方

❶fast、long、tallなどの規則型

⇒原級に-er(比較級)、-est(最上級)をつける

例 fast - faster - fastest/long - longer - longest

❷largeなど、-eで終わる単語

⇒原級に-r(比較級)、-st(最上級)をつける

例 large - larger - largest

❸bigなど、<短母音+子音字>で終わる単語

⇒原級の子音字を重ねて-er(比較級)、-est(最上級)をつける

例 big - bigger - biggest

❹happyなど、＜子音字＋y＞で終わる単語

⇒原級の最後のyをiにして-er（比較級）、-est（最上級）をつける

例 happy - happier - happiest

❺good & well, bad & ill, many & muchなどの不規則型

例

<table>
<tr><th>原　級</th><th>比較級</th><th>最上級</th></tr>
<tr><td>good</td><td rowspan="2">better</td><td rowspan="2">best</td></tr>
<tr><td>well</td></tr>
<tr><td>bad</td><td>worse</td><td>worst</td></tr>
</table>

<table>
<tr><th>原　級</th><th>比較級</th><th>最上級</th></tr>
<tr><td>ill</td><td>worse</td><td>worst</td></tr>
<tr><td>many</td><td rowspan="2">more</td><td rowspan="2">most</td></tr>
<tr><td>much</td></tr>
</table>

❻比較的長い単語

⇒前にmore（比較級）、most（最上級）を置く

原　級	比較級	最上級
beautiful	more beautiful	most beautiful
difficult	more difficult	most difficult
important	more important	most important
popular	more popular	most popular

話法

聞いた話を伝えるにはどうする？

直接話法 台詞（せりふ）を直接伝える方法（引用符＜“ ”＞を使います）。

例 Nami said, “I want you to help me with my homework.”

ナミは「あなたに私の宿題を手伝ってほしい」と言った。

間接話法 台詞を間接的に伝える方法

例 Nami said (that) she wanted me to help her with her homework.

ナミは私に彼女の宿題を手伝ってほしいと言った。

話法の変換

例 Kenji said to me, “I think you are wrong.”

ケンジは私に「君は間違っていると思う」と言った。

⬇

Kenji told me (that) he thought I was wrong.

ケンジは私に私が間違っていると思うと言った。

❗話法が変わると、「人」や「動詞の時制」などが変わる。

仮定法

事実とは異なることをどう表す？

仮定法

- 現実には起こりにくいことや現在・過去の事実に反することを表すときに仮定法を使います。仮定法では動詞の過去形や過去完了形を使います。
- 今や未来に起こりにくいことを表すには、<過去形>を使います。
- 過去の事実に反することを表すには、<過去完了形>を使います。

❶今や未来に起こりにくいことを表す

<If＋動詞の過去形、助動詞の過去形>

例 If I knew his phone number or his address, I would tell him to come here right away.

もし彼の電話番号かアドレスを知っていれば、彼にすぐここに来るように言うのに。

> if節の中で「～なら」という条件を表して、残りの部分でその結果起こることを表すことができます。この例では、if節の中でknowの過去形のknew、残りの部分で助動詞willの過去形wouldを使っています。実際には「彼の電話番号もアドレスも知らない」という前提があるからこの文が成り立つのです。

❷過去の事実に反することを表す

<If＋過去完了形、助動詞の過去形＋have＋過去分詞>

例 If you had come to school yesterday, you could have seen his funny performance.

もし君が昨日学校に来ていたら、彼の面白い演技を見ることができたのに。

> if節の中でcomeを過去完了形にしてhad come、残りの部分で、助動詞canの過去形のcouldを用いて、さらにhave seenを用いて、「過去」のことを振り返っています。実際には「君は昨日学校に来なかった」という前提があるからこの文が成り立つのです。

不規則動詞表 (助動詞を含む)

●本英和辞典に掲載の不規則動詞および助動詞のうち, CEFR-J 対応ロゴのついたものを取り上げ, CEFR-J のランク別に示しました
●原形, CEFR-J ロゴ, 中高教科書ロゴ, おもな語義, 過去形, 過去分詞を示しています(注意すべき現在形は原形のあとに示しました)
●基礎的な学習を重視するため, あまり使われない変化形は表から削除しています

A1ランク: 78語 [英検3級相当]

原　形　(現在形)	過　去　形	過去分詞
awake A1 高 起こす, 目をさます	**awoke, awaked**	**awoken, awoke, awaked**
be (am; is; are) A1 中 …である	**was; were**	**been**
become A1 中 …になる	**became**	**become**
begin A1 中 始まる, 始める	**began**	**begun**
blow A1 中 吹く	**blew**	**blown**
break A1 中 こわす, 割る	**broke**	**broken**
bring A1 中 持って来る	**brought**	**brought**
build A1 中 建てる	**built**	**built**
buy A1 中 買う	**bought**	**bought**
can A1 中 助 …することができる	**could**	—
catch A1 中 捕まえる	**caught**	**caught**
choose A1 中 選ぶ	**chose**	**chosen**
come A1 中 来る	**came**	**come**
cut A1 中 切る	**cut**	**cut**
dig A1 高 掘る	**dug**	**dug**
do (does) A1 中 する	**did**	**done**
draw A1 中 引く, (絵などを)かく	**drew**	**drawn**
dream A1 中 夢をみる	**dreamed, dreamt**	**dreamed, dreamt**
drink A1 中 飲む	**drank**	**drunk**
drive A1 高 運転する	**drove**	**driven**
eat A1 中 食べる	**ate**	**eaten**
feed A1 高 えさをやる	**fed**	**fed**
feel A1 中 感じる	**felt**	**felt**
fight A1 中 戦う	**fought**	**fought**
find A1 中 見つける	**found**	**found**
fly A1 中 飛ぶ	**flew**	**flown**
forget A1 中 忘れる	**forgot**	**forgotten,** 《米》 **forgot**
get A1 中 手に入れる	**got**	**got,** 《米》 **gotten**
give A1 中 与える	**gave**	**given**
go A1 中 行く	**went**	**gone**
grow A1 中 育つ, 栽培する	**grew**	**grown**
have (has) A1 中 持っている	**had**	**had**
hear A1 中 聞こえる, 聞く	**heard**	**heard**
hide A1 高 隠す, 隠れる	**hid**	**hidden, hid**
hold A1 中 持っている, にぎる	**held**	**held**

原　形　(現在形)	過　去　形	過 去 分 詞
hurt A1 中 傷つける	**hurt**	**hurt**
keep A1 中 …のままでいる，保つ	**kept**	**kept**
know A1 中 知っている	**knew**	**known**
learn A1 中 学ぶ，覚える	**learned,** 《英》 **learnt**	**learned,** 《英》 **learnt**
leave A1 中 去る	**left**	**left**
let A1 高 (人などに)…させる	**let**	**let**
light A1 中 火をつける	**lit, lighted**	**lit, lighted**
make A1 中 作る	**made**	**made**
may A1 中 助 …かもしれない	**might**	—
mean A1 中 意味する	**meant**	**meant**
meet A1 中 会う	**met**	**met**
pay A1 中 支払う	**paid**	**paid**
put A1 中 置く	**put**	**put**
read A1 中 読む	**read** /réd レド/	**read** /réd レド/
ride A1 中 乗る	**rode**	**ridden**
ring A1 鳴る，鳴らす	**rang**	**rung**
run A1 中 走る	**ran**	**run**
saw A1 のこぎりで切る	**sawed**	**sawed,** 《英》 **sawn**
say A1 中 言う	**said**	**said**
see A1 中 見る	**saw**	**seen**
sell A1 中 売る	**sold**	**sold**
set A1 中 置く	**set**	**set**
shake A1 中 振る，ゆれる	**shook**	**shaken**
shoe A1 中 靴をはかせる	**shod, shoed**	**shod, shoed**
show A1 中 見せる	**showed**	**shown**
sing A1 中 歌う	**sang**	**sung**
sit A1 中 すわっている，すわる	**sat**	**sat**
sleep A1 中 眠る	**slept**	**slept**
smell A1 高 においがする	**smelled,** 《英》 **smelt**	**smelled,** 《英》 **smelt**
speak A1 中 話す	**spoke**	**spoken**
spend A1 中 使う，費やす	**spent**	**spent**
spring A1 中 跳ぶ，はねる	**sprang, sprung**	**sprung**
stand A1 中 立つ，立っている	**stood**	**stood**
swim A1 中 泳ぐ	**swam**	**swum**
take A1 中 持って行く	**took**	**taken**
teach A1 中 教える	**taught**	**taught**
tell A1 中 言う，話す	**told**	**told**
think A1 中 考える，思う	**thought**	**thought**
throw A1 中 投げる	**threw**	**thrown**
wear A1 中 身につけている	**wore**	**worn**
will A1 中 助 …(する)でしょう	**would**	—
win A1 中 勝つ	**won**	**won**
write A1 中 書く	**wrote**	**written**

A2ランク: 38語 [英検準2級相当]

原形 (現在形)	過去形	過去分詞
bear A2 耐える, 産む	**bore**	**borne, born**
bend A2高 曲げる, 曲がる	**bent**	**bent**
bite A2高 かむ	**bit**	**bitten**
burn A2中 燃やす, 燃える	**burned, burnt**	**burned, burnt**
cost A2高 (金が)かかる	**cost**	**cost**
fall A2中 落ちる	**fell**	**fallen**
fit A2中 合う	**fitted, fit**	**fitted, fit**
forbid A2 禁じる	**forbade, forbad**	**forbidden**
freeze A2高 凍る, 凍らせる	**froze**	**frozen**
hit A2中 打つ, 当たる	**hit**	**hit**
lead A2中 案内する, 導く	**led**	**led**
lend A2高 貸す	**lent**	**lent**
lie A2中 横になる	**lay**	**lain**
lose A2中 失う	**lost**	**lost**
mistake A2中 思い違いする	**mistook**	**mistaken**
quit A2高 辞職する, やめる	**quit**	**quit**
seek A2高 さがす	**sought**	**sought**
send A2中 送る	**sent**	**sent**
sew A2 縫(ぬ)う	**sewed**	**sewed, sewn**
shall A2中助 …しましょうか	**should**	—
shine A2高 輝く	**shone**	**shone**
shoot A2高 撃つ	**shot**	**shot**
shut A2高 しめる, しまる	**shut**	**shut**
sink A2高 沈む, 沈める	**sank**	**sunk**
slide A2 すべる	**slid**	**slid**
speed A2高 急ぐ	**speeded, sped**	**speeded, sped**
spell A2高 (文字を)つづる	**spelled,** 《英》 **spelt**	**spelled,** 《英》 **spelt**
spill A2 こぼす	**spilled, spilt**	**spilled, spilt**
split A2 分裂させる, 分裂する	**split**	**split**
spoil A2 だめにする	**spoiled, spoilt**	**spoiled, spoilt**
spread A2中 広げる, 広がる	**spread**	**spread**
steal A2高 盗む	**stole**	**stolen**
strike A2高 …にぶつかる	**struck**	**struck**
string A2高 …に(糸など)を通す	**strung**	**strung**
sweat A2 汗をかく	**sweat, sweated**	**sweat, sweated**
understand A2中 理解する	**understood**	**understood**
upset A2高 動転させる	**upset**	**upset**
weep A2 泣く, (涙を)流す	**wept**	**wept**

B1ランク: 33語 [英検2級相当]

原 形 (現在形)	過 去 形	過 去 分 詞
arise B1 起こる, 生じる	**arose**	**arisen**
babysit B1 子守をする	**babysat**	**babysat**
beat B1 高 打つ, 打ち破る	**beat**	**beaten, beat**
bet B1 賭(か)ける	**bet**	**bet**
bleed B1 出血する	**bled**	**bled**
bless B1 恵みを与える	**blessed, blest**	**blessed, blest**
breed B1 (動物が子を)産む	**bred**	**bred**
broadcast B1 高 放送する	**broadcast, broadcasted**	**broadcast, broadcasted**
burst B1 高 破裂する	**burst**	**burst**
deal B1 高 配る, 分ける	**dealt**	**dealt**
dive B1 高 飛び込む	**dived,** 《米》 **dove**	**dived**
forecast B1 (天気を)予報する	**forecast, forecasted**	**forecast, forecasted**
forgive B1 高 許す	**forgave**	**forgiven**
hang B1 高 かける, かかっている	**hung, hanged**	**hung, hanged**
knit B1 編む	**knit, knitted**	**knit, knitted**
lay B1 高 置く, 横たえる	**laid**	**laid**
leap B1 跳ぶ, はねる	**leaped, leapt**	**leaped, leapt**
mislead B1 誤った方向に導く	**misled**	**misled**
overcome B1 高 打ち勝つ	**overcame**	**overcome**
prove B1 高 証明する	**proved**	**proved, proven**
rebuild B1 高 建て直す	**rebuilt**	**rebuilt**
repay B1 (金などを)返す	**repaid**	**repaid**
rewrite B1 書き直す	**rewrote**	**rewritten**
rid B1 高 取り除く	**rid**	**rid**
rise B1 中 のぼる, 上がる	**rose**	**risen**
shave B1 (ひげなどを)そる	**shaved**	**shaved, shaven**
stick B1 高 貼る, くっつく	**stuck**	**stuck**
swear B1 ののしる, 誓う	**swore**	**sworn**
swell B1 ふくれる, 増える	**swelled**	**swelled, swollen**
tear B1 高 引きさく, さける	**tore**	**torn**
undergo B1 経験する	**underwent**	**undergone**
undo (undoes) B1 元どおりにする	**undid**	**undone**
wake B1 高 目をさます, 目をさまさせる	**woke**	**woken**

B2ランク: 29語 [英検準1級相当]

原　形　(現在形)	過　去　形	過去分詞
bid B2 値をつける, 入札する	**bade, bid**	**bidden, bid**
bind B2 しばる	**bound**	**bound**
cast B2 配役を決める	**cast**	**cast**
flee B2 逃げる	**fled**	**fled**
foresee B2 予見する	**foresaw**	**foreseen**
input B2 入力する	**input, inputted**	**input, inputted**
kneel B2 ひざまずく	**kneeled, knelt**	**kneeled, knelt**
lean B2高 傾く, 寄りかかる	**leaned, leant**	**leaned, leant**
misunderstand B2 誤解する	**misunderstood**	**misunderstood**
outdo (outdoes) B2 (人に)まさる	**outdid**	**outdone**
outgrow B2 (合わないほど)大きくなる	**outgrew**	**outgrown**
overhear B2 ふと耳にする	**overheard**	**overheard**
overtake B2 追いつく	**overtook**	**overtaken**
overthrow B2 転ぷくさせる	**overthrew**	**overthrown**
plead B2 嘆願(たんがん)する	**pleaded, pled**	**pleaded, pled**
redo (redoes) B2 やり直す	**redid**	**redone**
shrink B2 ちぢむ	**shrank, shrunk**	**shrunk, shrunken**
spin B2 くるくる回す[回る]	**spun**	**spun**
stink B2 悪臭を放つ	**stank, stunk**	**stunk**
stride B2 大またに歩く	**strode**	**stridden**
strive B2 努力する	**strove, strived**	**striven, strived**
sweep B2高 掃く	**swept**	**swept**
swing B2高 揺り動かす	**swung**	**swung**
tread B2 踏む	**trod**	**trod, trodden**
undertake B2 引き受ける	**undertook**	**undertaken**
weave B2 織る	**wove**	**woven**
wed B2 結婚させる, 結婚する	**wedded, wed**	**wedded, wed**
wind B2 巻く	**wound**	**wound**
withdraw B2 (預金を)引き出す	**withdrew**	**withdrawn**

2009年 1 月10日　初 版 発 行
2014年 1 月10日　第 2 版発行
2020年 1 月10日　第 3 版発行
2021年 1 月10日　第 3 版小型版発行

エースクラウン英和辞典 第3版 小型版

2021年 1 月10日　第 1 刷発行

編　者　投野　由紀夫（とうの・ゆきお）

発行者　株式会社 三省堂　代表者 北口克彦

印刷者　三省堂印刷株式会社

発行所　株式会社 三省堂
〒101-8371
東京都千代田区神田三崎町二丁目22番14号
電 話　編 集　(03) 3230-9411
　　　　営 業　(03) 3230-9412
https://www.sanseido.co.jp/

商標登録番号　5215467・5215466

〈3 版小型エースクラウン英和・1,856 pp.〉

落丁本・乱丁本はお取り替えいたします。

ISBN978-4-385-10870-4

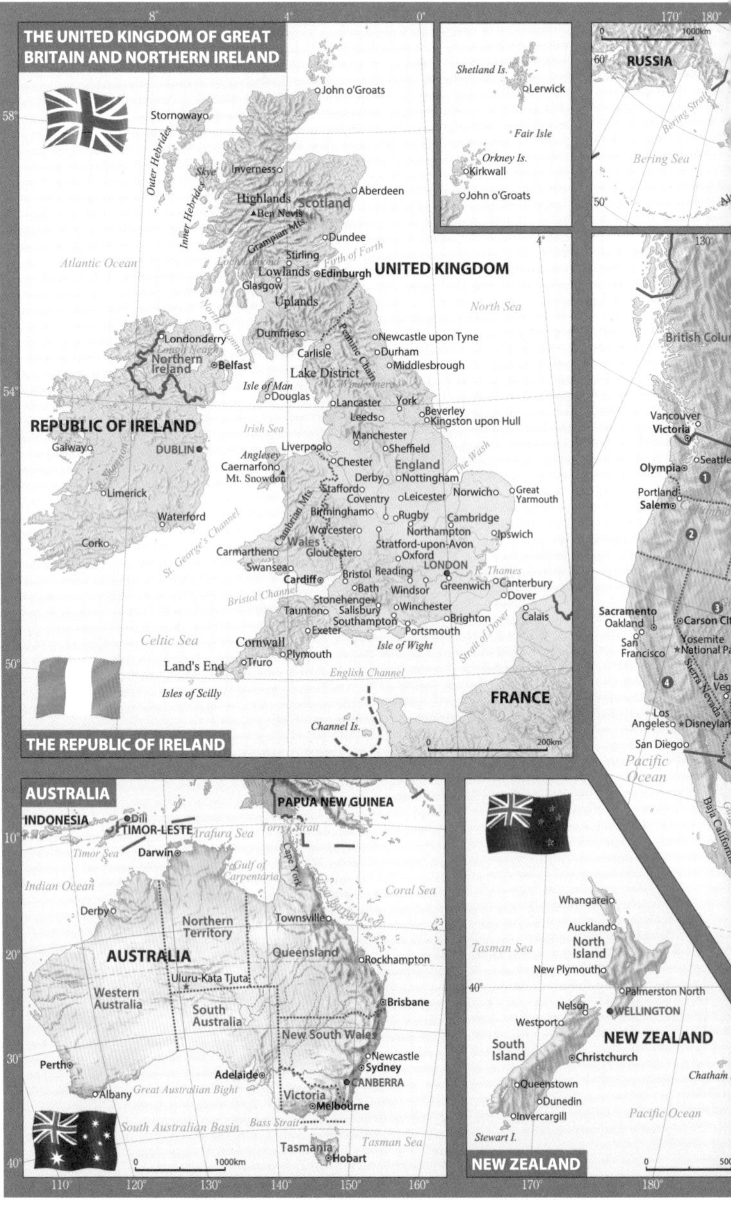
THE UNITED KINGDOM OF GREAT BRITAIN AND NORTHERN IRELAND
John o'Groats
Stornoway
Outer Hebrides
Inner Hebrides
Skye
Inverness
Aberdeen
Highlands
Scotland
Ben Nevis
Grampian Mts.
Dundee
Atlantic Ocean
Stirling
Firth of Forth
Lowlands
Edinburgh
UNITED KINGDOM
Glasgow
Uplands
North Sea
North Channel
Dumfries
Pennine Chain
Newcastle upon Tyne
Londonderry
Northern Ireland
Carlisle
Durham
Belfast
Middlesbrough
Lake District
Isle of Man
Douglas
Lancaster
York
Leeds
Beverley
Kingston upon Hull
REPUBLIC OF IRELAND
Irish Sea
Manchester
Galway
DUBLIN
Liverpool
Sheffield
Anglesey
Chester
England
The Wash
Caernarfon
Mt. Snowdon
Derby
Nottingham
Stafford
Norwich
Great Yarmouth
Limerick
Coventry
Leicester
Cambrian Mts.
Birmingham
Rugby
Cambridge
Waterford
St. George's Channel
Worcester
Northampton
Ipswich
Cork
Wales
Stratford-upon-Avon
Carmarthen
Gloucester
Oxford
Swansea
LONDON
R. Thames
Cardiff
Bristol
Reading
Bath
Windsor
Greenwich
Canterbury
Bristol Channel
Dover
Stonehenge
Taunton
Salisbury
Winchester
Southampton
Brighton
Calais
Exeter
Portsmouth
Strait of Dover
Celtic Sea
Cornwall
Isle of Wight
Land's End
Truro
Plymouth
English Channel
Isles of Scilly
FRANCE
Channel Is.
THE REPUBLIC OF IRELAND
0 200km
Shetland Is.
Lerwick
Fair Isle
Orkney Is.
Kirkwall
John o'Groats
RUSSIA
Bering Strait
Bering Sea
0 1000km
British Columbia
Vancouver
Victoria
Seattle
Olympia
Portland
Salem
Sacramento
Oakland
Carson City
San Francisco
Yosemite National Park
Sierra Nevada
Las Vegas
Los Angeles
Disneyland
San Diego
Pacific Ocean
Baja California
AUSTRALIA
PAPUA NEW GUINEA
INDONESIA
Dili
TIMOR-LESTE
Arafura Sea
Torres Strait
Timor Sea
Darwin
Gulf of Carpentaria
Cape York
Indian Ocean
Coral Sea
Great Barrier Reef
Derby
Townsville
Northern Territory
AUSTRALIA
Queensland
Rockhampton
Uluru-Kata Tjuta
Western Australia
South Australia
Brisbane
New South Wales
Perth
Newcastle
Sydney
Adelaide
CANBERRA
Albany
Great Australian Bight
Victoria
Melbourne
South Australian Basin
Bass Strait
Tasman Sea
Tasmania
Hobart
0 1000km
Whangarei
Auckland
North Island
Tasman Sea
New Plymouth
Palmerston North
Nelson
WELLINGTON
Westport
NEW ZEALAND
South Island
Christchurch
Chatham Is.
Queenstown
Dunedin
Invercargill
Pacific Ocean
Stewart I.
NEW ZEALAND
0 500km